本书出版得到

国家重点文物保护专项补助经费

资助

宜昌杨家湾

（上）

湖北省文物考古研究所　编著

科学出版社

北京

内 容 简 介

本书是配合三峡水利枢纽工程建设开展考古发掘的一部正式报告，全面系统地介绍了湖北宜昌杨家湾遗址在大溪文化时期、屈家岭文化时期和周代时期的文化遗存，内容涉及考古学、历史学和古文字研究，为研究三峡地区以至全国的古代文化发展，提供了一批十分重要的考古资料。

本书可供从事考古学、历史学、古文字学研究工作的学者查阅。

图书在版编目（CIP）数据

宜昌杨家湾：全2册／湖北省文物考古研究所编著．—北京：科学出版社，2013

ISBN 978-7-03-037187-4

Ⅰ．①宜…　Ⅱ．①湖…　Ⅲ．①文化遗址－考古发掘－发掘报告－宜昌市　Ⅳ．①K878．05

中国版本图书馆CIP数据核字（2013）第053483号

责任编辑：宋小军　王光明　王　钰／责任校对：包志虹　钟　洋　宋玲玲
责任印制：赵德静／封面设计：谭　硕

科学出版社 出版
北京东黄城根北街16号
邮政编码：100717
http：//www．sciencep．com

中国科学院印刷厂 印刷
科学出版社发行　各地新华书店经销
*
2013年4月第 一 版　　开本：889×1194　1/16
2013年4月第一次印刷　　印张：65 3/4　插页：82
字数：1 840 000

定价：580.00元（上、下册）

（如有印装质量问题，我社负责调换）

目　　录

（上）

（下）

插图目录

彩版目录

图 版 目 录

壹 绪 论

湖北宜昌杨家湾遗址，是中国目前发现新石器时代的刻划符号标本最多的一处重要古代遗址。

早在1960年4月，中国科学院考古研究所长江队三峡工作组就已发现这处遗址，并在遗址上开了2米×4米的探沟三条，出土了一批重要的文化遗物，在几块泥质黑陶圈足器的底部，发现刻有“简单的符号”[1]。

1981年4月，湖北省宜昌地区博物馆考古队为配合葛洲坝水利枢纽工程，对杨家湾遗址再次发掘，新开三条探沟，发掘面积44平方米，新发现74件有刻划符号的陶器标本[2]。据此，余秀翠女士撰文作了进一步研究介绍，已认识到“这些符号具有文字初创阶段的性质。将它们与各地新石器时代的刻划符号作比较研究，将它们和已进入阶级社会的文字体系——甲骨文、金文作比较研究，对文字的发生、发展可能提供具有一定价值的史料”[3]。

1985年至1994年，为配合三峡大坝枢纽工程，原湖北省博物馆考古队今湖北省文物考古研究所组织了“杨家湾考古队”，对这处古代遗址先后作了七次大规模的考古发掘，新发现有刻划符号的陶器标本148件。

由于单宜昌地区博物馆考古队和杨家湾考古队发现的新石器时代的刻划符号标本就超过200件，所以，可以认为宜昌杨家湾遗址是目前中国发现新石器时代的刻划符号标本最多的一处古代遗址。

《宜昌杨家湾》这本发掘报告，主要介绍从1985年至1994年对杨家湾遗址进行七次发掘的考古资料。通过这批资料，我们才可发现：以往发现的“刻划符号”，都出土于遗址东北区，而且都只存在于大溪文化早期这一发展阶段。

下面先介绍杨家湾遗址的地理位置、自然环境与本地历史沿革，再介绍工作概况和编写本报告的有关说明。

一、地理位置、自然环境与本地历史沿革

杨家湾遗址，当年隶属湖北省宜昌地区宜昌县高家乡东岳庙村二组管辖。它西距今三峡大坝4千米，东距著名文物古迹黄陵庙2千米，新建的西陵峡长江大桥下，其南岸东侧为雄伟壮观的杨家湾码头，原来就是杨家湾遗址所在地。

遗址所在宜昌县*，位于鄂西山区与江汉平原接壤地带，它东与当阳、枝江两县毗邻，西与秭归、兴山两县交界，北抵远安、保康两县，南接宜都县和长阳县。县境大部分为山地、小部分为丘陵，北为大巴山脉的荆山支脉，南为武陵山脉的石门支脉，两山支脉延伸对峙于长江两岸，形成的高山深谷地带，就是长江三峡中滩多流急的西陵峡。

西陵峡西起秭归香溪口，东至宜昌市南津关，全长66千米，是长江三峡中最长的峡。西陵峡中，从秭归县庙河至宜昌县南沱，全长31千米，则是三峡宽谷中最大最开阔的庙南宽谷。在庙南宽谷的长江两岸，考古工作者在配合三峡大坝工程的建设中，已发现38处古文化遗址[4]，而宜昌杨家湾遗址，则是庙南宽谷之中长江南岸的一处十分重要的文化遗址（图一）。

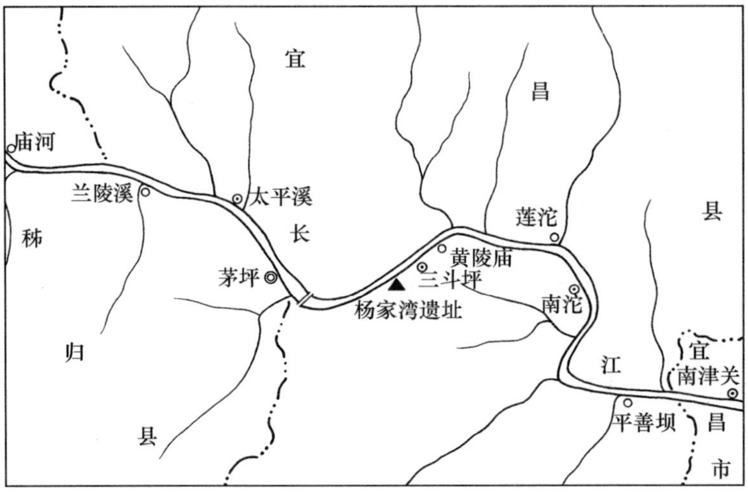

图一　杨家湾遗址位置示意图

杨家湾遗址北临长江，南倚黄牛岩马鞍山，东、西以源于马鞍山下的两条大冲沟壤沟和大沟为界，东西长约400米，南北宽约100米，面积约为4万平方米（图二；彩版一、彩版二、彩版三）。

据《湖北宜昌县地名志》和《宜昌县志》记载：这一带地处亚热带季风气候区，雨量丰沛，日照充足，无霜期长，四季分明[5]，其中，3～5月为春季，6～8月为夏季，9～11月为秋季，12月至次年2月为冬季。年平均气温17.6℃，其中，一月4.6℃，二月6.6℃，三月11.9℃，四月18℃，五月22.4℃，六月27.1℃，七月28.6℃，八月28.4℃，九月24.2℃，十月18.6℃，十一月13.2℃，十二月7℃。年平均降雨量1131.9毫米，其中，春季占26%，夏季占46%，秋季占22%，冬季占6%[6]。这一带优越的地理环境和适宜的自然条件，自“神农氏”发明农业这种定居型的社会经济以来，就是以“农业经济”为主的“定居型家庭”的聚居地，庙南宽谷长江两岸已发现的38处古文化遗址，实际上就是这些“定居型家庭”自“新石器时代早期”开始长期定居遗留下的一批不同发展时期的文化遗址。

---

* 今宜昌市夷陵区，为保持本报告行文连贯性，后仍延用宜昌县。

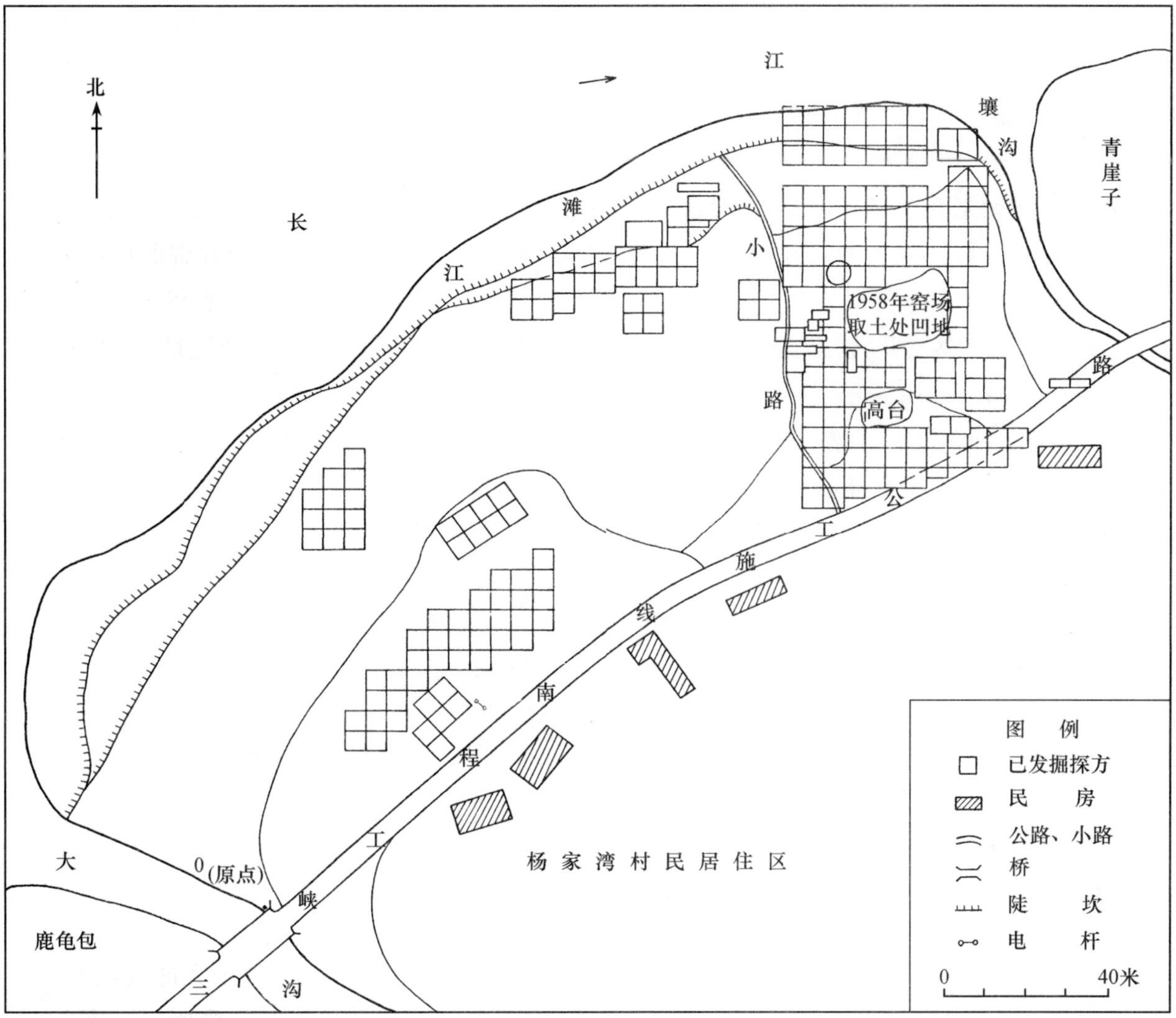

图二　杨家湾遗址分布范围和探方分布图

庙南宽谷发现的这批古文化遗址，特别是其中的秭归柳林溪、秭归朝天嘴和宜昌杨家湾这三处遗址都发现了“大溪文化早期”的刻划符号，使我们对宜昌县这一带的历史沿革，可以有更全面的历史认识。

据《宜昌县志》记载：宜昌，古称夷陵，春秋时为“楚之西塞”。“秦始皇二十六年（公元前221年），改夷陵，置巫县”，汉置夷陵县。这以后，有西陵、宜昌、宜州、拓州、峡州诸称，清雍正十三年（1735年），置宜昌府及附郭东湖县。辛亥革命后，改东湖县为宜昌县[7]。1949年7月16日，中国人民解放军解放宜昌县，隶属湖北省宜昌地区行政公署[8]。

春秋以前的历史，《宜昌县志》除了引用《禹贡》记载，指出宜昌古属“荆州之域”外，没有其他记载。

根据宜昌杨家湾遗址出土的一批“刻划符号”并在认识到这批“刻划符号”可能就是中国境内最早出现的至今尚难释读的“古文字”的基础上，结合司马迁的《史记·五帝本纪》和

《史记·殷本纪》的有关记载，可以补充如下三点历史认识：

一是庙南宽谷发现的各处“新石器时代遗址”，都是发明“农业”的“神农氏”在“新石器时代早期”就开始建立的一个“方国”目前尚存在的遗址；而“神农氏”在庙南宽谷所建立的这个“方国”的名称，则应是《山海经·海内南经》记载的“朱卷之国”[9]。这个“方国”的“定居型家庭”，经过新石器时代早期、中期和晚期三个时期的不断发展，在“禹会诸侯江南”的“会稽”大会上[10]，才和《山海经》记载的其他“方国”的“定居型家庭”一起被禹统一为同一个“华夏民族”，并由此共同建立起一个已有公共权力的“古代中国”。

二是在“会稽大会”上建立的“夏王朝”把“古代中国”划分为“九州”后，在夏代和商代，这一带如《宜昌县志》所记载，属于“荆州”这一行政管理区域。

三是在“西周时期”，据《史记·殷本纪》记载：周武王伐纣成功后，在“罢兵西归……封诸侯”时，由于他十分重视夏代以前“五帝”的历史功绩，所以，他除了分封伐纣有功的“功臣谋士”之外，还首先“褒封神农之后于焦，黄帝之后于祝，帝尧之后于蓟，帝舜之后于陈，大禹之后于杞”。其次才“封尚父于营丘，曰齐。封弟周公旦于曲阜，曰鲁。封召公奭于燕，封弟叔鲜于管，弟叔度于蔡。余各以次受封”[11]。由此可见，神农氏在“新石器时代”建立的“朱卷之国”在西周时期被分封为神农之后的“焦国”。

历史上的“焦国”何时被“楚国”兼并，而使其地在春秋时期成为“楚之西塞”呢？由于《山海经》记载的“朱卷之国”西邻“古代巴国”，巴国在西周时期被分封为“太昊”之后的“后照”的“夔国”，而据《左传·僖公二十六年》记载，在春秋中期的这一年秋天，楚国以“夔子不祀祝融与鬻熊”为由，帅师兼并了“夔国”。所以，可以认为，在僖公二十六年（公元前634年）之前，即在夔国被楚国兼并之前，神农之后的“焦国”，应该已被楚国兼用而成为“楚之西塞”。

为什么在认识到宜昌杨家湾遗址发现的“刻划符号”，可能就是中国境内最早出现的至今尚难释读的“古文字”之后，我们还可有上述三点认识，即可进一步认识到庙南宽谷这一带，在“新石器时代”属于神农氏所建立的“朱卷之国”；在夏商时期属于“荆州之域”；而在西周至春秋中期以前，则属于神农之后所分封的“焦国”呢？

主要原因是笔者在1997年发表的《关于屈家岭文化区、系、类型问题的初步分析》（以下简称《初步分析》），已认识到苏秉琦先生在1981年提出的“考古学文化的区、系、类型问题”，原来是一种“考古学的新理论和新方法”，并已在《初步分析》中把“考古学文化的区、系、类型问题”简称为“类型学说”[12]。根据“类型学说”，我们才能重新掌握一种“考古学”和“历史学”可以互相沟通的理论方法，这种理论方法，实际上就是恩格斯在《家庭、私有制和国家的起源》（以下简称《起源》）一书中所推荐的美国民族学家摩尔根在《古代社会》一书中所创立的“时代划分法”[13]。

因为摩尔根在《古代社会》中创立的“时代划分法”不仅已认识到世界各地人类社会的历史发展，都可统一划分为蒙昧、野蛮和文明三个时代，并已认识到每一时代的发展，又都经过低级、中级和高级三个阶段；而且已认识到：人类社会每一发展阶段以至每一个新时代，都有明确而统一的“社会标志”，更重要的是，他已认识到，每一个“社会标志”的形成和出现在世界各地的人类社会中，又都有相同而统一的“历史原因”。

而我们根据苏先生创立的“类型学说”，结合司马迁在《史记》中的有关记载，也可认识到中国境内的人类社会，也只能划分为旧石器时代、新石器时代和历史时代三个时代，且每个时代都可划分为早期、中期和晚期三个发展阶段，而且每一个阶段和每一个新时代的形成和出现，也都有明确的“社会标志”和必然形成出现的“历史原因”。由于我们只有在重新掌握“时代划分法”的“划分标准”之后，才能找到上述三点认识的答案；所以，下面先抛砖引玉地谈谈个人对“时代划分法”的“划分标准”的认识。

1. 人类社会的旧石器时代（即蒙昧时代）

（1）早期阶段的社会标志是在世界各地都只存在“原始血缘家庭”。

这种家庭，实际上就是一种“尚流行内婚制且不懂任何婚姻禁忌的流动型母系家庭”。

这一阶段只存在这种家庭的“历史原因”：是因人类刚在地球上出现，在经济生产方面，只有单一的“采集经济”。即只能单纯采集自然界现成的动、植物为食品才能生存，而使每个人类母亲，都只带领自己生育的儿女到处觅食，为防止其他家庭与自己的儿女争抢食物，又使每个人类母亲都有“排他性”而不与其他家庭一起活动。所以，在人类自身生产方面，每个家庭只能流行“族内婚”且不懂任何婚姻禁忌。因这种家庭的成员之间都有相同的血缘关系，所以摩尔根在《古代社会》中称这种家庭为“原始血缘家庭”。

（2）中期阶段的社会标志是新出现“已有明确辈分关系的血缘家庭”。

这种家庭与“原始血缘家庭”的区别，就是已严禁同一家庭内部不同辈分的男、女互相通婚，但同一家庭内部的兄弟与姐妹之间仍可以互相通婚。

传说“太昊”的儿子“伏羲”和女儿“女娲”，既是兄妹关系，又是夫妻关系，就是这种家庭内部仍流行“族内婚”，但已有明确辈分关系的历史写照。

这一阶段新出现这种家庭的“历史原因”，除了这一阶段仍只有单一“采集经济”，且每个人类母亲都有排他性之外，已有人类母亲发现“原始血缘家庭”经常繁衍出不健康的家庭后代，为了繁衍出健康的家庭后代，其实才使我国出现了“太昊”这个家庭的家长。

“太昊氏”这种家庭的出现，才使中国境内人类社会开始发展至“旧石器时代中期阶段”。

考古发现的“古人化石”，或称“早期智人化石”，应该是“已有明确辈分关系的血缘家庭”繁衍出来的人类的化石。而“猿人化石”或称“直立人化石”，则应是“原始血缘家庭”繁衍出来的人类的化石。

而“太昊”之所以被尊为“三皇”中的第一位圣人，则是“太昊氏”这种家庭的出现，才使人类开始脱离“动物界”的缘故。因为世界上任何一种动物之所以还不能像人类一样地成为世界的主宰，都是任何一种动物在“自身生产”方面，至今都没有明确辈分关系的缘故。

（3）晚期阶段的社会标志是已出现“已推行外婚制的流动型母系家庭”。

这种家庭，就是摩尔根所称的“普那路亚家庭”。

“三皇”中的第二位圣人“祝融”，其家庭“祝融氏”，就是我国境内第一个“普那路亚家庭”。

旧石器时代晚期阶段开始出现“普那路亚家庭”的历史原因：乃是在只有单一“采集经济”，且每个人类母亲又都有“排他性”这一阶段，“祝融”已认识到“有明确辈分关系的血缘家庭”仍不能繁衍出自己家庭的健康后代，为了繁衍出自己家庭的健康后代，他才进一步发明了“集会婚”这种推行“外婚制”的新型婚姻形式的缘故。

这就是“祝融”除了严禁自己家庭的男女互相通婚之外，他也严禁自己家庭的男女与在“采集生产”中相遇的其他家庭互相通婚，而是只与相遇家庭的家长互相邀约：每年同一固定日期在同一固定地点集会，到时才与参加集会的家庭互相通婚。

原因是“祝融”又担心自己家庭与相遇的“血缘家庭”互相通婚，仍会使自己家庭繁衍的人类后代身体仍不健康；而只与参加集会的家庭互相通婚，则是只有已认识到必须完全推行外婚制才能繁衍出自己家庭健康后代的家长，才会带领自己的家庭参加这种“集会”的缘故。

祝融发明“集会婚”后，才使参加集会的家庭的家长，又先后发明了“畜牧业”和“农业”这两种新兴社会经济。一定地区内的人类社会，又只有在先后出现了“畜牧业”和“农业”这两种社会经济之后，才进一步从“旧石器时代”发展至“新石器时代”。

参加集会婚的普那路亚家庭，如何先后发明“畜牧业”和“农业”这两种社会经济呢?

当参加集会的家庭带着狩猎获得的活的动物，而更受其他家庭喜欢和关注之后，其实才使主持“集会婚”的“祝融氏”的家长，进一步总结出可以驯养什么动物和如何驯养的经验和技术，并在“集会”中进一步推广，才使“祝融氏”的这个家庭的家长，发明了“畜牧业”这种新兴社会经济。

而且也使发明“畜牧业”的“祝融氏”的家长，从此又被参加集会的家庭，尊称为“炎帝”。并使“炎帝”成为“三皇”中的第三位圣人。

而发明“农业”的“神农氏”这个家庭的家长，则是在长期参加“集会婚”的过程中，因已认识到只有“集会婚”的短短日期才能与其他家庭互相通婚，难以有保障也难以更快繁衍自己家庭的健康后代，才又发明了“走婚”这种新型的“婚姻形式”，而且又是为了推行“走婚”，才使“神农氏”的家长进一步发明了“农业”这种定居型的新兴社会经济。

在炎帝发明“畜牧业”和神农氏发明“农业”之后，中国境内人类社会才发展至“新石器时代”。

2. 人类社会的新石器时代（即野蛮时代）

新石器时代不同于旧石器时代的“社会标志”就是新出现了“方国”和“方国联盟”这两种“社会组织”。

新石器时代新出现“方国”和“方国联盟”这两种社会组织的“历史原因”：则是当两个以上的家庭重新选择以“农业经济”为主并在同一“聚落点”上分别择地长期定居后，这种“已推行外婚制的定居型母系家庭”，其实已不是“普那路亚家庭”，而是摩尔根所称的“对偶家庭”。而只有“对偶家庭”的家长，才能真正体会到比“定居前”的生产和生活都更美好，而使每个“对偶家庭”的家长都不愿意离开自己的“聚落点”，才使同一“聚落点”上的各个“对偶家庭”因此世世代代长期互相通婚，而发展为一个“以血统联系的婚姻组织”。这种以血统联系的婚姻组织，就是历史上的“方国”。

方国形成的原因，是因为同一“方国”的每一个“对偶家庭”的家长都可以认识到：在物质生产方面，每个家庭在农闲时间都可以从事以往的采集生产，也可饲养家禽家畜，只是比定居前都增加了一项重要的农业收获；而在人类自身生产方面，定居于同一“聚落点”上的“对偶家庭”，在日常生活中就可互相“走婚”，而不用期盼“集会婚”的日期才能与其他家庭互相通婚，所以，定居后的每个“对偶家庭”人口都在迅速增加，并在增加到一定程度又需不断分家；因此，定居后的每个“对偶家庭”都可以在不断分家中发展成为一个辈分关系十分明确的“胞族”。同时，也由于同一“聚落点”上的各个家庭，从第二代人开始，就都彼此已有“亲戚关系”，所以，同一“聚落点”上的各个“对偶家庭”在世世代代长期互相“走婚”的过程中，都可发展为一个以血统联系且辈分十分明确的“方国”这种“婚姻组织”。

而“方国联盟”形成的原因：则是因为一定流域先后形成起来的各个“方国”，都是因第一个“聚落点”距离十分遥远不能互相“走婚”，才没有发展为同一个“方国”；只是这些方国的对偶家庭，都因刚开始从事“农业”生产和刚开始“定居”生活，而需经常交流生活经验和生产技术，所以，这种经常的交流，已使一定流域先后形成起来的各个“方国”，在“新石器时代早期前段”，就已形成“方国联盟”这种尚没有公共权力的“联盟组织”。

从司马迁在《史记·五帝本纪》的记载中，可知中国境内的人类社会在“新石器时代”也经过三个阶段的发展，下面进一步分析每个阶段的“社会标志”和每个社会标志形成出现的“历史原因”。

（1）新石器时代早期阶段的“社会标志”就是开始出现“对偶家庭”，且这些“对偶家庭”已形成一批“方国”，并已形成多个“方国联盟”。

而据《史记·五帝本纪》的记载，可知中国境内在“新石器时代早期前段”，就已形成三个“方国联盟”，它们分别以“神农氏”“少典氏”和“蚩尤氏”这三个家庭的家长为首领；但发明“农业”的“神农氏”这个家庭的家长，又是这三个“方国联盟”的总首领。

当“少典氏联盟”的首领代替神农氏的家长的社会地位而成为“黄帝”之后，中国境内的人类社会，才发展至“新石器时代中期阶段”。

（2）新石器时代中期阶段的“社会标志”是一个“文明古国”境内在新石器时代早期阶段先后形成起来的各个“方国”，又进一步联合起来而出现一个“方国大联盟”。

在“古代中国”境内，则以“黄帝”为首领的“炎黄联盟”这个“方国大联盟”的形成和出现为“社会标志”。

“炎黄联盟”这个“方国大联盟”形成和出现的“历史原因”是在“新石器时代早期后段”，中国境内又出现了“方国相侵伐”和“炎帝欲侵陵方国”这两种社会矛盾后，因当年三个“方国联盟”的总首领，即“神农氏”的家长无法解决，而是由“少典氏联盟”的首领解决了这两种社会矛盾，才使“少典氏联盟”的首领代替“神农氏”家长的社会地位并被尊称为“黄帝”。

司马迁在《史记·五帝本纪》中，把中国境内的“新石器时代早期后段”称为“神农氏世衰”。也因司马迁在编写《史记》之前，就因以《山海经》记载的“方国”为什么形成和如何发展，来为当年在大败匈奴军队后又主动寻找匈奴首领的李陵辩护，才导致他惨遭“李陵之祸”[14]，又才使司马迁在编写史记时，不得不在编写至与匈奴历史有关的《史记·大宛列传》时，已声明他已“不敢言”《山海经》[15]。同时，也因司马迁已认识到“周王朝”在武王伐纣成功后，又以《山海经》记载的“方国”来分封“诸侯国”，所以，在编写《史记·五帝本纪》记载“神农氏世衰”才开始出现的上述两种社会矛盾时，他才不得不以“诸侯国”来代替“方国”，而称“神农氏世衰”才出现的两种社会矛盾为“诸侯相侵伐”和“炎帝欲侵陵诸侯”。

又需要补充说明的是：中国境内在“神农氏世衰”时为什么会出现“方国相侵伐”和“炎帝欲侵陵方国”这两种社会矛盾？历史上的“黄帝”又是如何解决这两种社会矛盾的呢？

原来，这两种社会矛盾的出现，都与“新石器时代早期前段”已形成的各个“方国”在每个“对偶家庭”的人口都在不断增长而需要不断分家时，每一“方国”的“对偶家庭”的家长又都在分家前组成“议事会”，并共同开辟新的“聚落点”，使分家后每个新家庭在新的“聚落点”中，不但都有新的房屋居住和新的田地耕种，而且都可互相“走婚”。由于在世界上任何一个“文明古国”境内在“新石器时代早期前段”形成的“方国”，在发展中都在不断开辟新的“聚落点”，而使每个“方国”的分布区都在不断扩大。所以，当毗邻方国的分布区由原来的距离十分遥远才不能互相“走婚”，发展至“鸡犬之声相闻”之后，为争夺中间地带的开发权，才经常发生纠纷而出现“方国相侵伐”这种社会矛盾。不过需要指出，当同一“方国联盟”内部的“方国”之间出现这种社会矛盾后，都可由方国联盟的首领召集各方国的首领，通过协商而确定地界来和平解决。只有毗邻“方国联盟”的不同“方国”之间发生这种社会矛盾后，才存在“方国相侵伐”这种社会现象。在中国境内，据《史记·五帝本纪》的记载，我们才可知，在“少典氏联盟”与“蚩尤氏联盟”之间的“方国”出现这种社会矛盾后，“少典氏”的家长曾请“神农氏”的家长来调解，但因“蚩尤最为暴”[16]，即“蚩尤氏”的家长不服从神农氏这种调解，才使司马迁把出现这种社会矛盾的“新石器时代早期后段”称为“神农氏世衰”。

而当“少典氏联盟”的有些“方国”在开辟新的“聚落点”时，严禁游牧家庭在自己已开辟成田地的原草场上放牧，才出现“炎帝欲侵陵方国”这种社会矛盾。使主持“集会婚”的炎帝，把参加“集会婚”的“游牧家庭”组织成为历史上的“九黎集团”，并向“少典氏联盟”的那些“方国”去讨回原来的“草场”。即历史上的“阪泉”之战。“三战，然后得其志”[17]，则是说经过“阪泉”三战，少典氏的家长才说服炎帝，使炎帝号召原以“畜牧业经济”为主的“普那路亚家庭”，重新选择以农业经济为主并分别择址长期定居，且又组成一批新的“方国”，并都加入原来的“少典氏联盟”，而开始形成“炎黄联盟”。

不过真正的“炎黄联盟”又必须经过历史上的“涿鹿”之战后，才能真正形成。

发生“涿鹿”之战的原因，则是当“九黎集团”的一些“游牧家庭”在“蚩尤氏联盟”境内择址长期定居时，因遭到“蚩尤氏”的家长的强烈反对，才爆发了历史上的“涿鹿”之战，而且也只有在“禽杀”蚩尤后[18]，才使原其他“方国联盟”的“对偶家庭”都不敢和蚩尤一样反对“九黎集团”的“游牧家庭”择址长期定居，才使更多的“游牧家庭”在择址长期定居后，发展为“对偶家庭”，并组成一批新的“方国”。更重要的是，在“涿鹿”之战后，这批新形成的“方国”和原三个“方国联盟”的老“方国”进一步联合起来而发展为“炎黄联盟”这个“方国大联盟”。

原“少典氏联盟”首领在成为“炎黄联盟”的首领后，才被尊称为“黄帝”。

而以“黄帝”为首领这个“方国大联盟”之所以被称为“炎黄联盟”而不是“黄炎联盟”，其中一个重要的历史原因，则是因为以炎帝为首领的原“九黎集团”中新形成的“方国”数量大大多于原三个“方国联盟”的老“方国”的总和的缘故。

事实上，炎帝这个家庭的家长始终没有担任“炎黄联盟”的首领，而是只担任“炎黄联盟”的“缙云”官职，所以，历史上的炎帝这个家庭，都被称为“缙云氏”。

自“缙云氏有不才子”[19]以来，“炎黄联盟”各“方国”境内的人类社会，才开始先后发展至“新石器时代晚期阶段”。

（3）新石器时代晚期阶段的“社会标志”是每个“方国”境内的“对偶家庭”，都发展为“已推行外婚制的定居型父系家庭”。摩尔根称这种新家庭为“一夫一妻（或多妻）制的家庭”。

这一阶段新出现“一夫一妻（或多妻）制家庭”的历史原因与快轮制陶技术的发明和传播而使一个“方国大联盟”境内各“方国”都先后进行社会改革有关。以中国境内人类社会为例，其发展过程大体如下：

历史上的“缙云氏”的“不才子”，其实就是“三苗”这一历史人物，他在发明快轮制陶这项先进生产技术后，又在其“方国”内部首先进行社会改革，才导致“炎黄联盟”各方国境内的人类社会也先后发生社会改革，只是他的发明和改革，为什么会使他及其家庭后来的家长，都被称为“不才子”和“饕餮”呢?

原来，三苗在发明快轮制陶技术后，当他用快轮制陶制作的陶器按过去的物质交换的标准，交换同方国其他家庭的物资后，使他所在的“对偶家庭”首先迅速富裕起来，但当他准备将其家庭的田地用来快轮制陶取土，而不再从事“农业生产”之后，因遭到家庭内其他成员的反对，才使他在其方国内部首先进行如下社会改革：一是推行“家庭私有制”而使其方国内部的每个“对偶家庭”都分解为多个“一夫一妻（或多妻）制家庭”；二是发明“聘礼婚”这种新型的婚姻形式而禁止传统的“走婚”，才使每个家庭的孩子从此都有明确的“父亲”，而这种“一夫一妻（或多妻）制家庭”，实际都是一种已推行外婚制的定居型父系家庭。

在这两项改革的基础上，三苗才将其家庭分得的田地专门用于快轮制陶取土，同时也收买毗邻家庭的田地用于制陶取土，且成立自己家庭的制陶作坊并招收出卖田地的家庭男子专门在自己作坊中从事“制陶手工业生产”。这使三苗的方国境内开始出现第二次社会大分工，即出现“手工业”这种新兴社会经济（补充说明，中国境内发生的第一次社会大分工，是在阪泉三战和涿鹿之战之后，当年“九黎集团”的大批“游牧家庭”听从炎帝的号召，而重新选择以“农业经济”为主并分别择址长期定居，才使大批原以“畜牧业经济”为主的“普那路亚家庭”发展为以农业经济为主的“对偶家庭”。而当年没有重新选择以农业经济为主的“游牧家庭”，则只能听从炎帝的号召，离开“炎黄联盟”境内而到中国的西北地区。汉代活动于中国西北地区的“匈奴”，其实就是当年“九黎集团”中那些仍以“畜牧业经济”为主的“游牧家庭”的后代。所以，当年的司马迁和李陵都反对“汉武帝”用武力征服匈奴；而李陵在大败匈奴军队后又主动寻找匈奴的首领，其实并不是要投降匈奴，而是和阪泉三战后才说服炎帝的黄帝一样，李陵是准备去说服当年的匈奴首领，希望匈奴的首领也和当年的炎帝一样号召匈奴的“游牧家庭”，不要再以“畜牧业经济”为主而应重新择址长期定居。由于司马迁理解李陵主动寻找匈奴首领的原因和目的，所以才竭力为李陵辩护；也由于只有理解黄帝如何说服炎帝，才能进一步理解李陵为什么主动寻找匈奴的首领，所以，又才使司马迁在惨遭“李陵之祸”后发愤编写《史记》时，并没有和《尚书》一样只记载“尧以来”的历史，而是认为必须追溯至黄帝，并指出他这样编写《史记》，是“心知其意，固难为浅见寡闻道也”[20]的缘故）。

三苗为了扩大物质交换的市场，违背“炎黄联盟”的“盟约”，没有把快轮制陶技术传授给各方国的首领，而是把这项先进技术作为一项专利暗地里传授给毗邻方国的首领，不过作为交换条件，毗邻方国的首领必须同意——不同方国的家庭都可自由进行物质交换。当毗邻方国的首领掌握了快轮制陶技术并和三苗国一样的进行社会改革后，其实已使“炎黄联盟”境内出现一个以“三苗氏”的家长为首领的“方国小联盟”，这就是历史上的“三苗联盟”。“三苗联盟”境内各方国的人类社会，都已发展至“新石器时代晚期阶段”，即“对偶家庭”都发展为“一夫一妻（或多妻）制家庭”，并都出现第二次社会大分工。

三苗联盟境内推行家庭私有制后，迅速出现贫富不均这种社会现象，为了维护这种现象出现后的社会治安，三苗氏的家长才进一步为“三苗联盟”制订严酷的“刑法”[21]。并在推行刑法的基础上，发行物质交换的等价物——货币（屈家岭遗址的屈家岭文化晚一期开始出现“彩陶纺轮”，至屈家岭文化晚二期已大量出现，这种“彩陶纺轮”可能就是当年三苗发行的货币[22]）。

货币的出现，标志着“三苗联盟”境内已发生第三次社会大分工，即已出现“商业”这种新兴社会经济。

商业的出现，使快轮制作的陶器这种商品严重过剩，也使“三苗联盟”各“方国”的首领，都不得不缩小自己家庭制陶作坊的生产规模，而使大批手工业制陶工人失业。由于这些失业工人的家庭都与自己方国首领的家庭存在“血统联系”，为了他们的生活，这些方国首领才把以往的“取土场”改造为“井田”，并分发给这些失业工人及其家庭耕种。只是井田上的农业收获，都已全部归属方国首领的家庭，方国首领只是养活这些失业工人及其家庭而已。实际上，这些失业工人及其家庭，都已沦为自己方国首领的“家庭奴隶”，而“三苗联盟”各方国的首领，则都已成为拥有自己家庭奴隶的“奴隶主”。

家庭奴隶和奴隶主的出现，标志着“三苗联盟”各“方国”境内的人类社会，都由“原始社会”发展为“奴隶社会”。

沦为奴隶的人们，其实才把三苗及其家庭后来的家长，都称为“缙云氏”的“不才子”或“饕餮”[23]。

其时“炎黄联盟”的首领就是历史上的尧。尧为巩固“炎黄联盟”瓦解“三苗联盟”，才确定舜为“炎黄联盟”的首领接班人，并派舜到“三苗联盟”境内进行社会调查。

在舜掌握快轮制陶技术回来汇报后，尧才召开“炎黄联盟”各“方国”的首领大会，并在这次大会上做出如下两项重要决定：

一是决定舜为“炎黄联盟”的首领接班人，并由舜向其他“方国”的首领传授快轮制陶这项生产技术，及“三苗联盟”各方国由此进行社会改革的经验和教训。所以，在这次大会后，“炎黄联盟”其他方国境内的人类社会，才也发展至“新石器时代晚期后段”，即“对偶家庭”都发展为“一夫一妻（或多妻）制家庭”，而且也都先后发生第二、第三次社会大分工，并由“原始社会”发展为“奴隶社会”，而“炎黄联盟”各“方国”的首领，也都成为拥有自己“家庭奴隶”的奴隶主。

尧召开“炎黄联盟”各方国首领大会作出的第二项决定，如司马迁在《史记·五帝本纪》中所记载，就是“流共工于幽陵，以变北狄；放欢兜于崇山，以变南蛮；迁三苗于三危，以变西戎；殛鲧于羽山，以变东夷”[24]。这项决定的原因，实际上是“三苗在江淮荆州数为乱”引起的；而流放“四凶族”的目的，则是为了巩固“炎黄联盟”，瓦解“三苗联盟”。需要说明的是，其中的共工、欢兜、三苗和鲧，这四个家庭的家长，自黄帝建立“炎黄联盟”以来，就长期担任“炎黄联盟”的“四岳”官职，“流四凶族”，实际上只是调换担任“四岳”官职这四个家庭的家长原来的管理区域而已。其中的北狄、南蛮、西戎和东夷，则是自炎黄联盟形成以来，炎黄联盟的“定居型家庭”对四周“流动型家庭”的贬称。而自从“炎黄联盟”召开这次各方国的首领大会后，因原管理南方的“三苗”被调到“三危”去管理“炎黄联盟”的西部地区，原“缙云氏”的“不才子”在南部地区建立的“三苗联盟”，才自动瓦解。

自“三苗”迁往“三危”后，“重黎”才成为“三苗国”的新首领。“重黎”的后裔“熊绎”，在西周时期被“周王朝”分封为原三苗国的“诸侯”，熊绎分封的这个“诸侯国”，就是历史上的“楚国”。

自尧担任“炎黄联盟”首领以来，“炎黄联盟”境内就经常发生洪水泛滥，因炎黄联盟只是一个没有公共权力的联盟组织，尧因没有办法筹集治水“贡赋”，才一直都无力根治这种灾害。

舜担任“炎黄联盟”首领时，因“鲧”这个“奴隶主”用自己的“家庭奴隶”修筑的“土城”，不但没有抵御住“洪水泛滥”，反而被“殛死”（即“淹死”）在羽山。舜才以此为例召开“炎黄联盟”各方国的首领大会，解决了治水“贡赋”这一难题。说服各“方国”的首领不要和鲧一样只修筑“土城”来保护自己家庭的生命财产，而是回去征集自己方国各家庭的治水“贡赋”来共同治水。同时在这次大会上舜又推荐鲧的儿子禹来领导这项治水工作。

禹为公平合理地征集“炎黄联盟”各方国的家庭的治水“贡赋”，亲自踏勘并编写《山海经》这部记载“炎黄联盟”各方国地理方位的史前著作，并据《山海经》把“炎黄联盟”的分布范围划分为九个州，又据每个州境内的受灾情况和治水后的受益情况，制订出同一州境内各“方国”的家庭应缴纳治水“贡赋”的标准，在征得炎黄联盟各方国首领的通过后，由各方国的首领按此标准回去征收自己方国各家庭的“贡赋”。由于有了治水“贡赋”，禹才领导各方国的家庭，治理了洪水经常泛滥这种灾害。并继舜成为“炎黄联盟”的首领。

治水成功十年后，因原修筑的堤坝又需要筹集“贡赋”才能巩固，禹才在其方国境内的“会稽”召开“炎黄联盟”各方国的首领大会。这就是司马迁在《史记·夏本纪》最后所记载的“禹会诸侯江南”[25]。这里的“诸侯”，实际上就是《山海经》记载的“炎黄联盟”各“方国”的首领。

在“会稽大会”上，禹因“会计”各方国的首领以往征收的自己方国各家庭的治水“贡赋”，才由账目清楚廉洁奉公的“方国首领”组成一个新的“领导集体”，这个领导集体就是历史上的“夏王朝”。

新形成的“夏王朝”在“会稽大会”上，又为“炎黄联盟”各“方国”的每一个“胞族”统一“赐姓”，并为每个“家庭”赐名为“××氏族”；并进一步宣布：废除“炎黄联盟”原制订的“不同方国的家庭严禁互相通婚”这一传统“盟约”，今后不同“姓”的“氏族”都可以互相通婚。

由此才使原“炎黄联盟”各“方国”的家庭，只要没有“血缘关系”就可互相通婚，进一步统一为同一个“古代民族”这种“婚姻组织”。会稽大会上形成的这个“古代民族”，就是历史上的“华夏民族”。

同时，“夏王朝”在“会稽大会”上又宣布：夏王朝在原九个州境内都分别设置行政管理机构，并由每个州的夏王朝官员直接征收每个州的“氏族”今后用于共同治水等各项公益事业的“贡赋”，严禁原每个“方国”的首领以任何名义征收原自己方国内部各家庭的“贡赋”。并由此宣布：今后不再存在“炎黄联盟”和“方国”这两种传统的社会组织。同时，为了防止没有加入“夏王朝”的一些方国的首领挑拨原不同“方国”之间的历史矛盾，夏王朝又严禁同一州的“氏族”今后再划分为不同的方国，并由此才销毁了《山海经》这部史前文献。

实际上，在夏王朝的行政官员分别征收了每个州境内的“氏族”今后用于共同治水等公益事业的“贡赋”后，才使原没有公共权力的“炎黄联盟”发展为一个已有公共权力的“古代国家”，这个“古代国家”就是历史上的古代“中国”。

“华夏民族”的形成和古代“中国”的建立标志着中国境内的人类社会已由“新石器时代”发展至“文明时代”。

“文明时代”的发展也可划分为三个发展阶段，每一阶段有明确的“社会标志”，而且每一个“社会标志”的形成和出现，在世界各地人类社会中也有统一的“历史原因”。在这里就不继续论述了。根据“类型学说”并结合司马迁在《史记》的有关记载而重新掌握“时代划分法”在“旧石器时代”和“新石器时代”的划分标准之后，我们在认识到宜昌杨家湾遗址出土的“刻划符号”，就是中国境内发现的最早的“古文字”，只是目前尚难释读。并在此基础上，我们已可进一步推断：长江西陵峡内的庙南宽谷一带，可能就是发明农业的“神农”建立的第一个“方国”，即《山海经》记载的“朱卷之国”的所在地；在夏代和商代，则属于九州之中的“荆州之域”；西周时期则是“神农之后”所分封的“焦国”。

原因之一，是司马迁在《史记·五帝本纪》中的记载，基本上和中国目前发现的“新石器时代”的考古资料吻合。其中，考古发现的长江中上游地区的“城背溪文化”，可能就是“新石器时代早期”就已形成的“神农氏联盟”的文化遗存；而黄河中上游地区的“前仰韶文化”（这一“考古学文化”在实践和研究“类型学说”之前，曾被称为磁山文化、裴李岗文化、大地湾一期文化、李家村文化……），在根据“类型学说”而把黄河中上游地区发现的“新石器时代早期”的文化遗存统一为同一“考古学文化”并再划分不同“类型”之前，这里暂称这一考古学文化为“前仰韶文化”，则可认为就是“少典氏联盟”的文化遗存；而黄河下游和长江下游（即东方沿海）地区发现的“前青莲岗文化”（这一“考古学文化”也是暂称，应包括长江下游以南和以北的“新石器时代早期”的文化遗存），则可能是“蚩尤氏联盟”的文化遗存。

而“炎黄联盟”的文化遗存，实际上应包括“新石器时代中期”已命名的黄河流域和长江流域各个“考古学文化”的文化遗存。只是在实践和研究“类型学说”之后，又应统一命名为一个“考古学文化”，再把这个统一命名的“考古学文化”按不同的区、系划分为不同的“类型”，使每一个“类型”的文化遗存，都是当时一个“方国”的文化遗存。

考古发现的“屈家岭文化”，则是历史上的“三苗联盟”的文化遗存，属于“新石器时代晚期前段”的文化遗存。

“流四凶族”后，“炎黄联盟”内部除“三苗联盟”各“方国”外，其他方国境内的人类社会才发展至“新石器时代晚期后段”，考古发现的“龙山文化”，其实就是这些方国在“新石器时代晚期后段”的文化遗存，也需要划分为不同的“类型”，才能区分为不同“方国”的文化遗存。

原因之二，是据司马迁在《五帝本纪》记载的“神农氏世衰”，我们才能确定历史上的“神农氏联盟”“少典氏联盟”和“蚩尤氏联盟”这三个“新石器时代早期”的“方国联盟”的相对分布区域。而且，也可由此看到历史上的“神农氏”和“少典氏”这两个家庭之间互相尊重的密切历史关系。即“少典氏”的家长在成为“黄帝”之前，因尊重“神农氏”而请其家长来调解与“蚩尤氏”之间的“方国相侵伐”这一社会矛盾。而在“少典氏”的家长成为历史上的“黄帝”，且黄帝为了加强“炎黄联盟”各方国之间的联系而命“仓颉造字”之后，神农氏这个“胞族”的各个家庭实际上十分拥护“黄帝”成为“炎黄联盟”的首领，才使这个“胞族”各个家庭遗址——包括已发现的秭归柳林溪、秭归朝天嘴和宜昌杨家湾三处遗址，在“大溪文化早期阶段”的圈足碗底，都存在这种刻划的古老文字。而杨家湾遗址在“大溪文化中期”及以后的文化遗存中已不存在这种“刻划符号”，推测与“少典氏”的家长已不担任“炎黄联盟”的首领有关。又据《史记·五帝本纪》记载，禹的祖先是“颛项氏”这个家庭的家长，颛项曾继黄帝担任“炎黄联盟”的首领，而禹应该是在掌握了“炎黄联盟”形成以来就出现的这种古代的文字基础上，又才使禹在治水前就写出了《山海经》这部史前文献。

上述推断和认识，可供研究中国“新石器时代”历史和文字起源及发展史的学者参考。

只是需要进一步指出的是，在目前庙南宽沟发现的38处古文化遗址中，存在“新石器时代早期”文化遗存的秭归柳林溪和秭归朝天嘴这两处遗址，可以肯定都不是发明“农业”的“神农氏”开始择址长期定居的“第一处遗址”，而是由“第一处遗址”在人口增加后已分家才搬迁出来的两个“聚落点”中的两处分别位于江北和江南的遗址。但相对可以肯定的是，宜昌杨家湾遗址，可能是秭归朝天嘴遗址这个家庭在人口增加后，才分家搬迁出来的遗址。

至于“神农氏”开始长期定居的第一处遗址及其第一个“聚落点”究竟在哪里？或许在高于三峡大坝高程的庙南宽谷的山冈上，今后或可以找到。

下面进一步介绍我们对杨家湾遗址先后进行七次大规模考古发掘的工作概况。

二、工 作 概 况

从1985年6月5日开始，至1994年6月17日止，为配合三峡大坝坝区的工程建设，做好地下文物的抢救保护工作，原湖北省博物馆考古队至后来发展起来的湖北省文物考古研究所组织“杨家湾考古队”，对杨家湾遗址先后进行七次考古发掘，这七次发掘的概况如下：

第一次发掘：从1985年6月5日布方开始，至6月18日止，由杨权喜、林邦存和梁柱三人分别主持T1～T13的发掘。发掘面积320平方米。

其中，T1～T8八个探方，未发现文化堆积。T13位于江边沙滩上，出土了不少文化遗物，但未发现文化堆积。T9～T12中，也仅T10和T12两个探方的东部发现文化堆积。总的来说，这次发掘的发现很不理想。

参加T9～T13五个探方发掘的技术工人有余才山、晏勇、吴龙泉和郑军四位同志。

第二次发掘：从1985年11月19日布方开始，至12月25日止，由林邦存和梁柱共同主持，布T14～T19六个不是正方向的探方，又在江边断坎内外布了4米×5米的TG1和TG2两条探沟，发掘面积190平方米。参加这次发掘的技术工人有余才山、晏勇、胡柏舟、刘志云、陈安宁五位同志。

第三次发掘：从1986年5月3日布方开始，至7月7日止，由林邦存主持，省考古队陈锡岭管账，布T20～T29十个探方，发掘面积190平方米。参加这次发掘的还有刘志云、陈安宁和晏勇三位技术工人。

第四次发掘：从1986年9月22日布方开始，至12月8日结束。由林邦存主持，陈锡岭管账，参加发掘的技术工人，除刘志云、陈安宁、晏勇三人外，新增傅海松和黄陵庙职工余国兵；更重要的是，第三次发掘在陈锡岭的指导下，使用“吊铲”钻探，并在距地表三四米下发现薄薄的文化层，而且已在布方发掘的 T24～T27 这四个探方中，发现了新石器时代的墓葬，由此决定此次发掘中，在这四个探方的东、西两边，大面积布方发掘，以寻找更多的墓葬，为了壮大发掘力量，决定请武汉大学考古专业的学生到杨家湾遗址实习，但联系后才知道，肖亢达和李龙章两位老师已决定带领 85 级考古专业学生到麻城栗木岗遗址实习，最后，在肖、李两位老师的帮助下，官信、张硕、邱冬联、刘清荣和叶学坚五位同学参加杨家湾的第四次发掘。

这次发掘，共布了 T30～T43 共 14 个探方，发掘面积 350 平方米。发现了一批从大溪文化晚期至屈家岭文化早期、晚期的墓葬，其中，屈家岭文化时期的墓葬普遍有丰富的随葬品；并且，因开口地层不同，有的还互相叠压打破，这批墓葬为大溪文化和屈家岭文化的分期，提供了一批十分重要考古资料。更重要的是丰富的出土文物和复杂的地层关系，提高了同学们的实习兴趣，使他们在发掘、分析中更加细心、认真、负责，也使这批丰富的考古资料，具有更准确的科学价值。

需补充指出的是，由于第三次发掘所布的 T24～T27 四个探方，在一次雨后的积水中突然崩塌，所幸没有发生人员伤亡，但惊天动地的崩塌声，已向我们提出严重警告。为了确保第四次发掘的安全，事先划出第四次发掘准备布方的范围，并请当地村民承包土方，把这一范围挖成一个深约 2 米的大坑，第四次发掘才在这个大坑底部布方。

第五次发掘：从 1993 年 3 月 27 日开始布方，至 7 月 7 日工地发掘结束，仍由林邦存主持，陈锡岭管账，省考古所的潘佳红、李文森两位先生也参加前段时间的发掘，参加发掘的还有技术工人刘志云、刘小华、金木清、徐国胜、张杰五位同志。先后布了 T44～T48、T61～T64、T70～T79 和 T82、T83、T86、T87 共 23 个探方。发掘面积 406 平方米。

其中，T44～T48 五个探方，都在江边断坎下的沙滩上，与 T13 一样基本没有原生堆积，仅在 T47 和 T48 下部发现残存原生堆积的文化遗存。T61～T64 和 T74、T75，都在遗址东部的黄土台上。因黄土台上都是挂果的柑橘树，土地难征，只得见缝插针布了不规则探方，只黄土台上的 T70～T73 和 T76～T79 这八个探方是 5 米 ×5 米的正规探方。在 T82、T83、T86、T87 的东部原还有两排四个探方，因征地时未能说服户主而没有发掘。

而在已编号的 T1～T87 这批探方中；T49、T50～T60、T65～T69 以及 T80、T81、T84、T85 这 21 个探方的编号均为空号。

第六次发掘：从 1993 年 10 月 13 日开始布方，至 1994 年 1 月 25 日结束，由林邦存主持，陈锡岭管账，省考古所陈文学先生也参与其中，另，荆州博物馆办公室主任陈官涛，又带领王明钦、王宏、王福英、丁家元、尹弘兵、郑中华、肖华、武家璧、陈平、魏来、宋健波等 12 位同志参加工地发掘，参加发掘的技工有金木清、徐国胜、张杰、郑军、杨虎、孙卫平、陈淑粧、陈翠格和陈兵 9 位同志。

由于这次发掘前工程部门已完成征地工作，所以，遵照国家文物局黄景略副局长的指示，用第一象限法统一布方。原点定在遗址西南角原大沟上的公路桥东北部桥头，共布了 T0329～

T0331、T0429 ~ T0432、T0519、T0520 和 T0529 ~ T0533、T0619 ~ T0622、T0720 ~ T0722、T0822 ~ T0824、T0923 ~ T0925、T1023 ~ T1025、T1123 ~ T1126、T1224 ~ T1227、T1324 ~ T1327、T1425 ~ T1428、T2645、T2646、T2733 ~ T2738、T2745、T2746、T2833 ~ T2838、T2846、T2933 ~ T2938、T2946、T3040、T3146 和 T3246 共 73 个 5 米 ×5 米的探方，发掘面积 1825 平方米。

第七次发掘：从 1994 年 2 月 28 日开始，至 6 月 17 日结束并交工程使用，仍由林邦存主持，陈锡岭管账，陈文学先生参加，荆州博物馆由王明钦带领魏来、陈平和宋健波共 4 位同志参加，参加发掘的还有技工金木清、杨虎、张杰、徐国胜、刘志云、孙卫平、刘小华、陈淑粧、陈翠格和陈兵 10 位同志，更为重要的是，国家文物局委派中国社会科学院考古研究所的专家韩榕先生驻到工地进行指导（彩版四、彩版五）。

这次发掘，又布了 T2624 ~ T2644、T2731、T2732、T2739、T2742 ~ T2744、T2831、T2832、T2839 ~ T2845、T2931、T2932、T2942 ~ T2945、T3032、T3033、T3034、T3037、T3038、T3042 ~ T3045、T3132 ~ T3134、T3137、T3138、T3143 ~ T3145、T3232 ~ T3234、T3243 ~ T3245、T3332 ~ T3334、T3343 ~ T3345、T3433、T3434、T3439 ~ T3447、T3533、T3534、T3542 ~ T3547、T3633、T3634、T3644、T3645、T3724、T3937、T4037 共 97 个探方，其中除 T2931 和 T3332 两个探方为 5 米 ×5 米探方的一半外，余皆 5 米 ×5 米的正规探方，发掘面积 1950 平方米。另外，又在江滩的石器制作场布了 T2648 ~ T2650、T2748 ~ T2750、T2848 ~ T2850、T2948 ~ T2950、T3048 ~ T3050、T3148 ~ T3150、T3248 ~ T3250 共 21 个探方，并按探方采集地表的石制品。

杨家湾考古队这七次发掘，不包括第七次发掘在江滩上所布 21 个只采集而未发掘的探方，发掘面积 5231 平方米（已发掘主要探方的编号见图三）。

杨家湾遗址这七次发掘的资料，原拟 1994 年下半年在黄陵庙文物管理处整理，并请参加第五、六、七这三次发掘的同志，分别整理自己发掘的探方，争取在 1995 年写出《宜昌杨家湾》初稿，并写了一万字的工作计划。只是这一计划未获批准，并按所里有关领导的指示，只能把杨家湾出土文物全部用卡车拖回省考古所。

回武汉后，由于还有其他工作，杨家湾资料的整理工作，经常处于三天打鱼两天晒网这一状态，而且还有一次三楼放水冲洗地板，导致存放在一楼的文物遭到水灾浸泡，连存放在二楼墙边木箱中的资料也被顺墙而下的祸水湿透，真是遗憾！

直至 2006 年国家文物局和省文物局先后发文，将杨家湾遗址资料整理工作列为全国遗留工作重点，我们才把杨家湾遗址这七次发掘残存的出土文物，连同自 1998 年至 2005 年又先后对“巴东红庙岭遗址”作了五次大规模考古发掘的考古资料，于 2006 年 9 月 12 日全部拖到江陵纪南城考古工作站，进行全面系统的整理。

参加这次整理工作的同志，除林邦存外，还有省考古所胡志华先生（承担本报告的全部绘图和图版编排工作）以及技术工人刘小华、傅楚奇、陈翠格和罗丛梅等同志。省考古所余乐先生又于 2009 年 9 月到纪南城考古工作站完成对杨家湾出土文物的摄影工作。

三、编写本报告的有关说明

1. 以字母为代号的说明

按考古常规，探方以“T”为代号，探沟以“TG”为代号。发现的遗迹，灰坑以“H”为代号，灰沟以“G”为代号，房址以“F”为代号，窑址以“Y”为代号，墓葬以“M”为代号，瓮棺以“W”为代号，柱洞以“D”为代号。本报告也不例外。

2. 文化遗物的编号

每个探方出土的文化遗物，都从1号编起。所以同一探方的各个“地层单位”，除了有一个“地层单位”的器物从1编起外，其他“地层单位”的器物，都不是从1编起。

每个探方某一地层下的每一个遗迹，都是一个“遗迹单位”，编号都从1编起。

其中的墓葬这种“遗迹单位”，随葬器物都从1号编起，但填土出土的标本，虽然继续随葬品器物的编号，但在编号之前都加“0”。假如一号墓填土中出土4件标本，随葬5件器物，则其随葬器物的编号为M1∶1～M1∶4，其填土标本编号为M1∶05～M1∶09。

出土探方或地层已不明确的器物，均作采集器物处理，采集器物的编号，前面都加“采”字，从采∶1编起。

注 释

[1] 中国科学院考古研究所长江队三峡工作组：《长江西陵峡考古调查与试掘》，《考古》1961年5期，第231～236页。

[2] 宜昌地区博物馆：《宜昌县杨家湾新石器时代遗址》，《江汉考古》1984年4期，第27～37页。

[3] 余秀翠：《宜昌杨家湾在新石器时代陶器上发现刻划符号》，《江汉考古》1987年8期，第763、764页。

[4] 长江水利委员会编著：《宜昌路家河》，科学出版社，2002年，第2页图二。

[5] 宜昌县地名领导小组编：《湖北省宜昌县地名志》内部书籍，1982年。

[6] 湖北省宜昌县地方志编纂委员会：《宜昌县志》，冶金工业出版社，1993年，第77页。

[7] 《宜昌县志·总叙》，冶金工业出版社，1993年，第1页。

[8] 《宜昌县志·建置沿革》，冶金工业出版社，1993年，第49页。

[9] 《山海经·海内南经》。

[10] 司马迁：《史记·夏本纪》，中华书局，1985年。

[11] 司马迁：《史记·殷本纪》，中华书局，1985年，第124～127页。

[12] 林邦存：《关于屈家岭文化区、系、类型问题的初步分析》，《江汉考古》1997年1、2期连载。

[13] 恩格斯：《家庭、私有制和国家的起源》，人民出版社，1955年。

[14] 司马迁：《史记·太史公自序》。

[15] 司马迁：《史记·大宛列传》最后的“太史公曰”。

[16]　司马迁:《史记·五帝本纪》,中华书局,1985年。
[17]　司马迁:《史记·五帝本纪》,中华书局,1985年。
[18]　司马迁:《史记·五帝本纪》,中华书局,1985年。
[19]　司马迁:《史记·五帝本纪》,中华书局,1985年。
[20]　详见《史记·五帝本纪》最后的“太史公曰”。
[21]　《尚书·吕刑》。
[22]　林邦存:《快轮制陶技术的发明与江汉地区文明的曙光》,《中国文物报》1994年5月22日第三版。
[23]　司马迁:《史记·五帝本纪》,中华书局,1985年。
[24]　司马迁:《史记·五帝本纪》,中华书局,1985年。
[25]　详见《史记·夏本纪》最后的“太史公曰”。

贰　遗址分区、地层堆积与文化分期

一、遗 址 分 区

自 2006 年 9 月在江陵纪南城考古工作站整理以来，根据各探方和各遗迹单位的出土文物，我们逐渐认识到以未发掘的 T2431 这个探方的西南角为新原点，可把遗址分布范围划分为如下四个象限的分布区：

第一象限的遗址东北区，主要是大溪文化早期分布区。该区局部地点有屈家岭文化时期的文化遗存；在该区北部，还发现少量西周时期的灰坑遗迹和地层单位。

遗址东北区的断坎下各探方，都是次生堆积；再往北至长江边的沙滩上，满地都是制作石器的石料、打制石坯和磨制残石器，则可能是杨家湾遗址先民的石器制作场。

第二象限的遗址西北区，主要是大溪文化晚期至屈家岭文化早期和晚期的分布区。而且，在 T25 和 T27 这两个探方以东地带，可能是杨家湾遗址先民的墓地，因大溪文化晚期至屈家岭文化时期的墓葬都发现于这一带。T25 和 T27 这两个探方以西的 T24、T26、T30 ~ T35 这八个探方，都未发现墓葬，只有大溪文化晚期至屈家岭文化时期的文化堆积，可见 T24 和 T26 两个探方的以西地带，已不是杨家湾遗址先民的墓地。

需要进一步说明的是，第二象限北部的 T13、T44 ~ T48 这六个探方，都是陡坎下江滩上的探方，大部分不是遗址上的原生堆积，这六个探方的表面都有琳琅满目的大块陶片，甚至有较完好残陶器和磨制小石器，这些文化遗物可能是被江水冲刷后的墓葬随葬品的残存器物。而 T47③层下的 M51、M53 和 M54，则是被江水冲刷后的残存墓葬。

又据当地村民介绍，在葛洲坝蓄水前，第二象限北部的长江中，还有一块上面可摆放 30 桌酒席的大石板，老一辈的村民称这块大石为雷劈石，推测在原雷劈石南部，可能就是杨家湾遗址的先民墓地，我们在发掘中未见大溪文化早期和中期的墓葬，可能原来就分布在雷劈石以南的现在江滩这一带，6000 多年来的江水冲刷，因雷劈石挡住了江水带来的泥沙，才使后来的大溪文化晚期至屈家岭文化时期的墓葬上面也覆盖三四米厚的泥沙。

第三象限的遗址西南区，主要是大溪文化中期的分布区，但在一些探方的第 2 层下，也发现屈家岭文化晚期或东周时期的文化遗存。

第四象限的遗址东南区，基本上都在原宜昌至老三斗坪的老公路南侧，是当年村民的居住区，因未发现文化层堆积而没有布方发掘。

介于第二、第三象限之间的 T0329 ~ T0331、T0429 ~ T0432、T0529 ~ T0533 这十二个探方和第一次发掘的 T1 ~ T8 这八个探方的地层堆积基本一样，都没有发现“新石器时代”的文化堆积，只在第 2 层下发现零星的打破生土的东周时期的文化遗存。

又应顺便指出，在第四象限的南部山冈上，曾采集到东周时期的鬲足和石器等文化遗物，这一带因不在工程施工范围内，未做进一步考古调查和钻探。

总的来说，在以 T2431 西南角为新原点而把杨家湾遗址的分布范围划分为四个象限分布区后，考古发现的各个时期的分布情况如下：

在大溪文化早期阶段：杨家湾遗址的先民主要定居于遗址的“东北区”。

在大溪文化中期阶段：杨家湾遗址的先民主要定居于遗址的“西南区”。

在大溪文化晚期至屈家岭文化时期：杨家湾遗址的先民，主要定居在遗址的“西北区”。

但由于大溪文化晚期发展为屈家岭文化早期的“历史原因”，是“家庭公有制”发展为“家庭私有制”才造成的。所以，当定居杨家湾遗址的原一个“对偶家庭”分化为多个“一夫一妻（或多妻）制家庭”之后，屈家岭文化时期的这种“父系小家庭”，不仅定居于遗址的“西北区”，而且，这种“父系小家庭”，有的又定居在遗址的“东北区”和“西北区”。

相当于“石家河文化时期”至“夏商时期”的文化遗存，杨家湾遗址尚未发现，原因不明。

西周时期只在遗址“东北区”的北部发现四个灰坑和三个“地层单位”，可能杨家湾遗址这一时期只定居着一两个家庭。但东周时期的遗存，不仅在遗址“西南区”有较多发现，而且在遗址的“西北区”也有零星发现，估计东周时期这些定居家庭的遗迹，是由西周时期的定居家庭发展下来的家庭所遗留下来的文化遗存。

下面分别介绍遗址“东北区”“西南区”和“西北区”的地层堆积（彩版六）。

二、地层堆积

1. 遗址东北区的地层堆积

基本上可以 T2734、T2834、T2934、T3034、T3134、T3234、T3334、T3434、T3534、T3634 这十个探方的南壁剖面（图四）为例加以说明。

据图四，可知这十个探方的地势是西低东稍高；而据文化内涵，即各探方的“地层单位”和“遗迹单位”的出土文物标本，则又可知这十个探方的西部，在第 2 层这个扰乱层下就是生土，如 T2734 和 T2834 两个探方；再往东的 T2934、T3034、T3134 这三个探方，才开始存在第 3 层这一属于大溪文化早期第三阶段（以下简称“大早三段”）的遗存；继续往东的 T3234、T3334、T3434、T3534、T3634 这五个探方则才出现更早的第 4 层堆积。

只是需进一步说明，在 T3234、T3334、T3434、T3534、T3634 这五个探方中，特别是以 T3434 这个中间的探方为界，东部的 T3634 和 T3534 这两个探方的第 4 层和西部的 T3334 和

T3234 这两个探方的第 4 层，并不连接。更重要的是，从文化内涵分析：东部的 T3634 和 T3534 的第 3A 层下与第 4 层之间，还夹有一个第 3B 层，这两个探方的第 3B 层都存在有刻划符号的标本，而更晚的第 3A 层和更早的第 4 层，则都不存在有刻划符号的标本；所以，当可以认为 T3634 和 T3534 这两个探方第 3A 层属“大早三段”，而这两个探方的第 3B 层因存在刻划符号的标本而属于大溪文化早期第二阶段（简称“大早二段”）之后，则 T3634 和 T3534 这两个探方的第 4 层，则应属于大溪文化早期第一阶段（简称“大早一段”）的地层堆积。

不过还需进一步指出，在 T3234、T3334、T3434、T3534 和 T3634 这五个探方中，由于西部的 T3334 第 4 层也存在有刻划符号的标本，所以，与东部的 T3634 和 T3534 第 4 层并不连接的西部 T3334 和 T3234 这两个探方的第 4 层，其相对年代并不属于“大早一段”，而是和 T3634 和 T3534 第 3B 层一样，因存在有刻划符号的标本而应属于“大早二段”。

造成 T3434 东边的 T3634、T3534 这两个探方与 T3434 西边的 T3334、T3234 这两个探方的地层划分不一致的原因，据图四这十个探方的南壁剖面而可看到是因发掘时尚没有认识到在 T3334、T3234 和 T3134 的南部，客观存在一个开口第 3A 层下的大凹坑才造成的。

这个发掘时没有发现的大凹坑，东部被开口第 1 层下的 H440 打破；西部则是开口在 T3134 的第 3A 层下。重新认识这个大凹坑之后，则可进一步认识到：原 T3334 的第 3B、第 3C、第 4A、第 4B 和第 4C 各层，以及 T3234 的第 3B 和第 4 层，实际上都是这个大凹坑内部的小层堆积。这个大凹坑内部的小层堆积中，因存在有刻划符号的标本，而可认为是相当于“大早二段”的堆积。

顺便应该指出，本报告后面还要报道的 H538、H543、H607 和 T3134、T3234、T3334 这三个探方南部的大凹坑一样，也都是已编号为灰坑的大凹坑，H538、H543 和 H607 这三个大凹坑内部，都可分别划分出三层小堆积，并据每个小层的文化内涵，又可确定为大溪文化早期不同发展阶段的文化遗存。

又需说明的是在图四这十个探方的南壁剖面中，T2934 的第 3A 和第 3B 层各出土一件标本，均未见有刻划符号的标本，所以，本报告在后面介绍的地层单位中，将此 A、B 层合并为 T2934 第 3 层，其相对年代属于“大早三段”。

下面介绍图四这十个探方各层堆积的土质土色和厚度：

第 1 层：表土层，都是土质较松软的黑褐土。各探方都有分布，只是厚薄不一，最厚达 35 厘米，最薄只有 5 厘米。

第 2 层：扰乱层，黄灰色亚砂土夹零星红烧土点，土质松软。其中，T3434 不存在这层堆积，另外九个探方也不完全存在这层堆积，厚 0 ~ 50 厘米。因 T3134 第 2 层出土有 3 件东周时期的标本，所以，这一层或者是东周时期的堆积。

开口第 1 层下打破第 3A 层的 H491 和 H440；开口第 2 层下打破第 3A 层或生土的 H396、H416、H406、H504、H389、H373、H337 和 H338，都是“大早三段”的灰坑。

第 3 层：土质较坚硬的褐灰色黏土夹红烧土块。除 T3034 有分布外；T2934 分为第 3A 和第 3B 层；T3134、T3234、T3334、T3434、T3534、T3634 这六个探方都为第 3A 层；这层堆积在西部的 T2734 和 T2834 这两个探方中都没有发现，而余下八个探方都存在这层堆积，厚度 10 ~ 45

厘米不等，是“大早三段”的堆积。

开口第3A层下的灰坑有H524、H522、H514、H390，其中H524和H390因无标本而难以确定属“大早三段”还是“大早二段”，而有标本的H522和H514，则都属于“大早三段”的灰坑。而新发现的T3334、T3234、T3134南部大凹坑，实际也是开口第3A层下的灰坑，其相对年代则属于“大早二段”。

第3B层，是土质较硬的褐色土夹大量粗沙和少量红烧土点的一层堆积，实际上只分布于T3434东部隔梁至T3534和T3634这三个探方，厚度10～15厘米，属“大早二段”堆积。

原开口T3334③B层下的H409，实际上是T3334至T3134南部大凹坑的堆积，应属于“大早二段”的遗存。

第4层：是一层土质较硬的浅黄斑土夹少量红烧土点的堆积。只分布于T3434、T3534、T3634这三个探方，因T3434西部已不存在第4层，故其厚度为0～15厘米，属“大早一段”的堆积。

生土为黄土台地。

关于遗址东北区其他探方的地层堆积，绝大多数与图四这十个探方类似；只是有个别探方的地层已划分至第6层，但这些探方的第5和第6层的堆积，并不比T3434、T3534、T3634这三个探方的第4层更早，而是这些探方的第3至第6层，也都是大溪文化早期的遗存，并都可划分为一、二、三三个发展阶段。

同时在遗址东北区北部的一些探方中，其第3层有的为屈家岭文化早期或晚期的堆积，有的则属西周时期的堆积，需据每一“地层单位”出土的标本，才能确定其相对年代。

2. 遗址西南区的地层堆积

首先以T14和T17的东北壁剖面（图五），介绍遗址西南区的地层堆积。

从图五可见，T14和T17的地层堆积厚约110厘米，可分如下四层：

第1层：表土层，为土质疏松的灰色耕土，厚5～20厘米。

第2层：可分为A、B两个小层，均为扰乱层，除了现代遗物外，还有东周、屈家岭文化晚期和大溪文化中期的遗物。

第2A层：黄土含粗沙粒，土质较松，厚0～20厘米。

开口第2A层下的H1，属东周时期。

第2B层：灰褐土，土质疏松，厚0～25厘米。

开口第2B层下的H12，也属东周时期。

第3层：灰黄土，土质疏松，厚15～25厘米，属大溪文化中期晚段的堆积。

开口第3层下的H25，是大溪文化中期中段的灰坑。

第3A层：或称第3下层，黄灰土，土质较松，厚15～45厘米，属大溪文化中期中段堆积。

第4层：黄白土，土质较松，厚0～40厘米。

第4下层：黄沙土，疏松，厚0～50厘米。

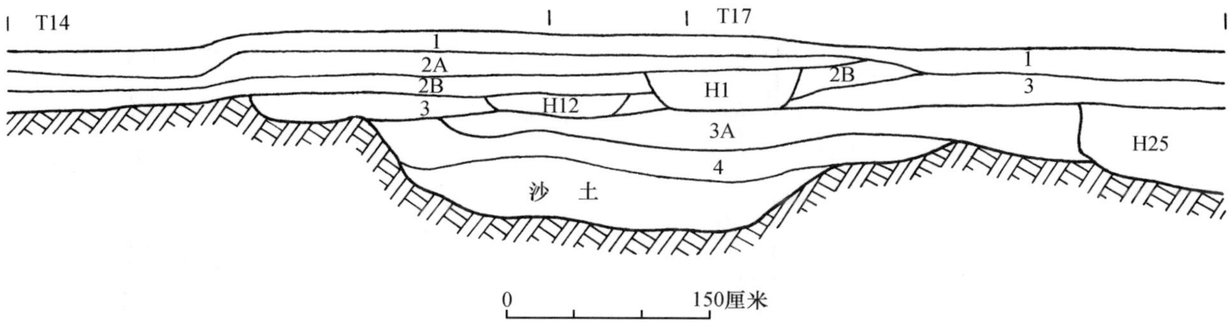

图五 T14、T17 东北壁剖面图

第 4 层和第 4 下层都是大溪文化中期早段的堆积。

生土和遗址东北区一样也是黄土台地。

遗址西南区的探方中，基本可以 T14 和 T17 的地层堆积为代表；不过，也有个别探方的地层堆积划分至第 5、第 6 层，下面以 T0923、T1023、T1123 这三个探方的南壁剖面（图六）为例，再作进一步说明。

由图六可见，T1123 和 T0923 这两个探方的地层堆积都没有超过第 4 层，仅 T1023 这个探方还存在第 5、第 5B 和第 6 层，但从剖面上看，第 5、第 5B 和第 6 这三层堆积，实际上是同一凹坑或凹沟内部的三个小层堆积。而从 T1023 第 3、第 4、第 5、第 5B 和第 6 层这五层出土的总共 15 件标本分析，都只能属于大溪文化中期中段的遗物。

从这三个探方的出土标本分析：

T1123②B 层出土 19 件标本，属东周遗存。

T1123③B 层出土 30 件标本，属大溪文化中期晚段，简称“大中晚段”。

T1123③C 层和 T1123④层合称 T1123③C 层，出土 14 件标本，属大溪文化中期中段，简称“大中中段”。

开口 T1123③C 下的 H334 和 G69、G68 都没有出土标本，相对年代推断略。

T1023②层各小层出土标本中，有东周 8 件、大中中段 9 件和屈家岭文化晚期 1 件。

T1023③、T1023④、T1023⑤、T1023⑤B 和 T1023⑥各层共出土标本 15 件，属大中中段。

T0923②层的出土标本中，有 6 件属于东周时期遗存。

T0923 的局部堆积第 3 层，出土标本 5 件，另加第 2 层中 2 件和第 2D 层 2 件，共 9 件，都属大溪文化中期早段，简称“大中早段”。

开口 T1023③层下的 H291 出土标本 2 件，开口 T1023④层下的 H293 出土标本 6 件，开口 T0923②B 层下的 H288 出土标本 4 件，这三个灰坑都属大中中段的遗存。

开口在 H291 和 H293 之下的 H314，出土标本 6 件，属大早早段。

通过上述分析，T0923、T1023、T1123 这三个探方的地层堆积，需结合出土标本才能校正，但和 T14 与 T17 的大溪文化中期遗存一样，这三个探方的大溪文化中期遗存，也只能划分为早、中、晚三个发展阶段。

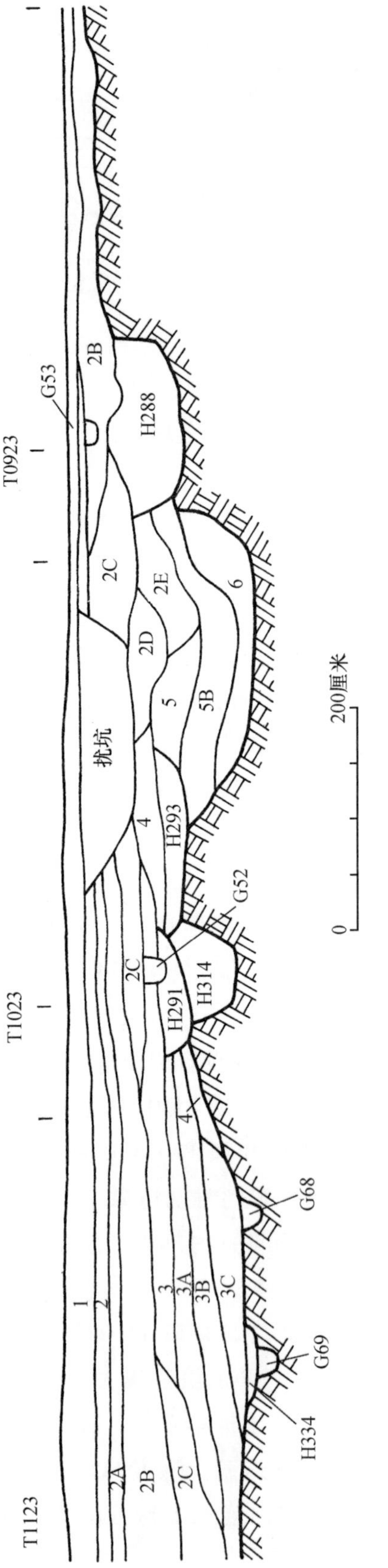

图六　T1123、T1023、T0923 南壁剖面图

3. 遗址西北区的地层堆积

可以T36、T38、T39、T40四个探方的北壁剖面（图七），介绍遗址西北区的地层堆积。

从图七这一剖面图看，从东部的T40至西部的T38，地表近平坦，只自东往西略低斜，至T36则向西低斜较厉害。这四个探方的表土层下都有厚厚的淤积泥沙，且自东往西逐渐加厚，文化层堆积也东薄西渐厚，堆积最厚的西部，深达430厘米，可分如下六大层：

第1层：表土层。为疏松的黑褐色耕土，厚20～45厘米。

第2层：淤积土。为较紧密的黄土夹红色淤泥斑点，厚20～40厘米。

第2层下又有A、B、C、D、E、F六层不同颜色的淤沙。

第2A层：黄沙土。主要分布于东部的T40，厚0～40厘米。

第2B层：褐黄沙土。也只分布于东部，厚0～30厘米。

第2C层：浅黄沙土。T38～T40三个探方都有分布，T36的第2C层已被发掘前村民先挖掉的大坑破坏，厚15～55厘米。

第2D层：黄泥沙土。主要分布在中部的T38和T39，厚0～25厘米。

第2E层：红褐色土夹木炭点。只分布于西部的T38和T36，最厚处达160厘米。

第2F层：黄色亚砂土夹木炭点。原各方都有分布，中间被第2D层下一个大扰坑破坏，厚45～70厘米。

开口第2层下的M45和M46，因未打隔梁没有全部发掘，未见随葬品，年代推断略。

第3A层：褐黄土。较疏松，厚0～25厘米。屈家岭文化晚期堆积。

第3层：灰黄亚砂土。疏松，只存在于T36和T38，厚0～30厘米。也是屈家岭文化晚期堆积。

开口第3层下的H169没有出土标本，略而不用。

第4层：为较紧密灰黄土。可能原这个四个探方都有分布，但中部已被第2D层下扰坑破坏，厚15～25厘米。大溪文化晚期堆积。

开口第4层下的H172打破M42，都是大溪文化晚期的遗迹。

第5层：灰色的细沙土。只分布于T36，厚0～15厘米。

第5A层：红褐色夹少量红烧土。分布于T36和T38东隔梁，厚0～25厘米。

第5B层：松软灰土。只分布于T36和T38，厚0～25厘米。

第5层、第5A层和第5B层，仍是大溪文化晚期的堆积。

第6层：红褐色亚砂土夹鱼骨、灰烬、红烧点。土质松软，主要分布在T36，厚5～35厘米。属大溪文化晚期堆积。

生土为黄色亚砂土。

需要说明的是，西北区西部的其他探方，最下部的堆积都划至第5层，但都是大溪文化晚期的堆积。而这些探方的第4层，则和T36的第4层及第5层、第5A层和第5层一样，都属于大溪文化晚期的堆积。

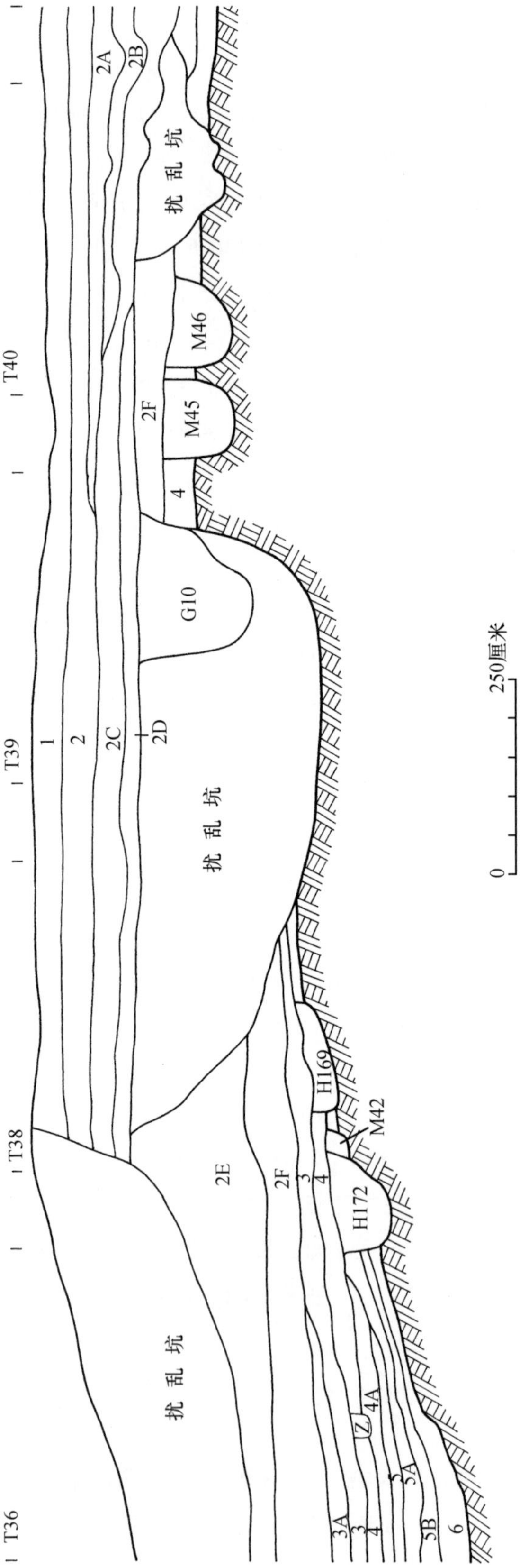

图七 T36、T38、T39、T40北壁剖面图

三、文化分期

通过2006年以来全面系统的整理前述七次发掘的考古资料，使我们认识到宜昌杨家湾遗址主要包涵大溪文化早期、中期、晚期和屈家岭文化早期、晚期，以及西周和东周时期的文化遗存。时代更晚的文化遗存十分稀少，本报告不再介绍。

杨家湾遗址的大溪文化遗存分为早、中、晚三个发展时期，主要是参考《湖北枝江关庙山遗址第二次发掘》对大溪文化的文化分期[1]。

因为在认识关庙山大溪文化第一至第四期遗存的过程中，我们可以发现：宜昌杨家湾遗址东北区的大溪文化遗存，主要是相当于“关庙山大溪文化第一、二期”的文化遗存。而杨家湾遗址西南区的大溪文化遗存，则主要是相当于“关庙山大溪文化第二、三期”的文化遗存。也因为杨家湾遗址西北区的大溪文化遗存，主要是相当于“关庙山大溪文化第三、四期”的文化遗存。所以，在全面系统的整理之后，我们才把杨家湾遗址东北区、西南区和西北区的大溪文化遗存，分别确定为杨家湾大溪文化的早期、中期和晚期的文化遗存。

又据图四所反映的T2734至T3634这十个探方的南壁剖面图，结合这十个探方不同“地层单位”和不同“灰坑”出土的标本，我们才能认识到杨家湾大溪文化早期又经过第一、二、三阶段的发展，并可简称为“大早一段”“大早二段”“大早三段”。这三个发展阶段的主要区别是：大早一段尚没有出现有刻划符号的标本；大早二段的遗迹单位和地层单位大多存在有刻划符号的标本；大早三段已不存在有刻划符号的标本。

如属大早一段的T3534④层和T3634④层都未见有刻划符号的标本；而属大早二段的这两个探方的第3B层，都存在有刻划符号的标本；属于大早三段的这两个探方的第3A层，都已不存在有刻划符号的标本。

又如开口T2739和T2738这两个探方第3A层下的H543，这个灰坑内部的堆积可分1、2、3三小层，其第3小层未出现有刻划符号标本，第2小层存在有刻划符号的标本，第1小层已不存在有刻划符号的标本。

而开口在T2838周围八个探方第3A层下的H538，且H538打破H543，H538坑内堆积也可分为三层堆积，其中第1小层没有发现有刻划符号的标本，而第2、3两个小层都存在有刻划符号的标本。所以，可认为H538①层属“大早三段”，而H538②层和H538③层，都属“大早二段”。

而被H538打破的H543，其第3小层应属大早一段；第2小层属大早二段；H543第1小层属大早三段。

值得注意的是：宜昌地区博物馆考古队于1981年在遗址上所开三条探沟，实际上大部分都在H538这个大灰坑的范围内，当年出土的74件有刻划符号的标本，可能主要是H538第2层、第3层的遗物，相对年代都属于大早二段。

又需要注意的是T21的地层堆积可划分为六层，但由于T21东部就是H543，而H543的东部已被作为 T21 发掘，所以，T21 第 6 层可能就是 H543 第 3 层的堆积，应属大早一段；而 T21 第 4、第 5、第 5A、第 5B、第 5C 层这五个地层单位，都存在有刻划符号的标本，应是相当于 H543 第 2 层的堆积，而属大早二段；T21 第 3 层 14 件标本和 T21 第 3A 层 17 件标本，都已不存在有刻划符号的标本，属大早三段的地层堆积。进一步分析，T21 第 3A 层，可能相当于 H543 第 1 层这一堆积，而 T21 第 3 层，则相当于 T2738 第 3A 层。

还需进一步说明的是，遗址东北区各探方的第 3 层或第 3A 层和第 3B 层，并不是都属“大早三段”的堆积。而是该区北部的 T2744 第 3B 层，属屈家岭文化早期的堆积，而 T2744 第 3A 层和 T2644 第 3 层这两个地层单位，都属屈家岭文化晚期的堆积。又：T2944 第 3 层、T2945 第 3B 层和 T3045 第 3A 层这三个地层单位，则都属“西周时期”的堆积。

而且，在遗址东北区北部的一些探方第 2 层下，还发现了三个屈家岭文化晚期的灰坑和四个西周时期的灰坑。

如 H562，开口 T2744 第 2 层下打破生土。H563，开口 T3042 第 2 层下打破生土。H569 开口 T3043 第 2 层下打破生土。这三个灰坑都是屈家岭文化晚期的灰坑。

而 H564 开口 T3043 第 2 层下打破生土，又被 H567 打破。H565 开口 T2942 和 T3042 的第 2 层下打破生土。H567 开口 T3043 第 2 层下打破生土和 H564。H573 开口 T2944 第 2 层下，打破第 3、第 4 层和 H575。这四个灰坑都是西周时期的遗存。

由此可见，遗址东北区主要是大溪文化早期先民的定居区；直至屈家岭文化时期，才有先民在该区北部的 T2644、T2744、T3042、T3043 和 T3144 一带定居，又至西周时期，该区北部的 T2942、T2944、T2945、T3042、T3043、T3045 一带，才出现“焦国”居民的文化遗存。

杨家湾大溪文化中期的文化遗存，实际只分布于遗址西南区。据 T14 和 T17 的地层堆积，大溪文化中期的遗存，又可分为早、中、晚三个阶段。大中晚段，以 T14 和 T17 的第 3 层为代表。大中中段，以 T14 和 T17 的第 3A 层和第 3B 层为代表。大中早段，以 T14 和 T17 的第 4 层和第 4 下层为代表。

在整理过程中，我们进一步发现，遗址西南区的探方，地层堆积并不完全统一，需据同一探方不同“地层单位”的相对早晚关系，并结合同一探方不同地层单位的出土标本，才能进一步确定同一探方中“大溪文化中期遗存”的阶段划分。

例如 T15 出土的 17 件标本中，除第 2B 层出土 2 件大溪文化的标本和 1 件周代标本而属扰乱层外，其余 14 件标本分别出自第 3 层、第 3A 层、第 3B 层和第 3C 层，因这 14 件标本中存在一些“大溪文化早期”就已出现的器物，所以，整理时把这 14 件标本合称为 T15 第 3 层的器物，并因 T15 没有第 4 层而确定 T15 这 14 件标本都属于“大中早段”的遗物。

又例如，T0824 和 T0924 都没有第 3 层及更早堆积，所以，T0824 第 2B 层出土的 10 件标本和 T0924 第 2 层出土的 4 件标本，都确定为“大中早段”的器物。

再例如，T19 出土的 126 件标本中，第 1 层中 1 件属东周时期，第 3 层 41 件属“大中晚段”，第 3 下层 61 件属“大中中段”，第 4 层 11 件仍属“大中中段”，第 5 层 7 件属“大中早段”，第 5 下层 5 件仍属“大中早段”。

遗址西南区除了主要是“大溪文化中期”的遗存外，在 T1125、T1126、T1226、T1227、T1327 这五个探方的第 3 层（包括 T1126 第 3C 层和 T1227 第 3A 层），以及 T1024、T1025 和 1326 这三个探方的第 2 层，都发现屈家岭文化晚期的地层单位，而且在 T0923、T1023、T1125、T1126、T1226、T1127 这个六探方的第 2 层下，还发现 12 个屈家岭文化晚期的灰坑。

另外，在遗址西南区的 27 个探方中，发现一批“东周时期”的地层单位和 12 个“东周时期”的灰坑。这些东周时期的遗存，都在这批探方中的第 2 层或第 1 层，灰坑则开口都在第 1 层或第 2 层下。

由此可见，遗址西南区主要存在着“大溪文化中期”“屈家岭文化晚期”和“东周时期”这三个不同时期的文化遗存。

大溪文化晚期的遗存，基本上都分布在遗址西北区。

更重要的是，遗址西北区还发现了一批在大溪文化晚期遗存直接发展起来的“屈家岭文化”遗存。而且，这批屈家岭文化的遗存还可分为早、晚两期。

同时可以发现：这批“屈家岭文化早期”的遗存不同于“大溪文化晚期遗存”的最大特点，就是陶系以黑陶为主，而“大溪文化”各个不同时期各个发展阶段，都十分明显地以红陶系为主。据此特点，我们在整理 T26 第 4 层这一地层单位时，才认识到这一地层单位不同于遗址西北区其他探方的第 4 层，而把其他探方的第 4 层确定为“大溪文化晚期”的堆积，唯独把 T26 第 4 层确定为“屈家岭文化早期”的堆积。原因是 T26 第 4 层出土的 18 件标本中，有 11 件陶器标本，其中有 8 件是泥质黑陶。

而杨家湾遗址的“屈家岭文化晚期遗存”不同于“屈家岭文化早期遗存”的特点就是在早期开始出现“双腹盘”之后，晚期又出现“双腹碗”“双腹豆”，但更重要的是，又与“湖北京山屈家岭遗址”的屈家岭文化晚二期一样，新出现一批高圈足杯、盂形器、蛋壳彩陶杯、斜腹红陶杯等器物。

根据初步掌握的“屈家岭文化早期遗存”不同于更早的“大溪文化晚期遗存”，又不同于更晚的“屈家岭文化晚期遗存”的特点，我们才可发现：遗址西北区各探方，除坎下的 T47 和 T48 外，各探方的第 3 层各小层都属“屈家岭文化”的遗存；又据同一探方第 3 层各小层的相对早晚关系，结合每一地层单位的出土标本，进一步划分为“屈家岭文化”的早期和晚期。

必须进一步指出的是：大溪文化晚期的遗存，虽然只分布于遗址西北区；但继后发展起来的屈家岭文化早期遗存，除了主要分布于遗址西北区外，在遗址东北区的 T2744 和 T3144 也有发现；而继续发展起来的屈家岭文化晚期遗存，则除了主要分布在遗址西北区外，在遗址东北区和西南区，又都有比屈家岭文化早期更广泛的分布。

为什么杨家湾遗址上的先民，在大溪文化早期只定居于遗址东北区，在大溪文化中期又只定居于西南区，在大溪文化晚期都定居于遗址西北区；但到了屈家岭文化发展时期，除了大部分先民仍在遗址西北区定居外，已有先民分别到遗址东北区和西南区长期定居呢?

这个问题，其实只有在实践和研究“类型学说”学者，结合司马迁在《史记》中的记载而可重新掌握“时代划分法”的“划分标准”之后，才能找到答案。这就是：杨家湾遗址，在大溪文化早期、中期、晚期的发展中，都始终只定居着一个“对偶家庭”；到了屈家岭文化发展时期，因先后掌握快轮制陶技术的“方国首领”都在自己“方国”内部进行社会改革而推行“家庭私有制”，才使定居于杨家湾遗址的这个“对偶家庭”，在“屈家岭文化早期”就已分化为多个“一夫一妻（或多妻）制家庭”，当分家后的“新家庭”离开自己的父母又在遗址上另外择址定居后，“屈家岭文化晚期”的家庭分布更加分散。

由此可见，杨家湾遗址的“新石器时代资料”，将可为家庭的发展提供一批考古资料。

只是由此必须进一步指出，杨家湾遗址除发现新石器时代的大溪文化和屈家岭文化的丰富遗存外，还发现西周和东周时期的一些文化遗存。只是西周时期的文化遗存只发现于遗址东北区的北部6个探方；而东周时期的文化遗存，则不但在西北区的3个探方中有发现，而且在西南区的27个探方中，有更广泛的分布。

下面分章介绍杨家湾遗址不同时期的遗存，及杨家湾遗址采集的文化遗物。只是在介绍这些不同时期的文化遗存前，为明确不同时期发现的文化遗迹的相对位置，这里先公布如下三张遗迹分布图和四份附表：

图八A　东北区遗迹分布图（一）

图八B　东北区遗迹分布图（二）

图九　西南区遗迹分布图

图一〇　西北区遗迹分布图

附表一　杨家湾遗址墓葬一览表

附表二　杨家湾新石器时代墓葬随葬品种类和型式一览表

附表三　杨家湾遗址灰坑一览表

附表四　杨家湾遗址灰沟一览表

注　释

[1]　中国社会科学院考古研究所湖北工作队：《湖北枝江关庙山遗址第二次发掘》，《考古》1983年1期，第17～29页。

叁　大溪文化早期的遗存

一、概　　述

杨家湾遗址的大溪文化早期遗存，集中分布在遗址东北部的黄土台地上。虽然如前所述，在以T2431西南角为新原点的第一象限各探方，普遍存在大溪文化早期遗存，暂可认为大溪文化早期的先民只定居于遗址东北区；但在整理的过程中我们又发现第二象限的遗址西北区中，T13、T45和T46也存在大溪文化早期的标本后，似乎又与上述认识矛盾；只有根据图三而可进一步认识到这三个探方都在遗址西北区的坎下，而坎下的探方多为次生堆积之后，才能进一步肯定，大溪文化早期遗存的原来分布其实仍只在遗址的东北区。只是由此还需指出：第二次发掘的TG1和TG2，其地层堆积也多是次生堆积。所以，在下面介绍大溪文化早期各阶段的遗存时，这五个探方或探沟的遗存，附于最后。

二、文 化 遗 存

大溪文化早期的文化遗存可分“遗迹单位”和“地层单位”的遗存。下面分别介绍大早一段、大早二段和大早三段这三个发展阶段的文化遗存。

（一）大早一段的文化遗存

大早一段的“遗迹单位”只有9个灰坑，大早一段的“地层单位”也只有9个。概况如下。

1. 大早一段的灰坑

（1）H237

①灰坑情况

位置：在T71西南部。

层位关系：开口在第3层下，被H236打破。

形制大小：近圆形，斜弧壁，底不平。口径150、底径120、深40～50厘米（图一一，1）。

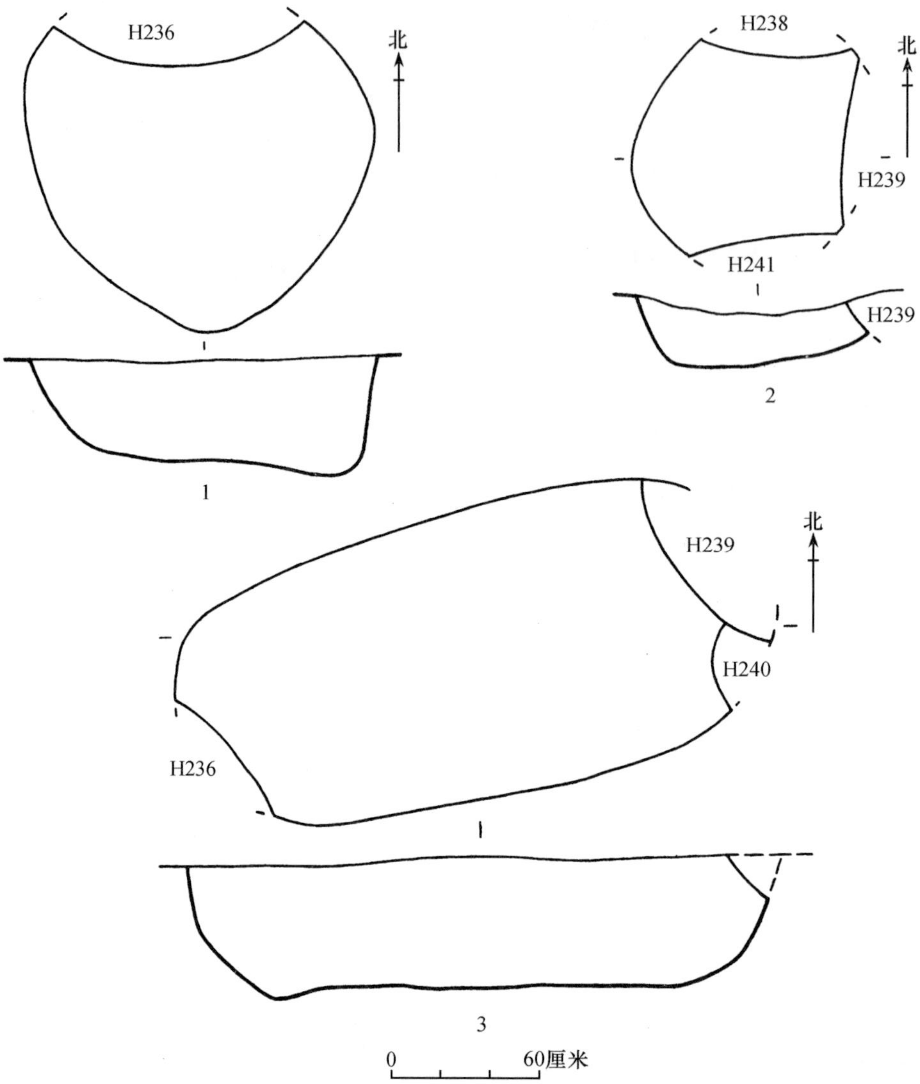

图一一　H237、H241、H242 平、剖面图
1. H237　2. H242　3. H241

② 出土器物

出土标本：6 件。均为陶器，有凹折沿罐、束颈罐、束颈小罐、小口瓮、内折沿簋、子母口碗。

凹折沿罐　1 件（H237∶2）。夹草末黄陶。宽折沿深凹，尖圆唇，弧肩已残。素面。口径 26、残高 5. 8 厘米（图一二，11）。

束颈罐　1 件（H237∶1）。夹草末红褐陶。侈口，束颈，宽折沿微凹，但口内外都无折棱，斜弧肩，腹已残。素面。口径 27、残高 7. 2 厘米（图一二，15）。

束颈小罐　1 件（H237∶5）。泥质陶外红内黑。直口稍外卷，尖圆唇，束颈，溜肩下斜，弧腹已残。素面。口径 10、残高 5. 4 厘米（图一二，2）。

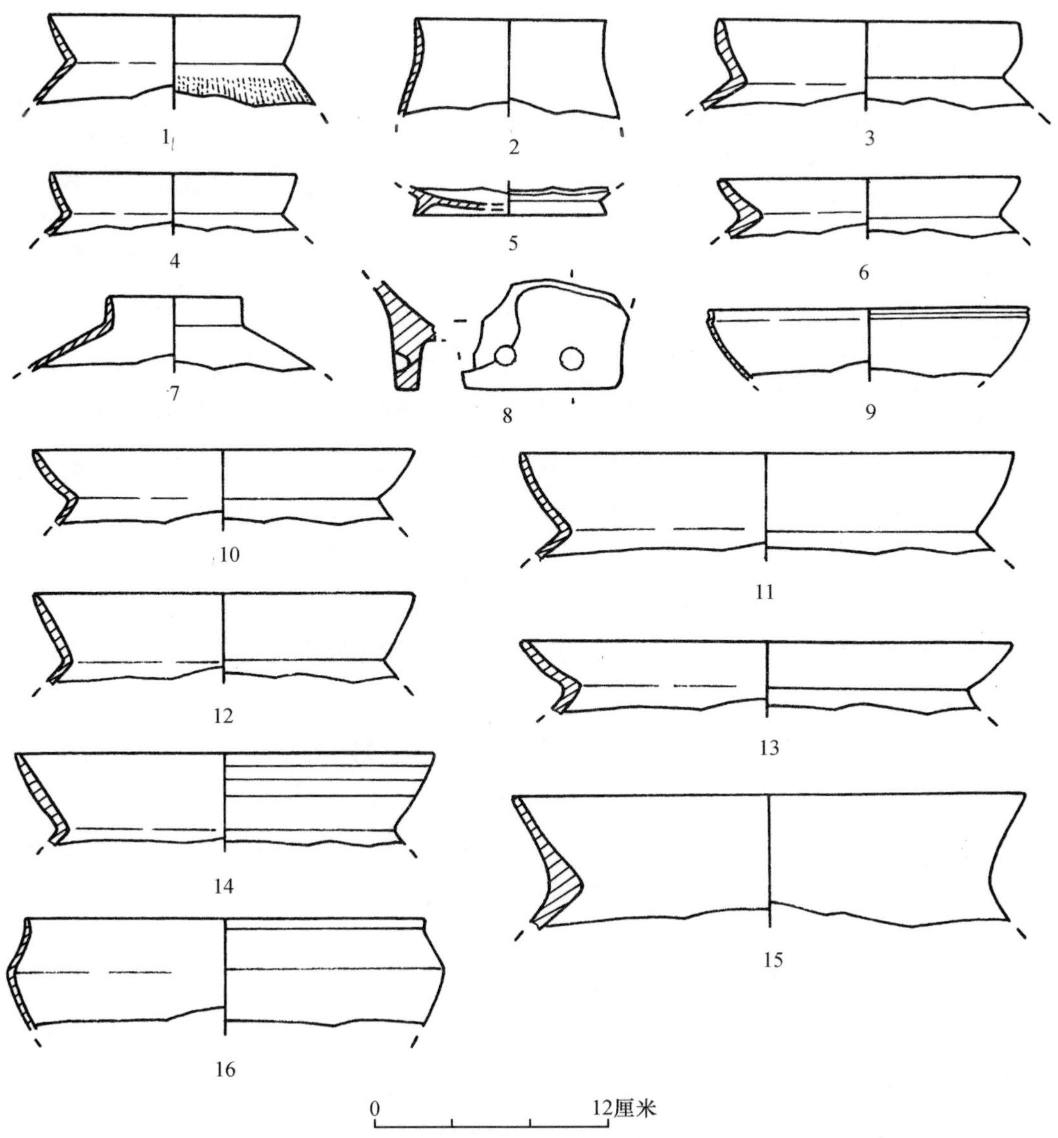

图一二　H237、H241、H242 出土陶器

1、4. 凹折沿小罐（H242∶1、H242∶2）　2. 束颈小罐（H237∶5）　3. 曲颈罐（H241∶3）　5. 碗圈足（H241∶7）　6、10、11、13. 凹折沿罐（H241∶4、H241∶1、H237∶2、H241∶2）　7. 小口瓮（H237∶3）　8. 片状小鼎足（H241∶6）　9. 子母口碗（H237∶6）　12、14. 折沿罐（H241∶5、H242∶3）　15. 束颈罐（H237∶1）　16. 内折沿簋（H237∶4）

小口瓮　1件（H237∶3）。泥质橘红陶。小直口，尖圆唇，矮直颈，广弧肩，腹已残。素面。口径7、残高4厘米（图一二，7）。

内折沿簋　1件（H237∶4）。泥质陶外红内黑。敛口，宽斜沿内折，尖圆唇又直立，似呈子母口，折腹斜弧内收，底已残。素面。口径21、残高6厘米（图一二，16）。

子母口碗　1件（H237∶6）。泥质黑陶。敛口，窄斜沿内折，小方唇直立，又似子母口，折腹弧内收，因腹较浅而称碗不称小罐，底已残。素面。口径17、残高3.9厘米（图一二，9）。

（2）H241

① 灰坑情况

位置：在 T71 中北部。

层位关系：开口在第 3 层下，打破 H242、G26；东被 H239 和 H240 打破，西被 H236 打破。

形制大小：椭圆形，斜弧壁，近平底。口部残长 240、宽 100、底部长 200、宽 35、深 50 厘米（图一一，3）。

② 出土器物

出土标本：7 件。均为陶器，有凹折沿罐、折沿罐、曲颈罐、碗圈足、片状小鼎足。

凹折沿罐　3 件。H241:1，夹炭红陶。凹折沿，尖唇，斜肩，腹已残。素面。口径 20、残高 4.4 厘米（图一二，10）。H241:2，泥质红陶。宽折沿内凹，尖唇，斜肩微弧凹，腹已残。素面。口径 26、残高 4 厘米（图一二，13）。H241:4，夹炭红陶，外表、内沿施浅红衣。凹折沿，尖圆唇，斜弧肩已残。素面。口径 16、残高 3.1 厘米（图一二，6）。

折沿罐　1 件（H241:5）。夹草末红陶。宽折沿，尖唇，斜弧肩，腹已残。肩有抹而未尽的稀疏竖绳纹。口径 20、残高 5.1 厘米（图一二，12）。

曲颈罐　1 件（H241:3）。夹炭红陶。侈口外敞，曲颈内凹外弧下内束，弧肩已残。素面。口径 16、残高 4.8 厘米（图一二，3）。

碗圈足　1 件（H241:7）。泥质红陶。仅存残圜底下附矮圈足，足壁外弧。素面。底径 10、残高 1.4 厘米（图一二，5）。

片状小鼎足　1 件（H241:6）。泥质黑胎红陶。罐形鼎下部残小鼎足，片状似倒梯形。足下部饰两个并列的小圆戳印纹。残高 5.8 厘米（图一二，8）。

（3）H242

① 灰坑情况

位置：在 T71 中部偏北。

层位关系：开口在第 3 层下，打破 G26；被第 3 层下 H241 打破。

形制大小：近圆形，斜弧壁，近平底。口部长径 110、宽径 98、深 30 厘米（图一一，2）。

② 出土器物

出土标本：3 件。均为陶器，有凹折沿小罐、折沿罐。

凹折沿小罐　2 件。H242:1，夹炭红陶。内沿施浅红衣。凹折沿，尖唇，斜弧肩，腹已残。肩饰竖细绳纹。口径 13.2、残高 5.2 厘米（图一二，1）。H242:2，夹炭红陶。内沿泛灰黑色。折沿微凹，尖唇，弧肩，腹已残。颈下肩部有竖绳纹。口径 13、残高 3.2 厘米（图一二，4）。

折沿罐　1 件（H242:3）。夹炭灰褐陶。宽折沿，尖圆唇，斜肩已残。外沿三周凹弦纹而呈四叠层。口径 22、残高 5 厘米（图一二，14）。

（4）H460

① 灰坑情况

位置：在 T2731 西壁下，局部。

层位关系：开口在第4B层下，打破生土。

形制大小：只露出局部呈椭圆形，壁有两级内弧形台阶，平底。口径约210、底径约60、深80厘米（图一三，1）。

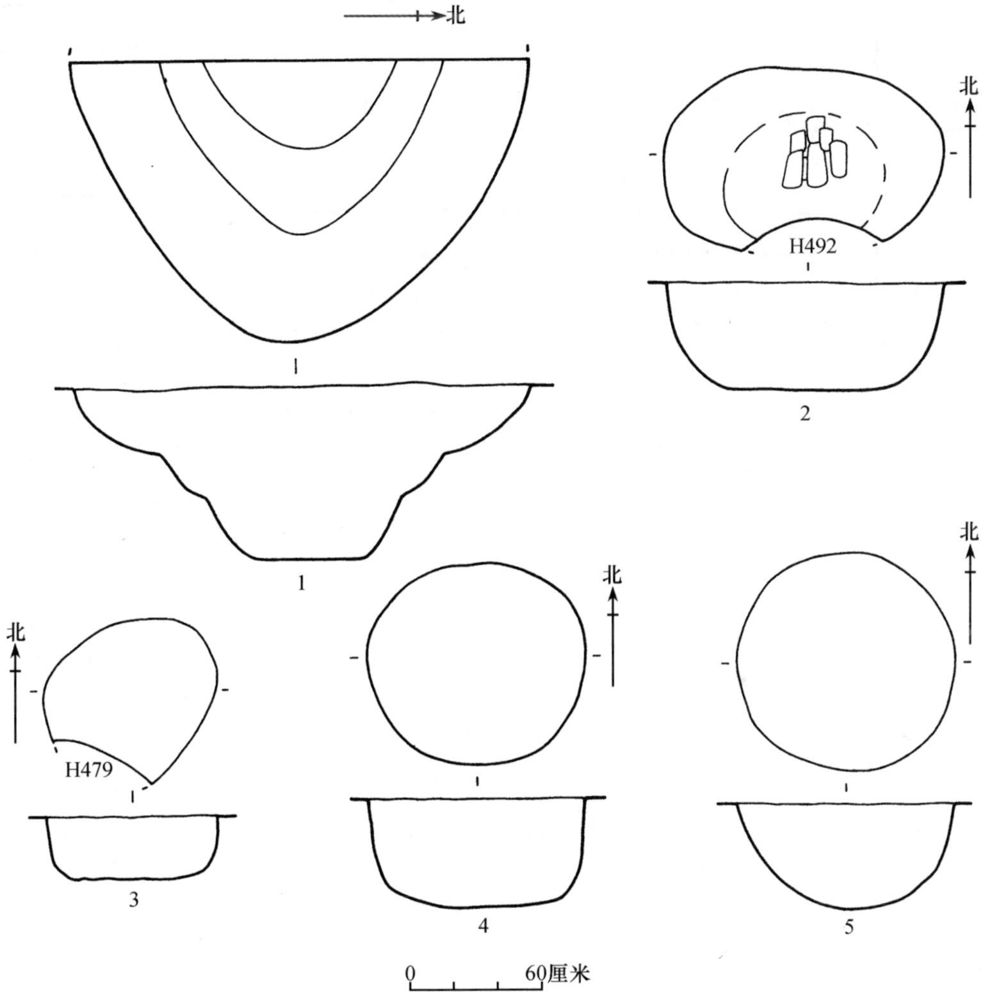

图一三　H460、H506、H509、H527、H535平、剖面图

1. H460　2. H506　3. H509　4. H527　5. H535

② 出土器物

出土标本：3件。有残石器和陶折沿罐、假圈足。

石器

残石器　1件（H460∶3）。刃部已残，上部仅打制，体较厚近椭圆。残长12.7、残宽7.1、厚3.7厘米（图一五，8）。

陶器

折沿罐　1件（H460∶1）。泥质红陶，内沿和外表施深红衣。侈口，束颈，折沿，尖唇，弧肩已残。素面。口径16、残高2.4厘米（图一四，9）。

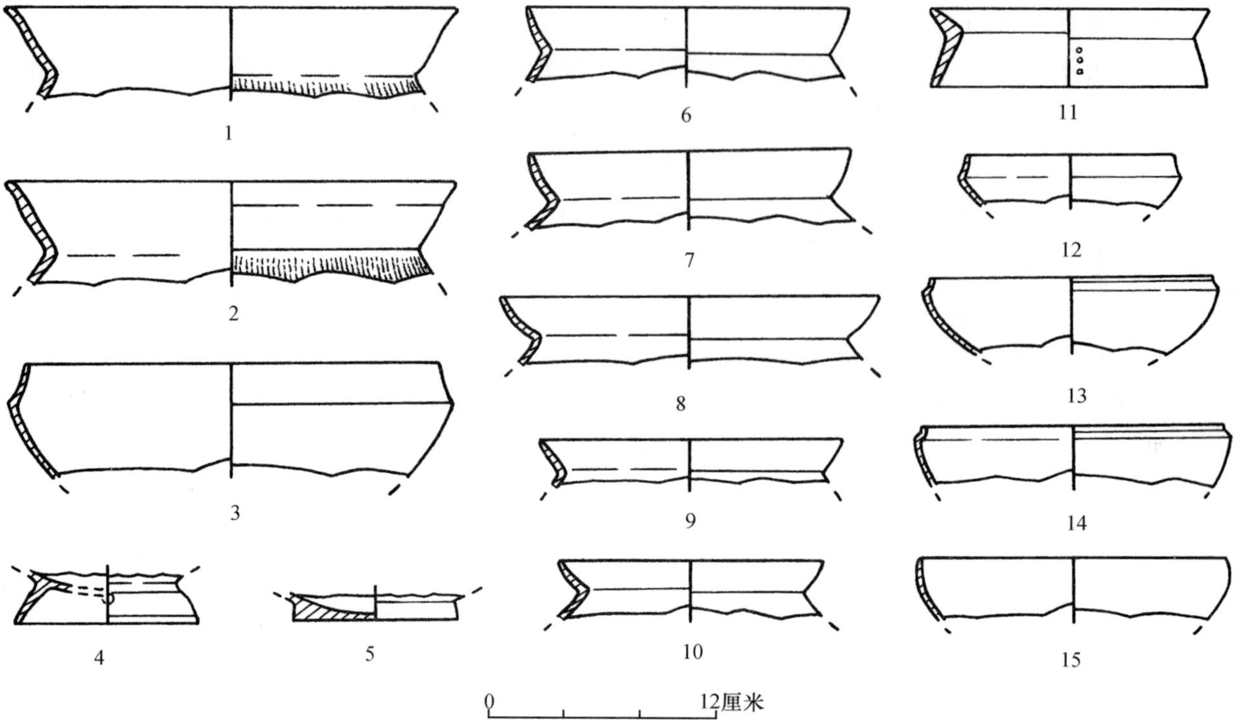

图一四　H460、H506、H509、H527、H535 出土陶器

1、2、9. 折沿罐（H535∶2、H535∶1、H460∶1）　3、12. 内折沿簋（H527∶1、H527∶2）　4. 矮圈足（H535∶5）　5. 假圈足（H460∶2）　6. 曲颈罐（H535∶3）　7、8、10. 凹折沿罐（H506∶9、H506∶8、H506∶10）　11. 侈口溜肩式小器座（H535∶6）　13、14. 子母口碗（H535∶4、H509∶2）　15. 敛口碗（H509∶1）

假圈足　1 件（H460∶2）。泥质黑陶。仅存圜底下实心假圈足，足壁低矮近直，平底。素面。足径 9、残高 1.4 厘米（图一四，5）。

（5）H506

① 灰坑情况

位置：在 T3534 东南部。

层位关系：开口在第 3B 层下，被第 3A 层下 H492 打破。

形制大小：椭圆形，弧壁，圜平底。口部长径 130、宽径 90、深 50 厘米（图一三，2）。

② 出土器物

出土标本：10 件。有石斧和陶凹折沿罐。

石器

石斧　7 件。H506∶1，扁弧近梯形，顶部不平有打制痕，两面、两边皆扁弧原面，斜弧刃两面磨制，甚锋利。长 13.1、宽 7.1、厚 2.5 厘米（图一五，5；图版一，5）。H506∶2，扁弧近梯形，平顶经打制，两面、两边皆扁弧原面，弧刃两面磨制，有使用痕，仍甚锋利。长 15.2、宽 7.4、厚 3.1 厘米（图一五，1；图版一，6）。H506∶3，扁弧近梯形，弧顶稍打制，两面皆光滑原弧面，两边原面略磨平，弧刃两面磨制，有使用痕，仍锋利。长 14.7、宽 7.3、厚

2.8 厘米（图一五，2；图版一，2）。H506∶4，扁弧梯形，弧顶为原面，两面皆原面有天然琢打痕，两边平直，有琢痕又略磨制，弧刃近直，两面磨制，锋利。长 20、宽 9.6、厚 3.6 厘米（图一五，6；图版一，3）。H506∶5，扁弧近宽梯形，斜顶微凹为原面，两面也皆光滑原面，两边扁弧经磨制，弧刃近平，两面磨制，较锋利。长 11.3、宽 7.4、厚 2.4 厘米（图一五，7；图版二，1）。H506∶6，扁弧体呈梯形，斜平顶稍打制，两面、两边皆原扁弧面，斜弧刃两面磨制，较锋利。长 13.8、宽 7.2、厚 2.9 厘米（图一五，4；图版一，4）。H506∶7，扁弧长条状近梯形，窄顶弧，两弧平面皆原面，两边稍磨制也扁弧近平，弧刃两面磨制，有使用片痕，已不锋利。长 16.3、宽 7.6、厚 2.8 厘米（图一五，3；图版一，1）。

陶器

凹折沿罐　3 件。皆夹草末红陶。折沿深凹，尖唇，斜弧肩。素面。仅口径大小有异。H506∶8，口径 20、残高 3.8 厘米（图一四，8）。H506∶9，口径 17、残高 4.1 厘米（图一四，7）。H506∶10，口径 14、残高 3.2 厘米（图一四，10）。

（6）H509

① 灰坑情况

位置：在 T3433 东北部。

层位关系：开口在第 3C 层下，打破第 4 层；西南部被第 3B 层下 H479 打破。

形制大小：椭圆形，弧壁，圜平底。口部长径 80、宽径 74、深 30 厘米（图一三，3）。

② 出土器物

出土标本：2 件。均为陶器，有子母口碗、敛口碗。

子母口碗　1 件（H509∶2）。泥质磨光黑陶。敛口，窄斜沿内折，小方唇直立，又呈子母口，折腹弧内收，底已残。素面。口径 16、残高 3.3 厘米（图一四，14）。

敛口碗　1 件（H509∶1）。泥质磨光黑陶。敛口，尖唇，弧腹下部已残。素面。口径 16、残高 3.4 厘米（图一四，15）。

（7）H527

① 灰坑情况

位置：在 T3533 东北部。

层位关系：开口在第 4 层下，打破生土。

形制大小：圆形，斜弧壁，圜平底。口部长径 100、宽径 92、深 50 厘米（图一三，4）。

② 出土器物

出土标本：陶器 2 件。内折沿簋。

内折沿簋　2 件。泥质陶外红内黑。宽凹沿内折，尖圆唇，折腹弧内收，底已残。素面。H527∶1，口径 22、残高 6.4 厘米（图一四，3）。H527∶2，口径 11、残高 2.6 厘米（图一四，12）。

（8）H535

① 灰坑情况

位置：在 T3633 西部。

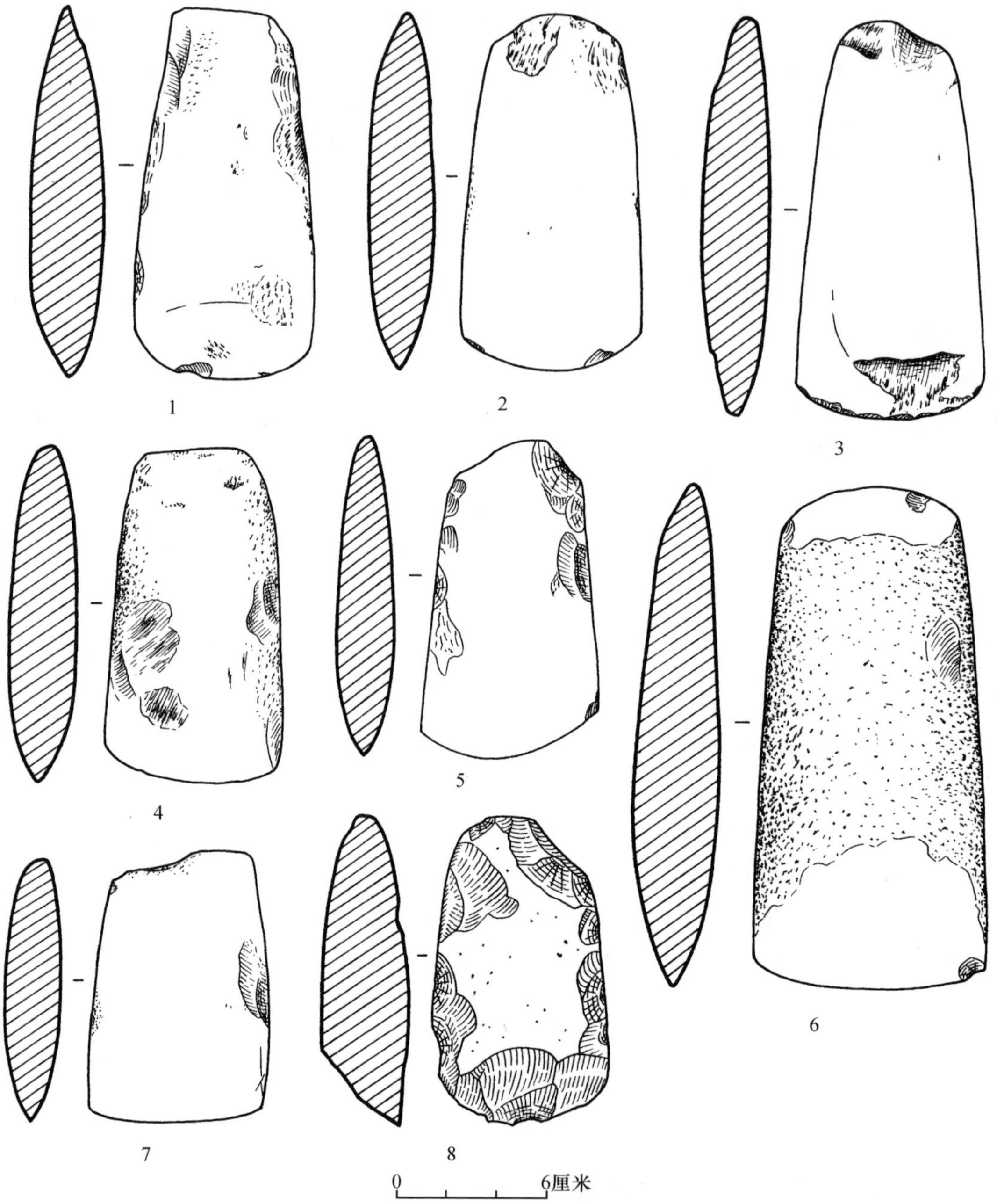

图一五　H460、H506 出土石器

1～7. 石斧（H506∶2、H506∶3、H506∶7、H506∶6、H506∶1、H506∶4、H506∶5）　8. 残石器（H460∶3）

层位关系：开口在第 4B 层下，打破生土。

形制大小：圆形，弧壁，圜底。口径 100、深 50 厘米（图一三，5）。

② 出土器物

出土标本：6 件。均为陶器，有折沿罐、曲颈罐、子母口碗、矮圈足、侈口溜肩式小器座。

折沿罐　2 件。H535∶1，夹砂红陶。宽折沿，圆唇，斜肩已残。口下一周手抹凹槽，肩饰竖绳纹。口径24、残高5.7厘米（图一四，2）。H535:2，夹砂红陶。宽折沿，尖圆唇，斜肩已残。口下一周手抹凹槽，肩饰竖绳纹。口径24、残高5厘米（图一四，1）。

曲颈罐　1件（H535:3）。泥质红陶。侈口，曲颈内凹外弧下内束，尖唇，斜弧肩已残。素面。口径17、残高4.1厘米（图一四，6）。

子母口碗　1件（H535:4）。泥质磨光黑陶。敛口，窄斜沿内折，尖圆唇直立，又呈子母口，折腹弧内收，底已残。素面。口径15、残高4.2厘米（图一四，13）。

矮圈足　1件（H535:5）。泥质陶外红内黑。仅存圜底下附较高矮圈足，足壁外弧。残足有圆形小镂孔。足径10、残高2.8厘米（图一四，4）。

侈口溜肩式小器座　1件（H535:6）。夹砂红陶，内外施鲜红衣。侈口，束颈，斜溜肩下已至底中空。肩饰三个成一排的小圆戳点纹。口径14.9、足径14.7、高4.3厘米（图一四，11；图版二，5）。

（9）H543③层

① 灰坑情况

位置：在T2739西北角至T2738西壁下。

层位关系：开口第3A层，被H542和H538打破；也被1981年发掘的TG1和1993年发掘的T21、T28和T63打破。

形制大小：仅剩近椭圆形一角，斜弧壁，圜平底（图一六）。口部残长635、残宽335、深260厘米。

H543坑内堆积可分三小层，其中H543第3小层属大早一段。下面介绍该层出土标本。

② 出土器物

出土标本：20件。均为陶器，有凹折沿罐、折沿罐、折沿彩陶罐、束颈罐、曲颈彩陶瓮、曲颈瓶、内折沿簋、子母口簋、侈口碗、敛口碗、矮圈足。

凹折沿罐　2件。H543③:49，夹炭红陶，内沿施浅红衣。侈口，束颈，宽折沿，沿面微凹，尖圆唇，弧肩，腹已残。沿下、肩饰竖绳纹。口径28、残高5.8厘米（图一七，6）。H543③:52，夹炭黄陶。侈口，束颈，凹折沿，尖圆唇，弧肩，腹已残。素面。口径15、残高3厘米（图一七，8）。

折沿罐　2件。H543③:146，泥质红陶。侈口，束颈，折沿，尖圆唇，斜弧肩，下已残。肩饰竖绳纹。口径24、残高5.4厘米（图一七，4）。H543③:147，泥质褐陶。侈口，束颈，折沿，尖圆唇，斜弧肩已残。肩饰绳纹。口径18、残高4.3厘米（图一七，7）。

折沿彩陶罐　1件（H543③:151）。泥质红陶。侈口，束颈，折沿，尖圆唇，弧肩，下已残。内沿上部绘一宽一窄两周黑彩带状纹。口径23、残高3.9厘米（图一七，5）。

束颈罐　1件（H543③:154）。泥质灰黑陶。侈口，束颈，尖圆唇，斜肩已残。肩上部三周凹弦纹。口径16、残高4.2厘米（图一七，9）。

曲颈彩陶瓮　1件（H543③:50）。夹炭红陶，外施鲜红衣绘黑彩。直口内敛，曲颈内凹外弧下内束，尖圆唇，广弧肩已残。外沿上部三周，肩上部一周黑彩带状纹。口径19、残高4.5厘米（图一七，3）。

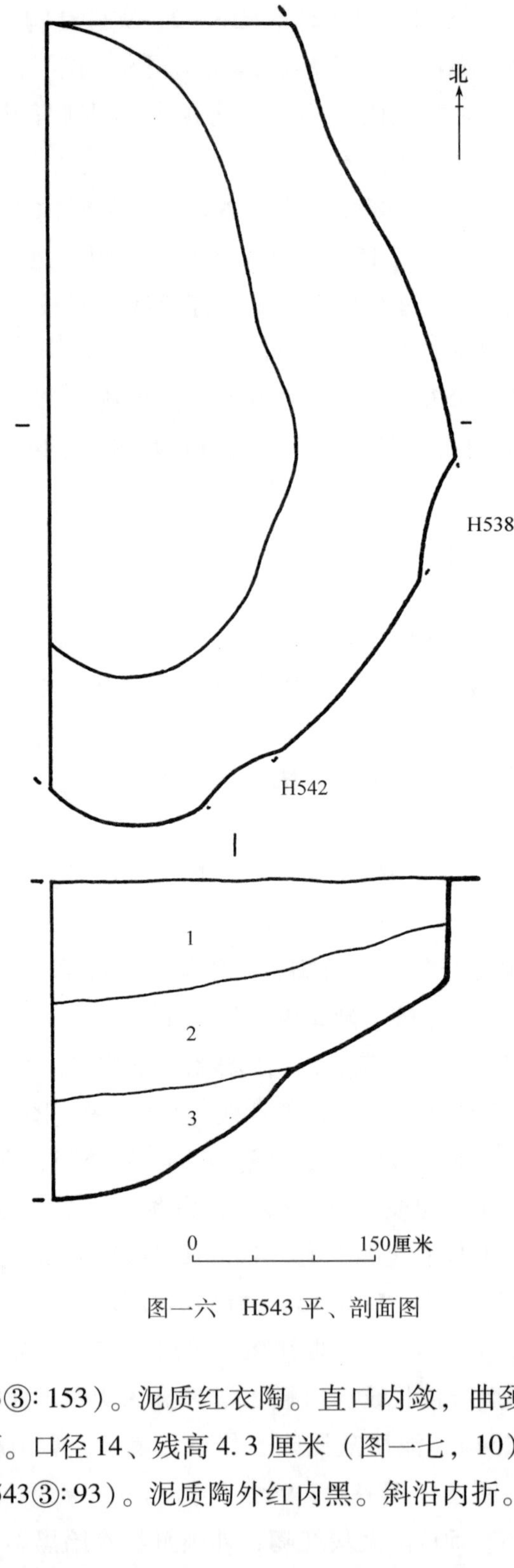

图一六　H543 平、剖面图

曲颈瓶　1 件（H543③: 153）。泥质红衣陶。直口内敛，曲颈内凹外弧下内束，深弧腹近直，但大部分已残。素面。口径 14、残高 4.3 厘米（图一七，10）。

内折沿簋　1 件（H543③: 93）。泥质陶外红内黑。斜沿内折。素面。口径 21、残高 4.4 厘米（图一七，1）。

子母口簋　2 件。皆泥质陶外红内黑。敛口，内折沿，尖圆唇直立又呈子母口，折腹弧内收，底已残。素面。H543③: 53，口径 20、残高 3.4 厘米（图一七，2）。H543③: 97，口径 17、

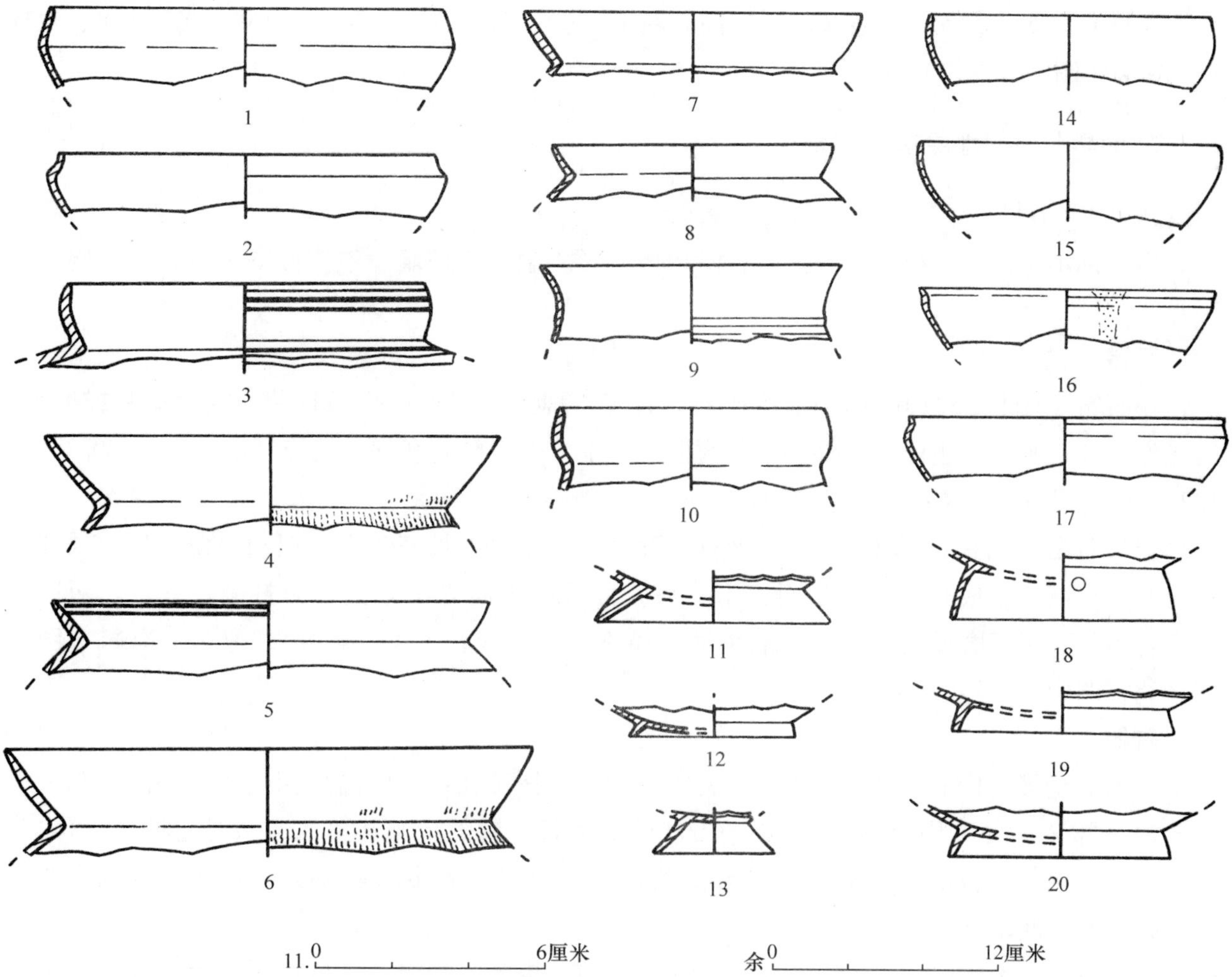

图一七　H543③层出土陶器

1. 内折沿簋（H543③: 93）　2、17. 子母口簋（H543③: 53、H543③: 97）　3. 曲颈彩陶瓮（H543③: 50）　4、7. 折沿罐（H543③: 146、H543③: 147）　5. 折沿彩陶罐（H543③: 151）　6、8. 凹折沿罐（H543③: 49、H543③: 52）　9. 束颈罐（H543③: 154）　10. 曲颈瓶（H543③: 153）　11～13、18～20. 矮圈足（H543③: 150、H543③: 158、H543③: 55、H543③: 148、H543③: 149、H543③: 54）　14、15. 敛口碗（H543③: 156、H543③: 157）　16. 侈口碗（H543③: 155）

残高3.4厘米（图一七，17）。

侈口碗　1件（H543③: 155）。泥质陶外红内黑。侈口外敞，窄凹沿外卷。素面。口径16、残高3.2厘米（图一七，16）。

敛口碗　2件。泥质黑陶，素面。H543③: 156，口径15、残高4厘米（图一七，14）。H543③: 157，口径16、残高4.4厘米（图一七，15）。

矮圈足　6件。H543③: 148，泥质红陶。弧壁相比较高。饰圆形镂孔。足径12、残高3.6厘米（图一七，18）。H543③: 149，泥质红陶。足壁低矮外弧。素面。足径12、残高2.5厘米（图一七，19）。H543③: 54，泥质红陶。矮壁外弧。素面。足径12、残高2.8厘米（图一七，20）。其余3件皆泥质黑陶。足壁外斜。素面。H543③: 150，足径6.2、残高1.3厘米（图一七，11）。H543③:55，足径6.4、残高2厘米（图一七，13）。H543③:158，足径8.8、残高1.5厘米（图一七，12）。

2. 大早一段的地层单位

（1）T21⑥层

出土标本7件。有小石锛、圭形石凿和折沿彩陶罐、束颈罐、敛口假圈足碗、侈口碗、矮圈足。

石器

小石锛　1件（T21⑥:163）。小砾石，青色。扁弧小梯形，平顶打制，两面磨制或原面，皆光滑微弧近平，两边修直皆外斜，稍磨但还不平，平刃单面磨制。较锋利。长6.3、宽3、厚1.2厘米（图一八，26；图版二，2）。

圭形石凿　1件（T21⑥:162）。砾石，青色。较厚扁平长三角形，但顶一角已残，顶部单面打制，单面磨制成刃。一面平而光滑，另一面下部平而光滑，上部为打制及残疤。两边皆平，皆内斜，下部磨成角刃，但刃端稍磨平而不锋利。残长8.4、宽3.1、厚2.1厘米（图一八，25；图版二，3）。

陶器

折沿彩陶罐　1件（T21⑥:165）。夹炭红陶。内外浅红色，内沿施深红衣，外沿上部和下部至肩上部又各饰一周以深红衣为彩的带状纹，另外，肩部也施浅红衣，只是已脱落。侈口，束颈，宽折沿，尖圆唇，弧肩，腹已残。除外沿两周深红衣带状彩外，未见其他纹饰。口径20、残高6.5厘米（图一八，13）。

束颈罐　1件（T21⑥:166）。泥质红陶。侈口，束颈，卷沿，方圆唇，弧肩，深弧腹下已残。肩有稀疏竖绳纹，但抹后似划纹。口径12、残高6厘米（图一八，23）。

敛口假圈足碗　1件（T21⑥:168）。泥质红陶，外壁施浅红衣。敛口，尖唇，浅弧腹，平底不成实心，低矮假圈足。素面。口径12、通高4、足径8厘米（图一八，8；图版二，4）。

侈口碗　1件（T21⑥:167）。泥质陶外红内黑，外表、内沿施浅红衣。侈口，束颈，弧折沿外卷近直，尖唇，浅弧腹内收，下已残。素面。口径19、残高4.4厘米（图一八，2）。

矮圈足　1件（T21⑥:164）。泥质黑陶。仅存圜底和较高矮圈足，足壁外弧。足饰两周凹弦纹而呈三叠层。未见其他纹饰。足径7.6、残高3.2厘米（图一八，18）。

（2）T23⑤B层

出土标本5件。均为陶器，有折沿罐、弧折沿罐、斜颈罐、彩绘矮圈足和支座。

折沿罐　1件（T23⑤B:31）。泥质浅红陶，内沿施浅红衣。侈口，宽折沿，尖圆唇，束颈，鼓肩，腹已残。肩、腹饰竖绳纹。口径27、残高8.8厘米（图一八，9）。

弧折沿罐　1件（T23⑤B:46）。夹炭浅红陶。内沿施浅红衣。侈口，弧折沿较宽，尖圆唇，束颈，弧腹，腹部已残。肩、腹饰竖绳纹。口径31、残高7.5厘米（图一八，10）。

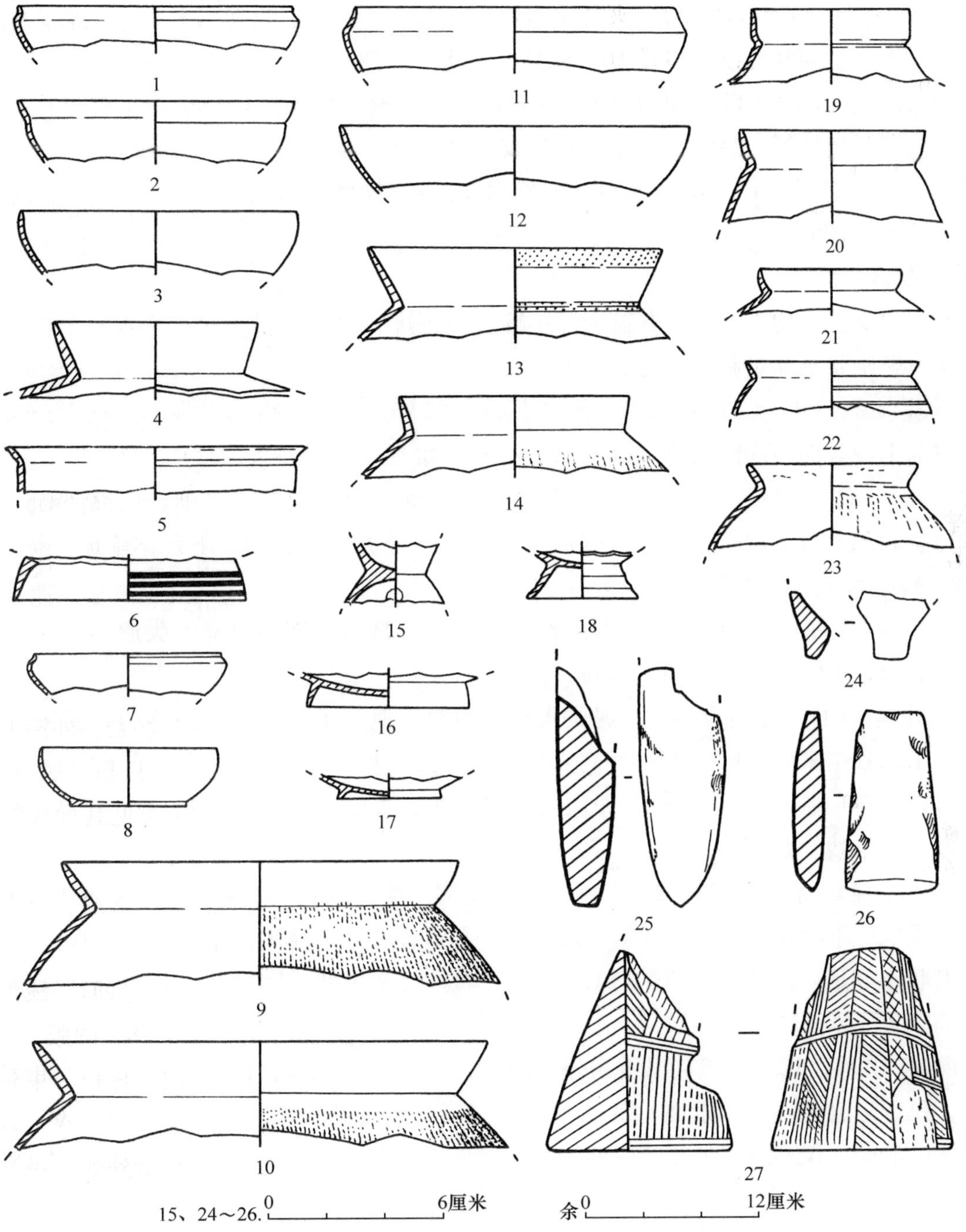

图一八　T21⑥层、T23⑤B 层、T23⑥层、T28⑤A 下层、T74④层出土器物

1. 陶子母口簋（T23⑥:26）　2. 陶侈口碗（T21⑥:167）　3. 陶敛口碗（T28⑤A 下:61）　4、14. 陶斜颈罐（T28⑤A 下:59、T23⑤B: 45）　5. 陶筒腹器座（T74④:13）　6. 陶彩绘矮圈足（T23⑤B:111）　7. 陶子母口簋（T28⑤A 下:60）　8. 陶敛口假圈足碗（T21⑥: 168）　9. 陶折沿罐（T23⑤B:31）　10. 陶弧折沿罐（T23⑤B:46）　11. 陶内折沿簋（T23⑥:24）　12. 陶敞口盘（T74④:11）　13. 折沿彩陶罐（T21⑥:165）　15. 陶玩具式小碗（T23⑥:28）　16～18. 陶矮圈足（T23⑥:19、T23⑥:27、T21⑥:164）　19. 陶曲颈罐（T23⑥:18）　20. 陶曲颈瓶（T74④:12）　21. 陶曲颈小罐（T23⑥:16）　22. 陶弧折沿小罐（T23⑥:25）　23. 陶束颈罐（T21⑥:166）　24. 陶鸭嘴状小鼎足（T23⑥:15）　25. 圭形石凿（T21⑥:162）　26. 小石锛（T21⑥:163）　27. 陶支座（T23⑤B:110）

斜颈罐 1件（T23⑤B:45）。夹草末浅红陶。侈口，束颈，直颈微外斜，尖唇，弧肩，腹已残。肩饰不规整的竖绳纹。口径16、残高5.6厘米（图一八，14）。

彩绘矮圈足 1件（T23⑤B:111）。泥质红陶，外壁施红衣，绘黑彩。上部已残，仅剩矮圈足残足壁，足壁外弧。足壁施三条黑彩带纹。足径16、残高2.8厘米（图一八，6）。

支座 1件（T23⑤B:110）。夹砂、蚌红褐陶。属有纹实心倾斜型。直径约13、残高14.2厘米（图一八，27）。

（3）T23⑥层

出土标本9件。均为陶器，有弧折沿小罐、曲颈罐、曲颈小罐、内折沿簋、子母口簋、玩具式小碗、鸭嘴状小鼎足和矮圈足。

弧折沿小罐 1件（T23⑥:25）。泥质黑陶。侈口，束颈，折沿上卷，尖圆唇，弧肩，腹已残。肩与上腹各饰两周凹弦纹。口径12、残高3.8厘米（图一八，22）。

曲颈罐 1件（T23⑥:18）。泥质灰陶。灰色表面多有残留浅红衣痕，内沿还有一周浅红衣。盘口，高颈上直下内折，尖唇，斜肩稍内凹，腹外鼓，但已残。下颈内束成一周深凹槽。口径11、残高5.3厘米（图一八，19）。

曲颈小罐 1件（T23⑥:16）。泥质红陶。器小，盘口，凹沿直立，尖唇，广弧肩，腹已残。素面。口径10、残高3.1厘米（图一八，21）。

内折沿簋 1件（T23⑥:24）。泥质陶外红内黑。似为子母口，凹沿内折，尖圆唇，折腹弧内收，下已残。素面。口径22、残高4.6厘米（图一八，11）。

子母口簋 1件（T23⑥:26）。泥质陶外红内黑，外施深红衣。尖唇直立，窄沿外斜，折弧腹内收，底已残。素面。口径19、残高3.1厘米（图一八，1）。

玩具式小碗 1件（T23⑥:28）。泥质磨光黑陶。明器或玩具，器甚小，口沿和足根皆残。弧腹，尖圜底，下附圈足，足壁外斜。足饰三个圆形镂孔。残高2.1厘米（图一八，15）。

鸭嘴状小鼎足 1件（T23⑥:15）。夹炭红陶。仅剩足部小鸭嘴状。足上部连腹部有细绳纹。残高2.4厘米（图一八，24）。

矮圈足 2件。T23⑥:19，泥质陶外红内黑，外表施鲜红衣。仅剩圈足和大圜底残块，足粗但矮，足壁近直稍外弧。素面。足径11.1、残高2.6厘米（图一八，16）。T23⑥:27，泥质磨光黑陶。胎薄。仅剩矮圈足和圜底残块，足根外斜。素面。足径7、残高1.7厘米（图一八，17）。

（4）T28⑤A下层

出土标本3件。均为陶器，有斜颈罐、敛口碗和子母口簋。

斜颈罐 1件（T28⑤A下:59）。夹炭、草末红陶。直口外侈，尖唇，高颈，广肩，腹已残。素面。口径14、残高5.4厘米（图一八，4）。

敛口碗 1件（T28⑤A下:61）。泥质磨光黑陶。敛口，尖圆唇，浅弧腹下残。素面。口径19、残高4.4厘米（图一八，3）。

子母口簋 1件（T28⑤A下:60）。泥质陶外红内黑。子母口，内折沿上附圆唇，扁腹弧内收，下腹已残。素面。口径13、残高2.9厘米（图一八，7）。

（5）T74④层

出土标本3件。均为陶器，有曲颈瓶、敞口盘和筒腹器座。

曲颈瓶　1件（T74④:12）。夹炭陶外红内灰，外表、内沿施浅红衣。侈口，束颈，折沿内凹外弧，尖圆唇，窄弧肩，深弧腹稍外弧，下已残。素面。口径13、残高6.4厘米（图一八，20）。

敞口盘　1件（T74④:11）。夹炭夹草末红陶，内外施浅红衣。敞口，尖唇，弧腹，腹下残。素面。口径24、残高4.8厘米（图一八，12）。

筒腹器座　1件（T74④:13）。泥质红陶，内外施浅红衣。直口，折沿外斜，方唇，直筒腹，下已残。外沿下部一周带状凸棱。口径21、残高3.3厘米（图一八，5）。

（6）T2731④B层（加T2731⑤层1件）

出土标本7件。均为陶器，有束颈罐、高领瓮、子母口碗、折腹小碗、残口绳纹碗和残支座。

束颈罐　2件。T2731④B:34，泥质黑陶，内颈有按压痕。口沿残片，直口微敞，尖唇，粗颈下束，斜肩已残。颈肩处有两周浅凹槽。口径13、残高4.2厘米（图一九，9）。T2731④B:39，泥质红陶。直口外斜，方唇，颈微内束，斜溜肩已残。素面。口径17、残高3.6厘米（图一九，4）。

高领瓮　1件（T2731④B:29）。夹草末红陶，外壁、内沿施浅红衣。直口外斜，尖唇，高直颈下束，广弧肩已残。素面。口径14、残高4.7厘米（图一九，7）。

子母口碗　1件（T2731④B:36）。泥质黑陶。子母口，内折沿，方唇直立而呈子母口，折腹弧内收，下已残。素面。口径18、残高3.4厘米（图一九，1）。

折腹小碗　1件（T2731④B:35）。泥质黑陶。敞口，宽沿微弧外斜，尖唇，束颈，窄斜肩，折腹弧内收，下已残。外沿上部饰一周凹槽，使口沿呈双叠层。口径14、残高4厘米（图一九，6）。

绳纹碗　1件（T2731④B:38）。夹炭红褐陶。口沿已残，深弧腹近球形，圜底下附矮小圆足，足壁外弧。腹饰细斜绳纹。足径6、残高4.8厘米（图一九，16）。

支座　1件（T2731⑤:40）。夹砂红陶，属实心有纹倾斜近直立型。残高13.6厘米（图一九，17）。

（7）T3433④层

出土标本4件。均为陶器，有斜颈小罐、内折沿簋、内折沿碗、矮圆足。

斜颈小罐　1件（T3433④:43）。泥质红陶，内沿、外表施鲜红衣。直口外斜，尖唇，高直颈下束，斜弧肩已残。素面。口径11、残高4.1厘米（图一九，3）。

内折沿簋　1件（T3433④:45）。泥质陶外红内黑，外施鲜红衣。敛口，内折沿，宽沿面外弧，尖圆唇，折腹弧内收，折腹近圆弧不甚明显，下腹已残。素面。口径22、残高5.2厘米（图一九，11）。

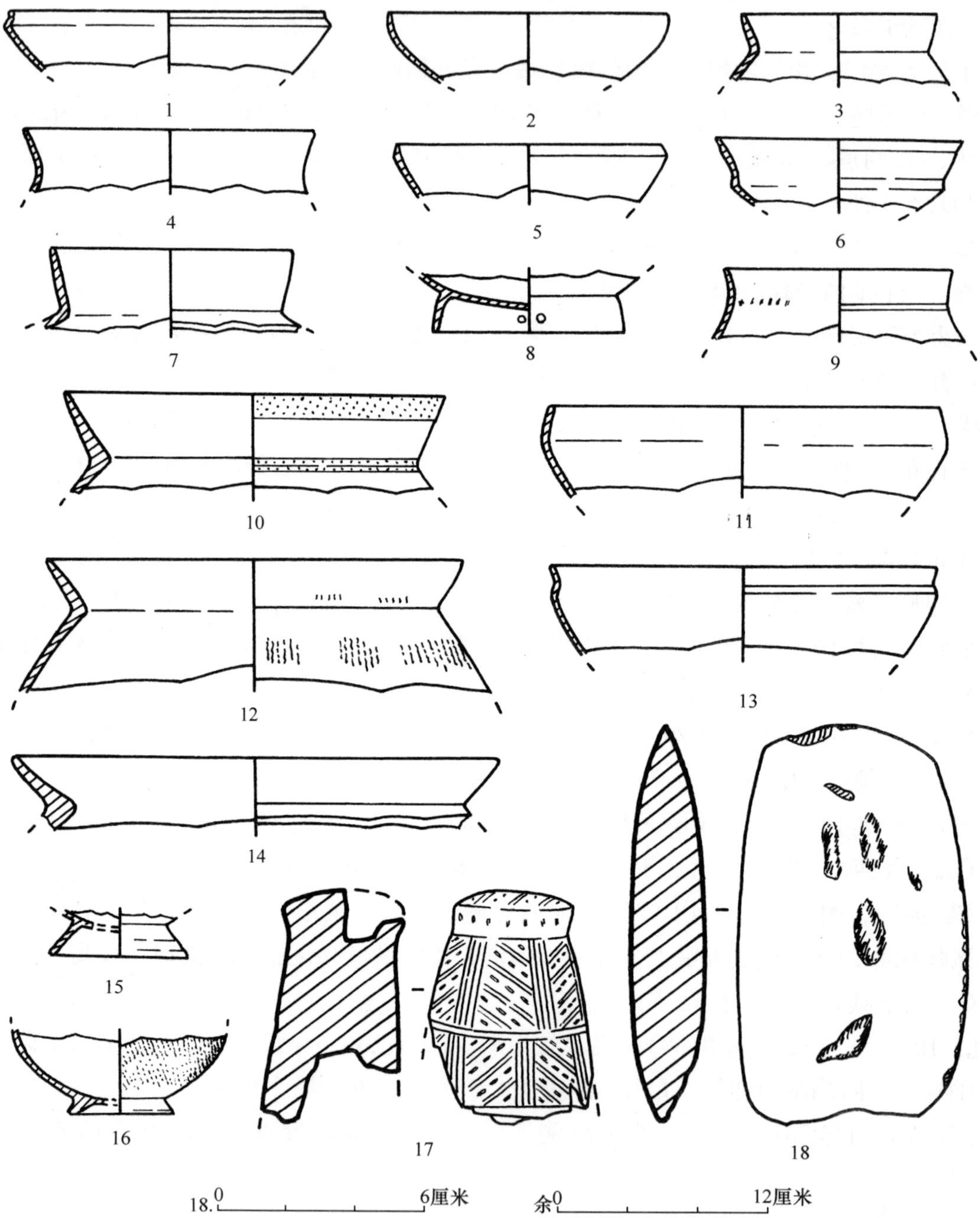

图一九　T2731④B层、T3433④层、T3634④层、T3734④层出土器物

1. 陶子母口碗（T2731④B∶36）　2. 陶敞口碗（T3734④∶47）　3. 陶斜颈小罐（T3433④∶43）　4、9. 陶束颈罐（T2731④B∶39、T2731④B∶34）　5. 陶内折沿碗（T3433④∶44）　6. 陶折腹小碗（T2731④B∶35）　7. 陶高领瓮（T2731④B∶29）　8、15. 陶矮圈足（T3634④∶31、T3433④∶46）　10. 陶折沿彩陶罐（T3734④∶45）　11. 陶内折沿簋（T3433④∶45）　12. 陶折沿罐（T3734④∶46）　13. 陶卷沿折腹碗（T3634④∶29）　14. 陶凹折沿罐（T3634④∶25）　16. 陶绳纹碗（T2731④B∶38）　17. 陶支座（T2731⑤∶40）　18. 石斧（T3634④∶24）

内折沿碗　1件（T3433④:44）。泥质红陶。敛口，内折沿，沿面微凹，浅折腹弧内收，下腹已残。素面。口径15、残高3.2厘米（图一九，5）。

矮圈足　1件（T3433④:46）。泥质黑陶。仅存残底和残矮圈足，足壁外撇。足壁两周不连接凹槽，而呈近三叠层。足径8、残高2.4厘米（图一九，15）。

（8）T3634④层

出土标本4件。有石斧和陶凹折沿罐、卷沿折腹碗、矮圈足。

石器

石斧　1件（T3634④:24）。砾石，青色。扁弧近长方形，顶两面磨制呈弧刃状。两边光滑弧平，一边为原砾面，另一边琢制，刃部两面磨制，使用后已残。长11.6、宽6.6、厚2.4厘米（图一九，18）。

陶器

凹折沿罐　1件（T3634④:25）。夹炭红陶。侈口，束颈，卷沿，沿面弧凹，尖圆唇，斜肩已残。素面。口径28、残高4.5厘米（图一九，14）。

卷沿折腹碗　1件（T3634④:29）。泥质红陶，内外施深红衣。侈口，束颈，弧沿外卷，尖圆唇，窄斜肩，折腹弧内收，下部已残。素面。口径22、残高5.4厘米（图一九，13）。

矮圈足　1件（T3634④:31）。泥质陶外红内黑，外壁施深红衣。上部残，仅剩残圈足和圜底矮圈足，足壁外弧近直。足饰圆形镂孔一个和两个并列的圆戳点纹，而且足内壁也有两个并列的圆戳点纹，但内外戳点错位不相通。足径11、残高3.4厘米（图一九，8）。

（9）T3734④层

出土标本3件。均为陶器，有折沿罐、折沿彩陶罐、敞口碗。

折沿罐　1件（T3734④:46）。夹炭红陶，内沿、外表浅红近黄。侈口，卷沿，尖圆唇，束颈，溜肩，鼓腹，腹已残。颈至腹饰竖绳纹。口径24、残高7.8厘米（图一九，12）。

折沿彩陶罐　1件（T3734④:45）。夹炭红陶，内沿施浅红衣。侈口，束颈，宽折沿，尖圆唇，斜肩，肩下残。外沿上部和下部至肩之间绘一周带状红衣彩纹。口径22、残高5.9厘米（图一九，10）。

敞口碗　1件（T3734④:47）。泥质陶外红内黑，外壁施浅红衣。敞口，尖唇，浅弧腹，腹下已残。素面。口径16、残高3.9厘米（图一九，2）。

（二）大早二段的文化遗存

大早二段的“遗迹单位”包括27个灰坑和2条灰沟，另有“地层单位”58个。

1. 大早二段的灰坑

（1）H81

① 灰坑情况

位置：在T28西北部。

层位关系：开口在第5A层下，打破黄土台。

形制大小：口部近圆形，底部椭圆形，为口小底大袋状坑，壁有的近直，有的内凹，近平底，凹壁下有更低小沟槽。口径70厘米×50厘米，底径96厘米×50厘米，深130厘米左右（图二〇，1）。

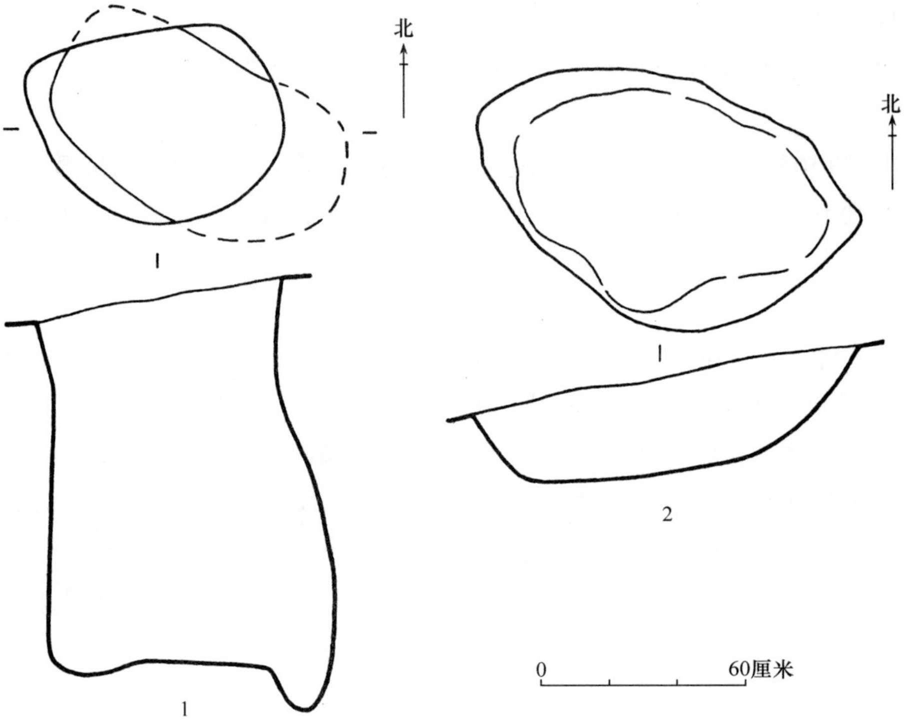

图二〇　H81、H210平、剖面图

1. H81　2. H210

② 出土器物

出土标本：3件。均为陶器，有彩陶曲颈瓮、彩陶曲颈瓶、彩陶罐残片。

彩陶曲颈瓮　1件（H81:1）。夹炭红陶，外表和内沿施深红衣绘黑彩纹。曲颈瓮口沿，侈口，曲颈内凹外弧下内束，广弧肩，腹已残。内沿绘一周、外沿绘三周、肩部又绘两周黑彩带状纹，曲颈中部有两个烧制后才钻穿的小圆孔。口径13、残高4.5厘米（图二三，25）。

彩陶曲颈瓶　1件（H81:2）。夹炭红陶，外施深红衣绘黑彩陶片。似曲颈瓶腹部残片，在上部三周、下部两周黑彩带状纹之间，又绘并列竖线和弧线的黑彩图案。残高6.6、残宽6厘米（图二三，17）。

彩陶罐残片　1件（H81:3）。夹砂红陶，外施深红衣绘黑彩纹残片。似折沿罐的鼓肩和折腹处残片。肩部上、下各绘三周带状纹，中间又绘四道并列斜线，两边又各绘卷云纹的多组图案。残片长8.2、宽5厘米（图二三，26）。

（2）H210

① 灰坑情况

位置：在T45南壁下至T46北隔梁。

层位关系：开口在第3B层下，打破第3C层。

形制大小：为近椭圆形，斜壁，圜底。口径110厘米×74厘米，深40厘米（图二〇，2）。

② 出土器物

出土标本：碟1件。陶质。

碟　1件（H210:4）。泥质陶外红内黑。假圈足成圜底小碟，敞口，尖圆唇，浅弧腹，圜底下附实心假圈足也成圜平底。素面。口径13.6、底径10.8、通高3.2厘米（图二三，16；图版五，6）。

（3）H223

① 灰坑情况

位置：在T75东南至东隔梁内。

层位关系：开口在第2层下，打破H235、G26和第4层；被第2下层H222打破。

形制大小：椭圆形，斜壁，底不平坦。口径残长308、宽160、深80厘米（图二一，1）。

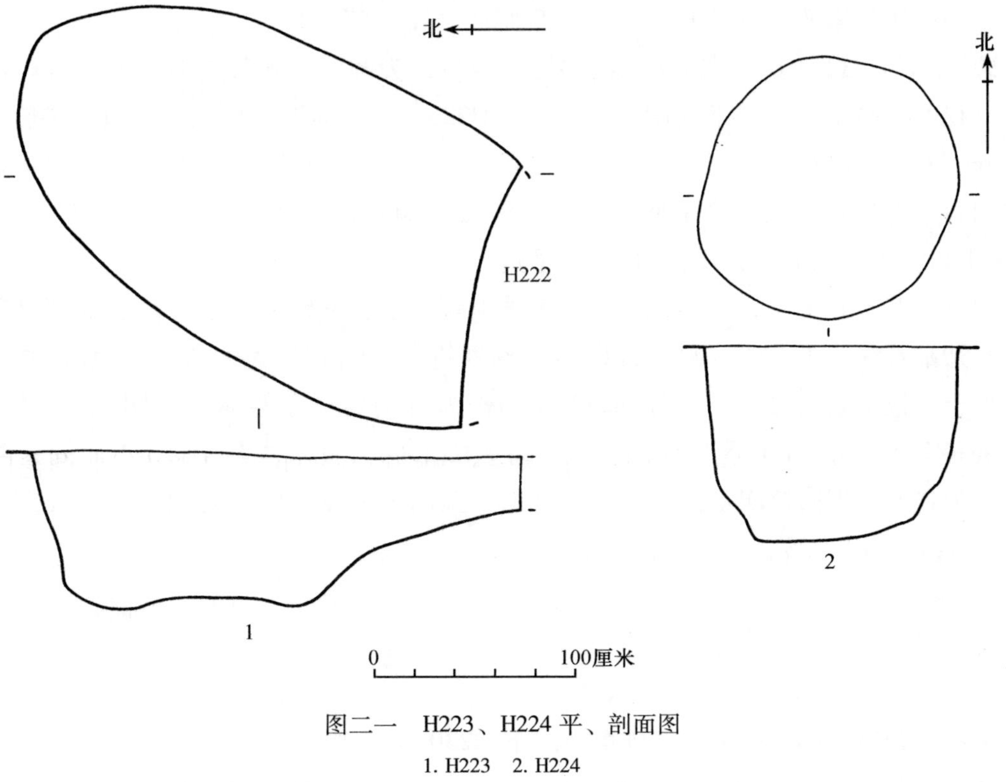

图二一　H223、H224平、剖面图

1. H223　2. H224

② 出土器物

出土标本：13件。均为陶器，有折沿罐、弧折沿罐、子母口碗、内折沿簋、侈口碗、敞口碗、有刻划符号碗矮圈足。

折沿罐　3件。H223:1，泥质红陶。宽折沿外斜，尖圆唇，斜弧肩已残。颈下和肩部饰细竖绳纹，肩部绳纹多抹掉而不清晰。口径20、残高5厘米（图二三，18）。H223:2，夹炭红褐陶。宽折沿外斜，圆唇，弧肩，腹已残。素面。口径20、残高4.8厘米（图二三，20）。H223:12，夹炭红陶。宽折沿外斜，方圆唇，外口下又附一周凸棱纹，斜弧肩已残。未见其他纹饰。口径27、残高5.4厘米（图二三，8）。

弧折沿罐　1件（H223:13）。夹炭黄陶。折沿微上弧，尖圆唇，肩已残。素面。口径26、残高4.6厘米（图二三，7）。

子母口碗　2件。H223:9，夹炭红陶，内外施深红衣。敛口，内折沿微凹，小方唇直立，使口沿又呈子母口，弧腹弧内收，底已残。素面。口径14、残高3.1厘米（图二三，11）。H223:10，泥质磨光黑陶。敛口，内折沿微凹，小方唇直立，折腹弧内收，底已残。素面。口径14、残高3.5厘米（图二三，10）。

内折沿簋　1件（H223:7）。泥质陶外红内黑。敛口，宽凹沿内折，小方唇，折腹弧内收，下腹已残。素面。口径21、残高4.6厘米（图二三，23）。

侈口碗　1件（H223:8）。泥质陶外红内黑。侈口，颈微束，窄弧沿外卷，尖唇，直腹下弧折内收，底已残。素面。口径14、残高3.9厘米（图二三，9）。

敞口碗　3件。H223:6，泥质陶外红内黑。敞口，尖圆唇，弧腹内收，底已残。口下一周凹弦纹。口径18、残高4.4厘米（图二三，4）。H223:5，泥质磨光黑陶。敞口，尖唇，弧腹内收，底已残。素面。口径16、残高5.6厘米（图二三，12）。H223:11，泥质陶外红内黑。敞口近直，尖圆唇，折腹斜内收，圜平底已残，下附极矮圈足，足壁外斜。素面。口径16、底径8.5、通高4.8厘米（图二三，13；图版五，3）。

有刻划符号碗矮圈足　2件。H223:3，泥质黑陶。上、下皆残，仅存圜底和圈足印痕。足外底有一些杂乱且深浅不一的划痕，曾以为是刻划符号，临时号为L:14，但因其中“—”平划，又多见于其他刻划符号标本，故H223:3仍作为有刻划符号的标本（图九七，1；图版四五，1），底径9.4、残高1.6厘米（图二五，2）。H223:4（此标本与H222:1属同一碗圈足），泥质黑陶。为残圜底下附矮圈足残片，足壁外斜。素面。但足外底上有刻划符号（图二五，4；图九七，2；图版三七，2），只是此符号也不全。

（4）H224

① 灰坑情况

位置：在T75西北部。

层位关系：开口在第2层下，打破第2层下H230及第4层。

形制大小：近圆形，斜弧壁，近平底。口径128厘米×134厘米，深100厘米（图二一，2）。

② 出土器物

出土标本：12件。均为陶器，有凹折沿釜、凹折沿罐、折沿彩陶罐、斜颈小罐和罐、矮颈罐、内折沿簋、敞口碗、有刻划符号矮圈足。

凹折沿釜　1件（H224:4）。夹炭红陶。侈口，束颈，宽折沿内凹，尖圆唇，斜弧肩外鼓，弧折腹内收成圜底。素面。口径16、腹径18.7、通高13.1厘米（图二三，5；图版三，1）。

凹折沿罐　3件。H224:5，夹炭红陶，内沿、外表施浅红衣。折沿内凹，尖唇，斜弧肩，腹已残。素面。口径16、残高4.4厘米（图二三，1）。H224:6，夹炭红陶。宽折沿内凹，尖唇，斜弧肩，腹已残。素面。口径17、残高4.3厘米（图二三，3）。H224:7，夹炭黄褐陶，外表黄色多泛灰黑。折沿内凹，尖圆唇，斜肩已残。素面。口径16.4、残高4厘米（图二三，2）。

折沿彩陶罐　1件（H224:2）。夹炭红陶，外施鲜红衣。宽折沿，但口内无折棱，尖圆唇，斜弧肩微凹，腹已残。肩绘黑彩图案但黑彩多脱落，图案已不清。口径21、残高5.4厘米（图二三，19）。

斜颈小罐和罐　2件。H224:3，夹炭红陶，外表、内沿施深红衣。折沿外斜近直，尖唇，斜弧肩已残。素面。口径12.6、残高3.3厘米（图二三，14）。H224:1，泥质（灰胎）红陶，内沿、外表施橘红色陶衣。宽折沿外斜近直，尖圆唇，弧肩，腹已残。素面。口径18、残高6.5厘米（图二三，21）。

矮颈罐　1件（H224:9）。泥质陶外红内灰。直口，圆唇内敛外凸，矮颈内斜，斜肩已残。素面。口径20、残高4.1厘米（图二三，22）。

内折沿簋　2件。H224:13，泥质陶外红内黑。敛口，内折沿，尖唇内斜，口内有棱，折腹弧内收成圜底，下附矮圈足，足壁外弧呈喇叭状。素面。口径18、足径8.4、通高9厘米（图二三，6；图版三，3）。H224:8，泥质陶外红内黑。敛口，内折沿，尖圆唇，折腹弧内收。底已残。素面。口径21、残高5.2厘米（图二三，24）。

敞口碗　1件（H224:11）。泥质黑陶。敞口，尖唇，深弧腹，圜底已残，下附矮小圈足，足壁外弧。素面。口径10.4、底径4.5、通高5.4厘米（图二三，15；图版三，4）。

有刻划符号矮圈足　1件（H224:12）。泥质陶外红内黑。仅存碗下部弧腹，圜底下附较高矮圈足，足壁外撇。足饰两周凹槽而呈三叠层。足外底有完整一个刻划符号（图九七，14；图版三四，5）。足径8.5、残高4.5厘米（图二五，5）。

（5）H226

① 灰坑情况

位置：在T71中部。

层位关系：开口在第2层下，打破第3层。

形制大小：近圆形，斜壁，平底。口径110、底径95、深50厘米（图二二，1）。

② 出土器物

出土标本：2件。均为陶器，为碗矮圈足，足外底均有刻划符号。

碗矮圈足　2件。H226:1，泥质磨光黑陶。仅存残圜底下附矮圈足，足壁外弧。素面。但足外残底有一个基本完整的刻划符号（图九七，6；图版二二，3）。足径6、残高1.9厘米（图二五，3）。H226:2，泥质磨光黑陶。仅存圜底下附矮圈足，足壁外弧。素面。但足外底有一完整刻划符号（图九七，4；图版二九，6）。足径7.2、残高2厘米（图二五，6）。

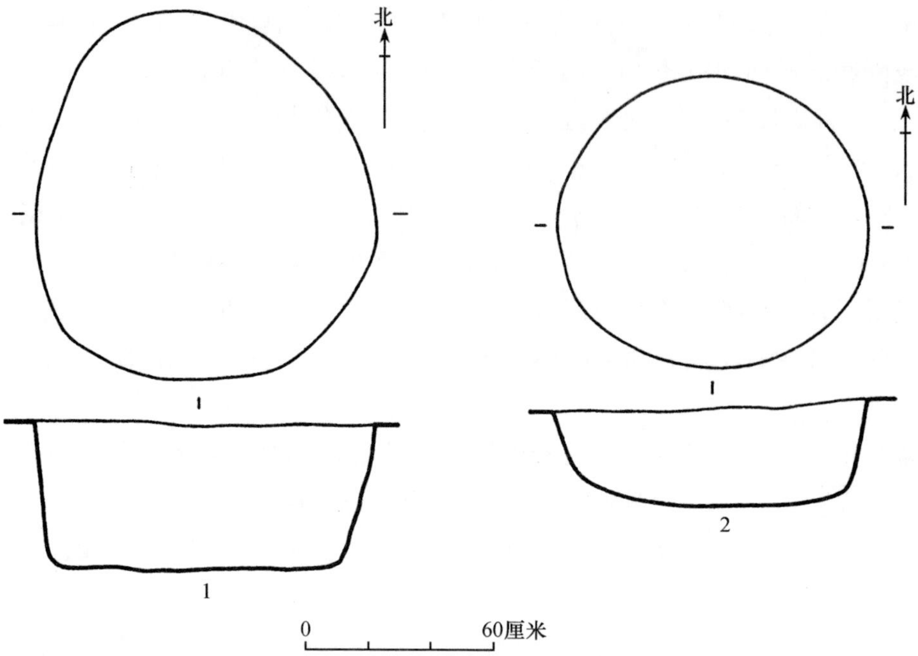

图二二　H226、H342 平、剖面图
1. H226　2. H342

（6）H230

① 灰坑情况

位置：在 T75 西北部扩方的北壁下。

层位关系：开口在第 2 层下，被第 2 层下的 H224 打破。

形制大小：近圆形，但南部被 H224 打破，北部在 T75 西北扩的北隔梁内未揭开，没有原始平、剖面图，只在 T75 探方日记 1993 年 6 月 26 日记录。

② 出土器物

出土标本：7 件。均为陶器，有折沿罐、小罐、曲颈瓶、敛口碗、卷沿碗、残支座。

折沿罐　2 件。H230∶1，夹炭红陶。折沿较宽，尖圆唇，弧肩，腹已残。肩部和口沿下部饰竖细绳纹。口径 23、残高 5.6 厘米（图二四，15）。H230∶2，泥质红陶，内外施浅红衣。折沿甚宽，尖圆唇，弧肩已残。外沿饰三周凹弦纹而呈四叠层，外沿下和肩部又饰细密竖绳纹。口径 24、残高 5.2 厘米（图二四，13）。

小罐　1 件（H230∶3）。夹炭红陶，内沿施浅红衣。侈口，束颈，折沿，尖圆唇，斜弧肩，鼓腹已残。肩、腹饰细密竖绳纹。口径 12、残高 5.4 厘米（图二四，5）。

曲颈瓶　1 件（H230∶7）。泥质红陶，外表施深红衣。盘口，尖唇直立，曲颈内凹外弧下内束，斜肩，深弧腹已残。素面。口径 19、残高 7.2 厘米（图二四，7）。

敛口碗　1 件（H230∶5）。泥质黑陶。敛口近直，尖唇，弧腹内收，底已残。素面。口径 20、残高 4.2 厘米（图二四，14）。

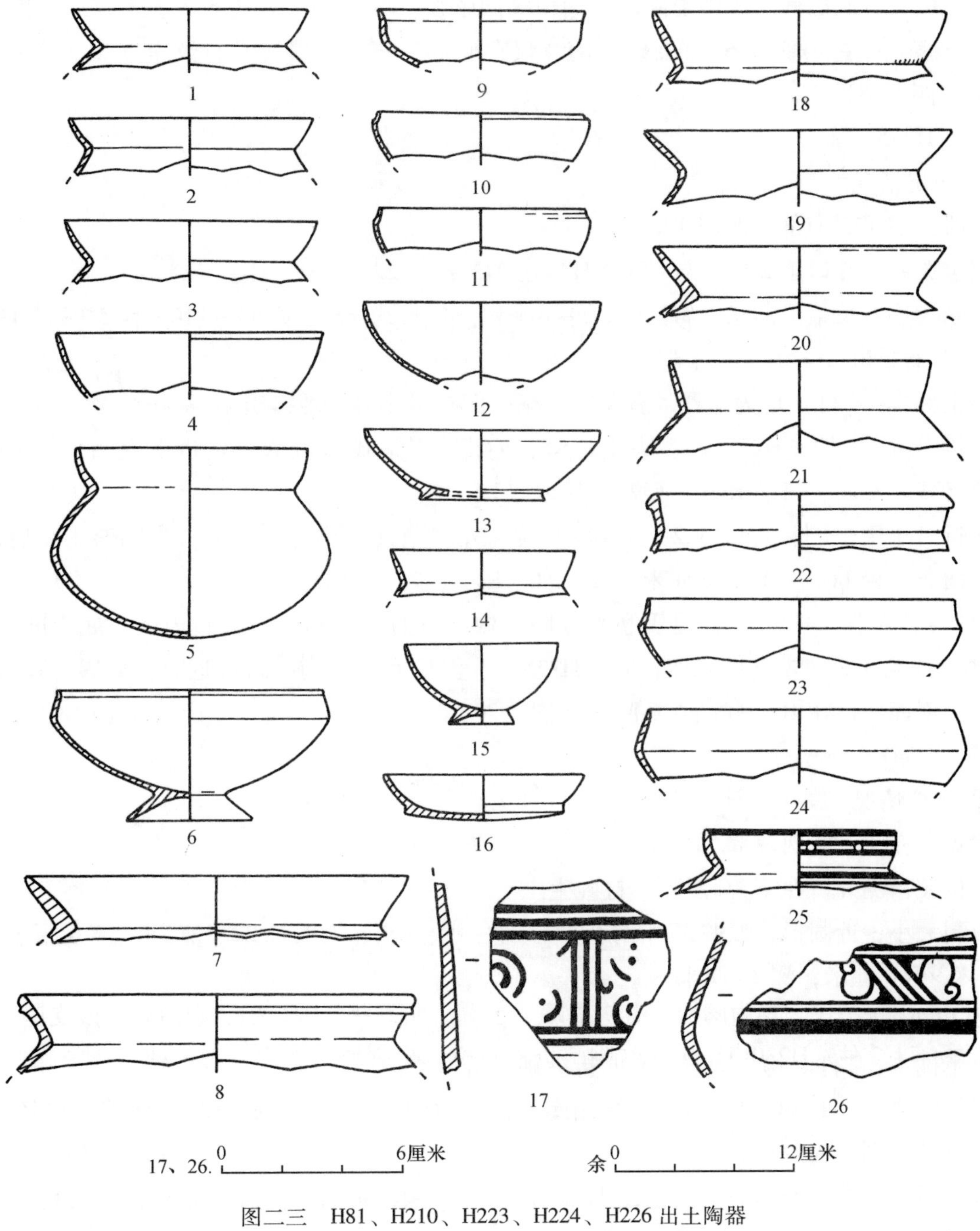

图二三　H81、H210、H223、H224、H226出土陶器

1～3. 凹折沿罐（H224∶5、H224∶7、H224∶6）　4、12、13、15. 敞口碗（H223∶6、H223∶5、H223∶11、H224∶11）　5. 凹折沿釜（H224∶4）　6、23、24. 内折沿簋（H224∶13、H223∶7、H224∶8）　7. 弧折沿罐（H223∶13）　8、18、20. 折沿罐（H223∶12、H223∶1、H223∶2）　9. 侈口碗（H223∶8）　10、11. 子母口碗（H223∶10、H223∶9）　14、21. 斜颈小罐和罐（H224∶3、H224∶1）　16. 碟（H210∶4）　17. 彩陶曲颈瓶残片（H81∶2）　19. 折沿彩陶罐（H224∶2）　22. 矮颈罐（H224∶9）　25. 彩陶曲颈瓮（H81∶1）　26. 彩陶罐残片（H81∶3）

卷沿碗　1件（H230:4）。泥质红胎黑陶。敞口近直，尖圆唇，深腹内斜，腹中部微内束，下部弧折内收，底已残。腹中下部饰三周模糊凹弦纹。口径17、残高5.3厘米（图二四，12）。

残支座　1件（H230:6）。夹砂黄陶。仅存底部一部分，属实心有纹直立型。残高9.2厘米（图二四，16）。

（7）H235

① 灰坑情况

位置：在T75南部至西部T78。

层位关系：开口第2层下与G26、H225、H222、H223连成一体。

形制大小：长条形沟状，斜弧壁，底不平坦。口长约300、宽55～110、深50～60厘米。

② 出土器物

出土标本：4件。均为陶器，有凹折沿罐、凹折沿小罐、敞口碗。

凹折沿罐　1件（H235:1）。夹炭红陶，内沿、外表施浅红衣。宽折沿内凹，尖圆唇，弧肩，腹已残。素面。口径15.6、残高5厘米（图二四，2）。

凹折沿小罐　1件（H235:2）。夹炭红陶，外表施红衣。折沿微凹，尖圆唇，弧肩，腹已残。素面。口径11、残高3.5厘米（图二四，8）。

敞口碗　2件。H235:3，泥质磨光黑陶。敞口近直，尖圆唇，弧腹内收，底已残。素面。口径16、残高4.2厘米（图二四，6）。H235:4，泥质磨光黑陶。敞口近直，尖唇，弧腹内收，底已残。素面。口径16、残高4.6厘米（图二四，3）。

（8）H341

① 灰坑情况

位置：在T2733西南部。

层位关系：开口在第1C层下，打破生土。

形制大小：近圆形，弧壁，圜平底。坑中央一块石头，石头长22、宽34、高6厘米。口径135厘米×140厘米，深35厘米。

② 出土器物

出土标本：2件。均为陶器，有凹折沿罐、折沿罐。

凹折沿罐　1件（H341:2）。夹炭黑陶。折沿内凹，尖唇，弧肩已残。素面。口径18、残高3.8厘米（图二四，1）。

折沿罐　1件（H341:1）。泥质黑陶。侈口，束颈，折沿，但口内无折棱，弧肩，深弧腹已残。肩饰竖绳纹。口径17、残高7厘米（图二四，4）。

（9）H342

① 灰坑情况

位置：T2733东南角至东隔梁内。

层位关系：开口在第1C层下，打破生土。

形制大小：圆形，弧壁，平底。口径100、底径96、深35厘米（图二二，2）。

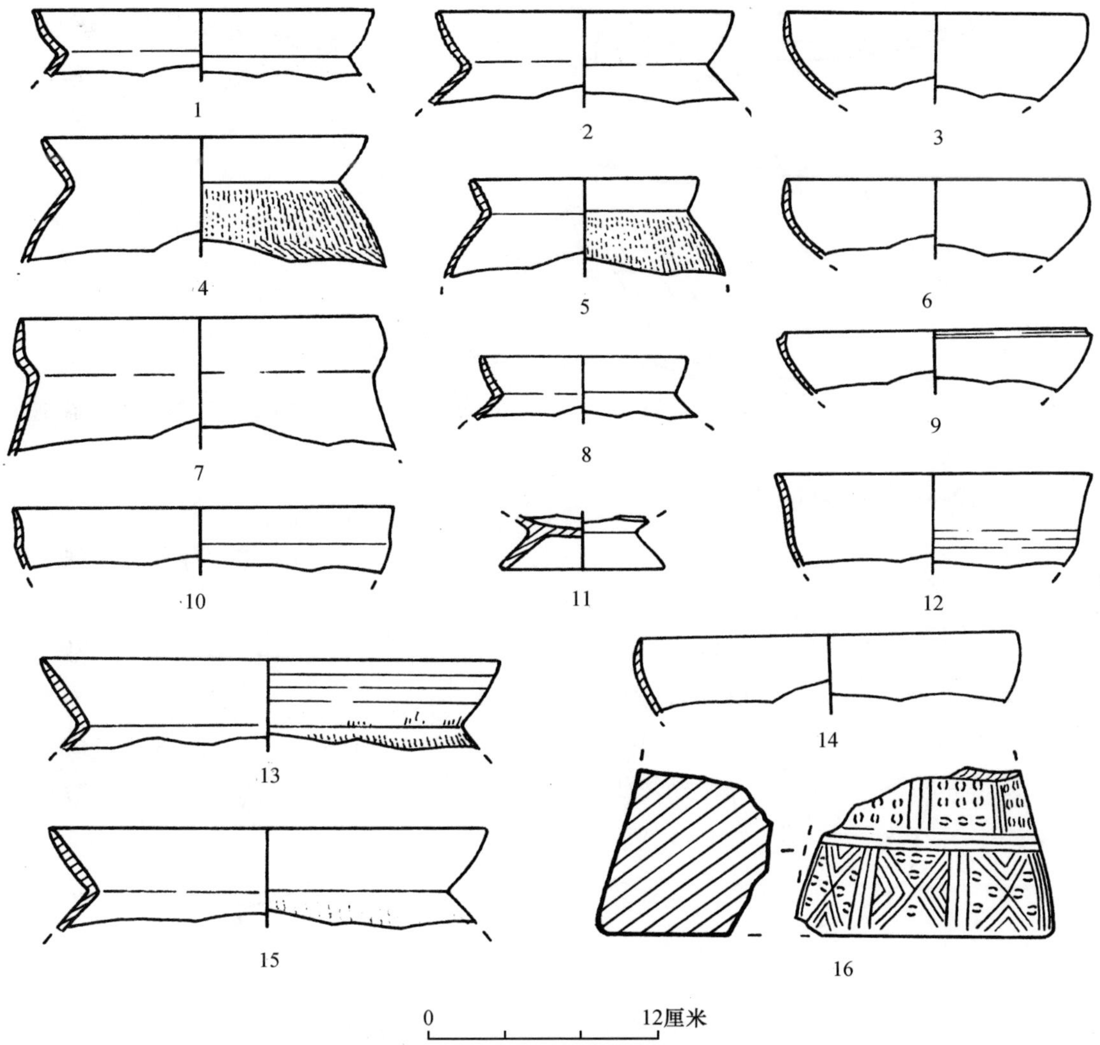

图二四　H230、H235、H341、H342出土陶器

1、2. 凹折沿罐（H341:2、H235:1）　3、6. 敞口碗（H235:4、H235:3）　4、13、15. 折沿罐（H341:1、H230:2、H230:1）　5. 小罐（H230:3）　7. 曲颈瓶（H230:7）　8. 凹折沿小罐（H235:2）　9. 内折沿碗（H342:4）　10. 侈口碗（H342:2）　11. 矮圈足（H342:3）　12. 卷沿碗（H230:4）　14. 敛口碗（H230:5）　16. 残支座（H230:6）

② 出土器物

出土标本：4件。均为陶器，有碗口沿、矮圈足（其中一圈足外底有刻划符号）。

侈口碗　1件（H342:2）。泥质陶外红内黑。敞口，小方唇，内折沿外卷，折腹弧内收，腹下部已残。素面。口径20、残高3.4厘米（图二四，10）。

内折沿碗　1件（H342:4）。泥质黑陶。敛口，窄凹沿内折，尖圆唇直立，又呈子母口，浅折腹弧内收，底已残。素面。口径16、残高3.4厘米（图二四，9）。

矮圈足　2件。H342:3，泥质陶外红内黑，足壁外斜。素面。足径8.5、残高2.8厘米（图二四，11）。H342:1，泥质陶，外红内黑，仅剩残圜底和足根已残矮圈足，足壁外斜。饰圆

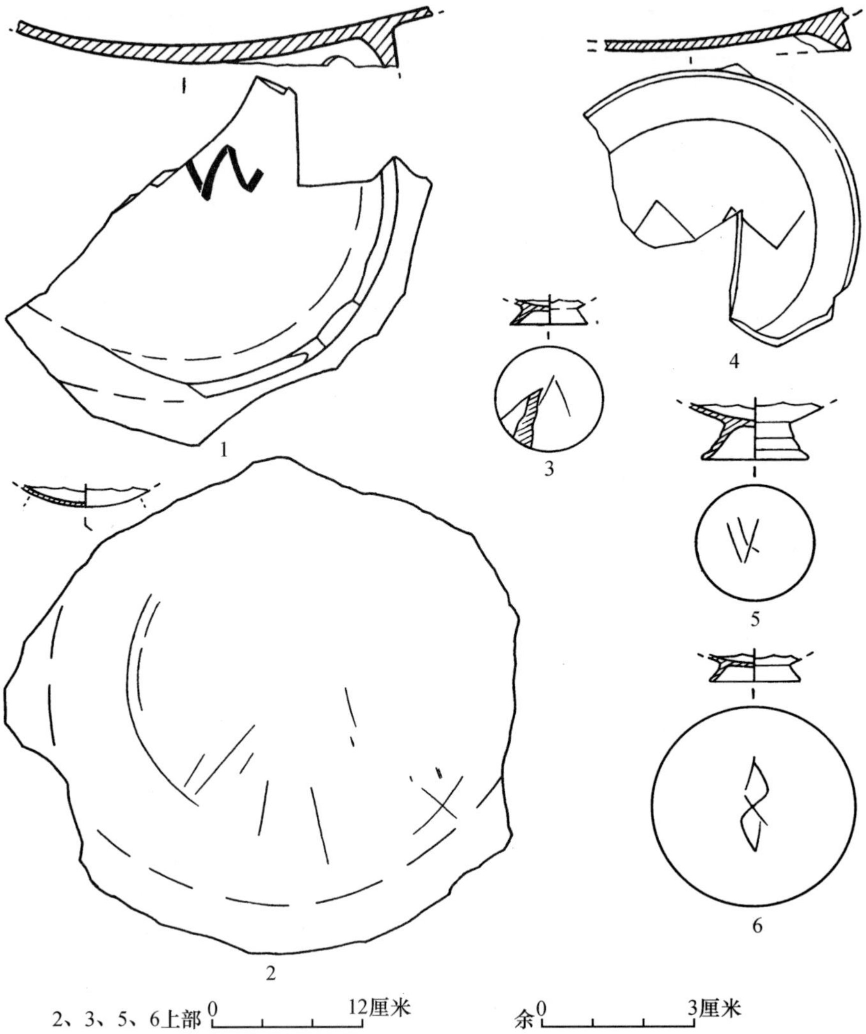

图二五　H223、H224、H226、H342 出土有刻划符号圈足

1～6. 有刻划符号矮圈足（H342:1、H223:3、H226:1、H223:4、H224:12、H226:2）

形镂孔也已残。更重要的是，足外底有已残一个刻划符号（图二五，1；图九七，7；图版三六，4）。

（10）H363

① 灰坑情况

位置：在 T2839 中部至南壁下。

层位关系：开口在第 1B 层下（坑口距地表约 70 厘米），打破第 3A 下 H538；被第 1B 层下 H365 打破。

形制大小：不规则形，壁有斜有直，底不甚平。口部东西残长 340、南北残宽 224、深 70 厘米（图二六）。

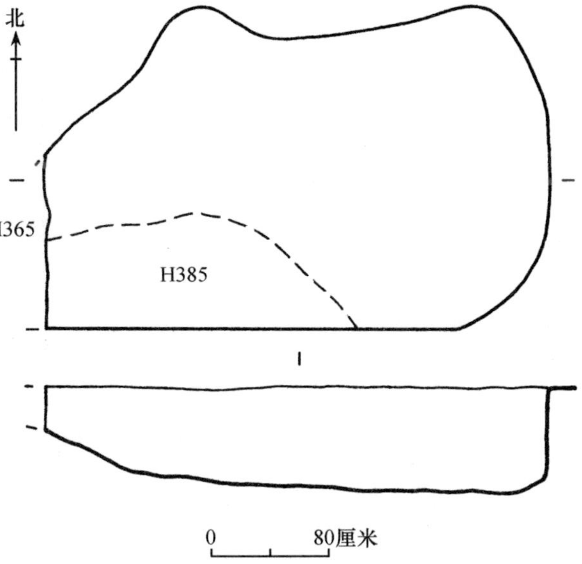

图二六　H363平、剖面图

② 出土器物

出土标本：34件。均为陶器，有凹折沿罐、折沿罐、斜颈罐、斜颈彩陶小罐、侈口瓮、侈口小罐、曲颈彩陶瓶、敛口钵、内折沿碗、有刻划符号敛口碗、盘口罐、内折沿簋、矮圈足、盘高圈足。

凹折沿罐　4件。H363:18，夹炭红陶，内沿施棕红色陶衣。宽折沿微凹，尖圆唇，肩已残。外沿三周凹槽，使口沿呈四叠层，残肩有细密竖绳纹。口径27、残高5厘米（图二七，2）。H363:19，泥质褐红陶，沿外有补丁状贴片。折沿深凹，尖圆唇，弧肩已残。素面。口径18、残高4.2厘米（图二七，5）。H363:25，夹炭红褐陶，内沿施深红衣。折沿宽凹，尖圆唇，斜肩已残。颈下部和上饰竖绳纹。口径28、残高6.4厘米（图二七，3）。H363:31，夹草末黄陶。宽折沿微凹，尖圆唇，斜肩已残。外沿下和肩上各饰竖绳纹。口径26、残高6.6厘米（图二七，1）。

折沿罐　2件。H363:30，夹炭红陶。宽折沿，尖圆唇，斜弧肩已残。外沿上部两周凹槽，使沿面呈三叠层。口径20、残高4.4厘米（图二七，7）。H363:33，夹草末红陶，内沿、外表施深红衣。折沿，尖唇，弧肩已残。素面。口径17、残高3.7厘米（图二七，8）。

斜颈罐　2件。H363:16，夹炭红陶，内沿、外表施浅红衣。侈口，折沿外斜近直，尖圆唇，束颈，弧肩，鼓腹已残。素面。口径13、残高5.4厘米（图二七，11）。H363:20，夹炭红陶。直口外斜，方圆唇，束颈，斜弧肩，深腹已残。外口下一周凹槽，肩腹饰竖绳纹。口径14、残高5.6厘米（图二七，6）。

斜颈彩陶小罐　1件（H363:21）。泥质红陶，内沿、外表施深红衣，外表又绘黑彩。直口外斜，尖圆唇，束颈，广弧肩已残。颈上部两周、肩中部黑彩带状纹。口径10、残高4厘米（图二七，15）。

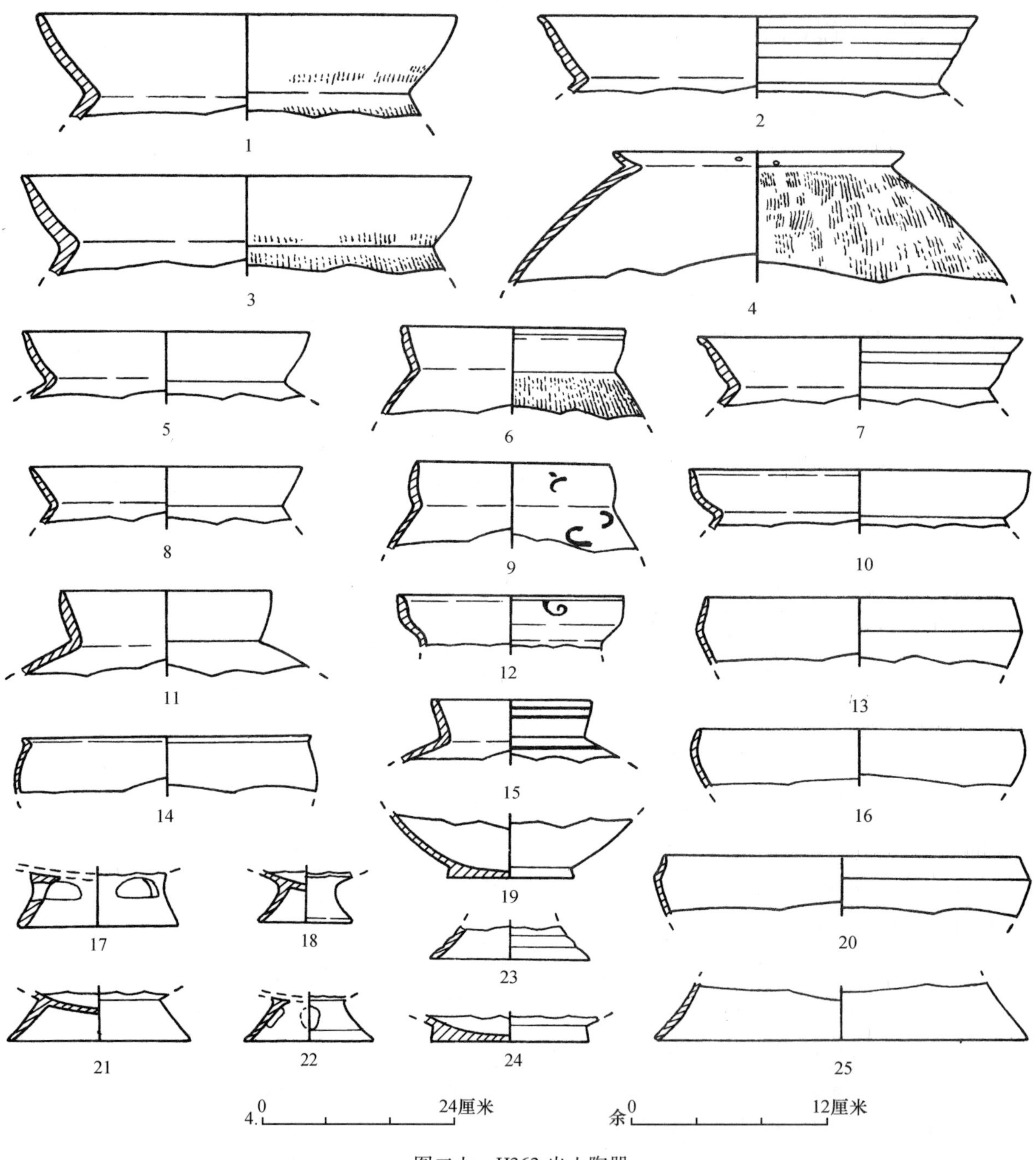

图二七　H363出土陶器

1~3、5. 凹折沿罐（H363∶31、H363∶18、H363∶25、H363∶19）　4. 侈口瓮（H363∶13）　6、11. 斜颈罐（H363∶20、H363∶16）　7、8. 折沿罐（H363∶30、H363∶33）　9、12. 曲颈彩陶瓶（H363∶22、H363∶17）　10. 盘口罐（H363∶32）　13. 内折沿簋（H363∶34）　14. 侈口小罐（H363∶23）　15. 斜颈彩陶小罐（H363∶21）　16. 敛口钵（H363∶4）　17~19、21~24. 矮圈足（H363∶29、H363∶26、H363∶14、H363∶15、H363∶27、H363∶2、H363∶1）　20. 内折沿碗（H363∶24）　25. 盘高圈足（H363∶28）

侈口瓮　1件（H363∶13）。泥质红陶。侈口，束颈，窄折沿微凹，尖圆唇，弧肩外斜，深腹外鼓，但腹下部已残。沿面上有两个已穿小圆孔，肩、腹饰不连贯的斜乱绳纹。口径36、残高19厘米（图二七，4）。

侈口小罐　1件（H363∶23）。泥质陶外红内黑。侈口，束颈，窄折沿，弧肩，弧腹内收，底已残。素面。口径18、残高3.7厘米（图二七，14）。

曲颈彩陶瓶　2件。H363∶17，泥质红陶，内沿、外表施浅红衣，外颈绘黑彩。小盘口，曲颈上直下弧折，尖圆唇，颈下已残。唇部内外绘一周黑彩带纹，外颈上部还残存卷云状黑彩纹。口径14、残高3.8厘米（图二七，12）。H363∶22，夹炭红陶，外表施浅红衣，绘黑彩纹。侈口，曲颈内凹外弧下内束，尖圆唇，弧肩斜溜，深弧腹下部已残。外颈和肩上有卷云状黑彩花纹，但黑彩多脱落。口径12、残高5.4厘米（图二七，9）。

敛口钵　1件（H363∶4）。泥质黑陶。敛口，圆唇，鼓肩，弧腹内收，下已残。素面。口径20、残高3.8厘米（图二七，16）。

内折沿碗　1件（H363∶24）。泥质红陶，外施鲜红衣。敛口，凹沿内折，尖圆唇，深折腹弧内收，底已残。素面。口径22、残高3.6厘米（图二七，20）。

有刻划符号敛口碗　1件（H363∶3）。泥质黑陶。敛口，尖唇，深弧腹上部外鼓下部弧内收，圜底下附矮圈足，足壁外弧，足根又外弧。足根上部一周凹槽，使足壁呈双叠层。更重要的是，足外底有一完整刻划符号（图九七，19）。口径12、足径6.4、通高8.4厘米（图二九，8；图版五，5；图版三七，5）。

盘口罐　1件（H363∶32）。泥质陶外黑内黄。盘口，窄沿内斜，尖圆唇外凸，曲颈下部内束，肩外斜已残。素面。口径21、残高3.8厘米（图二七，10）。

内折沿簋　1件（H363∶34）。泥质陶外红内黑。敛口，内折沿，尖唇，折腹弧内收，底已残。素面。口径19、残高4.3厘米（图二七，13）。

矮圈足　15件。其中有假圈足、也有足壁外撇、外斜、外弧的区别；更重要的是有8件外底有刻划符号。具体区别如下：

A型　假圈足，2件。H363∶1。泥质黑陶。实心矮圈足，足外斜，平底。素面。足径10、残高1.6厘米（图二七，24）。H363∶14，泥质黑陶。残存碗弧腹，圜底下连实心平底假圈足。素面。足径7.8、残高3.8厘米（图二七，19）。

B型　足壁较高外撇呈喇叭状，2件。H363∶26，泥质黑陶。素面。足径6、残高3.2厘米（图二七，18）。H363∶27，泥质黑陶。足壁两周凹槽呈三叠层，凹槽之间又饰三个近圆形镂孔。足径8.2、残高2.7厘米（图二七，22）。

C型　足壁较高外斜，2件。H363∶15，夹炭陶外红内黑。素面。足径11.2、残高3.3厘米（图二七，21）。H363∶29，夹草末红陶，外施红衣。残壁上饰半圆形镂孔。足径10、残高3.4厘米（图二七，17）。

D型　足壁较高外弧，1件。H363∶2，泥质红陶。矮圈足上部已残。足壁残存两周凹槽而呈多叠层。足径10、残高2.1厘米（图二七，23）。

足外底有刻划符号　8件。H363∶5，泥质磨光黑陶。足壁低矮外斜，外底已残。有一个稍残刻划符号（图二九，2；图九七，10；图版二五，4）。H363∶6，泥质黑陶。小圈足壁外弧。有一周凹弦而呈双叠层。外底有个完整刻划符号（图九七，15；图版二〇，4）。足径7、残高2厘米（图二九，9）。H363∶7，泥质黑陶。足壁外撇。素面。外底有一完整刻划符号（图九七，8；图版二八，5）。足径6.7、残高2厘米（图二九，5）。H363∶8，泥质陶外红内黑。足壁外撇。饰两周凹弦纹而呈三叠层，又饰四个近圆镂孔。外底有烧制后才刻上的刻划符号（图九七，5；图版三九，5）。笔画较深而清晰。足径9.2、残高3.3厘米（图二九，6）。H363∶9，泥质黑陶。足壁外弧，足根也外弧。足根上部一周凹槽使足壁呈双叠层。足外底一刻划符号（图九七，20；彩版九，1；图版三七，6）。足径6.4、残高2厘米（图二九，10）。H363∶10，泥质磨光黑陶。足壁外弧，足根也外弧。足壁下部一周凹槽而呈双叠层。外底有一刻划符号（图九七，13；图版二六，5）。足径8.4、残高3厘米（图二九，3）。H363∶11，泥质磨光黑陶。足壁低矮外斜。素面。足外底有一刻划符号（图九七，3；图版三〇，5）。足径6.6、残高1.9厘米（图二九，4）。H363∶12，泥质黑陶。圈足已脱落只留印痕，外底也残。但有一个完整刻划符号（图二九，1；图九七，11；图版二二，5）。

盘高圈足　1件（H363∶28）。泥质红胎黑陶。仅存高圈足下部，足壁外撇，近喇叭状。素面。底径23、残高3.9厘米（图二七，25）。

（11）H365

① 灰坑情况

位置：在T2839西南角至T2739东隔梁内，但其南部已被1981年的TG2和1986年的T28发掘时破坏。

层位关系：开口在第1B层下，打破第1B层下H363和第3A层下H538。

形制大小：椭圆形，直壁，平底。南北残长210、东西残宽70、深34厘米。

② 出土器物

出土标本：25件。有小石斧、凹折沿罐、弧折沿彩陶罐、斜颈小罐、曲颈罐、曲颈彩陶瓶、内折沿簋、红顶敞口钵、敛口碗、卷沿碗、侈口小碗、直盘口、矮圈足、有刻划符号矮圈足、片状小鼎足、残支座共16个种类。

石器

小石斧　1件（H365∶24）。小砾石磨制。扁薄近椭圆形，弧顶，两面皆原面，两边磨平，弧刃单面磨制，锋利。长6.1、宽4.3、厚1.2厘米（图二八，13）。

陶器

凹折沿罐　4件。H365∶5，夹草末红陶。折沿微凹，尖圆唇，弧肩，腹已残。素面。口径18、残高4.7厘米（图二八，18）。H365∶16，夹草末黄陶。宽凹折沿，沿末外折，使口内上、下都有折棱，小圆唇，肩已残。外口下一周凹槽，颈下和肩上分别有竖绳纹。口径22、残高4.7厘米（图二八，5）。H365∶19，夹炭黄陶。折沿宽凹，尖圆唇，弧肩，腹已残。素面。口径26、残高5.4厘米（图二八，7）。H365∶23，夹炭黄陶。凹折沿，尖圆唇，斜弧肩已残。素面。口径18、残高3.8厘米（图二八，17）。

弧折沿彩陶罐　2件。H365:7，泥质红陶，内沿、外表施深红衣，绘黑彩。折沿沿面上弧如外卷，但口内有折棱，尖圆唇，肩已残。残肩一周带状黑彩纹，内沿彩纹已脱落。口径22、残高2.2厘米（图二八，4）。H365:22，夹炭红陶，内沿、外表施鲜红衣，绘黑彩。折沿沿面微上弧，尖圆唇，弧肩，腹已残。内外沿和肩上都绘黑彩纹，但多脱落而图案不清晰。口径22、残高4.4厘米（图二八，3）。

斜颈小罐　1件（H365:8）。泥质红陶，内沿、外表施鲜红衣。直口外斜，尖圆唇，弧肩已残。素面。口径9.2、残高3.5厘米（图二八，14）。

曲颈罐　1件（H365:6）。泥质黄陶。侈口，曲颈内凹外弧下内束，尖圆唇，斜弧肩已残。残肩下部有竖绳纹痕。口径17、残高4.6厘米（图二八，19）。

曲颈彩陶瓶　4件。H365:2，夹草末红陶，外施浅红衣绘黑彩。侈口，曲颈内凹外弧下内束，斜弧肩已残。颈部和肩部都绘黑彩，但图案因黑彩脱落而不清晰。口径12、残高4.6厘米（图二八，10）。H365:3，泥质红陶，外施鲜红衣绘黑彩。近直口，曲颈微凹外弧下内束，溜肩，深弧腹下已残。腹上部三周带状黑彩纹，肩、颈图案因黑彩脱落而不明。口径14、残高8厘米（图二八，20）。H365:4，泥质红陶，外施深红衣绘黑彩。侈口，曲颈内凹外弧下内束，方圆唇，斜弧肩，腹已残。颈、肩、腹黑彩已脱落而图案不明。口径16、残高7.7厘米（图二八，21）。H365:21，夹炭红陶，外施深红衣绘黑彩。侈口，曲颈内凹外弧下内束，方圆唇，溜肩近直，腹已残。颈上部和肩下部各绘一周黑彩带状纹。口径13、残高5.4厘米（图二八，9）。

内折沿簋　2件。H365:17，泥质陶外红内黑。敛口，宽沿内折近直，尖圆唇，折腹弧内收，下已残。素面。口径22、残高4.4厘米（图二八，2）。H365:11，泥质陶外红内黑。敛口，窄沿内折，尖唇，深折腹内斜，底已残。腹上部一周凹弦。口径19、残高3.6厘米（图二八，6）。

红顶敞口钵　1件（H365:18）。泥质红陶，外施鲜红衣。敞口近直，尖唇，深弧腹下部已残。外口下又有一周宽约6厘米的带状红彩纹。口径28、残高8厘米（图二八，8）。

敛口碗　1件（H365:12）。泥质陶外红内黑。敛口，尖唇，弧腹下已残。素面。口径16、残高4.8厘米（图二八，12）。

卷沿碗　1件（H365:13）。泥质黑陶。敞口，尖圆唇，弧沿外卷，折腹弧内收。腹之上颈下部饰两周凹弦纹。口径16、残高3.7厘米（图二八，11）。

侈口小碗　1件（H365:14）。泥质黑陶。侈口，束颈，窄折沿，尖圆唇，直腹下部内折弧内收，底已残。素面。口径9.6、残高3.4厘米（图二八，15）。

直盘口　1件（H365:15）。泥质陶外红内黑。直口微外卷，方唇，直腹上部外卷，下部外凸又内折弧收，但下部弧腹已残。素面。口径24、残高6厘米（图二八，1）。

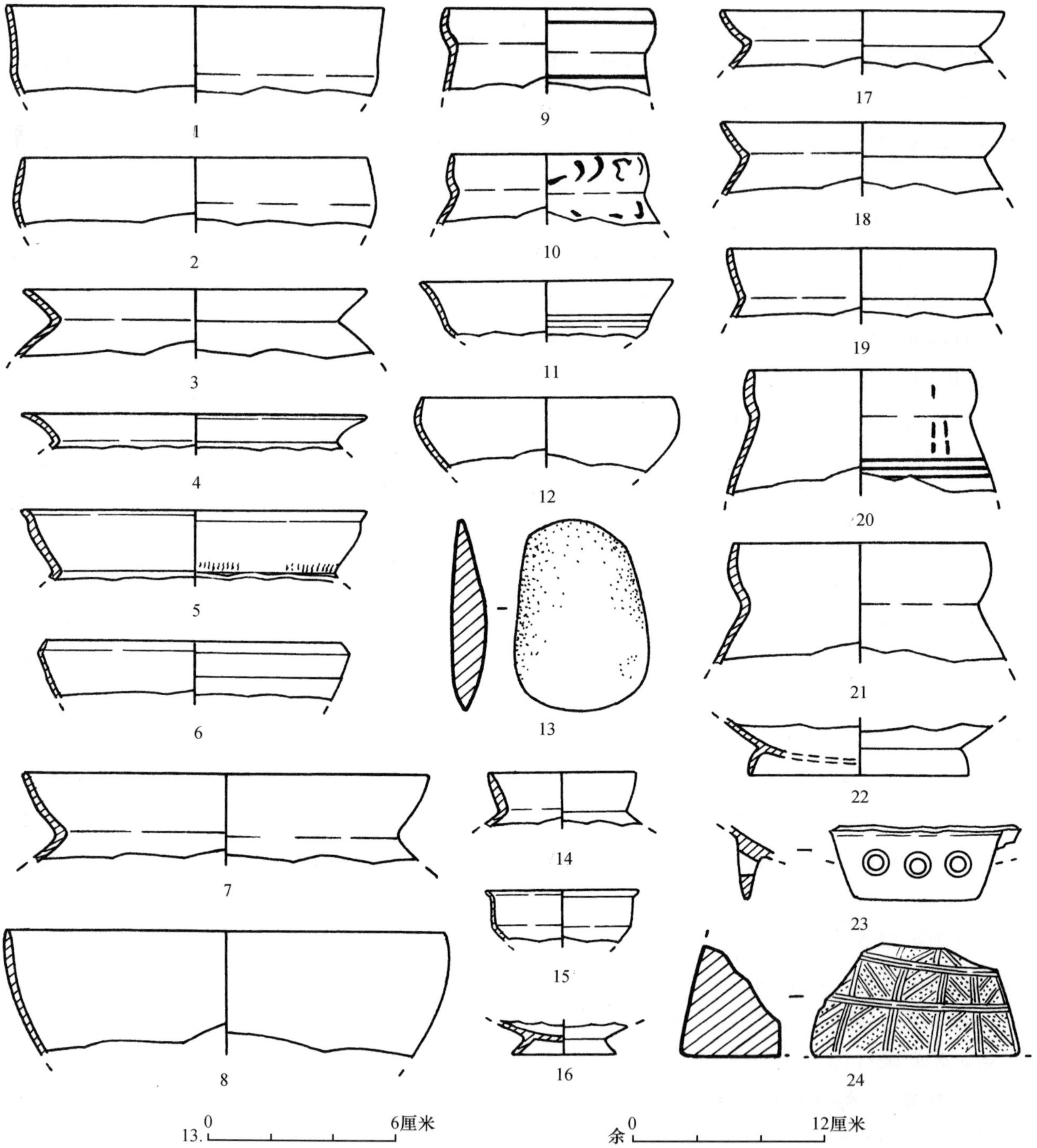

图二八　H365出土器物

1. 陶直盘口（H365∶15）　2、6. 陶内折沿簋（H365∶17、H365∶11）　3、4. 弧折沿彩陶罐（H365∶22、H365∶7）　5、7、17、18. 陶凹折沿罐（H365∶16、H365∶19、H365∶23、H365∶5）　8. 陶红顶敞口钵（H365∶18）　9、10、20、21. 曲颈彩陶瓶（H365∶21、H365∶2、H365∶3、H365∶4）　11. 陶卷口碗（H365∶13）　12. 陶敛口碗（H365∶12）　13. 小石斧（H365∶24）　14. 陶斜颈小罐（H365∶8）　15. 陶侈口小碗（H365∶14）　16、22. 陶矮圈足（H365∶10、H365∶9）　19. 陶曲颈罐（H365∶6）　23. 陶小鼎足（H365∶20）　24. 陶残支座（H365∶25）

矮圈足　2件。H365:10，泥质黑陶。仅存碗下部弧腹，圜底，下附低矮圈足，足壁外斜。素面。足径6.6、残高2.1厘米（图二八，16）。H365:9，泥质红陶。仅存盘下部弧腹，圜底也残，下附矮圈足，足壁外弧。素面。足径14、残高3.9厘米（图二八，22）。

有刻划符号矮圈足　1件（H365:1）。泥质黑陶。仅存圜底下附矮圈足，足壁外弧，足根外撇。足壁下部一周凹槽。外底有一完整刻划符号（图九七，12；图版三一，6）。足径6.8、残高2.2厘米（图二九，7）。

小鼎足　1件（H365:20）。夹砂红陶，外施深红衣。仅存罐形鼎下部小鼎足，足为片状倒梯形。足面饰有三个残圆形镂孔。足面上宽10、下宽8、足高4.4厘米（图二八，23）。

残支座　1件（H365:25）。夹砂红陶。仅存底部残块，属实心有纹可能为直立型。残高7.2、底径14厘米（图二八，24）。

（12）H403

① 灰坑情况

位置：在T2832东南角局部。

层位关系：开口在第1C层下，打破第3A层、第3B层。

形制大小：圆形一角，斜弧壁，圜底。口径约140、深72厘米（图三〇，2）。

② 出土器物

出土标本：2件。陶器，皆碗矮圈足，其中一件有刻划符号。

碗矮圈足　2件。H403:2，泥质黑陶。圜底已缺，足壁外弧，足根外撇。饰两周深凹弦纹，使足壁呈三叠层。足径8、残高3厘米（图三二，21）。H403:1，泥质黑陶。圜底由碎片黏接，足壁外弧。有一周凹槽而呈双叠层。外底有一近完整刻划符号（图九七，17；图版三一，2）。足径7.8、残高2.5厘米（图三三，3）。

（13）H424

① 灰坑情况

位置：在T3234中部偏西。

层位关系：开口在第4层下，打破黄土台；被D7柱洞打破。

形制大小：是一个有一级台阶的椭圆形窖穴；分为上、下两部分：上部坑口椭圆形，长径156、宽径124、一级台阶距坑口50厘米；下部坑口为椭圆形，直壁，平底。长径80、宽径60、底距一级台阶深20厘米（图三〇，1）。

② 出土器物

出土标本：5件。均为陶器，有折沿罐、小折腹碗、敛口碗、有刻划符号假圈足。

折沿罐　2件。H424:1，夹草末红陶，内沿、外表施深红衣。折沿较宽，但口内无明显折棱，圆唇，弧肩已残。口下一周凹槽，肩饰细密竖绳纹。口径28、残高6厘米（图三二，2）。H424:2，夹草末红陶，内沿又施深红衣。侈口，束颈，折沿特别宽，沿面下部微凹，上部上弧稍外卷，尖唇，弧肩，腹已残。口下两周凹槽而使口沿呈三叠层，外沿下部和肩上饰竖绳纹。口径28、残高10厘米（图三二，3）。

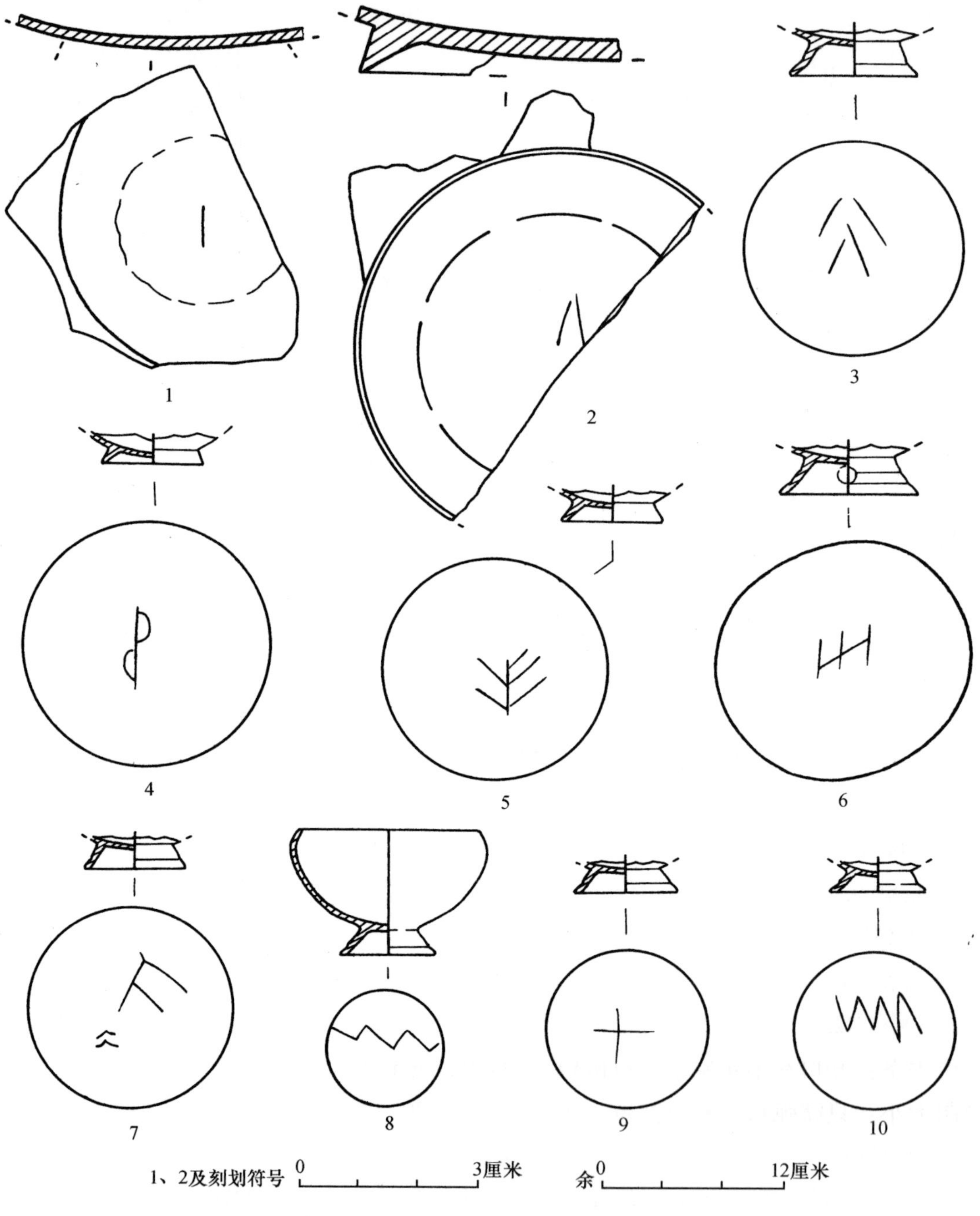

图二九　H363、H365 出土有刻划符号陶器标本

1～7、9、10. 矮圈足（H363:12、H363:5、H363:10、H363:11、H363:7、H363:8、H365:1、H363:6、H363:9）

8. 敛口碗（H363:3）

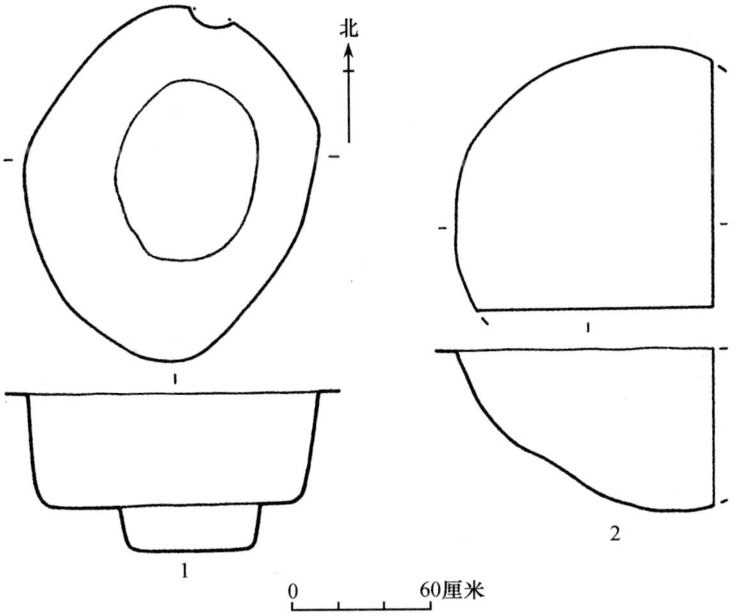

图三〇　H403、H424 平、剖面图
1. H424　2. H403

小折腹碗　1 件（H424∶4）。泥质红陶，外施深红衣，小巧如玩具。敞口，方圆唇，宽折沿，折肩外斜，折腹内收，腹下部已残。素面。口径 8、残高 3 厘米（图三二，22）。

敛口碗　1 件（H424∶3）。泥质磨光黑陶。敛口，尖圆唇内卷，浅弧腹上外鼓下内收，底已残。素面。口径 16、残高 4 厘米（图三二，10）。

有刻划符号假圈足　1 件（H424∶5）。泥质红胎磨光黑陶。仅存圜底和其下实心假圈足，足壁外弧近斜，平底。素面。但平底上有一刻划符号（图九七，18；图版三六，2）。足径 5、残高 0.9 厘米（图三三，1）。

（14）H438

① 灰坑情况

位置：在 T3234 东北角，局部。

层位关系：开口在第 4 层下，打破位置 H439、黄土。

形制大小：只露弧形一角，弧壁，平底。残长 120、宽 94、深 50 厘米。

② 出土器物

出土标本：2 件。有石璜和陶敞口钵。

石器

石璜　1 件（H438∶2）。石料。灰色，扁弧半环形，两端各穿一小孔，一侧小孔稍残，横断面呈椭圆形。残长 5.6、宽 0.7、厚 0.4 厘米（图三二，8）。

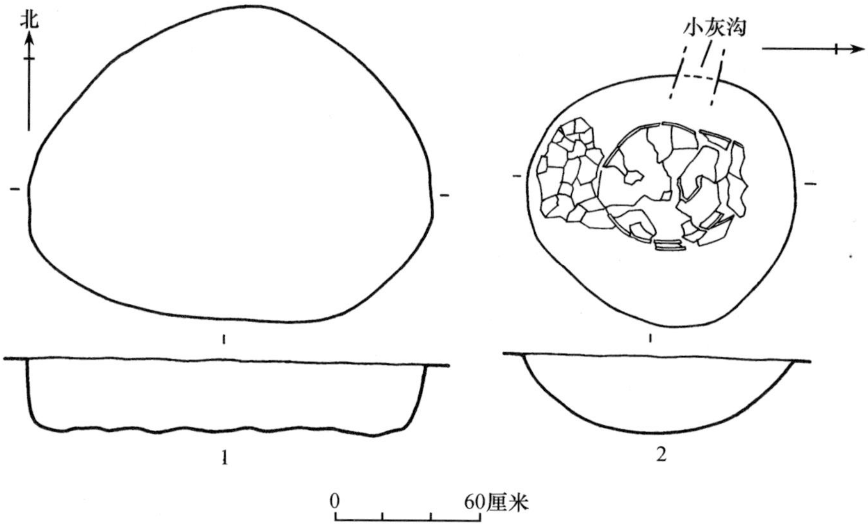

图三一　H479、H510平、剖面图

1. H479　2. H510

陶器

敞口钵　1件（H438∶1）。泥质磨光黑陶。敛口，方唇，弧腹，腹下已残。素面。口径22、残高7.9厘米（图三二，6）。

（15）H447

① 灰坑情况

位置：在T2731北隔梁下。

层位关系：开口在第4A层下，打破第4B层。

形制大小：圆弧形一部分，弧壁，平底。口径120厘米以上，底径80厘米以上，深30厘米。

② 出土器物

出土标本：2件。均为陶器，有敞口钵、内折沿碗。

敞口钵　1件（H447∶1）。泥质红陶，施橘红衣多脱落。敞口，尖圆唇，弧腹下部已残。素面。口径24、残高5.3厘米（图三二，5）。

内折沿碗　1件（H447∶2）。泥质磨光黑陶。敛口，凹沿内折，尖唇，浅折腹弧内收，底已残。素面。口径15、残高3.4厘米（图三二，20）。

（16）H479

① 灰坑情况

位置：在T3433中北部。

层位关系：开口在第3B层下，打破第3B层下H488。

形制大小：近椭圆形，弧壁，底不甚平。口径136厘米×170厘米，底径130厘米×164厘米，深30厘米（图三一，1）。

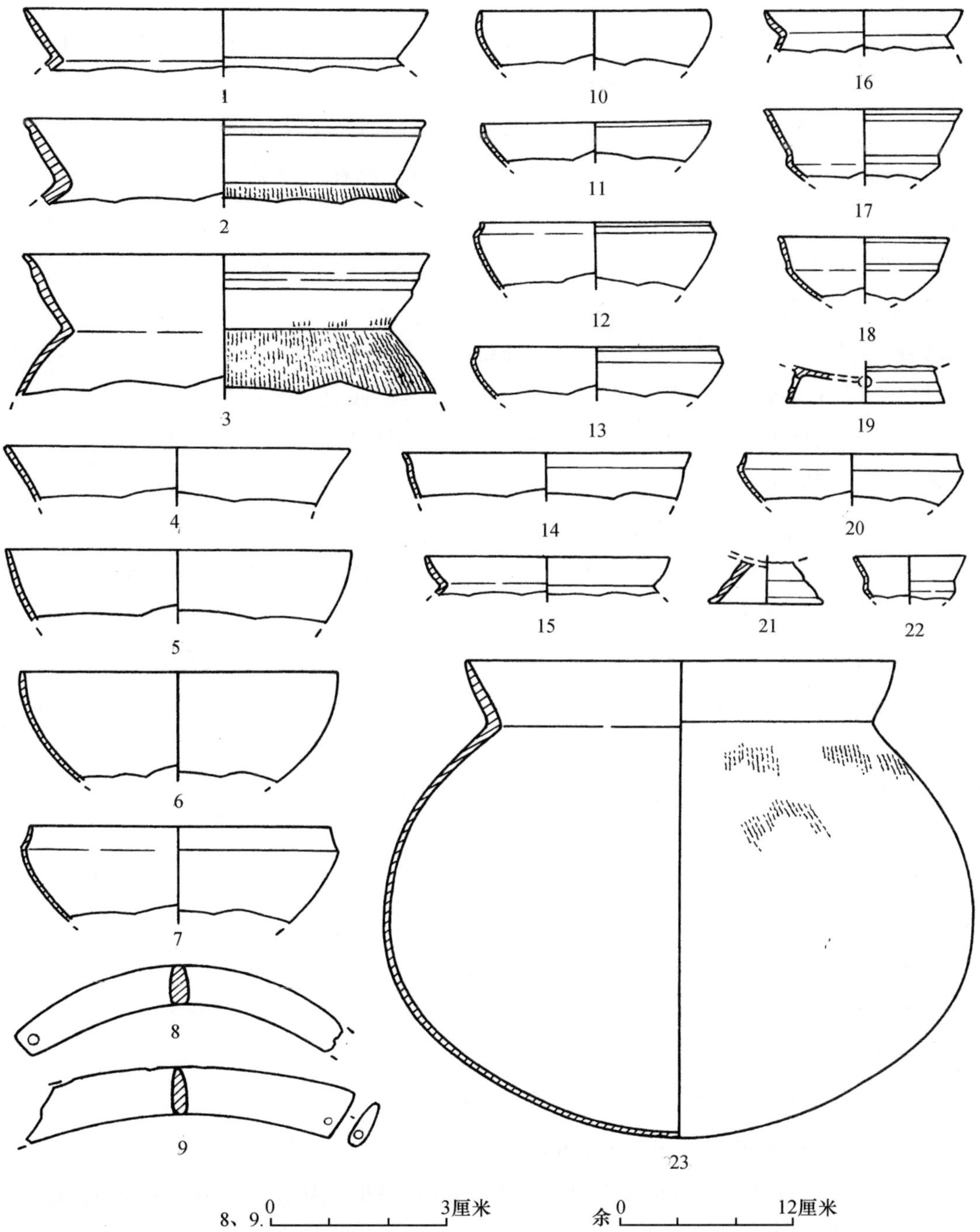

图三二 H403、H424、H438、H447、H479、H480、H498、H510、H513出土器物

1～3. 陶折沿罐（H479:8、H424:1、H424:2） 4、17、18. 陶折腹碗（H479:5、H479:2、H479:4） 5、6. 陶敞口钵（H447:1、H438:1） 7. 陶内折沿簋（H480:1） 8、9. 残石璜（H438:2、H479:7） 10. 陶敛口碗（H424:3） 11. 陶敛口豆盘（H479:6） 12. 陶子母口碗（H479:3） 13. 陶子母口簋（H480:2） 14. 陶侈口碗（H513:2） 15. 陶凹折沿罐（H488:1） 16. 陶凹折沿小罐（H513:1） 19. 陶矮圈足（H488:2） 20. 陶内折沿碗（H447:2） 21. 陶碗矮圈足（H403:2） 22. 陶小折腹碗（H424:4） 23. 陶釜（H510:1）

② 出土器物

出土标本：8 件。有陶折沿罐、子母口碗、折腹碗、有刻划符号矮圈足、敛口豆盘和残石璜。

石器

残石璜　1 件（H479:7）。青色泛白有黑斑，一端已残，弧形近直，剖面椭圆形，一端为斜面，从一面到侧边斜钻一小圆孔。残长 5.7、宽 0.85、厚 0.3 厘米（图三二，9）。

陶器

折沿罐　1 件（H479:8）。夹炭红陶，内沿施鲜红衣。折沿甚宽，尖唇，弧肩已残。素面。口径 28、残高 4.5 厘米（图三二，1）。

子母口碗　1 件（H479:3）。泥质红陶，外壁施深红衣。敛口，窄斜沿内折，小方唇直立，而又呈子母口，深折腹弧内收，底已残。素面。口径 16、残高 4.8 厘米（图三二，12）。

折腹碗　3 件。H479:2，泥质陶外红内黑。敞口，尖圆唇，宽折沿，窄肩外斜，折腹斜内收，底已残。口下两周凹弦纹。口径 14、残高 5.1 厘米（图三二，17）。H479:4，泥质磨光黑陶。敞口，小方唇，斜折沿，窄肩斜如凸棱，折腹弧内收，底已残。口下一周凹弦纹。口径 12、残高 4.5 厘米（图三二，18）。H479:5，泥质红陶。敞口，方唇，宽折沿沿面微上弧，但沿下部已残。素面。口径 24、残高 4 厘米（图三二，4）。

有刻划符号矮圈足　1 件（H479:1）。泥质黑陶。仅存残圜底和其下残矮圈足，足壁外弧近直。素面。足外底有一个基本完整刻划符号（图三三，4；图九七，9；图版三五，6）。

敛口豆盘　1 件（H479:6）。泥质磨光黑陶。口微内敛，小方唇，唇面一周凹弦，浅弧腹上部微外鼓下部内收，底已残。未见其他纹饰。口径 16、残高 2.8 厘米（图三二，11）。

（17）H480

① 灰坑情况

位置：在 T3332 东北部。

层位关系：开口在第 3B 层下。

形制大小：小椭圆形，弧壁，圜底。口径 54 厘米 ×78 厘米，深 30 厘米。

② 出土器物

出土标本：2 件。均为陶器，有子母口簋、内折沿簋。

子母口簋　1 件（H480:2）。泥质陶外红内黑。敛口，窄沿内折，尖唇又外卷，又呈子母口，浅折腹弧内收，底已残。素面。口径 17、残高 3.5 厘米（图三二，13）。

内折沿簋　1 件（H480:1）。泥质陶外红内黑。敛口，凹弧沿内折，又呈子母口，小方唇，唇面一周凹弦纹，折腹弧内收，下腹已残。未见其他纹饰。口径 21、残高 6.8 厘米（图三二，7）。

（18）H488

① 灰坑情况

位置：在 T3433 中东部。

层位关系：开口在第 3B 层下，被第 3B 层下 H479 打破。

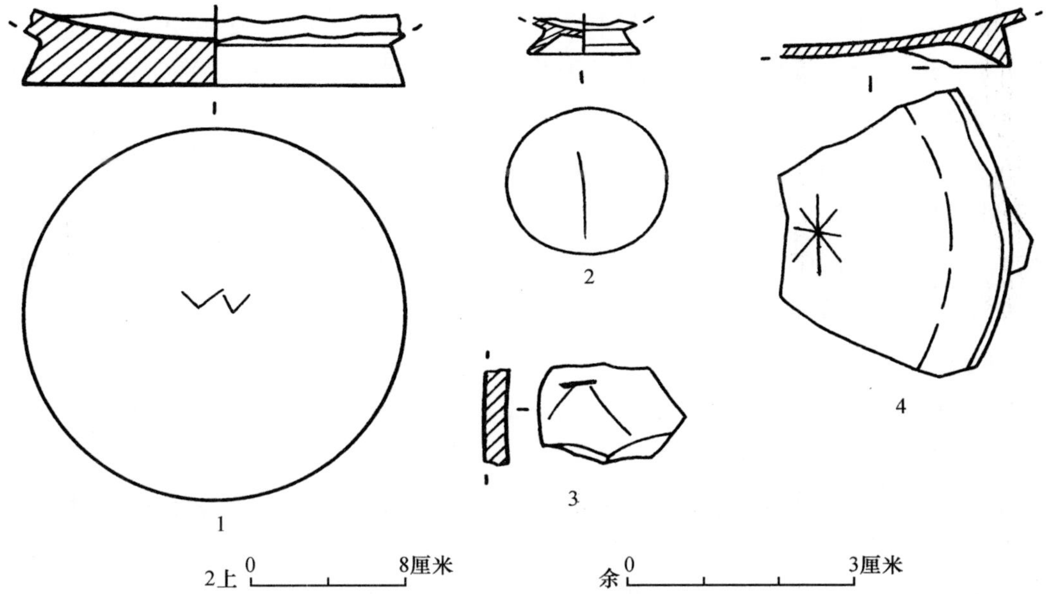

图三三　H403、H424、H479、H498 出土有刻划符号陶矮圈足
1. 假圈足（H424:5）　2、4. 矮圈足（H498:1、H479:1）　3. 碗矮圈足（H403:1）

形制大小：圆形，弧壁，平底。口径 110、底径 105、深 30 厘米。

② 出土器物

出土标本：2 件。均为陶器，有凹折沿罐、矮圈足。

凹折沿罐　1 件（H488:1）。泥质灰陶。凹折沿，尖圆唇，弧肩已残。肩有竖绳纹。口径 17、残高 2.8 厘米（图三二，15）。

矮圈足　1 件（H488:2）。泥质陶外红内黑。仅存残圜底下附矮圈足，足壁外斜。足壁两周凹弦纹而呈三叠层，在第一周弦纹上又有圆形镂孔。足径 11、残高 2.6 厘米（图三二，19）。

（19）H498

① 灰坑情况

位置：在 T3333 西南部。

层位关系：开口在第 3B 层下，打破第 4A 层；同时被 H473、H483、H499 打破。

形制大小：椭圆形，直壁，平底。口部和底部直径 60 厘米 ×90 厘米，深 16 厘米。

② 出土器物

出土标本：1 件。陶器，有刻划符号矮圈足。

有刻划符号矮圈足　1 件（H498:1）。泥质黑陶。足壁外弧。足饰一周凹槽而呈双叠层。足外底部有一完整刻划符号（图九七，16；图版二二，2）。足径 6、残高 1.8 厘米（图三三，2）。

（20）H510

① 灰坑情况

位置：在 T3533 北部。

层位关系：开口在第3C层下，打破第3D层、第4层；西部被一小灰坑打破。

形制大小：近圆形，弧壁，圜底。口径106、深32厘米（图三一，2）。

② 出土器物

出土标本：1件。为可复原的陶釜。

釜　1件（H510∶1）。夹炭红陶，内沿、外表施鲜红衣。侈口，束颈，宽折沿，尖圆唇，弧肩，鼓腹，圜底。肩和腹有零星竖绳纹和斜绳纹。口径30、通高33.8、腹最大径41.2厘米（图三二，23；图版三，2）。

（21）H513

① 灰坑情况

位置：在T3333东壁下，局部。

层位关系：开口在第4A层下，打破第4B层、第4C层、生土（被第3A层下H502、H503打破，但这两坑皆无标本）。

形制大小：近圆形一半，近直壁，平底。口径约110、深54厘米。

② 出土器物

出土标本：2件。均为陶器，有凹折沿小罐、侈口碗。

凹折沿小罐　1件（H513∶1）。夹炭红陶。折沿深凹，尖唇，斜肩已残。素面。口径14、残高2.9厘米（图三二，16）。

侈口碗　1件（H513∶2）。泥质陶外红内黑。侈口，束颈，卷沿，尖唇，弧腹下部已残。素面。口径20、残高3.2厘米（图三二，14）。

（22）H516

位置：T3333中部偏北。

层位关系：开口第4A层下，打破第4B层；被H512打破。

形制大小：为三面都有一级台阶的圆筒形窖穴，直壁，平底。口径110、底径90、深30～50厘米。

出土标本：无。

（23）H538②层、H538③层

① 灰坑情况

位置：H538在T2838及其周围的T2839、T2938、T2837、T2737、T2738、T2739等探方中都有分布。

层位关系：开口第3A层下，打破H543、H542；被H363、H365、H387打破；而且，1981年发掘的TG1～TG3和1993年发掘的T28与T64都打破了H538。

H538坑内的堆积可分三小层，其中，第1小层属大早三段，这里先介绍属大早二段的第2、3小层出土的标本。

形制大小：椭圆形，斜弧壁，圜底有凹坑凹沟。口径1075厘米×800厘米，深105～320厘米（图三四）。

② 出土器物

出土标本：99 件。生产工具有石斧、石锚、小石球；陶器有凹折沿罐、凹折沿小罐、凹折沿彩陶罐、折沿罐、折沿小罐、折沿彩陶罐、弧折沿罐、弧折沿彩陶罐、斜颈罐、斜颈小罐、斜颈彩陶罐、束颈罐、曲颈彩陶罐、小口高领罐、粗颈罐、尖圜底小罐、曲颈彩陶瓶、斜颈瓮、内折沿簋、子母口簋、敞口钵、子母口碗、敞口碗、折腹碗、敛口碗、卷沿盘、直口彩陶盘、支座、小鼎足、平底器、矮圈足、假圈足、有刻划符号矮圈足、有刻划符号残圈足、有刻划符号假圈足。

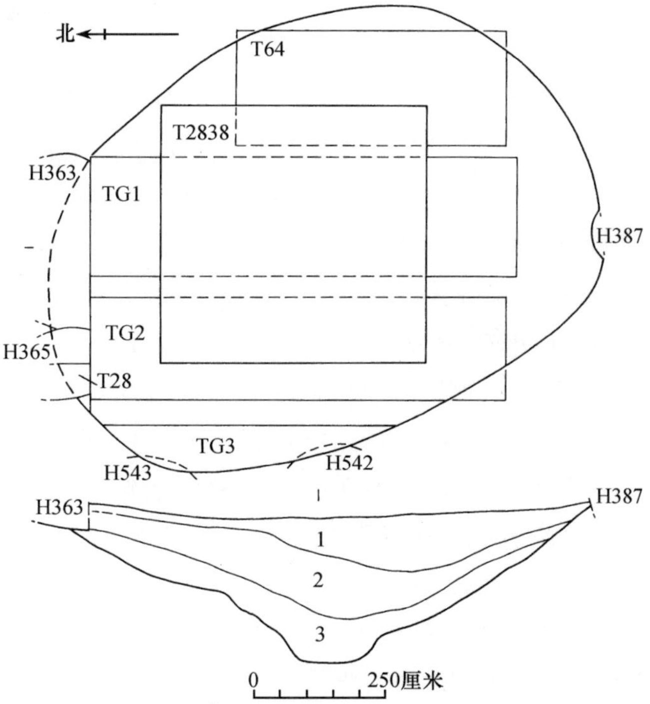

图三四 H538 平、剖面图

TG1、TG2、TG3 为 1981 年宜昌博物馆发掘；T28、T64 为 1993 年湖北省考古所发掘；T2838 等为以后发掘探方

石器

石斧 2 件。H538③: 30，近梯形，弧顶、两弧边和两弧面皆砾石原面，弧刃两面磨制，稍残为使用痕。长 10.5、宽 6.5、厚 2.6 厘米（图三八，2；图版五，1）。H538②: 70，近长方形，顶已残，两面为原平面，两边磨平近平行，斜弧刃两面磨制，仍锋利。残长 9、宽 7.9、厚 2.5 厘米（图三八，3）。

石锚 1 件（H538②: 126）。近圆形砾石。中部琢打出半周凹槽，供系绳之用。长 10.8、宽 9.2、厚 10.1 厘米（图三八，1）。

小石球 1 件（H538②: 127）。扁圆形，天然小砾石。直径 4.7、厚 3.4 厘米（图三八，4）。

陶器

凹折沿罐　3件。H538③: 91，夹草末红陶。折沿宽凹，弧肩。肩饰竖绳纹。口径32、残高9.6厘米（图三五，3）。H538②: 46，夹炭红陶。折沿宽凹，弧肩。肩饰竖绳纹。口径26、残高5.6厘米（图三五，17）。H538②: 128，夹草末红陶。折沿宽凹。素面。口径18、残高4厘米（图三五，20）。

凹折沿小罐　3件。H538②: 99，夹草末浅红陶。尖唇，弧肩。素面。口径15、残高4.3厘米（图三五，12）。H538②: 100，夹草末红陶。尖唇，肩已残。素面。口径14、残高2.9厘米（图三五，10）。H538③: 110，泥质红陶。尖圆唇，弧肩。素面。口径13、残高3.1厘米（图三五，11）。

凹折沿彩陶罐　2件。H538③: 71，夹炭红陶，内沿、外表施深红衣，绘黑彩。折沿微凹，尖唇，弧肩。内沿、外沿上方和肩上皆绘黑彩带状纹，内沿还有其他脱落黑彩图案。口径21、残高4.8厘米（图三五，7）。H538②: 39，夹炭红陶，内沿、外表施红衣。折沿微凹，但口内无折棱，尖圆唇，斜肩已残。外沿上部绘三周黑彩带状纹。口径20、残高4.2厘米（图三五，6）。

折沿罐　7件。H538③: 89，夹草末红陶。宽折沿，方圆唇，斜弧肩，肩下已残。肩饰竖绳纹。口径34、残高7.7厘米（图三五，2）。H538③: 94，泥质红陶。宽折沿，尖圆唇，弧肩，深弧腹，腹下已残。肩饰竖绳纹。口径30、残高11.5厘米（图三五，1）。H538②: 129，夹炭红陶。宽折沿，尖圆唇，斜肩，肩下残。肩饰竖绳纹。口径28、残高6.2厘米（图三五，16）。H538②: 32，夹炭红陶。宽折沿，圆唇，斜弧肩，腹已残。肩饰竖绳纹。口径28、残高9厘米（图三五，4）。H538②: 86，夹草末红陶。折沿，尖圆唇，斜弧肩，腹已残。素面。口径18、残高5.8厘米（图三五，5）。H538②: 31，夹砂（蚌）红褐陶。宽折沿，圆唇，束颈，弧肩，腹已残。外唇下饰一周凹槽，肩饰竖绳纹。口径24、残高7.6厘米（图三五，15）。H538②: 35，夹炭红陶。宽折沿，尖圆唇，束颈，弧肩，腹已残。外沿饰两周凸棱纹，肩饰竖绳纹。口径24、残高6.2厘米（图三五，14）。

折沿小罐　2件。H538②: 37，夹砂红陶。外沿中部两周深凹弦纹，肩腹饰竖绳纹。口径14、残高5.4厘米（图三五，13）。H538②: 66，泥质红陶，内沿、外壁施深红衣。素面。口径10.4、残高3.8厘米（图三五，9）。

折沿彩陶罐　4件。只见于H538③层。内沿、外壁施红衣绘黑彩。H538③: 24，内外沿上部一周带状纹，内沿带状纹下又加垂幛状弦纹。口径20、残高2.8厘米（图三五，21）。H538③: 34，内沿、外沿上部和肩上部都有带状黑彩纹，内沿带状纹下又加竖的弧线纹。口径22、残高4厘米（图三五，8）。H538③: 75、H538③: 76，这两件皆彩陶片，皆绘黑彩（图三五，18、19）。

弧折沿罐　2件。H538②: 102，夹草末红褐陶，内沿施黑衣并磨光。宽折沿沿面微上弧，但口内无折棱，方圆唇，斜肩已残。肩饰竖绳纹。口径32、残高6.9厘米（图三六，13）。H538②: 103，宽折沿沿面微上弧，但口内无折棱。尖圆唇，斜肩已残。残肩有竖绳纹。口径20、残高4.6厘米（图三六，9）。

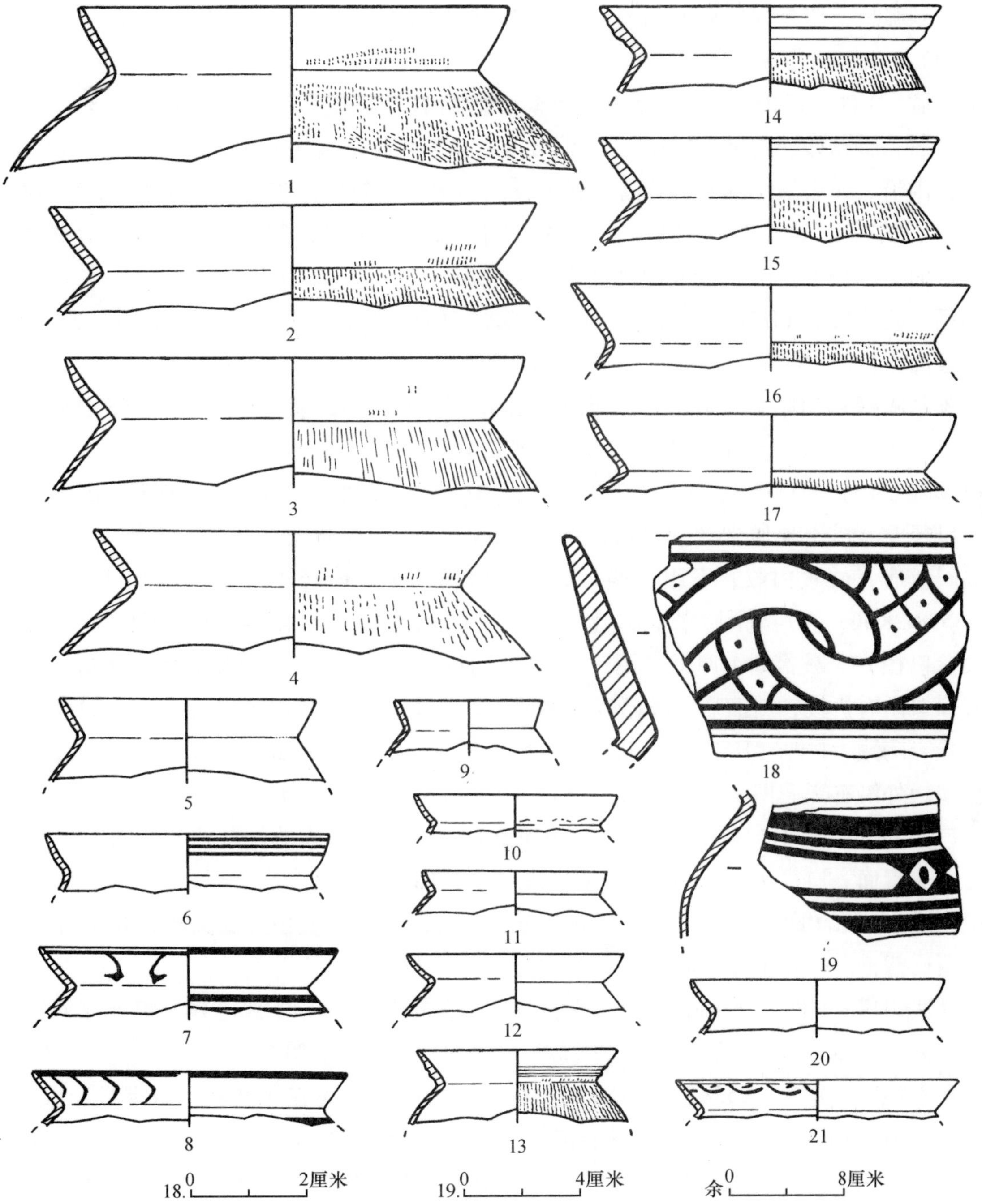

图三五 H538②层、H538③层出土陶器

1、2、4、5、14～16. 折沿罐（H538③: 94、H538③: 89、H538②: 32、H538②: 86、H538②: 35、H538②: 31、H538②: 129） 3、17、20. 凹折沿罐（H538③: 91、H538②: 46、H538②: 128） 6、7. 凹折沿彩陶罐（H538②: 39、H538③: 71） 8、18、19、21. 折沿彩陶罐（H538③: 34、H538③: 75、H538③: 76、H538③: 24） 9、13. 折沿小罐（H538②: 66、H538②: 37） 10～12. 凹折沿小罐（H538②: 100、H538③: 110、H538②: 99）

弧折沿彩陶罐　1件（H538③:72）。泥质红陶，内沿、外壁施鲜红衣。折沿沿面微上弧，尖圆唇，斜弧肩，腹已残。肩上部绘一宽一窄两周带状黑彩纹。口径20、残高3.9厘米（图三六，12）。

斜颈罐　3件。H538③:90，夹草末红陶，内沿有红衣但多已脱落。斜颈上部外翻，尖圆唇，斜弧肩，腹已残。肩饰竖绳纹。口径30、残高7.4厘米（图三六，15）。H538③:104，夹炭红陶，内沿、外表施深红衣。折沿外斜近直，尖圆唇，斜肩，腹已残。素面。口径18、残高4.3厘米（图三六，5）。H538②:130，夹炭黄陶。侈口，束颈，斜凹沿近直立，尖圆唇，弧肩已残。素面。口径17、残高4.6厘米（图三六，2）。

斜颈小罐　1件（H538③:106）。泥质红陶，内沿、外表施深红衣。折沿外斜近直，尖唇，弧肩。素面。口径10、残高3厘米（图三六，17）。

斜颈彩陶罐　1件（H538③:7）。泥质红陶。尖圆唇，弧肩已残。外沿上部绘两周黑彩带状纹。口径22、残高4.8厘米（图三六，22）。

束颈罐　4件。H538③:73，泥质黑陶。直口外卷，尖圆唇，弧颈下部已残。颈下部三周凹弦纹。口径14、残高4厘米（图三六，7）。H538③:109，泥质黑陶。直口外卷，尖圆唇，弧颈下束，斜弧肩，鼓腹内收，下腹已残。肩上部两周凹槽。口径14、残高5.9厘米（图三六，10）。H538②:36，泥质黑陶。直口外卷，方唇，束颈，凹弧肩，折腹内收。颈、肩上各有两周凹弦纹。口径16、残高8.1厘米（图三六，6）。H538②:108，泥质红胎黑陶。侈口，束颈，方唇，束颈口内有折棱，斜溜肩，腹已残。素面。口径13、残高4厘米（图三六，20）。

曲颈彩陶罐　1件（H538②:111）。夹炭红褐陶。侈口，曲颈内凹外弧下内束，尖圆唇，弧肩已残。外沿有黑彩图案。口径15、残高4.9厘米（图三六，4）。

小口高领罐　1件（H538③:112）。泥质红陶，内沿、外表施深红衣。小直口，尖唇，广弧肩已残。素面。口径7、残高2.4厘米（图三六，18）。

粗颈罐　1件（H538③:113）。泥质黑陶。直口，方唇，直颈又高又粗，颈下部已残。颈中部饰两周凹槽。口径18、残高4.2厘米（图三六，11）。

尖圜底小罐　1件（H538②:53）。夹炭红陶，外施浅红衣。上部已残，腹上部外斜，下弧折内收，圜底甚厚。素面。腹径4.8、残高2.8厘米（图三六，21）。

曲颈彩陶瓶　4件。H538②:131，夹炭红陶，内沿、外表施深红衣，肩有黑彩纹。侈口，曲颈内凹外弧下内折，溜肩已残。肩绘带状黑彩纹。口径16、残高4.6厘米（图三六，8）。H538②:87，夹炭红陶，外施深红衣，绘黑彩。盘口，曲颈内凹外弧下内束，深弧腹下部已残。曲颈上、中各有两周黑彩带状纹，中间又夹其他图案，但已脱落，图案不明。口径16、残高5.6厘米（图三六，1）。H538②:84，夹炭红陶。直口内敛，曲颈内凹外弧下内束，深弧腹已残。外壁施红衣，绘黑彩多已脱落，图案不明。口径16、残高6.8厘米（图三六，3）。H538②:33，夹炭红陶，外施深红衣，绘黑彩。直口内敛，曲颈内凹外弧下内束，深弧腹下部已残。颈上部两周黑彩带状纹，腹上部也有黑彩，图案不明。口径20、残高4.8厘米（图三六，19）。

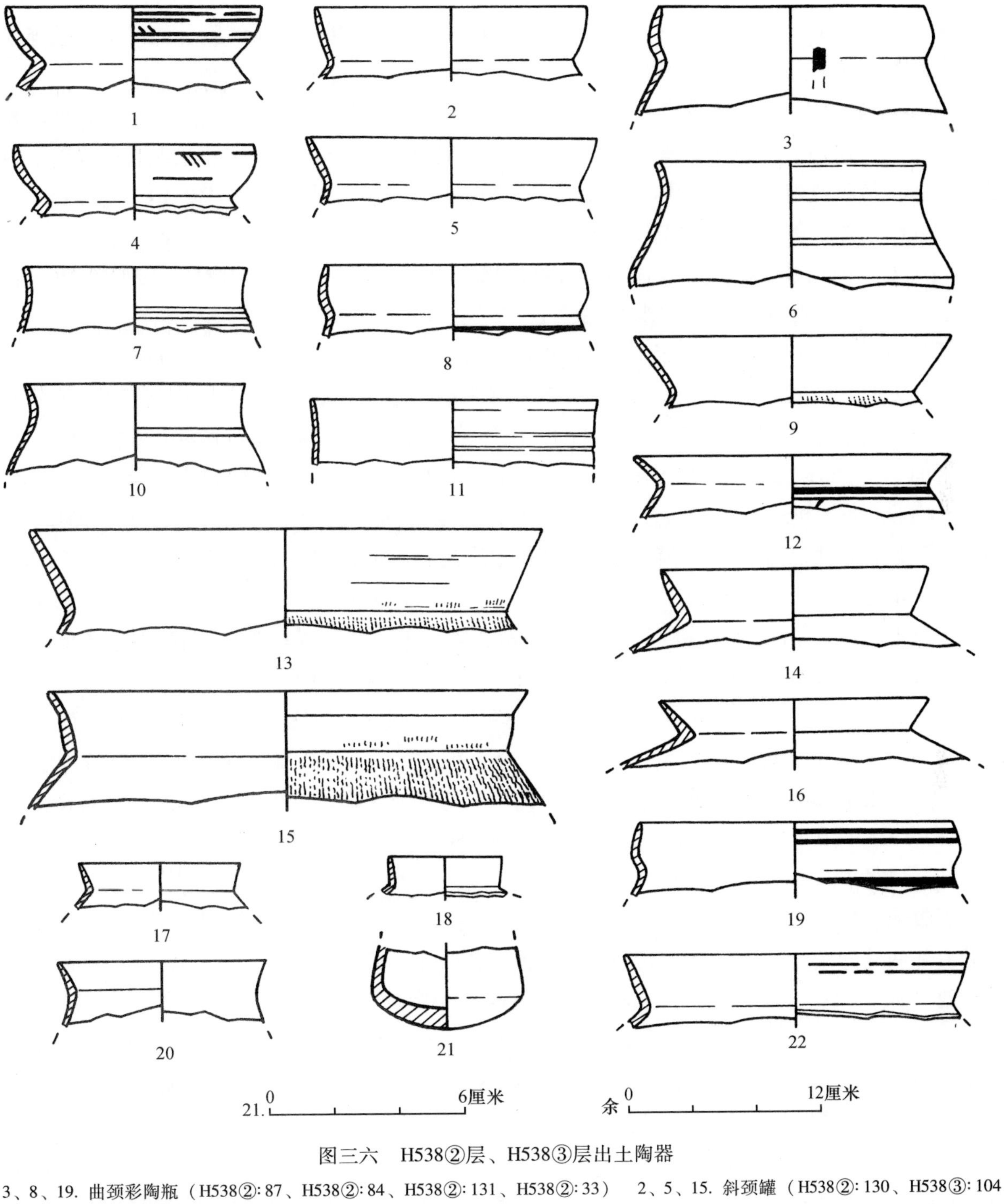

图三六　H538②层、H538③层出土陶器

1、3、8、19. 曲颈彩陶瓶（H538②:87、H538②:84、H538②:131、H538②:33）　2、5、15. 斜颈罐（H538②:130、H538③:104、H538③:90）　4. 曲颈彩陶罐（H538②:111）　6、7、10、20. 束颈罐（H538②:36、H538③:73、H538③:109、H538②:108）　9、13. 弧折沿罐（H538②:103、H538②:102）　11. 粗颈罐（H538③:113）　12. 弧折沿彩陶罐（H538③:72）　14、16. 斜颈瓮（H538②:47、H538②:40）　17. 斜颈小罐（H538③:106）　18. 小口高领罐（H538③:112）　21. 尖圜底小罐（H538②:53）　22. 斜颈彩陶罐（H538③:7）

斜颈瓮　2件。H538②:47，夹炭红陶。侈口，束颈，折沿外斜，尖圆唇，广弧肩，腹已残。素面。口径17、残高5.2厘米（图三六，14）。H538②:40，夹炭红陶，内沿、外壁施浅红衣。尖圆唇，广肩，鼓肩已残。素面。口径17、残高4.2厘米（图三六，16）。

内折沿簋　4件。H538③:74，泥质陶外红内黑。敛口，内折沿，方唇，折腹内收，底已残。素面。口径21、残高7.2厘米（图三七，9）。H538②:133，泥质陶外红内黑。敛口，内折沿，尖唇，折腹斜内收，底已残。素面。口径20、残高4.4厘米（图三七，1）。H538②:132，泥质陶外红内黑。敛口，内折沿，方圆唇，折腹弧内收，底已残。素面。口径22、残高5.4厘米（图三七，16）。H538②:44，泥质陶外红内黑。敛口，凹沿内折，尖圆唇，折腹内收，底已残。素面。口径20、残高5.2厘米（图三七，7）。

子母口簋　1件（H538③:95）。夹草末陶外红内黑。敛口，内折沿，但方唇直立又呈子母口，折腹内收，已残。素面。口径21、残高4.4厘米（图三七，13）

敞口钵　3件。H538③:92，夹炭红陶，内外施深红衣。尖圆唇或小方唇，弧腹内收，底已残。素面。口径22、残高6.2厘米（图三七，12）。H538②:134，泥质橘红陶。敞口，方圆唇，深腹弧内收，底已残。素面。口径30、残高6.2厘米（图三七，19）。H538②:67，泥质红陶。尖唇，深弧腹，底已残。外口下绘一周宽约4厘米的黄衣带状纹，未见其他纹饰。口径23、残高5.6厘米（图三七，18）。

子母口碗　1件（H538②:45）。泥质磨光黑陶。敛口，凹沿内折，尖圆唇直立又呈子母口，深弧腹中部内折弧内收，底残。素面。口径12、残高4.4厘米（图三七，14）。

敞口碗　3件。H538②:136，夹炭红陶。敞口，尖圆唇，弧腹内收，底已残。素面。口径22、残高4.8厘米（图三七，15）。H538②:135，泥质磨光黑陶。敞口，尖唇，弧腹内收，底已残。口下腹上部两个不在同一高度的小圆孔，未见其他纹饰。口径11、残高3.8厘米（图三七，23）。H538②:1，泥质黑陶。尖圆唇，弧腹，底已残。外口下一周带状红衣彩纹，未见其他纹饰。口径17.2、残高5.4厘米（图三七，3）。

折腹碗　1件（H538②:68）。泥质黑陶。敞口，小方唇，宽折沿，斜肩近直，折腹已残。外沿上部两周凹弦纹。口径19、残高5.6厘米（图三七，11）。

敛口碗　3件。H538③:117，泥质磨光黑陶。尖圆唇，弧腹上鼓下内收，底已残。素面。口径20、残高4.2厘米（图三七，5）。H538②:43，泥质磨光黑陶。尖唇，弧腹内收，底已残。素面。口径18、残高6厘米（图三七，8）。H538②:85，泥质磨光黑陶。尖圆唇或斜方唇，深弧腹，底已残。素面。口径16、残高8厘米（图三七，6）。

卷沿盘　2件。H538②:69，泥质磨光红陶。敞口，方圆唇，深腹弧上部外卷，下部弧内收，底残。腹中部两周凹弦纹。口径22、残高5.2厘米（图三七，20）。H538②:137，泥质红胎黑陶。敞口，粗高颈外卷，尖圆唇，折腹弧内收，下腹已残。折腹之上饰两周凹槽。口径21、残高5.4厘米（图三七，2）。

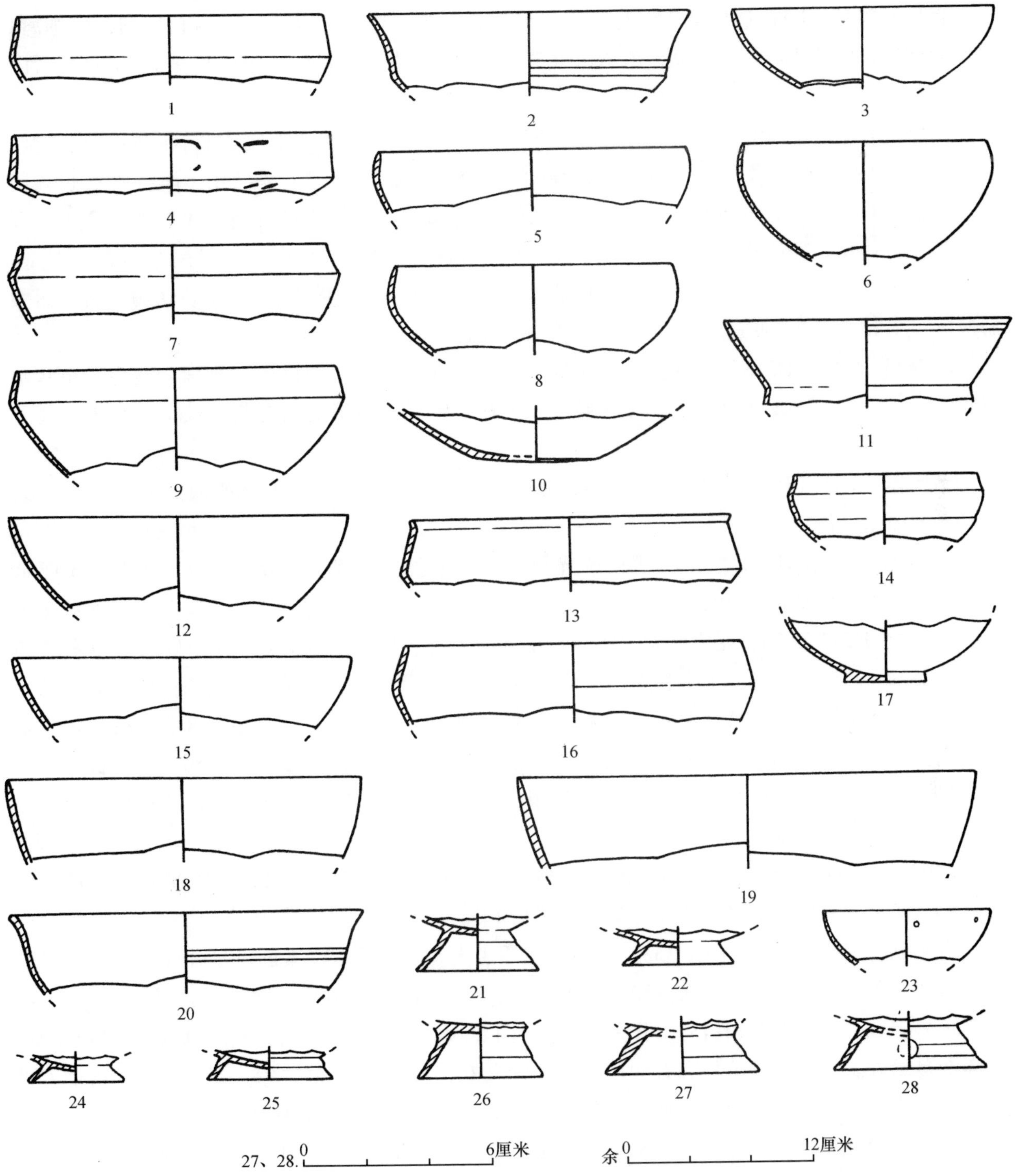

图三七　H538②层、H538③层出土陶器

1、7、9、16. 内折沿簋（H538②:133、H538②:44、H538③:74、H538②:132）　2、20. 卷沿盘（H538②:137、H538②:69）　3、15、23. 敞口碗（H538②:1、H538②:136、H538②:135）　4. 直口彩陶盘（H538②:42）　5、6、8. 敛口碗（H538③:117、H538②:85、H538②:43）　10. 平底器（H538③:93）　11. 折腹碗（H538②:68）　12、18、19. 敞口钵（H538③:92、H538②:67、H538②:134）　13. 子母口簋（H538③:95）　14. 子母口碗（H538②:45）　17. 假圈足（H538②:140）　21、22、24～28. 矮圈足（H538②:49、H538②:51、H538②:138、H538②:50、H538②:139、H538②:118、H538②:48）

直口彩陶盘　1件（H538②: 42）。夹炭红陶，外施深红衣，绘黑彩。直口内斜，尖圆唇，粗颈微凹，折腹弧内收，底已残。红衣和黑彩多已脱落而图案不明。口径21、残高4厘米（图三七，4）。

支座　5件。H538②: 142，夹砂红陶。顶部已残，器身圆台状平底。属有纹实心直立型。底径7.8、残高8.6厘米（图三八，8）。H538③: 88，夹砂红陶。下部已残。属有纹实心倾斜型。顶径6.6~7、残高9.6厘米（图三八，11）。H538②: 122，夹砂红陶。仅存上部一半。属有纹实心倾斜型。残高9.8厘米（图三八，9）。H538③: 22，夹砂红陶。属素面实心倾斜型。顶面直径3.8、底面直径5.7、高10.4厘米（图三八，10）。H538③: 26，夹砂红陶。属素面实心倾斜型。顶径7.2、底径11.2、高17.4厘米（图三八，5）。

小鼎足　2件。H538③: 121，夹炭浅红陶。小圆锥体但是足根已残。素面。残高4.6厘米（图三八，7）。H538②: 120，夹草末红褐陶。小扁锥体。下腹至足面有竖绳纹。残高3.5厘米（图三八，6）。

平底器　1件（H538③: 93）。夹草末红陶，内外施浅红衣。可能是钵平底。素面。底径8、残高3.8厘米（图三七，10）。

矮圈足　7件。H538②: 51，泥质磨光黑陶。足壁外撇。素面。足径7.2、残高2.3厘米（图三七，22）。H538②: 138，泥质红胎黑陶。足壁外斜。素面。足径6.2、残高1.8厘米（图三七，24）。H538②: 50，泥质磨光黑陶。足壁外斜。饰一周凹弦纹。足径8、残高2厘米（图三七，25）。H538②: 118，泥质黑陶。足壁外弧。饰一周凹弦纹。足径5、残高1.7厘米（图三七，27）。H538②: 139，泥质陶外红内灰。足壁外斜。饰一周凹弦纹。足径8、残高3.6厘米（图三七，26）。H538②: 49，泥质磨光黑陶。足壁外斜。饰两周凹弦纹。足径7.8、残高3.5厘米（图三七，21）。H538②: 48，泥质陶外红内黑。外壁施鲜红衣。足壁外斜。饰两周凹弦纹。足径10、残高3.2厘米（图三七，28）。

假圈足　1件（H538②: 140）。泥质黑陶。残存碗下部深弧腹圜底，下附实心矮圈足，足壁外斜，平底。素面。足径5.4、残高4.2厘米（图三七，17）。

有刻划符号矮圈足　8件。H538③: 58，泥质黑陶。足壁外斜。素面。足外底残片上有完整刻划符号（图四○，1；图九八，10；图版三五，4）。H538③: 60，泥质黑陶。足壁外斜。素面。足外底残片有完整刻划符号（图三九，1；图九八，11；图版三七，3）。H538③: 96，泥质黑陶。足壁外斜。素面。足外底有刻划符号（图九八，7；图版三八，4）。足径7.4、残高2厘米（图三九，3）。H538③: 97，泥质黑陶。足壁外斜。素面。足外底有刻划符号（图九八，17；图版二三，4）。足径7、残高2厘米（图三九，6）。H538②: 98，泥质陶外红内黑。足壁外斜。素面。足外底有刻划符号（图九八，6；图版三二，2）。足径10、残高2.4厘米（图三九，4）。H538③: 62，泥质黑陶。足壁外斜。饰一周凹弦纹。足外底有刻划符号（图九八，15；图版三八，1）。足径10、残高2.8厘米（图三九，9）。H538②: 55，泥质陶外红内黑。足壁外斜。饰一周凹弦纹。足外底有刻划符号（图九八，5；图版三三，3）。足径10、残高3.5厘米（图三九，11）。H538②: 56，泥质陶外红内黑。足壁外斜。饰一周凹弦纹。足外底有刻划符号（图

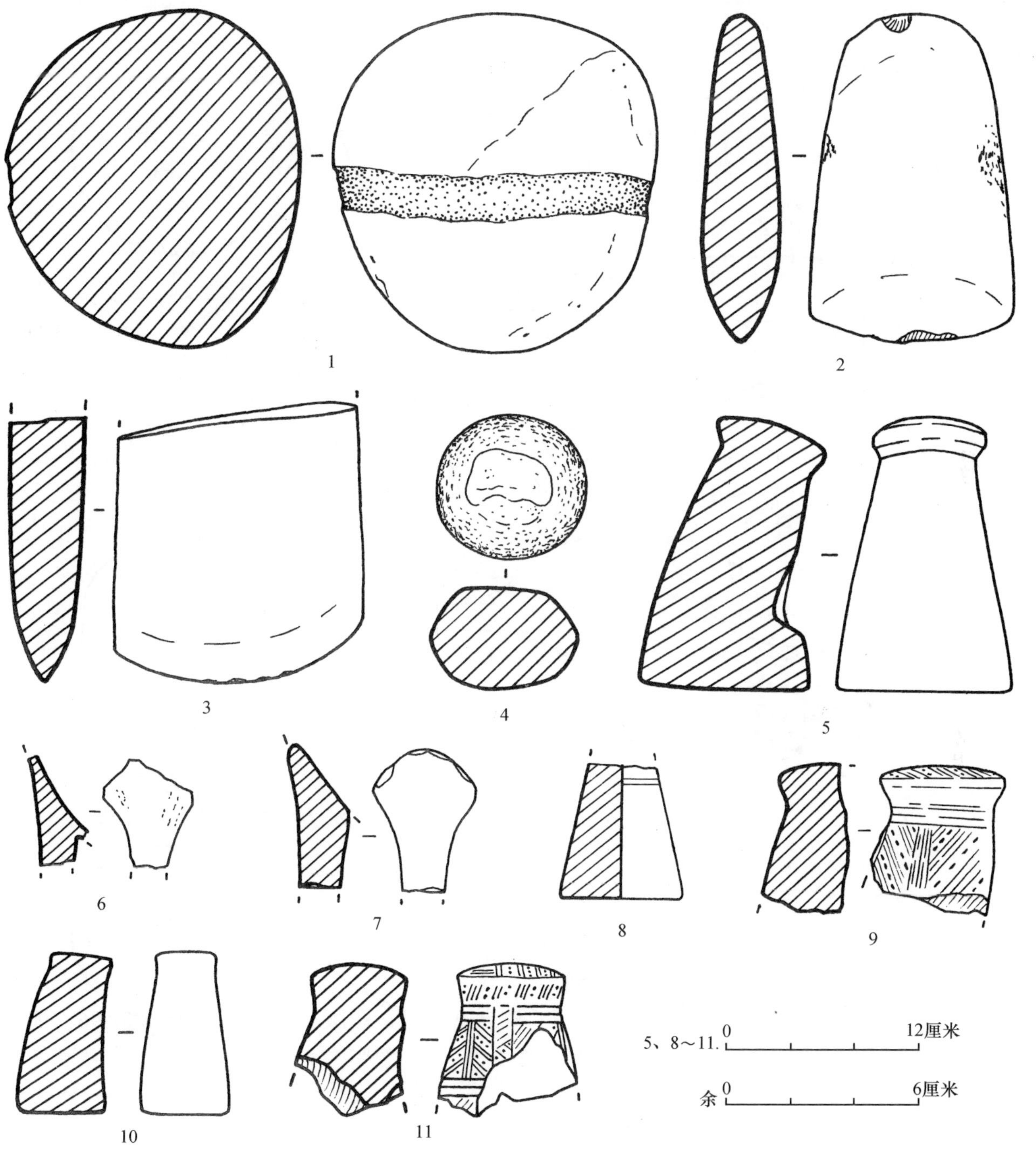

图三八　H538②层、H538③层出土器物

1. 石锚（H538②：126）　2、3. 石斧（H538③：30、H538②：70）　4. 小石球（H538②：127）　5、8～11. 陶支座（H538③：26、H538②：142、H538②：122、H538③：22、H538③：88）　6、7. 陶小鼎足（H538②：120、H538③：121）

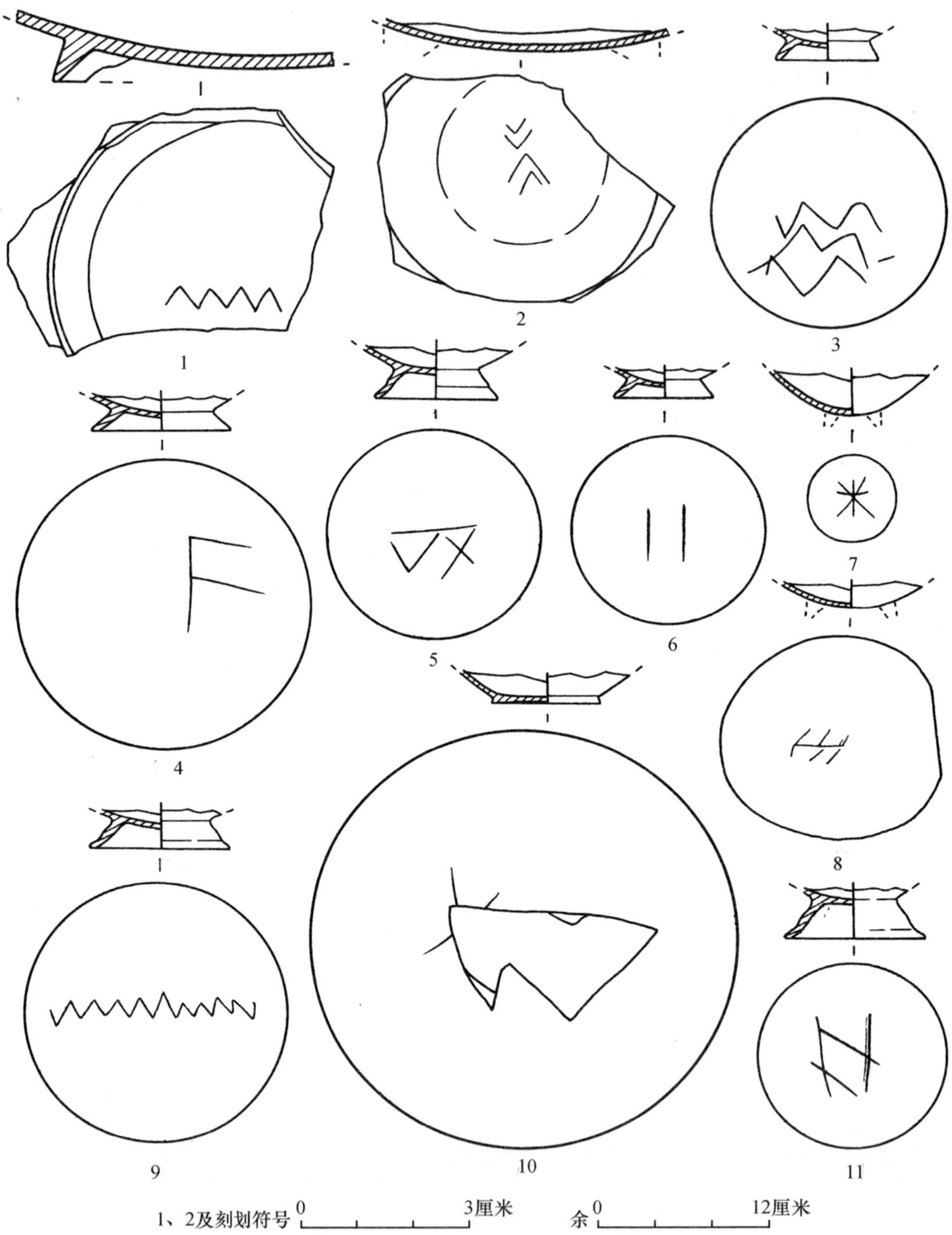

图三九　H538②层、H538③层出土有刻划符号陶圈足

1、3～6、9、11. 矮圈足（H538③：60、H538③：96、H538②：98、H538②：56、H538③：97、H538③：62、H538②：55）　2、7、8. 残圈足（H538③：59、H538③：64、H538③：61）　10. 假圈足（H538②：57）

九八，13；图版三五，1）。足径8.9、残高3.8厘米（图三九，5）。

有刻划符号残圈足　6件。H538③：59，泥质黑陶。足外底有刻划符号（图三九，2；图九八，9；图版二七，1）。H538③：61，泥质黑陶。足外底有刻划符号（图九八，2；图版四一，

5）残高2厘米（图三九，8）。H538③:63，泥质黑陶。足外底有刻划符号（图四〇，4；图九八，4；图版三九，1）。H538③:65，泥质陶外红内黑。足外底有刻划符号（图四〇，6；图九八，1；图版三五，3）。H538③:64，泥质黑陶。足外底有刻划符号（图九八，14；图版二〇，2）。残高3.2厘米（图三九，7）。H538③:79，泥质陶外红内黑。足外残底稍有刻划符号（图四〇，2；图九八，20；图版三八，5）。

有刻划符号假圈足　3件。H538③:78，泥质陶外黄内黑。残外底有刻划符号（图九八，3；图版四五，2）。足径7.2、残高2厘米（图四〇，5）。H538②:57，泥质黑陶。残外底有已残刻划符号（图九八，8；图版四四，6）。足径7.8、残高2.4厘米（图三九，10）。H538②:141，泥质黑陶。足外底有刻划符号（图四〇，3；图九八，12；图版二五，6）。

（24）H542

① 灰坑情况

位置：在T2738中部。

层位关系：开口在第3A层下，打破第3A下H543；但H542西部被第3A层下H541打破，东部又被第3A层下H538打破；而且，东部大部分已被宜昌地区考古队1981年发掘的探沟挖掉。

形制大小：近圆形，弧壁，圜底。口径约270、深140厘米。但发掘时仅剩其中一部分。

② 出土器物

出土标本：15件。有石锄、凹折沿罐、折沿罐、斜颈罐、小罐、曲颈彩陶瓶、敛口碗、卷沿碗、矮圈足。其中有2件矮圈足外底分别有刻划符号。

石器

石锄　1件（H542:13）。大石片打制。厚体长条形，弧顶和两边皆单面打制，原面微弧，破裂面近平，斜弧刃单面打制，不锋利。长24.6、宽10.1、厚4.4厘米（图四一，4）。

陶器

凹折沿罐　1件（H542:7）。夹砂红陶，胎较薄。折沿深凹，尖圆唇，鼓肩，腹已残。素面。口径16、残高3.8厘米（图四一，12）。

折沿罐　3件。H542:2，夹草末橘红陶。宽折沿，尖圆唇，斜弧肩，深腹已残。素面。口径26、残高8.1厘米（图四一，11）。H542:3，夹砂红陶，内沿、外表施深红衣。折沿较平，尖圆唇，扁弧腹下部已残。素面。口径24、残高5.6厘米（图四一，3）。H542:14，夹炭红陶，内沿施浅红衣。宽折沿，尖圆唇，弧肩，鼓腹已残。外沿三周深凹槽而呈四叠层，肩饰细密竖绳纹。口径28、残高6.4厘米（图四一，1）。

斜颈罐　1件（H542:6）。夹炭红陶，内沿、外表施鲜红衣。直口外斜，尖圆唇，高直颈下部内束，广弧肩已残。素面。口径13、残高4.3厘米（图四一，5）。

小罐　2件。H542:9，夹炭红陶。侈口，卷沿，尖圆唇，束颈，鼓肩，腹已残。肩上部有两周不平行不等距弯曲凹槽。口径12、残高3.8厘米（图四一，6）。H542:8，夹草末红陶。侈口，束颈，折沿，圆唇外凸，弧肩，深腹已残。口沿下部、肩和腹饰细密竖绳纹。口径11、残高4.9厘米（图四一，9）。

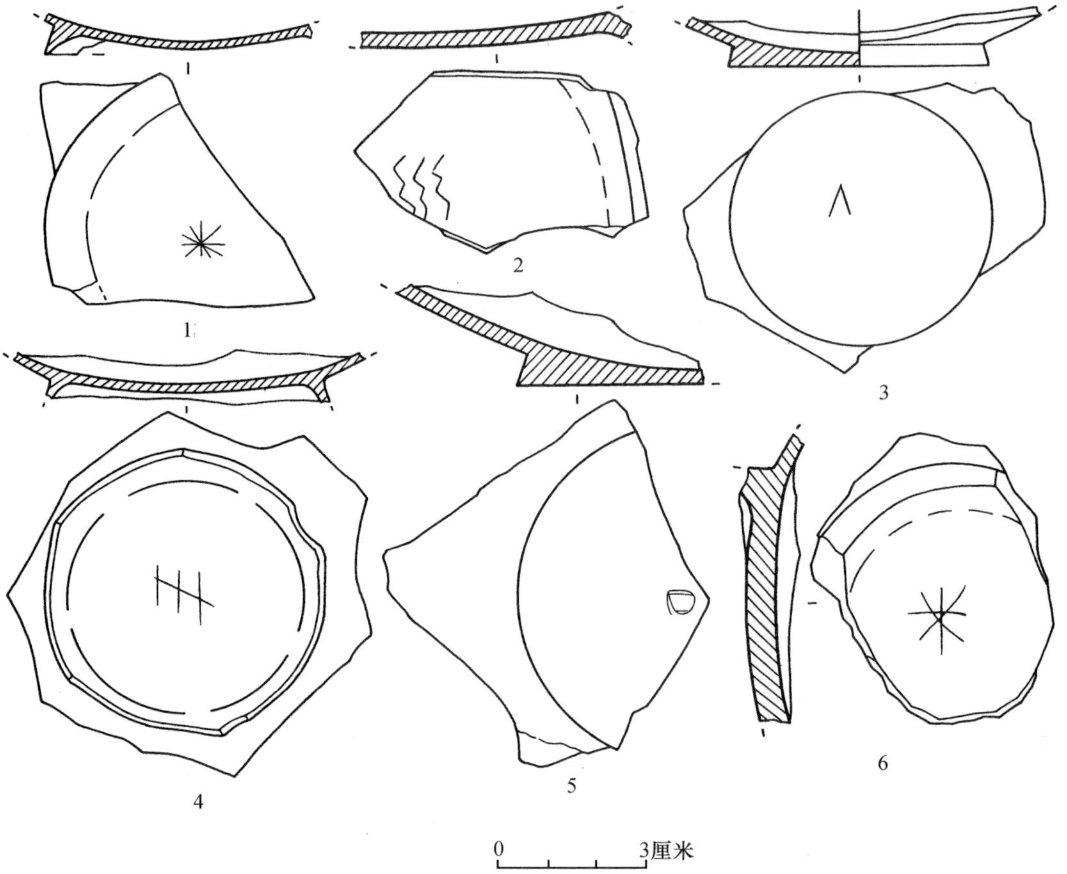

图四〇　H538②层、H538③层出土有刻划符号陶圈足

1、2、4、6. 残矮圈足（H538③: 58、H538③: 79、H538③: 63、H538③: 65）　3、5. 残假圈足（H538②: 141、H538③: 78）

曲颈彩陶瓶　1件（H542: 4）。夹炭红陶，外施深红衣。侈口，曲颈内凹外弧下内束，深弧腹下部已残。肩、腹上部两周黑彩带状纹。口径12、残高6.2厘米（图四一，8）。

敛口碗　1件（H542: 5）。泥质磨光黑陶。敛口，尖圆唇，弧腹上鼓下内收，底已残。素面。口径18、残高5.8厘米（图四一，13）。

卷沿碗　1件（H542: 10）。泥质黑陶。直口外卷，尖圆唇，深腹上部近直下部弧折内收，底已残。腹中下部两周深凹弦纹。口径23、残高5.6厘米（图四一，2）。

矮圈足　4件。其中有2件外底有刻划符号。H542: 11，泥质陶外红内灰。仅存残底下附矮圈足，足壁外弧。素面。似盘圈足。足径13、残高2.9厘米（图四一，7）。H542: 12，泥质磨光黑陶。仅存圜底下附矮圈足，足壁外弧。足饰两周凹槽，又饰四组小圆镂孔，每组三个为一竖排，但镂孔有的未穿。应是碗圈足。口径7.6、残高2.3厘米（图四一，10）。H542: 1，泥质陶外黄内黑。仅存碗下部弧腹和圜底下附较高较大矮圈足，足壁外斜近喇叭状。足壁两周凹弦而呈三叠层，又饰四个等距较大圆形镂孔。足外底有一完整刻划符号（图九八，18；图版二二，6）。足径11、残高5.5厘米（图四一，15）。H542: 15，泥质黑陶。仅存残底下附残圈

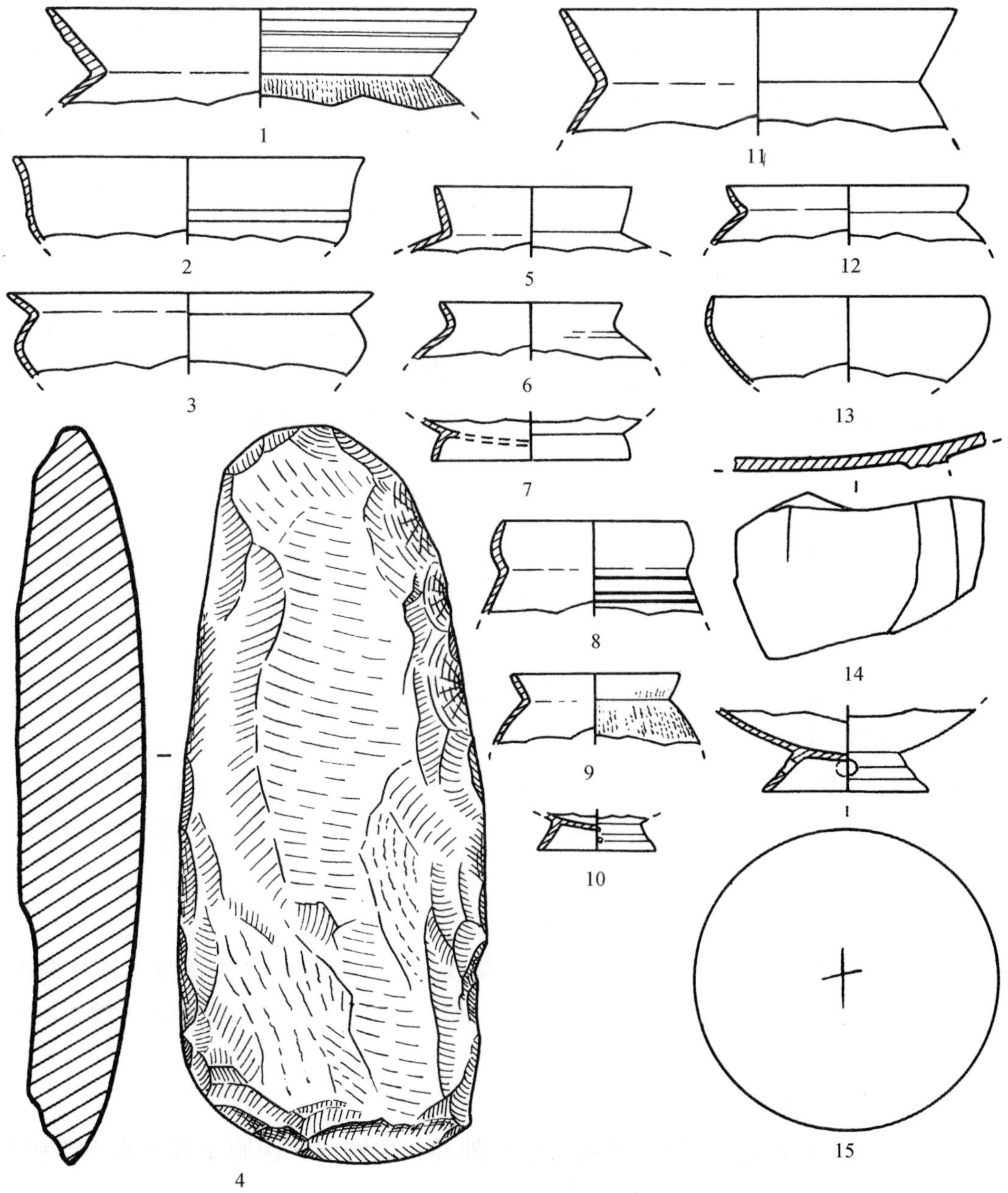

图四一　H542出土器物

1、3、11. 陶折沿罐（H542:14、H542:3、H542:2）　2. 陶卷沿碗（H542:10）　4. 石锄（H542:13）　5. 陶斜颈罐（H542:6）　6、9. 陶小罐（H542:9、H542:8）　7、10、14、15. 陶矮圈足（H542:11、H542:12，有刻划符号H542:15、H542:1）　8. 曲颈彩陶瓶（H542:4）　12. 陶凹折沿罐（H542:7）　13. 陶敛口碗（H542:5）

足，未见纹饰。足外底有已残刻划符号（图四一，14；图九八，16；图版二二，4）。

（25）H543②层

① 灰坑情况

H543 的位置、层位关系、形制大小，见属大早一段的 H543③层，这里继续介绍 H543②层的出土标本。

② 出土器物

出土标本：89 件。均为陶器，有凹折沿罐、凹折沿小罐、凹折沿彩陶罐、折沿罐、折沿彩陶罐、弧折沿罐、斜颈罐、斜颈彩陶罐、束颈罐、敛口罐、曲颈彩陶罐、曲颈瓶、曲颈彩陶瓶、曲颈瓮、曲颈彩陶瓮、斜颈彩陶瓮、直口瓮、内折沿簋、子母口簋、敞口钵、敛口碗、子母口（假圈足）碗、侈口碗、卷沿碗、敞口碗、折腹碗、敞口盘、卷沿盘、器盖纽、支座、矮圈足、假圈足、有刻划符号矮圈足、有刻划符号残圈足、似有刻划符号残圈足、有刻划符号假圈足。

凹折沿罐　4 件。H543②：132，夹炭红陶。宽折沿微凹，尖圆唇，弧肩，下已残。沿下、肩上饰竖绳纹。口径 26、残高 6 厘米（图四二，2）。H543②：131，泥质红褐陶。折沿微凹，尖圆唇，斜弧肩，下已残。素面。口径 18、残高 3.5 厘米（图四二，24）。H543②：136，泥质红褐陶。折沿微凹，尖圆唇，斜弧肩，下已残。素面。口径 16、残高 3.5 厘米（图四二，23）。H543②：133，夹炭红衣陶。宽折沿微凹，尖圆唇，弧肩，肩下已残。外沿饰弦纹，肩饰竖绳纹。口径 28、残高 4.8 厘米（图四二，1）。

凹折沿小罐　3 件。皆凹折沿，弧肩。素面。H543②：23，泥质黄褐陶。口径 14、残高 4.4 厘米（图四二，15）。H543②：134，泥质红陶。口径 13、残高 4.1 厘米（图四二，14）。H543②：135，泥质红褐陶。口径 13、残高 2.9 厘米（图四二，13）。

凹折沿彩陶罐　2 件。皆内沿、外表施红衣，内沿又绘黑彩图案。H543②：34，泥质红衣陶。内沿有两周带状纹，其上又加四道平行斜线纹相向的图案。口径 22、残高 4.6 厘米（图四二，8）。H543②：44，夹炭红衣陶。内沿面残存波浪纹。口径 20、残高 3.4 厘米（图四二，29）。

折沿罐　4 件。H543②：138，夹炭红陶，内沿施红衣。侈口，束颈，宽折沿，尖圆唇，斜肩，腹已残。肩饰竖绳纹。口径 18、残高 4.6 厘米（图四二，25）。H543②：14，夹炭红陶，内沿施红衣。侈口，束颈，宽折沿，尖圆唇，弧肩，腹已残。肩饰竖绳纹。口径 26、残高 5.3 厘米（图四二，4）。H543②：15，夹炭红陶。侈口，束颈，宽折沿，尖圆唇，斜肩，腹已残。颈、肩饰竖绳纹。口径 34、残高 6.2 厘米（图四二，11）。H543②：27，泥质红陶。侈口，折沿，尖圆唇，束颈，斜弧肩，肩下已残。素面。口径 22、高 4 厘米（图四二，9）。

折沿彩陶罐　3 件。H543②：25，内、外沿和肩上都有已模糊的黑彩图案。口径 21、残高 4.5 厘米（图四二，31）。H543②：28，肩上有一窄一宽两周黑彩带状纹。口径 20、残高 4.8 厘米（图四二，32）。H543②：32，内、外沿都绘黑彩带状纹，内沿带状纹之间又夹对角三角形图案。口径 21、残高 3.4 厘米（图四二，30）。

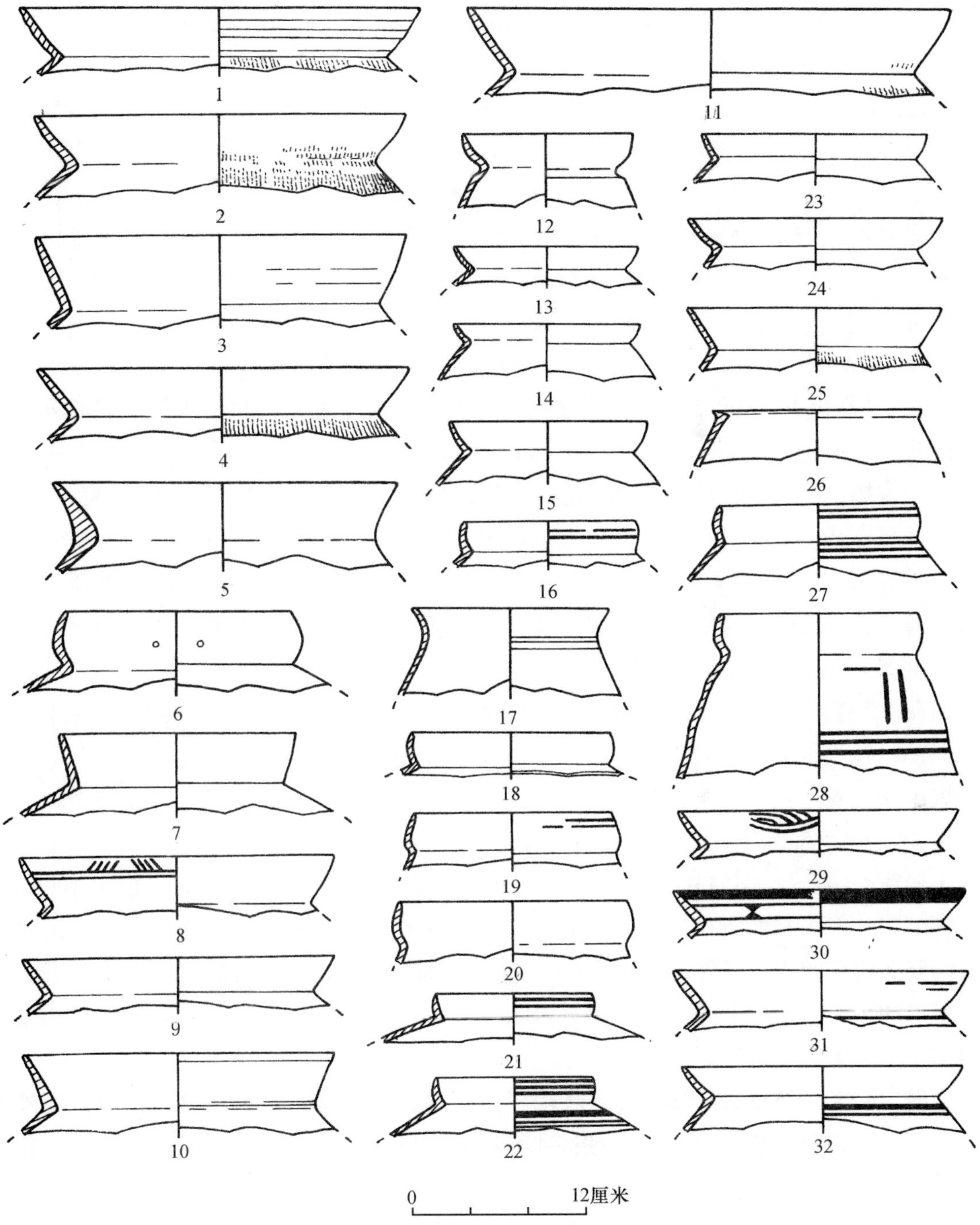

图四二　H543②层出土陶器

1、2、23、24. 凹折沿罐（H543②: 133、H543②: 132、H543②: 136、H543②: 131）　3、7. 斜颈罐（H543②: 140、H543②: 141）　4、9、11、25. 折沿罐（H543②: 14、H543②: 27、H543②: 15、H543②: 138）　5. 弧折沿罐（H543②: 16）　6、18. 曲颈瓮（H543②: 18、H543②: 120）　8、29. 凹折沿彩陶罐（H543②: 34、H543②: 44）　10. 斜颈彩陶罐（H543②: 137）　12、20. 曲颈瓶（H543②: 22、H543②: 21）　13～15. 凹折沿小罐（H543②: 135、H543②: 134、H543②: 23）　16、27. 曲颈彩陶罐（H543②: 119、H543②: 123）　17. 束颈罐（H543②: 17）　19、28. 曲颈彩陶瓶（H543②: 122、H543②: 20）　21、22. 曲颈彩陶瓮（H543②: 38、H543②: 39）　26. 敛口罐（H543②: 26）　30～32. 折沿彩陶罐（H543②: 32、H543②: 25、H543②: 28）

弧折沿罐　1件（H543②∶16）。折沿外斜，沿面上弧，尖圆唇，束颈，弧肩已残。素面。口径24、残高6.2厘米（图四二，5）。

斜颈罐　2件。H543②∶140，夹炭红陶。宽折沿外斜近直，尖唇，斜弧肩，腹已残。素面。口径26、残高6.6厘米（图四二，3）。H543②∶141，夹炭红陶。宽折沿外斜近直，尖唇，弧肩，鼓腹已残。素面。口径16.6、残高6厘米（图四二，7）。

斜颈彩陶罐　1件（H543②∶137）。泥质红陶，内沿施红衣。宽折沿外斜近直，方圆唇外凸，弧肩，鼓腹已残。束颈外一周红色带状纹。口径22、残高5.8厘米（图四二，10）。

束颈罐　1件（H543②∶17）。泥质黑陶。侈口，束颈，尖圆唇，斜肩，腹已残。颈处三周凹弦纹。口径14、残高6.4厘米（图四二，17）。

敛口罐　1件（H543②∶26）。夹炭红陶，外施深红衣。敛口，窄沿内斜，尖唇外凸，深弧腹下部已残。素面。口径15、残高4厘米（图四二，26）。

曲颈彩陶罐　2件。H543②∶119，泥质红陶，内沿、外表施红衣，外沿绘黑彩。直口内敛，曲颈内凹外弧下内束，弧肩已残。颈绘两周带状黑彩纹。口径12、残高3.2厘米（图四二，16）。H543②∶123，泥质红陶，内沿、外表施红衣，外绘黑彩纹。直口内敛，曲颈内凹外弧下内束，斜弧肩，腹已残。外沿上部和肩上部分别绘两周和三周带状黑彩纹。口径14、残高5.2厘米（图四二，27）。

曲颈瓶　2件。H543②∶21，泥质红陶，外施深红衣。直口内敛，曲颈内凹外弧下内束，深弧腹，大部已残。素面。口径16、残高4.5厘米（图四二，20）。H543②∶22，夹炭红陶，内沿、外表施深红衣。盘口外敞，曲颈内凹外弧下内束，尖圆唇，小斜肩，折腹外斜下已残。素面。口径12、残高5.3厘米（图四二，12）。

曲颈彩陶瓶　2件。H543②∶20，泥质陶外施红衣绘黑彩。直口内敛，曲颈内凹外弧下内束，深腹外斜，但腹壁曲折呈波浪状，但下部已残。腹上部一周、中上部三周带状黑彩纹，中间又夹两竖条为一组的黑彩图案。口径14、残高12厘米（图四二，28）。H543②∶122，泥质红衣陶。直口内敛，曲颈内凹外弧下内束，深弧腹大部已残。颈上部残存两周黑彩带状纹。口径14、残高4.1厘米（图四二，19）。

曲颈瓮　2件。H543②∶18，夹炭红陶，内沿、外表施红衣。直口内敛，曲颈内凹外弧下内束，尖圆唇，广弧肩，腹已残。曲颈残片有两个已穿小圆孔。口径16、残高5.9厘米（图四二，6）。H543②∶120，夹炭黑陶。直口内敛，曲颈内凹外弧下内束，尖圆唇，广弧肩已残。素面。口径14、残高3厘米（图四二，18）。

曲颈彩陶瓮　2件。H543②∶38，泥质陶外施棕红衣绘黑彩。直口内敛，曲颈内凹外弧下内束。尖圆唇，广弧肩，腹已残。曲颈绘两周黑彩带状纹。口径11、残高3.6厘米（图四二，21）。H543②∶39，夹炭红陶，内沿、外表施红衣。直口内敛，曲颈内凹外弧下内束，尖圆唇，广弧肩，腹已残。唇内至外沿三周、肩部四周黑彩带状纹。口径11、残高4.4厘米（图四二，22）。

斜颈彩陶瓮　1件（H543②∶29）。泥质红衣黑彩陶，内沿、外表施红衣，内沿绘黑彩。直口外斜，尖圆唇，广斜肩，折腹近直，但下部已残。内沿绘两周带状黑彩绘。口径16、残高5.6厘米（图四三，1）。

直口瓮　2件。H543②:117，夹炭红衣陶。直口，尖圆唇，广弧肩已残。素面。口径11、残高3.4厘米（图四三，16）。H543②:118，泥质红衣陶。直口稍外斜，尖唇，广弧肩，腹已残。素面。口径10、残高3.4厘米（图四三，26）。

内折沿簋　2件。都是泥质陶外黄内黑。凹弧沿内折。素面。H543②:114，口径16、残高3.1厘米（图四三，20）。H543②:115，口径22、残高4.9厘米（图四三，5）。

子母口簋　1件（H543②:35）。泥质陶外红内黑。敛口，内折沿，尖圆唇直立又呈子母口，折腹弧内收，底已残。素面。口径18、残高5.4厘米（图四三，28）。

敞口钵　1件（H543②:30）。泥质红陶。尖唇，深弧腹，底已残。内唇和外沿上部各绘一周黄色带状纹。口径28、残高7.5厘米（图四三，7）。

敛口碗　3件。皆泥质黑陶。敛口，尖圆唇内卷，弧腹上鼓下弧收，但下已残，素面。H543②:47，口径17、残高6.6厘米（图四三，21）。H543②:108，口沿残片上有小圆形穿孔。口径17、残高4.3厘米（图四三，29）。H543②:109，口径14、残高4.7厘米（图四三，17）。

子母口（假圈足）碗　1件（H543②:60）。泥质黑陶。敛口，窄凹沿内折，小方唇直立而呈子母口，浅弧腹，圜平底下附实心假圈足。素面。口径18、足径9.5、通高5.3厘米（图四三，27；图版五，2）。

侈口碗　2件。H543②:24，泥质陶外黄内黑，内沿、外壁施浅红衣。侈口外敞，窄凹沿外卷。素面。口径22、残高4.1厘米（图四三，6）。H543②:113，泥质陶外红内黑。侈口内敛，宽弧沿外卷。素面。口径23、残高4.8厘米（图四三，4）。

卷沿碗　1件（H543②:111）。泥质黑陶。敞口，斜腹上部外卷，下部内折弧收，底已残。腹中部两周凹槽。口径14、残高4厘米（图四三，18）。

敞口碗　1件（H543②:110）。泥质黑陶。敞口，尖圆唇，弧腹内收，底已残。素面。口径16.4、残高4厘米（图四三，19）。

折腹碗　3件。H543②:36，泥质黑陶。敞口，宽折沿外斜，尖圆唇，小斜肩，折腹弧内收，底已残。外沿上部一周凹弦纹。口径10、残高2.9厘米（图四三，13）。H543②:42，泥质黑陶。形制不变，外沿上部两周凹弦纹。口径10、残高3.7厘米（图四三，12）。H543②:112，泥质红衣陶。形制稍异，小斜肩甚窄。外沿素面无弦纹。口径24、残高5.2厘米（图四三，2）。

敞口盘　1件（H543②:43）。夹炭灰褐陶。敞口，尖唇，浅弧腹，底已残。素面。口径18、残高2.9厘米（图四三，30）。

卷沿盘　1件（H543②:46）。泥质红陶。敞口，尖圆唇，浅弧腹外卷，下弧腹内收已残。素面。口径24、残高2.8厘米（图四三，3）。

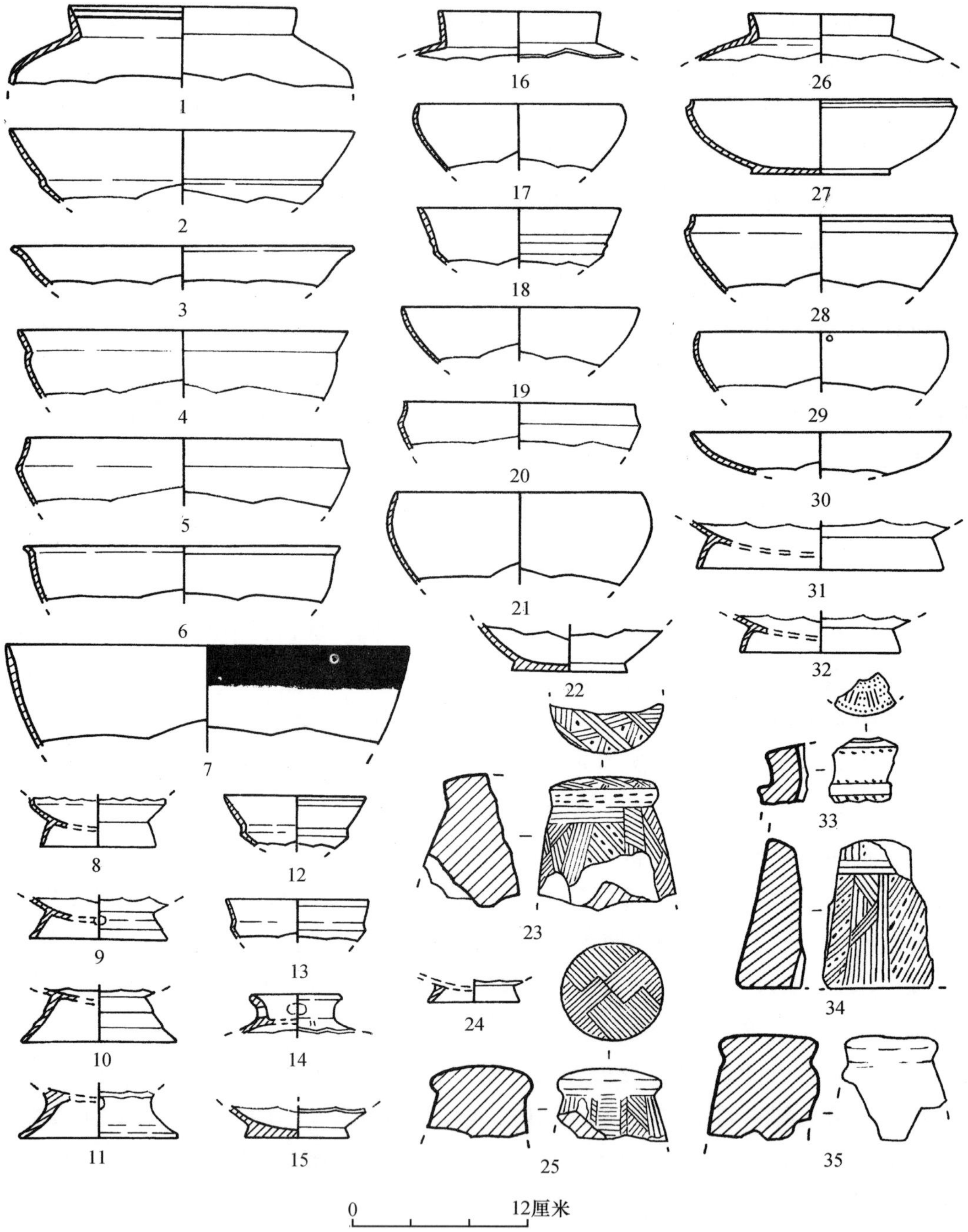

图四三　H543②层出土陶器

1. 斜颈彩陶瓮（H543②: 29）　2、12、13. 折腹碗（H543②: 112、H543②: 42、H543②: 36）　3. 卷沿盘（H543②: 46）　4、6. 侈口碗（H543②: 113、H543②: 24）　5、20. 内折沿簋（H543②: 115、H543②: 114）　7. 敞口钵（H543②: 30）　8～11、24、31、32. 矮圈足（H543②: 127、H543②: 125、H543②: 45、H543②: 129、H543②: 61、H543②: 124、H543②: 126）　14. 器盖纽（H543②: 128）　15、22. 假圈足（H543②: 130、H543②: 41）　16、26. 直口瓮（H543②: 117、H543②: 118）　17、21、29. 敛口碗（H543②: 109、H543②: 47、H543②: 108）　18. 卷沿碗（H543②: 111）　19. 敞口碗（H543②: 110）　23、25、33～35. 支座（H543②: 142、H543②: 144、H543②: 104、H543②: 145、H543②: 143）　27. 子母口假圈足碗（H543②: 60）　28. 子母口簋（H543②: 35）　30. 敞口盘（H543②: 43）

器盖纽　1件（H543②:128）。泥质陶。圈足内外及外表皆红衣，盖盘内无衣。盖纽矮圈足状足壁外卷，盖盘弧壁，但已残。饰四个圆形镂孔。纽径6.4、残高2.6厘米（图四三，14）。

支座　5件。H543②:143，泥质红陶。仅存上部。属素面实心直立型。残高7.4厘米（图四三，35）。H543②:145，泥质红陶。仅存底部。属有纹实心直立型。残高10.6厘米（图四三，34）。H543②:142，夹砂红陶。仅存顶部一半。属有纹实心倾斜型。残高9.4厘米（图四三，23）。H543②:144，夹砂红陶。仅存顶部。属有纹实心倾斜型。残高5.2厘米（图四三，25）。H543②:104，夹砂红陶。残存顶部一角。属有纹内空倾斜型。残高4.4厘米（图四三，33）。

矮圈足　7件。H543②:124，泥质红陶。矮壁外弧。素面。足径17、残高3.4厘米（图四三，31）。H543②:126，泥质陶外红内黑。矮壁外弧。素面。足径11、残高2.6厘米（图四三，32）。H543②:127，泥质陶外红内黑。足壁外弧。素面。足径8、残高3.2厘米（图四三，8）。H543②:61，泥质黑陶。足壁外斜。素面。足径6.5、残高1.4厘米（图四三，24）。H543②:129，泥质红衣陶。足壁外斜，足饰一周凹弦纹及圆形镂孔。足径11、残高3.3厘米（图四三，11）。H543②:45，泥质陶外红内黑。足壁外斜，足饰两周凹弦纹。足径10.8、残高3.5厘米（图四三，10）。H543②:125，泥质黑陶。足壁外弧，足饰两周弦纹及圆形镂孔。足径9.6、残高2.9厘米（图四三，9）。

假圈足　2件。都是泥质黑陶，都是弧壁碗上部已残，仅剩下部圜底下附实心假圈足。H543②:41，足径8、残高2.8厘米（图四三，22）。H543②:130，足径7.2、残高2.1厘米（图四三，15）。

有刻划符号矮圈足　15件。H543②:65，泥质黑陶。底已残。残底有已残刻划符号（图四五，8；图九九，21；图版三四，2）。H543②:73，泥质黑陶。底有刻划符号（图九九，7；图版四一，2）。足径7.3、残高2.4厘米（图四四，4）。H543②:74，泥质黑陶。底已残。有稍残刻划符号（图四五，10；图九九，5；图版二四，1）。H543②:83，泥质黑陶。底已残。有似完整刻划符号（图九九，8；图版四四，3）。足径6.4、残高2.2厘米（图四四，10）。H543②:68，泥质陶外红内黑。底有刻划符号（图九九，13；图版四二，4）。足径9.4、残高3.6厘米（图四四，12）。H543②:72，泥质黑陶。底有刻划符号（图九九，15；图版三三，6）。足径7、残高2.4厘米（图四四，8）。H543②:75，泥质黑陶。底有刻划符号（图九九，25；图版三四，4）。足径5.3、残高1.8厘米（图四四，6）。H543②:63，泥质黑陶。底有刻划符号（图九九，17；图版三五，2）。足径6.9、残高3厘米（图四四，1）。H543②:64，泥质陶外红内黑。底由残片黏接，有刻划符号（图九九，3；图版四二，2）。足径9、残高3.7厘米（图四四，3）。H543②:67，泥质陶外红内黑。底有刻划符号（图九九，11；图版二六，4）。足径9.1、残高3.2厘米（图四四，2）。H543②:69，泥质黑陶。底有刻划符号（图九九，16；图版二五，2）。足径5.9、残高2.4厘米（图四四，5）。H543②:70，泥质陶外红内黑。底有刻划符号（图九九，19；图版三五，5）。足径8.7、残高3.6厘米（图四四，9）。H543②:81，

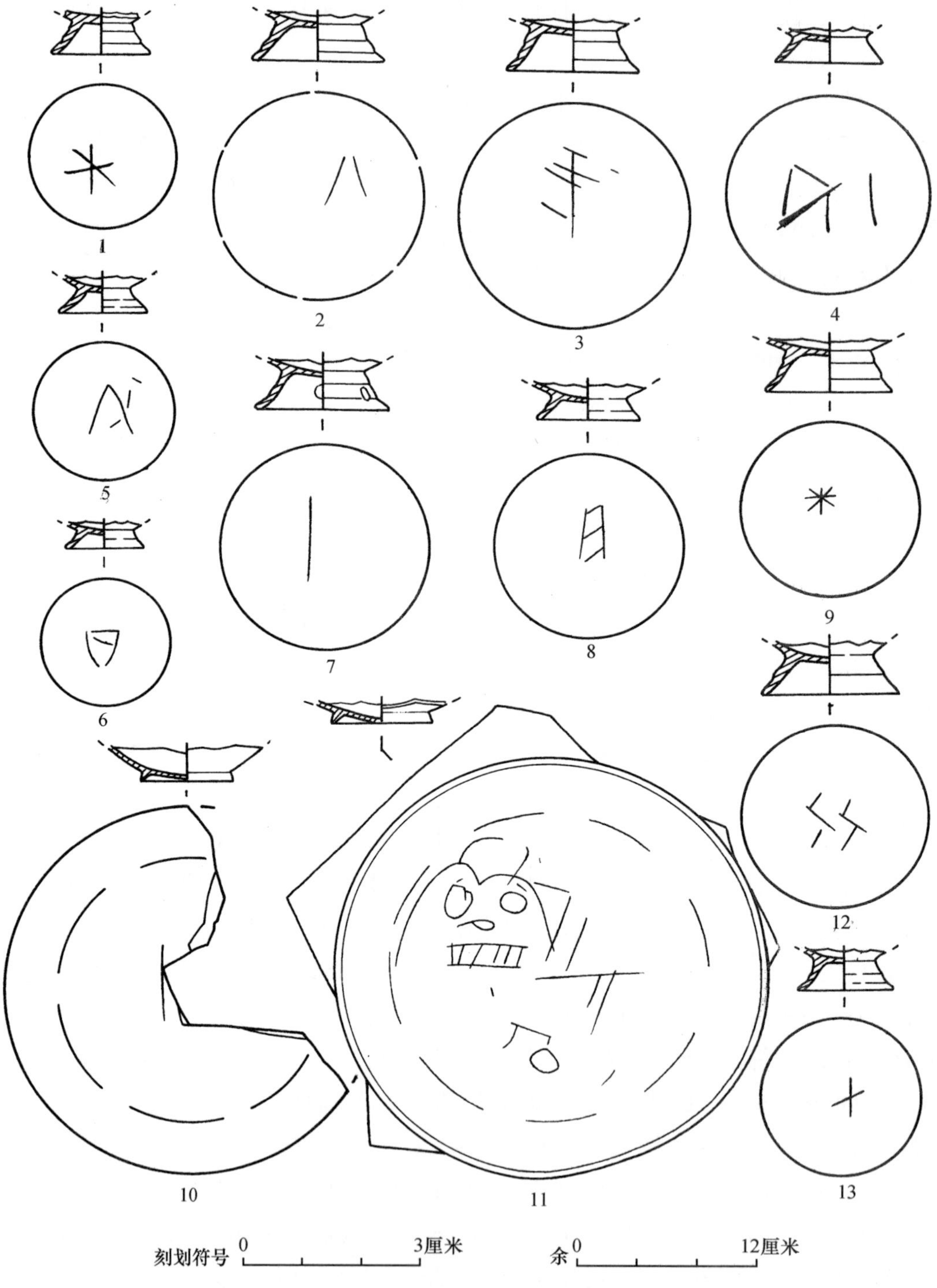

图四四　H543②层出土有刻划符号陶圈足

1～13. 矮圈足（H543②∶63、H543②∶67、H543②∶64、H543②∶73、H543②∶69、H543②∶75、H543②∶71、H543②∶72、H543②∶70、H543②∶83、H543②∶84、H543②∶68、H543②∶81）

泥质黑陶。底有刻划符号（图九九，18；图版二〇，3）。足径6.6、残高2.8厘米（图四四，13）。H543②∶71，泥质陶外红内黑。底有刻划符号（图九九，12；图版二三，3）。足径9.2、残高3.4厘米（图四四，7）。H543②∶84，泥质黑陶。底有一组多个刻划符号（图九九，1；彩版九，2；图版四三，6）。足径7.4、残高1.8厘米（图四四，11）。

有刻划符号残圈足　5件。H543②∶66，泥质黑陶。底有刻划符号（图四五，5；图九九，20；图版三一，4）。H543②∶76，泥质黑陶。底已残。有已残刻划符号（图四五，1；图九九，14；图版二一，3）。H543②∶77，泥质黑陶。底已残。有已残刻划符号（图四五，9；图九九，4；图版二三，5）。H543②∶78，泥质黑陶。底已残。有已残刻划符号（图四五，3；图九九，10；图版四三，4）。H543②∶80，泥质黑陶。底残片黏接，但刻划符号完整（图四五，7；图九九，6；图版四二，5）。

似有刻划符号残圈足　1件（H543②∶79）。泥质黑陶。底已残。残存刻痕粗细不一，无明显个体，似非刻划符号（图四五，6；图九九，2；图版四四，2）。最后确定，H543②∶79不作刻划符号标本。

有刻划符号假圈足　1件（H543②∶62）。泥质黑陶。假圈足平底已残。但有一个完整刻划符号（图四五，2；图九九，9；图版三〇，2）。

（26）H570

① 灰坑情况

位置：在T3043东北部

层位关系：开口第2层下，打破生土。

形制大小：圆形，弧壁近直，平底。口径110、底径70、深70厘米。

② 出土器物

出土标本：1件。为似有刻划符号的矮圈足。H570∶1，泥质黑陶。仅存矮圈足残底一小半。底部似有刻划符号但不明显（图四五，4；图九八，19；图版四四，4）。最后确定，H570∶1不作刻划符号标本。

（27）H607②层、H607③层

① 灰坑情况

位置：在T22全方至T23西北部，T3334北隔梁和东隔梁，以及T22北部未布方的范围内都有分布。

层位关系：开口第3A层下，打破G71和生土；被H40、H61、H43、H49、H46、H404、H381打破。

H607的坑内堆积可分三小层。其中，第1小层属大早三段；下面将先介绍属大早二段的第3和第2小层的出土标本。

形制大小：长方形圆角近椭圆形，斜壁，圜平底，但底部有凹坑凹沟。口径长约620、宽510、深一般为125、最深处160厘米（图四六）。

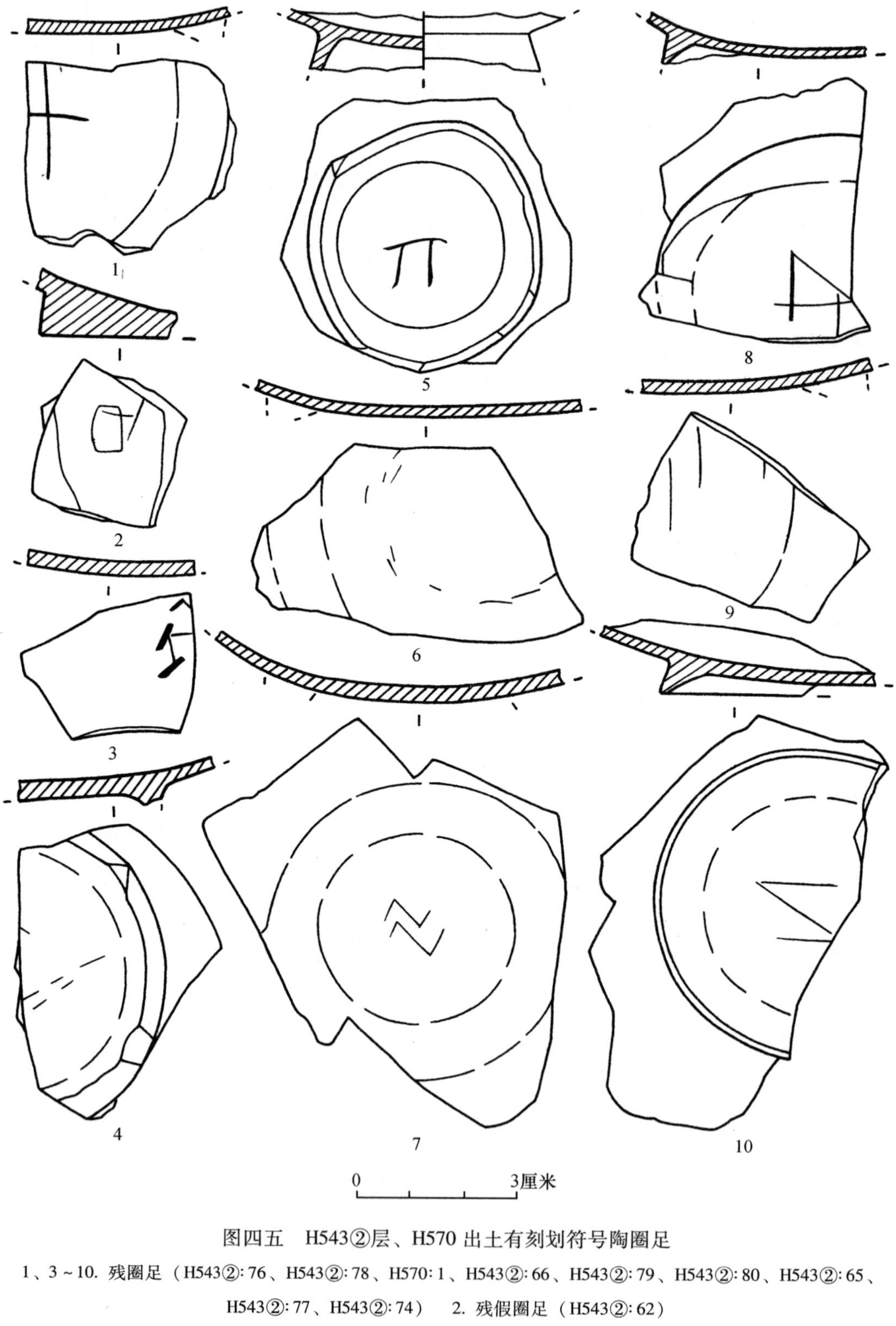

图四五　H543②层、H570 出土有刻划符号陶圈足

1、3～10. 残圈足（H543②: 76、H543②: 78、H570: 1、H543②: 66、H543②: 79、H543②: 80、H543②: 65、H543②: 77、H543②: 74）　2. 残假圈足（H543②: 62）

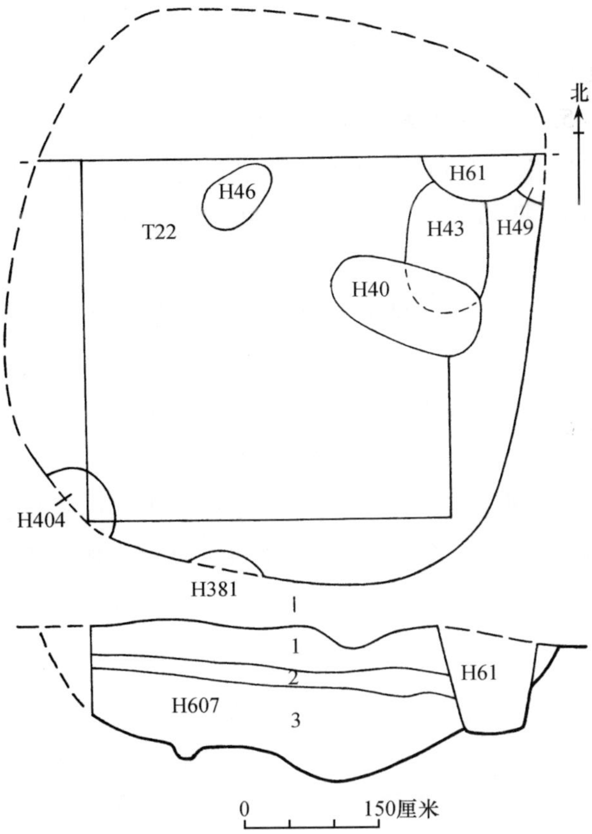

图四六　H607平、剖面图

② 出土器物

出土标本：112件。工具有双肩石锄、石斧、石凿、砺石、石球。装饰品有石璜、石镯。陶生活用品有凹折沿罐、凹折沿彩陶罐、折沿罐、折沿小罐、折沿彩陶罐、弧折沿罐、弧折沿彩陶罐、斜颈罐、束颈罐、曲颈罐、粗颈罐、小口高领罐、尖圜底小罐、曲颈瓶、弧颈壶、斜颈瓮、曲颈瓮、直颈瓮、敛口彩陶瓮、内折沿簋、子母口簋、敞口钵、内折沿碗、子母口碗、敛口碗、侈口碗、敞口碗、折腹碗、折腹彩陶碗、卷沿碗、卷沿盘、圈足小罐、子母口豆盘、直口盘、敛口大圈足盘、支座、鸭嘴状小鼎足、矮圈足、假圈足、有刻划符号矮圈足、有刻划符号残圈足、有刻划符号假圈足。

石器

双肩石锄　1件（H607③：100）。石片打制成双肩，弧刃。长16、宽11.8、厚2.5厘米（图四七，8）。

石斧　4件。H607③：101，石片打制。近梯形，弧顶，两弧边外斜，弧刃。长21、宽10.6、厚3.9厘米（图四七，3）。H607②：10，近扁平三角形砾石。刃部两面磨制。锋利。长8.5、宽5.9、厚2厘米（图四七，1）。H607②：125，扁弧近长方形砾石。顶残，弧刃两面磨制。仍锋利。残长9、宽9.6、厚2.9厘米（图四七，4）。H607②：132，扁平近长方形砾石。

平顶、两弧面、扁弧边都是原面，一面似又磨平，余皆有琢打痕，刃部已断。残长10.4、宽6.4、厚2.7厘米（图四七，7）。

石凿　2件。H607②:59，通体磨光，顶已残，方柱体长条状，小平刃甚锋利。残长6.7、宽3、厚2.6厘米（图四七，2）。H607②:126，通体磨光，扁平近棱形，顶部大残，为两面磨制的弧刃，十分锋利，两面、两边磨平，两边下部又对磨成角刃。残长11.4、宽3.14、厚1.2厘米（图四七，12）。

砺石　1件（H607②:11）。上、下两面有磨制后凹弧面。长26.6、宽16.6、厚6厘米（图四七，9）。

石球　1件（H607②:127）。近圆形，天然小砾石。直径5.2～5.4、厚5.6厘米（图四七，5）。

石璜　2件。H607②:67，青色石质。有石膏状条纹，半弧体弧形，两端皆稍残，一端钻一小圆孔，另一端钻两个小圆孔。长5.9、宽1.2、厚0.4厘米（图四七，6）。H607②:17，青色石质。剖面椭圆，桥形，两端各钻一个小圆孔。长8.6、中宽1.2、厚0.7厘米（图四七，10）。

石镯　1件（H607②:47）。石质青灰色。残长一段。剖面椭圆，素面。内径5、外径7、厚0.5厘米（图四七，11）。

陶器

凹折沿罐　12件。H607③:121，夹炭红陶。尖圆唇，斜弧肩，深弧腹已残。颈下、肩腹饰竖绳纹。口径27、残高11厘米（图四八，14）。H607③:120，夹草末红陶。尖圆唇，弧肩，腹已残。颈下、肩部饰竖绳纹。口径27、残高8.4厘米（图四八，8）。H607②:73，泥质黄陶。尖圆唇，弧肩，腹已残。肩饰竖绳纹，又加两周凹弦纹。口径30、残高8.6厘米（图四八，13）。H607②:91，泥质红陶。尖圆唇，肩已残。颈下有竖绳纹。口径34、残高4.8厘米（图四八，11）。H607③:102，夹草末红陶。尖唇，斜弧肩已残。素面。口径21、残高3.8厘米（图四九，10）。H607③:103，泥质灰黄陶。尖唇，弧肩腹残。素面。口径20、残高7.2厘米（图四九，23）。H607②:88，尖圆唇，斜弧肩已残。素面。口径18、残高3.8厘米（图四九，1）。H607②:38，泥质黑陶。尖圆唇，斜弧已残。素面。口径24、残高4.8厘米（图四八，1）。H607②:43，泥质红陶。尖唇，斜弧肩已残。素面。口径18、残高4.2厘米（图四九，2）。H607②:60，夹炭红陶。内沿施深红衣。尖圆唇，弧肩已残。外沿中部饰两周凹弦纹，肩有竖绳纹痕。口径36、残高6厘米（图四八，10）。H607②:72，夹炭红陶，内沿施浅红衣。尖圆唇，弧肩，腹残。外沿上部饰两周凹弦纹，肩有竖绳纹。口径24、残高1.7厘米（图四八，6）。H607②:12，夹草末红陶。宽折沿微凹，方圆唇外凸，弧肩已残。素面。口径26、残高4.5厘米（图四八，4）。

凹折沿彩陶罐　1件（H607②:45）。夹炭红陶，内沿、外表施鲜红衣，绘黑彩。尖圆唇，肩已残。内外沿皆有黑彩图案，但多脱落而不清晰，主要是带状纹夹弧线。口径20、残高3.8厘米（图四九，8）。

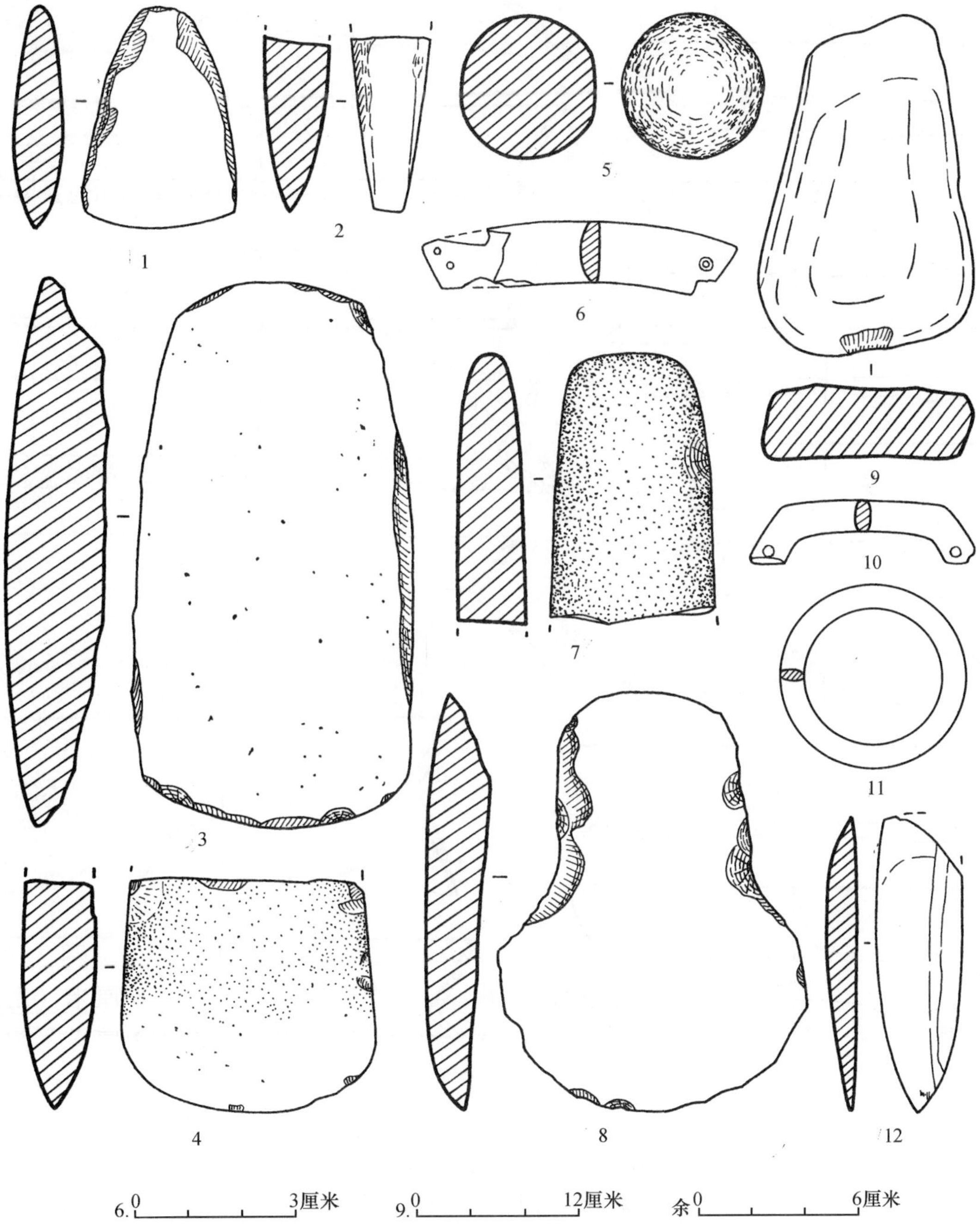

图四七　H607②层、H607③层出土石器

1、3、4、7. 石斧（H607②: 10、H607③: 101、H607②: 125、H607②: 132）　2、12. 石凿（H607②: 59、H607②: 126）　5. 石球（H607②: 127）　6、10. 石璜（H607②: 67、H607②: 17）　8. 双肩石锄（H607③: 100）　9. 砺石（H607②: 11）　11. 石镯（H607②: 47）

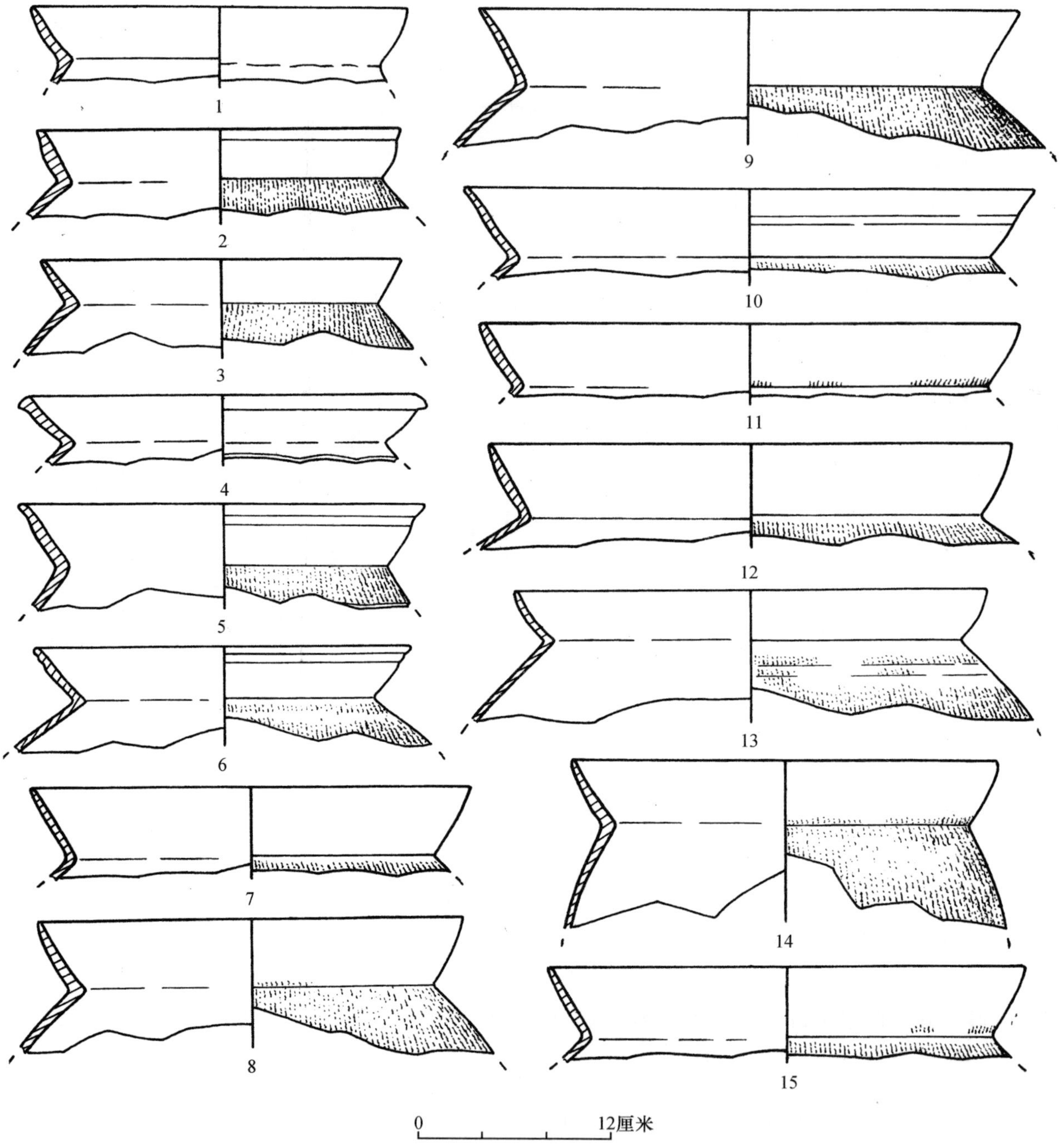

图四八　H607②层、H607③层出土陶器

1、4、6、8、10、11、13、14. 凹折沿罐（H607②: 38、H607②: 12、H607②: 72、H607③: 120、H607②: 60、H607②: 91、H607②: 73、H607③: 121）　2、3、5、7、9、12、15. 折沿罐（H607③: 123、H607②: 48、H607②: 83、H607②: 76、H607②: 128、H607②: 75、H607②: 92）

折沿罐　13件。H607③: 116，泥质灰陶。尖圆唇，斜弧肩，腹残。肩饰竖绳纹。口径18、残高5.8厘米（图四九，3）。H607②: 75，夹炭红陶。内外沿施浅红衣。尖圆唇，弧肩，腹残。

肩饰竖绳纹。口径33、残高6.8厘米（图四八，12）。H607②:76，夹炭红陶，内外施深红衣。尖圆唇，弧肩已残。肩饰竖绳纹。口径28、残高5.8厘米（图四八，7）。H607②:92，夹炭红陶。尖圆唇，弧肩。肩饰竖绳纹。口径30、残高6.2厘米（图四八，15）。H607②:87，泥质红陶。尖圆唇，斜弧肩已残。肩饰竖绳纹。口径22、残高5.2厘米（图四九，11）。H607②:128，夹砂红陶。尖圆唇，弧肩，腹已残。肩、腹饰竖绳纹。口径34、残高8.8厘米（图四八，9）。H607②:35，夹砂红陶，内外沿施红衣。尖圆唇，弧肩，腹残。肩、腹饰竖绳纹。口径24、残高5.5厘米（图四九，31）。H607②:48，夹炭红陶，内外施浅红衣。尖圆唇，弧肩，腹残。肩、腹饰竖绳纹。口径23、残高6.4厘米（图四八，3）。H607②:37，泥质红陶。尖圆唇，肩已残。肩有竖绳纹痕。口径24、残高4.4厘米（图四九，27）。H607③:119，泥质红陶，内沿、外表施深红衣。方唇，弧肩，腹已残。素面。口径19、残高6.5厘米（图四九，7）。H607③:123，夹炭褐陶。尖圆唇，弧肩，腹残。外口下饰一周凹槽，肩饰竖绳纹。口径23、残高6厘米（图四八，2）。H607②:83，夹炭灰陶，内沿施深红衣。尖圆唇，斜弧肩，腹残。外沿上部施两周凹弦纹，肩饰竖绳纹。口径26、残高6.7厘米（图四八，5）。H607②:52，夹炭红陶，内沿施浅红衣。尖圆唇，肩已残。外沿上部施三周凹弦纹，肩饰竖绳纹。口径23、残高4.4厘米（图四九，25）。

折沿小罐　1件（H607③:117）。泥质红陶，内外沿施浅红衣。尖圆唇，斜弧肩，弧腹已残。肩至腹饰竖绳纹。口径10.8、残高4.7厘米（图四九，19）。

折沿彩陶罐　1件（H607②:129）。泥质红陶，内沿、外表施红衣，内沿绘黑彩。尖圆唇，肩已残。内沿上、下各绘两周黑彩带状纹，中间又夹其他黑彩图案，但已脱落而不明确。口径24、残高2.6厘米（图四九，28）。

弧折沿罐　2件。H607②:23，夹炭红陶，内外沿有红衣。尖圆唇，弧肩已残。残肩有竖绳纹。口径24、残高5厘米（图四九，26）。H607②:42，夹草末黄陶。尖圆唇，弧肩已残。肩有竖绳纹。口径26、残高5.4厘米（图四九，32）。

弧折沿彩陶罐　1件（H607②:61）。泥质红陶，内沿、外表有浅红衣，内沿还绘黑彩。尖圆唇，肩已残。内沿上部三周、下部两周黑彩带状纹，上、下之间又夹弧线纹图案。口径25、残高3.4厘米（图四九，29）。

斜颈罐　1件（H607③:104）。泥质红陶，内沿施浅红衣。侈口，束颈，折沿外斜较直，尖唇，弧肩已残。肩饰竖绳纹。口径15、残高4厘米（图四九，14）。

束颈罐　2件。H607②:78，泥质黑陶。侈口，束颈，尖圆唇，广弧肩已残。素面。口径14、残高3.4厘米（图四九，12）。H607②:32，泥质红陶，外施深红衣。侈口，束颈，折沿微凹，但口内无折棱，斜弧肩已残。素面。口径14、残高2.4厘米（图四九，17）。

曲颈罐　2件。H607②:77，夹炭红陶。直口内敛，曲颈内凹外弧，下内束，弧肩，腹已残。素面。口径14、残高4.1厘米（图四九，5）。H607②:46，夹炭红陶。形制同上。素面。口径15、残高2.9厘米（图四九，4）。

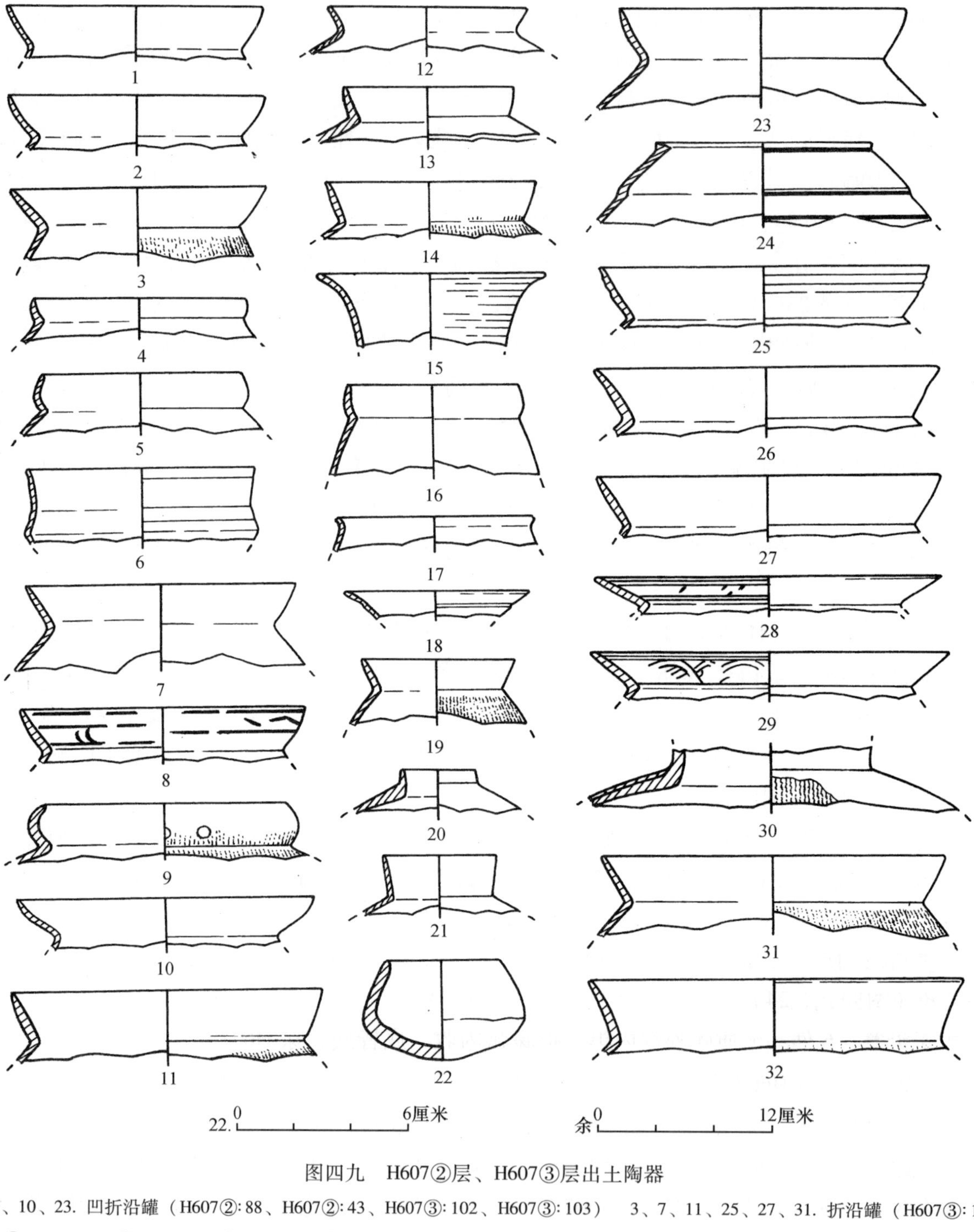

图四九　H607②层、H607③层出土陶器

1、2、10、23. 凹折沿罐（H607②: 88、H607②: 43、H607③: 102、H607③: 103）　3、7、11、25、27、31. 折沿罐（H607③: 116、H607③: 119、H607②: 87、H607②: 52、H607②: 37、H607②: 35）　4、5. 曲颈罐（H607②: 46、H607②: 77）　6. 粗颈罐（H607②: 54）　8. 凹折沿彩陶罐（H607②: 45）　9. 曲颈瓮（H607②: 13）　12、17. 束颈罐（H607②: 78、H607②: 32）　13. 斜颈瓮（H607②: 53）　14. 斜颈罐（H607③: 104）　15、18. 弧颈壶（H607②: 71、H607②: 34）　16. 曲颈瓶（H607②: 14）　19. 折沿小罐（H607③: 117）　20、21. 小口高领罐（H607②: 131、H607②: 68）　22. 尖圜底小罐（H607②: 69）　24. 敛口彩陶瓮（H607②: 62）　26、32. 弧折沿罐（H607②: 23、H607②: 42）　28. 折沿彩陶罐（H607②: 129）　29. 弧折沿彩陶罐（H607②: 61）　30. 直颈瓮（H607②: 84）

粗颈罐 1件（H607②:54）。泥质陶外红内黑。直口，方唇，粗直颈，斜肩，折腹斜内收，底残。颈上、下部和肩中部各有一周凹弦纹。口径16、残高5.2厘米（图四九，6）。

小口高领罐 2件。H607②:68，夹炭红陶，内沿、外表施浅红衣。直口外斜，尖唇，高直颈，广弧肩，腹已残。素面。口径8、残高4.1厘米（图四九，21）。H607②:131，夹炭红陶，内沿、外表施浅红衣。细管状，小直口，尖圆唇，矮直颈，广弧肩，腹已残。素面。口径5.2、残高3.2厘米（图四九，20）。

尖圜底小罐 1件（H607②:69）。泥质红陶，外施红衣。敛口，尖圆唇，斜肩，折腹弧内收成尖圜底。素面。口径3.5、腹径4.9、高3.6厘米（图四九，22；图版四，3）。

曲颈瓶 1件（H607②:14）。泥质红陶，外施红衣。直口内敛，曲颈内凹外弧下内束，斜弧肩，深弧腹已残。素面。口径12、残高6.8厘米（图四九，16）。

弧颈壶 2件。H607②:71，夹炭红陶，内沿、外表施深红衣。喇叭口，圆唇，高弧颈下部已残。颈部多周不等距宽带状凹纹。口径16、残高5.2厘米（图四九，15）。H607②:34，泥质红陶，口内、外表施浅红衣。喇叭口，尖圆唇，高弧颈大部已残。颈上部残存一周深凹弦纹。口径13、残高2.1厘米（图四九，18）。

斜颈瓮 1件（H607②:53）。夹炭红陶。斜颈微凹，尖圆唇，广弧肩已残。素面。口径12、残高4厘米（图四九，13）。

曲颈瓮 1件（H607②:13）。泥质黄陶。侈口，束颈，曲颈内凹外弧，尖圆唇，广弧肩，腹残。曲颈下部有两个为一组的圆形小镂孔，颈下、肩上饰竖绳纹。口径17、残高4厘米（图四九，9）。

直颈瓮 1件（H607②:84）。内层夹炭，外层泥质，黑陶。直口，口沿已残，粗直颈，广弧肩，腹已残。内层原饰竖绳纹，覆盖一层后成素面。口径约13.2、残高4厘米（图四九，30）。

敛口彩陶瓮 1件（H607②:62）。夹炭红陶，绘深红衣。敛口，窄沿内斜，尖唇外凸，斜弧肩，曲折腹又外弧，但大部分已残。颈部一周、折腹上部两周带状黑彩纹。口径15、残高5.8厘米（图四九，24）。

内折沿簋 6件。泥质陶外红内黑。折腹弧内收，底皆残。除H607③:106是斜沿内折外，余皆斜凹沿内折。同时，除H607②:74为尖唇外，余又都是尖圆唇。H607③:106，口径18、残高3.6厘米（图五〇，10）。H607③:94，口径19、残高4.4厘米（图五〇，11）。H607②:74，口径23、残高8.4厘米（图五〇，3）。H607②:79，口径23、残高5.2厘米（图五〇，2）。H607②:93，口径22、残高4.8厘米（图五〇，1）。H607②:39，口径20、残高3.7厘米（图五〇，9）。

子母口簋 2件。H607②:81，泥质陶外红内黑。子母口近直，窄凹沿，尖唇直立，弧腹较直，下腹已残。素面。口径20、残高2.9厘米（图五〇，30）。H607②:82，泥质陶外红内黑。敛口，窄斜沿内折，尖唇直立而又呈子母口，折腹弧内收，下腹已残。素面。口径17、残高2.7厘米（图五〇，19）。

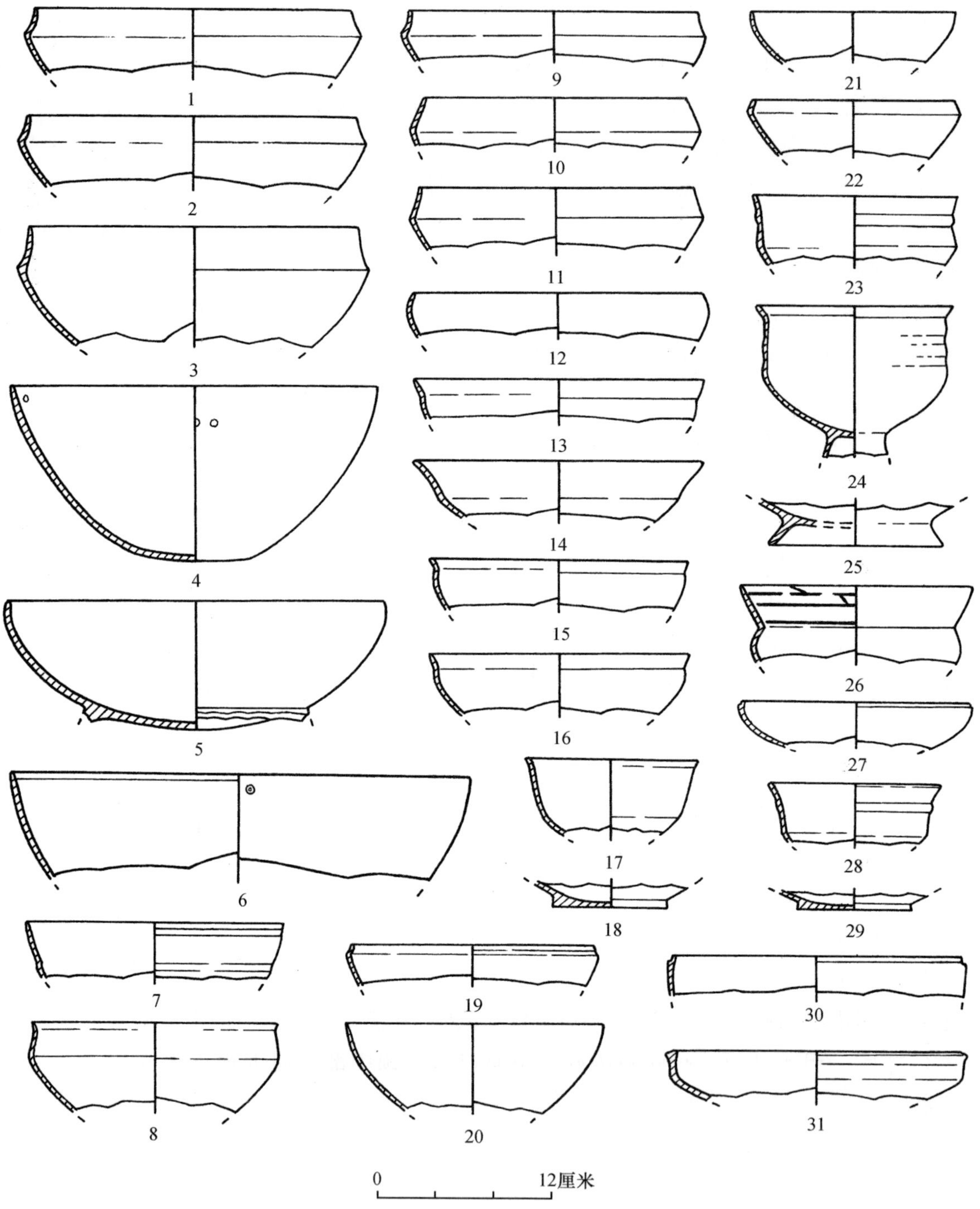

图五〇　H607②层、H607③层出土陶器

1、2、3、9～11. 内折沿簋（H607②: 93、H607②: 79、H607②: 74、H607②: 39、H607③: 106、H607③: 94）　4、6. 敞口钵（H607③: 118、H607③: 122）　5. 敛口大圈足盘（H607②: 63）　7. 折腹碗（H607②: 56）　8. 子母口碗（H607③: 108）　12. 敛口碗（H607②: 130）　13、15、16. 侈口碗（H607②: 28、H607②: 64、H607②: 55）　14. 卷沿盘（H607③: 107）　17、23、28. 卷沿碗（H607②: 86、H607②: 85、H607②: 89）　18、29. 假圈足（H607②: 44、H607②: 29）　19、30. 子母口簋（H607②: 82、H607②: 81）　20、21. 敞口碗（H607②: 70、H607②: 33）　22. 内折沿碗（H607③: 95）　24. 圈足小罐（H607③: 105）　25. 矮圈足（H607②: 80）　26. 折腹彩陶碗（H607②: 41）　27. 子母口豆盘（H607②: 65）　31. 直口盘（H607②: 15）

敞口钵 2件。H607③:118，泥质红陶，内外施红衣但多脱落。方唇但局部尖圆唇，深弧腹内收，圜平底。口下有两个为一组的小圆形镂孔，只是两组不对称也不在同一高度上。口径25.7、高12.4厘米（图五〇，4；图版四，4）。H607③:122，泥质红陶。敞口，尖唇，弧腹下部已残。内口下一周凹弦纹，残片上口下还有一个由外向里钻的小圆孔。外口下有一周橘黄衣绘的带状彩纹。口径32、残高7.4厘米（图五〇，6）。

内折沿碗 1件（H607③:95）。泥质黑陶。敛口，内折沿，尖圆唇，折腹斜弧内收，底残。素面。口径14、残高4.1厘米（图五〇，22）。

子母口碗 1件（H607③:108）。泥质黑陶。敛口，内折沿，但尖圆唇稍外卷近直立，而又呈子母口，折腹较深弧内收，底残。素面。口径17.3、残高6.4厘米（图五〇，8）。

敛口碗 1件（H607②:130）。泥质黑陶。敛口，尖圆唇内卷，扁弧腹上鼓下内收，腹已残。素面。口径20、残高3.2厘米（图五〇，12）。

侈口碗 3件。均为侈口，束颈，弧沿外卷，尖唇，扁腹弧内收，底残。素面。H607②:64，泥质陶外红内黑。口径18、残高3.6厘米（图五〇，15）。H607②:28，泥质陶外红内黑。口径20、残高3厘米（图五〇，13）。H607②:55，泥质红陶。口径18、残高4.3厘米（图五〇，16）。

敞口碗 2件。H607②:70，泥质黑陶。敞口，尖唇，深弧腹，底残。素面。口径18、残高6.5厘米（图五〇，20）。H607②:33，泥质黑陶。敞口，尖圆唇，浅弧腹下部已残。素面。口径14、残高3.8厘米（图五〇，21）。

折腹碗 1件（H607②:56）。泥质黑陶。敞口，宽折沿微内凹，尖圆唇，窄沿微外斜近直，弧折腹内收，底残。外口下两周凹弦纹。口径18、残高4厘米（图五〇，7）。

折腹彩陶碗 1件（H607②:41）。泥质红陶，内沿、外表施深红衣，内沿又绘黑彩。敞口，尖圆唇，斜肩，弧折腹已残。内沿绘五周带状黑彩纹，带状纹之间又夹其他图案，但因脱落而不清晰。口径16、残高5.4厘米（图五〇，26）。

卷沿碗 3件。H607②:89，泥质黑陶。敞口，方唇，深腹上部外卷，下部折内收，底已残。上腹一周带状凸棱纹。口径12、残高4.2厘米（图五〇，28）。H607②:85，泥质黑陶。直口外卷，方唇，粗颈外弧，折腹弧内收，下腹已残。颈中部一周带状凸棱纹。口径14、残高5.2厘米（图五〇，23）。H607②:86，泥质黑陶。敞口，扁圆唇外附口下，深腹上部外卷，下部弧折内收，底残。素面。口径12、残高5.2厘米（图五〇，17）。

卷沿盘 1件（H607③:107）。夹草末红陶，内沿、外表施深红衣。敞口，宽弧沿外卷，尖圆唇，浅折腹弧内收，底残。素面。口径20、残高4.2厘米（图五〇，14）。

圈足小罐 1件（H607③:105）。泥质黑陶。侈口，束颈，窄沿外卷，尖圆唇，深腹上部近直，下部弧折内收，圜底下附高圈足，足壁外斜但已残。腹上部饰两周宽带状凹弦纹。口径13.6、残高10.2厘米（图五〇，24；图版四，1）。

子母口豆盘 1件（H607②:65）。泥质黑陶。子母口，窄凹沿，圆唇稍内敛，浅折腹弧内收，底残。素面。口径16、残高3.2厘米（图五〇，27）。

敛口大圈足盘　1件（H607②:63）。泥质红陶，内外施深红衣。敛口，方圆唇，弧腹，圜底下附粗大圈足，但足壁已残。素面。口径26.6、残高9厘米（图五〇，5；图版四，2）。

直口盘　1件（H607②:15）。泥质红陶，内外施鲜红衣。直口，圆唇，粗矮颈近直稍内斜，浅折腹弧内收，底残。素面。口径20、残高3.6厘米（图五〇，31）。

支座　10件。H607②:16，夹蚌红陶。残存顶部。属有纹实心直立型。残高11厘米（图五一，2）。H607③:109，夹蚌红褐陶。仅存底部残块。属有纹实心倾斜型。残高9.2厘米（图五一，8）。H607③:110，夹蚌红褐陶。仅底部残块。属有纹实心倾斜型。9.6厘米（图五一，6）。H607③:111，夹蚌红褐陶。仅底部残块。属有纹实心倾斜型。残高9厘米（图五一，9）。H607③:112，夹蚌红褐陶。仅底部残块。属有纹实心倾斜型。残高7.6厘米（图五一，4）。H607③:113，夹砂红褐陶。器身残块。属有纹实心倾斜型。残高4.8厘米（图五一，7）。H607③:114，夹炭红褐陶。底部残块。属有纹实心倾斜型。残高6.2厘米（图五一，3）。H607③:115，夹蚌红褐陶。底部残块。属有纹实心倾斜型。残高8.7厘米（图五一，5）。H607③:133，夹炭夹草末红陶。仅剩上大半部残块，属有纹实心倾斜型。残高18.4厘米（图五一，1）。H607②:36，夹砂红陶。仅底部残块。属有纹内空倾斜型（图五一，10）。

鸭嘴状小鼎足　4件。皆罐形鼎小足。H607③:124，泥质红陶。扁圆体呈倒梯形，鼎腹下部饰竖绳纹，足平根也有细绳纹。残高4.2厘米（图五一，13）。H607②:90，泥质红陶。形制类似前件。素面。残高4.8厘米（图五一，14）。H607②:66，夹草末红陶。形制如前但极低矮，足根与圜底平齐。素面。残高2.4厘米（图五一，12）。H607②:132，泥质红陶。仅剩扁圆小鼎足，呈鸭嘴状。足根平底上似有细竖绳纹。残高3.4厘米（图五一，11）。

矮圈足　1件（H607②:80）。夹炭红陶，外施深红衣。足壁外斜。素面。足径12、残高3.1厘米（图五〇，25）。

假圈足　2件。H607②:29，泥质红陶。足径8、残高1.3厘米（图五〇，29）。H607②:44，泥质黑陶。足径8、残高1.7厘米（图五〇，18）。

有刻划符号矮圈足　5件。H607③:97，泥质黑陶。足壁低矮外弧。素面。外底有刻划符号（图九九，31；图版三六，3）。足径7.3、残高2.1厘米（图五二，1）。H607③:98，泥质黑陶。足壁低矮外弧。素面。外底有刻划符号（图九九，27；图版二八，1）。足径7、残高2.3厘米（图五二，4）。H607③:99，泥质黑陶。足壁外弧。饰一周凹弦纹。外底有刻划符号（图九九，24；图版二〇，1）。足径6.4、残高1.8厘米（图五二，5）。H607②:57，泥质黑陶。足壁外撇。饰一周凹弦纹。外底有刻划符号（图九九，29；图版四〇，5）。足径8、残高4厘米（图五二，6）。H607②:22，泥质黑陶。足壁外弧。饰两周凹弦纹和四个圆形镂孔。外底已残，但有似完整的刻划符号（图九九，26；图版三〇，4）。足径8、残高2.4厘米（图五二，2）。

有刻划符号残圈足　2件。H607③:96，泥质黑陶。外底有完整刻划符号（图五二，3；图九九，22；图版二七，5）。H607②:58，泥质黑陶。外底虽残，但外底刻划符号似完整（图五二，7；图九九，28；图版三一，3）。

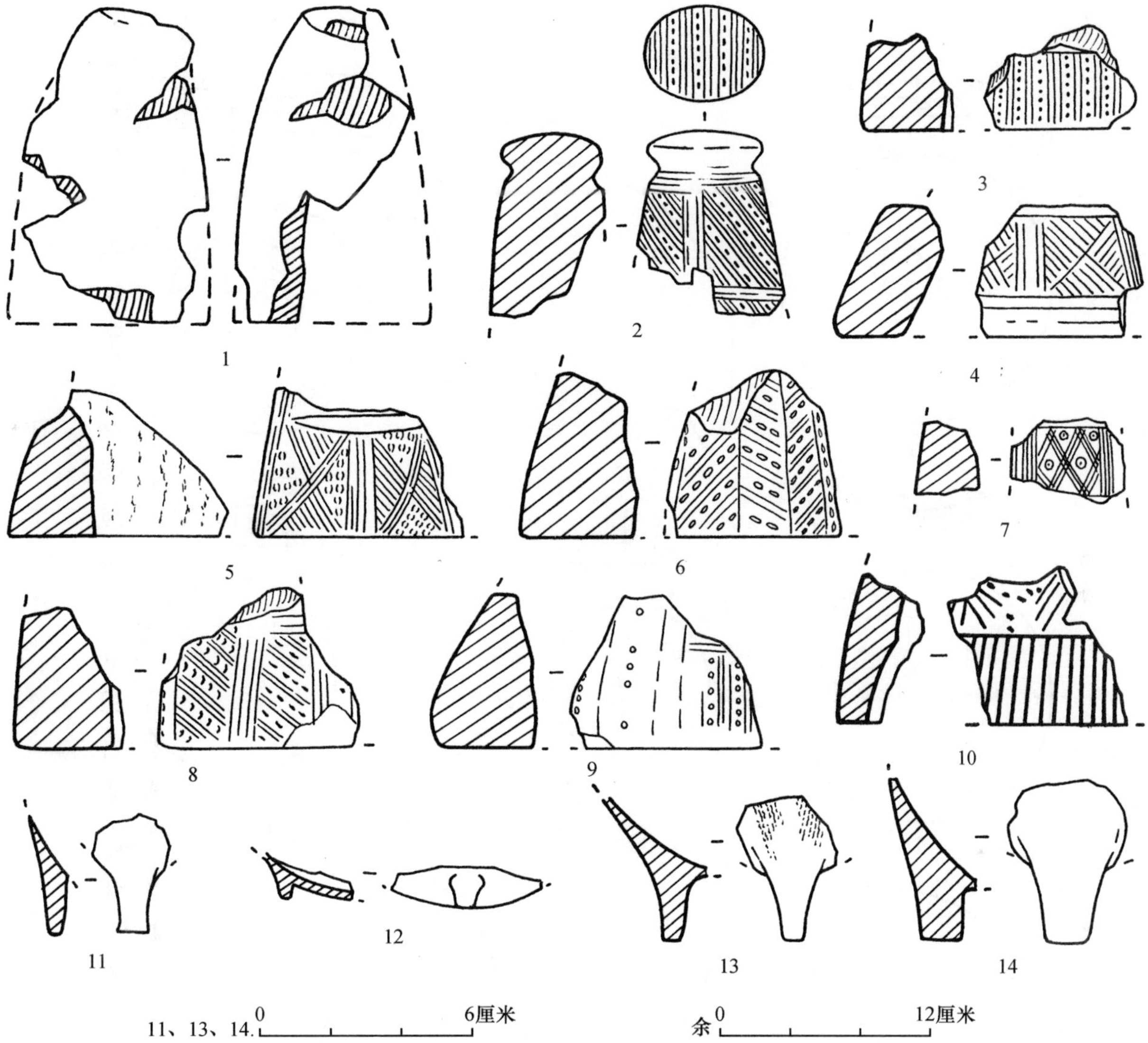

图五一　H607②层、H607③层出土陶鼎足、支座

1～10. 支座（H607③:133、H607②:16、H607③:114、H607③:112、H607③:115、H607③:110、H607③:113、H607③:109、H607③:111、H607②:36）　11～14. 鸭嘴状小鼎足（H607②:132、H607②:66、H607③:124、H607②:90）

有刻划符号假圈足　1 件（H607②:40）。泥质黑陶。外足底部有刻划符号似完整（图九九，33；图版二九，2）。足径 6.8、残高 1.6 厘米（图五二，8）。

2. 大早二段的灰沟

（1）G4

① 灰沟情况

位置：在 T23 西北部。

层位关系：开口在第 5 层下，打破生土；又被 H38、H64 打破。

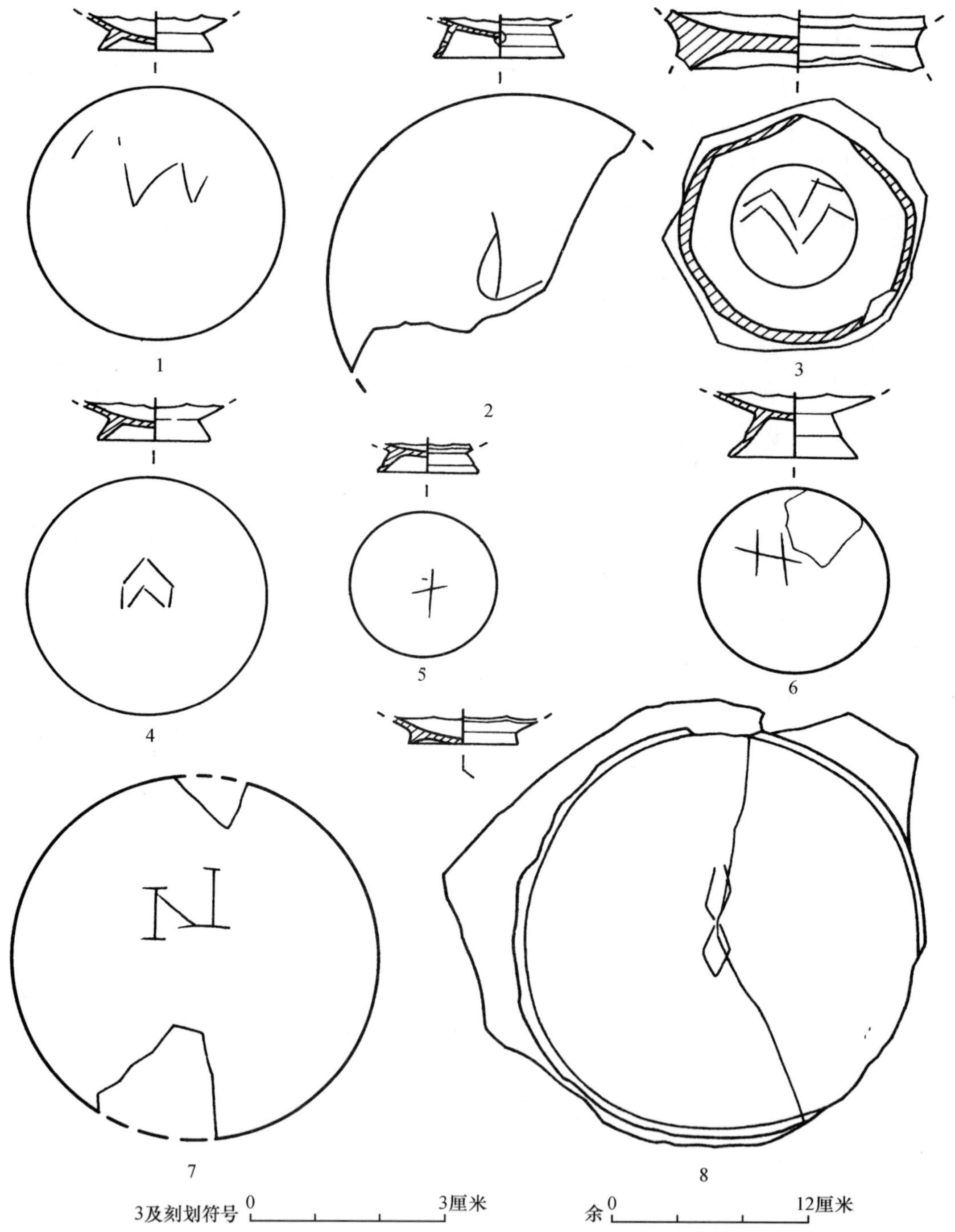

图五二　H607②层、H607③层出土有刻划符号陶圈足

1、2、4～6. 矮圈足（H607③:97、H607②:22、H607③:98、H607③:99、H607②:57）　3、7. 残圈足（H607③:96、H607②:58）　8. 假圈足（H607②:40）

形制大小：为弯曲长条形。残长212、宽40、深20～40厘米。

② 出土器物

出土标本：20件。均为陶器，有凹折沿罐、折沿罐、弧折沿罐、斜颈罐、曲颈罐、小口高领罐、侈口碗、敛口碗、折腹碗、内折沿簋、子母口簋、圜底小碟、盘圈足、碗圈足、小鼎足、支座、彩陶片、打制圆陶片。

凹折沿罐　1件（G4:2）。夹炭红陶。侈口，束颈，凹沿上仰又如盘口，尖圆唇，弧肩，腹已残。素面。口径21、残高4.6厘米（图五三，7）。

折沿罐　2件。G4:12，泥质红陶，内沿面施浅红衣。侈口，束颈，宽折沿上仰，尖圆唇，肩已残。肩饰竖绳纹。复原口径30、残高5厘米（图五三，16）。G4:16，泥质红陶。侈口，束颈，折沿甚宽，尖圆唇，斜肩，肩下已残。素面。口径23、残高5.9厘米（图五三，4）。

弧折沿罐　1件（G4:14）。夹炭红陶，外壁、内沿施深红衣。侈口，束颈，折沿，沿面稍上弧，尖圆唇，鼓肩已残。素面。口径22、残高3.6厘米（图五三，1）。

斜颈罐　1件（G4:9）。泥质红陶，器表施红衣。侈口，束颈，宽折沿上仰，尖圆唇，弧鼓肩，腹内收，但已残。肩饰竖绳纹，有抹痕，腹饰斜绳纹。口径14、残高6.8厘米（图五三，15）。

曲颈罐　1件（G4:15）。夹草末褐陶。侈口，束颈，折沿，沿面深凹，尖圆唇内卷，弧肩，腹已残。素面。口径16、残高3.6厘米（图五三，3）。

小口高领罐　1件（G4:5）。夹炭红陶，内沿、外表施深红衣。直口外斜，矮斜颈，尖圆唇，广肩已残。素面。口径14、残高4.5厘米（图五三，12）。

侈口碗　1件（G4:19）。泥质陶外红内黑，外壁、内沿上部施浅红衣。侈口近敞，束颈，弧沿外卷近直，深弧腹下已残。素面。口径18、残高4.9厘米（图五三，9）。

敛口碗　1件（G4:20）。泥质磨光黑陶。敛口，尖圆唇内卷，深弧腹下已残。素面。口径20、残高4.5厘米（图五三，14）。

折腹碗　2件。G4:1，泥质红陶，内外施鲜红衣。敞口，宽沿外侈，尖圆唇，内折腹弧内收，底已残。沿下饰一周凹槽。口径22、残高4.4厘米（图五三，5）。G4:11，泥质陶外红内黑，内沿上部和外壁施鲜红衣。敞口，宽沿上仰，尖圆唇，腹上部内折斜收，但已残。外沿上部及口下有两周深凹槽，使外沿面呈三叠层。复原口径22、残高4.8厘米（图五三，2）。

内折沿簋　1件（G4:17）。泥质陶外红内黑，外壁和内沿上部施浅红衣。敛口，宽斜沿内折，尖唇，折腹弧内收，下腹已残。素面。口径20、残高6厘米（图五三，8）。

子母口簋　1件（G4:18）。泥质陶外红内黑，外壁和内沿上部施鲜红衣。子母口，凹弧沿内折，尖唇近直立，折腹浅弧内收，下已残。素面。口径22、残高4.6厘米（图五三，10）。

圜底小碟　1件（G4:13）。夹草末外红内黑，外施浅红衣。直口外斜，尖圆唇，斜直腹，下折成圜底。素面。口径8、残高3.2厘米（图五三，19）。

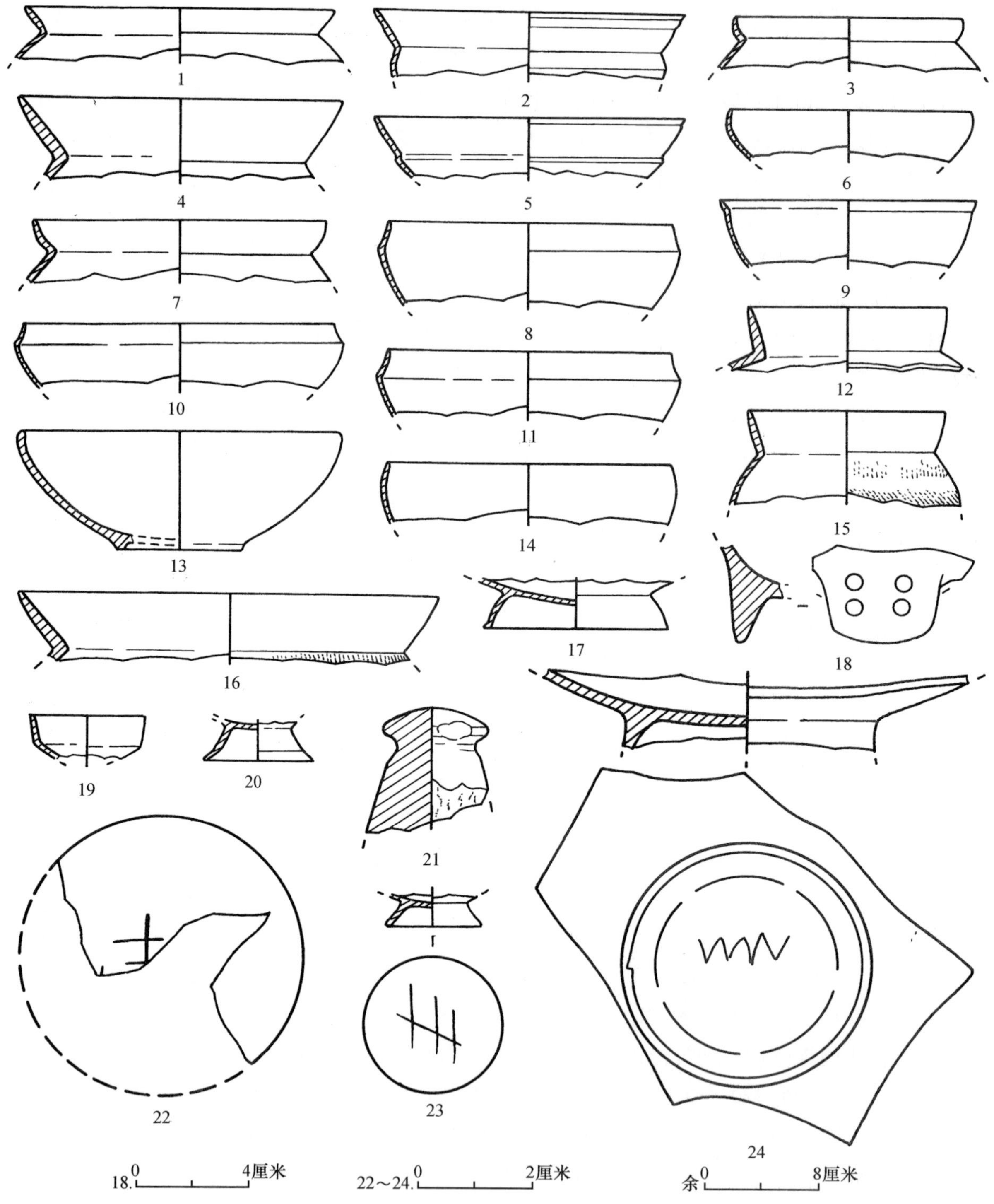

图五三　G4、G23出土陶器

1. 弧折沿罐（G4∶14）　2、5. 折腹碗（G4∶11、G4∶1）　3. 曲颈罐（G4∶15）　4、16. 折沿罐（G4∶16、G4∶12）　6、14. 敛口碗（G23∶3、G4∶20）　7. 凹折沿罐（G4∶2）　8、11. 内折沿簋（G4∶17、G23∶4）　9. 侈口碗（G4∶19）　10. 子母口簋（G4∶18）　12. 小口高领罐（G4∶5）　13. 敞口碗（G23∶5）　15. 斜颈罐（G4∶9）　17. 盘圈足（G4∶3）　18. 小鼎足（G4∶6）　19. 圜底小碟（G4∶13）　20. 碗圈足（G4∶4）　21. 支座（G4∶10）　22～24. 有刻划符号矮圈足（G23∶6、G23∶1、G23∶2）

盘圈足　1件（G4∶3）。泥质陶外红内黑，外表施红衣。上部残，仅剩圜底下附粗矮圈足，足壁上部外凸，再外撇。素面。足径13、残高3.5厘米（图五三，17）。

碗圈足　1件（G4∶4）。泥质磨光黑陶。上部残，仅剩圜底下附矮圈足，足壁外撇。足根上部饰凹弦纹一周。足径8、残高2.7厘米（图五三，20）。

小鼎足　1件（G4∶6）。泥质红陶，内外施红衣。倒梯形片状足。足饰四个小圆形未穿的戳印纹。残高3.6厘米（图五三，18）。

支座　1件（G4∶10）。夹砂红陶。顶面圆弧，束颈，器身扁圆体，实心，底已残。残高9.2厘米（图五三，21）。

彩陶片　1件（G4∶7）。泥质陶，深红衣绘黑彩，器内浅红色。残片。外表有三至四周黑带纹，近平行。

打制圆陶片　1件（G4∶8）。泥质红陶，内外施红衣。近圆形。素面。直径约5.2厘米。

（2）G23（包括原G24和G26、G28）

① 灰沟情况

位置：在T71南部和T75东南部、T74北部及T73西部都有分布。

层位关系：均开口第3层下，打破第4层；被H201打破，又被G21、G22和近代扰坑打破。

形制大小：G23是一条呈根须状的排水沟，G23东部的主沟宽约80、西部各叉沟宽30～60厘米，G23直线长度大于700、深30～50厘米。

② 出土器物

出土标本：6件。均为陶器，有敞口碗、敛口碗、内折沿簋和有刻划符号的3件矮圈足。

敞口碗　1件（G23∶5，原G26∶1）。泥质红陶，内外施红衣，但多脱落。敞口近直，方圆唇，弧腹，圜底已残，下附矮圈足也残。素面。口径23.2、底径8.8、残高8.5厘米（图五三，13；图版五，4）。

敛口碗　1件（G23∶3）。泥质磨光黑陶。敛口，小方唇，浅弧腹下部已残。素面。口径17、残高3.6厘米（图五三，6）。

内折沿簋　1件（G23∶4）。泥质陶外红内黑。敛口，内折沿弧凹，尖唇，折腹弧内收，底已残。素面。口径20、残高4.8厘米（图五三，11）。

有刻划符号矮圈足　3件。皆泥质黑陶。G23∶1，仅剩矮圈足，足壁上部外弧，足根外撇。素面。足底有一完整刻划符号（图九九，30；图版三九，2）。足径6.9、残高2.2厘米（图五三，23）。G23∶2，仅剩矮圈足，足壁也残。足底有一完整刻划符号（图五三，24；图九九，32；图版三七，4）。G23∶6（原G28∶1），仅剩矮小圈足已残，足壁外弧近直。足底有已残刻划符号（图五三，22；图九九，23；图版四〇，4）。

3. 大早二段的地层单位

（1）T21④层

标本55件。有石斧、石斧坯、小石斧、小石锛、圭形石凿、石凿、砺石、小石球和陶凹折沿罐、折沿罐、斜颈罐、小口高领罐、小口高领瓮、窄折沿瓮、敛口彩陶瓮、弧颈壶、子母口簋、侈口碗、折腹碗、折腹彩陶碗、直口碗、斜腹碗、内折沿盘、直口盘、外折沿盘、外折沿小盆、斜沿小盆、鼓形大器座、溜肩小器座、弧肩小器座、片状小鼎足、鸭嘴状小鼎足、支座、矮圈足及有刻划符号矮圈足。

石器

石斧　7件。T21④:79，扁长砾石。青灰色带黑斑点，通体磨光，局部有疤。残顶斜平，残器扁弧近长方形，两弧平面皆原面，两边稍外斜，弧刃近平，有使用痕，仍较锋利。残长8.7、宽8.4、厚2.6厘米（图五四，2）。T21④:80，扁平砾石。灰色。顶部已残，残器扁平近正方形，残顶斜平，两面皆原面都近平，一面有较大片疤，两边磨制，一边扁弧，一边磨平，弧刃近平，两面磨制，但刃端并不锋利。残长8.2、宽7.3、厚2.3厘米（图五四，5）。T21④:81，扁弧砾石。青色。扁弧体近梯形，平顶两角皆弧，两面打制较薄，两面皆光滑弧平面，但都有打制疤痕，两边打制修直，略磨，皆尖弧不平，弧刃两面磨制，有使用痕。仍较锋利。长12.1、宽7.4、厚2.6厘米（图五四，1；图版六，2）。T21④:82，扁圆长砾石。青色。扁圆瘦长梯形，平顶单面打制，两面皆上弧光滑原面，一面上部有片疤，两边稍琢修直，皆尖弧不平，斜弧刃两面磨制，有使用痕，不甚锋利。长12、宽5.3、厚3.2厘米（图五四，4；图版七，5）。T21④:83，砾石。青灰色。较厚近梯形，平顶两面打制，两面皆砾石原弧面，两边磨平皆外斜，弧刃两面磨制，一角已残。残长9.8、宽5.3、厚2.4厘米（图五四，13）。T21④:84，扁平砾石，青白花点（花岗岩）。顶及上半部已残，宽薄近长方形，两面皆原面，一面有打制痕，都近平，两边有琢打痕，修直近平行，皆扁弧，宽弧刃两面磨制近对称，锋利。残长7.8、宽10.1、厚2.5厘米（图五四，10）。T21④:86，扁平砾石。青色。宽扁近梯形，斜平顶两面打制，比刃部还薄，两面多为近平光滑原面，但都有打制疤，两边皆两面打制修直，但皆尖薄不平，弧刃两面磨制，有使用疤痕，仍较锋利。长11.2、宽8.6、厚2.3厘米（图五四，11）。

石斧坯　1件（T21④:87）。长条砾石。青色。较厚近长梯形，弧顶单面打制，两面皆原面，但都凹凸近平，一面有打制片疤，两边皆两面打制，仅修直都不平，弧刃两面打制，尚不锋利。长20.5、宽9.6、厚4.5厘米（图五四，3；图版六，3）。

小石斧　2件。T21④:89，小石片。青色。器形极小，扁平近梯形，弧顶，两边外弧，两平面皆新磨制，斜平刃两面打制，但较锋利。长3.6、宽2.1、厚0.7厘米（图五四，7；图版七，4）。T21④:90，扁平小长砾石。青色。砾石极小，扁平长椭圆形，弧顶，两弧边，两弧平面皆原面，圆弧刃两面磨制，甚锋利。长5、宽1.9、厚0.7厘米（图五四，9）。

小石锛　2件。T21④:85，小石片。褐色。扁弧呈梯形，弧顶近平，磨制，两面一为原弧滑面，另一面磨制后仍留片疤，两边一为原面，另一边磨平，平刃单面磨制，较锋利。长6.4、宽4.3、厚1.3厘米（图五四，14；图版八，4）。T21④:91，石片。灰色。扁平长方形，顶已残，两面、两边皆磨平，弧刃单面磨制，锋利。残长3、宽3.4、厚0.9厘米（图五四，6）。

圭形石凿　1件（T21④:92）。石。青色。通体磨光，上已大部残，仅剩角状刃下部，两面磨平，两边下部对磨成角刃。残长4.3、宽2.6、厚1.6厘米（图五四，8）。

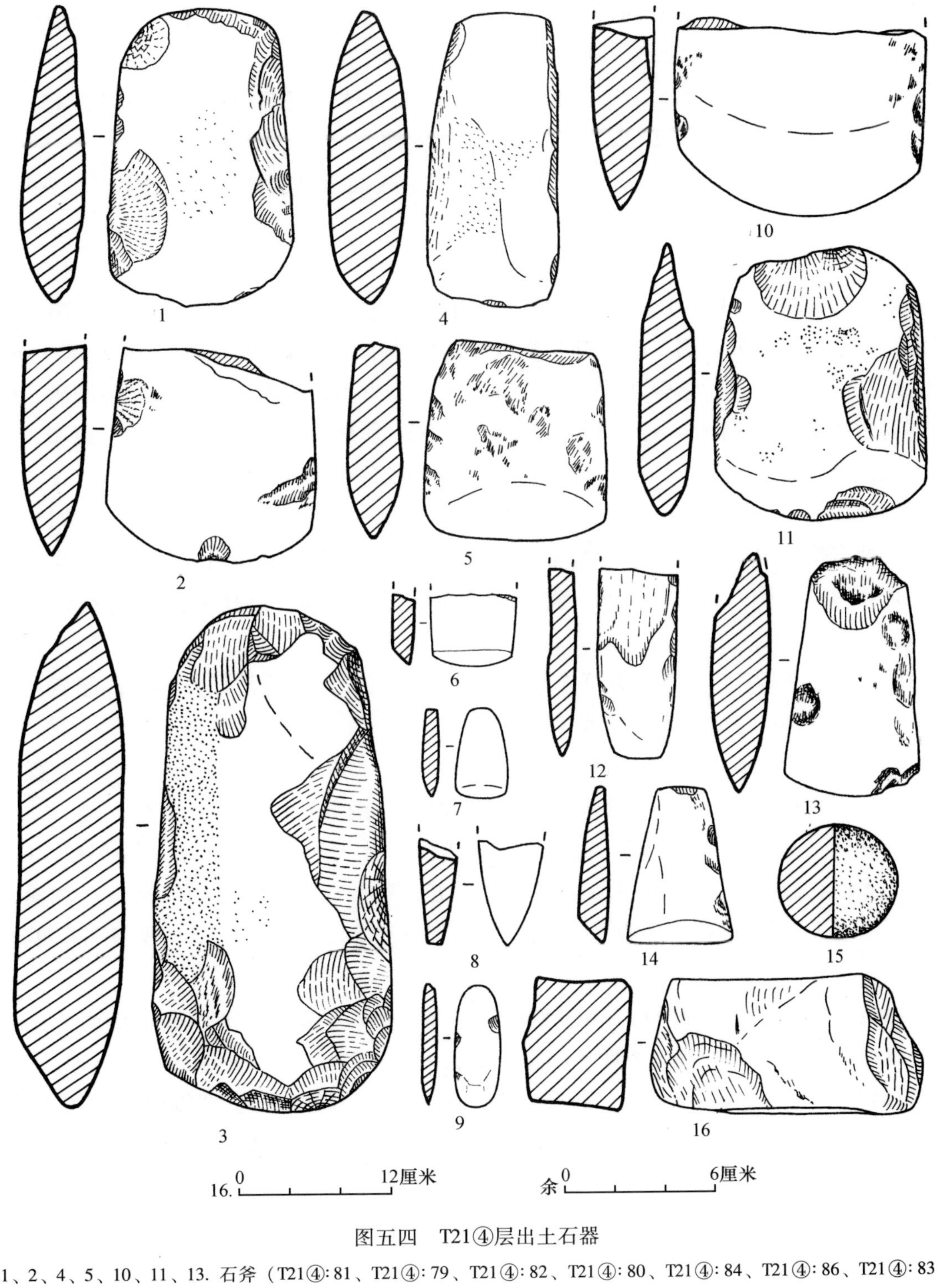

图五四 T21④层出土石器

1、2、4、5、10、11、13. 石斧（T21④:81、T21④:79、T21④:82、T21④:80、T21④:84、T21④:86、T21④:83） 3. 石斧坯（T21④:87） 6、14. 小石锛（T21④:91、T21④:85） 7、9. 小石斧（T21④:89、T21④:90） 8. 圭形石凿（T21④:92） 12. 石凿（T21④:88） 15. 小石球（T21④:93） 16. 砺石（T21④:43）

石凿　1件（T21④:88）。扁平长条石片。灰色。扁平近长方形，平顶打制或略残，两面上部皆打制有疤，下部磨制为刃却近平，两边都打制修直，但都尖薄不平，一边下部稍磨仍不平，平刃锋利。残长7.8、宽3.3、厚1.2厘米（图五四，12）。

砺石　1件（T21④:43）。石核，红色砂岩。近长方体，但四周都凹凸不平，上、下面近长方形，有磨制后凹痕面。长22.2、宽11.6、厚8.8厘米（图五四，16）。

小石球　1件（T21④:93）。石。灰色、近圆形。表面都是天然琢痕。直径4.7～4.9厘米（图五四，15）。

陶器

凹折沿罐　3件。T21④:16，泥质红陶，外施深红衣。侈口，束颈，凹折沿，圆唇凸出口外，弧肩，鼓腹，下已残。肩、腹原饰竖绳纹，再上红衣。口径20、残高6.4厘米（图五五，9）。T21④:97，夹蚌红陶，多泛黑褐，胎较厚。侈口，束颈，折沿内凹外弧，尖圆唇，弧肩已残。素面。口径24、残高4.4厘米（图五五，8）。T21④:96，夹蚌褐陶。侈口，束颈，折沿内凹外弧，尖圆唇，弧肩，肩下已残。素面。口径28、残高6厘米（图五五，1）。

折沿罐　2件。T21④:98，夹炭红陶。侈口，束颈，宽折沿，尖唇，斜弧肩，腹已残。颈、肩之间连接处有按压痕，肩部饰竖粗绳纹。口径23、残高6.5厘米（图五五，10）。T21④:101，夹炭红陶。侈口，束颈，折沿，尖唇，斜弧肩，腹已残。素面。口径19、残高4.6厘米（图五五，12）。

斜颈罐　1件（T21④:34）。夹草末红陶。侈口，束颈，宽折沿，方圆唇，溜肩，深弧腹下残。素面。口径26、残高12.2厘米（图五五，2）。

小口高领罐　1件（T21④:102）。泥质红陶，内沿、外表施浅红近黄陶衣。小直口稍外卷，尖唇，广弧肩已残。素面。口径8、残高3.1厘米（图五五，7）。

小口高领瓮　2件。T21④:25，泥质红陶，内沿、外表施深红衣。小口矮直颈，广弧肩，球腹已残。素面。口径5.2、残高4.6厘米（图五五，3）。T21④:103，泥质红陶，内沿、外表施鲜红衣。小直口，尖圆唇，矮直颈，广弧肩，腹已残。素面。口径5、残高2.6厘米（图五五，6）。

窄折沿瓮　1件（T21④:100）。泥质浅红近黄陶。侈口，束颈，窄折沿，尖圆唇，斜弧肩，腹已残。素面。口径17、残高3.8厘米（图五五，4）。

敛口彩陶瓮　1件（T21④:37）。泥质红陶，器表施红衣。敛口，宽沿内斜，外凸呈尖唇，斜肩内折，鼓腹上部也外斜，下部已残。唇下折沿各饰一周黑彩带状纹。口径16、残高4厘米（图五五，5）。

弧颈壶　1件（T21④:105）。泥质黑陶。直口外卷，窄平沿，方圆唇，高弧颈，下部已残。素面。口径18、残高4.9厘米（图五五，11）。

子母口簋　1件（T21④:8）。泥质陶外红内黑，内沿、外表施深红衣。敛口，凹沿内仰，方圆唇附口下，深弧腹内收，沿、腹间起折棱，圜底已残下附小于底的矮圈足，足根外斜。素面。口径16、底径8.8、高7.8厘米（图五六，11；图版一一，4）。

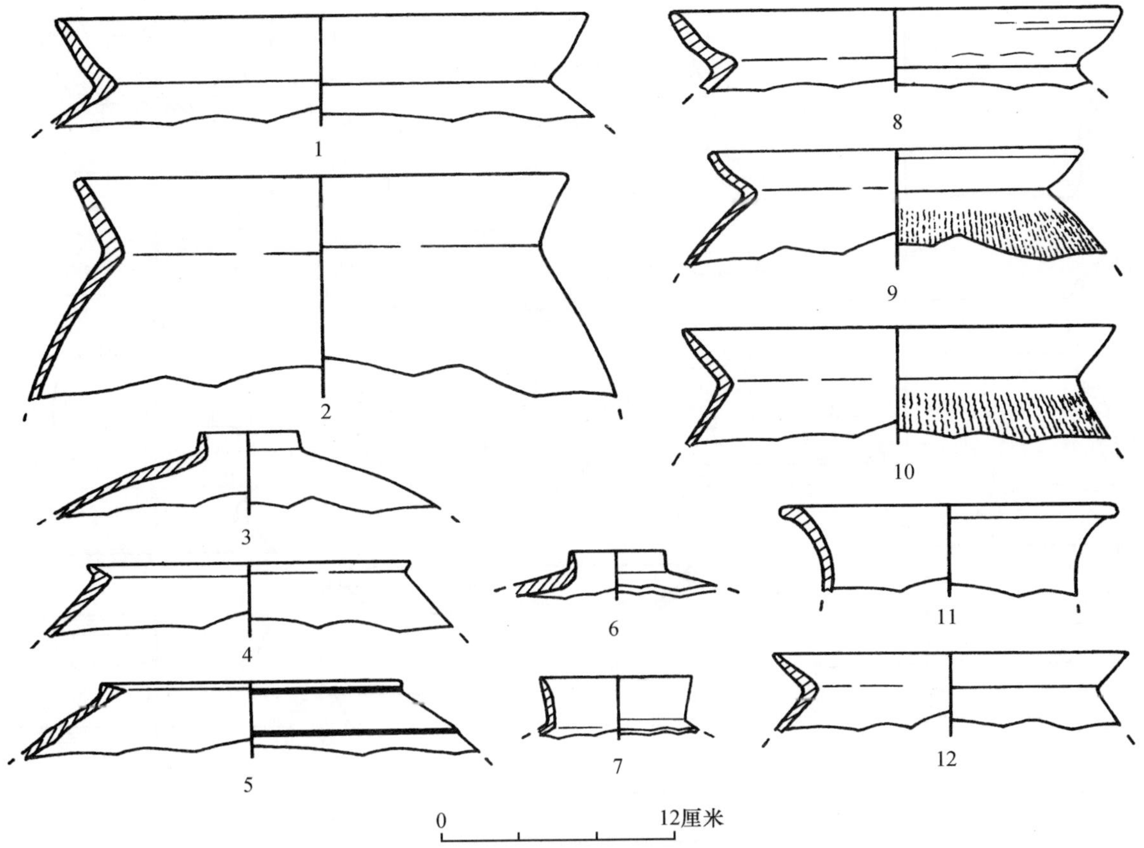

图五五　T21④层出土陶器

1、8、9. 凹折沿罐（T21④:96、T21④:97、T21④:16）　2. 斜颈罐（T21④:34）　3、6. 小口高领瓮（T21④:25、T21④:103）　4. 窄折沿瓮（T21④:100）　5. 敛口彩陶瓮（T21④:37）　7. 小口高领罐（T21④:102）　10、12. 折沿罐（T21④:98、T21④:101）　11. 弧颈壶（T21④:105）

侈口碗　2件。T21④:114，泥质陶外红内黑，外表施深红衣。侈口，尖唇内斜外凹而呈窄凹沿，弧腹内收，下已残。未见其他纹饰。口径16、残高3.2厘米（图五六，9）。T21④:110，泥质陶外红内黑，外表、内沿施浅红衣。侈口，束颈，弧沿外卷，尖唇，浅弧腹内收，但下已残。素面。口径18、残高3.5厘米（图五六，8）。

折腹碗　2件。T21④:13，泥质红陶，外表、内沿施深红衣。敞口呈喇叭状，尖唇，宽沿上仰，扁折腹，下残。素面。口径26、残高11.4厘米（图五六，1）。T21④:106，泥质红陶，外表、内沿施橘红衣。敞口，宽折沿外斜，尖圆唇或方圆唇不一致，窄斜肩，扁折腹弧内收，下已残。素面。口径22、残高8.2厘米（图五六，5）。

折腹彩陶碗　1件（T21④:14）。泥质红陶，外表、内沿施红衣。敞口，束颈，宽折沿，尖唇，小折腹，下已残。下腹中间一周黄色宽带纹，或为黑彩脱落后仅剩胎色，其上、下皆红衣。口径23、残高7厘米（图五六，4）。

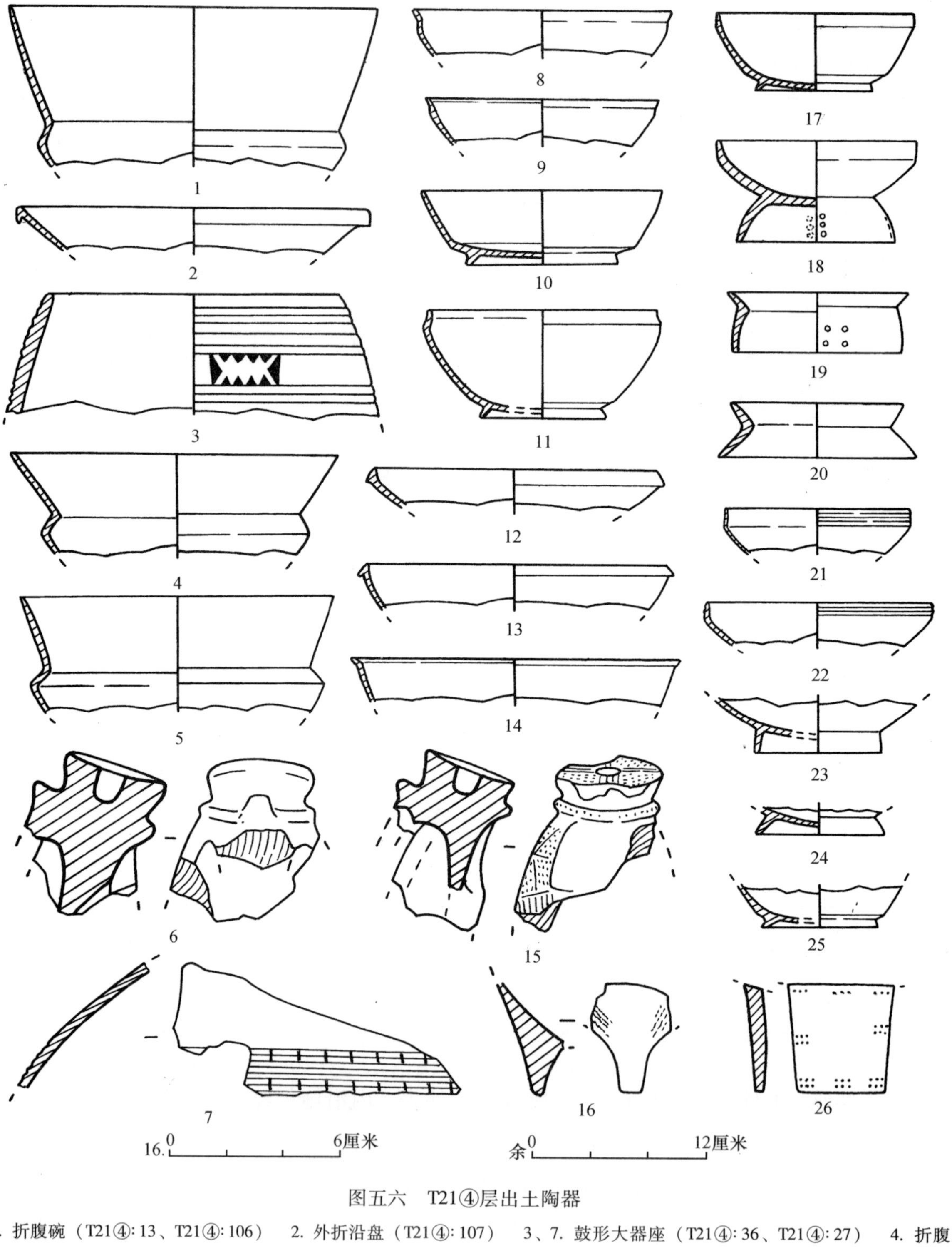

图五六　T21④层出土陶器

1、5. 折腹碗（T21④:13、T21④:106）　2. 外折沿盘（T21④:107）　3、7. 鼓形大器座（T21④:36、T21④:27）　4. 折腹彩陶碗（T21④:14）　6、15. 支座（T21④:95、T21④:94）　8、9. 侈口碗（T21④:110、T21④:114）　10. 斜腹碗（T21④:1）　11. 子母口簋（T21④:8）　12. 内折沿盘（T21④:113）　13. 外折沿小盆（T21④:108）　14. 斜沿小盆（T21④:111）　16. 鸭嘴状小鼎足（T21④:119）　17. 直口碗（T21④:22）　18、21、22. 直口盘（T21④:11、T21④:109、T21④:112）　19. 溜肩小器座（T21④:6）　20. 弧肩小器座（T21④:104）　23～25. 矮圈足（T21④:17、T21④:116、T21④:115）　26. 片状小鼎足（T21④:118）

直口碗 1件（T21④:22）。泥质红陶，外表施浅红衣。直口，窄沿略内折近直，尖圆唇，弧折腹下部又内折，圜底下附低矮圈足，足根外斜。素面。口径14.1、足径8.2、高5.6厘米（图五六，17；图版一五，2）。

斜腹碗 1件（T21④:1）。泥质陶外红内黑，外表施深红衣。敞口，尖圆唇，斜腹下部内折成大平底，下附低矮圈足，足壁外斜。素面。口径16.8、足径10.4、高5.1厘米（图五六，10；图版一五，3）。

内折沿盘 1件（T21④:113）。泥质黑陶。口微敛近直，窄弧沿内敛外凸，浅折腹弧内收，底已残。素面。口径20、残高2.8厘米（图五六，12）。

直口盘 3件。T21④:11，泥质红陶，外表施鲜红衣。直口，尖圆唇，直颈，折腹弧内收，圜底下附粗大圈足，足壁外弧。足饰四组戳印纹，每组两排，每排三个圆形戳点纹。口径14.2、足径11.2、高7.4厘米（图五六，18；图版一六，5）。T21④:109，泥质红陶，外表施浅红近黄陶衣，胎较薄。直口微敛，内折沿近直，尖圆唇，沿面四周匀称凹槽，折腹内收，下腹已残。未见其他纹饰。口径13、残高3.1厘米（图五六，21）。T21④:112，泥质磨光黑陶。直口微敛，沿面内弧折近直，沿面两周凹弦，使口沿呈圆唇，浅折腹弧内收，下腹已残。除外沿两周凹弦纹外，未见其他纹饰。口径16、残高3厘米（图五六，22）。

外折沿盘 1件（T21④:107）。泥质黑陶。敞口，窄沿外折下垂，尖唇，浅腹斜内收，下已残。素面。口径25、残高3厘米（图五六，2）。

外折沿小盆 1件（T21④:108）。泥质黑陶，胎较薄，匀称。敞口，斜沿外折，方唇，浅弧腹内收，下腹已残。素面。口径21、残高3.3厘米（图五六，13）。

斜沿小盆 1件（T21④:111）。泥质红陶，外表施深红衣。敞口，窄折沿外斜，尖唇，斜弧腹内收，下已残。素面。口径23、残高3.1厘米（图五六，14）。

鼓形大器座 2件。T21④:36，夹炭红陶，外施红衣。仅剩器座上部，上口内敛，方圆唇，器壁外弧呈鼓形，下部已残较粗。饰凹弦纹多组，两组弦纹间又夹似镂孔，但未穿的长方形交叉的戳印纹，上部一组有六周弦纹，中部一组有三周弦纹。口径21、残高8.6厘米（图五六，3）。T21④:27，夹炭红陶，内、外施深红衣。中部一块鼓形器座，上稍薄、下稍厚，上直径大于底径。上部七周以上深弧纹，加饰小长方形戳印纹，下部素面。残高9.2厘米（图五六，7）。

溜肩小器座 1件（T21④:6）。泥质红陶，外表、内沿施鲜红衣。完整（残块已修复），上部如侈口罐口沿，沿面外卷，尖唇，下部如圈足，足壁近直微外弧，平根如方唇，与胎等厚。近底有四个一组的圆点戳印纹，但因器残而不明有几组。口径12.8、高4.3、底径11.8厘米（图五六，19；图版一七，1）。

弧肩小器座 1件（T21④:104）。夹炭红陶，外表、内沿施深红衣。侈口，束颈，折沿微上弧，尖圆唇，弧肩下已到底，内空。素面。口径12、高4、底径14厘米（图五六，20）。

片状小鼎足 1件（T21④:118）。夹炭红陶，外表施深红衣。仅存片状鼎足，足面倒梯形。足面八组戳点纹，每组上下两排，每排三点戳纹，鼎足每边三组戳点纹。残高7.7厘米

（图五六，26）。

鸭嘴状小鼎足　1件（T21④:119）。夹草末红陶。仅存扁弧鸭嘴状小鼎足，为罐形鼎小足。鼎腹下部饰细绳纹。残高4厘米（图五六，16）。

支座　2件。T21④:95，夹砂红陶。属实心素面倾斜型。残高11.6厘米（图五六，6）。T21④:94，夹砂红陶。属内空有纹倾斜型。残高12.8厘米（图五六，15）。

矮圈足　3件。T21④:17，泥质红陶，外表施红衣。仅剩圈足和圜底，足壁近直稍外撇。素面，或红陶绘鲜红彩，因残片而难肯定。足径9、残高4厘米（图五六，23）。T21④:116，泥质黑陶，但圈足内外呈红色，且有深红衣。仅剩残底和矮圈足残片，足壁外弧。素面。足径9、残高1.8厘米（图五六，24）。T21④:115，泥质陶外红内灰，外表施深红衣。仅存碗下部斜弧，又内折成平底，下附低矮圈足，足壁外斜。足径8、残高2.9厘米（图五六，25）。

有刻划符号矮圈足　1件（T21④:117）。泥质陶外红内黑，外表施浅红衣。仅存残底和残矮圈足，足壁外弧。素面。足外底残片上有刻划符号（图一〇〇，5；图版四〇，3）。足径12.4、残高2厘米（图五八，1）。

（2）T21⑤层

标本28件。有小石锛和凹折沿彩陶罐、折沿罐、弧折沿彩陶罐、斜颈彩陶罐、圈足小罐、内折沿碗、敛口碗、侈口碗、折腹碗、敞口碗、内卷沿大盆、猫头鹰形支座、矮圈足、假圈足、有刻划符号敞口碗、有刻划符号碗圈足。

石器

小石锛　1件（T21⑤:136）。石，白色，通体磨光，局部有小疤痕。扁平近小梯形，斜弧顶，两面、两边皆磨平，边略弧平，斜平刃单面磨制，两端有使用痕。较锋利。长5.8、宽3.6、厚1厘米（图五七，14；图版八，2）。

陶器

凹折沿彩陶罐　1件（T21⑤:126）。夹炭红陶，外壁、内沿施深红衣，绘黑彩。侈口，凹折沿，尖圆唇，束颈，弧肩，腹已残。内、外沿及肩部饰黑彩纹，局部脱落，主要为带状纹，其他图案不清晰。口径26、残高5.6厘米（图五七，16）。

折沿罐　4件。T21⑤:123，夹炭灰褐陶。侈口，束颈，折沿，尖圆唇，弧肩已残。未见纹饰。口径28、残高5.3厘米（图五七，20）。T21⑤:121，泥质红陶，内沿施深红衣。侈口，束颈，宽折沿，尖唇，斜肩，折腹已残。素面。口径26、残高5.6厘米（图五七，18）。T21⑤:33，夹炭红陶，口沿内外施深红衣。侈口，宽折沿，尖圆唇，束颈，肩已残。素面。口径26、残高5.4厘米（图五七，17）。T21⑤:5，泥质红陶。侈口，束颈，宽折沿，尖唇，弧肩，鼓腹下已残。肩至腹饰交叉细绳纹，肩上竖绳纹，腹饰交错绳纹。口径32、残高10.4厘米（图五七，1）。

弧折沿彩陶罐　3件。T21⑤:122，夹炭红陶，内沿施浅红衣。侈口，束颈，折沿外斜，沿面微上弧，尖唇，斜弧肩已残。外沿口下和肩、颈间各绘一周红衣带状彩纹。口径20、残高4.8厘米（图五七，3）。T21⑤:124，夹炭红陶，外壁、内沿施深红衣，绘黑彩。侈口，束颈，折沿，沿面微弧，尖唇，斜弧肩，腹已残。内沿和外肩部饰黑彩纹，主要有平行黑彩带状纹，其他图案不清晰。口径22、残高5.2厘米（图五七，2）。T21⑤:125，泥质红陶，外壁、内沿施深红衣，绘黑彩。侈口，束颈，折沿，沿面微上弧，尖圆唇，斜肩，折腹内斜，但大部分已残。内外沿和肩部都有易脱落的黑彩纹饰，主要是平行带状，其他图案不清晰。口径20、残高5.3厘米（图五七，5）。

斜颈彩陶罐　1件（T21⑤:127）。泥质红陶，外壁、内沿施深红衣，外壁绘黑彩。小直口稍外斜，高颈下束，尖圆唇，广弧肩已残。外颈中上部绘两周黑彩带状纹，残肩也似有黑彩纹。口径11、残高3.6厘米（图五七，8）。

圈足小罐　1件（T21⑤:19）。泥质磨光黑陶。直口，矮颈外卷，尖圆唇，鼓肩，弧腹，圜底下附矮圈足，足根外斜。素面。口径10.4、腹径12、足径7、高6厘米（图五七，9；彩版一〇，1）。

内折沿碗　1件（T21⑤:130）。泥质红陶，内、外壁施浅红衣。敛口，宽弧沿内折，有折棱，尖圆唇，折腹较深，稍内弧近直，但下腹已残。素面。口径28、残高5.4厘米（图五七，21）。

敛口碗　2件。T21⑤:2，泥质红陶，内、外施鲜红衣。敛口近直，尖圆唇，浅斜弧腹，尖圜底下附圈足已掉，只留足痕。素面。口径12、残高4.6厘米（图五七，10）。T21⑤:135，泥质陶外红内黑。敛口，尖圆唇，弧腹较浅，下部已残。外口下一周不等距黑带状纹。口径17、残高4厘米（图五七，24）。

侈口碗　2件。T21⑤:20，泥质陶外红内黑。敞口，颈微束而使仰沿外卷，尖圆唇，弧腹内收，圜底下附矮圈足，足根外斜。素面。口径22.1、足径11.8、高8.4厘米（图五七，7；图版一三，3）。T21⑤:129，泥质陶外红内黑，外壁、内沿施深红衣。侈口，颈微束，弧沿外卷，尖唇，浅弧腹内收，但下已残。素面。口径21、残高4厘米（图五七，6）。

折腹碗　1件（T21⑤:23）。泥质红陶，外壁、内沿施红衣。敞口，如喇叭口，尖圆唇，宽沿上仰，扁折腹，下已残。素面。口径21、残高6.8厘米（图五七，4）。

敞口碗　1件（T21⑤:4）。泥质磨光黑陶。敞口近直，尖唇，弧腹圜底下附矮圈足，足根外斜。素面。口径17.6、足径6.7、高7.2厘米（图五七，23；图版一四，5）。

内卷沿大盆　1件（T21⑤:128）。泥质红陶，外施深红衣，胎不甚厚。敛口，弧沿内卷，尖圆唇，弧腹较深，稍内收近直。未见纹饰。内口径40、残高3.4厘米（图五七，15）。

猫头鹰形支座　1件（T21⑤:120）。夹砂红陶。器表多呈灰褐色透红，雕塑。下部已残，但上部和中部保持基本完整（中部稍残），且形制、纹饰艺术性极强，故专门描述：上部如粗矮颈鼓腹罐形，中部呈圆柱体，但中部下端渐粗，下部已残。上部罐面不平，并向后倾斜，罐外沿呈椭圆形，内沿呈长方形凹口，凹口甚深，口小底大如袋状。上部罐颈素面无纹，罐腹周围几乎都有不同纹饰，正面由两根弧划线和两个圆凹孔勾画出一只猫头鹰的脸孔，再以密集的戳点纹勾画出猫头鹰的羽毛，上部背面遍饰近平行竖划纹，划纹内部加饰竖排戳点。上、中部之间一周长条状戳点纹，犹如一周颈脖上的项链。中部为支座器身，也是周身纹饰，正面猫头鹰的脸孔下，是一根横弦纹，其下为竖划纹加竖排戳印纹，器身背面又是另一种雕塑花纹，两侧上方各有一残凸出物，似人的两臂，两臂间又有两个小圆弧凸，弧凸中央各有一深凹点，似人胸部的两个乳凸，乳凸之间上下各有一三角形划纹，且周围遍饰戳点纹。似人臂的两侧凸出物，可能是支座的把手，但已残。残高9.6厘米（图五七，19；彩版一一，3）。

矮圈足　2件。T21⑤:133，泥质红陶。仅存残底和残矮圈足，足壁外弧。足壁两周凹弦纹而呈三叠层，又饰小圆镂孔，可能为四个。足径8.8、残高2.2厘米（图五七，12）。T21⑤:134，泥质陶外红内黑，外壁施浅红衣。仅存残底和残矮圈足，足壁外弧。素面。足径10、残高1.6厘米（图五七，22）。

假圈足　2件。T21⑤:3，泥质磨光黑陶。口唇已残，器小如玩具或明器，弧腹，圜底下成假圈足。素面。足径2.6、残高1.7厘米（图五七，13）。T21⑤:132，泥质红陶。仅存圜底及其下实心假圈足，平底，壁外弧近直。素面。足径5.1、残高1.2厘米（图五七，11）。

有刻划符号敞口碗　2件。T21⑤:9，泥质黑陶。敞口，尖圆唇，弧腹，圜底下附低矮圈足，壁外弧。素面。足外底有刻划符号（图一〇〇，3；图版三七，1）。口径18.5、足径6.7、高7厘米（图五八，4；图版一三，4）。T21⑤:30，泥质磨光黑陶。敞口近直，尖圆唇，弧腹，圜底下附矮小圈足，足壁外弧。素面。足外底有刻划符号（图一〇〇，4；图版三九，6）。口径13.5、足径6.6、高6.3厘米（图五八，3；图版一四，4）。

有刻划符号碗圈足　2件。T21⑤:38，泥质黑陶。残存残圜底和壁已残圈足残片，残足壁外斜或外撇。饰一周凹弦纹。足外底有已残刻划符号（图五八，5；图一〇〇，1；图版四二，1）。T21⑤:131，泥质黑陶，灰红胎。仅存残圜底和残圈足残片，矮足壁外弧。足外底有已残不全刻划符号（图一〇〇，10；图版三二，5）。足径8.8、残高3.2厘米（图五八，2）。

（3）T21⑤A层

标本13件。有小石锛和凹折沿彩陶罐、折沿彩陶罐、曲颈彩陶罐、曲颈彩陶瓮、曲颈彩陶瓶、鸭嘴状小鼎足、有刻划符号矮圈足。

石器

小石锛　1件（T21⑤A:144）。石，灰色。通体磨光，但有疤痕。残顶打制近平，而使残器呈扁平正方形，两面平，局部有疤，两边磨制成扁弧状而不平，平刃单面磨制，有使用缺口，仍较锋利。残长5.9、宽5.4、厚1.2厘米（图五九，21）。

陶器

凹折沿彩陶罐　1件（T21⑤A:142）。泥质红陶，外壁、内沿施深红衣绘黑彩纹。侈口，束颈，折沿微外弧内凹，尖圆唇，斜弧肩已残。内沿和外表绘黑彩带状纹，内沿上部一周，外沿上部三周，肩上残存一周。口径16、残高3.3厘米（图五九，10）。

折沿彩陶罐　1件（T21⑤A:143）。泥质红陶，外壁、内沿施深红衣，绘黑彩。侈口，束颈，宽折沿，方唇，斜肩已残。内沿绘三组黑彩带状纹，上组一粗加两周细，中组两周皆细，下组三周皆细，外沿上部一周粗，肩上一周粗加一周细，都是带状黑彩纹。口径22、残高6厘米（图五九，3）。

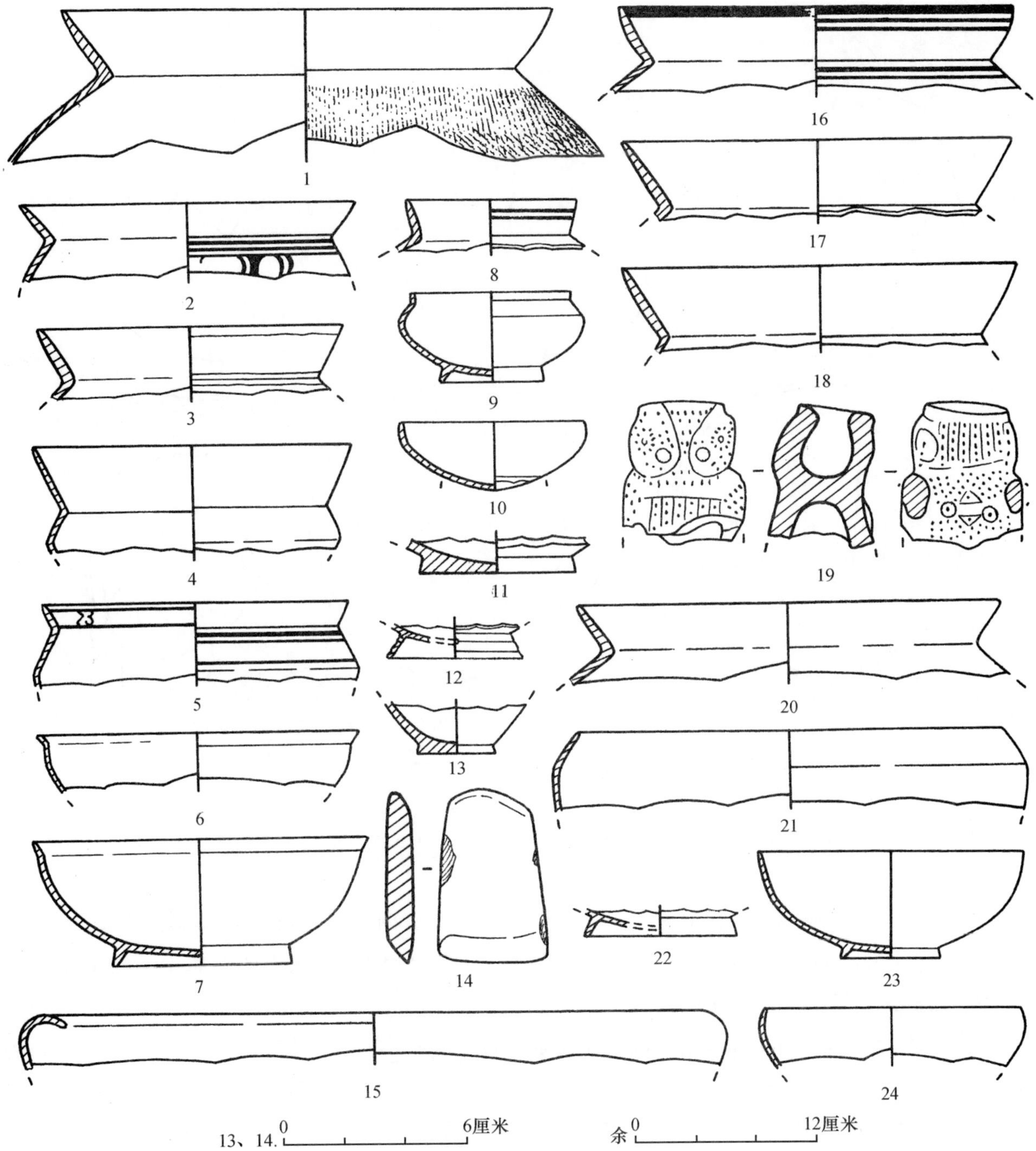

图五七　T21⑤层出土器物

1、17、18、20. 陶折沿罐（T21⑤:5、T21⑤:33、T21⑤:121、T21⑤:123）　2、3、5. 弧折沿彩陶罐（T21⑤:124、T21⑤:122、T21⑤:125）　4. 陶折腹碗（T21⑤:23）　6、7. 陶侈口碗（T21⑤:129、T21⑤:20）　8. 斜颈彩陶罐（T21⑤:127）　9. 陶圈足小罐（T21⑤:19）　10、24. 陶敛口碗（T21⑤:2、T21⑤:135）　11、13. 陶假圈足（T21⑤:132、T21⑤:3）　12、22. 陶矮圈足（T21⑤:133、T21⑤:134）　14. 小石锛（T21⑤:136）　15. 陶内卷沿大盆（T21⑤:128）　16. 凹折沿彩陶罐（T21⑤:126）　19. 陶猫头鹰形支座（T21⑤:120）　21. 陶内折沿碗（T21⑤:130）　23. 陶敞口碗（T21⑤:4）

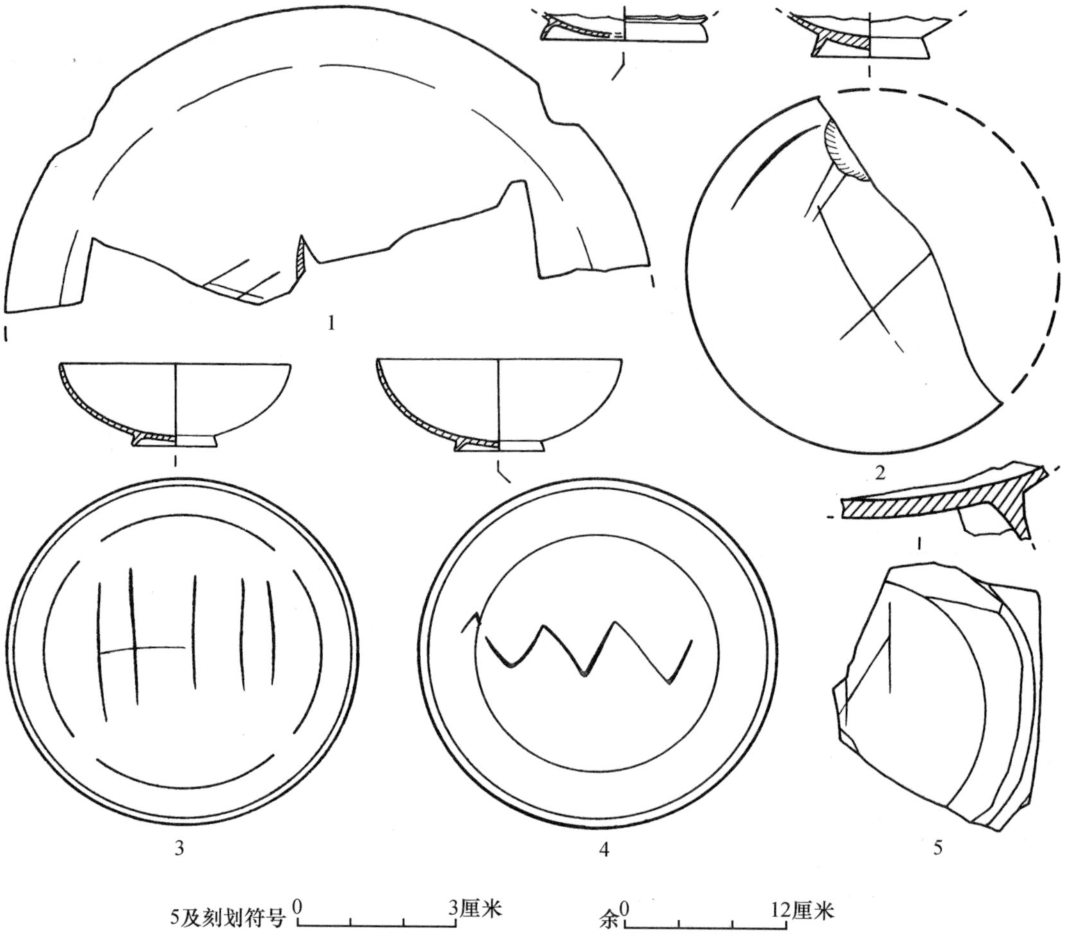

图五八　T21④层、T21⑤层出土有刻划符号陶碗和圈足

1、2、5. 有刻划符号矮圈足（T21④:117、T21⑤:131、T21⑤:38）　3、4. 有刻划符号敞口碗（T21⑤:30、T21⑤:9）

曲颈彩陶罐　1件（T21⑤A:35）。泥质红陶，外壁、内沿施深红衣绘黑彩。侈口，束颈，沿内凹上仰，尖圆唇，溜肩外斜，腹已残，残腹似向外延伸，形状不明。肩上、腹上部绘黑彩，但易脱落。口径15、残高12.5厘米（图五九，2）。

曲颈彩陶瓮　1件（T21⑤A:140）。泥质红陶，外壁、内沿上部施深红衣绘黑彩。直口内敛，曲颈外弧内凹，下内束，尖圆唇，广弧肩已残。颈部有圆形小镂孔，可能用于提携。内沿上部、外沿和肩部都有黑彩图案，但黑彩易脱落，主要是带状纹。口径13、残高4.5厘米（图五九，14）。

曲颈彩陶瓶　4件。T21⑤A:141，泥质红陶，外表施浅红衣绘黑彩。直口内斜，曲颈内凹外弧，下内束，尖圆唇，溜肩，深弧腹已残。外表绘黑彩纹，但多脱落而不清晰，主要是带状纹和斜线纹。口径14、残高5.6厘米（图五九，7）。T21⑤A:139，泥质红陶，外表、内沿施浅红衣绘黑彩。直口内敛，曲颈下部内束，尖圆唇，溜肩已残。内沿上部绘一周、外沿绘三周彩带状纹，残肩也绘黑彩带状纹。口径15、残高4.7厘米（图五九，9）。T21⑤A:138，夹炭红陶，外壁施深红衣，内沿施鲜红衣，绘黑彩。敛口，曲颈内凹外弧，尖圆唇，溜肩，深弧腹，腹下部已残。内沿上方黑彩纹已脱落，外沿上方三周带状黑彩纹，肩部一周特宽带彩纹，残腹也有三周带状黑彩纹。口径18、残高8.6厘米（图五九，1）。T21⑤A:137，夹炭红陶，外表施深红衣，绘黑彩。敛口，曲颈内凹外弧，方圆唇，唇面一周凹弦但不连续，溜肩，深弧腹已残。沿上方两周、肩部三周带状黑彩纹，腹部黑彩已脱落，图案不明。口径15、残高6.5厘米（图五九，8）。

鸭嘴状小鼎足 1件（T21⑤A:145）。夹草末红陶。仅存罐形小鼎，下腹并连一鸭嘴状小鼎足。下腹和足面局部有竖细绳纹。残高4.4厘米（图五九，19）。

有刻划符号矮圈足 3件。T21⑤A:146，泥质黑陶。仅存圜底和矮圈足，矮足壁外弧。足外底近中部有一刻划符号（图一〇〇，11；图版三三，1）。足径7.3、残高1.7厘米（图六〇，10）。T21⑤A:147，泥质黑陶。仅存圜底和较高矮圈足，足壁外弧。饰两周凹槽，使足壁呈三叠层。足外底有刻划符号（图一〇〇，13；彩版九，3；图版二八，2）。足径7.4，残高2.8厘米（图六〇，3）。T21⑤A:148，泥质黑陶，胎厚薄不一。仅存圜底和较高矮圈足，足外壁外弧。饰两周浅凹槽而呈三叠层，足一侧有一个圆镂孔。足外底有刻划符号（图一〇〇，9；图版二九，3）。足径8.2、残高3.6厘米（图六〇，9）。

（4）T21⑤B层

标本16件。均为陶器，有凹折沿彩陶罐、折沿罐、折沿小罐、斜颈罐、曲颈彩陶罐、斜颈彩陶瓮、敞口钵、敛口碗、矮圈足、有彩矮圈足、有刻划符号矮圈足。

凹折沿彩陶罐 1件（T21⑤B:150）。泥质红陶，外壁、内沿施红衣，内沿绘黑彩。侈口，束颈，折沿微外弧内凹，尖圆唇，唇下有一凹槽，肩已残。内沿面饰模糊黑彩带纹。口径20、残高3.8厘米（图五九，4）。

折沿罐 1件（T21⑤B:41）。泥质红陶。侈口，束颈，折沿，尖圆唇，肩已残。素面。口径19、残高3.3厘米（图五九，15）。

折沿小罐 1件（T21⑤B:151）。泥质黑陶。侈口，束颈，折沿，小方唇，斜肩，折腹下收，底已残。素面。口径14、残高2.5厘米（图五九，18）。

斜颈罐 1件（T21⑤B:149）。夹炭红陶，外壁、内沿施浅红衣。侈口，束颈，折沿外斜近直，尖圆唇，鼓肩，腹已残。素面。口径12、残高4.6厘米（图五九，16）。

曲颈彩陶罐 1件（T21⑤B:40）。泥质红陶，外壁、内沿施深红衣绘黑彩。侈口，束颈，沿内凹上仰，尖圆唇，弧肩，肩下已残。外沿饰两周黑彩带纹。口径12、残高4.5厘米（图五九，17）。

斜颈彩陶瓮 1件（T21⑤B:32）。泥质红陶，外壁、内沿施红衣绘黑彩。口沿残，束颈，广肩，鼓弧腹，腹下已残。肩、腹各饰一周宽黑彩带纹。复原腹径45、残高12.6厘米（图五九，6）。

敞口钵 1件（T21⑤B:21）。泥质红陶，外壁施鲜红衣。敞口，方圆唇，弧腹甚深，小平底。素面。口径25.6、底径7.6、高14厘米（图五九，5；图版一六，4）。

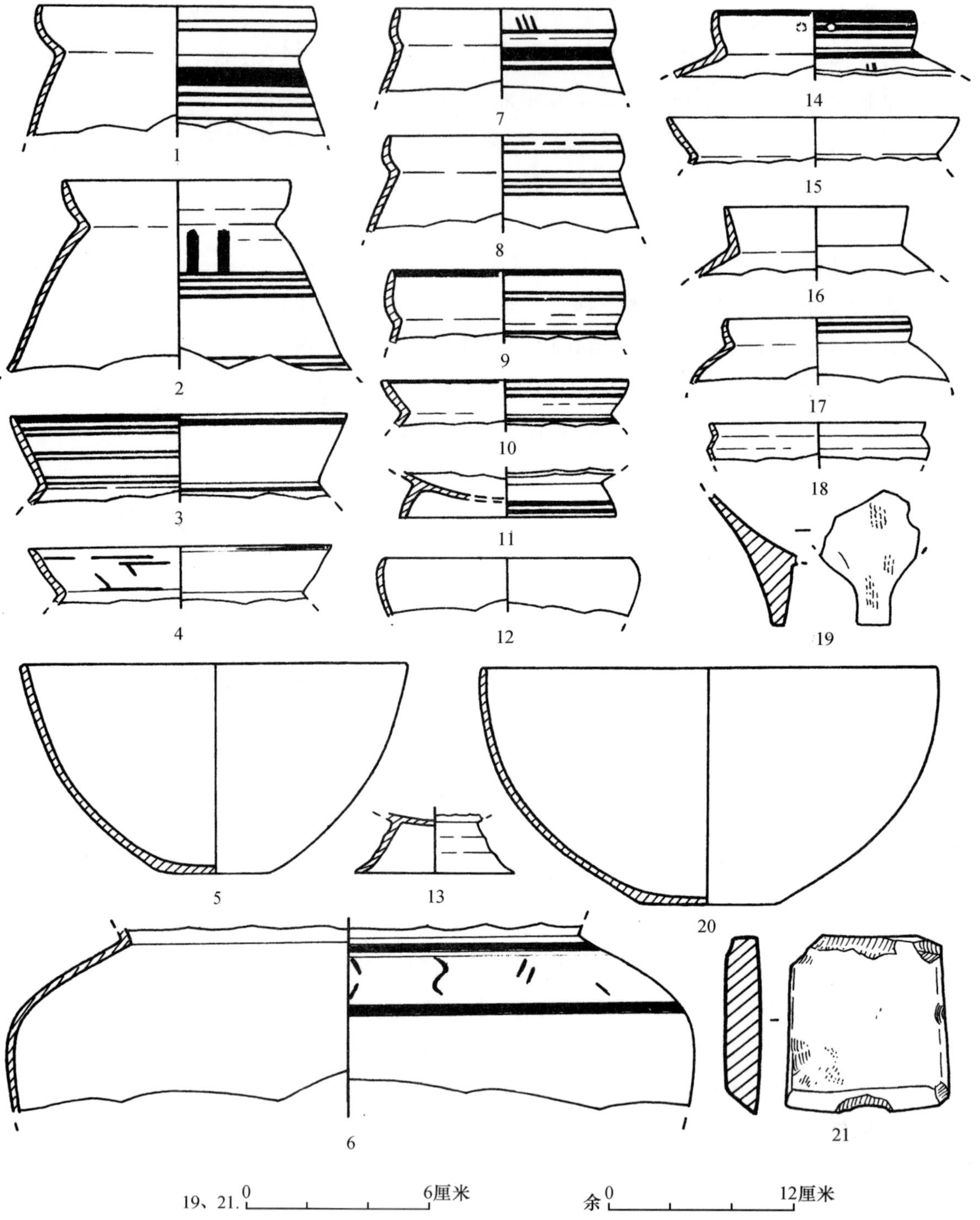

图五九　T21⑤A层、T21⑤B层、T21⑤C层出土器物

1、7～9. 曲颈彩陶瓶（T21⑤A：138、T21⑤A：141、T21⑤A：137、T21⑤A：139）　2、17. 曲颈彩陶罐（T21⑤A：35、T21⑤B：40）　3. 折沿彩陶罐（T21⑤A：143）　4、10. 凹折沿彩陶罐（T21⑤B：150、T21⑤A：142）　5. 陶敞口钵（T21⑤B：21）　6. 斜颈彩陶瓮（T21⑤B：32）　11. 陶有彩矮圈足（T21⑤B：160）　12. 陶敛口碗（T21⑤B：152）　13. 陶矮圈足（T21⑤B：153）　14. 曲颈彩陶瓮（T21⑤A：140）　15. 陶折沿罐（T21⑤B：41）　16. 陶斜颈罐（T21⑤B：149）　18. 陶折沿小罐（T21⑤B：151）　19. 陶鸭嘴状小鼎足（T21⑤A：145）　20. 陶敛口钵（T21⑤C：31）　21. 小石锛（T21⑤A：144）

敛口碗 1件（T21⑤B∶152）。泥质陶外红内黑，外壁施浅红衣。敛口，尖唇，弧腹下部已残。素面。口径16、残高3.9厘米（图五九，12）。

矮圈足 1件（T21⑤B∶153）。泥质陶外红内黑，外表施浅红衣。仅存圈足和圜底，矮圈足相对较高，足壁外撇。足面两周凹槽，使足呈三叠层。未见其他纹饰。足径10.4、残高4厘米（图五九，13）。

有彩矮圈足 1件（T21⑤B∶160）。泥质红陶，圈足外表施浅红衣绘黑彩。仅存残底和残矮圈足，矮足较粗大，足壁外弧。矮足下部绘两周黑彩带状纹。足径14、残高2.8厘米（图五九，11）。

有刻划符号矮圈足 6件。T21⑤B∶154，泥质黑陶。仅存圜底和矮小圈足，足壁外弧较平。足外底有刻划符号（图一〇〇，15；图版三四，3）。足径4.5、残高2厘米（图六〇，5）。T21⑤B∶155，泥质黑陶。仅存残圜底和壁已残圈足残片，圈足较粗。残足上有已残镂孔痕。足外底残存刻划符号（图一〇〇，2；图版二八，4）。底径6.9厘米（图六〇，1）。T21⑤B∶156，泥质陶外黄内黑，局部有鲜红衣痕。仅存圜底和较高矮圈足，足壁外弧。足饰两周凹槽，而呈三叠层。足外底有刻划符号，笔画清晰较深且细，刚劲有力（图一〇〇，19；图版四一，4）。足径8.2、残高4厘米（图六〇，8）。T21⑤B∶157，泥质黑陶。仅存圜底和较高矮圈足，足壁外弧。足饰两周凹槽，而使足壁呈三叠层，又饰四个等距近圆形较大镂孔。足外底有刻划符号，笔画较浅（图一〇〇，17；图版二〇，6）。足径7.6、残高3.4厘米（图六〇，6）。T21⑤B∶158，泥质黑陶。仅存圜底和矮圈足，足壁外弧。足外底有刻划符号（图一〇〇，16；图版二二，1）。足径6.8、残高1.6厘米（图六〇，7）。T21⑤B∶159，泥质黑陶。仅存圜底和壁已残圈足，足壁外弧。未见纹饰。足外底有刻划符号见图（图六〇，4；图一〇〇，12；图版二七，6）。

（5）T21⑤C层

标本2件。均为陶器，为敛口钵和有刻划符号矮圈足。

敛口钵 1件（T21⑤C∶31）。泥质红陶，外表施深红衣。敛口近直，尖圆唇，腹甚深，小平底。素面。口径29.8、底径8.8、高15.8厘米（图五九，20；图版一六，6）。

有刻划符号矮圈足 1件（T21⑤C∶161）。泥质黑陶。仅存圜底和矮圈足残片，足壁外弧近直，素面。足外底有已残刻划符号（图一〇〇，14；图版四一，1）。足径7.1、残高0.9厘米（图六〇，2）。

（6）T23④层

标本19件。有石斧、有槽石坠和陶敛口釜、折沿罐、斜颈罐、大口高领罐、侈口碗、敞口碗、内卷沿大盆、敞口圈足盘、直口圈足盘、支座及有刻划符号矮圈足。

石器

石斧 3件。T23④∶67，长条形砾石，青色。扁弧长条形，斜顶两面打制，两面皆原面，一面上弧，一面凹凸不平，有打制痕，两边修直不平。斜弧刃单面打制，尚不锋利。长13.3、宽7.8、厚2.8厘米（图六一，1）。T23④∶68，石，青色。宽面近长条形，残顶不平，两面、

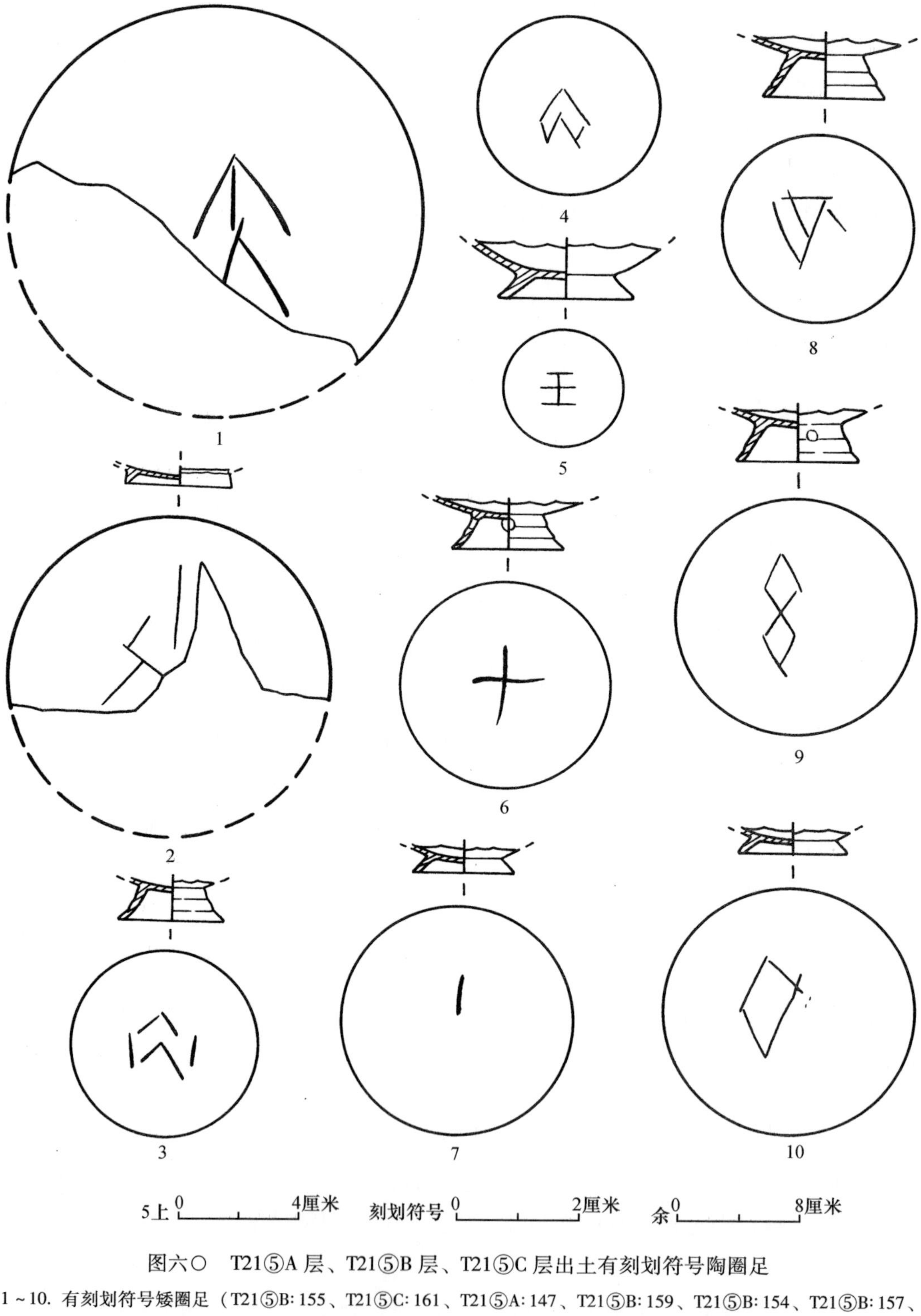

图六〇　T21⑤A 层、T21⑤B 层、T21⑤C 层出土有刻划符号陶圈足

1～10. 有刻划符号矮圈足（T21⑤B: 155、T21⑤C: 161、T21⑤A: 147、T21⑤B: 159、T21⑤B: 154、T21⑤B: 157、T21⑤B: 158、T21⑤B: 156、T21⑤A: 148、T21⑤A: 146）

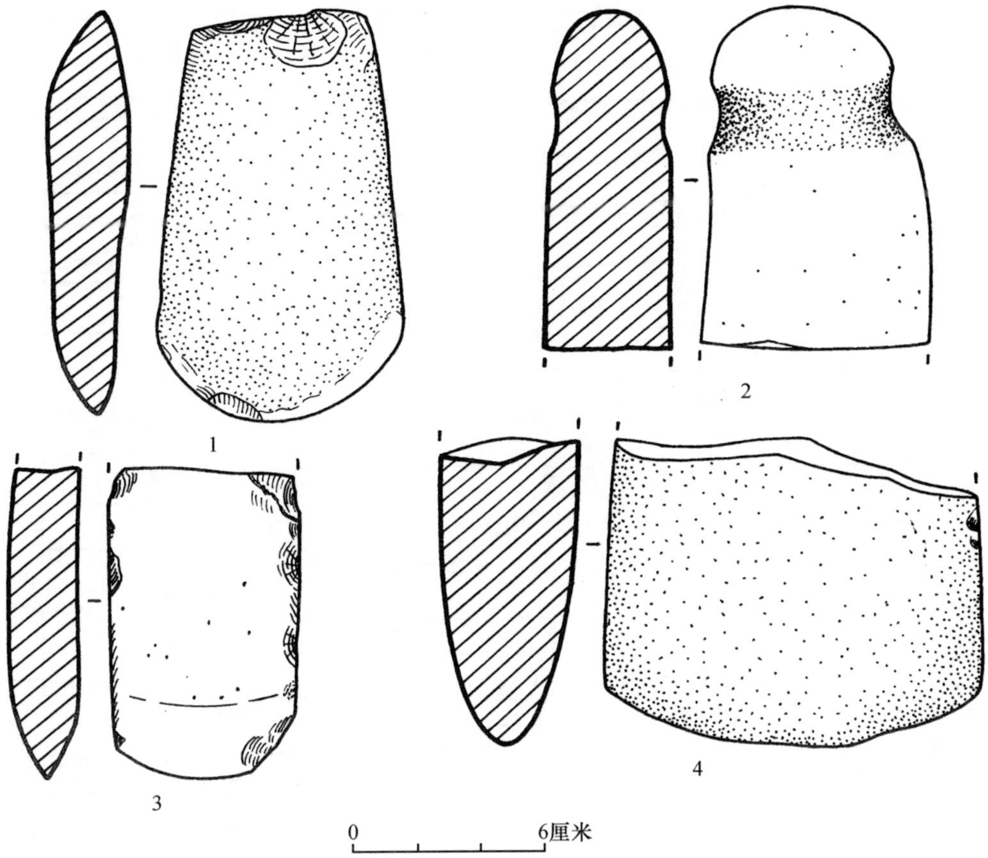

图六一 T23④层出土石器
1、3、4. 石斧（T23④:67、T23④:83、T23④:68） 2. 有槽石坠（T23④:69）

两边皆原弧面，弧刃对称，并不锋利。残长10、宽12.1、厚4.5厘米（图六一，4）。T23④:83，石，青色有黑点。扁平近长方形，平顶打制，两面皆原面，光滑，但一面微弧，另一面微凹，都近平，两边皆直近平行，斜内收，都有扁弧琢痕而不平，弧刃两面磨制，一角残，锋利。残长10.1、宽6.1、厚2.4厘米（图六一，3）。

有槽石坠 1件（T23④:69）。长方形砾石，青白花加黑斑点。琢、打，下部已残。上部长椭圆圆弧面，其下琢一周凹槽，没有其他加工痕迹，不明其用途。残长11.1、宽7.5、厚4.1厘米（图六一，2）。

陶器

敛口釜 1件（T23④:64）。泥质红陶，外施红衣。敛口，尖圆唇内敛，无沿，斜肩，鼓弧腹内收成圜底。素面。口径15.4、高16.4厘米（图六二，8；图版一〇，2）。

折沿罐 2件。T23④:53，夹砂、蚌红陶。侈口，束颈，折沿，尖唇，弧肩，鼓腹已残。素面。口径25、残高4.5厘米（图六二，5）。T23④:51，夹炭红陶，外表、内沿施浅红衣。侈口，宽折沿，尖唇，束颈，广肩已残。肩饰竖绳纹。口径28、残高6厘米（图六二，2）。

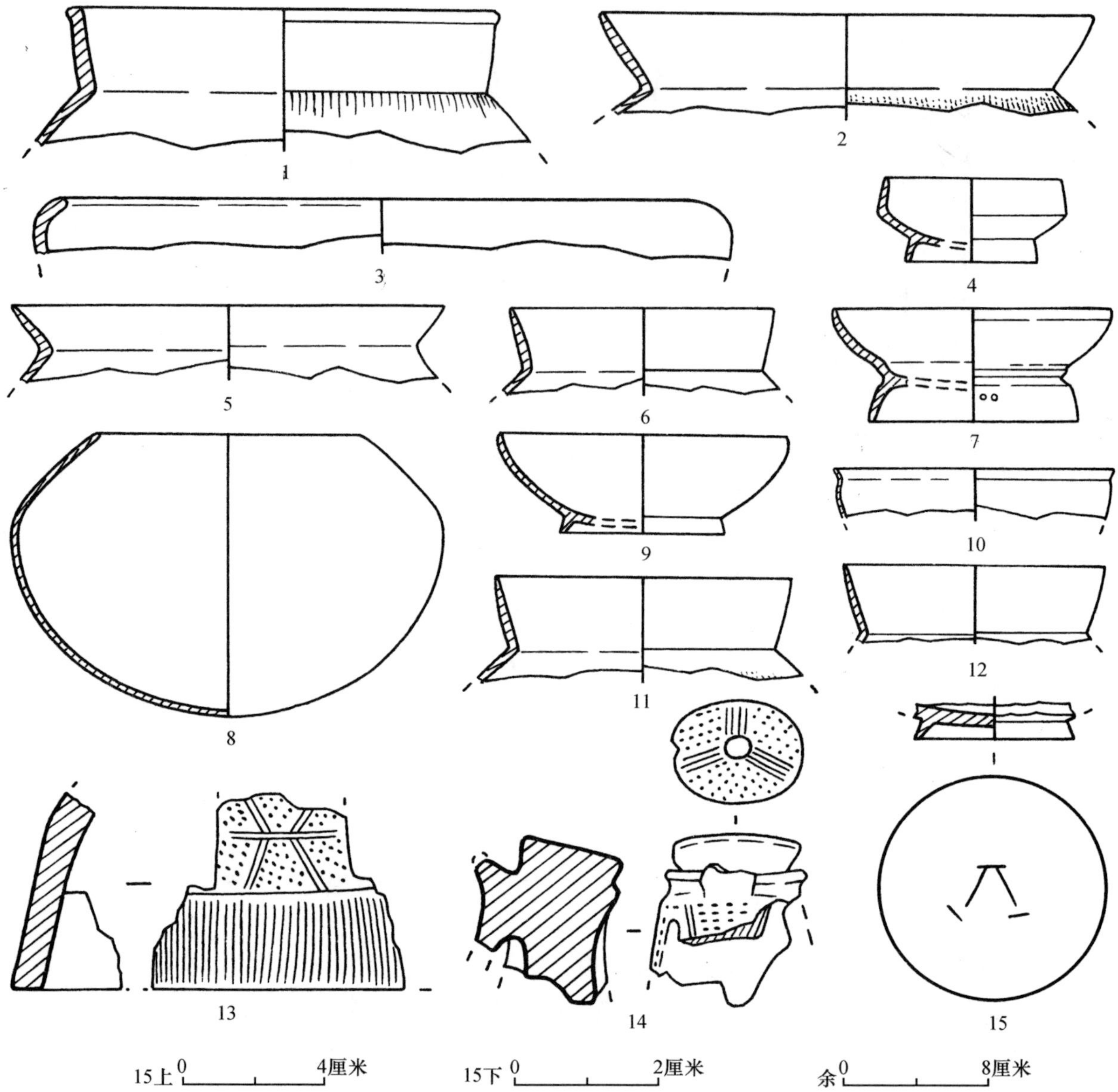

图六二　T23④层出土陶器

1. 大口高颈罐（T23④: 42）　2、5. 折沿罐（T23④: 51、T23④: 53）　3. 内卷沿大盆（T23④: 43）　4. 直口圈足盘（T23④: 2）　6、11、12. 斜颈罐（T23④: 50、T23④: 44、T23④: 49）　7. 敞口圈足盘（T23④: 48）　8. 敛口釜（T23④: 64）　9. 敞口碗（T23④: 4）　10. 侈口碗（T23④: 52）　13、14. 支座（T23④: 65、T23④: 47）　15. 有刻划符号矮圈足（T23④: 66）

斜颈罐　3件。T23④: 44，泥质红陶。直口外斜，高颈，尖唇，弧肩，腹已残。肩、腹上有已抹绳纹痕。口径17、残高5.5厘米（图六二，11）。T23④: 49，泥质红陶，外施浅红衣。直口外斜，高直颈下内束，肩已残。素面。口径15、残高4.4厘米（图六二，12）。T23④: 50，泥质红陶，外表、内沿施浅红衣。直口外斜，高直颈，尖唇，弧肩，腹已残。颈下肩、腹饰竖细绳纹。口径15、残高5.2厘米（图六二，6）。

大口高颈罐　1件（T23④: 42）。泥质红陶。直口，圆唇外凸，高直颈外斜，斜弧肩，鼓腹已残。肩饰竖绳纹。口径25、残高8.2厘米（图六二，1）。

侈口碗　1件（T23④:52）。泥质红陶，内、外施红衣。侈口，卷沿，尖圆唇，束颈，鼓肩，弧腹下已残。素面。口径16、残高3厘米（图六二，10）。

敞口碗　1件（T23④:4）。泥质红陶，外施深红衣。敞口，尖圆唇，弧腹，圜底已残下附矮圈足，足根外斜。素面。口径16.5、足径9.4、高5.7厘米（图六二，9；图版一四，1）。

内卷沿大盆　1件（T23④:43）。夹炭黄陶，外表、内唇施浅红衣。敛口，圆唇内卷，鼓弧腹内收，已残。素面。复原内口径36、残高3.1厘米（图六二，3）。

敞口圈足盘　1件（T23④:48）。泥质陶外红内黑，外表施深红衣。敞口，尖圆唇，浅弧腹，内底中凹，底残下附矮圈足，足壁上部外弧鼓，下部外斜。残足上有两个一组的圆点戳印纹。口径16、足径12、高6.6厘米（图六二，7；图版一五，6）。

直口圈足盘　1件（T23④:2）。泥质陶外红内黑，外施深红衣。直口内敛，宽沿内折，尖圆唇，残弧腹内收，圜底已残下附矮圈足，足壁稍外斜。素面。口径10、足径7.6、高4.8厘米（图六二，4；图版一六，2）。

支座　2件。T23④:65，夹砂、蚌红褐陶。属有纹内空倾斜型。残高11.4厘米（图六二，13）。T23④:47，夹砂、蚌红褐陶。属有纹内空倾斜型。残高10厘米（图六二，14）。

有刻划符号矮圈足　1件（T23④:66）。泥质黑陶。仅存圜底和矮小圈足，足壁外弧。素面。足外底有刻划符号（图一〇〇，18；图版三一，1）。足径4.6、残高1厘米（图六二，15）。

（7）T23⑤层

标本35件。有石斧、小石锛、石锚、砺石、小石球和陶斜颈釜、凹折沿罐、折沿罐、折沿彩陶罐、弧折沿彩陶罐、斜颈罐、大口高领罐、曲颈小罐、曲颈彩陶罐、圈足小罐、曲颈彩陶瓮、内折沿簋、子母口簋、侈口碗、子母口碗、敞口碗、卷沿碗、折腹碗、支座及矮圈足。

石器

石斧　2件。T23⑤:70，砾石，青色。扁平不规则五边形，顶部不平，两面打制。两面皆原面，光滑近平。两边打制，修直而不平不对称。斜弧刃两面磨制，锋利。残长12.6、宽8.6、厚2.3厘米（图六三，1）。T23⑤:71，长条砾石，青色。扁弧近长方形，残顶斜平。两面皆原弧面，如有琢痕。两边近平行，皆扁弧原面。斜弧刃两面磨制，有使用痕，仍锋利。残长7.4、宽6.8、厚2.8厘米（图六三，7）。

小石锛　1件（T23⑤:93）。小石片，灰色、局部泛紫红。扁薄近梯形，斜顶打制甚薄。两面皆光滑，一面微凹，另面微弧。两边皆弧，但都已磨平。平刃单面磨制，锋利。长5.5、宽2.4、厚0.6厘米（图六三，5）。

石锚　2件。T23⑤:89-1，砾石，灰麻色。椭圆形，器表皆天然琢痕而不光滑，中间琢一周凹槽，便于系绳而称锚。长径12、宽径10.8、厚9.1厘米（图六三，2；图版八，5）。T23⑤:89-2，砾石，灰麻色。近椭圆形，但上、下面和一侧面都近平，器表比较光滑，长部中间琢一周凹槽，但平面因微凹未琢无槽用于系绳。和T23⑤:89-1同称锚。直径8.2～10.2、长11.8厘米（图六三，4；图版八，6）。

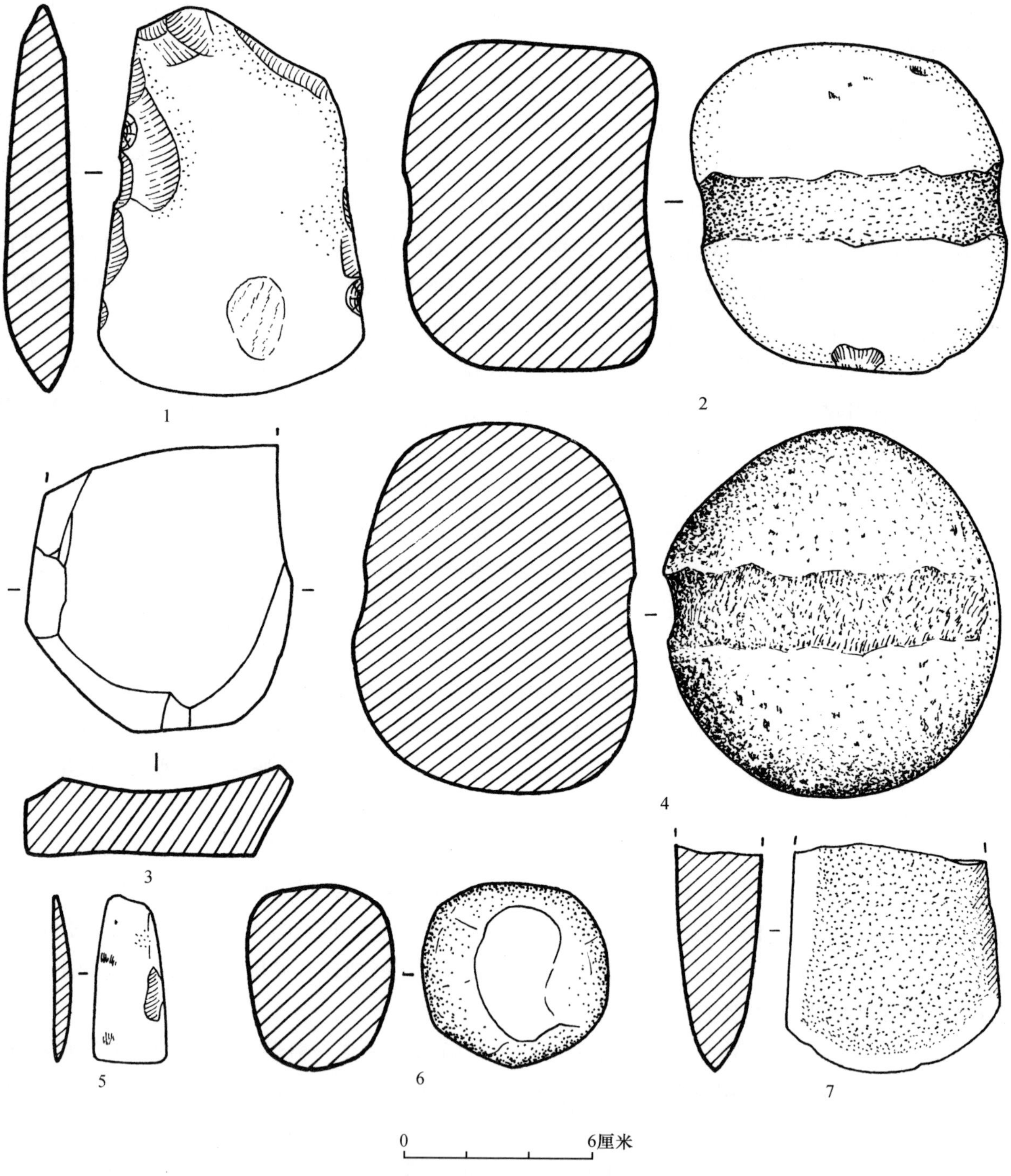

图六三　T23⑤层出土石器

1、7. 石斧（T23⑤: 70、T23⑤: 71）　2、4. 石锚（T23⑤: 89-1、T23⑤: 89-2）　3. 砺石（T23⑤: 90）
5. 小石锛（T23⑤: 93）　6. 小石球（T23⑤: 73）

砺石　1件（T23⑤:90）。石片，紫红色。扁平不规则形，底平，周边凹凸不规则，顶面磨制后已成凹平面。残长9.4、宽8.6、厚3.1厘米（图六三，3）。

小石球　1件（T23⑤:73）。小砾石，红色砂石岩，天然形成。完整，近圆多面体，没有加工痕迹。直径6～6.2、厚5厘米（图六三，6）。

陶器

斜颈釜　1件（T23⑤:7）。泥质红陶，外表、内沿施深红衣。直口外斜，宽沿上仰近直，鼓肩，弧腹内收成圜底。肩部红衣仍可见竖绳纹。口径11.3、高9厘米（图六四，12；图版一〇，3）。

凹折沿罐　1件（T23⑤:97）。夹炭红陶，内沿施鲜红衣，胎相对较薄。侈口，束颈，宽凹沿内折，近斜颈，尖圆唇，斜弧肩，下部已残。外沿三周凹弦，肩饰竖细绳纹。口径26、残高4.8厘米（图六四，6）。

折沿罐　2件。T23⑤:80，夹炭红陶，外壁、内沿施深红衣。侈口，束颈，折沿，尖圆唇，弧肩已残。素面。口径24、残高3.6厘米（图六四，5）。T23⑤:35，泥质黄褐陶。侈口，束颈，折沿，尖圆唇，弧肩，鼓腹，腹下已残。肩、腹饰竖绳纹。口径21、残高5.2厘米（图六四，22）。

折沿彩陶罐　3件。T23⑤:10，泥质红陶，外表、内沿施鲜红衣，绘黑彩。侈口，折沿，尖唇，束颈，鼓肩，弧腹内折，腹下部残。内沿、外肩和腹部都绘黑彩，但容易脱落，图案不甚清楚，主要是多行宽带纹间又加其他图案。口径26、残高9.2厘米（图六四，7）。T23⑤:75，夹炭红陶，外表、内沿施鲜红衣，胎较薄，匀称。侈口，束颈，折沿，圆唇，斜肩，折腹，腹下已残。沿内、外和肩部都绘黑彩图案，但多脱落，除带状纹外，其他图案不明。口径24、残高6.8厘米（图六四，1）。T23⑤:77，夹炭红陶，外表、内沿施浅红衣，绘黑彩。侈口，束颈，折沿，尖圆唇，斜肩，折腹弧内收，下已残。内沿，外部肩、腰都绘黑彩带状纹，带纹之间又绘其他图案。口径22、残高5.4厘米（图六四，3）。

弧折沿彩陶罐　1件（T23⑤:81）。夹炭红陶，外表、内沿施鲜红衣，绘黑彩。侈口，束颈，弧沿外斜，尖圆唇，弧肩，腹已残。内沿、外肩绘黑彩图案，但多脱落，图案不清晰。口径20.4、残高4.2厘米（图六四，23）。

斜颈罐　3件。T23⑤:33，夹炭红陶，外表施红衣，内沿残存浅红衣。侈口，折沿上仰，尖圆唇，束颈，弧肩，深腹已残。肩饰竖绳纹，腹残有斜绳纹。口径15、残高7.1厘米（图六四，27）。T23⑤:34，夹炭红陶，外表、内沿施深红衣。侈口，直颈外斜，尖唇，广弧肩，鼓腹已残。素面。口径13、残高4.8厘米（图六四，28）。T23⑤:40，泥质红陶，外表施浅红衣。直口微外斜，高颈，尖唇，弧肩，腹已残。素面。口径11、残高4.2厘米（图六四，9）。

大口高领罐　1件（T23⑤:41）。夹炭红陶。直口外斜，扁圆唇外凸，粗高领，肩已残。颈上饰多周抹糊宽凹弦纹。口径27、残高6.3厘米（图六四，8）。

曲颈小罐　1件（T23⑤:37）。泥质灰陶。小直口，直颈壁外弧，弧肩，腹已残。素面。口径10、残高3.4厘米（图六四，11）。

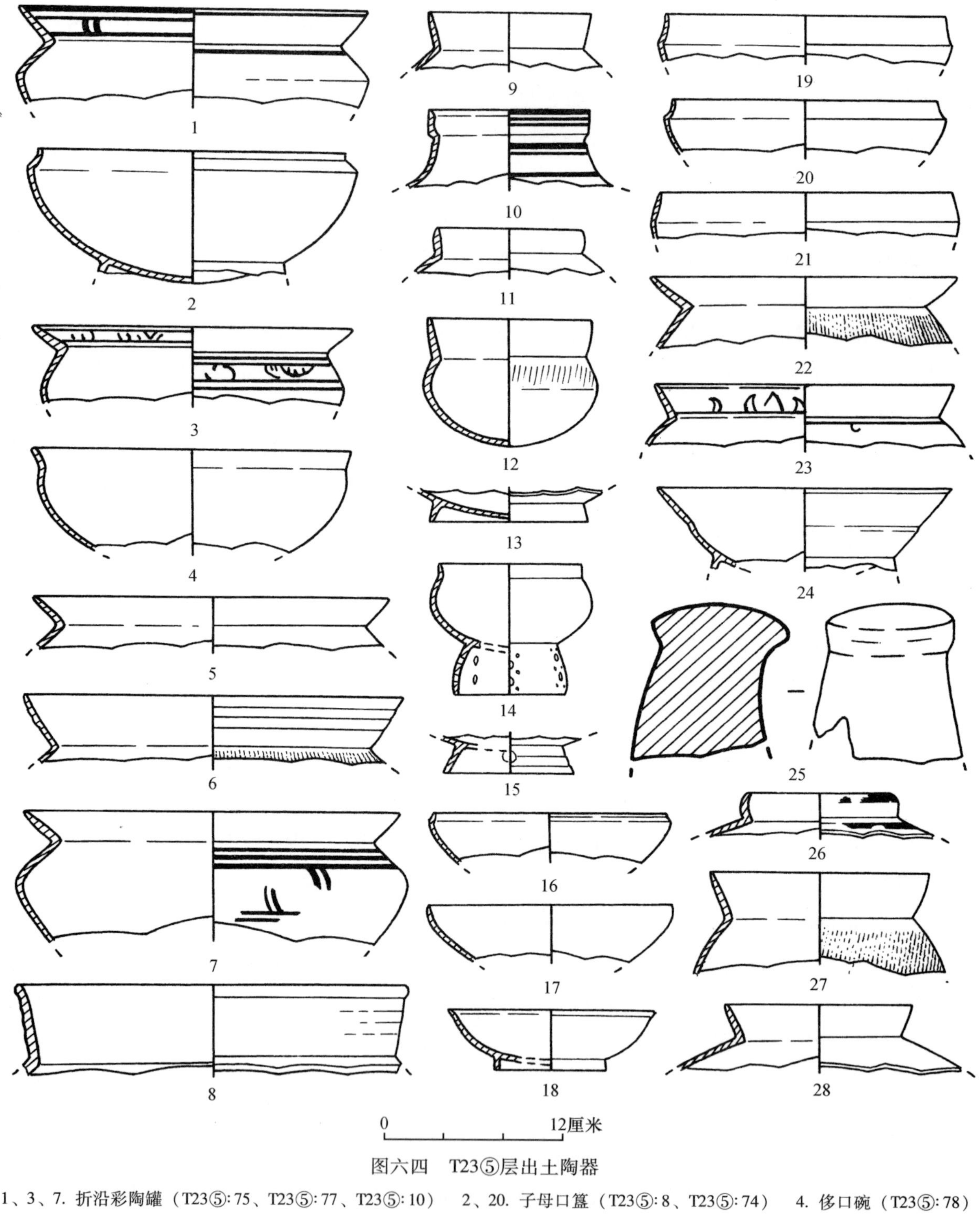

图六四　T23⑤层出土陶器

1、3、7. 折沿彩陶罐（T23⑤:75、T23⑤:77、T23⑤:10）　2、20. 子母口簋（T23⑤:8、T23⑤:74）　4. 侈口碗（T23⑤:78）　5、22. 折沿罐（T23⑤:80、T23⑤:35）　6. 凹折沿罐（T23⑤:97）　8. 大口高领罐（T23⑤:41）　9、27、28. 斜颈罐（T23⑤:40、T23⑤:33、T23⑤:34）　10. 曲颈彩陶罐（T23⑤:76）　11. 曲颈小罐（T23⑤:37）　12. 斜颈釜（T23⑤:7）　13、15. 矮圈足（T23⑤:32、T23⑤:36）　14. 圈足小罐（T23⑤:3）　16. 子母口碗（T23⑤:101）　17. 敞口碗（T23⑤:30）　18. 卷沿碗（T23⑤:1）　19、21. 内折沿簋（T23⑤:39、T23⑤:38）　23. 弧折沿彩陶罐（T23⑤:81）　24. 折腹碗（T23⑤:12）　25. 支座（T23⑤:13）　26. 曲颈彩陶瓮（T23⑤:102）

曲颈彩陶罐　1件（T23⑤:76）。泥质黄陶，外表、内沿上部施黄衣，局部浅红衣，绘黑彩。盘口，尖圆唇，直颈外直，内凹如盘口，颈肩之间一周深凹槽，凹弧肩，腹已残。内沿上部和外沿在黄衣上绘黑彩带状纹，肩部上、下也绘黑彩带纹。口径11、残高5.3厘米（图六四，10）。

圈足小罐　1件（T23⑤:3）。泥质陶外红内黑，外表施深红衣。口沿近直立稍外斜，扁腹，圜底已残，下附较高大圈足，足壁上外弧下近直。圈足饰五组戳点纹，每组三个大戳点，每个大戳点，四角都有小戳点，有的大戳点已穿而成小圆镂孔，但多未穿。口径9.8、足径7.7、通高9.2厘米（图六四，14；图版一一，1）。

曲颈彩陶瓮　1件（T23⑤:102）。泥质陶外红内灰，外壁施浅红衣，绘黑彩。直口内敛，曲颈内凹外弧，尖圆唇，广弧肩已残。外颈和肩上都有已脱落黑彩，但图案不清楚。口径10、残高2.9厘米（图六四，26）。

内折沿簋　2件。T23⑤:38，泥质陶外红内黑，外表施红衣。敛口，折沿内敛，尖圆唇，弧腹已残。素面。口径20、残高3.2厘米（图六四，21）。T23⑤:39，泥质陶外红内灰，外表、内沿施红衣，胎较薄，匀称。似为子母口，凹沿内折，小方唇，折弧腹内收，底残。素面。口径19、残高3.4厘米（图六四，19）。

子母口簋　2件。T23⑤:8，泥质陶外红内黑，外表、内沿施红衣。直口，立唇，斜沿，折弧腹内收，圜底下附圈足，但已掉，只留足痕。素面。口径21.2、残高9.2厘米（图六四，2；彩版一〇，4）。T23⑤:74，泥质陶外红内黑，外壁施鲜红衣。子母口，尖唇，凹沿内折，浅折腹弧内收，腹下已残。素面。口径18、残高3.8厘米（图六四，20）。

侈口碗　1件（T23⑤:78）。夹炭红陶，内外施鲜红衣。侈口，束颈，尖圆唇，扁弧腹内收，底已残。素面。口径22、残高7.2厘米（图六四，4）。

子母口碗　1件（T23⑤:101）。泥质黑陶。敛口，内折沿，尖圆唇直立而呈子母口，折弧腹斜内收，下已残。素面。口径16、残高3.4厘米（图六四，16）。

敞口碗　1件（T23⑤:30）。泥质磨光黑陶。敞口微敛，尖唇，弧腹内收，腹下残。素面。口径17、残高4厘米（图六四，17）。

卷沿碗　1件（T23⑤:1）。泥质陶外红内黑，外表、内唇施深红衣。敞口，尖圆唇，弧腹，圜底下附矮圈足，足壁近直。唇外一周凹槽。口径14.2、足径7.8、高4.2厘米（图六四，18；图版一五，1）。

折腹碗　1件（T23⑤:12）。泥质红陶，内外施深红衣。敞口，宽折沿，尖唇，凹弧腹内收，圜底已残下附圈足也已残。沿下饰一周宽凹弦纹。口径20、残高5.6厘米（图六四，24；图版一三，2）。

支座　1件（T23⑤:13）。夹砂、蚌红褐陶。属素面实心倾斜型。残高11.2厘米（图六四，25）。

矮圈足　2件。T23⑤:32，泥质陶外红内黑，外表施红衣。仅剩矮圈足和圜底残块，足根外撇。素面。足径10.9、残高2.5厘米（图六四，13）。T23⑤:36，泥质陶外黑内红。仅剩圈足和圜底残块，足壁外撇。足饰两周凹弦纹，及两个以上圆形镂孔纹。足径9、残高2.8厘米（图六四，15）。

（8）T23⑤A层

标本11件。有圭形石凿和陶凹折沿罐、弧折沿罐、敛口碗、子母口碗、支座、矮圈足及有刻划符号矮圈足。

石器

圭形石凿　1件（T23⑤A:72）。石，灰色，通体磨光。完整，扁平长弧边近三角形，顶端平刃，两面磨制，但一端已残。两面磨平，两边磨平，但皆弧边，下部相交成角刃。长9、宽2.7、厚1.3厘米（图六五，11；图版九，3）。

陶器

凹折沿罐　1件（T23⑤A:21）。加细砂红陶，内沿施浅红衣。侈口，折沿微凹，尖圆唇外卷，束颈，肩已残。素面。口径17、残高3厘米（图六五，3）。

弧折沿罐　1件（T23⑤A:22）。泥质红陶，外表、内沿施浅红衣。侈口，卷沿，尖圆唇，束颈，弧肩，腹已残。素面。口径21、残高4.2厘米（图六五，1）。

敛口碗　4件。T23⑤A:6，泥质磨光黑陶。敛口，尖圆唇，弧腹内收，底已残。沿外饰两周凹弦纹。口径17、残高6.5厘米（图六五，6）。T23⑤A:9，泥质磨光黑陶。敛口近直，尖唇，弧腹，腹下残。素面。口径16、残高5.2厘米（图六五，5）。T23⑤A:79，泥质磨光黑陶。敛口，尖圆唇，深弧腹，腹下已残。素面。口径20、残高5.9厘米（图六五，2）。T23⑤A:88，泥质黑陶。敛口，尖唇，弧腹较深，但下腹已残。素面。口径16、残高5.4厘米（图六五，4）。

子母口碗　1件（T23⑤A:20）。泥质黑陶。子母口，细平唇直立，斜窄沿内折，弧腹内收，底已残。素面。口径18、残高2.5厘米（图六五，8）。

支座　1件（T23⑤A:11）。夹砂、蚌红陶。属有纹实心倾斜型。残高14厘米（图六五，7）。

矮圈足　1件（T23⑤A:29）。泥质陶外红内黑。仅剩圈足和圜底残块，足壁外撇，近足根内凹。足上部饰四个圆形镂孔，基本对称。足径9.6、残高3厘米（图六五，10）。

有刻划符号矮圈足　1件（T23⑤A:5）。泥质黑陶。仅存圜底和矮圈足，足壁相对较高，壁外弧。足饰四个圆形镂孔。足外底有刻划符号（图一〇〇，8；图版二九，5）。足径7.7、残高2.8厘米（图六五，9）。

（9）T28④层（包括T28④下层）

标本7件。有石斧和陶凹折沿罐、折沿罐、斜颈罐、平沿敛口彩陶罐。

石器

石斧　1件（T28④下:44）。石，深褐色。残，顶已断，两面为原砾面，另面修平。两边较厚，有明显磨痕。两面磨刃近对称，弧刃有使用痕，已不锋利。残长6、宽5.6、厚2.2厘米（图六六，20）。

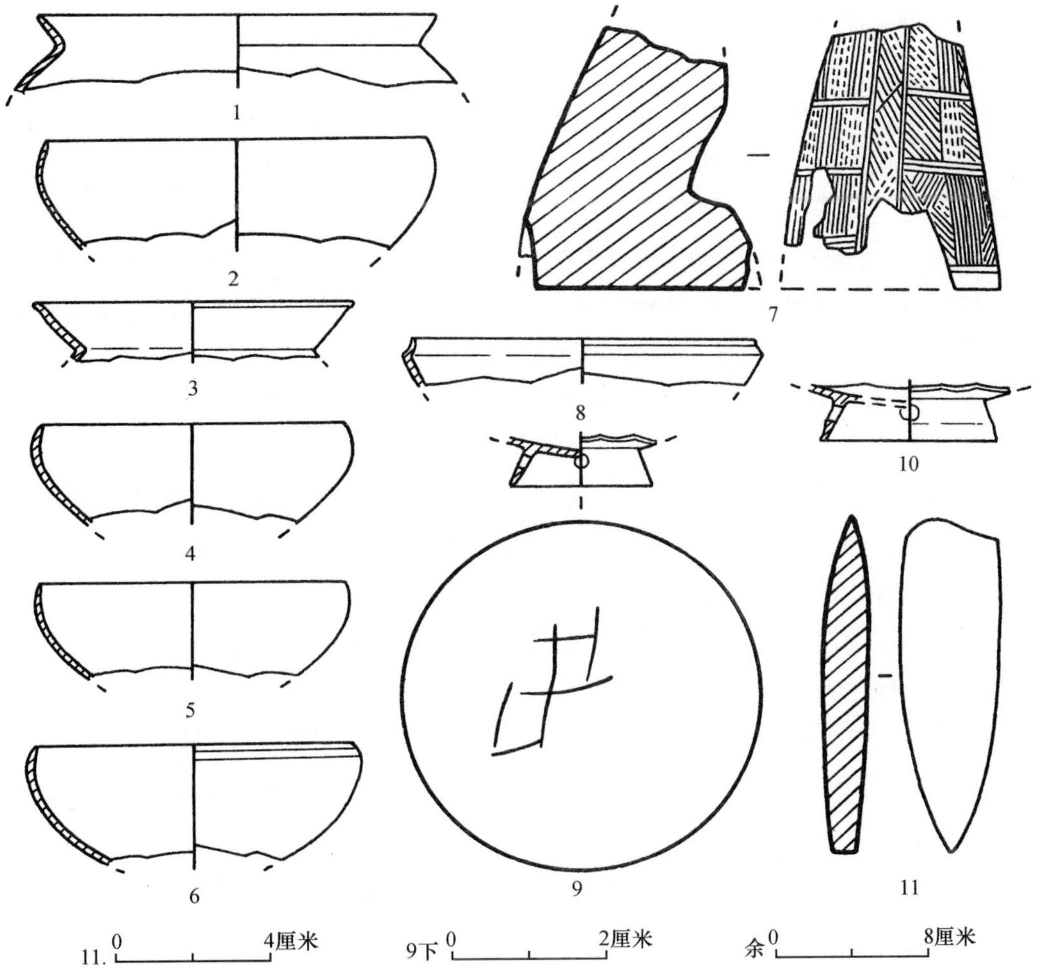

图六五　T23⑤A层出土器物

1. 陶弧折沿罐（T23⑤A:22）　2、4～6. 陶敛口碗（T23⑤A:79、T23⑤A:88、T23⑤A:9、T23⑤A:6）　3. 陶凹折沿罐（T23⑤A:21）　7. 陶支座（T23⑤A:11）　8. 陶子母口碗（T23⑤A:20）　9. 陶有刻划符号矮圈足（T23⑤A:5）　10. 陶矮圈足（T23⑤A:29）　11. 圭形石凿（T23⑤A:72）

陶器

凹折沿罐　3件。T28④下:42，夹炭、蚌红陶，器内沿及残口下皆施深红衣。侈口，宽折沿上仰，尖圆唇，束颈，肩下已残。肩饰竖细绳纹但已残。口径28、残高5.4厘米（图六六，7）。T28④下:45，夹炭红陶，内沿施深红衣。侈口，束颈，宽折沿微凹，尖圆唇，广弧肩，腹已残。沿至腹饰竖细绳纹，但多已抹掉。口径24、残高6厘米（图六六，1）。T28④下:43，夹炭红陶。侈口，束颈，沿面微凹，尖唇，肩已残。素面。口径20、残高3.6厘米（图六六，9）。

折沿罐　1件（T28④下:41）。泥质（掺零星蚌末）红陶。侈口，束颈，宽折沿，尖唇，弧肩，腹已残。肩上饰竖细绳纹。口径23、残高4.2厘米（图六六，5）。

斜颈罐　1件（T28④下:47）。泥质，夹草末红陶，内沿至口下施深红衣。侈口，折沿上仰，尖圆唇，束颈，弧肩，鼓腹下已残。肩、腹饰竖细绳纹。口径14、残高4.1厘米（图六六，14）。

平沿敛口彩陶罐　1件（T28④∶64）。泥质红陶，外施红衣。敛口，平沿，尖唇，肩、鼓腹已残。颈下饰一周黑带纹。口径18、残高3.4厘米（图六六，10）。

（10）T28⑤层

标本14件。均为陶器，有凹折沿彩陶罐、折沿彩陶罐、斜颈小罐、曲颈瓮、曲颈彩陶瓶、内折沿簋、侈口碗、内折沿碗、彩绘折腹碗、圜底小碟、支座、矮圈足、有刻划符号矮圈足。

凹折沿彩陶罐　1件（T28⑤∶68）。夹炭红陶，外表、内沿施鲜红衣绘黑彩。侈口，宽凹折沿，尖圆唇，束颈，斜弧肩已残。外沿饰三周黑彩带状纹。口径24、残高4.2厘米（图六六，3）。

折沿彩陶罐　1件（T28⑤∶67）。夹炭红陶，外表、内沿施鲜红衣绘黑彩。侈口，宽折沿，尖圆唇，束颈，斜弧肩，腹已残。内沿和肩上都在黑彩带状纹之间绘其他图案，但易脱落，其他图案不清晰。口径25、残高6厘米（图六六，2）。

斜颈小罐　1件（T28⑤∶53）。泥质夹草末红陶，外表施红衣。侈口，束颈，折沿稍内凹，尖圆唇，广弧肩，腹已残。素面。口径11、残高4.3厘米（图六六，15）。

曲颈瓮　1件（T28⑤∶51）。泥质红陶，胎较薄。侈口，仰折沿内凹，尖唇，广弧肩，腹下已残。素面。口径15、残高4厘米（图六六，8）。

曲颈彩绘瓶　1件（T28⑤∶66）。泥质夹草末红陶，外施鲜红衣绘黑彩。直口内凹，曲颈内凹外弧，束颈，溜肩，深弧腹，腹下已残。外沿上部和肩部各有三周带状黑彩纹。口径16、残高7.9厘米（图六六，11）。

内折沿簋　1件（T28⑤∶56）。泥质陶外红内黑，外施鲜红衣。敛口，内折沿，尖圆唇，折腹弧内收，下已残。素面。口径23、残高3.8厘米（图六六，4）。

侈口碗　1件（T28⑤∶55）。泥质陶外红内黑，外表及口内上部施红衣。敞口，尖圆唇，口下内束，浅弧腹内收，底已残。素面。口径20、残高3.3厘米（图六六，12）。

内折沿碗　1件（T28⑤∶50）。泥质红陶，外表、内沿施深红衣。敛口，沿内折，尖唇，浅腹内收，下已残。素面。口径21、残高4厘米（图六六，6）。

彩绘折腹碗　1件（T28⑤∶69）。泥质陶外红内黑，外施深紫红衣，似绘黑彩，局部有黑条纹。敞口，尖圆唇，宽沿外斜，腹上部外折下内收，腹下已残。外沿饰黑彩，模糊不清。口径16、残高4厘米（图六六，16）。

圜底小碟　1件（T28⑤∶58）。泥质红陶，内外施红衣。敞口，尖唇，浅腹，圜底下附假圈足。素面。口径6.6、底径4.8、高1.6厘米（图六六，17；图版一八，3）。

支座　2件。T28⑤∶49，夹砂蚌红陶。属内空有纹倾斜型。残高12.8厘米（图六六，13）。T28⑤∶48，夹砂、蚌红陶。属内空有纹倾斜型。残高6厘米（图六六，19）。

矮圈足　1件（T28⑤∶52）。夹炭红陶，外施红衣。上部残，仅剩圜底下附圈足，足根微内弧收。足饰两个一组小圆镂孔纹，残足上仅一组。足径8、残高3.6厘米（图六六，18）。

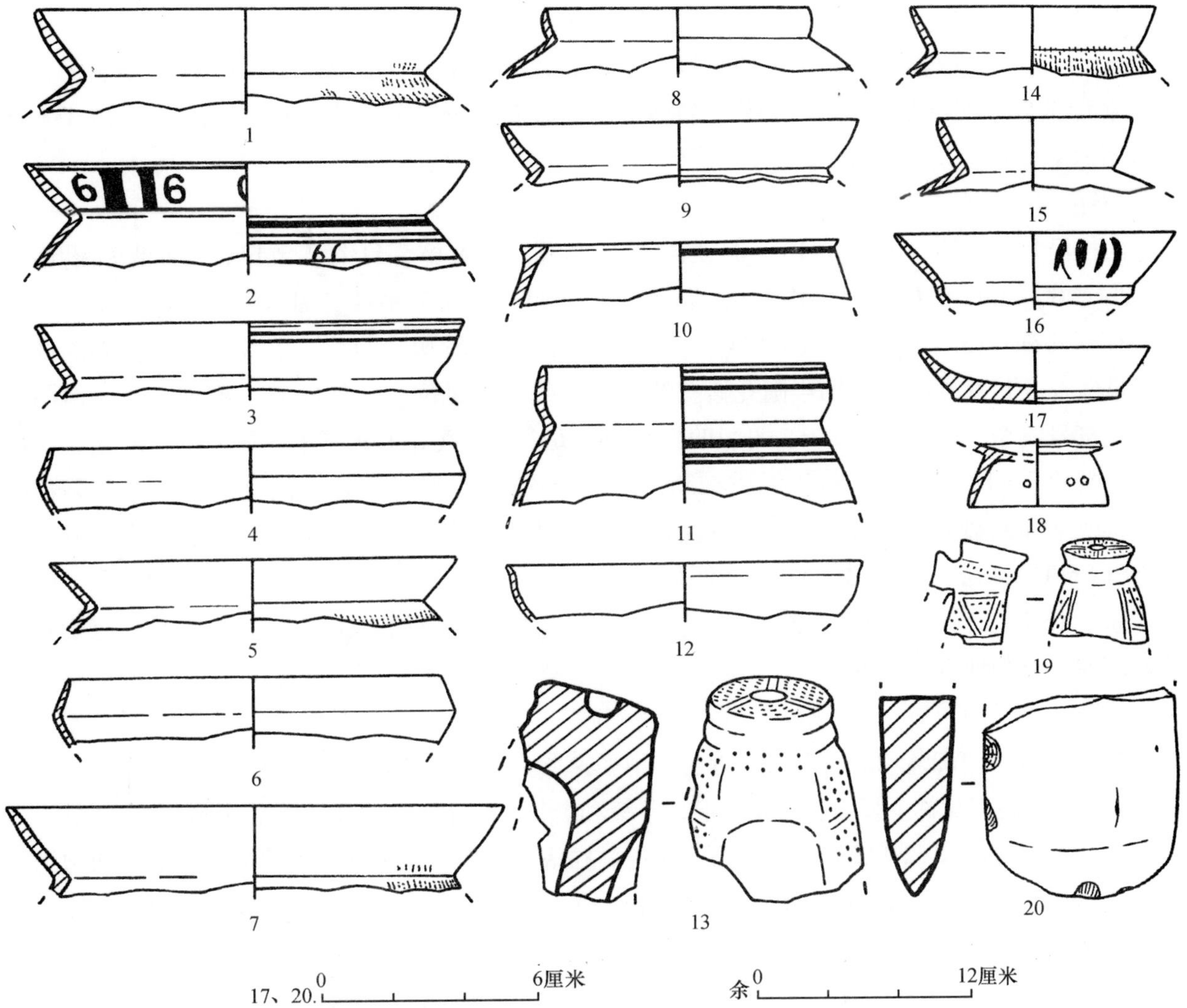

图六六 T28④层、T28④下层、T28⑤层出土器物

1、7、9. 陶凹折沿罐（T28④下:45、T28④下:42、T28④下:43） 2. 折沿彩陶罐（T28⑤:67） 3. 凹折沿彩陶罐（T28⑤:68） 4. 陶内折沿簋（T28⑤:56） 5. 陶折沿罐（T28④下:41） 6. 陶内折沿碗（T28⑤:50） 8. 陶曲颈瓮（T28⑤:51） 10. 平沿敛口彩陶罐（T28④:64） 11. 曲颈彩绘瓶（T28⑤:66） 12. 陶侈口碗（T28⑤:55） 13、19. 陶支座（T28⑤:49、T28⑤:48） 14. 陶斜颈罐（T28④下:47） 15. 陶斜颈小罐（T28⑤:53） 16. 陶彩绘折腹碗（T28⑤:69） 17. 陶圜底小碟（T28⑤:58） 18. 陶矮圈足（T28⑤:52） 20. 石斧（T28④下:44）

有刻划符号矮圈足 1件（T28⑤:54）。泥质陶外红内黑，外表施浅红衣。仅剩圜底和较大矮圈足残片，足壁外斜，足根外撇。壁饰近圆形大镂孔，似四个，又饰一周凹槽而呈双叠层。残外底有一似完整刻划符号，笔画较深，而清晰（图一〇〇，7；图版二四，6）。足径13、残高3.6厘米（图六八，5）。

（11）T29④层

标本4件。有石凿和陶内折沿簋、有刻划符号矮圈足、彩陶片。

石器

石凿　1件（T29④:3）。小长条砾石，青色。较厚且不平，长条形，斜平顶为断裂面，两面皆原面都不甚平，两边修直稍磨平，斜弧刃两面磨制，较锋利。残长8.5、宽3.3、厚1.6厘米（图六七，11）。

陶器

内折沿簋　1件（T29④:1）。泥质陶外红内黑，外表施深红衣。敛口，内折沿，沿面微凹，小方唇，折腹弧内收，下腹已残。素面。口径24、残高7厘米（图六七，2）。

有刻划符号矮圈足　1件（T29④:2）。泥质黑陶，胎较薄，匀称。上部已残，仅剩圜底和矮圈足残片。足壁外弧。足饰小圆孔镂孔约四个，残足可见两个。外底有一刻划符号，但因底残，此符号不全（图一〇〇，6；图版四〇，6）。足径8、残高1.9厘米（图六八，3）。

彩陶片　1件（T29④:5）。泥质红陶，外表施深红衣，绘黑彩陶片。似罐肩、腹部残片。图案为两细和两细一粗的带状纹，之间又加双弧对画近圆花纹。

（12）T62④层（加T62③A层10件和T62②层1件）

标本13件。有石斧、小石锛和折沿彩陶小罐、内折沿平底簋、敛口碗、矮圈足、有刻划符号敛口碗、有刻划符号矮圈足。

石器

石斧　1件（T62④:22）。砾石，青色。扁平梯形，顶两面打制，两面及一边琢制，另一边打制，两面刃磨制不对称。弧刃，有使用痕，不锋利。长13、宽8、厚2.8厘米（图六七，12）。

小石锛　1件（T62④:23）。小砾石，青色。扁薄小梯形，弧顶残留小片疤，两面、两边为原砾面。单面刃磨制，平刃，较锋利，刃一角残缺。长5.2、宽3.5、厚0.9厘米（图六七，7）。

陶器

折沿彩陶小罐　1件（T62③A:21）。泥质红陶，外壁、内沿施红衣。侈口，折沿，尖唇，束颈，鼓肩，肩下残。肩饰横条黑彩纹。口径12、残高3.3厘米（图六七，3）。

内折沿平底簋　1件（T62③A:5）。泥质陶外红内黑，外壁施浅红衣。直口微敞，尖唇，粗矮颈中束，折弧腹，圜平底。素面。口径19.4、腹径20.2、底径5、高8.4厘米（图六七，4；图版一一，3）。

敛口碗　1件（T62③A:6）。泥质磨光黑陶。直口微敛，尖圆唇，浅弧腹，圜底，矮圈足外撇。素面。口径12.3、足径7.7、高4.6厘米（图六七，9；彩版一〇，2）。

矮圈足　2件。T62③A:18，泥质黑陶。上部已残，仅剩高圈足，足根外撇。足饰四周凹弦纹及两个圆孔为一组，共四组对称镂孔。足径10、残高4.6厘米（图六七，8）。T62③A:20，夹炭红陶，外表施红衣。上部已残，仅剩矮圈足，足根外撇。素面。足径13、残高3厘米（图六七，10）。

有刻划符号敛口碗　1件（T62③A:1）。泥质磨光黑陶。敛口，尖唇，深弧腹，圜底下附矮圈足，足壁外弧。足饰一周凹槽，呈双叠层。足外底有刻划符号，笔画细而深，甚清晰（图一〇一，8）。口径16.2、足径6.6、高8.4厘米（图六八，4；图版一二，3；图版三三，5）。

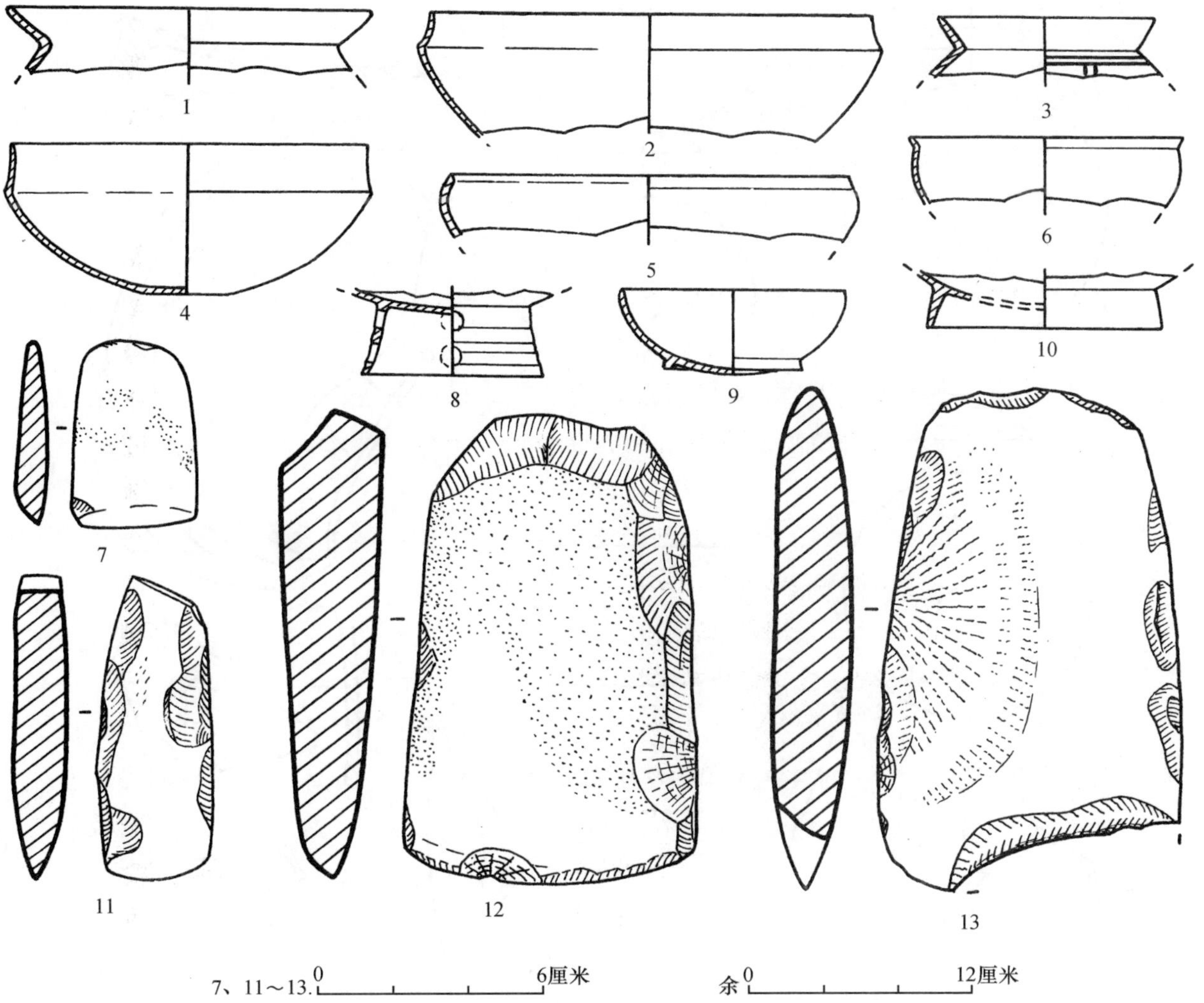

图六七　T29④层、T62④层、T62③A 层、T63④层出土器物

1. 陶凹折沿罐（T63④:13）　2. 陶内折沿簋（T29④:1）　3. 折沿彩陶小罐（T62③A:21）　4. 陶内折沿平底簋（T62③A:5）　5. 陶子母口碗（T63④:20）　6. 陶侈口碗（T63④:14）　7. 小石锛（T62④:23）　8、10. 陶矮圈足（T62③A:18、T62③A:20）　9. 陶敛口碗（T62③A:6）　11. 石凿（T29④:3）　12、13. 石斧（T62④:22、T63④:12）

有刻划符号矮圈足　5 件。T62③A:2，泥质黑陶。仅存圜底和矮圈足，足壁外弧。素面。足外底有刻划符号（图一〇一，2；图版二六，6）。足径 7.4、残高 2 厘米（图六八，1）。T62③A:3，泥质陶外红内黑，外壁施鲜红衣。仅存残圜底和壁已残圈足残块，残足壁外弧。似素面或有镂孔。足外底有已残刻划符号（图六八，6；图一〇一，7；图版四五，5）。T62③A:7，泥质磨光黑陶。仅存圜底和较高矮圈足，足壁外弧。足饰三个近圆形镂孔，又有一二周较模糊凹槽，使呈双叠层。足外底有清晰刻划符号（图一〇一，1；彩版九，4；图版二九，4）。足径 7.5，残高 2.8 厘米（图六八，2）。T62③A:8，泥质磨光黑陶。仅存圜底下附较高矮圈足，足壁外弧。足饰两周凹槽，而呈双叠层。足外底有刻划符号（图一〇一，12；图版二五，1）。足径 8.2、残高 3 厘米（图六八，8）。T62②:9，泥质黑陶。仅圜底残片。底下面已残刻划符号

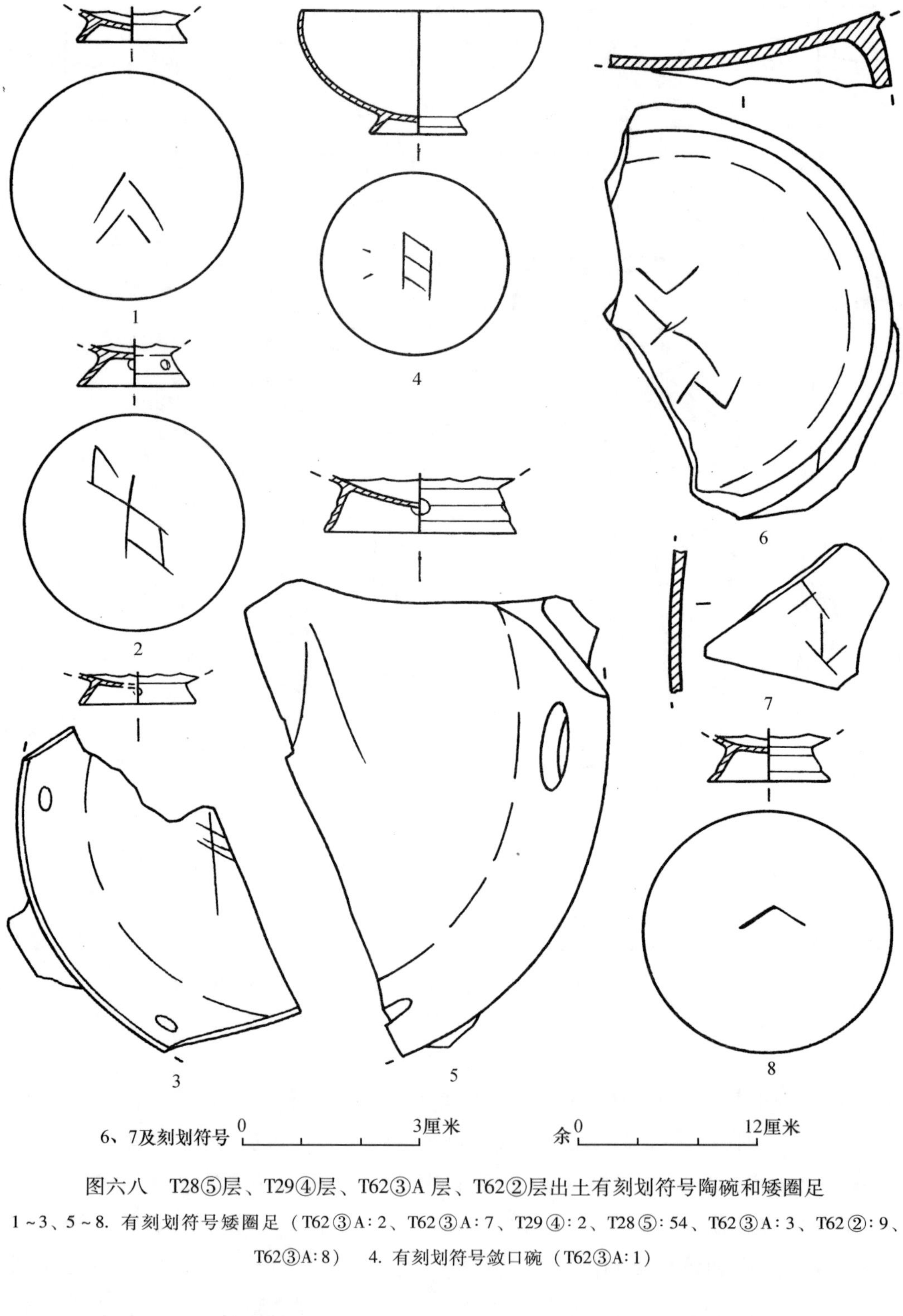

图六八　T28⑤层、T29④层、T62③A层、T62②层出土有刻划符号陶碗和矮圈足

1～3、5～8. 有刻划符号矮圈足（T62③A∶2、T62③A∶7、T29④∶2、T28⑤∶54、T62③A∶3、T62②∶9、T62③A∶8）　4. 有刻划符号敛口碗（T62③A∶1）

（图六八，7；图一〇一，14；图版二八，3）。

（13）T63④层

标本4件。有石斧和陶凹折沿罐、子母口碗及侈口碗。

石器

石斧　1件（T63④:12）。石青色。石坯为宽梯形，弧顶，弧边，但又稍微磨平，一面打击点从左向右经一次性锤击，布大块坑疤，另一面打击零星片疤。刃部打击残缺。残长13.9、宽8.4、厚2.3厘米（图六七，13）。

陶器

凹折沿罐　1件（T63④:13）。夹炭红陶。侈口，卷沿，沿面微凹，圆唇，束颈，溜肩，肩下已残。素面。口径20、残高3.6厘米（图六七，1）。

子母口碗　1件（T63④:20）。泥质红陶。敛口，窄凹沿内敛，也呈子母口，尖圆唇，弧腹内收，底已残。素面。口径22、残高3.6厘米（图六七，5）。

侈口碗　1件（T63④:14）。泥质陶外红内黑，外表施浅红衣。侈口，束颈，斜沿外卷，尖圆唇，鼓腹，腹下已残。素面。口径15、残高3.7厘米（图六七，6）。

（14）T64②层

标本10件。其中3件为石斧，7件为有刻划符号矮圈足。

石器

石斧　3件。T64②:36，砾石，青色。扁薄近梯形。平顶皆琢。两面，一面琢制，另一面为原砾面布有凹痕。两边，一边琢制，另一边打制未修理。两面刃磨制对称。平刃，有使用痕，不锋利。长10.3、宽6.9、厚2.7厘米（图六九，3）。T64②:35，砾石，青色。扁薄呈长梯形，弧顶打制，两面、两边皆琢制，一边为弧边。两面刃磨制不对称，平刃，较锋利。长13.3、宽5.8、厚2.7厘米（图六九，10）。T64②:34，砾石，青色夹密集灰白斑点。扁薄长方形，弧顶，两面皆琢制为弧状，两边皆琢制为弧边，两面刃磨制较对称。斜刃，刃中部残一缺口，较锋利。长15.3、宽7.3、厚3.4厘米（图六九，4）。

陶器

有刻划符号矮圈足　7件。T64②:6，泥质磨光黑陶。仅存圜底和较高矮圈足，足壁外弧。足中、下各有一周凹槽而呈三叠层。未见其他纹饰。足外底有完整刻划符号（图一〇一，4；图版四二，6）。足径8.4、残高3.2厘米（图七〇，4）。T64②:10，泥质黑陶。仅存圜底和小圈足，足壁外弧近外斜，下饰一周凹槽，而呈双叠层。足外底有一小刻划符号（图一〇一，9；图版二九，1）。足径5.8、残高1.6厘米（图七〇，3）。T64②:11，泥质黑陶，红胎。仅存圜底和残圈足。素面。足外底有已残刻划符号（图七〇，8；图一〇一，3；图版三三，4）。T64②:12，泥质黑陶，红胎。残存圜底和矮小圈足，足壁外弧。素面。足外底有刻划符号（图一〇一，11；图版三二，1）。足径6.4、残高1.6厘米（图七〇，9）。T64②:13，泥质黑陶，红褐胎。仅存圜底和矮小圈足残块，矮壁外弧近直。素面。足外底有刻划符号（图七〇，7；图一〇一，6；图版二一，4）。T64②:4，泥质黑陶，红胎。残存圜底和矮圈足，足壁外弧。素面。足外底有不甚清晰的刻划符号（图一〇一，16；图版四〇，1）。足径7.8、残高2.1厘米（图七〇，1）。T64②:1，泥质陶外红内黑。残存圜底较高矮圈足，足壁上部外弧，足根外撇，有一周凹槽，使足壁呈双叠层。足外底有较模糊刻划符号（图一〇一，13；图版四四，1）。足径7.9、残高3厘米（图七〇，5）。经最后核实，T64②:1与T64②:4，这两件标本，都不作为刻划符号标本。

（15）T64③层

标本6件。均为陶器，有折沿彩陶罐、斜颈罐、敛口碗、矮圈足和有刻划符号矮圈足。

折沿彩陶罐　1件（T64③:29）。夹炭红陶，外表、内沿施鲜红衣绘黑彩。侈口，束颈，折沿，尖圆唇，斜肩，肩下残。内沿绘黑带与旋涡纹，外沿、肩上部也绘黑彩带状纹。口径18、残高4厘米（图六九，6）。

斜颈罐　1件（T64③:28）。夹炭红陶，内沿施红衣。侈口，卷沿，圆唇，束颈，溜肩，肩下残。沿饰两周凹弦纹，颈、肩饰竖绳纹。口径25、残高6.5厘米（图六九，9）。

敛口碗　2件。T64③:8，泥质磨光黑陶。敛口近直，尖圆唇，深弧腹圜底下附矮圈足，足根外斜。素面。口径20.4、高10.2、高6.8厘米（图六九，8；图版一二，2）。T64③:26，泥质磨光黑陶。敛口，尖或小方唇，弧腹，腹下已残。素面。口径16、残高5.3厘米（图六九，12）。

矮圈足　1件（T64③:30）。泥质磨光黑陶。上部已残，仅剩圈足，足根外撇。足饰两周凹弦纹。足径7.8、残高2.8厘米（图六九，15）。

有刻划符号矮圈足　1件（T64③:9）。泥质磨光黑陶。仅存残圜底和矮圈足残块，足壁外弧。素面。外底有刻划符号，笔画较深，清晰完整（图一〇一，10；图版三一，5）。足径6.2、残高1.7厘米（图七〇，6）。

（16）T64③A层

标本7件。有石斧和陶凹折沿罐、折沿圈足罐、折沿彩陶罐、曲颈彩陶瓶、敞口彩陶钵、敞口碗。

石器

石斧　1件（T64③A:14）。小石片，青色。扁弧长条形，平顶，一面为原砾弧面，另一面打制稍薄。两面，一面为原砾弧面，另一面打制近平，两边修平并稍磨制。斜刃一面稍磨，较锋利。长7、宽3、厚1.4厘米（图六九，17）。

陶器

凹折沿罐　1件（T64③A:24）。泥质夹草末橘红陶。侈口，宽卷沿，沿面微凹，尖圆唇，束颈，溜肩，肩下已残。素面。口径21、残高6.7厘米（图六九，1）。

折沿圈足罐　1件（T64③A:3）。泥质红褐陶。侈口，折沿上仰，尖圆唇，束颈，广弧肩，折腹弧内收成圜底，底下有大圈足痕，足已脱落。腹上部有数周模糊凹弦纹，底部圈足内外原有斜绳纹，但也甚模糊。口径8.2、残高10.2厘米（图六九，13；图版一〇，6）。

折沿彩陶罐　1件（T64③A:16）。夹炭红陶。外表、内沿施红衣。侈口，折沿，圆唇，束颈，溜肩，肩下残。内沿施黑条夹斜条黑彩，外沿饰宽带黑彩。口径20、残高4厘米（图六九，7）。

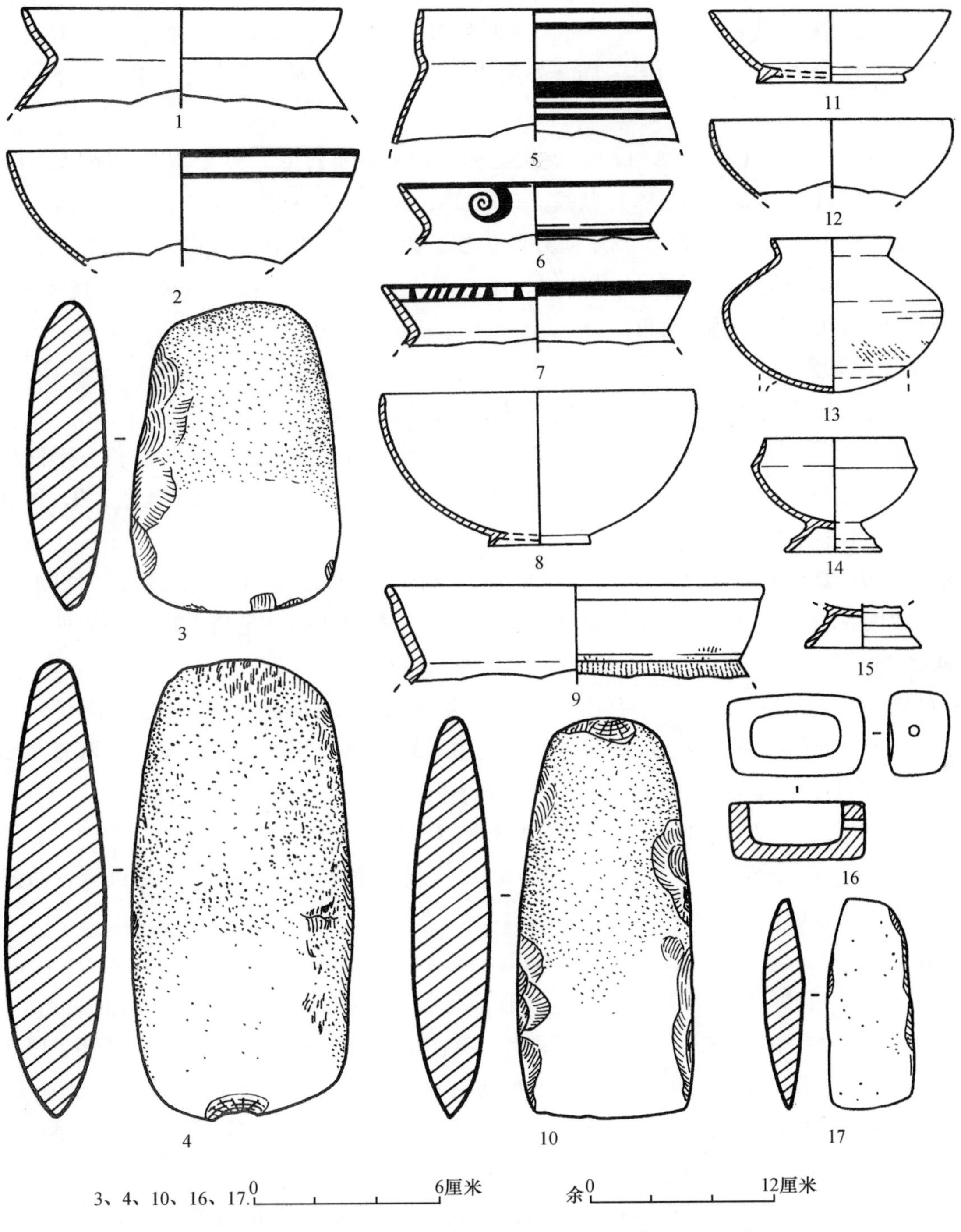

图六九　T64②层、T64③层、T64③A层、T64④层出土器物

1. 陶凹折沿罐（T64③A:24）　2. 敞口彩陶钵（T64③A:17）　3、4、10、17. 石斧（T64②:36、T64②:34、T64②:35、T64③A:14）　5. 曲颈彩陶罐（T64③A:15）　6、7. 折沿彩陶罐（T64③:29、T64③A:16）　8、12. 陶敛口碗（T64③:8、T64③:26）　9. 陶斜颈罐（T64③:28）　11. 陶敞口碗（T64③A:2）　13. 陶折沿圈足罐（T64③A:3）　14. 陶内折沿圈足簋（T64④:7）　15. 陶矮圈足（T64③:30）　16. 陶墨斗（T64④:33）

曲颈彩陶瓶　1件（T64③A:15）。夹炭和草末红陶，外表施鲜红衣，绘黑彩，内沿上部也有一周红衣，绘黑带纹。直口内凹，曲颈内凹外弧，下内束，溜肩，深弧腹，腹下已残。内唇、外沿、肩都绘黑彩带纹，内唇一周，外颈两周，肩三周，中上周带纹甚粗。口径15、残高8.8厘米（图六九，5）。

敞口彩陶钵　1件（T64③A:17）。夹炭红陶，内外施鲜红衣，外绘黑彩。敞口，尖圆唇，弧腹，腹下残。外口下饰两周黑彩带状纹。口径23、残高7.6厘米（图六九，2）。

敞口碗　1件（T64③A:2）。泥质陶外红内黑，外表施深红衣。敞口，方圆唇，斜弧腹下内折，底已残，但下附矮圈足，足根外斜。器内腹下饰一周小凸棱。口径16、足径9.8、高4.9厘米（图六九，11；图版一四，2）。

（17）T64④层

标本3件。均为陶器，有陶墨斗和内折沿圈足簋及有刻划符号矮圈足。

陶墨斗　1件（T64④:33）。泥质红陶。完整，器型小，长方体，中间有长方形凹槽，宽边中部有一圆形小孔，形如当代木工用弹线的墨斗。未见其他纹饰。长4.6、宽2.9、厚0.7厘米（图六九，16；彩版一一，2）。

内折沿圈足簋　1件（T64④:7）。泥质陶外红内黑，外施深红衣。敛口，内折沿，尖圆唇，折弧腹内收附成圜底下矮圈足，足壁外斜，足根上卷起凸棱。足根上面饰一周凹槽。口径9.4、腹径11、足径6.5、高7.6厘米（图六九，14；彩版一〇，3）。

有刻划符号矮圈足　1件（T64④:5）。泥质磨光黑陶。仅存残圜底和残矮圈足，足壁外弧。足上、下两周凹槽而呈双叠层。足外底有完整粗划刻划符号，另有较细一些划痕（图一〇一，5；图版二七，4）。足径8、残高2.6厘米（图七〇，2）。

（18）T70③层（加T70③A层1件，T70③B层6件）

标本11件。有石斧、小石斧、小石球、陶片打制纺轮和陶凹折沿罐、斜颈罐、曲颈彩陶瓮、敞口碗、矮圈足及有刻划符号矮圈足。

石器

石斧　2件。T70③:4，小砾石，青色。较厚近长方形，弧顶两面打制，两面为光滑原面，稍弧近平。两边磨平，且平行。平刃两面磨制，有使用缺口，仍锋利。长8.5、宽6、厚2.4厘米（图七一，3）。T70③:3，砾石，青色。扁薄近梯形，窄弧顶为原面。两面一面为弧平面，似琢原面，另一面微凹也似原面已稍磨、近平。两边原弧面皆外斜不对称。斜弧刃两面磨制，有使用痕，已不锋利。长11.7、宽7、厚2.3厘米（图七一，1）。

小石斧　1件（T70③B:9）。石片，青色。扁薄近小梯形，平顶打制，两面稍磨，弧平有浅疤，两边稍磨平。弧刃两面磨制，有使用痕，仍锋利。长5.9、宽4.3、厚1厘米（图七一，8）。

小石球　1件（T70③:2）。小砾石，灰色。近椭圆形，表面似敲琢后再稍磨制，实际天然形成。直径5.4、厚4.2厘米（图七一，7）。

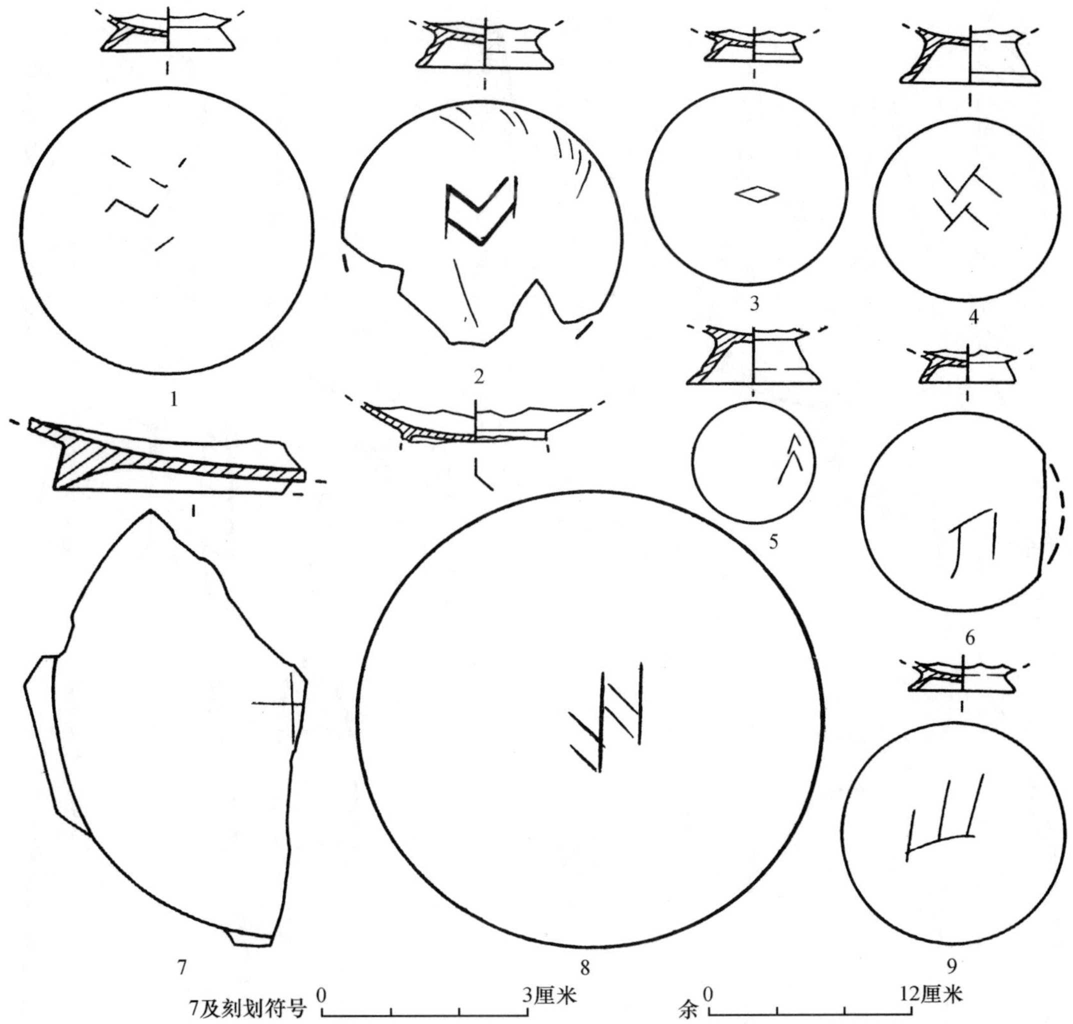

图七○　T64②层、T64③层、T64④层出土有刻划符号陶矮圈足

1～9. 有刻划符号矮圈足（T64②:4、T64④:5、T64②:10、T64②:6、T64②:1、T64③:9、T64②:13、T64②:11、T64②:12）

陶器

陶片打制纺轮　1件（T70③A:1）。泥质红陶，一面施鲜红衣。残陶片打成近圆形，中间单面钻一小圆孔，似可作纺轮用。素面。长3.1、厚0.45、孔径0.5厘米（图七二，28）。

凹折沿罐　1件（T70③B:17）。夹砂褐陶。侈口，宽凹沿，尖圆唇，束颈，斜肩，肩下残。素面。口径24、残高3.2厘米（图七二，2）。

斜颈罐　1件（T70③B:15）。夹炭红陶，外施浅红衣。直口外斜，圆唇，直颈，斜肩，肩下残。素面。口径12、残高4厘米（图七二，20）。

曲颈彩陶瓮　1件（T70③B:16）。夹炭红陶，外壁施浅红衣。直口，高颈内凹外弧，尖唇，弧肩，腹已残。颈绘一周黑彩带状纹。口径12、残高4.2厘米（图七二，8）。

敞口碗　1件（T70③B:14）。泥质黑陶。敞口，尖圆唇，弧肩，腹下残。素面。口径16、残高3.9厘米（图七二，10）。

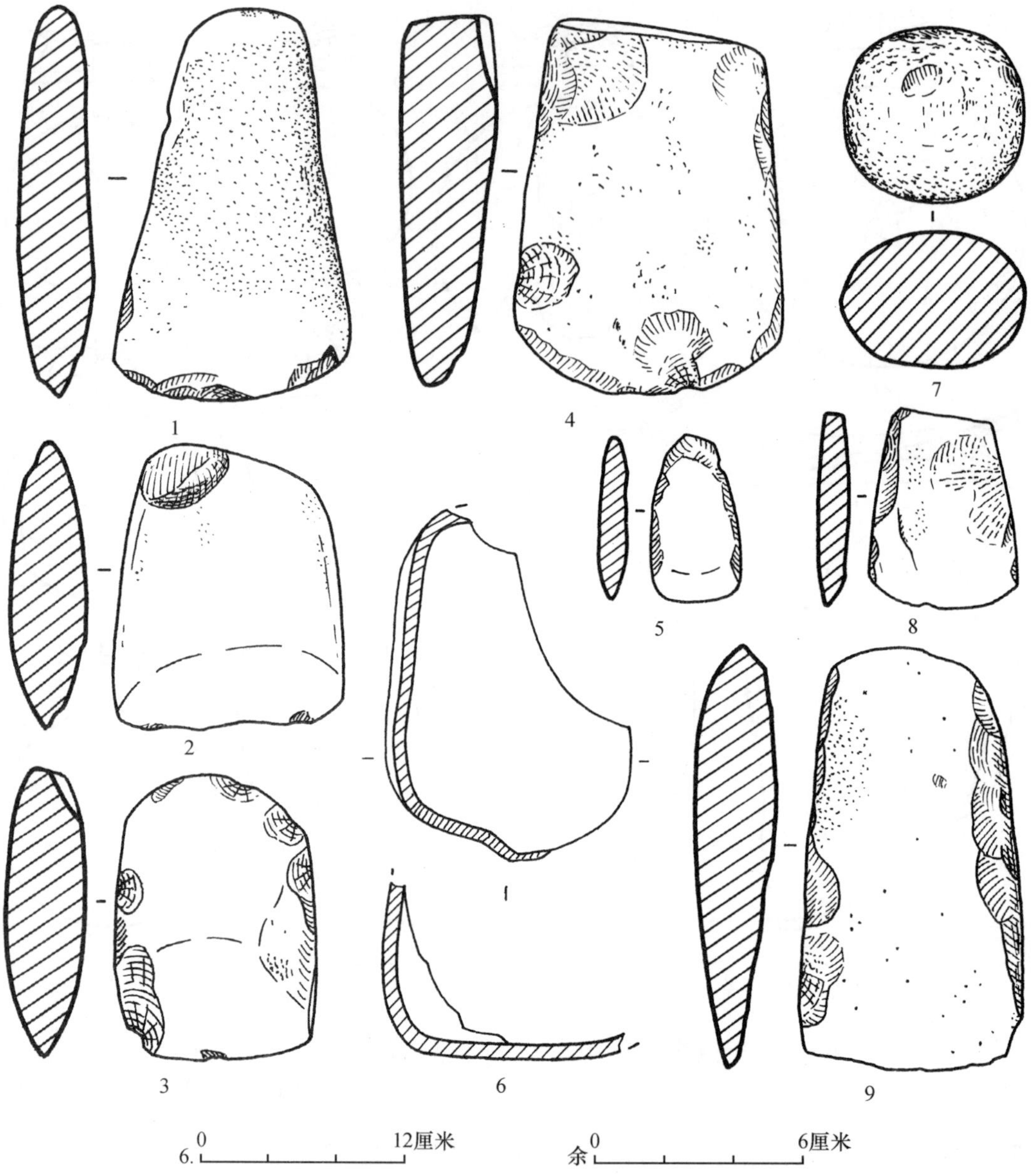

图七一　T70③层、T70③B层、T71③层、T74③层出土石器

1～4. 石斧（T70③:3、T71③:20、T70③:4、T71③:22）　5. 小石锛（T74③:15）　6. 石（薄壁）凹槽（T74③:14）　7. 小石球（T70③:2）　8. 小石斧（T70③B:9）　9. 小石锄（T71③:21）

矮圈足　1件（T70③B:19）。夹炭和草末红陶，外壁施浅红衣。上部已残，仅剩矮圈足和圜底残片，足壁外弧近直。素面。足径11、残高2.4厘米（图七二，23）。

有刻划符号矮圈足　1件（T70③:8）。泥质磨光黑陶，红胎。仅存残壁圈足和残圜底。足外底残存有刻划符号，笔画深而粗（图七三，7；图一〇一，32；图版二三，6）。

（19）T71③层

标本21件。有小石锄、石斧和陶折沿罐、弧折沿罐、曲颈罐、小口高领罐、内折沿簋、折腹碗、筒状大器座、支座、矮圈足、假圈足及有刻划符号矮圈足。

石器

小石锄　1件（T71③:21）。石片，青麻色。扁薄呈梯形，顶一面为原砾面，另一面打制。两面，一面打制，另一面为原砾面。两边打制近弧。弧刃近平，是两面夹角，不甚锋利。长12.6、宽6.5、厚2.5厘米（图七一，9）。

石斧　2件。T71③:20，砾石，青色。较薄呈四边形，斜顶两面磨制为斜面刃状。两面为原砾面，弧平光滑。两边为原砾面，光滑弧边。两面刃磨制对称，有使用痕，较锋利。长8.6、宽6.9、厚2.4厘米（图七一，2）。T71③:22，砾石，青色。扁薄近梯形，斜顶打制修平，两面，一面为原砾面，近顶部打制片疤，另一面打制。两边磨平，仍布打制痕。弧刃残块，不锋利。长11.1、宽7.9、厚3.1厘米（图七一，4）。

陶器

折沿罐　2件。T71③:17，夹炭红陶。侈口，束颈，宽折沿，尖圆唇，斜弧肩，腹已残。外沿施三周凹槽，使宽沿呈四叠层。颈、肩饰竖绳纹。口径32、残高7.4厘米（图七二，6）。T71③:29，泥质红陶，内沿施深红衣。侈口，束颈，宽折沿，沿面微上弧，圆唇，斜肩，肩下残。外沿上部、颈部以红衣为彩，绘带状纹。口径20、残高5.4厘米（图七二，4）。

弧折沿罐　1件（T71③:9）。泥质夹草末红陶。侈口，折沿，沿面微上弧，尖唇，束颈，广斜肩微凹，腹已残。素面。口径20、残高3.9厘米（图七二，3）。

曲颈罐　1件（T71③:3）。泥质夹草末红陶，外表、内沿施浅红衣，胎较薄，匀称。侈口，卷折沿，沿面内凹，尖圆唇，束颈，斜肩，肩下残。素面。口径18、残高3.1厘米（图七二，13）。

小口高领罐　1件（T71③:7）。夹炭红陶，外壁、内沿施深红衣。直领微敞，尖圆唇，高颈下束，弧肩，肩下残。素面。口径8、残高3.8厘米（图七二，27）。

内折沿簋　2件。T71③:14，泥质陶外红内黑，外壁施深红衣。敛口，内折沿，尖圆唇，折腹弧内收，底已残。素面。口径20、残高4.4厘米（图七二，14）。T71③:30，泥质陶外红内黑，外壁施深红衣。敛口，内折沿，沿面微凹，尖圆唇，折腹弧内收，底已残。素面。口径12、残高5.6厘米（图七二，22）。

折腹碗　1件（T71③:4）。泥质红陶，胎较厚，但匀称。敞口，宽折沿外斜，尖圆唇，窄斜肩，折腹内收，底已残。素面。口径17、残高5.6厘米（图七二，11）。

筒状大器座　1件（T71③:33）。夹炭红陶。直口，窄斜沿内斜微凹，扁圆唇外凸，直腹，下已残。腹中上部饰四周凹弦纹。口径28、残高5.2厘米（图七二，5）。

残支座　1件（T71③:32）。夹炭红陶。属实心有纹倾斜型。顶径8、残高6.7厘米（图七二，18）。

矮圈足　2件。T71③:26，泥质陶外红内黑，外壁施浅红衣。上部已残，仅剩矮圈足和圜底残片，矮圈足凸棱状，外斜内弧。素面。足径9.2、残高2.4厘米（图七二，25）。T71③:28，泥质夹草末红陶，外壁施深红衣。上部已残，仅剩圈足和圜底残片，矮圈足较粗也相对较高，足壁外弧。素面。足径16、残高4.4厘米（图七二，9）。

假圈足　1件（T71③:25）。泥质红陶，外壁施鲜红衣。仅存折腹下部残片，折腹上部已残，下部弧收成实心假圈足，足壁外斜平底。素面。足径6.4、残高2厘米（图七二，12）。

有刻划符号矮圈足　5件。T71③:6，泥质陶外红内黑，外壁施棕红衣。仅存圜底和矮圈足残片，足壁外弧。素面。足外中间有已残刻划符号（图七三，2；图一〇一，29；图版四二，3）。T71③:10，泥质黑陶。仅剩残圜底和足壁已残较高矮圈足残片，残壁外弧，有一周凹槽，使足壁呈双叠层。素面。足外底有基本完整的刻划符号（图一〇一，25；图版二七，2）。残高2.8厘米（图七三，5）。T71③:11，泥质磨光黑陶。仅存已残圜底和矮圈足残块。足壁外弧。足外底有已残刻划符号（图七三，8；图一〇一，26；图版三四，1）。T71③:12，泥质黑陶。仅存残圜底和较高矮圈足残片，足壁外撇，有残存镂孔。足外底一侧有不相连接的三划痕，似刻划符号（图七三，1；图一〇一，17；图版二四，5）。T71③:15，泥质黑陶。仅存残圜底和壁残圈足残片，残足壁似外弧。足外底有完整刻划符号（图七三，3；图一〇一，21；图版二七，3）。

（20）T74③层

标本15件。有小石锛、石（薄壁）凹槽和陶凹折沿罐、凹折沿小罐、斜颈罐、子母口高颈罐、曲颈彩陶瓶、敛口碗、支座、矮圈足、假圈足及有刻划符号矮圈足。

石器

小石锛　1件（T74③:15）。小砾石，青色。扁薄为梯形，凸弧顶。两面仍残留打击坑疤。两边经打制，一边磨平。弧刃，较锋利。长4.9、宽2.7、厚0.9厘米（图七一，5）。

石（薄壁）凹槽　1件（T74③:14）。石，灰麻色。天然凹石槽，周边及壁皆残，不规则形。残长20.8、宽14.6、厚10.3厘米（图七一，6）。

陶器

凹折沿罐　1件（T74③:17）。夹炭红陶，内外施浅红衣，口沿胎甚厚。侈口，束颈，宽折沿，沿面微凹，尖圆唇，肩残。素面。口径24、残高4厘米（图七二，1）。

凹折沿小罐　1件（T74③:6）。泥质夹草末红陶。器较小，胎较薄，匀称。侈口，束颈，凹折沿，但口内折棱抹平，尖唇，斜弧肩已残。素面。口径13、残高2.8厘米（图七二，19）。

斜颈罐　1件（T74③:9）。泥质红陶。侈口，束颈，折沿甚宽，尖圆唇，斜肩已残。素面。口径18、残高4.8厘米（图七二，15）。

子母口高颈罐　1件（T74③:18）。泥质黑陶。窄沿内折，尖圆唇直立，而成子母口，高颈稍内斜，肩外斜但残。颈饰三周凹弦纹。口径13、残高4.1厘米（图七二，21）。

曲颈彩陶瓶　1件（T74③:16）。夹炭夹草末红陶，外壁、内壁口下施深红衣，外壁绘黑彩。敛口，曲颈内凹外弧，下颈内束，尖唇，溜肩，弧腹外斜，腹下部已残。外沿和肩上部有黑彩带状纹。口径12、残高8.2厘米（图七二，7）。

敛口碗　1件（T74③:10）。泥质磨光黑陶。敛口，尖唇，深弧腹，圜底下附矮圈足，足壁外撇。足饰两周深凹槽，而使喇叭形足呈三层台。口径18.4、足径7.2、高12.2厘米（图七二，16；图版一二，1）。

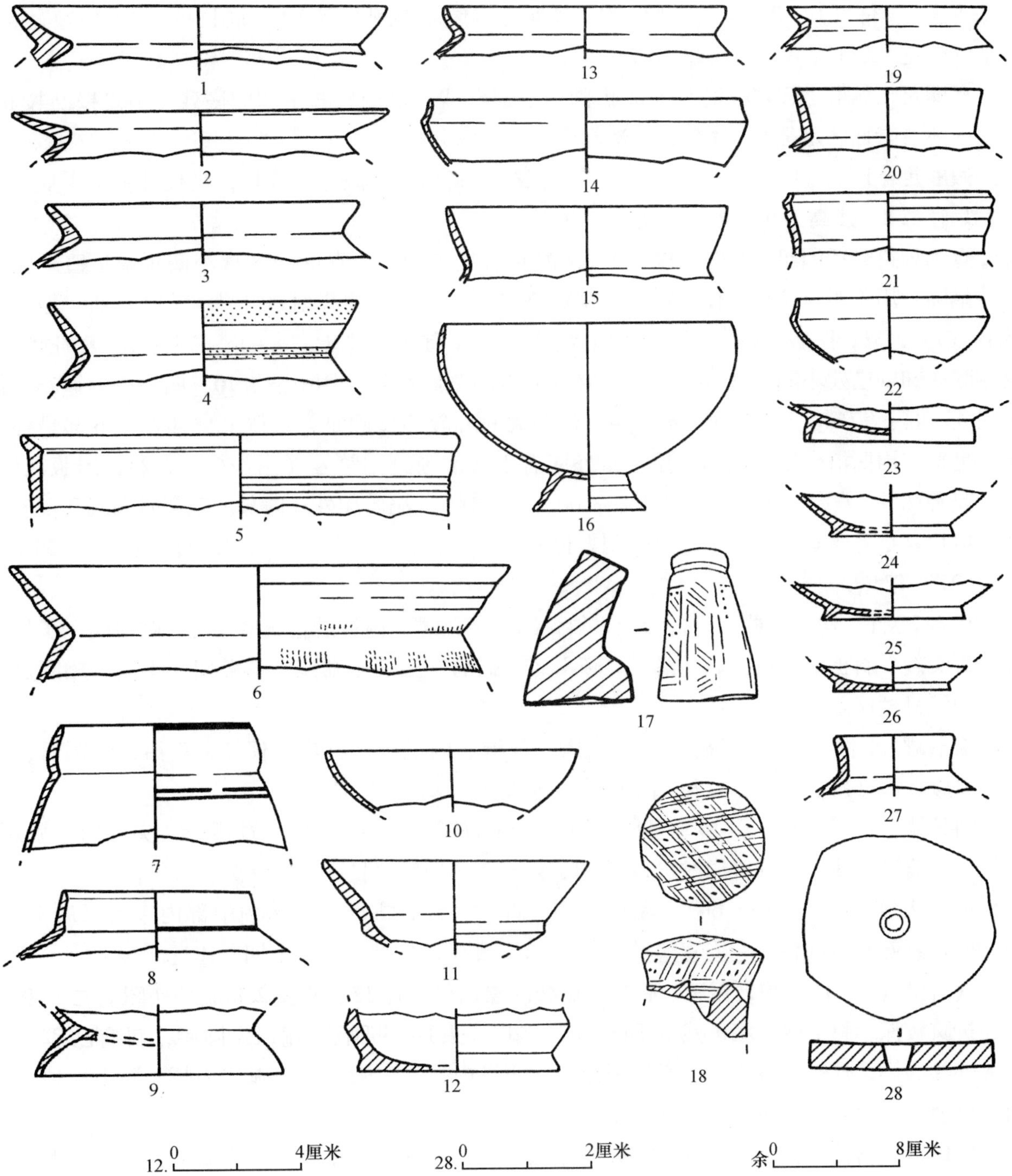

图七二　T70③A层、T70③B层、T71③层、T74③层出土陶器

1、2. 凹折沿罐（T74③:17、T70③B:17）　3. 弧折沿罐（T71③:9）　4、6. 折沿罐（T71③:29、T71③:17）　5. 筒状大器座（T71③:33）　7. 曲颈彩陶瓶（T74③:16）　8. 曲颈彩陶瓮（T70③B:16）　9、23～25. 矮圈足（T71③:28、T70③B:19、T74③:8、T71③:26）　10. 敞口碗（T70③B:14）　11. 折腹碗（T71③:4）　12、26. 假圈足（T71③:25、T74③:7）　13. 曲颈罐（T71③:3）　14、22. 内折沿簋（T71③:14、T71③:30）　15、20. 斜颈罐（T74③:9、T70③B:15）　16. 敛口碗（T74③:10）　17、18. 支座（T74③:4、T71③:32）　19. 凹折沿小罐（T74③:6）　21. 子母口高颈罐（T74③:18）　27. 小口高领罐（T71③:7）　28. 陶片打制纺轮（T70③A:1）

支座　1件（T74③:4）。夹砂红陶。属实心有纹倾斜型。高9.9、底长径7.3、底短径6.6厘米（图七二，17；彩版一一，4）。

矮圈足　1件（T74③:8）。泥质黑陶。上部已残，仅剩矮圈足和圜底残片。足壁凸棱状，外斜内弧。素面。足径8、残高3厘米（图七二，24）。

假圈足　1件（T74③:7）。泥质黑陶。仅存残底和其下假圈足残块，足壁外弧，平底。素面。足径7.8、残高1.6厘米（图七二，26）。

有刻划符号矮圈足　4件。T74③:1，泥质磨光黑陶。仅存圜底和矮小圈足，足壁外弧近斜，足饰一周不明显凹槽，使足壁呈模糊双叠层。足外底一侧有刻划符号，笔画较粗，但较浅（图一〇一，31；图版二〇，5）。足径5.4、残高1.8厘米（图七三，4）。T74③:2，泥质黑陶。仅存圜底和壁已残小圈足残片。足外底有近完整的刻划符号（图七三，10；图一〇一，23；图版三九，4）。T74③:3，泥质磨光黑陶。仅存圜底和较高矮圈足，足壁上部外弧，下部足根外撇，足壁三周凹槽，使足呈四叠层。足外底有不甚清晰刻划符号（图一〇一，24；图版三〇，3）。足径7.6、残高3.4厘米（图七三，6）。T74③:5，泥质陶外红内灰。残存残圜底和壁已残圈足残片。足外底有粗细两道划痕似刻划符号（图七三，9；图一〇一，15；图版二六，3）。

（21）T75③层

标本25件。均为陶器，有折沿罐、斜颈罐、束颈罐、内折沿簋、侈口碗、敞口碗、子母口碗、折腹碗、斜折沿敞口碗、卷沿盘、杯平底、弧肩和溜肩小器座、器盖纽、支座、矮圈足及有刻划符号矮圈足。

折沿罐　1件（T75③:38）。夹炭红陶，外壁、内沿施浅红衣。侈口，折沿，尖圆唇，束颈，弧腹，腹已残。素面。口径21、残高4.9厘米（图七四，3）。

斜颈罐　1件（T75③:34）。夹炭红陶，内沿施浅红衣。侈口，宽折沿，尖圆唇，束颈，斜弧肩，肩下已残。肩饰竖绳纹。口径28、残高7.2厘米（图七四，14）。

束颈罐　1件（T75③:66）。泥质黑陶。直口外卷，方唇，高弧颈中部内束，弧肩下斜，但已残。颈部和肩部各有一周宽凹槽。口径14、残高5.6厘米（图七四，18）。

内折沿簋　2件。T75③:9，泥质陶外红内黑，外壁施浅红衣。敛口，内折沿，扁圆唇内敛，折腹较深，斜内收，底已残。素面。口径20、残高4.1厘米（图七四，4）。T75③:22，泥质陶外红内黑，外壁施浅红衣。略近子母口，凹沿内折，尖圆唇，斜弧肩内折，腹下已残。素面。口径20、残高4.4厘米（图七四，5）。

侈口碗　2件。皆泥质陶外红内黑，外施深红衣。T75③:70，侈口，颈微束，折沿外弧，小方唇，浅弧腹内收，底已残。素面。口径16、残高3.7厘米（图七四，19）。T75③:11，侈口，束颈，弧沿外斜，小方唇，浅弧腹内收，底已残。素面。口径18、残高3.6厘米（图七四，10）。

敞口碗　1件（T75③:13）。泥质磨光黑陶。敞口，小方唇，斜弧腹，腹下已残。素面。口径17、残高5.3厘米（图七四，12）。

子母口碗　1件（T75③:23）。泥质红陶。子母口，内折沿，尖圆唇直立，斜弧肩内折，腹下已残。素面。口径14、残高4.2厘米（图七四，16）。

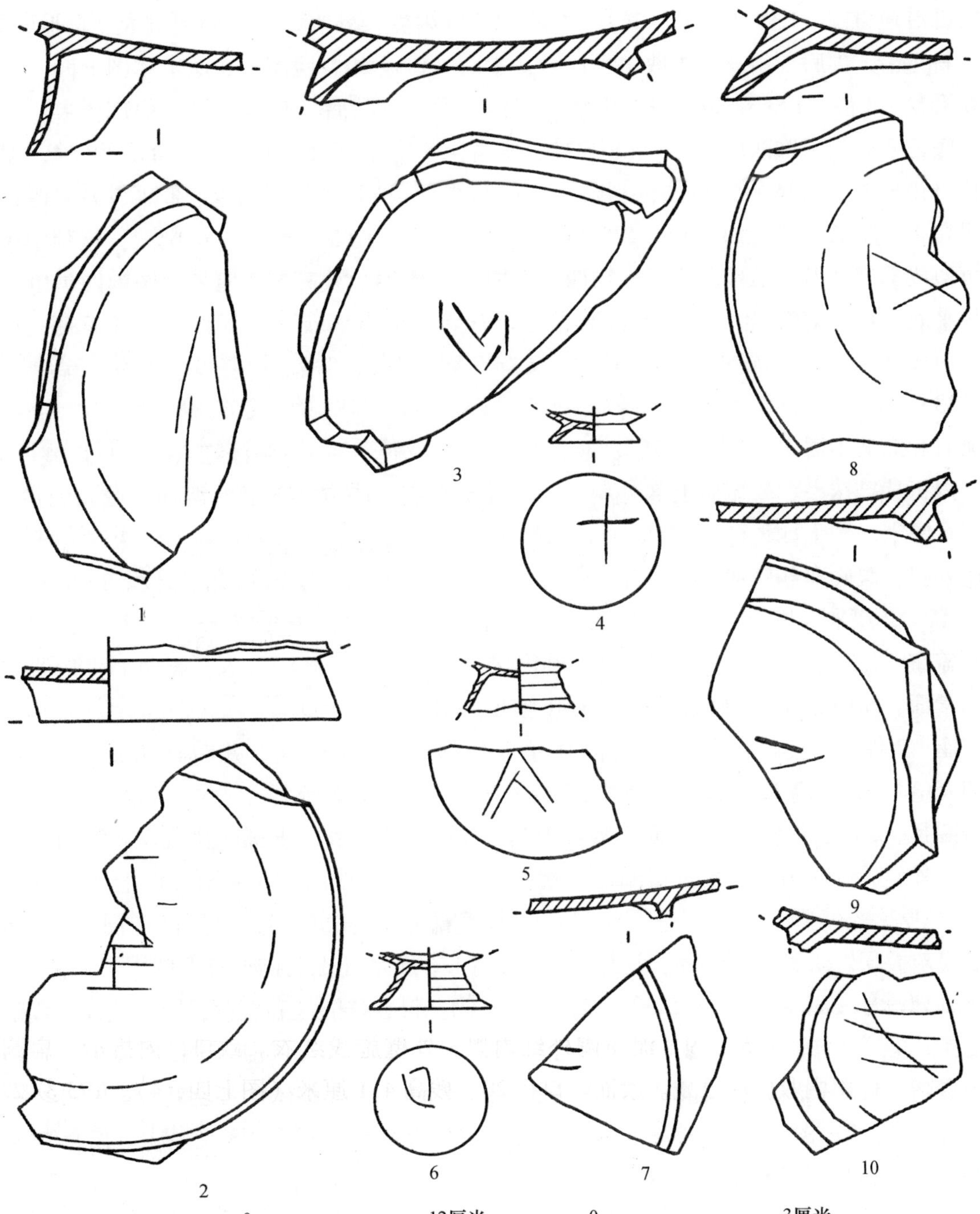

图七三　T70③层、T71③层、T74③层出土有刻划符号陶矮圈足

1～10. 有刻划符号矮圈足（T71③:12、T71③:6、T71③:15、T74③:1、T71③:10、T74③:3、T70③:8、T71③:11、T74③:5、T74③:2）

折腹碗　1件（T75③:1）。泥质陶外红内黑，外施浅红衣。敞口，尖唇，宽凹沿，极窄肩如凸棱，折腹内收近平，似假圈足的圜平底，但折腹大部残。素面。口径16、残高4.1厘米（图七四，20）。

斜折沿敞口碗 1件（T75③: 26）。泥质陶外红内黑，外表、内沿施浅红衣，薄胎，均匀。敞口，斜折沿，尖唇，斜弧腹内收，下已残。素面。口径20、残高4.3厘米（图七四，7）。

卷沿盘 3件。T75③: 29，泥质黑陶。直口外卷，方圆唇，粗颈外卷，中部内束，折腹弧内收，底已残。颈下饰两周凹弦。口径22、残高4.5厘米（图七四，2）。T75③: 64，泥质黑陶。直口稍外卷，尖圆唇，粗颈内斜微束，折腹内收，底已残。折棱上部饰一周凹槽。口径20、残高4.7厘米（图七四，6）。T75③: 33，泥质黑陶。敞口，卷沿，尖圆唇，粗颈中束，弧腹内折似成圜底，但底已残。肩下部饰两周凹槽。口径24、残高8.3厘米（图七四，1）。

杯平底 1件（T75③: 24）。泥质黑陶。仅存腹下部至底残片。下腹直筒形近底一周扁圆凸棱，而成平底内凹矮圈足。下腹扁棱上又有三周不明显凹槽。底径8、残高1.6厘米（图七四，23）。

弧肩和溜肩小器座 2件。T75③: 36，泥质红陶，外壁、内沿施深红衣。侈口已残，束颈，折沿，内折棱已抹平，广弧肩上部外斜，下部外折至底，中空。斜肩有两周凹弦。底足径18、残高3.6厘米（图七四，11）。T75③: 42，泥质红陶，内外施鲜红衣。侈口，束颈，浅筒腹中空，稍外斜，腹底即器底和沿一样皆尖圆唇。残下腹饰两个并列小圆形戳印纹。口径13.1、足径12、高4.2厘米（图七四，17；图版一七，2）。

器盖纽 1件（T75③: 8）。泥质陶外红内黑，外壁、内沿施深红衣。盖纽如盂形器，盖盘已残。素面。纽内径8.9、残高3厘米（图七四，24）。

支座 2件。皆夹砂夹蚌红陶。属实心有纹倾斜型。T75③: 10，残高19.8厘米（图七四，15）。T75③: 32，残高11.8厘米（图七四，8）。

矮圈足 2件。T75③: 4，泥质陶外红内黑，外壁施浅红衣。上部已残，仅剩矮圈足，足壁极矮，壁外斜，足底内弧，接近假圈足。素面。足径8.2、残高1.6厘米（图七四，25）。T75③: 65，泥质磨光黑陶。上部已残，仅剩圜底和矮圈足，足壁外斜，足上部一周不明显凹槽，使足壁呈双叠层。未见其他纹饰。足径5.8、残高1.6厘米（图七四，21）。

有刻划符号矮圈足 3件。T75③: 14，泥质黑陶。仅存残圜底和壁已残圈足残片，残壁有圆形小镂孔。足外底有较模糊刻划符号（图七五，1；图一〇一，20；图版二四，3）。T75③: 15，泥质磨光黑陶。仅存残圈足和残圜底，足矮壁外弧。素面。足外底有竖划较粗，斜划稍细的刻划符号（图七五，7；图一〇一，22；图版四一，3）。T75③: 16，泥质磨光黑陶。仅存圜底和极矮圈足，且已稍残，足壁外弧。素面。足外底近“山”字刻划符号（图一〇一，28；图版三二，6）。足径6.4、残高1.2厘米（图七五，6）。

（22）T75④层

标本8件。均为陶器，有凹折沿罐、碟式小器盖、假圈足、有刻划符号矮圈足及有刻划符号假圈足。

凹折沿罐 1件（T75④: 58）。夹炭草末黄陶。侈口，凹折沿，尖唇，束颈，斜弧肩，肩下已残。素面。口径18、残高4.9厘米（图七四，9）。

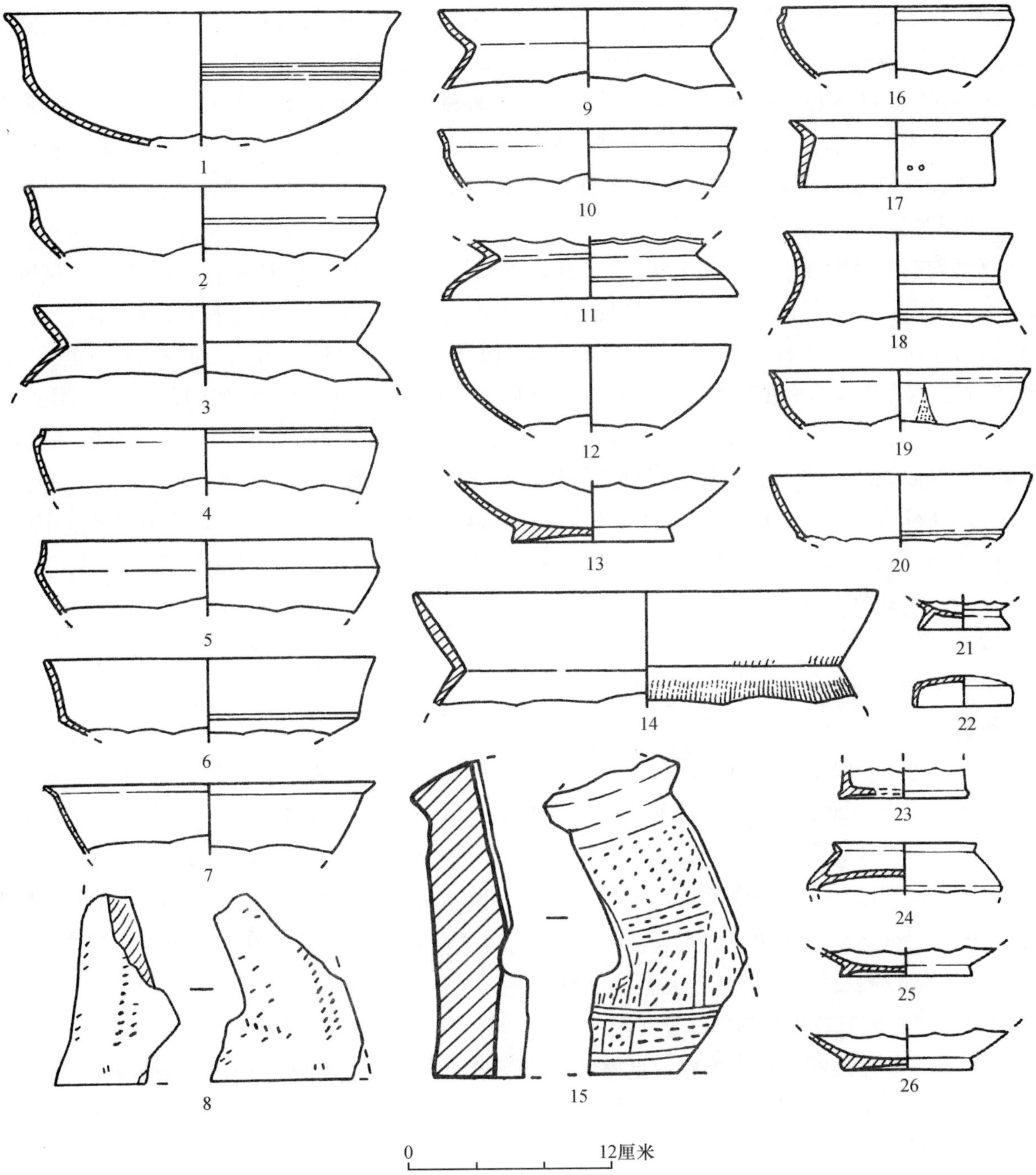

图七四　T75③层、T75④层出土陶器

1、2、6. 卷沿盘（T75③:33、T75③:29、T75③:64）　3. 折沿罐（T75③:38）　4、5. 内折沿簋（T75③:9、T75③:22）　7. 斜折沿敞口碗（T75③:26）　8、15. 支座（T75③:32、T75③:10）　9. 凹折沿罐（T75④:58）　10、19. 侈口碗（T75③:11、T75③:70）　11、17. 弧肩和溜肩小器座（T75③:36、T75③:42）　12. 敞口碗（T75③:13）　13、26. 假圈足（T75④:49、T75④:50）　14. 斜颈罐（T75③:34）　16. 子母口碗（T75③:23）　18. 束颈罐（T75③:66）　20. 折腹碗（T75③:1）　21、25. 矮圈足（T75③:65、T75③:4）　22. 碟式小器盖（T75④:25）　23. 杯平底（T75③:24）　24. 器盖纽（T75③:8）

碟式小器盖　1件（T75④:25）。泥质陶外红内黑，外壁施深红衣。直口，尖圆唇，矮筒腹，圜平底。素面。直径6.2、高1.8厘米（图七四，22；图版一九，3）。

假圈足　2件。T75④:49，泥质陶外红内黑，外壁施浅红衣。口沿残，弧腹，圜底，假圈足，为平底内凹。素面。足径9.8、残高3.8厘米（图七四，13）。T75④:50，泥质陶外红内黑，外壁施浅红衣。上部已残，仅剩假圈足，足呈平底内凹。素面。足径8、残高2.2厘米（图七四，26）。

有刻划符号矮圈足　3件。T75④:3，泥质黑陶。仅剩圜底和壁稍残较高矮圈足，足壁外弧，饰三周凹槽，而呈四叠层。足外底完整有笔画粗细不同的两个重合刻划符号（图一〇一，27；图版三六，5）。足径8.4、残高2.8厘米（图七五，3）。T75④:27，泥质陶外红内黑，外壁施浅红衣。仅存残圜底和壁已残圈足残块。足外底有粗细不一，四道划痕似刻划符号（图七五，5；图一〇一，18；图版四五，3）。T75④:30，泥质陶外红内黑，外壁施浅红衣。仅存圜底残片。圜底下面有似烧制后才刻上的竖划似刻划符号（图七五，4；图一〇一，19；图版二三，2）。

有刻划符号假圈足　1件（T75④:28）。泥质黑陶，胎较厚。仅存已残圜底和已残假圈足，足壁低矮外斜或外弧，平底中凹。足外底一侧有完整刻划符号，笔画较粗较深（图七五，2；图一〇一，30；图版三六，1）。

（23）T2731③B层

标本3件。有石斧和有刻划符号假圈足。

石器

石斧　2件。T2731③B:8，砾石，灰色。扁弧近长椭圆形，弧顶两面打制近刃状。两面弧面皆原砾面。中一面上部有打制坑疤。两边虽磨平，但多为两面打制的片疤。弧刃两面磨制较对称，但一角已残，仍十分锋利。长14.4、宽7.5、厚2.8厘米（图七八，1）。T2731③B:9，石片，青色。顶已残，扁薄不等边四方形，平顶为原断裂面。两面磨平，但却局部有疤。两边外斜，但不对称，一边已磨平，另边两面打制，只修直而不平。斜弧刃有使用痕，已不锋利。残长6.6、宽5.8、厚1.8厘米（图七八，6）。

陶器

有刻划符号假圈足　1件（T2731③B:3）。泥质黑陶。仅存圜底及其实心假圈足，但假圈足平底深凹。素面。足凹平底上有刻划符划符号（图一〇二，13；图版四一，6）。足径8.4、残高1.8厘米（图七七，7）。

（24）T2731④层

标本8件。均为陶器，有凹折沿罐、折沿罐、斜颈小罐、曲颈瓶、子母口簋和有刻划符号矮圈足。

凹折沿罐　1件（T2731④:11）。泥质夹草末红陶，胎较薄。侈口，折沿，沿面深凹如碗，尖唇，束颈，斜肩已残。素面。口径20、残高4.4厘米（图七六，2）。

折沿罐　1件（T2731④:12）。泥质夹草末浅红陶。侈口，宽折沿，尖唇，束颈，斜弧肩已残。肩饰竖绳纹。口径30、残高5.3厘米（图七六，9）。

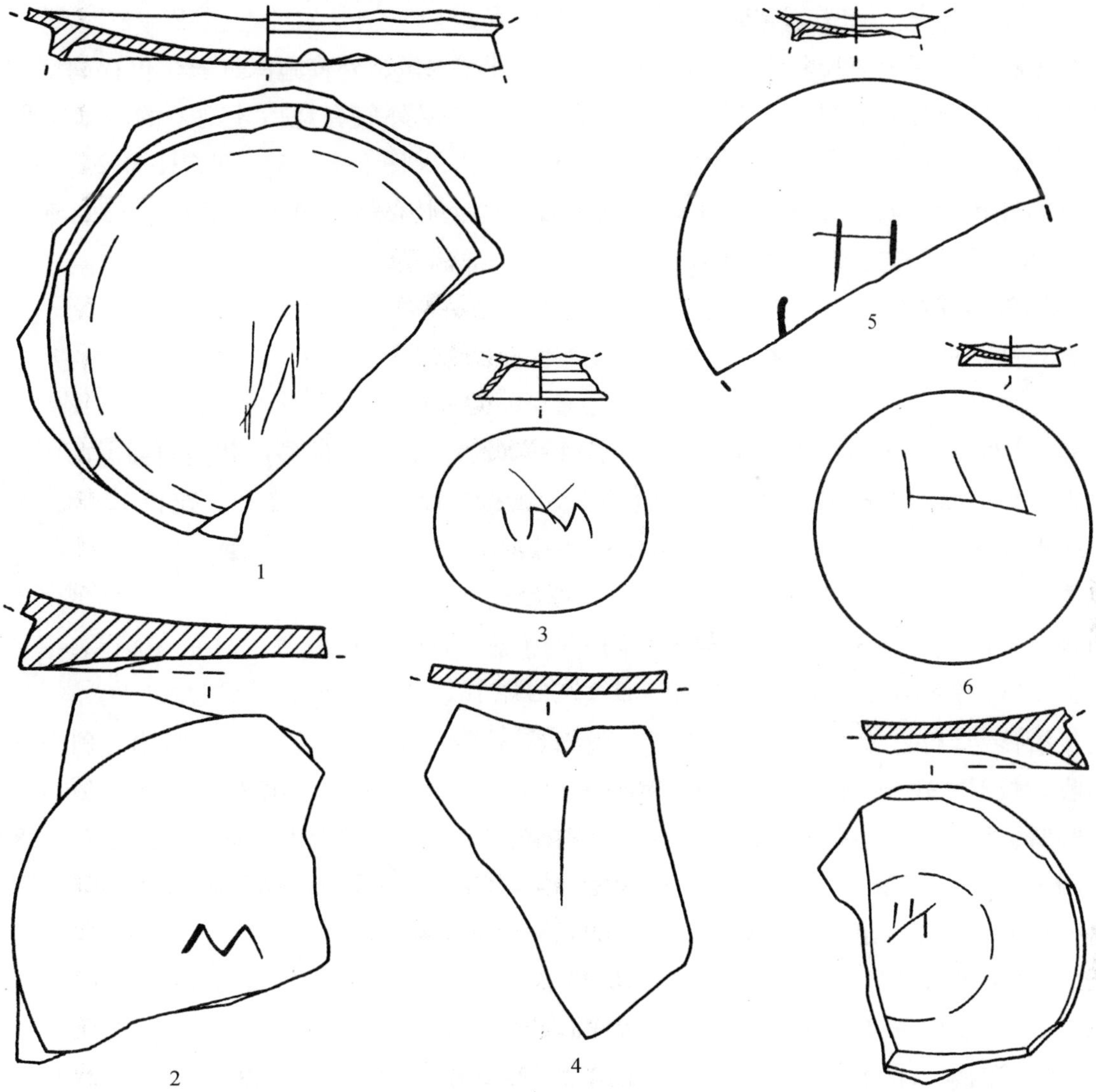

图七五　T75③层、T75④层出土有刻划符号陶圈足

1、3～7. 有刻划符号矮圈足（T75③:14、T75④:3、T75④:30、T75④:27、T75③:16、T75③:15）

2. 有刻划符号假圈足（T75④:28）

斜颈小罐　1件（T2731④:16）。泥质浅红陶。侈口，折沿外斜，尖唇，束颈，溜肩，肩下已残。肩饰竖绳纹。口径13、残高4.4厘米（图七六，13）。

曲颈瓶　1件（T2731④:14）。泥质浅红陶。直口内斜，尖圆唇，曲颈下束，凹斜肩，深腹稍外弧，下腹已残。素面。口径14、残高6.8厘米（图七六，21）。

子母口簋　2件。T2731④:24，泥质陶外红内黑，外壁施浅红衣。子母口，内折沿，扁圆唇内敛，折腹弧内收，底已残。素面。口径20、残高3.6厘米（图七六，4）。T2731④:25，泥质陶外红内黑。子母口，内折沿，小方唇直立，折腹弧内收，底已残。上腹饰两周凹弦纹。口径21、残高3.6厘米（图七六，5）。

有刻划符号矮圈足　2件。T2731④:1，泥质陶外红内黑，外壁施深红衣。仅存圜底和下附较高矮圈足，足壁外弧，足饰一周凹槽，而呈双叠层。足外底有烧后才刻上的刻划符号（图一〇二，15；图版三四，6）。足径10.4、残高3.21厘米（图七七，5）。T2731④:2，泥质棕黄色。仅剩圜底和矮小圈足残块，矮壁外斜内凹弧。残底上有似三道不交叉放射线的刻划符号（图七七，8；图一〇二，9；图版四五，6）。

（25）T2837④层

标本5件。有石斧和斜颈罐、内折沿簋及矮圈足。

石器

石斧　1件（T2837④:15）。砾石，青色。扁薄近长方形，顶断裂已残呈斜面。两面，一面光滑微弧，另一面如有琢痕。两边修直但不平。弧刃单面打制，不锋利。残长12.8、宽7.6、厚2.8厘米（图七八，2）。

陶器

斜颈罐　1件（T2837④:18）。泥质红陶，内沿施浅红衣，胎较薄，匀称。侈口，束颈，折沿外斜，尖唇，斜弧肩，腹已残。肩饰竖绳纹。口径16、残高6厘米（图七六，20）。

内折沿簋　2件。皆泥质红陶，外壁施浅红衣。T2837④:16，敛口，内折沿，斜方唇，弧折腹内收，腹下已残。素面。口径21、残高6厘米（图七六，6）。T2837④:19，敛口，内折沿，尖圆唇，沿面微凹，折腹弧内收，已残。素面。口径13、残高3.4厘米（图七六，28）。

矮圈足　1件（T2837④:22）。泥质陶外红内黑。上部已残，仅剩弧腹圜底下附矮圈足残片，足壁外弧。素面。足径8、残高2.6厘米（图七六，19）。

（26）T2838③B层

标本2件。均为陶器，有凹折沿彩陶罐和有刻划符号残圈足。

凹折沿彩陶罐　1件（T2838③B:19）。夹草末红陶，外壁、内沿施浅红衣。侈口，束颈，凹折沿，尖圆唇，长斜肩，腹已残。肩饰数条黑彩带状纹，似一粗三细四周带状纹，下还有其他纹饰。口径11、残高7厘米（图七六，11）。

有刻划符号残圈足　1件（T2838③B:22）。泥质黑陶。仅剩圜底和矮小圈足，足壁外斜稍外撇。素面。足外底有刻划符号，笔画较粗较浅，似烧制后加上去的（图七七，2；图一〇二，19；图版二一，2）。

（27）T2840④层

标本4件。均为陶器，有凹折沿小罐、折沿罐、曲颈瓮和小口瓮。

凹折沿小罐　1件（T2840④:3）。夹炭黄陶，胎较薄，器形较小。侈口，折沿，沿面深凹，尖唇，斜弧肩，腹已残。素面。口径12、残高3.6厘米（图七六，27）。

折沿罐　1件（T2840④:2）。夹炭红陶，外壁、内沿施深红衣。侈口，宽折沿，尖唇，束颈，斜肩，肩下已残。素面。口径22、残高5.4厘米（图七六，1）。

图七六　T2731④层、T2837④层、T2838③B 层、T2840④层、T2938③层、T3133④层、T3233④层、T3234④层、T3333③B 层出土陶器

1、9. 折沿罐（T2840④:2、T2731④:12）　2、7. 凹折沿罐（T2731④:11、T3133④:7）　3. 曲颈瓮（T2840④:1）　4、5. 子母口簋（T2731④:24、T2731④:25）　6、28. 内折沿簋（T2837④:16、T2837④:19）　8. 曲颈彩陶瓮（T3333③B:15）　10. 高领彩陶罐（T3333③B:16）　11、22. 凹折沿彩陶罐（T2838③B:19、T2938③:8）　12. 束颈罐（T2938③:6）　13. 斜颈小罐（T2731④:16）　14、23. 侈口碗（T3234④:20、T3333③B:18）　15. 外折沿器盖盘（T3133④:9）　16. 敞口碗（T2938③:3）　17～19. 矮圈足（T3233④:8、T2938③:10、T2837④:22）　20. 斜颈罐（T2837④:18）　21. 曲颈瓶（T2731④:14）　24、25. 支座（T3233④:7、T2938③:1）　26. 小口瓮（T2840④:4）　27. 凹折沿小罐（T2840④:3）

曲颈瓮　1件（T2840④:1）。夹炭红陶，外壁施鲜红衣，内沿施橘红衣。近直口，曲颈内凹外弧，扁圆唇，束颈，广弧肩，肩下已残。外口下饰一周不明显凹槽，使口沿呈扁圆唇。口径13、残高4.8厘米（图七六，3）。

小口瓮　1件（T2840④:4）。夹炭褐陶。小直口，尖圆唇，矮直颈，广弧肩，肩下残。素面。口径7、残高3.2厘米（图七六，26）。

（28）T2938③层

标本9件。均为陶器，有凹折沿彩陶罐、束颈罐、敞口碗、支座、矮圈足和有刻划符号矮圈足。

凹折沿彩陶罐　1件（T2938③:8）。夹炭、夹砂和草末红陶，外壁、内沿施深红衣，绘黑彩。侈口，束颈，凹折沿，尖唇，斜肩，肩下已残。内沿绘一粗两细三周带状纹，两周细带纹间有三斜划为一组的图案，外沿也有带状纹。口径18、残高3.5厘米（图七六，22）。

束颈罐　1件（T2938③:6）。泥质磨光黑陶。侈口，束颈，卷沿外仰，尖唇，斜溜肩已残。素面。口径15、残高4.6厘米（图七六，12）。

敞口碗　1件（T2938③:3）。泥质磨光黑陶。敞口，小方唇，弧腹较深，底已残，有圈足痕。素面。口径14、残高5.2厘米（图七六，16）。

支座　1件（T2938③:1）。夹砂红陶。属实心有纹倾斜型。高8.8厘米（图七六，25）。

矮圈足　1件（T2938③:10）。泥质磨光黑陶。上部已残，仅剩矮圈足和圜底，足壁外弧近外斜。素面。足径6.4、残高2.2厘米（图七六，18）。

有刻划符号矮圈足　4件。T2938③:45，泥质磨光黑陶。仅存圜底及下附矮小圈足，足壁外弧，素面。足外底有刻划符号（图一〇二，28；图版二五，3）。足径6、残高1.6厘米（图七七，4）。T2938③:46，泥质黑陶。仅存圜底下附低矮小圈足，足壁外弧。素面。足外底有刻划符号（图一〇二，22；图版三八，3）。足径5、残高1.6厘米（图七七，6）。T2938③:47，泥质黑陶。仅存圜底和壁稍残较高矮圈足，足壁外弧，有一周已残凹槽，而呈双叠层。足外底有刻划符号（图七七，3；图一〇二，21；图版三八，2）。T2938③:48，泥质磨光黑陶。仅存圜底下附实心假圈足，平底深凹。凹平底上有刻划符号（图七七，1；图一〇二，25；彩版九，5；图版二八，6）。

（29）T3133④层

标本2件。均为陶器，为凹折沿罐和外折沿器盖盘。

凹折沿罐　1件（T3133④:7）。夹炭和草末浅红陶。侈口，束颈，折沿，沿面微凹，沿外一周凹弦，方圆唇，斜肩已残。素面。口径24、残高4.9厘米（图七六，7）。

外折沿器盖盘　1件（T3133④:9）。夹炭红陶，外施深红衣。残盖盘为敞口，外折沿，尖圆唇，浅弧腹，腹部和器盖纽残。素面。口径16、残高2.4厘米（图七六，15）。

（30）T3233④层

标本2件。均为陶器，为支座和矮圈足。

支座　1件（T3233④:7）。夹砂红陶。属内空素面倾斜型。顶径4.6～5.4、残高9.2厘米（图七六，24）。

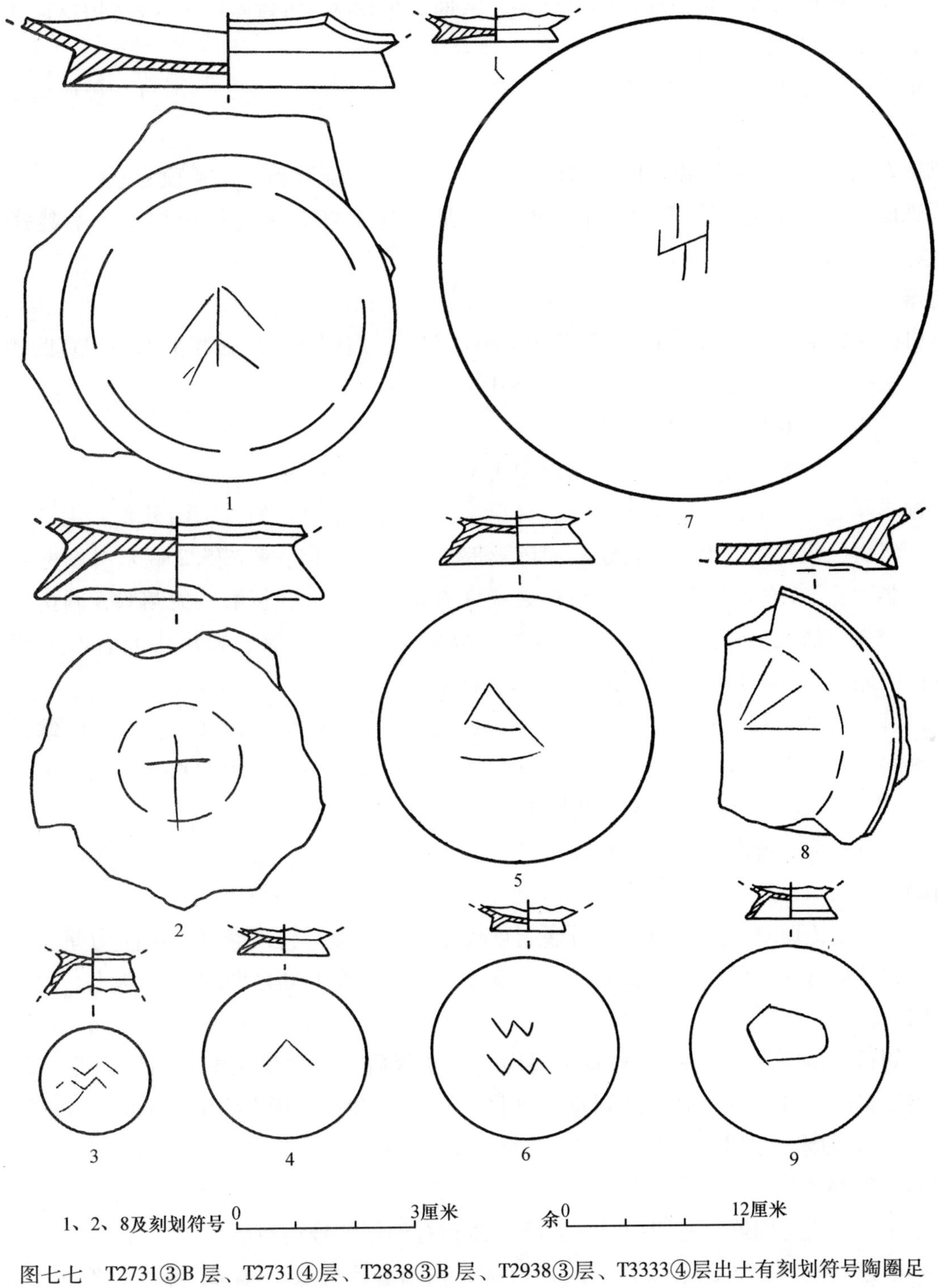

图七七　T2731③B层、T2731④层、T2838③B层、T2938③层、T3333④层出土有刻划符号陶圈足

1～6、8、9. 有刻划符号矮圈足（T2938③:48、T2838③B:22、T2938③:47、T2938③:45、T2731④:1、T2938③:46、T2731④:2、T3333④:31）　7. 有刻划符号假圈足（T2731③B:3）

矮圈足　1件（T3233④:8）。夹炭红陶，外施深红衣。上部已残，仅剩矮圈足和圜底残片，足壁如粗凸棱，外壁呈折棱，内壁外斜。素面。足径9、残高2.6厘米（图七六，17）。

（31）T3234④层

标本2件。为亚腰石锄和陶侈口碗。

石器

亚腰石锄　1件（T3234④:18）。砾石片，灰色。扁薄亚腰形，窄弧顶为原砾面。两面，一面为原砾面，另一面打制。两边打制，两肩明显，宽弧刃未作进一步加工，不甚锋利。长13.6、宽9.5、厚2.7厘米（图七八，4）。

陶器

侈口碗　1件（T3234④:20）。泥质红褐陶。敞口，扁圆唇，斜弧腹上部一周宽凹槽，弧腹下已残。素面。口径16、残高3.3厘米（图七六，14）。

（32）T3333③B层

标本3件。均为陶器，有高领彩陶罐和曲颈彩陶瓮、侈口碗。

高领彩陶罐　1件（T3333③B:16）。夹草末红衣陶。直口内斜，窄沿外斜，尖唇外凸，直颈外斜，斜肩已残。颈部上、下各绘一周黑彩带状纹。口径13、残高5.2厘米（图七六，10）。

曲颈彩陶瓮　1件（T3333③B:15）。夹炭红衣陶。侈口，凹折沿，尖圆唇，因折沿近直而呈曲颈，广弧肩已残。口内绘一周、口外绘三周黑彩带状纹。又，口沿中间有四个圆形小镂孔，皆由内向外钻孔。口径24、残高6厘米（图七六，8）。

侈口碗　1件（T3333③B:18）。泥质红陶，内沿、外壁施鲜红衣。侈口，束颈，斜沿外卷，尖圆唇，弧折腹内收，底残。素面。口径20、残高2.9厘米（图七六，23）。

（33）T3333④层（包括T3333④B层1件）

标本2件。为石斧和有刻划符号矮圈足。

石器

石斧　1件（T3333④B:24）。砾石磨制。较厚体近梯形，斜顶磨制，两面为原面，两边磨平，斜弧刃两面磨制，较锋利。长15.6、宽7.6、厚3厘米（图七八，5；图版七，3）。

陶器

有刻划符号矮圈足　1件（T3333④:31）。泥质黑陶。上残仅足壁外斜矮圈足。足壁中上部饰一周凹弦纹。外底有一完整刻划符号（图一〇二，29；彩版九，6；图版三〇，1）。足径6.2、残高2.2厘米（图七七，9）。

（34）T3334④层

标本4件。均为陶器，有凹折沿罐、敞口钵和有刻划符号矮圈足。

凹折沿罐　1件（T3334④:17）。夹炭红陶，内沿施浅红衣。侈口，束颈，宽折沿，圆唇，斜肩已残。颈下肩部饰竖绳纹。口径23、残高5.8厘米（图七九，2）。

敞口钵　1件（T3334④:18）。泥质红陶。敞口，尖圆唇，深弧腹下已残。素面。口径25、残高6.4厘米（图七九，24）。

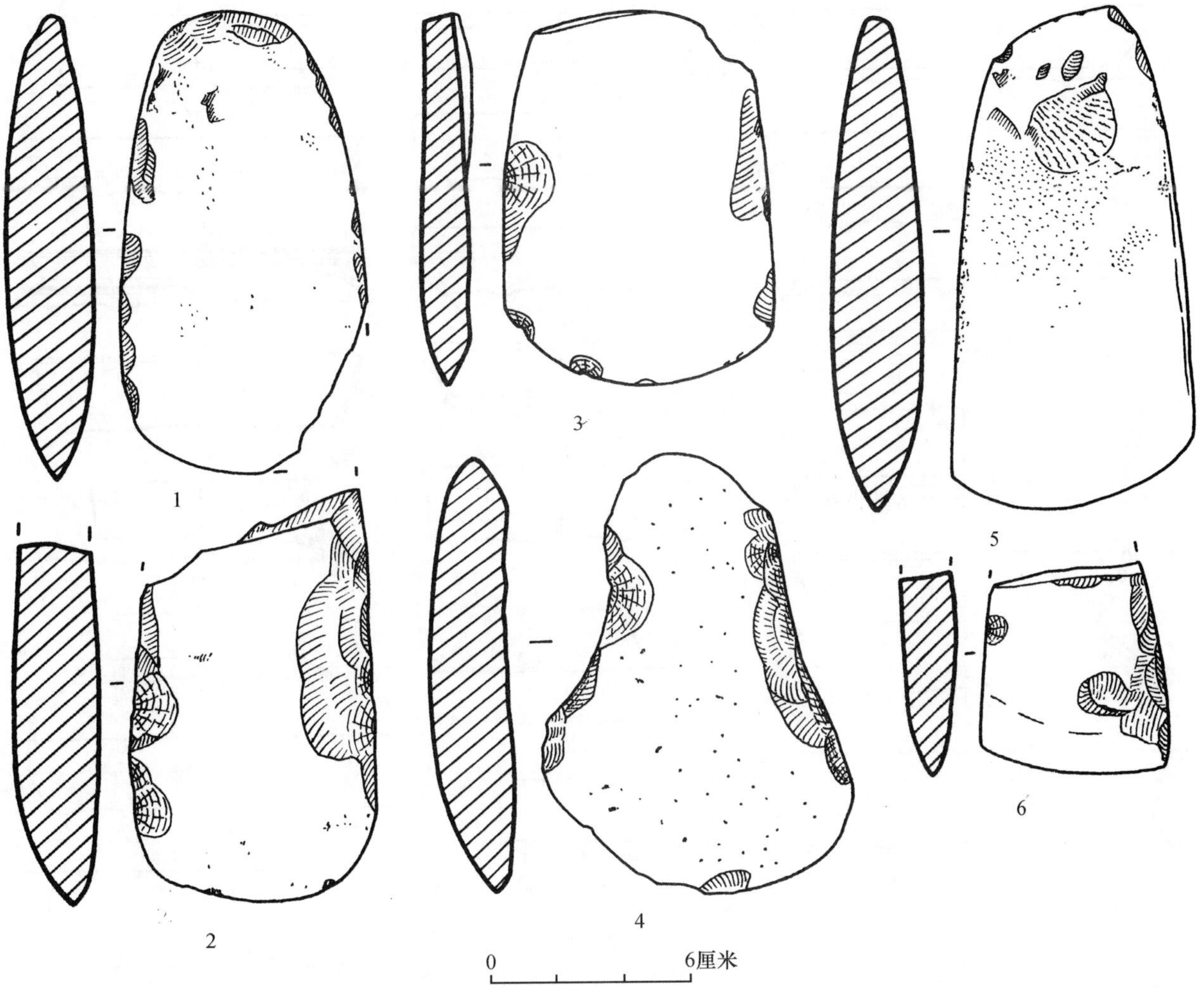

图七八　T2731③B层、T2837④层、T3234④层、T3333④层、T3433③C层出土石器

1～3、5、6. 石斧（T2731③B∶8、T2837④∶15、T3433③C∶30、T3333④B∶24、T2731③B∶9）　4. 亚腰石锄（T3234④∶18）

有刻划符号矮圈足　2件。T3334④∶25，泥质磨光黑陶。上残，仅剩圜底下附矮圈足，足壁外斜。饰两周凹弦纹。足底有一完整刻划符号（图一〇二，24；图版三八，6）。足径6.5、残高2.3厘米（图八〇，7）。T3334④∶26，泥质黑陶。上残，仅剩足壁外斜矮圈足，足壁外斜。饰一周凹弦纹。足底有一完整刻划符号（图一〇二，8；图版三三，2）。足径7、残高2.2厘米（图八〇，6）。

（35）T3433③B层

标本7件。均为陶器，有凹折沿罐、斜颈罐、斜颈小罐、高领瓮、敛口碗和有刻划符号矮圈足。

凹折沿罐　2件。T3433③B∶14，夹炭夹草末浅红陶，内沿施深红衣。侈口，宽凹折沿，方圆唇，束颈，斜弧肩，肩下已残。肩饰竖绳纹。口径28、残高6厘米（图七九，7）。T3433③B∶15，泥质夹草末黄陶。侈口，折沿，沿面内凹外弧，尖唇，束颈，斜肩，肩下已残。素面。口径20、残高3.6厘米（图七九，18）。

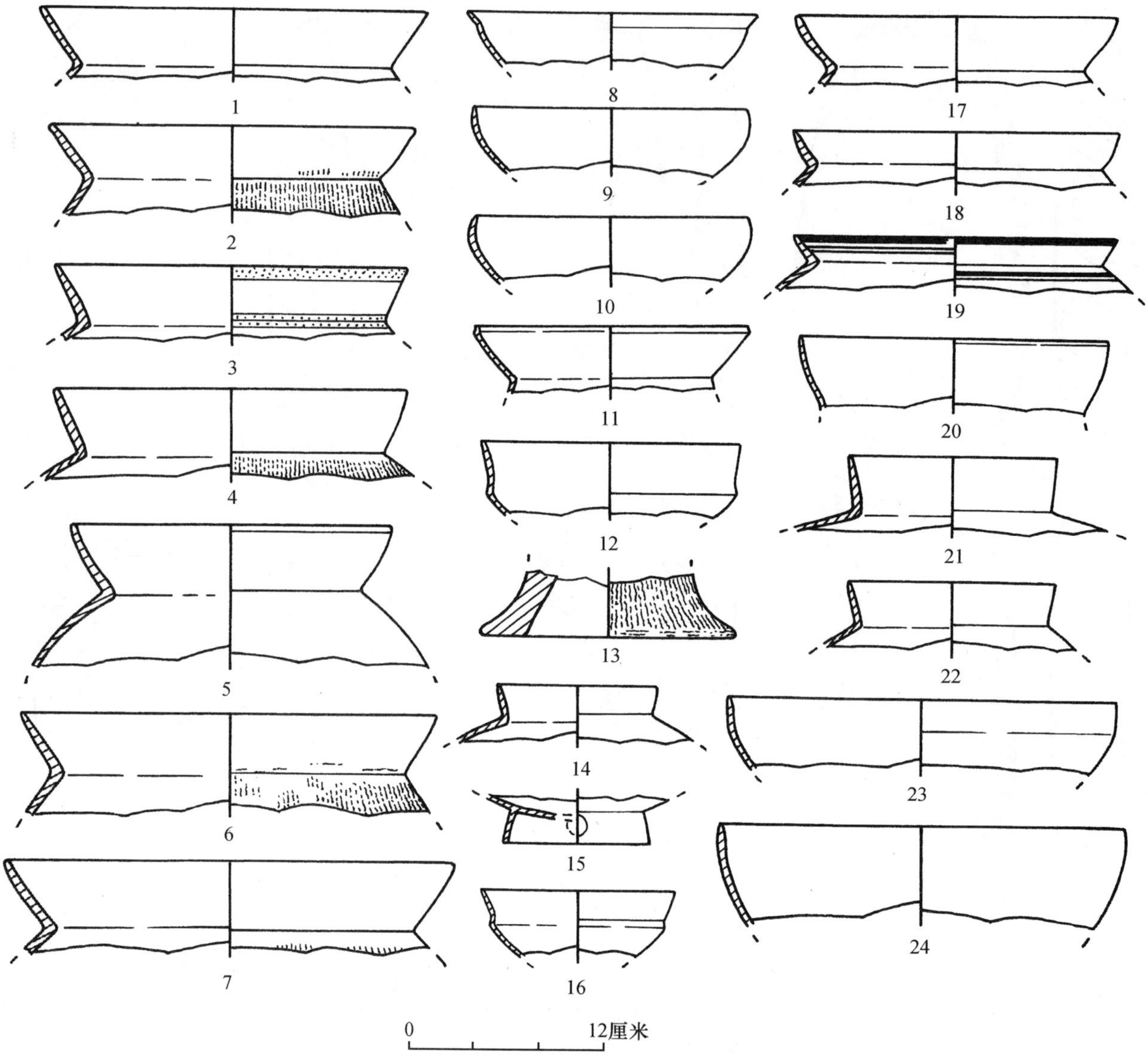

图七九　T3334④层、T3433③B 层、T3433③C 层、T3445③B 层、T3446③层、T3447③B 层出土陶器

1、6. 折沿罐（T3445③B: 8、T3446③: 6）　2、5、7、17、18. 凹折沿罐（T3334④: 17、T3446③: 8、T3433③B: 14、T3446③: 7、T3433③B: 15）　3. 斜颈彩陶罐（T3445③B: 7）　4. 斜颈罐（T3433③B: 49）　8. 侈口碗（T3446③: 14）　9、10. 敛口碗（T3446③: 17、T3433③B: 18）　11. 碗口状瓶（T3433③C: 35）　12. 直口碗（T3446③: 16）　13. 喇叭状器座（T3433③C: 31）　14、22. 斜颈小罐（T3433③C: 38、T3433③B: 16）　15. 矮圈足（T3433③C: 41）　16、20. 折腹碗（T3433③C: 32、T3447③B: 11）　19. 折沿彩陶罐（T3445③B: 1）　21. 高领瓮（T3433③B: 13）　23. 直口盘（T3446③: 13）　24. 敞口钵（T3334④: 18）

斜颈罐　1 件（T3433③B: 49）。夹砂浅红陶。侈口，宽折沿，尖圆唇，束颈，弧肩，肩下已残。肩饰竖绳纹。口径 22、残高 5.9 厘米（图七九，4）。

斜颈小罐　1 件（T3433③B: 16）。泥质夹草末红陶，外壁、内沿施深红衣。直口外斜，尖圆唇，高直颈下内束，弧肩，肩下已残。素面。口径 13、残高 4 厘米（图七九，22）。

高领瓮　1件（T3433③B:13）。夹炭红陶，内沿、外壁施深红衣。直口，尖圆唇，高直颈下内束，广肩，肩下已残。素面。口径13、残高4.8厘米（图七九，21）。

敛口碗　1件（T3433③B:18）。泥质黑陶。敛口，尖唇，浅弧腹，腹下已残。素面。口径17、残高4.3厘米（图七九，10）。

有刻划符号矮圈足　1件（T3433③B:48）。泥质黑陶。仅存圜底和矮圈足残片，足壁外弧近直，素面。足外底有残刻划符号（图一〇二，7；图版四〇，2）。足径6、残高1.2厘米（图八〇，1）。

（36）T3433③C层

标本7件。有石斧和陶斜颈小罐、碗口状瓶、折腹碗、喇叭状器座、矮圈足及有刻划符号矮圈足底片。

石器

石斧　1件（T3433③C:30）。大石片，青色。扁薄近梯形，弧顶打制近平。两面一面为原砾面，另一面打制，两边修直略磨，但不平。弧刃两面磨制，有使用痕，仍锋利。长11.6、宽8.3、厚1.7厘米（图七八，3）。

陶器

斜颈小罐　1件（T3433③C:38）。泥质夹草末红陶，外壁、内沿施浅红衣。小直口外斜，尖圆唇，矮颈下内束，广弧肩，腹已残。素面。口径10、残高3.6厘米（图七九，14）。

碗口状瓶　1件（T3433③C:35）。泥质陶外红内黑，外壁施浅红衣。子母口，尖圆唇直立，窄沿外斜，折肩斜内收，折腹下垂，稍外斜，但腹大部残。素面。口径17、残高4.2厘米（图七九，11）。

折腹碗　1件（T3433③C:32）。泥质磨光黑陶。敞口，斜沿微上弧，方唇，折腹再内折弧收，下腹已残。外口下一周凹弦。口径12、残高4.4厘米（图七九，16）。

喇叭状器座　1件（T3433③C:31）。泥质夹草末红陶。上部已残，仅剩器座，底部器壁外撇呈喇叭状，足根尖圆唇外凸，底平中空。上、下部饰竖绳纹。足径16、残高4.2厘米（图七九，13）。

矮圈足　1件（T3433③C:41）。泥质磨光黑陶。上部已残，仅剩矮圈足和圜底残片，足壁外弧近直。足饰两周凹弦纹，使足壁呈三叠层，又饰较大圆形镂孔，约四个。足径9.2、残高3厘米（图七九，15）。

有刻划符号矮圈足底片　1件（T3433③C:47）。泥质黑陶。仅存圜底残片，底下有已脱落圈足印痕。又有一完整刻划符号（图八〇，2；图一〇二，2；图版二四，2）。

（37）T3445③B层（包括T3445③下层）

标本4件。均为陶器，有折沿罐、折沿彩陶罐、斜颈彩陶罐、有刻划符号矮圈足。

折沿罐　1件（T3445③B:8）。泥质夹草末红陶，内沿施深红衣。侈口，束颈，宽折沿，尖圆唇，斜肩已残。肩饰竖绳纹。口径24、残高4.4厘米（图七九，1）。

折沿彩陶罐　1件（T3445③B:1）。泥质红陶，外壁、内沿施红衣。侈口，折沿，圆唇，束颈，鼓肩，肩下已残。外沿、肩、内沿施黑彩纹。口径 20、残高 3.4 厘米（图七九，19）。

斜颈彩陶罐 1 件（T3445③B:7）。夹炭红陶，内沿施深红衣。侈口，束颈，斜折沿，沿面上弧，尖圆唇，广弧肩已残。外口下和颈、肩之间各绘一周红色带状纹。口径 22、残高 4.9 厘米（图七九，3）。

有刻划符号矮圈足 1 件（T3445③下:11）。泥质黑陶。仅存小圜底和相对较高的圈足，足壁外弧，中下部一周宽凹槽，使足呈双叠层。足外底有刻划符号（图一〇二，20；图版四三，5）。足径 5.2、残高 2.2 厘米（图八〇，3）。

（38）T3446③层

标本 11 件。有石斧、石球和陶凹折沿罐、折沿罐、敛口碗、侈口碗、直口碗、直口盘、有刻划符号矮圈足。

石器

石斧 2 件。T3446③:1，砾石，灰色夹密集白斑点。扁弧近长梯形，斜弧顶，顶两面磨制较薄，两面皆原弧面，但又有零星凹痕，两边皆磨制修直近平，弧刃两面磨制，一角残缺，仍锋利。长 16、宽 8.2、厚 3.3 厘米（图八一，2；图版六，5）。T3446③:2，砾石，青色。扁弧近梯形，顶已残，两面为原光滑弧砾面，但一面又零星凹痕，两边，一边为原砾面，另一边琢制都不平，弧刃磨制对称，有使用痕，仍较锋利。长 9、宽 7、厚 2.3 厘米（图八一，4）。

石球 1 件（T3446③:3）。砾石，褐色。自然形成，近圆形，表面布自然凹痕。直径5.1 ~ 5.4 厘米（图八一，5）。

陶器

凹折沿罐 2 件。T3446③:7，夹炭黑陶，内外施黑衣，外表黑衣磨光发亮。侈口，束颈，折沿，沿面深凹，圆唇，斜肩已残。素面。口径 20、残高 4.4 厘米（图七九，17）。T3446③:8，夹炭陶外黑内红。侈口，束颈，折沿，沿面深凹，外沿上部一周凹弦，使口沿呈圆唇，鼓肩，弧腹已残。外唇下饰一周凹弦纹。口径 20、残高 9 厘米（图七九，5）。

折沿罐 1 件（T3446③:6）。夹炭和草末褐陶。侈口，折沿，沿面上弧，尖唇，束颈，斜肩已残。肩饰竖绳纹。口径 26、残高 6.5 厘米（图七九，6）。

敛口碗 1 件（T3446③:17）。泥质磨光黑陶。敛口，尖圆唇，弧腹，腹下已残。素面。口径 17、残高 4.1 厘米（图七九，9）。

侈口碗 1 件（T3446③:14）。泥质红陶，内外施浅红衣。侈口，束颈，卷沿，尖圆唇，弧腹内收，腹下已残。素面。口径 18、残高 3.4 厘米（图七九，8）。

直口碗 1 件（T3446③:16）。泥质陶外红内黑。直口稍外卷，尖圆唇，粗直颈，内壁外弧，折腹弧内收，下已残。素面。口径 16、残高 4.6 厘米（图七九，12）。

直口盘 1 件（T3446③:13）。夹炭红陶。直口稍内斜，尖唇，粗直颈，弧折腹内收，腹下部已残。素面。口径 24、残高 4.6 厘米（图七九，23）。

有刻划符号矮圈足 1 件（T3446③:22）。泥质黑陶。仅存圜底和壁多残矮圈足，足壁外弧。足外底有刻划符号（图八〇，4；图一〇二，14；图版三二，3）。

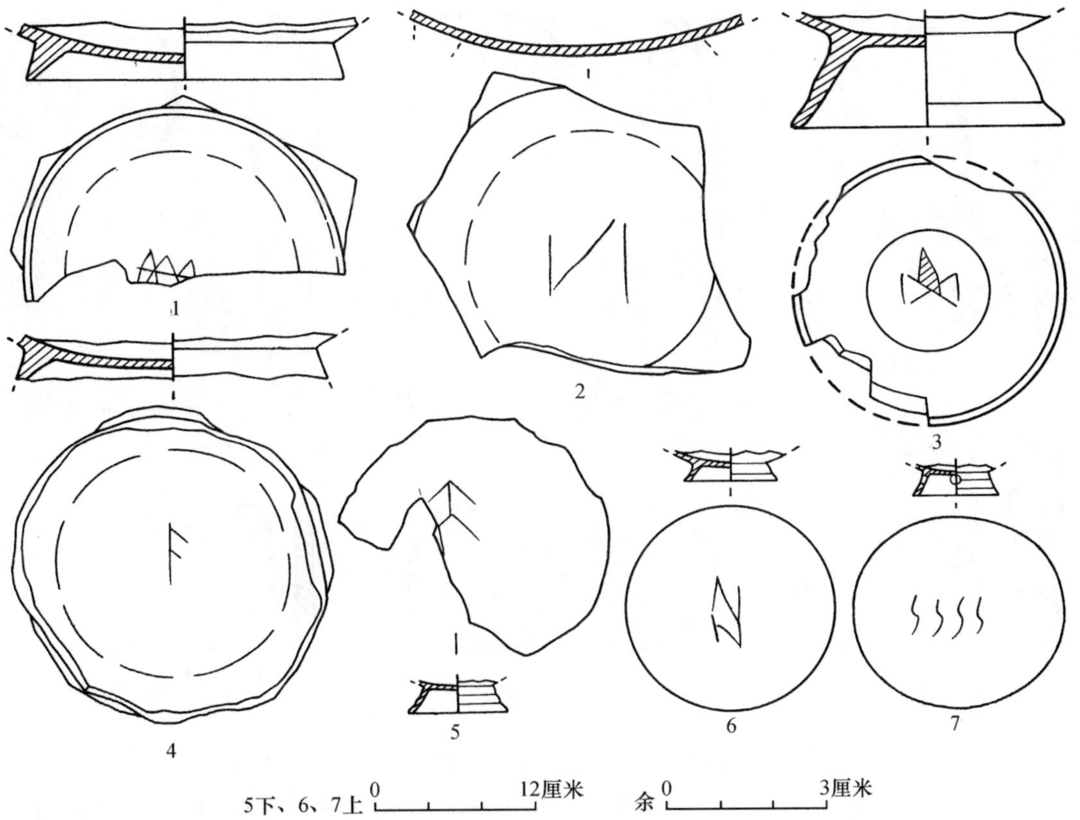

图八〇　T3334④层、T3433③B 层、T3433③C 层、T3445③下层、T3446③层、T3447③B 层出土有刻划符号陶圈足

1、3～7. 有刻划符号矮圈足（T3433③B∶48、T3445③下∶11、T3446③∶22、T3447③B∶19、T3334④∶26、T3334④∶25）

2. 有刻划符号矮圈足底片（T3433③C∶47）

（39）T3447③B 层

标本 2 件。均为陶器，为折腹碗和有刻划符号矮圈足。

折腹碗　1 件（T3447③B∶11）。泥质陶外红内黑，外施浅红衣。敞口，宽凹沿，尖圆唇，折腹已残。外唇饰一周凹槽。口径 19、残高 4.6 厘米（图七九，20）。

有刻划符号矮圈足　1 件（T3447③B∶19）。泥质黑陶。仅存圜底和矮圈足残片，足壁外撇，饰两周凹槽，使足壁呈三叠层。足外底有残刻划符号（图一〇二，26；图版四三，1）。足径 7.6、残高 2.4 厘米（图八〇，5）。

（40）T3533③B 层（加 T3533③C 层、T3533③D 层和 T3533④层）

标本 9 件。有小石锛和陶凹折沿罐、折沿彩陶罐、斜颈彩陶罐、子母口簋、敛口碗、矮圈足、有刻划符号矮圈足。

石器

小石锛　1 件（T3533③C∶16）。小砾石，青色。器形甚小，扁薄近梯形，斜弧顶及两面为原砾面，两边皆磨制较直但不平，平刃单面磨制，较锋利。长 5.4、宽 3、厚 0.8 厘米（图八一，6）。

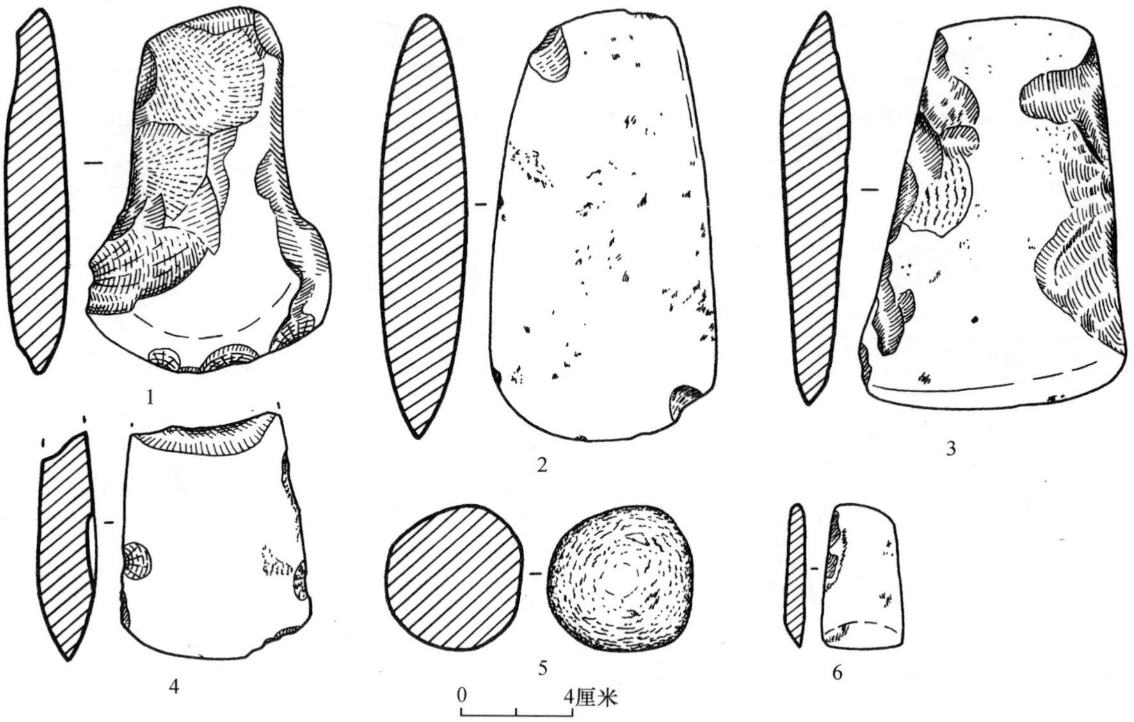

图八一　T3446③层、T3533③C层、T3534③B层出土石器

1. 双肩石锄（T3534③B: 25）　2～4. 石斧（T3446③: 1、T3534③B: 24、T3446③: 2）　5. 石球（T3446③: 3）　6. 小石锛（T3533③C: 16）

陶器

凹折沿罐　1件（T3533③D: 26）。夹炭浅红陶，内沿施浅红衣。侈口，宽凹折沿，尖圆唇，束颈，斜肩已残。颈、肩饰竖绳纹。口径24、残高5厘米（图八二，7）。

折沿彩陶罐　1件（T3533③C: 21）。夹炭红陶，外壁、内沿施深红衣。侈口，束颈，折沿，沿面内凹，尖唇，斜肩已残。内沿中、上各绘一周带状纹，中间加夹“S”状花纹图案。口径22、残高4厘米（图八二，16）。

斜颈彩陶罐　2件。T3533③B: 13，泥质红陶，外壁、内沿施深红衣。侈口，束颈，宽弧折沿，尖唇，溜肩已残。内沿面、外颈绘黑彩纹，但内沿多脱落，外颈绘一周带状纹。口径16、残高4.2厘米（图八二，3）。T3533③B: 15，泥质红陶，外施深红衣。直口外斜，尖圆唇，斜颈内束，弧肩已残。外肩绘黑彩带纹。口径20、残高3.6厘米（图八二，11）。

子母口簋　1件（T3533③B: 10）。泥质陶外红内黑，外施浅红衣。敛口，内折沿，尖唇直立，呈子母口，弧折腹上鼓下内收，腹下已残。素面。口径17、残高3.8厘米（图八二，2）。

敛口碗　1件（T3533③B: 11）。泥质陶外红内黑，外施浅红衣。敛口，小方唇，浅弧腹，腹下已残。素面。口径20、残高4.4厘米（图八二，8）。

矮圈足　1件（T3533④: 29）。泥质陶外红内黑，外施深红衣。上部斜壁口沿已残，仅剩矮圈足和圜平底残块，足壁外弧。素面。足径8、残高2.9厘米（图八二，9）。

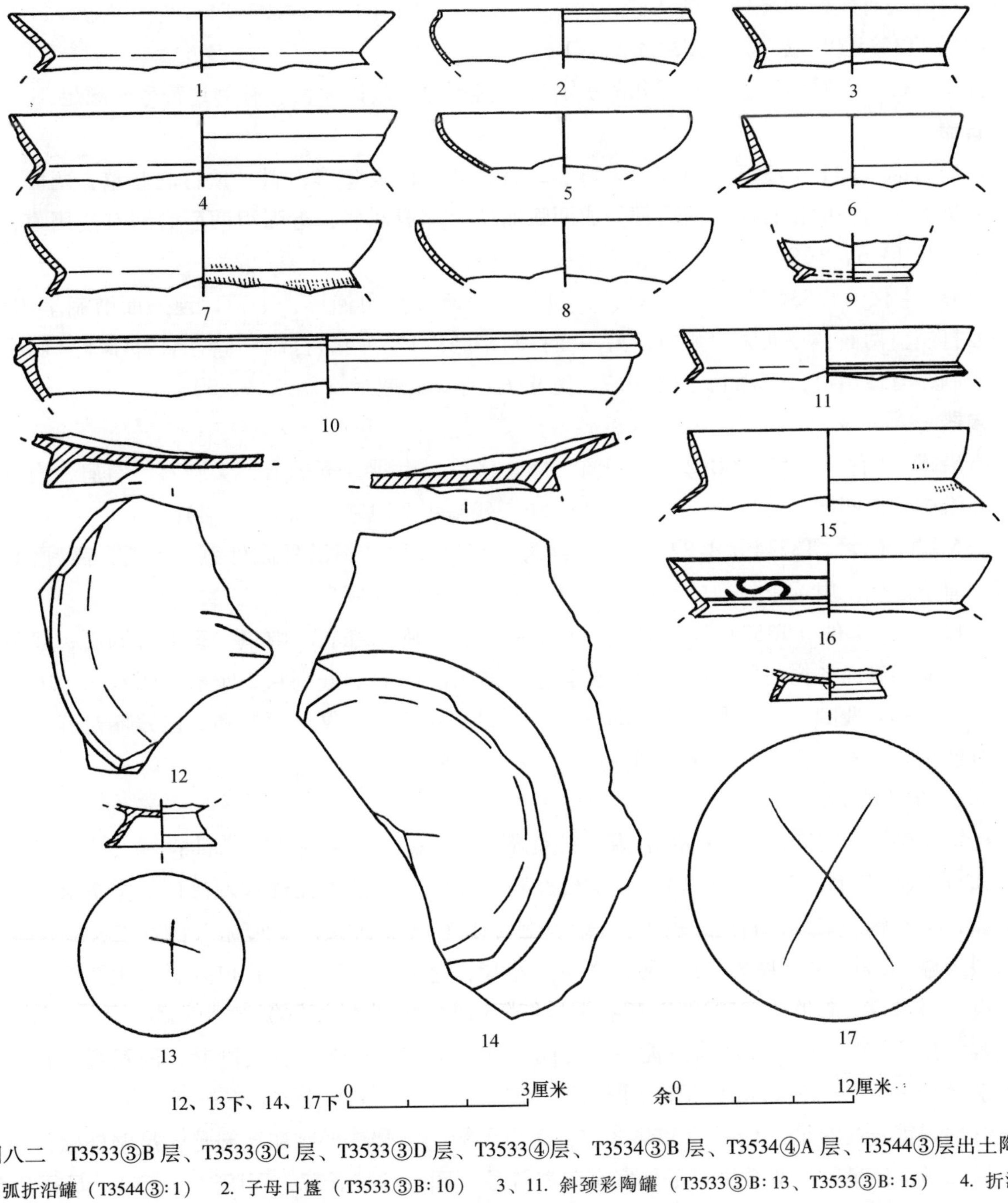

图八二　T3533③B层、T3533③C层、T3533③D层、T3533④层、T3534③B层、T3534④A层、T3544③层出土陶器

1. 弧折沿罐（T3544③:1）　2. 子母口簋（T3533③B:10）　3、11. 斜颈彩陶罐（T3533③B:13、T3533③B:15）　4. 折沿罐（T3534③B:28）　5. 敞口盘（T3544③:6）　6、15. 斜颈罐（T3544③:4、T3534③B:32）　7. 凹折沿罐（T3523③D:26）　8. 敛口碗（T3533③B:11）　9. 矮圈足（T3533④:29）　10. 敛口大盆（T3534③B:30）　12～14、17. 有刻划符号矮圈足（T3533③C:31、T3544③:7、T3534④A:34、T3544③:8）　16. 折沿彩陶罐（T3533③C:21）

有刻划符号矮圈足　1件（T3533③C: 31）。泥质黑陶。仅存圜底和矮圈足残片，足壁低矮外弧。足外底有残刻划符号（图八二，12；图一〇二，6；图版二六，2）。

（41）T3534③B层（加T3534④A层1件）

标本6件。有双肩石锄、石斧和陶折沿罐、斜颈罐、敛口大盆、有刻划符号残圈足。

石器

双肩石锄　1件（T3534③B: 25）。砾石，青色。扁薄亚腰形，斜平顶打制修整，两面，一面为原砾面，另一面稍打制，两边都修成凹弧而使上部成双肩，近弧刃两面磨制有使用痕，已不锋利。长13.6、宽9、厚2.3厘米（图八一，1）。

石斧　1件（T3534③B: 24）。石片，黑色。扁薄近直角梯形，平顶，顶一面磨制呈刃状，另一面打制。两面，一面为原弧面，另一面打制稍磨近平。两边打制一斜一直都不平。斜平刃两面磨制，有使用痕，不锋利。长14.7、宽9.7、厚2.6厘米（图八一，3）。

陶器

折沿罐　1件（T3534③B: 28）。泥质红陶。侈口，束颈，宽折沿，尖圆唇，斜肩，肩下已残。外沿施一周凹槽，使口沿双叠层。口径26、残高4.9厘米（图八二，4）。

斜颈罐　1件（T3534③B: 32）。夹炭红陶。直口外斜，斜沿外微外弧，尖唇，高颈内束，弧肩，肩下已残。肩饰未抹净的竖绳纹。口径19、残高5.4厘米（图八二，15）。

敛口大盆　1件（T3534③B: 30）。夹炭红陶，内外施深红衣。敛口，粗大方圆唇，浅弧腹已残。沿面和唇面各饰两周凹弦纹，未见其他纹饰。口径41、残高4.2厘米（图八二，10）。

有刻划符号残圈足　1件（T3534④A: 34）。泥质棕黄陶。仅存圜底和壁已残圈足残片。足外底有残刻划符号（图八二，14；图一〇二，23；图版二三，1）。

（42）T3544③层

标本5件。均为陶器，有弧折沿罐、斜颈罐、敞口盘、有刻划符号矮圈足。

弧折沿罐　1件（T3544③: 1）。夹炭橘红陶，外壁、内沿施浅红衣。侈口，宽折沿，沿面微上弧，尖圆唇，束颈，斜肩，肩下已残。素面。口径26、残高4.2厘米（图八二，1）。

斜颈罐　1件（T3544③: 4）。夹炭红陶，外壁、内沿施橘红衣。直口外斜，尖圆唇，高直颈下束，斜弧肩，肩下残。素面。口径15、残高5厘米（图八二，6）。

敞口盘　1件（T3544③: 6）。泥质橘红陶，外施鲜红衣。敞口，尖圆唇，浅弧腹，腹下已残。素面。口径17、残高4.1厘米（图八二，5）。

有刻划符号矮圈足　2件。T3544③: 7，泥质黑陶。仅剩圜平底和矮圈足，足壁外撇，中上部一周凹槽，使足壁呈双叠层。足外底有刻划符号（图一〇二，17；图版二一，1）。足径7.6、残高2.8厘米（图八二，13）。T3544③: 8，泥质黑陶。仅存圜底和矮圈足，足壁外弧，饰四个不等距小圆镂孔，又饰两周凹弦，使足壁呈三叠层。足外底有刻划符号（图一〇二，5；图版二一，5）。足径7.9、残高2厘米（图八二，17）。

（43）T3545③B层（加T3545④层1件）

标本65件。有石斧、小石球和陶凹折沿罐、折沿罐、折沿小罐、折沿彩陶罐、弧折沿罐、弧折沿小罐、斜颈罐、斜颈彩陶罐、曲颈罐、小口瓮、子母口簋、敛口碗、子母口碗、侈口碗、敞口碗、玩具小碗、彩陶钵、鼓形大器座、弧肩小器座、支座、器耳、矮圈足、彩陶矮圈足。

石器

石斧　7件。T3545③B:48，石，青灰色。残，仅剩刃部一角，两面皆为原面，一面光滑，另一面磨光，有原似琢痕的凹痕，侧边略磨不平，弧扁，平刃两面磨光，不甚锋利。残长7.6、宽6.6、厚1.9厘米（图八三，1）。T3545③B:50，砾石，青灰色。扁薄近梯形，弧顶，两侧为弧边，两面微弧，都是原砾石原面，刃大部已残。两面磨制，较锋利。长10.2、宽7.8、厚2.1厘米（图八三，4）。T3545③B:53，砾石，棕色。扁薄不一近椭圆形，顶打制仍凹凸不平，两面为原面都略打制，两边原面略打制，弧刃一侧两面磨制，但多为打制，而不锋利。长13.8、宽8.7、厚2.8厘米（图八三，8）。T3545③B:56，砾石，青色。体较厚呈梯形，顶已残，两面皆原面都是中部较厚弧面。两边磨平有疤痕，弧刃两面磨光，甚锋利。残长6.2、宽7.5、厚3厘米（图八三，3）。T3545③B:57，凹边砾石，青色。扁薄近靴形，弧顶，直边皆磨平，凹边为天然裂口而平，两面皆原面，一面略打制，斜刃两面磨光，较锋利。长7.2、宽4.3、厚1.5厘米（图八三，9）。T3545③B:61，砾石，青灰色。顶已断，刃已残，扁平近梯形，两面原面较平，两边，一扁弧，另边近平，弧刃一角已残，单面磨制，有使用痕，已不锋利。残长7.6、宽6.5、厚2.2厘米（图八三，2）。T3545③B:63，石片，青灰色。顶残，扁薄近长方形，两面一为原面，一侧较厚，两边，一边打制修直，另一边为石片边，弧刃，锋利。残长5.6、宽4.5、厚1.5厘米（图八三，10）。

小石球　4件。T3545③B:51，小砾石，灰色混杂。天然形成。近扁圆形，周边有滚击片疤，且有密集坑疤。直径7～7.4、厚5厘米（图八三，11）。T3545③B:54，小砾石，黑色。天然形成。扁圆形，甚小，局部有破痕。直径2.5～2.6、厚1.7厘米（图八三，5）。T3545③B:55，小砾石，黑色。天然形成。扁圆形，甚小，布满密集凹痕。直径3.1、厚2.4厘米（图八三，7）。T3545③B:59，小砾石，灰褐色。天然形成。扁圆形，周边似经敲琢而布满密集坑疤，两面近平也为天然原面。直径5.7～5.9、厚4.4厘米（图八三，6）。

陶器

凹折沿罐　4件。T3545③B:8，夹炭草末红陶，外局部残存深红衣。侈口，束颈，折沿稍凹，尖圆唇，肩已残。素面。口径26、残高4.5厘米（图八四，1）。T3545③B:18，夹炭夹草末橘红陶，外施深红衣。侈口，仰折沿甚宽内凹，尖圆唇，束颈，肩已残。素面。口径18、残高4.8厘米（图八四，22）。T3545③B:67，夹炭红陶。侈口，折沿下部微内凹，尖唇，束颈，弧肩下残。素面。口径24、残高4.1厘米（图八四，9）。T3545④:93，夹炭夹草末红陶。侈口，宽凹折沿，尖唇，束颈，斜肩已残。肩饰竖绳纹。口径24、残高5.3厘米（图八四，10）。

折沿罐　4件。T3545③B:15，夹炭夹草末红陶。侈口，宽折沿，尖唇，束颈，鼓肩，腹已残。外沿至残腹似竖粗绳纹，但不明显。口径24、残高6.2厘米（图八四，4）。T3545③B:16，夹炭夹草末红陶。侈口，宽折沿，圆唇，束颈呈一周深凹槽，鼓肩，腹已残。沿饰四周深凹弦纹，而呈多叠层。口径19、残高5.6厘米（图八四，21）。T3545③B:26，夹炭夹草末红陶。侈口，束颈，宽沿，尖唇，肩已残。素面。口径25、残高3.6厘米（图八四，2）。T3545③B:71，泥质红陶，内沿施浅红衣。侈口，折沿，尖唇，束颈，肩残。素面。口径25、残高3.4厘米（图八四，3）。

折沿小罐　1件（T3545③B:9）。夹炭红陶，内唇、器表施深红衣。侈口，折沿，尖圆唇，束颈，弧肩，鼓腹，下已残。素面。口径12、残高5.2厘米（图八四，17）。

折沿彩陶罐　2件。T3545③B:65，夹炭红陶，外施红衣。侈口，折沿，尖唇，束颈，弧肩已残。沿内上部两周、下部一周黑彩带，彩带间又有其他图案。口径28、残高3.7厘米（图八四，13）。T3545③B:68，泥质红陶，外施红衣。侈口，折沿，尖圆唇，束颈，斜肩下已残。沿内饰五周黑彩纹，外沿下部肩有带状深红衣，也成彩纹。口径19、残高3.3厘米（图八四，24）。

弧折沿罐　1件（T3545③B:10）。泥质红陶，内沿施深红衣。侈口，折沿，圆唇，束颈，肩残。外沿上部饰三周凹弦纹，使外沿呈多层状，甚有特色。口径24、残高3.1厘米（图八四，6）。

弧折沿小罐　1件（T3545③B:11）。夹草末深红陶，外表、内沿施深红衣。侈口，折沿外卷，尖唇，束颈，弧肩，下已残。颈、肩间绘一周带状红衣彩纹。口径14、残高3.2厘米（图八四，15）。

斜颈罐　8件。T3545③B:4，夹炭陶外黑内红，内沿施红衣。侈口，折沿，尖圆唇，束颈，弧肩已残。沿下局部和肩上有竖细绳纹。口径26、残高5.4厘米（图八四，12）。T3545③B:6，泥质夹草末黄陶。侈口，折沿甚宽上仰，尖圆唇，束颈，弧肩，腹已残。素面。口径25、残高9.2厘米（图八四，11）。T3545③B:17，泥质夹草末红陶，外施红衣。侈口，宽折沿，圆唇外凸，束颈，肩已残。素面。口径23.8、残高5.4厘米（图八四，7）。T3545③B:22，夹砂和草末红陶。侈口，束颈，宽沿，尖唇，鼓弧肩，腹已残。颈、肩间一周凹槽，肩部饰竖细绳纹。口径23、残高6.4厘米（图八四，5）。T3545③B:25，夹炭红陶，外施深红衣。近直口，高颈外弧内凹，扁圆唇外凸，广肩已残。沿上饰一周凹槽。口径14、残高3.9厘米（图八四，16）。T3545③B:27，夹炭红陶，直口外斜，高颈圆唇外凸，肩已残。素面。口径24、残高5厘米（图八四，8）。T3545③B:29，夹炭陶外黑内红，器表黑衣磨光发亮。侈口，斜折沿微凹，方圆唇外凸，束颈，弧肩已残。口沿下一周凹弦纹。口径18、残高5厘米（图八四，25）。T3545③B:33，泥质夹草末红陶。侈口，束颈，折沿甚宽，尖圆唇，肩已残。素面。口径28、残高6厘米（图八四，14）。

斜颈彩陶罐　2件。T3545③B:5，泥质红陶，沿内和外肩以下各施红衣。侈口，折沿，尖唇，束颈，弧肩已残。外沿下和颈肩之间各有一周带状深红衣，故可称红色彩纹。口径19、残高4.6厘米（图八四，23）。T3545③B:66，夹炭红陶，内外施红衣。直口外侈，高颈下束，尖唇，弧肩已残。颈饰抹糊斜黑彩带。口径13、残高4.7厘米（图八四，18）。

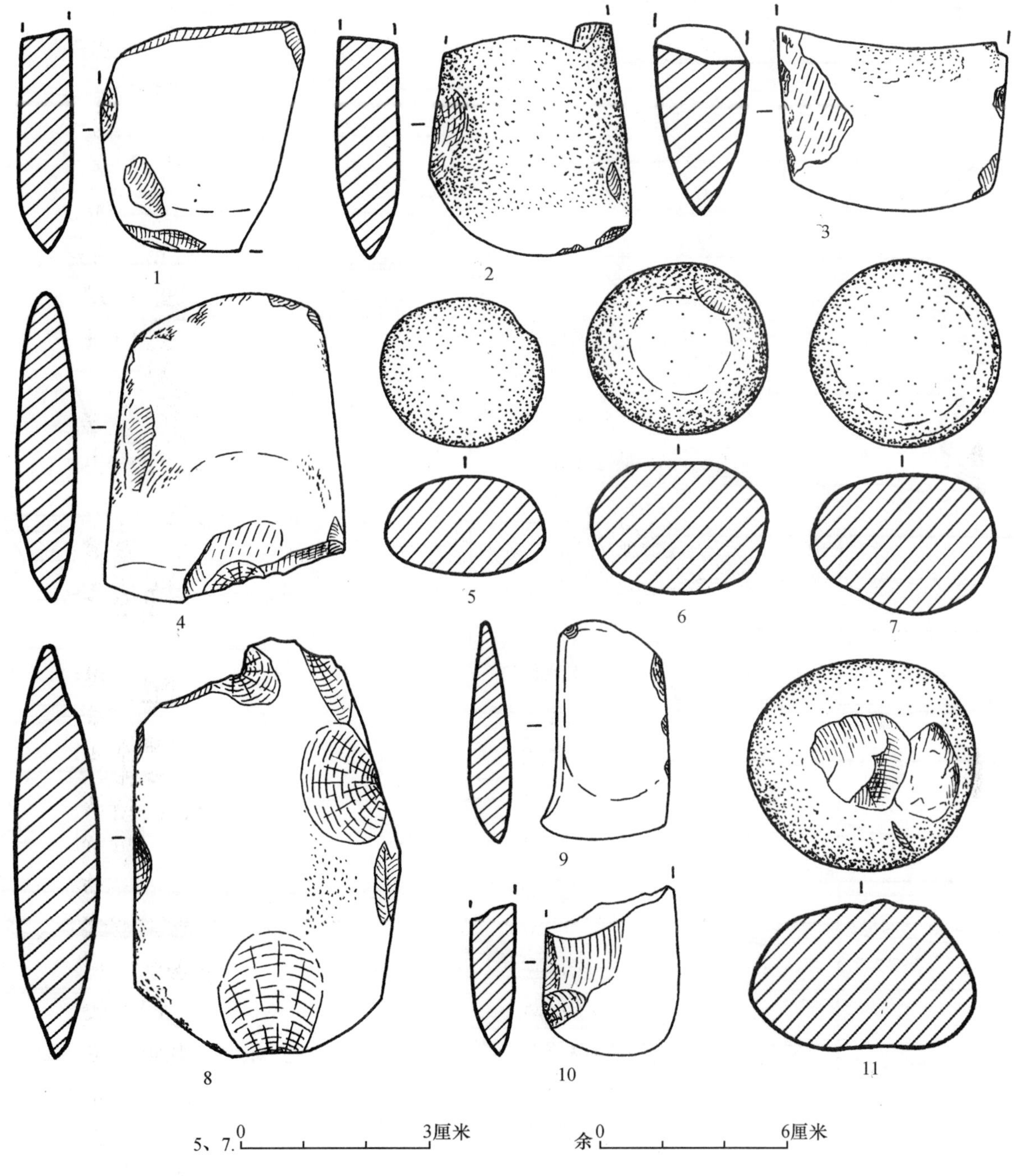

图八三　T3545③B 层出土石器

1～4、8～10. 石斧（T3545③B：48、T3545③B：61、T3545③B：56、T3545③B：50、T3545③B：53、T3545③B：57、T3545③B：63）　5～7、11. 小石球（T3545③B：54、T3545③B：59、T3545③B：55、T3545③B：51）

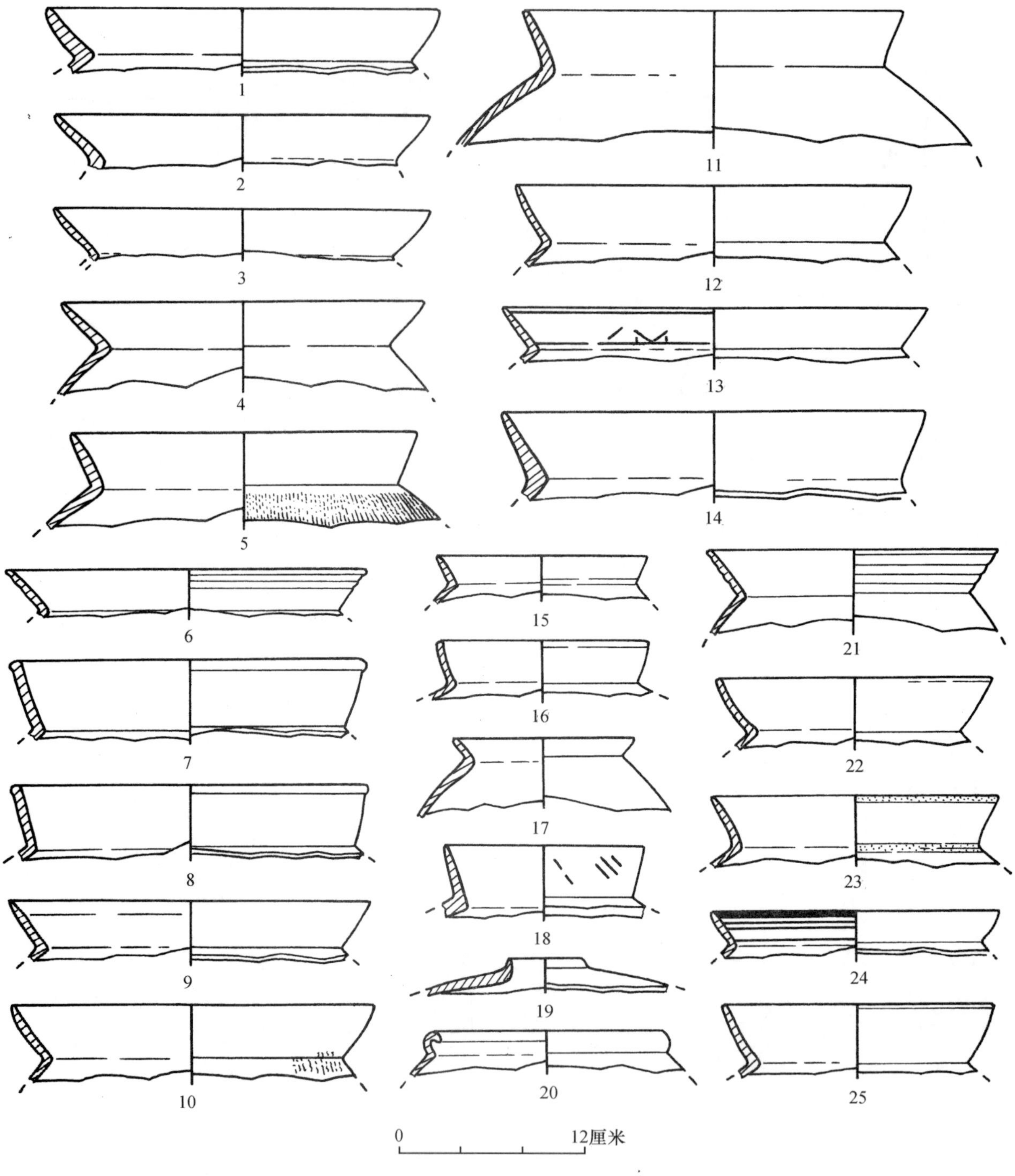

图八四　T3545③B 层、T3545④层出土陶器

1、9、10、22. 凹折沿罐（T3545③B∶8、T3545③B∶67、T3545④∶93、T3545③B∶18）　2～4、21. 折沿罐（T3545③B∶26、T3545③B∶71、T3545③B∶15、T3545③B∶16）　5、7、8、11、12、14、16、25. 斜颈罐（T3545③B∶22、T3545③B∶17、T3545③B∶27、T3545③B∶6、T3545③B∶4、T3545③B∶33、T3545③B∶25、T3545③B∶29）　6. 弧折沿罐（T3545③B∶10）　13、24. 折沿彩陶罐（T3545③B∶65、T3545③B∶68）　15. 弧折沿小罐（T3545③B∶11）　17. 折沿小罐（T3545③B∶9）　18、23. 斜颈彩陶罐（T3545③B∶66、T3545③B∶5）　19. 小口瓮（T3545③B∶23）　20. 曲颈罐（T3545③B∶41）

曲颈罐　1件（T3545③B:41）。夹草末红陶，外施深红衣。敛口，口沿外圆弧内口深凹，尖圆唇内弯，弧肩已残。素面。口径15.2、残高2.9厘米（图八四，20）。

小口瓮　1件（T3545③B:23）。夹炭红陶，外施鲜红衣。直口，甚小甚矮，尖圆唇，矮直颈，广弧肩已残。素面。口径5、残高2.5厘米（图八四，19）。

子母口簋　2件。T3545③B:44，泥质陶外红内黑，内沿、外表施鲜红衣。子母口，凹沿上仰，尖唇，折腹弧内收，下已残。素面。口径22、残高3.4厘米（图八五，1）。T3545③B:43，泥质陶外红内黑，外施深红衣。子母口，凹沿上仰，尖唇，折腹弧内收。素面。口径13、残高3.2厘米（图八五，19）。

敛口碗　1件（T3545③B:28）。泥质红陶，内沿、外表施深红衣。敛口近直口，尖唇，斜弧腹上部较直，下腹已残。素面。口径18、残高4.8厘米（图八五，7）。

子母口碗　1件（T3545③B:40）。泥质红陶。子母口，尖圆唇直立，窄斜沿，折弧腹内收，下已残。素面。口径16、残高2.4厘米（图八五，9）。

侈口碗　1件（T3545③B:77）。泥质陶外红内黑，外壁、内沿施鲜红衣。侈口，束颈，斜沿外卷，尖圆唇，弧腹，腹下已残。素面。口径24、残高5.2厘米（图八五，3）。

敞口碗　2件。T3545③B:42，泥质磨光黑陶。敞口，尖唇，斜弧腹，下已残。素面。口径19、残高3.2厘米（图八五，8）。T3545③B:80，泥质磨光黑陶。敞口，尖圆唇，深弧腹，腹下已残。素面。口径16、残高4.3厘米（图八五，10）。

玩具小碗　1件（T3545③B:1）。泥质磨光黑陶。敞口，尖唇，弧腹，圜底下附相对较高圈足，足根外撇，器小似玩具或明器。足饰一周凹弦纹和匀称的三个小圆镂孔。口径4、足径3.3、高2.6厘米（图八五，13；彩版一一，1）。

彩陶钵　1件（T3545③B:69）。泥质浅红陶，口内至外上腹施棕红色陶衣。敞口，尖圆唇，斜弧腹较深，底已残。上腹至内沿饰棕红衣（近黑色）已成彩，可称红顶钵，口内一周带状彩纹。口径22、残高5.6厘米（图八五，2）。

鼓形大器座　1件（T3545③B:3）。泥质红陶，内外施红衣。仅剩器身中部残片。壁饰凸弦纹九周，但又把凸弦纹用戳印纹切断分段，凸弦可分三组，上组残仅剩两凸弦，中组凸弦，下组三周凸弦。残长13.2厘米（图八五，12）。

弧肩小器座　1件（T3545③B:7）。泥质红陶，内外施深红衣。如折沿罐肩上部分，上下口皆尖唇。素面。口径17、底径17.5、高5.1厘米（图八五，11；图版一九，1）。

支座　3件。T3545③B:14，夹砂夹蚌红陶。属内空有纹倾斜型。残高14厘米（图八五，4）。T3545③B:31，夹砂夹蚌红陶。属内空有纹倾斜型。残高9.8厘米（图八五，6）。T3545③B:13，夹砂红陶。属内空素面倾斜型。但器身中部有两凹孔，似便于提拿的把手。素面。残高8.2厘米（图八五，5）。

器耳　1件（T3545③B:92）。泥质红陶。仅剩器耳，半环形，耳面如两根并列麻花状，两端皆呈圆形。高4.7、宽2.5厘米（图八五，15）。

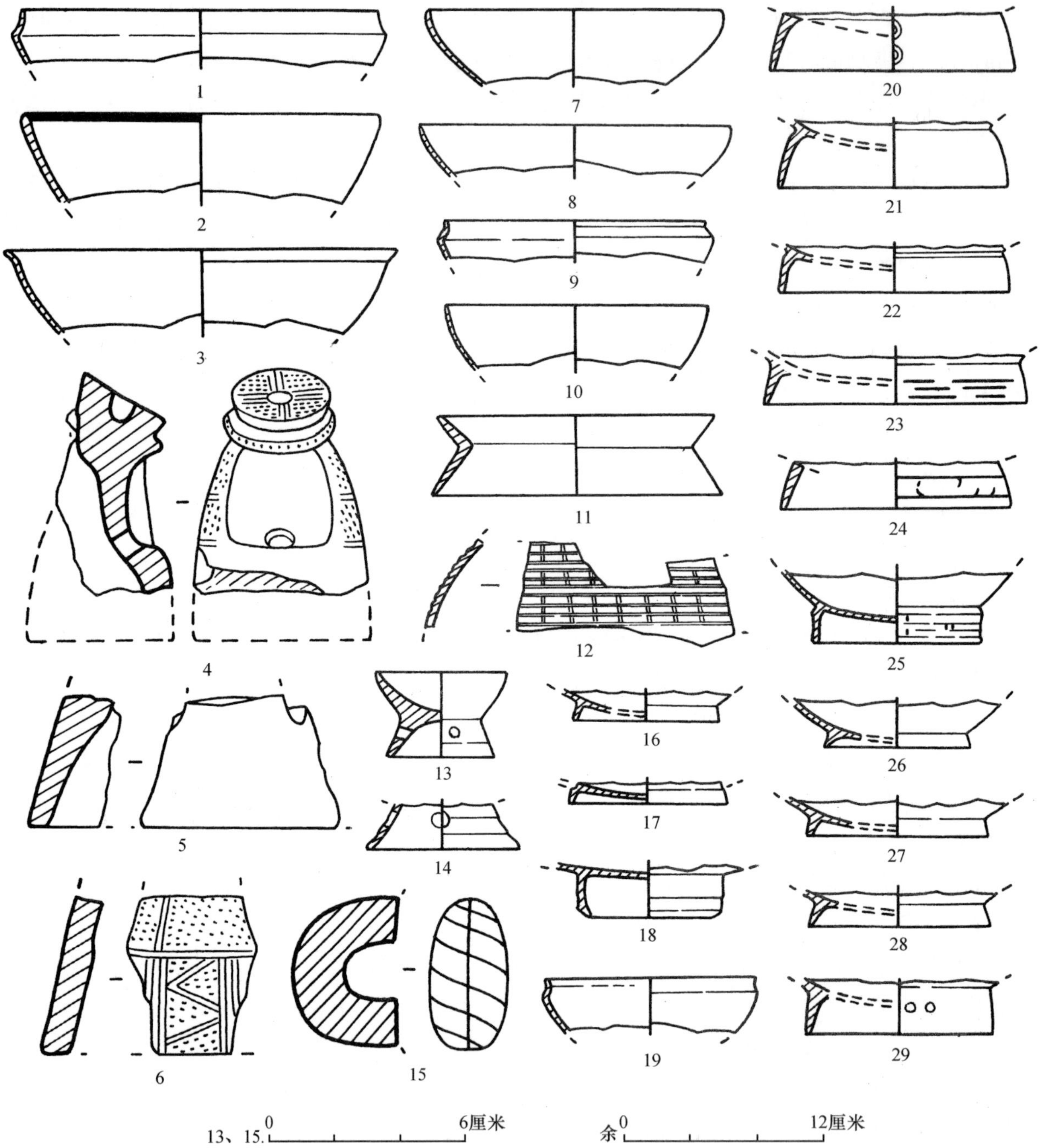

图八五　T3545③B层出土陶器

1、19. 子母口簋（T3545③B:44、T3545③B:43）　2. 彩陶钵（T3545③B:69）　3. 侈口碗（T3545③B:77）　4～6. 支座（T3545③B:14、T3545③B:13、T3545③B:31）　7. 敛口碗（T3545③B:28）　8、10. 敞口碗（T3545③B:42、T3545③B:80）　9. 子母口碗（T3545③B:40）　11. 弧肩小器座（T3545③B:7）　12. 鼓形大器座（T3545③B:3）　13. 玩具小碗（T3545③B:1）　14、16～18、20～22、25～29. 矮圈足（T3545③B:21、T3545③B:46、T3545③B:24、T3545③B:85、T3545③B:38、T3545③B:35、T3545③B:37、T3545③B:86、T3545③B:36、T3545③B:45、T3545③B:47、T3545③B:12）　15. 器耳（T3545③B:92）　23、24. 彩陶矮圈足（T3545③B:70、T3545③B:64）

矮圈足　12件。T3545③B:12，夹炭夹草末红陶，内外施鲜红衣。上部残，仅剩圈足和圜底残块，足壁近直。足饰两个并列为一组的圆戳孔，孔未穿，似仅两组或三组。足径11.4、残高3.2厘米（图八五，29）。T3545③B:21，泥质红陶。仅圈足残块，足壁外撇，足面两周凹槽，而使圈足呈三层。残足上残存两个圆形镂孔，全器可能有四个镂孔。足径9.4、残高2.8厘米（图八五，14）。T3545③B:24，泥质夹草末内黑外红，外表施鲜红衣。仅剩矮圈足和圜底残块，圈足低矮，足壁外斜。素面。足径9.6、残高1.3厘米（图八五，17）。T3545③B:35，泥质陶外红内灰，外施浅红衣。仅剩残圈足残底，足壁较高近直，上部外凸，下部弧内折有不明显折棱。素面。足径14、残高4厘米（图八五，21）。T3545③B:36，夹炭红陶，内外施深红衣。口部残，深弧腹，圜底残附矮圈足也残，足根外斜。素面。足径9、残高3厘米（图八五，26）。T3545③B:37，泥质红陶，外施深红衣。仅剩圈足和圜底残块，足壁近直，上部外凸起折棱，下部稍外弧近直。除足上折棱如弦纹外，未见其他纹饰。足径14、残高2.8厘米（图八五，22）。T3545③B:38，泥质红陶，外施浅红衣。仅剩圈足残块，足微内弧。残足上有两个一组的圆形镂孔。足径15、残高3.7厘米（图八五，20）。T3545③B:45，夹炭黑陶。仅剩圈足和圜底残块，足根外斜。素面。足径11、残高2.4厘米（图八五，27）。T3545③B:46，泥质陶外红内黑，外表施深红衣。仅剩矮圈足和圜底残片，足根外斜。素面。足径9、残高1.9厘米（图八五，16）。T3545③B:47，泥质陶外红内黑，外施深红衣。仅剩圈足和圜底残块，矮足外弧。素面。足径11、残高2.1厘米（图八五，28）。T3545③B:85，夹炭红陶。上部残，仅剩矮圈足，足壁内弧近直，足根内斜。近足根有一周不明显带状凹槽。足径7.6、残高3.2厘米（图八五，18）。T3545③B:86，泥质灰陶。上部残，仅剩圈足和圜底残片，足壁上部外凸，下部近直，足根起凸棱。足饰四周凹弦纹和戳印纹。足径10.2、残高4.4厘米（图八五，25）。

彩陶矮圈足　2件。T3545③B:64，泥质红陶。仅剩矮圈足，半圈足外斜，足胎较厚。足饰两条黑彩带，两带中间残留零星黑彩，黑彩多脱落，图案不明。足径14、残高2.8厘米（图八五，24）。T3545③B:70，泥质夹草末红陶，外表施深红衣。仅剩圈足残块，足根近直稍弧。足饰三周模糊黑彩带纹。足径16、残高3厘米（图八五，23）。

（44）T3546③B层

标本17件。有石斧、石锛和陶凹折沿罐、凹折沿彩陶罐、折沿小罐、斜颈罐、曲颈瓮、内折沿簋、敞口碗、卷沿盘、弧肩小器座、喇叭状器座、有刻划符号矮圈足。

石器

石斧　1件（T3546③B:21）。石片，青色。扁薄近梯形，斜弧顶光滑似磨制，两面皆较平，破裂面甚薄，两边修直外斜都不平，弧刃一面磨制或原面，另一面打制，较锋利。长10.6、宽5.8、厚1.2厘米（图八六，8）。

石锛　1件（T3546③B:22）。砾石，青色。扁平近梯形，顶残，两面为原弧近平砾面，两边皆磨平，单面刃磨制，平刃微弧，较锋利。残长6.8、宽4.9、厚1.1厘米（图八六，9）。

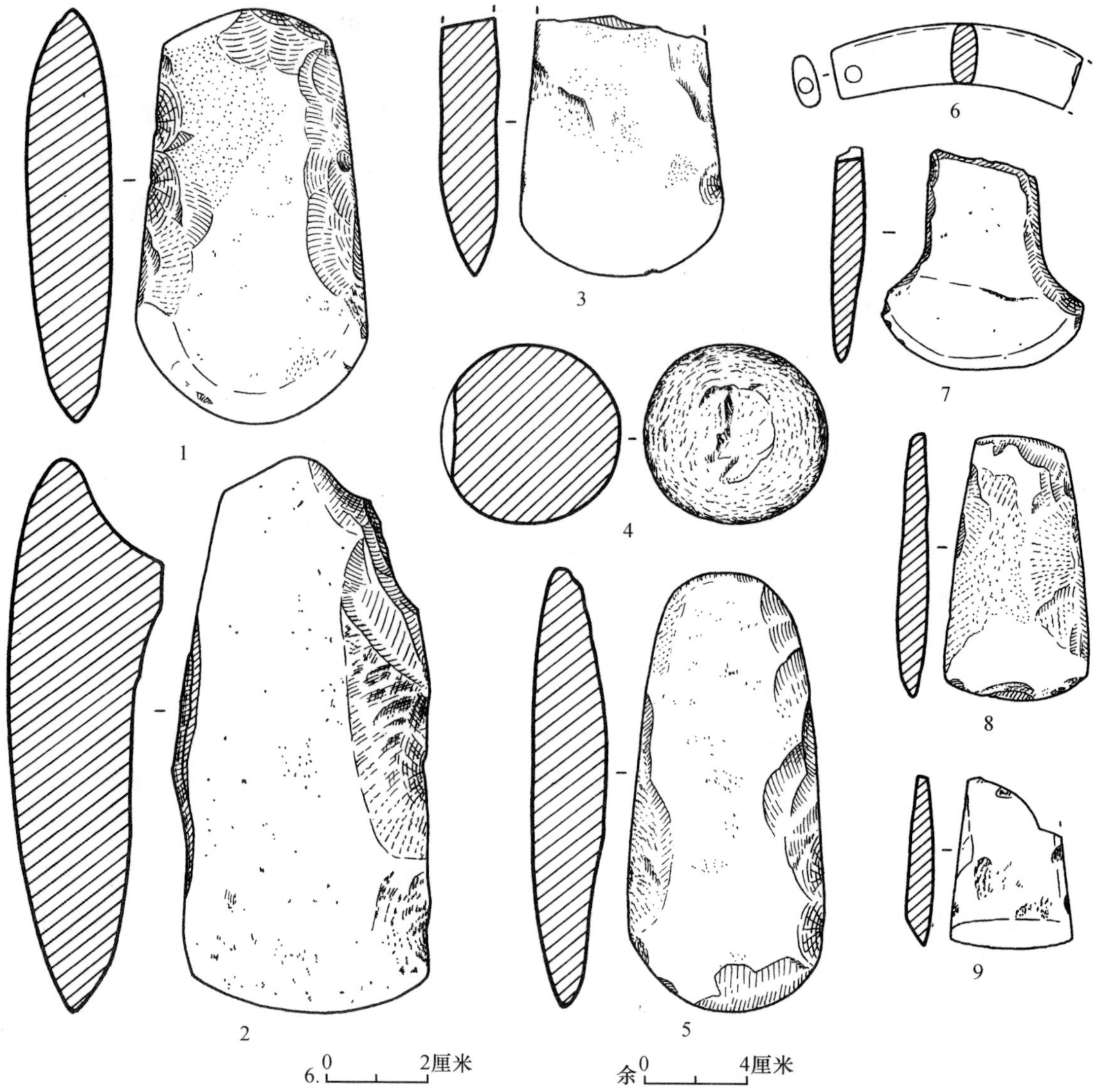

图八六　T3546③B 层、T3547③B 层、T3547④层、T3633④B 层出土石器

1、3、8. 石斧（T3547③B∶5、T3547③B∶6、T3546③B∶21）　2. 石斧坯（T3633④B∶18）　4. 石球（T3547③B∶2）　5. 石锄（T3547③B∶8）　6. 残石璜（T3547④∶33）　7. 双肩石锄（T3547③B∶3）　9. 石锛（T3546③B∶22）

陶器

凹折沿罐　1 件（T3546③B∶32）。夹砂和草末黑陶，内沿泛红。近盘口，尖唇，折沿内凹外成折棱，束颈，斜肩已残。素面。口残 18、残高 3 厘米（图八七，9）。

凹折沿彩陶罐　1 件（T3546③B∶36）。夹炭红陶，内沿、外表施深红衣，绘黑彩。侈口，束颈，凹折沿，方唇，肩已残。内沿和外沿绘黑彩多已脱落，图案已不清晰。口径 26、残高 3.8 厘米（图八七，22）。

折沿小罐　1 件（T3546③B∶31）。夹炭陶外黑内浅红。侈口，束颈，折沿内无折棱，沿面微凹，尖唇，斜弧肩，肩下已残。素面。口径 12、残高 3.3 厘米（图八七，1）。

斜颈罐　3件。T3546③B:29，夹炭红陶。侈口，束颈，斜折沿，尖圆唇，外凸内斜，斜肩下溜，但已残。外沿口下一周不明显凹槽，肩饰竖绳纹。口径14、残高4.4厘米（图八七，2）。T3546③B:30，夹炭陶外红内黑，外施浅红衣。直口外斜，方圆唇外凸，高颈下内束，斜肩已残。素面。口径15、残高4.8厘米（图八七，3）。T3546③B:33，夹炭红陶。直口外斜，圆唇外凸，高颈内斜，外沿面微外弧，斜弧肩已残。肩有竖绳纹已抹而不净痕迹。口径15、残高5厘米（图八七，4）。

曲颈瓮　1件（T3546③B:35）。夹炭黄陶。敛口，曲颈内凹外弧，沿上残存一个后来的小圆钻孔，尖圆唇，广肩已残。颈、肩饰竖绳纹。口径18、残高5.2厘米（图八七，20）。

内折沿簋　1件（T3546③B:43）。泥质陶外红内黑，外施浅红衣。敛口，内折沿，沿面微凹，尖圆唇，折腹弧内收已残。素面。口径18、残高4.7厘米（图八七，11）。

敞口碗　1件（T3546③B:47）。泥质黑陶。敞口，尖圆唇，深弧腹内斜，底已残。素面。口径22、残高5.3厘米（图八七，19）。

卷沿盘　2件。T3546③B:44，泥质红陶，外施深红衣。敞口，尖圆唇，宽弧沿外卷，折腹内收近平，底已残。折腹有棱，外沿面上部一周、中部两周凹弦，被红衣覆盖已不明显。口径17、残高2.7厘米（图八七，7）。T3546③B:45，泥质黑陶，其形制与T3546③B:44相似，陶色不同，纹饰稍异而已，此标本折腹上部、外沿下部有五周凹弦纹。

弧肩小器座　2件。T3546③B:25，夹炭橘红陶。侈口，束颈，上下皆尖圆唇，斜弧肩下已到底，内空。下部饰两个以上成横排的圆形小戳点纹。口径12、足径13、高3.4厘米（图八七，23）。T3546③B:26，泥质灰陶。侈口，束颈，窄折沿甚厚，尖唇，弧肩下已到底，中空。素面。口径12.8、底径14、高3.5厘米（图八七，24）。

喇叭状器座　1件（T3546③B:24）。泥质夹草末浅红陶。厚胎，匀称，较粗糙。上部残，仅剩下半部，器壁外斜呈喇叭状，足根外斜成斜带状台面。足径16、残高6.5厘米（图八七，8）。

有刻划符号矮圈足　1件（T3546③B:38）。泥质黑陶。仅存圜底和矮小圈足残块，足壁外弧近直，足壁极矮与圜底近平齐。足外底有残刻划符号（图一〇二，12；图版二四，4）。足径6、残高1.2厘米（图八八，2）。

（45）T3547③B层

标本18件。有双肩石锄、石锄、石斧、石球和陶斜颈罐、卷沿小罐、敛口碗、折腹碗、侈口碗、敞口小盘、侧凹锥状小鼎足、残支座、凹平底器、矮圈足、有杂乱划痕矮圈足。

石器

双肩石锄　1件（T3547③B:3）。石片，青色。扁薄亚腰形，顶断裂，两面，一面为原面，另一面打制，两边打制弧凹使上部呈双肩，宽弧刃两面磨制，有使用痕，仍锋利。长8.8、宽8、厚1.3厘米（图八六，7）。

石锄　1件（T3547③B:8）。石片，青白麻点。扁薄呈椭圆形，弧顶打制修整，两面，一面为原砾面，另一面打制，两边修直不平，两面刃，一面为原砾面，部分打制片疤，另一面打制，弧刃，有使用痕，不锋利。长 17.6、宽 7.7、厚 3.1 厘米（图八六，5）。

石斧　2 件。T3547③B: 5，砾石，青灰色。扁弧近梯形，弧顶两面打制，两面为原砾面布有自然凹痕，另一面近刃处有一处凹疤，两边修直，皆外斜不平，弧刃两面磨制较厚而不锋利。长 16、宽 9.2、厚 3.4 厘米（图八六，1；图版六，1）。T3547③B: 6，砾石，雪花色。扁薄近梯形，顶断裂，两面为原砾面，布有打制痕，两边打制修整为弧状，两面刃磨制不对称，弧刃较锋利。残长 10.4、宽 8、厚 2.5 厘米（图八六，3）。

石球　1 件（T3547③B: 2）。砾石，青色。琢制。近圆形，一侧有小片疤，表面布满天然琢痕。直径 7.1 ~ 7.2 厘米（图八六，4）。

陶器

斜颈罐　1 件（T3547③B: 18）。夹炭红陶，内沿、外表施深红衣。侈口，束颈，折沿外斜，尖唇，斜肩已残。素面。口径 19、残高 3.8 厘米（图八七，10）。

卷沿小罐　1 件（T3547③B: 30）。泥质红陶，内沿、外表施深红衣。侈口，束颈，尖唇，小卷沿，鼓肩，弧折腹内收，下已残。素面。口径 12、残高 2.2 厘米（图八七，14）。

敛口碗　1 件（T3547③B: 27）。泥质黑陶，器外局部有补丁状泥片。敛口，尖唇，腹下已残。上腹饰两周凹弦纹。口径 10、残高 2.6 厘米（图八七，16）。

折腹碗　2 件。T3547③B: 12，夹炭红陶，内沿、外壁施鲜红衣。敞口，折沿甚宽，尖圆唇，扁折腹，腹下已残。素面。口径 16、残高 6.2 厘米（图八七，5）。T3547③B: 29，泥质陶外红内黑，外壁施深红衣。敞口，宽沿外斜，尖唇，束颈，窄弧肩，折腹内收，下腹已残。素面。口径 16、残高 4.4 厘米（图八七，6）。

侈口碗　1 件（T3547③B: 25）。泥质红陶，内外施浅红衣。侈口，束颈，一周凹槽，卷沿，尖圆唇，弧腹，腹下已残。素面。口径 19、残高 3 厘米（图八七，13）。

敞口小盘　1 件（T3547③B: 20）。夹炭黑褐陶。敞口，尖圆唇已残，浅弧腹，圜底下附圈足已残。素面。口径 10.4、残高 2.5 厘米（图八七，17）。

侧凹锥状小鼎足　1 件（T3547③B: 23）。夹草末橘红陶，外施深红衣。扁锥小足外部内弧凹。外足上部饰一个三角形凹孔。残高 4.4 厘米（图八七，28）。

残支座　1 件（T3547③B: 10）。夹砂夹蚌红陶。属内空有纹倾斜型。残高 12.2 厘米（图八七，21）。

凹平底器　1 件（T3547③B: 31）。泥质黑陶。仅存下腹及底部残片，弧腹内折成凹平底，外有凸出折棱，而成凸棱状矮圈足。底径 8、残高 2.2 厘米（图八七，27）。

矮圈足　2 件。皆泥质陶外红内黑，外施红衣。上部残，仅剩矮圈足和圜底残片。T3547③B: 21，足壁外弧。足饰两个并列的戳点纹。足径 11、残高 2.4 厘米（图八七，26）。T3547③B: 22，矮足相对较高，足壁上部外凸下部内凹，足根外斜，宽平底。凹足面饰三角形戳印纹，有两个对角为一组，又有单个三角形戳印纹。足径 10.4、残高 3.9 厘米（图八七，25）。

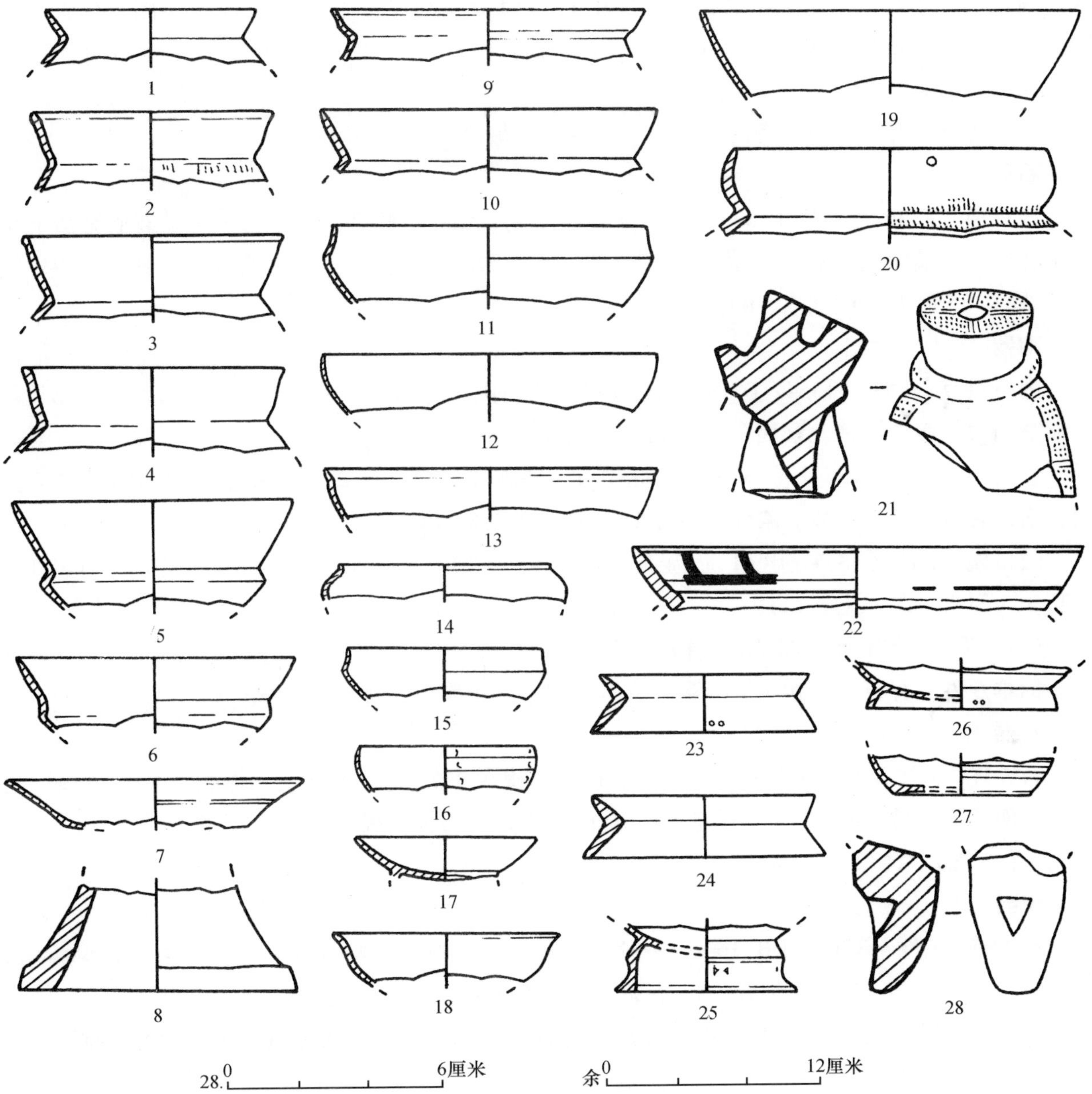

图八七　T3546③B层、T3547③B层、T3547④层出土陶器

1. 折沿小罐（T3546③B∶31）　2～4、10. 斜颈罐（T3546③B∶29、T3546③B∶30、T3546③B∶33、T3547③B∶18）　5、6. 折腹碗（T3547③B∶12、T3547③B∶29）　7. 卷沿盘（T3546③B∶44）　8. 喇叭状器座（T3546③B∶24）　9. 凹折沿罐（T3546③B∶32）　11、15. 内折沿簋（T3546③B∶43、T3547④∶38）　12、19. 敞口碗（T3547④∶41、T3546③B∶47）　13. 侈口碗（T3547③B∶25）　14. 卷沿小罐（T3547③B∶30）　16. 敛口碗（T3547③B∶27）　17. 敞口小盘（T3547③B∶20）　18. 卷沿碗（T3547④∶37）　20. 曲颈瓮（T3546③B∶35）　21. 残支座（T3547③B∶10）　22. 凹折沿彩陶罐（T3546③B∶36）　23、24. 弧肩小器座（T3546③B∶25、T3546③B∶26）　25、26. 矮圈足（T3547③B∶22、T3547③B∶21）　27. 凹平底器（T3547③B∶31）　28. 侧凹锥状小鼎足（T3547③B∶23）

有杂乱划痕矮圈足　1件（T3547③B：44）。泥质灰黄陶，器内施浅红衣。仅存圜底，壁已残。圈足残壁外弧，似饰戳点纹。足外底上有一周杂乱划纹，不是刻划符号（图一〇二，1；图版四四，5）。残高3厘米（图八八，3）。

（46）T3547④层

标本4件。有残石璜和陶内折沿篮、卷沿碗、敞口碗。

石器

残石璜　1件（T3547④：33）。石，灰色。磨制，钻孔。略残，半弧形，一端有面至边上小圆钻孔，另一端面上已有残钻孔痕，两面平剖面长方形圆角，没有其他纹饰。残长4.9、宽1.2、厚0.55厘米（图八六，6）。

陶器

内折沿篮　1件（T3547④：38）。泥质陶外红内黑，外施深红衣。敛口，内折沿，尖圆唇，折弧腹内收，腹下已残。素面。口径11、残高3厘米（图八七，15）。

卷沿碗　1件（T3547④：37）。泥质红陶，外施浅红衣。敞口，沿外卷，尖圆唇，口下微凹，扁弧腹内收，下已残。素面。口径13、残高3厘米（图八七，18）。

敞口碗　1件（T3547④：41）。泥质磨光黑陶。敞口，尖唇，弧腹，腹下已残。口径19、残高3.5厘米（图八七，12）。

（47）T3633③B层（加T3633④B层2件）

标本6件。有石斧坯和陶折沿罐、折沿彩陶罐、折腹碗、敛口盘、圜底碟。

石器

石斧坯　1件（T3633④B：18）。砾石石核，褐色夹密集白斑点。厚体长方形，凸顶，两面，一面为弧，另一面打制近平，两边打制已修平，弧刃为两面原夹角。长22.2、宽10.3、厚6.2厘米（图八六，2）。

陶器

折沿罐　1件（T3633④B：16）。夹炭和草末红陶，内沿施鲜红衣。侈口，束颈，宽折沿，尖圆唇，弧肩已残。肩饰竖绳纹。口径28、残高5.6厘米（图八九，2）。

折沿彩陶罐　1件（T3633③B：11）。夹炭橘红陶，内沿、外表施深红衣。侈口，宽折沿，外沿面微外弧，尖圆唇，束颈，斜肩已残。颈下、肩上绘一周红色带状纹。口径24、残高5厘米（图八九，1）。

折腹碗　1件（T3633③B：7）。泥质陶外红内黑，外施深红衣。敞口，方唇，腹部上部外折，下部内收成圜底，底下附圈足，但已残。外唇下施一周宽凹槽。口径21、残高6.9厘米（图八九，3）。

敛口盘　1件（T3633③B：8）。泥质陶浅红近黄，内外施浅红衣。敛口，尖唇，浅弧腹，腹下已残。素面。口径23、残高5.8厘米（图八九，10）。

圜底碟　1件（T3633③B：15）。泥质红陶。敞口，尖圆唇，浅弧腹，圜底下附假圈足，但实心假圈足也是圜底。素面。口径11.6、高2.8、底径9厘米（图八九，9；图版一八，1）。

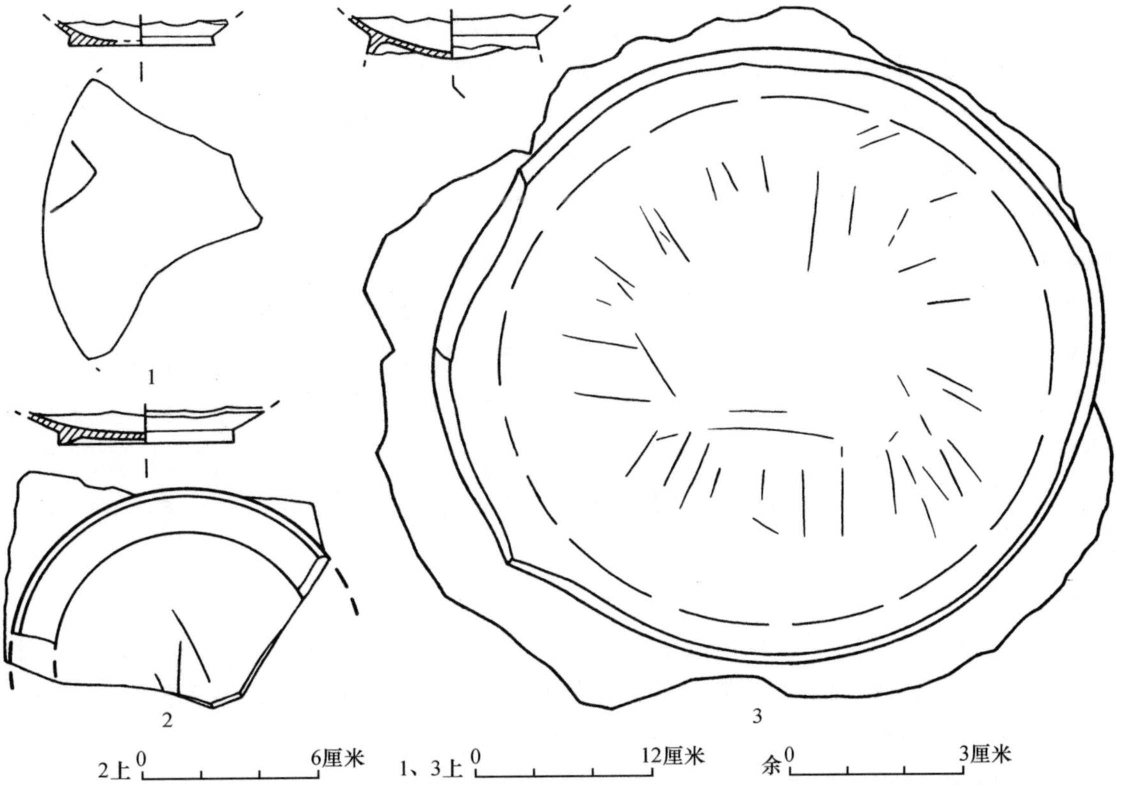

图八八　T3546③B层、T3547③B层、T3634③B层出土有刻划符号陶圈足

1. 有刻划符号假圈足（T3634③B∶22）　2. 有刻划符号矮圈足（T3546③B∶38）　3. 有杂乱划痕矮圈足（T3547③B∶44）

（48）T3634③B层

标本5件。均为陶器，有小口瓮、弧颈壶、卷沿折腹碗、鸭嘴状小鼎足、有刻划符号假圈足。

小口瓮　1件（T3634③B∶19）。泥质陶外红内灰，内沿、外壁施深红衣。小直口如低矮细管状，尖唇，广弧肩，肩下已残。素面。口径5、残高3.2厘米（图八九，12）。

弧颈壶　1件（T3634③B∶14）。泥质陶外黑内红。直口外卷呈喇叭口，高颈外弧，尖圆唇，颈下部已残。颈中部两周宽凹槽。口径17、残高3.8厘米（图八九，6）。

卷沿折腹碗　1件（T3634③B∶20）。泥质浅红陶。侈口，束颈，窄弧沿外卷，窄斜肩，深弧腹内收，底已残。素面。

鸭嘴状小鼎足　1件（T3634③B∶23）。泥质红陶。罐形小鼎之小鼎足，近鸭嘴状。素面。残高3厘米（图八九，11）。

有刻划符号假圈足　1件（T3634③B∶22）。泥质黑陶。仅存已残圜底和其下已残假圈足残片，假圈足平底，壁外弧近直。足外底一侧有完整刻划符号（见图一〇二，4；图版四三，3）。足径10、残高1.6厘米（图八八，1）。

（49）T3734③B层

标本4件。均为陶器，有小口高领瓮、圜底碟、溜肩小器座、矮圈足。

小口高领罐　1件（T3734③B∶29）。夹草末红陶，外壁、内沿施浅红衣。小直口，尖圆唇，直颈，鼓弧肩，腹已残。素面。口径7、残高1厘米（图八九，4）。

圜底碟　1件（T3734③B∶28）。泥质陶外红内灰，外壁施鲜红衣。盖纽为实心假圈足状，但纽面微上弧，盖盘为敞口，浅腹。素面。口径11.2、底径6.4、高2.7厘米（图八九，8；图版一九，4）。

溜肩小器座　1件（T3734③B∶27）。泥质红陶，内外施深红衣。侈口，筒腹近直，内空。近底饰三个小圆点为一竖排的戳点纹。口径14、底径11、高4.5厘米（图八九，5；图版一七，3）。

矮圈足　1件（T3734③B∶23）。泥质夹草末红陶。上部残，仅剩圜底和矮圈足，足外弧近直。足与底结合处施一条红衣，足饰圆点戳印纹。足径13、残高5厘米（图八九，7）。

（50）T10④层

标本12件。有残石斧、小石斧和陶折沿罐、大口高领罐、圜底碟、矮圈足、假圈足、鸭嘴状小鼎足。

石器

残石斧　2件。T10④∶15，石，灰色。刃部两面磨光。残顶，扁弧近长方形，两面皆原弧面，两边为原扁弧面，弧刃两面磨制对称，较锋利。残高8.1、宽6.3、厚2.3厘米（图九〇，7）。T10④∶6，石，青色。通体磨光。顶残，扁平长方形，两面。两边皆磨平，平刃两面磨制，一角已残，甚锋利。残长5.7、宽9.5、厚3厘米（图九〇，6）。

小石斧　2件。T10④∶12，小石片，灰色。刃两面磨制。扁平长条形，顶残，两边打制修直，两面一为原面，另一破裂面皆近平，斜弧刃两面磨制，较锋利。残长5、宽2.3、厚0.9厘米（图九〇，25）。T10④∶13，小石片，灰色。打制。近两面平长条形，一面为平整原面，另一面打制近平，顶原有缺口，两边修直不平，圆弧刃单面打制，不锋利。长7.6、宽3、厚1.3厘米（图九〇，15）。

陶器

折沿罐　2件。T10④∶27，夹炭红陶，外施浅红衣。侈口，束颈，尖圆唇，鼓肩已残。素面。口径25、残高5厘米（图九〇，1）。T10④∶32，夹炭黑陶，泛红。侈口，束颈，尖圆唇，折沿，肩已残。以浅红衣为彩，在外沿上、下各绘一周带状纹。口径18、残高3.6厘米（图九〇，8）。

大口高领罐　1件（T10④∶34）。夹炭黄陶，红衣已脱落。直口，高直颈较粗大，溜肩已残。素面。复原口径26、残高5.2厘米（图九〇，2）。

圜底碟　1件（T10④∶26）。泥质红陶。敞口，尖唇，浅弧腹，假圈足圜底。素面。口径12.6、高2.7厘米（图九〇，21；图版一八，2）。

矮圈足　2件。T10④∶28，泥质黄陶，足内底部呈黑色。残存圈足和圜底残块，足壁上部外鼓，下近垂直。素面。足径10、残高2厘米（图九〇，23）。T10④∶33，夹炭红陶，外施红衣，部分脱落。残存圈足，下腹底残片，足壁与腹壁弧连，使圈足如假腹，足根如圆唇稍外凸。足残片饰戳印纹，每组为两个凹弦边三角形相对。足径15、残高2.8厘米（图九〇，9）。

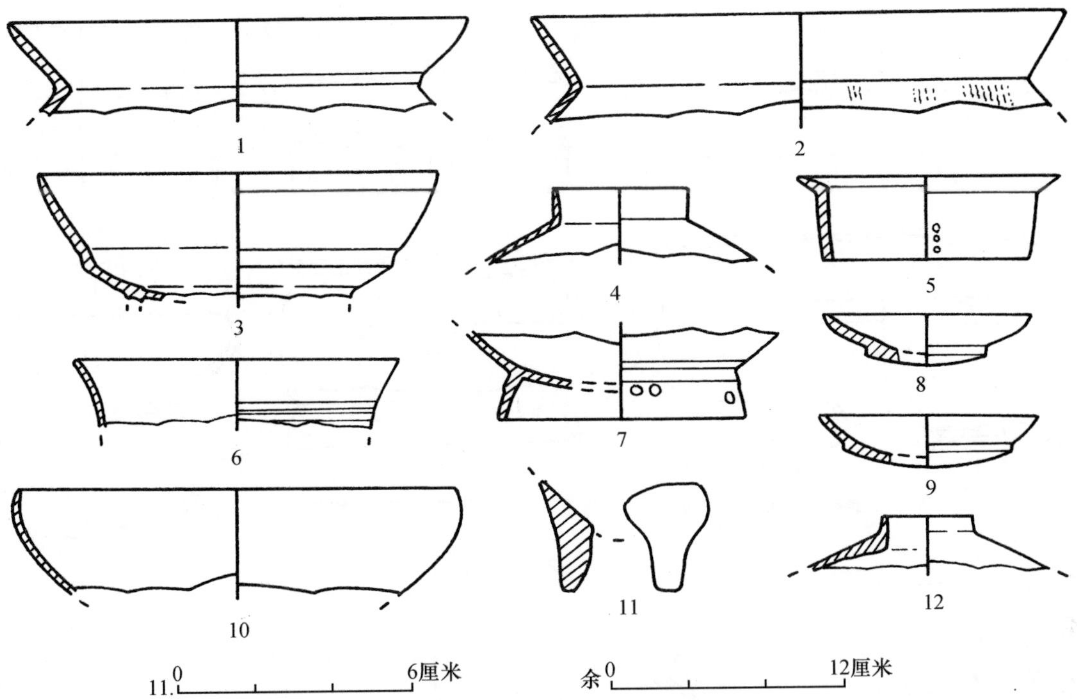

图八九 T3633③B层、T3633④B层、T3634③B层、T3734③B层出土陶器

1. 折沿彩陶罐（T3633③B:11） 2. 折沿罐（T3633④B:16） 3. 折腹碗（T3633③B:7） 4. 小口高领罐（T3734③B:29） 5. 溜肩小器座（T3734③B:27） 6. 弧颈壶（T3634③B:14） 7. 矮圈足（T3734③B:23） 8、9. 圜底碟（T3734③B:28、T3633③B:15） 10. 敛口盘（T3633③B:8） 11. 鸭嘴状小鼎足（T3634③B:23） 12. 小口瓮（T3634③B:19）

假圈足 1件（T10④下:29）。泥质黑陶。仅剩圜底和假圈足残块，假圈足低矮，平底稍斜凹。素面。

鸭嘴状小鼎足 1件（T10④:31）。夹草末红陶。鸭嘴状小鼎足矮小，但细长，上粗下细，近平底。素面。残高4.5厘米（图九○，24）。

（51）T12④下层

标本14件。均为陶器，有斜颈釜、斜颈小罐、内折沿碗、直口碗、敛口碗、器盖盘、器盖纽、矮圈足、假圈足、小鼎足。

斜颈釜 1件（T12④下:86）。泥质红陶，外表施红衣，基本脱落，内壁黄色。侈口，束颈，折沿甚宽，弧肩，圆鼓腹，圜底已残。素面。口径15、腹径18.5、高15.3厘米（图九○，13；图版一○，5）。

斜颈小罐 1件（T12④下:50）。泥质红陶，外壁、内沿施深红衣，无衣呈橘红色。侈口，束颈，斜沿，尖圆唇，斜肩，腹已残。素面。口径13、残高4.4厘米（图九○，18）。

内折沿碗 1件（T12④下:48）。泥质褐陶，外表浅红泛黑，器内有鲜红衣痕，胎较薄。口径较大，敛口近直，内折沿近直，沿面微凹，折腹弧内收，底残。素面。口径24、残高3.4厘米（图九○，3）。

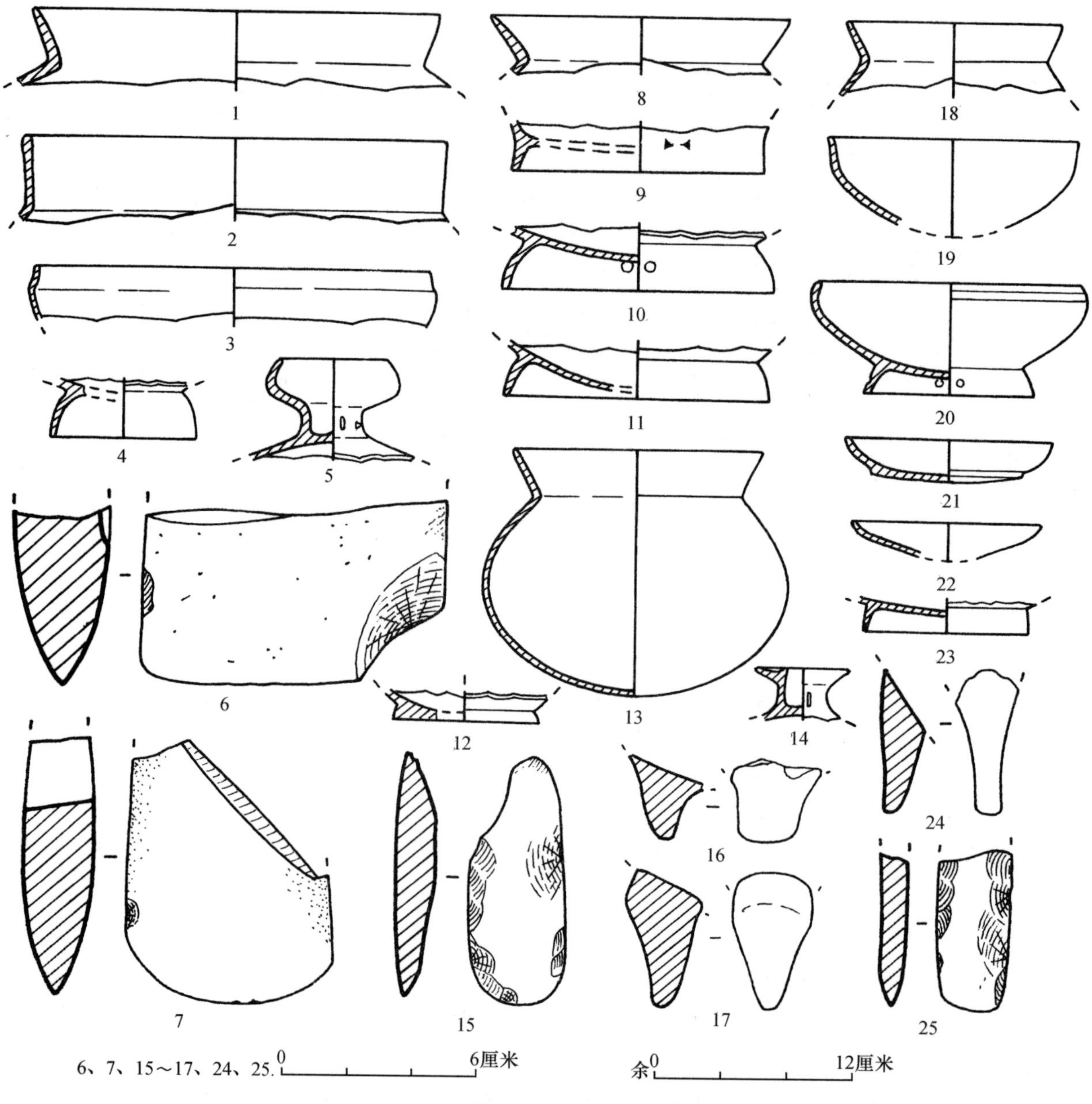

图九〇　T10④层、T12④下层出土器物

1、8. 陶折沿罐（T10④:27、T10④:32）　2. 陶大口高领罐（T10④:34）　3. 陶内折沿碗（T12④下:48）　4、9～11、23. 陶矮圈足（T12④下:87、T10④:33、T12④下:92、T12④下:54、T10④:28）　5、14. 陶器盖纽（T12④下:88、T12④下:89）　6、7. 残石斧（T10④:6、T10④:15）　12. 陶假圈足（T12④下:57）　13. 陶斜颈釜（T12④下:86）　15、25. 小石斧（T10④:13、T10④:12）　16、17. 陶小鼎足（T12④下:53、T12④下:52）　18. 陶斜颈小罐（T12④下:50）　19. 陶直口碗（T12④下:82）　20. 陶敛口碗（T12④下:84）　21. 陶圜底碟（T10④:26）　22. 陶器盖盘（T12④下:98）　24. 陶鸭嘴状小鼎足（T10④:31）

直口碗　1件（T12④下:82）。泥质红陶，内外施红衣，大多脱落。敞口近直，尖圆唇，弧腹上部近直弧内收，底已残。素面。口径15、残高6厘米（图九〇，19；图版一五，4）。

敛口碗　1件（T12④下:84）。泥质黑陶，内壁黑皮大部脱落。敛口，尖圆唇，弧腹上部鼓、下弧收成圜底，下附矮圈足，足壁外弧。口沿下饰弦纹两周，足上有两个为一组的三组粗点戳印纹。口径16、足径10.2、高6.8厘米（图九〇，20；图版一二，4）。

器盖盘　1件（T12④下：98）。泥质陶外红内黑，器表红衣多脱落。敞口，浅腹近平，尖圆唇，底已残。素面。口径11.8、高2.4厘米（图九〇，22；图版一六，3）。

器盖纽　2件。T12④下：88，泥质陶外红内黑，器表施红衣，大多脱落。凹孔内呈浅红色，盘底黑色，黑色也易脱落，而呈灰色。纽如高足酒杯，中空至足根，但不与盖盘相通，盘仅剩圜底。纽根饰六组戳印纹，三组为每组两竖条，三组为每组两个三角形粗戳点。纽径6.8、残高6.2厘米（图九〇，5）。T12④下：89，泥质红陶，器表施红衣，泛零星黑斑。伞状形纽，顶中部有一个凹孔通至下部，圆柱体根部，盖盘仅剩圜底。纽根饰长条状小戳印纹。纽径5.7、残高3.2厘米（图九〇，14）。

矮圈足　3件。T12④下：87，泥质红陶，内外施红衣，部分脱落。残存圈足，足壁上部外弧下部近直，足根平。素面。足径8.8、残高3.6厘米（图九〇，4）。T12④下：54，夹炭红陶，外表施浅红衣，器内泛灰黑色，足内橘黄色。上部已残，仅剩粗矮圈足和圜底残片，矮圈足甚粗，足壁外弧，圜底与足近平齐。足壁饰两个并列为一组的圆点戳印纹，残片可见两组，约四组。足径16、残高3.4厘米（图九〇，11）。T12④下：92，夹炭红陶，外施红衣，基本脱落。残存粗矮圈足和圜底，足壁上部外弧，下部近直。足上饰两个为一组的圆形镂孔，足底部有竖绳纹痕。足径16.4、残高4.2厘米（图九〇，10）。

假圈足　1件（T12④下：57）。泥质陶外红内黑。仅剩假圈足残块，足壁外斜。素面。足径9、残高1.7厘米（图九〇，12）。

小鼎足　2件。T12④下：52，夹草末红陶。仅存罐形鼎下部的小鼎足，尖锥状，下部内凹。素面。残高4.3厘米（图九〇，17）。T12④下：53，夹草末红陶。仅存罐形鼎下部小鼎足，足为扁弧体上较厚，下渐薄的近倒梯形。素面。残高2.6厘米（图九〇，16）。

（52）T20⑤A层（包括T20⑤下层2件）

标本9件。有石斧和陶凹折沿罐、曲颈瓮、彩绘曲颈瓶、三足盘、矮圈足、器座及支座。

石器

石斧　1件（T20⑤A：36）。小砾石，青色。扁平椭圆形，小弧顶稍打制，两面和两边皆原面，面皆近平，边皆扁弧，弧刃两面磨制，有使用痕，已不锋利。长12.9、宽6.3、厚2厘米（图九一，13）。

陶器

凹折沿罐　1件（T20⑤A：30）。夹炭黄陶，器内壁局部有鲜红色。侈口，束颈，折沿微凹，方圆唇，沿上有不等距多个圆形镂孔，广弧肩，腹已残。残沿有三个距离不相等的镂孔纹外，未见其他纹饰。口径22、残高5厘米（图九一，1）。

曲颈瓮　1件（T20⑤A：8）。夹炭红陶，内沿、外表施浅红衣，红衣部分已脱落。直口，尖唇，矮颈，广弧肩，腹已残。素面。口径13.6、残高5.2厘米（图九一，11）。

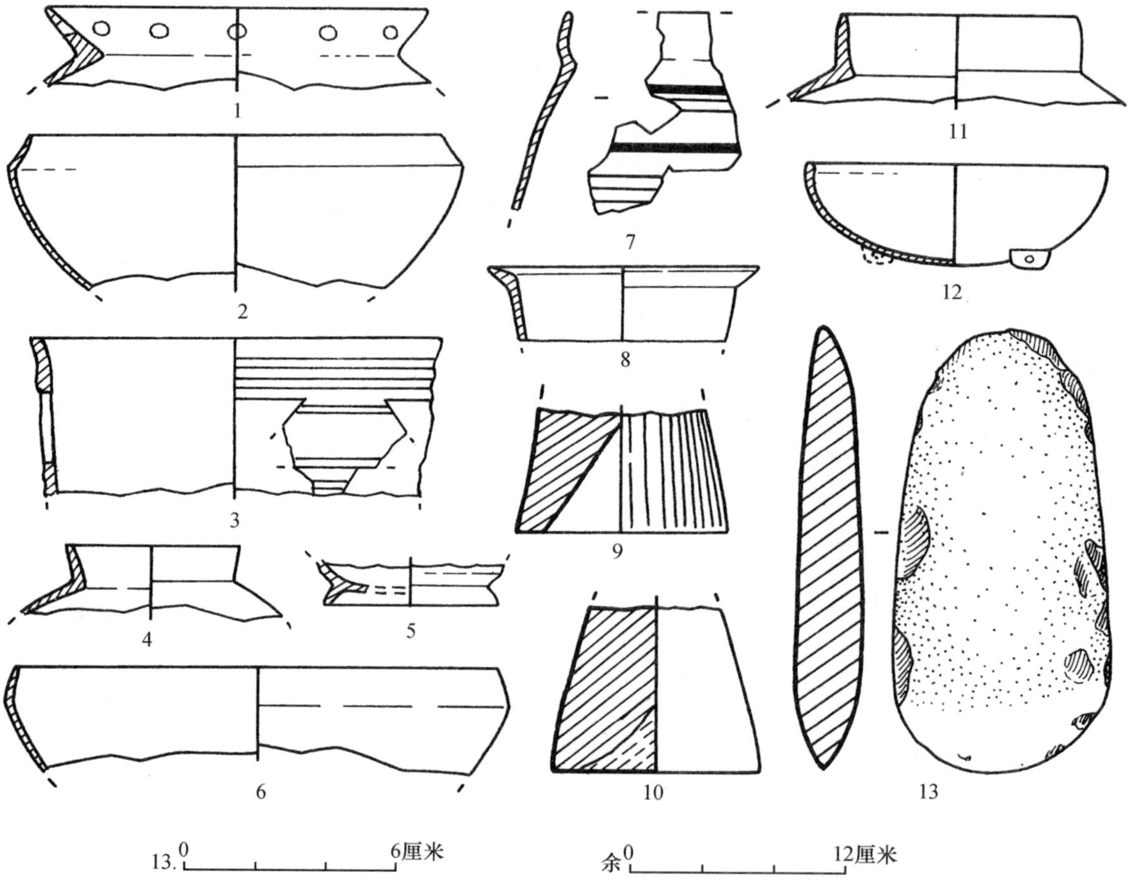

图九一　T20⑤A 层、T20⑤A 下层、T20⑤B 层出土器物

1. 陶凹折沿罐（T20⑤A:30）　2. 陶内折沿簋（T20⑤B:28）　3、8. 陶器座（T20⑤A:12、T20⑤A:2）　4. 陶斜颈小罐（T20⑤B:9）　5. 陶矮圈足（T20⑤A:45）　6. 陶内折沿盘（T20⑤B:5）　7. 陶彩绘曲颈瓶（T20⑤A 下:29）　9、10. 陶支座（T20⑤A:15、T20⑤B:4）　11. 陶曲颈瓮（T20⑤A:8）　12. 陶三足盘（T20⑤A 下:1）　13. 石斧（T20⑤A:36）

彩绘曲颈瓶　1 件（T20⑤A 下:29）。泥质红陶，器表红衣绘黑彩，器里无衣无彩。小盘口，凹折沿近直，尖圆唇，束颈，溜肩，深腹，下已残。肩、腹上绘黑彩，图案为宽窄不一的宽带纹，有的黑彩已脱落。残高 12 厘米（图九一，7）。

三足盘　1 件（T20⑤A 下:1）。泥质红陶，外表施红衣。敛口，圆唇，口内外凸，浅弧腹，圜底下附三片状足，足面如倒梯形圆角。足中间饰一个圆孔。口径 17、残高 6 厘米（图九一，12；图版一六，1）。

矮圈足　1 件（T20⑤A:45）。泥质陶外红内黑。上部已残，仅剩矮圈足和圜底残片，斜弧下内折成圜底，下附矮圈足，足壁外弧。素面。足径 10、残高 2.4 厘米（图九一，5）。

器座　2 件。T20⑤A:12，夹炭红陶。上部一块近直口，内沿外卷，方圆唇外凸，器壁近直，无底中空。器壁饰凸棱纹、深凹弦纹和角形大镂孔。口径 26、残高 8.7 厘米（图九一，3）。T20⑤A:2，泥质红陶，外表、内沿面施红衣。敞口近直，斜沿外卷，高颈内斜，颈下已残，颈下如是足根，则为器座。口径 15.2、残高 4.3 厘米（图九一，8；图版一七，4）。

支座　1件（T20⑤A:15）。夹炭红陶。属内空有纹直立型。残高6.8厘米（图九一，9）。

（53）T20⑤B层

标本4件。均为陶器，有斜颈小罐、内折沿簋、内折沿盘和支座。

斜颈小罐　1件（T20⑤B:9）。夹炭红陶，器表及内沿施红衣，红衣部分已脱落。直口微敞，高颈，尖圆唇，广弧肩，腹已残。素面。口径10、残高4.2厘米（图九一，4）。

内折沿簋　1件（T20⑤B:28）。泥质陶外红内黑，器表红衣已脱落，内沿上部浅红色，以下黑色。近子母口，凹沿内折上仰，弧腹内收较深，下腹已残。素面。口径23.6、残高9.2厘米（图九一，2）。

内折沿盘　1件（T20⑤B:5）。泥质红陶，内外施浅红衣，红衣部分已脱落。敛口，内折沿，尖唇，弧腹较深，下腹已残，沿、腹间有折棱而不是凸棱。沿、腹间有模糊宽带凹弦纹。口径28、残高6.2厘米（图九一，6）。

支座　1件（T20⑤B:4）。夹砂红褐陶。属实心素面直立型。残高9.6厘米（图九一，10）。

（54）TG1③层（包括TG1①层、TG1②层）

标本8件。有石斧、小石锛和折沿彩陶罐、曲颈彩陶罐、折腹碗、器盖纽、矮圈足、有刻划符号假圈足。

石器

石斧　1件（TG1②:13）。石，青色。上窄下宽，如扁平等边三角形，窄弧顶，两面稍打制，两边修直，一边稍磨制，都还不平，弧刃两面磨制，有使用痕，不锋利。长8.4、宽4.4、厚1.6厘米（图九二，11）。

小石锛　1件（TG1②:14）。小石片，青色。平顶为原面，两面、两边皆磨平，但都有疤痕，斜弧刃单面磨制，甚锋利。长5.1、宽4.5、厚0.8厘米（图九二，9）。

陶器

折沿彩陶罐　1件（TG1②:10）。泥质红陶，内沿、外表施深红衣。侈口，束颈，宽沿，方圆唇，肩已下残。内沿面至外唇下有黑彩图案，上部为两周宽带纹间夹多组四斜线相对呈角状图案，下部又一周宽带纹，带纹上又夹“3”字形等多种图案。口径36、残高5.6厘米（图九三，23）。

曲颈彩陶罐　1件（TG1③:9）。泥质夹蚌红陶，唇上及外壁施红衣。盘口，凹沿近直，尖圆唇内敛，束颈，肩已残。外沿下施两周黑彩带纹。口径16、残高1厘米（图九三，2）。

折腹碗　1件（TG1①:11）。泥质黑陶。侈口，束颈，宽沿外斜，方唇内斜，窄斜肩，折腹内斜，下已残。外沿上部饰三周凹弦，使口沿呈四叠层。口径13、残高4.5厘米（图九三，9）。

器盖纽　1件（TG1③:20）。泥质陶外红内黑，外壁施鲜红衣。仅剩盖纽残片，盖盘已残。素面。纽径8、残高2.6厘米（图九三，16）。

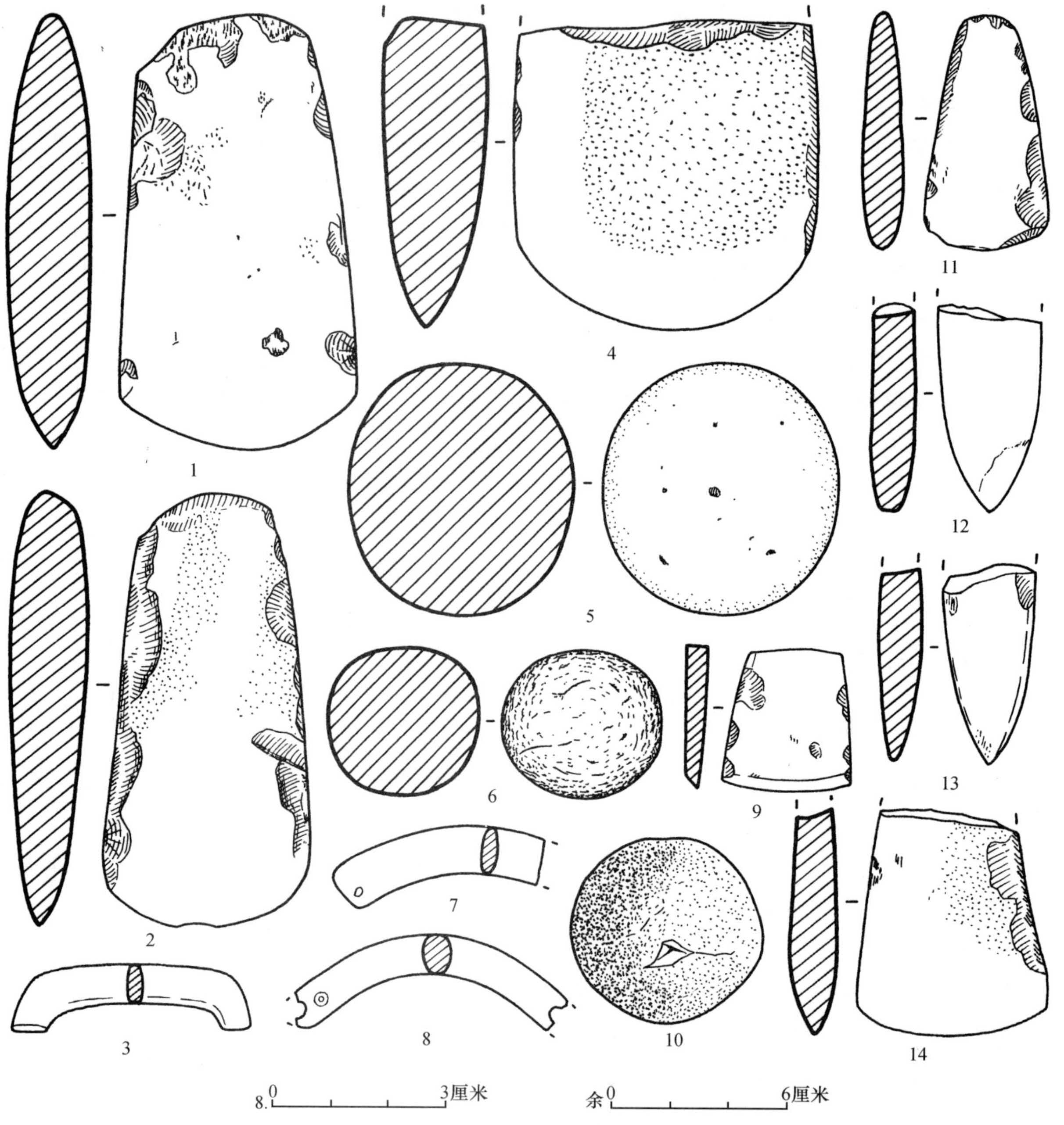

图九二　TG1②层、TG1④层、TG2⑥层出土石器

1、2、4、11、14. 石斧（TG2⑥:56、TG1④:25、TG1④:28、TG1②:13、TG1④:29）　3. 桥形石璜（TG1④:35）
5、6、10. 石球（TG1④:30、TG1④:31、TG2⑥:2）　7、8. 弧形石璜（TG1④:34、TG1④:36）　9. 小石锛（TG1②:14）
12、13. 圭形石凿（TG1④:32、TG1④:33）

矮圈足　1件（TG1③:22）。泥质磨光黑陶。上部残，仅剩矮圈足和圜底残片，圈足相对较高，足壁外斜。足面饰两周凹弦，使足面呈三叠层，足根上卷，外有小薄棱，未见其他纹饰。足径8、残高3.2厘米（图九三，26）。

有刻划符号假圈足　1件（TG1③:21）。泥质黑陶。仅存圜底和实心假圈足残块，足壁近直外斜。足外底残存两个刻划符号（图九四，4；图一〇二，10；图版三九，3）。

（55）TG1④层和TG1④A层

标本23件。有石斧、圭形石凿、石球，还有陶凹折沿罐、弧折沿罐、弧折沿彩陶罐、斜颈罐、曲颈彩陶瓶、侈口碗、斜腹小碗、器盖纽、矮圈足、有刻划符号矮圈足。另有小陶球，弧形石璜和桥形石璜。

石器

石斧 3件。TG1④:25，长砾石，青色。扁平长梯形，弧顶两面打制，两面皆原弧面近平，一面多片疤，两边两面打制只修直，弧刃两面磨制，有使用痕，甚锋利。长15.4、宽7.3、厚2.9厘米（图九二，2；图版六，6）。TG1④:28，砾石，灰色夹黑斑点。扁弧近长方形，残顶近平，两面弧面都近平，两边修直皆扁弧，一边磨制，弧刃两面磨制，较锋利。残长11、宽10.6、厚3.8厘米（图九二，4）。TG1④:29，石片，青色夹黑斑点。扁弧近梯形，残顶斜平，两面一面为弧面，另一面破裂已磨平，两边外斜不对称，一边为扁弧面，另一边两面打制，尚不平，宽弧刃两面磨制，锋利。残长8、宽6.7、厚1.7厘米（图九二，14）。

圭形石凿 2件。TG1④:32，石，青色。残器为扁平弧边倒三角形，两面微弧近平，两边磨平并向下内弧相交成角状刃。残长7.4、宽3.7、厚1.6厘米（图九二，12；图版九，1）。TG1④:33，石，灰色。残器为扁平弧边长三角形，顶部已残，两面微弧近平，两边磨平向下内弧成尖状刃。残长7.2、宽3.3、厚1.6厘米（图九二，13；图版九，2）。

石球 2件。TG1④:30，砾石，灰麻点色。近圆较光滑，如小铅球。长径9、宽径8、厚8.3厘米（图九二，5；图版八，3）。TG1④:31，小砾石，灰色。近圆形，表面天然形成，似经敲琢，布满密集的坑疤。直径5.2~5.6厘米（图九二，6）。

弧形石璜 2件。TG1④:34，石，青绿色。扁平半弧形，一端有小圆穿孔，另一端已残，横断面成长椭圆形。残长7.5、宽1.7、厚0.65厘米（图九二，7；图版九，5）。TG1④:36，石，灰色。扁圆半弧形，两端钻小圆孔，但两端小孔都已残。一端已另钻一孔，但此孔未穿，横断面椭圆形。残长4.7、宽0.7、厚0.55厘米（图九二，8；图版九，4）。

桥形石璜 1件（TG1④:35）。石，灰色，局部泛黑。两端钻孔都已残，扁平桥形，上下面微弧近平，内扁弧，外近直。长8.3、中宽1.4、厚0.6厘米（图九二，3；图版九，6）。

陶器

凹折沿罐 1件（TG1④:43）。泥质灰陶。侈口，束颈，宽折沿微内凹，尖圆唇，弧肩，肩下已残。素面。口径24、残高5.3厘米（图九三，19）。

弧折沿罐 1件（TG1④:40）。夹炭褐陶。侈口，束颈，宽折沿微上弧，尖圆唇，弧肩，弧腹已残。素面。口径24、残高8.9厘米（图九三，22）。

弧折沿彩陶罐 1件（TG1④:42）。夹炭红陶，内沿、外壁施鲜红衣。侈口，束颈，折沿，沿面微上弧，尖圆唇，弧肩，腹已残。因黑彩多脱落，除内外沿、肩上有黑彩带状纹外，其余图案不清晰。口径21、残高3.8厘米（图九三，7）。

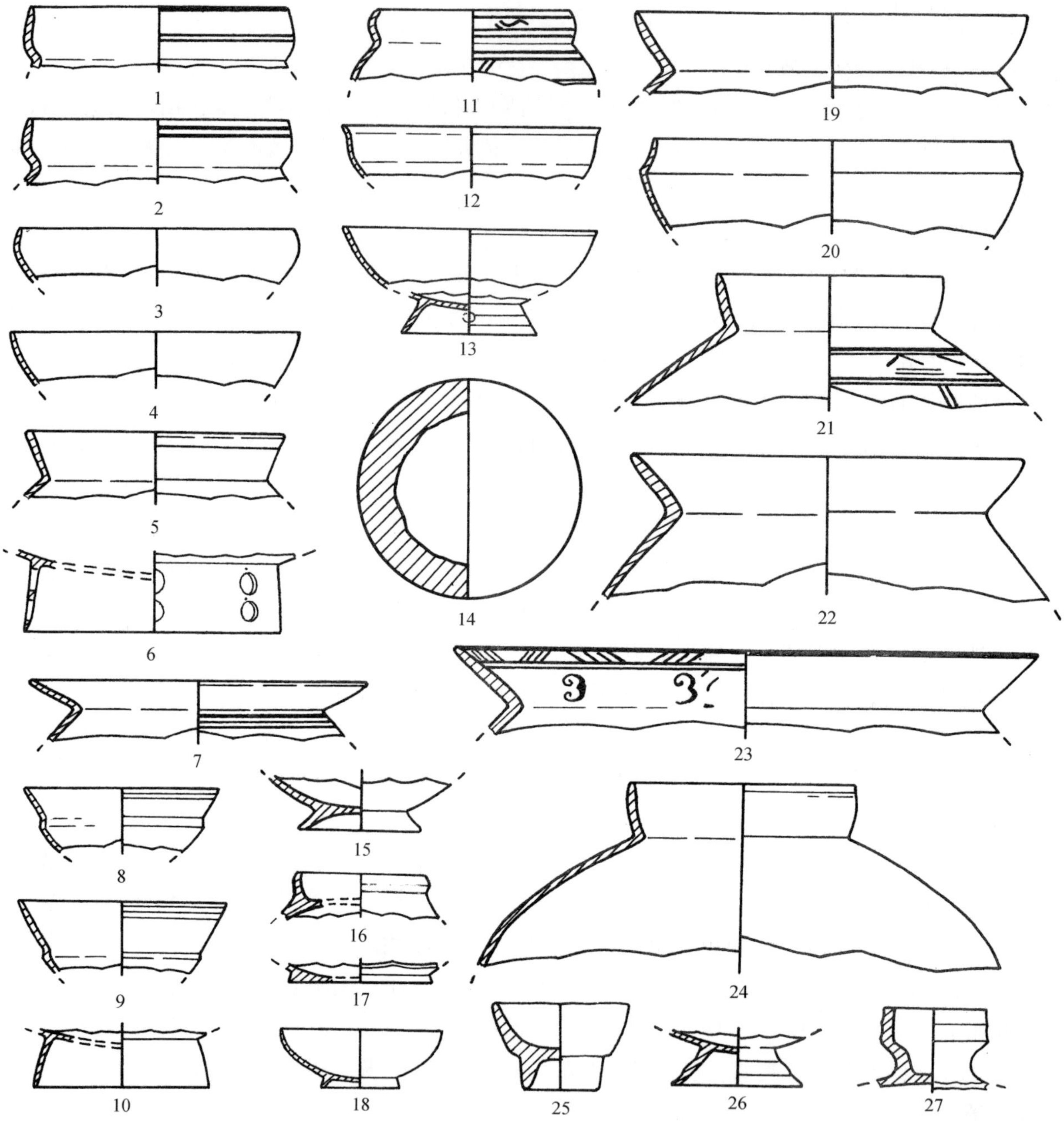

图九三　TG1①层、TG1②层、TG1③层、TG1④层、TG2⑥层出土陶器

1. 曲颈彩陶瓶（TG1④：5）　2、11. 曲颈彩陶罐（TG1③：9、TG2⑥：4）　3. 敛口碗（TG2⑥：94）　4、13、18. 敞口碗（TG2⑥：95、TG2⑥：15、TG2⑥：14）　5. 斜颈罐（TG1④：52）　6、10、15、26. 矮圈足（TG1④：3、TG2⑥：58、TG1④A：56、TG1③：22）　7. 弧折沿彩陶罐（TG1④：42）　8、9. 折腹碗（TG2⑥：98、TG1①：11）　12. 侈口碗（TG1④：45）　14. 小陶球（TG1④：95）　16、27. 器盖纽（TG1③：20、TG1④：1）　17. 假圈足（TG2⑥：100）　19. 凹折沿罐（TG1④：43）　20. 内折沿簋（TG2⑥：57）　21. 斜颈彩陶罐（TG2⑥：3）　22. 弧折沿罐（TG1④：40）　23. 折沿彩陶罐（TG1②：10）　24. 曲颈瓮（TG2⑥：16）　25. 斜腹小碗（TG1④：2）

斜颈罐　1件（TG1④:52）。泥质红陶，内沿、外壁施浅红衣。侈口，束颈，折沿上斜，方圆唇，弧肩，腹已残。沿外上部饰一周凹槽。口径16、残高4.3厘米（图九三，5）。

曲颈彩陶瓶　1件（TG1④:5）。泥质夹蚌红陶，外表及内唇下施深红衣。盘口，即凹沿近直，束颈，肩下已残。沿下绘两周黑色带纹，但黑彩多脱落，图案不清晰。口径16、残高3.7厘米（图九三，1）。

侈口碗　1件（TG1④:45）。泥质磨光黑陶。侈口，束颈，窄弧沿外卷，方圆唇，腹上部外斜，下部弧内折，已残。素面。口径16、残高3.3厘米（图九三，12）。

斜腹小碗　1件（TG1④:2）。泥质红陶，内外施红衣。敞口，斜直腹，尖圆唇，圜底下附小圈足，足壁近直。素面。口径8.4~8.6、足径4.8、高5.4厘米（图九三，25；图版一五，5）。

器盖纽　1件（TG1④:1）。泥质陶外红内黑，外施红衣。器纽如曲腹圈足杯，盖盘已残。器纽腹饰两周凸棱纹，真正为中间一周凸棱，下部折腹也起棱。纽径6.5、残高5厘米（图九三，27）。

矮圈足　2件。TG1④:3，泥质红陶，内外施红衣。仅剩圈足残片，足壁较直，足根外撇。足饰两个为一组的圆镂孔，又在镂孔上方戳两个粗点戳纹。足径16、残高5厘米（图九三，6）。TG1④A:56，泥质磨光黑陶。口沿残，弧腹，圜底下附矮圈足，足壁外斜。素面。足径7.4、残高3.2厘米（图九三，15）。

有刻划符号矮圈足　2件。TG1④:50，泥质黑陶。仅存圜底和壁已残圈足残片。足外底饰刻划符号（图九四，5；图一〇二，27；图版三〇，6）。TG1④A:57，泥质黑陶。仅存圜底和接近假圈足的低矮圈足，足壁近直。足外底饰刻划符号（图一〇二，11；图版三二，4）。足径7.4、残高1.1厘米（图九四，2）。

小陶球　1件（TG1④:95）。泥质红陶。圆形。素面。直径3.4厘米（图九三，14）。

（56）TG2⑥层

标本15件。有石斧、石球和斜颈彩陶罐、曲颈彩陶罐、曲颈瓮、内折沿簋、敛口碗、折腹碗、敞口碗、矮圈足、假圈足、有刻划符号矮圈足。

石器

石斧　1件（TG2⑥:56）。长砾石，青色。扁弧近梯形，斜弧顶两面打制，两面皆原面，扁弧近平，都有片疤，两边外斜，也皆原尖弧面，弧刃两面磨制，甚锋利。长15.4、宽8.3、厚3.1厘米（图九二，1）。

石球　1件（TG2⑥:2）。石核，花岗岩，灰色有黄斑块。近球体，周身天然琢痕，局部有天然凹疤。直径6.6厘米（图九二，10）。

陶器

斜颈彩陶罐　1件（TG2⑥:3）。夹炭红陶，内沿、外表施红衣。侈口，束颈，宽沿稍内凹，尖圆唇，广弧肩，腹下已残。肩部绘黑彩图案，因沙垢覆盖，且易脱落，图案不清晰。口径14、残高8.4厘米（图九三，21）。

曲颈彩陶罐　1件（TG2⑥:4）。泥质红陶，外表施红衣。盘口，凹沿近直成盘口，弧肩外凸，折腹下内收，下已残。沿至腹饰黑彩带纹，图案已模糊，除多条宽带纹外，宽带间也有图案。口径12、残高4.5厘米（图九三，11）。

曲颈瓮　1件（TG2⑥:16）。夹炭红陶，外表施深红衣。直口，高颈外弧内凹，尖圆唇，广弧肩，腹下已残。颈上部饰一周凹槽，红衣下原似从肩至腹的竖绳纹，但多被红衣覆盖。口径13.8、残高12厘米（图九三，24）。

内折沿簋　1件（TG2⑥:57）。泥质陶外红内黑，外施深红衣。敛口，弧凹沿内折，尖圆唇，似子母口，折腹弧内收，下已残。素面。口径22、残高6.1厘米（图九三，20）。

敛口碗　1件（TG2⑥:94）。泥质黑皮陶。敛口，尖唇，浅弧腹，下已残。素面。口径17、残高3.4厘米（图九三，3）。

折腹碗　1件（TG2⑥:98）。泥质黑陶。侈口，束颈，宽沿外斜，尖唇，窄斜肩，浅折腹内弧，下已残。外沿上部两周凹弦，而呈三叠层。口径12、残高4.9厘米（图九三，8）。

敞口碗　3件。TG2⑥:14，泥质磨光黑陶。敞口，弧腹，尖圆唇，圜底下附矮圈足，足根外斜。素面。口径10、足径4.8、高3.7厘米（图九三，18；图版一四，3）。TG2⑥:15，泥质陶外红内黑。敞口，斜弧腹，尖圆唇，圜平底下附圈足，足壁外斜。因两周弦纹呈三叠层，足上饰四个对称圆形镂孔及两周凹弦纹。口径16、足径8.6、残高6.6厘米（图九三，13）。TG2⑥:95，泥质磨光黑陶。敞口，方唇，浅弧腹，下已残。素面。口径18、残高3.3厘米（图九三，4）。

矮圈足　1件（TG2⑥:58）。泥质磨光黑陶。上部残，仅剩圈足和圜底残片，圈足相对较高，足壁外斜稍内弧。素面。足径11、残高3.7厘米（图九三，10）。

假圈足　1件（TG2⑥:100）。泥质黑陶。仅存残底及其下实心假圈足残块，足壁外弧，平底。素面。足径9、残高1.1厘米（图九三，17）。

有刻划符号矮圈足　2件。TG2⑥:10，泥质黄陶。仅存已破圜底和近完整矮圈足，足壁外弧。中间饰一周凹槽，而使足壁呈双叠层。残足外底有刻划符号（图九四，1；图一〇二，16；图版三六，6）。TG2⑥:18，泥质陶外红内黑，外表施棕红衣。仅存圜底和较高矮圈足，足壁外弧。足饰四个不等距圆镂孔，又饰两周凹弦，而使足呈三叠层。足外底中间有刻划符号（图一〇二，18；图版二一，6）。足径9.2、残高3.2厘米（图九四，3）。

（57）T45次生堆积中16件

T45是遗址西北区坎下沙滩上的探方，发掘时虽分为第2、2A、3、3A、3B、3C和第4层多层堆积，但出土标本说明都是次生堆积。这里介绍各层出土相当于大溪文化早期第二阶段的标本16件。主要种类有石锄、石斧、无沿敛口釜、折沿小釜、子母口簋、侈口碗、有刻划符号敛口碗、圜底小碟、假圈足小碟和支座。

石器

石锄　1件（T45③:10）。石片，灰色。较薄近长方形，弧顶较厚，一面为略弧光滑，另一面打制较平，两边打制修直，斜弧刃单面打制，一侧似使用缺口，较锋利。长14.7、宽7.5、厚2.8厘米（图九五，5；图版八，1）。

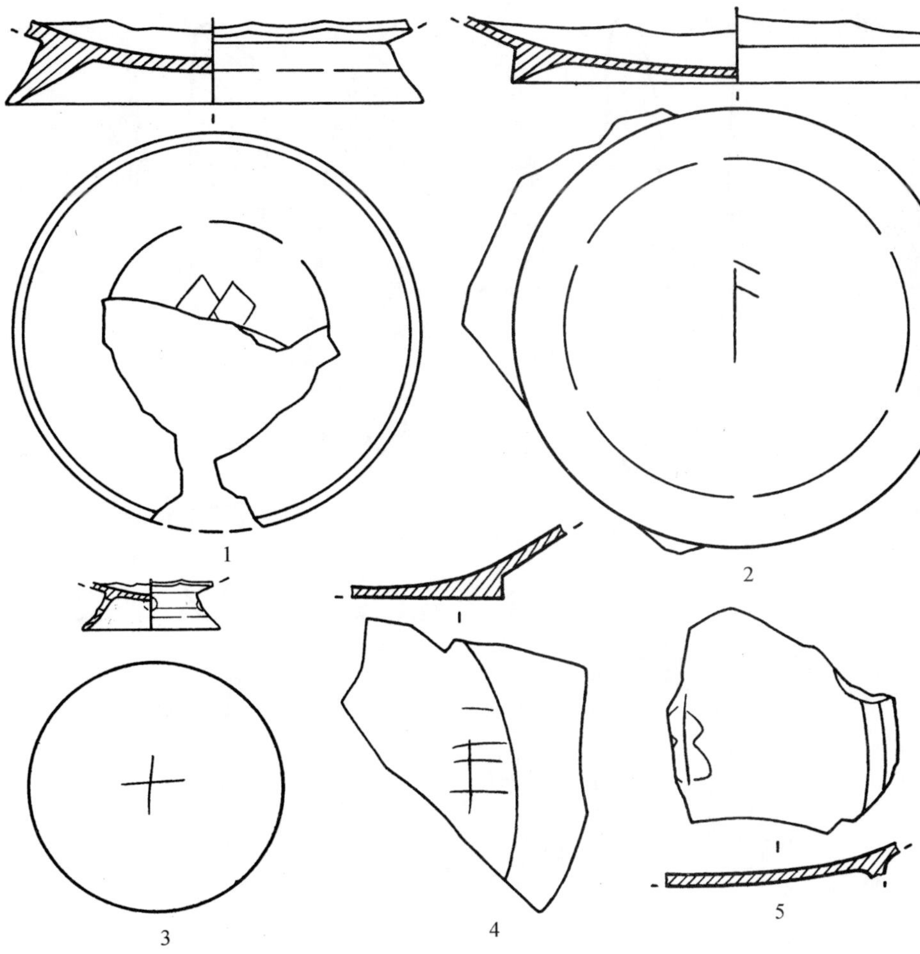

图九四　TG1③层、TG1④层、TG2⑥层出土有刻划符号陶圈足

1～3、5. 矮圈足（TG2⑥:10、TG1④A:57、TG2⑥:18、TG1④:50）　4. 假圈足（TG1③:21）

石斧　5件。T45③:9，砾石，青色。较薄近梯形，顶端薄圆弧形，两面有打击片疤，稍磨制而皆近弧面，两边均较薄，较直，一边有略磨痕，弧刃一角已缺，两面磨制，锋利。长15.7、宽8.4、厚2.9厘米（图九五，3）。T45③:12，砾石，灰色。扁平近梯形，顶已残，断面较平，一面平，另一面进一步打制有凹痕，两边直，也为原面都不平而扁弧。弧刃两面磨制，有使用痕，较锋利。残长8.5、宽8.6、厚2.1厘米（图九五，7）。T45②A:21，砾石，青色。扁弧近梯形，斜弧顶，两面光滑弧平，两边稍磨平，弧刃两面磨制，有使用片疤，仍较锋利。长13.4、宽8.4、厚2.7厘米（图九五，2；图版七，1）。T45③:13，长条砾石，青色。扁薄近长方形，弧顶。两面皆弧，有打制痕，两边扁圆而不平，弧刃两面略磨制，有使用痕，已不锋利。长14.8、宽6.7、厚2.5厘米（图九五，1；图版六，4）。T45③:11，砾石，灰色。较薄梯形，弧顶仅打制，两面弧面，一面较平，但都有打制片疤，两边稍磨直，但原不平，弧刃有使用痕似残，只留打制痕，已不锋利。长12.4、宽8、厚2.6厘米（图九五，4；图版七，2）。

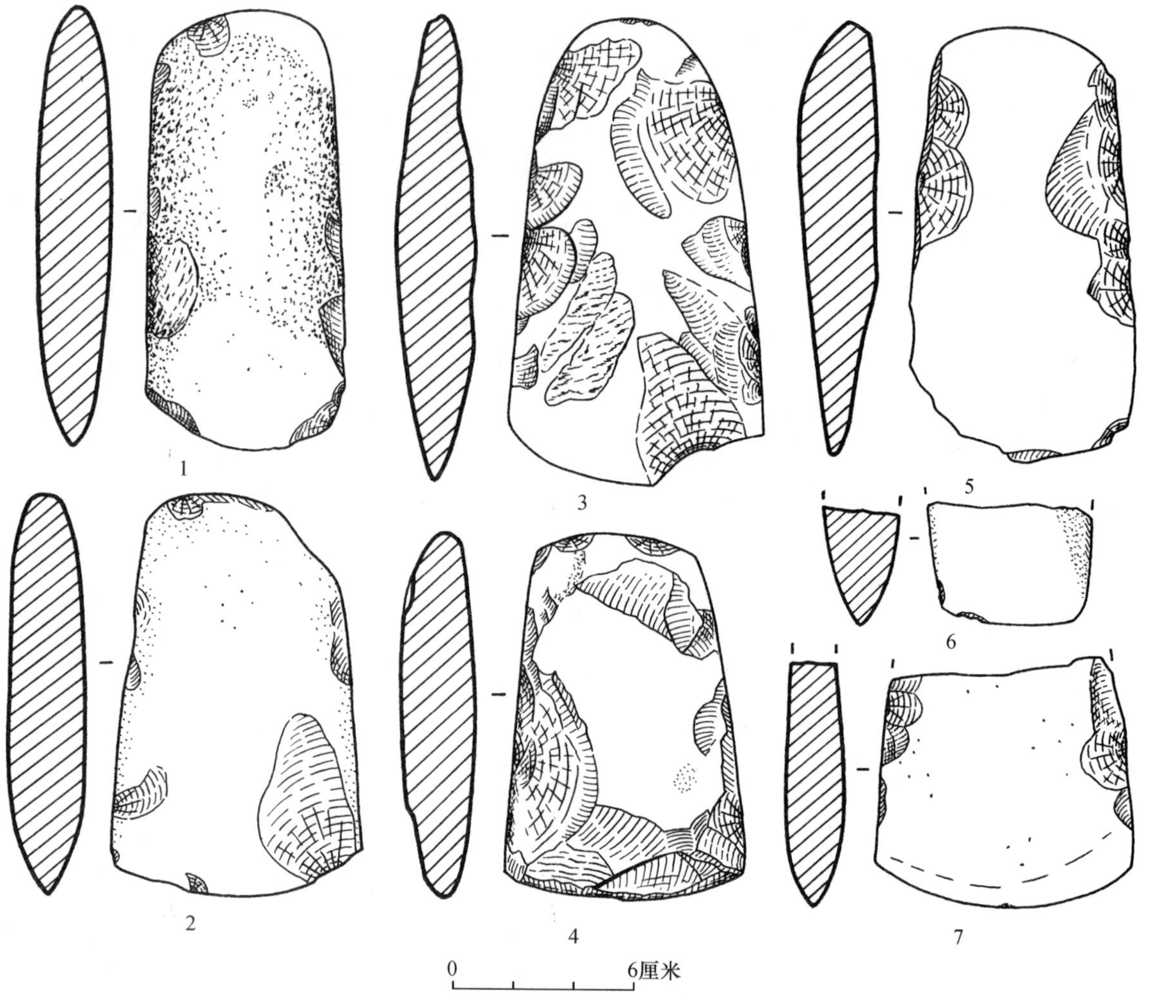

图九五　T45②A层、T45③层、T46③B层出土石器

1～4、7. 石斧（T45③:13、T45②A:21、T45③:9、T45③:11、T45③:12）　5. 石锄（T45③:10）　6. 残石斧（T46③B:4）

陶器

无沿敛口釜　1件（T45④:4）。泥质红陶，外施鲜红衣。敛口，圆唇，斜弧肩，鼓腹，圜底。素面。口径11.6、腹径20.8、高12.8厘米（图九六，10；图版一〇，4）。

折沿小釜　1件（T45②:8）。夹炭红陶。侈口，宽折沿外斜，尖唇，束颈，鼓肩，弧腹弧内收，圜底。肩饰竖绳纹，腹局部有斜绳纹。口径9.6、高6.8厘米（图九六，4；图版一〇，1）。

子母口簋　1件（T45③C:62）。泥质陶外红内黑，内沿、外壁施深红衣。敛口，内折沿，尖圆唇直立，而又成子母口，折腹弧内收，下腹已残。素面。口径18、残高3.2厘米（图九六，11）。

侈口碗　1件（T45③C:6）。泥质陶外红内黑，内沿、外壁施深红衣。侈口，束颈，尖圆唇，深弧腹，圜底下附大圈足，足已残。素面。口径22.5、残高8.8厘米（图九六，1；图版一三，1）。

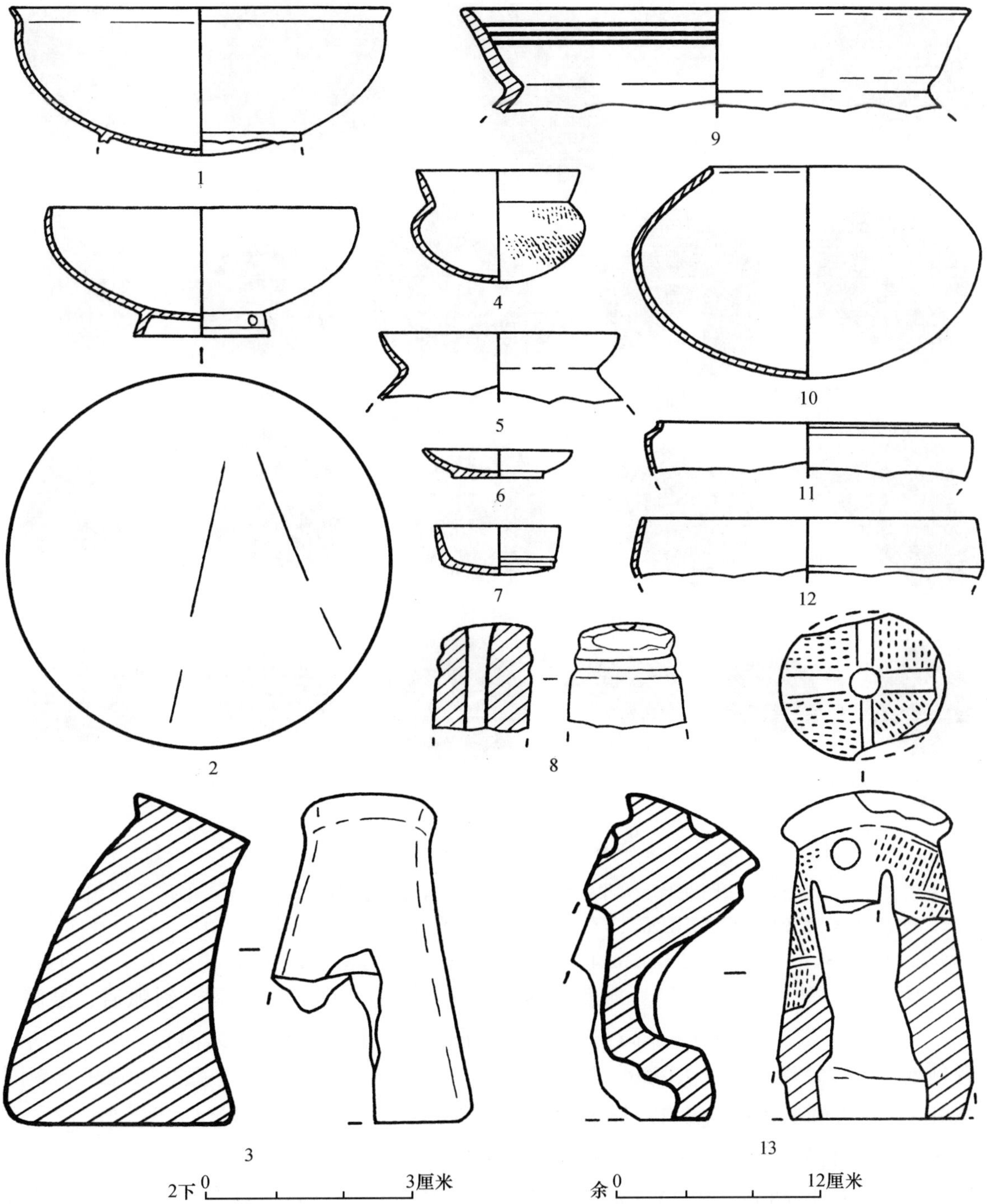

图九六　T45②层、T45③A层、T45③B层、T45③C层、T45④层、T46③B层出土陶器

1. 侈口碗（T45③C:6）　2. 有刻划符号敛口碗（T45④:2）　3、8、13. 支座（T45③A:26、T45③B:51、T45③B:1）　4. 折沿小釜（T45②:8）　5. 凹折沿小罐（T46③B:1）　6. 假圈足小碟（T45③C:5）　7. 圜底小碟（T45③B:3）　9. 斜颈彩陶罐（T46③B:2）　10. 无沿敛口釜（T45④:4）　11. 子母口簋（T45③C:62）　12. 内折沿簋（T46③B:3）

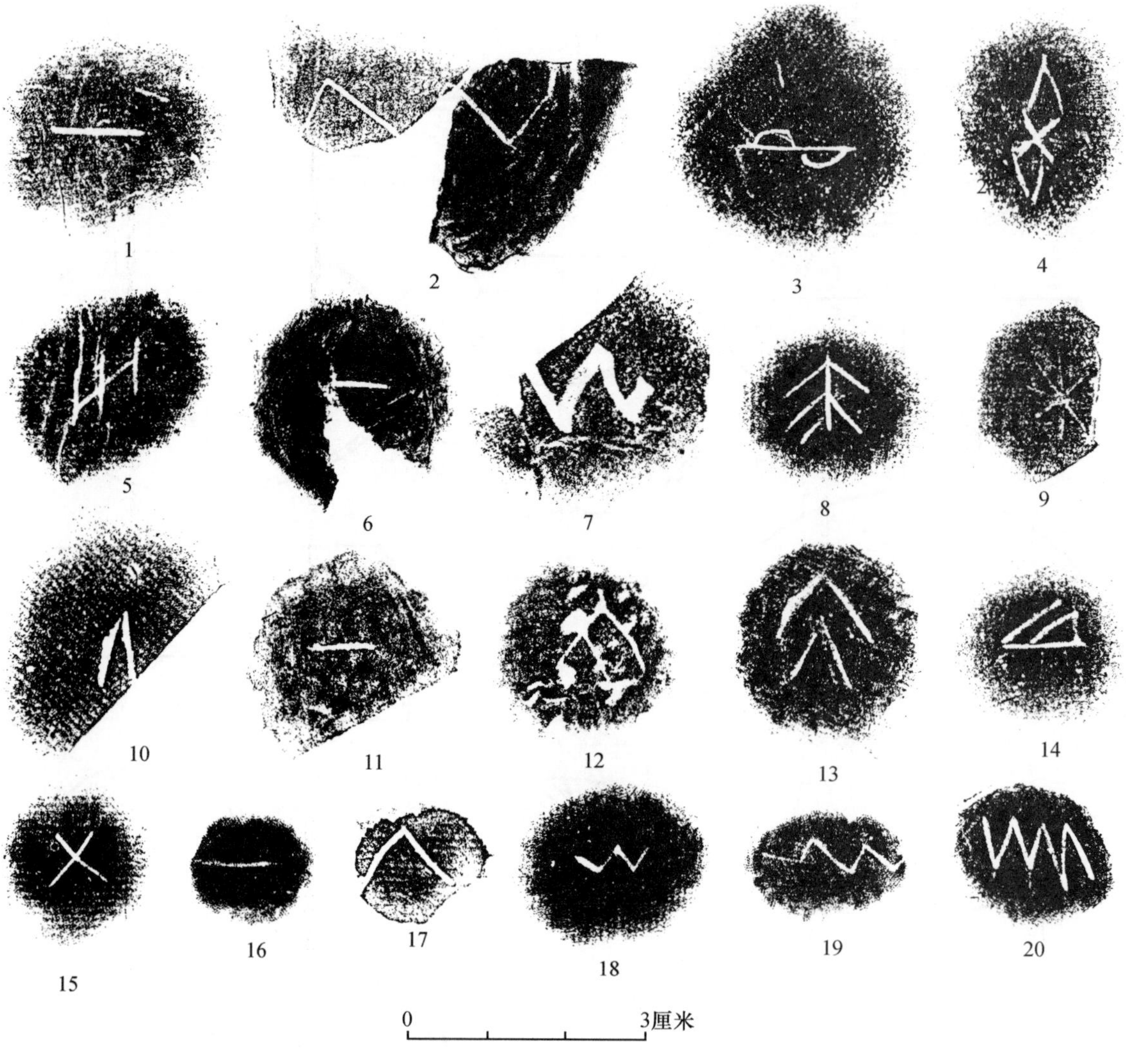

图九七　大早二段灰坑出土有刻划符号圈足拓片

1. H223∶3　2. H223∶4　3. H363∶11　4. H226∶2　5. H363∶8　6. H226∶1　7. H342∶1　8. H363∶7　9. H479∶1　10. H363∶5　11. H363∶12　12. H365∶1　13. H363∶10　14. H224∶12　15. H363∶6　16. H498∶1　17. H403∶1　18. H424∶5　19. H363∶3　20. H363∶9

有刻划符号敛口碗　1件（T45④∶2）。泥质磨光黑陶。敛口，尖唇，弧腹，圜底下附圈足，足壁外斜。足饰近圆形镂孔，另有一周弦纹，使壁呈双叠层。足外底有刻划符号（图一〇二，3；图版二五，5）。口径18、足径8、高7.8厘米（图九六，2；图版一一，2）。

圜底小碟　1件（T45③B∶3）。泥质红陶，外表施鲜红衣。直口外斜，尖圆唇，斜直腹内折成圜平底。腹下饰一周凸棱纹和一周凹槽。口径7.2、高3厘米（图九六，7；图版一八，4）。

假圈足小碟　1件（T45③C∶5）。泥质陶外黑内红。敞口，尖圆唇，浅弧腹，假圈足，平底。素面。口径8.7、底径5.4、高1.6厘米（图九六，6；图版一九，2）。

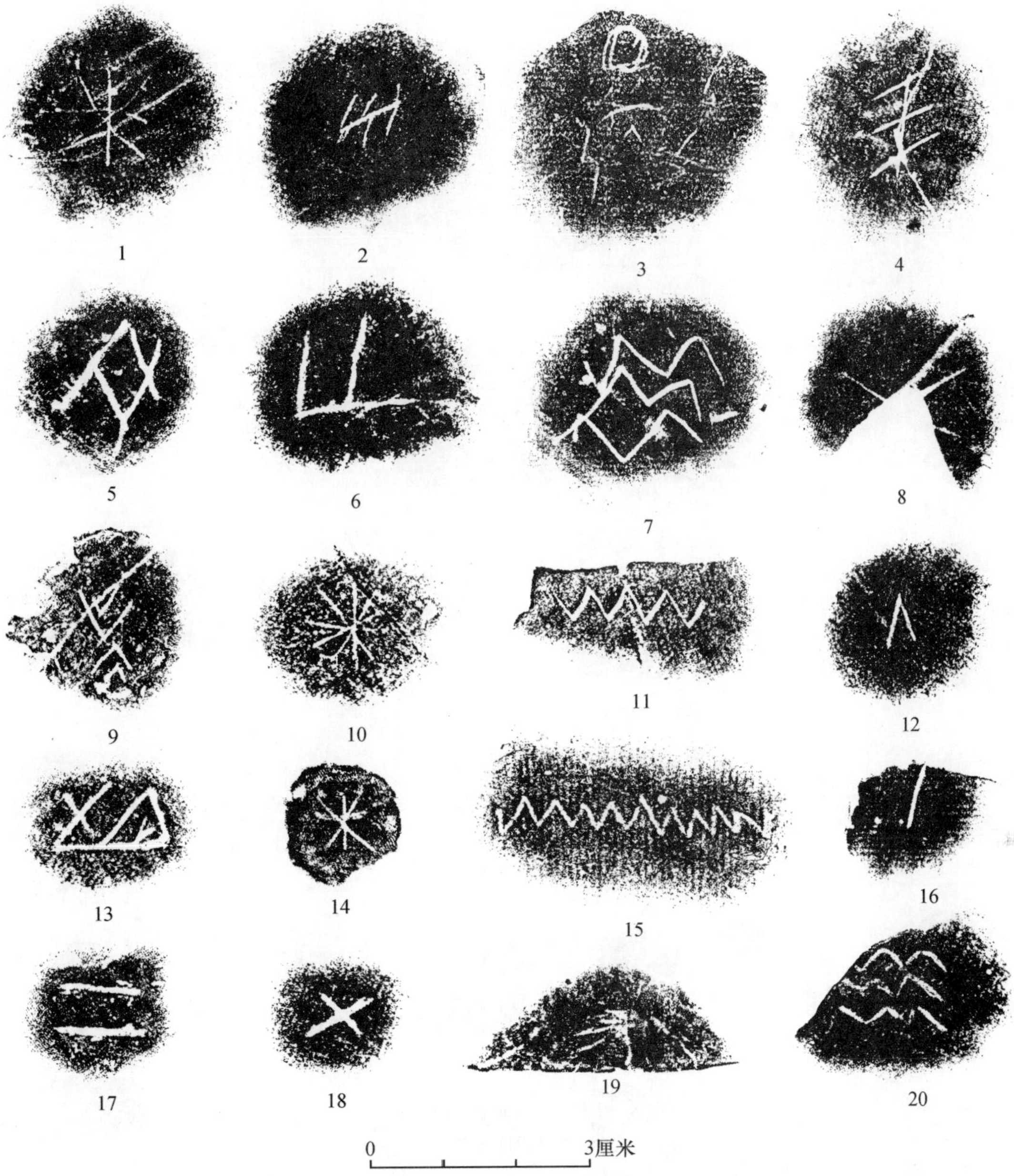

图九八　H538②层、T538③层、H542、H570出土有刻划符号圈足拓片

1. H538③: 65　2. H538③: 61　3. H538③: 78　4. H538③: 63　5. H538②: 55　6. H538②: 98　7. H538③: 96　8. H538②: 57　9. H538③: 59　10. H538③: 58　11. H538③: 60　12. H538②: 141　13. H538②: 56　14. H538③: 64　15. H538③: 62　16. H542: 15　17. H538③: 97　18. H542: 1　19. H570: 1　20. H538③: 79

支座　3件。T45③B: 1，夹砂夹蚌红陶。属内空有纹倾斜型。高19.8厘米（图九六，13）。T45③A: 26，夹砂红陶。属实心素面倾斜型。高19.8、顶径7.8厘米（图九六，3）。T45③B: 51，夹砂红陶。属实心素面直立型。残高6.5厘米（图九六，8）。

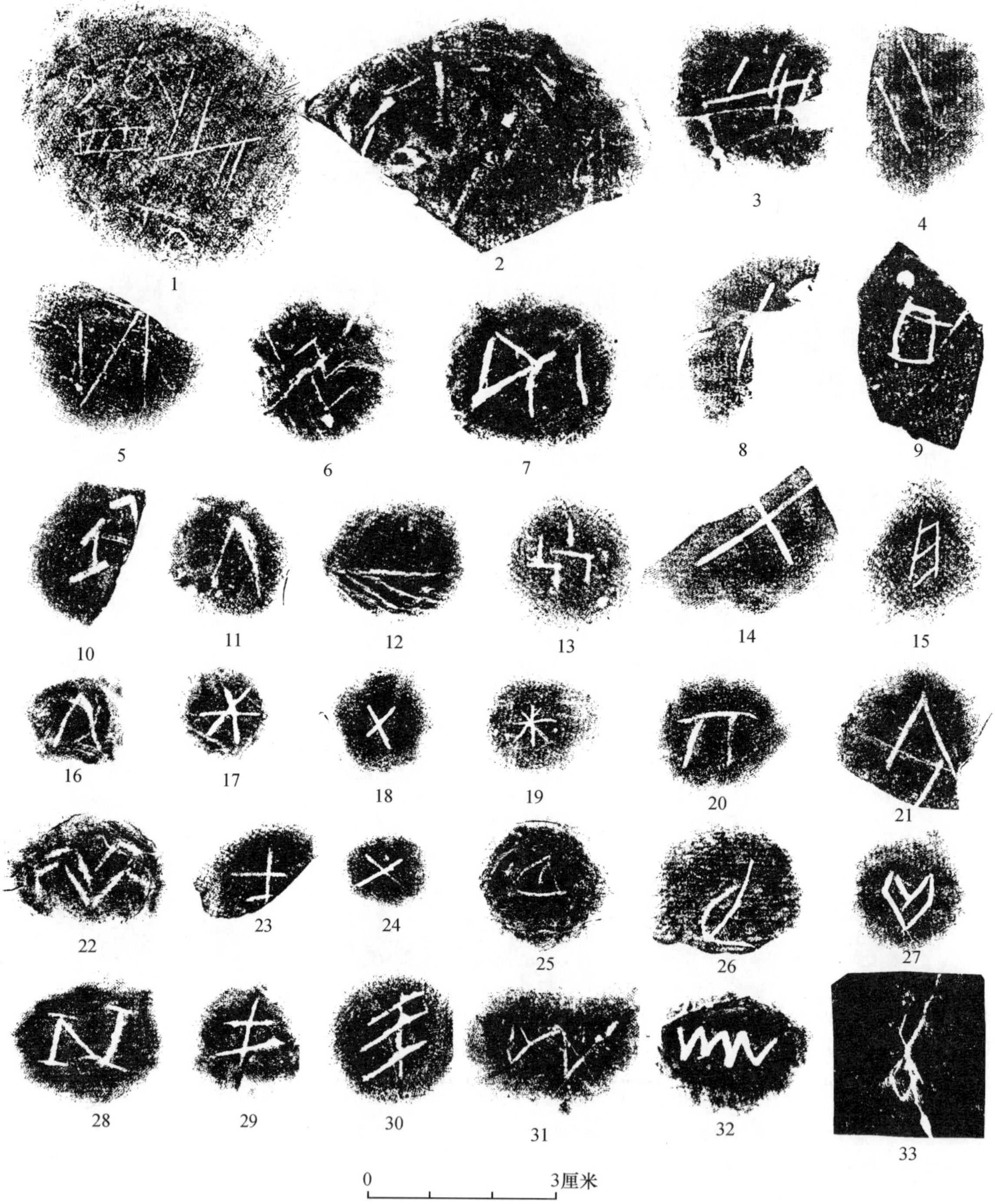

图九九　H543、H607、G23 出土有刻划符号圈足拓片

1. H543②: 84　2. H543②: 79　3. H543②: 64　4. H543②: 77　5. H543②: 74　6. H543②: 80　7. H543②: 73　8. H543②: 83　9. H543②: 62　10. H543②: 78　11. H543②: 67　12. H543②: 71　13. H543②: 68　14. H543②: 76　15. H543②: 72　16. H543②: 69　17. H543②: 63　18. H543②: 81　19. H543②: 70　20. H543②: 66　21. H543②: 65　22. H607③: 96　23. G23: 6　24. H607③: 99　25. H543②: 75　26. H607②: 22　27. H607③: 98　28. H607②: 58　29. H607②: 57　30. G23: 1　31. H607③: 97　32. G23: 2　33. H607②: 40

(58) T46③B 层

T46 是沙滩上的探方，地层属次生堆积，仅第 3B 层 4 件标本，都属于大早二段。主要种类有残石斧、凹折沿小罐、斜颈彩陶罐、内折沿簋。

石器

残石斧　1 件（T46③B:4）。石，青灰色。顶大部残，两面皆弧面光滑，局部有疤，弧边稍磨皆不平，斜弧刃近平，有使用痕，不锋利。残长 4.2、宽 5.5、厚 2.6 厘米（图九五，6）。

陶器

凹折沿小罐　1 件（T46③B:1）。泥质夹草末红陶。近盘口，折沿内凹外弧下内束，近似盘口，尖唇，弧肩下斜，腹已残。素面。口径 14、残高 4.2 厘米（图九六，5）。

斜颈彩陶罐　1 件（T46③B:2）。夹炭红陶，内沿、外壁施深红衣。侈口，宽折沿外斜，下部微凹，上部外卷，尖圆唇，束颈，斜肩已残。内沿绘三周黑彩带纹，外沿局部有黑斑，似有彩纹已脱落。口径 30、残高 6.2 厘米（图九六，9）。

内折沿簋　1 件（T46③B:3）。泥质陶外红内黑，外表施深红衣。直口微敛，口沿内折近直立，方唇，圆折腹已残。素面。口径 20、残高 3.6 厘米（图九六，12）。

（三）大早三段的文化遗存

大溪文化早期第三阶段的文化遗存，包括遗迹单位的 92 个灰坑和 3 条灰沟，也包括地层单位 64 个。下面分别介绍这些遗存。

1. 大早三段的灰坑

(1) H40

① 灰坑情况

位置：在 T22 东壁下至东隔梁内。

层位关系：开口在第 3 层下，打破第 3A 层和第 3A 层下 H43、H607。

形制大小：近椭圆形，斜壁，平底。口径长径 180、短径 90、深 55 厘米（图一〇三，1）。

② 出土器物

出土标本：6 件。均为陶器，有陶纺轮、直口小罐、小口瓮、内折沿簋、矮圈足。

陶纺轮　1 件（H40:19）。泥质红陶，表面有红衣，局部泛黑。扁薄两面平，弧边型。素面。直径 3.5、厚 1.1 厘米（图一〇四，25）。

直口小罐　1 件（H40:3）。泥质灰白陶，薄胎。直口，尖圆唇，矮颈内凹外弧，鼓弧肩，腹已残。素面。口径 9、残高 4.4 厘米（图一〇四，2）。

小口瓮　1 件（H40:2）。夹炭红陶，内沿和器表施深红衣。小直口，尖圆唇，矮直颈，广弧肩已残。素面。口径 6.4、残高 2.6 厘米（图一〇四，16）。

内折沿簋　1 件（H40:4）。泥质陶外红内黑。内折沿近直立，沿面微凹，尖唇，浅折腹弧内收，底已残。素面。口径 22、残高 2.6 厘米（图一〇四，12）。

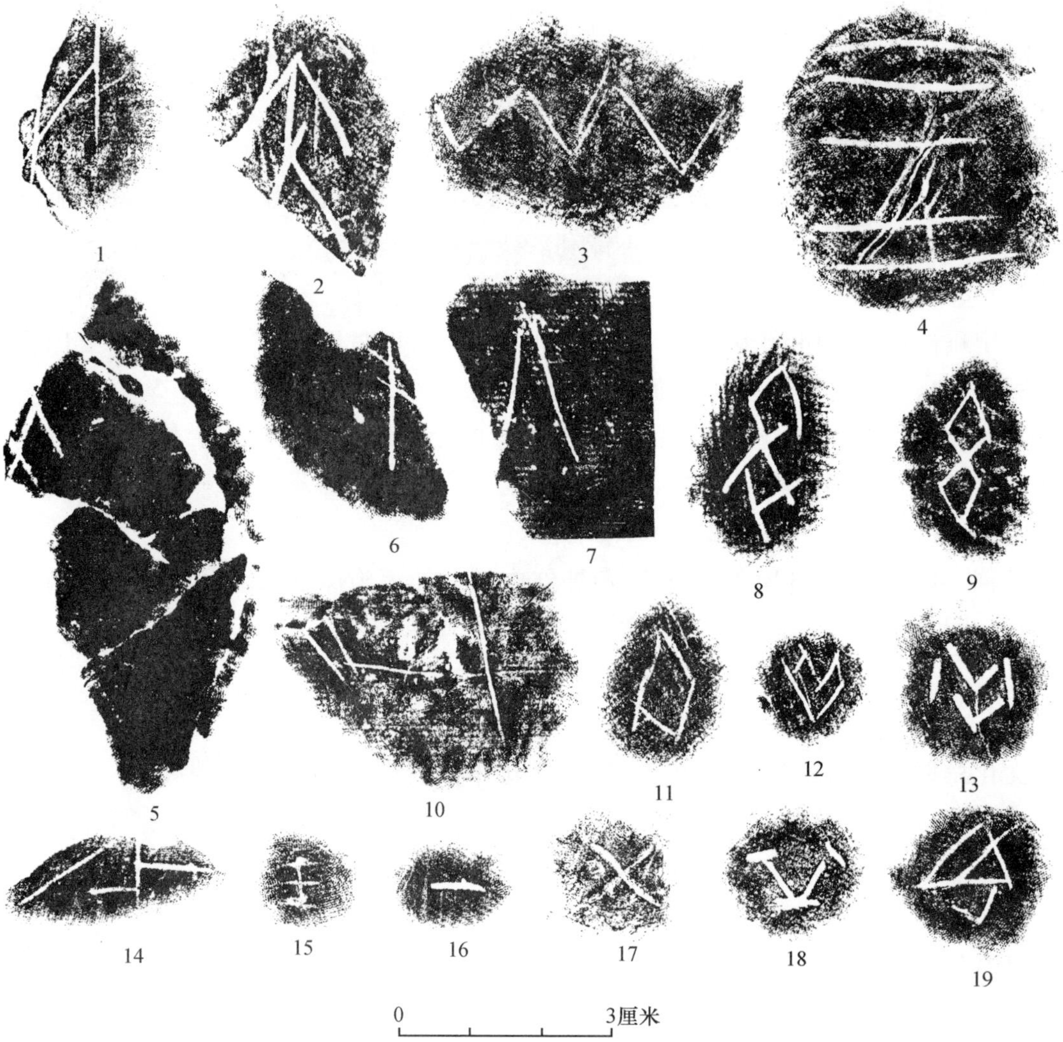

图一〇〇　T21④层、T21⑤层、T21⑤A 层、T21⑤B 层、T21⑤C 层、T23④层、T23⑤A 层、T28⑤层、T29④层出土有刻划符号圈足拓片

1. T21⑤: 38　2. T21⑤B: 155　3. T21⑤: 9　4. T21⑤: 30　5. T21④: 117　6. T29④: 2　7. T28⑤: 54　8. T23⑤A: 5　9. T21⑤A: 148　10. T21⑤: 131　11. T21⑤A: 146　12. T21⑤B: 159　13. T21⑤A: 147　14. T21⑤C: 161　15. T21⑤B: 154　16. T21⑤B: 158　17. T21⑤B: 157　18. T23④: 66　19. T21⑤B: 156

矮圈足　2 件。H40: 5，泥质灰陶。仅存较高矮圈足，足壁外斜。素面。足径 9.2、残高 3 厘米（图一〇四，23）。H40: 6，泥质陶外红内黑。足壁低矮外斜。素面。足径 10、残高 1.8 厘米（图一〇四，21）。

（2）H41

① 灰坑情况

位置：在 T23 南壁下偏西。

层位关系：开口在第 3A 层下，打破第 3A 层下 H56、生土。

形制大小：近椭圆形，斜壁，圜平底。口部长径120、短径80、底部长径100、短径60、深90～96厘米（图一〇三，4）。

② 出土器物

出土标本：6件。均为陶器，有折沿彩陶罐、曲颈罐、内折沿簋、碗圈足、敛口豆盘。

折沿彩陶罐　1件（H41∶6）。泥质红陶，内外沿壁施鲜红衣，内沿绘黑彩。侈口，束颈，折沿，肩已残。内沿绘三周黑彩带状纹夹其他图案，但因黑彩脱落，其他图案已不清楚。口径23、残高3.2厘米（图一〇四，9）。

曲颈罐　1件（H41∶3）。泥质浅红陶近黄。侈口，束颈，折沿斜上仰，内凹外弧呈曲颈，斜肩，腹向上弧内折，但下部已残。素面。口径16、残高6厘米（图一〇四，1）。

内折沿簋　2件。H41∶1，泥质陶内黑外红。敛口，凹沿内折，尖圆唇，折腹弧内收，底已残。素面。口径14、残高4厘米（图一〇四，11）。H41∶5，陶质陶色和形制都与H41∶1相似，只是口径更大而已。

碗圈足　1件（H41∶4）。泥质黑陶。圜底稍残，足壁外弧。饰两周深凹弦纹，使足壁呈三叠层，弦纹上部还有圆形残镂孔。足径8.4、残高2.7厘米（图一〇四，22）。

敛口豆盘　1件（H41∶2）。夹炭红陶，内外施浅红衣。尖唇稍内卷，浅弧腹内收，底已残。素面。口径18.4、残高3.6厘米（图一〇四，7）。

（3）H43

① 灰坑情况

位置：在T22东北部。

层位关系：开口在第3A层下，打破第3A层下H607、生土。被H40、H60、H61打破。

形制大小：椭圆形，斜壁近直，平底。口径90～140、深30厘米（图一〇三，2）。

② 出土器物

出土标本：14件。均为陶器，有凹折沿小罐、折沿罐、曲颈罐、曲颈瓶、内折沿簋、子母口簋、矮圈足、小器座、支座。

凹折沿小罐　1件（H43∶7）。夹炭陶外红内灰黄。折沿弧凹，尖圆唇，鼓肩，腹已残。素面。口径15、残高3.4厘米（图一〇四，5）。

折沿罐　3件。H43∶4，泥质红陶，内沿施鲜红衣。宽折沿，尖圆唇，肩已残。外沿上部一周、中上部两周凹弦纹。口径35、残高5.2厘米（图一〇四，14）。H43∶11，夹炭红陶，口沿内外施浅红衣。宽折沿，尖圆唇，肩已残。残肩饰竖细绳纹。口径24、残高4.2厘米（图一〇四，3）。H43∶13，泥质灰陶。宽折沿，方唇，斜肩已残。外沿面有多周不等距宽凹不一的凹槽。口径21、残高4.8厘米（图一〇四，6）。

曲颈罐　1件（H43∶2）。泥质红陶，外施浅红衣。直口内凹，尖圆唇，但曲颈内凹外弧下内束，广弧肩已残。口沿上有两个不对称小圆穿孔，未见其他纹饰。口径15、残高4.8厘米（图一〇四，4）。

图一〇一　T62③A 层、T62②层、T64②层、T64③层、T64④层、T70③层、T71③层、T74③层、T75③层、T75④层出土有刻划符号圈足拓片

1. T62③A∶7　2. T62③A∶2　3. T64②∶11　4. T64②∶6　5. T64④∶5　6. T64②∶13　7. T62③A∶3　8. T62③A∶1　9. T64②∶10　10. T64③∶9　11. T64②∶12　12. T62③A∶8　13. T64②∶1　14. T62②∶9　15. T74③∶5　16. T64②∶4　17. T71③∶12　18. T75④∶27　19. T75④∶30　20. T75③∶14　21. T71③∶15　22. T75③∶15　23. T74③∶2　24. T74③∶3　25. T71③∶10　26. T71③∶11　27. T75④∶3　28. T75③∶16　29. T71③∶6　30. T75④∶28　31. T74③∶1　32. T70③∶8

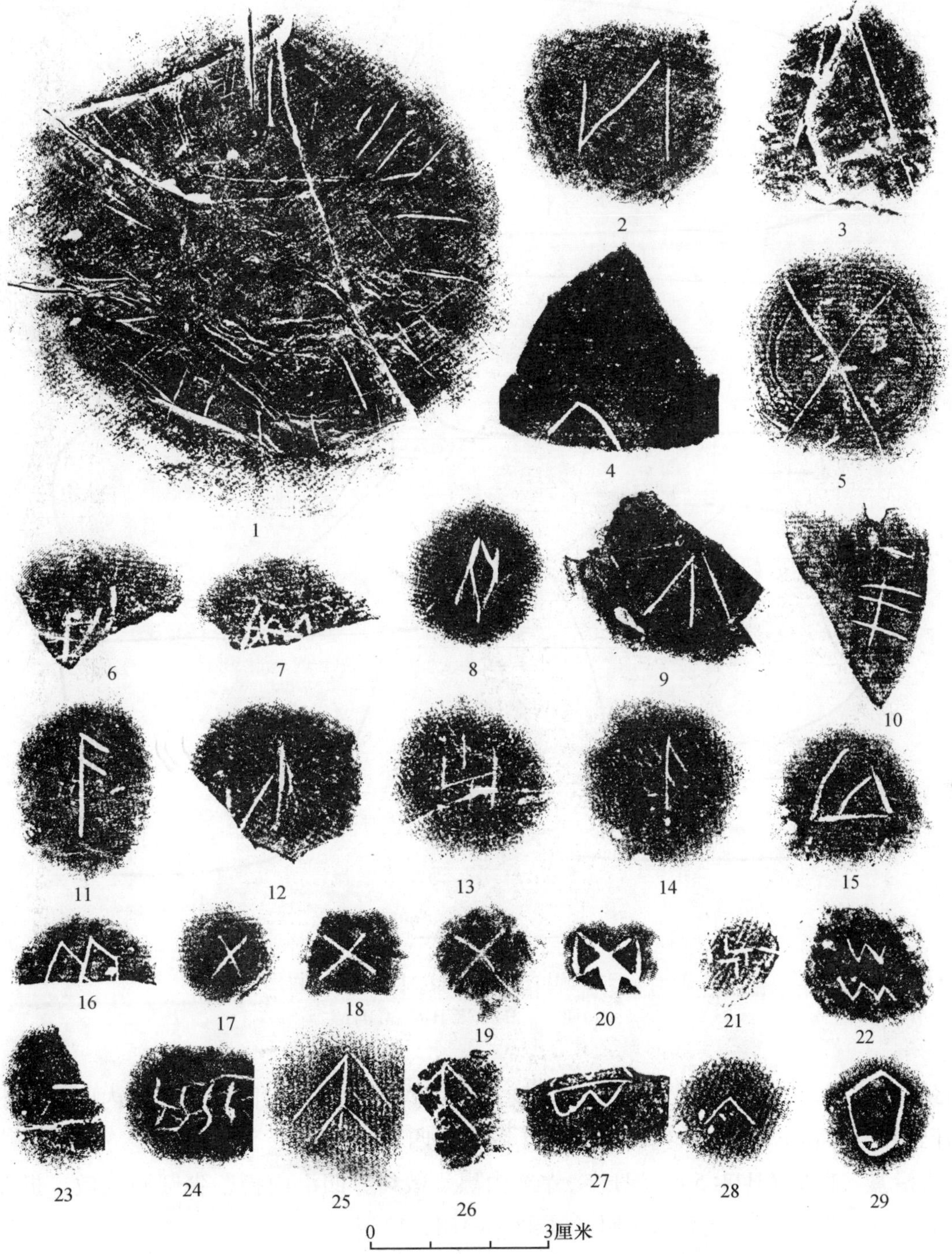

图一〇二　大早二段探方与探沟出土有刻划符号圈足拓片

1. T3547③B：44　2. T3433③C：47　3. T45④：2　4. T3634③B：22　5. T3544③：8　6. T3533③C：31　7. T3433③B：48　8. T3334④：26　9. T2731④：2　10. TG1③：21　11. TG1④A：57　12. T3546③B：38　13. T2731③B：3　14. T3446③：22　15. T2731④：1　16. TG2⑥：10　17. T3544③：7　18. TG2⑥：18　19. T2838③B：22　20. T3445③下：11　21. T2938③：47　22. T2938③：46　23. T3534④A：34　24. T3334④：25　25. T2938③：48　26. T3447③B：19　27. TG1④：50　28. T2938③：45　29. T3333④：31

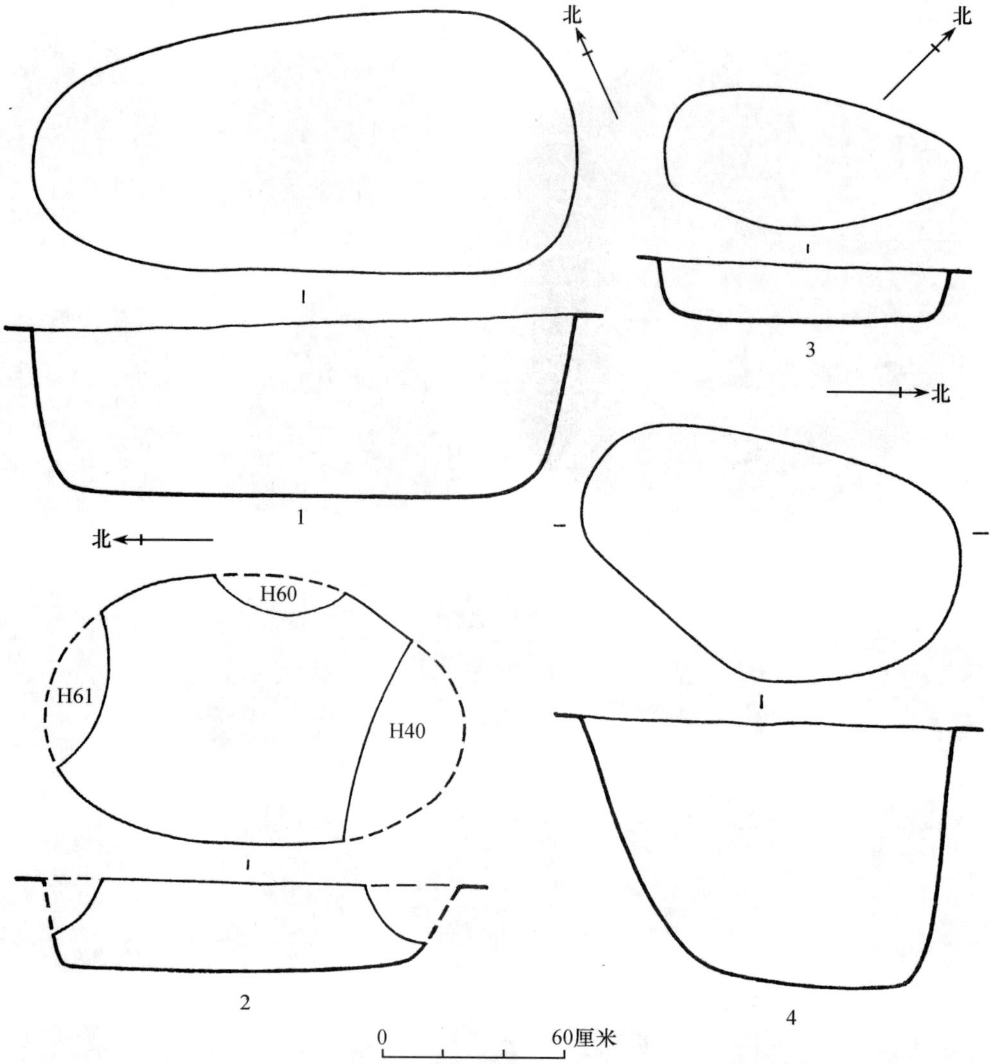

图一〇三　H40、H41、H43、H46 平、剖面图
1. H40　2. H43　3. H46　4. H41

曲颈瓶　1 件（H43∶12）。泥质红陶，泛灰黑。直口内凹，尖圆唇，曲颈内凹外弧下内束，肩下斜已残。素面。口径 14、残高 3 厘米（图一〇四，8）。

内折沿簋　1 件（H43∶5）。泥质陶外红内黑。敛口，凹沿内折，尖圆唇内敛，折腹内收，但多残。素面。口径 25、残高 2.9 厘米（图一〇四，17）。

子母口簋　1 件（H43∶6）。泥质陶外红内灰黄。敛口，内折沿，尖圆唇直立，呈子母口，折腹内收，下已残。素面。口径 18、残高 2.7 厘米（图一〇四，10）。

矮圈足　2 件。H43∶9，泥质陶外红内黑。残存矮圈足相对较大，足壁外弧。素面。足径 12、残高 3.2 厘米（图一〇四，24）。H43∶10，泥质黑陶。碗口沿已残，弧腹圜底，下附低矮圈足，足壁外斜。素面。足径 5.2、残高 2.2 厘米（图一〇四，19）。

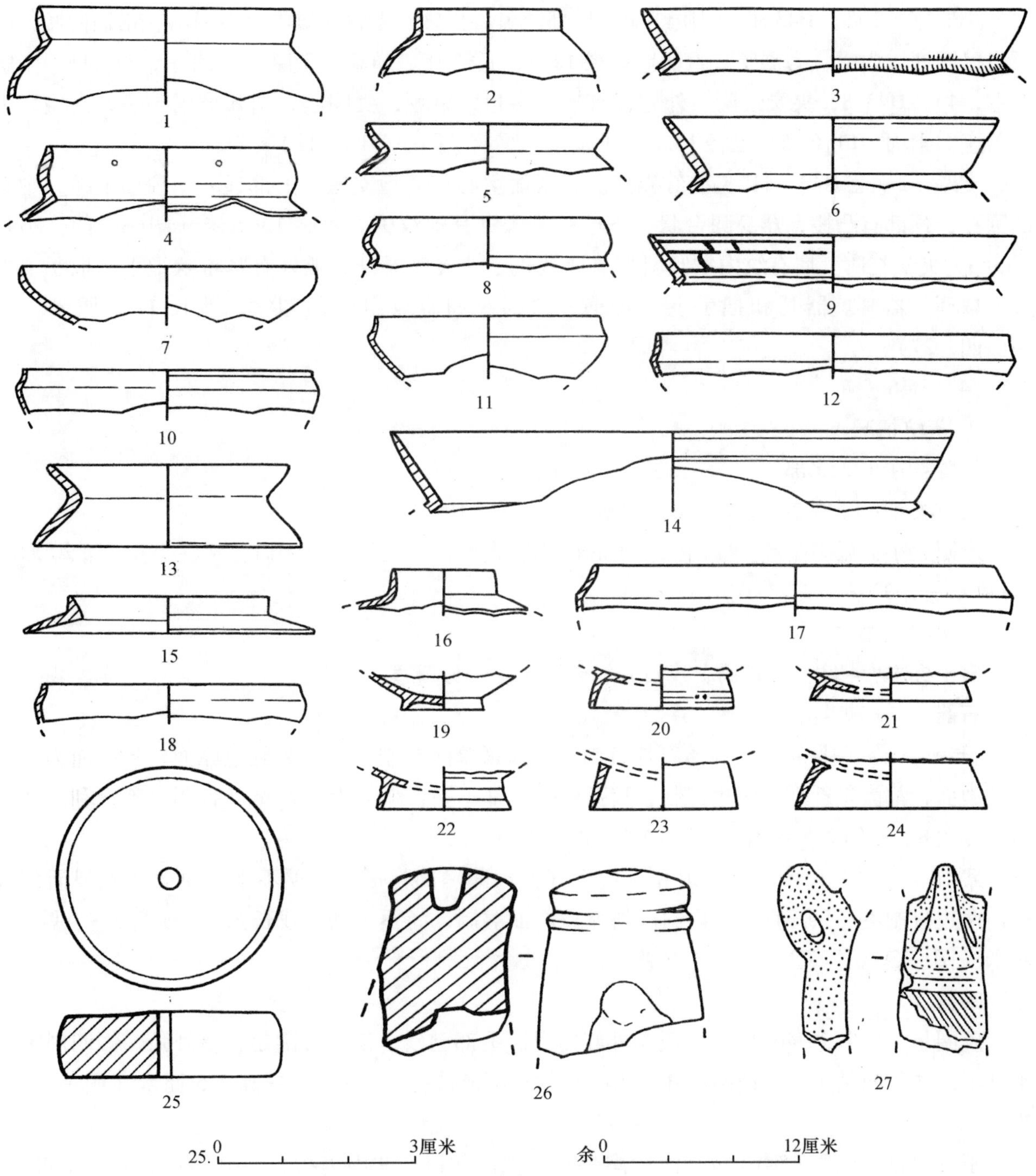

图一〇四 H40、H41、H43、H46出土陶器

1、4. 曲颈罐（H41∶3、H43∶2） 2. 直口小罐（H40∶3） 3、6、14. 折沿罐（H43∶11、H43∶13、H43∶4） 5. 凹折沿小罐（H43∶7） 7. 敛口豆盘（H41∶2） 8. 曲颈瓶（H43∶12） 9. 折沿彩陶罐（H41∶6） 10、18. 子母口簋（H43∶6、H46∶3） 11、12、17. 内折沿簋（H41∶1、H40∶4、H43∶5） 13、15. 小器座（H43∶8、H43∶1） 16. 小口瓮（H40∶2） 19、21、23、24. 矮圈足（H43∶10、H40∶6、H40∶5、H43∶9） 20、22. 碗圈足（H46∶1、H41∶4） 25. 陶纺轮（H40∶19） 26、27. 支座（H43∶14、H43∶3）

小器座　2件。H43∶1，泥质红陶，局部泛黑。直口，尖唇，口内窄沿内斜，粗颈低矮，广弧肩已至底，内空，为器座。素面。口径12.6、底径18、通高2.3厘米（图一〇四，15；图版四七，4）。H43∶8，夹炭红陶，外施橘红衣。侈口，束颈，尖圆唇，斜弧肩已至底，内空，为小器座。素面。口径15、足径16.6、通高5.2厘米（图一〇四，13）。

支座　2件。H43∶14，夹砂红褐陶。属素面空心直立型支座，上部残块，顶面上弧，中有凹圆孔，颈部有凸棱，器身圆台状，下已残。未见其他纹饰。残高12厘米（图一〇四，26）。H43∶3，夹炭红陶。属有纹内空倾斜型支座残把手，支座器身后弧外有竖带状把手，把手上方又附扁环状器耳。器耳和把手上又饰横、斜划纹和戳点组成的图案。残长11.7厘米（图一〇四，27）。

（4）H46

① 灰坑情况

位置：在T22北部。

层位关系：开口在第3A层下，打破第3A层下H607。

形制大小：近椭圆形，壁内弧，平底已成红烧土，可能是灶坑。口径40～100、深20厘米（图一〇三，3）。

② 出土器物

出土标本：4件。有石锄、残石斧、碗圈足、子母口簋。

石器

石锄　1件（H46∶2）。扁薄石片打制。斜弧顶单面打制，一面为红色原面，另一面为青灰色破裂面，都微弧近平，两边打制，稍弧外斜，都不平，弧刃近平，单面打制，不锋利。通长13、刃宽8、厚约2.3厘米（图一〇八，2）。

残石斧　1件（H46∶4）。顶和一边已残，较薄呈倒梯形，残顶不平，原面和破裂面都近平，两边打制不平只修直，皆内斜。斜弧刃两面磨制，尚不锋利。残长8.1、顶宽5.9、厚2.1厘米（图一〇八，1）。

陶器

碗圈足　1件（H46∶1）。泥质陶外红内黑。上部已残，仅存矮圈足，壁外弧。饰四周不等距且不甚平行凹弦纹，又饰两个并列为一组的小圆形镂孔。足径9、残高2.5厘米（图一〇四，20）。

子母口簋　1件（H46∶3）。泥质陶外红内黑。敛口，凹沿内折，小方唇直立而呈子母口，折腹弧内收，底已残。素面。口径16、残高2.5厘米（图一〇四，18）。

（5）H49

① 灰坑情况

位置：在T23北壁下至T22东隔梁内。

层位关系：开口在第3A层下，打破第3A层下H607、生土。

形制大小：近圆形，斜壁，平底。口径90、底径80、深70厘米（图一〇五，2）。

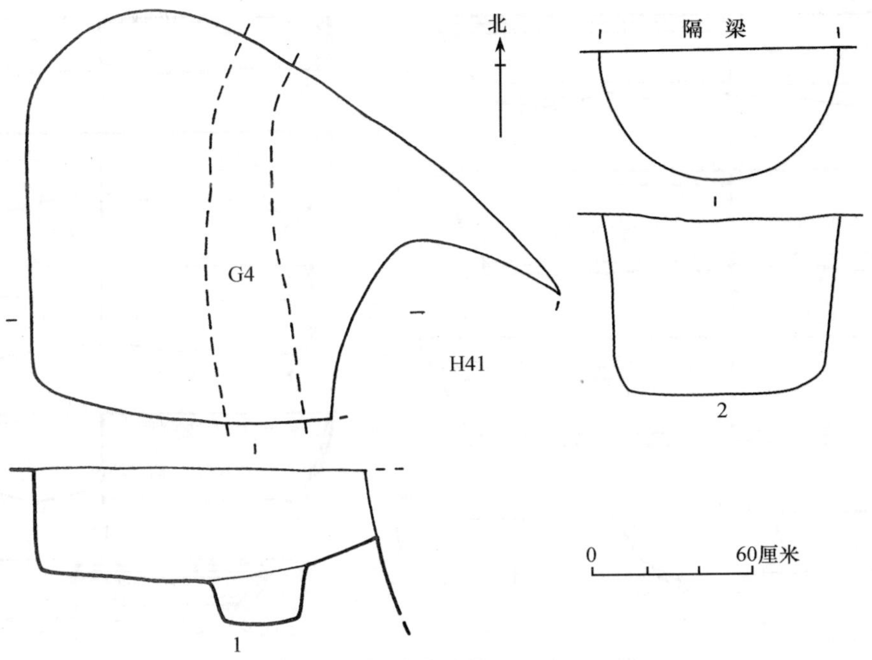

图一〇五 H49、H56平、剖面图
1. H56 2. H49

② 出土器物

出土标本：9件。均为陶器，有凹折沿小罐、折沿罐、曲颈罐、内折沿簋、子母口碗、直口盘、盘圈足。

凹折沿小罐 1件（H49:2）。泥质红陶，局部泛黑。折沿内凹外弧近曲颈，尖圆唇，斜弧肩，腹已残。素面。口径13、残高3.5厘米（图一〇六，4）。

折沿罐 2件。H49:6，夹炭红陶，内沿、外表施深红衣。宽折沿，圆唇，肩已残。外沿有两三周不明显凹弦纹。口径33、残高6.1厘米（图一〇六，3）。H49:7，夹炭红陶，内沿施黑衣，外沿浅红衣，外表与器内浅红无衣。宽折沿，圆唇，斜肩已残。外沿两周凹弦纹，肩饰竖细绳纹。口径31、残高5.4厘米（图一〇六，1）。

曲颈罐 1件（H49:1）。泥质灰陶。直口内敛，圆唇，曲颈内凹，外弧下内束，斜弧肩已残。素面。口径12、残高4厘米（图一〇六，7）。

内折沿簋 2件。H49:3，泥质陶外红内黑。敛口，内折沿微凹，尖圆唇，折腹弧内收，底已残。素面。口径24、残高4.7厘米（图一〇六，11）。H49:9，泥质陶外红内黑。敛口，宽凹沿内折，尖圆唇，折腹弧内收，底已残。素面。口径22、残高5.2厘米（图一〇六，12）。

子母口碗 1件（H49:4）。泥质红陶，外施红衣。窄弧沿内折，方圆唇直立，呈子母口，折腹弧内收，底已残。素面。口径20、残高3.3厘米（图一〇六，16）。

直口盘 1件（H49:8）。泥质红陶，外施深红衣，直口盘口沿，直口微敛，矮颈内斜，方圆唇内敛，弧折内收，腹下已残。素面。口径24、残高3.2厘米（图一〇六，10）。

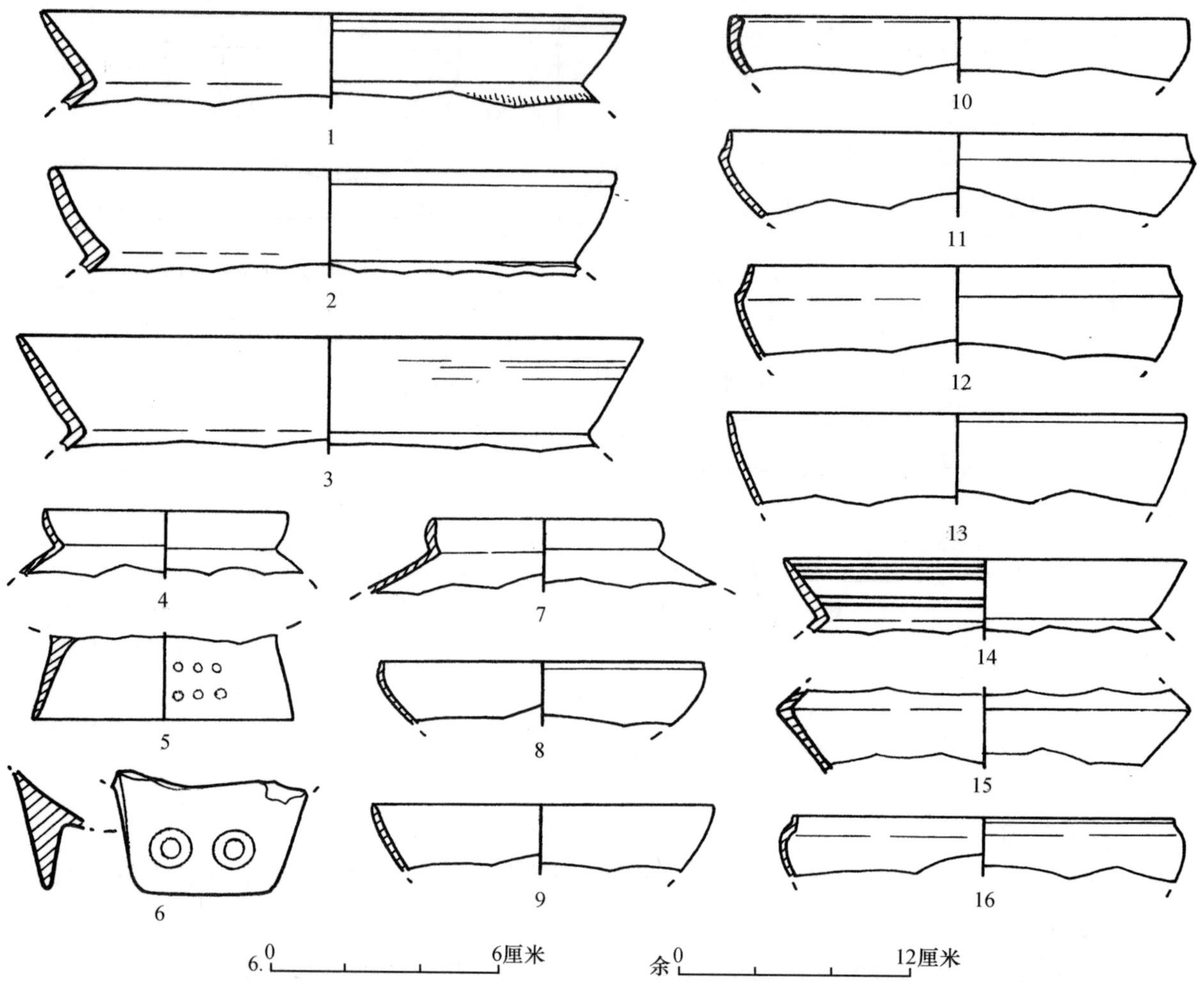

图一〇六　H49、H56 出土陶器

1、3. 折沿罐（H49:7、H49:6）　2. 凹折沿罐（H56:5）　4. 凹折沿小罐（H49:2）　5. 盘圈足（H49:5）　6. 片状小鼎足（H56:3）　7. 曲颈罐（H49:1）　8. 敛口碗（H56:7）　9. 敞口碗（H56:8）　10. 直口盘（H49:8）　11、12. 内折沿簋（H49:3、H49:9）　13. 敞口钵（H56:1）　14. 折沿彩陶罐（H56:6）　15. 折腹碗（H56:2）　16. 子母口碗（H49:4）

盘圈足　1 件（H49:5）。夹炭红陶，内外施红衣。盘矮圈足，但较粗较高，足壁外斜。足饰圆形小镂孔，每组两横排，每排三个。足径 14、残高 4.7 厘米（图一〇六，5）。

（6）H56

① 灰坑情况

位置：在 T23 西部至 T22 东隔梁内。

层位关系：开口在第 3A 层下，打破生土；叠压于 G4 之上，东南部已被第 3A 层下的 H41 打破。

形制大小：不规则近椭圆形，近直壁，圜平底。口长 200、宽 155、深约 40 厘米（图一〇五，1）。

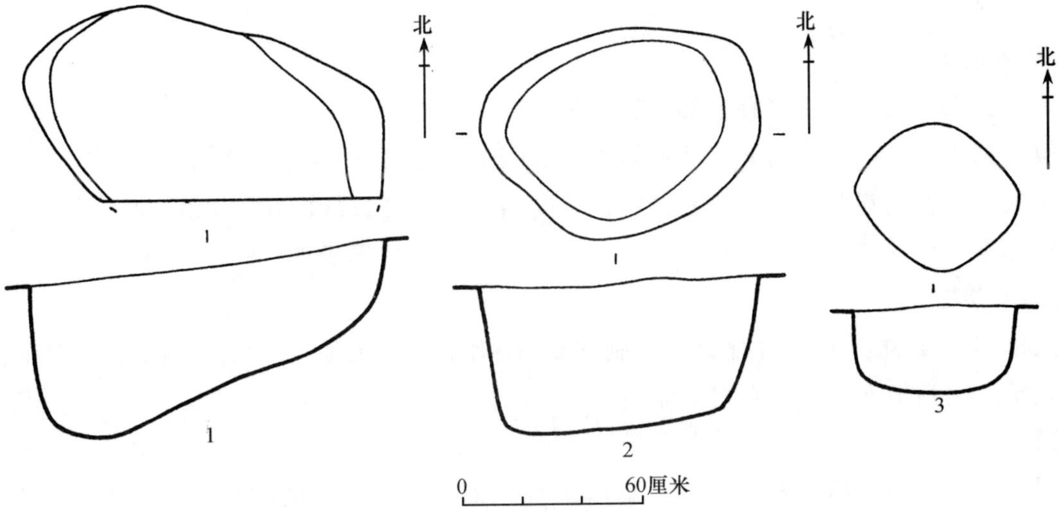

图一〇七　H58、H59、H63 平、剖面图

1. H58　2. H59　3. H63

② 出土器物

出土标本：8 件。有残石斧、凹折沿罐、折沿彩陶罐、折腹碗、敛口碗、敞口碗、敞口钵、片状小鼎足。

石器

残石斧　1 件（H56∶4）。仅存磨光石斧，弧刃残块。残长 4.2、厚 2.2 厘米（图一〇八，6）。

陶器

凹折沿罐　1 件（H56∶5）。夹炭红褐陶。宽折沿内凹，圆唇，肩已残。口外一周凹弦。口径 30、残高 5.6 厘米（图一〇六，2）。

折沿彩陶罐　1 件（H56∶6）。夹炭红陶，内沿、外表施鲜红衣，内沿绘黑彩。宽折沿，尖圆唇，肩部已残。内沿绘五周黑彩带状纹。口径 21、残高 4.2 厘米（图一〇六，14）。

折腹碗　1 件（H56∶2）。泥质红陶，外施鲜红衣。上部和下部已残，仅存折腹残片。素面。腹径 22、残高 4 厘米（图一〇六，15）。

敛口碗　1 件（H56∶7）。泥质陶外红内黑。口微敛，小圆唇，浅弧腹，底已残。口外一周凹槽。口径 17、残高 3.4 厘米（图一〇六，8）。

敞口碗　1 件（H56∶8）。泥质陶外红内黑。方圆唇，弧腹，底已残。素面。口径 18、残高 3.6 厘米（图一〇六，9）。

敞口钵　1 件（H56∶1）。泥质红陶，内外施鲜红衣。尖唇，深弧腹，底已残。口外一周凹弦纹。口径 24、残高 5 厘米（图一〇六，13）。

片状小鼎足　1 件（H56∶3）。泥质红陶，外施鲜红衣。仅存盘形鼎下部小鼎足，足片状，呈倒梯形。足饰两个小圆孔。残高 3.8 厘米（图一〇六，6）。

（7） H58

① 灰坑情况

位置：在 T28 南壁下，没有全部发掘清理。

层位关系：开口在第 3 层下，打破第 3A 层、第 3A 层下 H543、红烧土。

形制大小：近椭圆形大部，斜壁较直，东高西低斜平底。口径 63 ~ 115、西部最深处 49 厘米（图一〇七，1）。

② 出土器物

出土标本：11 件。可分为石锄、打制残石斧和陶凹折沿罐、矮颈瓮、曲颈彩陶瓶、斜腹碗、折腹碗、碗圈足、侈口弧肩式小器座。

石器

石锄　1 件（H58:7）。石片打制。扁薄不规则形，斜弧顶，两凹弧边和一面皆原砾石面，宽弧刃单面打制，有使用痕，已不锋利。通长 10. 8、刃宽 10、顶厚 2. 3 厘米（图一〇八，4）。

打制残石斧　1 件（H58:12）。砾石打制。扁弧体近梯形，两面、两边皆砾石原弧面，弧平顶稍打制，刃已残。残长 15. 4、刃宽 8. 9、厚 3. 7 厘米（图一〇八，5）。

陶器

凹折沿罐　2 件。H58:1，夹炭红陶，内沿施浅红衣。折沿微凹，尖圆唇，弧肩已残。肩饰竖细绳纹。口径 31、残高 5. 6 厘米（图一〇九，5）。H58:4，夹炭红陶，内沿施深红衣。宽折沿微凹，尖圆唇，弧肩已残。外沿上部两周凹弦，使沿面呈三叠层，残肩饰竖绳纹。口径 28、残高 5. 2 厘米（图一〇九，2）。

矮颈瓮　2 件。H58:6，泥质红陶。直口较大，尖唇，粗矮颈，广弧肩已残。素面。口径 14、残高 3. 4 厘米（图一〇九，8）。H58:2，泥质红陶，颈内和外表施浅红衣。小直口，尖唇，直颈外斜，广弧肩，腹已残。素面。口径 8. 4、残高 4. 4 厘米（图一〇九，14）。

曲颈彩陶瓶　1 件（H58:8）。夹炭红陶，外壁和内沿上部施深红衣，绘黑彩。侈口，曲颈内凹外弧下内束，弧肩下斜，深弧腹已残。内沿和外沿上部各绘一周和两周带状黑彩纹，肩上绘三周带状黑彩纹。口径 16、残高 7. 3 厘米（图一〇九，17）。

斜腹碗　1 件（H58:10）。泥质陶外红内黑，外施深红衣，局部有黑条块。敞口，尖圆唇，深斜腹下部内折，底已残。素面。口径 15、残高 4. 9 厘米（图一〇九，9）。

折腹碗　1 件（H58:3）。泥质陶外红内黑。敞口，尖圆唇，宽沿斜弧，但口沿下部已残。口下一周凹弦纹。口径 20、残高 3. 8 厘米（图一〇九，16）。

碗圈足　1 件（H58:9）。夹炭红陶，内外皆施红衣，足内无衣浅黄色。弧腹，圜底已残，下附矮圈足，足壁外斜近直。足饰两个并列为一组的戳点纹。足径 6. 4、残高 2. 3 厘米（图一〇九，20）。

侈口弧肩式小器座　1 件（H58:11）。夹炭红陶，外壁施深红衣。侈口，束颈，弧肩，但已到底，内空。下饰两个并列一组的戳点纹。口径 12、足径 14、通高 3. 4 厘米（图一〇九，12）。

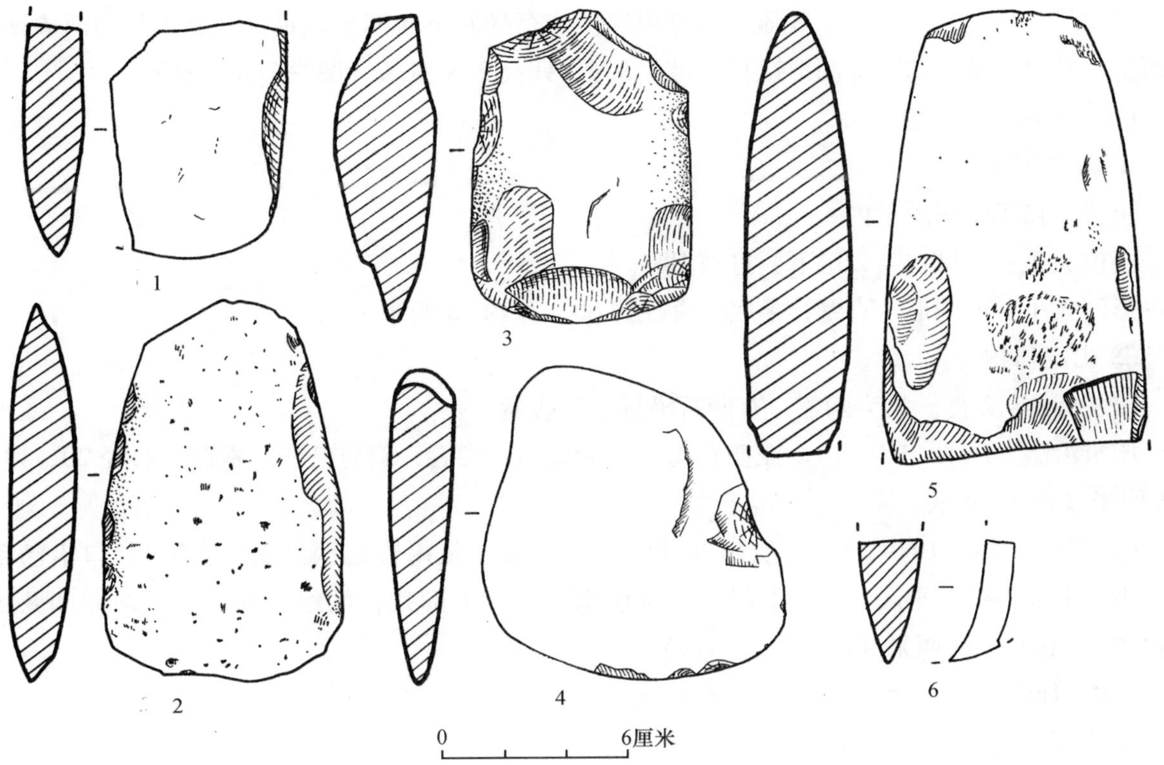

图一〇八　H46、H56、H58、H59 出土石器

1、6. 残石斧（H46:4、H56:4）　2、4. 石锄（H46:2、H58:7）　3、5. 打制残石斧（H59:4、H58:12）

（8）H59

① 灰坑情况

位置：在 T28 西北部。

层位关系：开口在第 3 层下，打破 H543、红烧土、第 4 层。

形制大小：近椭圆形，斜壁，圜平底。口径 69 ~ 102、深 40 厘米（图一〇七，2）。

② 出土器物

出土标本：4 件。有打制残石斧和陶折沿罐、矮圈足。

石器

打制残石斧　1 件（H59:4）。石核打制。厚体近长方形，顶部由原面打制仍凸起不平，破裂面稍平，原面多打制片疤，两边打制修直，都稍外斜，弧刃近平，两面打制，较锋利。长 10.6、宽 7.3、厚 3.5 厘米（图一〇八，3）。

陶器

折沿罐　2 件。H59:1，泥质红陶，内沿施深红衣，外表和器内无衣浅红色。宽折沿，尖圆唇，弧肩已残。口下三周凹弦纹，肩饰竖绳纹。口径 31.6、残高 5.4 厘米（图一〇九，3）。H59:2，夹炭红陶，也是内沿施红衣，外表和器内无衣。宽折沿，尖圆唇，斜肩已残。残肩饰竖绳纹。口径 31、残高 6.2 米（图一〇九，1）。

矮圈足　1件（H59∶3）。泥质陶外红内黑。残存圜底下矮圈足，足壁外斜。足饰两周凹弦纹而呈三叠层，足上部又饰圆形镂孔。足径9.6、残高2.8厘米（图一〇九，21）。

（9）H60

① 灰坑情况

位置：在T22东隔梁内。

层位关系：开口在第2层下，打破H43。

形制大小：近圆形，直壁，平底。直径约60、深约10厘米。

② 出土器物

出土标本：2件。均为陶器，有凹折沿罐、斜腹碗。

凹折沿罐　1件（H60∶1）。泥质黄陶。折沿宽凹，尖唇，斜肩已残。素面。口径20、残高4.6厘米（图一〇九，7）。

斜腹碗　1件（H60∶2）。泥质陶外红内黑（外表及足内皆施深红衣、内黑）。口沿已残，深斜腹，下部内折为平底，平底下附凸棱状矮圈足。腹上部残存两组纹饰，每组两周凹弦纹。足径8.4、残高3.9厘米（图一〇九，19）。

（10）H63

① 灰坑情况

位置：在T29西南部。

层位关系：开口在第2层下，打破第3层、生土。

形制大小：近圆形（方形圆角），直壁稍内斜，平底。口径50～56、深29厘米（图一〇七，3）。

② 出土器物

出土标本：3件。均为陶器，有折沿罐、矮圈足、残支座。

折沿罐　1件（H63∶1）。夹砂红陶。宽折沿，尖圆唇，肩已残。素面。口径20、残高4.4厘米（图一〇九，13）。

矮圈足　1件（H63∶2）。泥质黄陶。圜底下附矮圈足，足壁外斜近直，上部外凸。素面。足径11、残高3厘米（图一〇九，22）。

残支座　1件（H63∶3）。夹砂红陶。残存顶部，属素面实心倾斜型。残高6厘米（图一〇九，18）。

（11）H64

① 灰坑情况

位置：在T22东南角。

层位关系：开口在第3层下，打破第3A层下H607、G3。

形制大小：圆形，弧壁，圜平底，但底下又有一圆形，直壁平底小坑。口长125、底径35、深57厘米。

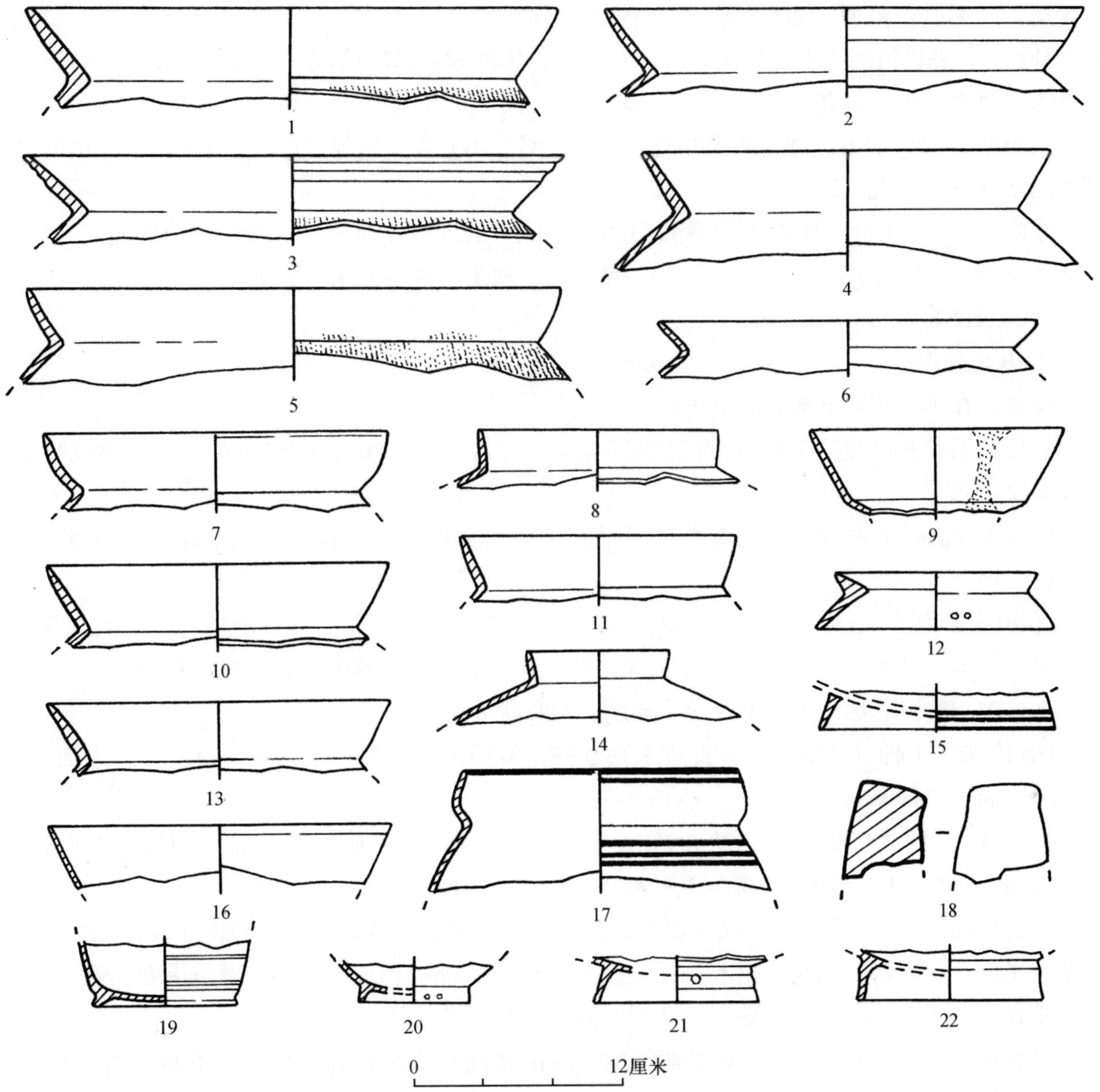

图一〇九　H58、H59、H60、H63、H64出土陶器

1、3、4、6、10、13. 折沿罐（H59:2、H59:1、H64:2、H64:1、H64:4、H63:1）　2、5、7. 凹折沿罐（H58:4、H58:1、H60:1）　8、14. 矮颈瓮（H58:6、H58:2）　9、19. 斜腹碗（H58:10、H60:2）　11. 斜颈罐（H64:3）　12. 侈口弧肩式小器座（H58:11）　15. 彩陶矮圈足（H64:5）　16. 折腹碗（H58:3）　17. 曲颈彩陶瓶（H58:8）　18. 残支座（H63:3）　20. 碗圈足（H58:9）　21、22. 矮圈足（H59:3、H63:2）

② 出土器物

出土标本：5件。均为陶器，有折沿罐、斜颈罐、彩陶矮圈足。

折沿罐　3件。H64:1，泥质红陶，器表和内沿施深红衣。折沿，尖圆唇，斜弧肩已残。素面。口径22.4、残高3.5厘米（图一〇九，6）。H64:2，夹砂红陶，器表和内沿施浅红衣。折沿较宽，尖圆唇，弧肩，腹已残。肩有模糊竖细绳纹。口径24、残高7.2厘米（图一〇九，4）。H64:4，夹炭黄陶，内沿施浅红衣。宽折沿，尖圆唇，弧肩已残。肩饰竖细绳纹。口径20、残高5.3厘米（图一〇九，10）。

斜颈罐 1件（H64:3）。夹炭红陶。折沿上斜，小方唇，斜弧肩已残。素面。口径16、残高4厘米（图一〇九，11）。

彩陶矮圈足 1件（H64:5）。泥质红陶，外施鲜红衣，绘黑彩纹。残存较粗矮圈足，足壁外弧。足壁绘三周带状黑彩纹。足径14、残高2.2厘米（图一〇九，15）。

（12）H208

① 灰坑情况

位置：在T71北壁下至北隔梁内。

层位关系：开口在第2层下，打破第3层，第3A层下H207；西南角被近代一小坑打破，又被G22打破。

形制大小：长方形圆角，斜弧壁，斜平底。口长170以上、宽120、深24~36厘米（图一一〇，1）。

② 出土器物

出土标本：11件。均为陶器，有凹折沿罐、折沿罐、弧折沿罐、斜颈罐、斜颈小罐、敛口碗、侈口碗、碗假圈足、侈口弧肩式小器座、喇叭状大器座。

凹折沿罐 1件（H208:6）。夹草末褐红陶。宽凹沿，尖唇，斜弧肩，腹已残。素面。口径22、残高5.2厘米（图一一一，15）。

折沿罐 1件（H208:12）。夹炭红陶，内沿施浅红衣。宽折沿外斜，尖圆唇，斜弧肩已残。肩饰竖绳纹。口径26、残高5.2厘米（图一一一，1）。

弧折沿罐 2件。H208:1，夹炭红陶，局部泛黑。宽折沿微弧，尖圆唇，斜弧肩，腹已残。肩饰竖绳纹。口径26、残高5厘米（图一一一，3）。H208:2，夹炭红陶。宽折沿微上弧，尖圆唇，弧肩，腹已残。肩饰竖绳纹。口径26、残高5.6厘米（图一一一，2）。

斜颈罐 1件（H208:4）。夹草末红陶，内沿施浅红衣。侈口，束颈，宽折沿上斜近直，尖唇，斜弧肩，腹已残。肩饰竖细绳纹。口径17、残高5.4厘米（图一一一，10）。

斜颈小罐 1件（H208:9）。泥质红陶，内沿、外壁施深红衣。侈口，束颈，宽折沿外斜，尖唇，溜肩，弧腹已残。素面。口径14、残高7厘米（图一一一，17）。

敛口碗 1件（H208:10）。泥质黑陶。敛口，尖唇，深弧腹，底已残。素面。口径17、残高4.5厘米（图一一一，12）。

侈口碗 1件（H208:5）。泥质红陶。侈口，口下一周凹槽而使颈部内束，斜沿，尖圆唇，深弧腹斜内收，底已残。素面。口径26、残高5.2厘米（图一一一，5）。

碗假圈足 1件（H208:11）。泥质黑陶。仅剩碗下部斜弧腹，圜平底下附实心假圈足，足底平，足壁近直。素面。底径8、残高1.8厘米（图一一一，22）。

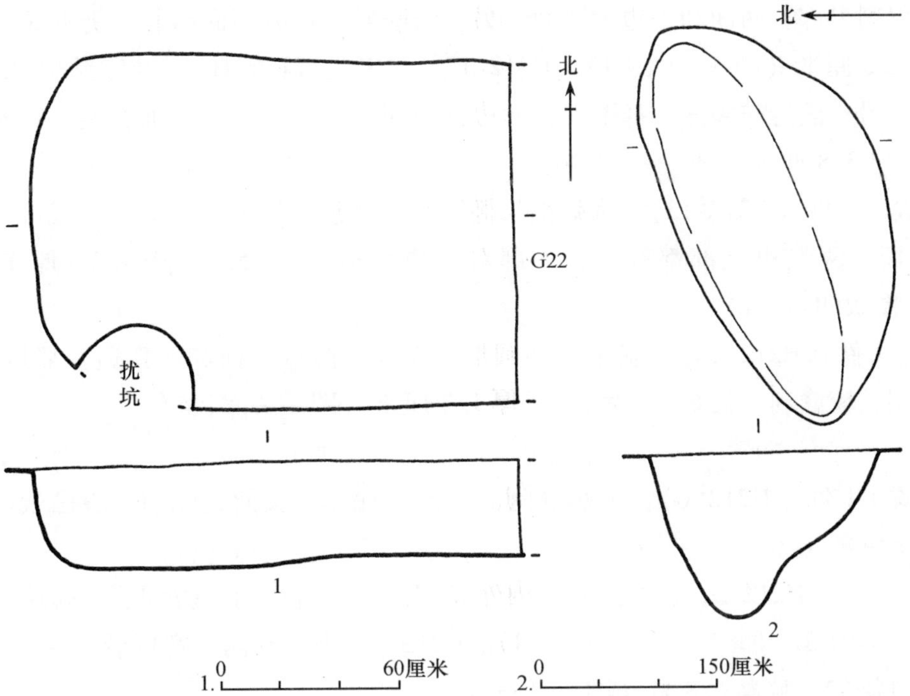

图一一〇　H208、H212平、剖面图
1. H208　2. H212

侈口弧肩式小器座　1件（H208∶3）。夹炭红陶。侈口，束颈，尖圆唇，弧肩，但已到底，中空。素面。口径15、底径14.8、通高4厘米（图一一一，18）。

喇叭状器座　1件（H208∶7）。粗泥红陶。上部已残，仅剩器座底部，厚筒壁外撇呈喇叭状，足根直折，呈台状。足壁至足根都饰细绳纹。底径14、残高3.6厘米（图一一一，21）。

（13）H212

① 灰坑情况

位置：在T76东部至T75西部。

层位关系：开口在第2层下，打破第3层、第4层、生土。

形制大小：近椭圆形，弧壁，圜底。口径200～350、深140厘米（图一一〇，2）。

② 出土器物

出土标本：21件。有石斧、圭形石凿、小石斧和陶凹折沿罐、折沿罐、卷沿罐、曲颈瓮、折腹碗、敞口盘、矮圈足、内折沿簋、小碟、小鼎足、残支座。

石器

石斧　4件。H212∶14，扁弧长椭圆大石斧。弧顶，两弧面，两外斜边都是原砾石面，圆弧刃，两面磨制，但刃部一半及一边已残。长24、刃残宽9.8、厚3.8厘米（图一一六，2）。H212∶15，上薄下厚近长方形，弧顶，两弧面，两边近平行稍外斜，都是原砾石面稍打制，宽弧刃两面磨制，有使用痕，仍锋利。长11.7、刃宽8、厚2.4厘米（图一一六，5）。H212∶16，顶部已断，仅剩刃部，两面和一边为原面，另一边磨平，弧刃两面磨制，仍极锋利。残长6.4、宽10.8、厚2.5厘米（图一一六，1）。H212:17，尚未成刃石斧坯，较厚近长方形，顶部已断，一面为原面，另一面为破裂面，都不平，两边皆原面，较直，弧刃两面打制，尚不锋利。残长12.6、宽8、厚3.8厘米（图一一六，6）。

圭形石凿　1件（H212:13）。扁弧细长椭圆形，弧顶为原面，一面稍磨成不锋利弧刃，两面皆圆弧平面，两弧边上部都磨平，下部对磨成角刃。长15.6、宽4.2、厚1.8厘米（图一一六，8；图版四六，1）。

小石斧　1件（H212:18）。扁平小椭圆形，弧顶，两近平面和两弧边，都是小砾石原石，弧刃两面磨制，较锋利。长6.5、宽2.7、厚1.2厘米（图一一六，4）。

陶器

凹折沿罐　1件（H212:6）。夹炭红陶。宽折沿深凹，尖唇，弧肩，腹已残。素面。口径18、残高4.9厘米（图一一一，9）。

折沿罐　2件。H212:2，泥质红陶，内外局部泛黑。宽折沿，方圆唇，弧肩，腹已残。素面。口径20、残高5.4厘米（图一一一，4）。H212:4，泥质红陶。宽折沿，尖唇，弧肩，腹已残。素面。口径22、残高6.8米（图一一一，8）。

卷沿罐　1件（H212:3）。夹炭红陶，外表大片泛黑。侈口，弧沿，尖圆唇，束颈，溜肩，深弧腹已残。素面。口径20、残高7.2厘米（图一一一，14）。

曲颈瓮　1件（H212:5）。夹炭红陶，外表和内沿施浅红衣。直口，尖圆唇，曲颈内凹外弧下内束，广弧肩已残。素面。口径12、残高4.3厘米（图一一一，11）。

折腹碗　1件（H212:7）。泥质陶外红内黑。敞口，尖圆唇，宽折沿外仰，斜肩，折腹弧内收，底已残。素面。口径16、残高4.8厘米（图一一一，19）。

敞口盘　2件。H212:8，夹炭黄陶，外表有浅红衣痕，脱落后内外呈黄色。敞口，尖唇，弧腹内收，底已残。素面。口径24、残高4.8厘米（图一一一，6）。H212:9，泥质黄陶，内外局部残存深红衣痕，基本脱落呈黄色。敞口，圆唇外卷有凸棱，弧腹内收，底已残。素面。口径26、残高4.1厘米（图一一一，7）。

矮圈足　1件（H212:10）。泥质黑陶。仅存圜底，下附矮圈足，足壁外弧。有两个并列为一组的小圆形戳印纹。足径10、残高1.8厘米（图一一一，23）。

内折沿簋　1件（H212:12）。泥质陶外红内黑。敛口，尖圆唇，凹沿内折，或成子母口，深折腹内收，底已残。上腹两周深凹弦纹。口径20、残高7.4厘米（图一一一，16）。

小碟　3件。形制稍异。H212:1，泥质红陶，外施深红衣，器内红色无衣。直口，尖唇，浅折腹平内收成圜底。素面。此器反过来则成为无纽内折沿小器盖。口径5.8、高1.6厘米（图一一一，20）。H212:21，泥质陶外红内黑。敞口，尖圆唇，浅弧腹内收成圜平底，底下又成实心假圈足，足壁极矮，平底。素面。口径9.6、底径7、高2厘米（图一一一，24；图版四六，3）。H212:20，泥质黑陶。敞口，尖圆唇，浅弧腹内收，下为实心假圈足，足壁极矮，圜底。素面。口径11.2、底径9.1、高2.9厘米（图一一一，25；图版四六，5）。

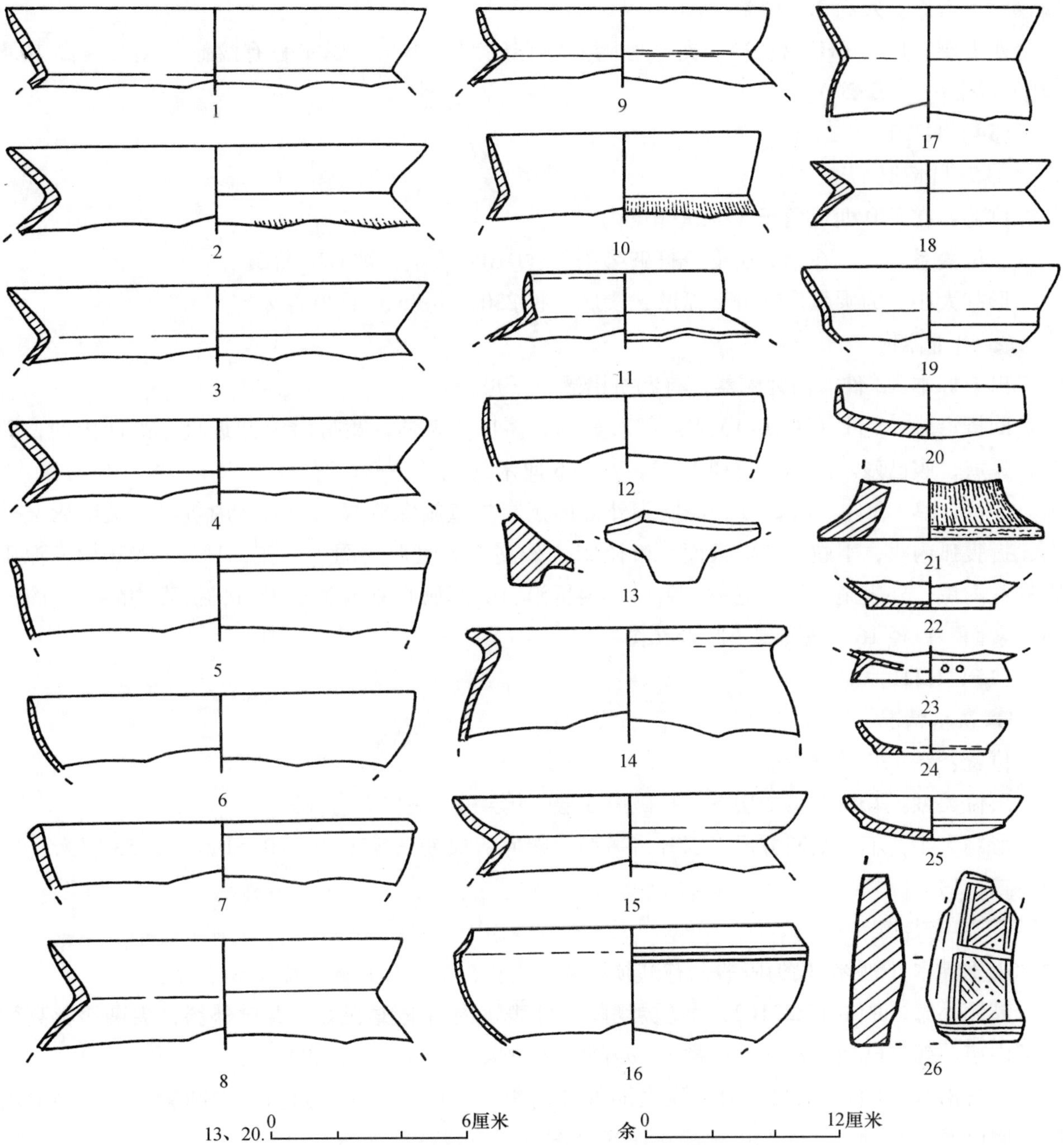

图一一一　H208、H212出土陶器

1、4、8. 折沿罐（H208∶12、H212∶2、H212∶4）　2、3. 弧折沿罐（H208∶2、H208∶1）　5. 侈口碗（H208∶5）　6、7. 敞口盘（H212∶8、H212∶9）　9、15. 凹折沿罐（H212∶6、H208∶6）　10. 斜颈罐（H208∶4）　11. 曲颈瓮（H212∶5）　12. 敛口碗（H208∶10）　13. 小鼎足（H212∶11）　14. 卷沿罐（H212∶3）　16. 内折沿簋（H212∶12）　17. 斜颈小罐（H208∶9）　18. 侈口弧肩式小器座（H208∶3）　19. 折腹碗（H212∶7）　20、24、25. 小碟（H212∶1、H212∶21、H212∶20）　21. 喇叭状器座（H208∶7）　22. 碗假圈足（H208∶11）　23. 矮圈足（H212∶10）　26. 残支座（H212∶19）

小鼎足　1件（H212∶11）。夹炭红陶。仅存罐形鼎下部小鼎足，足面呈倒梯形，片状但低矮较厚。素面。残高2.2厘米（图一一一，13）。

残支座　1件（H212∶19）。夹砂红陶。仅存底部一小半，属实心有纹倾斜型。残高10.8厘米（图一一一，26）。

（14）H220

① 灰坑情况

位置：在T70西北角至T75东隔梁内。

层位关系：开口在第2层下，打破第4层、D10、生土；被G26打破。

形制大小：为圆弧形部分，弧壁，圜底。长230、宽86、深70厘米。

② 出土器物

出土标本：3件。均为陶器，有凹折沿罐、子母口簋。

凹折沿罐　1件（H220∶1）。夹草末黄陶。侈口，束颈，宽折沿上仰近直，沿面内凹，尖唇，弧肩，腹已残。素面。口径17.2、残高6厘米（图一一三，2）。

子母口簋　2件。H220∶2，泥质陶外红内黑，外壁施深红衣。敛口，内折沿，尖圆唇又外卷，折腹弧内收，下腹已残。素面。口径21、残高4.2厘米（图一一三，14）。H220∶3，泥质陶外红内黑，外表施浅红衣近黄。敛口，内折沿，尖圆唇直立或为子母口，折腹内斜，下腹已残。素面。口径16、残高3.7厘米（图一一三，7）。

（15）H221

① 灰坑情况

位置：在T70北壁下。

层位关系：开口在第2层下，打破第3层、第4层；被G21打破。

形制大小：不规则四方形一部分，弧壁，圜底。口残长82、宽120～190、深55厘米（图一一二，1）。

② 出土器物

出土标本：6件。均为陶器，有高领小罐、内折沿簋、敛口碗、敞口碗、器盖。

高领小罐　1件（H221∶2）。夹炭红陶，外表、内沿施鲜红衣。直口外斜，尖圆唇，高颈下部内束，弧肩已残。素面。口径8、残高3.2厘米（图一一三，20）。

内折沿簋　1件（H221∶6）。泥质陶外红内黑。敛口，宽凹沿内折，尖圆唇，深折腹弧内收，底已残。素面。口径23、残高4厘米（图一一三，11）。

敛口碗　1件（H221∶5）。泥质黑陶。敛口近直，尖圆唇，深弧腹下已残。素面。口径16、残高3.3厘米（图一一三，4）。

敞口碗　2件。H221∶3，泥质陶外红内黑。敞口，尖圆唇，宽斜沿下部已残，可能是折腹碗口沿。外口下两周凹弦纹。口径20、残高4厘米（图一一三，3）。H221∶4，泥质陶外红内黑。敞口，小方唇，宽斜沿下部已残，似折腹碗口沿。口外上部两周凹弦纹。口径19、残高4.4厘米（图一一三，13）。

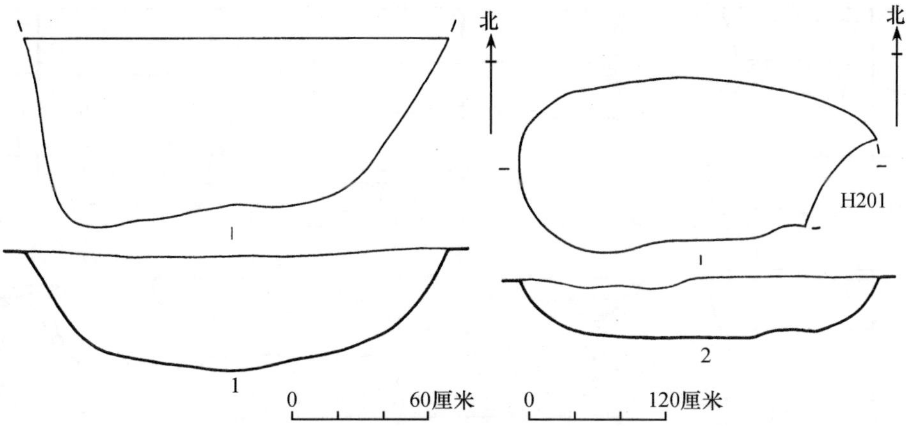

图一一二　H221、H222平、剖面图
1. H221　2. H222

器盖　1件（H221∶1）。夹炭陶外红内黑。盖纽内凹外弧矮圈足，盖盘为斜肩，折腹外斜近直，但口沿已残。素面。纽径14、残高5厘米（图一一三，10）。

（16）H222

① 灰坑情况

位置：在T75南壁下。

层位关系：开口在第2层下，打破H223、H243；被第2层下扰坑（H201）、G26、G28打破。

形制大小：近椭圆形，弧壁，圜平底。口径残长150~320、深55厘米（图一一二，2）。

② 出土器物

出土标本：12件。均为陶器，有凹折沿罐、折沿罐、斜颈罐、矮颈罐、内折沿簋、侈口碗、矮圈足。

凹折沿罐　1件（H222∶2）。夹草末灰陶。宽凹沿，尖圆唇，肩已残。素面。口径26、残高4.6厘米（图一一三，8）。

折沿罐　2件。H222∶3，夹炭褐红陶（大部灰黑、局部泛红）。折沿甚宽，尖唇，肩已残。素面。口径33、残高5.3厘米（图一一三，19）。H222∶8，夹炭红陶。宽折沿，尖圆唇，弧肩，腹已残。颈下和肩部施竖绳纹，但又抹去。口径22、残高4.9厘米（图一一三，17）。

斜颈罐　1件（H222∶13）。夹炭灰陶。侈口，束颈，宽折沿外斜，但口内无明显折棱，尖圆唇，斜弧肩，腹已残。外沿上、下各一周凹弦纹，肩饰竖绳纹。口径16、残高5.3厘米（图一一三，1）。

矮颈罐　1件（H222∶9）。夹炭红陶，外施深红衣，但已脱落。直口，窄凹沿，又呈子母口，小圆唇外凸，矮颈内凹外弧，斜弧肩已残。素面。口径19、残高3厘米（图一一三，5）。

内折沿簋　1件（H222∶6）。泥质陶外红内黑。敛口，凹沿内折，尖圆唇近直立，似又成子母口，折腹弧内收，底已残。素面。口径18、残高4.6厘米（图一一三，16）。

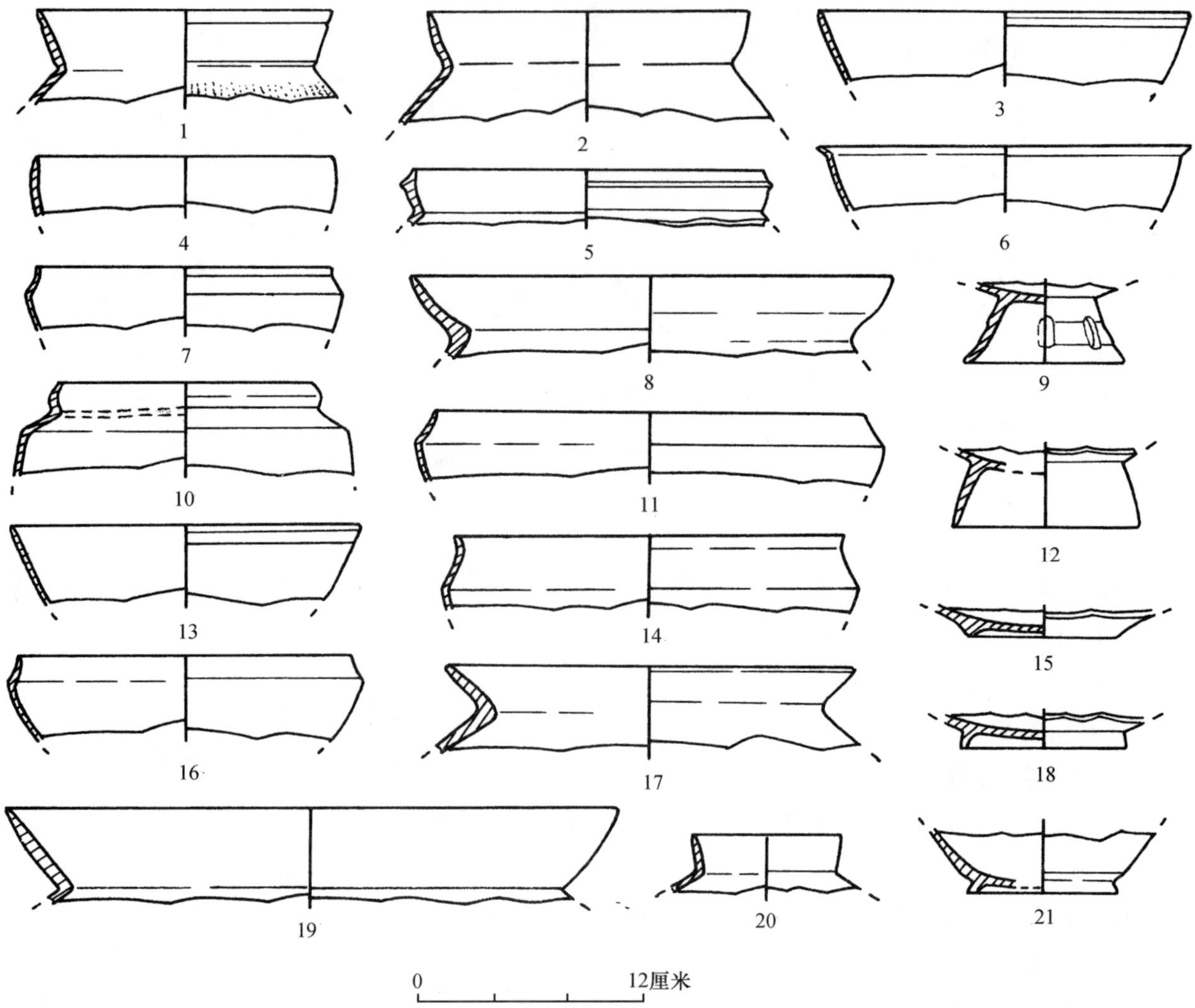

图一一三　H220、H221、H222出土陶器

1. 斜颈罐（H222∶13）　2、8. 凹折沿罐（H220∶1、H222∶2）　3、13. 敞口碗（H221∶3、H221∶4）　4. 敛口碗（H221∶5）　5. 矮颈罐（H222∶9）　6. 侈口碗（H222∶10）　7、14. 子母口簋（H220∶3、H220∶2）　9、12、15、18、21. 矮圈足（H222∶12、H222∶7、H222∶11、H222∶4、H222∶5）　10. 器盖（H221∶1）　11、16. 内折沿簋（H221∶6、H222∶6）　17、19. 折沿罐（H222∶8、H222∶3）　20. 高领小罐（H221∶2）

侈口碗　1件（H222∶10）。泥质陶外红内黑。侈口，束颈，斜沿外卷，折弧腹内收，底已残。素面。口径20、残高3.6厘米（图一一三，6）。

矮圈足　5件。H222∶4，夹炭黑陶。仅存碗圜底，下附矮圈足，足壁外弧近直。素面。足径9、残高1.8厘米（图一一三，18）。H222∶5，泥质陶外红内黑。仅存碗下部，斜直腹，圜平底下附低矮圈足，足壁外斜。素面。底径8、残高3.6厘米（图一一三，21）。H222∶7，泥质黑陶。残存圜底，下附较高矮圈足，足壁外弧。素面。底径10、残高4.2厘米（图一一三，12）。H222∶11，泥质红陶。残存圜底近平，下附凸棱状矮圈足。素面。底径8、残高1.5厘米（图一一三，15）。H222∶12，泥质陶外红内黑。残存圜底下附较高矮圈足，足壁外撇，近喇叭状。

足饰两周凹槽而呈三叠层，又饰三组两个并列的长方形较大镂孔。足径8.6、残高4.4厘米（图一一三，9）。

（17）H225

① 灰坑情况

位置：在T75中部，西部至T78，东部至T71。

层位关系：开口在第2层下，打破第4层；东部被T71②层下H207打破。

形制大小：长条近椭圆形，斜壁，底不平坦。口部残长335、最宽处130、最窄处55、深100厘米（图一一四，1）。

② 出土器物

出土标本：11件。均为陶器，有凹折沿罐、弧折沿罐、小口瓮、曲颈瓶、敞口钵、内折沿盘、圜底小碟、器盖。

凹折沿罐　3件。H225∶5，泥质红陶。凹折沿，尖唇，溜肩已残。素面。口径14、残高2.2厘米（图一一五，13）。H225∶7，夹炭黑陶。凹折沿，尖唇，斜弧肩已残。素面。口径18、残高3.4厘米（图一一五，21）。H225∶9，泥质灰胎红陶。宽折沿内凹，尖圆唇，斜肩微凹弧，腹已残。素面。口径19、残高4.6厘米（图一一五，20）。

弧折沿罐　1件（H225∶2）。夹炭红陶，内外施深红衣。折沿微上弧，尖圆唇，斜肩已残。素面。口径22、残高2.4米（图一一五，3）。

小口瓮　2件。H225∶3，泥质红陶，内沿、外表施深红衣。小直口，尖唇，矮直颈，广弧肩已残。素面。口径7、残高2.6厘米（图一一五，10）。H225∶4，夹炭红陶，内沿、外表施鲜红衣。小直口，尖圆唇，矮直颈，鼓肩，深腹已残。素面。口径4、残高4.5厘米（图一一五，11）。

曲颈瓶　1件（H225∶6）。泥质红陶，外表施深红衣。直口内敛，曲颈内凹外弧下内束，尖圆唇，溜肩，深弧腹已残。素面。口径17、残高5.9厘米（图一一五，8）。

敞口钵　1件（H225∶11）。泥质红陶。圆唇，弧腹平底。素面。口径19.4、底径9.2、高7.6厘米（图一一五，23；图版四六，6）。

内折沿盘　1件（H225∶8）。泥质红陶，内外施深红衣。近直口，内折沿微凹但近直立，尖圆唇，折腹弧内收，底已残。素面。口径21、残高4.1厘米（图一一五，5）。

圜底小碟　1件（H225∶1）。泥质红陶。直口，尖圆唇，直腹下内折成圜底。素面。口径6.8、高1.8厘米（图一一五，17；图版四六，2）。因外施鲜红衣，内无衣浅红，所以此标本的其正用途应该是器盖。

器盖　1件（H225∶10）。泥质陶外红内黑。盖纽如实心的圜底假圈足，盖盘为浅弧腹，尖圆唇。素面。纽径4.4、盘径10.9、通高3.4厘米（图一一五，12；图版四六，4）。

（18）H227

① 灰坑情况

位置：在T78东壁下。

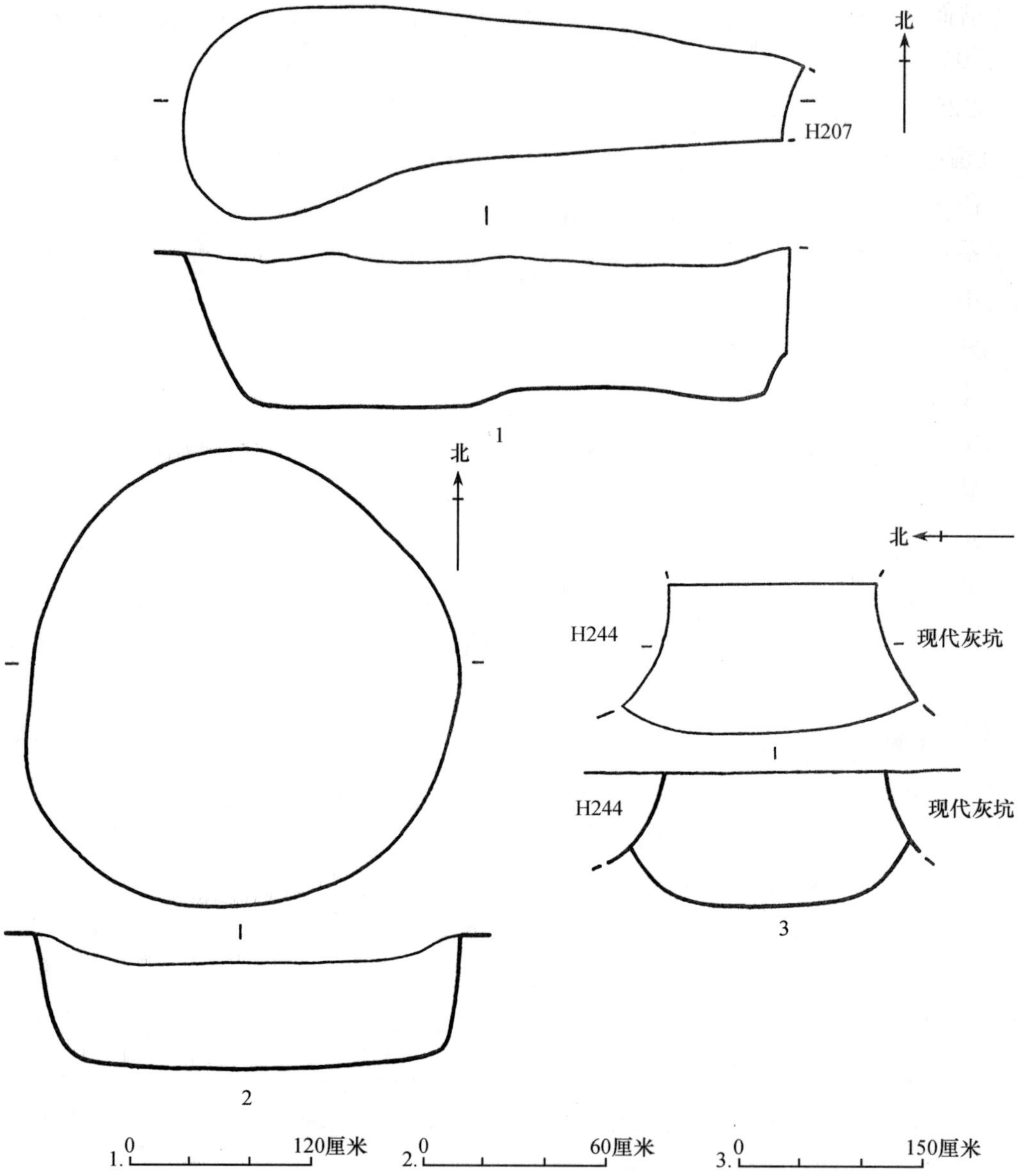

图一一四　H225、H227、H236 平、剖面图

1. H225　2. H236　3. H227

层位关系：开口在第 2A 层下，北部被第 2A 层下 H244 打破，南部又被现代坑打破。

形制大小：椭圆形，但东部未揭开，且北、南都遭打破，斜弧壁，圜底。口残长径 220 厘米以上，宽径 120 厘米以上，最深 130 厘米（图一一四，3）。

② 出土器物

出土标本：2 件。均为陶器，有凹折沿罐、曲颈罐。

凹折沿罐　1 件（H227∶1）。夹炭红褐陶。宽折沿内凹，尖圆唇，斜弧肩，腹已残。肩饰竖细绳纹。口径 21、残高 5.4 厘米（图一一五，1）。

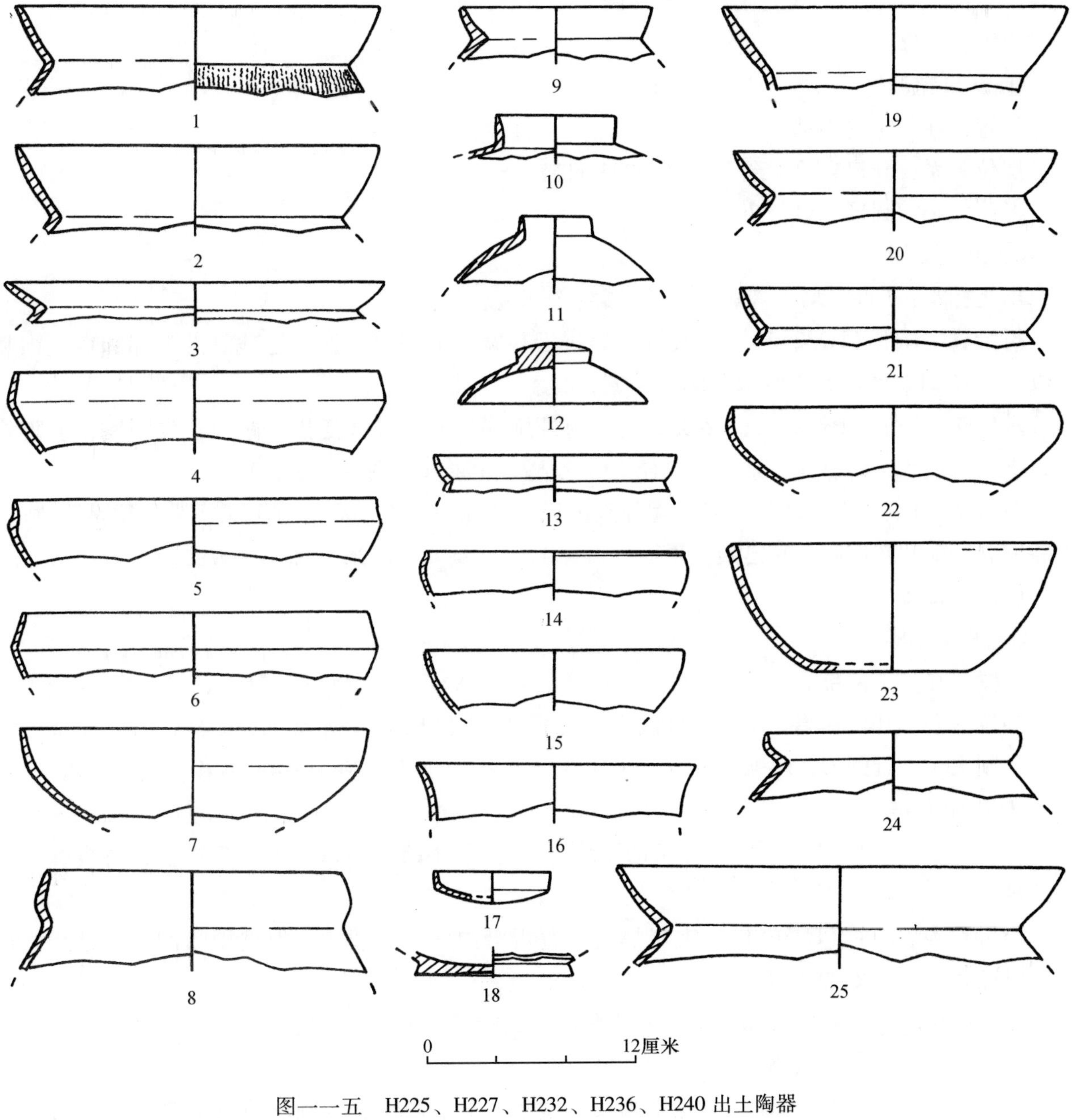

图一一五 H225、H227、H232、H236、H240出土陶器

1、13、20、21、25. 凹折沿罐（H227∶1、H225∶5、H225∶9、H225∶7、H236∶1） 2. 折沿罐（H232∶2） 3. 弧折沿罐（H225∶2） 4、6. 内折沿簋（H236∶3、H240∶3） 5. 内折沿盘（H225∶8） 7、15. 敞口碗（H232∶1、H240∶1） 8. 曲颈瓶（H225∶6） 9. 凹折沿小罐（H236∶2） 10、11. 小口瓮（H225∶3、H225∶4） 12. 器盖（H225∶10） 14. 侈口碗（H236∶6） 16. 高颈壶（H240∶2） 17. 圜底小碟（H225∶1） 18. 碗假圈足（H236∶5） 19. 折腹碗（H236∶4） 22. 敛口碗（H232∶3） 23. 敞口钵（H225∶11） 24. 曲颈罐（H227∶2）

曲颈罐　1件（H227:2）。夹草末红陶。盘口，尖唇，曲颈内凹外弧下内束，斜弧肩，腹已残。素面。口径15、残高3.8厘米（图一一五，24）。

（19）H232

① 灰坑情况

位置：在T71中南部。

层位关系：开口在第2层下，被H231打破。

形制大小：圆形。口径70厘米。

② 出土器物

出土标本：3件。均为陶器，有折沿罐、敞口碗、敛口碗。

折沿罐　1件（H232:2）。夹炭红陶。折沿甚宽，尖圆唇，弧肩已残。沿下部和肩上饰竖绳纹。口径21、残高5.2厘米（图一一五，2）。

敞口碗　1件（H232:1）。夹炭红陶，内外施浅红衣，局部泛黑。敞口，尖圆唇，上腹外斜，下腹弧内收，底已残。素面。口径20、残高5.6厘米（图一一五，7）。

敛口碗　1件（H232:3）。夹炭陶外红内黑，外施深红衣，局部有黑条块，内黑色。敛口，尖唇内卷，弧腹斜内收，底已残。素面。口径19、残高4.8厘米（图一一五，22）。

（20）H236

① 灰坑情况

位置：在T71南部。

层位关系：开口在第3层下，打破第3层下H237和H241。

形制大小：近圆形，斜弧壁较直，平底。口径138、底径130、深43厘米（图一一四，2）。

② 出土器物

出土标本：6件。均为陶器，有凹折沿罐、凹折沿小罐、侈口碗、内折沿簋、折腹碗、碗假圈足。

凹折沿罐　1件（H236:1）。夹炭黑陶。宽折沿内凹，尖圆唇，斜肩微弧凹，腹已残。素面。口径26、残高6厘米（图一一五，25）。

凹折沿小罐　1件（H236:2）。夹炭黑陶。凹折沿小罐，尖圆唇，弧肩，腹已残。素面。口径11、残高3.2厘米（图一一五，9）。

侈口碗　1件（H236:6）。泥质黑陶。口微敛，窄沿内斜，尖圆唇直立而又呈子母口，弧折腹内收，底已残。口外一周凹弦纹。口径15、残高2.6厘米（图一一五，14）。

内折沿簋　1件（H236:3）。泥质陶外红内黑。敛口，宽沿内折，方唇，折腹弧内收，底已残。素面。口径21、残高4.9厘米（图一一五，4）。

折腹碗　1件（H236:4）。泥质陶外红内黑。敞口，宽沿外折，尖唇，弧腹下折但已残。素面。口径20、残高4.9厘米（图一一五，19）。

碗假圈足　1件（H236:5）。泥质陶外红内黑。残存圜底下实心假圈足，足壁外斜，足底微凹近平。素面。底径9、残高1.2厘米（图一一五，18）。

（21）H240

① 灰坑情况

位置：在T71东壁下至东隔梁内。

层位关系：开口在第3层下，打破H241、G26；被第3层下H239（无标本）打破。

形制大小：近圆形，斜壁近直，平底。口径150、底径140、深42厘米。

② 出土器物

出土标本：3件。均为陶器，有高颈壶、内折沿簋、敞口碗。

高颈壶　1件（H240：2）。泥质黑陶。直口外卷，尖圆唇，高弧颈下部已残。素面。口径16、残高3.4厘米（图一一五，16）。

内折沿簋　1件（H240：3）。泥质陶外红内黑。敛口，内折沿，尖唇，折腹斜弧内收，底已残。素面。口径20、残高4厘米（图一一五，6）。

敞口碗　1件（H240：1）。泥质磨光黑陶。敞口，尖圆唇，弧腹内收，底已残。素面。口径15、残高3.6厘米（图一一五，15）。

（22）H335

① 灰坑情况

位置：在T2934东部。

层位关系：开口在第1C层下，打破第3A层下H336、H346。

形制大小：据H336平、剖面图，H335不规则近圆形，斜壁，平底。口径130～158、深30厘米。

② 出土器物

出土标本：2件。均为陶器，有凹折沿彩陶罐、碗圈足。

凹折沿彩陶罐　1件（H335：1）。夹炭红陶，外施浅红衣。宽折沿内凹，圆唇，斜肩已残。外口下一周凹弦，束颈用紫色红衣绘一周带状纹。口径26、残高6厘米（一一八，14）。

碗圈足　1件（H335：2）。泥质陶外红内黑。仅存碗下部弧腹，圜底附低矮圈足，足壁外斜。素面。足径7.2、残高3.3厘米（图一一八，20）。

（23）H336

① 灰坑情况

位置：在T2934探方中。

层位关系：开口在第3A层下，打破第3A层下H347；被第1C层下H335、第3A层下H346打破。

形制大小：近椭圆形，斜壁，中部又有一周台阶，平底。口径250～308、中部台阶口径280、下底直径200、深80厘米（图一一七，1）。

② 出土器物

出土标本：27件。有石斧、小石锛和陶凹折沿罐、凹折沿彩陶罐、曲颈罐、壶口沿、敞口碗、假腹碗、内折沿簋、内卷沿大盆、器盖、矮圈足、豆高圈足、小鼎足、罐平底，共14种不同器物。

石器

石斧　1件（H336∶24）。条状近三角形，顶、两面和两边皆原面，弧刃，两面磨制，很锋利。长12.8、宽6.5、厚2.6厘米（图一一六，7）。

小石锛　1件（H336∶2）。小石片。通体磨光，扁薄长方形，平顶稍断，两面、两边也都磨平，平刃，两面磨制，虽不对称，但锋利。长4.6、宽1.9、厚0.65厘米（图一一六，3）。

陶器

凹折沿罐　2件。H336∶6，夹炭红陶。宽折沿内凹，尖圆唇，肩已残。素面。口径23、残高5厘米（图一一八，17）。H336∶7，夹炭黑陶。折沿微凹，尖圆唇，斜肩已残。颈下、肩上分别饰竖细绳纹。口径18、残高4厘米（图一一八，9）。

凹折沿彩陶罐　1件（H336∶8）。夹炭红陶，内沿、外表施鲜红衣，绘黑彩。凹折沿，方唇，弧肩已残。口沿中部有一个已穿小圆孔，内、外沿都绘黑彩宽带纹，内沿一周较宽，外沿上部三周稍细。口径23、残高4.1厘米（图一一八，18）。

曲颈罐　1件（H336∶5）。夹炭红陶，外施橘红衣。侈口，曲颈内凹外弧下内束，弧肩，腹外鼓已残。素面。口径16、残高6.3厘米（图一一八，11）。

壶口沿　2件。H336∶13，泥质红胎黑陶。直口稍外卷，窄沿外斜，尖唇外凸，高弧颈下部已残。沿面饰三周凹弦纹。口径17、残高3.7厘米（图一一八，10）。H336∶14，泥质黑陶。直口外卷，窄凹沿外斜，尖唇外凸，高弧颈下部已残。尖唇上压印一周锯齿状花边。口径14、残高3.9厘米（图一一八，2）。

敞口碗　2件。H336∶4，泥质红胎黑陶。敞口，尖圆唇，深弧腹内收，圜底已残，下附矮圈足，足壁外斜。腹饰三周不等距凹弦纹。口径15.2、底径8.8、通高7厘米（图一一八，5；图版四七，1）。H336∶11，泥质磨光黑陶。敞口，尖圆唇，弧腹内收，底已残。素面。口径16、残高3.4厘米（图一一八，1）。

假腹碗　1件（H336∶27）。泥质黑胎红陶，内外皆施鲜红衣。敞口，尖圆唇，深腹凹弧内斜，下腹近直，底有假腹状矮圈足。腹中部有一周宽凹槽。口径17、足径12.8、高约11厘米（图一一八，6）。

内折沿簋　1件（H336∶10）。泥质陶外红内黑。敛口近直，内折沿微凹，尖圆唇直立稍内敛，折腹弧内收，底已残。素面。口径18、残高4.2厘米（图一一八，12）。

内卷沿大盆　1件（H336∶9）。夹炭红陶，唇内外和外表施深红衣。敛口，圆唇内卷，深腹内斜，下已残。素面。口径56、残高9.2厘米（图一一八，16）。

器盖　2件。H336∶1，泥质黑衣陶，盖纽如高圈足侧置，顶部稍残。盖盘，平底，腹壁外斜，尖唇。纽柱饰两组戳印纹，每组两个并列小长方形，戳孔都未穿。盖盘口径15.6、残高6.1厘米（图一一八，3；图版四七，3）。H336∶26，泥质红陶，内外施鲜红衣。盖纽如足壁外斜矮圈足倒置。盖盘圜底，盘沿下折近垂直，但唇已残。素面。盖纽直径8.6、残高4.6厘米（图一一八，26）。

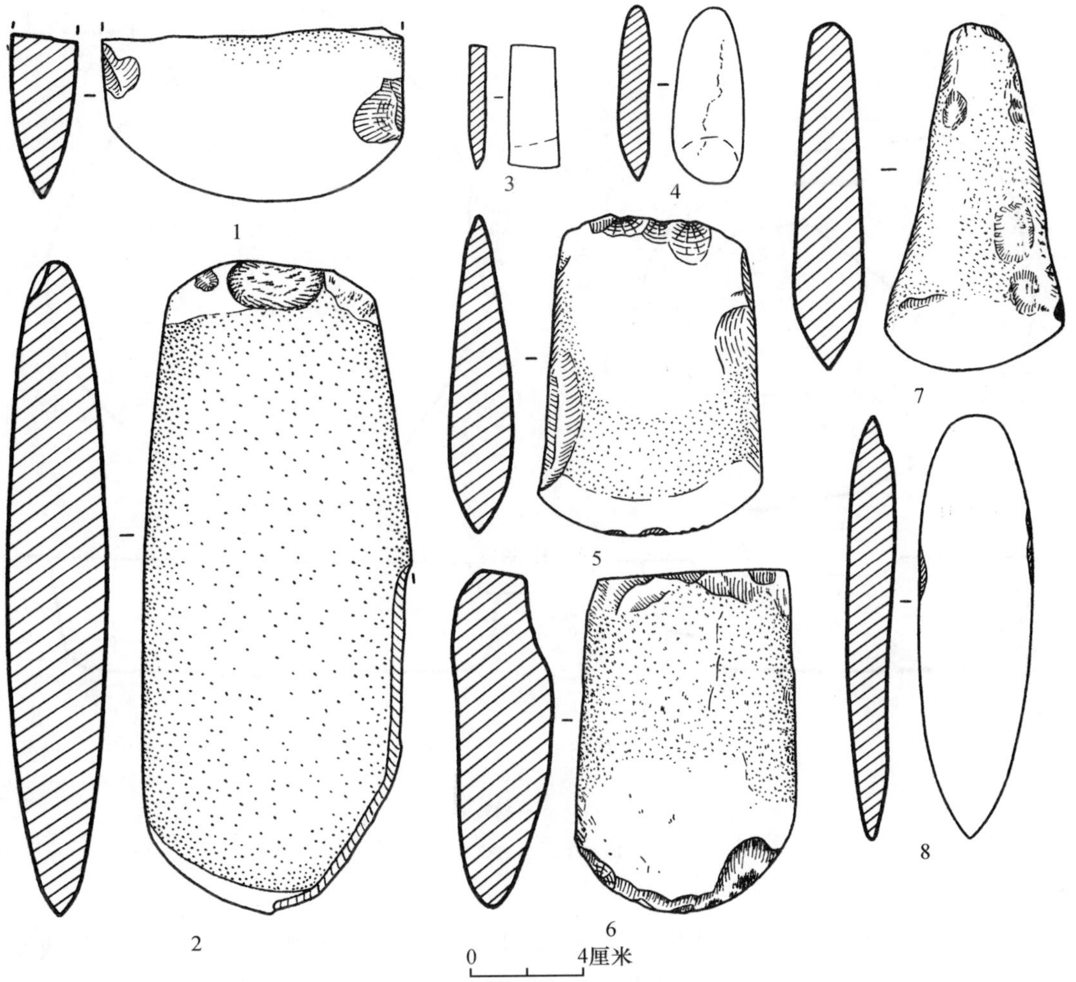

图一一六　H212、H336出土石器

1、2、5～7. 石斧（H212:16、H212:14、H212:15、H212:17、H336:24）　3. 小石锛（H336:2）
4. 小石斧（H212:18）　8. 圭形石凿（H212:13）

矮圈足　6件。按足壁可分为三型。

矮壁外斜　2件。H336:18，泥质陶外红内黑，外壁深红衣上又有黑色条块（从上至下呈弧边三角形）。但仅存碗下部弧腹，圜底下附矮圈足。素面。足径9、残高2.6厘米（图一一八，22）。H336:16，泥质陶外红内黑。仅存圜底下附矮圈足。素面。足径11、残高2厘米（图一一八，27）。

足壁外弧　2件。H336:15，夹炭黑陶。足壁饰两个并列的小圆形戳印纹。足径17、残高4.4厘米（图一一八，13）。H336:19，泥质红陶，外施鲜红衣，绘黑彩。图案为上部两周、下部三周带状纹，带状纹之间又加多组四点状黑彩。足径16、残高3.6厘米（图一一八，7）。

足壁内斜近直　2件。H336:3，泥质红衣陶。足壁上部近直，足根外斜。足壁饰四组纹饰，两组为两个并列长方形小戳孔，两组为一横排篦点纹。足径8.4、残高3.6厘米。此标本

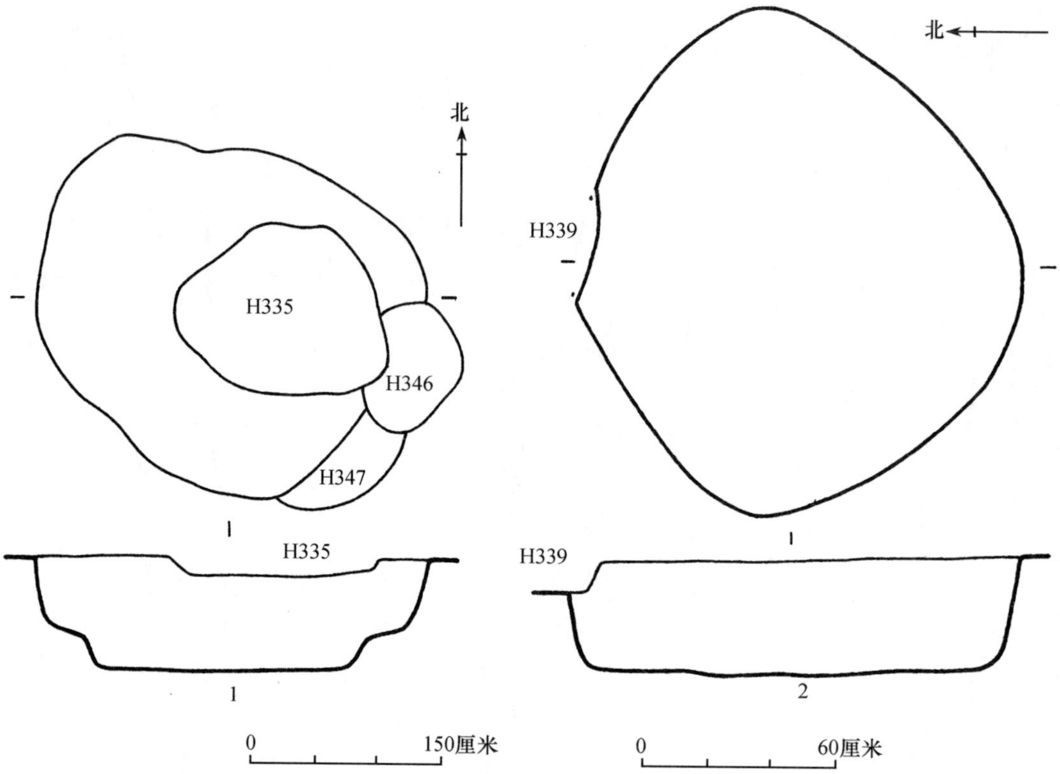

图一一七　H336、H337 平、剖面图
1. H336　2. H337

或器盖纽（图一一八，19）。H336∶17，泥质陶外红内灰。足壁凹弧近直，足根上卷成小凸棱。足壁饰六周凹弦纹，弦纹之间又加饰戳点纹。足径 9、残高 2.5 厘米。此标本近似假腹碗圈足（图一一八，21）。

豆高圈足　2 件。H336∶12，泥质黑陶。仅存足下部，足壁外撇而呈喇叭状。素面。足径 16、残高 3 厘米（图一一八，4）。H336∶20，泥质红陶。仅剩足下部，足壁外斜。足壁有多周不等距修整划痕。口径 17、残高 5.6 厘米（图一一八，8）。

小鼎足　3 件。H336∶23，泥质红陶，施鲜红衣。仅存盘形鼎小足，矮足上部圆台状，下部呈内凹尖锥状。足下部凹面饰三角形凹孔。残高 3.2 厘米（图一一八，25）。H336∶22，夹炭红陶。仅存罐形鼎小足，足为扁圆体倒梯形。素面。残高 3.3 厘米（图一一八，24）。H336∶21，夹炭黄陶，或有红衣已脱落。也是罐形鼎扁圆体呈倒梯形小矮足，但足根内弯而与 H336∶22 稍异。素面。残高 4 厘米（图一一八，23）。

罐平底　1 件（H336∶25）。夹砂红陶。仅剩罐下部弧腹平底。腹饰模糊斜绳纹。底径 10、残高 12.8、胎厚 0.8～2.3 厘米（图一一八，15）。

（24）H337

① 灰坑情况

位置：在 T2743 东南部。

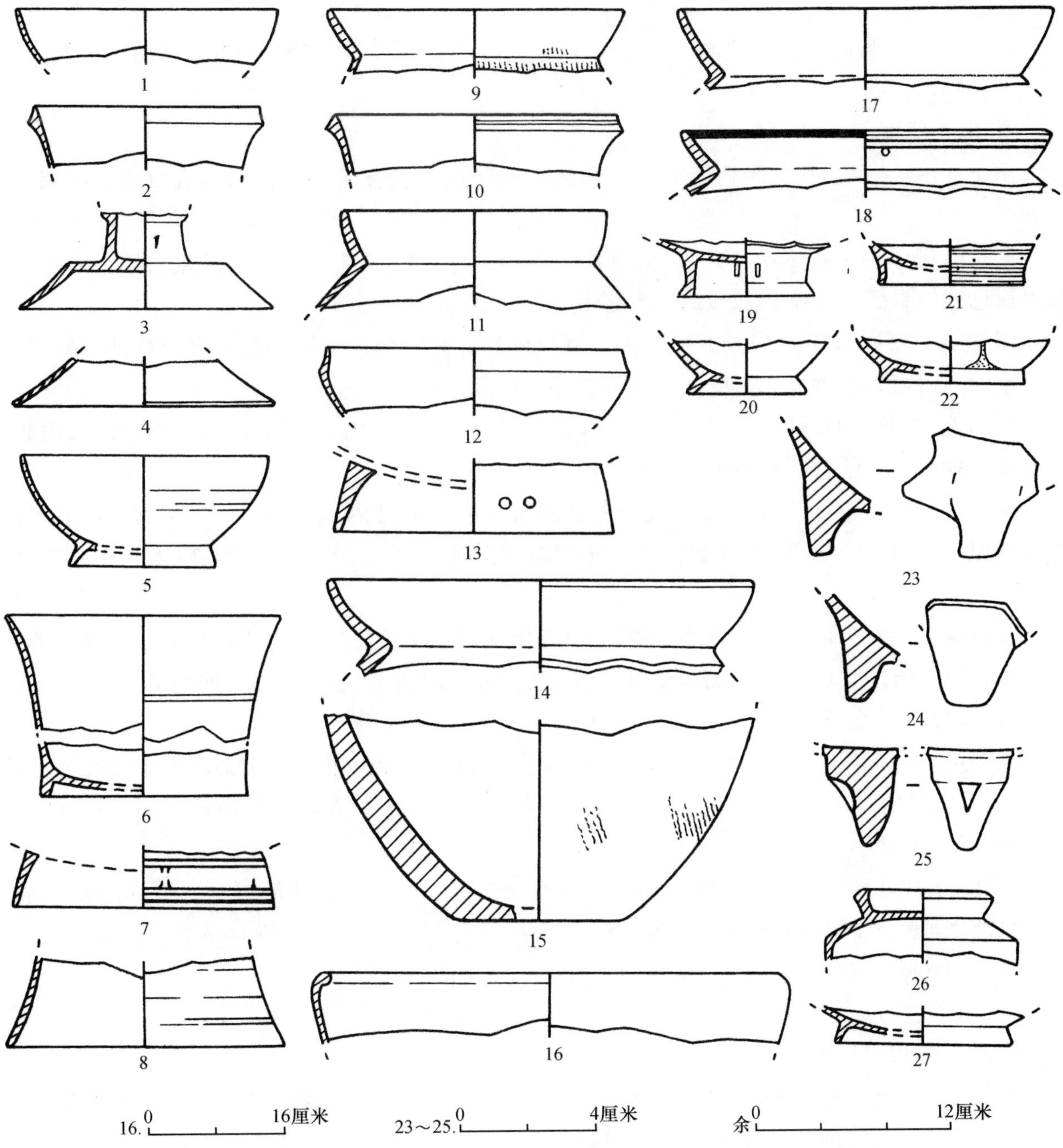

图一一八　H335、H336出土陶器

1、5. 敞口碗（H336:11、H336:4）　2、10. 壶口沿（H336:14、H336:13）　3、26. 器盖（H336:1、H336:26）　4、8. 豆高圈足（H336:12、H336:20）　6. 假腹碗（H336:27）　7、13、19、21、22、27. 矮圈足（H336:19、H336:15、H336:3、H336:17、H336:18、H336:16）　9、17. 凹折沿罐（H336:7、H336:6）　11. 曲颈罐（H336:5）　12. 内折沿簋（H336:10）　14、18. 凹折沿彩陶罐（H335:1、H336:8）　15. 罐平底（H336:25）　16. 内卷沿大盆（H336:9）　20. 碗圈足（H335:2）　23～25. 小鼎足（H336:21、H336:22、H336:23）

层位关系：开口在第1层下，打破第1层下H338；又被第1层下H339打破（但H338、H339皆无标本）。

形制大小：椭圆形，斜直壁，平底。口径130～140、底径120～130、深38厘米（图一一七，2）。

② 出土器物

出土标本：8件。均为陶器，有凹折沿罐、斜颈罐、折腹碗、敞口碗、直口盘、矮圈足、器耳。

凹折沿罐　1件（H337∶1）。夹炭红陶，内沿、外表施浅红衣。折沿甚宽深凹，尖圆唇，斜弧肩已残。素面。口径19、残高5.3厘米（图一二〇，21）。

斜颈罐　1件（H337∶4）。泥质红陶。直口外斜，高斜颈，窄沿内斜，尖唇外凸，斜肩已残。素面。口径24、残高4.9厘米（图一二〇，18）。

折腹碗　1件（H337∶5）。夹炭陶外红内灰。敞口，尖唇，宽斜沿，小斜肩，折腹弧内收，底已残。素面。口径16、残高4.4厘米（图一二〇，6）。

敞口碗　1件（H337∶6），也是变形折腹碗。泥质陶外红内黑。敞口，尖圆唇，斜沿和斜弧腹仅似一周凹弦纹分开，腹下部已残。未见其他纹饰。口径20、残高3.8厘米（图一二〇，13）。

直口盘　1件（H337∶2）。泥质红陶，内外施深红衣。近直口，凹弦纹直立，尖唇，折腹斜内收，底已残。反过来或为盖盘。折腹上部一周凸棱纹。口径18.8、残高4.4厘米（图一二〇，12）。

矮圈足　2件。H337∶7，泥质红陶。矮圈足相对较高，足壁外弧。足饰圆形小镂孔。足径9、残高3.2厘米（图一二〇，25）。H337∶8，泥质红陶。足壁外斜。足饰较大小圆孔。足径12、残高2.4厘米（图一二〇，24）。

器耳　1件（H337∶3）。泥质红褐陶，外施紫红衣。仅存宽带状环形耳，器耳两端稍窄。未见纹饰。耳高5.5、耳面宽4.1厘米（图一二〇，22）。

（25）H346

① 灰坑情况

位置：在T2934中部。

层位关系：开口在第3A层下，打破第3A层下H336、H347；被第1C层下H335打破。

形制大小：近椭圆形，直壁，平底。口径85～100、深60厘米（图一一九，1）。

② 出土器物

出土标本：3件。均为陶器，有凹折沿罐、壶口沿、侈口弧肩小器座。

凹折沿罐　1件（H346∶1）。泥质红胎黑陶。宽折沿微凹，圆唇，弧肩已残。口下一周凹弦纹。口径19、残高4.4厘米（图一二〇，10）。

壶口沿　1件（H346∶2）。泥质灰陶，薄胎。直口外卷，尖唇，高弧颈下部已残。颈中部三周凹弦纹，但弦纹都弯曲不等距。口径14、残高3.4厘米（图一二〇，28）。

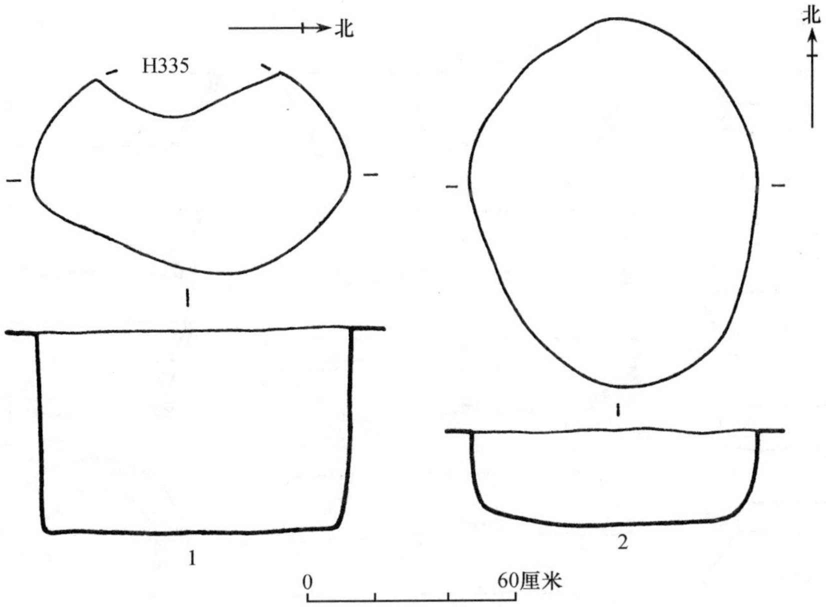

图一一九 H346、H378平、剖面图

1. H346 2. H378

侈口弧肩小器座 1件（H346∶3）。泥质红陶，内沿、外表施深红衣。素面。口径15.2、底径16、高3.4厘米（图一二〇，16）。

（26）H347

① 灰坑情况

位置：在T2934中南部。

层位关系：开口在第3A层下，西北被第3A层下H336打破、东北又被第3A层下H346打破。

形制大小：据H336平、剖面图，H347原为圆形或椭圆形，但被H336打破后仅剩半月形，再被H346打破则剩半月形的一部分。

② 出土器物

出土标本：5件。均为陶器，有折沿彩陶小罐、斜颈罐、小口瓮、折腹碗、敛口碗。

折沿彩陶小罐 1件（H347∶3）。夹炭红褐陶。侈口，束颈，折沿，尖圆唇，弧肩已残。颈下肩上之间绘一周深红色带状纹。口径12、残高2.6厘米（图一二〇，29）。

斜颈罐 1件（H347∶2）。夹炭红陶，内沿施深红衣。宽折沿外斜，尖唇，肩已残。素面。口径19、残高3.9厘米（图一二〇，11）。

小口瓮 1件（H347∶4）。泥质红陶，内沿、外表施浅红衣。小直口，尖唇，细高颈，广肩已残。素面。口径5.6、残高2.9厘米（图一二〇，23）。

折腹碗 1件（H347∶1）。泥质黑胎红陶，内外施鲜红衣。敞口，宽折沿外斜，折肩和折腹都已残。口下一周凹弦纹。口径22、残高4.2厘米（图一二〇，19）。

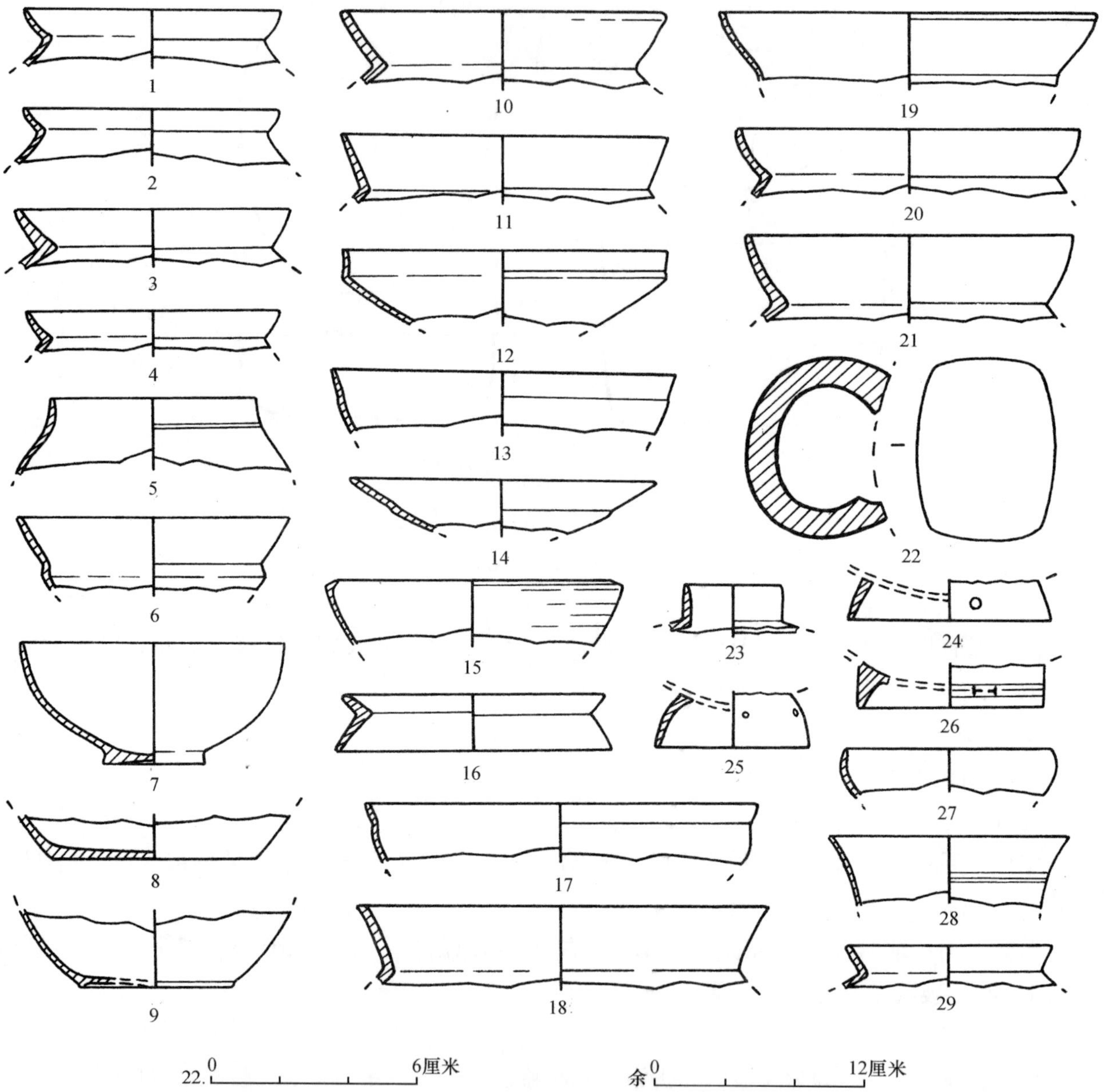

图一二〇　H337、H346、H347、H348、H349、H351出土陶器

1、2、4、10、20、21. 凹折沿罐（H351:5、H351:3、H348:2、H346:1、H351:2、H337:1）　3. 折沿罐（H351:1）　5. 直口罐（H351:4）　6、19. 折腹碗（H337:5、H347:1）　7. 敞口假圈足碗（H349:1）　8. 罐平底（H351:8）　9. 凸棱状碗圈足（H351:9）　11、18. 斜颈罐（H347:2、H337:4）　12. 直口盘（H337:2）　13. 敞口碗（H337:6）　14. 折腹盘（H351:6）　15. 内折沿碗（H351:7）　16. 侈口弧肩小器座（H346:3）　17. 侈口碗（H348:1）　22. 器耳（H337:3）　23. 小口瓮（H347:4）　24～26. 矮圈足（H337:8、H337:7、H348:3）　27. 敛口碗（H347:5）　28. 壶口沿（H346:2）　29. 折沿彩陶小罐（H347:3）

敛口碗　1件（H347∶5）。泥质黑陶。敛口，尖唇内卷，弧腹内收，底已残。素面。口径12、残高2.9厘米（图一二〇，27）。

（27）H348

① 灰坑情况

位置：在T2737西南部。

层位关系：开口在第1C层下，打破第1C层下H351。

形制大小：近圆形，直壁，圜平底。口径65～95、底径65～80、深25厘米。

② 出土器物

出土标本：3件。均为陶器，有凹折沿罐、侈口碗、矮圈足。

凹折沿罐　1件（H348∶2）。夹炭红陶。尖唇，弧肩已残。素面。口径15、残高2.6厘米（图一二〇，4）。

侈口碗　1件（H348∶1）。泥质陶外红内黑。侈口，束颈，弧沿外卷，弧腹内收，底已残。素面。口径23、残高3.6厘米（图一二〇，17）。

矮圈足　1件（H348∶3）。夹炭红陶，内外施深红衣。足壁低矮近垂直。足饰两周凹弦纹，又加每组戳印纹，每组为两短竖之间夹两矮横。足径11、残高2.4厘米（图一二〇，26）。

（28）H349

① 灰坑情况

位置：在T2837东部至东隔梁内。

层位关系：开口在第3A层下，打破第4层、生土。

形制大小：近圆形，斜直壁，底不平。口径100～110厘米，底稍小，深56厘米。

② 出土器物

出土标本：1件。陶器，敞口假圈足碗。

敞口假圈足碗　1件（H349∶1）。泥质黑陶。敞口，尖唇，深弧腹，假圈足稍内凹。素面。口径15.5、足径5.9、高7.2厘米（图一二〇，7；图版四七，2）。

（29）H351

① 灰坑情况

位置：在T2737西壁下。

层位关系：开口在第1C层下，打破黄土台；被H348打破。

形制大小：仅露出长方形对角线一角，近直壁，圜平底。口长190厘米以上，宽120厘米左右，深65厘米。

② 出土器物

出土标本：9件。均为陶器，有凹折沿罐、折沿罐、直口罐、内折沿碗、折腹盘、凸棱状碗圈足、罐平底。

凹折沿罐　3件。H351∶2，夹草末红陶。宽折沿内凹，尖圆唇，斜肩已残。素面。口径20、残高4.1厘米（图一二〇，20）。H351∶3，夹炭红陶，胎薄也较小。凹折沿，尖唇，斜弧肩，鼓腹已残。素面。口径 15、残高 3. 3 厘米（图一二〇，2）。H351∶5，夹草末红陶。折沿深凹，尖唇，斜弧肩，腹外鼓但已残。素面。口径 15、残高 3. 5 厘米（图一二〇，1）。

折沿罐　1 件（H351∶1）。夹炭红陶，内沿、外壁施浅红衣。折沿，圆唇，广弧肩已残。素面。口径 16、残高 3. 5 厘米（图一二〇，3）。

直口罐　1 件（H351∶4）。夹炭红陶，外施浅红衣。直口，尖唇，矮弧颈，斜弧肩，腹已残。颈、肩之间一周凸棱纹。口径 12、残高 4. 4 厘米（图一二〇，5）。

内折沿碗　1 件（H351∶7）。泥质黑陶。敛口，内折沿，尖唇，深折腹内收，底已残。腹上部一周凹弦纹，腹中部三周双线细绳纹。口径 16、残高 3. 9 厘米（图一二〇，15）。

折腹盘　1 件（H351∶6）。夹炭红陶，内外施红衣。敞口，尖唇，浅斜腹中部稍凹折，底已残。素面未见其他纹饰。口径 18、残高 3. 2 厘米（图一二〇，14）。

凸棱状碗圈足　1 件（H351∶9）。泥质灰陶。仅存碗下部弧腹，平底已残，下附凸棱状小圈足。素面。足径 9、残高 4. 4 厘米（图一二〇，9）。

罐平底　1 件（H351∶8）。泥质灰陶。仅剩下部斜腹，平底。素面。底径 12、残高 2. 4 厘米（图一二〇，8）。

（30）H353

① 灰坑情况

位置：在 T3038 西边中部。

层位关系：开口在第 1 层下，打破黄土台。

形制大小：近圆形，斜壁，平底。口径 134 ~ 145、底径 109、深 61 厘米。

② 出土器物

出土标本：4 件。均为陶器，有小口瓮、折腹碗、支座。

小口瓮　1 件（H353∶4）。夹炭红陶。小直口，尖圆唇，低矮颈，广弧肩已残。素面。口径 6、残高 3. 2 厘米（图一二一，11）。

折腹碗　2 件。H353∶1，夹炭红陶，内外施鲜红衣。敞口，尖圆唇，折沿特别宽，小斜肩，折腹弧内收，底已残。素面。口径 24、残高 9. 6 厘米（图一二一，2）。H353∶2，泥质陶外红内黑。敞口，小方唇，口斜直，但下部已残。素面。口径 18、残高 4. 8 厘米（图一二一，13）。

支座　1 件（H353∶3）。夹砂红陶。支座下部已残，属实心有纹直立型，顶部圆饼状，凹顶面，中央一圆凹孔，束颈弧凹，器身圆台状，上稍细、下渐粗，一侧有两凹坑，似便于提拿之用，但下部已残。顶部侧边和器身都有由圆戳点和横、竖划纹组成的花纹图案。顶面径 9. 8、残高 10. 2 厘米（图一二一，9）。

（31）H354

① 灰坑情况

位置：在 T3037 北壁上。

层位关系：开口在第 1 层下，打破黄土台。

形制大小：近椭圆形，斜壁，底不平。口径 60 ~ 80、深 50 厘米。

② 出土器物

出土标本：4件。均为陶器，有凹折沿罐、折腹碗、斜腹假圈足碗、直壁大器座纹饰残片。

凹折沿罐　1件（H354:2）。夹炭红陶。折沿内凹，尖圆唇，肩已残。束颈处绘一周黑彩带状纹。口径19、残高3.8厘米（图一二一，12）。

折腹碗　1件（H354:1）。泥质陶外红内黑。敞口，尖圆唇，斜直沿下部已残。素面。口径18、残高4.6厘米（图一二一，14）。

斜腹假圈足碗　1件（H354:4）。泥质陶外红内黑，外表深红衣有黑色条块。敞口，尖圆唇，斜腹下部内折，圜平底已残，下呈实心低矮假圈足，足壁外斜，实心平底。素面。口径15.2、底径9.6、通高3.2厘米（图一二一，8；图版四七，6）。

直壁大器座纹饰残片　1件（H354:3）。夹炭红陶，厚胎。腹部残片，饰深凹弦纹多周平，又拍印小长方形戳印纹。残长8.6、残宽8、厚0.8厘米（图一二一，17）。

（32）H364

① 灰坑情况

位置：在T2839东南角。

层位关系：开口第1A层下，打破H363。

形制大小：仅露出弧形一角，直壁，平底。口径约60～70厘米，底稍小，深80厘米。

② 出土器物

出土标本：2件。均为陶器，有折沿彩陶罐、敛口碗。

折沿彩陶罐　1件（H364:2）。泥质红陶，内外沿都有鲜红衣，内沿绘黑彩。宽折沿，尖唇，肩已残。内沿绘六周黑彩带状纹，在一、二周和三、四周之间又夹其他图案，但黑彩多脱落，图案不清晰。口径26、残高3.6厘米（图一二一，5）。

敛口碗　1件（H364:1）。泥质磨光黑陶。敛口，尖圆唇，弧腹上部外鼓下部弧内收，底已残。外壁上部饰四周深凹弦纹。口径16、残高4.1厘米（图一二一，6）。

（33）H368

① 灰坑情况

位置：在T2932西南角，局部。

层位关系：开口在第3B层下，打破第3C层；被第3B层下G77打破。

形制大小：圆形一角，斜壁，平底，口径大于84、底径大于60、深68厘米。

② 出土器物

出土标本：1件。陶器，敛口碗。

敛口碗　1件（H368:1）。泥质磨光黑陶。敛口近直，尖唇，弧腹下部已残。素面。口径17、残高4.3厘米（图一二一，7）。

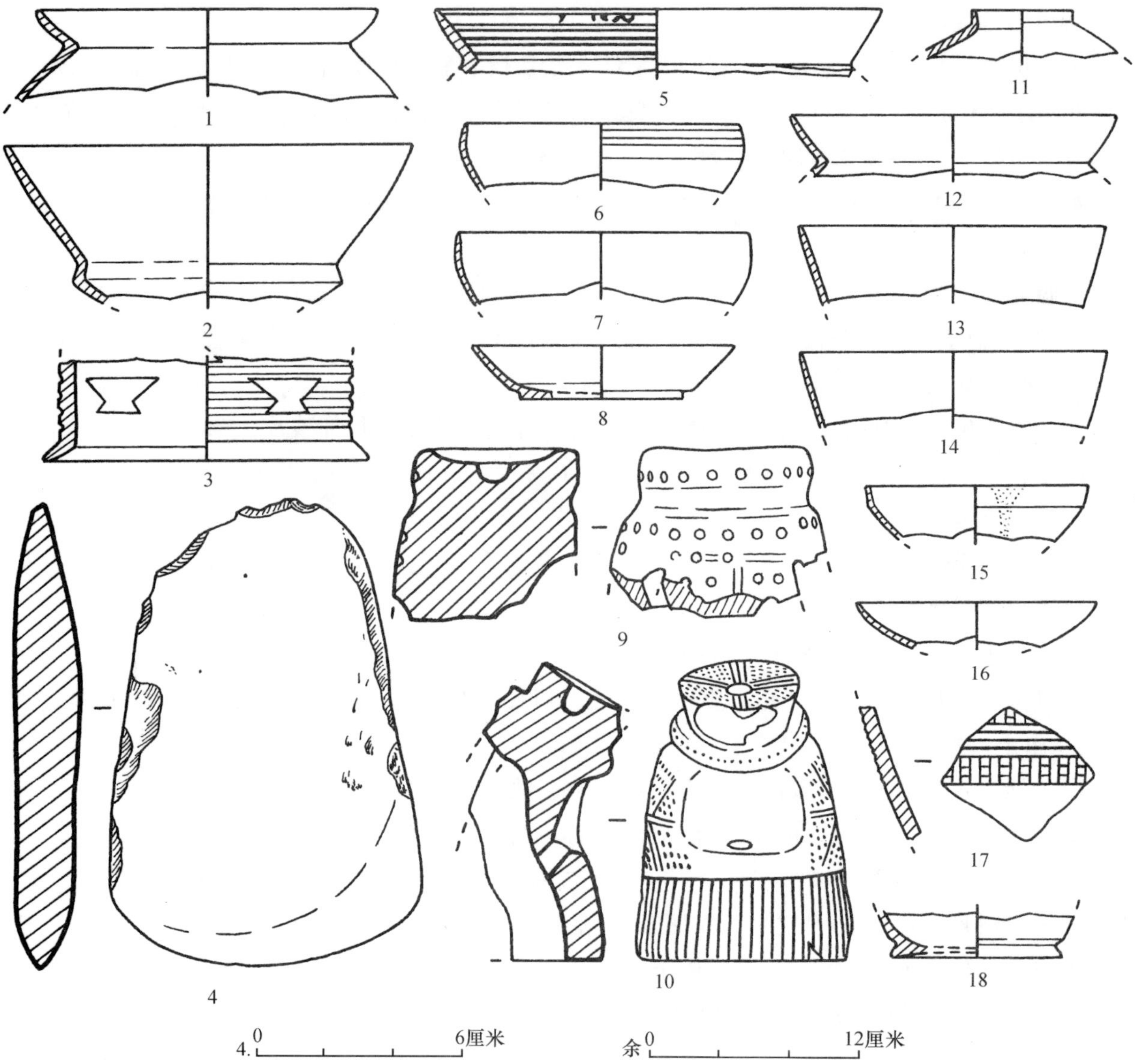

图一二一　H353、H354、H364、H368、H370出土器物

1、12. 陶凹折沿罐（H370∶1、H354∶2）　2、13、14. 陶折腹碗（H353∶1、H353∶2、H354∶1）　3. 陶直壁器座（H370∶2）　4. 石锄（H370∶7）　5. 陶折沿彩陶罐（H364∶2）　6、7. 陶敛口碗（H364∶1、H368∶1）　8. 陶斜腹假圈足碗（H354∶4）　9、10. 陶支座（H353∶3、H370∶4）　11. 陶小口瓮（H353∶4）　15. 陶直口碗（H370∶6）　16. 陶敞口豆盘（H370∶3）　17. 陶直壁大器座纹饰残片（H354∶3）　18. 陶假圈足（H370∶5）

（34）H370

① 灰坑情况

位置：在T3034西壁下。

层位关系：开口在第2层下，打破南部第2层下H389、又打破西北部第2层下H391及生土。

形制大小：椭圆形，弧壁，圜底。东西残径120、南北长径190、深70厘米。

② 出土器物

出土标本：7件。有石锄和陶凹折沿罐、直口碗、假圈足、敞口豆盘、支座、直壁器座。

石器

石锄　1件（H370:7）。石片加工。薄体近梯形，顶部不平，单面打制，两面近平，一面为原面，另一面为破裂面，两边单面打制修直外斜，宽弧刃两面磨制，较锋利。长14、宽9.2、厚2.1厘米（图一二一，4）。

陶器

凹折沿罐　1件（H370:1）。泥质红陶。凹折沿，方圆唇，弧肩，鼓腹已残。素面。口径20、残高5.2厘米（图一二一，1）。

直口碗　1件（H370:6）。泥质陶外红内黑。直口稍敞，方圆唇，矮颈稍内斜，折腹弧收，底残。素面。口径13、残高3.2厘米（图一二一，15）。

假圈足　1件（H370:5）。泥质陶外红内黑。残存碗下腹，内斜又内折成圜平底，但已残，下又附假圈足，足壁外斜，平底微凹。素面。底径10、残高2.6厘米（图一二一，18）。

敞口豆盘　1件（H370:3）。泥质红陶，外施深红衣。敞口，尖唇，浅弧腹，底已残。素面。口径14、残高2.6厘米（图一二一，16）。

支座　1件（H370:4）。夹砂红陶。底部及一侧器身已残，属内空有纹倾斜型。残高18厘米（图一二一，10）。

直壁器座　1件（H370:2）。泥质红陶，外施浅红衣。口部已残，直腹，足根外斜内空。腹壁饰一周深凹槽，又加内折角梯形大镂孔。底径19、残高6厘米（图一二一，3）。

（35）H373

① 灰坑情况

位置：在T2833北壁下至北隔梁内。

层位关系：开口在第1B层下，打破黄土台。

形制大小：圆形，直壁，圜平底。口径142、深60厘米。

② 出土器物

出土标本：2件。均为陶器，有凹折沿彩陶罐、大圈足。

凹折沿彩陶罐　1件（H373:1）。泥质红陶，内沿、外表施深红衣，绘黑彩纹。侈口，曲颈内凹外弧，下内束，弧肩，鼓腹已残。内外沿都绘带状黑彩纹，肩、腹部在宽带状纹之间又夹其他纹饰，因黑彩脱落，图案不甚清晰。口径19、残高5.6厘米（图一二三，3）。

大圈足　1件（H373:2）。泥质橘红陶。仅剩下部粗大圈足，足壁外撇。有三种纹饰，一是三组双弦纹，二是四组竖排圆镂孔，每排三个，三是九排圆戳点，每排约八个戳点纹。足径13、残高5.3厘米（图一二三，14）。

（36）H378

① 灰坑情况

位置：在T3133中西部。

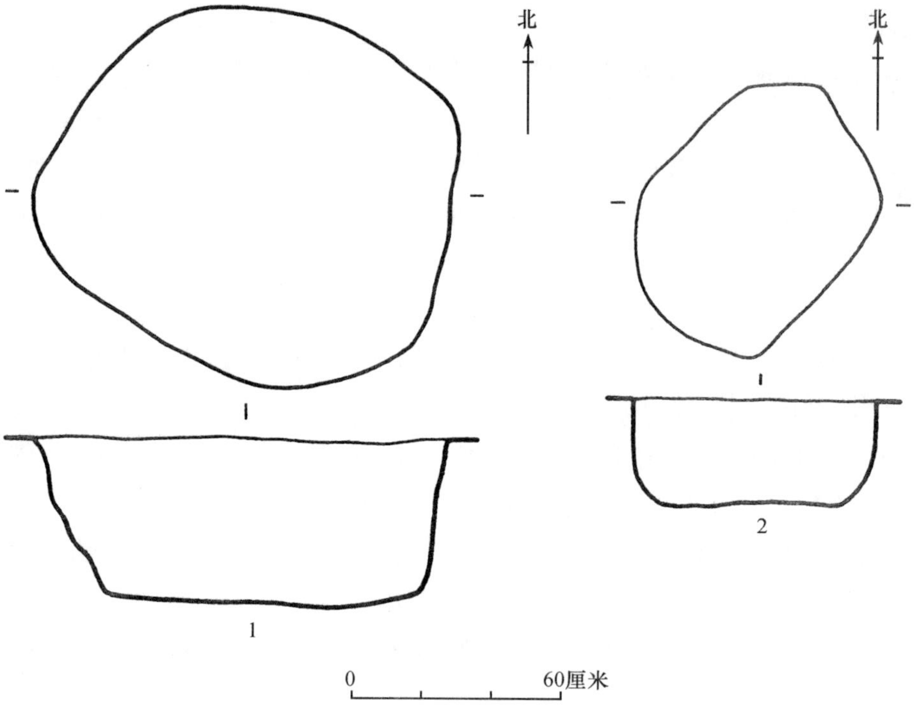

图一二二　H381、H388 平、剖面图
1. H381　2. H388

层位关系：开口在第 3A 层下，打破黄土台。

形制大小：椭圆形，近直壁，平底。口径 84 ~ 110、底径 72 ~ 98、深 28 厘米（图一一九，2）。

② 出土器物

出土标本：3 件。均为陶器，有敞口碗、敞口小罐、矮圈足。

敞口碗　1 件（H378∶1）。泥质陶外红内黑。方圆唇，浅弧腹内收，底已残。素面。口径 18、残高 4.2 厘米（图一二三，7）。

敞口小罐　1 件（H378∶2）。夹炭红褐陶。敞口近直，圆唇外卷，深弧腹内斜近直，下腹已残。素面。口径 16、残高 2.8 厘米（图一二三，8）。

矮圈足　1 件（H378∶3）。泥质红陶，外施浅红衣。足壁相对较高，上部外鼓，中弧凹，下外撇。素面。足径 13、残高 3 厘米（图一二三，13）。

（37）H380

① 灰坑情况

位置：在 T3132 北梁西部。

层位关系：开口在第 2 层下，打破黄土台。

形制大小：近梯形，直壁，圜平底。口部上宽 27、下宽 64、高 72、深 42 厘米。

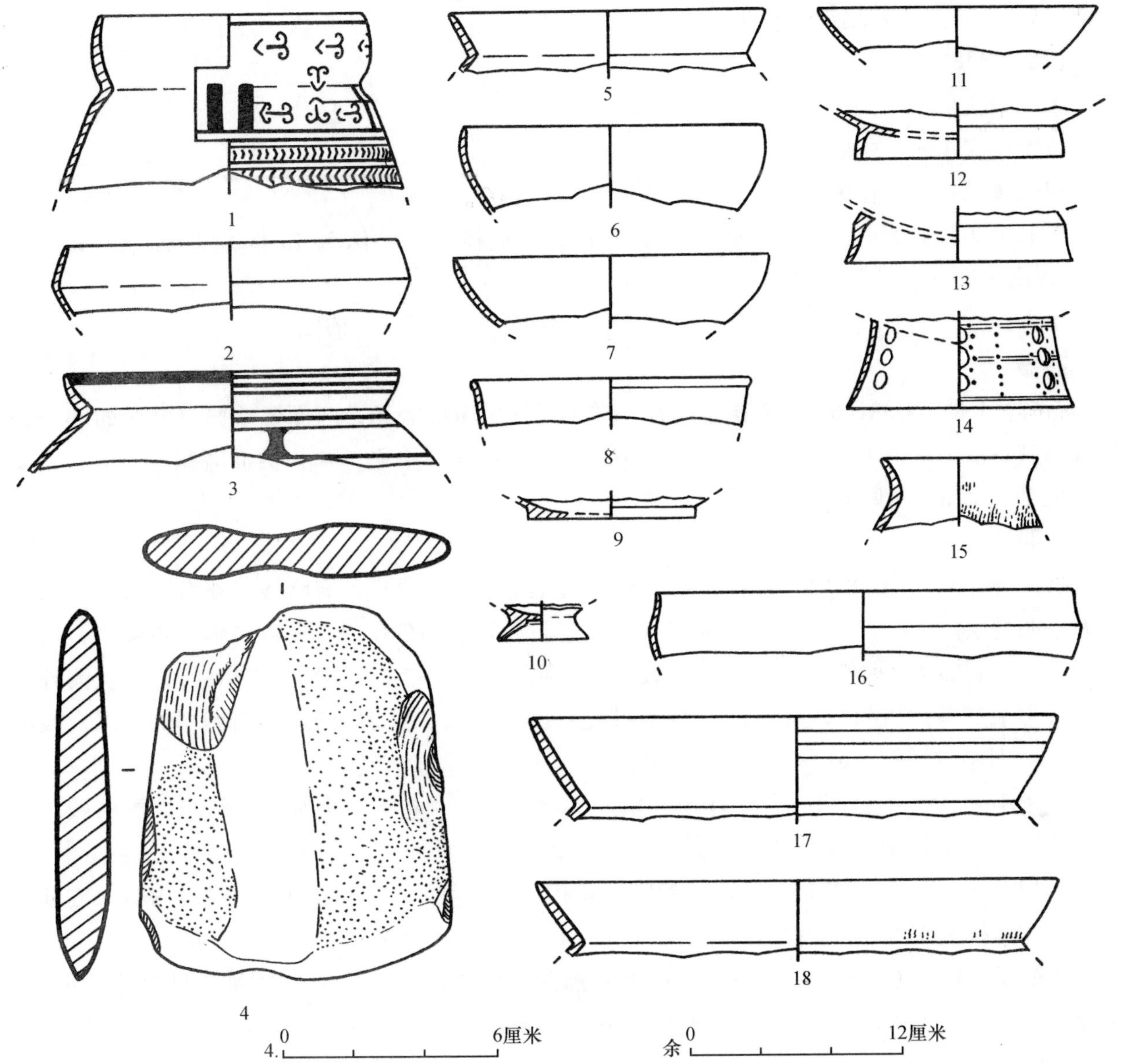

图一二三　H373、H378、H380、H381、H388 出土器物

1. 曲颈彩陶瓶（H388:2）　2. 陶内折沿簋（H388:3）　3. 凹折沿彩陶罐（H373:1）　4. 石斧（H381:6）　5、17、18. 陶折沿罐（H381:3、H381:1、H381:2）　6. 陶敛口碗（H388:1）　7. 陶敞口碗（H378:1）　8. 陶敞口小罐（H378:2）　9. 陶假圈足（H381:7）　10. 陶碗圈足（H388:4）　11. 陶敞口豆盘（H380:1）　12、13. 陶矮圈足（H380:2、H378:3）　14. 陶大圈足（H373:2）　15. 陶束颈小罐（H381:5）　16. 陶内折沿碗（H381:4）

② 出土器物

出土标本：2件。均为陶器，有敞口豆盘、矮圈足。

敞口豆盘　1件（H380:1）。泥质灰陶。敞口，尖唇，浅弧腹内斜，底已残。素面。口径16、残高2.8厘米（图一二三，11）。

矮圈足　1件（H380:2）。泥质红褐陶，外表施浅红衣。矮圈足较粗大，足壁外弧近直。

素面。底径 12、残高 3 厘米（图一二三，12）。

（38）H381

① 灰坑情况

位置：在 T3334 中部。

层位关系：开口在第 1 层下，打破第 3A 层下 H607。

形制大小：近圆形，斜壁，平底。口径约 115、底径约 90、深 50 厘米（图一二二，1）。

② 出土器物

出土标本：7 件。有石斧和陶折沿罐、束颈小罐、内折沿碗、假圈足。

石器

石斧　1 件（H381∶6）。扁薄宽梯形，顶部打制，局部磨光，两面皆原面，但两面同一侧都有磨制石器之后留下的凹槽，两边一打制一磨光。皆扁弧不平，弧刃两面磨制，中微凹，锋利。长 11、宽 8.8、厚 1.7 厘米（图一二三，4）。

陶器

折沿罐　3 件。H381∶1，夹炭红陶，内沿施鲜红衣。尖圆唇，肩已残。外沿上部三周凹弦纹而呈四叠层。口径 30、残高 6.1 厘米（图一二三，17）。H381∶2，夹炭红陶。尖圆唇，肩已残。沿下、肩部各饰竖绳纹。口径 30、残高 4.6 厘米（图一二三，18）。H381∶3，夹炭陶外黑内红（器表灰黑）。侈口，束颈，折沿外斜近直。尖圆唇，弧肩已残。素面。口径 18、残高 3.8 厘米（图一二三，5）。

束颈小罐　1 件（H381∶5）。泥质红陶。侈口，束颈，卷沿。尖圆唇，斜肩，腹已残。肩饰竖绳纹。口径 9、残高 4.5 厘米（图一二三，15）。

内折沿碗　1 件（H381∶4）。泥质黑陶（口内局部泛红）。近子母口，凹弧沿内折，方圆唇近直立，深折腹弧内收，底已残。素面。口径 24、残高 4.1 厘米（图一二三，16）。

假圈足　1 件（H381∶7）。泥质红胎磨光黑陶。仅剩圜底下实心假圈足，足壁低矮近直，平底。素面。足径 9.5、残高 1.2 厘米（图一二三，9）。

（39）H388

① 灰坑情况

位置：在 T2839 西部。

层位关系：开口在第 3 层下，距地表 100 厘米。

形制大小：近椭圆形，近直壁，平底。口径 58 ~ 82 厘米，底稍小，深 32 厘米（图一二二，2）。

② 出土器物

出土标本：4 件。均为陶器，有曲颈彩陶瓶、内折沿簋、敛口碗、碗圈足。

曲颈彩陶瓶　1 件（H388∶2）。夹炭红陶，内沿、外壁施鲜红衣，外绘黑彩。侈口，曲颈内凹外弧下内束，尖圆唇，凹肩，深弧腹下部已残。颈、肩、腹饰横、竖带状纹和豆芽状横人字纹等多种黑彩图案。口径 15、残高 10.4 厘米（图一二三，1）。

内折沿簋　1件（H388:3）。泥质陶外红内黑。敛口，宽弧沿内折，小方唇，折腹弧内收，下腹已残。素面。口径19、残高4.3厘米（图一二三，2）。

敛口碗　1件（H388:1）。泥质磨光黑陶。敛口近直，方圆唇，弧腹下部已残。素面。口径17、残高5.2厘米（图一二三，6）。

碗圈足　1件（H388:4）。泥质黑陶。圈足矮小壁外撇。素面。足径5.2、残高2厘米（图一二三，10）。

（40）H389

① 灰坑情况

位置：在T3034西南部。

层位关系：开口在第2层下，打破生土；被第2层下H370打破。

形制大小：椭圆形，斜弧壁近直，平底。口径265～375、深110厘米（图一二四，1）。坑内堆积可分4小层，都有遗物。

② 出土器物

出土标本：47件。有近梯形石斧、近长方形石斧、小石球和陶凹折沿罐、折沿罐、弧折沿罐、斜颈罐、曲颈瓮、敛口瓮、壶口沿、折腹碗、敞口碗、敞口钵、内折沿碗、斜直腹碗、卷沿盘、敞口盘、敞口豆盘、内折沿器盖盘、器盖纽、筒腹杯、矮圈足、小鼎足、器座、支座。

石器

扁薄近梯形石斧　3件。H389②:12，两边皆扁弧，弧刃两面磨制，有使用缺口，仍很锋利。长10.4、宽7.1、厚2.2厘米（图一二八，6）。H389③:17，两边为扁弧原面，弧刃两面磨制，较锋利。长12.7、宽7.9、厚2.2厘米（图一二八，1）。H389①:44，两边皆扁弧原面，弧刃近平，两面磨制，有使用痕，已不锋利。长10.7、宽6.9、厚2.5厘米（图一二八，3）。

扁弧体近长方形石斧　2件。H389①:45，厚体，两边磨平，顶已断，弧刃为原砾石弧面，一面稍打制还不锋利。残长13、宽11.1、厚4.7厘米（图一二八，10）。H389①:46，顶已断，两边、两面皆原砾石弧面，弧刃两面磨制，近对称，甚锋利。残长8.4、宽6.8、厚2.7厘米（图一二八，7）。

小石球　1件（H389④:36）。天然形成近圆形石球，多天然琢痕。直径5.5～5.7厘米（图一二八，8）。

陶器

凹折沿罐　5件。H389②:4，泥质红陶，外施深红衣。折沿微凹，圆唇，弧肩已残。口下一周凹弦纹。口径20、残高4.4厘米（图一二五，11）。H389②:8，泥质红陶，折沿微凹，圆唇，弧肩已残。口下一周凹弦纹。口径19、残高4.1厘米（图一二五，20）。H389③:19，泥质红陶，外施红衣。折沿微凹，尖圆唇，弧肩，鼓腹已残。素面。口径19、残高4.8厘米（图一二五，14）。H389③:20，泥质红陶，外施深红衣。宽折沿深凹，尖圆唇，斜肩，鼓腹已残。素面。口径20、残高6.8厘米（图一二五，15）。H389④:31，夹炭红陶，外施深红衣。折沿深凹，尖圆唇，弧肩，鼓腹已残。素面。口径18、残高5.7厘米（图一二五，12）。

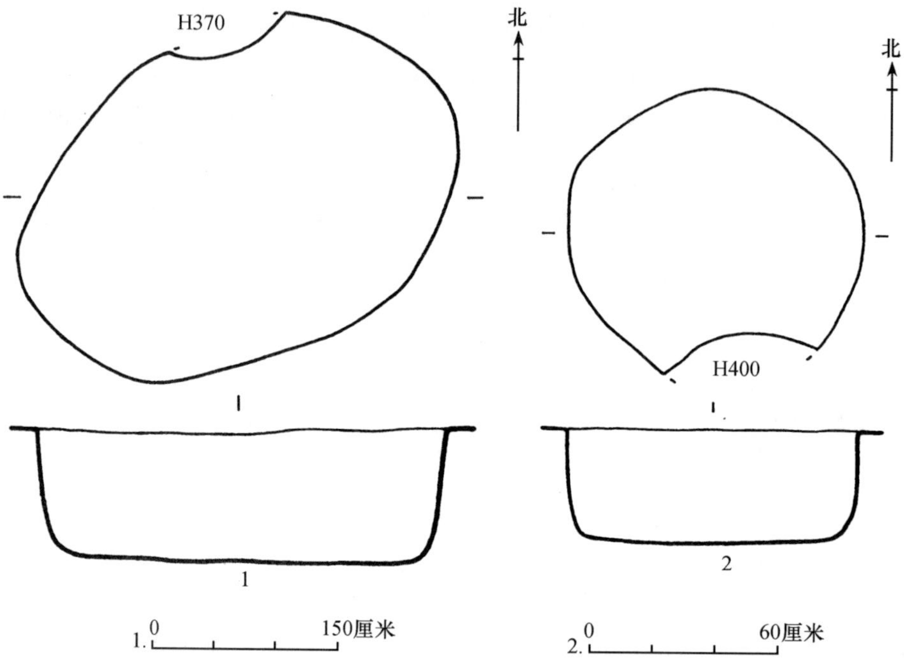

图一二四　H389、H392 平、剖面图

1. H389　2. H392

折沿罐　2 件。H389④: 30，夹炭红陶，口沿内外施浅红衣。折沿，尖圆唇，弧肩，鼓腹已残。素面。口径 18、残高 4.8 厘米（图一二五，19）。H389①: 41，夹炭红陶。宽折沿，尖唇，弧肩，鼓腹已残。素面。口径 28、残高 8.2 厘米（图一二五，5）。

弧折沿罐　1 件（H389③: 21）。夹炭红陶。折沿外卷，圆唇，广弧肩已残。素面。口径 28、残高 4.2 厘米（图一二五，1）。

斜颈罐　2 件。皆夹炭红陶。侈口，束颈，宽折沿微凹，外斜近直。H389②: 7，圆唇，外卷起凸棱，肩已残。素面。口径 20、残高 4.9 厘米（图一二五，18）。H389③: 18，尖圆唇，弧肩，鼓腹已残。素面。口径 21、残高 7.6 厘米（图一二五，3）。

曲颈瓮　1 件（H389②: 5）。夹炭红陶，外施深红衣。侈口，曲颈内凹外弧下内束，圆唇，广弧肩，腹已残。口下一周不明显凹弦纹。口径 15、残高 5.8 厘米（图一二五，22）。

敛口瓮　1 件（H389②: 11）。泥质红陶。敛口，圆唇外卷，深弧腹下部已残。素面。口径 21、残高 3 厘米（图一二五，9）。

壶口沿　1 件（H389③: 22）。泥质黑陶。喇叭口，尖唇，窄斜沿外凸，高弧颈下部已残。斜沿面两周凹弦，颈上部一周凹弦，中部有四周凹弦纹并列。口径 18、残高 9.6 厘米（图一二五，21）。

折腹碗　1 件（H389②: 6）。夹炭红陶，内沿和外表上部施深红衣，折沿下部和器内无衣皆浅红色。敞口，宽沿上仰，尖唇，小斜肩，折腹斜内收，底已残。素面。口径 24、残高 8.6 厘米（图一二五，2）。

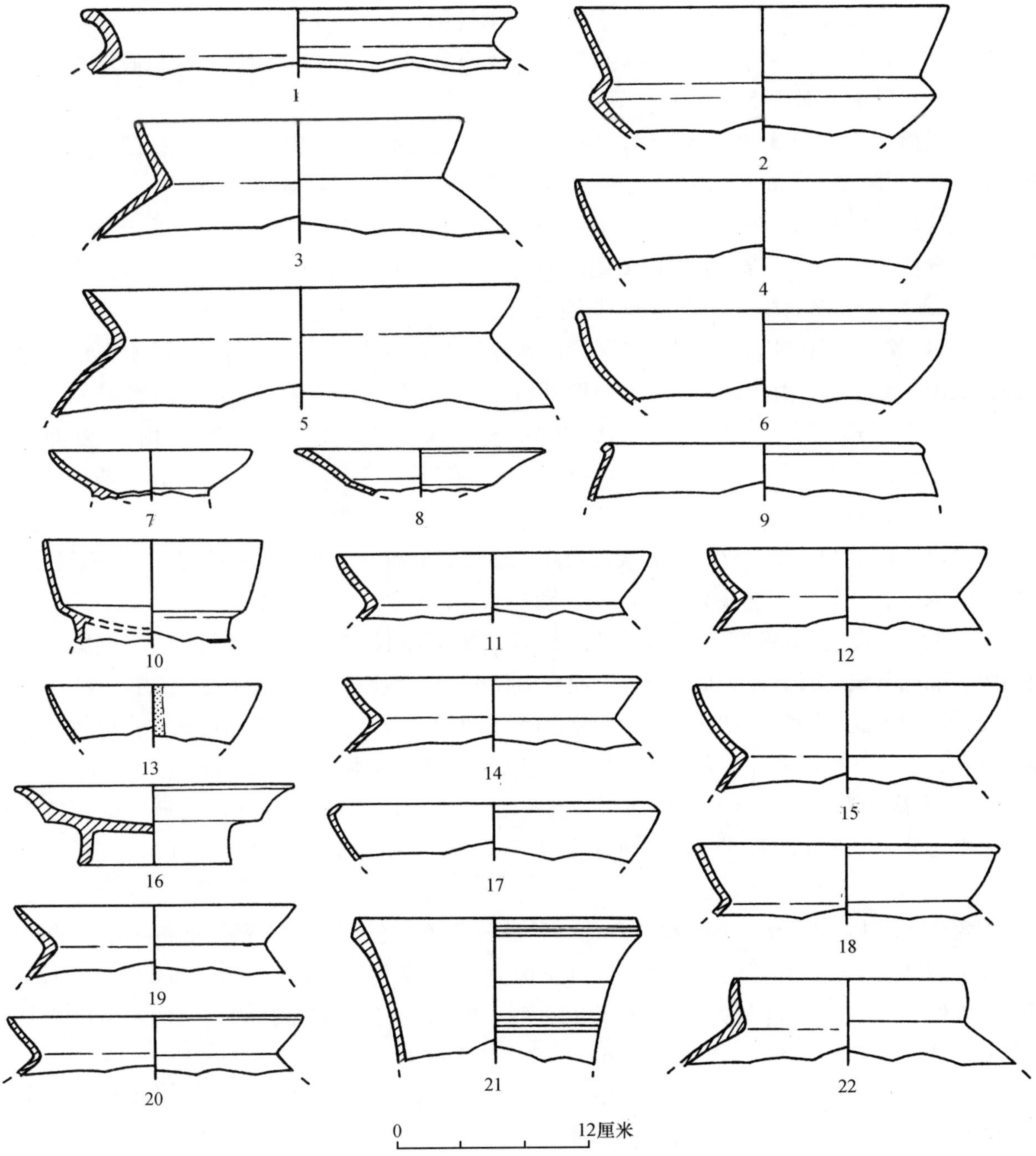

图一二五　H389 出土陶器

1. 弧折沿罐（H389③:21）　2. 折腹碗（H389②:6）　3、18. 斜颈罐（H389③:18、H389②:7）　4. 敞口钵（H389③:29）　5、19. 折沿罐（H389①:41、H389④:30）　6. 敞口盘（H389③:28）　7. 敞口豆盘（H389④:37）　8、16. 卷沿盘（H389④:32、H389②:1）　9. 敛口瓮（H389②:11）　10. 斜直腹碗（H389④:33）　11、12、14、15、20. 凹折沿罐（H389②:4、H389④:31、H389③:19、H389③:20、H389②:8）　13. 敞口碗（H389②:9）　17. 内折沿碗（H389④:35）　21. 壶口沿（H389③:22）　22. 曲颈瓮（H389②:5）

敞口碗　1件（H389②:9）。泥质陶外红内黑，外表浅红衣但有黑色条块。敞口，尖唇，深弧腹内收，底已残。素面。口径14、残高4厘米（图一二五，13）。

敞口钵　1件（H389③:29）。泥质红陶，内外施鲜红衣。敞口，尖唇，深弧腹下收，底已残。素面。口径24、残高5.9厘米（图一二五，4）。

内折沿碗　1件（H389④:35）。泥质黑陶。敛口，内折沿，尖圆唇，折腹弧内收，底已残。素面。口径20、残高3.8厘米（图一二五，17）。

斜直腹碗　1件（H389④:33）。泥质陶外红内黑。直口外斜，尖圆唇，深腹内斜近直，下腹内折成圜底，但已残，残底下有矮圈足，足壁近直稍内斜，足根又外斜，但已残。素面。口径14、残高6.8厘米（图一二五，10；图版四八，1）。

卷沿盘　2件。H389②:1，泥质红陶，内外施红衣多脱落。敞口，圆唇，浅腹上部外卷下部内折成圜平底，底下附较高矮圈足，足壁外斜近直，足根又微外斜。素面。口径18.2、足径10、通高5.2厘米（图一二五，16；图版四八，3）。H389④:32，泥质红陶，内外施鲜红衣。敞口，尖圆唇，浅弧腹上部外卷下部弧内折成圜底，但下腹已残。素面。口径16、残高2.9厘米（图一二五，8）。

敞口盘　1件（H389③:28）。夹炭红褐陶。敞口，圆唇，弧腹较深，底已残。口下三周凹弦合成一周凹槽。口径24、残高6.2厘米（图一二五，6）。

敞口豆盘　1件（H389④:37）。夹草末红陶，内外施红衣多已脱落。敞口，尖圆唇，浅弧腹内收，圜底已残，底下有残圈足痕。素面。口径14.4、残高3.2厘米（图一二五，7）。

内折沿器盖盘　2件。H389①:47，夹炭红陶，外施深红衣。上部盖纽已残仅存印痕，盖盘圜底近平，直沿下折近垂直，尖唇。素面。盖盘口径9.6、残高2厘米（图一二六，17）。H389③:26，泥质陶外黑内红，器内施鲜红衣多已脱落。盖纽如直口盘，下附实心圆柱形纽把，但纽把下部已残。纽盘口沿两周凹槽，纽盘腹部三周凸棱。纽径10、残高3.3厘米（图一二六，12）。

器盖纽　2件。H389①:39，泥质红陶，外施鲜红衣。仅存盖纽上部，如细颈壶口沿，直口，扁圆唇外凸，纽颈部已残。素面。纽内径6、残高1.7厘米（图一二六，5）。H389①:40，泥质陶外红内黑，盖纽施深红衣，盖盘底部黑色。器盖纽如直壁足根外弧内凹的圈足倒置。足纽直壁上饰三个方形大镂孔。足纽底径6.3、残高3.2厘米（图一二六，6）。

筒腹杯　2件。H389②:2，泥质黑陶。直口，尖圆唇，深筒腹中部微束，下部稍内斜成平底假圈足。下腹近底外有七八周凹弦纹。口径7.2、底径7.5、通高7.2厘米（图一二六，13；图版四八，2）。H389③:27，泥质黑陶。仅存下部直腹平底。素面，未见纹饰。底径12、残高2.1厘米（图一二六，1）。

矮圈足　6件。H389④:34，泥质陶外红内黑。矮壁外斜。素面。足径9、残高1.6厘米（图一二六，10）。H389③:23，泥质灰陶。矮壁外斜。素面。足径8、残高2.8厘米（图一二六，8）。H389②:10，泥质陶外红内黑。足壁外斜，矮壁与圜底近平齐。素面。足径10、残高2.6厘米（图一二六，9）。H389③:24，泥质陶外红内黑。足壁内斜，足根外弧。素面。

足径7.6、残高3.2厘米（图一二六，11）。H389③:25，泥质红陶。足壁较高外弧。饰两个并列为一组的小圆形镂孔。足径14、残高4.2厘米（图一二六，2）。H389②:3，夹炭红衣陶。足壁较高，上外鼓、中微凹，足根外撇。饰两个并列为一组的小圆形镂孔，约五组。足径15、残高5.2厘米（图一二六，3）。

小鼎足　2件。H389③:13，泥质磨光黑陶。罐形小鼎下部小足，扁锥形。素面。残高3.7厘米（图一二六，15）。H389③:14，泥质红陶。盘形鼎下部小足，圆锥形但足根平。外侧上部有三角形凹孔。残高2.6厘米（图一二六，14）。

器座　2件。H389③:15，夹炭红陶，厚胎。仅存上部，直口稍敛，方圆唇，粗筒腹稍外弧，腹下部已残。口下九周深凹槽，下又有不明形状镂孔痕。口径20、残高6厘米（图一二六，7）。H389①:38，泥质红陶，外施深红衣。矮筒状小器座，口小底大，斜弧壁，内空，上、下皆尖圆唇。腹壁饰两个并列为一组的半圆形镂孔。口径13、底径16、通高4.2厘米（图一二六，4；图版四八，4）。

支座　3件。H389③:16，夹砂红陶。下部已残，属内空素面倾斜型，平顶圆形，器身为前倾圆台体，颈部有鸡冠状凸饰，器身内空，外弧侧两边有椭圆形凹孔，使中间呈竖带状把手，但下已残。素面。顶径5.6~6、残高9.2厘米（图一二六，16）。H389①:42，夹砂红陶。顶部已残，器身圆台体，平底，属实心有纹直立型。器身扁饰由横、竖、斜划纹和戳点组成的各种图案。底径12.5~13.4、残高13厘米（图一二六，19）。H389①:43，夹砂红陶。底部已残，仅存上部，属实心有纹直立型，顶面上弧，饰四等分图案，束颈，器身圆体。由横、竖、斜划纹和戳点组成两层以上图案。顶径6.8、残高10.2厘米（图一二六，18）。

（41）H391

① 灰坑情况

位置：在T3034西北部。

层位关系：开口在第2层下，打破生土；被H370打破。

形制大小：圆形，斜弧壁，平底。口径70、底径50、深30厘米。

② 出土器物

出土标本：3件。均为陶器，有敞口碗、敛口碗、敞口盘。

敞口碗　1件（H391:2）。泥质黑陶。敞口近直，圆唇，深弧腹内收，圜底下附矮圈足，足壁外弧。足壁下部一周凹弦而呈双叠层。口径18.9、底径7.5、通高11.9厘米（图一二九，7；图版四九，1）。

敛口碗　1件（H391:3）。泥质黑陶。敛口，尖圆唇，深弧腹下部已残。素面。口径17.4、残高5.4厘米（图一二九，4）。

敞口盘　1件（H391:1）。夹炭红陶，外施红衣基本脱落。敞口，尖圆唇，浅弧腹，圜底下附矮圈足，足壁外斜。素面。口径15.2、足径8.4、通高3.4厘米（图一二九，21；图版四九，2）。

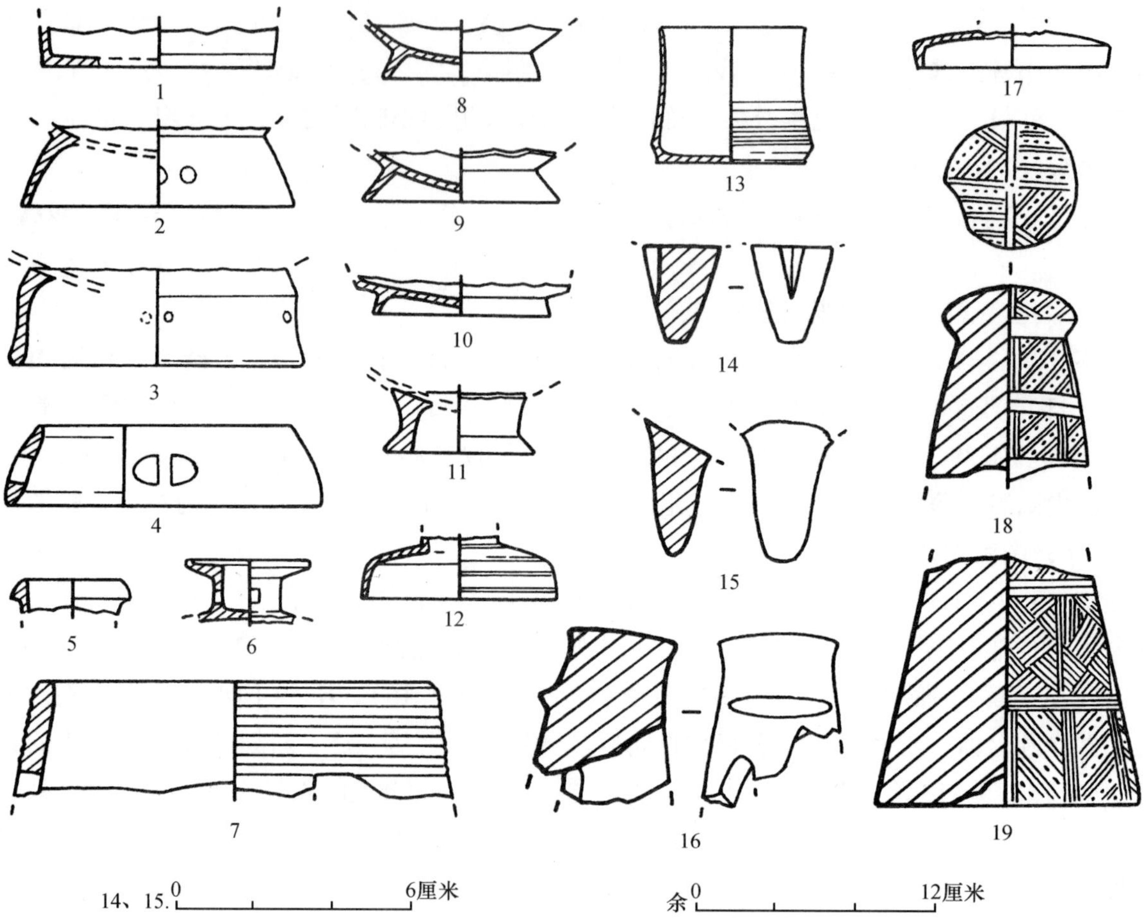

图一二六　H389 出土陶器

1、13. 筒腹杯（H389③:27、H389②:2）　2、3、8～11. 矮圈足（H389③:25、H389②:3、H389③:23、H389②:10、H389④:34、H389③:24）　4、7. 器座（H389①:38、H389③:15）　5、6. 器盖纽（H389①:39、H389①:40）　12、17. 内折沿器盖盘（H389③:26、H389①:47）　14、15. 小鼎足（H389③:14、H389③:13）　16、18、19. 支座（H389③:16、H389①:43、H389①:42）

（42）H392

① 灰坑情况

位置：在 T3234 中部。

层位关系：开口在第 2 层下，打破第 3 层、第 4 层、黄土台；被 H400 打破。

形制大小：圆形，斜弧壁，平底。口径 92、底径 84、深 38 厘米（图一二四，2）。

② 出土器物

出土标本：2 件。均为陶器，有凹折沿罐、斜颈小罐。

凹折沿罐　1 件（H392:1）。泥质红陶。凹折沿，尖唇，斜肩已残。素面。口径 20、残高 3.7 厘米（图一二九，18）。

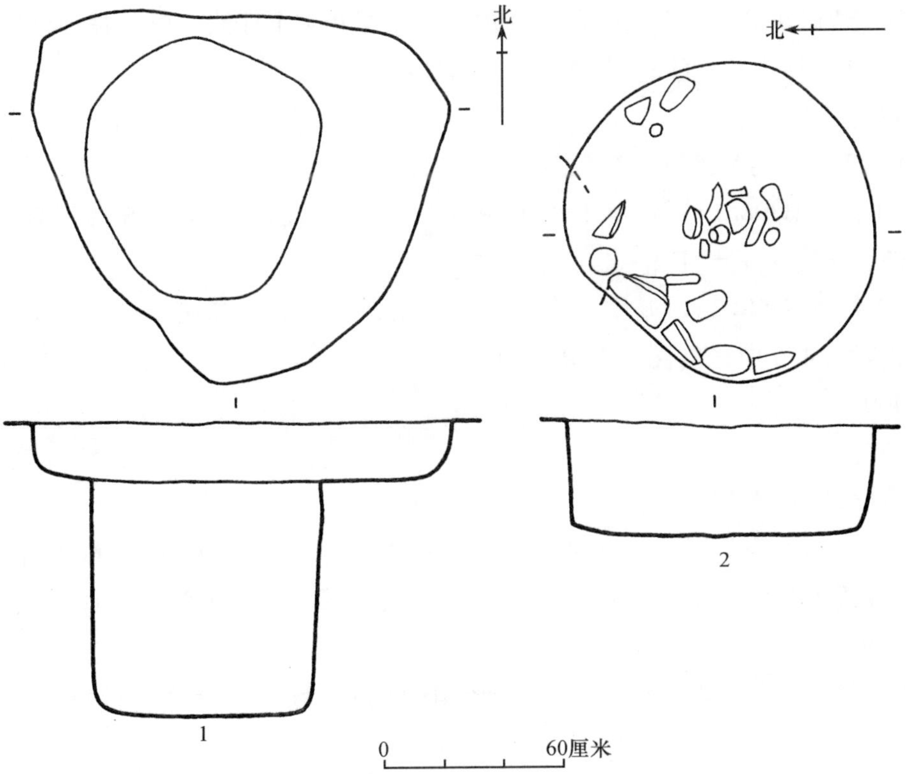

图一二七　H400、H405平、剖面图
1. H405　2. H400

斜颈小罐　1件（H392:2）。夹炭红陶，内沿、外表施深红衣。直口外斜，尖圆唇，直颈下内束，弧肩，腹已残。素面。口径9、残高5厘米（图一二九，12）。

（43）H396

① 灰坑情况

位置：在T3234东南角，局部。

层位关系：开口在第1层下，打破第2层、第3层。

形制大小：仅露出局部，圆弧形，弧壁，圜平底。口径大于60、底径大于56、深54厘米。

② 出土器物

出土标本：2件。均为陶器，有陶纺轮、敞口碗。

陶纺轮　1件（H396:2）。泥质红褐陶。扁薄两面平，斜边近直。素面。上面径5.9、下底径6.1、厚1.7厘米（图一二九，13）。

敞口碗　1件（H396:1）。泥质红褐陶。敞口，小方唇，口下一周凹槽，深弧腹内收，底已残。素面。口径18、残高4.6厘米（图一二九，6）。

（44）H398

① 灰坑情况

位置：在T3234西南部。

层位关系：开口在第2层下，打破第3层、第4层和4个柱洞；但已被现代坑打破。

形制大小：近圆形，近直壁，圜平底。口径146、深32厘米。

② 出土器物

出土标本：2件。均为陶器，有折沿罐、敛口碗。

折沿罐　1件（H398:1）。夹草末红褐陶。折沿，小方唇，斜肩，弧腹已残。肩饰细密竖绳纹。口径16、残高5厘米（图一二九，3）。

敛口碗　1件（H398:2）。泥质磨光黑陶。敛口，小方唇，弧腹上鼓下内收，底已残。素面。口径18、残高4.6厘米（图一二九，5）。

（45）H400

① 灰坑情况

位置：在T3234中南部。

层位关系：开口在第2层下，打破第2层下H392、第3层、第4层、黄土台。

形制大小：近圆形，直壁，平底。口径98～110、深38厘米（图一二七，2）。

② 出土器物

出土标本：9件。有石斧、石锄、小石球和陶凹折沿罐、折沿罐、斜颈彩陶瓮、矮圈足、片状小鼎足。

石器

石斧　1件（H400:5）。扁弧体近梯形。弧平顶和两弧面皆原面，又稍打制，两边打琢一直一斜，斜刃两面磨制，但不锋利。长10.2、宽6.5、厚2.6厘米（图一二八，5）。

石锄　2件。皆石片打制。H400:6，厚薄不一近椭圆形。平顶，两边外弧，圆弧刃，都仅打制，不锋利。长15.1、宽7.3、厚3.7厘米（图一二八，4）。H400:8，平薄近梯形。弧顶，两边修直外斜，弧刃，都仅打制，不锋利。长12.3、宽8、厚1.8厘米（图一二八，2）。

小石球　1件（H400:7）。天然砾石。近圆形。直径5.9～6.6厘米（图一二八，9）。

陶器

凹折沿罐　1件（H400:1）。泥质红陶。折沿微凹，尖圆唇，弧肩已残。素面。口径23、残高4.4厘米（图一二九，14）。

折沿罐　1件（H400:2）。泥质红陶。侈口，束颈，折沿，圆唇外凸，弧肩，腹已残。素面。口径16、残高4厘米（图一二九，2）。

斜颈彩陶瓮　1件（H400:9）。夹炭红陶，内沿、外表施深红衣，外表又绘黑彩纹。直口外斜，窄沿内斜，尖圆唇外凸，粗高颈下部内束，广弧肩，腹已残。颈上部一周带状黑彩纹，肩至腹绘多周双线带状纹，带状纹之间，又加绘多组竖划纹，每组三根竖划纹，都是中间粗，两侧细，上、下竖划纹交错不重叠。口径21.6、残高9厘米（图一二九，1）。

矮圈足　1件（H400:3）。泥质红陶，足外施鲜红衣。大圜底已残，下附矮圈足，足壁近直。素面。足径13、残高2.4厘米（图一二九，23）。

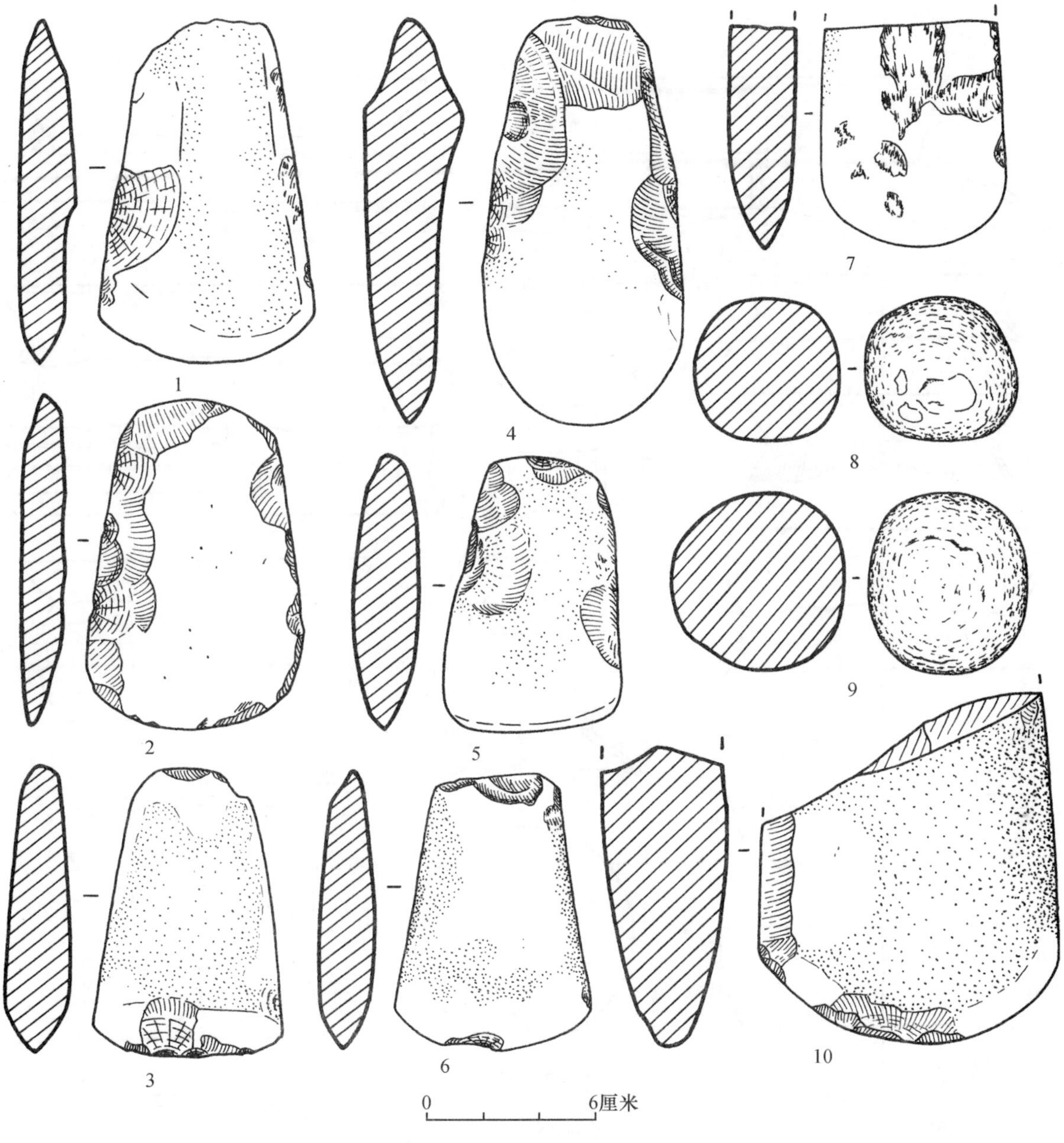

图一二八　H389、H400 出土石器

1、3、6. 扁薄近梯形石斧（H389③:17、H389①:44、H389②:12）　2、4. 石锄（H400:8、H400:6）　5. 石斧（H400:5）　7、10. 扁弧体近长方形石斧（H389①:46、H389①:45）　8、9. 小石球（H389④:36、H400:7）

片状小鼎足　1 件（H400:4）。夹炭红陶。仅存罐形鼎下部残足，足呈片状倒梯形，但一侧边已残。足饰三个圆形镂孔。残高 4.8 厘米（图一二九，11）。

（46）H404

① 灰坑情况

位置：在 T3334 西北角，局部。

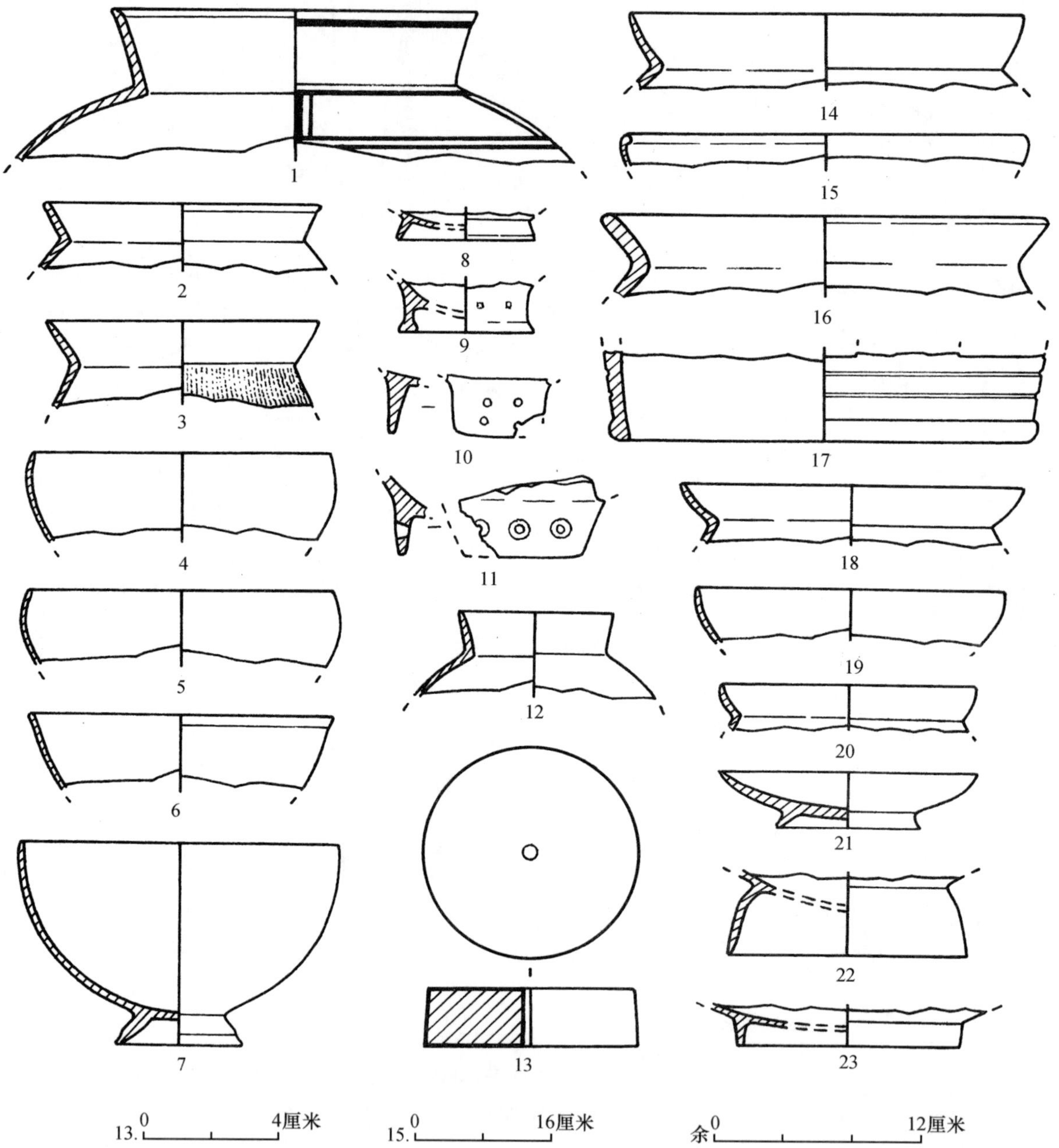

图一二九　H391、H392、H396、H398、H400、H404、H405 出土陶器

1. 斜颈彩陶瓮（H400:9）　2、3、16. 折沿罐（H400:2、H398:1、H405:1）　4、5. 敛口碗（H391:3、H398:2）　6、7、19. 敞口碗（H396:1、H391:2、H404:2）　8、9、22、23. 矮圈足（H405:5、H405:2、H405:7、H400:3）　10、11. 片状小鼎足（H405:4、H400:4）　12. 斜颈小罐（H392:2）　13. 陶纺轮（H396:2）　14、18、20. 凹折沿罐（H400:1、H392:1、H404:1）　15. 内卷沿大盆（H405:6）　17. 鼓形大器座（H405:3）　21. 敞口盘（H391:1）

层位关系：开口在第1层下，打破第3A层和第3A层下H607。

形制大小：似椭圆形一部分，弧壁，圜底。口部残长60、宽约130、深43厘米。

② 出土器物

出土标本：2件。均为陶器，有凹折沿罐、敞口碗。

凹折沿罐　1件（H404:1）。泥质红陶。侈口，束颈，折沿内凹，尖圆唇，肩已残。素面。口径15、残高2.8厘米（图一二九，20）。

敞口碗　1件（H404:2）。泥质黑陶。敞口近直，小方唇，浅弧腹下已残。素面。口径18、残高3.4厘米（图一二九，19）。

（47）H405

① 灰坑情况

位置：在T3134东南部。

层位关系：开口在第2层下，打破H406至生土。

形制大小：是一个有一级台阶的近圆形窖穴，分为上、下两部分：上部坑口呈不规则形，长140、宽130、一级台阶距坑口深20厘米；下部坑口为圆形，直壁，平底，长90、宽80、底距一级台阶深80厘米（图一二七，1）。

② 出土器物

出土标本：7件。均为陶器，有折沿罐、矮圈足、内卷沿大盆、片状小鼎足、鼓形大器座。

折沿罐　1件（H405:1）。泥质红陶。侈口，束颈，折沿，尖圆唇，斜肩已残。素面。口径26、残高4.8厘米（图一二九，16）。

矮圈足　3件。H405:2，泥质陶外红内黑。足壁内斜近直，足根内外斜凸。足壁饰一周等距戳印纹，戳纹为两个对顶角三角形。足径8、残高2.7厘米（图一二九，9）。H405:5，泥质磨光黑陶。圈足低矮，壁外斜。素面。足径8、残高1.6厘米（图一二九，8）。H405:7，泥质红陶，内外施深红衣。圈足相对较高，足壁上部外鼓下部外弧。素面。足径14、残高4.9厘米（图一二九，22）。

内卷沿大盆　1件（H405:6）。夹炭红陶，内外施深红衣。敛口，圆唇内卷，弧腹内收下已残。素面。口径46、残高3.6厘米（图一二九，15）。

片状小鼎足　1件（H405:4）。泥质红陶，外施红衣。盘形鼎下部小足，片状呈长方形。足面上部两圆形戳印纹，下部两个圆形镂孔。残高3.6厘米（图一二九，10）。

鼓形大器座　1件（H405:3）。夹炭红陶，胎较厚。上部已残，粗筒腹中部外鼓下部弧内收，足根呈方棱状外凸。腹至底遍饰一周周深凹弦纹。底径25、残高5.2厘米（图一二九，17）。

（48）H406

① 灰坑情况

位置：在T3134南壁下。

层位关系：开口在第2层下，打破第3层或第3A层至生土；被H405、H416打破。

形制大小：是一个有一级台阶的椭圆形窖穴，分为上、下两部分：上部坑口椭圆形，残长164、宽175、一级台阶距坑口深50厘米；下部坑口近圆形，直壁，平底，长122、宽110、底距一级台阶深70厘米（图一三〇，1）。

② 出土器物

出土标本：10件。均为陶器，有凹折沿罐、斜颈罐、折腹碗、斜腹碗、敛口钵、矮圈足、器盖纽、残支座。

凹折沿罐　2件。H406∶2，夹炭红陶，外施深红衣。近紫红色，宽折沿内凹，近圆唇，弧肩已残。素面。口径20、残高5.4厘米（图一三一，2）。H406∶9，夹炭红陶，外施深红衣近紫红色。宽折沿内凹，尖圆唇，肩已残。素面。口径20、残高4.6厘米（图一三一，3）。

斜颈罐　1件（H406∶8）。夹炭灰陶。直口外斜，尖圆唇，高直颈下束，广弧肩已残。素面。口径21、残高5.2厘米（图一三一，1）。

折腹碗　2件。H406∶5，泥质陶外红内黑。敞口，宽弧沿，小方唇，折肩已残。口外一周凹槽。口径19、残高4.2厘米（图一三一，5）。H406∶10，泥质陶外红内黑。敞口，宽折沿，尖圆唇，肩下折近直，折腹斜内收，下已残。素面。口径20、残高7厘米（图一三一，6）。

斜腹碗　1件（H406∶6）。泥质陶外红内黑。敞口，尖圆唇，深斜腹下部又内折，底已残。素面。口径16、残高3.8厘米（图一三一，18）。

敛口钵　1件（H406∶1）。泥质红陶，内外施浅红衣。敛口，尖圆唇，鼓肩，弧腹内收，底已残。素面。口径22、残高6厘米（图一三一，8）。

矮圈足　1件（H406∶3）。泥质陶外红内灰。残存矮圈足，壁外弧近直。素面。足径9、残高2.5厘米（图一三一，23）。

器盖纽　1件（H406∶7）。泥质红陶，外施深红衣。器盖纽仅存残圜底，器盖纽如倒置的盂形器，也如足壁内斜，足根又外斜的矮圈足倒置。盖盘近纽处有一周凹槽和一周凸棱纹。纽口径6.4、残高2.8厘米（图一三一，21）。

残支座　1件（H406∶4）。夹砂夹蚌红陶。仅存顶部，颈部和器身上部，属内空有纹倾斜型。顶径8.5、残高10.4厘米（图一三一，16）。

（49）H407

① 灰坑情况

位置：在T3133东北中部。

层位关系：开口在第3A层下。

形制大小：圆形，斜直壁，平底。口径124、底径84、深76厘米。

② 出土器物

出土标本：3件。均为陶器，有折沿罐、内折沿碗、碗圈足。

折沿罐　1件（H407∶1）。夹炭红褐陶。侈口，束颈，折沿，厚圆唇，肩已残。口沿上有两个后来钻穿小圆孔，未见其他纹饰。口径28、残高4.5厘米（图一三一，13）。

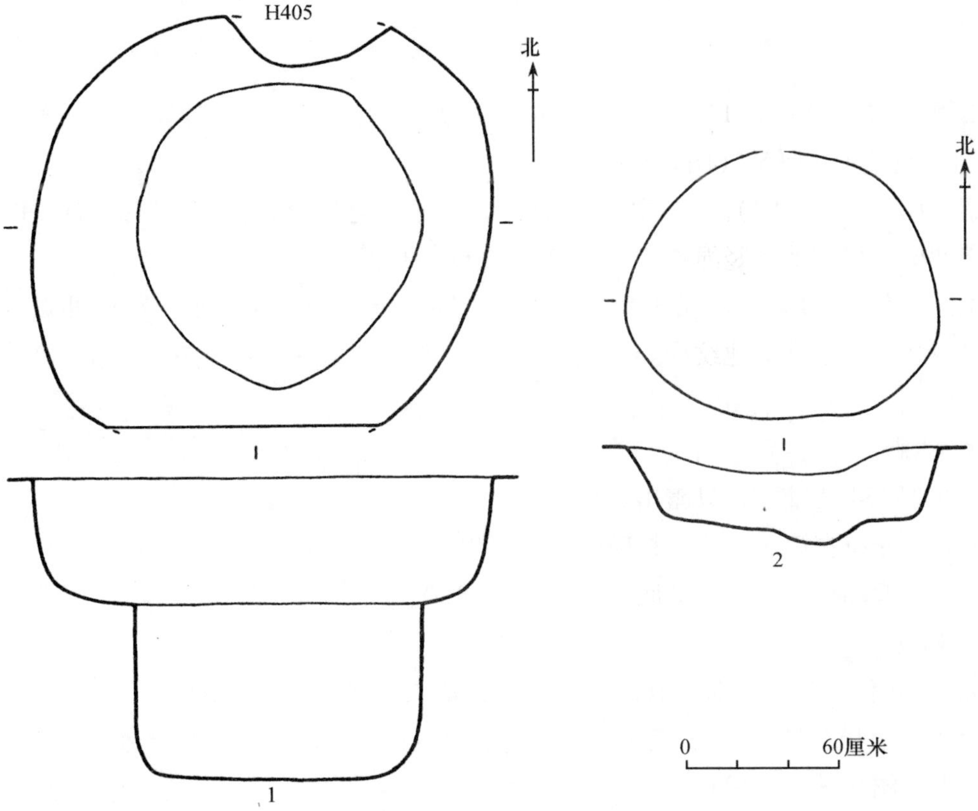

图一三〇　H406、H410平、剖面图
1. H406　2. H410

内折沿碗　1件（H407:2）。夹炭红陶，内外施浅红衣。敛口，斜沿内折近直，小方唇，折腹弧内收，下腹已残。素面。口径21、残高4.8厘米（图一三一，7）。

碗圈足　1件（H407:3）。泥质陶外红内灰黄。仅存碗下部弧腹，圜底，下附低矮外斜圈足。素面。底径9、残高3厘米（图一三一，25）。

（50）H410

① 灰坑情况

位置：在T3334东南部。

层位关系：开口在第3B层下，打破第3C层下H409；被G71打破。

形制大小：近圆形，斜壁，底不平。口径108～122、底径100、深28厘米（图一三〇，2）。

② 出土器物

出土标本：4件。有石斧和陶凹折沿罐、折沿罐、碗圈足。

石器

石斧　1件（H410:4）。扁平近梯形。平顶单面打制，两面皆近平光滑原面，两边稍磨制但都不平，弧刃近平，两面磨制，有使用片疤，仍较锋利。长10.5、宽6.9、厚2厘米（图一三六，7）。

陶器

凹折沿罐　1 件（H410∶1）。夹草末黄陶。宽折沿内凹，尖唇，斜肩已残。肩有模糊竖绳纹。口径 24、残高 4.6 厘米（图一三一，11）。

折沿罐　1 件（H410∶2）。夹砂红陶。侈口，束颈，宽折沿，圆唇，斜弧肩已残。外沿上、下各有一周凹槽，肩饰细密竖绳纹。口径 30、残高 7.1 厘米（图一三一，12）。

碗圈足　1 件（H410∶3）。泥质陶外红内黑。圜底下附较高矮圈足，足壁外弧。足中部一周凹槽而呈双叠层，未见其他纹饰。足径 9、残高 3 厘米（图一三一，20）。

（51）H412

① 灰坑情况

位置：在 T3234 北壁下，只露出大部分。

层位关系：开口在第 3 层下，打破第 4 层、生土。

形制大小：近圆形，斜壁，平底。口径 100 ~ 120、底径 55、深 85 厘米。

② 出土器物

出土标本：4 件。均为陶器，有凹折沿罐、斜颈罐、碗圈足、残支座。

凹折沿罐　1 件（H412∶1）。夹炭红陶。宽折沿内凹，圆唇，斜弧肩已残。素面。口径 24、残高 4.9 厘米（图一三一，10）。

斜颈罐　1 件（H412∶2）。夹炭红陶，外表施深红衣。侈口，束颈，凹折沿外斜，圆唇，弧肩已残。外口下一周凹弦纹。口径 15、残高 4.2 厘米（图一三一，17）。

碗圈足　1 件（H412∶3）。泥质黑陶。矮圈足足壁外斜。素面。足径 6.5、残高 2.2 厘米（图一三一，19）。

残支座　1 件（H412∶4）。夹炭红陶。下部已残。属内空有纹倾斜型。顶径 6.8 ~ 7、残高 15.8 厘米（图一三一，15）。

（52）H416

① 灰坑情况

位置：在 T3134 南壁下，局部。

层位关系：开口在第 2 层下，打破第 2 层下 H406。

形制大小：近长方形，坑壁较直，平底。边长口部 78、底部 60、深 30 厘米。

② 出土器物

出土标本：2 件。均为陶器，有折沿罐、矮圈足。

折沿罐　1 件（H416∶1）。夹炭红陶，内沿、外壁施深红衣。厚胎，但匀称。侈口，束颈，折沿，圆唇外卷，斜肩已残微弧凹。素面。口径 23、残高 2.8 厘米（图一三一，9）。

矮圈足　1 件（H416∶2）。泥质红陶，外壁红衣多脱落。足壁相对较高，外斜近直。素面。足径 12、残高 3.4 厘米（图一三一，27）。

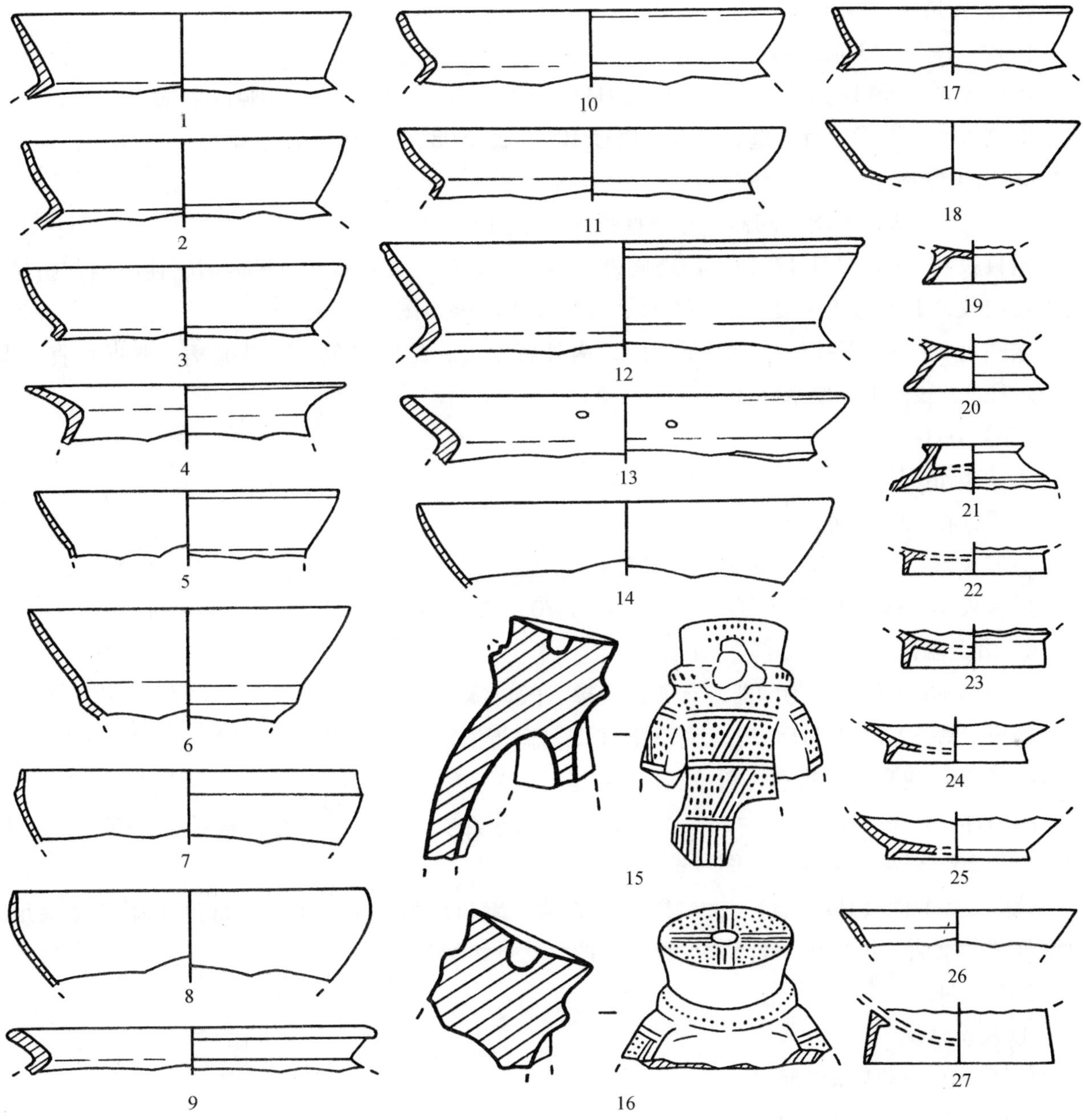

图一三一　H406、H407、H410、H412、H416、H417、H418出土陶器

1、17. 斜颈罐（H406∶8、H412∶2）　2、3、10、11. 凹折沿罐（H406∶2、H406∶9、H412∶1、H410∶1）　4. 弧折沿罐（H418∶2）　5、6. 折腹碗（H406∶5、H406∶10）　7. 内折沿碗（H407∶2）　8. 敛口钵（H406∶1）　9、12、13. 折沿罐（H416∶1、H410∶2、H407∶1）　14. 敞口钵（H418∶1）　15、16. 残支座（H412∶4、H406∶4）　18. 斜腹碗（H406∶6）　19、20、24、25. 碗圈足（H412∶3、H410∶3、H418∶3、H407∶3）　21. 器盖纽（H406∶7）　22、23、27. 矮圈足（H417∶2、H406∶3、H416∶2）　26. 斜直腹碗（H417∶1）

（53） H417

① 灰坑情况

位置：在 T3133 东北部。

层位关系：开口在第 3A 层下，打破 H431（无标本）；被第 2 层下 H414 打破。

形制大小：圆形，近直壁，平底。口径 106、底径 98、深 90 厘米。

② 出土器物

出土标本：2 件。均为陶器，有斜直腹碗、矮圈足。

斜直腹碗　1 件（H417∶1）。泥质陶外红内黑。敞口，尖圆唇，口沿内斜，使口内起折棱，斜直腹内收，下腹已残。素面。口径 15、残高 2.4 厘米（图一三一，26）。

矮圈足　1 件（H417∶2）。泥质红陶，内外皆浅红，足底黑色。圈足低矮，壁近垂直。素面。足径 9、残高 1.8 厘米（图一三一，22）。

（54） H418

① 灰坑情况

位置：在 T3042 西北部。

层位关系：开口在第 2 层下，打破生土。

形制大小：椭圆形，近直壁，平底。口径 70 ~ 128、深 50 厘米。

② 出土器物

出土标本：3 件。均为陶器，有弧折沿罐、敞口钵、碗圈足。

弧折沿罐　1 件（H418∶2）。夹草末红陶。宽折沿沿面微上弧，尖圆唇，溜肩下已残。素面。口径 20、残高 3.7 厘米（图一三一，4）。

敞口钵　1 件（H418∶1）。夹炭红陶，内外施深红衣。敞口，尖唇，斜弧腹下部已残。素面。口径 26、残高 5.4 厘米（图一三一，14）。

碗圈足　1 件（H418∶3）。夹炭陶外红内黑。碗口已残，下部弧腹，圜底下附低矮圈足，足壁外斜。素面。足径 9、残高 2.5 厘米（图一三一，24）。

（55） H428

① 灰坑情况

位置：在 T2831 东南部。

层位关系：开口在第 1C 层下，打破生土。

形制大小：圆形，斜弧壁，圜平底。口径 76、深 34 厘米（图一三二，2）。

② 出土器物

出土标本：5 件。均为陶器，有凹折沿罐、斜颈小罐、内折沿簋、敞口碗、子母口碗。

凹折沿罐　1 件（H428∶1）。夹炭红陶，内沿施鲜红衣。宽折沿微凹，尖唇，斜肩已残。外沿下部和肩上各饰竖绳纹。口径 26、残高 6 厘米（图一三四，14）。

斜颈小罐　1 件（H428∶3）。泥质红陶，内沿、外表施深红衣。直口外斜，尖唇，束颈，斜肩已残。素面。口径 11、残高 3.2 厘米（图一三四，20）。

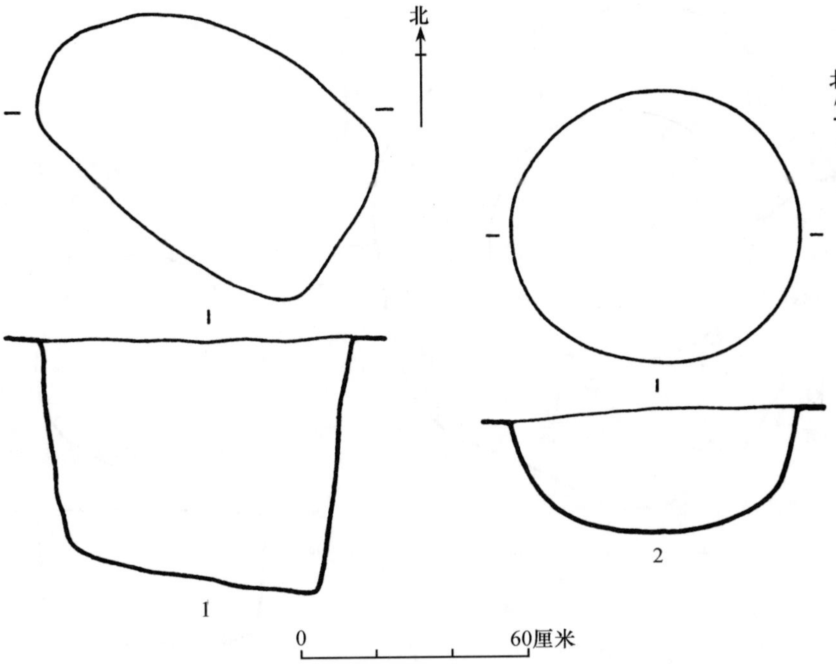

图一三二　H428、H432平、剖面图
1. H432　2. H428

内折沿簋　1件（H428:4）。泥质陶外红内黑。敛口，弧沿内折，尖圆唇，浅折腹斜内收，底已残。素面。口径18、残高3.7厘米（图一三四，7）。

敞口碗　1件（H428:2）。泥质黑陶。敞口，小方唇，浅弧腹内收，底已残。素面。口径19、残高5.4厘米（图一三四，6）。

子母口碗　1件（H428:5）。泥质黑陶。敛口，凹沿内折，小方唇直立，而又呈子母口，折腹弧内收，下腹已残。素面。口径17、残高3.3厘米（图一三四，18）。

（56）H430

① 灰坑情况

位置：在T3032南部。

层位关系：开口在第1B层下，打破第3层。

形制大小：椭圆形，斜弧壁，圜平底。口径90~120、深36厘米。

② 出土器物

出土标本：2件。均为陶器，有折沿罐、矮圈足。

折沿罐　1件（H430:1）。泥质红陶，内沿、外表施鲜红衣。侈口，束颈，折沿，尖唇，斜肩，腹已残。素面。口径21、残高5.2厘米（图一三四，1）。

矮圈足　1件（H430:2）。夹炭红陶，外施鲜红衣。矮圈足壁外弧。饰圆形小镂孔。足径14、残高2.4厘米（图一三四，29）。

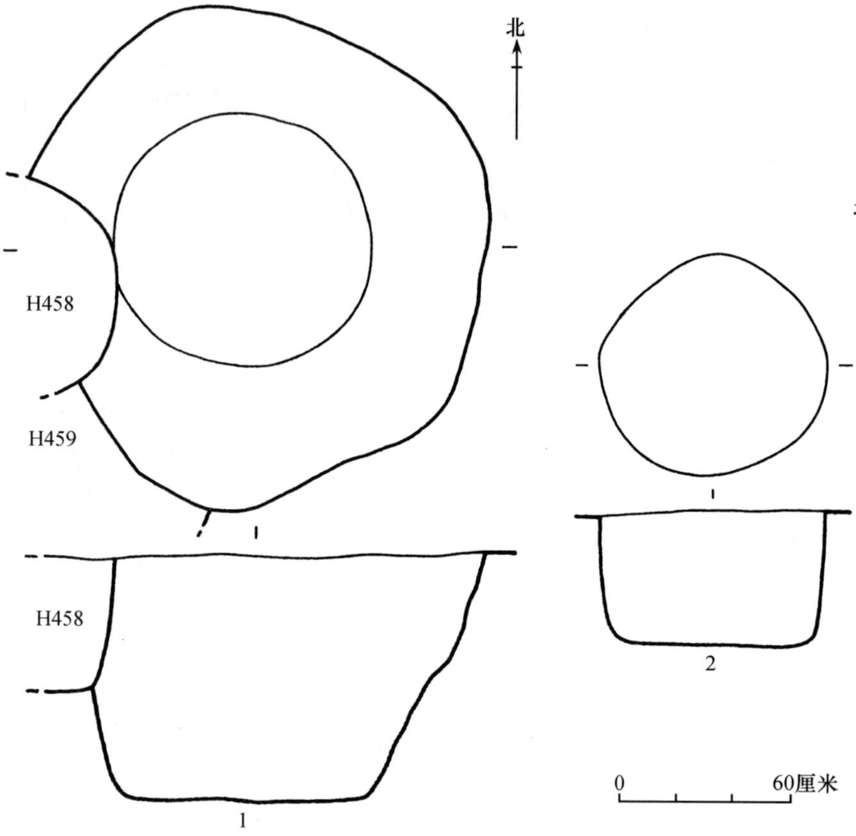

图一三三　H444、H458 平、剖面图
1. H444　2. H458

（57）H432

① 灰坑情况

位置：在 T2932 南部。

层位关系：开口在第 3B 层下，打破第 3C 层、第 4 层。

形制大小：近长方形，斜直壁，斜平底。口长 95、宽 60、底长 68、宽 40、深 58 ~ 68 厘米（图一三二，1）。

② 出土器物

出土标本：3 件。均为陶器，有斜颈罐、斜颈小罐。

斜颈罐　1 件（H432∶3）。夹草末红陶。侈口，束颈，折沿外斜，但口内无折棱，尖唇，斜弧肩已残。素面。口径 21、残高 4.6 厘米（图一三四，2）。

斜颈小罐　2 件。H432∶1，泥质红陶，外表施深红衣，内沿施浅红衣。直口外斜，尖唇，束颈，弧肩已残。素面。口径 14、残高 3.5 厘米（图一三四，27）。H432∶2，夹炭红陶，薄胎。直口外斜，尖唇，束颈，斜弧肩，深弧腹下已残。素面。口径 9、残高 3.8 厘米（图一三四，26）。

（58）H440

① 灰坑情况

位置：在T3434西南角，局部。

层位关系：开口在第1层下，打破第3A层、第3B层。

形制大小：不规则形一角，斜壁，平底。口长80以上、宽44以上、深35厘米。

② 出土器物

出土标本：5件。均为陶器，有凹折沿罐、折沿罐、折腹碗、子母口碗、矮圈足。

凹折沿罐　1件（H440∶1）。夹炭红陶，内沿施橘红衣。凹折沿，尖圆唇，弧肩已残。沿下有绳纹，肩部也可能饰有竖绳纹。口径26、残高4.4厘米（图一三四，13）。

折沿罐　1件（H440∶3）。泥质红陶，内沿、外表施深红衣，胎较薄。侈口，束颈，折沿，尖圆唇，斜肩已残。外沿上部一周凹弦纹。口径17、残高2.7厘米（图一三四，16）。

折腹碗　1件（H440∶2）。泥质陶外红内黑。敞口，小方唇，宽折沿，折肩外斜，折腹内斜已残。外沿上部两周凹槽，使口沿呈三叠层。口径19、残高4.5厘米（图一三四，9）。

子母口碗　1件（H440∶4）。泥质灰陶。敛口，窄沿内折，尖圆唇直立，又呈子母口，折腹内收近直，但下腹已残。素面。口径18、残高2.2厘米（图一三四，17）。

矮圈足　1件（H440∶5）。泥质红陶，外施浅红衣。矮圈足相对较高，足壁外弧。足壁下部两周凹弦纹，而呈三叠层，又饰两层小圆镂孔。足径12、残高3.1厘米（图一三四，21）。

（59）H443

① 灰坑情况

位置：在T3434西壁下，局部。

层位关系：开口在第1层下，打破第3A层、第3B层、生土。

形制大小：只露出圆弧形一部分，弧壁，圜平底。东西残径40、南北残径120、深50厘米。

② 出土器物

出土标本：9件。均为陶器，有凹折沿罐、折沿罐、直口瓮、折腹碗、子母口簋、假圈足小碟、矮圈足、残支座。

凹折沿罐　1件（H443∶5）。泥质灰陶。折沿深凹如下盘口，斜弧肩，腹外鼓已残。素面。口径16、残高3.7厘米（图一三四，15）。

折沿罐　2件。H443∶2，夹炭红陶，内沿施红衣。侈口，束颈，宽折沿，尖圆唇，肩已残。素面。口径24、残高4.9厘米（图一三四，10）。H443∶3，夹炭红陶，内沿、外表施浅红衣。侈口，束颈，折沿，尖圆唇，弧肩已残。素面。口径22、残高5.2厘米（图一三四，11）。

直口瓮　1件（H443∶4）。夹炭红陶，内沿、外表施橘红衣。直口比小口瓮稍大稍高，尖圆唇，直颈，广弧肩已残。素面。口径12、残高4.5厘米（图一三四，28）。

折腹碗　1件（H443∶6）。泥质红褐陶。敞口，宽折沿，尖圆唇，折肩外斜，折腹弧内收，下已残。外沿上部两周凹弦纹。口径18、残高7厘米（图一三四，8）。

子母口簋　1 件（H443:7）。泥质陶外红内黑。敛口，窄斜沿内折，尖圆唇直立而呈子母口，折腹弧内收较深，但下腹已残。素面。口径 17、残高 4.4 厘米（图一三四，19）。

假圈足小碟　1 件（H443:1）。泥质黑陶。敞口，尖圆唇，浅弧腹，圜底下为实心假圈足，足壁近直，平底。素面。口径 9、底径 7、通高 1.8 厘米（图一三四，25；图版四七，5）。

矮圈足　1 件（H443:8）。泥质红陶。矮圈足相对较高，足壁外斜。足上部一周、下部两周凹弦，又饰两种镂孔，一为长方形，二为两个圆形上下成一排。足径 10、残高 3.6 厘米（图一三四，24）。

残支座　1 件（H443:9）。夹砂红陶。残底部一部分，实心，有纹，但直立或倾斜已不明。残高 9.8 厘米（图一三四，30）。

（60）H444

① 灰坑情况

位置：在 T3233 东南部。

层位关系：开口在第 3A 层下，南部打破第 3B 层下 H459；西被第 3A 层下 H458 打破。

形制大小：近圆形，斜壁，平底。口径 170 ~ 180、底径 90、深 88 厘米（图一三三，1）。

② 出土器物

出土标本：8 件。有石斧坯和陶折沿彩陶罐、斜颈罐、矮圈足。

石器

石斧坯　2 件。H444:7，扁弧近梯形，通体皆为砾石原面，没有进一步加工痕迹，弧刃近平，尚不锋利。长 11.8、宽 6.4、厚 2.6 厘米（图一三六，6）。H444:8，扁弧近梯形，由石片单面打制而成，弧刃，尚不锋利。长 15.3、宽 9.4、厚 3.4 厘米（图一三六，1）。

陶器

折沿彩陶罐　2 件。H444:1，夹炭灰红陶，内沿施浅红衣。侈口，束颈，宽折沿，沿面从断面看为双层，原为黑陶，再加一层浅红陶，尖圆唇，弧肩已残。外沿上、下各以浅红衣绘一周带状纹。口径 20、残高 5.4 厘米（图一三四，3）。H444:2，夹草末红陶近黄，内沿施浅红衣。侈口，束颈，宽折沿，尖圆唇，弧肩已残。外沿上、下各用浅红衣绘一周带状纹。口径 20、残高 5 厘米（图一三四，4）。

斜颈罐　2 件。H444:3，夹草末红陶近黄色，内沿施浅红衣。侈口，束颈，折沿近直，尖唇，斜肩已残。肩有细密竖绳纹。口径 19、残高 5.2 厘米（图一三四，5）。H444:4，夹炭红陶。侈口，束颈，宽折沿外斜近直，方圆唇外有凸棱，弧肩已残。素面。口径 22、残高 5.1 厘米（图一三四，12）。

矮圈足　2 件。H444:5，夹炭陶外红内黑。仅存碗下部弧腹，圜底下附矮圈足，足壁近直稍外斜。素面。足径 11、残高 3.4 厘米（图一三四，23）。H444:6，夹炭陶外红内黑。仅存碗下部弧腹，圜底下附低矮圈足，足壁外斜近直。素面。足径 8、残高 2.6 厘米（图一三四，22）。

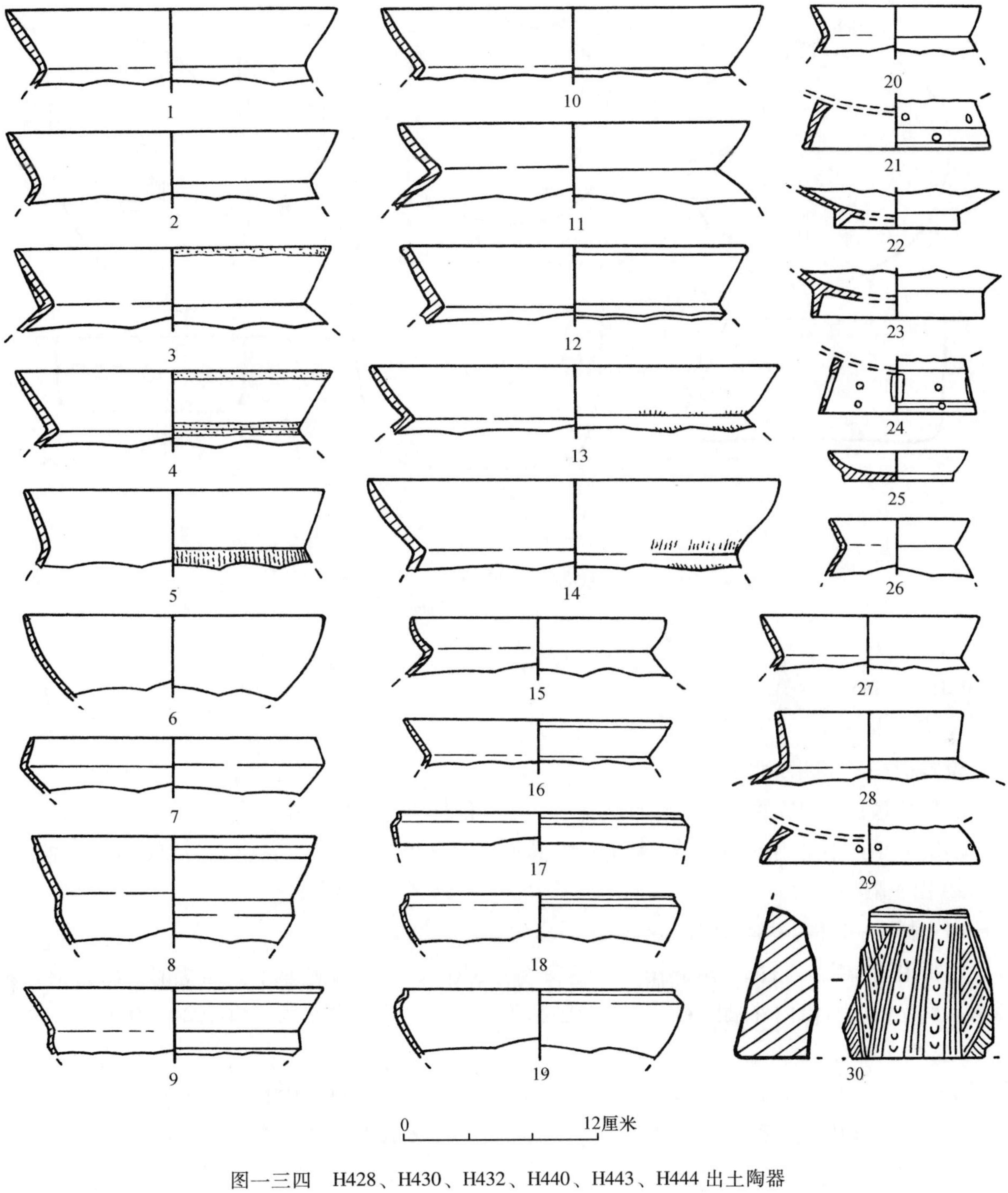

图一三四　H428、H430、H432、H440、H443、H444 出土陶器

1、10、11、16. 折沿罐（H430∶1、H443∶2、H443∶3、H440∶3）　2、5、12. 斜颈罐（H432∶3、H444∶3、H444∶4）　3、4. 折沿彩陶罐（H444∶1、H444∶2）　6. 敞口碗（H428∶2）　7. 内折沿簋（H428∶4）　8、9. 折腹碗（H443∶6、H440∶2）　13～15. 凹折沿罐（H440∶1、H428∶1、H443∶5）　17、18. 子母口碗（H440∶4、H428∶5）　19. 子母口簋（H443∶7）　20、26、27. 斜颈小罐（H428∶3、H432∶2、H432∶1）　21～24、29. 矮圈足（H440∶5、H444∶6、H444∶5、H443∶8、H430∶2）　25. 假圈足小碟（H443∶1）　28. 直口瓮（H443∶4）　30. 残支座（H443∶9）

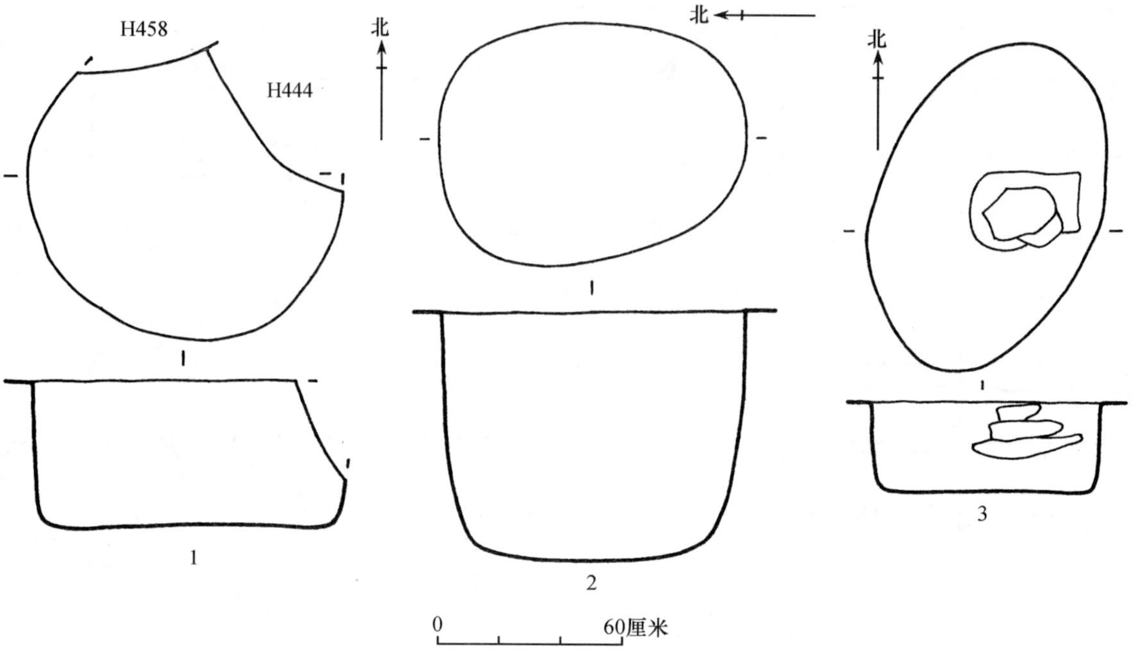

图一三五　H459、H470、H473 平、剖面图

1. H459　2. H470　3. H473

（61）H448

① 灰坑情况

位置：在 T3434 西北部。

层位关系：开口在第 1 层下，打破第 3A 层、第 3B 层、生土。

形制大小：不规则近椭圆形，斜弧壁，圜平底。口径 90～130、底径 65～85、深 60 厘米。

② 出土器物

出土标本：2 件。均为陶器，有凹折沿彩陶罐、子母口簋。

凹折沿彩陶罐　1 件（H448:1）。夹炭红陶，内沿、外表施鲜红衣，绘黑彩。凹折沿，尖圆唇，肩已残。口沿内外绘黑彩，大部分已脱落，图案主要为带状纹。口径 24、残高 3.8 厘米（图一三八，15）。

子母口簋　1 件（H448:2）。泥质陶外红内黑。敛口，窄斜沿内折，尖圆唇直立而又呈子母口，深折腹弧内收，底已残。素面。口径 18、残高 3.6 厘米（图一三八，4）。

（62）H454

① 灰坑情况

位置：在 T3332 东部。

层位关系：开口在第 2 层下。

形制大小：近圆形，圜底。口径 88～90、深 60 厘米。

② 出土器物

出土标本：3 件。有石锄和陶折沿罐、矮圈足。

石器

石锄　1 件（H454:3）。扁薄近梯形，顶部单面打制略残，一面为光滑原平面，另一面破裂面稍磨制仍不平，两边打制修直皆外斜，弧刃两面磨制，有使用缺口，已不锋利。长 11.8、宽 7.2、厚 1.9 厘米（图一三六，10）。

陶器

折沿罐　1 件（H454:1）。夹炭红陶。侈口，束颈，折沿，尖圆唇，斜肩微凹，鼓腹大部已残。外沿下部和肩、腹上有已抹竖绳纹痕。口径 23、残高 8.5 厘米（图一三八，13）。

矮圈足　1 件（H454:2）。夹炭红褐陶。仅存圜底下附矮圈足，足壁外斜。素面。足径 10、残高 2.2 厘米（图一三八，23）。

（63）H458

① 灰坑情况

位置：在 T3233 南部。

层位关系：开口在第 3A 层下，打破第 3A 层下 H444、第 3B 层下 H459。

形制大小：圆形，斜直壁，平底。口径 80、底径 66、深 50 厘米（图一三三，2）。

② 出土器物

出土标本：5 件。均为陶器，有凹折沿罐、假圈足、鼓形大器座。

凹折沿罐　3 件。H458:1，夹炭黑陶，局部泛红。凹折沿，尖圆唇，弧肩已残。素面。口径 19、残高 4.5 厘米（图一三八，2）。H458:2，夹炭红陶，外施深红衣近紫红色，胎较薄。凹折沿，尖圆唇，弧肩已残。素面。口径 19、残高 5 厘米（图一三八，1）。H458:3，夹炭红褐陶。宽折沿下部内凹上部外卷，尖唇，弧肩已残。外沿下部和肩上分饰细密竖绳纹。口径 28、残高 5.4 厘米（图一三八，12）。

假圈足　1 件（H458:5）。泥质红陶，外施浅红衣。上部已残，窄沿外斜，折腹弧内收，平底外斜又呈实心低矮假圈足，假圈足平底。素面。底径 6.4、残高 2.3 厘米（图一三八，22）。

鼓形大器座　1 件（H458:4）。夹炭红陶。直口内斜，窄小平沿，小圆唇直立，深筒腹微外鼓，但下已残。外口下四周深凹弦纹，下又饰三角形和小圆形两种戳印纹以及菱形镂孔。口径 21、残高 6.6 厘米（图一三八，17）。

（64）H459

① 灰坑情况

位置：在 T3233 东南部。

层位关系：开口在第 3B 层下，打破第 4 层、生土；北被第 3A 层下 H444 打破，西又被第 3A 层下 H458 打破（另外 H458 又打破 H444）。

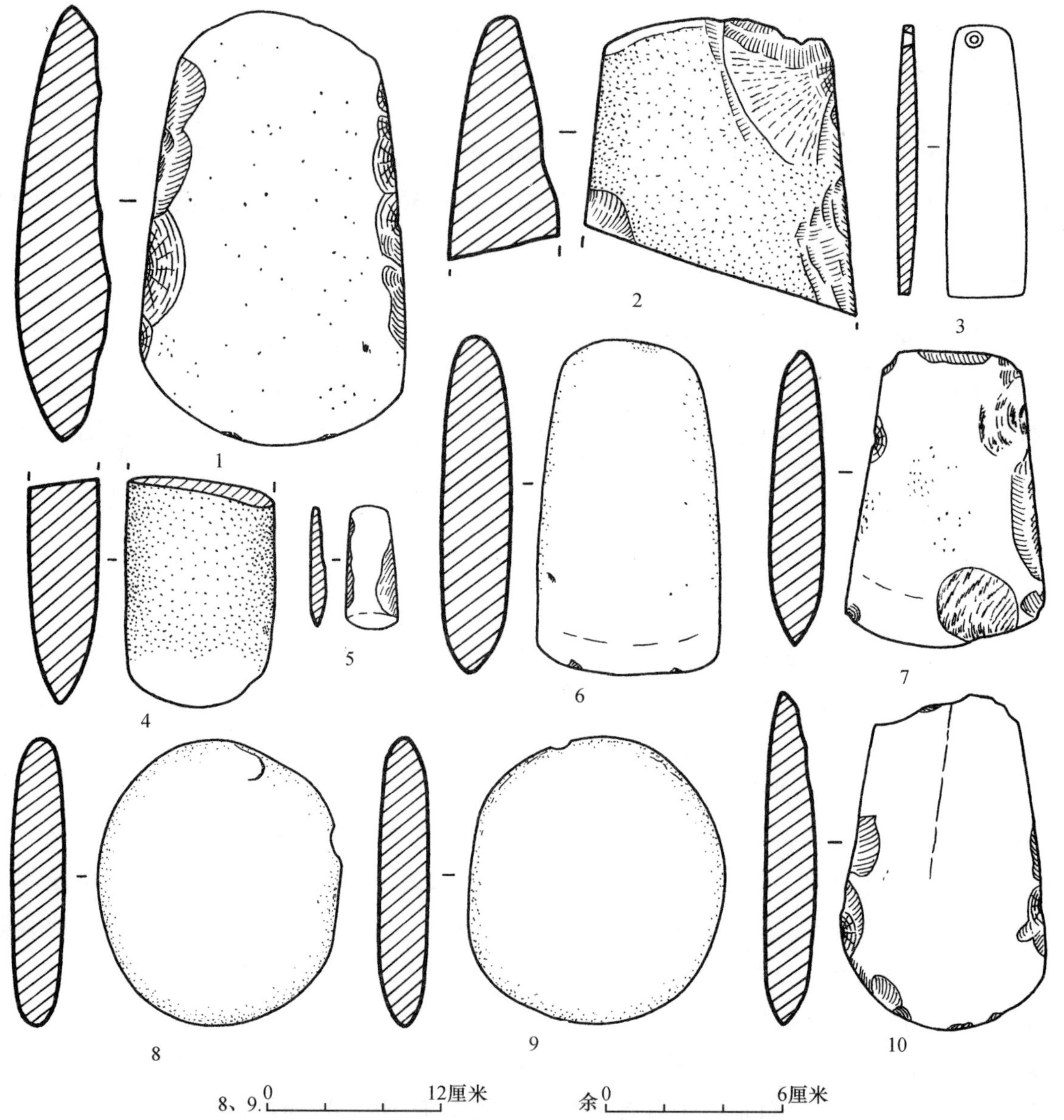

图一三六　H410、H444、H454、H470、H473、H474 出土石、玉器

1、6. 石斧坯（H444:8、H444:7）　2. 残石斧（H470:4）　3. 玉佩（H473:1）　4、7. 石斧（H474:2、H410:4）　5. 小石斧（H470:3）　8、9. 石饼（H470:5、H470:6）　10. 石锄（H454:3）

形制大小：圆形，近直壁，平底。口径 100、底径 86、深 48 厘米（图一三五，1）。

② 出土器物

出土标本：4 件。均为陶器，有弧折沿罐、矮圈足。

弧折沿罐　2 件。H459:2，粗泥红陶。侈口，束颈，折沿口内无折棱，沿面微上弧，尖圆唇，弧肩，腹外鼓已残。素面。口径 27、残高 5.9 厘米（图一三八，11）。H459:4，泥质红陶。侈口，束颈，折沿，沿面微上弧，弧肩，腹外鼓已残。肩饰竖绳纹。口径 23、残高 4.2 厘米

(图一三八，14)。

矮圈足 2件。H459:1，泥质红陶。上部已残，下部残存弧腹，圜底下附较高矮圈足，足壁外弧下壁近直。足壁中部三周压印附加堆纹，上部一周六个竖长方形小戳纹，下部又有四组每组两个横长方形并列的小戳纹，在第二、三周附加堆纹之间，又夹六个横长方形小戳纹。底径11.6、残高5厘米（图一三八，26）。H459:3，泥质红陶，外施深红衣。残存弧腹，圜底下附矮圈足，足壁内弧近直。素面。足径12、残高3.2厘米（图一三八，27）。

（65）H463

① 灰坑情况

位置：在T3332南壁下。

层位关系：开口在第3层下，打破H462、H469。

形制大小：为近圆形一半。口径约90厘米。

② 出土器物

出土标本：2件。均为陶器，有斜颈罐、侈口碗。

斜颈罐 1件（H463:1）。夹炭红褐陶。侈口，束颈，折沿外斜近直，尖圆唇，弧肩，腹已残。素面。口径15、残高5.2厘米（图一三八，3）。

侈口碗 1件（H463:2）。泥质陶外红内黑。侈口，束颈，窄沿外卷，尖唇，弧腹内收，底已残。素面。口径20、残高4.2厘米（图一三八，8）。

（66）H470

① 灰坑情况

位置：在T3132东北部。

层位关系：开口在第2层下，打破H487；被第2层下H467打破。

形制大小：椭圆形，近直壁，平底。口径80～100、底径60～80、深82厘米（图一三五，2）。

② 出土器物

出土标本：6件。有残石斧、小石斧、石饼和陶直口小罐、矮圈足。

石器

残石斧 1件（H470:4）。刃部已残，较厚近梯形，弧顶，两弧平面皆原面，两边修直琢平。残长10.4、残宽9.4、厚3.9厘米（图一三六，2）。

小石斧 1件（H470:3）。小而薄近梯形，弧顶经磨制，一面为原面，另一面破裂面，都有打制痕，两边打制修直，弧刃两面磨制，较锋利。长4.4、宽1.9、厚0.6厘米（图一三六，5）。

石饼 2件。皆天然扁平砾石，仅局部有小片疤。H470:5，扁平椭圆形。面径17.1～20.5、厚3.8厘米（图一三六，8）。H470:6，扁平椭圆形。面径18～20.4、厚3.6厘米（图一三六，9）。

陶器

直口小罐　1件（H470：1）。泥质红陶，内沿、外表施浅红衣。直口，矮颈，尖圆唇，弧肩，深弧腹已残。肩、腹之间饰三周凹弦纹，弦纹之间不等距而显潦草。口径15、残高4.4厘米（图一三八，7）。

矮圈足　1件（H470：2）。夹炭灰褐陶。上部已残，圜底下附较高矮圈足，足壁上部外鼓，下部外斜近直。素面。足径11、残高3.6厘米（图一三八，24）。

（67）H473

① 灰坑情况

位置：在T3333西南部。

层位关系：开口在第3B层下，打破H483、H498、H499、第4A层。

形制大小：椭圆形，直壁，平底。口径74～106、底径74～106、深30厘米（图一三五，3）。

② 出土器物

出土标本：3件。有玉佩、黑顶钵、矮圈足。

陶器

黑顶钵　1件（H473：2）。泥质红陶，口下绘一周黑色带状纹。敞口近直，尖圆唇，深弧腹，底已残。除黑彩带状纹外，没有其他纹饰。口径25、残高8厘米（图一三八，18；彩版七，4）。

矮圈足　1件（H473：3）。泥质红陶，内外施红衣。圜底以上已残，下附矮圈足，足壁外斜。足饰两周凹弦纹，使圈足呈三叠层，在上面这周凹弦纹上，又饰小圆形镂孔。足径13、残高2.4厘米（图一三八，25）。

其他

玉佩　1件（H473：1）。翠绿色局部泛白，平薄梯形近长方形，顶部比下部稍窄微弧，余五面皆磨平，近顶一侧有单面钻小圆穿孔。长4.8、顶宽1.1、下部宽1.4、厚0.4厘米（图一三六，3；彩版七，2）。

（68）H474

① 灰坑情况

位置：在T3233东北角。

层位关系：开口在第3A层下，打破生土。

形制大小：椭圆形，直壁，平底。口径66～90、底径56～80、深60厘米。

② 出土器物

出土标本：2件。有石斧和陶敛口碗。

石器

石斧　1件（H474：2）。顶部已残，扁弧长条形近长方形，两面、两边也皆扁弧原面，弧刃两面磨制，有使用片疤，已不甚锋利。残长8.1、宽5.3、厚2.6厘米（图一三六，4）。

陶器

敛口碗　1件（H474:1）。泥质红陶。敛口，尖唇，弧腹内收，下腹已残。素面。口径17、残高3.7厘米（图一三八，5）。

（69）H476

① 灰坑情况

位置：在T2931西壁下，局部。

层位关系：开口在第1层下，打破第3A层下H368、第3C、第4层。

形制大小：为不规则近椭圆形，弧壁，平底。口径约90～125、底径约60～95、深35厘米。

② 出土器物

出土标本：2件。均为陶器，有小口瓮、碗圈足。

小口瓮　1件（H476:1）。泥质红陶，内沿和器表施深红衣。小直口，尖圆唇，直颈，广弧肩已残。素面。口径9、残高3.6厘米（图一三八，20）。

碗圈足　1件（H476:2）。泥质陶外红内黑。仅存圜底下矮圈足，足壁外撇。素面。足径8、残高2.2厘米（图一三八，21）。

（70）H490

① 灰坑情况

位置：在T3132东北至T3232西北部。

层位关系：开口在第3B层下，打破第4层、生土。

形制大小：坑口平面呈椭圆形，有一级台阶的近圆形窖穴。分为上、下两部分，上部坑口为椭圆形。长152、宽140、一级台阶距坑口深30～40厘米；下部坑口近圆形，斜壁，弧平底。长108、宽100、底距一级台阶深86厘米（图一三七，1）。

② 出土器物

出土标本：8件。有石斧坯和陶凹折沿罐、壶口沿、敞口钵、卷沿碗、器耳。

石器

石斧坯　2件。H490:8，厚石片打制。近梯形，但顶部一角已残，原面和破裂面都微弧近平，两边修直皆外斜，一边近平，弧刃未作进一步加工，尚不锋利。长16.8、宽11.2、厚5.4厘米（图一四〇，4）。H490:5，扁平长条砾石打制。鞋底形，两面、两边皆原面，弧顶和弧刃稍打制，但还不锋利。长25、宽9.8、厚5.1厘米（图一四〇，1）。

陶器

凹折沿罐　2件。H490:6，夹炭红陶，外表施紫红衣。宽折沿内凹，圆唇，弧肩，腹外鼓已残。口外一周凹弦纹。口径23、残高6.2厘米（图一三八，16）。H490:1，夹炭红陶，外施深红衣。宽折沿内凹，尖圆唇，肩已残。素面。口径21、残高6厘米（图一三八，10）。

壶口沿　1件（H490:3）。泥质黑陶。直口外卷，窄沿外斜，尖唇外凸，高弧颈，下部已残。素面。口径15、残高3.1厘米（图一三八，6）。

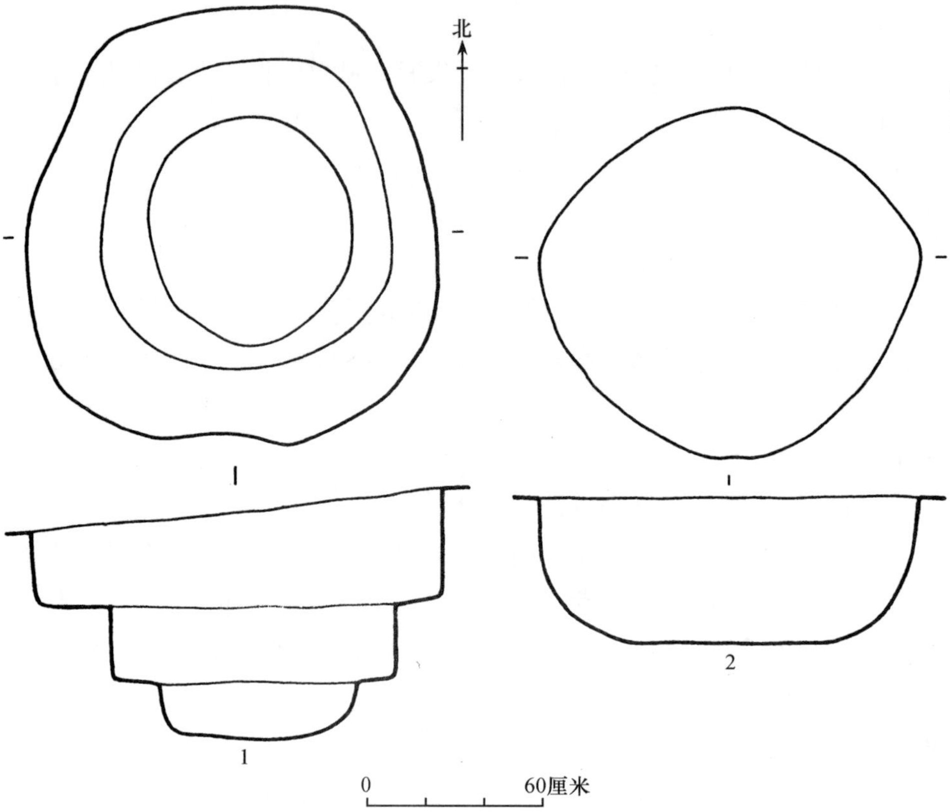

图一三七　H490、H492平、剖面图
1. H490　2. H492

敞口钵　1件（H490:2）。泥质灰褐陶。敞口，小方唇，深弧腹下已残。素面。口径21、残高5.1厘米（图一三八，9）。

卷沿碗　1件（H490:7）。泥质灰陶。敞口，小方唇，凹弧腹外卷，腹下部弧折内收，底已残。素面。口径12、残高4.8厘米（图一三八，19）。

器耳　1件（H490:4）。夹炭红褐陶，外表施深红衣半环形。耳面带状，但中部比两端稍宽。素面。残高5.3、宽3.3厘米（图一三八，28）。

（71）H492

① 灰坑情况

位置：在T3534东南部。

层位关系：开口在第3A层下，打破第3B层、H506（被H514打破，但图无表示）。

形制大小：近圆形（或正方形圆角），上壁近直，下为圜平底。口径120～128、深50厘米（图一三七，2）。

② 出土器物

出土标本：4件。均为陶器，有折沿彩陶罐、折沿罐、束颈罐、矮圈足。

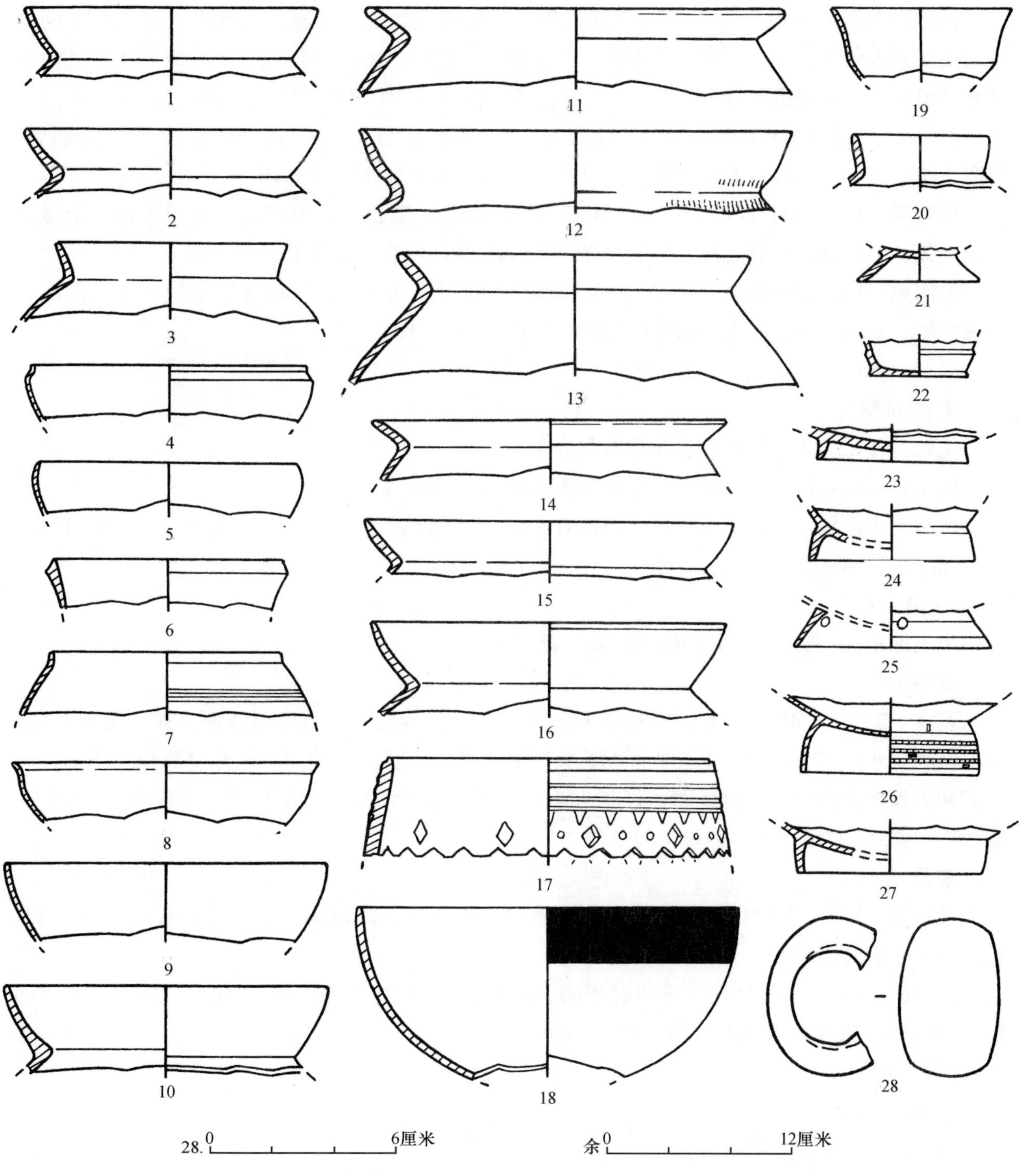

图一三八　H448、H454、H458、H459、H463、H470、H473、H474、H476、H490出土陶器

1、2、10、12、16. 凹折沿罐（H458∶2、H458∶1、H490∶1、H458∶3、H490∶6）　3. 斜颈罐（H463∶1）　4. 子母口簋（H448∶2）　5. 敛口碗（H474∶1）　6. 壶口沿（H490∶3）　7. 直口小罐（H470∶1）　8. 侈口碗（H463∶2）　9. 敞口钵（H490∶2）　11、14. 弧折沿罐（H459∶2、H459∶4）　13. 折沿罐（H454∶1）　15. 凹折沿彩陶罐（H448∶1）　17. 鼓形大器座（H458∶4）　18. 黑顶钵（H473∶2）　19. 卷沿碗（H490∶7）　20. 小口瓮（H476∶1）　21. 碗圈足（H476∶2）　22. 假圈足（H458∶5）　23～27. 矮圈足（H454∶2、H470∶2、H473∶3、H459∶1、H459∶3）　28. 器耳（H490∶4）

折沿彩陶罐　1件（H492:2）。夹炭红陶，内沿施浅红衣绘黑彩绘，外沿下部与肩之间绘一周浅红衣带状纹。侈口，束颈，折沿，尖圆唇，肩已残。内沿面绘三周带状黑彩纹，外沿下部有竖绳纹痕，残肩也似有竖绳纹。口径22、残高3.2厘米（图一四一，10）。

折沿罐　1件（H492:3）。夹炭黑陶，内沿施黑衣并磨光。侈口，束颈，折沿，尖圆唇，斜肩，腹已残。下沿和肩上有竖绳纹。口径21、残高6.4厘米（图一四一，9）。

束颈罐　1件（H492:1）。夹炭红陶。侈口，束颈，宽折沿，但口内无折棱，宽沿上微凹下稍上弧，尖圆唇，斜肩已残。肩饰竖绳纹。口径24、残高5.2厘米（图一四一，2）。

矮圈足　1件（H492:4）。泥质黑陶，薄胎。仅存圜底下附极矮圈足，足壁外斜与圜底平齐或更矮。素面。足径8.7、残高1.2厘米（图一四一，8）。

（72）H504

① 灰坑情况

位置：在T3133关键柱内并向东向北分布。

层位关系：开口在第2层下，打破第3B层、第4层、黄土台。

形制大小：是一个东、西、北三面都有一级台阶的椭圆形坑，直壁，近平底。口径124～138、深102厘米（图一三九，1）。

② 出土器物

出土标本：4件。有石斧和陶敛口盘、敞口盆。

石器

石斧　2件。H504:2，体较厚近梯形，顶部已残，两面、两边皆原弧面，弧刃两面打制，尚不锋利。残长10.8、宽8.5、厚3.8厘米（图一四〇，2）。H504:3，厚体呈弧边三角形，两弧面和尖弧顶皆原面，两斜弧边稍打制，弧刃一面为原面，另一面稍打制，不锋利。长15.9、宽9.6、厚5.6厘米（图一四〇，3）。

陶器

敛口盘　1件（H504:1）。泥质红陶。敛口，尖圆唇，浅弧腹下部已残。素面。口径20、残高3.9厘米（图一四一，12）。

敞口盆　1件（H504:4）。夹炭红褐陶。敞口，扁圆唇，弧腹下部已残。口外上部一周凹槽。口径28、残高5.4厘米（图一四一，6）。

（73）H511

① 灰坑情况

位置：在T3033东隔梁内偏北。

层位关系：开口在第1层下，打破生土；被H517打破。

形制大小：近椭圆形，弧壁，圜平底。口径残长60、宽50、深24厘米。

② 出土器物

出土标本：2件。均为陶器，有凹折沿罐、折腹碗。

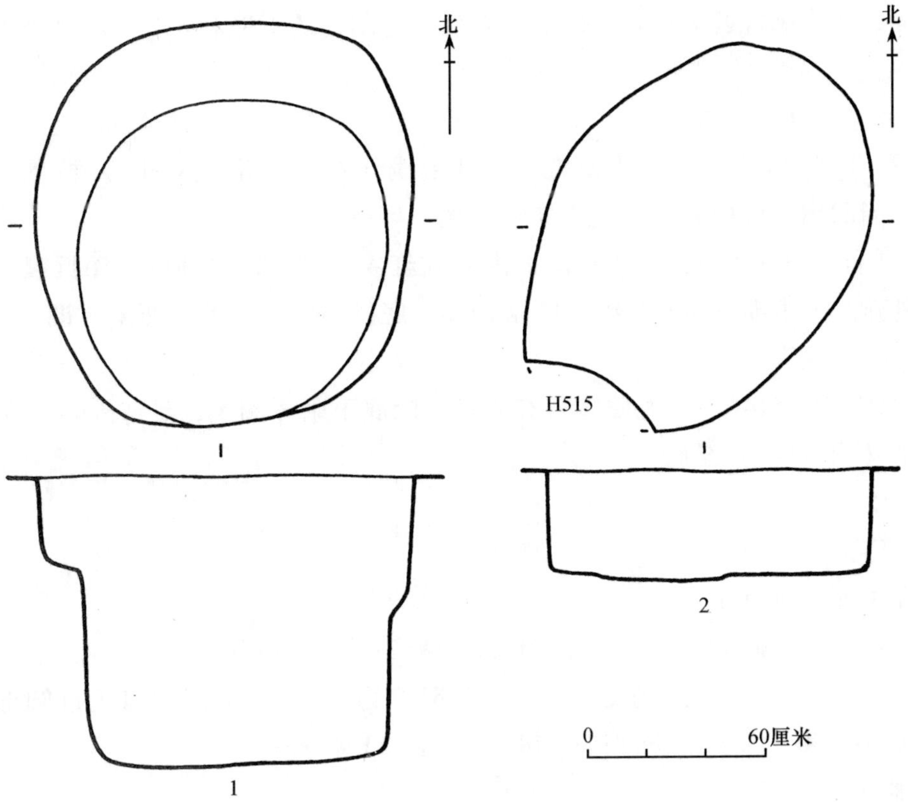

图一三九 H504、H521平、剖面图
1. H504 2. H521

凹折沿罐 1件（H511∶2）。泥质红陶。宽凹沿，圆唇，肩已残。口下一周凹槽。口径26、残高5.6厘米（图一四一，5）。

折腹碗 1件（H511∶1）。泥质红陶，内外施红衣。敞口，尖唇，宽沿上仰近直，但下部已残。素面。口径24、残高5.6厘米（图一四一，4）。

（74）H514

① 灰坑情况

位置：在T3534东南角，局部。

层位关系：开口在第3A层下，打破H492、第3B层、第4层。

形制大小：椭圆形一角，弧壁，近平底。口部长径大于160、深60厘米。

② 出土器物

出土标本：5件。有石斧和陶凹折沿罐、敞口碗、矮圈足。

石器

石斧 2件。H514∶3，顶部已残，扁平近梯形，两面一为原平弧面，另面为打制面已磨平，两边，一边打制修直，另一边已磨平，弧刃一面磨制，另一面打制，还不锋利。残长9.8、宽8.8、厚2.6厘米（图一四三，5）。H514∶4，顶薄刃厚近长方形，斜弧顶两面打制而较薄，两面皆原弧平面，两边琢打近平且近平行，弧刃两面打制，还不锋利。长 13、宽 8、厚 3.4 厘米（图一四三，1）。

陶器

凹折沿罐　1 件（H514:5）。夹炭红陶，外施浅红衣。宽折沿内凹，小圆唇，弧肩，腹已残。外口下一周凹槽。口径 22、残高 6 厘米（图一四一，1）。

敞口碗　1 件（H514:1）。泥质红陶，内外施红衣。敞口，尖圆唇，深弧腹，圜底下附矮圈足，足壁外弧。上腹饰三周凹弦纹。口径 14.8、底径 10、通高 8.1 厘米（图一四一，17；图版五〇，2）。

矮圈足　1 件（H514:2）。泥质陶外红内黑。圜底下附矮圈足，足壁外斜。素面。足径 9、残高 2.7 厘米（图一四一，7）。

（75）H515

① 灰坑情况

位置：在 T3634 西南部。

层位关系：开口在第 3A 层下，打破 H521 和第 3B 层、第 4 层至生土。

形制大小：为一个有一级台阶的窖穴，上部坑口近圆形，下部坑口也近圆形，弧壁，平底。上部口径 80～90、深 50、下部口径 78～80、深 23 厘米。

② 出土器物

出土标本：无。

（76）H521

① 灰坑情况

位置：在 T3634 西南角。

层位关系：开口在第 3A 层下，打破第 3B 层、第 4 层、生土；被 H515 打破。

形制大小：椭圆形，直壁，平底。口径约 110～150、深 34～37 厘米（图一三九，2）。

② 出土器物

出土标本：5 件。均为陶器，有子母口碗、斜腹钵、敞口豆盘、碗假圈足、残支座。

子母口碗　1 件（H521:3）。泥质磨光黑陶。敛口，窄斜沿内折，尖圆唇直立，又呈子母口，折腹弧内收，下已残。素面。口径 19、残高 3 厘米（图一四一，11）。

斜腹钵　1 件（H521:1）。泥质陶外黑内灰。直口稍外斜，方圆唇，粗筒腹稍内斜，下部内折成圜平底，但底已残。口下两周、腹中下部又一周凹弦纹。口径 15、残高 4.8 厘米（图一四一，23；图版五〇，6）。

敞口豆盘　1 件（H521:2）。泥质磨光黑陶。敞口，尖圆唇，浅弧腹内收，底已残。口下一周凹槽。口径 14、残高 2.8 厘米（图一四一，19）。

碗假圈足　1 件（H521:4）。夹炭红陶，外施深红衣。仅存弧腹，圜底下成实心假圈足，足壁近直，平底。素面。足径 4、残高 1.3 厘米（图一四一，20）。

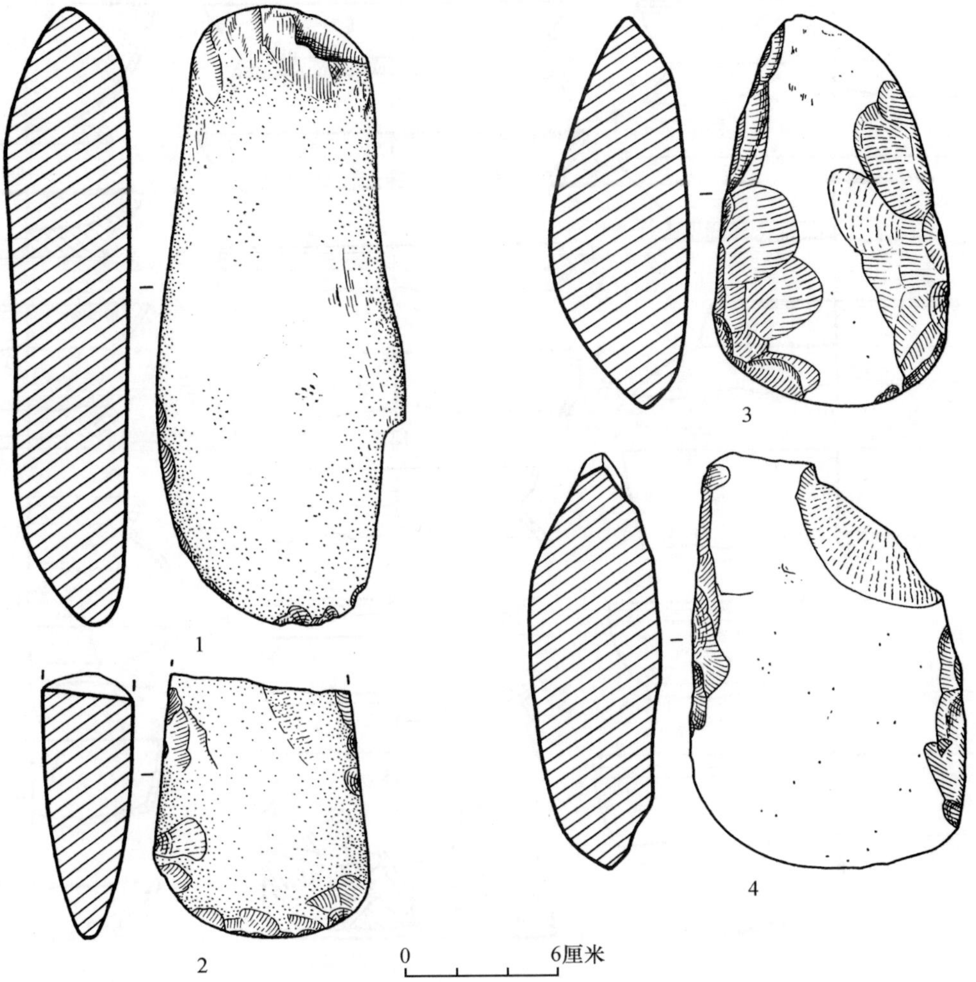

图一四〇　H490、H504出土石器

1、4. 石斧坯（H490:5、H490:8）　2、3. 石斧（H504:2、H504:3）

残支座　1件（H521:5）。夹砂红陶。仅存底部残块，大平底，实心，器身向一侧倾斜，但上部已残。器身满饰由斜划纹和戳点纹组成的多种图案。残高8.4厘米（图一四一，16）。

（77）H522

① 灰坑情况

位置：在T3634南部下，局部。

层位关系：开口在第3A层下，打破第3B层、第4层；被G80打破。

形制大小：近长方形一半，弧壁，圜底。口部残长83、宽83、底宽72、深24厘米。

② 出土器物

出土标本：4件。均为陶器，有凹折沿罐、假圈足、矮圈足。

凹折沿罐　1件（H522:1）。夹炭红陶，外施深红衣呈紫红色。折沿深凹，尖圆唇，弧肩已残。素面。口径16、残高3.6厘米（图一四一，22）。

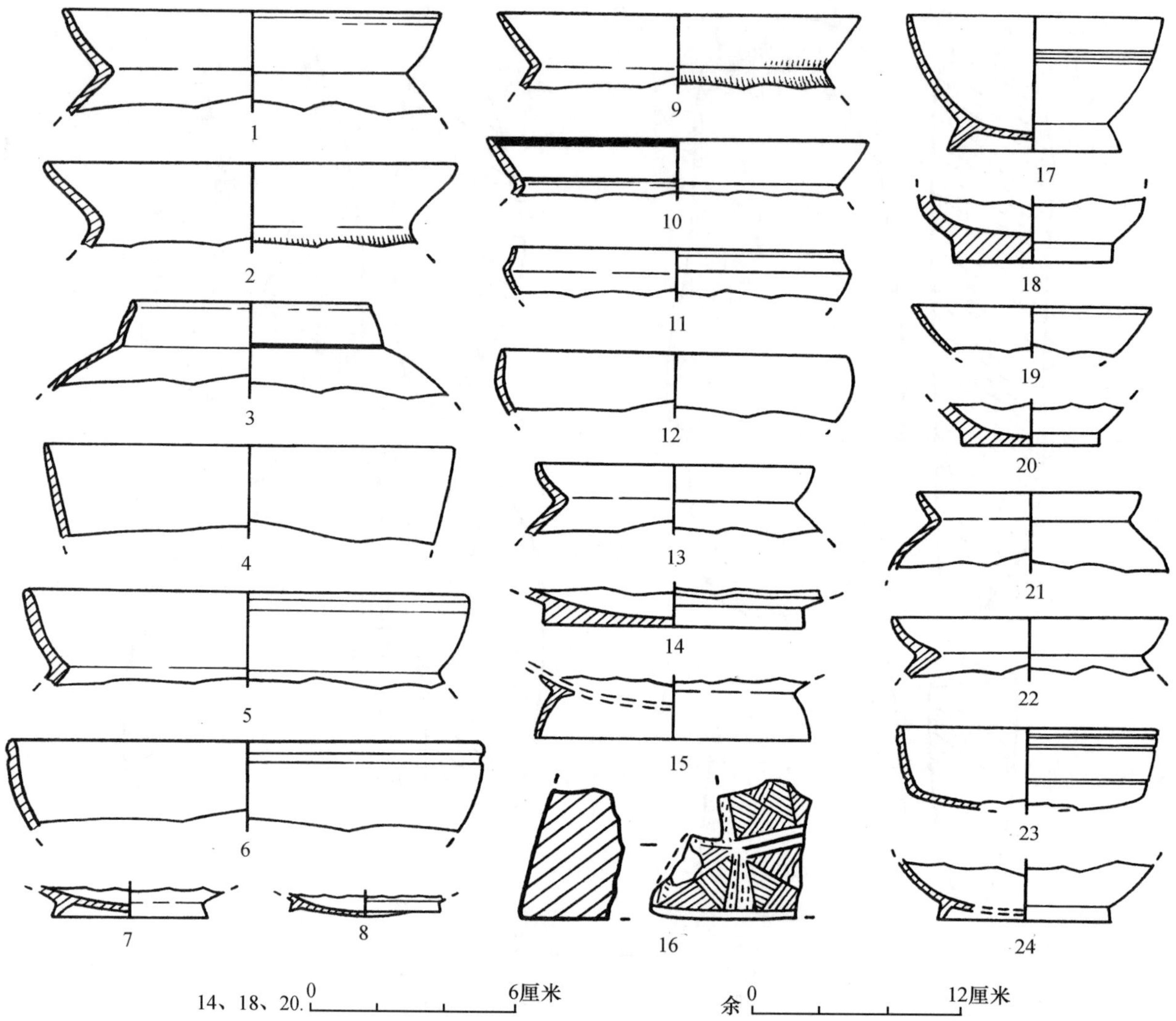

图一四一　H492、H504、H511、H514、H515、H521、H522、H528 出土陶器

1、5、22. 凹折沿罐（H514∶5、H511∶2、H522∶1）　2. 束颈罐（H492∶1）　3. 小口彩陶瓮（H528∶1）　4. 折腹碗（H511∶1）　6. 敞口盆（H504∶4）　7、8、15. 矮圈足（H514∶2、H492∶4、H522∶2）　9. 折沿罐（H492∶3）　10. 折沿彩陶罐（H492∶2）　11. 子母口碗（H521∶3）　12. 敛口盘（H504∶1）　13. 曲颈彩陶罐（H528∶3）　14、18. 假圈足（H522∶3、H522∶4）　16. 残支座（H521∶5）　17. 敞口碗（H514∶1）　19. 敞口豆盘（H521∶2）　20. 碗假圈足（H521∶4）　21. 凹折沿小罐（H528∶2）　23. 斜腹钵（H521∶1）　24. 碗圈足（H528∶4）

假圈足　2 件。H522∶3，泥质磨光黑陶。仅存弧腹，圜底下呈实心假圈足，足壁近直，平底。素面。足径 7.6、残高 1.1 厘米（图一四一，14）。H522∶4，泥质红陶，外施深红衣。厚胎器小，上部已残，近直腹下部弧内折成圜平底，又连实心假圈足，足壁垂直，平底。素面。足径 4.6、残高 2 厘米（图一四一，18）。

矮圈足　1 件（H522∶2）。泥质红陶。弧腹胎较薄，圜底已残，下附较大矮圈足，足壁外弧。素面。足径 16、残高 3.8 厘米（图一四一，15）。

（78）H528

① 灰坑情况

位置：在 T3447 南壁下。

层位关系：开口在第 2B 层下，打破第 3A 层、第 3B 层、第 3C 层。

形制大小：近圆形，近直壁，近平底。口径 100～110、底稍小、深 70 厘米。

② 出土器物

出土标本：5 件。有石锛和陶曲颈彩陶罐、凹折沿小罐、小口彩陶瓮、碗圈足。

石器

石锛　1 件（H528∶5）。石片制作。扁薄近梯形，斜弧顶单面打制，两面近平，两边稍磨近平，弧刃一面为原面，另面磨制，较锋利。长 8.8、宽 5.6、厚 1.3 厘米（图一四三，3）。

陶器

曲颈彩陶罐　1 件（H528∶3）。夹炭红陶，内沿、外表施深红衣，绘黑彩。侈口，曲颈内凹外弧下内束，弧肩，腹已残。内沿上、下各有一周黑彩带状纹，外壁黑彩多已脱落，图案不清晰。口径 16、残高 4.5 厘米（图一四一，13）。

凹折沿小罐　1 件（H528∶2）。夹炭黄陶。侈口，束颈，凹折沿，尖圆唇，斜弧肩，弧腹下部已残。素面。口径 13、残高 4.6 厘米（图一四一，21）。

小口彩陶瓮　1 件（H528∶1）。夹炭红陶，内沿、外表施深红衣绘黑彩。直口内斜，窄沿又内斜，尖唇，矮颈内凹外弧，鼓弧肩，腹已残。内沿上部和颈肩之间各绘一周黑彩带状纹。口径 14、残高 5.2 厘米（图一四一，3）。

碗圈足　1 件（H528∶4）。泥质黑陶。仅存碗下部弧腹，圜底下附矮圈足，足壁外斜。素面。足径 10、残高 3.6 厘米（图一四一，24）。

（79）H531

① 灰坑情况

位置：在 T3133 北隔梁中部至 T3134 南部。

层位关系：开口在第 2 层下，打破第 3B 层、第 4 层、生土。

形制大小：近圆形，有一级台阶，直壁，平底。口径 100～130、底径 86～97、深 110 厘米（图一四二，1）。

② 出土器物

出土标本：4 件。有陶凹折沿罐、弧折沿罐、矮圈足和石饼。

石器

石饼　1 件（H531∶4）。天然扁平圆砾石。周边有残留打击痕，一面有三条划痕。直径 21.7～22.4、厚 4.8 厘米（图一四三，2）。

陶器

凹折沿罐　1 件（H531∶1）。夹炭红陶。折沿深凹，圆唇，弧肩，腹已残。外口下三周凹弦纹。口径 23、残高 5.9 厘米（图一四四，4）。

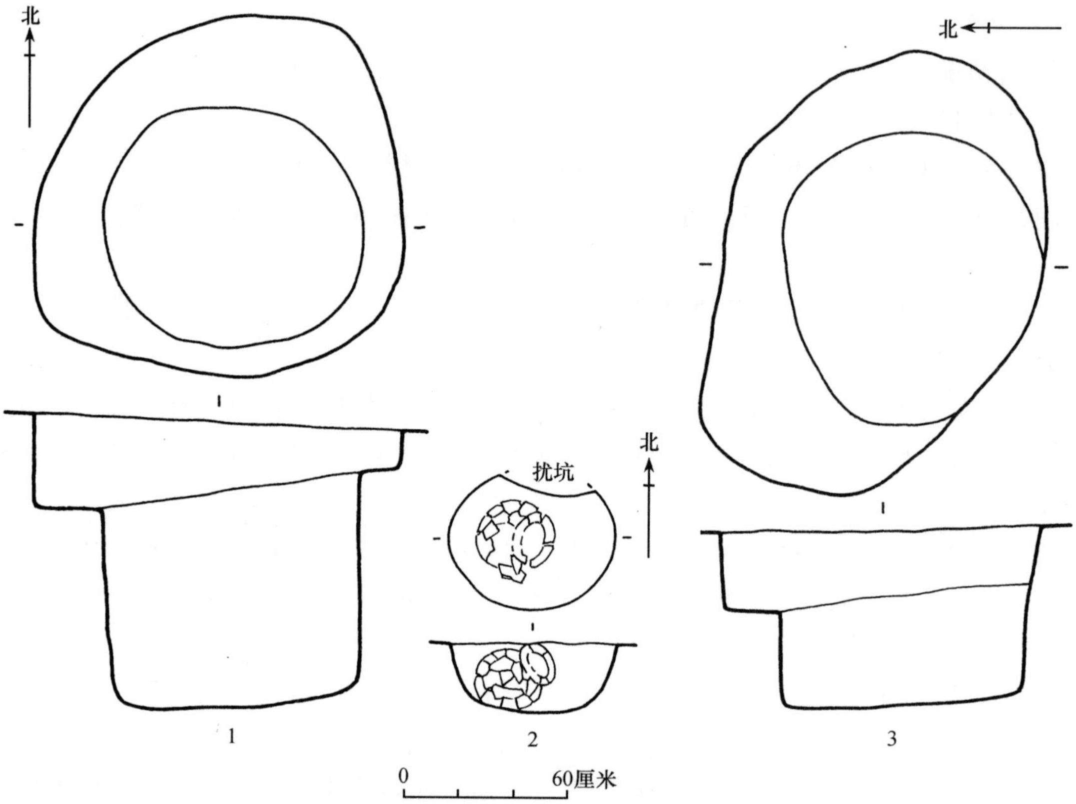

图一四二　H531、H532、H533 平、剖面图
1. H531　2. H532　3. H533

弧折沿罐　1 件（H531∶2）。夹草末红陶。折沿沿面微上弧，尖圆唇，斜肩已残。素面。口径 24、残高 4.2 厘米（图一四四，2）。

矮圈足　1 件（H531∶3）。泥质陶外红内黑。仅存残底下附矮圈足，足壁较高外弧。素面。足径 9.2、残高 2.6 厘米（图一四四，13）。

（80）H532

① 灰坑情况

位置：在 T3545 东北部。

层位关系：开口在第 2B 层下，打破第 3A 层；被扰乱坑打破。

形制大小：近圆形，弧壁，圜底。口径 60、深 26 厘米（图一四二，2）。

② 出土器物

出土标本：1 件。为难以复原的陶质凹沿小釜。

凹沿小釜　1 件（H532∶1）。夹细砂红陶。侈口，束颈，宽沿微凹，尖圆唇，弧肩，鼓腹已残。素面。口径 14、残高 3.8 厘米（图一四四，17）。

(81) H533

① 灰坑情况

位置：在 T3132 东隔梁内至 T3232 西部。

层位关系：开口在第 3B 层下，打破第 4 层、黄土台。

形制大小：长椭圆形，三面有一级台阶，直壁，平底。口径 114 ~ 170、底径 86、深 64 厘米（图一四二，3）。

② 出土器物

出土标本：2 件。均为陶器，有折腹碗、敞口盘。

折腹碗　1 件（H533∶1）。泥质陶外红内黑。敞口，方圆唇，斜折沿近直，但口沿下部已残。素面。口径 16、残高 5 厘米（图一四四，12）。

敞口盘　1 件（H533∶2）。夹炭红陶，内外施浅红衣。似用贴筑法，内外都有泥片脱落痕。敞口，尖圆唇，浅弧腹内收，底已残。素面。口径 24、残高 3.6 厘米（图一四四，3）。

(82) H534

① 灰坑情况

位置：在 T3734 中部。

层位关系：开口在第 3A 层下，被 H537 打破。

形制大小：椭圆形，斜壁，平底。口径 112 ~ 136、底径 102 ~ 126、深 63 厘米。

② 出土器物

出土标本：4 件。均为陶器，有弧折沿罐、子母口簋、敞口盘、矮圈足。

弧折沿罐　1 件（H534∶1）。夹炭红陶。宽折沿，沿面微上弧，尖圆唇，弧肩已残。素面。口径 24、残高 5.4 厘米（图一四四，1）。

子母口簋　1 件（H534∶3）。泥质陶外红内黑。敛口，斜沿内折，尖圆唇直立，而又呈子母口，浅折腹弧内收，底已残。腹上部两周凹弦纹。口径 16、残高 2.4 厘米（图一四四，9）。

敞口盘　1 件（H534∶2）。夹炭红褐陶。敞口，尖圆唇，浅弧腹内收，底已残。素面。口径 16、残高 2.2 厘米（图一四四，10）。

矮圈足　1 件（H534∶4）。泥质陶外红内黑。残存圜底下附矮圈足，足壁外弧。素面。足径 10、残高 2.1 厘米（图一四四，14）。

(83) H536

① 灰坑情况

位置：在 T3734 西北角，只露出一部分。

层位关系：开口在第 3A 层下。

形制大小：椭圆形一部分，直壁稍内斜，近平底；坑内压着一块高出坑表面的巨石；口残径 170 ~ 200、底残径 160 ~ 190、深 50 厘米。

② 出土器物

出土标本：7 件。有石斧坯和陶弧折沿罐、小口瓮、敞口盘、矮圈足、侈口弧肩式小器座。

石器

石斧坯　1件（H536∶7）。黄色石片打制。扁平近梯形，弧顶为原面，一面为光滑原弧面，另一面为近平破裂面，两边单面打制只修直，弧刃为两面夹角，未进一步加工，不锋利。长8.2、宽4.9、厚1.8厘米（图一四三，4）。

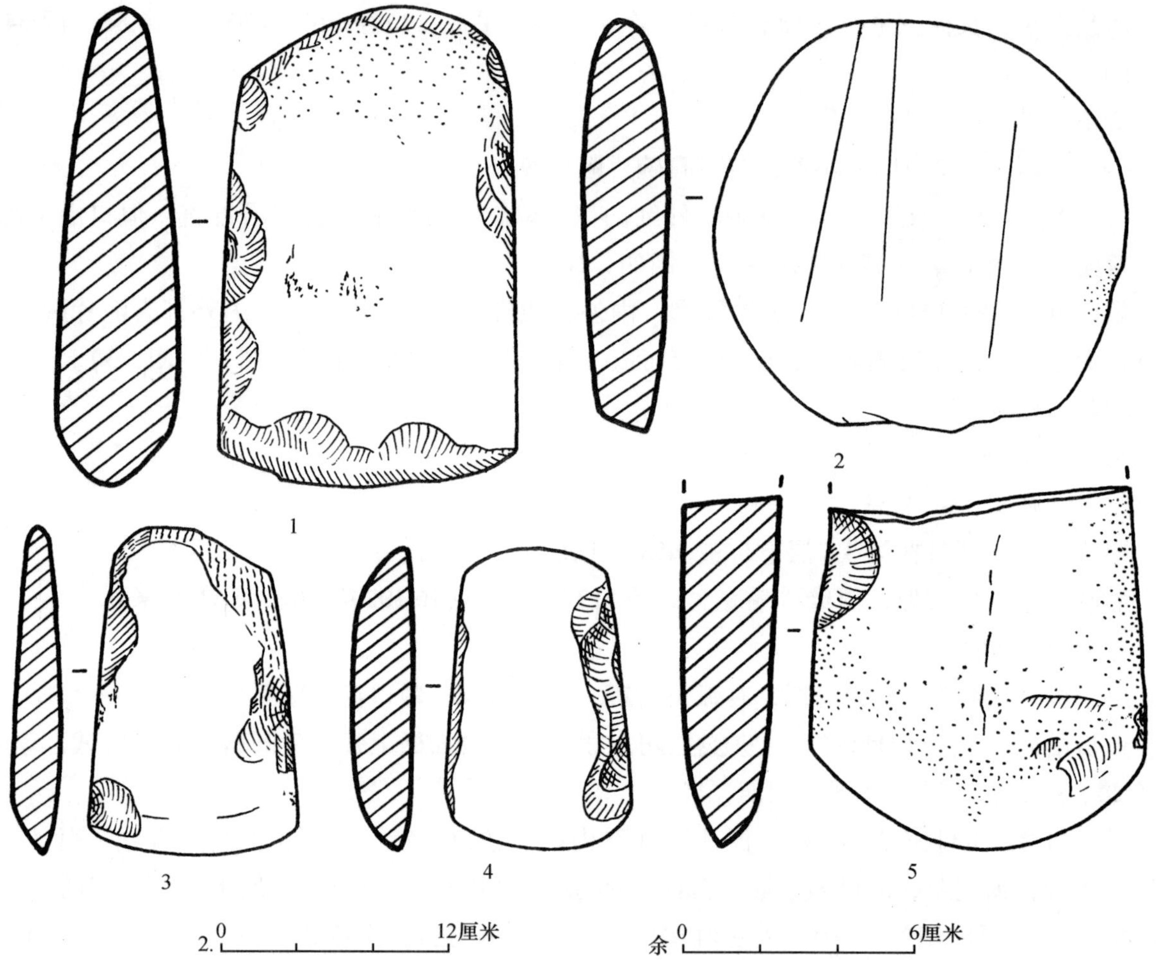

图一四三　H514、H528、H531、H536出土石器

1、5. 石斧（H514∶4、H514∶3）　2. 石饼（H531∶4）　3. 石锛（H528∶5）　4. 石斧坯（H536∶7）

陶器

弧折沿罐　1件（H536∶1）。夹炭红陶。宽折沿沿面微上弧，尖圆唇，斜肩已残。素面。口径26、残高4.9厘米（图一四四，5）。

小口瓮　1件（H536∶2）。夹炭红陶，内沿、外表施深红衣。小直口，尖圆唇，矮直颈，弧肩，鼓腹已残。素面。口径5、残高4厘米（图一四四，16）。

敞口盘　2件。H536∶4，夹炭红陶，内外施深红衣。敞口，尖圆唇，浅弧腹内收，底已残。口下两周模糊凹弦纹。口径18、残高3.6厘米（图一四四，7）。H536∶5，夹炭红陶，内外施深红衣。敞口，尖圆唇，浅弧腹下部已残。素面。口径18、残高3.7厘米（图一四四，8）。

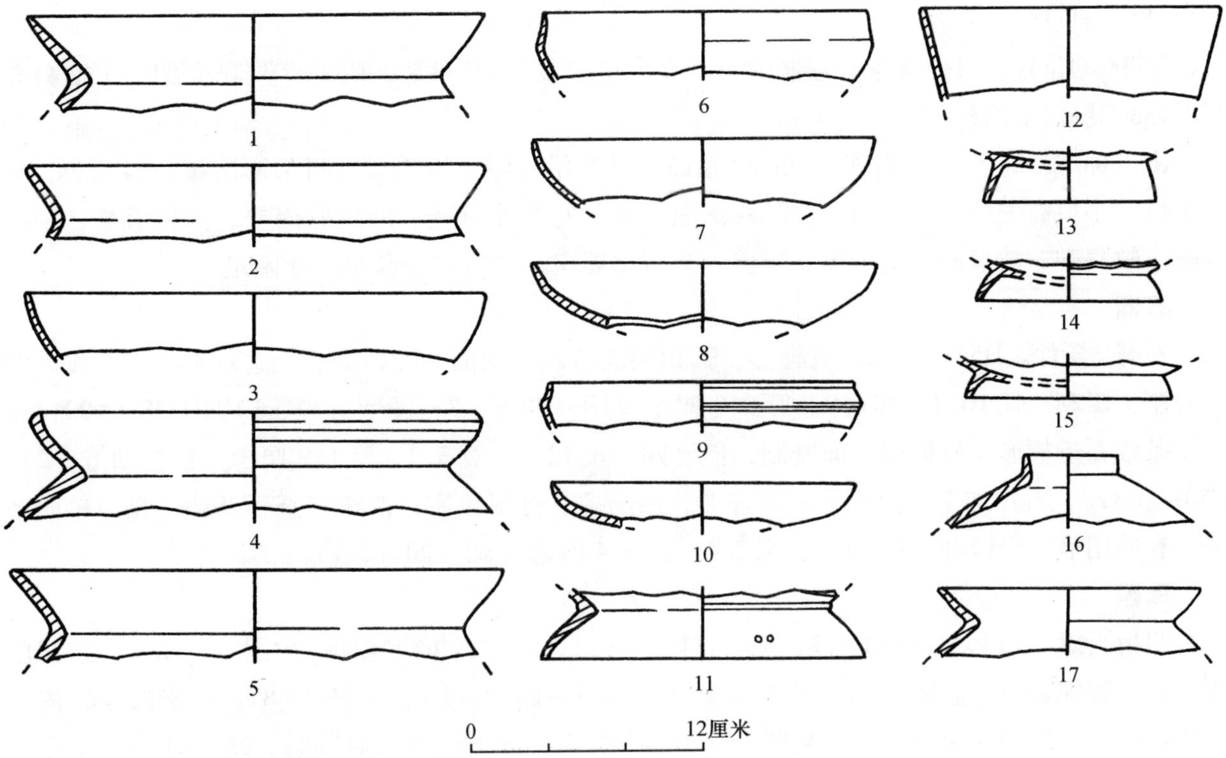

图一四四 H531、H532、H533、H534、H536、H537出土陶器

1、2、5. 弧折沿罐（H534:1、H531:2、H536:1） 3、7、8、10. 敞口盘（H533:2、H536:4、H536:5、H534:2） 4. 凹折沿罐（H531:1） 6. 内折沿碗（H537:1） 9. 子母口簋（H534:3） 11. 侈口弧肩式小器座（H536:3） 12. 折腹碗（H533:1） 13～15. 矮圈足（H531:3、H534:4、H536:6） 16. 小口瓮（H536:2） 17. 凹沿小釜（H532:1）

矮圈足 1件（H536:6）。泥质陶外红内黑。仅存圜底下附矮圈足，足壁外弧。素面。足径11、残高1.9厘米（图一四四，15）。

侈口弧肩式小器座 1件（H536:3）。泥质红陶，外施深红衣。口沿已残，侈口，束颈，弧肩下已到底，内空。肩饰两个并列为一组的小圆形戳点纹。足径17、残高3.8厘米（图一四四，11）。

（84）H537

① 灰坑情况

位置：在T3734西壁下，只露局部。

层位关系：开口在第3A层下，打破第3A层下H534。

形制大小：为椭圆形一部分，斜弧壁，圜平底。口部残长110、残宽42、深50厘米。

② 出土器物

出土标本：1件。陶器，内折沿碗。

内折沿碗 1件（H537:1）。夹砂红陶，外施浅红衣。敛口，宽沿内弧折，尖圆唇，折腹弧内收，下腹已残。素面。口径17、残高3.8厘米（图一四四，6）。

（85）H538①层

H538的位置、层位关系和形制大小，在大早二段的H538②、H538③层已介绍，下面只介绍H538①层出土的标本。

出土标本：38件。有石斧和陶凹折沿罐、凹折沿小罐、折沿罐、折沿彩陶罐、斜颈罐、斜颈小罐、小口高领罐、曲颈瓶、曲颈彩陶瓶、斜颈瓮、曲颈瓮、曲颈彩陶瓮、内折沿篮、子母口碗、敞口碗、敛口碗、卷沿盘、支座、弧肩小器座、鸭嘴状小鼎足、矮圈足。

石器

石斧　3件。H538①:28，近梯形，弧顶两面打制，两面为原弧面，两边琢平外斜，弧刃两面磨制，锋利。长10.8、宽6.9、厚2.9厘米（图一四五，3；图版五〇，1）。H538①:29，扁平长条砾石近梯形，斜弧刃一面磨制，但已残。长12.1、宽5.3、厚1.9厘米（图一四五，2）。H538①:123，石片加工凹凸不平近长梯形，两面都有打制片疤，两边修直稍外斜，弧刃单面磨制，有使用痕，仍锋利。长17.4、宽7.4、厚3.4厘米（图一四五，1）。

陶器

凹折沿罐　3件。H538①:17，泥质红陶。侈口，束颈，折沿宽凹，尖圆唇，弧肩，鼓腹已残。肩、腹饰竖绳纹。口径27、残高7.7厘米（图一四六，1）。H538①:81，夹炭红陶，内沿面施鲜红衣。侈口，束颈，折沿宽凹，尖圆唇，弧肩，肩下已残。肩饰竖绳纹。口径32、残高7.2厘米（图一四六，17）。H538①:3，夹炭红褐陶。侈口，束颈，宽凹折沿，方唇，弧肩，肩下已残。外沿饰五周深凹弦纹。口径28、残高6.4厘米（图一四六，2）。

凹折沿小罐　3件。H538①:83，泥质夹草末黄陶。侈口，束颈，凹折沿，尖圆唇，斜肩，肩下已残。素面。口径16、残高4.4厘米（图一四六，22）。H538①:11，夹炭红陶。侈口，束颈，折沿，沿面深凹，方圆唇，弧肩，鼓腹已残。外沿上部一周带状凹弦。口径14、残高3.3厘米（图一四六，20）。H538①:82，夹草末红陶。侈口，束颈，折沿，沿面内凹，尖唇，弧肩，腹已残。素面。口径16、残高4.9厘米（图一四六，13）。

折沿罐　2件。H538①:6，夹草末红陶。侈口，束颈，宽折沿，尖圆唇，弧肩，腹已残。肩饰竖绳纹。口径30、残高7厘米（图一四六，16）。H538①:101，夹炭红陶，内沿、外表施深红衣。侈口，束颈，折沿，尖圆唇，弧肩已残。素面。口径22、残高3.7厘米（图一四六，5）。

折沿彩陶罐　1件（H538①:4）。泥质红衣黑陶，内沿、外表饰红衣，绘黑彩。口沿残，束颈，弧肩，深腹已残。肩和腹上部各饰四周和三周带状黑彩。残高5.1厘米（图一四六，18）。

斜颈罐　4件。H538①:8，夹炭陶外红内灰，未见陶衣。斜颈上部平折，圆唇外凸，斜弧肩已残。肩饰竖绳纹。口径28、残高5.4厘米（图一四六，3）。H538①:2，夹炭红陶，内外沿施红衣。折沿外斜近直，尖圆唇，弧肩，深腹已残。肩、腹饰竖绳纹。口径18、残高7.9厘米（图一四六，4）。H538①:20，夹炭红陶，内外沿施红衣。折沿外斜近直，沿外面微弧，尖圆唇，弧肩，腹已残。肩饰竖绳纹。口径15、残高4.4厘米（图一四六，21）。H538①:107，夹草末红褐陶，内沿施浅红衣。直口外斜，圆唇，高直颈，斜弧肩已残。颈部上、下各一周凹槽。口径17、残高4厘米（图一四六，23）。

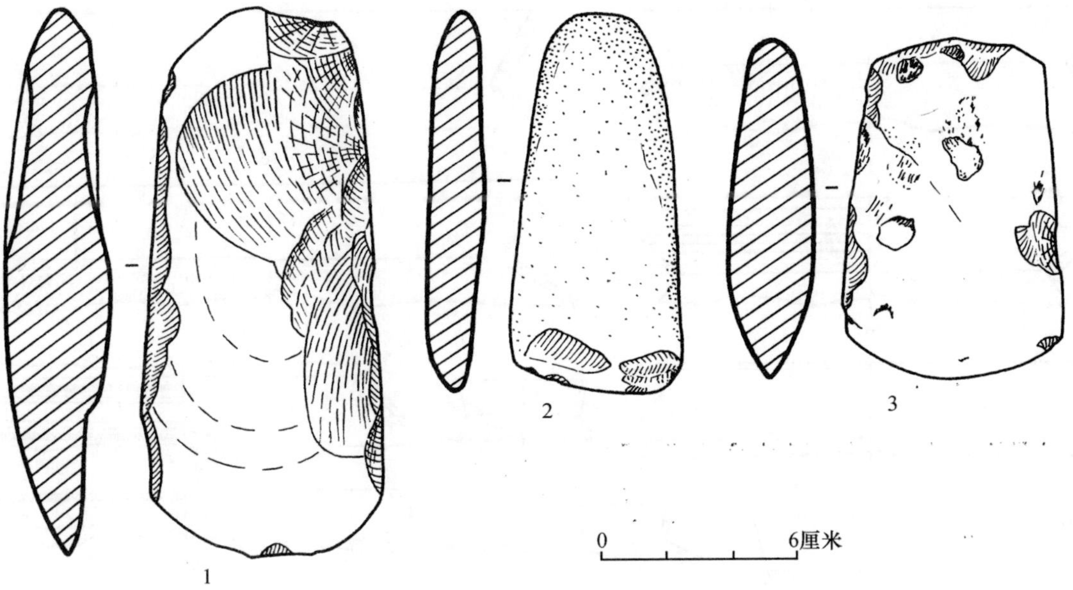

图一四五　H538①层出土石斧

1. H538①: 123　2. H538①: 29　3. H538①: 28

斜颈小罐　1件（H538①: 105）。泥质红陶，内沿施鲜红衣。折沿外斜近直，尖唇，斜弧肩，腹已残。肩饰竖绳纹。口径7、残高3.7厘米（图一四六，9）。

小口高领罐　1件（H538①: 13）。夹炭红陶，内沿、外表施深红衣。直口微外斜，圆唇，高领微内凹外弧，广肩已残。外颈上部一周凹槽。口径10、残高3厘米（图一四六，10）。

曲颈瓶　1件（H538①: 18）。夹草末红陶，外施浅红衣。敛口，曲颈内凹外弧下内束，深弧腹下部已残。素面。口径14、残高7.4厘米（图一四六，15）。

曲颈彩陶瓶　2件。H538①: 23，夹炭红陶，外施红衣，绘黑彩。直口微敛，曲颈内凹外斜下内束，深弧腹较直，下已残。颈上部三周、腹上部两周带状黑彩纹。口径17、残高4厘米（图一四六，24）。H538①: 125，夹炭红陶片，外施浅红衣，绘黑彩纹，在两周带状黑彩纹下又有弧形三角等图案（图一四七，4）。

斜颈瓮　1件（H538①: 12）。夹炭红陶。直口外斜，尖唇，广弧肩已残。素面。口径13、残高3.6厘米（图一四六，11）。

曲颈瓮　1件（H538①: 19）。夹炭红陶，外施浅红衣。敛口，曲颈内凹外弧下内束，尖圆唇，弧肩已残。素面。口径11、残高3.4厘米（图一四六，12）。

曲颈彩陶瓮　1件（H538①: 25）。泥质红陶，外施红衣，绘黑彩。敛口，曲颈内凹外弧下内束，尖圆唇，弧肩已残。曲颈上、下各绘一周黑彩带状纹，中间又夹折弧纹。口径24、残高3.6厘米（图一四六，19）。

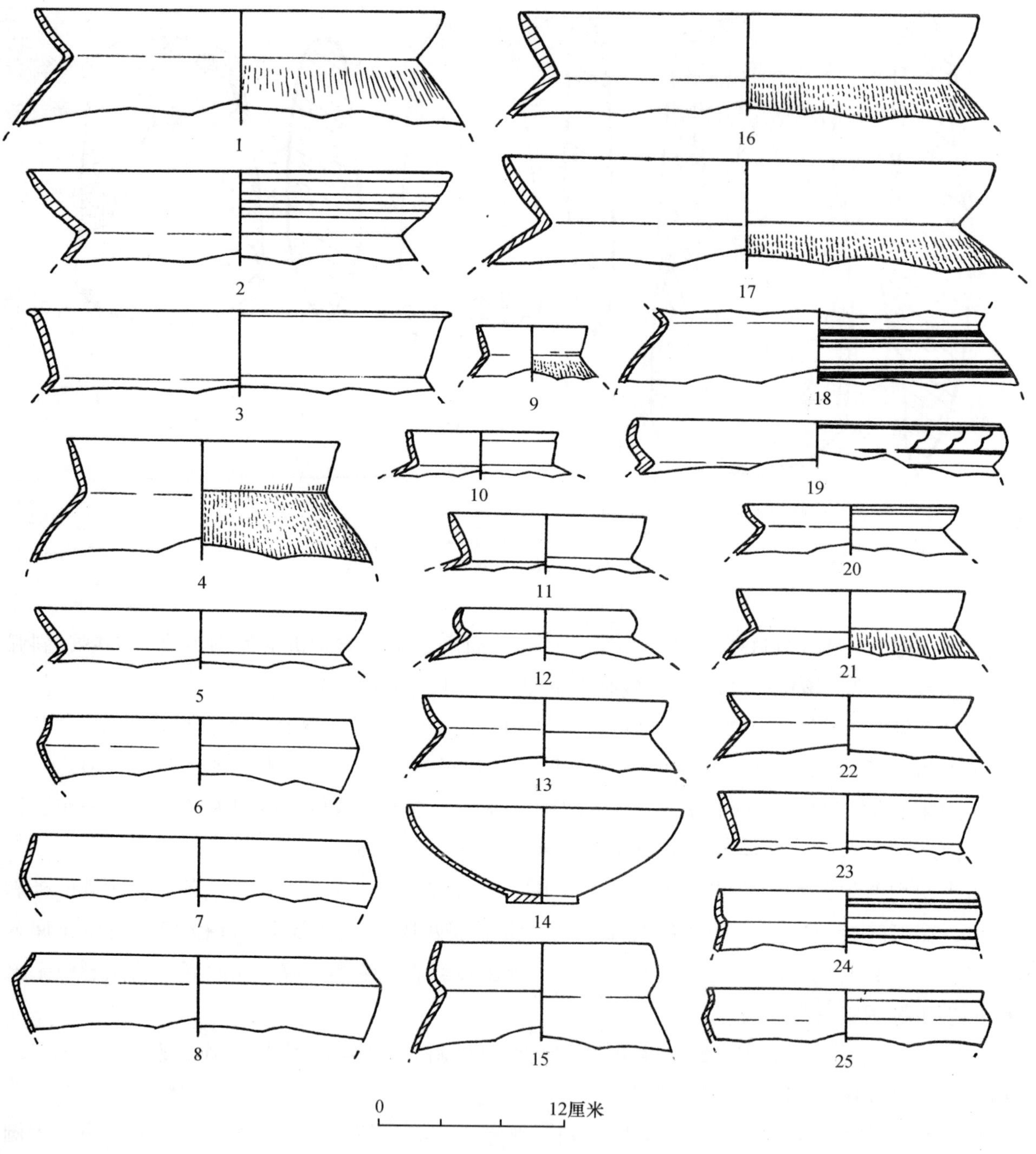

图一四六　H538①层出土陶器

1、2、17. 凹折沿罐（H538①:17、H538①:3、H538①:81）　3、4、21、23. 斜颈罐（H538①:8、H538①:2、H538①:20、H538①:107）　5、16. 折沿罐（H538①:101、H538①:6）　6～8. 内折沿簋（H538①:114、H538①:115、H538①:9）　9. 斜颈小罐（H538①:105）　10. 小口高领罐（H538①:13）　11. 斜颈瓮（H538①:12）　12. 曲颈瓮（H538①:19）　13、20、22. 凹折沿小罐（H538①:82、H538①:11、H538①:83）　14. 敞口碗（H538①:10）　15. 曲颈瓶（H538①:18）　18. 折沿彩陶罐（H538①:4）　19. 曲颈彩陶瓮（H538①:25）　24. 曲颈彩陶瓶（H538①:23）　25. 子母口碗（H538①:14）

内折沿簋　3 件。H538①: 115，泥质陶外红内黑。敛口，斜沿内折，尖圆唇，折腹内收，下腹已残。素面。口径 22、残高 4.2 厘米（图一四六，7）。H538①: 9 和 H538①: 114，皆泥质陶外红内黑。凹沿内折，方圆唇，折腹弧内收，底均残。皆素面。口径分别为 22 和 20 厘米（图一四六，8、6）。

子母口碗　1 件（H538①: 14）。侈口，内折沿，但方圆唇又外折，略呈子母口，折腹弧内收，下腹已残。素面。口径 18、残高 3.6 厘米（图一四六，25）。

敞口碗　1 件（H538①: 10）。泥质磨光黑陶。敞口，尖圆唇，弧腹，圜底下附实心假圈足，足壁近直，平底微内凹。素面。口径 18、底径 4.6、高 6.4 厘米（图一四六，14；图版五〇，3）。

敛口碗　1 件（H538①: 116）。泥质磨光黑陶。尖圆唇，弧腹上鼓内收，下腹已残。素面。口径 20、残高 3.2 厘米（图一四七，3）。

卷沿盘　1 件（H538①: 5）。泥质黑陶。敞口，尖圆唇，深腹上部外卷，下部弧折内收，底残。素面。口径 22、残高 6 厘米（图一四七，2）。

支座　2 件。H538①: 77，夹砂红褐陶。仅存下部一半。属有纹实心倾斜型。残高 11.2 厘米（图一四七，9）。H538①: 124，夹砂红褐陶。仅存上部，顶面微凹，中心一凹孔，束颈中间起凸棱，凸棱一侧有长方形凹凸饰，器身一侧内凹，似有竖带状把手，但下部已残。属素面实心倾斜型。残高 6 厘米（图一四七，8）。

弧肩小器座　1 件（H538①: 80）。泥质红陶，外施红衣。侈口，束颈，弧肩，但已到底，中空。弧肩上有圆点戳印纹。口径 12.5、底径 13.7、通高 3.5 厘米（图一四七，7；图版五〇，5）。

鸭嘴状小鼎足　2 件。H538①: 21，泥质红陶。鸭嘴状小足。足面饰竖绳纹。残高 3.4 厘米（图一四七，13）。H538①: 119，泥质红陶。扁锥体但足根已残。下腹至足面有竖绳纹。残高 4.6 厘米（图一四七，12）。

矮圈足　2 件。H538①: 16，夹炭黑陶。足壁较高外弧。素面。足径 11、残高 4.4 厘米（图一四七，15）。H538①: 15，泥质陶外红内黑，外壁施棕红衣。足壁外斜。足饰两周凹弦纹。足径 9.2、残高 3.3 厘米（图一四七，14）。

（86）H539

① 灰坑情况

位置：在 T3445 东北角。

层位关系：开口在第 2B 层下，打破黄沙土层。

形制大小：露出部分呈直边弧角，直壁，底不平。口部长大于 120、底部长大于 108、深 78 厘米。

② 出土器物

出土标本：5 件。均为陶器，有凹折沿小罐、折沿罐、折沿彩陶罐、敞口碗、弧肩小器座。

凹折沿小罐　1 件（H539: 3）。夹炭红陶。侈口，束颈，折沿内凹，尖圆唇，斜肩弧凹，鼓腹已残。素面。口径 14、残高 2.8 厘米（图一四七，10）。

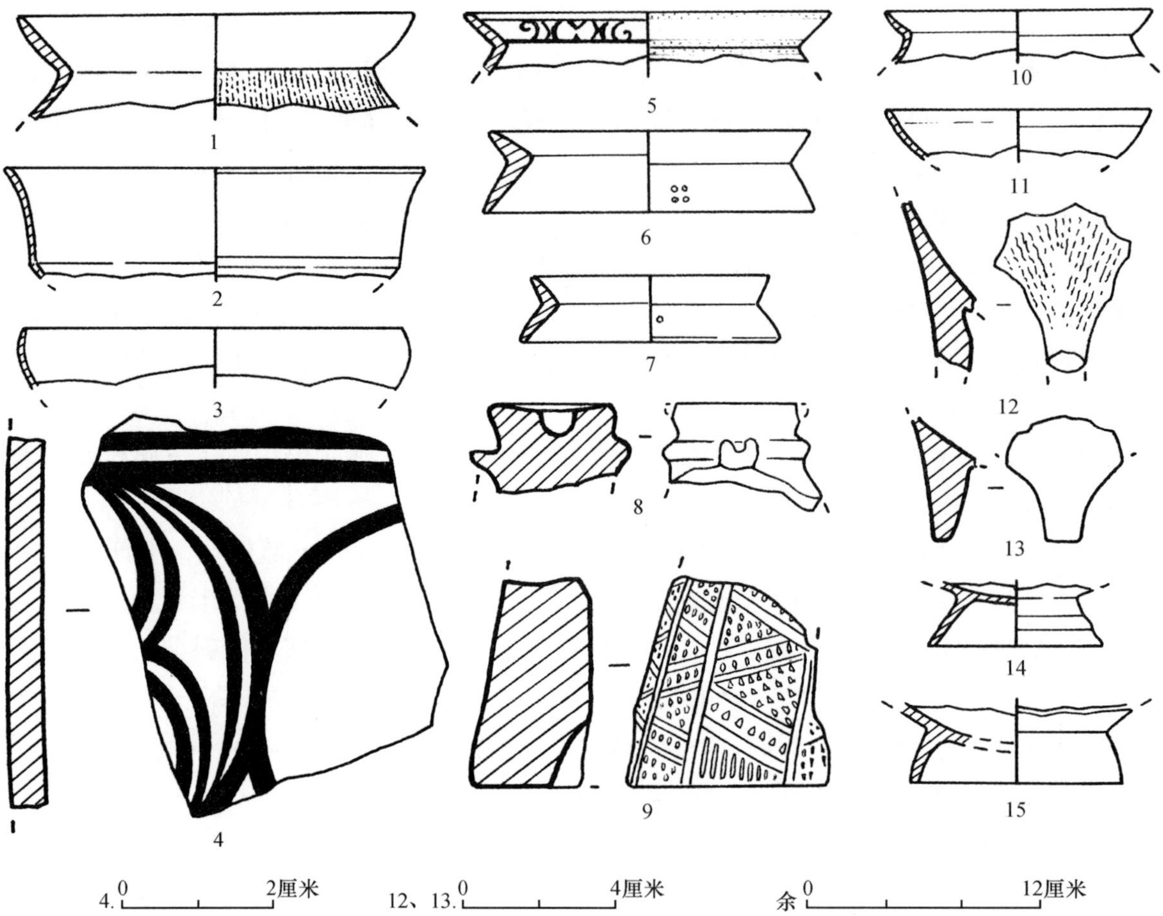

图一四七　H538①层、H539 出土陶器

1. 折沿罐（H539∶1）　2. 卷沿盘（H538①∶5）　3. 敛口碗（H538①∶116）　4. 曲颈彩陶瓶（H538①∶125）　5. 折沿彩陶罐（H539∶2）　6、7. 弧肩小器座（H539∶5、H538①∶80）　8、9. 支座（H538①∶124、H538①∶77）　10. 凹折沿小罐（H539∶3）　11. 敞口碗（H539∶4）　12、13. 鸭嘴状小鼎足（H538①∶119、H538①∶21）　14、15. 矮圈足（H538①∶15、H538①∶16）

折沿罐　1 件（H539∶1）。夹炭红陶，内沿施浅红衣。折沿，尖圆唇，斜肩，腹已残。肩饰竖绳纹。口径 21、残高 5.6 厘米（图一四七，1）。

折沿彩陶罐　1 件（H539∶2）。夹炭红陶，内沿施深红衣绘黑彩纹，外沿无衣，但以深红衣绘出上、下两周带状纹。折沿，尖圆唇，斜肩已残。内沿绘上二下一共三周黑彩带状纹，带状纹之间又绘卷云纹，外表肩上也有黑彩图案，但已模糊不清，外沿上、下两周带状纹为红彩。口径 19、残高 3.2 厘米（图一四七，5）。

敞口碗　1 件（H539∶4）。泥质红陶。敞口，小方唇，口有带状小薄棱，浅弧腹下部已残。外口下一周凹槽。口径 14、残高 2.6 厘米（图一四七，11）。

弧肩小器座　1 件（H539∶5）。泥质红陶，内外施鲜红衣。侈口，束颈，尖圆唇，弧肩下已到底，内空。肩饰四个为一组的小圆戳点纹。口径 16.8、底径 17.2、通高 4.4 厘米（图一四七，6；图版四九，5）。

（87）H543①层

H543的位置、层位关系和形制大小，在属大早一段的H543③层中已介绍，下面只介绍属大早三段的H543①层的出土标本。

出土标本：34件。均为陶器，有折沿彩陶罐、弧折沿罐、斜颈罐、小口高领罐、内折沿簋、子母口簋、子母口碗、侈口碗、敞口碗、折腹碗、敞口盘、内卷沿大盆、折腹小碟、支座、溜肩小器座、鸭嘴状小鼎足、矮圈足、假圈足。

折沿彩陶罐 1件（H543①:1）。夹炭红陶，内沿施红衣，外沿上下各一周红色带状纹。口径22、残高5.8厘米（图一四八，3）。

弧折沿罐 3件。H543①:99，折沿外斜，沿面上弧，尖圆唇，肩已残。素面。口径24、残高4.4厘米（图一四八，2）。H543①:100，折沿外斜，沿面上弧，尖圆唇，弧肩已残。素面。口径21、残高4.9厘米（图一四八，5）。H543①:98，折沿沿面微弧，方圆唇，弧肩，鼓腹已残。素面。口径19、残高4厘米（图一四八，4）。

斜颈罐 2件。H543①:2，夹炭黑陶。尖圆唇，弧肩，鼓腹已残。素面。口径13、残高5厘米（图一四八，20）。H543①:94，夹炭褐陶。宽折沿，上部平折，圆唇外凸，弧肩已残。素面。口径20、残高5.6厘米（图一四八，6）。

小口高领罐 2件。H543①:95，泥质红陶。直口外斜，尖圆唇，弧肩，腹已残。素面。口径12、残高4.1厘米（图一四八，10）。H543①:96，泥质红陶，内沿、外表施红衣。直口，尖圆唇，广弧肩已残。素面。口径13、残高3.4厘米（图一四八，11）。

内折沿簋 2件。泥质陶外红内黑。凹弧沿内折。素面。H543①:3，口径22、残高5.4厘米（图一四八，9）。H543①:91，口径18、残高3.6厘米（图一四八，23）。

子母口簋 3件。皆泥质陶外红内黑。都是敛口，内折沿，尖圆唇直立又呈子母口，均为折腹弧内收，底已残。素面。H543①:87，口径18、残高2.8厘米（图一四八，21）。H543①:88，口径16、残高3.1厘米（图一四八，14）。H543①:90，口径20、残高3.2厘米（图一四八，19）。

子母口碗 1件（H543①:89）。泥质黑陶。敛口，窄凹沿内折，小方唇直立而呈子母口，弧腹已残。素面。口径18、残高2.6厘米（图一四八，22）。

侈口碗 2件。H543①:4，泥质陶外红内黑，内沿、外壁施浅红衣。侈口，折沿外斜，尖唇，扁弧腹，下已残。素面。口径22、残高5厘米（图一四八，7）。H543①:85，泥质红陶。侈口内敛，窄沿外卷，尖唇，扁弧腹，下已残。素面。口径16、残高3.4厘米（图一四八，15）。

敞口碗 2件。皆泥质黑陶。敞口，尖圆唇，弧腹内收，底都已残。素面。H543①:6，口径17、残高4.2厘米（图一四八，13）。H543①:86，口径16、残高3.7厘米（图一四八，12）。

折腹碗 1件（H543①:7）。泥质陶外红内黑。敞口，宽折沿外斜，尖唇，小斜肩，折腹弧内收，底已残。外沿上部饰两周凹弦纹。口径13、残高4.8厘米（图一四八，17）。

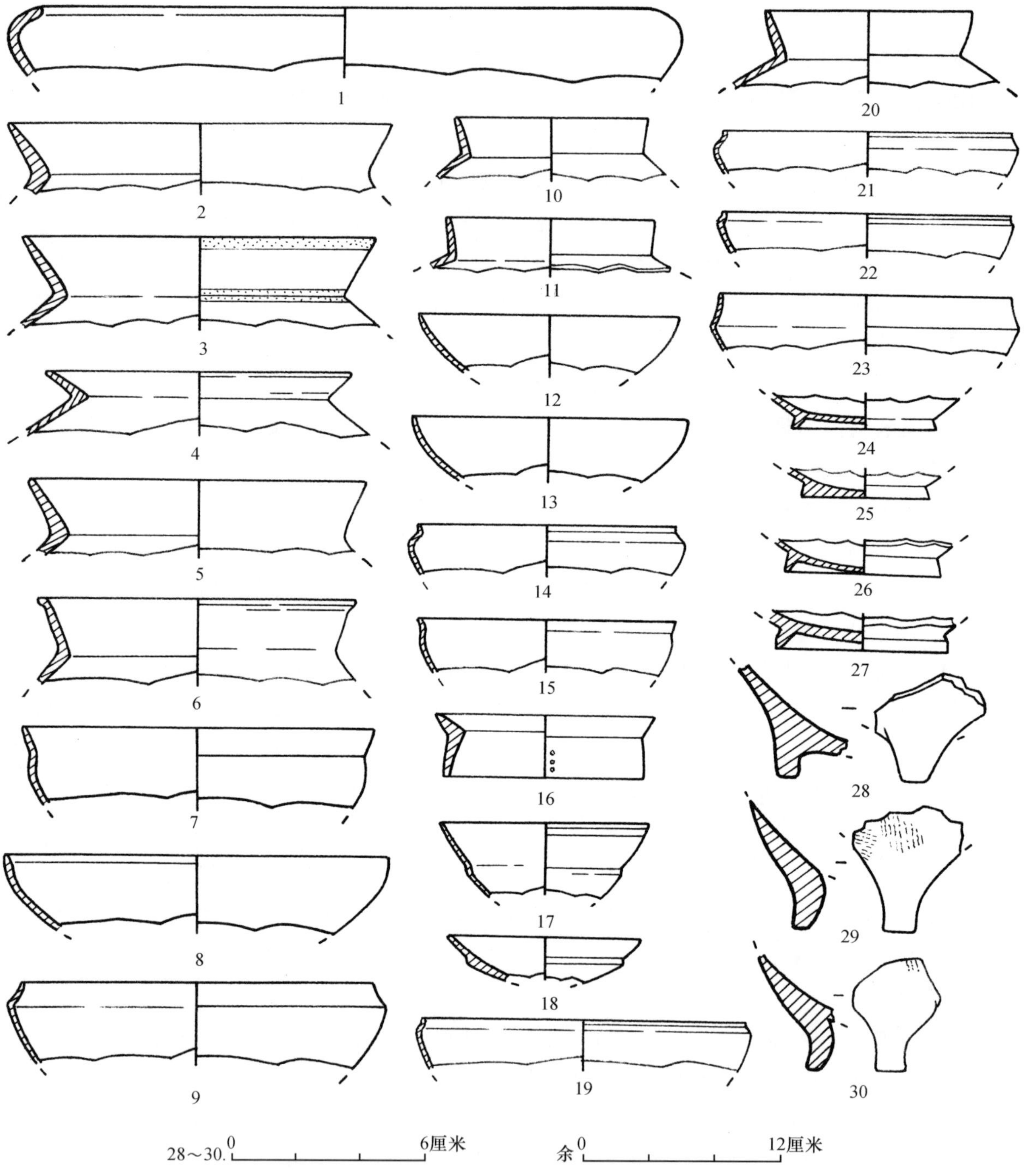

图一四八　H543①层出土陶器

1. 内卷沿大盆（H543①:13）　2、4、5. 弧折沿罐（H543①:99、H543①:98、H543①:100）　3. 折沿彩陶罐（H543①:1）　6、20. 斜颈罐（H543①:94、H543①:2）　7、15. 侈口碗（H543①:4、H543①:85）　8. 敞口盘（H543①:5）　9、23. 内折沿簋（H543①:3、H543①:91）　10、11. 小口高领罐（H543①:95、H543①:96）　12、13. 敞口碗（H543①:86、H543①:6）　14、19、21. 子母口簋（H543①:88、H543①:90、H543①:87）　16. 溜肩小器座（H543①:56）　17. 折腹碗（H543①:7）　18. 折腹小碟（H543①:8）　22. 子母口碗（H543①:89）　24、26、27. 矮圈足（H543①:10、H543①:101、H543①:9）　25. 假圈足（H543①:102）　28～30. 鸭嘴状小鼎足（H543①:11、H543①:12、H543①:92）

敞口盘　1件（H543①:5）。泥质红陶，内外施红衣。敞口，尖唇，窄沿内斜使口内有折棱，弧腹内收，底已残。素面。口径24、残高4.9厘米（图一四八，8）。

内卷沿大盆　1件（H543①:13）。夹炭红陶，内唇、外壁施深红衣。敛口，方圆唇，弧沿内卷，弧腹斜内收，腹大部已残。素面。内径38、残高4.4厘米（图一四八，1）。

折腹小碟　1件（H543①:8）。夹炭陶外红内灰黄。敞口，小方唇，浅弧腹，圜底已残，下附实心圜底假圈足也已残。素面。口径12、残高2.8厘米（图一四八，18）。

支座　4件。夹砂红陶。H543①:103，残存顶部。属有纹实心倾斜型。残高6.8厘米（图一四九，1）。H543①:105，仅存底部局部。属有纹内空倾斜型。残高9.2厘米（图一四九，3）。H543①:106，仅存一侧带状把手。属有纹内空倾斜型。残长11.6厘米（图一四九，2）。H543①:107，仅存底部残块。属有纹内空倾斜型。残高6.2厘米（图一四九，4）。

溜肩小器座　1件（H543①:56）。泥质红陶，内外施深红衣。侈口，束颈，溜肩近直，但已到底，内空。肩部饰三个圆点成竖排的戳点纹。口径13.5、底径12.4、通高4.1厘米（图一四八，16；图版四九，4）。

鸭嘴状小鼎足　3件。皆鸭嘴状。H543①:11，素面。残高3.5厘米（图一四八，28）。H543①:12，足根外弯。有竖绳纹。残高4厘米（图一四八，29）。H543①:92，足根外弯。有竖绳纹。残高3.6厘米（图一四八，30）。

矮圈足　3件。H543①:101，泥质陶外红内黑。矮壁外弧。素面。足径9.6、残高2厘米（图一四八，26）。H543①:9，泥质褐陶。足壁外斜。素面。足径10.8、残高2.4厘米（图一四八，27）。H543①:10，泥质褐陶。足壁外斜。素面。口径9、残高2.2厘米（图一四八，24）。

假圈足　1件（H543①:102）。泥质黑陶。弧壁碗上部已残，仅剩下部圜底下附实心假圈足。素面。足径8、残高1.7厘米（图一四八，25）。

（88）H547

① 灰坑情况

位置：在T3045东壁下。

层位关系：开口在第3A层下，打破黄土台。

形制大小：近圆形一半，弧壁，圜平底。口径110、深25厘米。

② 出土器物

出土标本：3件。均为陶器，有弧折沿罐、内折沿簋、侈口碗。

弧折沿罐　1件（H547:1）。泥质橘黄陶。宽折沿，沿面微上弧，尖唇，斜弧肩，腹已残。素面。口径25、残高5.2厘米（图一五二，12）。

内折沿簋　1件（H547:2）。泥质陶外红内黑。敛口，凹弧沿内折，尖圆唇近直立，也呈子母口，折腹弧内收，底已残。素面。口径23、残高4厘米（图一五二，13）。

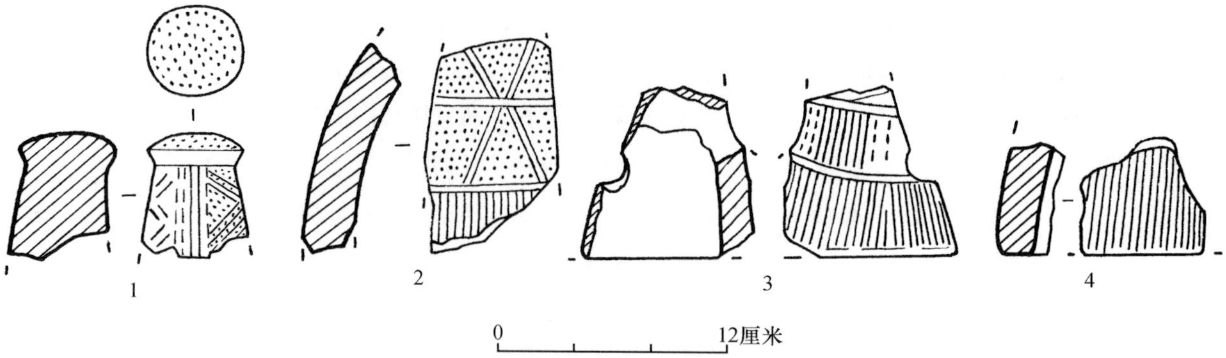

图一四九　H543①层出土陶支座

1. H543①: 103　2. H543①: 106　3. H543①: 105　4. H543①: 107

侈口碗　1件（H547: 3）。泥质红陶，内沿、外表施深红衣。侈口，束颈实为一周凹槽，弧沿外卷，口内有棱，尖唇，弧腹内收，底已残。未见其他纹饰。口径18、残高3.8厘米（图一五二，17）。

（89）H571

① 灰坑情况

位置：在T2843东壁下，局部。

层位关系：开口在第3A层下，打破第3B层、第4层、生土。

形制大小：为圆形大半，弧壁，圜底。口径约120、深35厘米。

② 出土器物

出土标本：1件。小石锛。

小石锛　1件（H571: 1）。黄皮白色小砾石。磨制，扁薄弧边三角形，弧顶和两弧平面皆原面，两边磨平，弧刃单面磨制，很锋利。长7.6、宽4.2、厚1.1厘米（图一五一，4）。

（90）H575

① 灰坑情况

位置：在T2944东壁下。

层位关系：开口在第3A层下，打破第3B层；北部被第3A层下H573打破。

形制大小：近圆形，直壁，平底。口径96、底径84、深45厘米（图一五〇，1）。

② 出土器物

出土标本：3件。均为陶器，有折沿罐、斜颈罐、矮圈足。

折沿罐　1件（H575: 2）。夹草末浅红陶。折沿较宽，尖圆唇，斜弧肩已残。颈下至肩上饰竖细绳纹。口径20、残高4.8厘米（图一五二，2）。

斜颈罐　1件（H575: 1）。泥质灰胎红陶，内沿施深红衣。侈口，束颈，折沿外斜近直，尖圆唇，斜弧肩已残。残肩有竖绳纹痕。口径15、残高4.4厘米（图一五二，8）。

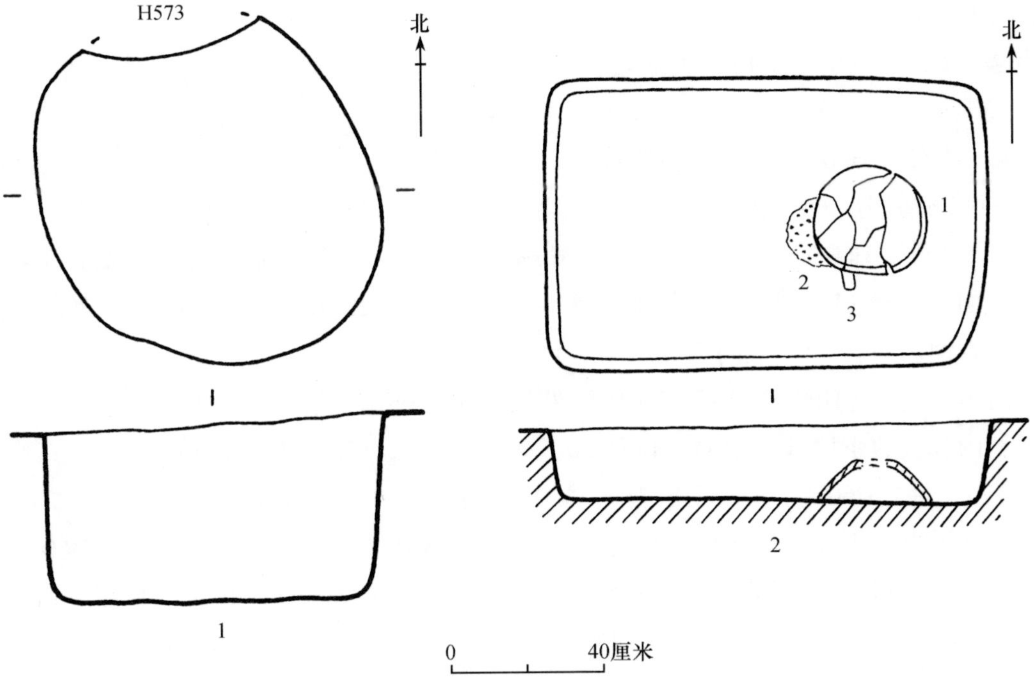

图一五〇 H575、H608 平、剖面图
1. H575 2. H608（1. 陶钵 2. 骨串珠 3. 玉佩）

矮圈足 1件（H575∶3）。泥质陶外红内黑。仅存圜底下附矮圈足，足壁细筒状，外弧近直。素面。足径6、残高3.3厘米（图一五二，19）。

（91）H607①层

H607的位置、层位关系和形制大小，在大早二段的H607②、H607③层中已介绍。这里只介绍属大早三段的H607①层的出土标本。

出土标本：20件。有石斧坯、残石锛、砺石；又有陶凹折沿罐、折沿罐、束颈罐、曲颈罐、内折沿簋、折腹碗、玩具小碗、卷沿盘、鸭嘴状小鼎足、矮圈足。

石器

石斧坯 1件（H607①∶2）。砾石。两边磨制，近梯形，刃部两面打制，尚钝不锋利。长13.5、宽7.2、厚3.2厘米（图一五一，1）。

残石锛 1件（H607①∶1）。通体磨光，顶已残，扁薄近长方形，平刃有使用痕已不锋利。长9、宽4.1、厚1.2厘米（图一五一，3）。

砺石 1件（H607①∶3）。上、下两面皆有磨制后凹弧面。残长11.6、宽14、厚4厘米（图一五一，2）。

陶器

凹折沿罐 2件。H607①∶24，泥质黄陶。尖唇，肩已残。口径22、残高4.4厘米（图一五二，1）。H607①∶25，泥质黄陶。尖唇，斜弧腹，腹残。口径16、残高4.5厘米（图一五二，16）。

折沿罐 1件（H607①:4）。夹炭红陶，内沿有红衣。尖圆唇，弧肩已残。外沿三周凹弦纹，肩有竖绳纹。口径28、残高5.5厘米（图一五二，11）。

束颈罐 1件（H607①:51）。泥质红陶，内沿、外表施浅红衣。侈口，束颈，方圆唇，斜弧肩已残。肩饰两周深凹弦纹。口径18、残高4.1厘米（图一五二，3）。

曲颈罐 2件。H607①:5，泥质红陶，外施红衣。直口内敛，曲颈内凹外弧下内束，弧肩，腹已残。素面。口径14、残高3.8厘米（图一五二，9）。H607①:26，夹炭红陶，外施红衣。形制同上。素面。口径16、残高3.5厘米（图一五二，10）。

内折沿簋 1件（H607①:27）。泥质陶外红内黑，外施浅红衣。敛口，尖圆唇，宽凹沿内折，折腹斜内收，腹下已残。素面。口径20、残高4厘米（图一五二，5）。

折腹碗 3件。H607①:6，泥质黑陶。敞口，方唇，宽折沿外弧，窄肩外斜，折腹弧内收，下腹已残。外沿上、下各一周凹槽。口径13、残高3.8厘米（图一五二，24）。H607①:7，泥质陶外红内黑。敞口，宽折沿外弧，小弧肩内收，弧折腹继续内收，底残。素面。口径12、残高3.2厘米（图一五二，23）。H607①:19，泥质灰陶。敞口，宽折沿外斜，尖唇，肩部近直，弧折腹内收。底残外口下一周凹槽。口径9、残高3.9厘米（图一五二，20）。

玩具小碗 1件（H607①:9）。泥质黑陶。器形小巧，敞口，足壁外弧。足弧壁上和弧腹各有两个圆形镂孔，似可作佩饰之用。口径4.6、底径3.8、通高3厘米（图一五二，21；图版五〇，4）。

卷沿盘 2件。H607①:8，泥质陶外黑内红。敞口，尖圆唇，宽沿外卷，折腹弧内收，下腹已残。素面。口径23、残高5.3厘米（图一五二，6）。H607①:18，泥质黑陶。敞口，尖圆唇，宽沿外卷，折腹内收，底残。卷沿下两周凹槽。口径20、残高4.7厘米（图一五二，4）。

鸭嘴状小鼎足 2件。H607①:30，泥质红陶。仅存罐形小鼎下部小鼎足，扁圆体近长方形，如鸭嘴状。素面。残高4.4厘米（图一五二，15）。H607①:31，夹草末红陶。仅剩小鼎足，扁薄呈小倒梯形。素面。残高3.2厘米（图一五二，14）。

矮圈足 2件。H607①:20，泥质黑陶。足壁外撇。足壁饰两周凹弦纹。足径6、残高2.8厘米（图一五二，18）。H607①:21，泥质陶外红内黑。足壁外弧。足壁饰三周凹弦纹。足径11、残高3.6厘米（图一五二，22）。

（92）H608

① 灰坑情况

位置：在T3132东部。

层位关系：开口在第3层下，打破第4层。

形制大小：为长方形，斜壁，平底。坑口长118、宽78、坑底长110、宽70、深22厘米（图一五〇，2）。

② 出土器物

出土标本：3件。有陶钵、骨珠、玉佩。

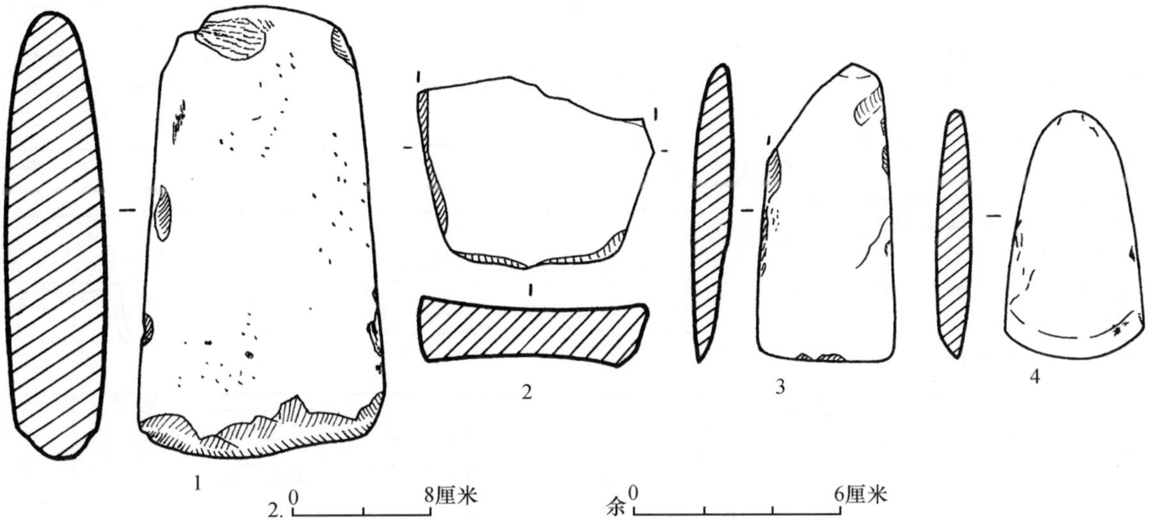

图一五一　H571、H607 出土石器

1. 石斧坯（H607①:2）　2. 砺石（H607①:3）　3. 残石锛（H607①:1）　4. 小石锛（H571:1）

陶器

陶钵　1件（H608:1）。泥质红衣陶，口沿内外又绘黑彩。敞口，尖圆唇，深弧腹，小平底。唇内外连饰一周带状黑彩纹。口径22.4、底径5.4、高10厘米（图一五二，7；彩版七，3）。

其他

骨珠　1串约1175颗（H608:2）。由或黑或白的小骨管至少1175颗组成，小骨管切割后两端都磨平。骨管外径约0.5、内径约0.2、长0.2～0.6厘米（在湖北省博物馆展出；彩版七，1）。

玉佩　1件（H608:3）。玉质翠绿色。扁平长梯形，近顶部有一圆形小穿孔。素面。长4.8、顶宽1、下宽1.4、厚0.4厘米（在湖北省博物馆展出，形制大小类似H473:1；彩版七，1）。

2. 大早三段的灰沟

（1）G1

① 灰沟情况

位置：在T12东部，部分压在东隔梁内。

层位关系：开口在第3层下，打破第4层、第4下层、生土。

形制大小：为不规则四边形。长90、宽74、深66厘米。

② 出土器物

出土标本：2件。有石斧、陶矮圈足。

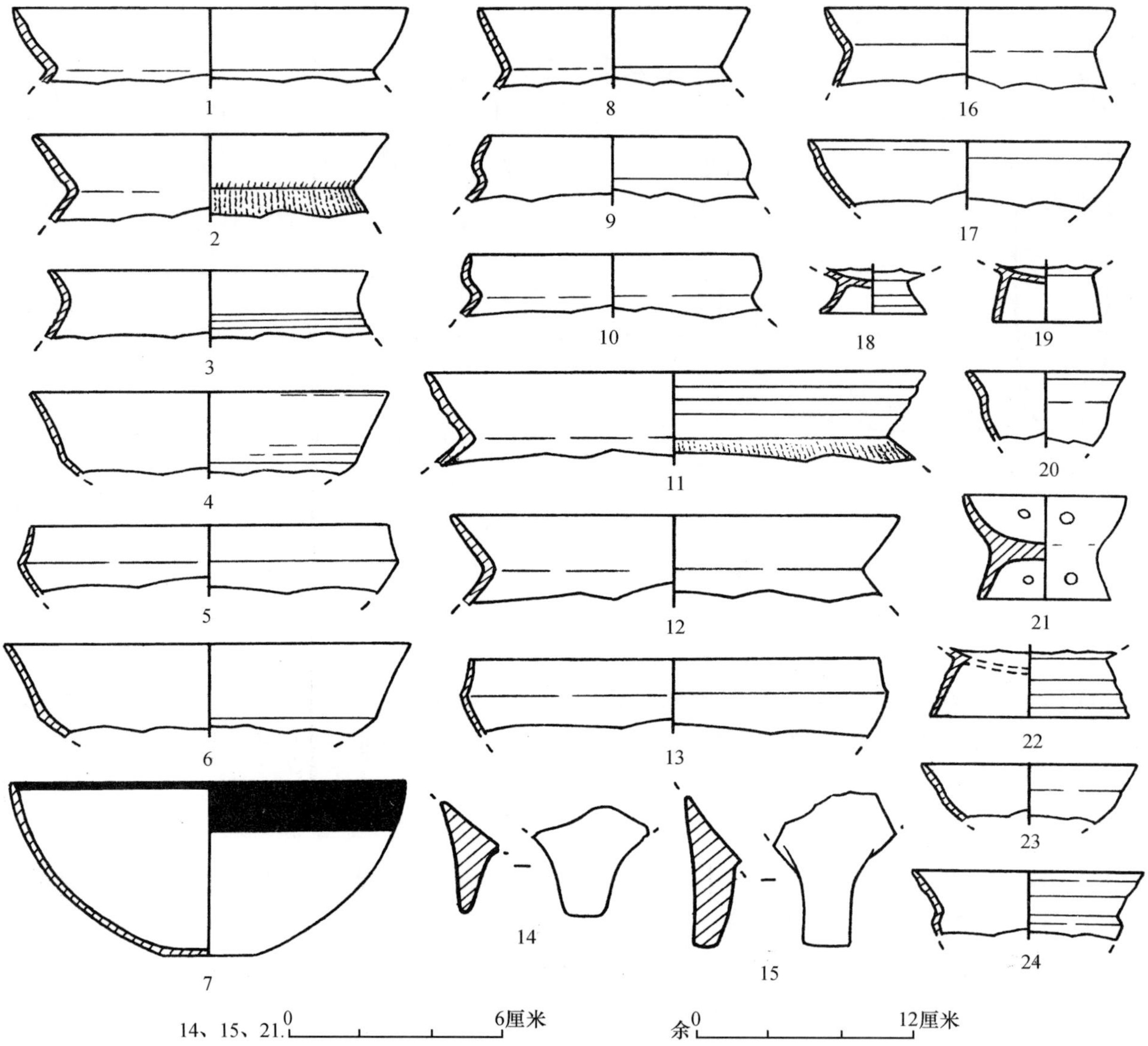

图一五二　H547、H575、H607①层、H608 出土陶器

1、16. 凹折沿罐（H607①:24、H607①:25）　2、11. 折沿罐（H575:2、H607①:4）　3. 束颈罐（H607①:51）　4、6. 卷沿盘（H607①:18、H607①:8）　5、13. 内折沿簋（H607①:27、H547:2）　7. 陶钵（H608:1）　8. 斜颈罐（H575:1）　9、10. 曲颈罐（H607①:5、H607①:26）　12. 弧折沿罐（H547:1）　14、15. 鸭嘴状小鼎足（H607①:31、H607①:30）　17. 侈口碗（H547:3）　18、19、22. 矮圈足（H607①:20、H575:3、H607①:21）　20、23、24. 折腹碗（H607①:19、H607①:7、H607①:6）　21. 玩具小碗（H607①:9）

石器

石斧　1件（G1:1）。横长方形，顶打制，皆斜面，两面、两边为原弧面，弧刃，有使用痕，不锋利。残长7.8、宽9.6、厚3.1厘米（图一五三，3）。

陶器

矮圈足　1件（G1:2）。泥质红陶。上部已残，仅剩矮圈足和圜底，足壁外弧。足饰两个并列为一组的小圆镂孔，共四组。足径9、残高2.9厘米（图一五四，6）。

（2）G2

① 灰沟情况

位置：在T21西部。

层位关系：开口在第3层下，打破第4层、第5层。

形制大小：为近直长条形。残长350、宽70、深40～50厘米。

② 出土器物

出土标本：4件。有石斧和陶敞口碗、支座。

石器

石斧　2件。G2∶2，扁弧长梯形，弧顶两面打制。两面皆原弧面，一面有三处片疤。两边皆扁弧原面，都有打制片疤。弧刃两面磨光，一端已残，仍锋利。长13.8、宽6.6、厚2.7厘米（图一五三，4）。G2∶3，厚薄不一近长三角形，弧顶两面打制，窄面薄。两面皆原面，一面近平，另一面中下部外凸，两面都有片疤。两边皆扁弧原面，都有打制片疤。弧刃一面打制，另面磨制，锋利。长12.5、宽6.6、厚3.3厘米（图一五三，2）。

陶器

敞口碗　1件（G2∶1）。泥质陶外红内黑，器表及器内上部施红衣。敞口，尖圆唇，浅弧腹，圜底下附矮圈足，足壁外斜。素面。口径17、底径10.4、高5.2厘米（图一五四，8；图版四九，3）。

支座　1件（G2∶4）。夹砂红陶。下部已残，顶面内凹，中间有一凹圆孔，由三根平行划纹和戳点分为四等分。高颈下部内束，并又起一周圆凸棱，凸棱一侧还有一方块形凸块。器身一面内凹无纹，另面在凸棱方块下是内空的竖带状把手，但把手多已残。颈下凸棱饰一周圆戳点，器身也由划纹和戳点组成图案。残高12.6厘米（图一五四，4）。

（3）G71（包括原G72）

① 灰沟情况

位置：在T3334中部。

层位关系：开口在第3A层下，打破H390、H408、H410；被H607打破。

形制大小：半环形浅沟。残长约300、宽10～30、深15～20厘米。

② 出土器物

出土标本：7件。有石斧和陶折沿罐、弧折沿罐、弧折沿小罐、子母口簋、支座。

石器

石斧　2件。G71∶4（原G72∶3），扁弧近梯形，斜弧顶两面打制，两面、两边皆原光滑弧面，弧刃两面磨制，有使用缺口，仍锋利。长11、宽6.3、厚2.6厘米（图一五三，1）。G71∶5（原G72∶4），长条状砾石加工而成，弧顶两面打制，两面有打制片疤，两边琢打扁弧形，刃部两面磨制但大部已残。残长16.8、宽7.5、厚3.5厘米（图一五三，5）。

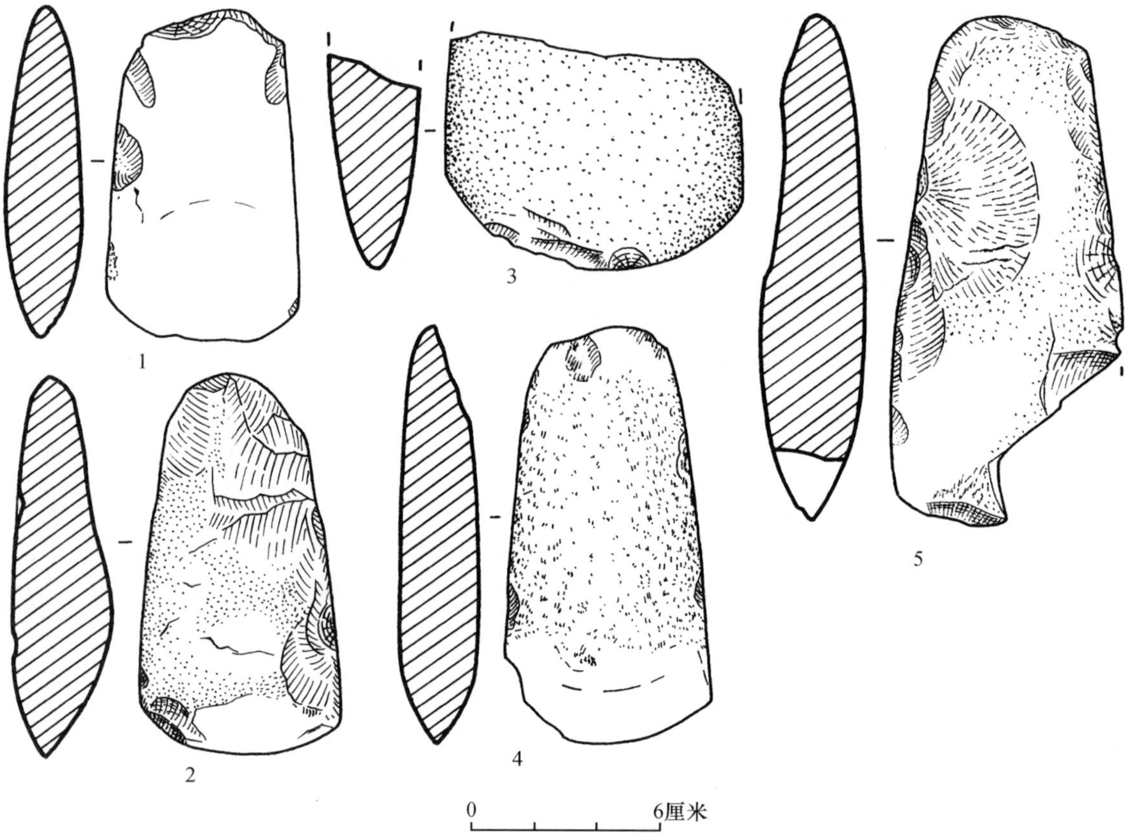

图一五三　G1、G2、G71 出土石斧

1. G71∶4　2. G2∶3　3. G1∶1　4. G2∶2　5. G71∶5

陶器

折沿罐　1 件（G71∶6，原 G72∶1）。夹草末红陶，内沿施浅红衣。侈口，束颈，宽折沿，尖圆唇，斜弧肩已残。外沿两周凹弦纹加一周凹槽，肩饰竖绳纹。口径 24、残高 5.8 厘米（图一五四，3）。

弧折沿罐　1 件（G71∶1）。夹炭红陶，内沿施浅红衣。侈口，束颈，折沿，沿面微上弧，尖圆唇，斜弧肩，腹可能较深但已残。束颈处一周带状凸棱，肩饰竖绳纹。口径 18、残高 6.6 厘米（图一五四，1）。

弧折沿小罐　1 件（G71∶2）。夹草末红陶。侈口，束颈，弧折沿，弧肩已残。素面。口径 12.6、残高 3.4 厘米（图一五四，5）。

子母口簋　1 件（G71∶7，原 G72∶2）。泥质陶外红内黑。敛口，内折沿，尖圆唇直立又呈子母口，弧折腹内收，已残。素面。口径 18、残高 2.6 厘米（图一五四，7）。

支座　1 件（G71∶3）。夹砂夹蚌红陶，属有纹内空倾斜型，下部已残。残高 12.8 厘米（图一五四，2）。

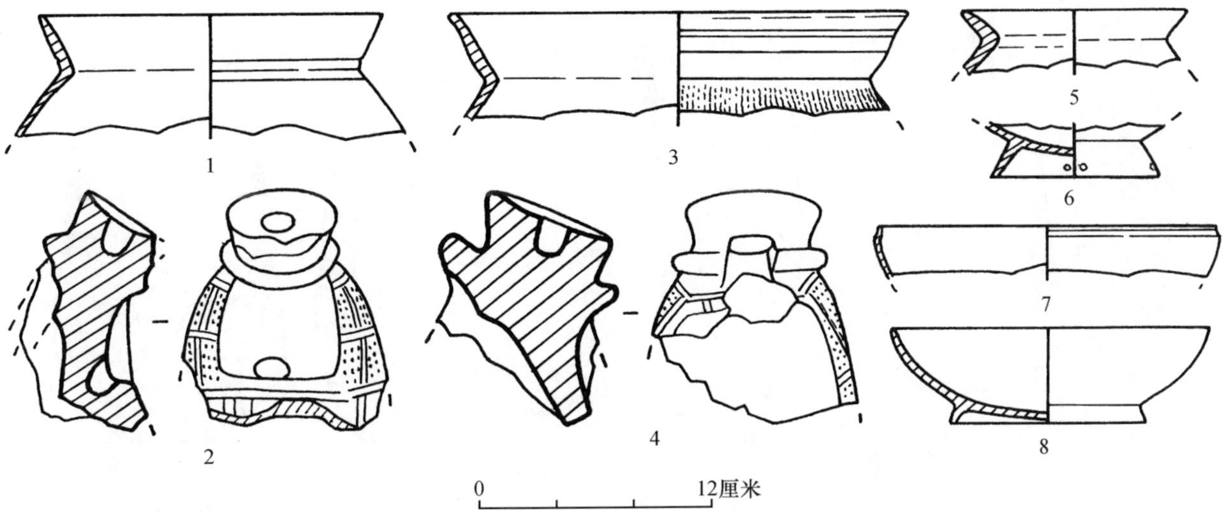

图一五四　G1、G2、G71 出土陶器

1. 弧折沿罐（G71∶1）　2、4. 支座（G71∶3、G2∶4）　3. 折沿罐（G71∶6）　5. 弧折沿小罐（G71∶2）　6. 矮圈足（G1∶2）　7. 子母口簋（G71∶7）　8. 敞口碗（G2∶1）

3. 大早三段的地层单位

（1）T10③层

标本4件。有残石斧、圭形石凿、凹折沿陶罐和束颈陶罐。

石器

残石斧　1件（T10③∶2）。砾石块，灰色，打制。顶部至刃一角已残，扁弧近梯形，两面皆原弧面，侧边也原弧边，弧刃为两原面夹角，稍两面打制，不锋利。残长15.2、残宽9、厚4厘米（图一五五，2）。

圭形石凿　1件（T10③∶9）。椭圆形小砾石，青色，顶部打制，刃两边磨制。扁弧长条形，弧顶单面打制，成薄刃状，两面皆砾石原弧面，两边上部扁弧也为原面，下部对磨成角刃甚锋利。长9.6、宽3.1、厚1.7厘米（图一五五，4）。

陶器

凹折沿陶罐　1件（T10③∶36）。泥质黄陶。侈口，束颈，折沿微凹，圆唇内卷使内沿起圆凸棱，肩下已残。素面。口径28、残高3厘米（图一五七，1）。

束颈陶罐　1件（T10③∶37）。泥质黄陶，部分脱落，露出灰胎。侈口，束颈，尖唇，斜沿下卷没有折棱，溜肩，鼓腹较深，但已残。素面。口径24、残高4.4厘米（图一五七，2）。

（2）T12②层和T12③层

标本5件。均为石器，有石斧、残石斧、石斧坯和小石锛。

石斧　1件（T12②∶2）。砾石，青色。较薄近长方形，斜顶大部为原面，较高处两面打制，两面皆原面都有打制疤痕，已近平，两边磨平且平行，弧刃两面磨制，尚不锋利。长9.2、宽6.3、厚2.3厘米（图一五五，5）。

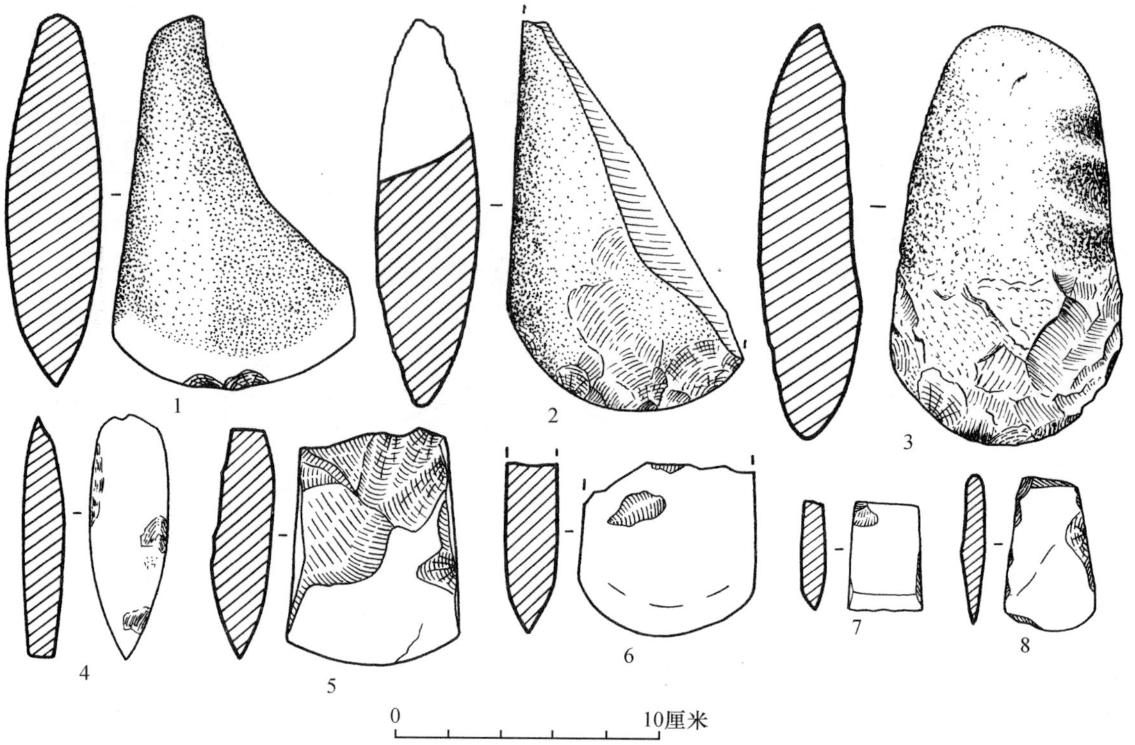

图一五五　T10③层、T12②层、T12③层、T12④层出土石器

1、2、6. 残石斧（T12③:6、T10③:2、T12③:3）　3. 石斧坯（T12③:4）　4. 圭形石凿（T10③:9）　5. 石斧（T12②:2）　7. 小石锛（T12②:22）　8. 小石斧（T12④:7）

残石斧　2件。T12③:6，砾石，青色。原为较厚两面皆弧近梯形，但顶部一角已残，两边琢后再磨平，皆凹下外斜，弧刃两面磨制，有使用痕，较锋利。长14.4、宽9.3、厚3.7厘米（图一五五，1）。T12③:3，石片，青灰色。顶已残，原为扁平近长方形，两面已磨平，另面打制已平但留大片疤，两边磨制，一边已平、另外尚斜，圆弧刃，两面磨制，锋利。残长6.7、宽6.7、厚2厘米（图一五五，6）。

石斧坯　1件（T12③:4）。石核，青灰色。薄厚不一长椭圆形，两面皆原面稍打制，但一面仍不平，中间为原面凸棱，两边修直皆薄刃状，弧顶一面打制，弧刃两面打制且对称，但不锋利。长16.4、宽8.9、厚4厘米（图一五五，3）。

小石锛　1件（T12②:22）。石，灰白色。通体磨光，扁平呈长方形，平顶，两侧边磨平，两面磨制光滑，单面平刃，有使用痕迹。长4.3、宽2.8、厚1厘米（图一五五，7）。

（3）T12④层

标本33件。有石锄、残石斧、小石斧、小石球和陶凹折沿罐、弧折沿小罐、斜颈罐、曲颈罐、折腹碗、敞口碗、斜腹碗、黑顶钵、直口盘、敛口盘、圜底碟、甑箅、小器座、矮圈足、器盖纽。

石器

石锄　5件。T12④:27，石片，青灰色，打制，石坯近梯形，一面为原面光滑近平，另一面破裂面不平，中间有凸棱，弧顶两边修直，单面打制，斜弧刃，有使用缺口。长15、宽8.6、厚3厘米（图一五六，3）。T12④:30，石片，暗红色砾石，原打制石片，未作加工。扁薄椭圆形，两面一面为光滑原平面，另一面破裂面一侧厚、器边薄，故石片已成为弧刃，弧顶和长弧边，顶部两边皆可作刃使用。长15.5、宽9.6、厚2.3厘米（图一五六，2）。T12④:38，石片，灰褐色，仅打制。扁薄近梯形，一面为原面光滑较平，背面为如图破裂面，有疤痕处稍厚，顶及一边都甚薄，刃部有缺口，不及薄边锋利。长15.4、宽8.7、厚2.5厘米（图一五六，1）。T12④:40，石片，黑色，没有进一步加工原石片。如图，背面为原砾石，有疤痕处较厚为刀顶，刀刃为另一边，甚薄且锋利，是为宽平刃，是图横看为弧顶平刃刀。长13.8、宽8.5、厚2.2厘米（图一五六，4）。T12④:44，石核，青麻色，打制。厚薄不一近长方形，原面光滑但不平，破裂面近平，除刃部一面稍打制外，未见进一步打制痕迹。残长15、宽11.1、厚4厘米（图一五六，5）。

残石斧　3件。T12④:1，石片，象牙白。平薄近梯形，斜弧顶，单面打制，呈薄刃状，两面原石和破裂面都打平，两边磨平，但一边仍不平有缺口，弧刃两面磨制不对称，刃一边有打击痕，甚锋利。长9.2、宽6.4、厚1.9厘米（图一五六，10）。T12④:5，砾石，青色，扁弧近梯形但刃已残，弧平顶，两弧面，两斜边，皆砾石原面都不平，刃两面磨制，使用后已残。残长10.9、宽6.2、厚2.7厘米（图一五六，6）。T12④:21，石片，青灰色，通体磨光，有疤痕。上部已残断，仅剩刃部，呈扁平梯形，顶残，两面磨平，两边皆有磨制痕，弧刃两面磨制且对称，很锋利。残长5、宽5.7、厚1.3厘米（图一五六，8）。

小石斧　2件。T12④:7，石片，青灰色，仅打制。扁平呈梯形，平顶，两侧边修直，两面为原面，光滑近平，另面破裂面较平，弧刃单面打制较锋利。长6、宽3.5、厚1厘米（图一五五，8）。T12④:24，石片，白色（石皮深黄色，石芯夹黄色）打制。较薄呈梯形，弧顶，两面修后仍不平，都保留局部原黄色石面，两边修直皆薄刃状，弧刃单面打制较锋利。长6.6、宽4.2、厚1.4厘米（图一五六，7）。

小石球　1件（T12④:10）。灰色有红斑点，自然形成。近圆形，使用后一边已残缺。直径5.4厘米（图一五六，9）。

陶器

凹折沿罐　3件。T12④:20，泥质红陶，外施深红衣，近紫红色。侈口，束颈，宽凹沿如敞口碗，但口内折沿无棱已抹平，圆唇，弧肩，腹已残。外口下一周凹弦。口径20、残高5.6厘米（图一五七，14）。T12④:93，夹炭红陶，器表施深红衣，基本脱落。侈口，束颈，折沿，尖圆唇，弧肩，鼓腹下已残。素面。口径18.5、残高6厘米（图一五七，13）。T12④:97，夹炭褐陶，器表红衣泛黑色，器内浅红色无红衣。侈口，束颈，宽沿微内凹，尖圆唇，弧肩，鼓腹已下残。素面。口径31、残高11.4厘米（图一五七，9）。

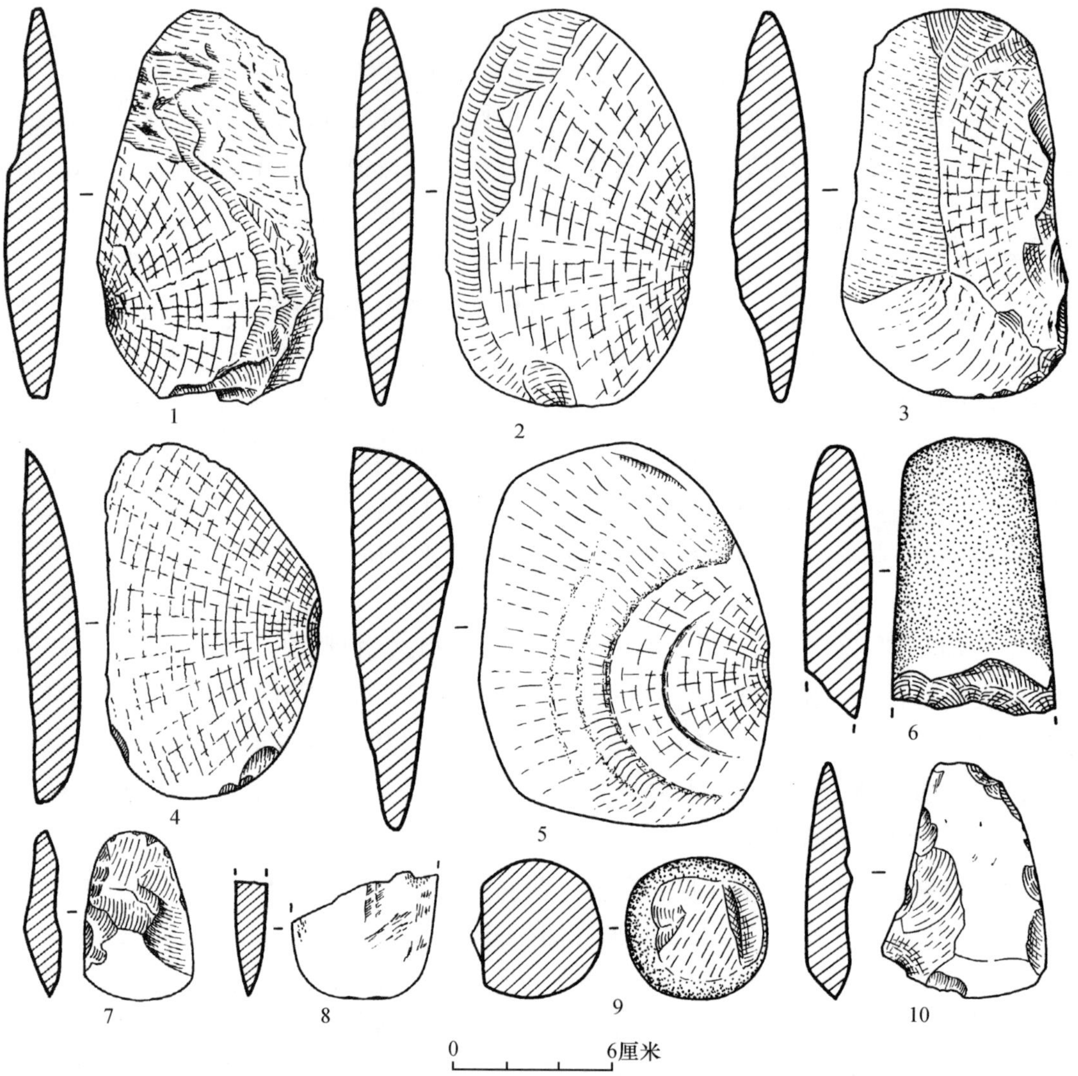

图一五六　T12④层出土石器

1～5. 石锄（T12④:38、T12④:30、T12④:27、T12④:40、T12④:44）　6、8、10. 残石斧（T12④:5、T12④:21、T12④:1）　7. 小石斧（T12④:24）　9. 小石球（T12④:10）

弧折沿小罐　1件（T12④:16）。夹炭和草末红陶，泛黄。侈口，束颈，卷沿，沿面上弧，尖圆唇，斜肩，鼓腹，腹下已残。素面。口径13.6、残高4.6厘米（图一五七，24）。

斜颈罐　1件（T12④:9）。夹炭红陶，外壁、内沿施鲜红衣。侈口，折沿外斜，尖圆唇，束颈，弧肩，腹已残。素面。口径18、残高5厘米（图一五七，12）。

曲颈罐　1件（T12④:19）。夹炭外黑内浅红，器内浅红近灰，外表黑衣易脱落，手制，有修整痕。直口微敛，曲沿内凹外弧，扁圆唇，束颈，广弧肩已残。颈部修整痕如不等距凹弦，肩部黑衣下有竖细绳纹。口径22、残高5.4厘米（图一五七，3）。

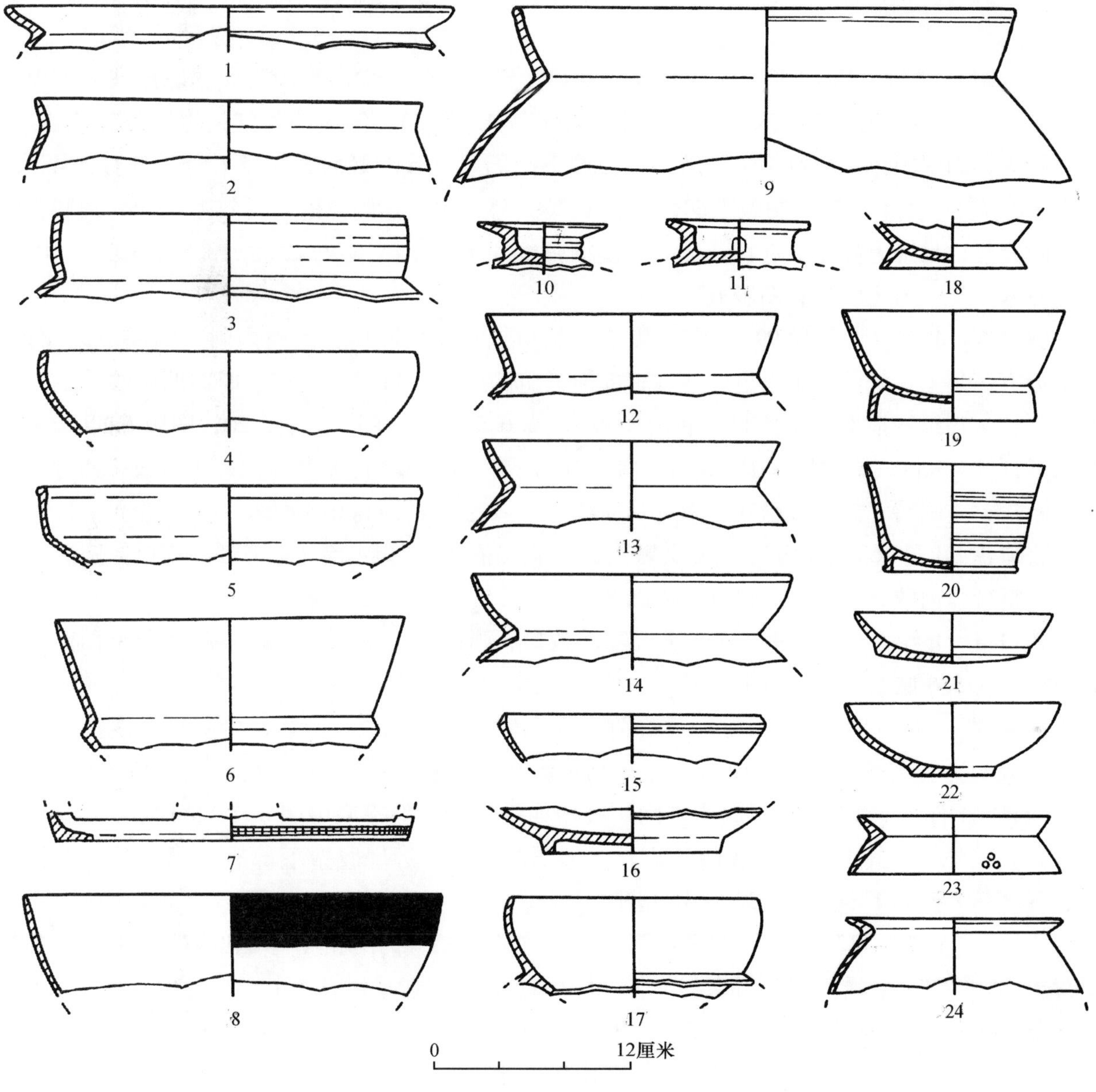

图一五七　T10③层、T12④层出土陶器

1、9、13、14. 凹折沿罐（T10③:36、T12④:97、T12④:93、T12④:20）　2. 束颈罐（T10③:37）　3. 曲颈罐（T12④:19）　4. 敛口盘（T12④:96）　5. 直口盘（T12④:11）　6. 折腹碗（T12④:95）　7. 甑箅（T12④:65）　8. 黑顶钵（T12④:66）　10、11、17. 器盖纽（T12④:90、T12④:14、T12④:91）　12. 斜颈罐（T12④:9）　15、19、22. 敞口碗（T12④:33、T12④:85、T12④:83）　16、18. 矮圈足（T12④:100、T12④:42）　20. 斜腹碗（T12④:99）　21. 圜底碟（T12④:81）　23. 小器座（T12④:94）　24. 弧折沿小罐（T12④:16）

折腹碗　1 件（T12④: 95）。泥质红陶，内外施深红衣，局部已脱落。敞口，尖唇，宽沿上外斜，折腹下收，腹下部已残。素面。口径 21.6、残高 8.4 厘米（图一五七，6；图版五三，2）。

敞口碗　3 件。T12④: 33，泥质灰陶。敞口，窄沿外斜，尖唇，浅弧腹，底已残。上腹两周凹弦。口径 16、残高 3 厘米（图一五七，15）。T12④: 83，泥质陶外红内黑，外表施红衣，大多脱落，内壁黑色。敞口，尖圆唇，浅弧腹下附圈足已残。素面。口径 13.5、底径 5.4、高 4.6 厘米（图一五七，22；图版五四，1）。T12④: 85，泥质黑陶。敞口，斜弧腹，尖圆唇，圜底下附圈足，足壁上外弧下近直。足上饰模糊弦纹和不清晰戳点纹。口径 13.8、底足径 10.4、高 7 厘米（图一五七，19；图版五三，6）。

斜腹碗　1 件（T12④: 99）。泥质黑陶。敞口近直，尖圆唇，深腹内斜，圜底下附圈足，足壁近直，足上端外凸，足根也外凸。腹部饰三组凹弦纹，每组二、三、四周凹弦纹，足上六组戳点纹，每组两横点。口径 11、底足径 8.3、高 6.9 厘米（图一五七，20；图版五四，2）。

黑顶钵　1 件（T12④: 66）。泥质红陶，外口下一周约 3.5 厘米甚宽黑彩带状纹，而称黑顶钵。敞口，方圆唇，深弧腹已残。未见其他纹饰。口径 26、残高 6.3 厘米（图一五七，8）。

直口盘　1 件（T12④: 11）。夹炭黑陶，外施黑衣，局部脱落而显斑驳。直口，圆唇，粗直颈，折腹弧内收，下已残。口下一周凹弦。口径 24、残高 5.3 厘米（图一五七，5）。

敛口盘　1 件（T12④: 96）。夹炭褐陶。敛口，弧腹，尖圆唇，弧腹下已残。素面。口径 23.4、残高 5.6 厘米（图一五七，4）。

圜底碟　1 件（T12④: 81）。泥质红陶，器表局部泛黑斑块。敞口，尖圆唇，浅弧腹下附假圈足成圜平底。素面。口径 12.4、高 3.2 厘米（图一五七，21；图版五七，5）。

甑箅　1 件（T12④: 65）。泥质红陶。残器如平底盘，但平底中间一个大箅孔（似圆形），器壁近直稍外斜，其中也有平底凹孔痕，上部形制不明。近底腹壁下部有一周小长方形拍印纹，甚规整。残高 1.6、底径 22 厘米（图一五七，7）。

小器座　1 件（T12④: 94）。泥质红陶，内外施深红衣，部分脱落，手制，有修整痕。器如折沿罐上部，侈口，束颈，尖唇，圈足外斜，足根如尖圆唇。近足根有三个一组的粗戳点纹三点成品字形，残片，不知有几组。口径 13.4、残高 3.7 厘米（图一五七，23；图版五七，1）。

矮圈足　2 件。T12④: 42，泥质陶外红内黑，足内、外壁施鲜红衣、内黑，足内有不等距同心圆痕。口沿残，弧腹圜底下附矮圈足，足壁外弧。足外底部数周凹弦纹。足径 9.2、残高 3 厘米（图一五七，18）。T12④: 100，夹炭黑陶。残存器底和矮圈足，大圜底近平，矮圈足壁近直稍内敛。素面。足径 10.8、残高 3 厘米（图一五七，16）。

器盖纽　3 件。T12④: 14，夹炭浅红陶，外施深红衣。仅存盖纽残块，纽如直壁矮圈足，宽足根外斜倒置，盖盘全残。足壁饰方形镂孔，似三个。纽径 9、残高 2.9 厘米（图一五七，11）。T12④: 90，泥质陶外红内黑，器表红色多泛黑块，盖盘底为黑色。纽面部平中凹，不连圆柱体，纽面中央一凹孔直通圆柱体，但不与盖盘通，盖盘已残。纽圆柱饰两周凸棱纹。纽径 8、残高 3 厘米（图一五七，10）。T12④: 91，泥质陶外红内黑，红衣少部分脱落，泛有黑色条状。此残片宽形很轻，上部可能为敛口钵，尖圆唇，弧腹较深，似圜底已残，下附可能为大圈足，足径可能大于口径，且可能足较高，敛口钵外红内黑，外壁深红衣有黑条、内黑，大圈足足外弧，但大部残。未见纹饰。纽径15.4、残高6.2厘米（图一五七，17）。

（4）T20④层

标本仅1件。为比网坠大，比石锚又小的凹槽石器。

凹槽石器　1件（T20④:10）。扁平锥形小砾石，中上部琢一周凹槽，似便于系绳之用，但用途不明。长12.8、下宽7.2、厚4.5厘米（图一五九，6；图版五二，5）。

（5）T20⑤层

标本15件。有圭形石凿和陶折沿罐、斜颈罐、束颈罐、内折沿盘、残圈足盘、矮圈足、小器座、支座及器盖纽。

石器

圭形石凿　1件（T20⑤:22）。石片，青色夹黑斑点。通体磨制。残顶斜平，两面稍磨平，但仍有凹疤痕，两边磨平，并向下弧收成角状。残长6.6、宽3.2、厚1.2厘米（图一五九，10）。

陶器

折沿罐　1件（T20⑤:26）。夹炭红陶。侈口，宽折沿，尖圆唇，束颈，弧肩，腹已残。素面。口径28、残高6厘米（图一五八，1）。

斜颈罐　1件（T20⑤:7）。夹炭红陶，内沿、外表施红衣，多脱落。直口外斜，矮颈，广弧肩，腹已残。素面。口径14.4、残高5.4厘米（图一五八，5）。

束颈罐　1件（T20⑤:31）。夹炭黄陶。侈口，卷沿，厚圆唇，束颈，溜肩，腹已残。内沿面有数周同心圆划痕，素面。口径28、残高3.8厘米（图一五八，2）。

内折沿盘　2件。T20⑤:23，夹炭红陶，内外施深红衣，部分已脱落。敛口，内折沿，内呈尖圆唇，外起圆凸棱，矮颈内斜，折腹弧内收，下已残。素面。口径24、残高4厘米（图一五八，3）。T20⑤:32，夹炭红陶，内沿下、外表施鲜红衣，但内大部已脱落。敛口，弧沿内折外起凸棱，尖圆唇，矮颈，折弧腹内收，底已残。素面。内口径21、残高4.2厘米（图一五八，6）。

残圈足盘　1件（T20⑤:13）。泥质红陶，内外施红衣，部分已脱落。仅剩残圜底和残圈足，圈足粗大，但壁近直稍内斜，足壁下部已残。素面。残高2.6厘米（图一五八，7）。

矮圈足　2件。T20⑤:34，夹炭红陶，足内、外表施浅红衣，部分已脱落，器内无衣近黄色。上部已残，仅剩矮圈足和圜底残片，足壁内直外呈折棱。素面。足径7.2、残高2.4厘米（图一五八，11）。T20⑤:3，夹炭黑陶。上部已残，仅剩圈足和圜底，足壁近直，稍内弧，足根方圆唇状。足外底可见三周同心弦纹，素面。足径14.7、残高5.4厘米（图一五八，8）。

小器座　2件。T20⑤:24，泥质红陶，内外施鲜红衣。残片可复原，全器如侈口，束颈，溜肩罐这一部分，肩下和口沿一样皆尖圆唇，中空。素面。口径15.4、足径13.6、高3.9厘米（图一五八，13；图版五五，4）。T20⑤:25，泥质红陶，内外施鲜红衣。残片可复原，全器

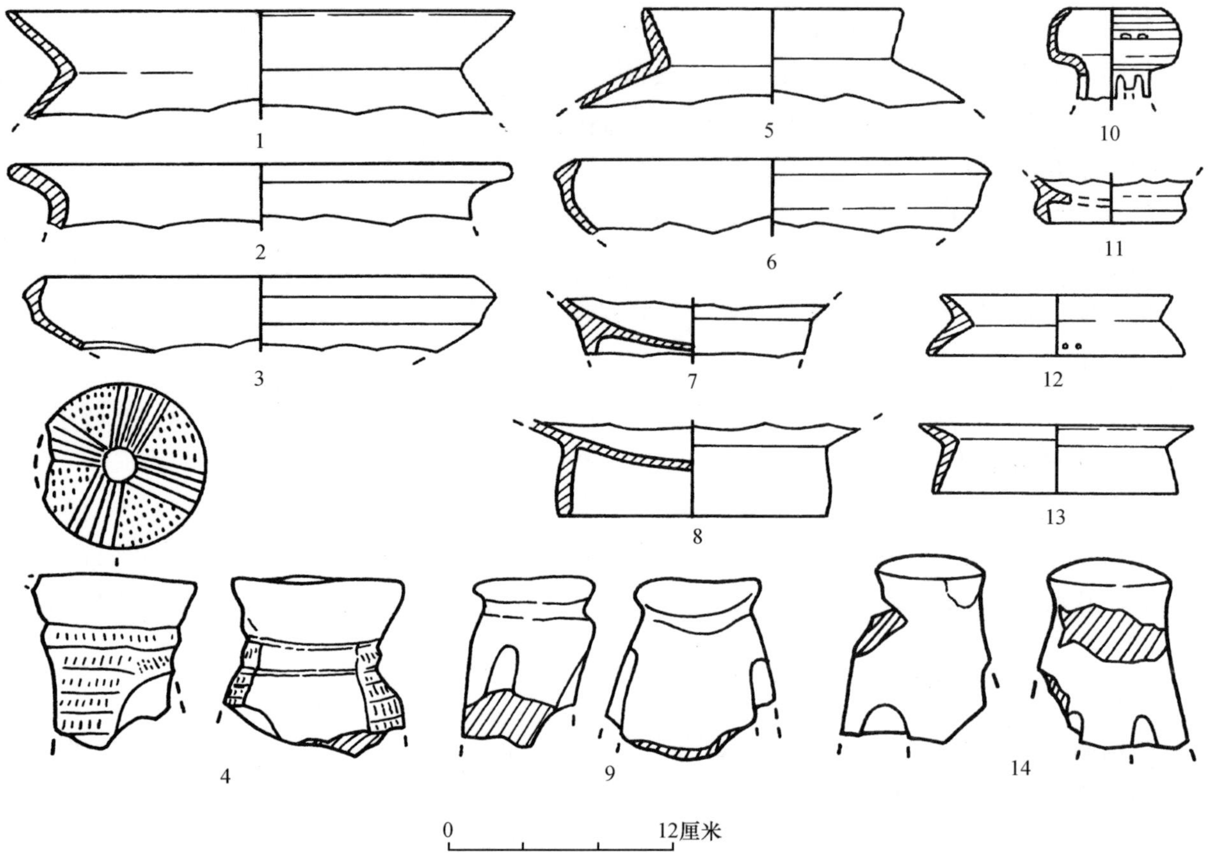

图一五八　T20⑤层出土陶器

1. 折沿罐（T20⑤:26）　2. 束颈罐（T20⑤:31）　3、6. 内折沿盘（T20⑤:23、T20⑤:32）　4、9、14. 支座（T20⑤:18、T20⑤:16、T20⑤:17）　5. 斜颈罐（T20⑤:7）　7. 残圈足盘（T20⑤:13）　8、11. 矮圈足（T20⑤:3、T20⑤:34）　10. 器盖纽（T20⑤:6）　12、13. 小器座（T20⑤:25、T20⑤:24）

如侈口，束颈，弧肩罐这一部分，肩下与口沿一样皆尖圆唇。下座饰两个并列为一组的戳点纹。口径12.8、足径14.2、高3.4厘米（图一五八，12；图版五六，5）。

支座　3件。夹砂红陶，皆属实心素面直立型。T20⑤:16、T20⑤:17、T20⑤:18，残高分别为10、10.8、9.8厘米（图一五八，9、14、4）。

器盖纽　1件（T20⑤:6）。泥质红陶，器表施深红衣，但部分已脱落。盖纽如圈足豆，中空，盖盘已残。残纽上部五周宽凹弦纹、并加两点一组的戳印纹，纽把上两组镂孔，每组两个长方形镂孔。纽径7.4、残高5.2厘米（图一五八，10）。

（6）T21③层（包括T21③下层1件）

标本14件。有石斧、小石锛、砺石、陶纺轮和陶凹折沿罐、侈口碗、内折沿碗、外折沿盆、斜腹小盆、筒形大器座、矮圈足。

石器

石斧　1件（T21③:53）。砾石，灰色。宽扁近梯形，但顶部和刃部都已残一角，弧顶单面打制，较薄两面皆光滑原微弧面，但都有打制片疤，两边磨平皆外斜，弧刃两面磨制，甚锋利。长10.7、宽8.2、厚2厘米（图一五九，5）。

小石锛　1件（T21③:54）。扁弧长条小砾石，青色。顶已残，扁弧腹长梯形，残顶斜平，两面皆微弧光滑原面，两边磨平，稍外斜近平行，斜刃微弧，单面磨制有使用痕，仍锋利。残长5.4、宽3.8、厚1.4厘米（图一五九，7）。

砺石　1件（T21③下:44）。不规则形砾石，红色砂岩。长条状不规则形，有多面磨砺面。长24、高10、厚11.6厘米（图一五九，11）。

陶器

陶纺轮　1件（T21③:58）。泥质灰陶。扁薄两面平，角边型，但角边近直。素面。直径4.2、孔径0.4、厚1.05厘米（图一六〇，15）。

凹折沿罐　2件。T21③:61，泥质红陶。侈口，束颈，折沿内凹外弧，尖唇，斜弧肩已残。外颈有指按压印痕。口径21、残高3.6厘米（图一六〇，2）。T21③:63，夹砂和草末外黑内灰。侈口，束颈，深凹沿，尖圆唇，斜弧肩，腹已残。素面。口径18、残高5.4厘米（图一六〇，1）。

侈口碗　1件（T21③:56）。泥质黑陶。侈口，凹沿外折，凹沿面中部一周凹槽，小方唇，深弧腹近直，下腹已残。素面。口径16、残高3.8厘米（图一六〇，10）。

内折沿碗　2件。T21③:55，泥质磨光黑陶。敛口，内折沿，尖唇，浅折腹弧内收，下腹已残。素面。口径16、残高2.8厘米（图一六〇，7）。T21③:57，泥质灰陶。口微敛，窄沿内折近直，尖唇，折腹弧内收，底已残。口下两周近平行凹弦。口径17、残高2.4厘米（图一六〇，8）。

外折沿盆　1件（T21③:59）。泥质陶外黑内黄，胎较薄。敞口，弧沿外折，方圆唇，深弧腹近直，下腹已残。素面。口径24、残高2.1厘米（图一六〇，16）。

斜腹小盆　1件（T21③:60）。泥质灰陶。敞口，窄平沿，沿面中间一周小凸棱，尖唇，深斜腹，腹下部弧折内收，底已残。外沿下饰一周凸弦纹，腹下部一周凹弦纹。口径22、残高5.7厘米（图一六〇，5）。

筒形大器座　1件（T21③:7）。夹炭红陶，外施深红衣。中部已残难全复原，直口，尖圆唇，大筒腹，腹壁稍内斜，中空。上、中、下三组平行凹弦纹，中、下组之间加饰交叉镂孔纹。口径26、圈足径24、复原高约22.5厘米（图一六〇，20）。

矮圈足　2件。T21③:62，泥质褐陶。仅存残底和矮圈足残块，矮壁外弧。素面。口径10.6、残高1.7厘米。T21③:10，泥质灰陶。残存矮圈足和圜底，足壁相对较高，足壁外弧，足根扁圆外凸成台状。足饰五个圆形镂孔。足径10.6、残高4.2厘米。

（7）T21③A层

标本17件。有石斧、小石锛、圭形石凿和陶弧折沿罐、斜颈罐、粗颈彩陶罐、曲颈彩陶瓮、子母口碗、器盖盘、小器座、小鼎足及矮圈足。

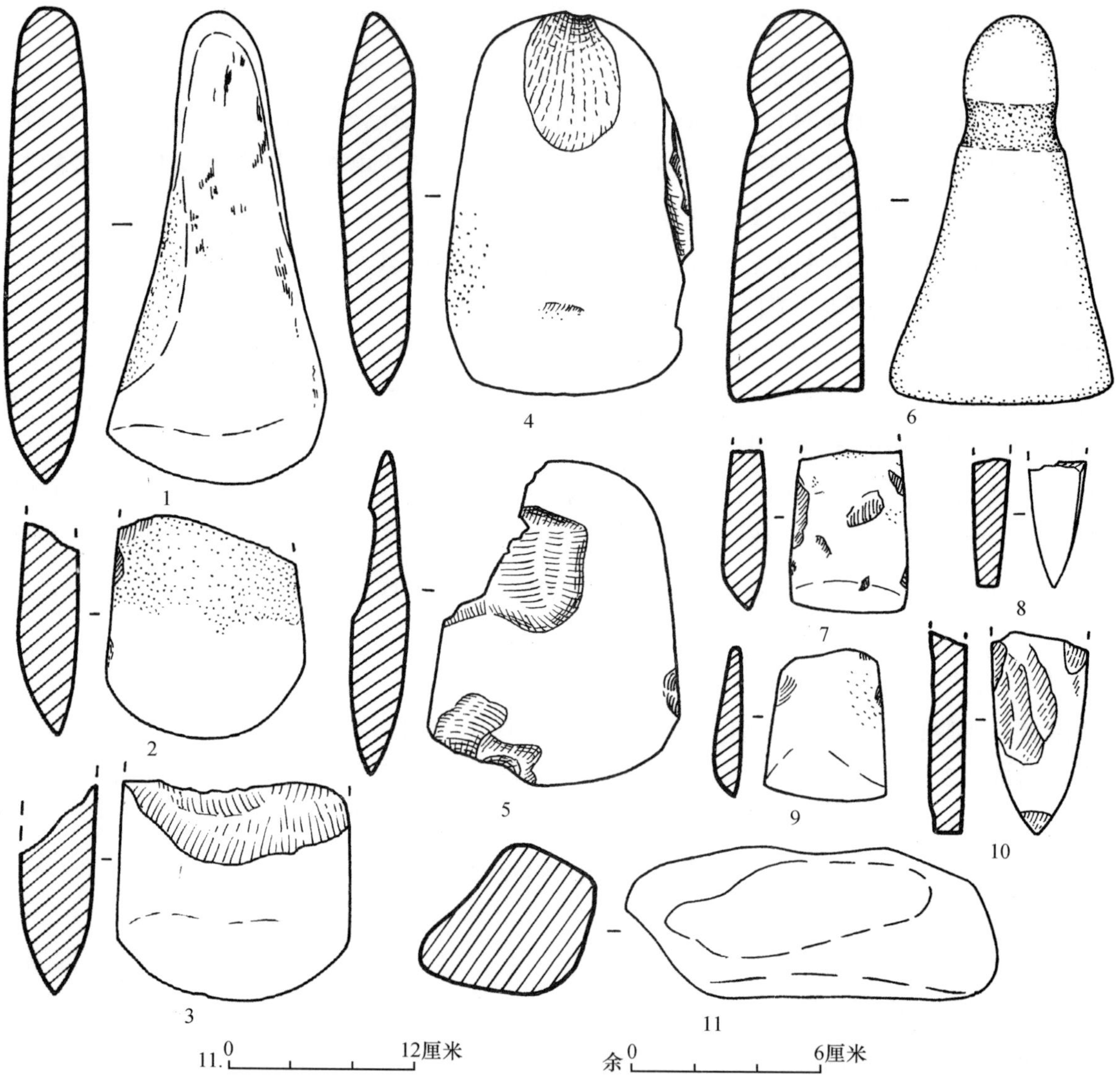

图一五九　T20④层、T20⑤层、T21③层、T21③下层、T21③A 层出土石器

1～5. 石斧（T21③A:67、T21③A:66、T21③A:65、T21③A:64、T21③:53）　6. 凹槽石器（T20④:10）　7、9. 小石锛（T21③:54、T21③A:69）　8、10. 圭形石凿（T21③A:68、T20⑤:22）　11. 砺石（T21③下:44）

石器

石斧　4 件。T21③A:64，砾石，灰色。扁弧近梯形，弧顶为原面，一面有打制片疤，两面皆原面，一面为弧面光滑，另一面中部大片疤制成平面，两边皆有磨平痕，弧刃两面磨制，不锋利。长 12.5、宽 8、厚 2.6 厘米（图一五九，4；图版五一，4）。T21③A:65，砾石，灰色。较厚近长方形，顶部残，两面皆原面近平，两边磨平近平行，弧刃两面磨制，较锋利。残长 7.2、宽 7.7、厚 2.5 厘米（图一五九，3）。T21③A:66，扁平长砾石，青色。顶部已残，扁平近梯形，两面微弧近平，两边皆外斜，一琢平，另一面打制成尖薄状，圆弧刃两面磨制，十分锋利。残长 7.3、宽 6.5、厚 2 厘米（图一五九，2）。T21③A:67，近三角形长条砾石，黑

色。上部近圆柱形，下部近三角形，圆弧顶，两凹弧边和两弧平面都是原砾石光滑面，圆弧刃两面磨制近对称，十分锋利。长15.5、宽7.1、厚2.7厘米（图一五九，1；图版五一，5）。

小石锛 1件（T21③A:69）。小石片，灰色。扁弧近小梯形，斜平顶磨制，两面一面为光滑原弧面，另一面磨制，上部微凹，凹面多疤痕，两边磨平，皆外斜且不对称，斜弧刃，较锋利。长5、宽4、厚1厘米（图一五九，9）。

圭形石凿 1件（T21③A:68）。石，青色，通体磨光。上部已残，仅剩角状刃下部，两面磨平，两边下部对磨成角刃。残长4.3、宽1.8、厚1.2厘米（图一五九，8）。

陶器

弧折沿罐 1件（T21③A:75）。泥质浅红陶，外沿有脱落浅红衣痕。侈口，束颈，宽沿外折微上弧，方唇外斜使口外起凸棱，斜弧肩已残。素面。口径20、残高4.2厘米（图一六〇，3）。

斜颈罐 1件（T21③A:76）。泥质浅红陶。侈口，束颈，折沿外斜近直，沿面微凹，扁圆唇，斜弧肩已残。外口下一周凹弦纹，使口沿呈扁圆唇，肩部似有竖绳纹，已模糊。口径18、残高4.4厘米（图一六〇，4）。

粗颈彩陶罐 1件（T21③A:24）。夹炭红陶。外表、内沿施红衣。直口，直颈，尖唇，弧肩，扁弧腹内收下已残。颈上、下、肩中部、上腹都绘黑彩带状花纹。口径19、残高10.4厘米（图一六〇，18）。

曲颈彩陶瓮 1件（T21③A:77）。夹炭红陶。小直口，尖圆唇，直颈稍内斜，广弧肩，腹已残。颈、肩之间绘一周黑彩带状纹。口径11、残高4厘米（图一六〇，6）。

子母口碗 1件（T21③A:78）。夹炭红陶。敛口，内卷沿，沿外一周凹槽使口沿呈圆唇，浅弧腹内收，腹下已残。素面。口径22、残高4.2厘米（图一六〇，17）。

器盖盘 1件（T21③A:74）。泥质红陶，外表施红衣。盖纽已残，盖盘浅弧，口唇呈内折沿也残。素面。盖径18、残高2.6厘米（图一六〇，9）。

小器座 2件。T21③A:18，夹炭红陶。侈口，束颈，弧肩但已到底，内空，上、下口沿皆尖圆唇。底沿一周有三个对称的圆镂孔，镂孔下又有六组戳印纹，每组三个圆点戳印纹并列。口径13.2、底径14.6、高3.8厘米（图一六〇，12；图版五七，2）。T21③A:71，夹炭红陶，外表施红衣。侈口，束颈，弧肩但已到底，内空，上、下口沿皆尖圆唇。底沿一周有三个圆点一组的戳印纹。口径12、底径14、高3.5厘米（图一六〇，11）。

小鼎足 1件（T21③A:70）。泥质陶外红内黑，外表施深红衣。残存盘下部弧腹和残圜底，以及底下片状呈倒梯形残足，但足根已残。残足上部有五个成一横排戳印纹。残高3.2厘米（图一六〇，19）。

矮圈足 2件。T21③A:73，泥质陶外红内黑，外表施深红衣。仅剩圜底和矮圈足残片，矮壁外弧。素面。足径9.6、残高2.1厘米（图一六〇，13）。T21③A:72，泥质红陶，外表施红衣。残存残底和矮圈足残片，矮足较粗，矮壁外弧近直。残足壁上有两个上、下为一组戳印纹。足径12、残高2.5厘米（图一六〇，14）。

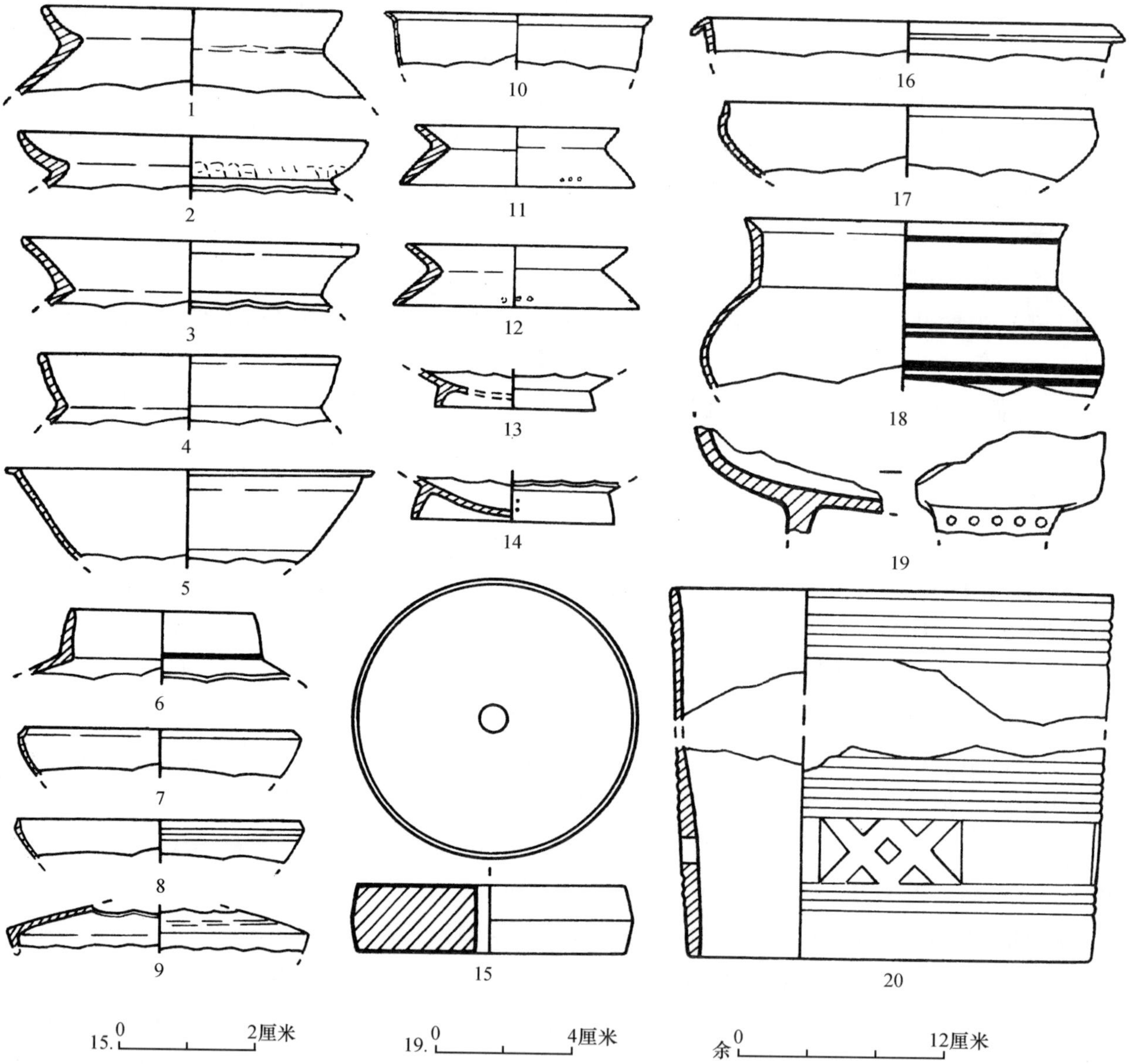

图一六〇　T21③层、T21③A 层出土陶器

1、2. 凹折沿罐（T21③:63、T21③:61）　3. 弧折沿罐（T21③A:75）　4. 斜颈罐（T21③A:76）　5. 斜腹小盆（T21③:60）　6. 曲颈彩陶瓮（T21③A:77）　7、8. 内折沿碗（T21③:55、T21③:57）　9. 器盖盘（T21③A:74）　10. 侈口碗（T21③:56）　11、12. 小器座（T21③A:71、T21③A:18）　13、14. 矮圈足（T21③A:73、T21③A:72）　15. 陶纺轮（T21③:58）　16. 外折沿盆（T21③:59）　17. 子母口碗（T21③A:78）　18. 粗颈彩陶罐（T21③A:24）　19. 小鼎足（T21③A:70）　20. 筒形大器座（T21③:7）

（8）T22③A层

标本10件。有圭形石凿和陶凹折沿罐、折沿罐、折沿罐彩陶片、内折沿小篮、鸭嘴状小鼎足、支座及矮圈足。

石器

圭形石凿　1件（T22③A∶9）。小砾石，黑色。扁平长三角形，弧顶为砾石光滑面，两面也为砾石光滑面，但又有磨痕，两边磨平，下部对磨成角刃。长10.4、宽3.4、厚1.3厘米（图一六四，7）。

陶器

凹折沿罐　2件。T22③A∶7，夹炭红陶，外壁、内沿有浅红衣痕。侈口，宽折沿，沿面微凹，外沿面四周近平行不等距凹弦纹，使沿面呈多叠层，尖圆唇，斜弧肩，深腹已残。肩饰竖绳纹。口径24、残高6.6厘米（图一六一，4）。T22③A∶14，夹炭黑陶。侈口，束颈，宽折沿微凹，尖唇，斜肩已残。素面。口径19、残高3.9厘米（图一六一，6）。

折沿罐　1件（T22③A∶13）。泥质陶外红内灰，外壁施浅红衣，内沿也有红衣痕。侈口，束颈，宽折沿，尖圆唇，斜肩已下残。肩部饰竖细绳纹。口径32、残高5厘米（图一六一，8）。

折沿罐彩陶片　1件（T22③A∶12）。夹炭红陶，外施深红衣，内沿面红中泛黑有浅红图案，但图案已不清晰。残片为折沿罐口沿。残长4.6厘米（图一六一，18）。

内折沿小篮　1件（T22③A∶8）。泥质陶外红内黑，外表施浅红衣。敛口，凹弧沿内折，小方唇，折腹弧内收，肩已残。素面。口径12、残高3.6厘米（图一六一，13）。

鸭嘴状小鼎足　1件（T22③A∶10）。夹炭黄陶，胎甚薄，匀称。仅剩腹部和一小鸭嘴状小鼎足。腹饰细绳纹较粗，足有细竖细纹痕。残高4厘米（图一六一，11）。

支座　1件（T22③A∶11）。夹砂红陶。属有纹实心倾斜型。残高12厘米（图一六一，12）。

矮圈足　2件。T22③A∶15，泥质灰陶。残存圈足残片，底已上残，足较高但不粗，足壁近直稍外斜。足饰凹弦纹三周及上下两个小圆镂孔的纹饰多组。足径10、残高3.6厘米（图一六一，14）。T22③A∶16，泥质红陶，内、外施浅红衣。残存圈足和圜底残片，圜底近平，足径较粗也较高，足壁外斜。足饰三周凹弦纹并饰三组大圆孔和三组两个上下的小圆孔两种纹饰。足径12、残高3.8厘米（图一六一，10）。

（9）T23③层

标本10件。有石锄和陶凹折沿罐、弧折沿罐、敛口卷沿小罐、侈口碗、矮圈足及片状小鼎足。

石器

石锄　1件（T23③∶63）。石片，青色。打制。扁薄梯形，两面一为原面甚平，另一打制面中部稍厚，顶及两边皆较薄，顶两边已修直（顶斜直），弧刃两面打制，甚钝，不锋利。长12、宽7.4、厚2厘米（图一六四，2）。

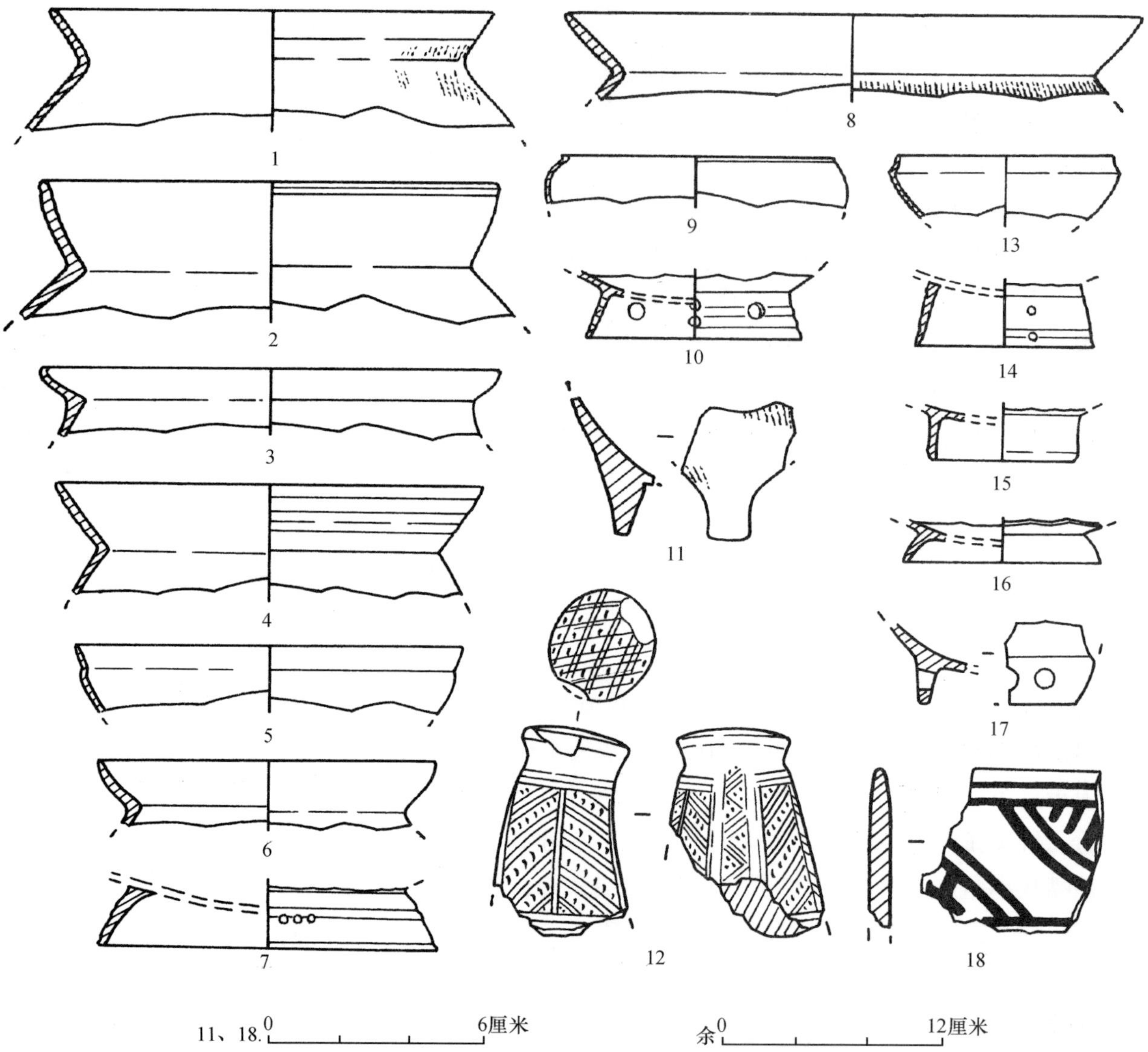

图一六一　T22③A层、T23③层出土陶器

1. 弧折沿罐（T23③: 58）　2～4、6. 凹折沿罐（T23③: 57、T23③: 54、T22③A: 7、T22③A: 14）　5. 侈口碗（T23③: 59）　7、10、14～16. 矮圈足（T23③: 55、T22③A: 16、T22③A: 15、T23③: 62、T23③: 61）　8. 折沿罐（T22③A: 13）9. 敛口卷沿小罐（T23③: 60）　11. 鸭嘴状小鼎足（T22③A: 10）　12. 支座（T22③A: 11）　13. 内折沿小簋（T22③A: 8）　17. 片状小鼎足（T23③: 23）　18. 折沿罐彩陶片（T22③A: 12）

陶器

凹折沿罐　2件。T23③: 54，泥质灰陶。侈口，束颈，凹沿似盘口，方唇，斜肩，腹已残。素面。口径26、残高4厘米（图一六一，3）。T23③: 57，夹炭褐陶，外表、内沿施红衣。侈口，宽折沿微凹，外沿下一周凹槽而呈圆唇，束颈，斜弧肩，腹已残。素面。口径26、残高8.2厘米（图一六一，2）。

弧折沿罐　1件（T23③: 58）。夹细砂黄陶。侈口，束颈，卷沿，尖圆唇，弧肩，鼓腹已残。颈下、肩上饰已抹糊竖绳纹，外沿又饰一二周不全凹弦纹。口径25、残高7.2厘米（图一六一，1）。

敛口卷沿小罐　1件（T23③:60）。泥质黑陶。敛口，窄平沿外卷，尖唇，束颈，鼓肩，弧腹内收，底已残。素面。口径15、残高2.9厘米（图一六一，9）。

侈口碗　1件（T23③:59）。泥质陶外红内黑，外表、内沿施鲜红衣。敞口，宽斜沿，尖圆唇，鼓肩，斜弧腹内收，底残。素面。口径22、残高3.9厘米（图一六一，5）。

矮圈足　3件。T23③:55，夹炭陶外红内灰，器表施深红衣。仅剩圈足和大圜底残块，足壁外弧。足面三层折棱，圈足上三周深凹弦，第二周凹弦下又有多组戳印纹，每组三个戳圆点。足径19、残高3.4厘米（图一六一，7）。T23③:61，夹炭红陶，外施鲜红衣。仅剩矮圈足和圜底残块，足壁外弧。素面。足径11、残高2.3厘米（图一六一，16）。T23③:62，泥质陶外红内灰，外施浅红衣。仅剩圈足和圜底残块，足壁近直稍中凹，近足根又内弧折。素面。足径8、残高3.2厘米（图一六一，15）。

片状小鼎足　1件（T23③:23）。夹炭红陶，外施鲜红衣。属片状倒梯形小鼎足。足上饰有两个以上圆镂孔。残高4.8厘米（图一六一，17）。

（10）T28③层

标本24件。有石斧和陶凹折沿罐、折沿罐、折沿小罐、斜颈罐、曲颈瓮、小口高领瓮、子母口簋、内折沿簋、侈口碗、折腹碗、残小器座、矮圈足。

石器

石斧　2件。T28③:18，石，深褐色。器体为长方形，顶部未修平，两侧边已修直，两面皆原面，但一面又已修打，单面打制弧刃，局部已磨光，但不锋利。长14.7、宽7、厚3.2厘米（图一六四，4）。T28③:65，石，灰色。器体为扁宽形，弧顶，弧边，斜弧刃，较锋利。长12.2、宽7.3、厚2.5厘米（图一六四，8）。

陶器

凹折沿罐　2件。T28③:7，夹炭红陶。侈口，束颈，折沿，尖唇，弧肩，腹已残。素面。口径22、残高4.2厘米（图一六二，21）。T28③:74，夹炭和草末红陶，内沿施鲜红衣。侈口，束颈，宽沿微凹，折沿上仰而成盘口，广弧肩，腹已残。肩饰竖粗绳纹。口径26、残高4.6厘米（图一六二，4）。

折沿罐　1件（T28③:77）。泥质红陶。侈口，束颈，宽折沿，尖圆唇，肩已残。素面。口径24、残高4.2厘米（图一六二，5）。

折沿小罐　1件（T28③:11）。泥质红陶。侈口，束颈，斜沿，尖唇，弧肩，腹已下残。肩至腹饰竖细绳纹。口径15、残高4.3厘米（图一六二，10）。

斜颈罐　3件。T28③:6，夹炭褐陶。侈口，束颈，宽折沿内凹，方圆唇外斜，广弧肩已残。沿外壁饰两周宽带凹弦，肩上残存戳点纹。口径26、残高6厘米（图一六二，3）。T28③:10，夹炭红陶，外表、内沿施红衣。直口外斜，粗颈较短，尖圆唇，广弧肩，腹已残。素面。口径19、残高5.5厘米（图一六二，1）。T28③:13，夹炭褐陶，外表施红衣，已脱落。直口外斜，粗矮颈，尖圆唇，广弧肩，腹已残。素面。口径 14、残高 4.8 厘米（图一六二，2）。

曲颈瓮　1 件（T28③：81）。泥质黄陶。盘口，凹沿外鼓直立，束颈，广弧肩，弧腹内收，但已残。素面。口径 15、残高 5.2 厘米（图一六二，16）。

小口高领瓮　1 件（T28③：76）。泥质红陶，外表、内颈施深红衣。直口微敞，方唇，矮直颈稍外斜，广肩，腹已残。素面。口径 12、残高 4.4 厘米（图一六二，9）。

子母口簋　2 件。T28③：9，泥质陶外红内黑。子母口，内折沿上附扁圆唇，腹弧内收，下腹已残。素面。口径 23、残高 5.2 厘米（图一六二，7）。T28③：17，泥质陶外红内黑，外施红衣。子母口，凹窄沿内折，圆唇上立，折腹较深弧内收，已残。素面。口径 21、残高 5 厘米（图一六二，19）。

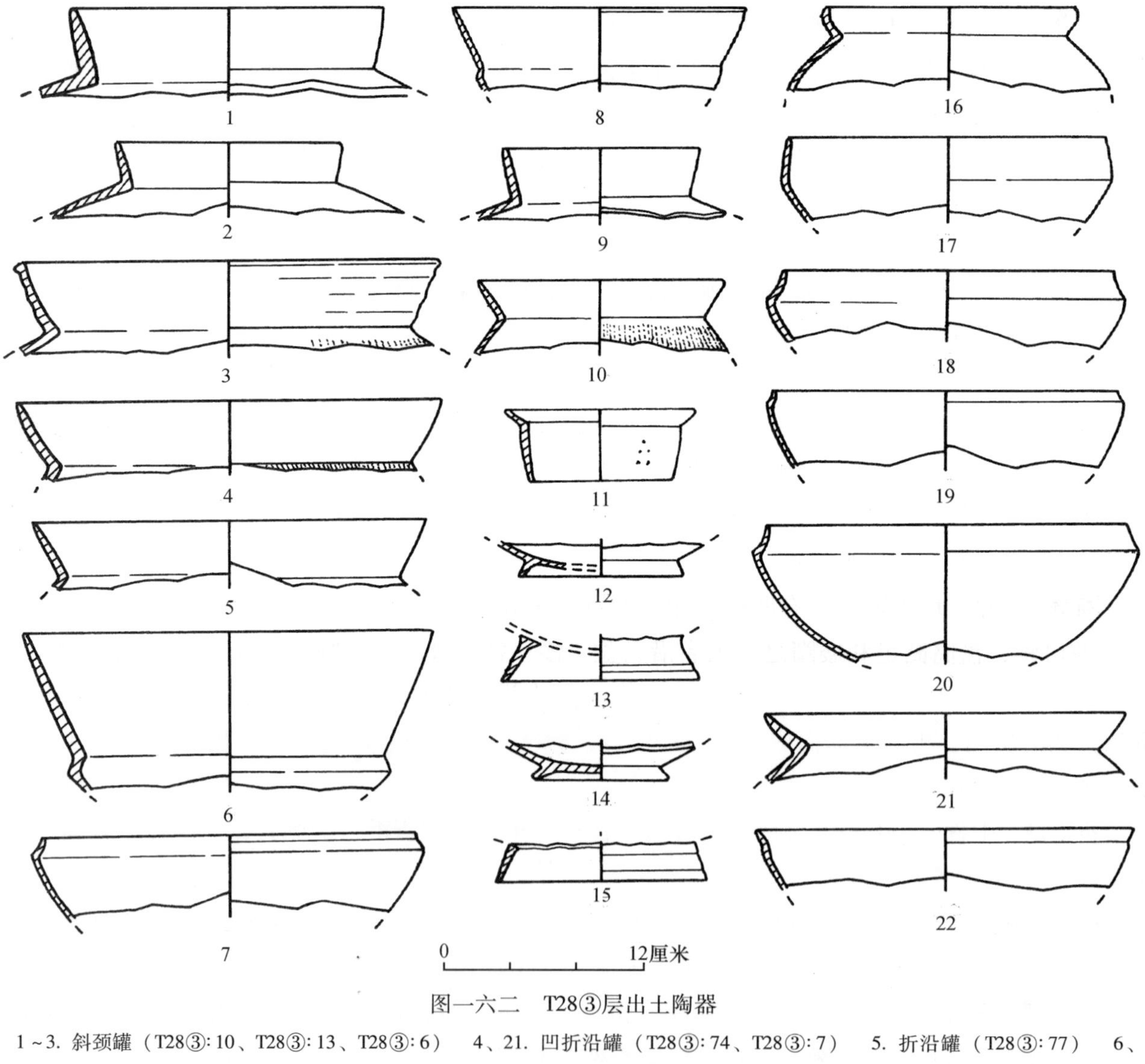

图一六二　T28③层出土陶器

1～3. 斜颈罐（T28③：10、T28③：13、T28③：6）　4、21. 凹折沿罐（T28③：74、T28③：7）　5. 折沿罐（T28③：77）　6、8. 折腹碗（T28③：20、T28③：16）　7、19. 子母口簋（T28③：9、T28③：17）　9. 小口高领瓮（T28③：76）　10. 折沿小罐（T28③：11）　11. 残小器座（T28③：19）　12～15. 矮圈足（T28③：8、T28③：79、T28③：12、T28③：80）　16. 曲颈瓮（T28③：81）　17、18、20. 内折沿簋（T28③：75、T28③：78、T28③：14）　22. 侈口碗（T28③：15）

内折沿簋　3件。T28③:14，泥质陶外红内黑，外施深红衣。子母口，尖圆唇，竖沿弧凹折肩，弧腹内收，底已残。素面。口径22、残高8.6厘米（图一六二，20）。T28③:75，泥质陶外红内黑，外表、口内上部施红衣。敛口，内折沿，尖圆唇，折弧腹内收，底已残。素面。口径19、残高5.4厘米（图一六二，17）。T28③:78，泥质陶外红内黑，外表施深红衣。子母口，尖圆唇（即直口，粗矮颈中束），折腹内收，底残。素面。口径20、残高4.5厘米（图一六二，18）。

侈口碗　1件（T28③:15）。泥质红陶，外表、内沿施红衣。敞口，扁圆唇外卷，束颈，浅弧腹下收已残。素面。口径23、残高3.8厘米（图一六二，22）。

折腹碗　2件。T28③:16，泥质陶外红内黑，外施鲜红衣。敞口，尖唇，高颈外侈，浅弧腹，腹下已残。唇下饰一周凹弦纹。口径18、残高5厘米（图一六二，8）。T28③:20，泥质红陶，外表、内沿施红衣。敞口，宽沿外侈成高领，尖唇，扁折腹内收，但已残。素面。口径25、残高10厘米（图一六二，6）。

残小器座　1件（T28③:19）。夹炭红陶，内外施红衣。直口，唇已残，足根外撇。座身上饰四组圆点状戳印纹，每组5个戳点，下面1个、上面4个。足径11.6、残高4.4厘米（图一六二，11；图版五五，3）。

矮圈足　4件。T28③:8，泥质陶外红内黑，外表施深红衣。仅剩矮小圈足，足根外撇。素面。足径10、残高2.2厘米（图一六二，12）。T28③:79，泥质红陶。上部已残，仅剩圈足残块，足壁外斜。足下部饰两周凹弦纹。足径12、残高2.8厘米（图一六二，13）。T28③:80，泥质红陶，内外施红衣。上部已残，仅剩圈足残块，足壁外斜。足壁中部两周凸棱纹，而使圈足呈三叠层。足径13、残高2.3厘米（图一六二，15）。T28③:12，泥质灰陶。上部残，仅剩矮小圈足残片，足根外撇。素面。足径8、残高2.3厘米（图一六二，14）。

（11）T28③A下层（包括T28③下层）

标本20件。均为陶器，有凹折沿罐、凹折沿小罐、折沿罐、折沿凹肩小罐、斜颈罐、曲颈瓶、敛口碗、盘高圈足和矮圈足、内卷沿大盆、侈口盆、弧肩小器座、器盖纽、矮圈足。

凹折沿罐　1件（T28③下:29）。夹炭红陶，内沿施深红衣。侈口，宽沿微内凹，尖圆唇，束颈，肩下已残。素面。口径28、残高5.2厘米（图一六三，5）。

凹折沿小罐　1件（T28③A下:38）。泥质红陶。侈口，折沿内凹，尖唇，束颈，弧肩，鼓腹，下已残。素面。口径13、残高3.6厘米（图一六三，12）。

折沿罐　1件（T28③A下:36）。夹炭红陶，内沿施深红衣。侈口，宽折沿上仰，尖圆唇，束颈，肩下已残。口沿上部饰两周凹弦纹。口径26、残高5.1厘米（图一六三，6）。

折沿凹肩小罐　1件（T28③A下:33）。泥质红陶，外表、内沿施深红衣。侈口，束颈，折沿，尖圆唇，小斜肩，深腹内斜近直，下已残。素面。口径12、残高4.1厘米（图一六三，11）。

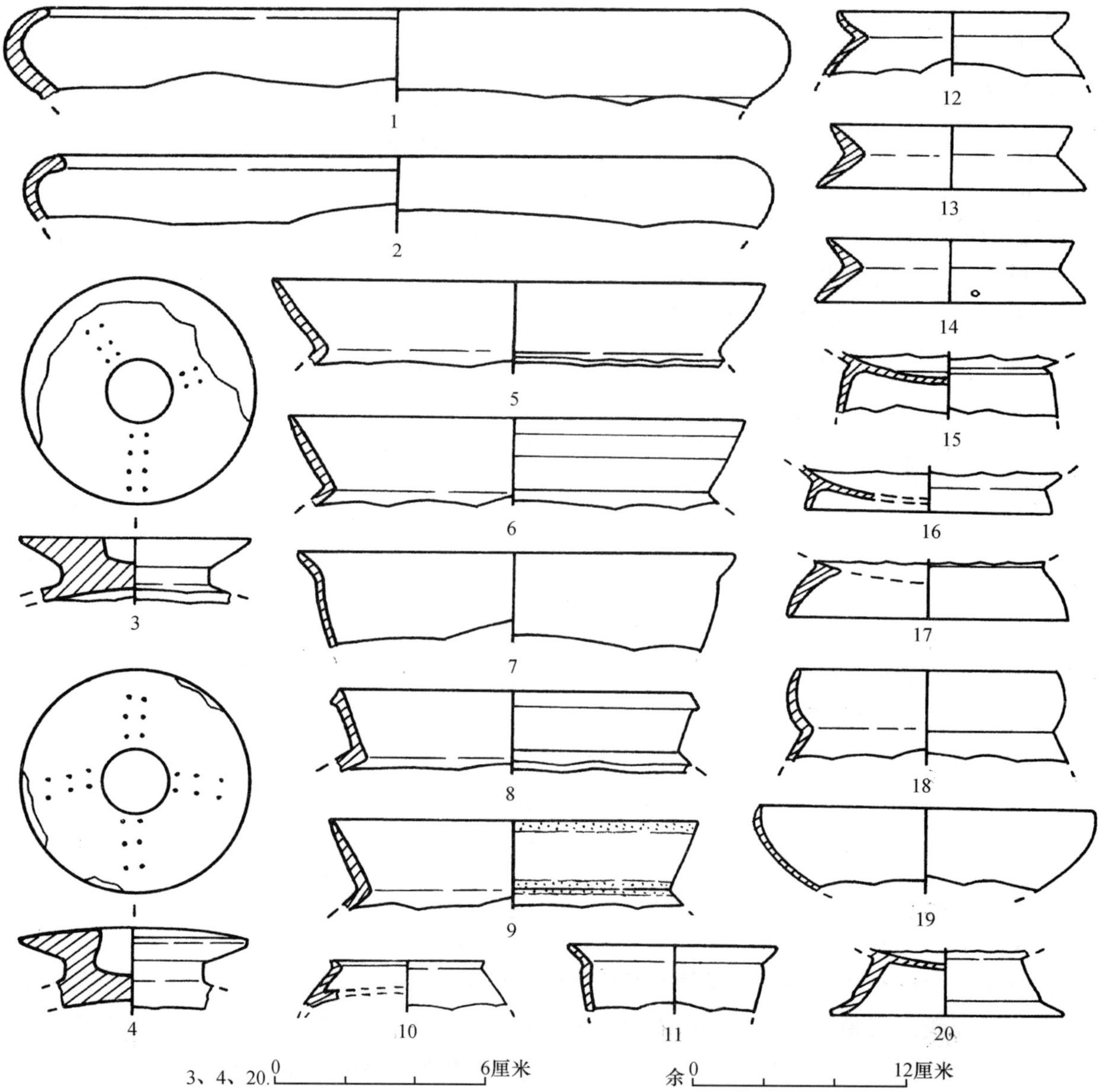

图一六三　T28③下层、T28③A 下层出土陶器

1、2. 内卷沿大盆（T28③下∶27、T28③下∶25）　3、4、10. 器盖纽（T28③下∶26、T28③A 下∶32、T28③下∶23）　5. 凹折沿罐（T28③下∶29）　6. 折沿罐（T28③A 下∶36）　7. 侈口盆（T28③A 下∶37）　8、9. 斜颈罐（T28③A 下∶31、T28③下∶28）　11. 折沿凹肩小罐（T28③A 下∶33）　12. 凹折沿小罐（T28③A 下∶38）　13、14. 弧肩小器座（T28③A 下∶1、T28③下∶21）　15. 盘高圈足（T28③A 下∶40）　16. 盘矮圈足（T28③下∶24）　17、20. 矮圈足（T28③A 下∶34、T28③A 下∶39）　18. 曲颈瓶（T28③A 下∶35）　19. 敛口碗（T28③下∶22）

斜颈罐　2 件。T28③下∶28，夹炭红陶，沿外只在唇、颈各施一条红衣。侈口，束颈，宽折沿，尖唇，弧肩已残。唇沿下和肩颈之间各饰一周宽带状红衣。口径 21、残高 5.2 厘米（图一六三，9）。T28③A 下∶31，夹炭红褐陶。直口外侈，窄沿外斜，圆唇，粗矮颈，广肩但已

残。素面。口径20、残高4.9厘米（图一六三，8）。

曲颈瓶　1件（T28③A下：35）。泥质红陶，外表施红衣。侈口，束颈，宽沿内凹成矮颈，尖圆唇，溜肩，深腹已残。素面。口径15、残高5.4厘米（图一六三，18）。

敛口碗　1件（T28③下：22）。泥质陶外红内黑。敛口，尖圆唇，浅弧腹内收，底已残。素面。口径19、残高5厘米（图一六三，19）。

盘高圈足　1件（T28③A下：40）。泥质陶外红内黑。上部残，仅剩圜凹底附粗大残圈足，足上部起凸折，再向下内收，根残。素面。直径12.6、残高3.8厘米（图一六三，15）。

盘矮圈足　1件（T28③下：24）。泥质红陶，外表施深红衣。仅剩粗矮圈足，足根微内弧，似盘矮圈足。素面。足径14、残高2.4厘米（图一六三，16）。

内卷沿大盆　2件。T28③下：25，夹炭红陶，外表、内口施深红衣。敛口，圆唇，扁弧腹斜内收，但下已残。未见纹饰。内口径39、残高4厘米（图一六三，2）。T28③下：27，夹炭红陶，内、外皆有红衣。敛口，圆唇，扁弧腹内收，但已残。腹下残存一周深凹弦纹。内口径40、残高5.2厘米（图一六三，1）。

侈口盆　1件（T28③A下：37）。泥质褐陶。敞口，束颈，沿面外敞，圆唇，深弧腹内收，下腹已残。素面。口径25、残高5.6厘米（图一六三，7）。

弧肩小器座　2件。T28③A下：1，泥质红陶，外表、内沿施深红衣。似折沿罐口部。素面。口径13.8、高3.7、足径15.2厘米（图一六三，13；图版五六，4）。T28③下：21，夹炭红陶，外表、内沿施红衣。侈口，束颈，足根外撇，尖唇，此器如侈口罐上半部。素面。口径14、高3.7、足径15.2厘米（图一六三，14；图版五六，2）。

盖器纽　3件。T28③下：23，泥质红陶，外表施红衣。下部残，仅剩上部残盖纽，盖纽同盂形器状。未见纹饰。纽径9、残高3厘米（图一六三，10）。T28③下：26，泥质红陶。下部残，仅剩上部残盖纽，纽扁平下附矮柱。纽面中间有一凹圆孔，孔周围饰三组圆点戳孔，每组两排，每排三个，三组不匀称。纽径6.6、残高1.9厘米（图一六三，3）。T28③A下：32，泥质红陶。下部残，仅剩上部，蘑菇形盖纽，纽呈扁圆体纽，圆柱体，上部中空，下部实心。纽面中间有一凹孔，孔四周饰四组小圆点戳印纹，每组两排，每排三个。纽径6.5、残高2.4厘米（图一六三，4）。

矮圈足　2件。T28③A下：39，泥质磨光黑陶。上部残，仅剩圈足残片，足上部内弧，下部外侈，呈两层台。素面。足径6.6、残高1.9厘米（图一六三，20）。T28③A下：34，夹炭红陶，外施红衣。上部残，仅剩足残片，足根弧内垂。素面。足径16、残高3.3厘米（图一六三，17）。

（12）T62③层（加T62②层3件生产工具）

标本9件。有石锄、石斧、陶纺轮和陶折沿罐、斜颈罐、小口瓮、平底碟、残大器座及小器盖。

石器

石锄　1件（T62②：25）。砾石片，青色。扁薄宽梯形，窄弧顶一面打制，另一面原砾面。

两面，一面打制，另一面为原砾面。两边打制。两面刃，一面刃打制，另一面为原砾面。平刃，不锋利。长 14、宽 11. 2、厚 2. 8 厘米（图一六四，3）。

石斧　1 件（T62②: 27）。砾石，青色。扁薄长梯形，平顶打制修平，两面，一面为原砾面，另一面大部打制，其余为原面。两边打制不平。两面刃，一面略磨，另一面为原面。平刃，有使用痕，不锋利。长 8、宽 4. 9、厚 1. 4 厘米（图一六四，5）。

陶器

陶纺轮　1 件（T62②: 28）。泥质黑陶。残，扁薄两面平，弧边型。素面。直径 4. 1、厚 1、孔径 0. 4 厘米（图一六五，30）。

折沿罐　1 件（T62③: 13）。夹砂红陶。侈口，束颈，折沿，斜方唇，溜肩，深弧腹，腹下已残。素面。口径 26、残高 4. 8 厘米（图一六五，2）。

斜颈罐　1 件（T62③: 11）。夹炭红陶。侈口，宽折沿微上弧外斜，尖唇，束颈，斜肩，肩下残。外沿、颈各施一条红衣带。口径 22、残高 4. 7 厘米（图一六五，23）。

小口瓮　1 件（T62③: 15）。夹炭黑陶。直口，圆唇，矮直颈，弧肩，肩下残。口下饰一周凹弦纹。口径 14、残高 3. 8 厘米（图一六五，4）。

平底碟　1 件（T62③: 4）。泥质红褐陶。敞口，尖圆唇，浅斜腹下内折呈平底，下又附假圈足。素面。口径 13、底径 7. 8、高 2. 9 厘米（图一六五，19；图版五八，1）。

残大器座　1 件（T62③: 12）。夹炭、夹草末红陶，厚胎，匀称。敞口，窄沿外折，方唇，唇面一道凹弦，深斜腹，腹下部已残。腹饰一周凹槽。口径 32、残高 4. 6 厘米（图一六五，16）。

小器盖　1 件（T62③: 10）。泥质红陶，外施鲜红衣。此器如圜底小碟倒盖，无盖纽，盘面圆弧，折沿下垂，尖圆唇。素面。盖径 6. 9、高 2 厘米（图一六五，13；图版五九，1）。

（13）T63③层

标本 8 件。有石斧和陶敞口碗、折腹碗、敛口小钵、平底碟、器盖。

石器

石斧　1 件（T63③: 11）。砾石，青色。残顶斜平。两面、两边皆砾石原面，皆稍弧。弧刃两面磨制，锋利。残长 10. 2、宽 9. 1、厚 3 厘米（图一六四，1）。

陶器

敞口碗　2 件。T63③: 3，泥质陶外红内黑，外壁施深红衣，残存两条黑色竖条。敞口，尖唇，斜弧腹，圜底下附矮圈足，足如凸棱，壁外斜。素面。口径 15. 3、足径 8. 8、高 5. 1 厘米（图一六五，18；图版五四，3）。T63③: 4，泥质红陶，内外施深红衣。敞口，尖唇，浅弧腹，圜底下附圈足，足壁内弧，但已残。素面。口径 14. 2、残高 3. 8 厘米（图一六五，20；图版五三，5）。

折腹碗　1 件（T63③: 7）。泥质磨光黑陶。敞口，宽沿近直稍外斜，折腹上部外凸成折棱，下部弧收成圜底，下附圈足，但足壁大部已残。口沿上部两周凹弦纹。口径 16、残高 9. 3 厘米（图一六五，22；图版五三，1）。

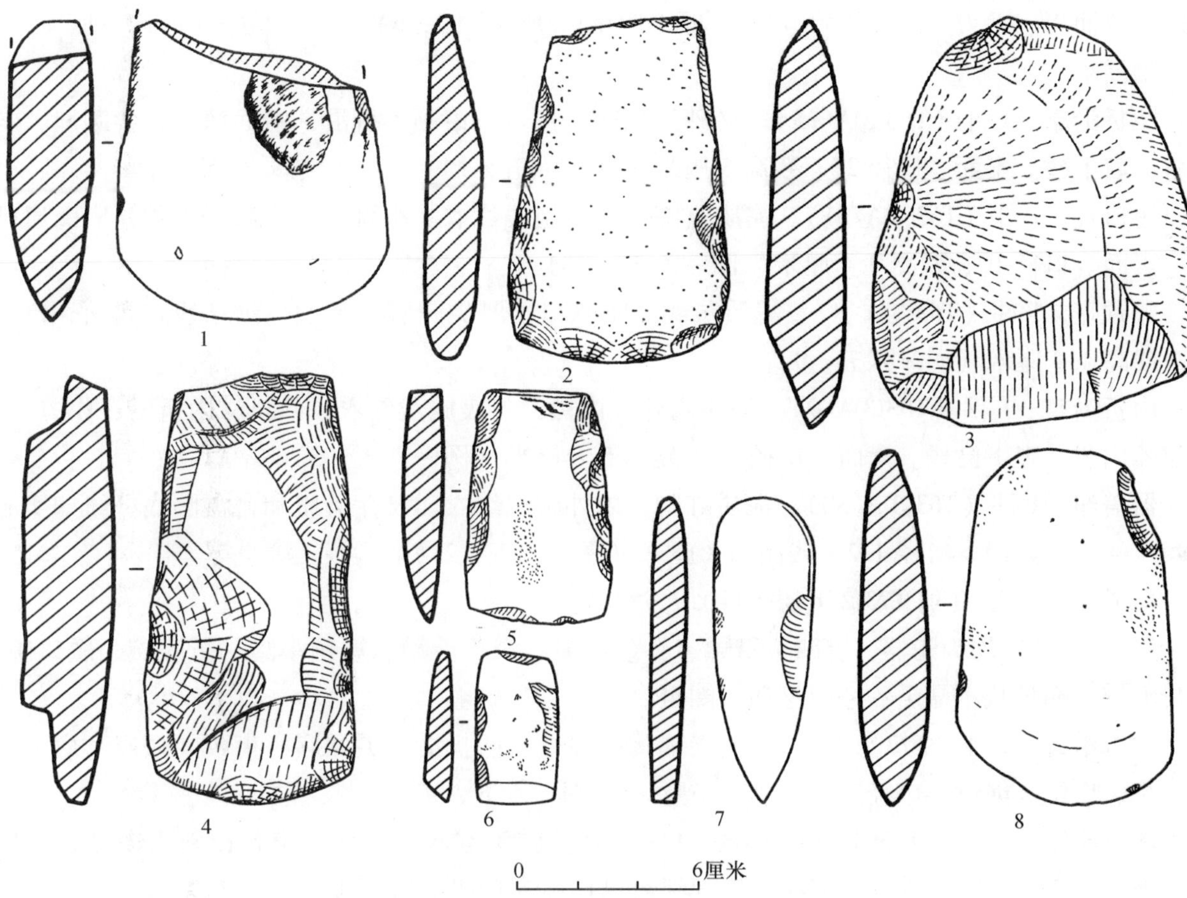

图一六四 T22③A 层、T23③层、T28③层、T62②层、T63③层、T63③A 层出土石器

1、4、5、8. 石斧（T63③: 11、T28③: 18、T62②: 27、T28③: 65） 2、3. 石锄（T23③: 63、T62②: 25） 6. 小石锛（T63③A: 10） 7. 圭形石凿（T22③A: 9）

敛口小钵 1 件（T63③: 1）。泥质红陶，外施鲜红衣。直口稍敛，尖唇，弧腹，平底。素面。口径 7.4、腹径 8、底径 5、高 4.8 厘米（图一六五，12；图版五七，3）。

平底碟 1 件（T63③: 5）。夹细砂黑陶。大敞口，尖唇，浅腹近平，下附较粗矮圈足，足根外斜。素面。口径 15.4、足径 10.2、高 2.2 厘米（图一六五，8；图版五八，3）。

器盖 2 件。T63③: 2，泥质陶外红内黑，外表施鲜红衣。敞口，尖唇如粗矮颈，浅斜腹，圜平底已残，下附较粗矮圈足，足壁中外鼓。素面。口径 11.8、纽径 8.2、高 3.1 厘米（图一六五，27；图版五八，6）。T63③: 6，夹炭红褐陶，器表施深红衣。无盖纽，盖盘原弧面，折沿下垂，唇稍残。素面。盖径 6.7、高 2.6 厘米（图一六五，14）。

（14）T63③A 层

标本 6 件。有小石锛和陶凹折沿罐、小口瓮、弧颈壶、内折沿簋、器盖纽。

石器

小石锛 1 件（T63③A: 10）。石片，青色。通体磨光，局部有疤。扁平小长方形，平顶，直边，单面刃、平刃。长5.2、宽2.8、厚1厘米（图一六四，6）。

陶器

凹折沿罐　1件（T63③A:15）。夹砂红褐陶。侈口，束颈，折沿，沿面内凹，尖圆唇，斜弧肩，肩下残。素面。口径27、残高5厘米（图一六五，1）。

小口瓮　1件（T63③A:31）。泥质红陶，外表施浅红衣。小直口，尖唇，直颈，广弧肩已残。素面。口径10、残高3.4厘米（图一六五，26）。

弧颈壶　1件（T63③A:8）。泥质灰陶。喇叭口，厚尖圆唇，高颈，颈已残。素面。口径19、残高4.9厘米（图一六五，9）。

内折沿簋　1件（T63③A:9）。泥质陶外红内黑，外表施浅红衣。敛口，内折沿，小方唇，折腹弧内收，腹下已残。素面。口径26、残高6.8厘米（图一六五，3）。

器盖纽　1件（T63③A:30）。泥质红陶，内外施浅红衣。仅存盖纽和盖盘圜底，纽如实心假圈足倒置。素面。纽径4.2、残高1.8厘米（图一六五，21）。

（15）T73③层（加T73②下层5件）

标本11件。均为陶器，有凹折沿罐、斜颈小罐、窄折沿罐、矮颈小罐、折腹碗、敞口碗、内折沿碗、鸭嘴状小鼎足、矮圈足和假圈足。

凹折沿罐　1件（T73②下:5）。夹炭褐陶。侈口，凹折沿，尖圆唇，束颈，弧肩，肩下已残。颈、肩饰竖绳纹。口径30、残高6.5厘米（图一六五，17）。

斜颈小罐　1件（T73③:7）。夹炭红陶，外壁施深红衣。侈口，束颈，斜沿微凹，尖圆唇，弧肩，肩下已残。颈饰竖绳纹，肩部绳纹已抹掉，只留零星痕迹。口径11、残高4.1厘米（图一六五，25）。

窄折沿罐　1件（T73③:8）。泥质红陶，内外施深红衣。侈口，束颈，窄斜沿，尖圆唇，溜肩，腹已残。素面。口径16、残高4.4厘米（图一六五，5）。

矮颈小罐　1件（T73③:18）。泥质黑陶。器小，匀称，直口，方圆唇，粗矮颈，斜肩，折腹内收，但已残。素面。口径14、残高2.4厘米（图一六五，6）。

折腹碗　1件（T73③:9）。泥质红陶。敞口，尖圆唇，宽斜沿，腹外折起棱，下部已残。素面。口径19、残高6.8厘米（图一六五，10）。

敞口碗　1件（T73②下:27）。泥质浅红陶。敞口，尖唇，浅弧腹，底已残。外口下两周凹弦。口径16、残高4.2厘米（图一六五，7）。

内折沿碗　1件（T73②下:22）。泥质黑陶，似用贴筑法，外表成片脱落，也有贴片如补丁。敛口，宽弧沿内折，方唇，折腹弧内收，下已残。素面。口径22、残高5厘米（图一六五，24）。

鸭嘴状小鼎足　1件（T73②下:24）。泥质陶外红内黑。仅存罐形鼎下部小鼎足，足根也残，残足扁弧鸭嘴状。足上部有细绳纹痕。残高3厘米（图一六五，11）。

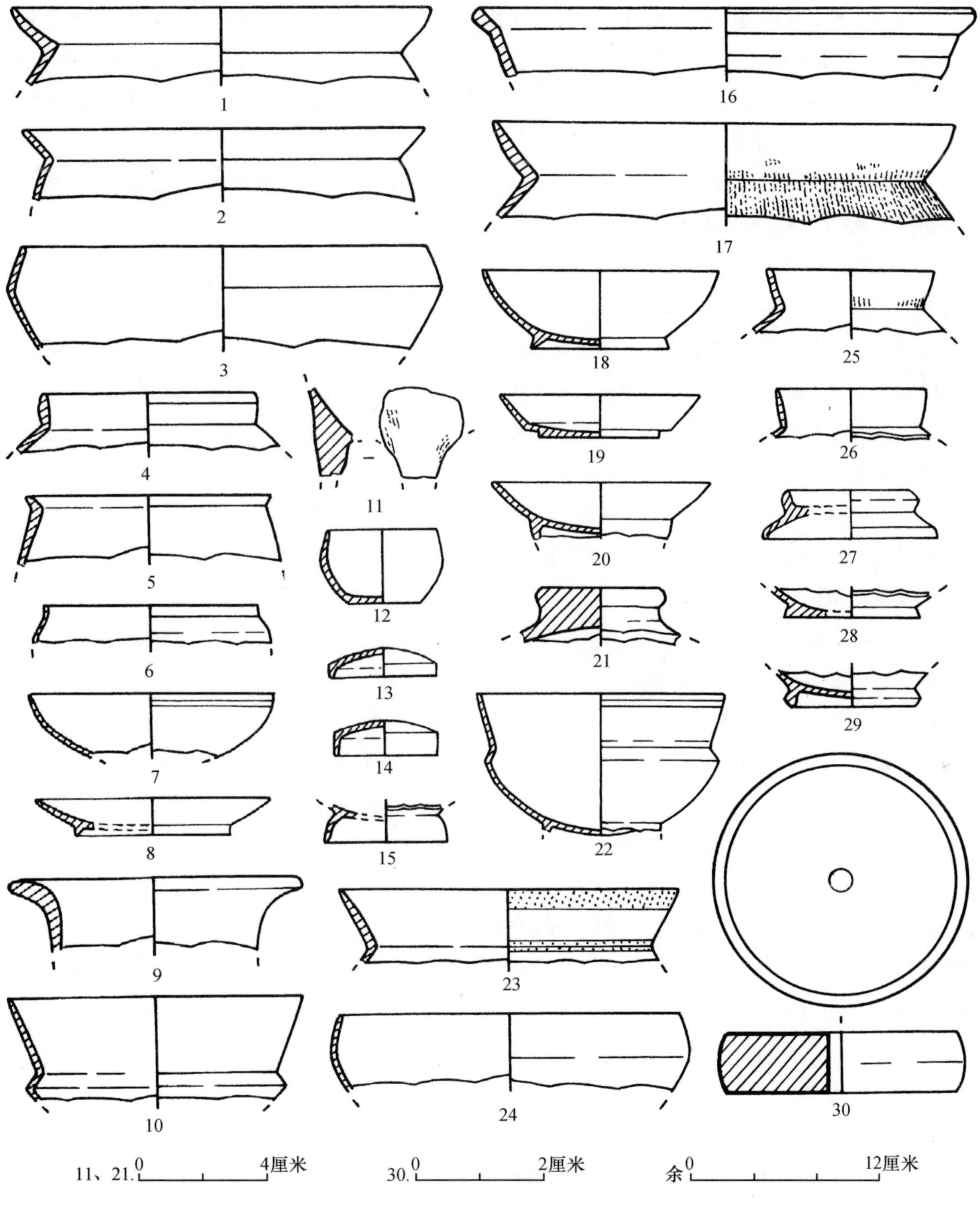

图一六五　T62②层、T62③层、T63③层、T63③A层、T73③层出土陶器

1、17. 凹折沿罐（T63③A∶15、T73②下∶5）　2. 折沿罐（T62③∶13）　3. 内折沿簋（T63③A∶9）　4、26. 小口瓮（T62③∶15、T63③A∶31）　5. 窄折沿罐（T73③∶8）　6. 矮颈小罐（T73③∶18）　7、18、20. 敞口碗（T73②下∶27、T63③∶3、T63③∶4）　8、19. 平底碟（T63③∶5、T62③∶4）　9. 弧颈壶（T63③A∶8）　10、22. 折腹碗（T73③∶9、T63③∶7）　11. 鸭嘴状小鼎足（T73②下∶24）　12. 敛口小钵（T63③∶1）　13、14、27. 器盖（T62③∶10、T63③∶6、T63③∶2）　15、29. 矮圈足（T73③∶20、T73③∶10）　16. 残大器座（T62③∶12）　21. 器盖纽（T63③A∶30）　23. 斜颈彩陶罐（T62③∶11）　24. 内折沿碗（T73②下∶22）　25. 斜颈小罐（T73③∶7）　28. 假圈足（T73②下∶23）　30. 陶纺轮（T62②∶28）

矮圈足　2件。T73③: 10，泥质陶外红内黑，外壁施深红衣。上部残，仅剩矮圈足和圜底残片，足壁内斜外弧凸，如扁圆唇。素面。足径9、残高2.4厘米（图一六五，29）。T73③: 20，泥质陶外红内黑，外壁施深红衣。圜底已残，矮圈足也残，足壁外弧，中部有不明显折棱。素面。足径8、残高2.4厘米（图一六五，15）。

假圈足　1件（T73②下: 23）。泥质陶外红内黑。底和假圈足都已残，假圈足壁外弧，平底。素面。足径9、残高1.8厘米（图一六五，28）。

（16）T2731③A层

标本3件。均为陶器，有弧折沿罐、子母口碗和内折沿折腹碗。

弧折沿罐　1件（T2731③A: 4）。夹砂夹草末红陶。侈口，束颈，折沿，沿面上弧，尖圆唇，斜肩已残。肩饰竖绳纹。口径26、残高6.2厘米（图一六七，2）。

子母口碗　1件（T2731③A: 7）。泥质黑陶。子母口，内折沿，尖唇直立，折腹弧内收，腹下已残。素面。口径18、残高3.8厘米（图一六七，11）。

内折沿折腹碗　1件（T2731③A: 5）。泥质陶外红内黑，外壁施浅红衣，薄胎，均匀。敛口，宽沿外斜，上部内折，尖圆唇，扁折腹已残。上沿饰两周凹弦纹，折腹成折棱。口径19、残高4.7厘米（图一六七，12）。

（17）T2732③层

标本3件。有石斧和陶敞口碗。

石器

石斧　2件。T2732③: 1，砾石片，青色夹白斑点。扁薄近扇形，平顶打制近平。两面，一面为原砾面，另一面打制为扁薄近平。两边打制皆修直，都较薄不平。弧刃两面磨制，仍锋利。长10、宽7.4、厚1.6厘米（图一六六，6）。T2732③: 2，砾石，青色。厚体近椭圆形，但顶部已断裂。两面为原砾面。两面局部有打制片疤。两边为原弧面，布满琢痕。圆弧刃两面稍打制，并不锋利。长12.6、宽9.6、厚4.4厘米（图一六六，1）。

陶器

敞口碗　1件（T2732③: 3）。泥质黑陶。敞口，方圆唇，弧腹，腹下已残。素面。口径16、残高3厘米（图一六七，16）。

（18）T2733③层

标本4件。均为陶器，有凹折沿罐、曲颈瓮、弧颈壶和鸭嘴状小鼎足。

凹折沿罐　1件（T2733③: 4）。夹炭褐陶。侈口，束颈，宽凹沿，尖圆唇，弧肩已残。素面。口径26、残高5.2厘米（图一六七，1）。

曲颈瓮　1件（T2733③: 1）。夹炭红褐陶。侈口，束颈，口沿内外弧而成曲颈，尖唇，广肩已残。沿上部有圆形小镂孔。口径14、残高4.2厘米（图一六七，8）。

弧颈壶　1件（T2733③: 2）。泥质陶外黑内红。直口，方唇外卷，高弧颈，下已残。素面。口径15、残高3.6厘米（图一六七，15）。

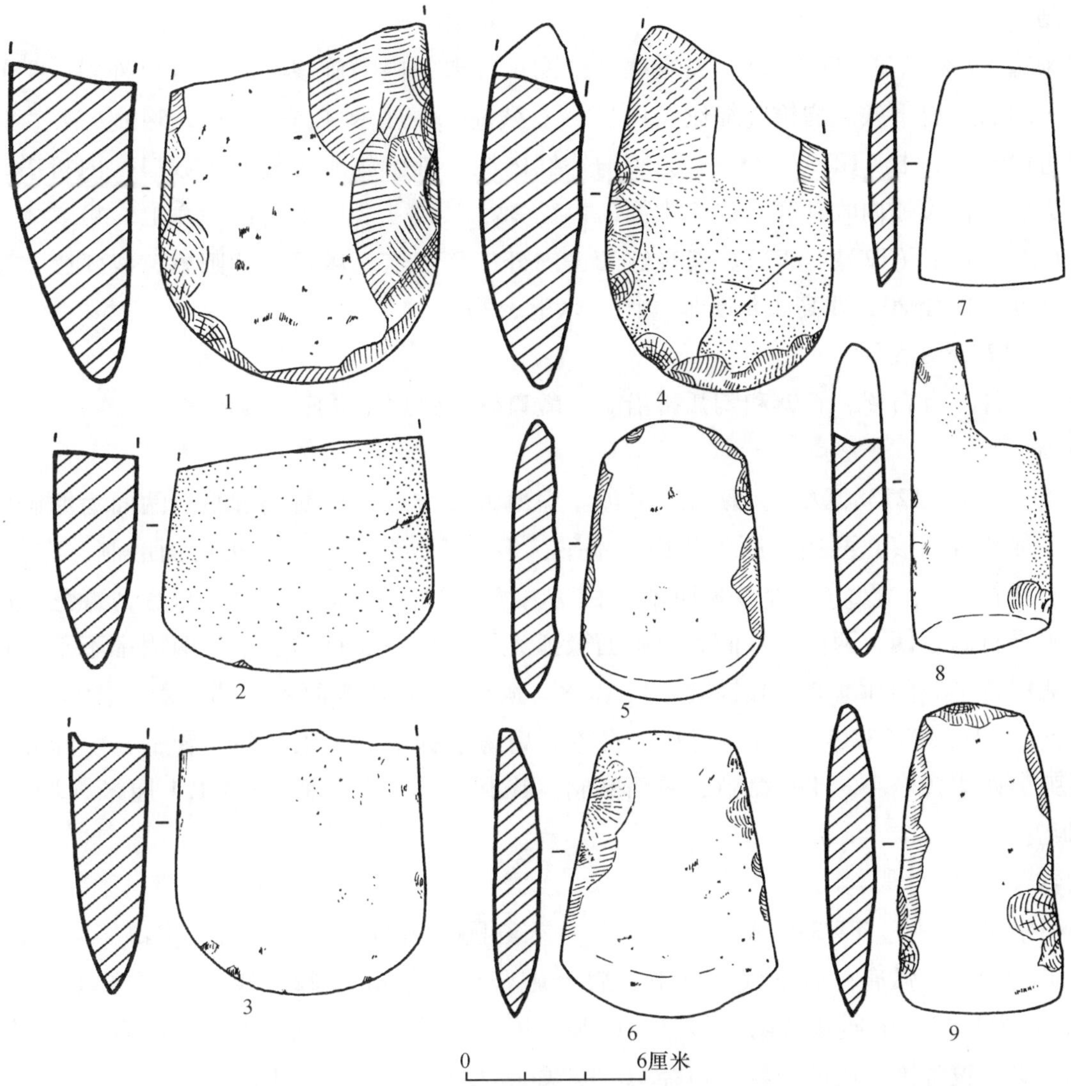

图一六六　T2732③层、T2737③层、T2738③A层、T2831③层、T2832③层出土石器

1～6、8、9. 石斧（T2732③:2、T2831③:1、T2738③A:2、T2737③:1、T2831③:2、T2732③:1、T2832③:1、T2738③A:4）　7. 石锛（T2738③A:5）

鸭嘴状小鼎足　1件（T2733③:3）。泥质红陶，外施浅红衣。仅剩小罐形鼎小足，小足如鸭嘴，足稍外凹内弧。素面。残高3.2厘米（图一六七，6）。

（19）T2737③层

标本4件。有石斧和陶斜颈罐、内折沿簋、敞口盘。

石器

石斧　1件（T2737③:1）。砾石，灰色。厚体近椭圆形，顶断裂呈斜面。两面一面为原弧凸面，另一面打制近平。两边打制不平，皆呈尖状。圆弧刃单面打制，不甚锋利。长12.6、宽7.8、厚3.6厘米（图一六六，4）。

陶器

斜颈罐　1件（T2737③:2）。夹炭草末红陶，外壁、内沿施浅红衣。直口外斜，尖唇，高颈下束，斜肩，肩下残。肩饰竖绳纹。口径14、残高5.1厘米（图一六七，14）。

内折沿簋　1件（T2737③:6）。泥质陶外红内黑，外壁施土黄红衣。敛口，内折沿，沿内内凹，尖唇，折腹弧内收，底已残。素面。口径22、残高4.2厘米（图一六七，4）。

敞口盘　1件（T2737③:7）。夹炭红陶，内外施深红衣。敞口，尖圆唇，浅弧腹，腹下部已残。素面。口径20、残高3.8厘米（图一六七，9）。

（20）T2738③A层

标本8件。有石斧、石锛和陶弧折沿罐、敞口碗、弧肩小器座、矮圈足。

石器

石斧　2件。T2738③A:2，砾石，黑色。扁薄近长方形，顶断裂近平。两面为原砾面，又磨平，一面留有疤痕。两边为原尖弧面，不平，但都直，且平行。弧刃两面磨制，有使用痕，仍锋利。残长9.2、宽8.6、厚2.8厘米（图一六六，3）。T2738③A:4，石片，青色。扁薄正梯形，平顶打制较薄，两面，一面为原砾面微弧光滑，另一面打制近平。两边都不平，只打制修直。弧刃近平，两面磨制，较锋利。长10.8、宽5.7、厚1.8厘米（图一六六，9）。

石锛　1件（T2738③A:5）。石片，青色。扁薄正梯形，平顶。两面皆平，一面微凹，另一面微弧。两边皆磨平。平刃微弧，单面磨制，锋利。长7.7、宽5、厚1.1厘米（图一六六，7；图版五二，3）。

陶器

弧折沿罐　2件。T2738③A:15，夹炭、草末红陶，内沿面施鲜红衣。侈口，束颈，折沿，沿面上弧，尖唇，弧肩，肩下残。颈下、肩上施竖绳纹。口径22、残高4厘米（图一六七，3）。T2738③A:17，泥质灰黄陶。侈口，束颈，折沿，沿面微上弧，尖唇，溜肩，深弧腹，腹下已残。肩、腹各饰两周凹弦纹。口径16、残高6.2厘米（图一六七，7）。

敞口碗　1件（T2738③A:9）。泥质黄陶。敞口，尖圆唇，弧腹，腹下残。素面。口径18、残高3.6厘米（图一六七，10）。

弧肩小器座　1件（T2738③A:6）。泥质红陶，外表、内沿施深红衣，器内鲜红。侈口，束颈，折沿微上弧，尖圆唇，弧肩，下已到底，中空。素面。口径10.4、底径12、高3.5厘米（图一六七，18）。

矮圈足　1件（T2738③A:7）。泥质浅红陶。上部已残，仅剩矮圈足和底器残片，足壁外弧。素面。足径11、残高3厘米（图一六七，17）。

（21）T2739③层

标本仅一件陶溜肩式小器座。

小器座　1件（T2739③:1）。夹炭红陶，内外施深红衣。侈口，束颈，折沿，溜肩下部稍残，但肩部已到底，中空为小器座。素面。口径14、底径约14、残高4.1厘米（图一六七，19）。

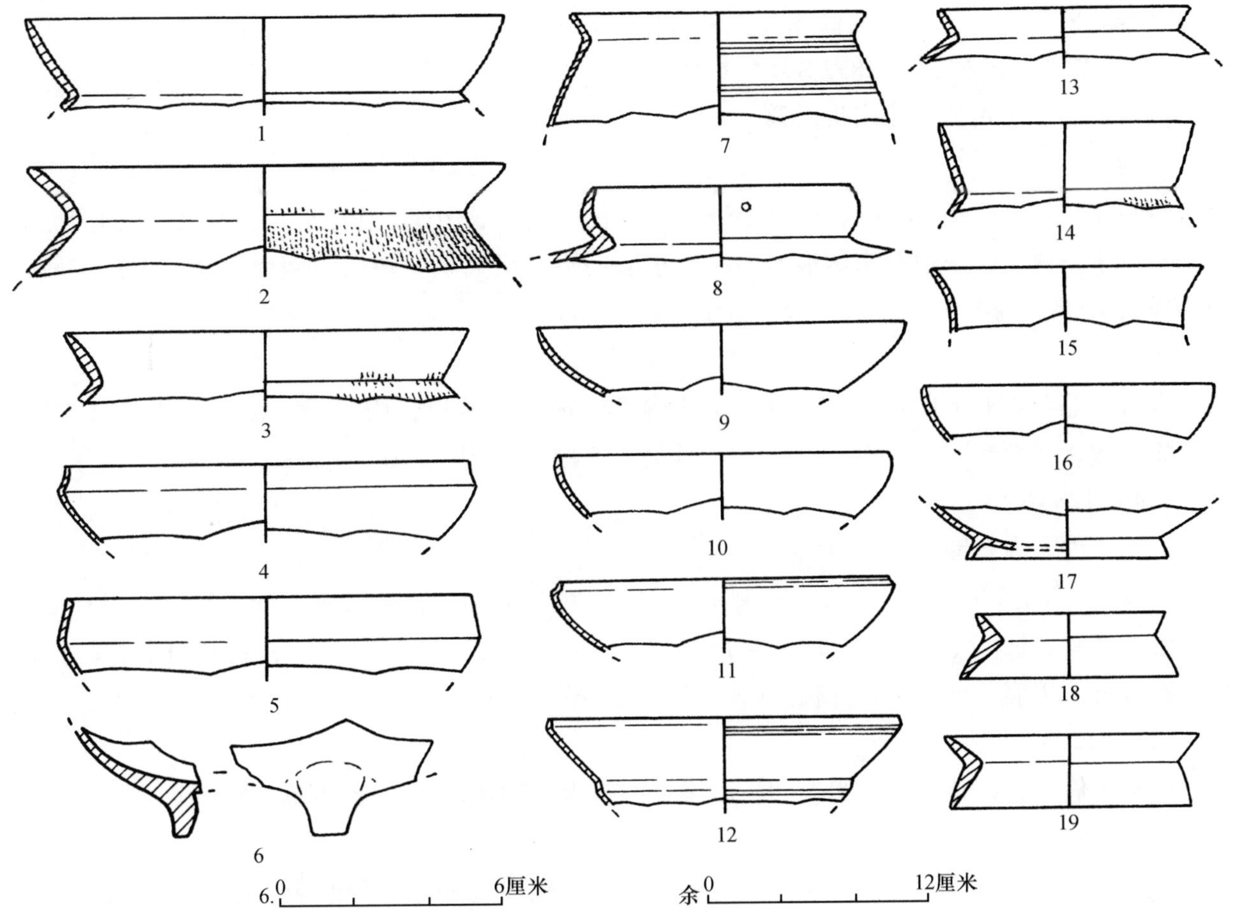

图一六七　T2731③A层、T2732③层、T2733③层、T2737③层、T2738③A层、T2739③层、T2831③层、T2832③B层出土陶器

1. 凹折沿罐（T2733③:4）　2、3、7. 弧折沿罐（T2731③A:4、T2738③A:15、T2738③A:17）　4、5. 内折沿簋（T2737③:6、T2832③B:2）　6. 鸭嘴状小鼎足（T2733③:3）　8. 曲颈瓮（T2733③:1）　9. 敞口盘（T2737③:7）　10、16. 敞口碗（T2738③A:9、T2732③:3）　11. 子母口碗（T2731③A:7）　12. 内折沿折腹碗（T2731③A:5）　13. 折沿小罐（T2831③:4）　14. 斜颈罐（T2737③:2）　15. 弧颈壶（T2733③:2）　17. 矮圈足（T2738③A:7）　18、19. 小器座（T2738③A:6、T2739③:1）

（22）T2831③层

标本3件。有石斧和陶折沿小罐。

石器

石斧　2件。T2831③:1，砾石，青色夹密集白花点。扁弧近梯形，顶断裂呈斜面。两面皆扁弧似有琢痕。两边磨平皆向下外斜，但不对称。弧刃为两面夹角，不锋利。残长8.2、宽9.3、厚3厘米（图一六六，2）。T2831③:2，砾石片，青色。扁平近椭圆形，弧顶单面打制较薄。两面，一面为原砾光滑面，另一面打制。两边不平，仅打制修直。弧刃两面磨制不对称，较锋利。长9.7、宽6.2、厚1.7厘米（图一六六，5）。

陶器

折沿小罐　1件（T2831③:4）。泥质浅红陶，外壁施浅红衣。侈口，束颈，折沿，尖圆唇，弧肩已残。素面。口径 14、残高 3.2 厘米（图一六七，13）。

（23）T2832③层（加 T2832③B 层 1 件）

标本 2 件。为石斧和陶内折沿簋。

石器

石斧　1 件（T2832③:1）。长条小砾石，灰色。扁平长方形，斜顶一角残缺，两面为原砾面光滑近平。两边，一边布满琢痕，另一边稍磨但不平呈弧状。斜弧刃两面磨制不对称，较锋利。残长 10.8、宽 4.9、厚 1.9 厘米（图一六六，8）。

陶器

内折沿簋　1 件（T2832③B:2）。泥质陶外红内黑。敛口，内折沿，沿面微上弧，方唇，折腹弧内收，下部已残。素面。口径 22、残高 4.5 厘米（图一六七，5）。

（24）T2834②层

标本 2 件。为石锄。

石锄　2 件。T2834②:1，石片打制呈长方形，弧顶未加工，两边修平近平行，平刃有使用痕，已不锋利。长 17、宽 7.5、厚 2.4 厘米（图一六九，1）。T2834②:2，石片打制，呈双肩状，弧刃有使用痕，已不锋利。长 10.3、宽 7.5、厚 2.6 厘米（图一六九，2）。

（25）T2837③层

标本 7 件。有石斧、石锛和陶凹折沿罐、凹折沿彩陶罐、折沿彩陶罐、平底碟。

石器

石斧　1 件（T2837③:3）。砾石，灰色有黑点。较厚近梯形，顶断裂。两面为原砾石。两边皆琢，一平、一弧。斜弧刃，两面磨制，有使用痕，还较锋利。残长 10、宽 6.5、厚 2.4 厘米（图一六九，8）。

石锛　1 件（T2837③:4）。石，青色夹黑白斑点。扁平近长梯形，平顶打制修平。两面为原砾面。两边稍磨近平。平刃微弧单面磨制，有使用痕，局部仍十分锋利。长 8.5、宽 4.9、厚 1.1 厘米（图一六九，5；图版五二，2）。

陶器

凹折沿罐　2 件。T2837③:5，夹草末浅红陶，胎较薄，外表凹凸。侈口，束颈，折沿，沿面内凹如碗，尖唇，斜弧肩，鼓腹，腹下已残。素面。口径 16、残高 5.4 厘米（图一六八，9）。T2837③:6，夹草末黄陶。侈口，束颈，宽折沿，沿面内凹如碗，尖唇，斜弧肩，鼓腹，腹下已残。素面。口径 24、残高 8.5 厘米（图一六八，5）。

凹折沿彩陶罐　1 件（T2837③:8）。夹炭浅红陶，外表、内沿施红衣。侈口，宽折沿，沿面内凹如碗，尖圆唇，束颈，斜弧肩，肩下残。外沿上部绘两周细带状红衣纹，肩上绘三周红衣细小带状纹，但肩上彩纹错乱有重合痕。口径 22、残高 5.6 厘米（图一六八，11）。

折沿彩陶罐　1 件（T2837③:7）。夹炭深红陶，外表、内沿施鲜红衣。侈口，折沿，方圆唇，束颈，肩已残。外沿绘一周黑彩纹，内沿绘一周黑带纹，且连旋涡纹。口径 18、残高 3.4 厘米（图一六八，12）。

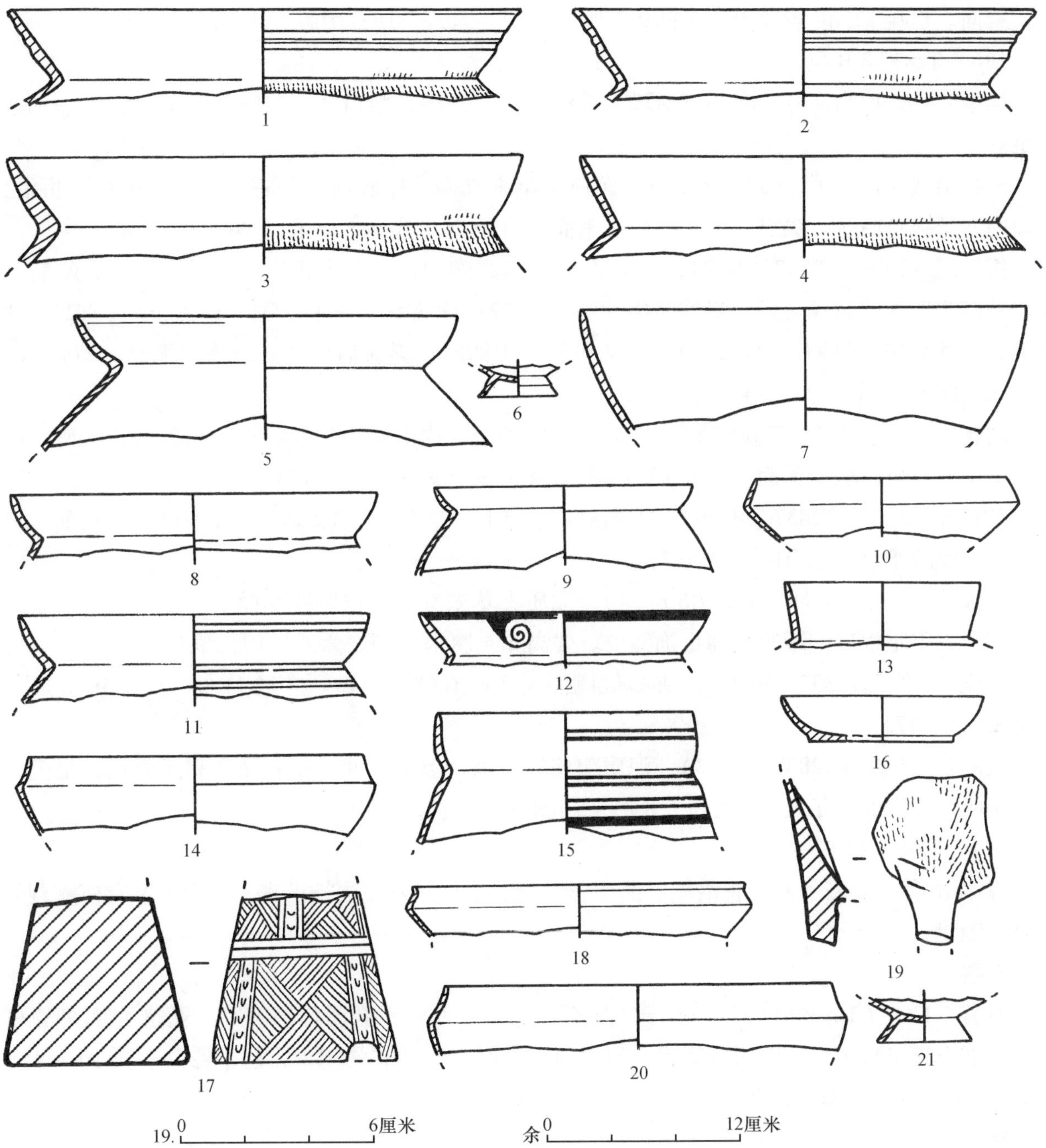

图一六八　T2837③层、T2837③B层、T2838③层出土陶器

1～4. 折沿罐（T2837③B:24、T2838③:7、T2838③:4、T2837③B:36）　5、8、9. 凹折沿罐（T2837③:6、T2837③B:26、T2837③:5）　6、21. 矮圈足（T2838③:18、T2837③B:33）　7. 敞口钵（T2837③B:29）　10、14、20. 内折沿簋（T2838③:14、T2838③:13、T2838③:12）　11. 凹折沿彩陶罐（T2837③:8）　12. 折沿彩陶罐（T2837③:7）　13. 高领罐（T2837③B:25）　15. 曲颈彩陶瓶（T2838③:5）　16. 平底碟（T2837③:31）　17. 支座（T2837③B:23）　18. 子母口簋（T2838③:15）　19. 鸭嘴状小鼎足（T2837③B:34）

平底碟　1件（T2837③:31）。泥质浅红陶。敞口，尖唇，浅弧腹，下成实心假圈足，平底。素面。口径12.8、高2.9、底径9.2厘米（图一六八，16；图版五八，5）。

（26）T2837③B层

标本8件。均为陶器，有凹折沿罐、折沿罐、高领罐、敞口钵、鸭嘴状小鼎足、支座和矮圈足。

凹折沿罐　1件（T2837③B:26）。泥质夹草末红陶，胎较薄，匀称。侈口，束颈，折沿，沿面内凹外弧呈曲颈，尖唇，斜肩已残。素面。口径23、残高4厘米（图一六八，8）。

折沿罐　2件。T2837③B:24，泥质夹草末橘红陶。侈口，束颈，宽折沿，圆唇，斜肩已残。外沿饰四周凹弦纹，颈、肩饰竖绳纹。口径32、残高6.4厘米（图一六八，1）。T2837③B:36，夹炭草末浅红陶。侈口，束颈，宽折沿，尖圆唇，斜弧肩已残。肩饰竖绳纹。口径28、残高6.6厘米（图一六八，4）。

高领罐　1件（T2837③B:25）。夹炭红陶，外壁、内沿施深红衣。直口稍外斜，尖唇，高直颈下束，广肩已残。素面。口径12.4、残高4厘米（图一六八，13）。

敞口钵　1件（T2837③B:29）。泥质红陶。敞口，尖圆唇，深弧腹，腹下已残。素面。口径28、残高7.8厘米（图一六八，7）。

鸭嘴状小鼎足　1件（T2837③B:34）。泥质夹草末红陶。仅剩残小鼎足，足为扁圆形条状近鸭嘴形，但足根残。罐腹底和足饰绳纹。残高5.4厘米（图一六八，19）。

支座　1件（T2837③B:23）。夹砂红陶。属实心有纹直立型。底径11.6、残高10.8厘米（图一六八，17）。

矮圈足　1件（T2837③B:33）。泥质陶外红内黑。上部已残，仅剩圜底和矮圈足，足壁外斜近喇叭形。素面。足径6、残高2.8厘米（图一六八，21）。

（27）T2838③层

标本10件。有石斧和陶折沿罐、曲颈彩陶瓶、子母口簋、内折沿簋、矮圈足及有模糊刻划符号残圈足。

石器

石斧　1件（T2838③:3）。砾石，青色。扁平长方形，平顶打制甚平。两面为弧平原砾面，局部有零星打击痕。两边皆磨直。斜刃两面皆磨对称，有使用痕，已不锋利。长10.4、宽7.7、厚3.2厘米（图一六九，3）。

陶器

折沿罐　2件。T2838③:4，夹砂红陶。侈口，束颈，宽折沿，尖圆唇，斜肩，肩下已残。肩饰竖绳纹。口径32、残高6.8厘米（图一六八，3）。T2838③:7，泥质红陶。侈口，束颈，宽折沿，圆唇，沿面三至四周凹槽，使沿面呈多叠层，但凹槽之间不等距不平行，斜肩已残。肩饰竖绳纹。口径29、残高5.8厘米（图一六八，2）。

曲颈彩陶瓶　1件（T2838③:5）。泥质橘红陶。盘口，曲沿内凹外弧，方圆唇，束颈，溜肩，弧腹，腹已残。外沿、肩、腹饰黑彩条纹。口径16、残高8.2厘米（图一六八，15）。

子母口簋　1件（T2838③:15）。泥质陶外红内黑，外壁施深红衣。子母口，内折沿，尖圆唇直立，而成子母口，折腹内斜，下部残。素面。口径21、残高3.8厘米（图一六八，18）。

内折沿簋　3件。皆泥质陶外红内黑，外壁施深红衣。敛口，内折沿，沿面微凹，尖圆唇，折腹内弧收，下已残。素面。T2838③:12，口径24、残高4.2厘米（图一六八，20）。T2838③:13，口径21、残高5.1厘米（图一六八，14）。T2838③:14，口径16、残高4厘米（图一六八，10）。

矮圈足　1件（T2838③:18）。泥质黑陶。上部已残，仅剩矮小圈足和圜底，足壁外斜，呈现喇叭状，足壁中下部一周凹槽，使足壁呈双叠层。未见其他纹饰。足径5、残高1.9厘米（图一六八，6）。

有模糊刻划符号残圈足　1件（T2838③:23）。泥质黑陶。仅剩圈足碗圜底残片，上、下及周围皆残。足外底有不清晰模糊刻划符号（图版四三，2）。最后确定，T2838③:23，不属刻划符号标本。

（28）T2839③层（加T2839②层3件）

标本35件。有双肩石锄、石斧、小石锛和陶凹折沿罐、折沿罐、弧折沿罐、弧折沿彩陶罐、斜颈罐、束颈罐、曲颈彩陶瓶、子母口簋、子母口碗、敞口碗、卷沿碗、卷沿盘、彩陶钵、平底器、鸭嘴状小鼎足、矮圈足、假圈足。

石器

双肩石锄　1件（T2839②:42）。砾石片，灰色。扁薄双肩石锄，弧顶单面打制，两面，一面为光滑原平面，另一面打制近平。两边上部修直，平行而成双肩，下部凹弦成圆弧刃，刃部单面打制，不甚锋利。长16.6、宽9.1、厚2.8厘米（图一六九，7）。

石斧　2件。T2839③:1，砾石，青色。扁弧近梯形，弧顶单面打制，两面皆原面微弧近平，一面有疤痕。两边修直外斜皆不平。弧刃两面磨制，有使用痕，已不锋利。长12.3、宽6.6、厚2.9厘米（图一六九，9）。T2839③:28，砾石，灰色。扁薄为不等近四边形，顶较薄。两面弧面，皆原面。两边皆打制修直再稍微磨制近平。斜弧刃两面磨制，有使用痕，仍较锋利。长10.2、宽6.5、厚1.8厘米（图一六九，4）。

小石锛　1件（T2839②:41）。砾石片，青灰色。扁薄呈长方形，弧顶单面修整。两面，一面为原砾面，另一面打制都较平。两边皆打制修直，又略磨制，甚薄近平。斜刃两面磨制，但不对称，甚锋利。长6.8、宽4、厚1厘米（图一六九，6）。

陶器

凹折沿罐　4件。T2839③:6，泥质夹草末浅红陶，胎较薄，匀称。侈口，束颈，折沿，沿面内凹，尖唇，斜肩已残。素面。口径24、残高3.8厘米（图一七〇，19）。T2839③:7，泥质红陶，匀称。烧制前沿面自内外钻三个以小圆孔。侈口，凹折沿，方圆唇，束颈，广弧肩，肩下已残。肩饰竖绳纹。口径26、残高5.6厘米（图一七〇，26）。T2839③:10，泥质夹草末浅红近黄陶。侈口，宽折沿，沿面微凹，尖圆唇，束颈，凹斜肩，腹已残。素面。口径20、残高6.2厘米（图一七〇，3）。T2839③:24，泥质灰黄陶。近盘口，曲沿内凹外弧，尖唇，束颈，弧肩已残。素面。口径 21、残高 2. 9 厘米（图一七〇，5）。

折沿罐　3 件。T2839③: 2，泥质红陶。侈口，束颈，窄折沿口内无明显折棱，方圆唇，斜弧肩，深弧腹下已残。肩、腹有已抹未净细绳纹。口径 18、残高 5. 7 厘米（图一七〇，4）。T2839③: 25，夹炭黑陶。侈口，宽折沿，尖圆唇，束颈，斜弧肩已残。肩饰竖绳纹。口径 25、残高 5. 2 厘米（图一七〇，20）。T2839③: 40，夹炭褐陶。侈口，折沿，尖圆唇，束颈，弧肩，鼓腹已残。肩饰竖绳纹，腹为斜绳纹。口径 32、残高 10. 4 厘米（图一七〇，1）。

弧折沿罐　1 件（T2839③: 9）。泥质夹草末红陶。侈口，宽折沿，沿面微上弧，尖圆唇，束颈，斜肩，肩下已残。肩饰竖绳纹。口径 20、残高 5. 3 厘米（图一七〇，2）。

弧折沿彩陶罐　3 件。T2839③: 5，夹炭红陶，外壁、沿上、颈各绘一条带状鲜红衣，内沿也施鲜红衣。侈口，弧折沿，尖唇，束颈，斜肩，肩下已残。未见其他纹饰。口径 17、残高 5. 3 厘米（图一七〇，14）。T2839③: 12，泥质红陶，外壁、内沿施深红衣，绘黑彩。侈口，弧折沿，尖圆唇，束颈，斜弧肩，肩下残。内外沿、肩上都有黑彩图案，但因脱落而图案不清晰。口径 26、残高 3. 4 厘米（图一七〇，18）。T2839③: 13，泥质红陶，内沿施深红衣，外沿、肩之间以深红衣绘一周带状纹。侈口，弧沿外斜，尖圆唇，束颈，弧肩，弧腹已残。束颈处绘一周深红衣带状纹。口径 17、残高 7. 2 厘米（图一七〇，9）。

斜颈罐　3 件。T2839③: 4，夹炭红陶，外壁、内沿施深红衣。侈口，斜折沿，尖唇，束颈，斜弧肩，肩下已残。素面。口径 13、残高 3. 8 厘米（图一七〇，11）。T2839③: 8，夹炭红陶，外壁、内沿施深红衣。直口外斜，尖圆唇，高颈下束，弧肩，腹已残。素面。口径 13、残高 5. 4 厘米（图一七〇，12）。T2839③: 14，泥质红陶，内沿施深红衣。侈口，斜折沿，尖唇，束颈，斜弧肩，腹已残。肩、腹饰竖绳纹。口径 14、残高 4. 8 厘米（图一七〇，10）。

束颈罐　1 件（T2839③: 31）。泥质黑陶。侈口，束颈，卷沿，尖圆唇，斜凹弧肩已残。颈、肩外三周凹槽。口径 14、残高 3. 9 厘米（图一七〇，13）。

曲颈彩陶瓶　3 件。T2839③: 37，夹炭红陶，外壁施深红衣，绘黑彩。直口近盘口，曲沿内凹外弧，方圆唇近直立，束颈，斜肩，深腹外下斜，但下已残。外颈、肩、腹都绘黑彩，主要有带状纹，其他图案已不清晰。口径 15、残高 7. 3 厘米（图一七一，20）。T2839③: 38，夹炭红陶，外壁、内沿施深红衣，外壁绘黑彩。盘口，曲颈内凹外弧，尖圆唇，颈下内束，凹斜肩，折腹外弧斜，下腹已残。腹上、中部各三周带状黑彩纹，中间黑彩图案已残，有交邻三角形旋涡纹等。口径 15. 2、残高 9. 4 厘米（图一七一，18）。T2839③: 39，夹炭红陶，外壁、内沿施鲜红衣，绘黑彩。直口近盘口，口沿内凹外弧，尖圆唇，束颈，斜肩，折腹下外弧，下腹已残。内沿黑彩图案仅剩残迹，外沿上部两周带状纹，腰中上部三周带状纹，这两组带状纹之间图案如图，腹中部又有二周带状纹，与腹上部三周带状纹之间又饰黑矮划纹。口径 13、残高 10. 2 厘米（图一七一，19）。

子母口簋　1 件（T2839③: 35）。泥质陶外红内黑，外壁施深红衣。子母口，内折沿，小方唇直立，呈子母口，折腹弧内收，底已残。素面。口径 17、残高 3. 7 厘米（图一七〇，8）。

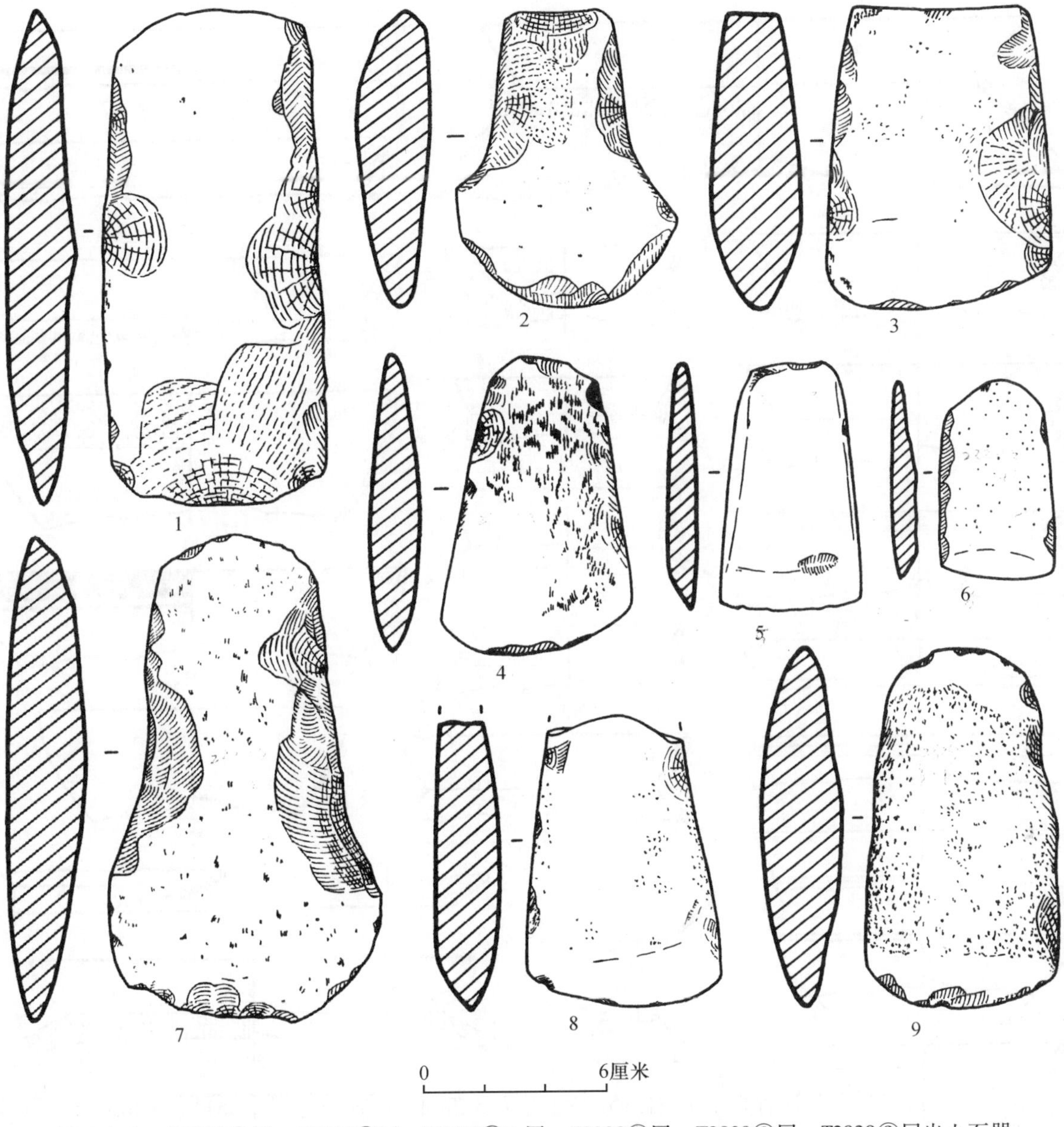

图一六九　T2834②层、T2837③层、T2837③B层、T2838③层、T2839②层、T2839③层出土石器

1、2. 石锄（T2834②:1、T2834②:2）　3、4、8、9. 石斧（T2838③:3、T2839③:28、T2837③:3、T2839③:1）

5. 石锛（T2837③:4）　6. 小石锛（T2839②:41）　7. 双肩石锄（T2839②:42）

子母口碗　1件（T2839③:34）。泥质红陶，外壁施鲜红衣。子母口，宽斜沿内折，尖圆唇甚高直立，折腹弧内收，下已残。素面。口径20、残高3厘米（图一七〇，6）。

敞口碗　2件。T2839③:26，泥质磨光黑陶。敞口，尖圆唇，深弧腹，腹下已残。素面。口径18、残高6.6厘米（图一七〇，23）。T2839②:44，泥质磨光黑陶。敞口，小方唇，弧腹圜底下附矮圈足，足壁外弧。素面。口径9、足径4.2、高4厘米（图一七〇，15；图版五三，3）。

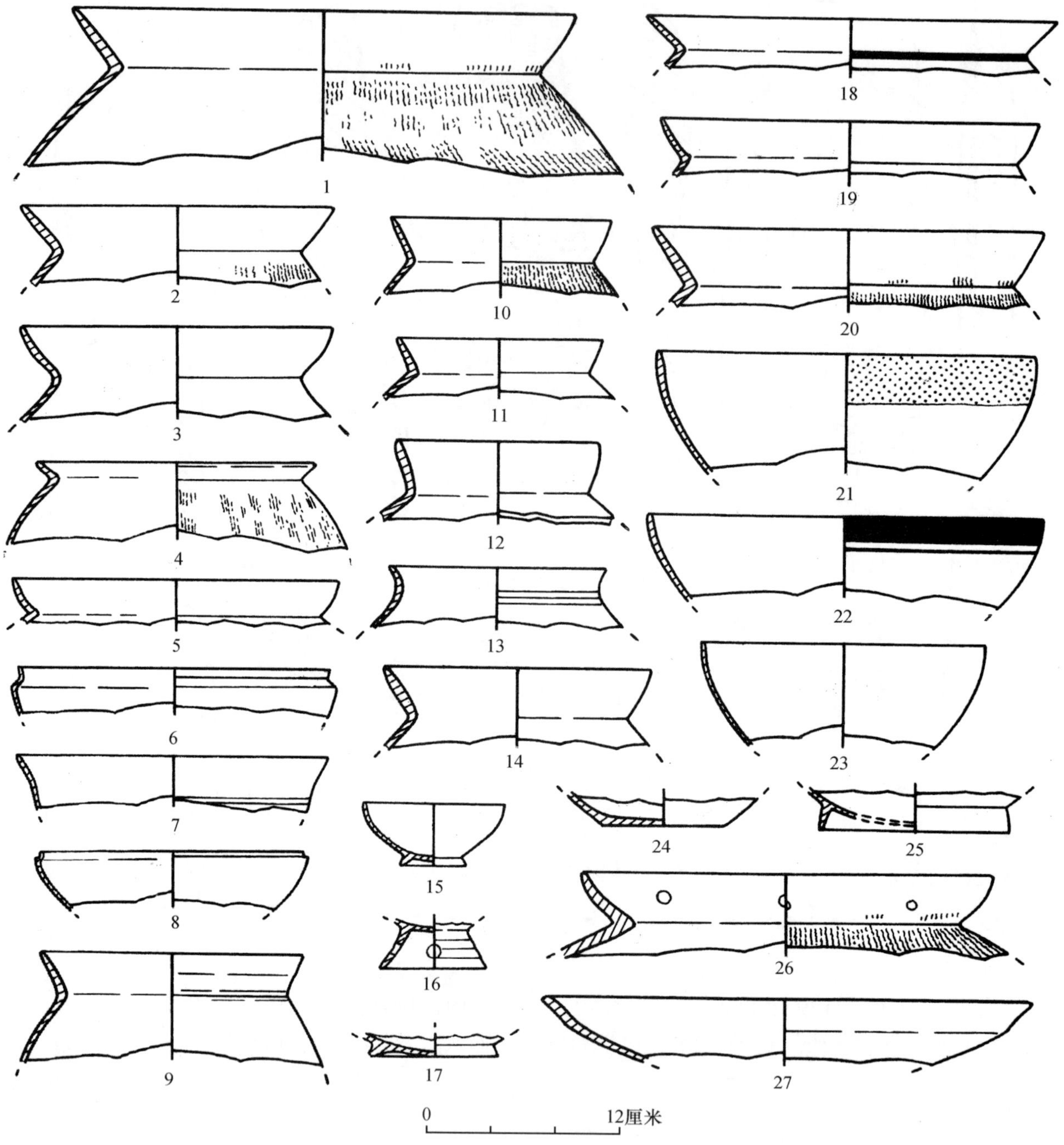

图一七〇　T2839③层出土陶器

1、4、20. 折沿罐（T2839③:40、T2839③:2、T2839③:25）　2. 弧折沿罐（T2839③:9）　3、5、19、26. 凹折沿罐（T2839③:10、T2839③:24、T2839③:6、T2839③:7）　6. 子母口碗（T2839③:34）　7. 卷沿碗（T2839③:30）　8. 子母口簋（T2839③:35）　9、14、18. 弧折沿彩陶罐（T2839③:13、T2839③:5、T2839③:12）　10～12. 斜颈罐（T2839③:14、T2839③:4、T2839③:8）　13. 束颈罐（T2839③:31）　15、23. 敞口碗（T2839②:44、T2839③:26）　16、25. 矮圈足（T2839③:22、T2839③:20）　17. 假圈足（T2839③:21）　21、22. 彩陶钵（T2839③:15、T2839③:32）　24. 平底器（T2839③:18）　27. 卷沿盘（T2839③:23）

卷沿碗　1件（T2839③:30）。泥质黑陶。敞口，宽沿外卷，方圆唇，斜腹下部内折，但下部已残。外壁折腹处一周凹槽已残。口径20、残高3.6厘米（图一七〇，7）。

卷沿盘　1件（T2839③:23）。泥质夹草末红陶，外施浅红衣。敞口，宽沿外卷，扁圆唇，折腹甚浅，弧内收，底已残。素面。口径31、残高4.2厘米（图一七〇，27）。

彩陶钵　2件。T2839③:15，泥质橘红陶，外壁上部施一周带状深红衣。敞口，尖圆唇，深弧腹，腹下已残。素面。口径24、残高8厘米（图一七〇，21）。T2839③:32，泥质红陶，内外施深红衣。口微敞，圆唇，弧腹，腹下已残。内外沿饰黑彩带纹，但内沿已脱落，仍见黑彩痕迹。口径25、残高5.8厘米（图一七〇，22）。

平底器　1件（T2839③:18）。泥质陶外红内黑，外施浅红衣。上部已残，仅剩平底，但器型甚大。素面。底径8、残高1.8厘米（图一七〇，24）。

鸭嘴状小鼎足　1件（T2839③:17）。泥质红陶。手捏，残，仅剩罐形残腹和鸭嘴状小鼎足。足根起凸棱，足上部饰竖绳纹。残高4.6厘米（图一七一，12）。

矮圈足　2件。T2839③:20，泥质陶外红内黑，外壁施深红衣。上部已残，仅剩矮圈足和圜底残片，足壁外弧近直。素面。足径12、残高2.6厘米（图一七〇，25）。T2839③:22，泥质磨光黑陶。上部已残，仅剩圈足，足壁外撇。足饰三周凹槽，使足壁呈四叠层，又饰四个圆形镂孔。足径6.8、残高3厘米（图一七〇，16）。

假圈足　1件（T2839③:21）。泥质磨光黑陶。仅存残底和已残内凹假圈足残块，实心假圈足壁外弧，但平底内凹。素面。足径8.2、残高1.2厘米（图一七〇，17）。

（29）T2932③层（加T2932③C层1件）

标本3件。有石斧和陶斜颈瓮、内折沿簋。

石器

石斧　1件（T2932③:1）。砾石，青色。扁平长方形，弧顶两面打制。两面为原砾面。两边皆打制修直不平。平刃，单面打制。不锋利。长10.8、宽6.1、厚2.2厘米（图一七三，2）。

陶器

斜颈瓮　1件（T2932③:2）。夹炭红陶，外壁、内沿施浅红衣。侈口，束颈，斜折沿，尖圆唇，广肩，肩下已残。素面。口径18、残高5.2厘米（图一七一，15）。

内折沿簋　1件（T2932③C:3）。泥质陶外红内黑，外壁施浅红衣。敛口，内折沿，沿面微凹，尖唇，折腹弧内收，腹下已残。素面。口径19、残高4厘米（图一七一，8）。

（30）T2933③层

标本6件。有小石锛、小石球和陶弧折沿罐、斜颈罐、斜颈小罐及矮圈足。

石器

小石锛　1件（T2933③:2）。砾石片，青色。平薄近长方形，顶断裂呈斜面。两面皆平，两边打制，没有磨平。平刃稍弧，两面磨制不对称，有使用痕，较锋利。残长5.7、宽5.4、厚0.7厘米（图一七三，6）。

小石球　1件（T2933③:1）。石，青色。完整，圆形，表面经敲琢布满密集的坑疤。直径

5.9～6.3 厘米（图一七三，9）。

陶器

弧折沿罐　1 件（T2933③:4）。夹炭浅红陶，胎较厚，但匀称。侈口，束颈，折沿，沿面上弧，尖圆唇，斜肩，肩下已残。素面。口径 28、残高 6.5 厘米（图一七一，1）。

斜颈罐　1 件（T2933③:6）。夹炭红陶，内沿施浅红衣。侈口，斜折沿，尖圆唇，直颈下束，斜弧肩已残。外沿上部和颈部以红衣各绘一周带状纹。口径 21、残高 5.6 厘米（图一七一，4）。

斜颈小罐　1 件（T2933③:5）。泥质橘红陶，外施浅红衣，胎较薄，器较小，匀称。侈口，斜折沿，尖圆唇，直颈下束，斜弧肩已残。素面。口径 13、残高 3.3 厘米（图一七一，16）。

矮圈足　1 件（T2933③:8）。泥质橘黄陶，外壁施浅红衣，胎较薄，匀称。上部已残，仅剩矮圈足和圜底残片，足壁外弧。素面。足径 10、残高 2.4 厘米（图一七一，11）。

（31）T2934③层（加 T2934③B 层 1 件）

标本 2 件。均为陶器，有凹折沿小罐和内卷沿大盆。

凹折沿小罐　1 件（T2934③B:3）。泥质深红陶，器小，胎较薄。侈口，凹折沿，束颈，尖圆唇，弧肩已残。素面。口径 12、残高 2.8 厘米（图一七一，9）。

内卷沿大盆　1 件（T2934③:2）。夹炭深红陶，外壁施鲜红衣。敛口，圆唇内卷，浅弧腹内收，腹下部已残。素面。复原口径 60、残高 8.8 厘米（图一七一，2）。

（32）T3033③层（加 T3033④层 1 件）

标本 5 件。有石斧和折沿彩陶罐、斜颈罐、子母口高颈罐、直口碗。

石器

石斧　1 件（T3033③:1）。砾石，青色。扁薄近梯形，斜顶打制，顶薄。两面为原砾面，但另一面有浅疤痕，两边琢修整近直，再稍微磨平。弧刃两面磨制近对称，较锋利。长 12.5、宽 8.8、厚 2.4 厘米（图一七三，4；图版五一，2）。

陶器

折沿彩陶罐　1 件（T3033③:2）。夹炭红陶，内沿施浅红衣。直口外斜，尖圆唇，高领下束，斜弧肩已残。外唇、颈各施一周红衣带状纹。口径 19、残高 6.4 厘米（图一七一，5）。

斜颈罐　1 件（T3033③:3）。夹炭夹草末红陶。直口外斜，圆唇外凸，高颈下束，斜弧肩已残。素面。口径 25、残高 6.4 厘米（图一七一，14）。

子母口高领罐　1 件（T3033③:6）。夹炭红陶，内外施深红衣。子母口，高颈外斜内稍凹弧，肩已残。凹折沿外缘似有黑彩带状纹痕迹。口径 15、残高 3.7 厘米（图一七一，17）。

直口碗　1 件（T3033④:4）。泥质陶外红内黑，器较小，但胎较厚，甚匀称。直口，方圆唇，粗颈，折腹弧内收，底已残。素面。口径 12、残高 3 厘米（图一七一，10）。

（33）T3034③层

标本 2 件。均为陶器，有凹折沿罐和圆唇敛口瓮。

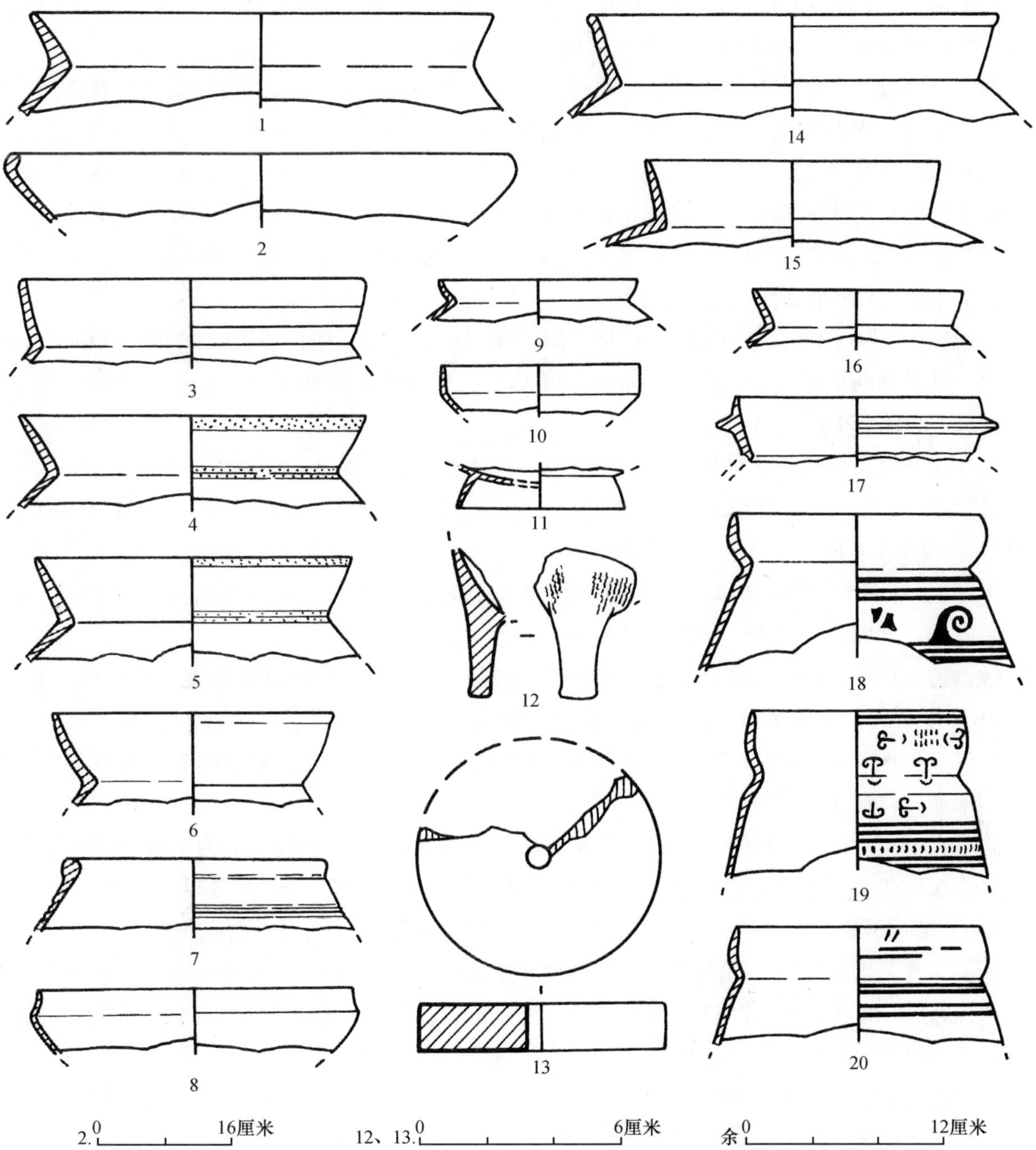

图一七一　T2839③层、T2932③层、T2932③C层、T2933③层、T2934③层、T2934③B层、T3033③层、T3033④层、T3034③层、T3038③下层出土陶器

1. 弧折沿罐（T2933③:4）　2. 内卷沿大盆（T2934③:2）　3、14. 斜颈罐（T3038③下:2、T3033③:3）　4. 斜颈罐（T2933③:6）　5. 折沿彩陶罐（T3033③:2）　6. 凹折沿罐（T3034③:1）　7. 圆唇敛口瓮（T3034③:2）　8. 内折沿簋（T2932③C:3）　9. 凹折沿小罐（T2934③B:3）　10. 直口碗（T3033④:4）　11. 矮圈足（T2933③:8）　12. 鸭嘴状小鼎足（T2839③:17）　13. 陶纺轮（T3038③下:1）　15. 斜颈瓮（T2932③:2）　16. 斜颈小罐（T2933③:5）　17. 子母口高领罐（T3033③:6）　18～20. 曲颈彩陶瓶（T2839③:38、T2839③:39、T2839③:37）

凹折沿罐　1件（T3034③:1）。夹草末红陶，外施深红衣。侈口，宽凹折沿，圆唇，束颈，斜肩已残。外唇下施一周凹槽。口径17、残高5.8厘米（图一七一，6）。

圆唇敛口瓮　1件（T3034③:2）。泥质红陶，外施浅红衣。敛口，圆唇外凸，斜弧肩，肩下已残。肩饰三周凹弦纹，但不平行而显零乱。口径16、残高4.5厘米（图一七一，7）。

（34）T3038③下层

标本2件。均为陶器，有陶纺轮和斜颈罐。

陶纺轮　1件（T3038③下:1）。夹炭褐陶。残，扁薄两面平，直边型。素面。直径7.4、孔径0.7、厚1.5厘米（图一七一，13）。

斜颈罐　1件（T3038③下:2）。夹炭红陶。侈口，斜折沿，沿面微凹，圆唇，束颈，斜肩，肩下残。外沿饰两周凹弦纹，肩饰竖绳纹。口径21、残高5.3厘米（图一七一，3）。

（35）T3042②层

虽是扰乱层，但出土5件标本。均为陶器，属大溪文化早期三段器物。

斜颈罐　1件（T3042②:3）。夹炭橘红陶。直口外斜，方唇，直颈下束，弧肩已残。素面。口径19、残高4.4厘米（图一七二，3）。

侈口碗　1件（T3042②:4）。泥质红陶，外施深红衣。侈口，颈微束，斜沿，尖唇，浅弧腹，底已残。素面。口径18、残高4.4厘米（图一七二，6）。

敞口碗　1件（T3042②:1）。泥质陶外红内黑。敞口，小方唇，浅弧腹，底已残。素面。口径16、残高3.7厘米（图一七二，5）。

敞口盘　1件（T3042②:2）。夹炭红陶，内外皆鲜红衣。敞口，窄沿内斜，尖唇，浅弧腹已残。素面。口径28、残高3.4厘米（图一七二，10）。

筒腹大器座　1件（T3042②:5）。夹炭红陶，外施鲜红衣。上残、下为筒腹内空。下腹五周不等距深凹弦纹，上又有镂孔痕。底径28、残高3.4厘米（图一七二，13）。

（36）T3043③层

标本2件。均为陶器，有斜颈罐和圆唇敛口瓮。

斜颈罐　1件（T3043③:8）。夹炭红陶，外施红衣。侈口，斜折沿，沿面近直内凹，圆唇，束颈，弧肩已残。外唇下施一周凹弦。口径20、残高5.3厘米（图一七二，4）。

圆唇敛口瓮　1件（T3043③:7）。泥质红陶。敛口，圆唇外凸，深弧腹已残。素面。口径19、残高4.4厘米（图一七二，7）。

（37）T3132③层（加T3132③B层和T3132④层）

三层共出土标本5件。归属大溪文化早期三段。

石器

小石锛　1件（T3132③B:5）。石片磨制呈长方形，顶薄刃稍厚，平刃单面磨制，不锋利。长6.3、宽4.1、厚1.3厘米（图一七三，7）。

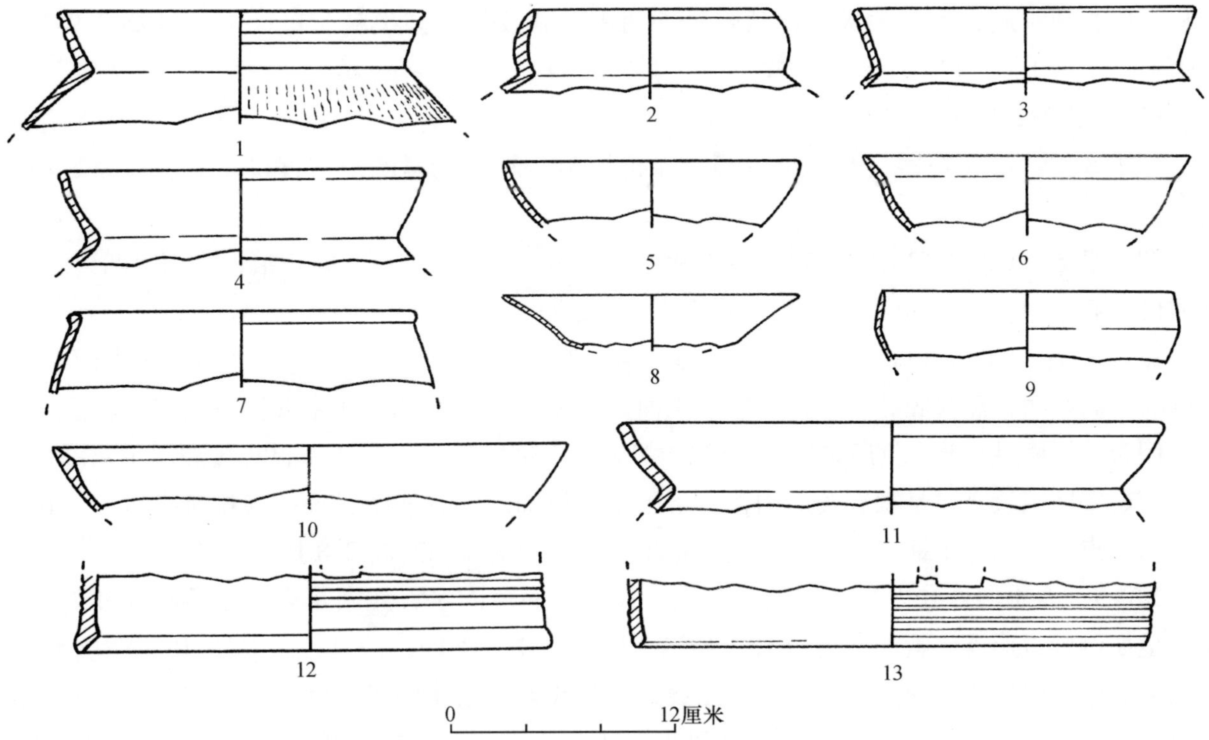

图一七二　T3042②层、T3043③层、T3132③层、T3132③B层、T3132④层、T3134②层、T3134③层出土陶器
1、3、4. 斜颈罐（T3134③:7、T3042②:3、T3043③:8）　2. 曲颈瓮（T3132③:1）　5. 敞口碗（T3042②:1）　6. 侈口碗（T3042②:4）　7. 圆唇敛口瓮（T3043③:7）　8. 卷沿盘（T3134②:5）　9. 内折沿碗（T3132③B:6）　10. 敞口盘（T3042②:2）　11. 凹折沿罐（T3132④:9）　12、13. 筒腹大器座（T3132④:10、T3042②:5）

陶器

凹折沿罐　1件（T3132④:9）。夹草末红陶。侈口，束颈，宽凹折沿，圆唇，肩已残。口下一周凹弦纹。口径30、残高5.2厘米（图一七二，11）。

曲颈瓮　1件（T3132③:1）。夹炭红陶，外施红衣。直口内敛，曲颈内凹外弧，尖唇，广弧肩已残。口下一周凹弦纹。口径13、残高4.6厘米（图一七二，2）。

内折沿碗　1件（T3132③B:6）。泥质灰陶。敛口较直，内折沿，尖圆唇，折腹弧内收，下残。素面。口径16、残高3.9厘米（图一七二，9）。

筒腹大器座　1件（T3132④:10）。夹草末深红陶。直口，扁圆唇外凸内斜，直筒腹下部已残。上腹三周深凹弦纹，下又有镂孔痕。口径26、残高4.5厘米（图一七二，12）。

（38）T3134③层（加T3134②层1件）

标本2件。均为陶器，有斜颈罐和卷沿盘。

斜颈罐　1件（T3134③:7）。夹炭橘红陶。侈口，束颈，宽折沿外斜呈四叠层，沿面微凹，圆唇，斜弧肩，腹已残。沿施三周凹弦纹，腹饰竖绳纹。口径20、残高6.4厘米（图一七二，1）。

卷沿盘　1件（T3134②:5）。泥质陶外红内灰，外施浅红衣，胎较薄。敞口，尖唇，斜凹弧肩，内折成平底，但底大部分已残。腹饰两周凸弦纹，但甚模糊。口径 16、残高 2.9 厘米（图一七二，8）。

（39）T3232③层

标本 8 件。均为陶器，有凹折沿罐、弧折沿罐、假腹碗矮圈足、直口盘、盘矮圈足和器盖纽。

凹折沿罐　1 件（T3232③:3）。夹炭和草末红陶。侈口，束颈，宽折沿，沿面微凹，圆唇，斜肩已残。素面。口径 30、残高 4.9 厘米（图一七四，8）。

弧折沿罐　1 件（T3232③:1）。夹炭橘红陶，外施深红衣。侈口，束颈，折沿，沿面上弧，尖圆唇，斜弧肩，深弧腹，腹下部已残。素面。口径 27、残高 7.8 厘米（图一七四，9）。

假腹碗矮圈足　3 件。T3232③:8，泥质黑陶。上部已残，仅剩残弧腹连接矮圈足，圈足如假腹，足壁凹弦近直，足根起棱后内弧。下腹至足根饰六周宽凹弦又饰两横排戳点纹，上排每组为两竖点，中间三个横点，下排每组都是单竖点。足径 8、残高 2.8 厘米（图一七四，16）。T3232③:9，泥质陶外红内黑，外施深红衣。仅存残底矮圈足，矮圈足内斜，足根则外斜，使矮圈足如倒置盂形器。素面。足径 10、残高 3 厘米（图一七四，19）。T3232③:10，泥质黑陶，灰红夹心胎，内外施黑衣并打磨。上部已残，仅剩残弧腹连矮圈足，矮圈足如假腹，足壁外撇近直，足根内斜。足上部施三周凹弦纹和两排戳点纹，足根内折起凸棱。足径 7.8、残高 2.4 厘米（图一七四，17）。

直口盘　1 件（T3232③:30）。泥质红陶，内外施鲜红衣。直口，扁圆唇外凸，粗颈中束，折腹弧内收，圜底已残，下附大圈足，足壁上凸下内弧，足根又外凸呈圆弧棱。足饰一个三角形戳印纹。口径 21、足径 16.2、高 7.4 厘米（图一七四，13；图版五五，1）。

盘矮圈足　1 件（T3232③:7）。泥质黑陶。仅存底部和圈足残块，矮足上部壁近直，下部足根外斜。残足上饰长方形小镂孔。足径 14、残高 3.7 厘米（图一七四，6）。

器盖纽　1 件（T3232③:6）。夹炭红陶，外施深红衣。仅剩稍残器盖纽，盖盘已残。纽径 6.4、残高 2.8 厘米（图一七四，15）。

（40）T3232③A 层

标本 2 件。均为陶器，有内折沿碗和矮圈足。

内折沿碗　1 件（T3232③A:15）。泥质红褐陶。敛口，内折沿近直，尖圆唇，折腹斜内收，底已残。折腹上部似有一周带状纹。口径 18.4、残高 4.1 厘米（图一七四，4）。

矮圈足　1 件（T3232③A:16）。泥质黑皮陶。上部已残，仅剩矮圈足和圜底残片，足壁外卷，足根有凸棱并向下内斜。足饰两个小戳点并列为一组的约八组戳点纹。足径 5.6、残高 1.6 厘米（图一七四，18）。

（41）T3232③B 层

标本 5 件。均为陶器，有凹折沿罐、弧折沿罐、卷沿小罐、直口器盖盘、矮圈足。

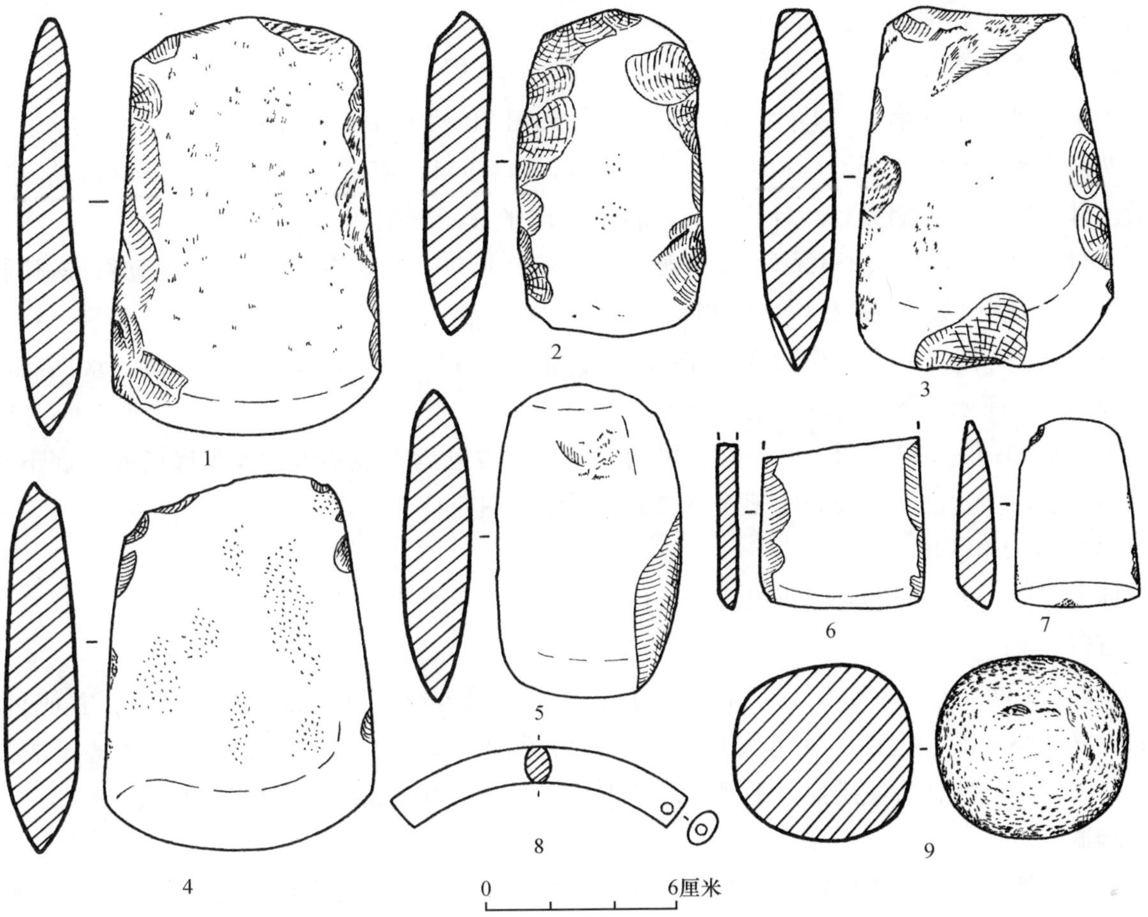

图一七三　T2932③层、T2933③层、T3033③层、T3132③B 层、T3234③层、T3332②层出土石器

1～5. 石斧（T3332②:6、T2932③:1、T3332②:1、T3033③:1、T3234③:5）　6、7. 小石锛（T2933③:2、T3132③B:5）　8. 白玛瑙璜（T3332②:2）　9. 小石球（T2933③:1）

凹折沿罐　1 件（T3232③B:18）。夹炭红陶。侈口，束颈，宽折沿，内凹外弧，斜弧肩较广，腹已残。沿面烧制前有约四组圆形镂孔，每组两个并列，颈下和肩上又饰竖绳纹。口径 28、残高 9.6 厘米（图一七四，14）。

弧折沿罐　1 件（T3232③B:28）。泥质黑陶。侈口，束颈，弧沿外卷，尖圆唇，斜弧肩已残。颈、肩都有竖绳纹痕。口径 23、残高 3.9 厘米（图一七四，12）。

卷沿小罐　1 件（T3232③B:22）。泥质陶外红内黑，外壁和内腹上部施浅红衣。侈口，束颈，窄沿外卷，尖圆唇，扁腹外鼓，底已残。素面。口径 17、残高 4.8 厘米（图一七四，3）。

直口器盖盘　1 件（T3232③B:24）。泥质红陶，内外施鲜红衣。直口，沿弧折，斜弧浅腹，盘底和器盖纽残。盘底近盖纽处似有两周以上凹弦纹，但已残。口径 16、残高 3.2 厘米（图一七四，23）。

矮圈足　1 件（T3232③B:26）。夹炭棕红陶。上部已残，仅剩矮圈足和圜底残片，足壁外弧近直。足饰四周凹槽而成多叠层，又饰两个并列和两个上下成排两种戳点纹。足径 10.4、残高 4. 3 厘米（图一七四，21）。

（42）T3233③层

标本 4 件。包括第 2 层 1 件，第 3 下层 2 件和第 3B 层 1 件。均为陶器，器物种类有：

凹折沿罐　1 件（T3233③B: 6）。夹炭红衣陶。侈口，束颈，凹折沿，尖圆唇，肩已残。口沿内外有已脱落模糊黑彩。口径 19、残高 4. 1 厘米（图一七四，1）。

子母口罐　1 件（T3233③下: 2）。泥质红衣陶。敛口，宽凹沿内折近平，尖唇，深弧腹已残。素面。口径 12、残高 2. 8 厘米（图一七四，24）。

敛口碗　1 件（T3233③下: 3）。泥质磨光黑陶。敛口，尖圆唇，弧腹已残。素面。口径 20、残高 4. 3 厘米（图一七四，7）。

敞口盘　1 件（T3233②: 1）。夹炭黑陶。敞口，方圆唇，浅斜腹，大平底已残，底下是否附圈足已不明。素面。口径 26、残高 3. 2 厘米（图一七四，11）。

（43）T3234③层

标本 3 件。为石斧和陶弧折沿罐、敛口盘。

石器

石斧　1 件（T3234③: 5）。砾石，青色。扁弧呈圆角长方形，弧顶两面磨制，并成刃状，两面皆光滑弧平面，近刃一面有大片疤。两边皆原面，皆弧近直，都不平，一边甚至成尖刃状。弧刃一角已残，有使用痕，不锋利。长 10. 4、宽 6、厚 2. 3 厘米（图一七三，5）。

陶器

弧折沿罐　1 件（T3234③: 9）。夹砂夹草末浅红陶。侈口，弧折沿，尖圆唇，束颈，弧肩，腹已残。肩饰零星竖绳纹。口径 16、残高 4. 8 厘米（图一七四，2）。

敛口盘　1 件（T3234③: 8）。泥质红衣陶。敛口，窄弧沿凸出口内，浅弧腹内收，底已残。素面。口径 28、残高 4. 8 厘米（图一七四，10）。

（44）T3332②层

T3332 仅第 2 层出土标本 6 件。有石斧和陶子母口簋、敛口碗、矮圈足及 1 件白玛瑙璜。归属大溪文化早期三段。

石器

石斧　2 件。T3332②: 6，石片，青色。扁薄近正梯形，顶部单面打制稍弧。两面甚薄，一面为原砾面，另一面打制。两边不平，只打制修直。弧刃两面磨制不对称，较锋利。长 13. 9、宽 8. 8、厚 2. 1 厘米（图一七三，1）。T3332②: 1，砾石，青色密集的白斑点。扁平近梯形，平顶打制。两面为原砾面，但部分布琢痕。两边为弧状，弧刃两面磨制，中部有使用缺口，仍较锋利。长 12. 1、宽 8. 4、厚 2. 6 厘米（图一七三，3）。

陶器

子母口簋　1 件（T3332②: 4）。泥质陶外红内黑，外施鲜红衣。子母口，内折沿，尖圆唇直立，折腹较深弧内收，底已残。素面。口径 18、残高 5. 3 厘米（图一七四，5）。

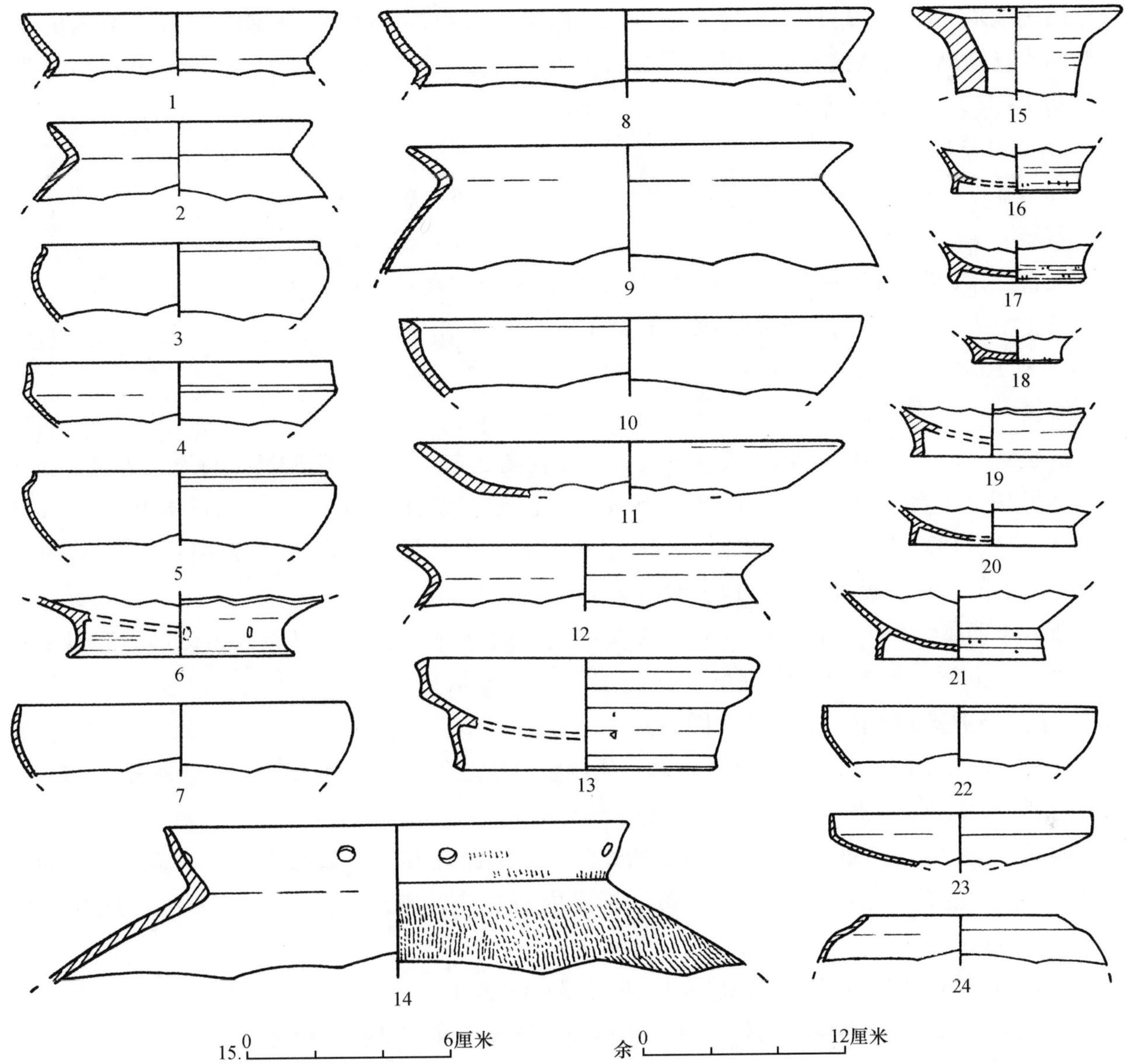

图一七四　T3232③层、T3232③A层、T3232③B层、T3233③层、T3234③层、T3332②层出土陶器

1、8、14. 凹折沿罐（T3233③B∶6、T3232③∶3、T3232③B∶18）　2、9、12. 弧折沿罐（T3234③∶9、T3232③∶1、T3232③B∶28）　3. 卷沿小罐（T3232③B∶22）　4. 内折沿碗（T3232③A∶15）　5. 子母口簋（T3332②∶4）　6. 盘矮圈足（T3232③∶7）　7、22. 敛口碗（T3233③下∶3、T3332②∶3）　10. 敛口盘（T3234③∶8）　11. 敞口盘（T3233②∶1）　13. 直口盘（T3232③∶30）　15. 器盖纽（T3232③∶6）　16、17、19. 假腹碗矮圈足（T3232③∶8、T3232③∶10、T3232③∶9）　18、20、21. 矮圈足（T3232③A∶16、T3332②∶5、T3232③B∶26）　23. 直口器盖盘（T3232③B∶24）　24. 子母口罐（T3233③下∶2）

敛口碗　1件（T3332②∶3）。泥质红陶，内外施浅红衣。敛口，小圆唇稍外凸，弧腹，腹下已残。素面。口径17、残高3.7厘米（图一七四，22）。

矮圈足　1件（T3332②∶5）。泥质陶外红内灰，外施橘红衣。上部已残，仅剩矮圈足和圜底残片，足壁外弧近直。素面。足径10.4、残高2.5厘米（图一七四，20）。

白玛瑙璜　1件（T3332②:2）。白玛瑙，白色近透明，稍泛黄。磨制，钻孔。但端仍残，横剖面为椭圆形，面宽稍大于璜厚，一端面和边上斜穿一小圆孔，一边饰一圆形已穿小圆孔。直径0.9～1.25、残长9.6厘米（图一七三，8）。

（45）T3333③层

标本6件。有大石斧和陶折腹碗、弧肩小器座、支座、矮圈足。

石器

大石斧　1件（T3333③:2）。扁平砾石，灰色夹黑白斑点。扁弧大梯形，弧顶，顶两面打制较薄也呈刃状。两面为原砾面，布满自然的凹痕，两边打制修直。弧刃两面打制，不锋利。长21、宽10.4、厚4.2厘米（图一七六，1）。

陶器

折腹碗　2件。T3333③:4，夹炭红陶，内外施橘红衣。敞口，尖圆唇，特宽沿外斜，折腹上部有折棱，下部弧内收，腹下部弧内收，下已残。素面。口径19、残高8.9厘米（图一七五，7）。T3333③:8，泥质黑陶。敞口，方唇，宽折沿外斜，折腹上部外折起棱，下部斜内收，腹下部已残。素面。口径14、残高4.5厘米（图一七五，21）。

弧肩小器座　1件（T3333③:6）。夹炭红陶，内外施浅红衣。复原，如侈口罐肩以上部分，侈口，束颈，弧折沿，尖圆唇，斜弧肩，肩下即器底，内空。素面。口径14.6、足径15.5、高3.8厘米（图一七五，8；图版五六，6）。

支座　1件（T3333③:3）。夹砂红陶。属内空有纹倾斜型。顶径7.3～7.6、底径8～15.4、高19.6厘米（图一七五，24；彩版八，6；图版五九，4）。

矮圈足　1件（T3333③:12）。泥质橘红陶，外施深红衣。上部已残，仅剩矮圈足和圜底残片，足相对较高，足壁上部斜再下折，折壁内斜近直。素面。足径11、残高5厘米（图一七五，23）。

（46）T3334③层（包括T3334③A层和T3334③C层）

标本4件。均为陶器，有凹折沿罐、小口瓮、折腹碗和弯锥状小鼎足。

凹折沿罐　1件（T3334③C:9）。夹砂红陶。侈口，宽卷沿，沿面微凹，上部又外斜，圆唇外翻，束颈，斜肩，肩下残。颈、肩饰竖绳纹。口径28、残高5.9厘米（图一七五，9）。

小口瓮　1件（T3334③:22）。夹炭红陶，外壁、内沿施浅红衣。小直口，近管状，尖圆唇，矮直颈，鼓弧肩，腹已残。素面。口径6、残高4.2厘米（图一七五，19）。

折腹碗　1件（T3334③A:7）。泥质磨光黑陶。直口外卷，方圆唇，扁折腹，腹下已残。颈饰两周凹弦纹，使颈部呈三叠层。口径11、残高5.3厘米（图一七五，20）。

弯锥状小鼎足　1件（T3334③:23）。夹草末红陶，施深红衣。四棱锥形，外弧内凹较高。足饰六个大小不一致的椭圆形按窝纹。残高7.6厘米（图一七五，16）。

（47）T3433③A层（包括T3433③层）

标本4件。有石斧和陶折沿罐、曲颈彩陶瓮、支座。

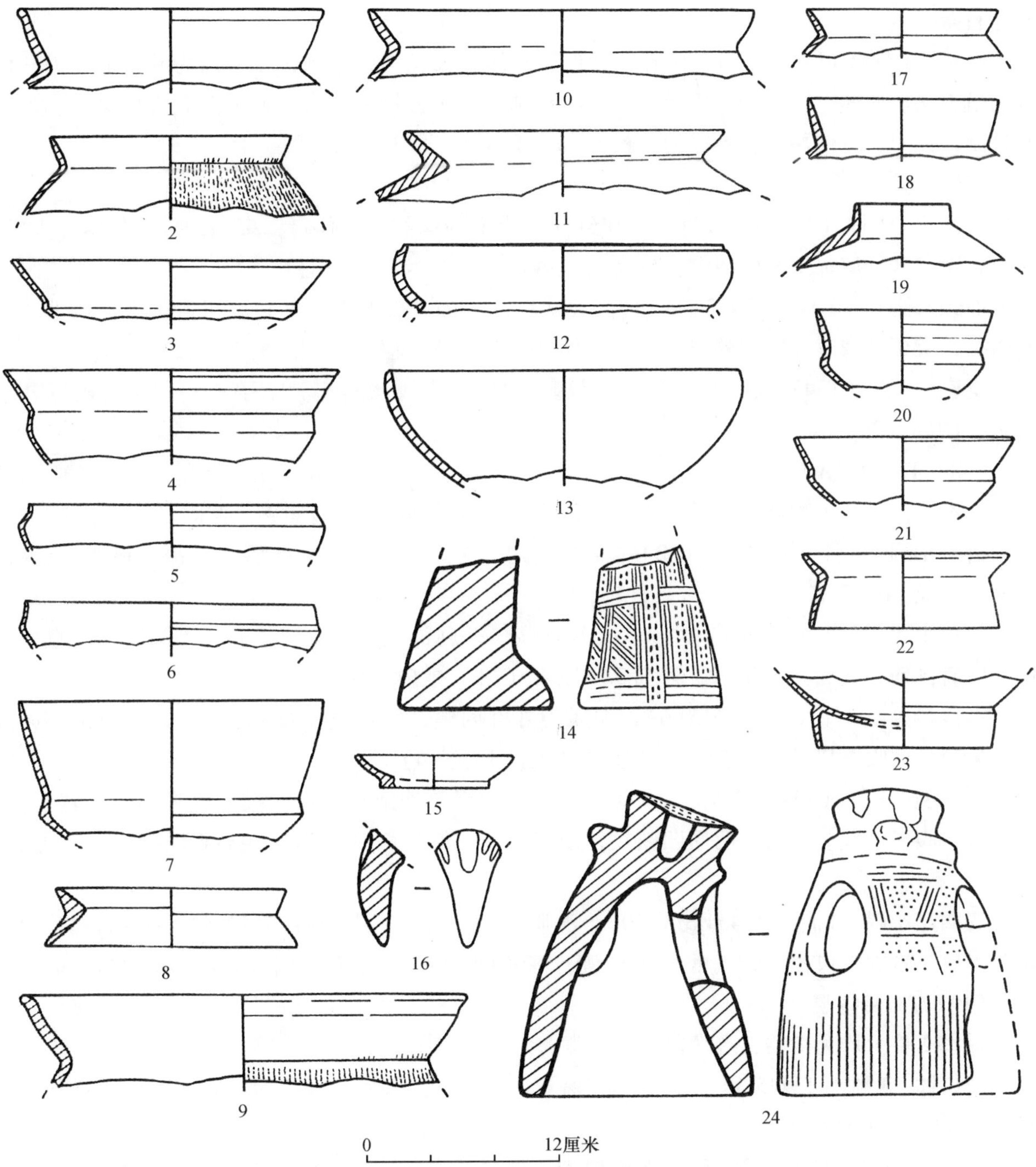

图一七五　T3333③层、T3334③层、T3334③A 层、T3334③C 层、T3433③层、T3433③B 层、T3434③A 层、T3445③层、T3447③A 层出土陶器

1. 斜颈罐（T3447③A∶4）　2、10. 折沿罐（T3433③∶17、T3447③∶1）　3、4、7、20、21. 折腹碗（T3445③∶5、T3434③A∶7、T3333③∶4、T3334③A∶7、T3333③∶8）　5、6. 子母口簋（T3434③A∶6、T3447③A∶8）　8. 弧肩小器座（T3333③∶6）　9. 凹折沿罐（T3334③C∶9）　11. 折沿瓮（T3447③A∶5）　12. 曲颈彩陶瓮（T3433③A∶8）　13. 敞口钵（T3445③∶3）　14、24. 支座（T3433③∶1、T3333③∶3）　15. 假圈足小碟（T3434③A∶10）　16. 弯锥状小鼎足（T3334③∶23）　17. 折沿小罐（T3434③A∶2）　18. 斜颈小罐（T3434③A∶1）　19. 小口瓮（T3334③∶22）　22. 溜肩小器座（T3447③A∶6）　23. 矮圈足（T3333③∶12）

石器

石斧　1件（T3433③:2）。砾石，青色。器体呈长梯形，平顶，顶一面为原砾面，另一面打制呈刃状。两面，一面为原砾面，另一面打制。两边皆打制修直。弧刃一面为原砾面，另一面打制，弧刃，有使用痕，不锋利。长16.5、宽8.2、厚3厘米（图一七六，9）。

陶器

折沿罐　1件（T3433③:17）。泥质红陶，内沿施深红衣。侈口，束颈，折沿外斜，尖唇，弧肩，腹已残。肩饰细密竖绳纹。口径15、残高5.2厘米（图一七五，2）。

曲颈彩陶瓮　1件（T3433③A:8）。夹炭红陶，内外施红衣。侈口，折沿，沿面内凹，圆唇内折，束颈，肩残。唇内外施黑彩。口径20、残高4.2厘米（图一七五，12）。

支座　1件（T3433③:1）。夹炭红褐陶。属实心有纹倾斜型。底径9.3～9.8、残高10.2厘米（图一七五，14）。

（48）T3434③A层

标本5件。均为陶器，有折沿小罐、斜颈小罐、子母口簋、折腹碗、假圈足小碟。

折沿小罐　1件（T3434③A:2）。泥质红陶。侈口，折沿，尖圆唇，束颈，斜弧肩已残。素面。口径12、残高3厘米（图一七五，17）。

斜颈小罐　1件（T3434③A:1）。夹炭红陶，外施深红衣。直口外斜，尖圆唇，高直颈下束，广肩已残。素面。口径12、残高3.8厘米（图一七五，18）。

子母口簋　1件（T3434③A:6）。泥质陶外红内黑，外施浅红衣。子母口，内折沿，方圆唇，折腹弧内收。口径18、残高2.9厘米（图一七五，5）。

折腹碗　1件（T3434③A:7）。泥质陶外红内黑，外施鲜红衣。敞口，尖圆唇，宽折沿，斜直腹，腹下已残。外沿饰两周凹弦纹，使口沿呈三叠层。口径21、残高6厘米（图一七五，4）。

假圈足小碟　1件（T3434③A:10）。泥质红陶。敞口，尖圆唇，浅弧腹下附实心假圈足，足为平底。素面。口径10.1、底径6.8、高2.2厘米（图一七五，15；图版五八，2）。

（49）T3445③层

标本2件。均为陶器，有敞口钵和折腹碗。

敞口钵　1件（T3445③:3）。夹炭红褐陶。敞口，尖圆唇，深弧腹，腹下已残。素面。口径22、残高7.4厘米（图一七五，13）。

折腹碗　1件（T3445③:5）。泥质黑陶。敞口，尖圆唇，折沿上部外斜，折腹上部外凸，有折棱，下部弧内收，但已残。素面。口径20、残高3.8厘米（图一七五，3）。

（50）T3447③A层（包括T3447③层）

标本6件。有石斧和陶折沿罐、斜颈罐、折沿瓮、子母口簋、溜肩小器座。

石器

石斧　1件（T3447③A:12）。小砾石，青色加黑斑点。扁薄近梯形，弧顶，顶一面打制，两面，一面为原砾面光滑微凹，另一面打制，两边皆打制修直不平，弧刃，一面为原砾面，另一面打制，不锋利。长10、宽7.4、厚2.1厘米（图一七六，6）。

陶器

折沿罐 1件（T3447③:1）。夹炭红陶。侈口，卷沿，尖圆唇，束颈，溜肩，肩下已残。素面。口径24、残高4.6厘米（图一七五，10）。

斜颈罐 1件（T3447③A:4）。夹炭红陶。侈口，束颈，斜折沿，圆唇外凸，弧肩已残。素面。口径19、残高5.3厘米（图一七五，1）。

折沿瓮 1件（T3447③A:5）。夹炭黄陶。侈口，束颈，折沿微凹，尖圆唇，广弧肩已残。素面。口径20、残高4.5厘米（图一七五，11）。

子母口簋 1件（T3447③A:8）。泥质陶外黑内红。近直口，内折沿近直立，方圆唇，折腹弧内收，下已残。折沿下部一周外凸带状纹，而使口沿呈子母口。口径18、残高2.9厘米（图一七五，6）。

溜肩小器座 1件（T3447③A:6）。泥质红陶，内沿、外壁施深红衣。复原，侈口，束颈，折沿，尖圆唇，溜肩下已到底，内空。素面。口径13、底径12、高4.7厘米（图一七五，22）。

（51）T3533③A层（加T3533②层）

标本3件。有石斧、大石球和陶折沿罐。

石器

石斧 1件（T3533②:3）。砾石，青色夹密集黑白斑点。扁弧长方形，弧顶两面打制，两面皆为原砾面，弧平局部有疤，两边也原砾面，扁弧又稍磨仍不平，弧刃有使用痕，不锋利。长11.8、宽7.5、厚2.5厘米（图一七六，3）。

大石球 1件（T3533②:1）。砾石，灰白色，花岗岩。近圆形，表面布满敲琢痕。直径11.3～11.9、厚9.2厘米（图一七六，4）。

陶器

折沿罐 1件（T3533③A:9）。泥质夹草末浅红陶。侈口，束颈，宽折沿，尖唇，斜肩已残。肩饰竖绳纹。口径24、残高4.5厘米（图一七七，11）。

（52）T3534③A层（加T3534③层1件）

标本12件。有石斧和陶弧折沿罐、斜颈罐、子母口簋、敞口碗、内卷沿大盆、小器座、碟式小器盖、器盖纽。

石器

石斧 2件。T3534③:5，砾石，青色。扁薄小梯形，弧顶，顶一部残缺，两面、两边皆略磨，但仍布零星坑疤，两面刃皆磨不对称，平刃，有使用痕，不锋利。长7.8、宽5.8、厚1.9厘米（图一七六，5）。T3534③A:6，砾石，青色。厚体近梯形，顶已断裂，两面弧状光滑，有零星凹痕，两边不平，斜刃两面磨制，较锋利。残长10、宽9.3、厚4.3厘米（图一七六，2）。

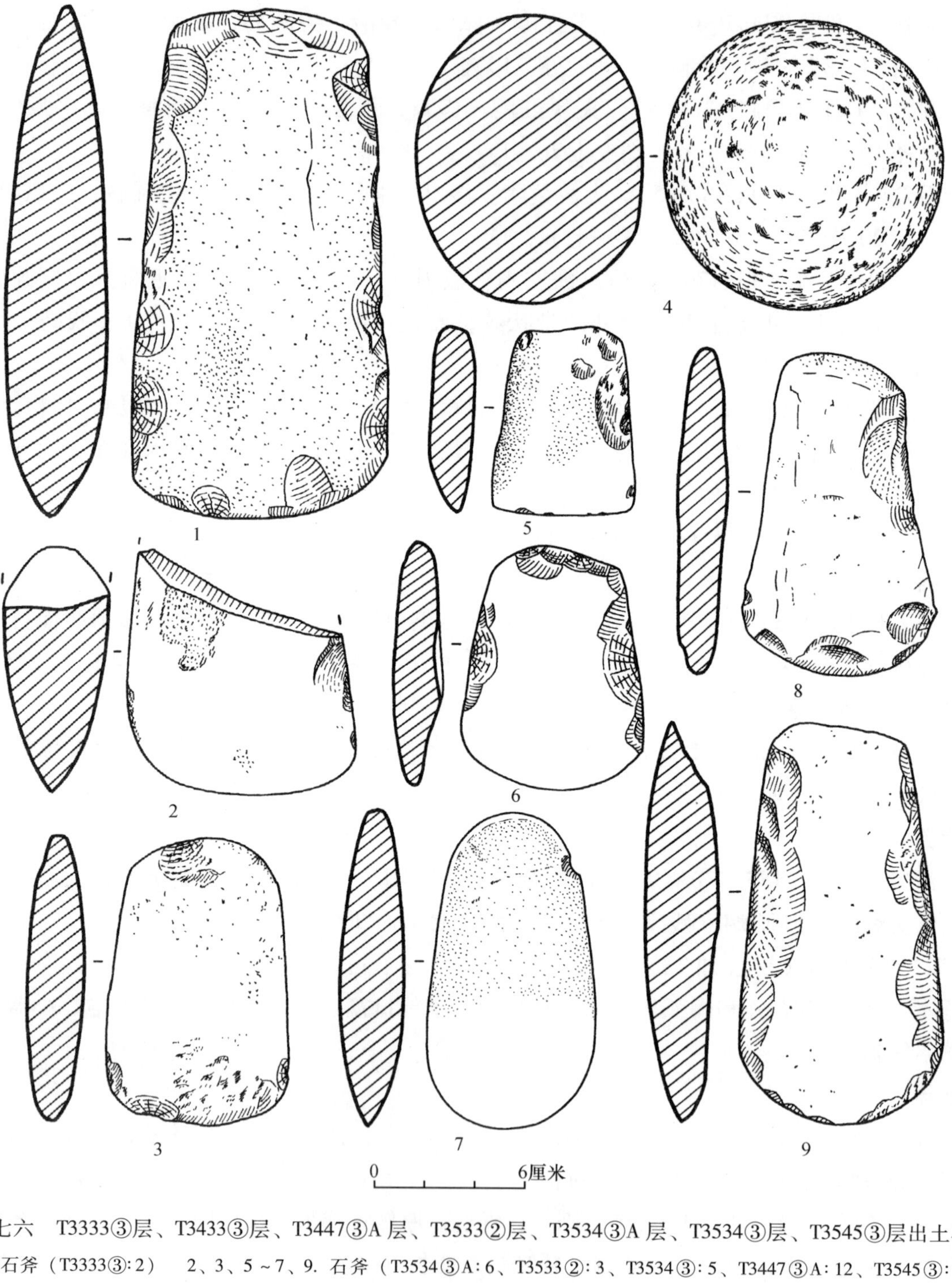

图一七六　T3333③层、T3433③层、T3447③A 层、T3533②层、T3534③A 层、T3534③层、T3545③层出土石器

1. 大石斧（T3333③:2）　2、3、5～7、9. 石斧（T3534③A:6、T3533②:3、T3534③:5、T3447③A:12、T3545③:19、T3433③:2）　4. 大石球（T3533②:1）　8. 凹腰石锄（T3545③:34）

陶器

弧折沿罐　2件。T3534③A:21，泥质夹草末红陶，内沿、外表施浅红衣。侈口，束颈，折沿，沿面微上弧，尖圆唇，斜肩，肩下已残。素面。口径23、残高4.4厘米（图一七七，14）。T3534③A:23，夹炭红陶，内沿施深红衣。侈口，宽折沿，沿面微上弧，束颈，弧肩，肩下已残。外沿上面和颈部各绘一周带状彩纹。口径22、残高6厘米（图一七七，17）。

斜颈罐　1件（T3534③A:22）。夹炭黑陶。直口外斜，高颈内束，圆唇外翻，斜肩，肩下已残。肩饰竖绳纹。口径24、残高5.1厘米（图一七七，8）。

子母口簋　1件（T3534③A:10）。泥质陶外红内黑，外施鲜红衣。敛口，内折沿弧凹而呈子母口，尖圆唇，弧折腹，腹下已残。素面。口径23、残高7.6厘米（图一七七，9）。

敞口碗　1件（T3534③A:8）。泥质陶外红内黑，外施深红衣。敞口，尖唇或小方唇，弧腹近底凹折，圜底已残，下附矮圈足，足壁外弧近外斜。素面。口径17.5、足径8.9、复原高5.5厘米（图一七七，18；图版五三，4）。

内卷沿大盆　1件（T3534③A:13）。泥质红陶，外施深红衣。敛口，内卷沿，圆唇，弧腹上鼓下内收，腹下已残。腹饰一周凹弦纹，其下拍印已残。内口径48、残高4.8厘米（图一七七，6）。

小器座　2件。T3534③A:17，泥质红陶，内外施鲜红衣。复原，侈口，束颈，尖唇，折沿，溜肩已到底，内空。素面。口径11.6、底径12.4、复原高4.6厘米（图一七七，7；彩版八，4；图版五五，2）。T3534③A:18，夹炭红陶，内外施深红衣。复原，侈口，折沿微上弧，斜弧肩，但已到底，内空。素面。口径12.8、足径14.3、复原高3.8厘米（图一七七，12；图版五五，6）。

碟式小器盖　1件（T3534③A:15）。泥质红陶，外施深红衣。直口，尖圆唇，直腹内收成圜底。素面。口径6.4、高2.1厘米（图一七七，4；图版五九，2）。

器盖纽　1件（T3534③A:12）。泥质陶外红内黑，外施深红衣。盖盘已残，纽如圈足盘状，纽面边沿内斜，中有深凹孔，纽把圆柱体。素面。纽径6.4、残高2.1厘米（图一七七，13）。

（53）T3545③层

标本6件。有凹腰石锄、石斧和陶凹折沿罐、斜腹碗、假圈足碟、盘圈足。

石器

凹腰石锄　1件（T3545③:34）。石片，青色夹白色斑点。扁薄近凹腰形，斜弧顶，两面，一面为原砾面，另一面打制。两边打制，一边修直，一边凹弧。上部有不明显双肩。弧刃两面稍打制，不甚锋利。长13.3、宽7.8、厚2.1厘米（图一七六，8）。

石斧　1件（T3545③:19）。砾石，青色。扁弧呈长椭圆形，弧顶。两面皆琢布满密集坑疤。两边，一边琢，另一边为原砾面。弧刃，两面磨制，较锋利。长13、宽6.9、厚2.8厘米（图一七六，7；图版五一，1）。

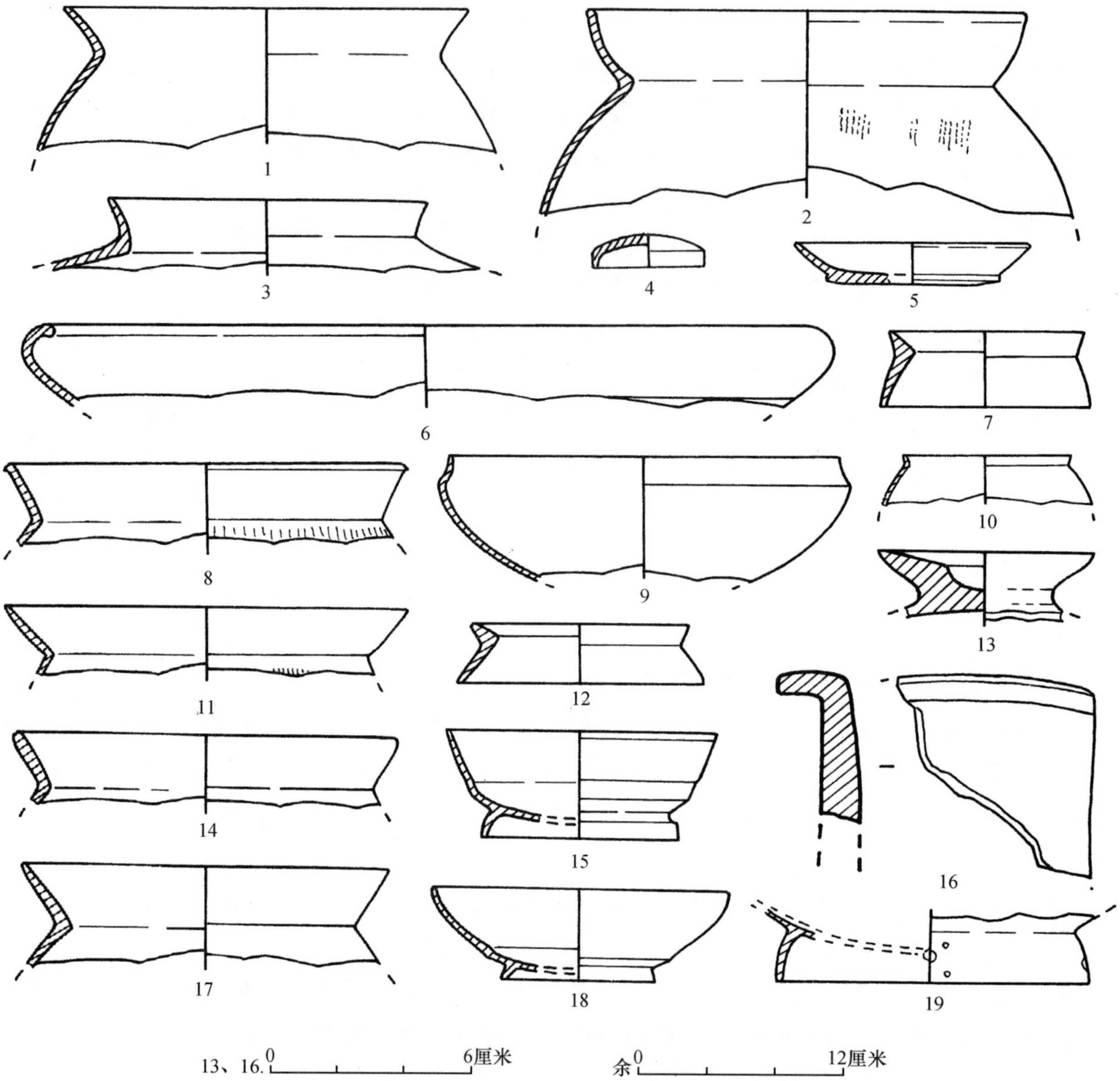

图一七七　T3533③A层、T3534③A层、T3545③层、T3546③层出土陶器

1. 束颈罐（T3546③:3）　2. 凹折沿罐（T3545③:99）　3. 大口瓮（T3546②B:2）　4. 碟式小器盖（T3534③A:15）　5. 假圈足碟（T3545③:2）　6. 内卷沿大盆（T3534③A:13）　7. 溜肩小器座（T3534③A:17）　8. 斜颈罐（T3534③A:22）　9. 子母口簋（T3534③A:10）　10. 折沿小罐（T3546③:4）　11. 折沿罐（T3533③A:9）　12. 弧肩小器座（T3534③A:18）　13. 器盖纽（T3534③A:12）　14. 弧折沿罐（T3534③A:21）　15. 斜腹碗（T3545③:94）　16. 似陶灶火门陶片（T3546③:5）　17. 弧折沿彩陶罐（T3534③A:23）　18. 敞口碗（T3534③A:8）　19. 盘圈足（T3545③:98）

陶器

凹折沿罐　1件（T3545③:99）。夹炭红陶。侈口，束颈，深凹折沿，圆唇，弧肩，深弧腹已残。口下一周凹弦，肩有抹不净竖绳纹。口径26、残高12.4厘米（图一七七，2）。

斜腹碗　1件（T3545③:94）。泥质陶外红内黑，外施深红衣，但有竖条状黑块。敞口，方唇，斜腹下部内折，口内侧内凹，圜底已残，下附矮圈足，足壁上部外斜，下部下折近直。口下、腹中各饰一周凹弦。口径15.9、足径11.6、高6.6厘米（图一七七，15；图版五四，4）。

假圈足碟　1件（T3545③:2）。泥质陶外红内黑，外施暗红色陶衣。敞口，方唇，浅斜腹，外下折成假圈足。素面。口径13.8、底径10.6、高2.4厘米（图一七七，5；图版五八，4）。

盘圈足　1件（T3545③:98）。泥质红陶。上残，圜底下附粗矮圈足，足壁外弧。足壁饰四个圆形镂孔，孔旁加饰上、下两点戳点纹。足径18.4、残高4厘米（图一七七，19）。

（54）T3546③层（加T3546②B层1件）

标本4件。均为陶器，有折沿小罐，束颈罐、大口瓮和似陶灶火门残片。

折沿小罐　1件（T3546③:4）。泥质黑陶，内壁成片脱落，内外皆磨光。侈口，束颈，窄折沿，但内表多脱落而使胎甚薄，弧肩，深腹弧下已残。素面。口径10、残高3厘米（图一七七，10）。

束颈罐　1件（T3546③:3）。夹炭夹草末红陶，内沿施深红衣。侈口，束颈，宽沿外卷，尖圆唇，弧肩，深弧腹下部已残。素面。口径24、残高8.8厘米（图一七七，1）。

大口瓮　1件（T3546②B:2）。夹炭浅红陶。直口外卷，尖唇，高弧颈，广肩微凹，但已残。素面。口径19、残高4.5厘米（图一七七，3）。

似陶灶火门残片　1件（T3546③:5）。夹炭黑陶，表面磨光，局部泛红。似炉灶火门残片，顶面似弧面，方唇，直口，深直腹。素面。残高6厘米（图一七七，16）。

（55）T3546③A层

标本9件。有石斧和陶凹折沿彩陶罐、弧折沿罐、斜颈罐、内卷沿大盆、内折沿盘、敞口小盘、矮圈足。

石器

石斧　1件（T3546③A:6）。砾石，青色。厚体如龟背，破裂面近平，原面弧凸，中央至刃部一片为光滑原面，余有琢打痕，两边修直，一边近平，另一边单面打制不平，弧刃两面磨制，钝厚不锋利。长14.5、宽9.6、厚5.6厘米（图一七八，1）。

陶器

凹折沿彩陶罐　1件（T3546③A:13）。夹炭红陶，外壁、内沿施深红衣，绘黑彩。侈口，凹折沿，沿面微凹，尖圆唇，束颈，弧肩已残。内沿至外沿，肩饰黑彩纹，内沿保存较好，但两周带状纹之间图案不明。口径22、残高4.6厘米（图一七九，1）。

弧折沿罐　1件（T3546③A:12）。夹砂红陶。侈口，宽折沿，沿面微上弧，方圆唇，束颈，斜肩已残。肩饰竖绳纹，外口下一周凹槽。口径28、残高5.8厘米（图一七九，6）。

斜颈罐　1件（T3546③A:8）。泥质橘红陶。侈口，束颈，折沿外斜上仰近斜颈，尖圆唇，斜弧肩，弧腹已残。素面。口径12、残高5厘米（图一七九，17）。

内卷沿大盆　1件（T3546③A:14）。夹炭红陶，外施鲜红衣。敛口，内卷沿，圆唇凸出口内，弧腹内收，但大部分已残。素面。

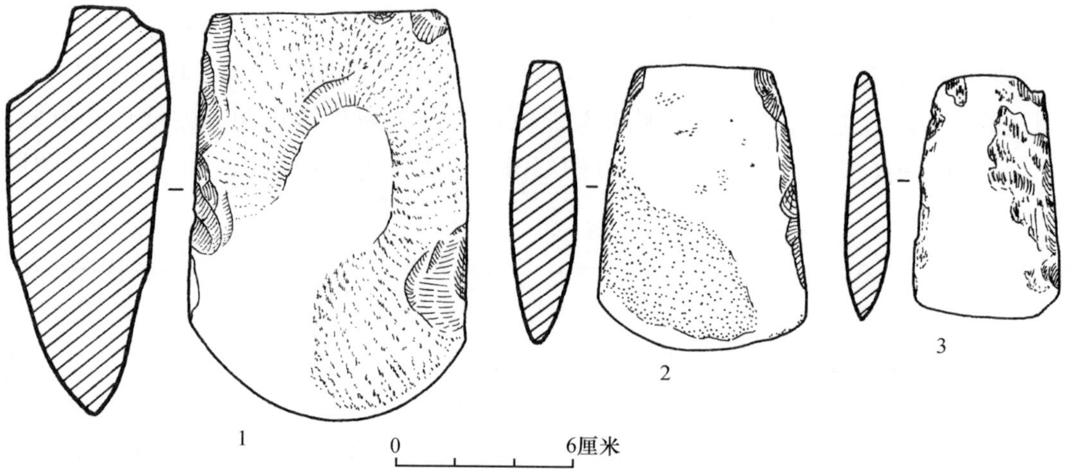

图一七八 T3546③A 层、T3633③A 层出土石斧

1. T3546③A∶6 2. T3633③A∶1 3. T3633③A∶2

内折沿盘 1 件（T3546③A∶17）。夹炭红陶，内外施鲜红衣。直口内敛，内折沿内斜，折棱突出，浅腹即圜底下大圈足，足壁内斜，下已残。素面。口径 18、残高 3 厘米（图一七九，10）。

敞口小盘 1 件（T3546③A∶16）。夹炭红陶，内外施红衣。敞口，尖圆唇，弧腹，圜底已残下附圈足，但已残，残壁外斜。素面。口径 12.4、残高 3.4 厘米（图一七九，22）。

矮圈足 2 件。T3546③A∶18，泥质红陶。口沿残，弧腹大圜底下附低矮圈足，足壁外弧。下腹饰斜绳纹。足径 14、残高 4.2 厘米（图一七九，16）。T3546③A∶19，泥质浅红陶，外施近黄红衣。上部残，弧腹，圜底已残下附低矮圈足，足壁弧近直。素面。足径 10、残高 3.3 厘米（图一七九，21）。

（56）T3547③A 层

标本 2 件。均为陶器，有凹折沿罐和侈口碗。

凹折沿罐 1 件（T3547③A∶16）。夹炭黑陶。侈口，凹折沿，圆唇，束颈，弧肩已残。素面。口径 20、残高 4.2 厘米（图一七九，8）。

侈口碗 1 件（T3547③A∶1）。泥质陶外红内黑。敛口，宽斜沿，尖圆唇，弧腹，腹下已残。素面。口径 21、残高 4.8 厘米（图一七九，3）。

（57）T3633③A 层

标本 2 件。皆石斧。

石斧 2 件。T3633③A∶1，砾石制作。扁弧体近梯形，平顶和两弧面，皆琢打，两边也琢平，弧刃两面磨制，有使用痕。长 10、宽 7.1、厚 2.4 厘米（图一七八，2）。T3633③A∶2，体较薄近梯形，顶及两边也皆砾石原面，两边打制修直但尚不平，平刃两面磨制。长 8.7、宽 5.1、厚 1.7 厘米（图一七八，3）。

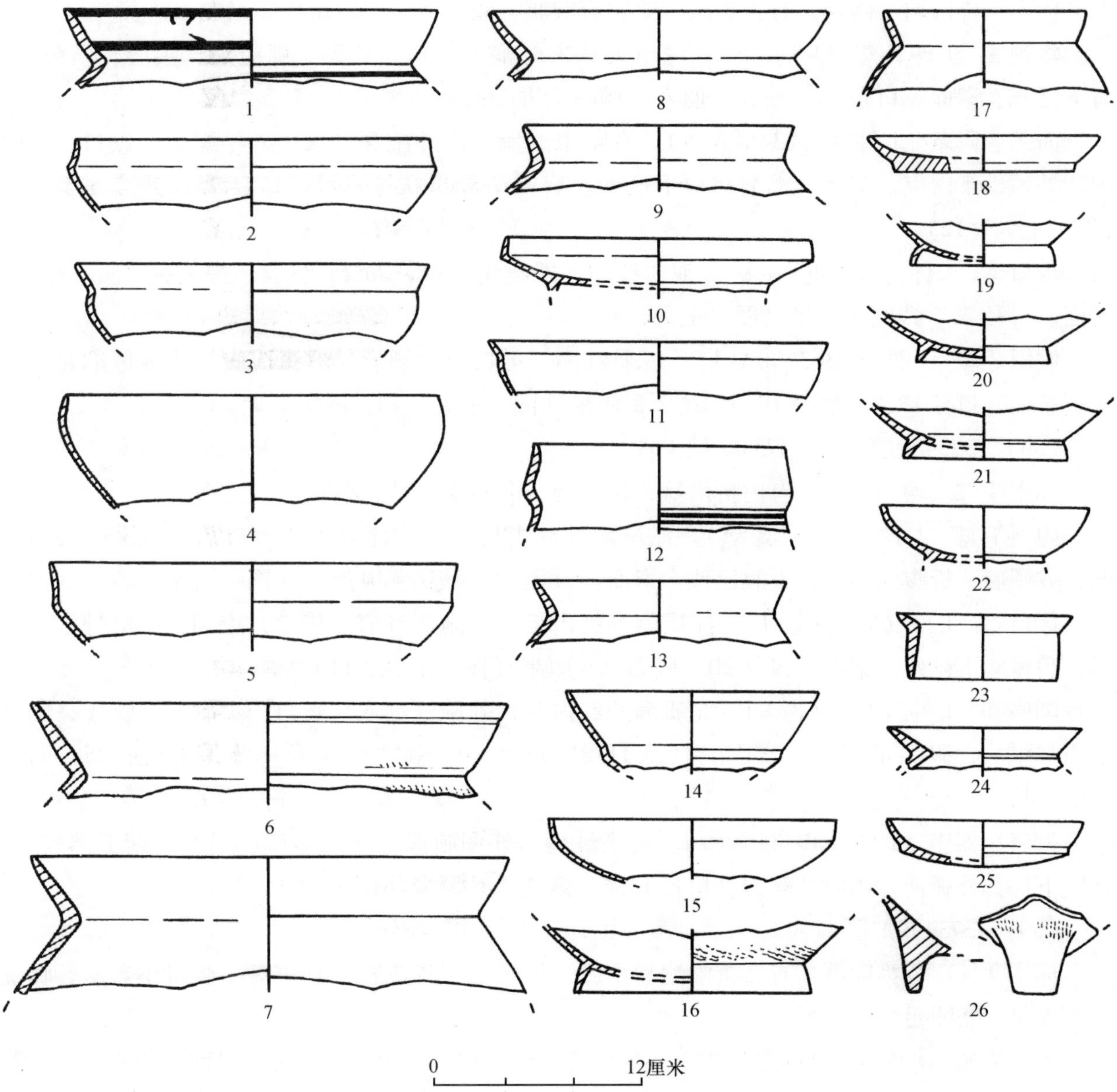

图一七九　T3546③A层、T3547③A层、T3634③A层、T3734②层、T3734③层、T3734③A层出土陶器

1. 凹折沿彩陶罐（T3546③A：13）　2. 内折沿簋（T3734③：6）　3、11. 侈口碗（T3547③A：1、T3734②：1）　4. 敛口钵（T3634③A：8）　5. 直口簋（T3734③A：15）　6、7. 弧折沿罐（T3546③A：12、T3734③A：37）　8. 凹折沿罐（T3547③A：16）　9、17. 斜颈罐（T3634③A：5、T3546③A：8）　10. 内折沿盘（T3546③A：17）　12. 曲颈彩陶瓶（T3634③A：4）　13. 弧折沿小罐（T3734③A：38）　14. 折腹碗（T3734③A：18）　15. 直口盘（T3734③A：39）　16、19～21. 矮圈足（T3546③A：18、T3734③A：44、T3734③A：20、T3546③A：19）　18. 假圈足碟（T3634③A：1）　22. 敞口小盘（T3546③A：16）　23. 溜肩小器座（T3734③A：13）　24. 弧肩小器座（T3734③：9）　25. 圜底碟（T3734③：8）　26. 鸭嘴状小鼎足（T3734③A：43）

（58）T3634③A 层

标本 4 件。均为陶器，有斜颈罐、曲颈彩陶瓶、敛口钵、假圈足碟。

斜颈罐　1 件（T3634③A∶5）。泥质夹草末红陶。侈口，束颈，弧折沿，尖唇，斜弧肩，肩下已残。素面。口径 16、残高 4 厘米（图一七九，9）。

曲颈彩陶瓶　1 件（T3634③A∶4）。夹草末红陶，内外施深红衣，外绘黑彩。敛口，曲颈内凹外弧，下内束，尖唇，溜肩，肩下已残。肩饰两周带状黑彩纹。口径 15、残高 5.5 厘米（图一七九，12）。

敛口钵　1 件（T3634③A∶8）。泥质红陶，外施浅红衣。敛口，尖唇，深弧腹，腹下已残。素面。口径 22、残高 7 厘米（图一七九，4）。

假圈足碟　1 件（T3634③A∶1）。泥质红陶。敞口，尖圆唇，斜弧浅腹下收成假圈足，平底。素面。口径 13.8、底径 10.6、高 2.2 厘米（图一七九，18；图版五七，6）。

（59）T3734③层（加 T3734②层 1 件）

标本 4 件。均为陶器，有内折沿簋、侈口碗、圜底碟、弧肩小器座。

内折沿簋　1 件（T3734③∶6）。泥质陶外红内黑，外施深红衣。敛口，内折沿，沿面微凹，方圆唇，折腹弧内收，下腹已残。素面。口径 21、残高 4.4 厘米（图一七九，2）。

侈口碗　1 件（T3734②∶1）。泥质陶外红内黑，外施深红衣。侈口，束颈，弧沿外卷，尖唇，扁弧腹下已残。素面。口径 20、残高 3.4 厘米（图一七九，11）。

圜底碟　1 件（T3734③∶8）。泥质陶外红内灰，外施浅红衣。敞口，尖唇，浅弧腹，圜底下附圜平底，假圈足实心。素面。口径 11.8、足径 10、高 2.8 厘米（图一七九，25；图版五七，4）。

弧肩小器座　1 件（T3734③∶9）。夹炭红陶，外壁施深红衣。侈口已残，仅剩下部残片，器座下部如外弧肩，内空。素面。口径 11.6、残高 2.6 厘米（图一七九，24）。

（60）T3734③A 层

标本 9 件。均为陶器，有弧折沿罐和小罐、折腹碗、直口簋、直口盘、溜肩小器座、鸭嘴状小鼎足、矮圈足。

弧折沿罐　1 件（T3734③A∶37）。夹炭浅黄陶。侈口，宽折沿，沿面上弧，尖唇，束颈，弧肩，腹已残。素面。口径 28、残高 8.1 厘米（图一七九，7）。

弧折沿小罐　1 件（T3734③A∶38）。夹炭红陶，外壁、内沿施深红衣。侈口，折沿，沿面微上弧，尖圆唇，束颈，斜弧肩，肩下残。素面。口径 15、残高 4 厘米（图一七九，13）。

折腹碗　1 件（T3734③A∶18）。泥质陶外红内黑，口外壁施鲜红衣。敞口，宽折沿上外斜，尖圆唇，折腹上部外折，下部弧内收，但已残。素面。口径 15、残高 4.8 厘米（图一七九，14）。

直口簋　1 件（T3734③A∶15）。夹炭陶外红内黑。直口微外卷，尖圆唇外翻，粗直颈，折腹斜内收，腹较深，下部已残。素面。口径 24、残高 4.9 厘米（图一七九，5）。

直口盘　1件（T3734③A:39）。泥质陶外红内黑。直口，方圆唇，粗直颈，折弧腹，腹下残。素面。口径17、残高3.8厘米（图一七九，15）。

溜肩小器座　1件（T3734③A:13）。夹草末红陶，内外施鲜红衣。侈口，直筒腹，中空。素面。口径10.5、底径8.8、高3.9厘米（图一七九，23；图版五五，5）。

鸭嘴状小鼎足　1件（T3734③A:43）。夹炭红陶。罐形鼎片状矮足，近片状呈倒梯形。足上部饰竖绳纹。残高6厘米（图一七九，26）。

矮圈足　2件。T3734③A:20，夹炭陶外红内黑，外施鲜红衣。上部残，仅剩矮圈足和圜底，足壁外斜近直。素面。足径8.1、残高2.8厘米（图一七九，20）。T3734③A:44，泥质黑陶。上部残，仅剩矮圈足和圜底，足壁外弧近直。素面。足径8.6、残高2.6厘米（图一七九，19）。

（61）TG1⑤层和TG1⑥层

标本16件。有石斧、残鹿角，还有陶折沿罐、曲颈彩陶罐、曲颈彩陶瓶、粗弧颈壶，内折沿碗、卷沿碗、折腹碗、内折沿盘、器盖纽、矮圈足、假圈足。

石器

石斧　2件。TG1⑤:60，砾石，深灰色夹白斑点。扁平近扇形，顶部已残，断面斜平，两面一面为琢弧原面，另一面磨平，两边皆外斜，而使顶窄刃宽，一边已磨平，另一边两面打制仅修直，圆弧刃两面磨制，有使用痕，仍锋利。残长9.6、宽7.6、厚2.2厘米（图一八一，3）。TG1⑤:61，小砾石，青色夹密集黑斑点。较厚近梯形，弧顶近平，两面打制。两面稍弧近平。两边不对称皆外斜，皆两面稍打制都不平。弧刃近平，两面磨制，有使用痕，已不锋利。长10.2、宽7.3、厚2.7厘米（图一八一，2；图版五一，3）。

陶器

折沿罐　1件（TG1⑤:67）。夹炭夹蚌红陶，内沿施深红衣。侈口，束颈，宽折沿，尖圆唇，弧肩已残。外沿面饰三周凹槽，使外沿面呈四叠层，沿下局部和肩上满饰细密竖绳纹。口径28、残高4.8厘米（图一八〇，9）。

曲颈彩陶罐　2件。TG1⑥:7，泥质红陶，内沿、外壁施红衣。侈口，束颈，卷沿，斜肩下已残。内沿外至肩有黑彩图案，但易脱落，图案除宽带纹外，宽带间也有图案，已不清晰。口径24、侈口4.5厘米（图一八〇，2）。TG1⑤:58，夹炭红陶，内沿、外壁施深红衣。侈口，束颈，折沿，沿面内凹外弧，故称曲颈，尖圆唇，斜弧肩，深弧腹大部已残。外沿上部绘两周黑彩带状纹，肩部上、下各三周带状纹，中间又夹一周“C”状纹饰。口径24、残高6.8厘米（图一八〇，1）。

曲颈彩陶瓶　1件（TG1⑤:66）。夹炭红陶，内沿、外壁施深红衣。侈口，束颈，宽凹沿内凹外弧，而称曲颈，尖圆唇，凹肩，深腹外弧下已残。沿内外和腹饰黑彩宽带纹及圆旋涡状云纹，内沿一周，外沿三周和腹上部三周黑彩宽带纹，腹部带纹下，又以三根竖划纹分为多组图案，主要就是圆涡状云纹。口径19、残高8.6厘米（图一八〇，4）。

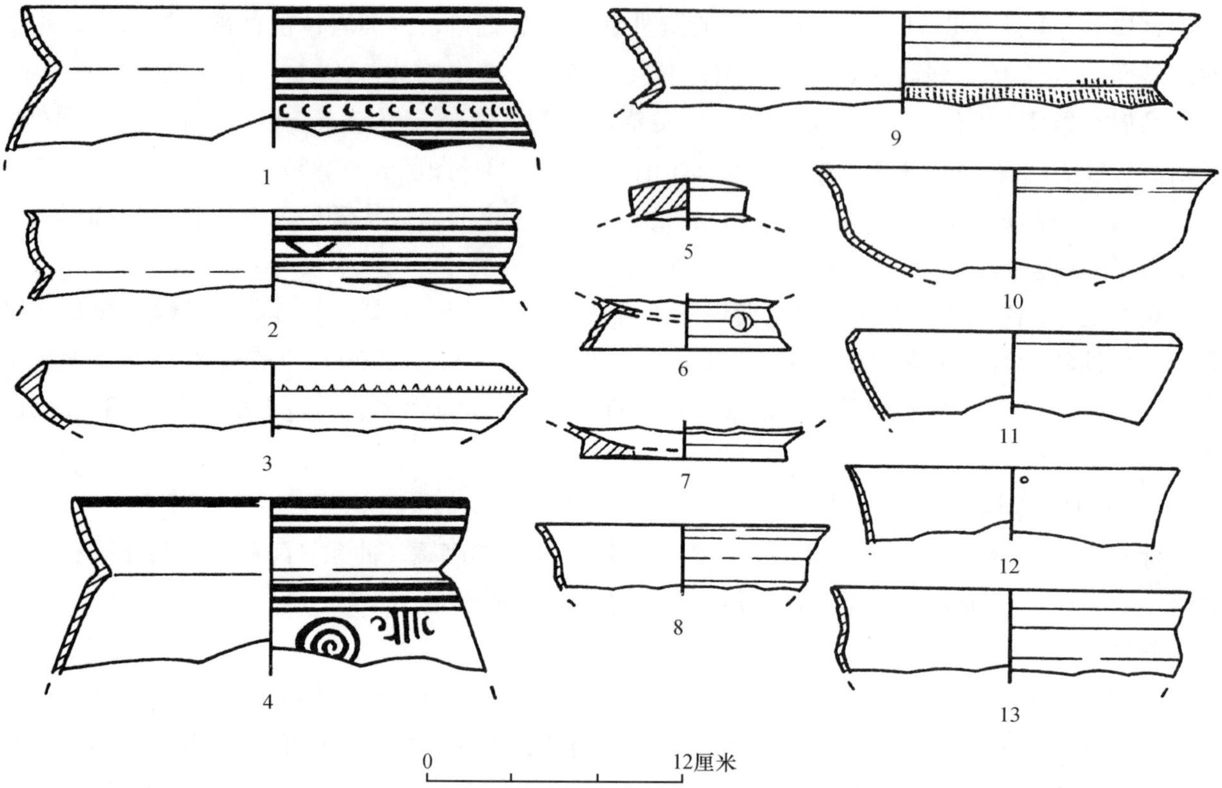

图一八〇　TG1⑤层、TG1⑥层出土陶器

1、2. 曲颈彩陶罐（TG1⑤:58、TG1⑥:7）　3. 内折沿盘（TG1⑤:75）　4. 曲颈彩陶瓶（TG1⑤:66）　5. 器盖纽（TG1⑥:92）　6. 矮圈足（TG1⑤:77）　7. 假圈足（TG1⑤:94）　8、10. 卷沿碗（TG1⑤:82、TG1⑥:6）　9. 折沿罐（TG1⑤:67）　11. 内折沿碗（TG1⑥:90）　12. 粗弧颈壶（TG1⑤:76）　13. 折腹碗（TG1⑤:73）

粗弧颈壶　1件（TG1⑤:76）。泥质黑陶，胎较薄，匀称。直口外卷，小方唇，高弧颈较粗，但下已残。口下有烧制后才钻出小圆孔。口径16、残高3.8厘米（图一八〇，12）。

内折沿碗　1件（TG1⑥:90）。泥质黑陶。敛口，窄弧沿内折，小圆唇内敛，深折腹内斜，腹下已残。外腹沿下饰一周不等宽凹槽。口径15、残高4.5厘米（图一八〇，11）。

卷沿碗　2件。TG1⑥:6，泥质黑皮陶，红胎。敞口，尖圆唇外卷，弧腹下部内弧折，底已残。沿下饰模糊宽凹槽。口径19、残高5.2厘米（图一八〇，10）。TG1⑤:82，泥质黑陶，灰胎。敞口，宽沿外卷，小方唇，斜肩，折腹内收，下已残。口沿外表两周宽凹槽。口径14、残高3.3厘米（图一八〇，8）。

折腹碗　1件（TG1⑤:73）。泥质磨光黑陶。侈口，束颈，弧沿外卷，小方唇，斜肩，折腹弧内收，下腹已残。弧沿外饰一周凹弦，使口沿呈双叠层，折腹起折棱，未见其他纹饰。口径17、残高4.1厘米（图一八〇，13）。

内折沿盘　1件（TG1⑤:75）。泥质红陶，内外施鲜红衣。敛口，弧沿内折，口内呈尖唇，器外起凸棱，凸棱又压印成锯齿状花边，浅弧腹内收，腹中部外壁又有一周弧折棱，器内无此棱，下已残。弧沿上有六周平行等距凹弦纹。口径 22、残高 3.1 厘米（图一八〇，3）。

器盖纽　1 件（TG1⑥:92）。泥质夹草末陶外红内黑，外表施深红衣。盖盘已残，仅剩盖纽和盖盘圜底残片，盖纽为弧面实心圆饼状。纽径 5.8、残高 2 厘米（图一八〇，5）。

矮圈足　1 件（TG1⑤:77）。泥质磨光黑陶。上部残，仅剩圈足和圜底残块，足壁外斜。足饰两周凹槽而使足壁呈三叠层，足上饰圆形镂孔。足径 10、残高 2.5 厘米（图一八〇，6）。

假圈足　1 件（TG1⑤:94）。泥质黑陶，红胎。仅存残底和实心残假圈足，足壁外弧近直。素面。足径 10、残高 1.6 厘米（图一八〇，7）。

其他

残鹿角　1 件（TG1⑤:59）。骨，白色。残丫杈状，上部分叉都空心，下部实心。残长 13.4 厘米（图一八四，4）。

（62）TG2④层（加 TG2④A 层 1 件，TG2③层 2 件）

标本 29 件。有亚腰石锄、石斧、石锛、小石锛、凹槽石器和骨簪；又有陶凹折沿罐、折沿罐、斜颈罐、高领瓮、曲颈彩陶瓶、卷沿碗、敞口小盘、侈口盘、弧肩小器座、支座、器盖纽、矮圈足、假圈足。

石器

亚腰石锄　1 件（TG2④:47）。石片，青色。上厚下薄亚腰型，平顶两面打制，两面一为原面，另一打制面皆近平，两边上部修直，下部修成凹腰弧形，圆弧刃单面打制，局部磨光，有使用痕，不锋利。长 13.2、宽 9、厚 2.8 厘米（图一八一，5）。

石斧　3 件。TG2④:33，砾石块，青色。扁弧近长方形，残顶甚平，两面原面皆弧，一面两侧磨平，两边修直，一面又琢平，斜弧刃两面磨制对称，有使用痕，较锋利。残长 9、宽 8.3、厚 3 厘米（图一八一，6）。TG2④:46，石，灰色夹黑斑点。扁平近长方形，平顶，打制，两面皆近平原面，两边修直稍外斜，多片疤，弧刃近平，两面磨制，较锋利。长 11.2、宽 7、厚 2.4 厘米（图一八三，9）。TG2④:50，长砾石，青色夹密集的黑白斑点。宽扁近长方形，顶部残，两面皆原面，都稍弧近平，两边稍外斜，皆尖弧状原面，圆弧刃两面磨制，十分锋利。残长 9.3、宽 10.5、厚 3.3 厘米（图一八一，4）。

石锛　1 件（TG2④:48）。石，青色。扁弧近梯形，弧顶较薄，已磨平，一面为原弧面，另一面已磨平，两边外斜，都磨成弧状，斜弧刃单面磨制，有小缺口，较锋利。长 7.8、宽 4.6、厚 1.4 厘米（图一八三，5；图版五二，1）。

小石锛　1 件（TG2④:49）。石片，青色。扁平近梯形，顶已残，两面磨平，一面微起棱，两边磨平，皆外斜，弧刃单面磨制，有小缺口，仍很锋利。残长 4.3、宽 2.5、厚 0.7 厘米（图一八三，7）。

凹槽石器　1 件（TG2④:45）。砾石，褐色。完整，扁平近圆角三角形，在上部琢一周凹槽，不明用途。长 22、宽 16.2、厚 6 厘米（图一八一，1；图版五二，4）。

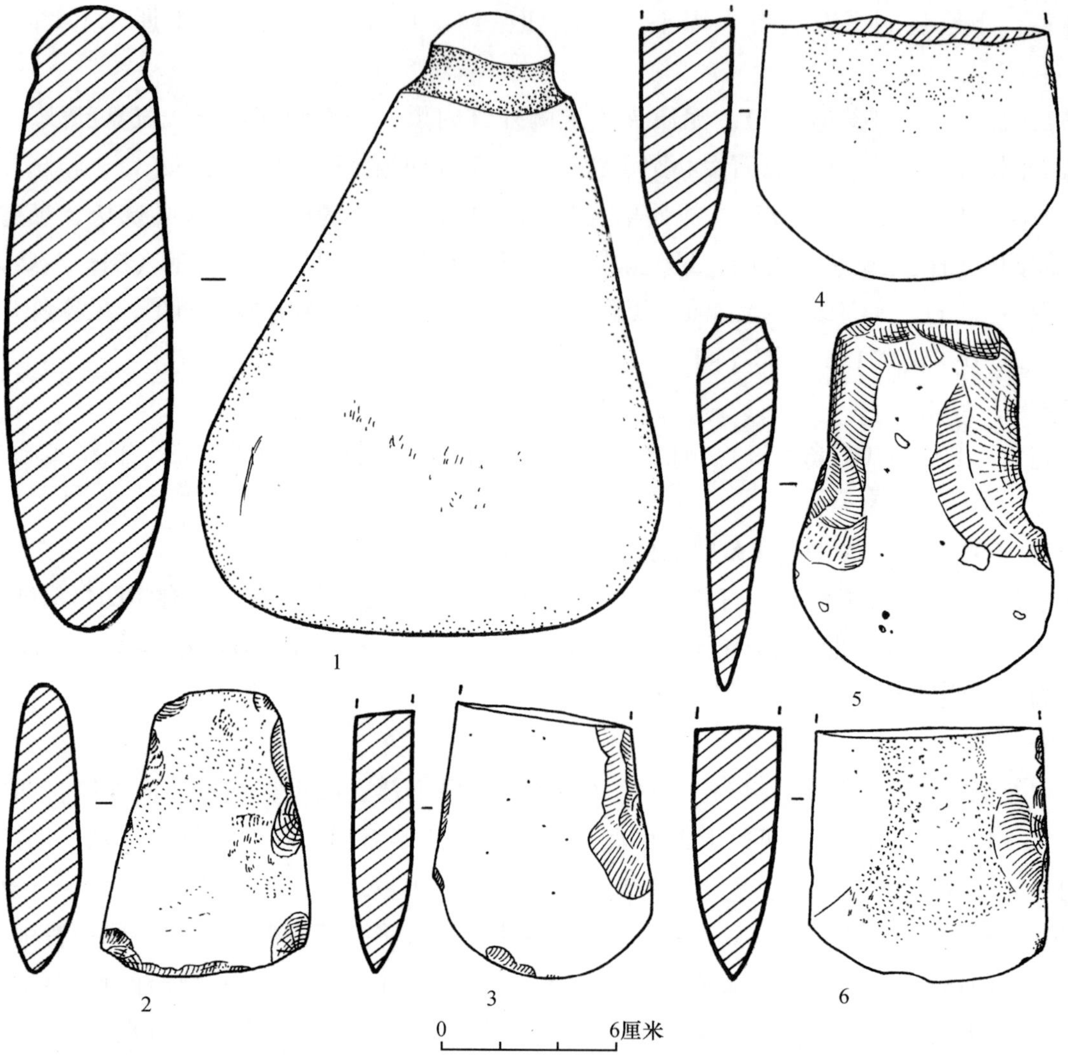

图一八一　TG1⑤层、TG2④层出土石器

1. 凹槽石器（TG2④:45）　2～4、6. 石斧（TG1⑤:61、TG1⑤:60、TG2④:50、TG2④:33）

5. 亚腰石锄（TG2④:47）

陶器

凹折沿罐　3件。TG2④:36，夹炭红陶，内沿、外表施鲜红衣。侈口，束颈，沿面上平下弧，尖圆唇，弧肩下已残。素面。口径20、残高3.8厘米（图一八二，8）。TG2④:44，夹炭和草末红陶，内沿、外表施深红衣。侈口，束颈，折沿，沿面内凹，沿外一周凹槽，使口沿呈圆唇，肩已残。素面。口径24、残高5厘米（图一八二，1）。TG2④:42，夹炭夹蚌红陶。侈口，束颈，折沿，沿面深凹，尖唇，斜弧肩，腹已残。素面。口径14、残高3.4厘米（图一八二，11）。

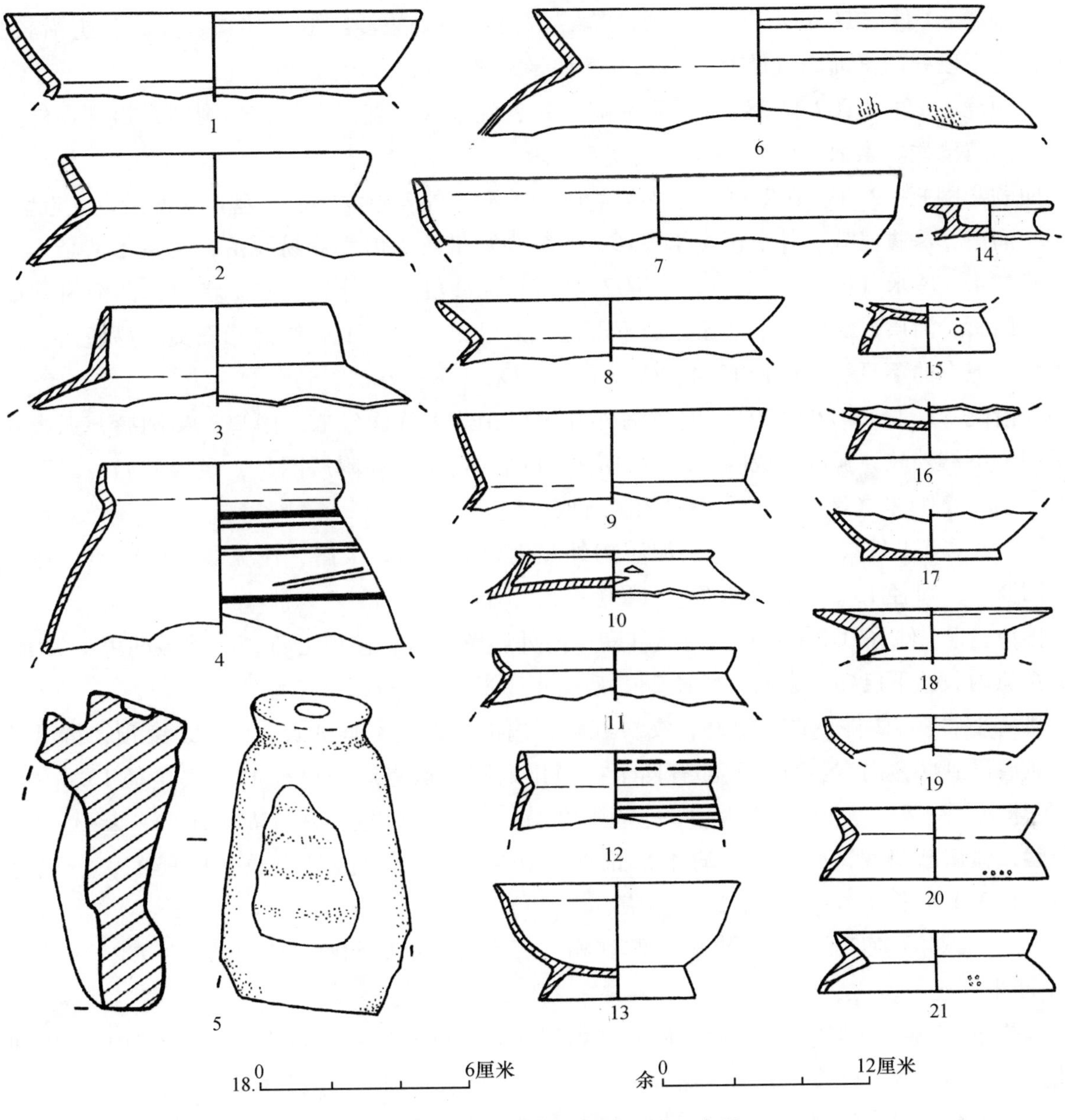

图一八二　TG2③层、TG2④层出土陶器

1、8、11. 凹折沿罐（TG2④:44、TG2④:36、TG2④:42）　2、6. 折沿罐（TG2③:24、TG2④A:17）　3. 高领瓮（TG2④:28）　4、12. 曲颈彩陶瓶（TG2④:27、TG2④:35）　5. 支座（TG2④:26）　7. 侈口盘（TG2④:39）　9. 斜颈罐（TG2④:37）　10、14、18. 器盖纽（TG2④:34、TG2④:32、TG2④:84）　13. 卷沿碗（TG2④:29）　15、16. 矮圈足（TG2④:31、TG2④:30）　17. 假圈足（TG2④:43）　19. 敞口小盘（TG2③:70）　20、21. 弧肩小器座（TG2④:38、TG2④:59）

折沿罐　2件。TG2④A:17，夹砂红陶，外施鲜红衣。侈口，束颈，宽沿，尖圆唇，鼓肩，腹已残。沿下饰四周不等距弦纹。口径26、残高7.4厘米（图一八二，6）。TG2③:24，夹砂褐陶，外施暗红色陶衣。侈口，束颈，折沿，尖圆唇，鼓肩，下已残。素面。口径18、残高6.3厘米（图一八二，2）。

斜颈罐　1件（TG2④: 37）。泥质红陶，内沿、外表施浅红衣。侈口，束颈，折沿较宽，尖唇，肩下已残。素面。口径18、残高5.5厘米（图一八二，9）。

高领瓮　1件（TG2④: 28）。泥质红陶，外表施红衣。直口微敛，尖圆唇，粗高颈外弧内凹，广弧肩已残。素面。口径12.8、残高6厘米（图一八二，3）。

曲颈彩陶瓶　2件。TG2④: 35，夹炭红陶，内沿、外表施深红衣。盘口，凹沿直立近盘口，束颈，溜肩，深腹已残。外沿至腹绘黑彩，图案为宽带纹，但黑彩易脱落，图案不清晰。口径11、残高4.6厘米（图一八二，12）。TG2④: 27，泥质红陶，外施红衣。盘口，凹沿直立如浅盘，尖圆唇，溜肩，深腹向下外弧，但下部已残。沿口、肩至上腹绘黑彩图案，易脱落，多呈宽带状，但有的不平行。口径13.4、残高10.6厘米（图一八二，4）。

卷沿碗　1件（TG2④: 29）。泥质陶外红内黑，器表施深红衣。敞口，尖圆唇，弧腹，上部微凹，下部外鼓，弧内收成圜底，口内沿面外凸起折棱，底附矮圈足，足根外撇。素面。口径14、高6.7厘米（图一八二，13；图版五四，5）。

敞口小盘　1件（TG2③: 70）。泥质陶外黑内黄。敞口，尖唇，浅弧腹，底已残。外口下两周凹弦纹。口径13、残高2.4厘米（图一八二，19）。

侈口盘　1件（TG2④: 39）。泥质红陶，内外施鲜红衣。侈口近直，凹颈微凹束，尖圆唇，浅折腹弧内收，下已残。素面。口径28、残高4厘米（图一八二，7）。

弧肩小器座　2件。TG2④: 38，夹炭红陶，内沿、外壁施鲜红衣。侈口，束颈，折沿微上弧，弧肩已到底，内空。弧肩下部有四个一横排的圆形戳点纹。口径12、底足径13.4、残高4.2厘米（图一八二，20）。TG2④: 59，泥质红陶，内沿、外壁施深红衣。侈口，束颈，折沿，尖圆唇，弧肩已到底，内空。弧肩下部饰四个小圆点为一组的戳点纹。口径11.8、底足径13.8、高3.4厘米（图一八二，21；图版五六，3）。

支座　1件（TG2④: 26）。夹砂夹蚌红陶。属实心素面倾斜型。上径6.6～7.2、中径11、高19厘米（图一八二，5）。

器盖纽　3件。TG2④: 32，泥质陶外红内黑，外表施深红衣。纽为圆饼加圆柱把，中间一凹孔，盖盘圜平状，已残。素面。纽径7.4、残高2厘米（图一八二，14）。TG2④: 34，夹炭红陶，外表施鲜红衣。仅剩器盖纽，纽如矮圈足倒置，盖盘已残。纽上饰三组三角形戳印纹，每组三个三角形。纽径11、残高2.8厘米（图一八二，10）。TG2④: 84，泥质红陶，外壁施深红衣。仅剩器盖纽残块，纽如矮圈足倒置，盖盘已残。素面。纽径7、残高1.4厘米（图一八二，18）。

矮圈足　2件。TG2④: 30，泥质红陶，内外施深红衣。残存圈足和圜底，足壁外斜。素面。足径9.7、残高3.2厘米（图一八二，16）。TG2④: 31，夹炭红陶，外壁施鲜红衣。仅存圈足和圜底，足壁外弧。足饰三个小镂孔，每个小圆孔上下又都有一粗点戳印纹。足径8、残高3厘米（图一八二，15）。

假圈足　1件（TG2④:43）。泥质磨光黑陶。口沿残，弧腹，圜底下附假圈足，足壁低矮，近直稍外斜。素面。足径8、残高2.7厘米（图一八二，17）。

其他

骨簪　1件（TG2④:25）。骨。黄色有灰黑斑。顶已残断，截面为圆形长条状，下部一面磨平。素面。残长8.1厘米（图一八四，2；图版六〇，2）。

（63）TG2⑤层

标本20件。有石斧、小石锛、圭形石凿、石镞，又有骨簪、兽牙，还有陶凹折沿罐、折沿彩陶罐、斜颈罐、斜颈瓮、内折沿碗、敞口小盘、内卷沿大盆、器盖纽、鼓形大器座、斜腹碗圈足。

石器

石斧　3件。TG2⑤:7，砾石块，灰色。扁弧近梯形，顶残，两面。两边皆原弧面，且有琢凹坑点，弧刃两面磨制，较锋利。残长11、宽9.6、厚3.6厘米（图一八三，3）。TG2⑤:8，砾石，青色。扁弧近梯形，弧顶两面打制，两面、两边皆原弧面，弧刃两面磨制，锋利。长16.4、宽8.3、厚3厘米（图一八三，1）。TG2⑤:54，长条小砾石，青色。扁弧近梯形，弧顶，一面似磨制，另一面打制而成钝刃状，两面、两边皆原面，似琢，皆扁弧状，弧刃似未进一步加工，原较薄，一面似有磨制痕，不锋利。长11.9、宽6.7、厚2.3厘米（图一八三，2）。

小石锛　1件（TG2⑤:55）。小石片，青色。扁薄近小梯形，弧顶，弧边单面打制，又稍磨制，一面为原面微上弧近平，另一面下部磨制上部片疤，面微凸，弧刃近平，单面磨制，有使用痕，较锋利。长5.9、宽3.8、厚1.2厘米（图一八三，8）。

圭形石凿　1件（TG2⑤:53）。石，上部深褐色，下部灰色。顶部和器身上部已残，两面磨制近平，两边磨平都内斜弧成角刃。残长6.2、宽3.3、厚1.1厘米（图一八三，4）。

石镞　1件（TG2⑤:19）。小石片，灰色。铤部已断，残体扁薄三角形，尖刃略残，两面弧平，两边皆弧刃，甚锋利。残长4、宽5、厚0.25厘米（图一八三，6）。

陶器

凹折沿罐　1件（TG2⑤:5）。夹炭夹蚌红陶。侈口，束颈，宽弧沿内凹，尖圆唇，弧肩下已残。沿下饰一周凹槽。口径28、残高7.8厘米（图一八五，2）。

折沿彩陶罐　1件（TG2⑤:11）。泥质红陶，外施红衣。侈口，束颈，宽折沿，尖圆唇，斜肩外凸内折成斜腹，下腹已残。黑彩图案被沙垢覆盖不明，似两组饰于肩上部和肩腹间，每组三周宽带弦纹，上组上部及下组下部宽带特宽。口径20、残高8.8厘米（图一八五，3）。

斜颈罐　1件（TG2⑤:51）。泥质夹蚌红陶，内沿、外壁施鲜红衣。侈口，束颈，宽折沿，尖唇，斜弧肩，腹已残。素面。口径19、残高6.9厘米（图一八五，9）。

斜颈瓮　1件（TG2⑤:52）。夹炭红陶，内沿、外壁施深红衣。直口外斜，尖圆唇，直颈下内束，广弧肩，腹已残。素面。口径13.2、残高5厘米（图一八五，7）。

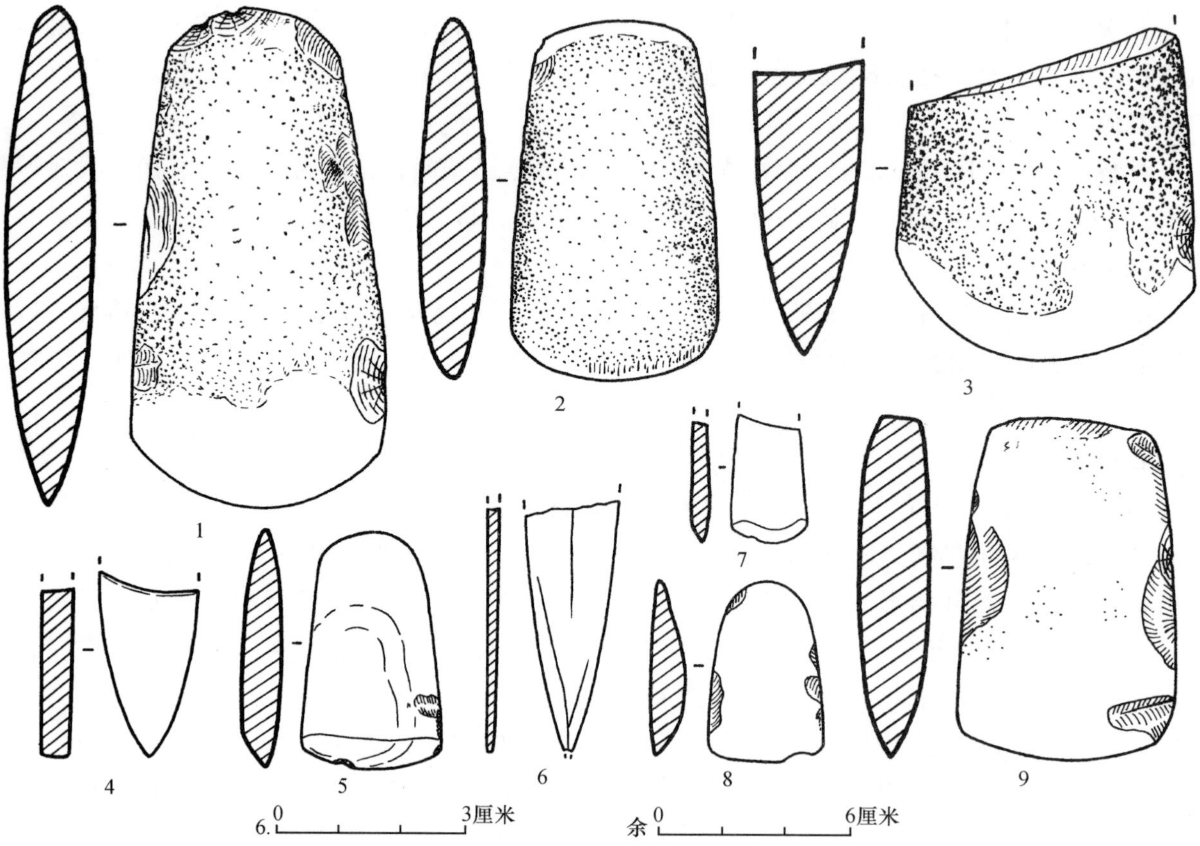

图一八三　TG2④层、TG2⑤层出土石器

1～3、9. 石斧（TG2⑤:8、TG2⑤:54、TG2⑤:7、TG2④:46）　4. 圭形石凿（TG2⑤:53）　5. 石锛（TG2④:48）　6. 石镞（TG2⑤:19）　7、8. 小石锛（TG2④:49、TG2⑤:55）

内折沿碗　1件（TG2⑤:1）。夹炭红陶，内外施红衣。敛口，内折沿，方尖唇附口内，使口内起凸棱，弧腹内收，底已残。素面。口径22、残高6.8厘米（图一八五，6）。

敞口小盘　1件（TG2⑤:12）。泥质红陶，内外施深红衣。敞口，浅弧斜腹，方圆唇，底残下附圈足也只留疤迹。口径15、残高4.4厘米（图一八五，15）。

内卷沿大盆　1件（TG2⑤:13）。夹炭红陶，内沿、外壁施深红衣。敛口，圆唇内卷，腹上外鼓，下弧内收，底已残。口沿下有一圆形穿孔，腹中部饰13周凹弦纹，弦纹上又加压三排戳印纹，每排都有多组戳印纹，排与排相间，每组由五个长方形戳印纹组成。口径46、残高9厘米（图一八五，1）。

器盖纽　1件（TG2⑤:86）。泥质红陶，内外施浅红衣。仅剩盖纽残块，纽如矮圈足倒置，盖盘已残。素面。纽径7、残高1.2厘米（图一八五，17）。

鼓形大器座　1件（TG2⑤:9）。泥质红陶。残片，肩凸棱，镂孔扣曲线凹弦纹，三角形镂孔。残长6.5、残高4厘米（图一八五，12）。

斜腹碗圈足 1件（TG2⑤:6）。夹炭红陶，外壁施红衣。口残，深斜腹，下腹内折成圜平底，附矮圈足，足根外斜。素面。足径9、残高6.2厘米（图一八五，16）。

其他

骨簪 2件。TG2⑤:22，骨，黄色有斑点，磨制。顶部残断，尖锥形，截面呈圆形。素面。簪径0.55、残长4.9厘米（图一八四，5）。TG2⑤:21，骨，黄色有斑点。磨制，较完整，截面呈圆形，两头尖，一端尖已残，另一端尖锐。素面。簪径0.6、残长6.1厘米（图一八四，6；图版六〇，1）。

兽牙 2件。TG2⑤:20，骨，金黄色。啮齿尖动物门牙，近牙根处已断。残长3.7厘米（图一八四，3）。TG2⑤:23，骨，牙根黄色珐琅质白中泛黄。完整，是否野猪獠牙，待考。残长8.7厘米（图一八四，1；图版六〇，3）。

（64）T13②层和T13③层

T13②层和T13③层都是次生堆积，出土标本8件均为陶器，都是大溪文化早期三段的器物；有斜颈罐、曲颈瓮、敞口盘、圈足盘、三足盘、弧肩小器座和筒腹大器座。

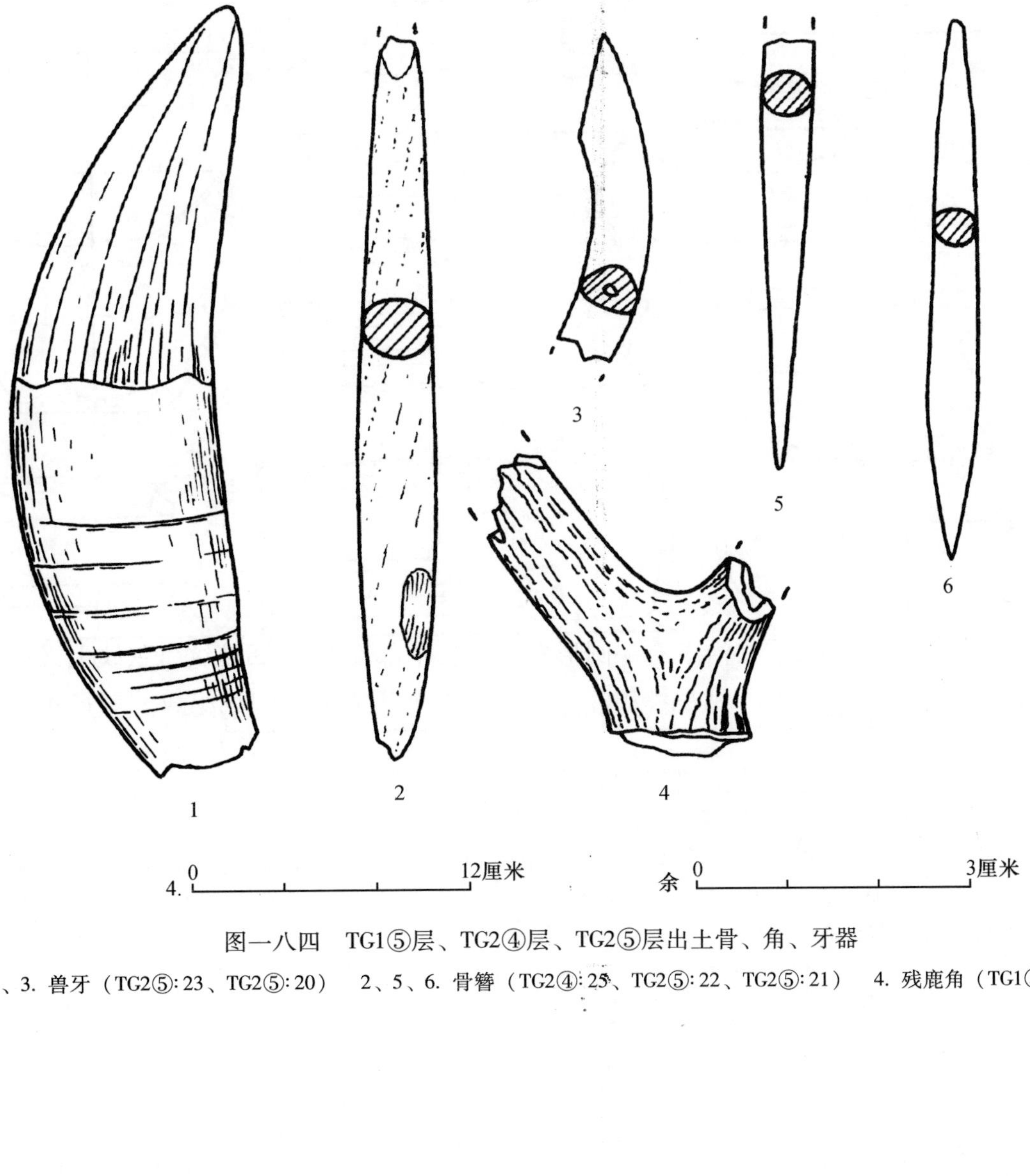

图一八四 TG1⑤层、TG2④层、TG2⑤层出土骨、角、牙器

1、3. 兽牙（TG2⑤:23、TG2⑤:20） 2、5、6. 骨簪（TG2④:25、TG2⑤:22、TG2⑤:21） 4. 残鹿角（TG1⑤:59）

斜颈罐　2件。T13②:2，夹炭红陶。侈口，束颈，折沿外斜，扁圆唇，外沿上部三周凹槽而成四叠层，弧肩已残。肩上有压按式斜划纹。口径21、残高5.5厘米（图一八五，10）。T13②:3，泥质夹草末红陶。侈口，束颈，折沿外斜，口外一周凹弦，使口沿呈扁圆唇，弧肩已残。素面。口径24、残高5.2厘米（图一八五，4）。

曲颈瓮　1件（T13②:1）。夹炭红陶，外施浅红衣。近直口，圆唇，矮颈内外弧，广弧肩，腹已残。素面。口径12、残高4.4厘米（图一八五，8）。

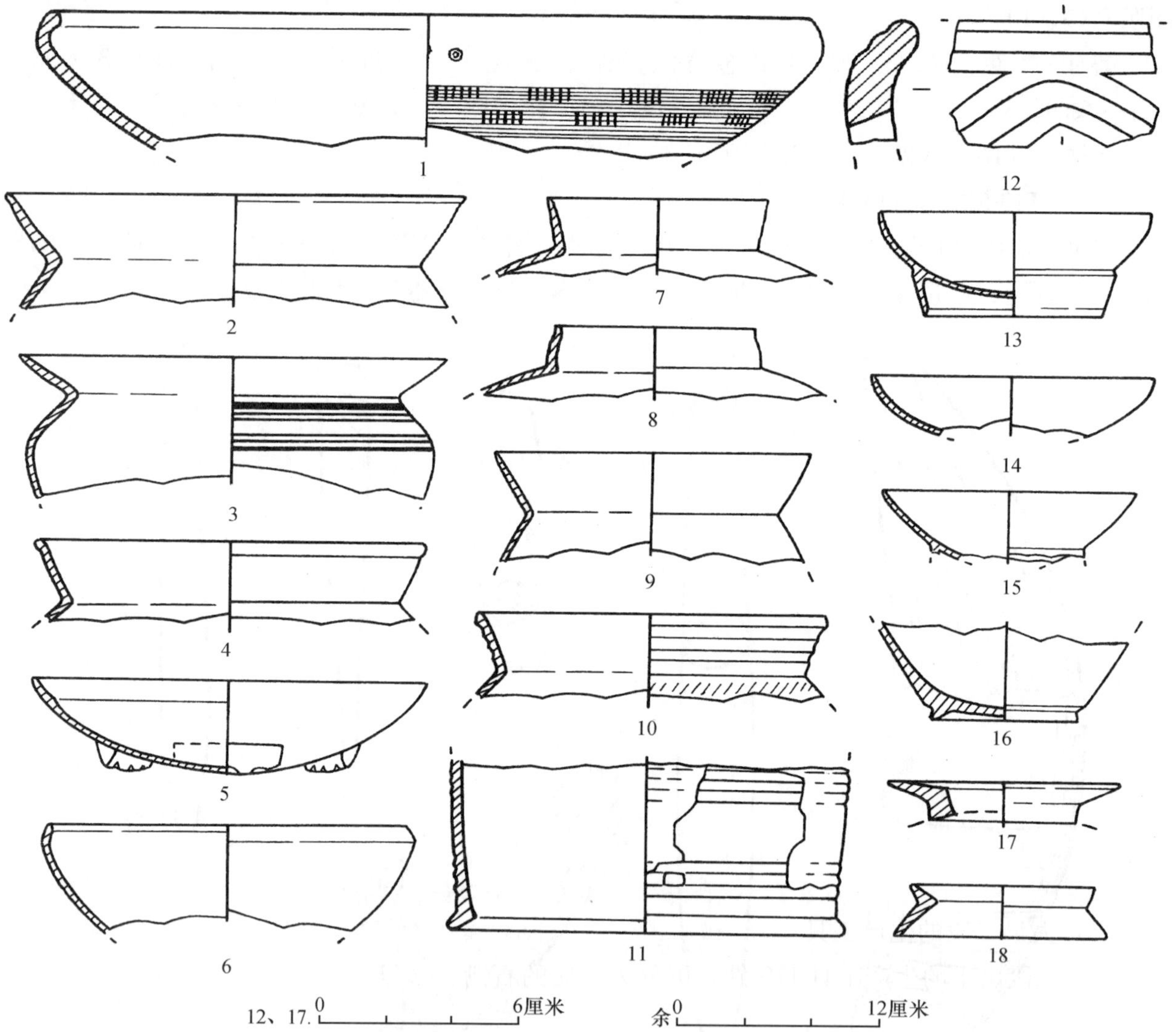

图一八五　TG2⑤层、T13②层、T13③层出土陶器

1. 内卷沿大盆（TG2⑤:13）　2. 凹折沿罐（TG2⑤:5）　3. 折沿彩陶罐（TG2⑤:11）　4、9、10. 斜颈罐（T13②:3、TG2⑤:51、T13②:2）　5. 三足盘（T13②:8）　6. 内折沿碗（TG2⑤:1）　7. 斜颈瓮（TG2⑤:52）　8. 曲颈瓮（T13②:1）　11. 筒腹大器座（T13③:5）　12. 鼓形大器座（TG2⑤:9）　13. 圈足盘（T13②:6）　14. 敞口盘（T13③:4）　15. 敞口小盘（TG2⑤:12）　16. 斜腹碗圈足（TG2⑤:6）　17. 器盖纽（TG2⑤:86）　18. 弧肩小器座（T13②:7）

敞口盘　1件（T13③:4）。泥质红陶，内外施鲜红衣。敞口，尖唇，浅弧腹内收，底已残。素面。口径17、残高3.8厘米（图一八五，14）。

圈足盘　1件（T13②:6）。泥质陶外红内黑，外施深红衣。敞口，尖圆唇，浅弧腹，圜底下附圈足，足较粗较高，足壁内斜，上部微外凸。素面。口径16.4、高6.6厘米（图一八五，13；图版五四，6）。

三足盘　1件（T13②:8）。夹炭陶外红内黑。敞口，尖圆唇，口沿内斜，折腹内凹弧收，外为浅弧腹，圜底下附三片状足，足呈片状横长方形，足根又都有三个缺口。口径24.2、高5.8厘米（图一八五，5；图版五九，3）。

弧肩小器座　1件（T13②:7）。泥质红陶，内外施浅红衣。全器如侈口罐弧肩以上部分。素面。口径11.4、底径13、高3.2厘米（图一八五，18；图版五六，1）。

筒腹大器座　1件（T13③:5）。夹炭红陶。上端残，筒腹中空，足根外斜，如方圆唇外凸。器身残存两组深凹平行弦纹，每组四周，又加横长方形镂孔。足径24、残高10.4厘米（图一八五，11）。

三、小　　结

大溪文化早期第一、二、三阶段出土文化遗物，可分为生产工具、日用陶器、装饰品三大种类。下面从这三个方面谈谈认识。

1. 大溪文化早期的生产工具

（1）大早一段的生产工具

只发现11件石器，可分为石斧、小石锛、圭形石凿和残石器4种器物。其中：

石斧8件。H506:1、H506:2、H506:3、H506:4、H506:5、H5065:6、H506:7、T3634④:24。

小石锛1件。T21⑥:163。

圭形石凿1件。T21⑥:162。

残石器1件。H460:3。

（2）大早二段的生产工具

大早二段出土的生产工具119件。可分为石质的石锄、石斧、小石斧、小石锛、石锛、圭形石凿、石凿、砺石、石锚、石坠、石球和陶质的陶墨斗、陶纺轮共13个种类。各种工具的数量和标本号如下：

石锄8件。T71③:21、T3234④:18、T3534③B:25、T3547③B:3、T3547③B:8、T45⑤:10、H542:13、H607:100。

石斧63件。T21④:79、T21④:80、T21④:81、T21④:82、T21④:83、T21④:84、T21④:86、T21④:87、T23④:67、T23④:68、T23④:83、T23⑤:70、T23⑤:71、T28④下:44、T62④:22、T63④:12、T64②:34、T64②:35、T64②:36、T64③A:14、T70③:3、T70③:4、T71③:20、T71

③: 22、T2731③B: 8、T2731③B: 9、T2837④: 15、T3333④B: 24、T3433③C: 30、T3446③: 1、T3446③: 2、T3534③B: 24、T3545③B: 48、T3545③B: 50、T3545③B: 53、T3545③B: 56、T3545③B: 57、T3545③B: 61、T3545③B: 63、T3546③B: 21、T3547③: 5、T3547③: 6、T3633④B: 18、T10④: 15、T10④: 6、T20⑤A: 36、T45③: 9、T45③: 11、T45③: 12、T45③: 13、T45③: 21、T46③B: 4、TG1②: 13、TG1④: 25、TG1④: 28、TG1④: 29、TG2⑥: 56、H538③: 30、H538②: 70、H607②: 10、H607③: 101、H607②: 125、H607②: 132。

小石斧 6 件。T21④: 89、T21④: 90、T70③B: 9、T10④: 12、T10④: 13、H365: 24。

小石锛 9 件。T21④: 85、T21④: 91、T21⑤: 136、T21⑤A: 144、T23⑤: 93、T62④: 23、T74③: 15、T3533③C: 16、TG1②: 14。

石锛 1 件。标本号为 T3546③B: 22。

圭形石凿 4 件。T21④: 92、T23⑤A: 72、TG1④: 32、TG1④: 33。

石凿 4 件。T21④: 88、T29④: 3、H607②: 59、H607②: 126。

砺石 3 件。T21④: 43、T23⑤: 90、H607②: 11。

石锚 3 件。T23⑤: 89-1、T23⑤: 89-2、H538②: 126。

石坠 1 件。T23④: 69。

石球 14 件。T21④: 93、T23⑤: 73、T70③: 2、T3446③: 3、T3545③B: 51、T3545③B: 54、T3545③B: 55、T3545③B: 59、T3547③B: 2、TG1④: 30、TG1④: 31、TG2⑥: 2、H538②: 127、H607②: 127。

石槽 1 件。T74③: 14。

陶墨斗 1 件。T64④: 33。

陶片打制陶纺轮 1 件。T70③A: 1。

（3）大早三段的生产工具

大早三段出土生产工具 151 件。可分为石质的石锄、石斧、小石斧、石锛、小石锛、圭形石凿、砺石、凹槽石器、石球、石饼、石镞和陶质的陶纺轮共 12 个种类。各种工具的数量和标本号如下：

石锄 18 件。H46: 2、H58: 7、H370: 7、H400: 6、H400: 8、H454: 3、T12④: 27、T12④: 30、T12④: 38、T12④: 40、T12④: 44、T23③: 63、T62②: 25、T2834②: 1、T2834②: 2、T2839②: 42、T3545③: 34、TG2④: 47。

石斧 89 件。H46: 4、H56: 4、H58: 12、H59: 4、H212: 14、H212: 15、H212: 16、H212: 17、H336: 24、H381: 6、H389②: 12、H389③: 17、H389①: 45、H389①: 46、H389①: 44、H400: 5、H410: 4、H444: 7、H444: 8、H470: 4、H474: 2、H490: 8、H490: 5、H504: 2、H504: 3、H514: 3、H514: 4、H536: 7、H538①: 28、H538①: 29、H538①: 123、H607①: 2、G1: 1、G2: 2、G2: 3、G71: 4、G71: 5、T10③: 2、T12②: 2、T12③: 3、T12③: 4、T12③: 6、T12④: 1、T12④: 5、T12④: 21、T21③: 53、T21③A: 64、T21③A: 65、T21③A: 66、T21③A: 67、T28③: 18、T28③: 65、T62②: 27、T63③: 11、T2732③: 1、T2732③: 2、T2737③: 1、T2738③A: 2、T2738③A: 4、

T2831③：1、T2831③：2、T2832③：1、T2837③：3、T2838③：3、T2839③：1、T2839③：28、T2932③：1、T3033③：1、T3234③：5、T3332②：6、T3332②：1、T3333③：2、T3433③：2、T3447③A：12、T3533②：3、T3534③：5、T3534③A：6、T3545③：19、T3546③A：6、T3633③A：1、T3633③A：2、TG1⑤：60、TG1⑤：61、TG2④：33、TG2④：46、TG2④：50、TG2⑤：7、TG2⑤：8、TG2⑤：54。

小石斧4件。H212：18、H470：3、T12④：7、T12④：24。

石锛5件。H528：5、H607①：1、T2738③A：5、T2837③：4、TG2④：48。

小石锛11件。H336：2、H571：1、T12②：22、T21③：54、T21③A：69、T63③A：10、T2839②：41、T2933③：2、T3132③B：5、TG2④：49、TG⑤：55。

圭形石凿6件。H212：13、T10③：9、T20⑤：22、T21③A：68、T22③A：9、TG2⑤：53。

砺石2件。H607①：3、T21③下：44。

凹槽石器2件。T20④：10、TG2④：45。

石球5件。H389④：36、H400：7、T12④：10、T2933③：1、T3533②：1。

石饼3件。H470：5、H470：6、H531：4。

石镞1件。TG2⑤：19。

陶纺轮5件。H40：19、H396：2、T21③：58、T62②：28、T3038③下：1。

2. 大溪文化早期的陶日用品

据不完全的初步统计，大早一段出土的陶日用品标本仅93件；大早二段剧增至989件；大早三段也多达913件。下面从陶系、陶器纹饰和陶器的种类与类型三个方面，介绍大早三个阶段的发展变化。

（1）大溪文化早期三个阶段的陶系

在陶质方面：大早三个阶段都以泥质陶为主，夹炭、夹草末、夹砂、夹蚌的杂质陶都相对稍少。初步统计的数据如下：

大早一段泥质陶60件，占64.52%；杂质陶33件，占35.48%。

大早二段泥质陶652件，占65.92%；杂质陶337件，占34.08%。

大早三段泥质陶528件，占57.83%；杂质陶385件，占42.17%。

在陶色方面：大早三个阶段都以红陶为主，其次是黑陶或外红内黑陶，褐陶、黄陶和灰陶都占不到5%。各阶段的陶色统计数据如下：

红陶：一段50件，占53.76%；二段497件，占50.25%；三段535件，占58.60%。

黑陶：一段19件，占20.43%；二段263件，占26.59%；三段124件，占13.58%。

外红内黑陶：一段17件，占18.28%；二段170件，占17.19%；三段160件，占17.52%。

褐陶：一段2件，占2.15%；二段26件，占2.63%；三段45件，占4.93%。

黄陶：一段2件，占2.15%；二段24件，占2.43%；三段22件，占2.41%。

灰陶：一段 3 件，占 3.23%；二段 9 件，占 0.91%；三段 27 件，占 2.96%。

（2）大溪文化早期三个阶段的纹饰

大溪文化早期三个阶段的陶器，50% 以上都素面没有纹饰，主要纹饰是凹弦纹或绳纹，绘黑彩或红彩的彩陶次之，其他纹饰有刻划纹、镂孔、戳印、凸棱和花边纹，但都甚少。初步统计的数据如下：

素面陶：一段 57 件，占 61.29%；二段 531 件，占 53.69%；三段 544 件，占 59.58%。

绳纹陶：一段 15 件，占 16.13%；二段 107 件，占 10.82%；三段 89 件，占 9.75%。

凹弦纹陶：一段 8 件，占 8.60%；二段 154 件，占 15.57%；三段 130 件，占 14.24%。

彩陶：一段 5 件，占 5.38%；二段 114 件，占 11.53%；三段 57 件，占 6.24%。

划纹陶：一段 2 件，占 2.15%；二段 33 件，占 3.34%；三段 21 件，占 2.30%。

镂孔陶：一段 2 件，占 2.15%；二段 22 件，占 2.22%；三段 24 件，占 2.63%。

戳印陶：一段 3 件，占 3.23%；二段 22 件，占 2.22%；三段 36 件，占 3.94%。

凸棱纹陶：一段 1 件，占 1.08%；二段 6 件，占 0.61%；三段 10 件，占 1.10%。

花边纹陶：仅三段发现 2 件，占 0.22%。

需要说明的是，有的标本同时存在多种纹饰，但统计时都只计算其中一种纹饰。

（3）大溪文化早期三个阶段的陶器种类和类型划分

大早一段的 93 件陶器标本，可分为罐、瓮、瓶、簋、碗、盘、鼎足、器座、支座和矮圈足 10 大种类；大早二段的 989 件标本和大早三段的 913 件标本，除这 10 大种类的陶器外，又都新出现了壶、钵、盆、碟、器盖和其他 6 大种类的器物。

只是每一种类的器物，往往都可分型。如大早一段的罐，又可分为 A、B、C、D 四型。大早二段又新出现 E、F、G 三型共七个类型的罐。大早三段则只发现 A、B、C、D、E、F 六型罐。有的类型，还可分亚型。如 A 型的折沿罐，又可据沿面的内凹、平直和上弧而分为 a、b、c 三个亚型，即 Aa 型为凹折沿罐、Ab 型为折沿罐、Ac 型为弧折沿罐。同时，每一型或亚型的器物，又把器型相对较小的器物和有彩绘纹的器物分开。如 Aa 罐中，又把口径 15 厘米以下的称为 Aa 小罐，绘彩纹的又称 Aa 彩陶罐。

下面分别介绍大溪文化早期三个阶段先后存在的 16 个种类的器物的类型和数量。

第 1 种：罐　可分 A、B、C、D、E、F、G 七型。

A 型　折沿罐。又可分为 a、b、c 三亚型：

Aa 型：凹折沿罐。大早一段 8 件；大早二段 62 件；大早三段 80 件。小罐：大早一段 4 件；大早二段 11 件；大早三段 16 件。彩陶罐：大早二段开始出现 13 件；大早三段 6 件。

Ab 型：折沿罐。大早一段 9 件；大早二段 67 件；大早三段 57 件。小罐：大早二段新出现 11 件；大早三段 8 件。彩陶罐：大早一段 3 件；大早二段 25 件；大早三段 14 件。

Ac 型：弧折沿罐。大早一段 1 件；大早二段 12 件；大早三段 27 件。小罐：大早一段 1 件；大早二段 3 件；大早三段 4 件。彩陶罐：大早二段新出现 9 件；大早三段 4 件。

B 型　曲颈罐。大早一段 3 件；大早二段 7 件；大早三段 8 件。小罐：大早一段和大早二段都发现 1 件。大早三段未见。彩陶罐：大早二段新出现 7 件；大早三段 3 件。

C 型　束颈罐。大早一段 6 件；大早二段 9 件；大早三段 8 件。小罐：大早三段新出现 1 件。

D 型　斜颈罐。大早一段 2 件；大早二段 33 件；大早三段 33 件。小罐：大早一段 1 件；大早二段 9 件；大早三段 18 件。彩陶罐：大早二段新出现 10 件；大早三段 3 件。

E 型　直口罐。又可按大直口和小直口分为 a、b 两个亚型：

Ea 型：大直口，或称粗颈罐。大早二段新出现 7 件；大早三段 2 件。小罐：大早三段新出现 5 件。彩陶罐：大早三段新出现 1 件。

Eb 型：小直口，或称小口高颈罐。大早二段新出现 8 件；大早三段 2 件。小罐：大早三段新出现 1 件。

F 型　敛口罐。仅大早二段发现 3 件。小罐：大早二段新发现 2 件；大早三段 2 件。彩陶罐：仅大早二段发现 1 件。

G 型　圈足小罐。仅大早二段发现 4 件。

第 2 种：瓮　可分 A、B、C、D、E 五型。

A 型　曲颈瓮。大早一段未见；大早二段发现 8 件；大早三段 7 件。彩陶瓮：大早一段 1 件；大早二段 7 件；大早三段 3 件。

B 型　直口瓮。大早一段 2 件；大早二段 9 件；大早三段 16 件。彩陶瓮：仅大早三段新发现 1 件。

C 型　敛口瓮。仅大早三段发现 3 件。但大早二段已发现 2 件 C 型彩陶瓮；而大早三段又不见这种彩陶瓮。

D 型　侈口瓮。大早二段新发现 2 件；大早三段 1 件。

E 型　斜颈瓮。大早二段新发现 4 件；大早三段 3 件。彩陶瓮：大早二段和三段各发现 1 件。

第 3 种：瓶　可分曲颈瓶和（斜颈）碗口状瓶。

曲颈瓶：大早一段 2 件；大早二段 5 件；大早三段 4 件。彩陶瓶：大早二段新发现 23 件；大早三段 12 件。

（斜颈）碗口状瓶：仅大早二段出土 1 件。

第 4 种：簋　可分 A、B 两型。

A 型　内折沿簋。据沿面斜直或微上弧和弧凹，又可分为 a、b 两个亚型。

Aa 型：内折沿斜直或微上弧。大早一段 4 件；大早二段 18 件；大早三段 10 件。

Ab 型：内折沿弧内凹。大早一段 2 件；大早二段 20 件；大早三段 24 件。

B 型　子母口簋。大早一段 3 件；大早二段 13 件；大早三段 16 件。

第 5 种：碗　可分 A、B、C、D、E、F、G、H、I、J 共十型。

A 型　敛口碗。大早一段 5 件；大早二段 29 件；大早三段 15 件。

B 型　侈口碗。大早一段 2 件；大早二段 28 件；大早三段 14 件。

C 型　子母口碗。大早一段 5 件；大早二段 12 件；大早三段 12 件。

D 型　折腹碗。大早一段 2 件；大早二段 28 件；大早三段 34 件。彩陶碗：仅大早二段发现 1 件。

E 型　敞口碗。大早一段 1 件；大早二段 26 件；大早三段 32 件。玩具小碗：大早一段 1 件；大早二段 2 件；大早三段 1 件。

F 型　内折沿碗。大早一段 1 件；大早二段 7 件；大早三段 12 件。

G 型　卷沿碗。大早二段新发现 9 件；大早三段 5 件。

H 型　斜腹碗。大早二段新发现 2 件；大早三段 9 件。

I 型　直口碗。大早二段新出现 2 件；大早三段 2 件。

J 型　假腹碗。大早三段新出现 4 件。

第 6 种：盘　可分 A、B、C、D、E、F、G、H 共八型。

A 型　敞口盘。大早一段 1 件；大早二段 5 件；大早三段 23 件。

B 型　卷沿盘。大早二段新出现 9 件；大早三段 7 件。

C 型　敛口盘。大早二段新出现 3 件；大早三段 4 件。

D 型　直口盘。大早二段新出现 7 件；大早三段 7 件。彩陶盘：仅大早二段发现 1 件。

E 型　子母口盘。仅大早二段发现 1 件。

F 型　外折沿盘。仅大早二段发现 2 件。

G 型　内折沿盘。大早二段新出现 2 件；大早三段 7 件。

H 型　折腹盘。仅大早三段新发现 1 件。

第 7 种：小鼎足　可分 A、B、C、D 四型。

A 型　片状小鼎足。大早一段 1 件；大早二段 4 件；大早三段 6 件。

B 型　鸭嘴状小鼎足。大早一段 1 件；大早二段 11 件；大早三段 18 件。

C 型　侧凹锥状小鼎足。大早二段新发现 2 件；大早三段 1 件。

D 型　锥状小鼎足。仅大早三段新发现 2 件。

第 8 种：器座　可分 A、B、C、D、E、F 六型。

A 型　侈口溜肩小器座。大早一段 1 件；大早二段 4 件；大早三段 6 件。

B 型　侈口弧肩小器座。大早二段新发现 5 件；大早三段 20 件。

C 型　鼓形大器座。大早二段新发现 3 件；大早三段 5 件。

D 型　筒腹大器座。大早一段 1 件；大早二段 2 件；大早三段 6 件。

E 型　喇叭状大器座。大早二段新发现 2 件；大早三段 1 件。

F 型　外斜壁器座。仅大早三段新发现 1 件。

第 9 种：支座　可分 A、B、C、D、E、F、G 七型。

A 型　实心有纹倾斜型支座。大早一段 2 件；大早二段 19 件；大早三段 6 件。

B 型　实心有纹直立型支座。大早二段新出现 4 件；大早三段 6 件。

C 型　实心素面倾斜型支座。大早二段新出现 5 件；大早三段 3 件。

D 型　实心素面直立型支座。大早二段新出现 4 件；大早三段 3 件。

E 型　内空有纹倾斜型支座。大早二段新发现 12 件；大早三段 10 件。

F 型　内空素面倾斜型支座。大早二段新出现 2 件；大早三段 1 件。

G 型　内空有纹直立型支座。仅大早二段发现 1 件。

第 10 种：矮圈足　暂分为 A、B、C、D 四型。

A 型　足壁素面或饰镂孔或戳印纹。大早一段 11 件；大早二段 53 件；大早三段 88 件。彩陶矮圈足：大早一段 1 件；大早二段 3 件；大早三段 2 件。

B 型　足壁饰两周或两周以上凹弦纹或凹槽，个别又加镂孔或戳印纹。大早一段 2 件；大早二段 16 件；大早三段 21 件。

C 型　实心假圈足。大早一段 1 件；大早二段 17 件；大早三段 12 件。

D 型　足壁饰一周凹弦纹或凹槽。大早二段新出现 8 件；大早三段 3 件。

需要特别指出的是，在大早二段的一批矮圈足的底部还发现了似最早文字但目前又尚不能释读的“刻划符号”。这些有刻划符号的矮圈足情况如下：A 型矮圈足 44 件，B 型矮圈足 25 件，C 型矮圈足 10 件，D 型矮圈足 26 件，残圈足 43 件。另有似有刻划号但后又取消的残圈足 4 件。

第 11 种：壶　仅发现弧颈壶一种。新发现于大早二段 4 件；大早三段 11 件。

第 12 种：钵　可分敞口钵和敛口钵。

敞口钵：大早二段新发现 13 件；大早三段 11 件。其中都有绘红彩或黑彩带状纹的彩陶钵，这里暂时没有分开。

敛口钵：大早二段新出现 2 件；大早三段 3 件。其中的彩陶钵也暂时没有分开。

第 13 种：盆　可分 A、B、C、D、E 五型。

A 型　内卷沿大盆。大早二段新出现 2 件；大早三段 7 件。

B 型　外折沿盆。大早二段新出现 1 件；大早三段 2 件。

C 型　斜沿盆。大早二段新出现 1 件；大早三段 2 件。

D 型　（圆唇或方唇的）无沿盆。大早二段新出现 1 件；大早三段 1 件。

E 型　平沿或卷沿盆。仅大早三段新发现 1 件平沿盆。

第 14 种：碟　暂时只分为圜底碟和平底碟。

圜底碟，实际上还可分为折腹圜底碟和器盖式圜底小碟，这里暂时没有分开。大早二段新出现圜底碟 8 件；大早三段 9 件。

假圈足平底碟：大早二段新出现 1 件；大早三段 7 件。

第 15 种：器盖纽　暂没有分型和亚型。

大早二段新出现 6 件；大早三段 27 件。

第 16 种：其他器物

平底器：大早二段 2 件；大早三段 3 件。

器耳：大早二段 1 件；大早三段 2 件。

彩陶片：大早二段 2 件。

打制圆陶片：大早二段 1 件。

口、足皆残圈足盘：大早三段 2 件。

盘大圈足：大早三段 1 件。

似刻划符号又已取消残圈足：大早三段 1 件。

筒腹杯：大早三段新出现 2 件。

甑箅：大早三段新出现 1 件。

敛口小钵：大早三段新出现 1 件。

子母口高领罐：大早三段见到 1 件。

陶灶残片：大早三段新发现 1 件。

又有鹿角 1 件和兽牙 2 件，皆发现于大早三段。

3. 大溪文化早期的装饰品

其实，大早一段尚没有出土装饰品。

大早二段的装饰品有如下三种：

桥形石璜 2 件。TG1④: 35、H607②: 17。

弧形石璜 6 件。H438: 2、H479: 7、H607②: 67、TG1④: 34、TG1④: 36、T3547④: 33。

石镯 1 件。H607②: 47。

大早三段的装饰品有如下四种：

弧形玉璜（白玛瑙）1 件。T3332②: 2。

玉佩 2 件。H473: 1、H608: 3。

管状小骨珠 1 串（残存 1175 颗）。H608: 2。

骨簪 3 件。TG2④: 25、TG2⑤: 21、TG2⑤: 22。

最后需要补充说明：由于大早一、二、三段的日用陶器标本数量特别多，所以，这里只标出数量而暂略去其标本号。在下面继续介绍杨家湾遗址各发展阶段的文化遗存后，结语部分再谈谈对杨家湾新石器时代各阶段文化遗物的认识。

肆　大溪文化中期的遗存

一、概　　述

大溪文化中期的文化遗存，集中分布在遗址西南区，也可分为三个发展阶段，简称为大中早段、大中中段和大中晚段。

二、文 化 遗 存

大溪文化中期的文化遗存，都分别由“遗址单位”和“地层单位”组成。下面分三个阶段分别介绍这些单位的文化遗存。

（一）大中早段的文化遗存

大溪文化中期早段的“遗迹单位”只有灰坑21个，地层单位也只有12个。下面分两部分介绍这些遗存。

1. 大中早段的灰坑

（1）H9

① 灰坑情况

位置：在T18东北部。

层位关系：开口在第3A层下。

形制大小：坑口圆形。直径90厘米（图一八六，1）。

② 出土器物

出土标本：4件。均为陶器，有小口高领罐、弧颈壶、内折沿盘、卷沿盘。

小口高领罐　1件（H9∶1）。夹草末红陶。直口，尖圆唇，高直颈稍外斜，广肩已残。素面。口径12、残高4厘米（图一八七，7）。

弧颈壶　1件（H9∶2）。泥质红陶，内沿、外表施深红衣。直口，窄沿外斜，尖唇外凸并压印成锯齿状花边，直颈下部已残。口径16、残高2.8厘米（图一八七，2）。

内折沿盘　1件（H9∶4）。泥质黑陶。敛口，窄沿内折，折腹弧内收，底已残。素面。口径23、残高3.8厘米（图一八七，4）。

卷沿盘　1件（H9∶3）。泥质陶外黑内黄。敞口，弧沿外卷，尖圆唇，浅弧腹内收，底已残。素面。口径17、残高2.4厘米（图一八七，1）。

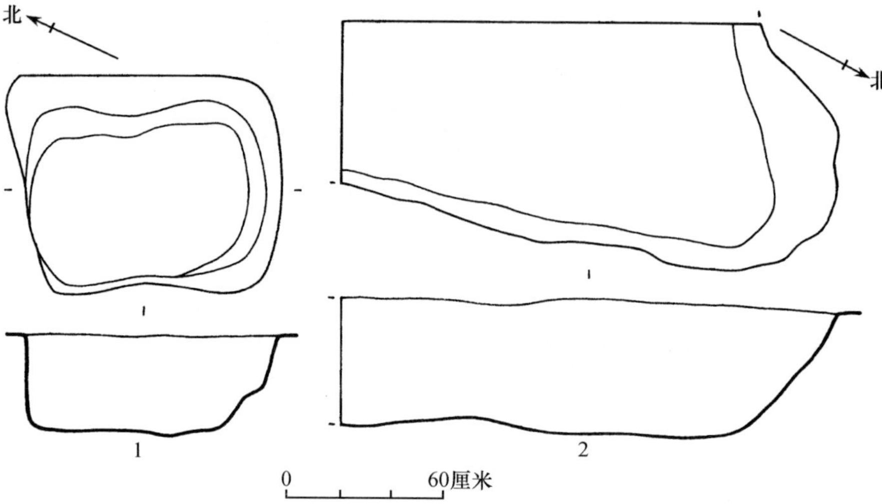

图一八六　H9、H11平、剖面图

1. H9　2. H11

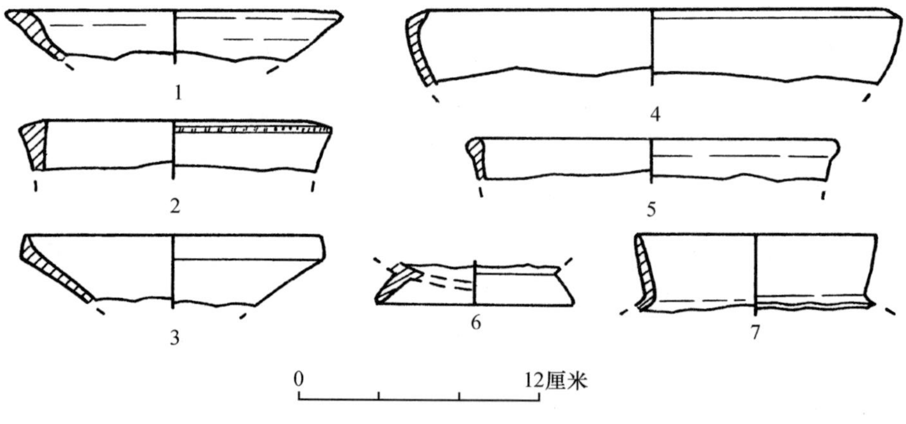

图一八七　H9、H10出土陶器

1. 卷沿盘（H9∶3）　2. 弧颈壶（H9∶2）　3. 内折沿器盖盘（H10∶1）　4. 内折沿盘（H9∶4）　5. 无沿盆（H10∶2）　6. 矮圈足（H10∶3）　7. 小口高领罐（H9∶1）

（2）H10

① 灰坑情况

位置：在T18西北部。

层位关系：开口在第3A层下。

形制大小：坑口圆形。直径40厘米。

② 出土器物

出土标本：3件。均为陶器，有内折沿器盖盘、无沿盆、矮圈足。

内折沿器盖盘　1件（H10∶1）。泥质红陶，内外施鲜红衣。内折沿器盖盘，尖唇，但盘底和上部盖纽已残。素面。口径15、残高3.6厘米（图一八七，3）。

无沿盆　1件（H10∶2）。泥质红陶，外施深红衣。近直口，圆唇外凸，弧腹近直，但下腹已残。素面。口径19、残高2厘米（图一八七，5）。

矮圈足　1件（H10∶3）。泥质红陶，内外施深红衣。仅剩足壁外弧矮圈足。素面。足径10、残高1.8厘米（图一八七，6）。

（3）H11

① 灰坑情况

位置：H11北部在T18西南角至T17东隔梁内，H11南部未开探方没有揭露。

层位关系：开口在第4层下，打破生土。

形制大小：H11北部不规则近椭圆形，斜壁，近平底。口部南北残长190、东西宽约108、深58厘米（图一八六，2）。

② 出土器物

出土标本：29件。均为陶器，有凹折沿罐、折沿罐、弧折沿罐、弧折沿小罐、束颈罐、小口高领罐、曲颈瓮、小口高领瓮、敞口碗、内折沿碗、敛口盘、内折沿盘、直口花边盘、矮圈足、高圈足、器盖纽、小鼎足、喇叭状大器座18个种类。

凹折沿罐　3件。都是侈口，束颈，折沿内凹，尖圆唇，弧肩已残。素面。H11∶13，泥质灰胎黄陶。口径17、残高5.2厘米（图一八八，10）。H11∶22，夹炭黑陶。口径23、残高5.4厘米（图一八八，4）。H11∶27，夹炭红陶，外施橘红衣。口径23、残高4.6厘米（图一八八，2）。

折沿罐　1件（H11∶15）。泥质红陶，外施浅红衣。尖圆唇，斜肩已残。素面。口径24、残高4.8厘米（图一八八，5）。

弧折沿罐　2件。都是侈口，束颈，折沿，沿面微上弧，方圆唇，弧肩已残。素面。H11∶18，夹草末红陶。口径25、残高3.8厘米（图一八八，6）。H11∶28，泥质红陶。口23、残高4.5厘米（图一八八，3）。

弧折沿小罐　1件（H11∶10）。泥质灰陶。侈口，束颈，弧沿外卷，圆唇，斜弧肩，深弧腹已残。素面。口径7、残高2.8厘米（图一八八，16）。

束颈罐　1件（H11∶21）。夹炭灰黄陶。侈口，折沿，尖圆唇，矮颈中束，肩已残。素面。口径13、残高2.8厘米（图一八八，27）。

小口高领罐　4件。H11∶7，夹草末红陶，外施红衣。直口，尖圆唇，鼓弧肩，腹已残。素面。口径10、残高6.4厘米（图一八八，11）。H11∶12，夹炭红陶，外施鲜红衣。直口，方唇，鼓弧肩，腹已残。素面。口径8、残高4.4厘米（图一八八，13）。H11∶14，泥质红陶。直口，方圆唇，粗颈内凹外弧，鼓弧肩，腹已残。素面。口径13、残高5.7厘米（图一八八，12）。

H11∶29，夹炭红陶，外施鲜红衣。直口，方圆唇，高颈内凹外弧，鼓弧肩，腹已残。素面。口径10.4、残高5.6厘米（图一八八，23）。

曲颈瓮　1件（H11∶3）。夹炭红陶，内沿、外表施深红衣。侈口，曲颈内凹外弧下内束，鼓弧肩，腹已残。素面。口径21、残高5.6厘米（图一八八，1）。

小口高领瓮　1件（H11∶1）。泥质红陶，外施鲜红衣。直口内敛，直颈微内凹，圆唇内凸，广弧肩，腹已残。素面。口径9.3、残高4.4厘米（图一八八，22）。

敞口碗　1件（H11∶8）。泥质红陶，内外施深红衣。敞口，圆唇内凸，深弧腹内收，底已残。素面。口径17、残高5.2厘米（图一八八，24）。

内折沿碗　1件（H11∶20）。泥质灰胎红陶，内外施鲜红衣。敛口，内折沿，尖圆唇，折腹内收，较深，底已残。素面。内口径21、残高4.2厘米（图一八八，9）。

敛口盘　1件（H11∶9）。泥质灰胎红陶。口微内敛，方圆唇内凸，浅弧腹内收，底已残。素面。口径22、残高3.8厘米（图一八八，8）。

内折沿盘　1件（H11∶23）。泥质灰胎红陶，内外施深红衣。敛口，内折沿，尖圆唇，浅折腹弧内收，底已残。素面。内口径22、残高2.8厘米（图一八八，7）。

直口花边盘　1件（H11∶17）。泥质红陶，外施鲜红衣。直口，窄弧沿外斜，尖圆唇外凸，粗直颈，折腹弧内收，底已残。尖圆唇压印成锯齿状花边。口径19、残高2.9厘米（图一八八，14）。

矮圈足　5件。其中，足壁低矮外斜2件。H11∶16，泥质灰胎红陶，外施鲜红衣。残存碗下部弧腹，圜底下附矮圈足。素面。足径8.5、残高4.4厘米（图一八八，28）。H11∶2，泥质陶外红内黑。也残存碗下部弧腹，圜底下附矮圈足。素面。足径6.3、残高2.8厘米（图一八八，19）。另有1件足壁低矮近直。H11∶11，夹炭红陶，外施鲜红衣，胎较厚。素面。足径8、残高2.2厘米（图一八八，20）。其余2件足壁相对较高，足壁外弧，上部外鼓有凸棱。H11∶6，泥质陶外红内黑。残存碗下部弧腹，圜底下附较高矮圈足。足壁饰三周凹弦纹。足径10、残高5.4厘米（图一八八，29）。H11∶26，夹细砂红陶，胎较厚。素面。足径10、残高3.9厘米（图一八八，17）。

高圈足　1件（H11∶4）。泥质红陶，外施深红衣。仅存高圈足下部，足壁外弧，足根外起小凸棱。素面。足径18、残高11.2厘米（图一八八，25）。

器盖纽　2件。都是泥质红陶，外施深红衣。下部盖盘已残，盖纽呈蘑菇状，顶面凹，中间一凹孔，下连圆柱把。素面。H11∶5，顶面凹孔未至纽柱。纽径5.3、残高3.5厘米（图一八八，26）。H11∶24，顶面凹孔较深至纽柱，但不与盖盘相通。纽径4.2、残高3.4厘米（图一八八，21）。

小鼎足　1件（H11∶25）。泥质红陶，施深红衣。仅存盘形鼎下部小鼎足，足矮小圆锥状。素面。残高3.7厘米（图一八八，18）。

喇叭状大器座　1件（H11∶19）。夹砂红陶，外施深红衣。厚胎达1.5厘米，上部已残，仅存下部喇叭状大底座。残壁有三周深凹弦纹，其下又一周带状凹弦纹。底径33、残高3.8厘米（图一八八，15）。

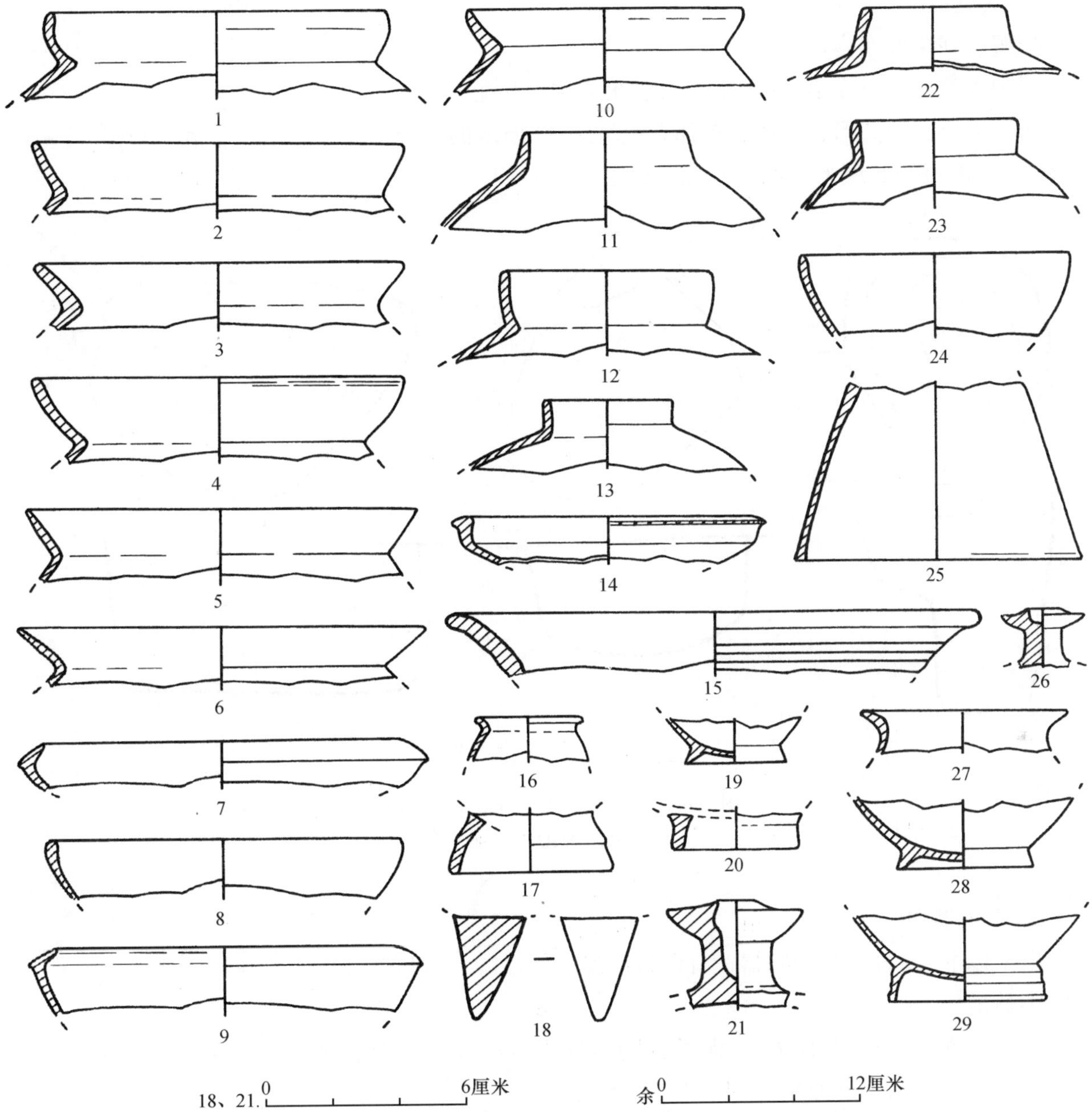

图一八八　H11出土陶器

1. 曲颈瓮（H11:3）　2、4、10. 凹折沿罐（H11:27、H11:22、H11:13）　3、6. 弧折沿罐（H11:28、H11:18）　5. 折沿罐（H11:15）　7. 内折沿盘（H11:23）　8. 敛口盘（H11:9）　9. 内折沿碗（H11:20）　11～13、23. 小口高领罐（H11:7、H11:14、H11:12、H11:29）　14. 直口花边盘（H11:17）　15. 喇叭状大器座（H11:19）　16. 弧折沿小罐（H11:10）　17、19、20、28、29. 矮圈足（H11:26、H11:2、H11:11、H11:16、H11:6）　18. 小鼎足（H11:25）　21、26. 器盖纽（H11:24、H11:5）　22. 小口高领瓮（H11:1）　24. 敞口碗（H11:8）　25. 高圈足（H11:4）　27. 束颈罐（H11:21）

（4）H21

① 灰坑情况

位置：在 T18 东南部。

层位关系：开口在第 3A 层下，打破第 4 层、生土。

形制大小：近圆形，斜壁，东部有距坑底 30 厘米的一级半弧形台阶，平底。口径 60 ~ 66、底径 30 ~ 50、深 65 厘米（图一八九，1）。

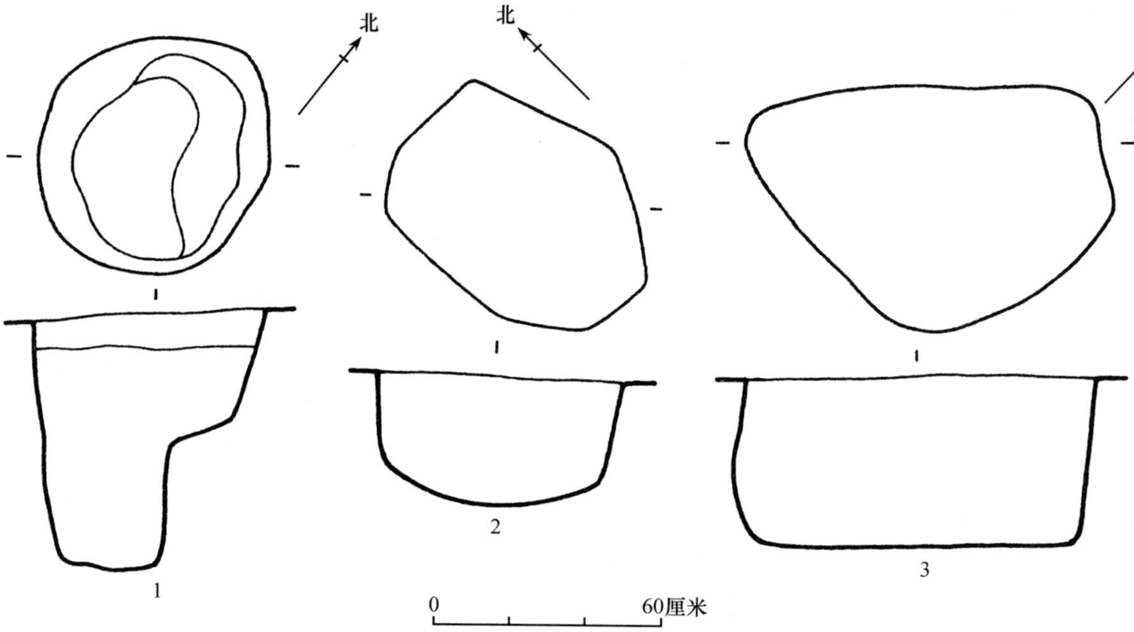

图一八九　H21、H23、H28 平、剖面图

1. H21　2. H23　3. H28

② 出土器物

出土标本：9 件。均为陶器，有凹折沿罐、折沿罐、敞口钵、内折沿盘、斜腹盘、碗圈足、锥状小鼎足。

凹折沿罐　1 件（H21∶6）。泥质红陶，外施浅红衣。宽折沿深凹，尖圆唇，斜弧肩已残。素面。口径 24、残高 5 厘米（图一九〇，5）。

折沿罐　1 件（H21∶7）。夹炭黑褐陶。尖圆唇，肩已残。素面。口径 21、残高 3.2 厘米（图一九〇，16）。

敞口钵　2 件。H21∶4，泥质红陶，内外施鲜红衣。敞口，尖圆唇，深弧腹，底已残。素面。口径 18、残高 6.4 厘米（图一九〇，13）。H21∶5，泥质红陶，内外施鲜红衣。敞口，方唇，弧腹较浅，底已残。素面。口径 19、残高 5 厘米（图一九〇，12）。

内折沿盘　1 件（H21∶9）。泥质红陶，内外施深红衣。敞口，方唇，斜腹内弧凹外斜直，圜底下附圈足，但足壁已残，或为豆盘。素面。口径 23、残高 6.2 厘米（图一九〇，3）。

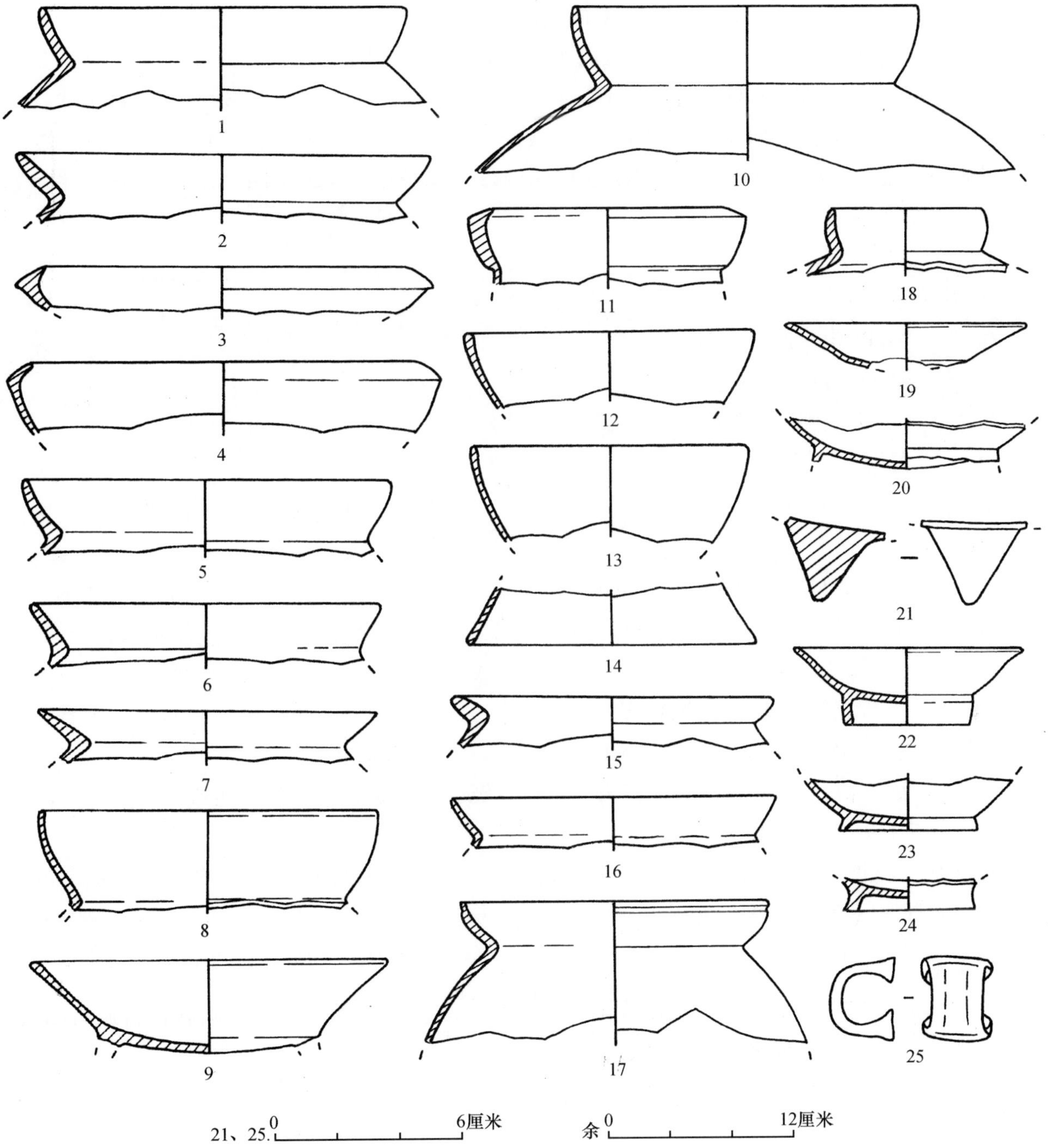

图一九〇　H21、H23、H28 出土陶器

1、5、8、17. 凹折沿罐（H28:4、H21:6、H28:10、H28:2）　2、6、16. 折沿罐（H23:4、H23:3、H21:7）　3、4. 内折沿盘（H21:9、H23:5）　7、15. 弧折沿罐（H28:7、H28:9）　9. 斜腹盘（H21:1）　10、18. 曲颈瓮（H23:1、H28:6）　11. 曲颈瓶（H28:8）　12、13. 敞口钵（H21:5、H21:4）　14. 高圈足（H23:6）　19. 卷沿盘（H28:5）　20. 残大圈足盘（H23:2）　21. 锥状小鼎足（H21:8）　22. 卷沿碗（H28:1）　23、24. 碗圈足（H21:3、H21:2）　25. 单耳杯器耳（H23:7）

斜腹盘　1件（H21∶1）。泥质红陶，内外施深红衣。敞口，方唇，斜腹内弧凹外斜直，圜底下附圈足，但足壁已残，或为豆盘。素面。口径23、残高6.2厘米（图一九〇，9）。

碗圈足　2件。H21∶2，泥质陶外红内黑。仅存厚胎矮圈足，足壁中凹近直。素面。足径8.6、残高1.9厘米（图一九〇，24）。H21∶3，夹炭红陶，外施深红衣。残存碗下部弧腹，圜底下附低矮圈足，足壁外斜。素面。足径9、残高3.5厘米（图一九〇，23）。

锥状小鼎足　1件（H21∶8）。泥质红褐陶。仅存盘形鼎下部小圆锥鼎足，足根小平。素面。残高2.8厘米（图一九〇，21）。

（5）H23

① 灰坑情况

位置：在T17中偏西。

层位关系：开口在第3A层下。

形制大小：近椭圆形，斜壁，圜平底。口径54～70、深33厘米（图一八九，2）。

② 出土器物

出土标本：7件。均为陶器，有折沿罐、曲颈瓮、内折沿盘、高圈足、残大圈足盘、单耳杯器耳。

折沿罐　2件。H23∶4，夹炭红陶。尖圆唇，斜弧肩已残。素面。口径27、残高4.6厘米（图一九〇，2）。H23∶3，泥质红陶。尖圆唇，斜肩已残。素面。口径23、残高4.4厘米（图一九〇，6）。

曲颈瓮　1件（H23∶1）。夹炭红陶，外施红衣。侈口，束颈，折沿宽凹近直，尖圆唇，广弧肩，腹已残。素面。口径22.8、残高11.2厘米（图一九〇，10）。

内折沿盘　1件（H23∶5）。夹炭红陶。敛口，宽弧沿内折，尖圆唇，折腹弧内收，下部已残。素面。内口径25、残高4.8厘米（图一九〇，4）。

高圈足　1件（H23∶6）。泥质红陶，外施鲜红衣。仅存残高圈足，足壁外斜。素面。足径19、残高4厘米（图一九〇，14）。

残大圈足盘　1件（H23∶2）。泥质红褐陶。仅存下部弧腹，圜底下附粗圈足，足壁外斜，其下已残。素面。残足上部直径12、残高3.2厘米（图一九〇，20）。

单耳杯器耳　1件（H23∶7）。泥质黄陶。仅存宽带状半环形器耳，可能是单耳杯器耳，因耳面有已脱落的黑彩痕。器耳长2.8、耳面宽1.6厘米（图一九〇，25）。

（6）H28

① 灰坑情况

位置：在T17东北部。

层位关系：开口在第3A层下。

形制大小：不规则四边形，壁较直，有的稍内斜，有的稍内凹，平底。最长处近100、宽约64、深45厘米（图一八九，3）。

② 出土器物

出土标本：10 件。均为陶器，有凹折沿罐、弧折沿罐、曲颈瓮、曲颈瓶、卷沿碗、卷沿盘。

凹折沿罐 3 件。H28:2，夹炭红陶，外施鲜红衣。宽折沿内凹外弧呈曲颈，圆唇，弧肩，深腹下部已残。口外饰一周凹槽。口径 20.6、残高 9.5 厘米（图一九〇，17）。H28:4，夹炭陶外红内黑。折沿微凹，尖圆唇，弧肩，腹已残。素面。口径 24、残高 6.8 厘米（图一九〇，1）。H28:10，夹炭红陶，外施深红衣。折沿特别宽，内凹外弧呈曲颈，方圆唇，肩已残。素面。口径 22、残高 6.6 厘米（图一九〇，8）。

弧折沿罐 2 件。H28:7，夹炭红陶，多泛黑。尖圆唇，斜弧肩已残。素面。口径 22、残高 3.6 厘米（图一九〇，7）。H28:9，夹炭红陶。侈口，束颈，窄厚沿外卷，尖圆唇，斜弧肩已残。素面。口径 21、残高 3.6 厘米（图一九〇，15）。

曲颈瓮 1 件（H28:6）。夹炭红陶，外施深红衣。小直口稍内凹外弧，尖圆唇，广弧肩已残。素面。口径 10、残高 4.4 厘米（图一九〇，18）。

曲颈瓶 1 件（H28:8）。泥质红陶，内沿、外表施深红衣。瓶口如内折沿碗，尖唇，曲颈内凹外弧，下部内束，瓶腹近直，稍外弧，但大部已残。素面。内口径 15、残高 5.4 厘米（图一九〇，11）。

卷沿碗 1 件（H28:1）。夹炭红陶，内外施鲜红衣。敞口，尖圆唇，浅腹下部弧内收，圜平底下附矮圈足，足壁上部微外鼓，有不明显凸棱，下部内斜近直。素面。口径 15.1、足径 8.4、通高 5.2 厘米（图一九〇，22；图版六一，4）。

卷沿盘 2 件。H28:5，泥质夹草末陶，外红内黑。敞口，方圆唇，浅斜腹下部弧内折，底已残。素面。口径 16、残高 3 厘米（图一九〇，19）。H28:3，形制大小与 H28:5 相似，只是陶系为夹炭红陶，不是外红内黑而已。

（7）H29

① 灰坑情况

位置：在 T17 中部偏西。

层位关系：开口在第 3A 层下，打破第 4 层。

形制大小：不规则形近圆形，近直壁，平底。直径约 95、深 42 厘米（图一九一，1）。

② 出土器物

出土标本：6 件。均为陶器，有弧折沿小罐、直口盘、喇叭状大器座、小鼎足、豆圈足、矮圈足。

弧折沿小罐 1 件（H29:1）。泥质灰陶。尖圆唇，弧肩，腹已残。素面。口径 12.4、残高 3.6 厘米（图一九二，16）。

直口盘 1 件（H29:4）。泥质黑陶。直口稍外斜，尖圆唇，粗矮颈，折腹弧内收，底已残。外沿饰两周凹槽，使沿面呈三叠层。口径 15、残高 3.6 厘米（图一九二，17）。

喇叭状大器座 1 件（H29:6）。夹砂夹蚌红陶，外施深红衣。喇叭状大器座，上部已残，仅存器座底部，厚胎，器壁外斜，底沿外撇呈喇叭状。近底器座饰五周深凹弦纹。底径 33、

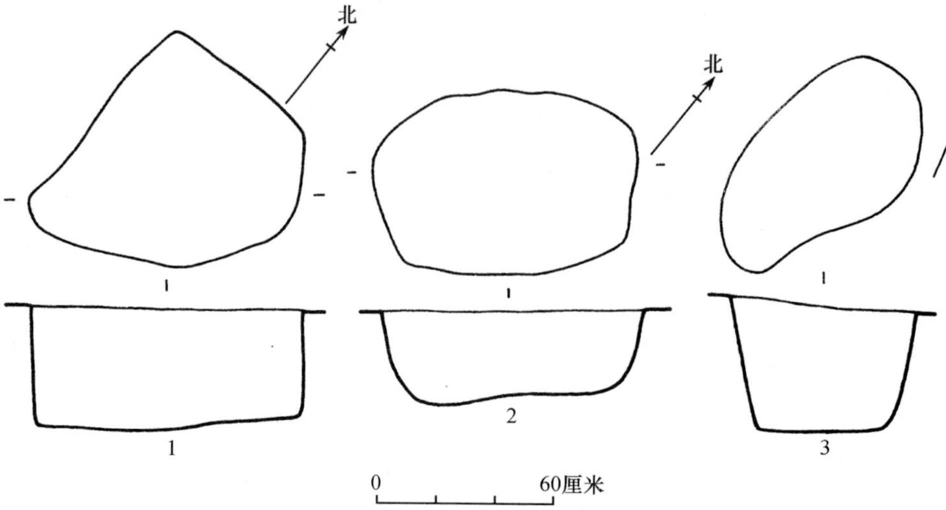

图一九一 H29、H30、H34 平、剖面图
1. H29 2. H30 3. H34

残高 5.4 厘米（图一九二，5）。

小鼎足 1 件（H29:7）。泥质红陶，施深红衣。盘形鼎下部小鼎足，足上部圆台状，下部尖锥状并外凹内弧。素面。足高 3.8 厘米（图一九二，15）。

豆圈足 1 件（H29:3）。泥质红陶，外有红衣多脱落。足壁外斜，足根上卷外起凸棱。未见其他纹饰。足径 22、残高 6.4 厘米（图一九二，12）。

矮圈足 1 件（H29:2）。泥质陶外红内黑。弧腹碗矮圈足，足壁外斜。素面。足径 9.6、残高 3 厘米（图一九二，14）。

（8）H30

① 灰坑情况

位置：在 T19 东南部。

层位关系：开口在第 4 层下，打破 H36。

形制大小：近椭圆形，斜弧壁，底近平，中部微上弧。口径 66 ~ 90、深 35 厘米（图一九一，2）。

② 出土器物

出土标本：11 件。均为陶器，有凹折沿罐、折沿罐、弧折沿罐、敞口碗、斜腹碗、弧腹碗矮圈足、盘矮圈足、喇叭状大器座。

凹折沿罐 2 件。H30:9，夹炭红陶，外施浅红衣。折沿宽凹，方圆唇，斜弧肩，深腹已残。素面。口径 21、残高 10 厘米（图一九二，1）。H30:11，夹炭红陶，外施浅红衣。折沿宽凹，尖圆唇，斜溜肩，深腹已残。素面。口径 22、残高 8 厘米（图一九二，3）。

折沿罐 1 件（H30:7）。粗泥陶红多泛灰。圆唇，外沿下部近颈处有一周带状凹槽，斜弧肩，深腹已残。未见其他纹饰。口径 20、残高 7.8 厘米（图一九二，4）。

弧折沿罐 1 件（H30:8）。夹炭红陶。弧沿外卷，口内无折棱，尖圆唇，斜弧肩，腹已残。素面。口径21.6、残高6厘米（图一九二，2）。

敞口碗　1件（H30:6）。泥质红陶，内外红衣多脱落。敞口近直，方圆唇，深弧腹，圜平底下附矮圈足，足壁外斜。素面。此碗腹下部近底在烧制后又由内向外打穿两个小圆孔，两孔不对称。口径19、底径9.1、通高9.5厘米（图一九二，9；图版六一，1）。

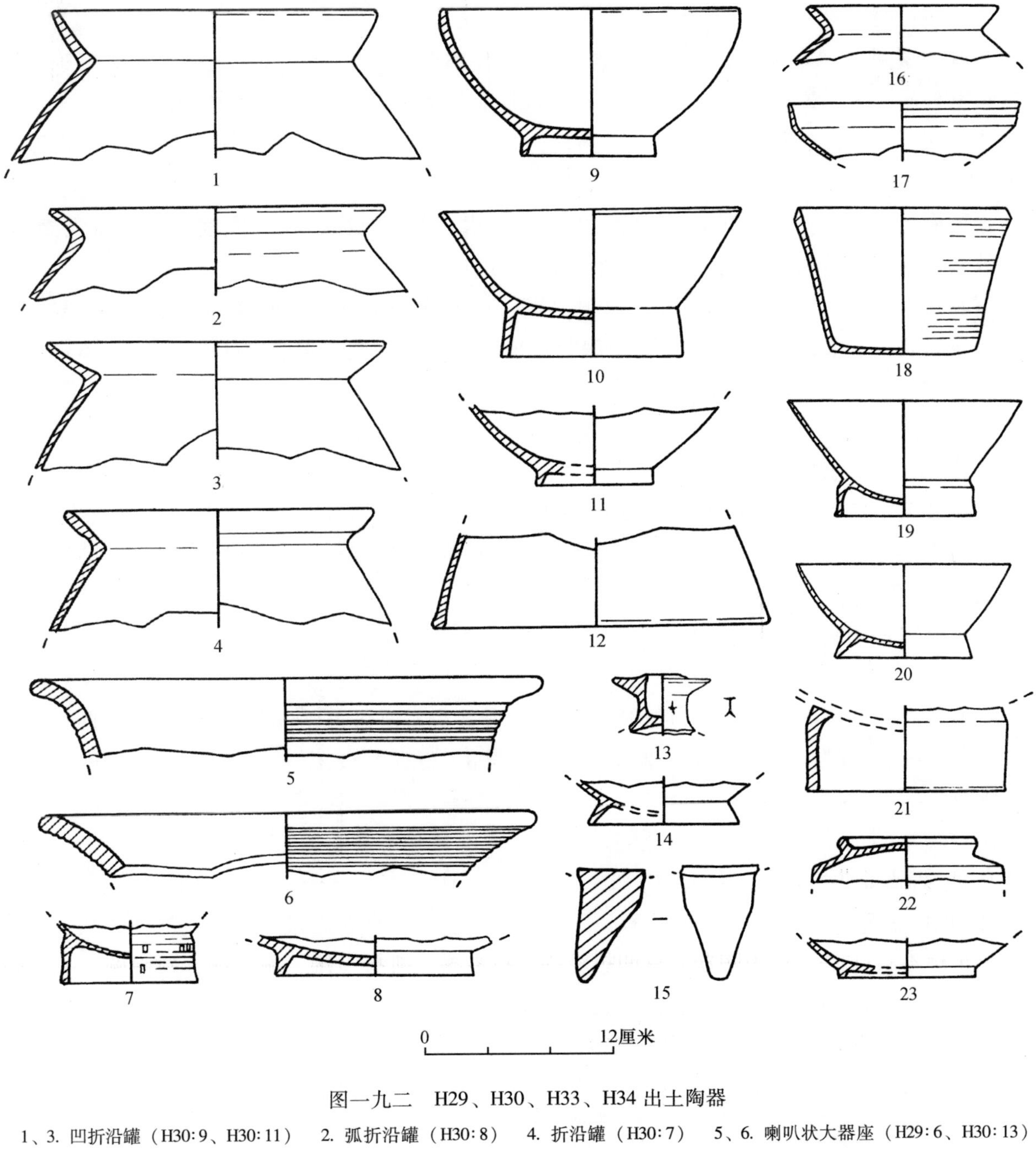

图一九二　H29、H30、H33、H34出土陶器

1、3. 凹折沿罐（H30:9、H30:11）　2. 弧折沿罐（H30:8）　4. 折沿罐（H30:7）　5、6. 喇叭状大器座（H29:6、H30:13）　7、14、21. 矮圈足（H34:2、H29:2、H33:1）　8. 盘矮圈足（H30:10）　9、20. 敞口碗（H30:6、H33:9）　10、19. 斜腹碗（H30:5、H30:26）　11、23. 弧腹碗矮圈足（H30:1、H30:2）　12. 豆圈足（H29:3）　13. 器盖纽（H33:11）　15. 小鼎足（H29:7）　16. 弧折沿小罐（H29:1）　17. 直口盘（H29:4）　18. 斜腹钵（H34:1）　22. 器盖（H34:3）

斜腹碗　2件。H30∶5，泥质陶外红内黑。敞口，方唇，斜直腹下部弧折成圜平底，下附较高矮圈足，足壁外斜近直。素面。口径19.5、足径11.7、通高9.8厘米（图一九二，10；图版六一，3）。H30∶26，泥质陶外红内黑。敞口，尖圆唇，深斜腹，圜底下附矮圈足，足壁上部外凸，下部近直，足根外凸起棱。未见其他纹饰。口径15.4、足径9.2、通高7.8厘米（图一九二，19；图版六一，2）。

弧腹碗矮圈足　2件。H30∶1，泥质红陶，内外施鲜红衣。口沿残，弧腹，圜底下附矮圈足，足壁外斜近直。素面。足径7.6、残高5.2厘米（图一九二，11）。H30∶2，泥质红陶，内外施浅红衣。仅存残弧腹圜底下附低矮圈足，足壁外斜近直。素面。足径9、残高2.6厘米（图一九二，23）。

盘矮圈足　1件（H30∶10）。夹炭陶外红内灰褐。上部已残，仅存圜底下附低矮大圈足，足壁外斜。素面。足径13、残高2.6厘米（图一九二，8）。

喇叭状大器座　1件（H30∶13）。夹砂红陶。上部已残，仅存器座底部，厚胎，器壁下部外撇呈喇叭状。下壁饰12周以上不等距深凹弦纹。底径32、残高4厘米（图一九二，6）。

（9）H33

① 灰坑情况

位置：在T16东隔梁内。

层位关系：开口在第3层下，打破第3A层、第4层。

形制大小：近圆形，直壁，平底。口径约70、深约30厘米。

② 出土器物

出土标本：4件。有小石斧和陶敞口碗、矮圈足、器盖纽。

石器

小石斧　1件（H33∶2）。扁薄近梯形弧刃小石斧，小弧顶和两平面皆小砾石原面，两边磨平皆外斜，弧刃单面磨制，不甚锋利。器身多片疤。长8、刃宽4.5、厚1.4厘米（图一九四，8）。

陶器

敞口碗　1件（H33∶9）。泥质黑陶。尖唇，圜底下附矮圈足，足壁外斜。素面。口径14、足径9.2、通高6.2厘米（图一九二，20；图版六二，1）。

矮圈足　1件（H33∶1）。泥质红陶，外有红衣。仅存较高矮圈足，足壁上部外弧凸，下壁近直，足根外斜有棱。未见其他纹饰。足径13、残高5.6厘米（图一九二，21）。

器盖纽　1件（H33∶11）。夹炭红陶，内外施红衣。盖盘已残，仅剩圜底和上部盖纽，纽呈伞状，顶面中间有深凹圆孔。纽柱上饰四组戳印纹，两组为两弧线相背，另两组在相背两弧线之间有两戳点。纽面直径6.5、残高4.1厘米（图一九二，13）。

（10）H34

① 灰坑情况

位置：在T19西北部。

层位关系：开口在第4层下，打破生土。

形制大小：椭圆形，斜壁，平底。口径52～88、底径28～47、深48厘米（图一九一，3）。

② 出土器物

出土标本：3件。均为陶器，有斜腹钵、矮圈足、器盖。

斜腹钵　1件（H34∶1）。泥质灰陶，器内外有浅红衣痕。敞口，尖唇，窄沿外斜，外起角状凸棱，深斜腹，下内折为平底。外壁修整痕如等距凹弦纹。口径14.1、底径9.8、高9.5厘米（图一九二，18；图版六二，2）。

矮圈足　1件（H34∶2）。泥质红陶，内外施深红衣，脱落后呈黄色。足壁上部微凸有棱，下部近直，足根外凸有棱。足壁饰五周凹弦纹，并加四组小方孔戳印纹，其中两组为两个横排，两组为两个竖排。足径9、残高4.1厘米（图一九二，7）。

器盖　1件（H34∶3）。泥质红陶，外施鲜红衣。内折沿盖盘，唇部稍残。盖纽为低矮大圈足倒置。素面。口径12.4、足径9.5、残高3厘米（图一九二，22；图版六二，4）。

（11）H35

① 灰坑情况

位置：T19东北部至西南部都在H35分布范围内，但H35西南部已被第1层下扰坑和第3层下的H32（无标本）破坏，而H35的东北部则为现代藕池不能布探方，所以H35的西南部和东北部未至坑边。

层位关系：开口在第4层下。

形制大小：南北皆残的H35，原来可能是南北走向的凹沟，沟壁皆内斜，有的较陡，有的缓斜，平底。残长440、最宽处210、深42厘米（图一九三，1）。

② 出土器物

出土标本：14件。有石锄、石斧、残石斧、小彩石和陶凹折沿罐、器盖纽、矮圈足。

石器

石锄　3件。H35∶4，体较厚近长方形，斜顶，两面皆原弧面，但均有打制痕，两直边磨平，平刃两端有缺口，系单面打制，不锋利。长13.2、宽7.4、厚3.8厘米（图一九四，10）。H35∶5，扁平椭圆形，弧顶两面打制较薄，两面皆原面，一面近平滑，打制疤痕较少，另一面仅保留局部原面，多进一步打制，弧刃两面打制，较锋利。长14.5、宽9、厚3.1厘米（图一九四，4）。H35∶14，厚体近椭圆形，顶和两面、两边都为原面，全面打制，近弧刃单面打制，虽厚薄不均，但较锋利。长16.6、宽9.5、厚4.4厘米（图一九四，1）。

石斧　2件。H35∶1，扁平近长方形，弧顶，两面皆原面，一面稍打制，两边打制修直，但不平，弧刃两面稍磨，后又有使用或打制疤痕，已不锋利。长12、刃宽8.3、厚2.7厘米（图一九四，9）。H35∶2，扁弧近倒梯形，仅存残顶，平弧顶为原面，两面皆原面，都平略弧，两边已磨平，刃部已断。残长9.2、刃宽8.4、厚3.1厘米（图一九四，5）。

残石斧　5件。H35∶3，厚体椭圆形，弧顶，两面皆原弧滑面，破裂面近平，两边皆进一步单面打制而有疤，弧顶和弧刃皆两面夹角，未做进一步加工。长18、宽10.1、厚4.8厘米（图一九四，2）。H35∶6，厚体呈梯形，平顶一面稍打制，两面皆弧面，一面中部又凸起，两平边皆原面，刃部已断。残长 8.4、宽 8.5、厚 5.7 厘米（图一九四，6）。H35∶7，扁弧近长方形，顶部两面皆原面、皆略弧，两面平直皆原面，两直边皆原面，刃部已断，仅一面局部有打制。残长 9、宽 7.2、厚 3.1 厘米（图一九四，11）。H35∶8，扁平近长方形，弧顶，两平面，两直边皆原面，仅一面和一边有打制疤痕，刃部已断。残长 8.2、宽 8.8、厚 1.9 厘米（图一九四，12）。H35∶10，扁平近梯形，弧顶一面打制，两面、两边皆原面，面近平，边甚直，刃部已断。残长 9、宽 9.5、厚 3.1 厘米（图一九四，3）。

小彩石　1 件（H35∶9）。长椭圆形，表面有鲜红如血的夹层。长 6.1、宽 3.9、厚 3.2 厘米（图一九四，7）。

陶器

凹折沿罐　1 件（H35∶11）。夹草末红陶，外施深红衣。宽折沿微凹，尖圆唇，弧肩已残。素面。口径 23、残高 4.8 厘米（图一九六，5）。

器盖纽　1 件（H35∶12）。泥质陶外红内黄。纽壁内斜，纽端外斜。素面。足径 10、残高 3.4 厘米（图一九六，23）。

矮圈足　1 件（H35∶13）。夹炭陶外红内灰。足壁低矮外斜。素面。足径 9、残高 2.8 厘米（图一九六，25）。

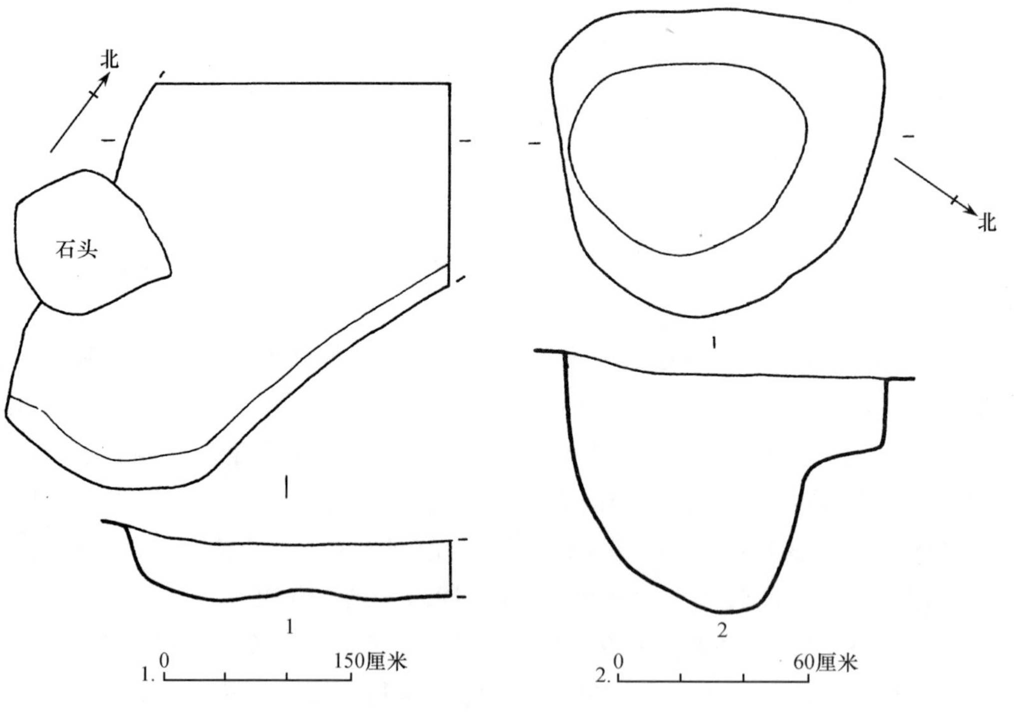

图一九三　H35、H37 平、剖面图
1. H35　2. H37

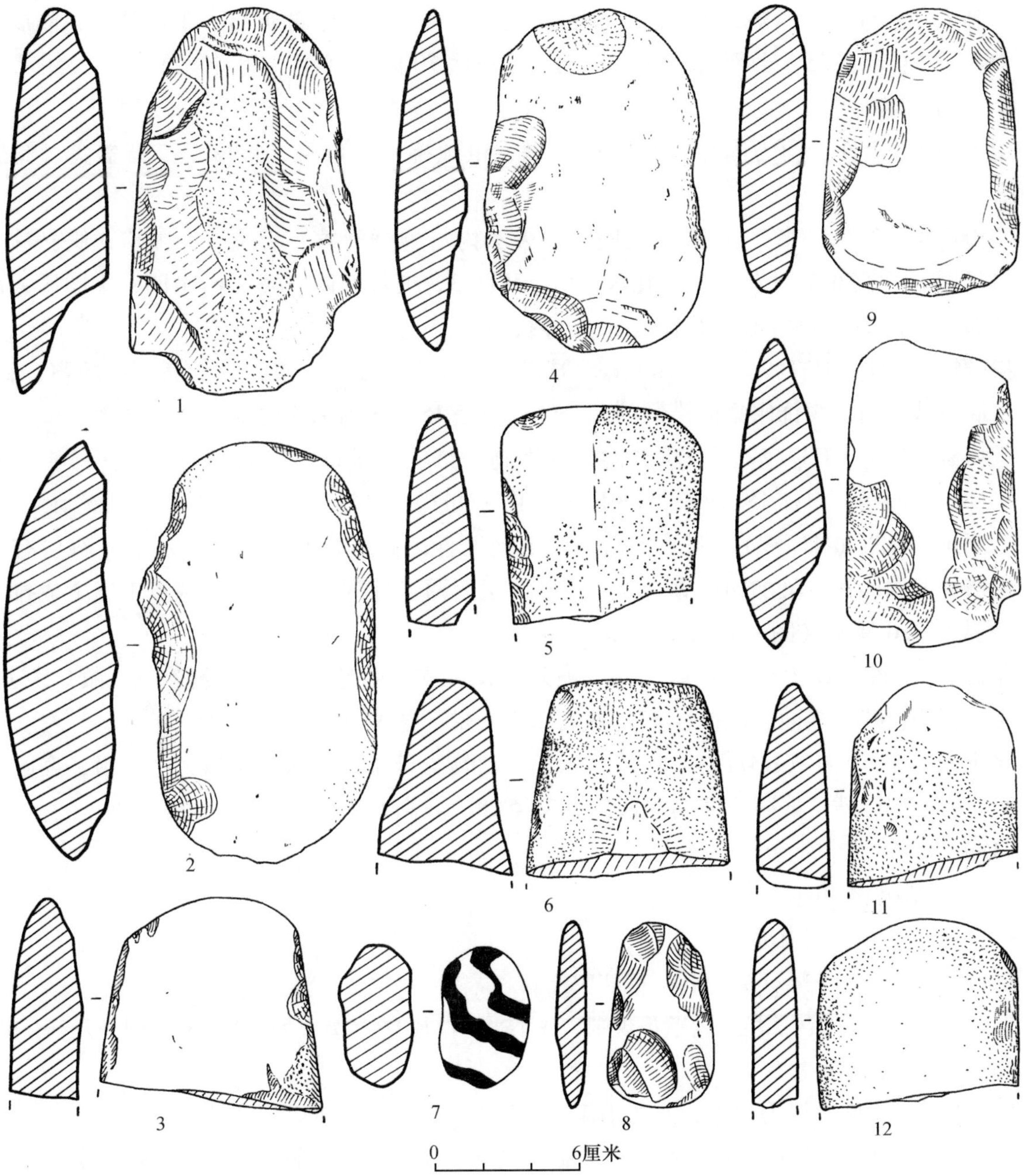

图一九四　H33、H35出土石器

1、4、10. 石锄（H35∶14、H35∶5、H35∶4）　2、3、6、11、12. 残石斧（H35∶3、H35∶10、H35∶6、H35∶7、H35∶8）　5、9. 石斧（H35∶2、H35∶1）　7. 小彩石（H35∶9）　8. 小石斧（H33∶2）

（12）H37

① 灰坑情况

位置：在T17东隔梁内。

层位关系：开口在3层下，被第2A层下H1打破。

形制大小：近圆形，东、西、北三面有环状二层台，坑壁上部近直，下部斜弧，圜底。口径约100、二层台宽25、台面距坑口20、台面距坑底70厘米（图一九三，2）。

② 出土器物

出土标本：7件。均为陶器，有凹折沿罐、粗颈罐、敞口碗、矮圈足、器盖盘、筒腹大器座。

凹折沿罐　2件。H37∶1，夹炭红陶，器表和内沿施鲜红衣。尖圆唇，弧肩，腹已残。素面。口径18、残高6.7厘米（图一九六，1）。H37∶3，夹炭红陶。宽折沿微凹，尖圆唇，肩已残。素面。口径21、残高4.7厘米（图一九六，3）。

粗颈罐　1件（H37∶2）。泥质红陶，器表、内沿施深红衣。直口，尖唇，粗矮颈，斜肩，扁腹，底已残。肩、腹饰密集而模糊的凹弦纹。口径15、残高7.4厘米（图一九六，10）。

敞口碗　1件（H37∶5）。泥质红陶，内外施鲜红衣。敞口，圆唇微内敛，深弧腹，底已残。口外一周凹槽。口径18、残高5.6厘米（图一九六，13）。

矮圈足　1件（H37∶7）。泥质灰白陶。足壁近直，上部微鼓有凸棱，足根外斜也有小凸棱。足壁饰两周凹槽，又加四组戳点纹，其中两组为两点并列，另两组为两点上、下成排。足径11、残高2.6厘米（图一九六，24）。

器盖盘　1件（H37∶4）。泥质红陶，内外施深红衣。盖纽已残，仅剩盖盘，敞口，方唇，浅弧腹，盘底已残。素面。盘口径17、残高2.7厘米（图一九六，15）。

筒腹大器座　1件（H37∶6）。泥质（灰胎）红陶，外施鲜红衣。直口，窄平沿，扁圆唇外凸，粗筒腹下部已残。残腹饰四周深凹槽。口径28、残高5.4厘米（图一九六，8）。

（13）H256

① 灰坑情况

位置：在T0620东南部。

层位关系：开口在第1A层下，打破生土。

形制大小：椭圆形浅凹坑，斜壁不规则，底不平。口径80～120、深30厘米（图一九五，1）。

② 出土器物

出土标本：4件。均为陶器，有折沿罐、高圈足、卷沿盘、筒腹大器座。

折沿罐　1件（H256∶1）。泥质（灰胎）红陶。折沿，尖圆唇，斜肩已残。素面。口径17、残高3.6厘米（图一九六，9）。

高圈足　1件（H256∶2）。泥质（灰胎）红陶。残存豆座下部，足壁外斜。素面。足径14、残高3.6厘米（图一九六，21）。

卷沿盘　1件（H256∶3）。泥质红陶，外施鲜红衣。敞口，弧沿稍内凸外卷，尖圆唇，弧腹甚浅，上凹中凸下内收，底已残。素面。口径16、残高2.4厘米（图一九六，14）。

筒腹大器座　1件（H256∶4）。夹砂（黄胎）红陶。直口，窄平沿，沿面两周凹槽，直筒腹已残。上腹一周宽带状凹槽，下饰指按划痕。口径52、残高6.8厘米（图一九六，17）。

（14）H260

① 灰坑情况

位置：在 T0923 东隔梁内。

层位关系：开口在第 2 层下，打破第 3 层、生土。

形制大小：近长方形，斜壁、圜底。口径 108 ~ 160、深 36 厘米（图一九五，2）。

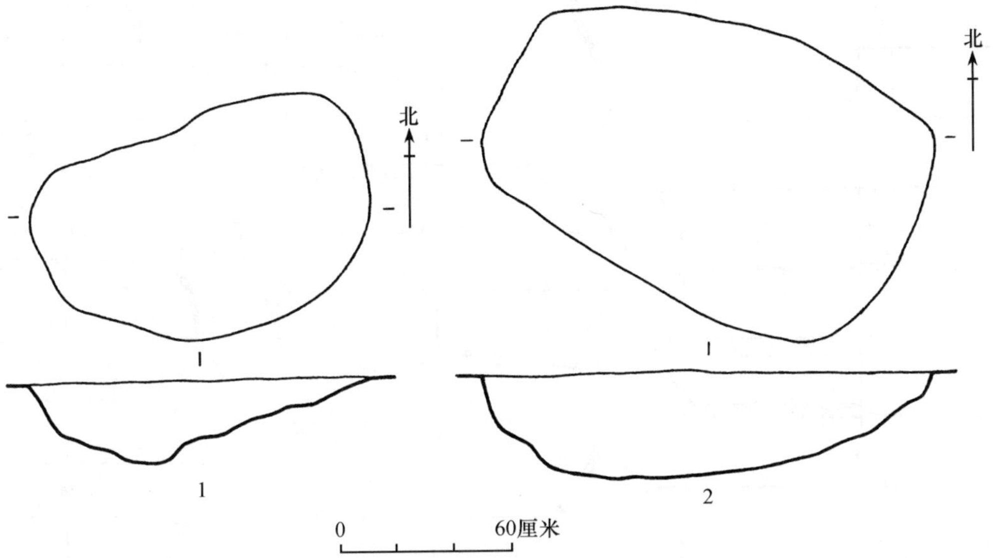

图一九五　H256、H260 平、剖面图

1. H256　2. H260

② 出土器物

出土标本：6 件。均为陶器，有小口高领罐、侈口小罐、敛口折腹小罐、内折沿碗、内折沿盘、内折沿器盖盘。

小口高领罐　1 件（H260∶6）。泥质红陶，外施深红衣。直口外斜，圆唇外凸，高直颈内斜，肩已残。素面。口径 13、残高 4.6 厘米（图一九六，19）。

侈口小罐　1 件（H260∶2）。泥质陶外红内黑。侈口，小折沿，尖圆唇，溜肩，深弧腹，底已残。素面。口径 13、残高 4.4 厘米（图一九六，20）。

敛口折腹小罐　1 件（H260∶4）。泥质陶外红内黑。上部已残，溜肩，折腹内斜，平底。素面。底径 4.6、残高 4.4 厘米（图一九六，26）。

内折沿碗　1 件（H260∶1）。泥质黑陶。敛口，内折沿，尖圆唇，深折腹弧内收，圜底下附较大矮圈足，足壁外斜，足根外卷成凸棱。残足壁上部有圆形小镂孔。口径 14.8、底径 10.5、通高 10.5 厘米（图一九六，18；图版六二，3）。

内折沿盘　1 件（H260∶5）。夹炭黑陶。敛口，斜沿内折外凸，尖圆唇，折腹弧内收，底已残。素面。口径 20、残高 2.8 厘米（图一九六，7）。

内折沿器盖盘　1件（H260∶3）。泥质陶外红内黑。盖纽已残，盖盘斜弧腹，口沿下折近直，小方唇。素面。口径16、残高2厘米（图一九六，16）。

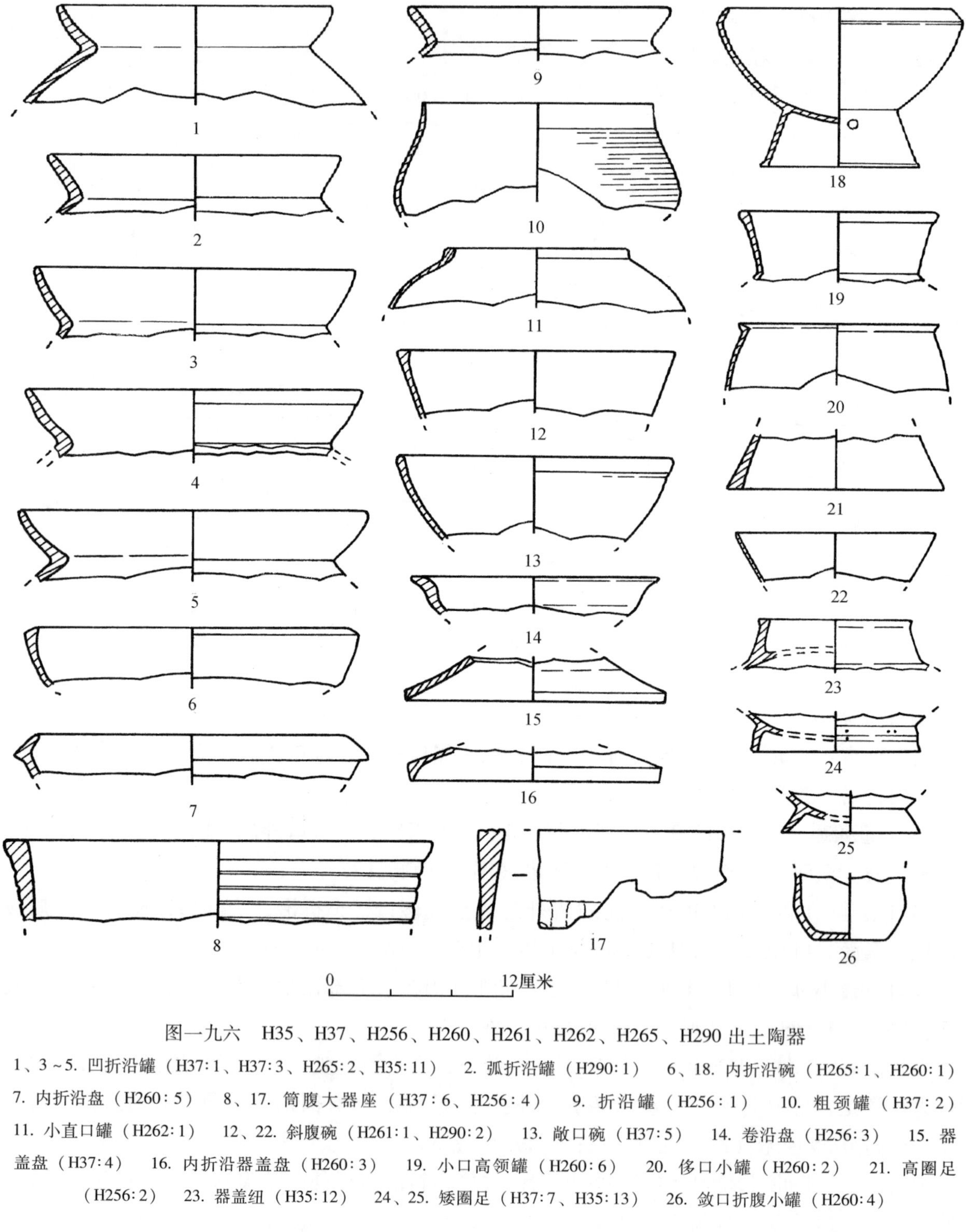

图一九六　H35、H37、H256、H260、H261、H262、H265、H290出土陶器

1、3～5. 凹折沿罐（H37∶1、H37∶3、H265∶2、H35∶11）　2. 弧折沿罐（H290∶1）　6、18. 内折沿碗（H265∶1、H260∶1）　7. 内折沿盘（H260∶5）　8、17. 筒腹大器座（H37∶6、H256∶4）　9. 折沿罐（H256∶1）　10. 粗颈罐（H37∶2）　11. 小直口罐（H262∶1）　12、22. 斜腹碗（H261∶1、H290∶2）　13. 敞口碗（H37∶5）　14. 卷沿盘（H256∶3）　15. 器盖盘（H37∶4）　16. 内折沿器盖盘（H260∶3）　19. 小口高领罐（H260∶6）　20. 侈口小罐（H260∶2）　21. 高圈足（H256∶2）　23. 器盖纽（H35∶12）　24、25. 矮圈足（H37∶7、H35∶13）　26. 敛口折腹小罐（H260∶4）

（15）H261

① 灰坑情况

位置：在 T0924 北壁下。

层位关系：开口在第 2 层下，打破 H262；被 H362 和 H301 打破。

形制大小：长方形圆角一部分，斜壁，圜底。口径残长 70、深 45 厘米。

② 出土器物

出土标本：1 件。为陶斜腹碗。

斜腹碗　1 件（H261∶1）。夹炭红陶，外壁沿面施深红衣。敞口，窄平沿，口内圆唇内凸，深斜腹下已残。素面。口径 18、残高 4.6 厘米（图一九六，12）。

（16）H262

① 灰坑情况

位置：在 T0924 北壁下。

层位关系：开口在第 2 层下，打破 H261 和 H301。

形制大小：圆形，仅发掘一半，斜壁，平底。口径 140、底径 50、深 75 厘米。

② 出土器物

出土标本：1 件。为陶小直口罐。

小直口罐　1 件（H262∶1）。泥质（灰胎）红陶，外施深红衣。小直口，扁圆唇直立如矮颈，弧肩，深腹已残。素面。口径 12、残高 4.2 厘米（图一九六，11）。

（17）H265

① 灰坑情况

位置：在 T0924 中西部。

层位关系：开口在第 2 层下。

形制大小：圆形，斜壁，平底。口径 90、底径 70、深 40 厘米。

② 出土器物

出土标本：2 件。均为陶器，有凹折沿罐、内折沿碗。

凹折沿罐　1 件（H265∶2）。夹炭褐陶，大部灰褐泛红。宽折沿内凹，扁圆唇，肩已残。外口下一周凹弦纹。口径 22、残高 4.4 厘米（图一九六，4）。

内折沿碗　1 件（H265∶1）。泥质（灰胎）红陶，内外施深红衣。敛口，窄沿外斜，尖唇内敛，浅弧腹内收，底已残。腹下部隐约有一周凹槽。口径 20、残高 4 厘米（图一九六，6）。

（18）H290

① 灰坑情况

位置：在 T0923 东北角。

层位关系：开口在第 2 层下，打破生土；北部被 H275 打破。

形制大小：椭圆形，斜壁，近平底。口部南北残长 105、东西宽 95、深 30 厘米。

② 出土器物

出土标本：2 件。均为陶器，有弧折沿罐、斜腹碗。

弧折沿罐　1 件（H290∶1）。夹炭红陶，外施浅红衣。折沿微上弧，尖圆唇，斜弧肩已残。素面。口径 19、残高 4.2 厘米（图一九六，2）。

斜腹碗　1 件（H290∶2）。泥质磨光黑陶，胎薄仅 0.2 厘米，匀称，但局部有补贴泥片。敞口，方圆唇，斜直腹下部已残。素面。口径 13、残高 3.2 厘米（图一九六，22）。

（19）H314

① 灰坑情况

位置：在 T1023 东南角。

层位关系：开口在第 3 层下 H291 之下，打破生土；又被第 4 层下 H293 叠压。

形制大小：椭圆形一角，斜弧壁，圜平底。口部南北残长 175、东西残宽 75、深 50 厘米（图一九七，1）。

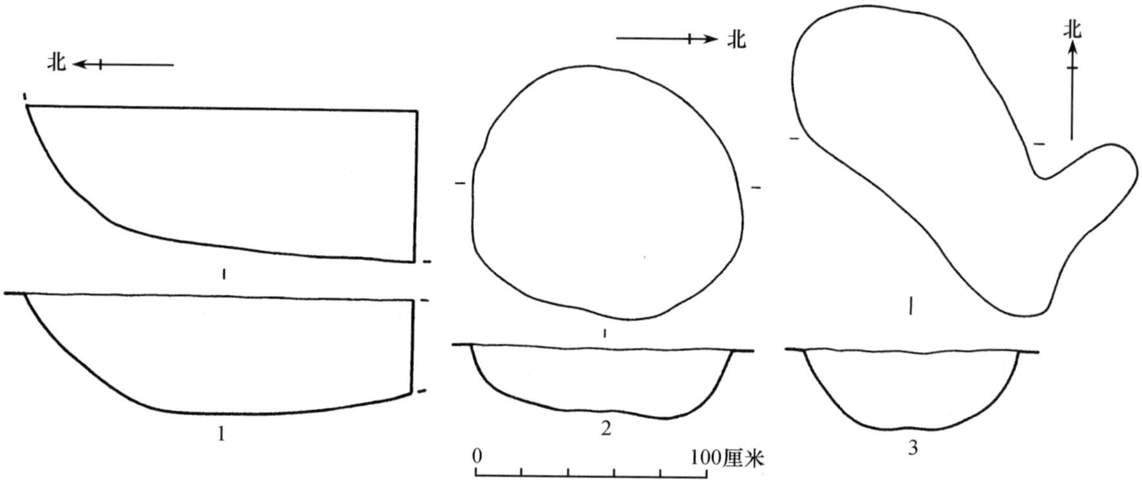

图一九七　H314、H332、H333 平、剖面图

1. H314　2. H332　3. H333

② 出土器物

出土标本：7 件。有石斧和陶凹折沿罐、弧折沿小罐、敞口盘、筒腹大器座。

石器

石斧　2 件。H314∶5，厚体长方形，顶已残，两面皆原面都近平，两边磨平且近平行，弧刃单面稍磨制，尚不锋利。残长 14.5、宽 9、厚 4.4 厘米（图一九八，2）。H314∶6，扁弧长方形，顶已残，两面皆原弧平面，两边磨平近平行，都稍外斜，弧刃两面磨制，有使用痕，仍锋利。残长 7.2、宽 7.5、厚 2.8 厘米（图一九八，3）。

陶器

凹折沿罐　2 件。H314∶2，夹草末红陶。折沿宽凹，圆唇，斜肩已残。外口下一周凹槽。口径 21、残高 4.6 厘米（图一九九，3）。H314∶3，夹草末黑陶。折沿宽凹，尖圆唇，弧肩已

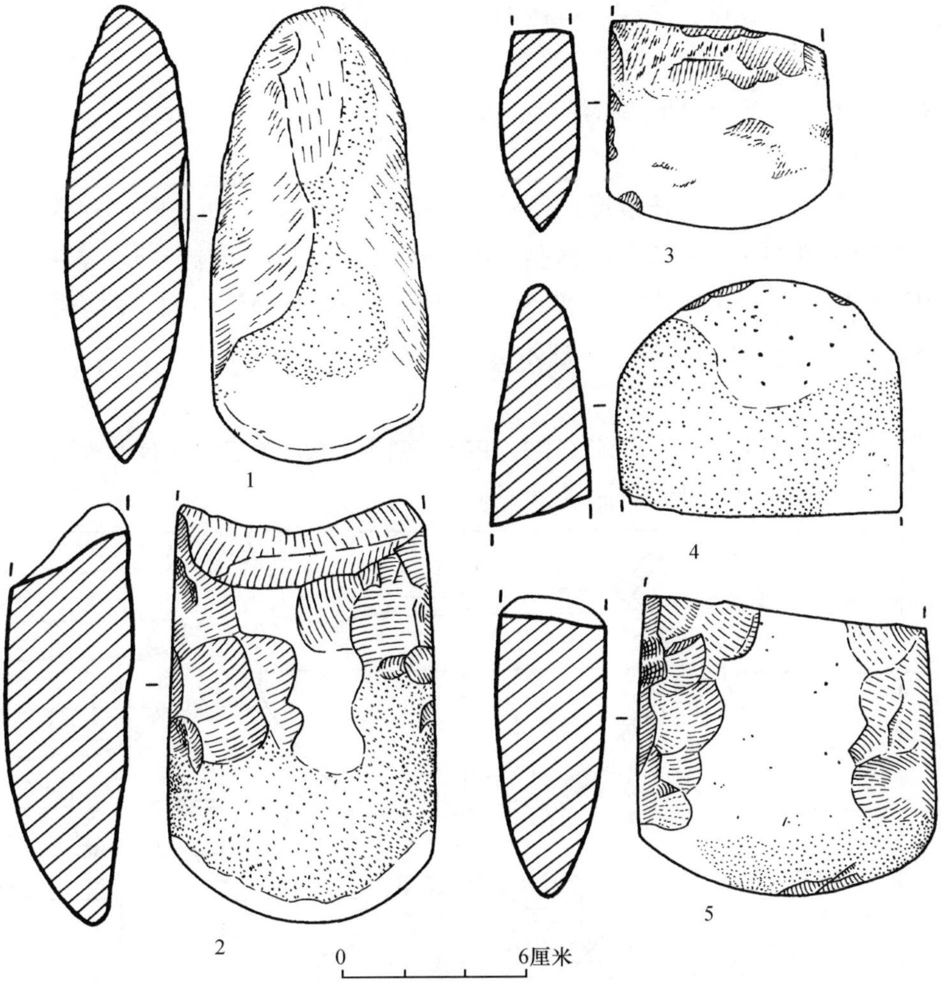

图一九八　H314、H332、H333 出土石器

1～3、5. 石斧（H332∶3、H314∶5、H314∶6、H332∶4）　4. 残石斧（H333∶7）

残。素面。口径 25、残高 5.6 厘米（图一九九，5）。

弧折沿小罐　1 件（H314∶4）。夹炭红陶。侈口，束颈，卷沿，尖圆唇，斜弧肩已残。素面。口径 10.4、残高 3.2 厘米（图一九九，12）。

敞口盘　1 件（H314∶1）。夹炭红陶，外施红衣多已脱落。敞口，尖圆唇，浅弧腹内收，底已残。素面。口径 30、残高 6.6 厘米（图一九九，13）。

筒腹大器座　1 件（H314∶7）。夹炭红陶，厚胎。仅存粗筒腹残片，中部微外弧。遍饰由横弦纹和斜划纹、镂孔组成的各种图案。残长 15.5、残宽 8、厚约 1 厘米（图一九九，7）。

（20）H332

① 灰坑情况

位置：在 T1123 西南部。

层位关系：开口在第 3C 层下 G64 之下，又与第 3C 层下 G68 相通。

形制大小：近圆形，弧壁，圜底。口径 110、深 30 厘米（图一九七，2）。

② 出土器物

出土标本：4 件。有石斧和陶凹折沿罐、敛口盘。

石器

石斧　2 件。H332∶3，厚体长条形，尖弧顶为原面，两面，一面为原面，不平中间有凸棱，破裂面磨平，两边下部磨平，弧刃两面磨制，不甚锋利。长 15.7、宽 7.3、厚 4.2 厘米（图一九八，1）。H332∶4，厚体近倒梯形，刃部已残，弧顶、两弧平面皆原面，两边磨平，稍内斜而近倒梯形。残长 10.3、宽 10.1、厚 3.8 厘米（图一九八，5）。

陶器

凹折沿罐　1 件（H332∶1）。夹炭红陶，内外施橘红衣。宽折沿内凹，尖圆唇，肩已残。素面。口径 20.8、残高 4.8 厘米（图一九九，1）。

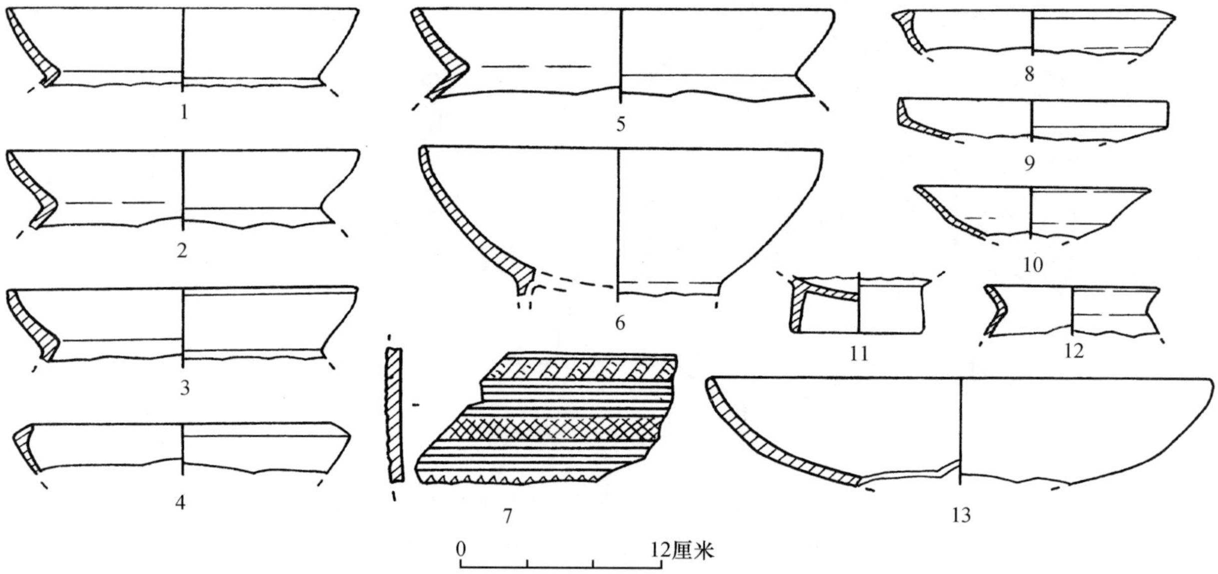

图一九九　H314、H332、H333 出土陶器

1～3、5. 凹折沿罐（H332∶1、H333∶2、H314∶2、H314∶3）　4. 内折沿碗（H333∶4）　6. 敛口碗（H333∶1）　7. 筒腹大器座（H314∶7）　8. 敛口盘（H332∶2）　9. 直口盖盘（H333∶6）　10. 卷沿（豆）盘（H333∶3）　11. 矮圈足（H333∶5）　12. 弧折沿小罐（H314∶4）　13. 敞口盘（H314∶1）

敛口盘　1 件（H332∶2）。夹炭红陶。敛口近直，窄弧沿内敛外凸，内外皆成尖圆唇，浅弧腹内收，底已残。素面。口径 17、残高 2.4 厘米（图一九九，8）。

（21）H333

① 灰坑情况

位置：在 T1123 中部偏东北。

层位关系：开口在第 3C 层下 G64 之下，又叠压 G69。

形制大小：不规则形，弧壁，圜底。口长 160、最宽处 80、深 30～42 厘米（图一九七，3）。

② 出土器物

出土标本：7件。有残石斧和陶凹折沿罐、敛口碗、内折沿碗、卷沿（豆）盘、直口盖盘、矮圈足。

石器

残石斧　1件（H333:7）。较厚近倒梯形，但刃已残，弧顶和两弧平面皆原面，两边琢平稍内斜而近倒梯形。残长8.2、宽9.7、厚3.4厘米（图一九八，4）。

陶器

凹折沿罐　1件（H333:2）。夹炭红陶，内外施浅红衣。折沿内凹，弧肩已残。素面。口径21、残高4.9厘米（图一九九，2）。

敛口碗　1件（H333:1）。夹炭红陶，内外施橘红衣。口微敛，方圆唇稍内卷，深弧腹内收，圜底已残，下附圈足也已残。素面。口径24、残高9厘米（图一九九，6）。

内折沿碗　1件（H333:4）。泥质红陶，内外施深红衣。敛口，斜弧沿内折，尖唇，折腹弧内收，下已残。素面。口径18、残高3厘米（图一九九，4）。

卷沿（豆）盘　1件（H333:3）。泥质红陶，内外施深红衣。敞口，尖圆唇，斜沿外卷，浅弧腹内折，底已残。素面。口径14、残高3.2厘米（图一九九，10）。

直口盖盘　1件（H333:6）。泥质红陶，内外施深红衣。盖纽已残，盖盘浅弧腹，口沿向下垂折，尖唇，素面。口径16、残高2.4厘米（图一九九，9）。

矮圈足　1件（H333:5）。夹炭红陶，外施深红衣。足壁外斜近直。素面。足径8、残高3.3厘米（图一九九，11）。

2. 大中早段的地层单位

（1）T14④层

标本6件。有圭形石凿和陶敞口碗、卷沿盘、敞口钵和矮圈足。

石器

圭形石凿　1件（T14④:19）。青色。扁平长三角，顶已残，两面磨平，一面有疤，两弧边皆磨平，下部相交成角状刃。残长8.6、宽2.6、厚1.4厘米（图二〇〇，4；图版六四，3）。

陶器

敞口碗　1件（T14④:1）。泥质黑陶。敞口，尖圆唇，斜腹较深，圜底下附矮圈足，足壁近直，上端外凸起棱。足棱下两周凹弦纹，因足残，未见戳点纹。口径15.5、足径10.4、高6.7厘米（图二〇一，5；图版六五，6）。

卷沿盘　1件（T14④:18）。泥质红陶，外表施鲜红衣。敞口，尖圆唇，浅弧腹，下部内折，底已残。素面。口径18、残高3.2厘米（图二〇一，13）。

敞口钵　1件（T14④:3）。泥质红陶。敞口，方唇，深弧腹，平底。素面。口径18、高10.4、底径9厘米（图二〇一，10；图版六七，2）。

矮圈足　2件。T14④:17，夹炭夹草末红陶，外表施深红衣。上部残，仅剩圜底和圈足残片，足径较粗也较高，足壁近直稍内斜，足根外斜起凸棱。足壁饰两底边相对的凹边三角形戳印纹。足径 13、残高 4.2 厘米（图二〇一，21）。T14④:21，泥质黑陶。上部残，仅剩圜底和圈足，足较矮，足壁也近直，上部外凸起棱，足根稍外撇。残足未见纹饰。足径 10.7、残高 3.4 厘米（图二〇一，15）。

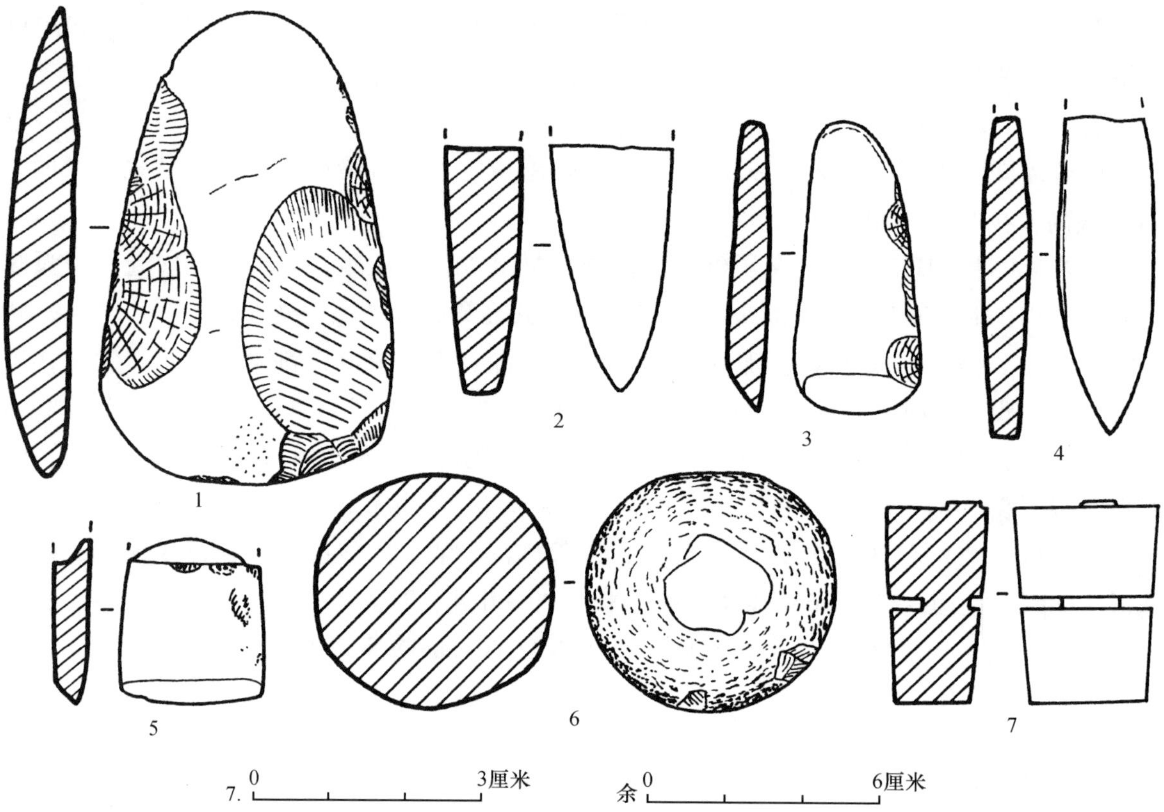

图二〇〇　T14④层、T15③层、T15③B 层、T15③C 层、T16③A 层出土石器

1. 小石锄（T16③A:63）　2、4. 圭形石凿（T15③B:13、T14④:19）　3、5. 小石锛（T15③B:12、T16③A:62）　6. 石球（T15③C:14）　7. 有槽石芯（T15③:15）

（2）T15③层、T15③A 层、T15③B 层和 T15③C 层

标本 14 件。有小石锛、圭形石凿、石球、有槽石芯和陶弧折沿罐、曲颈罐、敛口罐、敞口钵、敛口碗、鼓形大器座、凹锥状小鼎足、矮圈足。

石器

小石锛　1 件（T15③B:12）。长条状小砾石，黄色表皮，内灰。扁弧长条形，圆顶，两面，一面稍弧，有片疤，近顶磨平，另一面近平，近顶也有磨痕。两边略磨平，弧刃近平，单面磨制，较锋利。长 7.8、宽 3.4、厚 1.1 厘米（图二〇〇，3；图版六三，5）。

圭形石凿　1 件（T15③B:13）。青色。扁平近三角形，残顶较平。两面弧近平。两边磨平，下部皆弧斜成角刃，甚锋利。残长 6.6、宽 3.2、厚 2.2 厘米（图二〇〇，2；图版六四，1）。

石球　1件（T15③C:14）。白色。完整，近圆形，表面似敲琢，布满密集的坑疤，只有两处近平，但都应是天然形成。直径6.4～6.6厘米（图二〇〇，6）。

有槽石芯　1件（T15③:15）。黑色。钻孔出来的圆石芯。圆柱体上粗下稍细，小半已残，边上中间一周凹槽，顶面中心有近圆小凸起，周围有还有不同心旋痕。长2.7、上径1.9、下径1.5厘米（图二〇〇，7；图版六四，4）。

陶器

弧折沿罐　2件。T15③A:5，夹炭红陶。侈口，束颈，折沿，沿面稍上弧，尖圆唇，弧肩，腹已残。素面。口径22、残高6.4厘米（图二〇一，9）。T15③:11，夹砂夹草末红陶，内沿、外表施橘红衣。侈口，束颈，弧沿，尖圆唇，弧肩已残。肩饰模糊竖绳纹。口径24、残高4.8厘米（图二〇一，12）。

曲颈罐　1件（T15③C:10）。夹草末红陶，外表施深红衣。侈口，宽凹沿，沿面上仰近直，尖圆唇，束颈，斜肩，腹已残。素面。口径19、残高7.2厘米（图二〇一，4）。

敛口罐　1件（T15③A:45）。泥质红陶，内外施深红衣。直口内敛，窄平沿内敛外凸，剖面呈倒三角形，深腹外弧近直，下腹已残。素面。口径14、残高4厘米（图二〇一，11）。

敞口钵　1件（T15③A:6）。泥质红陶，内外施浅红衣。敞口，方圆唇，弧腹内收，底已残。素面。口径18、残高6.4厘米（图二〇一，7）。

敞口碗　1件（T15③B:1）。泥质黄陶。敞口，尖唇，浅腹呈弧状，圜底下附圈足，足壁近直，上端外凸起棱，足根稍外撇。足棱下饰两周不明显宽凹弦纹，再饰四组不对称戳点纹，每组两个戳点或横放或竖放，相间但不对称。口径16.4、足径10、高6厘米（图二〇一，2；图版六五，3）。

鼓形大器座　1件（T15③A:4）。夹炭红陶，外表施深红衣。残，长腰鼓形，下部较粗，扁圆唇内敛，深腹外斜，下已残。外壁饰弦纹、斜条、镂孔三组合纹饰。口径24、残高12.2厘米（图二〇一，17）。

凹锥状小鼎足　1件（T15③A:7）。泥质红陶，外表施浅红衣。上残，仅圆锥形小鼎足，足一侧内凹，锥尖已残。足饰三角形凹孔。残高3.9厘米（图二〇一，14）。

矮圈足　2件。T15③A:8，泥质褐陶。上部残，仅剩矮圈足和圜底，足壁外斜。素面。足径8.8、残高2.2厘米（图二〇一，16）。T15③A:9，夹炭红陶，内外施深红衣。上部残，仅剩圜底下附矮圈足，足壁近直稍内斜，足根外斜起凸棱。足饰四周戳印纹，两组为两竖划，中间两横点，另两组为两个“I”戳印并列。足径8.4、残高3.4厘米（图二〇一，19）。

（3）T16③A层和T16④A层

标本8件。有小石锄、小石锛和陶凹折沿罐、弧折沿罐、曲颈罐、敞口碗和矮圈足。

石器

小石锄　1件（T16③A:63）。石片，黄色表面，内也黄色半透明。扁薄近三角形，弧顶，两面，一面为弧面有多处片疤，另一面破裂面近平，两边单面修直。弧刃，不锋利。长12.7、宽7.8、厚1.9厘米（图二〇〇，1）。

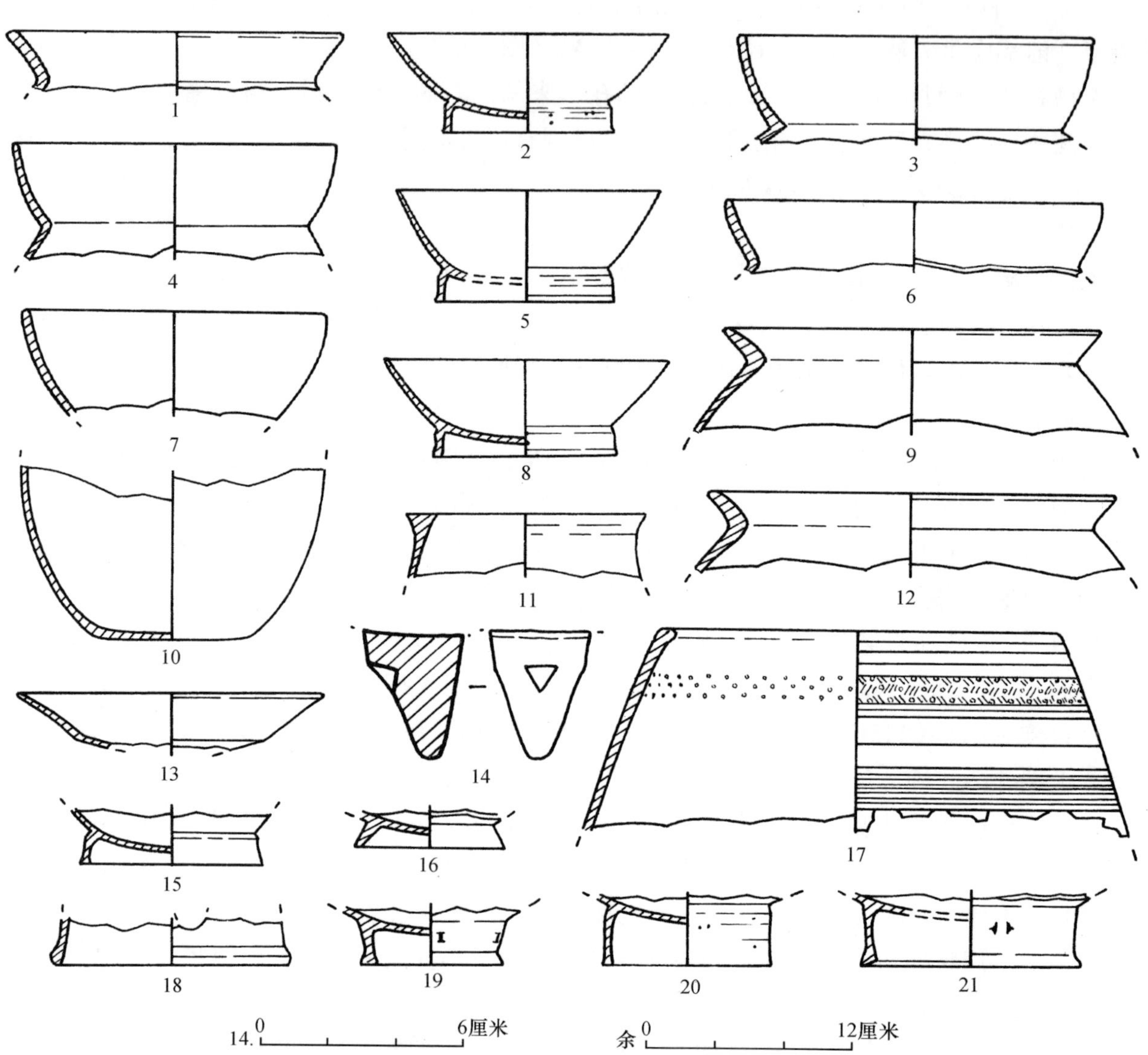

图二〇一　T14④层、T15③层、T15③A 层、T15③C 层、T16③A 层、T16④A 层出土陶器

1、9、12. 弧折沿罐（T16③A∶16、T15③A∶5、T15③∶11）　2、5、8. 敞口碗（T15③B∶1、T14④∶1、T16④A∶1）　3、4. 曲颈罐（T16③A∶5、T15③C∶10）　6. 凹折沿罐（T16③A∶24）　7、10. 敞口钵（T15③A∶6、T14④∶3）　11. 敛口罐（T15③A∶45）　13. 卷沿盘（T14④∶18）　14. 凹锥状小鼎足（T15③A∶7）　15、16、18～21. 矮圈足（T14④∶21、T15③A∶8、T16③A∶73、T15③A∶9、T16④A∶21、T14④∶17）　17. 鼓形大器座（T15③A∶4）

小石锛　1 件（T16③A∶62）。小砾石，青色。扁平长方形，顶部残，两面为光滑平弧面，两边磨平。弧刃，两边磨制不对称，有使用痕，仍锋利。残长 4.5、宽 3.9、厚 1 厘米（图二〇〇，5）。

陶器

凹折沿罐　1 件（T16③A∶24）。夹炭红陶。侈口，束颈，沿面内凹，尖圆唇，肩已残。素面。口径 22、残高 4.4 厘米（图二〇一，6）。

弧折沿罐　1件（T16③A∶16）。泥质红陶，外施红衣。侈口，束颈，折沿上外卷，圆唇，肩已残。素面。口径20、残高3.6厘米（图二〇一，1）。

曲颈罐　1件（T16③A∶5）。夹炭夹草末红陶，外施深红衣。侈口，束颈，宽折沿内凹，扁圆唇，肩已残。沿下饰一周宽凹弦纹。口径21、残高6.5厘米（图二〇一，3）。

敞口碗　1件（T16④A∶1）。泥质黑陶。敞口，尖圆唇，斜弧腹，圜底下附矮圈足，足壁近直，中起折棱，足根圆弧状外凸。足上饰两个为一组的戳印纹，共4组，基本对称。口径16.8、足径10.7、高5.3～6厘米（图二〇一，8；图版六六，1）。

矮圈足　2件。T16④A∶21，泥质黑陶。仅存圈足，足壁近直，上部向外弧凸起折棱，足根外撇。凸棱下饰几周不明显的弦纹和两个为一组的戳印点，每组或两横点或两竖点相间，因残不明几组。足径10、残高4.4厘米（图二〇一，20）。T16③A∶73，泥质灰陶。仅剩圈足一部残块，足壁稍外斜，足根外斜，又内折而对角状凸棱。有圆镂孔残痕。足径14、残高2.6厘米（图二〇一，18）。

（4）T17④层和T17④下层

标本23件。均为陶器，有凹折沿罐、折沿罐、斜颈罐、盘口罐、曲颈罐、直口罐、卷沿罐、曲颈瓮、内斜颈瓮、敞口碗、卷沿盘、直口盘、内折沿盘、内卷沿盘、器盖纽、双纽器盖盘、大圈足、矮圈足。

凹折沿罐　3件。T17④∶26，夹炭红陶，外表施红衣。侈口，束颈，折沿微内凹，方圆唇，弧肩已残。素面。口径22、残高5厘米（图二〇二，10）。T17④下∶36，夹炭红陶，外表施鲜红衣。侈口，束颈，折沿微内凹，方圆唇，弧肩，腹已残。素面。口径24、残高9.2厘米（图二〇二，1）。T17④下∶52，夹炭红陶，外表施红衣。侈口，束颈，折沿微内凹，尖圆唇，肩已残。素面。口径20.6、残高3.7厘米（图二〇二，15）。

折沿罐　1件（T17④下∶81）。夹炭红陶，外表施深红衣。侈口，束颈，折沿，尖圆唇，弧肩，深鼓腹下已残。素面。口径17、残高7.2厘米（图二〇二，13）。

斜颈罐　1件（T17④∶24）。夹炭红陶，外表施红衣。侈口，束颈，宽折沿微内凹，尖圆唇，肩下已残。素面。口径22、残高5.9厘米（图二〇二，11）。

盘口罐　1件（T17④下∶35）。泥质红陶。侈口，束颈，折沿内凹，方圆唇，表面平并处凸起棱，鼓肩，腹已残。素面。口径24、残高5.6厘米（图二〇二，2）。

曲颈罐　1件（T17④下∶47）。夹炭红陶，外表施红衣。侈口，束颈，宽沿微内凹，方圆唇，弧肩，深腹下已残。素面。口径19、残高13.2厘米（图二〇二，7）。

直口罐　1件（T17④下∶140）。泥质红陶，内沿、外表施深红衣。大直口，尖唇，粗矮颈外卷但不明显，凹弧肩外斜，扁弧腹鼓内收，腹下部已残。肩和上腹有不成周弦纹痕。口径17、残高8厘米（图二〇二，6）。

卷沿罐　1件（T17④∶22）。泥质红陶，内沿、外表施红衣。侈口，束矮颈，卷沿，圆唇，弧肩，鼓腹下已残。素面。口径19、残高4厘米（图二〇二，9）。

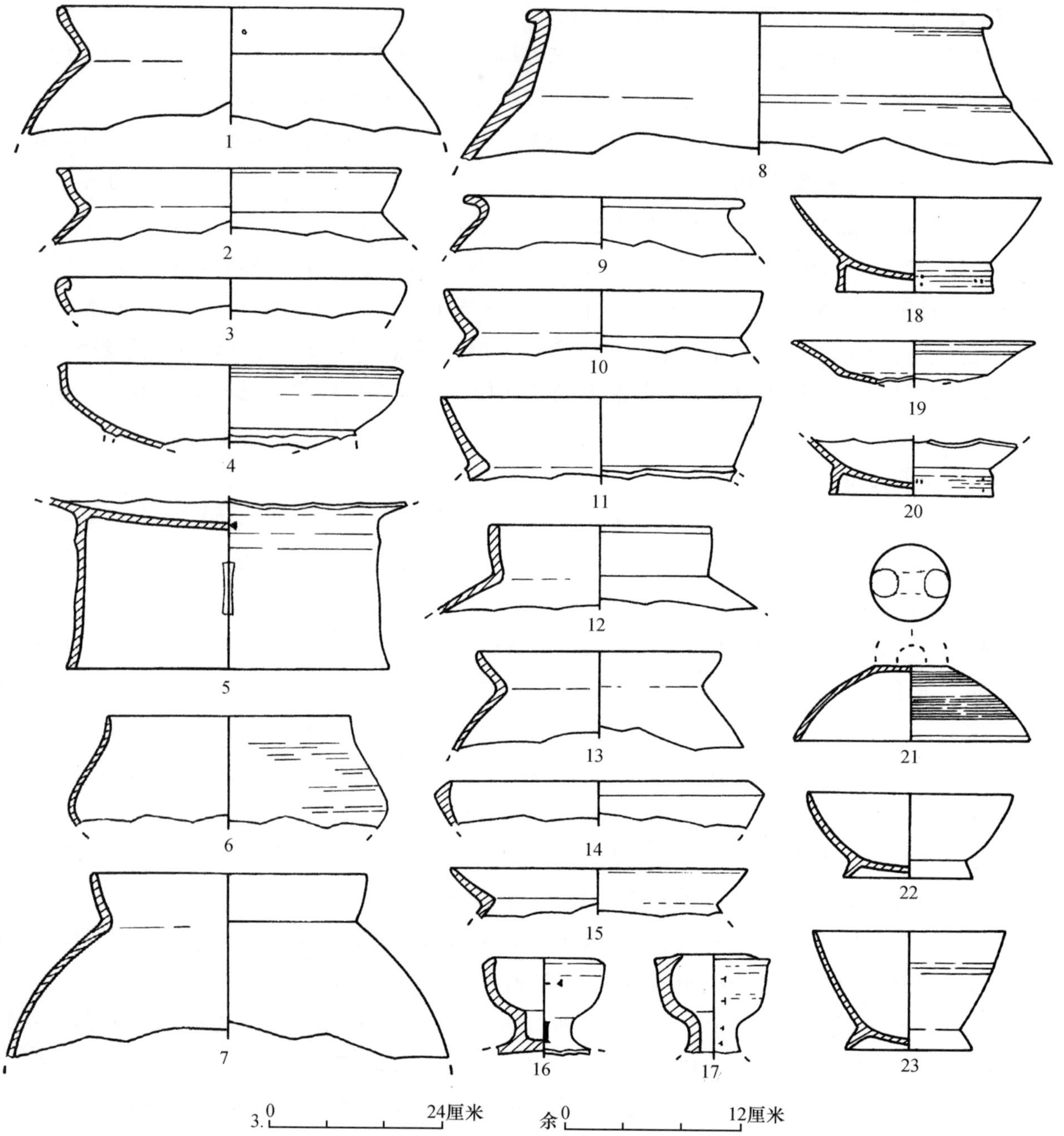

图二〇二　T17④层、T17④下层出土陶器

1、10、15. 凹折沿罐（T17④下：36、T17④：26、T17④下：52）　2. 盘口罐（T17④下：35）　3. 内卷沿盆（T17④：128）　4. 直口盘（T17④：20）　5. 大圈足（T17④下：37）　6. 直口罐（T17④下：140）　7. 曲颈罐（T17④下：47）　8. 内斜颈瓮（T17④：29）　9. 卷沿罐（T17④：22）　11. 斜颈罐（T17④：24）　12. 曲颈瓮（T17④：33）　13. 折沿罐（T17④下：81）　14. 内折沿盘（T17④：25）　16、17. 器盖纽（T17④下：32、T17④：27）　18、22、23. 敞口碗（T17④下：4、T17④下：10、T17④：50）　19. 卷沿盘（T17④：16）　20. 矮圈足（T17④：30）　21. 双纽器盖盘（T17④：15）

曲颈瓮　1件（T17④:33）。泥质红陶，外表施红衣。直口，高颈微内弧，圆唇，束颈，广肩，腹下已残。外壁唇下饰一周凹槽。口径15、残高6.4厘米（图二〇二，12）。

内斜颈瓮　1件（T17④:29）。泥质红陶，外表施深红衣。敛口，扁圆唇粗厚，粗颈内斜，斜弧肩，深腹已残。颈肩之间饰一周凸棱，颈上多周不等距宽凹弦纹，肩上凸棱下也有两周宽凹弦。口径32、残高10.6厘米（图二〇二，8）。

敞口碗　3件。T17④下:4，泥质黑陶。敞口，尖唇，斜弧腹，圜底下附圈足，足上部外凸起棱，足根稍外撇。足折棱下多周不等距宽凹弦，又有两点一组戳点纹，两点横列或竖排。口径17.1、足径10.8、高6.7厘米（图二〇二，18；图版六五，2）。T17④下:10，泥质黑陶。敞口，尖唇，弧腹，圜底下附矮圈足，足壁外撇。素面。口径14.4、足径8.7、高5.8厘米（图二〇二，22；图版六五，5）。T17④:50，泥质陶外红内黑，外表施红衣。敞口，尖唇，斜弧腹甚深，圜底下附矮圈足，足壁外撇。腹饰三周凸棱纹。口径13.5、足径8.8、高8.3厘米（图二〇二，23；图版六五，4）。

卷沿盘　1件（T17④:16）。泥质红陶，内外施红衣。敞口，尖圆唇，浅腹上内斜下弧折，底已残。上腹饰两周凹弦纹。口径17、残高3厘米（图二〇二，19）。

直口盘　1件（T17④:20）。泥质红陶，内沿、外表施深红衣。直口，窄斜沿，尖唇，矮直颈，折弧腹内收，圜平底已残，下附粗大圈足也残。沿下饰一周凹槽及数周细凹弦纹。口径24、残高5.9厘米（图二〇二，4）。

内折沿盘　1件（T17④:25）。泥质红陶，内外施红衣。敛口，斜沿，尖圆唇，浅弧腹下已残。素面。口径21、残高3.2厘米（图二〇二，14）。

内卷沿盆　1件（T17④:128）。夹炭夹草末红陶，外表施鲜红衣。敛口，圆唇内钩，弧腹大部已残。素面。口径46、残高5厘米（图二〇二，3）。

器盖纽　2件。T17④下:32，泥质红陶，外表施红衣。有把杯形纽，杯口至把中空，但不与盘相连，盘已残。杯腹四组戳印纹，两组为两竖中间四点，另两组为两竖两旁各两点，四组相间，但不对称，杯把上也有是个“I”形戳印，但也不对称。纽径8.4、残高6.8厘米（图二〇二，16）。T17④:27，泥质红陶，外表施红衣。有把杯形纽，杯口内敛，宽沿中凹，杯口与杯把中间相连，但盖盘已残。纽之杯身至杯把饰三组戳印纹，每组两排，每排四、五戳点，但不对称而显潦草。纽径8、残高7厘米（图二〇二，17）。

双纽器盖盘　1件（T17④:15）。泥质红褐陶，内外施红衣。盘呈敞口，圆唇外卷，弧腹，圜平底，底下附两个圆形盖纽，但纽已掉，仅剩印痕。沿下饰一周凹弦纹，腹饰七周为一组的两组凹弦纹。口径16.5、残高5.1厘米（图二〇二，21；图版六六，2）。

大圈足　1件（T17④下:37）。夹炭红陶，内外施红衣。大圜底上部已残，底下附高大圈足，足近大筒状，足稍外撇。足上饰一周宽带状凸棱，棱上四组戳印纹，每组为两竖夹两横点，棱下又有两个近长方形大镂孔，戳印纹和镂孔基本对称。足径22.5、残高12厘米（图二〇二，5；图版六七，3）。

矮圈足　1件（T17④:30）。泥质灰陶。口沿残，弧腹，圜底下附矮圈足，足壁近直，上部稍外鼓，足根稍外撇。足上端外鼓成一周凸棱，凸棱下为三周凹弦纹及两个为一组的横、竖戳点纹。足径 11.4、残高 4.2 厘米（图二〇二，20）。

（5）T18④层（包括 T18④下层）

标本 29 件。有圭形石凿和陶凹折沿罐、折沿罐、弧折沿罐、曲颈罐、卷沿罐、束颈深腹罐、小口瓮、敞口钵、斜腹碗、假腹碗圈足、卷沿盘、内折沿盘、直口盘、直口器盖盘、大圈足、高圈足、矮圈足。

石器

圭形石凿　1 件（T18④: 77）。小砾石，青色。一边较厚，另一边较薄，扁弧状五角形，残顶近平，两面弧面皆近平，一边上部稍磨平，两边下部对磨成角刃。残长 6.2、宽 3.4、厚 1.7 厘米（图二〇四，7）。

陶器

凹折沿罐　1 件（T18④: 17）。夹炭红陶，外施红衣。侈口，束颈，宽折沿微凹，方圆唇，弧肩，腹已残。素面。口径 18、残高 7.5 厘米（图二〇三，1）。

折沿罐　2 件。T18④: 8，夹炭红陶，外施红衣。侈口，束颈，折沿，尖圆唇，弧肩，鼓腹下已残。素面。口径 22、残高 8 厘米（图二〇三，23）。T18④下: 102，夹炭黑陶。侈口，束颈，折沿，尖圆唇，口内折棱成矮直颈，斜弧肩，腹已残。素面。口径 22、残高 5.8 厘米（图二〇三，21）。

弧折沿罐　2 件。T18④下: 20，夹炭红陶。侈口，束颈，弧折沿，尖圆唇，斜弧肩已下残。素面。口径 23.2、残高 4.6 厘米（图二〇三，22）。T18④: 85，泥质红陶，内外施深红衣。侈口，束颈，弧折沿，尖圆唇，弧肩，腹已残。素面。口径 16、残高 4.3 厘米（图二〇三，3）。

曲颈罐　1 件（T18④下: 104）。夹草末红陶，内沿、外表施深红衣。直口，窄沿外弧，圆唇，颈部内凹外弧，斜弧肩，腹已残。肩饰一周凸棱纹。口径 17、残高 6 厘米（图二〇三，4）。

卷沿罐　1 件（T18④: 84）。夹炭红陶，内沿、外表施浅红衣。侈口，束颈，卷沿，沿面上弧，圆唇较厚，斜弧肩，腹已残。素面。口径 20、残高 4.2 厘米（图二〇三，2）。

束颈深腹罐　1 件（T18④: 2）。泥质红陶。敞口，尖圆唇外卷，束颈，溜肩，深腹弧内收，平底。沿面饰一周浅凹槽，但较模糊。口径 13.1、底径 7.8、高 14.6 厘米（图二〇三，15；图版六五，1）。

小口瓮　2 件。T18④: 16，泥质红陶。直口，矮直领，方圆唇，广弧肩，腹下已残。口径 10、残高 5.2 厘米（图二〇三，5）。T18④: 87，泥质红陶，外表施鲜红衣。直口，尖圆唇，直颈稍内斜，斜弧肩，腹已残。素面。口径 8、残高 5.2 厘米（图二〇三，9）。

敞口钵　2 件。T18④: 33，夹炭红陶，内外施鲜红衣。敞口，方圆唇，斜弧腹较深，圜平底。素面。口径 21.6、高 9.1、腹深 9 厘米（图二〇三，26；图版六七，1）。T18④: 91，夹草末红陶，内外施浅红衣。敞口，方唇，浅弧腹，腹下部已残。素面。口径 19、残高 5.7 厘米（图二〇三，8）。

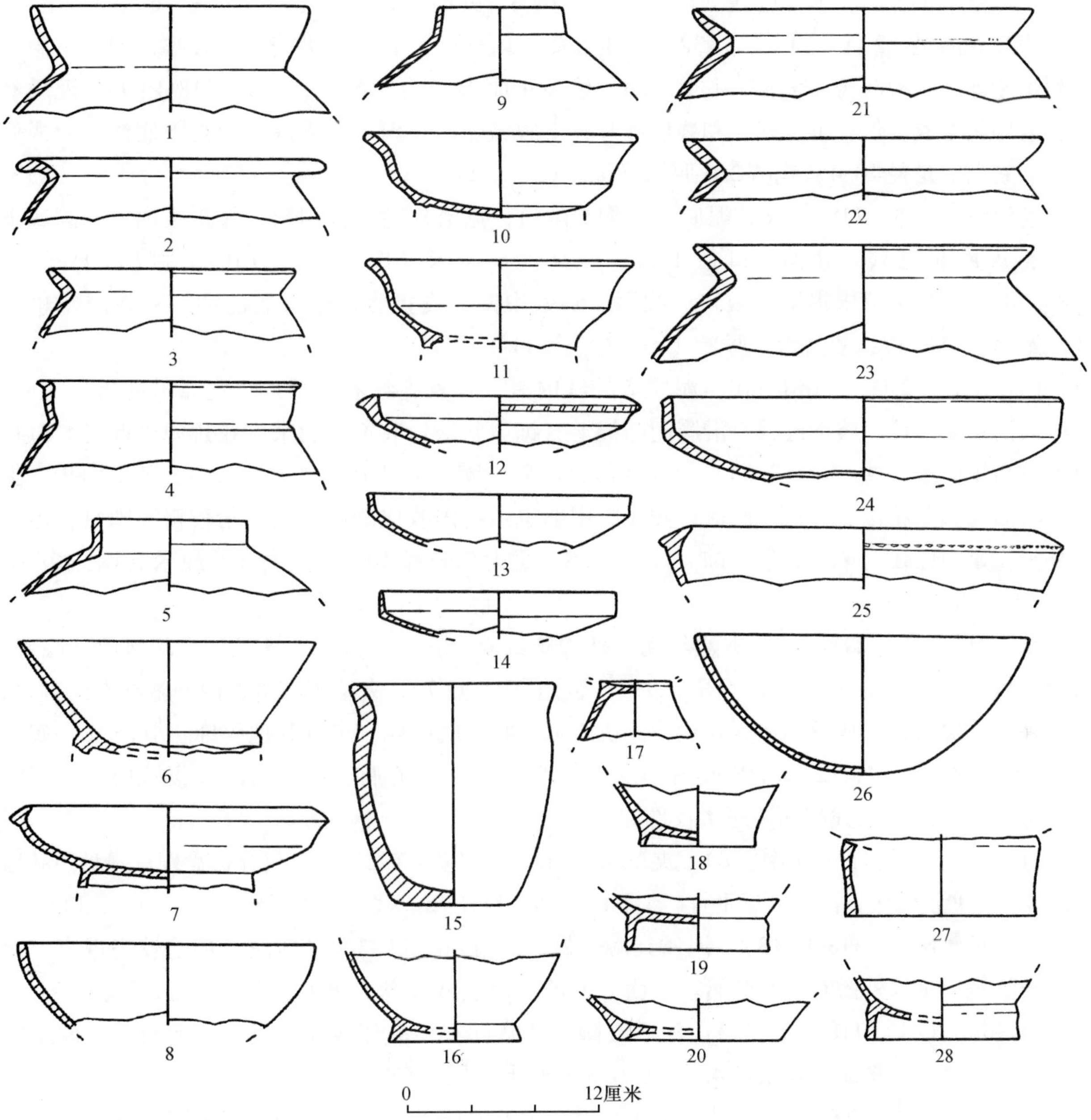

图二〇三 T18④层、T18④下层出土陶器

1. 凹折沿罐（T18④:17） 2. 卷沿罐（T18④:84） 3、22. 弧折沿罐（T18④:85、T18④下:20） 4. 曲颈罐（T18④下:104） 5、9. 小口瓮（T18④:16、T18④:87） 6. 斜腹碗（T18④:12） 7、25. 内折沿盘（T18④:1、T18④:10） 8、26. 敞口钵（T18④:91、T18④:33） 10、11. 卷沿盘（T18④:58、T18④:80） 12、13、24. 直口盘（T18④:79、T18④:95、T18④:9） 14. 直口器盖盘（T18④:78） 15. 束颈深腹罐（T18④:2） 16、19、28. 矮圈足（T18④:14、T18④:15、T18④:11） 17. 高圈足（T18④下:22） 18、20. 假腹碗圈足（T18④下:32、T18④:99） 21、23. 折沿罐（T18④下:102、T18④:8） 27. 大圈足（T18④:13）

斜腹碗　1件（T18④:12）。夹炭红褐陶。敞口，尖唇，深腹斜直，底残下附大于底径残圈足，足壁上部外凸，下部已残。素面。口径18.8、残高7.6厘米（图二〇三，6）。

假腹碗圈足　2件。T18④下:32，泥质红陶，内外施红衣。口沿残，斜直腹，圜底下腹与矮圈足相连，足根起棱。素面。足径7.6、残高4厘米（图二〇三，18）。T18④:99，泥质红陶，内外施红衣。仅存下部残腹和残底陶片，下腹微弧凹，但不是平底，而是平底深凹而成假圈足。素面。足径10.4、残高2.6厘米（图二〇三，20）。

卷沿盘　2件。T18④:58，泥质红褐陶。敞口，宽沿外卷，方圆唇，弧折腹内收，圜底下附较粗大圈足已残。素面。口径17.2、残高5.6厘米（图二〇三，10；图版六七，4）。T18④:80，泥质夹草末褐陶。敞口，圆唇，斜颈中凹，浅折腹内收，底已残，下附圈足也已残。素面。口径17、残高5.8厘米（图二〇三，11）。

内折沿盘　2件。T18④:10，泥质陶外红内黑，外表施红衣。敛口，宽弧沿内折，尖唇，弧腹与沿连起凸棱，腹下已残。沿腹间凸棱上有锯齿状缺口装饰，后来的花边源于此时。口径22、残高4厘米（图二〇三，25）。T18④:1，泥质红陶，内外施浅红衣。敛口，弧沿内折，尖唇，沿面与弧腹相接成折角起凸棱，浅弧腹中部也弧折内收成圜底，底下附较粗大圈足，足壁稍外斜，足根已残。未见其他纹饰。口径17.8、足大部分径10.9、残高5.6厘米（图二〇三，7；图版六六，5）。

直口盘　3件。T18④:9，夹炭红陶，外表施红衣。直口，方唇，矮颈，折腹弧收，底残。素面。口径26、残高5.6厘米（图二〇三，24）。H18④:79，夹草末红陶，内外施红衣。直口，弧沿外卷，尖圆唇按压成锯齿状花边，浅折腹弧内收，底已残。未见其他纹饰。口径18、残高3.4厘米（图二〇三，12）。T18④:95，泥质灰陶。直口，方唇，矮颈，浅折腹弧内收，底已残。素面。口径17、残高3.4厘米（图二〇三，13）。

直口器盖盘　1件（T18④:78）。夹草末红陶，内外施鲜红衣。残，仅存盖盘残片，盘顶和盖纽已残，盖盘浅弧腹，内折沿近垂直，尖唇。素面。口径15、残高2.8厘米（图二〇三，14）。

大圈足　1件（T18④:13）。泥质红陶，外表施红衣。仅剩圈足残块，足壁较高近直，上部外鼓无棱，足根外撇有隐约圆唇。素面。足径12.4、残高5.2厘米（图二〇三，27）。

高圈足　1件（T18④下:22）。泥质红陶，外施红衣。上部残，圈足上细下粗，外撇呈喇叭状，足根已残。素面。残足径4.4、残高3.8厘米（图二〇三，17）。

矮圈足　3件。T18④:11，泥质陶外红内黑，外表施红衣。上部残，仅剩圈足和圜底，足壁近直，上部残凸有棱，足根外撇起凸棱。素面。足径10、残高4厘米（图二〇三，28）。T18④:15，泥质陶外红内灰，外施红衣。上部残，仅剩圈足和圜底，足壁近直，足根稍外撇，内壁有棱。足壁饰两周凸棱。足径9.2、残高3.6厘米（图二〇三，19）。T18④:14，泥质红陶，内外施红衣。口沿残，弧腹，圜底残，附矮圈足，足外撇。素面。足径8.4、残高6厘米（图二〇三，16）。

（6）T18③B层

标本6件。均为陶器，有凹折沿罐、斜腹碗、斜颈大器座、支座、器盖纽、矮圈足。

凹折沿罐　1件（T18③B:7）。夹炭红陶，外施浅红衣。侈口，束颈，宽折沿微凹，尖圆唇，弧肩，腹已残。素面。口径18.6、残高7.6厘米（图二〇五，4）。

斜腹碗　1件（T18③B:111）。泥质红陶，内外施橘红衣。敞口，尖唇，斜直腹，平底下附矮圈足，足壁外斜。素面。口径8、高4.1、足径5.8厘米（图二〇五，19；图版六六，4）。

斜颈大器座　1件（T18③B:3）。夹炭红陶。直口内敛，窄弧沿，圆唇，斜弧壁处下伸，足根残。器身饰满花纹，由弦纹、小圆镂孔、小三角形镂孔和划纹组成多种图案。口径29、残高23厘米（图二〇五，10）。

支座　1件（T18③B:6）。夹砂夹蚌红陶。属内空有纹倾斜型。残高11.4厘米（图二〇五，17）。

器盖纽　1件（T18③B:4）。泥质红陶，外施深红衣。盖纽如敛口罐形，但已残，更未见盖盘。纽腹饰两周宽凹弦纹，但较模糊。纽径6.5、残高4厘米（图二〇五，21）。

矮圈足　1件（T18③B:5）。泥质陶外红内灰，外表施深红衣。仅圜底和圈足残块，足壁内斜，足根已残。未见其他纹饰。

（7）T18③A层

标本12件。有小石锛和陶折沿罐、卷沿罐、斜颈罐、扁腹小罐、曲颈瓮、斜腹碗、敛口盆、小罐平底、舌形鼎足、矮圈足。

石器

小石锛　1件（T18③A:50）。小砾石，黄色。扁平长方形，弧顶，两面光滑，两边磨平，平刃两面磨制不对称，有使用痕，锋利。长4.4、宽1.8、厚0.6厘米（图二〇四，6）。

陶器

折沿罐　2件。T18③A:34，夹炭红陶，外表施红衣。侈口，折沿，尖圆唇，束颈，斜弧肩，下已残。素面。口径22、残高4.2厘米（图二〇五，1）。T18③A:52，泥质夹草末红陶，外表施浅红衣。侈口，束颈，折沿，尖圆唇，斜弧肩，腹已残。素面。口径17、残高5.8厘米（图二〇五，5）。

卷沿罐　1件（T18③A:31）。泥质红陶。侈口，束颈，卷沿，圆唇，弧肩已残。素面。口径22、残高4.3厘米（图二〇五，2）。

斜颈罐　1件（T18③A:23）。夹炭红陶，外施红衣。侈口，束颈，宽折沿，尖圆唇，溜肩已残。素面。口径18、残高6.4厘米（图二〇五，11）。

扁腹小罐　1件（T18③A:68）。泥质红陶。敛口，弧沿内敛，尖圆唇，但弧沿与扁腹之间深凹，又成子母口，扁腹下部已残。素面。口径12、残高3.6厘米（图二〇五，13）。

曲颈瓮　1件（T18③A:24）。夹炭红陶，外表施红衣。直口微敛，圆唇，高颈，圆肩，鼓腹已下残。颈部饰一周凸棱纹。口径10、残高5.2厘米（图二〇五，6）。

斜腹碗　1件（T18③A:29）。泥质红陶，外表施鲜红衣。敞口，尖圆唇，斜弧腹甚深，中部内弧，近底内折弧内收，底已残。素面。口径14.6、残高8.6厘米（图二〇五，14；图版六六，3）。

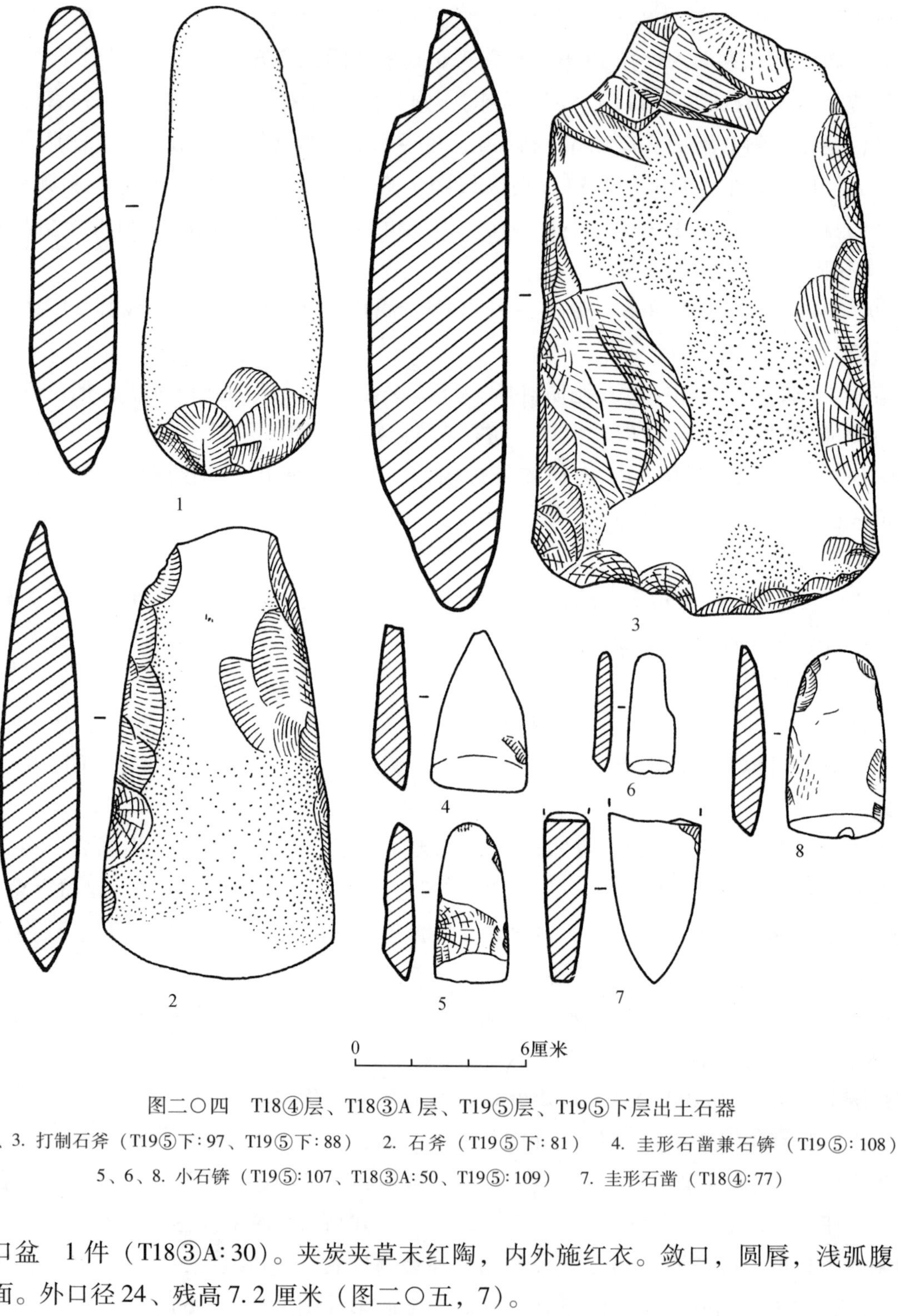

图二〇四　T18④层、T18③A 层、T19⑤层、T19⑤下层出土石器

1、3. 打制石斧（T19⑤下：97、T19⑤下：88）　2. 石斧（T19⑤下：81）　4. 圭形石凿兼石锛（T19⑤：108）
5、6、8. 小石锛（T19⑤：107、T18③A：50、T19⑤：109）　7. 圭形石凿（T18④：77）

敛口盆　1件（T18③A：30）。夹炭夹草末红陶，内外施红衣。敛口，圆唇，浅弧腹，底已残。素面。外口径24、残高7.2厘米（图二〇五，7）。

小罐平底　1件（T18③A：57）。泥质夹草末外红内黑陶。口沿残，下腹内斜近直，平底。素面。底径7、残高4.8厘米（图二〇五，20）。

舌形鼎足　1件（T18③A：25）。泥质红陶，内外施鲜红衣。扁平近舌头形，足面一平一弧，足根圆弧形。足上部饰三角形戳印纹。长11.3、上宽4.4厘米（图二〇五，22）。

矮圈足　1件（T18③A:21）。泥质陶外红内黑。残存圜底和矮圈足，足壁外撇。素面。足径9.2、残高2.4厘米（图二〇五，15）。

（8）T19⑤层

标本7件。有小石锛、圭形石凿兼石锛和陶凹折沿罐、敛口小罐、斜弧腹彩陶碗、器盖纽。

石器

小石锛　2件。T19⑤:109，小砾石，青色。扁弧近梯形，弧顶较薄，两面皆原面，一面平、一面稍弧，两边稍磨平，弧刃近平，单面磨制，有一小缺口，仍锋利。长6.9、宽3.6、厚1.2厘米（图二〇四，8；图版六三，3左）。T19⑤:107，小砾石，青色。扁弧近梯形，弧顶为光滑原面，两面也为光滑弧平面，但都有片疤，两边磨平，平刃两面磨制不对称，有使用痕，仍锋利。长5.9、宽2.7、厚1.1厘米（图二〇四，5；图版六三，3右）。

圭形石凿兼石锛　1件（T19⑤:108）。小砾石，青色。上部为圭形石凿，但凿尖稍残。下部又单面磨制呈平刃锛。通体磨光，上薄下厚。长6、宽3.5、厚1.4厘米（图二〇四，4；图版六四，2）。

陶器

凹折沿罐　1件（T19⑤:14）。夹炭红陶，内外施红衣。侈口，束颈，宽凹沿如深腹钵，尖圆唇，肩以下已残。素面。口径18、残高6.5厘米（图二〇五，12）。

敛口小罐　1件（T19⑤:133）。夹炭红陶，内外施鲜红衣。侈口已残，束颈，扁弧腹，凹平底。素面。底径5.2、残高3.4厘米（图二〇五，18）。

斜弧腹彩陶碗　1件（T19⑤:16）。泥质黄陶。上残，深斜弧腹，圜平底下附小圈足。残腹及圈足绘红色宽带纹间红点纹。足径4.2、残高2.8厘米（图二〇五，16）。

器盖纽　1件（T19⑤:17）。夹炭红陶，外施深红衣。纽上部似敛口凹平肩，深折腹高足杯，杯把中空，不通盖盘，盘已残。素面。纽径6.9、残高7.8厘米（图二〇五，9）。

（9）T19⑤下层

标本5件。有打制石斧、石斧和陶卷沿罐、凹锥状小鼎足。

石器

打制石斧　2件。T19⑤下:88，砾石，青色。砾石打制，厚体近梯形，顶部单面打制，凹凸不平，两面都是原面，有打制痕，两边修直不平，弧刃两面打制，有较大缺口，不锋利。长22、宽12.4、厚5厘米（图二〇四，3；图版六三，1）。T19⑤下:97，长条砾石，青色夹密集白斑点。扁弧长条形，弧顶，弧边都是原面，两面不甚平，但都是光滑原面，弧刃两面打制，没有进一步加工，尚不锋利。长17.1、宽6.6、厚3.1厘米（图二〇四，1；图版六三，4）。

石斧　1件（T19⑤下:81）。石片，青麻色。扁弧近梯形，顶端薄而斜，单面打制，两面一为原弧面，另一面已修近平，两边修直，一近平，另一边呈尖刃状，弧刃两面磨制，较锋利。长16.5、宽8.5、厚3厘米（图二〇四，2；图版六三，2）。

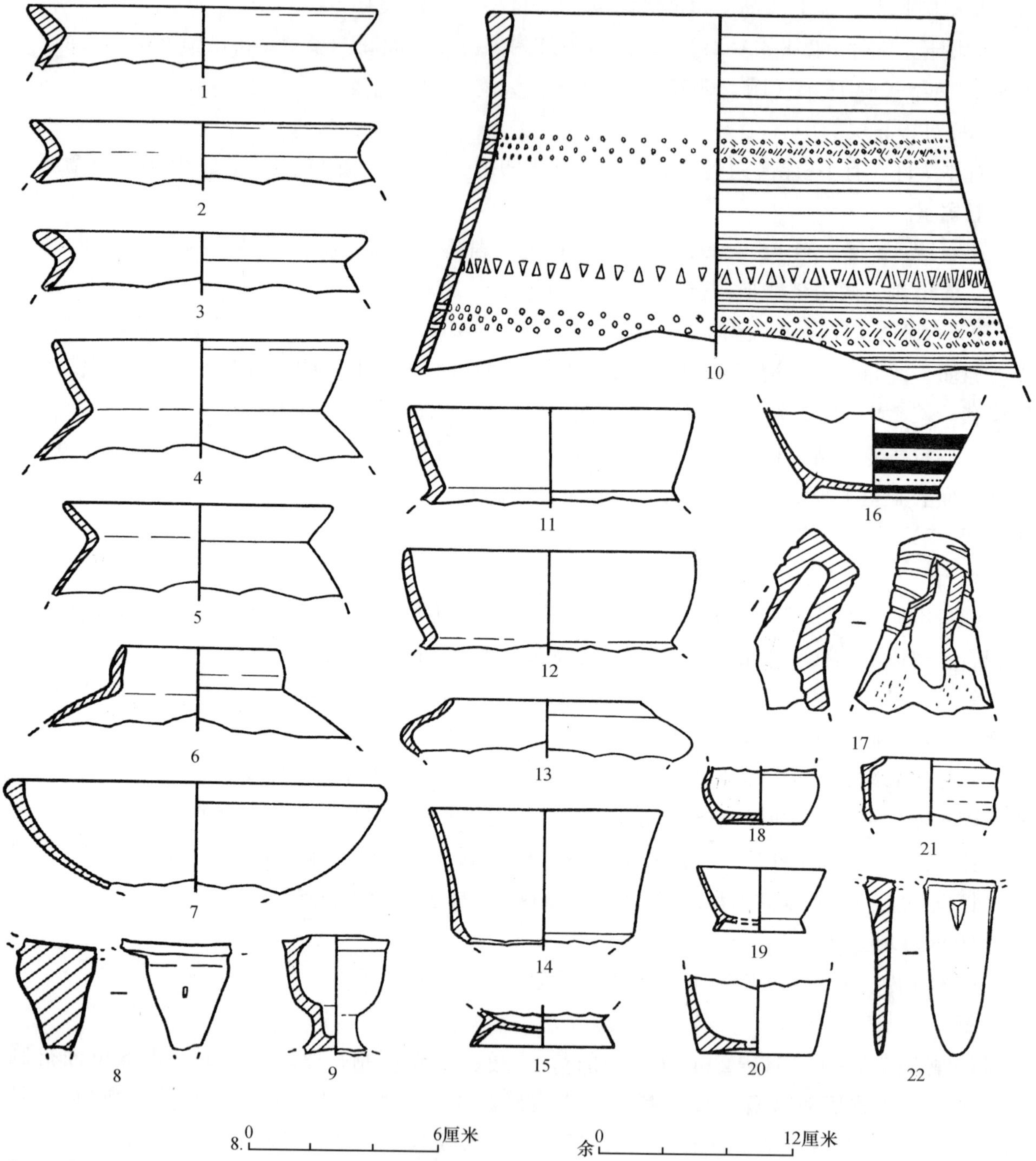

图二〇五　T18③B层、T18③A层、T19⑤层、T19⑤下层出土陶器

1、5. 折沿罐（T18③A∶34、T18③A∶52）　2、3. 卷沿罐（T18③A∶31、T19⑤下∶132）　4、12. 凹折沿罐（T18③B∶7、T19⑤∶14）　6. 曲颈瓮（T18③A∶24）　7. 敛口盆（T18③A∶30）　8. 凹锥状小鼎足（T19⑤下∶125）　9、21. 器盖纽（T19⑤∶17、T18③B∶4）　10. 斜颈大器座（T18③B∶3）　11. 斜颈罐（T18③A∶23）　13. 扁腹小罐（T18③A∶68）　14、19. 斜腹碗（T18③A∶29、T18③B∶111）　15. 矮圈足（T18③A∶21）　16. 斜弧腹彩陶碗（T19⑤∶16）　17. 支座（T18③B∶6）　18. 敛口小罐（T19⑤∶133）　20. 小罐平底（T18③A∶57）　22. 舌形鼎足（T18③A∶25）

陶器

卷沿罐　1件（T19⑤下:132）。夹炭红陶。侈口，束颈，厚卷沿，尖圆唇，斜弧肩已残。素面。口径21、残高3.8厘米（图二〇五，3）。

凹锥状小鼎足　1件（T19⑤下:125）。夹炭红陶，外表施深红衣。仅剩盘状鼎小鼎足，足呈粗矮圆锥形，且外侧下部内凹，足根稍残。足凹面上部饰一戳点纹。残高3.5厘米（图二〇五，8）。

（10）T0824②B层（加T0824②C层2件）

标本10件。有石斧和陶弧折沿罐、敛口瓮、内折沿碗、侈口小盆、平沿小盆、曲腹杯底、喇叭状器座。

石器

石斧　2件。T0824②B:8，砾石，青色。扁平梯形，平顶，顶一面磨制呈弧面，另一面打制。两面原面有打制疤痕，两边皆磨平，斜刃两面磨制对称，较锋利。长8.4、宽4.9、厚2.1厘米（图二〇六，5）。T0824②C:21，砾石，灰色。扁平长方形，弧顶原砾面，两面皆原光滑砾平面，一侧稍厚，两边皆磨平，刃已残缺。残长9.6、宽5.2、厚2.3厘米（图二〇六，3）。

陶器

弧折沿罐　1件（T0824②B:7）。夹草末橘红陶。侈口，弧折沿，斜尖唇，束颈，斜弧肩，腹已残。素面。口径17、残高4.8厘米（图二〇七，6）。

敛口瓮　1件（T0824②B:11）。泥质橘红陶。敛口，卷弧沿，方圆唇，广弧肩，腹已残。素面。口径16.6、残高3.2厘米（图二〇七，2）。

内折沿碗　1件（T0824②B:19）。泥质黑陶。敛口，内折沿为弧折，外无折棱，尖唇，深弧腹内收，下部已残。素面。口径15、残高2.2厘米（图二〇七，9）。

侈口小盆　1件（T0824②B:14）。泥质陶外红内黑。侈口，颈微束，窄沿内斜，方唇外凸，弧腹近直略内收，下腹已残。素面。口径24、残高3.6厘米（图二〇七，4）。

平沿小盆　1件（T0824②B:18）。泥质黑陶。敞口近直，平沿，尖圆唇，深弧腹稍内斜，下腹已残。素面。口径20、残高2.4厘米（图二〇七，8）。

曲腹杯底　2件。T0824②B:15，泥质黑陶。仅存筒腹下部，平底已残，平底下的矮圈足也残，足壁外弧。素面。足径12、残高2.3厘米（图二〇七，16）。T0824②C:22，泥质黑陶。仅存下腹及凸棱状矮圈足残块。下腹近直，平底下附稍外凸的凸棱状矮圈足。素面。足径7、残高2.3厘米（图二〇七，17）。

喇叭状器座　1件（T0824②B:20）。泥质红陶。近喇叭口高圈足底部残块。残存四个圆形镂孔，近底还有篦状弧线纹。足径16、残高4.6厘米（图二〇七，18）。

（11）T0923③层

标本9件。有石锄、石斧和陶凹折沿罐、侈口瓶、敞口钵、内折沿碗、敛口小盆、筒腹小器座。

石器

石锄　2件。T0923③:2，石片，青色夹密集白点。扁平近梯形，角状顶较厚，正面为原平面，背面打击，面也较平，两边上部稍琢呈扁弧状，弧刃单面修整，不甚锋利。长12.5、宽7.3、厚2.3厘米（图二〇六，1）。T0923③:24，石片，褐色。较薄呈正梯形，平顶，原面弧平，有两处打击大块片疤，背面打击面不平，有很多坑疤，弧刃，两面打制后略磨，有使用痕，较锋利。长13.3、宽8.3、厚2.6厘米（图二〇六，2）。

石斧　1件（T0923③:25）。石，青灰色。扁弧呈宽梯形，弧顶，两边左侧两面打制，呈不平刃状，右侧磨平，两面为光滑原弧面，背面局部打击大块坑疤，弧刃近平，两面磨制，有使用痕，仍较锋利。长9.1、宽7.6、厚2.5厘米（图二〇六，4）。

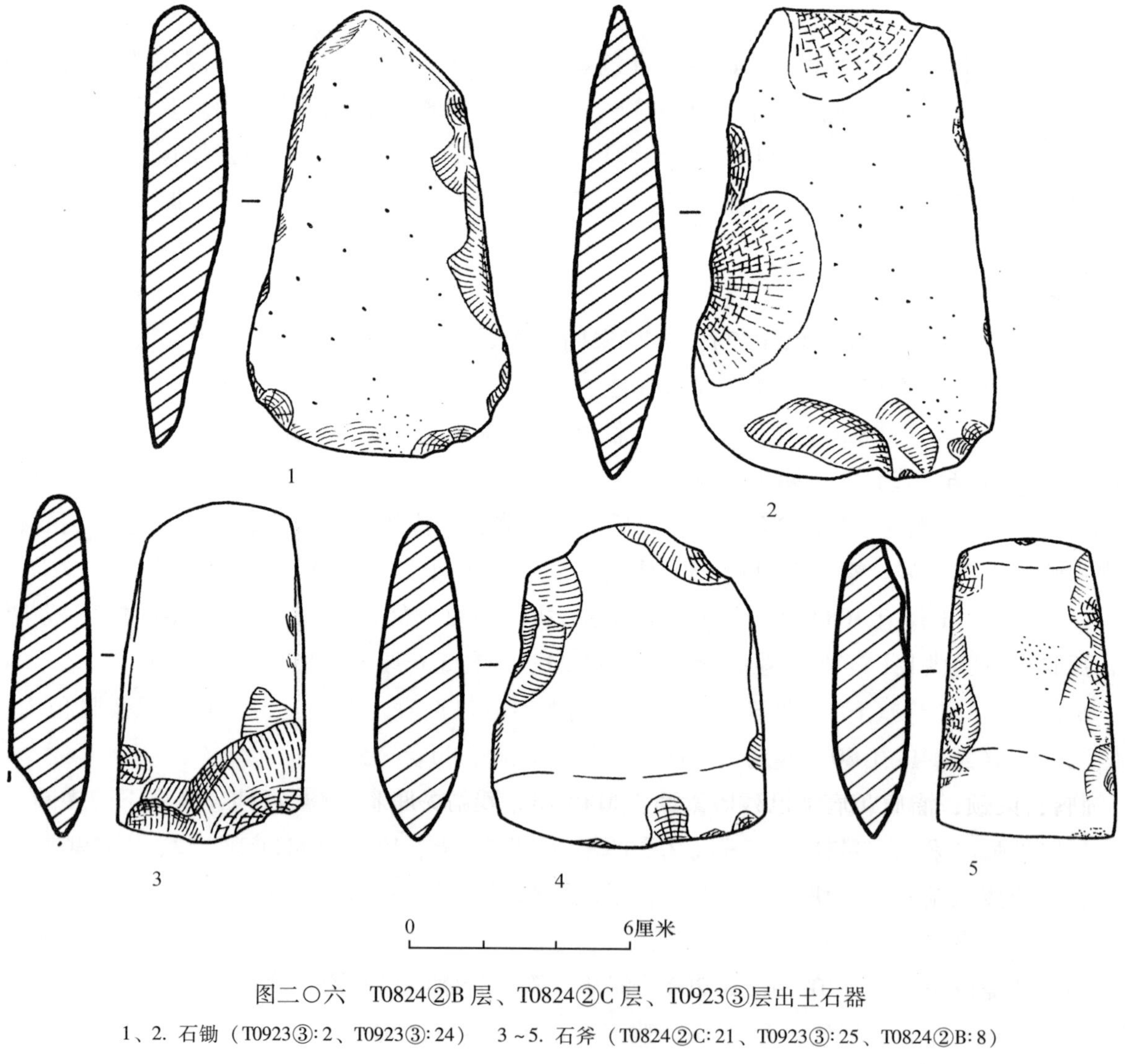

图二〇六　T0824②B层、T0824②C层、T0923③层出土石器

1、2. 石锄（T0923③:2、T0923③:24）　3～5. 石斧（T0824②C:21、T0923③:25、T0824②B:8）

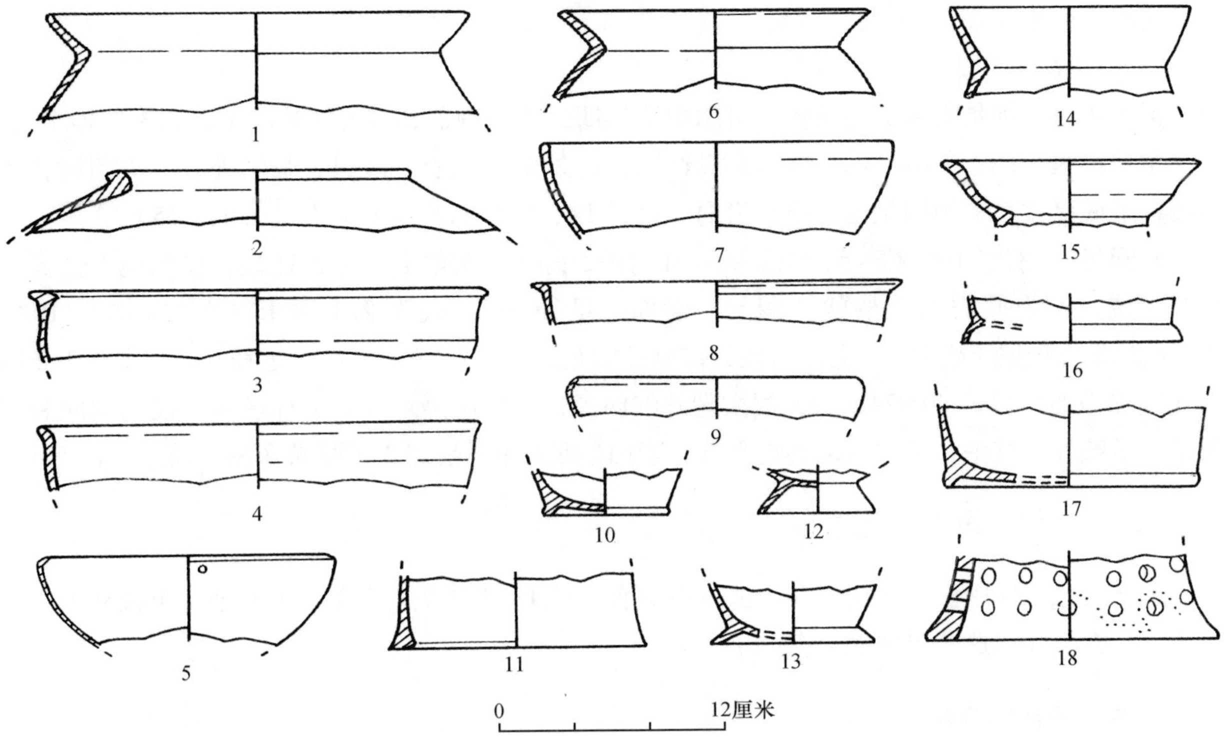

图二〇七　T0824②B层、T0824②C层、T0923③层、T0924②层出土陶器

1. 凹折沿罐（T0923③:30）　2. 敛口瓮（T0824②B:11）　3. 敛口小盆（T0923③:34）　4. 侈口小盆（T0824②B:14）　5、9. 内折沿碗（T0923③:31、T0824②B:19）　6. 弧折沿罐（T0824②B:7）　7. 敞口钵（T0923③:32）　8. 平沿小盆（T0824②B:18）　10、12、13. 矮圈足（T0924②:6、T0924②:8、T0924②:9）　11. 筒腹小器座（T0923③:33）　14. 侈口瓶（T0923③:9）　15. 敞口小盘（T0924②:3）　16、17. 曲腹杯底（T0824②B:15、T0824②C:22）　18. 喇叭状器座（T0824②B:20）

陶器

凹折沿罐　1件（T0923③:30）。夹草末红陶。侈口，折沿，沿面微凹，方圆唇，束颈，斜弧肩，鼓腹已残。素面。口径23、残高5.9厘米（图二〇七，1）。

侈口瓶　1件（T0923③:9）。泥质红陶，外壁施深红衣。侈口，宽折沿，沿面深凹如碗，方圆唇，束颈，溜肩，肩下已残。素面。口径13、残高5厘米（图二〇七，14）。

敞口钵　1件（T0923③:32）。泥质红陶，外壁施深红衣。敞口，方唇内斜，深弧腹，底已残。口处腹上部施一周凹弦纹，但较模糊。口径19、残高5.2厘米（图二〇七，7）。

内折沿碗　1件（T0923③:31）。泥质黑陶。敛口，窄沿内折，尖唇，深弧腹，腹下已残。腹上部有一烧制后，才钻的小圆孔。口径15、残高5.1厘米（图二〇七，5）。

敛口小盆　1件（T0923③:34）。泥质红陶。敛口，窄弧沿内敛外凸，粗直颈，腹微折内收，下已残。素面。口径25、残高4厘米（图二〇七，3）。

筒腹小器座　1件（T0923③:33）。泥质红陶，外壁施红衣。上部已残，仅剩下部底座残片，似筒壁高圈足下部底座，足壁近直，足根内外皆外斜，使底面平，平沿状。素面。足径

14、残高 4 厘米（图二〇七，11）。

（12）T0924②层

标本 4 件。都是大溪文化器物，可属中期早期，均为陶器，有 1 件敞口小盘和 3 件矮圈足。

敞口小盘　1 件（T0924②:3）。夹炭红陶，内外施浅红衣。敞口，弧沿外卷，尖圆唇，浅弧腹，平底已残，下附圈足也已残。素面。口径 14、残高 3.5 厘米（图二〇七，15）。

矮圈足　3 件。T0924②:6，泥质陶外红内黑，外壁施鲜红衣。上部已残，仅剩碗下部弧腹和圆凸棱，实为假腹的凸棱状矮圈足。素面。足径 6.8、残高 2.4 厘米（图二〇七，10）。T0924②:8，泥质磨光黑陶。上部已残，仅剩矮圈足，足壁外弧。素面。足径 6.2、残高 2.2 厘米（图二〇七，12）。T0924②:9，泥质陶外红内黑，外壁施鲜红衣。上部已残，仅剩圜底和矮圈足，足壁外斜近平，足根与圜底近平齐。素面。足径 9、残高 3.2 厘米（图二〇七，13）。

（二）大中中段的文化遗存

大溪文化中期中段的文化遗存，遗迹单位有灰坑 13 个和灰沟 3 条，另有地层单位 9 个。下面分三个方面介绍这些单位的遗存。

1. 大中中段的灰坑

（1）H13

① 灰坑情况

位置：在 T17 中部偏西南。

层位关系：开口在第 3 层下，打破第 3A 层、第 4 层。

形制大小：为近长方形，弧壁，圜平底。口部 68 ~ 77、深约 47 厘米（图二〇八，2）。

② 出土器物

出土标本：5 件。均为陶器，有凹折沿罐、折沿罐、弧折沿罐、残高圈足。

凹折沿罐　2 件。H13:3，夹草末灰褐陶。折沿微凹，尖圆唇，斜肩已残。素面。口径 20、残高 4.2 厘米（图二〇九，2）。H13:5，夹草末红陶。折沿微凹，尖圆唇，肩已残。素面。口径 16、残高 3 厘米（图二〇九，14）。

折沿罐　1 件（H13:4）。夹炭红褐陶。折沿较厚，尖圆唇，肩已残。素面。口径 23、残高 4.1 厘米（图二〇九，7）。

弧折沿罐　1 件（H13:1）。夹草末红陶。折沿微上弧，尖圆唇，弧肩已残。内沿下部饰四横排戳点纹，但不平行，疏密也不匀称。口径 16、残高 3.6 厘米（图二〇九，13）。

残高圈足　1 件（H13:2）。泥质灰胎红陶，外施深红衣。仅存豆下部残圈足，足壁外弧，足根起圆凸棱。未见其他纹饰。足径 22、残高 6.2 厘米（图二〇九，9）。

（2）H22

① 灰坑情况

位置：在 T14 西南部。

层位关系：开口在第2A层下，打破第3层下H15。

形制大小：可分两层而类似有台阶窖穴。上层近弧边三角形，底边宽94、高1.08、深约50厘米；下层呈椭圆形，口径60～70、近圜底，深约23厘米（图二〇八，3）。

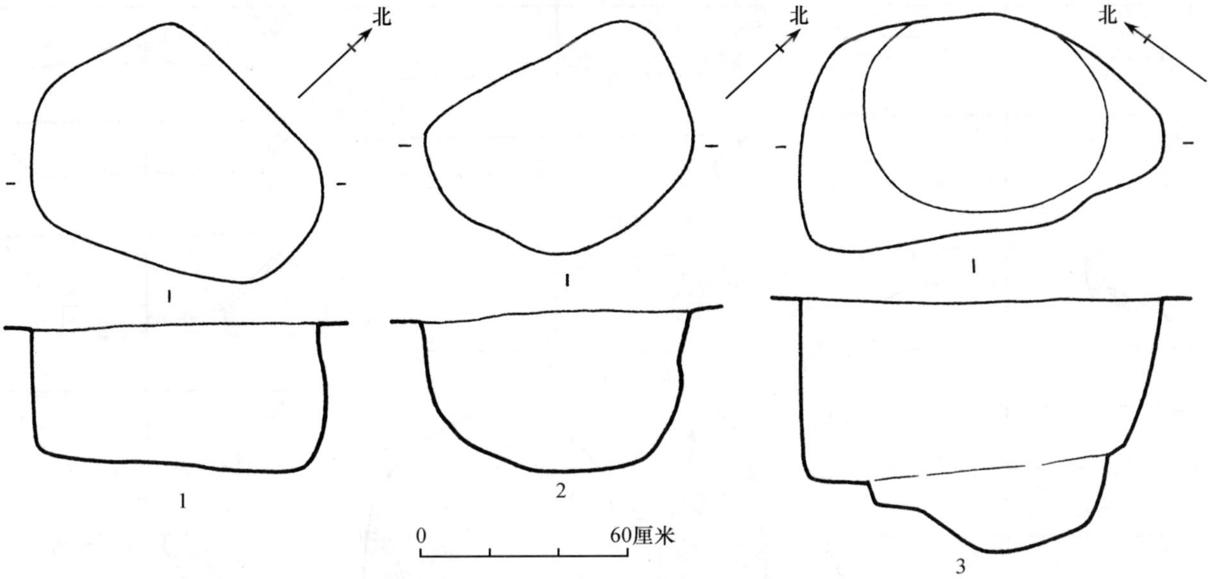

图二〇八　H13、H22、H24平、剖面图

1. H24　2. H13　3. H22

② 出土器物

出土标本：8件。有残石器和陶弧折沿罐、小口高领瓮、敞口碗、斜腹碗、小鼎足。

石器

残石器　1件（H22∶6）。砾石打制。刃已残。残长6.7、宽7.3、厚3.2厘米（图二〇九，10）。

陶器

弧折沿罐　1件（H22∶1）。夹炭红褐陶。折沿较厚上弧，口内无折棱，尖圆唇，肩已残。素面。口径22、残高3厘米（图二〇九，8）。

小口高领瓮　1件（H22∶9）。夹草末灰陶。小直口稍内斜，方圆唇，矮颈，广弧肩，腹已残。素面。口径10.4、残高5.8厘米（图二〇九，3）。

敞口碗　2件。H22∶8，泥质灰陶。敞口，尖唇，浅弧腹，圜底下附矮圈足，足壁近直，上部外凸，足根外撇。足壁三周凹槽，又饰两种戳点纹，一种两点并列，另一种两点上、下竖排。口径16.2、足径10、通高5.7厘米（图二〇九，15；图版六九，1）。H22∶2，夹炭红褐陶。仅存下部弧腹，圜底下附矮圈足，足壁近直稍外斜。素面。足径9、残高3.5厘米（图二〇九，18）。

斜腹碗　1件（H22∶3）。泥质陶外红内黑。敞口，小方唇，斜直腹下部弧折内收，底已残。腹上部和中部各有两周浅凹弦纹，折腹处又一周带状凹弦纹。口径16、残高4.6厘米（图二〇九，16）。

小鼎足　2件。H22∶4，泥质灰陶。仅存盘形鼎下部小足，尖锥状内凹外弧。素面。残高3.9厘米（图二〇九，17）。H22∶5，泥质红陶。仅存罐形鼎下部小足，上部矮柱形，下部尖锥状，足体上部外斜下部弧凹，足根已残。素面。残高4.1厘米（图二〇九，12）。

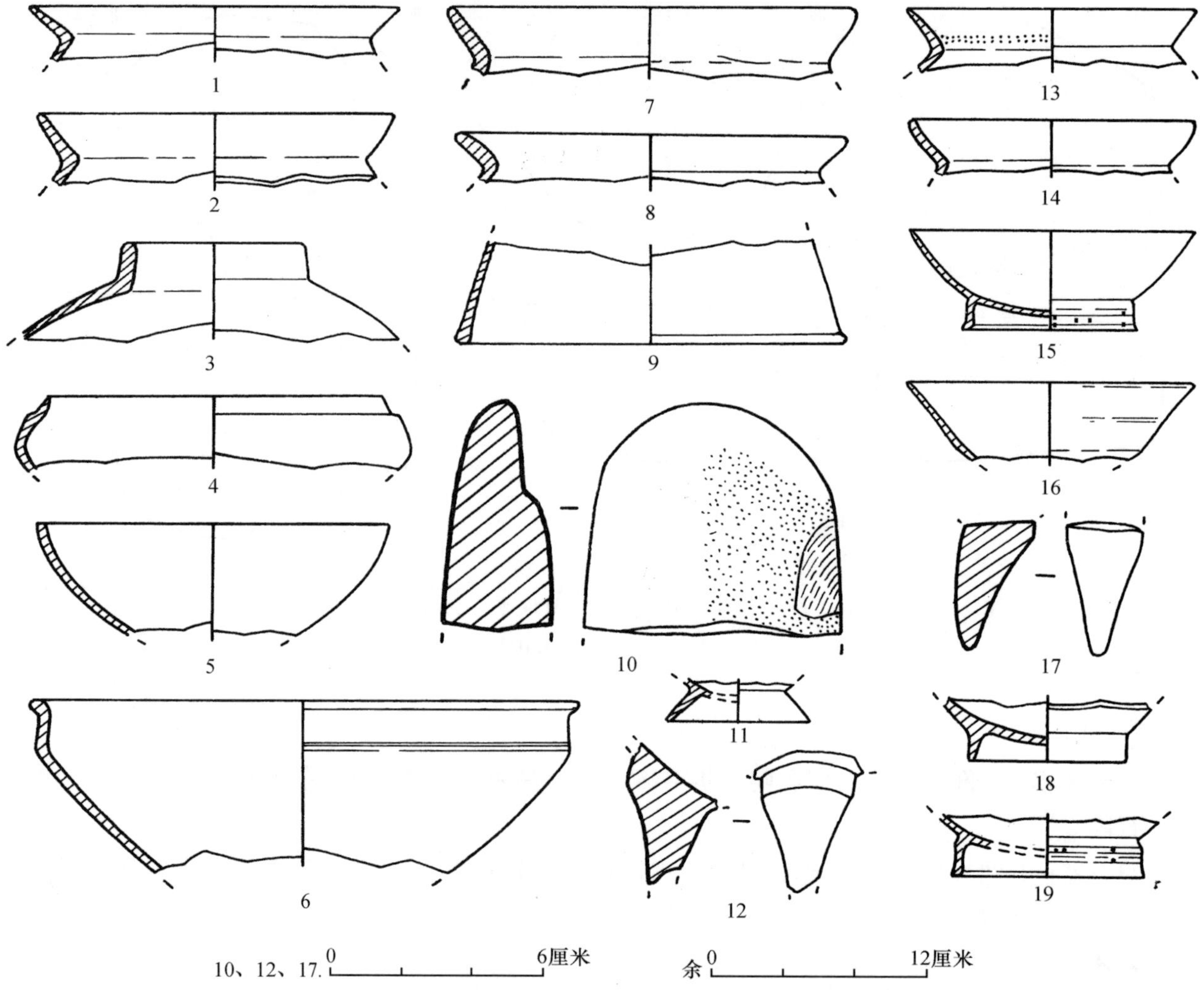

图二〇九　H13、H22、H24出土器物

1、7. 陶折沿罐（H24∶3、H13∶4）　2、14. 陶凹折沿罐（H13∶3、H13∶5）　3. 陶小口高领瓮（H22∶9）　4. 陶子母口罐（H24∶4）　5. 陶敞口钵（H24∶2）　6. 陶直口盘（H24∶1）　8、13. 陶弧折沿罐（H22∶1、H13∶1）　9. 陶残高圈足（H13∶2）　10. 残石器（H22∶6）　11、19. 陶矮圈足（H24∶6、H24∶5）　12、17. 陶小鼎足（H22∶5、H22∶4）　15、18. 陶敞口碗（H22∶8、H22∶2）　16. 陶斜腹碗（H22∶3）

（3）H24

① 灰坑情况

位置：在T17中部偏西南。

层位关系：开口在第3A层下。

形制大小：不规则形近椭圆，壁近直或弧凹，斜平底。口部最长88、最宽处68、深44厘米（图二〇八，1）。

② 出土器物

出土标本：6件。均为陶器，有折沿罐、子母口罐、敞口钵、直口盘、矮圈足。

折沿罐 1件（H24:3）。夹炭红陶。侈口，折沿，尖圆唇，斜肩已残。素面。口径21、残高3.4厘米（图二〇九，1）。

子母口罐 1件（H24:4）。泥质红陶，外施深红衣。深凹沿内折而呈子母口，尖唇，扁腹弧内收，底已残。素面。口径19、残高4.2厘米（图二〇九，4）。

敞口钵 1件（H24:2）。泥质红陶，外施浅红衣。方唇，深弧腹，底已残。素面。口径20、残高6.6厘米（图二〇九，5）。

直口盘 1件（H24:1）。泥质红陶，内外施深红衣。圆唇外卷，粗矮颈，折腹斜内收甚深，底已残。折腹处饰一周凹弦纹。口径31、残高10厘米（图二〇九，6）。

矮圈足 2件。H24:5，泥质陶外黑内灰。足壁近直，上部稍外有凸棱，足根外斜。凸棱下饰两周凹弦纹，弦纹之间又饰两种戳点纹，一种两点并列，另一种为两点竖排。足径10.8、残高3.6厘米（图二〇九，19）。H24:6，泥质陶外红内黑。足壁外弧。素面。足径8、残高2.4厘米（图二〇九，11）。

（4）H25

① 灰坑情况

位置：在T17东南角至东隔梁和T17南部。

层位关系：开口在第3层下，打破生土；因T17南部已是现代藕田，所以H25已残，H25西被H14打破。

形制大小：残存H25为不规则形大坑，北部坑边和坑壁都较直，圜底。坑口残长110厘米以上，残宽也大于110、深62厘米（图二一〇，2）。

② 出土器物

出土标本：36件。有凹折沿罐、折沿罐、弧折沿罐、弧折沿小罐、斜颈罐、直口罐、小口高领瓮、敞口碗、斜腹碗、内折沿盘、直口盘、卷沿盘、敞口钵、高圈足、细高圈足、小鼎足、矮圈足、尖圜底器。

凹折沿罐 1件（H25:18）。夹炭红陶，内沿和器表施浅红衣。尖圆唇，斜弧肩，鼓腹已残。素面。口径22、残高8厘米（图二一一，1）。

折沿罐 4件。H25:8，夹炭红陶，外施鲜红衣。尖圆唇，弧肩，腹已残。素面。口径24、残高5.8厘米（图二一一，14）。H25:15，夹炭红陶，内沿、外表施红衣。圆唇，外沿上部一周凹槽，斜弧肩，鼓腹已残。未见其他纹饰。口径23、残高8.8厘米（图二一一，2）。H25:19，夹草末红陶，外表施深红衣。尖圆唇，弧肩，腹已残。素面。口径20、残高5.2厘米（图二一一，4）。H25:30，夹炭红陶，内沿、外表有红衣痕。尖圆唇，弧肩已残。素面。口径22、残高5.6厘米（图二一一，10）。

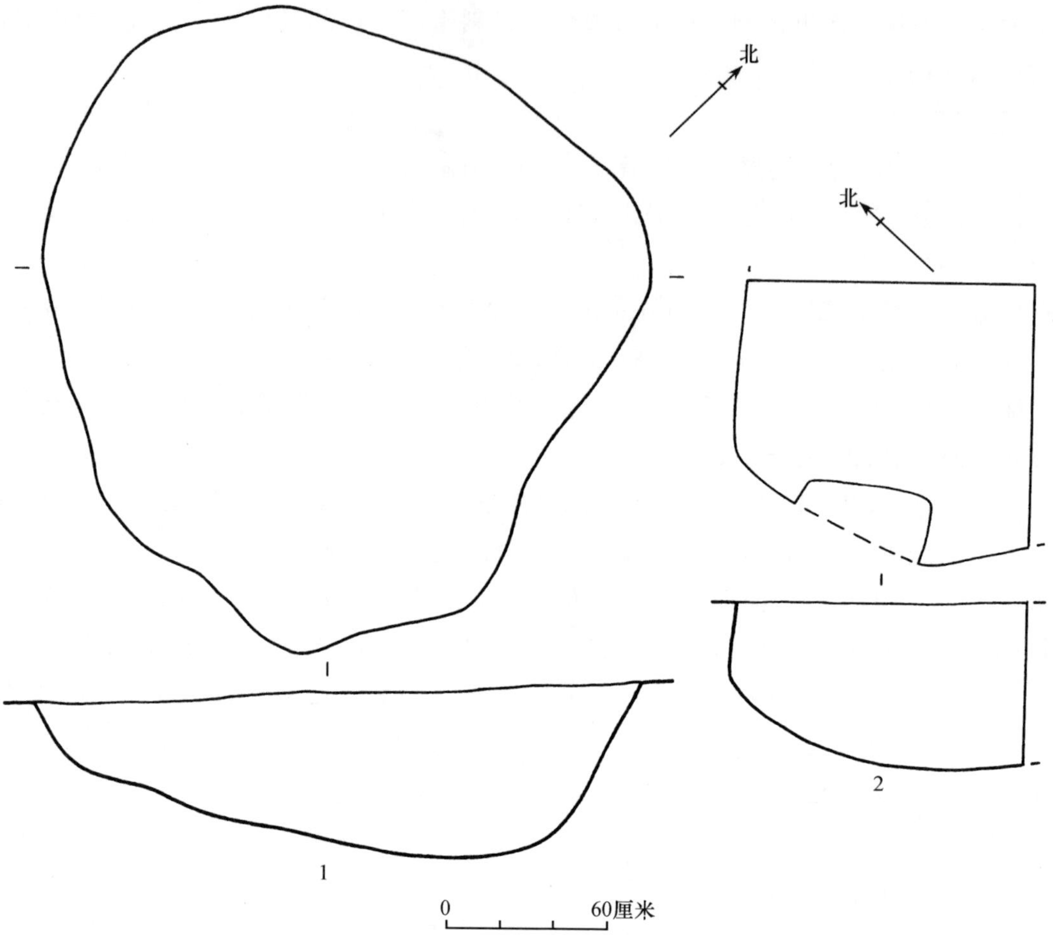

图二一〇　H25、H31 平、剖面图

1. H31　2. H25

弧折沿罐　4 件。H25∶24，泥质红陶，外施红衣。尖圆唇，斜弧肩，鼓腹已残。素面。口径 21.4、腹径 31、残高 15 厘米（图二一一，3）。H25∶27，粗泥红陶。宽沿微上弧，尖圆唇，肩已残。素面。口径 22、残高 4.6 厘米（图二一一，6）。H25∶28，夹炭红陶。尖圆唇，斜肩，腹已残。素面。口径 22、残高 4.4 厘米（图二一一，11）。H25∶32，夹炭红陶，内外施深红衣。圆唇，肩已残。外沿上部一周凹弦纹。口径 23、残高 3.8 厘米（图二一一，5）。

弧折沿小罐　1 件（H25∶31）。泥质红陶，局部泛黑，外施深红衣。尖圆唇，弧肩，深弧腹已残。素面。口径 12、残高 4.2 厘米（图二一一，8）。

斜颈罐　1 件（H25∶33）。夹炭红陶。宽沿外斜内稍上弧外微凹，圆唇，肩已残。素面。口径 18、残高 4.5 厘米（图二一一，7）。

直口罐　1 件（H25∶29）。夹炭红陶，直口，方圆唇，直颈微束，斜溜肩已残。颈几道不成周划痕。口径 13、残高 5.6 厘米（图二一一，9）。

小口高领瓮　2 件。H25∶9，泥质红陶。小直口，直领，尖圆唇，鼓弧肩，腹已残。素面。

口径9、残高6.5厘米（图二一一，12）。H25∶6，夹炭红陶，外施浅红衣。小直口稍外敞，直领，尖圆唇，鼓弧肩，腹已残。素面。口径9.5、残高7.6厘米（图二一一，13）。

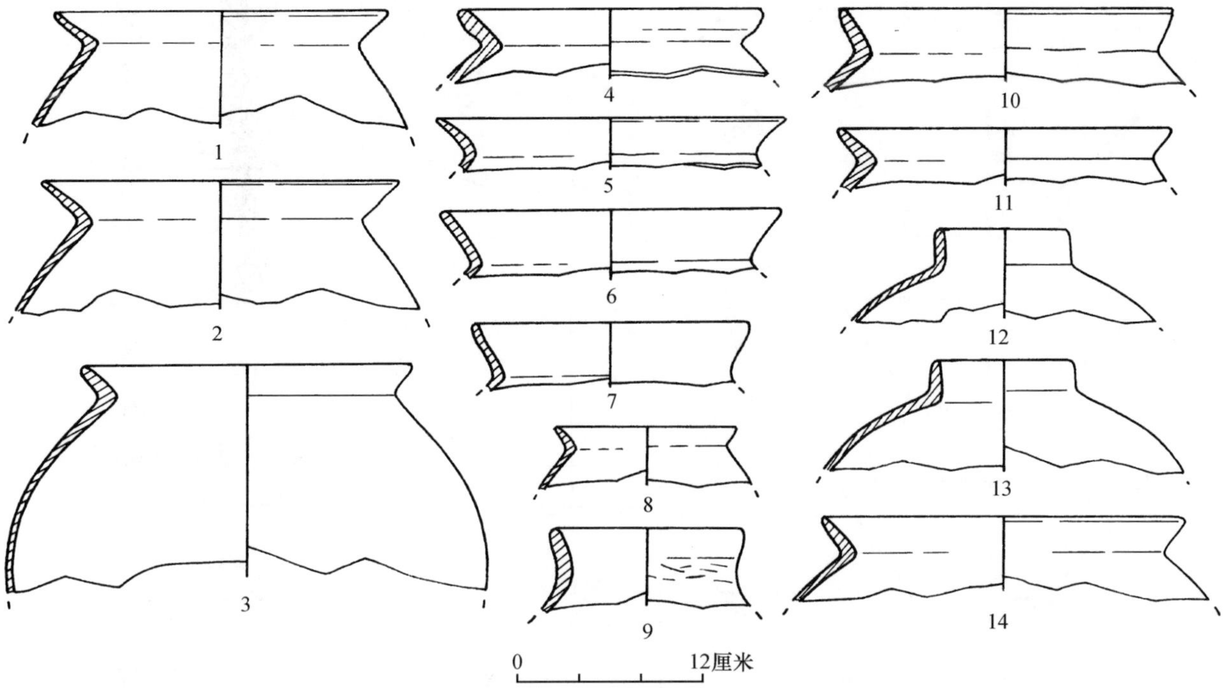

图二一一　H25出土陶器

1. 凹折沿罐（H25∶18）　2、4、10、14. 折沿罐（H25∶15、H25∶19、H25∶30、H25∶8）　3、5、6、11. 弧折沿罐（H25∶24、H25∶32、H25∶27、H25∶28）　7. 斜颈罐（H25∶33）　8. 弧折沿小罐（H25∶31）　9. 直口罐（H25∶29）　12、13. 小口高领瓮（H25∶9、H25∶6）

敞口碗　3件。H25∶1，泥质红陶，局部泛黑，外表施红衣。小碗，敞口，方唇，平底内凹成凸棱状矮圈足。素面。口径7.5、底径3.7、高3.5厘米（图二一二，21；图版六八，2）。H25∶3，泥质灰陶。敞口，尖唇，圜底下附矮圈足，足壁近直，上部微外凸有一周凸弦纹。口径16、底径9.2、高6.8厘米（图二一二，1；图版六八，1）。H25∶11，泥质灰陶。敞口，尖圆唇，圜底下附圈足，但足壁已残。素面。口径15.4、残高6.6厘米（图二一二，3）。

斜腹碗　2件。H25∶4，泥质红陶，内外施深红衣，局部泛灰。敞口，尖圆唇，深腹内斜，圜底下附圈足，但足壁已残。素面。口径16、残高7.2厘米（图二一二，4；图版六八，4）。H25∶22，泥质陶外红内黑，敞口，尖唇，深腹内斜，圜平底下附矮圈足，足壁近直。上部微凸有棱，下部足根外卷也有凸棱。口径16.8、足径9.1、高6.8厘米（图二一二，2；图版六八，5）。

内折沿盘　1件（H25∶23）。夹炭红陶，外施红衣。敛口，内折沿，尖圆唇，折腹弧内收，圜底下附又高又大圈足，但足壁下部已残。素面。内口径18.4、残高8.2厘米（图二一二，9；图版六八，3）。

直口盘　1件（H25∶34）。夹炭红陶，局部泛黑。圆唇内敛外凸，粗直颈，折腹内收，底已残。素面。口径24、残高4.2厘米（图二一二，7）。

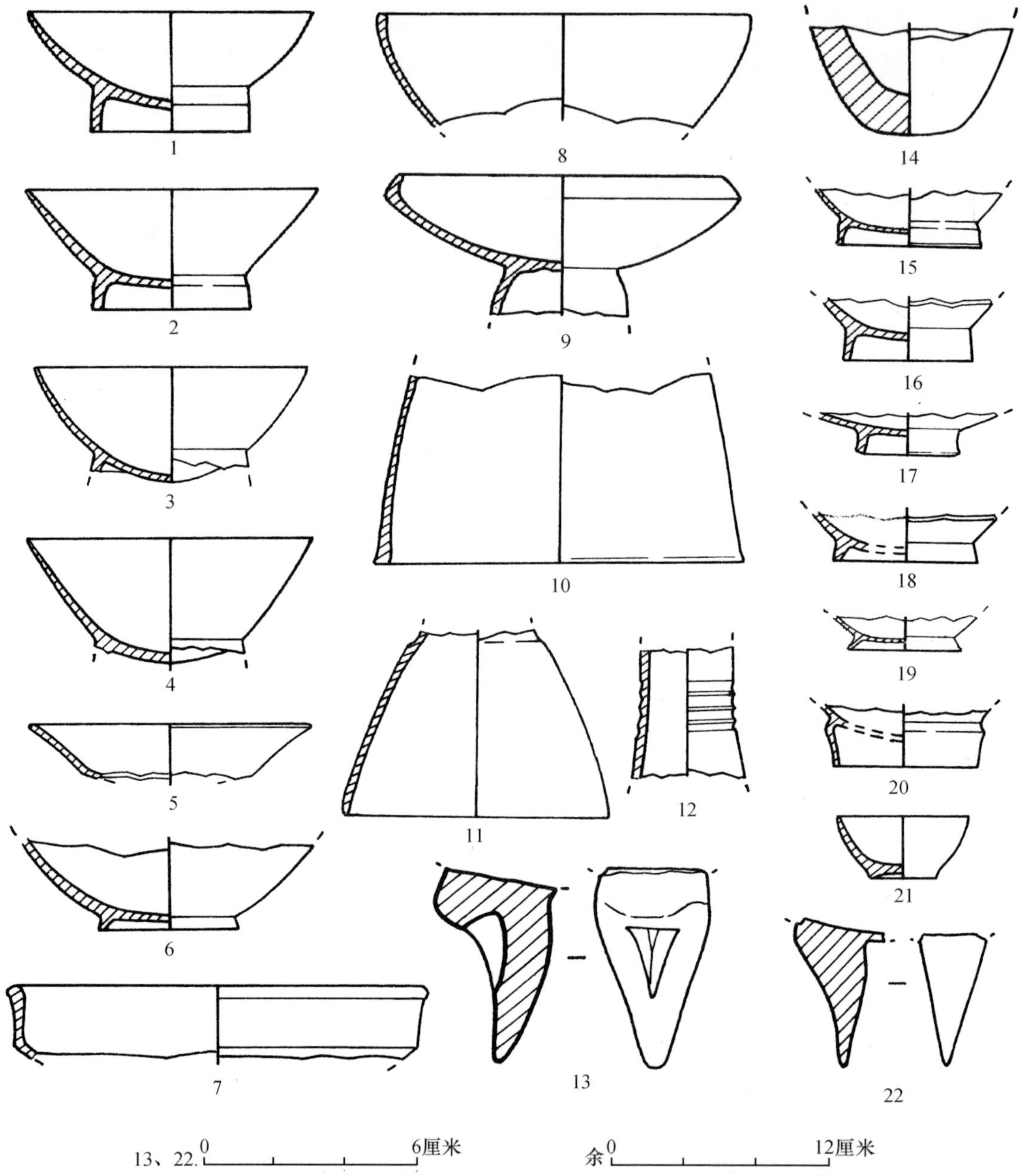

图二一二　H25出土陶器

1、3、21. 敞口碗（H25∶3、H25∶11、H25∶1）　2、4. 斜腹碗（H25∶22、H25∶4）　5. 卷沿盘（H25∶21）　6、15～20. 矮圈足（H25∶16、H25∶17、H25∶12、H25∶13、H25∶35、H25∶10、H25∶20）　7. 直口盘（H25∶34）　8. 敞口钵（H25∶26）　9. 内折沿盘（H25∶23）　10、11. 高圈足（H25∶2、H25∶14）　12. 细高圈足（H25∶7）　13、22. 小鼎足（H25∶5、H25∶25）　14. 尖圜底器（H25∶36）

卷沿盘　1件（H25∶21）。泥质灰陶，内外施鲜红衣，局部泛黑。敞口，方唇，浅腹上部外卷，下腹内折，但已残。素面。口径16.4、残高3.4厘米（图二一二，5）。

敞口钵　1件（H25∶26）。泥质红陶，内外施深红衣。敞口近直，方唇，深弧腹，底已残。

素面。口径21、残高6.6厘米（图二一二，8）。

高圈足　2件。H25:2，泥质红陶，外施红衣。上部已残，仅存底座，足壁中部外弧，足根外斜起凸棱。素面。足底径21、残高10.8厘米（图二一二，10）。H25:14，泥质红陶，外施鲜红衣。足上部已残，下部外弧。素面。足底径15、残高10.9厘米（图二一二，11）。

细高圈足　1件（H25:7）。泥质黄陶。圈足上、下部已残，中段细管状，上细下稍粗，壁外斜。饰四周深凹弦纹，如竹节状。上部残径4.2、下部残径6.4、残高7.6厘米（图二一二，12）。

小鼎足　2件。H25:5，泥质红陶。足上部呈圆台状，下部尖锥形并列凹内弧。外凹面上部饰三角形凹孔。残高5.6厘米（图二一二，13）。H25:25，泥质红陶，外施红衣。小圆锥形外凹内弧，仅盘形鼎小足。素面。残高4.3厘米（图二一二，22）。

矮圈足　7件。可分两种。第一种：足壁外斜，外弧或近直，皆素面。5件。H25:10，泥质红陶，外施深红衣。足径6.4、残高2厘米（图二一二，19）。H25:12，泥质灰陶。足径7.4、残高3.8厘米（图二一二，16）。H25:13，泥质红陶，内外施深红衣。足径6、残高2.4厘米（图二一二，17）。H25:16，夹炭红陶，外施浅红衣。足径8、残高5.2厘米（图二一二，6）。H25:35，泥质红陶，内外残存鲜红衣。足径8、残高2.7厘米（图二一二，18）。第二种：足壁外弧近直，上部外鼓有凸棱。有的还加其他纹饰。2件。H25:17，泥质陶外红内黑。足径8.2、残高3.7厘米（图二一二，15）。H25:20，夹炭红陶，外施红衣。又加四组戳印纹，其中两组为两短竖划两旁各一点戳点纹，另两组为两短竖划中间加两点并列戳点纹。足径8、残高3.2厘米（图二一二，20）。

尖圜底器　1件（H25:36）。夹砂红陶，胎甚厚且内壁凹凸不平整。上部已残，下腹弧内收呈圜平底。素面。残高6.4厘米（图二一二，14）。

（5）H27

① 灰坑情况

位置：在T16东壁下。

层位关系：开口在第3层下，打破W2、第3A层、生土。

形制大小：为近圆形，斜壁，平底。口径95、深20厘米。

② 出土器物

出土标本：4件。均为陶器，有敛口小罐、小口高领瓮、直口盘、高圈足。

敛口小罐　1件（H27:4）。夹砂黑陶。敛口，圆唇外凸，扁弧腹下部已残。素面。口径12、残高2.8厘米（图二一六，15）。

小口高领瓮　1件（H27:1）。夹炭橘红陶。直口稍内斜，尖圆唇，广弧肩，腹已残。素面。口径8.4、残高3.1厘米（图二一六，4）。

直口盘　1件（H27:2）。泥质红陶，内外有已脱落红衣痕。直口，方圆唇，直腹下内折成圜底，底已残。直腹上饰三周不明显凹槽。口径17、残高3厘米（图二一六，11；图版六九，4）。

高圈足　1件（H27:3）。夹炭陶内黄外黑。上部已残，足壁外弧，足根外凸有小方棱。外壁存在两周不明显凹槽。底径 22、残高 4.4 厘米（图二一六，22）。

（6）H31

① 灰坑情况

位置：在 T14 南壁下至 T17 北壁下。

层位关系：开口在第 3A 层下，打破生土。

形制大小：近圆形，斜弧壁，圜平底。口径 230～250、深 25～63 厘米（图二一〇，1）。

② 出土器物

出土标本：1 件。残石斧。

残石斧　1 件（H31∶1）。顶已残，扁平近长方形，两面皆原面，两边修直，皆扁弧而不平，弧刃两面磨制，甚锋利。残长 8.1、宽 7.6、厚 3.3 厘米（图二一四，2）。

（7）H269

① 灰坑情况

位置：在 T0923 东北部。

层位关系：开口在第 2A 层下，打破第 3 层、第 2A 层下 H270。

形制大小：圆形，直壁，圜平底。口径 72～80、深 25 厘米（图二一三，1）。

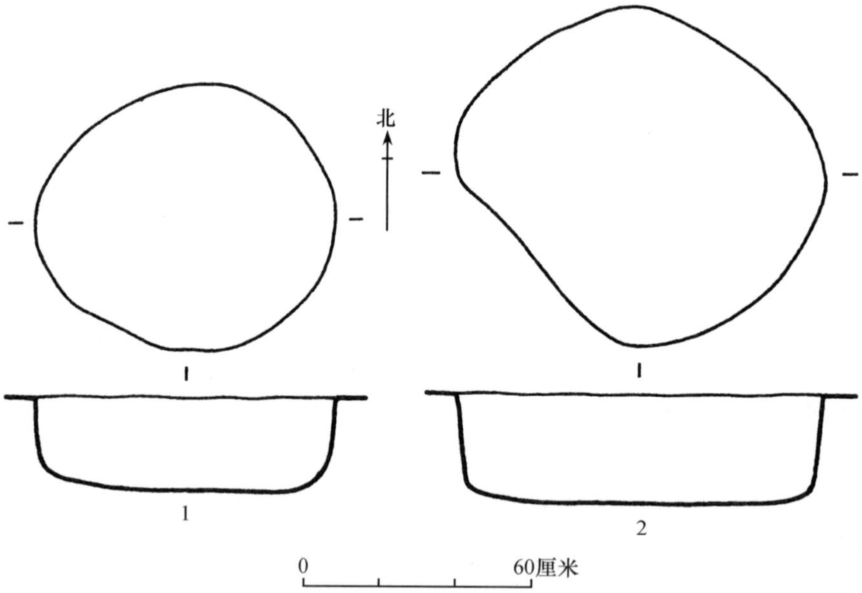

图二一三　H269、H271 平、剖面图

1. H269　2. H271

② 出土器物

出土标本：2 件。均为陶器，有折沿罐、内折沿碗。

折沿罐　1 件（H269∶1）。夹草末橘红陶。侈口，束颈，折沿，尖圆唇，斜肩已残。素面。口径 18、残高 3.7 厘米（图二一六，10）。

内折沿碗　1件（H269:2）。泥质红陶，外施深红衣。敛口近直，内折沿，尖唇近直立，浅折腹弧内收，底已残。素面。口径16、残高2.4厘米（图二一六，12）。

（8）H271

① 灰坑情况

位置：在T0923西北部。

层位关系：开口在第2A层下，打破第3层；被第2A层下H270打破。

形制大小：近圆形，近直壁，平底。口径96、底径90、深30厘米（图二一三，2）。

② 出土器物

出土标本：3件。均为陶器，有折沿罐、束颈罐、小口高领罐。

折沿罐　1件（H271:1）。夹草末红褐陶。宽折沿，尖圆唇，斜弧肩，深弧腹已残。素面。口径25、残高8.1厘米（图二一六，8）。

束颈罐　1件（H271:2）。夹砂灰褐陶，局部泛红。侈口，束颈，卷沿，尖圆唇，斜弧肩，腹已残。素面。口径12、残高4.8厘米（图二一六，2）。

小口高领罐　1件（H271:3）。泥质橘黄陶。直口外斜，圆唇外凸，高直领内斜，弧肩已残。素面。口径14、残高4.6厘米（图二一六，1）。

（9）H275

① 灰坑情况

位置：在T0923东北角。

层位关系：开口在第2B层下，打破第2B层下H290、生土。

形制大小：近椭圆形一角，斜壁，平底。东西残长75、南北残宽40、深45厘米。

② 出土器物

出土标本：4件。均为陶器，有斜颈小罐、内折沿盘、敞口碗、斜腹钵。

斜颈小罐　1件（H275:1）。夹炭红陶。直口外斜，方圆唇，直颈下部内束，广弧肩已残。素面。口径11、残高3.7厘米（图二一六，6）。

内折沿盘　1件（H275:2）。泥质红陶，内外施鲜红衣。敞口，窄沿外斜，尖圆唇外凸，浅弧腹内收，浅腹上部微内凹，下部弧折内收，底已残。素面。口径19、残高2.8厘米（图二一六，21）。

敞口碗　1件（H275:4）。泥质红陶，外施深红衣。敞口，小方唇，深弧腹内收，底已残。素面。口径11、残高3.4厘米（图二一六，17）。

斜腹钵　1件（H275:3）。泥质红陶。敞口，尖圆唇，斜弧腹较直，下部弧折成圜平底，但底已残。素面。口径9、残高4.4厘米（图二一六，26）。

（10）H288

① 灰坑情况

位置：在T0923东南角。

层位关系：开口在第2B层下，打破生土。

形制大小：近椭圆形，斜壁近直，圜底。东西残长 95、南北残宽 60、深 70 厘米。

② 出土器物

出土标本：4 件。均为陶器，有凹折沿罐、弧折沿小罐、凹平底杯、碗圈足。

凹折沿罐　1 件（H288∶3）。夹草末红陶。折沿微凹，尖圆唇，肩已残。素面。口径 22、残高 3 厘米（图二一六，20）。

弧折沿小罐　1 件（H288∶4）。泥质（灰胎）红陶。折沿，沿面微上弧，尖圆唇，弧肩已残。素面。口径 12、残高 2.4 厘米（图二一六，16）。

凹平底杯　1 件（H288∶2）。泥质（红胎）黑陶，内外磨光发亮。上部已残，下腹斜直内收，平底内凹，实成凸棱状矮圈足。素面。底径 6、残高 2.4 厘米（图二一六，23）。

碗圈足　1 件（H288∶1）。泥质（灰胎）黑陶。上部已残，仅存弧腹，圜底下附矮圈足，足壁上部外凸，下部外斜近直。足壁饰两周模糊凹弦纹，又加饰两点为一组的多组戳点纹，戳点有的点并列，有的两点上下相间不重复。足径 8.1、残高 4.6 厘米（图二一六，28）。

（11）H289

① 灰坑情况

位置：在 T0923 东壁下中部。

层位关系：开口在第 2B 层下，打破生土。

形制大小：不规则椭圆形，直壁，斜平底。残长 75、南北宽 65、深 25 ~ 40 厘米。

② 出土器物

出土标本：3 件。均为陶器，有折沿罐、碗圈足、敛口盆。

折沿罐　1 件（H289∶1）。夹炭夹蚌黑陶。折沿甚宽，方圆唇，斜肩已残。素面。口径 18、残高 5 厘米（图二一六，9）。

碗圈足　1 件（H289∶3）。泥质红陶，外施浅红衣。上部已残，仅存弧腹，圜底下附矮圈足，足壁外斜近直，足根又外斜起棱。素面。足径 8、残高 2.9 厘米（图二一六，27）。

敛口盆　1 件（H289∶2）。泥质灰陶。敛口近直，平沿外卷，方圆唇，弧腹近直，下腹已残。素面。口径 32、残高 3.2 厘米（图二一六，14）。

（12）H291

① 灰坑情况

位置：在 T1023 东南角。

层位关系：开口在第 3 层下，叠压于 H314 之上，打破第 4 层下 H293；被第 3 层下 G52 打破。

形制大小：为长条形圆角一部分，弧壁，圜底。口残长 265、残宽 60、深约 30 厘米。

② 出土器物

出土标本：2 件。有石锄和陶折沿罐。

石器

石锄 1件（H291:2）。石片打制，较厚近椭圆形，窄弧顶单面打制，一面为原弧面，另一面为平整打制面，两边外弧，皆两面打制修整，宽弧刃原较薄未加工，仍锋利。长14.7、刃宽9.3、厚2.9厘米（图二一四，1）。

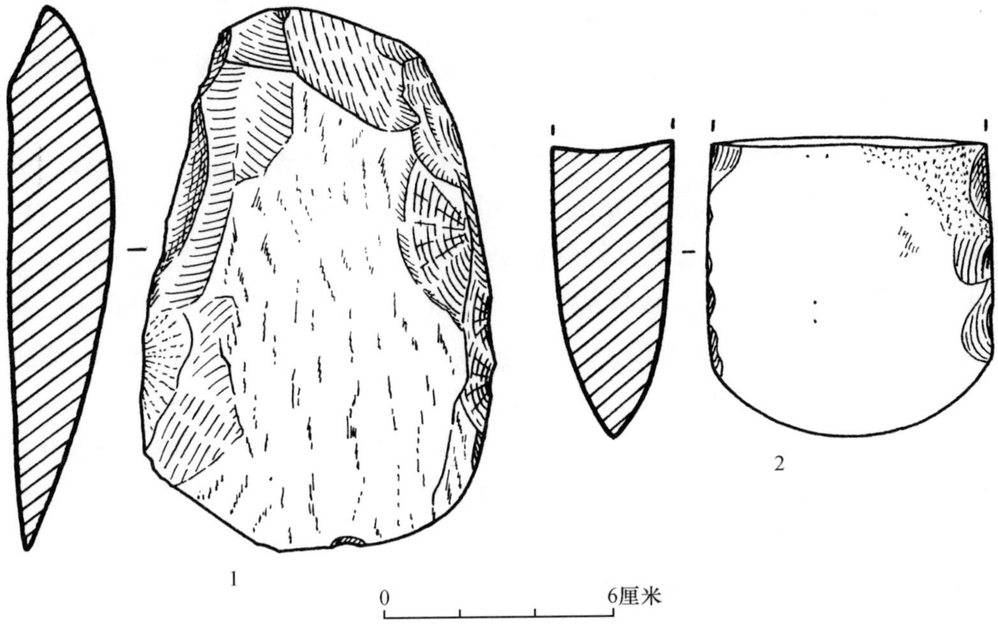

图二一四 H31、H291出土石器
1. 石锄（H291:2） 2. 残石斧（H31:1）

陶器

折沿罐 1件（H291:1）。夹炭黑陶，局部泛红。侈口，束颈，折沿，尖圆唇，斜弧肩已残。素面。口径20、残高3.6厘米（图二一六，19）。

（13）H293

① 灰坑情况

位置：在T1023南壁下。

层位关系：开口在第4层下，打破H314；西被第3层下H291打破。

形制大小：为近圆形约一半，斜弧壁，平底。口径230、底径180、深40厘米（图二一五）。

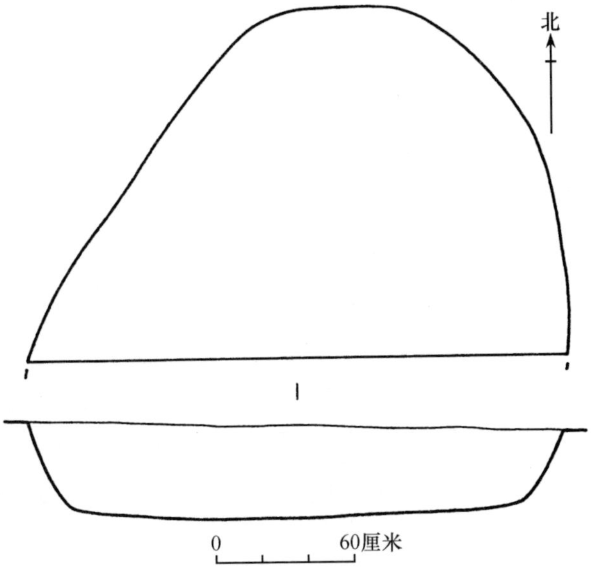

图二一五 H293平、剖面图

② 出土器物

出土标本：7 件。均为陶器，有折沿罐、折沿小罐、小口高领罐、敛口罐、敛口小钵、敛口小碗、内折沿盘。

折沿罐　1 件（H293∶2）。夹炭黑陶。折沿，尖圆唇，斜弧肩已残。素面。口径 21、残高 3.8 厘米（图二一六，18）。

折沿小罐　1 件（H293∶4）。夹炭红陶。折沿，尖圆唇，斜肩，腹已残。素面。口径 14、残高 3.6 厘米（图二一六，3）。

小口高领罐　1 件（H293∶1）。夹炭红陶，内沿、外表施橘红衣。直口，方唇，高直领，弧肩，腹已残。素面。口径 10、残高 3.9 厘米（图二一六，5）。

敛口罐　1 件（H293∶3）。泥质陶外红内黑。敛口，斜沿内敛，尖唇，扁弧腹下部已残。沿、腹之间一周凹弦纹。口径 16、残高 4.8 厘米（图二一六，13）。

敛口小钵　1 件（H293∶7）。泥质陶外红内黑。敛口，尖圆唇，弧腹上鼓下内收，平底。素面。口径 8、底径 7、高 3.1 厘米（图二一六，25；图版六九，6）。

敛口小碗　1 件（H293∶6）。泥质红陶，外施深红衣。敛口，尖圆唇，弧腹上鼓下内收，但平底内凹，实际成凸棱状矮圈足。素面。口径 7、底径 5.5、高 3.6 厘米（图二一六，24；图版六九，2）。

内折沿盘　1 件（H293∶5）。泥质红陶，内外施鲜红衣。敛口，内折沿外起凸棱，尖圆唇，浅弧腹内收，底已残。素面。口径 22、残高 3.2 厘米（图二一六，7）。

2. 大中中段的灰沟

（1）G52

① 灰沟情况

位置：在 T1023 东南部。

层位关系：开口在第 2C 层下，打破 H291。

形制大小：为不规则长条形。长 200、宽 10 ~ 25、深 5 ~ 10 厘米。

② 出土器物

出土标本：2 件。均为陶器，有折沿罐、内折沿盘。

折沿罐　1 件（G52∶2）。夹砂红褐陶。侈口，束颈，折沿，尖圆唇，溜肩，肩下已残。素面。口径 17、残高 2.9 厘米（图二一七，12）。

内折沿盘　1 件（G52∶1）。泥质红陶。敛口，内折沿，尖唇，浅折腹内收，腹下已残。素面。口径 20、残高 3.1 厘米（图二一七，5）。

（2）G56

① 灰沟情况

位置：在 T1023 西部，部分压在 T0923 东隔梁内。

层位关系：开口在 H273 下，打破第 3 层和黄土台。

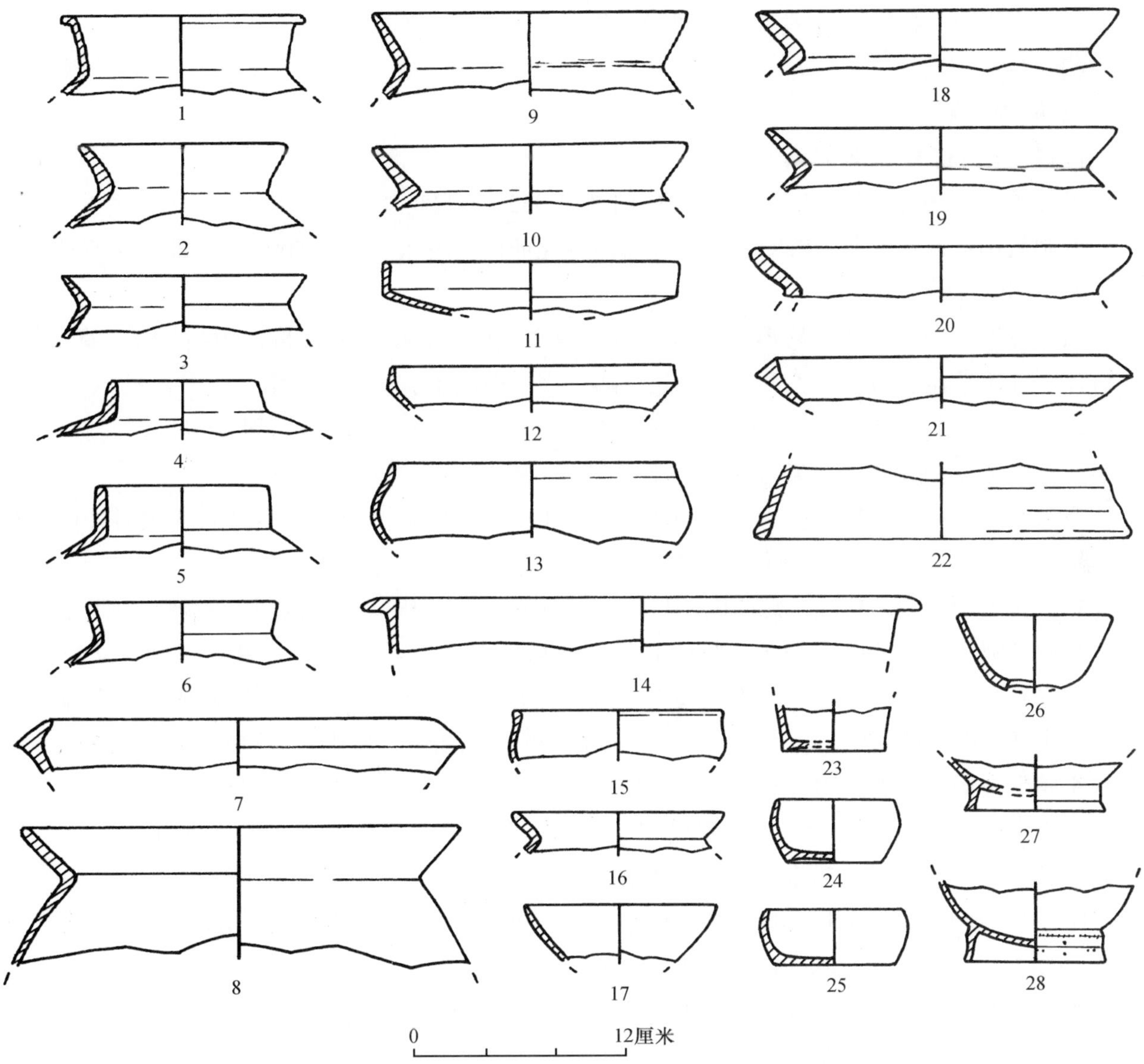

图二一六　H27、H269、H271、H275、H288、H289、H291、H293出土陶器

1、5. 小口高领罐（H271∶3、H293∶1）　2. 束颈罐（H271∶2）　3. 折沿小罐（H293∶4）　4. 小口高领瓮（H27∶1）　6. 斜颈小罐（H275∶1）　7、21. 内折沿盘（H293∶5、H275∶2）　8～10、18、19. 折沿罐（H271∶1、H289∶1、H269∶1、H293∶2、H291∶1）　11. 直口盘（H27∶2）　12. 内折沿碗（H269∶2）　13. 敛口罐（H293∶3）　14. 敛口盆（H289∶2）　15. 敛口小罐（H27∶4）　16. 弧折沿小罐（H288∶4）　17. 敞口碗（H275∶4）　20. 凹折沿罐（H288∶3）　22. 高圈足（H27∶3）　23. 凹平底杯（H288∶2）　24. 敛口小碗（H293∶6）　25. 敛口小钵（H293∶7）　26. 斜腹钵（H275∶3）　27、28. 碗圈足（H289∶3、H288∶1）

形制大小：长条形。长160、宽10～30、深20厘米。

② 出土器物

出土标本：1件。陶弧折沿罐。

弧折沿罐　1件（G56∶1）。夹炭黑陶。侈口，束颈，折沿，沿面微上弧，尖圆唇，弧肩，肩下已残。素面。口径16、残高3.2厘米（图二一七，13）。

（3）G64

① 灰沟情况

位置：在T1123东北部至T1124东南部。

层位关系：开口在第3C层下，打破生土和H332、H333、H334及G68；被G57打破。

形制大小：近长方形，斜壁，圜平底，南高北低呈缓坡状。残长500、宽220、深50厘米。

② 出土器物

出土标本：13件。均为陶器，有折沿罐、粗颈壶、斜腹碗、敞口碗、内折沿碗、敞口盘、直口盘、外折沿盆、器盖纽、舌状小鼎足、罐平底、碗圈足。

折沿罐　1件（G64:3）。夹砂红陶。侈口，束颈，折沿，尖圆唇，斜弧肩近溜，腹已残。素面。口径23、残高4.5厘米（图二一七，4）。

粗颈壶　1件（G64:12）。泥质红陶，施鲜红衣。直口略外斜，窄沿外斜，尖唇外凸，粗颈已残。素面。口径20、残高3.5厘米（图二一七，6）。

斜腹碗　1件（G64:1）。泥质陶外红内黑。敞口，尖圆唇，深腹内斜，底已残，下附矮圈足，足壁外弧。素面。口径14.6、底径13.6、通高9.8厘米（图二一七，16；图版六九，5）。

敞口碗　1件（G64:2）。泥质灰陶。敞口，尖唇，浅弧腹，底残，下附矮圈足，足壁外弧近直。足壁饰两种戳点纹，一为单点，另一两点并列，两种纹饰相间。口径14.5、底径9.3、高6.4厘米（图二一七，10；图版六九，3）。

内折沿碗　1件（G64:6）。泥质黑陶。敛口，窄凹沿内折，尖唇，折腹斜内收，底已残。素面。口径16、残高5.6厘米（图二一七，14）。

敞口盘　1件（G64:4）。夹炭红陶。敞口，方圆唇，口外一周凹槽，浅弧腹，底残。素面。口径24、残高5.3厘米（图二一七，3）。

直口盘　1件（G64:5）。夹炭红陶。直口，圆唇外凸，粗直颈，折腹弧内收，底残。素面。口径28、残高9.2厘米（图二一七，1）。

外折沿盆　1件（G64:7）。泥质黑陶。敞口，外折沿，尖唇，浅弧腹底残。素面。口径24、残高3.1厘米（图二一七，2）。

器盖纽　1件（G64:11）。夹炭红陶，内外施深红衣，盖纽内无衣呈橘红色。盖盘已残，盖纽圈足状，足壁内斜近直，足根外凸近三角形。纽壁上饰四组戳印纹，每组两竖划中间并列两戳点。纽径7.6、残高3.4厘米（图二一七，7）。

舌状小鼎足　1件（G64:13）。泥质红陶。似盘状鼎小足，足呈长方形近舌状，中上部一浅按窝。残高6.1厘米（图二一七，11）。

罐平底　1件（G64:8）。夹炭红陶，外施深红衣。仅存下部弧腹、小平底。素面。底径6.4、残高4.8厘米（图二一七，15）。

碗圈足　2件。G64:9，泥质黄陶。上残，弧腹，圜底下附矮圈足，足壁外弧近直，上部微凸。足壁多周模糊凹弦纹加两种戳点纹，一种两点上下成竖排，一种两点并列。足径10.4、残

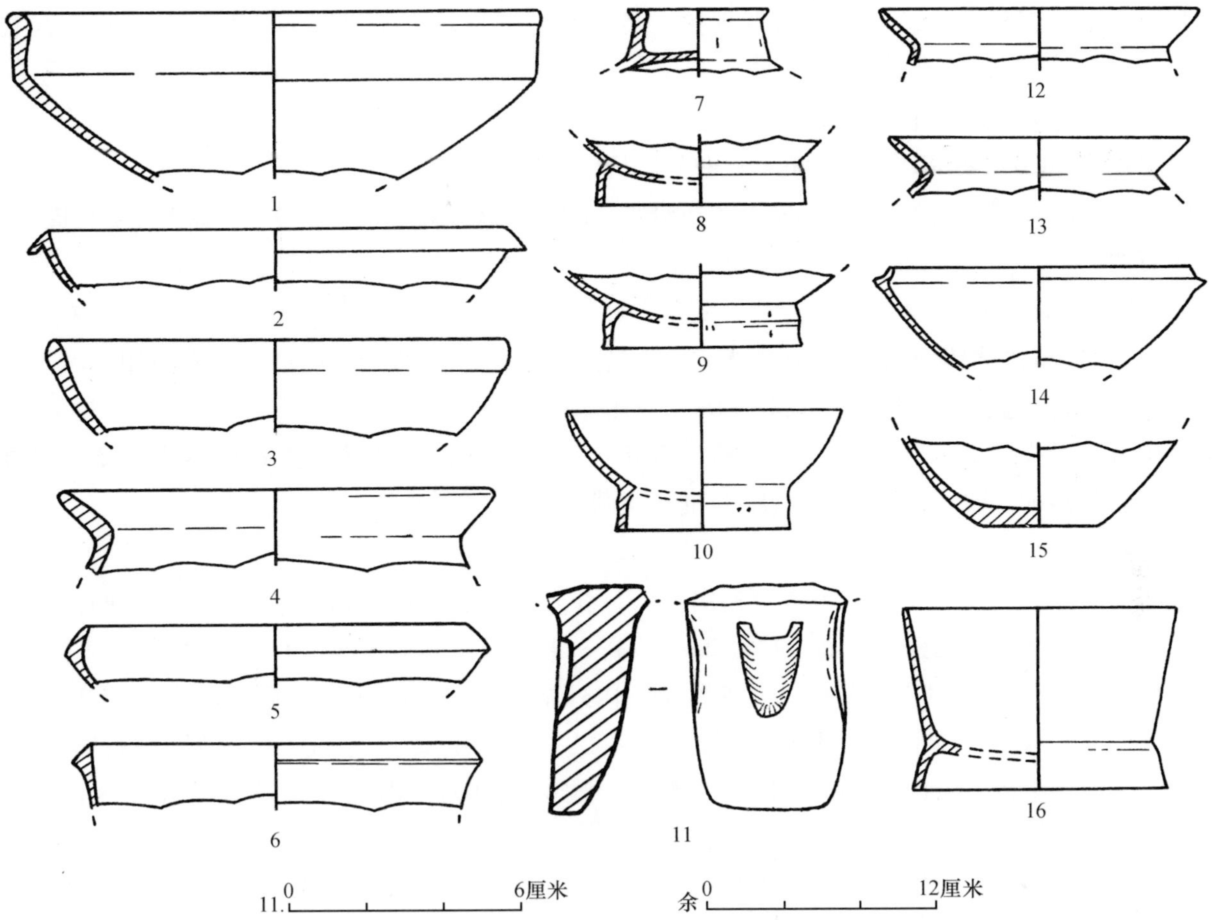

图二一七　G52、G56、G64 出土陶器

1. 直口盘（G64:5）　2. 外折沿盆（G64:7）　3. 敞口盘（G64:4）　4、12. 折沿罐（G64:3、G52:2）　5. 内折沿盘（G52:1）　6. 粗颈壶（G64:12）　7. 器盖纽（G64:11）　8、9. 碗圈足（G64:10、G64:9）　10. 敞口碗（G64:2）　11. 舌状小鼎足（G64:13）　13. 弧折沿罐（G56:1）　14. 内折沿碗（G64:6）　15. 罐平底（G64:8）　16. 斜腹碗（G64:1）

高4.2厘米（图二一七，9）。G64:10，泥质灰陶。上残，弧腹，圜底下附矮圈足，足壁外弧近直，上部微凸。足壁有两三周模糊凹弦纹。足径11、残高3.6厘米（图二一七，8）。

3. 大中中段的地层单位

（1）T14③A 层

标本2件。均为陶器，为器盖和矮圈足。

器盖　1件（T14③A:4）。泥质红陶，内外施鲜红衣。伞形纽，纽面一凹孔，且与圆柱把相通，但不与盖盘相通，盖盘上弧起下弧凹，盘沿较高，近垂直，沿面外弧，尖圆唇。纽柱上饰戳印纹，每组两竖中间横点，似两组，因另一组已残。口径15、纽径6.8、高8.2厘米（图二一八，30；图版七三，1）。

矮圈足　1件（T14③A:16）。泥质陶外红内黑，外表施深红衣。上部残，仅剩圜底和圈足残片，足壁近直稍外斜，上部外凸有折棱，足根稍外斜有不明显凸棱。未见其他纹饰。足径9.6、残高3.4厘米（图二一八，15）。

（2）T17③A层、T17③B层

标本26件。有石斧和桥形石璜，还有陶凹折沿罐、弧折沿罐、直口罐、敞口小钵、斜腹钵、假腹碗、敞口碗、直口盘、直口小盘、内折沿盘、敞口小盘、杯单耳、器盖盘、器盖纽、矮圈足。

石器

石斧　1件（T17③A:13）。石片，灰色。扁弧长椭圆形，弧顶单面打制，两面，一面为光滑弧面，另一面破裂面较平，两边修直，一边又进一步磨平，弧刃两面磨制，有使用痕，不甚锋利。长14.5、宽7.2、厚2.3厘米（图二一九，3）。

桥形石璜　1件（T17③A:82）。石，青黄色。两端已残，已穿小圆孔皆不全，璜内厚外薄，两面不甚平。残长6、宽1.6、厚1厘米（图二一九，7）。

陶器

凹折沿罐　1件（T17③A:68）。夹炭红陶，外表施红衣。侈口，束颈，宽折沿内凹，尖圆唇，溜肩，深弧腹下已残。素面。口径23、残高8.4厘米（图二一八，9）。

弧折沿罐　2件。T17③A:69，夹炭红陶，内外施深红衣。侈口，束颈，宽折沿，圆唇，弧肩，下已残。素面。口径22、残高5.4厘米（图二一八，24）。T17③A:60，泥质红陶，外表施红衣。侈口，束颈，沿面外卷，尖圆唇，弧肩，鼓腹下已残。素面。口径26、残高6.8厘米（图二一八，13）。

直口罐　1件（T17③A:66）。泥质红陶，内外施深红衣。大直口微外卷，尖圆唇，矮颈，鼓肩，深腹已残。素面。口径15、残高5.5厘米（图二一八，25）。

敞口小钵　1件（T17③A下:6）。泥质红陶。直口微敞，尖圆唇，弧腹斜收，小平底。素面。口径6.5、底径4.2、高4.2厘米（图二一八，27；图版七二，4）。

斜腹钵　1件（T17③A:11）。泥质灰陶。敞口外斜，方唇也外斜，斜直腹较深，平底。腹饰四组宽凹弦纹，每组两三周，各组凹弦纹宽窄不一。口径13.7、底径9.8、高8.6厘米（图二一八，31；图版七二，6）。

假腹碗　1件（T17③A:31）。泥质红陶，内外施红衣。近直口外侈，尖圆唇，深腹近直稍内斜，平底已残下附凸棱状矮圈足，圈足如假腹。素面。口径14.2、底径11.5、高8.5厘米（图二一八，32；图版七二，2）。

敞口碗　3件。T17③A:21，泥质陶外红内黑，外表施红衣。敞口，尖唇，深弧腹，圜底下附圈足，足壁上部外凸，中内凹，足根稍外撇。素面。口径14.8、足径9.3、高8厘米（图二一八，2；图版七一，2）。T17③A:8，泥质灰陶。敞口，尖唇，浅弧腹，底残，下附粗圈足，足壁近直，上部稍外凸，足根外撇。足饰四周宽凹弦纹，又残一组戳点纹，为上下两戳点。口径14、足径2.4、高6.5厘米（图二一八，3；图版七一，4）。T17③A:9，泥质黑陶。敞口，尖唇，斜弧腹，圜平底下附矮圈足，足壁近直，上部微外凸，足根稍外撇。素面。口径17.2、足径10.5、高6.2厘米（图二一八，1；图版七一，6）。

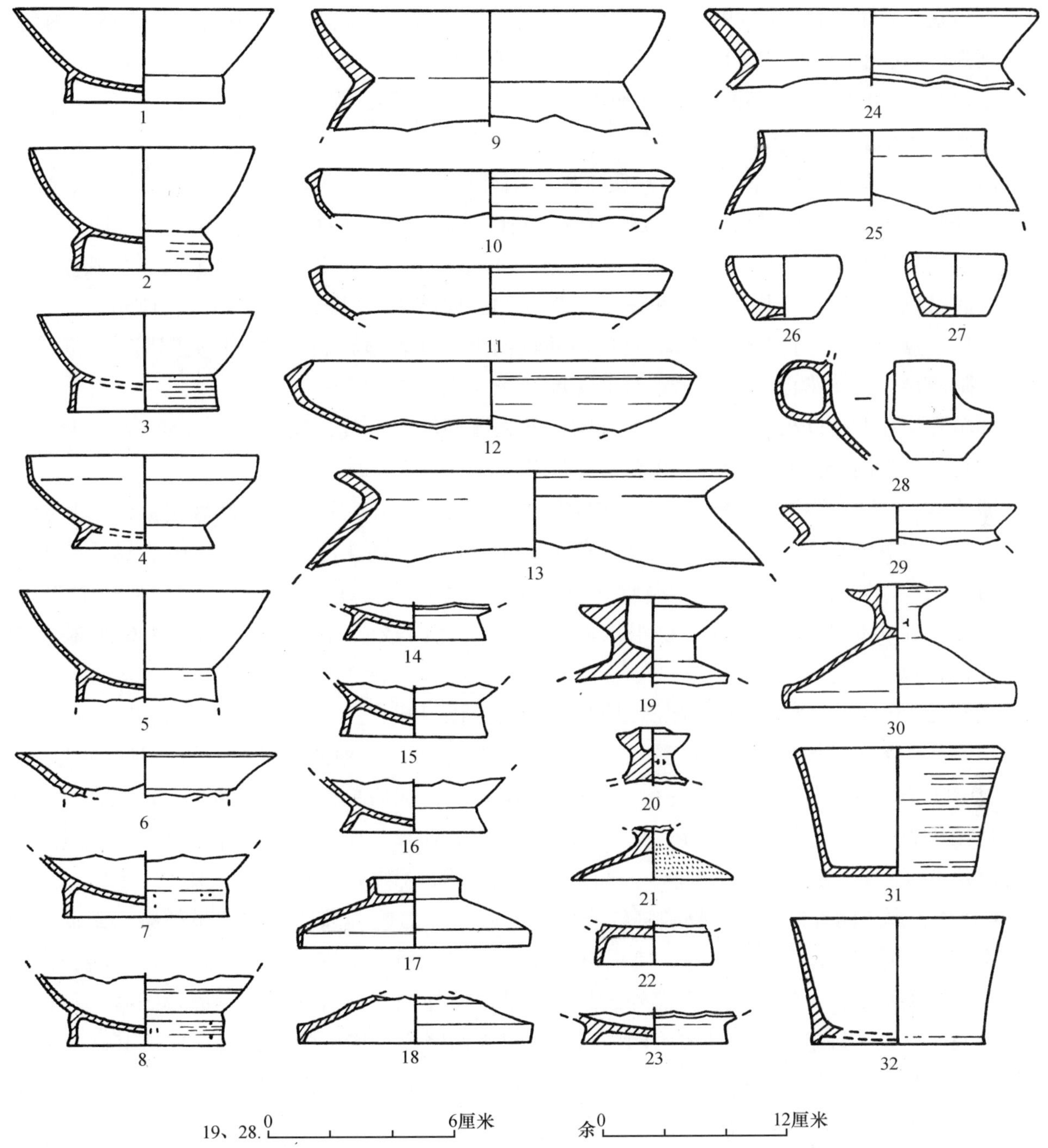

图二一八　T14③A层、T17③A层、T17③B层、T18③层、T18③下层出土陶器

1～3、5. 敞口碗（T17③A:9、T17③A:21、T17③A:8、T18③:88）　4. 直口小盘（T17③B:7）　6. 敞口小盘（T17③A:45）　7、8、14～16、22、23. 矮圈足（T17③A:46、T17③A:43、T17③A:44、T14③A:16、T17③A:38、T17③A:42、T17③A:41）　9. 凹折沿罐（T17③A:68）　10、12. 内折沿盘（T17③A:95、T17③A:39）　11. 直口盘（T17③A:94）　13、24. 弧折沿罐（T17③A:60、T17③A:69）　17、21、30. 器盖（T18③:35、T18③:112、T14③A:4）　18. 器盖盘（T17③A:96）　19、20. 器盖纽（T18③:44、T17③A:72）　25. 直口罐（T17③A:66）　26、27. 敞口小钵（T18③下:37、T17③A下:6）　28. 杯单耳（T17③A:83）　29. 弧折沿小罐（T18③:36）　31. 斜腹钵（T17③A:11）　32. 假腹碗（T17③A:31）

直口盘　1件（T17③A:94）。泥质红陶，内外施鲜红衣。直口，厚方唇外斜，粗颈内斜，浅折腹弧内收，底已残。素面。内口径22、残高3.4厘米（图二一八，11）。

直口小盘　1件（T17③B:7）。泥质红陶。近直口，尖唇，弧腹内折，底残，下附矮圈足，足壁外斜。素面。口径15.3、高6、足径9.4厘米（图二一八，4；图版七二，5）。

内折沿盘　2件。T17③A:95，泥质红陶，内外施深红衣。直口内敛，窄弧沿外斜，内为尖唇，外起凸棱，粗颈内斜，浅折腹弧内收，底已残。素面。内口径22、残高3.2厘米（图二一八，10）。T17③A:39，泥质红陶，内外施深红衣。敛口，斜沿，内折外起棱，尖圆唇，浅折腹，底已残。沿面饰八周模糊细凹弦纹。口径23、残高4.8厘米（图二一八，12）。

敞口小盘　1件（T17③A:45）。夹炭陶外红内黑，外表施红衣。敞口，尖圆唇，浅腹，底残，下附圈足也残。素面。口径17、残高2.8厘米（图二一八，6）。

杯单耳　1件（T17③A:83）。泥质红陶，外表施深红衣。残，仅剩杯耳和腹下部残片，腹上部较直，下部内折弧收。素面。残高3.3厘米（图二一八，28）。

器盖盘　1件（T17③A:96）。夹炭红陶，外施深红衣。盖纽已残，盖盘浅弧，中间起凸棱，盘口沿内折近垂直，稍内斜，尖唇。素面。口径15、残高3厘米（图二一八，18）。

器盖纽　1件（T17③A:72）。泥质红陶，外表施深红衣。纽呈伞形状，顶中部一个凹孔，盖盘已残。纽根饰两组戳印纹，每组由两个一点一竖组成。纽径4.9、残高3.6厘米（图二一八，20）。

矮圈足　6件。T17③A:46，泥质黑陶。仅存残圈足和圜底，足上部外凸起折棱，壁近直，足根稍外凸。足上折棱下三周宽凹弦纹，又加两种戳点纹，一种两点横排，另一种两点竖排。足径10.8、残高4.2厘米（图二一八，7）。T17③A:44，泥质黑陶。仅剩圈足，足根外撇。素面。足径9.2、残高2.5厘米（图二一八，14）。T17③A:42，夹炭红陶，外施红衣。仅剩矮小圈足，足壁近直，足根如尖圆唇。素面。足径7.8、残高2.6厘米（图二一八，22）。T17③A:38，泥质陶外红内灰，外施鲜红衣。口沿残，深弧腹，圜底，矮圈足外撇。素面。足径9.4、残高3.6厘米（图二一八，16）。T17③A:43，泥质红褐陶，外施红衣。口沿残，深弧腹，圜底，矮圈足，足壁近直，上部外鼓起棱，足根稍外凸。足折棱下饰三周宽凹弦纹，再加饰四组戳印点纹，每组两点，两组为两横点，两组为两竖点，横、竖组相间。足径10.4、残高4.8厘米（图二一八，8）。T17③A:41，泥质红陶，外表施红衣。仅剩矮圈足，足壁外撇，平根。素面。足径9.5、残高2.1厘米（图二一八，23）。

（3）T18③层（包括T18③下层1件）

标本7件。有石斧和陶弧折沿小罐、敞口小钵、敞口碗、器盖、器盖纽。

石器

石斧　1件（T18③:18）。长砾石，灰色加白斑点。扁弧近梯形，弧顶原面稍打制，两面皆原面，一微弧，一凹平，两边打制修直不平，弧刃已残，两面磨制，仍较锋利。长14.1、宽7、厚2.9厘米（图二一九，2）。

陶器

弧折沿小罐　1件（T18③:36）。泥质红陶，内沿、外表施红衣。侈口，束颈，卷沿，尖圆唇，肩下已残。素面。口径15.8、残高2.8厘米（图二一八，29）。

敞口小钵　1件（T18③下:37）。泥质褐陶，外灰黄，器内黄色局部有红衣。敞口近直，浅腹弧内收，平底内凹。素面。口径7.7、残高4.2厘米（图二一八，26；图版七三，4）。

敞口碗　1件（T18③:88）。泥质陶外红内黑。敞口，尖唇，斜弧腹，圜底附圈足，足壁近直，足根已残。素面。口径16.4、残高7.6厘米（图二一八，5；图版七四，1）。

器盖　2件。T18③:112，夹炭红陶。敞口，圆唇，盖顶微鼓，纽残。盖顶施刻划纹。盖径10.6、残高3.4厘米（图二一八，21；图版七三，3）。T18③:35，泥质红陶，内外施红衣。矮圈足，斜沿外起棱，盖盘弧凸，直沿，尖唇。素面。盖径14.9、纽径6.4、残高4.8厘米（图二一八，17；图版七三，2）。

器盖纽　1件（T18③:44）。夹草末红陶，内外施鲜红衣。残，纽面微凹，中间戳一圆孔，粗颈，盖盘已残。素面。纽径4.9、残高2.9厘米（图二一八，19）。

（4）T19③下层

标本61件。有石斧、石锛、小石锛、陶纺轮和陶凹折沿罐、折沿罐、弧折沿罐、斜颈罐、小口瓮、高领瓮、敞口碗、敞口大碗、斜腹碗、直口盘、内折沿盘、敛口盘、内卷沿大盆、有流碟、器盖纽、残支座、凹锥状小鼎足、内弧锥状小鼎足、盘大圈足、杯矮圈足、弧腹碗圈足、还有7件口、足已残的碗标本。

石器

石斧　2件。T19③下:117，小砾石，青色。扁弧近长方形，弧顶，两面光滑弧平，两边已磨平，一边留有疤痕，弧刃稍斜，两面磨制，有使用痕，不锋利。长11、宽5.6、厚2.2厘米（图二一九，4；图版七〇，1）。T19③下:118，砾石，青色。扁弧近梯形，平顶两面打制，两面皆原弧平面，都有片疤，两边也已磨平，刃部两面磨制，但使用后已残，不锋利。长12.4、宽7.4、厚3厘米（图二一九，1）。

石锛　1件（T19③下:86）。石片，白灰色。扁平梯形，两面皆较平，破裂面，一面已磨制，但仍有疤痕，弧顶一面打制，成尖刃状，两边磨平，双面磨刃不对称，弧刃较锋利。长8.6、宽5.2、厚1.4厘米（图二一九，5）。

小石锛　1件（T19③下:115）。石，表皮黄色、皮下灰白色。扁平不规则形，尖弧顶，两面皆近平，两边磨平，但都不直，平刃已残，两面不对称磨制，已不锋利。长5.5、宽2.8、厚0.8厘米（图二一九，6）。

陶器

陶纺轮　1件（T19③下:66）。泥质红陶。残，仅剩一半，扁薄两面平，上下面微凹，角边型。素面。直径7、孔径0.7、厚1.9厘米（图二二〇，22）。

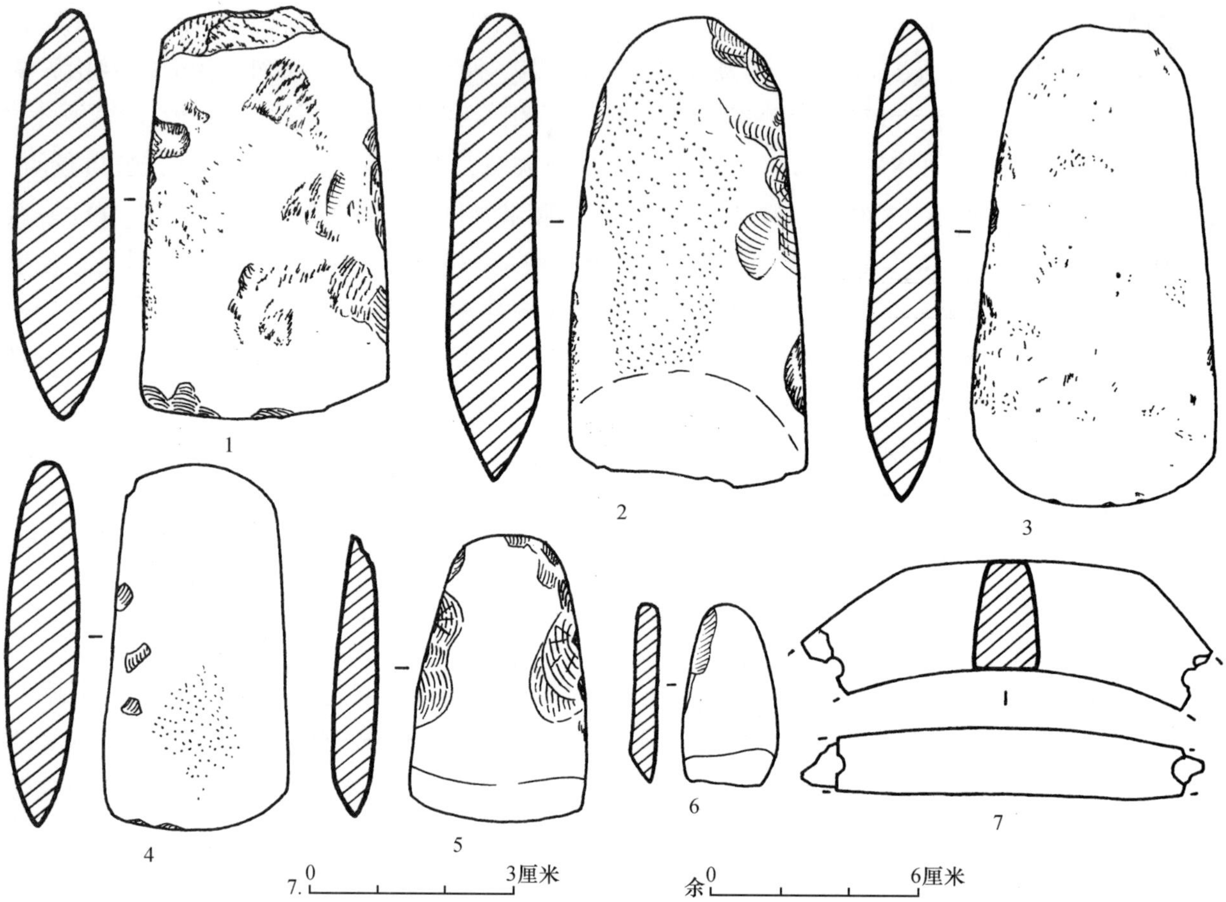

图二一九　T17③A 层、T18③层、T19③下层出土石器

1～4. 石斧（T19③下:118、T18③:18、T17③A:13、T19③下:117）　5. 石锛（T19③下:86）
6. 小石锛（T19③下:115）　7. 桥形石璜（T17③A:82）

凹折沿罐　6件。T19③下:45，夹草末红陶，内外施红衣。侈口，束颈，折沿，沿面微凹，方圆唇，弧肩，深弧腹已残。素面。口径19、残高7厘米（图二二〇，2）。T19③下:50，夹草末红陶，外表施红衣。侈口，凹折沿，方圆唇，束颈，肩已残。素面。口径21.6、残高3.4厘米（图二二〇，6）。T19③下:55，夹炭红陶，外施深红衣。侈口，束颈，宽折沿微凹，方圆唇，斜肩下已残。素面。口径20、残高5厘米（图二二〇，4）。T19③下:59，泥质红陶，外施红衣。侈口，束颈，宽凹折沿外斜近直，圆唇，斜肩下已残。素面。口径20、残高7.7厘米（图二二〇，3）。T19③下:95，夹炭红陶，外施红衣。侈口，束颈，折沿微凹，方圆唇，斜弧肩，腹已残。素面。口径19、残高5.2厘米（图二二〇，5）。T19③下:178，夹炭灰陶，外表施红衣。侈口，束颈，折沿内凹，尖圆唇，弧肩，腹已残。素面。口径18、残高6厘米（图二二〇，1）。

折沿罐　2件。T19③下:63，泥质红陶，外施红衣。侈口，束颈，尖圆唇，弧肩，深弧腹已残。素面。口径14、残高6.7厘米（图二二〇，19）。T19③下:176，泥质红陶，外表施鲜红衣。侈口，束颈，折沿，尖圆唇，斜弧腹，腹已残。素面。口径24、残高5.8厘米（图二二〇，10）。

弧折沿罐　3件。T19③下:42，夹砂红陶。侈口，束颈，折沿，沿面上弧，尖圆唇，弧肩已残。素面。口径24、残高4.2厘米（图二二〇，11）。T19③下:103，泥质红陶，内沿、外表施浅红衣。侈口，弧折沿，尖圆唇，束颈，弧肩，鼓腹底残。素面。口径16、腹径17.5、残高13.7厘米（图二二〇，21；彩版八，1；图版七一，1）。T19③下:175，泥质黄陶，外表施红衣。侈口，折沿微上弧，方唇，束颈，溜肩，腹已残。素面。口径16、残高6厘米（图二二〇，20）。

斜颈罐　1件（T19③下:31）。夹炭红陶，内外施红衣。侈口，束颈，折沿外斜微内凹，方唇内凸，弧肩，深弧腹已残。素面。口径25、残高9.6厘米（图二二〇，12）。

小口瓮　3件。T19③下:32，泥质红陶，外施红衣。直口，圆唇，矮颈内凹外弧，广弧肩，腹已残。素面。口径10、残高5.5厘米（图二二〇，7）。T19③下:33，泥质黄陶。直口，方圆唇，矮颈，广圆肩，腹已残。素面。口径9.6、残高7厘米（图二二〇，8）。T19③下:58，夹炭红陶。直口，方圆唇，矮颈，广弧肩，腹以下残。素面。口径12、残高6.3厘米（图二二〇，9）。

高颈瓮　1件（T19③下:62）。夹炭红陶，外施红衣。直口，方圆唇，高直颈，鼓肩，深弧腹已残。肩上部饰一单面钻圆孔。口径9.2、残高11.6厘米（图二二〇，13）。

敞口碗　2件。T19③下:4，泥质灰陶。敞口、尖唇、斜弧腹较深，圜底下附矮圈足，足壁上部外鼓，中部微凹，足根外撇。足饰四组戳点纹，两组每组两竖点，另两组每组两横点，横、竖点相间近对称。口径15.2、足径10、高6.8厘米（图二二〇，24；图版七一，3）。T19③下:10，泥质黑陶。敞口，尖圆唇，斜直腹，底已残，底下附圈足，足呈圆筒状，上部稍外鼓，足根稍外撇。素面。口径12、足径7.4、高6.9厘米（图二二〇，23；图版七四，2）。

敞口大碗　1件（T19③下:25）。泥质红陶，内外施深红衣。敞口，方唇，深弧腹，圜平底下附低矮小圈足。素面。口径21.8、足径7.6、高9.8厘米（图二二〇，15；图版七一，5）。

斜腹碗　3件。T19③下:2，泥质红陶，内外施红衣。敞口，尖圆唇，斜直腹，腹较深，尖圜底下附矮圈足。素面。口径10.2、足径6.2、高4.9厘米（图二二〇，17；图版七四，5）。T19③下:8，泥质陶外红内黑，外施红衣。敞口，尖圆唇，斜弧腹，浅腹，底已残，底下附矮圈足。素面。口径13、足径5.4、高4厘米（图二二〇，18；图版七四，3）。T19③下:35，泥质陶外红内黑，外表施红衣。敞口，尖唇，斜深腹，圜平底下附圈足，足略外撇，足上部起折棱。足饰四组戳点纹，两组每组两横点，另两组每组两竖点，横、竖上各组相间近对称。口径14.2、足径8.8、高7.8厘米（图二二〇，16；图版七四，6）。

直口盘　3件。T19③下:26，夹炭红陶，内外施红衣。直口，圆唇外卷，粗颈，浅折腹斜内收，底已残。素面。口径24、残高5.9厘米（图二二〇，14）。T19③下:37，泥质红陶，内外施红衣。敞口近直，窄沿外下斜，尖唇压印呈锯齿状花边，浅弧腹，圜底下附圈足已脱落。未见其他纹饰。那口径12.8、残高3.8厘米（图二二一，15）。T19③下:140，泥质灰陶。直口外斜，小方唇外起小圆棱，粗矮颈，折腹弧内收，底已残。素面。口径15、残高3.3厘米（图二二一，14）。

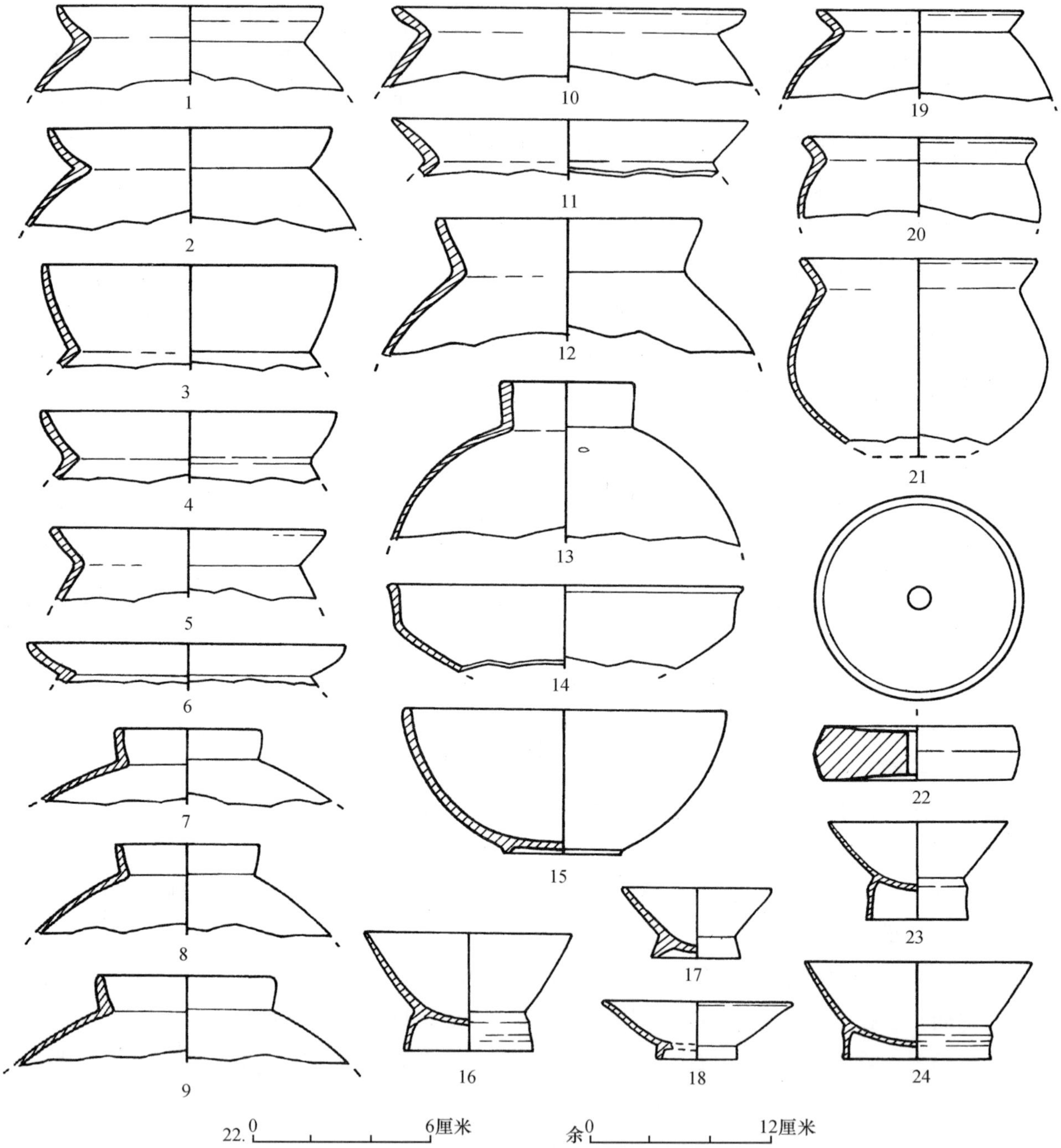

图二二〇　T19③下层出土陶器

1～6. 凹折沿罐（T19③下:178、T19③下:45、T19③下:59、T19③下:55、T19③下:95、T19③下:50）　7～9. 小口瓮（T19③下:32、T19③下:33、T19③下:58）　10、19. 折沿罐（T19③下:176、T19③下:63）　11、20、21. 弧折沿罐（T19③下:42、T19③下:175、T19③下:103）　12. 斜颈罐（T19③下:31）　13. 高领瓮（T19③下:62）　14. 直口盘（T19③下:26）　15. 敞口大碗（T19③下:25）　16～18. 斜腹碗（T19③下:35、T19③下:2、T19③下:8）　22. 陶纺轮（T19③下:66）　23、24. 敞口碗（T19③下:10、T19③下:4）

内折沿盘　2件。T19③下:34，泥质红陶，内外施红衣。敛口，窄斜沿内折，尖唇，浅折腹弧内收，底已残。素面。口径16、残高3厘米（图二二一，16）。T19③下:60，夹炭红陶，外施红衣。敛口，尖唇，内折沿上弧，浅折腹弧内收，底已残。素面。口径23、残高5.2厘米（图二二一，1）。

敛口盘　1件（T19③下:61）。夹炭褐黄陶。口微敛，圆唇，斜弧腹已残。素面。口径26、残高7.3厘米（图二二一，2）。

内卷沿大盆　1件（T19③下:177）。夹砂红陶，外表施深红衣。敛口，厚圆唇内卷，浅弧腹内收，但下部已残。腹中部饰两周凹弦，上又有一周带状竖划纹。残高9.3厘米（图二二一，17）。

有流碟　1件（T19③下:179）。夹草末红褐陶。直口外斜，尖圆唇，口上一侧有凹流口，斜弧腹，圜平底。上腹施一周宽浅凹槽。口径8.8、底径5.8、高2.8厘米（图二二一，19；图版七三，5）。

器盖纽　4件。T19③下:64，泥质红陶，外施红衣。仅存盖纽，纽如小型敛口圈足盘。上部两周凹弦。纽径8、残高4.6厘米（图二二一，9）。T19③下:65，泥质陶外黄内灰。仅存盖纽，纽如足壁内斜矮圈足。纽部上饰凹弦纹及一周宽带，带上有规则划纹，划纹交叉成斜方格纹状。纽径6、残高3厘米（图二二一，25）。T19③下:174，泥质红陶，内外施深红衣。仅存高足杯状器盖纽。素面。外沿径7.2、残高8.4厘米（图二二一，10）。T19③下:101，泥质红陶，外表施红衣。仅存器盖纽，纽如火锅状。素面。纽径4.8、残高3.1厘米（图二二一，11）。

残支座　1件（T19③下:124）。夹砂红陶。属素面实心倾斜型。残高13厘米（图二二一，3）。

凹锥状小鼎足　1件（T19③下:128）。夹炭红陶。仅存罐形小鼎的小鼎足，足呈圆锥形，但外侧内凹。外侧上部饰一小三角形凹纹。残高4.8厘米（图二二一，32）。

内弧锥状小鼎足　2件。T19③下:127，夹炭浅红陶，外表施浅红衣。仅剩尖锥状小鼎足，足稍向外撇。素面。残高4.6厘米（图二二一，33）。T19③下:126，夹炭红陶，外表施红衣。仅剩外撇小锥足。素面。残高3.9厘米（图二二一，24）。

盘大圈足　1件（T19③下:27）。泥质红陶，内外施红衣。仅剩圈足，圈足粗大较高呈筒状，足根如方唇。素面。足径13、残高6.2厘米（图二二一，8）。

杯矮圈足　1件（T19③下:57）。泥质陶外红内黑，外表施红衣。上部残，似直口稍侈，深腹近筒状，下腹内折成圜底，底下附矮圈足，足根外斜，尖唇状。素面。足径6.6、残高4.6厘米（图二二一，21）。

弧腹碗圈足　9件。T19③下:36，泥质灰陶。仅剩圈足，足上部外凸，中内束，足根外凸并起棱。足饰三周宽凹弦纹，又在凹弦纹上下各饰四组横竖两个为一组的戳点纹。足径10.4、残高4厘米（图二二一，6）。T19③下:38，泥质陶外红内黑，外表施红衣。口沿上部残，深斜腹，圜底下附圈足，足上部起棱，下部呈筒状，足根圆棱状。未见其他纹饰。足径8.8，残高6.2厘米（图二二一，5）。T19③下:39，夹炭陶外红内黑，外施红衣。腹以上残，深腹圜底下附矮圈足，足沿外侈，足根尖圆。素面。足径6.6、残高5.2厘米（图二二一，4）。T19③下:48，泥质陶外红内黑，外表施红衣。残存圈足，足上部外鼓起棱，下部直筒状，足根如圆唇外凸。素面。足径9.2、残高3.6厘米（图二二一，23）。T19③下:49，泥质陶外红内黑，外表施红衣。残存圈足，足外撇，足中部起折棱。素面。足径9.3、残高3.1厘米（图二二一，22）。T19③下:54，泥质陶外红内黑，外表施红衣。口沿上部残，斜腹，圜底下附较高矮圈足，足上部起折棱，下部呈直筒状，足根平沿稍外凸。未见纹饰。足径10.7、残高5厘米（图二二一，7）。T19③下:68，泥质黑陶。仅剩小圈足，足相对较高，足外撇，足根尖唇状。素面。足径6、残高2.8厘米（图二二一，18）。T19③下:94，泥质红陶，内外施红衣。口沿浅。斜弧腹，圜底下附圈足呈直筒状。素面。足径6.7、残高4厘米（图二二一，12）。T19③下:145，泥质陶外红内黑。口沿残，斜腹弧内收，圜底下附较高矮圈足，足壁近直，上有折棱，足根呈圆凸棱。足壁饰二三周不等距凹弦，并饰甚浅戳点纹。足径9.2、残高4.6厘米（图二二一，13）。

口、足已残的碗标本　7件。T19③下:43，泥质红陶，外表施红衣。上、下皆残，深腹，圜底下附圈足，足上部起折棱，足根已残。未见纹饰。残高3.5厘米（图二二一，28）。T19③下:44，泥质陶外红内黑，外施红衣。口沿上部残，深斜腹，圜底下附圈足，足已残，足上有折棱。未见纹饰。残高5厘米（图二二一，26）。T19③下:47，泥质陶外红内黑，外施深红衣。口沿上部残，深腹，圜底下附圈足，足相对高大，足上部起折棱，中下部呈筒状，足根已残。未见纹饰。残高4.5厘米（图二二一，20）。T19③下:51，夹炭陶外红内黑，外表施红衣。上部已残，斜腹，圜底下还有圈足，但已掉。素面。残高4.5厘米（图二二一，31）。T19③下:53，泥质陶外红内黑，外表施红衣。口沿上部残，深弧腹，圜底下附圈足，上部起折棱，足下部已残。未见纹饰。残高4.8厘米（图二二一，27）。T19③下:56，泥质陶外红内黑，外表施红衣。上部已残，斜直腹下部外折再内收为尖圜底，底下又附圈足，足已残，只留足痕一周。素面。残高4厘米（图二二一，29）。T19③下:67，泥质红陶，内外施红衣。口沿上部残。斜弧腹，圜底下附圈足，足已残。素面。残高3.4厘米（图二二一，30）。

（5）T19④层

标本11件。有圭形石凿和陶凹折沿罐、折沿罐、弧折沿罐、小口瓮、斜腹碗、弧腹碗圈足。

石器

圭形石凿　1件（T19④:113）。石，灰色。扁圆体长三角形，顶残，两面皆原面进一步磨制，两边一边为原平面，另一边为原弧面，两边下部对磨成角刃，较锋利。长6.1、宽2.6、厚2厘米（图二二二，3；图版七〇，2）。

陶器

凹折沿罐　2件。T19④:24，夹炭红陶，外施红衣。侈口，束颈，宽沿微内凹，尖圆唇，鼓肩，深腹下已残。素面。口径22、残高11厘米（图二二二，1）。T19④:41，夹炭红陶。侈口，束颈，凹折沿，尖圆唇，鼓肩，深腹已残。素面。口径18.6、残高9.8厘米（图二二二，11）。

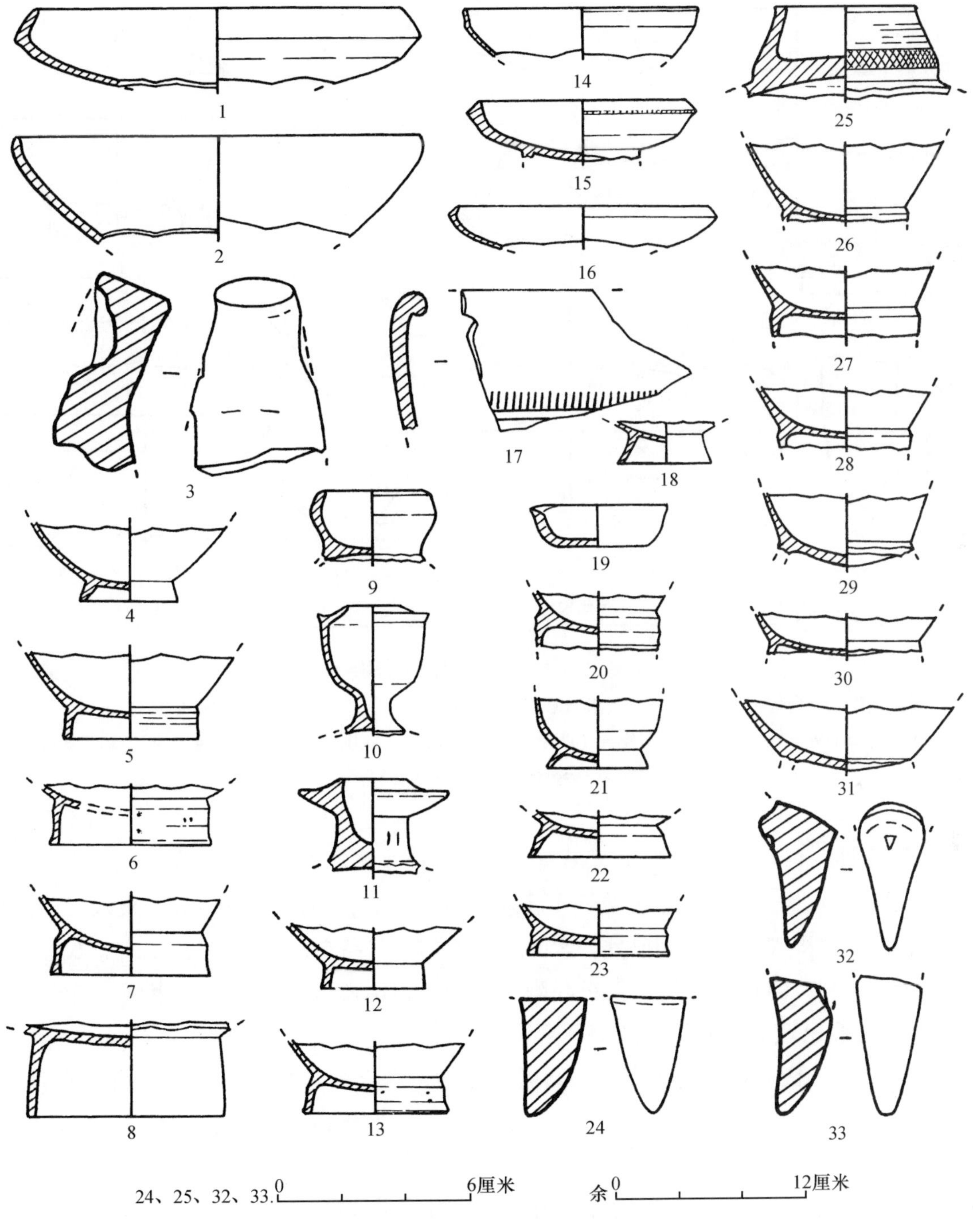

图二二一 T19③下层出土陶器

1、16. 内折沿盘（T19③下：60、T19③下：34） 2. 敛口盘（T19③下：61） 3. 残支座（T19③下：124） 4～7、12、13、18、22、23. 弧腹碗圈足（T19③下：39、T19③下：38、T19③下：36、T19③下：54、T19③下：94、T19③下：145、T19③下：68、T19③下：49、 T19③下：48） 8. 盘大圈足（T19③下：27） 9～11、25. 器盖纽（T19③下：64、T19③下：174、T19③下：101、T19③下：65） 14、15. 直口盘（T19③下：140、T19③下：37） 17. 内卷沿大盆（T19③下：177） 19. 有流碟（T19③下：179） 20、26～31. 口、足已残的碗（T19③下：47、T19③下：44、T19③下：53、T19③下：43、T19③下：56、T19③下：67、T19③下：51） 21. 杯矮圈足（T19③下：57） 24、33. 内弧锥状小鼎足（T19③下：126、T19③下：127） 32. 凹锥状小鼎足（T19③下：128）

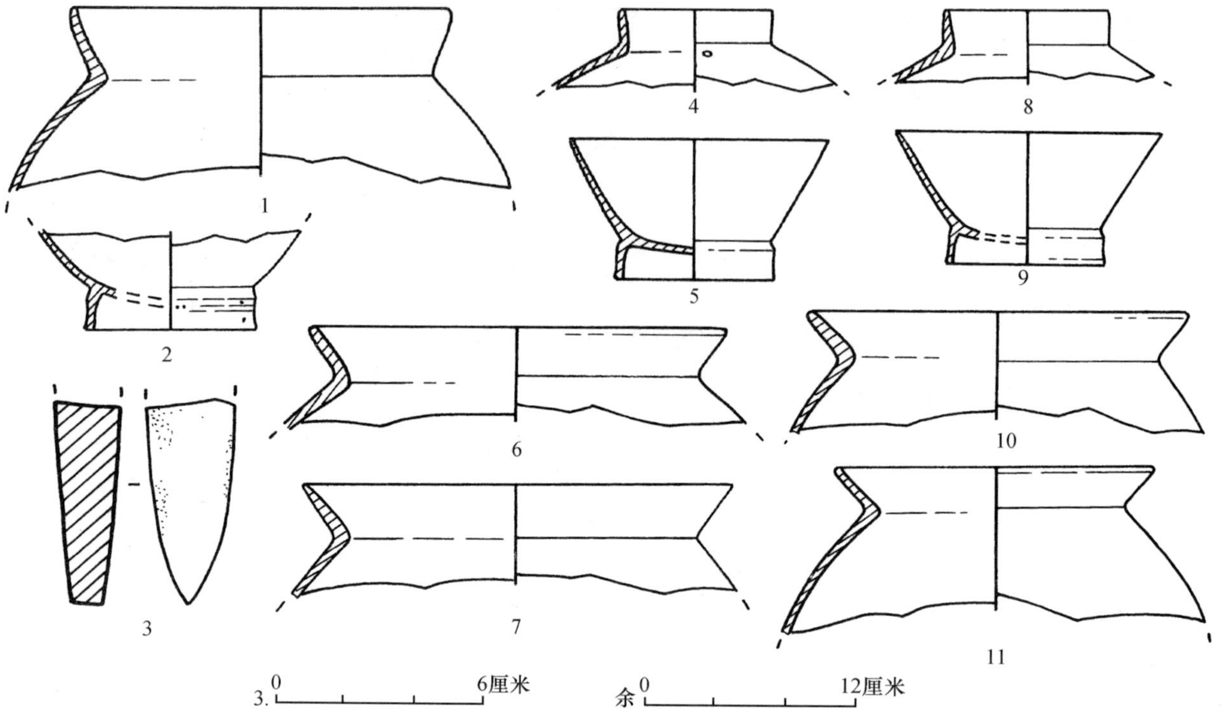

图二二二　T19④层出土器物

1、11. 陶凹折沿罐（T19④: 24、T19④: 41）　2. 陶弧腹碗圈足（T19④: 22）　3. 圭形石凿（T19④: 113）　4、8. 陶小口瓮（T19④: 21、T19④: 23）　5、9. 陶斜腹碗（T19④: 7、T19④: 6）　6、10. 陶折沿罐（T19④: 15、T19④: 100）　7. 陶弧折沿罐（T19④: 29）

折沿罐　2件。T19④: 100，夹炭黄褐陶，沿下残存零星红衣。侈口，束颈，折沿，方圆唇，弧肩，深腹已残。素面。口径22、残高7.4厘米（图二二二，10）。T19④: 15，夹炭红陶。侈口，束颈，宽折沿，圆唇，鼓肩，球腹已残。素面。口径24、残高6.5厘米（图二二二，6）。

弧折沿罐　1件（T19④: 29）。夹炭红陶，外表、口沿施红衣。侈口，束颈，折沿微上弧，尖圆唇，弧肩，腹已残。素面。口径25、残高6.9厘米（图二二二，7）。

小口瓮　2件。皆夹炭红陶。直口，圆唇，矮领，腹已残。T19④: 21，弧肩。残肩上部有一个圆形镂孔。口径9、残高4.8厘米（图二二二，4）。T19④: 23，广肩。素面。口径9.6、残高4.5厘米（图二二二，8）。

斜腹碗　2件。T19④: 6，泥质陶外红内黑。敞口，尖圆唇，斜腹，底残，下附矮圈足，足壁上部略外鼓，足平根稍外撇。素面。口径15.4、足径9.4、高7.5厘米（图二二二，9；图版七二，1）。T19④: 7，泥质陶外红内黑，外表施深红衣。敞口，尖圆唇，斜直腹，圜底下附圈足，足呈圆筒状，上部外凸，足根平稍内凸。素面。口径14.8、足径9.2、高8.5厘米（图二二二，5；图版七四，4）。

弧腹碗圈足　1件（T19④: 22）。泥质陶外黄内灰。口沿残，斜弧腹，圜底下附圈足，足上起折棱，足根稍外撇。足上折棱下方饰四组戳点纹，每组四个，糊凹弦纹，及两个为一组戳点纹，每组四个。足径10、残高5.8厘米（图二二二，2）。

（6）T1023②层

标本9件。有石斧、砺石和陶弧折沿罐、敞口钵、内折沿碗、内折沿花边盘、敞口小盘、筒形瓶、矮圈足。

石器

石斧　1件（T1023②:5）。砾石，灰色。扁弧近长方形，凹平顶稍打制，两面皆原弧面，但都近平，两边磨平，一边有片疤，弧刃近平，两面磨制，有使用痕，已不锋利。长10.4、宽7.2、厚2.5厘米（图二二四，3）。

砺石　1件（T1023②:78）。砂岩，灰色。近长方体，上、下面皆有磨制凹痕。长30.6、宽18.2、厚10.8~12.3厘米（图二二四，5）。

陶器

弧折沿罐　1件（T1023②D:43）。夹炭黑陶。侈口，束颈，折沿，沿面稍上弧，尖圆唇，斜肩，腹已残。素面。口径21、残高4.6厘米（图二二三，7）。

敞口钵　1件（T1023②B:37）。夹砂红陶。敞口，扁圆唇，但不外凸，弧腹斜内收，底已残。素面。口径16、残高3.7厘米（图二二三，14）。

内折沿碗　1件（T1023②D:48）。泥质红陶。敛口，内折沿，尖唇，深折腹内斜，底已残。素面。口径20、残高4.8厘米（图二二三，4）。

内折沿花边盘　1件（T1023②A:30）。加粗砂陶，外红内灰。敛口，内斜沿，尖圆唇，沿外凸棱压印成锯齿状花边，折腹较深斜内收，下已残。沿腹间凸棱压印成花边状。口径22、残高3.6厘米（图二二三，10）。

敞口小盘　1件（T1023②B:39）。泥质红陶，内外施深红衣。敞口，窄沿外斜，上成尖唇，下起凸棱，上腹内斜微凹，下腹弧折内收，下已残。素面。口径16、残高2.4厘米（图二二三，15）。

筒形瓶　1件（T1023②:24）。泥质陶外红内黑，外表施浅红衣。上部已残，残筒腹，下部外斜，平底，下附凸棱状矮圈足，足壁外斜成宽带状。下腹饰一周戳点纹，其上有五六组双排竖戳点纹。底径8.2、残高4.2厘米（图二二三，11）。

矮圈足　1件（T1023②:25）。夹炭红陶。上部已残，仅剩矮圈足和圜底，深弧腹，圜底下附矮圈足，足壁内弧近直。素面。足径7.6、残高3.9厘米（图二二三，17）。

（7）T1023③层、T1023④层、T1023⑤层、T1023⑤B层和T1023⑥层

标本16件。有石锄、石斧、小石锛、砺石和陶敛口盘、直口盘、矮圈足、折沿小罐、弧折沿罐、凹折沿罐、内折沿盘和器盖纽。

石器

石锄　1件（T1023③:51）。砾石片，紫红色有层纹理。扁薄近长梯形，顶部一角打制成斜弧长边，另一边打制修直斜平，两面一面为光滑原弧面，另一面为破裂面甚平，弧刃单面打制，不锋利。长16、宽8.7、厚2.1厘米（图二二四，4）。

石斧　2件。T1023⑥:73，砾石，灰色夹密集白斑点。宽扁近长方形，刃部已残，弧顶为原面，单面打制，两面也为弧平原面，都有进一步打制片疤，两边磨平，都向外弧，宽刃已残。残长9.9、宽9.6、厚3.8厘米（图二二四，6）。T1023③:52，砾石片，青灰色。厚体凹凸近梯形，顶部不规整，两面打制，两面皆原面，一面进一步打制而仅留局部原面，两边一边为原面进一步磨平，另一边两面打制，仅修直而不平，平刃两面打制，不锋利。长10.9、宽6.2、厚2.8厘米（图二二四，1）。

小石锛　1件（T1023⑤:59）。小砾石，青灰色。扁薄小梯形，弧顶，因原弧面和破裂面夹角较薄而成弧刃，两面光滑近平，两边磨平，一边有大片疤，斜刃单面磨制，仍锋利。长6.3、宽3.5、厚1厘米（图二二四，11）。

砺石　1件（T1023⑤:86）。砂岩，红色。较厚近正方形，上、下面局部有磨砺痕。长32.6、宽28.6、厚13.7厘米（图二二四，9）。

陶器

凹折沿罐　2件。T1023⑥:75，夹炭陶外黑内红，内沿、外表施黑衣。侈口，束颈，宽折沿，沿面内凹，尖圆唇，弧肩，肩下已残。素面。口径20、残高5.6厘米（图二二三，6）。T1023⑤B:67，夹炭红陶，内沿、外表施深红衣。侈口，束颈，宽折沿，沿面深凹，圆唇外翻，弧肩，腹已残。素面。口径22、残高7.8厘米（图二二三，3）。

折沿小罐　1件（T1023⑤:64）。夹炭红陶，内沿、外表施橘红衣。侈口，束颈，折沿，尖圆唇，斜弧肩，弧腹已残。素面。口径14、残高4.8厘米（图二二三，13）。

弧折沿罐　2件。T1023⑤B:71，泥质红陶，外表施浅红衣。侈口，折沿，沿面稍上弧，尖圆唇，斜肩已残。素面。口径24、残高3.6厘米（图二二三，1）。T1023⑤:62，夹炭黄陶。侈口，束颈，折沿，沿面微上弧，尖圆唇，斜弧肩，深弧腹下已残。素面。口径21、残高7.1厘米（图二二三，2）。

内折沿盘　1件（T1023⑤B:70）。泥质红陶，内外施深红衣。敛口，窄弧沿内折，尖圆唇，沿外起折棱，浅折腹弧内收，下已残。腹饰两周以上模糊凹弦。口径22、残高3.8厘米（图二二三，9）。

直口盘　1件（T1023④:57）。泥质红陶，内外施浅红衣。直口外斜，窄沿微凹外折，沿上为尖唇，沿外起凸棱，粗颈稍内斜微凹，弧折腹内收，下已残。素面。口径22、残高4.4厘米（图二二三，8）。

敛口盘　1件（T1023③:53）。泥质灰陶。敛口，方唇外斜，浅弧腹内收，底已残。素面。口径21、残高4.8厘米（图二二三，5）。

器盖纽　1件（T1023⑤B:72）。泥质红陶，内外施深红衣。纽如火锅状。纽柱饰对称的三角形戳印纹三组。纽径5.9、残高4.4厘米（图二二三，12）。

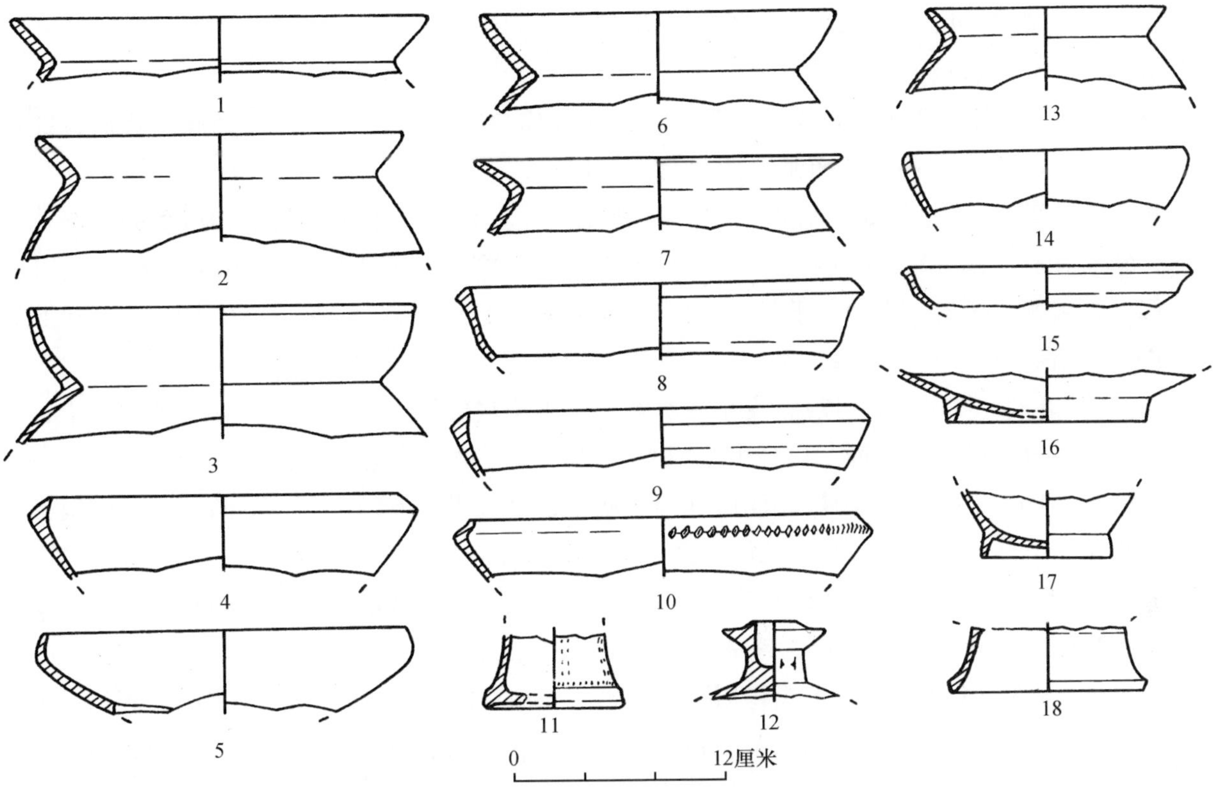

图二二三　T1023②层、T1023③层、T1023④层、T1023⑤层、T1023⑤B层、T1023⑥层出土陶器

1、2、7. 弧折沿罐（T1023⑤B:71、T1023⑤:62、T1023②D:43）　3、6. 凹折沿罐（T1023⑤B:67、T1023⑥:75）　4. 内折沿碗（T1023②D:48）　5. 敛口盘（T1023③:53）　8. 直口盘（T1023④:57）　9. 内折沿盘（T1023⑤B:70）　10. 内折沿花边盘（T1023②A:30）　11. 筒形瓶（T1023②:24）　12. 器盖纽（T1023⑤B:72）　13. 折沿小罐（T1023⑤:64）　14. 敞口钵（T1023②B:37）　15. 敞口小盘（T1023②B:39）　16～18. 矮圈足（T1023④:58、T1023②:25、T1023⑥:76）

矮圈足　2件。T1023⑥:76，泥质黑陶。仅剩圈足残片，足壁外撇，足根内斜起台面。素面。足径11、残高3.9厘米（图二二三，18）。T1023④:58，夹炭黄陶。上部残，仅剩矮圈足和大圜底残片，足壁甚低矮近直。素面。足径11.6、残高3厘米（图二二三，16）。

（8）T1024③层（加T1024②B层1件，T1024④层2件）

标本14件。有石斧、砺石和陶折沿小罐、弧折沿小罐、小口瓮、卷沿盘、敛口小盘、敞口盘、内折沿盘、外折沿盘、矮圈足。

石器

石斧　2件。T1024③:41，砾石，青色。扁平呈梯形，弧顶，顶一面为原砾面，另一面打制呈尖刃状。两面，一面磨平，另一面打制凸凹不平，刃两面磨制，但已残，近平刃，不锋利。长9.2、宽6.3、厚2厘米（图二二四，7）。T1024④:60，砾石，青色。较厚近长方形，弧顶为原砾面，两面为弧状光滑，两边磨平近平行，弧刃两面磨制，但使用后已残，不锋利。长10.6、宽6.8、厚3厘米（图二二四，2）。

砺石　1件（T1024③:42）。砂岩，紫红色。厚体不规则近圆形，上、下都有磨砺后的凹弧面。长 32.2、宽 31.4、厚 13 厘米（图二二四，12）。

陶器

折沿小罐　1 件（T1024③:49）。夹草末红陶。侈口，束颈，折沿，尖圆唇，弧肩，腹已残。素面。口径 11、残高 3.8 厘米（图二二五，17）。

弧折沿小罐　2 件。T1024③:45，夹砂夹草末红陶。侈口，束颈，折沿，沿面微上弧，尖圆唇，斜肩，肩下残。素面。口径 17、残高 4.2 厘米（图二二五，10）。T1024③:50，夹砂红陶。侈口，束颈，折沿，沿面微上弧，尖圆唇，斜肩，肩下已残。素面。口径 15、残高 3.5 厘米（图二二五，11）。

小口瓮　1 件（T1024③:47）。夹草末红陶，外表施浅红衣。直口稍内斜，方唇即窄沿，高颈，广弧肩，肩下已残。素面。口径 12、残高 4.9 厘米（图二二五，12）。

卷沿盘　1 件（T1024④:64）。泥质红陶。敞口，窄弧沿外卷，尖圆唇外凸，粗颈内斜，弧折腹内收，腹下已残。素面。口径 25、残高 4.9 厘米（图二二五，6）。

敛口小盘　1 件（T1024③:51）。泥质红陶。直口微敛，窄弧沿内斜，尖圆唇外凸，浅弧腹内收，腹下已残。素面。口径 15、残高 2.2 厘米（图二二五，19）。

敞口盘　1 件（T1024②B:1）。泥质褐陶。敞口，方唇外下斜，折腹圜平底下附矮圈足，足壁近直，上部外凸。足上部外凸呈棱一周。口径 18.2、足径 12、高 5.9 厘米（图二二五，14；图版七二，3）。

内折沿盘　1 件（T1024③:52）。泥质浅红陶，外表施鲜红衣。敛口，斜沿内敛外凸，粗矮颈，弧折腹内收，底已残。素面。口径 20、残高 3.2 厘米（图二二五，4）。

外折沿盘　1 件（T1024③:67）。夹炭红陶。敞口，窄沿外斜，圆唇，浅弧腹，腹下已残。素面。口径 22、残高 4 厘米（图二二五，5）。

矮圈足　2 件。T1024③:56，泥质陶外红内黑。上部残，仅剩矮圈足和圜底残片，足壁相对较高，稍外斜近直。足饰两个小长方形并列为一组的镂孔。足径 12、残高 3.2 厘米（图二二五，22）。T1024③:57，泥质红陶，内外施浅红衣。上部残，仅剩矮圈足和圜底残块，足壁外斜。素面。足径 9.6、残高 2.8 厘米（图二二五，7）。

（9）T1123③C 层（加 T1123④层 2 件）

标本 14 件。有打制石斧、小石斧和陶凹折沿罐、凹折沿小罐、弧折沿罐、斜颈罐、小口瓮、敛口小盆、椎状和鸭嘴状小鼎足、矮圈足。

石器

打制石斧　1 件（T1123④:115）。砾石，青色夹密集黑斑点。扁平长方形，弧顶，顶一面为原砾面，另一面打制。两面光滑斜平，两边打制修直，并琢成扁弧状近平。弧刃两面打制，不锋利。长 13.6、宽 7.5、厚 3.1 厘米（图二二四，8）。

小石斧　1 件（T1123③C:84）。小砾石，红色，皮下白色。扁平近长方形，弧顶，两面较光滑，两边皆磨平，弧刃两面磨制不对称，较锋利。长 3.4、宽 2.4、厚 0.7 厘米（图二二四，10）。

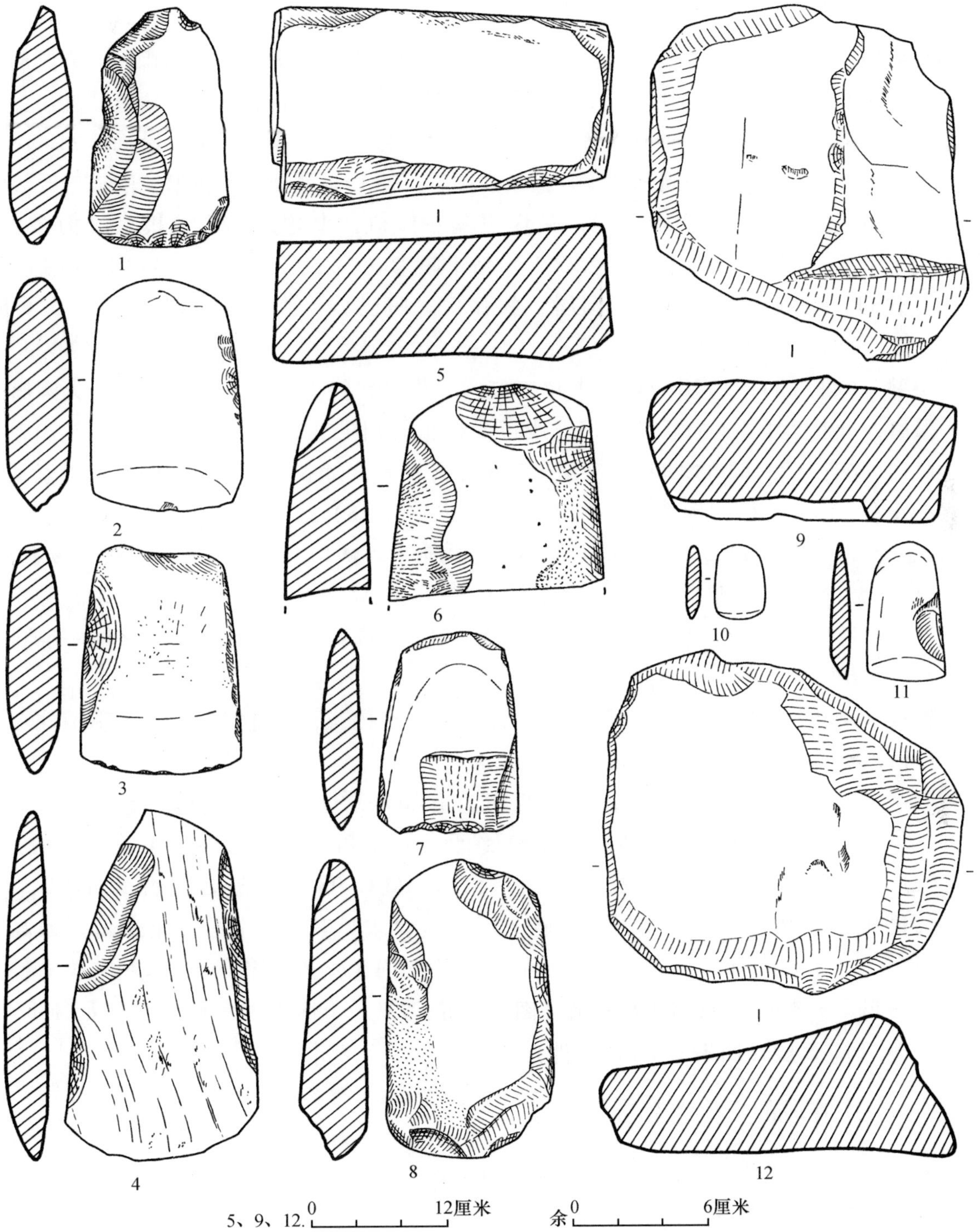

图二二四　T1023②层、T1023③层、T1023④层、T1023⑤层、T1023⑥层、T1024③层、T1123③C 层、T1123④层出土石器

1～3、6、7. 石斧（T1023③:52、T1024④:60、T1023②:5、T1023⑥:73、T1024③:41）　4. 石锄（T1023③:51）　5、9、12. 砺石（T1023②:78、T1023⑤:86、T1024③:42）　8. 打制石斧（T1123④:115）　10. 小石斧（T1123③C:84）　11. 小石锛（T1023⑤:59）

陶器

凹折沿罐　1件（T1123③C: 88）。夹炭红陶。侈口，束颈，折沿，沿面微凹，方圆唇，斜肩，弧腹，腹下已残。素面。口径23、残高7.5厘米（图二二五，3）。

凹折沿小罐　1件（T1123③C: 86）。夹草末红陶。侈口，束颈，折沿，沿面微凹，圆唇稍内凸，弧肩，腹已残。口内一周凹弦纹，但较模糊。口径13、残高4.8厘米（图二二五，16）。

弧折沿罐　2件。T1123③C: 90，夹炭黑陶。侈口，束颈，折沿无棱，沿面微上弧，方唇，斜肩，肩下已残。素面。口径22、残高5厘米（图二二五，2）。T1123④: 119，夹炭红陶。侈口，束颈，弧折沿，尖圆唇，斜弧肩，腹已残。素面。口径24、残高6厘米（图二二五，1）。

斜颈罐　1件（T1123③C: 94）。夹草末红陶。侈口，斜折沿，沿面微上弧，尖圆唇，束颈，广弧肩，肩下已残。素面。口径15、残高4.6厘米（图二二五，9）。

小口瓮　1件（T1123③C: 92）。夹草末红陶，外壁施浅红衣。直口，方圆唇，矮直颈，广肩、肩下残。素面。口径11、残高3.8厘米（图二二五，18）。

敛口小盆　1件（T1123③C: 113）。泥质橘红陶近黄。敛口，圆唇外卷，弧腹，腹下已残。素面。口径18、残高4.2厘米（图二二五，13）。

锥状小鼎足　1件（T1123③C: 110）。夹炭红陶。小圆锥形，上部外侧。足饰一小圆形凹涡纹。残高4.6厘米（图二二五，23）。

鸭嘴状小鼎足　1件（T1123③C: 111）。泥质陶外红内灰，外施浅红衣。足呈圆柱形，上稍粗，斜根，素面。残高4厘米（图二二五，15）。

矮圈足　3件。T1123③C: 96，泥质灰陶。上部残，仅剩圜底连矮圈足，足径较大，足壁外斜，足根有小凸棱。足饰两周凹弦纹和两点并列和两点上下两种小长方形戳点纹。足径11.5、残高2.6厘米（图二二五，21）。T1123③C: 98，夹草末红陶。上部残，仅剩圜底附矮圈足，足壁外斜，上部有不明显一周凸棱。未见其他纹饰。足径8.1、残高3.9厘米（图二二五，8）。T1123③C: 112，泥质陶外红内黑，外壁施鲜红衣。上部残，仅剩深圜底和矮圈足残片，圜底和圈足平齐，足壁外斜近平。下腹饰两周凹弦纹。足径13、残高3.3厘米（图二二五，20）。

（三）大中晚段的文化遗存

大溪文化中期晚段的“遗迹单位”有灰坑16个和灰沟2条，另有“地层单位”8个。下面分三个方面介绍这些单位的文化遗存。

1. 大中晚段的灰坑

（1）H6

① 灰坑情况

位置：在T15中部。

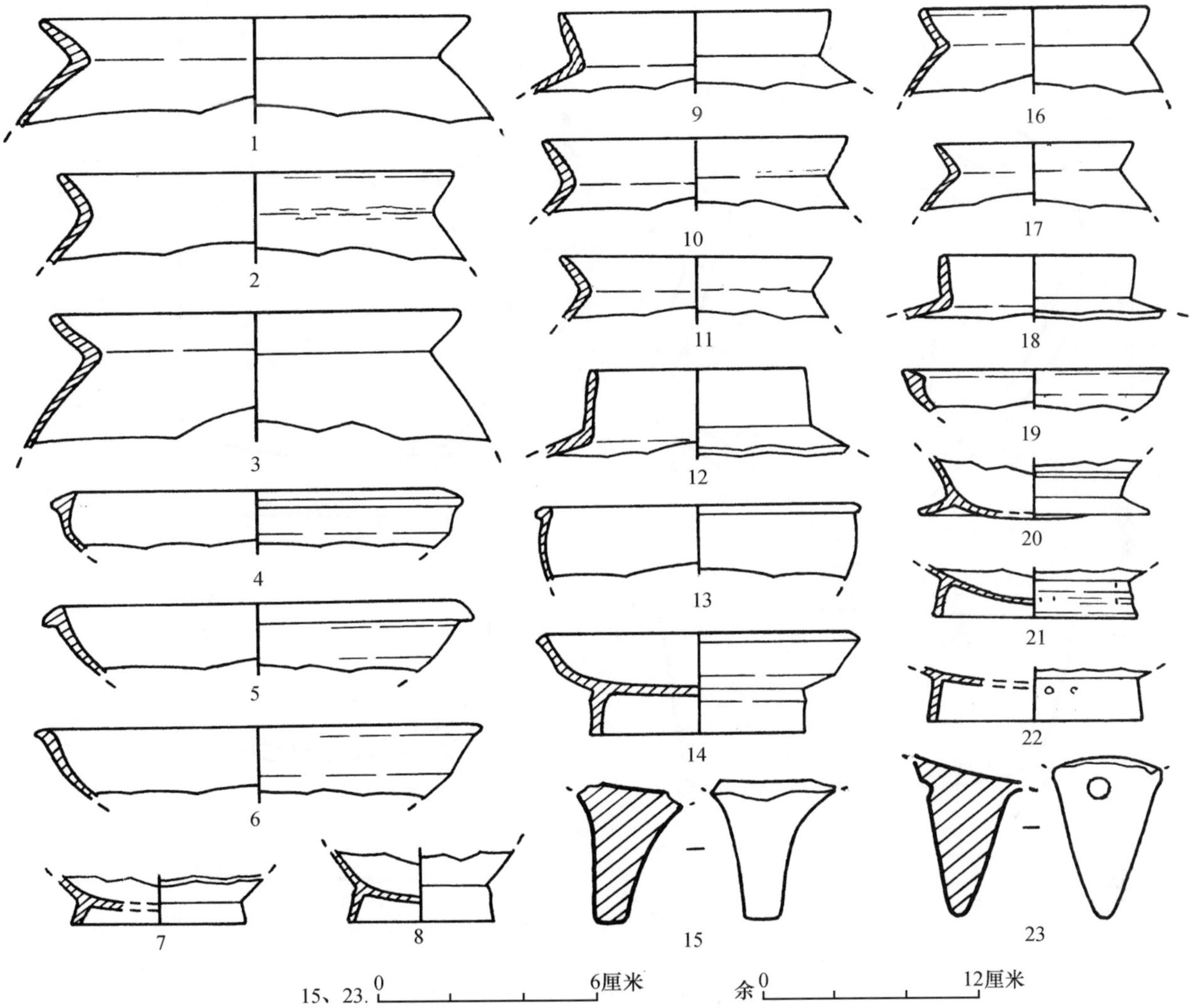

图二二五　T1024③层、T1123③C层、T1123④层出土陶器

1、2. 弧折沿罐（T1123④:119、T1123③C:90）　3. 凹折沿罐（T1123③C:88）　4. 内折沿盘（T1024③:52）　5. 外折沿盘（T1024③:67）　6. 卷沿盘（T1024④:64）　7、8、20～22. 矮圈足（T1024③:57、T1123③C:98、T1123③C:112、T1123③C:96、T1024③:56）　9. 斜颈罐（T1123③C:94）　10、11. 弧折沿小罐（T1024③:45、T1024③:50）　12、18. 小口瓮（T1024③:47、T1123③C:92）　13. 敛口小盆（T1123③C:113）　14. 敞口盘（T1024②B:1）　15. 鸭嘴状小鼎足（T1123③C:111）　16. 凹折沿小罐（T1123③C:86）　17. 折沿小罐（T1024③:49）　19. 敛口小盘（T1024③:51）　23. 锥状小鼎足（T1123③C:110）

层位关系：开口在第2层下，打破第3层。

形制大小：四方形，斜壁，平底。口长120、宽80、底长100、宽60、深50厘米（图二二六，1）。

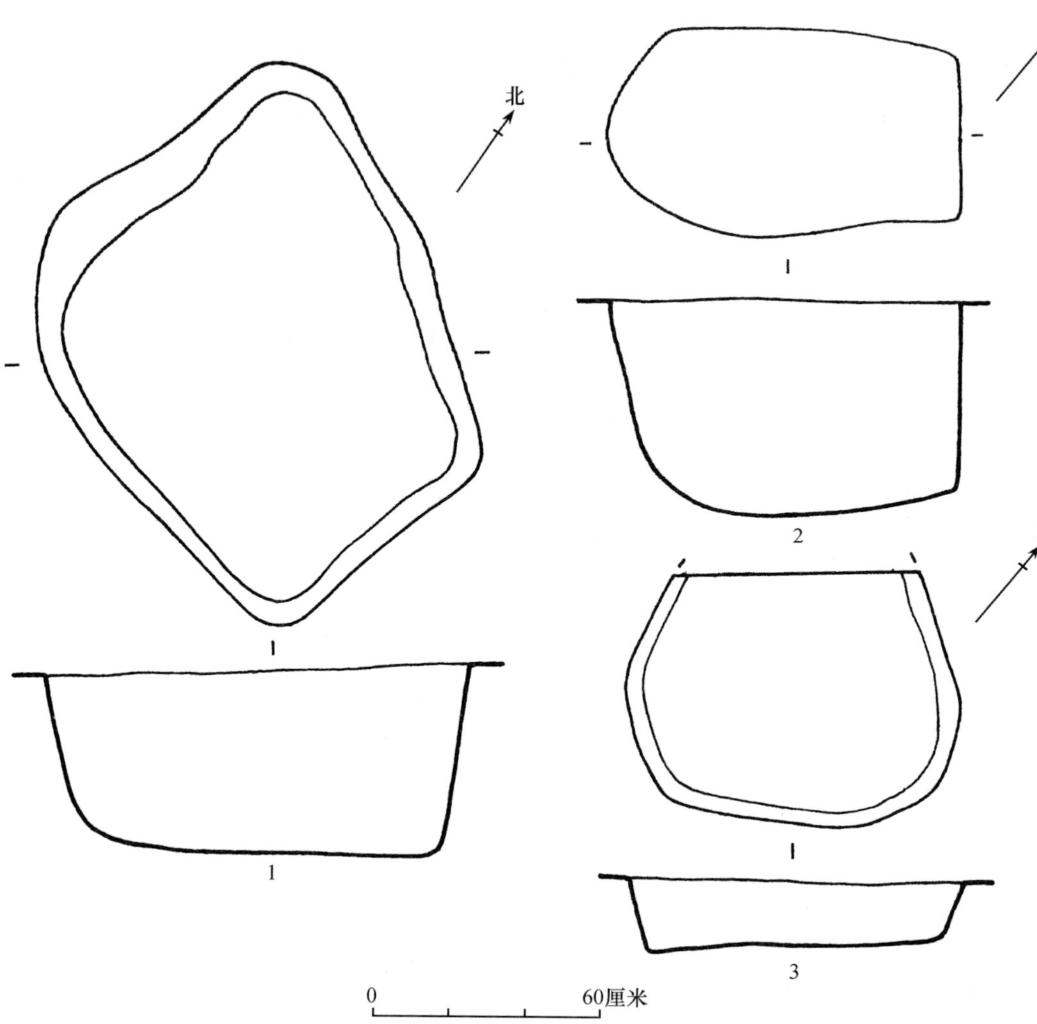

图二二六　H6、H14、H17 平、剖面图

1. H6　2. H14　3. H17

② 出土器物

出土标本：9 件。有打制石器和陶折沿罐、弧折沿罐、粗颈罐、矮颈罐、内折沿碗、小鼎足。

石器

打制石器　3 件。H6:9，扁平圆砾石。周边单面打制成盘状器，不锋利。直径 7.4～8.2、厚 2 厘米（图二三二，5）。H6:8，石片打制弧刃石斧，但顶已残，刃部没有进一步加工，不锋利。残长 8.6、宽 9.2、厚 3.6 厘米（图二三二，3）。H6:7，扁平小砾石打制，扁平近梯形，弧刃单面打制，没有进一步加工，不锋利。长 11.3、宽 8.4、厚 2.7 厘米（图二三二，8）。

陶器

折沿罐　1 件（H6:3）。泥质黑胎红陶。方圆唇，肩已残。素面。口径 19、残高 3.5 厘米

（图二二七，8）。

弧折沿罐　1件（H6∶5）。泥质红陶。侈口，束颈，窄厚沿外卷，尖圆唇，肩已残。素面。口径26、残高3.3厘米（图二二七，5）。

粗颈罐　1件（H6∶2）。泥质红陶，内沿、外表施浅红衣。直口，方圆唇，直颈高又粗，斜肩，鼓腹已残。素面。口径18、残高5.4厘米（图二二七，2）。

矮颈罐　1件（H6∶4）。夹炭红陶。侈口，矮颈中束，卷沿，圆唇，广肩已残。素面。口径22、残高2.2厘米（图二二七，3）。

内折沿碗　1件（H6∶1）。泥质红陶，外施深红衣。敛口，宽弧沿内折，尖唇，折腹外有凸棱，弧内收，底已残。沿面和器腹或绘黑彩已脱落，图案不明。内口径21、残高4厘米（图二二七，7）。

小鼎足　1件（H6∶6）。泥质红陶，足施深红衣。仅存小鼎足，上部圆柱状，下部尖锥状，但向一侧内凹倾斜。素面。残高4.1厘米（图二二七，19）。

（2）H14

① 灰坑情况

位置：在T17东南部。

层位关系：开口在第3层下，打破第3A层、H25、生土。

形制大小：近长方形圆角，斜直壁，近平底。口径56～90、深58厘米（图二二六，2）。

② 出土器物

出土标本：3件。均为陶器，有折沿罐、敞口碗、假腹碗。

折沿罐　1件（H14∶3）。夹炭红陶，内外施橘红衣。折沿较厚，尖圆唇，肩已残。素面。口径24、残高4.2厘米（图二二七，6）。

敞口碗　1件（H14∶2）。泥质灰陶。敞口，尖圆唇，斜弧腹甚深，圜底下附较高矮圈足，足壁外斜，上部微鼓有凸棱。足壁凸棱下有两个并列为一组的戳点纹。口径15.6、足径9.4、通高7.1厘米（图二二七，20；图版七六，4）。

假腹碗　1件（H14∶4）。泥质灰陶。上部已残，下腹与圈足内斜近直没有明显分界，实为圜底下有矮圈足。素面。足径10、残高3.6厘米（图二二七，18）。

（3）H15

① 灰坑情况

位置：在T17西壁下至北隔梁内，但只露出一小部分。

层位关系：开口在第3层下，被H22打破。

形制大小：似椭圆形一部分，斜壁，底不平。口部残长径170、残宽径58、深30～50厘米。

② 出土器物

出土标本：2件。均为陶器，有折沿小罐、小鼎足。

折沿小罐　1件（H15∶2）。夹炭红陶。侈口，束颈，厚折沿，尖圆唇，肩已残。素面。口径12、残高1.9厘米（图二二七，17）。

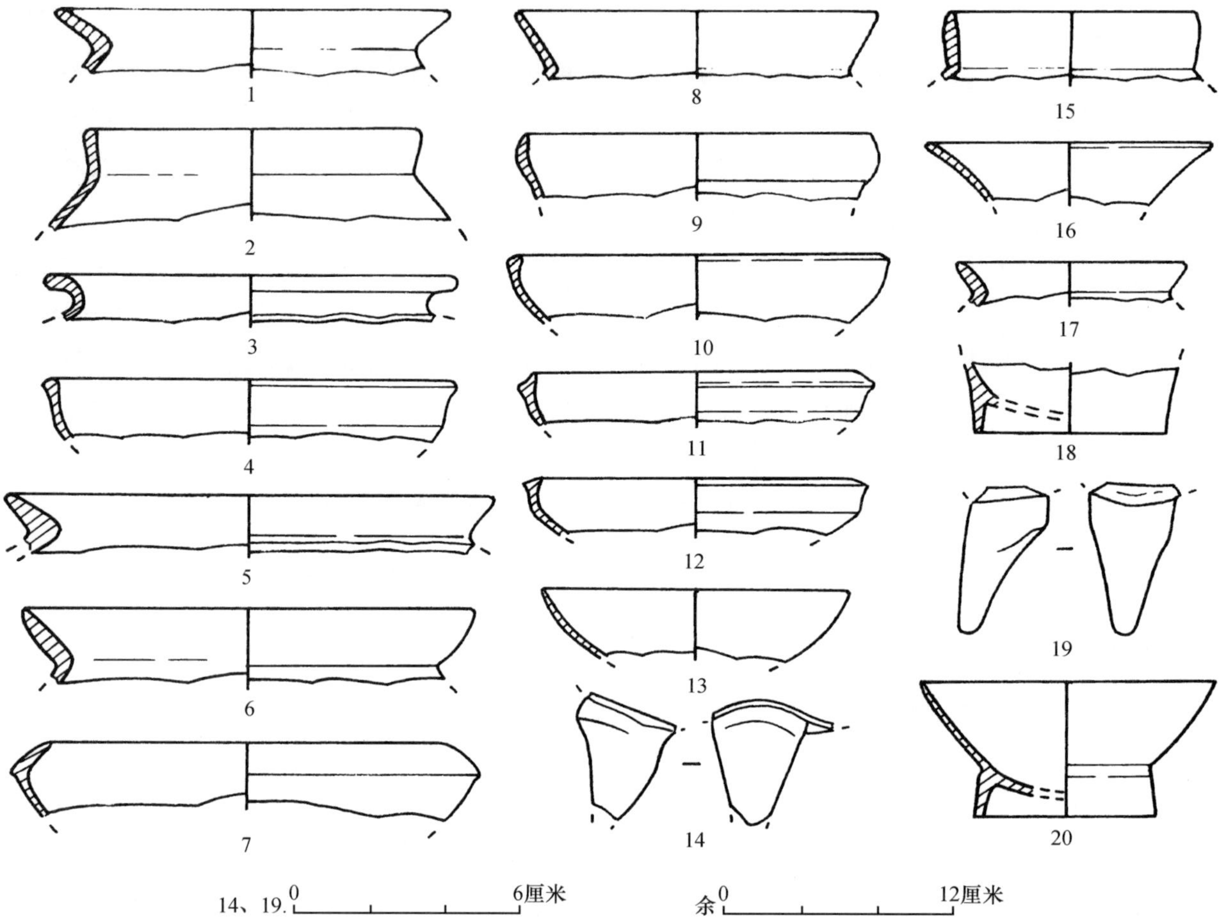

图二二七 H6、H14、H15、H17、H18出土陶器

1、6、8. 折沿罐（H17∶6、H14∶3、H6∶3） 2、15. 粗颈罐（H6∶2、H17∶1） 3. 矮颈罐（H6∶4） 4、11、12. 直口盘（H18∶4、H18∶3、H17∶5） 5. 弧折沿罐（H6∶5） 7. 内折沿碗（H6∶1） 9. 曲腹杯（H17∶4） 10. 敛口盘（H17∶3） 13、20. 敞口碗（H18∶5、H14∶2） 14、19. 小鼎足（H15∶1、H6∶6） 16. 弧颈壶（H17∶7） 17. 折沿小罐（H15∶2） 18. 假腹碗（H14∶4）

小鼎足 1件（H15∶1）。泥质红陶，外施鲜红衣。足上部圆台状，下部尖锥形并向一侧凹斜。素面。残高3.4厘米（图二二七，14）。

（4）H17

① 灰坑情况

位置：在T16北隔梁内。

层位关系：开口在第2A层下。

形制大小：近圆形，斜壁，平底。口径88、底径80、深20厘米（图二二六，3）。

② 出土器物

出土标本：6件。均为陶器，有折沿罐、粗颈罐、弧颈壶、敛口盘、直口盘、曲腹杯。

折沿罐 1件（H17∶6）。泥质黄陶。折沿口内无折棱，尖圆唇，斜弧肩已残。素面。口径

21、残高3.6厘米（图二二七，1）。

粗颈罐　1件（H17:1）。泥质灰胎红陶。直口，尖圆唇，粗矮颈下部已残。素面。口径12.8、残高3.6厘米（图二二七，15）。

弧颈壶　1件（H17:7）。泥质红陶，外施深红衣。喇叭口，尖圆唇，弧颈已残。素面。口径15、残高3.3厘米（图二二七，16）。

敛口盘　1件（H17:3）。泥质红陶，外施深红衣，内施鲜红衣。敛口，圆唇内敛，浅弧腹内收，底已残。口下一周凹弦纹。口径20、残高3.8厘米（图二二七，10）。

直口盘　1件（H17:5）。泥质红陶，内外施鲜红衣。直口，窄斜沿内敛外凸，皆尖唇、粗矮颈外斜中微凹，折腹弧内收，底已残。素面。口径18、残高3厘米（图二二七，12）。

曲腹杯　1件（H17:4）。泥质红陶，外施鲜红衣。直口内凹外弧，尖唇，腹内收，但已残。素面。口径18、残高3.4厘米（图二二七，9）。

（5）H18

① 灰坑情况

位置：在T16北部。

层位关系：开口在第3层下。

形制大小：近长方形。口长120、宽100厘米。

② 出土器物

出土标本：3件。均为陶器，有敞口碗、直口盘。

敞口碗　1件（H18:5）。泥质陶外红内黑。敞口，尖唇，浅弧腹下部已残。素面。口径16、残高3.6厘米（图二二七，13）。

直口盘　2件。H18:3，泥质红陶，外施鲜红衣。直口，凹斜沿外凸，矮颈，浅腹向内弧折，底已残。素面。内口径17、残高2.6厘米（图二二七，11）。H18:4，泥质红陶，内外施深红衣。直口，圆唇外凸，粗矮颈，弧折腹内收，底已残。素面。口径22、残高3.2厘米（图二二七，4）。

（6）H19

① 灰坑情况

位置：在T16东南部。

层位关系：开口在第3层下。

形制大小：长方形圆角。口长135、宽75厘米（图二二八，1）。

② 出土器物

出土标本：22件。有石锄和陶凹折沿罐、折沿罐、弧折沿罐、弧折沿小罐、直口盘、内折沿盘、矮圈足、豆圈足、小鼎足、器盖纽、小罐平底。

石器

石锄　2件。皆石片打制。H19:20，薄体近椭圆形。长15.4、刃宽7.6、厚2.3厘米（图二三二，11）。H19:21，厚体近梯形。长17.6、刃宽9、厚5.2厘米（图二三二，1）。

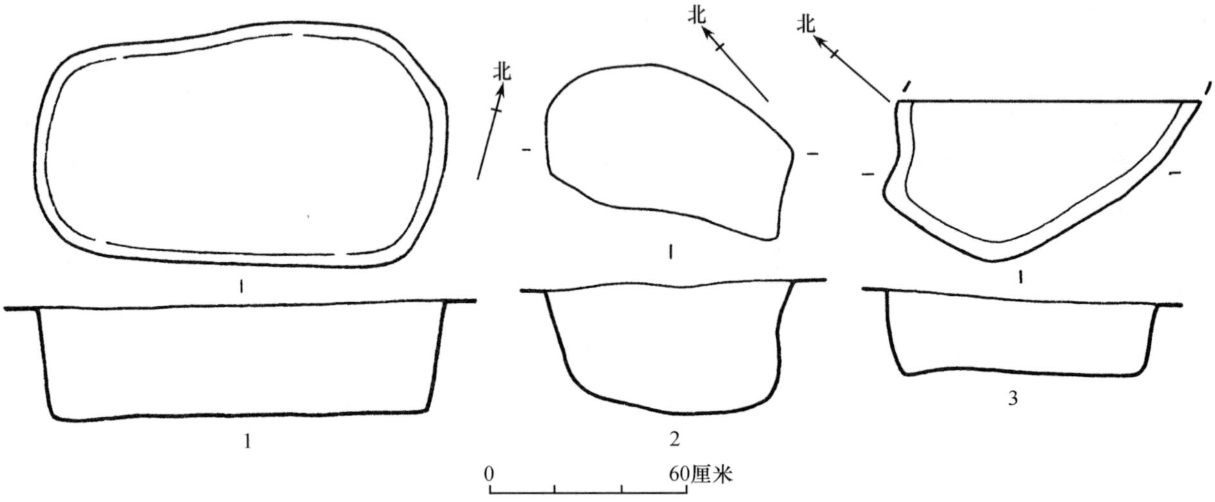

图二二八　H19、H20、H26 平、剖面图
1. H19　2. H20　3. H26

陶器

凹折沿罐　1 件（H19∶19）。泥质黑陶。侈口，凹折沿，尖圆唇，肩已残。素面。口径 22、残高 4.6 厘米（图二二九，1）。

折沿罐　1 件（H19∶18）。夹炭黄陶。侈口，折沿，尖圆唇，肩已残。素面。口径 23、残高 3 厘米（图二二九，9）。

弧折沿罐　4 件。H19∶4，夹炭红陶。侈口，弧折沿，尖圆唇，弧肩已残。素面。口径 23、残高 4.5 厘米（图二二九，4）。H19∶5，夹草末红陶。侈口，弧折沿，尖圆唇，肩已残。素面。口径 24、残高 3.8 厘米（图二二九，5）。H19∶14，夹炭红陶。侈口，弧折沿，尖圆唇，弧肩已残。素面。口径 23、残高 3.8 厘米（图二二九，3）。H19∶15，夹炭红陶。侈口，弧折沿，尖圆唇，弧肩已残。素面。口径 20、残高 2.9 厘米（图二二九，10）。

弧折沿小罐　1 件（H19∶17）。泥质黑陶。侈口，窄弧沿，尖圆唇，弧肩，深弧腹已残。素面。口径 10、残高 2.9 厘米（图二二九，7）。

直口盘　2 件。H19∶6，泥质黑陶。直口，方扁唇外凸，弧腹上部近直，下腹弧内收，底残。素面。口径 22、残高 4 厘米（图二二九，11）。H19∶8，泥质红陶。直口稍外敞，圆唇外凸，弧腹内收，底已残。素面。口径 22、残高 3.2 厘米（图二二九，12）。

内折沿盘　1 件（H19∶7）。泥质红陶。敛口，宽弧沿内折，折腹内收，底残。折腹处压印成花边状。内口径 23、残高 3.6 厘米（图二二九，6）。

矮圈足　6 件。H19∶9，泥质黑陶。上残，圜底下附矮圈足，足壁外弧近直，足根为外凸小圆棱。足壁饰戳印纹，或两点并列，或两点上下成排，各三组相间。足径 9、残高 2.6 厘米（图二二九，8）。H19∶10，泥质红陶。上残，弧腹，圜底下附粗矮圈足，足壁外斜近直。素面。足径 8.4、残高 3 厘米（图二二九，22）。H19∶11，泥质陶外红内黑。上残，圜底下附矮圈足，足壁外斜。素面。足径10、残高3.2厘米（图二二九，15）。H19∶12，泥质黑陶。仅存矮圈足，足壁外弧近直，足根上卷呈小圆棱。未见其他纹饰。足径13、残高3厘米（图二二九，20）。H19∶13，泥质黑陶。上残，仅存较粗较高矮圈足，足壁外弧，足根呈圆棱外凸。素面。足径14、残高5.2厘米（图二二九，21）。H19∶1，泥质红陶。上残，深弧腹，圜底下附较粗矮圈足，足壁外弧近直，但大部残。素面。残高4.7厘米（图二二九，19）。

豆圈足　1件（H19∶3）。泥质红陶。仅存粗大高圈足下部，足壁外斜，足根凸棱状。素面。足径22、残高4.2厘米（图二二九，13）。

小鼎足　1件（H19∶16）。泥质灰胎红陶。圆锥状，但足尖已残。素面。残高3.2厘米（图二二九，23）。

器盖纽　1件（H19∶2）。泥质红陶。盖纽如曲腹杯，内空，盖盘仅剩残底。素面。纽口径7.6、残高5.2厘米（图二二九，17）。

小罐平底　1件（H19∶22）。泥质红陶。仅剩小平底，底上有粗细和深浅不一的划痕（图版四五，4），未见纹饰。底径4.8、残高12厘米（图二二九，16）。因遗址西南部未见有刻划符号标本，而遗址东北部出土的刻划符号标本皆为碗圈足底上，未见罐平底上的划痕，不作刻划符号。

（7）H20

① 灰坑情况

位置：在T17东南部。

层位关系：开口在第3层下。

形制大小：近长方形，斜壁，圜平底。口长75、宽44、底长63、宽约32、深40厘米（图二二八，2）。

② 出土器物

出土标本：1件。陶折沿小罐。

折沿小罐　1件（H20∶1）。夹炭夹蚌，外红内黑。侈口，折沿，尖圆唇，斜弧肩，腹已残。素面。口径14、残高4.6厘米（图二二九，18）。

（8）H26

① 灰坑情况

位置：在T16东壁下。

层位关系：开口在第2B层下。

形制大小：残坑不规则形，斜壁，平底。口部残长80、残宽64、深26厘米（图二二八，3）。

② 出土器物

出土标本：3件。有圭形石凿和陶弧折沿罐、直口壶。

石器

圭形石凿　1件（H26∶3）。通体磨光。顶残圭形凿。残长7.4、上部残宽3、厚1.2厘米（图二三二，6）。

陶器

弧折沿罐　1件（H26∶1）。夹炭红陶，施鲜红衣。尖圆唇，弧肩，腹已残。素面。口径21、残高3.3厘米（图二二九，2）。

直口壶　1件（H26∶2）。泥质红陶。直口，方唇，直颈下部已残。口下一周凹槽。口径10、残高3.1厘米（图二二九，14）。

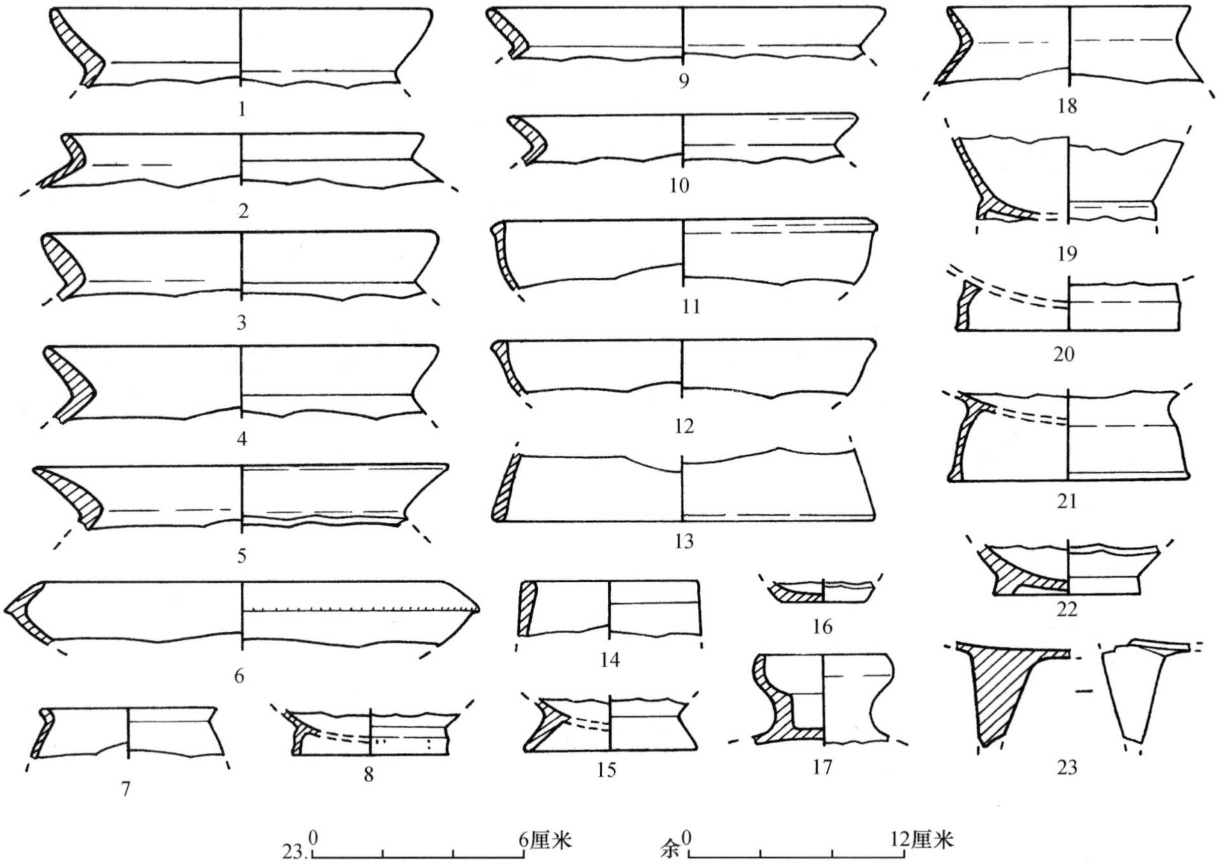

图二二九　H19、H20、H26出土陶器

1. 凹折沿罐（H19∶19）　2～5、10. 弧折沿罐（H26∶1、H19∶14、H19∶4、H19∶5、H19∶15）　6. 内折沿盘（H19∶7）　7. 弧折沿小罐（H19∶17）　8、15、19～22. 矮圈足（H19∶9、H19∶11、H19∶1、H19∶12、H19∶13、H19∶10）　9. 折沿罐（H19∶18）　11、12. 直口盘（H19∶6、H19∶8）　13. 豆圈足（H19∶3）　14. 直口壶（H26∶2）　16. 小罐平底（H19∶22）　17. 器盖纽（H19∶2）　18. 折沿小罐（H20∶1）　23. 小鼎足（H19∶16）

（9）H273

① 灰坑情况

位置：在T1023西部和T0923东隔梁之间。

层位关系：开口在第2A层下，打破G56、第2E层、第3层；中部被第2A层下H272打破。

形制大小：为椭圆形，弧壁，圜底。口径210～240、深52厘米（图二三〇，1）。

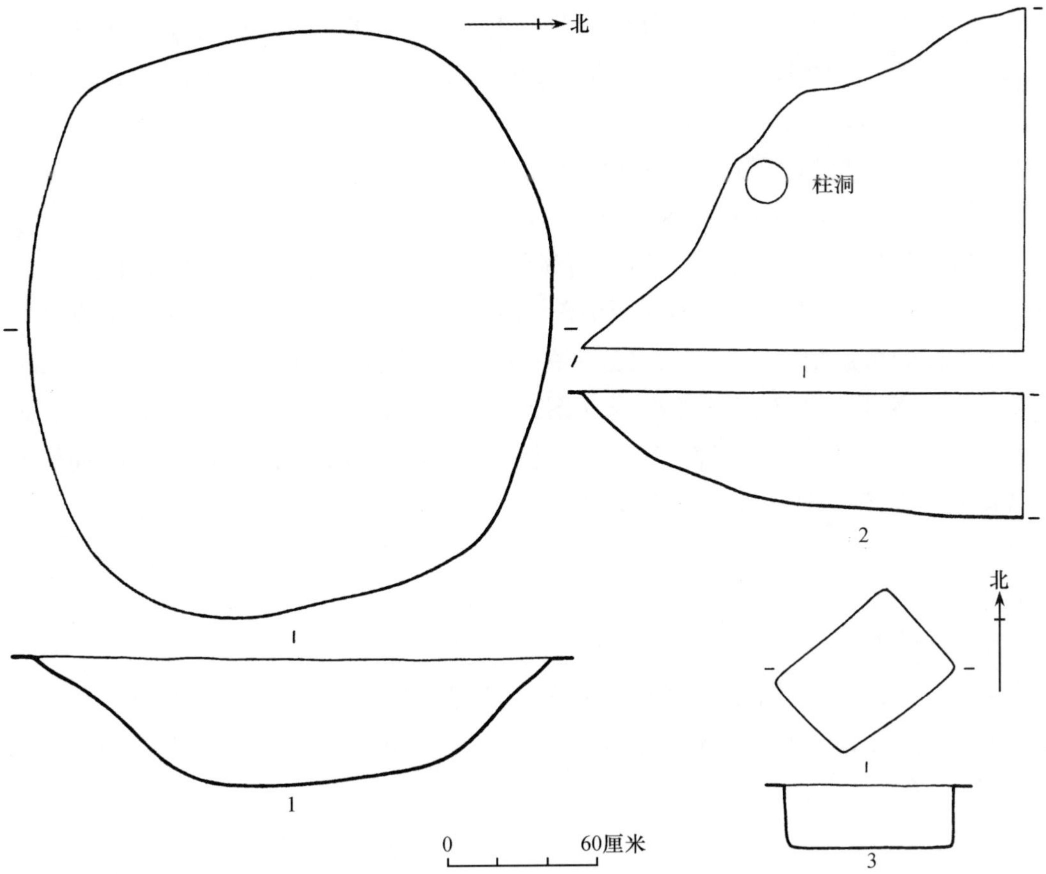

图二三〇　H273、H278、H298 平、剖面图
1. H273　2. H278　3. H298

② 出土器物

出土标本：9 件。均为陶器，有弧折沿罐、敞口碗、敛口碗、矮圈足、鸭嘴状小鼎足、器座。

弧折沿罐　1 件（H273∶6）。夹炭黑陶。折沿沿面微上弧，尖圆唇，斜肩已残。素面。口径 22、残高 4 厘米（图二三三，3）。

敞口碗　2 件。H273∶8，夹炭红陶。敞口，窄沿内斜，口内起凸棱，浅弧腹内收，底已残。素面。口径 19、残高 3. 9 厘米（图二三三，24）。H273∶10，泥质红陶。敞口，窄沿内斜，口内起凸棱，浅弧腹内收，底已残。素面。口径 19、残高 3. 8 厘米（图二三三，25）。

敛口碗　2 件。H273∶1，夹细砂黑陶。敛口近直，尖圆唇，近直腹内斜，腹下部弧折内收，底已残。素面。口径 14、残高 4. 8 厘米（图二三三，14）。H273∶9，泥质黑陶。敛口，尖圆唇，弧腹下部已残。素面。口径 13、残高 3. 6 厘米（图二三三，15）。

矮圈足　1 件（H273∶4）。泥质陶外红内灰。上部已残，仅存下部弧腹，圜底下附矮圈足，足壁上部外鼓，下部外斜近直，足根稍外凸。足壁外鼓有折棱，未见其他纹饰。足径 9、残高 3.2 厘米（图二三三，29）。

鸭嘴状小鼎足　1 件（H273∶5）。夹炭褐陶。罐形鼎小鼎足，足低矮可能与圜底平齐，足壁扁圆近长方形。素面。残高 4.4 厘米（图二三三，6）。

器座　2 件。H273∶2，夹砂红陶，器表磨光红中泛黑，器内浅红。仅存器座上部，直口内斜，小平沿，尖圆唇外凸，小筒腹外斜，腹壁上薄下渐厚，但下腹已残。腹中部有两种纹饰，腹上部饰三根平行的折角划纹上、下交叉连环的菱形纹，菱形中间加一戳点纹，腹中部残存四个菱形小镂孔。器座口径 9、残高 8.6 厘米（图二三三，17）。H273∶3，泥质红陶，外表施深红衣，胎薄底厚。器座口部已残，腹直筒状，稍外斜，中空。腹部至底部满饰一周周深凹弦纹。底径 15、残高 4.6 厘米（图二三三，16）。

（10）H278

① 灰坑情况

位置：在 T0721 东南角。

层位关系：开口在第 1 层下，打破生土；被一柱洞打破。

形制大小：不规则形一角，斜壁，斜平底。口部东西残长 180、南北残宽 140、深 24 ~ 30 厘米（图二三〇，2）。

②出土器物

出土标本：4 件。有石斧和陶敞口碗、直口盘、外折沿小盆。

石器

石斧　1 件（H278∶4）。扁弧横长方形，斜平顶琢打稍磨，两面磨光，两边磨平，平刃两面磨制，有使用缺口，已不锋利。或为石楔。高 6.4、宽 7、厚 2.4 厘米（图二三二，4）。

陶器

敞口碗　1 件（H278∶3）。泥质陶外红内黑。敞口，尖唇，弧腹内收，底已残。素面。口径 14、残高 2.6 厘米（图二三三，13）。

直口盘　1 件（H278∶1）。夹砂黄陶，器表或原施深红衣，多已脱落。直口，圆唇外卷，上腹近直如粗矮颈，下腹内折外起凸棱，下腹已残。未见其他纹饰。口径 26、残高 3.6 厘米（图二三三，8）。

外折沿小盆　1 件（H278∶2）。泥质灰陶。敞口，窄沿外折，圆唇，腹近直，弧内收，下已残。素面。口径 20、残高 1.6 厘米（图二三三，22）。

（11）H298

① 灰坑情况

位置：在 T0720 北隔梁内偏西。

层位关系：开口在第 1 层下，打破生土。

形制大小：长方形，直壁，平底。口、底皆 40 ~ 60、深 25 厘米（图二三〇，3）。

② 出土器物

出土标本：2 件。均为陶器，有内折沿碗、敞口钵。

内折沿碗　1 件（H298∶1）。泥质红陶，内外施浅红衣。敛口，窄沿内折，尖唇内敛，浅弧腹内收，底已残。素面。口径 19、残高 3 厘米（图二三三，19）。

敞口钵　1 件（H298∶2）。泥质红陶，内外施深红衣近紫红色。敞口，方圆唇，深弧腹内收，底已残。素面。口径 20、残高 6.2 厘米（图二三三，4）。

（12）H299

① 灰坑情况

位置：在 T1125 西壁下。

层位关系：开口在第 2 层下，打破生土；被 H294 打破。

形制大小：似圆形只露出一部分，弧壁，圜底。口径大于 76、深大于 76 厘米。

② 出土器物

出土标本：2 件。有石斧和陶凹折沿罐。

石器

石斧　1 件（H299∶2）。石片磨制，扁弧近梯形，弧顶稍打制仍不平，两面一面为光滑原弧面，一面为破裂面已磨平但仍有疤，两边磨平稍外斜，弧刃单面磨制，有使用痕，仍锋利。长 9、宽 5.7、厚 2 厘米（图二三二，7）。

陶器

凹折沿罐　1 件（H299∶1）。夹炭浅红陶。折沿宽凹，尖唇，斜肩已残。素面。口径 24、残高 5 厘米（图二三三，7）。

（13）H313

① 灰坑情况

位置：在 T1227 北隔梁下。

层位关系：开口在第 1B 层下，打破生土。

形制大小：圆形坑一半，直壁，平底。口、底径约 100、深 20 厘米。

② 出土器物

出土标本：3 件。有石锄和陶碗圈足、外折沿小盆。

石器

石锄　1 件（H313∶3）。石片打制，较厚近扇形，弧刃单面修整，较锋利。长 12、宽 7.6、厚 2.6 厘米（图二三二，9）。

陶器

碗圈足　1 件（H313∶2）。泥质陶外红内黑。残存足壁上部外弧，下近直，足根外卷起圆棱。未见其他纹饰。足径 6、残高 2.8 厘米（图二三三，27）。

外折沿小盆　1 件（H313∶1）。泥质红陶。敛口近直，窄弧沿外卷，圆唇，浅弧腹内收，底已残。素面。口径 19、残高 3.4 厘米（图二三三，23）。

（14）H323

① 灰坑情况

位置：在 T1227 东壁下。

层位关系：开口在第 3A 层下，打破第 3B 层、生土。

形制大小：圆形大半，斜壁，圜底。口径约 180、深 38 厘米（图二三一，1）。

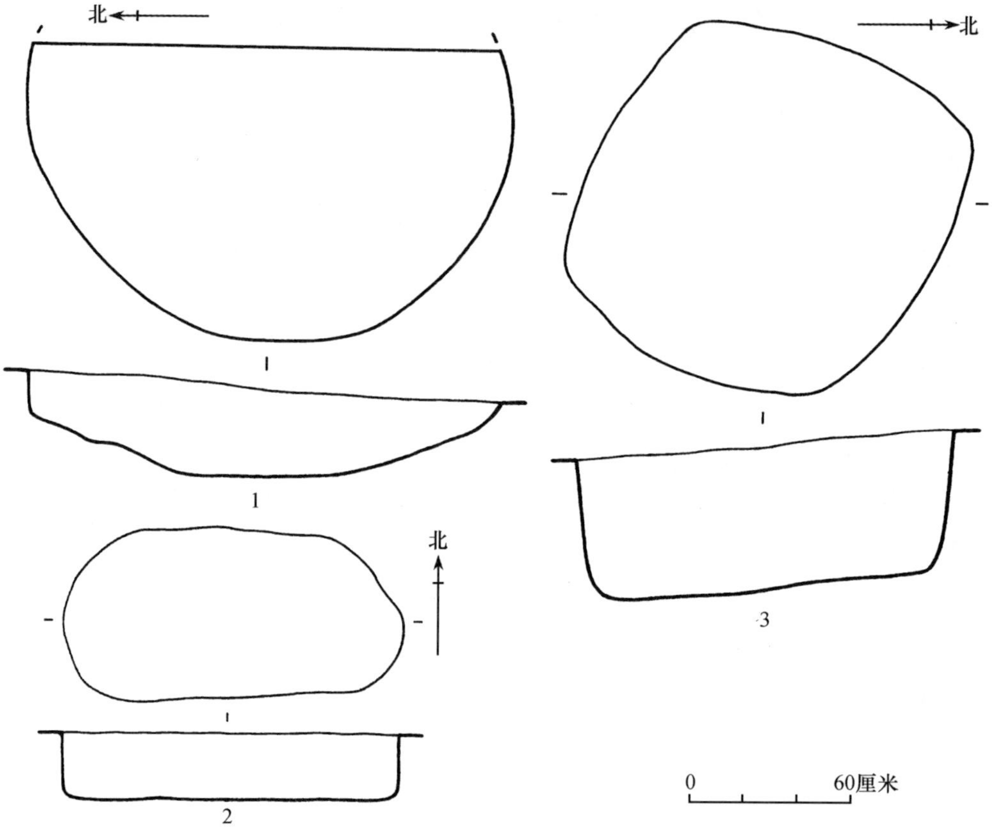

图二三一　H323、H325、H329 平、剖面图

1. H323　2. H325　3. H329

② 出土器物

出土标本：6 件。均为陶器，有折沿罐、高领罐、斜颈罐、内折沿碗、敛口碗、敛口盘。

折沿罐　1 件（H323∶2）。夹草末红褐陶。折沿，尖圆唇，斜弧肩，腹已残。素面。口径 20、残高 5.4 厘米（图二三三，1）。

高领罐　1 件（H323∶1）。泥质红陶，内沿、外表施鲜红衣。直口外斜，窄平沿，扁圆唇外凸，高直颈内斜，斜肩已残。素面。口径 14、残高 4.4 厘米（图二三三，10）。

斜颈罐　1 件（H323∶3）。夹炭灰褐陶，外施紫黑色陶衣并磨光。侈口，束颈，斜颈外卷，圆唇外凸，弧肩已残。素面。口径 19、残高 3.3 厘米（图二三三，18）。

内折沿碗 1件（H323:4）。泥质黑陶。敛口，内折沿，尖圆唇，折弧腹上部近直，下部内收已残。素面。口径18、残高3.8厘米（图二三三，5）。

敛口碗 1件（H323:5）。泥质红陶。敛口近直，方唇成窄平沿，弧腹内收，底已残。素面。口径15、残高3.4厘米（图二三三，11）。

敛口盘 1件（H323:6）。泥质灰褐陶，外施黑衣，但多脱落。敛口近直，弧沿内敛外凸，浅弧腹内收，底已残。素面。口径20、残高2.7厘米（图二三三，20）。

（15）H325

① 灰坑情况

位置：在T1126西部。

层位关系：开口在第3层下，打破H604、生土。

形制大小：近椭圆形，直壁，平底。口径66～130、深26厘米（图二三一，2）。

② 出土器物

出土标本：3件。均为陶器，有折沿罐、斜颈壶、单耳杯器耳。

折沿罐 1件（H325:1）。夹炭黑褐陶。折沿口内无折棱，尖圆唇，斜肩已残。素面。口径17、残高4.4厘米（图二三三，9）。

斜颈壶 1件（H325:2）。夹炭黑陶。直口外斜，窄斜沿，尖唇，颈下部已残。素面。口径17、残高2.7厘米（图二三三，21）。

单耳杯器耳 1件（H325:3）。泥质红陶，外施鲜红衣。可能是杯的器耳，呈管状，内空为长方形圆角。素面。长4、宽2.4、高（厚）2厘米（图二三三，26）。

（16）H329

① 灰坑情况

位置：在T1023北隔梁内。

层位关系：开口在第2A层下，打破第3层、生土。

形制大小：近正方形圆角，斜壁近直，近平底。口部边长140、底部边长95、深56厘米（图二三一，3）。

② 出土器物

出土标本：5件。有石斧和陶折沿罐、碗圈足、直口盘。

石器

石斧 2件。H329:4，扁弧近梯形，平顶，两面皆原弧面，两边磨平，斜刃两面磨制，有使用痕已不锋利。长11.4、宽6.8、厚3.3厘米（图二三二，10）。H329:5，扁平近长方形，但顶残，刃已断，顶、两面皆原面，两边一琢平、一打制近平。残长12、宽7.7、厚3.8厘米（图二三二，2）。

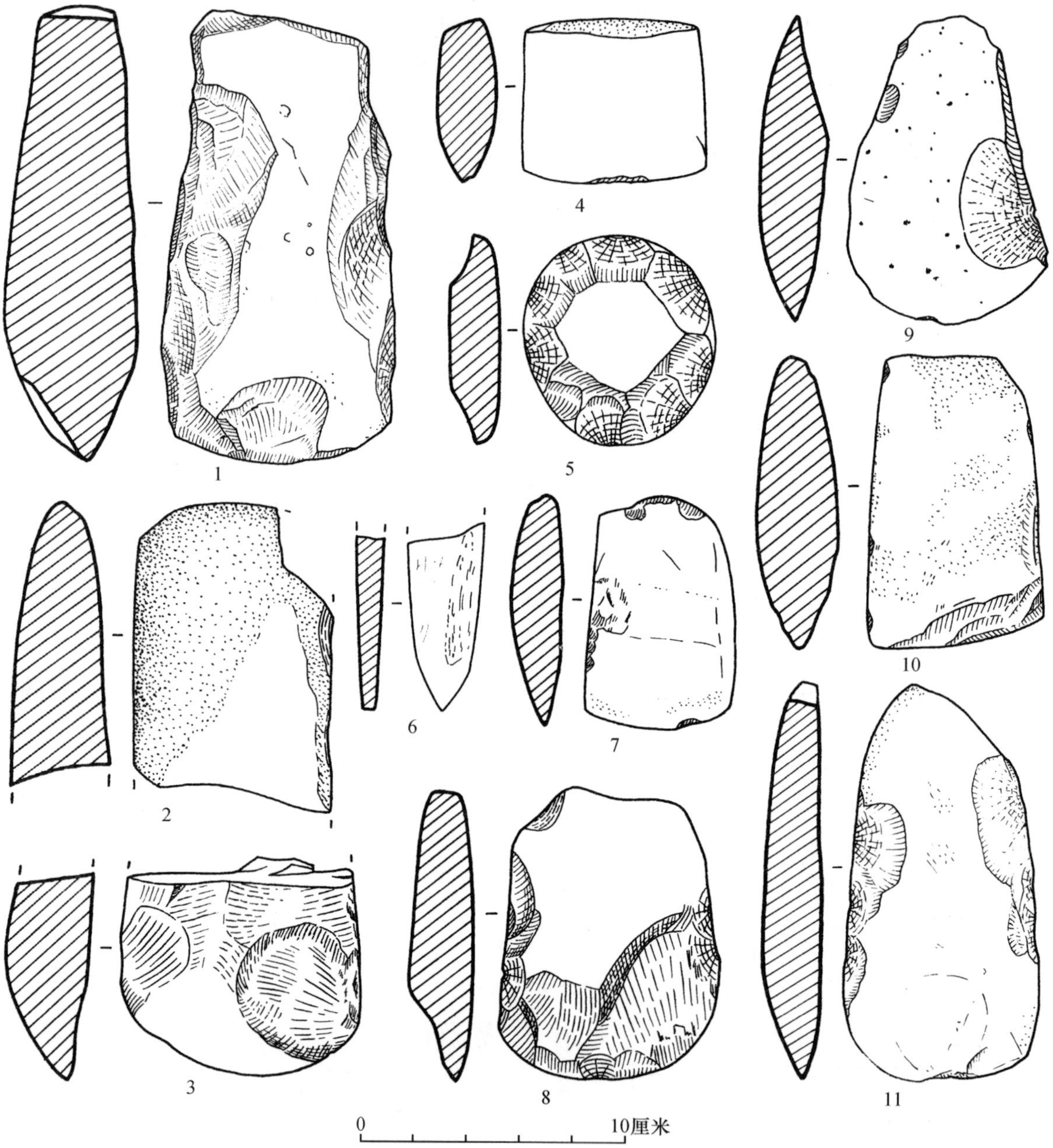

图二三二　H6、H19、H26、H278、H299、H313、H329 出土石器

1、9、11. 石锄（H19:21、H313:3、H19:20）　2、4、7、10. 石斧（H329:5、H278:4、H299:2、H329:4）

3、5、8. 打制石器（H6:8、H6:9、H6:7）　6. 圭形石凿（H26:3）

陶器

折沿罐　1 件（H329:1）。夹炭红褐陶。折沿，尖圆唇，弧肩，腹外鼓已残。素面。口径 21、残高 4.4 厘米（图二三三，2）。

碗圈足　1 件（H329:2）。泥质陶外红内黑。仅存碗下部弧腹圜底下附矮圈足，足壁外斜。素面。足径 6、残高 3.8 厘米（图二三三，28）。

直口盘　1件（H329:3）。泥质陶外红内黑。直口，尖唇，粗直颈，折腹弧内收，底已残。素面。口径16、残高3厘米（图二三三，12）。

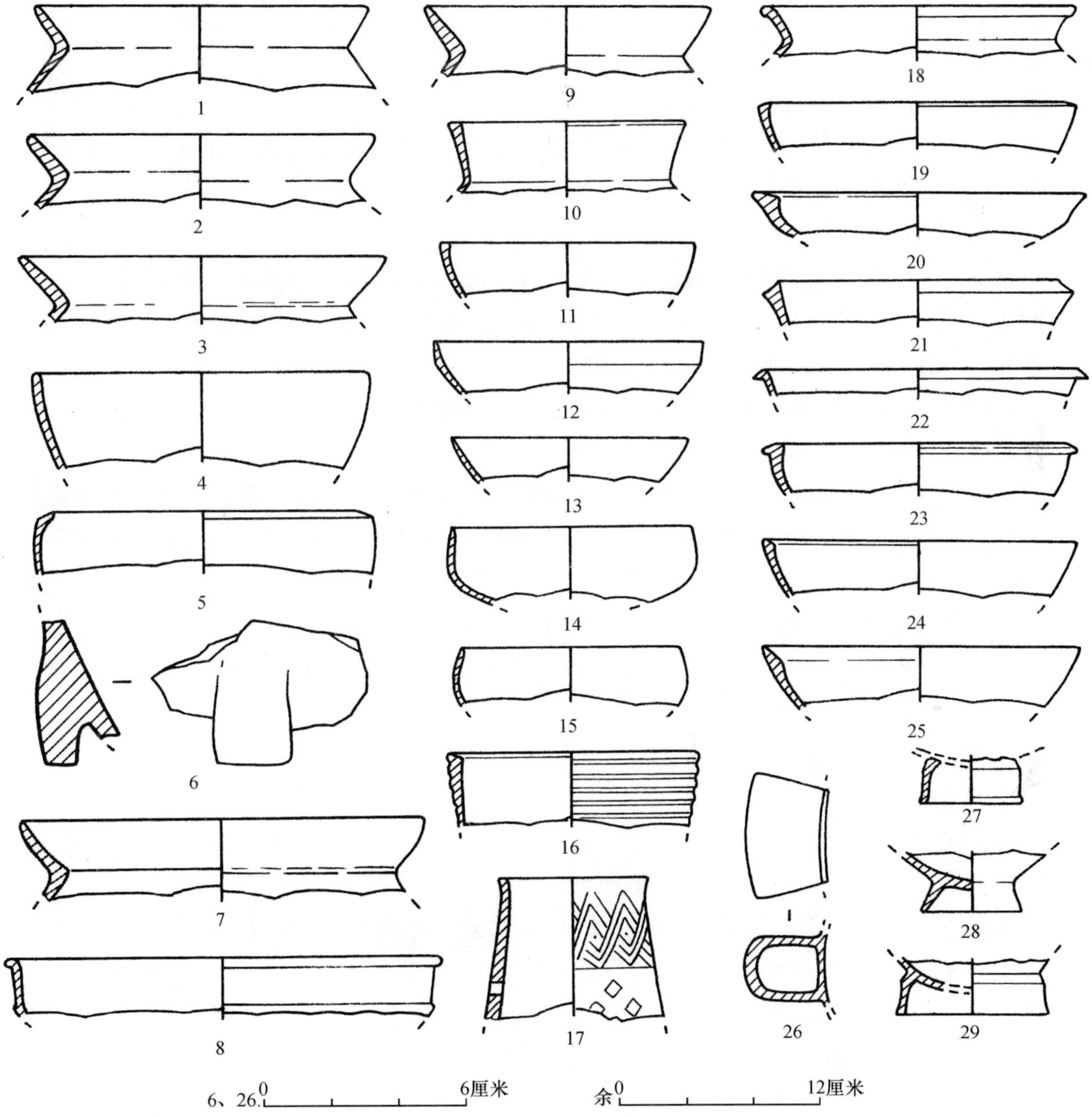

图二三三　H273、H278、H298、H299、H313、H323、H325、H329出土陶器

1、2、9. 折沿罐（H323:2、H329:1、H325:1）　3. 弧折沿罐（H273:6）　4. 敞口钵（H298:2）　5、19. 内折沿碗（H323:4、H298:1）　6. 鸭嘴状小鼎足（H273:5）　7. 凹折沿罐（H299:1）　8、12. 直口盘（H278:1、H329:3）　10. 高领罐（H323:1）　11、14、15. 敛口碗（H323:5、H273:1、H273:9）　13、24、25. 敞口碗（H278:3、H273:8、H273:10）　16、17. 器座（H273:3、H273:2）　18. 斜颈罐（H323:3）　20. 敛口盘（H323:6）　21. 斜颈壶（H325:2）　22、23. 外折沿小盆（H278:2、H313:1）　26. 单耳杯器耳（H325:3）　27、28. 碗圈足（H313:2、H329:2）　29. 矮圈足（H273:4）

2. 大中晚段的灰沟

（1）G55

① 灰沟情况

位置：在 T1023 东南部流向 T1024 东北部。

层位关系：开口在第 2B 层下，打破第 3 层、第 4 层、H291；被 H329 打破。

形制大小：为弯曲条状。残长 900、宽 20 ~ 30、深 50 厘米。

② 出土器物

出土标本：5 件。均为陶器，有凹折沿罐、斜颈罐、内折沿盘、矮圈足、高圈足。

凹折沿罐　1 件（G55∶5）。夹砂浅红陶。侈口，束颈，折沿，沿面微凹，尖圆唇，肩已残。素面。口径 22、残高 3 厘米（图二三四，2）。

斜颈罐　1 件（G55∶3）。夹炭红陶，外表和内沿施鲜红衣。直口外斜，高颈下内束，尖圆唇，弧肩已残。素面。口径 16、残高 4. 8 厘米（图二三四，4）。

内折沿盘　1 件（G55∶1）。泥质红陶，内外施深红衣。敛口，内折沿，尖唇，折腹处起凸棱，浅腹下已残。素面。口径 13、残高 2 厘米（图二三四，6）。

矮圈足　1 件（G55∶2）。夹炭含草末红陶。上部已残，仅剩矮圈足和大圜底残片，足壁近直，甚矮，与底近等高。素面。足径 12、残高 2. 4 厘米（图二三四，8）。

高圈足　1 件（G55∶4）。泥质陶外红内灰。高圈足底部残片，足壁外斜。素面。足径 15、残高 5. 2 厘米（图二三四，9）。

（2）G65

① 灰沟情况

位置：在 T1124 西南部。

层位关系：开口在第 3A 层下，打破黄色生土。

形制大小：近丁字形小凹沟。长 190、宽 13 ~ 52、深约 20 厘米。

② 出土器物

出土标本：4 件。均为陶器，有折沿罐、卷沿盘、矮圈足。

折沿罐　2 件。G65∶1，夹蚌红陶。折沿微上弧，尖圆唇，溜肩已残。素面。口径 24、残高 4 厘米（图二三四，1）。G65∶4，夹炭红褐陶。折沿微凹，方圆唇，肩已残。素面。口径 26、残高 2. 8 厘米（图二三四，3）。

卷沿盘　1 件（G65∶3）。夹炭红陶，外施浅红衣。敞口，尖唇外卷，浅弧腹已残。腹壁有微凸棱。口径 16、残高 2. 4 厘米（图二三四，7）。

矮圈足　1 件（G65∶2）。夹砂黄陶。上残，弧腹大圜底，下附低矮圈足，足壁近直稍外斜。素面。足径 11. 2、残高 2. 8 厘米（图二三四，5）。

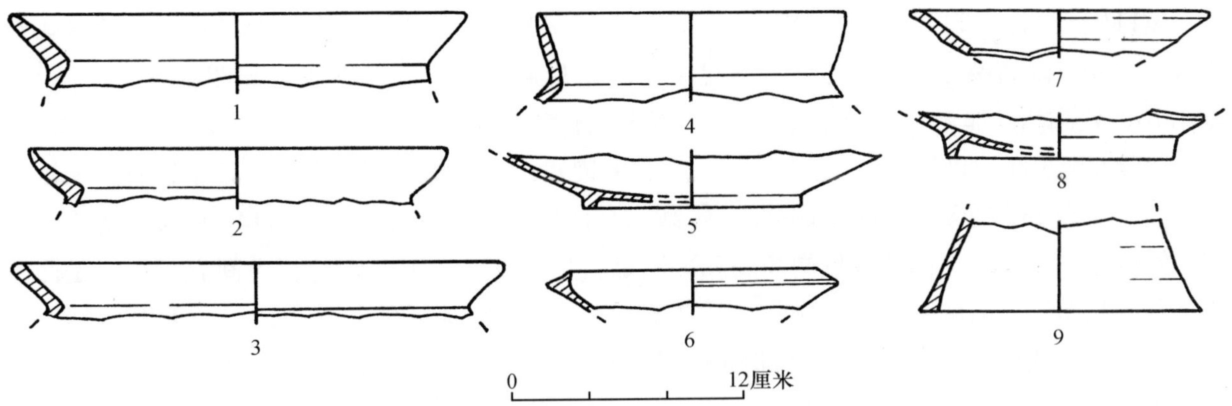

图二三四　G55、G65 出土陶器

1、3. 折沿罐（G65∶1、G65∶4）　2. 凹折沿罐（G55∶5）　4. 斜颈罐（G55∶3）
5、8. 矮圈足（G65∶2、G55∶2）　6. 内折沿盘（G55∶1）　7. 卷沿盘（G65∶3）　9. 高圈足（G55∶4）

3. 大中晚段的地层单位

（1）T14③层

标本 11 件。均为陶器，有折沿罐、弧折沿罐、束颈罐、敞口碗、假腹碗、直口盘、直口小盘、敛口碗、矮圈足。

折沿罐　1 件（T14③∶11）。夹草末红陶，外施鲜红衣。侈口，束颈，折沿，尖圆唇，斜弧肩，腹已残。素面。口径 22、残高 5 厘米（图二三五，1）。

弧折沿罐　1 件（T14③∶12）。泥质红陶，外施浅红衣。侈口，束颈，弧沿，尖圆唇，斜弧肩，腹已残。素面。口径 24、残高 5.7 厘米（图二三五，2）。

束颈罐　1 件（T14③∶15）。泥质红陶，内沿、外表施鲜红衣。直口微外卷，尖唇，粗颈微内束，凹弧肩，腹已残。颈、肩之间饰两周凹弦纹。口径 12、残高 3.8 厘米（图二三五，6）。

敞口碗　1 件（T14③∶2）。泥质黑陶。敞口，尖圆唇，浅弧腹，圜底下附矮圈足，足壁近直，上端外凸起棱，足根稍外撇。足凸棱下饰四周戳点纹，每组或两横点或两竖点，横竖相间，不甚对称。口径 16.2、足径 10.2、高 5.6 厘米（图二三五，11；图版七六，6）。

假腹碗　1 件（T14③∶35）。泥质陶外红内黑，外施浅红衣。仅存腹下部至底残片，下腹凹弧近直，实为圜底下连平底内凹矮圈足。素面。足径 6.4、残高 1.8 厘米（图二三五，10）。

直口盘　1 件（T14③∶6）。夹炭红褐陶，内沿、外表施浅红衣。口近直，宽沿外卷，圆唇出口外，矮颈内斜，折弧腹内收成浅盘圜底，底下有圈足痕，足已无存。素面。口径 30、残高 5.5 厘米（图二三五，8）。

直口小盘　1 件（T14③∶13）。泥质灰陶。直口外敞，小方唇，粗颈，浅折腹弧内收，底已残。素面。口径 17、残高 3.6 厘米（图二三五，4）。

敛口碗　1件（T14③: 20）。泥质黄陶。敛口，斜弧沿附口内，使口内起一周凸棱，弧腹较深，圜底下附高圈足，足壁已残。残足上饰三角形戳点纹，外口下有三周凹弦纹。口径15、腹径10、残高7.6厘米（图二三五，7；图版七六，5）。

矮圈足　3件。T14③: 5，泥质灰陶。上、下皆残，残存圜底下附圈足，足壁近直，上端外凸起棱。凸棱下也有隐约的宽凹弦纹。残高3.6厘米（图二三五，3）。T14③: 14，夹草末红陶，外表施深红衣。上部残，仅剩圜底和矮圈足，足壁外斜，下部近直，中间有折棱。足凸棱上有六组戳印纹，由两竖一横组成。足径7.8、残高2.8厘米（图二三五，5）。T14③: 34，泥质红陶，外表残存鲜红衣。仅存底部和矮圈足残片，足壁近直筒状，足根外斜。素面。足径13、残高4.2厘米（图二三五，9）。

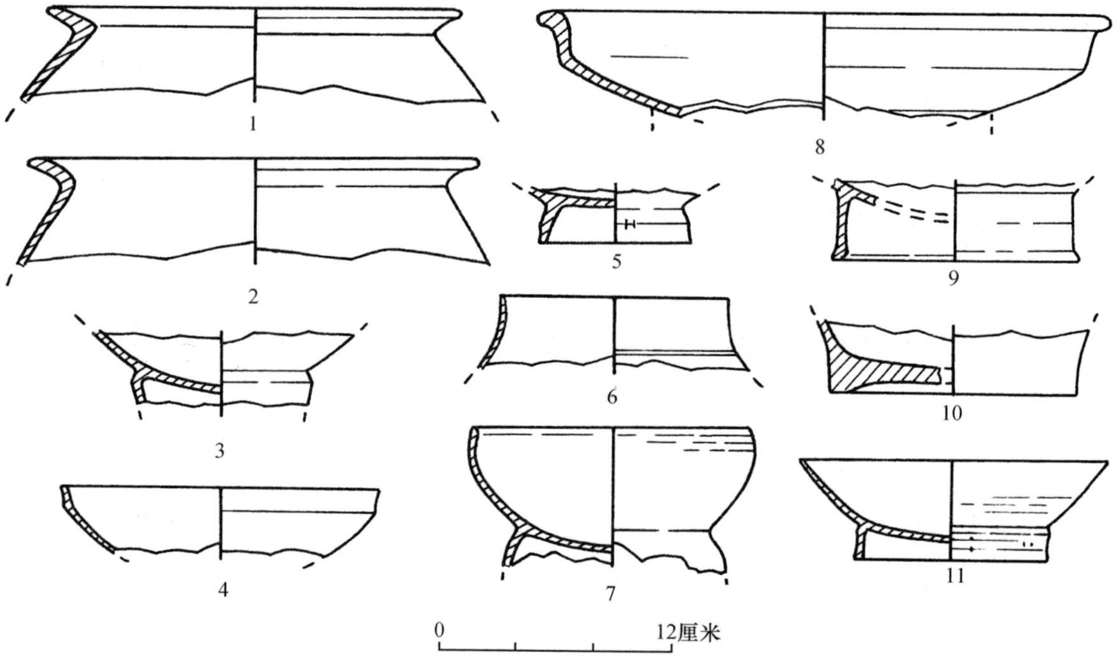

图二三五　T14③层出土陶器

1. 折沿罐（T14③: 11）　2. 弧折沿罐（T14③: 12）　3、5、9. 矮圈足（T14③: 5、T14③: 14、T14③: 34）　4. 直口小盘（T14③: 13）　6. 束颈罐（T14③: 15）　7. 敛口碗（T14③: 20）　8. 直口盘（T14③: 6）　10. 假腹碗（T14③: 35）　11. 敞口碗（T14③: 2）

（2）T16③层

标本27件。有石斧和陶凹折沿罐、折沿罐、折沿小罐、弧折沿罐、束颈小罐、斜颈壶、敛口碗、折腹小碗、斜腹碗、敞口盘、内折沿盘、直口盘、外折沿盆、斜腹杯、器盖盘、片状小鼎足、矮圈足。

石器

石斧　1件（T16③: 40）。砾石，青色。扁平近梯形，弧顶，直边，两面仍有打击坑疤，弧刃，较锋利。长12.2、宽6.7、厚2.5厘米（图二三八，2；图版七五，1）。

陶器

凹折沿罐 2件。T16③:52，夹炭红陶，外施鲜红衣。侈口，束颈，凹折沿，圆唇，斜肩，肩下已残。内沿唇下饰一周凹弦纹。口径18、残高4.4厘米（图二三六，11）。T16③:50，泥质黑陶。侈口，束颈，折沿微凹，尖圆唇，弧肩，腹已残。素面。口径16、残高3.9厘米（图二三六，18）。

折沿罐 1件（T16③:86）。泥质红陶。侈口，束颈，折沿，尖圆唇，斜弧肩，鼓腹已下残。内沿上部一周凹槽。口径17.6、残高8.7厘米（图二三六，12）。

折沿小罐 1件（T16③:10）。夹炭红陶，内沿、外表施深红衣。侈口，束颈、折沿，尖唇，弧肩，下已残。素面。口径15、残高4厘米（图二三六，19）。

弧折沿罐 2件。T16③:42，夹炭红陶。侈口，束颈，折弧沿上仰，尖圆唇，斜肩，弧腹，下腹已残。素面。口径20、残高9.4厘米（图二三六，1）。T16③:48，夹砂夹蚌红陶。侈口，束颈，折沿，沿面上弧，尖圆唇，斜肩，腹已残。素面。口径15、残高4.6厘米（图二三六，20）。

束颈小罐 2件。T16③:47，夹草末红陶，内外施深红衣。敛口，窄沿外卷，圆唇，弧腹，腹下已残。素面。口径16、残高4.8厘米（图二三六，22）。T16③:53，夹砂夹蚌红陶。侈口，束颈，窄沿内斜，带状方唇外凸，凹肩，深弧腹，下已残。素面。口径10、残高5.3厘米（图二三六，17）。

斜颈壶 1件（T16③:9）。泥质黑陶。直口外敞，窄斜沿，尖唇，高颈内斜，颈下部残。素面。内口径15、残高5.6厘米（图二三六，21）。

敛口碗 1件（T16③:55）。泥质红陶，内外施深红衣。敛口，方唇，弧腹较浅，下已残。素面。口径18、残高4.5厘米（图二三六，13）。

折腹小碗 1件（T16③:8）。泥质红陶，外表施红衣。敞口，尖圆唇，宽沿上仰，折腹内收成圜底，底下圈足已残。素面。口径8.6、残高5.5厘米（图二三六，10；图版七六，2）。

斜腹碗 2件。T16③:87，泥质陶外红内黑，外表施鲜红衣。敞口，方圆唇，斜直腹，圜底下附矮圈足，足壁外斜。素面。口径16、足径8.9、高7.8厘米（图二三六，16；图版七八，3）。T16③:3，泥质黑陶。敞口，小方唇，深斜腹，底已残下附矮圈足，足壁近直，上端外凸起棱，足根稍外撇。足上凸棱下边饰两周不明显宽凹弦纹，残足上未见戳点纹。口径14.7、足径10、高7.4厘米（图二三六，15；图版七八，6）。

敞口盘 1件（T16③:51）。泥质黄陶。敞口，方圆唇，斜弧腹较浅，腹下部已残。素面。口径22、残高5厘米（图二三六，14）。

内折沿盘 3件。T16③:13，泥质红陶，内外施红衣。敛口，尖唇，宽弧沿外斜，内折与浅弧腹相连接成凸棱状折角，底已残。素面。内口径23、残高4.5厘米（图二三六，6）。T16③:23，泥质红陶，内外施红衣。敛口，宽弧沿内折与斜弧腹相接成凸棱状折角，下腹至底已残。素面。内口径21.6、残高5.4厘米（图二三六，2；图版七九，4）。T16③:54，夹炭红陶，内外施深红衣。敛口，内折沿，尖唇，折腹较深弧内收，下已残。素面。口径24、残高4厘米（图二三六，5）。

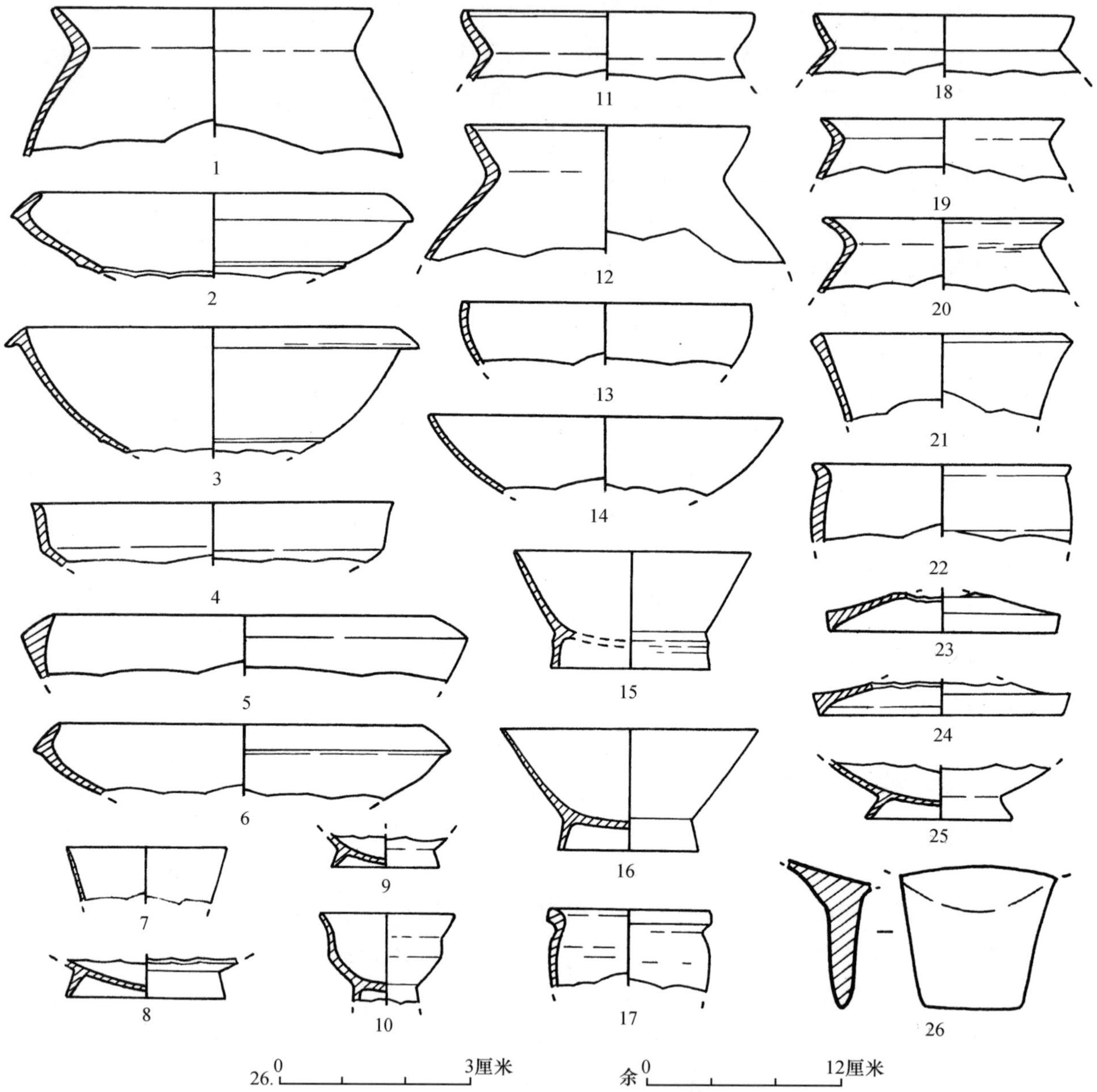

图二三六　T16③层出土陶器

1、20. 弧折沿罐（T16③：42、T16③：48）　2、5、6. 内折沿盘（T16③：23、T16③：54、T16③：13）　3. 外折沿盆（T16③：22）　4. 直口盘（T16③：85）　7. 斜腹杯（T16③：46）　8、9、25. 矮圈足（T16③：7、T16③：12、T16③：57）　10. 折腹小碗（T16③：8）　11、18. 凹折沿罐（T16③：52、T16③：50）　12. 折沿罐（T16③：86）　13. 敛口碗（T16③：55）　14. 敞口盘（T16③：51）　15、16. 斜腹碗（T16③：3、T16③：87）　17、22. 束颈小罐（T16③：53、T16③：47）　19. 折沿小罐（T16③：10）　21. 斜颈壶（T16③：9）　23、24. 器盖盘（T16③：59、T16③：84）　26. 片状小鼎足（T16③：56）

直口盘　1件（T16③:85）。夹炭红陶，外施红衣。直口外敞，尖唇外斜，上腹外斜，下腹内收，但已残。素面。口径23、残高4厘米（图二三六，4）。

外折沿盆　1件（T16③:22）。泥质黑陶。敞口，宽斜沿外斜，尖圆唇，弧腹内收，底已残。腹下部饰一周凸棱纹。内口径23.4、残高8厘米（图二三六，3；图版八〇，4）。

斜腹杯　1件（T16③:46）。泥质陶外红内黑，外施浅红衣。敞口近直，尖唇，直腹内斜，下腹已残。素面。口径10、残高3.4厘米（图二三六，7）。

器盖盘　2件。T16③:59，夹炭红陶，内外施红衣。敞口，外折沿，尖唇，浅弧腹，近纽又弧折，盘底至器纽已残。素面。盖径14、残高2.4厘米（图二三六，23）。T16③:84，泥质红陶，内外施深红衣。盖纽已残，仅剩盖盘残片，盖面弧内凹，盘沿内折，斜收成尖唇。素面。盖盘口径16、残高2厘米（图二三六，24）。

片状小鼎足　1件（T16③:56）。泥质白陶，泛黄。残，仅剩小鼎足，扁薄呈倒梯形。素面。上宽2.5、下宽1.5、厚0.4、残高2.3厘米（图二三六，26）。

矮圈足　3件。T16③:7，泥质黑陶。残存圜底和矮圈足，足根外撇。素面。足径10、残高2.4厘米（图二三六，8）。T16③:12，泥质陶外红内黑，外表施红衣。残存圈足和圜底，足壁外撇。素面。足径6.8、残高2厘米（图二三六，9）。T16③:57，泥质黑陶。口沿残，弧腹，圜底下附矮圈足，足外斜，足根成小圆凸棱。素面。足径9、残高3.7厘米（图二三六，25）。

（3）T17③层

标本29件。有石锛、小石锛、圭形石凿、石凿、小石球和陶纺轮、弧折沿罐、斜颈罐、敛口小钵、小口瓮、敞口钵、敞口碗、斜腹碗、内折沿碗、斜腹盘、直口盘、敞口盘、锥状小鼎足、弧腹碗圈足。

石器

石锛　1件（T17③:49）。小砾石，青灰色。扁平近梯形，弧顶一面有小片疤，两面皆光滑平面，两边磨平皆外斜，平刃单面磨制，甚锋利。长7.4、宽4.9、厚1.3厘米（图二三八，6；图版七五，2）。

小石锛　1件（T17③:14）。石片。扁平近小梯形，斜弧顶为黄色面，两面磨平，都微弧近平，但都多疤痕，两边磨平都外斜，弧刃单面磨制，有使用缺口，仍锋利。长6.3、宽3.3、厚1.1厘米（图二三八，11）。

圭形石凿　2件。T17③:73，石，青麻色。扁平五角形，残顶斜平，两面皆微弧近平，两边上部磨平，下部对磨成角状刃。残长5.5、宽3.2、厚1.3厘米（图二三八，10）。T17③:74，小砾石，灰色，石皮灰黄。扁平弧边长三角形，圆弧顶，两弧平面，两弧平边，皆砾石原光滑面，两边下部对磨成角状刃。长7.2、宽2.7、厚1.3厘米（图二三八，13；图版七五，4）。

石凿　1件（T17③:75）。石，灰色。较厚倒梯形，残顶甚平，两面弧平，两边皆平，都内斜，平刃两面磨制，有使用痕，仍锋利。残长8.4、宽4.8、厚2.8厘米（图二三八，5）。

小石球　1件（T17③:71）。砾石，青色。完整，圆形，表面布满密集似敲琢坑疤。直径4.6厘米（图二三八，7）。

陶器

陶纺轮　1件（T17③:61）。泥质红陶。残，扁薄两面平，直边形。素面。直径5、厚1.6厘米（图二三七，23）。

弧折沿罐　1件（T17③:58）。泥质红褐陶。侈口，束颈，折沿微凸弧，尖圆唇，弧肩，腹已残。素面。口径26、残高9.2厘米（图二三七，14）。

斜颈罐　1件（T17③:80）。夹砂红褐陶。侈口，束颈，宽沿微凹，圆唇，斜弧肩，深腹下已残。素面。口径17、残高11厘米（图二三七，1）。

敛口小钵　1件（T17③:2）。泥质红陶。敛口，尖圆唇，鼓腹斜收，小平底。素面。口径5.4、高4.6、底径4厘米（图二三七，21；图版八〇，2）。

小口瓮　3件。T17③:53，夹炭红陶，外表施红衣。直口稍内敛，尖圆唇，矮颈，直颈稍外鼓，广弧肩，腹已残。素面。口径9.6、残高4.5厘米（图二三七，3）。T17③:64，泥质红陶。直口，尖圆唇，矮直颈，弧肩，深球腹已残。素面。口径10、残高6.4厘米（图二三七，5）。T17③:65，泥质红陶。直口，直颈，方圆唇，广肩，腹下已残。素面。口径10、残高5厘米（图二三七，4）。

敞口钵　1件（T17③:12）。泥质红陶，内外施红衣。敞口，圆唇外凸，深弧腹，小平底。素面。口径23.8、高8.8、底径6.5厘米（图二三七，16；图版八〇，1）。

敞口碗　2件。T17③:67，泥质黄陶。敞口近直，方唇，弧腹内收，底已残。素面。口径19、残高5.2厘米（图二三七，7）。T17③:3，泥质红陶，内外施红衣。敞口，尖圆唇，浅弧腹，圜平底下附圈足，足壁近直。素面。口径12.8、足径6.4、高5.4厘米（图二三七，18；图版七七，3）。

斜腹碗　4件。T17③:1，泥质灰黄陶。敞口，尖圆唇，斜弧腹较深，平底下附矮圈足，近直筒状，上端微外鼓，足根稍外撇。足饰四组戳点纹，两组为每组两竖点，两组为每组两横点，横、竖点各组相间。口径16.5、足径9.3、高7.4厘米（图二三七，11；图版七八，4）。T17③:5，泥质红陶。敞口，尖圆唇，斜弧腹较深，底残下附矮圈足，足根外斜。素面。口径10.5、足径6.2、高5.7厘米（图二三七，17；图版七八，1）。T17③:19，泥质陶外红内黑，外表施深红衣，内壁施黑衣。敞口，尖唇，斜直腹较深，圜底下附矮圈足，足壁外撇，上部微外凸。足饰一周宽凹弦纹。口径15.4、足径9.1、高7.2厘米（图二三七，9；彩版八，2；图版七七，4）。T17③:18，夹炭黑陶。敞口，尖圆唇，浅斜腹，平底下附圈足，足壁较直，上部微外凸起来，足根稍外撇。未见其他纹饰。口径15.1、足径7.5、高5.6厘米（图二三七，10；图版七七，2）。

内折沿碗　1件（T17③:101）。夹炭红陶，内外施鲜红衣。敛口，弧沿内折，内为尖唇，外起圆凸棱，折腹较深，斜内收下腹已残。腹饰两周带不等宽状宽凹槽。内口径23、残高4.5厘米（图二三七，2）。

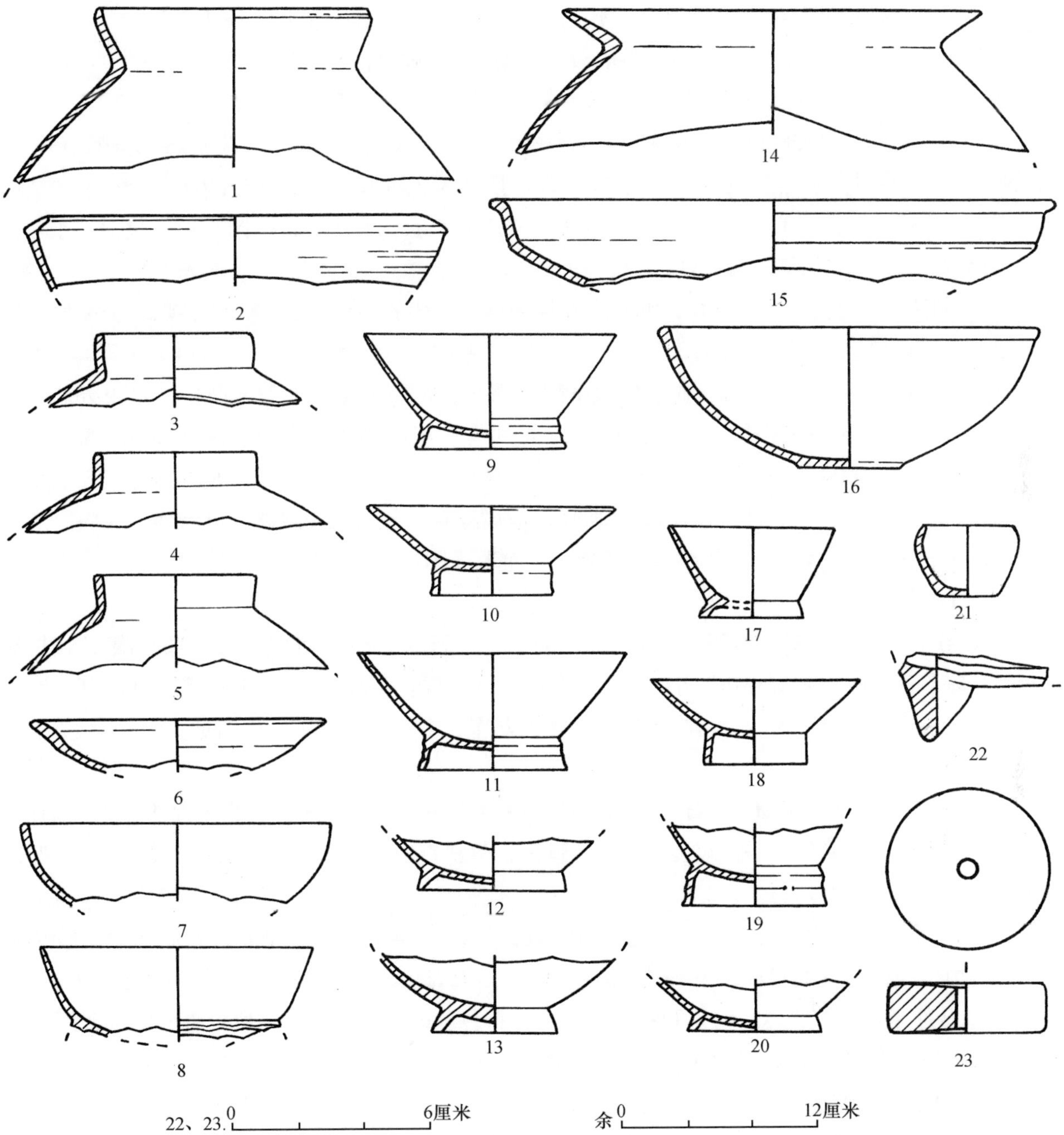

图二三七　T17③层出土陶器

1. 斜颈罐（T17③:80）　2. 内折沿碗（T17③:101）　3～5. 小口瓮（T17③:53、T17③:65、T17③:64）　6. 敞口盘（T17③:111）　7、18. 敞口碗（T17③:67、T17③:3）　8. 斜腹盘（T17③:17）　9～11、17. 斜腹碗（T17③:19、T17③:18、T17③:1、T17③:5）　12、13、19、20. 弧腹碗圈足（T17③:115、T17③:112、T17③:114、T17③:116）　14. 弧折沿罐（T17③:58）　15. 直口盘（T17③:57）　16. 敞口钵（T17③:12）　21. 敛口小钵（T17③:2）　22. 锥状小鼎足（T17③:40）　23. 陶纺轮（T17③:61）

斜腹盘　1件（T17③: 17）。泥质黄褐陶。敞口，方尖唇，斜弧腹，圜底残下附圈足也残。腹饰模糊不规则的数道凹弦纹。口径16.8、残高6厘米（图二三七，8；图版七九，3）。

直口盘　1件（T17③: 57）。泥质红陶，内外施红衣。敞口，扁圆唇外卷，粗矮颈，浅折腹内收，底残。未见其他纹饰。口径35、残高5.4厘米（图二三七，15）。

敞口盘　1件（T17③: 111）。夹炭夹草末红褐陶，外施浅红衣。敞口，尖圆唇，宽弧沿外卷，浅弧腹内凹外有浅折腹，底已残。素面。口径18、残高3.2厘米（图二三七，6）。

锥状小鼎足　1件（T17③: 40）。夹炭红陶，外表施红衣。器形小，呈圆锥形，足根斜平。素面。残高2.8厘米（图二三七，22）。

弧腹碗圈足　4件。T17③: 112，泥质陶外红内黑，外表施浅红衣。口沿残，弧腹，圜底下附矮圈足，足壁外撇。素面。足径7.8、残高4.7厘米（图二三七，13）。T17③: 114，泥质陶外红内黑，外表施鲜红衣。口沿残，深弧腹，圜底下附矮圈足，足壁近直，上鼓起凸棱，足根外斜。足饰两周凹槽，使足壁呈三叠层，足壁又饰两点并列为一组的戳点纹。足径9.2、残高5.2厘米（图二三七，19）。T17③: 115，泥质黄陶。口沿残，弧腹，圜底下附矮圈足，足外撇。素面。足径9、残高3.2厘米（图二三七，12）。T17③: 116，泥质红陶，外表施浅红衣。口沿残。弧腹，圜底下附矮圈足，足外撇。素面。足径8.4、残高3.3厘米（图二三七，20）。

（4）T19③层

标本41件。有小石锄、石斧、石锛、圭形石凿、小石球，还有陶凹折沿罐、折沿罐、弧折沿罐、斜颈罐、高颈罐、敛口小钵、小口瓮、粗颈壶、斜腹碗、敞口碗、内折沿碗、直口盘、斜腹盘、敞口盘、内折沿盘、器盖、斜腹小杯、筒腹大器座、喇叭状大器座、矮圈足。

石器

小石锄　1件（T19③: 90）。石片，棕褐色。厚薄不一近梯形，两面一为原面不平，一面厚，一面薄，厚面处略打制仍不平，破裂面较平，弧顶，两斜直边及弧刃皆单面打制。长12、宽7.2、厚2.9厘米（图二三八，1）。

石斧　2件。T19③: 85，石片，青色。扁弧近梯形，一面及顶部为原面，原面弧滑，破裂面不平，一边单面打制较直斜面，另一边稍磨仍不平，弧刃单面打制稍磨，不锋利。长10.7、宽6.8、厚2.9厘米（图二三八，8）。T19③: 89，石，青色。已残，仅刃部一角，边已磨平，两面磨刃对称，弧刃甚锋利。残长5、宽6.2、厚2.1厘米（图二三八，9）。

石锛　1件（T19③: 83）。石片，青色。扁平长方形，四周较薄，一面为光滑原平面，另一面为破裂面较平，顶、两边和刃部皆单面打制，弧刃近平，不锋利。长9.6、宽5.6、厚1.8厘米（图二三八，4）。

圭形石凿　1件（T19③: 122）。石，青色。扁平五边形，残顶平，两面磨平，两边上部磨平，下部对磨成角刃，较锋利。长5.3、宽2.3、厚1.2厘米（图二三八，12；图版七五，3）。

小石球　1件（T19③: 92）。小砾石，黄褐色夹朱砂色红点。扁圆形，较光滑。长径5.3、宽径4.6、厚3.8厘米（图二三八，3）。

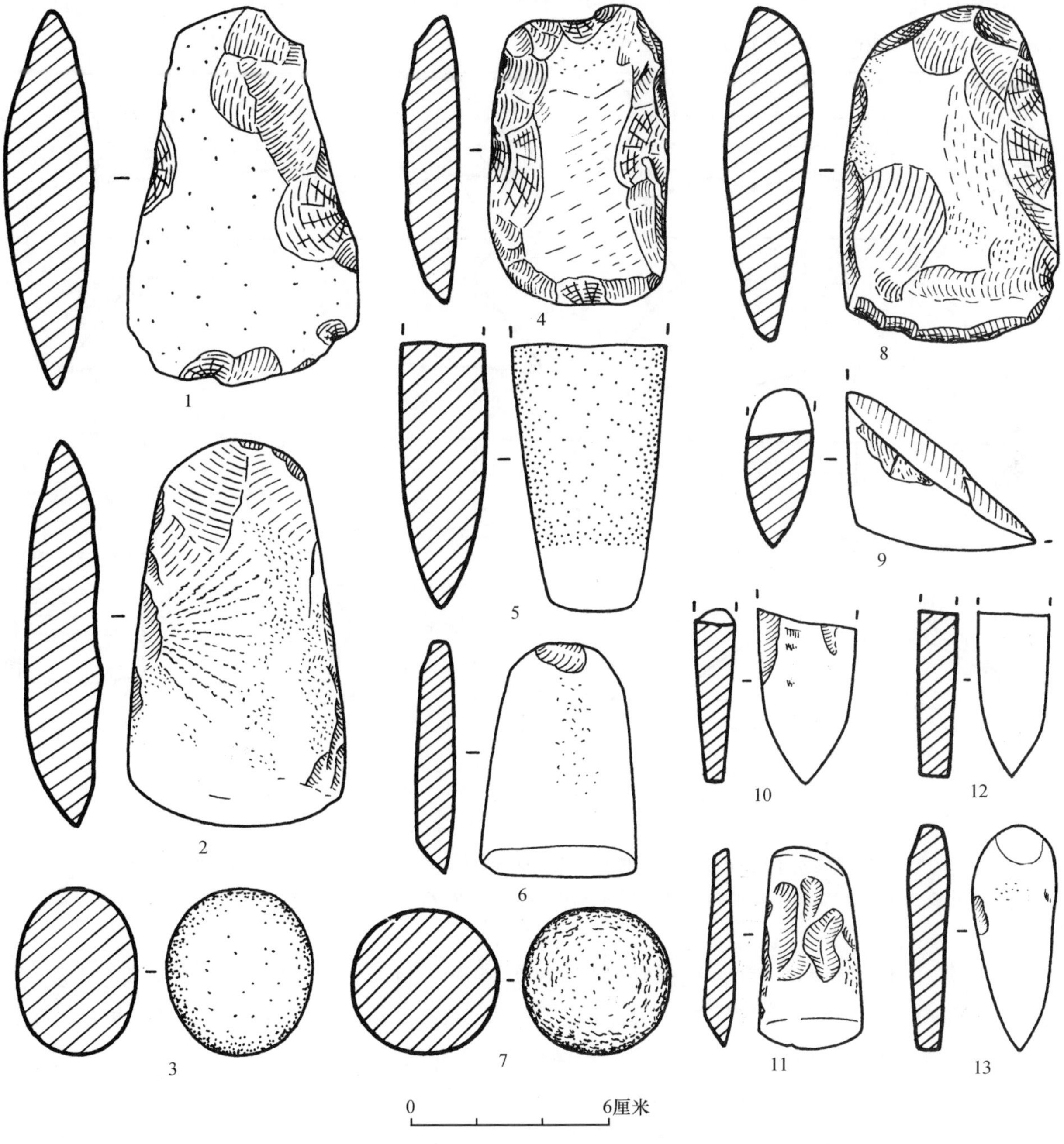

图二三八　T16③层、T17③层、T19③层出土石器

1. 小石锄（T19③:90）　2、8、9. 石斧（T16③:40、T19③:85、T19③:89）　3、7. 小石球（T19③:92、T17③:71）
4、6. 石锛（T19③:83、T17③:49）　5. 石凿（T17③:75）　10、12、13. 圭形石凿（T17③:73、T19③:122、T17③:74）
11. 小石锛（T17③:14）

陶器

凹折沿罐　1件（T19③:13）。夹炭红陶。侈口，宽折沿微内凹，尖圆唇，束颈，弧肩已残。素面。口径28、残高7.2厘米（图二三九，5）。

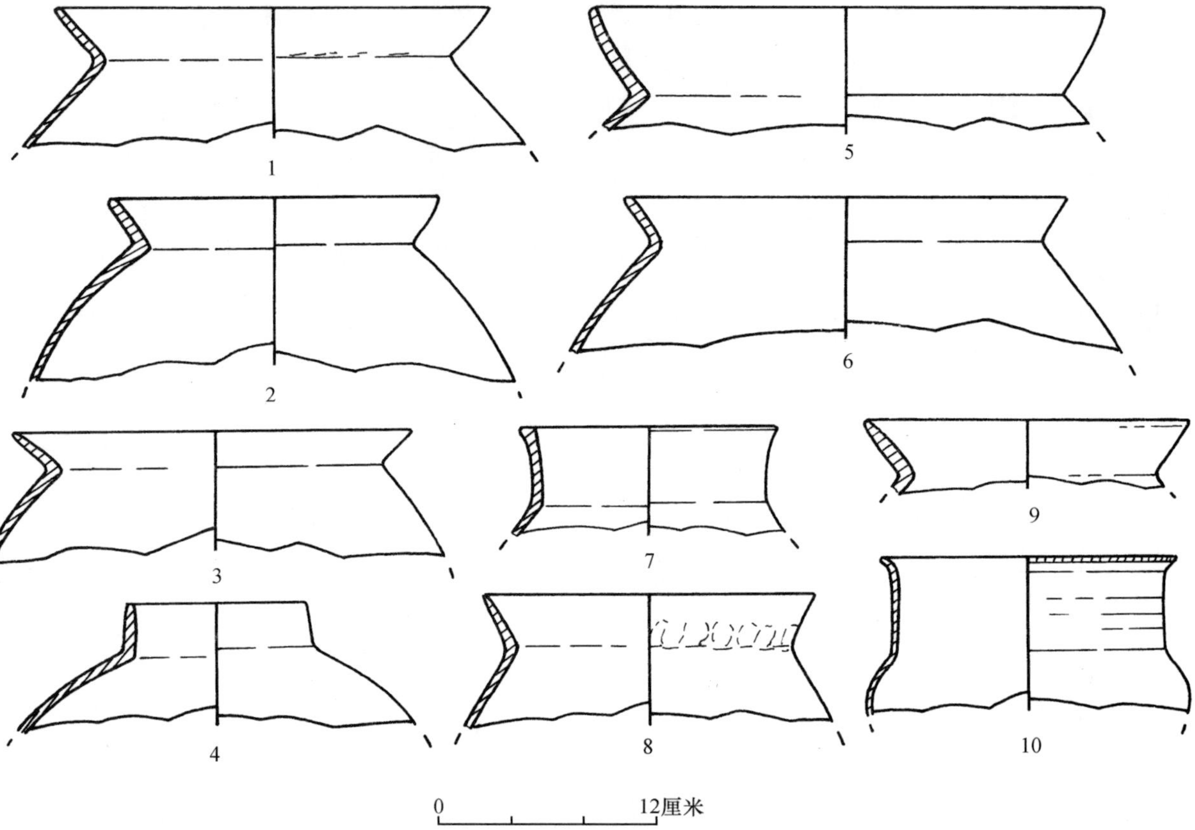

图二三九　T19③层出土陶器

1、2. 折沿罐（T19③:160、T19③:82）　3、9. 弧折沿罐（T19③:72、T19③:80）　4. 小口瓮（T19③:161）　5. 凹折沿罐（T19③:13）　6、8. 斜颈罐（T19③:74、T19③:164）　7. 高领罐（T19③:168）　10. 粗颈壶（T19③:166）

折沿罐　2件。T19③:160，夹砂红陶。侈口，束颈，折沿，方圆唇，斜弧肩，腹已残。素面。口径24、残高7.8厘米（图二三九，1）。T19③:82，泥质红陶。侈口，束颈，折沿，尖圆唇，弧肩，深鼓腹，下残。素面。口径18.4、残高10.4厘米（图二三九，2）。

弧折沿罐　2件。T19③:80，夹砂红褐陶。侈口，束颈，折沿微上弧，尖圆唇，肩以下已残。素面。口径18、残高4.2厘米（图二三九，9）。T19③:72，夹砂红陶。侈口，束颈，折沿微上弧，尖圆唇，斜弧肩，深腹已残。素面。口径22、残高7.6厘米（图二三九，3）。

斜颈罐　2件。T19③:74，夹砂红陶。侈口，束颈，折沿上仰，圆唇，斜弧肩，深腹已残。素面。口径24、残高9厘米（图二三九，6）。T19③:164，夹砂黑陶。侈口，束颈，折沿上仰，尖圆唇，斜弧肩，深弧腹已残。沿下加固肩颈连接的按窝不成纹。口径18、残高7.4厘米（图二三九，8）。

高领罐　1件（T19③:168）。泥质红陶，内沿、外表施鲜红衣。直口，窄平沿，圆唇外凸，高颈稍内束，斜肩，肩下已残。素面。口径14、残高5.9厘米（图二三九，7）。

敛口小钵　1件（T19③:11）。泥质红陶，内外施红衣。直口微敛，尖圆唇，浅直腹微外鼓，凹平底。素面。口径7.4、高3.7厘米（图二四〇，20；图版八〇，3）。

小口瓮　1件（T19③:161）。夹炭红陶，内沿、外表施浅红衣。直口，方圆唇，直颈，弧肩，腹已残。素面。口径10、残高7厘米（图二三九，4）。

粗颈壶　1件（T19③:166）。泥质红陶，内颈、外表施浅红衣。直口，沿外卷，方圆唇外凸，粗高颈近直，弧肩，弧折腹内收，腹下已残。唇削刻成花边状，颈部有三四周模糊纹。口径16.2、残高8.8厘米（图二三九，10）。

斜腹碗　3件。T19③:1，泥质陶外红内黑，外施红衣。敞口，尖圆唇，斜直腹，腹下部向外起折棱，再内收为尖圆唇，底下又附圈足，足已残。素面。口径14.5、残高6厘米（图二四〇，16；图版七九，1）。T19③:30，泥质陶外红内黑，外施鲜红衣。敞口，尖唇，斜腹甚深，圜底下附圈足，足上部外鼓凸，中微凹，足根外起凸棱。素面。口径15.9、足径11、高9厘米（图二四〇，9；图版七八，5）。T19③:9，泥质红陶，内外施红衣。敞口，深斜腹，尖唇，圜底下附矮圈足，足外撇。素面。口径12.4、足径7.3、高5.8厘米（图二四〇，17；图版七八，2）。

敞口碗　1件（T19③:12）。夹炭陶外红内黑，外表施红衣。敞口，方唇，深腹略弧，圜底下附圈足，足已残。未见其他纹饰。口径18.1、残高7.6厘米（图二四〇，8；图版七七，5）。

内折沿碗　1件（T19③:147）。泥质红陶，外施浅红衣。敛口，内折沿，尖唇，深弧腹，腹下已残。素面。口径15、残高5.3厘米（图二四〇，3）。

直口盘　1件（T19③:73）。夹炭红陶，外施红衣。直口微敛，方唇，浅折腹，圜平底，底下附圈足已残。素面。口径19、残高4厘米（图二四〇，2）。

斜腹盘　1件（T19③:76）。泥质红陶，内外施红衣。敞口，圆唇，斜弧直腹，底已残。素面。口径25、残高6.4厘米（图二四〇，14）。

敞口盘　2件。T19③:3，泥质陶外红内黑，外表施红衣。敞口近直，尖唇，窄沿外下斜，盘腹相对较深，腹中部内折，斜弧状成圜平底，下又附粗大高圈足，足上部微外鼓，下部近直，足根平，略外凸成棱。素面。口径21.2、足径13、高11.5厘米（图二四〇，5；图版七九，2）。T19③:155，泥质红陶，内外施浅红衣。敞口，窄平沿，沿面微弧，尖圆唇稍外凸，浅弧腹内收，底已残。素面。口径26、残高4厘米（图二四〇，15）。

内折沿盘　2件。T19③:28，泥质红陶，内外施红衣。敛口，沿内折，浅弧腹内收，成圜平底下附粗大高圈足，足近直筒状，足根已残。素面。口径17.4、残高10厘米（图二四〇，4；图版七九，5）。T19③:156，夹炭红陶，内外施浅红衣。敛口，内折沿，尖斜唇又内折，浅折腹内收，圜底已残，下有圈足黏接痕。素面。口径17、残高4.6厘米（图二四〇，1）。

器盖　1件（T19③:5）。泥质红陶，内外施深红衣。矮纽如平底杯状，浅盘，斜腹，斜沿内折，尖唇。素面。盖径16.2、纽径7.4、高6.2厘米（图二四〇，10；图版八〇，5）。

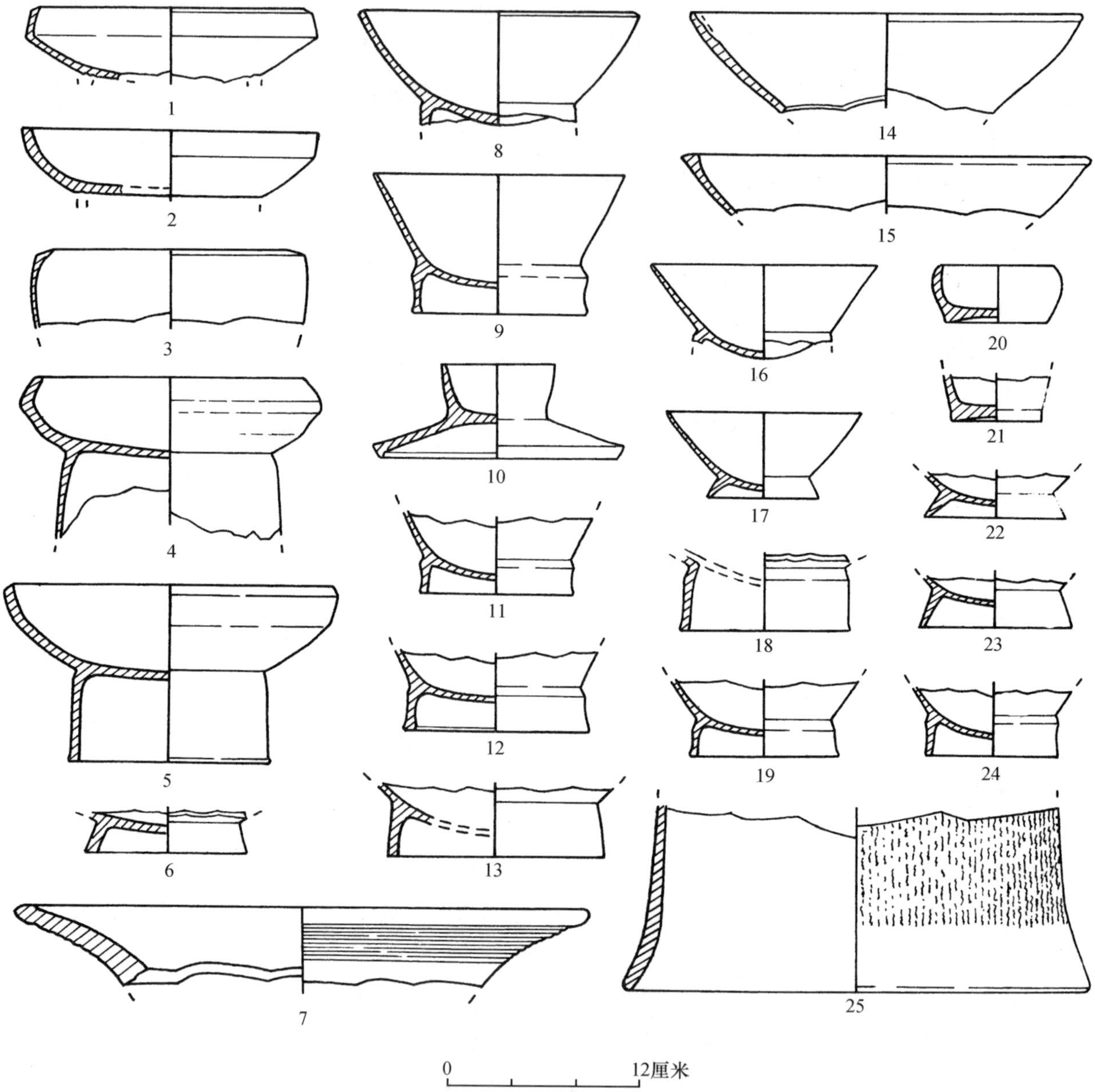

图二四〇　T19③层出土陶器

1、4. 内折沿盘（T19③:156、T19③:28）　2. 直口盘（T19③:73）　3. 内折沿碗（T19③:147）　5、15. 敞口盘（T19③:3、T19③:155）　6、11～13、18、19、22～24. 矮圈足（T19③:87、T19③:150、T19③:149、T19③:75、T19③:71、T19③:152、T19③:151、T19③:69、T19③:79）　7. 喇叭状大器座（T19③:158）　8. 敞口碗（T19③:12）　9、16、17. 斜腹碗（T19③:30、T19③:1、T19③:9）　10. 器盖（T19③:5）　14. 斜腹盘（T19③:76）　20. 敛口小钵（T19③:11）　21. 斜腹小杯（T19③:148）　25. 筒腹大器座（T19③:157）

斜腹小杯　1件（T19③:148）。泥质陶外红内灰，外表施浅红衣。口沿残，深弧腹，凹平底，腹下部近底有一周连接痕，凹平底似后加上去的。素面。底径5.6、残高2.7厘米（图二四〇，21）。

筒腹大器座　1件（T19③:157）。夹炭红陶。敞口，方圆唇，直筒腹稍内收甚深，但下腹已残。腹饰竖粗绳纹。口径30、残高12厘米（图二四〇，25）。

喇叭状大器座　1件（T19③:158）。夹砂红陶，外表施红衣。上部残，仅剩喇叭状底座，足根外卷成扁圆棱。足壁下部有十周凹弦纹，但不等距且深浅不一致。口径37、残高5.1厘米（图二四〇，7）。

矮圈足　9件。T19③:69，泥质陶外红内黑，外表施红衣。残存圈足，足根尖唇状外斜。素面。足径9.8、残高3.2厘米（图二四〇，23）。T19③:71，泥质红陶，外施红衣。仅剩圈足残片，足相对高大，足沿上起折棱，足根圆唇状。素面。足径11、残高5厘米（图二四〇，18）。T19③:75，夹炭红陶，内外施红衣。残存圈足，足粗大较高，足呈直筒状。素面。足径13.7、残高5厘米（图二四〇，13）。T19③:79，泥质陶外红内黑，外表施红衣。残存圈足，足上部外凸成折棱，下部近直成筒状。素面。足径8.6、残高4.2厘米（图二四〇，24）。T19③:87，夹炭夹蚌红陶，外施红衣。仅剩矮圈足，足外斜，足根呈平沿状。素面。足径10.4、残高2.8厘米（图二四〇，6）。T19③:149，泥质陶外红内黑，外表施浅红衣。口沿残，斜腹下弧折成圜底下附较高矮圈足，足壁近直，上部外斜，下折有折棱，足根呈圆唇外凸。素面。足径11.8、残高5.2厘米（图二四〇，12）。T19③:150，泥质陶外红内黑，外表施浅红衣。口沿残，斜腹弧内收成圜底下附较高矮圈足，足壁近直，上部外凸，足根也呈圆棱状外凸。素面。足径9.8、残高5.2厘米（图二四〇，11）。T19③:151，泥质陶外红内黑，外施鲜红衣。口部已残，仅剩矮圈足和圜底，足壁外斜。素面。足径8.9、残高2.8厘米（图二四〇，22）。T19③:152，夹炭陶外红内黑，外表施红衣。上部已残，斜弧腹，圜底下附矮圈足，足相对较高，壁近直，上微外凸，足根呈小圆棱稍外凸。素面。足径9.6、残高5厘米（图二四〇，19）。

（5）T1123③B层

标本31件。有石锄、石斧、小石锛、两边磨平残石器、四棱石镞、小石球和陶球，还有陶弧折沿罐、斜颈罐、束颈罐、弧颈壶、弧颈缸、盘口缸、卷沿碗、敞口碗、敛口碗、直口盘、梯形鼎足、器盖纽、矮圈足。

石器

石锄　2件。T1123③B:8，石，火成岩，深灰色。扁薄近梯形，上窄下宽，弧顶近平，两侧斜平，弧刃，有加工时留下缺口。长11.1、宽8.2、厚1.9厘米（图二四一，4）。T1123③B:11，石，灰色。扁梯形，顶近平，弧刃稍宽，刃部及一侧面皆甚锋利。长8.3、宽6.2、厚1.7厘米（图二四一，8）。

石斧　2件。T1123③B:6，石，青色带白点。扁薄长方形，弧顶，两面刃磨制近平，弧刃有使用痕，不锋利。长9.6、宽6.5、厚1.6厘米（图二四一，5）。T1123③B:9，厚石片，青色。一侧较厚近长方形，弧顶，双面皆打制不平，没有作进一步加工。长10、宽5.6、厚3厘米（图二四一，9）。

小石锛 1件（T1123③B:7）。石，象牙黄。小砾石，仅两侧磨平，顶部、刃部和两面皆原砾面光滑而不锋利，用途不明或为半成品。长7.5、宽3.4、厚1.7厘米（图二四一，3）。

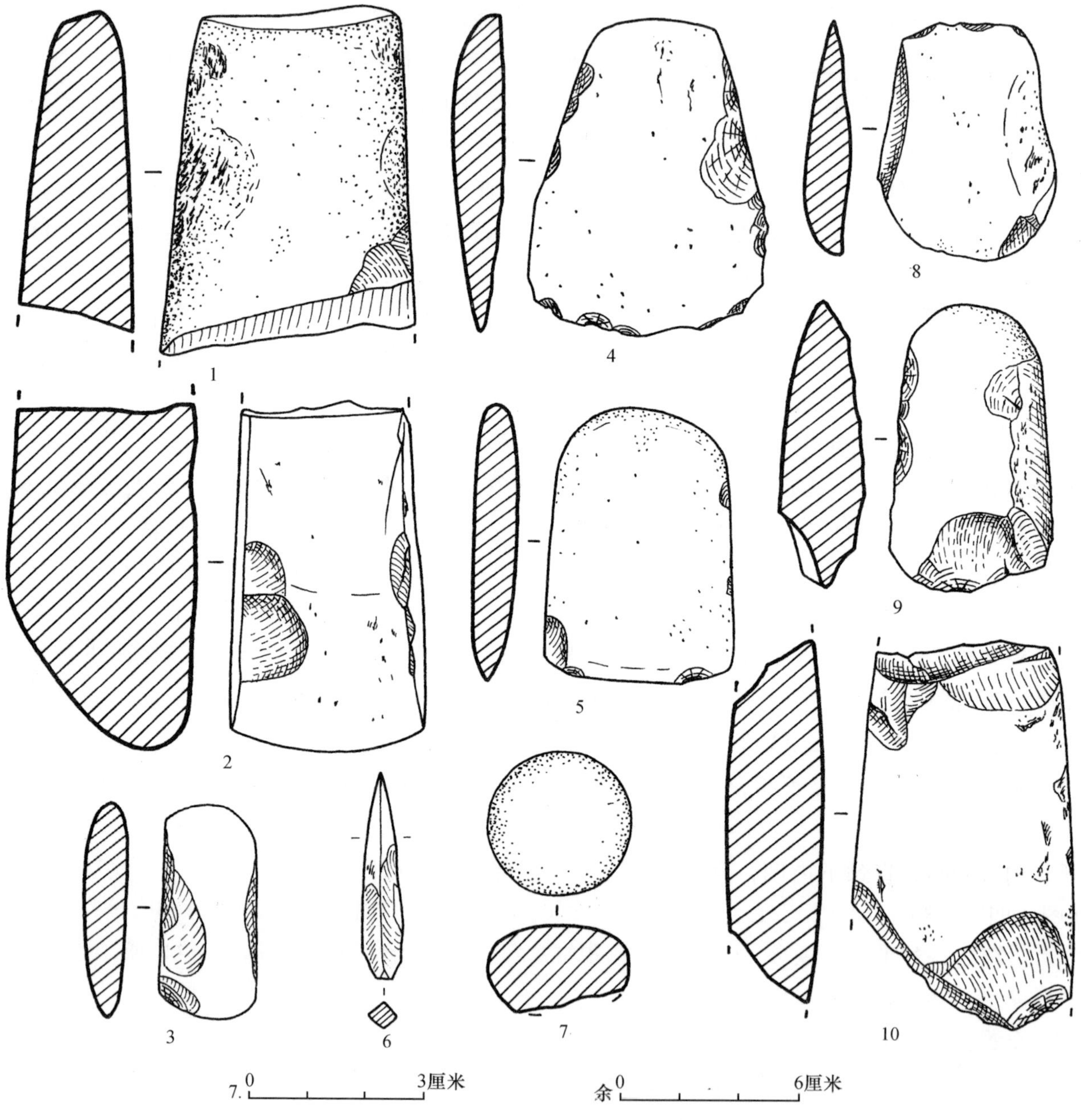

图二四一 T1123③B层出土石器

1、2、10. 两边磨平残石器（T1123③B:13、T1123③B:14、T1123③B:12） 3. 小石锛（T1123③B:7） 4、8. 石锄（T1123③B:8、T1123③B:11） 5、9. 石斧（T1123③B:6、T1123③B:9） 6. 四棱石镞（T1123③B:82） 7. 小石球（T1123③B:19）

两边磨平残石器　3件。T1123③B：12，砾石，青色。较厚近梯形，顶刃皆断残，顶窄刃宽，长身两侧皆磨平，两面皆原砾石弧面甚规整。残长13.6、宽7.6、厚3.4厘米（图二四一，10）。T1123③B：13，砾石，青色。不对称梯形，斜平顶，两侧皆磨平，面也近平稍弧，长身，刃部已残。残长12.4、宽8.8、厚4厘米（图二四一，1）。T1123③B：14，砾石，青色。长条方柱形石器，顶部和一面皆为原石皮面，两侧皆磨平，另一面稍磨平，但仍多为破裂面，刃部已断，用途不明。残长12.2、宽6.8、厚6.6厘米（图二四一，2）。

四棱石镞　1件（T1123③B：82）。长条状石片，青色。刃部磨成四棱锥形，器身已残。残长7.3厘米（图二四一，6）。

小石球　1件（T1123③B：19）。石，黑色。扁圆形，一面光滑，另一面敲琢加工残留一块疤痕。直径2.5、残厚1.5厘米（图二四一，7）。

陶器

陶球　1件（T1123③B：43）。泥质灰陶。圆形，内空，摇之有沙沙响声。上、下各有一个圆凹点，又饰多排篦点纹。直径4.5厘米（图二四二，12）。

弧折沿罐　1件（T1123③B：62）。泥质黄陶。侈口，束颈，弧折沿，尖圆唇，斜肩已残。素面。口径23、残高5.1厘米（图二四二，2）。

斜颈罐　1件（T1123③B：53）。泥质橘红陶近黄。直口外斜，圆唇外凸，束颈，弧肩，腹已残。素面。口径20、残高5.3厘米（图二四二，1）。

束颈罐　1件（T1123③B：59）。泥质红陶，深红色。敛口，宽沿外卷，尖唇，深弧腹下已残。素面。口径21、残高4.6厘米（图二四二，3）。

弧颈壶　1件（T1123③B：50）。泥质灰陶。直口外敞，窄沿外斜，三角形尖唇外凸，高颈微束，斜肩已残。素面。口径12、残高6.4厘米（图二四二，15）。

弧颈缸　1件（T1123③B：44）。夹砂外黄内黑陶。直口外卷，方唇，弧颈筒腹都稍内斜，腹下部已残。颈饰六周深凹弦，腹饰拍印斜绳纹。口径32、残高7厘米（图二四二，9）。

盘口缸　1件（T1123③B：47）。夹砂黑陶，内外黑衣多脱落后呈黄色。盘口，平沿微上弧，内敛外凸，直颈下内凹，直筒腹下已残。颈部饰五周深凹弦纹。口径32、残高5.6厘米（图二四二，8）。

卷沿碗　1件（T1123③B：71）。泥质灰陶。敞口，窄平沿，高颈外卷，浅折腹内收，底已残。颈饰三周宽带凹弦纹，折腹起凸棱。口径16、残高5.2厘米（图二四二，19）。

敞口碗　1件（T1123③B：2）。泥质夹草末红陶。敞口，尖圆唇，斜直腹圜底，矮圈足，足壁近直微外撇。素面。口径11.4、足径5.8、高4.5厘米（图二四二，14；图版七七，1）。

敛口碗　2件。T1123③B：3，泥质陶外红内黑，外表施浅红衣。直口微敛，方平唇，深腹下近直下弧收，残圜底下附矮圈足稍外斜，平根。素面。口径13.9、足径7、高7.4厘米（图二四二，6；图版七六，3）。T1123③B：1，泥质红陶，内外施浅红衣。敛口近直，窄平沿为口唇，深弧腹，圜底下附矮圈足外斜。素面。口径17.8、足径8.2、高8.2厘米（图二四二，5；图版七六，1）。

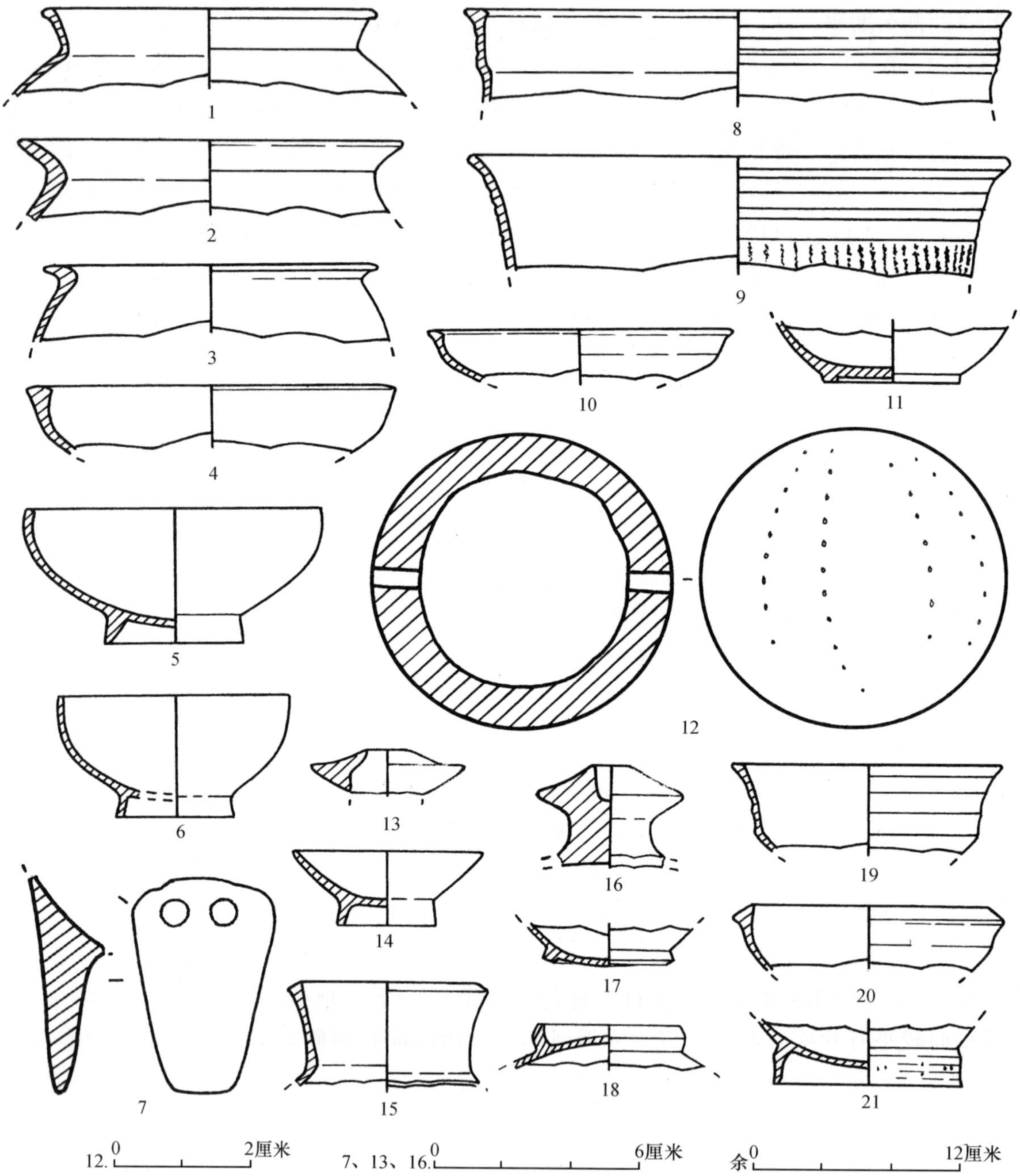

图二四二　T1123③B 层出土陶器

1. 斜颈罐（T1123③B∶53）　2. 弧折沿罐（T1123③B∶62）　3. 束颈罐（T1123③B∶59）　4、10、20. 直口盘（T1123③B∶67、T1123③B∶79、T1123③B∶66）　5、6. 敛口碗（T1123③B∶1、T1123③B∶3）　7. 梯形鼎足（T1123③B∶72）　8. 盘口缸（T1123③B∶47）　9. 弧颈缸（T1123③B∶44）　11、17、21. 矮圈足（T1123③B∶57、T1123③B∶58、T1123③B∶75）　12. 陶球（T1123③B∶43）　13、16、18. 器盖纽（T1123③B∶18、T1123③B∶17、T1123③B∶55）　14. 敞口碗（T1123③B∶2）　15. 弧颈壶（T1123③B∶50）　19. 卷沿碗（T1123③B∶71）

直口盘　3件。T1123③B：66，泥质红陶，内外施深红衣。直口，窄沿外斜，三角形尖唇外凸，粗颈外微束，弧折腹内收，底已残。素面。口径16、残高3.9厘米（图二四二，20）。T1123③B：79，泥质橘红陶，外表施浅红衣。直口，窄弧沿近平，小圆唇外凸，浅折腹弧内收，腹下已残。素面。口径18、残高3厘米（图二四二，10）。T1123③B：67，泥质红陶，内外施浅红衣。直口内敛，平沿内敛外凸，直颈，弧折腹，腹已残。素面。口径22、残高4.1厘米（图二四二，4）。

梯形鼎足　1件（T1123③B：72）。夹炭夹草末陶外红内黑，外表施橘红衣。片状成倒梯形，近似舌形。足上部饰两个并列按涡纹。残高6.5厘米（图二四二，7）。

器盖纽　3件。T1123③B：18，泥质红陶，深红衣。算珠式纽，纽面上部弧凹，纽中空，上有圆孔，纽柱已残。素面。纽径4.6、残高1.3厘米（图二四二，13）。T1123③B：17，泥质红陶，深红衣。算珠式纽，纽上部有凹圆孔，纽柱实心，盖盘已残。素面。纽径4.3、残高3厘米（图二四二，16）。T1123③B：55，泥质红陶，外壁施深红衣。上部残，仅剩圜底和矮圈足，足内直，外成折棱状。素面。足径8.5、残高2.6厘米（图二四二，18）。

矮圈足　3件。T1123③B：57，夹草末浅红陶近黄。上部残，仅剩弧腹圜底下附凸棱状矮圈足。素面。足径8、残高3.4厘米（图二四二，11）。T1123③B：58，泥质陶外红内黑，外壁施鲜红衣。上部已残，仅剩矮圈足和圜底，足壁外斜，足根又内斜，但矮足与平底近平齐。素面。足径7.8、残高2.5厘米（图二四二，17）。T1123③B：75，泥质灰陶泛黑。上部已残，仅剩矮圈足，足壁上部微凸，下部近直。足饰三周凹弦纹和两点并列与两点上下两种戳点纹。足径11、残高3.6厘米（图二四二，21）。

（6）T1124③层（包括T1124②A层、T1124②B层、T1124②C层、T1124③A层、T1124③B层）

标本11件。有石斧和陶凹折沿罐、弧折沿罐、敛口碗、斜腹碗、内折沿盘、器盖纽、罐凹平底。

石器

石斧　3件。T1124②A：2，砾石，青色。扁薄近梯形，顶残。两面，一面微弧近平光滑，另一面较平有片疤。两边，以为光滑弧面，另边两面打制修直不平，弧刃两面磨制，有使用痕，已不锋利。长9.3、宽6.9、厚2.2厘米（图二四三，2）。T1124②B：9，砾石片，灰砂岩。扁薄长梯形，平顶打制。两面，一面为原平面，另一面打制凸凹不平，两边皆打制只修直，不平，平刃两面磨制，有使用痕，已不锋利。长13.3、宽6.5、厚2.1厘米（图二四三，3）。T1124②C：17，砾石片，灰色。扁薄近梯形，顶一角残缺，两面，一面为原面，另一面已磨制，近平有疤，两边，两面打制修直并磨平，但都甚薄。弧刃单面磨制，较锋利。长8.3、宽4.7、厚0.9厘米（图二四三，4）。

陶器

凹折沿罐　1件（T1124③A：21）。夹草末红陶，外壁施深红衣。侈口，宽折沿，沿面内凹如碗，方圆唇，束颈，弧肩，腹已残。素面。口径21、残高8厘米（图二四四，1）。

弧折沿罐　2 件。T1124②B: 12，夹砂浅红陶，泛灰黑。侈口，束颈，弧折沿，尖圆唇，斜肩，肩下残。素面。口径 16、残高 3.6 厘米（图二四四，6）。T1124③B: 28，夹砂红陶。侈口，束颈，折沿，沿面微上弧，尖圆唇，斜弧肩，肩下残。素面。口径 21、残高 4.8 厘米（图二四四，2）。

敛口碗　1 件（T1124③B: 30）。泥质黑陶。敛口近直，方圆唇，弧腹，腹下残。素面。口径 14、残高 4.4 厘米（图二四四，11）。

斜腹碗　1 件（T1124③A: 1）。泥质黑陶。敞口，尖圆唇，斜直腹较深，圜底下附圈足，足壁较直，上部外鼓。足饰两周凸弦纹。口径 19.8、足径 11.2、高 9 厘米（图二四四，4；图版七七，6）。

内折沿盘　1 件（T1124③A: 22）。夹炭外黄内灰黑陶。敛口，斜弧沿外凸内敛，圆唇，粗直颈，折腹弧内收，底已残。素面。口径 20、残高 3 厘米（图二四四，10）。

器盖纽　1 件（T1124③B: 27）。夹炭红陶，内外施红衣。纽如直口杯，器盖盘腹外斜，但大部已残。素面。纽径 5.5、残高 4.8 厘米（图二四四，9）。

罐凹平底　1 件（T1124③B: 36）。泥质外灰内黄陶。口沿已残，下腹内斜，凹平底。素面。底径 5、残高 1.8 厘米（图二四四，12）。

（7）T1126④层（加 T1126④C 层 4 件）

标本 6 件。有石斧、小石锛和陶器盖盘、小平底器、锥状小鼎足。

石器

石斧　1 件（T1126④: 70）。砾石，深绿色。凹凸不平，体较厚长方形，顶部两面打制修平，两面为原光滑砾石面为减薄而两面都打制，尚外片疤而凹凸不平，两边两面打制只修直不平，近弧刃两面打制，较锋利。长 11.1、宽 6.7、厚 2.7 厘米（图二四三，1）。

小石锛　1 件（T1126④: 71）。石片，灰色。扁弧呈梯形，平顶，两面微弧磨制光滑，两边磨平，弧刃两面磨制不对称，一角已残，仍锋利。长 5.7、宽 3.8、厚 1.2 厘米（图二四三，5）。

陶器

器盖盘　2 件。T1126④C: 26，泥质陶外红内黑。浅盘口，内折沿，尖圆唇，斜弧腹已残。素面。盖径 20、残高 2.3 厘米（图二四四，3）。T1126④C: 40，夹草末褐陶。浅盘口，折沿，方圆唇，弧壁，盖上部已残。素面。盖径 14、残高 2 厘米（图二四四，13）。

小平底器　1 件（T1126④C: 25）。夹砂夹蚌红陶。仅剩残底部，斜弧壁，圜平底。素面。残高 3.2 厘米（图二四四，8）。

锥状小鼎足　1 件（T1126④C: 20）。泥质红陶。上部残，仅剩足，足为尖锥状。足中上部饰三角形凹孔。残高 4.6 厘米（图二四四，14）。

（8）T1227③B 层（加 T1227③C 层 1 件）

标本 4 件。有大石锄和陶斜颈小罐、平底器、小平底器。

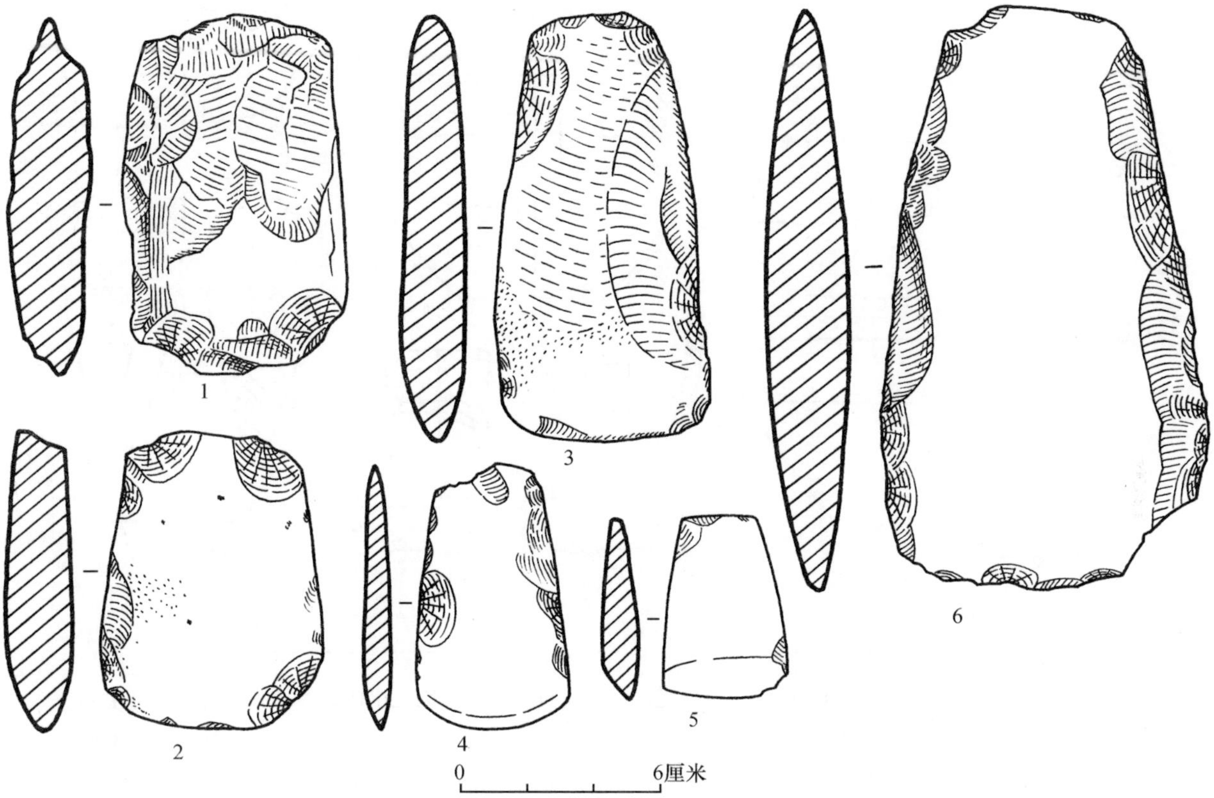

图二四三　T1124②A层、T1124②B层、T1124②C层、T1126④层、T1227③B层出土石器

1～4. 石斧（T1126④:70、T1124②A:2、T1124②B:9、T1124②C:17）　5. 小石锛（T1126④:71）

6. 大石锄（T1227③B:9）

石器

大石锄　1件（T1227③B:9）。石片，深褐色。扁薄近梯形，平顶打制薄如刃状，两面，一面为原砾面，另一面打制都微弧近平，两边打制皆修直，弧刃单面打制，有使用痕，一角残缺，不锋利。长18.2、宽10.1、厚2.7厘米（图二四三，6）。

陶器

斜颈小罐　1件（T1227③B:10）。夹砂浅红陶近黄紫。侈口，束颈，斜折沿，尖圆唇，斜肩，肩下残。素面。口径15、残高4.4厘米（图二四四，5）。

平底器　1件（T1227③C:18）。夹炭红陶，外施浅红衣。上部已残，斜弧腹，平底。素面。底径8、残高5.2厘米（图二四四，7）。

小平底器　1件（T1227③B:17）。夹炭陶外红内黑。上部已残，残腹内斜近直，凹平底。素面。底径5.2、残高2.3厘米（图二四四，15）。

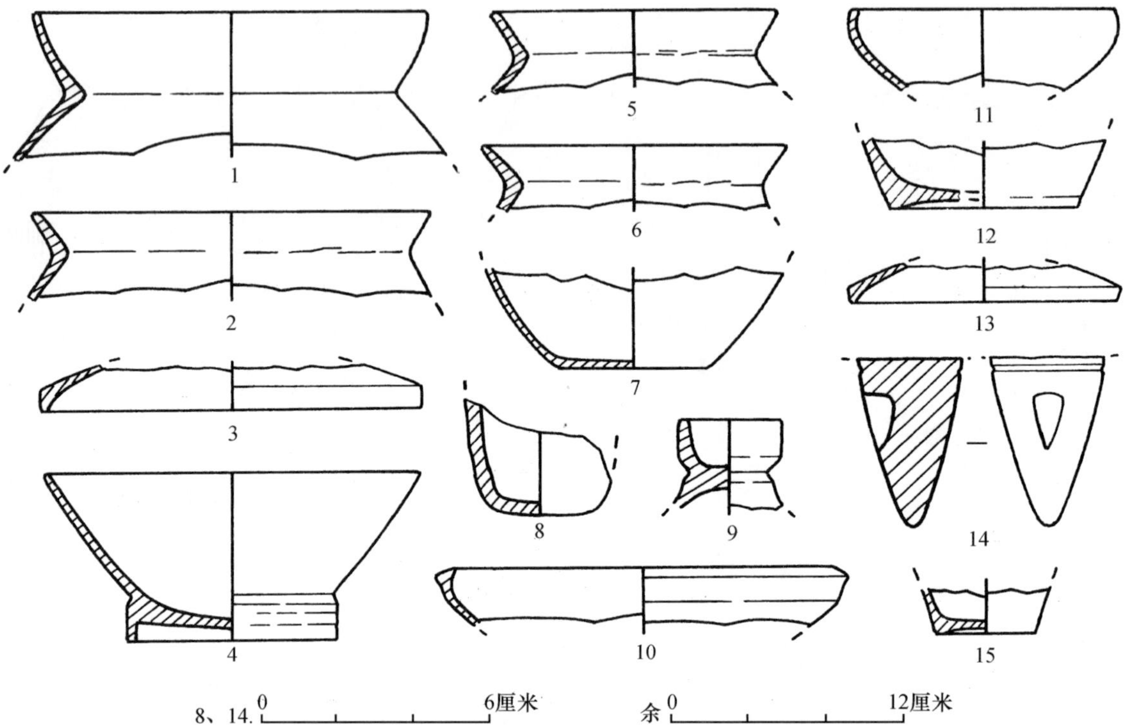

图二四四　T1124③A 层、T1124③B 层、T1124②B 层、T1126④层、T1126④C 层、T1227③B 层出土陶器

1. 凹折沿罐（T1124③A∶21）　2、6. 弧折沿罐（T1124③B∶28、T1124②B∶12）　3、13. 器盖盘（T1126④C∶26、T1126④C∶40）　4. 斜腹碗（T1124③A∶1）　5. 斜颈小罐（T1127③B∶10）　7. 平底器（T1127③C∶18）　8、15. 小平底器（T1126④C∶25、T1127③B∶17）　9. 器盖纽（T1124③B∶27）　10. 内折沿盘（T1124③A∶22）　11. 敛口碗（T1124③B∶30）　12. 罐凹平底（T1124③B∶36）　14. 锥状小鼎足（T1126④C∶20）

三、小　　结

大溪文化中期三个发展阶段的文化遗物，也按生产工具、日用陶器和装饰品三个方面做分类介绍。

1. 大溪文化中期的生产工具

（1）大中早段的生产工具

只发现37件石器，可分为石锄、石斧、小石斧、小石锛、圭形石凿、石球、石芯和1件石料小彩石。

石锄6件。H35∶4、H35∶5、H35∶14、T16③A∶63、T0923③∶2、T0923③∶24。

石斧18件。H35∶1、H35∶2、H35∶3、H35∶6、H35∶7、H35∶8、H35∶10、H314∶5、H314∶6、H322∶3、H322∶4、H333∶7、T19⑤下∶81、T19⑤下∶88、T19⑤下∶97、T0824②B∶8、T0824②C∶21、T0923③∶25。

小石斧1件。H33∶2。

小石锛5件。T15③B∶12、T16③A∶62、T18③A∶50、T19⑤∶109、T19⑤∶107。

圭形石凿4件。T14④∶19、T15③B∶13、T18④∶77、T19⑤∶108。

石球1件。T15③C∶14。

石芯1件。T15③∶15。

小彩石1件。H35∶9。

（2）大中中段的生产工具

只发现23件。有石锄、石斧、小石斧、残石器、石锛、小石锛、圭形石凿、砺石和陶纺轮。

石锄2件。H291∶2、T1023③∶51。

石斧10件。H31∶1、T17③A∶13、T18③∶18、T19③下∶117、T19③下∶118、T1023②∶5、T1023③∶52、T1024③∶41、T1024④∶60、T1123④∶115。

小石斧1件。T1123③C∶84。

残石器2件。H22∶6、T1023⑥∶73。

石锛1件。T19③下∶86。

小石锛2件。T19③下∶115、T1023⑤∶59。

圭形石凿1件。T19④∶113。

砺石3件。T1023②∶78、T1023⑤∶86、T1024③∶42。

陶纺轮1件。T19③下∶66。

（3）大中晚段的生产工具

出土41件。有石锄、石斧、盘状石器、残石器、石锛、小石锛、圭形石凿、石凿、小石球、石镞和陶纺轮。

石锄7件。H19∶20、H19∶21、H313∶3、T19③∶90、T1123③B∶8、T1123③B∶11、T1227③B∶9。

石斧15件。H6∶8、H6∶7、H278∶4、H299∶2、H329∶4、H329∶5、T16③∶40、T19③∶85、T19③∶89、T1123③B∶6、T1123③B∶9、T1124②A∶2、T1124②B∶9、T1124②C∶17、T1126④∶70。

打制石器1件。H6∶9。

残石器3件。T1123③B∶12、T1123③B∶13、T1123③B∶14。

石锛2件。T17③∶49、T19③∶83。

小石锛3件。T17③∶14、T1123③B∶7、T1126④∶71。

圭形石凿4件。H26∶3、T17③∶73、T17③∶74、T19③∶122。

石凿1件。T17③∶75。

小石球3件。T17③∶71、T19③∶92、T1123③B∶19。

石镞1件。T1123③B∶82。

陶纺轮1件。T17③∶61。

2. 大溪文化中期的日用陶器

据初步统计：大中早段的陶器标本235件，大中中段的陶器标本236件，大中晚段的陶器标本209件。下面从陶系、纹饰和器物类型三个方面，介绍这三个阶段发展情况。

（1）大溪文化中期三个阶段的陶系

在陶质方面：这三个阶段都以泥质陶为主，而且都接近60%；夹炭、夹草末、夹砂和夹蚌的杂质陶，都稍稍超过40%。初步统计数据如下：

大中早段泥质陶140件，占59.57%；杂质陶95件，占40.43%。

大中中段泥质陶140件，占59.32%；杂质陶96件，占40.68%。

大中晚段泥质陶124件，占59.33%；杂质陶85件，占40.67%。

在陶色方面：都以红陶为主，外红内黑陶次之，黑陶也较多，还都有少量的褐陶、灰陶和黄陶。各种陶色在不同阶段的数据如下：

红陶：大中早段168件，占71.49%；大中中段150件，占63.56%；大中晚段129件，占61.72%。

外红内黑陶：大中早段23件，占9.79%；大中中段32件，占13.56%；大中晚段25件，占11.96%。

黑陶：大中早段22件，占9.36%；大中中段17件，占7.20%；大中晚段23件，占11.00%。

褐陶：大中早段10件，占4.26%；大中中段13件，占5.51%；大中晚段13件，占6.22%。

灰陶：大中早段8件，占3.40%；大中中段16件，占6.78%；大中晚段10件，占4.78%。

黄陶：大中早段4件，占1.70%；大中中段8件，占3.39%；大中晚段9件，占4.32%。

（2）大溪文化中期三个阶段的陶器纹饰

大溪文化中期这三个阶段的陶器，70%以上都素面没有纹饰；主要纹饰有凹弦纹、戳印纹和凸棱纹，另有少量的镂孔、花边纹、绳纹、划纹和彩陶，新出现少量的按窝纹。各种纹饰在不同阶段的数量和比例如下：

素面陶：大中早段170件，占72.34%；大中中段177件，占75.00%；大中晚段164件，占78.46%。

凹弦纹：大中早段30件，占12.77%；大中中段17件，占7.20%；大中晚段16件，占7.65%。

戳印纹：大中早段12件，占5.11%；大中中段16件，占6.78%；大中晚段6件，占2.87%。

凸棱纹：大中早段10件，占4.26%；大中中段17件，占7.20%；大中晚段15件，占7.18%。

镂孔：大中早段6件，占2.55%；大中中段3件，占1.27%；大中晚段无此纹饰。

花边纹：大中早段4件，占1.70%；大中中段2件，占0.85%；大中晚段2件，占0.96%。

绳纹：大中早段1件，占0.43%；大中中段未见；大中晚段2件，占0.96%。

划纹：大中早段无；大中中段4件，占1.70%；大中晚段1件，占0.48%。

彩陶：大中早段2件，占0.85%；大中中段未见；大中晚段1件，占0.48%。

新出现的按窝纹：大中晚段2件，占0.96%。

需要同时说明的是：在统计纹饰时，对于同一器物多种纹饰的标本，只计算其中一种纹饰。

(3) 大溪文化中期三个阶段的陶器种类和类型划分

大溪文化中期早段的陶器标本只有235件，中段和晚段也分别只有236件和209件。三个阶段出土的陶器标本，虽然加起来的总数还没有大早二段或大早三段单一阶段的陶器标本数量多，但在器物分类上，除了未见大溪文化早期的“簋”这种器物外，大早二、三段已出现的15种器物都有出土，只是每种器物的类型和数量有增有减而已。

下面仍按大溪文化早期已出现的16种器物的先后次序，介绍大溪文化中期三个阶段每种器物的出土数量。

第1种：罐　除了未见大早二段的G型圈足罐外，A型至F型各型罐仍有出土，并新出现H型盘口罐、I型子母罐和J型矮颈罐三型罐。具体发现如下：

A型　折沿罐。可分为a、b、c三亚型：

Aa型：凹折沿罐。大中早段25件；大中中段16件；大中晚段7件。小罐：仅大中中段出土1件。

Ab型：折沿罐。大中早段11件；大中中段16件；大中晚段13件。小罐：大中早段2件；大中中段4件；大中晚段3件。

Ac型：弧折沿罐。大中早段15件；大中中段19件；大中晚段15件。小罐：大中早段3件；大中中段4件；大中晚段2件。

B型　曲颈罐。仅大中早段出土4件。

C型　束颈罐。大中早段3件；大中中段1件；大中晚段2件。小罐：大中早段1件；中段未见；大中晚段2件。

D型　斜颈罐。大中早段2件；大中中段3件；大中晚段6件。小罐：仅大中晚段出土1件。

E型　直口罐。可分为a、b两个亚型：

Ea型：大直口，或称粗颈罐。大中早段2件；大中中段1件；大中晚段2件。小罐：仅大中早段1件。

Eb型：小直口，或称小口高颈罐。大中早段6件；中段3件；晚段2件。小罐：仅大中中段1件。

F 型　敛口罐。大中早段和中段各 1 件；晚段未见。小罐：大中早段 3 件；中段 1 件；晚段未见。

H 型　盘口罐。新出现，仅大中早段 1 件。

I 型　子母口罐。新出现，仅大中中段 1 件。

J 型　矮颈罐。新出现，仅大中晚段 1 件。

第 2 种：瓮

A 型　曲颈瓮。仅大中早段 5 件。

B 型　直口瓮。大中早段 3 件；中段 12 件；晚期 4 件。

C 型　敛口瓮。仅大中早段 2 件。

D 型侈口瓮和 E 型斜颈瓮，大溪文化中期未见。

第 3 种：瓶

曲颈瓶：仅大中早段 1 件。

碗口状瓶：仅大中早段 1 件。

筒形瓶：新出现仅大中中段 1 件。

第 4 种：簋　大溪文化中期未见。

第 5 种：碗

A 型　敛口碗。大中早段 1 件；中段未见；晚段 8 件。

B 型　侈口碗。未见。

C 型　子母口碗。未见。

D 型　折腹碗。仅大中晚段 1 件。

E 型　敞口碗。大中早段 9 件；中段 12 件；晚段 10 件。玩具小碗：仅大中中段 1 件。

F 型　内折沿碗。大中早段 6 件；中段 13 件；晚段 5 件。

G 型　卷沿碗。大中早段和晚段各 1 件；中段未见。

H 型　斜腹碗。大中早段 7 件；中段 9 件；晚段 10 件。

I 型　直口碗。未见。

J 型　假腹碗。大中早段 2 件；中段 1 件；晚段 2 件。

H 型　彩陶碗。新出现，但仅大中早段出现 1 件。

第 6 种：盘

A 型　敞口盘。大中早段 3 件；中段 5 件；晚段 8 件。

B 型　卷沿盘。大中早段 10 件；中段 2 件；晚段 1 件。

C 型　敛口盘。大中早段 2 件；中段 3 件；晚段 2 件。

D 型　直口盘。大中早段 7 件；中段 13 件；晚段 15 件。

E 型　子母口盘。未见。

F 型　外折沿盘。仅大中中段 1 件。

G 型　内折沿盘。大中早段 9 件；中段 10 件；晚段 9 件。

H 型　折腹盘。未见。

I 型　斜腹盘。新出现，大中早段 1 件；中段未见；晚段 2 件。

另有残圈足盘：大中早段 4 件；中段 1 件。

第 7 种：鼎足

A 型　片状小鼎足。未见。

B 型　鸭嘴状小鼎足。大中早段未见；中段和晚段又都出土 1 件。

C 型　侧凹锥状小鼎足。大中早段 3 件；中段 5 件；晚段 2 件。

D 型　锥状小鼎足。大中早段 2 件；中段 3 件；晚段 3 件。

E 型　片状大鼎足。新出现，大中早段、中段和晚段都各出土 1 件。

第 8 种：器座

A 型　侈口溜肩小器座。未见。

B 型　侈口弧肩小器座。未见。

C 型　鼓形大器座。仅大中早段 1 件。

D 型　筒腹大器座。大中早段 4 件；中段未见；晚段 2 件。

E 型　喇叭状大器座。大中早段 4 件；中段未见；晚段 1 件。

F 型　外斜壁器座。仅大中早段 1 件。

G 型　瓶状小器座。新出现，仅大中晚段出现 1 件。

第 9 种：支座　仅大溪文化中期早段发现 1 件 E 型的内空有纹倾斜型支座，和大中中段发现 1 件 C 型的实心素面倾斜型支座。A 型、B 型、D 型、F 型和 G 型这五型支座均未见。

第 10 种：矮圈足

A 型　足壁素面或饰镂孔或戳印纹。大中早段 25 件；中段 30 件；晚段 29 件。

B 型　足壁饰两周或两周以上凹弦纹或凹槽，个别又加镂孔或戳印纹。大中早段 3 件；中段 10 件；晚段 2 件。

C 型　实心假圈足。未见。

D 型　足壁饰一周凹弦纹或凹槽。仅大中早段和中段各 1 件；晚段未见。

有刻划符号的各型矮圈足：未见。

另有残圈足：大中早段 1 件；中段 4 件；晚段 2 件。

第 11 种：壶

弧颈壶：大中早段 1 件；中段未见；晚段 2 件。

粗颈壶：新出现，大中中段新出现 1 件；晚段 1 件。

斜颈壶：新出现，仅大中晚段新出现 3 件。

第 12 种：钵

敞口钵：大中早段 5 件；中段 3 件；晚段 2 件。

敛口钵：未见。

敛口小钵：大中中段 1 件；晚段 2 件。

斜腹钵：新出现，大中早段 1 件；中段 2 件；晚段 1 件。

第 13 种：盆

A 型　内卷沿盆。大中早段 1 件；中段 1 件；晚段未见。

B 型　外折沿盆。大中早段未见；中段 1 件；晚段 2 件。

C 型　斜沿盆。未见。

D 型　无沿盆。大中早段 3 件；中段 1 件；晚段未见。

E 型　平沿或卷平沿盆。大中早段 1 件；中段 1 件；晚段未见。

F 型　侈口盆。新出现，但仅大中早段 1 件。

第 14 种：碟　未见圜底碟和平底碟。

矮圈足带流小碟：新出现，但仅大中中段出土 1 件。

第 15 种：器盖纽

大中早段 9 件；中段 8 件；晚段 5 件。

第 16 种：其他器物

平底器：大中早段 2 件；中段 1 件；晚段 5 件。

器耳：仅大中早段 1 件。

第 17 种：豆

豆高圈足：大中早段新出现 5 件；中段 5 件；晚段 2 件。

第 18 种：杯

曲腹杯：大中早段 2 件；中段未见；晚段 1 件。

矮圈足杯：仅大中中段 1 件。

斜腹杯：仅大中晚段 2 件。

单耳杯：大中中段 1 件；大中晚段 1 件。

第 19 种：缸

弧颈大缸：仅大中晚段 1 件。

盘口大缸：仅大中晚段 1 件。

通过上面所介绍的大溪文化中期的陶器种类和类型，可认识到大溪文化中期与大溪文化早期存在如下区别：

在种类方面：大溪文化中期未见簋这类器物，但又新出现豆、杯、缸三种器物。

在类型方面：罐类除未见 G 型圈足罐，但又新出现 H 型盘口罐、I 型子母口罐和 J 型矮颈罐外，大溪文化中期已未见早期已出现的 Aa、Ab、Ac、B 型、D 型、Ea 和 F 型等类型的彩陶罐。瓮类除未见 D 型侈口瓮和 E 型斜颈瓮外，大溪文化中期都未见 A 型、B 型、C 型和 E 型的彩陶瓮。瓶类也未见曲颈彩陶瓶，但新出现筒形瓶。碗类主要是未见 B 型侈口碗、C 型子母口碗、D 型的折腹彩陶碗和 I 型直口碗；但又新出现 H 型的斜腹彩陶碗。盘类主要是未见 D 型的直口彩陶盘、E 型子母口盘和 H 型折腹盘；但又新出现 I 型斜腹盘。鼎足类主要是未见 A 型的片状小鼎足，但又新出现 E 型的片状大鼎足。器座类主要是未见 A 型和 B 型那种侈口状溜肩或弧肩的小器座；但又新出现G型的瓶状小器座。支座类，大溪文化中期只发现C型和E型各1件，A、B、D、F、G各型的支座都未见。矮圈足类，主要是未见A型的彩陶圈足和C型假圈足；也未见有刻划符号的A、B、C、D型各种矮圈足。壶类主要是新出现粗颈壶和斜颈壶。钵类主要是未见敛口钵，但又新出现斜腹钵。盆类主要是未见C型斜沿盆，但又新出现F型侈口盆。碟类中大溪文化早期出现的折腹圜底碟和器盖式小圆底碟，以及假圈足平底碟都未见；只新出现一种矮圈足带流小碟。杯类则未见大早三段出现的筒腹杯，但新出现曲腹杯、单耳杯、矮圈足杯和斜腹杯。其他类中大早三段出现的陶甑箅、陶灶和子母口高领罐、打制圆陶片，大溪文化中期都未见，但已新出豆的高圈足和弧颈大缸、盘口大缸等新器物。

3. 大溪文化中期的装饰品和其他器物

实际上，大溪文化中期的装饰品，仅在大中中段发现1件桥形石璜（T17③A∶82）。

而其他器物，也只在大中晚段发现1件陶球（T1123③B∶43）。

伍　大溪文化晚期的遗存

一、概　　述

大溪文化晚期的遗存都发现于遗址的西北区。因出土标本不多而暂不分阶段。

二、文 化 遗 存

遗迹单位有灰坑17个和墓葬13座，另有地层单位29个。下面分别介绍这些单位的文化遗存。

1. 大溪文化晚期的灰坑

（1）H76

① 灰坑情况

位置：在T26北壁下至北隔梁内。

层位关系：开口在第4层下，打破第5层；被第3C下H72打破。

形制大小：圆形，斜弧壁，圜平底。口径约86、深57厘米（图二四五，1）。

② 出土器物

出土标本：2件。均为陶器，有外折沿盘、敞口盘。

外折沿盘　1件（H76∶1）。泥质黑陶。敞口，外折沿，尖圆唇，浅弧腹，底已残。素面。口径20、残高2.8厘米（图二四七，14）。

敞口盘　1件（H76∶2）。泥质橘红陶，局部泛黑。敞口，窄平沿，圆唇外凸，弧腹内收，下腹又内折，底已残。外口下两周凹槽，加上折腹起棱，使器腹呈四叠层。口径16、残高2.9厘米（图二四七，9）。

（2）H102

① 灰坑情况

位置：在T35北部。

层位关系：开口在第3C层下。

形制大小：椭圆形，斜壁，平底。口径70～90、深70厘米（图二四五，2）。

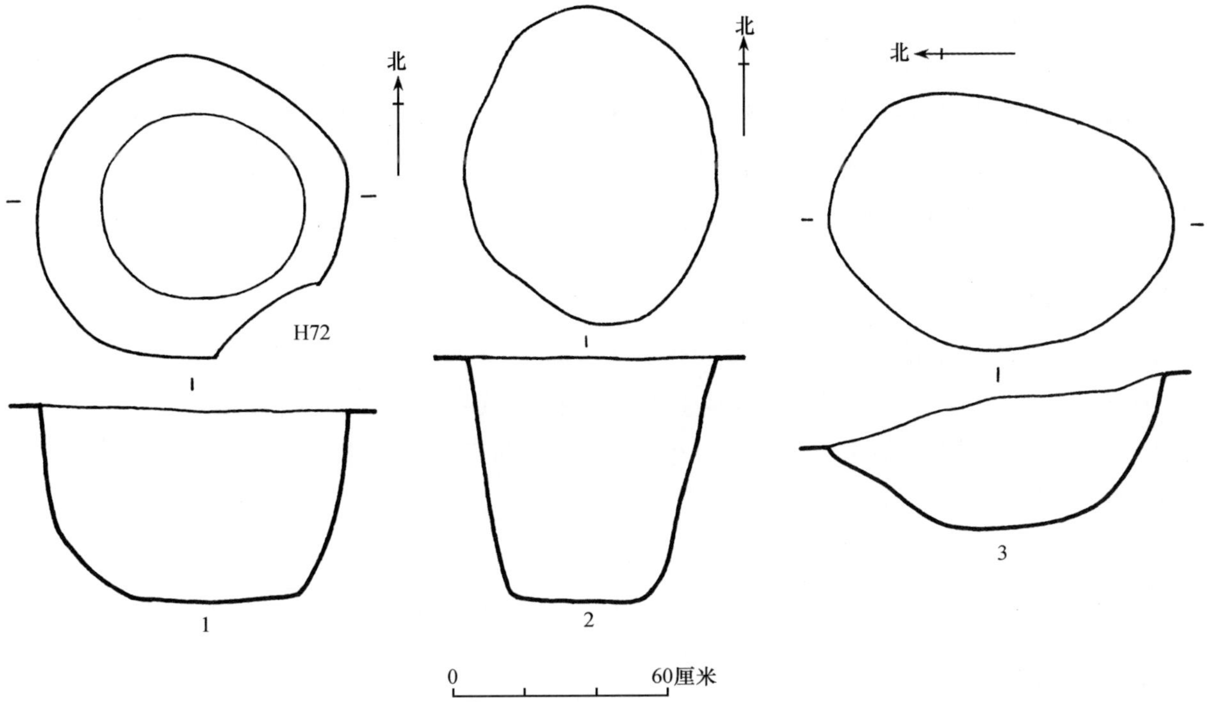

图二四五　H76、H102、H128平、剖面图
1. H76　2. H102　3. H128

② 出土器物

出土标本：6件。均为陶器，有折沿罐、折沿小罐、敛口小罐。

折沿罐　4件。H102∶1，泥质红陶。折沿口内没有折棱，尖圆唇，斜弧肩，深弧腹，下已残。素面。口径22、残高13.5厘米（图二四七，3）。H102∶2，夹砂红褐陶，胎较薄且匀称。折沿，尖圆唇，斜弧肩外鼓，深弧腹，下已残。素面。口径22.8、残高12厘米（图二四七，1）。H102∶3，夹炭红褐陶。折沿，尖圆唇，斜肩，腹已残。素面。口径22、残高4.6厘米（图二四七，4）。H102∶4，夹炭红褐陶。折沿，尖圆唇，斜肩已残。素面。口径26、残高3.9厘米（图二四七，5）。

折沿小罐　1件（H102∶5）。夹炭红陶。侈口，束颈，折沿，尖圆唇，斜弧肩，腹已残。素面。口径10.4、残高3.2厘米（图二四七，19）。

敛口小罐　1件（H102∶6）。泥质黑陶。敛口，圆唇，弧腹内收，底已残。素面。口径13、残高2.7厘米（图二四七，21）。

（3）H113

① 灰坑情况

位置：在T30东南部。

层位关系：开口在第4层下，东部被第3C层下H150、西部被第3C层下H109打破。

形制大小：被H109和H150打破后仅剩局部，似圆形。口径约87、深35厘米。

② 出土器物

出土标本：1 件。彩陶细颈壶。

彩陶细颈壶　1 件（H113∶1）。泥质陶，外施深红衣绘黑彩。直口外斜，圆唇外卷，细高颈，鼓弧肩，腹已残。肩下部绘两周带状黑彩纹，其下又有交错双线斜线组成的图案。口径 6.2、残高 11 厘米（图二四七，13）。

（4）H128

① 灰坑情况

位置：在 T31 中部偏东。

层位关系：开口在第 4A 层下，打破生土；又在第 3 层下 H114 之下。

形制大小：椭圆形，弧壁，圜底。口径 70～100、深 38 厘米（图二四五，3）。

② 出土器物

出土标本：1 件。陶折沿罐。

折沿罐　1 件（H128∶1）。夹草末夹蚌红陶，局部泛黑。宽折沿，尖圆唇，弧肩，腹已残。素面。口径 22、残高 8.8 厘米（图二四七，2）。

（5）H130

① 灰坑情况

位置：在 T31 南壁下至 T34 北隔梁内。

层位关系：开口在第 3D 层下，打破第 4 层、第 4A 层、第 4A 层下 H136、生土。

形制大小：椭圆形，弧壁，尖圜底。口径 76～130、深 35 厘米（图二四六，2）。

② 出土器物

出土标本：3 件。均为陶器，有折沿小罐、曲腹杯、小盆。

折沿小罐　1 件（H130∶1）。泥质磨光黑陶。折沿，尖圆唇，溜肩，深弧腹下部已残。素面。口径 10、残高 3.8 厘米（图二四七，22）。

曲腹杯　1 件（H130∶2）。泥质磨光黑陶。上部已残，仅存下部直腹，平底，下附凸棱状矮圈足，足壁如带状棱外凸。素面。足径 10、残高 2.9 厘米（图二四七，23）。

小盆　1 件（H130∶3）。泥质红陶，沿面和外表施浅红衣。敛口，厚圆唇，内敛外凸，浅弧腹内收，底已残。素面。口径 16、残高 2.8 厘米（图二四七，8）。

（6）H133

① 灰坑情况

位置：在 T32 西壁下至 T31 东隔梁内。

层位关系：开口在第 3D 层下，打破第 4 层、第 4A 层、生土；被第 3D 层下 H135 打破。

形制大小：椭圆形，弧壁，圆斜底。口径 156～200、底径 80～164、深 72 厘米（图二四六，1）。

② 出土器物

出土标本：18 件。有石斧、石锄、小石坯和凹折沿罐、折沿小罐、弧折沿小罐、敛口小罐、高领罐、敛口碗、碗圈足、内折沿盘、敛口小盆、残支座。

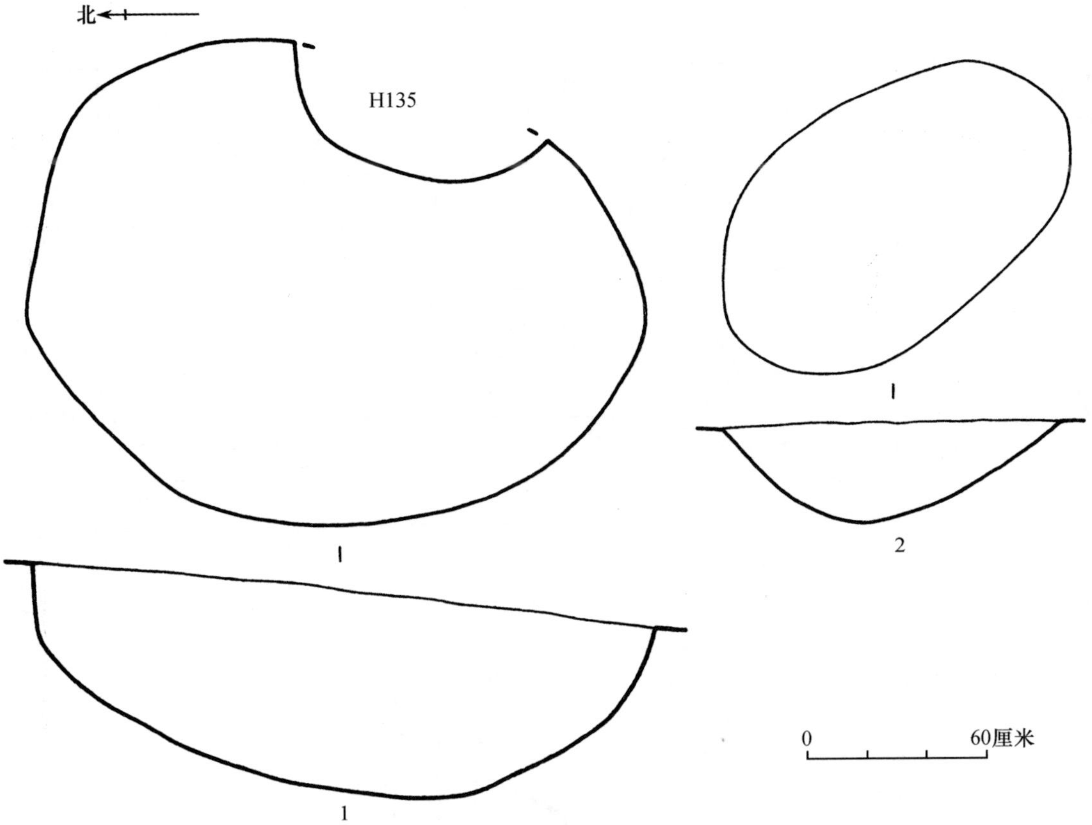

图二四六　H130、H133 平、剖面图

1. H133　2. H130

石器

石斧　4 件。H133∶4，扁平近长方形，弧顶和两平面皆原面，两边磨平，斜弧刃两面磨制，不对称，但锋利。长 10.6、宽 7、厚 2.4 厘米（图二四九，1；图版八一，1）。H133∶6，扁平近长方形，弧顶和两面皆原面，两边打制稍磨近平，弧刃两面磨制，很锋利。长 12、宽 6.8、厚 2.8 厘米（图二四九，4）。H133∶2，扁弧体近梯形，平顶打制，两面皆原面，微弧近平，一面又磨制，两边外斜，平刃多缺口，两面磨制，仍锋利。长 14.2、宽 9.2、厚 3.4 厘米（图二四九，2）。H133∶5，扁平近长方形，斜顶一面打制，两面皆原面，两边修直，但都不平，弧刃两面打制，不锋利。长 9、宽 6.4、厚 2.1 厘米（图二四九，10）。

石锄　1 件（H133∶7）。石片打制。较薄近椭圆形，中间厚周边薄，圆弧刃甚锋利。长 15.1、最宽处 8.8、厚 2.6 厘米（图二四九，7）。

小石坯　1 件（H133∶1）。石片打制。近薄体长方形，但平刃未成，尚不锋利。长 8.5、宽 4、厚 1.5 厘米（图二四九，9）。

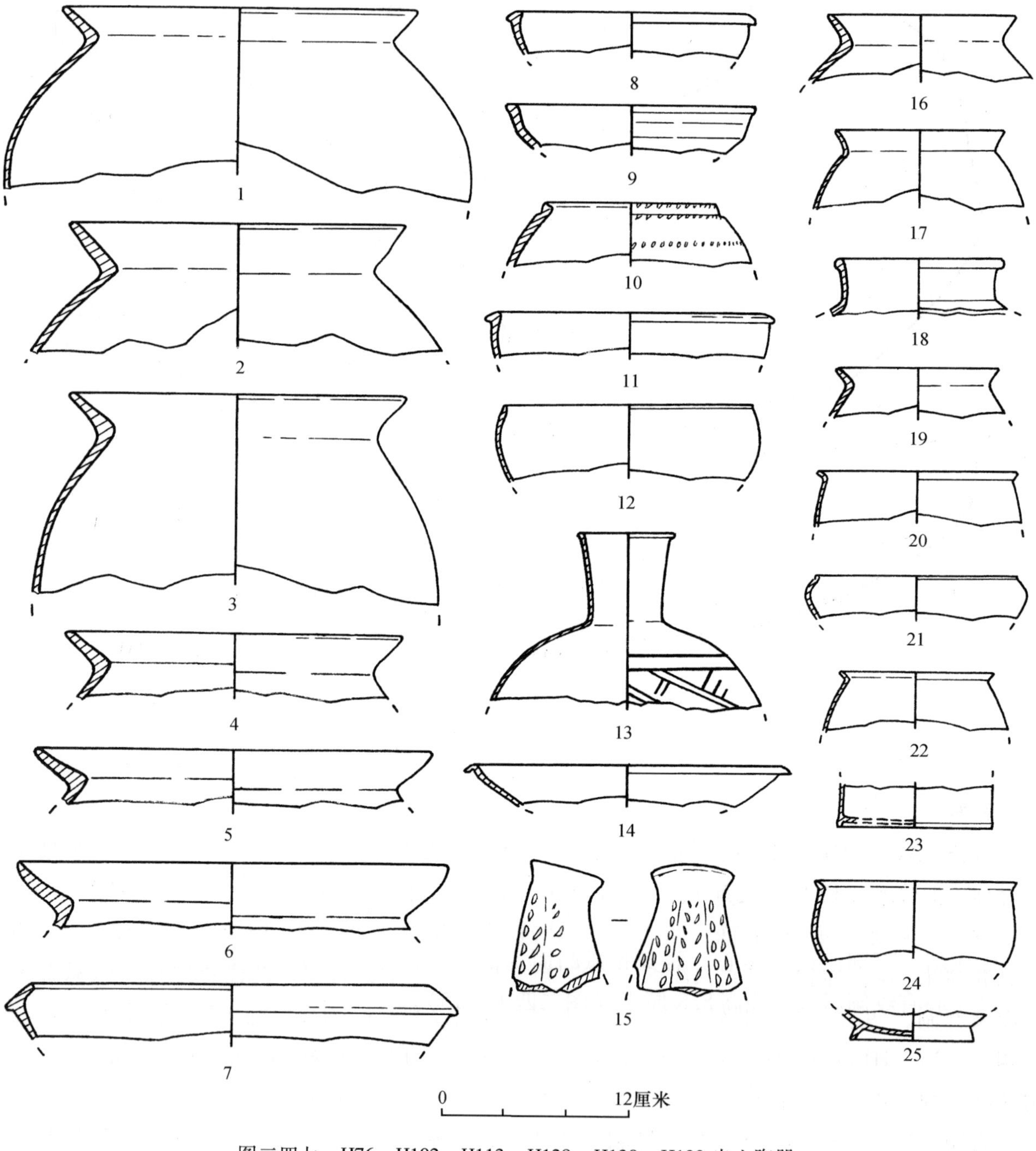

图二四七　H76、H102、H113、H128、H130、H133 出土陶器

1～5. 折沿罐（H102∶2、H128∶1、H102∶1、H102∶3、H102∶4）　6. 凹折沿罐（H133∶8）　7. 内折沿盘（H133∶16）　8. 小盆（H130∶3）　9. 敞口盘（H76∶2）　10、21. 敛口小罐（H133∶18、H102∶6）　11. 敛口小盆（H133∶17）　12. 敛口碗（H133∶13）　13. 彩陶细颈壶（H113∶1）　14. 外折沿盘（H76∶1）　15. 残支座（H133∶3）　16、17. 弧折沿小罐（H133∶9、H133∶10）　18. 高领罐（H133∶12）　19、20、22、24. 折沿小罐（H102∶5、H133∶14、H130∶1、H133∶11）　23. 曲腹杯（H130∶2）　25. 碗圈足（H133∶15）

陶器

凹折沿罐　1件（H133:8）。夹砂红陶，局部泛黑。凹折沿，尖圆唇，肩已残。素面。口径28、残高4.4厘米（图二四七，6）。

折沿小罐　2件。H133:11，泥质陶外红内黑。侈口，束颈，小折沿，尖圆唇，溜肩，弧腹已残。素面。口径13、残高5.6厘米（图二四七，24）。H133:14，泥质黑陶。侈口，束颈，小折沿微凹，圆唇，溜肩，弧腹近直，下已残。素面。口径13、残高3.6厘米（图二四七，20）。

弧折沿小罐　2件。H133:9，夹砂红陶，内外施橘红衣，脱落后呈灰色。弧折沿外卷，尖圆唇，弧肩，腹已残。素面。口径12、残高4.4厘米（图二四七，16）。H133:10，泥质橘红陶，薄胎仅0.2厘米。直口外斜，圆唇外凸，束颈，弧肩下溜，深弧腹已残。素面。口径11、残高5.3厘米（图二四七，17）。

敛口小罐　1件（H133:18）。泥质红陶，外施鲜红衣。敛口，窄平沿内斜，圆唇外凸，束颈，鼓肩，弧腹已残。唇部、肩部和腹上部各有一周按压花边纹。口径11、残高4厘米（图二四七，10）。

高领罐　1件（H133:12）。泥质橘红陶。直口，圆唇外卷，高颈较直，广肩已残。素面。口径11、残高3.8厘米（图二四七，18）。

敛口碗　1件（H133:13）。泥质陶外红内黑。敛口，小圆唇，弧腹较深，底已残。外口下一周凹弦纹。口径16、残高5厘米（图二四七，12）。

碗圈足　1件（H133:15）。泥质黑陶。残存弧腹，圜底下附矮圈足，足壁外弧。素面。足径8、残高2厘米（图二四七，25）。

内折沿盘　1件（H133:16）。泥质橘红陶。敛口，宽斜沿内折外起凸棱，方唇，折腹弧内收，但已残。素面。内口径26、残高3.8厘米（图二四七，7）。

敛口小盆　1件（H133:17）。泥质红陶。敛口，窄沿外斜内敛，圆唇，弧腹内收，底已残。素面。内口径17、残高3厘米（图二四七，11）。

残支座　1件（H133:3）。夹砂红陶。顶面弧凸圆饼状，束颈，器身圆台体，但前凹后弧向一侧倾斜，下部已残，实心。器身和弧凸面饰戳点和戳划纹，束颈和器身前凹面都素面无纹。属实心有纹倾斜型。残高8.8厘米（图二四七，15）。

（7）H135

① 灰坑情况

位置：在T31西南部。

层位关系：开口在第3D层下，打破H133、第4层、生土。

形制大小：椭圆形，弧壁，圜平底。口径78~90、底径44、深22厘米（图二四八，1）。

② 出土器物

出土标本：2件。均为石器，有石锄、石锛。

石锄　1件（H135:1）。石片打制，顶厚刃薄近宽梯形，斜弧刃有使用缺口。长15.4、刃宽10.9、顶厚4厘米（图二四九，5）。

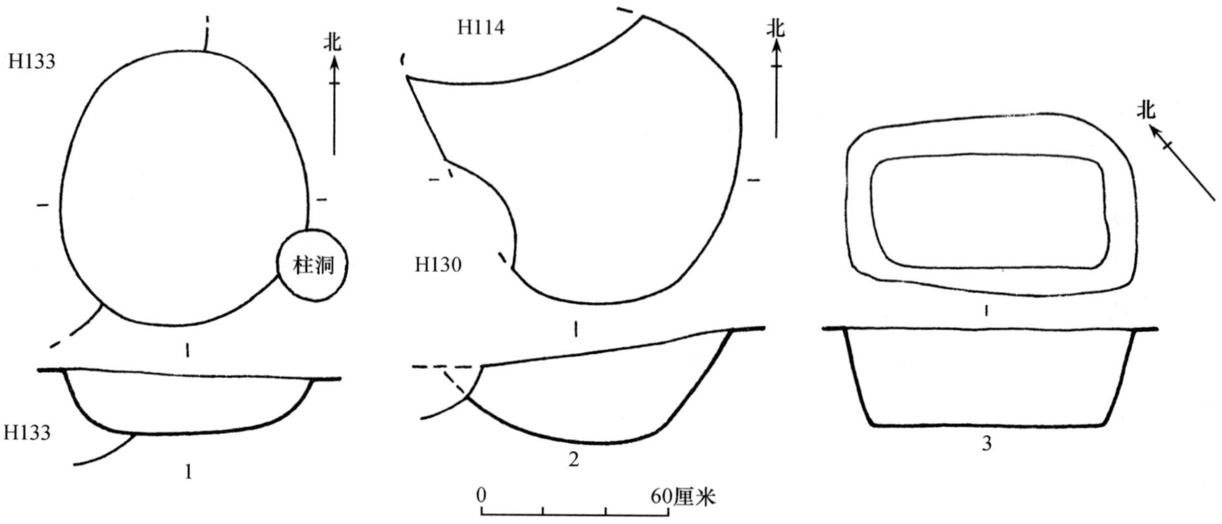

图二四八　H135、H136、H138 平、剖面图
1. H135　2. H136　3. H138

石锛　1 件（H135∶2）。石片磨制，中厚、顶刃皆薄近梯形，原面呈弧角，破裂面磨平，但有疤，平刃单面磨制，但刃端又稍磨平已不锋利。不知刃端磨平的用途。长 9.3、宽 3、厚 2.1 厘米（图二四九，8）。

（8）H136

① 灰坑情况

位置：在 T31 东南部。

层位关系：开口在第 4A 层下，打破第 4B 层、生土；被第 3 层下 H114 和第 3D 层下 H130 打破。

形制大小：近圆形，斜壁，尖圜底。口径 100、深 34 厘米（图二四八，2）。

② 出土器物

出土标本：2 件。均为石器，有石锄、石斧。

石锄　1 件（H136∶1）。石片打制，扁薄梯形，宽平刃，单面打制，不甚锋利。长 12.1、刃宽 8.3、厚 2.1 厘米（图二四九，6）。

石斧　1 件（H136∶2）。大石片打制，较厚近梯形，斜刃两面打制，较锋利。长 17.8、刃宽 11、厚 3.7 厘米（图二四九，3）。

（9）H138

① 灰坑情况

位置：在 T40 西北部。

层位关系：开口在第 3 层下，打破生土。

形制大小：长方形，斜壁，平底。口部 50 ~ 90、底部 32 ~ 76、深 32 厘米（图二四八，3）。

② 出土器物

出土标本：2 件。均为陶器，有高领罐、碗圈足。

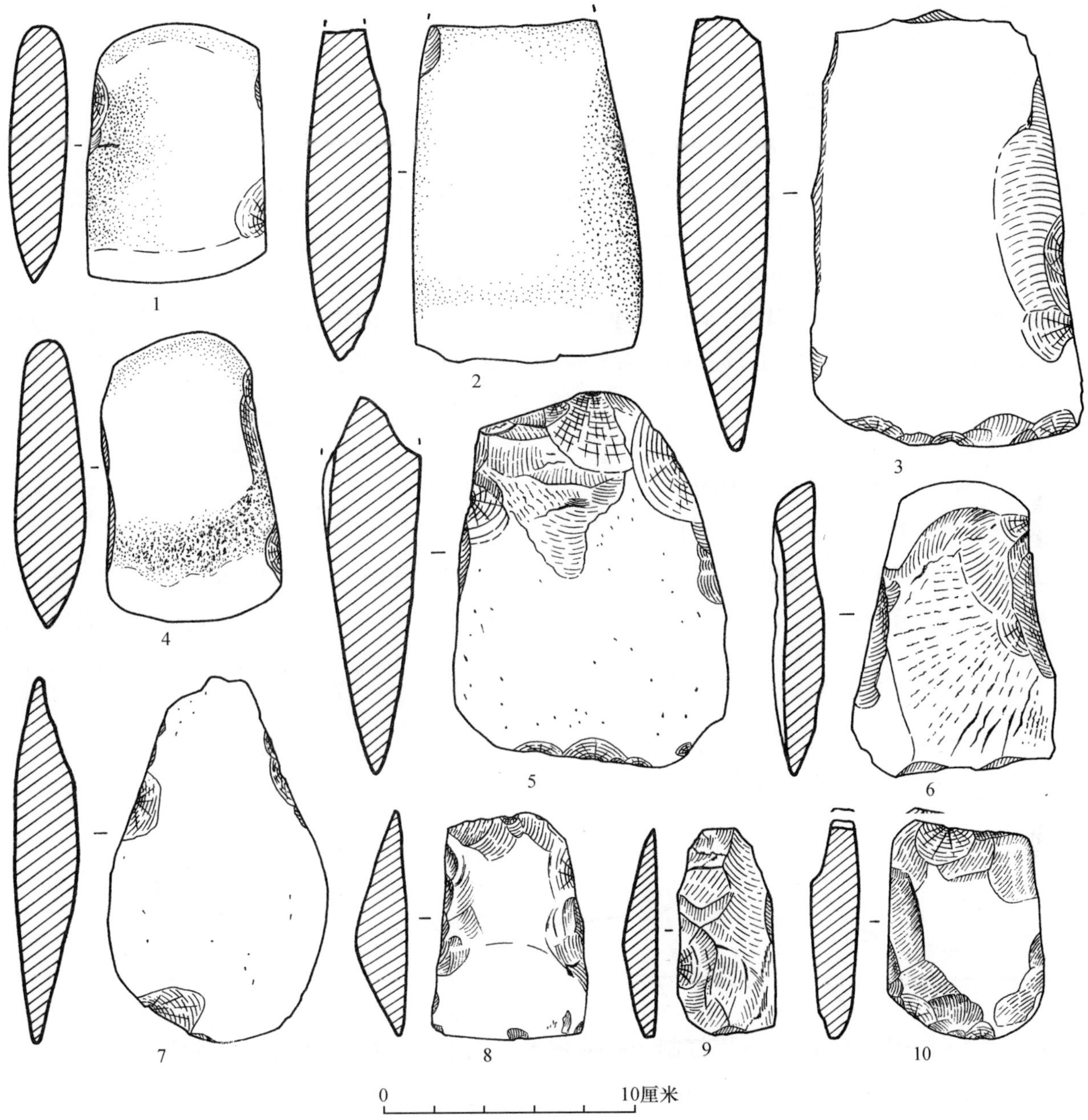

图二四九　H133、H135、H136 出土石器

1～4、10. 石斧（H133:4、H133:2、H136:2、H133:6、H133:5）　5～7. 石锄（H135:1、H136:1、H133:7）
8. 石锛（H135:2）　9. 小石坯（H133:1）

高领罐　1 件（H138:1）。泥质黄陶。直口外卷，圆唇，高弧颈，肩已残。素面。口径 12、残高 3.6 厘米（图二五三，11）。

碗圈足　1 件（H138:2）。夹炭红陶，内外施浅红衣。上部已残，仅存残圜底下附矮圈足，足壁外斜。素面。足径 10、残高 3.7 厘米（图二五三，19）。

（10）H145

① 灰坑情况

位置：在 T39 东北部。

层位关系：开口在第 4 层下，打破生土；被第 2 层下 G10 打破。

形制大小：近椭圆形，弧壁，圜底。口残径 50 ~ 90 以上、深 46 厘米。

② 出土器物

出土标本：1 件。陶内折沿器盖盘。

内折沿器盖盘　1 件（H145∶1）。夹炭黑陶。敛口近直，内折沿，尖圆唇，浅弧腹，盘底及上部盖纽皆残。素面。口径 17、残高 2. 8 厘米（图二五三，23）。

（11）H164

① 灰坑情况

位置：在 T32 东壁下至东隔梁内。

层位关系：开口在第 5 层下，打破生土。

形制大小：椭圆形，斜壁，尖锅底。口径 77 ~ 90、底径 25 ~ 30、深 28 厘米（图二五〇，1）。

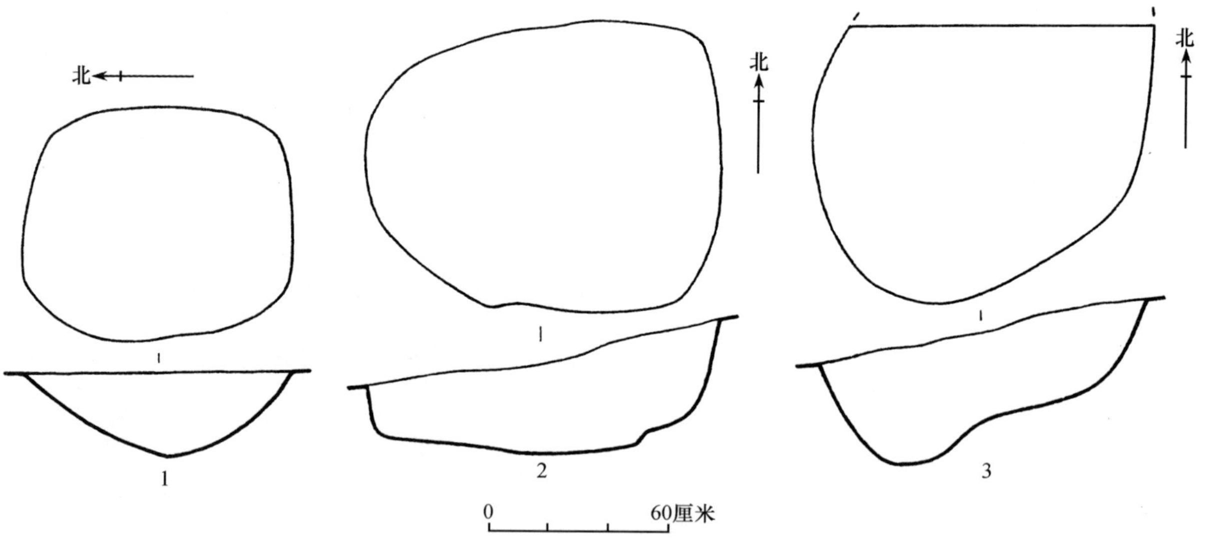

图二五〇　H164、H167、H172 平、剖面图

1. H164　2. H167　3. H172

② 出土器物

出土标本：3 件。均为陶器，有折沿彩陶小罐、罐平底、碗残圈足。

折沿彩陶小罐　1 件（H164∶1）。泥质红陶，外施鲜红衣。侈口，卷沿，尖圆唇，溜肩，深弧腹下已残。腹部似有黑彩带状纹，但黑彩多已脱落，只余黑斑。口径 14. 4、残高 4. 2 厘米（图二五三，4）。

罐平底　1件（H164∶3）。泥质橘红陶。上部已残，弧腹内收，平底。素面。底径8、残高1.6厘米（图二五三，27）。

碗残圈足　1件（H164∶2）。泥质黄陶。矮圈足壁外斜，但足根已残。素面。

（12）H167

① 灰坑情况

位置：在T36东北部。

层位关系：开口在第5B层下，打破第6层、生土。

形制大小：近椭圆形，斜弧壁，底不平。口径101～118、底稍小、深34厘米左右（图二五○，2）。

② 出土器物

出土标本：1件。陶内折沿簋。

内折沿簋　1件（H167∶1）。泥质陶外红内黑。凹沿内折，方唇近直立，折腹弧内收，底已残。素面。口径16、残高5.6厘米（图二五三，3）。

（13）H172

① 灰坑情况

位置：在T36东北角至T38西北角。

层位关系：开口在第4层下，打破第4层下M42及第5A层、第5B层、第6层、生土。

形制大小：近椭圆形，弧壁，圜底。口径残92～110、深40厘米（图二五○，3）。

② 出土器物

出土标本：2件。均为陶器，有束颈罐、罐平底。

束颈罐　1件（H172∶1）。夹草末红陶。侈口，束颈，卷沿，尖圆唇，斜弧肩已残。素面。口径16、残高3.9厘米（图二五三，1）。

罐平底　1件（H172∶2）。夹炭陶外红内黑。仅剩罐下部弧腹，平底。素面。底径9、残高1.9厘米（图二五三，28）。

（14）H176

① 灰坑情况

位置：在T31至T34北隔梁的东壁下。

层位关系：开口在第3D层下，打破生土；被同层下两个柱洞打破。

形制大小：圆形大部分，斜壁，平底。口残径158、底残径104、深40厘米（图二五一，1）。

② 出土器物

出土标本：2件。陶直口碗。

直口碗　2件。H176∶1，泥质红陶。直口微敛，圆唇内敛外凸，粗矮颈中束，折腹弧内收，底已残。素面。口径17.2、残高5.6厘米（图二五三，2）。H176∶2，泥质红陶。直口微敛，窄沿稍内斜，圆唇外凸，矮颈中束，折腹弧内收，底已残。素面。口径19、残高5厘米（图二五三，21）。

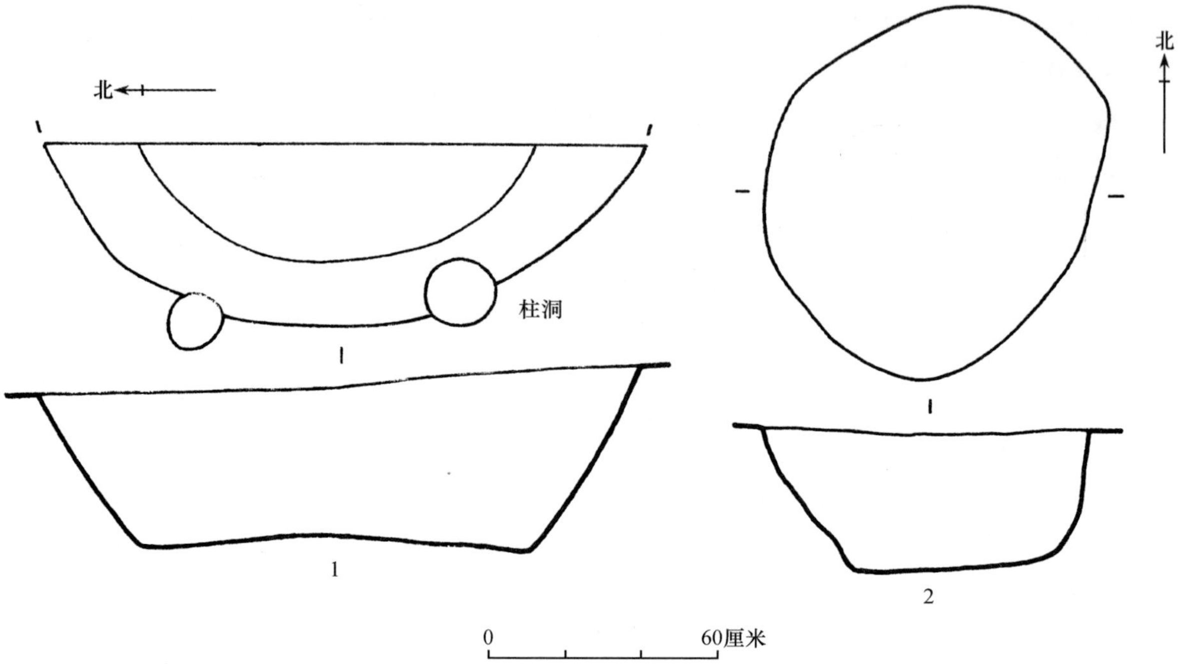

图二五一　H176、H179 平、剖面图
1. H176　2. H179

(15) H179

① 灰坑情况

位置：在 T35 西北角。

层位关系：开口在第 4 层下。

形制大小：椭圆形，斜壁不对称，圜平底。口径 88～100、深 34 厘米（图二五一，2）。

② 出土器物

出土标本：5 件。均为陶器，有弧折沿彩陶小罐、敛口盆、内折沿盘、豆高圈足、残陶球。

弧折沿彩陶小罐　1 件（H179∶4）。泥质红陶，外表、内沿施鲜红衣，肩绘黑彩。侈口，束颈，卷沿，尖圆唇，斜弧肩，鼓腹已残。肩上部绘一周黑彩带状纹。口径 12、残高 3.1 厘米（图二五三，13）。

敛口盆　1 件（H179∶1）。泥质红陶，外施浅红衣。敛口，卷沿，尖圆唇，矮颈内斜，折腹弧内收，小平底。素面。口径 20.8、底径 7、高 8 厘米（图二五三，20；图版八一，2）。

内折沿盘　1 件（H179∶2）。泥质红陶。敛口，斜沿内敛外凸，口内方唇，口外尖圆唇，弧腹斜内收，下腹已残。素面。内口径 24、残高 2.6 厘米（图二五三，9）。

豆高圈足　1 件（H179∶3）。泥质陶外红内灰。高圈足上部已残，下部筒壁近直，足根外折。素面。足径 16、残高 4.1 厘米（图二五三，24）。

残陶球　1 件（H179∶5）。泥质红陶。已残，圆形，内空。器表饰双线戳点纹，呈米字形或不规则三角形。直径 3.6 厘米（图二五三，26）。

(16) H187

① 灰坑情况

位置：在T34关键柱至T35。

层位关系：开口在第3D层下。

形制大小：近椭圆形，斜弧壁，近平底。口径77～85、深37厘米（图二五二，1）。

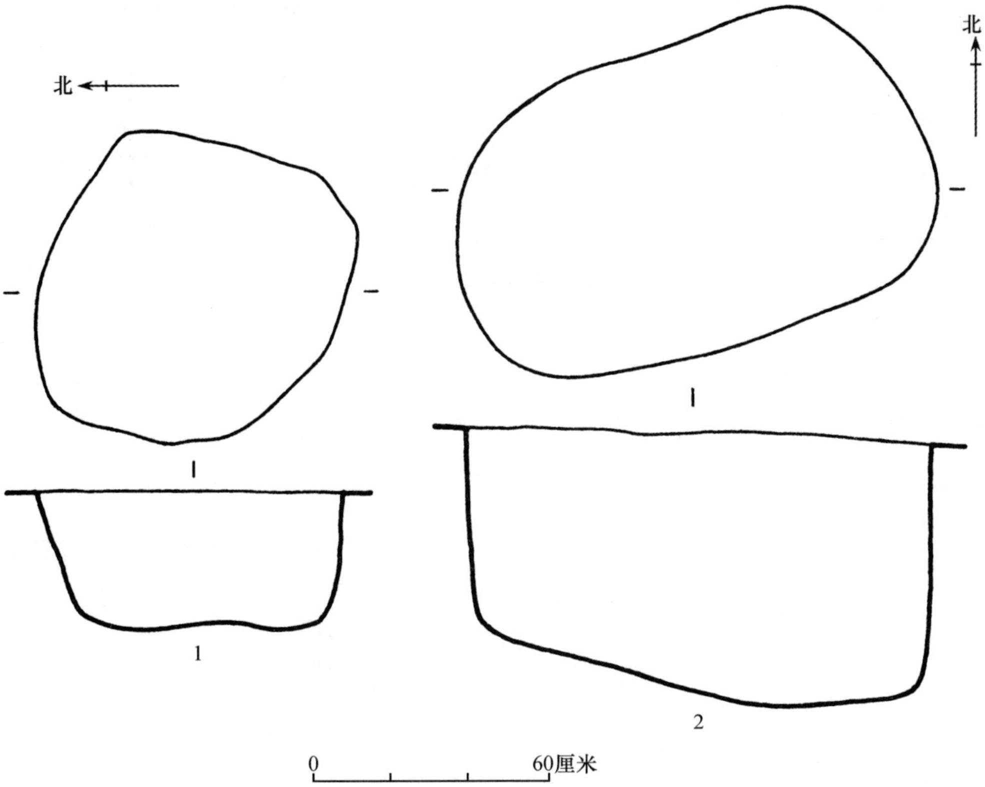

图二五二　H187、H190平、剖面图

1. H187　2. H190

② 出土器物

出土标本：9件。均为陶器，有折沿彩陶小罐、束颈罐、高领罐、敛口小罐、敛口碗、矮圈足。

折沿彩陶小罐　1件（H187∶9）。泥质陶外红内黑，口沿和外表施鲜红衣。侈口，小折沿，尖圆唇，斜溜肩，鼓腹下部已残。肩、腹绘已模糊的带状黑彩，因黑彩多脱落，图案不清晰。口径13、残高8.2厘米（图二五三，8）。

束颈罐　1件（H187∶1）。夹砂红陶。侈口，卷沿，尖唇，束颈，溜肩，深弧腹已残。颈部一周手按窝纹。口径13、残高6.6厘米（图二五三，10）。

高领罐　1件（H187∶2）。泥质红陶。直口外卷，圆唇外凸，高颈下束，广肩已残。素面。口径12、残高3.6厘米（图二五三，12）。

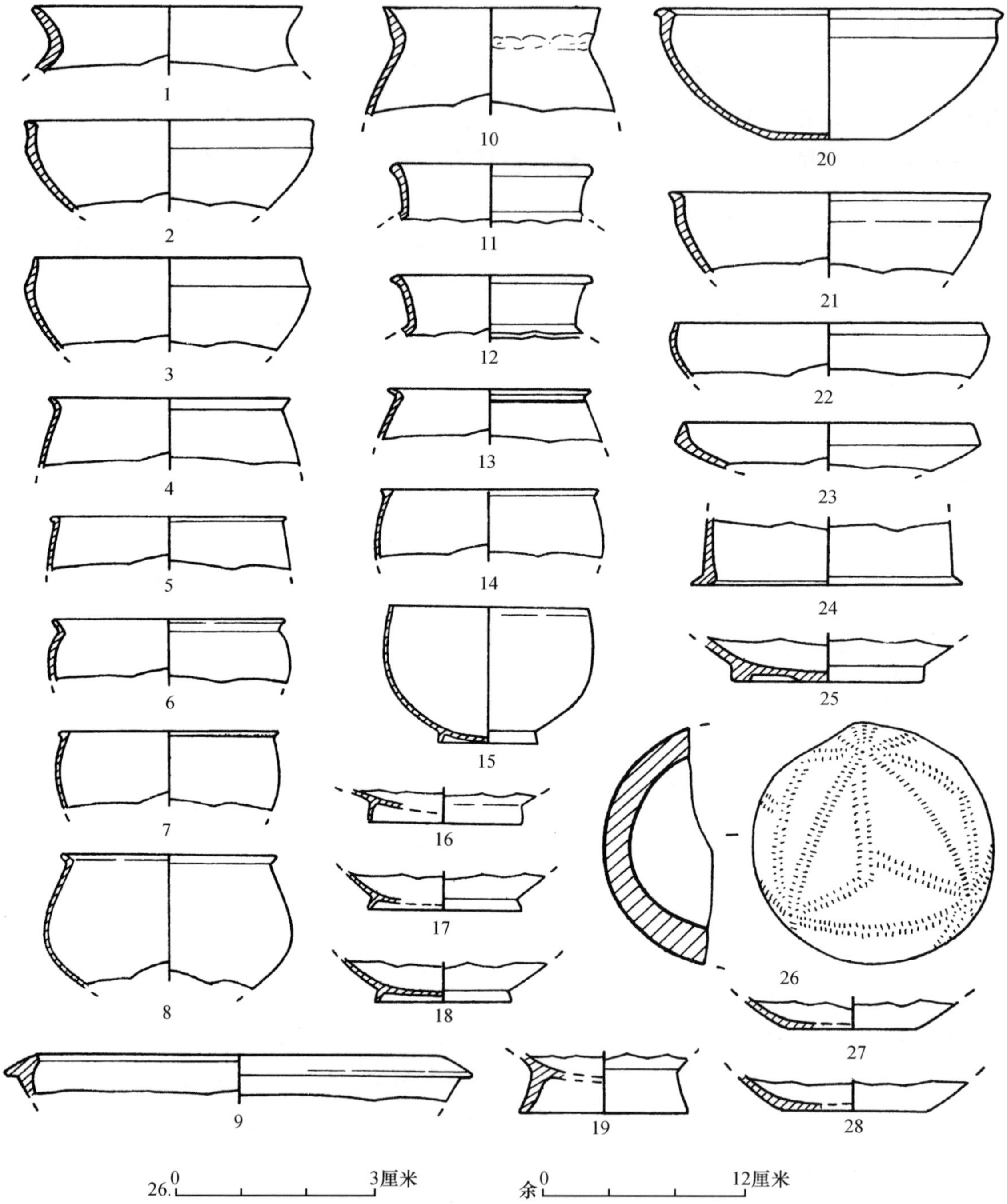

图二五三　H138、H145、H164、H167、H172、H176、H179、H187、H190 出土陶器

1、10. 束颈罐（H172∶1、H187∶1）　2、21. 直口碗（H176∶1、H176∶2）　3. 内折沿簋（H167∶1）　4、8. 折沿彩陶小罐（H164∶1、H187∶9）　5、7、14. 敛口小罐（H190∶1、H187∶3、H187∶4）　6. 折沿小罐（H190∶2）　9. 内折沿盘（H179∶2）　11、12. 高领罐（H138∶1、H187∶2）　13. 弧折沿彩陶小罐（H179∶4）　15. 敛口碗（H187∶8）　16～18. 矮圈足（H187∶7、H187∶5、H187∶6）　19、25. 碗圈足（H138∶2、H190∶4）　20. 敛口盆（H179∶1）　22. 子母口碗（H190∶3）　23. 内折沿器盖盘（H145∶1）　24. 豆高圈足（H179∶3）　26. 残陶球（H179∶5）　27、28. 罐平底（H164∶3、H172∶2）

敛口小罐　2件。H187∶3，泥质陶外红内黑，外壁上部施深红衣，下部黑色，口内上部灰白色，口沿下黑色。敛口，小平沿，圆唇外凸，深弧腹，下部已残。素面。口径13、残高4.7厘米（图二五三，7）。H187∶4，泥质陶外红内黑，外表无衣橘红色，内黑色。敛口，小平沿，尖圆唇，深弧腹，下已残。素面。口径13、残高4.2厘米（图二五三，14）。

敛口碗　1件（H187∶8）。泥质陶外红内黑，外施浅红衣，内黑色，足内无衣，浅红色。近直口，小圆唇，深弧腹上部近直，下部弧收成圜底，下附低矮小圈足，足壁外斜近直。素面。口径11.8、足径6、高8.2厘米（图二五三，15；图版八一，3）。

矮圈足　3件。H187∶7，泥质磨光黑陶。仅存圜底下附矮圈足，足壁外弧近直。素面。足径9、残高1.8厘米（图二五三，16）。H187∶6，泥质陶外红内黑。仅存碗下部弧腹，圜底下附矮圈足，足壁外弧。素面。口径8、残高2.3厘米（图二五三，18）。H187∶5，泥质陶，器内浅红色，足内和外表黑色。仅存碗下部弧腹，圜底下附矮圈足，足壁外弧。素面。足径9、残高2.2厘米（图二五三，17）。

（17）H190

① 灰坑情况

位置：在T25南壁下至T27北隔梁内。

层位关系：开口在第4层下。

形制大小：椭圆形，近直壁，斜平底。口径86～130、深58～70厘米（图二五二，2）。

② 出土器物

出土标本：4件。均为陶器，有敛口小罐、折沿小罐、子母口碗、碗圈足。

敛口小罐　1件（H190∶1）。泥质红陶，外施深红衣。敛口，窄平沿，小圆唇外凸，深弧腹近直，下腹已残。素面。口径14、残高3.3厘米（图二五三，5）。

折沿小罐　1件（H190∶2）。泥质红陶，外壁和内沿施深红衣。侈口，斜折沿，但口内无折棱，扁弧腹下已残。素面。口径14、残高3.8厘米（图二五三，6）。

子母口碗　1件（H190∶3）。泥质灰陶。敛口，凹弧沿内折，又呈子母口，方唇近直立，折腹弧内收，下已残。素面。口径18、残高3.4厘米（图二五三，22）。

碗圈足　1件（H190∶4）。泥质陶外红内黑。上部已残，仅剩下部弧腹，圜底下附矮圈足，足壁粗矮近直，且与圜底平齐。素面。足径5.7、残高1.3厘米（图二五三，25）。

2. 大溪文化晚期的墓葬

（1）M1

① 墓葬情况

位置：在T25东南部至东隔梁内。

层位关系：开口在第4层下，打破第5层。

形制与大小：长方形土坑竖穴墓。墓坑长185、宽50、深20厘米。

人骨与葬式：骨架保存较好；为单人仰身直肢葬，头东脚西，方向58°（图二五四）。

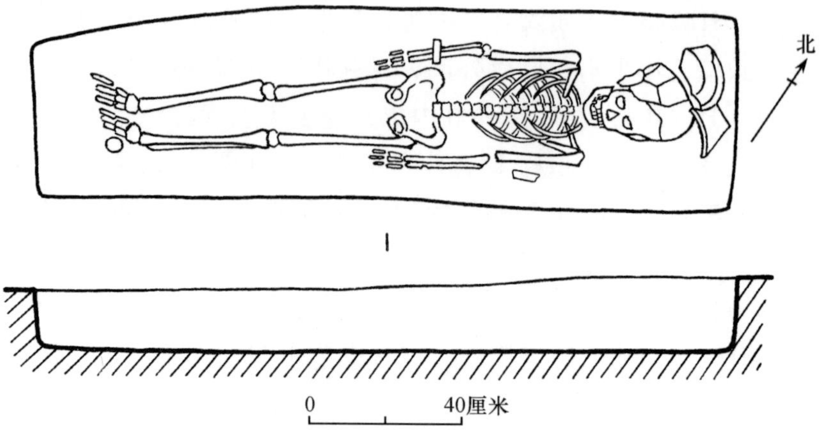

图二五四 M1 平、剖面图

② 出土器物

随葬品：无。

填土标本：无。

③ 年代推断

虽然 M1 没有随葬器物，但因 T25④层和 T25⑤层都是大溪文化晚期的地层堆积，所以，开口第 4 层下打破第 5 层的 M1，也只能是大溪文化晚期的墓葬，只是相对年代早于 T25④层而又晚于 T25⑤层而已。

（2）M5

① 墓葬情况

位置：在 T27 东北角至 T26 关键柱内。

层位关系：开口在第 4 层下，打破第 5 层、M47。

形制与大小：长方形土坑竖穴墓。墓坑长 196、宽 86、深 40 厘米。

人骨与葬式：骨架保存较好；为双人一次合葬，皆仰身肢葬，都是头南脚北，方向 145°（图二五五）。

② 出土器物

随葬品：无。

填土标本：4 件。均为陶器，有彩陶瓮、彩陶盆、簋和豆盘。

彩陶瓮　1 件（M5:01）。泥质红陶，外表除颈部外都施鲜红衣，红衣上又绘黑彩图案。直口，圆唇外卷起凸棱，近直颈，弧肩，深弧腹已残。肩绘三周黑彩带状纹。口径 11.4、残高 12.4 厘米（图二六六，2）。

彩陶盆　1 件（M5:02）。泥质红陶，外唇至肩施带状鲜红衣，红衣上又绘黑彩。敛口，圆唇外卷起凸棱，弧腹下已残。肩绘三周黑彩带状纹，腹以下和器内无衣无彩。口径 19、残高 5.9 厘米（图二六六，4）。

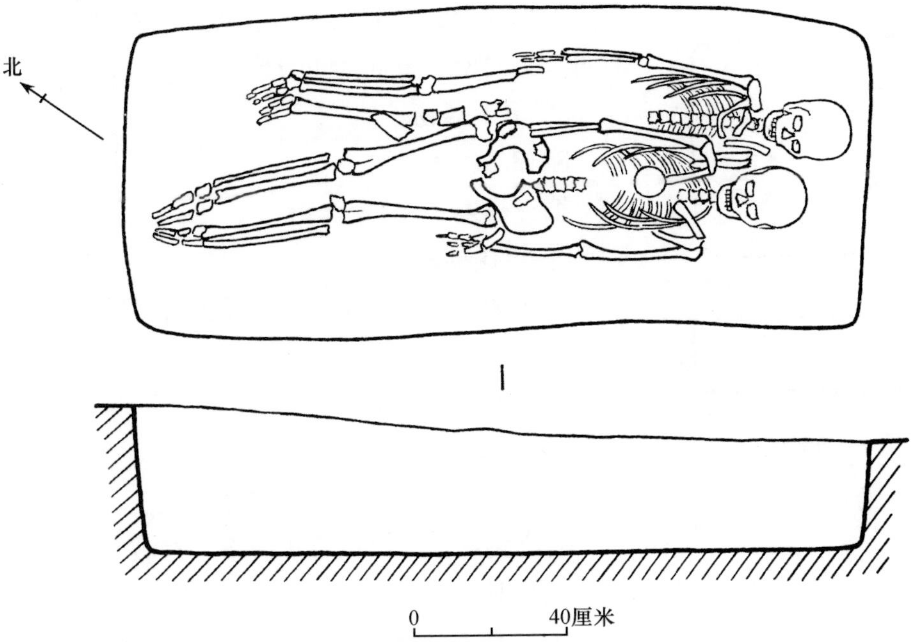

图二五五　M5 平、剖面图

簋　1 件（M5∶04）。泥质陶外红内黑，沿面器表施红衣，器内黑色。侈口，束颈，折沿外卷，尖圆唇，溜肩，鼓腹，腹下已残。素面。口径 14、残高 7.8 厘米（图二六六，6）。

豆盘　1 件（M5∶03）。泥质陶外红内黑，器表施深红衣，足内无衣呈红色，器内黑色。敛口，窄平沿，尖唇外凸，弧腹，圜底下附圈足已残，仅剩小圈足印痕。素面。口径 16、残高 6.4 厘米（图二六六，5）。

③ 年代推断

M5 是一座两个成年人的合葬墓，没有随葬品，因开口第 4 层下又叠压在 M47 之上，而 M47 又打破第 5 层下 M48，所以，据层位关系，这三座墓都是大溪文化晚期的墓葬，只是 M5 相对晚于 M47 和 M48。M5 填土出土的 4 件标本，也是大溪文化晚期的遗物，其中，M5∶04 在附表二中，定为Ⅰ式簋；但此标本和小口高领彩陶瓮、敛口彩陶盆和敛口豆盘，都是比 M5 相对年代更早的大溪文化晚期的遗物。

（3） M6

① 墓葬情况

位置：在 T25 东部北壁下，另一半压在隔梁内，没有打隔梁未全部清理。

层位关系：开口在第 4 层下，打破第 5 层。

形制与大小：长方形土坑竖穴墓。墓坑残长 93、宽 58、深 20 厘米。

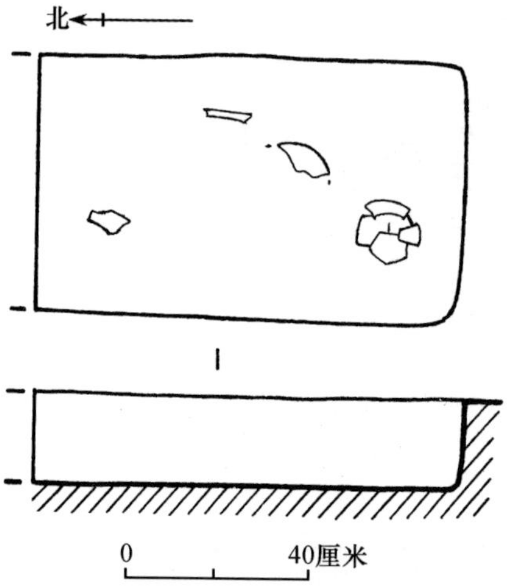

图二五六　M6 平、剖面图

人骨与葬式：骨架保存甚差；从残骨看为单人葬，葬式不明，头向南，方向为正方向（图二五六）。

② 出土器物

随葬品：无。

填土标本：无。

③ 年代推断

因无随葬品，只能据地层关系，推测 M6 为大溪文化晚期墓葬。

（4）M7

① 墓葬情况

位置：在 T25 南壁下至 T27 北壁下。

层位关系：开口在第 4 层下，打破第 5 层。

形制与大小：长方形土坑竖穴墓。墓坑长 190、宽 60、深 20 厘米。

人骨与葬式：骨架保存较好；为单人仰身直肢葬，头南脚北，方向 140°（图二五七）。

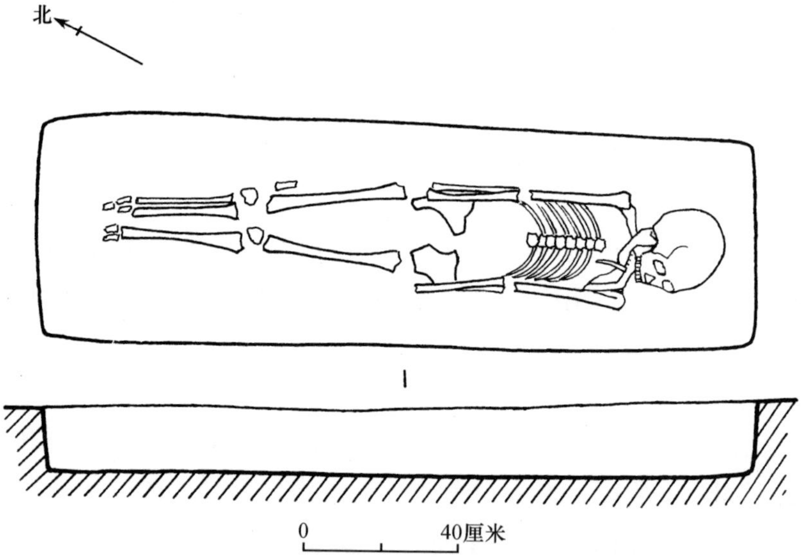

图二五七　M7 平、剖面图

② 出土器物

随葬品：无。

填土标本：无。

③ 年代推断

据层位关系，推测 M7 为大溪文化晚期墓葬。

（5）M13（瓮棺）

① 墓葬情况

位置：在T37南部。

层位关系：开口在第4层下，打破第5层至生土；被屈晚M11打破。

形制与大小：圆形土坑竖穴瓮棺墓。墓坑圆形，直壁，平底。直径75、深35厘米。

人骨与葬式：墓坑内埋置一陶釜，上覆盖一陶盆，釜内骨架已腐烂无存，葬式不明（图二五八）。

② 出土器物

随葬品：2件。均为陶器，有釜和敛口盆。

釜　1件（M13：1）。夹炭红陶，手制。侈口，束颈，宽折沿内凹又似盘口，斜弧肩，鼓腹，圜底。素面。口径24、高23.5、腹径30厘米（图二六六，1；图版八四，2）。

敛口盆　1件（M13：2）。泥质黑陶。底部已残，仅剩口沿，敛口，平沿微弧，方圆唇，弧腹大部残。素面。

填土标本：无。

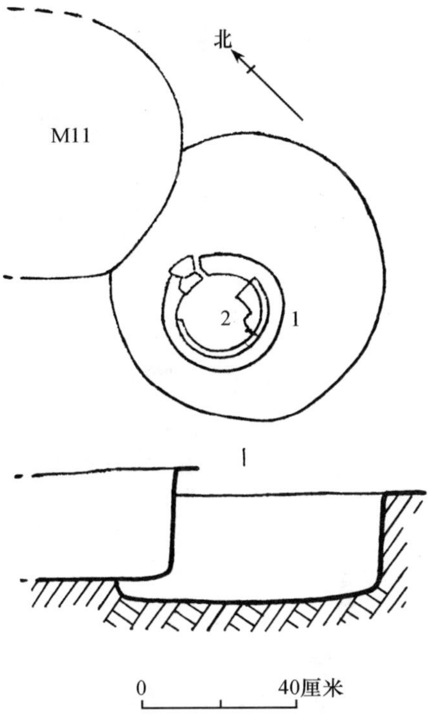

图二五八　M13平、剖面图

1. 陶釜　2. 陶敛口盆

③ 年代推断

据附表二，M13：1为AⅠ式釜，M13：2属E型盆；加上层位关系，推测M13为大溪文化晚期墓葬。

（6）M22

① 墓葬情况

位置：在T36东南至东隔梁内。

层位关系：开口在第3层下，打破第4层；被第2层下屈早的M39叠压。

形制与大小：长方形土坑竖穴墓。墓坑长182、宽54、深34厘米。

人骨与葬式：骨架保存较好；为单人仰身直肢葬，头东脚西，方向120°（图二五九；图版八二，2）。

② 出土器物

随葬品：无。

填土标本：2件。有残石斧和碗圈足。

石器

残石斧　1件（M22：02）。顶残，体较厚近长方形，两面皆砾石原弧面，两边原皆磨平，残后两边又经打制略呈凹腰状，弧刃单面磨制，另一面有打击痕，较锋利。残长9.8、刃宽9.6、厚4.1厘米（图二六七，3）。

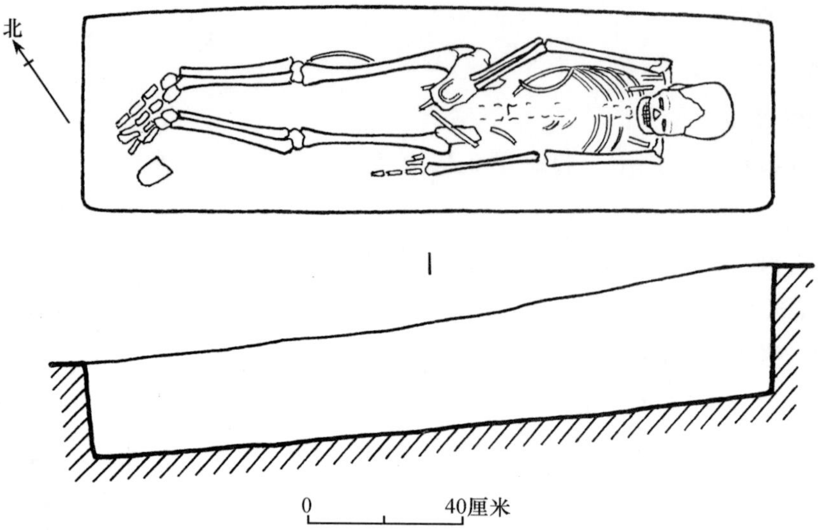

图二五九　M22 平、剖面图

陶器

碗圈足　1 件（M22∶01）。泥质黑陶。上部已残，仅剩圜底和矮圈足，足壁外斜。素面。足径 7、残高 2.2 厘米（图二六六，3）。

③ 年代推断

据层位关系，推测 M22 为大溪文化晚期墓葬。

（7）M38

① 墓葬情况

位置：在 T41 西南部。

层位关系：开口在第 4 层下，打破生土；被屈早 M37 打破。

形制与大小：M38 被 M37 打破后仅剩一角，可能原为长方形土坑竖穴墓。墓坑残长 126、残宽 52、深 16 厘米。

人骨与葬式：骨架被 M37 破坏；从残存骨架看，为单人仰身直肢葬，头南脚北，方向 160°（图二六〇）。

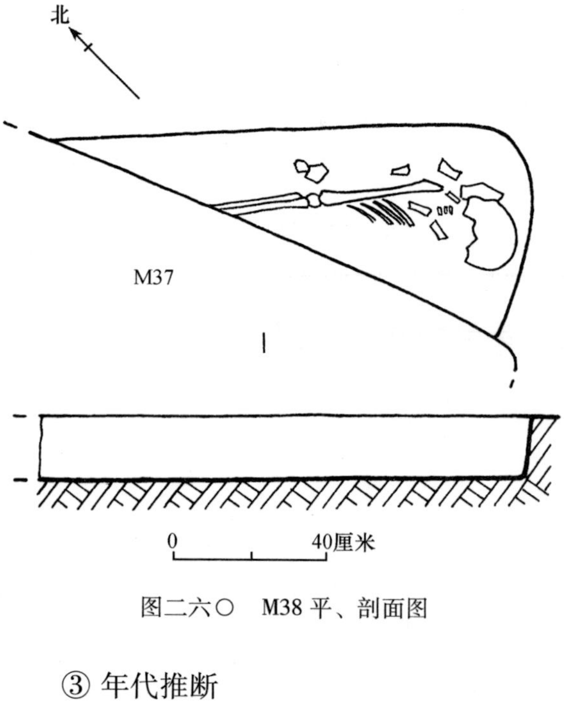

图二六〇　M38 平、剖面图

② 出土器物

随葬品：无。

填土标本：无。

③ 年代推断

据层位关系，推测 M38 为大溪文化晚期墓葬。

（8）M42

① 墓葬情况

位置：在 T38 西北角，因未打隔梁而没有全部清理。

层位关系：开口在第 4 层下，打破生土；被第 3 层下 M24 和 H172 打破。

形制与大小：长方形土坑竖穴墓。墓口距地表 385、残长 76、宽 65、深 22 厘米。

人骨与葬式：骨架保存较好，但被 H172 和 M24 打破后已不全；葬式似为单人仰身直肢葬，头南脚北，方向 137°（图二六一）。

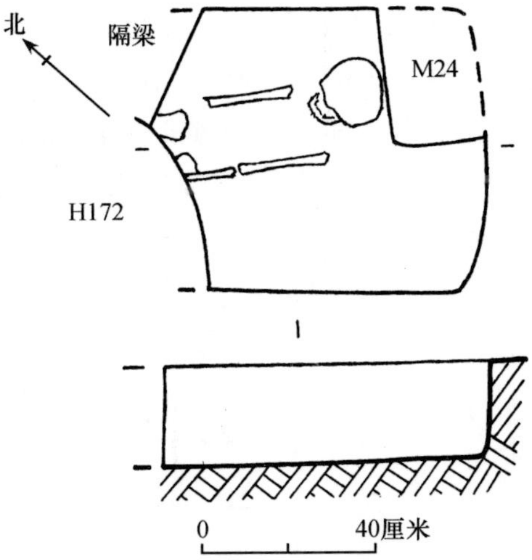

图二六一　M42 平、剖面图

② 出土器物

随葬品：无。

填土标本：无。

③ 年代推断

据层位关系，推测 M42 为大溪文化晚期墓葬。

（9）M47

① 墓葬情况

位置：在 T27 北壁下至北隔梁内，墓西北角已至 T26 东北隔梁内。

层位关系：开口在第 4 层下，打破第 5 层、M48；被 M5 叠压。

形制与大小：长方形土坑竖穴墓。墓坑长 142、宽 50、深 20 厘米。

人骨与葬式：骨架保存较好；为一小孩子单人侧身屈肢葬，头南脚北，方向 142°（图二六二）。

② 出土器物

随葬品：无。

填土标本：无。

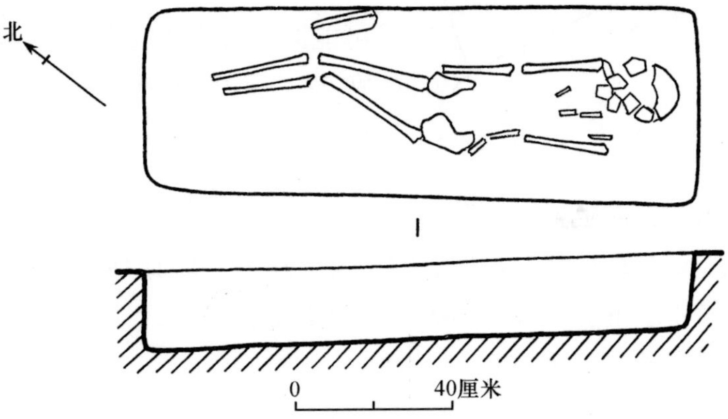

图二六二　M47 平、剖面图

③ 年代推断

据层位关系，M47、M48 和 M5 都是大溪文化晚期的墓葬；但因 M47 打破 M48，又被 M5 打破，所以，M47 相对晚于 M48 而又早于 M5。

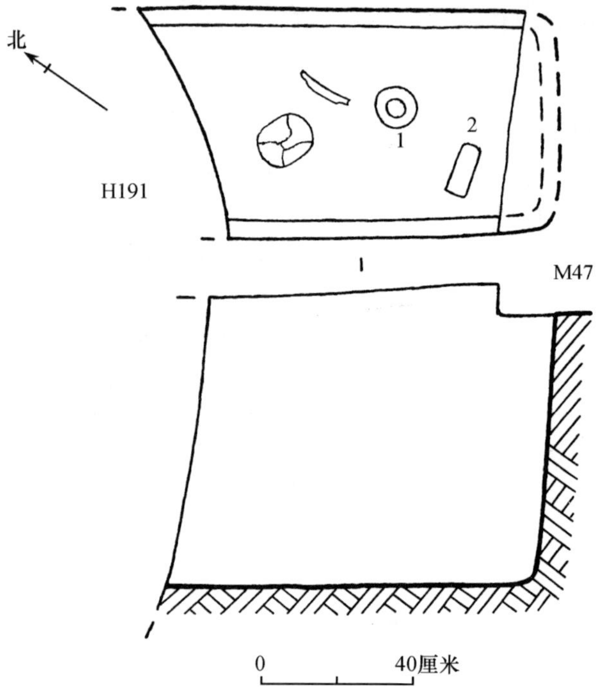

图二六三　M48 平、剖面图

1. 陶簋形器　2. 石斧坯

（10）M48

① 墓葬情况

位置：在 T24、T25、T26、T27 四探方的中间。

层位关系：开口在第 5 层下，打破生土；被 M47、H191 打破。

形制与大小：长方形土坑竖穴墓。因被更深的 H191 打破，墓坑残长仅剩 110、宽 61、深 80 厘米。

人骨与葬式：被 H191 打破后，墓主仅剩头骨，葬式不详，方向 146°（图二六三）。

② 出土器物

随葬品：2 件。放置墓主头部上方，一为簋形器，另一是石斧坯。

石器

石斧坯　1 件（M48:2）。砾石打制，厚体近梯形，顶部和刃部皆砾石原弧面，两面也皆砾石原面，但一面弧滑，另一面高低不平，两边打制，稍外斜近平，刃部没有进一步加工。长 17、宽 8.6、厚 4.9 厘米（图二六七，2；图版八三，1）。

陶器

簋形器　1 件（M48:1）。泥质陶外红内黑。侈口，束颈，小折沿，尖唇，鼓肩，弧腹内收，圜底下附矮圈足，足壁外撇，但足根已残。素面。口径 13、残高 7.6 厘米（图二六六，7；彩版一二，1）。

填土标本：无。

③ 年代推断

M48 开口第 5 层下，打破生土；被开口第 4 层下的 M47 打破，而 M47 又被开口第 4 层下的 M5 叠压。因据附表二，M48:1 为Ⅰ式簋形器，属大溪文化晚期遗物，所以，M48 仍是大溪文化晚期墓葬。因开口第 4 层下的 M47 和 M5 都是没有随葬品的大溪文化晚期墓葬，所以，据层位打破关系，M48 相对早于 M47 和 M5。

（11）M51

① 墓葬情况

位置：在 T47 南部。

层位关系：开口在第3A层下，打破第3C层下M54、第4层。

形制与大小：长方形土坑竖穴墓。墓坑长190、宽60、深22厘米。

人骨与葬式：骨架保存不好，散乱不全，似迁葬；葬式不详，方向223°（图二六四）。

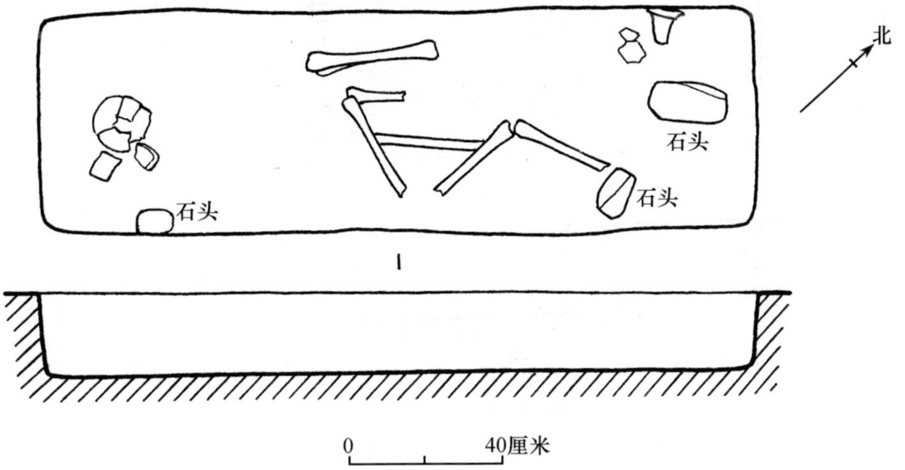

图二六四　M51平、剖面图

② 出土器物

随葬品：无。

填土标本：近墓底填土中有残石斧、红陶罐残片和片状红陶鼎足。

③ 年代推断

因T47第3、4、5层都属于大溪文化晚期的地层堆积，所以，开口第3A层下的M51属于大溪文化晚期的墓葬。虽然开口第3C层下的M54也属大溪文化晚期墓葬，但因M54被M51叠压，所以M51相对晚于M54。

（12）M53

① 墓葬情况

位置：在T47西南部。

层位关系：开口在第3C层下，打破第4层；被H209打破。

形制与大小：长方形土坑竖穴墓。墓坑残长130、宽62、深20厘米。

人骨与葬式：骨架保存较好，但下肢骨已被H209打破；单人仰身直肢葬，头南脚北，方向210°（图二六五；图版八二，1）。

② 出土器物

随葬品：3件。有石锄、残石璜和残骨针。

石器

石锄　1件（M53:2）。扁平近梯形，石片打制，两面都甚平，平顶两面打制，两边两面打制，一边修直，另一边修为亚腰状，弧刃单面打制，不甚锋利。长20、宽10.3、厚2.6厘米（图二六七，1；图版八三，2）。

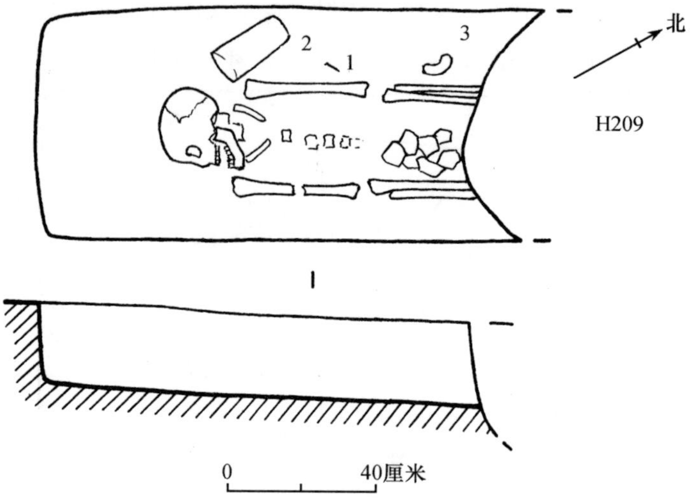

图二六五　M53平、剖面图

1. 残骨针　2. 石锄　3. 残石璜

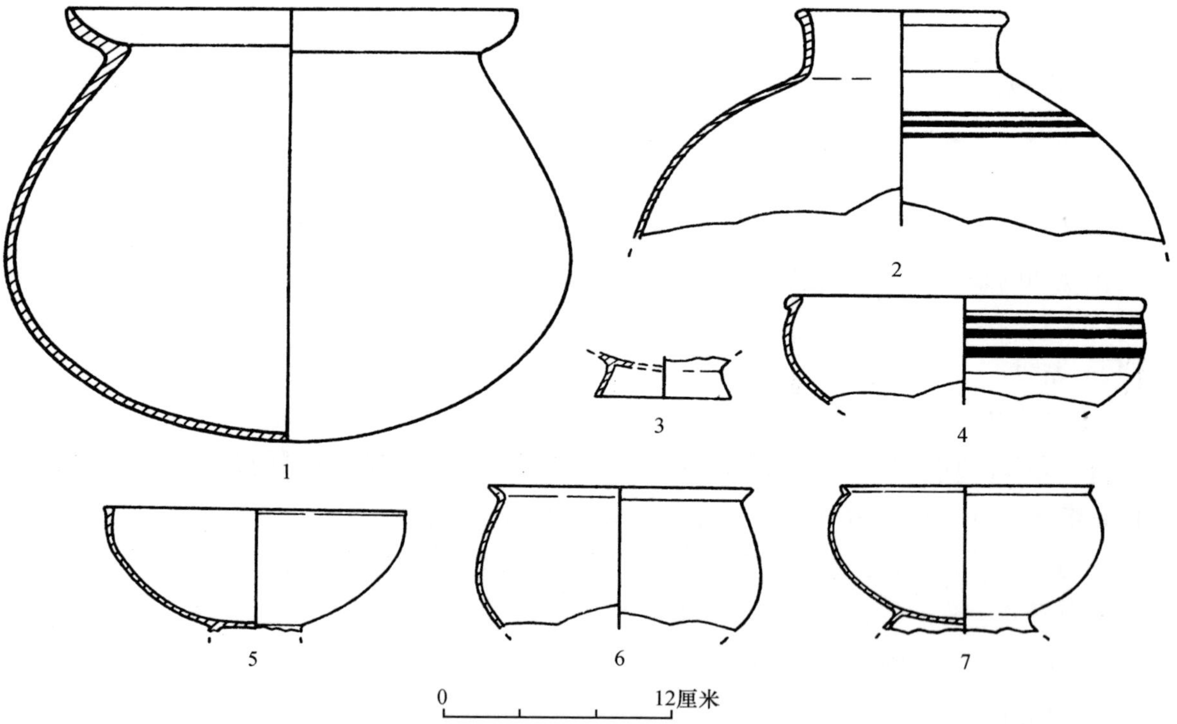

图二六六　M5、M13、M22、M48出土陶器及填土内器物

1. 釜（M13∶1）　2. 彩陶瓮（M5∶01）　3. 碗圈足（M22∶01）　4. 彩陶盆（M5∶02）　5. 豆盘（M5∶03）　6. 簋（M5∶04）　7. 簋形器（M48∶1）

残石璜　1件（M53∶3）。石质灰白色，已残仅剩一端，薄体近扇形，内、外环皆平直，内厚外薄，一端钻一小圆孔。未见纹饰。残长3.6、最宽处2、内厚0.4、外厚0.2厘米（图二六七，5）。

骨器

残骨针　1件（M53∶1）。肢骨磨制，白色，上部已残，仅剩针尖一段，剖面近圆形。残长2.7、直径0.45厘米（图二六七，4）。

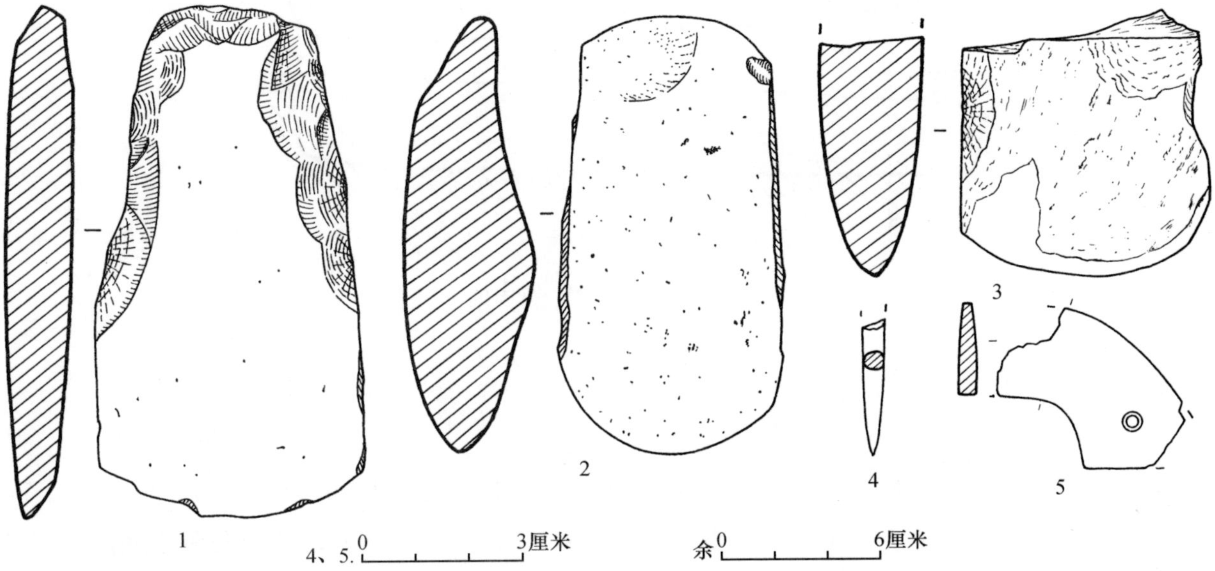

图二六七　M22、M48、M53出土石、骨器

1. 石锄（M53∶2）　2. 石斧坯（M48∶2）　3. 残石斧（M22∶02）　4. 残骨针（M53∶1）　5. 残石璜（M53∶3）

填土标本：无。

③ 年代推断

M53随葬的石锄、残石璜和残骨针难以断代；因T47的第3、4、5层都是大溪文化晚期的地层堆积，所以，据T47的层位关系，推测开口第3C层下、打破第4层的M53，也属大溪文化晚期的墓葬。

（13）M54

① 墓葬情况

位置：在T47西部。

层位关系：开口在第3C层下，打破第4层；被M51叠压。

形制与大小：长方形土坑竖穴墓。墓坑长186、宽84、深24厘米。

人骨与葬式：骨架已腐，残存头骨和一根肢骨；葬式不详，头骨在墓坑东部，方向104°（图二六八）。

② 出土器物

随葬品：无。

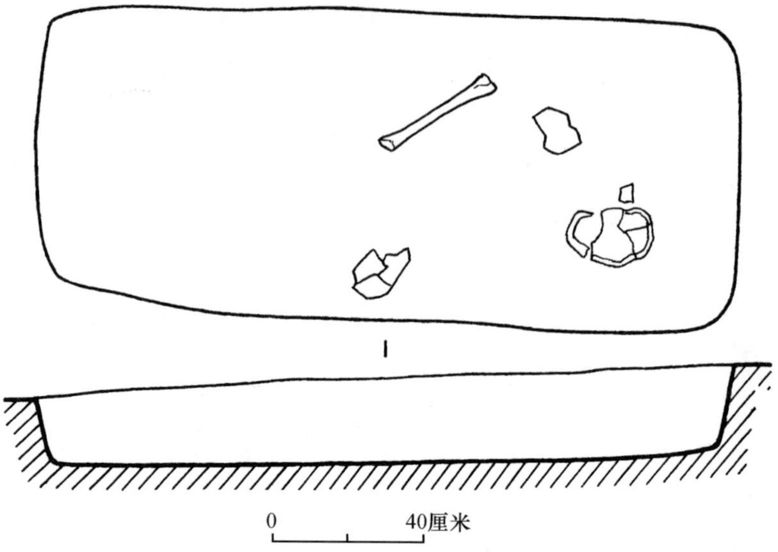

图二六八　M54 平、剖面图

填土标本：无。

③ 年代推断

因 T47 的第 3、4、5 层都属于大溪文化晚期的地层堆积，所以，开口第 3C 层下、打破第 4 层的 M54，属大溪文化晚期墓葬。又因开口第 3A 层下的 M51 也是大溪文化晚期墓葬，但 M51 又叠压于 M54 之上，所以，M54 相对早于 M51。

3. 大溪文化晚期的地层单位

（1）T24④层

标本 12 件。有小石斧、小石锛，又有骨簪和陶球，还有陶凹折沿小罐、斜颈小罐、内刻槽盆、高领罐、敛口瓮、弧颈壶、直口盘、龟形器盖纽。

石器

小石斧　1 件（T24④: 25）。青色。扁弧梯形，平顶，直边都磨平，但都有疤，斜刃，较锋利。长 6. 4、宽 4. 4、厚 1. 5 厘米（图二七〇，6；图版八八，3）。

小石锛　1 件（T24④: 26）。石片，青色。扁薄小梯形，平顶，两面磨平，两边稍外斜都磨平，但都有疤，平刃单面磨制，锋利。长 5. 4、宽 3. 4、厚 0. 7 厘米（图二七〇，9；图版八八，9）。

陶器

陶球　1 件（T24④: 27）。泥质红陶。残，大半保存，仅有破洞，内空，原为圆形，表面光滑，内凹凸。残外表饰不规则戳点纹和模糊篦点纹。直径 4. 4 厘米（图二六九，9）。

凹折沿小罐　1 件（T24④: 35）。泥质磨光黑陶。侈口，凹折沿，圆唇，斜肩，鼓腹，平底。素面。口径 7、底径 6、高 5. 3 厘米（图二六九，6；图版九〇，1）。

斜颈小罐　1件（T24④：42）。泥质黑陶。直口稍外斜，方唇，高颈，深弧腹，溜肩下已残。素面。口径6、残高4.3厘米（图二六九，5）。

内刻槽盆　1件（T24④：19）。泥质红陶，外有鲜红衣和黑色陶衣，但多脱落，而显斑驳。敛口，平沿内斜，尖圆唇外凸，溜肩，深弧腹，腹下部已残。腹内有错乱横斜划纹。口径21、残高10.4厘米（图二六九，2）。

高领罐　1件（T24④：23）。泥质灰陶。直口稍外斜，窄平沿如方唇，方唇成带状附口下，广弧肩，腹已残。领饰两周凹槽，未见其他纹饰。口径13、残高5.4厘米（图二六九，8）。

敛口瓮　1件（T24④：22）。泥质红陶。敛口，宽弧沿，圆唇，斜弧肩，腹已残。口内有一周凹槽。口径17、残高3.2厘米（图二六九，3）。

弧颈壶　1件（T24④：21）。泥质红陶。直口外卷近喇叭口，圆唇，高颈内束，下颈已残。素面。口径13、残高4厘米（图二六九，7）。

直口盘　1件（T24④：20）。泥质红陶。直口微敞，窄平沿，尖圆唇微外凸，粗矮颈，折弧腹内收，下已残。素面。口径24、残高4.1厘米（图二六九，1）。

龟形器盖纽　1件（T24④：28）。泥质红陶，深红色，局部泛黑。纽为龟背形，龟头稍残，下有纽圆柱，柱下器盖已残。龟背上有模糊篦点纹。长4、宽3.6、高2.6厘米（图二六九，13）。

其他

骨簪　1件（T24④：29）。黄色。扁圆细长，已成两段，且连接不起来，上端平，其下一周凹槽，下端尖。上段直径0.45～0.8、残长6.9、下段残长6.6厘米（图二七〇，10）。

（2）T24⑤层（加T24⑤A层1件）

标本5件。有石纺轮和陶折沿小罐、敛口小罐、内折沿碗、平沿盆。

石器

石纺轮　1件（T24⑤A：33）。黑色。残，两面平，中间钻一圆孔，周边较直，直边型纺轮。直径4.2、厚1.2、孔径1.2厘米（图二七〇，5；图版八九，1）。

陶器

折沿小罐　1件（T24⑤：38）。泥质黑陶。侈口，束颈，折沿，方圆唇，弧肩，腹已残。素面。口径5、残高1.9厘米（图二六九，11）。

敛口小罐　1件（T24⑤：30）。泥质陶外黄内灰。敛口，平沿，尖圆唇，深弧腹，腹下已残。素面。口径14、残高3.2厘米（图二六九，12）。

内折沿碗　1件（T24⑤：32）。泥质黑陶。敛口，内折沿，尖圆唇，斜弧腹，腹下已残。素面。口径16、残高3.4厘米（图二六九，10）。

平沿盆　1件（T24⑤：31）。泥质红陶，外壁施鲜红衣。敛口，平沿，尖圆唇，深弧腹，下已残。素面。口径24、残高2.6厘米（图二六九，4）。

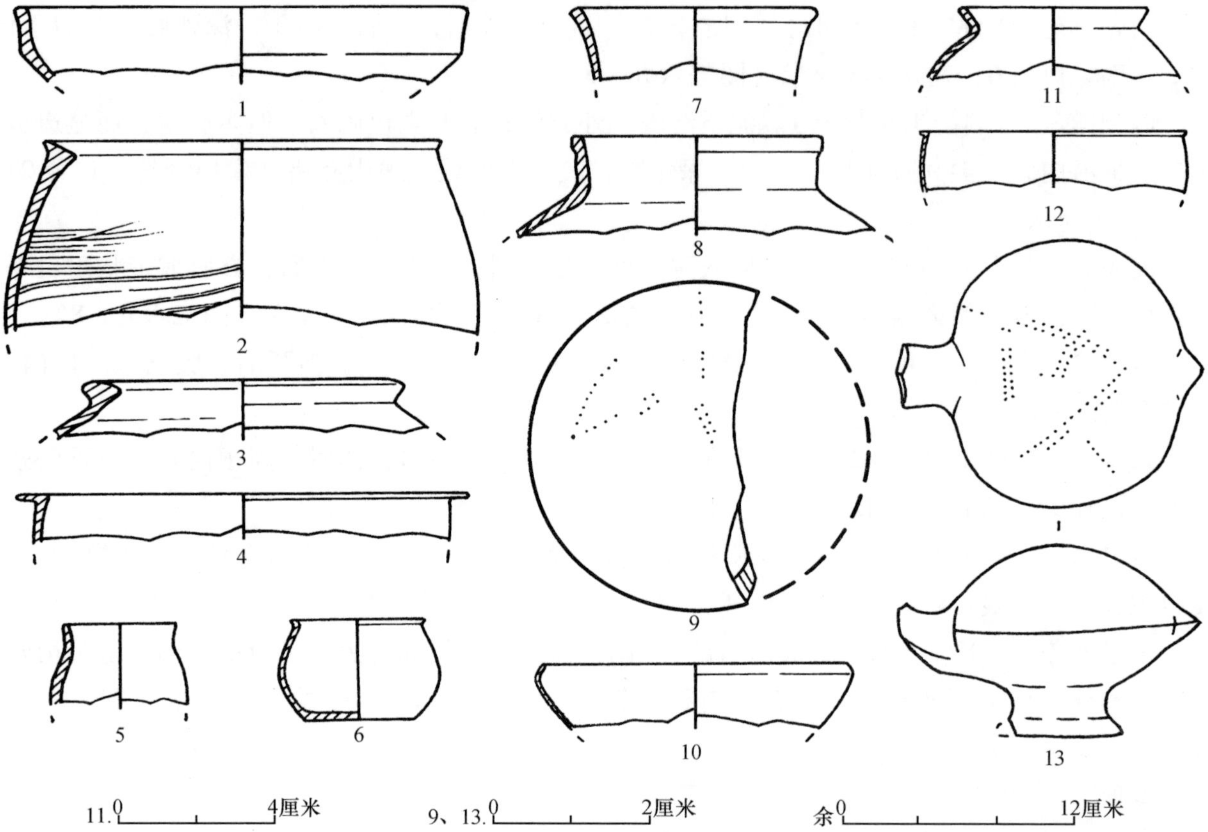

图二六九　T24④层、T24⑤层出土陶器

1. 直口盘（T24④∶20）　2. 内刻槽盆（T24④∶19）　3. 敛口瓮（T24④∶22）　4. 平沿盆（T24⑤∶31）　5. 斜颈小罐（T24④∶42）　6. 凹折沿小罐（T24④∶35）　7. 弧颈壶（T24④∶21）　8. 高领罐（T24④∶23）　9. 陶球（T24④∶27）　10. 内折沿碗（T24⑤∶32）　11. 折沿小罐（T24⑤∶38）　12. 敛口小罐（T24⑤∶30）　13. 龟形器盖纽（T24④∶28）

（3）T25④层（包括T25④下层和T25④A层）

标本19件。有石斧和陶纺轮，还有凹折沿罐、折沿罐、折沿小罐、束颈小罐、斜颈小罐、弧折沿小罐、有乳凸敛口罐、彩陶小盆、弧颈彩陶壶、平沿盆、罐形杯、甑箅、矮圈足。

石器

石斧　3件。T25④∶10，石片，棕褐色。扁弧四边形，平顶两面打制，两面磨制微上弧，两边磨平皆外斜不对称，斜弧刃两面磨制也不对称，但锋利。长6.4、宽5.6、厚1.4厘米（图二七〇，7；图版八七，1）。T25④∶11，砾石，青灰色。较厚近长方形，斜平顶稍残，两面皆原面弧平，一面为光滑无疤，另一面似琢有打制片疤，两边磨平且平行，弧刃单面打制，不锋利。残长12.4、宽8.4、厚3.5厘米（图二七〇，1）。T25④下∶65，砾石，青色。残，仅剩刃部，残存两面皆原砾面，保留天然琢痕，残存一边有琢痕，尚不平，弧刃两面磨制，仍很锋利。残长4.2、宽7.7、厚2.4厘米（图二七〇，4）。

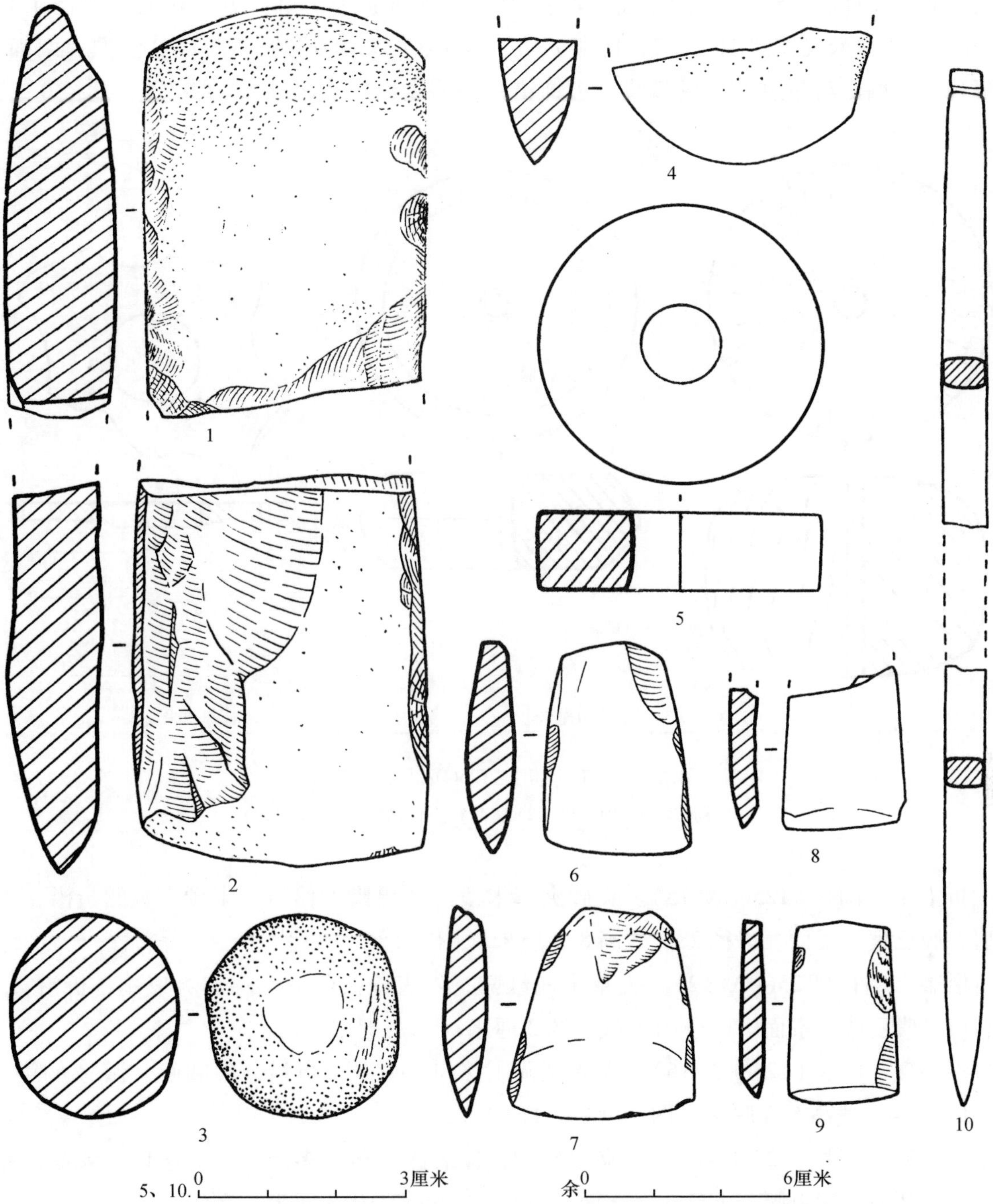

图二七〇　T24④层、T24⑤A 层、T25④层、T25④下层、T25⑤A 层出土石、骨器

1、2、4、7. 石斧（T25④:11、T25⑤A:25、T25④下:65、T25④:10）　3. 石球（T25⑤A 下:26）
5. 石纺轮（T24⑤A:33）　6. 小石斧（T24④:25）　8、9. 小石锛（T25⑤A:24、T24④:26）
10. 骨簪（T24④:29）

陶器

陶纺轮　2件。T25④:43，夹细砂红褐陶。扁薄两面平，角边型。素面。直径4.1、厚1.5、孔径0.4厘米（图二七一，2；图版八九，10）。T25④:9，泥质陶浅红泛黑。两面平较厚，弧边型，两面与弧边无角成弧线。边饰错乱斜戳划纹。直径4.2、厚3.1、孔径0.5厘米（图二七一，1）。

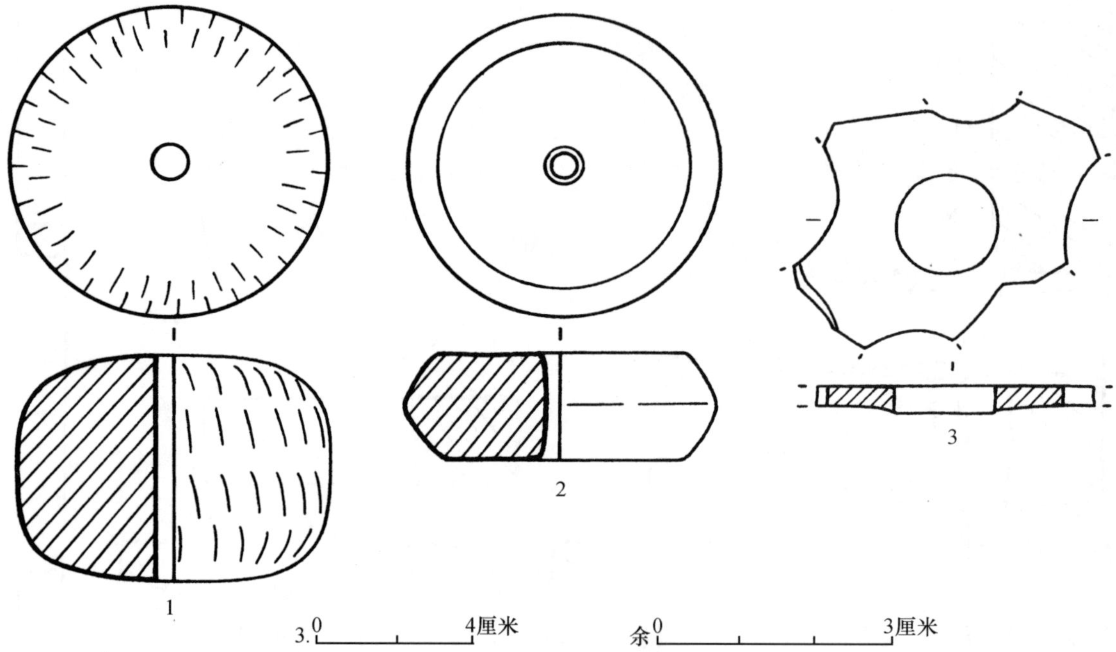

图二七一　T25④层、T25④A层出土陶器

1、2. 陶纺轮（T25④:9、T25④:43）　3. 甑箅（T25④A:20）

凹折沿罐　1件（T25④A:15）。夹砂夹草末浅红泛黑陶。侈口，束颈，宽凹折沿，尖唇，斜弧肩，腹已残。素面。口径28、残高8.5厘米（图二七二，8）。

折沿罐　1件（T25④A:12）。夹草末浅红陶，外表施浅红衣。侈口，束颈，折沿，尖圆唇，斜肩，腹已残。素面。口径21、残高8.2厘米（图二七二，1）。

折沿小罐　1件（T25④A:16）。泥质黑陶。侈口，束颈，折沿，尖圆唇，弧肩，腹已残。素面。口径14、残高5.6厘米（图二七二，11）。

束颈小罐　1件（T25④A:14）。夹砂红陶，器表深红色，多泛黑色。侈口，束颈，卷沿，尖圆唇，斜弧肩，深弧腹，下已残。素面。口径13、残高10.8厘米（图二七二，9）。

斜颈小罐　1件（T25④A:13）。泥质橘红陶，外表有浅红衣痕。直口稍外斜，尖圆唇，矮直颈，弧肩，腹已残。肩上颈下饰一周凸棱，凸棱上又有五个小按窝为一组的压印纹。口径12、残高6.4厘米（图二七二，10）。

弧折沿小罐　1件（T25④:8）。泥质红陶，鲜红色。侈口，束颈，卷沿、尖圆唇，弧肩，腹已残。素面。口径12、残高4.5厘米（图二七二，16）。

有乳凸敛口罐　1件（T25④A∶21）。泥质橘红陶。敛口，无沿，弧肩上有小鼎足状乳凸。素面。口径8、残高2.6厘米（图二七二，14）。

彩陶小盆　1件（T25④∶6）。泥质橘红陶，内沿、外表施鲜红衣。敛口，平沿，方圆唇，浅弧腹，下已残。肩上饰两周黑彩带状纹。口径21、残高5.4厘米（图二七二，7）。

弧颈彩陶壶　1件（T25④∶45）。泥质红陶，唇部下颈至肩施深红衣。直口外斜，高颈，圆唇外凸，广弧肩，腹已残。肩上红衣上绘黑彩，但多脱落而不清晰，主要有带状纹，带状纹之间夹宽带状线纹。口径14、残高7.2厘米（图二七二，2）。

平沿盆　1件（T25④∶7）。泥质红陶，内外施鲜红衣。敞口，平沿，尖圆唇，浅弧腹，下部已残。素面。口径24、残高4.2厘米（图二七二，3）。

罐形杯　1件（T25④下∶27）。泥质陶外红内灰。侈口，束颈，窄小沿外卷，尖圆唇，长溜肩，鼓腹，圜底已残，下附矮小圈足，足根外撇。素面。口径11、足径7.1、高9.9厘米（图二七三，20；图版九一，3）。

甑箅　1件（T25④A∶20）。泥质陶黄中泛黑。已残，扁平有圆形大箅孔，残块有一个完整和四个残圆孔。未见其他纹饰。残长8、厚5~8厘米（图二七一，3）。

矮圈足　2件。T25④A∶17，泥质黄褐陶。上已残，弧腹，圜平底，下附凸棱状粗圈足。素面。足径12、残高4厘米（图二七二，5）。T25④下∶28，泥质红陶。上部已残，仅剩圈足和圜平底残块，足壁外斜，足根又外撇。素面。足径9.2、残高3.1厘米（图二七二，21）。

（4）T25⑤层（包括T25⑤A层和T25⑤A下层）

标本11件。有石斧、小石锛、石球和陶弧折沿小釜、圈足罐、彩陶圈足罐、弧折沿（扁腹）罐、外折沿豆盘、罐形杯。

石器

石斧　1件（T25⑤A∶25）。大石片，深灰色。扁平长方形，平顶为破裂面，两面一面为原光滑弧平面，一侧有打制片疤，另一面破裂面近平，两边皆平直，似原琢面，弧刃近平，单面稍磨制，还不锋利。残长11.8、宽8.7、厚3厘米（图二七〇，2）。

小石锛　1件（T25⑤A∶24）。小石片，深灰色。扁平四边形，顶残，两面一面为光滑弧平面，另一面破裂面下凹近平，两边磨平，一斜一直不对称，平刃两面磨制，但不对称，较锋利。残长4.9、宽3.8、厚0.9厘米（图二七〇，8）。

石球　1件（T25⑤A下∶26）。砾石，深灰色夹白点。近圆形，多小平面，遍体天然琢痕。直径6~6.25厘米（图二七〇，3；图版八七，4）。

陶器

弧折沿小釜　1件（T25⑤A∶2）。夹炭夹草末红褐陶。侈口，束颈，卷沿，斜肩，鼓腹，圜底。素面。口径8、腹径10.2、高7.2厘米（图二七二，15；图版九〇，4）。

圈足罐　2件。T25⑤∶3，泥质黑陶，器表磨光。敛口，窄平沿，圆唇外凸，扁腹下部外鼓，底已残。素面。口径14.2、足径8.5、残高8.1厘米（图二七二，13；图版九一，2）。T25⑤∶22，泥质陶外红内灰黑，外表施红衣。侈口，束颈，平折沿，尖唇，溜肩，扁弧腹，底已残。素面。口径 14、残高 6.8 厘米（图二七二，12）。

彩陶圈足罐　1 件（T25⑤: 37）。泥质陶外红内黑，外表施深红衣。敛口，束颈，窄沿尖圆唇，扁腹下部外鼓，圜底下附矮圈足，足根外斜。颈下饰一条黑宽带纹。口径 13.6、足径 8.4、通高 10.8 厘米（图二七二，18；彩版八，3；图版九一，4）。

弧折沿（扁腹）罐　1 件（T25⑤: 23）。泥质红陶。侈口，束颈，窄平沿微上弧，尖圆唇，鼓肩，扁弧腹内收，底已残。素面。口径 20、残高 4.2 厘米（图二七二，6）。

外折沿豆盘　1 件（T25⑤: 40）。泥质黑陶。敞口，弧沿向外下折，尖圆唇，浅弧腹，尖圜底下附圈足，足已残。足上饰镂孔痕，似小长方形状。口径 21、残高 5.8 厘米（图二七二，4；图版八五，2）。

罐形杯　2 件。T25⑤: 18，泥质陶外红内黑，外表施浅红衣。敛口近直，窄平沿，尖唇外凸，深弧腹下部弧内收，圜平底下附矮小圈足，足根外斜。素面。口径 14.2、足径 7、高 9.6 厘米（图二七二，17；图版九一，6）。T25⑤: 38，泥质陶外红内灰，内沿、外表施橘红衣。侈口，束颈，窄沿外卷，尖圆唇，深腹中下部外鼓，圜平底已残，下附矮圈足，足根外斜。素面。口径 10.4、足径 7、高 9.6 厘米（图二七二，19；图版九一，5）。

（5）T26⑤层

标本 18 件。有石锄、有孔石铲、石芯和陶纺轮、陶球、还有高领罐、内折沿簋、近直口小碗、卷沿碗、平沿盆、敞口器盖盘、支座、片状鼎足、扁柱状鼎足、乳凸状小鼎足、弧腹碗圈足。

石器

石锄　1 件（T26⑤: 75）。褐色。厚体为长形，两侧边经双向锤击，使边缘扁薄，一面打击，另一面为原面，刃部弧状外凸，经打击使刃缘扁薄。长 15.6、宽 7.6、厚 2.7 厘米（图二七四，1；图版八六，1）。

有孔石铲　1 件（T26⑤: 74）。青灰色。略呈方形，体较薄，周边平直，刃端残，两面对钻成孔。残长 5.2、宽 7.5、厚 1.8 厘米（图二七四，3）。

石芯　1 件（T26⑤: 121）。浮石，质甚轻，灰色。形如两面平直边纺轮，但中间无孔，用途不明，或为小孩玩具。直径 4.6 ~ 4.8、厚 2 厘米（图二七四，13）。

陶器

陶纺轮　2 件。T26⑤: 76，泥质黑陶。圆形边已残，两面平，中间钻一圆孔，周边为弧状。素面。直径 3.4、厚 0.9、孔径 0.6 厘米（图二七三，11）。T26⑤: 77，泥质红陶。残，半圆形，两面中部微鼓，中间钻一圆孔，周边为弧状。素面。直径 5.2、厚 1.7、孔径 0.6 厘米（图二七三，3）。

陶球　1 件（T26⑤: 2）。泥质红陶，残存小半边，空心。外表有已穿小圆孔，以孔为中心，又饰双线平行篦点纹。直径 3.3 厘米（图二七三，14）。

高领罐　1 件（T26⑤: 69）。泥质黄陶。直口，圆唇外卷，高领，广肩，肩下已残。素面。口径 11、残高 4.8 厘米（图二七三，6）。

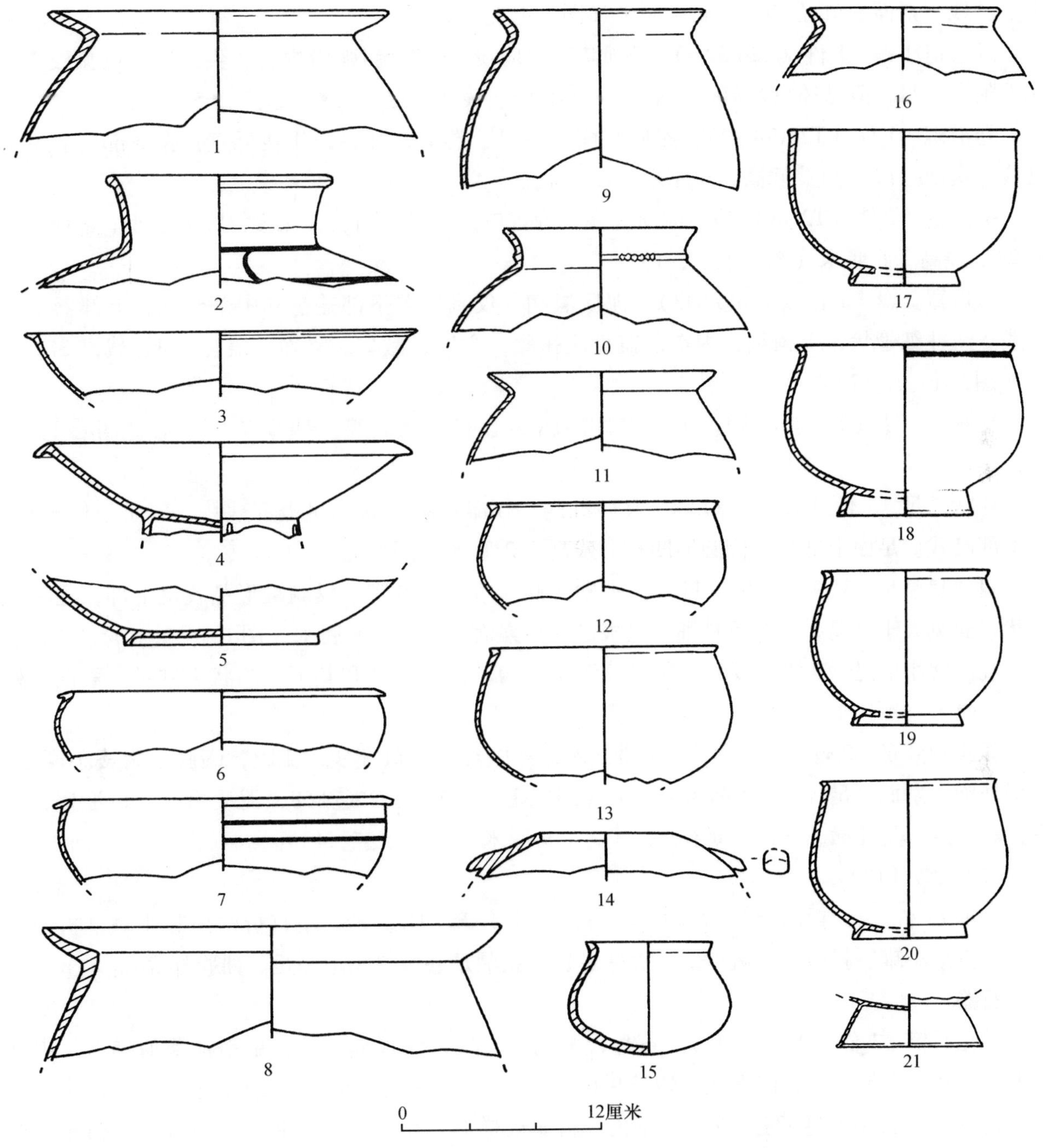

图二七二 T25④层、T25④下层、T25④A 层、T25⑤层、T25⑤A 层出土陶器

1. 折沿罐（T25④A:12） 2. 弧颈彩陶壶（T25④:45） 3. 平沿盆（T25④:7） 4. 外折沿豆盘（T25⑤:40） 5、21. 矮圈足（T25④A:17、T25④下:28） 6. 弧折沿（扁腹）罐（T25⑤:23） 7. 彩陶小盆（T25④:6） 8. 凹折沿罐（T25④A:15） 9. 束颈小罐（T25④A:14） 10. 斜颈小罐（T25④A:13） 11. 折沿小罐（T25④A:16） 12、13. 圈足罐（T25⑤:22、T25⑤:3） 14. 有乳凸敛口罐（T25④A:21） 15. 弧折沿小釜（T25⑤A:2） 16. 弧折沿小罐（T25④:8） 17、19、20. 罐形杯（T25⑤:18、T25⑤:38、T25④下:27） 18. 彩陶圈足罐（T25⑤:37）

内折沿簋　1件（T26⑤:71）。泥质陶外红内黑，外表施红衣。略子母口，尖圆唇，弧腹，腹下已残。素面。口径20、残高4厘米（图二七三，2）。

近直口小碗　1件（T26⑤:4）。泥质灰褐陶。近直口，斜弧沿内折，尖圆唇，浅弧腹，圜底下附一圈足，但已掉只留痕迹。素面。口径10、残高4厘米（图二七三，5）。

卷沿碗　1件（T26⑤:70）。泥质红陶。侈口，卷沿，圆唇，弧腹近直，腹下部内收，但已残。素面。口径11、残高3.6厘米（图二七三，4）。

平沿盆　1件（T26⑤:72）。泥质黑陶。近直口，平沿，圆唇，深腹，腹下已残。素面。口径24、残高2.8厘米（图二七三，1）。

敞口器盖盘　1件（T26⑤:43）。泥质黑陶。仅剩器盖下部盖盘和中部纽柱，上部器盖纽已残。纽柱细管状，上稍细，中空，盖盘浅弧腹，方唇，敞口。素面。盖径7.4、残高3.1厘米（图二七三，12）。

支座　1件（T26⑤:73）。夹砂红陶。属实心有纹倾斜型。残高7.2厘米（图二七三，15）。

片状鼎足　1件（T26⑤:113）。夹砂红陶。仅罐形鼎片状鼎足上部残块，残足呈倒梯形，但下部已残。足面上部饰一椭圆形凹孔。残高5.2厘米（图二七三，9）。

扁柱状鼎足　1件（T26⑤:112）。夹砂夹蚌和草末浅红陶。仅剩罐形鼎残足上部，足呈扁柱状，面宽大于足厚，上宽下稍细，足根已残。素面。残高5.8厘米（图二七三，10）。

乳凸状小鼎足　1件（T26⑤:111）。泥质红陶。仅存残底和其下乳凸状尖锥足。素面。残高2.7厘米（图二七三，8）。

弧腹碗圈足　2件。T26⑤:5，泥质红陶，外施红衣。口部残，弧腹，圜底下附矮小圈足，足根外撇。素面。足径7、残高4.4厘米（图二七三，7）。T26⑤:68，泥质黑陶。口沿残，弧腹，矮圈足，足外撇。素面。足径7、残高1.9厘米（图二七三，13）。

（6）T27④层

标本19件。有有孔石铲、石斧、小石斧、小石锛、陶纺轮，还有折沿扁腹小罐、折沿小罐、弧折沿小罐、斜腹缸、敛口碗、豆圈足、片状鼎足、厚三角形鼎足、曲腹杯底。

石器

有孔石铲　1件（T27④:42）。石片，黑色。已残，仅顶部一角，扁平甚薄似梯形，中部偏上有一较大圆形钻孔，但已残。残长9.6、残宽6.8、厚1厘米（图二七四，4）。

石斧　2件。T27④:34，砾石，青色。扁薄近梯形，弧顶单面打制，两面皆原面弧平，两边修直琢平，斜刃两面磨制不对称，有使用痕，已不锋利。长11.4、宽6.9、厚2.5厘米（图二七四，10；图版八六，4）。T27④:35，小砾石，青色。较厚近梯形，弧顶为原面，两面也皆原弧面，稍打制，有疤痕，两边磨平，弧刃两面磨制，有使用痕，已不锋利。长9.5、宽5.5、厚3厘米（图二七四，2；图版八七，5）。

小石斧　1件（T27④:39）。小砾石，灰色。扁平小梯形，顶、边、面皆磨平，平刃两面磨制，锋利。长3.7、宽1.9、厚0.7厘米（图二七四，6；图版八八，6）。

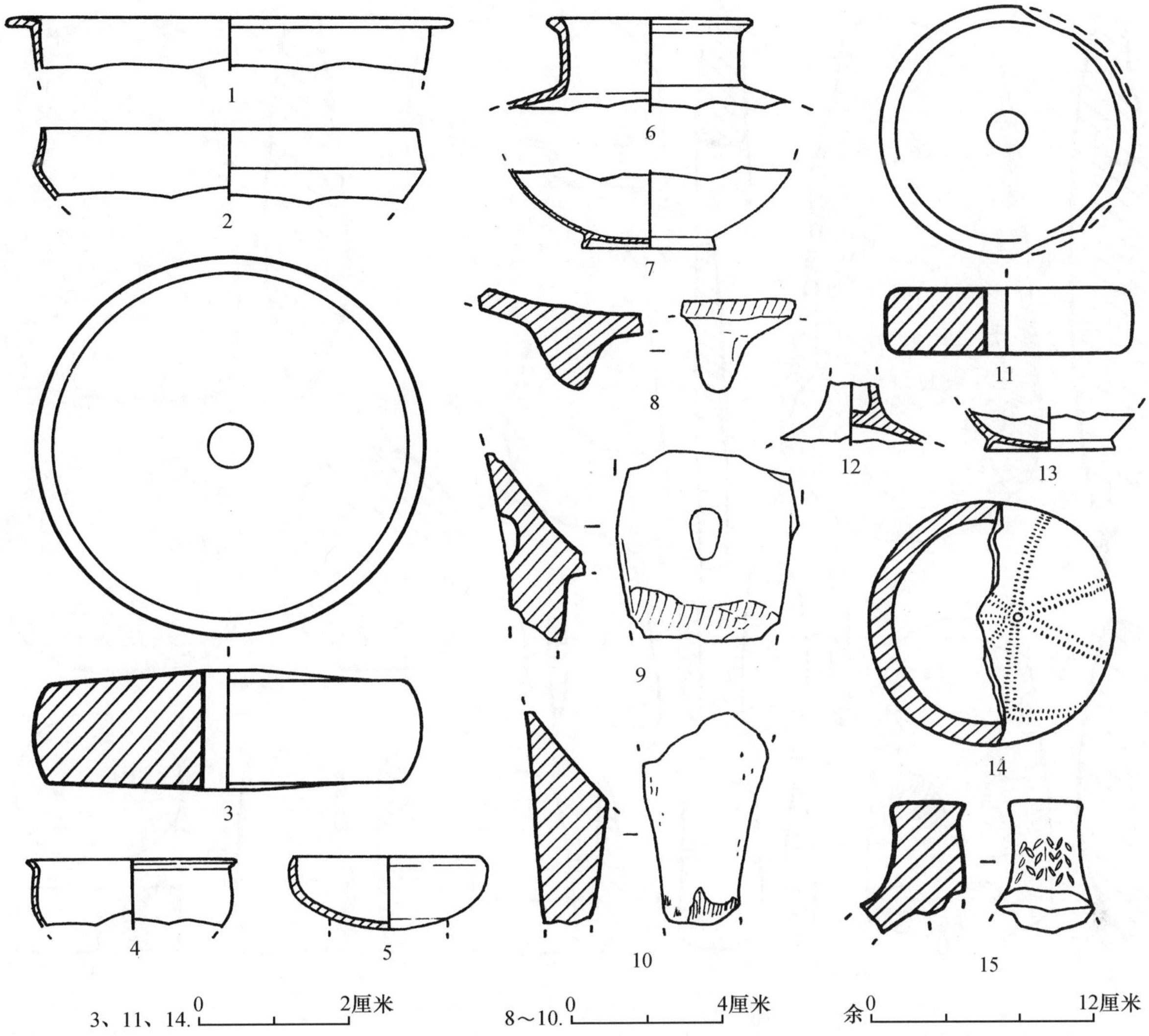

图二七三　T26⑤层出土陶器

1. 平沿盆（T26⑤:72）　2. 内折沿簋（T26⑤:71）　3、11. 陶纺轮（T26⑤:77、T26⑤:76）　4. 卷沿碗（T26⑤:70）　5. 近直口小碗（T26⑤:4）　6. 高领罐（T26⑤:69）　7、13. 弧腹碗圈足（T26⑤:5、T26⑤:68）　8. 乳凸状小鼎足（T26⑤:111）　9. 片状鼎足（T26⑤:113）　10. 扁柱状鼎足（T26⑤:112）　12. 敞口器盖盘（T26⑤:43）　14. 陶球（T26⑤:2）　15. 支座（T26⑤:73）

小石锛　3 件。T27④:37，石片，黄色。较厚小长方形，弧顶单面打制，两面一为光滑弧面，另面磨平，两边修直修平，仍有疤痕。平刃单面磨制，不甚锋利。长 6.1、宽 3.5、厚 1.2 厘米（图二七四，12；图版八八，2）。T27④:38，小砾石，表面黄色内青色。完整，器型小，弧顶，两平面皆原光滑面，两边稍磨平，平刃两面磨制，锋利。长 3.5、宽 1.5、厚 0.55 厘米（图二七四，7；图版八八，7）。T27④:40，小砾石，黄色。扁平小长条形，斜弧顶，两平面皆原面，两边磨平，弧刃近平，两面磨制，有使用痕，仍锋利。长 5、宽 2、厚 0.6 厘米（图二七四，5；图版八八，5）。

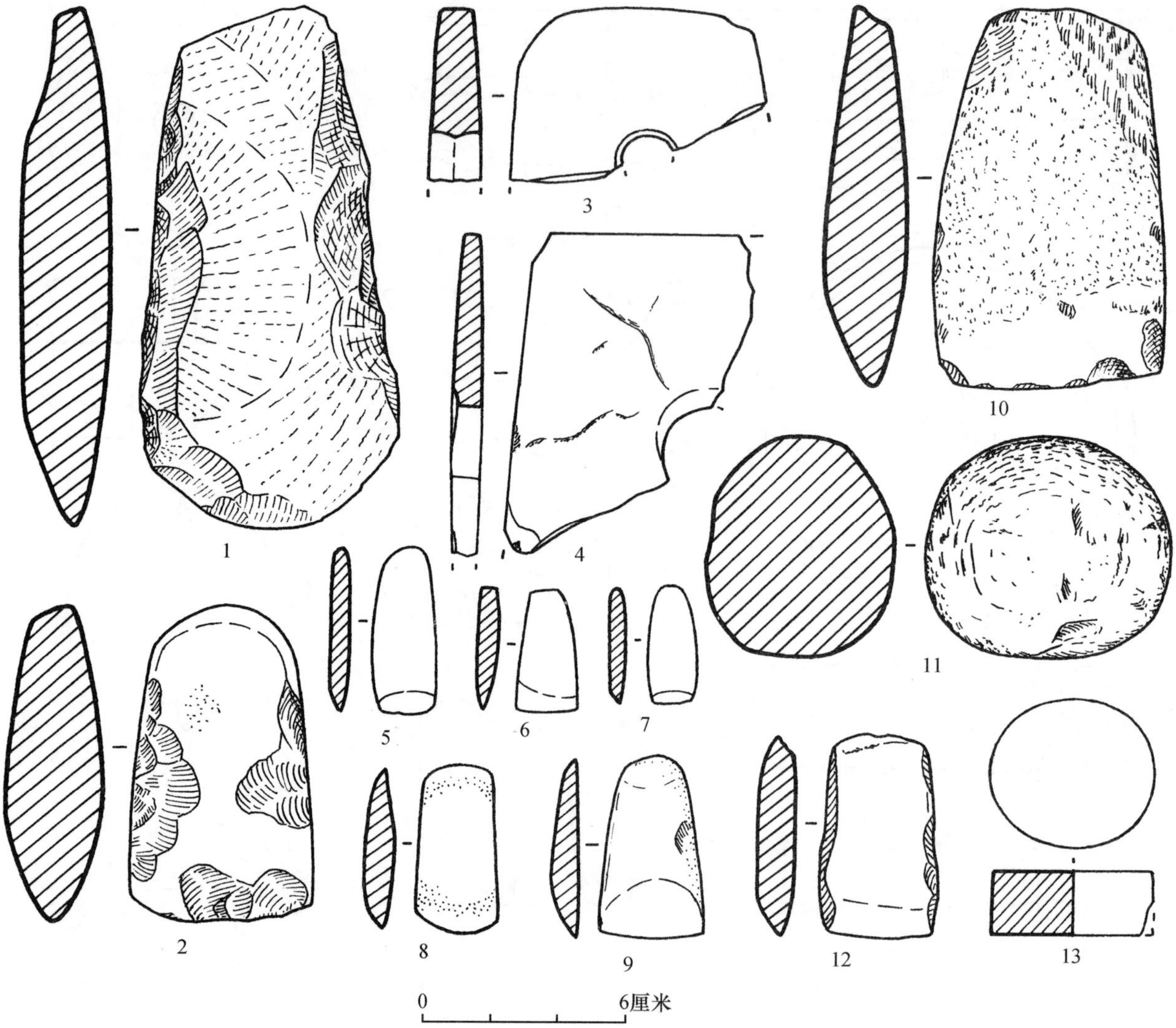

图二七四　T26⑤层、T27④层、T27⑤A 层、T30④层出土石器

1. 石锄（T26⑤:75）　2、10. 石斧（T27④:35、T27④:34）　3、4. 有孔石铲（T26⑤:74、T27④:42）　5、7～9、12. 小石锛（T27④:40、T27④:38、T30④:60、T30④:17、T27④:37）　6. 小石斧（T27④:39）　11. 石球（T27⑤A:43）　13. 石芯（T26⑤:121）

陶器

陶纺轮　1件（T27④:68）。夹细砂红陶。厚体，两面微凹，直边型。上、下两面都饰一周小圆形戳点纹。直径3.5～3.6、厚2.15厘米（图二七五，6；图版八九，8）。

折沿扁腹小罐　1件（T27④:50）。泥质红陶，外表施深红衣。侈口，束颈，折沿，方圆唇，鼓肩，弧腹内收，平底。素面。口径15.8、底径7.2、高7.5厘米（图二七五，11；图版九〇，3）。

折沿小罐　1件（T27④:69）。夹砂夹草末浅红陶。侈口，折沿，尖圆唇，弧肩，腹已残。素面。口径12.4、残高4.6厘米（图二七五，1）。

弧折沿小罐　1件（T27④:25）。泥质陶外红内黑，外壁施鲜红衣。侈口，束颈，弧折沿，尖圆唇，溜肩，深弧腹，腹下已残。素面。口径13、残高3.8厘米（图二七五，4）。

斜腹缸　1件（T27④:31）。夹砂红陶，胎上薄下厚。直口外敞，尖唇，深直腹内斜，但下已残。上部饰八周凹弦纹，中部有交叉划纹组成的方格纹，下部已残。残高8厘米（图二七五，18）。

敛口碗　1件（T27④:19）。泥质红陶。敛口，窄沿内斜，尖唇上立，弧腹，腹下已残。素面。口径21、残高6.7厘米（图二七五，8）。

豆圈足　1件（T27④:51）。泥质黑陶。上部已残，弧腹，圜底下附高圈足，足壁外斜，足根外折。足上饰六组镂孔，三组为每组一排小圆形孔，另三组为三个长方形孔，圆形孔与长方形孔相间。足径10.3、残高8.1厘米（图二七五，25）。

片状鼎足　1件（T27④:30）。夹草末红陶。仅剩片状足中段残块，残足呈倒梯形或为倒三角形残足，足壁稍外撇。素面。残高6.6厘米（图二七五，22）。

厚三角形鼎足　2件。皆夹蚌红陶，厚片状呈倒三角形。T27④:66，足尖残。素面。残高9.2、上宽4.7、厚2.4厘米（图二七五，21）。T27④:67，素面。残高9.2、上宽4.8、厚1.9厘米（图二七五，20）。

曲腹杯底　2件。T27④:26，泥质陶外红内黑，外表施鲜红衣。上部已残，斜直腹微凹，平底下附矮圈足，足壁外斜，足根又内斜。素面。足径7、残高3厘米（图二七五，12）。T27④:70，泥质黑陶。口沿腹上部已残，下腹直壁，平底下附矮圈足，足壁外弧。素面。足径10、残高3.8厘米（图二七五，13）。

（7）T27⑤A层

标本11件。有石球和陶凹折沿罐、弧折沿小罐、斜弧颈罐、高领罐、敞口碗、玩具小碗、内折沿盘、平沿（敛口）盆、内弧锥状小鼎足。

石器

石球　1件（T27⑤A:43）。石，青色。较大扁圆形，有大小天然琢痕。直径6.7~7.3、厚5.6厘米（图二七四，11）。

陶器

凹折沿罐　1件（T27⑤A:46）。泥质黑陶。侈口，束颈，凹折沿，尖圆唇，肩已残。素面。口径24、残高3.5厘米（图二七五，16）。

弧折沿小罐　1件（T27⑤A:58）。泥质陶外黄内黑。侈口，卷沿，圆唇，束颈，溜肩，弧腹，腹已残。素面。口径14、残高4.5厘米（图二七五，5）。

斜弧颈罐　1件（T27⑤A:47）。泥质红陶。近直口外卷，高弧颈，高圆唇，束颈，弧肩，深弧腹，腹下已残。素面。口径13、残高15.4厘米（图二七五，7）。

高领罐　2件。T27⑤A:48，泥质红陶。直口外敞，尖圆唇，高颈，广弧肩，肩下残。素面。口径11、残高4厘米（图二七五，2）。T27⑤A:52，泥质红陶。直口外卷，圆唇，高颈，广弧肩，肩下已残。素面。口径11、残高4.6厘米（图二七五，3）。

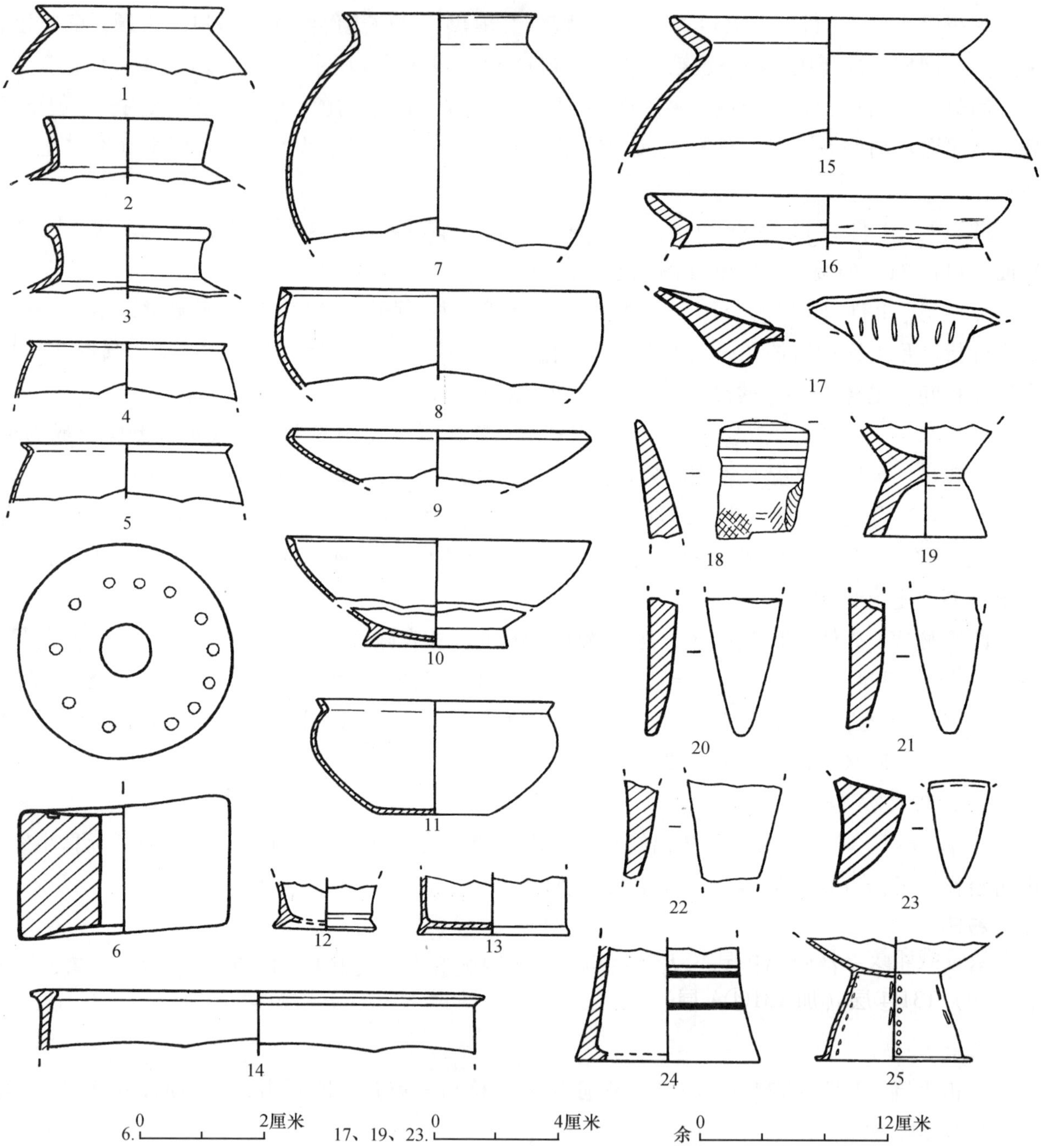

图二七五　T27④层、T27⑤A 层、T30④层出土陶器

1. 折沿小罐（T27④:69）　2、3. 高领罐（T27⑤A:48、T27⑤A:52）　4、5. 弧折沿小罐（T27④:25、T27⑤A:58）　6. 陶纺轮（T27④:68）　7. 斜弧颈罐（T27⑤A:47）　8. 敛口碗（T27④:19）　9. 内折沿盘（T27⑤A:59）　10. 敞口碗（T27⑤A:45）　11. 折沿扁腹小罐（T27④:50）　12、13. 曲腹杯底（T27④:26、T27④:70）　14. 平沿（敛口）盆（T27⑤A:56）　15. 折沿罐（T30④:110）　16. 凹折沿罐（T27⑤A:46）　17. 厚片状矮鼎足（T30④:113）　18. 斜颈缸（T27④:31）　19. 玩具小碗（T27⑤A:57）　20、21. 厚三角形鼎足（T27④:67、T27④:66）　22. 片状鼎足（T27④:30）　23. 内弧锥状小鼎足（T27⑤A:62）　24. 筒形彩陶瓶（T30④:115）　25. 豆圈足（T27④:51）

敞口碗　1件（T27⑤A:45）。泥质红陶。口微敛，方唇，斜弧腹，矮圈足，足外撇。素面。口径20、足径9.4、复原高7.2厘米（图二七五，10）。

玩具小碗　1件（T27⑤A:57）。夹草末陶外红内黑，外壁施浅红衣。上部已残，深圜底下连较高矮圈足，足壁外斜。素面。足径4、残高3.8厘米（图二七五，19）。

内折沿盘　1件（T27⑤A:59）。泥质陶外红内黑。敛口，窄沿内折，斜弧腹，腹下已残。素面。口径19、残高3.6厘米（图二七五，9）。

平沿（敛口）盆　1件（T27⑤A:56）。泥质红陶。敛口，平沿，圆唇，直腹，腹已残。素面。口径30、残高4厘米（图二七五，14）。

内弧锥状小鼎足　1件（T27⑤A:62）。夹炭红陶，外表施深红衣。小圆锥形，稍弯曲，外凹内凸，似牛角。素面。残高3.6厘米（图二七五，23）。

（8）T30④层

标本5件。有小石锛和陶折沿罐、筒形彩陶瓶、厚片状矮鼎足。

石器

小石锛　2件。T30④:17，小砾石，深灰色。扁薄小梯形，仅刃部磨光，余皆光滑砾石面，单面平刃，较锋利。长5.4、宽3、厚0.8厘米（图二七四，9；图版八八，4）。T30④:60，小石片，青色。扁薄长方体，一面至顶部为石面，两侧打制，另一面仅刃部磨制，弧刃，不甚锋利。长5、宽2.4、厚0.9厘米（图二七四，8）。

陶器

折沿罐　1件（T30④:110）。夹炭褐陶。侈口，折沿，尖圆唇，束颈，斜弧肩，深弧腹已残。素面。口径21、残高9.4厘米（图二七五，15）。

筒形彩陶瓶　1件（T30④:115）。泥质红陶，外表施浅红衣。口沿残，筒腹，中部微弧束，近底较粗，平底已残。下腹残存三周黑彩带纹。底径12、残高7.8厘米（图二七五，24）。

厚片状矮鼎足　1件（T30④:113）。夹炭褐陶。罐形鼎矮鼎足，厚片状近倒梯形。足上部饰六条竖戳印纹。残高2.6厘米（图二七五，17）。

（9）T31④层（加T31④A层）

标本10件。有石斧、陶纺轮、陶环，还有陶凹折沿罐、高领罐、卷沿（敛口）小盆、直口盘、器盖纽、弧腹碗圈足。

石器

石斧　2件。T31④A:119，小砾石，黑色。较厚近长方形，平顶打制，侧面一面磨平，另一边为砾石扁弧面，正面为原弧面，背面修平，背面下磨光修成单面刃，平刃较钝，但较锋利。长9.5、宽5.9、厚2.6厘米（图二七六，2）。T31④A:2，青色。残顶，仅剩下半部，厚体长方形，两侧边修直磨平，正面磨平，背面多疤痕，双面平刃磨制近对称，有使用痕，不锋利。残长7.2、宽5.6、厚3.1厘米（图二七六，9）。

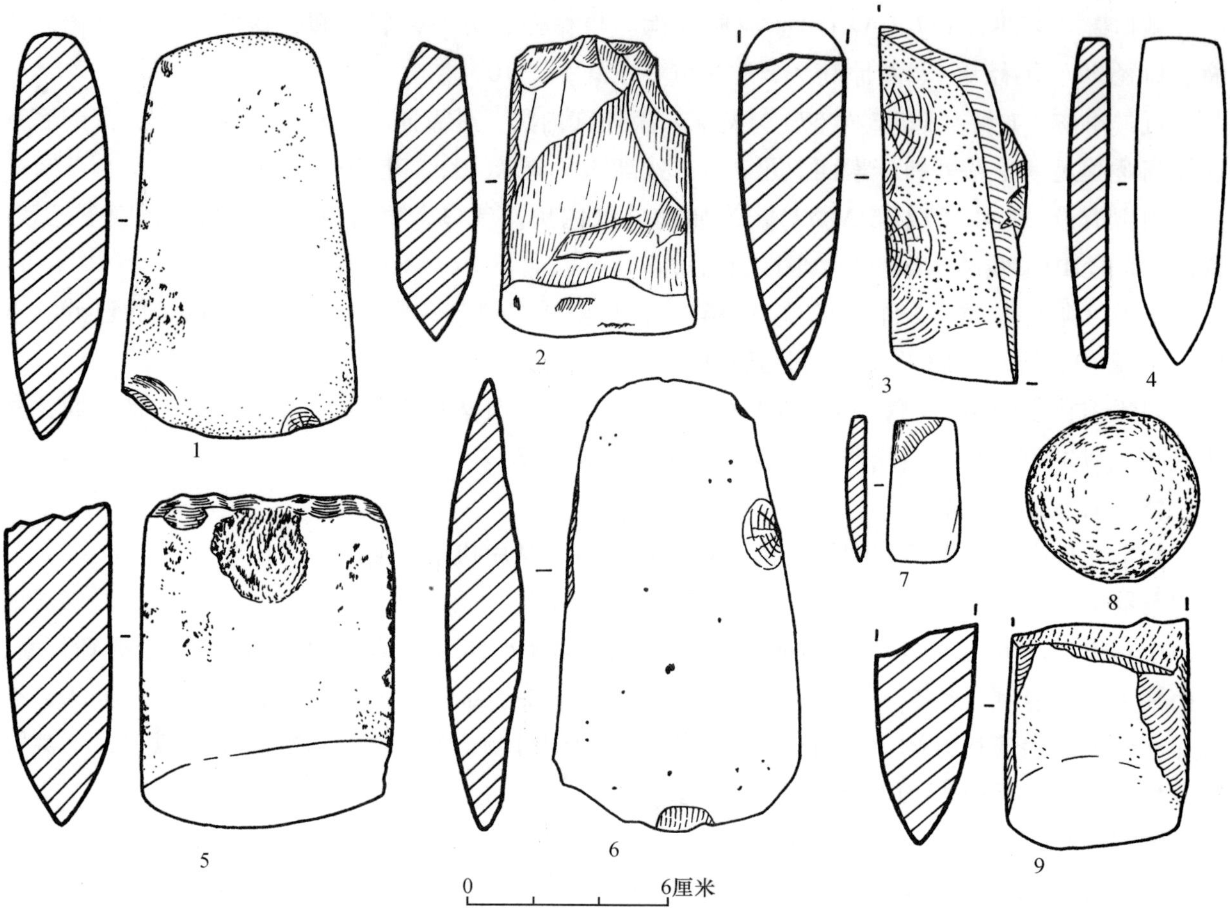

图二七六　T31④A层、T31⑤A层、T32④层、T32⑤层、T33④层出土石器

1、2、5、9. 石斧（T32⑤:1、T31④A:119、T33④:9、T31④A:2）　3. 残石斧（T31⑤A:1）　4. 圭形石凿（T32⑤:2）　6. 石锄（T32④:3）　7. 小石斧（T32④:5）　8. 小石球（T32④:57）

陶器

陶纺轮　1件（T31④:112）。泥质黑陶。扁薄两面平，角边型。素面。直径5.1、孔径0.4、厚2.1厘米（图二七七，19；图版八九，6）。

陶环　1件（T31④A:221）。泥质黑陶。残，一节，剖面为圆角长方形，面宽稍小于环厚。素面。直径6.6、内宽0.5、厚0.55厘米（图二七七，10）。

凹折沿罐　1件（T31④:56）。泥质灰陶。侈口，束颈，凹折沿，尖圆唇，溜肩，肩下已残。口径24、残高3.9厘米（图二七七，7）。

高领罐　1件（T31④:206）。泥质红陶，外表施浅红衣。直口，窄沿外斜，三角状尖唇，直颈稍外斜，斜弧肩已残。素面。口径14、残高4.1厘米（图二七七，1）。

卷沿（敛口）小盆　1件（T31④:209）。泥质红陶。敛口，弧沿外卷，方圆唇，扁弧腹，腹下已残。素面。口径19、残高4厘米（图二七七，16）。

直口盘　1件（T31④:208）。泥质红陶。直口，窄沿内斜，圆唇外凸，粗矮颈，折腹浅弧收，下已残。素面。口径24、残高4.2厘米（图二七七，8）。

器盖纽　1件（T31④:216）。泥质红陶。筒形矮纽，矮粗颈，盖顶残。纽与颈之间施一周凹弦纹。纽径4.1、残高2.6厘米（图二七七，12）。

弧腹碗圈足　1件（T31④A:223）。泥质陶外红内黑。口沿残，斜弧腹，矮圈足，足外撇。素面。足径6.5、残高2.9厘米（图二七七，17）。

（10）T31⑤层（包括T31⑤A层、T31⑤A下层）

标本6件。有残石斧和陶凹折沿小罐、折沿小罐、高领罐、刻槽盆、支座。

石器

残石斧　1件（T31⑤A:1）。青色。较厚体长条形，顶部及一侧残，一侧磨平，双面刃磨制对称，弧刃，已残。残长11、宽4.6、厚3.3厘米（图二七六，3）。

陶器

凹折沿小罐　1件（T31⑤A:224）。夹炭夹草末红陶。侈口，束颈，凹折沿，尖圆唇，弧肩，肩下已残。素面。口径12、残高3.5厘米（图二七七，2）。

折沿小罐　1件（T31⑤A:228）。泥质黑陶。侈口，折沿，尖唇，束颈，斜弧肩，腹已残。素面。口径12、残高2.8厘米（图二七七，3）。

高领罐　1件（T31⑤A:226）。泥质红陶。直口外侈，扁圆唇，直颈外斜，鼓弧肩，腹已残。颈饰两周凹槽。口径14、残高6.2厘米（图二七七，15）。

刻槽盆　1件（T31⑤A:225）。泥质红陶，贴筑法。敛口，圆唇，深弧腹已残。腹内饰竖条划纹，划纹无规律。素面。口径21、残高4.2厘米（图二七七，9）。

支座　1件（T31⑤A下:115）。夹砂红陶。属实心素面倾斜型。残高9.8厘米（图二七七，5）。

（11）T32④层

标本6件。有石锄、小石斧、小石球和陶弧折沿小罐、矮圈足，还有一颗牛牙齿。

石器

石锄　1件（T32④:3）。石片，紫红色。扁薄近梯形，弧顶打制较薄，两面一面为原面，另一面为破裂面近平，两边修直不平，呈两面弧刃，较锋利。长14、宽7.4、厚2.5厘米（图二七六，6）。

小石斧　1件（T32④:5）。石片，青灰色。薄体呈长方形，顶、两边皆磨平，一面平，另一面略弧，单面平刃，较锋利。长4.5、宽2.3、厚0.9厘米（图二七六，7）。

小石球　1件（T32④:57）。小砾石，青灰色。近圆形，表面经敲琢布满密集的坑疤。直径5.2~5.4厘米（图二七六，8）。

陶器

弧折沿小罐　1件（T32④:62）。泥质陶外红内黑，外表施鲜红衣。敛口，卷沿，尖圆唇，鼓腹，腹下已残。素面。口径12、残高4.5厘米（图二七七，4）。

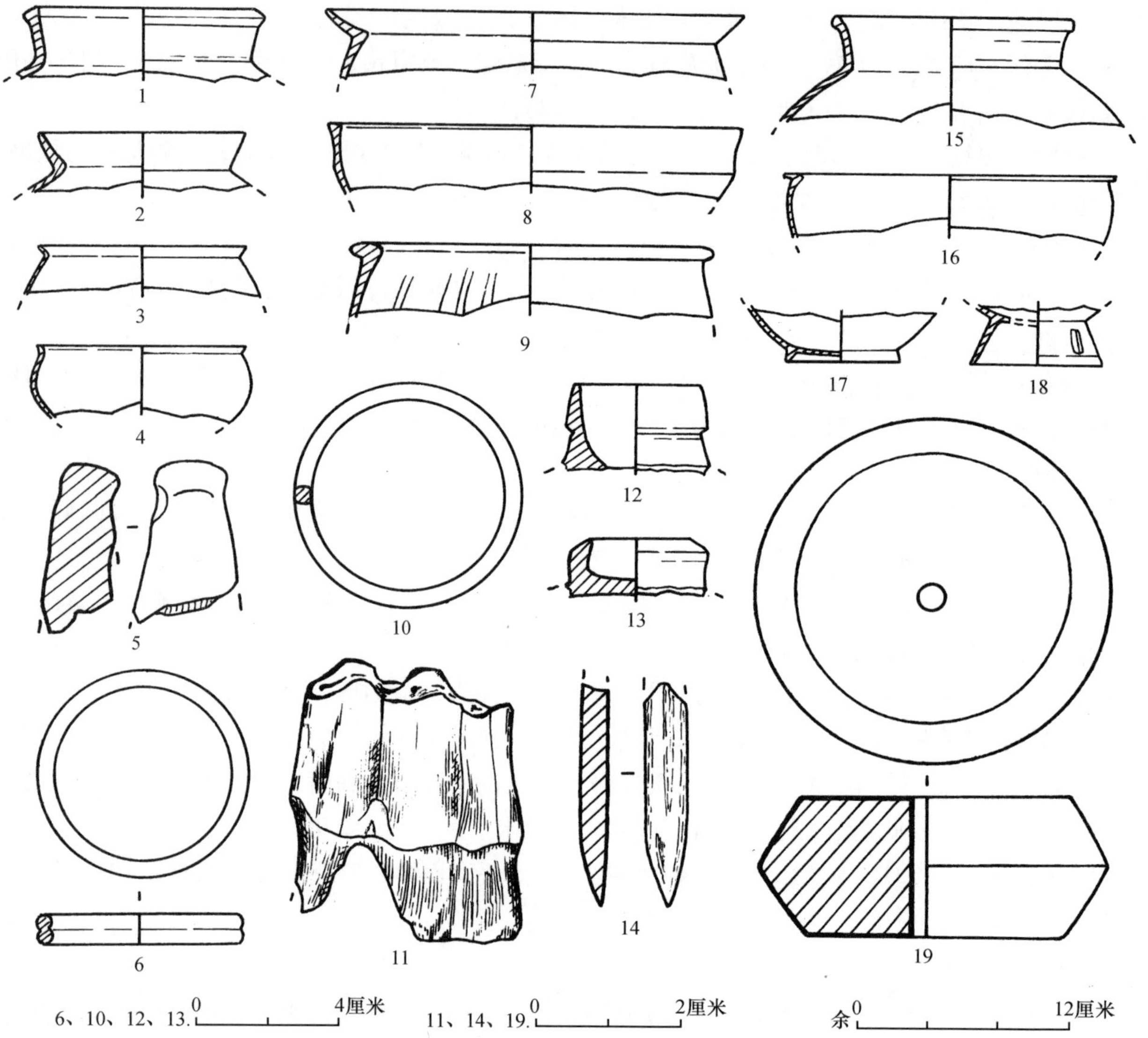

图二七七　T31④层、T31④A层、T31⑤A层、T32④层、T32⑤层、T34④层出土陶、骨器

1、15. 陶高领罐（T31④:206、T31⑤A:226）　2. 陶凹折沿小罐（T31⑤A:224）　3. 陶折沿小罐（T31⑤A:228）　4. 陶弧折沿小罐（T32④:62）　5. 陶支座（T31⑤A下:115）　6、10. 陶环（T34④:53、T31④A:221）　7. 陶凹折沿罐（T31④:56）　8. 陶直口盘（T31④:208）　9. 陶刻槽盆（T31⑤A:225）　11. 牛牙齿（T32④:39）　12、13. 陶器盖纽（T31④:216、T32⑤:38）　14. 石锥（T34④:86）　16. 陶卷沿（敛口）小盆（T31④:209）　17. 陶弧腹碗圈足（T31④A:223）　18. 陶矮圈足（T32④:63）　19. 陶纺轮（T31④:112）

矮圈足　1件（T32④:63）。泥质灰陶。上部已残，仅剩圈足，足外撇。足饰长方形镂孔，断已残。足径7.6、残高3.2厘米（图二七七，18）。

其他

牛牙齿　1颗（T32④:39）。骨。残剩一颗。残长4.1厘米（图二七七，11）。

（12）T32⑤层

标本3件。有石斧、圭形石凿和陶器盖纽。

石器

石斧　1件（T32⑤:1）。砾石，青色。厚体呈梯形，弧顶，两面近平，两边皆磨平，两面刃近对称，弧刃近平，一角已残。较锋利。长12.6、宽6.8、厚2～3厘米（图二七六，1；图版八六，3）。

圭形石凿　1件（T32⑤:2）。石，青色。扁平长条形，通体磨光，平顶、两面皆原面略磨，两边上部磨平，下部磨成角刃近对称，较锋利。长10、宽2.7、厚1.2厘米（图二七六，4）。

陶器

器盖纽　1件（T32⑤:38）。泥质红陶。仅剩盖纽，如直壁矮圈足，盖盘已残。素面。纽径4、残高1.6厘米（图二七七，13）。

（13）T33④层

标本1件。为石斧。

石斧　1件（T33④:9）。砾石磨制，青色。扁平长方形，顶已残，但又琢平，两面、两边皆磨平，斜弧刃两面磨制，有使用痕，仍锋利。残长10.2、宽7.5、厚3.3厘米（图二七六，5；图版八七，3）。

（14）T34④层

标本22件。只有工具和装饰品，未见陶生活用具。种类有：石锄、有孔石铲、石斧、残石斧、小石锛、石凿、石锥、小石球，另有玉管环和陶环。

石器

石锄　5件。T34④:6，砾石，灰色。厚体近梯形，顶端和两边及刃部皆打制，两面皆原面，一面进一步打制修平，刃部两面打制有缺口，不锋利。长14.6、宽8.4、厚3.6厘米（图二七八，1）。T34④:9，石片，青灰色。厚体长方形，刃部为自然双面刃近对称，斜刃近平，有使用后疤痕，较锋利。长13.3、宽6.2、厚2.5厘米（图二七八，5）。T34④:12，石片，青色。体较厚近梯形，原面弧凸，破裂面平整，两边略打，一边扁弧，另一边修平，弧刃单面打制，不甚锋利。长12、宽7.1、厚2.5厘米（图二七八，4）。T34④:77，石片，黑色夹白点，局部石面泛红。薄体长条形，两面为原面和破裂面，均较平整，两边打制修直近斜平面，弧刃两面打制，不甚锋利。长14.6、宽7.5、厚2.4厘米（图二七八，2）。T34④:83，石片，灰色。体较厚近梯形，平顶较薄，单面打制，两边修直，近平皆外斜，两面一面为平滑原面，另一面打制仍凹凸不平，弧刃单面打制，多缺口，仍锋利。长15.3、宽8.6、厚3.4厘米（图二七八，3）。

有孔石铲　1件（T34④:75）。石，青黑色。扁薄近梯形，但刃部已残，顶端磨平近圆弧状，两边修直磨平，两面磨制呈弧平面，近顶部单面钻一圆孔，但刃部部已残。残长3、宽9.4、厚1.2厘米（图二七八，8）。

石斧　1件（T34④:8）。砾石，青色。体较厚呈梯形，平顶打制成刃状，两面皆原琢面稍打制，两面打制成弧刃，不甚锋利。长11、宽6.9、厚2.8厘米（图二七八，9）。

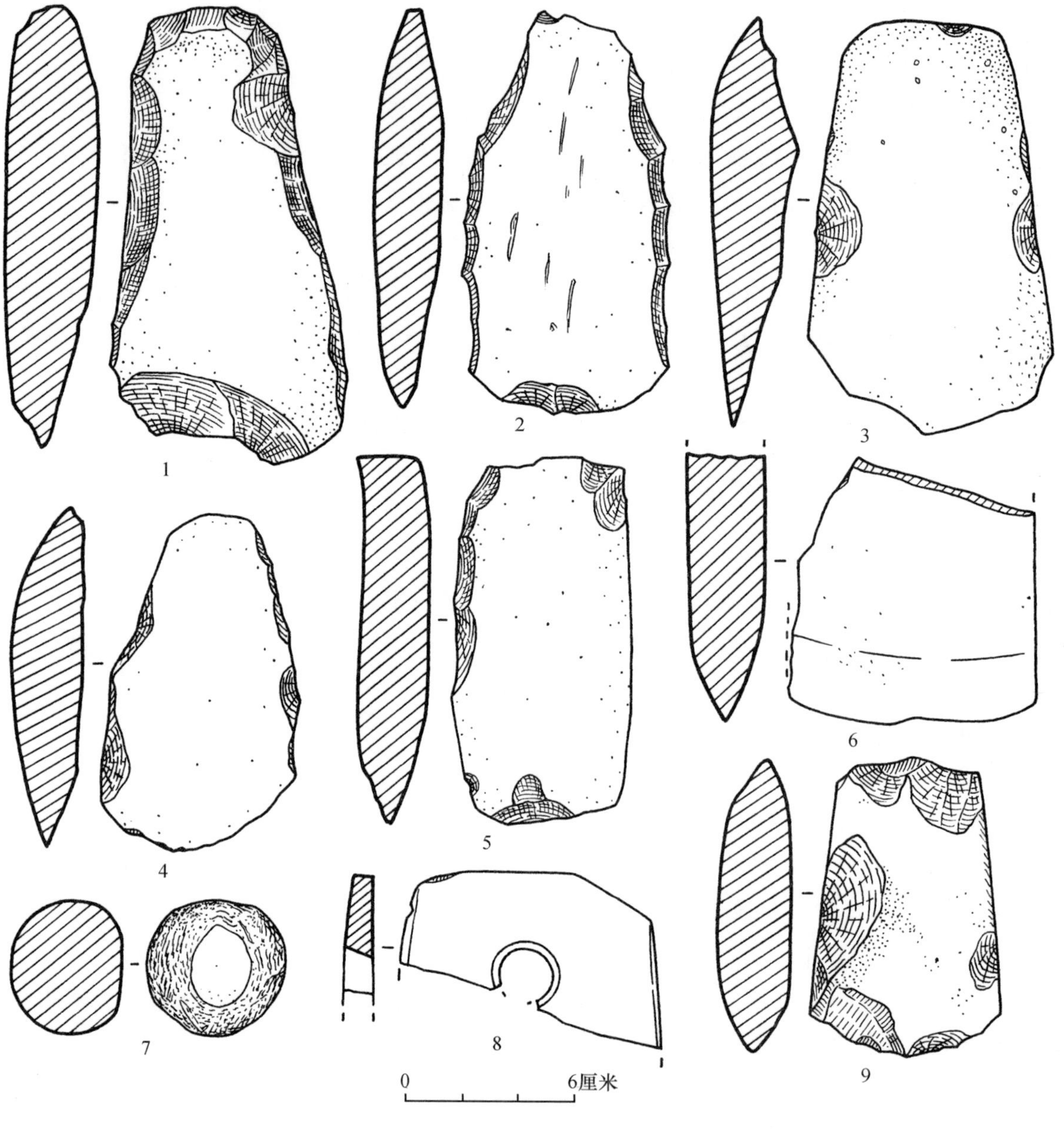

图二七八　T34④层出土石器

1～5. 石锄（T34④:6、T34④:77、T34④:83、T34④:12、T34④:9）　6. 残石斧（T34④:84）　7. 小石球（T34④:78）　8. 有孔石铲（T34④:75）　9. 石斧（T34④:8）

残石斧　6件。T34④:3，小砾石，深灰色。残，上半边断裂，残顶为原面，未残边磨平，弧刃双面磨制对称，锋利。残长7、宽4、厚1.4厘米（图二七九，8）。T34④:7，石，青色。残，上半部已断裂，仅剩一边局部，另一边已全残，双面弧刃对称，锋利。残长7、宽6、厚2.4厘米（图二七九，2）。T34④:74，石片，页岩，暗黄色，黑条纹。器体近长方形，斜顶打制不平，两边修直，一边已磨平，两面一面已磨平，另一面打制后仍凹凸不平，单面磨刃成弧形，一角已残，较锋利。长6.8、宽5.5、厚1.8厘米（图二七九，3）。T34④:84，砾石，青灰色，局部泛黄。顶已残，呈扁平五角形，两面皆原面，扁平，两边一边侧原磨平，另一侧修成弧边近平，弧刃，有使用痕已近平，仍锋利。残长9.5、宽8.8、厚2.8厘米（图二七八，6）。T34④:10，条状砾石，灰色。厚体呈梯形，但一端已断，侧边一边已磨平，另一侧两面打制成刃状，两面皆原面，现刃部小于顶部，双面刃面圆钝，似原顶部。残长7.3、宽5.6、厚3.4厘米（图二七九，1）。T34④:11，砾石，红色表皮，内核青灰色。砾石破为两片后，破裂一面刃部又经磨制而成双面弧刃，但另一半已残断，弧刃，有使用痕，已不锋利。长9.5、宽3.8、厚2.3厘米（图二七九，4）。

小石锛 4件。T34④:2，石片，青色。扁平呈梯形，平顶，斜边，两面皆磨平，两面刃不对称，弧刃近平，不甚锋利。长4.35、宽3.4、厚0.8厘米（图二七九，9）。T34④:16，小砾石，白色泛青，有黑条纹，近透明。扁平长方形，顶、边、面皆磨平，单面弧刃近平，较锋利。长4.6、宽2.4、厚0.7厘米（图二七九，11）。T34④:45，小砾石，黄皮白芯。薄平近梯形，顶部、两面及两边进一步磨平，斜刃两面磨制不对称，有使用缺口，仍较锋利。长4.1、宽2.1、厚0.65厘米（图二七九，7）。T34④:85，石片，黄色。扁平近长方形，弧顶为原面光滑，两边已磨平，两面也磨平，一面侧边有疤，平刃两面磨制，但不对称，有使用痕，已不锋利。长3.9、宽3、厚0.8厘米（图二七九，10）。

石凿 1件（T34④:5）。深灰色。厚体近方柱呈长条形，平顶及侧边皆打制修平，另一侧磨平，两面磨平，两面斜弧刃近对称，锋利。残长7.6、残宽3.2、厚2.3厘米（图二七九，5）。

石锥 1件（T34④:86）。石，灰白色。仅尖锥状一端，大部已残。扁圆长条形，一端磨成尖锥状，但另一端大部已残。残长3.2、厘米（图二七七，14）。

小石球 1件（T34④:78）。小砾石，青灰色。近圆形，表面除一侧有光滑小平面外，其余布满敲琢坑疤。长径5.2、宽径4.8、厚4.1厘米（图二七八，7）。

陶器

陶环 1件（T34④:53）。泥质黑陶。残，一节，截面为两个小圆形叠压相连。素面。直径6、内宽0.9、内厚0.5厘米（图二七七，6）。

其他

玉管环 1件（T34④:14）。玉石，白色泛青，半透明。残，仅剩一段，管状环形，圆管状中空，管上下皆磨平，管内环两面对钻，厚薄不一致。管高2.3、管外径5.58、内直径4.65～5.05、管厚0.4～0.6厘米（图二七九，6）。

（15）T35④层

标本27件。有大石斧、残石器、石球和陶纺轮、陶球，又有陶环，还有陶凹折沿罐、折沿小罐、高领罐、敛口小罐、侈口碗、敛口碗、直口盘、卷沿小盆、平沿小盆、曲腹杯底、矮圈足。

石器

大石斧 1件（T35④:8）。砾石，青色。扁弧体呈梯形，弧顶，两弧面皆原砾面，两边磨平，两面刃打制后稍磨成弧刃，甚钝不锋利。长17.6、宽9.1、厚3.7厘米（图二八一，1；图版八六，5）。

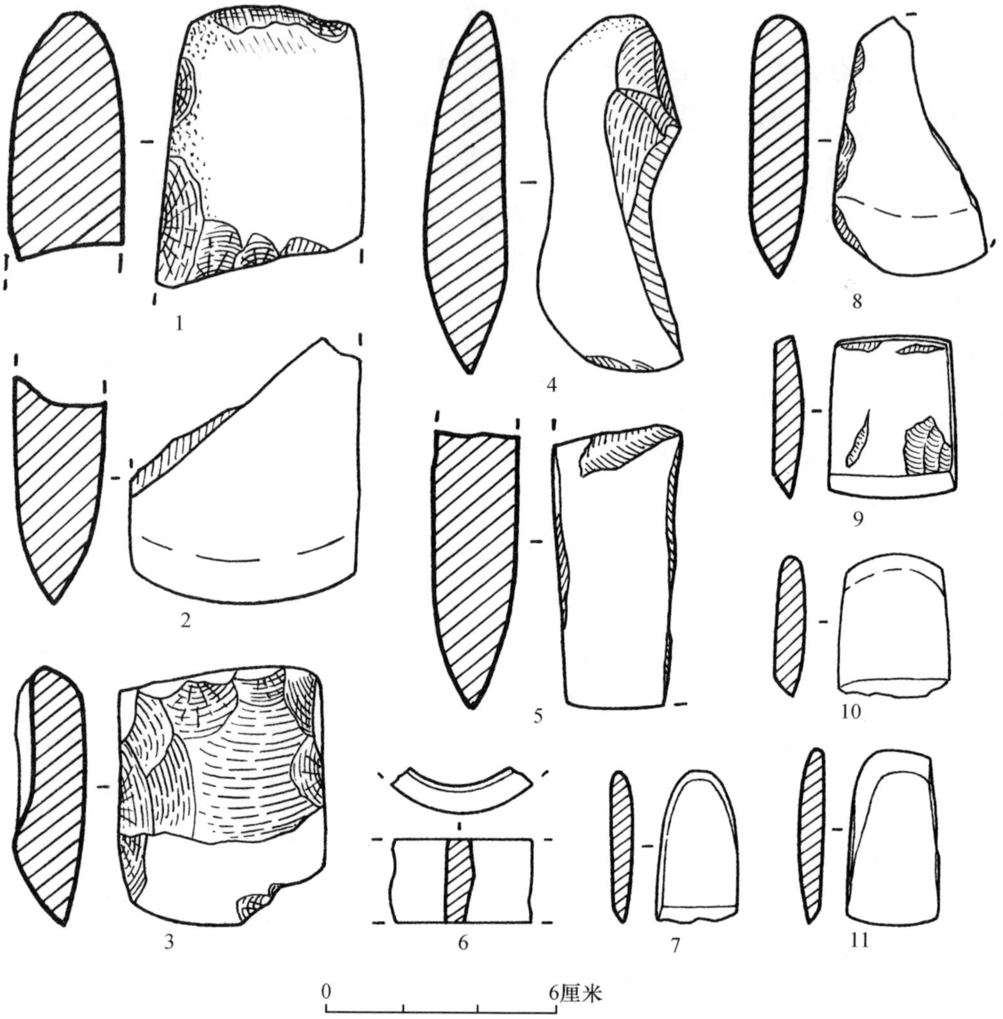

图二七九　T34④层出土石、玉器

1～4、8. 残石斧（T34④:10、T34④:7、T34④:74、T34④:11、T34④:3）　5. 石凿（T34④:5）　6. 玉管环（T34④:14）
7、9～11. 小石锛（T34④:45、T34④:2、T34④:85、T34④:16）

残石器　1件（T35④:4）。砾石块，青色。方柱体近梯形，但刃已断，弧顶及两弧面皆原面，两边磨平，刃残。残长8、宽6.3、厚3.4厘米（图二八一，10）。

石球　1件（T35④:16）。青色。近圆形，表面多留自然滚动留下的坑疤。长径7.6、宽6.7厘米（图二八一，5）。

陶器

陶纺轮　4件。T35④:52，泥质黑皮陶，红胎。扁薄圆形，两面平，弧边型，仅余一角。素面。直径4.8、厚1.5、孔径0.5厘米（图二八七，3）。T35④:53，泥质黑陶。扁薄圆形，两面平，弧边型，但弧边近直。素面。直径4.9、厚1.3厘米（图二八七，1）。T35④:167，夹砂红陶。扁薄两面平，弧边型，中间钻孔，不在正中，且稍大。素面。直径5.1、厚1.15、孔径0.9厘米（图二八七，2）。T35④:54，泥质红陶。扁薄两面平，角边型。素面。直径4.1、厚

1.5 厘米（图二八七，7；图版八九，11）。

陶球 1 件（T35④:56）。泥质红陶。圆形，中空，面上钻多个未穿小圆孔。素面。直径 2.6 厘米（图二八〇，13；图版八九，13）。

陶环 2 件。T35④:32，泥质黑陶。残，一节，截面为圆角梯形，内厚外薄。素面。直径 6.4、内径 0.9、内厚 0.5 厘米（图二八〇，18）。T35④:59，泥质黑陶。残，一节，截面为正方形。素面。直径 7.2、内宽 0.5、内厚 0.4 厘米（图二八〇，19）。

凹折沿罐 4 件。T35④:82，夹炭夹草末红褐陶。侈口，束颈，宽折沿微凹，圆唇，弧肩，深腹已残。素面。口径 22、残高 10.8 厘米（图二八〇，7）。T35④:113，夹炭夹草末红褐陶。侈口，束颈，凹折沿，尖圆唇，弧肩，肩下已残。素面。口径 22、残高 4.5 厘米（图二八〇，2）。T35④:140，夹炭夹草末外红内黑陶。侈口，束颈，凹折沿，尖圆唇，斜弧肩，深弧腹，腹下已残。素面。口径 22、残高 6.6 厘米（图二八〇，3）。T35④:168，夹砂夹草末浅红陶。侈口，宽折沿微凹，尖圆唇，束颈，弧肩已残。素面。口径 24、残高 5.1 厘米（图二八〇，1）。

折沿小罐 2 件。T35④:67，泥质陶外红内黑，外表施深红衣。侈口，束颈，窄折沿，尖圆唇，溜肩，鼓腹，底已残。素面。口径 12、残高 9.2 厘米（图二八〇，12；图版九〇，2）。T35④:121，泥质陶外红内黑。侈口，束颈，折沿，尖圆唇，斜肩，弧腹已残。素面。口径 12、残高 3.4 厘米（图二八〇，11）。

高领罐 1 件（T35④:115）。泥质橘红陶，外表施浅红衣。直口微外卷，圆唇，直径，肩已残。素面。口径 12.2、残高 3.7 厘米（图二八〇，15）。

敛口小罐 1 件（T35④:129）。泥质黑陶。敛口，窄平沿，尖圆唇，溜肩，深弧腹，腹下已残。素面。口径 12、残高 6.7 厘米（图二八〇，16）。

侈口碗 2 件。T35④:123，泥质黑陶。侈口，窄卷沿，尖圆唇，鼓肩，弧腹内收，下已残。素面。口径 14、残高 2.8 厘米（图二八〇，9）。T35④:128，泥质陶外红内黑，外表施深红衣。侈口，束颈，弧折沿，尖圆唇，扁弧腹，腹下已残。素面。口径 17、残高 4.2 厘米（图二八〇，20）。

敛口碗 2 件。T35④:125，泥质陶外红内黑。敛口，小圆唇，外口下一周凹弦纹，鼓腹，腹下已残。未见其他纹饰。口径 14、残高 4.2 厘米（图二八〇，8）。T35④:126，泥质磨光黑陶。敛口，尖圆唇，口沿内弧，斜弧腹内收，腹下已残。素面。口径 14、残高 4.5 厘米（图二八〇，10）。

直口盘 1 件（T35④:117）。泥质红褐陶。直口，窄沿外卷，尖圆唇，粗颈，折腹内收，腹下已残。素面。口径 20、残高 5.3 厘米（图二八〇，5）。

卷沿小盆 1 件（T35④:118）。泥质红陶。敛口，窄沿外卷，尖圆唇，粗颈内束，折腹弧内收，腹下已残。素面。口径 22、残高 5.8 厘米（图二八〇，4）。

平沿小盆 1 件（T35④:127）。泥质黑陶。敞口，平沿，尖圆唇，深弧腹内收，腹下已残。素面。口径 20、残高 4.7 厘米（图二八〇，6）。

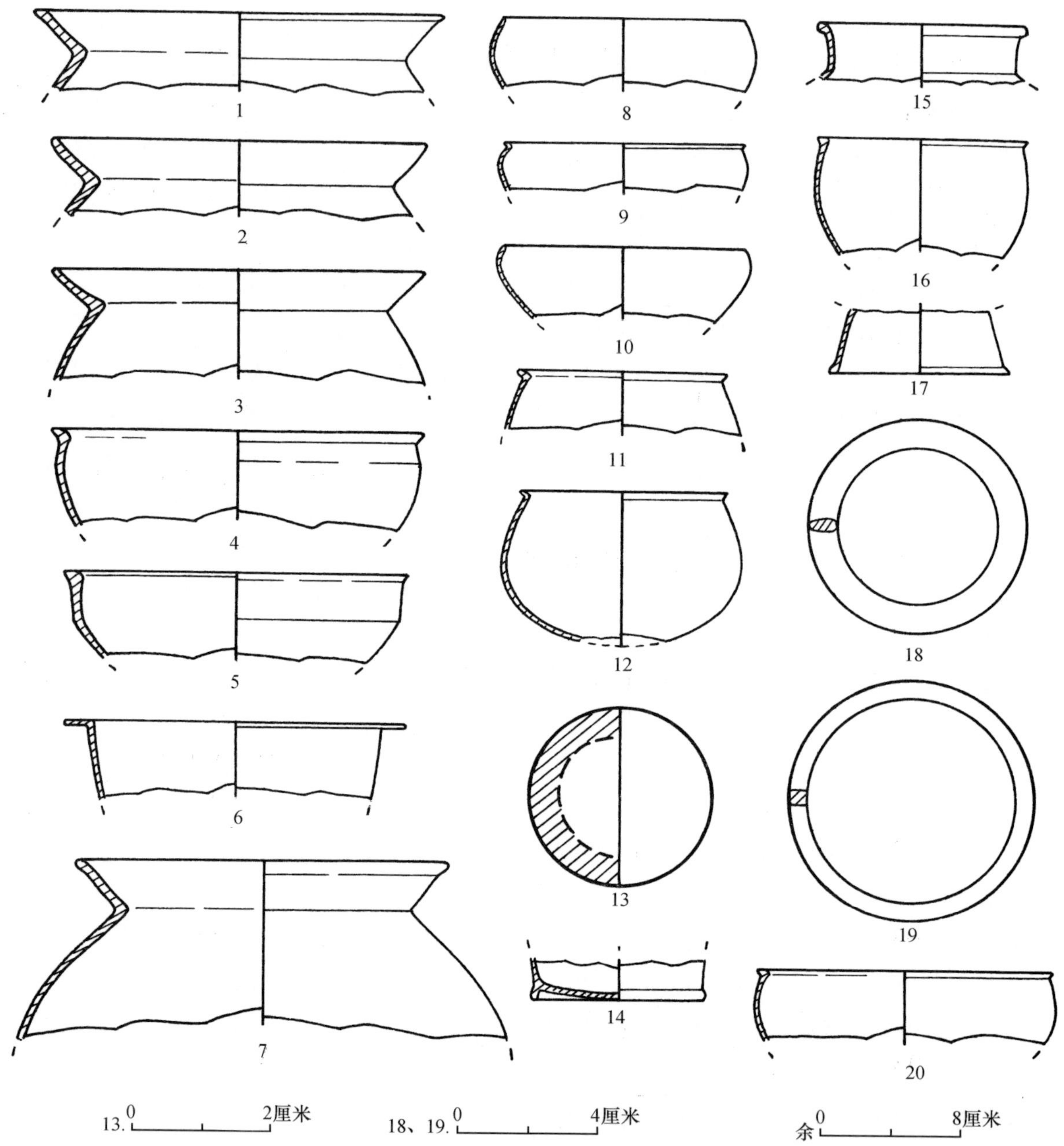

图二八〇　T35④层出土陶器

1～3、7. 凹折沿罐（T35④: 168、T35④: 113、T35④: 140、T35④: 82）　4. 卷沿小盆（T35④: 118）　5. 直口盘（T35④: 117）　6. 平沿小盆（T35④: 127）　8、10. 敛口碗（T35④: 125、T35④: 126）　9、20. 侈口碗（T35④: 123、T35④: 128）　11、12. 折沿小罐（T35④: 121、T35④: 67）　13. 陶球（T35④: 56）　14. 曲腹杯底（T35④: 132）　15. 高领罐（T35④: 115）　16. 敛口小罐（T35④: 129）　17. 矮圈足（T35④: 65）　18、19. 陶环（T35④: 32、T35④: 59）

曲腹杯底　1件（T35④: 132）。泥质磨光黑陶。上部已残，仅剩粗圈足和一腹残片，下腹近直，圜平底下附凸棱状矮圈足，足壁如带状，外弧内凹。素面。足径10、残高2.4厘米（图二八〇，14）。

矮圈足　1件（T35④:65）。泥质黑陶。残存圈足，圈足较粗较高，足根呈平沿外凸。素面。足径10.7、残高3.8厘米（图二八〇，17）。

（16）T35⑤层

标本仅1件石凿。

石凿　1件（T35⑤:74）。长条形石片加工，厚薄不一。长条形，弧顶一面原面，一边也为原面，另一面及另一边都打制不平，窄平刃两面磨制，不对称但较锋利。长10.8、宽2.7、厚1.4厘米（图二八一，8）。

（17）T36④层（包括T36④下层、T36④A层）

标本29件。生产工具有石锄、有孔石铲、残石器、残石斧、石斧坯、小石斧、陶纺轮；生活用品有陶凹折沿罐、折沿罐、折沿彩陶小罐、弧折沿罐、束颈小罐、敛口小罐、高领罐、敛口碗、侈口碗、内折沿碗、带流圈足盘、窄平沿小盆、曲腹杯底、豆高圈足、矮圈足；其他还有弧形石璜和牛牙床。

石器

石锄　1件（T36④:10）。砾石片，石皮黄色，石芯黄灰色。扁平石片打制近长方形，弧刃，没有进一步加工，为原两面夹角。长15.8、宽9、厚2.2厘米（图二八一，4）。

有孔石铲　1件（T36④:47）。黄褐色。仅剩顶部一角，顶、边、面皆磨平，但中部厚，边缘稍薄，近顶面上有一残圆孔，两面对钻，大部残。残长8、厚1.1厘米（图二八一，13）。

残石器　1件（T36④:40）。砾石块，青色。器体厚大呈正方形，顶断为平面，两面皆原面，一面进一步打制，并修成刃部，两边打制修直近平，因另一面上平下内弧，呈双面刃近对称，弧刃近平，甚钝。残长9.4、宽8.6、厚3.9厘米（图二八一，2）。

残石斧　2件。T36④:3，砾石，青色。原体为扁弧长方形，顶已残，两面皆原面，一面光滑近平，另一弧面有天然琢痕，两边磨平，两面刃不对称呈斜刃，有使用痕，仍锋利。残长8.2、宽7.1、厚3厘米（图二八一，11）。T36④:9，砾石块，青色。扁体长方形，残顶斜平，两边磨平，两面为原面皆天然琢痕，两面夹角成斜弧刃，没有进一步打磨，但有砸击痕。残长10.5、宽10、厚3.8厘米（图二八一，3）。

石斧坯　1件（T36④:13）。砾石块，石芯灰色，石皮大多呈暗红色。扁平呈梯形，顶及刃部皆砾石面。两面也皆平整原面，仅两边打制修直，弧刃没有进一步加工，不锋利。长9.1、宽5.5、厚2厘米（图二八一，12）。

小石斧　3件。T36④A:17，小石片，黄色。器体呈小长方形，平顶打制较薄，两面一面为光滑石面，另一面破裂面不平，两边略磨不甚平，两面磨刃近对称，斜弧刃较锋利。长4、宽1.7、厚0.9厘米（图二八一，6）。T36④:46，小砾石块，黄色。顶残后扁平近方形，两面为原面，一边为原面但又略磨制，另一边打制成斜面，刃部一面磨制，另一面打制为一小块口成小平刃，平刃两端为原弧面。残长4.6、宽4、厚1.1厘米（图二八一，9）。T36④:42，石片，青色。扁薄呈长方形，平顶打制，两面一面为光滑斜原面，另一面破裂面一角起凸，相对较平，刃部单面打制并稍磨制，平刃有缺口，不锋利。长6.5、宽3.8、厚1.1厘米（图二八一，7）。

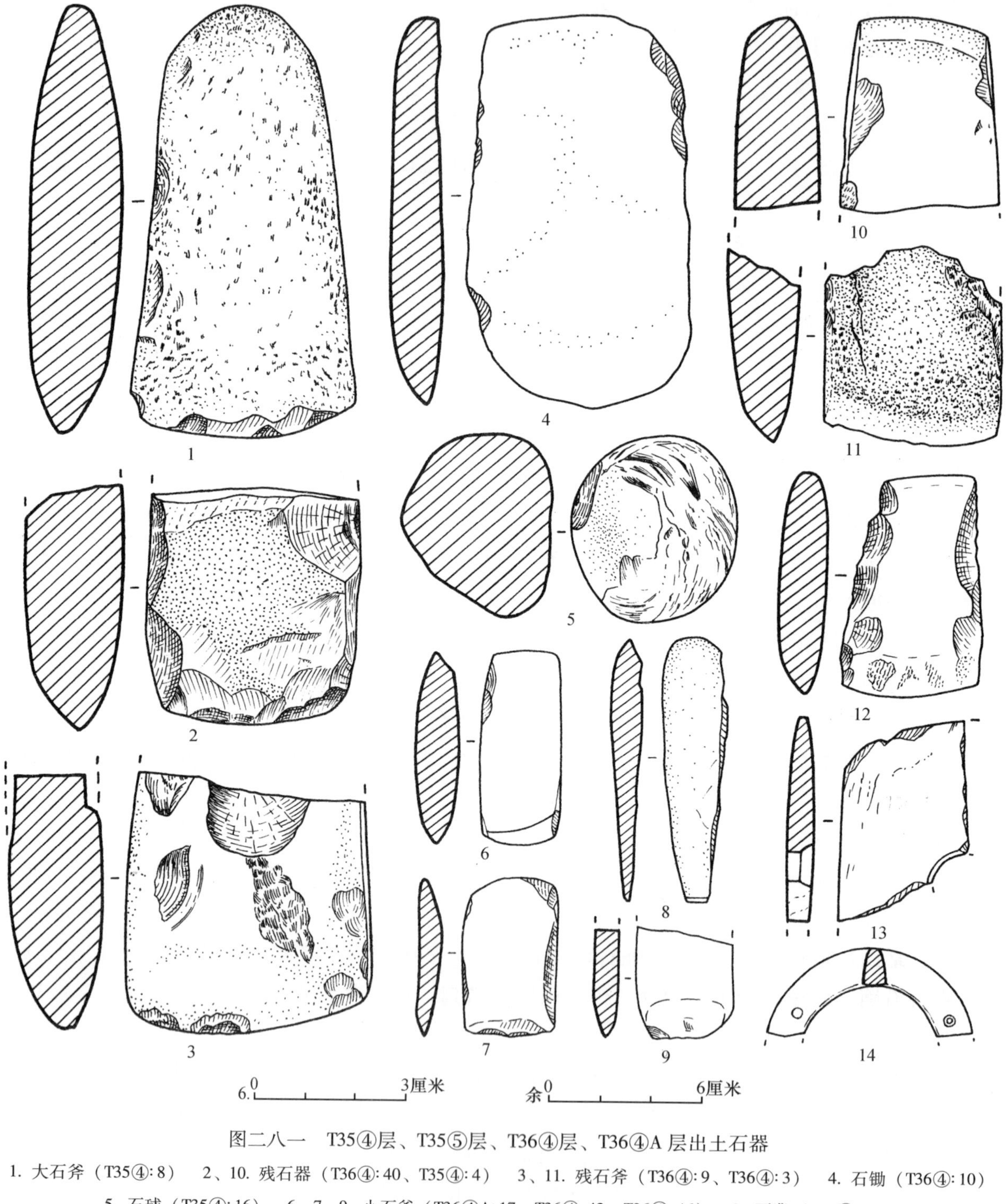

图二八一　T35④层、T35⑤层、T36④层、T36④A 层出土石器

1. 大石斧（T35④:8）　2、10. 残石器（T36④:40、T35④:4）　3、11. 残石斧（T36④:9、T36④:3）　4. 石锄（T36④:10）　5. 石球（T35④:16）　6、7、9. 小石斧（T36④A:17、T36④:42、T36④:46）　8. 石凿（T35⑤:74）　12. 石斧坯（T36④:13）　13. 有孔石铲（T36④:47）　14. 弧形石璜（T36④:85）

弧形石璜　1件（T36④:85）。石，灰白色。两端稍残，半环状，璜面都已弧平，内环稍厚，稍弧近直，外环稍薄，扁弧，横剖面近梯形，稍残一端有一两面钻小圆孔，另一端也残，有一尚未穿透的小凹圆孔。残径8.2、内宽1.5、厚1、孔径0.4厘米（图二八一，14）。

陶器

陶纺轮　2件。T36④下:53，夹细砂红陶。扁薄，两面平，不甚圆，直边型。素面。直径4.5、厚1.3、孔径0.6厘米（图二八七，4；图版八九，9）。T36④:152，泥质红陶。扁薄，两面平，但相对较厚，弧边型。素面。直径4.6、厚2.2、孔径0.6厘米（图二八七，6；图版八九，7）。

凹折沿罐　1件（T36④:94）。夹砂夹草末浅红泛黑陶。侈口，束颈，折沿微凹，方圆唇，斜肩已残。素面。口径24、残高3.5厘米（图二八二，4）。

折沿罐　1件（T36④:90）。夹炭夹草末红陶。侈口，束颈，宽折沿，方圆唇，广弧肩已残。素面。口径22、残高3.9厘米（图二八二，3）。

折沿彩陶小罐　1件（T36④:87）。泥质陶外红内黑，内沿、外表施浅红衣。侈口，束颈，尖圆唇，弧肩，腹已残。束颈下一周黑彩带状纹。口径12、残高3.2厘米（图二八二，12）。

弧折沿罐　1件（T36④:88）。泥质红陶。侈口，束颈，卷沿，尖圆唇，弧肩，腹已残。素面。口径16、残高3.4厘米（图二八二，5）。

束颈小罐　1件（T36④:92）。泥质红陶。侈口，束颈，卷沿，方圆唇，斜弧肩下已残。素面。口径12、残高3.3厘米（图二八二，11）。

敛口小罐　1件（T36④:96）。泥质黑陶。敛口，扁圆唇，鼓肩，扁弧腹内收，下已残。素面。口径14、残高4厘米（图二八二，14）。

高领罐　1件（T36④:89）。泥质橘红陶。直口外斜，扁圆唇外凸，高颈内斜，广肩已残。素面。口径12、残高3.6厘米（图二八二，13）。

敛口碗　1件（T36④:86）。泥质黑陶。敛口，尖圆唇，深弧腹内收，下已残。素面。口径19、残高4.6厘米（图二八二，6）。

侈口碗　1件（T36④A:107）。泥质红陶。侈口，束颈，弧沿外卷，尖圆唇，扁弧腹内收，下已残。素面。口径20、残高4.6厘米（图二八二，8）。

内折沿碗　1件（T36④:99）。泥质黑陶。敛口，内折沿，浅折腹内斜，下已残。素面。口径17、残高2.8厘米（图二八二，7）。

带流圈足盘　1件（T36④:64）。泥质红陶，外表施红衣。口沿已缺，仅见流部、腹及底和残圈足，宽扁敞口流，流口方唇，浅弧腹，大圜底下附矮小圈足，足根已残。素面。足径8、流宽8.4~9、高7厘米（图二八二，2；图版八五，4）。

窄平沿小盆　1件（T36④:95）。泥质红陶。敛口，窄平沿，尖圆唇外凸，浅弧腹内收，下已残。素面。口径24、残高4.4厘米（图二八二，1）。

曲腹杯底　1件（T36④A:111）。泥质黑陶。上部已残，下部折腹内斜，平底下附凸棱状矮圈足，足壁外斜，圆凸棱。素面。足径9、残高3.7厘米（图二八二，16）。

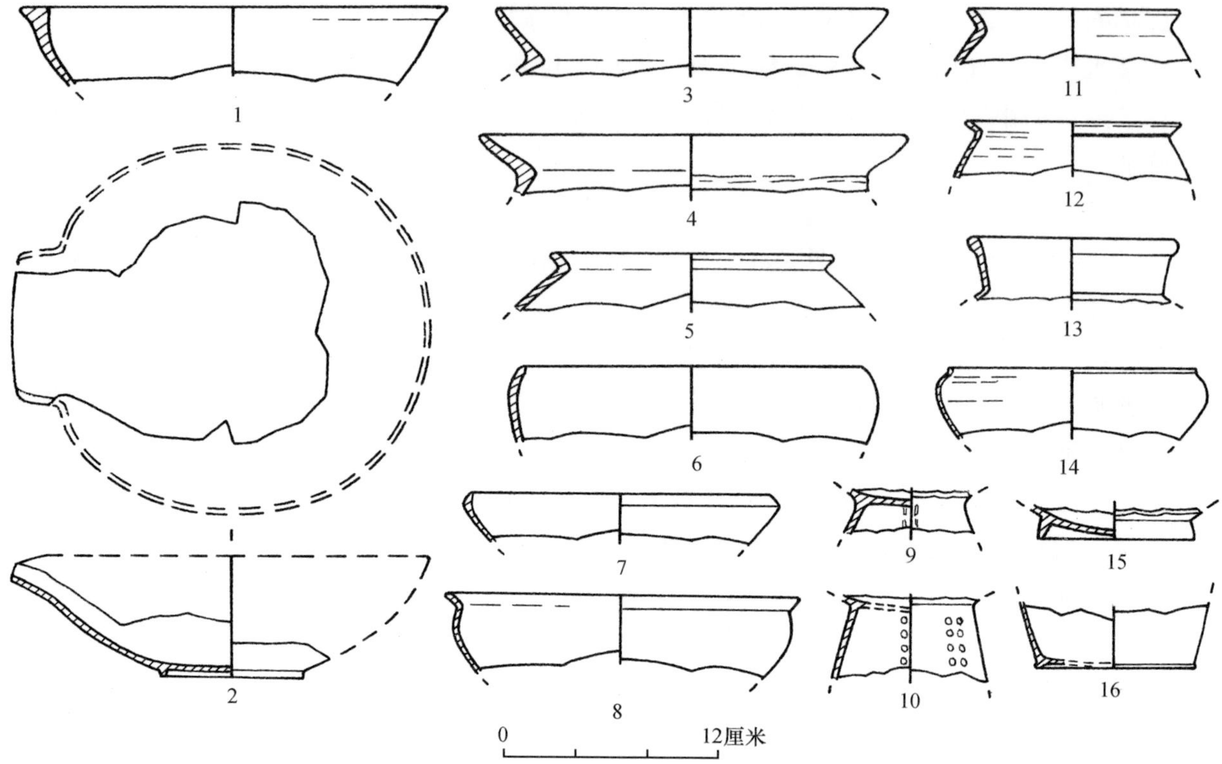

图二八二　T36④层、T36④A 层出土陶器

1. 窄平沿小盆（T36④:95）　2. 带流圈足盘（T36④:64）　3. 折沿罐（T36④:90）　4. 凹折沿罐（T36④:94）　5. 弧折沿罐（T36④:88）　6. 敛口碗（T36④:86）　7. 内折沿碗（T36④:99）　8. 侈口碗（T36④A:107）　9、10. 豆高圈足（T36④:103、T36④:105）　11. 束颈小罐（T36④:92）　12. 折沿彩陶小罐（T36④:87）　13. 高领罐（T36④:89）　14. 敛口小罐（T36④:96）　15. 矮圈足（T36④:104）　16. 曲腹杯底（T36④A:111）

豆高圈足　2 件。T36④:103，泥质黑陶。残存圜底和圈足上部，足壁外弧或外斜。足饰四组戳印纹，每组两排小长方形戳纹，每组两个以上。残高 2.4 厘米（图二八二，9）。T36④:105，泥质黑陶。残存圈足上部及局底圜底，足壁外弧，下部已残。壁饰两排并列的小圆形镂孔，每排四个以上镂孔。残高 4.6 厘米（图二八二，10）。

矮圈足　1 件（T36④:104）。泥质黑陶。仅存圜底残片和已残矮圈足，足壁外弧近直。素面。足径 8.8、残高 1.6 厘米（图二八二，15）。

其他

牛牙床　1 件（T36④:84）。有牙骨床，骨黄牙白，没有加工痕迹，两端骨头稍残，牙齿完整。残长 26.5、宽 9.4 厘米（图二八四，1）。

（18）T36⑤层（包括 T36⑤A 层、T36⑤B 层和 T36⑤B 下层）

标本 33 件。生产工具有残石斧、石球、陶纺轮和骨锥；生活用具有折沿彩陶小罐、弧折沿小罐、弧折沿彩陶小罐、高领罐、圈足罐、筒形瓶、内折沿碗、子母口碗、直口盘、内折沿盘、侈口盆、敛口小盆、残豆、内折沿盖盘、鸭嘴状小鼎足、片状大鼎足、矮圈足，其他有陶球、陶环和牛牙床。

石器

残石斧　4件。T36⑤A∶2，长条砾石，深灰色。扁弧状长条形，顶、一面、一边皆原砾面，圆弧光滑，另一面及一边有破裂面磨制后仍留疤痕，两面磨制刃部已残。现呈斜刃有缺口，较锋利。长13.2、宽5.2、厚2.7厘米（图二八五，8）。T36⑤B下∶41，砾石块，青色。顶残，扁平长方形，斜平顶，两面原面，一面平而光滑，另一面稍内凹，两边已磨平，两面刃对称似天然未作加工，甚钝。长9.3、宽7.3、厚2.3厘米（图二八五，4）。T36⑤A∶45，砾石块，青色。扁弧近长方形，顶残，两面为原弧面近平，两边修直，一边琢打，另一边稍磨平，两面磨成弧刃近平，较锋利。残长8.7、宽7.7、厚2.6厘米（图二八五，5）。T36⑤A∶48，青灰色。粗厚体近梯形，顶部为原砾石斜弧面，两面皆原面修打后近平，有疤痕，两边磨平，刃部已断。残长12.7、宽9.1、厚4.3厘米（图二八五，1）。

石球　3件。T36⑤A∶38，砾石，黄色。近扁圆体，一面有多处打击疤面。长径7.2、宽径6.7、厚4.3厘米（图二八五，3）。T36⑤A∶14，小砾石，灰色。圆形，表面布满密集坑疤，应是自然滚动所致。长径5.2、宽径5、厚4.5厘米（图二八五，2；图版八七，6）。T36⑤A∶16，小砾石，红色夹灰白色。近椭圆形，红色部分可见页岩层层理，灰白色为花岗岩，有似琢打凹小坑，实际皆滚动后所制成。直径6、厚4.4厘米（图二八五，6）。

陶器

陶纺轮　1件（T36⑤A∶119）。泥质黄陶。残，扁薄两面平，角边型。素面。直径5.2、厚10.5、孔径0.6厘米（图二八七，5）。

折沿彩陶小罐　1件（T36⑤A∶117）。泥质橘红陶，内沿、外表施浅红衣。侈口，束颈，折沿，尖圆唇，溜肩，深弧腹下已残。器表绘黑彩，但已全部脱落，只有局部黑斑。口径12、残高3.6厘米（图二八三，20）。

弧折沿小罐　1件（T36⑤A∶123）。泥质红陶，内沿、外壁施深红衣。侈口，束颈，窄折沿，沿面微上弧，尖圆唇，溜肩，弧腹已残。素面。口径14、残高4.8厘米（图二八三，8）。

弧折沿彩陶小罐　1件（T36⑤A∶121）。泥质浅红陶，内沿、外壁施鲜红衣。侈口，束颈，折沿微弧，尖圆唇，斜溜肩，腹已残。颈下肩上饰一周黑彩带状纹。口径13、残高2.8厘米（图二八三，10）。

高领罐　2件。T36⑤A∶61，泥质黄陶。直口稍敞，斜直矮颈，圆唇外凸，弧肩，深腹已残。素面。口径17、残高11.6厘米（图二八三，2）。T36⑤A∶62，泥质红陶。直口稍外侈，扁沿外翻，使口处起扁棱，直颈，广肩，深腹，但大部已残。素面。口径12.2、残高9厘米（图二八三，1）。

圈足罐　1件（T36⑤A∶68）。泥质红陶，外壁施深红衣。侈口，束颈，折沿外卷，溜肩，鼓腹，圜底残，下附矮圈足，足根外卷。素面。口径14、足径8.5、残高15厘米（图二八三，9）。

筒形瓶　1件（T36⑤A∶60）。夹炭红陶。直口内敛，窄平沿外伸，使口外凸，圆唇，深筒腹向下外撇，但已残。腹中部两周凹弦，腹上饰多组交错角状划纹，每个角由五根平行等距凹划纹为边组成。口径 8、残高 11.8 厘米（图二八三，17；彩版一二，4）。

内折沿碗　1 件（T36⑤A∶113）。泥质黑陶。敛口，内折沿，尖圆唇，折腹弧内收，下已残。素面。口径 16、残高 5.1 厘米（图二八三，7）。

子母口碗　1 件（T36⑤A∶120）。泥质红陶，外壁施浅红衣。敛口，窄凹呈子母口，圆唇内敛，深弧腹内收，下已残。素面。口径 17、残高 5.2 厘米（图二八三，16）。

直口盘　2 件。T36⑤A∶114，泥质红陶。直口微敛，窄平沿，尖圆唇外凸，粗矮颈中束，浅腹弧折内收，下已残。素面。口径 28、残高 4.4 厘米（图二八三，6）。T36⑤A∶116，泥质红陶，沿面、外表施深红衣。直口微敛，窄平沿内敛外凸，粗颈，弧折腹内收，底已残。素面。口径 26、残高 4.2 厘米（图二八三，5）。

内折沿盘　1 件（T36⑤A∶115）。泥质红陶。敛口近直，内折沿稍内斜近直，方唇，折腹弧内收，底已残。素面。口径 24、残高 4.2 厘米（图二八三，4）。

侈口盆　1 件（T36⑤A∶128）。泥质红陶，沿面施浅红衣。敛口，窄沿内斜，尖圆唇外凸，深弧腹近直，上部稍向外弧，下部已残。内壁有错乱划纹，划纹细而深，似是刻槽盆。口径 23、残高 7 厘米（图二八三，3）。

敛口小盆　1 件（T36⑤A∶122）。泥质红陶。敛口，小折沿外斜，弧腹下部已残。素面。口径 20、残高 3.5 厘米（图二八三，14）。

残豆　1 件（T36⑤A∶131）。泥质黑陶，红胎。仅存豆中间一段，深圜底下连较高圈足，圈足下部多已残。素面。残高 5.4 厘米（图二八三，19）。

内折沿盖盘　1 件（T36⑤A∶118）。夹草末陶外红内黑，内沿也呈红色。仅剩内折沿盖盘口沿，盘底和盖纽已残。素面。口径 20、残高 2.4 厘米（图二八三，15）。

鸭嘴状小鼎足　1 件（T36⑤A∶125）。泥质橘红陶，黑胎。罐形小鼎之残鸭嘴状小鼎足，足根已残。素面。残高 3 厘米（图二八三，13）。

片状大鼎足　1 件（T36⑤A∶130）。夹蚌和草末红陶。罐形鼎的片状鼎足，足面呈倒三角形，足面外面平，内侧微凹。素面。残高 7 厘米（图二八三，21）。

矮圈足　2 件。T36⑤A∶132，泥质黄陶，局部泛红，外表深红近紫陶衣大部脱落。仅存局部残底和较大矮圈足残片，足壁外斜。残壁上饰两排一组的粗圆戳点纹，每排三个戳点，器内皆起泡。足径 12、残高 4.6 厘米（图二八三，18）。T36⑤A∶133，泥质黑陶。仅存已破圜底和稍残矮圈足，足壁外弧。素面。足径 7.6、残高 1.2 厘米（图二八三，23）。

陶球　1 件（T36⑤B 下∶58）。夹炭红陶。残存一半，已修复，空心。局部有小戳点和双行篦纹。直径 5.6 厘米（图二八三，12）。

陶环　2 件。T36⑤A∶21，泥质灰陶。残，一节，截面近梯形，上、下面皆平，外边直，内斜薄。素面。直径 7、内宽 0.8、内厚 0.6 厘米（图二八三，11）。T36⑤A∶22，泥质黑陶。残，一节，截面为圆角方形，大平面，内外弧形，面宽稍小于环厚。素面。直径 5、内宽 0.4、内厚 0.3 厘米（图二八三，22）。

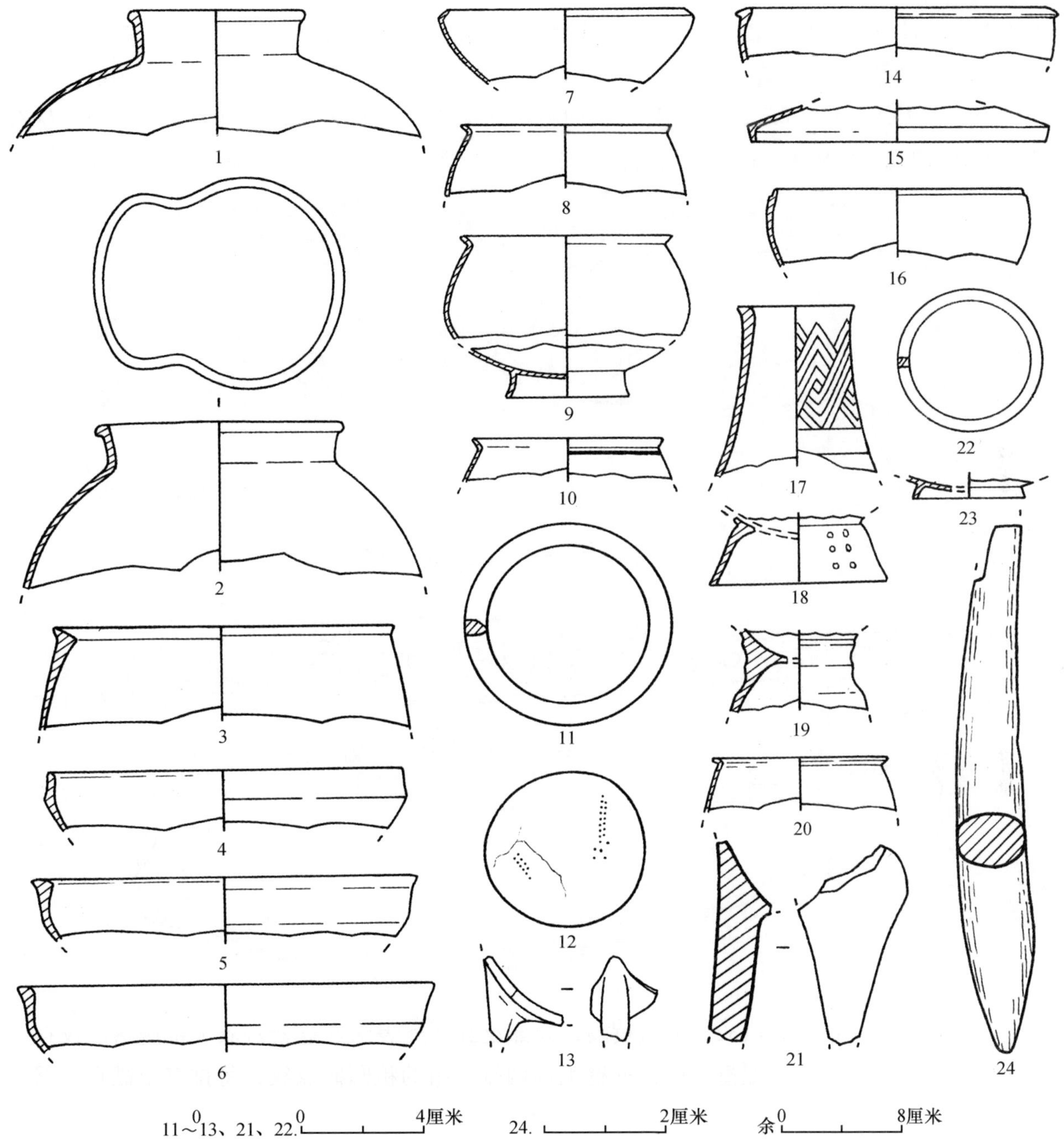

图二八三　T36⑤A 层、T36⑤B 层、T36⑤B 下层出土陶、骨器

1、2. 陶高领罐（T36⑤A:62、T36⑤A:61）　3. 陶侈口盆（T36⑤A:128）　4. 陶内折沿盘（T36⑤A:115）　5、6. 陶直口盘（T36⑤A:116、T36⑤A:114）　7. 陶内折沿碗（T36⑤A:113）　8. 陶弧折沿小罐（T36⑤A:123）　9. 陶圈足罐（T36⑤A:68）　10. 弧折沿彩陶小罐（T36⑤A:121）　11、22. 陶环（T36⑤A:21、T36⑤A:22）　12. 陶球（T36⑤B 下:58）　13. 陶鸭嘴状小鼎足（T36⑤A:125）　14. 陶敛口小盆（T36⑤A:122）　15. 陶内折沿盖盘（T36⑤A:118）　16. 陶子母口碗（T36⑤A:120）　17. 陶筒形瓶（T36⑤A:60）　18、23. 陶矮圈足（T36⑤A:132、T36⑤A:133）　19. 陶残豆（T36⑤A:131）　20. 折沿彩陶小罐（T36⑤A:117）　21. 陶片状大鼎足（T36⑤A:130）　24. 骨锥（T36⑤B:134）

其他

骨锥　1件（T36⑤B∶134）。骨，外黄内白。两端皆残，中段圆锥状。残长9厘米（图二八三，24）。

牛牙床　1件（T36⑤A∶112）。骨，黄白色。无加工痕，前端稍残，口内牙床和臼齿保存完好。残长29.4、高9.4、中厚3.2厘米（图二八四，2）。

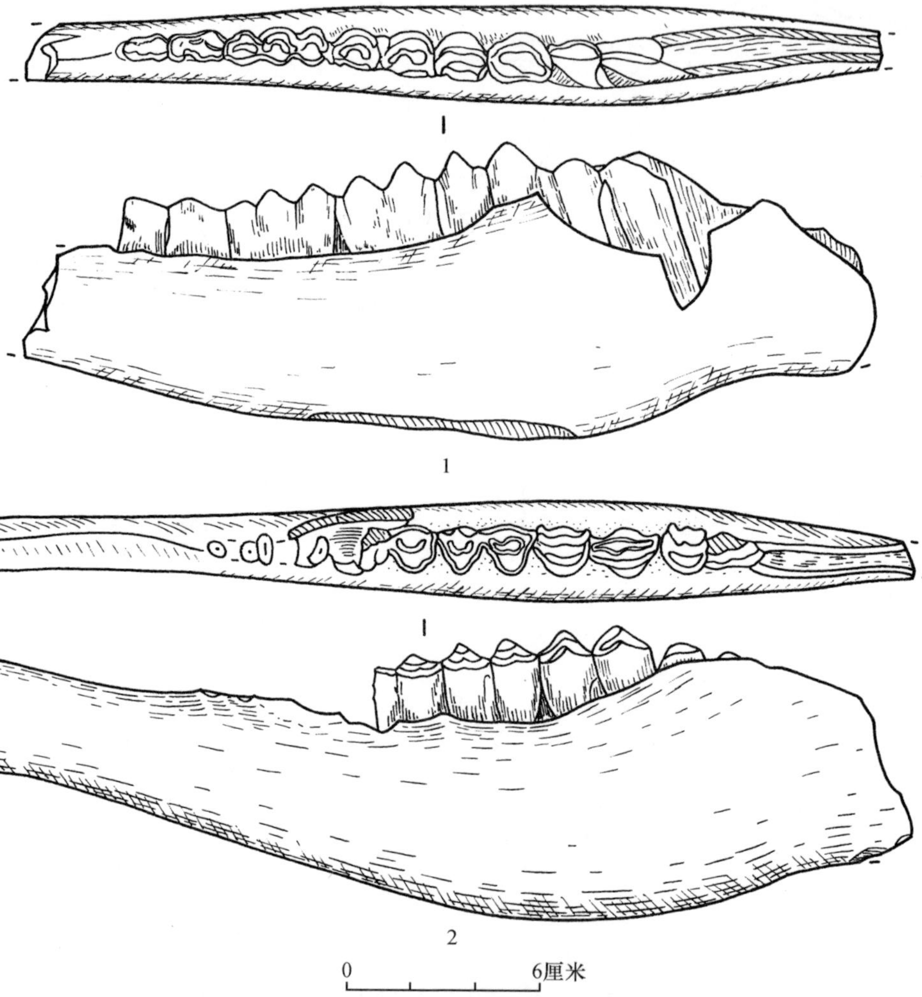

图二八四　T36④层、T36⑤A层出土牛牙床

1. T36④∶84　2. T36⑤A∶112

（19）T36⑥层

标本17件。石器只有一件石锛坯；陶器有弧折沿罐、弧折沿小罐、束颈小罐、高领罐、敛口瓮、内折沿簋、敛口碗、侈口碗、内折沿碗、敞口小盘、敛口盘、窄平沿盘、内折沿盘、罐彩陶片、假圈足。

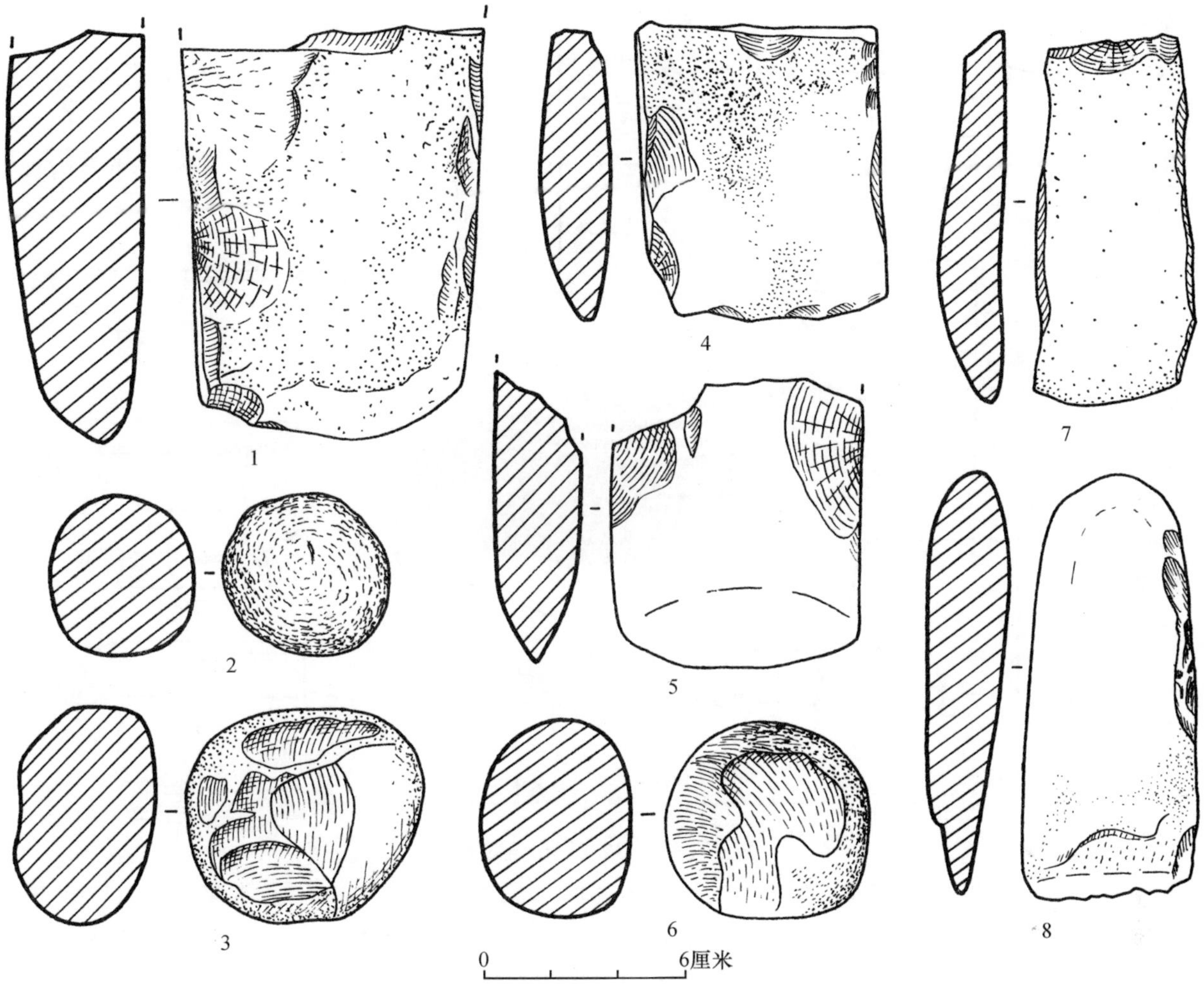

图二八五　T36⑤A层、T36⑤B下层、T36⑥层出土石器

1、4、5、8. 残石斧（T36⑤A:48、T36⑤B下:41、T36⑤A:45、T36⑤A:2）　2、3、6. 石球（T36⑤A:14、T36⑤A:38、T36⑤A:16）　7. 石锛坯（T36⑥:44）

石器

石锛坯　1件（T36⑥:44）。砾石块，青色。较厚长方形，弧顶和两面皆原面，两边修直近平，单面打制平刃，不锋利。长11.5、宽4.8、厚2厘米（图二八五，7）。

陶器

弧折沿罐　1件（T36⑥:136）。泥质红陶。侈口，束颈，折沿外斜，沿面微上弧，尖圆唇，斜弧肩，腹已残。素面。口径14、残高5.6厘米（图二八六，6）。

弧折沿小罐　1件（T36⑥:141）。泥质陶外红内黑，内沿、外壁施深红衣。侈口，束颈，折沿微上弧，尖圆唇，溜肩，弧腹下部已残。素面。口径16、残高4厘米（图二八六，11）。

束颈小罐　1件（T36⑥:137）。泥质红陶。侈口，束颈，卷沿，尖圆唇，斜弧肩，腹已残。素面。口径12、残高4.2厘米（图二八六，7）。

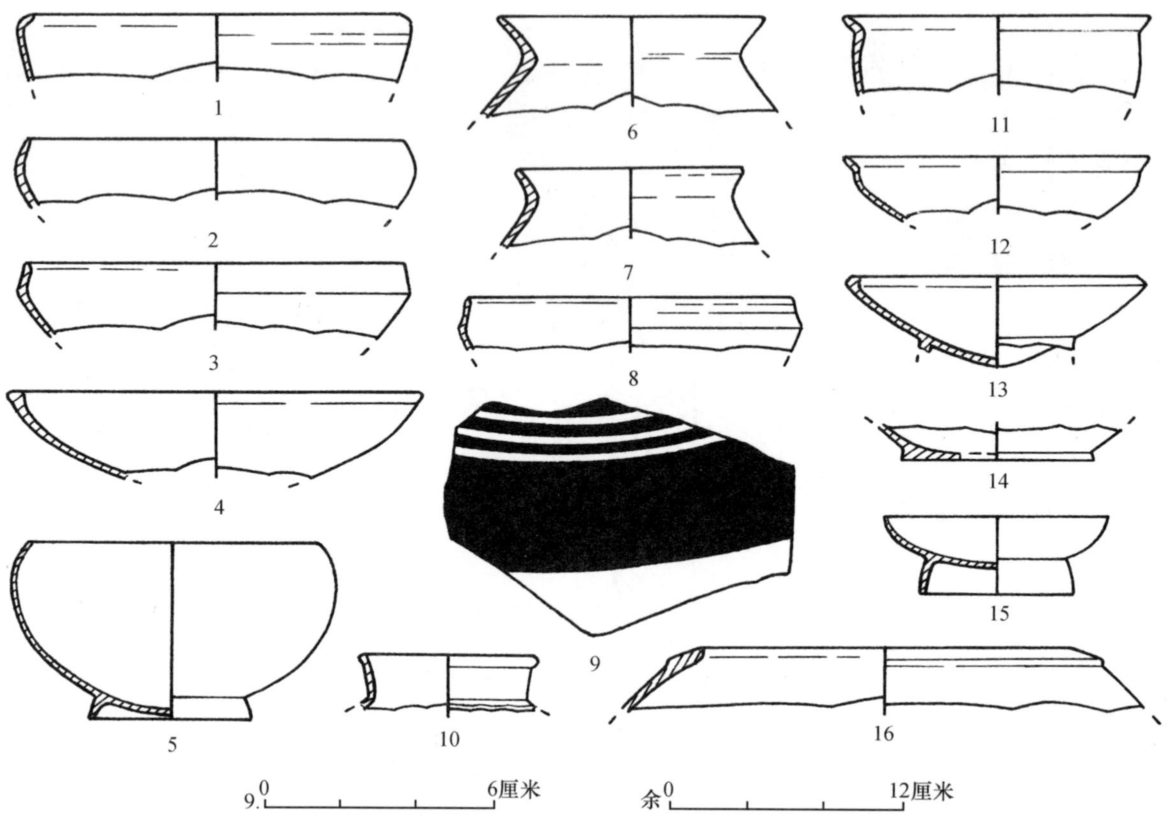

图二八六　T36⑥层出土陶器

1. 内折沿碗（T36⑥：142）　2. 敛口盘（T36⑥：147）　3、13. 内折沿盘（T36⑥：140、T36⑥：57）　4. 窄平沿盆（T36⑥：143）　5. 敛口碗（T36⑥：51）　6. 弧折沿罐（T36⑥：136）　7. 束颈小罐（T36⑥：137）　8. 内折沿簋（T36⑥：150）　9. 罐彩陶片（T36⑥：153）　10. 高领罐（T36⑥：138）　11. 弧折沿小罐（T36⑥：141）　12. 侈口碗（T36⑥：146）　14. 假圈足（T36⑥：151）　15. 敞口小盘（T36⑥：56）　16. 敛口瓮（T36⑥：145）

高领罐　1件（T36⑥：138）。泥质橘红陶。直口稍外斜，圆唇外凸，直颈内斜，广肩已残。素面。口径9.6、残高3厘米（图二八六，10）。

敛口瓮　1件（T36⑥：145）。泥质红陶，外表施浅红衣，器内浅红近黄，局部泛黑。敛口，宽带状唇，弧肩，腹已残。素面。口径19、残高3.5厘米（图二八六，16）。

内折沿簋　1件（T36⑥：150）。泥质陶外红内黑，外表施浅红衣。敛口近直，方唇内斜，内折沿近直稍内斜，折腹内收，下已残。素面。口径17、残高2.8厘米（图二八六，8）。

敛口碗　1件（T36⑥：51）。泥质黑陶。敛口，尖圆唇，深弧腹，圜底下附矮圈足，足根呈尖圆唇，外撇。素面。口径15.2、足径8.6、高9.6厘米（图二八六，5；图版八四，1）。

侈口碗　1件（T36⑥：146）。泥质红陶。侈口，束颈，弧沿外卷，尖唇，浅弧腹内收，下已残。素面。口径16、残高3.4厘米（图二八六，12）。

内折沿碗　1件（T36⑥：142）。泥质黑陶，黑衣脱落后多呈灰黄色。敛口，内折沿，尖唇，弧折腹较深，内斜近直，但下部已残。素面。口径19、残高3.5厘米（图二八六，1）。

敞口小盘　1件（T36⑥:56）。泥质黑陶。敞口近直，尖唇，浅弧腹，大圜底下附圈足相对较大，足根如尖唇。素面。口径11.6、足径8、高4.2厘米（图二八六，15；图版八五，1）。

敛口盘　1件（T36⑥:147）。泥质夹草末红陶。敛口，尖圆唇，浅弧腹，腹下部已残。素面。口径20、残高3.5厘米（图二八六，2）。

窄平沿盆　1件（T36⑥:143）。泥质红陶。敛口，窄平沿内敛，尖唇内凸成敛口，浅弧腹内收。浅腹上部、沿下饰一周模糊凹槽。口径22、残高4.6厘米（图二八六，4）。

内折沿盘　2件。T36⑥:57，夹炭红陶，内外施红衣。敛口，窄沿内折，尖圆唇，斜弧浅腹，尖圜底，底下附圈足，足已残。素面。口径15.6、残高5厘米（图二八六，13）。T36⑥:140，夹炭夹草末红陶。敛口，内折沿，方唇，弧折腹内收，较浅下部已残。素面。口径25、残高4厘米（图二八六，3）。

罐彩陶片　1件（T36⑥:153）。泥质红陶，外施鲜红衣，绘黑彩。大罐腹部残片。外表红衣上可见一周甚粗和三周稍细的四周带状黑彩纹。残长9.2、宽6.4厘米（图二八六，9）。

假圈足　1件（T36⑥:151）。泥质陶外红内黑，外表施浅红衣。上部已残，仅剩假圈足和圜底，假圈足低矮，壁近直稍外斜，实心，平底。素面。足径10、残高1.8厘米（图二八六，14）。

（20）T37④层

标本14件。生产工具有石斧、小石斧、小石锛和陶纺轮；生活用品有陶凹折沿罐、斜颈罐、直口盘、小罐平底、矮圈足。

石器

石斧　2件。T37④:1，砾石，青色。较厚近梯形，斜顶打制近平，两面皆弧面，有天然琢痕，两边磨平，平弧刃两面磨制对称，锋利。长13、宽8.8、厚3.8厘米（图二九〇，2）。T37④:2，暗红色。残，仅剩刃部，扁平长方形，两面、两边皆磨平，平刃略弧，两面磨制对称，锋利。残长6.8、宽6.5、厚2.3厘米（图二九〇，10）。

小石斧　2件。T37④:3，小石片，青色。较厚小梯形，一面为原面略弧但不光滑，破裂面近平很光滑，弧顶、两边近直都打制，平刃有缺口，没有进一步加工，因原来很薄而锋利。长4.6、宽2、厚1.3厘米（图二九〇，11）。T37④:5，石片，青灰色。顶已残。扁平近长方形，两面皆破裂面磨平，均残有大块片疤，两边直皆原斜平面，斜弧刃两面磨制不对称，较锋利。残长5.6、宽4.7、厚1.3厘米（图二九〇，8）。

小石锛　1件（T37④:4）。小石片，青色。顶已残，平薄小长方形，两面、两边也皆磨平，平刃两端上斜皆为原砾石面，平刃两面磨制，但不对称，锋利。残长2.7、宽1.7、厚0.4厘米（图二九〇，4）。

陶器

陶纺轮　3件。T37④:10，泥质黑陶。扁薄两面平，角边型。素面。直径3.5、孔径0.3、厚1.1厘米（图二八七，8；图版八九，2）。T37④:12，泥质红陶。扁薄两面平，弧边型。素面。直径6.8、孔径0.7、厚2.1厘米（图二八七，9）。T37④:27，泥质褐陶。扁薄两面平，斜弧边型。素面。直径4.4、孔径0.7、厚1.6厘米（图二八七，10）。

凹折沿罐　2件。T37④:45，夹砂褐陶。侈口，折沿微凹，尖圆唇，束颈，肩已残。素面。口径24、残高3.8厘米（图二八八，2）。T37④:59，夹砂夹草末红陶。侈口，宽凹折沿，尖圆唇，束颈，斜溜肩，肩下残。素面。口径24、残高4厘米（图二八八，1）。

斜颈罐　1件（T37④:46）。夹砂红陶。侈口，折沿上仰，尖圆唇，束颈，斜弧肩，鼓腹已残。素面。口径14、残高5.6厘米（图二八八，8）。

直口盘　1件（T37④:43）。泥质红陶。敛口，沿平圆弧外卷成尖圆唇，粗矮颈弧凹，折腹内收，外起棱，腹底已残。素面。口径24、残高3.6厘米（图二八八，4）。

小罐平底　1件（T37④:65）。夹砂黑陶。上部已残，仅剩下半部，残斜弧平底。腹饰横绳纹。底径6、残高3厘米（图二八八，11）。

矮圈足　1件（T37④:42）。泥质陶外黄内黑。上部已残，仅剩矮圈足和圜底，足壁外斜。素面。足径7、残高3.3厘米（图二八八，6）。

（21）T37⑤A层

标本3件。均为陶器，有红顶钵、敛口碗、小口彩陶瓮。

红顶钵　1件（T37⑤A:36）。泥质红陶。敛口，尖唇，弧腹，底已残。口下饰一周深红带状纹，器腹为浅红色近底泛黑。口径12、残高8厘米（图二八八，13；彩版一二，3）。

敛口碗　1件（T37⑤A:35）。泥质红陶。口微敛，尖圆唇，深弧腹，圜平底下附矮圈足，足壁外斜。素面。口径13、足径5.8、高8.2厘米（图二八八，14；图版八四，3）。

小口彩陶瓮　1件（T37⑤A:37）。泥质红陶，外表施鲜红衣，绘黑彩。直口，平沿，矮颈，广肩，折腹下已残。肩上残片有一个已穿小圆孔，颈、肩、腹各绘一周黑带纹。口径15、残高3.4厘米（图二八八，3）。

（22）T38④层（包括T38③下层）

标本6件。有残石斧和陶折沿小罐、高领罐、弧折沿瓮、残器盖。

石器

残石斧　1件（T38③下:15）。石，青色。扁薄近长方形，顶已断，两面皆原面又经磨制，两边磨平，弧刃近平，两面磨制对称，而很锋利。残长5.8、宽8.1、厚2.3厘米（图二九〇，12）。

陶器

折沿小罐　1件（T38④:24）。泥质黑陶。侈口，折沿，圆唇，束颈，斜肩已残。素面。口径13、残高2.6厘米（图二八八，10）。

高领罐　2件。T38③下:17，泥质红陶。直口，尖唇外卷，矮直颈，广肩已残。素面。口径16、残高5.2厘米（图二八八，7）。T38④:23，泥质橘红陶，外壁施鲜红衣。直口，圆唇，高颈，广弧肩已残。颈饰一周宽凹槽。口径13、残高4.1厘米（图二八八，12）。

弧折沿瓮　1件（T38④:22）。泥质黑陶，红胎。侈口，折沿微上弧，厚方唇，束颈，弧肩接近广弧肩，下已残。素面。口径17、残高2.8厘米（图二八八，9）。

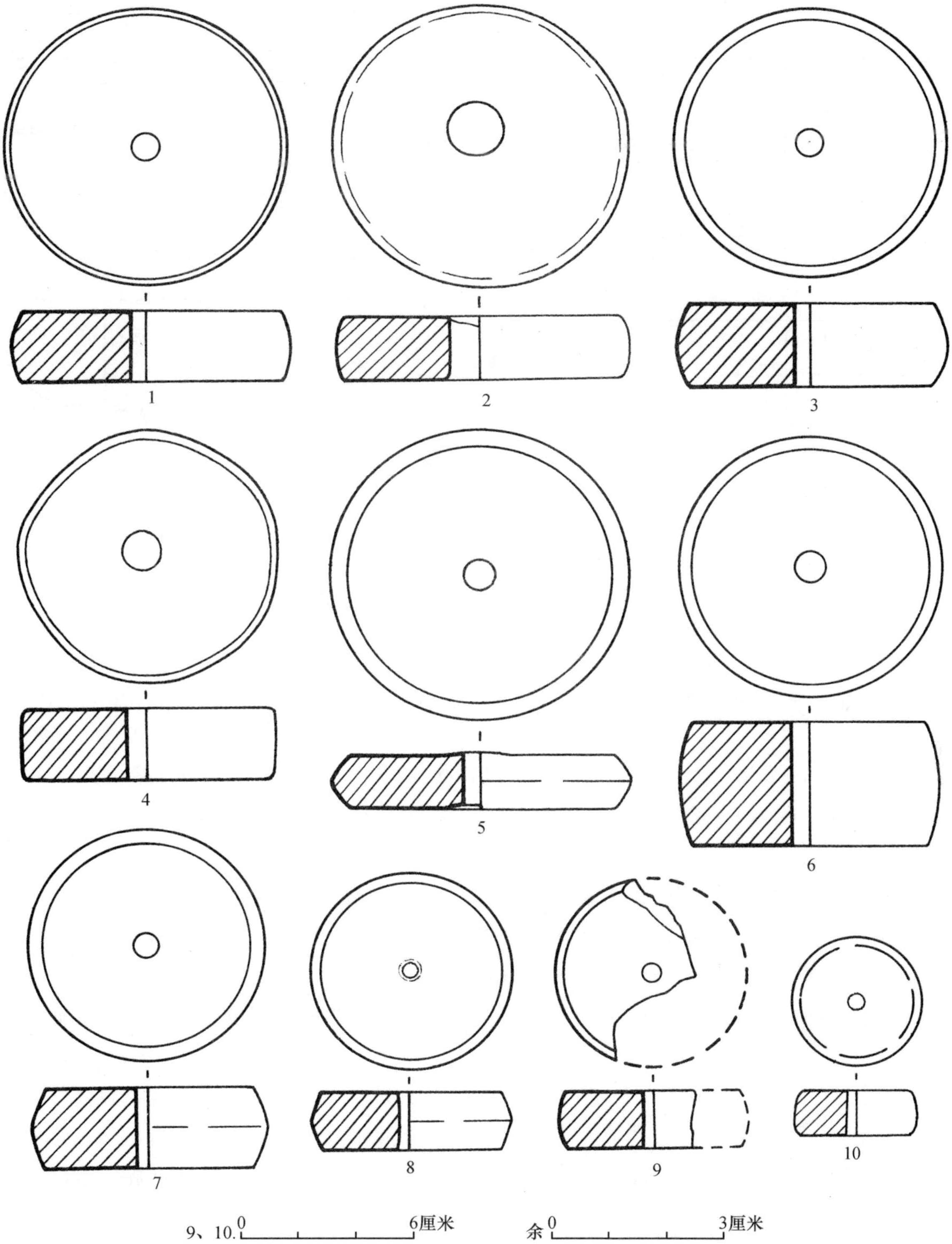

图二八七　T35④层、T36④层、T36④下层、T36⑤A 层、T37④层出土陶纺轮

1. T35④:53　2. T35④:167　3. T35④:52　4. T36④下:53　5. T36⑤A:119　6. T36④:152　7. T35④:54　8. T37④:10　9. T37④:12　10. T37④:27

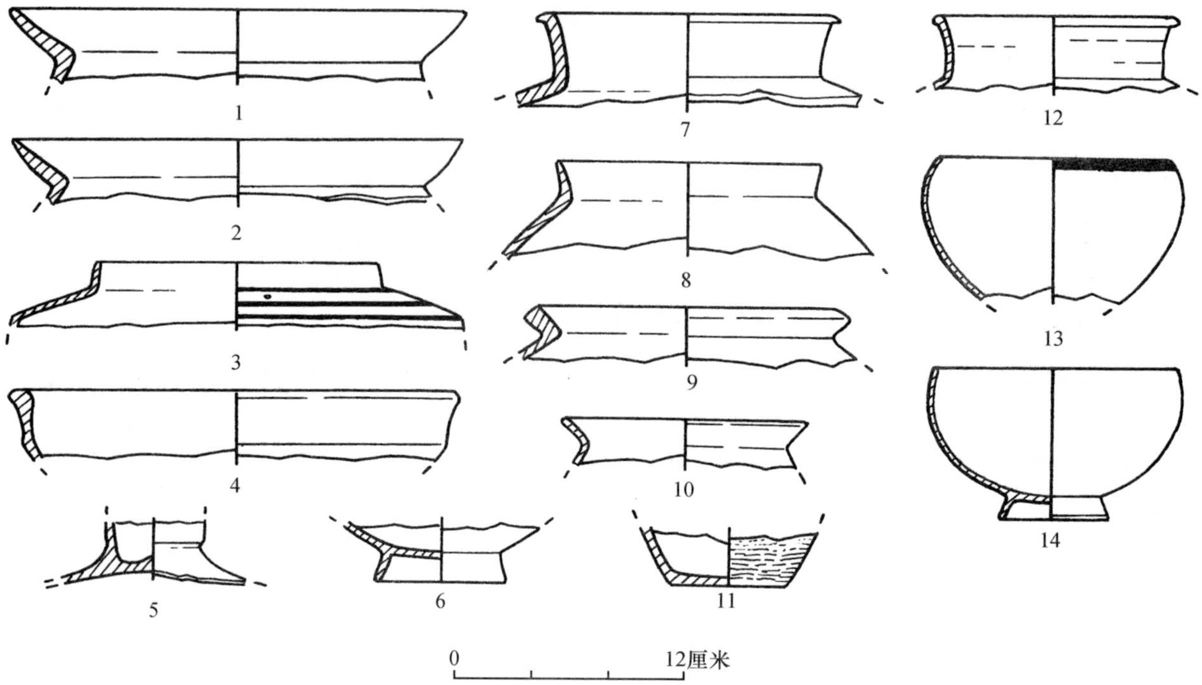

图二八八　T37④层、T37⑤A 层、T38③下层、T38④层出土陶器

1、2. 凹折沿罐（T37④:59、T37④:45）　3. 小口彩陶瓮（T37⑤A:37）　4. 直口盘（T37④:43）　5. 残器盖（T38③下:16）　6. 矮圈足（T37④:42）　7、12. 高领罐（T38③下:17、T38④:23）　8. 斜颈罐（T37④:46）　9. 弧折沿瓮（T38④:22）　10. 折沿小罐（T38④:24）　11. 小罐平底（T37④:65）　13. 红顶钵（T37⑤A:36）　14. 敛口碗（T37⑤A:35）

残器盖　1件（T38③下:16）。泥质陶外红内黑，外表施深红衣。盖纽如粗把杯，口部已残，盖盘也已残。素面。纽径5.3、残高3.4厘米（图二八八，5）。

(23) T40④层

标本4件。均为陶器，有凹折沿罐、束颈罐、筒形彩陶瓶、矮圈足。

凹折沿罐　1件（T40④:1）。夹砂红陶。侈口，束颈，折沿内凹，尖圆唇，斜弧肩，深弧腹，下已残。素面。口径26、残高9.5厘米（图二八九，8）。

束颈罐　1件（T40④:3）。泥质红陶。侈口，卷沿，尖圆唇，束颈，肩已残。素面。口径23、残高2.4厘米（图二八九，3）。

筒形彩陶瓶　1件（T40④:7）。泥质红陶，外表施深红衣。筒腹上部已残，腹壁外撇，平底已残。外壁下部饰深红和黑彩残痕。底径12、残高6厘米（图二八九，18）。

矮圈足　1件（T40④:8）。泥质陶外灰内黑。仅存残底和矮圈足，足壁外撇。素面。足径5.7、残高1.6厘米（图二八九，15）。

(24) T42④层

标本7件。有石球和陶凹折沿罐、折沿罐、彩陶瓮残片、假腹杯、矮圈足以及一件残骨镯。

石器

石球　1件（T42④:3）。石，灰绿色。近圆形，表面满布如琢痕的凹疤。直径6.4～6.8厘米（图二九〇，5；图版八七，2）。

陶器

凹折沿罐　1件（T42④:4）。夹砂夹蚌红褐陶。侈口，束颈，折沿微凹，尖圆唇，溜肩，深鼓腹下已残。素面。口径20、残高8.5厘米（图二八九，5）。

折沿罐　1件（T42④:6）。夹砂褐陶。侈口，折沿，圆唇，束颈，溜肩，肩下已残。素面。口径21、残高4.3厘米（图二八九，1）。

彩陶瓮残片　1件（T42④:1）。泥质黄陶。仅剩肩、腹间残陶片。陶片外表隐约可见，颈下有三周带状纹，肩、腹间也有数周带状纹，腹部又有不是带状纹、但多脱落而不明的图案。

假腹杯　1件（T42④:5）。泥质浅红陶。器型小，如明器或玩具。敞口，尖圆唇，胎甚厚，腹浅如凹孔，口、腹部如喇叭口，底深凹如假圈足。素面。口径3.9、高3厘米（图二八九，10）。

矮圈足　1件（T42④:7）。泥质黑陶。上部已残，仅剩矮圈足，足壁近直。素面。足径5.6、残高1.2厘米（图二八九，13）。

其他

骨镯　1件（T42④:2）。骨，白色泛黄。残，两面宽都平，内外环皆弧面，剖面如圆角长方形。直径7.4、内宽1.2、内厚0.7厘米（图二八九，6）。

（25）T43④层

标本10件。有小石斧和陶凹折沿罐、弧折沿小罐、高领罐、内折沿碗、外折沿盘、平沿小盆、矮圈足。

石器

小石斧　1件（T43④:1）。石片，青色。平薄长方形，器型甚小，平刃单面磨制锋利。长6、宽3、厚1厘米（图二九〇，13）。

陶器

凹折沿罐　2件。T43④:2，夹砂夹炭红褐陶。侈口，束颈，折沿微凹，尖圆唇，斜肩，鼓腹，下已残。素面。口径24、残高10厘米（图二八九，7）。T43④:3，夹炭夹草末浅红陶。侈口，折沿，沿面微凹，方圆唇，束颈，斜肩，肩下已残。素面。口径23、残高4.9厘米（图二八九，2）。

弧折沿小罐　1件（T43④:4）。夹炭夹草末橘红陶。侈口，束颈，卷沿，尖圆唇，弧肩，鼓腹已残。肩、腹间饰五周不连贯的横篦划纹。口径10.5、残高4.5厘米（图二八九，12）。

高领罐　1件（T43④:7）。泥质红陶。敞口，圆唇，高颈，溜肩，肩已残。口径14、残高3.7厘米（图二八九，11）。

内折沿碗　1件（T43④:6）。泥质灰陶。敛口，内折沿，圆唇，深折腹内斜，腹下部已残。外沿饰两周凹弦纹。口径23、残高4.5厘米（图二八九，9）。

外折沿盘　1件（T43④:9）。泥质黑陶。敞口，折沿外下垂，圆唇，斜腹，腹已残。素面。口径23、残高2.4厘米（图二八九，4）。

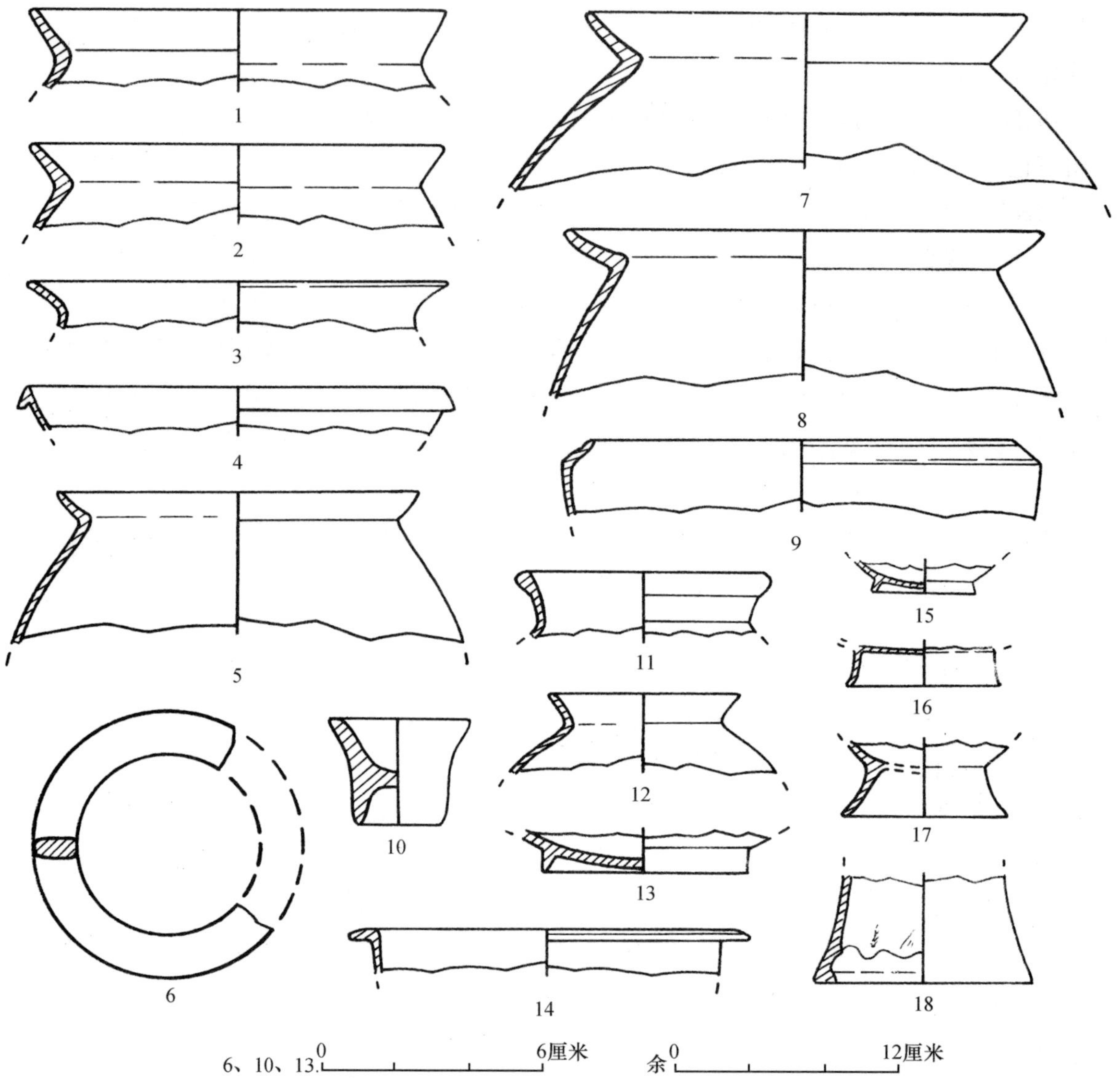

图二八九　T40④层、T42④层、T43④层出土陶、骨器

1. 陶折沿罐（T42④:6）　2、5、7、8. 陶凹折沿罐（T43④:3、T42④:4、T43④:2、T40④:1）　3. 陶束颈罐（T40④:3）　4. 陶外折沿盘（T43④:9）　6. 骨镯（T42④:2）　9. 陶内折沿碗（T43④:6）　10. 陶假腹杯（T42④:5）　11. 陶高领罐（T43④:7）　12. 陶弧折沿小罐（T43④:4）　13、15～17. 陶矮圈足（T42④:7、T40④:8、T43④:10、T43④:5）　14. 陶平沿小盆（T43④:8）　18. 筒形彩陶瓶（T40④:7）

平沿小盆　1件（T43④:8）。泥质黑陶。直口，平沿，沿面微鼓，尖圆唇，直腹，腹下已残。素面。口径22、残高2.4厘米（图二八九，14）。

矮圈足　2件。T43④:5，泥质橘红陶。上部已残，仅剩矮圈足和圜底残片，足壁外撇。素面。足径9、残高4.2厘米（图二八九，17）。T43④:10，泥质陶外红内黑。上部已残，仅剩矮圈足和平底，足壁外撇，足根上卷有棱。素面。足径8.4、残高2.2厘米（图二八九，16）。

(26) T47③层

T47也大部在沙滩上，但近坎边，故有第3、第4、第5三层原生堆积，据各层标本，未发现倒装现象。第3层标本10件。有小石锛、骨镞、陶纺轮、有槽圆石饼、陶球、片状大鼎足、彩陶器盖纽。

石器

小石锛　3件。T47③:2，石片，青色。平薄梯形，斜平顶一角有残缺口，两边、两面皆磨平，刃部单面磨制，有使用痕多缺口，不锋利。长4.9、宽3.3、厚0.8厘米（图二九〇，6）。T47③:3，小砾石，青色。平薄梯形，平顶两角为砾石原面，两边、两面皆磨平，平刃两面磨制不对称，较锋利。长6、宽4.6、厚1厘米（图二九〇，9；图版八八，8）。T47③:4，小砾石，石面黄色，内青色泛白。平薄梯形，顶部、两边、两面皆磨平，斜刃单面磨制，锋利。长3.5、宽2.6、厚0.6厘米（图二九〇，7；图版八八，1）。

有槽圆石饼　1件（T47③:8）。石，灰黄色。圆柱体，上、下圆面等径，皆磨平，一面中心有一圆形小凹孔，直边，边近中部一周凹槽，实心，顶面一侧有破裂缺口。直径5、厚2厘米（图二九〇，3；图版八八，10）。

陶器

陶纺轮　2件。T47③:1，泥质红褐陶。扁薄两面平，弧边型。素面。直径3.6、厚1.5、孔径0.5厘米（图二九一，18；图版八九，4）。T47③:7，泥质红陶。扁薄两面平，一面稍稍凹、弧边型，但弧边近直。素面。直径4.2、厚1.8、孔径0.5厘米（图二九一，17；图版八九，3）。

陶球　1件（T47③:6）。泥质红陶。圆形，空心，完整，空心内有填充物，摇之会响。器身饰六个小圆孔，已穿，以每个孔为中心又饰成米字形篦点纹，篦点有的三行平行，有的双平行。直径4.2、六孔径0.4厘米（图二九一，21；图版八九，12）。

片状大鼎足　1件（T47③:21）。夹炭夹砂和草末红陶。仅存罐形鼎下部片状鼎足，且足根已残，片状足内边内斜，可能呈倒三角形。足面上部饰一周按窝。残高6.4厘米（图二九一，9）。

彩陶器盖纽　1件（T47③:22）。泥质红陶，内外施鲜红衣。仅存盖纽上部残块，盖纽上部如喇叭状，下部残，纽中间饰一周带状凸棱，有黑彩痕。纽径11、残高1.6厘米（图二九一，16）。

其他

骨镞　1件（T47③:5）。骨，黄色。长条厚骨一半，前部修成圆锥状成镞尖，较锋利，后部修成圆锥状铤。长8、宽1.3、厚0.9厘米（图二九一，20；图版八九，14）。

(27) T47④层

标本6件。有大石斧和陶弧折沿罐、圈足小罐、敛口碗、曲腹杯底、器盖纽。

石器

大石斧　1件（T47④:12）。砾石，青灰色。器型巨大，扁平梯形，弧顶两面打制，两面皆圆面弧平，有琢痕稍磨制，两边磨平，局部有片疤，弧刃近平，两面磨制，较锋利。长26.8、宽10.6、厚4.5厘米（图二九〇，1；图版八六，2）。

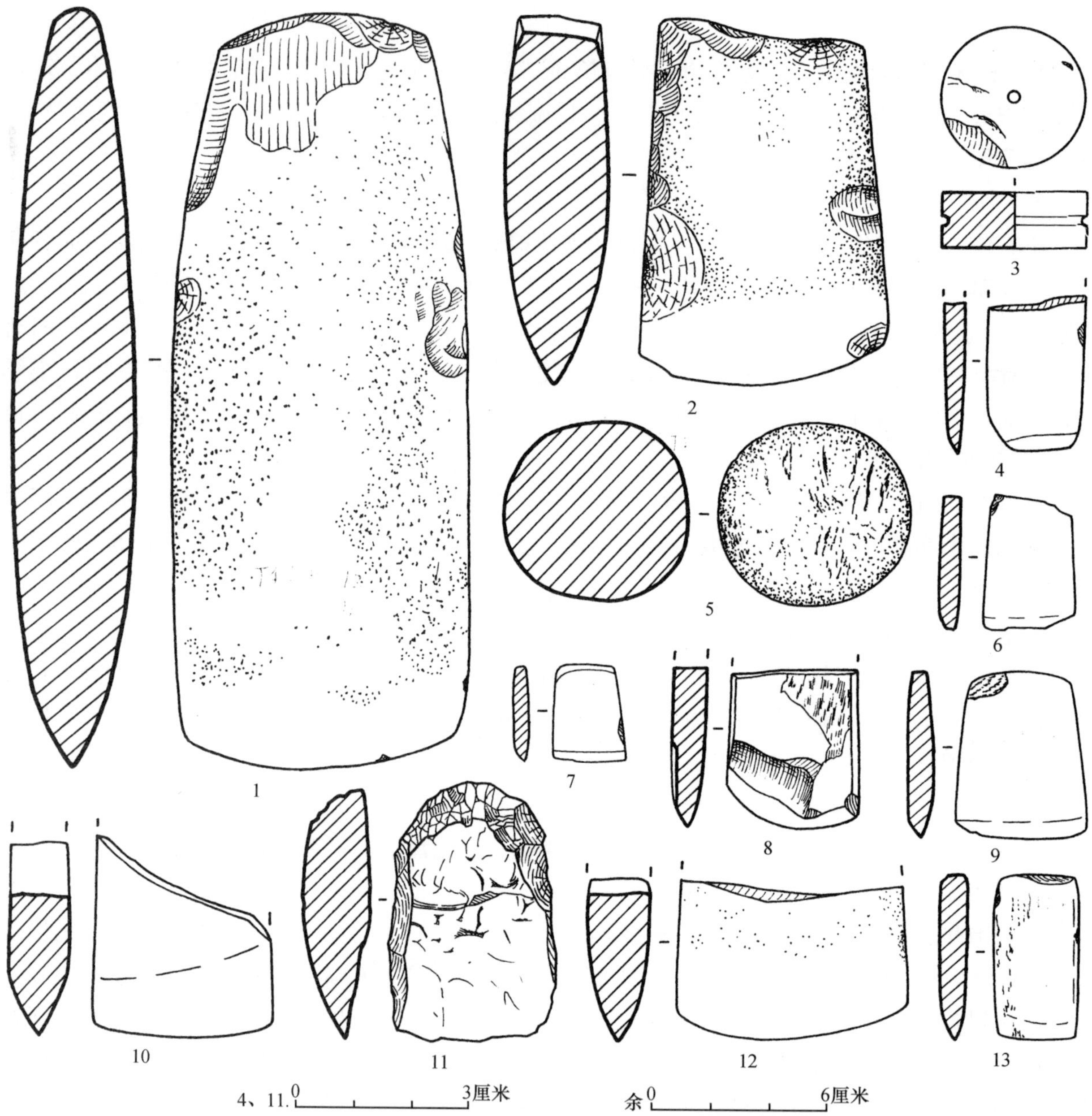

图二九〇 T37④层、T38③下层、T42④层、T43④层、T47③层、T47④层出土石器

1. 大石斧（T47④:12） 2、10. 石斧（T37④:1、T37④:2） 3. 有槽圆石饼（T47③:8） 4、6、7、9. 小石锛（T37④:4、T47③:2、T47③:4、T47③:3） 5. 石球（T42④:3） 8、11、13. 小石斧（T37④:5、T37④:3、T43④:1） 12. 残石斧（T38③下:15）

陶器

弧折沿罐 1件（T47④:28）。泥质红陶，内沿、外表施浅红衣。侈口，折沿微上弧，尖圆唇，束颈，溜肩，鼓腹，腹下残。素面。口径15、残高6厘米（图二九一，2）。

圈足小罐 1件（T47④:9）。泥质陶外红内黑，外表施深红衣。敛口，尖圆唇，圜底下附矮圈足，足壁外撇。口沿饰一周凹弦纹，沿下饰四个为一组戳印纹有四组，足饰两周凹弦纹，再在弦纹中间又饰两个为一组的小长方形戳印纹有三组。口径9.2、足径6.6、高7厘米（图二九一，13；图版九一，1）。

敛口碗　1件（T47④:23）。泥质陶外红内黑，外表施深红衣。敛口，小方唇，弧腹，腹下已残。外唇下饰一周凹弦纹。口径14、残高5.8厘米（图二九一，6）。

曲腹杯底　1件（T47④:27）。泥质陶外红内黑，外表施浅红衣。仅存腹下部残块，残筒腹下部内斜收为圜平底，但又附凸棱状矮圈足，足棱外凸。素面。足径10、残高2厘米（图二九一，10）。

器盖纽　1件（T47④:24）。泥质红陶，外表施鲜红衣。仅存盖纽上部残片，纽如窄平沿直口小罐。小罐颈部两周深凹槽。口径8、残高3厘米（图二九一，19）。

（28）T47⑤层

标本10件。均有陶器，有陶纺轮、圜平底小罐、手捏小罐、大缸、内折沿盘、彩陶筒形瓶、器盖、器盖纽、器耳。

陶纺轮　1件（T47⑤:36）。泥质红陶。扁薄两面平，角边型。素面。边径3.7、面径3.3、厚0.9厘米（图二九一，5）。

圜平底小罐　1件（T47⑤:34）。泥质红褐陶。口残，折腹内斜，平底中部弧下凸。素面。底径6.5、残高3.6厘米（图二九一，7）。

手捏小罐　1件（T47⑤:35）。泥质红陶，黑胎，捏制。口残，小弧肩，深弧腹，圜底。腹至底有不规则竖或斜绳纹。腹径3.8、残高3.5厘米（图二九一，3）。

大缸　1件（T47⑤:29）。夹砂红陶。直口外斜，方唇，深筒腹稍内斜，腹下部已残。素面。口径40、残高12.5厘米（图二九一，22）。

内折沿盘　1件（T47⑤:11）。泥质陶外红内黑，内沿、外表施红衣。敛口，内折沿，尖唇，浅弧腹，圜底下附矮圈足，外足颈较粗，足壁上部稍外鼓成一周凸棱，下部外撇。未见其他纹饰。口径19、足径15、高7厘米（图二九一，1；图版八五，3）。

彩陶筒形瓶　1件（T47⑤:10）。泥质红陶，外施深红衣，绘黑彩图案。直口稍外弧，圆唇，深筒腹中部弧束，平底略凹。红衣和黑彩都容易脱落，似绞纹。口径7.3、底径8.2、高19.2厘米（图二九一，14；彩版一二，2）。

器盖　1件（T47⑤:37）。泥质黑褐陶。纽如直壁矮圈足倒覆，盘壁外斜，敞口，方唇。素面。盖径10.8、纽径4.8、通高4.6厘米（图二九一，12；图版八五，5）。

器盖纽　2件。T47⑤:31，泥质陶外红内黑。仅存盖纽，盖盘已残，纽外部似敛口小圈足盘，但内部中空直至盘底。素面。纽径5.6、残高3厘米（图二九一，11）。T47⑤:32，泥质红陶，外施红衣。仅存盖纽，盘腹已残。纽外部如火锅状，但内空至盘底。素面。纽径6.4、残高4.4厘米（图二九一，4）。

器耳　1件（T47⑤:33）。夹砂红褐陶。捏制，仅存粗器耳，为圆条弯成半环形，耳顶面略残。表面有叶脉状划纹。鋬长7.7、面宽2厘米（图二九一，8）。

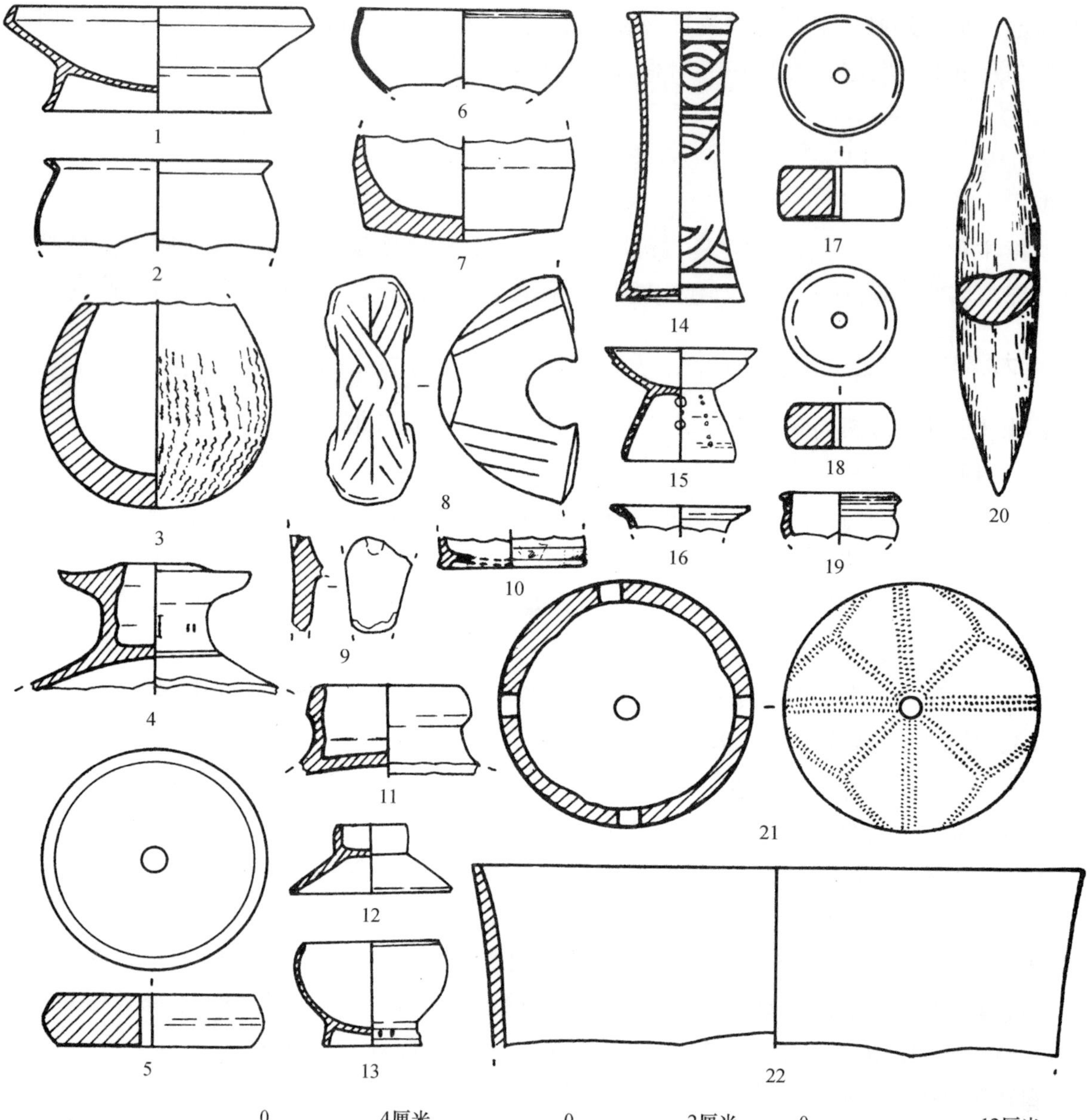

图二九一　T47③层、T47④层、T47⑤层、T48③B 层出土陶、骨器

1. 陶内折沿盘（T47⑤:11）　2. 陶弧折沿罐（T47④:28）　3. 陶手捏小罐（T47⑤:35）　4、11、16、19. 陶器盖纽（T47⑤:32、T47⑤:31、T47③:22、T47④:24）　5、17、18. 陶纺轮（T47⑤:36、T47③:7、T47③:1）　6. 陶敛口碗（T47④:23）　7. 陶圜平底小罐（T47⑤:34）　8. 陶器耳（T47⑤:33）　9. 陶片状大鼎足（T47③:21）　10. 陶曲腹杯底（T47④:27）　12. 陶器盖（T47⑤:37）　13. 陶圈足小罐（T47④:9）　14. 彩陶筒形瓶（T47⑤:10）　15. 陶豆（T48③B:1）　20. 骨镞（T47③:5）　21. 陶球（T47③:6）　22. 陶大缸（T47⑤:29）

（29）T48③B 层

T48 和 T47 一样，也在断坎下，仅第 3B 层出土 1 件大溪文化晚期小陶豆。

陶豆　1 件（T48③B:1）。泥质红陶，器表、内唇有鲜红衣。敞口，浅弧腹，圜底下附高圈足，足壁上部外斜，下部足根内敛。腹上部一周凹弦纹，足壁饰竖排戳点纹和竖排小圆镂孔相间。口径9.8、足径7、通高7.5（图二九一，15；图版八四，4）。

三、小　　结

大溪文化晚期各“灰坑”和各“地层单位”出土的文化遗物（不包括大溪文化晚期的墓葬），也从生产工具、日用陶器和装饰品及其他三个方面做分类介绍。

1. 大溪文化晚期的生产工具

共出土石质、陶质和骨质的生产工具116件。石质生产工具有石锄、石斧、小石斧、石锛、小石锛、有孔石铲、圭形石凿、石凿、石球、残石器、石锥、石芯和石纺轮；陶质生产工具只有陶纺轮；骨质生产工具也只有骨锥和骨镞。下面分别介绍各种生产工具的数量和标本号：

石锄11件。H133:7、H135:1、H136:1、T26⑤:75、T32④:3、T34④:6、T34④:9、T34④:12、T34④:77、T34④:83、T36④:10。

石斧35件。H133:2、H133:4、H133:5、H133:6、H136:2、T31⑤A:1、T32⑤:1、T25④:10、T25④:11、T25④下:65、T27④:34、T27④:35、T31④A:2、T31④A:119、T33④:9、T34④:8、T34④:3、T34④:7、T34④:74、T34④:84、T34④:10、T34④:11、T35④:8、T36④:3、T36④:13、T36④:9、T36⑤A:2、T36⑤B下:41、T36⑤A:45、T36⑤A:48、T37④:1、T37④:2、T38③下:15、T47④:12、T25⑤A:25。

小石斧9件。T24④:25、T27④:39、T32④:5、T36④A:17、T36④A:42、T36④A:46、T37④:3、T37④:5、T43④:1。

石锛2件。T36⑥:44、H135:2。

小石锛15件。T25⑤A:24、T24④:26、T27④:37、T27④:38、T27④:40、T30④:17、T30④:60、T34④:2、T34④:16、T34④:45、T34④:85、T37④:4、T47③:2、T47③:3、T47③:4。

有孔石铲4件。T26⑤:74、T27④:42、T34④:75、T36④:47。

圭形石凿1件。T32⑤:2。

石凿2件。T35⑤:74、T34④:5。

石球9件。T25⑤A下:26、T27⑤A:43、T32④:57、T34④:78、T35④:16、T36⑤A:38、T36⑤A:14、T36⑤A:16、T42④:3。

残石器2件。T35④:4、T36④:40。

小石坯1件。H133:1。

石锥1件。T34④:86。

石芯1件。T26⑤:121。

有槽圆石饼1件。T47③:8。

石纺轮1件。T24⑤A:33。

陶纺轮 19 件。T26⑤: 76、T26⑤: 77、T47⑤: 36、T25④: 43、T25④: 9、T27④: 68、T31④: 112、T35④: 52、T35④: 53、T35④: 167、T35④: 54、T36④下: 53、T36④: 152、T36⑤A: 119、T37④: 10、T37④: 12、T37④: 27、T47③: 1、T47③: 7。

骨锥 1 件。T36⑤B: 134。

骨镞 1 件。T47③: 5。

2. 大溪文化晚期的日用陶器

大溪文化晚期的各灰坑和各地层单位共出土陶器标本 259 件。下面从陶系、纹饰和陶器的种类与类型的数量三个方面，介绍这些日用陶器。

（1）大溪文化晚期的陶系

在陶质方面：泥质陶 205 件，占 79.15%；夹炭、夹草末、夹砂和夹蚌的杂质陶 54 件，只占 20.85%。

在陶色方面：以红陶为主，黑陶和外红内黑陶次之，褐陶、黄陶和灰陶都占少数。具体数据如下：

红陶 138 件，占 53.28%；

黑陶 48 件，占 18.53%；

外红内黑陶 41 件，占 15.83%；

褐陶 19 件，占 7.34%；

黄陶 8 件，占 3.09%；

灰陶 5 件，占 1.93%。

（2）大溪文化晚期的陶器纹饰

绝大多数陶器标本素面无纹饰；少量的纹饰有彩陶、凹弦纹、戳印纹、镂孔、按窝纹、绳纹、划纹、篦纹、凸棱纹和花边纹。初步统计的数据如下：

素面陶 205 件，占 79.15%；

彩陶 17 件，占 6.56%；

凹弦纹 13 件，占 5.02%；

戳印纹 7 件，占 2.70%；

镂孔 6 件，占 2.32%；

按窝纹 3 件，占 1.16%；

绳纹、划纹、篦纹都各 2 件，分别只占 0.77%；

凸棱纹和花边纹都各 1 件，分别只占 0.39%。

同样需要说明，对于同一标本存在多种纹饰的器物，计算时只统计其中一种纹饰。

（3）大溪文化晚期的陶器种类和类型的数量

大溪文化晚期的陶器种类，可分为罐、瓮、瓶、簋、碗、盘、鼎足、支座、矮圈足、壶、钵、盆、器盖、豆、杯、缸和其他共 17 种器物。与大溪文化中、早期相比，就是重新出现簋这种器物，而又未见器座和碟这两种器物；而且，有的种类的类型，在大溪文化中期三个阶段都未见后，又重新出现；但相对而言，很多种类的类型已未见，新出现的种类并不多。下面分类介绍各种器物的类型和数量。

第1种：罐

A型　折沿罐。可分a、b、c三亚型：

Aa型：凹折沿罐。15件。小罐2件。

Ab型：折沿罐。9件。小罐12件。并且，新出现Ab型彩陶小罐4件。

Ac型：弧折沿罐。3件。小罐15件。彩陶罐2件。

C型　束颈罐。2件。小罐4件。

D型　斜颈罐。2件。小罐2件。

E型　直口罐。可分为a、b两个亚型：

Eb型：小直口，或称小口高领罐。17件。

F型　敛口小罐。9件。

G型　圈足罐。4件。重新出现。

新出现小罐的圜平底和圜底各1件。

第2种：瓮　仅发现3件。其中：

B型　直口彩陶瓮。1件。

C型　敛口瓮。2件。

第3种：瓶

仅发现筒形瓶1件。

新出现筒形彩陶瓶3件。

第4种：簋

A型　内折沿簋。可分a、b两个亚型。

Aa型：内折沿斜直或微上弧。1件。

Ab型：内折沿弧内凹。2件。

第5种：碗

A型　敛口碗。9件。

B型　侈口碗。4件。重新出现。

C型　子母口碗。2件。重新出现。

E型　敞口碗。1件。玩具小碗2件。

F型　内折沿碗。5件。

G型　卷沿碗。1件。

I型　直口碗。3件。重新出现。

第6种：盘

A型　敞口盘。5件。

C 型　敛口盘。1 件。

D 型　直口盘。6 件。

F 型　外折沿盘。3 件。

G 型　内折沿盘。9 件。

新出现带流圈足盘。

第 7 种：鼎足

A 型　片状小鼎足。1 件。重新出现

B 型　鸭嘴状小鼎足。1 件。

D 型　锥状小鼎足。2 件。

F 型　扁柱状大鼎足。新出现，4 件。

第 8 种：支座　仅发现 3 件。其中：

A 型　实心有纹倾斜型支座。2 件。重新发现。

C 型　实心素面倾斜型支座。1 件。

第 9 种：矮圈足

A 型　足壁素面或饰镂孔或戳印纹。21 件。

C 型　实心假圈足。1 件。重新发现。

残圈足 1 件。

第 10 种：壶

弧颈壶：1 件。

弧颈彩陶壶：新出现，1 件。

细颈彩陶壶：新出现，1 件。

第 11 种：钵

仅敛口彩陶钵：1 件。

第 12 种：盆

B 型　外折沿盆。1 件。新出现彩陶小盆 1 件。

D 型　无沿盆。5 件。

E 型　平沿或卷沿盆。9 件。

F 型　侈口盆。1 件。

第 13 种：器盖纽　8 件。

第 14 种：豆

豆高圈足：6 件。

第 15 种：杯

曲腹杯：6 件。

罐形杯：新出现，3 件。

第 16 种：缸

仅弧颈大缸：2 件。

第 17 种：其他类

平底器：3 件。

器耳：1 件。

甑箅：1 件。

另有牛牙床：3 件。

3. 大溪文化晚期的装饰品与其他

装饰品只发现弧形石璜、玉管环、骨簪和陶环四种器物；其他只有陶球。具体数量和编号如下：

弧形石璜 2 件。M53∶3、T36④∶85。

玉管环 1 件。T34④∶14。

骨簪 1 件。T24④∶29。

骨镯 1 件。T42④∶2。

陶环 6 件。T31④A∶221、T34④∶53、T35④∶32、T35④∶59、T36⑤A∶21、T36⑤A∶22。

陶球 6 件。T26⑤∶2、T24④∶27、T35④∶56、T36⑤B 下∶58、T47③∶6、H179∶5。

由于杨家湾的屈家岭文化是由大溪文化晚期直接发展起来的。所以，下面继续介绍屈家岭文化的遗存。

而大溪文化晚期的墓葬，则在继续介绍屈家岭文化早期和晚期的墓葬后，在最后的“结语”中再谈认识。

宜昌杨家湾

（下）

湖北省文物考古研究所　编著

科 学 出 版 社

北　京

陆 屈家岭文化早期的遗存

一、概　述

杨家湾遗址的屈家岭文化遗存，本报告分为早、晚两期。这里首先介绍屈家岭文化早期的遗存。

屈家岭文化早期的文化遗存，主要发现于遗址的西北区，但在遗址东北区北部的T2744和T3144这两个探方中，也发现屈家岭文化早期的地层单位，只是尚未见这一时期的遗迹单位。直至屈家岭文化晚期，在这两个探方附近的T2644、T3042和T3043，发现屈家岭文化晚期的灰坑和地层单位，下面介绍已发现的屈家岭文化早期遗存。

二、文化遗存

屈家岭文化早期的文化遗存，遗迹单位包括19个灰坑、1条灰沟和18座墓葬，另有地层单位19个。下面分四个方面介绍这些单位的遗存。

1. 屈家岭文化早期灰坑

（1）H72

① 灰坑情况

位置：在T26西北部。

层位关系：开口在第3C层下，打破H76。

形制大小：圆形。口径100厘米（图二九二，1）。

② 出土器物

出土标本：7件。有石斧、石锛、小石锛、石凿和陶凹折沿罐、敞口折腹盘。

石器

石斧　2件。H72∶3，砾石，打制又稍磨。扁平近梯形，顶部已残，呈斜平面，两面皆近平原面，两边琢平，一边进一步磨制，弧刃近平，两面打制，似使用痕，已不锋利。残长9.6、刃宽9、厚3厘米（图二九三，3）。H72∶4，砾石，磨制。厚体长方形，弧平顶和两弧平面皆原面，两厚边都已磨平，但刃部已残。残长10.4、宽7.2、厚5.5厘米（图二九三，1）。

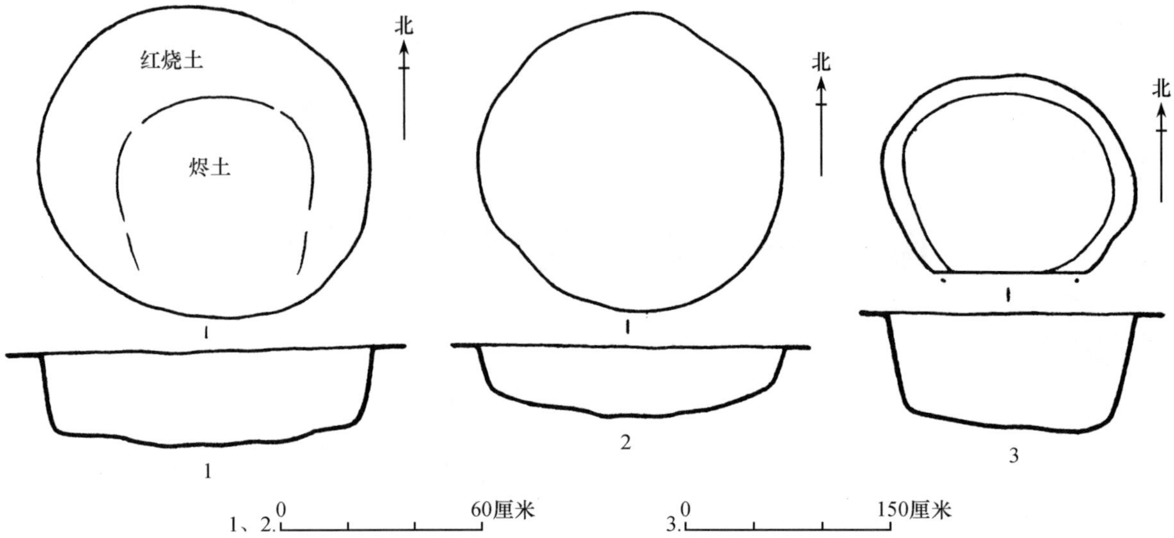

图二九二　H72、H73、H75 平、剖面图

1. H72　2. H73　3. H75

石锛　1 件（H72∶6）。条状小砾石，通体磨制。扁平细长梯形，窄平顶，两面磨平，两弧边也磨平，斜刃近平，两面磨制，但不对称，较锋利。长 8.7、刃宽 3.3、厚 1.2 厘米（图二九三，8）。

小石锛　1 件（H72∶7）。小石片，通体磨制。扁平近长方形，斜弧刃两面磨制，但不对称，较锋利。长 4.8、宽 4.1、厚 0.6 厘米（图二九三，9）。

石凿　1 件（H72∶5）。长条砾石，磨制。边厚略小于面宽而近方柱体，呈长方形，残顶近平，两面为原面，两边琢打近直，一边未进一步磨制，斜弧刃两面磨制，较锋利。残长 10.3、宽 4.4、厚 4 厘米（图二九三，4）。

陶器

凹折沿罐　1 件（H72∶1）。泥质陶外黑内黄。侈口，束颈，折沿内凹，方唇稍内敛，使凹沿近盘口，溜肩，深弧腹已残。素面。口径 30、残高 8 厘米（图二九七，22）。

敞口折腹盘　1 件（H72∶2）。泥质黑陶。敞口，窄平沿，尖圆唇，粗矮颈外斜，中部微内束，折腹凹弧内收，底已残。素面。口径 21、残高 3.2 厘米（图二九七，3）。

（2）H73

① 灰坑情况

位置：在 T26 中北部。

层位关系：开口在第 3C 层下。

形制大小：圆形。口径 90 厘米（图二九二，2）。

② 出土器物

出土标本：3 件。有石斧和陶高领罐。

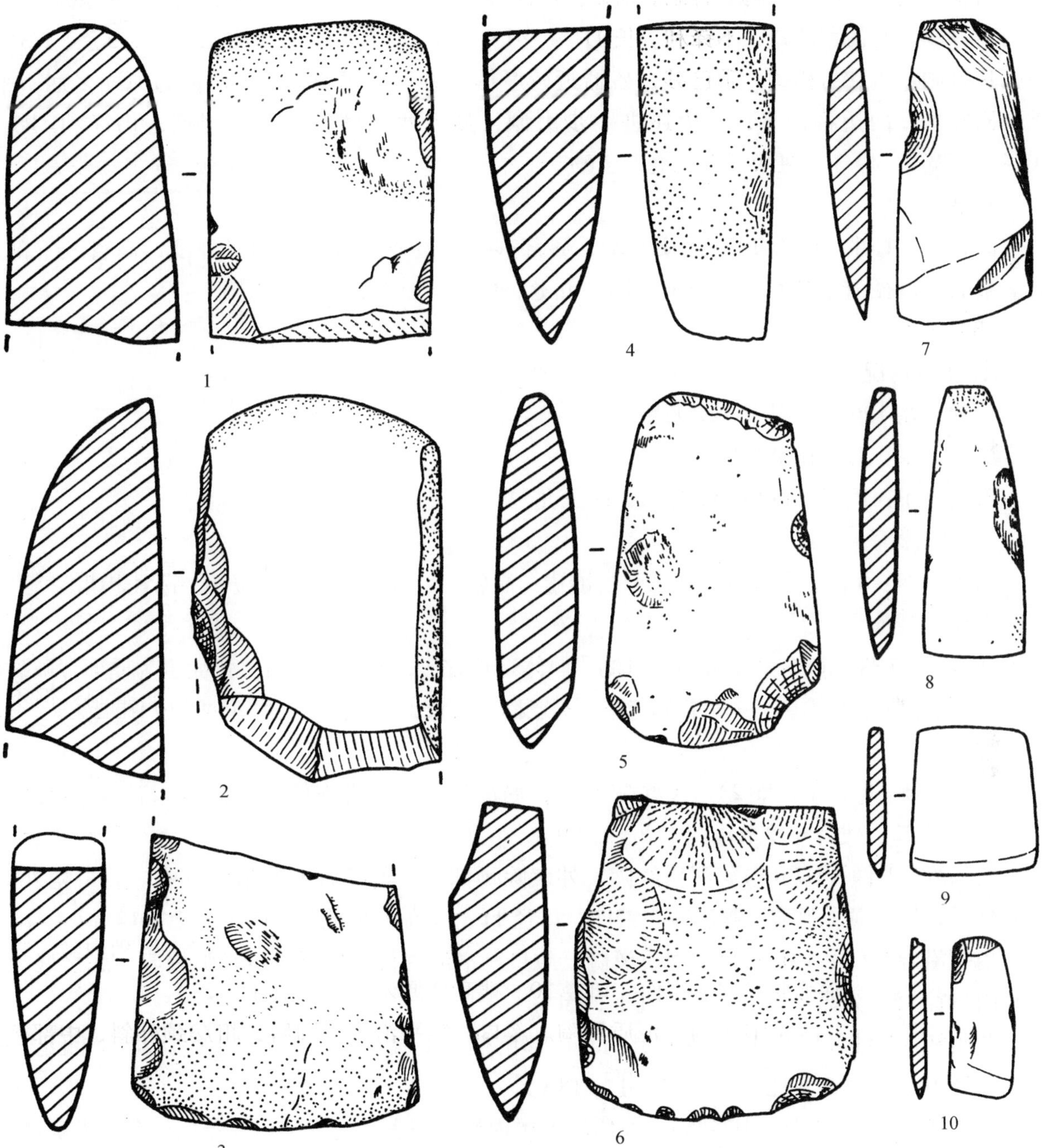

图二九三　H72、H73、H75、H82 出土石器

1、3、5、6. 石斧（H72:4、H72:3、H73:2、H73:3）　2. 残石斧（H75:6）　4. 石凿（H72:5）
7、9、10. 小石锛（H82:1、H72:7、H82:2）　8. 石锛（H72:6）

石器

石斧　2件。H73∶2，砾石打制。扁弧体近梯形，窄弧顶两面打制，两面和两边皆原弧面，弧刃两面打制，有使用缺口，不锋利。长11.5、刃宽6.8、厚2.6厘米（图二九三，5）。H73∶3，厚石片打制。边和刃稍磨，顶已残，残器近较厚体正方形，残顶斜平，两面为原面多疤不平，破裂面较平，两边都修平，一边还进一步磨制，弧刃两面磨制，有使用痕，仍锋利。残长10.4、刃宽9、厚3.1厘米（图二九三，6）。

陶器

高领罐　1件（H73∶1）。泥质红陶，唇部残存鲜红衣。直口，圆唇外凸，高直颈下部已残。素面。口径16、残高2.9厘米（图二九七，15）。

（3）H75

① 灰坑情况

位置：在T26东隔梁至T27西壁下。

层位关系：开口在第3C层下。

形制大小：圆形。口径130厘米（图二九二，3）。

② 出土器物

出土标本：6件。有残石斧和陶凹折沿罐、高领罐、内折沿碗、曲腹杯、凸棱状粗圈足。

石器

残石斧　1件（H75∶6）。厚石片打制。厚体近长方形，弧顶为原面，弧面也为原面，破裂面近直，一边为平整原面，另一边打制近平，刃已断。残长12、宽7.9、厚5厘米（图二九三，2）。

陶器

凹折沿罐　1件（H75∶2）。夹炭灰褐陶，局部泛红。折沿内凹，尖圆唇，弧肩，腹已残。素面。口径22、残高6厘米（图二九七，19）。

高领罐　1件（H75∶1）。泥质红陶，外表除颈部外，包括唇上都施深红衣。直口稍外斜，圆唇外卷，高直颈，弧肩，腹已残。素面。口径11、残高7.6厘米（图二九七，1）。

内折沿碗　1件（H75∶3）。泥质黑陶。敛口，窄沿内折，尖唇，折腹弧内收，底已残。素面。内口径15、残高4厘米（图二九七，14）。

曲腹杯　1件（H75∶4）。泥质黑陶。口部已残，下腹近直，平底下附凸棱状矮圈足。素面。足径10、残高2.8厘米（图二九七，18）。

凸棱状粗圈足　1件（H75∶5）。泥质陶外黑内红，外表足内皆黑色，器内红色。上部已残，仅存圜底下附凸棱状矮圈足，圜底与足壁平齐。素面。足径6.4、残高0.9厘米（图二九七，7）。

（4）H82

① 灰坑情况

位置：在T27北壁下至北隔梁内。

层位关系：开口在第3B层下。

形制大小：椭圆形。口径70～90厘米。

② 出土器物

出土标本：2 件。小石锛。

小石锛　2 件。H82∶1，小石片一面，两边和刃部磨制，扁薄近梯形，斜刃两面磨制，但不对称，锋利。长 4.9、宽 2.1、厚 0.7 厘米（图二九三，7）。H82∶2，小石片，顶部、两边和刃部磨制，平薄近梯形，斜刃两面磨制，但不对称，锋利。长 5.3、宽 2.1、厚 0.5 厘米（图二九三，10）。

（5）H90

① 灰坑情况

位置：在 T36 中部偏东。

层位关系：开口在第 3A 层下，打破第 4 层。

形制大小：近弧角正方形，弧壁，圜底。口径 138～144、底径 108～110、深 31 厘米（图二九四，1）。

② 出土器物

出土标本：7 件。有石斧、残顶圭形石凿、石杵和陶凹折沿罐、束颈罐、罐平底、内折沿碗。

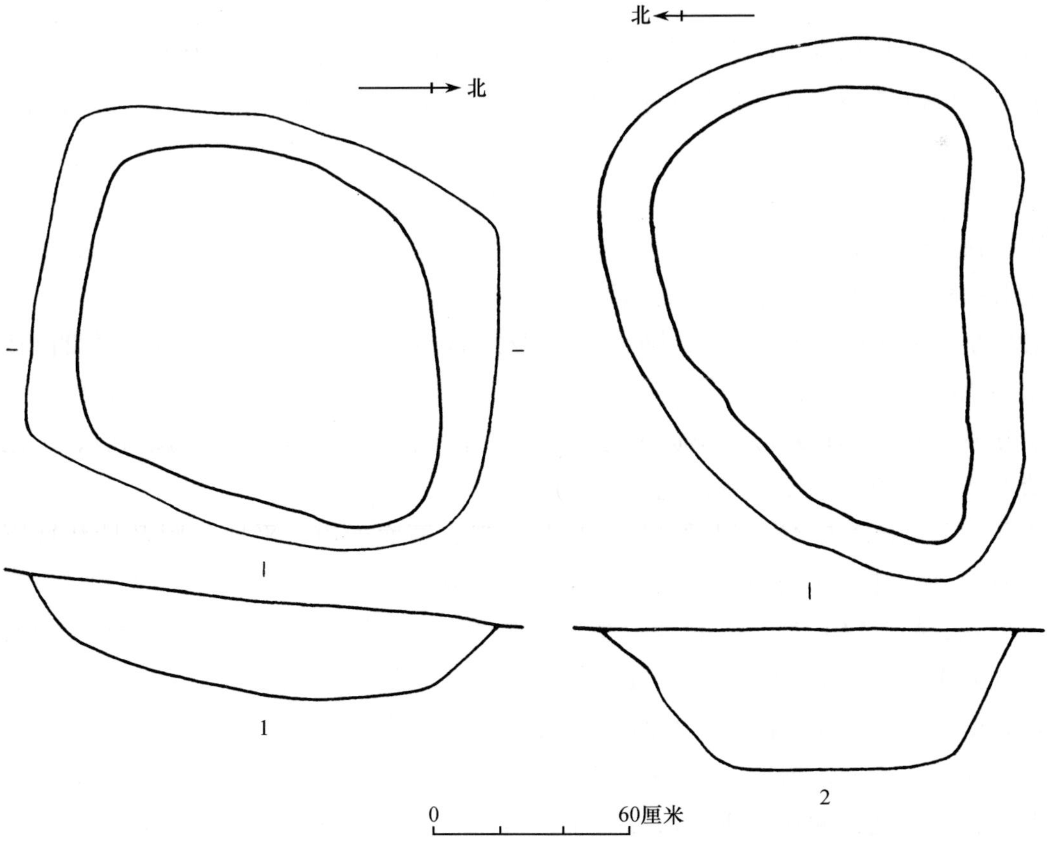

图二九四　H90、H91 平、剖面图

1. H90　2. H91

石器

石斧　1件（H90∶2）。石片打制后稍磨制。扁薄近梯形，弧顶为原面，两面都近平，两边修直稍外斜，多片疤而不平，弧刃两面磨制，有使用缺口，还锋利。长12.4、刃宽8.3、厚1.6厘米（图二九六，1）。

残顶圭形石凿　1件（H90∶1）。砾石磨制。长条形尖角，顶已残，两面皆破裂面，但都较平，一面已磨制，两边一边为光滑原面，另一边磨平，两边下部对磨成角状刃，有使用缺口。残长5.3、宽1.3、厚2.5厘米（图二九六，8）。

石杵　1件（H90∶3）。天然长条砾石，扁圆近梯形，顶已残，周边皆光滑原面，底部有使用痕。残长14.2、底宽8.5、厚5.3厘米（图二九六，5）。

陶器

凹折沿罐　1件（H90∶4）。夹炭黑陶，器表器沿有黑衣痕，器内浅红色。折沿微内凹，尖唇，弧肩，腹已残。素面。口径23、残高6.8厘米（图二九七，21）。

束颈罐　1件（H90∶5）。泥质黑陶。近直口稍内敛，平沿外卷，方圆唇，高颈上部内束，下部稍外斜，但已残。素面。口径22、残高4.4厘米（图二九七，9）。

罐平底　1件（H90∶7）。夹砂陶泛黑。上部已残，仅剩平底。素面。底径15.6、残高1.6厘米（图二九七，6）。

内折沿碗　1件（H90∶6）。泥质灰陶。敛口，内折沿，沿面微凹，尖唇，折腹斜内收，底已残。素面。内口径18、残高2.2厘米（图二九七，4）。

（6）H91

① 灰坑情况

位置：在T33东壁下至东隔梁内。

层位关系：开口在第3C层下，打破第4层、生土。

形制大小：近椭圆形，斜弧壁，圜平底。口径120～170、深40厘米（图二九四，2）。

② 出土器物

出土标本：6件。有石斧、残陶环。

石器

石斧　5件。H91∶1，顶部已残，厚体近长方形，两面皆原弧平面，两边近平行，一边打制不平，另一边磨制，平刃两面磨制，有使用痕，已不锋利。残长10.8、刃宽10.1、厚3.6厘米（图二九六，4）。H91∶2，刃部已残，厚体近长方形，弧顶和两弧面皆原面，两边一边已磨平，另一边已残又打制为斜面，刃已断。残长9.3、残宽6、厚4.2厘米（图二九六，3）。H91∶3，厚体近长方形，刃部已残，斜顶和两面皆原面，两边都已磨平，刃已断。残长10.9、宽6.3、厚4.2厘米（图二九六，10）。H91∶4，扁体近长方形，斜顶单面打制，较薄，两面皆原面，一边已磨平，另一边为原面扁弧，弧刃两面磨制近对称，但一角已残，仍锋利。长10、刃宽5.3、厚2.4厘米（图二九六，6）。H91∶5，残甚，仅存残刃一角，两面一面已磨平，另一面为破裂面没有磨制，残存一边已磨平，斜刃两面磨制，使用后已不锋利。残长4.5、残宽5.5、厚1.8厘米（图二九六，11）。

陶器

残陶环　1件（H91∶6）。二段，皆泥质黑陶。剖面都呈小圆形。

（7）H95

① 灰坑情况

位置：在T35东壁下。

层位关系：开口在第3C层下，打破第3C层下H97；被H94打破。

形制大小：似圆形，只露出一部分，但被H94打破而只存局部（图二九五，1）。

② 出土器物

出土标本：4件。有小石球和陶凹折沿罐、内折沿碗、碗圈足。

石器

小石球　1件（H95∶1）。天然小砾石，近圆形，多天然琢疤。直径5.5厘米。

陶器

凹折沿罐　1件（H95∶2）。夹蚌红褐陶。折沿微凹，尖圆唇，肩已残。素面。口径18、残高3.8厘米（图二九七，2）。

内折沿碗　1件（H95∶3）。泥质磨光黑陶。敛口，内折沿，尖圆唇，折腹弧内收，底已残。折腹上一周带状小凸棱。口径14、残高2.1厘米（图二九七，11）。

碗圈足　1件（H95∶4）。泥质黄陶。上部已残，弧腹圜底，下附矮圈足，足壁外斜近直。素面。足径8、残高2.4厘米（图二九七，17）。

（8）H101

① 灰坑情况

位置：在T30东南角。

层位关系：开口在第3C层下，打破第3D层、第4层、生土；还叠压在第3D层下H133之上。

形制大小：近椭圆形，但南部在T33北隔梁内未发掘，斜壁，平底。口部长170以上、宽130以上、深30厘米左右（图二九五，2）。

② 出土器物

出土标本：7件。有残石斧、石锄、石凿、陶豆、陶环、残骨器。

石器

残石斧　1件（H101∶3）。厚体近长方形，但刃已残，顶部、两面和一边都是原砾石面，另一边磨平，刃已断。残长11.7、残宽6.2、厚4厘米（图二九六，9）。

石锄　1件（H101∶4）。石片打制，扁薄近梯形，弧刃一角已残。长13.2、刃宽7.4、厚1.7厘米（图二九六，2）。

石凿　2件。H101∶1，正方体呈长方形，顶已断，两面为原面，与边等宽，两边磨平，平刃两面磨制，有使用缺口，已不锋利。残长8.4、刃宽3.6、厚3.4厘米（图二九六，12）。H101∶2，圭形凿，但顶已断，刃已断，两面皆磨平，但一侧稍厚，两边上部磨平，下部对磨成角状刃，角刃已残。残长5.6、上部残宽2.8、厚2厘米（图二九六，7）。

陶器

陶豆　1件（H101∶7）。泥质黑陶，胎较薄。足内底有模糊同心圆痕，豆盘敞口，方唇，浅弧腹，圜底，下附高圈足，足壁外斜，但下部已残。足壁饰三竖排圆点戳印纹。口径20、残高7.4厘米（图二九七，5；图版九二，5）。

陶环　1件（H101∶6）。泥质灰陶。残两节，剖面小圆形。素面。外环径6.4、内环径5.6厘米（图二九七，16）。

其他

另有圆形残骨器，两头已残，似骨簪。

（9）H103

① 灰坑情况

位置：在T31东南部。

层位关系：开口在第3层下，打破第3B层；被第3层下H114打破。

形制大小：长条形，斜弧壁，斜平底。口长197、宽60、深10～26厘米（图二九五，3）。

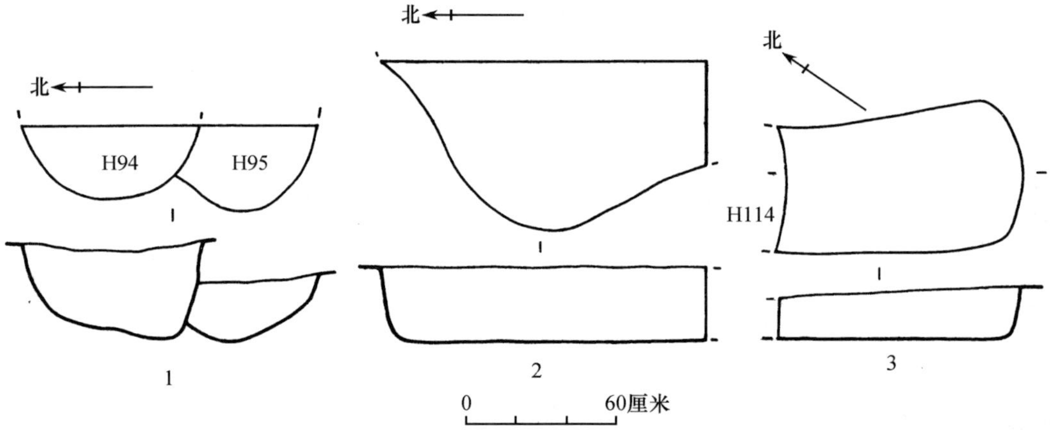

图二九五　H95、H101、H103平、剖面图

1. H95　2. H101　3. H103

② 出土器物

出土标本：10件。有石斧坯、石锄、小石斧、小石锛和陶纺轮、高领罐、弧颈壶、弧折沿小罐、器盖盘。

石器

石斧坯　1件（H103∶5）。打制，厚体，呈长方形，顶部和两边皆两面打制，修直但不平，两面除一面局部保留原面外，都打击面不甚平，斜刃一角已残，单面打制，不锋利。长17.7、宽9、厚4.6厘米（图二九九，1）。

石锄　1件（H103∶3）。石片打制，厚薄不一近梯形，斜刃近平，薄而锋利。长7.2、刃宽3.4、最厚处1.4厘米（图二九九，5）。

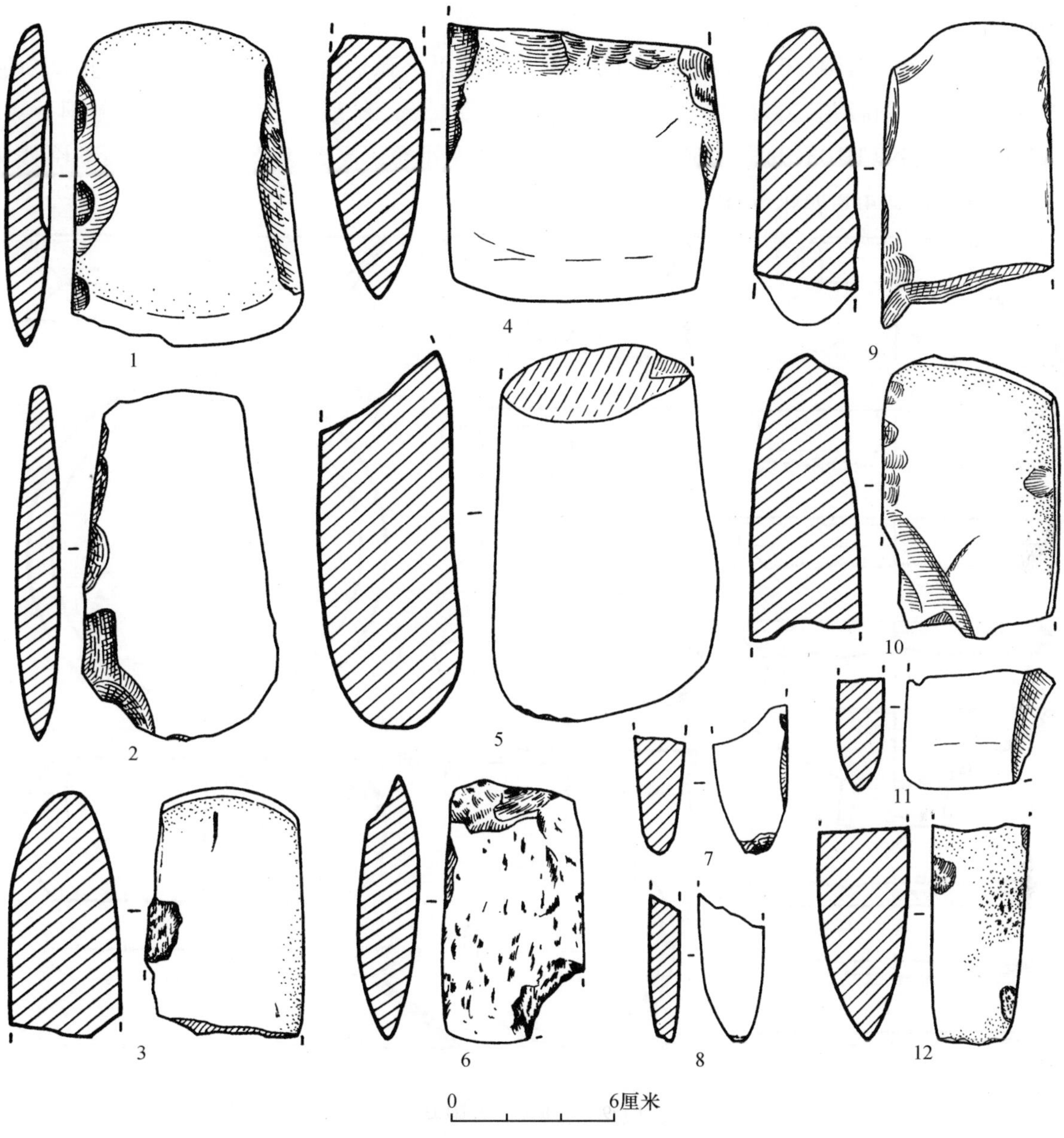

图二九六　H90、H91、H101 出土石器

1. 石斧（H90∶2）　2. 石锄（H101∶4）　3、4、6、9～11. 残石斧（H91∶2、H91∶1、H91∶4、H101∶3、H91∶3、H91∶5）　5. 石杵（H90∶3）　7、12. 石凿（H101∶2、H101∶1）　8. 残顶圭形石凿（H90∶1）

小石斧　2件。H103∶2，石片磨制，一面微弧呈长方形，平顶和两边皆磨平，弧刃两面磨制，有使用缺口，仍锋利。长7.3、宽3.9、最厚处1.1厘米（图二九九，7）。H103∶4，石片磨制，扁平近梯形，平顶断裂但甚平，两面磨制，两边磨平，弧刃仅打制，尚不锋利。长4.05、刃宽2.6、最厚处1厘米（图二九九，6）。

小石锛　1件（H103∶1）。顶部已残，两面、两边皆磨平，平刃两面磨制，但不对称，甚锋利。残长1.7、刃宽3、厚0.45厘米（图二九九，8）。

陶器

陶纺轮　1件（H103:6）。泥质红褐陶。扁薄两面平，弧边。素面。直径5.5、厚2.2厘米（图二九七，20；图版九二，2）。

高领罐　1件（H103:9）。泥质黄陶。直口，圆唇外卷，高颈近直稍内斜，颈下已残。素面。口径13、残高4.8厘米（图二九七，12）。

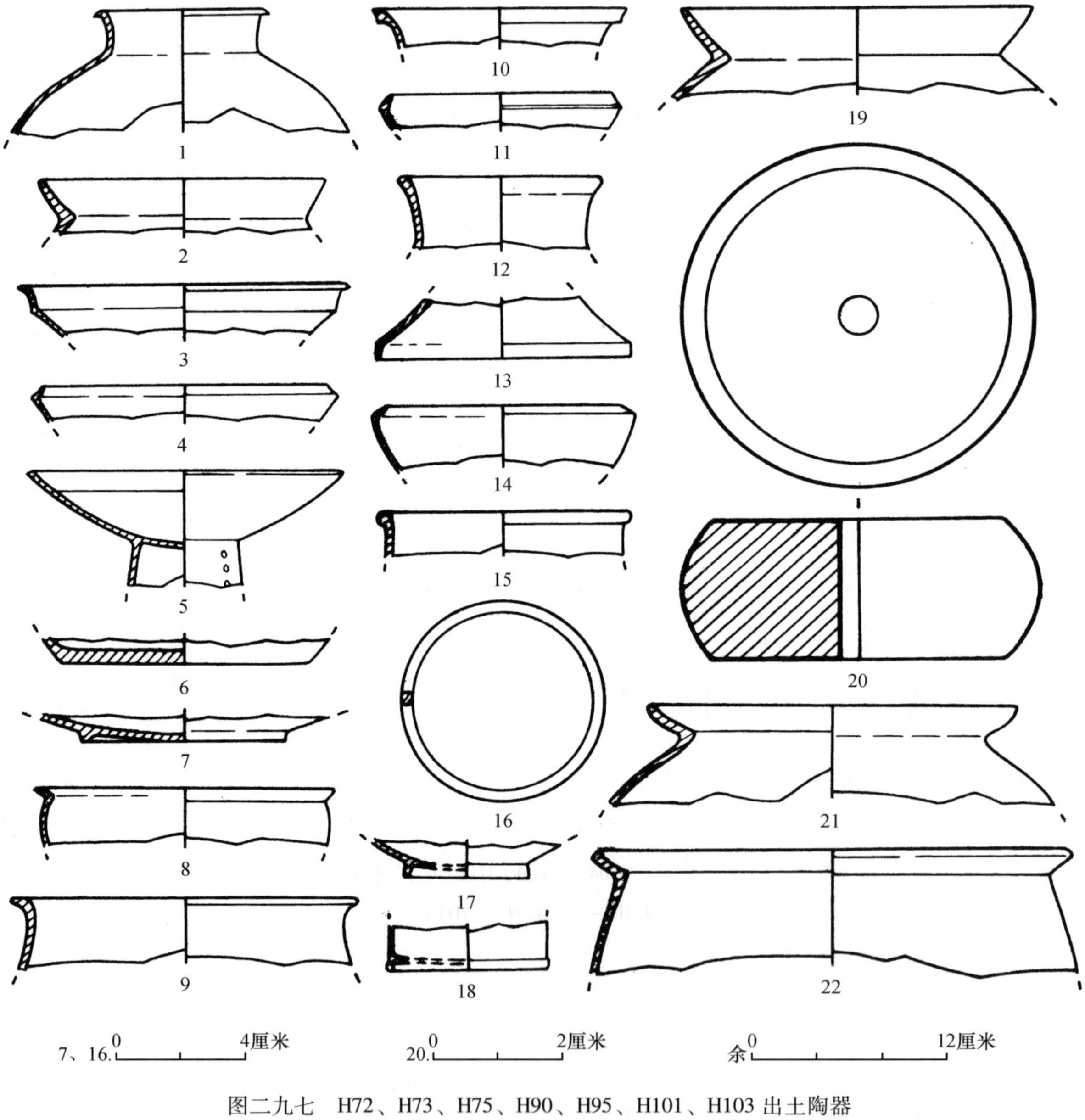

图二九七　H72、H73、H75、H90、H95、H101、H103出土陶器

1、12、15. 高领罐（H75:1、H103:9、H73:1）　2、19、21、22. 凹折沿罐（H95:2、H75:2、H90:4、H72:1）　3. 敞口折腹盘（H72:2）　4、11、14. 内折沿碗（H90:6、H95:3、H75:3）　5. 陶豆（H101:7）　6. 罐平底（H90:7）　7. 凸棱状粗圈足（H75:5）　8. 弧折沿小罐（H103:7）　9. 束颈罐（H90:5）　10. 弧颈壶（H103:10）　13. 器盖盘（H103:8）　16. 陶环（H101:6）　17. 碗圈足（H95:4）　18. 曲腹杯（H75:4）　20. 陶纺轮（H103:6）

弧颈壶　1件（H103:10）。泥质红陶，外壁、内沿施深红衣。直口外卷，带状方唇外凸，高弧颈下部已残。素面。口径16、残高2.6厘米（图二九七，10）。

弧折沿小罐　1件（H103:7）。泥质红褐陶。侈口，卷沿，尖圆唇，弧腹上部外鼓下部内收，底已残。素面。口径19、残高3.8厘米（图二九七，8）。

器盖盘　1件（H103:8）。夹炭红陶。盖盘上部已残，盘腹弧内凹，盘沿下折，尖圆唇。素面。口径16、残高4厘米（图二九七，13）。

（10）H104

① 灰坑情况

位置：在T36西北部。

层位关系：开口在第3层下，打破第4层、生土。

形制大小：椭圆形，弧壁，圜底。口径110～150、底径90～110、深45厘米（图二九八，1）。

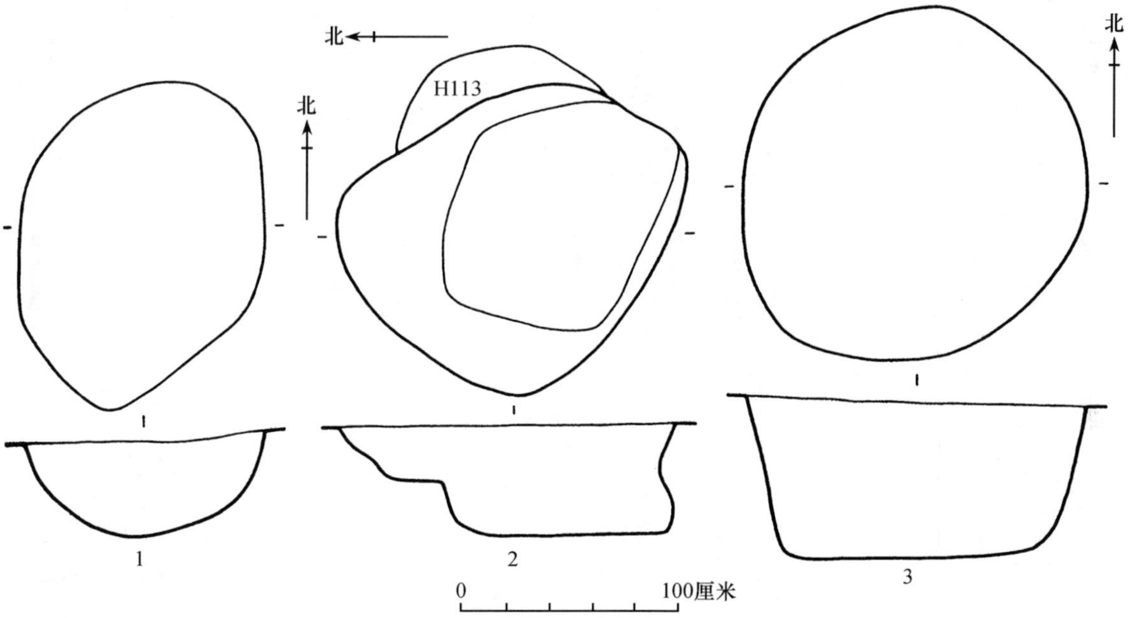

图二九八　H104、H109、H114平、剖面图

1. H104　2. H109　3. H114

② 出土器物

出土标本：14件。有石斧、石锄、小石球和陶凹折沿罐、折沿罐、折沿彩陶小罐、敛口小罐、弧折沿小罐、斜领小罐、内折沿碗。

石器

石斧　4件。H104:1，扁平近梯形，两面皆原面，一面已进一步打制，上厚下薄，顶部和两端都打制修直，但都多疤不平，弧刃近平，单面打制且稍磨，一角有使用缺口。长11.7、刃宽7.7、顶厚2厘米（图二九九，4）。H104:2，厚体近梯形，但顶部已残一角，两面皆原面，两厚边皆磨平，斜弧刃单面打制，还不锋利。残长17.2、刃宽8.1、厚5.4厘米（图二九九，

2）。H104∶4，扁薄近椭圆形，顶部和两面皆原面，两边修直修平，弧刃单面打制，较锋利。长15、刃宽9、厚1.9厘米（图二九九，10）。H104∶5，厚体，顶呈弧角状，两边修直，外斜，两面局部保留原面，皆打制疤，刃已断。残长15、下宽8.2、厚5.2厘米（图二九九，11）。

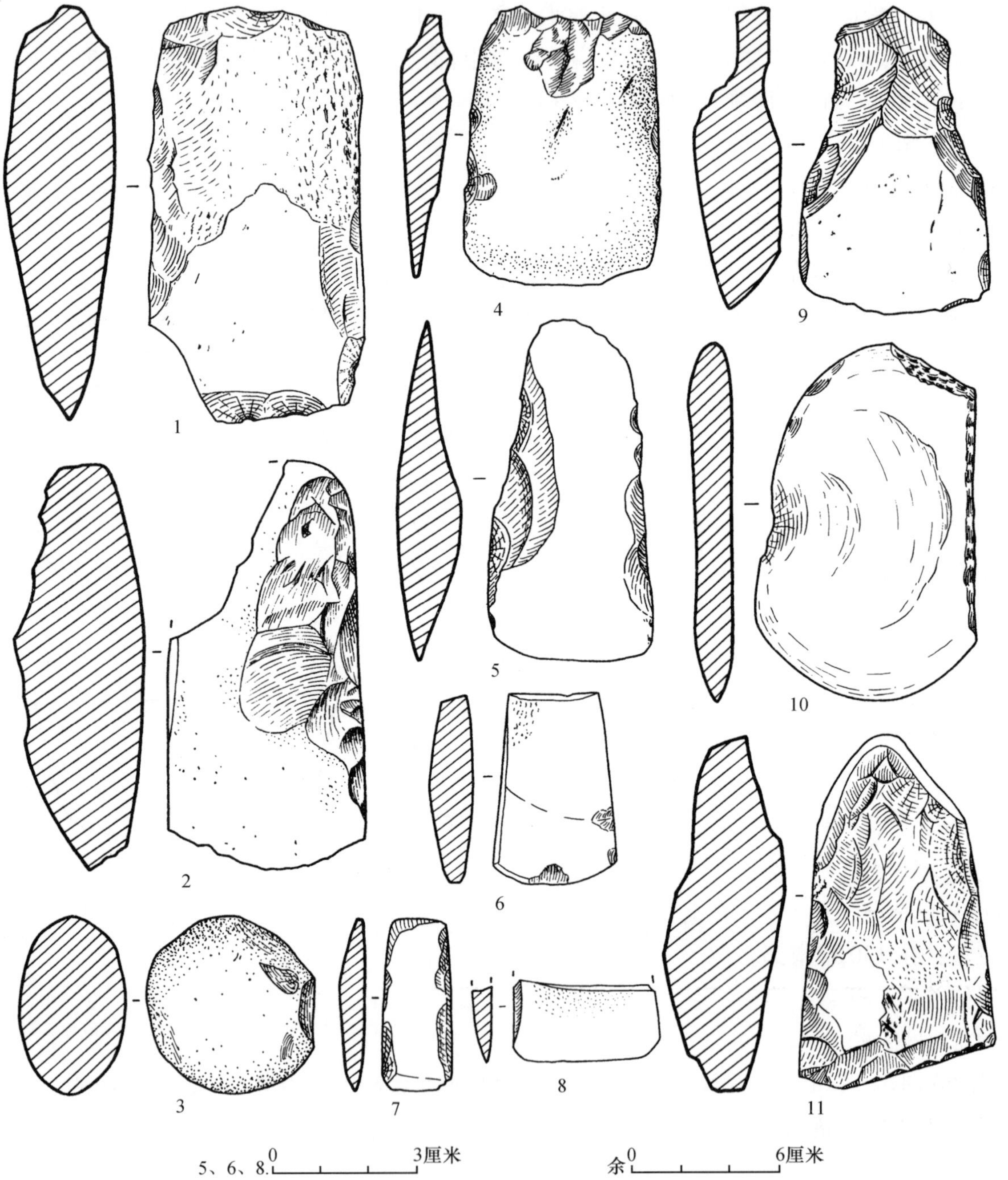

图二九九　H103、H104出土石器

1. 石斧坯（H103∶5）　2、4、10、11. 石斧（H104∶2、H104∶1、H104∶4、H104∶5）　3. 小石球（H104∶6）　5、9. 石锄（H103∶3、H104∶3）　6、7. 小石斧（H103∶4、H103∶2）　8. 小石锛（H103∶1）

石锄　1件（H104:3）。厚体亚腰石锄，顶部近弧平，原面上部打薄，两边上部修成凹腰，弧刃单面打制，薄而锋利。长12.9、刃宽7.7、厚3.6厘米（图二九九，9）。

小石球　1件（H104:6）。天然扁圆形，局部有片疤。直径7.6、厚4.6厘米（图二九九，3）。

陶器

凹折沿罐　1件（H104:8）。夹陶红褐陶。宽凹沿，尖圆唇，斜肩已残。素面。口径24、残高4.4厘米（图三〇一，10）。

折沿罐　1件（H104:7）。夹陶红陶。折沿，尖圆唇，斜肩已残。素面。口径26、残高4.2厘米（图三〇一，11）。

折沿彩陶小罐　2件。H104:11，泥质陶外红内黑。侈口，斜折沿，尖圆唇，弧肩，腹已残。束颈处一周带状黑色彩纹。口径13、残高2.1、胎厚0.2厘米（图三〇一，4）。H104:9，泥质红陶，外施深红衣。折沿，尖圆唇，弧肩已残。素面。口径15、残高3.2厘米（图三〇一，2）。

敛口小罐　2件。H104:12，泥质黑陶。侈口，平折沿，尖圆唇，溜肩，深腹下部已残。素面。口径10、残高3.6、胎厚0.15厘米（图三〇一，18）。H104:14，泥质磨光黑陶。敛口，圆唇，鼓肩，弧腹内收，底已残。素面。口径14、残高2.4、胎厚0.15厘米（图三〇一，5）。

弧折沿小罐　1件（H104:10）。泥质陶外红内黑。侈口，卷沿，尖圆唇，溜肩，弧腹，底已残。素面。口径12、残高6.6、胎厚0.2厘米（图三〇一，15）。

斜颈小罐　1件（H104:15）。泥质黑陶。高领，直口外斜，小圆唇外凸，斜肩，腹已残。素面。口径8、残高2.7、胎厚0.2厘米（图三〇一，16）。

内折沿碗　1件（H104:13）。泥质磨光黑陶。敛口，斜沿内折，外折处有一周凸棱，又成子母口，尖唇，折腹弧内收，底已残。未见其他纹饰。口径14、残高2.5、胎厚0.15厘米（图三〇一，6）。

（11）H109

① 灰坑情况

位置：在T30东南部。

层位关系：开口在第3C层下，打破第4层、第4层下H113、黄土。

形制大小：口近椭圆形，底近四方形，壁内斜或内凹，平底。口径140～150、底径100～130、深50厘米（图二九八，2）。

该坑可分五小层：1、3、5层为沙层，2层为灰烬，4层为鱼骨和石器。

② 出土器物

出土标本：有8件。均为石器，有石斧、有孔小石铲、石锄、小石锛。

石斧　1件（H109:2）。石片打制，顶已残，较薄近长方形，两面破裂面和原面都较平，两边修直近平行，斜弧刃单面打制，一角有使用缺口，仍锋利。长11.4、宽7.6、厚2.6厘米（图三〇〇，12）。

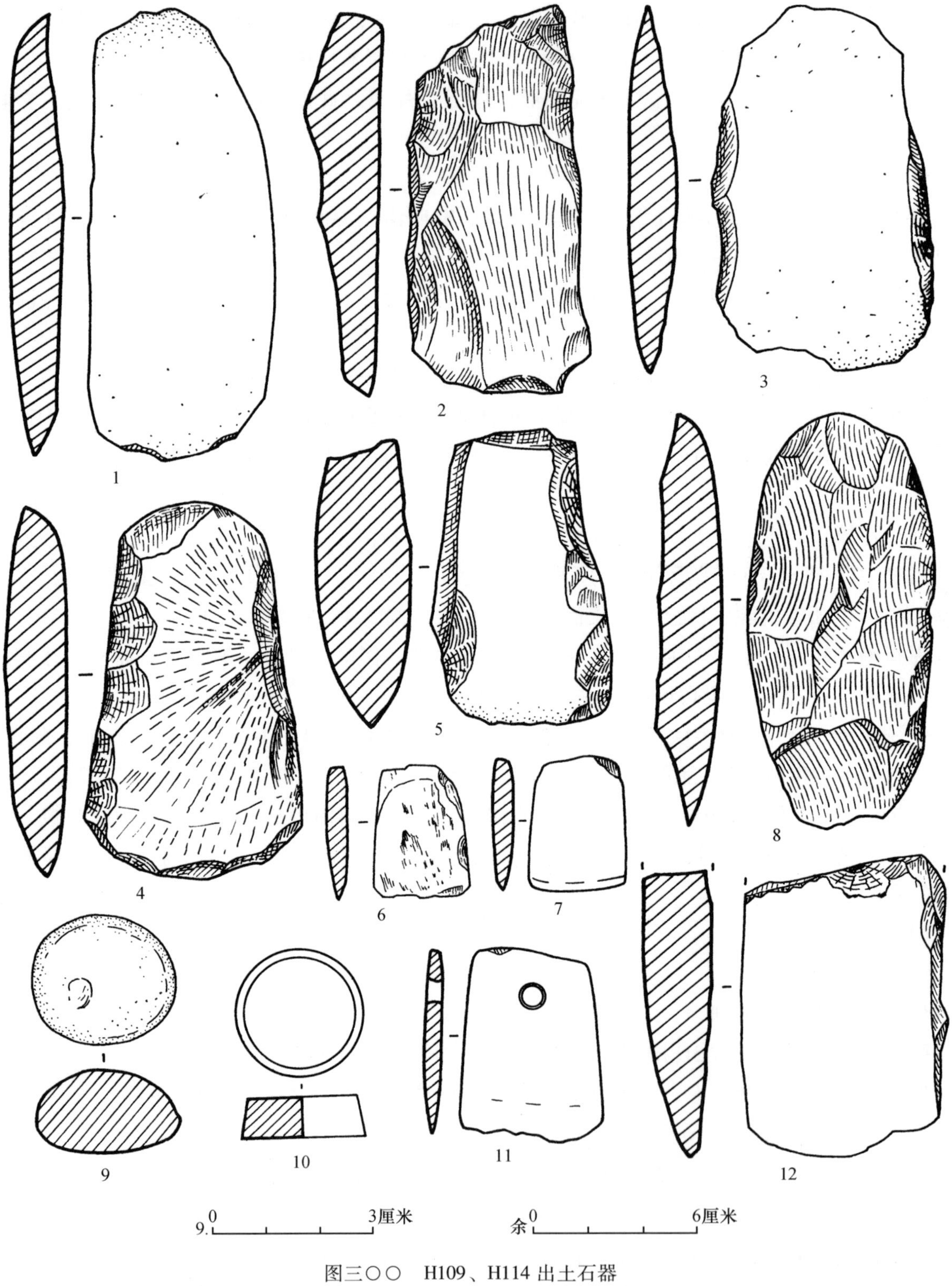

图三〇〇　H109、H114 出土石器

1～4、8. 石锄（H109:7、H109:8、H114:2、H109:5、H109:6）　5. 石斧坯（H114:3）　6、7. 小石锛（H109:4、H109:1）　9. 石球（H114:7）　10. 石芯（H114:1）　11. 有孔小石铲（H109:3）　12. 石斧（H109:2）

有孔小石铲　1件（H109:3）。平薄近梯形，通体磨光，中上部对穿一小圆孔，顶部略斜，刃部两面磨制，但已残，多缺口。长7.3、刃宽5.2、厚0.7厘米（图三〇〇，11；图版九二，1）。

石锄　4件。H109:5，石片打制。扁薄近梯形，弧顶为原面，两边打制修直，皆外斜，弧刃两面打制，较锋利。长14.2、刃宽8、厚2.6厘米（图三〇〇，4）。H109:6，石片打制。近扁平椭圆形，弧顶，两弧边，以至凹弧刃，都是单面打制，刃部因薄而甚锋利。长13.4、中部最宽6.9、厚2.4厘米（图三〇〇，8）。H109:7，石片打制。薄体椭圆形，顶、两边和弧刃都单面打制，不甚锋利。长17、宽7.1、厚2.2厘米（图三〇〇，1）。H109:8，石片打制。较薄近长方形，斜顶，两边近直近平行，斜弧刃两面打制，不甚锋利。长14.6、宽6.4、厚3厘米（图三〇〇，2）。

小石锛　2件。皆通体磨制。H109:4，扁平近梯形，平刃两面磨制，但不对称有缺口，而不锋利。长5、宽3.7、厚0.9厘米（图三〇〇，6）。H109:1，扁平近长方形，平刃两面磨制，不对称，但锋利。长5、宽3.5、厚0.8厘米（图三〇〇，7）。

（12）H114

① 灰坑情况

位置：在T31中部。

层位关系：开口在第3层下，打破第3B层、第3E层、第4A层、第4A层下H128、H136，还打破第5B层下H131。

形制大小：圆形，斜壁，平底。口径160、底径128、深76厘米（图二九八，3）。

② 出土器物

出土标本：14件。有石锄、石斧坯、石芯、石球、陶球和陶凹折沿罐、斜颈罐、弧折沿小罐、敛口小罐、平沿小罐、内折沿碗、曲腹杯、敛口盆、陶环。

石器

石锄　1件（H114:2）。石片打制。扁平近梯形，弧刃单面打制，有使用缺口，仍锋利。长13.8、刃宽8.5、厚1.9厘米（图三〇〇，3）。

石斧坯　1件（H114:3）。石片打制。厚体近梯形，平刃单面打制，尚不锋利。长11.1、刃宽6.6、厚3.6厘米（图三〇〇，5）。

石芯　1件（H114:1）。单面钻孔后的石芯。圆台体，两面圆磨平。直径4.1~4.4、厚1.4~1.6厘米（图三〇〇，10）。

石球　1件（H114:7）。黑色小砾石。扁圆形，表面皆天然琢疤。直径2.5~2.75、厚1.6厘米（图三〇〇，9）。

陶器

陶球　1件（H114:5）。泥质红陶。已残，中空，面饰已穿小圆孔，以孔为中心，又饰单行篦点米字纹。直径3.8厘米（图三〇一，13）。

凹折沿罐　1件（H114:8）。夹陶红褐陶。凹折沿，尖圆唇，弧肩，深弧腹，底已残。素面。口径 24、残高 18.8 厘米（图三〇一，1）。

斜颈罐　1 件（H114∶9）。夹炭黑褐陶。直口外斜，小圆唇外凸，束颈，广弧肩，腹已残。腹饰模糊横绳纹。口径 15、残高 5 厘米（图三〇一，9）。

弧折沿小罐　1 件（H114∶14）。泥质红陶，外施深红衣。侈口，弧沿外卷，尖唇，溜肩，弧腹已残。素面。口径 13、残高 3.2 厘米（图三〇一，3）。

敛口小罐　1 件（H114∶13）。泥质红陶，外施深红衣。敛口，弧沿外卷，方圆唇，深弧腹已残。素面。口径 18、残高 3 厘米（图三〇一，8）。

平沿小罐　1 件（H114∶10）。泥质黑陶。直口，平沿，方圆唇，上腹近直，下腹弧折内收，底已残。腹下部一周凸棱纹。口径 14、残高 5.8 厘米（图三〇一，14）。

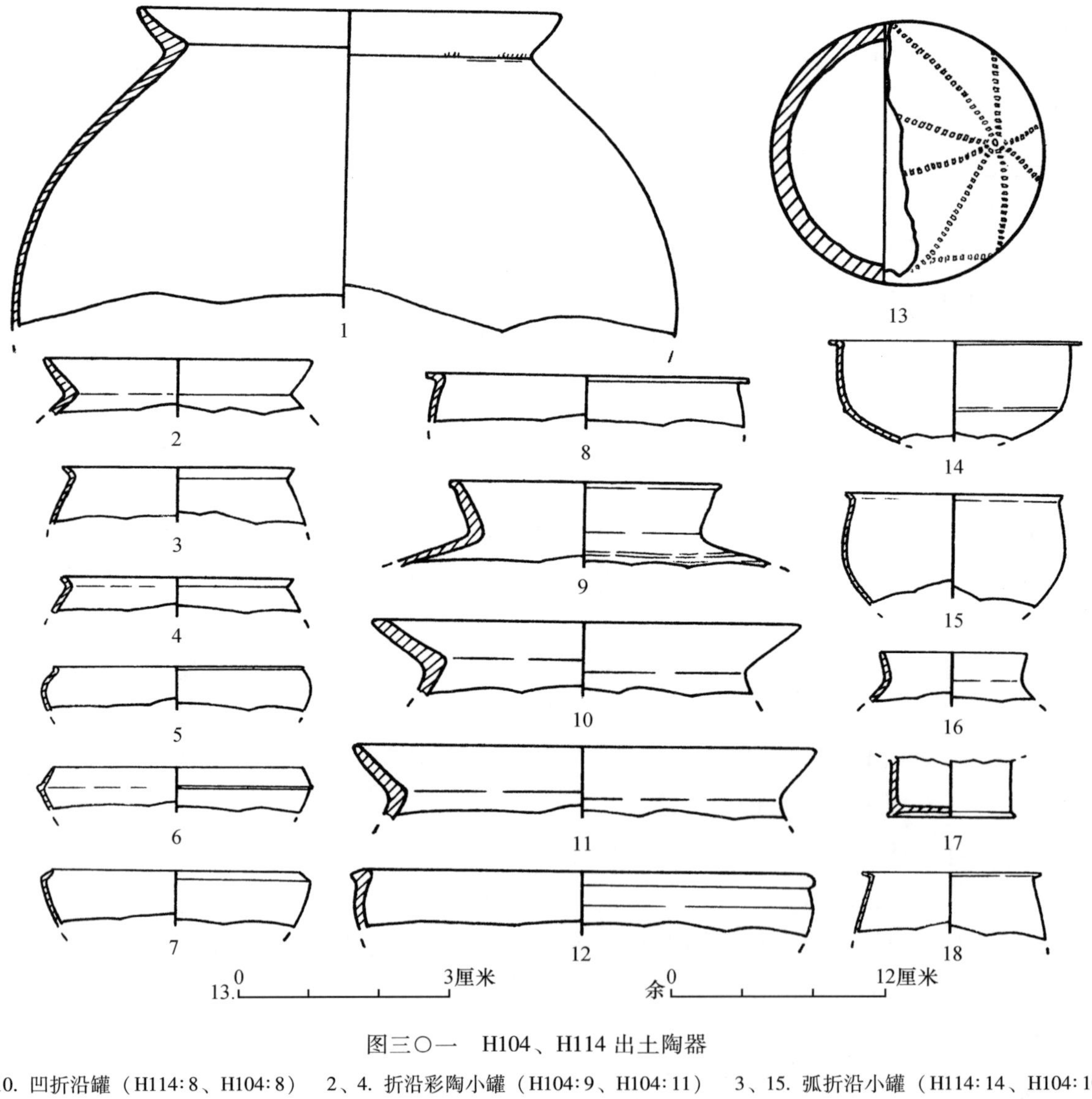

图三〇一　H104、H114 出土陶器

1、10. 凹折沿罐（H114∶8、H104∶8）　2、4. 折沿彩陶小罐（H104∶9、H104∶11）　3、15. 弧折沿小罐（H114∶14、H104∶10）　5、8、18. 敛口小罐（H104∶14、H114∶13、H104∶12）　6、7. 内折沿碗（H104∶13、H114∶11）　9. 斜颈罐（H114∶9）　11. 折沿罐（H104∶7）　12. 敛口盆（H114∶12）　13. 陶球（H114∶5）　14. 平沿小罐（H114∶10）　16. 斜颈小罐（H104∶15）　17. 曲腹杯（H114∶4）

内折沿碗　1件（H114∶11）。泥质黑陶。窄斜沿内折，尖圆唇，折腹弧内收，底已残。素面。口径14、残高3.2厘米（图三〇一，7）。

曲腹杯　1件（H114∶4）。泥质黑陶。上部已残，下部直腹，平底，下附凸棱状矮圈足，足壁外凸。素面。底径7、残高3.3厘米（图三〇一，17；图版九二，3）。

敛口盆　1件（H114∶12）。泥质红陶，外施深红衣。敛口，厚圆唇内敛外凸，扁弧腹上部外折，下部弧内收，底已残。折腹有棱，未见其他纹饰。口径26、残高3.7厘米（图三〇一，12）。

陶环　1件（H114∶6）。泥质黑陶。残两段，剖面皆长方形圆角。其一高0.9、另一高0.7厘米。

（13）H151

① 灰坑情况

位置：在T35北隔梁内。

层位关系：开口在第3层下。

形制大小：椭圆形，弧壁，圜平底。口径67～86、深34厘米（图三〇二，1）。

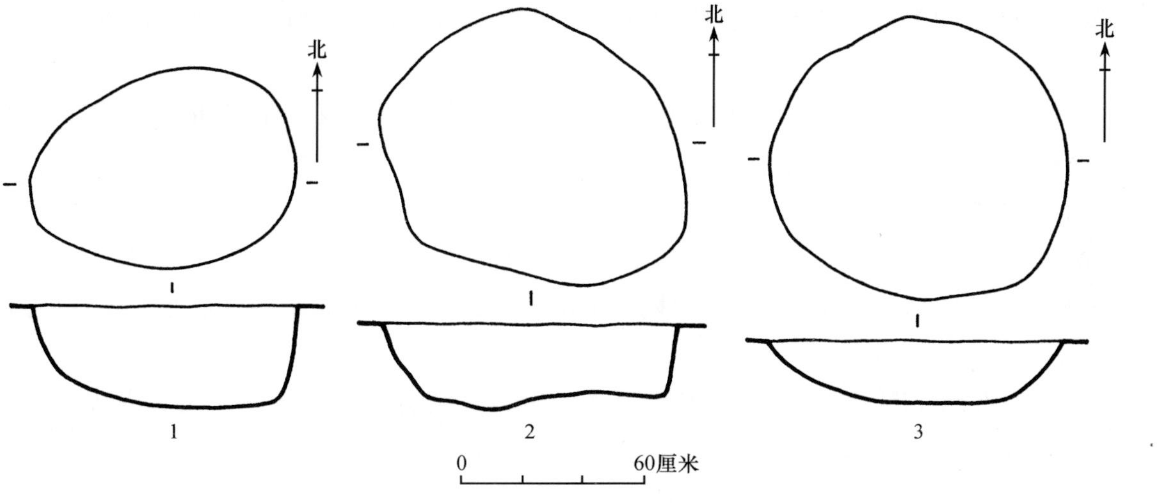

图三〇二　H151、H152、H159平、剖面图

1. H151　2. H152　3. H159

② 出土器物

出土标本：3件。均为陶器，有束颈罐、敛口小罐、碗圈足。

束颈罐　1件（H151∶1）。泥质红胎黑陶。侈口，束颈，卷沿，尖圆唇，肩已残。素面。口径19、残高3.6厘米（图三〇三，2）。

敛口小罐　1件（H151∶2）。泥质陶外红内黑。敛口，小圆唇，深弧腹，下已残。外口下一周凹弦纹。口径16、残高2.6厘米（图三〇三，4）。

碗圈足　1件（H151∶3）。泥质黑陶。矮圈足足壁外弧，足根又向外平折。残足壁饰长方形小镂孔。足径 12、残高 2.6 厘米（图三〇三，17）。

（14）H152

① 灰坑情况

位置：在 T35 北壁下至北隔梁内。

层位关系：开口在第 3 层下。

形制大小：近椭圆形，斜弧壁，底不甚平。口径约 90 ~ 110、深 28 厘米左右（图三〇二，2）。

② 出土器物

出土标本：10 件。均为陶器，有凹折沿罐、弧折沿罐、高领罐、折沿小罐、碗圈足、敛口钵、外折沿盆、敛口盆。

凹折沿罐　3 件。H152∶2，夹陶黑陶。凹折沿，尖圆唇，斜肩已残。素面。口径 24、残高 3.2 厘米（图三〇三，10）。H152∶4，泥质红陶。凹折沿，尖唇，溜肩下已残。素面。口径 30、残高 3.4 厘米（图三〇三，6）。H152∶5，泥质黑陶。凹折沿，尖圆唇，溜肩下部已残。素面。口径 24、残高 3 厘米（图三〇三，9）。

弧折沿罐　1 件（H152∶3）。夹炭黑陶。折沿沿面微上弧，尖圆唇，斜肩已残。素面。口径 21、残高 3.4 厘米（图三〇三，1）。

高领罐　1 件（H152∶9）。泥质灰陶。直口外斜，高颈下部又凹沿外折，广弧肩已残。素面。口径 12、残高 4.2 厘米（图三〇三，15）。

折沿小罐　1 件（H152∶6）。泥质陶外红内黑。侈口，束颈，折沿，方圆唇，溜肩，鼓腹已残。素面。口径 13、残高 2.9 厘米（图三〇三，12）。

碗圈足　1 件（H152∶10）。泥质黑陶。上部已残，弧腹圜底，下附矮圈足，足壁外撇。素面。足径 5.4、残高 2.8 厘米（图三〇三，16）。

敛口钵　1 件（H152∶1）。泥质红胎黑陶。敛口，圆唇内卷，鼓肩，弧腹内收，底已残。素面。口径 17.6、残高 6.9 厘米（图三〇三，8；图版九二，6）。

外折沿盆　1 件（H152∶7）。泥质磨光黑陶。敞口，折沿外斜，尖圆唇，弧腹斜内收，底已残。素面。口径 20、残高 4.8 厘米（图三〇三，7）。

敛口盆　1 件（H152∶8）。泥质黑陶。敛口近直，平沿，方圆唇，深弧腹下部已残。素面。口径 20、残高 2.8 厘米（图三〇三，3）。

（15）H159

① 灰坑情况

位置：在 T35 北壁下至北隔梁。

层位关系：开口在第 3C 层下，打破第 3D 层、第 3E 层；被 H102、H125 打破。

形制大小：椭圆形，弧壁，圜平底。口径 80 ~ 110、深 20 厘米（图三〇二，3）。

② 出土器物

出土标本：4 件。均为陶器，有直颈壶、小直口罐、敞口豆盘、碗圈足。

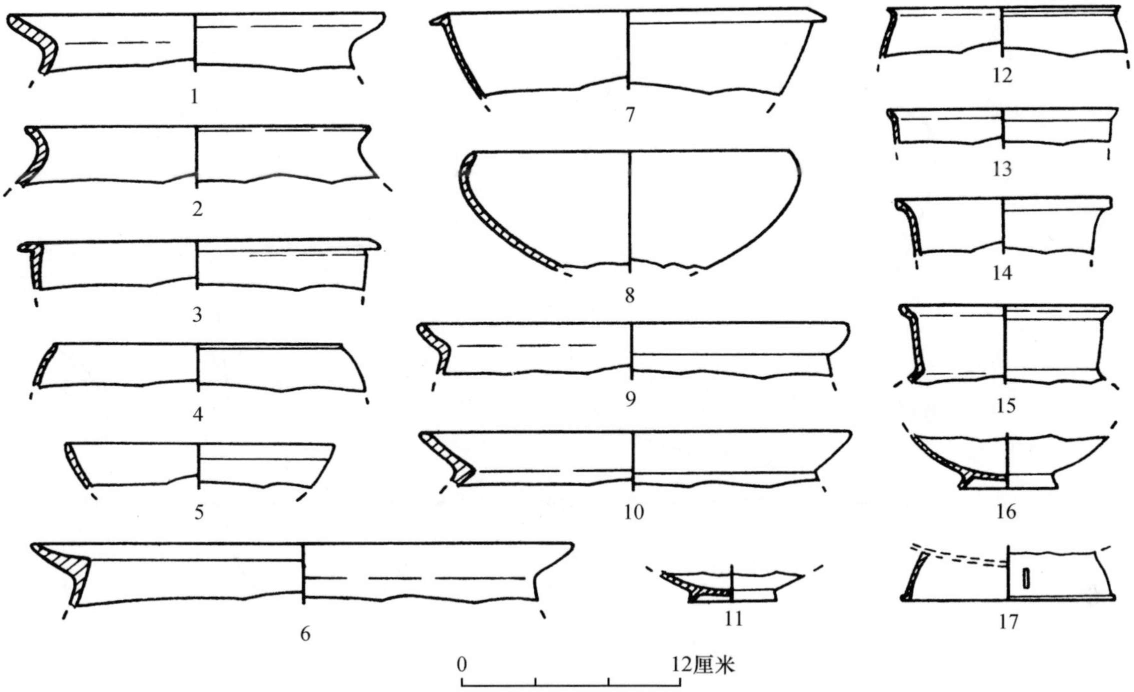

图三〇三　H151、H152、H159出土陶器

1. 弧折沿罐（H152∶3）　2. 束颈罐（H151∶1）　3. 敛口盆（H152∶8）　4. 敛口小罐（H151∶2）　5. 敞口豆盘（H159∶2）　6、9、10. 凹折沿罐（H152∶4、H152∶5、H152∶2）　7. 外折沿盆（H152∶7）　8. 敛口钵（H152∶1）　11、16、17. 碗圈足（H159∶4、H152∶10、H151∶3）　12. 折沿小罐（H152∶6）　13. 小直口罐（H159∶3）　14. 直颈壶（H159∶1）　15. 高领罐（H152∶9）

直颈壶　1件（H159∶1）。泥质橘红陶，外沿施鲜红衣。直口外卷，方唇外凸，直径内斜，颈下已残。素面。口径12、残高3.2厘米（图三〇三，14）。

小直口罐　1件（H159∶3）。泥质磨光黑陶。直口，折沿外斜，尖唇，深直腹下已残。素面。口径13、残高2厘米（图三〇三，13）。

敞口豆盘　1件（H159∶2）。泥质黄陶。敞口，扁圆唇，浅弧腹，底已残。口下一周凹弦纹。口径15、残高2.3厘米（图三〇三，5）。

碗圈足　1件（H159∶4）。泥质磨光黑陶。上部已残，弧腹，圜底，下附矮圈足，足壁外斜近直。素面。足径5、残高1.7厘米（图三〇三，11）。

（16）H168

① 灰坑情况

位置：在T35西壁下至T31东隔梁内。

层位关系：开口在第3层下，打破H179。

形制大小：近圆形，弧壁，圜底。口径残长约72、深36厘米（图三〇四，2）。

② 出土器物

出土标本：8件。有石斧、石锄、小石锛、石器坯和陶侈口小罐。

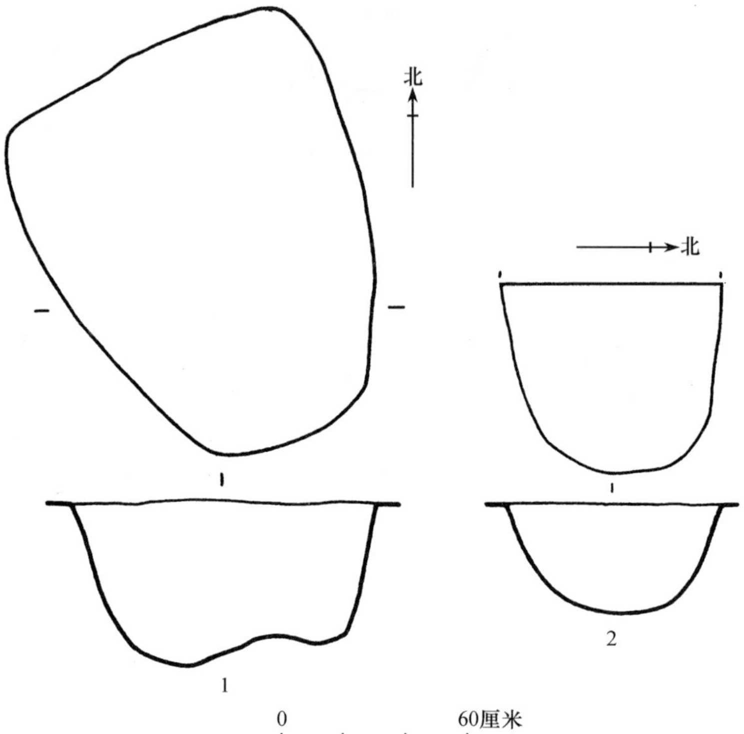

图三〇四　H188、H168平、剖面图
1. H188　2. H168

石器

石斧　2件。H168:7，扁平近梯形，斜平顶为原面，两面、两边都磨平，斜弧两面磨制，有使用痕已不锋利。长12.2、刃宽7.8、厚2.7厘米（图三〇五，6）。H168:4，石片打制，扁薄近长方形，平刃两面打制，甚锋利。长12.9、宽6.5、厚2.4厘米（图三〇五，5）。

石锄　2件。H168:3，石片打制，扁薄近椭圆形，圆弧刃一面稍磨制，有使用痕，仍锋利。长10.8、宽6.5、厚1.5厘米（图三〇五，1）。H168:6，石片打制，扁薄近梯形，弧刃单面打制，一侧有使用缺口，仍薄而锋利。长11.8、宽6.7、厚1.9厘米（图三〇五，7）。

小石锛　1件（H168:1）。扁薄小长方形，通体磨光，但多疤痕，平刃两面磨制，但不对称，较锋利。长8、宽3.6、厚1.6厘米（图三〇五，3）。

石器坯　2件。H168:2，石片打制石锄坯，较薄近椭圆形，顶部锋利，但不平，弧刃甚厚，不甚锋利。长14、宽8.9、厚2.7厘米（图三〇五，2）。H168:5，石核打制石斧坯，较厚近长方形，两边一边为平整原面，另一边已修直，也较平，平刃单面打制，尚不锋利。长12.8、宽6.8、厚3.2厘米（图三〇五，8）。

陶器

侈口小罐　1件（H168:8）。泥质陶外红内黑。侈口，束颈，卷沿，尖圆唇，溜肩，深弧腹，下已残。素面。口径13、残高4.8厘米（图三〇六，11）。

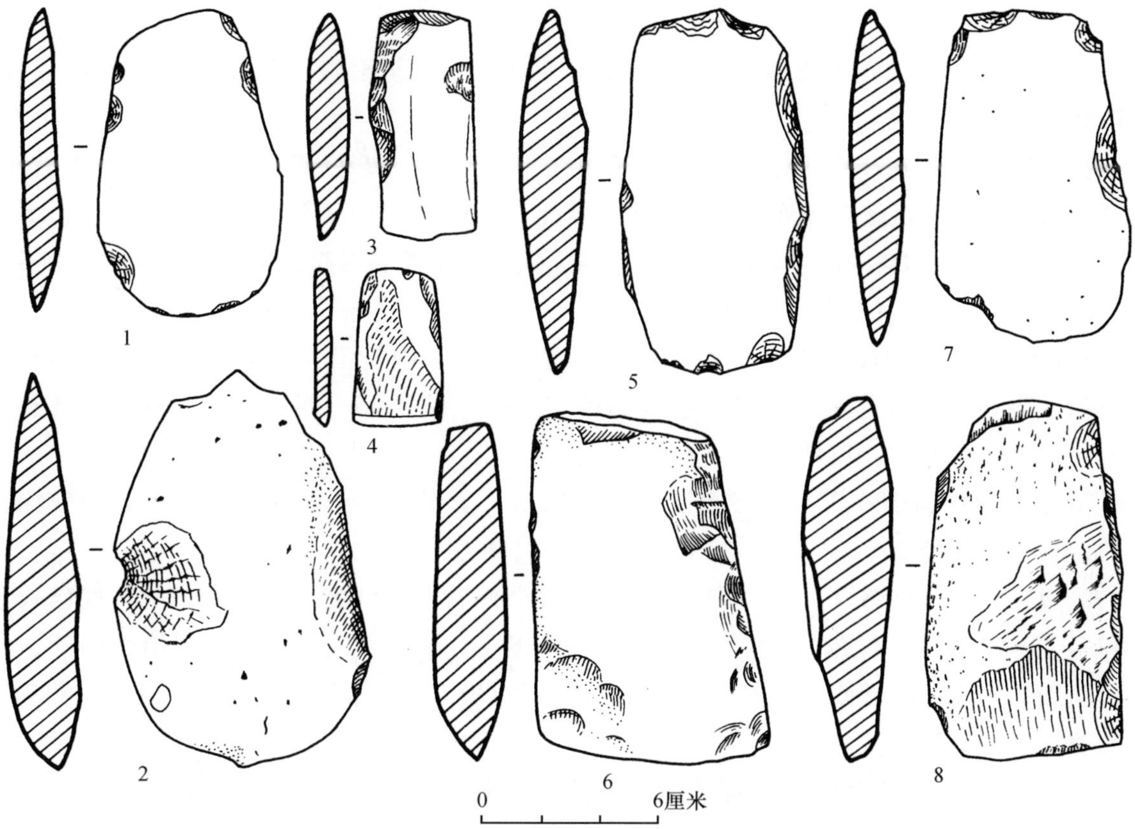

图三〇五　H168、H606出土石器

1、7. 石锄（H168∶3、H168∶6）　2、8. 石器坯（H168∶2、H168∶5）　3、4. 小石锛（H168∶1、H606∶2）
5、6. 石斧（H168∶4、H168∶7）

（17）H180

① 灰坑情况

位置：在T30、T31北壁下。

层位关系：开口在第3C层下，打破第4层、第5A层、第5B层；被第3C层下两个柱洞打破。

形制大小：近圆形一部分，弧壁，圜底。口径残100、深46厘米。

② 出土器物

出土标本：1件。陶纺轮。

陶纺轮　1件（H180∶1）。泥质红陶。弧边型。素面。直径4.1～4.3、厚1.6厘米（图三〇六，10）。

（18）H188

① 灰坑情况

位置：在T31东壁下至东隔梁内。

层位关系：开口在第3D层下，打破第3E层、第4层。

形制大小：梯形圆角，斜壁，底不平。口部上宽50、下宽110、高140、深54厘米（图三〇四，1）。

② 出土器物

出土标本：11 件。均为陶器，有凹折沿罐、罐平底、内折沿碗、卷沿盆、卷沿盘、圈足小罐、陶环。

凹折沿罐　1 件（H188:1）。夹砂陶外黑内红，器外黑色似是后加上的黑衣。宽折沿深凹，方圆唇，斜溜肩，深弧腹下部外鼓，但已残。素面。口径 24、残高 12 厘米（图三〇六，5）。

罐平底　1 件（H188:2）。泥质灰白胎黑陶。仅存罐下部斜弧腹，平底。素面。底径 8、残高 7 厘米（图三〇六，15）。

内折沿碗　1 件（H188:11）。泥质磨光黑陶。敛口，内折沿，尖圆唇，折腹弧内收，圜底，下附矮圈足，足壁外斜，足根上卷成凸棱。素面。口径 17、足径 8.3、高 8.8 厘米（图三〇六，16；图版九二，4）。

卷沿盆　1 件（H188:3）。泥质磨光黑陶。敞口，宽沿外卷近平，尖圆唇，弧腹较深，内收已残。素面。口径 20、残高 2.9 厘米（图三〇六，6）。

卷沿盘　2 件。H188:4，泥质黑陶。敞口，宽沿外卷，尖圆唇，腹微折内斜，底已残。素面。口径 23、残高 3.8 厘米（图三〇六，8）。H188:5，泥质灰陶。敞口，斜沿微内凹，尖圆唇，微折腹斜内收，底已残。口内折沿与腹之间一周凹弦，外部折腹无棱。口径 23、残高 3.1 厘米（图三〇六，7）。

圈足小罐　1 件（H188:6）。泥质黑陶。侈口，束颈，卷沿，沿面微内凹，尖圆唇，扁弧腹，底已残，残腹下部已向下垂折，原器下部应还有圈足。素面。口径 7.6、腹径 9.6、残高 3.8 厘米（图三〇六，12）。

陶环　4 件。H188:7，泥质磨光黑陶。两面较宽皆向外弧斜，即内厚外稍薄，剖面呈圆角小梯形。素面。外径 7、面宽 0.8、厚 0.4 厘米（图三〇六，2）。H188:8，泥质磨光黑陶。剖面呈小长方形，面宽小于环厚。外壁饰双线篦点折角纹。外径 7、面宽 0.45、厚 0.8 厘米（图三〇六，4）。H188:9，泥质黑陶。剖面小圆形。素面。外径 7.6、面径 0.45 厘米（图三〇六，3）。H188:10，泥质黑陶。剖面也是小正方形，面宽等于环厚。素面。外径 7、面宽和厚皆 0.45 厘米（图三〇六，13）。

（19）H606

① 灰坑情况

位置：在 T25 北部。

层位关系：开口在第 3 层下。

形制大小：近圆形，斜壁，圜平底。口径 110、底径 93、深 34 厘米。

② 出土器物

出土标本：3 件。有小石锛和陶敛口钵、内折沿碗。

石器

小石锛　1 件（H606:2）。小砾石，磨制。扁薄长方形，平顶和两面皆原面，两边磨平，平刃单面磨制，较锋利。长 5.6、宽 3.1、厚 0.7 厘米（图三〇五，4）。

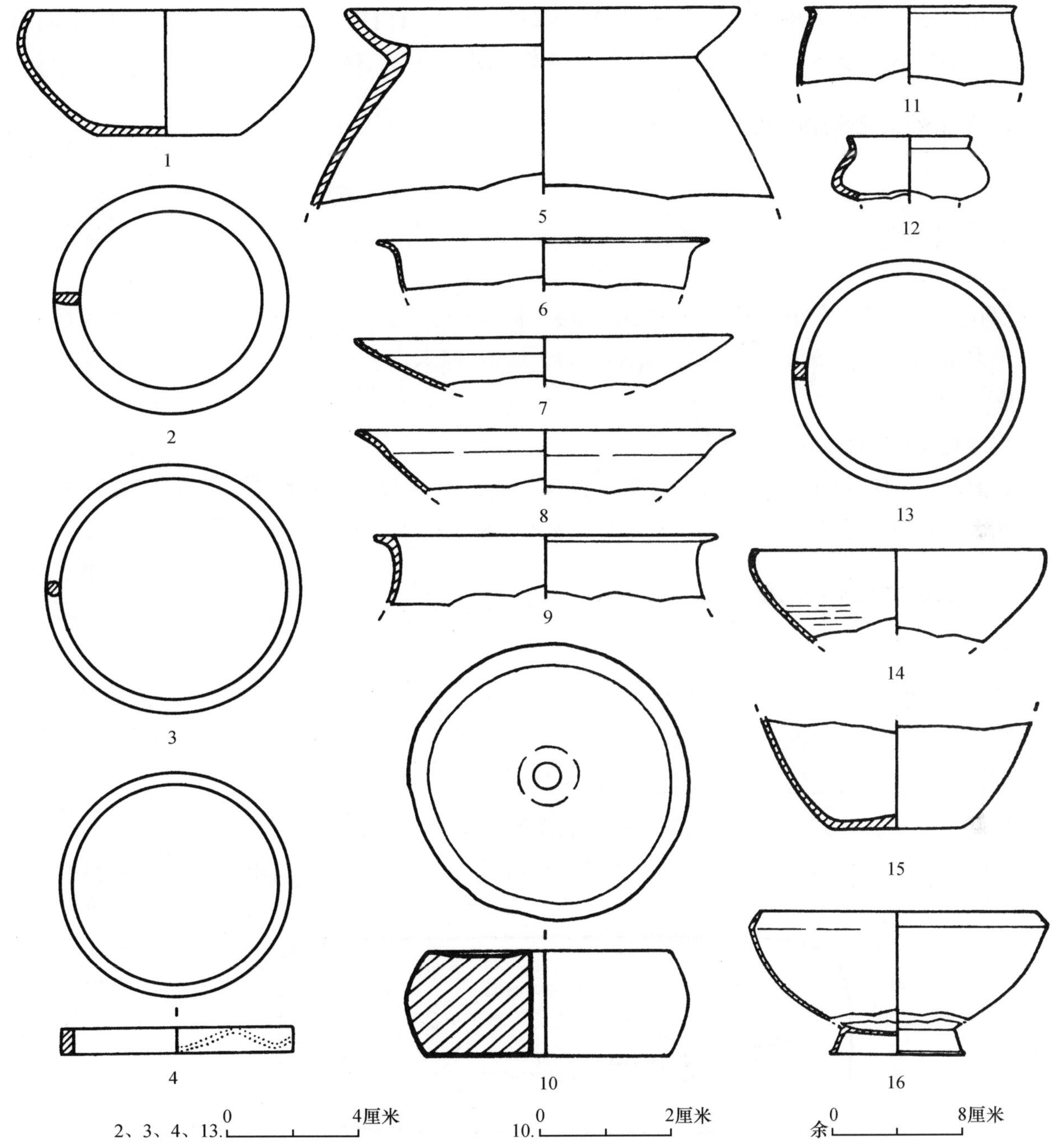

图三〇六　H168、H180、H188、H606、G1出土陶器

1. 敛口钵（H606∶3）　2～4、13. 陶环（H188∶7、H188∶9、H188∶8、H188∶10）　5. 凹折沿罐（H188∶1）　6. 卷沿盆（H188∶3）　7、8. 卷沿盘（H188∶5、H188∶4）　9. 束颈罐（G11∶1）　10. 陶纺轮（H180∶1）　11. 侈口小罐（H168∶8）　12. 圈足小罐（H188∶6）　14、16. 内折沿碗（H606∶4、H188∶11）　15. 罐平底（H188∶2）

陶器

敛口钵　1件（H606∶3）。泥质红胎黑陶。敛口，尖圆唇，鼓肩，弧腹内收，平底。素面。口径16.4、底径9、高7.8厘米（图三〇六，1；图版九二，7）。

内折沿碗　1件（H606∶4）。泥质黑陶。敛口，窄平沿内折，尖唇，弧腹上部外鼓，下部弧内收，底已残。素面。口径18、残高5.6厘米（图三〇六，14）。

2. 屈家岭文化早期的灰沟

G11

① 灰坑情况

位置：在T37西北至T27东隔梁及T37西南角。

层位关系：开口在第3层下，打破第4层；被M3打破。

形制大小：为长条形。长545、宽30～50、深10厘米。

② 出土器物

出土标本：1件。陶束颈罐。

束颈罐　1件（G11∶1）。泥质黑陶。直口外卷，平沿外卷，方圆唇，高颈甚粗，中部内束，颈下部已残。素面。口径21、残高4.3厘米（图三〇六，9）。

3. 屈家岭文化早期的墓葬

（1）M2

① 墓葬情况

位置：在T27东北部。

层位关系：开口在第3层下，打破H83至生土。

形制与大小：长方形土坑竖穴墓。墓坑长175、宽60、深25厘米。

人骨与葬式：骨架保持一般；为单人仰身直肢葬，头北脚南，方向40°（图三〇七）。

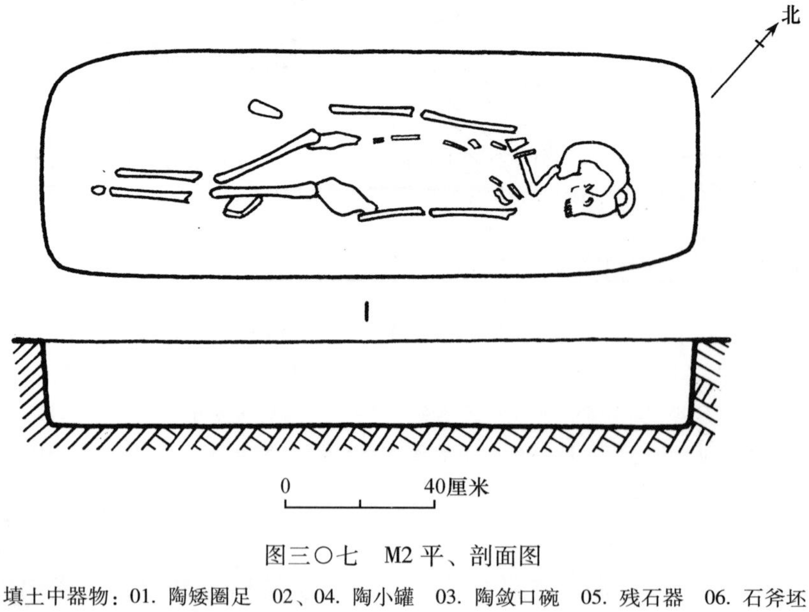

图三〇七　M2平、剖面图

填土中器物：01. 陶矮圈足　02、04. 陶小罐　03. 陶敛口碗　05. 残石器　06. 石斧坯

② 出土器物

随葬品：无。

填土标本：6 件。有残石器、石斧坯和陶小罐、敛口碗和矮圈足。

石器

残石器　1 件（M2∶05）。体近梯形，斜弧顶，两弧面皆原面，两边磨平，刃部已断。残长 12.3、宽 7.2、厚 4.2 厘米（图三〇九，1）。

石斧坯　1 件（M2∶06）。砾石，打制。较薄近梯形，弧顶弧刃两面皆原面，一边为原平面，另一边两面打制仅修直，刃部单面打制，没有进一步修整，尚不锋利。长 11.4、宽 6.6、厚 3 厘米（图三〇九，3）。

陶器

小罐　2 件。M2∶02，泥质黑陶。侈口，束颈，折沿，尖圆唇，溜肩，深弧腹下部已残。腹饰数周凹弦纹，但不平行，不等距。口径 10.6、残高 3 厘米（图三一一，6）。M2∶04，泥质陶外红内黑。侈口，束颈，窄折沿，尖圆唇，溜肩，深弧腹已残。素面。口径 13、残高 3.1 厘米（图三一一，4）。

敛口碗　1 件（M2∶03）。泥质黑陶。敛口，尖圆唇微外卷，弧腹，腹下部已残。腹饰数周不规则的细弦纹。口径 9.2、残高 3.4 厘米（图三一一，9）。

矮圈足　1 件（M2∶01）。泥质灰褐陶。残存矮圈足，足壁外斜。素面。底径 6.8、残高 3.2 厘米（图三一一，8）。

③ 年代推断

M2 虽无随葬品，但因 T27③层为屈家岭文化晚期堆积；而 M2 填土中的 6 件标本中，也未见屈家岭文化晚期的典型器物，所以，据开口地层，推测 M2 为屈家岭文化早期墓葬。顺便指出：被 M2 打破的 H83，为开口第 4 层下的大溪文化晚期的灰坑。与 M2 年代推断并不矛盾。

（2）M4

① 墓葬情况

位置：在 T27 东北部至 T25 南部和 T37 西北部。

层位关系：开口在第 3 层下，打破第 4 层。

形制与大小：长方形土坑竖穴墓。墓坑长 205、宽 70、深 25 厘米。

人骨与葬式：骨架保持较好；为单人仰身直肢葬，头东脚西，方向 54°（图三〇八；图版九三，1）。

② 出土器物

随葬品：3 件。有残玉璜、石璜和石斧。

石器

石斧　1 件（M4∶3）。扁平梯形，平顶，两面皆原面，两边磨平，平刃两面磨制甚锋利。长 20、宽 9.1、厚 3.9 厘米（图三〇九，6；图版九四，3）。

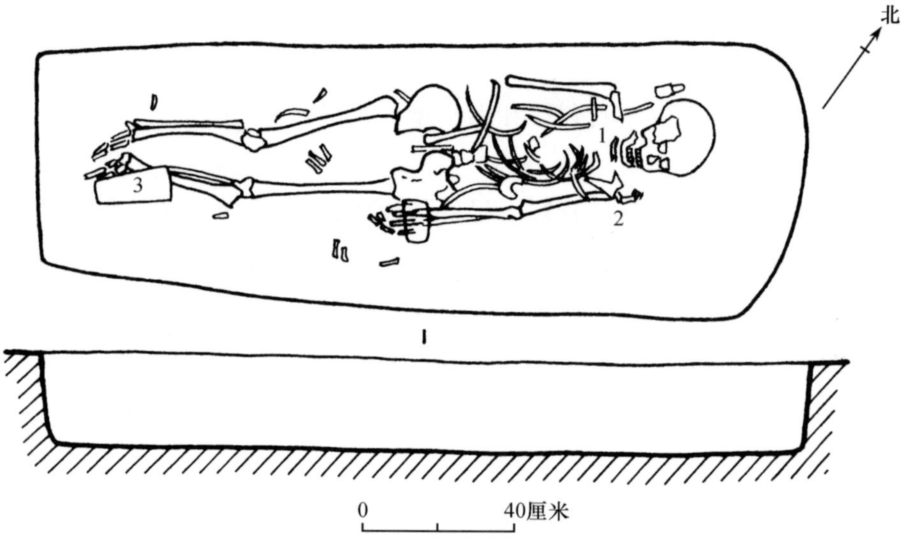

图三〇八　M4 平、剖面图

1. 残玉璜　2. 石璜　3. 石斧

填土中器物：04. 陶矮圈足　05. 陶碗口沿　06. 陶有领罐口沿　07. 陶豆盘　08. 石网坠　09. 陶小罐口沿

石璜　1 件（M4∶2）。石质，青色。磨制，钻孔，扁薄桥形，两端各对钻一小圆孔。长 7.4、中宽 1.6、中厚 0.3 厘米（图三〇九，4；图版九四，7）。

其他

残玉璜　1 件（M4∶1）。似石英，白色，半透明，扁薄桥形，但一端已残，又在残端边上竖穿一孔，只是残端一边没有进一步磨平。残长 6.9、中宽 1.45、中厚 0.95 厘米（图三〇九，5；图版九四，6）。

填土标本：6 件。有石网坠和陶有领罐口沿、豆盘、碗口沿、矮圈足和小罐口沿。

石器

石网坠　1 件（M4∶08）。天然小砾石。扁体近蘑菇形，中段一周天然凹槽，或作网坠。长 7.6、厚 3 厘米（图三〇九，2；图版九四，4）。

陶器

有领罐口沿　1 件（M4∶06）。泥质红陶，外壁除颈外施浅红衣。直口稍敞，圆唇外卷起棱，直颈外斜，广弧肩已残。素面。口径 12.4、残高 4.5 厘米（图三一一，3）。

豆盘　1 件（M4∶07）。泥质灰黄陶。敛口，尖圆唇，鼓肩，浅弧腹内收，腹下已残。素面。口径 17、残高 4.8 厘米（图三一一，1）。

碗口沿　1 件（M4∶05）。泥质黑陶。敛口，内折沿，尖圆唇，折腹弧内收，下腹已残。素面。口径 14、残高 2.6 厘米（图三一一，12）。

矮圈足　1 件（M4∶04）。泥质黑陶。上部已残，仅剩矮圈足残片，足壁外弧，足根外卷成圆棱。足饰两个圆形为一组镂孔纹。足径 10、残高 3 厘米（图三一一，10）。

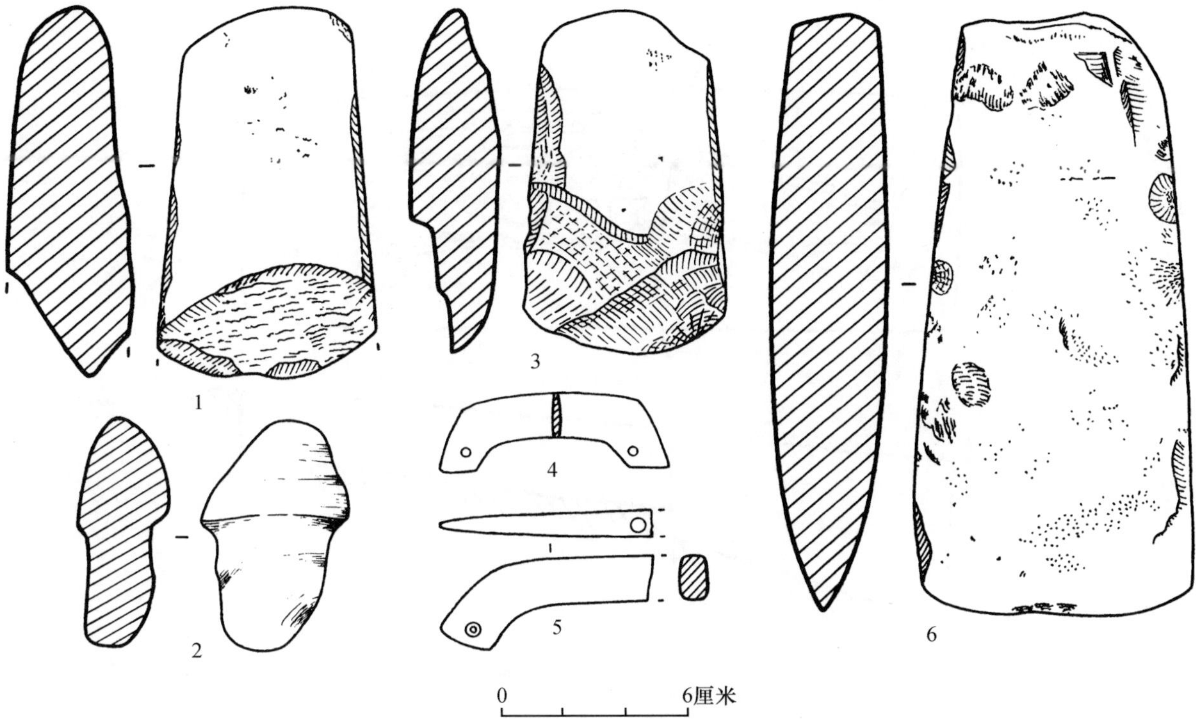

图三〇九　M2、M4出土石器及填土中器物

1. 残石器（M2∶05）　2. 石网坠（M4∶08）　3. 石斧坯（M2∶06）　4. 石璜（M4∶2）　5. 残玉璜（M4∶1）　6. 石斧（M4∶3）

小罐口沿　1件（M4∶09）。泥质陶外红内黑，内沿面及器表施鲜红衣，或又绘黑彩但已脱落。侈口，束颈，小折沿，鼓肩，弧腹斜内收，但下腹已残。素面。

③ 年代推断

M4随葬品的玉璜、石璜和石斧，很难和随葬陶器一样断代；因T37③层为屈家岭文化晚期堆积，而M4填土出土的6件标本中，也未见屈家岭文化晚期的典型器物。所以推测M4为早于T37③层的屈家岭文化早期墓葬。

（3）M16

① 墓葬情况

位置：在T39东壁至东隔梁内。

层位关系：开口在第3层下，打破H140。

形制与大小：长方形土坑竖穴墓。墓坑残长180、宽64、深30厘米。

人骨与葬式：骨架保持较好；为单人仰身直肢葬，头南脚北，方向137°（图三一〇；图版九三，2）。

② 出土器物

随葬品：4件。有石镯和陶环、小罐和簋形器。

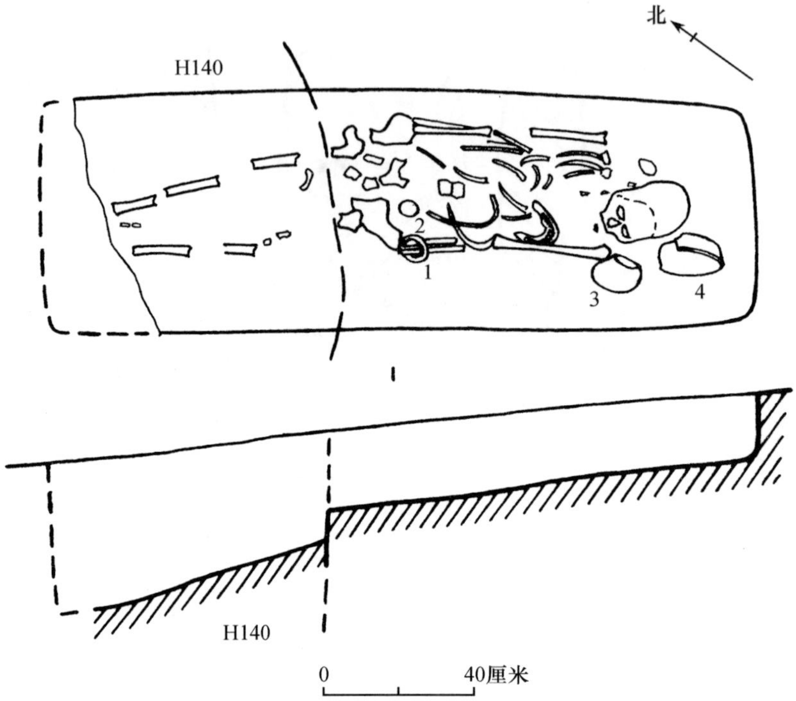

图三一〇　M16平、剖面图

1. 石镯　2. 陶环　3. 陶小罐　4. 陶簋形器

石器

石镯　1件（M16∶1）。石质，灰白局部泛黄，通体磨制，多天然凹孔。厚体环形，内直外弧，一面有小平面，但仍外弧。外直径7.4、内直径5.4、高2.4厘米（图三一一，11；图版九四，5）。

陶器

陶环　1件（M16∶2），为A型。夹炭灰陶，手制。圆环已残，剖面小圆形。素面。外径6.3、内径5.95、厚0.5厘米（图三一一，7）。

小罐　1件（M16∶3）。夹炭红陶。烧制后已严重变形，侈口，束颈，小折沿，尖圆唇，弧肩，鼓腹，圜底。未见纹饰。腹长径10.9、腹宽径8.3、高9.2厘米（图三一一，5；图版九四，2）。

簋形器　1件（M16∶4）。泥质黑陶。敛口，小卷沿，方圆唇，弧腹上部外斜，下部弧折成圜底，下附矮圈足，足壁外斜。残口沿下有两组圆形小镂孔，每组两个，估计还有两组折沿的小镂孔，已残。口径16、足径8.1、通高8.6厘米（图三一一，2；图版九四，1）。

填土标本：无。

③ 年代推断

据附表二，M16∶4为Ⅲ式簋形器；也据开口地层，且M16随葬品中未见屈家岭文化晚期的典型器物。所以，推测M16为屈家岭文化早期墓葬。顺便说明：M16打破的H140，是开口第3层下的一个不规则形坑，本报告未用此坑资料。

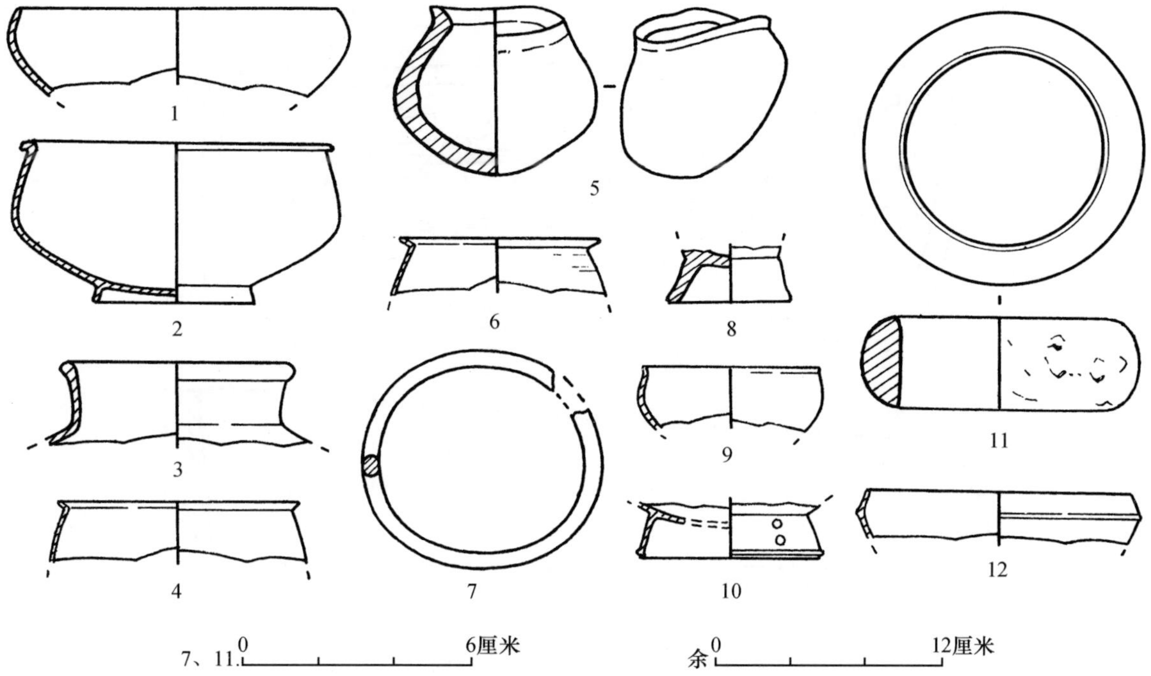

图三一一　M2、M4、M16 出土及填土中器物

1. 陶豆盘（M4:07）　2. 陶簋形器（M16:4）　3. 陶有领罐口沿（M4:06）　4～6. 陶小罐（M2:04、M16:3、M2:02）　7. 陶环（M16:2）　8、10. 陶矮圈足（M2:01、M4:04）　9. 陶敛口碗（M2:03）　11. 石镯（M16:1）　12. 陶碗口沿（M4:05）

（4）M17

① 墓葬情况

位置：在 T38 西南部至 T36 东隔梁内。

层位关系：开口在第 3 层下，打破第 4 层。

形制与大小：长方形土坑竖穴墓。墓坑长 200、宽 74、深 45 厘米。

人骨与葬式：骨架保存不全；为单人仰身直肢葬，头南脚北，方向 132°（图三一二）。

② 出土器物

随葬品：12 件。均为石器，有石斧、石锛、石球和石坯。

石斧　5 件。M17:1，较薄石片呈不规则形，弧顶为原面，两面一面为原面弧凸有打击疤，另一面打击面磨平，但有大片疤，两边磨制，仍不平，斜弧刃为两面夹角，不甚锋利。长 9.7、宽 7.2、厚 2.1 厘米（图三一三，6；图版九五，5）。M17:2，扁薄梯形，平顶打制，甚平整，两面为原面较平，两边一边为光滑原斜面，另一边琢平，斜刃两面磨制对称，有使用缺口，已不锋利。长 9.5、上宽 6.7、刃宽 8.1、厚 2.4 厘米（图三一三，1；图版九五，4）。M17:6，扁平近梯形，顶近弧，单面打制，两面皆原面，一面稍打制，两边打制修直，斜刃两面磨制近对称，一角已残，锋利。长 7.9、刃宽 4.3、厚 1.3 厘米（图三一三，4；图版九五，2）。M17:8，扁平呈梯形，弧顶一角稍打制，另一角为原面，两面皆平滑原面，两边打制修直后稍磨制，但仍不平，弧刃两面磨制，有使用痕，已不锋利。长 8.3、刃宽 4.3、厚 1.8 厘米（图三一三，8；

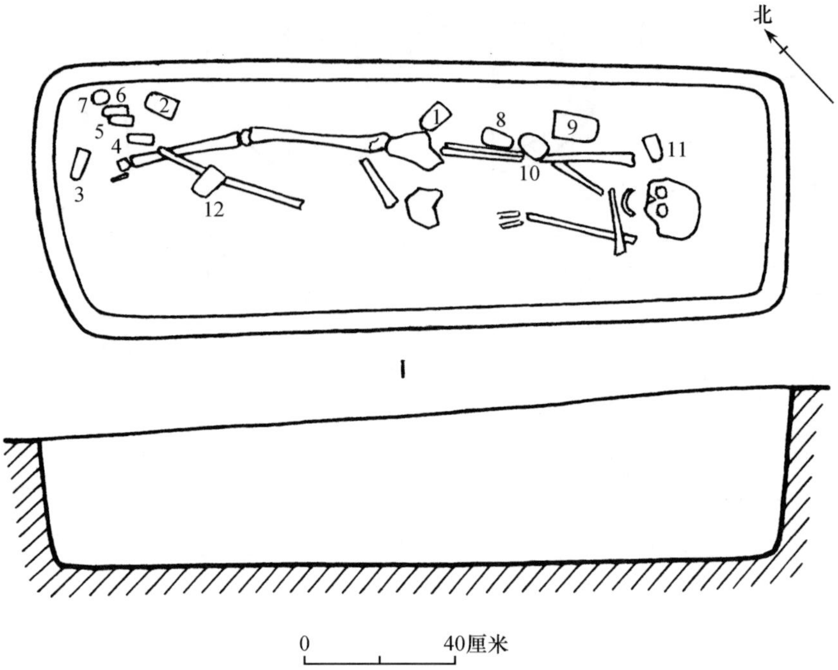

图三一二　M17 平、剖面图

1、2、6、8、10. 石斧　3、5. 石锛　4、9、11、12. 石坯　7. 石球

图版九五，3）。M17∶10，石片打制。上厚下薄近长方形，一面为近平原面有片疤，另一面近顶处稍厚，为不平破裂面，顶和两边却单面打制修直，平刃单面打制较锋利。长 8、顶宽 5.2、刃宽 6、厚 1.7 厘米（图三一三，10；图版九五，6）。

石锛　2 件。M17∶3，石片打制。扁平近梯形，平顶和弧面为原面都有片疤，另一面打击面近平，两边单面打制修直，斜弧刃为两面夹角，甚锋利。长 8.2、刃宽 4.8、厚 1.4 厘米（图三一三，11；图版九五，7）。M17∶5，薄体石片近长方形，弧顶两面打制呈刃状，两面一面为光滑原弧面，另一面磨平，但都有疤痕，两边一边磨平，一边打制不平，但却修直近平行，平刃两面磨制，虽不对称，但较锋利。长 8.3、刃宽 4.5、厚 1.7 厘米（图三一三，9；图版九五，1）。

石球　1 件（M17∶7）。椭圆体天然砾石。表面有光滑片疤，又有似琢打留下的小琢坑。长径 7.2、短径 6.3、厚 5.4 厘米（图三一三，5；图版九五，8）。

石坯　4 件。M17∶4，扁平近梯形，斜弧顶和圆弧刃，一面皆保留原砾石面，另一面为打击面磨平，两边两面皆磨平，刃部还不锋利，故属石坯。长 8.5、下宽 3.5、厚 1.1 厘米（图三一三，3）。M17∶9，厚体近长方形，顶已断，两面原面，一面光滑弧面，另一面凹凸不甚平，两边打制，一边已修直且近平，另一边还没有全修直，刃端为砾石原扁弧面，一角一面打制，不锋利。长 14.2、宽 9.3、厚 5.1 厘米（图三一三，12）。M17∶11，较薄近长方形，两面和一边为原面，两面皆不甚平，有片疤，另一边稍磨，顶部皆单面打制，虽不直，但刃不锋利。长 9.1、中宽 4.1、厚 1.7 厘米（图三一三，2）。M17∶12，厚体近长三角形，除近顶部为原面外，皆打击面，未成器的石料。长 11.8、宽 4.5、厚 3.5 厘米（图三一三，7）。

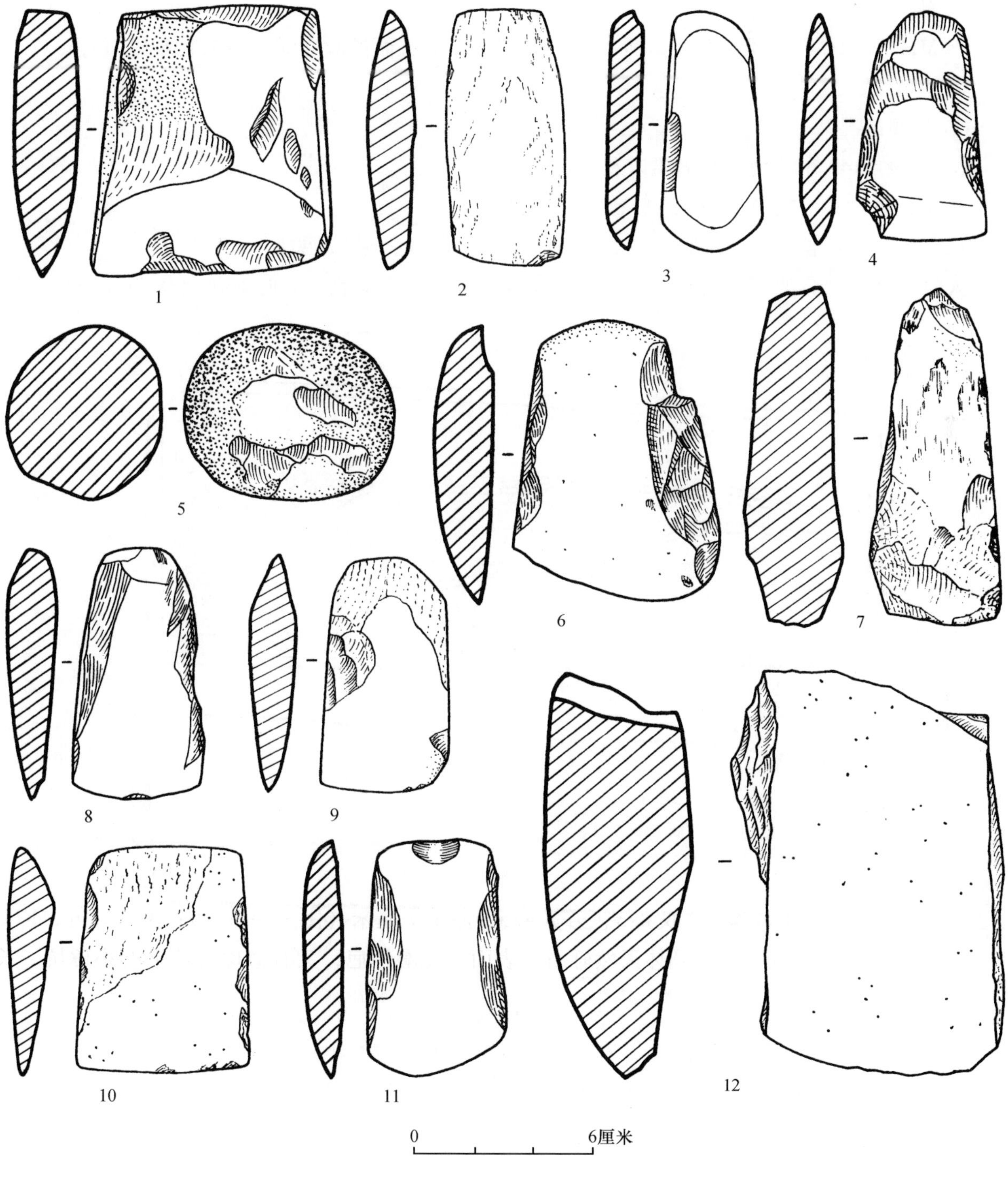

图三一三　M17出土石器

1、4、6、8、10. 石斧（M17:2、M17:6、M17:1、M17:8、M17:10）　2、3、7、12. 石坯（M17:11、M17:4、M17:12、M17:9）　5. 石球（M17:7）　9、11. 石锛（M17:5、M17:3）

填土标本：无。

③ 年代推断

因 M17 只随葬石器难以断代，所以，只能据开口地层而推断为屈家岭文化早期墓葬。

（5）M19

① 墓葬情况

位置：在 T42 东北角至北隔梁以及 T39 南壁下。

层位关系：开口在第 3 层下，打破第 4 层及生土。

形制与大小：长方形土坑竖穴墓。墓坑长 235、宽 91、深 62 厘米。

人骨与葬式：骨架保持较好；为单人仰身直肢葬，头南脚北，方向 150°（图三一四）。

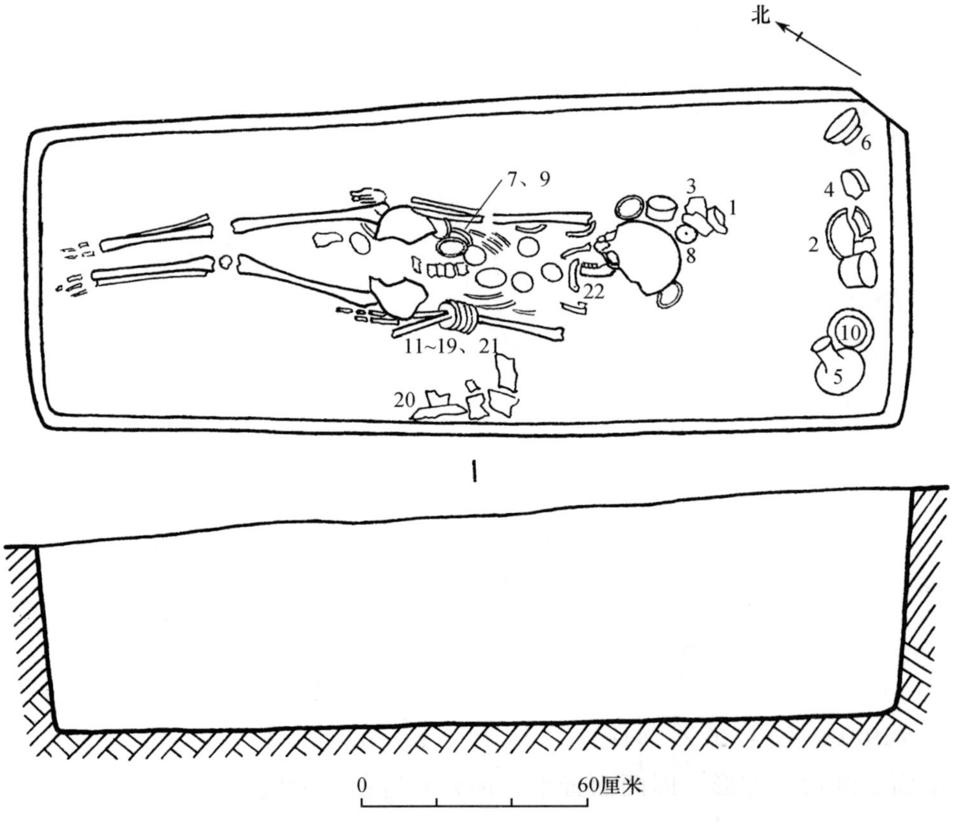

图三一四　M19 平、剖面图

1. 陶豆盘口沿　2、4. 陶内折沿碗　3. 石器　5、20. 陶双腹豆　6. 陶侈口碗　7、9、11～19、21. 陶环　8. 陶纺轮　10. 陶壶　22. 玉璜

② 出土器物

随葬品：22 件。有石器、陶纺轮、玉璜和陶侈口碗、双腹豆、内折沿碗、壶、豆盘口沿、陶环。

石器

石器　1 件（M19∶3）。扁平长方形，通体磨光，顶部，两面、两边和刃部都磨平成一规整长方体，用途不明。长 4.5、宽 2.7、厚 0.8 厘米（图三一六，8）。

陶器

陶纺轮　1件（M19:8）。泥质红陶。扁薄两面平，角边型。素面。直径4.9、厚1.8厘米（图三一六，16；图版九六，8）。

侈口碗　1件（M19:6）。泥质黑陶。敞口，近直，口沿外斜，但唇已残，深腹内弧，圜底下附矮圈足，足壁外斜，足根外起凸棱又内斜。腹有两周不平行局部不明显的凹弦纹。口径12.4、足径8、高6厘米（图三一六，3；图版九六，1）。

双腹豆　2件。M19:20，泥质黑陶。敞口，尖圆唇，宽沿外卷，浅折腹圜底下附圈足，圈足高又粗，足壁外斜，足根外弧内凹呈台面。足饰四排为一排的圆点戳印纹，个别已戳穿。口径20.8、足径10.4、高12.8厘米（图三一六，1；彩版一三，3；图版九六，7）。M19:5，泥质黑陶。敞口，尖圆唇，浅弧腹上部微折，圜底下附粗大圈足，足壁较高近直，足根外弧起凸棱。足饰四个半弧形为组的镂孔，共三组，折腹外起圆凸棱，另：残盘中部有三个不规则单面钻圆形小镂孔，用途不明。口径23.8、足径11.4、高9.8厘米（图三一六，4；图版九六，4）。

内折沿碗　2件。M19:2，泥质黑陶。敛口，内折沿，方圆唇，斜直腹，腹下稍残，圜底下附矮圈足，足壁近直，足根上卷起圆凸棱。腹上部有一小圆形镂孔，足上仰三个为一组呈三角形的小圆镂孔，共三组。口径16、足径8.4、复原高7.6厘米（图三一六，5）。M19:4，泥质黑陶。敛口，内折沿，尖圆唇，斜直腹，腹下稍残，圜底下附矮圈足，足壁稍外斜，足根起小凸棱。素面。口径15、足径8.5、复原高6.6厘米（图三一六，2）。

壶　1件（M19:10）。泥质黑陶。口、颈和腹中部已残，直口，高颈，弧肩，鼓腹，平底。未见纹饰。底径6.4、残高10.8厘米（图三一六，11）。

豆盘口沿　1件（M19:1）。泥质黑陶。敞口，方唇，浅腹内斜，腹下部已残。素面。口径14、残高2.5厘米（图三一六，12）。

陶环　12件。皆泥质黑陶，剖面可分A、B、C三型。

A型　剖面呈圆形，4件。M19:7，外径6.5、内径5.6厘米（图三一六，13；图版九六，3）。M19:12，外径6.8、内径5.8厘米（图三一六，19；图版九六，5）。M19:9，外径7.2、内径6.4厘米。M19:18，外径7.2、内径6.2厘米（图版九六，2）。

B型　剖面呈圆角长方形，即两面皆平，内外环皆弧，面宽大于厚，6件。M19:13，外径6.8、内径5.5、厚0.35厘米（图三一六，17）。M19:16，外径7、面宽0.6、厚0.4厘米（图三一六，18）。M19:11，残，尺寸略。M19:21，外径6.8、面宽0.5、厚0.3厘米。M19:14，外径6.4、面宽0.5、厚0.4厘米（图版九六，6）。M19:15，残存二节，尺寸略。

C型　剖面呈圆角梯形，即两面皆外斜，内外环皆弧，内环厚于外环，2件。M19:17，外径7、斜面宽0.16、内环厚0.4、外环厚0.3厘米（图三一六，15）。M19:19，外径6.5、斜面宽0.5、内环厚0.3、外环厚0.15厘米。

其他

玉璜　1件（M19:22）。玉质，青色半透明，扁弧桥形，两端各对钻一小圆孔。素面。长7.4、中宽1.6、中厚0.8厘米（图三一六，9；图版九六，9）。

填土标本：无。

③ 年代推断

据附表二，M19∶6 为Ⅰ式侈口碗、M19∶20 为 AⅠ式双腹豆、M19∶5 为 BⅠ式双腹豆、M19∶2 和 M19∶4 都是Ⅱ式内折沿碗、M19∶10 为Ⅰ式壶。这一组合，推测 M19 为屈家岭文化早期墓葬。也与 M19 的层位关系相符。

（6）M20

① 墓葬情况

位置：在 T42 北壁下。

层位关系：开口在第 3 层下，打破 M21；被 H143 打破。

形制与大小：长方形土坑竖穴墓。墓坑长 216、宽 72、深 59 厘米。

人骨与葬式：骨架保持一般；为单人仰身直肢葬，头南脚北，方向 148°（图三一五）。

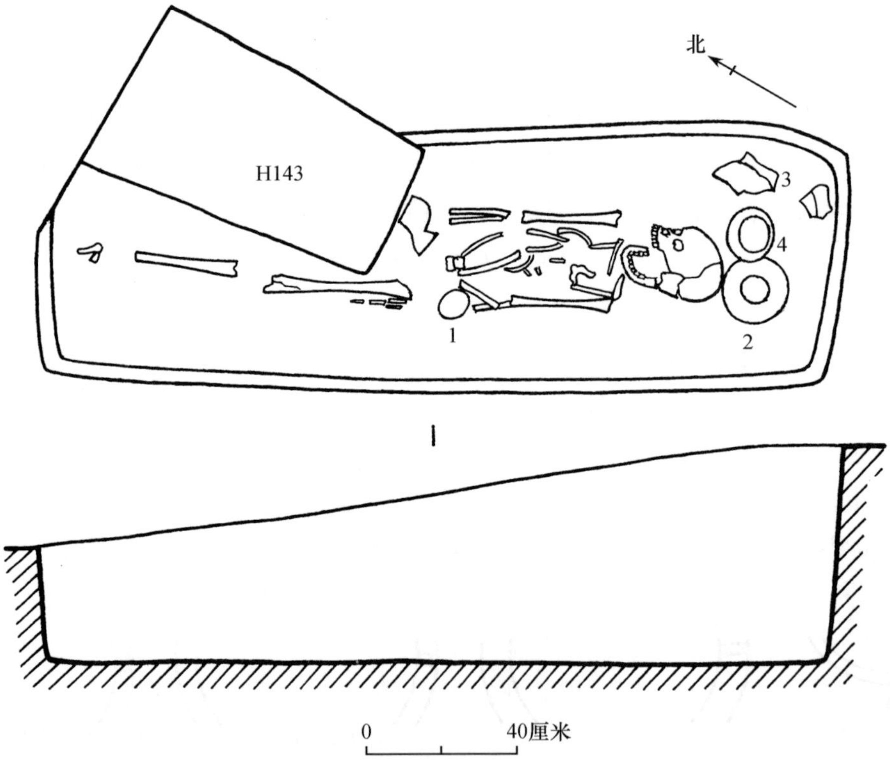

图三一五　M20 平、剖面图

1. 石球　2. 陶壶形器　3. 陶碗（残）　4. 陶壶

② 出土器物

随葬品：4 件。有石球和陶壶、壶形器和碗（口残）。

石器

石球　1 件（M20∶1）。扁体椭圆形天然砾石，表面布满密集似敲琢坑疤。长径 6.9、宽径 5.9、厚 4.3 厘米（图三一六，14）。

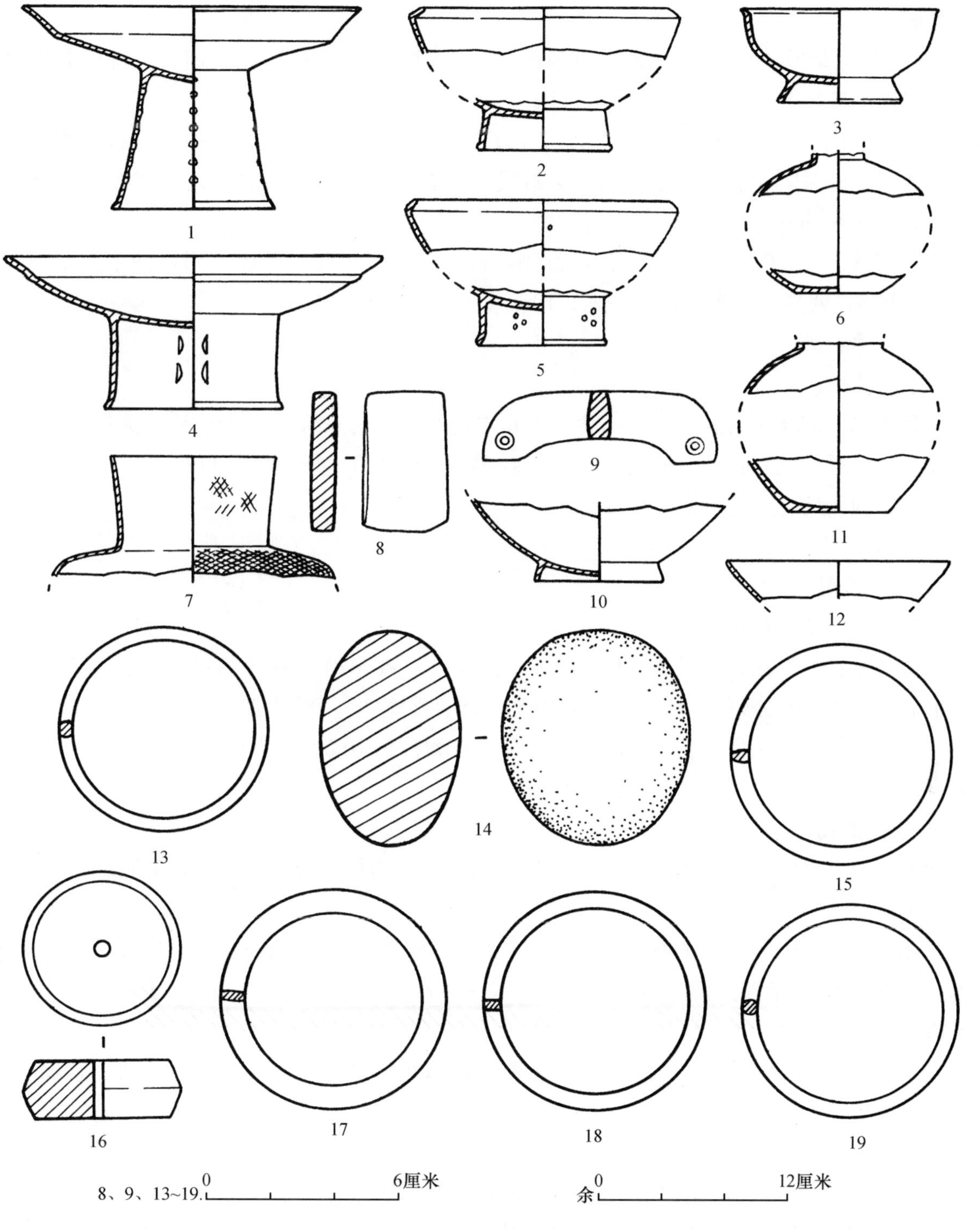

图三一六　M19、M20出土器物

1、4. 陶双腹豆（M19:20、M19:5）　2、5. 陶内折沿碗（M19:4、M19:2）　3. 陶侈口碗（M19:6）　6、11. 陶壶（M20:4、M19:10）　7. 陶壶形器（M20:2）　8. 石器（M19:3）　9. 玉璜（M19:22）　10. 陶碗（口残）（M20:3）　12. 陶豆盘口沿（M19:1）　13、19. A型陶环（M19:7、M19:12）　14. 石球（M20:1）　15. C型陶环（M19:17）　16. 陶纺轮（M19:8）　17、18. B型陶环（M19:13、M19:16）

陶器

壶　1件（M20∶4）。泥质黑陶。直口已残，仅剩细高颈下部，广弧肩，下部鼓腹也已残，平底。素面。底径5.6、残高8.8厘米（图三一六，6）。

壶形器　1件（M20∶2）。泥质红陶。直口，尖唇，粗高颈外斜，广平肩，折弧腹下已残。颈部涂黑衣多已脱落，肩至腹绘黑色交叉斜线纹，而组成黑红相间的小方格图案。口径10.3、残高7.8厘米（图三一六，7）。

碗（口残）　1件（M20∶3）。泥质红陶。口沿残，斜弧腹，圜底下附矮圈足，足壁外斜。素面。足径8、残高5厘米（图三一六，10）。

填土标本：无。

③ 年代推断

据附表二，M20∶4为Ⅱ式壶、M20∶2为Ⅱ式壶形器。这一组合，推测M20为屈家岭文化早期墓葬，且与层位关系相符。顺便说明：打破M20的H143，是一个开口第2层下的长方形直壁平底坑，因无遗物而没有被本报告采用。

（7）M21

① 墓葬情况

位置：在T42北部偏西。

层位关系：开口在第3层下，打破第4层及生土；被M20、H144打破。

形制与大小：长方形土坑竖穴墓。墓坑长228、残宽78、深65厘米。

人骨与葬式：骨架保存较差；为单人仰身直肢葬，头南脚北，方向150°（图三一七；图版九七，1）。

② 出土器物

随葬品：11件。有石镯和陶纺轮、陶环、双腹豆、内折沿碗、侈口罐和碗圈足。

石器

石镯　1件（M21∶6）。石质黑色。圆形，截面为半圆形，底面磨甚平，外环边及顶面成圆弧形。外直径6.9、面宽0.8、厚0.9厘米（图三一八，7；图版九八，6）。

陶器

陶纺轮　1件（M21∶11）。泥质红胎黑陶。扁薄两面平，角边型，一边已残。素面。边直径4.6、面直径3.6、厚1.7厘米。

陶环　3件。皆泥质灰陶，剖面可分C、D两型。

C型　2件。剖面为圆角梯形，即两面外斜内厚外薄。M21∶5。素面。外径7.5、面宽0.9、内厚0.4、外厚0.2厘米（图三一八，10；图版九八，7）。M21∶8，残存两段。两面都饰篦点纹。外径8.8、面宽1.5、内厚0.6、外厚0.3厘米（图三一八，9）。

D型　1件。剖面呈平行四边形，即两面皆平，顶面内外径皆稍大于底面。M21∶3，环外边上饰篦点纹，双行呈波浪状。顶面外径7.6、面宽0.45、厚0.55厘米（图三一八，3；图版九八，4）。

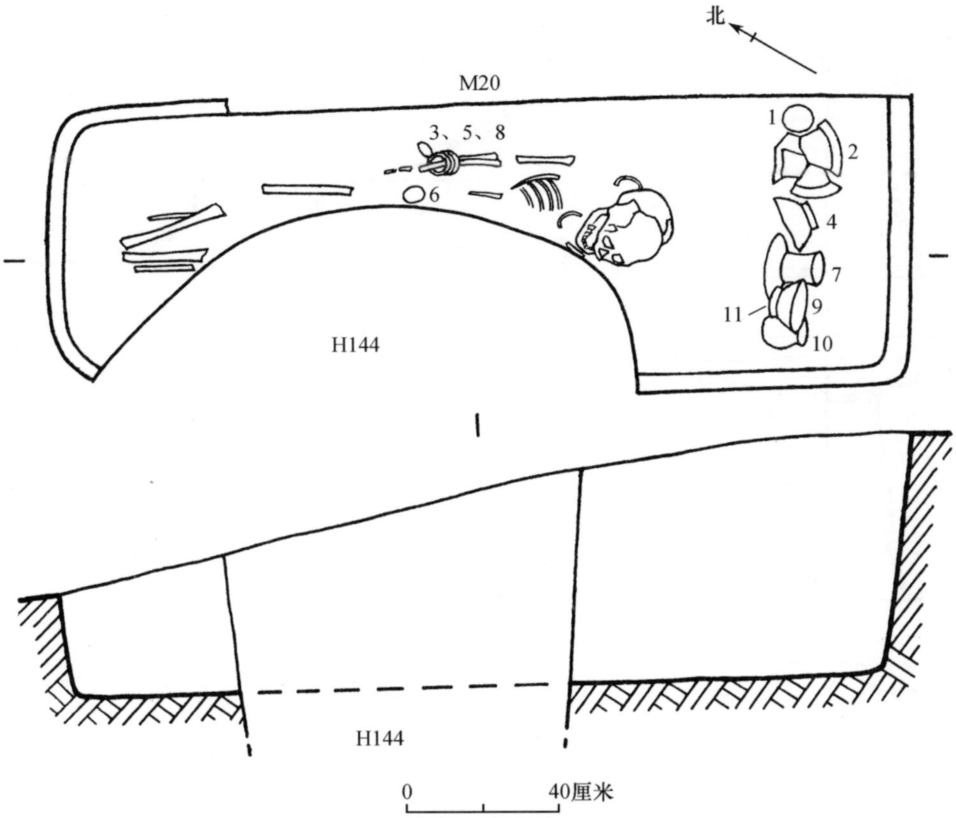

图三一七　M21平、剖面图

1. 陶碗圈足　2、7. 陶双腹豆　3、5、8. 陶环　4、9. 陶内折沿碗　6. 石镯　10. 陶侈口罐　11. 陶纺轮

双腹豆　2件。M21∶2，泥质红陶。敞口，宽沿外卷，尖圆唇，卷沿近平，沿面略上弧，折腹甚浅近平，圜底中间略内凹，下附高圈足，足壁稍外斜，足根弧平折。足饰三竖排圆形镂孔，镂孔之间又饰未穿或已穿的不规则戳点纹。口径20.2、足径11.2、高14.1厘米（图三一八，2；图版九八，2）。M21∶7，泥质黑陶。敞口，方唇，唇面两周凹弦纹，斜沿和斜腹都稍上弧，腹下稍残，圜底下附残高圈足，足壁外撇呈喇叭状，足根外起扁圆形凸棱呈台状。另：沿面一侧有两个不规整的小圆镂孔，是烧制后才穿的小孔，用途不明；足饰三组戳点纹，每组两竖排并列。口径20.4、足径11、复原高13.4厘米（图三一八，1；图版九八，5）。

内折沿碗　2件。M21∶4，泥质黑陶。敛口，内折沿，尖圆唇，深弧腹圜底下附矮圈足，足壁稍外撇。足饰四个圆形小镂孔。口径15、足径8、高9.6厘米（图三一八，4；彩版一三，2；图版九八，3）。M21∶9，泥质黑陶。敛口，内折沿，尖圆唇，斜弧腹，腹下稍残，残圜底下附矮圈足，足壁外斜，足根内斜。腹有多周不等距也不甚明显的细凹弦纹，足根沿面一周凹弦纹。口径15、足径8.4、复原高6.8厘米（图三一八，5）。

侈口罐　1件（M21∶10）。夹砂褐陶。侈口，束颈，凹折沿，尖圆唇，弧肩，深弧腹中鼓，平底。素面。口径10.2、底径5.6、高13.6厘米（图三一八，8；图版九八，1）。

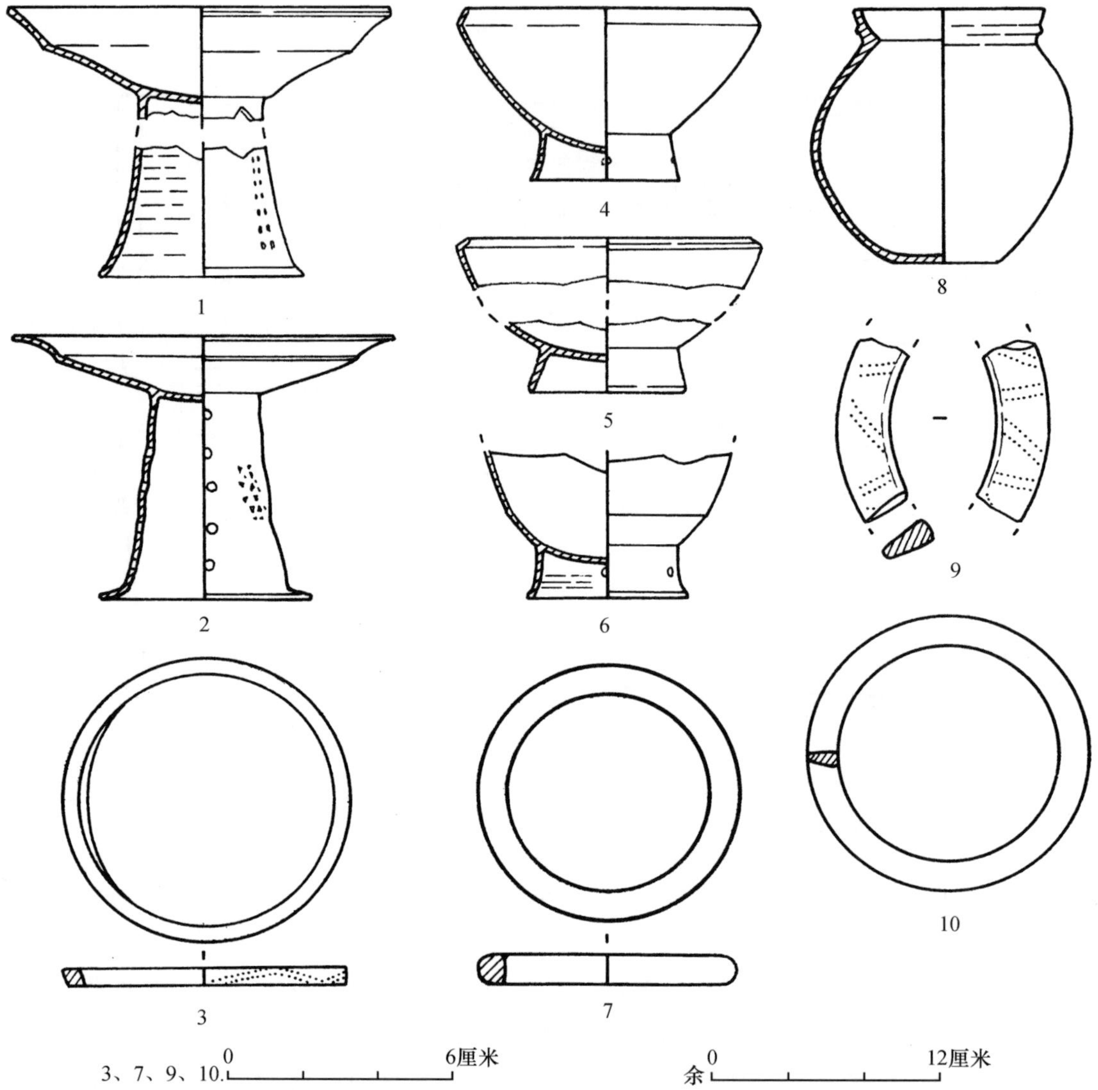

图三一八　M21出土器物

1、2. 陶双腹豆（M21∶7、M21∶2）　3. D型陶环（M21∶3）　4、5. 陶内折沿碗（M21∶4、M21∶9）　6. 陶碗圈足（M21∶1）　7. 石镯（M21∶6）　8. 陶侈口罐（M21∶10）　9、10. C型陶环（M21∶8、M21∶5）

碗圈足　1件（M21∶1）。泥质黑陶。口沿残，斜弧腹甚深，圜底下附矮圈足，足壁上部近直，足根外撇并起扁圆凸棱成台状。腹饰一周凸棱纹，足腹三个圆形镂孔。足径8.5、残高8厘米（图三一八，6）。

填土标本：无。

③ 年代推断

据附表二，M21∶2、M21∶7都是AⅠ式双腹豆、M21∶4、M21∶9都是Ⅱ式内折沿碗、M21∶10为AaⅠ式侈口罐。这一组合，推测M21为屈家岭文化早期墓葬。且与层位关系相符。顺便说明，打破M21的H144，开口第2层下，是一个屈家岭文化晚期的椭圆形坑。

（8）M23

① 墓葬情况

位置：在 T38 东南角至 T41 北隔梁内。

层位关系：开口第 3 层下，打破第 4 层至生土；被 H134 和扰沟打破。

形制与大小：长方形土坑竖穴墓。墓坑残长 190、宽 56、深 20 厘米。

人骨和葬式：骨架保存不全；为单人仰身直肢葬，头南脚北，方向 144°（图三一九；图版一〇〇，1）。

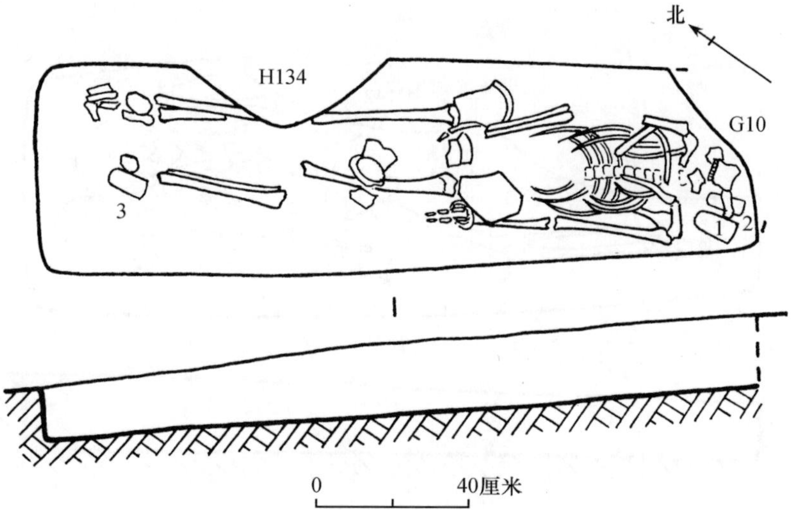

图三一九　M23 平、剖面图

1～3. 石斧

② 出土器物

随葬品：3 件。均为石斧。

石斧　3 件。M23∶1，扁平近长方形，弧顶和近平两弧面皆砾石原面，一面有几处片疤，两边都磨平，但又都有较大片疤，斜弧刃两面磨制，虽不对称，但较锋利，且有明显使用痕迹。长 10.3、刃宽 6.3、厚 2.3 厘米（图三二八，7；图版一〇一，6）。M23∶2，厚体长条形，弧顶和两弧面皆原面，两边琢平，斜弧刃两面稍打制，有使用痕，但已不锋利。长 14、宽 6.3、厚 4.2 厘米（图三二八，13；图版一〇一，7）。M23∶3，薄体近梯形，平顶，一面平，一面稍弧，皆原面，两边已磨平，斜弧刃两面磨制，虽不对称，但甚锋利。长 14.2、顶宽 6.1、刃宽 7.5、厚 2.6 厘米（图三二八，1；图版一〇一，5）。

填土标本：有折沿罐和豆高圈足残片，未收集。

③ 年代推断

M23 虽只随葬石器，但据层位关系，且未见屈家岭文化晚期的典型器物，所以，推测 M23 为屈家岭文化早期墓葬。顺便说明，打破 M23 的 H134，是开口第 2H 层下的一个屈家岭文化晚期的灰坑。

（9）M24

① 墓葬情况

位置：在 T38 西北部。

层位关系：开口第 3 层下，打破大溪文化晚期 M42；被 H142、H169 打破。

形制与大小：长方形土坑竖穴墓。墓坑长 195、宽 70、深 20 厘米。

人骨和葬式：骨架保存不全；为单人仰身直肢葬，头南脚北，方向 146°（图三二〇；图版一〇〇，2）。

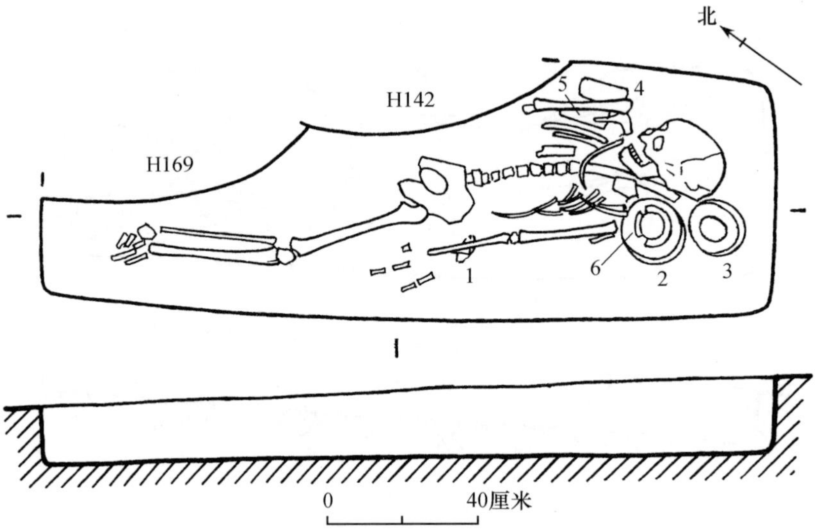

图三二〇　M24 平、剖面图

1. 陶环　2. 陶双腹碗　3. 陶侈口碗　4、5. 石斧　6. 陶觚形杯

② 出土器物

随葬品：6 件。有石斧和陶侈口碗、双腹碗、觚形杯、陶环。

石器

石斧　2 件。M24∶4，较厚长方形，平顶，打制，两面一面为天然弧凹面，另一面是不平破裂面，两边皆原面，一边光滑原面，另一边是天然层理面，斜刃为两面夹角，不锋利。长 13.7、宽 5.7、厚 3 厘米（图三二八，5；图版一〇一，4）。M24∶5，扁弧梯形，斜平顶为原面稍打制，两面皆原弧面，一面有磨制痕，两边磨平，平刃两面磨制，但刃端已断而不锋利。长 11.5、宽 6.2、厚 2.9 厘米（图三二八，4；图版一〇一，8）。

陶器

侈口碗　1 件（M24∶3）。泥质黑陶。侈口，束颈，折沿微凹，尖圆唇，深弧腹圜底下附较粗矮圈足，足壁外弧，足根成扁圆棱。足饰戳点纹，但戳点无规律。口径 15.4、底径 10、高 10.2 厘米（图三二四，4；图版一〇一，1）。

双腹碗　1 件（M24∶2）。泥质黑陶。敞口，折沿内凹，尖圆唇，深弧腹下部内折成圜底下附矮圈足，足壁外斜。沿腹之间一周凹槽，折腹一周凸棱。口径 15.1、足径 6.4、高 7.2 厘米

（图三二四，9；图版一〇一，2）。

觚形杯　1件（M24∶6）。泥质黑陶。仅剩残底，筒腹上部已残，平底稍凹。素面。残高1.5、底径6厘米（图三二四，5）。

陶环　1件（M24∶1）。泥质黑陶。剖面小圆形。素面。外径5.3、内径4.5厘米（图三二四，12；图版一〇一，3）。

填土标本：无。

③ 年代推断

据开口地层，推测M24为屈家岭文化早期墓葬；但据附表二，M24∶3为Ⅲ式侈口碗、M24∶2为Ⅱ式双腹碗、M24∶6为Ⅰ式觚形杯。这一组合，已接近屈家岭文化晚期。所以，推测M24是屈家岭文化早期偏晚墓葬。顺便说明，打破M24的H142和H169，遗物而没被本报告采用。

（10）M26

① 墓葬情况

位置：在T42西南部，局部在T41东隔梁内。

层位关系：开口第3层下，打破第4层至生土。

形制与大小：墓边不十分清晰的长方形土坑竖穴墓。墓口长165、宽87、墓底长157、宽68、深56厘米。

人骨和葬式：骨架零乱不全；葬式不明，似二次迁葬，方向142°（图三二一；图版一〇二，1）。

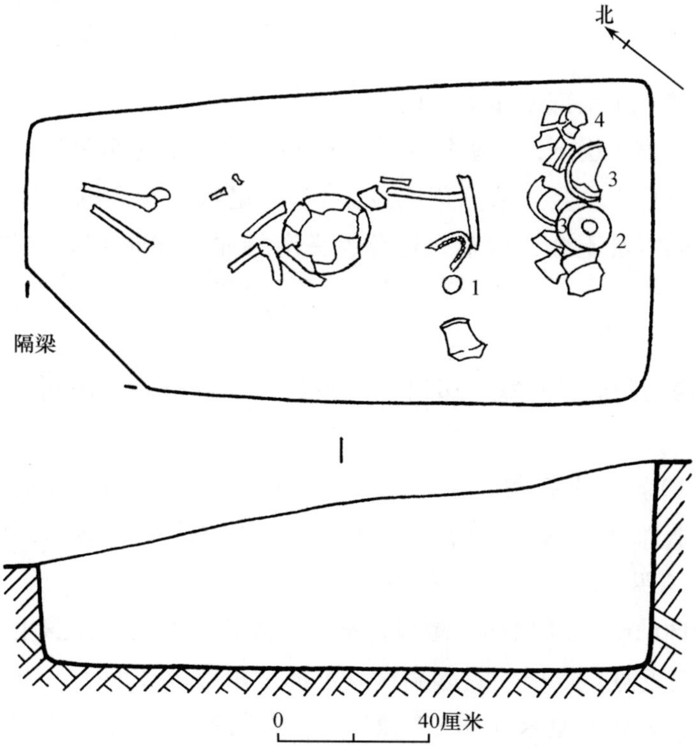

图三二一　M26平、剖面图

1. 小石球　2. 陶器盖　3. 陶釜　4. 陶壶

② 出土器物

随葬品：4 件。其中小石球放置头骨左侧，1 件器盖覆盖于陶釜上，放置头骨上方，另有 1 件残细颈壶也放置头骨上方陶釜左侧。

石器

小石球　1 件（M26∶1）。天然近圆形小砾石，表面布满天然小凹坑似琢痕。长径 4.5、宽径 4.2、厚 4.6 厘米（图三二八，8；图版一〇三，4）。

陶器

釜　1 件（M26∶3）。夹砂红陶。侈口，束颈，折沿宽凹近盘口，尖圆唇，弧肩，深弧腹，圜底。素面。口径 12、腹径 15、高 14 厘米（图三二四，7；图版一〇三，1）。

壶　1 件（M26∶4）。泥质黑陶。口颈残，仅剩球腹，平底。素面。腹径 12.4、底径 5.8、残高 10.4 厘米（图三二四，15；图版一〇三，2）。

器盖　1 件（M26∶2）。夹草末褐陶。盖纽为矮圈，盖盘敞口浅弧腹，尖唇。素面。纽径 4、盘径 9.5、高 2.4 厘米（图三二四，13；图版一〇三，3）。

填土标本：无。

③ 年代推断

据附表二，M26∶3 为 BⅠ式釜、M26∶4 为Ⅱ式壶。这一组合，推测 M26 为屈家岭文化早期墓葬。且与开口地层相符。

（11）M30

① 墓葬情况

位置：在 T41 南壁下至南部未布探方内。

层位关系：开口在第 3 层下，打破第 4 层；被屈家岭文化晚期 M32、M33 打破。

形制与大小：长方形土坑竖穴墓。墓坑残长 176、宽 80、深 30 厘米。

人骨和葬式：骨架零乱不全；似单人迁葬，头南脚北，方向 144°（图三二二；图版九七，2）。

② 出土器物

随葬品：9 件。均为陶器，有簋、侈口碗、敛口钵、双腹碗、内折沿碗、侈口罐、敞口碗和圈足盘。

簋　1 件（M30∶1）。泥质红陶。侈口，束颈，折沿，尖圆唇，弧肩，球腹，圜底下附圈足，足壁已残。肩至腹饰黑彩纹，多脱落，似多为带状纹，粗细不一，也不平行。口径 7.6、残高 6.5 厘米（图三二四，14；图版九九，1）。

侈口碗　2 件。M30∶5，泥质黑陶。敞口，窄凹沿外折，方唇，深腹上部较直，下部弧内收，圜底下附矮圈足，足壁近直，足根外卷起扁棱。足饰三角形镂孔四个，腹饰不平行凹弦纹两周。口径 16.8、足径 8.8、高 8.6 厘米（图三二四，1；彩版一三，4；图版九九，4）。M30∶4，泥质黑陶，敞口，窄凹沿外折，方唇，深腹上部近直，下部弧内收，但已残。腹饰两周凹弦纹。口径 16.4、残高 5.3 厘米（图三二四，3）。

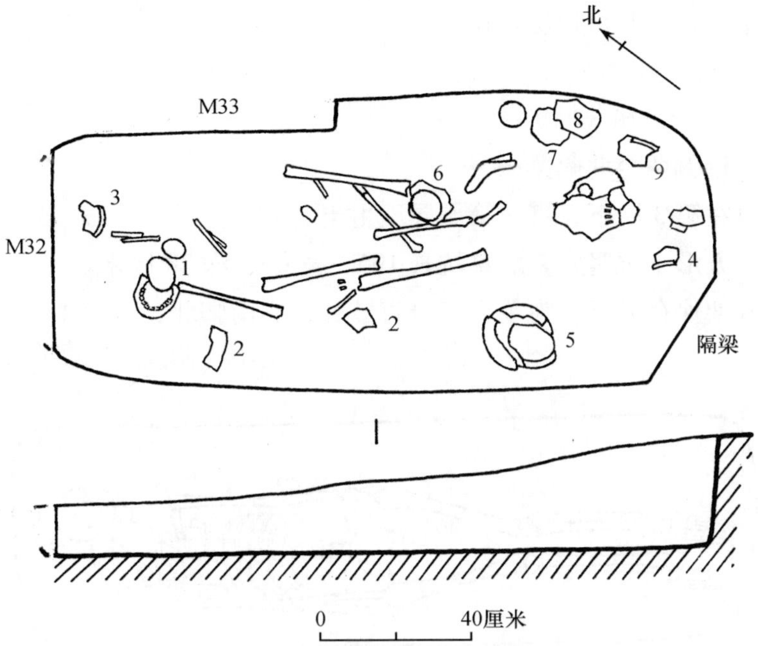

图三二二　M30平、剖面图

1. 陶簋　2. 陶双腹碗　3. 陶内折沿碗　4、5. 陶侈口碗　6. 陶敛口钵　7. 陶圈足盘　8. 陶侈口罐　9. 陶敞口碗

敛口钵　1件（M30∶6）。泥质红陶。敛口，尖圆唇，鼓肩，深腹弧内收，平底。素面。口径13.2、底径6、高8.5厘米（图三二四，8；图版九九，3）。

双腹碗　1件（M30∶2）。泥质黑陶。敞口，凹沿，尖圆唇，深弧腹稍残，圜底下附矮圈足，足壁上部外斜近直，足根外卷起圆棱。足饰三组竖划纹，每组两条划纹甚潦草。口径20、足径8.8、复原高9.6厘米（图三二四，11）。

内折沿碗　1件（M30∶3）。泥质黄陶。口已残，似弧折沿内敛，弧腹内收，圜底下附矮圈足，足壁外弧近直，足根外卷起扁棱。素面。足径5.9、残高4.8厘米（图三二四，16）。

侈口罐　1件（M30∶8）。夹炭红褐陶。侈口，束颈，宽折沿上仰，尖圆唇，溜肩，深弧腹，下腹已残。素面。口径12.4、残高7.6厘米（图三二四，6）。

敞口碗　1件（M30∶9）。泥质黑陶。敞口近直，尖唇，深弧腹，平底下附矮圈足，足壁外斜。素面。口径10.8、足径6.2、高6.4厘米（图三二四，17；图版九九，2）。

圈足盘　1件（M30∶7）。泥质黑陶。敛口，内折沿，尖圆唇，浅弧腹内收，圜底下附矮圈足，足壁外撇，足根外弧呈台状。残足饰圆形小镂孔，但组合不明。口径20、足径9、高7.5厘米（图三二四，10；图版九九，5）。

填土标本：无。

③ 年代推断

据附表二，M30∶1为Ⅲ式簋、M30∶4和M30∶5都是Ⅱ式侈口碗、M30∶6为Ⅰ式敛口钵、M30∶2为Ⅰ式双腹碗、M30∶3为Ⅲ式内折沿碗、M30∶8为AaⅡ式侈口罐。这一组合，推测M30

为屈家岭文化早期墓。且与开口地层相符。

（12）M34

① 墓葬情况

位置：在 T41 北壁偏西至北隔梁内。

层位关系：开口在第 3 层下，打破第 4 层至生土。

形制与大小：长方形土坑竖穴墓。墓坑长 196、宽 60、深 28 厘米。

人骨和葬式：骨架保存完好；为单人仰身直肢葬，头南脚北，方向 152°（图三二三）。

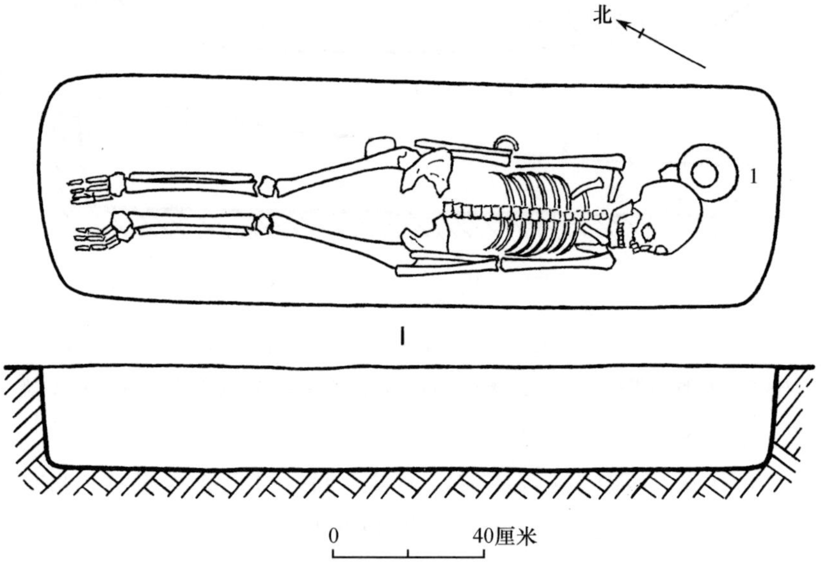

图三二三　M34 平、剖面图

1. 陶簋形器

② 出土器物

随葬品：3 件。均为陶器，其中簋形器 1 件在墓主头部右上方；陶环 2 件，套于墓主右手上。

簋形器　1 件（M34∶1）。泥质黑陶。侈口，束颈，小卷沿，方圆唇，鼓腹较浅，圜底下附矮圈足，足壁外斜。素面。口径 14.8、足径 9.2、高 8.6 厘米（图三二四，2；图版一〇四，1）。

陶环　2 件。皆泥质黑陶，剖面呈圆形。

填土标本：无。

③ 年代推断

据附表二，M34∶1 为Ⅱ式簋形器，结合开口地层，推测 M34 为屈家岭文化早期墓葬。

（13）M37

① 墓葬情况

位置：在 T41 西南部至 T37 东隔梁内。

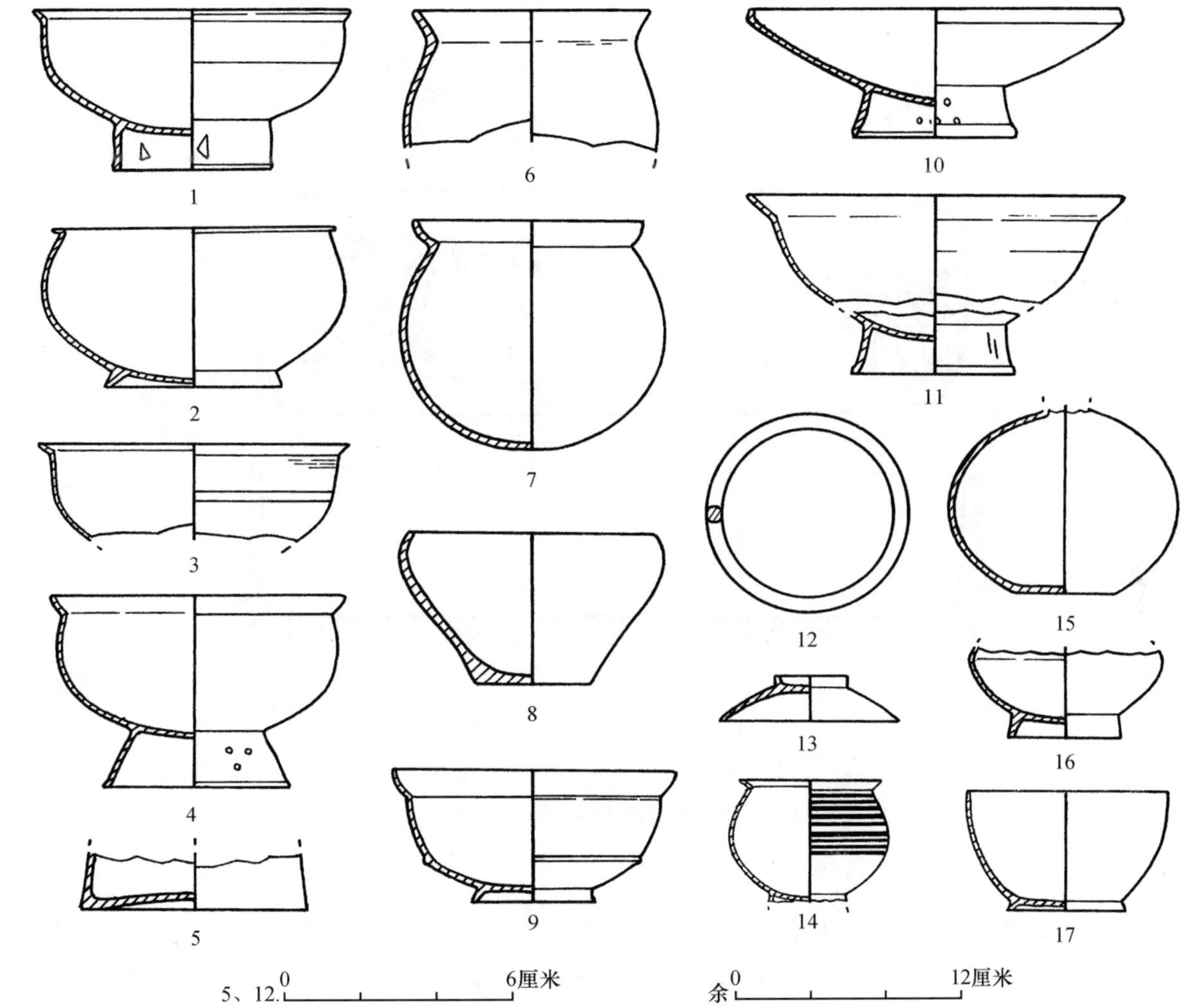

图三二四　M24、M26、M30、M34 出土陶器

1、3、4. 侈口碗（M30∶5、M30∶4、M24∶3）　2. 簋形器（M34∶1）　5. 觚形杯（M24∶6）　6. 侈口罐（M30∶8）　7. 釜（M26∶3）　8. 敛口钵（M30∶6）　9、11. 双腹碗（M24∶2、M30∶2）　10. 圈足盘（M30∶7）　12. 陶环（M24∶1）　13. 器盖（M26∶2）　14. 簋（M30∶1）　15. 壶（M26∶4）　16. 内折沿碗（M30∶3）　17. 敞口碗（M30∶9）

层位关系：开口在第 3 层下，打破第 4 层至第 4 下层大溪文化晚期 M38。

形制与大小：长方形土坑竖穴墓。墓坑长 186、宽 60、深 40 厘米。

人骨和葬式：骨架保存较好；为单人仰身直肢葬，头南脚北，方向 133°（图三二五）。

② 出土器物

随葬品：4 件。有石璜和陶双腹豆、豆圈足。

石器

石璜　1 件（M37∶4）。石质深灰色有黑斑，由半圆形残石镯改制，两端残口都没有进一步磨平，只在每端内外刻一缺口，一端曾打算钻孔未穿，璜内直外尖，两面皆外弧，剖面近等腰弧边三角形。外径 7.6、内径 5.8、内厚 0.5 厘米（图三二八，9；图版一〇四，6）。

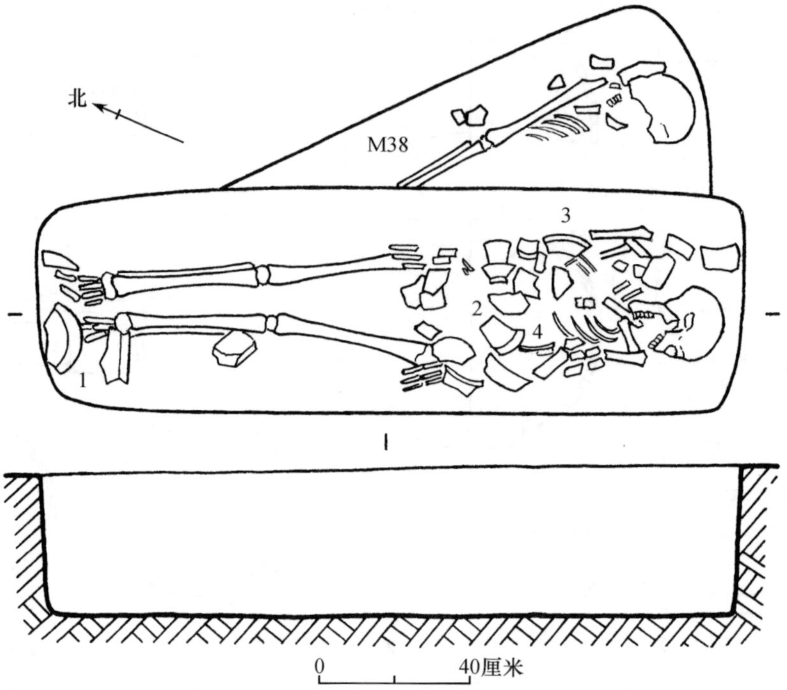

图三二五　M37 平、剖面图

1、3. 陶双腹豆　2. 陶豆圈足　4. 石璜

填土标本：05、06. 陶折沿罐口沿　07. 陶盆口沿

陶器

双腹豆　2 件。M37∶3-1，豆盘，泥质灰陶。敞口，宽折沿，沿面微凹，尖圆唇，深弧腹，腹下残。素面。口径 19.2、残高 5.4 厘米（图三三一，3）。M37∶3-2，豆圈足，泥质灰陶。仅剩残圈足及足根残片，足壁近直稍外斜，足根外凸成台状。未见纹饰。M37∶1，泥质红陶。敞口，宽折沿，沿面微凹，尖圆唇，深弧腹圜底下附高圈足，足壁稍外斜，足根外凸内凹成台状。足饰两种镂孔，一种半月形约三个；另一种由两个柳叶形组成八字状，也约三组。口径 18、足径 10、高 14.4 厘米（图三三一，2；图版一〇四，2）。

豆圈足　1 件（M37∶2）。泥质黑陶。有口沿、器底和足根三部分残片难以修复。敞口，宽凹沿，深弧腹圜底下附高大圈足，足壁近直，足根外凸内凹成台状。残足饰两种镂孔，一种半月形，另一种由两个柳叶形组成八字状，又，腹饰一周凸棱。残高 6.4 厘米（图三三一，10）。

填土标本：3 件。均为陶器，有折沿罐口沿和盆口沿。

折沿罐口沿　2 件。M37∶05，夹砂红陶。侈口，束颈，折沿，肩已残。素面。M37∶06，夹炭红褐陶。侈口，束颈，折沿，肩已残。素面。

盆口沿　1 件（M37∶07）。泥质黑陶。敛口，卷沿，肩以下已残。素面。

③ 年代推断

据附表二，M37∶3-1 为 AⅡ式双腹豆盘，M37∶1 为 BⅡ式双腹豆，这一组合，推测 M37 为屈家岭文化早期墓葬。且与开口地层相符。

（14）M39

① 墓葬情况

位置：在T36东隔梁南部至T37关键柱内，在T41西北部和T38西南角也有分布，即在这四个探方中间。

层位关系：开口在第3层下，打破第3层下大晚M22。

形制与大小：长方形圆角土坑竖穴墓。墓坑长220、宽80、深36厘米。

人骨和葬式：人骨架的下肢保存甚好，盆骨以上仅有痕迹且头骨不全，葬式为单人仰身直肢葬，头南脚北，方向146°（图三二六）。

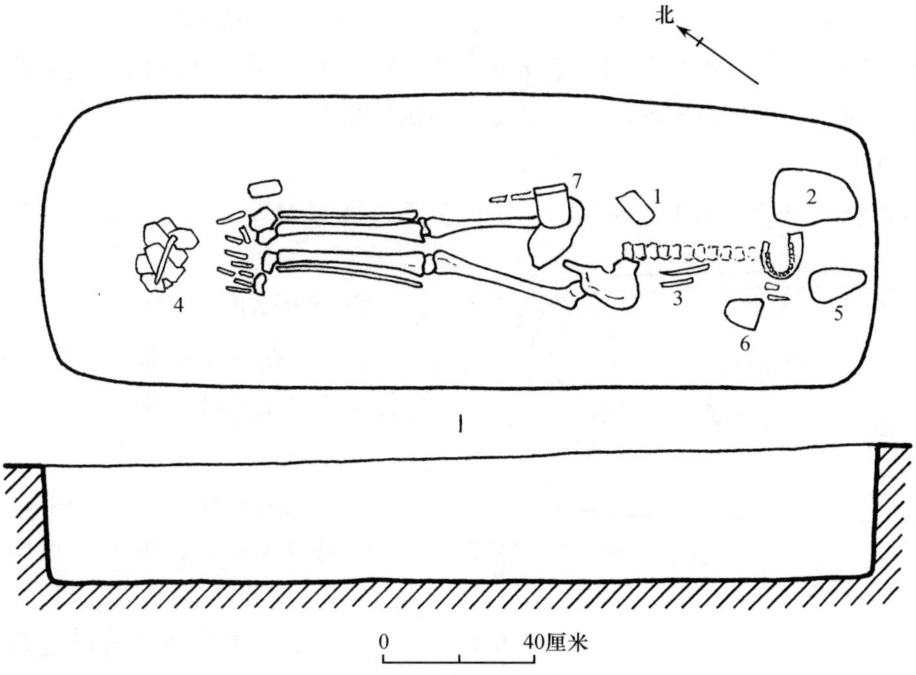

图三二六　M39平、剖面图

1、5～7. 石斧　2. 石锄　3. 石璜　4. 陶罐

② 出土器物

随葬品：除1件石璜外，还有石锄、石斧5件残石器，另有侈口小罐口沿和罐平底2件残陶器；这8件器物覆盖于骨架上或周围。

石器

石璜　1件（M39:3）。石质，白色泛黄，扁平长桥形，通体磨制，两端各对穿一小圆孔。长10.6、中宽1、厚0.4厘米（图三二八，14；图版一〇四，5）。

石锄　1件（M39:2）。暗红色石片，打制。较厚近三角形，尖弧顶宽弧刃，皆单面打制。长16、刃宽9.4、厚4厘米（图三二八，12；图版一〇四，4）。

残石斧　4件。M39:1，较薄近梯形，两面皆原面，斜顶打制，两边稍磨仍不平，弧刃两面磨制，残后又单面打制。长11、宽6.7、厚2.3厘米（图三二八，6；图版一〇四，3）。M39:5，厚体近长方形，平顶为原弧面，两面也皆较平，原面，两边磨平，刃已残。残长 10.4、宽 5.2 ~ 6.6、厚4.4 厘米（图三二八，2）。M39：6，刃已残，残器为较薄半圆形，弧顶打制，两面一面为原面，另一面为较平破裂面，两边单面打制呈扁弧形。残长 8.2、宽 8.3、厚2.6 厘米（图三二八，3）。M39：7，刃已残，残器较厚近正方形，平顶打制，两面皆原面但一面不甚平，两边皆磨平。残长 9.2、宽 8.8 ~9.6、厚 3.3 厘米（图三二八，11）。

侈口小罐口沿　1 件（M39：8）。夹草末红陶。侈口，束颈，折沿，沿面微凹，尖圆唇，弧肩已残。素面。口径 13.2、残高 3.6 厘米（图三三一，4）。

罐平底　1 件（M39：4）。泥质黑陶。上部残，弧腹内收成平底。素面。底径 11、残高 1.9 厘米（图三三一，6）。

填土标本：2 件。一为泥质黑陶内折沿碗口沿；另一为泥质陶外红内灰的碗圈足，足壁近直，下腹与足之间绘一周黑彩带状纹，足壁又饰小圆形镂孔。

③ 年代推断

据随葬器物和填土标本都难以断代，据层位关系，推测 M39 为屈家岭文化早期墓葬。

(15) M43

① 墓葬情况

位置：在 T42 北部至 T39 南部，但在 T39 的部分已在发掘时挖掉。

层位关系：开口在第 3 层下，打破第 4 层至生土；又被 G10 叠压打破。

形制与大小：长方形土坑竖穴墓。墓坑残长 135、宽 66、深 72 厘米。

人骨和葬式：骨架腐烂仅剩头骨和一根肢骨；头骨在墓坑南部，似单人葬，但葬式不详，方向 148°（图三二七）。

② 出土器物

随葬品：5 件。有小石核和陶双腹豆、内折沿碗、侈口罐和碗（口残）。

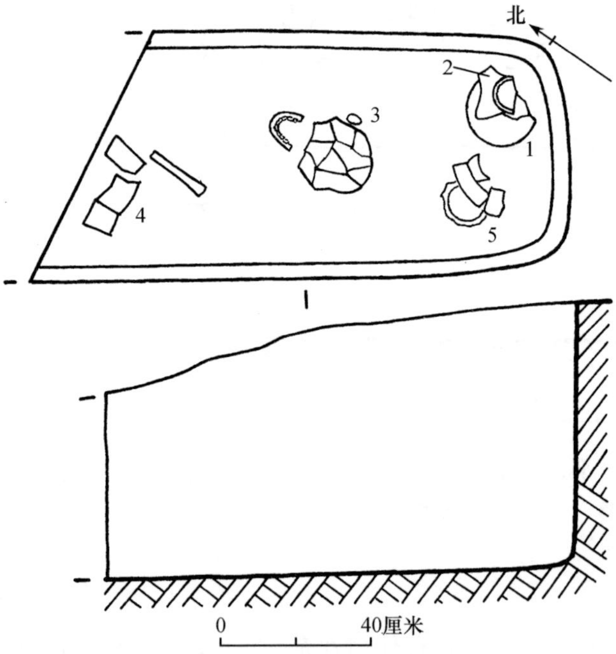

图三二七　M43 平、剖面图

1. 陶侈口罐　2. 陶内折沿碗　3. 小石核
4. 陶碗（残）　5. 陶双腹豆

石器

小石核　1 件（M43：3）。扁圆形黑色小砾石，表面布满天然凹疤。长径 2.15、宽径 2、厚 1.6 厘米（图三二八，10）。

陶器

双腹豆　1 件（M43：5）。泥质黑陶。敞口，宽沿弧凹，弧腹下部稍残，圜底下附高圈足，足较粗较高，足壁近直成筒状，足根外凸内凹成台状。足上部饰较大圆形镂孔。口径 21、足径 11、复原高 14.2 厘米（图三三一，1）。

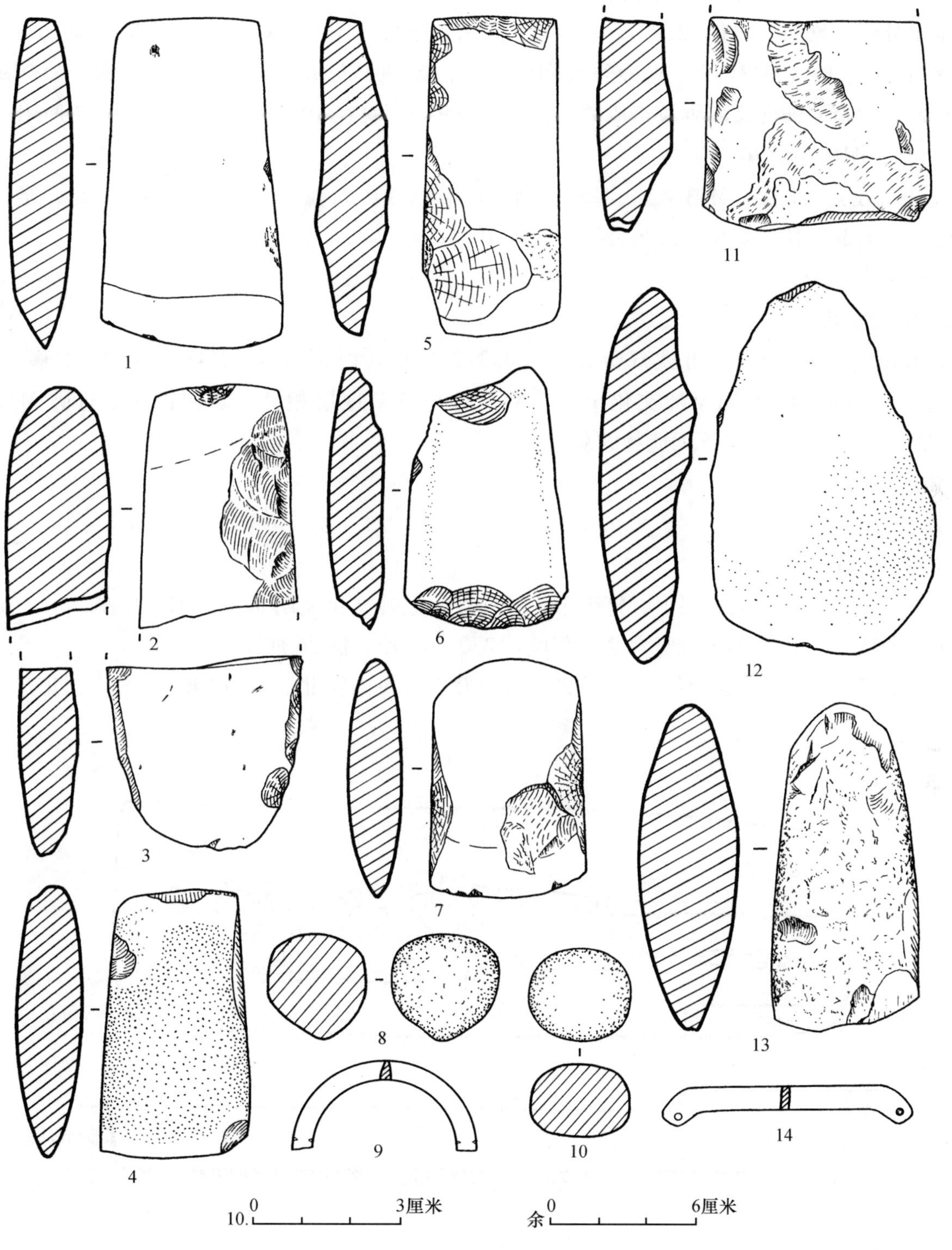

图三二八　M23、M24、M26、M37、M39、M43 出土石器

1、4、5、7、13. 石斧（M23:3、M24:5、M24:4、M23:1、M23:2）　2、3、6、11. 残石斧（M39:5、M39:6、M39:1、M39:7）　8. 小石球（M26:1）　9、14. 石璜（M37:4、M39:3）　10. 小石核（M43:3）　12. 石锄（M39:2）

内折沿碗　1件（M43:2）。泥质黑陶。敛口，内折沿，尖圆唇，斜弧腹，圜底下附矮圈足，足壁外弧。素面。口径15.8、足径7.2、高7.2厘米（图三三一，12；图版一〇五，2）。

侈口罐　1件（M43:1）。夹砂红褐陶。侈口，束颈，卷沿，尖圆唇，斜弧肩，深鼓腹内收，平底。肩至底饰交叉斜划纹组成的方格纹。口径9、腹径10、底径5.5、高10.7厘米（图三三一，5；图版一〇五，1）。

碗（口残）　1件（M43:4）。泥质黑陶。口沿已残，斜弧腹，圜底下附矮圈足，足壁外弧，足根上卷起凸棱。足饰小圆形镂孔。足径10.4、残高4.4厘米（图三三一，8）。

填土标本：无。

③ 年代推断

据附表二，M43:5为AⅡ式双腹豆盘、M43:2为Ⅲ式内折沿碗、M43:1为Ab型侈口罐。这一组合，推测M43为屈家岭文化早期墓葬，且与开口地层相符。顺便说明，打破M43的G10，是一条开口第2E层下无遗物的灰沟。

（16）M44

① 墓葬情况

位置：在T41西北部。

层位关系：开口在第3层下，打破第4层；被屈家岭文化晚期M32、M33打破。

形制与大小：长方形土坑竖穴墓。墓坑长230、宽72、深26厘米。

人骨和葬式：骨架保存不全；为单人仰身直肢葬，头南脚北，方向140°（图三二九）。

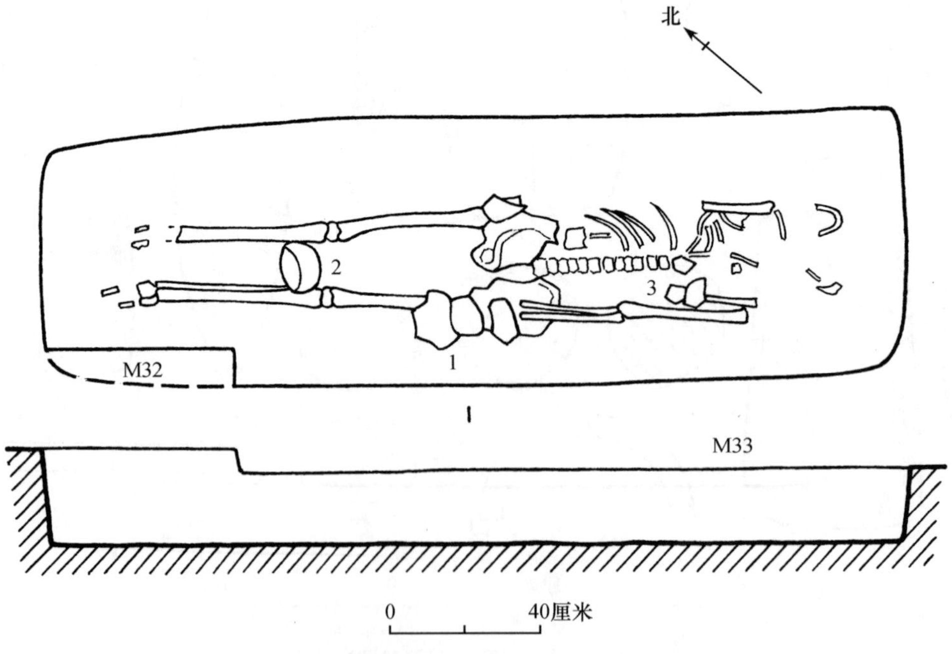

图三二九　M44平、剖面图

1. 陶内折沿碗　2. 陶簋　3. 彩陶片

② 出土器物

随葬品：3 件。均为陶器，有簋、内折沿碗和彩陶片。

簋　1 件（M44∶2）。泥质红陶。侈口，束颈，小折沿，尖圆唇，溜肩，鼓腹，圜底下附矮圈足，足壁外斜。素面。口径 11.5、腹径 12.8、足径 7.7、高 9.9 厘米（图三三一，9；图版一〇五，3）。

内折沿碗　1 件（M44∶1）。泥质黑陶。子母口，斜沿内折，沿中凹，折弧腹较深，圜底下附足壁外斜矮圈足。素面。外口径 18.4、足径 8.8、高 7.9 厘米（图三三一，11；图版一〇五，4）。

彩陶片　1 件（M44∶3）。泥质红陶，薄胎。似红陶杯绘黑彩带状纹。残甚与泥巴黏在一起，因难分离难认器形。

填土标本：无。

③ 年代推断

据附表二，M44∶2 为Ⅱ式簋、M44∶1 为Ⅰ式内折沿碗，这一组合，推测 M44 为屈家岭文化早期墓葬，且与层位关系符合。

（17）M56

① 墓葬情况

位置：在 T83 东北部，局部在东北隔梁内，已清。

层位关系：开口在第 3 层下，打破第 4 层。

形制与大小：长方形土坑竖穴墓。墓坑长 190、宽 72、深 25 厘米。

人骨和葬式：骨架保存不好；仅剩头骨和零星散乱肢骨，葬式不详，头骨在墓坑北部，方向 136°（图三三〇；图版一〇二，2）。

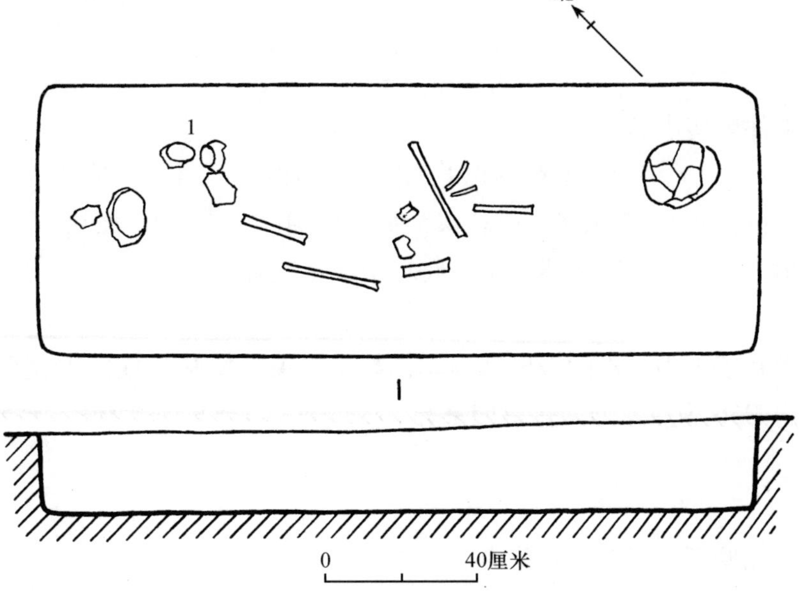

图三三〇　M56 平、剖面图

1. 陶小鼎

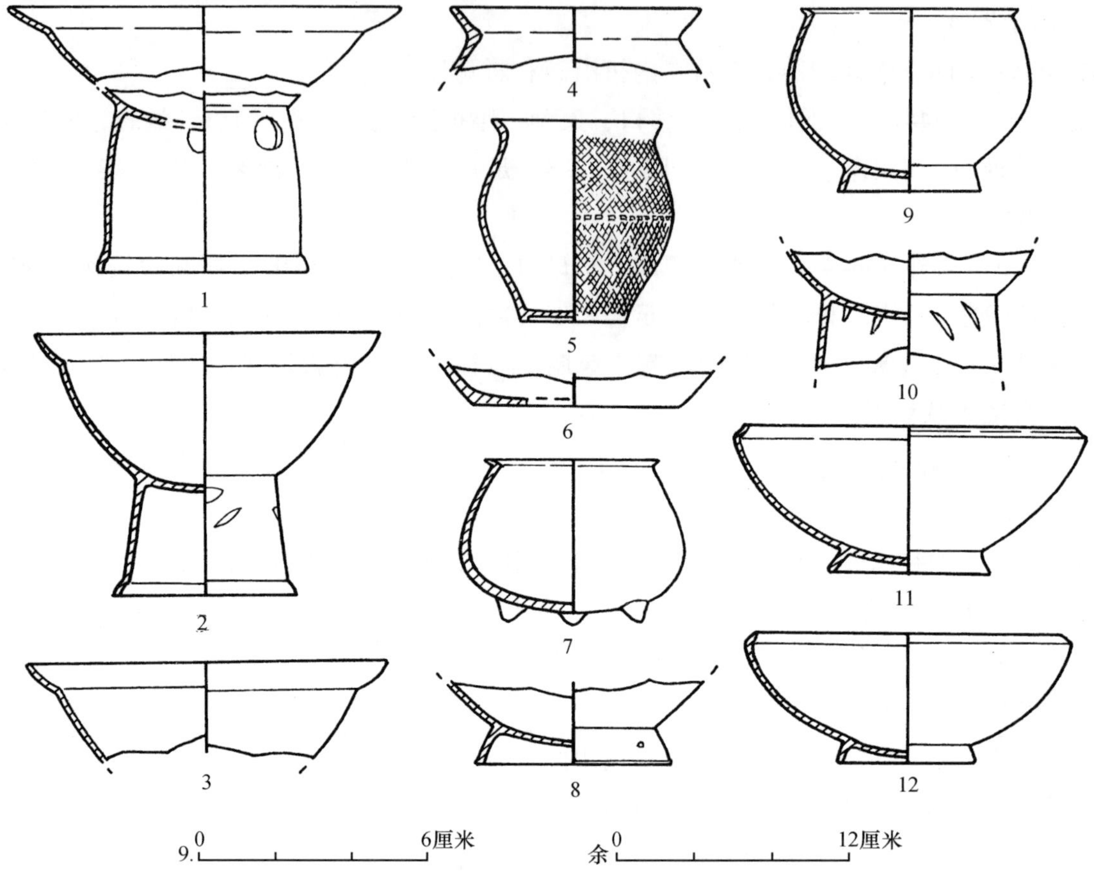

图三三一　M37、M39、M43、M44、M56 出土陶器

1～3. 双腹豆（M43∶5、M37∶1、M37∶3-1）　4. 侈口小罐口沿（M39∶8）　5. 侈口罐（M43∶1）　6. 罐平底（M39∶4）　7. 小鼎（M56∶1）　8. 碗（口残）（M43∶4）　9. 簋（M44∶2）　10. 豆圈足（M37∶2）　11、12. 内折沿碗（M44∶1、M43∶2）

② 出土器物

随葬品：仅 1 件黑陶小鼎。

小鼎　1 件（M56∶1）。泥质黑陶。侈口，束颈，小折沿，斜肩，扁鼓腹，圜底，下附三个小锥状足。素面。口径 4.6、腹径 6、通高 4.5 厘米（图三三一，7；图版一〇三，5）。

填土标本：填土近墓底有壶形器、罐平底和碗圈足残片。

③ 年代推断

随葬黑陶小鼎和填土中出土的壶形器标本，都是屈家岭文化早期的典型器物。所以，结合层位关系，可确定 M56 为屈家岭文化早期墓葬。

（18）M57

① 墓葬情况

位置：在 T83 北壁下，局部在隔梁内。

层位关系：开口在第 3 层下，打破第 4 层。

形制与大小：长方形土坑竖穴墓。墓坑长 200、宽 80、深 40 厘米。

人骨和葬式：骨架保存完好；属单人仰身直肢葬，头南脚北，方向140°（图三三二）。

② 出土器物

随葬品：9件。其中1～7号为石斧，放置墓主头部右侧；8、9号为陶纺轮，放置墓主右腿旁。这9件标本，在搬运过程中，与采集实物混杂，无法辨认，只有作采集物另写。

填土标本：无。

③ 年代推断

据层位关系，推测M57为屈家岭文化早期墓葬。

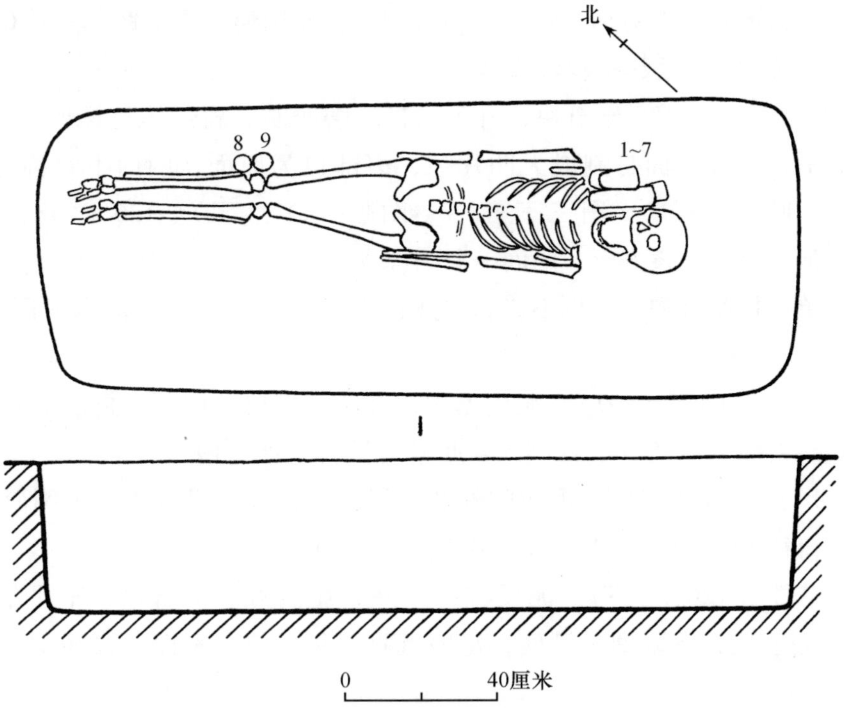

图三三二 M57平、剖面图

1～7. 石斧 8、9. 陶纺轮

4. 屈家岭文化早期的地层单位

（1）T26④层

标本18件。有石锄、石斧、小石锛、石斧坯，还有陶折沿凹肩罐、敛口小罐、直口小碗、内折沿碗、外折沿盘、卷沿盘、卷沿盆、豆圈足、乳凸状小足小鼎、罐平底。

石器

石锄 1件（T26④:49）。石片，青色，打制。扁薄椭圆形，带原面石片，石片疤一侧稍厚，两面弧平，周边修成弧状，弧刃两面打制，较锋利。长12、宽6.6、厚2.4厘米（图三三三，1）。

石斧 2件。T26④:66，小砾石，青色，磨制。扁弧近梯形，弧顶为原面，有天然琢痕，两面皆原弧平面，一面有片疤，两边磨平稍外斜，但不对称，斜弧刃两面磨制，有使用缺口，仍很锋利。长9.8、宽5.6、厚2.2厘米（图三三三，2；图版一〇六，2）。T26④∶67，砾石，灰色，磨制。扁薄呈梯形，弧顶两面打制，两面皆近平稍弧原面，两边也为原扁弧面，皆外斜，但不对称，弧刃两面磨制，有使用缺口，较锋利。长12、宽7.7、厚2.3厘米（图三三三，3；图版一〇六，5）。

小石锛　2件。T26④∶64，石片，深褐色，磨光。扁平近梯形，平顶，两平面、两边皆磨制，两边不甚对称，斜弧刃两面磨制，不对称，较锋利。长6.3、宽3.8、厚0.7厘米（图三三三，9；图版一〇八，5）。T26④∶65，小砾石，紫红色，磨光。扁弧小梯形，弧顶，两弧平面皆光滑原面。两边磨平，皆外斜近对称，弧刃单面磨制，有使用痕，已不锋利。长6.7、宽3.5、厚1.2厘米（图三三三，8；图版一〇八，2）。

石斧坯　2件。T26④∶47，砾石块，青色，打、磨兼制。扁弧体呈梯形，两面皆原面，都经打制，两边磨平，顶部一面打制成大凹片疤，刃部也为原面，两面不对称打制，弧刃不锋利。长17、宽9、厚4.4厘米（图三三三，7；图版一〇六，3）。T26④∶48，厚砾石，青色，打、磨兼制。残顶，厚体近长方形，两面一面为原弧面，另一面破裂，中厚边薄而不平，两边修直磨平，弧刃单面打制有缺口，也不锋利。残长9.1、宽6.9、厚4厘米（图三三三，6）。

陶器

折沿凹肩罐　1件（T26④∶97）。泥质黑陶，红胎。侈口，束颈，折沿，方圆唇，小凹肩，深弧腹下部已残。素面。口径26、残高5.4厘米（图三三四，19）。

敛口小罐　1件（T26④∶41）。泥质陶外黄内黑。敛口，窄沿外卷，尖圆唇外凸，深弧腹，下已残。素面。口径14、残高4.2厘米（图三三四，2）。

直口小碗　1件（T26④∶78）。泥质红陶，外壁施鲜红衣。直口，窄平沿外折，尖唇外凸，深弧腹，圜底已残，下附圈足已残，足壁近直，稍外斜。素面。口径10、残高6.1厘米（图三三四，13；彩版一四，1）。

内折沿碗　1件（T26④∶60）。泥质黑陶。敛口，内折沿，深弧腹，腹下已残。素面。口径14.8、残高6.4厘米（图三三四，1）。

外折沿盘　1件（T26④∶63）。泥质黑陶。敞口，外折沿，尖圆唇，浅腹，腹下已残。素面。口径22、残高2.8厘米（图三三四，9）。

卷沿盘　1件（T26④∶37）。泥质黑陶。敞口，卷沿，尖圆唇下垂，浅腹上部微凹有槽再弧内收，使浅腹又呈双浅腹，底已残。凹腹处外壁形成一周凸棱。口径20、残高2.8厘米（图三三四，8）。

卷沿盆　1件（T26④∶62）。泥质红陶，内外施浅红衣。敛口，弧沿外卷，方圆唇，深弧腹，腹下已残。素面。口径26、残高5.2厘米（图三三四，20）。

豆圈足　2件。T26④∶3，泥质黑灰陶。口沿残，浅弧盘，圜底下附高圈足，足壁外斜，足根外起折棱。足饰六组镂孔，三组为圆形孔，三组为长方形孔，相间排列。足径9.8、残高11.6厘米（图三三四，3；图版一一〇，2）。T26④∶39，泥质黑陶。仅剩圈足下部残块，足壁近直，足根外弧内凹。圈足上部残块上有镂孔圆弧痕。足径10、残高4厘米（图三三四，23）。

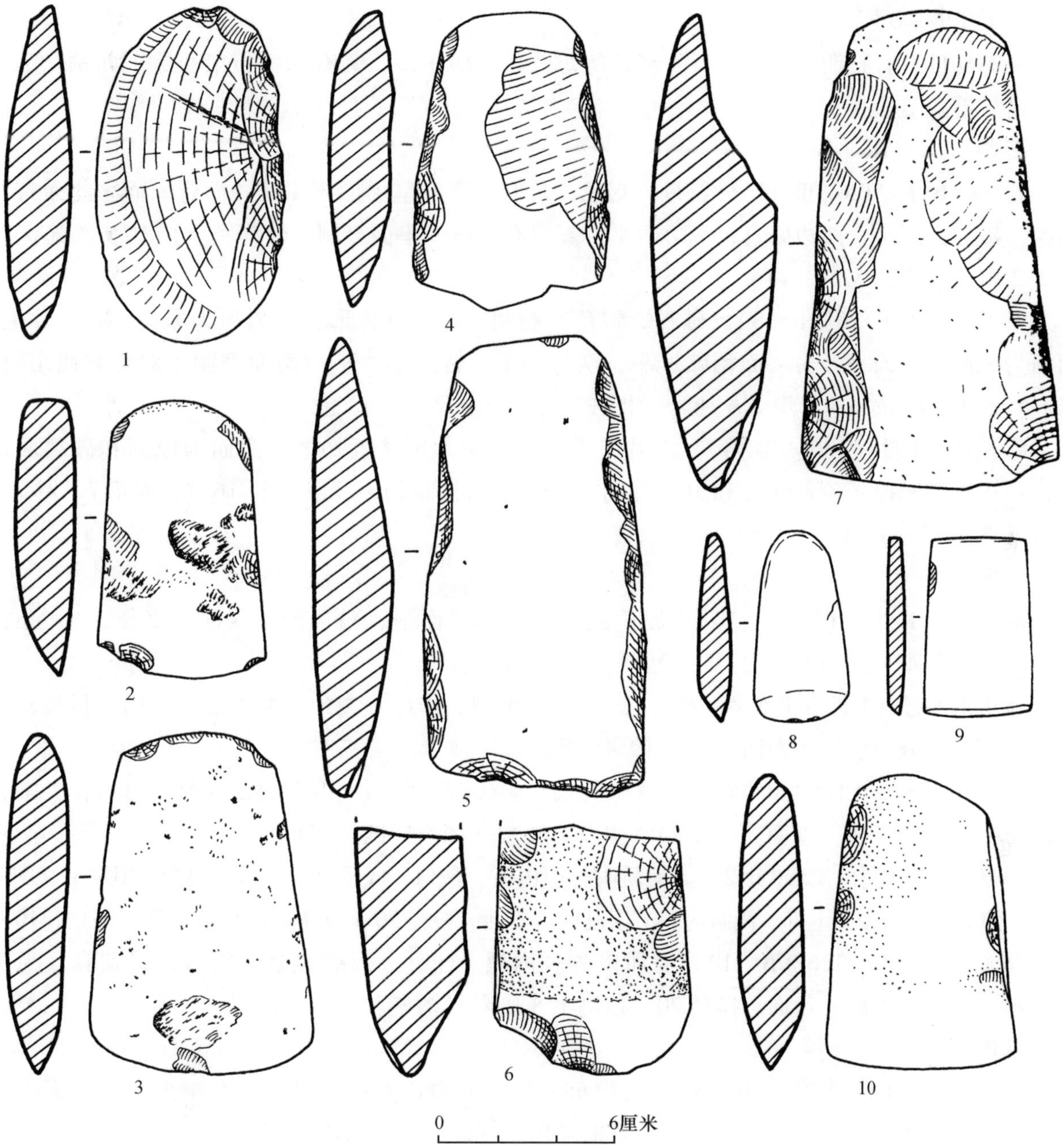

图三三三　T26③B层、T26④层出土石器

1、4. 石锄（T26④:49、T26③B:12）　2、3、10. 石斧（T26④:66、T26④:67、T26③B:58）　5～7. 石斧坯（T26③B:44、T26④:48、T26④:47）　8、9. 小石锛（T26④:65、T26④:64）

乳凸状小足小鼎　1件（T26④:7）。泥质黑陶，胎薄。口沿残，扁弧腹，平底下附小乳状三个小鼎足。素面。残高5.8厘米（图三三四，25）。

罐平底　1件（T26④:61）。泥质黑陶。上部已残，斜弧腹，小平底。内有轮制旋痕，如泥条盘筑。底径5.8、残高2.2厘米（图三三四，24）。

（2）T26③B 层

标本 9 件。有石锄、石斧、石斧坯、陶纺轮和有槽角饰，又有陶弧折沿小罐、曲颈瓮、子母口盘、器盖盘。

石器

石锄　1 件（T26③B: 12）。石片，褐色，打制。扁平呈梯形，顶及一面皆原面，此面有打制疤，破裂面近平，两边修直，一边较平，弧刃有缺口，单面打制，较锋利。长 10. 6、宽 6. 8、厚 2. 2 厘米（图三三三，4）。

石斧　1 件（T26③B: 58）。砾石，青色，磨制。扁平近梯形，斜弧顶为原面，有一片疤。两面为原面，一面平，另一面稍弧近平，两边磨平，皆外斜，平刃两面磨制不对称有使用痕，锋利。长 10. 4、宽 6. 7、厚 2. 4 厘米（图三三三，10；图版一〇七，5）。

石斧坯　1 件（T26③B: 44）。石片，青色，打制。扁薄近梯形，两面为原面和破裂面近平，一边中部稍厚，顶、两边和刃皆打制，斜刃两面打制仍不锋利。长 16. 4、宽 7. 7、厚 2. 8 厘米（图三三三，5）。

陶器

陶纺轮　1 件（T26③B: 10）。泥质红陶。扁薄两面平，角边型。素面。直径 3. 6、孔径 0. 35、厚 1. 3 厘米（图三三四，5；图版一〇九，2）。

弧折沿小罐　1 件（T26③B: 24）。泥质磨光黑陶。侈口，束颈，弧折沿，口内无折棱，尖圆唇，弧肩，鼓腹已残。素面。口径 10. 4、残高 2. 1 厘米（图三三四，22）。

曲颈瓮　1 件（T26③B: 45）。夹草末红褐陶。侈口，束颈，折沿内凹外弧近盘口，尖圆唇上仰，弧肩，腹已残。素面。口径 24、残高 6 厘米（图三三四，17）。

子母口盘　1 件（T26③B: 25）。泥质陶外黑内黄。敛口，或子母口，窄沿内折，但窄沿又中间凹折，使尖唇向口内斜上仰，浅腹内斜，下已残。素面。口径 20、残高 2. 6 厘米（图三三四，10）。

器盖盘　1 件（T26③B: 11）。泥质陶外红内黑。纽残，只剩盖盘口沿残块，盖盘浅弧近平，盘沿下垂，尖唇。素面。口径 20、残高 1. 8 厘米（图三三四，11）。

其他

有槽角饰　1 件（T26③B: 56）。动物角末端，黄褐色发亮，雕刻。圆锥形，横断面为圆心，实心。近顶端雕一周凹槽。长 5. 3 厘米（图三三四，15；彩版一五，4）。

（3）T27③A 层（加 T27③B 层 1 件）

标本 5 件。有石斧、小石锛和陶环，还有陶凹折沿罐、曲腹杯。

石器

石斧　1 件（T27③A: 12）。砾石，青色。扁平宽梯形，圆弧顶为光滑原面，两面、两边皆磨平，弧刃两面磨制对称，有使用痕，仍较锋利。长 9. 2、宽 6. 8、厚 1. 9 厘米（图三三五，3；图版一〇七，6）。

小石锛　1 件（T27③A: 14）。石片，褐色。扁平长方形，顶残，两面皆磨平，两边皆磨

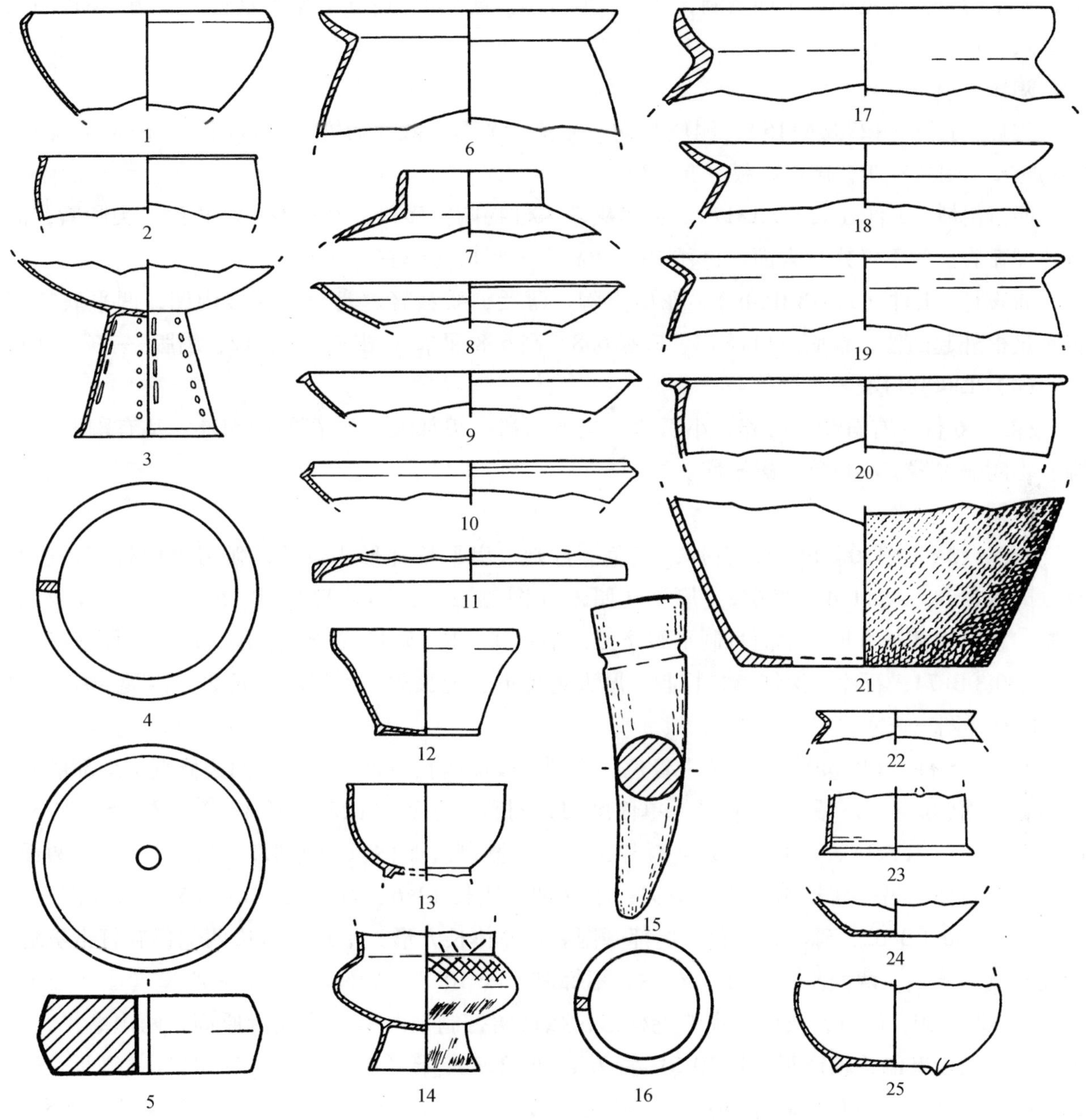

图三三四　T26④层、T26③B 层、T27③A 层、T27③B 层、T30③B 层出土器物

1. 陶内折沿碗（T26④:60）　2. 陶敛口小罐（T26④:41）　3、23. 陶豆圈足（T26④:3、T26④:39）　4、16. 陶环（T30③B:30、T27③A:15）　5. 陶纺轮（T26③B:10）　6、18. 陶凹折沿罐（T27③A:17、T30③B:91）　7. 陶小口瓮（T30③B:92）　8. 陶卷沿盘（T26④:37）　9. 陶外折沿盘（T26④:63）　10. 陶子母口盘（T26③B:25）　11. 陶器盖盘（T26③B:11）　12. 陶曲腹杯（T27③B:49）　13. 陶直口小碗（T26④:78）　14. 彩陶壶形器（T30③B:52）　15. 有槽角饰（T26③B:56）　17. 陶曲颈瓮（T26③B:45）　19. 陶折沿凹肩罐（T26④:97）　20. 陶卷沿盆（T26④:62）　21、24. 陶罐平底（T30③B:90、T26④:61）　22. 陶弧折沿小罐（T26③B:24）　25. 陶乳凸状小足小鼎（T26④:7）

平，近平行，弧刃近平，单面磨制，锋利。长5.6、宽2.2、厚0.7厘米（图三三五，8；图版一〇八，7）。

陶器

陶环　1件（T27③A∶15）。泥质灰陶。完整，圆形，截面为方形。素面。直径4.3、肉径0.4厘米（图三三四，16；彩版一五，3）。

凹折沿罐　1件（T27③A∶17）。夹砂夹草末红褐陶。侈口，窄束颈，凹折沿，尖圆唇，溜肩，深弧腹，腹下已残。素面。口径19、残高8.3厘米（图三三四，6）。

曲腹杯　1件（T27③B∶49）。泥质黑陶，薄胎，质甚轻。盘口，深腹内凹，凹平底如假腹，足根外起凸棱。素面。口径12、底径6.8、高6.8厘米（图三三四，12；图版一一〇，1）。

（4）T30③B层

标本16件。有石锄、石斧、小石锛、圭形石凿，刃部又磨平石器和陶环，又有陶凹折沿罐、彩陶壶形器、小口瓮、罐平底。

石器

石锄　3件。T30③B∶77，石片，红色，打制。扁平长梯形，弧顶，弧刃单面打制，边修直，刃较锋利。长11.4、宽6.2、厚1.9厘米（图三三五，5）。T30③B∶26，石片，青灰色，打制。顶厚刃薄长方形，单面打制平刃略弧，不锋利。长15.4、宽8.1、厚3厘米（图三三六，5）。T30③B∶74，石片，深红色，打制。厚大近梯形，近弧刃，不锋利。长20.8、宽10.3、厚3.2厘米（图三三六，1）。

石斧　5件。T30③B∶7，石片，青色，磨制。较厚呈长方形，平顶，两边修直，局部磨光，两面，一面为原石面，另一面修平，单面磨刃近对称，平刃较锋利。长16.9、宽7.5、厚3.2厘米（图三三六，3）。T30③B∶37，石片，青色，磨制。厚体呈长方形，顶打制已残，两面，一面为原石面，另一面打制修平，平刃，不锋利。残长13.6、宽11.3、厚3.6厘米（图三三六，4）。T30③B∶62，砾石，青色，局部磨制。较厚体长方形，平顶，直边两侧仍有打击坑疤，两面打制多坑疤，两面平刃稍弧不对称，不锋利。长10.5、宽5.2、厚2.3厘米（图三三五，6）。T30③B∶89，砾石，灰色。扁弧近梯形，弧顶两打制，两弧面皆光滑原面，两边磨平，平刃稍斜，两面磨制，较锋利。长10.3、宽7.4、厚2.7厘米（图三三五，7；图版一〇七，7）。T30③B∶5，砾石，青色。较厚梯形，一面及一边磨制，余打制，平刃略弧，不锋利。长8.8、宽5.3、厚1.8厘米（图三三五，2）。

小石锛　1件（T30③B∶63）。沉积岩，有层理，灰色有暗条纹。顶及一边打制，余磨光。扁薄近正方体，斜顶，单面平刃略弧，不锋利。长6.8、宽5.2、厚1.6厘米（图三三五，9）。

圭形石凿　1件（T30③B∶25）。砾石，青色。长方柱体，顶已残，两面皆原石面，两边皆磨平，刃从两边打制近对称，不锋利。长8.8、宽3.1、厚3.5厘米（图三三五，4）。

刃部又磨平石器　1件（T30③B∶75）。石片，红色，打、磨兼制。扁薄长方形，一面为砾石面，两边稍磨制，顶部和刃部也稍磨平，不明用途。长8.9、宽3.8、厚1.3厘米（图三三五，1）。

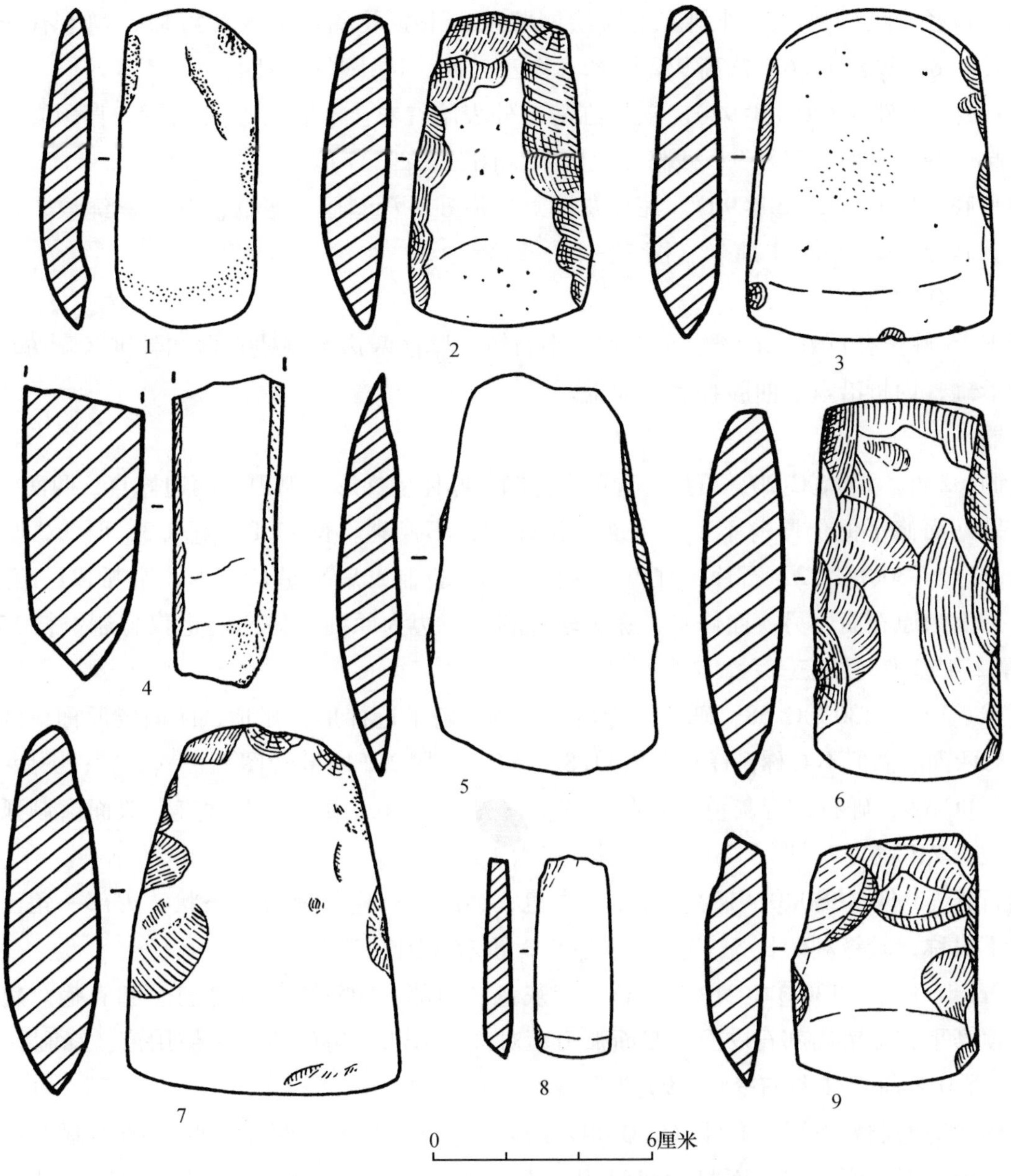

图三三五　T27③A层、T30③B层出土石器

1. 刃部又磨平石器（T30③B∶75）　2、3、6、7. 石斧（T30③B∶5、T27③A∶12、T30③B∶62、T30③B∶89）　4. 圭形石凿（T30③B∶25）　5. 石锄（T30③B∶77）　8、9. 小石锛（T27③A∶14、T30③B∶63）

陶器

陶环　1件（T30③B∶30）。泥质黑陶，红胎。残、一节，截面为长方形。素面。直径7、肉宽0.8、肉厚0.45厘米（图三三四，4）。

凹折沿罐　1件（T30③B∶91）。夹砂黄陶。侈口，束颈，折沿，沿面微凹，尖圆唇，斜肩，腹已残。素面。口径24、残高5厘米（图三三四，18）。

彩陶壶形器　1件（T30③B∶52）。泥质红陶。大口高颈上部已残，扁圆腹，下附高圈足，足径小于口径，足呈喇叭形外斜。上腹绘网状纹，下腹及圈足饰大片红彩，颈上有花纹，已残。足径6.8、腹径11.6、残高9.2厘米（图三三四，14；彩版一四，4）。

小口瓮　1件（T30③B:92）。夹炭红陶，外表施红衣。小直口，尖圆唇，直颈微外弧，广弧肩，腹已残。素面。口径9、残高4.8厘米（图三三四，7）。

罐平底　1件（T30③B:90）。泥质灰陶。口沿残，深斜腹，平底。腹饰斜绳纹，近底也饰乱绳纹。底径16、残高11厘米（图三三四，21）。

（5）T30③C层

标本15件。有石锄、石斧、小石斧、小石锛、厚体两边磨制残石器和骨锥、陶纺轮，还有陶凹折沿罐、内折沿盘、曲腹杯底、器盖。

石器

石锄　2件。T30③C:20，石片，青色，打制。厚体呈梯形，弧顶，两边修直，两面，一面为原面，另一面修平但仍厚薄不一，单面打制弧刃，不锋利。长17.8、宽8.3、厚3.2厘米（图三三六，2）。T30③C:22，石片，红色，两面泛黑。打制，扁平呈长条形，窄弧顶，两边修直，两面，一面为原石面，另一面修平，弧刃较锋利，一边为原面，另一边也仅打制。长15.4、宽7.8、厚2.4厘米（图三三六，6）。

石斧　2件。T30③C:58，砾石，青色，磨制。扁平近梯形，弧顶、两面皆原面，两边皆磨平，弧刃两面磨制但不对称，锋利。长11.8、宽7.2、厚2.2厘米（图三三六，11；图版一〇六，4）。T30③C:69，砾石，青灰色，磨制。残，仅刃部一角，边与刃近垂直，双面磨制弧刃，较锋利。残长7、宽7.7、厚3.2厘米（图三三六，10）。

小石斧　1件（T30③C:18）。砾石，青色，磨制，有疤。扁薄长条状，刃部一角已残，两面斜刃不对称，较锋利。长5、宽1.6、厚0.3厘米（图三三六，8）。

小石锛　1件（T30③C:21）。砾石，青灰色，顶部一块泛红，通体打、磨有疤。扁薄长方形，斜顶磨平，保留局部石皮面，双面弧刃不对称，刃部一角已残，有使用痕，锋利。长6.3、宽3.2、厚0.8厘米（图三三六，9）。

厚体两边磨制残石器　1件（T30③C:70）。砾石，青色，两面、两边稍磨制。残石器改制，厚体近梯形，原顶部一面打制成弧刃，不锋利。长10.3、宽6.7、厚3厘米（图三三六，7）。

陶器

陶纺轮　2件。T30③C:11，夹砂红褐陶。局部已残，角边型，面小体厚。素面。直径4.9、孔径0.3、厚2厘米（图三三七，5）。T30③C:38，泥质黄陶。两面平，角边型。素面。直径3.7、孔径0.35、厚1.4厘米（图三三七，16；图版一〇九，7）。

凹折沿罐　1件（T30③C:95）。泥质橙黄陶。侈口，束颈，折沿，沿面微凹，圆唇，弧肩，腹已残。素面。孔径26、残高4.9厘米（图三三七，1）。

内折沿盘　1件（T30③C:94）。泥质陶外红内黑。敛口，内折沿，方唇，唇已残，浅腹，圈足已残，壁外斜。素面。口径19、残高4.5厘米（图三三七，4）。

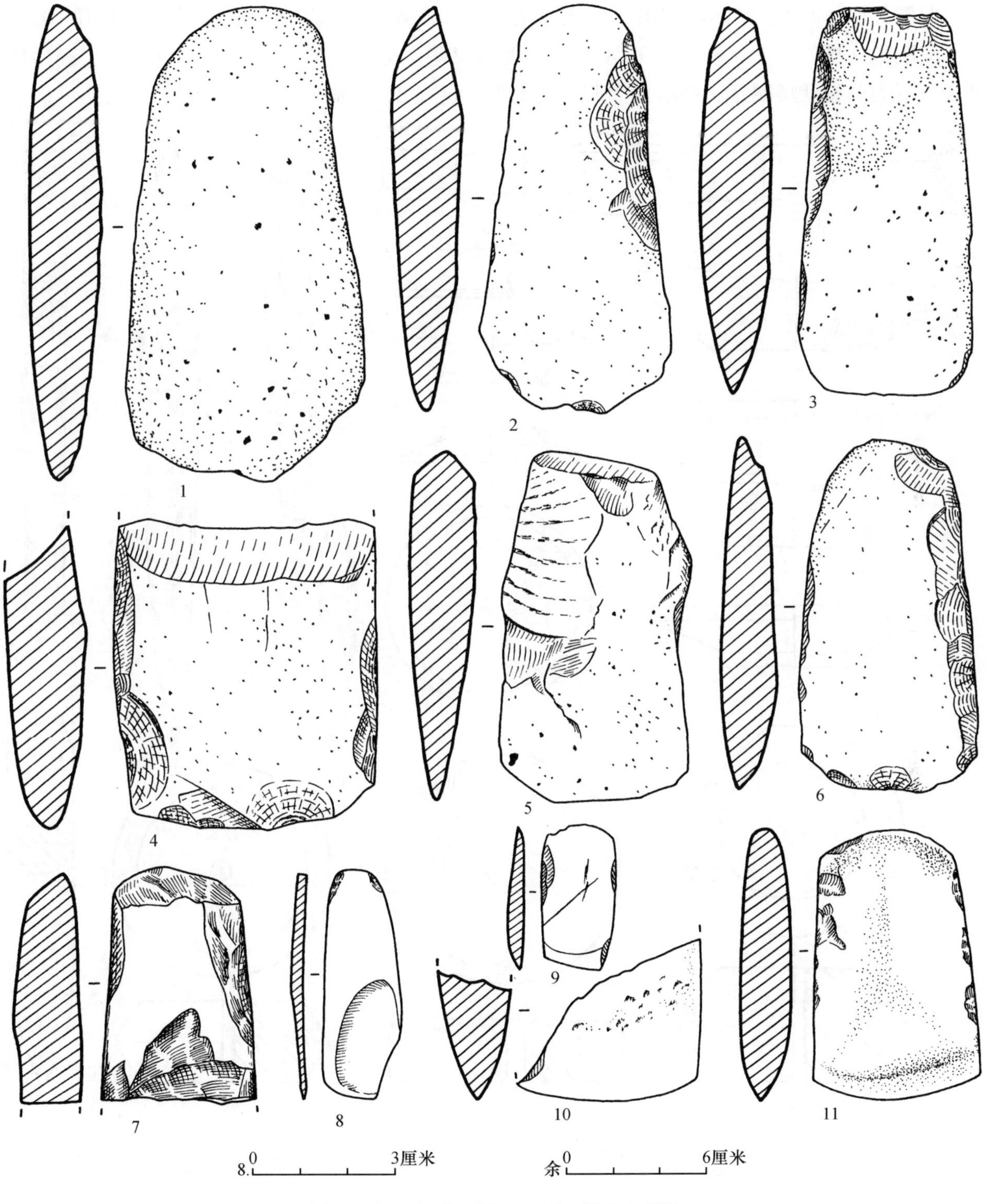

图三三六　T30③B层、T30③C层出土石器

1、2、5、6. 石锄（T30③B:74、T30③C:20、T30③B:26、T30③C:22）　3、4、10、11. 石斧（T30③B:7、T30③B:37、T30③C:69、T30③C:58）　7. 厚体两边磨制残石器（T30③C:70）　8. 小石斧（T30③C:18）　9. 小石锛（T30③C:21）

曲腹杯底　2件。T30③C: 101，泥质黑陶。上部已残，曲腹，矮圈足。素面。足径10、残高3.7厘米（图三三七，6）。T30③C: 100，泥质黑陶。上部已残，曲腹上部也残，下腹内弧，平底，下附凸棱状矮圈足，矮圈足如假腹。素面。足径8、残高3.6厘米（图三三七，7）。

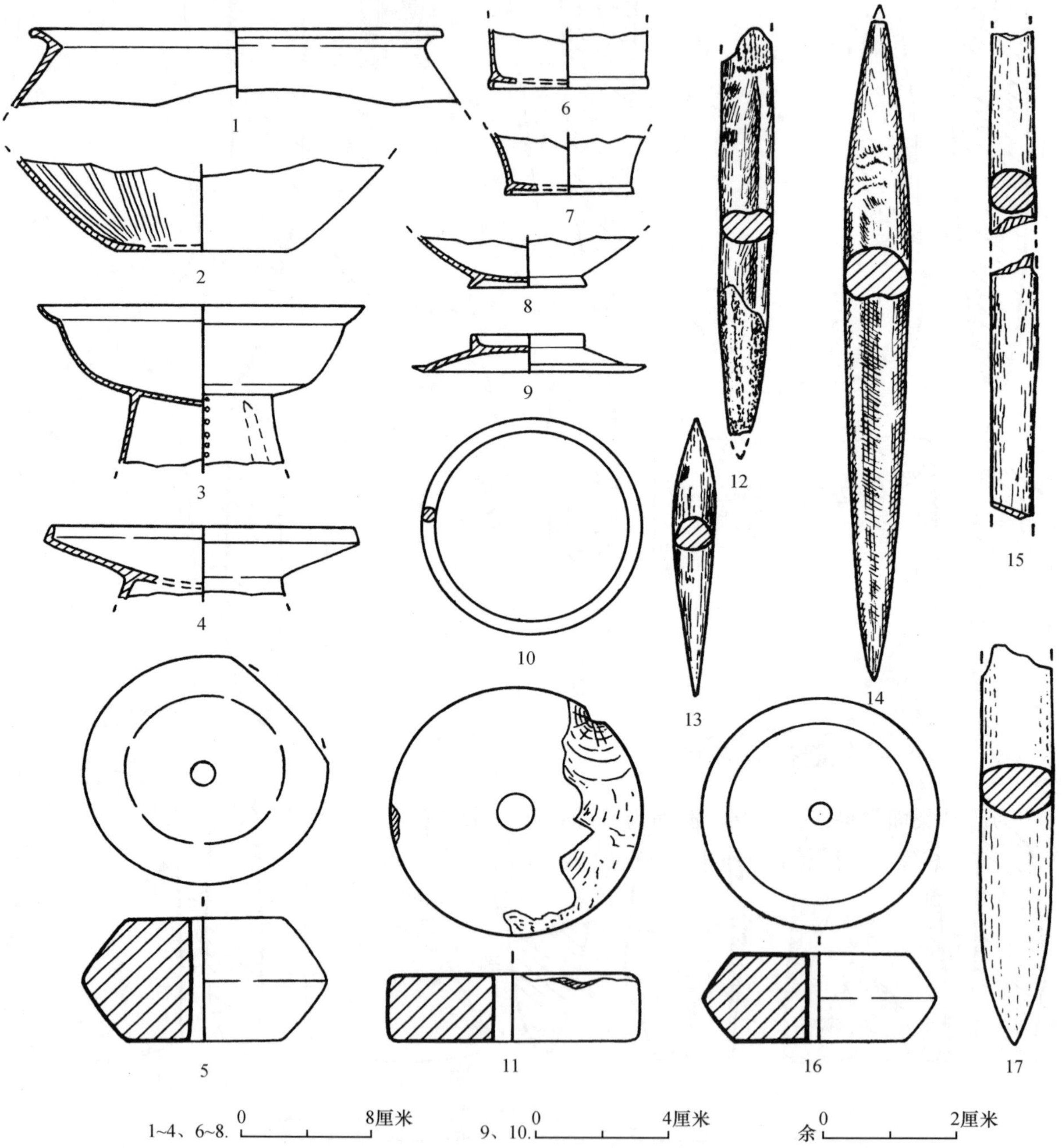

图三三七　T30③C层、T30③D层出土器物

1. 陶凹折沿罐（T30③C: 95）　2. 陶刻槽器平底（T30③D: 106）　3. 陶双腹豆（T30③D: 53）　4. 陶内折沿盘（T30③C: 94）　5、16. 陶纺轮（T30③C: 11、T30③C: 38）　6、7. 陶曲腹杯底（T30③C: 101、T30③C: 100）　8. 陶弧腹碗圈足（T30③D: 105）　9. 陶器盖（T30③C: 1）　10. 陶环（T30③D: 56）　11. 石纺轮（T30③D: 43）　12、14、15. 骨簪（T30③D: 55、T30③D: 54、T30③D: 15）　13、17. 骨锥（T30③D: 16、T30③C: 96）

器盖　1件（T30③C:1）。泥质红陶，外施红衣。矮小圈足纽，浅弧盘，但盖盘尖唇又上弧。素面。盖径7～7.4、纽径3.6、高1.2厘米（图三三七，9；图版一一〇，4）。

其他

骨锥　1件（T30③C:96）。骨，白色，磨制。扁圆实心长条形，一端尖，另一端残。直径0.9～1.15、残高6.4厘米（图三三七，17）。

（6）T30③D层

标本22件。有双肩石锄、石锄、石斧、石锛、小石斧、小石锛、石凿、石纺轮、厚体两边磨平残石器、小石球，又有骨簪、骨锥和陶环，还有陶双腹豆、刻槽器平底、弧腹碗圈足。

石器

双肩石锄　1件（T30③D:2）。砾石，深灰色，打制，刃部稍磨。凹腰状双肩石锄，弧顶稍厚，凹腰近对称，弧刃稍磨光，不锋利。长14.6、宽9.4、厚2.1厘米（图三三八，10）。

石锄　1件（T30③D:73）。石片，麻黄夹黑条带，打制。较厚长方体，弧顶，两面，一面为砾石面，另一面修平，两边修直，单面打制弧刃，不锋利。长16.5、宽7.6、厚3.2厘米（图三三八，9）。

石斧　2件。T30③D:8，石片，青色，打、磨兼制。厚体长方形，顶已断，两面为原石面，两边磨平，两面刃打制，不锋利。残长8.4、宽5.8、厚3厘米（图三三八，13）。T30③D:61，砾石，青灰色，磨制。厚体近长方形，顶已残，两面为砾石原面；两边磨平，双面弧刃磨制不对称，但锋利。残长7.2、宽8.4、厚3厘米（图三三八，5）。

石锛　1件（T30③D:23）。石片，青色，打、磨兼制。扁平近长边形，斜弧顶，两面，一面为原面，一面打制，两边，一打制，一磨制，单面磨制平刃。长10.1、宽5.4、厚2厘米（图三三八，11）。

小石斧　1件（T30③D:42）。砾石，暗红色夹黑条。较厚近长方形，斜弧顶打制，两边，一边为原破裂面，另一边打制，两面为原砾石面，少疤痕，双面刃磨制不对称，近平刃，不甚锋利。长7、宽3.5、厚1.5厘米（图三三八，4）。

小石锛　4件。T30③D:3，砾石，青色，磨制。扁平梯形，体短，单面弧刃稍宽，弧刃近平，有使用痕，不锋利。长5.8、宽6.4、厚1.3厘米（图三三八，3）。T30③D:4，砾石，青色，磨制。扁薄四边形，斜顶稍窄，两面斜弧刃不对称，甚锋利。长6.8、宽4、厚1.3厘米（图三三八，2）。T30③D:12，砾石，黑色，磨制。扁平梯形，弧顶一面有片疤，弧刃稍宽，单面弧刃，甚锋利。长5.8、宽3.1、厚0.9厘米（图三三八，6；图版一〇八，9）。T30③D:59，砾石，灰白色，局部泛黄。扁薄正梯形，近长方形，一面为破面和顶部打制外，两边、另一面皆磨平，单面平刃磨制，较锋利。长6、宽3.5、厚0.9厘米（图三三八，7）。

石凿　1件（T30③D:72）。砾石，青色，磨制。残，仅剩刃部，近方柱形，两边刃磨制近对称，但不锋利。残长5、宽2.3、厚2厘米（图三三八，8）。

石纺轮　1件（T30③D:43）。砾石，黑色，局部泛灰，磨制，多疤痕。扁圆形，直边，孔也较直。直径4、孔径0.6、厚1.1厘米（图三三七，11）。

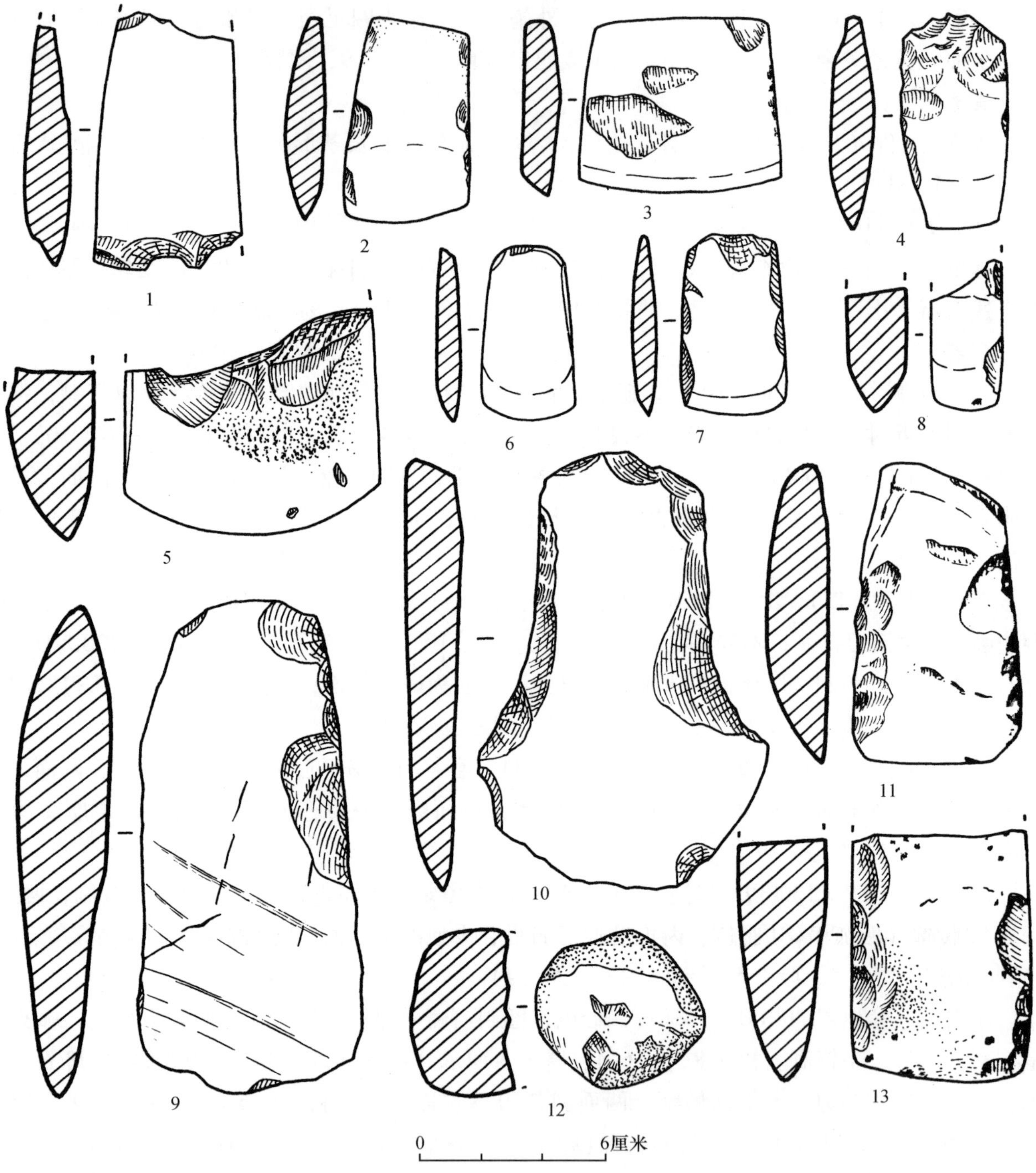

图三三八　T30③D层出土石器

1. 厚体两边磨平残石器（T30③D:71）　2、3、6、7. 小石锛（T30③D:4、T30③D:3、T30③D:12、T30③D:59）　4. 小石斧（T30③D:42）　5、13. 石斧（T30③D:61、T30③D:8）　8. 石凿（T30③D:72）　9. 石锄（T30③D:73）　10. 双肩石锄（T30③D:2）　11. 石锛（T30③D:23）　12. 小石球（T30③D:9）

厚体两边磨平残石器　1件（T30③D:71）。砾石，青色。厚体长条形，顶、刃已残，两面磨制，两边磨平。残长8.6、宽4.8、厚1.6厘米（图三三八，1）。

小石球　1件（T30③D∶9）。砾石，青灰色，局部泛红，没有打、磨痕迹。近球体，但一小半已残。长径5.6、宽径5.2、残厚3.2厘米（图三三八，12）。

陶器

陶环　1件（T30③D∶56）。泥质黑陶，红胎。残，一节，截面为小圆形。素面。直径7、内径0.5厘米（图三三七，10）。

双腹豆　1件（T30③D∶53）。泥质黑陶。敞口，凹沿，尖圆唇，弧腹较深，高圈足已残。残足上饰竖排圆镂孔，每排6个以上，但多少排不明。口径20.5、残高10.2厘米（图三三七，3；图版一一〇，3）。

刻槽器平底　1件（T30③D∶106）。泥质黄陶。仅存斜弧腹和下部残底。器内有稀疏斜划纹，且深浅不一致，外表素面。底径11、残高5.6厘米（图三三七，2）。

弧腹碗圈足　1件（T30③D∶105）。泥质黑陶。口沿残，斜弧腹，圜底下附矮圈足，壁外斜。素面。足径7.4、残高3.3厘米（图三三七，8）。

其他

骨簪　3件。T30③D∶15，骨，白色，磨制。细长，剖面圆形，两端皆残，实心。残长7.7厘米（图三三七，15）。T30③D∶54，骨，黄白色，近象牙色，磨制。肢骨，两头尖细，但不锋利，中间剖面近圆形。残长10.5厘米（图三三七，14；彩版一五，5）。T30③D∶55，骨，黄白斑驳，磨制。仅剩下段，上端已断，扁圆形，一端尖，但尖端也稍残。残长6.5厘米（图三三七，12）。

骨锥　1件（T30③D∶16）。骨，黄白斑驳，磨制。两端尖梭形，剖面近圆形。长4.5厘米（图三三七，13）。

（7）T31③B层

标本38件。有石锄、石斧、小石斧、石锛、小石锛、圭形石凿、两边已磨平残石器、陶纺轮、还有残骨簪、残骨器、小陶球、陶玩具和陶环与小陶环，又有陶凹折沿罐、折沿罐、高领罐、双腹碗（凹弧沿侈口碗）、内折沿碗、窄凹沿碗、卷沿小盆、弧腹碗圈足、斜腹碗圈足。

石器

石锄　4件。T31③B∶21，石片，暗灰色麻点，打制。扁薄近梯形，弧刃不锋利。长13.3、宽6.6、厚1.6厘米（图三四〇，7）。T31③B∶30，石片，暗红色，打制。扁平长方形，弧刃锋利。长18.2、宽8.2、厚2.8厘米（图三四〇，8）。T31③B∶37，石核，深灰色，石皮面近棕色，打制。厚体近长方形，近弧刃，较锋利。长16.4、宽8.6、厚4.7厘米（图三四〇，4）。T31③B∶38，大石片，青色，打制。扁平近长方形，弧刃，有使用痕，而不锋利。长18.4、宽10.4、厚3厘米（图三四〇，2）。

石斧　4件。T31③B∶28，砾石，沉积岩，有纹理，棕褐色。通体磨光，扁弧呈梯形，弧顶较窄，两面打制，两弧面为光滑原面，两边磨平，斜弧刃不对称，有使用痕，已不锋利。长9.3、宽6、厚2厘米（图三三九，1）。T31③B∶29，石片，一面为石皮棕黄色，另一面破裂面灰白色，打制。较厚，体呈长四边形，弧顶为原面，两面一面为原砾石面，另一面破裂面皆近平整，两边一边修直，另一边略修打，近斜直，弧刃两面打制，较锋利。长13.4、宽6.4、厚2.8厘米（图三四〇，

5)。T31③B:32，砾石，灰色。扁圆体呈梯形，顶、两边为原砾石扁圆面，两面为原砾石面稍磨制，单面打制成不对称斜刃，不甚锋利。长13、宽8.6、厚3厘米（图三四〇，6）。T31③B:34，砾石，灰白斑色。扁平梯形，斜顶，两平面为原面，两边稍磨平，皆外斜，两面平刃近对称，有使用痕而不锋利，一角已缺。长10.8、宽5.6、厚2.6厘米（图三四〇，9）。

小石斧　4件。T31③B:6，小砾石，石皮黄色，内青色。扁平近小梯形，弧顶原面稍磨平，两面皆光滑原平面，两边磨平，但都保留局部原面，弧刃两面磨制近对称，甚锋利。长4.3、宽3.1、厚0.65厘米（图三三九，3；图版一〇七，2）。T31③B:17，砾石，青色，顶部泛一条黄色。器体为梯形，平顶，直边，两面磨平，弧刃，较锋利。长4.5、宽2.8、厚0.7厘米（图三三九，6）。T31③B:19，石片，青色。扁弧呈梯形，平顶单面打制，两边修直，不甚平，多疤痕，两面，一面为光滑原弧面，另一面打制稍磨制，仍多凹疤，斜刃两面磨制，较锋利。长7.3、宽5、厚2厘米（图三三九，8）。T31③B:33，石片，翠绿色。厚体长方形，弧顶打制不平，两面为原石面，但另一面甚平，两边打制修直近平，单面打制平刃，不锋利。长5.6、宽2.4、厚1.6厘米（图三三九，7）。

石锛　1件（T31③B:31）。砾石，沉积岩，有层理，灰色。扁平近梯形，斜顶为原石面，两边打制修直，不甚平，两面磨平，刃部单面打制，平刃已残，不锋利。长8、宽6、厚1.7厘米（图三三九，2）。

小石锛　1件（T31③B:16）。小石片，青色，石皮红色。扁平近梯形，弧顶一面为原石面，两面、两边皆磨平，单面刃斜近平，不甚锋利。长3.2、宽2、厚0.65厘米（图三三九，4；图版一〇八，4）。

圭形石凿　1件（T31③B:15）。小砾石，灰色。扁圆长条状砾石，顶部已残，两边下部磨成刃，窄平刃较锋利。残长6.5、宽3.7、厚1.8厘米（图三三九，5）。

两边已磨平残石器　4件。T31③B:27，砾石，灰色。残体呈长方形，顶部、两面皆原砾石面，两边皆磨平，刃已断。残长10.1、宽6.6、厚3.4厘米（图三三九，10）。T31③B:26，砾石，青色。较厚近长方形，弧顶为原砾面，但已磨平，两边磨制平直，两面，一面琢制，另一面稍磨却较平，顶较薄，中部较厚，刃已断。残长8.6、宽8.6、厚3.4厘米（图三四〇，1）。T31③B:36，砾石核，青色。较厚近长方形，弧顶打制，两面，一面皆原砾石面，另一面琢打布满坑疤，两边打制后磨平，但一边不平直，刃部已残。残长15.4、宽9.3、厚3.7厘米（图三四〇，3）。T31③B:124，砾石，青麻色。扁平较厚长方形，平顶为原面，两面也为原面，一面平，另一面修正后仍不甚平整，两边磨平，刃已断。残长8.8、宽5.7、厚2.6厘米（图三三九，9）。

陶器

陶纺轮　2件。T31③B:93，泥质红陶。残，扁薄两面平，角边型，角顶近弧。素面。直径5.2、孔径0.4、厚1.3厘米（图三四一，4；图版一〇九，10）。T31③B:105，夹细砂红陶。扁薄两面平，略残，弧边型。素面。直径3.1、孔径0.3、厚1.5厘米（图三四一，19）。

小陶球　1件（T31③B:107）。夹砂红陶。残存一半，空心。表面饰不规整的小圆点戳纹。直径3.5、壁厚0.6厘米（图三四一，14）。

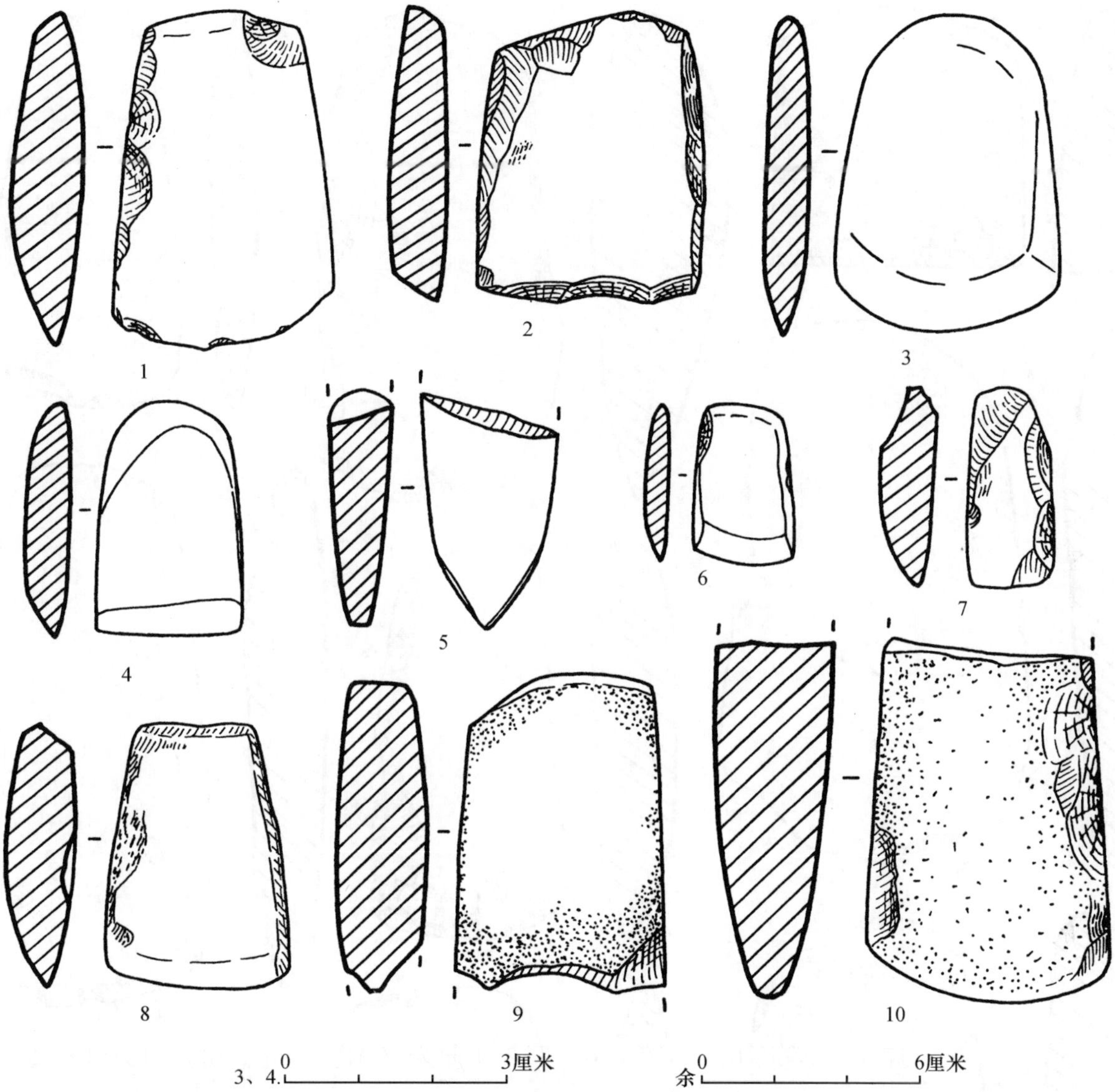

图三三九　T31③B层出土石器

1. 石斧（T31③B:28）　2. 石锛（T31③B:31）　3、6~8. 小石斧（T31③B:6、T31③B:17、T31③B:33、T31③B:19）　4. 小石锛（T31③B:16）　5. 圭形石凿（T31③B:15）　9、10. 两边已磨平残石器（T31③B:124、T31③B:27）

陶玩具　1件（T31③B:235）。泥质红陶，外施浅红衣，手捏。完整，器型小，草莓状，上头圜平，下头尖，中间外鼓。器表饰锥刺纹。中径3.4、高4.6厘米（图三四一，8；彩版一五，2）。

陶环　2件。T31③B:90，泥质灰陶。残，一节，截面为圆角梯形，环面扁平，内厚，边薄。素面。直径7.4、肉宽1.2、肉厚0.5厘米（图三四一，13）。T31③B:96，泥质黑陶。残，一节，截面为椭圆形。素面。直径7、肉径0.5厘米（图三四一，18）。

小陶环　1件（T31③B:110）。泥质黑陶。残，仅一段，截面平行四边形，环壁外斜，环径上细下稍粗，作戒指嫌大，作手镯嫌细。一端有两个未穿小孔。直径4.8、肉厚0.5、高1厘米（图三四一，15）。

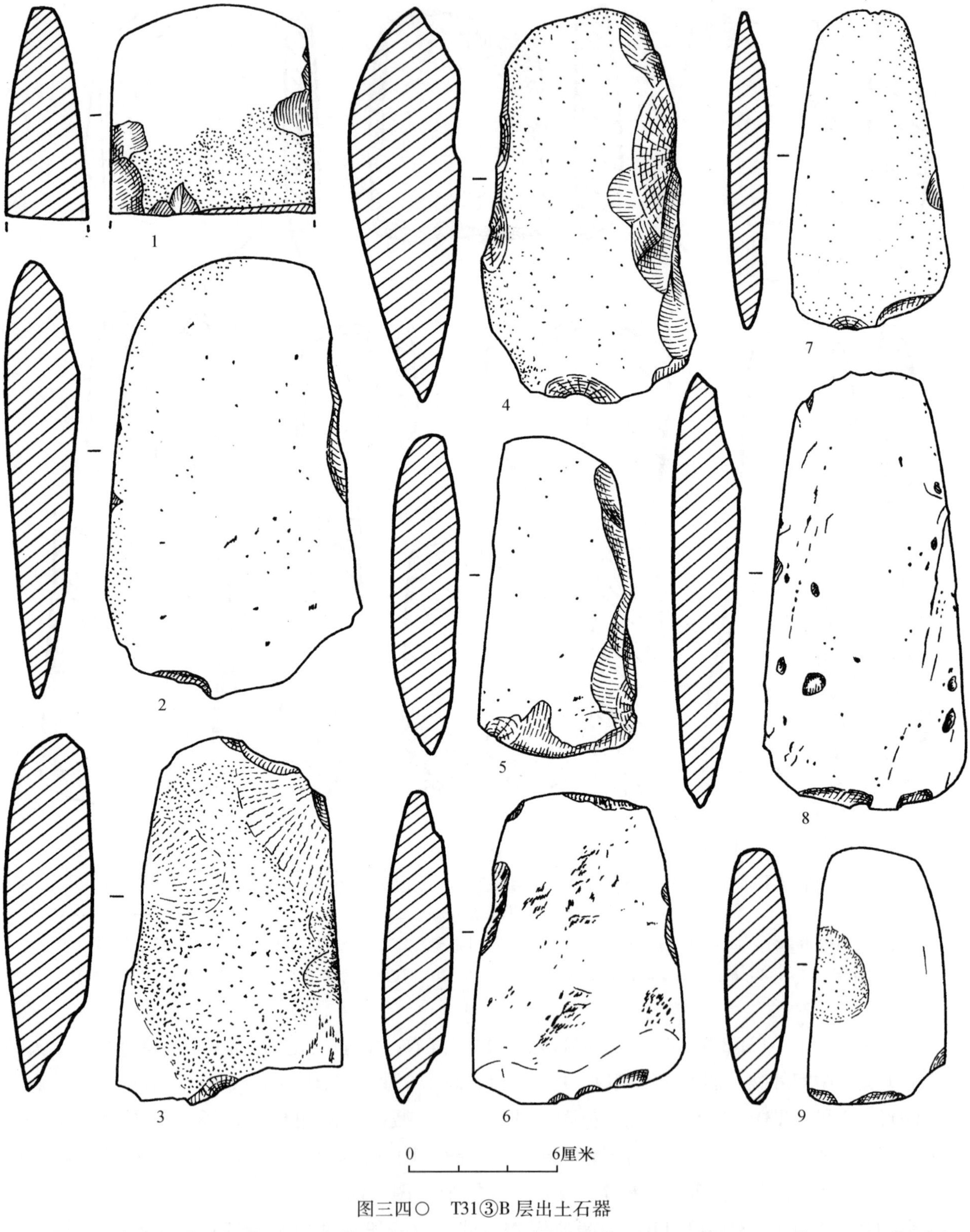

图三四〇　T31③B 层出土石器

1、3. 两边已磨平残石器（T31③B∶26、T31③B∶36）　2、4、7、8. 石锄（T31③B∶38、T31③B∶37、T31③B∶21、T31③B∶30）
5、6、9. 石斧（T31③B∶29、T31③B∶32、T31③B∶34）

凹折沿罐　1件（T31③B：165）。夹炭、砂和草末红陶（橘红色）。侈口，束颈，凹折沿，尖圆唇，斜肩，肩下已残。素面。口径22、残高3.9厘米（图三四一，1）。

折沿罐　1件（T31③B：167）。泥质黑陶。侈口，束颈，折沿，沿未起尖凸棱，扁圆唇外卷，斜肩已残。外颈下部饰一周带状薄凸棱。口径24、残高2厘米（图三四一，2）。

高领罐　1件（T31③B：162）。泥质黄陶。直口稍敞，圆唇，高颈稍外卷，广弧肩，肩下已残。素面。口径11、残高4.6厘米（图三四一，9）。

双腹碗（凹折沿侈口碗）　1件（T31③B：175）。泥质黑陶。侈口，束颈，凹折沿，方唇，深弧腹内收，底已残。素面。口径16、残高3.8厘米（图三四一，11）。

内折沿碗　1件（T31③B：172）。泥质黑陶。敛口，内折沿，斜弧腹，腹下已残。沿面和腹上部各饰一周凹弦纹。口径14、残高3.2厘米（图三四一，12）。

窄凹沿碗　1件（T31③B：168）。泥质黑陶。敞口，凹沿外上折，方圆唇，弧腹内收，下已残。素面。口径19、残高4.5厘米（图三四一，10）。

卷沿小盆　1件（T31③B：169）。泥质黑陶，红、灰红夹心胎。敞口，卷沿，方圆唇，弧腹内收，腹下部已残。素面。口径24、残高3.8厘米（图三四一，3）。

弧腹碗圈足　2件。T31③B：179，泥质黑陶。口沿残，弧腹，大圜底下附粗矮圈足，足壁外斜。素面。足径9.7、残高3厘米（图三四一，7）。T31③B：180，泥质黑陶，外表局部泛红。口沿残，弧腹，大圜底下附矮圈足，足壁外斜。素面。足径8.4、残高2厘米（图三四一，6）。

斜腹碗圈足　1件（T31③B：178）。泥质黄陶，灰胎，外表施浅红衣。上部已残，仅剩斜腹下部，圜平底也残，也附粗矮圈足，足径大于底径，足壁外弧。素面。足径12、残高4厘米（图三四一，5）。

其他

残骨簪　1件（T31③B：106）。骨，黄泛黑色。扁圆形，实心，头粗，尾细，但两头皆断，仅中间一段。素面。残长5.8厘米（图三四一，16）。

残骨器　1件（T31③B：94）。骨，黄色，磨制。一端已残，顶端横截面近长方形，顶、两面和一边皆磨平，另一边为骨断面，没磨平。素面。残长6.7、宽0.7、厚0.5厘米（图三四一，17）。

（8）T31③C层

标本8件。有石锄、圭形石凿、石凿和陶纺轮、骨簪，以及1件陶卷沿盘。

石器

石锄　2件。T31③C：12，石片，青色，打制。近梯形，弧刃，不锋利。长14.5、宽9.1、厚2.7厘米（图三四二，2）。T31③C：127，石片，青黑色夹白斑点，打制。近梯形，斜刃已残。长10.3、宽6.4、厚2.3厘米（图三四二，7）。

圭形石凿　1件（T31③C：13）。砾石，青色，磨制。顶已残，近方柱体，两面稍宽，两边磨刃近对称，平刃较锋利。残长4.9、宽2.2、厚1.6厘米（图三四二，5）。

石凿　1件（T31③C：11）。砾石，青色，磨制。顶已残，厚体长条形，双面斜刃不对称，但锋利。残长4.2、宽3.7、厚2.4厘米（图三四二，4）。

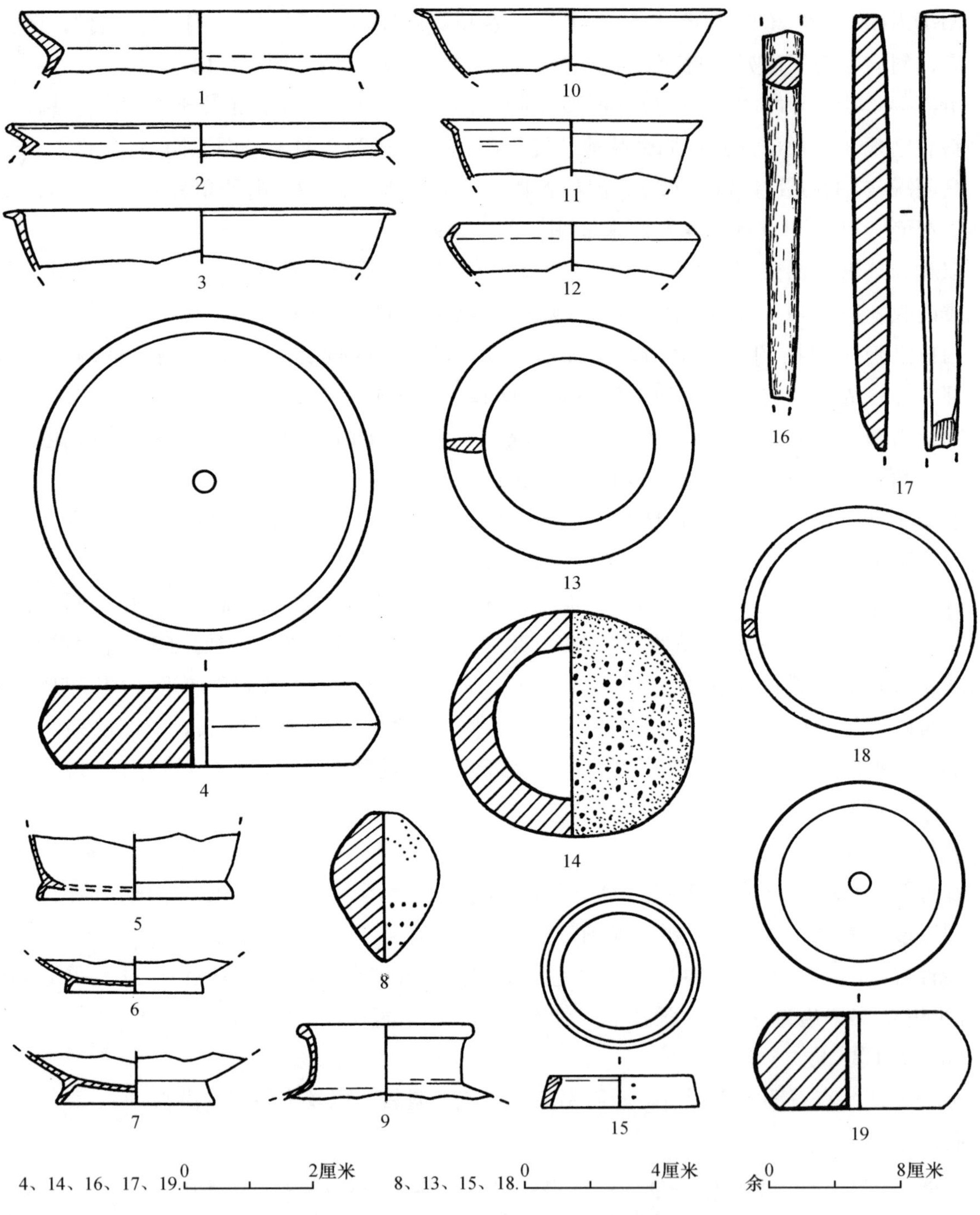

图三四一　T31③B 层出土陶、骨器

1. 陶凹折沿罐（T31③B: 165）　2. 陶折沿罐（T31③B: 167）　3. 陶卷沿小盆（T31③B: 169）　4、19. 陶纺轮（T31③B: 93、T31③B: 105）　5. 陶斜腹碗圈足（T31③B: 178）　6、7. 陶弧腹碗圈足（T31③B: 180、T31③B: 179）　8. 陶玩具（T31③B: 235）　9. 陶高领罐（T31③B: 162）　10. 陶窄凹沿碗（T31③B: 168）　11. 陶双腹碗（T31③B: 175）　12. 陶内折沿碗（T31③B: 172）　13、18. 陶环（T31③B: 90、T31③B: 96）　14. 小陶球（T31③B: 107）　15. 小陶环（T31③B: 110）　16. 残骨簪（T31③B: 106）　17. 残骨器（T31③B: 94）

陶器

陶纺轮　1件（T31③C: 117）。泥质红陶，紫红色。扁薄两面平，弧边型。素面。直径4.7、孔径0.4、厚1.5厘米（图三四三，5；图版一〇九，4）。

卷沿盘　1件（T31③C: 189）。泥质黑陶。敞口，卷沿，圆唇，浅折腹，腹下已残。腹饰一道凹槽。口径20、残高3.2厘米（图三四三，2）。

其他

骨簪　2件。T31③C: 184，骨质，白色，磨制。上端稍残，细长扁圆锥形，实心。残长11.7厘米（图三四三，14）。T31③C: 108，肢骨片，黄泛白，磨制。上部已残，且又成两节而连接不上，下部磨成尖状，横截面近三角形。两节残长2.6和4.8厘米（图三四三，9）。

（9）T31③D层

标本9件。有石锄、石斧坯、石凿，还有陶凹折沿罐、弧折沿小罐、内折沿碗、管状流敛口盆、矮圈足。

石器

石锄　1件（T31③D: 7）。砾石片，青色，打制。扁薄近梯形，弧顶及一面皆原砾面，两边修整平直，单面刃已残缺。长14.2、宽8.8、厚3厘米（图三四二，3）。

石斧坯　1件（T31③D: 10）。石核，青灰色，打制。厚体近长方形，弧顶及一面为砾石面，另一面不平，中间局部凸出甚厚，两边修直，一边稍磨制，弧刃单面打制甚钝，故作石斧坯。长19.4、宽7.8、厚5.9厘米（图三四二，1）。

石凿　1件（T31③D: 116）。砾石，灰中泛红，磨光。扁平长梯形，上细下宽，但两头皆为单面刃，两边、两面皆磨平，宽刃一角已残。长9.2、宽2、厚0.8厘米（图三四二，6；图版一〇七，9）。

陶器

凹折沿罐　1件（T31③D: 191）。夹炭夹草末红陶。侈口，束颈，凹折沿，尖圆唇，弧肩，肩下已残。素面。口径21、残高3.9厘米（图三四三，1）。

弧折沿小罐　1件（T31③D: 194）。泥质陶外红内黑，外表施鲜红衣。侈口，束颈，卷沿，尖圆唇，溜肩，弧腹，腹下部已残。素面。口径12、残高4.4厘米（图三四三，6）。

内折沿碗　1件（T31③D: 195）。泥质黑陶。敛口，内折沿，方圆唇，折弧腹，腹下已残。素面。口径15、残高3.2厘米（图三四三，3）。

管状流敛口盆　1件（T31③D: 190）。泥质红陶。敛口，弧沿外卷，尖圆唇，深弧腹中上部一侧有管状流，流口下斜，腹下部已残。素面。口径15、残高4.5厘米（图三四三，4）。

矮圈足　2件。T31③D: 113，泥质陶外红内黑。口沿残，深弧腹，圜底下附低矮圈足，圈足为扁圆凸棱状。素面。足径5.8、残高3厘米（图三四三，12）。T31③D: 198，泥质黑陶。上部已残，仅剩矮圈足和圜底残片，足壁外弧，足根内凹外斜。足饰三组镂孔，每组为一个圆形镂孔两旁各有一个长方形镂孔。足径11、残高2.7厘米（图三四三，13）。

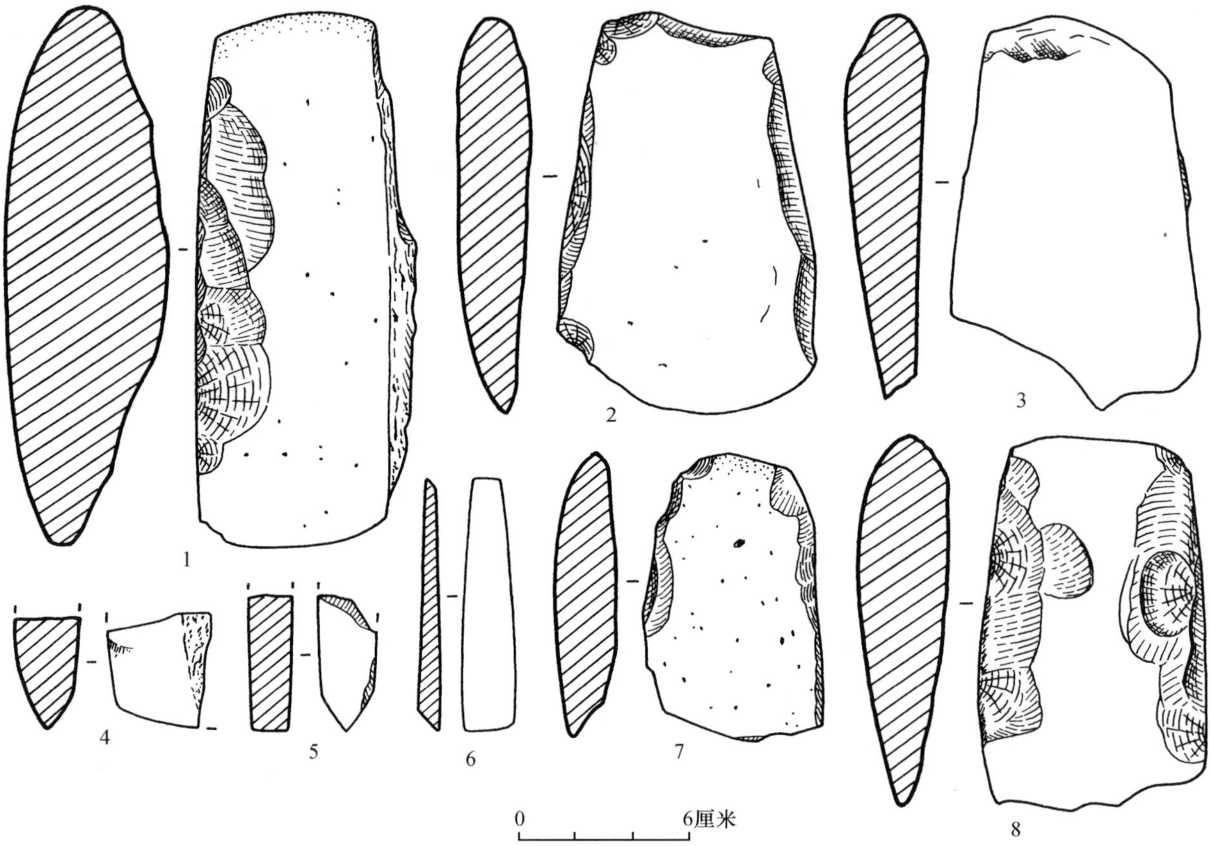

图三四二　T31③C层、T31③D层、T31③E层出土石器

1. 石斧坯（T31③D∶10）　2、3、7、8. 石锄（T31③C∶12、T31③D∶7、T31③C∶127、T31③E∶5）　4、6. 石凿（T31③C∶11、T31③D∶116）　5. 圭形石凿（T31③C∶13）

（10）T31③E层

标本6件。有石锄和陶环，还有陶弧折沿罐、小平沿敛口小罐、假腹碗圈足、弧腹碗圈足。

石器

石锄　1件（T31③E∶5）。石片，红色夹白点，打制。长方形，单面打制刃部有使用后缺口。长13.5、宽8、厚3.4厘米（图三四二，8）。

陶器

陶环　1件（T31③E∶205）。泥质黑陶，灰胎。残，一节，剖面为长方形圆角，两面平，面宽大于环厚。直径7.4、肉径0.65、厚0.35厘米（图三四三，8）。

弧折沿罐　1件（T31③E∶199）。泥质灰陶。侈口，束颈，折沿，沿面微上弧，尖圆唇，斜肩，肩下已残。素面。口径26、残高3.8厘米（图三四三，10）。

小平沿敛口小罐　1件（T31③E∶202）。泥质陶外红内黑，外施土红色。敛口，窄平沿，尖圆唇，深弧腹，下已残。素面。口径13、残高5厘米（图三四三，7）。

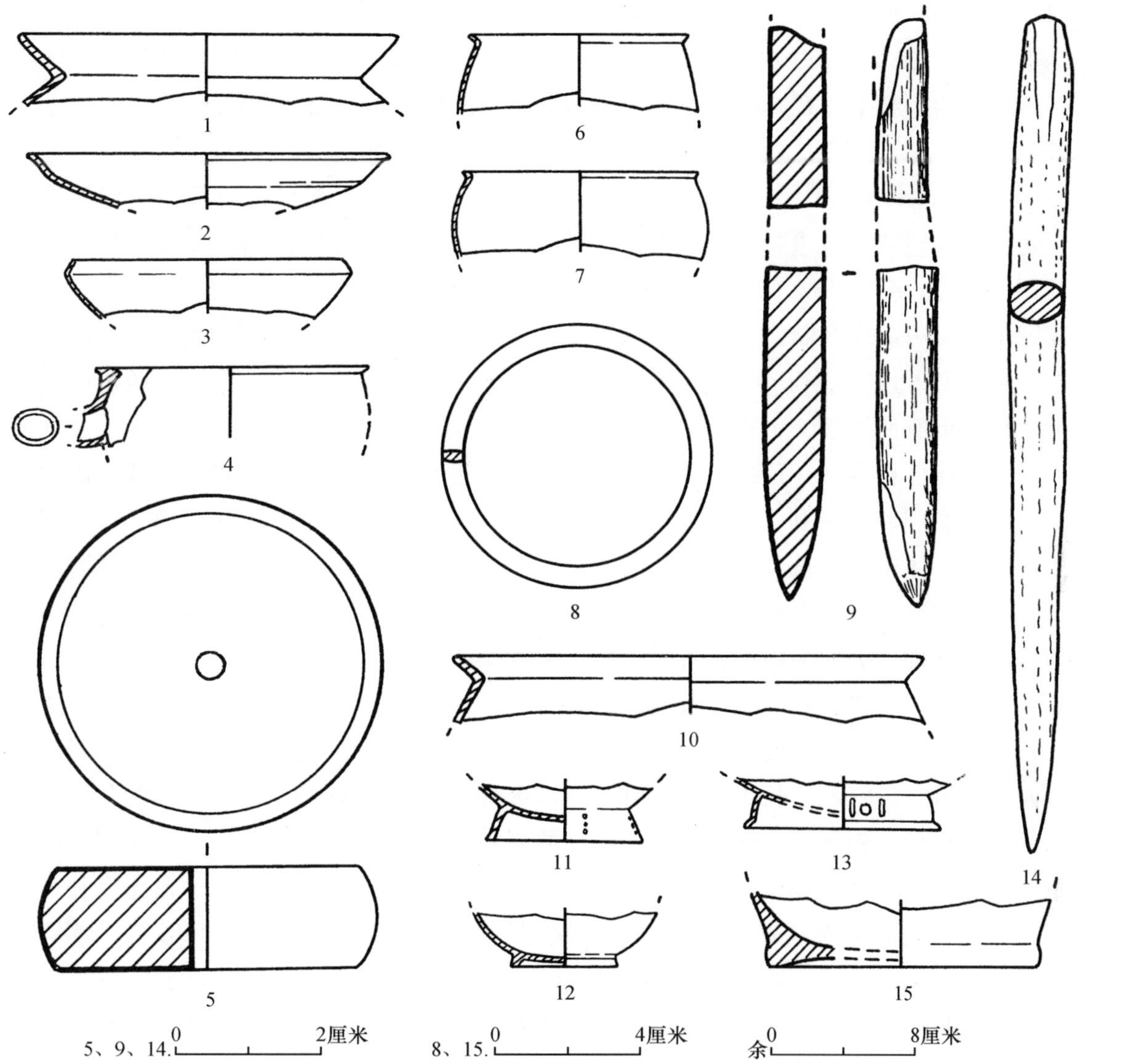

图三四三　T31③C 层、T31③D 层、T31③E 层出土陶、骨器

1. 陶凹折沿罐（T31③D∶191）　2. 陶卷沿盘（T31③C∶189）　3. 陶内折沿碗（T31③D∶195）　4. 陶管状流敛口盆（T31③D∶190）　5. 陶纺轮（T31③C∶117）　6. 陶弧折沿小罐（T31③D∶194）　7. 陶小平沿敛口小罐（T31③E∶202）　8. 陶环（T31③E∶205）　9、14. 骨簪（T31③C∶108、T31③C∶184）　10. 陶弧折沿罐（T31③E∶199）　11. 陶弧腹碗圈足（T31③E∶203）　12、13. 陶矮圈足（T31③D∶113、T31③D∶198）　15. 陶假腹碗圈足（T31③E∶204）

假腹碗圈足　1件（T31③E∶204）。泥质陶外红内黑。仅剩下腹残底和矮圈足足残片，内斜腹微弧，下起凸棱，使器内为圜底，外表为凸棱状矮圈足。素面。足径7.6、残高1.9厘米（图三四三，15）。

弧腹碗圈足　1件（T31③E∶203）。泥质黑陶。口沿残，深弧腹，圜底下附矮圈足，足壁外弧，足根上卷有凸棱。足饰三个圆形小孔成一排的戳孔纹，可能共4排。足径8.6、残高3.2厘米（图三四三，11）。

（11）T32③C层、T32③D层、T32③E层

标本25件。除T32③D层1件残器底和T32③C层1件小陶鼎和1件陶环外，余皆生产工具；有石斧、两边磨平厚残石器、石锛、小石锛、石凿、圭形石凿、陶纺轮。

石器

石斧　10件。T32③D∶4，砂岩石，棕红色。扁弧近梯形，斜平顶残，两面皆弧平，都是原面，两边，一边残，一边磨平，弧刃两面磨制，有使用痕，已不锋利。长8、宽5.8、厚2.6厘米（图三四五，4）。T32③C∶7，小砾石，黑色。扁平近梯形，弧顶，两面皆弧原面，两边修直，没磨平，弧刃单面磨制，不锋利。长9.3、宽6.4、厚1～1.5厘米（图三四五，2；图版一〇七，3）。T32③E∶8，砾石，青灰色。器体呈梯形，平顶及两面近皆原面，两边磨平，两面平刃近对称，但有使用痕，不锋利。长8.8、宽6.4、厚2.2厘米（图三四五，3）。T32③E∶9，砾石，青色。厚体长方形，顶残，两面皆原面，略弧近平，两边，一边磨平，另一边为原砾石面，斜刃两面磨制，较锋利。残长11.6、宽8.6、厚4.4厘米（图三四四，7）。T32③C∶12，砾石，青灰色。体较厚呈长方形，顶、两面皆原面，两边皆打制近平直，弧刃两面磨制，甚锋利。长11.6、宽6.8、厚3.4厘米（图三四四，1）。T32③D∶18，石片，青色。厚体呈梯形，近斜顶打制，两面，一面为破裂面近平，另一面为原弧面，两边修直近平，斜刃单面打制，较锋利。长13.8、宽7.2、厚3.2厘米（图三四四，8）。T32③D∶19，石片，青灰色。薄体呈梯形，平顶，两面，一面为原面，另一面为破裂面较平，两边，一边已修平，另一边斜面，平刃两面打制不对称，较锋利。长14.5、宽8、厚2.8厘米（图三四四，2）。T32③C∶21，石，青色。器体为长方形，斜平顶，两边磨平，两面原砾石近平，两面平刃近对称，锋利，但一角已残。长8、宽5、厚2.3厘米（图三四五，1）。T32③C∶22，砾石，青灰色。器体呈长方形，弧顶近平为原面，两面也为原砾石面，中下部稍厚，两边皆磨平，平刃双面磨制，较锋利。长14.9、宽7.4、厚4厘米（图三四四，6；图版一〇六，1）。T32③C∶65，砾石，青色。较厚近长方形，顶部折断成平顶，两边磨平，两面近平都有打制疤痕，弧刃两面磨制，有使用痕，仍锋利。残长9.4、宽7.2、厚3.1厘米（图三四四，9）。

两边磨平厚残石器　2件。T32③D∶47，砾石，深灰色。厚体长方形，弧平顶及两面皆原面，两面进一步磨平，两边磨平，刃已断。残长14.2、宽6.8、厚3.8厘米（图三四四，3）。T32③C∶48，砾石，青麻色。厚体呈长方形，顶及两面皆原面，两边磨平，刃已断。残长14.4、宽10.2、厚4.5厘米（图三四四，4）。

石锛　2件。T32③D∶17，小砾石，青灰色。扁薄呈长方形，弧顶及一面为原面，另一面稍打制磨平，两边略磨平，双面平刃不对称，较锋利。长9.8、宽5.3、厚1.8厘米（图三四四，5）。T32③D∶49，石，灰色夹黑条纹。厚薄不一呈长方形，平顶，两边皆修平，一边已磨平，两面，一面磨平，另一面打制后仍不平，单面刃近弧形，锋利。长6.4、宽4.4、厚1.6厘米（图三四五，8）。

小石锛　4件。T32③C∶11，石片，青灰色。扁平呈梯形，平顶，直边，两面已磨，但不甚平，单面斜刃近平，不锋利。长4.8、宽4、厚0.8厘米（图三四五，10；图版一〇八，10）。

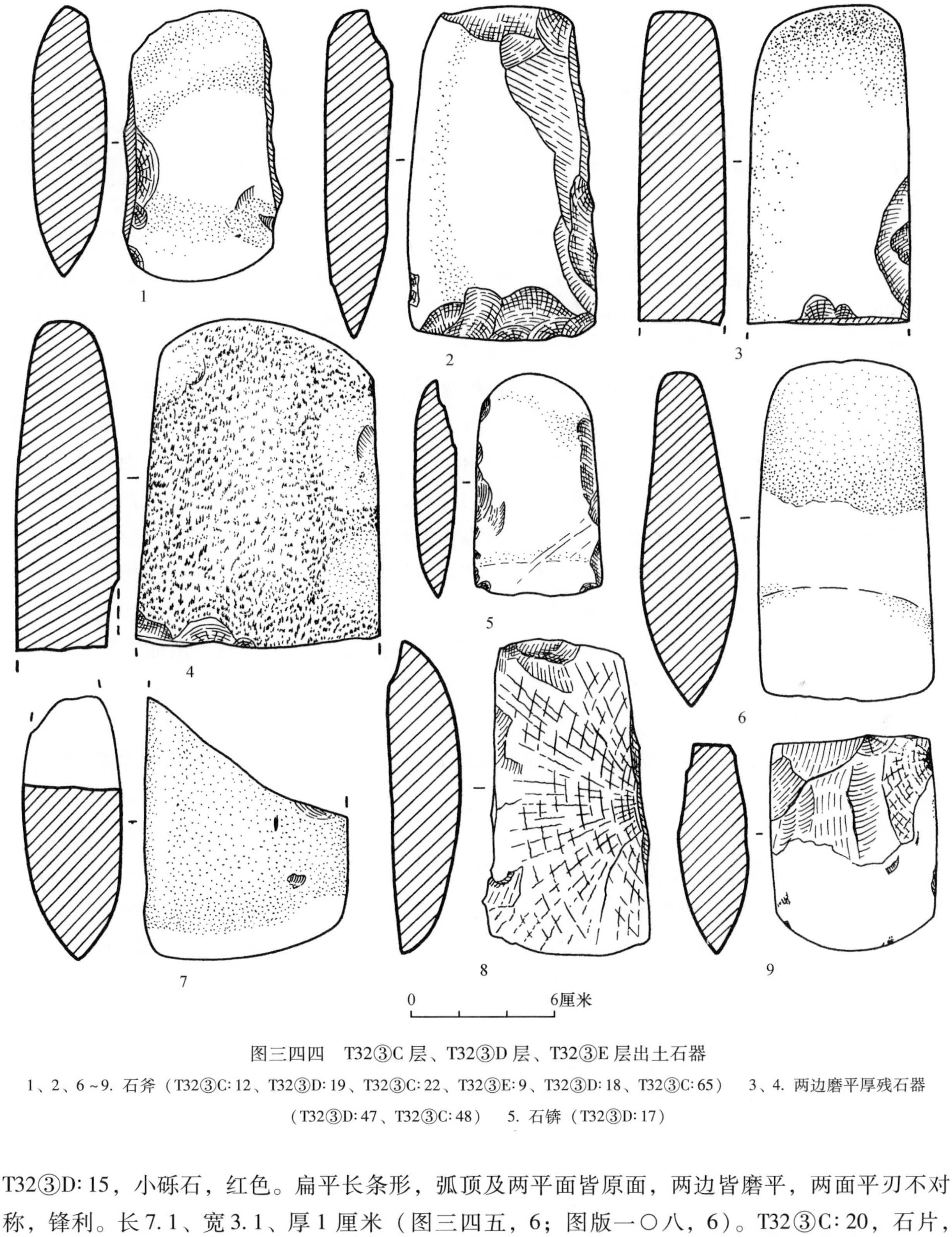

图三四四　T32③C层、T32③D层、T32③E层出土石器

1、2、6～9. 石斧（T32③C: 12、T32③D: 19、T32③C: 22、T32③E: 9、T32③D: 18、T32③C: 65）　3、4. 两边磨平厚残石器（T32③D: 47、T32③C: 48）　5. 石锛（T32③D: 17）

T32③D: 15，小砾石，红色。扁平长条形，弧顶及两平面皆原面，两边皆磨平，两面平刃不对称，锋利。长7.1、宽3.1、厚1厘米（图三四五，6；图版一〇八，6）。T32③C: 20，石片，青灰色。厚薄不一呈梯形，平顶打制，两边磨平，两面，一面磨制，一面原砾石平面，单面斜

刃，有使用缺口，不甚锋利。长4.4、宽3.1、厚0.2～0.8厘米（图三四五，11；图版一〇八，12）。T32③C:66，小砾石，青色，表面泛红。扁平近椭圆形，弧顶和两平面皆原砾石面，两边磨平，弧刃两面磨制不对称，锋利。长6、宽0.6、厚0.4～0.8厘米（图三四五，5）。

石凿　1件（T32③E:55）。小砾石，灰色。扁薄呈长条形，弧顶，两平面皆原面，两边，一边磨平，一边为原扁弧面，两面平刃，有使用缺口，较锋利。长4.1、宽1.5、厚0.5～0.6厘米（图三四五，7）。

圭形石凿　1件（T32③D:44）。石，青灰色。方柱体呈长条形，顶端断裂，两面磨平，但厚薄不一，两边上部磨平，下部磨成角边，角刃对称，有使用痕，不锋利。残长6.2、宽2.5、厚1.6厘米（图三四五，9；图版一〇七，1）。

陶器

陶纺轮　2件。T32③C:56，泥质红陶。扁薄两面平，角边型对称。素面。直径4.3、孔径0.4、厚1.35厘米（图三四七，15）。T32③C:30，泥质红陶。扁薄两面平，但较厚，大角边型。素面。直径5.1、孔径0.5、厚1.8～1.9厘米（图三四七，11；图版一〇九，9）。

小陶鼎　1件（T32③C:45）。泥质黑陶。侈口，束颈，折沿，尖唇，溜肩，鼓腹，圜底，底下附三个残足。下腹饰一周凸弦纹。口径10.6、高9.7厘米（图三四七，8；图版一一〇，5）。

残器底　1件（T32③D:41）。泥质黑陶，应为快轮制作。残器底，内底有螺旋痕。素面。直径4.6、厚0.7厘米（图三四七，6）。

陶环　1件（T32③C:35）。泥质黄陶。残，一节，梯形，内厚外稍薄，两面皆斜平。两面皆饰一道道不规则的篦纹。直径7.3、内宽1.1、内厚0.45厘米（图三四七，14）。

（12）T33③C层

标本8件。有石斧、小石锛、圭形石凿和陶纺轮，生活用品只有1件陶卷沿盆和1件陶矮圈足。

石器

石斧　2件。T33③C:5，砾石，青色有麻白点。扁平近梯形，斜弧顶为原面，两面也为原面略加磨平，两边磨平，两面弧刃对称，有使用痕，已不甚锋利。长12.5、宽6.9、厚3厘米（图三四六，13；图版一〇六，6）。T33③C:42，石片，青麻色。较厚长条呈细长方形，平顶稍弧，两面打制，两边修直平行，都近平，弧刃近平，两面打制，有使用痕，已不锋利。长13.6、宽5.9、厚2.7厘米（图三四六，1）。

小石锛　2件。T33③C:6，石，青色。由残石器刃部改制，扁平倒梯形，顶宽刃窄，顶部和一边皆原破裂平面，弧刃单面磨制，锋利。残长5.7、残宽3.9、厚1.7厘米（图三四六，10）。T33③C:41，石片，青色。扁平长方形，平顶，两面皆平，两边磨平且平行，平刃单面磨制，有使用小缺口，锋利。长5.2、宽3、厚0.9厘米（图三四六，8；图版一〇八，11）。

圭形石凿　1件（T33③C:40）。石条，青麻色。扁平五角形，顶部断裂斜平，两面磨平，一面有残疤痕，两边上部平行，磨制斜平，下部对磨成角状刃，锋利。长6、宽3.1、厚1.55厘米（图三四六，9；图版一〇七，4）。

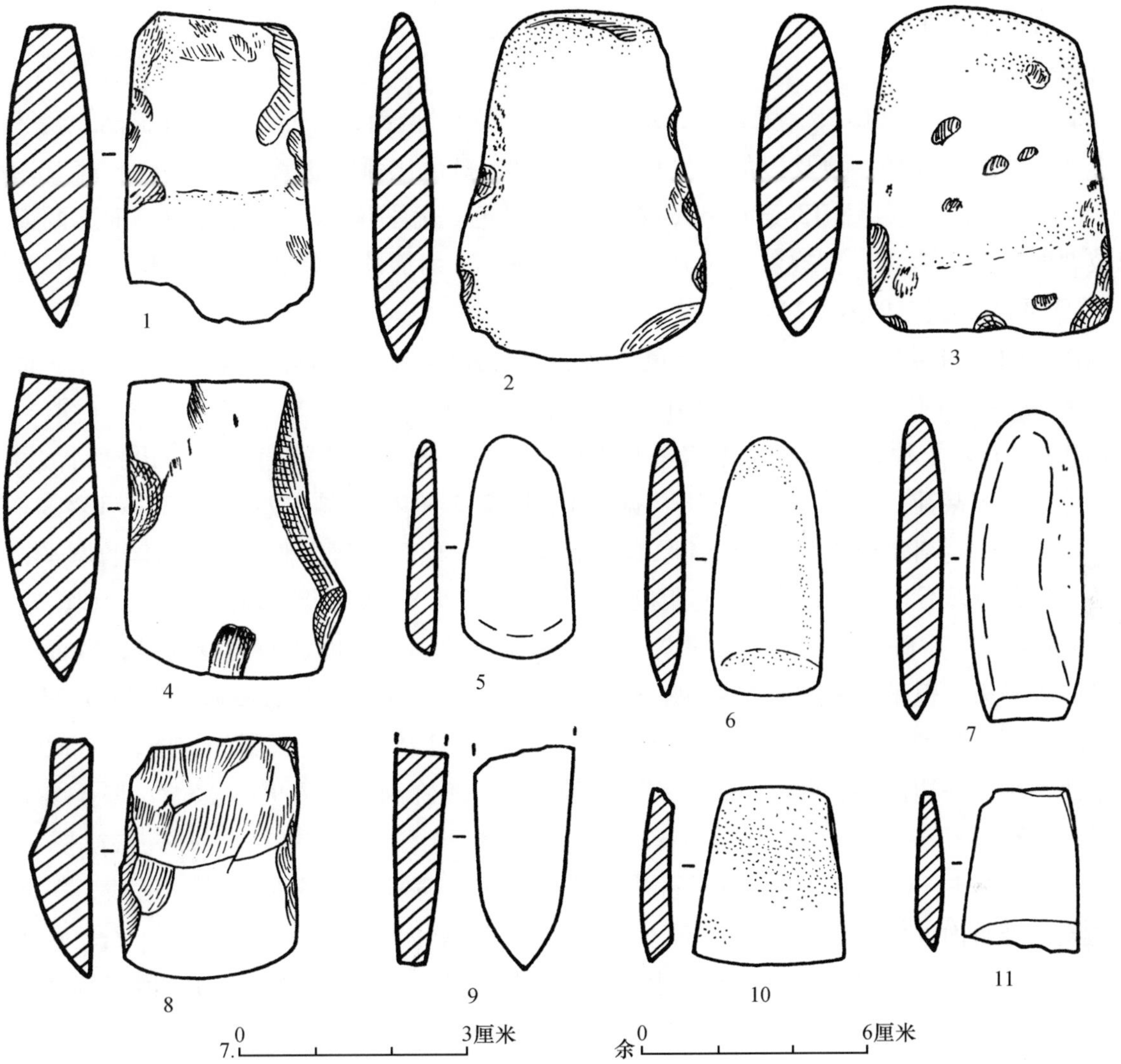

图三四五 T32③C层、T32③D层、T32③E层出土石器

1～4. 石斧（T32③C∶21、T32③C∶7、T32③E∶8、T32③D∶4） 5、6、10、11. 小石锛（T32③C∶66、T32③D∶15、T32③C∶11、T32③C∶20） 7. 石凿（T32③E∶55） 8. 石锛（T32③D∶49） 9. 圭形石凿（T32③D∶44）

陶器

陶纺轮 1件（T33③C∶25）。夹细砂红陶，局部泛黑。扁薄两面平，角边型。素面。直径3.5、孔径0.4、厚1.3厘米（图三四七，7；图版一〇九，1）。

卷沿盆 1件（T33③C∶29）。泥质红陶，内外施红衣。敛口，卷沿，方唇，扁腹内收，底已残。素面。口径26.6、残高10厘米（图三四七，1；彩版一四，2）。

矮圈足 1件（T33③C∶35）。泥质黑陶，灰胎。上部已残，仅剩矮圈足和圜底残片，足壁外斜。素面。足径8.4、残高2厘米（图三四七，2）。

（13）T34③C层和T34③D层

标本16件。有石锄、石斧、残石锛、有刻槽石纺轮、陶纺轮，又有陶环和陶球，生活用品只有1件陶质碗圈足。

石器

石锄　2件。T34③C:25，大石片，灰色。扁平梯形，两面，一面为天然面弧凸，另一面破裂面修平，两边皆修平，顶及刃部皆呈单面打制刃，斜顶比弧刃更锋利。长17、宽10.4、厚3.2厘米（图三四六，4）。T34③D:69，石片，青灰色。扁平梯形，弧顶为原石面，两面为原面和破裂面，两边修直，皆成斜面，宽刃不平有缺口，两面略打制加工而锋利。长12.6、宽8.7、厚3厘米（图三四六，2）。

石斧　5件。T34③D:17，石片，青色。扁平近长方形，顶打制近平略弧，两面，一面为原面，另一面磨平，两边磨制近平，单面弧刃，不甚锋利。长9.1、宽6、厚1.3厘米（图三四六，7）。T34③D:18，石片，青灰色。近扁平长方形，弧顶，两面近平，直边，一边打制，另一边磨平，单面弧刃甚钝，不锋利。长8.8、宽6.1、厚2.2厘米（图三四六，12）。T34③D:21，条状砾石，青色。扁弧长方形，两面皆原面，略弧不平，顶部打制不平整，两边修直磨平，但有疤凹痕，两面磨刃不对称近平刃，有使用痕，不锋利。长9.8、宽4.8、厚2.3厘米（图三四六，3）。T34③D:22，小砾石，灰色。扁平长方形，弧顶为原面，两面、两边皆磨平，双面刃也磨制近对称成平刃，但不锋利。长6.4、宽3.8、厚1.5厘米（图三四六，5）。T34③D:24，厚体呈长条形，顶端打制平整，两面及一边皆原面，另一边打制斜平有磨痕，两面，一面已磨平，另一原面不平，一边内凹，双面弧刃磨制，有使用痕，不锋利。长7.9、宽5.7、厚3厘米（图三四六，11）。

残石锛　2件。T34③D:20，小砾石片，黄皮白芯。薄平体长方形，下部已残，一面近顶保留原黄色砾石面。残长2.7、宽3、厚0.5厘米（图三四六，6）。T34③D:23，石，黄色。顶及一边已残，两面及一边皆磨平，另一边单面打制呈刃状，原刃部单面斜刃，但刃端又已磨平而不锋利。残长5.8、宽5.8、厚1.7厘米（图三四六，14）。

有刻槽石纺轮　1件（T34③D:42）。黑色。扁薄两面平，中间有一圆孔，而成直边型纺轮，但两面都有经过圆孔的一周刻凹槽，直边中间也有一周凹槽而成坠子。直径3.8、孔径0.6、厚1.35厘米（图三四七，4）。

陶器

陶纺轮　1件（T34③D:39）。夹细砂黑陶。残，扁薄两面平，弧边型。素面。直径5、孔径0.7、厚1.7厘米（图三四七，5）。

陶环　3件。T34③D:55，泥质黑陶。残，一节，截面为圆角梯形，扁平面，内厚外薄。素面。直径7.2、内宽1.2、内厚0.4厘米（图三四七，12）。T34③D:81，泥质黑陶。残，一节，截面为圆角梯形，两面扁平，内厚外薄。素面。直径7.4、内宽0.7、内厚0.4厘米（图三四七，9）。T34③D:82，残，一节，截面为圆形，较粗。素面。直径6.6、内径1厘米（图三四七，10）。

陶球　1件（T34③D:62）。泥质红陶。完整，球形，空心，中有一物，摇之有声响。球面上下各穿一小圆孔，侧面周围又穿4个小圆孔，共6孔，每孔周围都饰双行篦点纹成“米”字形。直径3.8、剖厚0.4~0.6厘米（图三四七，13；彩版一五，1）。

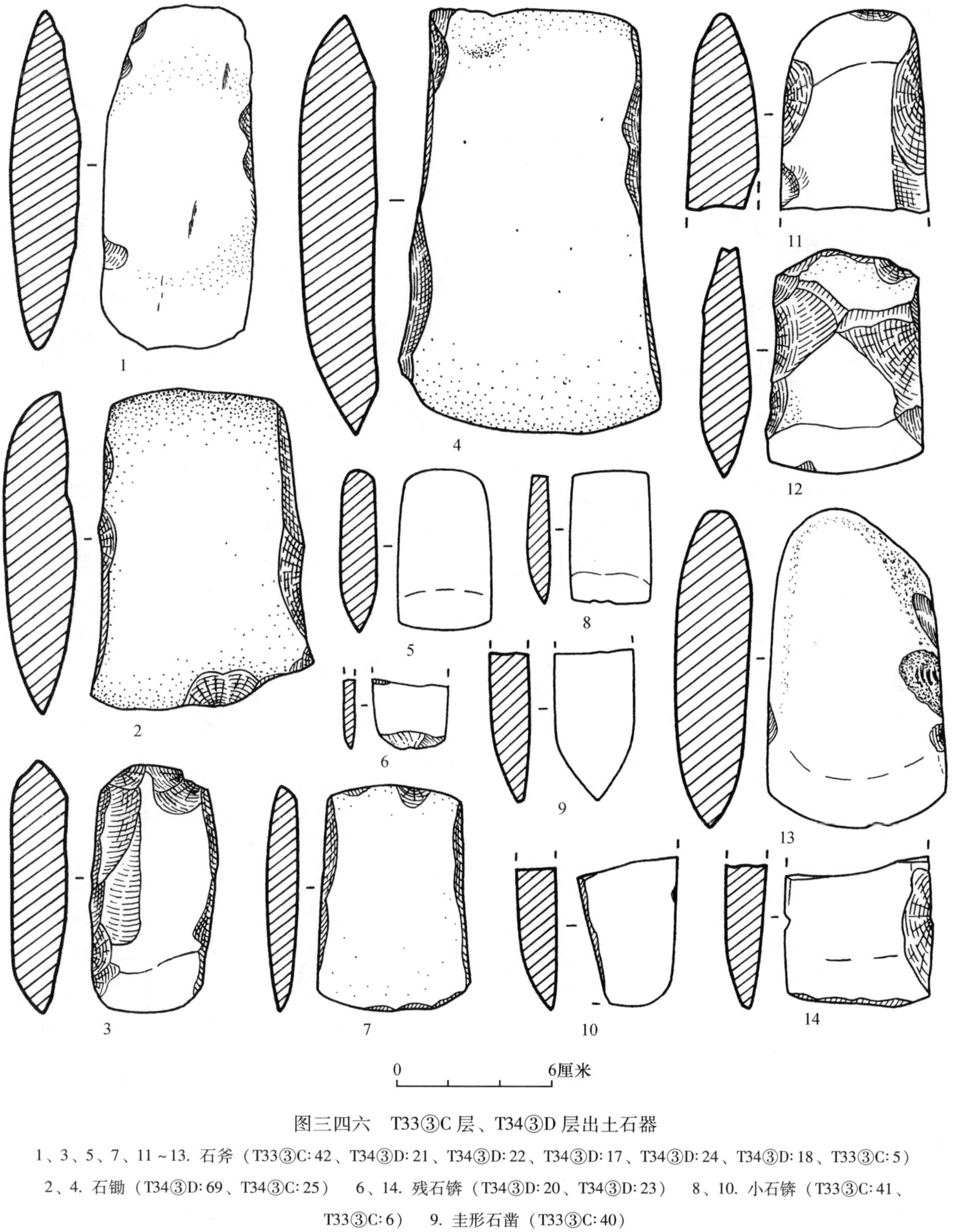

图三四六 T33③C 层、T34③D 层出土石器

1、3、5、7、11～13. 石斧（T33③C:42、T34③D:21、T34③D:22、T34③D:17、T34③D:24、T34③D:18、T33③C:5） 2、4. 石锄（T34③D:69、T34③C:25） 6、14. 残石锛（T34③D:20、T34③D:23） 8、10. 小石锛（T33③C:41、T33③C:6） 9. 圭形石凿（T33③C:40）

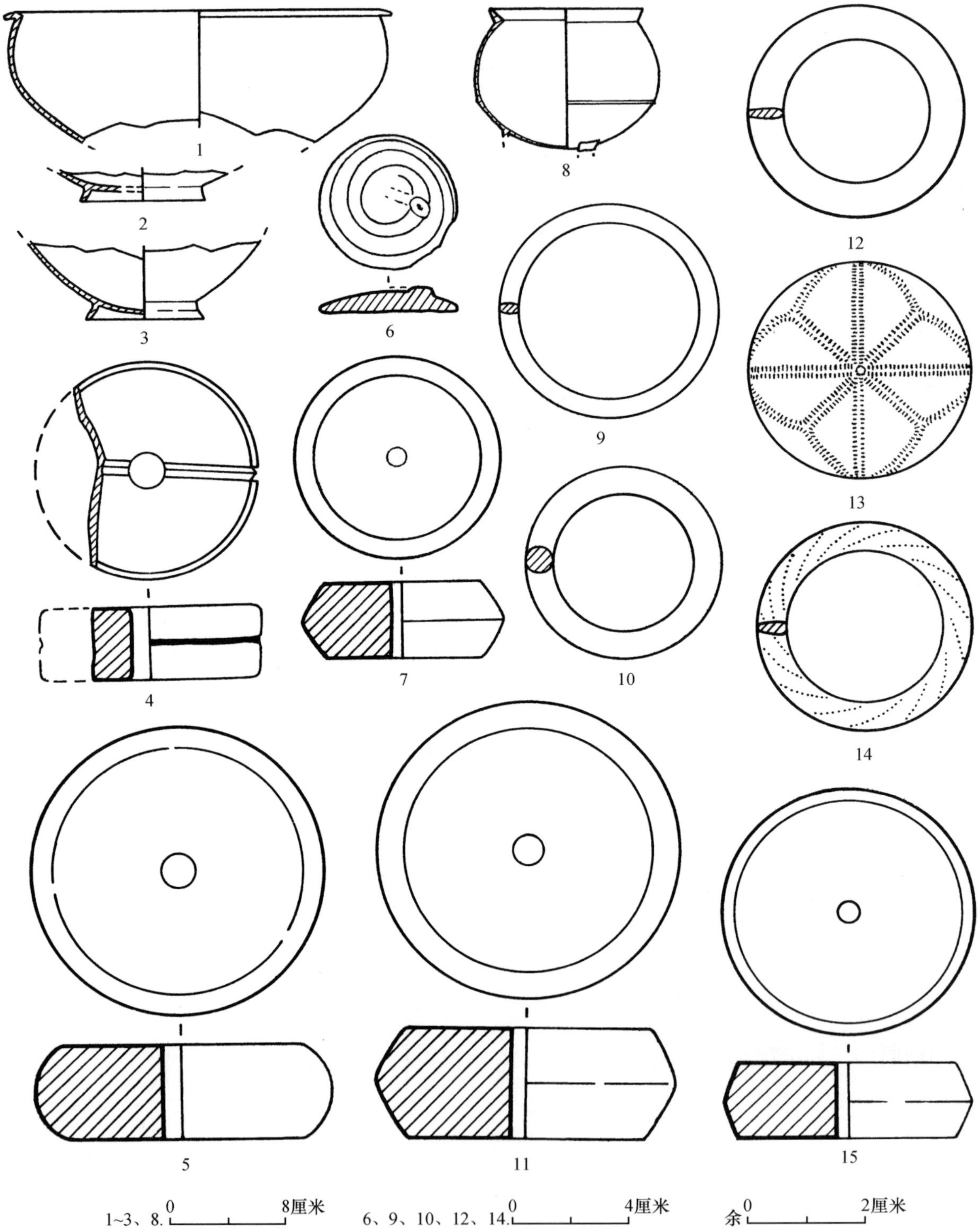

图三四七　T32③C层、T32③D层、T33③C层、T34③C层、T34③D层出土器物

1. 陶卷沿盆（T33③C:29）　2. 陶矮圈足（T33③C:35）　3. 陶碗圈足（T34③C:57）　4. 有刻槽石纺轮（T34③D:42）　5、7、11、15. 陶纺轮（T34③D:39、T33③C:25、T32③C:30、T32③C:56）　6. 陶残器底（T32③D:41）　8. 小陶鼎（T32③C:45）　9、10、12、14. 陶环（T34③D:81、T34③D:82、T34③D:55、T32③C:35）　13. 陶球（T34③D:62）

碗圈足　1件（T34③C:57）。泥质黑陶。口沿残，弧腹，矮圈足，足外撇。足饰一周凹弦纹。足径8、残高5.4厘米（图三四七，3）。

（14）T35③C层

标本13件。有残石斧、小石锛、石球、骨锥、陶纺轮，还有陶凹折沿罐、折沿罐、片状大鼎足。

石器

残石斧　2件。T35③C:2，石片，青色。扁平近正方形，顶端稍残，单面打制成刃状，两面皆原面都较平，两边已磨平，两面磨制成对称斜弧刃，甚锋利。残长7.3、宽7、厚1.9厘米（图三四九，6）。T35③C:71，石片，黄皮白芯。扁平近正方形，顶已断裂，两边打制修直近平面，两面，一面为石面，一面为破裂面，皆平整，两面打制成平刃，但多缺口，不锋利。残长7.7、宽6.4、厚1.3厘米（图三四九，13）。

小石锛　1件（T35③C:3）。砾石块，青色。扁薄呈长方形，平顶两面打制，两面较平皆原面，两边磨平，单面磨刃，弧刃近平，有使用痕已不锋利。长6.5、宽4.6、厚1.2厘米（图三四九，12）。

石球　2件。T35③C:15，小砾石，青色。扁圆形，表面较光滑一面，撞击后留有两片疤痕，周边布满密集坑疤。长径7.3、宽径6.3、厚3.6厘米（图三四九，5）。T35③C:18，小砾石，青色。近圆形，表面布满自然滚动后留下的坑疤，又有两处原石皮留下光滑平面，另一处破裂面。长径6.3、短径6.2、厚5厘米（图三四九，7）。

陶器

陶纺轮　3件。T35③C:41，泥质红陶。扁薄，平面圆形，两面平微凹，角边型。素面。直径4.3、孔径0.4、厚1.5～1.6厘米（图三四八，13；图版一〇九，6）。T35③C:42，夹细砂黄陶。扁薄，平面圆形，两面平，直边型。素面。直径4.9、孔径0.4、厚1.2厘米（图三四八，7；图版一〇九，5）。T35③C:43，泥质红陶。扁薄，两面较平，两面周边起凸棱，且底面稍大，弧边型，弧角不明显。素面。直径3.4、孔径0.4、厚1.2厘米（图三四八，6；图版一〇九，8）。

凹折沿罐　1件（T35③C:47）。夹炭黑陶。侈口，束颈，折沿微内凹，方唇内斜，弧肩已残。口内唇部、局部饰锯齿状缺口，而成花边罐口沿。口径23、残高4.4厘米（图三四八，8）。

折沿罐　1件（T35③C:164）。夹砂陶外黑内红。侈口，束颈，折沿，方圆唇，斜弧肩，腹已残。素面。口径16、残高6厘米（图三四八，1）。

片状大鼎足　2件。T35③C:40，夹炭红陶。仅剩罐形鼎下部残片，足呈倒梯形，但下部已残。足面上部饰一个圆按窝。残长7.4厘米（图三四八，5）。T35③C:163，夹炭红陶。近片状，上厚下稍薄，呈长舌状。素面。残长12.6、上宽8厘米（图三四八，10）。

其他

骨锥　1件（T35③C:44）。骨，白色。残，扁菱形，上、下残，横断面椭圆形。素面。残长 5.7、宽 1.1、厚 0.55 厘米（图三四八，12）。

（15）T35③D 层

标本 10 件。有石斧、残石器、小石锛、砺石、陶纺轮和陶环、弧折沿罐、内折沿碗。

石器

石斧　1 件（T35③D: 70）。砾石，青灰色。器体为梯形，平顶打制，两边磨平，两面皆原面，双面磨刃对称，弧刃有使用痕，仍较锋利。长 10.1、宽 6.6、厚 3 厘米（图三四九，2）。

残石器　1 件（T35③D: 11）。砾石，青色。器体厚大近长方形，弧顶为砾面，两面皆原面，一面较平，一面凹凸不平，两边磨平，刃残。长 14.6、宽 8.5、厚 5.3 厘米（图三四九，1）。

小石锛　2 件。T35③D: 35，小砾石，黄皮而石芯黄中泛白。扁平呈梯形，弧顶及一面为原面，另一面也为原面又稍磨光，两边磨平，单面磨刃已残，残刃多缺口，不锋利。长 5.4、宽 4、厚 1 厘米（图三四九，9；图版一〇八，1）。T35③D: 28，小砾石片，青灰色。扁平近梯形，弧顶及一面皆原面，另一面两边皆磨平，单面磨刃，斜弧刃不锋利。长 5.2、宽 2.9、厚 0.8 厘米（图三四九，10；图版一〇八，3）。

砺石　1 件（T35③D: 89）。石，红色砂岩。近长方形体，两面都有磨制，使用后的凹痕。长 30.4、宽 12、厚 13.4 厘米（图三四九，8）。

陶器

陶纺轮　2 件。T35③D: 55，泥质红陶。厚体两面平，弧边型。素面。直径 4、孔径 0.7、厚 3 厘米（图三四八，2；图版一〇九，3）。T35③D: 69，泥质红陶。残，扁薄两面较平，一面周边略凸起，弧边型。素面。直径 4.9、孔径 0.5、厚 1.4 厘米（图三四八，3）。

陶环　1 件（T35③D: 34）。泥质黑陶。残，一节，截面为圆角长方形，两面微弧，面宽小于高或厚。素面。直径 6.6、内宽 0.7、内厚 0.5 厘米（图三四八，11）。

弧折沿罐　1 件（T35③D: 98）。泥质红陶，外表、口沿施浅红衣。侈口，弧折沿，方圆唇，束颈，斜肩，弧腹，腹下部已残。腹内饰斜条篦划纹多组，每组六七道竖凹弦，但不等距，近平行。口径 24、残高 5.2 厘米（图三四八，9）。

内折沿碗　1 件（T35③D: 62）。泥质黑陶。敛口，沿内折，圆唇，扁弧腹相对较深，圜底下附圈足，足根起扁棱。圈足上施小镂孔，但残后仅见一个。口径 14.2、足径 9.8、高 8.4 厘米（图三四八，4；彩版一四，3）。

（16）T35③E 层

标本 6 件。有小石锛和陶折沿小罐、弧折沿小罐、壶形器、敛口碗、器盖。

石器

小石锛　1 件（T35③E: 26）。小砾石片，灰色。扁平长方形，顶部、两面、两边皆磨平，有一面仍可见局部石原面，单面磨成平刃，较锋利。长 4.8、宽 4.4、厚 0.6 厘米（图三四九，11；图版一〇八，8）。

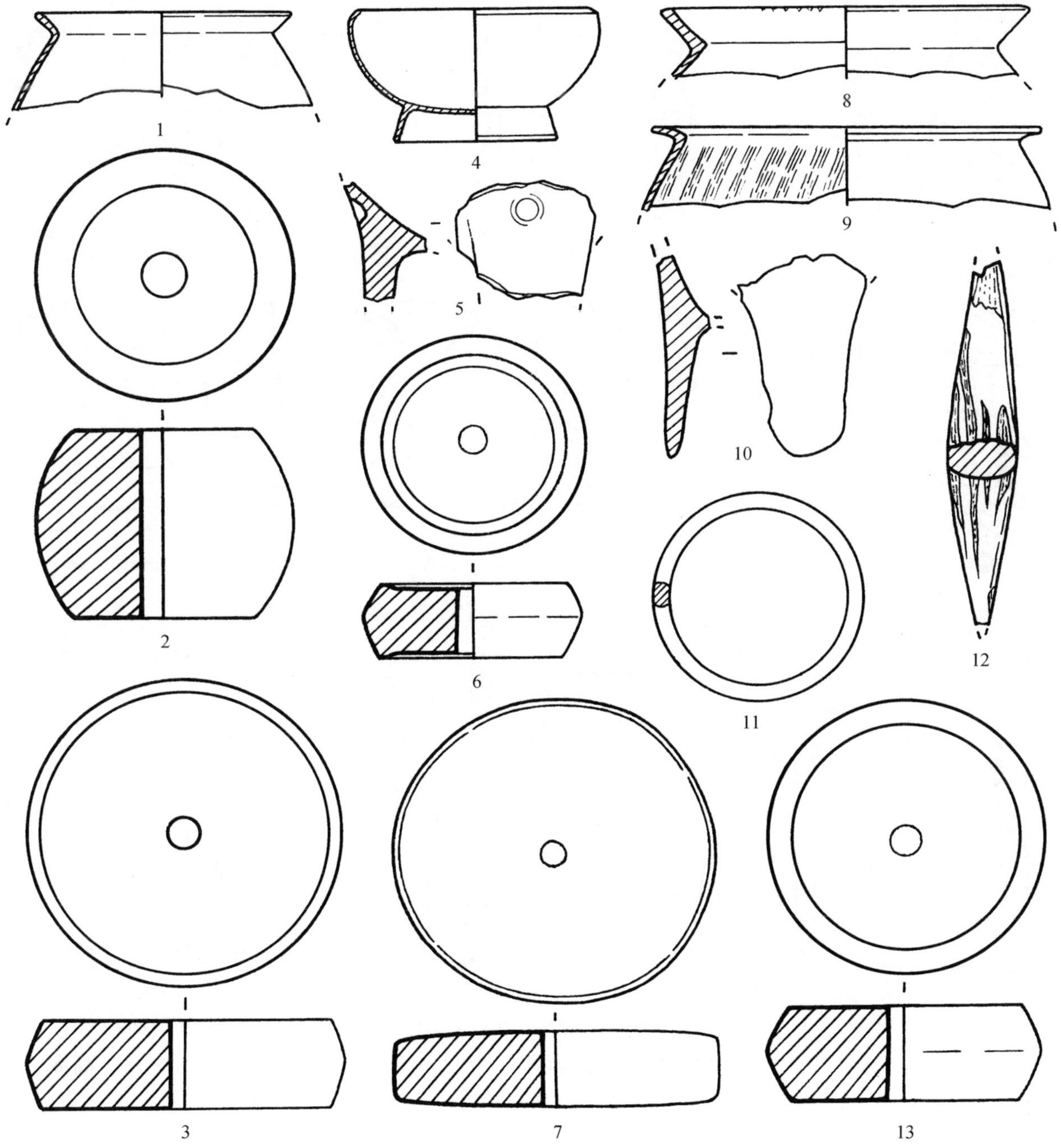

2、3、6、7、12、13. 0　2厘米　11. 0　4厘米　余 0　8厘米

图三四八　T35③C层、T35③D层出土陶、骨器

1. 陶折沿罐（T35③C∶164）　2、3、6、7、13. 陶纺轮（T35③D∶55、T35③D∶69、T35③C∶43、T35③C∶42、T35③C∶41）　4. 陶内折沿碗（T35③D∶62）　5、10. 陶片状大鼎足（T35③C∶40、T35③C∶163）　8. 陶凹折沿罐（T35③C∶47）　9. 陶弧折沿罐（T35③D∶98）　11. 陶环（T35③D∶34）　12. 骨锥（T35③C∶44）

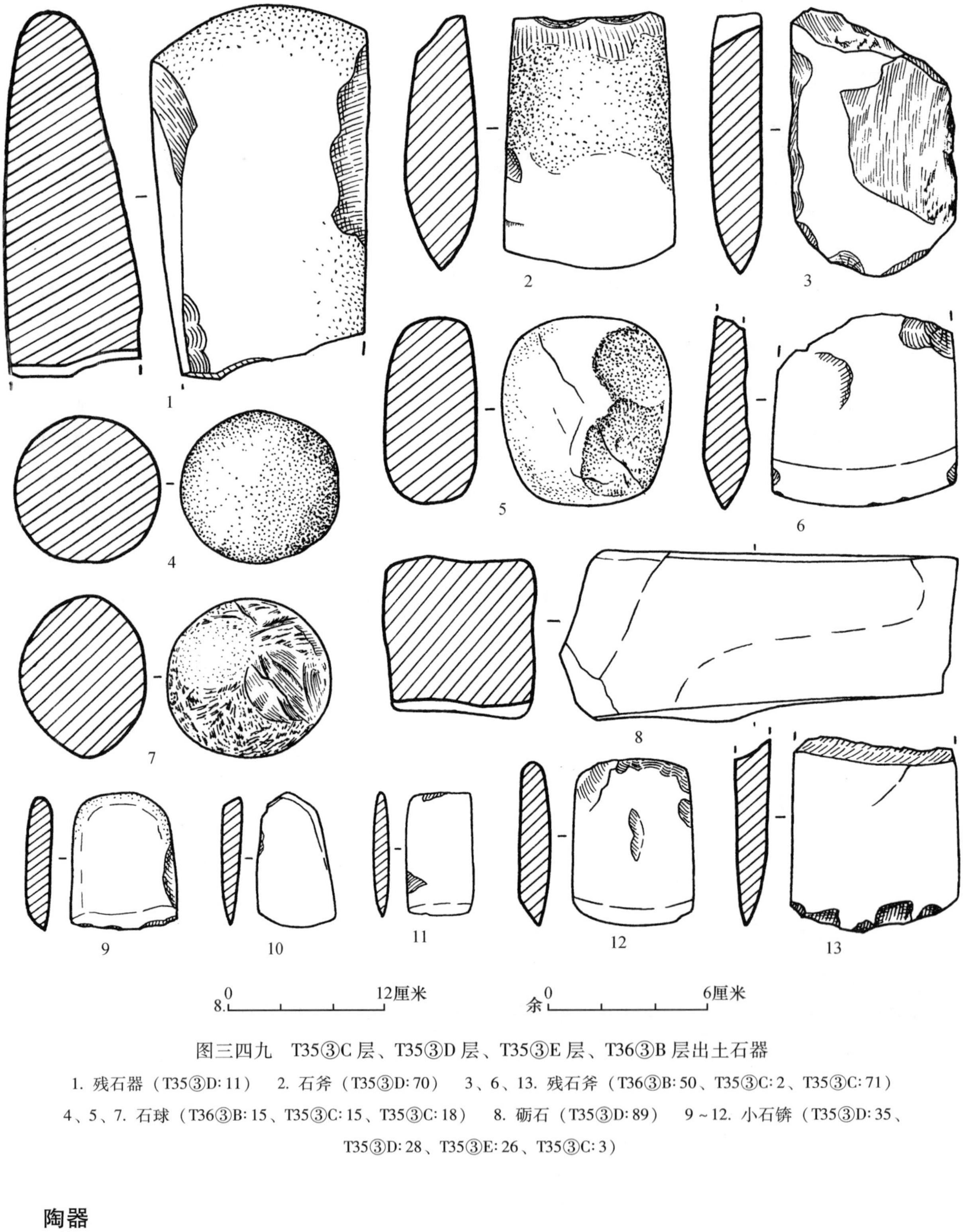

图三四九　T35③C层、T35③D层、T35③E层、T36③B层出土石器

1. 残石器（T35③D:11）　2. 石斧（T35③D:70）　3、6、13. 残石斧（T36③B:50、T35③C:2、T35③C:71）　4、5、7. 石球（T36③B:15、T35③C:15、T35③C:18）　8. 砺石（T35③D:89）　9～12. 小石锛（T35③D:35、T35③D:28、T35③E:26、T35③C:3）

陶器

折沿小罐　1件（T35③E:109）。泥质黄陶，口沿、外壁施浅红衣。侈口，窄折沿，尖圆唇，深弧腹，溜肩，下腹已残。素面。口径9、残高4.5厘米（图三五〇，7）。

弧折沿小罐 1件（T35③E:79）。泥质陶外红内黑。侈口，束颈，窄沿上卷，圆唇，溜肩，鼓腹已残。素面。口径14、残高6.4厘米（图三五〇，15）。

壶形器 1件（T35③E:66）。泥质红陶。直口外敞，尖唇，高颈内斜，弧腹较深，底已残。口下一周模糊不规整凹槽。口径9、残高9.2厘米（图三五〇，4；彩版一四，5）。

敛口碗 1件（T35③E:108）。泥质黑陶，外表上黑下浅红，内黑。敛口，圆唇内卷，浅弧腹内收，下已残。素面。口径18、残高3.7厘米（图三五〇，10）。

器盖 1件（T35③E:165）。泥质黑陶。上下均残，仅剩器身中部残块，纽呈圈足状，足壁近直，上部已残，饰圆形小镂孔，盘如弧腹碗、盘沿已残。残高4.1厘米（图三五〇，6）。

（17）T36③B层

标本3件。有残石斧、石球和陶环。

石器

残石斧 1件（T36③B:50）。砾石，青灰色。扁薄长条形，顶残，成斜平面，两面皆原面，一面平，另一面有凹疤痕，而使原器厚薄不一，两边打制皆近弧，单面打制成对称弧刃，不锋利。长10.1、宽6.3、厚2.2厘米（图三四九，3）。

石球 1件（T36③B:15）。砾石，花岗岩，黑色。圆形，表面布满密集坑疤，应是天然滚动所致。直径6~6.2厘米（图三四九，4；图版一〇七，8）。

陶器

陶环 1件（T36③B:29）。泥质黑陶。残，一节，截面为椭圆形，面宽小于环厚。素面。直径6.8、内宽0.45、内厚0.6厘米（图三五〇，13）。

（18）T2744③B层

标本8件。均为陶器，有凹折沿罐、折沿罐、束颈罐、高领罐、子母口碗、外折沿盆和矮圈足。

凹折沿罐 1件（T2744③B:16）。泥质黑陶。侈口，折沿，沿面微凹，方唇，束颈，斜肩，肩下残。唇面饰一周凹弦纹。口径21、残高4.2厘米（图三五〇，9）。

折沿罐 1件（T2744③B:14）。夹砂黑陶，局部泛红。侈口，束颈，折沿，尖圆唇，斜肩，肩下已残。素面。口径26、残高3.7厘米（图三五〇，1）。

束颈罐 1件（T2744③B:23）。夹砂灰陶。侈口，束颈，卷沿，尖圆唇，溜肩，深弧腹已全残。口下至肩饰斜绳纹，颈部稍抹未净，又肩上两个并列长方形小戳印纹。口径16、残高3.8厘米（图三五〇，14）。

高领罐 1件（T2744③B:18）。泥质黑褐陶。直口稍外斜，圆唇外凸，高直颈下束，广弧肩已残。素面。口径13、残高5.6厘米（图三五〇，18）。

子母口碗 2件。T2744③B:20，泥质黑陶。子母口，内折沿，有凹棱。尖圆唇内敛，折腹弧收，底已残。素面。口径18、残高4.4厘米（图三五〇，11）。T2744③B:26，泥质灰陶。子母口，内折沿近平，沿面微凹，方圆唇，折腹弧内收，底已残。素面。口径16.4、残高4.8厘米（图三五〇，12）。

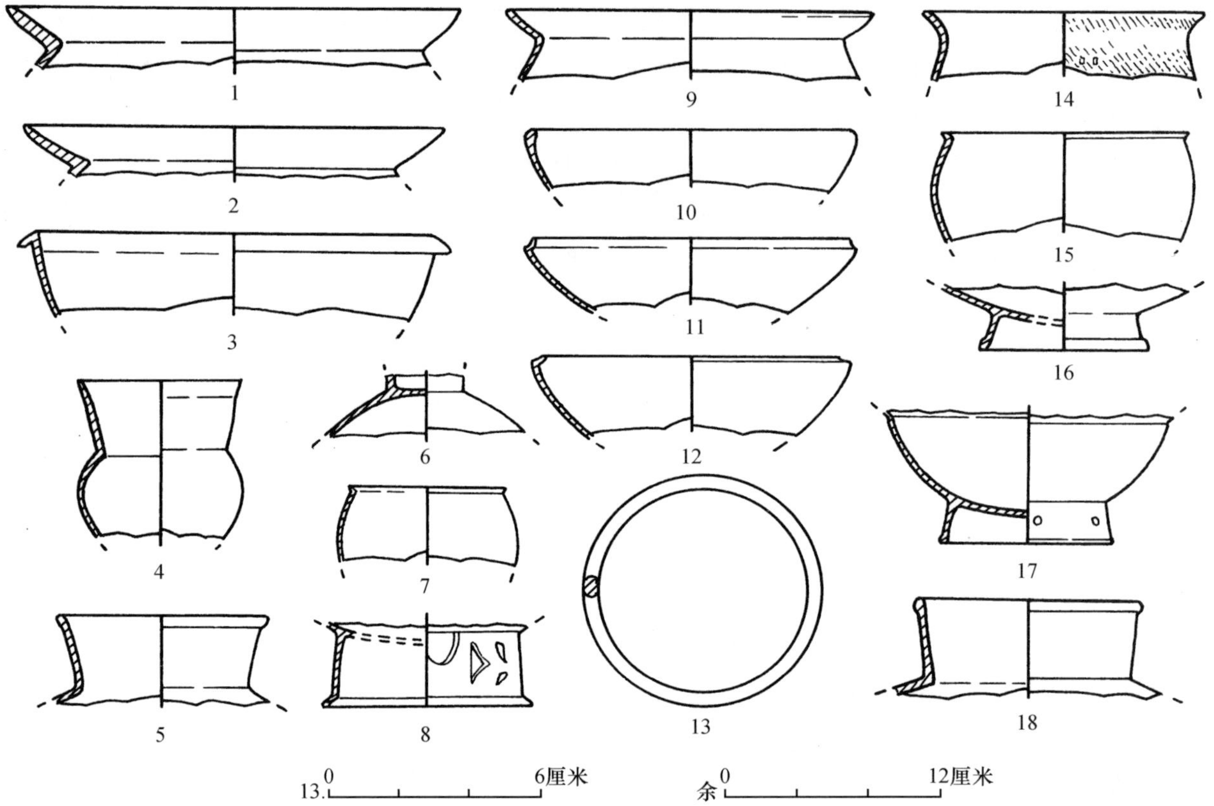

图三五〇　T35③E层、T36③B层、T2744③B层、T3144①层、T3144①B层出土陶器

1. 折沿罐（T2744③B：14）　2、9. 凹折沿罐（T3144①B：5、T2744③B：16）　3. 外折沿盆（T2744③B：19）　4. 壶形器（T35③E：66）　5、18. 高领罐（T3144①：1、T2744③B：18）　6. 器盖（T35③E：165）　7. 折沿小罐（T35③E：109）　8. 粗圈足（T3144①：2）　10. 敛口碗（T35③E：108）　11、12. 子母口碗（T2744③B：20、T2744③B：26）　13. 陶环（T36③B：29）　14. 束颈罐（T2744③B：23）　15. 弧折沿小罐（T35③E：79）　16. 矮圈足（T2744③B：21）　17. 弧腹碗（T3144①B：4）

外折沿盆　1件（T2744③B：19）。泥质灰陶。敞口，弧沿外折下垂，方圆唇，深弧腹，腹下已残。素面。口径22.6、残高5厘米（图三五〇，3）。

矮圈足　1件（T2744③B：21）。泥质灰陶。上部已残，仅剩大圜底和矮圈足残片，足壁外斜，足根上卷外凸成扁圆棱。素面。足径9.6、残高3.8厘米（图三五〇，16）。

（19）T3144①层（包括T3144①B层）

标本4件。均为陶器，有凹折沿罐、高领罐、粗圈足和弧腹碗。

凹折沿罐　1件（T3144①B：5）。夹砂黑陶。侈口，折沿，沿面微凹，尖唇，束颈，斜肩已残。素面。口径24、残高2.9厘米（图三五〇，2）。

高领罐　1件（T3144①：1）。泥质灰陶。直口外斜，扁圆唇，高直颈下束，广肩已残。素面。口径12、残高5.2厘米（图三五〇，5）。

粗圈足　1件（T3144①:2）。泥质磨光黑陶。上部已残，仅剩矮圈足，足壁相对较高较粗，壁外弧近直，足根外弧内凹。足壁饰半圆形、竖三角形和半弧形三种不同镂孔。足径12、残高4.9厘米（图三五〇，8）。

弧腹碗　1件（T3144①B:4）。泥质磨光黑陶。口沿残，深弧腹，圜底下附矮圈足，足壁相对较高较粗，壁外斜，足根外附一周扁圆凸棱。足壁饰圆形小镂孔，可能共六个。足径9.6、残高7.8厘米（图三五〇，17）。

三、小　　结

屈家岭文化早期的文化遗物，即19个灰坑、1条灰沟和19个地层单位的出土遗物（暂不包括18座墓葬的随葬品），也从生产工具、日用陶器和装饰品及其他三个方面，分别谈谈认识。

1. 屈家岭文化早期的生产工具

屈家岭文化早期出土生产工具194件。其中，石质生产工具有石锄、石斧、小石斧、石锛、小石锛、圭形石凿、石凿、砺石、石球、残石器、石芯、有孔石铲、石杵、刃部磨平石器、石纺轮；陶质生产工具有陶纺轮；骨质生产工具有骨锥和残骨器共18种。下面分别介绍各种生产工具的数量和标本号：

石锄30件。H101:4、H103:3、H104:3、H109:5、H109:6、H109:7、H109:8、H114:2、H168:3、H168:6、H168:2（或称石器坯）、T26④:49、T26③B:12、T30③B:77、T30③B:26、T30③B:74、T30③C:20、T30③C:22、T30③D:2、T30③D:73、T31③B:21、T31③B:30、T31③B:37、T31③B:38、T31③C:12、T31③C:127、T31③D:7、T31③E:5、T34③C:25、T34③D:69。

石斧63件。H72:3、H72:4、H73:2、H73:3、H90:2、H91:1、H91:2、H91:3、H91:4、H91:5、H101:3、H103:5、H104:1、H104:2、H104:4、H104:5、H109:2、H114:3、H168:7、H168:4、H168:5（或称石器坯）、T26④:66、T26④:67、T26④:47、T26④:48、T26③B:58、T26③B:44、T27③A:12、T30③B:7、T30③B:37、T30③B:62、T30③B:89、T30③B:5、T30③C:58、T30③C:69、T30③D:8、T30③D:61、T31③B:28、T31③B:29、T31③B:32、T31③B:34、T31③D:10、T32③C:7、T32③C:12、T32③C:21、T32③C:22、T32③C:65、T32③D:4、T32③D:18、T32③D:19、T32③E:8、T32③E:9、T33③C:5、T33③C:42、T34③D:17、T34③D:18、T34③D:21、T34③D:22、T34③D:24、T35③C:2、T35③C:71、T35③D:70、T36③B:50。

小石斧8件。H103:2、H103:4、T30③C:18、T30③D:42、T31③B:6、T31③B:17、T31③B:19、T31③B:33。

石锛7件。H72:6、T30③D:23、T31③B:31、T32③D:17、T32③D:49、T34③D:20、T34③D:23。

小石锛 28 件。H72∶7、H82∶1、H82∶2、H103∶1、H109∶1、H109∶4、H168∶1、H606∶2、T26④∶64、T26④∶65、T27③A∶14、T30③B∶63、T30③C∶21、T30③D∶3、T30③D∶4、T30③D∶12、T30③D∶59、T31③B∶16、T32③C∶11、T32③C∶15、T32③C∶20、T32③C∶66、T33③C∶6、T33③C∶41、T35③C∶3、T35③D∶35、T35③D∶28、T35③E∶26。

圭形石凿 7 件。H90∶1、H101∶2、T30③B∶25、T31③B∶15、T31③C∶13、T32③D∶44、T33③C∶40。

石凿 6 件。H72∶5、H101∶1、H101∶2、T30③D∶72、T31③C∶11、T31③D∶116、T32③E∶55。

砺石 1 件。T35③D∶89。

石球 7 件。H95∶1、H104∶6、H114∶7、T30③D∶9、T35③C∶15、T35③C∶18、T36③B∶15。

残石器 10 件。H75∶6、T30③C∶70、T30③D∶71、T31③B∶26、T31③B∶27、T31③B∶36、T31③B∶124、T32③D∶47、T32③C∶48、T35③D∶11。

石芯 1 件。H114∶1。

有孔石铲 1 件。H109∶3。

石杵 1 件。H90∶3。

刃部磨平石器 1 件。T30③B∶75。

石纺轮 2 件。T30③D∶43、T34③D∶42（有刻槽）。

陶纺轮 17 件。H103∶6、H180∶1、T26③B∶10、T30③C∶11、T30③C∶38、T31③B∶93、T31③B∶105、T31③C∶117、T32③C∶30、T32③C∶56、T33③C∶25、T34③D∶39、T35③C∶41、T35③C∶42、T35③C∶43、T35③D∶55、T35③D∶69。

骨锥 3 件。T30③C∶96、T30③D∶16、T35③C∶44。

残骨器（如筷子）1 件。T30③B∶94。

2. 屈家岭文化早期的日用陶器

屈家岭文化早期各灰坑、灰沟和各地层单位其出土陶器标本 143 件。下面分别介绍这些陶器标本的陶系、纹饰和器物的种类与类型。

（1）屈家岭文化早期的陶系

在陶质方面：泥质陶 119 件，占 83.22%；夹炭夹草末夹砂夹蚌的杂质陶仅 24 件，占 16.78%。

在陶色方面：以黑陶为主，红陶次之，外红内黑陶、褐陶、灰陶和黄陶都较少且比例差不多。具体数据和比例如下：

黑陶：77 件，占 53.85%。

红陶：25 件，占 17.48%。

外红内黑陶：12 件，占 8.39%。

褐陶：10 件，占 6.99%

灰陶：10 件，占 6.99%。

黄陶：9 件，占 6.30%。

（2）屈家岭文化早期的陶器纹饰

除了大部分为素面无纹饰外，只有极少数饰镂孔、凹弦纹、凸棱纹、绳纹、彩陶、戳印、花边纹、按窝纹、篦纹和新出现的方格纹。具体数量比例如下：

素面陶：109 件，占 76.21%。

镂孔：9 件，占 6.29%。

凹弦纹：7 件，占 4.90%。

凸棱纹：6 件，占 4.20%。

绳纹、彩陶：各 3 件，分别各占 2.10%。

戳印纹：2 件，占 1.40%。

花边纹、按窝纹、篦纹和方格纹都各出 1 件，分别各占 0.70%。

（3）屈家岭文化早期的陶器种类和类型

在种类方面，屈家岭文化早期只可分为罐、瓮、碗、盘、鼎足、矮圈足、壶、钵、盆、器盖、豆、杯和其他类。未见大溪文化晚期的瓶、簋、器座、支座和缸等种类的标本。屈家岭文化早期这 13 种器物的类型。数量如下：

第一种：罐

A 型　折沿罐。又可分为三亚罐。

Aa 型：凹折沿罐。19 件。

Ab 型：折沿罐。4 件。小罐 2 件。新出现 Ab 型彩陶小罐 2 件。

Ac 型：弧折沿罐。3 件。小罐 6 件。

C 型　束颈罐。4 件。

D 型　斜颈罐。1 件。小罐 1 件。

E 型　直口罐。又可分为两个亚型。

Eb 型：小直口罐。7 件。

F 型　敛口罐。未见。但有 F 型小罐 6 件。

G 型　圈足罐。2 件。

第 2 种：瓮

A 型　曲颈瓮。1 件。重新发现。

B 型　直口瓮。2 件。

第 3 种：碗

A 型　敛口碗。3 件。

C 型　子母口碗。1 件。

F 型　内折沿碗。14 件。

H 型　斜腹碗。2 件。

I 型　直口碗。1 件。

K 型　双腹碗。2 件。新发现。

第 4 种：盘

A 型　敞口盘。2 件。

B 型　卷沿盘。5 件。

E 型　子母口盘。1 件。

F 型　外折沿盘。1 件。

第 5 种：鼎足

D 型　锥状小鼎足。1 件

另有 1 件小鼎，上为 Ab 型小罐，下为 D 型小鼎足。

E 型　片状大鼎足。2 件。

第 6 种：矮圈足

A 型　素面或有镂孔矮圈足。15 件。

第 7 种：壶

弧颈壶。1 件。

新出现直颈壶。1 件。

新出现壶形器。1 件。

新出现彩陶壶形器。1 件。

第 8 种：钵

只发现敛口钵。1 件。

第 9 种：盆

B 型　外折沿盆。2 件。

D 型　无沿盆。1 件。

E 型　平沿或卷平沿盆。5 件。

第 10 种：器盖

只发现器盖纽 1 件。

第 11 种：豆

豆高圈足。3 件。

双腹豆。1 件。新出现。

第 12 种：杯

只发现曲腹杯。5 件。

第 13 种：其他类

平底器。5 件。

盘大圈足。1 件。

快轮制陶残器底。1 件。

3. 屈家岭文化早期的装饰品及其他

装饰品有陶环、骨簪和有槽角饰；其他有陶球和陶塑草莓。各种器物的数量和标本号如下：

陶环 20 件。H91：6、H114：6、H188：7、H188：8、H188：9、H188：10、T27③A：15、T30③B∶30、T30③D∶56、T31③B∶90、T31③B∶96、T31③B∶110、T31③E∶205、T32③C∶35、T34③D∶55、T34③D∶81、T34③D∶82、T35③D∶34、T36③B∶29。

骨簪 7 件。H101∶5、T30③D∶15、T30③D∶54、T30③D∶55、T31③B∶106、T31③C∶184、T31③C∶108。

有槽角饰 1 件。T26③B∶56。

陶球 3 件。H114∶5；T31③B∶107、T34③D∶62。

陶塑草莓 1 件。T31③B∶235。

柒　屈家岭文化晚期的遗存

一、概　　述

屈家岭文化晚期的文化遗存，除了和屈家岭文化早期一样，主要分布在遗址西北区外，分布相对更加广泛。因为除了和屈家岭文化早期一样在遗址东北区的北部也有少量发现外，在遗址的西南区还有比遗址东北区相对更多的发现。下面从遗址单位和地层单位两个方面介绍这些屈家岭文化晚期的文化遗存。

二、文化遗存

屈家岭文化晚期的遗迹单位，包括31个灰坑、1条灰沟、18座墓葬，以及屈家岭文化晚期的地层单位，主要是在24个探方中的30个地层单位。下面分四个方面介绍这些单位的文化遗存。

1. 屈家岭文化晚期的灰坑

（1）H87

① 灰坑情况

位置：在T35中南部。

层位关系：开口在第3层下，打破第4层、生土。

形制大小：近椭圆形，弧壁，圜底。口径长径128、短径62、深40厘米（图三五一，1）。

② 出土器物

出土标本：4件。均为陶器，有凹折沿罐、折沿小罐、敛口小罐、罐平底。

凹折沿罐　1件（H87∶1）。夹草末灰褐陶，局部泛红。宽折沿深凹如盘口，尖圆唇，肩外下斜已残。素面。口径26、残高4.4厘米（图三五三，12）。

折沿小罐　1件（H87∶4）。泥质磨光黑陶，器小胎薄，厚仅0.1厘米。侈口，束颈，平折沿，尖圆唇，弧腹下部已残。素面。口径10、残高1.8厘米（图三五三，11）。

敛口小罐　1件（H87∶3）。泥质黑陶，器小胎较薄。敛口，尖唇外卷，鼓肩，弧折腹下收，底已残。素面。口径12、残高2.8厘米（图三五三，8）。

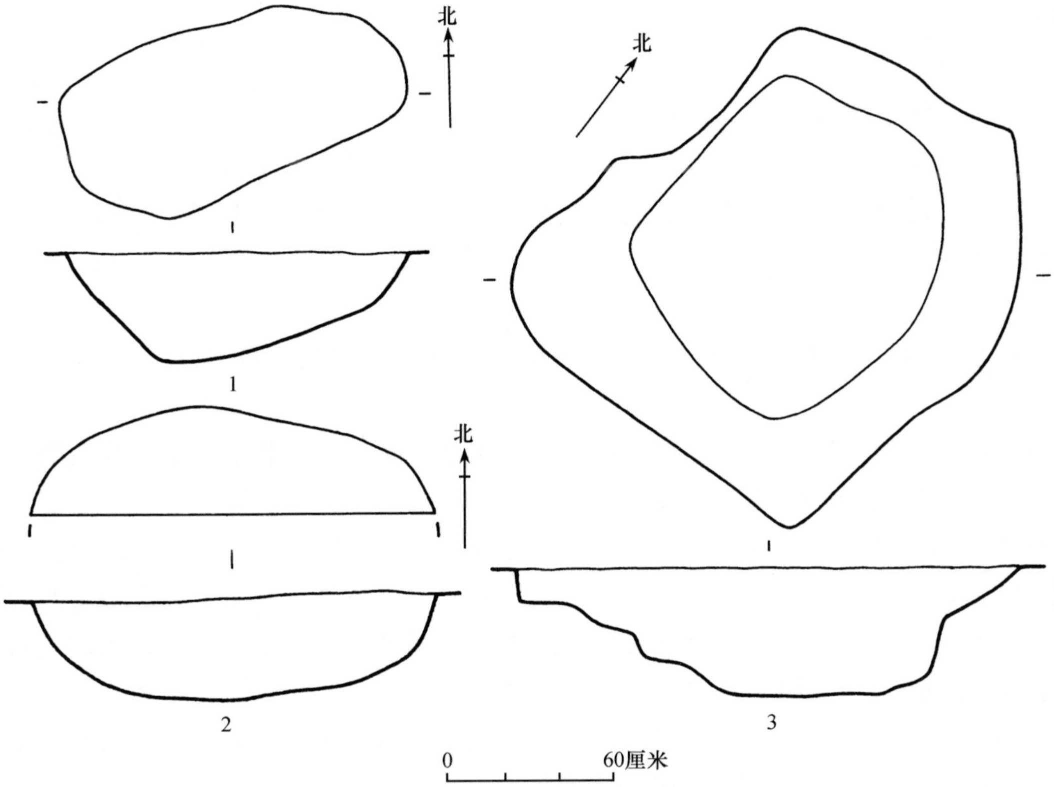

图三五一　H87、H88、H92 平、剖面图
1. H87　2. H88　3. H92

罐平底　1 件（H87∶2）。泥质橘红陶。上部已残，弧腹内斜，平底。素面。底径 11、残高 3 厘米（图三五三，9）。

（2）H88

① 灰坑情况

位置：在 T35 南壁下，只发掘约一半。

层位关系：开口在第 3 层下。

形制大小：椭圆形（只露出一半），弧壁，圜平底。口径 40 ~ 148、深约 40 厘米（图三五一，2）。

② 出土器物

出土标本：2 件。均为陶器，有折沿罐、双腹碗。

折沿罐　1 件（H88∶2）。夹炭黑陶。侈口，束颈，折沿，方圆唇，斜肩已残。素面。口径 19、残高 3 厘米（图三五三，2）。

双腹碗　1 件（H88∶1）。泥质磨光黑陶，胎薄仅 0.5 厘米。侈口，束颈，折沿弧凹，尖圆唇，弧腹内收，腹较深但下已残。素面。口径 16、残高 3.4 厘米（图三五三，7）。

（3）H92

① 灰坑情况

位置：在 T33 中部偏西南。

层位关系：开口在第 3 层下，打破第 3 层下 H93、第 4 层下 H116 和 H118。

形制大小：近四方形，壁有二或三级台阶，平底。口径 136 ~ 164、底径 102 ~ 118、深 48 厘米（图三五一，3）。

② 出土器物

出土标本：8 件。有石斧、小石斧、小石凿、小石铲、小陶球、陶环。

石器

石斧　1 件（H92∶1）。仅存刃部一角，两面皆原平面，两边磨平，弧刃两面磨制，近对称，锋利。残高 5.6、刃宽 8.2、厚 2.5 厘米（图三五六，4）。

小石斧　2 件。H92∶6，扁平近小梯形，弧顶为原面，两面、两边皆磨平，斜弧刃两面磨制近对称。长 8.2、刃宽 4.4、厚 1.6 厘米（图三五六，7；图版一一二，2）。H92∶2，顶已残，扁平小长方形，两面皆原面，光滑弧平，两边打制修直修平，弧刃近平，两面磨制近对称，锋利。残长 3.7、刃宽 5.1、厚 1.35 厘米（图三五六，5）。

小石凿　1 件（H92∶4）。平薄长梯形，窄弧为原面，单面打制，两面、两边皆磨平，平刃两面磨制，但不对称，有使用痕，仍锋利。长 7.5、刃宽 2.2、厚 0.7 厘米（图三五六，8；图版一一二，7）。

小石铲　1 件（H92∶5）。扁平小梯形，通体磨制，一面中上部有未穿小圆钻孔，平刃两面磨制近对称，较锋利。长 5.4、刃宽 4、厚 0.6 厘米（图三五六，10；图版一一二，1）。

陶器

小陶球　1 件（H92∶3）。泥质红陶。近圆形，实心。表面饰不规则小圆点篦纹。直径 3.3 ~ 3.6 厘米（图三五三，16；图版一一二，3）。

陶环　2 件。H92∶7-1，泥质灰黑陶。仅存一节，剖面为方形。素面。外径 6、内径 5.2、厚 0.4 厘米（图三五三，10）。H92∶7-2，泥质灰黑陶。也仅存一节，剖面为长方形，即面宽小于环厚。素面。外径 5、内径 4.3、厚 0.45 厘米（图三五三，14）。

（4）H94

① 灰坑情况

位置：在 T35 东壁下。

层位关系：开口在第 3 层下，打破第 3C 层下 H95。

形制大小：圆形，但仅露出一小部分。口径大于 100 厘米。

② 出土器物

出土标本：2 件。均为陶器，有弧折沿罐、小凹沿侈口碗。

弧折沿罐　1 件（H94∶2）。夹砂（炭）红褐陶。折沿微上弧，尖唇，斜弧肩已残。素面。口径 20、残高 5.2 厘米（图三五三，1）。

小凹沿侈口碗　1件（H94:1）。泥质黑陶。侈口，小圆唇，折沿微凹，深弧腹内收，底已残。腹上部一周凹弦纹，其上下又各有一周似篦纹的细划痕。口径19、残高2.8厘米（图三五三，4）。

（5）H96

① 灰坑情况

位置：在T35东壁下。

层位关系：开口在第3B层下，打破在第3C层下H97。

形制大小：圆形或椭圆形一部分，斜壁，底不平。残口径84、深27~45厘米（图三五二，1）。

② 出土器物

出土标本：2件。均为陶器，有敛口小盆、罐形杯。

敛口小盆　1件（H96:1）。泥质红陶，外施深红衣。敛口，窄弧沿外卷，尖唇外凸，弧腹已残。素面。口径22、残高2.6厘米（图三五三，6）。

罐形杯　1件（H96:2）。泥质陶外红内黑，胎薄仅0.1厘米。侈口，束颈，小弧沿外卷，尖圆唇，深弧腹已残。素面。口径10、残高4厘米（图三五三，15）。

（6）H134

① 灰坑情况

位置：在T38东壁下。

层位关系：开口在第2H层下，打破第3层下H23。

形制大小：不规则形，弧壁，底高低不平。口残长140、残宽70、底残长110、最深处50厘米（图三五二，2）。

② 出土器物

出土标本：3件。有石铲、小石锛、陶侈口碗。

石器

石铲　1件（H134:1）。通体磨光。但顶部和刃两端皆残，扁平宽梯形，近顶单面钻穿一孔。残长9、刃残宽9.2、厚1.6厘米（图三五六，2）。

小石锛　1件（H134:3）。小石片，一面、一边和刃部磨制，扁薄近长方形。长4.1、宽2.2、厚0.5厘米（图三五六，6）。

陶器

侈口碗　1件（H134:2）。泥质陶外红内黑，器表、内沿施鲜红衣，器腹以下黑色。侈口，束颈，弧沿外折，弧腹下部已残。素面。口径20、残高2.8厘米（图三五三，3）。

（7）H137

① 灰坑情况

位置：在T42东南部。

层位关系：开口在第2层下，打破第4层、生土。

形制大小：椭圆形，直壁，平底。口径100~146、底径96~142、深30厘米（图三五二，3）。

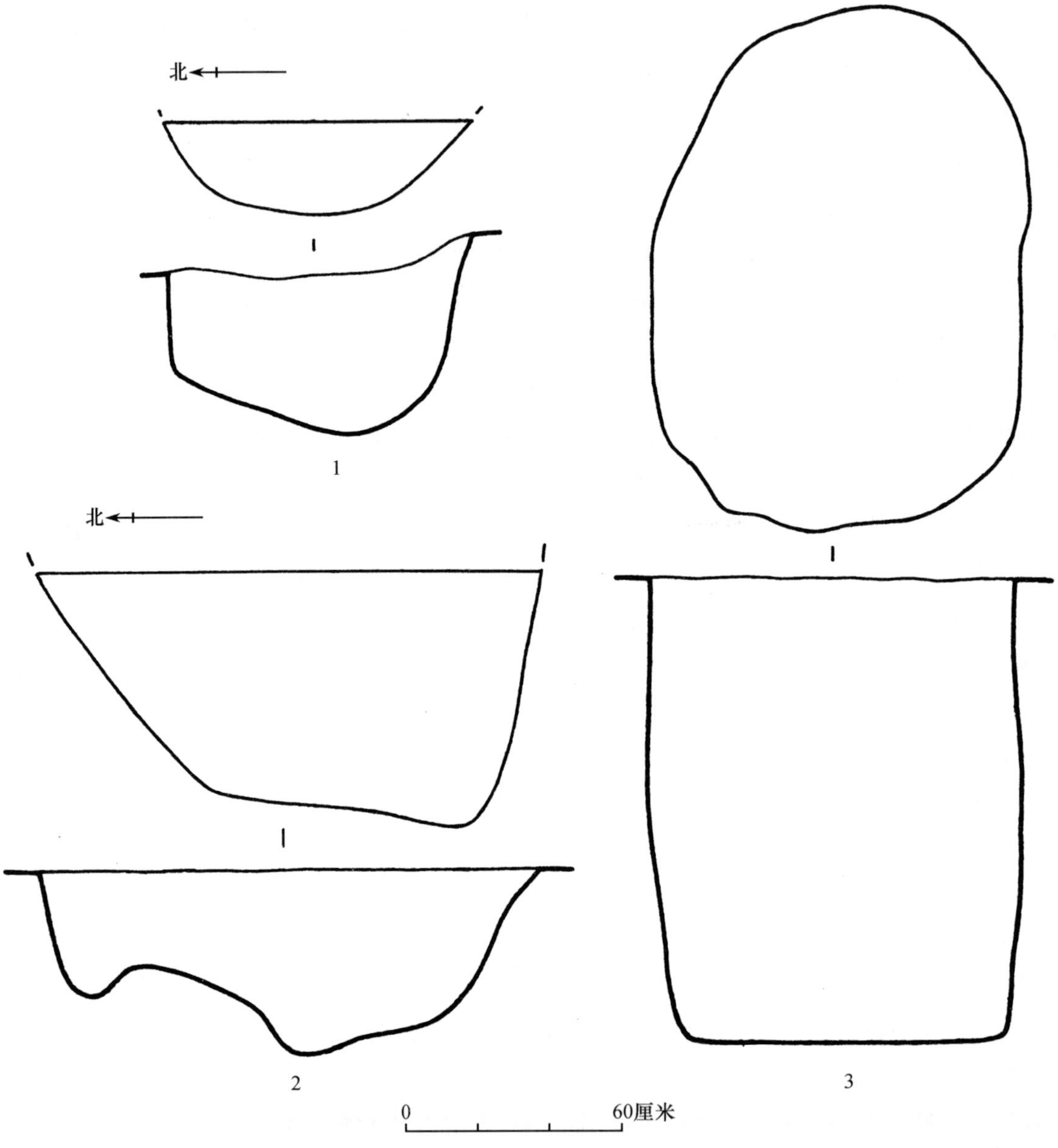

图三五二　H96、H134、H137 平、剖面图
1. H96　2. H134　3. H137

② 出土器物

出土标本：2 件。均为陶器，有折沿罐、敛口小钵。

折沿罐　1 件（H137∶1）。夹砂红陶。折沿，圆唇，弧肩，腹已残。外口下一周浅凹槽。口径 24、残高 8 厘米（图三五三，13）。

敛口小钵　1 件（H137∶2）。夹细砂红褐陶。敛口，尖圆唇内卷，鼓肩，弧腹内收，平底。素面。口径 9.6、底径 5.4、高 5.2 厘米（图三五三，17；图版一一一，1）。

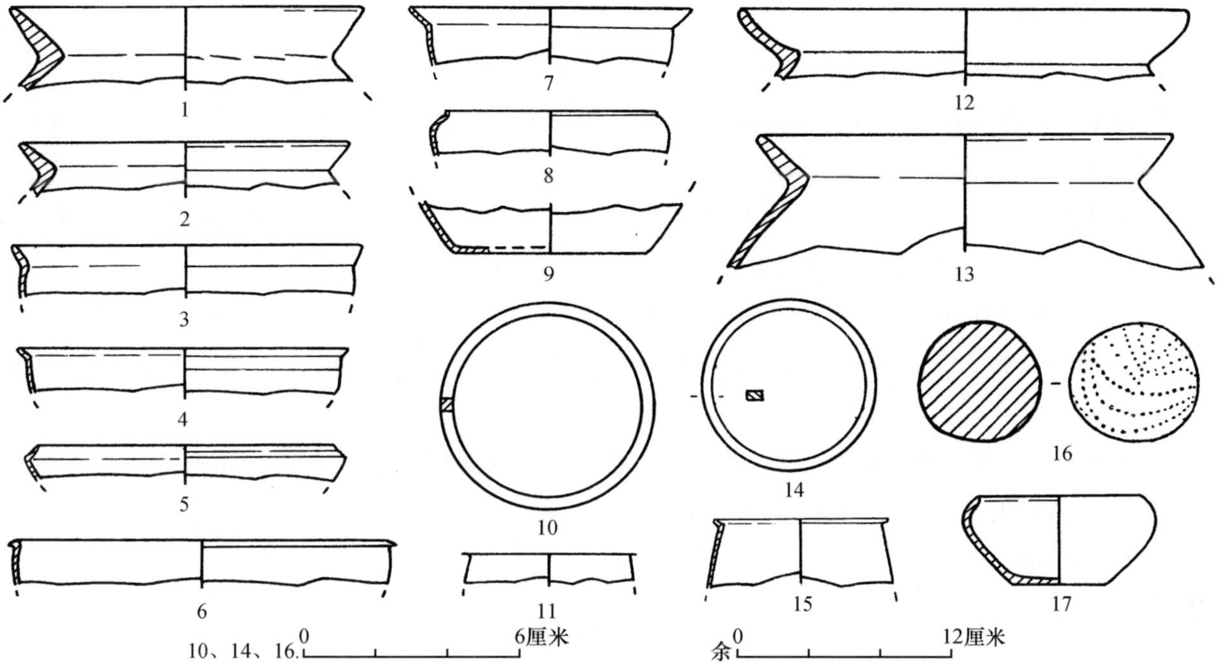

图三五三　H87、H88、H92、H94、H96、H134、H137、H141 出土陶器

1. 弧折沿罐（H94∶2）　2、13. 折沿罐（H88∶2、H137∶1）　3. 侈口碗（H134∶2）　4. 小凹沿侈口碗（H94∶1）　5. 内折沿碗（H141∶1）　6. 敛口小盆（H96∶1）　7. 双腹碗（H88∶1）　8. 敛口小罐（H87∶3）　9. 罐平底（H87∶2）　10、14. 陶环（H92∶7-1、H92∶7-2）　11. 折沿小罐（H87∶4）　12. 凹折沿罐（H87∶1）　15. 罐形杯（H96∶2）　16. 小陶球（H92∶3）　17. 敛口小钵（H137∶2）

（8）H141

① 灰坑情况

位置：在 T39 东南部。

层位关系：开口在第 2 层下，打破第 4 层；被 G10 打破。

形制大小：近椭圆形，弧壁，圜平底。残口径 110 ~ 120、深 36 厘米。

② 出土器物

出土标本：1 件。为陶内折沿碗。

内折沿碗　1 件（H141∶1）。泥质磨光黑陶。敛口，斜沿内折，沿面一周凹弦，尖圆唇，浅折腹内收，底已残。未见其他纹饰。内口径 17、残高 2 厘米（图三五三，5）。

（9）H144

① 灰坑情况

位置：在 T42 西北角。

层位关系：开口在第 2 层下，打破第 3 层、第 4 层、生土；又打破第 3 层下 M21，并被第 2 层下 M29 打破。

形制大小：椭圆形，近直壁，平底。口径 130 ~ 146、底径 110 ~ 130、深 78 厘米（图三五四，1）。

② 出土器物

出土标本：4件。均为陶器，有纺轮、凹折沿罐、小釜、内折沿碗。

陶纺轮　1件（H144:1）。泥质红陶。扁薄两面平，直边型。素面。直径4.4、厚1.15厘米（图三五五，3；图版一一四，4）。

凹折沿罐　1件（H144:3）。夹砂黑褐陶，制作粗糙。侈口，束颈，窄折沿深凹，斜肩，鼓腹已残。素面。口径12、残高4.4厘米（图三五五，10）。

小釜　1件（H144:2）。夹砂红陶，器形小而不规整。侈口，束颈，窄折沿，内口无折棱，尖圆唇，溜肩，鼓肩，圜平底。素面。口径6.2、腹径7.2、高5.8厘米（图三五五，5；图版一一四，6）。

内折沿碗　1件（H144:4）。泥质黑陶。敛口，窄沿内折，小方唇，深折腹斜内收，底已残。素面。口径15、残高3厘米（图三五五，9）。

（10）H146

① 灰坑情况

位置：在T41至T42南壁下。

层位关系：开口在第3层下，打破第4层。

形制大小：近长方形，但仅露出一角，斜壁近直，平底。残长200、残宽200、深20～39厘米（图三五四，2）。

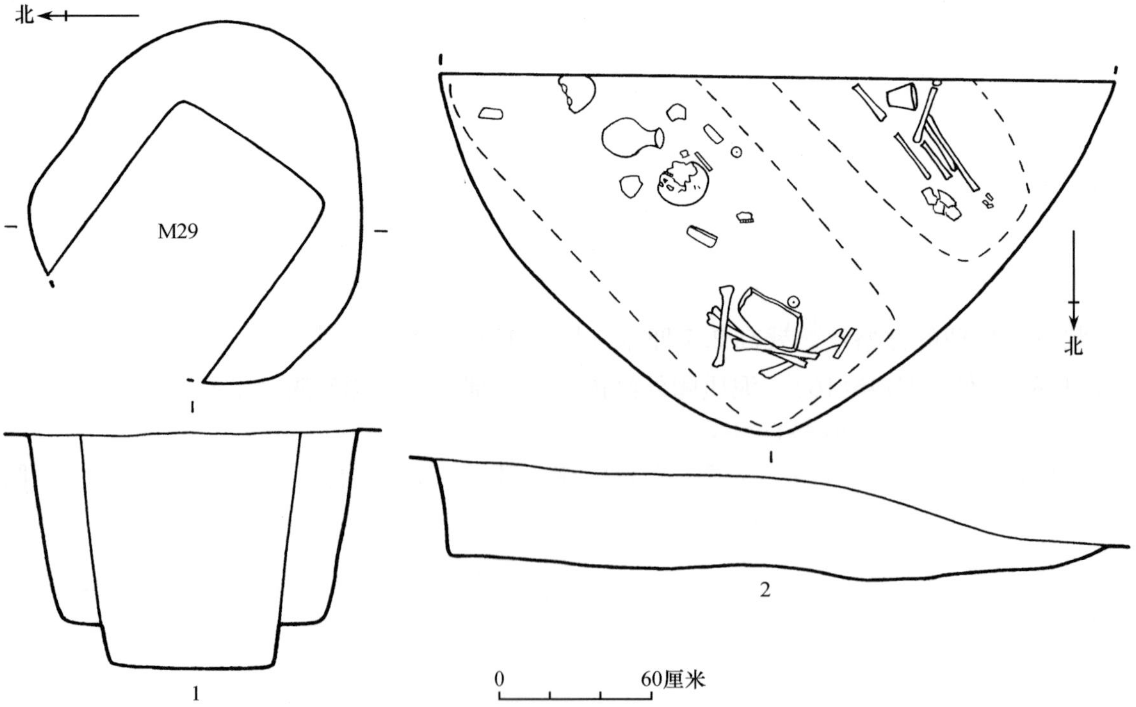

图三五四　H144、H146平、剖面图

1. H144　2. H146

②出土器物

坑底似可分为两个各有随葬品的墓葬，但墓葬分界不明显，人骨也都不全，似都是迁葬。坑内出土标本15件，有石斧、陶纺轮和陶凹折沿罐、罐平底、彩陶壶残片、敞口杯、卷沿豆盘、豆高圈足、器盖。

石器

石斧　4件。H146:2，扁弧体近梯形，弧顶，两边修直外斜，皆打制。两面皆磨制，但仍多疤痕，斜弧两面磨制，因石质较软而不锋利。长7.3、宽4.8、厚1.7厘米（图三五六，3）。H146:17，扁薄长梯形，顶部打制平行，两边及一面磨平，另一面为原弧平面，弧刃一面磨制，另一面多打击片疤和凹口，仍较锋利。长14、宽7.1、厚1.7厘米（图三五六，1）。H146:23，平薄体近梯形，石片打制后两面和两边磨制，平刃也两面磨制，但有使用缺口，不甚锋利。长6.7、宽3.6、厚0.9厘米（图三五六，9）。H146:25，厚体长梯形，边厚仅略小于面宽，弧顶、两平面皆原面，两边磨平，弧刃两面磨制，有使用疤痕，仍甚锋利。长12.8、宽5.1、厚0.3厘米（图三五六，11；图版一一一，4）。

陶器

陶纺轮　4件。皆扁薄两面平。H146:1，泥质红陶。角边。素面。直径3.7、厚1.35厘米（图三五五，8；图版一一一，2）。H146:3，泥质红陶，局部泛黑。弧边。一面有六道放射状划纹。直径5、厚1.7厘米（图三五五，4）。H146:15，泥质红陶。弧边。素面。直径3.3、厚1.7厘米（图三五五，15）。H146:27，夹蚌红陶，局部泛黑。一面已残，角边。素面。直径3.4、残宽1厘米（图三五五，7）。

凹折沿罐　1件（H146:4）。夹炭草末陶。凹折沿，尖圆唇，肩已残。素面。口径26、残高3.8厘米（图三五五，1）。

罐平底　1件（H146:5）。泥质黑陶。上部已残，弧腹内收，平底。底部饰交叉绳纹。底径9、残高3.3厘米（图三五五，11）。

彩陶壶残片　1件（H146:24）。泥质红陶。壶形器扁腹部残片。在浅红衣器表上绘交叉的黑彩带状纹而出现的方格纹。残高2.7厘米（图三五五，14）。

敞口杯　1件（H146:16）。泥质陶外红内黑。口部已残，深斜腹，平底内凹。素面。底径5、残高5.6厘米（图三五五，12）。

卷沿豆盘　1件（H146:7）。泥质黑陶，内外壁有快轮制作旋痕。敞口，宽沿微上弧，浅折腹内收，底已残。素面。口径21、残高1.9厘米（图三五五，2）。

豆高圈足　1件（H146:6）。泥质黑陶。轮制，但旋痕不明显。上部已残，高圈足下部足壁外斜，足根又外弧，成外凸凹台座状。素面，无其他纹饰。底径10、残高3.2厘米（图三五五，13）。

器盖　1件（H146:26）。泥质黑陶。盖纽上部扁平圆饼状，下部呈上细下粗台柱状，皆实心，盖盘也实心，呈上大下小双弧壁圆饼状，顶面近纽处微凹，底面也平底微凹。素面。盖纽上部面径1.3、盖盘上部面径3.7、下部底径3.7、通高2.5厘米（图三五五，6；图版一一一，3）。

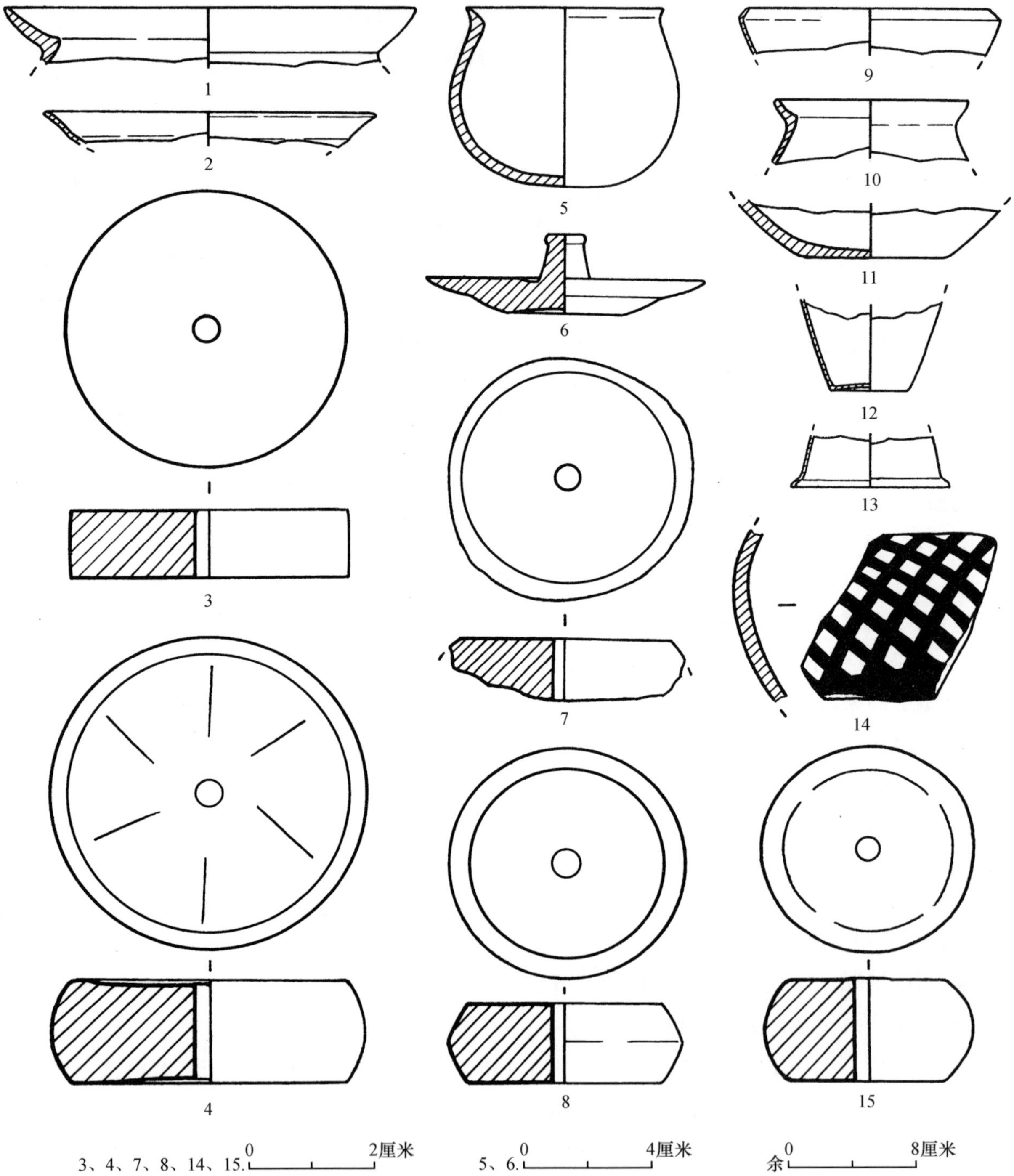

图三五五　H144、H146 出土陶器

1、10. 凹折沿罐（H146:4、H144:3）　2. 卷沿豆盘（H146:7）　3、4、7、8、15. 陶纺轮（H144:1、H146:3、H146:27、H146:1、H146:15）　5. 小釜（H144:2）　6. 器盖（H146:26）　9. 内折沿碗（H144:4）　11. 罐平底（H146:5）　12. 敞口杯（H146:16）　13. 豆高圈足（H146:6）　14. 彩陶壶残片（H146:24）

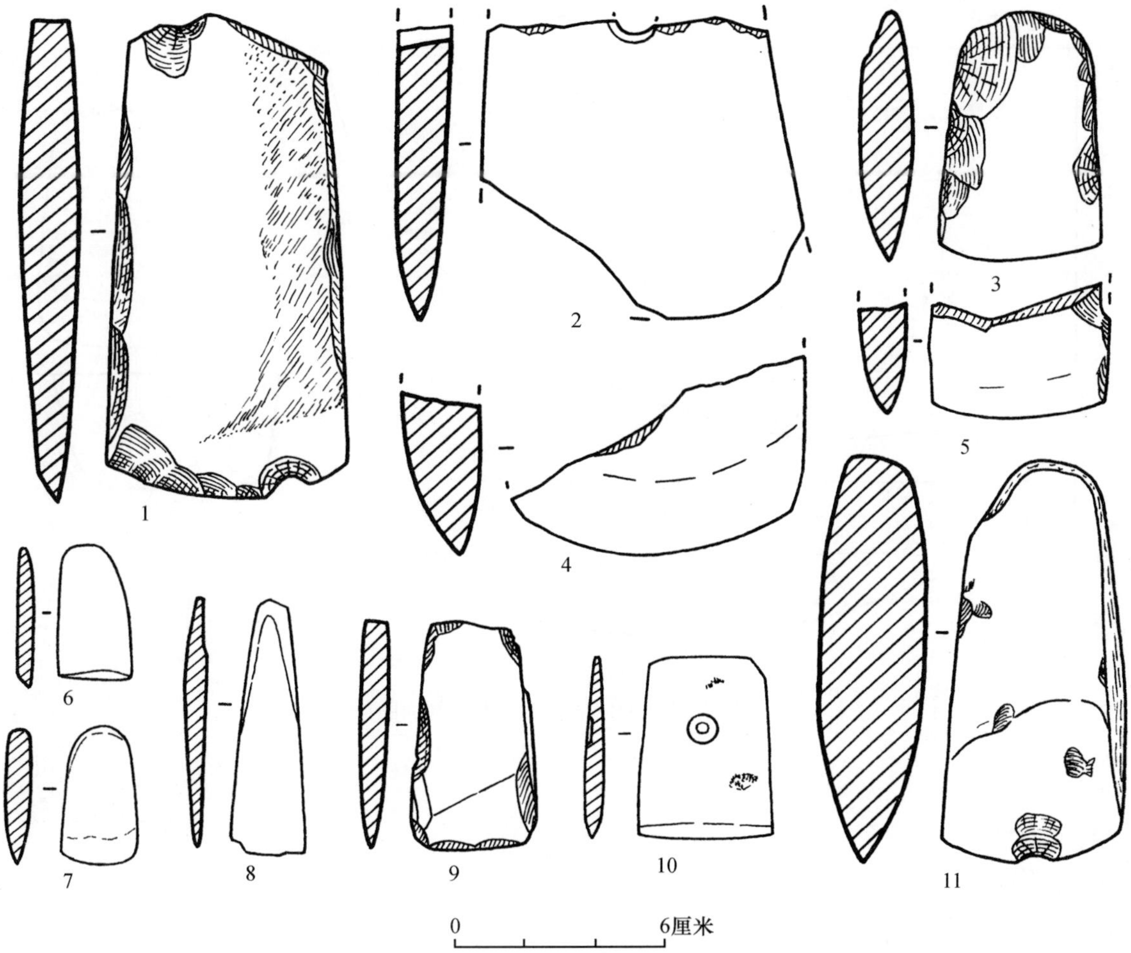

图三五六　H92、H134、H146 出土石器

1、3、4、9、11. 石斧（H146∶17、H146∶2、H92∶1、H146∶23、H146∶25）　2. 石铲（H134∶1）　5、7. 小石斧（H92∶2、H92∶6）　6. 小石锛（H134∶3）　8. 小石凿（H92∶4）　10. 小石铲（H92∶5）

（11）H173

① 灰坑情况

位置：在 T33 西北角至北隔梁内。

层位关系：开口在第 3 层下，打破第 3C 层、第 4 层、生土；打破两个柱洞（Z47、Z48），又被一柱洞 Z26 打破。

形制大小：近长方形圆角，斜壁，平底。口径残 100 ~ 110、底径残长 92、宽 82、深 54 厘米（图三五七，2）。

② 出土器物

出土标本：1 件。为陶纺轮。

陶纺轮　1 件（H173∶1）。泥质灰陶泛红。扁薄两面平，角边型。素面。直径 3.7、厚 1.1 厘米（图三五八，2；图版一一二，5）。

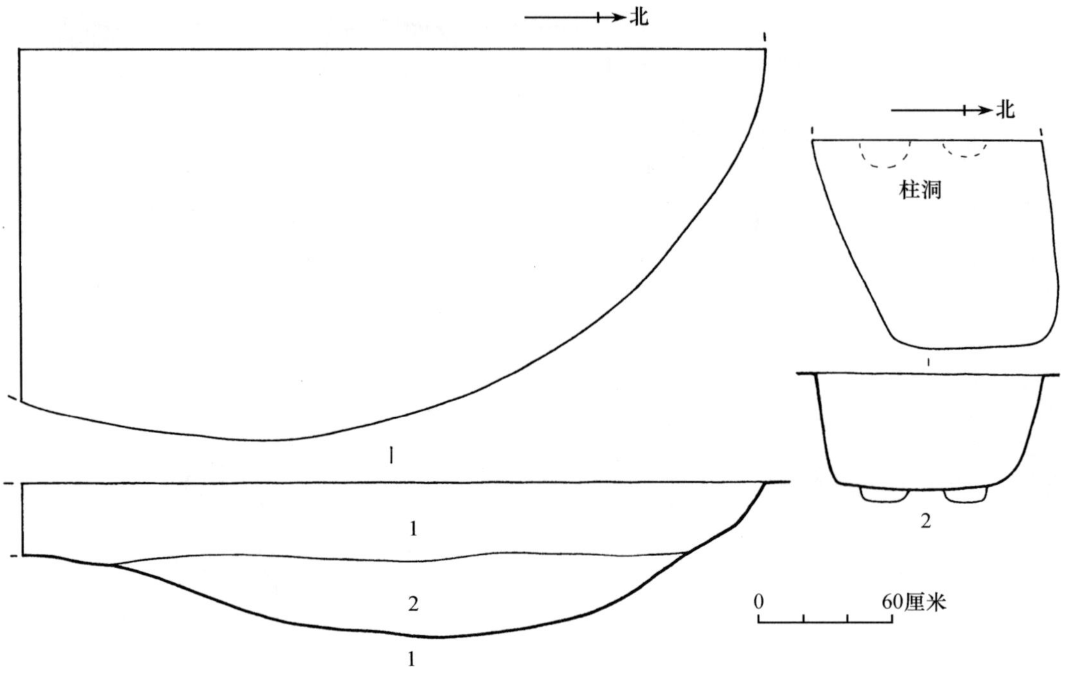

图三五七　H173、H211 平、剖面图

1. H211　2. H173

（12）H211

① 灰坑情况

位置：在 T87 西南角。

层位关系：开口在第 2 层下。

形制大小：椭圆形一部分，弧壁，圜底。口径长径 340、短径 184、深 74 厘米（图三五七，1）。

② 出土器物

出土标本：9 件。有小石斧、小石锛、小圭形石凿、小石凿、陶纺轮和陶双腹碗。

小石斧　1 件（H211∶24）。小石片打制，薄体长方形，弧顶，弧面皆原面，另一面打制不甚平，弧刃单面打制，较锋利。长 6.6、宽 3.2、厚 1.3 厘米（图三六一，9）。

小石锛　1 件（H211∶20）。薄体小长方形，顶部打制不平，两面皆原面，一弧另一面磨平，两边近平，一边打制，一边磨平，平刃两面磨制，虽不对称，但锋利。长 6.5、宽 3、厚 1.3 厘米（图三六一，10）。

小圭形石凿　1 件（H211∶23）。扁平五角形，但顶部已残，两面磨平，两边上部磨平近平行，下部对磨成角刃。残长 6、宽 1.8、厚 0.8 厘米（图三六一，5）。

小石凿　2 件。H211∶17，近方柱体长方形，但顶部已断，刃部已残，残刃一面又稍磨制，但平刃仍不锋利。残长 7、宽 2.1、厚 1.6 厘米（图三六一，7）。H211∶26，较厚近长方形，但顶部已断，刃部已残，两面、两边都磨平，斜刃单面磨制，有使用缺口，已不锋利。残长 5.6、宽 2.5、厚 1.5 厘米（图三六一，6）。

陶纺轮　3件。皆扁薄两面平，角边型。素面。H211∶15，泥质红褐陶。直径3.75～3.8、厚1.65厘米（图三五八，5；图版一一二，4左）。H211∶18，泥质红陶。直径3.7～3.8、厚1厘米（图三五八，4；图版一一二，4中）。H211∶30，泥质红胎黑陶。直径3.75、厚0.9厘米（图三五八，3；图版一一二，4右）。

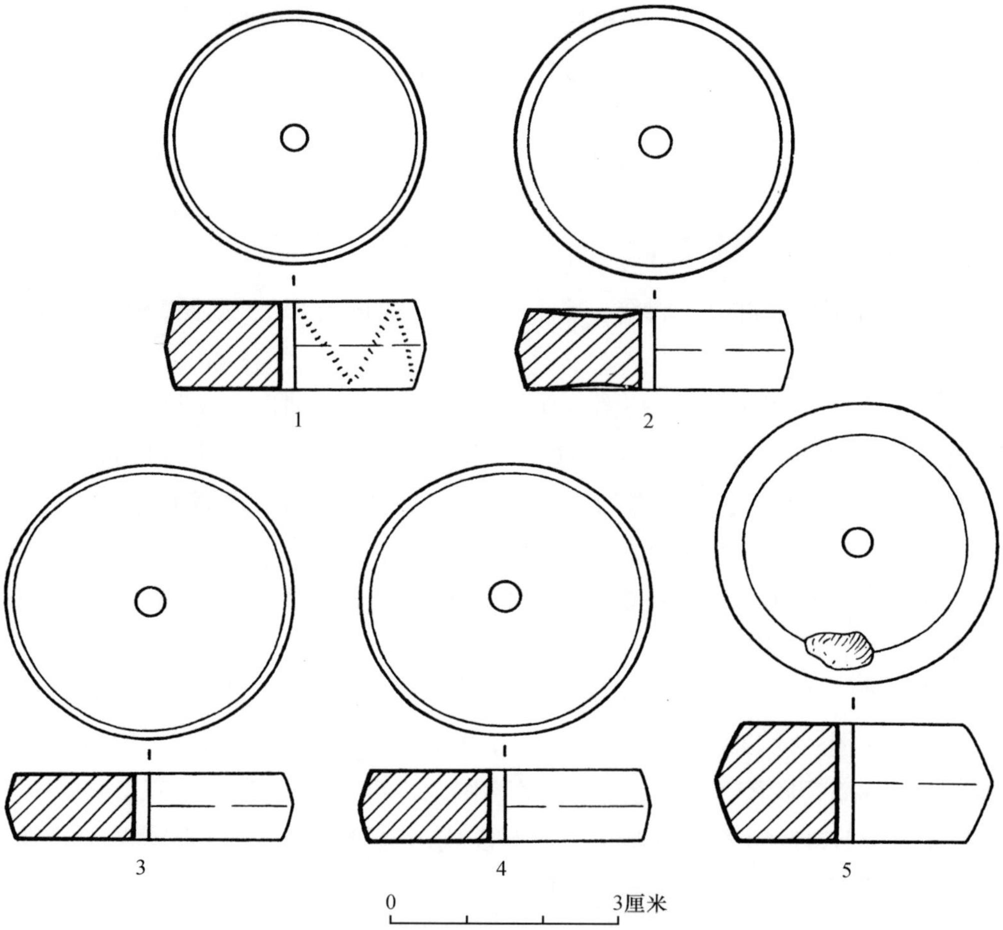

图三五八　H173、H211、H246出土陶纺轮

1. H246∶1　2. H173∶1　3. H211∶30　4. H211∶18　5. H211∶15

双腹碗　1件（H211∶39）。泥质黑陶。敞口，宽凹沿，深折弧内收，尖圆唇，下附圈足已残，如是矮圈足，则是双腹碗，若是高圈足，则是双腹豆。腹中下部一周凸棱纹。口径20、残高8.8厘米（图三六〇，6；图版一一二，6）。

（13）H246

① 灰坑情况

位置：在T82北隔梁下。

层位关系：开口在第3层下，打破第4层；被第2层下H245打破。

形制大小：椭圆形一半，弧壁，底不平。口径300、底径278、深50厘米。

② 出土器物

出土标本：2 件。均为陶器，有陶纺轮、凹折沿罐。

陶纺轮　1 件（H246∶1）。泥质红胎黑陶。扁薄两面平，角边型。周边饰篦点折角纹。直径 3.4、厚 1.2 厘米（图三五八，1）。

凹折沿罐　1 件（H246∶2）。夹砂黑陶。凹折沿，尖圆唇，溜肩，深弧腹，底已残。肩局部有竖绳纹痕。口径 16.6、残高 9 厘米（图三六〇，1）。

（14）H247

① 灰坑情况

位置：在 T83 北隔梁下。

层位关系：开口在第 3 层下，打破生土。

形制大小：近椭圆形一部分，斜壁，底不平。口部残长径 130、宽径 130、深 36 厘米。

② 出土器物

出土标本：6 件。均为陶器，有高圈足杯、斜腹小杯、觚形杯、豆圈足。

高圈足杯　2 件。H247∶1，泥质红陶。直口，窄沿微凹，深直腹，下部内折成圜底，下又附高圈足，足壁外撇呈喇叭状。腹饰竖篦划纹。口径 8.4、足径 7.5、通高 11.4 厘米（图三六〇，16；图版一一三，6）。H247∶2，泥质红陶。直口微敛，窄凹沿，扁圆唇外凸，直腹外斜，下部内折成圜底，底下附高圈足，但足壁多残。折腹处处有凸棱，腹饰竖篦划纹。口径 6.6、残高 7.2 厘米（图三六〇，17）。

斜腹小杯　2 件。H247∶3，泥质黑陶。敞口，尖唇，斜直腹，平底。素面。口径 8.5、底径 4.8、高 5 厘米（图三六〇，13；图版一一三，2）。H247∶5，泥质黑陶。敞口，尖唇，斜腹，平底。素面。口径 8.5、底径 3.9、高 5.2 厘米（图三六〇，3；图版一一三，4）。

觚形杯　1 件（H247∶6）。泥质黑陶。上部已残，深筒腹中束，平底微凹。下腹残存两周凹弦纹。底径 8、残高 4 厘米（图三六〇，14）。

豆圈足　1 件（H247∶4）。泥质黑陶。上残，仅存深圜底下附较粗较矮高圈足，足壁外弧近直，足根外弧内凹。足壁饰三个竖三角形镂孔。足径 10.6、残高 6 厘米（图三六〇，18）。

（15）H272

① 灰坑情况

位置：在 T1023 西部至 T0923 东隔梁。

层位关系：开口在第 2A 层下，打破 H273。

形制大小：椭圆形，弧壁，圜底。口径长径 104、短径 83、深 40 厘米（图三五九，2）。

② 出土器物

出土标本：9 件。有石斧和陶凹折沿罐、束颈罐、高领罐、深腹豆盘、粗圈足、矮圈足、罐平底。

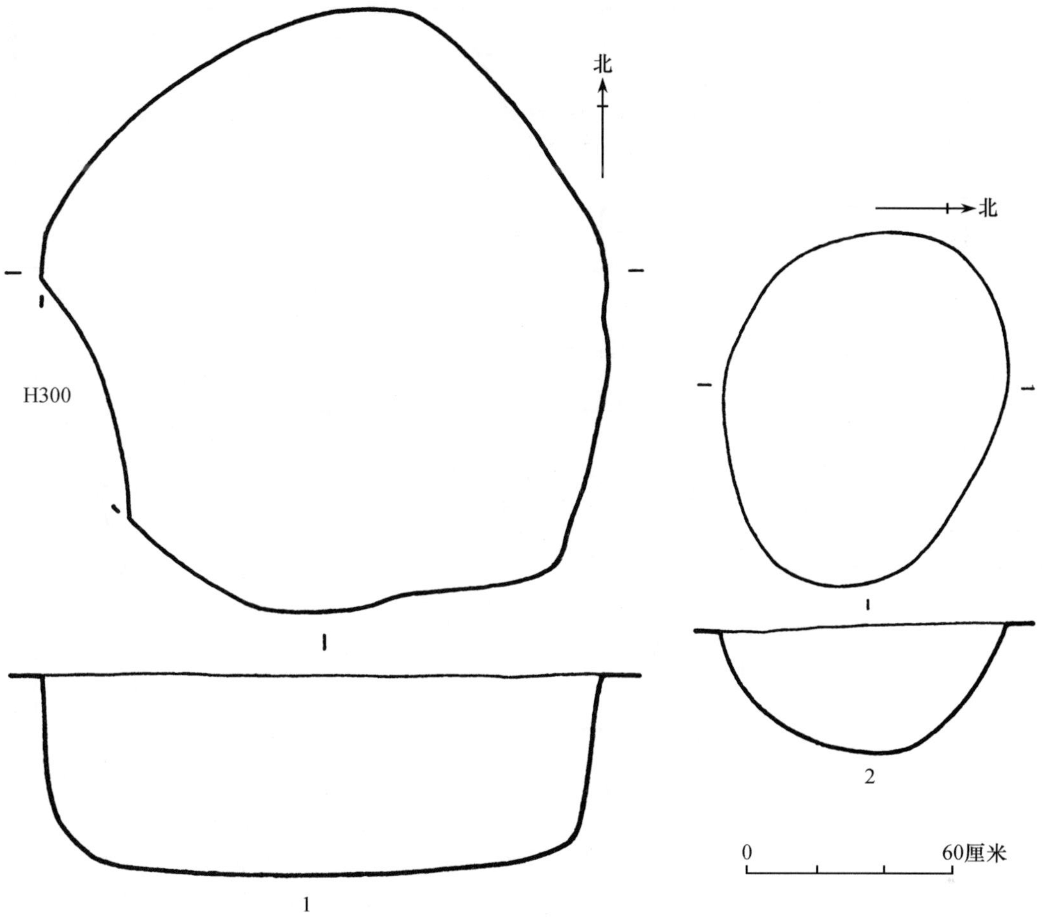

图三五九　H272、H302平、剖面图
1. H302　2. H272

石器

石斧　1件（H272:7）。砾石，灰色。中部较厚近梯形，弧顶两面打制，两面一面为原弧光滑面，另一面磨光中部上弧，两边磨平都不直，斜弧刃两面磨制，有使用痕，不甚锋利。长10.9、宽7.6、厚2.6厘米（图三六一，3）。

陶器

凹折沿罐　1件（H272:2）。夹砂灰褐陶。凹折沿，尖圆唇，斜弧肩，腹已残。素面。口径17、残高4.4厘米（图三六〇，7）。

束颈罐　1件（H272:1）。泥质灰黄陶。侈口，束颈，卷沿，尖圆唇，斜弧肩，鼓腹已残。素面。口径26、残高8.5厘米（图三六〇，10）。

高领罐　1件（H272:3）。泥质黄陶。直口，扁圆唇外凸，高直颈，斜弧肩，腹已残。颈部五周等距平行凹弦纹，但都模糊不清晰。口径12、残高4.4厘米（图三六〇，9）。

深腹豆盘　1件（H272:8）。泥质陶外灰内红。敛口，尖圆唇，扁弧腹中部外鼓，腹下部已残。素面。口径21、残高6.2厘米（图三六〇，5）。

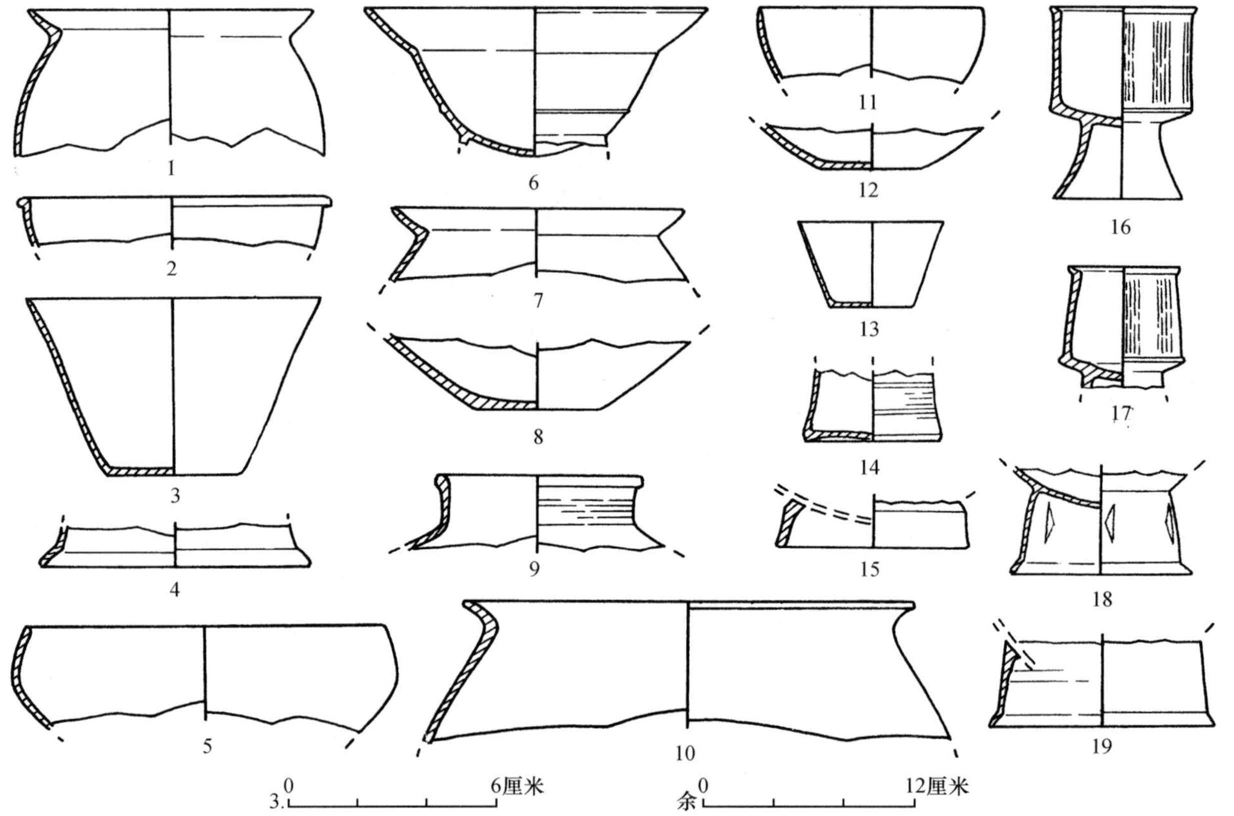

图三六〇　H211、H246、H247、H272、H300出土陶器

1、7. 凹折沿罐（H246:2、H272:2）　2. 敞口小盆（H300:2）　3、13. 斜腹小杯（H247:5、H247:3）　4、19. 粗圈足（H272:6、H272:4）　5. 深腹豆盘（H272:8）　6. 双腹碗（H211:39）　8、12. 罐平底（H272:9、H300:3）　9. 高领罐（H272:3）　10. 束颈罐（H272:1）　11. 敞口碗（H300:1）　14. 觚形杯（H247:6）　15. 矮圈足（H272:5）　16、17. 高圈足杯（H247:1、H247:2）　18. 豆圈足（H247:4）

粗圈足　2件。H272:4，泥质黑陶。上部已残，仅剩深圜底近斜残片下附较高圈足，足壁外斜，足根外弧，外弧内凹呈台状。残壁似有镂孔，但形状不明。足径13、残高5.1厘米（图三六〇，19）。H272:6，泥质黑陶。上部已残，仅存高圈足底座，足壁外斜近直，足根外弧内凹呈台状。素面。底径16、残高2.4厘米（图三六〇，4）。

矮圈足　1件（H272:5）。泥质灰褐陶，局部有红衣痕。残存矮圈足相对较高，足壁上部外鼓，下部近直，稍凹弧外斜。素面。足径11、残高2.8厘米（图三六〇，15）。

罐平底　1件（H272:9）。夹细砂黑陶。上部已残，深弧腹，小平底。素面。底径7.4、残高4.2厘米（图三六〇，8）。

（16）H300

① 灰坑情况

位置：在T1125西北至T1025。

层位关系：开口在第2A层下，打破第2A层下H302、第2B层、生土；被第2A层下H294

打破。

形制大小：近圆形，斜直壁，圜底。口径100、底径68、深76厘米。

② 出土器物

出土标本：3件。均为陶器，有敞口碗、敞口小盆、罐平底。

敞口碗　1件（H300:1）。泥质陶外红内黑。敞口近直，小方唇，深弧腹内收，底已残。素面。口径13、残高4.4厘米（图三六〇，11）。

敞口小盆　1件（H300:2）。泥质橘红陶。敞口，圆唇外卷，弧腹内收，底已残。素面。口径18、残高2.8厘米（图三六〇，2）。

罐平底　1件（H300:3）。泥质红胎黑陶。上部残，仅存下部弧腹平底。素面。底径6、残高2.3厘米（图三六〇，12）。

（17）H302

① 灰坑情况

位置：在T1125北壁下至隔梁内。

层位关系：开口在第2A层下，打破第2B层下H303、H605、G60、第2B层、生土；被第2A层下H300打破。

形制大小：近圆形，弧壁近直，平底。口径160~180、深30厘米（图三五九，1）。

② 出土器物

出土标本：42件。有石锄和陶凹折沿罐、折沿罐、凹折沿小罐、折沿小罐、矮颈罐、弧颈壶、侈口碗、双腹碗、内折沿碗、敛口碗、敞口碗、敛口钵、外折沿盆、带状沿盆、直口盘、内折沿盘、豆圈足、碗圈足、罐平底、管状流。

石器

石锄　4件。皆石片打制。H302:2，薄体近梯形。近弧刃，较锋利。长14、宽7.6、厚1.8厘米（图三六一，1）。H302:4，顶厚刃薄近长方形。平刃单面打制有缺，因薄而较锋利。长12.8、宽6.9、厚2.2厘米（图三六一，4）。H302:5，上厚下薄近梯形。顶已残，弧刃，较锋利。残长9、宽7.8、厚2.5厘米（图三六一，2）。H302:3，上厚下薄长方形。弧刃近平，较锋利。长7.5、宽4.4、厚1.7厘米（图三六一，8）。

陶器

凹折沿罐　6件。H302:10，夹砂灰陶。宽折沿微凹，尖圆唇，弧肩，深弧腹下部已残。素面。口径20、残高12.8厘米（图三六二，1）。H302:19，泥质灰陶。折沿深凹，尖圆唇，弧肩，腹已残。素面。口径17、残高3.3厘米（图三六二，15）。H302:21，夹砂红褐陶。折沿微凹，圆唇，肩已残。素面。口径24、残高2.4厘米（图三六二，11）。H302:22，夹砂红褐陶。折沿微凹，尖圆唇，弧肩已残。素面。口径22、残高3.6厘米（图三六二，12）。H302:42，夹砂红褐陶。宽折沿深凹，近口起凸棱，尖圆唇，斜肩已残。素面。口径24、残高4厘米（图三六二，10）。H302:43，夹砂红褐陶。折沿微凹，尖圆唇，斜肩已残。素面。口径22、残高3厘米（图三六二，13）。

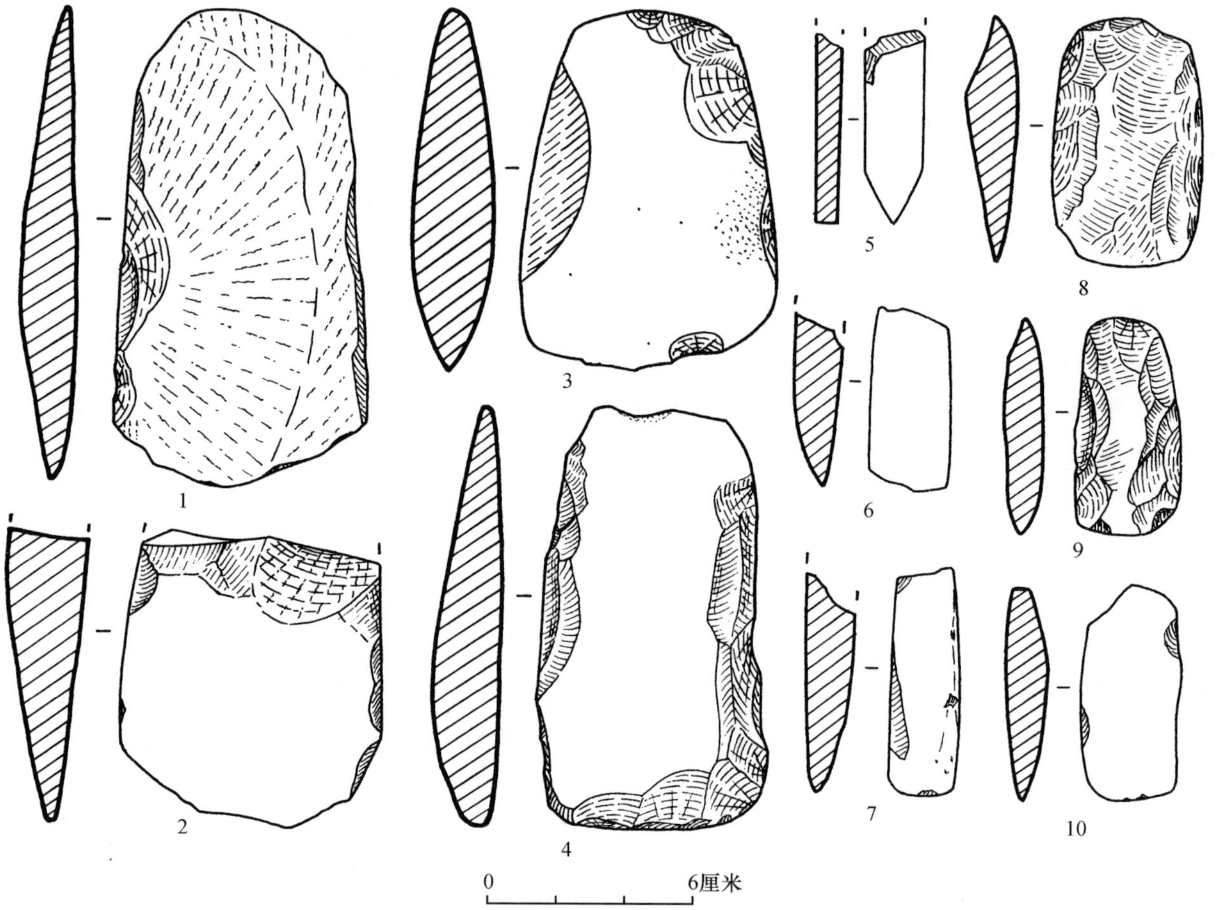

图三六一　H211、H272、H302 出土石器

1、2、4、8. 石锄（H302∶2、H302∶5、H302∶4、H302∶3）　3. 石斧（H272∶7）　5. 小圭形石凿（H211∶23）　6、7. 小石凿（H211∶26、H211∶17）　9. 小石斧（H211∶24）　10. 小石锛（H211∶20）

折沿罐　1 件（H302∶26）。夹砂红陶。侈口，束颈，卷沿，口内无折棱，方唇，斜弧肩已残。素面。口径 19、残高 4.2 厘米（图三六二，14）。

凹折沿小罐　2 件。H302∶33，夹炭陶内红外黑，而不是外红内黑。折沿微凹，尖唇，斜肩已残。素面。口径 16、残高 3 厘米（图三六二，8）。H302∶37，泥质灰褐陶。折沿深凹，尖圆唇，斜弧肩已残。素面。口径 12、残高 2.7 厘米（图三六二，6）。

折沿小罐　1 件（H302∶46）。泥质红陶。折沿，尖圆唇，弧肩已残。素面。口径 13、残高 2.4 厘米（图三六二，7）。

矮颈罐　1 件（H302∶20）。泥质黑陶。直口外斜，矮颈下束，方唇，唇面一周凹弦，口外稍起凸棱，广弧肩，腹已残。素面。口径 15.2、残高 4 厘米（图三六二，16）。

弧颈壶　1 件（H302∶9）。夹砂红褐陶。直口外卷，尖圆唇，高弧颈，鼓肩，腹已残。素面。口径 12.8、残高 10.7 厘米（图三六二，2）。

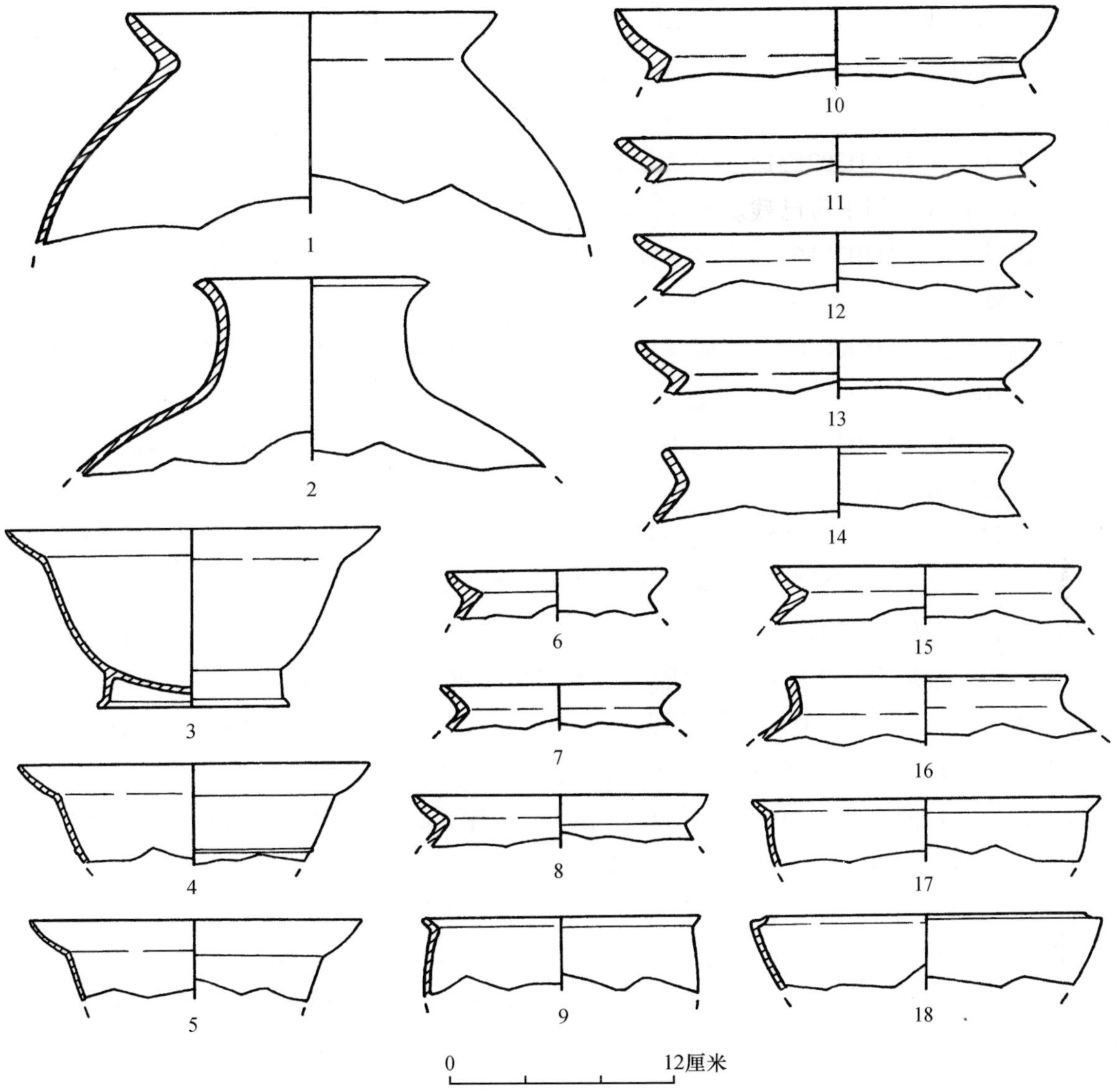

图三六二　H302 出土陶器

1、10~13、15. 凹折沿罐（H302:10、H302:42、H302:21、H302:22、H302:43、H302:19）　2. 弧颈壶（H302:9）　3~5. 双腹碗（H302:1、H302:11、H302:29）　6、8. 凹折沿小罐（H302:37、H302:33）　7. 折沿小罐（H302:46）　9、17. 侈口碗（H302:24、H302:30）　14. 折沿罐（H302:26）　16. 矮颈罐（H302:20）　18. 内折沿碗（H302:31）

侈口碗　2件。H302:30，泥质黑陶。侈口，束颈，窄沿微凹，尖圆唇，弧腹内收，下腹已残。素面。口径19、残高3.6厘米（图三六二，17）。H302:24，泥质陶外黑内灰，薄胎。侈口，束颈，窄折沿外斜，尖圆唇，溜肩，深弧腹，下已残。素面。口径15、残高4.4厘米（图三六二，9）。

双腹碗　3件。H302:1，泥质灰胎黑陶。敞口，折沿宽凹，尖唇，深弧腹内收，圜底下附矮圈足，足壁外斜近直，足根外弧内凹。素面。口径20.4、足径10.4、通高9.8厘米（图三六二，3；彩版一三，1；图版一一四，2）。H302:11，泥质灰陶。敞口，折沿宽凹，尖圆唇，深弧腹内收，腹下部已残。腹中下部一周凸棱。口径 19、残高 5.6 厘米（图三六二，4）。H302∶29，泥质黑陶。敞口，折沿深凹，尖唇，深弧腹内斜，但下已残。素面。口径 18、残高 4.4 厘米（图三六二，5）。

内折沿碗　1 件（H302∶31）。泥质黑陶。敛口，窄平沿内折，且沿面微凹，又似子母口，折腹弧内收，较深，但下腹已残。素面。口径 19、残高 4.2 厘米（图三六二，18）。

敛口碗　1 件（H302∶16）。夹砂红陶，内外施深红衣。敛口，窄沿口内下斜，尖圆唇，深弧腹，下已残。素面。口径 13、残高 7.6 厘米（图三六三，11）。

敞口碗　1 件（H302∶38）。泥质灰褐陶。敞口，尖圆唇，弧腹下已残。素面。口径 19、残高 3 厘米（图三六三，2）。

敛口钵　1 件（H302∶14）。泥质褐陶。敛口，尖圆唇，鼓肩，弧腹内收已残。素面。口径 21、残高 5.5 厘米（图三六三，1）。

外折沿盆　1 件（H302∶15）。泥质灰黑陶。敛口近直，弧沿外下折，尖圆唇，深弧腹近直内收，下已残。素面。口径 22、残高 4 厘米（图三六三，7）。

带状沿盆　1 件（H302∶25）。泥质红陶，外施深红衣。敛口近直，斜沿外附成带状凸棱，圆唇，深弧腹上部近直，下内收但已残。素面。口径 24、残高 3.7 厘米（图三六三，6）。

直口盘　1 件（H302∶40）。泥质黑陶，薄胎。直口，窄平沿，尖圆唇，粗矮颈，折腹外起凸棱，下内收但已残。未见其他纹饰。口径 18、残高 2.6 厘米（图三六三，4）。

内折沿盘　1 件（H302∶41）。泥质褐陶。敛口，窄沿内折，尖圆唇，折沿上起凸棱，略近子母口，浅折腹斜内收，但已残。素面。口径 21、残高 2.2 厘米（图三六三，8）。

豆圈足　4 件。H302∶34，泥质黑陶。上部已残，仅存高圈足下部底座，足壁外斜近直，足根外弧内凹。足壁上残存一个圆形小镂孔。底径 10、残高 2.8 厘米（图三六三，13）。H302∶44，泥质灰陶。也是仅存高圈足底座，足壁稍外斜，足根外撇近喇叭状。素面。底径 14、残高 3.2 厘米（图三六三，17）。H302∶45，泥质红陶，外施深红衣。仅存底座残片，足壁外斜近直，足根上卷成圆凸棱。素面。足径 13、残高 2.6 厘米（图三六三，16）。H302∶28，泥质黑陶。仅存圜底和圈足上部残片，足壁外斜近直，但下已残。素面。圈足上部足径 11、残高 2.4 厘米（图三六三，14）。

碗圈足　5 件。H302∶23，泥质褐陶。足壁外斜。素面。底径 7、残高 3.4 厘米（图三六三，12）。H302∶27，泥质黑陶。足壁外弧近直，足根成方带状凸棱。素面。足径 10、残高 3 厘米（图三六三，20）。H302∶32，泥质红陶。足壁近直稍外斜。素面。足径 9、残高 3 厘米（图三六三，18）。H302∶36，泥质黑陶。足壁外斜。素面。足径 8、残高 3.2 厘米（图三六三，19）。H302∶39，泥质黑陶。矮小，足壁外斜。素面。足径 6、残高 1.6 厘米（图三六三，10）。

罐平底　3 件。H302∶12，泥质灰陶。深腹内斜，平底。腹饰斜绳纹。底径 12、残高 5.4 厘米（图三六三，5）。H302∶13，泥质灰陶。弧腹内收，平底。素面。底径 13.6、残高 4.4 厘米（图三六三，9）。H302∶35，泥质黑陶，胎较薄。弧腹内收成平底。素面。底径 9、残高 1.8 厘米（图三六三，15）。

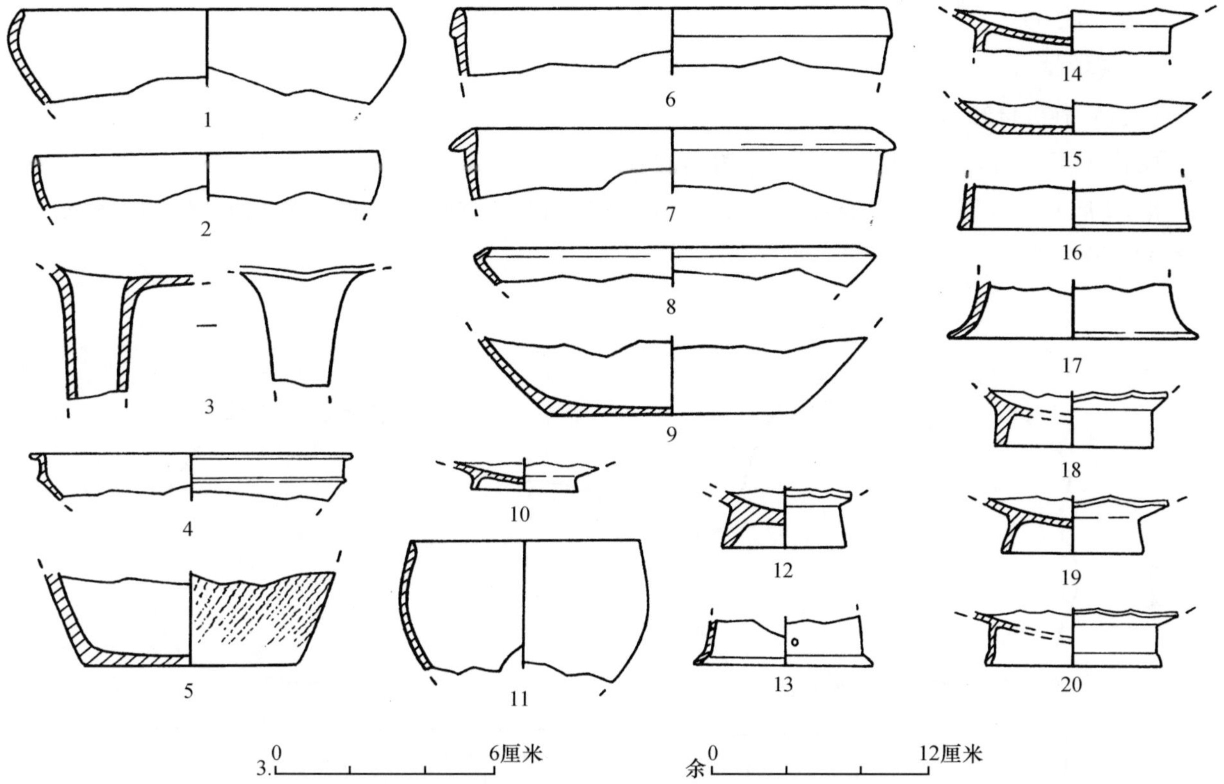

图三六三　H302出土陶器

1. 敛口钵（H302:14）　2. 敞口碗（H302:38）　3. 管状流（H302:18）　4. 直口盘（H302:40）　5、9、15. 罐平底（H302:12、H302:13、H302:35）　6. 带状沿盆（H302:25）　7. 外折沿盆（H302:15）　8. 内折沿盘（H302:41）　10、12、18~20. 碗圈足（H302:39、H302:23、H302:32、H302:36、H302:27）　11. 敛口碗（H302:16）　13、14、16、17. 豆圈足（H302:34、H302:28、H302:45、H302:44）

管状流　1件（H302:18）。泥质陶外黑内红。器腹上部圆管状细流，内空，流口稍细已残。素面。流长3.6厘米（图三六三，3）。

（18）H303

① 灰坑情况

位置：在T1125北壁下。

层位关系：开口在第2B层下，打破生土；被第2A层下H302打破。

形制大小：似长方形一部分，直壁，底不平。口宽165、底宽160、深14~26厘米。

② 出土器物

出土标本：2件。均为陶器，有弧折沿罐、双腹碗。

弧折沿罐　1件（H303:1）。夹炭夹蚌红陶。宽折沿，沿面微上弧，尖圆唇，斜肩已残。素面。口径21、残高4.8厘米（图三六五，7）。

双腹碗　1件（H303:2）。泥质黑陶。敞口，宽凹沿，方唇，深折腹弧内收，下已残。素面。口径19、残高4.1厘米（图三六五，10）。

（19）H305

① 灰坑情况

位置：在 T1125 中部。

层位关系：开口在第 2A 层下，打破第 2B 层、生土。

形制大小：不规则形，直壁，平底。口部东西最长 150、南北最宽 140、深 70 厘米（图三六四，1）。

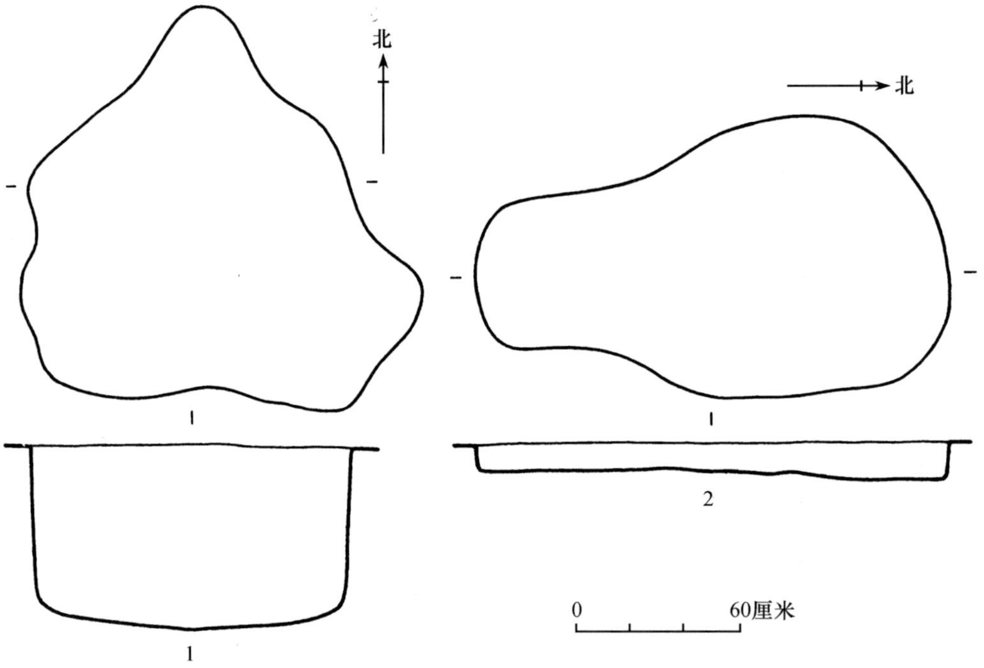

图三六四　H305、H315 平、剖面图

1. H305　2. H315

② 出土器物

出土标本：4 件。均为陶器，有弧折沿罐、内折沿碗、彩陶敛口碗、内折沿盘。

弧折沿罐　1 件（H305∶3）。夹草末褐陶。折沿沿面微上弧，尖圆唇，斜弧肩，鼓腹下部弧内收，底已残。折腹外起凸棱，其下一周凹弦纹。口径 21、残高 7.2 厘米（图三六五，1）。

内折沿碗　1 件（H305∶4）。泥质磨光黑陶，有轮制旋痕。敛口，内折沿，尖唇，折腹较深已残。素面。口径 13、残高 3.6 厘米（图三六五，11）。

彩陶敛口碗　1 件（H305∶1）。泥质黄陶，外口下一周带状浅红衣，并在其上又绘一周黑彩带状纹。敛口，方唇，弧腹上部外鼓，下部弧内收，底已残。未见其他纹饰。口径 18、残高 5.6 厘米（图三六五，8）。

内折沿盘　1 件（H305∶2）。泥质红陶，外施浅红衣。敛口，窄弧沿内折，尖圆唇，折腹较深弧内收，底已残。素面。口径 26、残高 6.8 厘米（图三六五，4）。

(20) H315

① 灰坑情况

位置：在 T1227 东部。

层位关系：开口在第 2 层下，打破第 3A 层。

形制大小：瓢形，直壁，平浅底。口底长 170、宽 50 ~ 95、深 10 厘米（图三六四，2）。

② 出土器物

出土标本：4 件。均为陶器，有高领罐、束颈罐、侈口小罐、陶纺轮。

高领罐　1 件（H315∶1）。泥质灰胎黑陶，轮制有旋痕。直口，圆唇外凸，高直颈，广弧肩已残。素面。口径 10.4、残高 5 厘米（图三六五，12）。

束颈罐　1 件（H315∶3）。夹细砂褐陶。侈口，束颈，卷沿，方唇，斜肩，鼓腹下已残。素面。口径 14、残高 4.6 厘米（图三六五，13）。

侈口小罐　1 件（H315∶2）。夹砂红陶，多泛黑。侈口，束颈，折沿内凹，斜弧肩，腹已残。素面。口径 11、残高 3.4 厘米（图三六五，6）。

陶纺轮　1 件（H315∶4）。泥质灰胎黑陶。扁薄两面平，弧边型。素面。直径 4、厚 1.4 厘米（图三六五，15）。

(21) H319

① 灰坑情况

位置：在 T1226 东北至东北隔梁内。

层位关系：开口在第 2 层下，打破第 4 层、生土；被 H311 打破。

形制大小：圆形一部分，弧壁，圜底。口径大于 190、深 45 厘米。

② 出土器物

出土标本：5 件。均为陶器，有弧颈壶、外折沿敞口盆、卷沿敞口盆、矮圈足。

弧颈壶　1 件（H319∶3）。泥质红胎黑陶。直口，小平沿，尖唇外凸，高弧颈下已残。素面。口径 16、残高 5.3 厘米（图三六五，14）。

外折沿敞口盆　2 件。H319∶1，泥质灰陶。敞口近直，斜沿外折，尖圆唇，深弧腹内收，底已残。腹上部一周宽带状凹槽，下部一周带状凸棱纹。口径 24、残高 8.2 厘米（图三六五，3）。H319∶4，泥质红胎黑陶，胎较薄。敞口，折沿外斜近平，尖圆唇，深弧腹内收，腹下部已残。素面。口径 20、残高 4.8 厘米（图三六五，9）。

卷沿敞口盆　1 件（H319∶5）。泥质黄胎黑陶，胎较薄。敞口，弧沿外卷，尖圆唇，深腹近直稍内斜，腹下部已残。素面。口径 22、高 4 厘米（图三六五，2）。

矮圈足　1 件（H319∶2）。泥质陶外红内黑。圜底，足壁外弧。素面。足径 13、残高 2.8 厘米（图三六五，5）。

(22) H320

① 灰坑情况

位置：在 T1126 东北角。

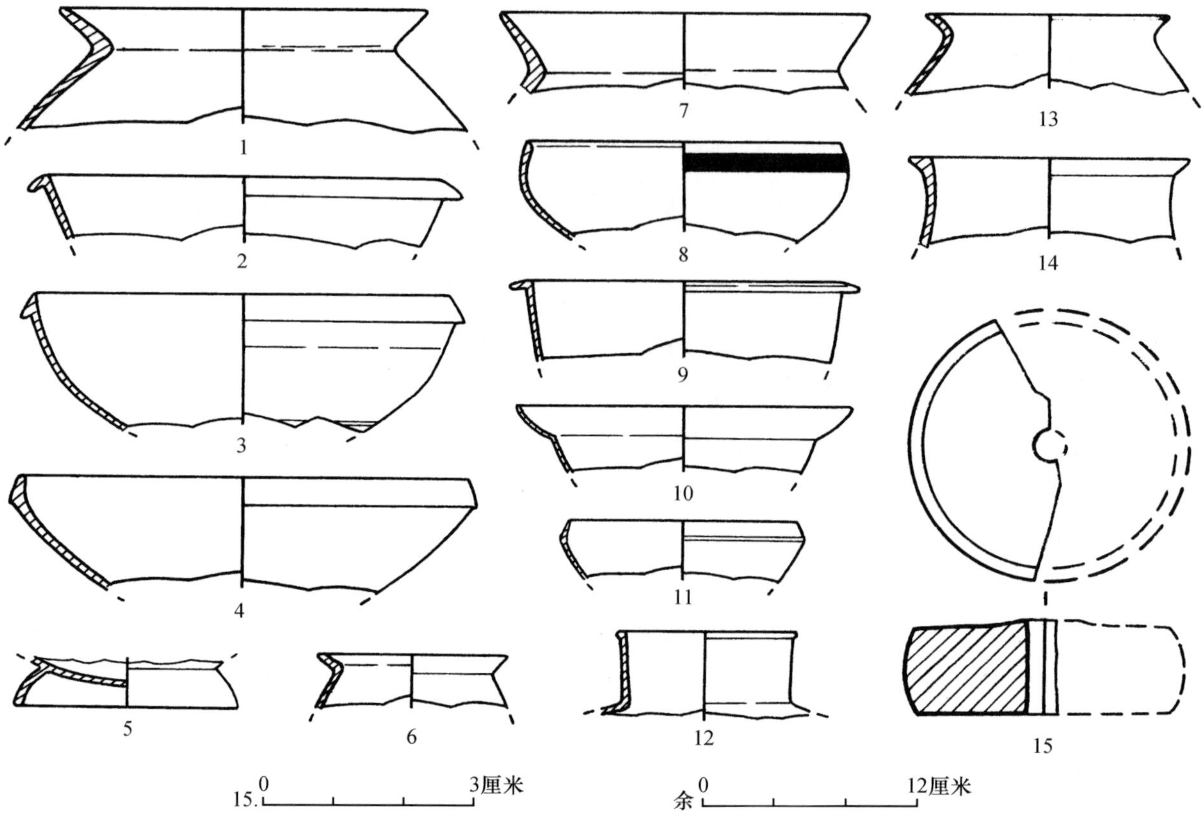

图三六五　H303、H305、H315、H319 出土陶器

1、7. 弧折沿罐（H305∶3、H303∶1）　2. 卷沿敞口盆（H319∶5）　3、9. 外折沿敞口盆（H319∶1、H319∶4）　4. 内折沿盘（H305∶2）　5. 矮圈足（H319∶2）　6. 侈口小罐（H315∶2）　8. 彩陶敛口碗（H305∶1）　10. 双腹碗（H303∶2）　11. 内折沿碗（H305∶4）　12. 高领罐（H315∶1）　13. 束颈罐（H315∶3）　14. 弧颈壶（H319∶3）　15. 陶纺轮（H315∶4）

层位关系：开口在第 2 层下，打破第 2 层下 H328。

形制大小：椭圆形一部分，直壁，平底。口长径大于 170、宽径稍大于 168、深 20 厘米（图三六六，2）。

② 出土器物

出土标本：32 件。均为陶器，有凹折沿罐、折沿罐、束颈罐、束颈小罐、折沿小罐、弧颈壶、盘口缸、敛口碗、小凹沿碗、内折沿碗、侈口碗、内折沿盘、外折沿盘、外折沿盆、碗圈足、豆圈足、平底器。

凹折沿罐　2 件。H320∶6，夹砂红陶。宽折沿内凹，尖圆唇，斜弧肩已残。素面。口径 27、残高 5.2 厘米（图三六七，2）。H320∶8，夹砂褐陶。宽折沿微凹，尖唇，斜肩，鼓腹已残。素面。口径 19、残高 7.2 厘米（图三六七，17）。

折沿罐　4 件。H320∶5，夹砂黑陶。折沿，圆唇，斜弧肩，鼓腹已残。素面。口径 23、残高 8.4 厘米（图三六七，8）。H320∶11，泥质灰陶。折沿甚宽，但口内无折棱，圆唇，溜肩，深弧腹已残。素面。口径 28.8、残高 5.4 厘米（图三六七，1）。H320∶14，泥质红陶。折沿，

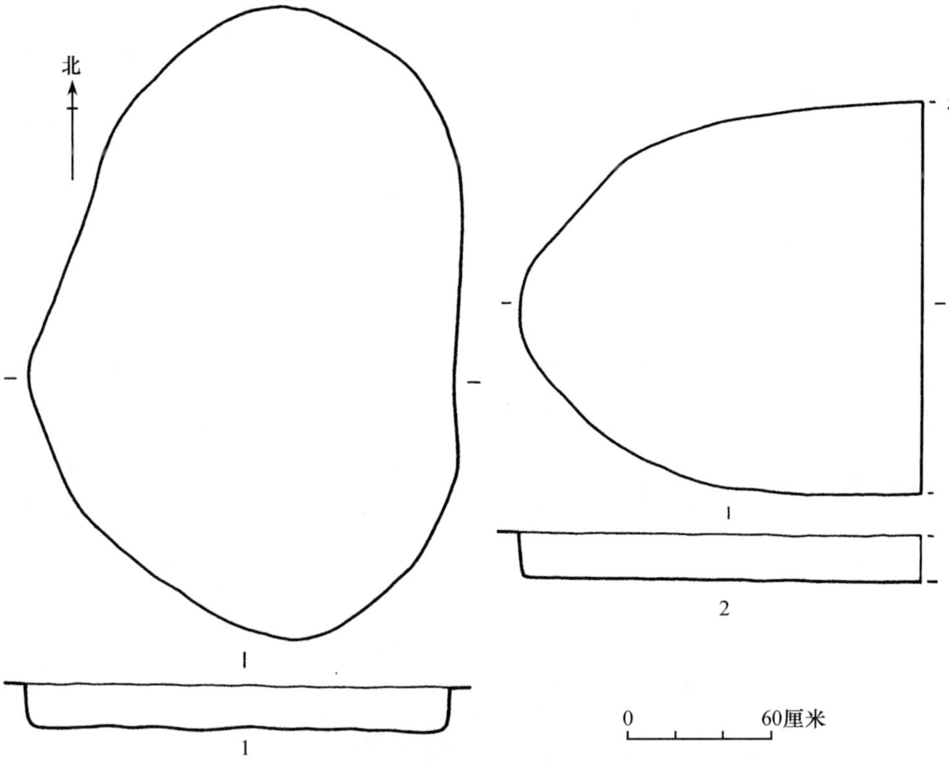

图三六六　H320、H322平、剖面图
1. H322　2. H320

圆唇，斜弧肩已残。素面。口径20、残高4.5厘米（图三六七，16）。H320∶20，泥质黄陶。宽折沿，圆唇，弧肩已残。素面。口径28、残高3.2厘米（图三六七，3）。

束颈罐　1件（H320∶4）。泥质灰陶。直口外卷，尖唇，粗弧颈，广肩已残。素面。口径14、残高4.8厘米（图三六七，11）。

束颈小罐　1件（H320∶29）。夹砂黑陶。侈口，束颈如浅凹槽，弧沿外卷近直，尖圆唇，深弧腹内收也近直，下腹已残。素面。口径16、残高4.8厘米（图三六七，13）。

折沿小罐　2件。H320∶10，泥质灰陶，轮制，薄胎。侈口，凹折沿外斜，尖圆唇，弧肩，深弧腹，下已残。素面。口径11.6、残高4.6厘米（图三六七，12）。H320∶27，泥质黑陶，轮制，薄胎。侈口，束颈，小折沿稍上斜，尖圆唇，溜肩，鼓腹内收，下腹已残。素面。口径12、残高3.6厘米（图三六七，14）。

弧颈壶　1件（H320∶3）。泥质黄陶。直口外卷，圆唇，高弧颈，斜弧肩，深长腹下部已残。颈饰一周宽凹带状纹。口径13.6、残高12.5厘米（图三六七，9）。

盘口缸　1件（H320∶42）。夹砂红陶。折沿宽凹外斜而呈盘口，方圆唇，深折腹外弧下溜，下腹已残。腹饰横篮纹。口径48、残高10.2厘米（图三六七，7）。

敛口碗　1件（H320∶17）。夹砂灰陶。敛口，圆唇，弧腹上鼓下内收，底已残。素面。口径20、残高4.3厘米（图三六八，6）。

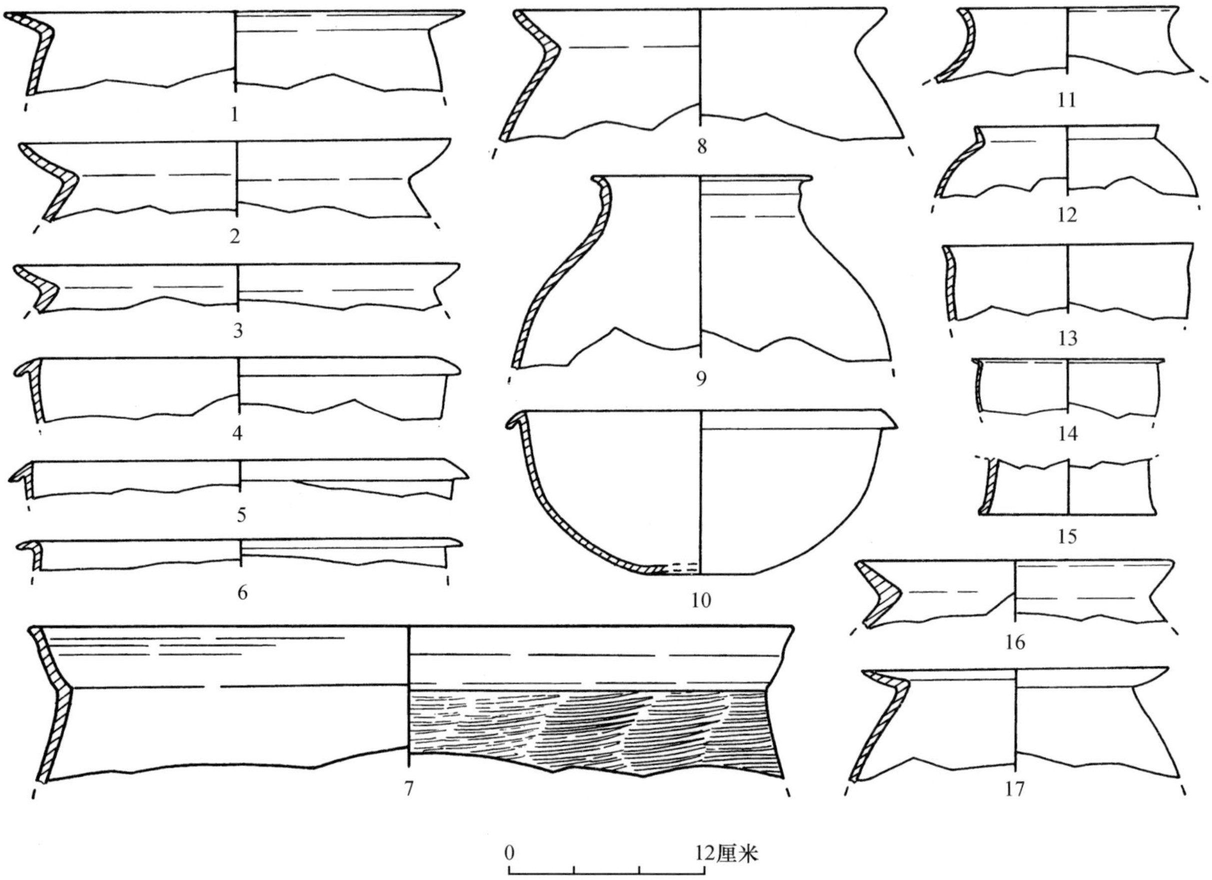

图三六七　H320 出土陶器

1、3、8、16. 折沿罐（H320∶11、H320∶20、H320∶5、H320∶14）　2、17. 凹折沿罐（H320∶6、H320∶8）　4～6、10. 外折沿盆（H320∶21、H320∶16、H320∶28、H320∶2）　7. 盘口缸（H320∶42）　9. 弧颈壶（H320∶3）　11. 束颈罐（H320∶4）　12、14. 折沿小罐（H320∶10、H320∶27）　13. 束颈小罐（H320∶29）　15. 豆圈足（H320∶32）

小凹沿碗　1 件（H320∶19）。泥质灰陶，轮制，薄胎。敞口近直，凹沿外折，圆唇，深弧腹稍内收，下腹已残。素面。口径 19、残高 3 厘米（图三六八，2）。

内折沿碗　2 件。H320∶25，泥质黑陶，薄胎，似轮制，但旋痕不明显。敛口，窄凹沿内折，圆唇，深折腹弧内收，底已残。素面。口径 18、残高 4.8 厘米（图三六八，3）。H320∶38，泥质黑陶。敛口，内折沿，折沿内凹，又近子母口，折腹斜内收，下腹已残。素面。口径 16、残高 2 厘米（图三六八，8）。

侈口碗　1 件（H320∶9）。泥质浅黄陶。侈口，束颈，窄折沿，斜溜肩，鼓腹弧内收，底已残。素面。口径 18、残高 5.4 厘米（图三六八，4）。

内折沿盘　1 件（H320∶37）。泥质黑陶。敛口，内折沿，尖唇，浅折腹内斜，底已残。素面。口径 19、残高 2.6 厘米（图三六八，7）。

外折沿盘　1 件（H320∶35）。泥质黑陶。敞口，斜沿外折，但口内又起凸棱，尖唇，浅腹内斜，底已残。素面。口径 19、残高 3.2 厘米（图三六八，1）。

外折沿盆　4件。H320∶2，泥质灰陶。敞口近直，弧沿外折，尖圆唇，深弧腹内收，凹圜底稍残。素面。内口径21.8、底径7、高10.5厘米（图三六七，10；图版一一四，1）。H320∶16，泥质灰陶。敛口近直，弧沿外折，尖圆唇，深弧腹内收，但大部分已残。素面。口径26、残高2.5厘米（图三六七，5）。H320∶21，夹砂黄陶。敛口近直，弧沿外折，深弧腹内收，底已残。素面。口径25、残高4.2厘米（图三六七，4）。H320∶28，泥质黑陶。敛口，窄沿外卷，弧腹上部外斜，下部已残。素面。口径28、残高2.1厘米（图三六七，6）。

碗圈足　3件。H320∶30，夹炭红陶。仅存碗下部弧腹，圜底下附矮圈足，足壁外斜近直。素面。底径8、残高4厘米（图三六八，13）。H320∶31，泥质灰陶。残存碗下部弧腹，圜底下附矮圈足，足壁近直，足根外弧呈台状。素面。足径7.8、残高3.2厘米（图三六八，14）。H320∶41，泥质红陶，外施多脱落红衣。残存碗下部弧腹，圜底下附矮圈足，足壁近直稍外弧。素面。足径10、残高4.8厘米（图三六八，11）。

豆圈足　3件。H320∶23，泥质灰白胎黑陶。残存深弧腹，圜底下附高圈足，足壁外斜，但下部已残。素面。残高5.6厘米（图三六八，12）。H320∶32，泥质灰黄陶。残存高圈足下部，足壁稍外斜，足根外撇。素面。足径11、残高3.8厘米（图三六七，15）。H320∶39，泥质灰陶。仅存高圈足下部，足壁内弧近直，足根外弧内凹。残存有小圆形镂孔。口径10、残高2.3厘米（图三六八，15）。

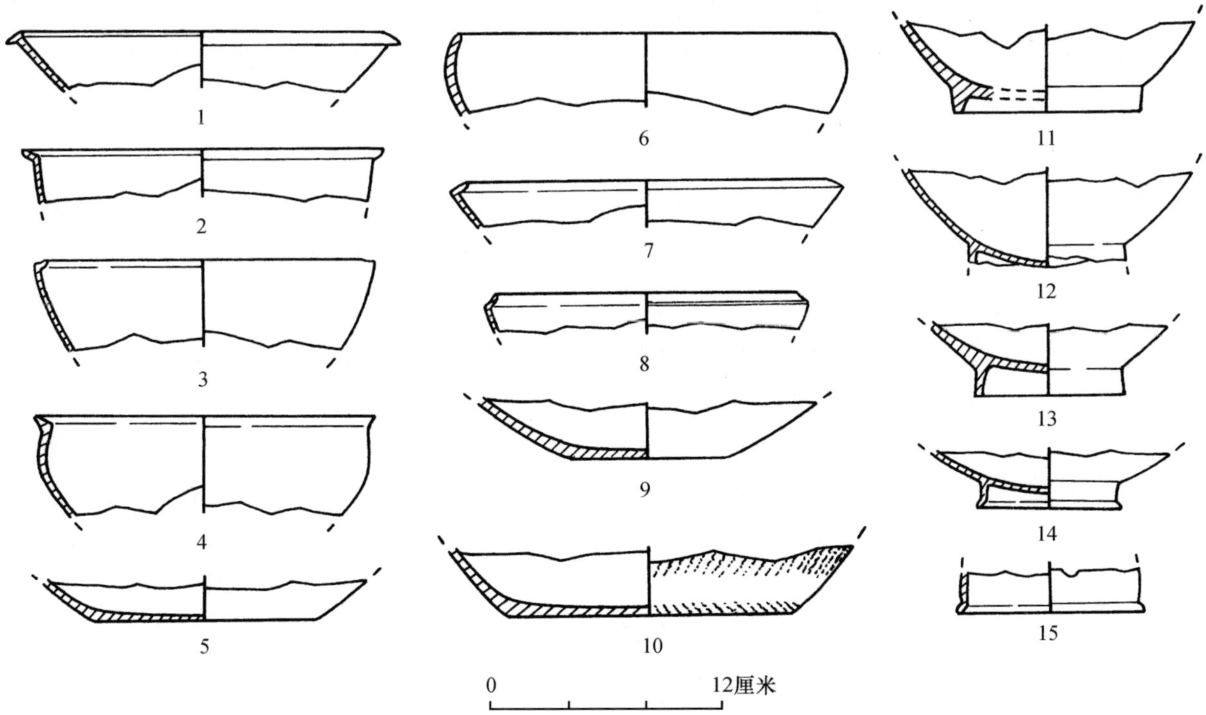

图三六八　H320出土陶器

1. 外折沿盘（H320∶35）　2. 小凹沿碗（H320∶19）　3、8. 内折沿碗（H320∶25、H320∶38）　4. 侈口碗（H320∶9）　5、9、10. 平底器（H320∶34、H320∶15、H320∶12）　6. 敛口碗（H320∶17）　7. 内折沿盘（H320∶37）　11、13、14. 碗圈足（H320∶41、H320∶30、H320∶31）　12、15. 豆圈足（H320∶23、H320∶39）

平底器　3 件。H320∶12，泥质红胎黑陶。残存罐下部斜弧腹平底。腹饰斜绳纹而不到底，近底又饰反方向斜绳纹。底径 15、残高 3.6 厘米（图三六八，10）。H320∶15，夹细砂红胎灰黑陶。残存大弧腹小平底。素面。底径 8.5、残高 3 厘米（图三六八，9）。H320∶34，泥质灰黄陶，薄胎。残存大弧腹大平底。素面。底径 12、残高 2 厘米（图三六八，5）。

（23）H322

① 灰坑情况

位置：在 T1126 东南边。

层位关系：开口在第 2 层下，打破第 2B 层下 H605。

形制大小：近椭圆形，直壁，平底浅坑。口径长径 270、短径 178、深 19 厘米（图三六六，1）。

② 出土器物

出土标本：30 件。均为陶器，有凹折沿罐、折沿罐、高领罐、侈口小罐、壶口沿、彩陶壶形器、盘口缸、双腹碗、罐形杯、敞口杯、内折沿盘、外折沿盘、敛口豆盘、敞口盆、敛口盆、豆高圈足、矮圈足、平底器。

凹折沿罐　1 件（H322∶14）。夹砂红褐陶。折沿宽凹，尖圆唇，斜弧肩，鼓腹已残。素面。口径 24、残高 7.8 厘米（图三六九，11）。

折沿罐　3 件。H322∶6，夹砂红褐陶。折沿，尖圆唇，斜弧肩，鼓腹已残。素面。口径 25、残高 10.5 厘米（图三六九，18）。H322∶15，夹砂灰褐陶。折沿，尖圆唇，弧肩，腹已残。素面。口径 22、残高 4.2 厘米（图三六九，15）。H322∶16，夹砂红褐陶。折沿较宽，圆唇，肩已残。素面。口径 25、残高 4.4 厘米（图三六九，12）。

高领罐　2 件。H322∶4，泥质灰陶。直口微敞，圆唇，高直颈，肩已残。素面。口径 13、残高 5.9 厘米（图三六九，23）。H322∶29，泥质灰陶。直口，尖唇外卷，高直颈，肩已残。素面。口径 11、残高 4.4 厘米（图三六九，27）。

侈口小罐　1 件（H322∶20）。泥质灰陶。侈口，束颈，宽折沿，方圆唇，鼓腹已残。素面。口径 11.6、残高 3.8 厘米（图三六九，25）。

壶口沿　3 件。H322∶3，泥质黑陶。直口外卷，小平沿，圆唇，高弧颈，肩已残。素面。口径 9.6、残高 6.4 厘米（图三六九，20）。H322∶8，泥质红陶。喇叭形口，尖圆唇外卷，高颈颈下部已残。素面。口径 16.4、残高 6.3 厘米（图三六九，22）。H322∶31，泥质红陶。直口外卷，扁圆唇外凸呈宽带状，高弧颈下部已残。素面。口径 14、残高 4 厘米（图三六九，28）。

彩陶壶形器　1 件（H322∶35）。泥质灰胎浅红陶，绘黑彩。仅存残高颈下部和广平肩残片。黑彩多已脱落，花纹图案不清晰。残高 4.4 厘米（图三六九，29）。

盘口缸　1 件（H322∶25）。夹砂红陶。宽凹沿外斜如盘口，方唇，束颈，斜肩外弧腹已残。口内一周凹槽，口外一周带状凹弦纹，肩、腹饰横篮纹。口径 42、残高 12 厘米（图三六九，30）。

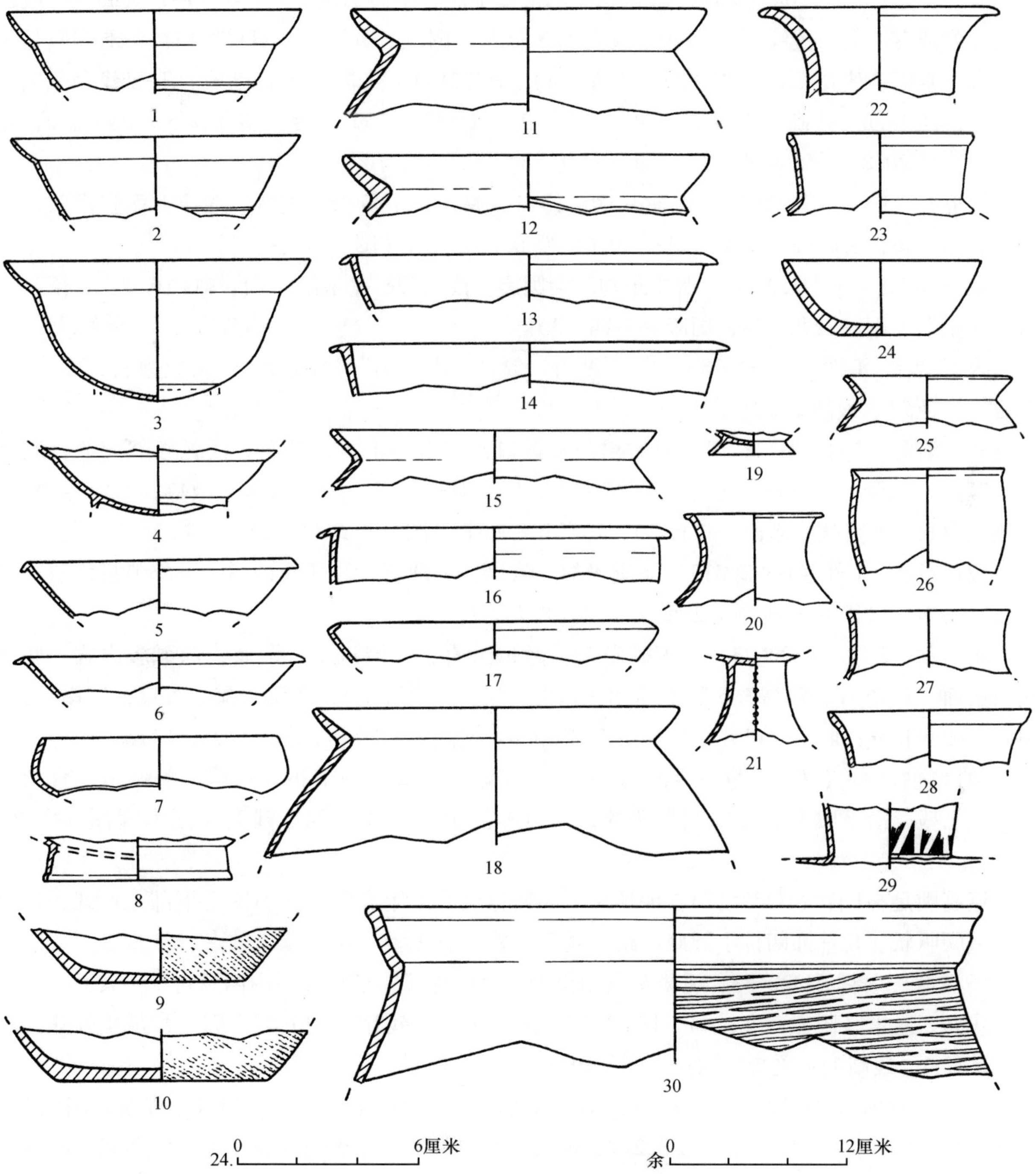

图三六九 H322出土陶器

1～4. 双腹碗（H322∶18、H322∶11、H322∶1、H322∶13） 5、6. 外折沿盘（H322∶19、H322∶27） 7. 敛口豆盘（H322∶22） 8、19. 矮圈足（H322∶33、H322∶30） 9、10. 平底器（H322∶12、H322∶7） 11. 凹折沿罐（H322∶14） 12、15、18. 折沿罐（H322∶16、H322∶15、H322∶6） 13、14. 敞口盆（H322∶10、H322∶23） 16. 敛口盆（H322∶24） 17. 内折沿盘（H322∶28） 20、22、28. 壶口沿（H322∶3、H322∶8、H322∶31） 21. 豆高圈足（H322∶17） 23、27. 高领罐（H322∶4、H322∶29） 24. 敞口杯（H322∶2） 25. 侈口小罐（H322∶20） 26. 罐形杯（H322∶9） 29. 彩陶壶形器（H322∶35） 30. 盘口缸（H322∶25）

双腹碗　4件。皆泥质黑陶。敞口，宽凹沿如上腹，下腹弧内收。H322∶18，尖唇，下腹已残。下附残存一周凸棱纹。口径20、残高5.6厘米（图三六九，1）。H322∶13，口沿和圈足下部已残。素面。残高4.6厘米（图三六九，4）。H322∶11，尖唇，下腹已残。下腹残存一周凸棱纹。口径19.6、残高5.9厘米（图三六九，2）。H322∶1，尖圆唇，圜底，下附圈足已脱落。素面。口径20.8、残高9.7厘米（图三六九，3）。

罐形杯　1件（H322∶9）。泥质灰陶。侈口，束颈，小折沿，尖唇，溜肩，弧腹内收，或为无肩深弧腹，底已残。素面。口径10.6、残高7.2厘米（图三六九，26）。

敞口杯　1件（H322∶2）。泥质灰陶。尖圆唇，浅斜腹，平底。素面。口径6.9、底径3.2、高2.6厘米（图三六九，24；图版一一四，3）。

内折沿盘　1件（H322∶28）。泥质黑陶。敛口，内折沿，尖圆唇，浅折腹内斜，底已残。素面。口径21、残高2.8厘米（图三六九，17）。

外折沿盘　2件。H322∶19，泥质黑陶。敞口，窄沿外下折，圆唇，浅弧腹斜内收，底已残。素面。口径18、残高4厘米（图三六九，5）。H322∶27，泥质灰陶。敞口，窄沿外斜折，浅弧腹内收，底已残。素面。口径20、残高2.8厘米（图三六九，6）。

敛口豆盘　1件（H322∶22）。泥质灰陶。敛口，尖圆唇，浅弧腹外弧，下部弧折内收，底已残。素面。口径16、残高4.2厘米（图三六九，7）。

敞口盆　2件。H322∶23，夹细砂黄陶。敞口近直，卷沿近平，圆唇，深弧腹内收，底已残。素面。口径27、残高3.6厘米（图三六九，14）。H322∶10，泥质灰陶。敞口，窄沿外折，圆唇，弧腹较浅内收，底已残。素面。口径25.6、残高3.8厘米（图三六九，13）。

敛口盆　1件（H322∶24）。泥质黑陶。敛口近直，弧沿外下折，圆唇，深弧腹近直稍内收，底已残。沿下腹上部一周宽带凹弦纹，但不甚明显。口径24、残高4厘米（图三六九，16）。

豆高圈足　1件（H322∶17）。泥质黑陶。残存圜底下附高圈足，但圈足下部也已残，足壁外撇呈喇叭状。足壁饰四排小圆戳印纹。残高6.2厘米（图三六九，21）。

矮圈足　2件。H322∶33，泥质灰白胎黑陶。足壁外弧，足根外弧内凹呈台状。素面。足径13、残高3厘米（图三六九，8）。H322∶30，泥质黑陶。残存圜底下附小圈足，足壁外弧。素面。足径6、残高1.4厘米（图三六九，19）。

平底器　2件。H322∶12，夹砂红褐陶。残存罐下部斜腹平底。腹饰斜乱细绳纹。底径11、残高3.8厘米（图三六九，9）。H322∶7，泥质红胎黑陶。残存罐斜弧腹平底。腹和底面都饰交错斜绳纹。底径14、残高3.4厘米（图三六九，10）。

（24）H326

① 灰坑情况

位置：在T1126东部。

层位关系：开口在第2层下，被压于第2层下H322之下；H326又压于H601之上。

形制大小：近椭圆形，直壁，近平底。口径长径233、短径160、深30厘米（图三七〇，1）。

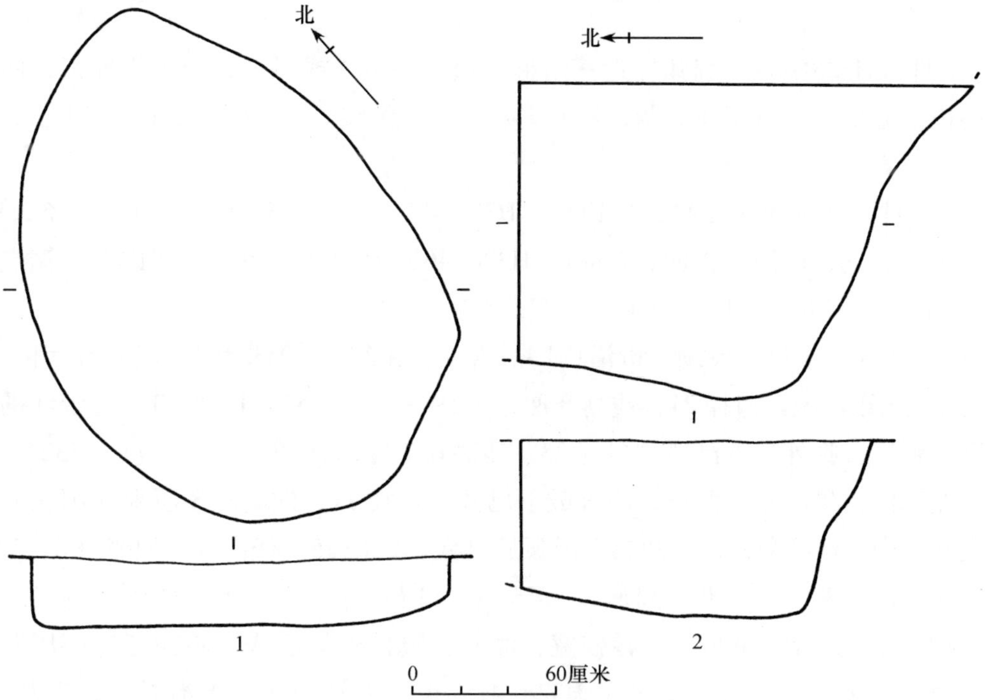

图三七〇　H326、H328平、剖面图

1. H326　2. H328

② 出土器物

出土标本：3件。均为陶器，有凹折沿罐、束颈小罐。

凹折沿罐　2件。H326∶1，夹砂黑陶。宽折沿内凹，尖圆唇，斜弧肩，腹外鼓但已残。素面。口径28、残高7.6厘米（图三七一，6）。H326∶2，夹砂红褐陶。折沿微凹，尖圆唇，斜肩已残。素面。口径24、残高4.2厘米（图三七一，1）。

束颈小罐　1件（H326∶3）。泥质黑陶。侈口，束颈，卷沿，尖圆唇，弧肩已残。素面。口径13、残高4厘米（图三七一，16）。

（25）H328

① 灰坑情况

位置：在T1126东北角。

层位关系：开口在第2层下，被第2层下H320叠压。

形制大小：不规则四边形一部分，斜壁，近平底。口长190厘米以上，宽136厘米以上，深75厘米（图三七〇，2）。

② 出土器物

出土标本：35件。有石斧和陶纺轮、凹折沿罐、高领罐、凹折沿（弧肩）小罐、凹折沿（溜肩）小罐、直口（扁腹）小罐、壶口沿、盘口缸、敛口盆、侈口碗、敛口碗、内折沿碗、小凹沿碗、直口小杯、碗圈足、罐平底。

石器

石斧　1件（H328∶48）。扁弧体近三角形，顶部一边连成弧边，皆不平原面，两面近平原弧面，另一边已磨平，弧刃两面磨制，锋利。长8.6、宽5.5、厚2厘米（图三七五，2）。

陶器

陶纺轮　2件。皆扁薄两面平，角边型。H328∶47，泥质红褐陶。素面。直径2.9、厚0.7厘米（图三七一，18；图版一一四，7右）。H328∶46，泥质红褐陶。一面饰三道篦点纹。直径4、厚1.4厘米（图三七一，12；图版一一四，7左）。

凹折沿罐　7件。侈口，束颈，折沿内凹。素面，无纹饰。H328∶2，泥质红褐陶。尖圆唇，斜弧肩，腹外鼓，下已残。口径24、残高8厘米（图三七一，5）。H328∶3，夹砂红褐陶。宽凹沿，尖圆唇，弧肩，腹外鼓下已残。口径23、残高6.7厘米（图三七一，9）。H328∶4，夹砂陶外红内黑。宽凹沿，尖圆唇，溜肩，腹外鼓下已残。口径21、残高6.8厘米（图三七一，10）。H328∶5，夹砂红陶。宽沿微凹，尖圆唇，斜弧肩已残。口径25、残高5.2厘米（图三七一，2）。H328∶6，夹砂深褐陶。宽凹沿，圆唇，肩已残。口径30、残高4.4厘米（图三七一，7）。H328∶12，泥质灰陶。折沿深凹，方唇较宽，溜肩，腹稍外鼓已残。唇面还有两周凹弦纹。口径26、残高4.8厘米（图三七一，3）。H328∶41，夹草末红褐陶。折沿微凹，尖圆唇，斜肩，腹外鼓下已残。口径24、残高8.4厘米（图三七一，4）。

高领罐　2件。H328∶8，泥质黄陶。直口，圆唇，高直颈，肩已残。颈上有三周不明显凹弦纹。口径11.4、残高3.6厘米（图三七一，13）。H328∶19，泥质灰陶。直口稍外斜，小圆唇，高直颈，广弧肩已残。素面。口径12、残高4厘米（图三七一，14）。

凹折沿（弧肩）小罐　2件。H328∶15，夹砂黑陶。折沿内凹，尖唇，弧肩，弧腹下部已残。素面。口径11.6、残高4.5米（图三七一，11）。H328∶20，夹砂黑褐陶。折沿微凹，尖唇，斜弧肩，腹已残。素面。口径14、残高4.4厘米（图三七一，17）。

凹折沿（溜肩）小罐　1件（H328∶34）。泥质灰黄陶。小折沿微凹，尖圆唇，溜肩，深弧腹已残。素面。口径12、残高4.5厘米（图三七一，15）。

直口（扁腹）小罐　1件（H328∶22）。泥质红陶。直口外卷，粗弧颈，浅折腹内收，腹下部已残。素面。口径12、残高4厘米（图三七二，14）。

壶口沿　2件。H328∶7，泥质黑陶。喇叭口，尖圆唇外卷，长颈下部已残。素面。口径15、残高8.3厘米（图三七二，8）。H328∶14，泥质灰陶。直口稍外卷，窄沿外斜，圆唇，高颈上束下外斜，但已残。素面。口径17、残高5.6厘米（图三七二，6）。

盘口缸　1件（H328∶9）。夹草末陶外红内黑。折沿宽凹如盘口，方唇内敛外凸皆起棱，深腹外弧近直，下已残。素面。口径40、残高8.2厘米（图三七一，8）。

敛口盆　1件（H328∶18）。泥质灰陶。敛口，宽沿外卷，圆唇，深弧腹下部已残。卷沿下腹上部有两周被掩盖的凹弦纹。口径20、残高2.4厘米（图三七二，4）。

侈口碗　1件（H328∶42）。泥质灰陶。侈口，束颈，小折沿，鼓肩，弧折腹内收，底已残。素面。口径19、残高7厘米（图三七二，2）。

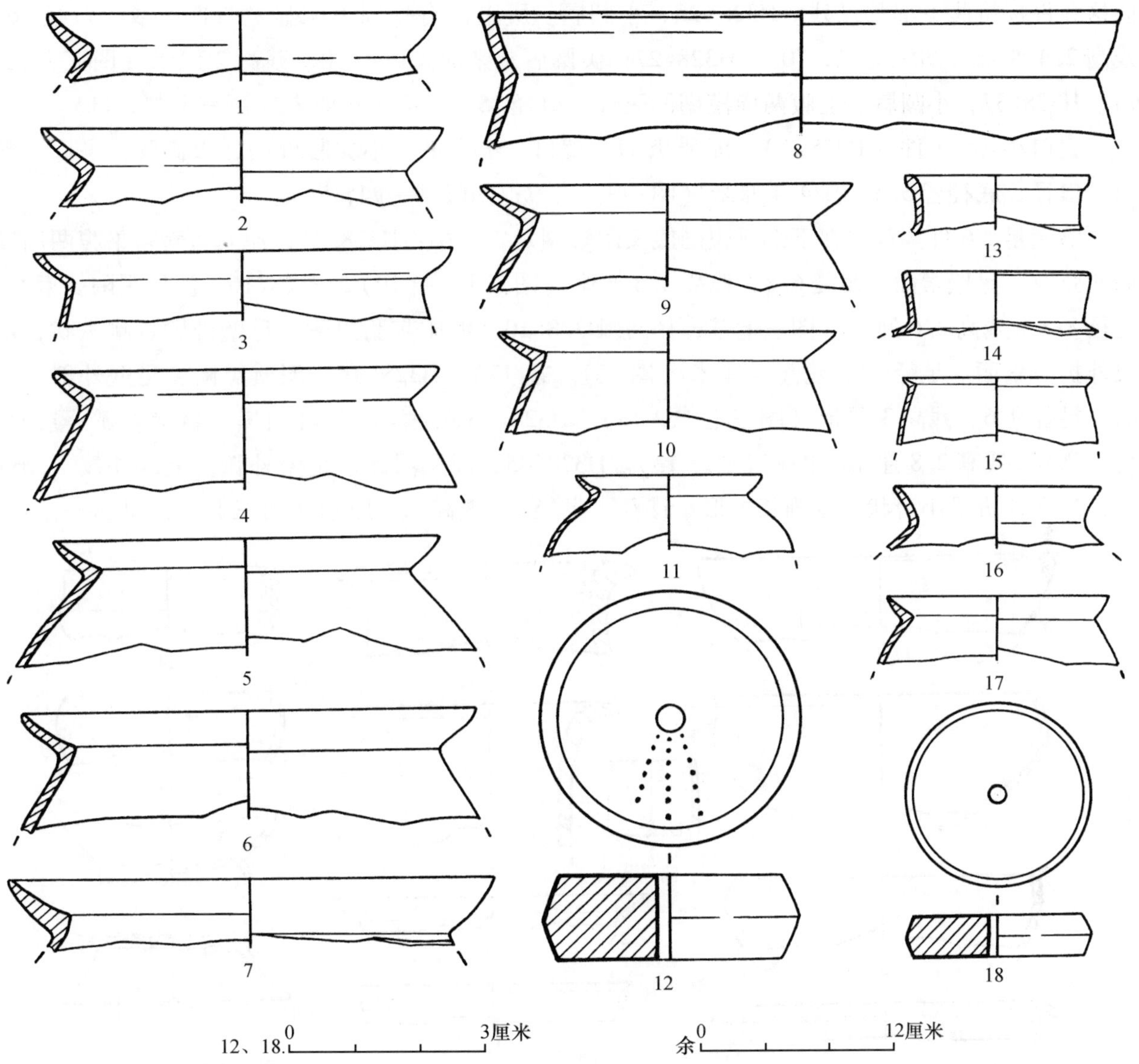

图三七一 H326、H328出土陶器

1~7、9、10. 凹折沿罐（H326:2、H328:5、H328:12、H328:41、H328:2、H326:1、H328:6、H328:3、H328:4）
8. 盘口缸（H328:9） 11、17. 凹折沿（弧肩）小罐（H328:15、H328:20） 12、18. 陶纺轮（H328:46、H328:47）
13、14. 高领罐（H328:8、H328:19） 15. 凹折沿（溜肩）小罐（H328:34） 16. 束颈小罐（H326:3）

敛口碗 2件。H328:17，夹砂灰陶。尖唇，弧腹上鼓下内收，底已残。素面。口径17、残高4.5厘米（图三七二，3）。H328:24，泥质红胎黑陶。圆唇，鼓肩，弧腹内收，底已残。素面。口径11.6、残高4.2厘米（图三七二，15）。

内折沿碗 1件（H328:23）。泥质黑陶。敛口，窄平沿内折，尖唇，深折腹弧内收，底已残。素面。口径21、残高4.8厘米（图三七二，1）。

小凹沿碗 3件。泥质黑陶。敞口，凹沿外上折如上腹，弧腹内收为下腹，因而称双腹，但这 3 件标本腹下部都已残。H328∶25，小圆唇。腹上部有一周不明显宽带凹弦纹。口径 16、残高 2.4 厘米（图三七二，10）。H328∶27，尖圆唇。素面。口径 18、残高 2 厘米（图三七二，9）。H328∶37，小圆唇。上腹两周模糊凹弦纹。口径 15、残高 2.6 厘米（图三七二，11）。

直口小杯　1 件（H328∶1）。泥质黑陶。直口，窄平沿，小尖唇外凸，直筒腹，平底。素面。口径、底径皆 5.3、高 4.4 厘米（图三七二，7；图版一一四，5）。

碗圈足　6 件。都仅存下部弧腹圜底又附矮圈足。其中：H328∶21，泥质黄陶。下腹两周模糊凹弦纹，足壁素面。足径 6.8、残高 3.6 厘米（图三七二，19）。H328∶16，泥质黑陶。素面。足径 8.8、残高 3.6 厘米（图三七二，16）。H328∶10，泥质灰胎黑陶。足壁外撇近喇叭状，足根外折。素面。足径 13、残高 4 厘米（图三七二，17）。H328∶11，泥质黑陶。足壁外斜。素面。足径 9.6、残高 3 厘米（图三七二，18）。H328∶13，泥质陶外红内黑。足壁外弧。素面。足径 7.8、残高 2.8 厘米（图三七二，13）。H328∶45，泥质黑陶。足壁外弧，上部外鼓下部近直，足根外折呈小台状。足饰长方形小镂孔。足径 9、残高 3.4 厘米（图三七二，12）。

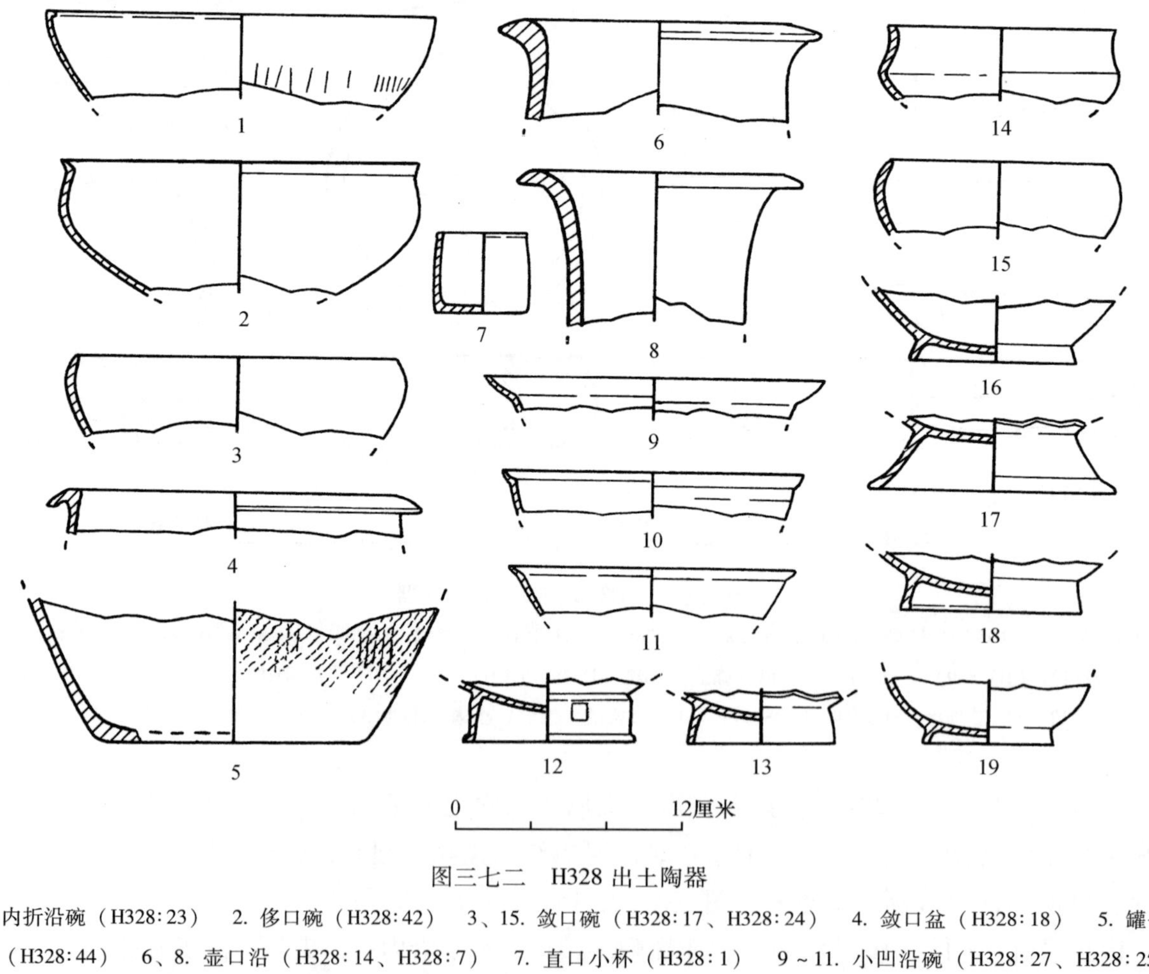

图三七二　H328 出土陶器

1. 内折沿碗（H328∶23）　2. 侈口碗（H328∶42）　3、15. 敛口碗（H328∶17、H328∶24）　4. 敛口盆（H328∶18）　5. 罐平底（H328∶44）　6、8. 壶口沿（H328∶14、H328∶7）　7. 直口小杯（H328∶1）　9～11. 小凹沿碗（H328∶27、H328∶25、H328∶37）　12、13、16～19. 碗圈足（H328∶45、H328∶13、H328∶16、H328∶10、H328∶11、H328∶21）　14. 直口（扁腹）小罐（H328∶22）

罐平底　1件（H328:44）。泥质灰褐陶。仅存罐下部斜弧腹平底。腹饰交错斜绳纹，但未至底。底径14.4、残高7.8厘米（图三七二，5）。

（26）H330

① 灰坑情况

位置：在T1126东南角至T1125北隔梁内。

层位关系：开口在第2层下，打破第2层下H322、第3层、生土。

形制大小：近椭圆形，斜壁，平底。南北长径140、东西宽径110、深30厘米。

② 出土器物

出土标本：12件。均为陶器，有凹折沿罐、折沿罐、凹折沿小罐、罐形杯、盘口缸、内折沿盘、双腹碗、卷沿盆、矮圈足。

凹折沿罐　1件（H330:4）。夹砂红陶。尖圆唇，弧肩已残。素面。口径27、残高3.6厘米（图三七四，1）。

折沿罐　1件（H330:2）。尖圆唇，弧肩，腹外鼓已残。素面。口径25、残高7.4厘米（图三七四，3）。

凹折沿小罐　1件（H330:9）。夹砂黑陶，局部泛红。侈口，束颈，折沿微凹，方唇，弧肩，鼓腹已残。素面。口径13、残高3.6厘米（图三七四，5）。

罐形杯　1件（H330:13和H330:14合并）。泥质灰陶。直口，方圆唇外凸，窄平沿中间一周凹弦纹，高直径稍外斜，下颈已残。素面。口径10.4、残高4.5厘米（图三七四，8）。

盘口缸　1件（H330:1）。夹砂红陶。盘口，方圆唇内敛外凸，使口内外都起凸棱，深腹内斜近直，下腹已残。外沿一周宽带凹弦纹，腹饰多组凸棱纹，每组三周。口径45、残高16.2厘米（图三七四，12）。

内折沿盘　1件（H330:7）。泥质陶外黑内灰。敛口，内折沿，尖圆唇，折腹斜内收，下已残。素面。口径20、残高3.6厘米（图三七四，18）。

双腹碗　1件（H330:16）。泥质黑陶。敞口，宽凹沿外上折，弧腹内收已残。素面。口径20、残高2厘米（图三七四，17）。

卷沿盆　1件（H330:5）。泥质黄陶。敞口近直，口沿外卷，尖圆唇，深腹近直下已残。素面。口径24、残高2厘米（图三七四，4）。

矮圈足　4件。H330:11，泥质灰陶。足壁外撇。素面。足径6.6、残高1.6厘米（图三七四，10）。H330:12，泥质灰陶。足壁外斜近直。素面。足径11、残高3.2厘米（图三七四，16）。H330:6，泥质黑陶。足壁外斜近直，足根外凸有棱。素面。足径10、残高2.4厘米（图三七四，15）。H330:10，泥质灰陶。足壁外弧，足根又外弧内凹。素面。足径9、残高2.7厘米（图三七四，13）。

（27）H562

① 灰坑情况

位置：在T2744北壁下，局部。

层位关系：开口在第 2 层，打破生土。

形制大小：近圆形一半，弧壁，平底。口径 170、底径 140、深 40 厘米。

② 出土器物

出土标本：3 件。均为陶器，有碗圈足、罐平底。

碗圈足　1 件（H562∶1）。泥质磨光黑陶。仅存碗下部弧腹，圜底下附较高矮圈足，足壁近直稍外斜，足根稍起小凸棱。素面。足径 7. 4、残高 5. 5 厘米（图三七四，7）。

罐平底　2 件。H562∶2，夹砂灰陶。仅存罐下部深斜腹，平底也已残。腹饰粗疏斜绳纹。底径 16、残高 13 厘米（图三七四，11）。H562∶3，夹砂灰陶。仅存罐下部斜弧腹，平底。素面。底径 5. 2、残高 2. 6 厘米（图三七四，14）。

（28）H563

① 灰坑情况

位置：在 T3042 中部。

层位关系：开口在第 2 层下，打破生土。

形制大小：近圆形，直壁稍内弧，平底。口径 70、底径 50、深 74 厘米（图三七三，2）。

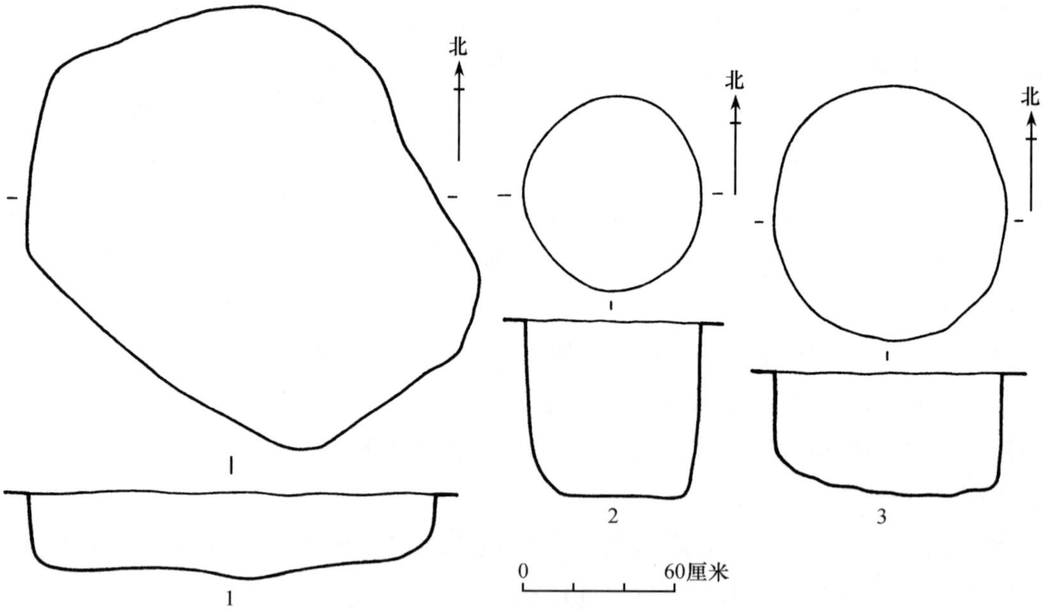

图三七三　H563、H601、H605 平、剖面图

1. H601　2. H563　3. H605

② 出土器物

出土标本：2 件。均为陶器，有凹折沿罐、双腹碗。

凹折沿罐　1 件（H563∶2）。夹草末红陶。折沿微凹，尖圆唇，斜弧肩已残。素面。口径 25、残高 4 厘米（图三七四，2）。

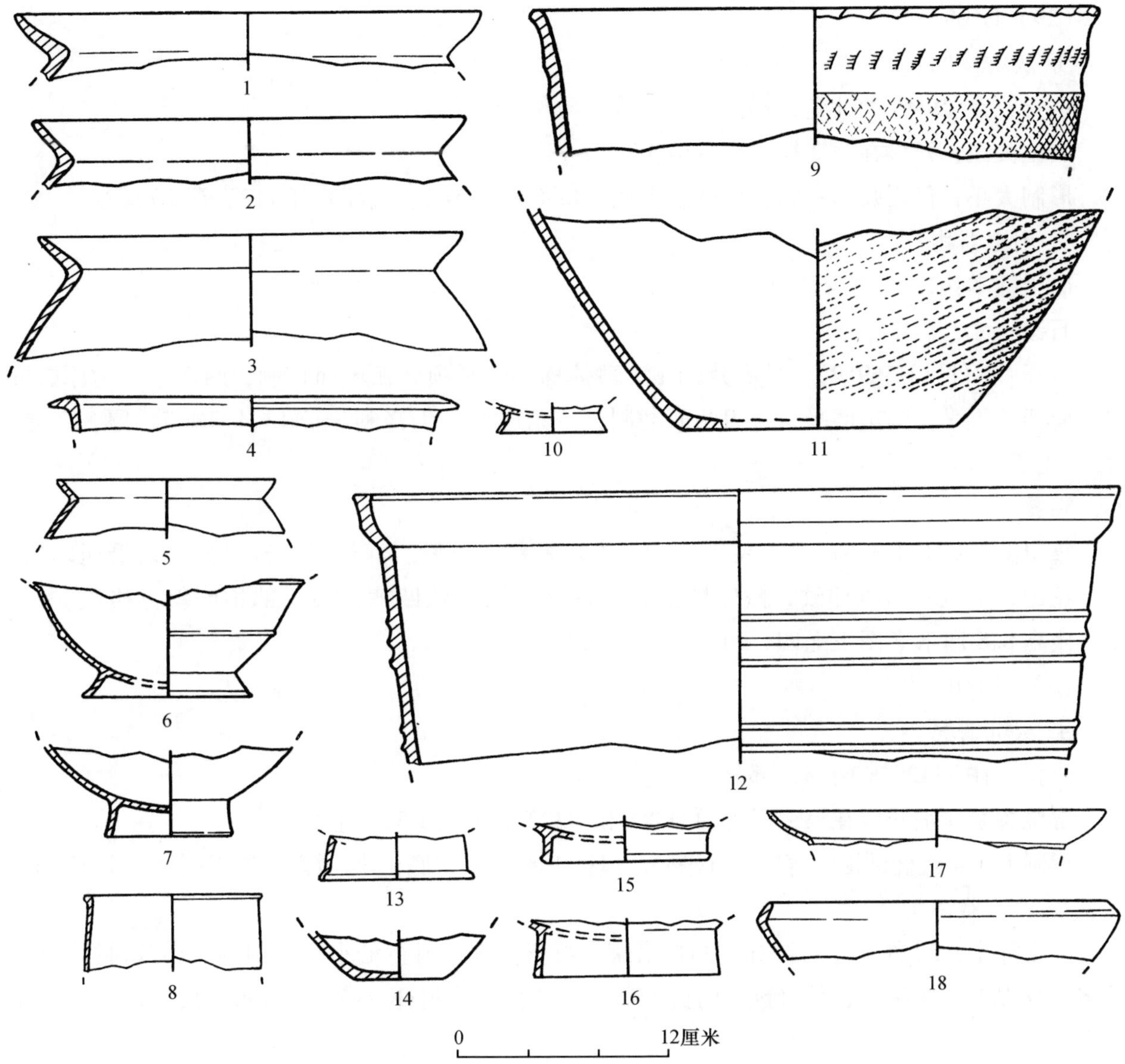

图三七四　H330、H562、H563、H569出土陶器

1、2. 凹折沿罐（H330∶4、H563∶2）　3. 折沿罐（H330∶2）　4. 卷沿盆（H330∶5）　5. 凹折沿小罐（H330∶9）　6、17. 双腹碗（H563∶1、H330∶16）　7. 碗圈足（H562∶1）　8. 罐形杯（H330∶14）　9. 直口缸（H569∶1）　10、13、15、16. 矮圈足（H330∶11、H330∶10、H330∶6、H330∶12）　11、14. 罐平底（H562∶2、H562∶3）　12. 盘口缸（H330∶1）　18. 凹折沿盘（H330∶7）

双腹碗　1件（H563∶1）。泥质灰胎黑陶，黑衣脱落后黄中泛白。仅存凹沿下部，深弧腹内收，圜底下附矮圈足，足壁外斜，足根外折。腹中下部一周凸棱纹。足径10、残高6.8厘米（图三七四，6）。

（29）H569

① 灰坑情况

位置：在 T3043 西北角，局部。

层位关系：开口在第 2 层下，打破生土。

形制大小：仅露弧形一角，弧壁，平底。口部残径 142、底部残径 112、深 70 厘米。

② 出土器物

出土标本：2 件。有石斧和陶直口缸。

石器

石斧　1 件（H569∶2）。薄石片加工，薄体梯形，平顶微弧单面打制，两面一面为原弧面，破裂面凹凸不平，两边磨平，弧刃两面磨制，一角已残，仍锋利。长 13.4、宽 7、厚 2.2 厘米（图三七五，1）。

陶器

直口缸　1 件（H569∶1）。夹砂红陶。直口外斜，方唇，深筒腹下部已残。口沿压印成锯齿状花边，上腹一周戳印纹，戳印纹上、下各有一周带状凹槽，腹中部拍印斜方格纹。口径 33、残高 8.8 厘米（图三七四，9）。

（30）H601

① 灰坑情况

位置：在 T1126 东南部，部分。

层位关系：被开口在第 2 层下的 H322 和 H322 之下的 H326 叠压。

形制大小：近椭圆形，直壁，近平底。口径 158 ~ 198、底稍小、深 34 厘米（图三七三，1）。

② 出土器物

出土标本：28 件。小石锛和陶凹折沿罐、弧折沿罐、弧折沿小罐、细颈壶、敛口钵、内折沿碗、双腹碗、双腹豆、敞口盘、内折沿盘、直口盘、曲腹杯（底）、器盖、矮圈足、豆圈足、罐平底。

石器

小石锛　1 件（H601∶35）。黄皮白色石片磨制而成。扁平近椭圆形，弧顶单面打制，破裂面和两边磨平，弧刃两面磨制，但不对称，很锋利。长 8.6、宽 4.3、厚 1.2 厘米（图三七五，3）。

陶器

凹折沿罐　6 件。其中 3 件斜弧肩，深弧腹已残。尖圆唇。素面。H601∶5，夹砂红褐陶。口径 20.2、残高 8.4 厘米（图三七六，2）。H601∶32，夹砂黑陶。口径 22、残高 7.5 厘米（图三七六，1）。H601∶6，夹砂红褐陶。口径 23、残高 11 厘米（图三七六，26）。另外 3 件则皆弧肩，鼓腹已残。尖圆唇。素面。H601∶7，夹砂红褐陶。口径 29.6、残高 4.8 厘米（图三七六，27）。H601∶9，泥质灰胎红陶。口径 19、残高 4.5 厘米（图三七六，5）。H601∶12，泥质红陶。口径 23、残高 4.8 厘米（图三七六，3）。

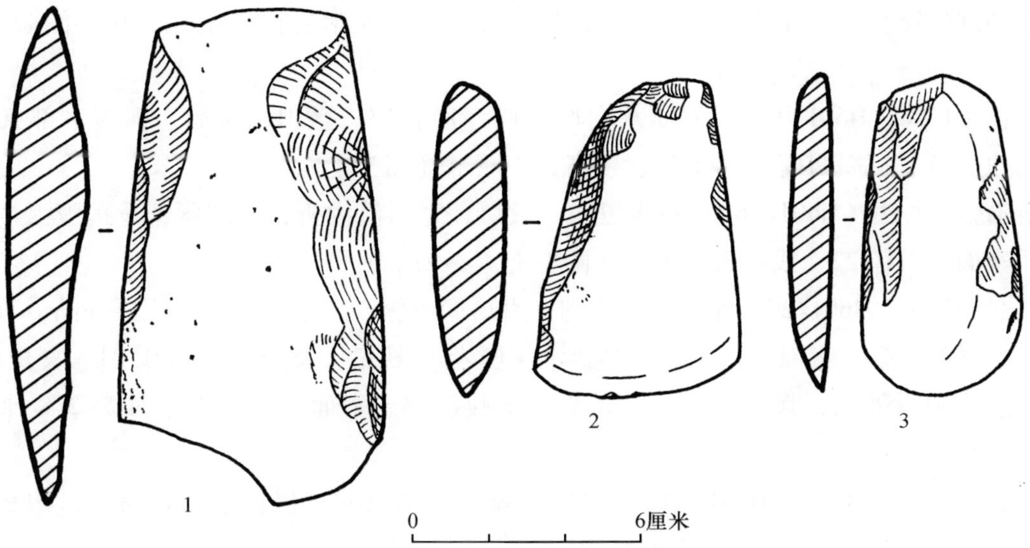

图三七五　H328、H569、H601出土石器

1、2. 石斧（H569∶2、H328∶48）　3. 小石锛（H601∶35）

弧折沿罐　2件。H601∶10，夹草末红陶。侈口，束颈，卷沿，尖圆唇，弧肩，鼓腹已残。素面。口径18、残高5.6厘米（图三七六，4）。H601∶21，泥质红陶，内沿、外表施红衣。侈口，束颈，卷沿，圆唇，弧肩已残。素面。口径16、残高3.2厘米（图三七六，22）。

弧折沿小罐　1件（H601∶19）。夹砂红陶。侈口，束颈，卷沿，圆唇，斜弧肩，深弧腹已残。素面。口径12、残高4厘米（图三七六，18）。

细颈壶　1件（H601∶4）。泥质灰黄陶，器表红衣或黑彩似全脱落。小直口，高颈微凹弧，尖唇外卷，圆球腹下部已残。素面。口径6、腹径13.7、残高11.3厘米（图三七六，19）。

敛口钵　1件（H601∶17）。夹炭红陶，内外施红衣。敛口，圆唇，深弧腹大部已残。素面。口径23、残高3厘米（图三七六，7）。

内折沿碗　1件（H601∶30）。泥质红陶，内外施红衣。敛口，窄斜沿内折，小方唇，折腹弧内收，下腹已残。素面。口径17.6、残高3.2厘米（图三七六，15）。

双腹碗　4件。H601∶2，泥质黑陶。敞口，折沿宽凹，小方唇，深折腹弧内收，圜底下附圈足已残，足壁外弧。腹中下部一周凸棱纹，残圈足似有镂孔。口径19.8、残高8.6厘米（图三七六，11；图版一一三，1）。H601∶22，泥质黑陶。敞口，折沿内凹，尖圆唇，弧腹斜内收，底已残。素面。口径19、残高2.5厘米（图三七六，14）。H601∶23，泥质黑陶。敞口，折沿宽凹，方圆唇，弧腹内收，但大部已残。素面。口径20、残高3厘米（图三七六，13）。H601∶24，泥质黑陶。敞口，折沿微凹，尖圆唇，弧腹斜内收，腹下部已残。素面。口径20、残高3.4厘米（图三七六，12）。

双腹豆　1件（H601∶3）。泥质黑陶。敞口，折沿内凹，尖圆唇，深弧腹内收，圜底下附高圈足，足壁外斜近直，足根内凹外弧成台状。足饰三组镂孔，每组中央一个圆形大镂孔，四角又饰小椭圆形镂孔。口径 20.2、足径 12.4、通高 15.6 厘米（图三七六，16；图版一一三，3）。

敞口盘　1 件（H601∶11）。泥质灰白胎红陶，胎较厚。敞口，圆唇，弧腹下部又微折内收，底已残。口下一周凹槽。口径 24、残高 5.2 厘米（图三七六，8）。

内折沿盘　1 件（H601∶16）。夹炭黑陶。敛口，宽斜沿内折，尖圆唇，浅折腹弧内收，下腹已残。素面。口径 22、残高 3.2 厘米（图三七六，6）。

直口盘　2 件。H601∶20，泥质灰胎红陶。直口微内斜，窄沿外斜，尖圆唇外凸，直腹下部弧折内收，下腹已残。素面。口径 26、残高 3.4 厘米（图三七六，9）。H601∶31，夹炭红褐陶。直口微内敛，圆唇外凸，弧腹内收上部近直，下腹已残。素面。口径 28、残高 2.8 厘米（图三七六，10）。

曲腹杯（底）　1 件（H601∶14）。泥质黑陶。上部已残，仅存下部直筒腹，凹平底。素面。底径 6、残高 2.5 厘米（图三七六，17）。

器盖　1 件（H601∶1）。泥质黑陶。全器完整如残腹矮圈足，但圈足上部为平底，边缘一周方形凸棱，足壁外撇近喇叭状，足根尖唇状。素面。顶部直径 7.9、底径 12、高 3.8 厘米（图三七六，21；图版一一三，5）。

矮圈足　2 件。H601∶18，泥质红陶。弧腹圜底皆残，下附较高矮圈足，足壁外斜近直。素面。足径 8、残高 3.2 厘米（图三七六，24）。H601∶33，残存下部弧腹，圜底已残，下附低矮外弧矮圈足。素面。足径 10、残高 3 厘米（图三七六，20）。

豆圈足　1 件（H601∶15）。泥质黑陶。仅存圜底下附高圈足，但足壁下部也残。足饰四排圆形戳点纹。残高 2.9 厘米（图三七六，25）。

罐平底　1 件（H601∶27）。泥质红褐陶。仅存罐下部斜弧腹，平底。素面。底径 11、残高 3 厘米（图三七六，23）。

（31）H605

① 灰坑情况

位置：在 T1126 南壁下至 T1125 北隔梁内。

层位关系：开口在第 2 层下，自东往西分别被 H322、H302 和 H318 打破。

形制大小：近圆形，直壁，斜平底。口径 90、底径 88、深 50 厘米（图三七三，3）。

② 出土器物

出土标本：3 件。均为陶器，有折沿罐、敞口盆、碗圈足。

折沿罐　1 件（H605∶2）。泥质灰胎黄陶。侈口，束颈，折沿但口内无折棱，方唇直立，弧肩已残。素面。口径 17、残高 3.4 厘米（图三七七，1）。

敞口盆　1 件（H605∶1）。泥质灰陶。敞口，弧沿外折，尖圆唇，弧腹内收，底已残。素面。内口径 25、残高 4 厘米（图三七七，4）。

碗圈足　1 件（H605∶3）。泥质灰白胎黑陶。仅存碗下部弧腹，圜底，下附矮圈足，足壁外撇。素面。足径 4.4、残高 1.5 厘米（图三七七，5）。

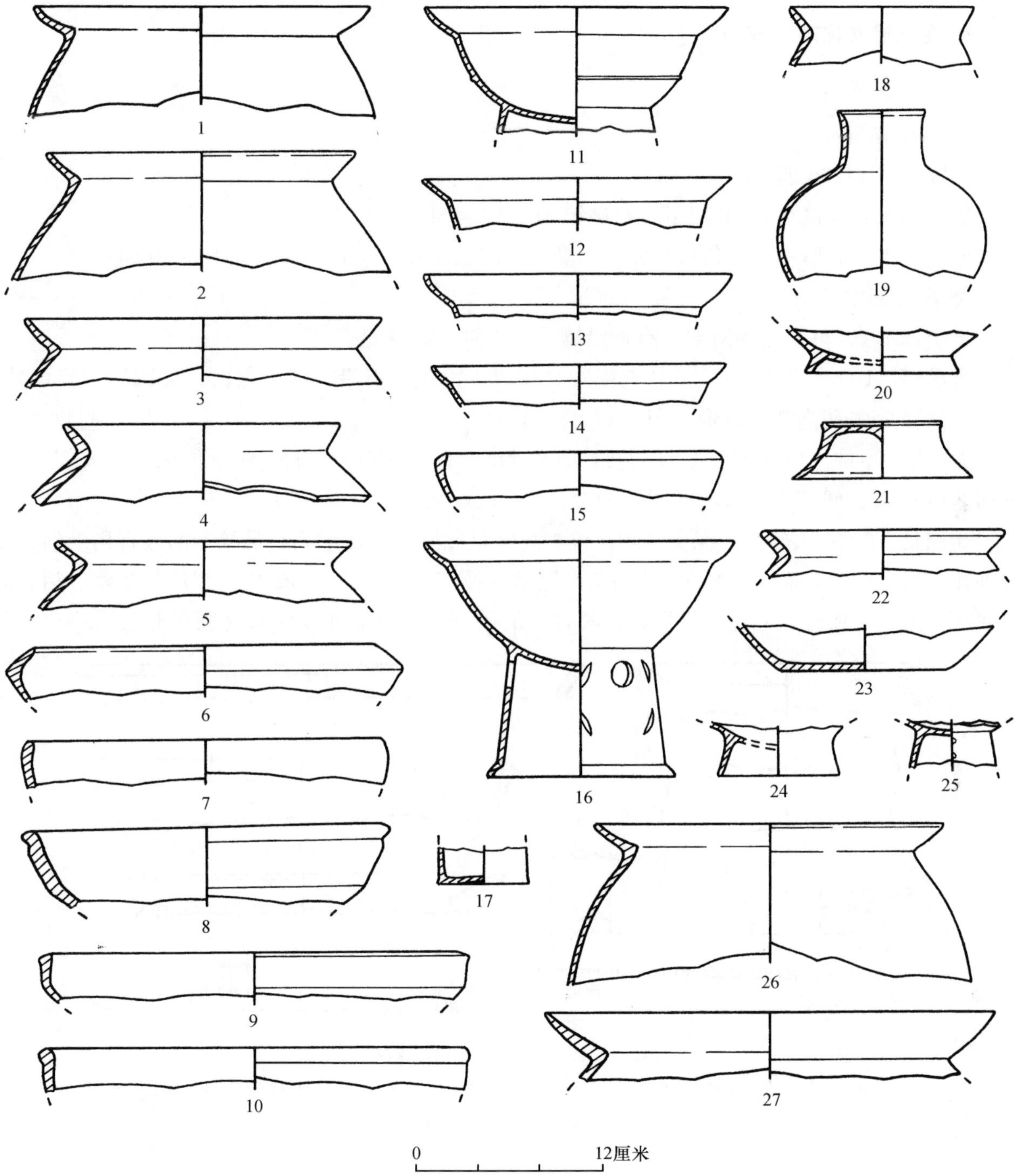

图三七六　H601出土陶器

1～3、5、26、27. 凹折沿罐（H601:32、H601:5、H601:12、H601:9、H601:6、H601:7）　4、22. 弧折沿罐（H601:10、H601:21）　6. 内折沿盘（H601:16）　7. 敛口钵（H601:17）　8. 敞口盘（H601:11）　9、10. 直口盘（H601:20、H601:31）　11～14. 双腹碗（H601:2、H601:24、H601:23、H601:22）　15. 内折沿碗（H601:30）　16. 双腹豆（H601:3）　17. 曲腹杯（底）（H601:14）　18. 弧折沿小罐（H601:19）　19. 细颈壶（H601:4）　20、24. 矮圈足（H601:33、H601:18）　21. 器盖（H601:1）　23. 罐平底（H601:27）　25. 豆圈足（H601:15）

2. 屈家岭文化晚期灰沟

G63

① 灰沟情况

位置：在 T1226 西北部。

层位关系：开口在第 2B 层下，打破第 3B 层、生土。

形制大小：弧形一段长条状，弧壁，圜底。残长 190、宽 46 ~ 76、深 18 ~ 30 厘米。

② 出土器物

出土标本：4 件。均为陶器，有折沿罐、大口缸、高圈足。

折沿罐　1 件（G63:1）。夹砂红褐陶。侈口，束颈，折沿，沿面微凹，尖圆唇，肩已残。素面。口径 25、残高 2. 8 厘米（图三七七，7）。

大口缸　1 件（G63:4）。泥质黑皮陶（红胎）。直口外卷，方唇，粗颈内束，但大部已残。素面。口径 32、残高 2. 3 厘米（图三七七，2）。

高圈足　2 件。G63:2，泥质黑陶。仅剩高圈足底座，圈足细高，足壁上部近直稍外斜，足根外弧，呈台面。素面。足径 5、残高 2. 6 厘米（图三七七，6）。G63:3，泥质灰黑陶。粗大圈足底部残片，足壁外弧近直，足根如方圆唇。足径 16. 2、残高 4. 8 厘米（图三七七，3）。

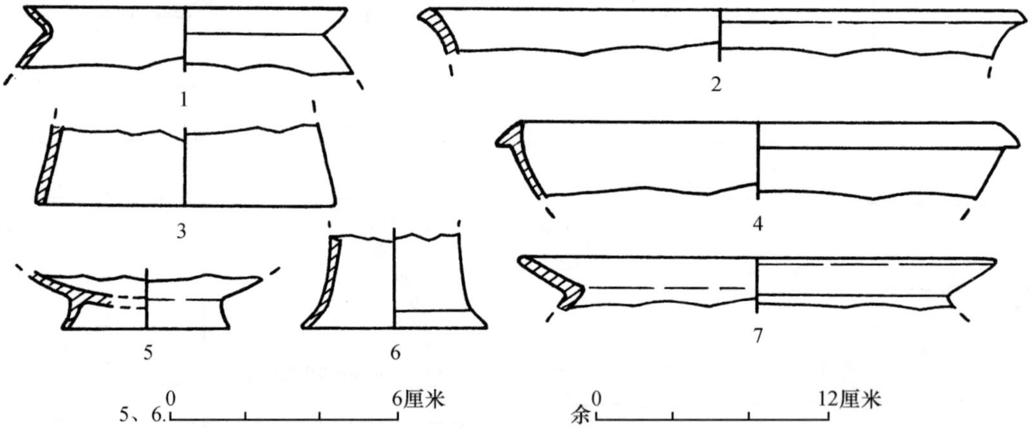

图三七七　H605、G63 出土陶器

1、7. 折沿罐（H605:2、G63:1）　2. 大口缸（G63:4）　3、6. 高圈足（G63:3、G63:2）　4. 敞口盆（H605:1）　5. 碗圈足（H605:3）

3. 屈家岭文化晚期的墓葬

（1）M3

① 墓葬情况

位置：在 T27 东壁下至东隔梁内。

层位关系：开口在第 2 层下，打破第 3 层至生土；被第 2 层下 M18 打破。

形制与大小：近长方形土坑竖穴墓。墓坑残长 200、宽 72、深 30 厘米。

人骨和葬式：骨架保存较好；为单人仰身直肢葬，头南脚北，方向 132°（图三七八）。

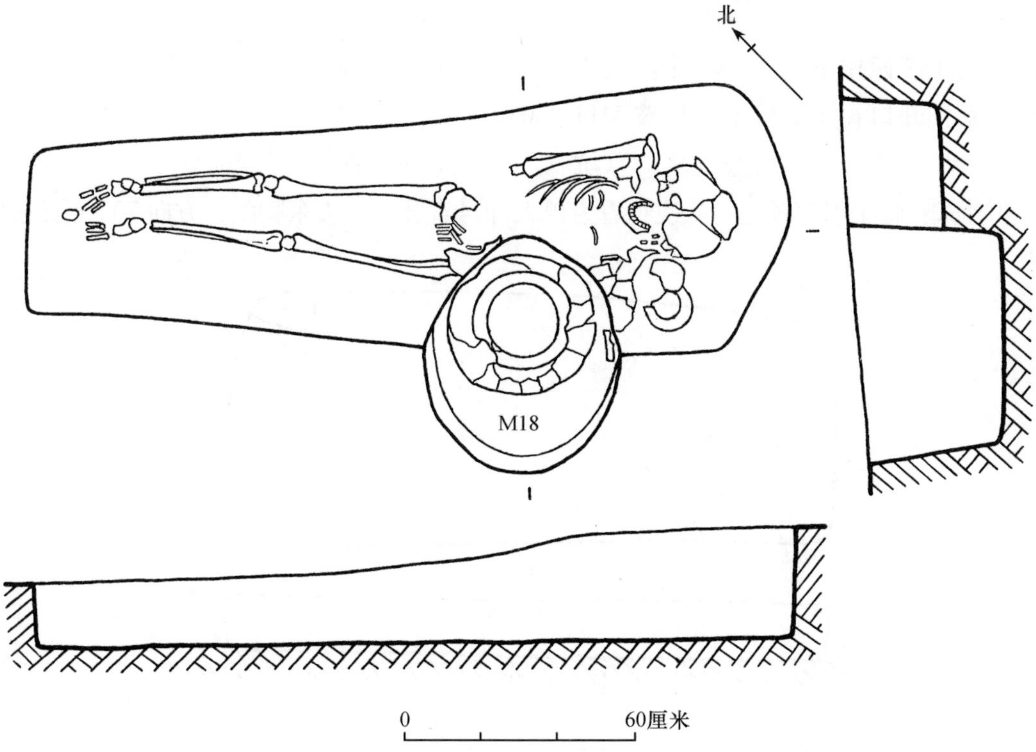

图三七八 M3 平、剖面图

填土标本：01. 陶矮圈足 02. 陶罐平底 03. 陶内折沿碗口沿 04. 陶敛口豆盘

② 出土器物

随葬品：无。

填土标本：4 件。均为陶器，有内折沿碗、矮圈足、平底器和敛口豆盘。

内折沿碗 1 件（M3∶03）。泥质黑陶。敛口，内折沿，小圆唇，浅腹内斜，下腹已残。素面。口径 19、残高 2.4 厘米（图三八二，15）。

矮圈足 1 件（M3∶01）。泥质黑陶。上部已残，仅剩较高矮圈足残块，足壁外斜，足根又外撇。足饰两种纹饰，一种为三个小圆形镂孔成一竖排，另一种为三个小竖划成一排。因残片难以确定各有多少组。足径 10.8、残高 4.1 厘米（图三八二，12）。

平底器 1 件（M3∶02）。泥质陶外黑内黄。上部已残，仅剩斜腹，平底。素面。底径 10、残高 2 厘米（图三八二，18）。

敛口豆盘 1 件（M3∶04）。泥质黑陶。敛口，鼓肩，弧腹已残。肩饰三周凹弦纹。

③ 年代推断

由于 M3 填土的标本以黑陶为主，属于屈家岭文化的遗物；也由于打破 M3 的 M18，是屈家岭文化晚期的瓮棺；所以，晚于或相当于填土标本年代，又早于 M18 的 M3，推测其相对年代仍属屈家岭文化晚期。

（2）M8

① 墓葬情况

位置：在 T37 西壁下至 T2741 东隔梁内。

层位关系：开口在第 3 层下，打破 M11、M14。

形制与大小：长方形土坑竖穴墓。墓坑长 160、宽 68、深 15 厘米。

人骨和葬式：骨架保存较差；从残骨看为单人仰身直肢葬，头东脚西，方向 70°（图三七九）。

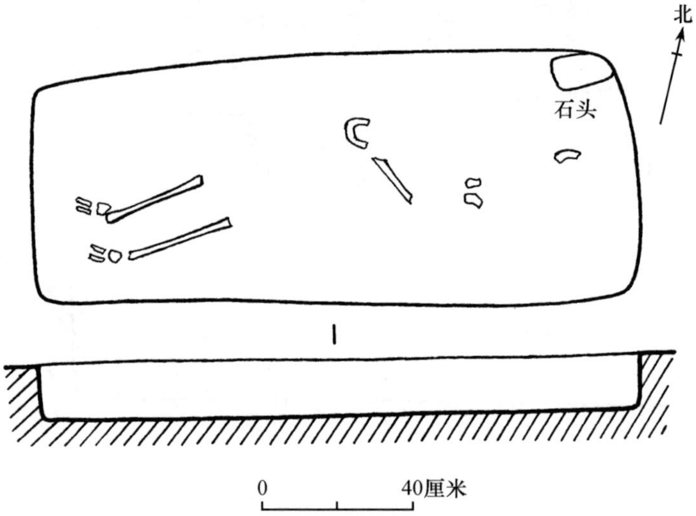

图三七九　M8 平、剖面图

② 出土器物

随葬品：无。

填土标本：无。

③ 年代推断

因 T37③层为屈家岭文化晚期堆积；而被 M8 打破的 M11 和 M14 仍都是屈家岭文化晚期的墓葬。所以，无随葬品的 M8，介于两者之间，其相对年代仍是屈家岭文化晚期。

（3）M9

① 墓葬情况

位置：在 T37 东南角，东南隔梁未打，没有全部清理。

层位关系：开口在第 3 层下，打破第 4 层、第 5 层及生土。

形制与大小：近长方形土坑竖穴墓。墓坑残长 180、宽 96、深 40 厘米。

人骨和葬式：骨架保存甚差；已散乱不全，原可能为双人合葬墓，一为成人侧身屈肢葬，另一为小孩仰身直肢葬，两人并列，都头南脚北，方向 128°（图三八〇；图版一一五，1）。

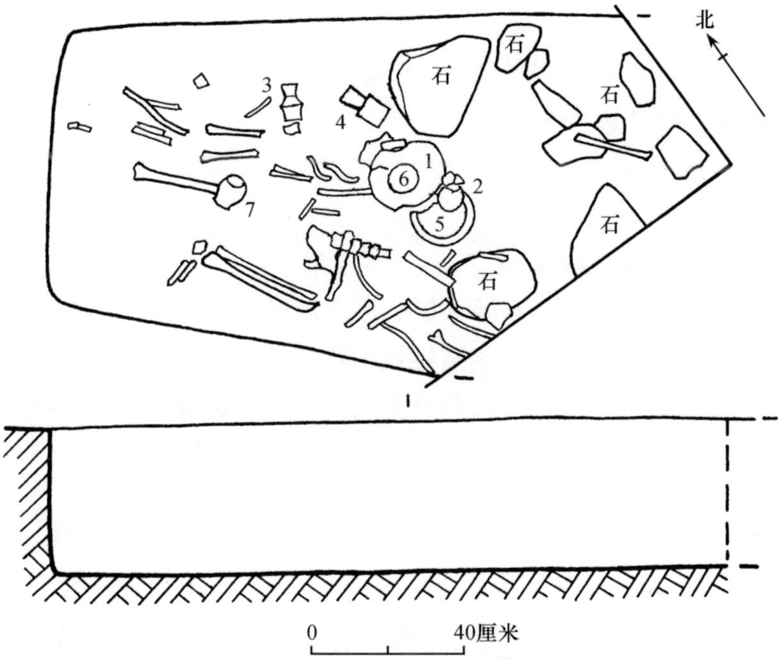

图三八〇　M9 平、剖面图

1. 陶平底器　2～4. 陶高圈足杯　5. 陶内折沿碗　6. 陶小碟　7. 陶侈口罐

② 出土器物

随葬品：7 件。均为陶器，高圈足杯、内折沿碗、小碟、侈口罐和平底器。

高圈足杯　3 件。M9∶2，泥质红陶。直口，窄沿中间一周凹弦，方圆唇外凸，有锯齿状小缺口如花边，筒腹下部稍大，内折起棱，圜平底下附高圈足，足壁外斜如喇叭状。腹饰竖篦划纹多组，各组不等距，较潦草。口径 8.7、底径 7.3、通高 10.2 厘米（图三八二，2；图版一一五，3）。M9∶3，泥质红陶，快轮制作。上部已残，仅剩折腹内收的圜平底和下附圈足残块，足壁外撇呈喇叭状。腹下外底有一周凹弦纹，残腹有竖篦划纹。足径 8、残高 5 厘米（图三八二，7）。M9∶4，泥质红陶，手制。器内凹凸不平，仅剩残腹和残底，腹近筒状，下部稍粗，下腹内折起凸棱，折腹一侧有烧结泥片，甚粗糙。腹饰竖篦划纹多组。腹径 8.4、残高 5.5 厘米（图三八二，6）。

内折沿碗　1 件（M9∶5）。泥质黑陶。敛口，内折沿，尖圆唇，折腹斜内收，腹下部已残。素面。口径 15、残高 2.4 厘米（图三八二，19）。

小碟　1 件（M9∶6）。泥质黑陶，手制。敞口，斜方唇，唇中间一周凹弦，浅腹近平，平底内凹。素面。口径 8.8、底径 6.7、高 0.8 厘米（图三八二，16；图版一一五，2）。

侈口罐　1 件（M9∶7）。夹细砂红陶，手捏。侈口，束颈，弧折沿，尖圆唇，溜肩，深弧腹，腹下已残。素面。口径 7、腹径 8.2、残高 6.6 厘米（图三八二，8）。

平底器　1 件（M9∶1）。泥质黄陶，手制。上部已残，下腹斜内收，平底。素面。底径 12.8、残高 2.6 厘米（图三八二，17）。

填土标本：无。

③ 年代推断

据附表二，M9∶2 为 AbⅠ式高圈足杯、M9∶7 为 AaⅢ式侈口罐、M9∶5 为Ⅳ式内折沿碗。这一组合，推测 M9 为屈家岭文化晚期墓葬。

（4）M10

① 墓葬情况

位置：在 T37 东北部 T41 北隔梁内。

层位关系：开口在第 3 层下，打破第 4 层、第 5 层及生土。

形制与大小：近长方形土坑竖穴墓。墓坑长 180、宽 70、深 50 厘米。

人骨和葬式：骨架保存较好；为单人仰身直肢葬，头南脚北，方向 140°（图三八一；图版一一六，1）。

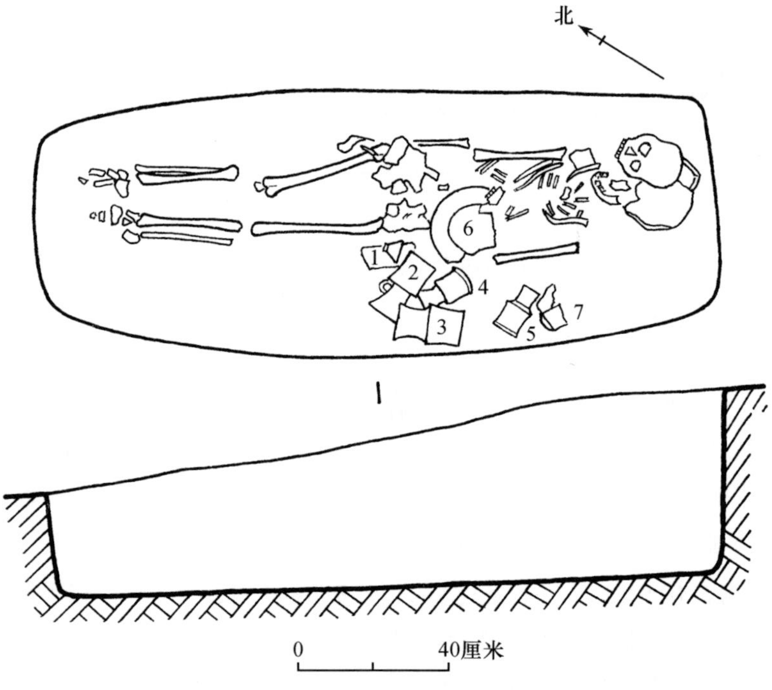

图三八一　M10 平、剖面图

1. 陶器盖　2～5. 陶高圈足杯　6. 陶双腹豆　7. 陶侈口罐

填土标本：08、010. 陶高圈足　09. 陶罐口沿　011. 陶内折沿碗口沿

② 出土器物

随葬品：7 件。均为陶器，有双腹豆、侈口罐、高圈足杯和器盖。

双腹豆　1 件（M10∶6）。泥质黑衣陶，褐胎，轮制。敞口，宽折沿内弧凹，与折弧腹成双腹，圜底下附较粗圈足，足壁近直，稍外斜，但足下部已残。腹下部饰一周凸棱纹。口径 21. 8、残高 8 厘米（图三八二，14；图版一一七，1）。

侈口罐　1 件（M10∶7）。泥质黄陶。小明器如小玩具，但甚规整，侈口，束颈，卷沿，扁腹，平底。素面。口径 2. 6、腹径 4、底径 2. 2、高 2. 5 厘米（图三八二，9；图版一一七，2）。

高圈足杯　4件。M10∶2，泥质红陶，手制。侈口，束颈，小折沿，方唇，筒腹稍外斜，圜平底内凹于腹下部，下附手捏圈足，足高而细，中空，足壁近直，但下部已残。腹饰竖篦划纹，腹下部一周凸棱。口径7.8、残高9.6厘米（图三八二，5）。M10∶3，泥质红陶，快轮制作。侈口，束颈，折沿微凹，尖圆唇，筒腹外斜，腹下部内折成圜底附高圈足，足壁外撇呈喇叭状。下腹内折处一周凸棱，腹饰竖篦划纹多组。口径7.6、底径8.6、通高14.1厘米（图三八二，1；图版一一七，6）。M10∶4，泥质红陶。直口，窄平沿微凹，扁圆唇外凸，筒腹近直稍外斜，下腹内折成圜底下腹高圈足，足壁外斜。腹饰篦划纹多组。口径7.8、底径7.8、通高12.5厘米（图三八二，4；图版一一七，4）。M10∶5，泥质红陶，快轮制作。侈口，束颈，折沿微凹，方圆唇，筒腹近直稍外斜，凹圜底使腹下成凸棱，底下附高圈足，足壁外撇呈喇叭状。腹饰竖篦划纹多组。口径7.8、底径8.4、高14.6厘米（图三八二，3；图版一一七，5）。

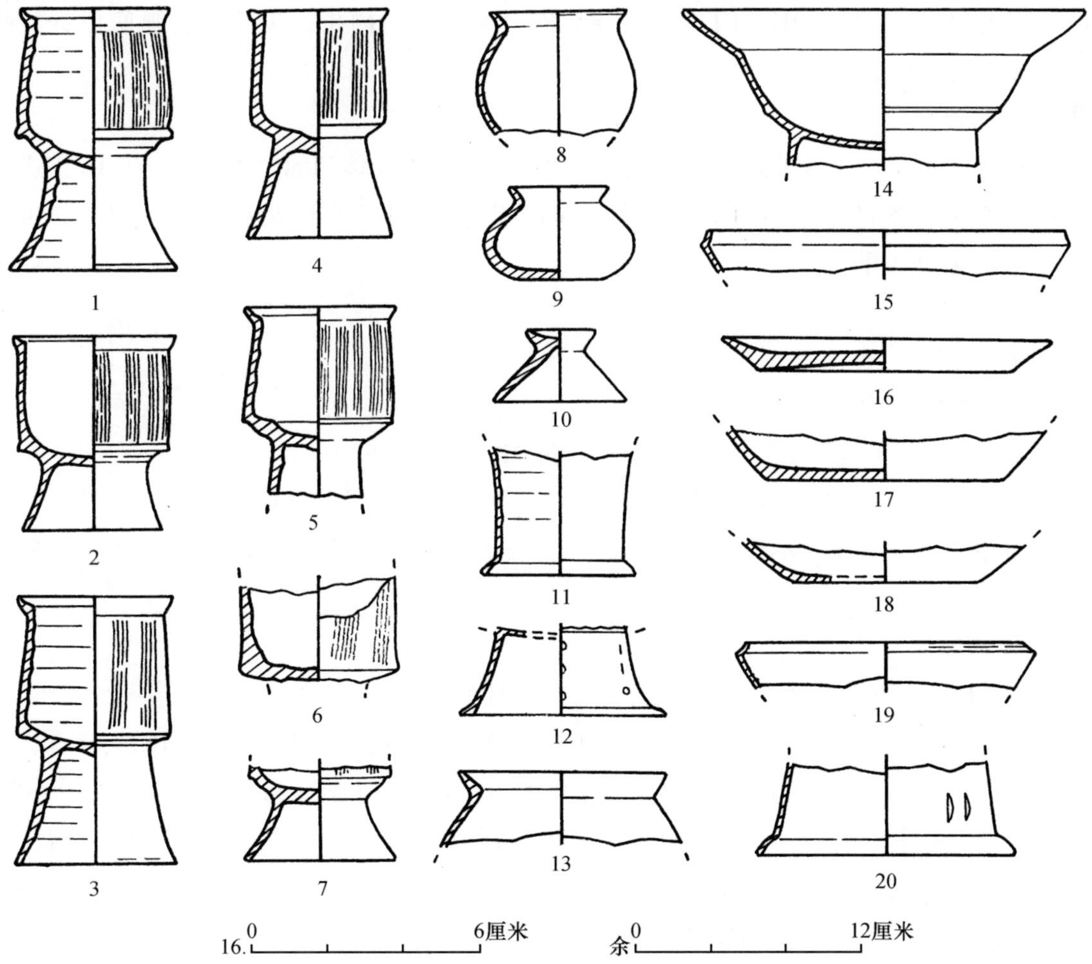

图三八二　M3、M9、M10出土陶器及填土中器物

1～7. 高圈足杯（M10∶3、M9∶2、M10∶5、M10∶4、M10∶2、M9∶4、M9∶3）　8、9. 侈口罐（M9∶7、M10∶7）　10. 器盖（M10∶1）　11、20. 高圈足（M10∶010、M10∶08）　12. 矮圈足（M3∶01）　13. 罐口沿（M10∶09）　14. 双腹豆（M10∶6）　15、19. 内折沿碗（M3∶03、M9∶5）　16. 小碟（M9∶6）　17、18. 平底器（M9∶1、M3∶02）

器盖　1件（M10∶1）。泥质红陶，手制。盖纽为手捏圈足，盖盘壁外斜成喇叭状。尖圆唇。素面。盖盘口径7、盖纽径3.5、高3.9厘米（图三八二，10；图版一一七，3）。

填土标本：4件。均为陶器，有罐口沿、高圈足和内折沿碗口沿。

罐口沿　1件（M10∶09）。夹砂黑陶。侈口，束颈，折沿，沿面微凹，尖圆唇，弧肩，腹已残。素面。口径11、残高4.2厘米（图三八二，13）。

高圈足　2件。M10∶08，泥质黑陶，轮制。上部已残，仅剩高圈足下部残片，圈足较粗较高，足壁上部外斜，足根外弧内凹成台状。足壁饰半月形镂孔，两个并列为一组，但残片不知全足有多少组。足径14、残高5.1厘米（图三八二，20）。M10∶010，泥质黑陶，轮制。上部已残，仅圈足下部残块，圈足较高但相对较细，足壁近直稍内斜，足根外弧内凹成台状。未见纹饰。足径8、残高6.8厘米（图三八二，11）。

内折沿碗口沿　1件（M10∶011）。泥质黑陶。敛口，沿内折，尖圆唇，弧腹已残。折沿与弧腹之间饰一周凸棱，沿面上又饰一个小圆镂孔。

③ 年代推断

据附表二，M10∶6为AⅢ式双腹豆盘、M10∶7为BⅡ式侈口罐、M10∶4为AbⅡ式高圈足杯、M10∶3和M10∶5都是BbⅠ式高圈足杯、M10∶2为BbⅡ式高圈足杯。这一组合，推测M10为屈家岭文化晚期墓葬。

（5）M11

① 墓葬情况

位置：在T37西南部。

层位关系：开口在第3层下，打破M13；被M8打破。

形制与大小：近长方形土坑竖穴墓。墓坑长190、宽70、深30厘米。

人骨和葬式：骨架保存不全；为单人仰身直肢葬，头东脚西，方向134°（图三八三；图版一一六，2）。

② 出土器物

随葬品：6件。均为陶器，有双腹碗、高圈足杯和盂形器。

双腹碗　1件（M11∶5）。泥质红陶，手制。敞口，口沿甚宽且弧凹，比凹弧腹还深，圜底下附矮圈足，足壁外斜。素面。口径18.9、足径8.4、高8厘米（图三八五，12；图版一一八，1）。

高圈足杯　4件。M11∶6，泥质黄陶，轮制。直口外撇，窄平沿，沿面一周凹槽，筒腹稍内斜，下腹内折成圜底下附高圈足，足壁外撇呈喇叭状。下腹内折外起凸棱，并绘一周带状深红衣，但此纹高低不平整，腹饰竖篦划纹多组。口径8.1、足径7.3、高11.6厘米（图三八五，1；彩版一三，5；图版一一八，3）。M11∶2，泥质红陶，轮制。侈口，束颈，折沿内凹，尖圆唇，深筒腹稍外斜内折成平底，下附高圈足，但已残，残足壁近直稍外斜。腹下部有二三周不平行凹弦纹，外底上也一周凹弦纹。口径8.3、下腹径9.1、残高12.8厘米（图三八五，2）。M11∶4，泥质黄陶，似手制。侈口，束颈，凹折沿，深筒腹中部略内弧下稍外斜，内折成圜底下附高圈足，足壁外斜，足根外凸成台状。下腹内折处一周圆凸棱。口径8.8、腹下

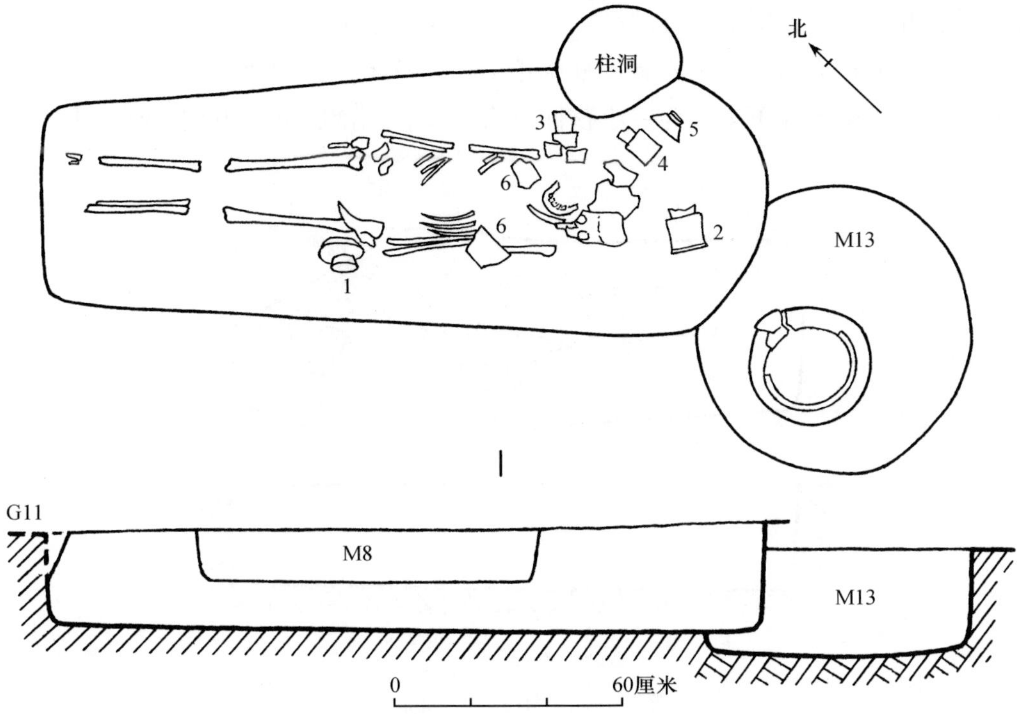

图三八三　M11平、剖面图

1. 陶盂形器　2~4、6. 陶高圈足杯　5. 陶双腹碗

填土标本：07. 陶豆高圈足　08. 陶环

部直径9.3、底径8.7、高16.6厘米（图三八五，3；图版一一八，2）。M11:3，泥质黑陶，上部轮制，圈足手制。杯已残，仅剩杯底及其下高圈足，杯底有螺旋痕而为轮制，足内无此痕而为手制，足壁上部稍外斜，足根外弧内凹呈台状。圈足素面。足径8.8、残高7.4厘米（图三八五，5）。

盂形器　1件（M11:1）。泥质黑陶。侈口，束颈，折沿上仰，尖圆唇，弧肩，浅弧腹附下内折有凸棱，圜底下附高圈足，足壁稍外弧成筒状，足根外凸内凹。素面。口径8.3、腹径13.5、足径8.6、高10厘米（图三八五，8）。

填土标本：2件。均为陶器，有陶环和豆高圈足。

陶环　1件（M11:08）。泥质黑陶。仅圆陶环一段，剖面呈小圆形。素面。

豆高圈足　1件（M11:07）。泥质黑陶。仅剩圈足底部残块，高圈足壁外撇而呈喇叭状。足下部饰一周凹弦纹。足径9.2、残高6.4厘米（图三八五，6）。

③ 年代推断

据附表二，M11:5为Ⅲ式双腹碗、M11:6为AbⅢ式高圈足杯、M11:2和M11:4都是BcⅡ式高圈足杯、M11:1为Ⅱ式盂形器。这一组合，推测M11为屈家岭文化晚期墓葬。

（6）M12

① 墓葬情况

位置：在T37东壁下偏南至东隔梁内。

层位关系：开口在第3层下，打破第4层、第5层及生土。

形制与大小：近长方形土坑竖穴墓。墓坑长150、宽56、深31厘米。

人骨和葬式：骨架保存不全；为一小孩仰身直肢葬，头南脚北，方向140°（图三八四；图版一一九，1）。

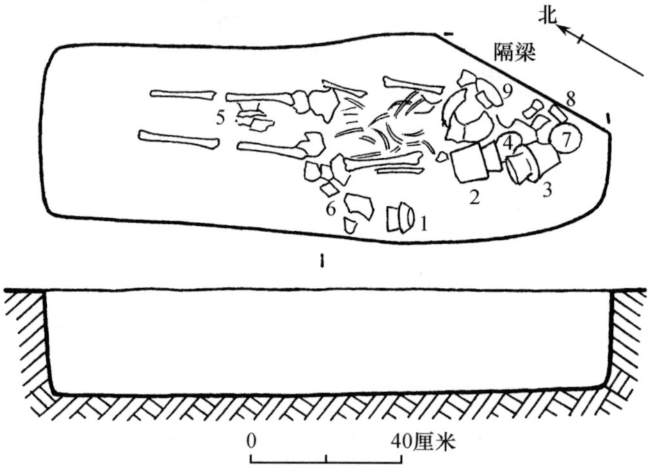

图三八四　M12平、剖面图

1、3. 陶壶形器　2. 陶高圈足杯　4. 陶双腹碗　5. 陶觚形杯　6. 陶釜　7. 陶矮圈足　8. 小石斧　9. 陶残豆

② 出土器物

随葬品：9件。有小石斧和陶釜、双腹碗、壶形器、觚形杯、高圈足杯、矮圈足和残豆。

石器

小石斧　1件（M12:8）。石片制作，除顶部外，通体磨光。扁薄梯形，顶部打制近平，两面皆磨制，稍弧近平，两边磨平，弧刃两面磨制近对称，较锋利。长8.5、上宽3.8、下宽4.8、厚1.1厘米（图三八五，15）。

陶器

釜　1件（M12:6）。夹砂掺草末红陶。侈口，束颈，折沿内凹，尖圆唇，溜肩，鼓腹，圜底。素面。口径12.5、高11.6厘米（图三八五，11；图版一二〇，1）。

双腹碗　1件（M12:4）。泥质黑衣陶，黄胎，手制。敞口，宽折沿，沿面内凹，尖圆唇，深弧腹，圜底下附矮圈足，足壁外斜，足根外凸内凹成台状。腹下部饰一周凸棱纹，圈足上部饰半圆形镂孔。口径20.1、足径10.8、高9.4厘米（图三八五，13；图版一二〇，2）。

壶形器　2件。M12:1，泥质红陶，绘鲜红衣。直口，高颈已残，仅剩高颈下部的扁折腹，圜底下附高圈足，足壁外弧。扁腹上部以鲜红衣绘交叉划纹组成的菱格纹，腹下部绘一周红衣宽带纹，足根上又绘两周红衣宽带纹。足径8、腹径9.5、残高8厘米（图三八五，10；图版一二〇，3）。M12:3，泥质红陶。直口外斜，尖唇，粗高颈，口径大于足底径，扁折腹下内收成圜底，下附高圈足，足壁外斜。素面，器表磨光平滑。口径8.6、腹径9.1、足径6.9、高12.6厘米（图三八五，7；图版一二〇，5）。

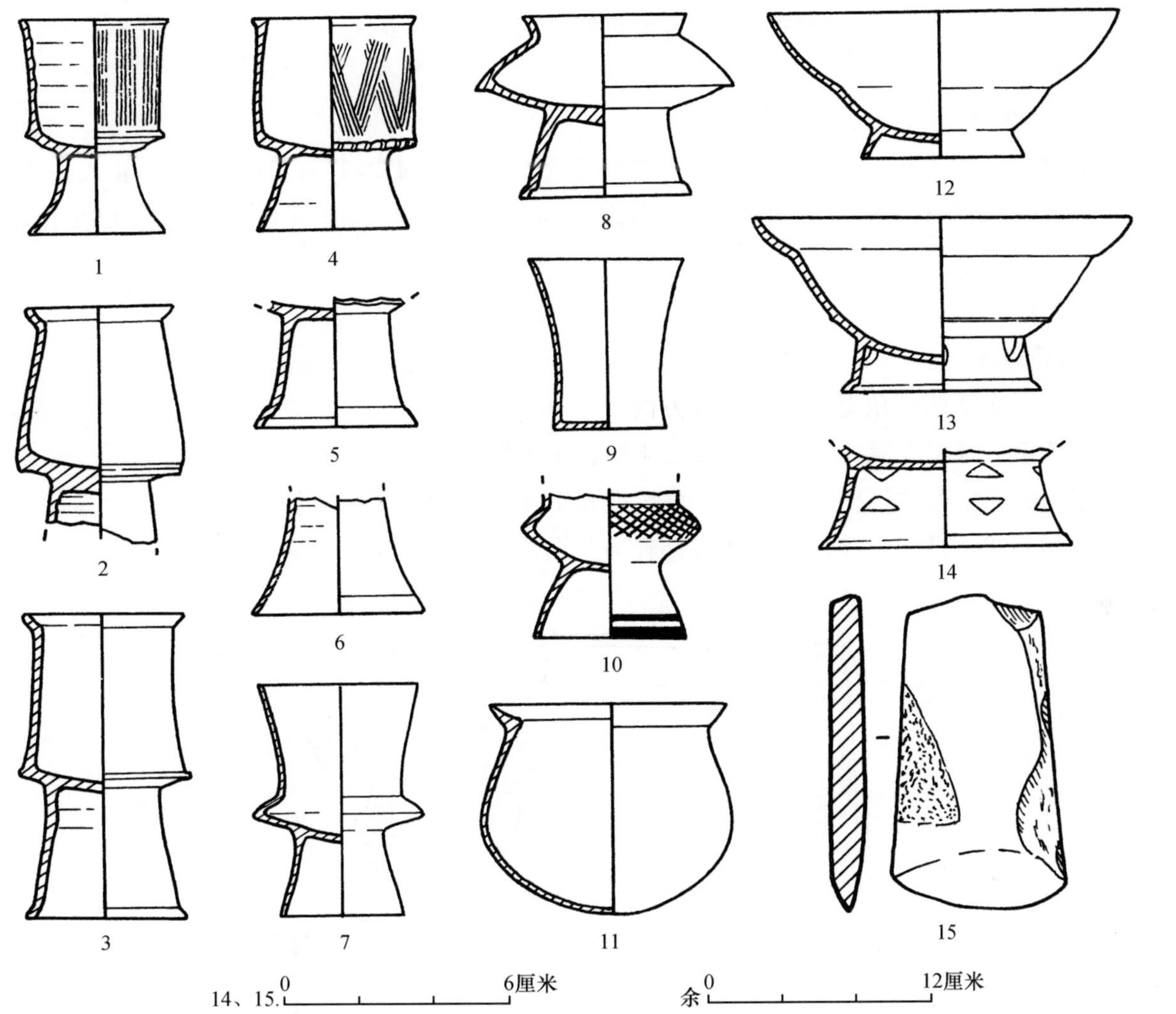

图三八五　M11、M12出土器物及填土中器物

1～5. 高圈足杯（M11∶6、M11∶2、M11∶4、M12∶2、M11∶3）　6. 豆高圈足（M11∶07）　7、10. 壶形器（M12∶3、M12∶1）　8. 盂形器（M11∶1）　9. 觚形杯（M12∶5）　11. 釜（M12∶6）　12、13. 双腹碗（M11∶5、M12∶4）　14. 矮圈足（M12∶7）　15. 小石斧（M12∶8）

觚形杯　1件（M12∶5）。泥质磨光黑陶，手制。直口外弧，尖唇，深筒腹中下部微内束，平底。素面。口径8.2、底径6.1、高9.1厘米（图三八五，9；图版一二〇，4）。

高圈足杯　1件（M12∶2）。泥质红陶。直口，窄平沿，尖唇外凸，筒腹近直稍外斜，腹下部内折成圜平底，底下又附高圈足，足壁外斜撇呈喇叭状。下腹内折处一周花边状凸棱。腹饰交叉斜篦划纹。口径9、足径8、高11.3厘米（图三八五，4；图版一二〇，6）。

矮圈足　1件（M12∶7）。泥质陶外黑内红。仅剩圜平底和矮圈足，足壁外撇，足根外凸内凹成台状。足饰两组三角形镂孔，每组三排，每排两个三角形镂孔，其组合为一、三两排，顶角相对，中间一排底边相对。底径6.8、残高2.5厘米（图三八五，14）。

残豆　1件（M12∶9）。泥质黑陶。上下皆残，仅剩圜底和圈足上部残片，足不粗但较高，足壁外斜，足根已残。足上大约有三竖排戳点纹。

填土标本：无。

③ 年代推断

据附表二，M12∶6 为 BⅡ式釜、M12∶4 为Ⅱ式双腹碗、M12∶1 和 M12∶3 都是Ⅱ式壶形器、M12∶5 为Ⅱ式觚形杯、M12∶2 为 AaⅠ式高圈足杯。这一组合，推测 M12 为屈家岭文化晚期墓葬。

（7）M14

① 墓葬情况

位置：在 T37 西南角至南部未开探方内。

层位关系：开口在第 3 层下，打破第 4 层、第 5 层；被 M8 打破。

形制与大小：长方形土坑竖穴墓。墓坑残长 154、宽 70、深 55 厘米。

人骨和葬式：骨架保存很差；从残骨看为单人葬，葬式不明，方向 150°（图三八六）。

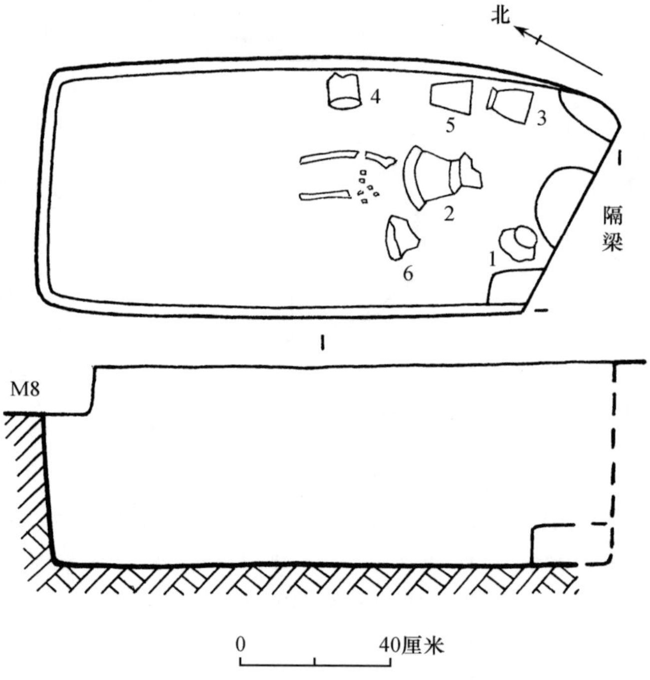

图三八六　M14 平、剖面图

1. 陶碗（口残）　2. 陶双腹豆　3. 陶罐形杯　4、6. 陶高圈足杯　5. 红陶杯

② 出土器物

随葬品：6 件。均为陶器，有双腹豆、罐形杯、红陶杯、高圈足杯和碗（口残）。

双腹碗　1 件（M14∶2）。泥质黄陶。敞口，宽沿内凹，尖圆唇，深弧腹，圜底下附圈足，但足壁已残，故难确认是盘还是豆。腹下部饰一周凸棱。口径 19.2、残高 8.4 厘米（图三八八，19；图版一二二，3）。

罐形杯　1 件（M14∶3）。泥质陶外黑内红，薄胎。侈口，束颈，窄沿外折，尖唇，深弧腹如灯笼或大鸭蛋，圜底下附矮圈足。素面。口径7.2、腹径7.4、足径5.1、高8.2厘米（图三八八，5；图版一二二，6）。

红陶杯 1件（M14:5）。泥质红陶，胎甚薄近蛋壳。敞口，尖唇，深腹内斜，平底。口下绘一周宽带状深红色彩纹。口径9.4、底径4、高6.4厘米（图三八八，16；图版一二二，5）。

高圈足杯 2件。M14:6，泥质红陶。直口，窄沿中凹，扁圆唇外凸，筒腹稍外弧，下部内折成圜底，下又附高圈足，但足已残，只留局部残壁。腹饰角状交叉篦划纹。口径8.5、残高7.9厘米（图三八八，1）。M14:4，泥质红陶。侈口，束颈，小折沿，筒腹近直，腹下内凹成圜平底，下附圈足已残。腹下低于内底的凸棱又压印锯齿状花边，腹部饰竖篦划纹。口径7.8、残高8厘米（图三八八，7）。

碗（口残） 1件（M14:1）。泥质黑陶。口已残，深直腹下部弧收成圜底，下又附矮圈足，足壁外撇，足根又内斜，内斜面中间还有一周凹弦纹。残腹上有2~4周不规则凹弦，或似快轮制作才形成的这种不平行凹弦。足径6.9、腹径8.9、残高5.1厘米（图三八八，14；图版一二二，4）。

填土标本：无。

③ 年代推断

据附表二，M14:2为AⅢ式双腹豆盘、M14:3为Ⅲ式罐形杯、M14:5为AⅢ式红陶杯、M14:6为AaⅡ式高圈足杯，M14:4为BbⅡ式高圈足杯。这一组合，推测M14为屈家岭文化晚期墓葬。

（8）M15

① 墓葬情况

位置：在T36西南角至T37北隔梁内。

层位关系：开口在第3层下，打破第4层；被现代扰坑打破。

形制与大小：近长方形土坑竖穴墓。墓坑长200、宽95、深37厘米。

人骨和葬式：骨架保存较好；为单人仰身直肢葬，头南脚北，方向133°（图三八七；图版一一九，2）。

② 出土器物

随葬品：11件。有石楔、小石球、残玉佩和陶内折沿碗、红陶杯和高圈足杯。

石器

石楔 1件（M15:6）。体较厚呈梯形，平顶，打制。两面皆原面近平，两边磨平，平刃两面磨制不对称，有使用缺口，已不锋利。残长9、顶宽6、刃宽7、厚3.5厘米（图三八八，20；图版一二一，3）。

小石球 1件（M15:7）。天然椭圆形小砾石。如小型鸡蛋，布满密集的坑疤。长径5、短径4.4、厚3.5厘米（图三八八，22）。

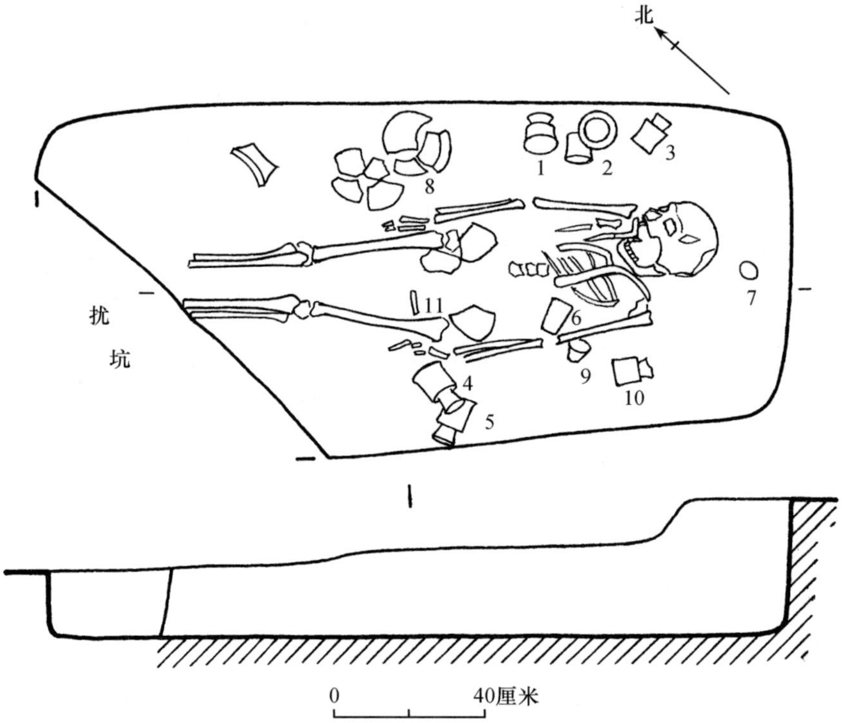

图三八七　M15 平、剖面图

1～5、10. 陶高圈足杯　6. 石楔　7. 小石球　8. 陶内折沿碗　9. 红陶杯　11. 残玉佩

填土标本：012、014. 陶平底器　013. 陶豆圈足　015. 陶内折沿碗口沿　016. 陶折沿罐口沿

017. 陶器盖　018. 陶盂形器

陶器

内折沿碗　1 件（M15∶8）。泥质黑陶。敛口，沿内折，方唇，弧腹圜底下附圈足，足壁直稍外弧，足根外凸内凹成台状。足饰半圆形和圆形两种相间镂孔，每种各两个。口径 19.2、底径 7.2、高 10.5 厘米（图三八八，18；图版一二一，1）。

红陶杯　1 件（M15∶9）。泥质浅红陶，胎薄如蛋壳。敞口，斜腹，小平底。器内外涂黑彩，但局部都露出红胎，不成图案。口径 6.2、底径 2.6、高 4.6 厘米（图三八八，17；图版一二一，2）。

高圈足杯　6 件。M15∶1，泥质红陶。直口，仰折沿中间一周凹槽，直筒腹稍外斜，内折成圜底，下附高圈足，足壁较直下稍外撇。下部折腹有一周凸棱，腹饰竖篦划纹。口径 8.3、底径 7、高 14.4 厘米（图三八八，6；图版一二一，6）。M15∶2，泥质黄陶。直口，平沿，尖圆唇，筒腹稍外斜，下腹内折成圜平底，下附足壁外撇成喇叭状的高圈足，足根上卷成台状。足饰三个长条形镂孔。口径 8.1、底径 7.8、高 12.8 厘米（图三八八，9；图版一二一，4）。M15∶3，泥质黄陶。口沿腹上部已残，筒腹外斜，下腹内折成圜底，下附高圈足，足壁近筒状，中微束，足根外撇起凸棱而呈台状。下部折腹有一周凹槽，余素面。足径 7.8、残高 12.6 厘米（图三八八，3）。M15∶4，泥质红陶。口沿腹上部已残，筒腹稍外斜，下腹内折成圜底，下附喇

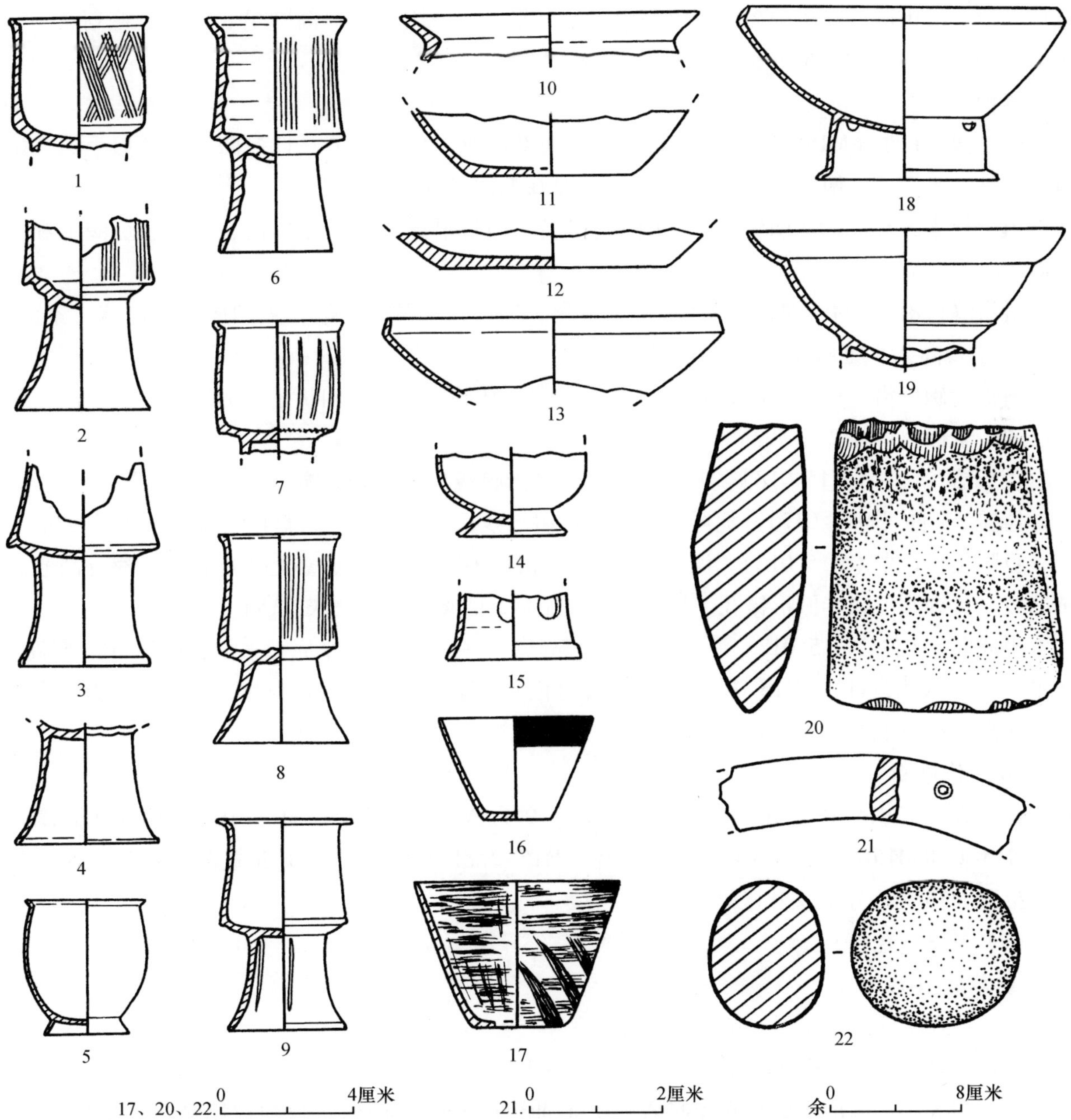

图三八八 M14、M15出土器物及填土中器物

1～4、6～9. 陶高圈足杯（M14:6、M15:4、M15:3、M15:5、M15:1、M14:4、M15:10、M15:2） 5. 陶罐形杯（M14:3） 10. 陶折沿罐口沿（M15:016） 11、12. 陶平底器（M15:012、M15:014） 13. 陶内折沿碗口沿（M15:015） 14. 陶碗（口残）（M14:1） 15. 陶豆圈足（M15:013） 16、17. 红陶杯（M14:5、M15:9） 18. 陶内折沿碗（M15:8） 19. 陶双腹碗（M14:2） 20. 石楔（M15:6） 21. 残玉佩（M15:11） 22. 小石球（M15:7）

叭状高圈足。腹饰竖篦划纹。底径8、残高12厘米（图三八八，2）。M15∶5，泥质黄陶。残存高圈足，足呈喇叭形。素面。底径8.6、残高6.8厘米（图三八八，4）。M15∶10，泥质红陶。直口，窄平沿中凹，筒腹中微束，下部内折呈近平底，下附喇叭口高圈足。腹饰竖篦划纹。口径7.4、底径8、高12.6厘米（图三八八，8；图版一二一，5）。

其他

残玉佩　1件（M15∶11）。玉质青白色，局部泛黑。残存一节，且一面已残，似手镯残破后，又钻一小圆孔作佩饰。残长4.5、宽1、厚0.5厘米（图三八八，21）。

填土标本：7件。均为陶器，有折沿罐口沿、内折沿碗口沿、盂形器、器盖、豆圈足和平底器。

折沿罐口沿　1件（M15∶016）。夹炭黑陶。侈口，束颈，折沿，尖圆唇，肩已残。素面。口径18、残高2.8厘米（图三八八，10）。

内折沿碗口沿　1件（M15∶015）。泥质黑陶，红胎。敛口，内折沿，方圆唇，斜直腹，腹下已残。素面。口径20、残高5.1厘米（图三八八，13）。

盂形器　1件（M15∶018）。泥质灰陶。仅剩折腹残片。未见纹饰。

器盖　1件（M15∶017）。泥质黑陶。圈足纽已残，只留印痕，盖盘口沿也残。未见纹饰。

豆圈足　1件（M15∶013）。泥质黑陶。仅剩圈足下部残片，足壁上部近直，足根外凸起扁圆凸棱。足饰圆形或半圆形镂孔。足径8、残高4.2厘米（图三八八，15）。

平底器　2件。M15∶012，泥质红陶。上部已残，弧腹内收，平底。素面。底径10、残高4厘米（图三八八，11）。M15∶014，夹砂陶外红内灰。上部已残，残腹内收，平底。素面。底径14、残高2.4厘米（图三八八，12）。

③ 年代推断

据附表二，M15∶18为Ⅳ式内折沿碗、M15∶9为AⅡ式红陶杯、M15∶10为AbⅡ式高圈足杯、M15∶1和M15∶4都是BbⅠ式高圈足杯、M15∶2和M15∶3都是BcⅡ式高圈足杯。这一组合，推测M15为屈家岭文化晚期墓葬。

（9）M18（瓮棺）

① 墓葬情况

位置：在T27东壁下至东隔梁内。

层位关系：开口在第2层下，打破第2层M3。

形制与大小：圆形土坑竖穴瓮棺墓。墓坑圆形，斜壁，平底；坑口直径64、坑底直径52、深40厘米。

人骨和葬式：墓坑内埋置一陶釜，上覆盖一双腹豆，釜内骨架已腐烂无存，葬式不明。

② 出土器物

随葬品：2件。均为陶器，有釜和双腹豆。

釜　1件（M18∶2）。夹砂红褐陶。侈口，束颈，宽凹折沿，尖圆唇，斜肩，扁鼓腹不对称，圜底。素面。口径28、腹径36.4、高27.2厘米（图三九三，21；图版一二二，1）。

双腹豆　1 件（M18∶1）。泥质红胎黑陶。敞口，宽凹沿，深弧腹圜底，下附圈足已残。腹下部一周凸棱。口径 20、残高 9 厘米（图三九三，18；图版一二二，2）。

填土标本：无。

③ 年代推断

据附表二，M18∶2 属 AⅡ式釜、M18∶1 属 AⅢ式双腹豆盘。这一组合，推测 M18 为屈家岭文化晚期的瓮棺。

（10）M27

① 墓葬情况

位置：在 T40 东南部。

层位关系：开口在第 3 层下，打破第 4 层；被 M40 打破。

形制与大小：长方形土坑竖穴墓。墓坑长 190、宽 85、深 42 厘米。

人骨和葬式：骨架零乱不全；葬式不明，方向 174°（图三八九）。

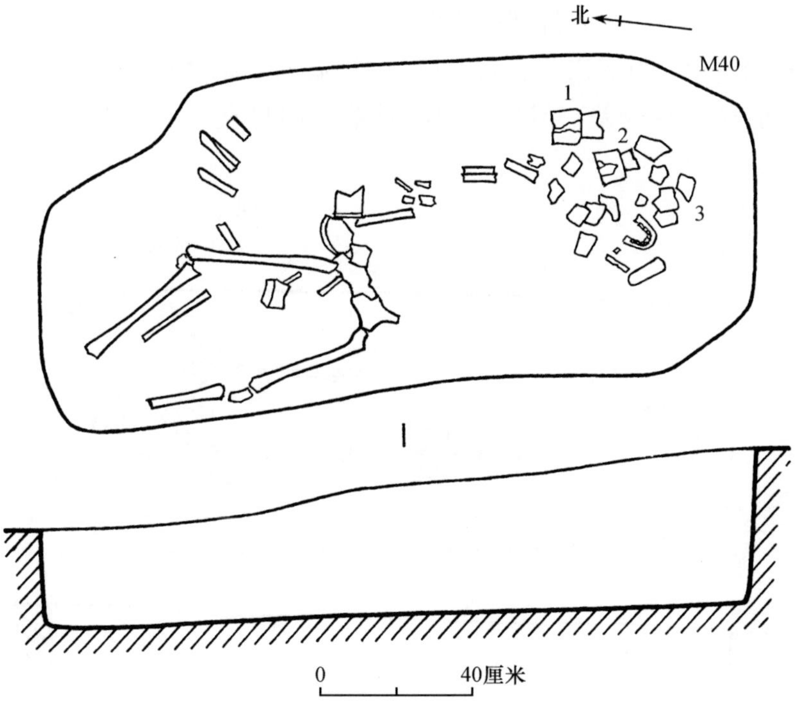

图三八九　M27 平、剖面图

1、2. 陶高圈足杯　3. 陶双腹豆

② 出土器物

随葬品：3 件。均为陶器，有双腹豆和高圈足杯。

双腹豆　1 件（M27∶3）。泥质黑陶（仅有口沿至腹，圜底和圈足上部及根残片，难复原）。敞口，宽折沿，沿面弧凹，方唇，深弧腹，尖圜底已残，下附圈足，足壁近直，但已残，足根外凸内凹成台状。未见纹饰。口径 18.4、残高 4.8 厘米（图三九三，10）。

高圈足杯　2件。M27∶1，泥质红陶。直口微敛，窄平沿，尖圆唇，深筒腹下部弧收成圜底，下附喇叭高圈足。腹饰竖篦划纹，折弧腹处又饰一周花边凸棱。口径6.8、足径7.6、高12.5厘米（图三九三，3；图版一二四，3）。M27∶2，泥质红陶。直口，窄平沿，尖唇，筒腹下部内折成平底，下附喇叭状高圈足。腹饰竖篦划纹，折腹饰一周花边状凸棱。口径7.6、足径7.2、高10.5厘米（图三九三，1；图版一二四，4）。

填土标本：无。

③ 年代推断

据附表二，M27∶3为AⅢ式双腹豆盘、M27∶1和M27∶2都是AbⅠ式高圈足杯。这一组合，推测M27为屈家岭文化晚期的墓葬。

（11）M28

① 墓葬情况

位置：在T40西南部，局部在T43北隔梁内。

层位关系：开口在第3层下，打破第4层。

形制与大小：长方形土坑竖穴墓。墓口长180、宽70、墓底长176、宽67、深45厘米。

人骨和葬式：骨架保存较差；但仍可看出是单人仰身直肢葬，头南脚北，方向155°（图三九〇；图版一二三，1）。

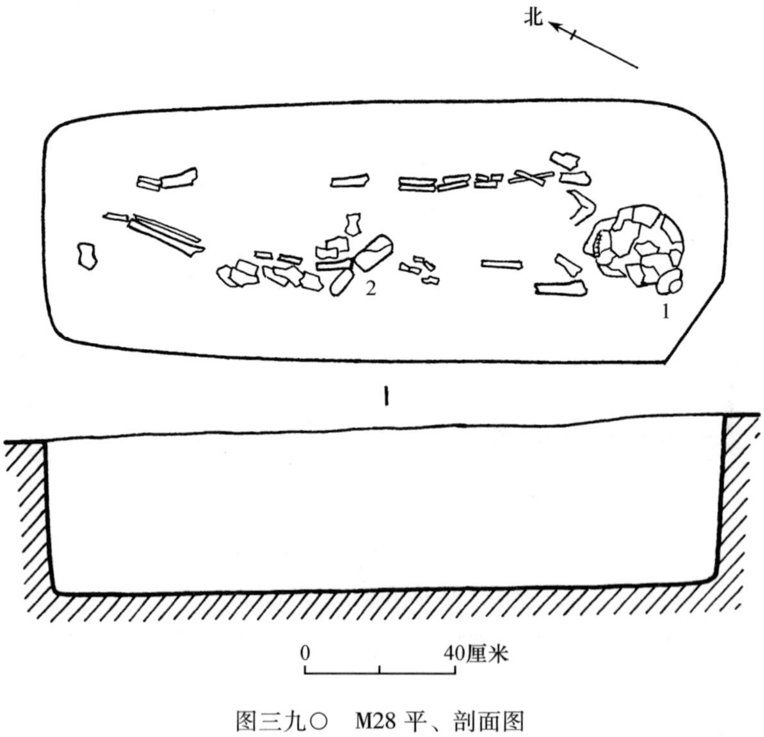

图三九〇　M28平、剖面图

1. 陶敞口小碗　2. 小石锛

② 出土器物

随葬品：2 件。其中敞口小碗一件放置墓主头部左侧，小石锛一件放置墓主左手旁。

石器

小石锛　1 件（M28:2）。由表面棕红色的扁平小砾石磨制而成，扁平近梯形，弧顶和一面为原面，另一面及两边皆磨平，平刃两面磨制但不对称。长 4.5、宽 3.3、厚 0.8 厘米（图三九三，17；图版一二四，2）。

陶器

敞口小碗　1 件（M28:1）。泥质黑陶。敞口，尖唇，浅弧腹，圜底下附矮圈足，足壁外撇。素面。口径 8.6、足径 4、高 3.4 厘米（图三九三，20；图版一二四，1）。

填土标本：无。

③ 年代推断

因 T40③层下的 M27 是一座典型屈家岭文化晚期的墓葬。所以，同样开口在 T40③层下的 M28，推测也是一座屈家岭文化晚期的墓葬。

（12）M29

① 墓葬情况

位置：在 T42 西北角，至 T41 关键柱内。

层位关系：开口在第 2 层下，打破 H144、第 3 层、第 4 层至生土。

形制与大小：长方形土坑竖穴墓。墓口长 215、宽 80、墓底长 198、宽 64、深 97 厘米。

人骨和葬式：骨架保存较好；为单人仰身直肢葬，头南脚北，方向 150°（图三九一；图版一二三，2）。

② 出土器物

随葬品：15 件。均为陶器，有双腹豆、红陶杯、高圈足杯、盂形器和器盖。

双腹豆　1 件（M29:1）。泥质黑陶。敞口，宽折沿弧凹，尖圆唇，弧腹，圜底附高粗圈足，足壁近直成粗圆筒状，足根外凸内凹呈台状。腹饰一周凸棱，足饰半月形镂孔。口径 22.5、足径 11.8、高 15.8 厘米（图三九三，9；图版一二五，1）。

红陶杯　3 件。M29:6，泥质浅红陶。口部已残，深腹内斜，平底内凹。口下绘一周深红色带状纹。底径 4、残高 5.2 厘米（图三九三，15）。M29:4，泥质红陶。敞口近直，尖唇，深腹内斜，平底中稍凹。素面。口径 6.5、底径 4、高 4.7 厘米（图三九三，5；图版一二五，2）。M29:8，泥质浅红陶。口已残，腹内斜，平底稍凹。素面。

高圈足杯　6 件。M29:11，泥质红陶。口沿已残，筒腹中部微内束，下部内折成圜底，折腹处起凸棱，底下附高圈足，足壁外斜。腹饰竖篦划纹，折腹凸棱上部一周凹槽。足径 8.5、残高 15.7 厘米（图三九三，7；图版一二五，6）。M29:3，泥质红陶。侈口，束颈，折沿微凹，尖圆唇，筒腹甚深，中部微束，折沿微凹，尖圆唇，筒腹甚深，中部微束，下部内斜折，又折为凹平底，底下附高圈足已残，足壁细筒状稍外撇。下折腹成一周圆凸棱。口径 7.6、残高 12.8 厘米（图三九三，13）。M29:12，泥质红陶。侈口，束颈，折沿微凹，方圆唇，筒腹中部

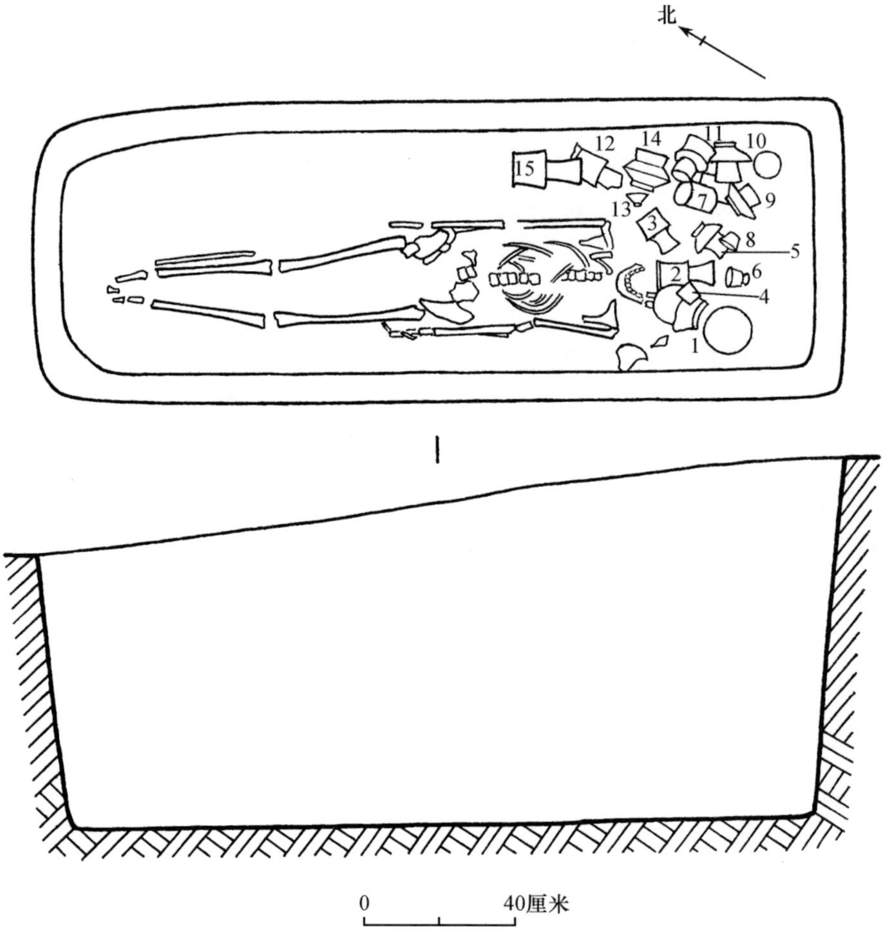

图三九一　M29 平、剖面图

1. 陶双腹豆　2、3、7、11、12、15. 陶高圈足杯　4、6、8. 红陶杯　5、9、10、14. 陶盂形器　13. 陶器盖

微内束，下腹内折成圜底，下附圈足大部已残，足壁较直，折腹下部起凸棱。余素面，未见纹饰。口径 8、残高 10.5 厘米（图三九三，4）。M29∶15，泥质红陶。直口，凹沿直立，如小盘口，圆唇，深筒腹中部微内束，下腹较粗，内折成圜底，折腹下部稍起凸棱，底下附高圈足，足壁近直稍外撇，足根外凸内凹成台状。足饰三个弧边近长方形大镂孔。口径 8.1、足径 8.6、高 16.3 厘米（图三九三，2；图版一二五，7）。M29∶7，泥质红陶。侈口，束颈，折沿，小方唇，筒腹外斜下折成圜底，下附喇叭状高圈足。足饰三个长半月形大镂孔，又间三道折线划纹。口径 7.4、足径 8、高 11.5 厘米（图三九三，6；图版一二五，5）。M29∶2，泥质灰陶。仅剩残底和残圈足上部，圜底近平，下附高圈足，足壁细筒状稍外斜，多已残缺。足饰竖半月形三个大镂孔。

盂形器　4 件。M29∶9，泥质黑陶。侈口，束颈，折沿上仰，扁折腹，腹下内折成凸棱，斜圜底下附高圈足，足壁近直，足根外斜呈台状。足饰两个为一组，共两组小圆形镂孔。口径 7.2、足径 8.8、高 8.2 厘米（图三九三，8）。M29∶14，泥质黑陶。形制与 M29∶10 类似。足饰梯形大镂孔。口径7.8、腹径13.7、足径9、高11.2厘米（图三九三，11）。M29:10，泥质黑陶。侈口，束颈，沿较宽外卷，扁折腹，腹下部内折成凸棱，斜圜底下附高圈足，足壁外撇，足根已缺。其见其他纹饰。口径6.8、腹径11.8、残高8.5厘米（图三九三，16；图版一二五，3）。M29:5，泥质黑陶。口沿已残，扁折腹，腹下部起凸棱，圜底下附高圈足，足壁中部也残，足根凸内凹呈台状。残足饰圆形大镂孔。足径8.4、残高8.6厘米（图三九三，12）。

器盖 1件（M29:13）。泥质红陶。盖纽如足根外斜小圈足，盖盘较深呈喇叭状，盖沿为尖圆唇。素面。纽径3.6、盘口径7.3、高4.2厘米（图三九三，14；图版一二五，4）。

填土标本：无。

③ 年代推断

据附表二，M29:1为AⅣ式双腹豆、M29:6为AⅢ式红陶杯、M29:4为B型红陶杯、M29:11为BbⅢ式高圈足杯、M29:3、M29:12和M29:15都是BcⅡ式高圈足杯、M29:7为BcⅢ式高圈足杯、M29:9和M29:14都是Ⅱ式盂形器、M29:10和M29:5都是Ⅲ式盂形器。这一组合，推测M29为屈家岭文化晚期的墓葬。

（13）M31

① 墓葬情况

位置：在T41中部。

层位关系：开口在第3层下，打破第3层下M33。

形制与大小：长方形土坑竖穴墓。墓坑长116、宽69、深15厘米。

人骨和葬式：仅剩头骨；葬式不详，方向144°（图三九二；图版一二六，1）。

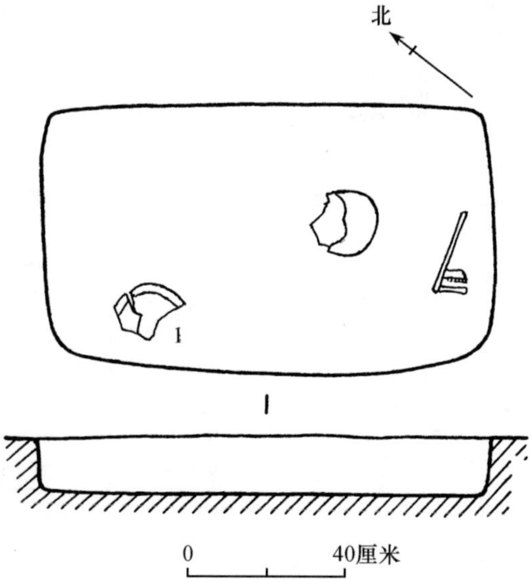

图三九二 M31平、剖面图

1. 陶双腹豆

② 出土器物

随葬品：仅1件陶双腹豆。

双腹豆 1件（M31:1）。泥质黑陶。敞口，宽折沿上仰内凹，弧腹较深，腹下稍残，圜底下附粗圈足，圈足上部稍残，足壁近直，足根外凸内凹成台状。素面。口径18.2、足径10、复原高9.9厘米（图三九三，19）。

填土标本：无

③ 年代推断

据附表二，M31:1为AⅢ式豆盘，推测M31为屈家岭文化晚期墓葬。

（14）M32

① 墓葬情况

位置：在T41西部。

层位关系：开口在第3层下，打破第3层下M30、M44和第4层至生土；被第3层下M33打破。

图三九三　M18、M27、M28、M29、M31 出土器物

1～4、6、7、13. 陶高圈足杯（M27∶2、M29∶15、M27∶1、M29∶12、M29∶7、M29∶11、M29∶3）　5、15. 红陶杯（M29∶4、M29∶6）　8、11、12、16. 陶盂形器（M29∶9、M29∶14、M29∶5、M29∶10）　9、10、18、19. 陶双腹豆（M29∶1、M27∶3、M18∶1、M31∶1）　14. 陶器盖（M29∶13）　17. 小石锛（M28∶2）　20. 陶敞口小碗（M28∶1）　21. 陶釜（M18∶2）

形制与大小：长方形土坑竖穴墓。墓坑残长 196、宽 64、深 60 厘米。

人骨和葬式：骨架保存很好；为单人仰身直肢葬，头南脚北，方向 152°（图三九四；图版一二六，1）。

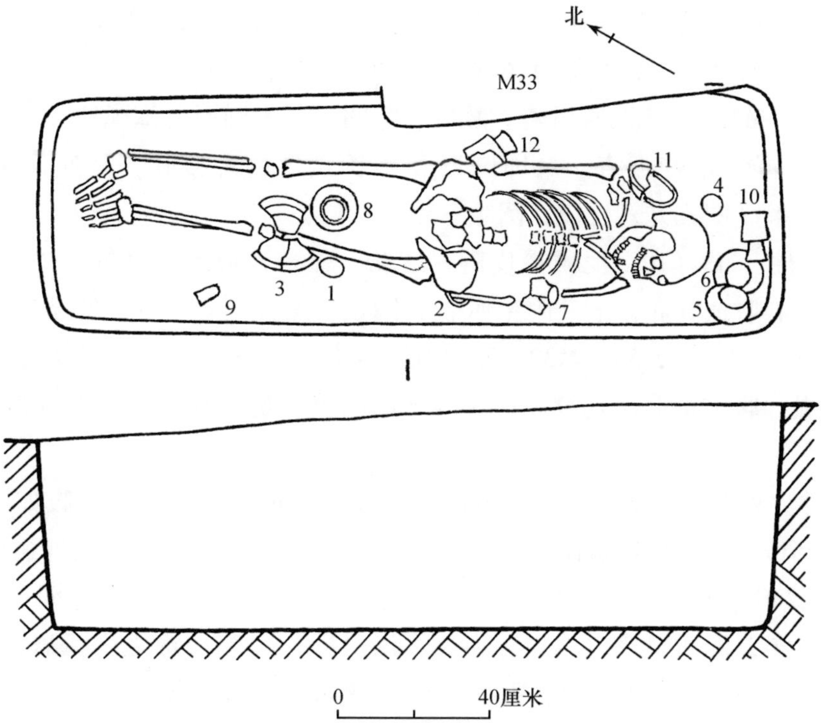

图三九四 M32平、剖面图
1. 小石球 2. 石镯 3. 陶双腹豆 4. 陶器盖 5、6、8. 陶盂形器 7、11. 陶釜 9. 石斧 10、12. 陶高圈足杯
填土标本：013. 陶碗圈足

②出土器物

随葬品：12件。有石斧、小石球、石镯和陶器盖、釜、双腹豆、高圈足杯和盂形器。

石器

石斧 1件（M32:9）。厚体弧边三角形。尖弧顶，稍打制，两面皆原光滑弧面，两边也原面略磨平，斜弧刃两面磨制近对称，有使用痕仍锋利。长8.9、刃宽4.6、厚2.4厘米（图三九九，7；图版一二七，6）。

小石球 1件（M32:1）。扁圆形黑色天然小砾石，表面有天然小凹疤。直径2.3、厚2.6厘米（图三九九，9）。

石镯 1件（M32:2）。石质，青灰色。已残仅剩一段，圆环形，剖面呈梯形，即内厚外薄，两面皆斜平，内、外两边皆直。外径9、面宽1.8、内环厚0.85、外环厚0.3厘米（图三九九，4）。

陶器

器盖 1件（M32:4）。泥质黑陶。盖纽为足壁外斜小圈足，盖盘壁外斜呈喇叭状，尖圆唇。素面。纽径4.2、盘径6.6、高3厘米（图三九六，13；图版一二七，3）。

釜 2件。M32:7，夹炭红陶，胎薄规整。器形小，侈口，束颈，折沿，尖圆唇，溜肩，深弧腹，圜底。素面。口径7.2、腹径9.2、高7.8厘米（图三九六，5；图版一二七，4）。M32:11，夹炭红陶，胎较薄匀称。器型较小，侈口，束颈，折沿上仰，尖圆唇，弧肩，深弧腹下部已残，圜底。素面。口径 8.8、复原高 11.6 厘米（图三九六，11）。

双腹豆　1 件（M32∶3）。泥质黑陶。敞口，宽凹沿，尖圆唇，深弧腹，圜底下附较粗高圈足，但足壁下部已残，足壁近直。足饰圆形和小长弧形两种镂孔，因残而组合不明。口径 20.4、残高 8.8 厘米（图三九六，12；图版一二七，1）。

高圈足杯　2 件。M32∶10，泥质黑皮陶，红胎。侈口，束颈，窄折沿内凹，尖圆唇外凸，筒腹外斜，下内折斜收成圜底，下又附喇叭状高圈足。素面。口径 9、足径 7.5、高 12.4 厘米（图三九六，1；图版一二七，5）。M32∶12，泥质红陶。口已残，深直腹内折成圜底，底下附高圈足，足壁稍外撇，腹饰角形篦划纹。折腹处一周凸棱。足径 6、残高 10.4 厘米（图三九六，3）。

盂形器　3 件。M32∶5，泥质黑陶。侈口，束颈，小折沿，尖圆唇，腹如罐的弧肩，但下腹内折，腹下起凸棱，再斜内收成圜底，底下附矮圈足，足壁外斜，足根外弧成凸棱状。足饰三个不对称圆形镂孔。口径 7.6、腹径 12.4、足径 7.2、高 6.8 厘米（图三九六，8；图版一二七，2）。M32∶6，泥质黄陶。侈口，束颈，沿已残，扁腹如罐之广弧肩，内折成尖圜底，下附圈足已残。未见纹饰。口径 6.2、腹径 13.5、残高 5 厘米（图三九六，9）。M32∶8，泥质黄陶。侈口已残，扁折腹上部如罐的广弧肩，内折成圜底，折腹处下部起凸棱，底下附圈足已残。素面。残高 5.6、腹径 14.6 厘米（图三九六，10）。

填土标本：1 件。陶碗圈足。

碗圈足　1 件（M32∶013）。泥质黑陶。残存圜底下附矮圈足，足壁外撇。素面。底径 6.4、残高 1.2 厘米（图三九六，15）。

③ 年代推断

据附表二，M32∶7 和 M32∶11 都是 BⅢ式釜、M32∶3 为 AⅢ式双腹豆盘、M32∶12 为 AaⅠ式高圈足杯、M32∶10 为 BcⅠ式高圈足杯、M32∶5 为Ⅰ式盂形器、M32∶6 和 M32∶8 都是因足已残而似Ⅱ式盂形器。这一组合，推测 M32 为屈家岭文化晚期的墓葬。

（15）M33

① 墓葬情况

位置：在 T41 西南部。

层位关系：开口在第 3 层下，打破第 3 层下 M30、M32、M44；被 M31 叠压打破。

形制与大小：长方形土坑竖穴墓。墓坑长 184、宽 72、深 35 厘米。

人骨和葬式：骨架保存一般；为单人仰身直肢葬，头南脚北，方向 137°（图三九五）。

② 出土器物

随葬品：8 件。均为陶器，有侈口罐、罐形杯、红陶杯、高圈足杯、矮圈足杯、豆圈足和碗圈足。

侈口罐　1 件（M33∶4）。泥质黑陶。口部已残，弧肩，扁鼓腹，凹平底。素面。腹径 8、底径 4、残高 4.8 厘米（图三九六，18）。

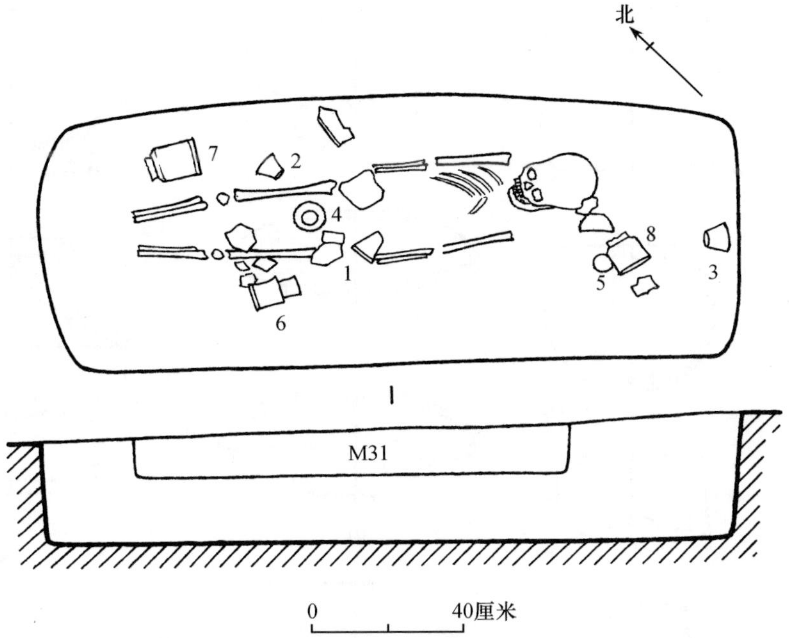

图三九五　M33平、剖面图

1、8. 陶罐形杯　2. 红陶杯　3. 陶豆圈足　4. 陶侈口罐　5. 陶矮圈足　6. 陶高圈足杯　7. 陶矮圈足杯

填土标本：09. 陶高圈足杯　010. 陶侈口罐口沿　011. 陶豆盘口沿　012. 陶双腹器口沿

罐形杯　2件。M33∶8，泥质黑陶。直口微内敛，窄平沿，扁圆唇外凸，深弧腹近筒状，但下部已残。素面。口径8.8、残高8.7厘米（图三九六，4）。M33∶1，泥质黑陶。直口微敞，窄平沿，扁圆唇外凸，深弧腹下部已残。素面。口径8.4、残高4.6厘米（图三九六，6）。

红陶杯　1件（M33∶2）。泥质红陶。口沿残，斜直腹，平底微凹。器身饰黑色晕彩，图案不清楚。底径3.2、残高5厘米（图三九六，17）。

高圈足杯　1件（M33∶6）。泥质红陶。直口微敞，窄平沿中间一周凹槽，尖圆唇外凸，筒腹中部弧内束，下腹内折成圜底，下附喇叭状高圈足。腹饰竖篦划纹。口径6.8、足径6.4、高10.6厘米（图三九六，7；图版一二四，5）。

矮圈足杯　1件（M33∶7）。粗泥红陶。直口，尖圆唇稍外卷，深筒腹，上部如矮颈稍中束，腹中下部稍弧鼓，腹下内折成圜底，下附矮圈足，足壁外斜。颈部有竖划痕，腹饰竖绳纹，重叠压印显得错乱，下腹内折处一周花边状凸棱。口径7.8～8.9、足径6.4～6.7、高13.4厘米（图三九六，2；图版一二四，6）。

豆圈足　1件（M33∶3）。泥质黑陶。仅剩残圈足底部，足壁较高近直，足根外凸内凹成台状。未见纹饰。足径10.4、残高4.6厘米（图三九六，14）。

碗圈足　1件（M33∶5）。泥质黑陶。仅剩圜底下附矮圈足，足壁外撇。足根上卷成圆凸棱，足饰三个半月形小镂孔。足径6.3、残高1.4厘米（图三九六，16）。

填土标本：4件。均为陶器，有高圈足杯、侈口小罐口沿、豆盘口沿和双腹器口沿。

高圈足杯　1件（M33∶09）。泥质红陶。上腹残片。饰竖篦划纹。

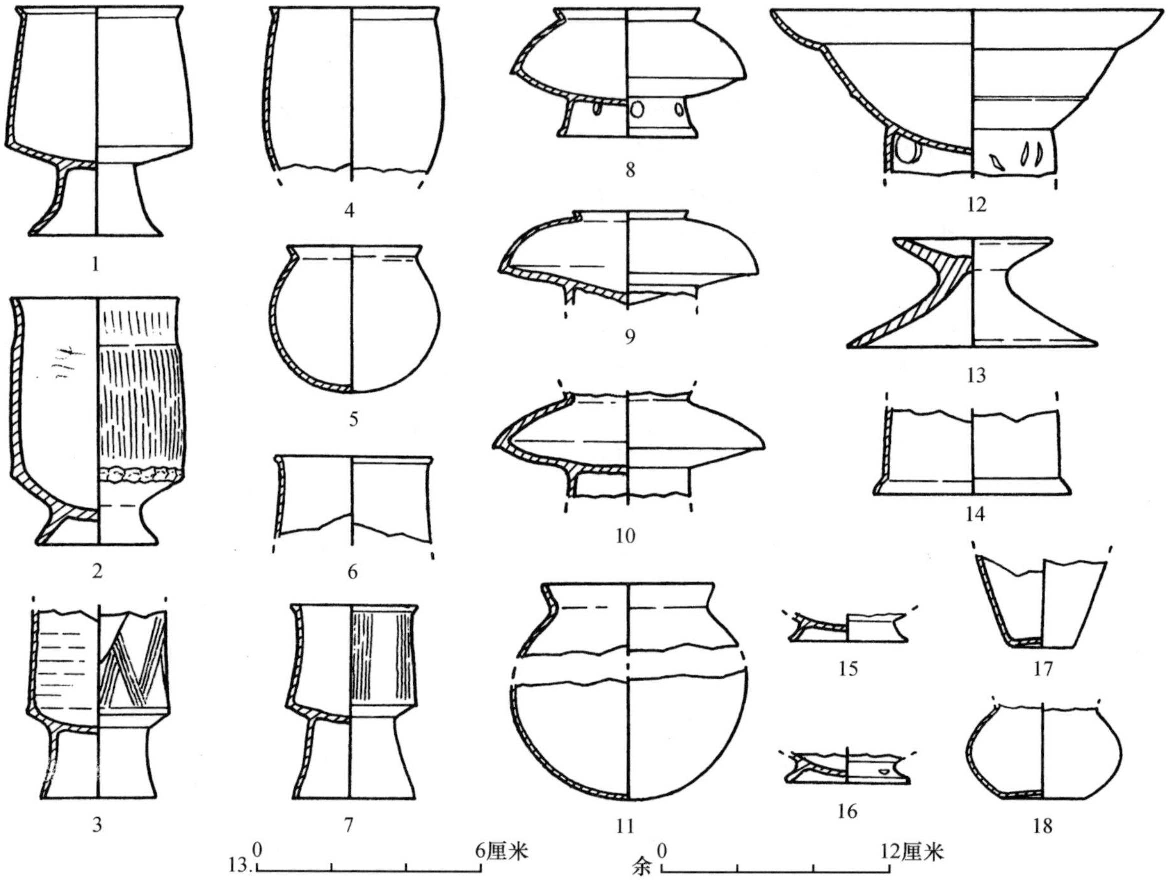

图三九六　M32、M33 出土陶器及填土中器物

1、3、7. 高圈足杯（M32∶10、M32∶12、M33∶6）　2. 矮圈足杯（M33∶7）　4、6. 罐形杯（M33∶8、M33∶1）　5、11. 釜（M32∶7、M32∶11）　8～10. 盂形器（M32∶5、M32∶6、M32∶8）　12. 双腹豆（M32∶3）　13. 器盖（M32∶4）　14. 豆圈足（M33∶3）　15、16. 碗圈足（M32∶013、M33∶5）　17. 红陶杯（M33∶2）　18. 侈口罐（M33∶4）

侈口小罐口沿　1 件（M33∶010）。夹炭褐红陶。口沿残片，器小。素面。

豆盘口沿　1 件（M33∶011）。泥质陶外红内黑。敞口，浅弧腹，腹下已残。素面。

双腹器口沿　1 件（M33∶012）。泥质黑陶。口沿残片。素面。

③ 年代推断

据附表二，M33∶4 为 BⅠ式侈口罐、M33∶8 和 M33∶1 都属Ⅰ式罐形杯、M33∶2 为 AⅠ式红陶杯、M33∶6 为 AbⅡ式高圈足杯。这一组合，推测 M33 为屈家岭文化晚期的墓葬。

（16）M40

① 墓葬情况

位置：在 T40 东南角和东隔梁及 T43 北隔梁内。

层位关系：开口在第 2 层下，打破第 3 层下 M27 至生土。

形制与大小：长方形土坑竖穴墓。墓口长 220、宽 61、墓底长 210、宽 51、深 70 厘米。

人骨和葬式：骨架保存一般；为单人仰身直肢葬，头东脚西，方向 240°（图三九七）。

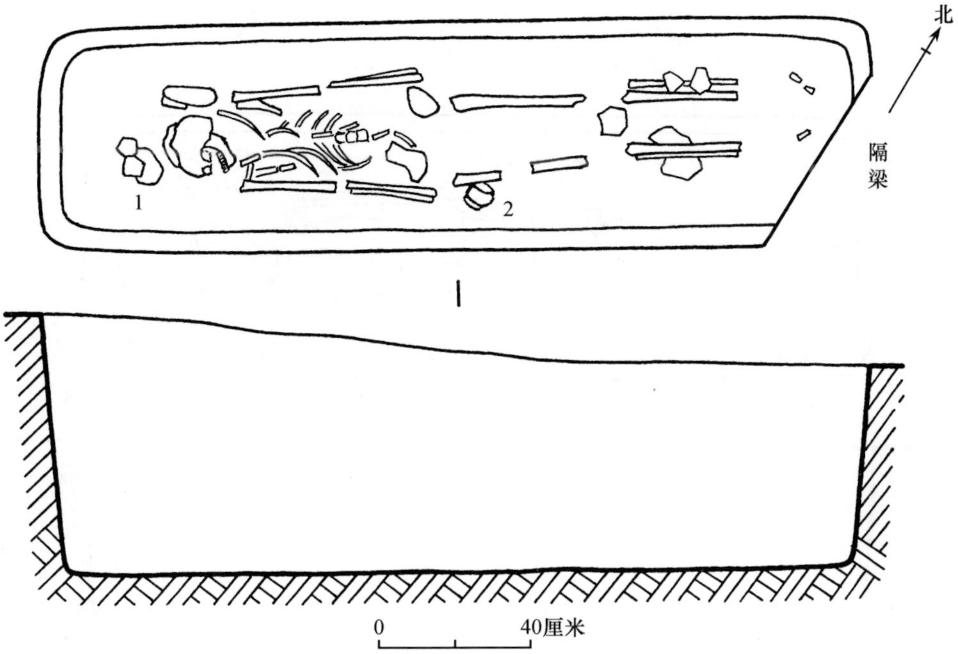

图三九七 M40平、剖面图
1. 陶双腹豆 2. 陶簋

② 出土器物

随葬品：2件。均为陶器，有簋和双腹豆。

簋 1件（M40∶2）。泥质黑陶。侈口，束颈，窄沿上斜，尖唇，弧肩，鼓腹圜底下附矮圈足，足壁外斜。素面。口径4.4、足径3.2、高4.5厘米（图四〇一，4）。

双腹豆 1件（M40∶1）。泥质黑陶。敞口，宽沿微凹近平，浅弧腹已残。素面。口径24、残高3.6厘米（图四〇一，8）。

填土标本：无。

③ 年代推断

据附表二，M40∶2为Ⅴ式簋、M40∶1为AⅣ式双腹豆。这一组合，推测M40为屈家岭文化晚期墓葬。

（17）M41

① 墓葬情况

位置：在T41东北角至东隔梁内。

层位关系：开口在第3层下，打破第4层至生土。

形制与大小：长方形土坑竖穴墓。墓口长210、宽70、墓底长200、宽60、深90厘米。

人骨和葬式：骨架保存一般；为单人仰身直肢葬，头南脚北，方向140°（图三九八）。

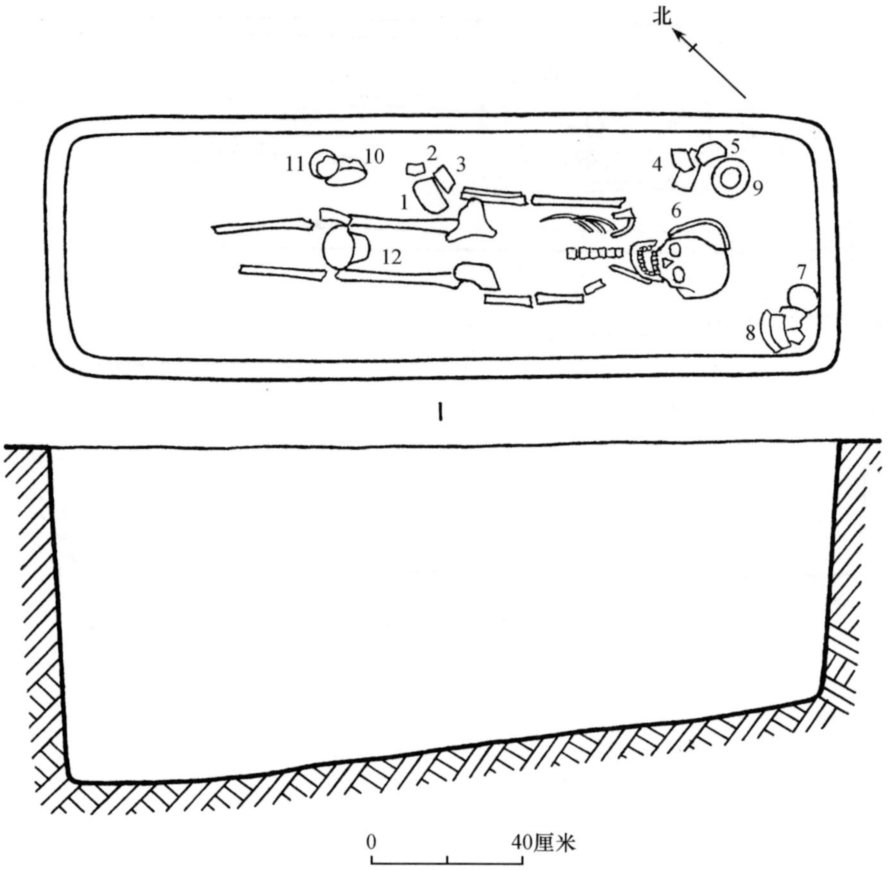

图三九八　M41 平、剖面图

1、5. 石斧　2. 小石锛　3. 小石凿　4. 小石斧　6. 石锛　7. 陶高圈足杯　8. 陶双腹豆　9. 陶罐形杯　10. 陶敛口钵　11. 陶簋　12. 陶豆圈足

② 出土器物

随葬品：12 件。有石斧、小石斧、石锛、小石锛、小石凿和陶簋、敛口钵、双腹豆、罐形杯、高圈足杯和豆圈足。

石器

石斧　2 件。M41∶1，扁薄近梯形，弧顶甚薄，单面打制，两面为原面和打制都近平，两边皆打制，都修直而不平，弧刃两面磨制，近对称，有使用痕，仍较锋利。长 14.2、刃宽 8.6、厚 2.5 厘米（图三九九，1；图版一二八，6）。M41∶5，扁平梯形，平顶一面打制成斜面，两边、两面磨平，局部有疤，平刃一面为原光滑面，另一面进一步磨制，有使用痕，仍较锋利。长 9.7、刃宽 6、厚 1.6 厘米（图三九九，3；图版一二八，3）。

小石斧　1 件（M41∶4）。扁薄近梯形，小石片，棕色原面，石芯白色。弧顶，弧面，弧刃皆原面，弧面多疤痕，破裂面稍磨平，两边磨直，弧刃没有进一步加工，不甚锋利。长 5.5、宽 2.9、厚 0.8 厘米（图三九九，5；图版一二八，2）。

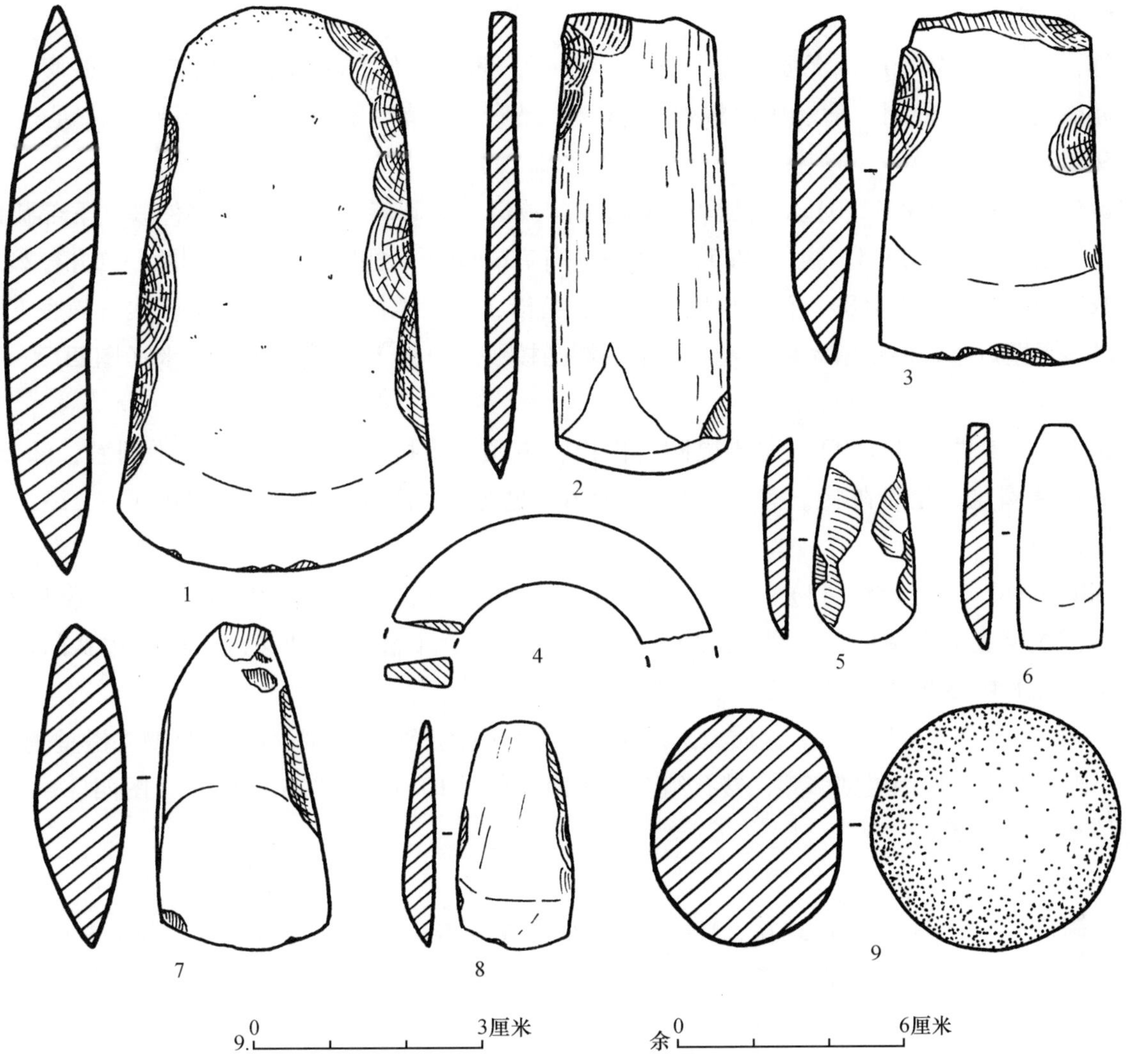

图三九九　M32、M41 出土石器

1、3、7. 石斧（M41∶1、M41∶5、M32∶9）　2. 石锛（M41∶6）　4. 石镯（M32∶2）　5. 小石斧（M41∶4）　6. 小石凿（M41∶3）　8. 小石锛（M41∶2）　9. 小石球（M32∶1）

石锛　1件（M41∶6）。薄体近长方形，两面皆破裂面，但都比较平，平顶，两直边皆打制，弧刃两面磨制，但不对称，很锋利。长12.5、宽4.7、厚0.9厘米（图三九九，2；图版一二八，4）。

小石锛　1件（M41∶2）。下厚上薄近梯形，弧顶甚薄，两面一面为光滑原面，另一面打制磨平，两边磨后仍不平多疤痕，厚弧刃，一面进一步磨制，不甚锋利。长6.2、宽3.1、厚0.9厘米（图三九九，8；图版一二八，5）。

小石凿　1件（M41∶3）。石质白色半透明有较多黑点，通体磨光，扁平五边形，窄平沿两边外斜，两边磨平近平行，两面磨平，平刃单面磨制，但刃端又磨平而不锋利。长6.1、宽2.3、厚0.9厘米（图三九九，6；图版一二八，1）。

陶器

簋　1件（M41∶11）。泥质红陶。侈口，束颈，凹沿上仰，尖圆唇，斜弧肩，鼓腹，圜底下附矮圈足，足壁外斜。肩、腹绘模糊黑彩纹，黑彩易脱落。口径4.5、腹径7.6、足径4.2、高5.9厘米（图四〇一，5；图版一二九，3）。

敛口钵　1件（M41∶10）。泥质陶外黑内黄。敛口，尖圆唇，斜弧腹上部外鼓，下部弧内折成平底。素面。口径14.4、腹径17.5、底径8、高7.6厘米（图四〇一，6；图版一二九，2）。

双腹豆　1件（M41∶8）。泥质黑陶。敞口，折沿，沿面弧凹，尖圆唇，深弧腹，圜底下附较粗圈足，足壁近直，但足壁大部已残。腹饰一周凸棱纹。口径19、残高8.2厘米（图四〇一，2；图版一二九，1）。

罐形杯　1件（M41∶9）。泥质黑陶。侈口，束颈，小折沿，沿面中凹，尖圆唇，深弧腹，圜底下附矮圈足，足壁外撇。素面。口径10.6、足径6、高9.6厘米（图四〇一，13；图版一二九，4）。

高圈足杯　1件（M41∶7）。泥质红陶。侈口，束颈，折沿外斜，尖圆唇，深筒腹稍外斜，下腹内折成圜底下附圈足，但圈足已残。腹饰斜篦划纹，下部折腹处又饰一周花边状凸棱。口径8.4、残高11.3厘米（图四〇一，10）。

豆圈足　1件（M41∶12）。泥质黑陶。腹以上残，仅剩圜底下附高圈足，足壁外撇呈喇叭状。足饰小圆形镂孔，但因足壁多残，镂孔组合不明确。足径10.4、残高8.8厘米（图四〇一，3）。

填土标本：无。

③ 年代推断

据附表二，M41∶11为Ⅳ式簋、M41∶10为Ⅱ式敛口钵、M41∶8为AⅢ式双腹豆、M41∶9为Ⅱ式罐形杯、M41∶7为BbⅡ式高圈足杯。这一组合，推测M41为屈家岭文化晚期墓葬。

（18）M58

① 墓葬情况

位置：在T83西北部。

层位关系：开口在第3层下，打破第4层。

形制与大小：长方形土坑竖穴墓。墓坑长200、宽80、深40厘米。

人骨和葬式：骨架保存较好；为单人仰身直肢葬，头南脚北，方向160°（图四〇〇；图版一二六，2）。

② 出土器物

随葬品：相对比较丰富，均为陶器。其中：在墓主头部右上方有5件陶纺轮和1件陶罐；在墓主右侧有簋、双腹豆等一批器物；在墓主左侧又有钵和其他陶器残片。但在室内整理时因多次搬迁，很多器物已不知所在，现仅剩如下6件标本。

簋　1件（M58∶1）。泥质红胎黑陶。侈口，束颈，小折沿，尖圆唇，溜肩，鼓腹，圜底下附矮圈足，足壁外斜。素面。口径9.8、腹径11.6、底径6.5、高9.2厘米（图四〇一，12；图版一三〇，1）。

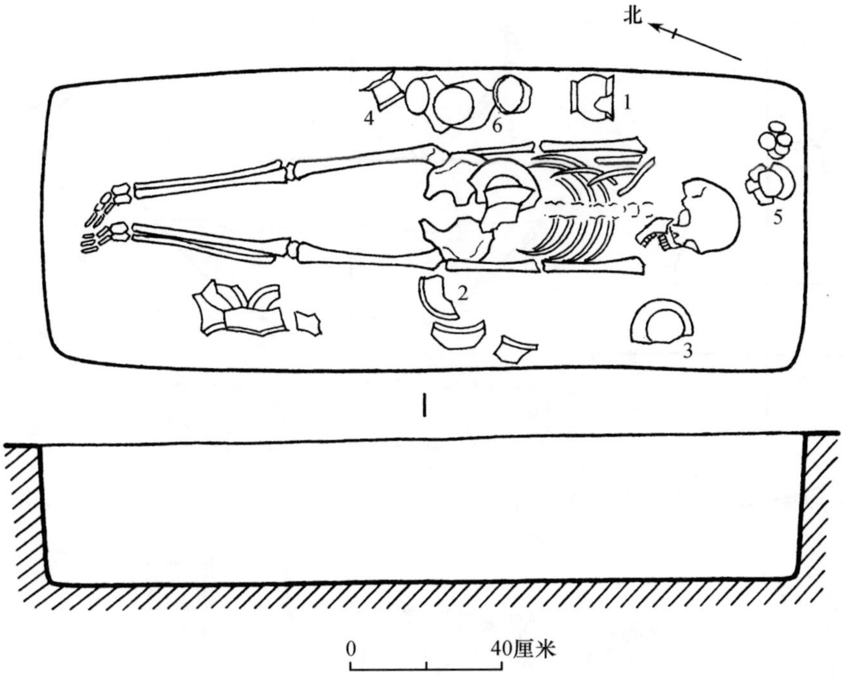

图四〇〇　M58平、剖面图

1. 陶簋　2、4. 陶双腹豆　3. 陶敛口钵　5. 陶矮圈足　6. 陶罐底

敛口钵　1件（M58∶3）。夹砂黑陶。敛口近直，尖圆唇，鼓肩，斜弧腹，平底。素面。口径12.4、腹径13.4、底径6、高5.7厘米（图四〇一，11；图版一三〇，3）。

双腹豆　2件。M58∶2，泥质陶外红内黑。敞口，宽折沿微凹，尖圆唇，折腹弧内收，圜底下附高圈足，足壁外斜，足根外凸内凹呈小台状。素面。口径19.5、底径10.7、高14厘米（图四〇一，1；图版一三〇，2）。M58∶4，泥质黑陶。上部残，圜底下附较高较粗矮圈足，足壁外弧近直，足根外凸内凹小台状。足壁饰三个圆形和三个竖三角形相间的镂孔。足径10.4、残高6.4厘米（图四〇一，9）。

矮圈足　1件（M58∶5）。泥质黑陶。上部残，圜底下附矮圈足，足壁外斜。素面。足径7.3、残高1.5厘米（图四〇一，14）。

罐底　1件（M58∶6）。泥质陶外黑内黄。上部残，弧腹内收，凹平底。素面。底径7.6、残高5.8厘米（图四〇一，7）。

填土标本：无。

③ 年代推断

据附表二，M58∶1为Ⅴ式簋、M58∶3为Ⅲ式敛口钵、M58∶2为AⅣ式双腹豆、M58∶4为BⅢ式双腹豆圈足。这一组合，推测M58为屈家岭文化晚期墓葬。

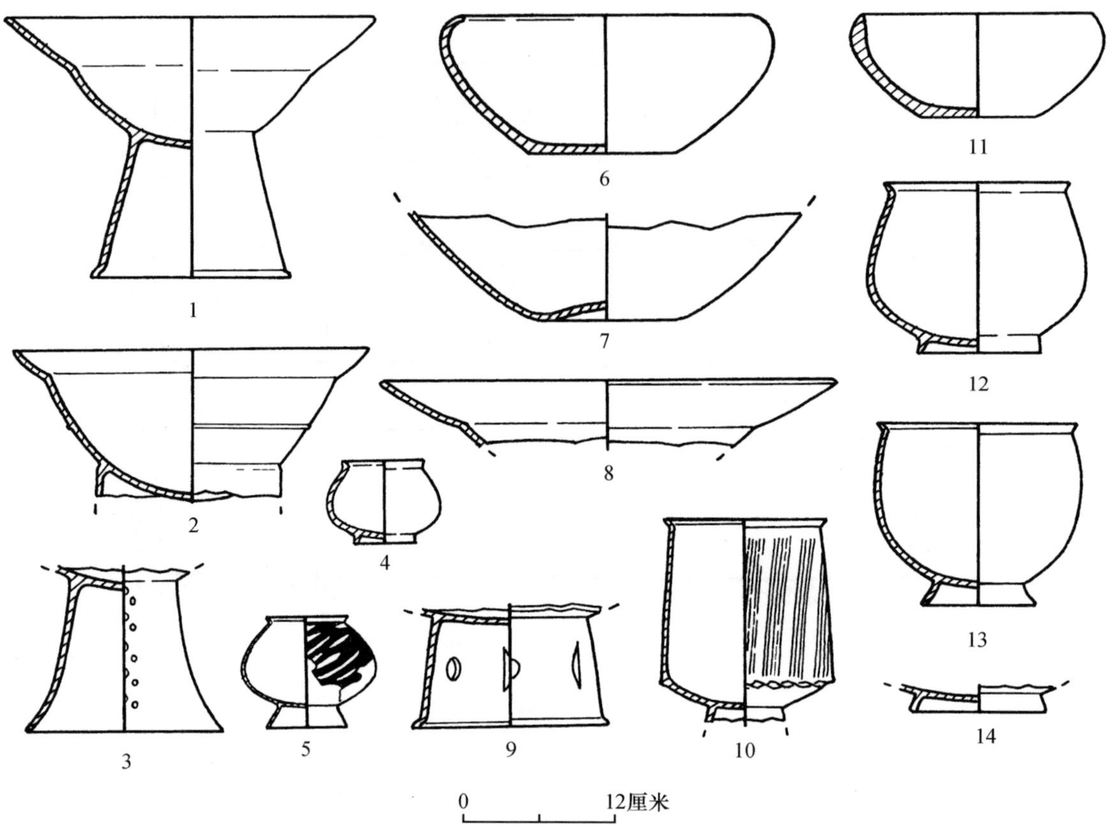

图四〇一　M40、M41、M58出土陶器

1、2、8、9. 双腹豆（M58:2、M41:8、M40:1、M58:4）　3. 豆圈足（M41:12）　4、5、12. 簋（M40:2、M41:11、M58:1）　6、11. 敛口钵（M41:10、M58:3）　7. 罐底（M58:6）　10. 高圈足杯（M41:7）　13. 罐形杯（M41:9）　14. 矮圈足（M58:5）

4. 屈家岭文化晚期的地层单位

（1）T24③层

标本18件。有石锛、陶纺轮，还有陶凹折沿罐、折沿小罐、斜颈罐、束颈罐、彩陶壶形器、敛口碗、斜沿碗、外折沿盘、双腹盘、盘粗大圈足、卷沿盆、器盖纽、片状内折小鼎足、彩陶壶残片。

石器

石锛　1件（T24③:18）。石片，青色。扁弧近长方形，平顶两面打制，两面，一面为光滑弧原面，另一面破裂面稍磨而甚平，两边修直，有磨痕，但都还不平，弧刃两面磨制，但不对称，也不甚锋利。长10.4、宽6、厚1.7厘米（图四〇三，10）。

陶器

陶纺轮　2件。皆圆形，扁薄两面平，中间钻一孔，角边型。素面。T24③:16，泥质红陶，鲜红局部泛黑。直径3.4、孔径0.5、厚1.2厘米（图四〇五，4；图版一三三，10）。T24③:15，泥质褐陶，大部分黑色，局部泛红。直径4、孔径0.4、厚1厘米（图四○五，2）。

凹折沿罐　2件。T24③:1，夹砂夹蚌红陶。侈口，束颈，宽折沿上仰微凹，斜尖唇，溜肩，深鼓腹，下已残。素面。口径29、残高12厘米（图四○二，1）。T24③:6，夹砂红陶。侈口，凹折沿尖唇，束颈，斜肩，鼓腹，腹下已残。素面。口径19、残高7.8厘米（图四○二，14）。

折沿小罐　1件（T24③:13）。泥质磨光黑陶。侈口，束颈，凹折沿，尖圆唇，溜肩，弧腹下已残。素面。口径7、残高2.6厘米（图四○二，6）。

斜颈罐　1件（T24③:5）。夹炭黑陶。侈口，束颈，折沿，沿面内凹，尖圆唇，鼓肩，肩下已残。腹部残存六周细凹弦纹。口径15、残高4.4厘米（图四○二，13）。

束颈罐　1件（T24③:9）。泥质黑陶，红褐胎。侈口，束颈，卷沿，尖圆唇，溜肩，肩下已残。素面。口径30、残高4.2厘米（图四○二，2）。

彩陶壶形器　1件（T24③:58）。泥质浅红陶，外绘黑彩纹。直口，方圆唇，高直颈，肩已残。外颈有黑彩绘的交叉斜线组成的网格纹。口径10、残高5.5厘米（图四○二，8）。

敛口碗　1件（T24③:10）。泥质黑陶，红陶。敛口，尖圆唇，扁弧腹，腹下已残。素面。口径15、残高4.8厘米（图四○二，15）。

斜沿碗　1件（T24③:14）。泥质磨光黑陶。敞口，沿外上斜，尖圆唇，深弧腹内收，下部已残。素面。口径17、残高4.6厘米（图四○二，16）。

外折沿盘　1件（T24③:12）。泥质黑陶。敞口，凹沿外折，方圆唇，浅弧腹内收，下已残。素面。口径21、残高2.8厘米（图四○二，18）。

双腹盘　1件（T24③:62）。泥质黑陶。敞口，方唇，凹沿，弧腹皆内收，下已残。外沿、外腹有细密不成周不等距修整痕。口径26、残高2.5厘米（图四○二，12）。

盘粗大圈足　1件（T24③:11）。泥质灰陶。上部已残，仅剩高圈足残片，足壁外撇成喇叭状，足根又外斜成低台状。残足片上部有一个小圆镂孔。足径19、残高5.6厘米（图四○二，17）。

卷沿盆　1件（T24③:8）。泥质黑陶，红胎。直口外卷，窄沿外斜，尖圆唇，深弧腹上部微内束，下部内收，但已残。素面。口径25、残高5厘米（图四○二，11）。

器盖纽　1件（T24③:56）。泥质红陶，外施深红衣。仅剩盖纽残块，纽如足壁外弧矮圈足倒置。素面。纽径8.4、残高1.8厘米（图四○二，9）。

片状内折小鼎足　1件（T24③:55）。泥质红陶，手捏制。仅剩泥质黑陶罐形鼎下部鼎足，足片状呈倒梯形，足两侧边皆外折向外足面中间捏压，且足根稍外撇。素面。残高4.7厘米（图四○二，4）。

彩陶壶残片　1件（T24③:3）。泥质红陶，绘黑彩。上、下残，仅剩中部残块，折腹有凸棱。上腹四周带状花纹，近平行，下腹一周粗细不一带状纹又加上部方点，下部斜划黑色图案。残片高3厘米（图四○二，5）。

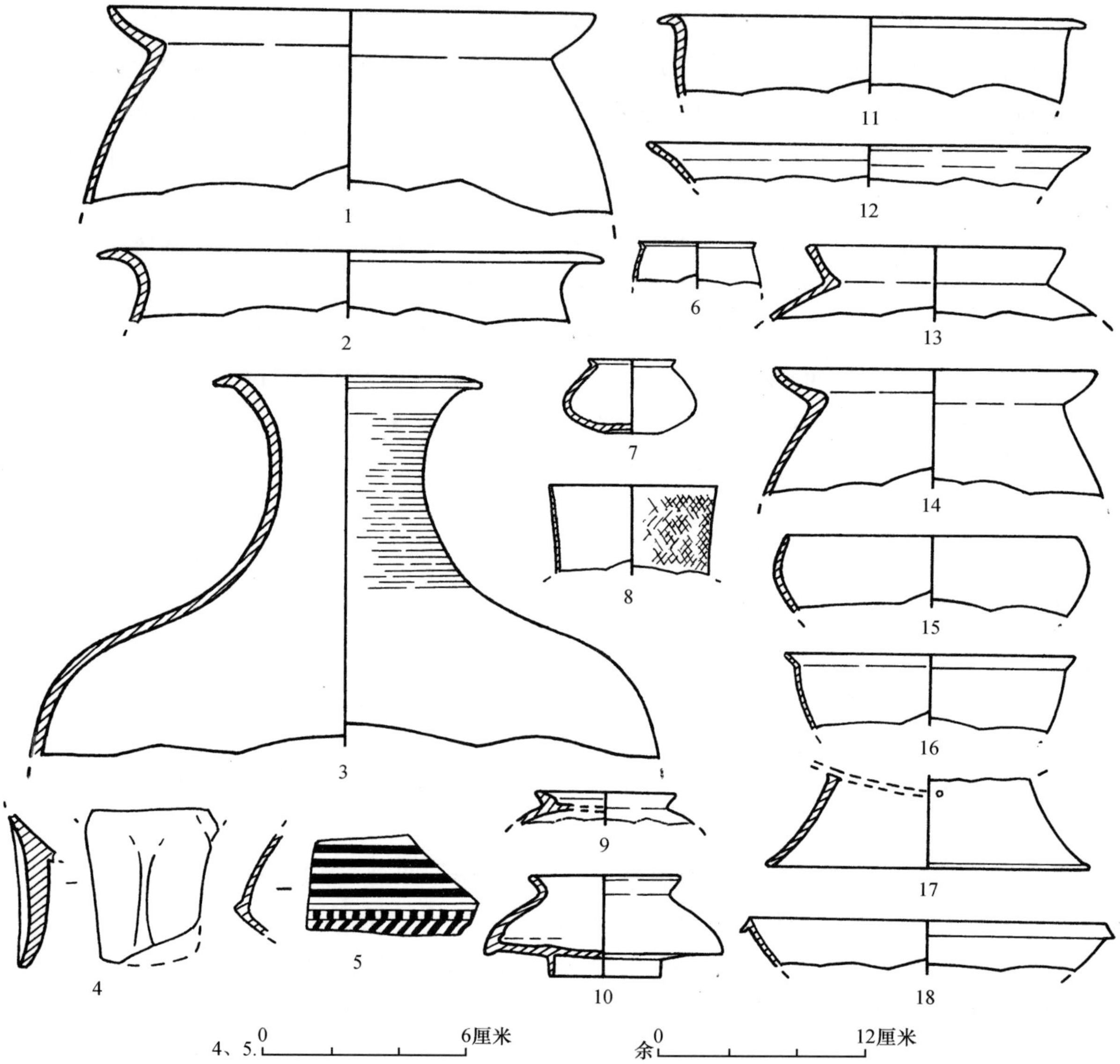

图四〇二　T24③层、T25③层出土陶器

1、14. 凹折沿罐（T24③：1、T24③：6）　2. 束颈罐（T24③：9）　3. 高弧颈大壶（T25③：44）　4. 片状内折小鼎足（T24③：55）　5. 彩陶壶残片（T24③：3）　6、7. 折沿小罐（T24③：13、T25③下：63）　8. 彩陶壶形器（T24③：58）　9. 器盖纽（T24③：56）　10. 盂形器（T25③：19）　11. 卷沿盆（T24③：8）　12. 双腹盘（T24③：62）　13. 斜颈罐（T24③：5）　15. 敛口碗（T24③：10）　16. 斜沿碗（T24③：14）　17. 盘粗大圈足（T24③：11）　18. 外折沿盘（T24③：12）

（2）T25③层（包括T25③下层2件）

标本8件。有石锄、石斧、小石锛和陶纺轮，还有陶折沿小罐、高弧颈大壶、盂形器。

石器

石锄　1件（T25③下：64）。石片，棕灰色。扁平近梯形，顶部折断已残，两边打制只修直尚不平，两面都近平，一面为原砾面有片疤，另一面打制面，宽弧刃，两面磨制，有使用痕，不甚锋利。残长12、下宽8.8、厚2.8厘米（图四〇三，1）。

石斧　1件（T25③:5）。砾石，黑褐色。较厚近长方形，弧顶为原面，两面也皆光滑近平原面，两边，一边原面，另一边打制后磨平，仍多凹疤，平刃两面磨制，较锋利。长10.3、宽4.9、厚2.3厘米（图四〇三，12；图版一三一，4）。

小石锛　2件。T25③:61，石片，灰色。扁薄梯形，平顶较薄磨平，两面磨制皆弧平，两边磨平皆外斜，近对称，弧刃一角已残，两面磨制不对称，锋利。长5.6、宽3.9、厚0.9厘米（图四〇三，7）。T25③:4，石片，青灰色，皮棕黄。甚薄梯形，平顶磨制，两面，一面为光滑原面，另一面磨平，两边磨平皆外斜，弧刃近平，单面磨制，不甚锋利。长6.2、宽3.6、厚0.7厘米（图四〇三，6）。

陶器

陶纺轮　1件（T25③:41）。泥质红陶，施鲜红衣。扁薄两面近平，微内凹，直边型。素面。直径3.4、孔径0.35、厚1.2厘米（图四〇五，3；图版一三三，20）。

折沿小罐　1件（T25③下:63）。泥质黑陶，红胎。侈口，束颈，折沿，尖圆唇，斜肩，鼓腹，凹平底。素面。口径6.3、腹径7.9、高4.2厘米（图四〇二，7；图版一三五，2）。

高弧颈大壶　1件（T25③:44）。泥质红褐陶。喇叭口，弧沿外卷，方圆唇，高颈中束，广弧肩，深弧腹已残。颈中部有数周螺旋形凹弦纹。口径16.2、残高23厘米（图四〇二，3；图版一三七，3）。

盂形器　1件（T25③:19）。泥质黑陶，黄灰陶施黑衣。侈口，束颈，卷沿，尖圆唇，弧肩为腹，腹内收下起凸棱，大平底，下附矮圈足，足壁垂直，足根如方圆唇。素面。口径8.6、腹径14.1、足径6.6、高6.2厘米（图四〇二，10；图版一三九，2）。

（3）T26③层（包括T26③下层和T26③A层）

标本36件。有石锄、残孔石铲、石斧、残石器、小石锛、陶纺轮和陶环，还有陶凹折沿罐、折沿深腹罐、束颈罐、高领罐、敛口瓮、缸口沿、敛口碗、内折沿碗、双腹碗、直口盘、内折沿盘、喇叭状器座、罐平底、矮圈足。

石器

石锄　2件。T26③:16，石片，紫色，打制，仅刃磨制。扁弧体呈椭圆形，顶及一面皆原弧面，破裂面平整，两边斜直，一边单面打制成长平刃状，弧刃，较锋利。长11.7、宽6.7、厚2.1厘米（图四〇三，5）。T26③:46，石片，青色，打制。扁薄近直角梯形，平顶打制，两面皆原面，一面进一步打制，使刃部变薄，两边修直，斜刃单面打制，较锋利。长15.6、宽9.7、厚3.1厘米（图四〇三，2）。

残孔石铲　1件（T26③:17）。砾石，青色。仅剩刃部一角，两面弧平，中厚边薄，侧边磨平，弧刃两面磨制，但不对称，近顶有一残圆孔，单面钻。残长7.6、宽5.1、厚1.6厘米（图四〇三，8）。

石斧　2件。T26③:59，小砾石，青色。扁平近宽梯形，弧顶为原面，两面又磨平，但一面两侧仍保留原面，两面又磨平，但有疤，宽平刃两面磨制不对称，有使用痕，仍锋利。长8.5、宽6.9、厚1.8厘米（图四〇三，4；图版一三一，1）。T26③A:57，砾石，灰色。扁平梯形，弧顶为原面，两面近平，皆原面，两面磨平，都稍外斜，平刃两面磨制，有使用痕，已不甚锋利。长13、宽6.4、厚2.9厘米（图四〇三，11；图版一三一，3）。

残石器　1件（T26③:50）。砾石块，青色。体较厚近梯形，弧顶，两弧面皆原面，两边磨平，刃已残。残长9、宽7.1、厚3.7厘米（图四〇三，3）。

小石锛　1件（T26③下:9）。小石片，青色。平薄近长方形，顶已残，两面、两边皆磨平，一面有疤痕，弧刃近平，两面刃磨制，但不对称，较锋利。长3、宽1、厚0.4厘米（图四〇三，9）。

陶器

陶纺轮　5件。T26③下:1，夹细砂黄陶，局部泛黑块。圆形，扁薄两面平，角边型。素面。直径3.7、孔径0.4、厚1.5~1.7厘米（图四〇五，9；图版一三三，12）。T26③:42，泥质红陶。已残，扁薄两面平，弧边型。素面。直径3.6、孔径0.4、厚1.4厘米（图四〇五，8）。T26③:52，泥质红陶，一面局部泛黑，另一面大部分泛黑。圆形，扁薄两面中部微鼓，角边型。素面。直径5.3、孔径0.45、厚1.5厘米（图四〇五，7）。T26③A:53，泥质红陶。圆形，扁薄两面微凹，一面中部微鼓，角边型。素面。直径3.2、孔径0.4、厚1.1厘米（图四〇五，1；图版一三三，17）。T26③:54，泥质夹草末红陶。圆形，扁薄两面内凹，角边型。素面。直径4.1、孔径0.4、厚0.9厘米（图四〇五，5；图版一三三，7）。

陶环　1件（T26③:51）。泥质黑陶。残，一段，两面斜平，内比外稍厚，横断面呈平放椭圆形。素面。直径6、肉宽0.7、肉厚0.3厘米（图四〇四，18）。

凹折沿罐　5件。T26③:13，泥质灰陶。侈口，束颈，凹折沿，尖唇，斜肩，肩下残。素面。口径22、残高3.4厘米（图四〇四，2）。T26③:29，泥质黄陶。侈口，束颈，折沿，沿面微凹，尖圆唇，溜肩，腹已残。素面。口径22、残高3.3厘米（图四〇四，1）。T26③:31，泥质灰陶。侈口，束颈，宽折沿，沿面微凹，尖圆唇，溜肩，肩下残。素面。口径28、残高3.5厘米（图四〇四，8）。T26③:32，夹炭红褐陶。侈口，束颈，宽折沿，沿面微凹，尖圆唇，溜肩，肩下残。素面。口径30、残高4.1厘米（图四〇四，24）。T26③:33，夹砂夹草末红褐陶。侈口，束颈，折沿，沿面微凹，方圆唇，弧肩已残。素面。口径21、残高4.8厘米（图四〇四，3）。

折沿深腹罐　1件（T26③:28）。夹炭红陶。侈口，束颈，折沿，尖圆唇，溜肩，深腹，腹下已残。腹饰不规则不平行三周划纹，中间加饰凹弦状戳划纹。口径14、残高6.2厘米（图四〇四，11）。

束颈罐　2件。T26③:26，夹砂红陶。直口外卷，高颈中束，圆唇外凸口下，肩以下已残。素面。口径12、残高5.2厘米（图四〇四，9）。T26③:27，泥质黄灰陶。直口外卷，尖圆唇，矮颈中束，肩以下残。素面。口径23、残高5厘米（图四〇四，15）。

高领罐　1件（T26③:23）。泥质黄陶。小直口稍外斜，矮直颈，扁圆唇附口下，广肩已残。素面。口径11、残高4厘米（图四〇四，10）。

敛口瓮　1件（T26③:30）。泥质红陶。敛口，弧沿内敛，方圆唇外凸，弧肩，腹以下残。素面。口径16、残高4.4厘米（图四〇四，4）。

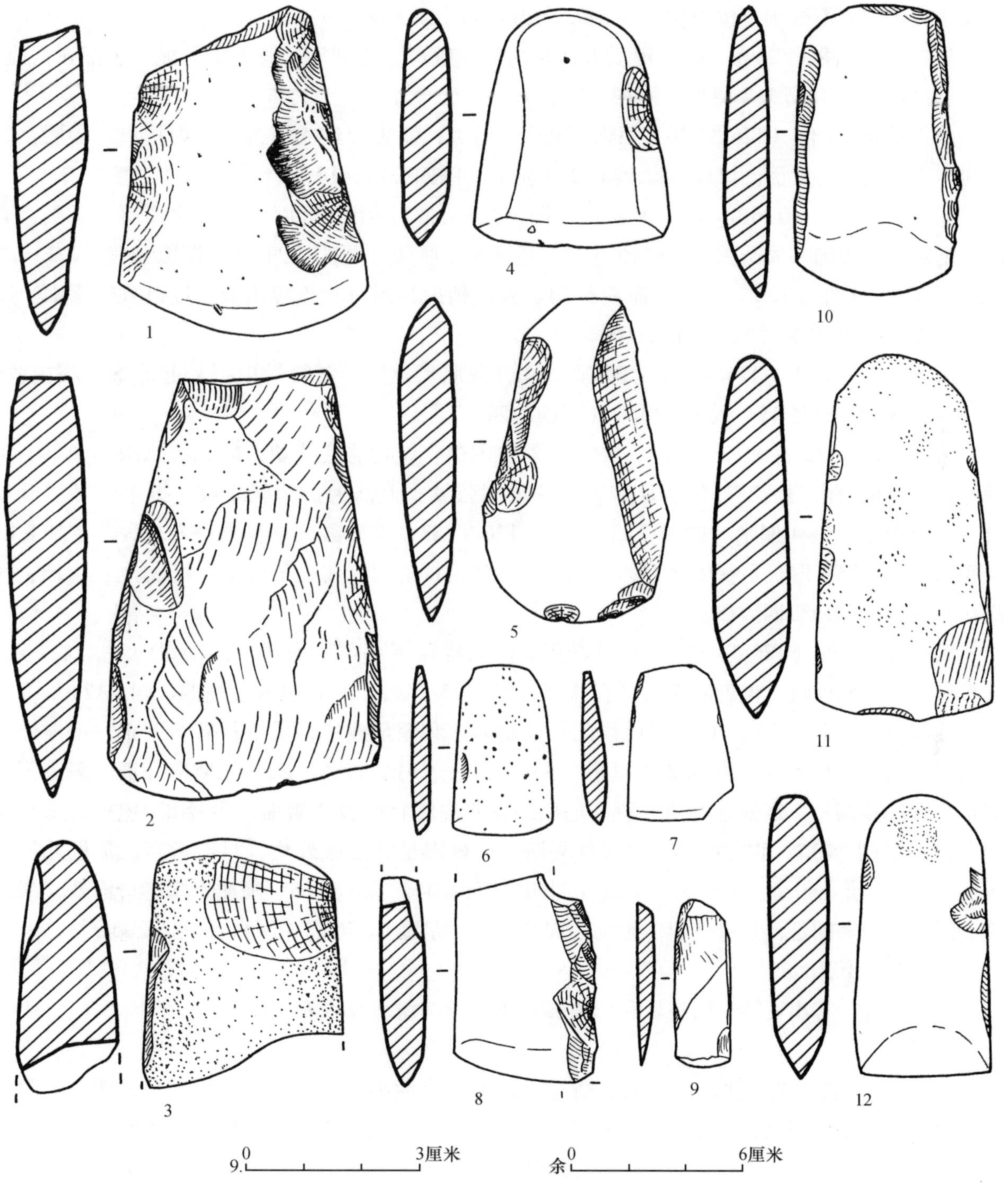

图四〇三 T24③层、T25③层、T25③下层、T26③层、T26③下层、T26③A层出土石器

1、2、5. 石锄（T25③下：64、T26③：46、T26③：16） 3. 残石器（T26③：50） 4、11、12. 石斧（T26③：59、T26③A：57、T25③：5） 6、7、9. 小石锛（T25③：4、T25③：61、T26③下：9） 8. 残孔石铲（T26③：17） 10. 石锛（T24③：18）

缸口沿　1 件（T26③:36）。夹砂红陶。仅口沿残块，直口，腹以下残。沿面饰两周深凹弦纹，腹上部有不规则指按划纹。残高 7.2 厘米（图四〇四，19）。

敛口碗　1 件（T26③:18）。泥质陶外黄内黑。敛口，尖圆唇，腹上部外鼓，下部弧内收。素面。口径 18、残高 3.7 厘米（图四〇四，5）。

内折沿碗　1 件（T26③:20）。泥质陶外红内黑，器表深红衣。敛口，内折沿，尖唇，斜弧腹内收，已残。素面。口径 14、残高 2.3 厘米（图四〇四，14）。

双腹碗　1 件（T26③:8）。泥质灰黄陶。敞口，宽折沿，沿面弧凹，尖圆唇，弧腹，圜底，足底残。腹饰一周凸弦纹。口径 20.2、残高 8.2 厘米（图四〇四，6；图版一三六，2）。

直口盘　1 件（T26③:15）。泥质红陶。直口稍敛，圆唇，折腹内收，底已残。素面。口径 24、残高 3.9 厘米（图四〇四，16）。

内折沿盘　1 件（T26③:14）。泥质红陶，灰胎。敛口，斜弧沿内折外起凸棱，腹内收，但已残。素面。口径 25、残高 4 厘米（图四〇四，7）。

喇叭状器座　2 件。T26③:35，夹砂陶外红内黑。仅剩器底残块，底如喇叭口，中空，足壁外斜，足根略内凹后又外斜。足壁下部一周凹弦纹，上部为折角状划纹，折角内又加戳点纹。足径 15、残高 4 厘米（图四〇四，12）。T26③:83，夹砂红陶。仅器底残块，形制如高圈足底部，只是胎甚厚。足壁中部上、下两层纹饰都由折角划纹和三角形凹孔组成。足径 16、残高 6.9 厘米（图四〇四，13）。

罐平底　1 件（T26③:34）。泥质红陶。仅剩罐腹下部至平底残块，深腹内斜，大平底。残腹满饰交叉斜绳纹，但近底绳纹又有抹痕。底径 15、残高 10.6 厘米（图四〇四，17）。

矮圈足　4 件。T26③:19，泥质黑陶。仅剩圜底和圈足残块，足壁稍外斜近直，足根外凸起圆棱。素面。足径 10、残高 2.3 厘米（图四〇四，21）。T26③:22，泥质陶外黄内黑。仅剩圈足和圜底矮圈足，足壁近直稍外斜，足根外卷起扁圆状凸棱。素面。足径 8.4、残高 1.8 厘米（图四〇四，23）。T26③:38，夹炭红褐陶。仅剩圈足和圜底残块，足壁近直，足根外斜起折痕。素面。足径 9.4、残高 3.2 厘米（图四〇四，20）。T26③:55，泥质黑陶。口沿残，深弧腹，圜底下附矮圈足，足壁外斜。腹饰一周凸棱纹。足径 6、残高 3 厘米（图四〇四，22）。

（4）T27③层

标本 8 件。有小石锛、陶纺轮和彩陶镯，还有敛口瓮、残器盖、矮圈足。

石器

小石锛　1 件（T27③:3）。石片，青色，磨制。扁薄小梯形，弧顶中间磨平，两面、两边皆磨平，弧刃单面磨制，有使用缺口，仍锋利。长 5.1、宽 3.2、厚 0.6 厘米（图四〇七，8；彩版一六，5）。

陶器

陶纺轮　2 件。皆完整，圆形，两面平，中间钻一圆孔，角边型。T27③:5，泥质红陶。直径 3.7、孔径 0.4、厚 1.5 厘米（图四〇五，6；图版一三三，13）。T27③:6，夹细纱红陶。直径 3.4、孔径 0.4、厚 1.4 厘米（图四一二，4；图版一三三，16）。

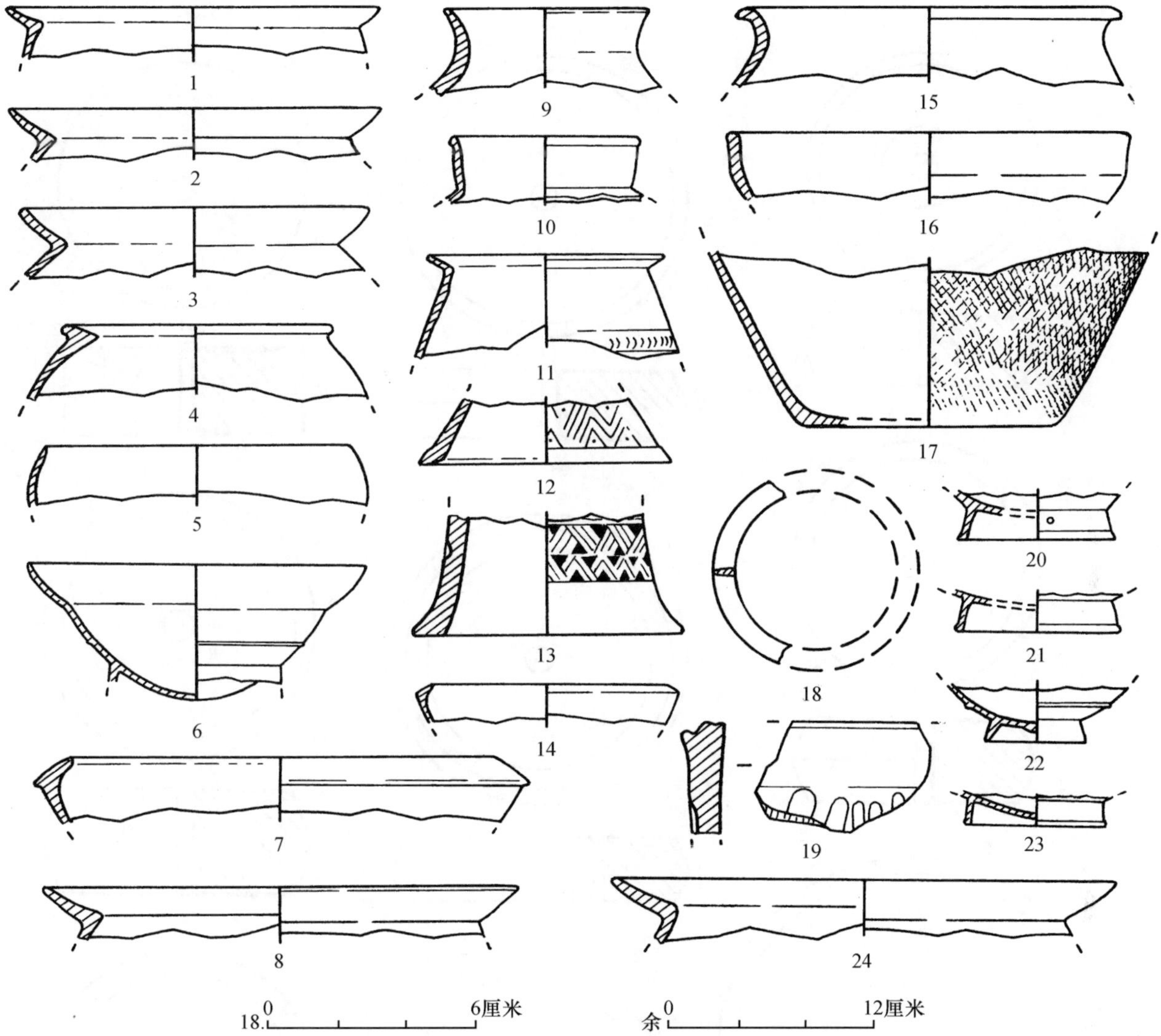

图四〇四 T26③层出土陶器

1～3、8、24. 凹折沿罐（T26③: 29、T26③: 13、T26③: 33、T26③: 31、T26③: 32） 4. 敛口瓮（T26③: 30） 5. 敛口碗（T26③: 18） 6. 双腹碗（T26③: 8） 7. 内折沿盘（T26③: 14） 9、15. 束颈罐（T26③: 26、T26③: 27） 10. 高领罐（T26③: 23） 11. 折沿深腹罐（T26③: 28） 12、13. 喇叭状器座（T26③: 35、T26③: 83） 14. 内折沿碗（T26③: 20） 16. 直口盘（T26③: 15） 17. 罐平底（T26③: 34） 18. 陶环（T26③: 51） 19. 缸口沿（T26③: 36） 20～23. 矮圈足（T26③: 38、T26③: 19、T26③: 55、T26③: 22）

彩陶镯 1件（T27③: 65）。泥质红陶，外施深红衣，绘黑彩。残块，面甚宽，内直外弧，两端已残。外壁上绘黑彩三条为一组的弧线纹多组。外径7.6、高2.4、厚0.6厘米（图四〇六，4）。

敛口瓮 1件（T27③: 8）。泥质橘红陶。敛口，厚沿内敛外凸，剖面呈倒三角形，斜弧肩，深弧腹，下已残。素面。口径26、残高5.5厘米（图四〇六，1）。

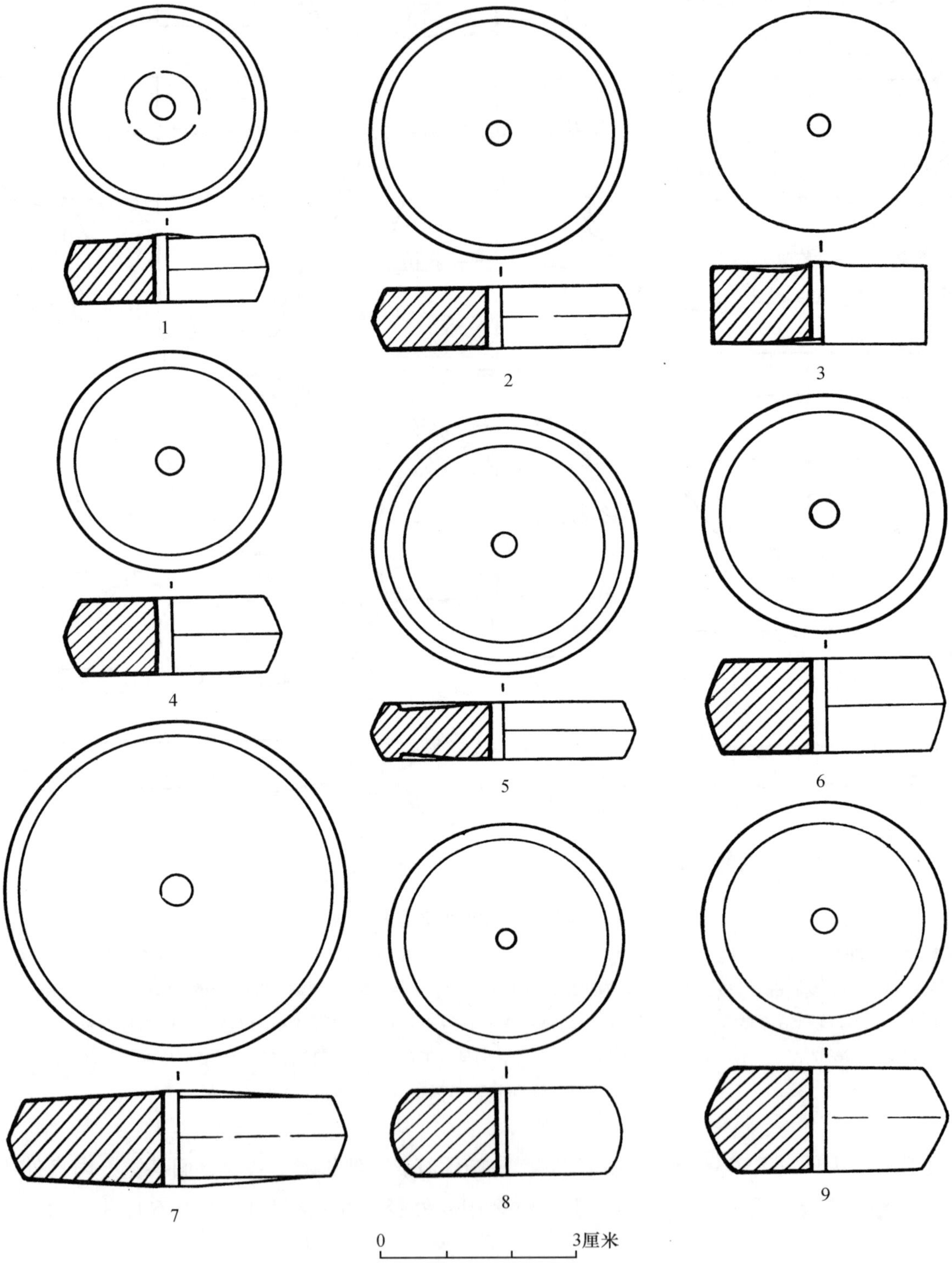

图四〇五　T24③层、T25③层、T26③层、T26③下层、T27③层出土陶纺轮

1. T26③A∶53　2. T24③∶15　3. T25③∶41　4. T24③∶16　5. T26③∶54　6. T27③∶5　7. T26③∶52　8. T26③∶42　9. T26③下∶1

残器盖　1件（T27③:64）。泥质黑陶。盖纽圈足状，上部已残，盖盘面近平，盖口沿下垂折，但沿唇已残。未见纹饰。盖径9.5、残高3.1厘米（图四〇六，5）。

矮圈足　2件。T27③:10，泥质黑陶。口部已残，仅剩圈足和圜底，足壁近直，稍矮外斜。素面。足径7、残高1.8厘米（图四〇六，6）。T27③:11，泥质黑陶。上部已残，仅剩矮圈足残片，壁外弧，足根附贴一周扁凸棱，使足根内底成凹槽。足饰圆形镂孔，上、下两个为一组。足径11、残高3厘米（图四〇六，7）。

（5）T30③层

标本14件。有石锄、石斧、小石斧、两边已磨平厚石器坯和陶纺轮，还有石镯、有槽骨饰及陶凹折沿罐。

石器

石锄　1件（T30③:31）。石片，黑色，打制。近扁平长条状，弧刃，不锋利。长16、宽7.6、厚2.4厘米（图四〇八，5）。

石斧　5件。T30③:39，砾石，青色，刃磨制，余打制。为长条形，顶斜向一侧，两边修直，两面，一面为原石面，另一面稍修不平，中厚边薄，两面磨刃对称，平刃稍弧，甚锋利。长15.8、宽6.6、厚2.7厘米（图四〇八，8）。T30③:64，小砾石，青色，磨制，多片疤。扁平近梯形，弧顶较窄，双面弧刃不对称，一角有使用痕，锋利。长9.1、宽4.9、厚1.5厘米（图四〇七，1）。T30③:65，石，甚轻，灰色暗条纹，磨制。扁薄长形，平顶与刃部皆为单面平刃，但皆不锋利。刃部一角已残。长9.1、宽4.6、厚1.3厘米（图四〇七，2）。T30③:66，沉积岩，灰色，磨制。残，仅余刃部，扁薄长方体，两面平刃，有使用疤痕，已不锋利。残长4.8、宽7.1、厚2厘米（图四〇七，5）。T30③:67，砾石，青色，两边及刃稍磨制。厚体长方形，斜顶，两面皆弧，都是砾石原面，两面弧刃对称，但不锋利。长14.4、宽5.9、厚3.2厘米（图四〇八，4）。

小石斧　1件（T30③:33）。页岩（沉积岩），暗黄色，黑条，磨制。扁薄梯形，两面平刃稍宽，较锋利。长6.8、宽4、厚1.5厘米（图四〇七，11）。

两边已磨平厚石器坯　1件（T30③:32）。砾石，青色。厚体呈长方形，斜顶，两边磨平，两面为原石面，也较平，两面刃只打制而甚钝不锋利。长17.9、宽7.2、厚3.9厘米（图四〇八，1）。

陶器

陶纺轮　3件。T30③:19，泥质红陶。扁薄一面平，一面内凹，弧边型。素面。直径4.2、孔径0.3、厚1.25厘米（图四一二，8；图版一三三，9）。T30③:44，泥质黑陶。残剩一半，扁薄两面平，角边型。素面。厚1.2厘米（图四一二，5）。T30③:45，泥质灰褐陶，局部泛红。扁薄两面皆稍内凹，角边近弧，且不对称。素面。直径3.2、孔径0.3、厚1.15厘米（图四一二，3；图版一三三，18）。

凹折沿罐　1件（T30③:82）。夹砂夹炭红陶。侈口，宽折沿，沿面微凹，尖圆唇，斜肩，腹已残。素面。口径24、残高5.2厘米（图四〇六，2）。

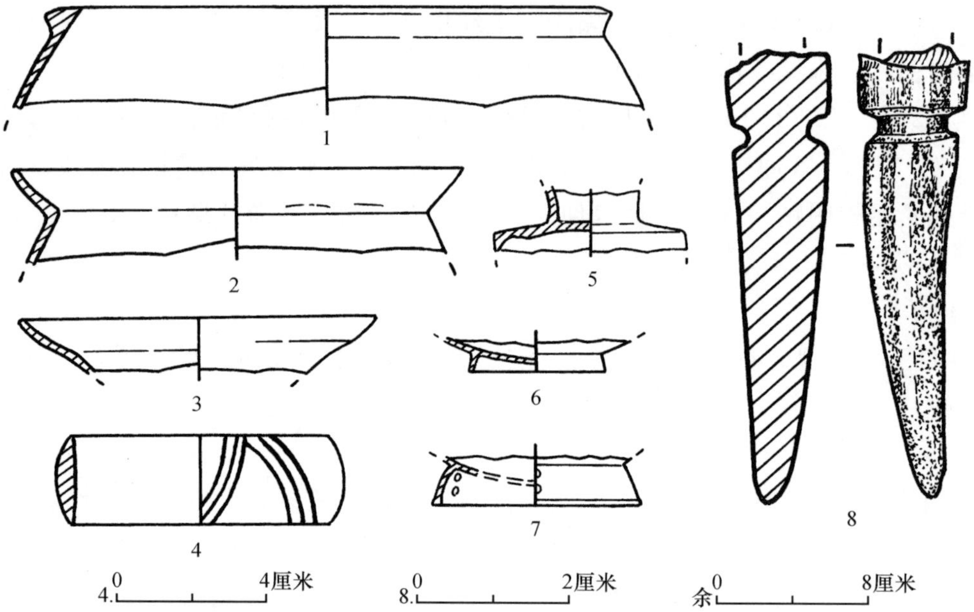

图四〇六　T27③层、T30③层、T30③A 层出土陶、骨器

1. 陶敛口瓮（T27③:8）　2. 陶凹折沿罐（T30③:82）　3. 陶双腹器（T30③A:83）　4. 彩陶镯（T27③:65）　5. 陶残器盖（T27③:64）　6、7. 陶矮圈足（T27③:10、T27③:11）　8. 有槽骨饰（T30③:47）

其他

石镯　1 件（T30③:46）。石，白色。仅剩大半周，且已断成三节，圆环甚高，内面近直，外面稍弧，上下面平，甚窄。直径 5.6、高 1.8、厚 0.55 厘米（图四〇七，4）。

有槽骨饰　1 件（T30③:47）。骨，黄白斑驳，锯，雕刻，似鹿角末端，锯断时不平整，上部再雕刻一周凹槽，可能作佩饰用。残长 6.1 厘米（图四〇六，8）。

（6）T30③A 层

标本 7 件。有小石斧、小石锛、双头有刃石凿、石凿坯和陶纺轮，另有 1 件双腹器。

石器

小石斧　2 件。T30③A:28，砾石，青色，磨制。较厚正梯形，平顶为原砾石面，两面弧刃不对称，一角有使用痕迹，可见细小崩疤。长 6.8、宽 4.9、厚 2 厘米（图四〇七，3）。T30③A:49，石片，黄色黑条，打、磨兼制。扁薄长方形，平顶，两面，一面为破裂面平整，另一面为砾石面，一边较厚，一面刃稍磨，弧刃，较锋利。长 4、宽 1.7、厚 0.3 厘米（图四〇七，6）。

小石锛　1 件（T30③A:50）。砾石，乳黄色，泛青。磨制。扁薄梯形，顶稍残，单面刃近平稍宽，较锋利。长 4.8、宽 2.9、厚 0.8 厘米（图四〇七，7）。

双头有刃石凿　1 件（T30③A:51）。砾石，灰褐色，磨制。长方体，两面皆单面刃，较锋利。长 7、宽 1.2、厚 1 厘米（图四〇七，10；图版一三四，6）。

石凿坯　1 件（T30③A:78）。沉积岩，深灰色，打制。为长方柱形，顶不平，刃未成。长 6.7 厘米（图四〇七，9）。

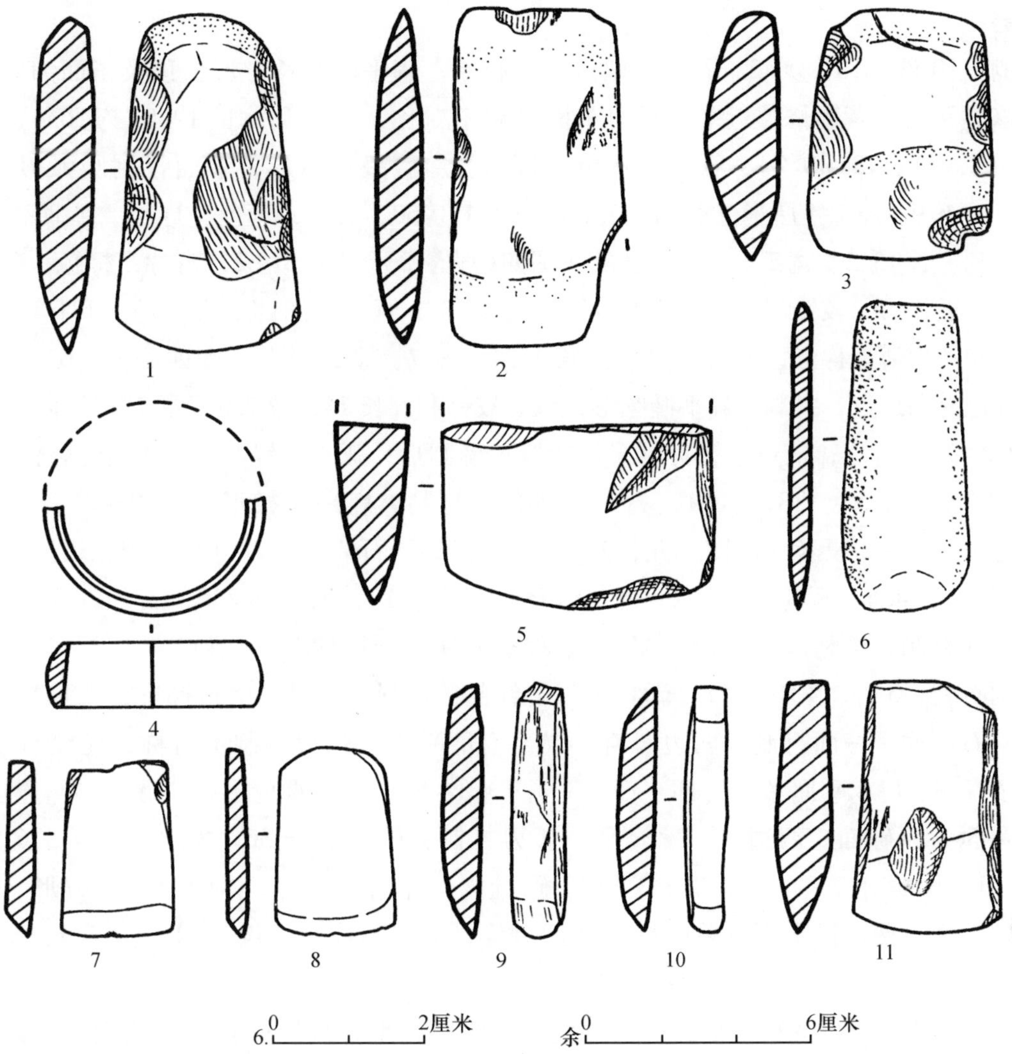

图四〇七　T27③层、T30③层、T30③A层出土石器

1、2、5. 石斧（T30③:64、T30③:65、T30③:66）　3、6、11. 小石斧（T30③A:28、T30③A:49、T30③:33）　4. 石镯（T30③:46）　7、8. 小石锛（T30③A:50、T27③:3）　9. 石凿坯（T30③A:78）　10. 双头有刃石凿（T30③A:51）

陶器

陶纺轮　1件（T30③A:48）。泥质红陶。扁薄角边型，局部角边近弧形，一面稍残。素面。直径3.3、孔径0.25、厚0.7厘米（图四一二，1；图版一三三，4）。

双腹器　1件（T30③A:83）。泥质黑陶，灰、红夹心胎。敞口，宽沿深凹，折腹弧内收，下腹已残。素面。口径19、残高3厘米（图四〇六，3）。

（7）T31③层

标本70件。有石锄、打制石斧、石斧、残石斧、石锛、小石锛、长石凿、圭形石凿、砺石、骨锥和陶纺轮，又有陶球、陶塑和陶环，还有陶凹折沿罐、折沿小罐、弧折沿罐、束颈罐、内折沿碗、敛口碗、红顶碗、卷沿盘、红陶杯、器盖、器盖纽器物。

石器

石锄　10件。T31③:42，石片，暗红色，打制。扁平较厚长方形，顶及正面为原石面，两边打制修整平直，背面修整近平，平刃单面打制不对称，较锋利。长12.8、宽6.4、厚3厘米（图四一〇，4）。T31③:73，石片，青色，打制。扁薄呈长弧形，单面打制圆弧刃，较锋利。长13.6、宽6.9、厚2.4厘米（图四〇九，8）。T31③:50，石片，青色，打制。厚薄不一呈梯形，弧刃较锋利。长15.2、宽7.1、厚3厘米（图四〇九，3）。T31③:62，石片，棕色，打制。体较厚近梯形，近弧刃，较锋利。长17.6、宽10.7、厚3.1厘米（图四〇九，7）。T31③:67，石片，灰色，打制。扁薄近梯形，弧刃较锋利。长13.4、宽7、厚2厘米（图四〇九，6）。T31③:76，石片，红色夹白斑点，打制。扁平椭圆形，弧刃较锋利。长14、宽7.9、厚2.4厘米（图四〇九，2）。T31③:77，石片，灰黄色，打制。体较厚近椭圆形，弧刃较锋利。长16.4、宽9.4、厚2.9厘米（图四〇九，5）。T31③:81，石片，灰色，打制。扁平长梯形，弧刃近平，不锋利。长15.5、宽7.2、厚2厘米（图四〇九，9）。T31③:126，石片，棕黄色，打制。较厚近梯形，弧刃较锋利。长14.6、宽8.7、厚2.4厘米（图四〇九，1）。T31③:238，石片，青色，仅打制。斜弧刃单面打制，锋利。长11.5、宽7.9、厚2.8厘米（图四〇九，4）。

打制石斧　3件。T31③:51，砾石核，暗红色，打制。近扁平呈长梯形，弧顶打制为刃状，两面为砾石原面，一面打制，两边修直，局部有磨平痕，弧刃打制不对称，还没有顶部锋利。长20、宽7.8、厚2.9厘米（图四一〇，3）。T31③:55，石，青色，打、琢兼制。厚体长方形，弧顶、两面为原砾面，两边打、琢修平，弧刃打制并锋利。长30、宽8.5、厚5.6厘米（图四一〇，1；图版一三一，5）。T31③:61，砾石核，青色，打制。体较厚近长方形，弧顶，两面皆原砾石面，两边修平直，单面打刃但近对称，弧刃不锋利。长11.1、宽7.5、厚3.3厘米（图四〇八，9）。

石斧　8件。T31③:22，小砾石，青色。较厚小梯形，弧顶原砾面，两面，一面磨制，另一面稍打制但仍不平，两边，一边磨平，另一边仅打平，单面磨刃近对称，弧刃，有使用痕，不甚锋利。长7.5、宽3.8、厚1.9厘米（图四一一，5）。T31③:54，石片，青色。厚薄不一呈梯形，斜顶打制，两面，一面为原砾石面，另一面打制不平，两边磨制较平，两面磨刃近平不对称，有使用痕，不锋利。长13.4、宽7.4、厚2.9厘米（图四〇八，7）。T31③:57，石，黄石皮，质灰白色。扁平长方形，弧顶，两面，一面为原砾面，另一面磨制，两边磨制，琢平，单面刃稍弧近平，不甚锋利。长8.5、宽5.4、厚2厘米（图四一一，7）。T31③:59，砾石，青色。厚体长条形，弧顶，两面皆经打制近平，两边修直磨制但不平，两面刃皆打制对称，弧刃，但不锋利。长12.8、宽5.6、厚2.5厘米（图四一〇，6）。T31③:64，砾石核，灰色有黑点。较厚长梯形，斜顶，两面、两边皆磨平，两面磨刃近对称，平刃，较锋利。长11.8、宽4.5、厚2.5厘米（图四一〇，7）。T31③:65，砾石，青灰色。呈扁平近长方形，顶已断，两面近平，两边修直但不平，两面磨刃不对称，平刃稍弧有使用痕，不锋利。长9.3、宽5.9、厚1.9厘米（图四一〇，8）。T31③:66，砾石，青灰色。厚体呈长方形，斜平顶为原面，两边、两面皆磨制，边直，面皆弧，两面刃不对称，平刃有片疤不锋利。长9.7、宽6.5、厚3.3厘米

（图四〇八，6；图版一三一，2）。T31③:70，砾石核，象牙黄中透白。扁薄近梯形，弧顶，两面，一面弧凸，一面较平，两边磨平，斜弧刃两面磨制，有使用痕，不锋利。长9、宽4.9、厚1.7厘米（图四一一，1）。

残石斧　9件。T31③:49，砾石，青色。扁平长方形，两面、两边皆磨光，两面稍弧近平，两边平直，刃已残。长9.4、宽5.1、厚2.3厘米（图四一一，6）。T31③:52，砾石，紫红色。扁平呈梯形，通体磨光，但刃部已残。残长10.4、宽8、厚3厘米（图四一〇，2）。T31③:53，砾石，青色。体较厚近长方形，顶已残，两边磨平，双面磨制弧刃近对称，锋利。残长5.5、宽7.5、厚2.7厘米（图四一一，3）。T31③:63，砾石，青色。扁薄长方形，顶残，两边为弧圆平直，两面布满敲琢加工痕迹，弧刃对称，较锋利。长9.4、宽8.4、厚2.7厘米（图四〇八，3）。T31③:69，沉积岩，有层理，灰色。仅剩刃部，顶因层理而断裂，两边磨平，两面磨刃不对称，弧刃近平，有使用痕，较锋利。残长3.5、宽6.8、厚1.6厘米（图四一〇，9）。T31③:75，石核，青色。厚体近长方形，平顶两面为原面，两边皆磨平，双面刃对称，但因残而不锋利。长11.7、宽6.8、厚3.2厘米（图四〇八，2）。T31③:78，小砾石，灰色。扁弧体近正方形，残顶近平，两面皆原面都微弧近平，但都有疤痕，两边修直，但都不平，弧刃两面磨制，有使用痕，仍锋利。残长6.3、宽5.8、厚1.8厘米（图四一一，12）。T31③:79，砾石，青色。厚体近长方形，仅剩刃部，两边磨平近垂直于刃部，两面磨成斜弧刃较对称，锋利。残长5.2、宽8.2、厚3.2厘米（图四一一，4）。T31③:82，砾石核，青色。厚体近长方形，顶部或刃部已残，两面皆砾石面，有琢痕，已修平但有片疤，两边磨平，刃部一为原砾面，另一为破裂面，所以今刃部似为顶部，原刃部已残。残长7、宽7.6、厚3厘米（图四一〇，5）。

石锛　2件。T31③:58，石片，青色。扁平长方形，单面磨刃近平，较锋利。长10、宽4.3、厚1.7厘米（图四一一，11）。T31③:240，砾石，暗黄色。薄体长方形，斜平顶，直边两面都磨制，平刃单面磨制有使用痕，较锋利。长7.8、宽4.1、厚1.2厘米（图四一一，2）。

小石锛　4件。T31③:44，小石片，青色。扁平近正方形，顶、两面、两边皆磨平，斜刃两面磨制不对称，较锋利。长4.4、刃宽3.6、厚0.6厘米（图四一一，13；彩版一六，3）。T31③:46，小石片，青花色，表面泛黑斑点。薄体呈梯形，平顶，两面、两边皆磨制，平刃单面磨制，锋利。长3.2、宽2.6、厚0.6厘米（图四一一，9；彩版一六，4）。T31③:68，沉积岩，有层理，灰色。扁平长方形，小砾石，仅两面磨成平刃，但不对称，不锋利。长6.6、宽3.3、厚1.4厘米（图四一一，15）。T31③:71，小砾石，青色。扁平近梯形，仅单面磨成平刃，一角已残，不锋利。长8、宽3.8、厚1厘米（图四一一，14）。

长石凿　1件（T31③:60）。砾石，沉积岩，有层理，灰色。扁平长条状，顶断，两面，一面为砾石面，另一面为层理断裂面，两边磨平，内斜小平刃单面磨制，已残，不锋利。残长12、宽2.3、厚1.1厘米（图四一一，8）。

圭形石凿　2件。T31③:45，砾石，沉积岩，有层理，黄褐色。扁平长条形，顶已断，横断面呈四方形，面比边稍宽，两边磨刃近对称，窄平刃锋利。残长6.6、宽2.2、厚1.2厘米（图四一一，10）。T31③:47，砾石，深灰色。扁平长条形，顶已断，面较宽，两边下部磨成窄

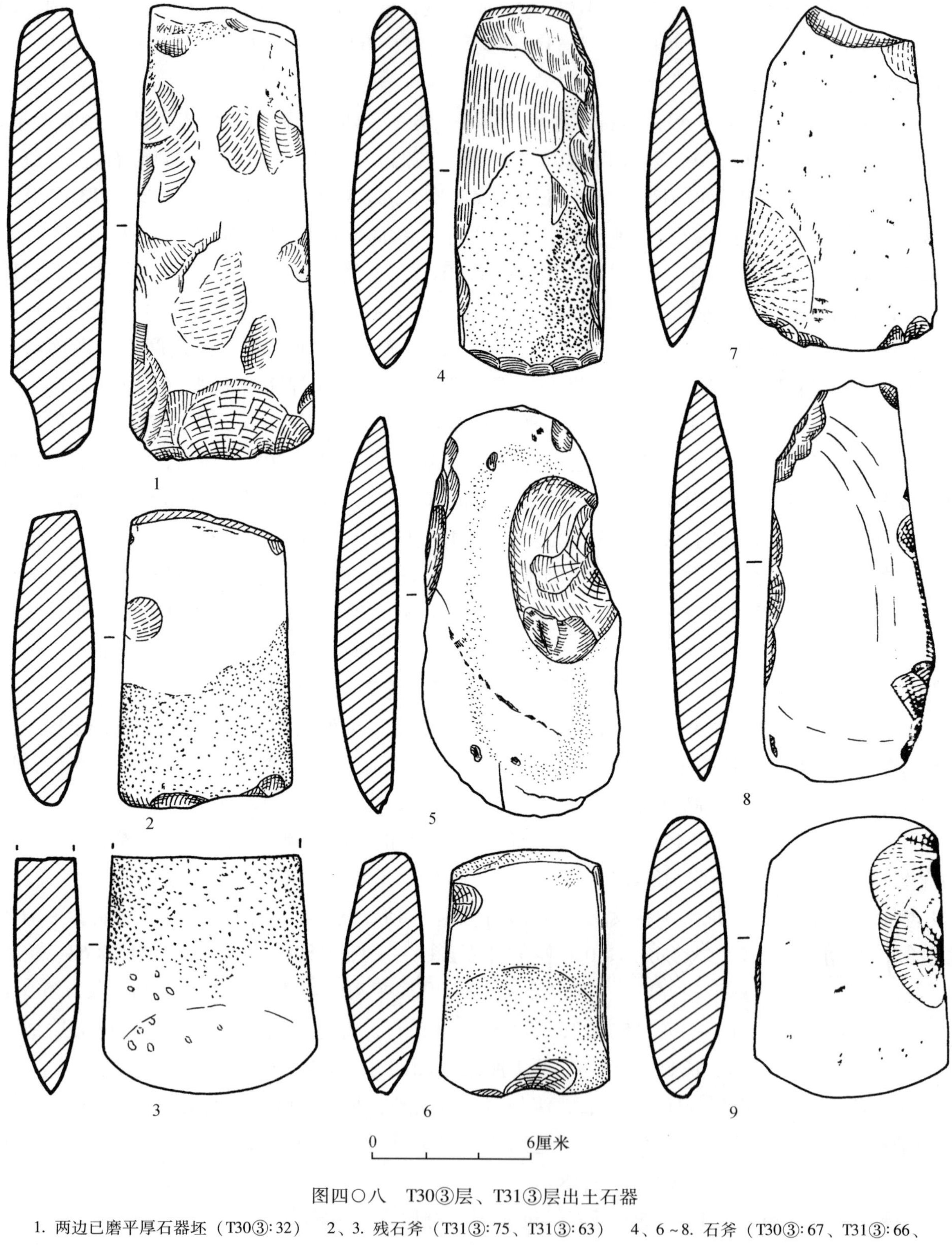

图四〇八　T30③层、T31③层出土石器

1. 两边已磨平厚石器坯（T30③: 32）　2、3. 残石斧（T31③: 75、T31③: 63）　4、6～8. 石斧（T30③: 67、T31③: 66、T31③: 54、T30③: 39）　5. 石锄（T30③: 31）　9. 打制石斧（T31③: 61）

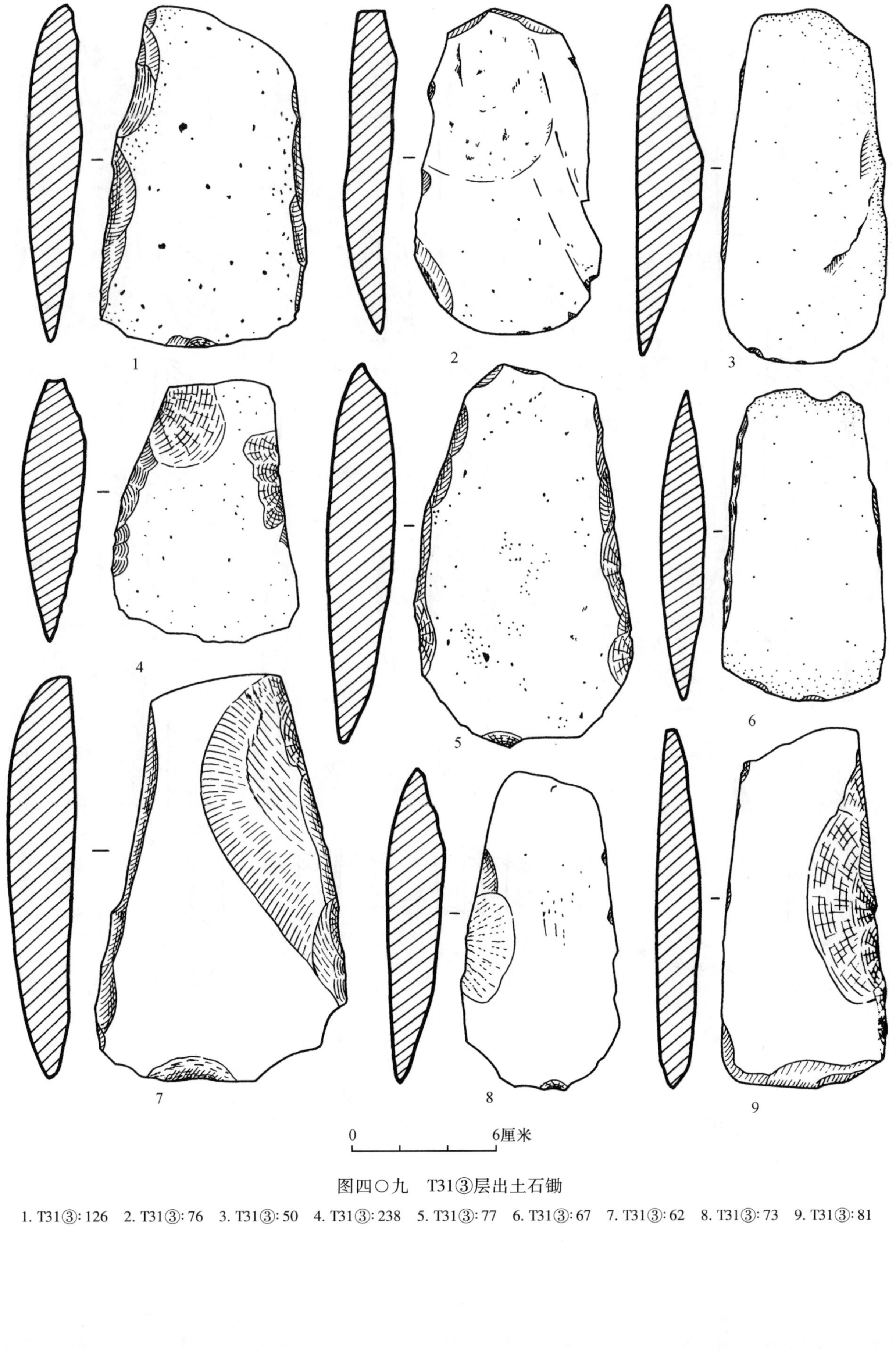

图四〇九　T31③层出土石锄

1. T31③: 126　2. T31③: 76　3. T31③: 50　4. T31③: 238　5. T31③: 77　6. T31③: 67　7. T31③: 62　8. T31③: 73　9. T31③: 81

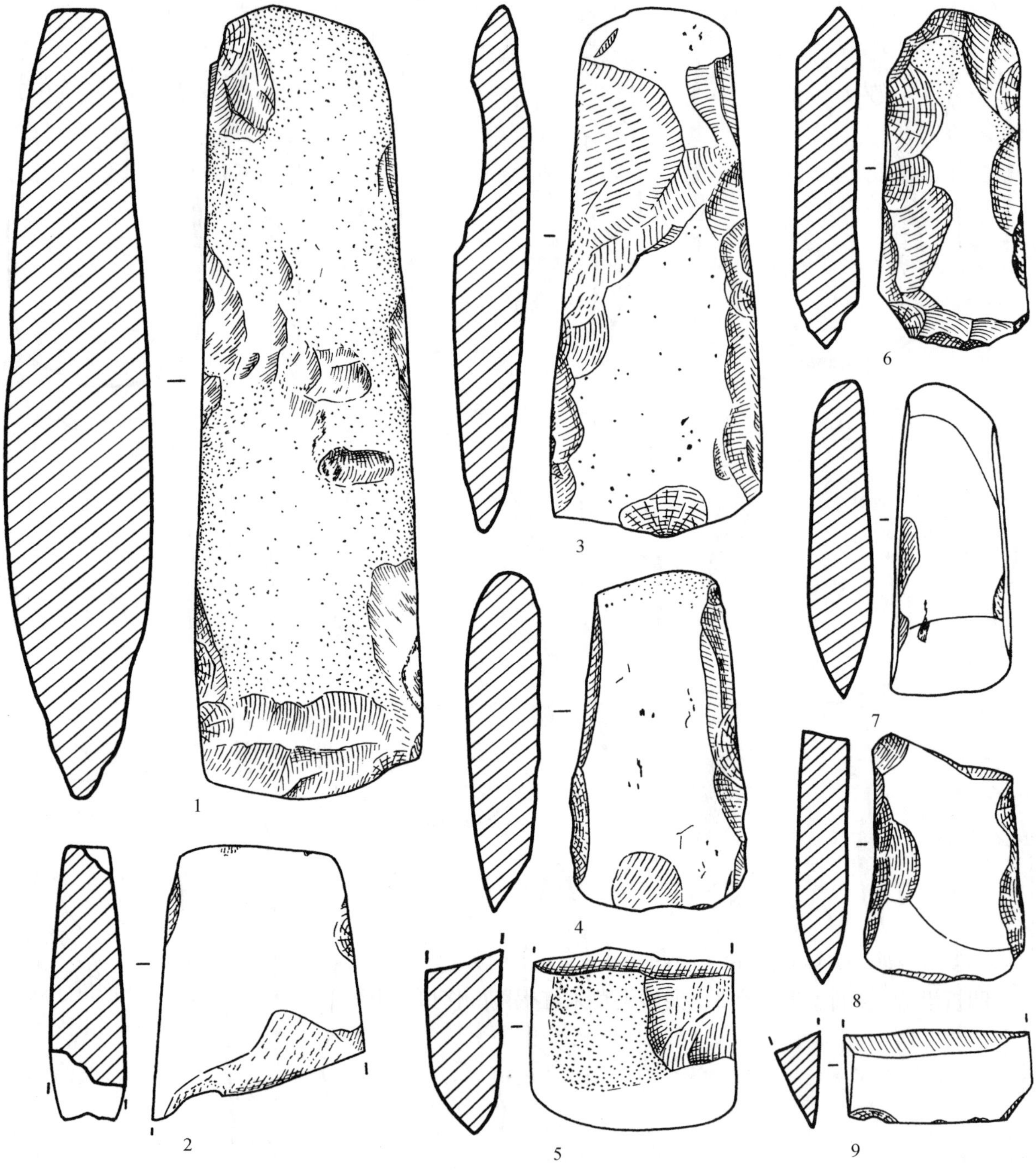

图四一〇　T31③层出土石器

1、3. 打制石斧（T31③: 55、T31③: 51）　2、5、9. 残石斧（T31③: 52、T31③: 82、T31③: 69）　4. 石锄（T31③: 42）　6～8. 石斧（T31③: 59、T31③: 64、T31③: 65）

刃不对称，也不锋利。残长5.5、宽2.9、厚1.1厘米（图四一一，16）。

砺石　1件（T31③:236）。砂岩，紫红色。较厚扁平近正方形，两面都有使用磨制痕。残长23.4、宽23、厚8.2厘米（图四一一，17）。

陶器

陶纺轮　4件。T31③:4，泥质红陶。一面已残，属扁薄两面平，角边型。素面。直径4、孔径0.3、残厚1厘米（图四一二，6）。T31③:85，泥质红陶。扁薄两面平，角边型。角边对称，但角顶圆弧。素面。直径4、孔径0.5、厚1.4厘米（图四一二，9）。T31③:114，泥质黑陶。扁薄两面平，角型，但夹角近直。一面饰两道划痕。直径3.4、孔径0.3、厚1.15厘米（图四一二，2；图版一三二，1）。T31③:239，夹砂红褐陶。扁薄两面平，角边型。素面。直径4.5、孔径0.6、厚1.6厘米（图四一二，7；图版一三二，6）。

陶球　1件（T31③:102）。泥质红陶，局部泛黑。完整，圆形，空心，摇之会响，沙粒在内，面上有两个小圆孔。表面饰一段模糊篦点纹，不成一周。直径3.4厘米（图四一三，6；图版一三二，10）。

陶塑　1件（T31③:121）。夹草末红陶。前部似嘴处略残，扁平方带状而凹折，前端有一未穿小孔，似变形鱼纹。残长5.1、宽1.8、厚0.8厘米（图四一四，4）。

陶环　7件。T31③:88，泥质灰陶。残，一节，截面为圆角梯形，内厚外薄。两面饰戳点纹，图案为双线平行为一组，但两组之间又构成钝角形。直径6.6、肉宽1、肉厚0.4厘米（图四一三，3）。T31③:89，泥质褐陶，红中泛黑。残，一节，截面为圆形。素面。直径6、肉径0.6厘米（图四一三，4）。T31③:99，泥质黑陶。残，一节，截面为圆角长方形。素面。直径7、肉宽0.75、肉厚0.4厘米（图四一三，5）。T31③:101，泥质黄陶。残，一节，截面为圆形。素面。外径8、内径7厘米（图四一三，1）。T31③:122，泥质黑陶。残，一节，截面为半圆形，外弧内直。素面。直径6、肉宽1.3、肉厚0.7厘米（图四一三，7）。T31③:147，泥质黑陶。残，一节，截面为半圆形，内直外弧。素面。直径7、肉宽1.4、厚0.55厘米（图四一三，8）。T31③:148，泥质黑陶。残，一节，截面为圆角梯形，内厚外稍薄，两面弧平。素面。直径7、肉宽1.7、厚0.6厘米（图四一三，2）。

凹折沿罐　4件。T31③:3，夹砂夹草末红褐陶。侈口，束颈，凹折沿，尖圆唇，口内折沿的凸棱一周又抹平，斜肩，腹已残。素面。口径24、残高5厘米（图四一四，14）。T31③:18，泥质灰陶。侈口，束颈，凹折沿，尖圆唇，口内折沿处抹平，使口内折沿处呈矮直颈，斜肩，腹已残。素面。口径28、残高5厘米（图四一四，5）。T31③:23，泥质灰陶。侈口，束颈，凹折沿，斜方唇凸出沿面，弧肩，腹已残。素面。口径19、残高4.5厘米（图四一四，1）。T31③:128，夹炭夹草末红褐陶。侈口，束颈，凹折沿，尖唇，斜肩，腹已残。素面。口径19、残高3.9厘米（图四一四，6）。

折沿小罐　1件（T31③:137）。泥质黑陶。侈口，束颈，折沿，尖圆唇，斜弧肩，腹已残。素面。口径10.4、残高3.2厘米（图四一四，11）。

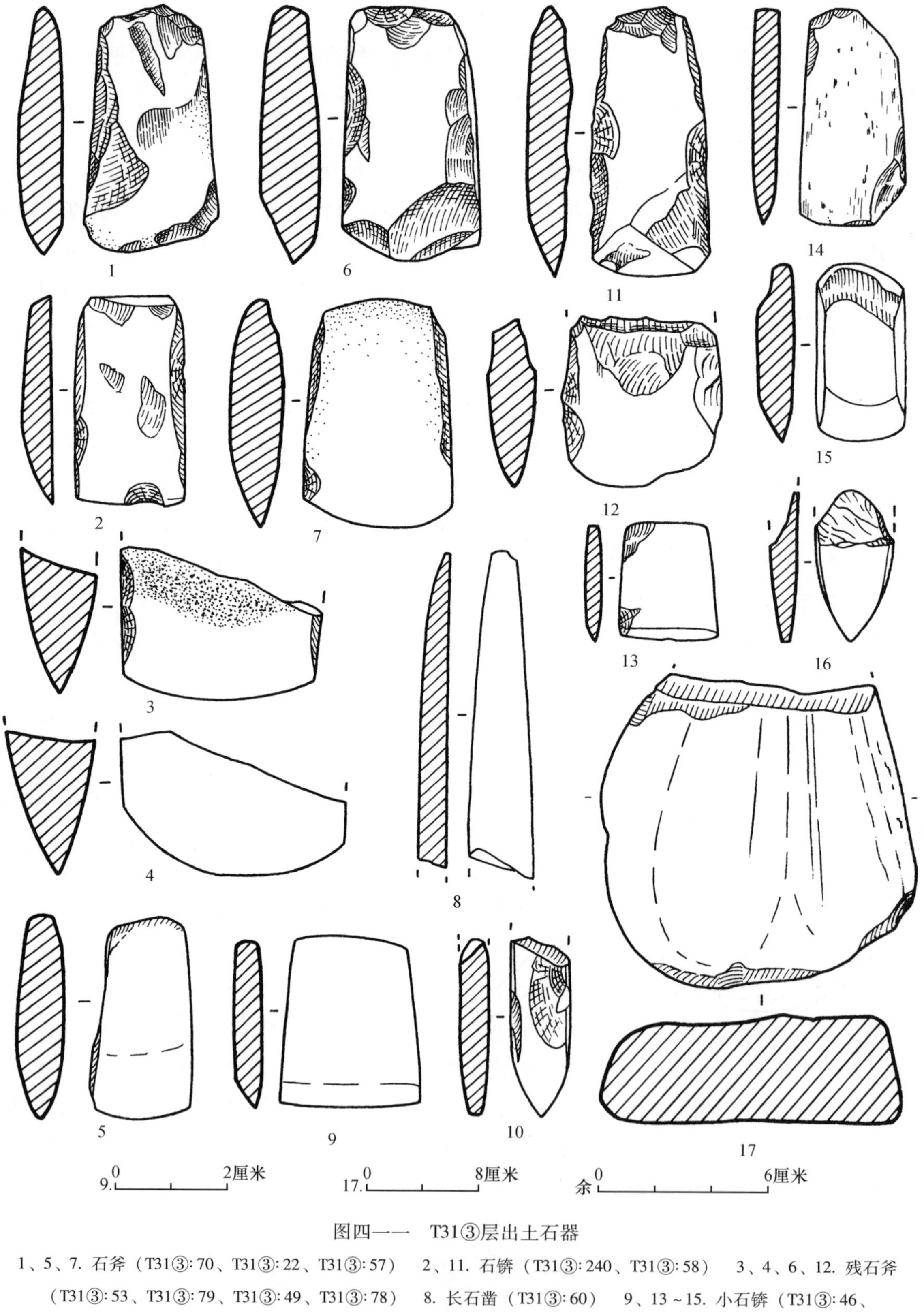

图四一一　T31③层出土石器

1、5、7. 石斧（T31③:70、T31③:22、T31③:57）　2、11. 石锛（T31③:240、T31③:58）　3、4、6、12. 残石斧（T31③:53、T31③:79、T31③:49、T31③:78）　8. 长石凿（T31③:60）　9、13～15. 小石锛（T31③:46、T31③:44、T31③:71、T31③:68）　10、16. 圭形石凿（T31③:45、T31③:47）　17. 砺石（T31③:236）

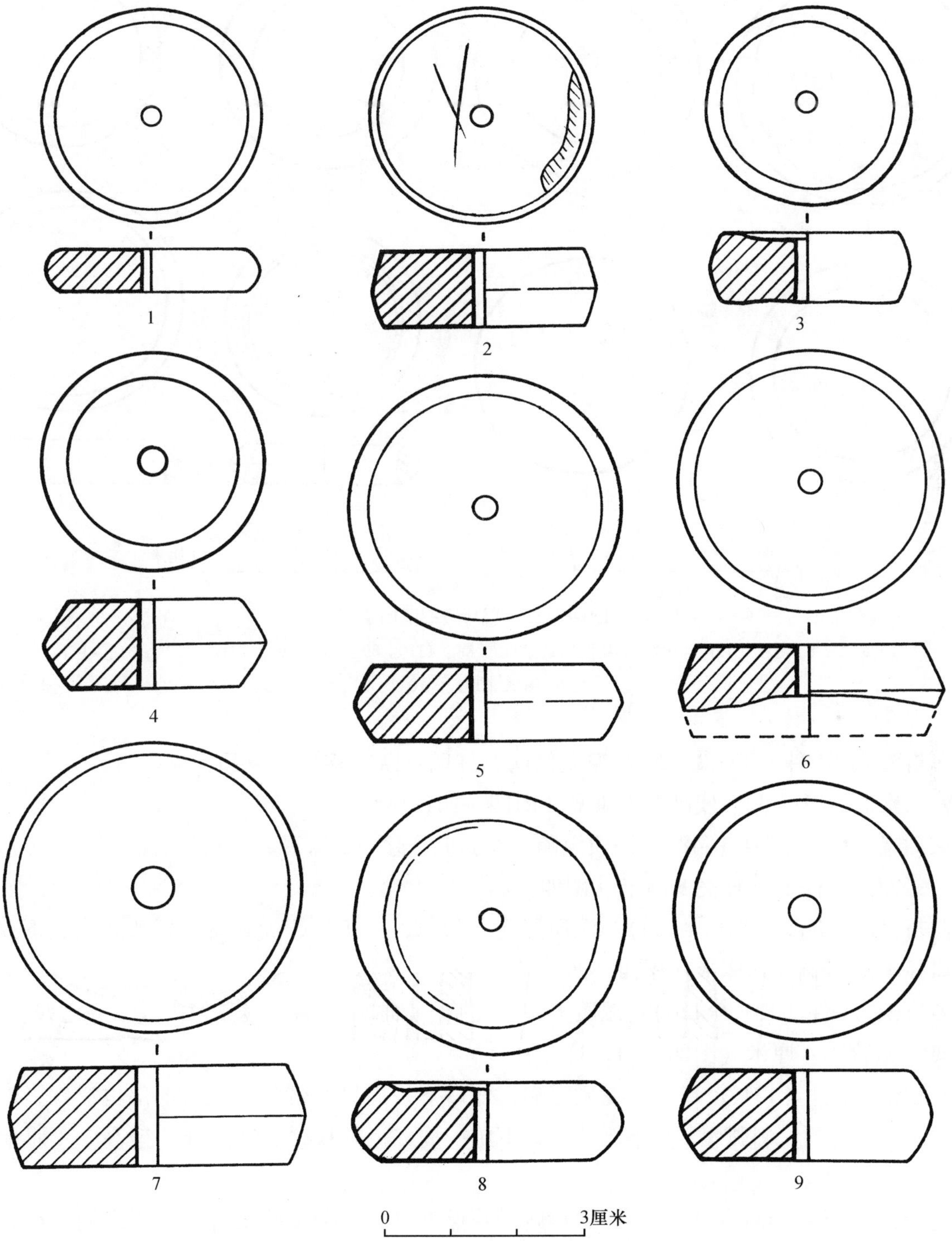

图四一二　T27③层、T30③层、T30③A 层、T31③层出土陶纺轮

1. T30③A∶48　2. T31③∶114　3. T30③∶45　4. T27③∶6　5. T30③∶44　6. T31③∶4
7. T31③∶239　8. T30③∶19　9. T31③∶85

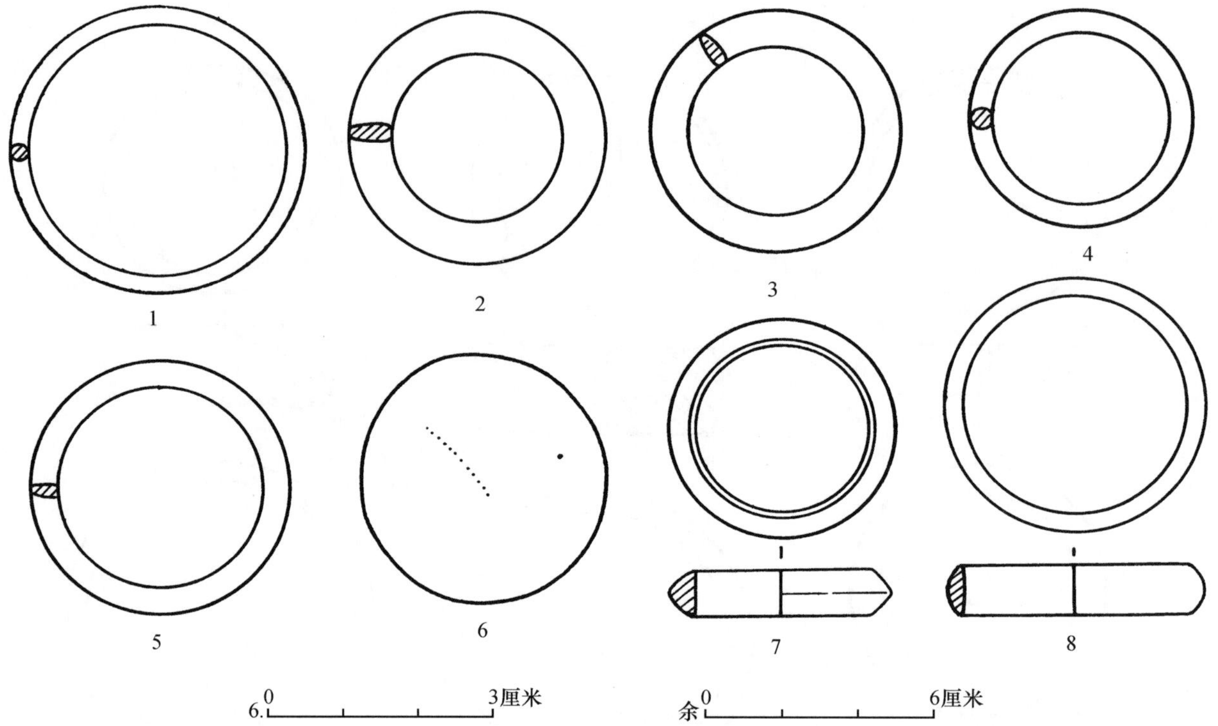

图四一三　T31③层出土陶器

1～5、7、8. 陶环（T31③:101、T31③:148、T31③:88、T31③:89、T31③:99、T31③:122、T31③:147）

6. 陶球（T31③:102）

弧折沿罐　1件（T31③:25）。泥质黑陶，红胎夹灰。侈口，束颈，弧折沿，方唇，弧肩，腹已残。素面。口径32、残高6.4厘米（图四一四，18）。

束颈罐　1件（T31③:48）。泥质黑陶，红褐胎。侈口，束颈，卷沿，方圆唇，斜弧肩，腹已残。素面。口径20、残高5厘米（图四一四，2）。

内折沿碗　1件（T31③:134）。泥质黑陶。敛口，内折沿，尖圆唇，折弧腹，腹下残。素面。口径17、残高3.5厘米（图四一四，7）。

敛口碗　1件（T31③:130）。泥质黑陶，红胎。敛口，圆唇，浅弧腹内收，底已残。素面。口径20、残高5.4厘米（图四一四，3）。

红顶碗　1件（T31③:133）。泥质黑陶，外口下一周呈红带状，内口上部也泛红，但不呈带状。敞口，尖唇，斜弧腹，但下已残。口下施一周红色带状纹。口径16、残高3.4厘米（图四一四，8）。

卷沿盘　1件（T31③:132）。泥质黄陶，灰胎。直口外敞，平沿外卷，尖圆唇，粗颈中微内束，折腹弧内收，但已残。素面。口径25、残高6.2厘米（图四一四，15）。

红陶杯　1件（T31③:237）。泥质红陶，内外施红衣。敞口，尖圆唇，深斜腹，凹底。素面。口径6.7、底径3.7、高5.1厘米（图四一四，13；图版一三八，1）。

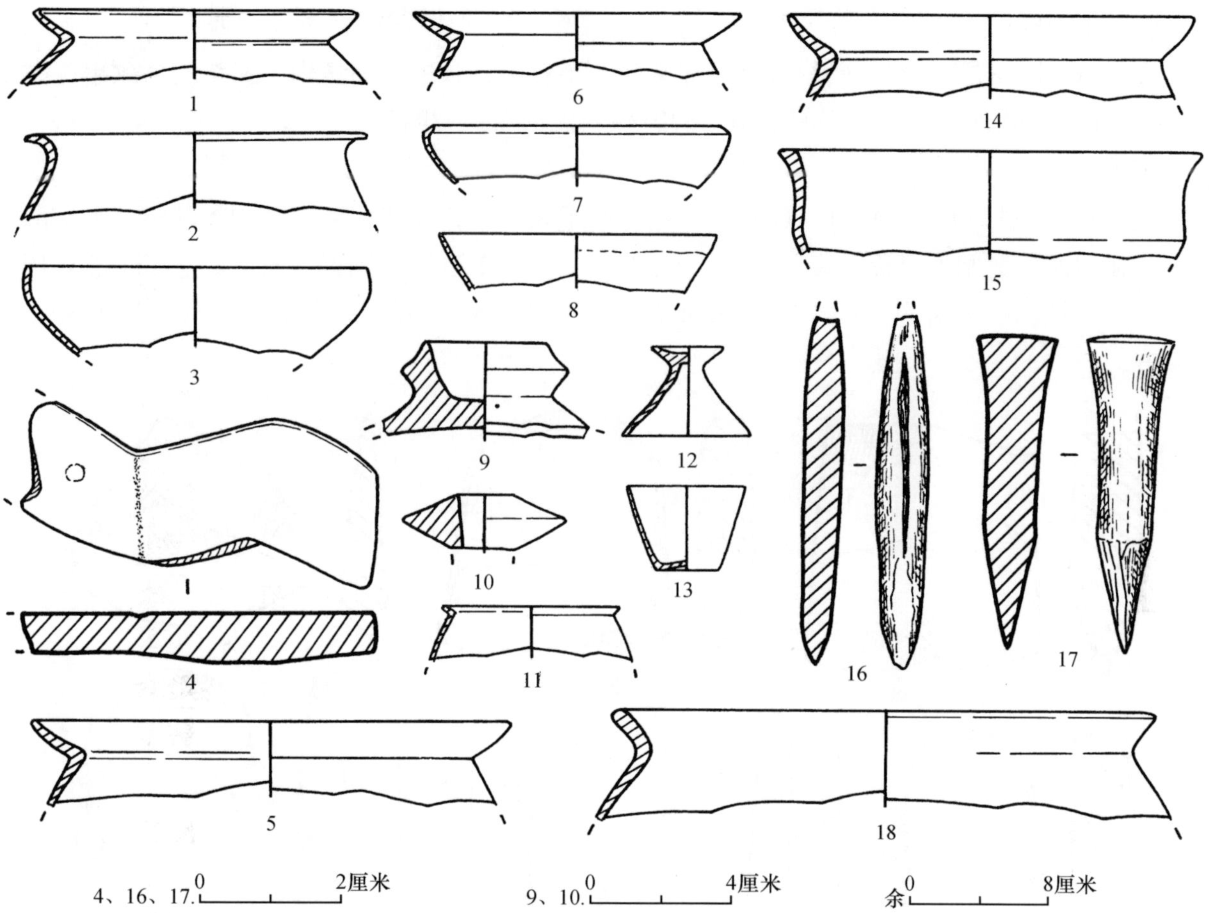

图四一四　T31③层出土陶、骨器

1、5、6、14. 陶凹折沿罐（T31③：23、T31③：18、T31③：128、T31③：3）　2. 陶束颈罐（T31③：48）　3. 陶敛口碗（T31③：130）　4. 陶塑（T31③：121）　7. 陶内折沿碗（T31③：134）　8. 陶红顶碗（T31③：133）　9、10. 陶器盖纽（T31③：103、T31③：100）　11. 陶折沿小罐（T31③：137）　12. 陶器盖（T31③：84）　13. 红陶杯（T31③：237）　15. 陶卷沿盘（T31③：132）　16、17. 骨锥（T31③：91、T31③：109）　18. 陶弧折沿罐（T31③：25）

器盖　1件（T31③：84）。泥质黄陶。盖纽为矮薄圈足，盖盘如倒置喇叭口杯。素面。盖径7.4、纽径4.2、高5.4厘米（图四一四，12；图版一三七，2）。

器盖纽　2件。T31③：100，泥质红陶。仅剩上部盖纽，如角边形陶纺轮。素面。直径4.8、残高1.6厘米（图四一四，10）。T31③：103，泥质红陶。盖盘已残，纽如三角唇外凸壶口。素面。纽径4.5、残高2.8厘米（图四一四，9）。

其他

骨锥　2件。T31③：109，骨，黄色，修削。顶部锯平，中部圆管状但实心，下部修尖有修削痕而不是磨光。长4.8厘米（图四一四，17）。T31③：91，骨，白中有黑，黄斑点，磨制。上、下残断，如短棱，横截面近圆形，中间有骨腔凹痕。长5.2厘米（图四一四，16）。

（8）T31③A 层

标本 16 件。有残石斧、残石锛、刃部又磨平小石锛、骨锥、陶纺轮，又有陶束颈罐、高领罐、双腹碗（凹沿侈口碗）、窄凹沿碗、假腹碗、盂形器、矮圈足。

石器

残石斧　2 件。T31③A：41，砾石，青色。扁平长方形，顶残，两面磨制，却不甚平，两侧磨平，弧刃两面磨制近对称，锋利。长 6.6、宽 6.3、厚 2 厘米（图四一五，1）。T31③A：104，砾石片，红色面，内青色。残，仅剩刃部石片，弧刃，较锋利。残长 5.7、厚 1.1 厘米（图四一五，3）。

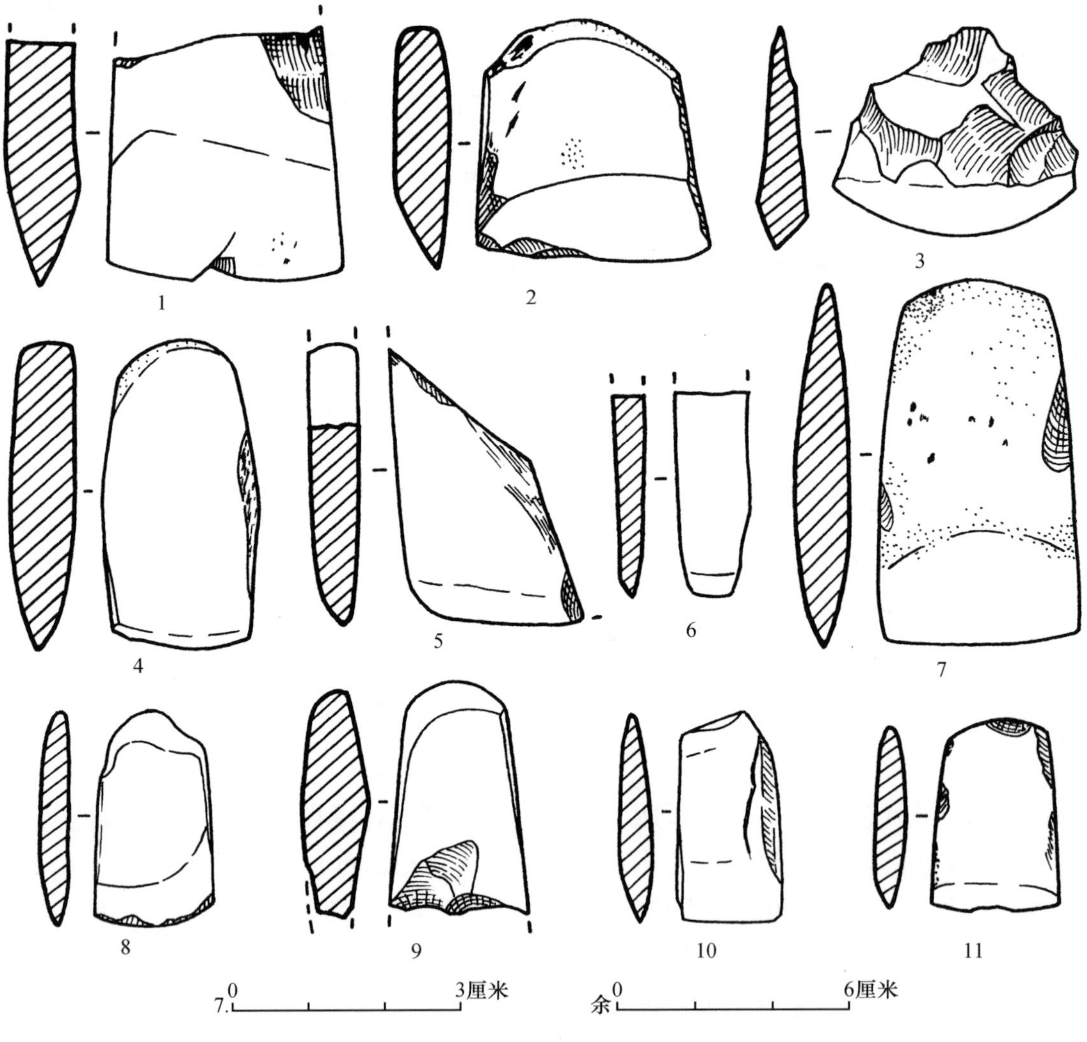

图四一五　T31③A 层、T32③层出土石器

1、3. 残石斧（T31③A：41、T31③A：104）　2、7、8、10、11. 小石锛（T31③A：43、T32③：10、T31③A：39、T32③：27、T32③：28）　4. 石斧（T32③：25）　5. 残石铲（T32③：32）　6. 残石凿（T32③：26）　9. 残石锛（T31③A：40）

残石锛　1件（T31③A:40）。小砾石，棕黄色夹黄痕。较厚呈梯形，弧顶，直边，两面皆弧，单面刃已残。残长6.4、宽3.8、厚1.9厘米（图四一五，9）。

刃部又磨平小石锛　2件。T31③A:39，小砾石，表面多黄色（象牙黄）一侧磨光后黄中泛白。扁平近梯形，顶部多为原石稍磨而为尖圆顶，两面磨平，两边磨直并磨平，斜弧刃似为原砾石面，但又稍磨平而无刃。长5.8、宽3.2、厚0.8厘米（图四一五，8；彩版一六，1）。T31③A:43，小砾石，青灰色。扁平长梯形，弧顶为原砾石面，两面磨平，两边磨直并磨平，单面斜刃，但刃部也稍磨平而不锋利。长6.7、宽6.2、厚1.7厘米（图四一五，2；彩版一六，7）。

陶器

陶纺轮　3件。T31③A:86，夹细砂黑陶。扁薄两面平，但面残，原器似角边型。素面。直径3.4~3.6、孔径0.4、厚0.55厘米（图四一七，1）。T31③A:87，夹细砂红陶。扁薄两面平，弧边型，两面不甚圆，且厚薄不一。素面。直径4.3、孔径0.4、厚1.2厘米（图四一七，7；图版一三三，11）。T31③A:149，夹砂红陶。扁薄两面平，角边型。素面。直径4.6、孔径0.6、厚1.4厘米（图四一七，5；图版一三三，6）。

束颈罐　1件（T31③A:150）。泥质黑陶，红褐胎。敞口外卷，窄平沿，尖圆唇，粗高颈中内束，斜溜肩，腹已残。素面。口径30、残高9.6厘米（图四一九，2）。

高领罐　1件（T31③A:151）。泥质黄陶。直口，窄平沿，斜方唇凸出沿面，直颈稍外斜，广肩已残。素面。口径13、残高3.4厘米（图四一九，11）。

双腹碗（凹沿侈口碗）　1件（T31③A:158）。泥质黑陶。侈口，束颈，凹折沿，尖圆唇，深弧腹内收近直，但下腹已残。素面。口径20、残高2.9厘米（图四一九，4）。

窄凹沿碗　1件（T31③A:156）。泥质黑陶。敞口，窄凹沿外折，尖圆唇，斜弧腹内收，底已残。外壁施旋痕留下三周凹浅槽。口径18、残高4厘米（图四一九，5）。

假腹碗　1件（T31③A:154）。泥质陶外红内黑，外施浅红衣。仅存下腹和底部残片，斜弧腹内收，近底起圆凸棱，实为假腹矮圈足，足壁内弧。素面。足径7、残高2.6厘米（图四一九，17）。

盂形器　1件（T31③A:83）。泥质黄陶，黑胎。口沿残，斜肩，扁折腹，高圈足较粗，壁近直稍外斜，足根外撇。足饰两个圆形镂孔不对称，还有两周凹弦，也是斜的与底不平行。残高10.6、腹径12.6、足径8.4厘米（图四一九，9；图版一三九，4）。

矮圈足　1件（T31③A:161）。泥质黑陶。上部已残，仅剩圈足和圜底，矮圈足相对较粗较高，壁直，足根为外凸棱。足饰四个三角形镂孔。足径9.6、残高3.1厘米（图四一九，15）。

其他

骨锥　1件（T31③A:98）。骨质，褐色，磨光。上、下残断，横断面为圆心，实心，上粗已残，下部也已断。素面。残长3.9厘米（图四一九，7）。

（9）T32③层（加 T32③B 层 2 件）

标本 14 件。皆生产工具，有石锄、残石铲、石斧、小石锛、残石凿和陶纺轮。

石器

石锄　3 件。T32③: 31，石片，青色，打制。器体为长条形，弧顶，一面为破裂面近平，另一面为原面，有脊不平，两边修直不平，两面弧刃，不锋利。长 20、宽 7.3、厚 2.8 厘米（图四一六，1）。T32③: 51，石片，红色，打制。扁体近梯形，破裂面近平，原石面近平，弧顶、弧刃不锋利，边不平。长 13.3、宽 7.9、厚 2.6 厘米（图四一六，4）。T32③: 54，石片，红色，打制。扁薄呈长条形，弧顶，两边皆修直，一边修平，另一边成两面钝刃，弧刃自然形成，较锋利。长 16.4、宽 7.6、厚 2.7 厘米（图四一六，3）。

残石铲　1 件（T32③: 32）。泥岩石，质甚轻，灰色。残，仅剩顶部一角，斜顶，两面稍磨不对称，不锋利，两面磨平，上薄下稍厚，残边磨平，外斜，刃全残。残长 7、残宽 4.5、厚 1.4 厘米（图四一五，5）。

石斧　5 件。T32③: 25，小砾石，青灰色。器体近长方形，弧顶为原砾石面，两面、两边皆磨平，双面弧刃近对称，锋利。长 8.2、宽 4.2、厚 1.4 ~ 1.8 厘米（图四一五，4；彩版一六，9）。T32③: 33，小砾石，黄灰色。器体近长方形，弧顶为原面，两面原光滑弧平，两边，一边打制，一边磨平，弧刃两面磨制不对称，但锋利。长 7.9、宽 4.6、厚 1.2 厘米（图四一六，7）。T32③: 50，砾石，灰暗条纹。较厚近长方形，斜平顶为原断裂面，两面原面皆弧平，一面多打击疤，两边修直近平，一边有磨痕，平刃两面磨制，有使用痕，已不锋利。长 9.6、宽 5.7、厚 3 厘米（图四一六，2）。T32③: 52，小砾石，青色。器体成长方形，弧顶为原面，两面略修平，两边磨平，单面弧刃近平，不锋利。长 9.5、宽 5.6、厚 2.5 厘米（图四一六，6）。T32③B: 59，砾石，青色。厚体呈长方形，弧顶，左侧边为斜平，右侧边扁弧，两面打制成平刃，较锋利。长 12.8、宽 5.2、厚 3.6 厘米（图四一六，5）。

小石锛　3 件。T32③: 10，石片，青灰色。薄体呈梯形，弧顶打制，两面未磨平，两边未全磨平，两面平刃不对称，锋利。长 4.9、宽 2.6、厚 0.7 厘米（图四一五，7）。T32③: 27，石，青色。器体扁平呈长方形，顶及两侧皆打制，两边修直但不平，两面皆原面，平刃单面磨制，有使用痕，较锋利。长 5.7、宽 2.7、厚 1 厘米（图四一五，10）。T32③: 28，石，深褐色。器体为梯形，弧顶，直边，两面磨光，单面平刃，中部残缺，较锋利。长 5.3、宽 3.4、厚 0.9 厘米（图四一五，11）。

残石凿　1 件（T32③: 26）。石，灰褐色。薄体近长条形，顶部已断裂，两边厚薄不一，弧刃单面磨制，不锋利。残长 5.7、宽 2、厚 0.9 厘米（图四一五，6）。

陶器

陶纺轮　1 件（T32③: 43）。泥质灰褐陶。残，一半，扁薄两面平，直边型。素面。直径 4.2、孔径 0.5、厚 1.1 厘米（图四一七，4；图版一三二，7）。

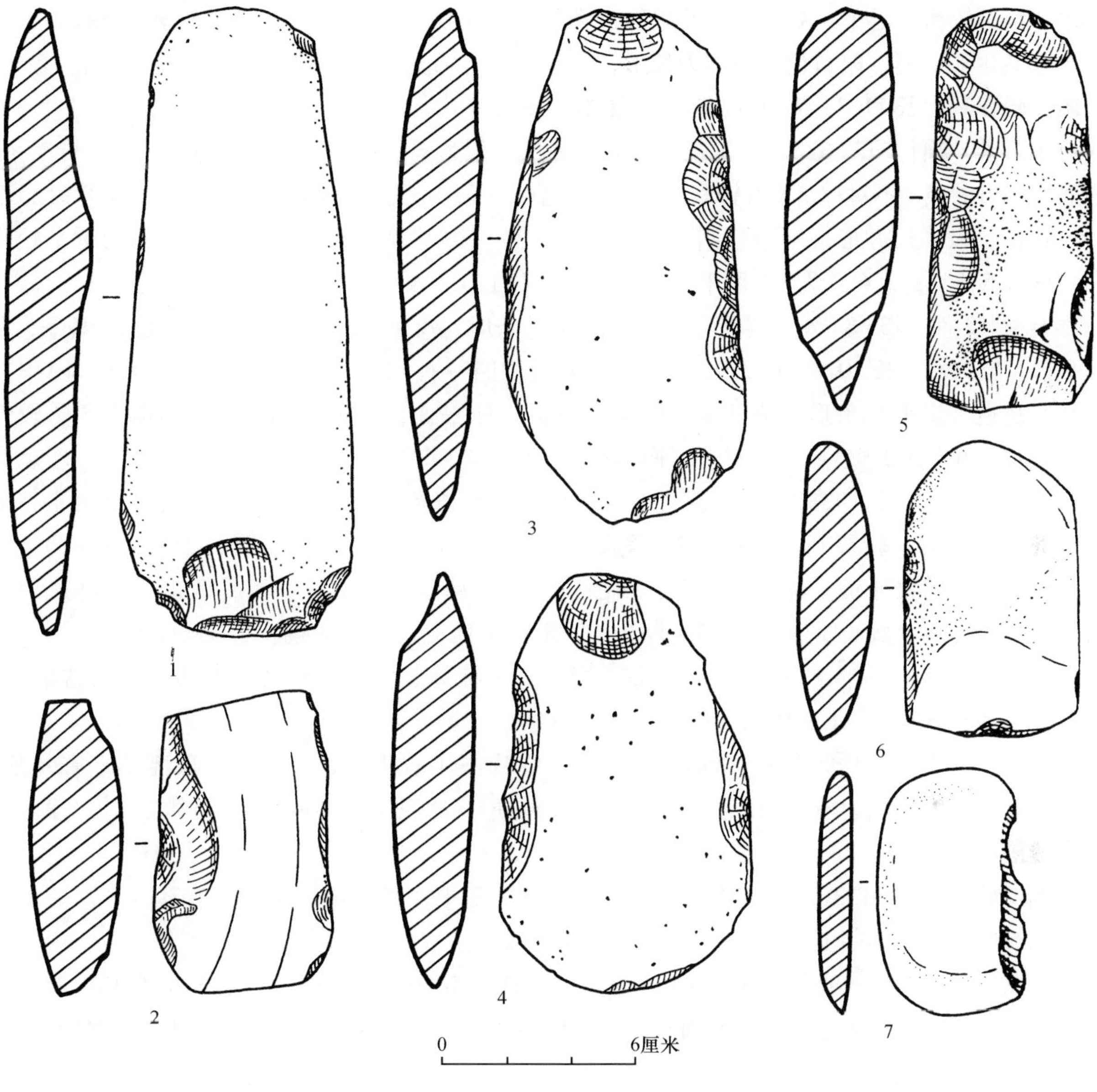

图四一六　T32③层出土石器

1、3、4. 石锄（T32③:31、T32③:54、T32③:51）　2、5～7. 石斧（T32③:50、T32③B:59、T32③:52、T32③:33）

（10）T33③层和T33③A层

标本17件。仅T33③层一件直口盘和一件陶环，余皆生产工具。工具有石斧、小石锛、石凿、圭形石凿、方柱体残器、砺石、骨锥和陶纺轮。

石器

石斧　3件。T33③:28，花岗岩砾石，白灰点色。厚体呈长方形，顶部已残，两面为原面，两边修琢平直，弧刃似原砾石面，一面有磨制痕，另一面有打制痕，弧刃，不锋利。长12.4、宽9、厚3.7厘米（图四一八，1）。T33③A:31，砾石，青灰色。扁薄梯形，顶部断裂不平整，两边、两面皆磨制近平，双面弧刃近对称，锋利。长9.6、刃宽6.8、厚2.6厘米（图四一八，4）。T33③:43，石，暗黄色。器体为长形，顶端断裂，直边，两面较平，均布零星片疤，弧刃磨制，较锋利。长11.3、宽9.4、厚3.2厘米（图四一八，2）。

小石锛　2件。T33③:3，石，灰色。扁平梯形，顶为天然断面，斜平，两边、两面皆磨平，两面宽平刃已残，不对称，不甚锋利。长5.2、宽6、厚1.4厘米（图四一八，3）。T33③:15，石片，青色。扁平长方形，一边打制，近直不平，另一边及顶部磨平，两面平刃不对称，较锋利。残长5.6、宽2.6、厚0.7厘米（图四一八，11）。

石凿　2件。T33③:2，泥岩石，灰色。扁平长条形，残顶窄，刃宽，两面、两边皆磨平，单面平刃，较锋利。长10.8、宽2.9、厚1.6厘米（图四一八，8；图版一三四，7）。T33③A:11，石片，灰色。扁平长条形，顶已残。两面为原页岩原平面，两边切割磨平，单面平刃，较锋利。残长7.6、宽2.9、厚1.1厘米（图四一八，9）。

圭形石凿　2件。T33③:14，泥岩石，灰色。扁平长条形，顶部断残，直边上部磨平，下部磨成对称角刃，较锋利。残长5.3、宽2.1、厚1厘米（图四一八，10；图版一三四，4）。T33③:27，石，象牙黄。扁平长条形，顶已残，两面稍宽及两边皆磨平，两边下部磨成角状刃，对称，锋利。残长3.7、宽1.5、厚0.8厘米（图四一八，7；图版一三四，3）。

方柱体残器　1件（T33③:16）。石，青色。方柱体长方形，顶部，两边、两面皆磨平，刃已断。残长6.6、宽1.9厘米（图四一八，6）。

砺石　1件（T33③:36）。砂岩石，褐紫色。扁平不规则形，底面平，顶面不平有片疤，也有磨制后凹痕，周边不规则。长16.8、宽14.8、厚5.2厘米（图四一八，5）。

陶器

陶纺轮　3件。T33③:8，夹细砂红陶。扁薄两面平，弧边型。素面。直径5.9、厚1.7、孔径0.5厘米（图四一七，3；图版一三二，4）。T33③:21，夹细砂红陶。残存半边，扁薄两面平，角边型。素面。直径4.5、厚1.4厘米（图四一七，6；图版一三二，9）。T33③:22，泥质黑陶，红胎。残存半边，扁薄两面平，直边型稍弧。素面。直径3.5、厚1厘米（图四一七，2；图版一三二，2）。

陶环　1件（T33③:26）。泥质黑陶。残，一节，截面小圆形。素面。直径7、内径0.6厘米（图四一九，10）。

直口盘　1件（T33③:34）。泥质红陶。直口，方唇内斜，浅折腹内收，下已残。素面。口径24、残高4厘米（图四一九，3）。

其他

骨锥　1件（T33③:23）。骨片，黄色。残，二节已复原，上、下磨尖，中部较粗，截面为圆形。素面。长6.3、直径0.6厘米（图四一九，12；图版一三四，1）。

（11）T34③层（包括T34②C层1件）

标本27件。有石斧、石锛、小石斧、两边磨平厚石器、刃部又磨平石器，另有骨针和陶纺轮，还有陶凹折沿罐、高领罐、器盖、器盖纽。

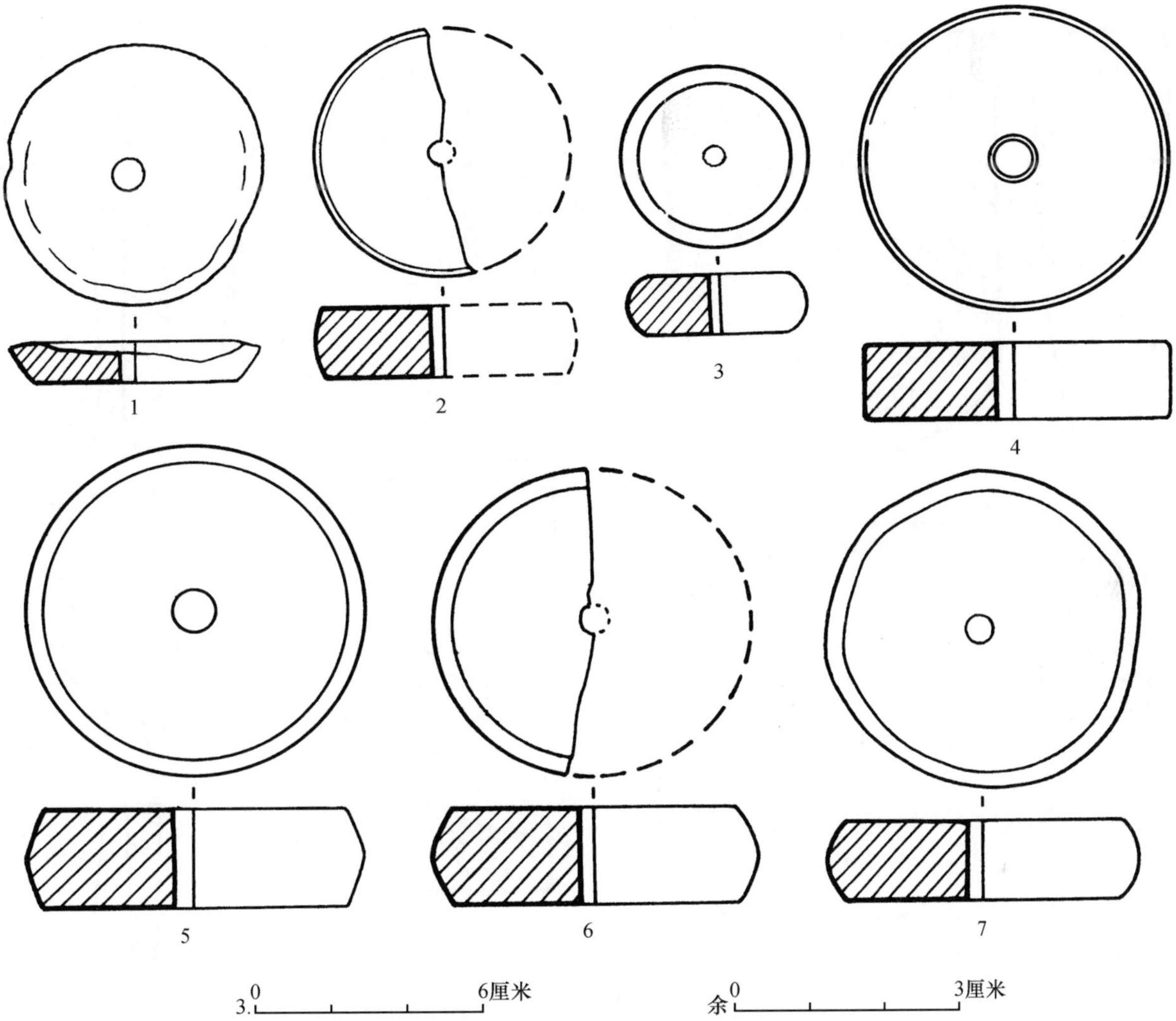

图四一七　T31③A层、T32③层、T33③层出土陶纺轮

1. T31③A∶86　2. T33③∶22　3. T33③∶8　4. T32③∶43　5. T31③A∶149　6. T33③∶21　7. T31③A∶87

石器

石斧　9件。T34③∶4，砾石，青色。扁弧体近梯形，顶部、刃部皆残，两面及一边皆原面略磨制，另一边也为原面而未磨光，顶部打击疤痕，似是原斧刃部残后，而用于砍砸所留。长9、宽6.4、厚2.1厘米（图四二一，7）。T34③∶27，石，红色。残，上半部断裂，两边经双向锤击形成棱边，一面为自然面，另一面打击，弧刃，不锋利。残长7.3、宽10.6、厚2.9厘米（图四二〇，4）。T34③∶28，石，暗红色。扁平长方形，平顶及一边皆打制近平，另一边磨平，两面一面打制，一面磨平，但皆平整，两面弧刃磨制对称，有使用缺口，锋利。长8.2、宽3.9、厚1.9厘米（图四二一，5）。T34③∶29，石片，灰色。薄体长方形，弧顶两面打制，两面近平，一面为原面，两边修直，一边又磨平，单面弧刃近平，只经打制，不甚锋利。长10.5、宽5.3、厚2厘米（图四二一，8）。T34③∶31，砾石，青色。扁平梯形，平顶为原面，

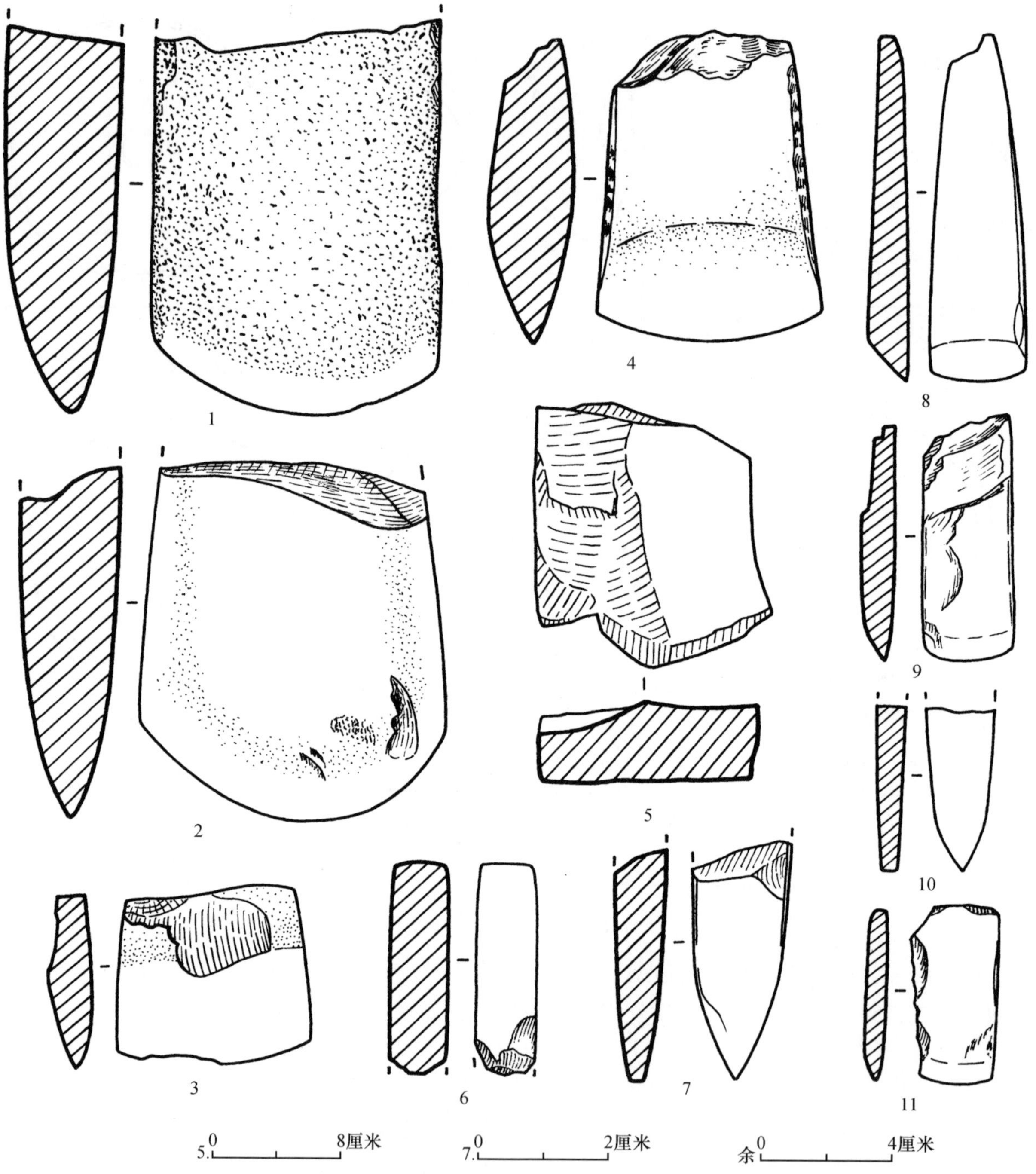

图四一八　T33③层、T33③A 层出土石器

1、2、4. 石斧（T33③:28、T33③:43、T33③A:31）　3、11. 小石锛（T33③:3、T33③:15）　5. 砺石（T33③:36）　6. 方柱体残器（T33③:16）　7、10. 圭形石凿（T33③:27、T33③:14）　8、9. 石凿（T33③:2、T33③A:11）

两面也为原面略打制修平，两边磨平，两面打制弧刃，较锋利。长 8.8、宽 5.6、厚 2.5 厘米（图四二一，1）。T34③:32，小砾石，青色。扁平经长方形，弧顶为原面，两边打制修直近平，两面磨平，呈单面弧刃近平，不锋利。长 9.6、宽 5.8、厚 1.7 厘米（图四二○，3）。T34③:35，

砾石，青色。扁平不规则形，斜弧顶为原面，两面、两边皆磨平，两面弧刃近对称，有使用缺口，较锋利。长7.9、宽5、厚1.9厘米（图四二一，3）。T34③:37，砾石，青灰色。薄体近梯形，弧顶两面打制，两边磨平，两面略磨近平，两面弧刃对称，但一打制，另一磨制，较锋利。长13.2、宽3.6、厚2.3厘米（图四二〇，2）。T34③:38，砾石，青灰色。厚体长方形，平顶打制，两面皆原面略磨光，两边磨平，两面刃一为打制，一为磨光，对称，一角已残，不锋利。长10.7、宽5.7、厚3.8厘米（图四二〇，6）。

石锛　1件（T34③:36）。石片，青灰色。扁平梯形，顶、两面、两边皆磨平，单面平刃稍弧，锋利。长9.4、宽5.6、厚1.6厘米（图四二一，2）。

小石斧　2件。T34③:30，石片，青色。薄体长方形，顶已残，两面、两边皆磨平，单面弧刃，不甚锋利。长4.8、宽3.4、厚0.6厘米（图四二一，4）。T34③:80，小石片，青色。厚薄不一呈梯形，两面打制均不平，但顶、两边及刃部都已修直，双面平刃不对称，刃部一面为光滑原砾石面。长7.3、宽4.5、厚2厘米（图四二一，6）。

两边磨平厚石器　1件（T34③:66）。长条砾石，青色。厚体近长方形，顶部、两面皆原面，两边打制后全磨平，仅留局部疤凹痕，但刃部已残。残长14.8、宽6、厚3.8厘米（图四二〇，1）。

刃部又磨平石器　1件（T34③:34）。小砾石，青色。薄体长方形，弧顶、两边磨平，两面也磨平，一面上部残存原砾石面，单面弧刃，刃局部磨平，不锋利。长8.7、宽3.6、厚0.7厘米（图四二〇，5）。

陶器

陶纺轮　7件。T34②C:46，泥质红陶。扁薄两面平，角边型。素面。直径3.2、孔径0.3、厚0.8厘米（图四二二，7）。T34③:61，泥质红陶。扁薄两面平，角边型。素面。直径3.7、孔径0.4、厚1.4厘米（图四二二，1；图版一三三，14）。T34③:48，泥质红陶。残，扁薄两面平，角边型。素面。直径3.9、孔径0.3、厚1.15厘米（图四二二，2）。T34③:49，泥质红陶，局部泛黑。扁薄两面平，角边型。素面。直径4.5、孔径0.3、厚1.8厘米（图四二二，3；图版一三二，5）。T34③:47，泥质红褐陶，灰黑色，局部泛红。扁薄两面较平，角边型，但角边近弧。素面。直径3.2、孔径0.35、厚1.1厘米（图四二二，6；图版一三三，19）。T34③:60，泥质红褐陶，红中泛黑。扁薄下面平，上面微凹，角边型，但角顶近弧。素面。直径3.4、孔径0.4、厚1.1厘米（图四二二，4）。T34③:52，夹炭红黑陶，一面红、一面黑，胎黑色。完整，但红皮已脱落，扁薄两面平，角边型。周边饰角形篦点纹。直径3.3、孔径0.3、厚1.2厘米（图四二二，5；图版一三三，15）。

凹折沿罐　1件（T34③:41）。夹炭夹草末红陶。侈口，束颈，宽折沿，沿面微凹，尖圆唇，弧肩，腹已残。素面。口径29、残高9.6厘米（图四一九，1）。

高领罐　1件（T34③:43）。夹砂灰陶。直口，圆唇，高直颈，广肩，肩下残。素面。口径12.6、残高6厘米（图四一九，6）。

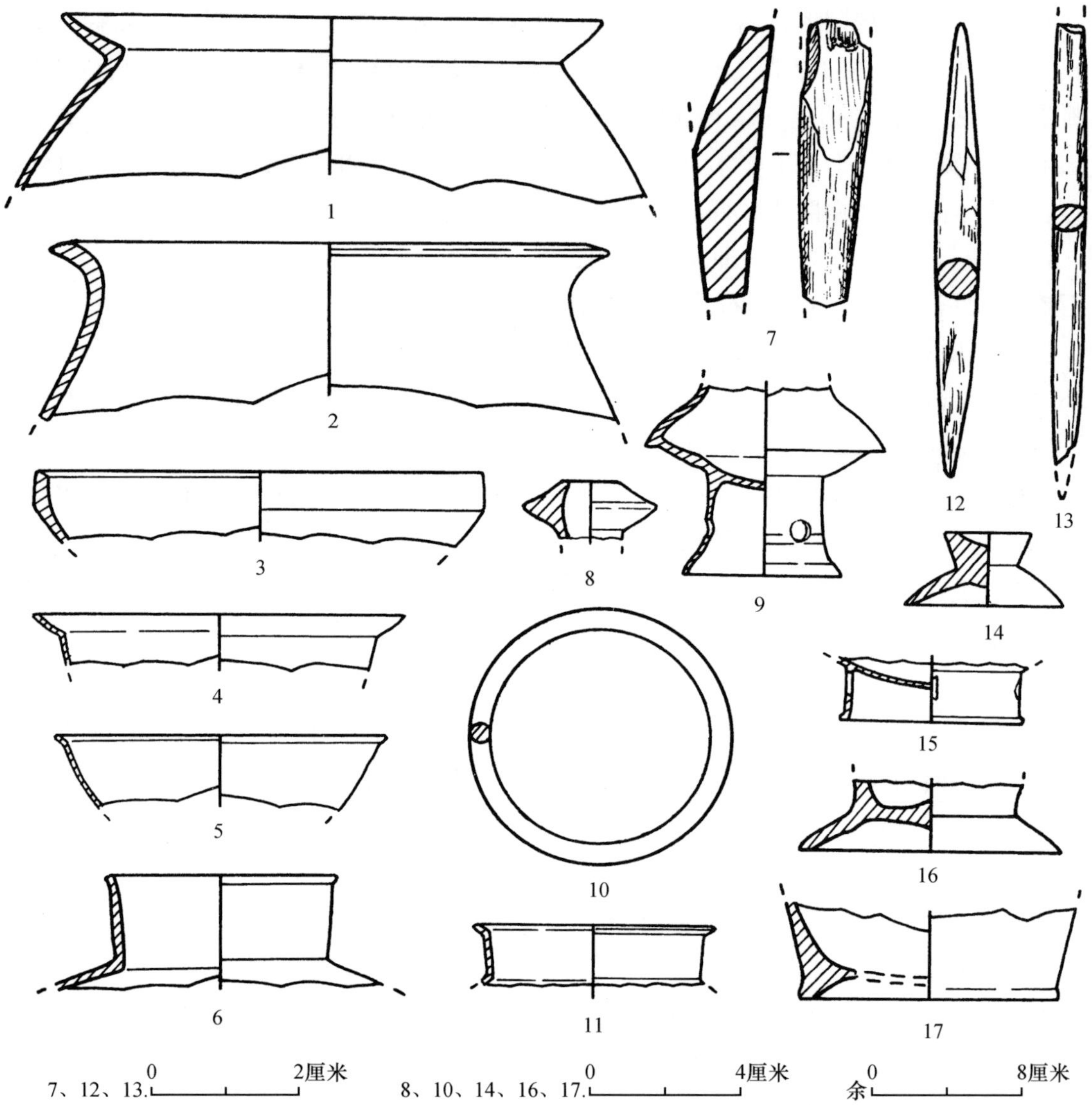

图四一九　T31③A层、T33③层、T34③层出土陶、骨器

1. 陶凹折沿罐（T34③:41）　2. 陶束颈罐（T31③A:150）　3. 陶直口盘（T33③:34）　4. 陶双腹碗（T31③A:158）　5. 陶窄凹沿碗（T31③A:156）　6、11. 陶高领罐（T34③:43、T31③A:151）　7、12. 骨锥（T31③A:98、T33③:23）　8. 陶器盖纽（T34③:51）　9. 陶盂形器（T31③A:83）　10. 陶环（T33③:26）　13. 骨针（T34③:54）　14、16. 陶器盖（T34③:50、T34③:58）　15. 陶矮圈足（T31③A:161）　17. 陶假腹碗（T31③A:154）

器盖　2件。T34③:50，泥质黑陶。完整，如圈足碟倒盖。素面。盖径4.3、纽径2.4、高2厘米（图四一九，14）。T34③:58，泥质灰陶。盖纽为矮圈足又捏成三个凹口，呈花瓣状。盖盘浅弧腹，敞口，尖圆唇。素面。盖径7、纽径4.5、高1.8厘米（图四一九，16）。

器盖纽　1件（T34③:51）。泥质红陶。仅剩盖纽，下部已残，捉手如角边型纺轮。素面。纽径3.5、残高1.5厘米（图四一九，8）。

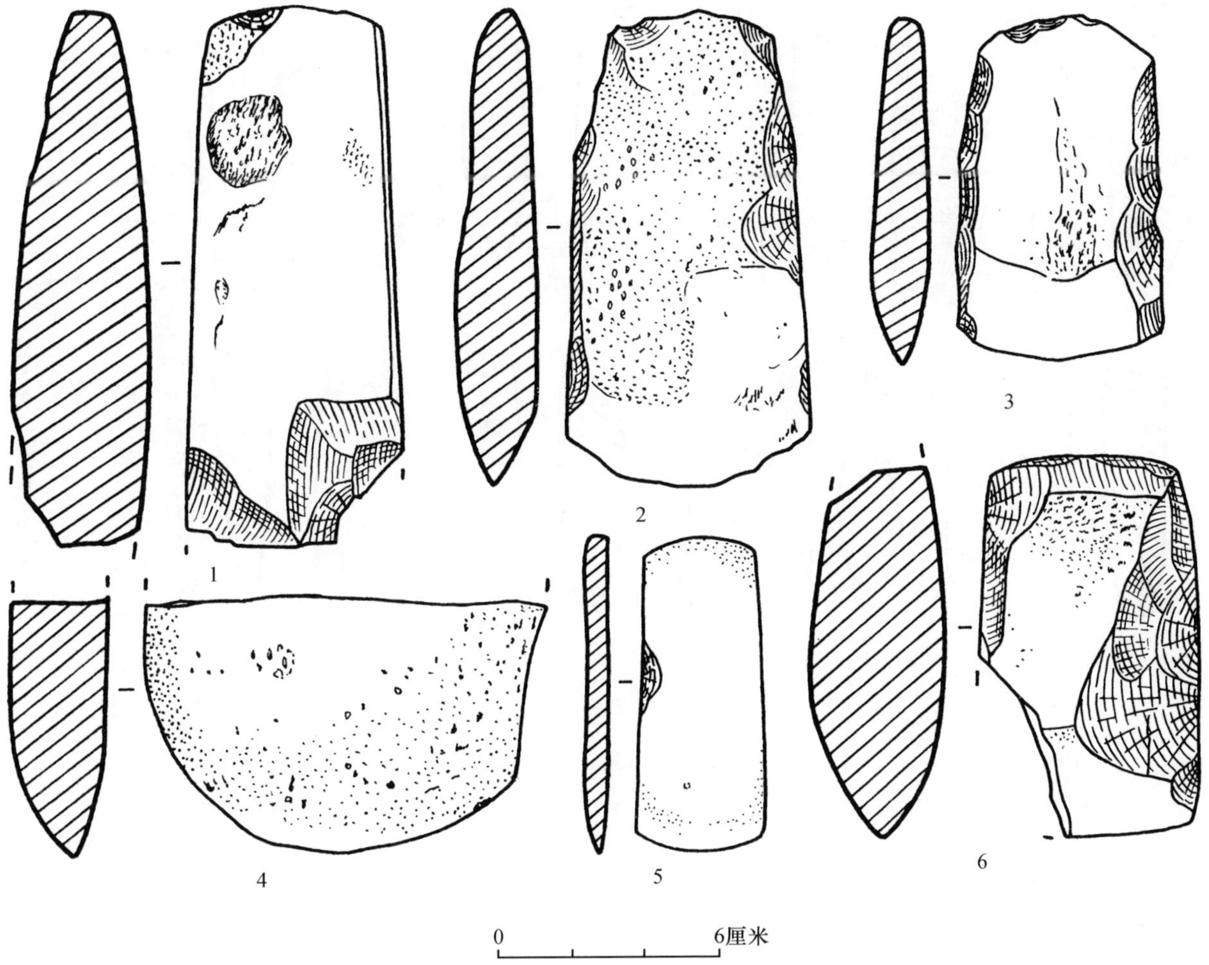

图四二〇　T34③层出土石器

1. 两边磨平厚石器（T34③:66）　2~4、6. 石斧（T34③:37、T34③:32、T34③:27、T34③:38）　5. 刃部又磨平石器（T34③:34）

其他

骨针　1件（T34③:54）。骨，黄白色有黑斑点。两头皆残，中间截面为扁圆形，实心。素面。残长6、直径0.45厘米（图四一九，13）。

（12）T35③层

标本39件。有石锄、石斧、厚边磨平残石器、小石斧、小石锛、圭形石凿、石球、陶纺轮；又有残骨簪、陶环、玉璜和陶球；还有陶凹折沿罐、折沿罐、敛口罐、高领罐、凹折沿瓮、弧颈壶、子母口盘、内折沿盘、小器盖、器盖纽、片状大鼎足、凸棱状矮圈足。

石器

石锄　2件。T35③:1，石片，青灰色。厚石片打制长方形，弧顶为原面，两面一面为原弧面，另一面打制后仍不平整，两侧打制修直且平，单面打制成弧刃，不锋利。长13.1、宽5.8、厚3.6厘米（图四二三，1）。T35③:10，石片，青色。石片打制呈倒梯形，斜弧刃，不锋利。长15.2、宽7.7、厚3.1厘米（图四二三，2）。

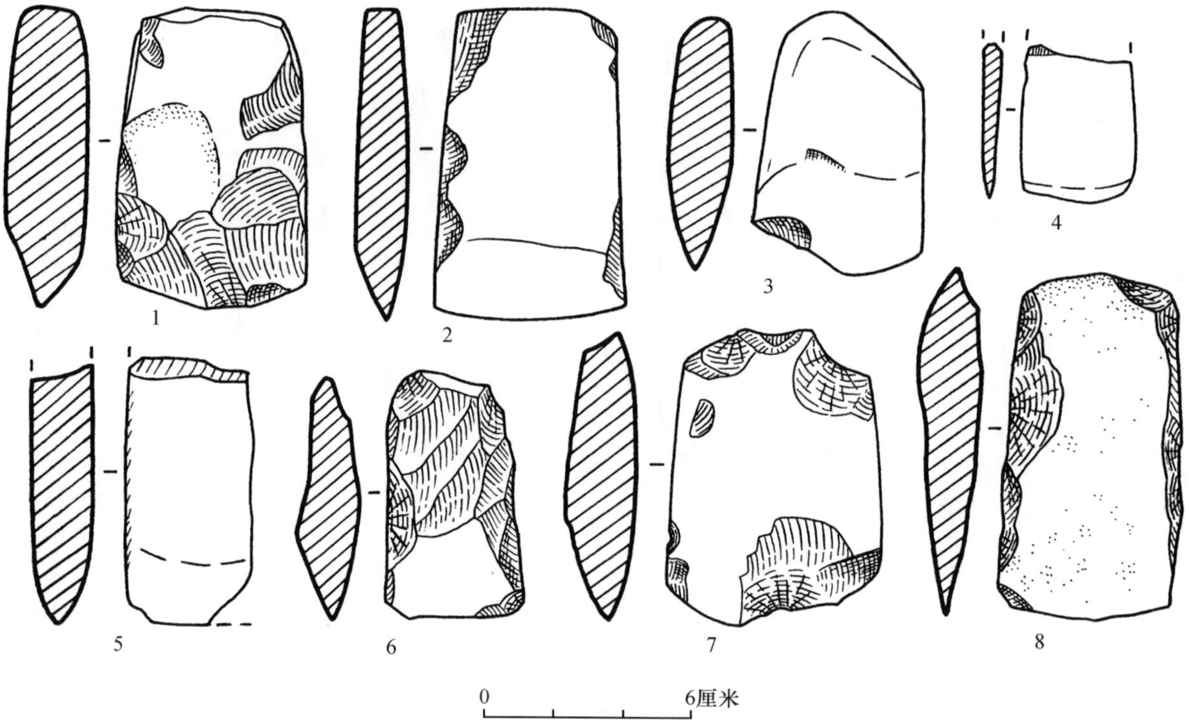

图四二一　T34③层出土石器

1、3、5、7、8. 石斧（T34③: 31、T34③: 35、T34③: 28、T34③: 4、T34③: 29）　2. 石锛（T34③: 36）
4、6. 小石斧（T34③: 30、T34③: 80）

石斧　4件。T35③: 23，石片，黄皮色，内青灰色。扁薄椭圆形，弧顶甚薄如刃，一面为原面，另一面为破裂面，此面下部磨光成弧刃，两边略磨制近平。长7.6、宽4.2、厚1.2厘米（图四二四，9）。T35③: 9，小砾石，青色，表面局部泛黄。扁弧状近长方形，弧顶及一弧面为原砾面，另一面磨平有天然凹坑，两边局部磨平，双面磨制成对称弧刃，有使用缺口，较锋利。长8.2、宽4.8、厚2.1厘米（图四二三，7）。T35③: 17，砾石，青灰色，面有层痕。扁弧呈梯形，两面皆石面微弧不平，弧顶略打制，两边磨平，两面磨刃近对称，弧刃甚锋利。长7.9、宽5、厚1.7厘米（图四二三，6）。T35③: 72，小砾石，青灰色。扁弧体近长方形，弧顶两面打制，两面为原面，两边修直但不平，两面磨制斜弧刃，刃端局部有磨平，不锋利。长9.7、宽5、厚2.2厘米（图四二三，8）。

厚边磨平残石器　3件。T35③: 73，砾石，青色。刃部已残，器体上部呈长方体，甚厚，两面原面修打，但不甚平，弧顶为砾石原面。残长8.5、宽6.1、厚3.8厘米（图四二三，4）。T35③: 19，小砾石，灰色。扁平近正梯形，弧顶稍打制，两面皆原面近平，两边磨平有疤痕，刃部已残。残长6.1、宽4.4、厚1.8厘米（图四二四，2）。T35③: 5，砾石块，青色。器体厚近长方形，顶已残，两边修直均为斜面，两面皆原面较平整，一面有片疤，单面打制成刃，多缺口且不锋利。残长9、宽8.5、厚3.3厘米（图四二三，3）。

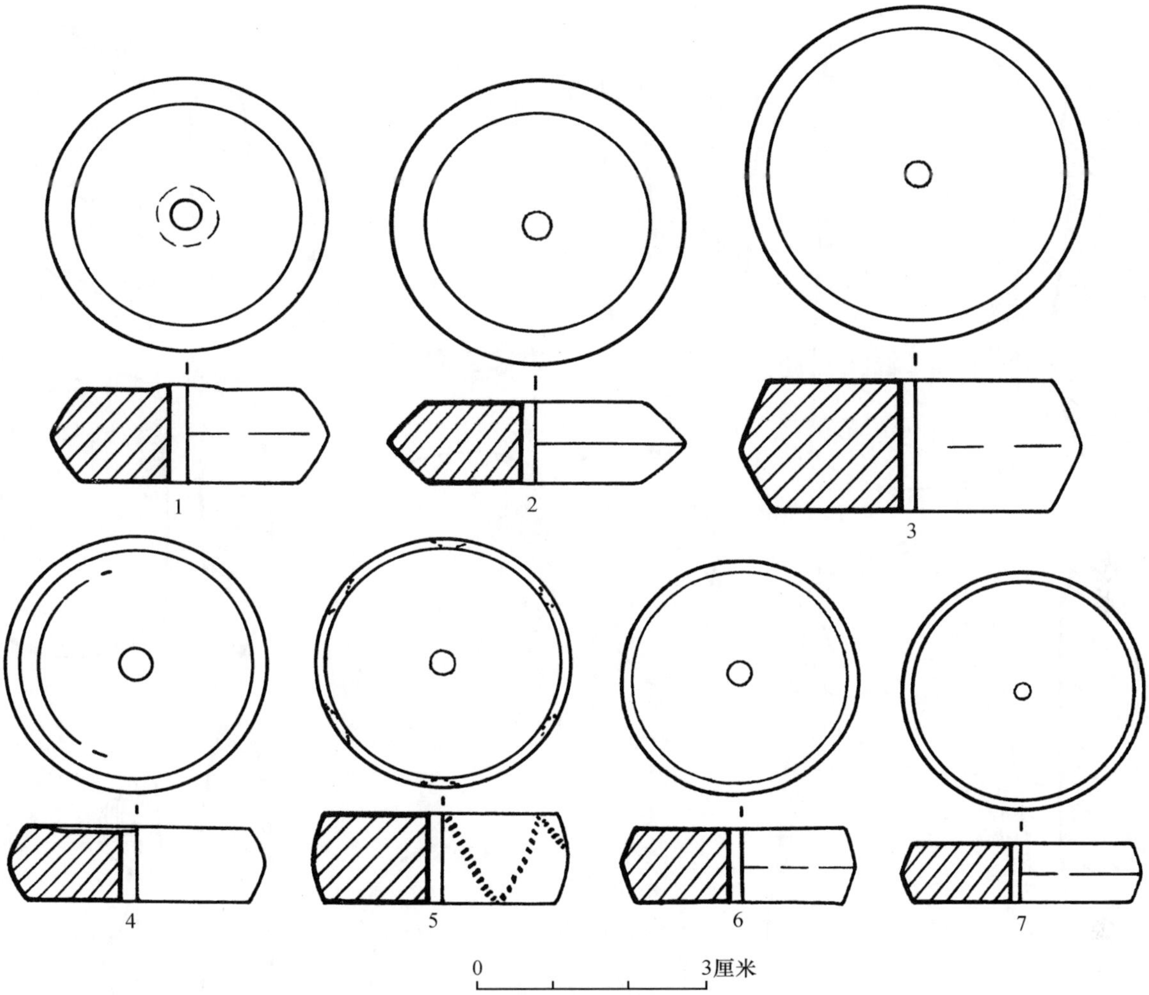

图四二二　T34③层、T34②C层出土陶纺轮

1. T34③:61　2. T34③:48　3. T34③:49　4. T34③:60　5. T34③:52　6. T34③:47　7. T34②C:46

小石斧　1件（T35③:14）。石片，灰色。扁平小梯形，弧顶，直边皆磨平，两面一面为原平面，另一面磨平，两面磨刃不对称，平刃较锋利。长5.8、宽3.2、厚1.1厘米（图四二四，7）。

小石锛　5件。T35③:27，页岩石片，青灰色。扁平近梯形，顶部打制不规则，两面、两边皆磨平，但有疤痕，两面磨刃不对称，平刃有使用缺口，仍锋利。长6.5、宽3.4、厚0.8厘米（图四二四，8）。T35③:30，小砾石，白色。扁平近梯形，弧顶为原砾面，两面、两边皆磨平，两面磨刃不对称，平刃较锋利。长5、刃宽0.5、厚0.9厘米（图四二四，3；彩版一六，6）。T35③:31，小砾石，红色。扁平呈梯形，顶部、两面、两边皆磨平，但多疤痕，两面磨刃不对称，平底锋利。长4、刃宽1.3、厚0.8厘米（图四二四，11；彩版一六，2）。T35③:24，石片，青灰色。扁平近正方形，但顶已残，两边磨平，两面一面为原面，上平下内弧，另一面磨平后成刃部，刃部多缺口，不锋利。残长5.1、宽5.9、厚1.5厘米（图四二四，1）。T35③:75，石片，

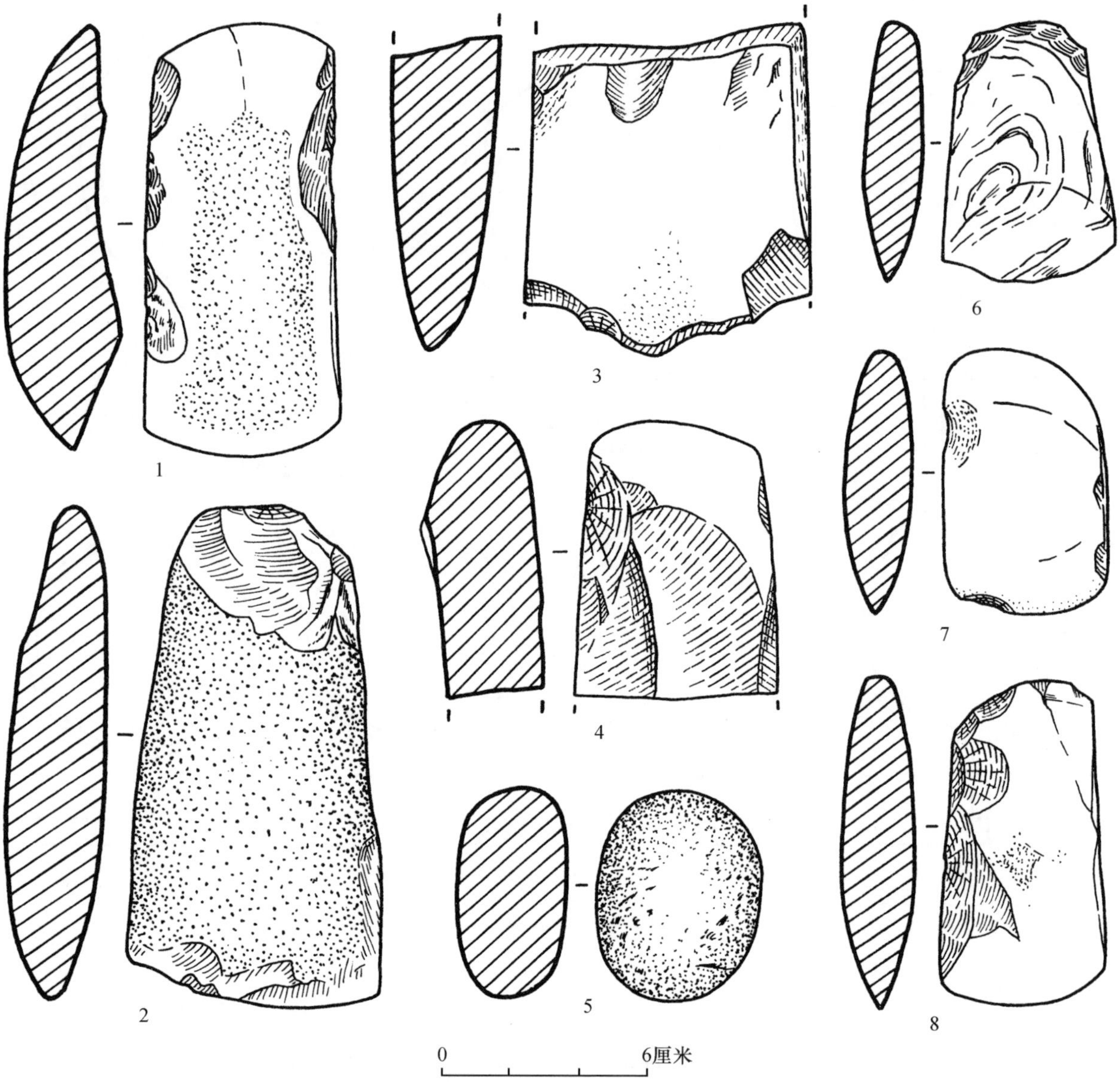

图四二三　T35③层出土石器

1、2. 石锄（T35③: 1、T35③: 10）　3、4. 厚边磨平残石器（T35③: 5、T35③: 73）　5. 石球（T35③: 6）　6～8. 石斧（T35③: 17、T35③: 9、T35③: 72）

灰色。扁平近小长方形，顶残，两面近平，两边磨平，两面磨刃不对称，平刃因石质太软而不锋利。长5.1、宽2.2、厚0.9厘米（图四二四，13）。

圭形石凿　1件（T35③: 29）。石，黄色。残，仅剩刃部，由两边磨成角刃。残长2.7、宽2.4、厚1.1厘米（图四二四，12）。

石球　1件（T35③: 6）。小砾石，黄色。椭圆形，表面较光滑，局部有裂痕。长6.5、宽5、厚3.3厘米（图四二三，5）。

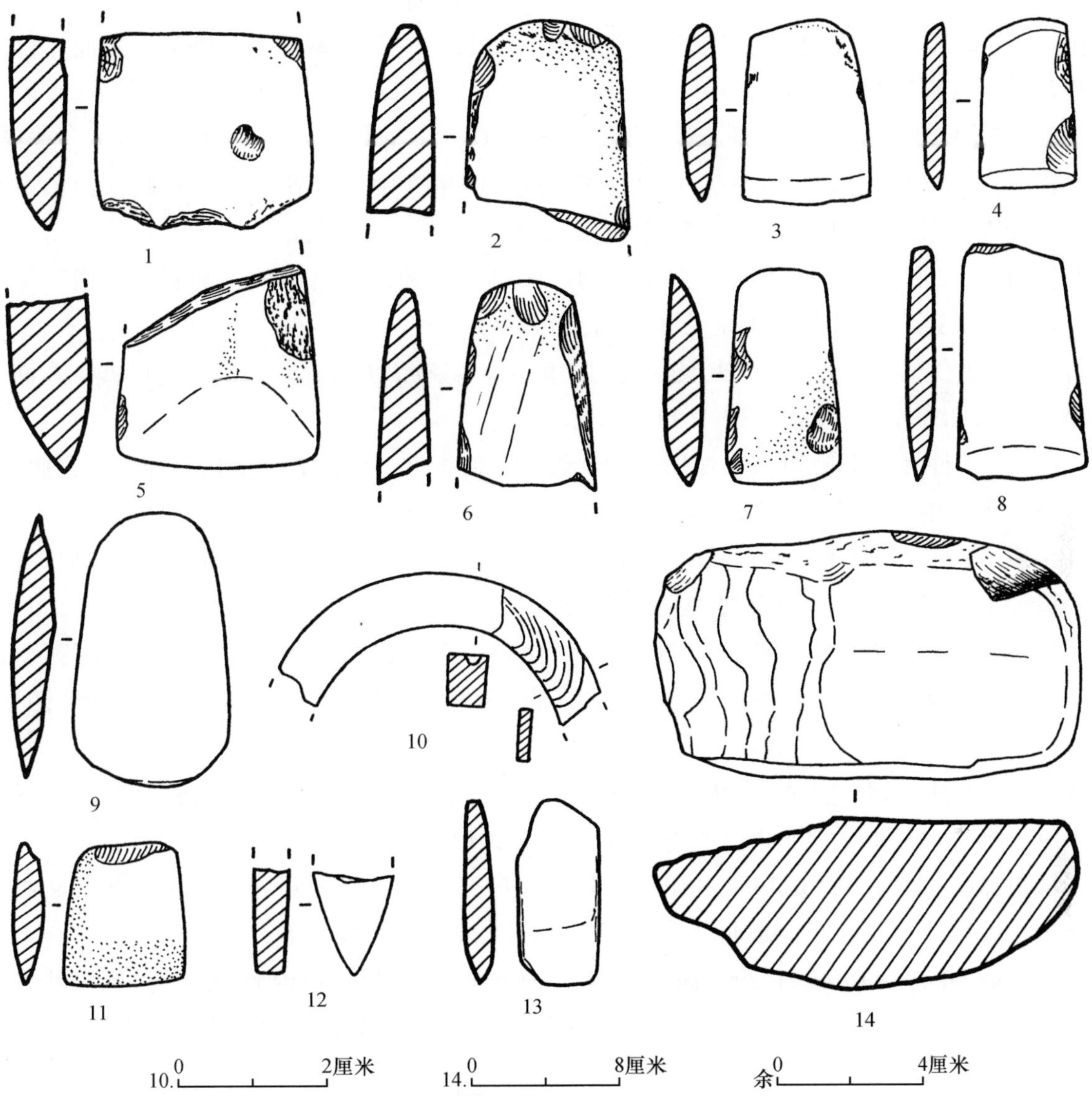

图四二四　T35③层、T35③下层出土石、玉器

1、3、4、8、11、13. 小石锛（T35③:24、T35③:30、T35③下:161、T35③:27、T35③:31、T35③:75）　2、6. 残石器（T35③:19、T35③下:13）　5. 残石斧（T35③下:12）　7. 小石斧（T35③:14）　9. 石斧（T35③:23）　10. 玉璜（T35③:64）　12. 圭形石凿（T35③:29）　14. 砺石（T35③下:162）

陶器

陶纺轮　3件。T35③:50，泥质红陶。扁薄两面平，角边型，角线偏下，不对称。素面。直径3.3、孔径0.35、厚0.8厘米（图四二八，2；图版一三二，3）。T35③:51，泥质红陶。扁薄两面平，角边型。素面。直径3.8、孔径0.3、厚0.9厘米（图四二八，3；图版一三三，8）。T35③:76，夹细砂黄陶。残存半边，扁薄两面平，弧边型。素面。厚1.4厘米（图四二八，5）。

陶环　2件。皆泥质黑陶。T35③: 45，残，一节，截面为圆角长方形。素面。直径6.6、内宽0.6、内厚0.35厘米（图四二五，7）。T35③: 60，残，一节，截面为小圆形。素面。直径7、内径0.5厘米（图四二五，14）。

陶球　2件。T35③: 57，泥质红陶。残，圆形，中空。外表饰米字形双排篦点纹。直径3.8厘米（图四二五，15）。T35③: 58，夹砂红陶。残，圆形，中空。外表饰不规则四边形单排篦点纹。直径4厘米（图四二五，8；图版一三二，11）。

凹折沿罐　1件（T35③: 84）。夹砂红陶。侈口，束颈，宽沿中凹，圆唇，弧肩，深腹下已残。素面。口径22、残高6.4厘米（图四二五，2）。

折沿罐　1件（T35③: 78）。夹炭红褐陶。侈口，束颈，折沿，尖圆唇，肩已残。素面。口径19.8、残高3.6厘米（图四二五，11）。

敛口罐　1件（T35③: 142）。泥质红陶。敛口，弧折沿，尖圆唇，溜肩，深弧腹，腹已残。内壁口下一周凹槽，内沿施一周凹槽。口径19、残高4.6厘米（图四二五，12）。

高领罐　1件（T35③: 38）。泥质红陶，外施红衣。敞口，圆唇，高颈，溜肩，肩下已残。素面。口径13、残高5厘米（图四二五，6）。

凹折沿瓮　1件（T35③: 83）。泥质黄陶。侈口，束颈，宽沿面微凹，方唇，斜弧肩，深鼓腹下已残。沿面施多周宽凹弦，腹饰三周以上凸棱纹。口径28、残高12.4厘米（图四二五，1）。

弧颈壶　1件（T35③: 36）。泥质黄陶。直口，外卷而呈喇叭状，尖圆唇，高弧颈下部已残。未见纹饰。口径14、残高3.5厘米（图四二五，17）。

子母口盘　1件（T35③: 148）。泥质黄陶。敛口，内折沿，尖圆唇，沿面微凹，又成子母口，浅折腹弧内收，底已残。素面。口径19、残高4厘米（图四二五，9）。

内折沿盘　1件（T35③: 152）。泥质黑陶。敛口，窄沿内折，口内为尖唇，外为带状方棱外凸，浅折腹弧内收，底已残。窄沿面施三周不等距凹弦纹。口径19、残高2.4厘米（图四二五，10）。

小器盖　1件（T35③: 48）。泥质陶外红内黑。上部盖纽已残，盖盘敞口，浅腹，尖唇。素面。盖径6.6、残高2.6厘米（图四二五，18）。

器盖纽　1件（T35③: 88）。夹炭红陶。盖盘已残，纽呈直口，内壁内斜，尖圆唇，高颈，腹内折，下部胎特别厚，但已残。素面。纽径12、残高8.8厘米（图四二五，20；图版一三五，6）。

片状大鼎足　1件（T35③: 77）。夹草末红陶，外施红衣。上部似罐形鼎，但罐已残缺，扁平足，上宽下窄，但足根已残。素面。残高8厘米（图四二五，5）。

凸棱状矮圈足　2件。T35③: 63，泥质黑陶，薄胎，但内部仍厚薄不一。上部已残，深折腹内斜，凹底下附矮小圈足，足根外撇。折腹施一周凸棱。足径6.5、残高5.3厘米（图四二五，19；图版一三七，4）。T35③: 81，泥质黄陶。腹上部已残，弧腹，平底，下附凸棱状圈足。素面。足径9、残高4.8厘米（图四二五，13）。

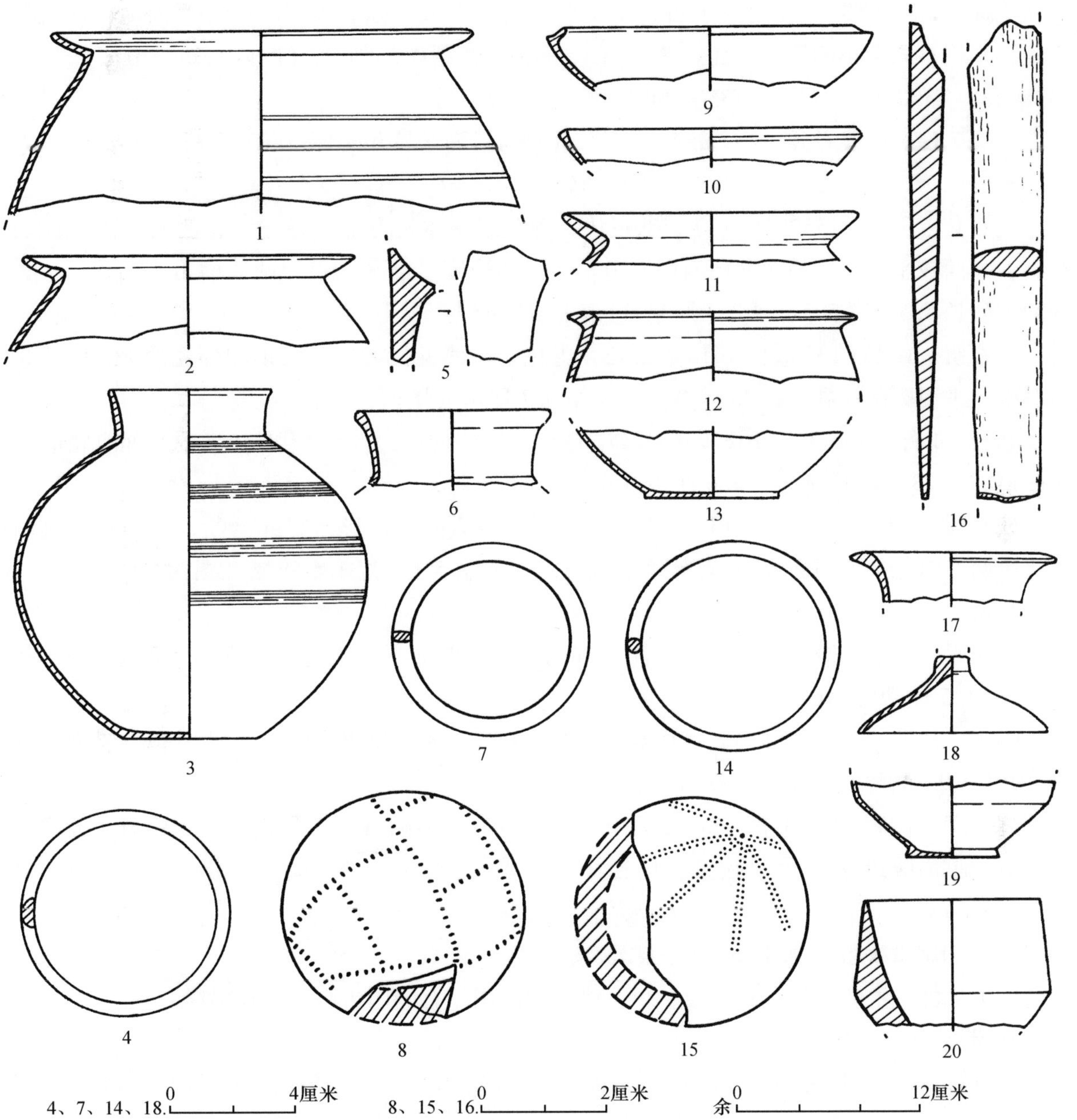

图四二五 T35③层、T35③A 层、T35③下层出土陶、骨器

1. 陶凹折沿瓮（T35③:83） 2. 陶凹折沿罐（T35③:84） 3、6. 陶高领罐（T35③下:166、T35③:38） 4、7、14. 陶环（T35③A:35、T35③:45、T35③:60） 5. 陶片状大鼎足（T35③:77） 8、15. 陶球（T35③:58、T35③:57） 9. 陶子母口盘（T35③:148） 10. 陶内折沿盘（T35③:152） 11. 陶折沿罐（T35③:78） 12. 陶敛口罐（T35③:142） 13、19. 陶凸棱状矮圈足（T35③:81、T35③:63） 16. 骨簪（T35③:46） 17. 陶弧颈壶（T35③:36） 18. 陶小器盖（T35③:48） 20. 陶器盖纽（T35③:88）

其他

骨簪 1件（T35③:46）。骨，黄泛白。残，扁长梯形，上、下残，横断面为椭圆形。素面。残存8.2、宽1.2、厚0.6厘米（图四二五，16）。

玉璜　1件（T35③: 64）。玉石，青黄色。残，一节，截面为梯形，外厚内薄，环状两端皆残，一端有未穿小凹孔。素面。残长4.3、宽0.7、厚0.55厘米（图四二四，10）。

（13）T35③A层（包括T35③下层）

标本7件。有残石斧、小石锛、砺石、残石器、陶纺轮和陶环，还有一件高领罐。

石器

残石斧　1件（T35③下: 12）。砾石块，青色。厚体长方形，顶已残，两面皆砾石原面稍磨制，一面较平，另一面弧面而两边厚薄不一，两边皆已磨平，平刃两面磨刃不对称，平刃较锋利。残长5.5、宽5.3、厚2.3厘米（图四二四，5）。

小石锛　1件（T35③下: 161）。石片，青色。平薄近长方形，弧顶如原光滑面，两边、两面磨平，平刃磨制锋利。长4.7、宽2.7、厚0.7厘米（图四二四，4）。

砺石　1件（T35③下: 162）。砂岩红褐陶。不规则近长方形，相对较平的底面有稍磨制使用凹痕。长23、宽13.8、厚9.6厘米（图四二四，14）。

残石器　1件（T35③下: 13）。砾石，灰色。扁弧体呈梯形，刃部已断，弧顶两面打制成刃状，两边略磨平，两面皆原面都微弧。残长5.6、宽5.6、厚1.5厘米（图四二四，6）。

陶器

陶纺轮　1件（T35③下: 160）。泥质红陶。扁薄两面平，弧边型。素面。直径4.3、孔径0.5、厚1.5厘米（图四二八，6）。

陶环　1件（T35③A: 35）。泥质黑陶。残，一节，截面为半圆形，内直外弧。素面。直径7、内宽0.9、内厚0.5厘米（图四二五，4）。

高领罐　1件（T35③下: 166）。泥质黄陶。直口，尖圆唇，高颈稍外斜，弧肩，鼓腹，平底。肩、腹饰四组篦划状凹弦纹。口径10.8、底径9、高23.5厘米（图四二五，3；图版一三七，6）。

（14）T36③A层（加T36③A下层）

标本7件。生产工具有残石斧、小石锛；生活用品有陶凹折沿罐、折沿罐。

石器

残石斧　4件。T36③A下: 5，砾石，青色。厚体近长方形，斜平顶打制，两面为原面，稍打制近平，两边磨平，两面刃磨制对称，弧刃近平，有使用缺口，较锋利。残长8.2、宽5.6、厚2.8厘米（图四二七，6）。T36③A下: 6，砾石，青色。扁平近长方形，顶打制修平，两面皆平整原面，弧刃一面略磨光，有砍砸痕，已不锋利。长11.4、宽7.2、厚2.6厘米（图四二七，1）。T36③A下: 7，砾石，青色。残，顶甚平，厚体长方形，两面一面为原面，另一面破裂面，皆近平，两边修直且平，一边略磨，斜弧刃一面打制，砾面稍磨光，不锋利。长8、宽6、厚3.2厘米（图四二七，5）。T36③A下: 8，砾石，灰色。体近长方形，顶端断裂，两边已磨平，一面为光滑原弧面，但顶部一角已残，另一面为不平破裂面，破裂面与原面夹角成弧刃，不甚锋利。长14.4、宽7.1、厚3厘米（图四二七，3）。

小石锛　1件（T36③A∶27）。石片，青色。通体磨光，有疤痕。扁平小梯形，顶部磨平有打制时留下片疤，两面、两边磨平，两面磨刃不对称，斜刃有使用缺口，仍较锋利。长5、宽2.5、厚0.8厘米（图四二六，8）。

陶器

凹折沿罐　1件（T36③A∶81）。夹砂夹炭褐陶。侈口，束颈，折沿微内凹，尖圆唇，鼓肩，肩下已残。素面。口径21、残高4厘米（图四二九，4）。

折沿罐　1件（T36③A∶80）。夹砂红陶。侈口，束颈，宽折沿，尖圆唇，斜弧肩，腹已残。素面。口径23、残高7.4厘米（图四二九，1）。

（15）T36③层

标本33件。有石锄、石斧、小石斧、小石锛、石球、陶纺轮和陶环；还有陶凹折沿罐、束颈罐、大口束颈罐、凹折沿矮颈罐、斜颈卷沿罐、彩陶壶形器、内折沿碗、敞口碗、大直口盘口缸、卷沿盘、刻槽盆、鹰嘴状凸饰、罐平底、矮圈足。

石器

石锄　1件（T36③∶67）。石片，深褐色。扁平近长方形，两面一面为原面，另一面为破裂面，都不平，两边打制修直近平，顶打制不平，刃单面打制成斜刃近平，不锋利。长17.3、宽6、厚1.9厘米（图四二七，2）。

石斧　2件。T36③∶18，石，青色。由砺石改制，粗厚近长方形，斜平顶打制，两面一面为原弧面，另一面破裂面打制后仍不平，两边皆为原砺石面，双面平刃打制对称，较锋利。长14、宽6.7、厚6.7厘米（图四二七，4）。T36③∶43，砾石，灰色。扁体长方形，斜平顶为原面，两面也原面略磨制而留疤痕，两边一边为原面略修打平，另一边磨平，弧刃两面打制，不锋利。长11.8、宽6、厚2.9厘米（图四二七，7）。

小石斧　3件。T36③∶4，砾石，青灰色。扁平长方形，顶及两面皆原面，一面平，一面稍中凹，两边磨平，两面磨刃近对称，平刃有使用缺口，已不锋利。长6、宽4.2、厚1.6厘米（图四二六，6）。T36③∶25，小砾石，灰色。扁平椭圆形，弧边及两平面皆原面，两弧边略磨制，刃两侧为原面而不锋利。长5、宽3、厚0.8厘米（图四二六，3）。T36③∶28，小砾石，灰色。扁平圆角梯形，弧顶为原面，两边、两面皆磨平，弧刃两端为原砾面不锋利，中间局部两面磨制而锋利。长4.6、宽3.6、厚1厘米（图四二六，4）。

小石锛　4件。T36③∶23，石片，灰色。厚薄不一椭圆形，弧顶、弧刃皆原薄片，两面一面为原面平滑，另一面中厚两头薄，一边磨平，另一边甚薄修直。长5.5、宽3.2、厚0.8厘米（图四二六，7）。T36③∶26，小砾石一段，青色。扁弧状近梯形，斜平顶打制，两面为原面，一面平，另一面为弧面，两边稍磨平，单面磨为斜刃近平。长5、宽3.9、厚1厘米（图四二六，1；彩版一六，8）。T36③∶33，石片，青色泛白，半透明。扁平近梯形，斜弧顶为原面两面，两边皆磨平，单面磨制，弧刃大部已残缺。长4.6、宽3、厚0.8厘米（图四二六，5）。T36③∶35，石片，青色夹白块。顶、刃均略残，扁平长方形，刃比顶稍宽，两边皆磨平。长4.8、宽3、厚0.8厘米（图四二六，2）。

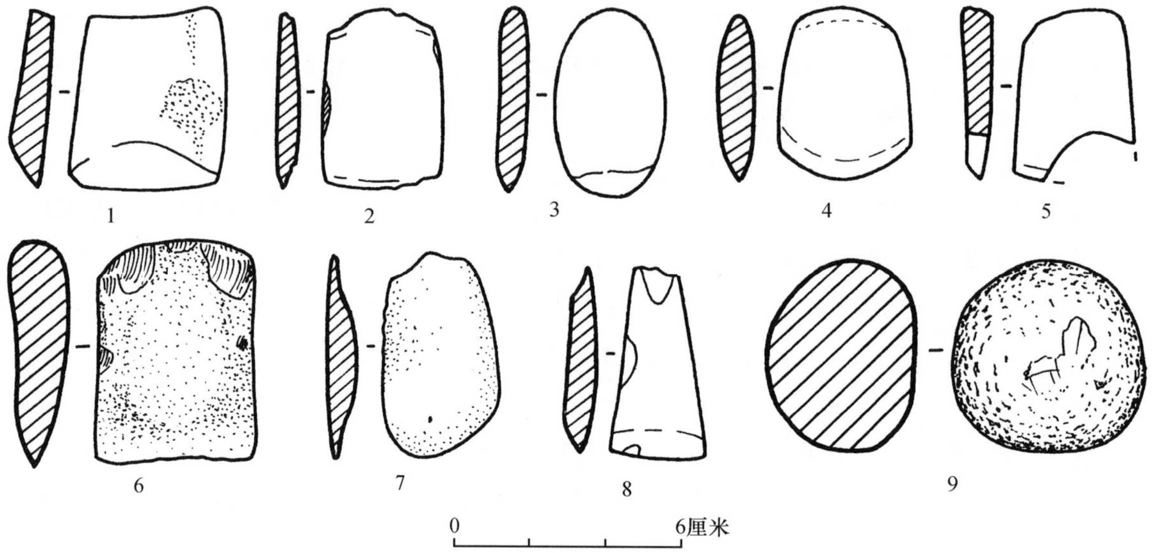

图四二六　T36③层出土石器

1、2、5、7、8. 小石锛（T36③:26、T36③:35、T36③:33、T36③:23、T36③A:27）　3、4、6. 小石斧（T36③:25、T36③:28、T36③:4）　9. 石球（T36③:20）

石球　1件（T36③:20）。石，黑色。器体为椭圆形，周边布满密集的坑疤，但有一面脱落后为较光滑自色面。直径5~5.3、厚4厘米（图四二六，9）。

陶器

陶纺轮　3件。T36③:34，夹细砂红陶。扁薄两面平，角边型。素面。直径4.2、孔径0.4、厚1.5厘米（图四二八，7；图版一三三，5）。T36③:37，泥质黑陶。扁薄两面平，直边型。素面。直径4、孔径0.4、厚1.2厘米（图四二八，4；图版一三二，8）。T36③:59，泥质黑陶，红胎。扁薄两面较平，角边型弧边，两面周边起棱。素面。直径3.1、孔径0.35、厚1厘米（图四二八，1）。

陶环　2件。T36③:31，泥质灰陶。残，一节，截面近梯形，两面皆外斜平，内厚外薄。素面。直径6、内宽0.65、内厚0.4厘米（图四二九，11）。T36③:32，泥质黑陶，红胎。残，一节，截面近椭圆形，内厚外薄。素面。直径5、内宽0.8、厚0.6厘米（图四二九，12）。

凹折沿罐　2件。T36③:30，泥质黑陶，灰黄夹心胎。侈口，束颈，宽折沿，尖圆唇，溜肩，弧腹已残。素面。口径28、残高4.2厘米（图四二九，7）。T36③:63，夹炭红陶。侈口，束颈，折沿微凹，尖唇，溜肩，鼓腹，但已残。素面。口径18、残高6.2厘米（图四二九，13）。

束颈罐　1件（T36③:69）。泥质橘红陶。直口外卷，圆唇，高颈中束，凹弧肩已残。素面。口径19、残高4.3厘米（图四二九，5）。

大口束颈罐　1件（T36③:12）。泥质黑陶，红胎。侈口，粗颈中束，卷沿，方唇，溜肩已残。素面。口径38、残高4.4厘米（图四二九，10）。

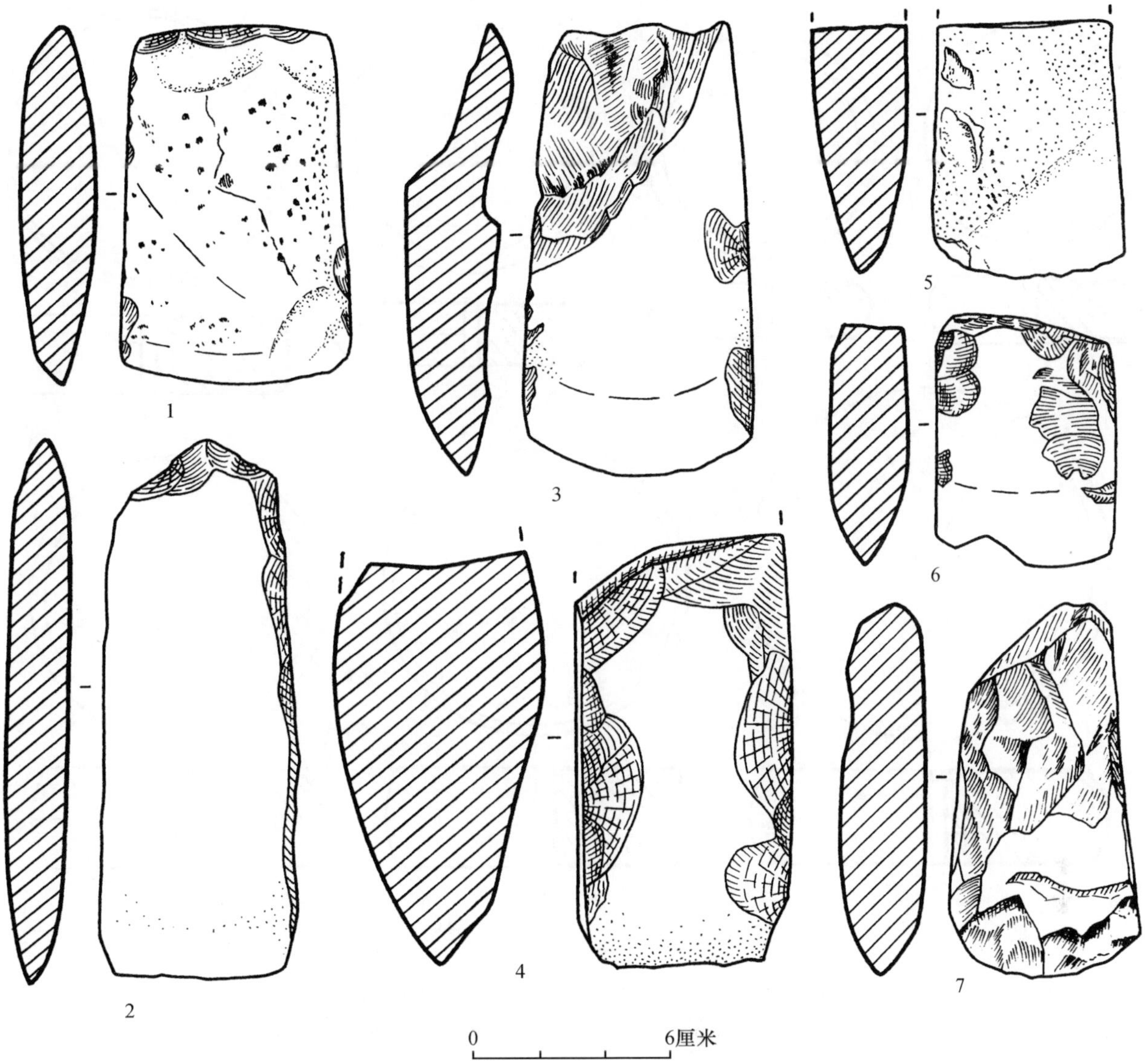

图四二七　T36③层、T36③A 下层出土石器

1、3～7. 石斧（T36③A 下:6、T36③A 下:8、T36③:18、T36③A 下:7、T36③A 下:5、T36③:43）　2. 石锄（T36③:67）

凹折沿矮颈罐　1 件（T36③:19）。泥质黄陶。侈口，束颈，但器内折棱抹平成内矮颈，沿面微凹，且局部有划痕，尖圆唇，斜肩已残。未见其他纹饰。口径 19、残高 2.7 厘米（图四二九，21）。

斜颈卷沿罐　1 件（T36③:11）。泥质磨光黑陶。侈口，束颈，沿外折，扁圆唇外卷，溜肩，腹已残。素面。口径 24、残高 3.8 厘米（图四二九，2）。

彩陶壶形器　1 件（T36③:72）。泥质红陶，薄胎。直口稍外斜，尖唇，粗高颈内斜，颈下部已残。颈绘黑彩斜方格纹。口径 10、残高 4.1 厘米（图四二九，17）。

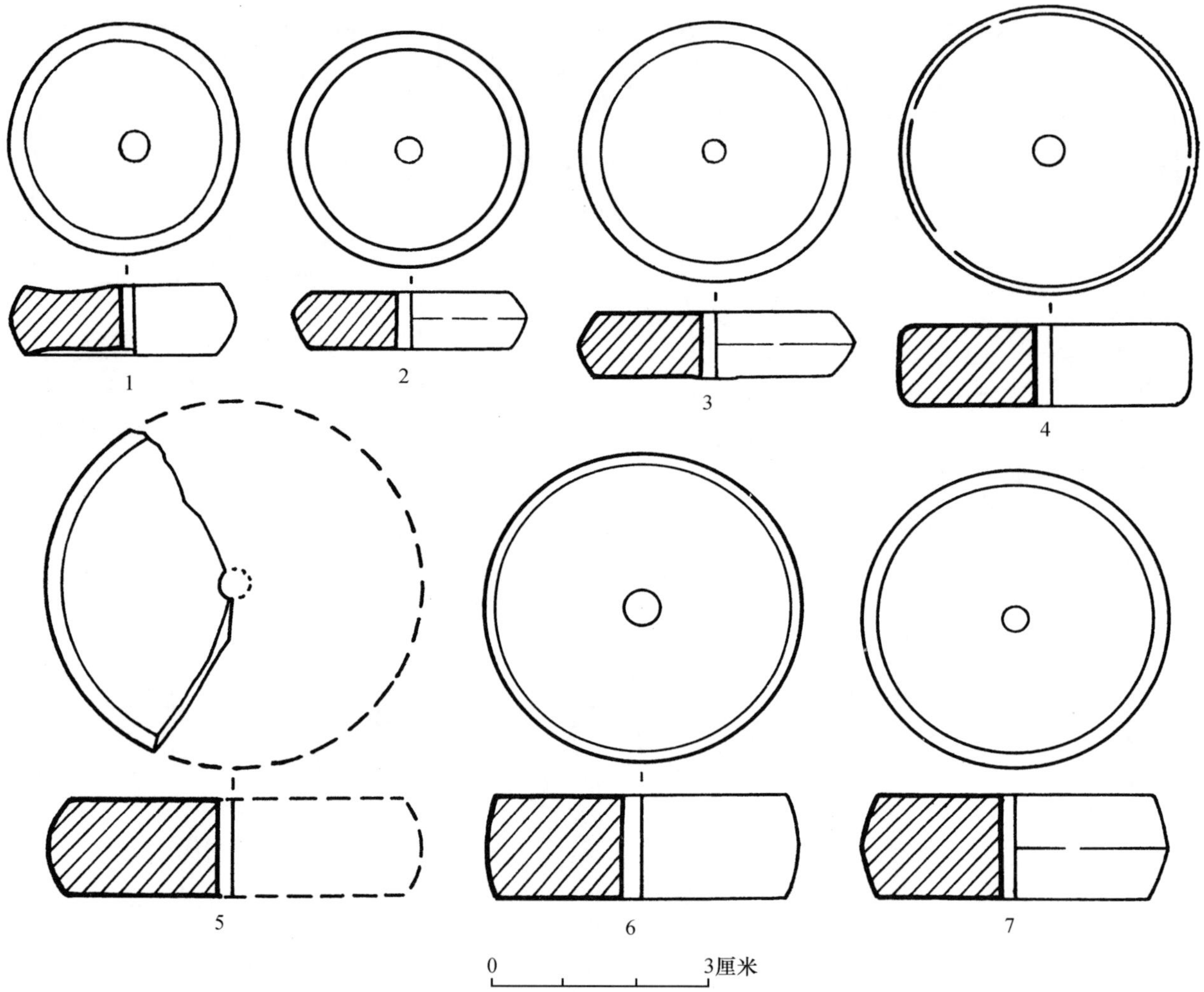

图四二八　T35③层、T35③下层、T36③层出土陶纺轮

1. T36③: 59　2. T35③: 50　3. T35③: 51　4. T36③: 37　5. T35③: 76　6. T35③下: 160　7. T36③: 34

内折沿碗　1件（T36③: 73）。泥质黑陶，灰红夹心胎。敛口，弧沿内折，方唇，唇面一周不规整凹弦，折腹较深，斜内收，底已残。素面。口径19、残高5.3厘米（图四二九，14）。

敞口碗　1件（T36③: 1）。夹炭红陶。敞口，尖唇，斜弧浅腹，尖圜底，下附矮圈足，足根略残。素面。口径17、足径7.2、高5.2厘米（图四二九，20；图版一三六，1）。

大直口盘口缸　1件（T36③: 65）。夹砂红陶。近直口，窄平沿，使口内外起凸棱，腹近直已残。沿面饰两周宽凹弦纹，腹部残存三周宽凹弦纹，不等距显错乱。口径40、残高5.4厘米（图四二九，9）。

卷沿盘　1件（T36③: 52）。泥质灰褐陶。直口微敛，弧沿外卷，尖圆唇，粗颈，上部微内束，折腹弧内收，浅腹大部残。素面。口径30、残高4.8厘米（图四二九，8）。

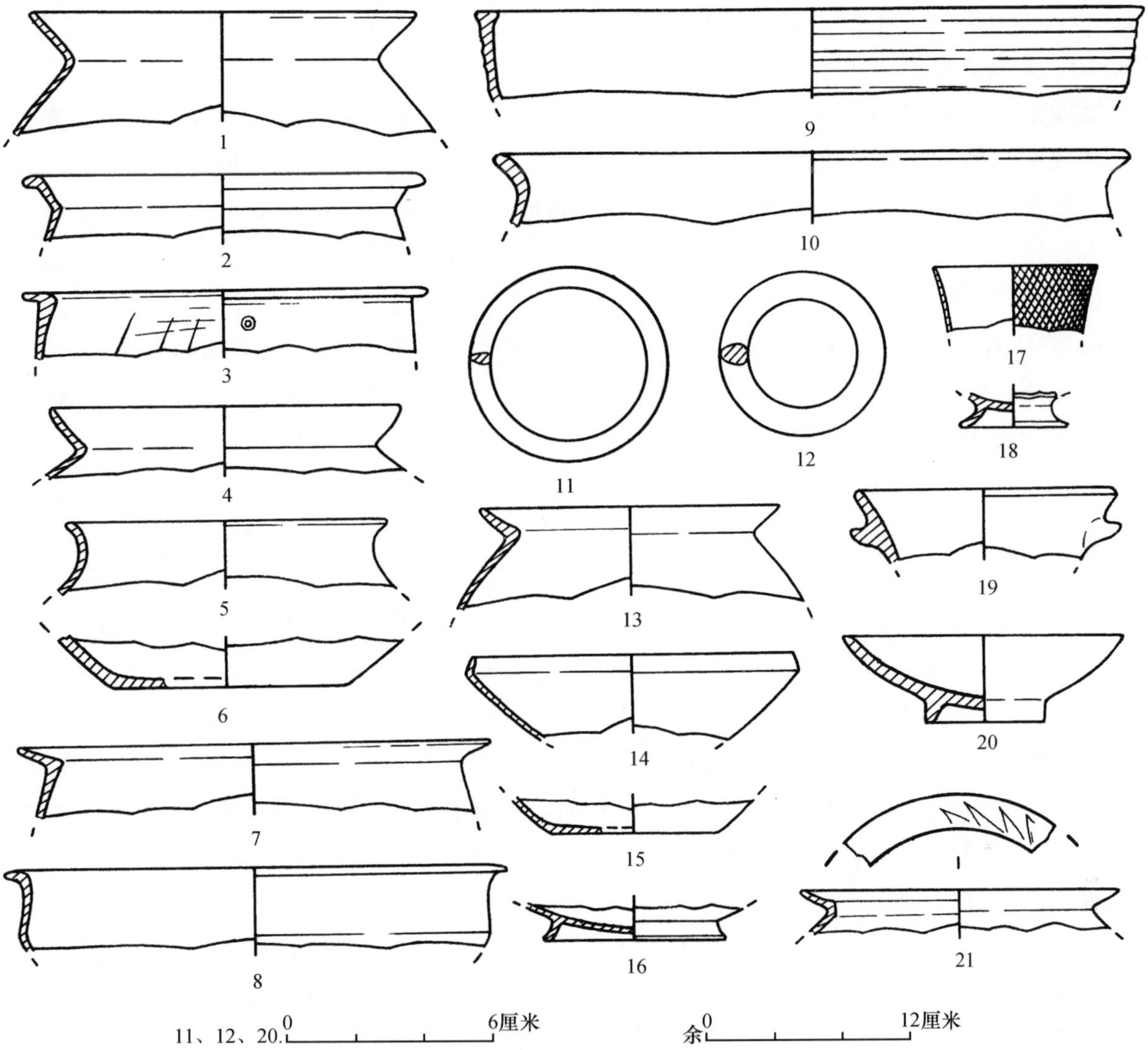

图四二九 T36③层、T36③A 层出土陶器

1. 折沿罐（T36③A:80） 2. 斜颈卷沿罐（T36③:11） 3. 刻槽盆（T36③:55） 4、7、13. 凹折沿罐（T36③A:81、T36③:30、T36③:63） 5. 束颈罐（T36③:69） 6、15. 罐平底（T36③:78、T36③:79） 8. 卷沿盘（T36③:52） 9. 大直口盘口缸（T36③:65） 10. 大口束颈罐（T36③:12） 11、12. 陶环（T36③:31、T36③:32） 14. 内折沿碗（T36③:73） 16、18. 矮圈足（T36③:76、T36③:77） 17. 彩陶壶形器（T36③:72） 19. 鹰嘴状凸饰（T36③:71） 20. 敞口碗（T36③:1） 21. 凹折沿矮颈罐（T36③:19）

刻槽盆 1件（T36③:55）。泥质红陶，胎较厚，匀称。敛口，宽折沿微弧，方圆唇，深弧腹下已残。腹内部有稀疏斜刻槽痕，腹上部残存有一小圆孔。口径24、残高4厘米（图四二九，3）。

鹰嘴状凸饰 1件（T36③:71）。泥质红陶。上、下已残，仅剩颈肩部残片。颈近肩处有鹰嘴状凸饰。口径16、残高4.3厘米（图四二九，19）。

罐平底 2件。T36③:78，夹细砂黄陶。仅存腹下部和平底残片。素面。底径14、残高

3. 2 厘米（图四二九，6）。T36③: 79，泥质黑陶，红胎。仅存罐下部弧腹和平底残片。素面。底径 10、残高 2 厘米（图四二九，15）。

矮圈足　2 件。T36③: 76，泥质红陶。上部已残，仅剩矮圈足和圜底残片，足壁外撇，足根上卷成圆凸棱。素面。足径 10. 8、残高 2. 2 厘米（图四二九，16）。T36③: 77，泥质黑陶，红胎。仅存圜底和矮圈足，足壁外撇，足根上卷成圆棱。素面。足径 6. 7、残高 2 厘米（图四二九，18）。

（16）T37③层

标本 31 件。其中，生产工具有石锄、小石锛、小砺石、陶纺轮；生活用品有陶凹折沿罐、凹折沿小罐、折沿小罐、高领罐、弧颈罐、敛口小罐、圈足小罐、双腹碗、直口盘、外折沿小盆、外折沿豆盘、红陶杯、觚形杯、内彩筒腹杯、高圈足杯、小器盖；其他有残小石壁、陶环。

石器

石锄　1 件（T37③: 38）。石片，青色，内夹白点。较薄呈梯形，上窄下宽，两面中原面弧平，有打击疤面，另一面打制，一侧稍弧凸，顶及一边打制修直，另一边单面打制，上部弧凹，弧刃近平，单面打制，不甚锋利。长 12. 6、宽 7. 8、厚 2. 6 厘米（图四三一，1）。

小石锛　3 件。T37③: 6，石片，青色。较薄正梯形，另一面顶平，边直，刃也平，甚规整，此面为破裂面近平稍弧凸，绘图面也是破裂面，多疤片，不平，平顶单面打制成薄刃状，边皆单面打制，平刃一面凹，另一面凸为原石面，甚锋利。长 7. 1、宽 4. 4、厚 1. 7 厘米（图四三一，3）。T37③: 7，小石片，黄色泛白，半透明。较薄小梯形，斜顶和斜弧刃皆原面，两面皆破裂面，另一面略凹近平且光滑，面多片疤也不平，两边修直，单面刃，斜刃一面为石面，甚锋利。长 3. 3、宽 1. 9、厚 0. 6 厘米（图四三一，4）。T37③: 8，小石片，黄色。扁薄如陶片，不规则形，弧顶磨制，一角有缺口，两面皆平，两边磨平，但长短不等，宽斜刃两面磨制不对称，锋利。长 7. 6、宽 3. 9、厚 0. 7 厘米（图四三一，6）。

小砺石　1 件（T37③: 9）。石砂岩，红色。残器甚小，呈长方体，宽面一面有磨制后凹面，另一面近平，无磨痕。残长 4. 6、宽 2. 9、厚 1. 5 厘米（图四三一，8）。

陶器

陶纺轮　2 件。T37③: 49，泥质红陶。扁薄两面平，弧边型，弧边近直。素面。直径 5、孔径 0. 5、厚 1. 25 厘米（图四三五，4）。T37③: 11，泥质红褐陶。扁薄两面平，一面圆孔周围上凸，弧边型。素面。直径 3. 2、孔径 3. 2、厚 1 厘米（图四三五，6；图版一三三，1）。

凹折沿罐　1 件（T37③: 13）。夹砂夹草末浅红泛灰黑陶。侈口，凹折沿，尖圆唇，束颈，斜肩，弧腹，腹下部残。素面。口径 17、残高 5. 2 厘米（图四三〇，5）。

凹折沿小罐　1 件（T37③: 34）。夹炭红陶。侈口，束颈，凹沿，尖圆唇，弧肩，球腹，底已残。素面。口径 10. 6、残高 12 厘米（图四三〇，11；图版一三五，1）。

折沿小罐　1 件（T37③: 29）。夹砂红陶。侈口，束颈，折沿，尖圆唇，斜弧肩，鼓腹已残。素面。口径 12. 6、残高 4. 5 厘米（图四三〇，18）。

高领罐 2件。T37③:17，泥质黑皮陶，红胎。直口外侈，方扁唇外附口下，高直颈，鼓肩，弧腹内收，凹平底。肩饰两周凸棱纹。口径10.4、底径7.6、高16.4厘米（图四三〇，19；图版一三七，5）。T37③:51，泥质黑陶，黑皮脱落，露出灰胎，内壁泛红。直口外敞，圆唇，高直颈内斜，弧肩已残。素面。口径12、残高4.8厘米（图四三〇，16）。

弧颈罐 1件（T37③:44）。夹砂灰陶。口沿、腹部烧制时变形。喇叭口，圆唇外卷，口外起凸棱，高弧颈中束，鼓弧肩，腹内收已残。素面。口径15.4、残高10厘米（图四三〇，12）。

敛口小罐 1件（T37③:18）。泥质黑陶。敛口，尖圆唇，腹上部外鼓，下部内收，凹平底。素面。口径7.4、底径6、高4.8厘米（图四三〇，26；图版一三五，5）。

圈足小罐 1件（T37③:15）。泥质黑陶，黄胎。敛口，方唇内斜外凸，深弧腹，下部稍外鼓，圜底下附矮圈足，足壁近直，稍外斜。素面。口径7.2、底径7.8、高9.8厘米（图四三〇，13；图版一三五，4）。

双腹碗 3件。T37③:28，泥质黄陶。敞口，尖圆唇，凹弧沿和弧腹成双弧腹，圜底下附矮圈足，足壁近直。素面。口径21.7、足径8.7、高7.6厘米（图四三〇，1；图版一三六，3）。T37③:16，泥质红陶，内外施红衣。敞口，尖唇，凹沿和折弧腹，而似双腹，圜底下附圈足已残。素面。口径16.6、残高6.2厘米（图四三〇，20；图版一三六，4）。T37③:70，泥质磨光黑陶。侈口，宽折沿，沿面弧凹，尖圆唇，斜弧腹，下已残。素面。口径20、残高4.8厘米（图四三〇，2）。

直口盘 1件（T37③:53）。泥质红陶，内外多泛黑斑或原施黑衣。直口，窄平沿，圆唇外凸，粗直颈内斜，折腹斜内收，腹下部已残。腹饰两周凹弦纹。口径24、残高4.1厘米（图四三〇，6）。

外折沿小盆 1件（T37③:54）。泥质黑陶，灰胎。敞口，弧沿外卷下垂，尖圆唇，弧腹，腹已残。素面。口径20、残高3.8厘米（图四三〇，3）。

外折沿豆盘 1件（T37③:25）。泥质红陶，内外施红衣。敞口，沿外折，尖圆唇下垂，浅弧腹，圜底下附高圈足，足下部多残，足壁直如粗筒状。素面。口径20.2、残高7.4厘米（图四三〇，4）。

红陶杯 1件（T37③:24）。泥质黑陶，胎较薄。口沿残，斜直壁，弧平底稍内凹。素面。底径3.2、残高3.6厘米（图四三〇，23）。

觚形杯 1件（T37③:31）。泥质磨光黑陶，胎较薄，匀称。敞口，尖圆唇，深弧腹呈束腰状，平底，底下一周凸棱成假腹状。素面。口径9.5、底径5.5、高9.1厘米（图四三〇，24；图版一三八，3）。

内彩筒腹杯 1件（T37③:22）。泥质红陶，器表施黑衣，胎薄如蛋壳。直口，尖圆唇，筒腹下部稍小，平底稍内凹，底中部略残。器内绘带状黑彩，器内带状不等宽。口径7.8、底径6.3、高8.6厘米（图四三〇，28；图版一三八，2）。

高圈足杯 4件。T37③:14，泥质黄陶。侈口，束颈，凹沿，圆唇上竖外凸，筒腹外斜，下腹内折起凸棱，圜底下附高圈足，足壁外斜，足根呈扁圆棱外附。腹下部施一周凸棱，足下部施一周凹弦。口径8.9、足径8、高12.4厘米（图四三〇，8；图版一三八，5）。T37③: 19，泥质红陶。侈口，折沿微凹，尖圆唇，深腹外斜，下腹内折成圜底，下附喇叭形高圈足。腹下部饰两周凹弦纹，上又饰多组竖篦划纹。口径6.8、残高11.4厘米（图四三〇，10）。T37③: 20，泥质红陶。直口外斜，窄平沿外凸，尖唇，沿面一周凹弦纹，筒腹上略外弧，下内折成圜底，下附高圈足已残。上腹饰交叉篦划纹，折腹凸棱加压锯齿状花边。口径7.8、残高9.2厘米（图四三〇，9）。T37③: 30，泥质红陶。口沿残，筒腹上部内弧，下部外凸并折成平弧底，下附高圈足已残。腹饰竖篦划纹多组，近底一周凹槽。残高7.3厘米（图四三〇，7）。

小器盖　1件（T37③: 21）。泥质红褐陶。器型小，矮纽如足根外斜矮圈足，盖盘如喇叭口杯。素面。口径7.4、纽径3.9、高5.4厘米（图四三〇，27；图版一三七，1）。

其他

残小石璧　1件（T37③: 26）。石，黑色，磨制。残，只剩一半，扁平圆形，中间有琢打近圆孔，但孔不在中央，偏一边。直径5.8、厚0.9厘米（图四三一，7）。

陶环　1件（T37③: 48）。泥质灰陶。仅剩环的一节，环两面甚宽皆斜平，内厚外稍薄，剖面呈圆柱形，上粗下稍细。两面皆饰有角形篦点纹。残长5、宽1.9、厚0.6厘米（图四三〇，22）。

（17）T37③下层

标本8件。其中，生产工具只有陶纺轮，生活用品有陶高领罐、高圈足杯、片状大鼎足，其他有石璜和骨簪。

陶器

陶纺轮　2件。皆泥质陶，黑色泛红。扁薄两面平，角边型。素面。T37③下: 74，直径3.1、孔径0.3、厚0.95厘米（图四三五，7；图版一三三，2）。T37③下: 75，直径3.15、孔径0.3、厚0.95厘米（图四三五，5；图版一三三，3）。

高领罐　1件（T37③下: 40）。泥质红陶。直口，圆唇外卷起凸棱，矮颈近直稍外斜，肩部已残。素面。口径12、残高3.8厘米（图四三〇，17）。

高圈足杯　2件。T37③下: 32，泥质红陶。侈口，凹沿近平，尖圆唇直立，又如小浅盘口，筒腹外斜，下内折起凸棱，平底下附喇叭状高圈足。凸棱上饰多组竖篦划纹。口径8、底径7.6、高12.4厘米（图四三〇，15；图版一三八，6）。T37③下: 76，泥质陶，杯为灰黄色，其圈足黑色。侈口，凹沿，尖圆唇，筒腹外斜，腹下部凹折呈圜底，下附高圈足，弧呈扁圆棱。素面。口径9、底径9、高17.2厘米（图四三〇，14；图版一三八，4）。

片状大鼎足　1件（T37③下: 71）。夹蚌夹草末红陶，质甚轻。片状呈倒三角形，足尖稍残。素面。残长11.8、上宽5.8、厚2厘米（图四三〇，29）。

其他

石璜　1件（T37③下: 72）。石，青灰色，磨制。刻凹槽，半环形，内直外扁圆，两端没有磨平，但两端上下都有可系绳线的凹槽（或凹缺口）。素面。残径5.7、内宽1.3、厚0.7厘米（图四三〇，21；图版一三四，5）。

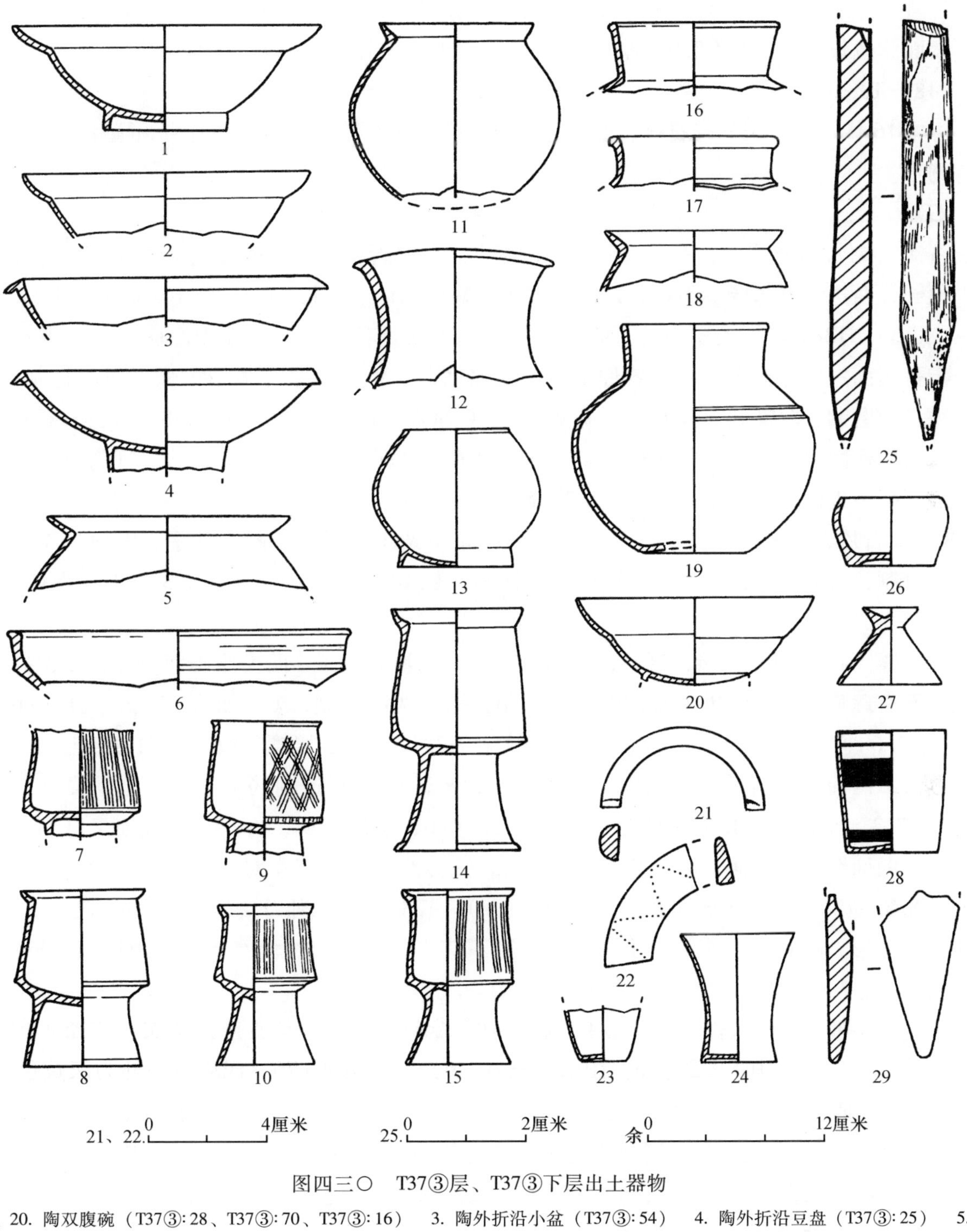

图四三〇　T37③层、T37③下层出土器物

1、2、20. 陶双腹碗（T37③:28、T37③:70、T37③:16）　3. 陶外折沿小盆（T37③:54）　4. 陶外折沿豆盘（T37③:25）　5. 陶凹折沿罐（T37③:13）　6. 陶直口盘（T37③:53）　7～10、14、15. 陶高圈足杯（T37③:30、T37③:14、T37③:20、T37③:19、T37③下:76、T37③下:32）　11. 陶凹折沿小罐（T37③:34）　12. 陶弧颈罐（T37③:44）　13. 陶圈足小罐（T37③:15）　16、17、19. 陶高领罐（T37③:51、T37③下:40、T37③:17）　18. 陶折沿小罐（T37③:29）　21. 石璜（T37③下:72）　22. 陶环（T37③:48）　23. 红陶杯（T37③:24）　24. 陶觚形杯（T37③:31）　25. 骨簪（T37③下:73）　26. 陶敛口小罐（T37③:18）　27. 陶小器盖（T37③:21）　28. 陶内彩筒腹杯（T37③:22）　29. 陶片状大鼎足（T37③下:71）

骨簪　1件（T37③下:73）。骨，白色，磨制。长条扁圆形，一端磨成尖锥状，另一端已残。素面。残长7.5、宽径0.9、厚0.7厘米（图四三〇，25；图版一三四，2）。

（18）T38③层

标本16件。生产工具有石锄、残石斧、厚边磨平残石器，生活用品有束颈罐和平沿盆，其他有陶环。

石器

石锄　4件。T38③:2，石片，紫色和黄斑点。较厚近梯形，一面为光滑平面，打制面也较平，顶部，两边和刃部皆单面打制，弧刃有使用缺口和疤痕。长14.7、宽10.3、厚3厘米（图四三二，5）。T38③:3，厚砾石片，青色。中厚上下薄近长方形，一面为原面上部又进一步打制，与打制面一样都近平，两边皆原面，一面略磨制，但都不平，弧顶，弧刃两面打制如刃，斜弧刃一面磨制，较锋利。长17.5、宽9、厚3.6厘米（图四三二，1）。T38③:7，砾石片，紫红色。较厚椭圆形，一面为原光滑弧面，打制面近平稍凹凸，一边下部有单面打制痕，近弧顶打制，圆弧刃也没有进一步打制痕，不甚锋利。长15.6、宽7.8、厚3.2厘米（图四三二，2）。T38③:8，石片，紫褐色。较厚甚平呈三角形，原面光滑略弧，打制面甚平，尖顶为原面，两边单面打制，弧刃也单面打制，有缺口，较锋利。长18.2、宽10.2、厚3.3厘米（图四三二，4）。

残石斧　4件。T38③:4，砾石，青麻色。残，仅剩刃部，一面为原砾面，琢打面，另一面也似原面有琢痕，残存一边平直，但没有磨制，弧刃两面磨制，对称而很锋利。残长4.6、宽7.6、厚2.6厘米（图四三一，5）。T38③:5，砾石块，灰色有层理条纹。顶和刃部已残，较厚近长方形，两面为砾石原光滑弧面，两边磨平，刃部有两面打制的大缺疤，已不锋利。残长9.4、宽7.2、厚3.6厘米（图四三二，3）。T38③:6，小砾石块，青灰色。残顶又打制，较厚长方形，两面皆砾石弧面，两边磨平，且平行，弧刃两面磨制基本对称，有使用缺口，不甚锋利。长8.7、宽6.4、厚3.3厘米（图四三一，2）。T38③:10，砾石块，灰色。顶部已残，顶厚刃薄近长方形，两面皆原面都较平，两边略磨不甚平，斜弧刃两面磨制，有使用痕，较锋利。残长8.4、宽7.3、厚3.4厘米（图四三二，8）。

厚边磨平残石器　4件。T38③:1，砾石块，青色。较厚近长方形，两面皆原面，两面皆弧，两边平直光滑，皆已磨制，顶部、刃部只打制，没有形成直正刃部。长11.1、宽7.7、厚3.1厘米（图四三二，7）。T38③:11，砾石块，灰色。刃部已断，厚体近长方形，弧平顶为原光滑面，两面为原面，一面略打制皆近平，两边平直，一磨制，一似原面，刃已断。残长9、宽8.3、厚4.1厘米（图四三二，6）。T38③:12，砾石，青色。厚体近梯形，斜平顶为原面，两面皆原面。一面进一步打制反而不平，两边磨平，刃已残。残长10.6、宽8.5、厚4.8厘米（图四三二，10）。T38③:13，砾石，青色。厚体近长方形，斜平顶为原光滑面，两面一面为原面光滑但不甚平，打制面近平，局部上凸，两厚边甚平，似经磨制。残长11.8、宽7.8、厚4.4厘米（图四三二，9）。

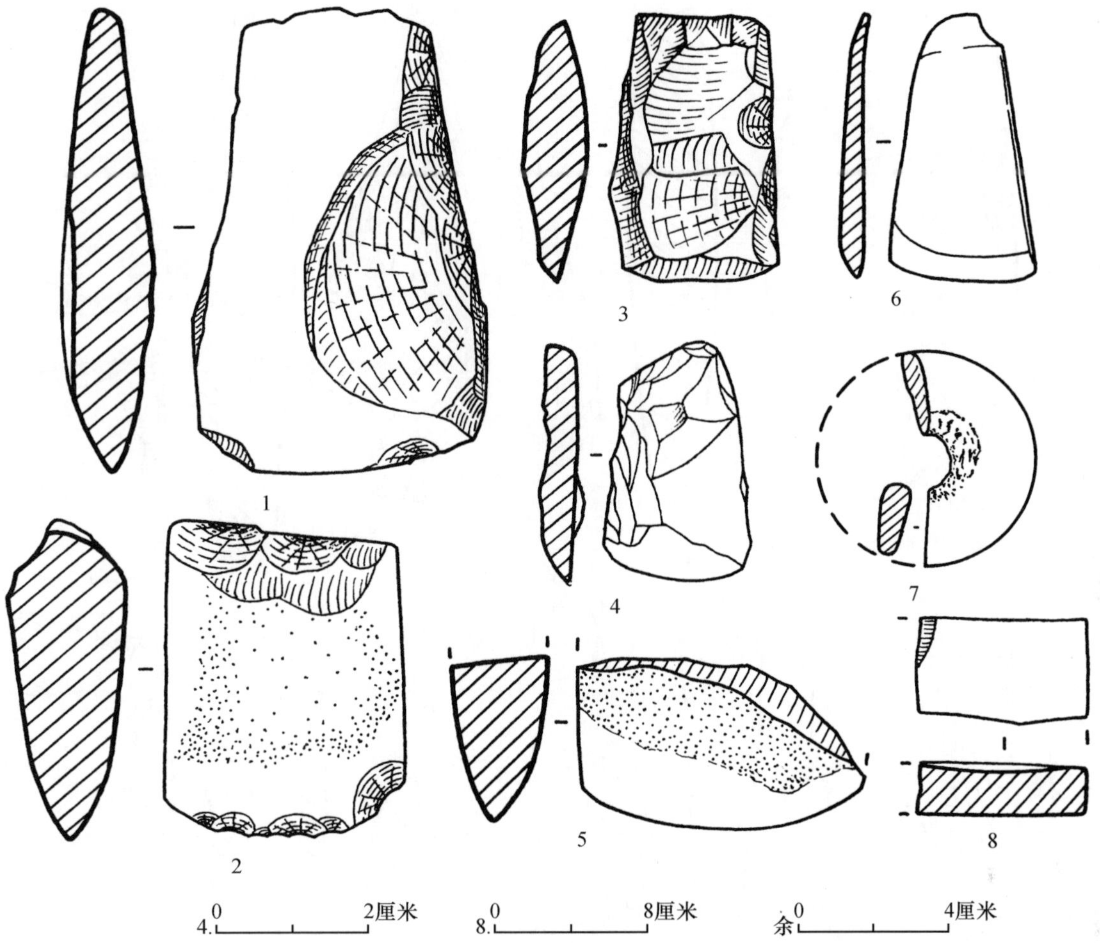

图四三一 T37③层、T38③层出土石器

1. 石锄（T37③:38） 2、5. 残石斧（T38③:6、T38③:4） 3、4、6. 小石锛（T37③:6、T37③:7、T37③:8） 7. 残小石璧（T37③:26） 8. 小砺石（T37③:9）

陶器

束颈罐 1件（T38③:14）。泥质黄陶。侈口，束颈，尖圆唇，鼓肩，深腹，平底。素面。口径10、底径6.8、高12.6厘米（图四三三，20；图版一三五，3）。

平沿盆 1件（T38③:21）。泥质黑陶，红胎。直口，平沿，圆唇，粗颈，折腹内收，底已残。素面。口径28、残高7厘米（图四三三，6）。

其他

陶环 2件。T38③:18，泥质灰陶。残，三节，近三分之一，内环直，两面和外环呈半圆形。素面。直径6.6、宽0.6、内厚0.45厘米（图四三三，21）。T38③:19，泥质黄陶。残，一节，仅五分之一，剖面圆形。素面。直径5.2、内径0.4厘米（图四三三，12）。

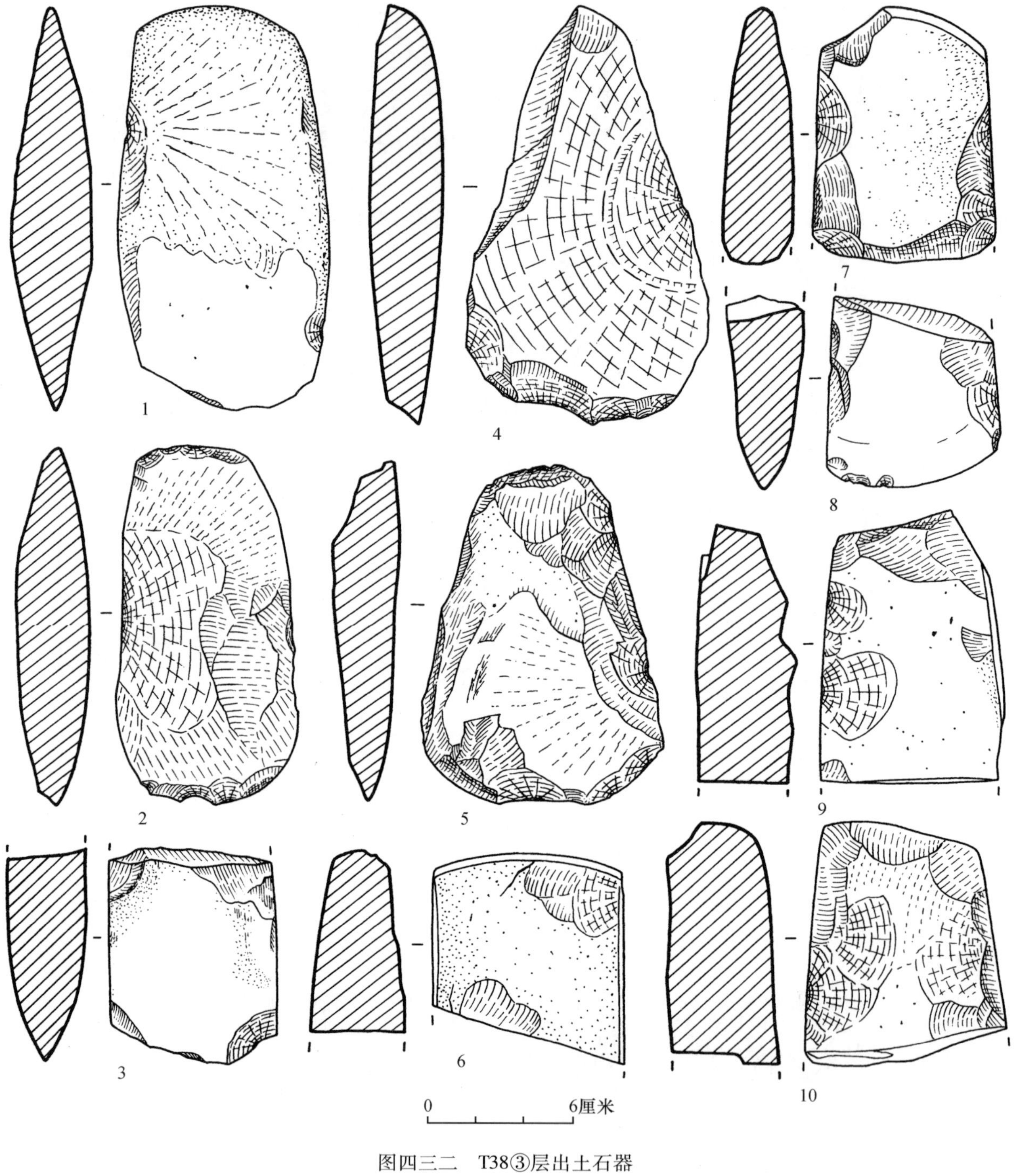

图四三二　T38③层出土石器

1、2、4、5. 石锄（T38③:3、T38③:7、T38③:8、T38③:2）　3、8. 残石斧（T38③:5、T38③:10）

6、7、9、10. 厚边磨平残石器（T38③:11、T38③:1、T38③:13、T38③:12）

（19）T41③层

标本24件。生产工具有石锄、残石斧、石球、残骨针和陶纺轮；生活用品有陶凹折沿罐、束颈罐、束颈小罐、小口瓮、盘口缸、子母口碗、双腹碗、外折沿盘、双腹盘、高圈足杯、盂形器、彩陶器盖、小罐平底。

石器

石锄　3件。T41③:2，石片，深褐色石面，内青灰色。扁平近三角形，尖弧顶打制，两面一面为原面，另一面为打制都甚平，且甚薄，两边单面打制修直，一边面近平，另一边为内斜面，斜平刃两面打制，较锋利。长13.6、宽8.4、厚1.5厘米（图四三四，2）。T41③:5，石片，青灰色。较厚近梯形，平顶两面打制，两面为原面和打制面都较平，两边修直，均两面打制，但都不平，弧刃单面打制，较锋利。长16.2、宽8.1、厚2.5厘米（图四三四，1）。T41③:7，石片，暗黄色石面，内灰褐色。顶已断，扁平近长方形，原面和打制面都较平，甚薄，两边单面打制修直，都内斜，弧刃为两面夹角，一面稍打制，不锋利。残长9.2、宽6.8、厚1.6厘米（图四三四，5）。

残石斧　2件。T41③:11，石片，青色。较薄近长方形，平顶打制，两面一面为原弧面，另一面破裂近平，两边下部稍薄，两边单面打制修直面内斜，圆弧刃为两面夹角，打制面稍磨，有使用痕，不甚锋利。长12.6、宽8.1、厚2.7厘米（图四三四，3）。T41③:1，砾石块，青色。顶部已断，较厚长方形，两面光滑原弧面，两边磨平，弧刃，两面磨制，甚锋利。残长6、宽5.8、厚3.2厘米（图四三四，4）。

石球　1件（T41③:3）。石，青灰色。近圆形，但四分之一已破裂，其中还有一处凹缺口，周身布满如琢打的凹疤。直径4.5、厚3.2厘米（图四三四，6）。

陶器

陶纺轮　1件（T41③:8）。夹细砂红陶。扁薄两面平，角边型。素面。直径3.6、孔径0.4、厚1.15厘米（图四三五，1；图版一三三，21）。

凹折沿罐　1件（T41③:6）。夹砂夹草末浅红陶。侈口，束颈，凹折沿，尖圆唇，弧肩已残。素面。口径24、残高3.2厘米（图四三三，4）。

束颈罐　1件（T41③:27）。夹砂黑陶。侈口，束颈近直，折沿，沿面微凹，尖圆唇，斜弧肩，腹已残。内颈施一道手指按窝纹，加固留下按痕。口径13、残高4.4厘米（图四三三，19）。

束颈小罐　1件（T41③:15）。泥质黑陶。侈口，卷沿，圆唇，束颈，斜肩，鼓腹，腹已残。素面。口径8、残高2.2厘米（图四三三，15）。

小口瓮　1件（T41③:19）。夹砂红陶。直口，尖圆唇，矮颈，鼓肩，腹下已残。颈、腹间有手指按痕。口径12、残高7.2厘米（图四三三，3）。

盘口缸　2件。T41③:20，夹砂陶外红内黑。盘口，粗高颈外斜内下凹，窄弧沿口内外皆起凸棱，直筒腹稍内斜下已残。颈饰四周凹槽，腹饰一周凸棱。口径38、残高13.4厘米（图四三三，2）。T41③:21，泥质红陶。盘口，粗矮颈上外斜下内凹，窄平沿外凸成扁圆唇，深筒腹内弧收，下已残。颈部饰三周凹槽，残腹上部两组凸棱，上组四周，下组两周凸棱，凸棱有的脱落。口径48、残高22厘米（图四三三，1；图版一三九，5）。

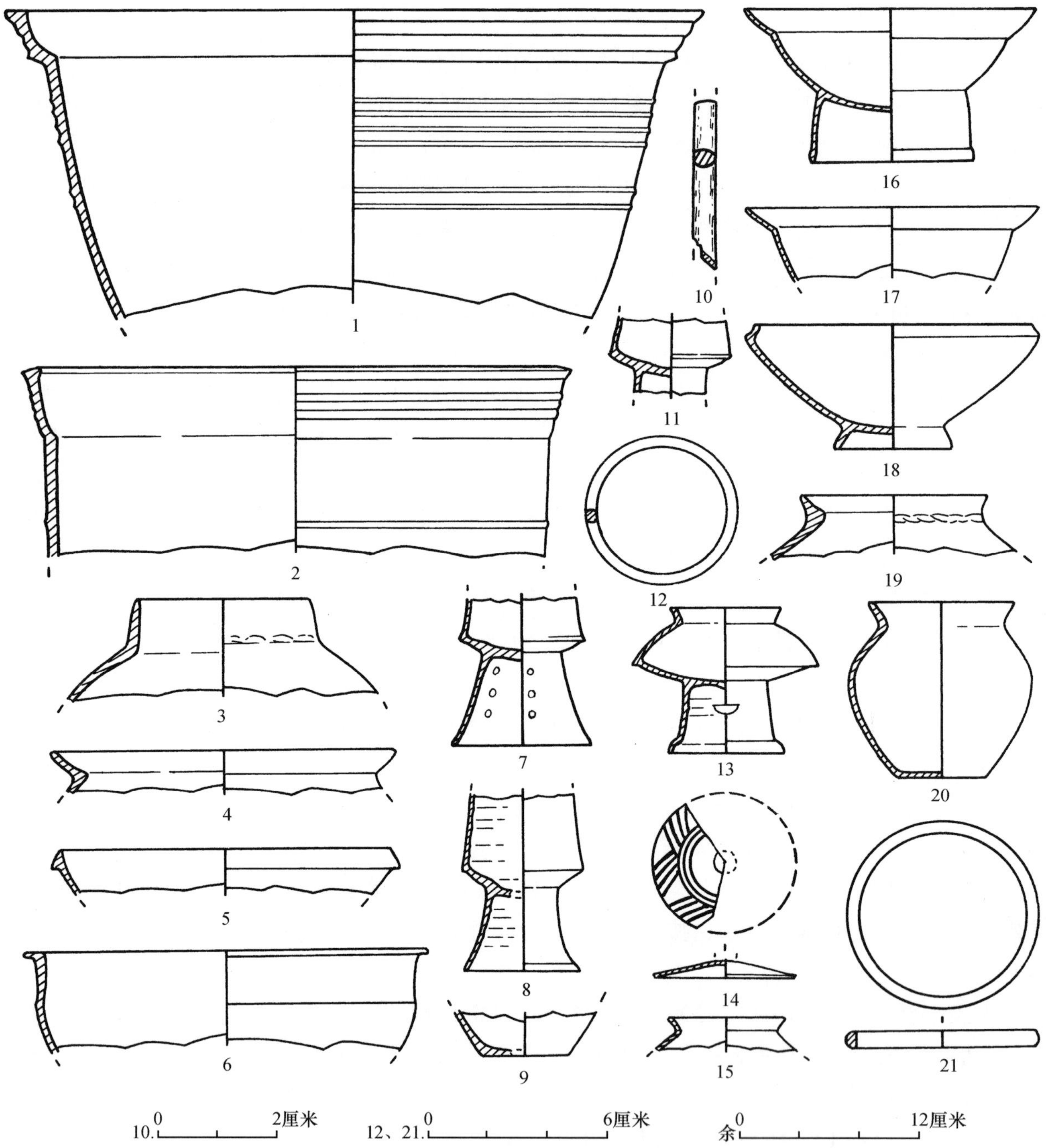

图四三三　T38③层、T41③层出土陶、骨器

1、2. 陶盘口缸（T41③:21、T41③:20）　3. 陶小口瓮（T41③:19）　4. 陶凹折沿罐（T41③:6）　5. 陶外折沿盘（T41③:4）　6. 陶平沿盆（T38③:21）　7、8、11. 陶高圈足杯（T41③:17、T41③:12、T41③:18）　9. 陶小罐平底（T41③:25）　10. 残骨针（T41③:9）　12、21. 陶环（T38③:19、T38③:18）　13. 陶盂形器（T41③:13）　14. 彩陶器盖（T41③:10）　15. 陶束颈小罐（T41③:15）　16. 陶双腹盘（T41③:14）　17. 陶双腹碗（T41③:26）　18. 陶子母口碗（T41③:23）　19、20. 陶束颈罐（T41③:27、T38③:14）

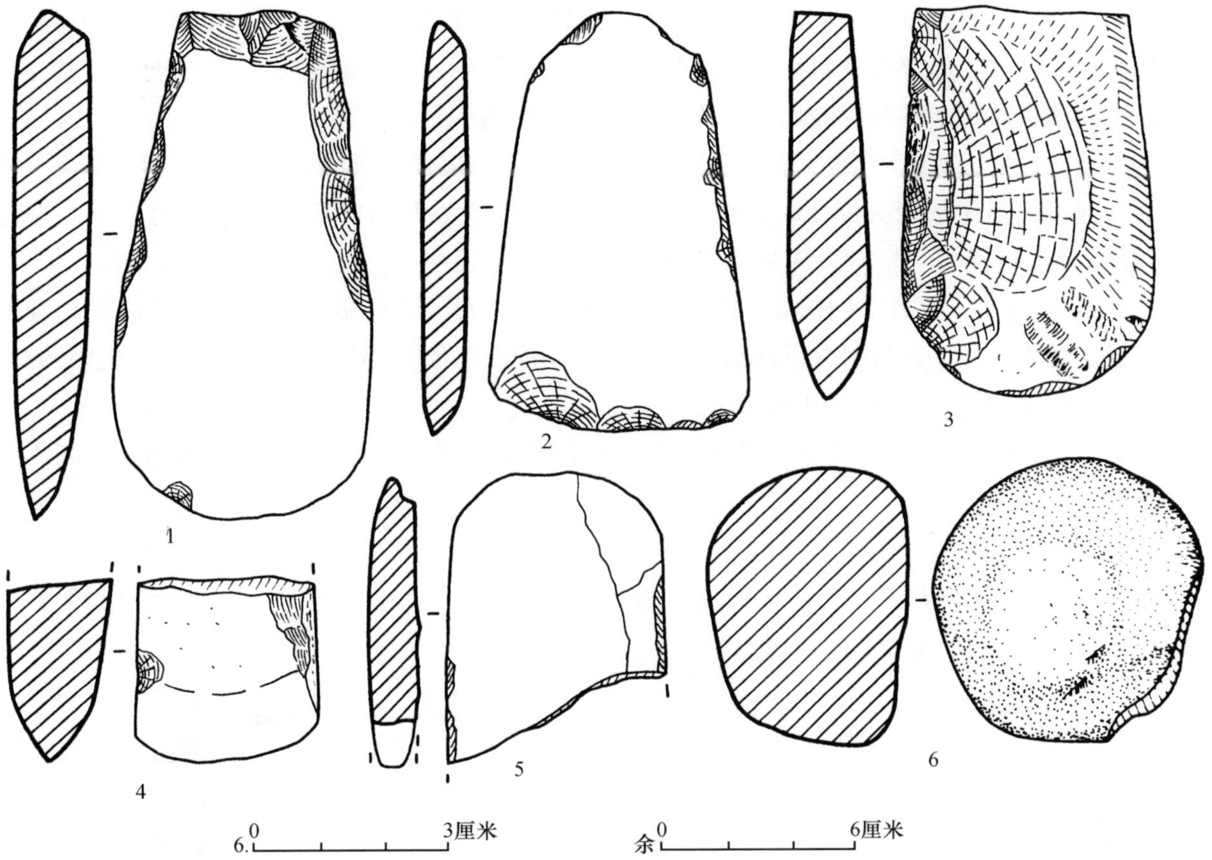

图四三四 T41③层出土石器

1、2、5. 石锄（T41③:5、T41③:2、T41③:7） 3、4. 残石斧（T41③:11、T41③:1） 6. 石球（T41③:3）

子母口碗 1件（T41③:23）。泥质磨光黑陶。敛口，沿面微凹内折，呈子母口，圆唇，斜弧腹，圜底下附矮圈足，足壁外斜。素面。口径19、足径8、高8.8厘米（图四三三，18；图版一三六，5）。

双腹碗 1件（T41③:26）。泥质磨光黑陶。敞口，宽折沿，沿面微凹，尖圆唇，斜弧腹，腹下已残。素面。口径20、残高5.4厘米（图四三三，17）。

外折沿盘 1件（T41③:4）。泥质黑陶。口微敛，折沿下垂，尖圆唇，斜腹，腹已残。素面。口径23、残高3厘米（图四三三，5）。

双腹盘 1件（T41③:14）。泥质红陶。敞口，方圆唇，宽凹沿和弧腹成双腹状，圜底，底下又附较高较大的其中而为双腹盘，足壁近直，上部微凸，足根外上卷成扁圆棱。未见其他纹饰。口径19.8、足径11、高11厘米（图四三三，16；图版一三九，1）。

高圈足杯 3件。T41③:12，泥质灰陶，红胎。口已残，腹上部外斜，下部内折斜弧收，圜底已残，下附喇叭形高圈足，足壁外撇，足根上卷又成扁圆凸棱，折腹下部起凸棱。足根上一周凹弦。足径8~8.4、残高12.4厘米（图四三三，8）。T41③:17，泥质黄陶。上部已残，深腹上部外斜，下部内折成圜底，下又附高圈足，足壁外撇呈喇叭状。折腹一周凸棱，足饰三组圆形小镂孔，每组竖排三个小孔。足径9.6、残高10.2厘米（图四三三，7）。T41③:18，泥质黄陶。上部已残，腹部上外斜，下内折弧内收，圜底下附圈足，足已残，足壁近直筒状，折腹外起一周凸棱。足上有甚深竖划纹。残高5厘米（图四三三，11）。

盂形器　1件（T41③:13）。泥质黑陶，黄胎。侈口，束颈，折沿上仰，尖圆唇，弧肩，浅弧腹附下内折，圜底下附高圈足，足壁近直成筒状，足根外凸内凹。足中部饰两个半圆形镂孔。口径7.5、足径8、高10.2厘米（图四三三，13；彩版一三，6；图版一三九，3）。

彩陶器盖　1件（T41③:10）。泥质红陶，外施鲜红衣，绘黑彩。盖纽已残，仅剩小圆形断痕，盖盘甚浅近平，盘唇斜方，使盘沿起凸棱。盘面黑彩绘三周同心带状纹，周边也又饰四斜线交叉的图案约三组。直径10厘米（图四三三，14）。

小罐平底　1件（T41③:25）。泥质红陶。上部已残，仅剩平底。素面。底径6、残高3厘米（图四三三，9）。

其他

残骨针　1件（T41③:9）。骨，白色，磨制。上下两头皆残，仅中间一节，剖面圆形，实心，不等粗。残长3、粗径0.4厘米（图四三三，10）。

（20）T1024②层

标本15件。有石斧和陶纺轮，又有弧折沿罐、折沿小罐、高领罐、敞口小盘、直口盘、假腹杯底、弧腹碗圈足。

石器

石斧　4件。T1024②:3，砾石，青灰色。扁薄近三角形，窄弧顶为原砾面光滑，两面为砾面近平，两边磨平，弧刃磨制对称，中部有缺口，仍锋利。长12.5、宽7.1、厚2.3厘米（图四三六，6）。T1024②:6，砾石，青灰色夹密集黑斑点。扁弧近扇形，顶断裂为斜面。两面、两边皆琢制，都稍弧而不平，弧刃一面磨制，另一面打制，不甚锋利。长11.2、宽9.5、厚3.2厘米（图四三六，4）。T1024②:8，砾石，青色。扁弧近长梯形，斜弧顶为原砾石，两面也原砾面，两边，一边为原砾面不平，另一边打制凸凹不平，只修直，斜刃单面打制，还不锋利。长15.4、宽7.7、厚3厘米（图四三六，2）。T1024②:10，砾石，青灰色。扁弧近梯形，斜弧顶为原砾面，顶一面有一块打制痕，两面为原砾面，两边皆磨平，弧刃两面皆琢制，有使用痕，已不锋利。长12、宽6.9、厚3厘米（图四三六，5）。

陶器

陶纺轮　1件（T1024②:11）。夹细砂灰陶。扁薄两面平，直边型。素面。直径4.3~4.5、孔径0.8、厚0.85厘米（图四三五，8）。

弧折沿罐　3件。T1024②:13，夹炭红陶。侈口，折沿，沿面微上弧，尖圆唇，束颈，斜肩，肩下已残。素面。口径21、残高5.6厘米（图四三七，1）。T1024②:25，泥质红陶，灰胎。侈口，束颈，折沿，沿面微上弧，尖圆唇，斜弧肩，鼓腹，腹下已残。素面。口径22、残高5.6厘米（图四三七，5）。T1024②:26，泥质红陶。侈口，束颈，折沿，沿面微上弧，方唇，弧肩，腹已残。素面。口径15、残高5.5厘米（图四三七，2）。

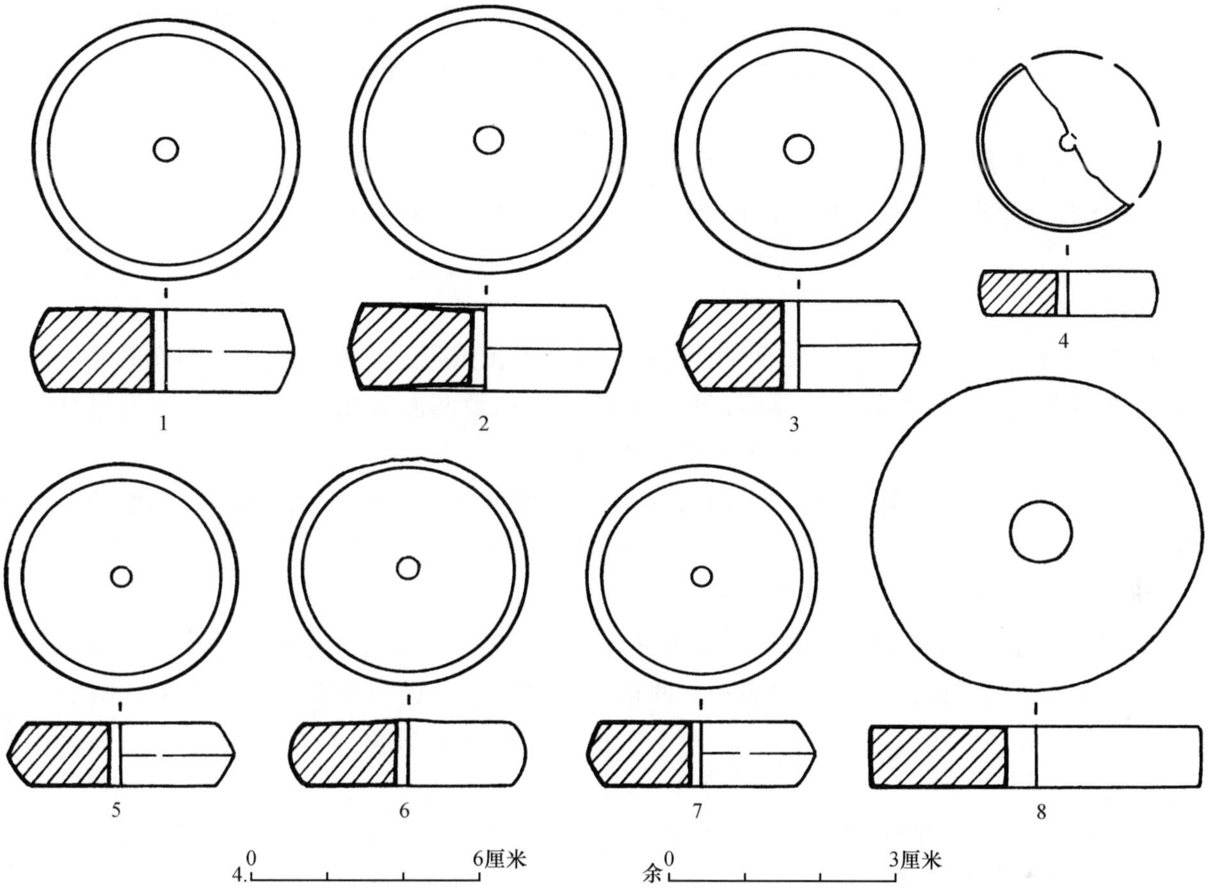

图四三五　T37③层、T37③下层、T41③层、T1024②层、T1125②层、T1125③层出土陶纺轮

1. T41③:8　2. T1125②:22　3. T1125③:25　4. T37③:49　5. T37③下:75　6. T37③:11　7. T37③下:74　8. T1024②:11

折沿小罐　2件。T1024②:17，泥质陶外黑内红，外施黑衣，内浅红。侈口，束颈，折沿，尖唇，斜弧肩下已残。素面。口径12、残高2.8厘米（图四三七，10）。T1024②:29，泥质黑陶。侈口，束颈，折沿，尖唇，溜肩，深弧腹，下已残。素面。口径13、残高3.6厘米（图四三七，16）。

高领罐　1件（T1024②:24）。泥质橘红陶，灰陶。直口，圆唇外凸，高直颈，广肩已残。素面。口径13、残高3.8厘米（图四三七，13）。

敞口小盘　1件（T1024②:19）。泥质红褐陶。敞口，窄平沿，尖圆唇外凸，弧腹下残。素面。口径18、残高3厘米（图四三七，9）。

直口盘　1件（T1024②:20）。泥质红陶。直口，窄平沿，扁圆唇外凸，粗颈微束，浅折腹内收，底已残。素面。口径26、残高3.5厘米（图四三七，18）。

假腹杯底　1件（T1024②:30）。夹炭陶外红内灰，外施浅红衣。上部已残，仅剩下部，筒腹内弧下收，下起小带状凸棱，突凸棱状矮圈足。素面。足径7、残高5.4厘米（图四三七，12）。

弧腹碗圈足　1 件（T1024②: 2）。泥质黑陶。口残，深弧腹，圜底下附矮圈足，足壁外斜，足根外卷起凸棱。腹饰一周凸棱，残足有四个不对称圆形镂孔。足径 9. 7、残高 6. 4 厘米（图四三七，17）。

（21）T1025②层

T1025 仅此层出土 6 件器物。有石斧、小石斧、圭形大石凿和陶弧折沿罐、高领罐、扁圆唇弧颈壶。

石器

石斧　1 件（T1025②: 2）。砾石片，青色。扁薄近正方形，顶断裂近平，两面磨制，一面两处仍有疤痕，另一面大部分留琢痕，两边也磨平，弧刃两面磨制不对称，一面近刃有深片疤，较锋利。残长 6. 4、宽 5. 8、厚 1. 5 厘米（图四三六，9）。

小石斧　1 件（T1025②: 4）。小砾石，黄色。扁薄椭圆形，弧顶为原砾面，两面扁平也为原砾面，一面近刃处有两块疤痕，另一面有一块疤痕，两边圆弧滑面，不平，弧刃两面磨制，较锋利。长 6. 3、宽 2. 7、厚 0. 9 厘米（图四三六，10）。

圭形大石凿　1 件（T1025②: 3）。长条形砾石，青色。厚体呈椭圆形，平面近五边形，残顶斜平，两面原光滑弧面。一面稍磨平，两边先琢平，一边进一步磨制，两边下部斜磨为角刃，尚钝而不锋利。残长 7. 8、宽 4. 5、厚 3. 3 厘米（图四三六，8）。

陶器

弧折沿罐　1 件（T1025②: 5）。夹炭黑陶。侈口，束颈，折沿，沿面微上弧，尖唇，斜弧肩，弧腹已残。素面。口径 19、残高 8. 4 厘米（图四三七，3）。

高领罐　1 件（T1025②: 7）。泥质橘红陶。直口微敞，圆唇外卷，高颈，广弧肩，肩下已残。素面。口径 13、残高 4. 4 厘米（图四三七，15）。

扁圆唇弧颈壶　1 件（T1025②: 6）。泥质灰陶。直口，外敞近喇叭形，带状扁圆唇外凸，内口唇下一周凹槽，高弧颈内弧，下已残。素面。口径 18、残高 3. 3 厘米（图四三七，8）。

（22）T1125③层（包括 T1125②层）

标本 10 件。有石锄、石斧、陶纺轮和陶高领罐、斜颈瓮、弧颈壶、内折沿双腹碗、豆高圈足。

石器

石锄　2 件。T1125②: 19，石片，红色。顶厚刃薄长条形，一面为原面较平光滑，但有片疤，一边已修直，另一边成折角，斜顶，弧刃单面打制，较锋利。长 14. 8、宽 6. 2、厚 2. 5 厘米（图四三六，3）。T1125②: 21，砾石，灰色。器体近梯形，斜顶打制，两面，一面为原弧面有疤痕，另一面近平光滑有片疤，两边，一边已修直，另一边成折角，弧刃已残，不锋利。长 14. 4、宽 8. 8、厚 3. 8 厘米（图四三六，1）。

石斧　1 件（T1125②: 18）。砾石，青色。较厚近长方形，顶断裂为斜面，两面为原弧面，两边磨平近平行，刃两面磨制对称，弧刃较锋利。残长 11. 4、宽 7. 9、厚 3. 3 厘米（图四三六，7）。

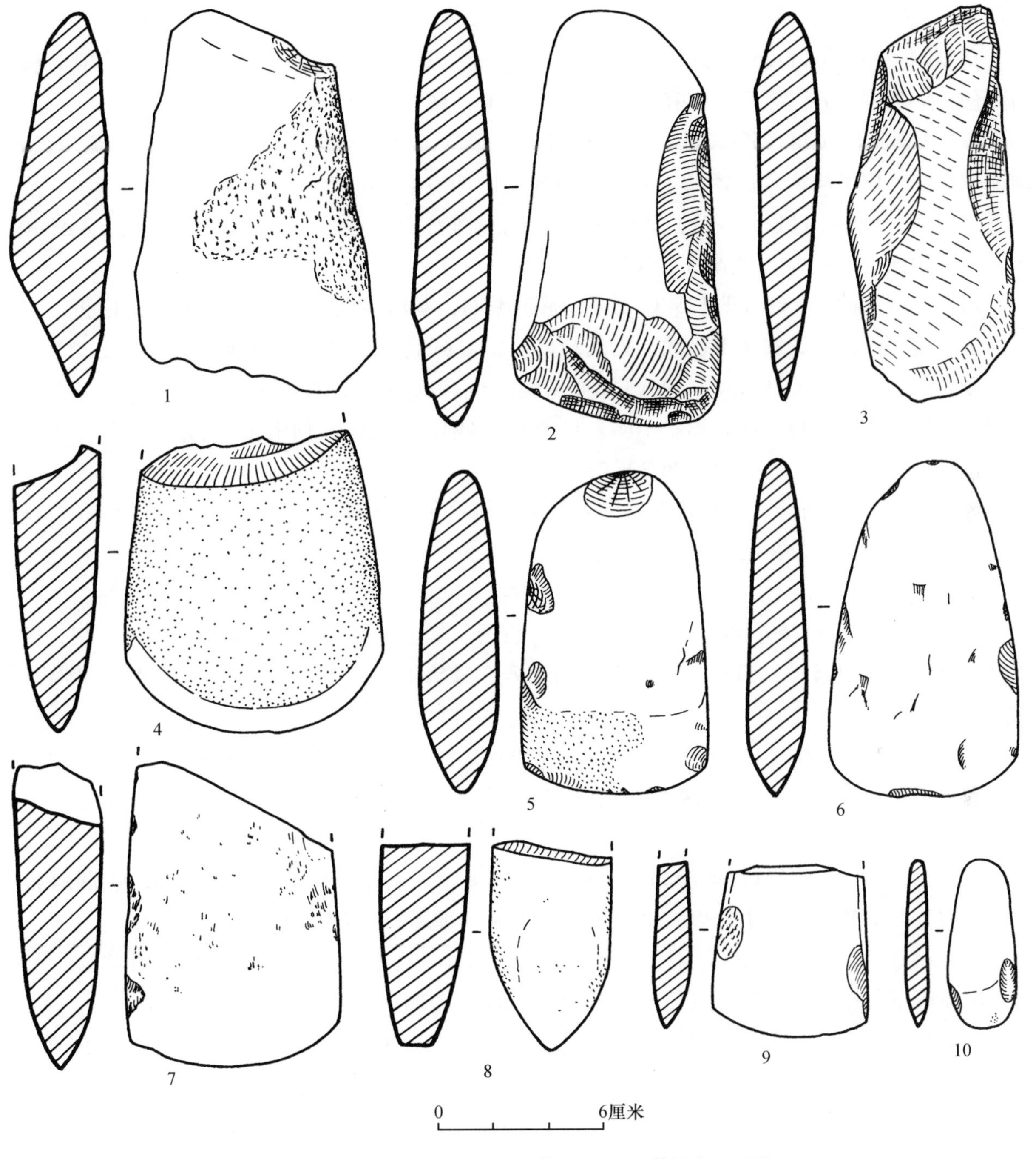

图四三六　T1024②层、T1025②层、T1125②层出土石器

1、3. 石锄（T1125②: 21、T1125②: 19）　2、4～7、9. 石斧（T1024②: 8、T1024②: 6、T1024②: 10、T1024②: 3、T1125②: 18、T1025②: 2）　8. 圭形大石凿（T1025②: 3）　10. 小石斧（T1025②: 4）

陶器

陶纺轮　2件。T1125②: 22，泥质黑陶。扁薄两面平微内凹，角边型。素面。直径3.7、孔径0.35、厚1.2厘米（图四三五，2）。T1125③: 25，泥质红陶。扁薄两面平，角边型。素面。

直径 3.3、孔径 0.4、厚 1.25 厘米（图四三五，3）。

高领罐　1 件（T1125③: 35）。泥质浅红陶近黄，外肩施深红衣。直口稍外卷，圆唇外凸，高直颈，广弧肩已残。素面。口径 11、残高 4 厘米（图四三七，14）。

斜颈瓮　1 件（T1125③: 38）。夹砂红褐陶。侈口，束颈，斜折沿，尖圆唇，广弧肩已残。颈饰按窝纹，但不均衡。口径 13、残高 4 厘米（图四三七，6）。

弧颈壶　1 件（T1125③: 31）。泥质黄陶，外壁施红衣。直口外卷，方圆唇外凸，高弧颈下部已残。素面。口径 19、残高 3.8 厘米（图四三七，7）。

内折沿双腹碗　1 件（T1125③: 29）。泥质黑陶，灰陶。敛口，凹弧沿上部又内折，尖圆唇，折腹较深弧内收，腹下部已残。素面。口径 22、残高 4.8 厘米（图四三七，4）。

豆高圈足　1 件（T1125③: 39）。泥质灰陶。仅剩高圈足下部残片，足壁外斜，足根外斜内凹。足壁有大镂孔痕，镂孔形状不明。足径 11、残高 4.1 厘米（图四三七，11）。

（23）T1126③层（包括 T1126③B 层 2 件）

标本 11 件。有石斧、纺轮状石器和陶凹折沿罐、敛口小罐、喇叭口壶、敞口钵、敞口碗、双腹碗、内折沿碗、外折沿小盆、豆圈足。

石器

石斧　1 件（T1126③: 48）。石片，青色。较薄呈梯形，平顶甚薄如刃，两面稍磨制，多残留打击坑疤。两边磨平，弧刃近平，右刃角稍残，较锋利。长 8.5、宽 4.6、厚 1.6 厘米（图四三九，3）。

纺轮状石器　1 件（T1126③B: 63）。石，黑色。完整，扁薄圆形，两面平，直边。似纺轮但中间无钻孔。直径 4.4、厚 0.4 厘米（图四三九，7）。

陶器

凹折沿罐　1 件（T1126③: 52）。夹砂黄陶。侈口，束颈，折沿，沿面微凹，尖圆唇稍上敛，斜肩，肩下残。颈有手抹痕。口径 24、残高 4.4 厘米（图四三八，8）。

敛口小罐　1 件（T1126③: 41）。泥质黑陶，器小，胎较薄，匀称。敛口，带状唇，窄弧肩，深弧腹下部已残。素面。口径 11、残高 2 厘米（图四三八，19）。

喇叭口壶　1 件（T1126③B: 64）。泥质陶外红内黑。喇叭口，尖圆唇，长颈残。素面。口径 16、残高 3.8 厘米（图四三八，17）。

敞口钵　1 件（T1126③: 60）。泥质红陶。敞口，方圆唇稍内敛，深弧腹，腹下已残。素面。口径 18、残高 5.3 厘米（图四三八，7）。

敞口碗　1 件（T1126③: 53）。泥质红陶，灰胎。敞口，圆唇稍外凸，斜弧腹内收，腹上部微内束，腹下部已残。素面。口径 20、残高 5.7 厘米（图四三八，2）。

双腹碗　1 件（T1126③: 72）。泥质黑陶，胎较薄，匀称。敞口，凹弧沿，折腹弧内收，但大部残。素面。口径 17、残高 1.8 厘米（图四三八，14）。

内折沿碗　1 件（T1126③: 58）。泥质黑陶。敛口，内折沿，尖唇，折腹内斜，底已残。折沿外侧上有凸棱，沿外一周凹弦纹。口径 19、残高 3.2 厘米（图四三八，4）。

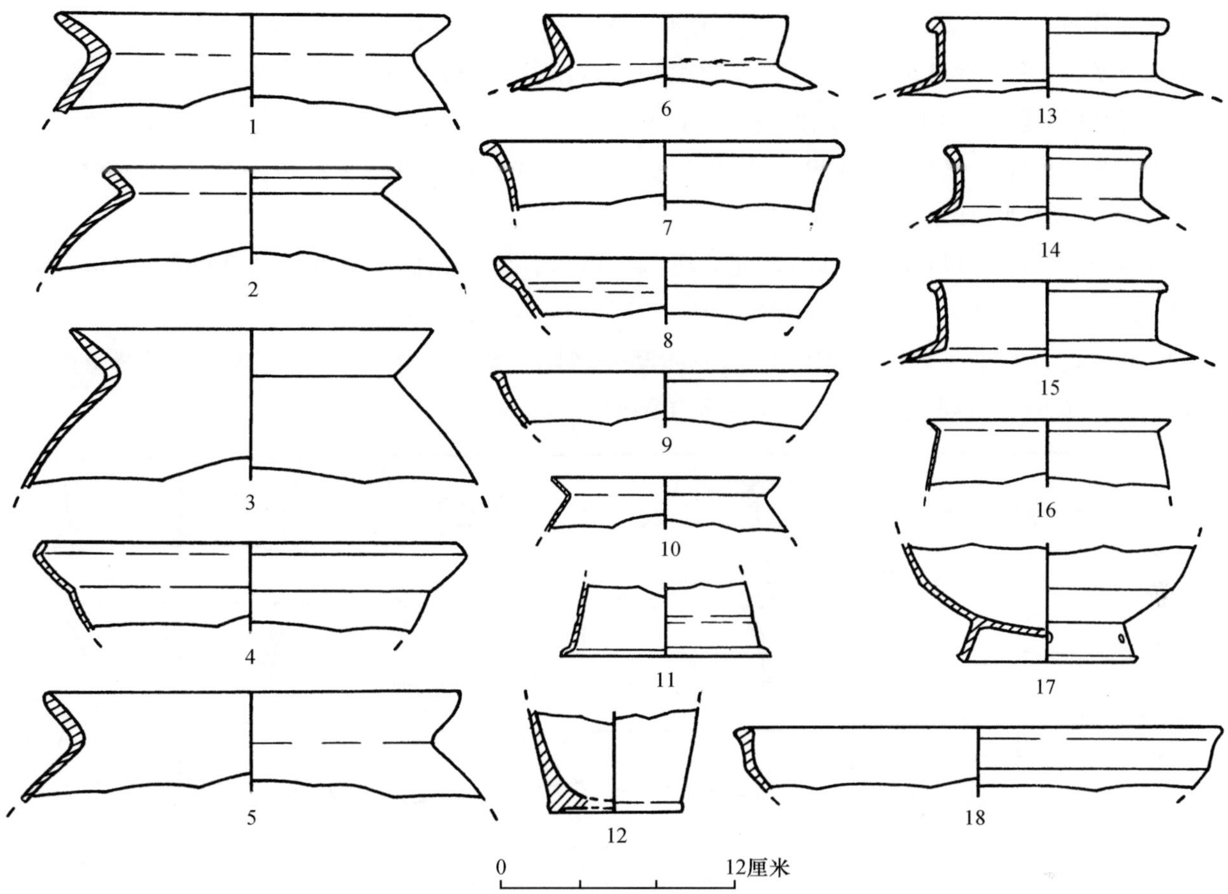

图四三七　T1024②层、T1025②层、T1125③层出土陶器

1～3、5. 弧折沿罐（T1024②: 13、T1024②: 26、T1025②: 5、T1024②: 25）　4. 内折沿双腹碗（T1125③: 29）　6. 斜颈瓮（T1125③: 38）　7. 弧颈壶（T1125③: 31）　8. 扁圆唇弧颈壶（T1025②: 6）　9. 敞口小盘（T1024②: 19）　10、16. 折沿小罐（T1024②: 17、T1024②: 29）　11. 豆高圈足（T1125③: 39）　12. 假腹杯底（T1024②: 30）　13～15. 高领罐（T1024②: 24、T1125③: 35、T1025②: 7）　17. 弧腹碗圈足（T1024②: 2）　18. 直口盘（T1024②: 20）

外折沿小盆　1件（T1126③: 61）。泥质灰陶。敛口近直，平沿微弧外斜，尖圆唇，弧腹较深近直稍内收，但下已残。素面。口径20、残高2.4厘米（图四三八，11）。

豆圈足　1件（T1126③: 62）。泥质黑陶，灰胎。仅存圜底和高圈足上部，足壁外撇，似喇叭状，但下部稍残。足饰四排小圆戳点纹，有些戳点已穿，但大多未穿，每排五个以上戳点。残高6厘米（图四三八，24）。

（24）T1126③C层

标本17件。均为陶器，有凹折沿罐、束颈罐、高领罐、敛口碗、双腹碗、内折沿盘、敛口盘、卷沿盆、敞口小盆、高圈足杯、豆圈足、澄滤器矮圈足、彩陶小碗圈足。

凹折沿罐　1件（T1126③C: 23）。泥质灰陶。侈口，束颈，折沿内凹，尖圆唇，溜肩，深弧腹已残。素面。口径22、残高6.2厘米（图四三八，9）。

束颈罐　1件（T1126③C: 24）。夹细砂灰陶。侈口，矮颈，窄沿略卷，尖圆唇，斜弧腹，腹已残。素面。口径 20、残高 4 厘米（图四三八，1）。

高领罐　1 件（T1126③C: 19）。泥质黑陶。直口，扁圆唇外凸，高直颈，广肩下已残。素面。口径 14、残高 5.4 厘米（图四三八，16）。

敛口碗　1 件（T1126③C: 29）。夹细砂黑陶。敛口，尖圆唇，鼓弧腹，下已残。素面。口径 13、残高 3.9 厘米（图四三八，18）。

双腹碗　1 件（T1126③C: 17）。泥质黑陶。敞口，宽沿弧凹，方圆唇，浅弧腹下残。腹饰一周凸弦纹。口径 21、残高 5.4 厘米（图四三八，6）。

内折沿盘　1 件（T1126③C: 34）。泥质磨光黑陶。敛口，沿内折，尖圆唇，浅腹近斜直，腹底已残。素面。口径 20、残高 2.6 厘米（图四三八，3）。

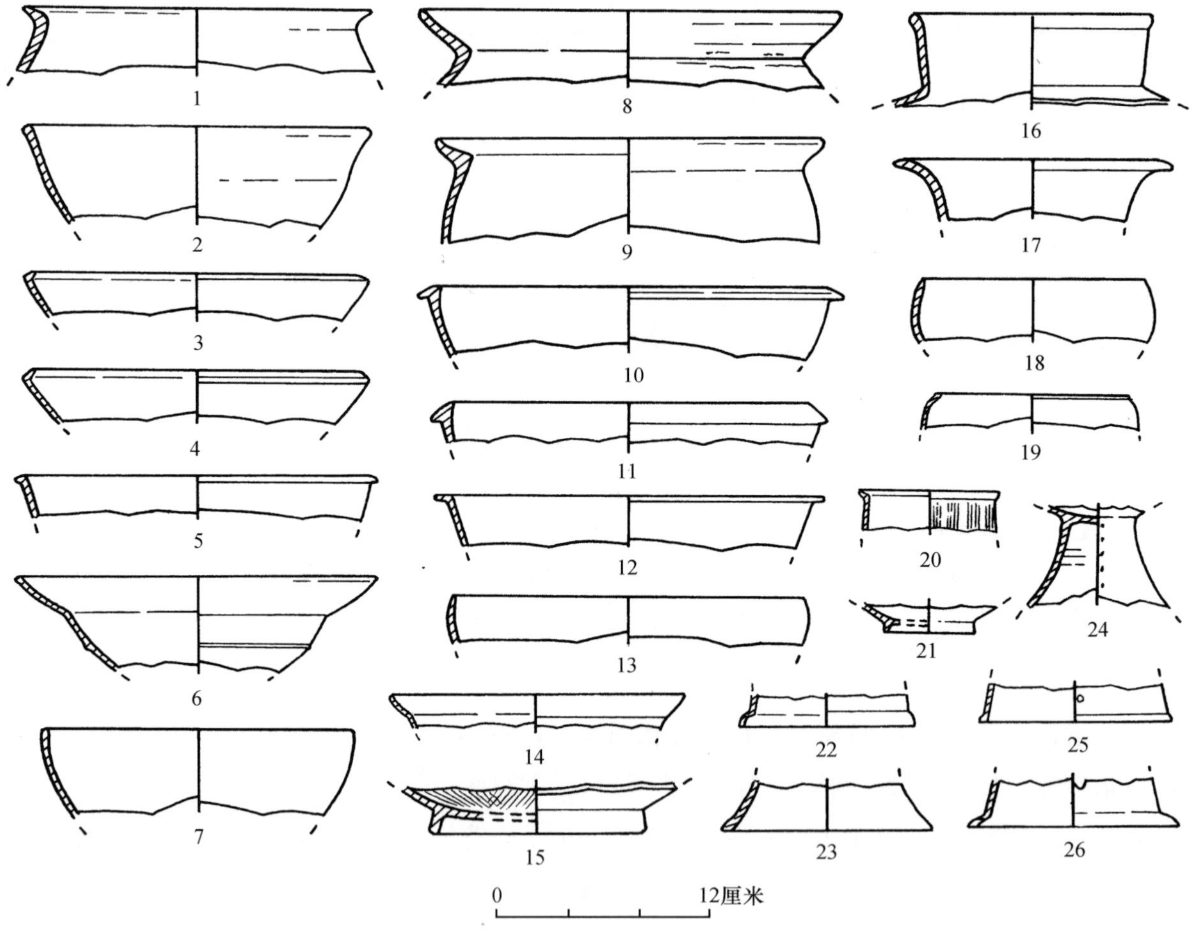

图四三八　T1126③层、T1126③B 层、T1126③C 层出土陶器

1. 束颈罐（T1126③C: 24）　2. 敞口碗（T1126③: 53）　3. 内折沿盘（T1126③C: 34）　4. 内折沿碗（T1126③: 58）　5、12. 敞口小盆（T1126③C: 27、T1126③C: 31）　6、14. 双腹碗（T1126③C: 17、T1126③: 72）　7. 敞口钵（T1126③: 60）　8、9. 凹折沿罐（T1126③: 52、T1126③C: 23）　10. 卷沿盆（T1126③C: 21）　11. 外折沿小盆（T1126③: 61）　13. 敛口盘（T1126③C: 33）　15. 澄滤器矮圈足（T1126③C: 18）　16. 高领罐（T1126③C: 19）　17. 喇叭口壶（T1126③B: 64）18. 敛口碗（T1126③C: 29）　19. 敛口小罐（T1126③: 41）　20. 高圈足杯（T1126③C: 32）　21. 彩陶小碗圈足（T1126③C: 35）　22～26. 豆圈足（T1126③C: 37、T1126③C: 22、T1126③: 62、T1126③C: 36、T1126③C: 28）

敛口盘　1件（T1126③C:33）。泥质黄陶。敛口近直，尖唇，深弧腹，下已残。素面。口径20、残高2.8厘米（图四三八，13）。

卷沿盆　1件（T1126③C:21）。泥质黑陶，红胎。敛口，窄沿外卷，尖圆唇，浅弧腹，下已残。素面。口径24、残高4厘米（图四三八，10）。

敞口小盆　2件。T1126③C:27，泥质黑陶。敞口，小卷沿，尖圆唇，斜直腹已残。素面。口径21、残高2.6厘米（图四三八，5）。T1126③C:31，泥质黑陶。敞口，窄平沿，斜直腹，下已残。素面。口径22、残高2.8厘米（图四三八，12）。

高圈足杯　1件（T1126③C:32）。泥质红陶。直口内敛，窄沿内凹，尖唇，斜直腹已残。腹饰不规则篦划纹。口径8、残高2.2厘米（图四三八，20）。

豆圈足　4件。T1126③C:22，泥质红陶，外施深红衣。上部残，仅剩圈足底部残片，足壁外撇，呈喇叭状。素面。足径12、残高3厘米（图四三八，23）。T1126③C:28，泥质黑陶。上部残，仅剩圈足，足根外撇，宽跟沿微凹形成一个盘口状。足上残存弧状镂孔。足径12、残高2.8厘米（图四三八，26）。T1126③C:36，泥质黑陶。上部残，仅剩圈足下部，足壁斜近直，呈筒状，足根外凸有棱。足下部残存一小圆镂孔。足径11、残高2.2厘米（图四三八，25）。T1126③C:37，泥质磨光黑陶。仅圈足残块，高度已近腹底，足壁近直，足根外弧内凹。素面。足径10、残高1.8厘米（图四三八，22）。

澄滤器矮圈足　1件（T1126③C:18）。泥质黑陶，红胎。上部残，仅剩残底和矮圈足，残腹和底内有斜乱划槽，应是澄滤器，但呈碗状，下附矮圈足，足壁外弧。素面。足径12.4、残高2.8厘米（图四三八，15）。

彩陶小碗圈足　1件（T1126③C:35）。泥质黄陶。上残，仅剩残底残圈足，足外撇。足饰一周黑彩带纹，但黑彩多已脱落。足径5.2、残高1.7厘米（图四三八，21）。

（25）T1226③层（加T1226③B层1件）

标本5件。均为陶器，有凹折沿罐、长颈壶、双腹碗、外折沿盆、单孔甑箅。

凹折沿罐　1件（T1226③:13）。夹砂黑陶。侈口，宽折沿，沿面内凹，尖唇，束颈，斜肩已残。素面。口径23、残高3.3厘米（图四四〇，18）。

长颈壶　1件（T1226③:14）。泥质黑陶，胎较厚，器也较大，匀称。喇叭口，尖圆唇外卷，长颈，颈下残。素面。口径16、残高6厘米（图四四〇，11）。

双腹碗　1件（T1226③:19）。泥质黄陶。敞口，凹沿外侈，尖圆唇内敛，深弧腹，腹下已残。素面。口径24、残高3.2厘米（图四四〇，20）。

外折沿盆　1件（T1226③:18）。泥质陶外黑内灰，灰胎，外施黑衣。敛口，斜弧沿外下卷，圆唇，深弧腹，腹下残。沿面施一周凹弦纹。口径22、残高4.7厘米（图四四〇，21）。

单孔甑箅　1件（T1226③B:12）。泥质黑陶，红胎。仅存残块，矮圈足状，单孔甑箅，弧腹上部已残。素面。足径12、残高2.8厘米（图四四〇，13）。

（26）T1227③A层

标本5件。有石斧和陶凹折沿罐、高领罐、双腹碗。

石器

石斧　2件。T1227③A∶2，砾石，灰色。较厚近扇形，窄弧顶为原砾面较光滑，两面为弧面稍磨平，两边磨平，刃两面磨制对称，宽弧刃，有使用缺口，局部仍锋利。残长9、宽6.7、厚2.6厘米（图四三九，4）。T1227③A∶1，砾石，浅黄色。扁平椭圆形，窄弧顶及两面为原砾面较光滑，两面近弧形，两边，一边为原砾面，另一边稍磨，弧刃一面为原面，另一面稍打制，不锋利。长14、宽6.8、厚2.3厘米（图四三九，5）。

陶器

凹折沿罐　1件（T1227③A∶3）。夹砂褐陶。侈口，束颈，折沿，沿面微凹，尖圆唇，斜肩，鼓腹，腹下残。素面。口径24、残高7.2厘米（图四四〇，22）。

高领罐　1件（T1227③A∶7）。泥质黑陶，灰胎。直口微外斜，圆唇外卷，高直颈，肩已残。素面。口径14、残高5.4厘米（图四四〇，10）。

双腹碗　1件（T1227③A∶6）。泥质黑陶。敞口，折沿，沿面内凹，尖圆唇，斜弧腹，腹下残。素面。口径19、残高5.4厘米（图四四〇，6）。

（27）T1326①层、T1326②层

本探方仅第1A和第2A层各出土一件标本，为小石锛和陶折沿小罐。应属屈家岭文化晚期标本。

石器

小石锛　1件（T1326①A∶2）。小砾石，红色泛黄而呈棕红色。扁薄长方形，两面磨光，两边磨平，平刃两面磨制但不对称，较锋利。长5.5、宽2.3、厚1厘米（图四三九，6）。

陶器

折沿小罐　1件（T1326②A∶1）。泥质红陶。侈口，束颈，折沿，方圆唇，斜肩，肩下残。素面。口径14、残高2.5厘米（图四四〇，15）。

（28）T1327③层

标本9件。有石斧坯和陶凹折沿罐、弧颈罐、束颈罐、内折沿碗、双腹碗、外折沿盘、敛口小盆。

石器

石斧坯　2件。T1327③∶3，砾石，青色。较薄扁平近梯形，弧顶为原面，两面皆是原砾面，另一面打制，两边打制皆修直近平，弧刃两面稍打制，还不锋利。长11.3、宽6.6、厚2.3厘米（图四三九，2）。T1327③∶2，砾石，深灰色。较厚扁平近长方形，斜弧顶为原砾面，两面都是原砾面，有一面下部打制，两边打制修直，有一边打制后稍磨平，斜弧刃单面打制，还不锋利。长15.5、宽8.2、厚3.3厘米（图四三九，9）。

陶器

凹折沿罐　1件（T1327③∶11）。夹炭夹草末浅红陶。侈口，束颈，凹折沿，尖圆唇，斜弧肩，肩下已残。素面。口径18、残高4.2厘米（图四四〇，8）。

弧颈罐　1件（T1327③∶7）。夹砂黑陶。直口外卷，尖唇，高弧颈，颈下残。素面。口径17、残高5.8厘米（图四四〇，9）。

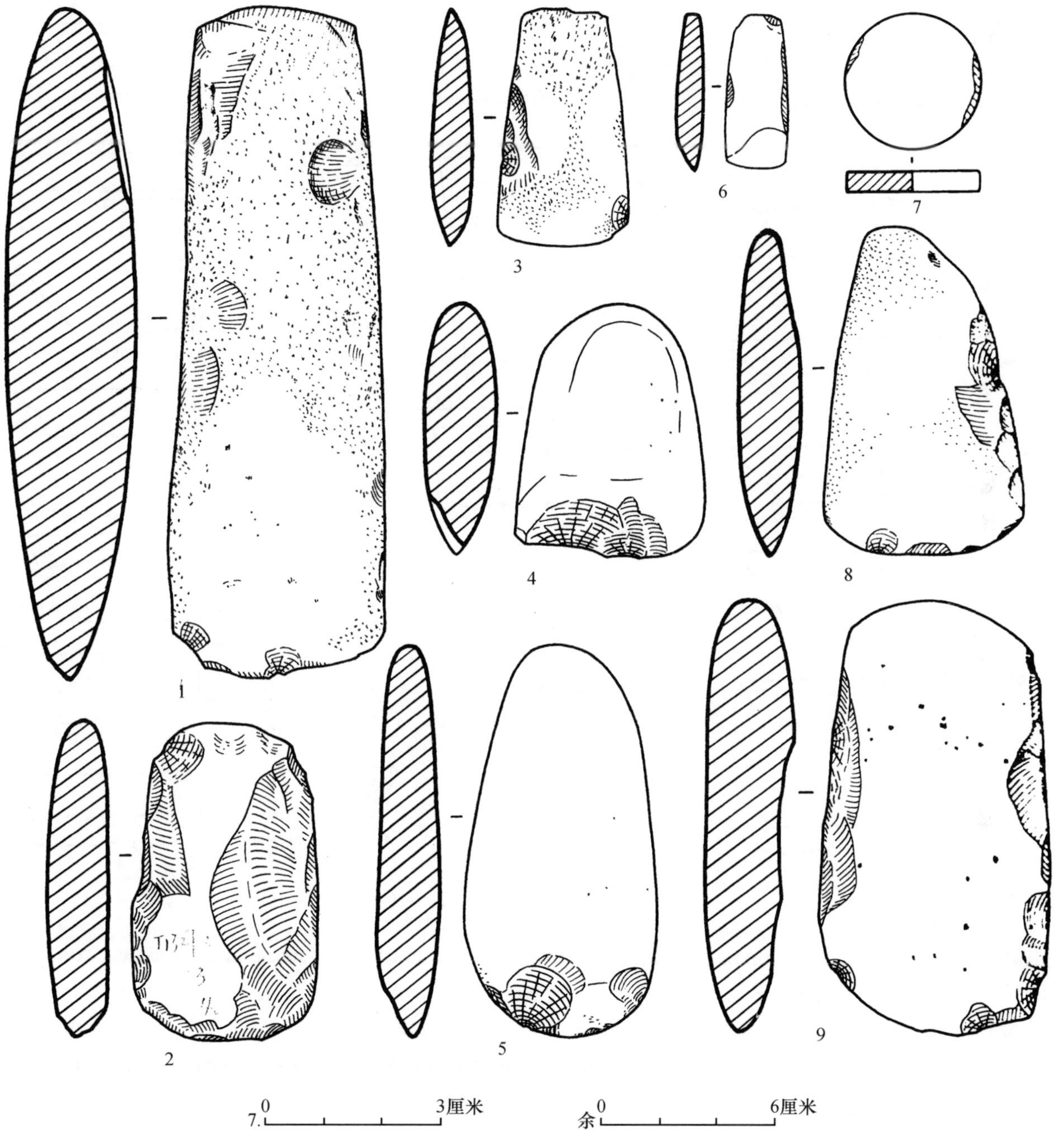

图四三九　T1126③层、T1126③B层、T1227③A层、T1326①A层、T1327③层、T2644③层、T2744③层出土石器
1. 大石斧（T2644③:1）　2、9. 石斧坯（T1327③:3、T1327③:2）　3～5、8. 石斧（T1126③:48、T1227③A:2、T1227③A:1、T2744③:1）　6. 小石锛（T1326①A:2）　7. 纺轮状石器（T1126③B:63）

束颈罐　1件（T1327③:8）。夹砂黄褐陶。直口外卷，尖圆唇，高束颈，肩已残。颈有不规则横划纹和按窝纹。口径19、残高6.8厘米（图四四〇，1）。

内折沿碗　1件（T1327③:5）。泥质黑陶。敛口，窄平沿内折，尖圆唇，折弧腹较深，腹下部已残。素面。口径15、残高3.6厘米（图四四〇，14）。

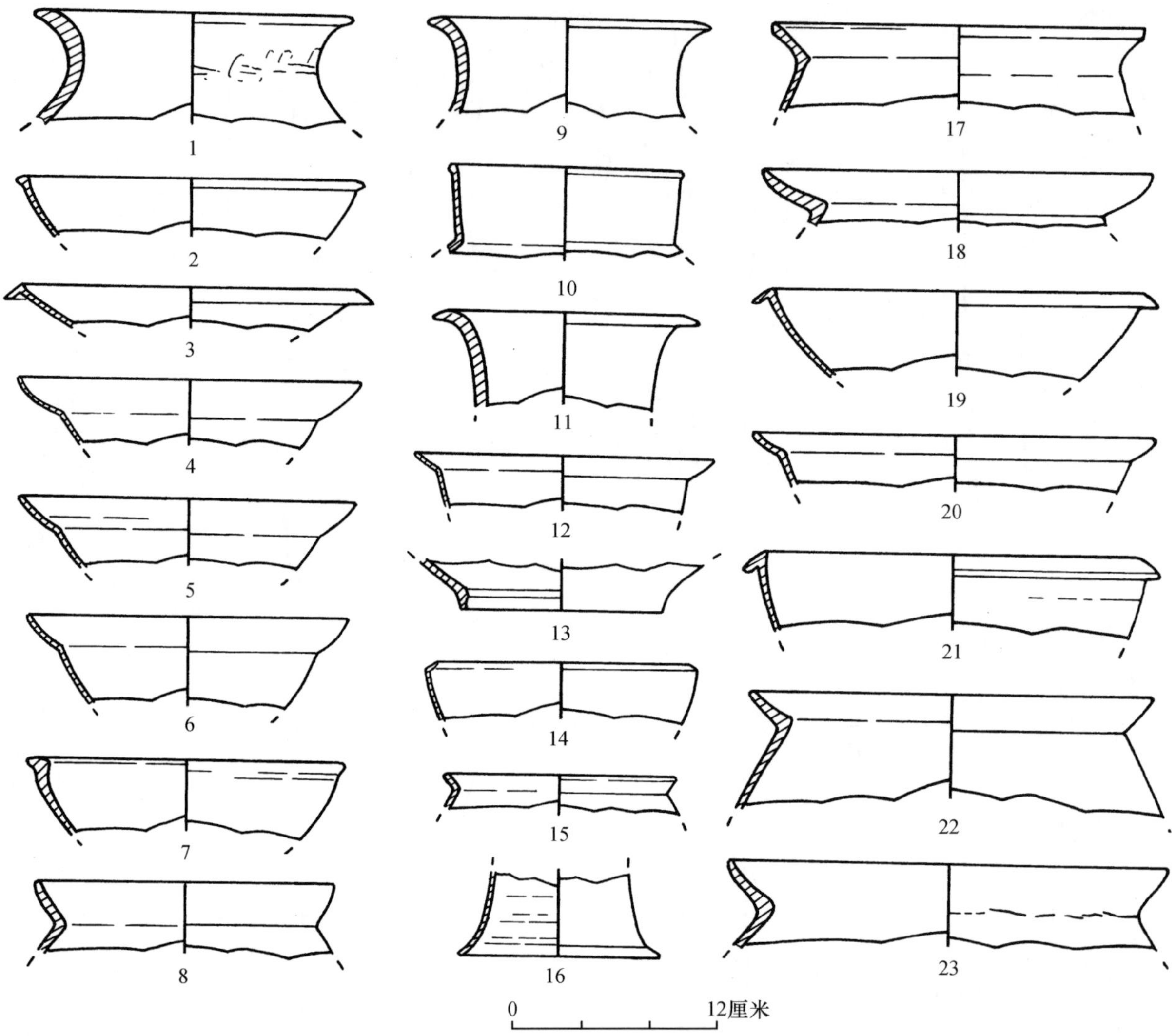

图四四〇　T1226③层、T1226③B层、T1227③A层、T1326②A层、T1327③层、T2744③层、T2744③A层出土陶器
1. 束颈罐（T1327③:8）　2. 敞口盆（T2744③:4）　3. 外折沿盘（T1327③:6）　4、6、20. 双腹碗（T1327③:4、T1227③A:6、T1226③:19）　5、12. 双腹器（T2744③A:10、T2744③:6）　7. 敛口小盆（T1327③:16）　8、18、22、23. 凹折沿罐（T1327③:11、T1226③:13、T1227③A:3、T2744③A:9）　9. 弧颈罐（T1327③:7）　10. 高领罐（T1227③A:7）　11. 长颈壶（T1226③:14）　13. 单孔甑箅（T1226③B:12）　14. 内折沿碗（T1327③:5）　15. 折沿小罐（T1326②A:1）　16. 豆高圈足（T2744③:5）　17. 折沿罐（T2744③:2）　19、21. 外折沿盆（T2744③:3、T1226③:18）

双腹碗　1件（T1327③:4）。泥质黑陶。敞口，宽折沿，沿面内凹，方唇，弧腹下部已残。素面。口径20、残高3.9厘米（图四四〇，4）。

外折沿盘　1件（T1327③:6）。泥质黑陶。敞口，斜沿外折，且口内起小凸棱，尖圆唇，浅弧腹内斜，腹下部已残。素面。口径22、残高2.4厘米（图四四〇，3）。

敛口小盆　1件（T1327③:16）。泥质浅红陶。敛口，窄弧沿内敛，尖圆唇外凸，弧腹较深，底已残。素面。口径19、残高4.8厘米（图四四〇，7）。

（29）T2644③层

标本仅1件大石斧。

大石斧　1件（T2644③:1）。砾石制作。体较厚近长方形，弧顶及弧面皆原砾石面，两边磨平稍外斜，平刃两面磨制，有使用痕已不锋利。长24、刃宽7.6、中厚4.6厘米（图四三九，1；图版一三一，6）。

（30）T2744③A层（加T2744③层6件）

标本8件。有石斧和陶凹折沿罐、折沿罐、双腹器、豆高圈足、外折沿盆及敞口盆。

石器

石斧　1件（T2744③:1）。砾石，青色。扁弧近三角形，斜弧顶及两面为原砾面，两边为原砾面，一边近弧，另一边打制都不平，弧刃近平，两面磨制有使用痕，已不甚锋利。长11.7、宽7.1、厚2.4厘米（图四三九，8）。

陶器

凹折沿罐　1件（T2744③A:9）。夹砂红陶。侈口，束颈，折沿，沿面微凹，尖圆唇，斜肩已残。素面。口径26、残高5.2厘米（图四四〇，23）。

折沿罐　1件（T2744③:2）。夹砂灰陶，泛红，或红衣已大部脱落。侈口，束颈，折沿，斜方唇，溜肩，深弧腹已残。素面。口径22、残高5.4厘米（图四四〇，17）。

双腹器　2件。T2744③A:10，泥质黑陶。敞口，宽沿外侈，圆唇，斜腹，腹下已残。素面。口径20、残高4.2厘米（图四四〇，5）。T2744③:6，泥质黑陶。敞口，凹折沿，方圆唇，深弧腹近直稍内收，腹下已残。素面。口径18、残高3.1厘米（图四四〇，12）。

豆高圈足　1件（T2744③:5）。泥质黑陶，红胎。上部已残，仅剩高圈足下半部，足壁外撇，足根又向外平折。壁内可见快轮操作时留下的多周似同心圆划痕。足径12、残高5.1厘米（图四四〇，16）。

外折沿盆　1件（T2744③:3）。泥质灰陶。敞口，弧沿外卷，尖圆唇，斜弧腹，腹下已残。素面。口径24、残高5.2厘米（图四四〇，19）。

敞口盆　1件（T2744③:4）。泥质灰陶。敞口，窄弧沿，扁圆外凸，斜弧腹，腹下残。素面。口径21、残高3.6厘米（图四四〇，2）。

三、小　　结

屈家岭文化晚期31个灰坑、1条灰沟和30个地层单位出土的文化遗物（暂不包括屈家岭文化晚期的墓葬），可按生产工具、日用陶器和装饰品及其他三个方面，分别谈谈认识。

1. 屈家岭文化晚期的生产工具

屈家岭文化晚期的生产工具共出土278件。其中，石质生产工具有石锄、石斧、小石斧、石锛、小石锛、圭形石凿、小石凿、砺石、石球、残石器、石芯、有孔和残未见孔石铲、刃部又磨平石器、石饼；陶质生产工具只有陶纺轮；骨质生产工具有骨针和骨锥共 17 种。下面分别介绍这 17 种工具的数量和标本号：

石锄 34 件。H302∶2、H302∶3、H302∶4、H302∶5、T25③下∶64、T26③∶16、T26③∶46、T30③∶31、T31③∶42、T31③∶73、T31③∶50、T31③∶62、T31③∶67、T31③∶76、T31③∶77、T31③∶81、T31③∶126、T31③∶238、T32③∶31、T32③∶51、T32③∶54、T35③∶1、T35③∶10、T36③∶67、T37③∶38、T38③∶2、T38③∶3、T38③∶7、T38③∶8、T41③∶2、T41③∶5、T41③∶7、T1125②∶19、T1125②∶21。

石斧 86 件。H92∶1、H146∶2、H146∶17、H146∶23、H146∶25、H272∶7、H328∶48、H569∶2、T25③∶5、T26③∶57、T26③∶59、T30③∶39、T30③∶64、T30③∶65、T30③∶66、T30③∶67、T30③∶32、T31③∶51、T31③∶55、T31③∶61、T31③∶22、T31③∶54、T31③∶57、T31③∶59、T31③∶64、T31③∶65、T31③∶66、T31③∶70、T31③∶49、T31③∶53、T31③∶63、T31③∶69、T31③∶75、T31③∶78、T31③∶79、T31③∶82、T31③∶52、T31③A∶41、T31③A∶104、T32③∶25、T32③∶33、T32③∶50、T32③∶52、T32③B∶59、T33③∶28、T33③A∶31、T33③∶43、T34③∶4、T34③∶27、T34③∶28、T34③∶29、T34③∶31、T34③∶32、T34③∶35、T34③∶37、T34③∶38、T35③∶9、T35③∶17、T35③∶23、T35③∶72、T35③下∶12、T36③A 下∶5、T36③A 下∶6、T36③A 下∶7、T36③A 下∶8、T36③∶18、T36③∶43、T38③∶4、T38③∶5、T38③∶6、T38③∶10、T41③∶1、T41③∶11、T1024②∶3、T1024②∶6、T1024②∶8、T1024②∶10、T1025②∶2、T1125②∶18、T1126③∶48、T1227③A∶2、T1227③A∶1、T1327③∶2、T1327③∶3、T2644③∶1、T2744③∶1。

小石斧 13 件。H92∶6、H92∶2、H211∶24、T30③∶33、T30③A∶28、T30③A∶49、T34③∶30、T34③∶80、T35③∶14、T36③∶4、T36③∶25、T36③∶28、T1025②∶4。

石锛 6 件。T24③∶18、T31③∶240、T31③∶58、T31③A∶40、T31③A∶43、T34③∶36。

小石锛 34 件。H134∶3、H211∶20、H601∶35、T25③∶4、T25③∶61、T26③下∶9、T27③∶3、T30③A∶50、T31③∶44、T31③∶46、T31③∶68、T31③∶71、T31③A∶39、T31③A∶43、T32③∶10、T32③∶27、T32③∶28、T33③∶3、T33③∶15、T35③∶27、T35③∶30、T35③∶31、T35③∶24、T35③∶75、T33③下∶161、T36③A∶27、T36③∶23、T36③∶26、T36③∶33、T36③∶35、T37③∶6、T37③∶7、T37③∶8、T1326①A∶2。

圭形石凿 7 件。H211∶23、T31③∶45、T31③∶47、T33③∶14、T33③∶27、T35③∶29、T1025②∶3。

小石凿 9 件。H92∶4、H211∶17、H211∶26、T30③A∶51、T30③A∶78、T31③∶60、T32③∶26、T33③∶2、T33③A∶11。

砺石 4 件。T31③∶236、T33③∶36、T35③下∶162、T37③∶9。

石球 3 件。T35③∶6、T36③∶20、T41③∶3。

残石器 11 件。T26③∶50、T33③∶16、T34③∶66、T35③∶73、T35③∶19、T35③∶5、T35③下∶13、T38③∶1、T38③∶11、T38③∶12、T38③∶13。

石芯 1 件。T1126③B∶63。

有孔和残未见孔石铲 3 件。H134∶1、T26③∶17、T32③∶32。

刃部又磨平石器1件。T34③:34。

陶纺轮60件。H144:1、H146:1、H146:3、H146:15、H146:27、H173:1、H211:15、H211:18、H211:30、H246:1、H315:4、H328:46、H328:47、T24③:16、T24③:15、T25③:41、T26③下:1、T26③:42、T26③:52、T26③A:53、T26③:54、T27③:5、T27③:6、T30③:19、T30③:44、T30③:45、T30③A:48、T31③:4、T31③:85、T31③:114、T31③:239、T31③A:86、T31③A:87、T31③A:149、T32③:43、T33③:8、T33③:21、T33③:22、T34②C:46、T34③:61、T34③:47、T34③:48、T34③:49、T34③:52、T34③:60、T35③:50、T35③:51、T35③:76、T35③下:160、T36③:34、T36③:37、T36③:59、T37③:11、T37③:49、T37③下:74、T37③下:75、T41③:8、T1024②:11、T1125②:22、T1125②:25。

骨针2件。T34③:54、T41③:9。

骨锥4件。T31③:109、T31③:91、T31③A:98、T33③:23。

2. 屈家岭文化晚期的日用陶器

屈家岭文化晚期灰坑、灰沟和地层单位共出土陶器标本464件。下面分别介绍这些陶器标本的陶系、纹饰和陶器的种类和类型。

（1）屈家岭文化晚期的陶系

在陶质方面，泥质陶350件，占75.43%；夹炭夹草末夹砂夹蚌的杂质陶114件，占24.57%。

在陶色方面，以黑陶为主，红陶次之，灰陶和褐陶又次之，黄陶比例稍上升而外红内黑陶已降至最少。具体数量和比例如下：

黑陶：178件，占38.36%。

红陶：120件，占25.86%。

灰陶：60件，占12.93%。

褐陶：50件，占10.78%。

黄陶：39件，占8.41%。

外红内黑陶：17件，占3.66%。

（2）屈家岭文化晚期的陶器纹饰

除了大部分为素面无纹饰外，主要纹饰有凹弦纹和凸棱纹；其次是镂孔和彩陶；再其次是绳纹和篦纹，还有更少的划纹、按窝纹、戳印纹、方格纹和新出现的篮纹。具体数量和比例如下：

素面陶：357件，占76.94%。

凹弦纹：23件，占4.96%。

凸棱纹：23件，占4.96%。

镂孔：15件，占3.23%。

彩陶：10件，占2.16%。

绳纹：9件，占1.94%。

篦纹：9 件，占 1.94%。

划纹：7 件，占 1.51%。

按窝纹：5 件，占 1.08%。

戳印纹：3 件，占 0.65%。

篮纹：2 件，占 0.43%。

方格纹：1 件，占 0.22%。

同样需要说明的是：对于一件标本多种纹饰的，计算时只统计其中一种纹饰。

（3）屈家岭文化晚期的陶器种类和类型

屈家岭文化晚期的陶器种类，可分为罐、瓮、碗、盘、鼎足、器座、矮圈足、壶、钵、盆、器盖、豆、杯、缸、盂形器和其他类共 16 个种类。下面分类介绍每种器物的类型和数量。

第 1 种：罐

A 型　折沿罐。又可分三亚型：

Aa 型：凹折沿罐。57 件。小罐 9 件。

Ab 型：折沿罐。15 件。小罐 14 件。

Ac 型：弧折沿罐。10 件。小罐 1 件。

C 型　束颈罐。15 件。小罐 2 件。

D 型　斜颈罐。3 件。

E 型　直口罐。又可分两个亚型：

Ea 型：大直口罐。2 件。

Eb 型：小直口罐。19 件。

F 型　敛口罐。1 件。小罐 4 件。

G 型　圈足罐。1 件。

第 2 种：瓮

B 型　直口瓮。1 件。

C 型　敛口瓮。2 件。

第 3 种：碗

A 型　敛口碗。8 件。

B 型　侈口碗。12 件。

C 型　子母口碗。1 件。

E 型　敞口碗。4 件。彩陶碗 1 件。

F 型　内折沿碗。13 件。

J 型　假腹碗。1 件。

K 型　双腹碗。31 件。

第 4 种：盘

A 型　敞口盘。2 件。

B 型　卷沿盘。3 件。

C 型　敛口盘。3 件。

D 型　直口盘。7 件。

E 型　子母口盘。1 件。

F 型　外折沿盘。7 件。

G 型　内折沿盘。10 件。

J 型　上腹盘。新出现，1 件。

第 5 种：鼎足

E 型　片状大鼎足。1 件。

F 型　边柱状大鼎足。1 件。

G 型　片状内折鼎足。新出现，1 件。

第 6 种：器座

仅 E 型　喇叭状器座。重新发现，2 件。

第 7 种：矮圈足

仅 A 型　矮圈足。38 件。

第 8 种：壶　弧颈壶 16 件。彩陶壶形器 3 件。新出现细颈壶 1 件。

第 9 种：钵　敞口钵 1 件。敛口钵 3 件。敛口彩陶钵 1 件。

第 10 种：盆

B 型　折沿盆。13 件。

D 型　无沿盆。4 件。

E 型　平沿或卷平沿盆。12 件。

第 11 种：器盖　器盖纽 5 件。器盖 7 件。彩陶器盖 1 件。

第 12 种：豆　豆高圈足 19 件。双腹豆 3 件。

第 13 种：杯　曲腹杯 1 件。重新出现罐形杯 3 件。重新出现斜腹杯 7 件。新出现高圈足杯 12 件、觚形杯 2 件、直口小杯 1 件、直筒内彩杯 1 件。

第 14 种：缸　盘口缸 7 件。新出现直口大缸 1 件。另有缸口残片 2 件。

第 15 种：盂形器　新出现盂形器 3 件。

第 16 种：其他类

平底器 20 件。

甑箅 1 件。

彩陶片 3 件。

盘大圈足 4 件。

管状流 1 件。

口沿上鹰嘴状凸饰 1 件。

3. 屈家岭文化晚期的装饰品及其他

这一时期的装饰品有弧形玉璜、石镯、有孔小石铲、彩陶镯、陶环、骨簪和有槽骨饰；其他还有陶球和小陶塑。各种器物的数量和标本号如下：

弧形玉璜 2 件。T35③: 64、T37③下: 72。

石镯 1 件。T30③: 46。

有孔小石铲 1 件。H92: 5。

彩陶镯 1 件。T27③: 65。

陶环 18 件。H92: 7、T26③: 51、T31③: 88、T31③: 89、T31③: 99、T31③: 101、T31③: 122、T31③: 147、T31③: 148、T33③: 26、T35③: 45、T35③: 60、T35③A: 35、T36③: 31、T36③: 32、T37③: 48、T38③: 18、T38③: 19。

骨簪 2 件。T35③: 46、T37③下: 73。

有槽骨饰 1 件。T30③: 47。

陶球 4 件。H92: 3、T31③: 102、T35③: 57、T35③: 58。

小陶塑 1 件。T31③: 121。

杨家湾遗址在屈家岭文化晚期之后，没有发现石家河文化的文化遗存，也没有发现继后的夏商时期的文化遗存，只发现西周和东周时期的文化遗存。原因待考。下面继续介绍西周时期的遗存。

捌　西周时期的遗存

一、概　　述

西周时期的文化遗存，基本上只发现于遗址东北区的北部，即在 T2942、T2944、T2945 和 T3042、T3043、T3045 这六个探方中，发现西周时期的文化遗存。

二、文 化 遗 存

只发现 4 个灰坑和 3 个地层单位。下面从两方面介绍这些单位的文化遗存。

1. 西周时期的灰坑

（1）H564

① 灰坑情况

位置：在 T3043 西南部。

层位关系：开口在第 2 层下，打破生土；被第 2 层下 H567 打破。

形制与大小：近圆形，直壁，平底。口径 212、底径 210、深 50 厘米（图四四一）。

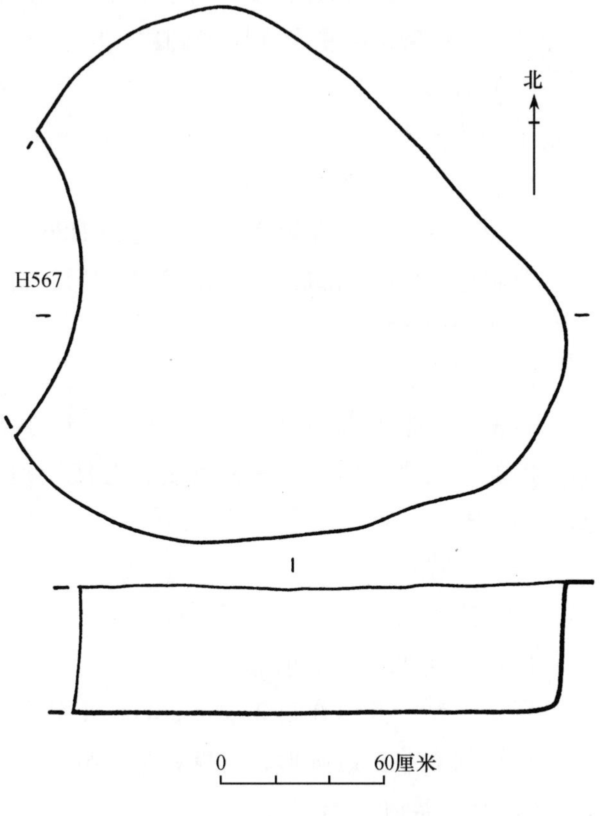

图四四一　H564 平、剖面图

② 出土器物

出土标本：5 件。均为陶器，有凹折沿罐、束颈小罐、高弧颈罐、罐平底。

凹折沿罐　1 件（H564∶4）。夹砂红陶。侈口，束颈，宽折沿内凹，尖圆唇，斜肩微弧凹，鼓腹已残。素面。口径 26、残高 5.2 厘米（图四四二，4）。

束颈小罐　2 件。H564∶2，夹砂红胎黑陶，手制粗糙。侈口，束颈，弧沿外卷，斜弧肩，鼓腹下部已残。颈部和腹部饰竖绳纹，肩部素面无纹。口径 8、残高 7 厘米（图四四二，

7）。H564∶3，夹砂红褐陶。直口外卷，尖圆唇，高颈下内束，弧肩已残。素面。口径11、残高4.6厘米（图四四二，10）。

高弧颈罐　1件（H564∶1）。夹砂黑陶。直口外卷，尖圆唇，高弧颈，鼓肩，深腹已残。颈中下部至肩饰竖绳纹，腹饰斜绳纹。口径20、残高9.6厘米（图四四二，1）。

罐平底　1件（H564∶5）。夹细砂黄陶。仅存罐下部斜弧腹，平底稍残。素面。底径15、残高2.8厘米（图四四二，3）。

（2）H565

① 灰坑情况

位置：在T3042西壁下至T2942东隔梁内。

层位关系：开口在第2层下，打破黄生土。

形制与大小：圆形，直壁，平底。口径106、底径100、深56厘米。

② 出土器物

出土标本：2件。均为陶器，有敞口碗、尖底器。

敞口碗　1件（H565∶1）。泥质红胎黑陶。敞口，尖圆唇，浅弧腹，圜底已残，下附低矮外斜矮圈足。素面。口径17.3、足径9、通高5.4厘米（图四四二，6）。

尖底器　1件（H565∶2）。泥质黑陶。上部已残，仅存下腹弧内收，尖圜底。素面。下腹残径9.7、残高5.4厘米（图四四二，8）。

（3）H567

① 灰坑情况

位置：在T3043西南部。

层位关系：开口在第2层下，打破H564、生土。

形制与大小：口部椭圆形，底部近圆形，斜壁，平底。口径110～132、底径70、深112厘米。

② 出土器物

出土标本：1件。石凿。

石凿　1件（H567∶1）。由扁弧长条形小砾石加工而成，弧顶和两面皆原面，两边也为原面，但均稍磨平，斜平刃两面磨制，有使用痕，已不锋利。长12.6、宽3.8、厚2.2厘米（图四四二，9）。

（4）H573

① 灰坑情况

位置：在T2944中东部。

层位关系：开口在第2层下，打破H575、第3层、第4层。

形制与大小：近圆形，直壁，近平底。口径88～90、底径86、深40厘米。

② 出土器物

出土标本：2件。均为陶器，为束颈罐。

束颈罐　2件。H573∶1，夹砂黑陶。侈口，束颈，卷沿，圆唇，斜弧肩已残。肩饰竖绳纹。

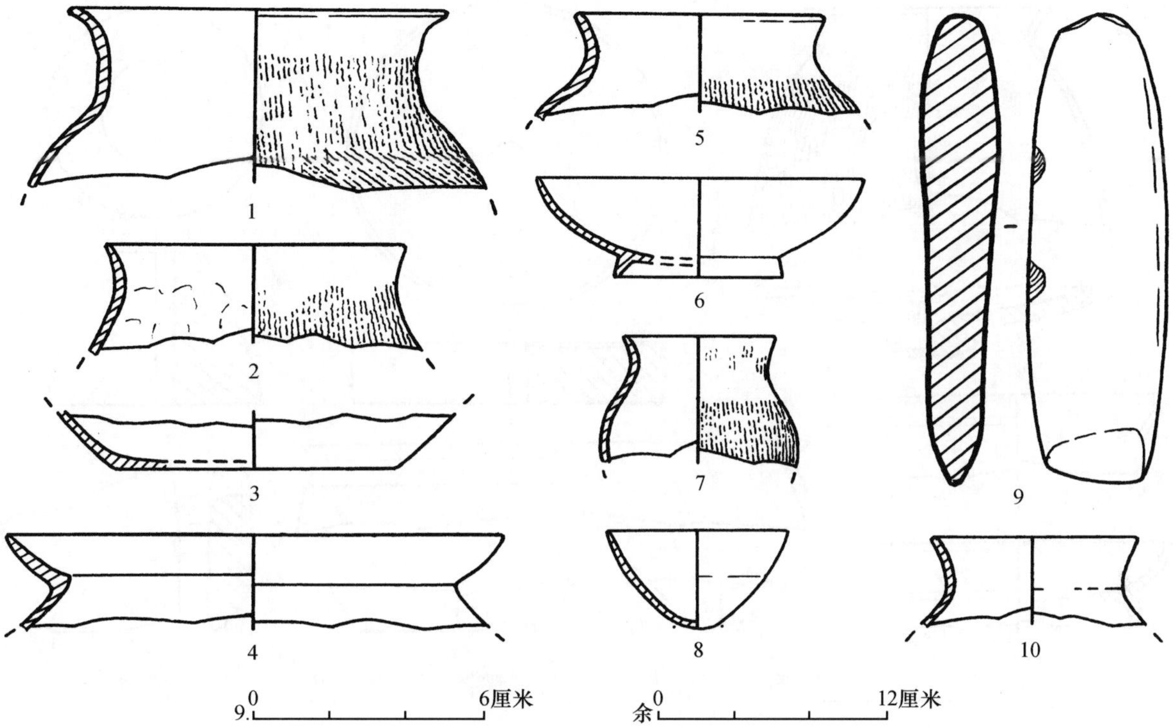

图四四二　H564、H565、H567、H573 出土器物

1. 陶高弧颈罐（H564∶1）　2、5. 陶束颈罐（H573∶2、H573∶1）　3. 陶罐平底（H564∶5）　4. 陶凹折沿罐（H564∶4）　6. 陶敞口碗（H565∶1）　7、10. 陶束颈小罐（H564∶2、H564∶3）　8. 陶尖底器（H565∶2）　9. 石凿（H567∶1）

口径 13、残高 5.3 厘米（图四四二，5）。H573∶2，夹细砂红胎黑陶。直口外卷，高弧颈下束，尖圆唇，斜肩，腹已残。颈下部至肩上饰竖绳纹。口径 16、残高 5.8 厘米（图四四二，2）。

2. 西周时期的地层单位

（1）T2944③层（包括 T2944③A 层和 T2944③B 层）

标本 5 件。有石锛和陶矮颈罐、束颈瓮、尖底器及尖底缸。

石器

石锛　1 件（T2944③B∶12）。砾石，两边和刃部磨制。较薄近梯形，但顶已残，弧刃近平，单面磨制，有使用痕。残长 5、宽 5.3、厚 1.3 厘米（图四四三，10）。

陶器

矮颈罐　1 件（T2944③A∶2）。夹细砂红褐陶。直口内敛，窄平沿，尖圆唇，粗矮颈外斜，凹肩，弧腹下已残。素面。口径 28、残高 5.1 厘米（图四四三，6）。

束颈瓮　1 件（T2944③A∶10）。夹草末黑陶。侈口，束颈，卷沿，圆唇，弧肩，深弧腹下部已残。腹饰竖绳纹。口径 14、残高 12.8 厘米（图四四三，1）。

尖底器　1 件（T2944③A∶9）。泥质灰陶。上残，仅剩尖底小平根。素面。残高 2.8 厘米（图四四三，7）。

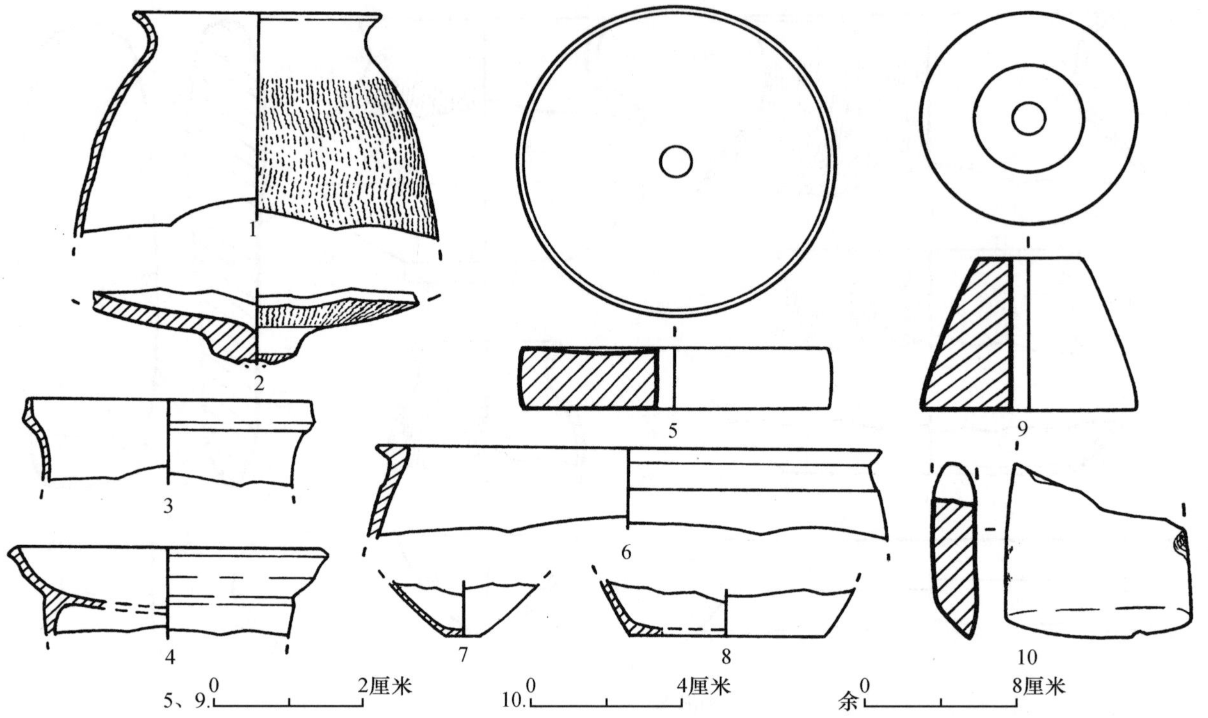

图四四三　T2944③A层、T2944③B层、T2945③B层、T3045②层、T3045③A层出土器物

1. 陶束颈瓮（T2944③A: 10）　2. 陶尖底缸（T2944③A: 3）　3. 陶盘口壶（T3045②: 1）　4. 陶圈足盘（T2945③B: 1）　5、9. 陶纺轮（T3045③A: 4、T2945③B: 3）　6. 陶矮颈罐（T2944③A: 2）　7. 陶尖底器（T2944③A: 9）　8. 陶罐平底（T2945③B: 2）　10. 石锛（T2944③B: 12）

尖底缸　1件（T2944③A: 3）。夹砂红陶。上残，仅剩大圜底下附圆饼状凸块。凸饼状周围圜底饰放射状绳纹。残高4厘米（图四四三，2）。

（2）T2945③B层

标本3件，均为陶器，其中，陶纺轮和罐平底为西周标本，另一件圈足盘为被扰乱的大溪文化标本。

陶纺轮　1件（T2945③B: 3）。泥质黑陶。厚体两面平，斜边。素面。面径1.5、底径3、高2.2厘米（图四四三，9）。

罐平底　1件（T2945③B: 2）。泥质黑陶。上残，斜弧腹下收，平底。素面。底径11、残高3厘米（图四四三，8）。

圈足盘　1件（T2945③B: 1）。泥质橘黄陶，内外施鲜红衣，圈足内无衣呈橘黄色。敞口，方圆唇外斜，浅弧腹下部弧折，成大圜底下又附粗圈足，足壁近直，但下部已残。素面。口径18、残高5厘米（图四四三，4）。

（3）T3045③A层（加T3045②层1件）

标本2件。均为陶器，有陶纺轮和盘口壶。

陶纺轮　1件（T3045③A: 4）。泥质红陶。扁薄，一面凹，一面平，直边型。素面。直径

4.4、孔径0.45、厚0.9厘米（图四四三，5）。

盘口壶　1件（T3045②:1）。泥质灰黄陶，红胎。盘口，尖圆唇稍内斜，高弧颈，颈下已残。素面。口径16、残高4.8厘米（图四四三，3）。

三、小　　结

杨家湾遗址在西周时期的4个灰坑和3个地层单位中出土的文化遗物，总共才20件标本。其中生产工具4件，日用陶器16件。

1. 西周时期的生产工具

生产工具有石锛、石凿和陶纺轮。

石锛1件。T2944③B:12。

石凿1件。H567:1。

陶纺轮2件。T2945③B:3、T3045③A:4。

2. 西周时期的日用陶器

日用陶器的陶系，在陶质方面：泥质陶6件，占37.50%；夹砂陶9件，占56.25%，夹草末1件，占6.25%。在陶色方面：黑陶8件，占50.00%；红陶和红褐陶各2件，分别占12.50%；灰陶、黄陶、灰黄陶、橘黄陶各1件，分别占6.25%。

在纹饰方面：素面陶10件，占62.50%；余6件都饰绳纹，占37.50%。

在陶器种类方面：可分罐、瓮、碗、壶、盘、缸和其他七个种类。

罐类可分为凹折沿罐、束颈罐、弧颈罐和矮颈罐四个类型。

凹折沿罐1件。H564:4。

束颈罐4件。H564:2、H564:3、H573:1、H573:2。

弧颈罐1件。H564:1。

矮颈罐1件。T2944③A:2。

瓮类只有一种束颈瓮1件。T2944③A:10。

碗也只有敞口碗1件。H565:1。

壶只有盘口壶1件。T3045②:1

圈足盘1件。T2945③B:1。

缸只有尖底缸残底1件。T2944③A:3。

其他类有平底器和尖底器：

平底器2件。H564:5、T2945③B:2。

尖底器2件。H565:2、T2944③A:9。

下面继续介绍东周时期的遗存。

玖　东周时期的遗存

一、概　　述

杨家湾遗址的东周时期的文化遗存，主要发现于遗址西南区；但在遗址西北区和东北区的一些地层单位中，也发现有东周时期的文化遗存。

二、文 化 遗 存

东周时期的文化遗存，包括12个灰坑、1条灰沟和25个地层单位。下面分三方面介绍这些单位的遗存。

1. 东周时期的灰坑

（1）H1

① 灰坑情况

位置：在T17东北角。

层位关系：开口在第2A层下，打破东隔梁内H37，又打破H28。

形制与大小：不规则近椭圆形，弧壁，圜底。口径长径130、短径110、深30厘米（图四四四，1）。

② 出土器物

出土标本：2件。均为陶器，有矮颈罐、豆座。

矮颈罐　1件（H1∶2）。泥质灰陶。敛口，平沿外卷，尖圆唇，矮弧颈外斜，小凹肩，深弧腹下部已残。颈肩有已抹模糊竖绳纹，腹饰粗竖绳纹。口径24、残高6.8厘米（图四四六，12）。

豆座　1件（H1∶5）。泥质黑陶。上部已残，仅存底座，足壁外撇呈喇叭状。素面。底径9.2、残高2.4厘米（图四四六，16）。

（2）H12

① 灰坑情况

位置：在T14东南角。

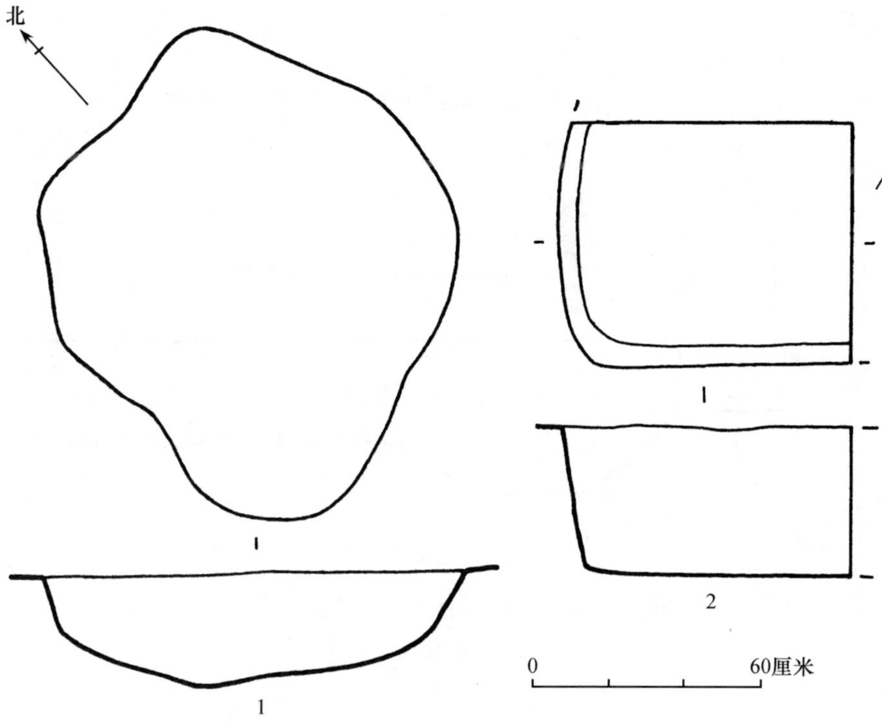

图四四四　H1、H12 平、剖面图
1. H1　2. H12

层位关系：开口在第 2B 层下，打破第 3 层。

形制与大小：近方形，斜壁，近平底。口残长 64、宽 76、底宽约 60、深 26 厘米（图四四四，2）。

② 出土器物

出土标本：2 件。均为陶器，有粗颈罐、盘口壶。

粗颈罐　1 件（H12∶2）。夹砂红陶。直口，圆唇外卷，粗直颈下已残。素面。口径 25、残高 3.6 厘米（图四四六，13）。

盘口壶　1 件（H12∶1）。泥质红褐陶。浅盘口，高弧颈下部已残。素面。口径 18、残高 4 厘米（图四四六，5）。

（3）H255

① 灰坑情况

位置：在 T0823 东部至东隔梁内。

层位关系：开口在第 1B 层下，打破 G53、H258。

形制与大小：不规则近椭圆形，弧壁，圜平底。口长 192、宽 76 ~ 106、深 52 厘米（图四四五，1）。

② 出土器物

出土标本：3 件。有陶鬲足、豆座和环状小玉佩。

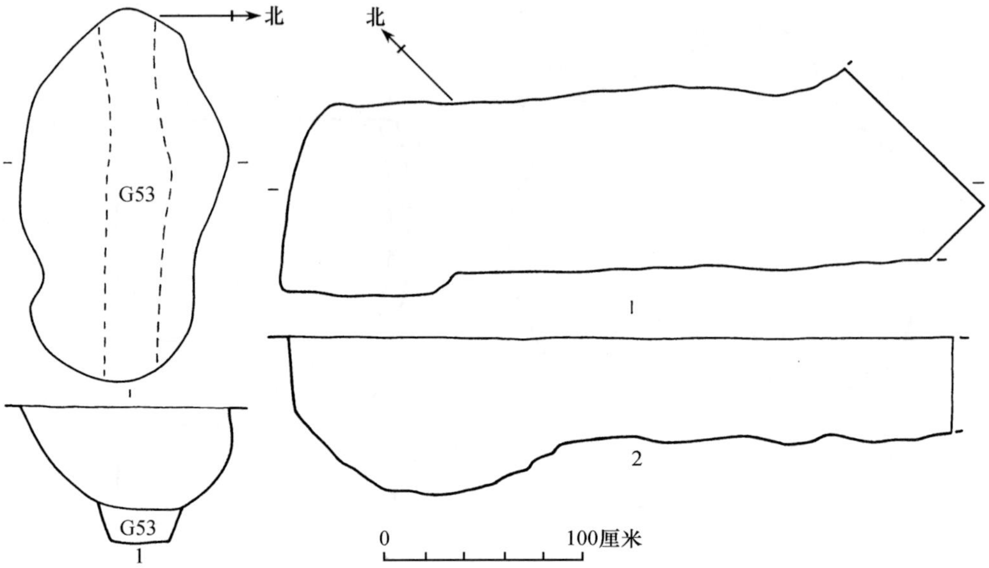

图四四五　H255、H266平、剖面图

1. H255　2. H266

陶器

鬲足　1件（H255∶4）。泥质红陶。连裆，足呈小圆柱状，极矮小。素面。残高3.4厘米（图四四六，10）。

豆座　1件（H255∶3）。泥质黑陶。上部豆圈足已残，仅存圈足底座，喇叭状。素面。足径8、残高3.6厘米（图四四六，17）。

其他

环状玉佩　1件（H255∶5）。绿色半透明，扁平小环状已残，仅存一周的三分之二，两面平，内环外弧，外环中凹，一侧有一已穿小圆孔。外径2.3、内径1～1.2、厚0.6厘米。因内径没有手指粗，应属佩环（图四四六，18）。

（4）H258

① 灰坑情况

位置：在T0823东北部至东隔梁内。

层位关系：开口在第1B层下，打破H360；被第1B层下H255打破。

形制与大小：不规则近圆角三角形。口部底边长150、高100厘米（据灰坑总图）。

② 出土器物

出土标本：1件。为陶鬲足。

鬲足　1件（H258∶1）。夹砂红陶。仅剩鬲足，近圆柱体下部稍细，平根。饰绳纹。残高12.8厘米（图四四六，19）。

（5）H266

① 灰坑情况

位置：在T0621中部至东南角。

层位关系：开口在第1A层下，打破生土。

形制与大小：长条近长方形，直壁，底不平。口底皆90～350、深50～80厘米（图四四五，2）。

② 出土器物

出土标本：11件。均为陶器，有卷沿敛口罐、束颈罐、敛口瓮、矮颈瓮、直颈壶、弧颈壶、敞口豆盘、平沿盆、鬲口沿、鬲足；另有3件大溪文化中期遗物。

卷沿敛口罐　1件（H266:4）。夹砂红陶。敛口，弧沿外卷，方圆唇，溜肩，深弧腹已残。内口下一周深凹弦纹。口径20、残高5.2厘米（图四四六，11）。

束颈罐　1件（H266:2）。夹砂红陶。侈口，弧沿外卷，方圆唇，矮颈中束，斜弧肩已残。颈中部至肩饰竖绳纹。口径23、残高6厘米（图四四六，14）。

敛口瓮　1件（H266:10）。泥质橘红陶。敛口，宽弧沿外斜，凹肩，弧腹外鼓，腹大部残。素面。口径33、残高5.2厘米（图四四六，1）。

矮颈瓮　1件（H266:1）。泥质灰黄陶。直口内敛，窄平沿，圆唇，矮颈，斜弧肩，鼓腹已残。素面。口径32、残高6.4厘米（图四四六，2）。

直颈壶　1件（H266:7）。泥质灰陶。直口稍内敛，宽平沿微上弧，方唇，高直颈外斜，颈下部已残。素面。口径16、残高5.1厘米（图四四六，9）。

弧颈壶　1件（H266:8）。泥质灰陶。直口外卷喇叭状，窄平沿内凹，又呈子母口，带状方唇外凸，高弧颈下部已残。素面。口径18、残高4.6厘米（图四四六，6）。

敞口豆盘　1件（H266:13）。夹细砂黑陶。敞口近直，尖圆唇，浅弧腹内束，底已残。素面。口径16、残高4厘米（图四四六，8）。

平沿盆　1件（H266:9）。泥质灰陶。直口，宽平沿，沿面外侧一周凹槽，方唇，深腹上部近直。素面。口径36、残高2.6厘米（图四四六，3）。

鬲口沿　2件。H266:3，夹砂灰陶。直口，内敛，宽平沿，尖圆唇，矮颈外斜，凹肩，深弧腹已残。腹饰粗斜绳纹。口径32、残高5厘米（图四四六，4）。H266:5，夹砂灰陶。直口内敛，平沿，方唇，矮颈外斜，颈下部已残。颈饰已抹掉竖绳纹。口径24、残高3.3厘米（图四四六，15）。

鬲足　1件（H266:14）。夹砂红陶。下部已残，圆柱形上部稍粗。竖绳纹。残高12厘米（图四四六，7）。

（6）H294

① 灰坑情况

位置：在T1125西壁下。

层位关系：开口在第2A层下，打破第2A层下H299和H300、第2B层、生土。

形制与大小：近圆形，发掘一半，斜壁，近平底。口径208、底径160、深65～80厘米（图四四七，1）。

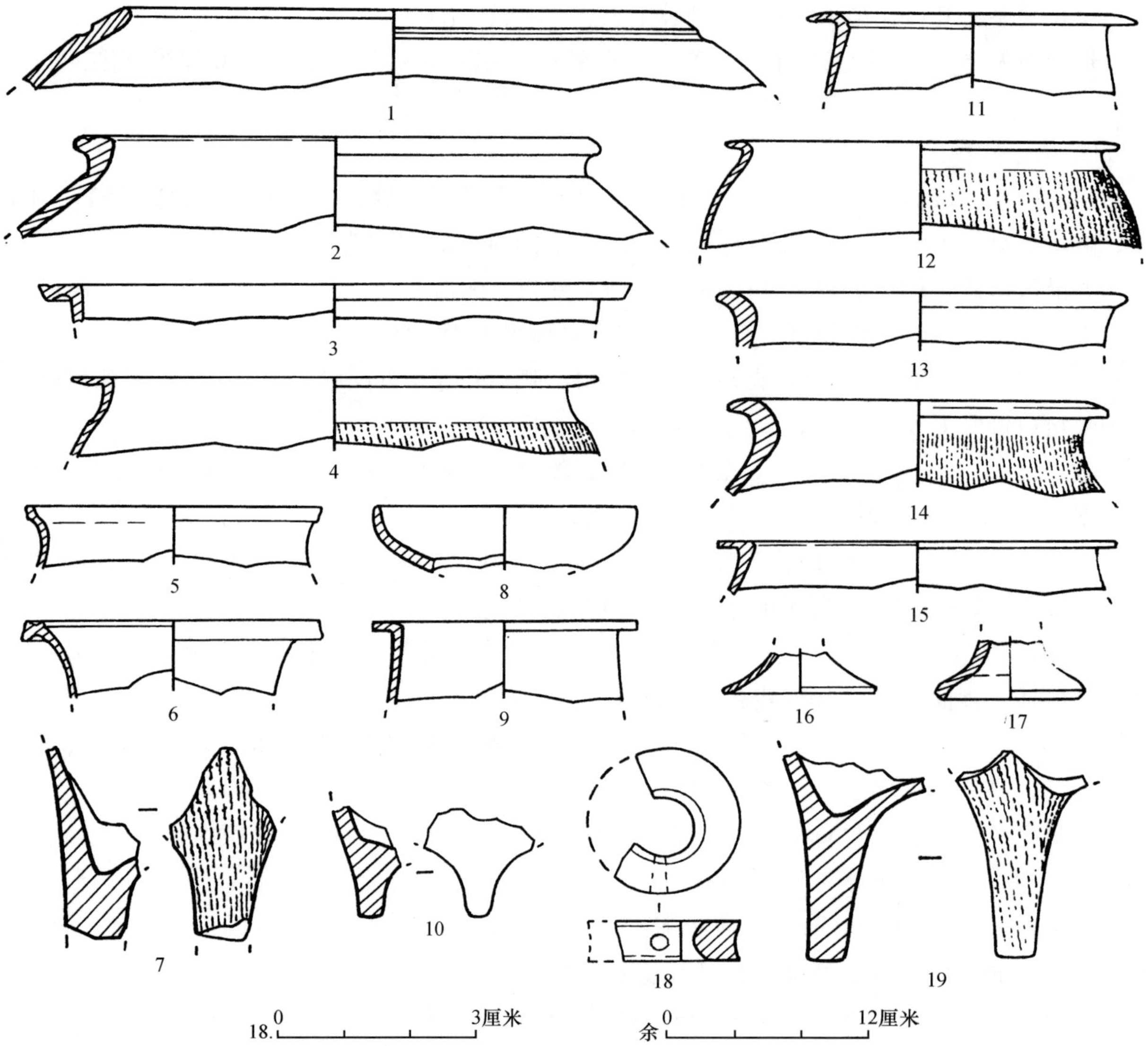

图四四六　H1、H12、H255、H258、H266 出土器物

1. 陶敛口瓮（H266∶10）　2. 陶矮颈瓮（H266∶1）　3. 陶平沿盆（H266∶9）　4、15. 陶鬲口沿（H266∶3、H266∶5）　5. 陶盘口壶（H12∶1）　6. 陶弧颈壶（H266∶8）　7、10、19. 陶鬲足（H266∶14、H255∶4、H258∶1）　8. 陶敞口豆盘（H266∶13）　9. 陶直颈壶（H266∶7）　11. 陶卷沿敛口罐（H266∶4）　12. 陶矮颈罐（H1∶2）　13. 陶粗颈罐（H12∶2）　14. 陶束颈罐（H266∶2）　16、17. 陶豆座（H1∶5、H255∶3）　18. 环状玉佩（H255∶5）

② 出土器物

出土标本：2 件。均为陶器，有鬲口沿、鬲足。

鬲口沿　1 件（H294∶1）。夹细砂灰陶。直口微内敛，窄厚沿外斜，尖圆唇，矮颈中束，凹肩，深弧腹内收，下已残。素面。口径 32、残高 5.3 厘米（图四四九，5）。

鬲足　1 件（H294∶2）。夹砂红陶。细长近圆形上面稍粗，平根。素面。残高 8.4 厘米（图四四九，15）。

（7）H304

① 灰坑情况

位置：在T1226中部偏东。

层位关系：开口在第2A层下，打破第2B层。

形制与大小：近长方形圆角，弧壁，圜平底。口长160、宽108、深30厘米（图四四七，2）。

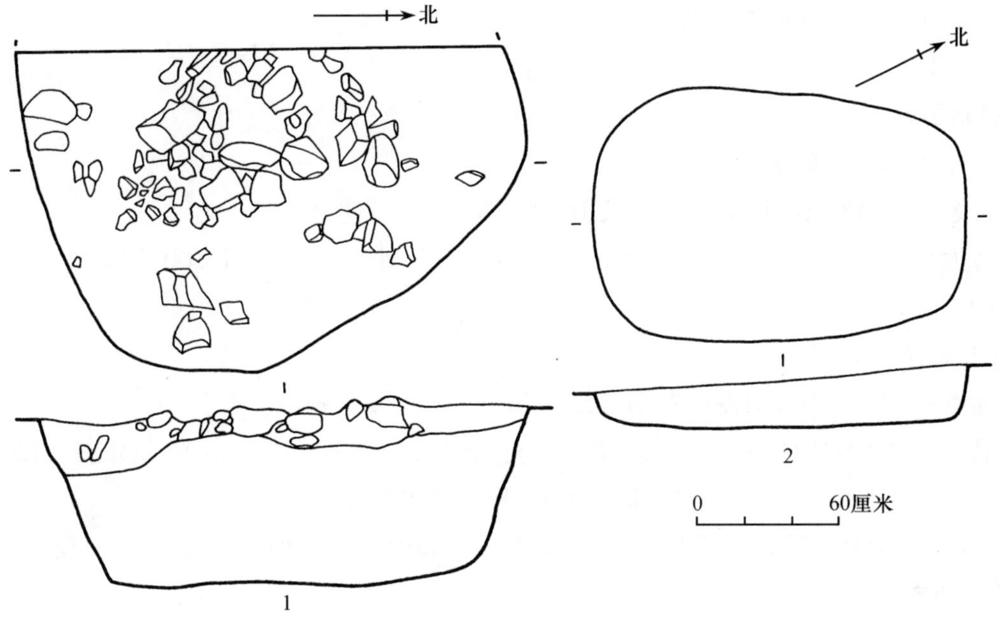

图四四七　H294、H304平、剖面图

1. H294　2. H304

② 出土器物

出土标本：3件。均为陶器，有粗颈罐、盘口壶、敞口豆盘。

粗颈罐　1件（H304∶4）。夹草末红陶，胎甚厚。直口，尖圆唇外卷，直颈已残。颈饰竖绳纹。口径24、残高3.3厘米（图四四九，17）。

盘口壶　1件（H304∶3）。泥质灰胎黑陶。直口，凹沿外卷，外带状扁圆唇，内呈小盘口，高颈下部已残。素面。口径16、残高2.8厘米（图四四九，10）。

敞口豆盘　1件（H304∶2）。泥质灰陶。直口，尖圆唇，直腹下部弧内收成圜平底，但底中部已残。素面。口径17、残高3.2厘米（图四四九，12）。

（8）H307

① 灰坑情况

位置：在T1225西南角。

层位关系：开口在第2A层下，打破H317。

形制与大小：露出部分似圆形一部分，斜壁，平底。口径残长170、底径残长135、深35

厘米。

② 出土器物

出土标本：2 件。均为陶鬲口沿。

鬲口沿　2 件。H307∶1，夹炭红陶，内外浅红衣近黄。直口稍内敛，平沿外缘又起方唇状凸棱，矮颈外斜，颈下部已残。颈上有未抹尽竖绳纹痕。口径 33、残高 2.4 厘米（图四四九，4）。H307∶2，夹细砂灰陶。直口外卷，方唇，矮颈中束，颈下已残。颈上有竖绳纹抹痕。口径 22、残高 3.2 厘米（图四四九，8）。

（9）H312

① 灰坑情况

位置：在 T1227 中南部。

层位关系：开口在第 1B 层下，打破 H324、H316。

形制与大小：椭圆形，直壁，平底近中部有一低凹小圆坑。口径 100 ~ 140、深 10 ~ 15 厘米（图四四八，2）。

② 出土器物

出土标本：2 件。均为陶器，有鬲口沿、鬲足。

鬲口沿　1 件（H312∶1）。夹细砂灰陶。直口微敛，平沿，方唇，矮颈外斜，凹肩，弧腹下部已残。腹饰竖绳纹。口径 23、残高 3.6 厘米（图四四九，16）。

鬲足　1 件（H312∶2）。夹砂红陶。圆柱体，下部稍细，平根。饰竖绳纹。残高 13.6 厘米（图四四九，20）。

（10）H318

① 灰坑情况

位置：在 T1126 和 T1125 北隔梁西壁下。

层位关系：开口在第 2 层下，打破 H302 和 H605。

形制与大小：近圆形，直壁，平底。口径 170 厘米，底径稍小，深 50 厘米（图四四八，1）。

② 出土器物

出土标本：5 件。均为陶器，有束颈小罐、敞口豆盘、鬲口沿、鬲足。

束颈小罐　1 件（H318∶5）。夹砂陶外黑内红。侈口，束颈，卷沿，尖圆唇，斜溜肩，残腹外鼓。颈至肩饰横绳纹。口径 11、残高 4.8 厘米（图四四九，14）。

敞口豆盘　1 件（H318∶6）。泥质红胎灰陶。敞口近直，尖圆唇，浅弧腹内收，底已残。素面。口径 16、残高 3.8 厘米（图四四九，13）。

鬲口沿　2 件。H318∶3，泥质黑陶。直口，平沿，矮颈，凹肩，深弧腹下已残。腹饰切绳纹。口径 39、残高 8.8 厘米（图四四九，2）。H318∶4，泥质灰陶。侈口，折沿甚宽，沿面内侧一周凸棱，外侧一周凹槽，圆唇，矮颈外斜，凹肩，深弧腹下部已残。腹饰斜切绳纹。口径 38、残高 9.2 厘米（图四四九，3）。

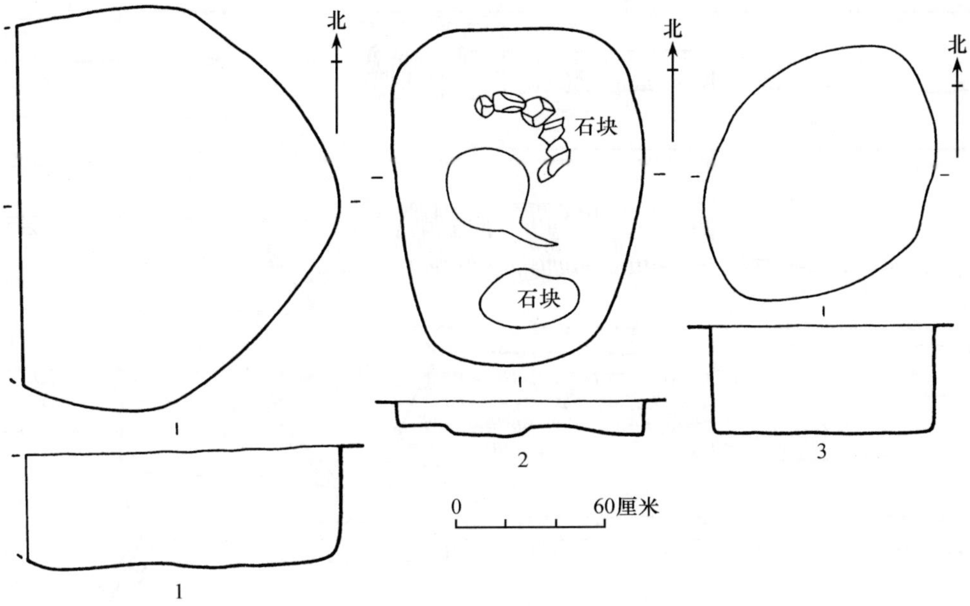

图四四八　H312、H318、H331 平、剖面图
1. H318　2. H312　3. H331

鬲足　1 件（H318∶8）。夹砂红陶。足呈圆柱形，平底。足壁和平根面都饰粗绳纹。残高 8.5 厘米（图四四九，21）。

（11）H321

① 灰坑情况

位置：在 T1227 东壁下。

层位关系：开口在第 2 层下，打破第 3A 层下 H323。

形制与大小：圆形坑一部分，直壁，平底。口径大于 105 厘米，底稍小，深 30 厘米。

② 出土器物

出土标本：6 件。均为陶器，有盘口罐、高颈罐、敞口豆盘、大口鬲、鬲足。

盘口罐　1 件（H321∶1）。泥质灰陶。直口，平沿外折，平沿外侧，方尖唇直立，使平沿又呈小盘口，矮直颈，凹肩，球腹下已残。腹饰切绳纹。口径 22.4、残高 14.8 厘米（图四四九，6）。

高颈罐　2 件。H321∶3，泥质红胎黑陶。直口，平沿微凹，方唇，高颈下部外斜，小凹肩，鼓腹已残。颈和腹饰模糊竖绳纹。口径 23、残高 6.4 厘米（图四四九，18）。H321∶4，泥质灰陶。直口，宽平沿，尖圆唇，高弧颈下束，小凹肩，鼓弧腹已残。颈饰已抹竖绳纹。口径 24、残高 7.4 厘米（图四四九，19）。

敞口豆盘　1 件（H321∶5）。泥质红胎黑陶。敞口，扁圆唇较厚，弧腹内收，底已残。素面。口径 15、残高 4.4 厘米（图四四九，7）。

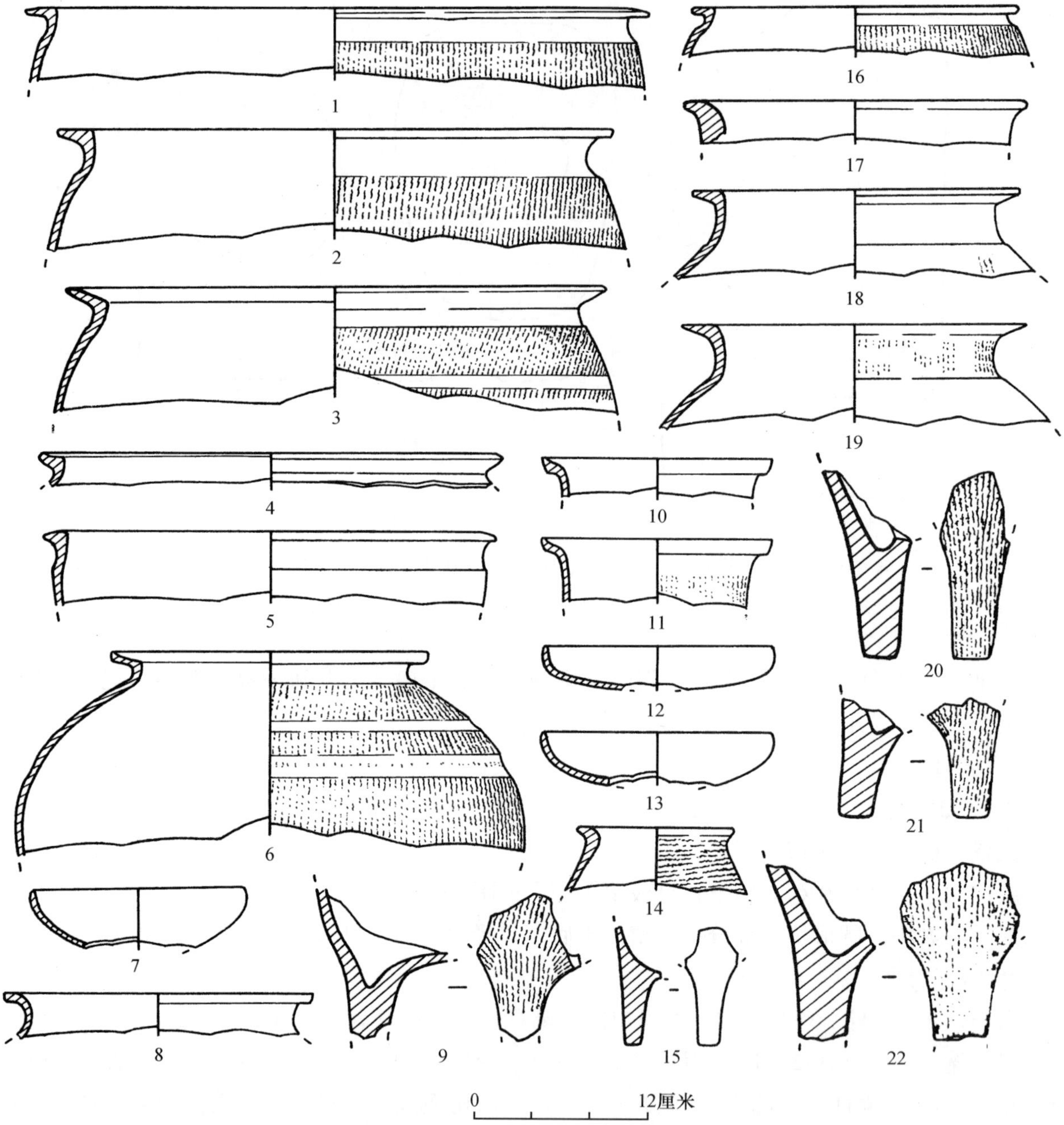

图四四九　H294、H304、H307、H312、H318、H321、H331、G57 出土陶器

1. 大口鬲（H321∶2）　2～5、8、16. 鬲口沿（H318∶3、H318∶4、H307∶1、H294∶1、H307∶2、H312∶1）　6. 盘口罐（H321∶1）　7、12、13. 敞口豆盘（H321∶5、H304∶2、H318∶6）　9、15、20～22. 鬲足（G57∶1、H294∶2、H312∶2、H318∶8、H321∶6）　10、11. 盘口壶（H304∶3、H331∶1）　14. 束颈小罐（H318∶5）　17. 粗颈罐（H304∶4）　18、19. 高领罐（H321∶3、H321∶4）

大口鬲　1件（H321∶2）。泥质灰陶。直口，平沿微上弧，尖圆唇，粗矮颈，凹肩，深弧腹下已残。腹饰竖绳纹。口径44、残高5.6厘米（图四四九，1）。

鬲足　1件（H321∶6）。夹砂红褐陶。圆柱形，上部稍粗，下部已残。足至腹饰竖绳纹。

残高 12.8 厘米（图四四九，22）。

（12）H331

① 灰坑情况

位置：在 T1327 北隔梁北扩方。

层位关系：开口在第 2 层下，打破第 3 层；距离 Y1 仅 10 厘米。

形制与大小：椭圆形，直壁，平底。口径 90～120 厘米，底稍小，深 44 厘米（图四四八，3）。

② 出土器物

出土标本：2 件。均为陶器，有盘口壶、纹饰陶片。

盘口壶　1 件（H331∶1）。泥质灰胎黑陶。小盘口，圆唇，高颈下部已残。颈饰竖绳纹。口径 16、残高 4.8 厘米（图四四九，11）。

纹饰陶片　1 件（H331∶2）。泥质黑陶。腹部厚胎陶片。外饰横、竖绳纹交叉的方格纹。

2. 东周时期的灰沟

G57

① 灰沟情况

位置：在 T1224 西南角流向 T1124、T1024、T0924 北部。

层位关系：开口在第 1C 层下，打破第 3A 层、黄土层。

形制与大小：弯曲长条形，斜壁，近圜底。残长 1700、宽 80～140、深 65 厘米。

② 出土器物

出土标本：1 件。为陶鬲足。

鬲足　1 件（G57∶1）。夹砂红陶。仅剩足，且足根也残，似连裆，足圆柱形，下稍细。腹至足饰斜、竖绳纹。残高 10.6 厘米（图四四九，9）。

3. 东周时期的地层单位

（1）T19①层

标本仅 1 件。为陶大口矮颈罐。

大口矮颈罐　1 件（T19①∶169）。泥质黑陶，黑皮脱落，露出灰黄胎。直口，平沿，方唇，矮束颈，折肩下溜，深弧腹稍内收，下已残。腹饰斜绳纹近直。口径 32、残高 7.8 厘米（图四五〇，12）。

（2）T0429②B 层

标本仅 1 件。为陶鬲足。

鬲足　1 件（T0429②B∶4）。夹砂红陶。上残，鬲足完整，圆柱形，上稍粗，平根，内有凹孔。足饰绳纹。残高 11.8 厘米（图四五〇，21）。

（3）T0430②D 层

标本 2 件。均为陶器，有直颈罐和敞口豆盘。

直颈罐　1件（T0430②D:4）。泥质灰陶。直口，平沿，扁圆唇外凸，高颈近直，下已残。颈有抹绳纹，竖绳纹抹后仅剩痕迹。口径14、残高1厘米（图四五〇，18）。

敞口豆盘　1件（T0430②D:5）。泥质灰陶。敞口，尖唇，斜弧腹，腹下残。素面。口径16、残高3厘米（图四五〇，19）。

（4）T0431②层

标本仅1件。陶小口矮颈罐。

小口矮颈罐　1件（T0431②:3）。泥质灰陶。直口，平沿，外沿起凸棱，圆唇，束矮颈，鼓肩，腹已残。肩饰竖绳纹。口径16、残高5.2厘米（图四五〇，5）。

（5）T0519②层

标本3件。均为陶器，有大口和中口矮颈罐、敛口罐。

大口矮颈罐　1件（T0519②:1）。夹砂黄陶。侈口，卷沿，方唇，矮颈中束，折弧腹内收，下已残。素面。口径34、残高5.6厘米（图四五〇，2）。

中口矮颈罐　1件（T0519②:4）。泥质黄陶。侈口，平沿，方唇，矮颈中束，折腹近直稍外斜，下已残。素面。口径30、残高4.4厘米（图四五〇，10）。

敛口罐　1件（T0519②:2）。泥质灰黄陶。敛口近直，折沿外斜，沿面内外起凸棱，方唇外斜，深腹，外弧腹下部已残。腹饰竖绳纹。口径31、残高4.6厘米（图四五〇，11）。

（6）T0530②B层（原T0530③B层修改）

标本2件。皆陶敛口罐。

敛口罐　2件。T0530②B:3，泥质灰黄陶。敛口，平沿，尖圆唇，束颈外斜，深腹外弧下已残。腹饰竖绳纹。口径24、残高3.7厘米（图四五〇，8）。T0530②B:5，泥质灰黄陶。敛口近直，平沿外斜，方圆唇，矮颈稍外斜，折腹近直稍外弧，下已残。颈饰两周宽浅槽。口径36、残高5厘米（图四五〇，1）。

（7）T0531②A层（原T0531③A层修改）

标本仅1件，为陶鬲足。

鬲足　1件（T0531②A:5）。夹砂红褐陶。残，圆柱形，上粗下稍细，平底。足饰竖绳纹。残高9.8厘米（图四五〇，23）。

（8）T0532②B层

标本2件。均为陶器，有束颈深腹罐和敛口瓮。

束颈深腹罐　1件（T0532②B:6）。夹炭红陶。侈口，窄沿外斜，圆唇，束颈，深弧腹已残。颈施两周凹弦纹，颈、腹饰竖细绳纹。口径12、残高7.3厘米（图四五〇，20）。

敛口瓮　1件（T0532②B:3）。泥质灰陶。敛口，厚圆唇外卷，凹肩，弧腹已残。腹饰模糊细弦纹。口径23、残高6.4厘米（图四五〇，4）。

（9）T0824②A层

标本4件。均为陶器，有卷沿敛口罐、束颈罐、敛口小盆和敞口豆盘。

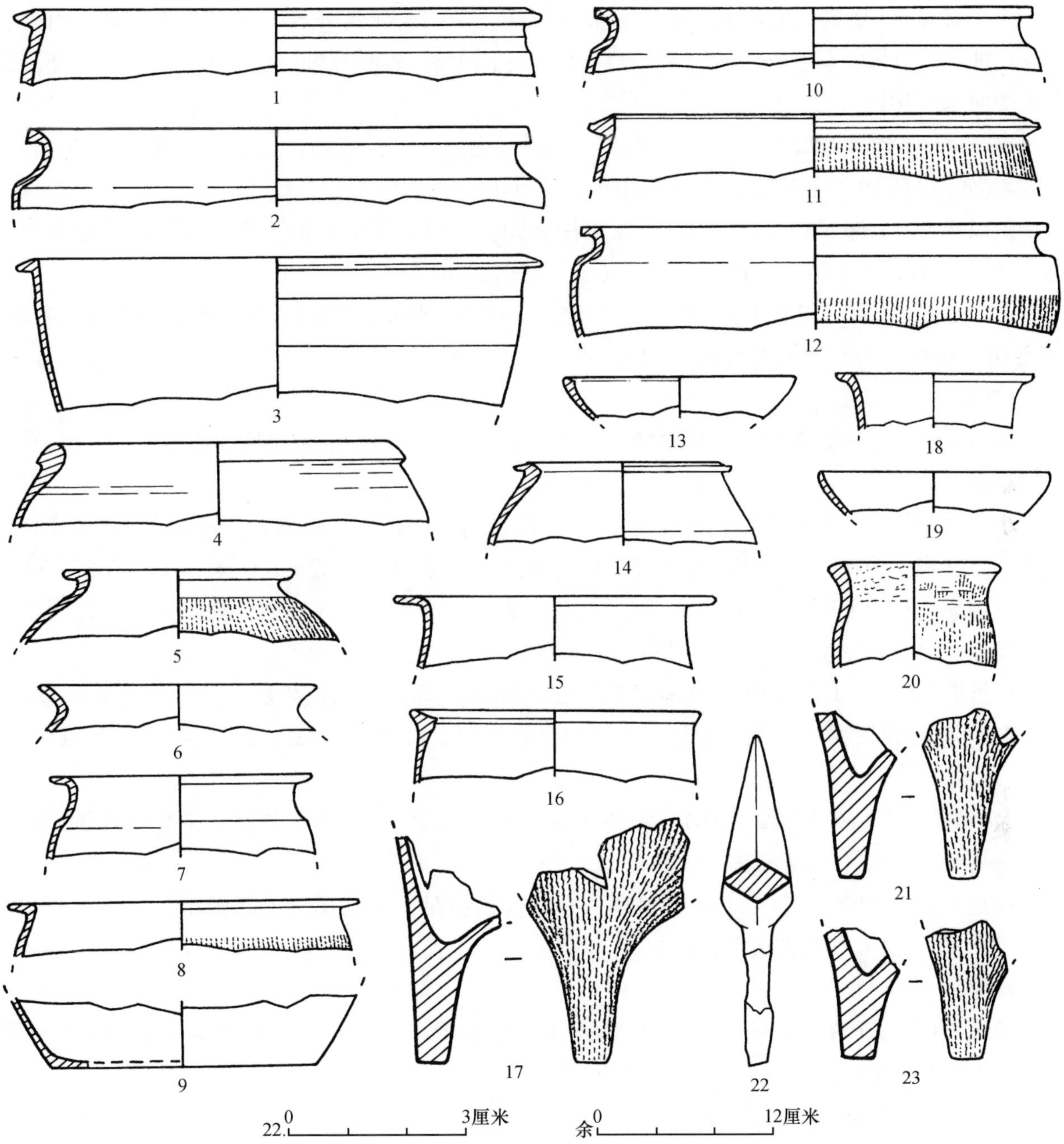

图四五〇　T19①层、T0429②B层、T0430②D层、T0431②层、T0519②层、T0530②B层、T0531②A层、T0532②B层、T0824②A层、T0923②层出土器物

1、8、11. 陶敛口罐（T0530②B∶5、T0530②B∶3、T0519②∶2）　2、12. 陶大口矮颈罐（T0519②∶1、T19①∶169）　3. 陶外折沿大口盆（T0923②A∶15）　4. 陶敛口瓮（T0532②B∶3）　5、7. 陶小口矮颈罐（T0431②∶3、T0923②∶11）　6. 陶束颈罐（T0824②A∶5）　9. 陶罐平底（T0923②A∶16）　10. 陶中口矮颈罐（T0519②∶4）　13、19. 陶敞口豆盘（T0824②A∶1、T0430②D∶5）　14. 陶卷沿敛口罐（T0824②A∶4）　15. 陶弧颈壶（T0923②A∶18）　16. 陶敛口小盆（T0824②A∶6）　17、21、23. 陶鬲足（T0923②∶4、T0429②B∶4、T0531②A∶5）　18. 陶直颈罐（T0430②D∶4）　20. 陶束颈深腹罐（T0532②B∶6）　22. 铁镞（T0923②∶3）

卷沿敛口罐　1件（T0824②A:4）。夹砂褐陶。敛口，弧沿外卷，沿面上弧甚高，内外各有一周凹弦，方唇，斜弧肩，腹已残。肩下腹上之间似有一周带状凸棱，但已残。口径15、残高5.7厘米（图四五〇，14）。

束颈罐　1件（T0824②A:5）。夹砂陶外灰内黄。侈口，束颈，卷沿，方唇，斜肩，肩下残。素面。口径19、残高3.2厘米（图四五〇，6）。

敛口小盆　1件（T0824②A:6）。泥质深红陶。敛口，平沿内斜，尖圆唇，深腹近直，下腹已残。素面。口径20、残高5.1厘米（图四五〇，16）。

敞口豆盘　1件（T0824②A:1）。泥质红陶。敞口，折沿，圆唇，斜弧腹，腹下残。素面。口径16、残高2.7厘米（图四五〇，13）。

（10）T0923②层

标本6件。有铁镞和陶小口矮颈罐、弧颈罐、外折沿大口盆、罐平底、鬲足。

陶器

小口矮颈罐　1件（T0923②:11）。泥质红陶，内外施浅红衣。直口，平沿外卷，尖圆唇，高弧颈，凹肩，折腹外弧近直，腹下部已残。素面。口径18、残高5.8厘米（图四五〇，7）。

弧颈壶　1件（T0923②A:18）。泥质灰陶。直口，窄平沿，扁圆唇，高颈稍外弧，颈下已残。素面。口径22、残高5厘米（图四五〇，15）。

外折沿大口盆　1件（T0923②A:15）。泥质灰黄陶。敞口，折沿外斜，尖圆唇，深腹，腹下残。腹上部施两周宽带状凹面，中部以下饰模糊粗绳纹。口径36、残高10.6厘米（图四五〇，3）。

罐平底　1件（T0923②A:16）。泥质灰陶。上部已残，仅剩下部斜腹，平底。素面。底径18、残高4.8厘米（图四五〇，9）。

鬲足　1件（T0923②:4）。夹砂红陶。残，仅剩鬲足，圆柱形，上部稍粗，平根。足饰绳纹。残高17.2厘米（图四五〇，17）。

其他

铁镞　1件（T0923②:3）。铁，已锈严重。四棱形尖锋，铤小，圆柱较长，已残。残长5.7厘米（图四五〇，22）。

（11）T1023②层

标本8件。有铜带钩和陶矮颈罐、束颈罐、小口矮颈罐、弧颈壶、豆把。

陶器

矮颈罐　2件。T1023②:18，泥质黑陶，红胎。直口外卷，窄沿内斜，厚方唇外凸，弧颈上内束外斜，深折腹近直稍内斜，下腹已残。颈下部或肩部饰已抹疏斜绳纹。口径26、残高4.7厘米（图四五一，5）。T1023②:19，泥质黑陶，红胎。直口，卷沿，方唇，矮颈，凹肩，弧腹已残。颈上有抹绳纹，腹饰黑粗绳纹。口径26、残高4.1厘米（图四五一，6）。

束颈罐　1件（T1023②:12）。夹炭红陶，外施深红衣。直口外卷，弧沿外卷，尖圆唇，高弧颈和斜弧肩没有明显分界呈凹弧状，腹已残。颈至肩部饰横粗绳纹。口径22、残高5.6厘米

（图四五一，7）。

小口矮颈罐　1件（T1023②B：40）。泥质灰陶，红胎。直口微敛，窄平沿，方唇，矮颈外斜，弧肩，鼓腹，大部已残。肩饰斜绳纹。口径15、残高4.3厘米（图四五一，3）。

弧颈壶　2件。T1023②：10，泥质黑陶，红灰、红夹心胎。直口外卷，尖圆唇，高弧颈下已残。素面。口径18、残高4.6厘米（图四五一，2）。T1023②：20，泥质黑陶，红胎。喇叭口，窄平沿，方唇外凸，高弧颈外卷下已残。残颈上施五周以上宽凹槽。口径18、残高6.5厘米（图四五一，1）。

豆把　1件（T1023②：8）。夹砂灰陶。仅剩豆把上部，豆盘，豆座皆残，豆把上部细管状，中空，下部豆座外撇呈喇叭状，但大部残。素面。残高7.8厘米（图四五一，4）。

其他

铜带钩　1件（T1023②A：77）。铜，青色。螳螂形，器身内凹，钩柱接近钩尾。器身后部纹饰典雅，由箭头和三组背弓对称的细划纹组成。长9.5、尾宽1.1厘米（图四五一，8）。

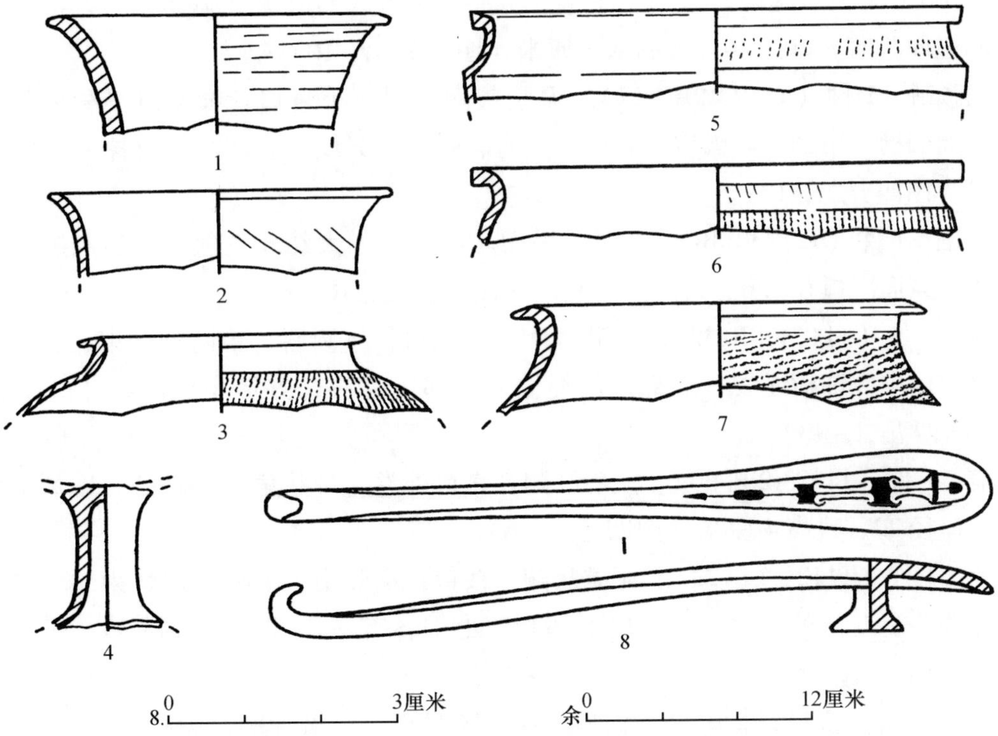

图四五一　T1023②层、T1023②A层出土器物

1、2. 陶弧颈壶（T1023②：20、T1023②：10）　3. 陶小口矮颈罐（T1023②B：40）　4. 陶豆把（T1023②：8）　5、6. 陶矮颈罐（T1023②：18、T1023②：19）　7. 陶束颈罐（T1023②：12）　8. 铜带钩（T1023②A：77）

（12）T1123②B层

标本19件。均为陶器，有大口矮颈罐、中口矮颈罐、小口矮颈罐、敛口小罐、弧颈壶、矮颈壶、大口瓮、子母口碗、敞口高足豆、高豆柄、鬲足。

大口矮颈罐　4件。T1123②B∶22，泥质灰陶。敛口，宽平沿，方唇，束颈，斜弧肩，深弧腹已残。肩至腹饰竖绳纹。口径35、残高7.2厘米（图四五二，4）。T1123②B∶25，泥质黑陶。侈口，束颈，卷沿，尖圆唇，凹肩，深弧腹下部已残。内沿至颈施多周凹弦纹，外沿下面也有一周凹弦，颈、腹饰竖绳纹，颈部绳纹又抹去。口径32、残高6.8厘米（图四五二，5）。T1123②B∶26，泥质灰陶。直口微敛，宽平沿，方唇，沿面两周，唇面一周凹槽，束颈，斜弧肩，腹已残。肩、腹饰竖绳纹。口径34、残高6.7厘米（图四五二，3）。T1123②B∶29，泥质浅红陶近黄。直口外斜，平沿，方唇，矮颈内斜，凹肩，弧腹已残。颈至腹饰斜绳纹，颈部绳纹有抹痕。口径38、残高6厘米（图四五二，2）。

中口矮颈罐　3件。T1123②B∶21，泥质灰陶。侈口，卷沿，方唇如带状，束颈，弧肩，弧折腹近直下已残。肩、腹饰切绳纹，颈饰竖绳纹已抹去而不净。口径26、残高6.6厘米（图四五二，11）。T1123②B∶28，泥质黑陶。直口外卷，凹沿如浅盘，带状方唇，下有一周凹槽，粗矮颈内弧，凹肩，弧腹外斜，下已残。腹饰竖绳纹。口径28、残高5.2厘米（图四五二，9）。T1123②B∶31，泥质黑陶。敛口，平沿，方唇，束颈，肩外鼓，弧腹已残。沿面施两周凹弦纹，肩部三周凹槽。口径26、残高4.4厘米（图四五二，10）。

小口矮颈罐　1件（T1123②B∶27）。泥质灰陶泛黑。小直口，窄沿近平稍内斜，带状方唇，中间一周凹槽，束颈，斜弧肩，腹已残。肩、腹饰竖绳纹，肩部绳纹有抹痕。口径14、残高3.6厘米（图四五二，17）。

敛口小罐　1件（T1123②B∶5）。泥质黑陶。器形小如大纺轮，敛口，尖圆唇已残，扁弧腹，大平底。素面。口径5.6、残高2.3厘米（图四五二，16）。

弧颈壶　1件（T1123②B∶32）。夹砂红陶。喇叭口，方圆唇，粗高颈微束，肩已残。颈上部有乱按窝纹，中部饰横绳纹，下部饰斜绳纹，中部还有一长方形小戳印纹。口径24、残高8.3厘米（图四五二，13）。

矮颈壶　1件（T1123②B∶30）。夹砂红陶。直口外卷，带状扁圆唇外凸，矮颈中束，肩已残。素面。口径22、残高4厘米（图四五二，6）。

大口瓮　1件（T1123②B∶23）。泥质灰陶。敛口，窄弧沿，圆唇外凸，束颈，斜肩，折腹近直，下已残。沿近口外、唇下部、肩下部和腹上部各有一周凹弦。口径36、残高5.6厘米（图四五二，1）。

子母口碗　2件。T1123②B∶35，泥质红陶。子母口，窄沿深凹，尖唇直立，深弧腹近直，底已残。腹施三周模糊凹弦纹。口径19、残高4.8厘米（图四五二，7）。T1123②B∶34，泥质灰陶。子母口，窄沿深凹，圆唇内敛，深弧腹近直，下已残。上腹饰两周凹弦纹。口径16、残高5.3厘米（图四五二，8）。

敞口高足豆　2件。T1123②B∶4，泥质灰陶。敞口，尖圆唇，弧腹，细高把，上细下稍粗，足根呈喇叭形平台状。豆盘内有放射状暗纹。口径15.2、足径9、高12.9厘米（图四五二，12）。T1123②B∶42，泥质灰陶。敞口，尖唇，浅弧腹，下连实心豆把，豆把下部已残。素面。口径13、残高5.6厘米（图四五二，15）。

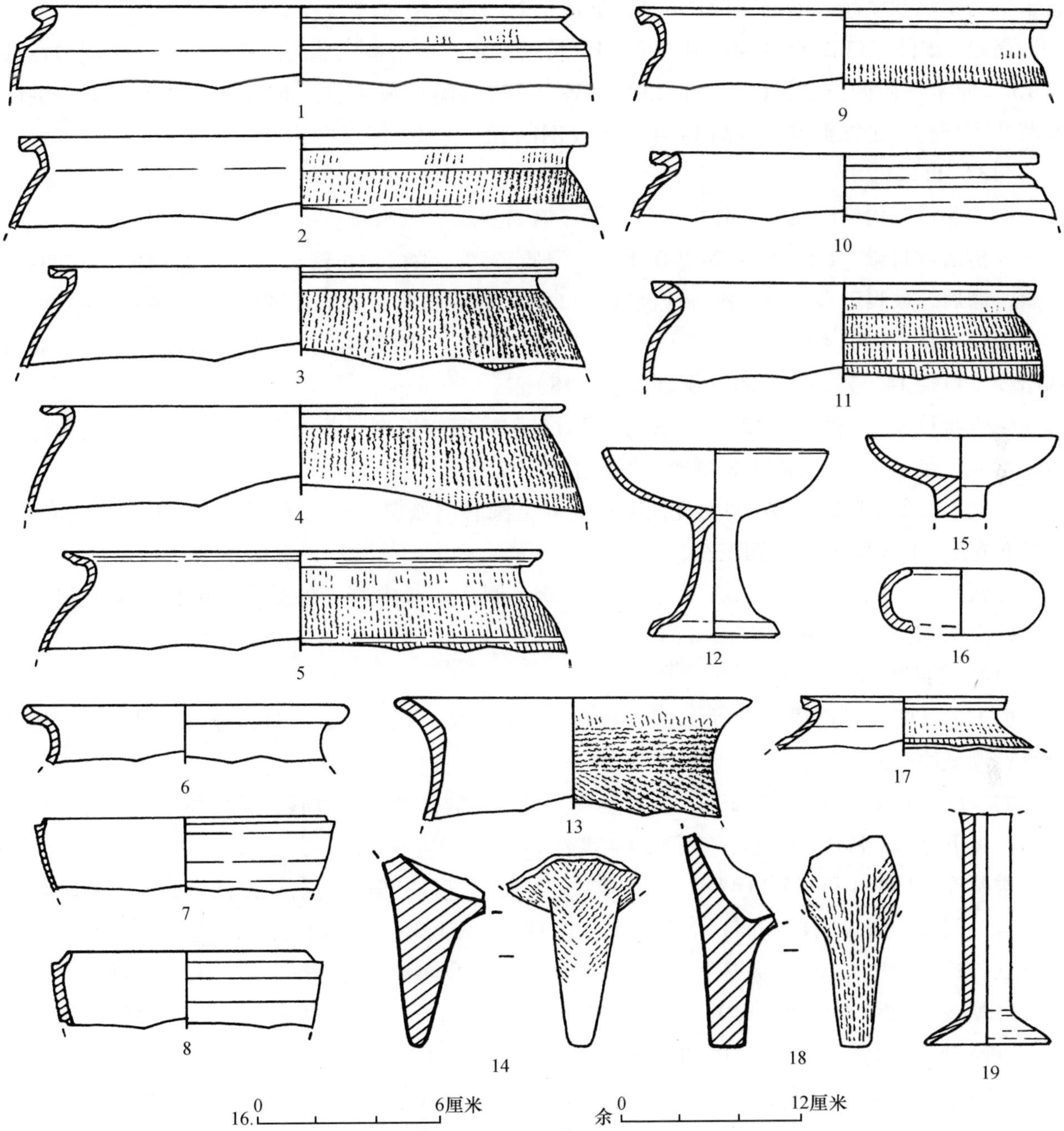

图四五二　T1123②B 层出土陶器

1. 大口瓮（T1123②B:23）　2～5. 大口矮颈罐（T1123②B:29、T1123②B:26、T1123②B:22、T1123②B:25）　6. 矮颈壶（T1123②B:30）　7、8. 子母口碗（T1123②B:35、T1123②B:34）　9～11. 中口矮颈罐（T1123②B:28、T1123②B:31、T1123②B:21）　12、15. 敞口高足豆（T1123②B:4、T1123②B:42）　13. 弧颈壶（T1123②B:32）　14、18. 鬲足（T1123②B:40、T1123②B:39）　16. 敛口小罐（T1123②B:5）　17. 小口矮颈罐（T1123②B:27）　19. 高豆柄（T1123②B:33）

高豆柄　1件（T1123②B∶33）。泥质灰陶，局部有粗砂粒。上部已残，细长柄，中空如直管，下为喇叭状底座。素面。柄径3.1、足径8.2、残高16厘米（图四五二，19）。

鬲足　2件。T1123②B∶40，夹砂红陶。长圆锥状，小平根，器内凹孔近平。足饰绳纹。残高13.2厘米（图四五二，14）。T1123②B∶39，夹砂红陶。圆柱形，下稍细，平根，器内凹孔，又凹凸不规整。足饰绳纹。残高14.4厘米（图四五二，18）。

（13）T1124②层

标本5件。均为陶器，有外折沿敛口罐、敞口豆盘、喇叭状豆座、筒瓦、柱状鼎足。

外折沿敛口罐　1件（T1124②B∶16）。泥质黄陶。敛口，折沿外斜，沿面内凹，有凹弦，方唇，溜肩，鼓腹已残。肩、腹饰竖绳纹。口径28、残高5.6厘米（图四五三，4）。

敞口豆盘　1件（T1124②A∶7）。泥质灰陶。敞口，尖圆唇，浅弧腹，柄残。盘内有放射状暗纹。口径14、残高4厘米（图四五三，18）。

喇叭状豆座　1件（T1124②B∶26）。泥质灰陶。底座近喇叭状，上细下稍粗，豆柄大部已残。素面。足径8.8、残高4.8厘米（图四五三，9）。

筒瓦　1件（T1124②A∶6）。泥质灰陶。残，圆唇，弧肩，瓦面多残，瓦舍也不全。素面。残长6.6、宽8.3厘米（图四五三，8）。

柱状鼎足　1件（T1124②A∶5）。夹砂红陶。圆柱形，中部稍外鼓，近平根。足上部有绳纹。残高12.2厘米（图四五三，11）。

（14）T1125②层

标本12件。均为陶器，有大口鬲、矮颈罐、束颈罐、粗颈罐、子母口壶、子母口碗、敞口豆盘、罐平底、鬲足。

大口鬲　1件（T1125②∶28）。夹砂黑陶。直口内敛，卷沿，方唇，矮颈外弧，凹肩，鼓腹内收，腹下已残。腹饰竖绳纹。口径30、残高11.9厘米（图四五三，2）。

矮颈罐　1件（T1125②∶42）。泥质黑陶，红胎。直口，斜沿外折，沿面微凹，尖圆唇，矮颈内斜，凹肩，深腹上部外斜，下部已残。上腹上部饰斜绳纹。口径30、残高5.6厘米（图四五三，3）。

束颈罐　3件。T1125②∶10，泥质灰陶。侈口，卷沿，方唇，矮束颈，广肩大部已残。素面。口径16、残高2.9厘米（图四五三，22）。T1125②∶3，泥质橘红陶。近直口内敛，窄平沿，方唇，矮颈上凹外下弧，广肩已残。素面。口径20、残高4.9厘米（图四五三，5）。T1125②∶6，夹细砂灰陶。敛口，窄平沿外卷，尖唇，束颈，斜肩，鼓腹，下已残。素面。口径19、残高7.8厘米（图四五三，7）。

粗颈罐　1件（T1125②∶2）。夹砂土红陶。敞口，尖圆唇外卷，高直颈，下部已残。颈饰斜粗绳纹。口径27、残高5.4厘米（图四五三，14）。

子母口壶　1件（T1125②∶5）。泥质灰陶。直口外斜，口内一周凹槽，窄沿口边起凸棱而呈子母口（内沿夹耸，外沿呈三角形外凸，内口一周凹槽），高颈下束，下已残。素面。口径14、残高3.6厘米（图四五三，21）。

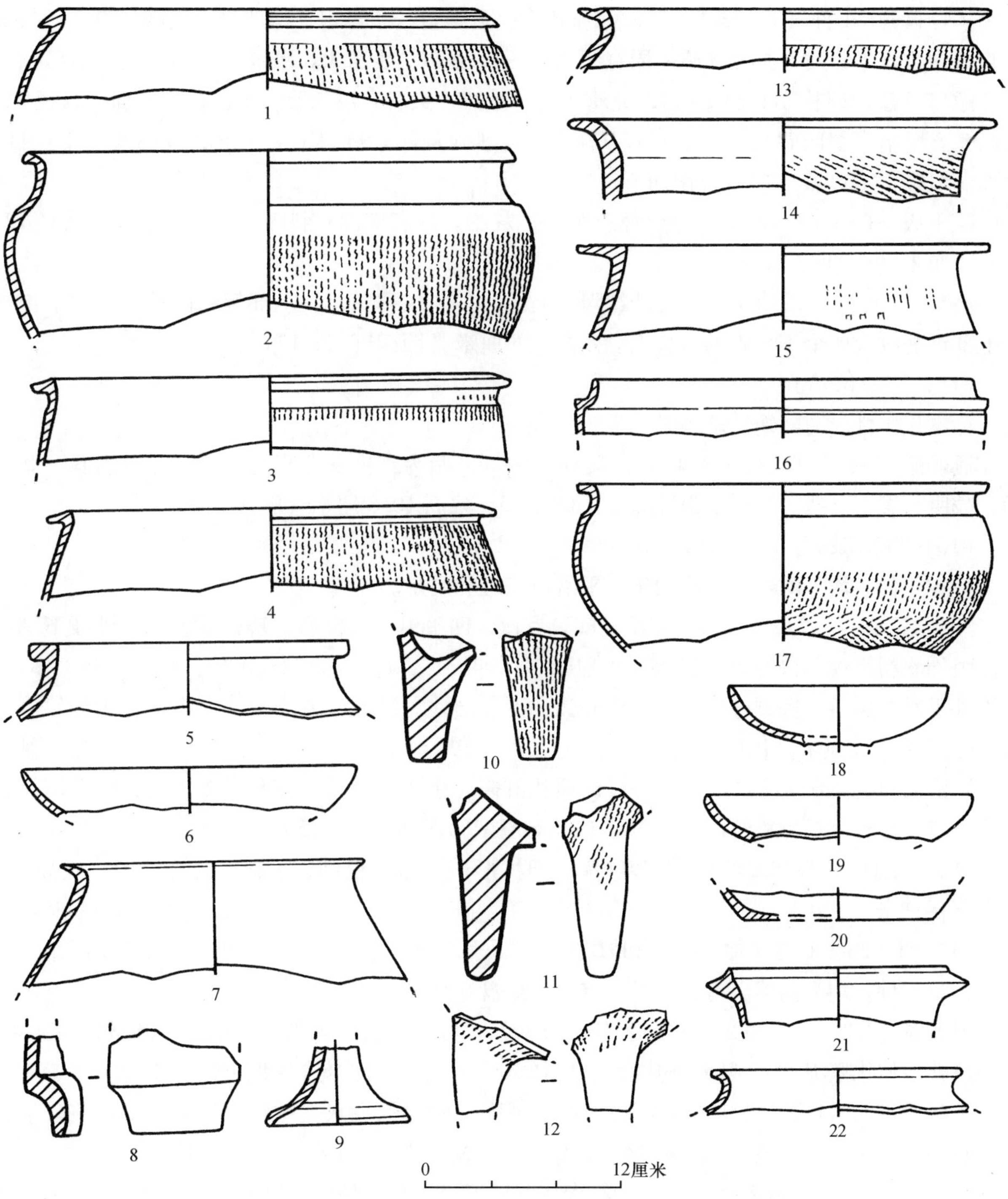

图四五三　T1124②层、T1125②层、T1224②B层、T1225②层出土陶器

1、3、13、17. 矮颈罐（T1225②:10、T1125②:42、T1225②:9、T1224②B:4）　2. 大口鬲（T1125②:28）　4. 外折沿敛口罐（T1124②B:16）　5、7. 束颈罐（T1125②:3、T1125②:6）　6、18、19. 敞口豆盘（T1125②:13、T1124②A:7、T1125②:9）　8. 筒瓦（T1124②A:6）　9. 喇叭状豆座（T1124③B:26）　10、12. 鬲足（T1225②:3、T1125②:7）　11. 柱状鼎足（T1124②A:5）　14. 粗颈罐（T1125②:2）　15. 平沿敛口罐（T1225②:7）　16. 子母口碗（T1125②:12）　20. 罐平底（T1125②:15）　21. 子母口壶（T1125②:5）　22. 卷沿束颈罐（T1125②:10）

子母口碗　1 件（T1125②∶12）。泥质黄陶，近灰色。子母口，深凹沿，尖圆唇直立，折腹近直弧内收，下已残。腹上部施一周宽凹弦纹。口径 24、残高 3.6 厘米（图四五三，16）。

敞口豆盘　2 件。T1125②∶13，泥质灰陶。敞口，尖唇，浅弧腹，下已残。素面。口径 21、残高 2.8 厘米（图四五三，6）。T1125②∶9，夹细砂灰陶。敞口，尖圆唇，浅弧腹，下已残。素面。口径 17、残高 3 厘米（图四五三，19）。

罐平底　1 件（T1125②∶15）。泥质黄陶，灰胎。仅剩底部，斜腹，平底。素面。底径 12、残高 2 厘米（图四五三，20）。

鬲足　1 件（T1125②∶7）。夹砂红陶。上部已残，仅剩残足，上部等粗圆柱体。腹下部与足上部饰绳纹及四个不规则的戳长点。残高 6.6 厘米（图四五三，12）。

（15）T1224②B 层

标本仅 1 件。为陶绳纹矮颈罐。

矮颈罐　1 件（T1224②B∶4）。泥质外灰内红，胎为红夹灰。直口，平沿，方圆唇，矮弧颈，鼓腹，腹下已残。腹中下部饰绳纹。口径 26、残高 10.8 厘米（图四五三，17）。

（16）T1225②层

标本 4 件。均为陶器，有矮颈罐、平沿敛口罐和鬲足。

矮颈罐　2 件。T1225②∶9，泥质黄陶。直口，凹平沿，方圆唇，矮弧颈，弧腹外鼓下部已残。腹饰斜粗绳纹。口径 26、残高 4.1 厘米（图四五三，13）。T1225②∶10，泥质灰陶。侈口，折沿外下垂，尖唇，矮颈外斜，深弧腹外弧，下腹已残。沿面施五周弦纹，腹饰竖粗绳纹。口径 26、残高 6.2 厘米（图四五三，1）。

平沿敛口罐　1 件（T1225②∶7）。泥质浅红陶，黑陶。敛口，宽平沿，方唇，斜溜肩，腹已残。肩、腹饰零星方格纹。口径 26、残高 6 厘米（图四五三，15）。

鬲足　1 件（T1225②∶3）。夹砂红陶。圆柱形，上粗下稍细，平根。足饰绳纹。残高 8.4 厘米（图四五三，10）。

（17）T1226②A 层（加 T1226③B 层 1 件）

标本 3 件。均为陶器，有弧颈罐、有暗纹豆盘和鬲足。

弧颈罐　1 件（T1226②A∶1）。泥质浅红陶，土红色。直口外卷，平沿，尖圆唇，高弧颈，广肩已残。肩饰竖绳纹，颈饰抹竖绳纹。口径 20、残高 6.8 厘米（图四五四，12）。

有暗纹豆盘　1 件（T1226③B∶9）。泥质黑陶，胎为红夹灰。敞口，方唇，浅弧腹，下部残。腹内施数道放射状暗纹。口径 24、残高 5.6 厘米（图四五四，11）。

鬲足　1 件（T1226②A∶2）。夹砂红陶。圆柱形，上粗下稍细，平根。足饰绳纹。残高 9.6 厘米（图四五四，6）。

（18）T1325②层

标本 4 件。有石锄、石斧和陶直颈罐、弧颈罐。

石器

石锄　1 件（T1325②A∶1）。砾石片，青灰色夹黄斑块。扁薄呈长梯形，平顶，两面，一面为原砾面，另一面打制，两边打制修整近直，弧刃两面打制，有使用痕，不锋利。长14.2、宽7.6、厚2.2厘米（图四五四，13）。

石斧　1件（T1325②B∶3）。砾石，青色。较厚近梯形，斜弧顶为原砾面，两面为弧形皆磨，两边磨平，弧刃两面磨制对称，有使用痕，仍较锋利。长9.1、宽5.4、厚2.8厘米（图四五四，9）。

陶器

直颈罐　1件（T1325②B∶10）。泥质黑陶。直口，卷凹沿近平，扁圆唇，粗高颈稍外斜，颈下部已残。颈饰竖绳纹，虽抹过而留痕。口径20、残高6.4厘米（图四五四，3）。

弧颈罐　1件（T1325②B∶11）。泥质黑陶，红胎。直口外卷，窄平沿，方唇，高弧颈，肩已残。沿面施三周凹弦纹，颈饰斜抹绳纹。口径19、残高5.9厘米（图四五四，4）。

（19）T1426②C层

标本3件。均为陶器，有中口和小口矮颈罐和鬲足。

中口矮颈罐　1件（T1426②C∶6）。泥质黑陶。直口，平沿，方唇，唇面一周凹弦，矮颈稍外斜，深弧腹外斜，下腹已残。腹饰竖绳纹。口径30、残高4.7厘米（图四五四，2）。

小口矮颈罐　1件（T1426②C∶7）。泥质灰陶。直口内敛，宽折沿，沿面近平微鼓，方圆唇上凸，矮颈外斜，凹肩，弧腹外斜，但已残。素面。口径24、残高3.8厘米（图四五四，10）。

鬲足　1件（T1426②C∶8）。泥质红褐陶。圆柱形，平根。足饰绳纹。残高13.8厘米（图四五四，8）。

（20）T1428②C层

标本3件。均为陶器，有大口和小口矮颈罐、敞口豆盘。

大口矮颈罐　1件（T1428②C∶1）。泥质灰陶。直口稍外卷，凹沿外斜折，尖圆唇，矮颈，弧腹，腹下部已残。腹饰竖绳纹。口径32、残高6.3厘米（图四五四，1）。

小口矮颈罐　1件（T1428②C∶2）。泥质灰陶。小直口，平沿，方唇，矮颈，广弧肩，弧折腹，大部已残。肩、腹饰竖绳纹，颈有抹竖绳纹。口径13、残高4厘米（图四五四，5）。

敞口豆盘　1件（T1428②C∶3）。泥质黄褐陶。敞口，尖圆唇，浅弧腹，下已残。素面。口径16、残高3.8厘米（图四五四，7）。

（21）T24②层

标本5件。均为陶器，有卷沿罐、束颈罐、敛口瓮、鬲足。

卷沿罐　1件（T24②∶7）。夹砂红陶。侈口，卷沿，尖圆唇，束颈，溜肩，鼓腹，腹下已残。肩、腹饰竖绳纹。口径18、残高6.4厘米（图四五五，2）。

束颈罐　2件。T24②∶74，夹细砂黑陶。直口外卷，尖圆唇，高弧颈中内束，凹弧肩外斜，但已残。残肩饰方格纹。口径14、残高5厘米（图四五五，17）。T24②∶75，夹细砂黑陶。直口外卷，尖圆唇，高弧颈，下部已残。颈中下部饰横绳纹，又有四五道不成周不等距横划纹。口径20、残高6.1厘米（图四五五，3）。

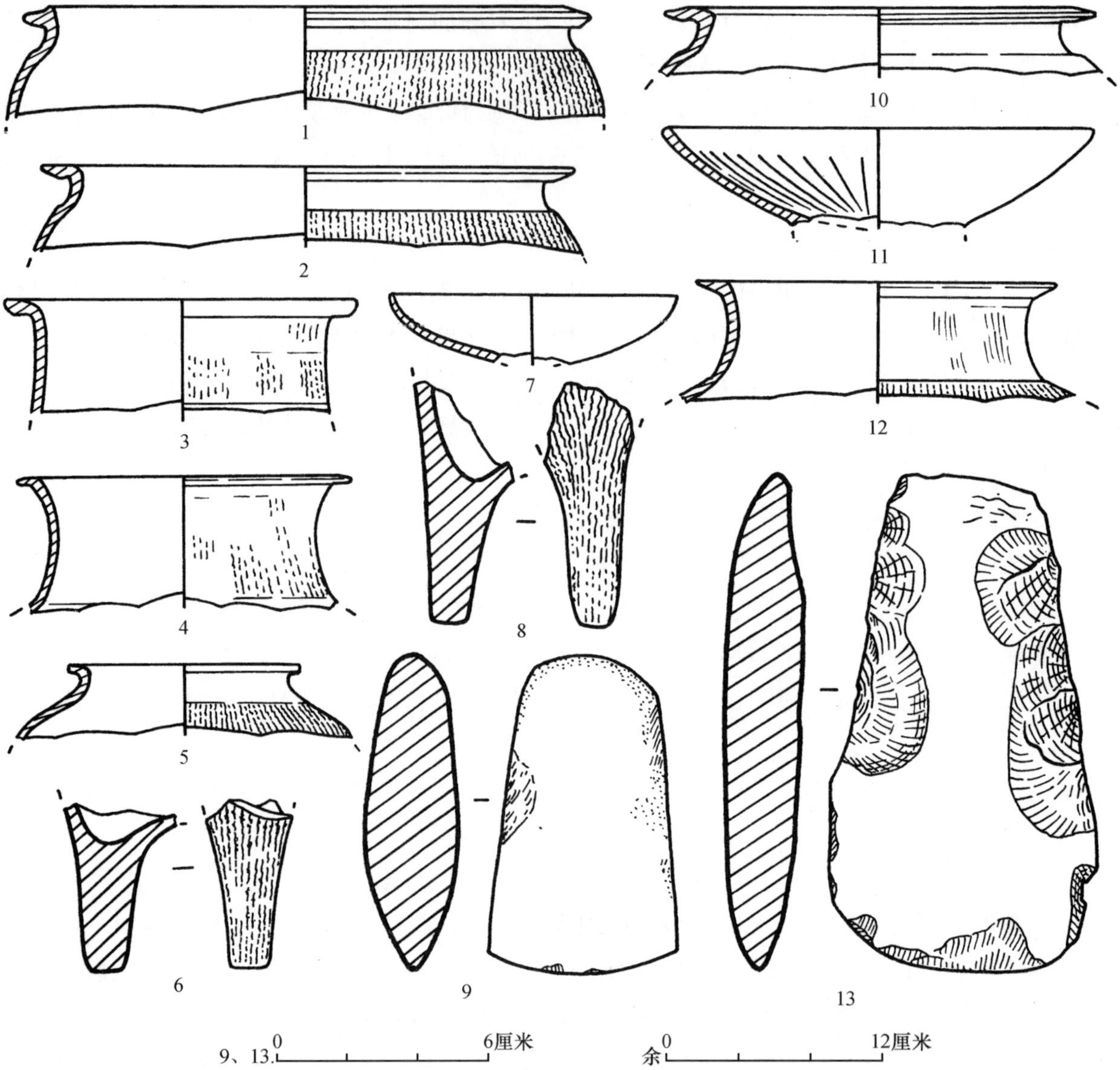

图四五四　T1226②A层、T1226③B层、T1325②层、T1426②C层、T1428②C层出土器物

1. 陶大口矮颈罐（T1428②C:1）　2. 陶中口矮颈罐（T1426②C:6）　3. 陶直颈罐（T1325②B:10）　4、12. 陶弧颈罐（T1325②B:11、T1226②A:1）　5、10. 陶小口矮颈罐（T1428②C:2、T1426②C:7）　6、8. 陶鬲足（T1226②A:2、T1426②C:8）　7. 陶敞口豆盘（T1428②C:3）　9. 石斧（T1325②B:3）　11. 陶有暗纹豆盘（T1226③B:9）　13. 石锄（T1325②A:1）

敛口瓮　1件（T24②:78）。泥质灰陶。敛口，带状弧厚沿外斜，束颈，窄凹肩，弧腹外斜，但已残。素面。口径28、残高3.7厘米（图四五五，10）。

鬲足　1件（T24②:17）。夹砂红陶。近圆柱形，上稍细，平根。足饰竖绳纹，足根底部也有绳纹。残高10.5厘米（图四五五，12）。

（22）T30②层

标本3件。均为陶器，包括T30②A层的贝纹陶缸、T30②D层的盘口壶和平沿大盆。

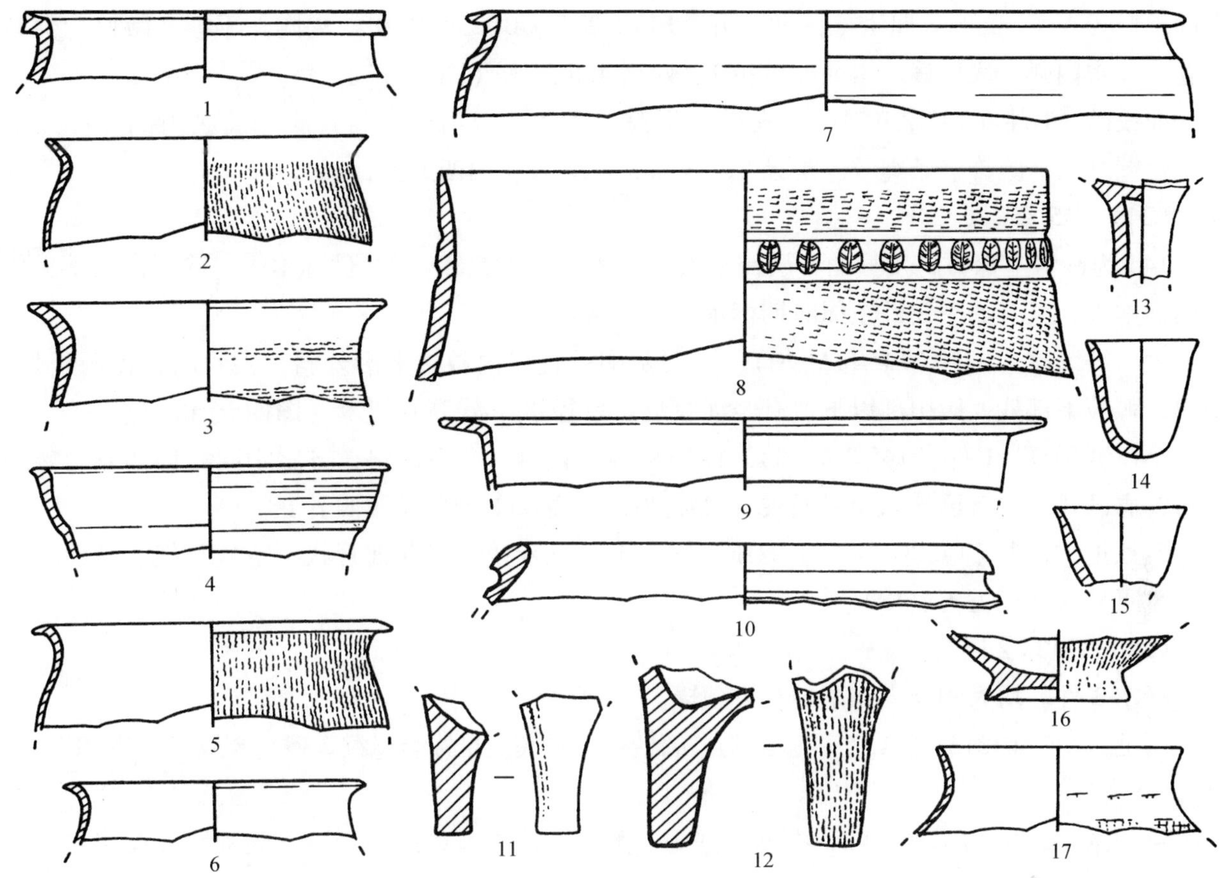

图四五五　T24②层、T30②A层、T30②D层、T37②B层、T45③A层、T3134②层出土陶器

1. 小口矮颈罐（T45③A:48）　2. 卷沿罐（T24②:7）　3、5、6、17. 束颈罐（T24②:75、T3134②:2、T3134②:6、T24②:74）　4. 盘口壶（T30②D:76）　7. 大口矮颈罐（T45③A:40）　8. 贝纹陶缸（T30②A:27）　9. 平沿大盆（T30②D:41）　10. 敛口瓮（T24②:78）　11、12. 鬲足（T3134②:1、T24②:17）　13. 残豆把（T45③A:44）　14、15. 圜底小杯（T37②B:33、T37②B:23）　16. 绳纹碗（T37②B:41）

贝纹陶缸　1件（T30②A:27）。夹砂红陶。直口微敞，方唇，深弧腹稍外斜，下部已残。通体纹饰，主要是在两周深凹弦纹之间压印叶脉状贝纹，弦纹上下豆饰横斜或直绳纹组成的方格纹。口径34、残高11.8厘米（图四五五，8）。

盘口壶　1件（T30②D:76）。泥质黑陶，红胎。盘口，窄弧沿内斜，尖圆唇外凸，高颈内斜，下已残。口外壁遍饰一周周凹弦纹。口径20、残高5.2厘米（图四五五，4）。

平沿大盆　1件（T30②D:41）。泥质黄陶。敞口，宽平沿微卷，尖圆唇，深腹内斜，腹下已残。素面。口径34、残高4.2厘米（图四五五，9）。

(23) T37②B层

标本3件。均为陶器，有圜底小杯和绳纹碗。

圜底小杯　2件。T37②B:33，粗泥红褐陶。手捏，直口外卷，尖圆唇，深腹内收，圜底。

素面。口径6.4、高6.8厘米（图四五五，14）。T37②B:23，泥质红褐陶。手捏。敞口，尖唇外卷，深腹内弧，底已残。素面。口径7、残高4.6厘米（图四五五，15）。

绳纹碗　1件（T37②B:41）。夹砂红褐陶，手捏。口沿残，斜弧腹，圜底内凹并捏成圈足，足壁外斜。腹饰竖条绳纹。足径8、残高3.8厘米（图四五五，16）。

（24）T45③A层

T45为沙滩上探方，发掘的各层都是次生堆积。如T45③A层8件标本中，除5件大溪文化早期标本外，又有如下3件东周时期标本，均为陶器：

大口矮颈罐　1件（T45③A:40）。泥质灰陶。直口内敛，平沿外斜，尖圆唇，粗颈外弧，凹肩，弧腹下部残。腹中部以下似有竖绳纹痕。口径40、残高6厘米（图四五五，7）。

小口矮颈罐　1件（T45③A:48）。泥质灰陶。直口，窄沿内斜，方唇中间一周凹弦，矮颈外弧，肩已残。颈有已抹未净斜绳纹。口径20、残高4.2厘米（图四五五，1）。

残豆把　1件（T45③A:44）。泥质灰陶。上、下皆残，仅存细管状中空残豆把。素面。残高5.8厘米（图四五五，13）。

（25）T3134②层

标本3件。均为陶器，有鬲足和束颈罐。

鬲足　1件（T3134②:1）。夹砂红陶。圆柱形，平底。足饰竖绳纹。残高8厘米（图四五五，11）。

束颈罐　2件。T3134②:2，夹砂橘红陶，黑胎。侈口，束颈，卷沿，尖圆唇，溜肩，深弧腹，腹下已残。颈、肩腹饰竖绳纹。口径20、残高6.2厘米（图四五五，5）。T3134②:6，夹细砂黑陶，红胎。侈口，束颈，卷沿，尖圆唇，溜肩已残。颈、肩都有斜细绳纹，但似抹掉只留下暗痕。口径17、残高3.7厘米（图四五五，6）。

三、小　　结

杨家湾遗址在东周时期的12个灰坑、1条灰沟和25个地层单位中，共出土144件标本。下面分生产工具、装饰品和日用陶器三个方面介绍这些文化遗物。

1. 生产工具和兵器

仅发现铁镞、石锄和石斧各1件。

铁镞1件。T0923②:3。

石锄1件。T1325②A:1。

石斧1件。T1325②B:3。

2. 装饰品

仅发现玉佩和铜带钩各1件。

玉佩1件。H255∶5。

铜带钩1件。T1023②A∶77。

3. 东周时期的日用陶器

共发现139件陶器标本。下面从陶系、纹饰和陶器的种类与类型三个方面介绍这批日用陶器。

（1）东周时期的陶系

在陶质方面：泥质陶90件，占64.75%；夹砂及个别夹炭的杂质陶49件，占35.25%。

在陶色方面，以灰陶为主，红陶次之，黑陶也较多，另有少量的褐陶和黄陶。数量和比例如下：

灰陶56件，占40.29%。

红（橘红）陶38件，占27.34%。

黑陶28件，占20.14%。

褐陶10件，占7.19%。

黄陶7件，占5.04%。

（2）东周时期的陶器纹饰

主要饰绳纹，共70件，占50.36%。

无纹饰的素面标本仅48件，只占34.53%。

凹弦纹12件，占8.63%。

方格纹和暗划纹各3件，分别占2.16%。

凹槽纹、凸棱纹和贝纹各1件，分别占0.72%。

需要说明是，同一标本有多种纹饰的，统计的只计算其中一种纹饰。

（3）东周时期的陶器种类和类型

在发现的139件陶器标本中，可分为鬲、罐、瓮、壶、碗、豆、盆、缸、鼎、杯及其他共11个种类，每种器物的类型、数量和标本号如下：

第1种：鬲

鬲口沿10件。H266∶3、H266∶5、H294∶1、H307∶1、H307∶2、H312∶1、H318∶3、H318∶4、H321∶2、T1125②∶28。

鬲足19件。H255∶4、H258∶1、H266∶14、H294∶2、H312∶2、H318∶8、H321∶6、G57∶1、T0429②B∶4、T0531②A∶5、T0923②∶4、T1123②B∶39、T1123②B∶40、T1125②∶7、T1225②∶3、T1226②A∶2、T1426②C∶8、T24②∶17、T3134②∶1。

第2种：罐

可分为矮颈罐、束颈罐、弧颈罐、敛口罐、粗颈罐、卷沿敛口罐、平沿敛口罐、外折沿敛口罐、高颈罐、盘口罐和直颈罐共11个类型。

矮颈罐27件。H1∶2、T19①∶169、T0431②∶3、T0519②∶1、T0519②∶4、T0923②∶11、

T1023②: 18、T1023②: 19、T1023②B: 40、T1123②B: 21、T1123②B: 27、T1123②B: 28、T1123②B: 31、T1123②B: 22、T1123②B: 25、T1123②B: 26、T1123②B: 29、T1125②: 42、T1224②B: 4、T1225②: 9、T1225②: 10、T1426②C: 6、T1426②C: 7、T1428②C: 1、T1428②C: 2、T45③A: 40、T45③A: 48。

束颈罐 13 件。H266: 2、H318: 5、T0532②B: 6、T0824②A: 5、T1023②: 12、T1125②: 3、T1125②: 6、T1125②: 10、T24②: 7、T24②: 74、T24②: 75、T3134②: 2、T3134②: 6。

弧颈罐 2 件。T1226②A: 1、T1325②B: 11。

敛口罐 4 件。T0519②: 2、T0530②B: 3、T0530②B: 5、T1123②B: 5。

粗颈罐 3 件。H12: 2、H304: 4、T1125②: 2。

卷沿敛口罐 2 件。H266: 4、T0824②A: 4。

平沿敛口罐 1 件。T1225②: 7。

外折沿敛口罐 1 件。T1124②B: 16。

高颈罐 2 件。H321: 3、H321: 4。

盘口罐 1 件。H321: 1。

直颈罐 2 件。T1325②B: 10、T0430②D: 4。

第 3 种：瓮

有敛口瓮、矮颈瓮和大口瓮。

敛口瓮 3 件。H266: 10、T0532②B: 3、T24②: 78。

矮颈瓮 1 件。H266: 1。

大口瓮 1 件。T1123②B: 23。

第 4 种：壶

有盘口壶、弧颈壶、直颈壶、矮颈壶和子母口壶。

盘口壶 4 件。H12: 1、H304: 3、H311: 1、T30②D: 76。

直颈壶 1 件。H266: 7。

弧颈壶 5 件。H266: 8、T0923②A: 18、T1023②: 10、T1023②: 20、T1123②B: 32。

矮颈壶 1 件。T1123②B: 30。

子母口壶 1 件。T1125②: 5。

第 5 种：碗

有子母口碗和绳纹碗。

子母口碗 3 件。T1123②B: 34、T1123②B: 35、T1125②: 12。

绳纹碗 1 件。T37②B: 41。

第 6 种：豆

豆座 4 件。H1: 5、H255: 3、T1123②B: 33、T1124②B: 26。

敞口豆盘 13 件。H266: 13、H304: 2、H318: 6、H321: 5、T0430②D: 5、T0824②A: 1、T1123②B: 4、T1123②B: 42、T1124②A: 7、T1125②: 13、T1125②: 9、T1226③B: 9、T1428②C: 3。

豆把 2 件。T1023②: 8、T45③A: 44。

第 7 种：盆

有平沿盆、敛口小盆和外折沿大盆。

平沿盆 2 件。H266: 9、T30②D: 41。

敛口小盆 1 件。T0824②A: 6

外折沿大口盆 1 件。T0923②A: 15。

第 8 种：缸

只有贝纹大缸 1 件。T30②A: 27。

第 9 种：鼎

只发现柱状鼎足 1 件。T1124②A: 5。

第 10 种：杯

只发现小杯 2 件。T37②B: 23、T37②B: 33。

第 11 种：其他

有平底器、筒瓦和纹饰陶片。

平底器 2 件。T0923②A: 16、T1125②: 15。

筒瓦 1 件。T1124②A: 6。

纹饰陶片 1 件。H331: 2。

拾　杨家湾遗址采集的文化遗物

在杨家湾遗址七次发掘期间，很多同志都喜欢利用休息时间到江边沙滩上采集文物，而且，在第七次发掘结束前，因遗址东北部的沙滩上的石制品仍俯拾皆是，可能这一带就是遗址先民制作生产工具的石器制作场，所以，又布了 T2648 ~ T2650、T2748 ~ T2750、T2848 ~ T2850、T2948 ~ T2950、T3048 ~ T3050、T3148 ~ T3150、T3248 ~ T3250 共 21 个探方，并按探方分别收集地表上的文物（主要是石制品）。由于最后这批探方都没有地层堆积，所以，收集的标本仍属采集品，并在整理编号时，与以往的采集品一起编号，只在标本号之前加上“采”字，而大部分都没有注明采自具体探方。只是可以进一步说明：从“采∶1”至“采∶234”，为以前采集品；从“采∶235”起，为最后各个探方的收集品。不过又需说明，下面介绍的只是其中较成器的收集品，大约有三四百件稍为打制的石料和砍砸器；因新石器时代考古研究不注重这些标本，所以，整理时虽已编号，有的还绘图制作，但这里不作介绍。

下面从生产工具、陶瓷器和装饰品三个方面，介绍这些采集的文化遗物。

一、采集的生产工具

采集的生产工具 245 件，可分为石斧、小石锛、圭形石凿、石锄、小石斧、石凿、砺石、石坠、小石球、有孔石铲和陶纺轮共十一个种类。

1. 石斧

采集石斧 161 件。按制作方法可参考第拾壹章结语的附表一〇而分为 A、B、C、D、E、F、G、H 八个类型和残石斧共九个小种类；而且，每个类型的石斧又可据刃部分为 a、b、c 三个亚型和刃已残等四个更小种类；其中，a 亚型为弧刃石斧，b 亚型为平刃或弧刃近平的石斧，c 亚型为斜刃或斜弧刃的石斧。

下面进一步分别介绍这些石斧。

（1）A 型石斧

A 型石斧为平面近梯形的石斧，采集 65 件，据刃部又可分为 a、b、c 和刃已残四个种类。

Aa 型：40 件。采∶7，扁弧体呈宽梯形，但刃部一角已残，通体磨制，但多疤痕，两边皆呈弧状（没有磨平）。长 11.5、宽 9.5、厚 2.6 厘米（图四五六，4）。采∶20，扁弧体近椭圆形，但顶部已残，通体磨制但多疤痕，两边呈弧状不平，圆弧刃有使用痕已不锋利。残长

10.2、宽9.4、厚2.9厘米（图四五六，6）。采:22，扁弧体较薄较宽，但顶部已残，通体磨光，两边呈尖弧状，宽弧刃仍锋利。残长6.2、宽10.8、厚2.4厘米（图四五六，7）。采:23，体较厚呈梯形，顶部为原面，两弧平面磨制，两边磨平，弧刃两面磨制，有使用痕已不锋利。长9.4、宽7.1、厚2.4厘米（图四五六，11）。采:31，扁弧体呈椭圆形，弧顶，两弧面和两弧边皆原面，弧刃两面磨制。长8.7、宽4.9、厚2.4厘米（图四五七，3）。采:33，上厚下薄近椭圆形，单面打制，正面修直近平行，弧刃两面磨制，甚锋利。长11.7、宽7.6、厚2.8厘米（图四五六，5）。采:34，扁弧近长梯形，弧顶为原面，弧刃两面磨制，有使用痕，仍锋利。长14.6、宽7.3、厚2.7厘米（图四五六，1）。采:37，扁弧近梯形，平顶较薄，两弧面为原面，两边也皆原面，不平而外斜，弧刃两面磨制，但一角已残，残刃锋利。长13.9、宽8、厚3厘米（图四五六，2）。采:42，扁弧体近梯形，顶部已残，两面皆原面，有凹疤，两边稍磨制，弧刃近平，锋利。残长8.3、宽6.8、厚2.5厘米（图四五七，6）。采:94，扁平体近椭圆形，弧顶打制，两面弧平皆原面，两边外斜为原面而不平，弧刃两面稍磨制，较钝不锋利。长13.8、宽8.4、厚2.8厘米（图四五六，3）。采:95，扁平体近梯形，上部残，两面皆原面，两边一为原面，一为磨平，弧刃两面磨制，有使用残疤，仍较锋利。残长8、宽8.4、厚2.5厘米（图四五六，10）。采:102，扁薄体梯形，斜弧顶稍修整，两面一为光滑原弧平面，一为打制平面，两边修直外斜，有疤痕，刃两面稍磨制，有使用痕，仍锋利。长13.2、宽7.9、厚2.2厘米（图四五八，1）。采:107，扁平体近椭圆形，平顶略修整，两面为光滑原面，两边皆弧，稍磨平，弧刃两面磨制，有使用痕，已不锋利。长13.6、宽8、厚2.4厘米（图四五八，9）。采:112，扁弧体近方形，上部已残，两面磨制，有片疤，两边较薄不平，弧刃两面磨制，一侧已残，仍锋利。残长7、宽5.9、厚2.4厘米（图四五七，8）。采:114，扁薄体近长方形，顶部和一边已残，两面一为光滑原平面，一为打制面，两边一为残边，一为修整，弧刃甚薄，两面磨制，有使用痕，仍锋利。残长9.6、宽9.3、厚2.2厘米（图四五六，9）。采:174，扁体近梯形，斜顶单面打制较薄，两面一面为光滑原弧面，另一面稍磨较平，但多疤痕，两边外斜有琢痕，弧刃磨制，已不锋利，长11.5、宽9.3、厚2.4厘米（图四五八，5）。采:154，扁平体近方形，上部已残，通体磨制，两边尖弧状，弧刃仍锋利。残长4.2、宽5.7、厚1.6厘米（图四五七，9）。采:162，厚体近方形，上部已残，两原面布满琢痕，两边皆直稍外斜，弧刃两面磨制，较锋利。残长8、宽8.6、厚3.4厘米（图四五八，4）。采:170，厚体近梯形，斜弧顶为原面，弧刃两面磨制，一边残损，仍锋利。长13.4、宽6.5、厚3.3厘米（图四五六，8）。采:171，扁平体近梯形，顶端残，两面为原面，两侧边经锤击变得凸凹不平，修直稍外斜，弧刃两面磨制，多使用已不锋利。残长10.4、宽7.8、厚2.3厘米（图四五八，6）。采:178，厚薄不一近梯形，弧顶近平，两面原面近平，两边打制修直，多疤痕，弧刃稍打制，尚不锋利。长10.2、宽5.8、厚2厘米（图四五七，7）。采:182，较厚体近梯形，斜弧顶为原面，整体为磨光，两边平直外斜，弧刃一角已残。长7.5、宽4.6、厚2厘米（图四五七，1）。采:187，扁体近梯形，顶部残，两面皆原面，两边稍打制修直，局部及弧刃稍磨，不锋利。残长5.8、宽5.4、厚2.3厘米（图四五七，2）。采:188，扁圆体近梯形，上部已残，通体磨光，两边外斜，一为平

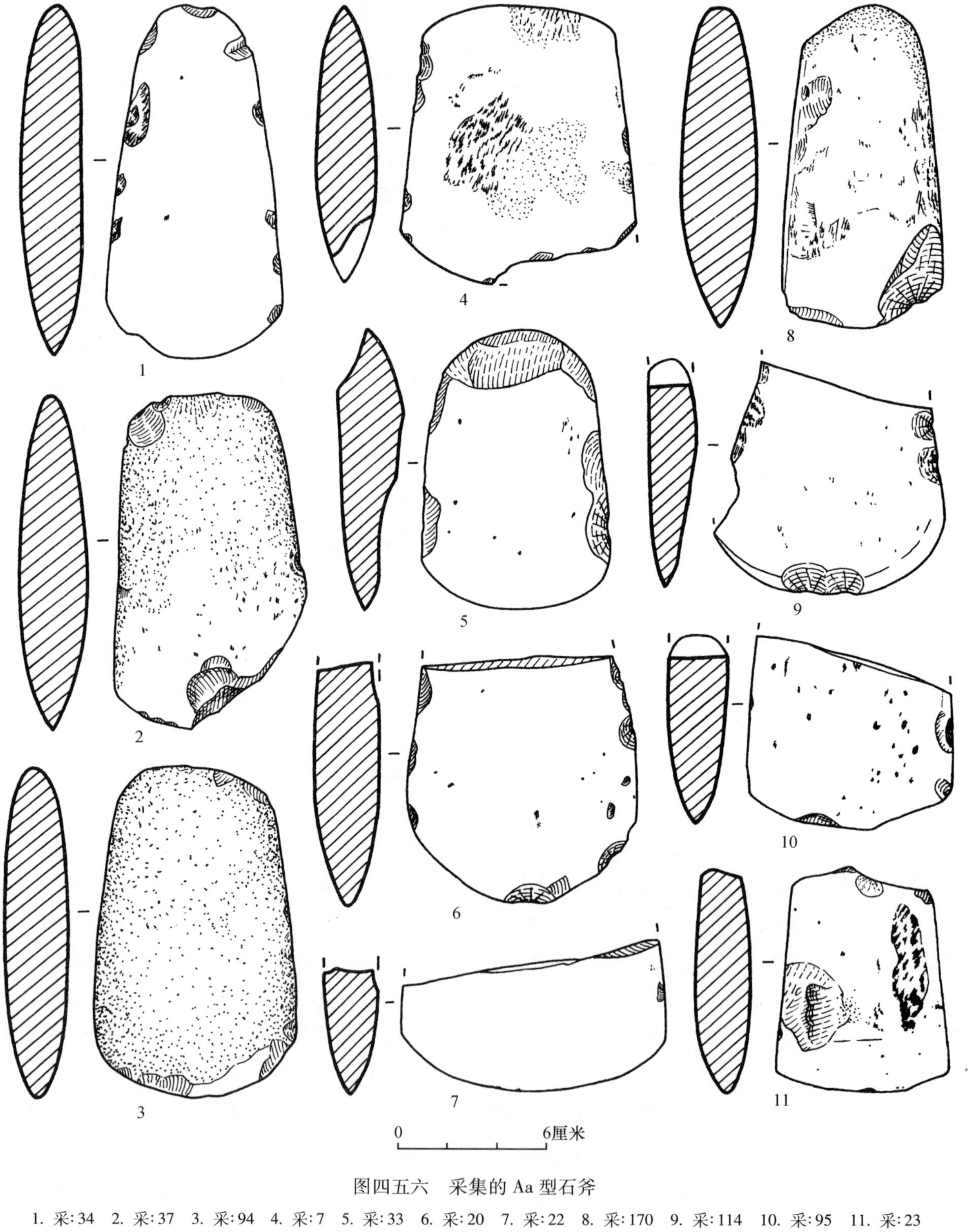

图四五六　采集的Aa型石斧

1. 采:34　2. 采:37　3. 采:94　4. 采:7　5. 采:33　6. 采:20　7. 采:22　8. 采:170　9. 采:114　10. 采:95　11. 采:23

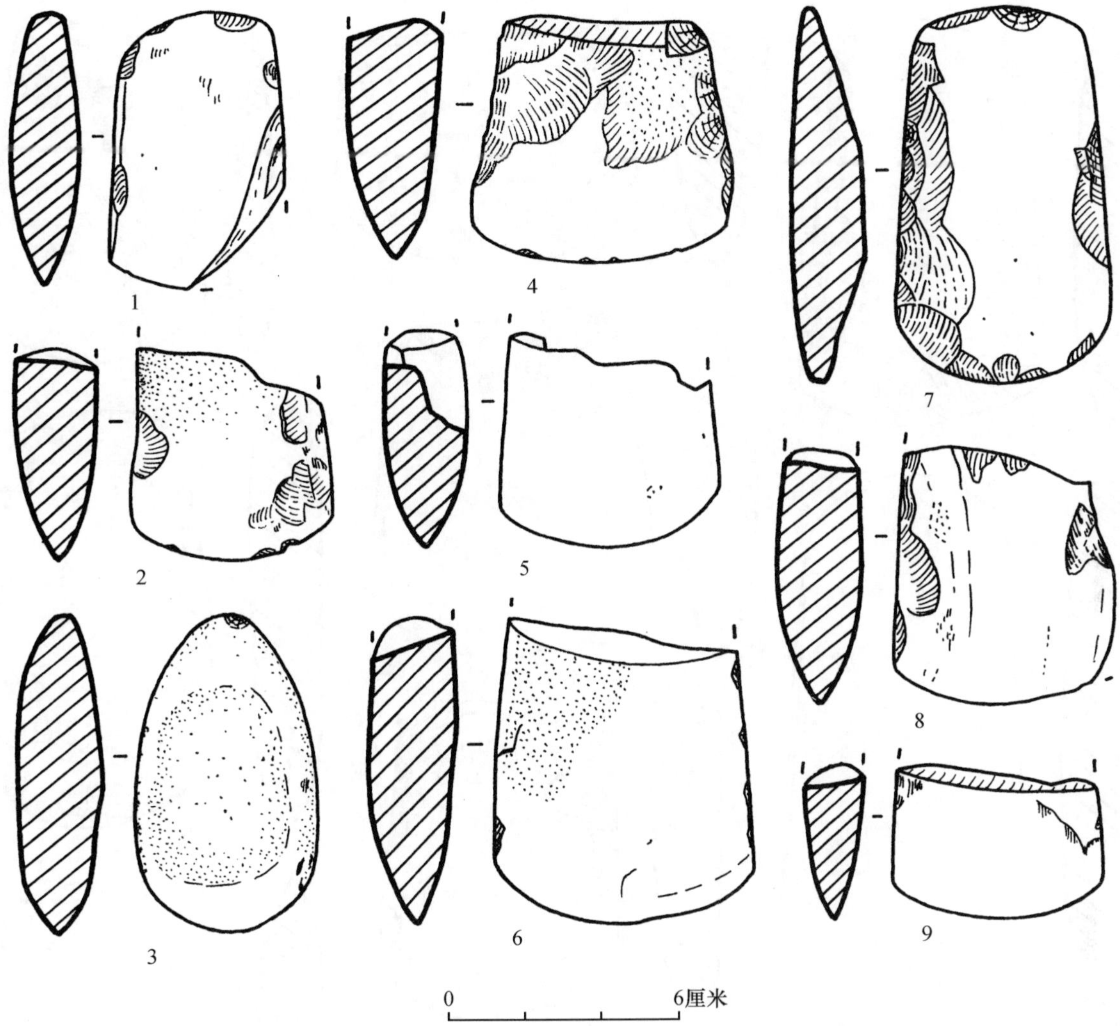

图四五七　采集的Aa型石斧

1. 采:182　2. 采:187　3. 采:31　4. 采:200　5. 采:188　6. 采:42　7. 采:178　8. 采:112　9. 采:154

直，一为尖弧，弧刃甚锋利。残长5.9、宽5.9、厚2.3厘米（图四五七，5）。采:200，厚体近梯形，顶部残，两面皆原面，一弧一平稍磨制，两边外斜稍磨平，多疤痕，弧刃两面磨制，仍锋利。残长6.7、宽6.8、厚2.6厘米（图四五七，4）。采:201，厚体近梯形，顶部残，通体磨光，两边磨平直外斜，弧刃一角残，较锋利。残长8.7、宽7.3、厚3.1厘米（图四五八，7）。采:203，厚体近梯形，顶部残，两面皆原面，微弧有琢痕，两边原面近平直稍外斜，但一边有一块打击疤痕，弧刃两面磨制，已不锋利。残长7.7、宽8.7、厚2.8厘米（图四五八，3）。采:217，扁弧体近椭圆形，通体磨光，弧顶，两面微弧，两边尖弧磨平稍外斜，弧刃较锋利。长18.4、宽8.2、厚2.9厘米（图四五八，2）。采:222，上厚下薄近梯形，弧顶单面打制近尖刃状，两面原面近平，两边修直外斜，弧刃两面磨制，薄而锋利。长14.5、宽8.4、厚2.2厘米（图四五八，10）。采:226，扁薄体近梯形，斜平顶，通体磨光，有疤痕，两边外斜稍磨平，

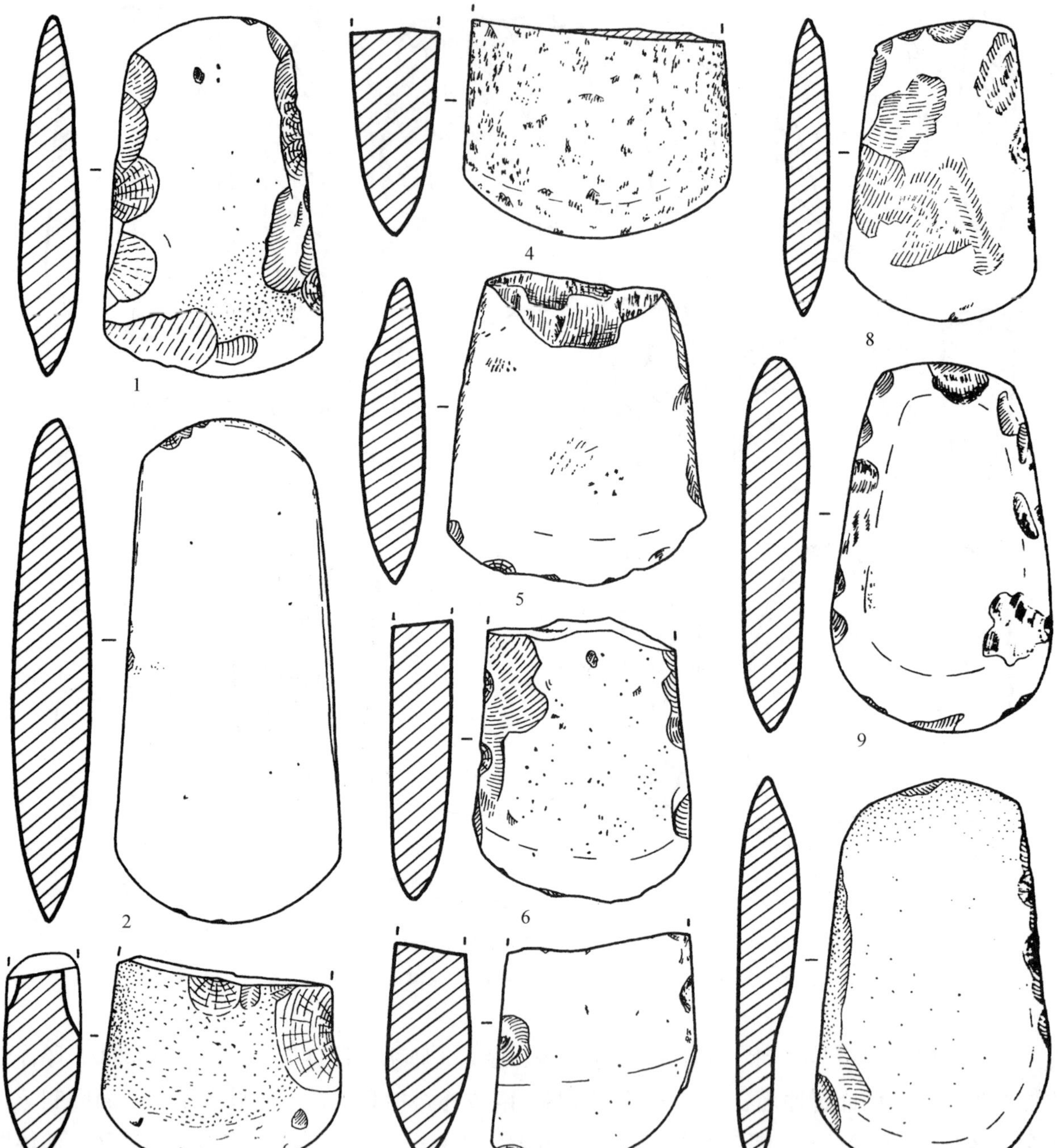

图四五八　采集的 Aa 型石斧

1. 采: 102　2. 采: 217　3. 采: 203　4. 采: 162　5. 采: 174　6. 采: 171　7. 采: 201　8. 采: 226　9. 采: 107　10. 采: 222

弧刃较锋利。长 11、宽 6.8、厚 1.7 厘米（图四五八，8）。石场: 279，薄体近梯形，弧顶，原面甚平，破裂面稍磨制也近平，两边修直尖弧状，平刃单面打制，不锋利。长 12.6、宽 8.1、厚 2.1 厘米（图四五九，10）。石场: 308，体较薄近梯形，顶残，原面微弧，破裂面近平，两边修直呈尖弧状，弧刃单面磨制，较锋利。残长9.5、宽7.7、厚2.7厘米（图四五九，5）。石场:331，扁弧体近梯形，顶已残，两弧面近平，皆原面，两边一磨平，弧刃近平，单面琢打，尚不锋利。残长11.4、宽11.1、厚4.2厘米（图四五九，2）。石场T2749:392，扁平近梯形，弧顶较薄，一弧面为原面，另一面打制近平，两边一边为原面，另一边稍磨不锋利。长10.1、

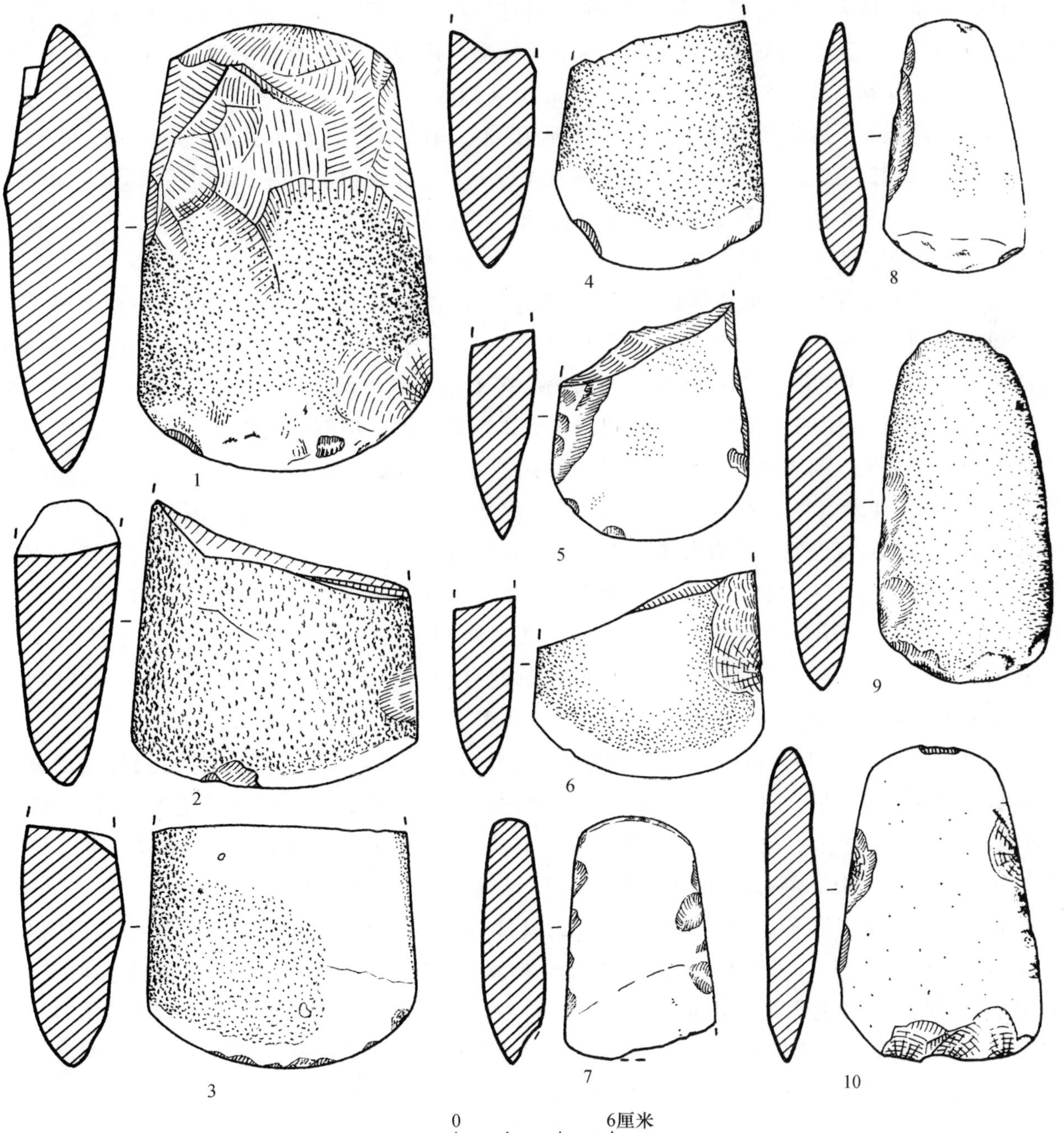

图四五九　采集的Aa型石斧

1. 石场:588　2. 石场:331　3. 石场T2849:473　4. 石场T2849:482　5. 石场:308　6. 石场T2849:481　7. 石场T2849:467　8. 石场T2749:392　9. 石场T2749:393　10. 石场:279

宽5.6、厚2厘米（图四五九，8）。石场T2749:393，扁平近椭圆形，弧顶稍打制，一弧面为原面，另一面磨平，尖弧边皆原面，弧刃两面打制，不锋利。长14、宽7、厚2.8厘米（图四五九，9）。石场T2849:467，扁弧体近梯形，弧顶，两近平弧面，都经磨制，两边磨平，弧刃使用后残，两面磨制，长9.8、宽5.9、厚2.6厘米（图四五九，7）。石场T2849:473，较厚体打制近平，两边琢平，弧刃一面磨制，另一面打制，有使用痕，但不锋利。残长9.7、宽10.5、厚4.2厘米（图四五九，3）。石场T2849:481，扁平近梯形，顶残，两面为弧平原面，两边磨平，弧刃两面磨制，锋利。残长8.3、宽9、厚2.5厘米（图四五九，6）。石场T2849:482，扁弧近梯形，顶残，两弧面，两尖弧边皆原面，弧刃两面磨制，有使用痕，已不锋利。残长10、宽8.1、厚3.5厘米（图四五九，4）。石场:588，扁弧体近梯形。弧顶单面打制，两面一面为原面微弧近平，另一面打制也微弧近平，弧刃一面为原面，另一面稍磨，不甚锋利。长17.9、宽11.4、厚4.5厘米（图四五九，1）。

Ab型：6件。采:25，扁弧体近宽梯形，弧顶，两弧面近平，皆原面，两边原面稍磨，平刃微弧面磨制，有使用痕，已不锋利。长12.2、宽9.1、厚2.6厘米（图四六○，1）。采:86，扁薄体近梯形，弧顶两面打制稍磨平，两边磨平多疤痕，平刃两面磨制，仍锋利。长9.3、宽5.2、厚1.5厘米（图四六○，2）。采:92，扁平体近宽梯形，顶部单面打制，两面皆原面，一平面，另一面微弧，两边修平稍外斜，平刃微弧，一面稍磨，另一面打制，不锋利。长10.7、宽8.1、厚2.1厘米（图四六○，6）。采:157，扁平近梯形，顶残，两面皆原面，一面平，另一面微弧，两边修直外斜，平刃微弧，两面磨制有使用痕，不锋利。长9.3、宽7.1、厚2.1厘米（图四六○，4）。采:225，扁弧体近梯形，弧顶为原面，两弧面也是原面，两边一磨平，一琢平，稍外斜，平刃两面磨制，有使用痕，已不锋利。长10.2、宽7.3、厚2.5厘米（图四六○，5）。石场:280，扁平近梯形，斜平顶单面打制，两面一面为原弧面，另一面打制稍磨，仍不平，弧刃近平，单面打制，不锋利。长8.3、宽5.8、厚2.6厘米（图四六○，3）。

Ac型：9件。采:44，扁薄凹凸不平近梯形，顶部及两面打制后不平，保留局部原面，两边打制修直却尖薄不平，斜弧刃两面磨制，有使用痕，已不锋利。长11.8、宽7.6、厚2厘米（图四六一，3）。采:53，较厚体近小梯形，斜平顶为原面，两原面微弧近平，局部有凹疤，两边外斜下部稍内弧，斜弧刃两面磨制，锋利。长8.5、宽5.3、厚2厘米（图四六一，7）。采:88，较厚体近梯形，弧刃近平，两面微弧皆原面，局部有疤痕，两边磨平外斜，斜弧刃两面磨制，有使用痕，已不锋利。长13.9、宽7.4、厚3.3厘米（图四六一，4）。采:90，扁弧近梯形，斜弧顶单面打制，两面光滑微弧皆原面，两边外斜为弧薄原面，弧刃两面磨制，锋利。长12.6、宽8.6、厚2.6厘米（图四六一，2）。采:93，厚体近梯形，顶部打制，两面一面为微弧面，另一面打制，两边磨平外斜，斜弧刃一面有磨痕，另一面打制，不锋利。长9.5、宽5.7、厚2.9厘米（图四六一，8）。采:103，扁弧体近梯形，尖弧顶打制，两面皆原面微弧，有磨痕，两边外斜较薄稍磨平，斜弧刃两面琢打，不锋利。长12.9、宽8、厚2.3厘米（图四六一，1）。采:127，厚体近梯形，上部残，两面皆原面微弧有琢痕，两边磨平稍外斜，斜弧刃两面打制，两原面一面光滑，另一面微弧有琢痕，两边打制磨平，稍外斜，斜弧刃两面打制，不锋利。长10.7、宽

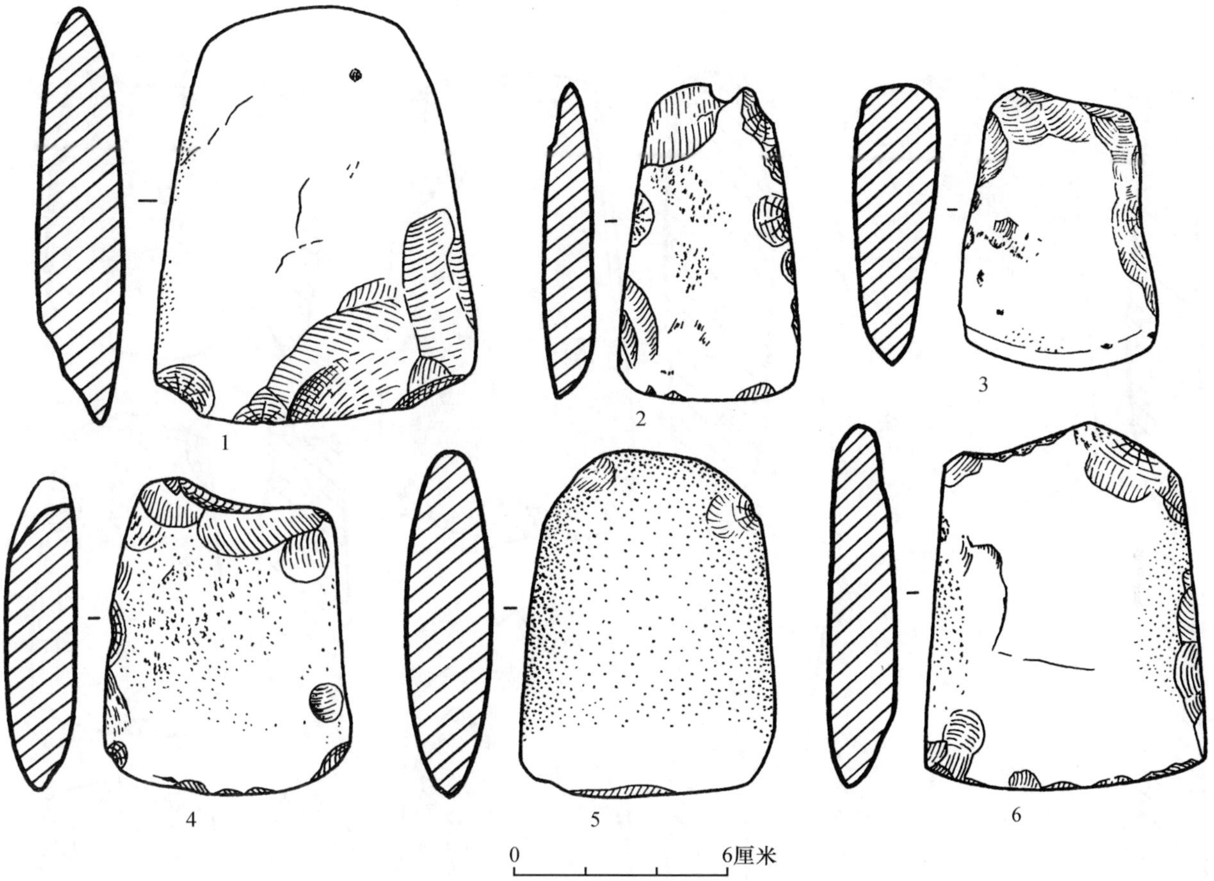

图四六〇　采集的Ab型石斧

1. 采:25　2. 采:86　3. 石场:280　4. 采:157　5. 采:225　6. 采:92

6.3、厚2.7厘米（图四六一，6）。采:141，较厚体近梯形，平顶一角已残，两原面微弧，有片疤，两边磨平，近平行，斜弧刃两面磨制，仍锋利。长13.2、宽6.8、厚2.4厘米（图四六一，5）。石场:309，薄体近梯形，顶残，原面破裂面都较平，斜弧刃两面磨制，有使用痕，不甚锋利。残长7.2、宽8.5、厚1.9厘米（图四六一，10）。

刃已残的A型：10件。采:9，扁平体近梯形，通体磨光，弧顶、两面微弧，两边平直外斜，下部残。残长5.6、宽4.6、厚1.2厘米（图四六二，9）。采:38，上薄下厚近梯形，弧顶较薄，两面均有锤击片疤，侧边弧状，残刃部两面打制。长11.8、宽7.9、厚2.6厘米（图四六二，4）。采:54，扁平体近梯形，平顶稍弧，通体磨光，两面微弧，两边平直外斜，下部残。残长2.9、宽4.3、厚1.1厘米（图四六二，10）。采:97，扁弧近梯形，弧顶，两原面一面平，另一面微弧，两边一侧稍磨，一侧尖弧状，残刃两面打制。长11.9、宽7.2、厚2.8厘米（图四六二，5）。采:118，扁薄长梯形，弧顶近平，两面一面为原光滑弧面，另一面打制近平稍磨。两边外斜稍磨，但都扁弧状，有凹疤，刃部残。残长9.4、宽6.1、厚1.8厘米（图四六二，8）。采:134，厚体近梯形，顶部打制不平，两面皆微弧原面，一面有片疤，两边磨平，皆外

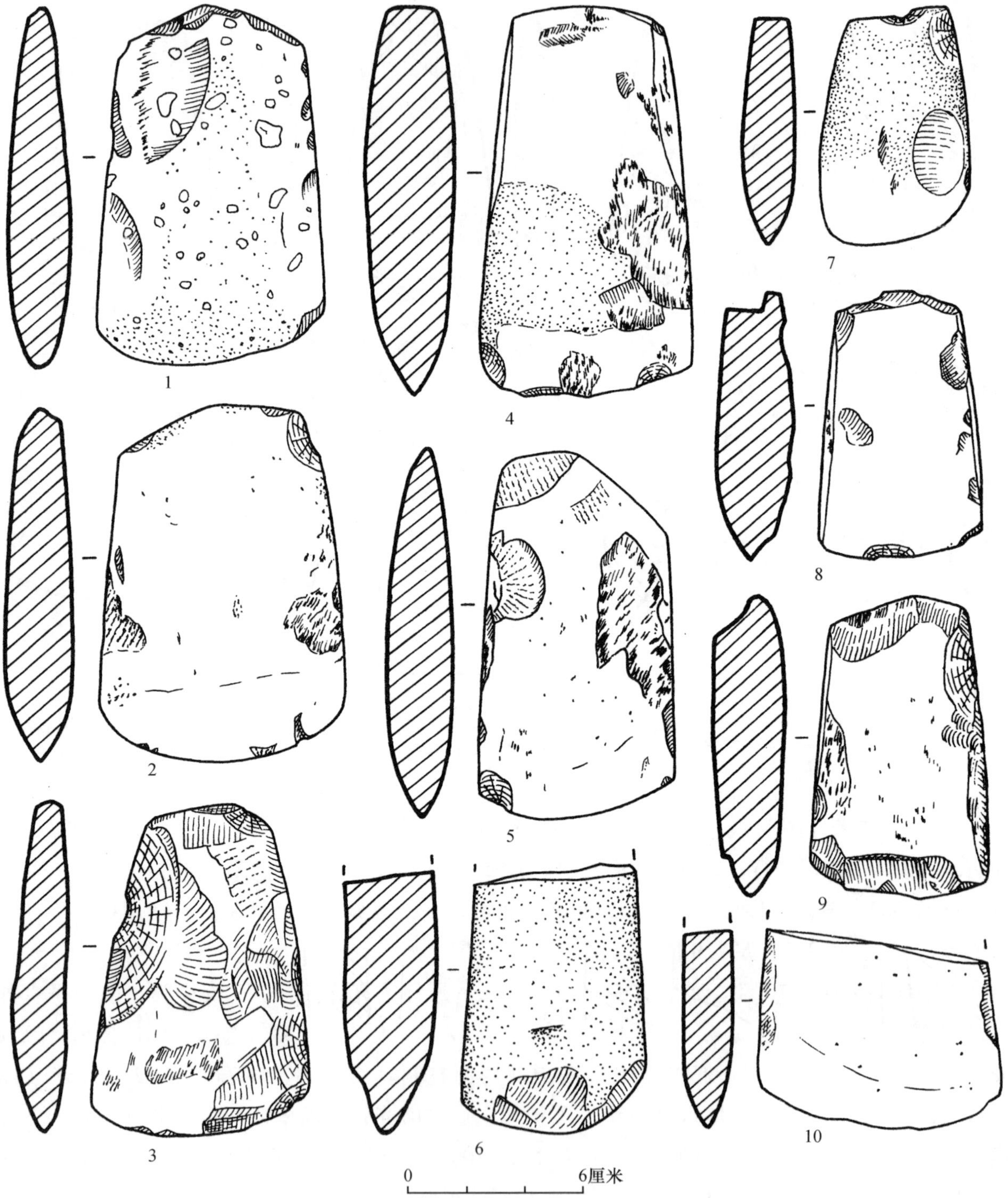

图四六一　采集的Ac型石斧

1. 采:103　2. 采:90　3. 采:44　4. 采:88　5. 采:141　6. 采:127　7. 采:53　8. 采:93　9. 采:132　10. 石场:309

斜，刃部已残。长10.9、宽5.7、厚3.4厘米（图四六二，3）。石场:282，厚弧体近梯形，弧顶，两弧面皆原面，长边琢平后稍磨制，另一边为尖弧原面，刃已残。残长16、宽10.8、厚5厘米（图四六二，1）。石场:284，扁平体近梯形，斜顶有打制痕，两面皆原面，近弧平，两边打制后磨平，刃已残。残长17.2、宽9、厚4.2厘米（图四六二，2）。石场T2848:412，扁弧体呈梯形，弧顶，两面弧近平，两边略磨但都呈尖弧状，刃已残。残长11.7、宽9、厚3.4厘米（图四六二，6）。石场T2849:455，扁弧体呈梯形，弧顶，两弧面，两边一磨平一琢平，刃已残。残长12、宽10、厚4.2厘米（图四六二，7）。

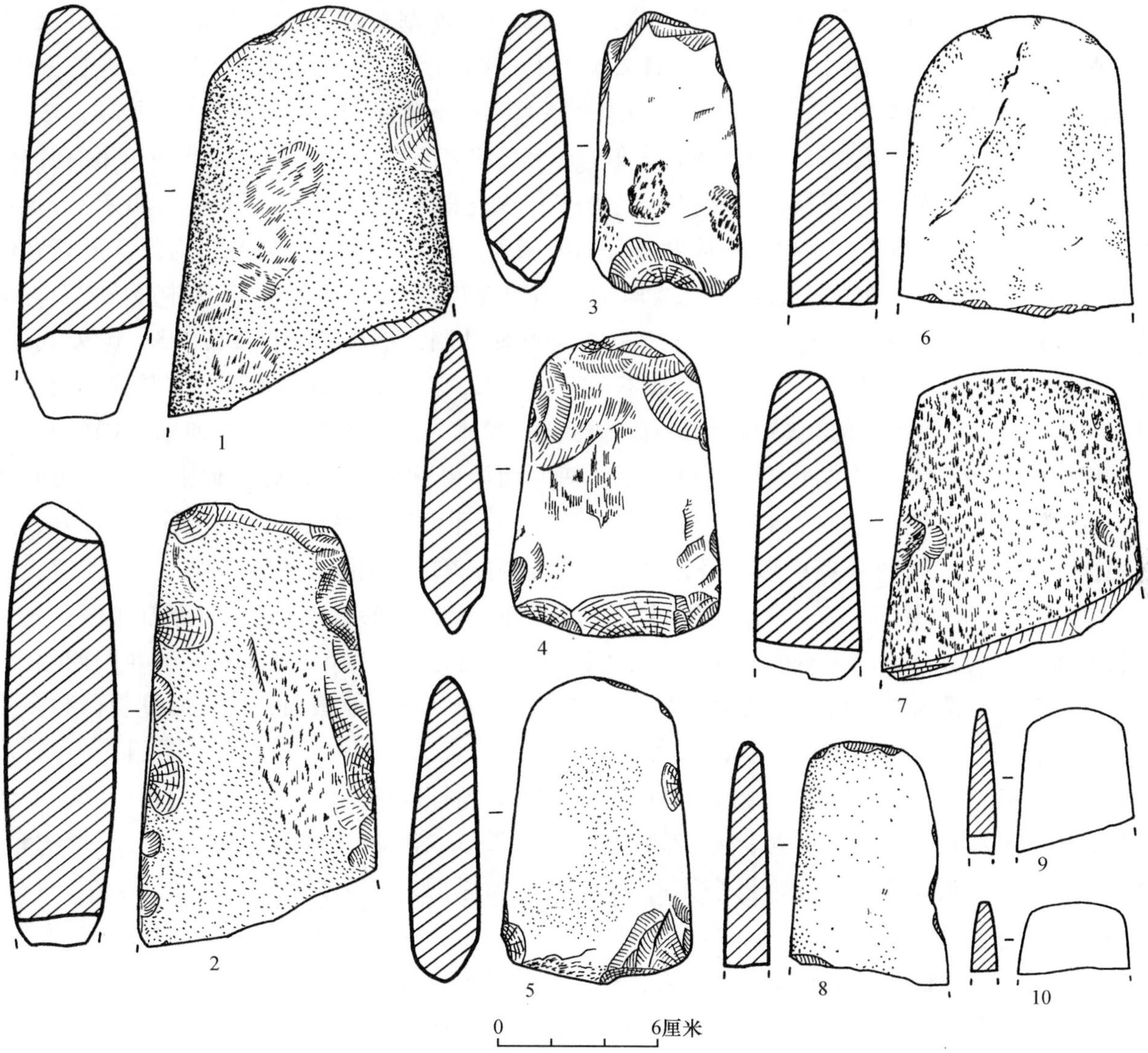

图四六二 采集的刃残A型石斧

1. 石场:282 2. 石场:284 3. 采:134 4. 采:38 5. 采:97 6. 石场T2848:412 7. 石场T2849:455 8. 采:118 9. 采:9 10. 采:54

（2）B 型斧

B 型斧是平面近矩形的石斧，27 件。据刃部也可分为 a、b、c 三亚型和刃已残四种。

Ba 型：17 件。采∶13，扁弧体近长方形，顶残，通体磨制，两面一面微弧，另一面近平，两边平行，弧刃有使用痕，仍锋利。残长 5.4、宽 6、厚 2 厘米（图四六四，4）。采∶17，厚体近长方形，平顶为原面，两原面稍磨，微弧近平，两边一为扁弧面一为磨平，弧刃两面磨制，一角残，不锋利。长 13.2、宽 7.5、厚 3.2 厘米（图四六三，1）。采∶24，扁弧体近方形，顶部残，两弧面近平，皆原面，两边原面平行，圆弧刃两面磨制，甚锋利。残长 8.2、宽 8、厚 2.4 厘米（图四六三，10）。采∶28，扁平近方形，残顶，通体磨制，两面光滑微弧，两边平行扁弧状，弧刃甚锋利。残长 10.1、宽 10.2、厚 2.5 厘米（图四六三，5）。采∶89，扁弧近长方形，上部残，通体磨光，两面一平，一微弧，两边磨平，弧刃不甚锋利。残长 9.8、宽 10.1、厚 3.5 厘米（图四六三，7）。采∶135，较厚体长方形，顶残，两原面一近平，另一面凸凹不平有片疤，两边磨平稍内斜，弧刃两面打制，不锋利。残长 10.9、宽 7.2、厚 3.6 厘米（图四六三，9）。采∶164，扁弧体近长方形，顶残，通体磨光，两面微弧，两边一琢平，另一边扁弧，弧刃有使用痕，不锋利。残长 5.7、宽 7.3、厚 2.4 厘米（图四六四，6）。采∶166，扁弧体近长方形，顶残，两原面微弧，有琢痕，两边平直为琢平，弧刃两面磨制，不甚锋利。残长 7.3、宽 9.2、厚 2.8 厘米（图四六三，11）。采∶168，厚薄不一近长方形，顶残，两面皆原面，多片疤，两边修直，一边尖薄，另一边扁弧，弧刃两面磨制，较锋利。残长 9.3、宽 7、厚 2.9 厘米（图四六三，8）。采∶194，较厚体近长方形，平顶略打制，两原面微弧光滑，两边修直近平，弧刃两面磨制，锋利。长 9.7、宽 6、厚 2.8 厘米（图四六四，1）。采∶189，扁弧体近长方形，上部残，两原弧面，有琢痕，两边修直扁弧不平，弧刃两面磨制，有使用痕，不甚锋利。残长 8.7、宽 9.6、厚 3.6 厘米（图四六三，4）。采∶195，扁弧体长方形，顶残，两面一面为原弧面，另一面打制近平，两边修直扁弧不平，弧刃两面磨制，仍锋利。残长 9.6、宽 3.6 厘米（图四六三，6）。采∶223，较薄近长方形，弧顶两面磨制呈刃状，两面一面为原微面，另一面打制稍磨多片疤，两边打制修直，弧刃两面磨制，仍锋利。长 14.3、宽 7.1、厚 2.4 厘米（图四六三，3）。石场∶248，较厚体，呈长方形，弧顶为原面，两原面都经打制仍凹凸不平，两边皆磨制，一边已平，弧刃两面打制，尚不锋利。长 12.2、宽 7.3、厚 3.8 厘米（图四六三，2）。石场∶250，扁平近长方形，弧顶及两平面皆光滑原面，两边也多为原面，局部磨平，弧刃两面磨制，有使用痕，不甚锋利。长 9.9、宽 5.8、厚 2.4 厘米（图四六四，2）。石场∶345，较厚体近长方形，顶残，原面和破裂面都微微有片疤，两边磨平，弧刃两面磨制，甚锋利。残长 7.1、宽 6.2、厚 3 厘米（图四六四，3）。石场 T2949∶536，体小较薄呈长方形，顶残，两面微弧近平，一为原面，一为磨制，两边尖弧，稍磨制，弧刃两面磨制，有使用痕，但不锋利。残长 4.8、宽 6.1、厚 1.7 厘米（图四六四，5）。

Bb 型：5 件。采∶119，扁平体近长方形，弧顶为原面，两面皆光滑原面，有片疤，两边磨平，刃近平，单面打制，不锋利。长 10.8、宽 6.1、厚 2 厘米（图四六五，9）。采∶179，扁平体近长方形，弧顶有打击片疤，两原面近平，面边多片疤，两边磨制，平刃两面磨制，不锋

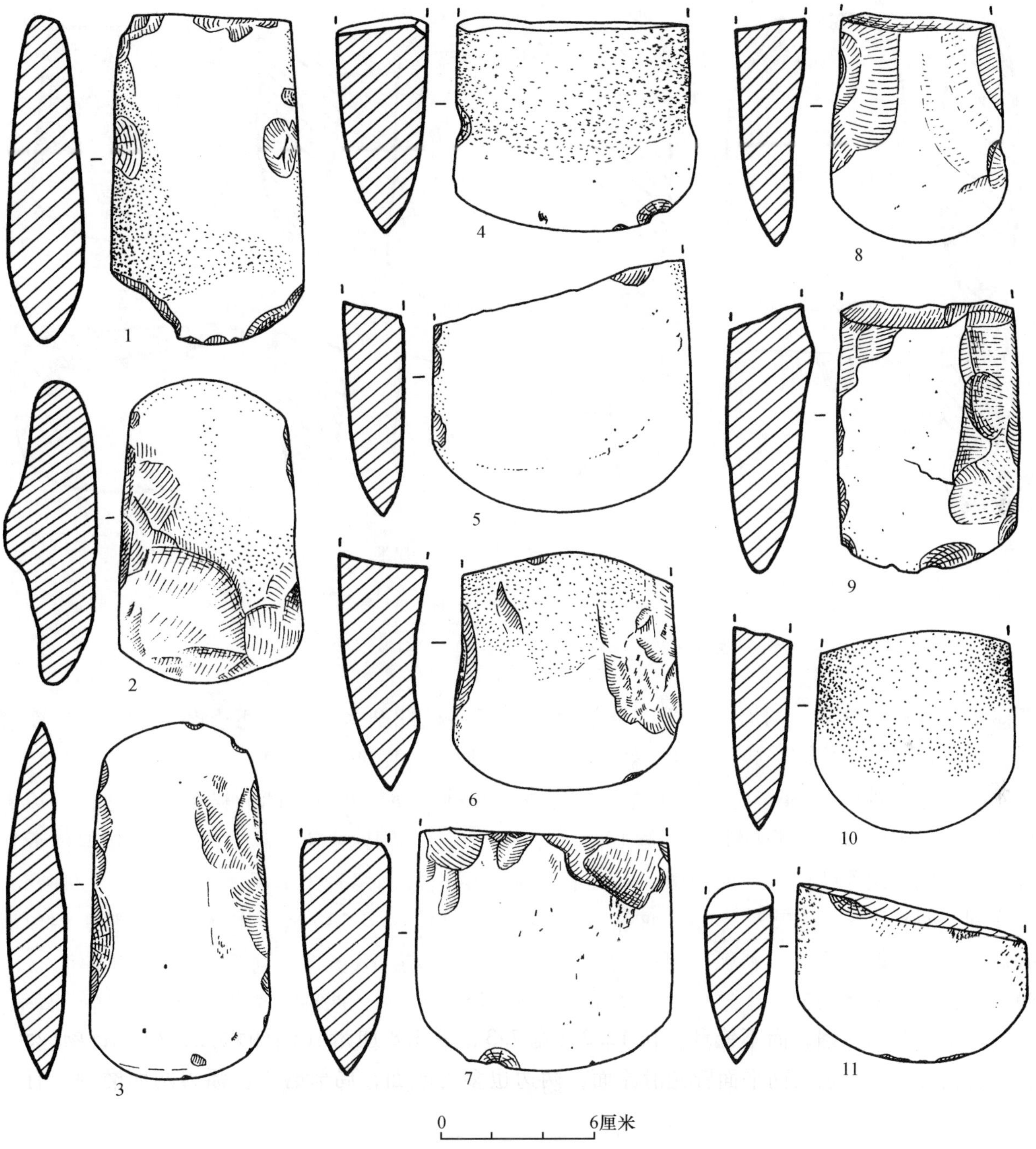

图四六三　采集的Ba型石斧

1. 采:17　2. 石场:248　3. 采:223　4. 采:189　5. 采:28　6. 采:195　7. 采:89　8. 采:168　9. 采:135　10. 采:24　11. 采:166

利。长11、宽7.4、厚2.8厘米（图四六五，5）。采:224，厚体近长方形，斜弧顶打制，两弧面皆原面，两边磨平。弧刃近平，两面磨制，锋利。长9.8、宽5.7、厚3厘米（图四六五，10）。石场:339，扁弧近长方形，顶残，两原面微弧近平，一边琢平，另一边打制不平，平刃微弧两面磨制，较锋利。残长9.7、宽6.2、厚2.2厘米（图四六五，4）。石场T2849:476，

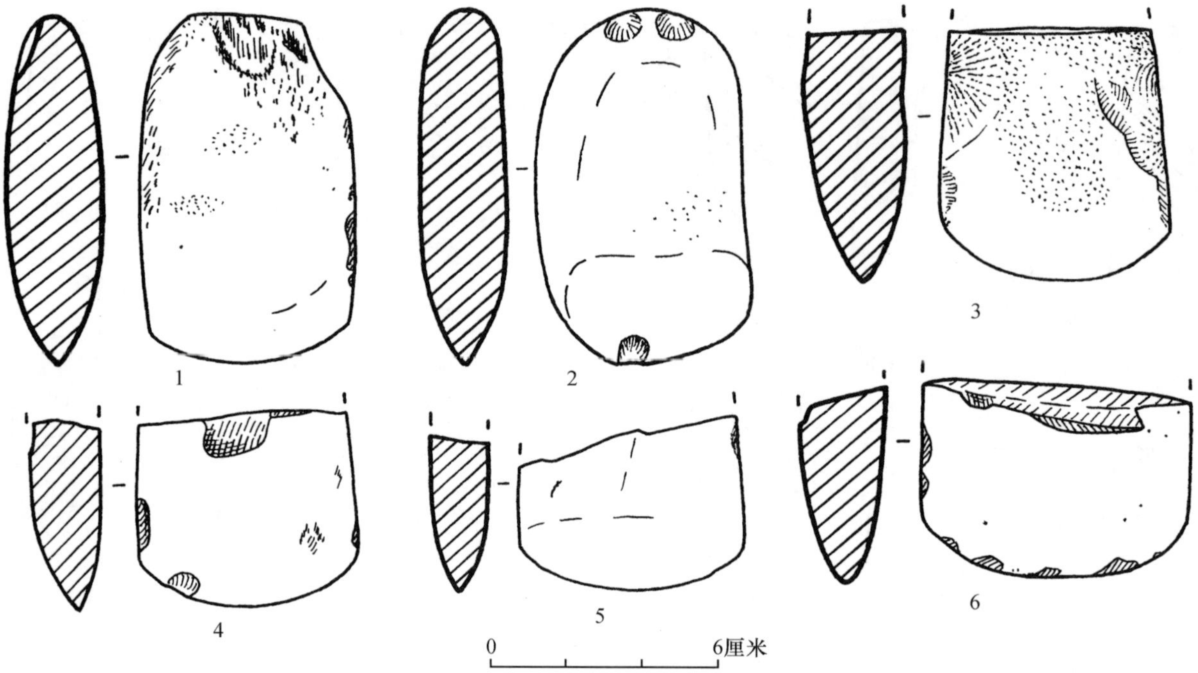

图四六四　采集的 Ba 型石斧

1. 采: 194　2. 石场: 250　3. 石场: 345　4. 采: 13　5. 石场 T2949: 536　6. 采: 164

厚体呈长方形，顶残，两面一面为磨制弧平面，另一面凹凸也近平，两边磨平，平刃一面磨制，一面打制，不锋利。残长 7.8、宽 7.2、厚 4.4 厘米（图四六五，2）。

Bc 型：4 件。采: 36，宽大扁弧体近长方形，顶残，通体磨制，两面微弧有片疤，两边尖弧状，斜弧刃较锋利。残长 10.2、宽 10.6、厚 3.7 厘米（图四六五，7）。采: 49，较厚体近长方形，顶残，两原弧面，一面光滑，一面有琢痕。两边打制修直尖弧不平，斜弧刃两面磨制，较锋利。残长 8.8、宽 7.7、厚 3.2 厘米（图四六五，3）。采: 123，厚体长方形，顶残，两原面微弧有疤痕，两边磨平，斜弧刃两磨制，有使用痕不锋利。残长 8、宽 7.7、厚 3.8 厘米（图四六五，1）。石场: 251，中厚体近长方形，斜平顶两面打制，两原面微弧近平，两边一磨平，一琢打平，斜刃单面打制，不甚锋利。长 13.6、宽 8.1、厚 3.3 厘米（图四六五，8）。

刃已残 B 型：仅 1 件。石场: 241，厚体近长方形，弧顶一面打制，两面皆近平原面，有片疤，两边已磨平，近平行，刃已残。残长 13.3、宽 8.9、厚 4.4 厘米（图四六五，6）。

（3）C 型斧

C 型斧为长、宽接近相等的石斧，采集 3 件。据刃部可分为 a、b 两亚型。

Ca 型：1 件（采: 41）。较厚体近正方形，弧顶为原面，两原面微弧近平。一边原扁弧面，另一边磨平，斜弧刃两面磨制，不甚锋利。长 8.2、宽 6.6、厚 2.6 厘米（图四六六，2）。

Cb 型：2 件。采: 26，扁弧体近正方形，斜顶单面打制，两面微弧磨平，有疤痕。两边琢平，平刃两面磨制，不甚锋利。长 9.1、宽 7.7、厚 1.9 厘米（图四六六，6）。采: 152，扁平宽

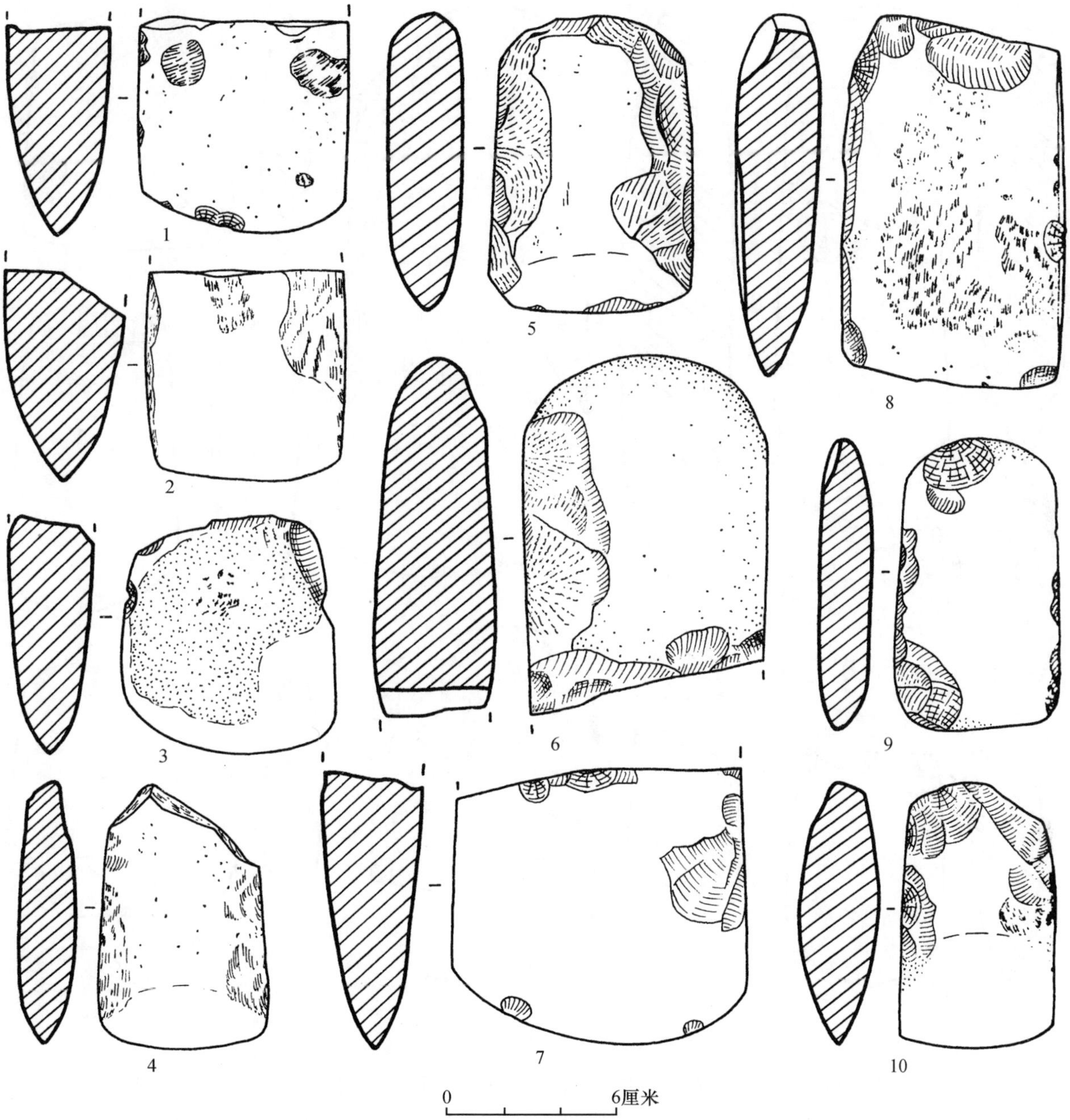

图四六五　采集的 Bb 型、Bc 型石斧

1、3、7、8. Bc 型石斧（采:123、采:49、采:36、石场:251）　2、4、5、9、10. Bb 型石斧（石场 T2849:476、石场:339、采:179、采:119、采:224）　6. 刃残 B 型石斧（石场:241）

近正方形，斜平顶为原面，两面和两边皆原面，两面微弧近平，弧刃近平两面磨制，使用后已不锋利。长 9.4、宽 8.5、厚 2.2 厘米（图四六六，8）。

（4）D 型斧

D 型斧为长矩形的石斧，5 件。据刃部可分为 a、c 两亚型和刃已残三种。

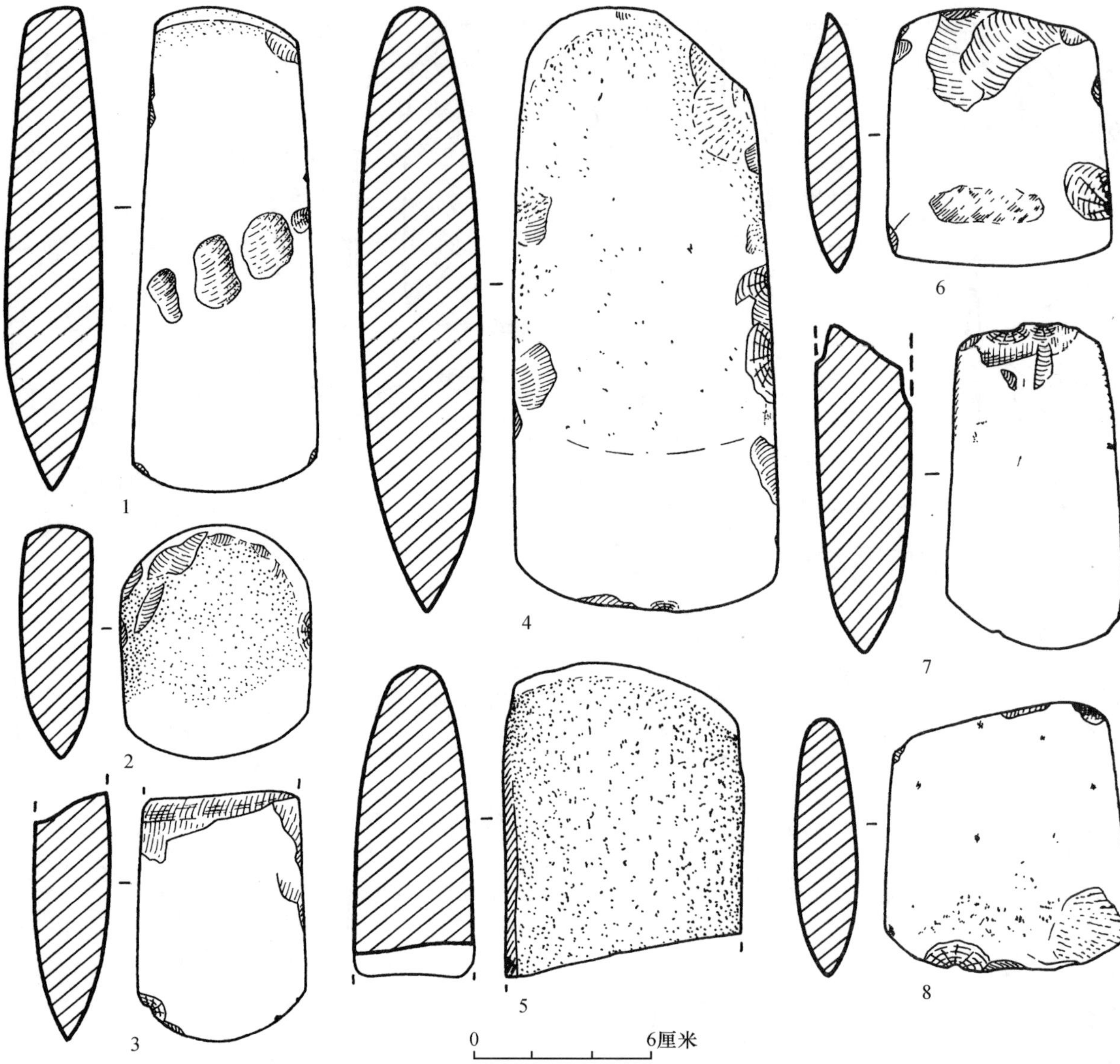

图四六六　采集的C型、D型石斧

1、3、4. Da型石斧（采∶3、采∶18、采∶218）　2. Ca型石斧（采∶41）　5. 刃已残D型石斧（采∶167）
6、8. Cb型石斧（采∶26、采∶152）　7. Dc型石斧（采∶32）

Da型：3件。采∶3，厚体近长梯形，斜顶为原面，有琢痕，两弧面为原光滑面，有疤痕，两边经琢磨平，弧刃两面磨制，有使用痕，较锋利。长16.9、宽6.4、厚3.4厘米（图四六六，1）。采∶18，厚体近长方形，顶残，通体磨光，两面微弧，两边平直，弧刃有使用痕，不甚锋利。残长8.7、宽5.8、厚2.7厘米（图四六六，3）。采∶218，厚体近大长方形，弧顶一角外斜，通体磨光，两面微弧，两边琢后磨平，斜弧刃有使用痕，仍锋利。长21.2、宽9、厚4.2厘米（图四六六，4）。

Dc型：1件（采∶32）。厚体近长方形，顶残，通体磨光，两面微弧光滑，局部有片疤，两边磨平，斜弧刃有使用痕，仍锋利。长11.4、宽6.1、厚3.4厘米（图四六六，7）。

刃已残的D型：1件（采:167）。厚体近长方形，顶为原面，两面微弧皆原面，有琢痕，两边磨平，刃部已残。残长11、宽8.2、厚4.3厘米（图四六六，5）。

（5）E型斧

E型斧为平面近三角形的石斧，2件。都属Ea亚型，即都是弧刃的E型斧。

Ea型：2件。采:39，扁平体近长梯形，窄弧顶为原面稍打制，两面皆原平面，有疤痕，两边外斜，皆扁弧原面，弧刃两面磨制有使用痕，仍锋利。长17.6、宽7、厚2.5厘米（图四六七，1）。采:85，厚体近三角形，尖斜顶略打制，两弧面为原面，有片疤，两边外斜，弧刃两面磨制有使用痕，不锋利。长10.6、宽5.6、厚2.9厘米（图四六七，5）。

（6）F型斧

F型斧为平面近倒梯形的石斧，4件。据刃部可分为a、c两亚型和刃已残三种。

Fa型：2件。石场:301，扁平近倒梯形，上残，两面两边皆原面，弧刃一面有琢打痕，另一面为原面，不锋利。残长15.1、宽9.4、厚2.7厘米（图四六七，3）。石场:303，薄体呈上宽下窄倒梯形，顶残，两面近平，一面为原面，另一面磨平，两边磨平，弧刃单面磨制，较锋利。残长8.8、宽7.2、厚1.8厘米（图四六七，4）。

Fc型：1件（采:48）。扁薄倒梯形，顶部残，通体磨光，两面皆弧，两边尖薄不平，斜弧刃有使用痕，不甚锋利。残长5.6、宽7.9、厚2.4厘米（图四六七，2）。

刃已残的F型：1件（采:133）。厚体倒梯形，顶端斜弧原面，两面皆原弧面，有琢痕。两边磨平，刃部残。残长9.2、宽6.4、厚3.8厘米（图四六七，6）。

（7）G型斧

G型斧是石斧打制的石斧14件。据刃部可分为a、b、c三个亚型和刃已残四种。

Ga型：6件。采:45，较薄近梯形，弧顶打制，两面一面为原面光滑有凹疤，另一面为破裂面，两边经锤击修直，弧刃两面打制有使用痕，不锋利。长10.7、宽6.6、厚2.2厘米（图四六八，6）。采:110，厚薄不一近梯形，弧顶未修整，两面一面为光滑原弧面，有打击痕，另一面打制凹凸不平，两边修直外斜，弧刃单面打制，不锋利。长10.8、宽7、厚2.8厘米（图四六八，7）。采:136，扁弧体，近椭圆形，顶残，两面一面为原弧面，另一面为打制面，两边修直稍外斜，有片疤，弧刃单面打制不锋利。残长12.6、宽9.2、厚3.1厘米（图四六八，2）。石场:316，残体较厚近长方形，顶已残，一面为弧平，另一面打制近平，两边修直近平行，略琢平，弧刃两边打制，不锋利。残长10.8、宽10.6、厚4.2厘米（图四六八，3）。石场:351，上厚下薄近椭圆形，弧顶为原面，原面微弧，破裂面近平，两边修直不平，弧刃单面打制，尚不锋利。长14.4、宽8、厚3.4厘米（图四六八，5）。石场T2949:539，扁平体近梯形，顶残，两面一面为原平面，另一面打制近平，两边打制呈尖弧状，弧刃单面打制，不锋利。残长13.4、宽9、厚3.8厘米（图四六八，8）。

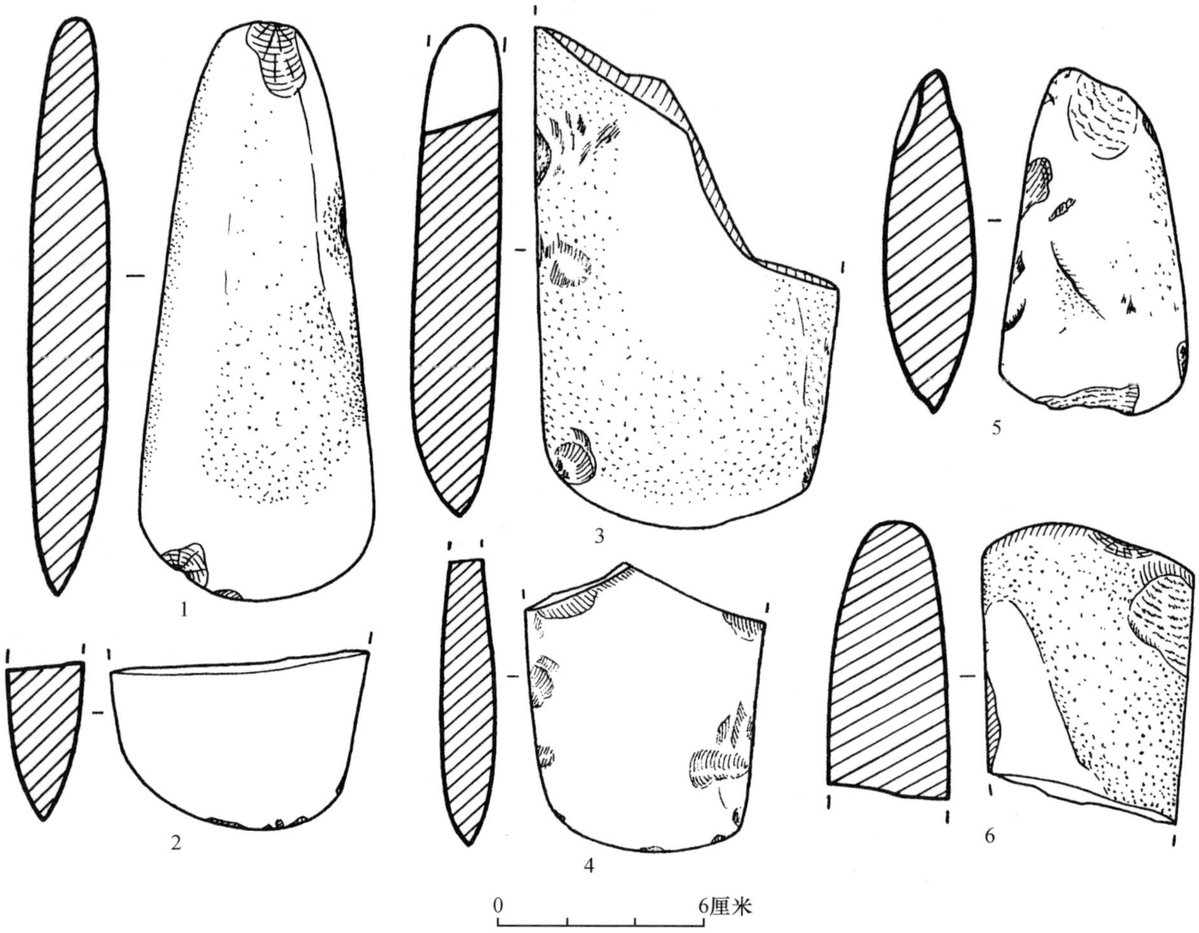

图四六七　采集的E型、F型石斧

1、5. Ea型（采:39、采:85）　2. Fc型（采:48）　3、4. Fa型（石场:301、石场:303）

6. 刃已残F型（采:133）

Gb型：4件。采:6，平薄为梯形，弧顶，两面皆平，一为原面，一为破裂面，两边经修整平直，有片疤，弧刃为原面，尖薄不锋利。长7.6、宽5.9、厚0.8厘米（图四六九，5）。采:108，较薄梯形，平顶打制，两面一为原光滑面，一为打制面，凹凸不平，两边略修直，有片疤，平刃单面打制，不锋利。长10.6、宽6.2、厚2.2厘米（图四六九，6）。采:192，扁平体近梯形，平顶，两面一面为原面，另一面为打击面，多片疤，两边修直皆外斜，平刃两面打制，不锋利。长9.5、宽7.2、厚2.9厘米（图四六九，1）。石场:313，厚体近矩形，顶已残，两面一面为原平面，另一面打制凹凸不平，两边皆打制不平，但近平行，弧刃近平，单面打制，不锋利。残长9.6、宽11.4、厚4.3厘米（图四六九，4）。

Gc型：2件。石场:348，上厚下薄近梯形，平顶单面打制，原面微弧，破裂面上厚下薄但皆近平，两边修直呈尖状，斜弧刃未加工但锋利。长12、宽9.5、厚3.8厘米（图四六八，1）。石场T2849:460，厚体近梯形，平顶甚薄，两面一为原弧面，破裂面一边厚凸，另一边近平，

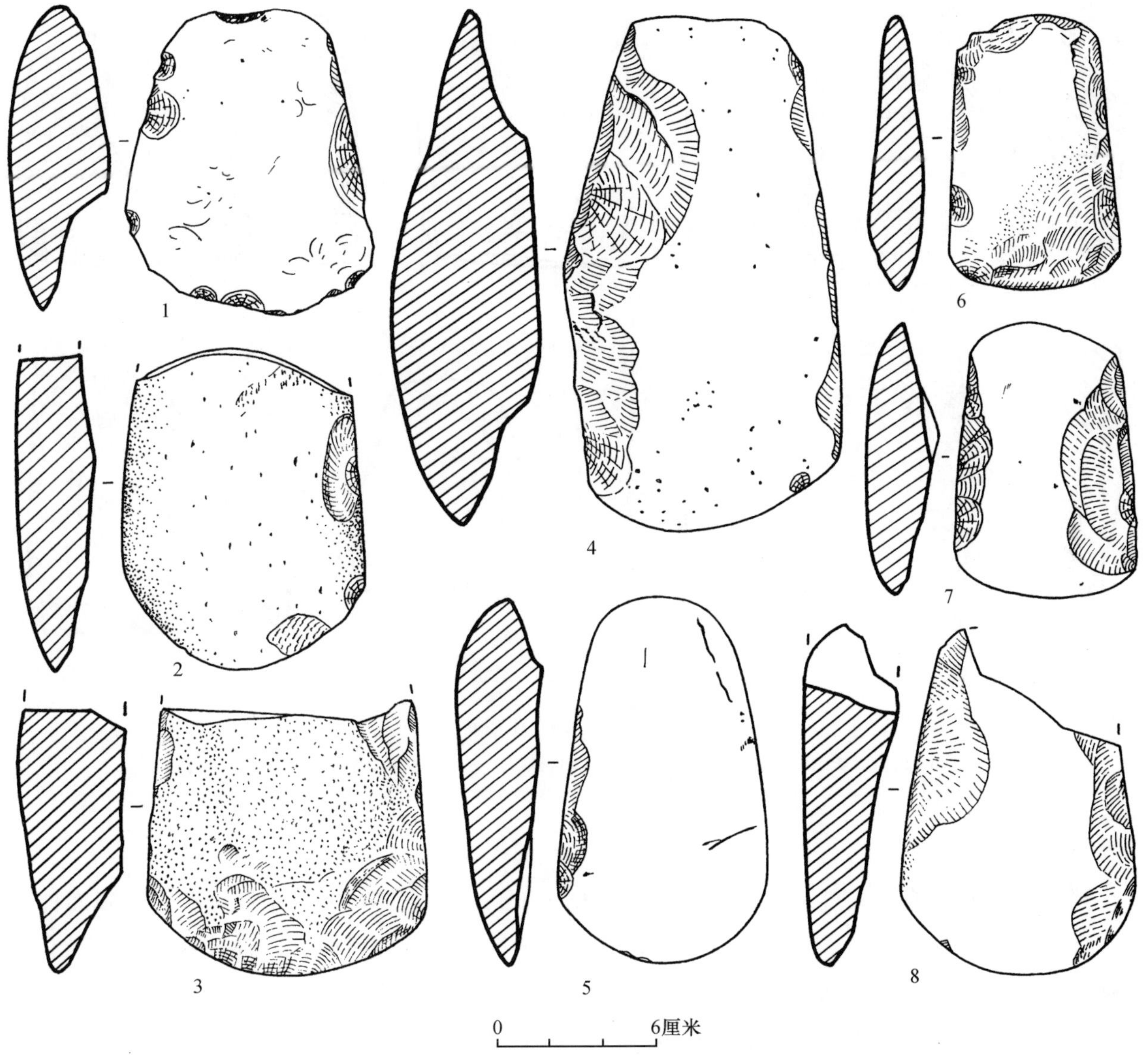

图四六八　采集的G型石斧

1、4. Gc型（石场:348、石场T2849:460）　2、3、5～8. Ga型（采:136、石场:316、石场:351、采:45、采:110、石场T2949:539）

两边皆两面修整，都不平，斜弧刃没有进一步加工底，不锋利。长20.2、宽10.8、厚5.8厘米（图四六八，4）。

刃已残的G型：2件。采:150，厚薄不一近梯形，斜平顶单面打制，两面一为原面，另一面打制凹凸不平，有疤痕，两边修直不平，刃部残。残长8.5、宽7.7、厚3.1厘米（图四六九，3）。石场:247，薄体近正方形，尖平顶两面打制，一面为近平原面，另一面打制近弧面，两边打制修直近平，刃残。残长8.8、宽7.9、厚2.6厘米（图四六九，2）。

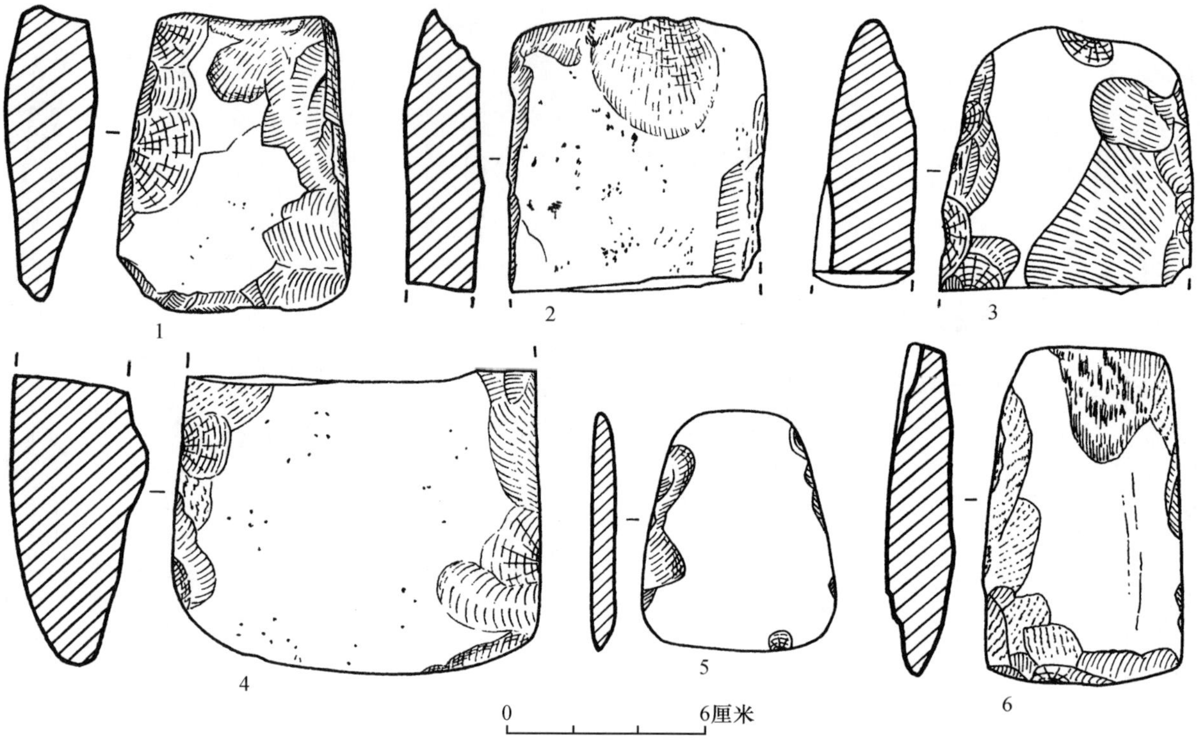

图四六九　采集的 G 型石斧

1、4～6. Gb 型（采:192、石场:313、采:6、采:108）　2、3. 刃已残 G 型（石场:247、采:150）

（8）H 型斧

H 型斧为砾石或石核打制的石斧，40 件。据刃部可分为 a、b、c 三个亚型和刃已残四种。

Ha 型：10 件。采:35，扁弧体近梯形，弧顶，两原面和两侧皆弧状，通体敲琢有密集的小坑疤，弧刃一角残，不锋利。长 10.6、宽 6.2、厚 2.3 厘米（图四七一，5）。采:55，扁平近宽梯形，弧顶打制，两原弧面较平滑，两边经锤击加工留下大块片疤，弧刃单面打制不锋利。长 11、宽 7.6、厚 2.2 厘米（图四七〇，6）。采:91，扁弧近梯形，平顶为原面，两原面微弧，两边打制修直，多片疤，平刃两面打制，使用后已不锋利。长 9.8、宽 6.5、厚 2.4 厘米（图四七一，1）。采:100，扁弧体近长方形，顶端一角已残，两面皆原面，一平一微弧，多片疤，两边打制，修直近平行，弧刃两面打制，不甚锋利。长 12.4、宽 7.7、厚 2.6 厘米（图四七〇，7）。采:140，扁弧体近宽梯形，顶残，两面皆原弧面，有琢痕，两边尖弧较直，弧刃两面打制，不甚锋利。残长 9、宽 11.2、厚 3.3 厘米（图四七〇，3）。采:148，较厚近椭圆形，斜顶为原弧面，两面为原平面，近边有疤痕，两边修直，弧刃两面打制，不锋利。长 13.4、宽 6.8、厚 3 厘米（图四七〇，8）。采:149，扁圆近梯形，弧顶单面打制，两面一面为原面，另一面打制，两边较薄不平，弧刃两面打制，一角已残。残长 12.5、宽 8、厚 2.8 厘米（图四七〇，5）。石场:276，扁平近梯形，弧顶，两原面一面平，另一面打制凹凸不平，边多片疤，两边修直呈尖状，弧刃两面打制还不锋利。长 19.7、宽 10.8、厚 3.8 厘米（图四七〇，1）。石场 T2748:367，较厚体近梯形，弧顶有片疤，两原面微弧近平，一面修边时有大片凹疤，两边打制修直，一边上部已琢平，弧刃单面打制尚不锋利。长15、宽8.6、厚3.5厘米（图四七〇，4）。石场T3248∶554，厚大近梯形，斜弧顶和一面斜边皆原面，两面微弧近平也为原面，另一边两面打制，呈尖弧状，弧刃已残，单面打制。残长18.6、宽12.2、厚5.5厘米（图四七〇，2）。

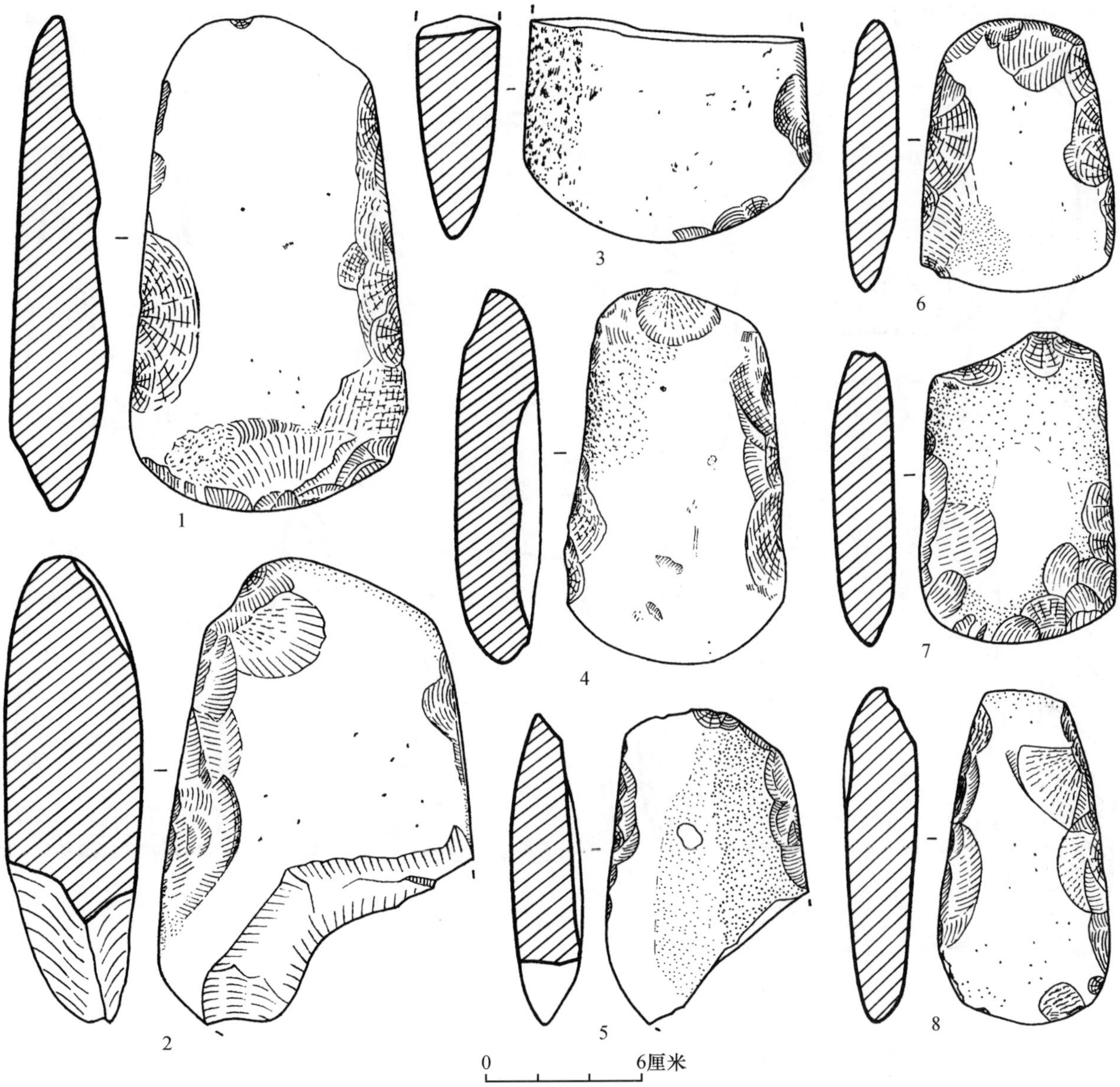

图四七〇　采集的Ha型石斧

1. 石场∶276　2. 石场T3248∶554　3. 采∶140　4. 石场T2748∶367　5. 采∶149　6. 采∶55　7. 采∶100　8. 采∶148

Hb型：3件。采∶21，较厚体近梯形，斜顶两弧面和两边皆原面，但都稍打制留有疤痕，弧刃近平两面打制，有使用痕，不锋利。长12、宽7.4、厚2.8厘米（图四七一，6）。采∶116，扁弧体近梯形，弧顶两面打制呈薄刃状，两面和两边皆原面，通体琢痕，边直而外斜扁弧状，弧刃近平，两面打制不锋利。长13.2、宽8.7、厚3.1厘米（图四七一，3）。采:216，扁薄体近长方形，弧顶近平，两原面微弧近平，局部有片疤，两边原面尖弧不平，弧刃近平两面打制，不锋利。长19.4、宽8.9、厚2.7厘米（图四七一，2）。

Hc型：1件（采:15）。扁弧体梯形，平顶单面打制，两面一面为光滑原弧面，另一面打制多凹疤，两边扁弧修直，弧刃近平单面打制不锋利。长10.6、宽7.4、厚2.3厘米（图四七一，4）。

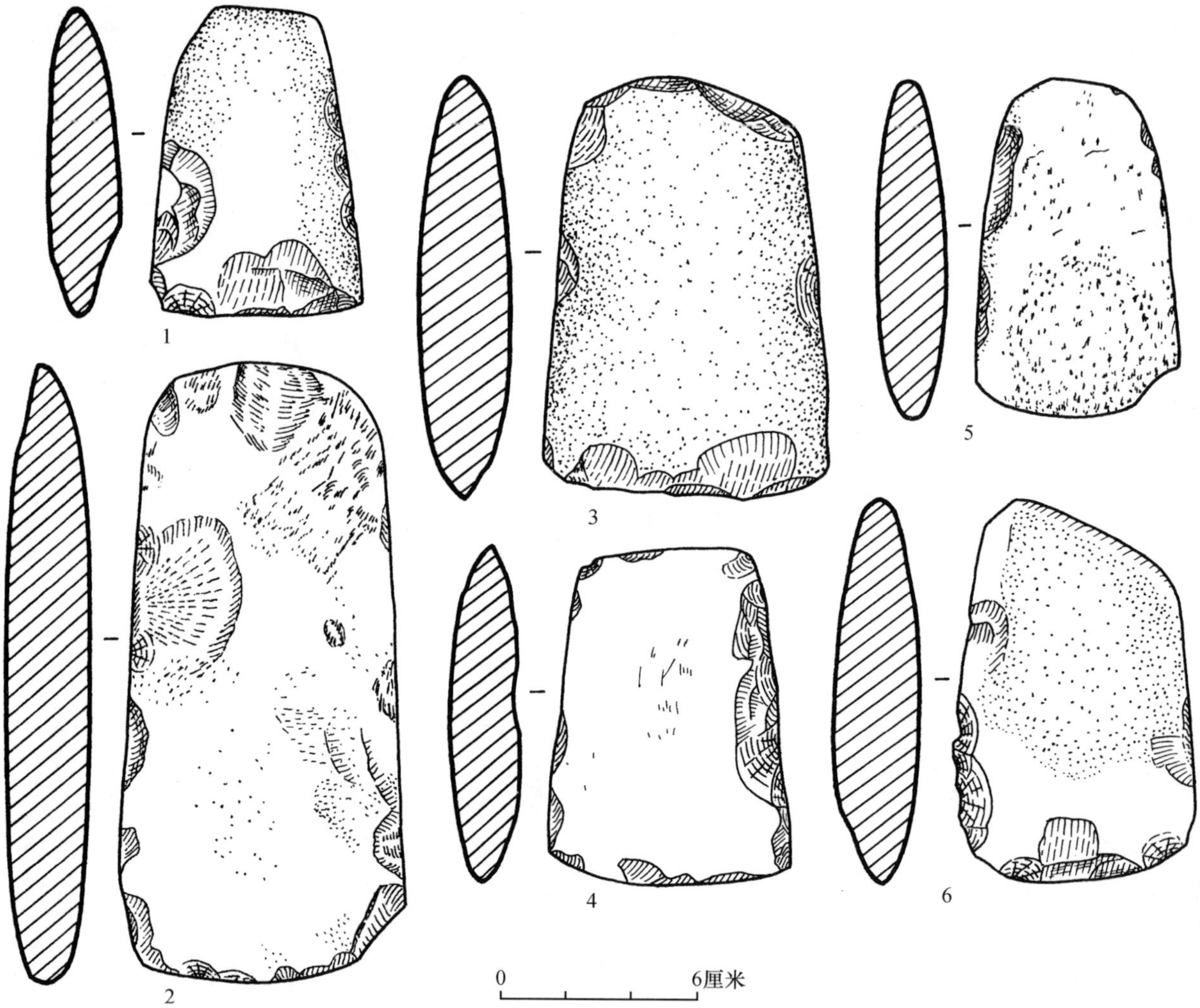

图四七一　采集的H型石斧

1、5. Ha型（采:91、采:35）　2、3、6. Hb型（采:216、采:116、采:21）　4. Hc型（采:15）

刃已残的H型：共26件。采:12，较厚体近长方形，斜弧顶为原面，一面稍打制，另一面有磨痕，两边打制修直，尖薄而不平，刃部残断。残长8.8、宽8.1、厚3.4厘米（图四七三，10）。采:27，扁弧体近梯形，弧顶，两面皆有打击小片疤和琢痕，两边斜直稍琢平，刃已残。残长9.2、宽9.5、厚3.4厘米（图四七二，12）。采:47，扁圆体近长梯形，弧顶为原面，两面稍打制，两边圆弧琢修平直，刃部残断。残长14、宽8.3、厚3.5厘米（图四七三，2）。采:50，厚体斜梯形，斜弧顶，一面打制，另一面稍磨，皆微弧，两边扁弧状打制，边多片疤，下部已残。残长13.4、宽8.1、厚3.2厘米（图四七三，7）。采:98，扁圆体近梯形，平顶略打制，两面皆原面，一平一微弧，两边原扁弧面不平，刃部残。残长11.2、宽7.2、厚3.1厘米（图四七三，13）。采:101，扁弧体大梯形，弧顶打制，两面皆原弧面，上薄下厚，两边原面扁弧斜直，刃部残断。残长14.9、宽10.2、厚3.9厘米（图四七二，1）。采:106，扁弧体大梯形，弧顶，两面和两边皆原面，通体有琢痕，刃已残断。残长14、宽9.2、厚3厘米（图四七二，9）。采:109，遍长体近梯形，弧顶近平，两面、两边皆原面，局部有打击痕，刃部已残断。残长13.3、宽8.5、厚3.7厘米（图四七三，1）。采:111，扁薄体近梯形，弧顶单面打制，两面一面原面，另一面打制凹凸不平，两边单面打制，修直外斜，刃残。残长9.6、宽8.3、厚2.6厘米（图四七三，12）。采:113，扁圆体近梯形，弧顶，两弧面及两边皆原面，通体有打制痕，刃部已残断。残长10.8、宽7.1、厚3.3厘米（图四七三，5）。采:125，厚体长方形，弧顶为原面，两面皆微弧原面，均有琢痕，两边一边为原光滑面，另一边打制近平，刃已残。长11.7、宽4.8、厚3.9厘米（图四七三，9）。采:126，厚体近梯形，弧顶较薄为原面，两原面皆中部弧厚，两边琢平而修直。刃已残。残长11.8、宽8.3、厚4.9厘米（图四七二，6）。采:131，较厚体近梯形，斜顶为原面呈尖刃状，两面微弧近平为原面，两边磨平稍外斜，刃已残。残长12.4、宽8.3、厚3.5厘米（图四七二，8）。采:143，扁平体梯形，弧顶较薄，两原面有琢痕，两边修直呈扁弧状，刃部残。残长11.2、宽8.5、厚2.8厘米（图四七二，11）。采:145，较厚体呈长方形，弧顶为原面，两面为一平一微弧，有琢打痕，两边一边为原面，另一边打制修直，刃已残。残长8、宽5.7、厚3.2厘米（图四七三，8）。采:147，扁平体大梯形，弧顶打制，两原面近平，局部有琢痕，两边琢平修直，刃已残。残长10.3、宽10.2、厚3.1厘米（图四七二，3）。采:181，扁平体长方形，平顶打制，两原面有打制疤痕，两边打制修直且平行，刃部残。残长9.5、宽5.6、厚2厘米（图四七三，4）。采:183，扁平体长方形，顶残，两原面一平一微弧，两边原面稍打制有片疤，弧刃近平不锋利。残长7.4、宽6.6、厚2.2厘米（图四七三，14）。石场:239，扁弧体近长方形，弧顶稍打制，较薄。两面皆原弧面，两边皆原尖弧面，通体琢痕，刃已残。残长14.4、宽9、厚3.9厘米（图四七二，10）。石场:257，厚体近梯形，斜弧顶，一面为原面呈外斜状，另一面打制近平，两边皆原面打制呈尖状，刃残。残长11.4、宽9.4、厚4厘米（图四七二，5）。石场T2848:418，残体呈平行四边形，斜平顶，一面近平为原面，另一面凹凸也原面，两边琢直一边平，一边尖弧，刃已残。残长12.2、宽8.4、厚4.2厘米（图四七三，6）。石场T2848:447，扁弧体呈梯形，但刃已残，平顶，两面皆弧，两边皆小弧面，但多为原砾石面。残长9.4、宽11.5、厚4.6厘米（图四七二，4）。石场T2849:456，扁弧近梯形，弧顶和两斜边皆尖弧状，有琢痕，两面为光滑原面，或经磨制，刃已残。残长8.4、宽8.2、厚3.2厘米（图四七三，11）。石场T2949:513，扁平近梯形，弧顶，两面微近平，都是原面，两边皆尖弧，一边有打制片疤，另一边为原面，刃已残。残长10.4、宽11、厚3厘米（图四七二，7）。石场T2949:515，扁弧体近梯形。弧顶有两边打琢痕，两弧面，两尖弧边，皆原面。刃已残。残长10.2、宽8.1、厚4厘米（图四七三，3）。石场T3250:577，特厚体近梯形，弧顶单面打制，两面多打制片疤皆不平，两边琢直但不平，刃已残。残长13.4、宽

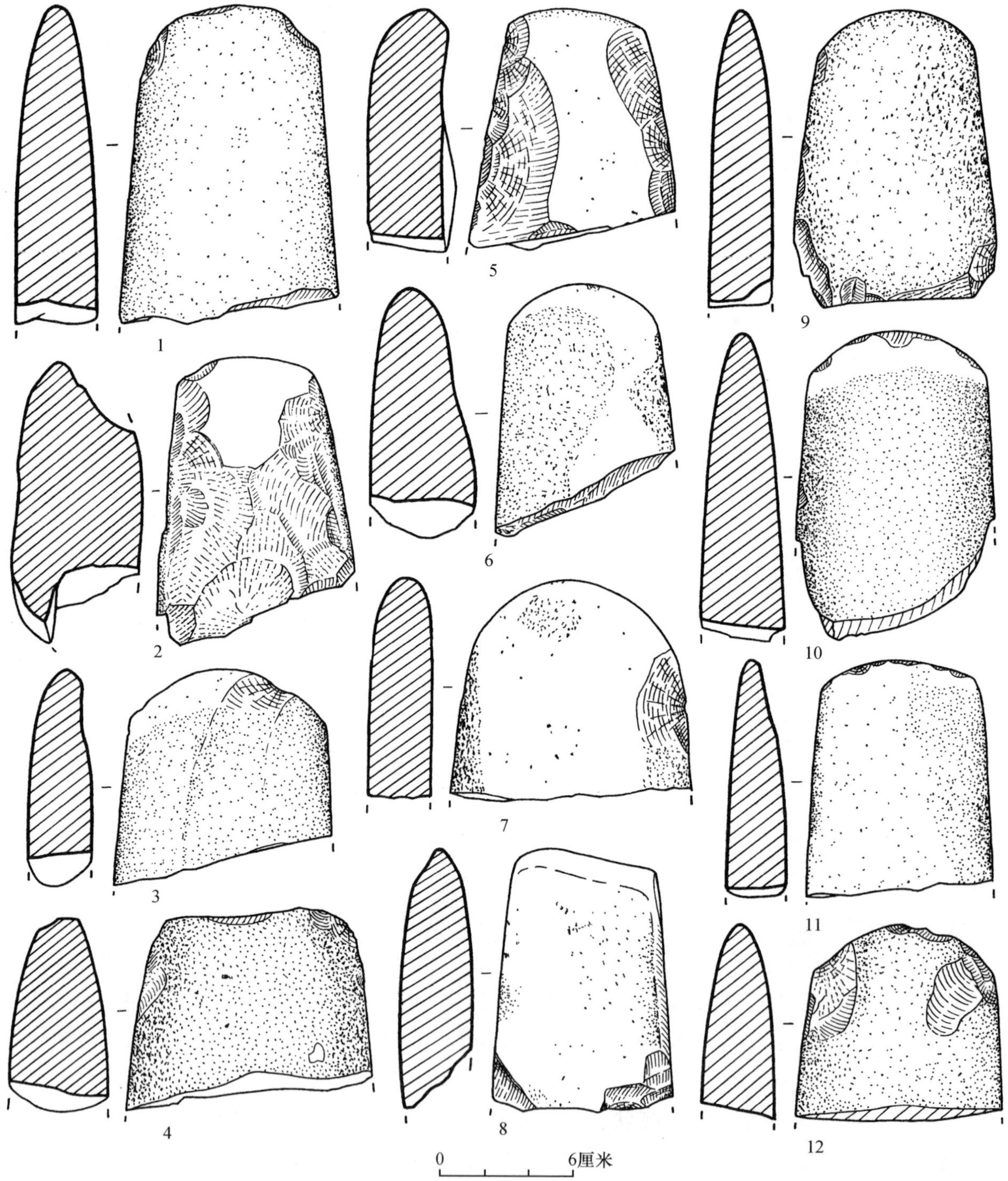

图四七二　采集的H型刃残石斧

1. 采:101　2. 石场T3250:577　3. 采:147　4. 石场T2848:477　5. 石场:257　6. 采:126　7. 石场T2949:513　8. 采:131　9. 采:106　10. 石场:239　11. 采:143　12. 采:27

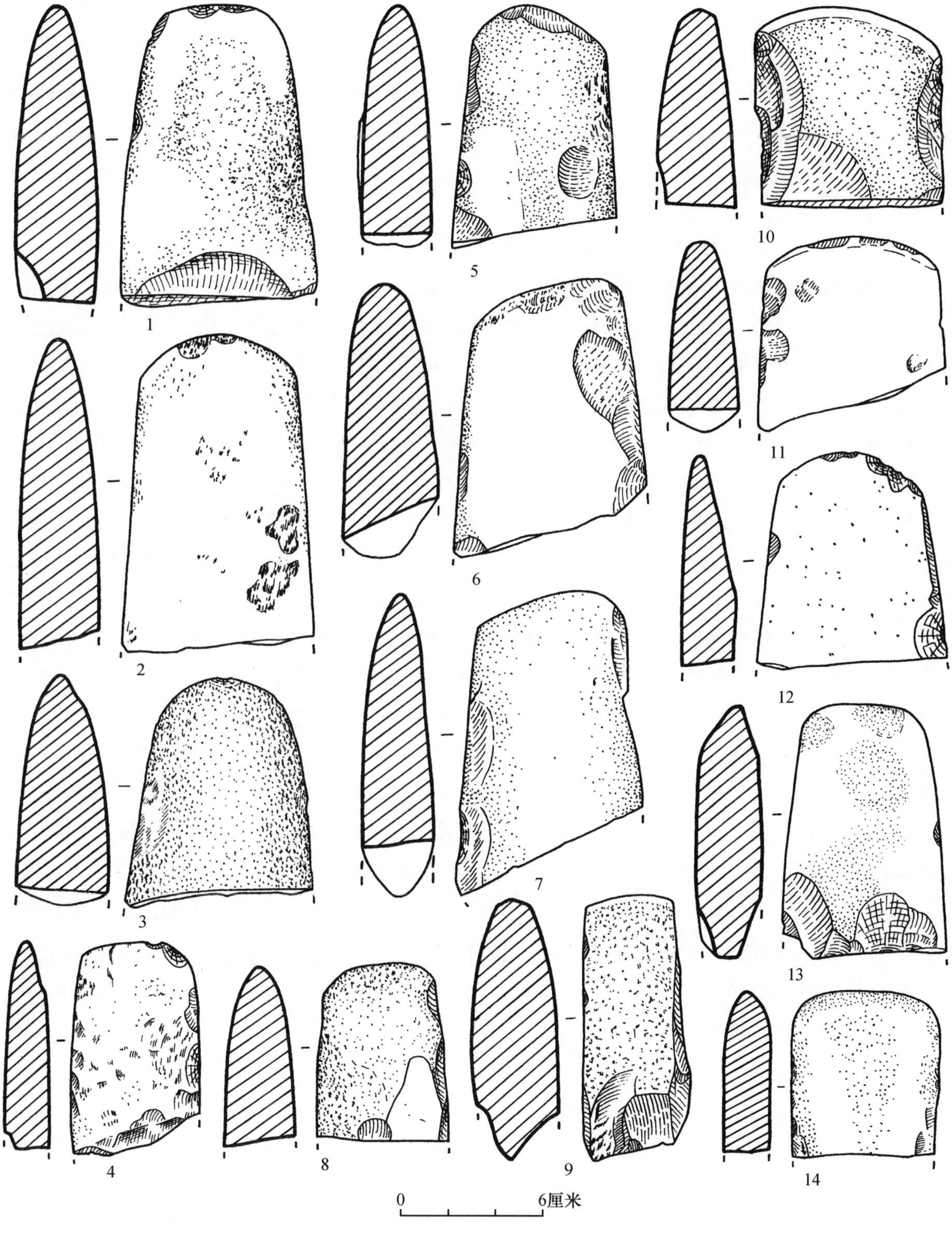

图四七三　采集的H型刃残石斧

1. 采:109　2. 采:47　3. 石场T2949:515　4. 采:181　5. 采:113　6. 石场T2848:418　7. 采:50　8. 采:145　9. 采:125　10. 采:12　11. 石场T2849:456　12. 采:111　13. 采:98　14. 采:183

9.4、厚6.2厘米（图四七二，2）。

（9）残石斧

1件（石场采:346）。上厚下薄近半圆形，但上部大都已残。两原面皆弧面，一侧残边呈尖弧状，圆弧刃两面磨制，锋利。残长6.9、宽9.2、厚3.4厘米（图四七四，19）。

2. 小石锛

12件。采:1，扁平体呈梯形，通体磨光，弧顶，两侧边是原光滑面，两边下部进一步磨平，两面磨平。斜刃两面磨制，但不对称，有使用痕，仍锋利。长5、宽2.5、厚0.6厘米（图四七四，18）。采:2，扁平呈长方形，通体磨光。平顶，两侧边磨平，两面磨制微弧近平。平刃单面磨制，有使用痕，锋利。长6.2、宽4.1、厚1.2厘米（图四七四，2）。采:51，扁平体近正方形，顶残，两原面微弧近平有琢痕，两边平行琢平，平刃两面磨制，不对称且锋利。残长5.8、宽5.2、厚1.6厘米（图四七四，13）。采:56，厚薄不一呈长方形，弧顶单面打制。一面仍保留原面，但左侧和下部有打击片疤，另一面破裂面近平，两边修直近平行，平刃单面打制，甚锋利。长8.3、宽4.7、厚1.5厘米（图四七四，6）。采:58，扁平体长椭圆形，弧顶，两面、两边皆原弧面，甚光滑，弧刃单面磨制，不锋利。长6.2、宽2.3、厚1厘米（图四七四，17）。采:60，较厚体近三角形，弧顶为原面，一角残。两面磨平有大块片疤。一边为原面，一边打制修直，平刃单面磨制、锋利。长6.8、宽3.9、厚1.3厘米（图四七四，5）。采:73，扁平小梯形，平顶，通体磨光两直边外斜，两面皆平，平刃单面磨制，不甚锋利。长6.2、宽4、厚0.8厘米（图四七四，11）。采:74，扁平小梯形，弧顶，通体磨光，两面近平，两边磨平有疤痕，斜平刃单面磨制，有使用痕，不锋利。长5.6、宽3.7、厚1厘米（图四七四，12）。采:75，扁弧体近梯形，弧顶以一角稍残，两面弧平光滑，通体磨制，两边平直微弧，弧刃单面磨制，有使用缺口，仍锋利。长7.4、宽4.6、厚1.2厘米（图四七四，1）。采:227，较厚体近梯形，弧顶为原面，两原面近平，两边磨平，有片疤。平刃单面磨制，一角稍残，仍锋利。长8.1、宽6.2、厚2.2厘米（图四七四，14）。采:229，薄而平近长方形，顶残，通体磨光，两面、两边皆磨平，一边中部有疤，斜平刃单面磨制，仍锋利。残长7、宽4.5、厚0.8厘米（图四七四，3）。采:230，较厚小梯形，通体磨光，平顶，两面一平，另一面稍弧有片疤，两边稍外斜。弧刃近平不对称，有使用痕，仍锋利。长5.8、宽3.3、厚1.1厘米（图四七四，7）。

3. 圭形石凿

6件。采:52，方柱体呈五角形，上部残，通体磨光，两面及两边磨平，下部对磨呈尖角刃，锋利。残长4.4、宽1.9、厚1.7厘米（图四七四，9）。采:57，扁平三角形，上部已残，通体磨光，两面皆平，两边下内弧相交成角刃。残长4.6、宽2.9、厚1厘米（图四七四，8）。采:231，圭形，通体磨光，平顶，两面磨平有疤痕，两边上部平行，下部对磨成角刃。长7.2、宽2.5、宽2.4厘米（图四七四，16）。采:232，厚体呈三角形，顶残，两面皆原面，有琢痕，下部磨制，两边磨制内弧下成尖角刃。残长7.7、宽3.5、厚2.3厘米（图四七四，15）。采:233，上

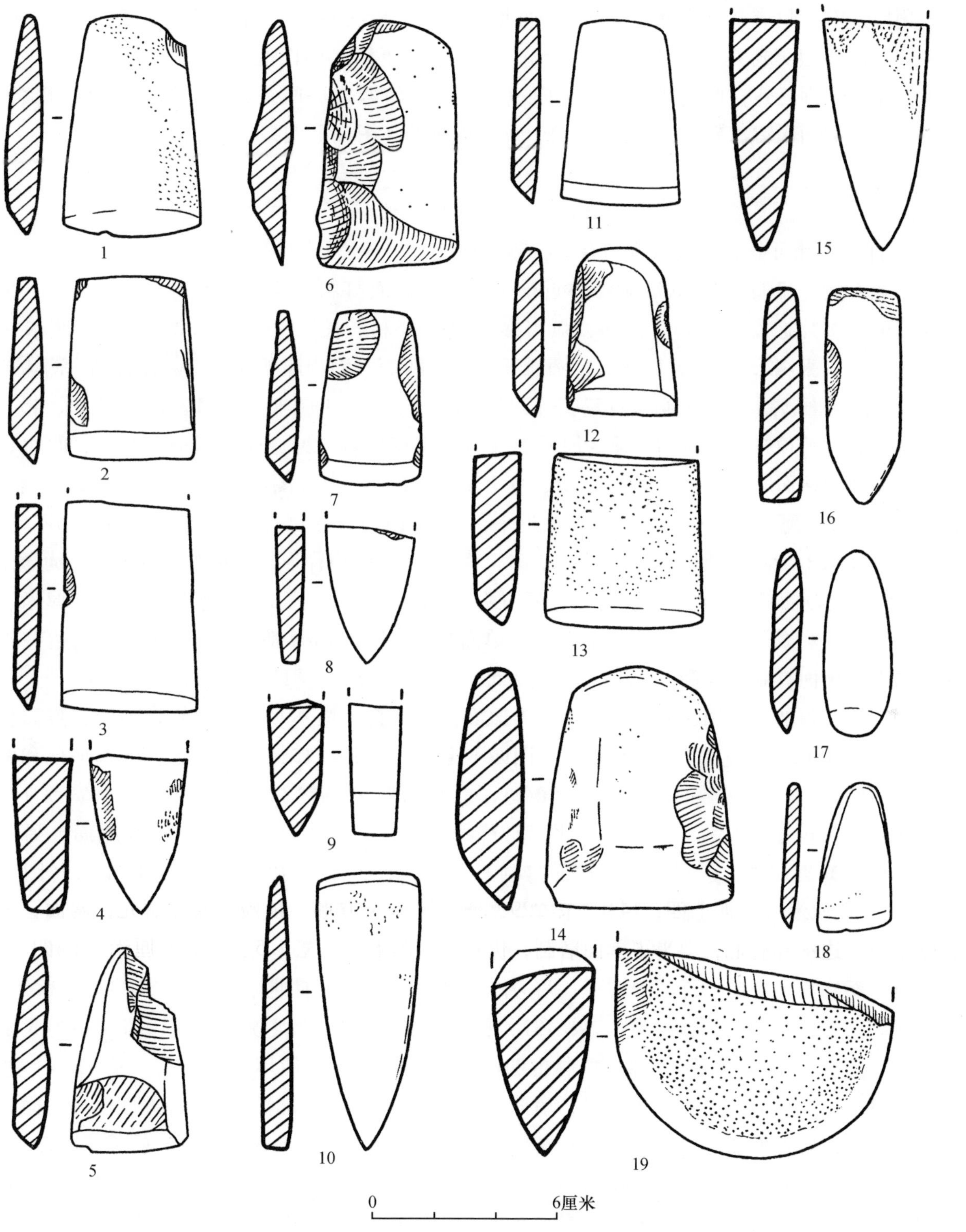

图四七四　采集的残石斧、小石锛、圭形石凿

1～3、5～7、11～14、17、18. 小石锛（采:75、采:2、采:229、采:60、采:56、采:230、采:73、采:74、采:51、采:227、采:58、采:1）　4、8～10、15、16. 圭形石凿（石场:357、采:57、采:52、采:233、采:232、采:231）　19. 残石斧（石场采:346）

薄下稍厚呈倒三角形，通体磨光，平顶单面磨制，呈锛状刃锋利。两面磨平上薄下稍厚，两边磨平，下内弧相交成尖角状刃。长9.2、宽3.3、厚1厘米（图四七四，10）。石场:357，斜平体近三角形，顶已残，两面皆原面，都向一边倾斜，使两边一厚一较薄，两边打制后稍磨平，两边内斜成尖角平刃。残长5.4、宽3.2、厚1.9厘米（图四七四，4）。

4. 石锄

42件。石锄可分为一般石锄和有肩石锄两种。

一般石锄　33件。采:10，扁弧体近梯形，弧顶单面打制，两面一面为光滑原弧面，另一面破裂面，多片疤。两边修直外斜，弧刃多缺口不锋利。长12.3、宽7.2、厚2.4厘米（图四七七，7）。采:43，扁薄近椭圆形，圆弧顶甚薄，两面一面为原弧面，另一面打制，两边打制修直，弧刃两面磨制有使用痕，较锋利。长12、宽7.8、厚2.1厘米（图四七七，5）。采:46，扁平近梯形，圆弧顶打制，两面一面为原平面，经打制有疤痕，另一面破裂面稍磨平，两边打制修直，斜弧刃两面磨制不锋利。长15.2、宽7.8、厚2.1厘米（图四七六，4）。采:83，扁薄大长方形，弧顶甚薄，一原面微弧，破裂面近平，两边近直且平行，弧刃近平，单面打制不锋利。长16.7、宽7.2、厚2.4厘米（图四七六，5）。采:84，扁弧小梯形，平顶单面打制，一为微凸原面多片疤，打制面近平，两边修直外斜，弧刃两面打制较锋利。长8.3、宽5.7、厚1.9厘米（图四七八，2）。采:87，上厚下薄近梯形，斜顶单面打制，一原面微弧，打制面近平。两边一直一弧，斜弧刃单面打制较锋利。长14.2、宽7.5、厚2.7厘米（图四七六，1）。采:104，上薄下厚近椭圆形，顶部不规则，甚薄。两面一为原面，另一打击面不平，两边修直外斜，弧刃稍修整不锋利。长12.9、宽7、厚1.8厘米（图四七七，3）。采:115，平薄瘦长梯形，平顶和两直边皆单面修整，一原面微凹，打制面稍磨近平。弧刃单面修整不锋利。长13.9、宽5.7、厚1.5厘米（图四七七，9）。采:117，平薄近梯形，单面修整，两面皆平，一为原面，另一打制面。两边修直外斜，弧刃近平，单面打制不锋利。长12.5、宽8.5、厚1.8厘米（图四七五，9）。采:128，扁薄近梯形，斜平顶单面修整，一原面稍弧，破裂面甚平。两边修直，弧刃有使用痕不锋利。长11.2、宽5.4、厚1.4厘米（图四七八，5）。采:129，薄体近梯形，弧平顶，原弧面修薄多片疤，打制面甚平。两边修直稍外斜，弧刃有使用痕，仍锋利。长10.3、宽5.4、厚1.9厘米（图四七八，6）。采:137，较厚体长条形，斜弧顶为原面，两面一为光滑原弧面，一为打制面凹凸不平，两边打制也凹凸不平，斜弧刃有使用痕不锋利。长13.6、宽6、厚2.6厘米（图四七八，7）。采:151，扁薄体宽梯形，斜平顶较薄，一原面微弧，另一面打击面近平，两边修直外弧，弧刃近平单面打制，锋利。长8.4、宽6.5、厚1.6厘米（图四七八，3）。采:153，扁平体近椭圆形，弧顶，两边外斜，一原面甚平，打制面稍弧，弧刃单面打制不锋利。长10、宽6.5、厚1.3厘米（图四七八，1）。采:155，较厚体长梯形，顶近平甚薄，两面为一原面光滑微弧，破裂面较平。两边近直略修平，斜弧刃有使用痕，不锋利。长17.6、宽7.7、厚2.9厘米（图四七五，5）。采:156，厚体如凹腰梯形，斜弧顶为原面，两边皆微凹，多片疤。原面微弧，打制面较平，斜弧刃多缺口，不锋利。长14.2、宽8.4、厚3.5厘米（图四七六，8)。采:158，扁薄近椭圆形，窄弧顶近平，原面微弧，打制面近平。两边一长弧，另一边近直，都稍磨平，斜弧刃一面稍磨不锋利。长18.7、宽8.3、厚1.9厘米（图四七五，7)。采:159，较薄呈窄长方形，平顶稍窄，一原面微弧，多片疤，破裂面凹凸不平，两边修直磨平。弧刃近平，两边略修整，弧刃较钝。长18.6、宽8、厚4.2厘米（图四七五，8)。采:161，石坯略呈三角形，窄弧顶，一面稍磨制，另一面打制近平，多打击坑疤，两边修直，宽弧刃近平，不锋利。长10.7、宽5.8、厚1.8厘米（图四七八，4)。采:165，厚体长方形，斜平顶，两面一原面平，打制面凹凸不平，两边修直近平行，角状近弧刃单面打制，不锋利。长13.8、宽6.1、厚3.3厘米（图四七七，4)。采:169，较厚近梯形，斜弧顶，两面一为光滑原面，但凹凸不平，另一打制面近平，两边打制修直，残刃近平，打制不锋利。长13、宽8.1、厚3厘米（图四七七，6)。采:173，较厚体近长椭圆形，顶呈尖角状，单面打制，两面一面为原光滑平面，有片疤，另一面打制较平，两边略修直，弧刃单面稍打制，有使用痕较锋利。长18.3、宽7.6、厚3厘米（图四七五，4)。采:176，较厚体近梯形，圆弧顶单面打制，两面一面为原弧面，另一面打制留局部原面多片疤凹凸不平，两边修直皆外斜，弧刃近平不锋利。长13.8、宽7.3、厚3.4厘米（图四七六，3)。采:177，扁薄体近长方形，弧顶较薄，两面一原面微弧，打制面近平，两边较薄修直平行，弧刃单面打制不锋利。长12.9、宽6.8、厚2.1厘米（图四七七，1)。采:191，扁圆体近梯形，顶残，两面一为原面微弧近平，两侧有片疤，另一面打制近平，两边修直外斜，斜弧刃单面打制，有使用痕仍锋利。残长13.5、宽9.9、厚3.6厘米（图四七六，9)。采:196，平薄体近长方形，平顶，两面一为光滑原面，一为打击面较平。两边单面打制修直，斜弧刃有使用痕不锋利。长12.8、宽6.8、厚1.8厘米（图四七七，2)。采:197，扁薄体近梯形，平顶，两面皆微弧，一为光滑原面，一为打击面。两边修直外斜，弧刃不锋利。长11.3、宽8.3、厚2.3厘米（图四七七，8)。采:198，较厚体近梯形，弧顶打制，两面一为光滑原弧面，另一面打制近平，两边修直近平，弧刃单面打制有缺口，较锋利。长15.4、宽9.3、厚3.4厘米（图四七五，3)。采:202，扁弧体近梯形，平顶，一原弧面光滑有疤痕，另一面打制甚平，两边修直平行，弧刃单边打制不锋利。长11.5、宽7.5、厚3厘米（图四七六，6)。石场:349，中厚体近长三角形，尖弧顶两面打制，两面都有打制片疤而近平，两边修直不平。弧刃一面保留破裂面，不锋利。长16.2、宽8.8、厚3.2厘米（图四七六，2)。石场:352，宽薄体近椭圆形，弧顶为原面，一面为原面，另一面打制皆近平，两边略修直尖状不平，弧刃单面打制不甚规则。长16.3、宽11、厚2.7厘米（图四七五，2)。石场:353，体较薄近长方形，弧顶为原面，一为原面，另一为破裂面，都较平。两边打制修直但不平，弧刃近平，没有加工痕迹。长18、宽9.5、宽2.9厘米（图四七五，1)。石场T2949:500，扁平近椭圆形，弧顶，两弧平面和两边皆原面，弧刃单面打制，不锋利。长14.6、宽10、厚3.1厘米（图四七六，7)。

有肩石锄　9件。采:16，体薄双肩型，弧顶两面打制，一面近平，另一面有半月形凸痕。两边打制，中部微凹成平行双肩，斜弧刃两面磨制，不锋利。长11.4、宽8.3、厚1.8厘米（图四七九，1)。采:40，平薄双肩型，斜平顶单面打制，两面一为光滑原平面，另一面打制近平，两边打制，中部微凹成双肩。弧刃两面磨制，不甚锋利。长11.4、宽8、厚1.8厘米（图四七九，4)。

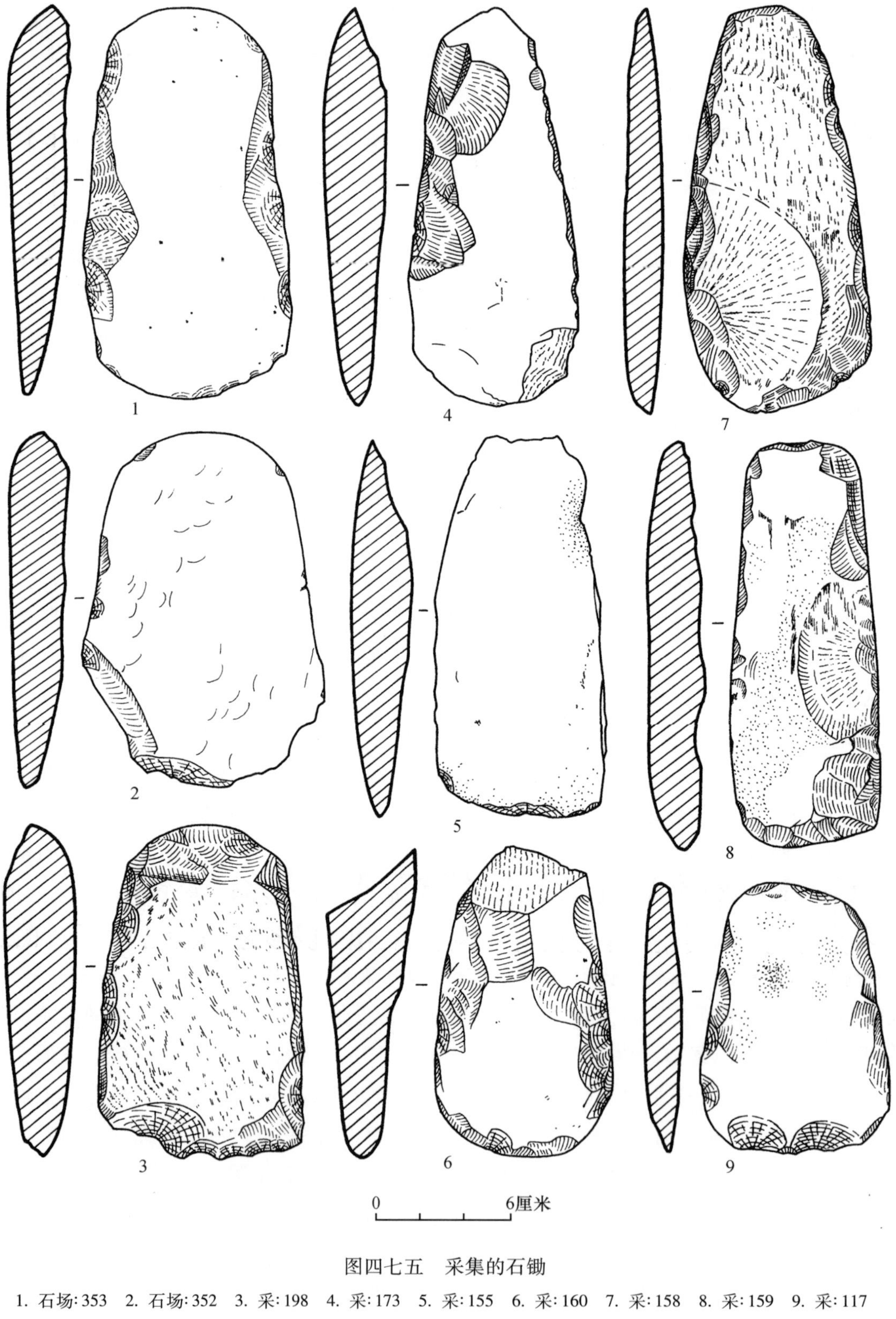

图四七五　采集的石锄

1. 石场:353　2. 石场:352　3. 采:198　4. 采:173　5. 采:155　6. 采:160　7. 采:158　8. 采:159　9. 采:117

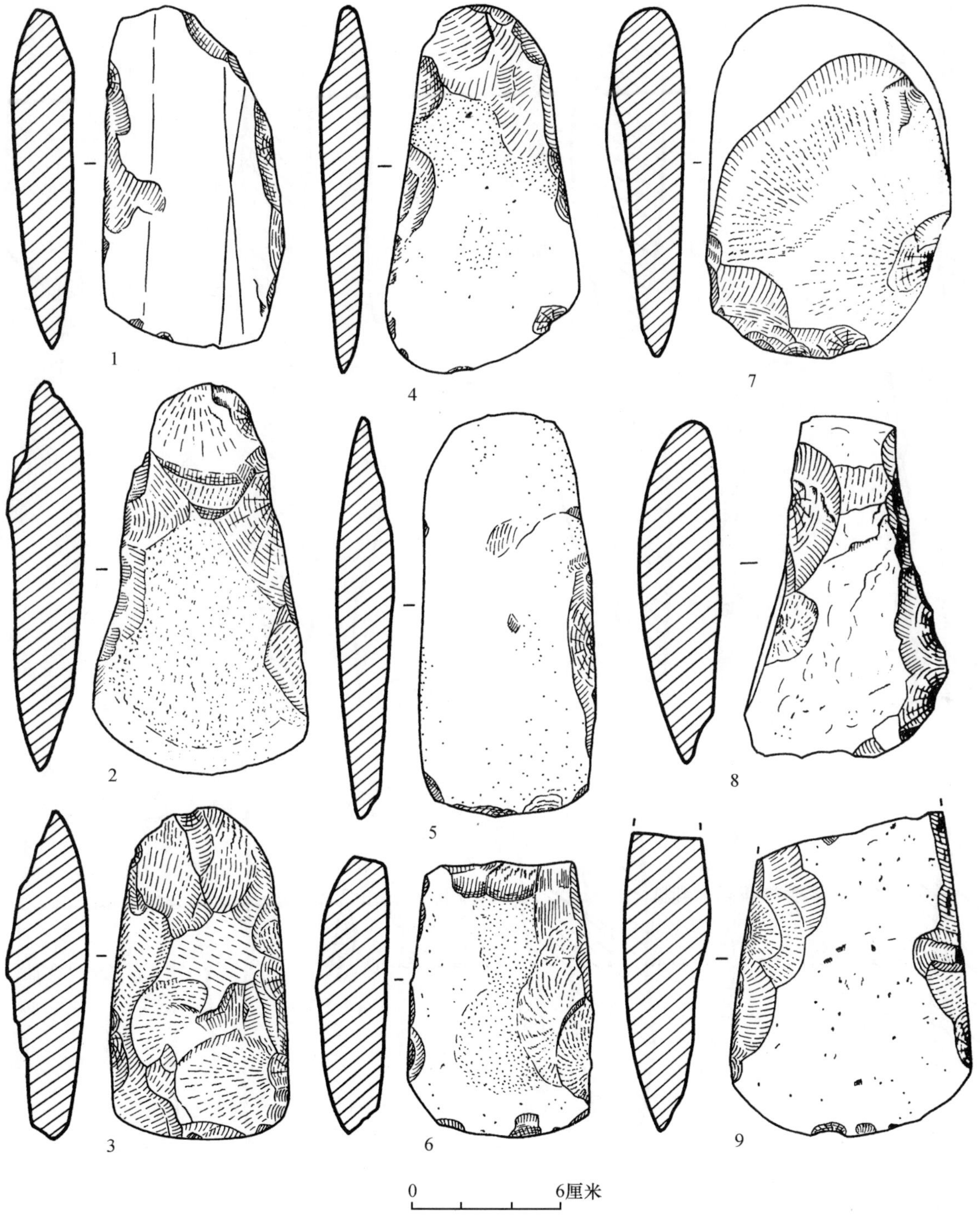

图四七六　采集的石锄

1. 采:87　2. 石场:349　3. 采:176　4 采:46　5. 采:83　6. 采:202　7. 石场 T2949:500
8. 采:156　9. 采:191

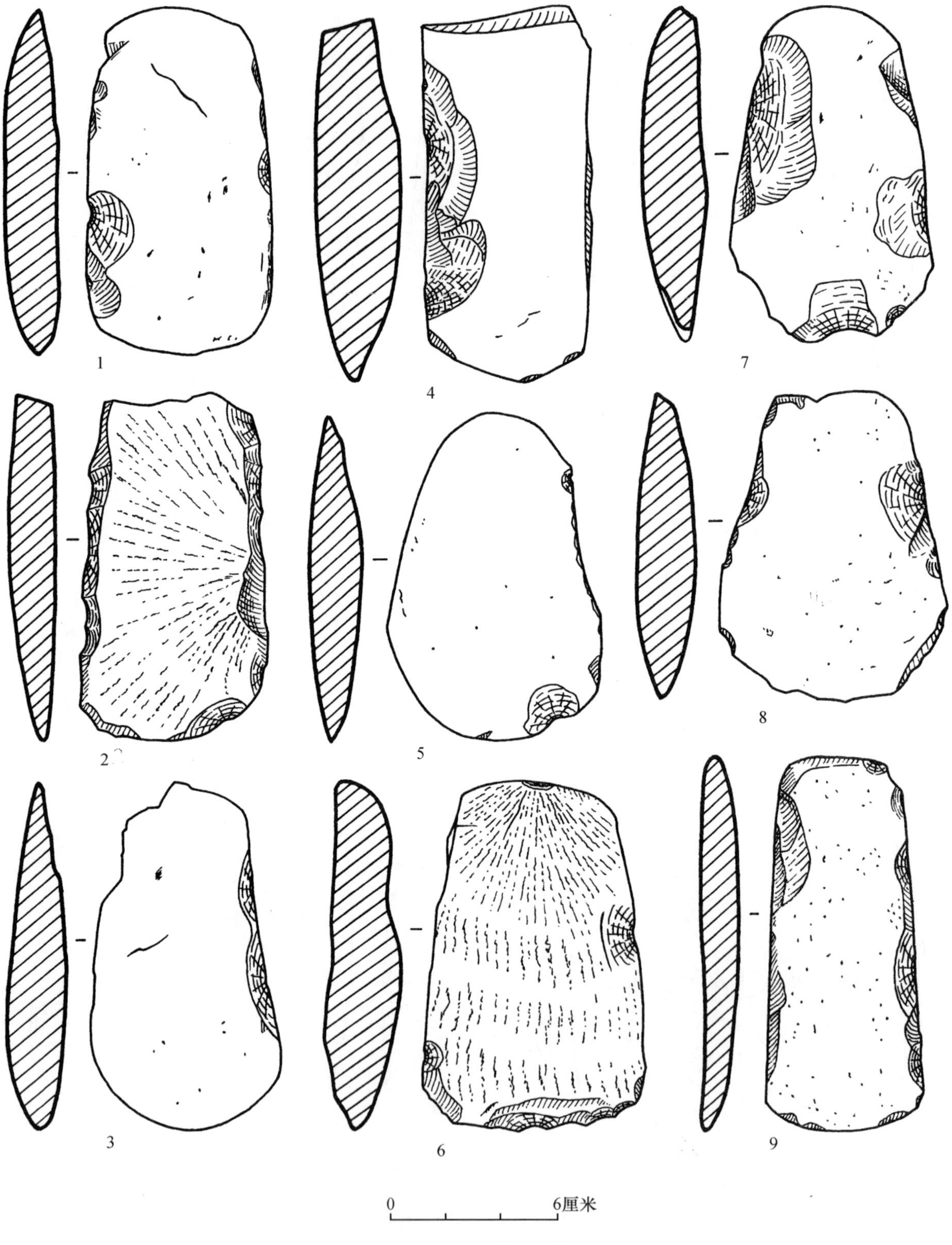

图四七七　采集的石锄

1. 采:177　2. 采:196　3. 采:104　4. 采:165　5. 采:43　6. 采:169　7. 采:10　8. 采:197　9. 采:115

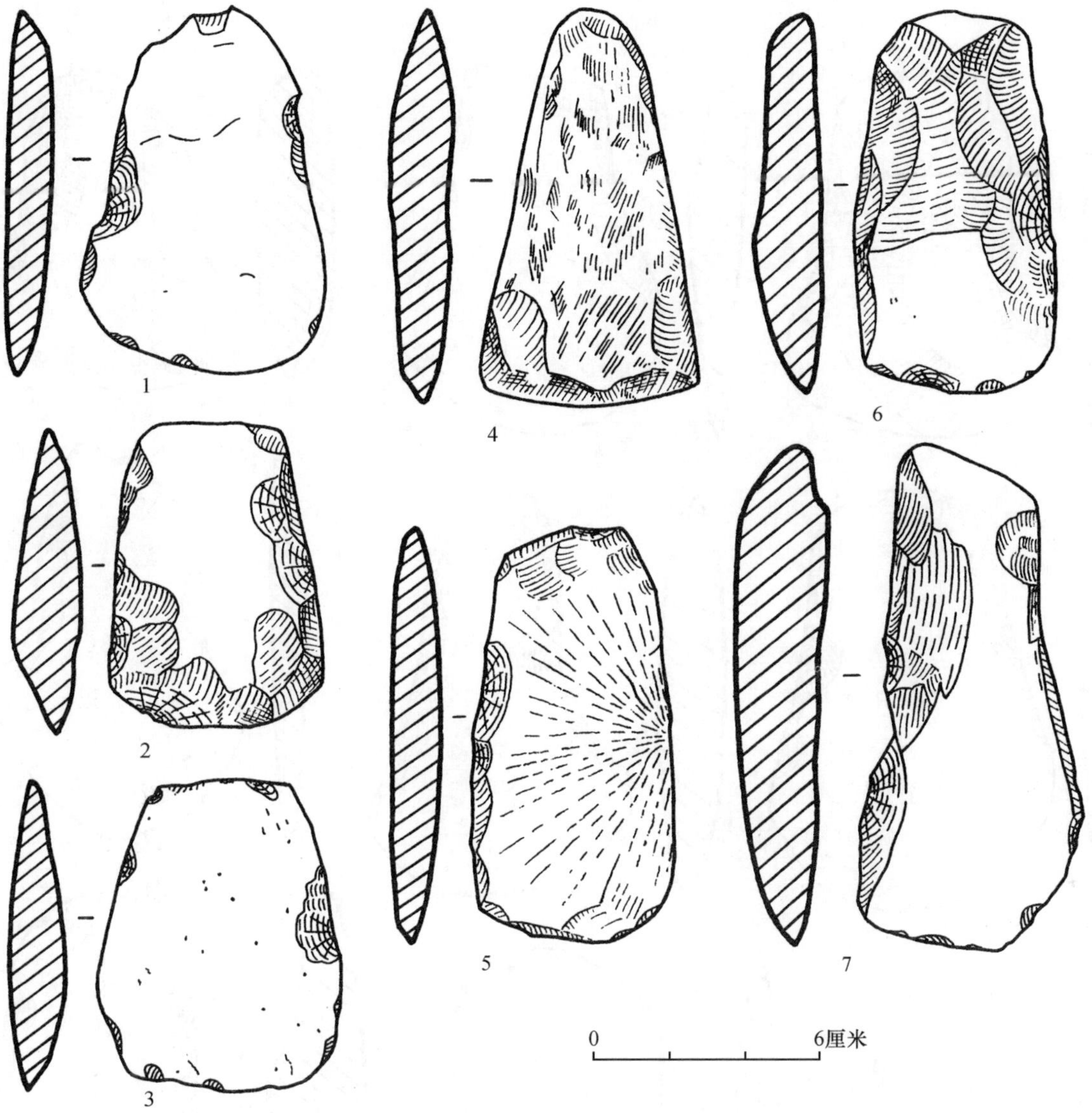

图四七八　采集的石锄

1. 采:153　2. 采:84　3. 采:151　4. 采:161　5. 采:128　6. 采:129　7. 采:137

采:175，体扁薄亚腰形，窄顶近弧，两面一为光滑面，另一面打制近平。两边一斜一凹弧呈双肩，弧刃单面修整，较锋利。长12.5、宽8、厚2.1厘米（图四七九，5）。采:219，单肩石锄，弧顶单面修整，一原面光滑近平，另一面打制凹凸不平，两边一斜一弧凹而成单肩，弧刃单面修整，较锋利。长15.3、宽9、厚3厘米（图四七九，9）。采:220，扁薄双肩型，弧顶近平，单面修整，一为原面，另一面破裂面皆近平，两边中部微凹呈双肩，弧刃两面磨制，仍锋利。长13、宽8.7、厚2厘米（图四七九，2）。采:221，扁薄双肩型，尖斜顶单面打制，一为原面，另一面打制皆近平。两边打制中部微凹呈双肩。弧刃两面磨制，有使用痕，仍锋利。长13.1、宽7.4、厚1.6厘米（图四七九，3）。石场:350，体较厚呈亚腰形，尖弧顶有打击疤。原面近平，另一面琢打微弧，两边打制呈亚腰。平刃微弧，两面稍磨制，一角已残不锋利。长10、宽

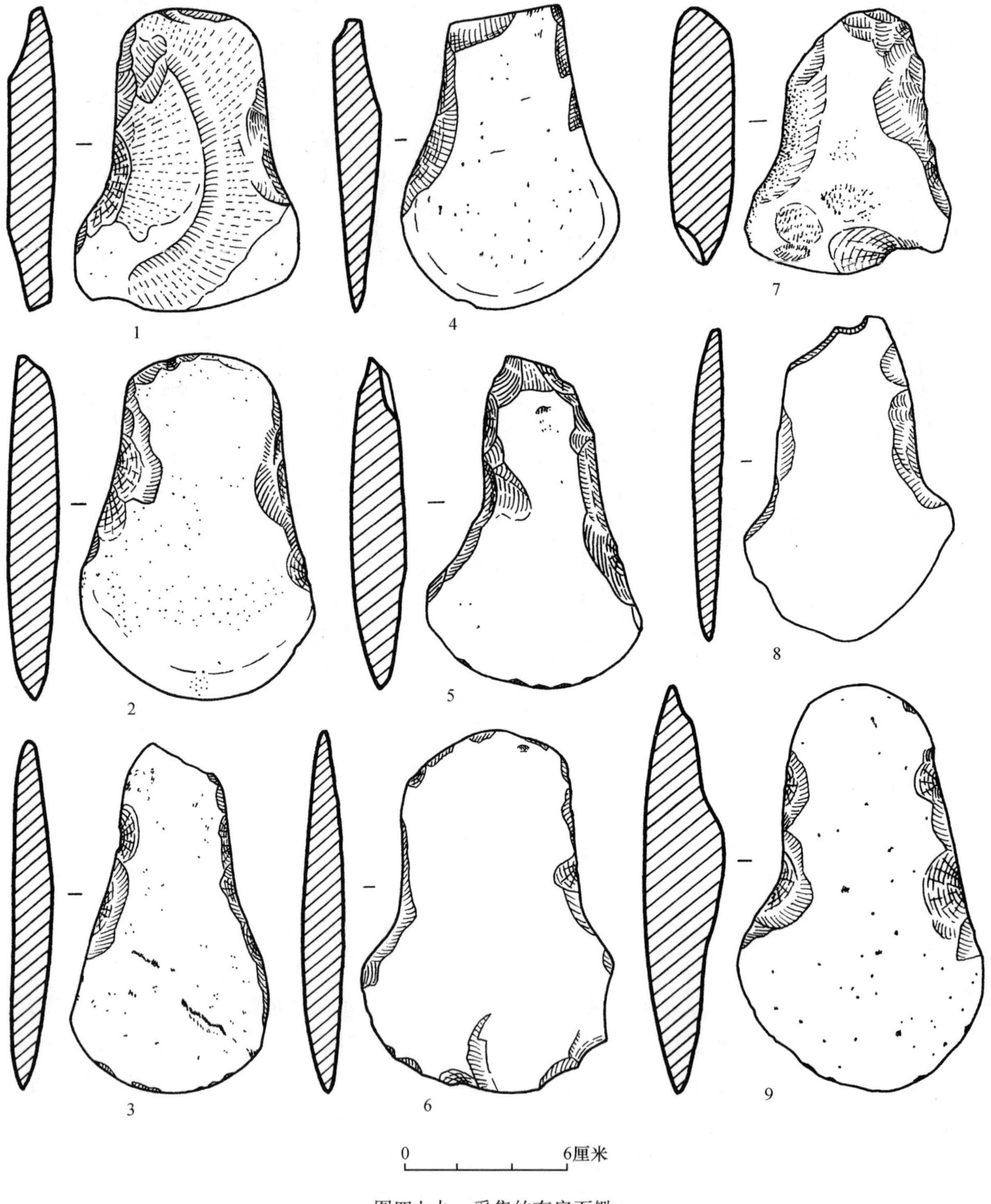

图四七九　采集的有肩石锄

1. 采:16　2. 采:220　3. 采:221　4. 采:40　5. 采:175　6. 石场 T2949:505　7. 石场:350
8. 石场 T2849:485　9. 采:219

7.6、厚2.4厘米（图四七九，7）。石场T2849:485，薄体亚腰形，斜顶有打制缺口，弧面近平为原面，破裂面甚平，两边修为亚腰形，尖弧刃一面稍磨制，不甚锋利。长12.2、宽7.7、厚1.2厘米（图四七九，8）。石场T2949:505，薄体亚腰形，弧顶甚薄，一面为原弧面，另一面打制甚平，两边修为亚腰形，弧刃单面打制，因薄而较实用。长13.6、宽9.3、厚1.6厘米（图四七九，6）。

5. 小石斧

2件。采:5，小石片打制，局部磨制，扁薄小梯形，两面皆破裂面，不甚平，两边修直修平，弧刃两面稍磨，锋利。长5.5、宽3、厚0.8厘米（图四八〇，7）。采:121，小砾石制作，扁平小梯形，斜顶和两平面皆光滑原面，两边磨平，弧刃两面磨制，有使用痕而不锋利。长7.3、宽4、厚1.2厘米（图四八〇，9）。

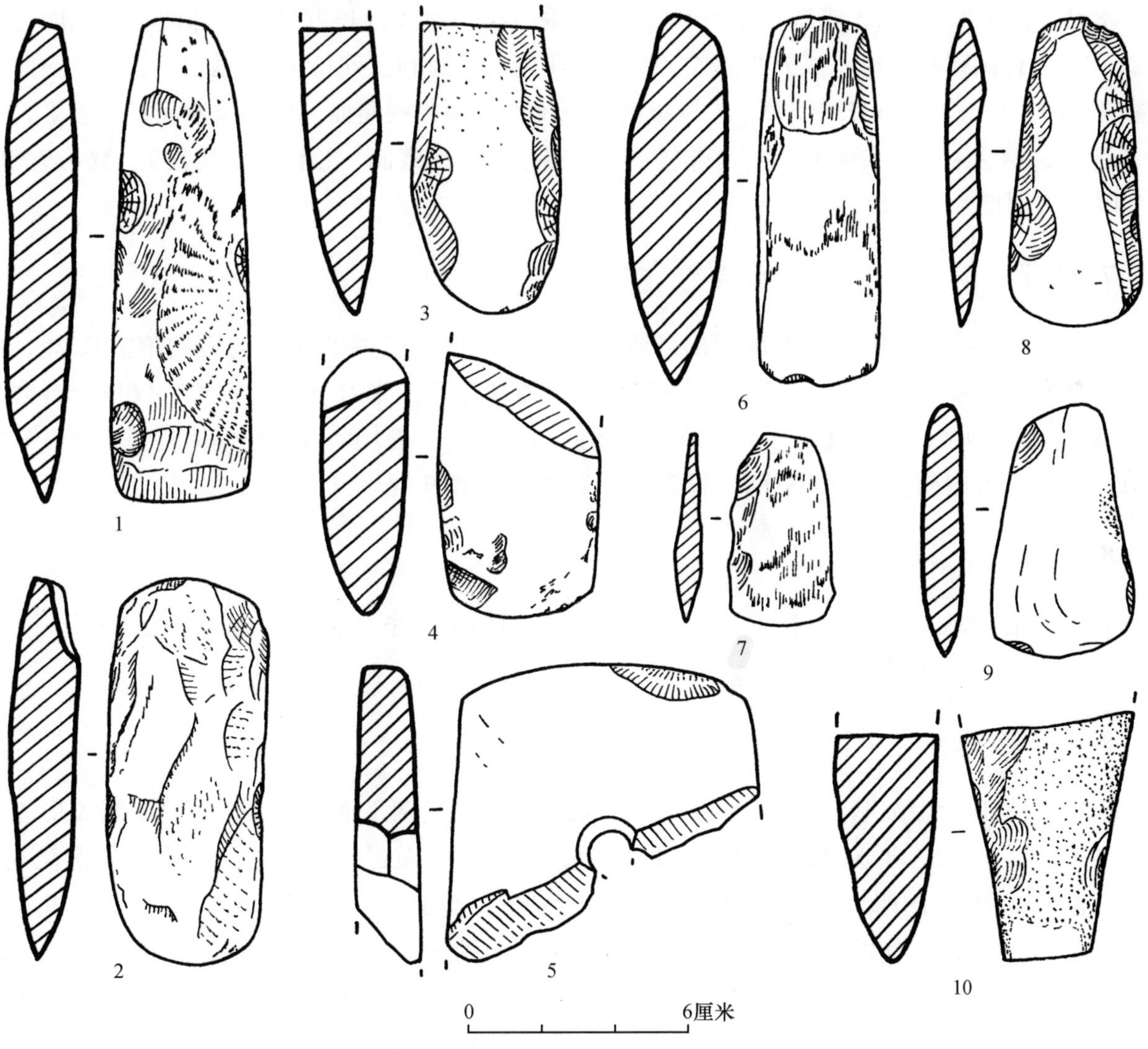

图四八〇　采集的石凿、有孔石铲、小石斧

1～4、6、8、10. 石凿（采:122、采:105、采:163、采:184、采:124、采:99、石场T3250:585）

5. 有孔石铲（采:215）　7、9. 小石斧（采:5、采:121）

6. 石凿

7件。采:99，扁薄近长条梯形，弧顶稍厚，打制，原面光滑近平，有打击片疤，另一面打制凹凸不平，两边打制修直，弧刃单面打制，较锋利。长8.8、宽3.8、厚1.2厘米（图四八〇，8）。采:105，扁薄瘦长方形，弧顶，单面打制。两面皆原面，皆凹凸不平，两边修直修平。弧刃两面磨制，不锋利。长10.9、宽4.5、厚2厘米（图四八〇，2）。采:122，扁弧瘦长梯形，窄平顶稍磨，两原面多疤痕，两边修直修平，平刃两面打制较锋利。长13.7、宽4、厚2厘米（图四八〇，1）。采:124，方柱体长方形，弧顶为原面，两面弧平稍磨制，两边磨平，平刃两面磨制，有使用痕不锋利。长10.6、宽3.5、厚2.8厘米（图四八〇，6）。采:163，扁圆长条形，顶残，一面为弧光滑面，另一面打制近平。两边弧近直，多片疤。弧刃单面打制较锋利。残长8.3、宽4.2、厚2.3厘米（图四八〇，3）采:184，扁圆近长方形，上部残。两原面光滑微弧，两边皆圆弧甚光滑。弧刃两面皆磨制，有使用痕不锋利。残长7.5、宽4.6、厚2.5厘米（图四八〇，4）。石场T3250:585，上厚下薄呈倒梯形，顶为残断面，两面皆原面，一近平，一为斜弧面，两边一为原尖弧面，一为破裂平面，窄平刃两面磨制，较锋利。残长7、宽4.9、厚3.1厘米（图四八〇，10）。

7. 砺石

3件。石场:360，较厚体不规则形红砂岩石块，仅顶面呈两凹弧面的磨制痕。长26、宽15.4、厚9.2厘米（图四八一，7）。石场:586，较厚体近长方形红砂岩岩石块，仅顶面有磨制后凹弧面。长29.4、宽17.6、厚8.1厘米（图四八一，1）。石场:587，较厚体近长方形红砂岩石块，仅顶面有磨制使用后凹弧面。长25.7、宽16.5、厚9厘米（图四八一，5）。

8. 石坠

1件（采:228）。扁圆长柱状，顶部下方琢一周凹槽，便于系绳，但下端已残断。残长13.6、直径5.7～6.9厘米（图四八一，11）。

9. 小石球

7件。采:14，扁圆形，上、下皆原弧面，周边有前、后两平面，左、右两侧皆圆弧形。直径6.3～7.1、厚5.7厘米（图四八一，10）。采:19，多平面近圆形，上、下扁圆。直径6～6.7、厚4.3厘米（图四八一，4）。采:59，整体近圆形，磨制。直径6.2～6.6、厚5.9厘米（图四八一，2）。采:61，整体近圆形，磨制，上部尖圆，有两面片疤，下部圜弧。直径6.3、厚5.8厘米（图四八一，3）。石场T2948:491，小砾石，扁圆体，除一端有多处打击片疤外，皆光滑原弧面。直径8.3、厚4.7厘米（图四八一，9）。石场T2949:504，扁圆形，两面、两边皆光滑原面，上、下似经磨制而呈圆弧形。长7.7、宽6.6、厚3.6厘米（图四八一，6）。石场T3248:550，扁圆体，除一面有三块大凹疤外，皆原光滑弧面。直径10.1～10.2、厚3.6厘米（图四八一，8）。

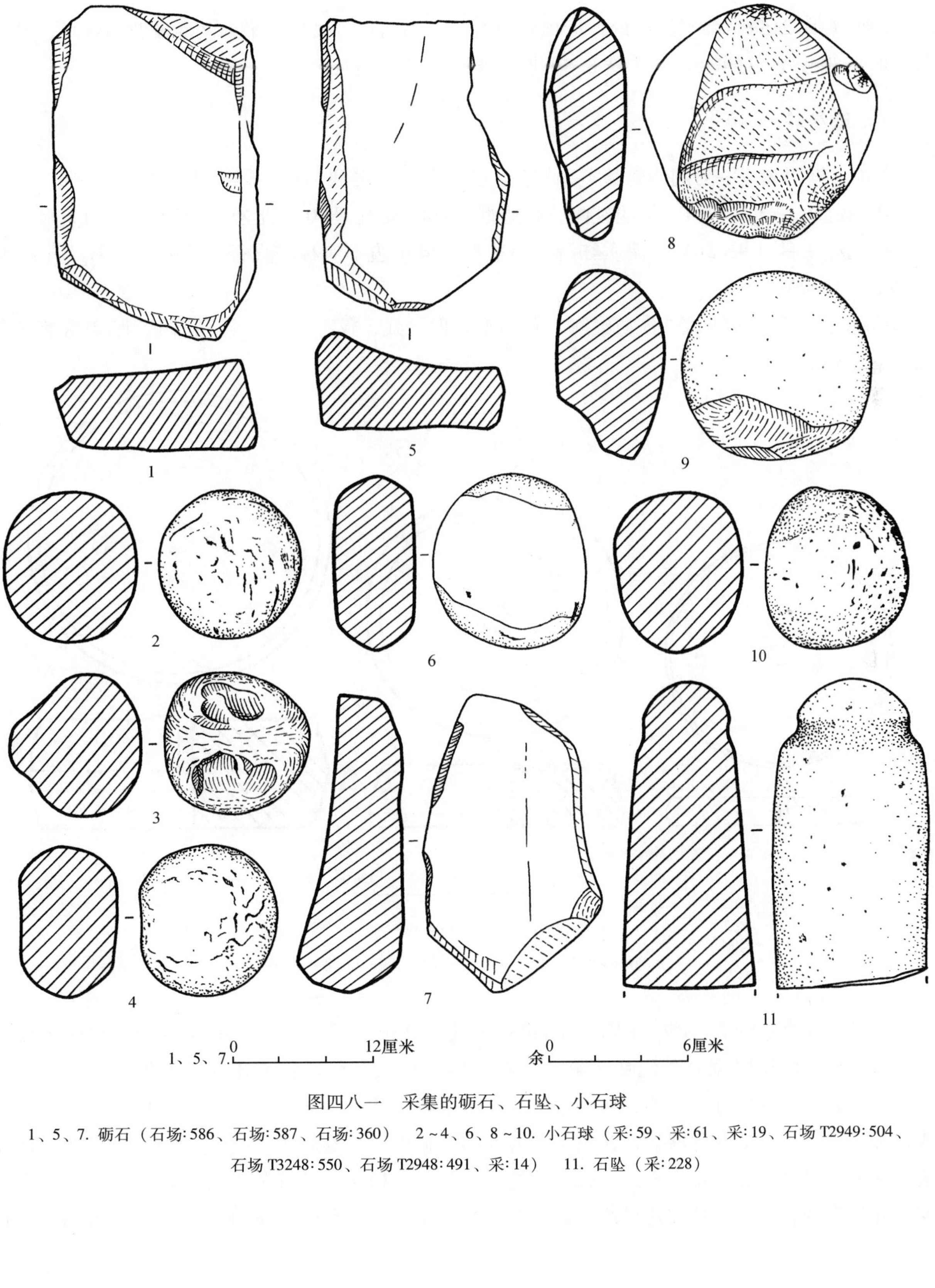

图四八一　采集的砺石、石坠、小石球

1、5、7. 砺石（石场:586、石场:587、石场:360）　2～4、6、8～10. 小石球（采:59、采:61、采:19、石场T2949:504、石场T3248:550、石场T2948:491、采:14）　11. 石坠（采:228）

10. 有孔石铲

1 件（采: 215）。扁平近梯形，近顶两面对钻一小圆孔，弧顶近平，两面及两边磨平，稍外斜，但下部已残。残长 8.4、中宽 8.8、厚 1.8 厘米（图四八〇，5）。

11. 陶纺轮

3 件。据附表一一对陶纺轮的类型划分，这三件标本分属 Ba、Ca 和 Cb 三个亚型。

Ba 型：1 件（采: 72）。泥质红陶，弧边型。直径 3.9、厚 0.5 厘米（图四八二，1）。

Ca 型：1 件（采: 210）。泥质红陶，角边型，但角边不对称。直径 4.2 ~ 4.4、厚 1.1 厘米（图四八二，2）。

Cb 型：1 件（采: 62）。泥质红陶，角边型，但已残，仅存一半。直径 5.1、厚 2 厘米（图四八二，3）。

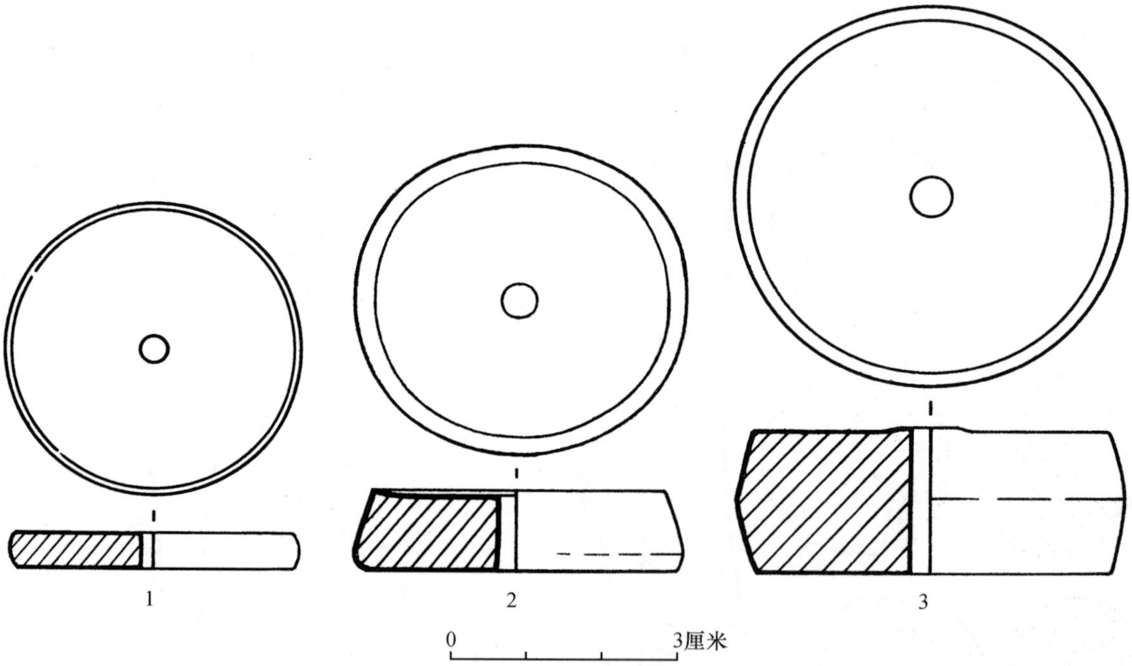

图四八二　采集的陶纺轮

1. Ba 型（采: 72）　2. Ca 型（采: 210）　3. Cb 型（采: 62）

关于上述采集的十一种生产工具的相对年代，其中：石斧、小石锛和圭形石凿这三种器物，从大旱一段至屈家岭文化晚期第九个新石器时代发展阶段都有出土。石锄、小石斧、石凿、砺石和小石球这五种器物，从大旱二段至屈家岭文化晚期第八个新石器时代发展阶段，也普遍都有出土。石坠这种器物，在杨家湾遗址的发掘中，只发现于大旱二段和大旱三段；自大溪文化中期以来就已未见出土。有孔石铲这种器物，在杨家湾遗址的发掘中，直至大溪文化晚期才开始出现，在屈家岭文化早期和晚期仍继续存在。陶纺轮这种器物，据附表一一，Ba 型和

Ca 型这两种纺轮，都在大早三段才开始出现，Cb 型这种纺轮，则至大溪文化中期中段才开始出现，但这三种陶纺轮，至屈家岭文化晚期仍继续存在。由于上述生产工具都没有明确的地层依据，所以，具体标本的具体年代，这里不作进一步推断。

二、采集的陶、瓷标本

采集陶、瓷标本 18 件。分别是大溪文化早期、中期和东周时期的陶器标本，以及六朝时期的青瓷碟和宋代的釉陶罐。下面按时代先后介绍这些遗物。

1. 大溪文化早期的陶器

9 件。有斜颈罐、三联杯、支座、矮圈足和圜底小蝶。

斜颈罐 1 件（采:70）。夹炭红陶，外施鲜红衣。侈口，宽折沿外斜，圆唇，束颈，弧肩，深弧腹已残。斜沿饰三周凹弦纹，肩、腹饰抹后模糊的竖绳纹。口径 26.2、残高 13 厘米（图四八三，1）。

三联杯 1 件（采:234）。泥质黑陶。上部是三个呈“品”字形相连接的敞口、弧壁、圜底的小碗或小杯。下部是足壁外撇的矮圈足。上下紧密连接后仍有三处近凹弧边的三角形空隙。圈足中部饰两横排圆形镂孔，每排五个等距镂孔。上部两小碗相连的口径是 11.2、11.6 和 11.9 厘米，下部底径 10.6、通高 6.5 厘米（图四八三，2）。

支座 4 件。其中，属内空有纹 E 型支座 3 件，采:63，夹砂夹蚌红褐陶，可复原。通高 22.2、顶径 7.5 ~ 8.5、底径 12.6 ~ 15.2 厘米（图四八三，14；彩版八，5）。采:64，夹砂红陶，也可修复。通高 20.8、顶径 6.8 ~ 7、底径 11.3 ~ 12.6 厘米（图四八三，13）。采:204，夹砂夹蚌红褐陶，下部已残。残高 14 厘米（图四八三，3）。另一件属内空有纹直立型的 G 型支座，采:65，夹砂夹蚌红褐陶，顶部残，下部可修复。残高 12、底径 13 ~ 14 厘米（图四八三，4）。

矮圈足 1 件（采:206）。泥质红陶，内外施深红衣。圜底上部已残，下附矮圈足，足壁上部内斜近直，足根外斜。足壁饰多组小戳印纹，每组为两个半弧，弧面相对的小戳印纹。足径 8.4、残高 2 厘米（图四八三，7）。

圜底小碟 2 件。也可能是小器盖，都是夹炭红陶，外施深红衣。素面。且形制相似，都是直口稍内斜，尖圆唇，浅弧腹呈圜底状。采:68，口径 7.1、高 2.2 厘米（图四八三，9）。采:71，口径 7、高 2.2 厘米（图四八三，8）。

2. 大溪文化中期的陶器

5 件。有弧折沿罐、小罐、敞口大圈足盘和鼎足。

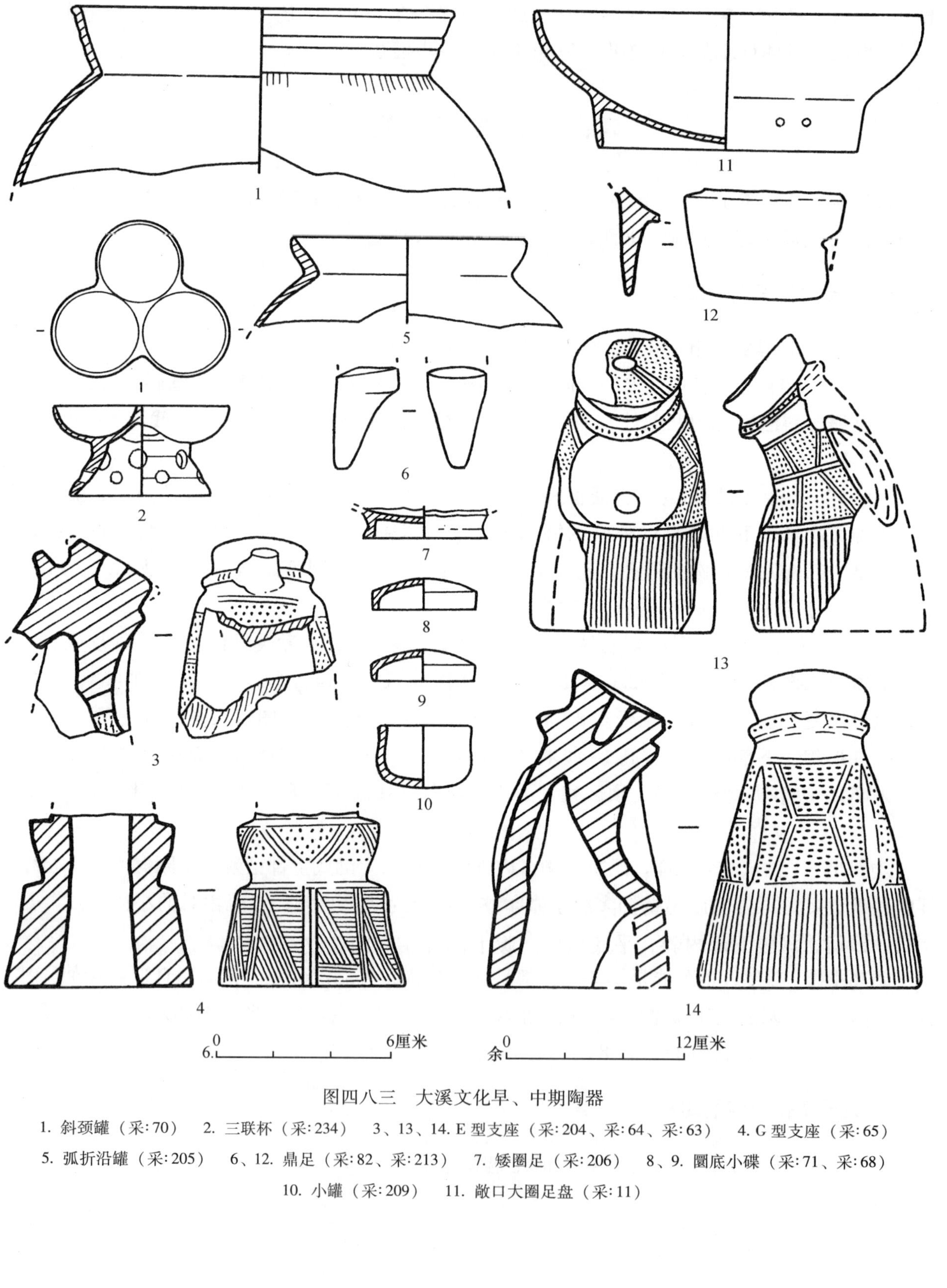

图四八三　大溪文化早、中期陶器

1. 斜颈罐（采:70）　2. 三联杯（采:234）　3、13、14. E 型支座（采:204、采:64、采:63）　4. G 型支座（采:65）　5. 弧折沿罐（采:205）　6、12. 鼎足（采:82、采:213）　7. 矮圈足（采:206）　8、9. 圜底小碟（采:71、采:68）　10. 小罐（采:209）　11. 敞口大圈足盘（采:11）

弧折沿罐　1件（采:205）。夹炭红陶，内沿、外表施浅红泛黄陶衣。侈口，弧折沿，尖唇束颈，弧肩，腹已残。素面。口径16、残高6.5厘米（图四八三，5）。

小罐　1件（采:209）。夹炭泛红陶。直口，方圆唇，直颈微束，弧折腹甚浅，圜平底。素面。口径6.5、高4.4厘米（图四八三，10）。

敞口大圈足盘　1件（采:11）。泥质红陶，内外施鲜红衣，足内无衣浅红。敞口较直，尖圆唇，弧腹圜底，底下附粗矮大圈足，足壁内斜近直。壁饰四组戳点纹，每组两个大圆戳点并列，有的戳点已穿。口径26.4、足径17.7、通高9.6厘米（图四八三，11）。

鼎足　2件。采:82，泥质红陶，外施深红衣。属C型的凹锥状小鼎足。素面。残高3.6厘米（图四八三，6）。采:213，夹炭红衣，属E型的片状呈倒梯形的大鼎足。素面。残高7.6厘米（图四八三，12）。

3. 东周时期的陶器

2件。为罐和鬲足。

罐　1件（采:207）。夹砂红陶。敛口，凹平沿或为子母口，圆唇，溜肩，腹已残。素面。外口径24、残高4.2厘米（图四八四，1）。

鬲足　1件（采:214）。夹砂红陶。腹以上残，柱状足上部较粗，平根，平裆。腹至足饰绳纹。残高11.4厘米（图四八四，2）。

4. 六朝时期的青瓷碟

2件。采:211，内壁施青釉，外壁上部也施青釉，下部至底未施，露出灰白胎。敞口，尖圆唇，浅弧腹，圜底。素面。口径13.5、高2.5厘米（图四八四，6）。采:212，内壁施青釉，外壁上部也施青釉，下部至底露出灰黄胎。敞口，尖圆唇，浅弧腹，圜平底。素面。口径14.4、高2.4厘米（图四八四，7）。

5. 宋代釉陶罐

1件（采:69）。泥质褐陶，内沿及外壁上部施棕色釉，下部至底露胎。侈口，束颈，卷沿，圆唇，鼓肩，深腹下部内斜，平底微凹。腹下部饰一周凹弦纹。口径9.2、肩径12、底径9、高12.3厘米（图四八四，3）。

三、采集的装饰品

采集的装饰品6件。可分为有槽石挂饰、小石铲、骨镞状佩饰和环状佩饰四种。

有槽石挂饰　2件，形制各异。采:4，石质。四棱锥形，通体磨光，近顶部一周刻槽。长8、宽0.8、厚0.8厘米（图四八四，11）。采:77，石质长方体，通体磨制。近顶部两侧各有一道刻槽，但下部已残。残长3、面宽1.5、厚0.8厘米（图四八四，10）。

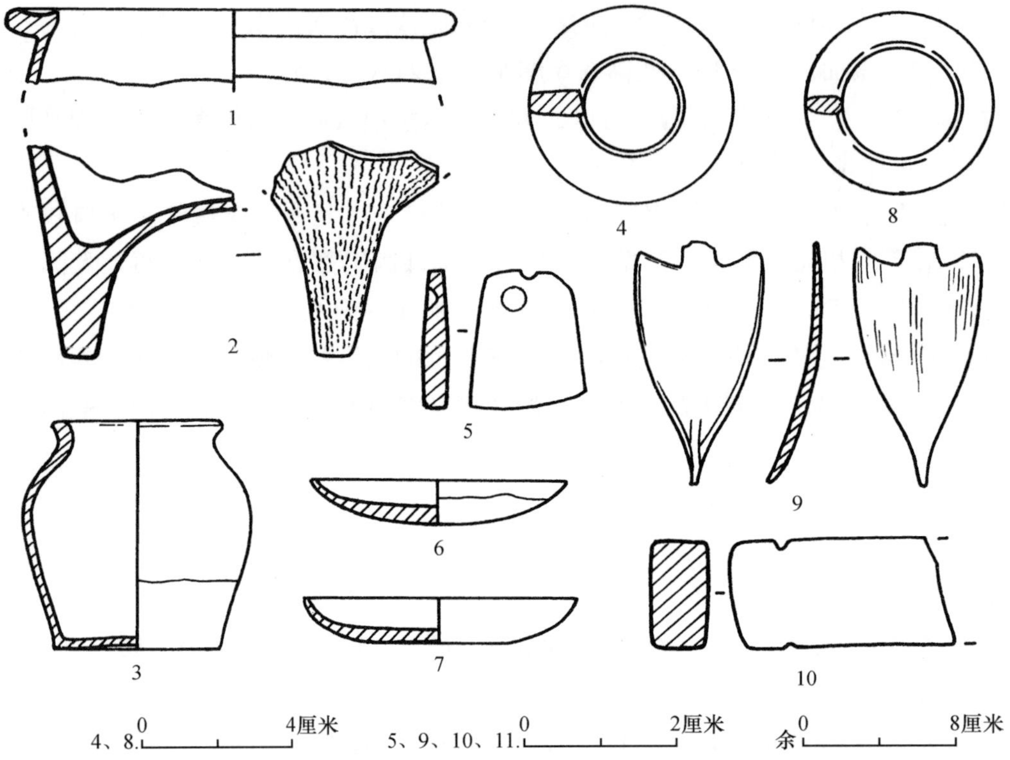

图四八四　东周、六朝、宋代陶、瓷器及装饰品

1. 陶罐（采:207）　2. 陶鬲足（采:214）　3. 釉陶罐（采:69）　4、8. 环状佩饰（采:78、采:76）　5. 小石铲（采:79）　6、7. 青瓷碟（采:211、采:212）　9. 骨镞状佩饰（采:80）　10、11. 有槽石挂饰（采:77、采:4）

小石铲　1件（采:79）。石质碧绿色，通体磨制。弧顶一侧有已残小圆孔，近顶部又钻一未穿小圆孔，两面、两边皆磨平，斜弧刃也磨平。长1.9、宽1.5、厚0.35厘米（图四八四，5）。

骨镞状佩饰　1件（采:80）。骨质似牙齿珐琅质。一面白色，另一面棕黄色泛黑，扁薄如有倒刺箭镞，但镞面弧凹。长3.3、宽1.7、厚0.2厘米（图四八四，9）。

环状佩饰　2件，皆仅剩残块。采:76，石质白色。通体打磨，环状仅剩一节，内厚外薄，剖面近三角形，两面磨平皆外斜。外径4.8、内径2.8、内厚0.55厘米（图四八四，8）。采:78，石质半透明似水晶，白色泛黄。通体磨制，环状已残，内厚外稍薄，剖面近梯形，两面磨平皆外斜。外径5.4、内径2.4、内厚0.8、外厚0.6厘米（图四八四，4）。

关于上述各种装饰品的年代，可参考附表六各种装饰品的出现和存在的年代。其中：有槽角饰只见于屈家岭文化早期和晚期，但未见有槽石挂饰，推测采:4和采:71这两件挂饰，也是屈家岭文化早期或晚期的装饰品。小石铲这种佩饰只见于屈家岭文化晚期，推测采:79也是屈家岭文化晚期的装饰品。骨镞据附表五只见于大溪文化晚期，推测采:80也是大溪文化晚期的遗物。玉佩据附表六只见于大早三段，推测采:76和采:78也都是大溪文化早期的遗物。

拾壹　结　　语

综合前述几章杨家湾遗址出土的文化遗存，可知遗址除少量的周代文化遗存外，大部分是新石器时代中期的大溪文化遗存和新石器时代晚期阶段的屈家岭文化遗存。

为了进一步认识杨家湾遗址这些新石器时代的文化遗存，下面先把出土情况制成如下五张一览表。

附表五：杨家湾新石器时代生产工具的种类和数量一览表

附表六：杨家湾新石器时代的装饰品和其他器物一览表

附表七：杨家湾新石器时代陶系统计一览表

附表八：杨家湾新石器时代陶器纹饰统计一览表

附表九：杨家湾新石器时代日用陶器的种类和类型数量一览表

应用苏秉琦先生在 1981 年创立的“区系类型学说”的新理论和新方法认识杨家湾遗址这批新石器时代的考古资料，又可认为：

杨家湾大早一段的文化遗存，应是城背溪文化晚期发展为大溪文化早期的过渡阶段的文化遗存，这里将其归属大溪文化早期第一阶段，简称“大早一段”的文化遗存。因为这一阶段，虽然担任“神农氏联盟”首领的“神农氏”这个家庭的家长，也被“少典氏联盟”和“蚩尤氏联盟”这两个“方国联盟”尊称为首领；但自处理“少典氏联盟”和“蚩尤氏联盟”之间发生的“方国相侵伐”这一矛盾后，因他的调解并没有得到“蚩尤”的理解和承认，而使当时已处于“神农氏世衰”这一发展阶段。只是这一阶段的“神农氏”的家长，更关心的是自己方国各家庭的发展，才使他又为自己方国各家庭开辟新的“聚落点”。而杨家湾遗址，则是这个“新聚落点”中“神农氏”这个“新家庭”的定居点。神农氏这个新家庭在杨家湾遗址上长期定居后，其实又经过大溪文化早期三个阶段、中期三个阶段和晚期，以及屈家岭文化的早期和晚期这九个阶段的连续发展。其中大早一段的文化遗存，大概就是从“神农氏世衰”以来，到黄帝已成为“炎黄联盟”的首领这一发展阶段的文化遗存。不过如前述绪论所说，我们只有结合继后大早二段的考古发现，才能认识到定居于杨家湾的这个家庭，原来就是“神农氏”这个“胞族”之中的一个家庭；而且也才能进一步发现，定居于杨家湾这个家庭的家长，在大早一段可能已是“朱卷”之国这个方国的首领，而且同时又是“神农氏联盟”这个方国联盟的首领。在下面继续论述的杨家湾大早二段的文化遗存中，我们将对此作一些简单的说明。

杨家湾遗址大早二段的文化遗存，是由定居于杨家湾遗址的“神农氏”这个家庭自“炎黄联盟”形成以来，且是黄帝这个家庭的家长担任“炎黄联盟”首领这一阶段的文化遗存。这一阶段定居于杨家湾遗址的“神农氏”这个家庭家长，虽然没有担任“炎黄联盟”的任何职务，但仍担任“朱卷之国”这个方国的首领。原因是杨家湾遗址在大早二段的文化遗存中，继宜昌地区博物馆考古队在1981年的发掘中已发现72件有刻划符号的标本之后，我们组织的“杨家湾考古队”又先后发现了148件有刻划符号的标本。只是这一阶段同时也存在这种“刻划符号”标本的“秭归朝天嘴”和“秭归柳林溪”两处遗址的家庭，为什么这两个同属“神农氏”胞族的家庭，其家长都没有担任“朱卷之国”的首领，而唯独“杨家湾遗址”这个家庭的家长，可认为已担任“朱卷之国”的首领呢？主要的原因，则是“秭归朝天嘴”和“秭归柳林溪”这两处遗址在继后的发展中，虽然也同样存在相当于杨家湾大早三段的文化遗存，但“杨家湾遗址”继“大早二段”之后的文化遗存，又比“秭归朝天嘴”和“秭归柳林溪”两处遗址更加丰富和持续不断地存在的缘故。

杨家湾大早三段的文化遗存，和大早二段一样丰富多彩，出土的陶器标本913件虽然比大早二段出土的989件陶器标本略少，但生产工具151件则比大早二段的120件生产工具更多；更重要的是杨家湾遗址出土的玉质装饰品，只是发现于“大早三段”和“屈家岭文化晚期”这两个阶段。所以可以认为这一阶段定居于杨家湾遗址的这个“神农氏”胞族的家庭，其家长仍然担任“朱卷之国”的首领。由于大早三段已不存在有刻划符号的标本，分析其原因，可能与命“仓颉造字”的黄帝已不担任“炎黄联盟”的首领，而由历史上的颛顼担任“炎黄联盟”的首领有关。所以，据此分析，推测杨家湾大早三段的相对年代，应是自颛顼担任炎黄联盟首领以来，这一发展阶段定居在杨家湾的“神农氏”这个家庭所创造的文化遗存。

杨家湾遗址在大溪文化中期三个阶段的文化遗存，无论是大中早段或是大中中段还是大中晚段，每一发展阶段出土的生产工具和日用陶器的数量，都远远不及大早三段的数量，甚至把中期三个阶段出土的数量加起来，其总数也比不上大早三段的数量。分析大中早段出土文物标本数量远远比不上大早三段的原因，除了大早三段的发展时间可能比大中早段更长这一因素之外，更主要的原因，则是大中早段这个“神农氏”的家庭人口突然锐减所造成的。而这个家庭的人口突然锐减的原因，推测应是“朱卷之国”的首领在同“方国”各家庭的人口迅速增加后，又为分家后的“新家庭”又开辟新的“聚落点”才造成的。即定居在杨家湾遗址上的“朱卷之国”的首领，在开辟了新的“聚落点”后，已带领其家庭的大部分成员到新的“聚落点”定居（位置西距杨家湾遗址六七千米的宜昌青鱼背遗址这一带，可能就是“朱卷之国”的首领在这一时期新开辟的一个“聚落点”）。而仍定居在杨家湾的这个“神农氏”的家庭的新家长，则已不是“朱卷之国”的首领。只是“朱卷之国”的首领在离开杨家湾之前，又为仍在杨家湾定居的这个家庭在遗址西南区的黄土台地上盖了新房屋，其实才使大中三段及更早阶段的文化遗存，集中分布在遗址的东北区，而大溪文化中期三个阶段的文化遗存，都分布在遗址西南区。

杨家湾在大溪文化中期的早、中、晚三个发展阶段，每个阶段出土的文物标本，数量都差不多，陶器的陶系和纹饰也都差不多，说明这三个阶段定居于杨家湾的这个家庭，在人类自身生产和物质生产两个方面，发展都比较稳定。

大溪文化晚期的文化遗存集中发现于遗址西北区，说明定居于杨家湾的这个“对偶家庭”在大溪文化中期的房屋破旧后，又在遗址西北区盖了新居。这种乔迁之喜，可能又与定居于杨家湾的这个“神农氏”后代的家庭的家长，又当选为“朱卷之国”的首领有关。

为什么可认为定居于杨家湾的“神农氏”的家庭的家长，在大溪文化晚期又被推举为其方国的首领呢？原因包括如下三个因素：

在出土陶器方面，其数量与大溪文化中期每一阶段的数量略增但不多，说明这个家庭的人口增长并不厉害。但在出土的生产工具方面则数量大增至116件，比大中早段37件、大中中段27件、大中晚段41件这三个阶段的数量总和还要多，说明这个阶段这个家庭的生产积极性空前提高，而新出现的有孔石铲、骨锥、石锥、骨镞和石质纺轮，则说明传统的耕织文化这个阶段在耕织工具方面又有新的改进。

在陶器种类方面，大溪文化早期三个阶段都已存在的内折沿簋和子母口簋这两种器物，在大溪文化中期三个阶段都已不再发现，但在大溪文化晚期却又重新出现。这两种器物是否“朱卷之国”的首领专门用来祭祖的重器或礼器，值得今后进一步研究和重视。更重要的是杨家湾的大溪文化晚期已出现一批陶胎甚薄可能是用快轮制作的小陶罐，说明首先发明于“屈家岭遗址”的快轮制陶技术，已深刻地影响甚至传播至“朱卷之国”。只是“朱卷之国”的首领在掌握了快轮制陶技术后，尚没有在其方国内部又和“三苗国”一样进行社会改革而已。

至于杨家湾遗址在大溪文化晚期这个“对偶家庭”的家长已被推举为“朱卷之国”的首领的第三方面的因素，则与杨家湾遗址在大溪文化晚期之后发展，又与周围遗址相比存在着更加丰富的屈家岭文化的文化遗存有关。

杨家湾遗址在屈家岭文化早期的文化遗存，据附表七所反映的出土陶器标本的陶质、陶色和数量，可知这一时期和大溪文化晚期的陶质一样，都是泥质陶占80%左右而远远高于其他发展阶段，其原因，则是快轮制陶需要更加细腻的陶泥的缘故。但这一时期与大溪文化晚期的最明显区别，则在陶色方面，大溪文化晚期的红陶占52.38%，黑陶占18.53%；而屈家岭文化早期正好相反，红陶占17.48%，而黑陶占53.85%。这种变化的原因，可能与屈家岭文化早期烧制陶坯的陶窑，在结构和烧制方法两个方面都有了改进的结果。至于屈家岭文化早期出土的陶器标本只有142件，远远少于大溪文化晚期出土的259件，其原因，是家庭所有制由公有制发展为私有制之后，虽然大溪文化晚期的一个“对偶家庭”已分解为屈家岭文化早期的多个“一夫一妻（或多妻）制家庭”，但由于每个“一夫一妻（或多妻）制家庭”日常生活需要的陶器，都需要用自己家庭私有的其他物资，向自己方国首领进行物质交换，才能得到方国首领制作的陶器，所以每个小家庭都更加珍惜用其他物质交换得来的陶器的缘故。需要注意的是，杨家湾在屈家岭文化早期出土的生产工具多达194件，比大溪文化晚期出土的116件生产工具又多得多，可能杨家湾遗址存在一个天然石器制作场，石料十分丰富，自己家庭制作的石器，也可与其他家庭进行物质交换，因而，在家庭私有制推行后，杨家湾的石器制作业也比以前更加发展。只是从T30、T32和T34这三个探方的地层堆积中多出土生产工具和残石器，但陶器标本都特别少这一现象来分析，又可认为，原来在遗址东北部江边的石器制作场，在推行家庭私有制后，可能已成为家庭的私有财产，而使一些家庭制作石器时，又只能把石料搬至自己家中进行制作，才使 T30、T32 和 T34 这三个探方的地层堆积中，多出土生产工具和残石器。而在已清理的屈家岭文化早期墓葬中，M57 只随葬 7 件石斧和 2 件陶纺轮；M23 只随葬 3 件石斧；M17 只随葬 5 件石斧、2 件石锛、1 件石球和 4 件石坯；都没有随葬陶器（详见附表二）。推测这三座墓的墓主，可能生前都是制作生产工具的专业户户主。

杨家湾在屈家岭文化晚期出土的陶器标本 464 件，生产工具 277 件，数量不但比屈家岭文化早期多，也比大溪文化晚期多更多。说明自屈家岭文化早期推行家庭私有制以来，这一时期的生活物资和生产资料都更加丰富。只是据附表二所反映的屈家岭文化晚期的墓葬随葬品，因普遍墓葬都有随葬品，但也出现像 M3 和 M8 那样一无所有的墓葬，而可说明，自推行家庭私有制以来，定居于杨家湾的各个“一夫一妻（或多妻）制家庭”已出现贫富不均这种社会现象。

关于杨家湾的屈家岭文化晚期遗存的相对年代，从地层、灰坑和灰沟中的日用陶器到墓葬的随葬品中都普遍存在高圈足杯和盂形器这两种屈家岭文化最晚一期才出现的器物分析，基本可以认为这里的文化遗存，也是屈家岭文化最晚一期的遗存。值得注意的是，杨家湾的 T31③: 133，是一件“朱绘黑陶”的敞口碗，而在屈家岭文化的典型遗址“屈家岭遗址”，“朱绘黑陶”只存在于“早期地层”，是屈家岭文化第三期的典型器物和典型纹饰，由此可见，杨家湾屈家岭文化晚期的上限，可早至典型屈家岭文化第三期（即继屈家岭文化初期和早一期之后的早二期）。更需注意的是，杨家湾 T34③: 58 是一件泥质灰陶器盖，其器盖纽为花瓣状矮圈足。据中国社科院考古研究所研究专家李文杰先生在《中国考古学第六次年会论文集》中撰文认为：这种花瓣状矮圈足是青龙泉三期文化（即石家河文化）的一种典型器物。由此可见，杨家湾屈家岭文化晚期遗存的下限年代，其实已晚至石家河文化发展时期。或者可以认为：当东部的江汉平原已发展至石家河文化这一发展时期时，西部的三峡地区其实还停留在屈家岭文化晚期这一发展阶段。

实际上，三峡东部地区的“朱卷之国”的社会发展，并不是到“屈家岭文化晚期”这一阶段，才落后于江汉平原的“三苗国”，而是从杨家湾大溪文化晚期甚至中期，就已开始落后于“炎帝”后裔所开创的“三苗国”。导致神农氏在新石器时代早期就建立的第一个方国（即“朱卷之国”），从当年中国境内社会发展最先进，到新石器时代晚期已落后于后起的“三苗国”的历史原因，在大溪文化晚期（甚至是大溪文化中期）和屈家岭文化早期这几个阶段，应该是发明快轮制陶技术的“三苗氏”的家长，并没有遵守“炎黄联盟”的盟约而没有即时把这项先进生产技术传授给“炎黄联盟”各“方国”的首领这一客观原因所造成的，而在杨家湾的屈家岭文化晚期这一阶段，则是位于“炎黄联盟”西南部的这个最古老的“方国”，在“炎黄联盟”发生“流四凶族”这一政治事件之后，虽然江汉地区的屈家岭文化已发展为石家河文化，但“流四凶族”这一政治事件没有对“朱卷之国”产生和“三苗国”一样的深刻政治影响，加上后来发展起来的石家河文化在陶器方面其实并没有屈家岭文化时期的陶器先进，所以，朱卷之国的首领，在相当于江汉地区石家河文化这一发展阶段，在制作陶器时，仍坚持屈家岭文化时期的风格和特征，而使“朱卷之国”在“新石器时代晚期后段”所遗留的陶器方面的文化遗物，仍带着屈家岭文化晚期的更多文化特征，而只存在极有限的石家河文化的因素。

通过上述分析，我们才能进一步认识到：杨家湾在“屈家岭文化晚期”的相对年代，大概是历史上的尧、舜、禹先后为“炎黄联盟”的首领时的文化遗存。

而杨家湾在“屈家岭文化早期”至“大溪文化晚期”的相对年代，则大概是历史上的尧为“炎黄联盟”首领时的文化遗存。

至于杨家湾在“大溪文化中期”（包括三个发展阶段）的相对年代，则可能是在帝颛顼担任“炎黄联盟”首领之后，至帝尧的“炎黄联盟”首领之前，这一发展时期的文化遗存。

上述结合司马迁在《史记·五帝本纪》中记载，而对杨家湾遗址出土的九个发展阶段的新石器时代资料的年代推断，虽然不一定完全正确，但可供今后有志于根据苏秉琦先生创立的“区系类型学说”而编写我国“新石器时代发展史”的学者参考。

上面的认识，实际上是应用“区系类型学说”对杨家湾出土新石器时代遗存的宏观认识。下面应用器物类型学的方法，分析同一种文化遗存在不同发展阶段的发展和演变。

一、新石器时代各阶段的生产工具

据附表五，我们已可知道各阶段的生产工具在种类和数量方面的大体情况。

大早一段就已存在的石斧、小石锛和圭形石凿，在以后各阶段的文化遗存中，也都始终存在这三种生产工具。

大早二段发现的石锚和陶墨斗，以及一件天然形成的残石槽，这三种器物，都既不见于更早的大早一段，也不见于以后各期。

更需关注的是大早二段开始出现的一件陶纺轮，由圆陶片中间又钻一孔而成。似可说明：陶纺轮这种生产工具，大概在“新石器时代中期”较早阶段才开始出现，而且可能并不是“朱卷之国”首先发明的。所以，在继后的大早三段虽然已出土了5件烧制的陶纺轮，但在大溪文化中期的早、中、晚三个发展阶段都十分罕见。直至大溪文化晚期和屈家岭文化这两个阶段，才数量突增而分别占本阶段工具数量的15.51%和8.76%，更特别的是这两个阶段都发现2件其他考古学文化十分罕见的石纺轮。屈家岭文化晚期虽然未见石纺轮，但出土陶纺轮多达60件，占这一阶段生产工具数量的21.66%，说明这种生产工具到这一阶段才得到更广泛的应用和普及。

杨家湾新石器时代各阶段的石斧和石锄都特别多。在各阶段发现的工具总数量970件中，石斧总数量389件居第一位，占40.1%；石锄总数量115件居第二位，占11.86%。由于石斧和石锄是开垦土地种植农作物的两种重要生产工具，所以，可以认为，定居于杨家湾的“神农氏”的家庭，始终都是以农业经济为主的定居家庭。大溪文化晚期才开始出现有孔石铲，又可认为：传统的农业生产工具，到这一阶段才有新的改进。而大溪文化晚期出土的3件牛牙和牛的下颌骨，又似可说明，这一阶段的农业生产，可能已使用耕牛。

（一）对石斧的认识

在杨家湾新石器时代各阶段出土的生产工具中，由于石斧不仅出土数量最多，且多经磨制，所以，下面对石斧这种工具作进一步的型式划分。

首先，对石斧的型式划分作如下5点说明：

1. 据石斧的形体，可分为如下A、B、C、D、E、F、G、H八个类型。其中：

A型　主要是砾石磨制顶窄刃宽近梯形。

B型　主要是砾石磨制近矩形。

C型　主要是砾石磨制近方形。

D型　主要是砾石磨制近长矩形。

E型　主要是砾石磨制顶极窄近三角形。

F型　主要是砾石磨制顶比刃稍宽呈倒梯形。

G型　主要是石片打制的石打制的石斧。

H型　主要是砾石或石核打制的石斧。

2. 每一类型的石斧，又可据刃部分为a、b、c三个亚型。其中，a亚型为弧刃石斧；b亚型为平刃或弧刃近平的石斧；c亚型为斜刃或斜弧刃的石斧。

3. 每一类型或亚型的石斧，都可分为九式。即大早一段都为Ⅰ式、大早二段为Ⅱ式、大早三段为Ⅲ式、大中早段的Ⅳ式、大中中段为Ⅴ式、大中晚段为Ⅵ式、大溪晚期为Ⅶ式、屈家岭早期为Ⅷ式、屈家岭晚期为Ⅸ式。只是据此分式后，不是每一种石斧都有第Ⅰ式，且式的发展不一定连续。

4. 刃部已残的石斧，只能划分至型，但都可确定至“式”。只是需进一步说明：据附表五，可知从大早二段至大中早段这三个阶段，已将刃部已残的“残石器”归属“石斧”，其余各阶段则称为“残石器”。所以，在下面的附表一〇中，也把其余发展阶段的“残石器”都归属“石斧”。因而，附表五的石斧总数量为388，而附表一〇的石斧总数量已加上“残石器”27件而共为415件。

5. 有的发展阶段还有形体和刃部皆残的石斧，这种“残石斧”都有明确的“式”。

根据上述5点说明或认识，可制成附表一〇：杨家湾新石器时代石斧的型式和数量一览表。

据附表一〇可知：

石斧总数量415件。其中：A型斧174件，占41.93%。B型斧69件，占16.63%。D型斧59件，占14.22%。H型斧51件，占12.29%。G型斧23件，占5.54%。C型斧13件，占3.13%。F型斧12件，占2.89%。E型斧7件，占1.69%。残石斧7件，占1.69%。

说明石斧在选材方面，呈梯形的扁平砾石最理想，其次是近长方形的扁平砾石（包括B型和D型），近方形和近三角形的扁平砾石都很少，至于制成倒梯形的石斧，其实多是残石器的再利用，没有见到完整的器物。而存在的G型和H型的打制石器，也多是残石斧和石斧坯。

同时，据附表一〇又可知：

从大旱一段出土的7件A型石斧中，其中Aa型4件、Ab型2件、Ac型1件。可说明：在杨家湾最早阶段的新石器时代的石斧中，弧刃、近平刃和斜弧刃，就已同时存在；只是相对而言，在同一类型的石斧中，a亚型的弧刃石斧都是最多的。

需要进一步指出的是，在杨家湾各发展阶段的各类石斧中，真正的平刃和斜刃的石斧都数量极少，大部分的b亚型斧，多是弧刃近平；而大部分的c亚型斧，多是斜弧刃。

下面进一步分析各类型石斧在式的发展：

关于A型斧有如下4点初步认识：

① 杨家湾新石器时代九个发展阶段都存在这种石斧。

② 在Aa型石斧中，从大旱二段以来，每一阶段除了都存在自大旱一段就存在的一般弧刃石斧外，又新出一种刃部近半圆形的圆弧刃石斧。这种圆弧刃石斧顶部如果又是弧顶，则形体呈椭圆形。只是每一阶段的圆弧刃石斧都少于一般的弧刃石斧，而形体呈椭圆形的石斧则更少。

③ A型斧的两侧边，自大溪文化早期二段以来，开始出现两边都磨平的石斧。甚至有的刃部还没两面磨制，但两边都已磨平。

④ 到屈家岭文化晚期，又开始出现体型瘦长的A型石斧。只是在这一阶段，也仅H146∶17、H146∶25、T30③∶39、T31③∶64和T34③∶66这5件，另外38件都是一段的A型斧。

总的来说，新石器时代九个发展阶段的A型斧，没有明显式的变化。

关于B型斧和D型斧，两者的共同特征是石斧两边近平行；两者的主要区别是，B型斧刃部较宽而显矮胖，而D型斧刃部较窄而显得瘦长。虽然大旱一段只有一件B型斧而未见D型斧，但自大旱二段以来，B、D两个类型的石斧都同时并存，不像A型斧要到屈家岭文化晚期才出现少数体型瘦长的，所以，这里把两边近平行而体型近长方形的石斧，又划分为矩形和长矩形两个同时并存的不同类型。又由于B型斧和D型斧自大旱二段以来，就同时存在a、b、c三个亚型，即同一阶段同一类型的石斧刃部都可分为弧刃、平刃或弧刃近平和斜刃或斜弧刃，虽然每一亚型的石斧不是在每一阶段都有出土和发现，但由于屈家岭文化早期这一阶段这两个类型都分别存在a、b、c三个亚型，最晚的屈家岭文化晚期这一阶段，也只是未见Bc型这种石斧而已。所以，从形体和刃部两个方面，B型和D型的石斧和A型斧一样，在式的发展方面，并没有十分明显的发展变化。

实际上，不仅A、B、D三个类型的石斧在不同发展阶段没有十分明显的式的发展变化，而且C、E、F这三个类型的石斧，除了数量都很少，有的阶段也没有出土发现之外，同一亚型的石斧在前后不同阶段之中，也都普遍没有式的明显发展和变化。

石片打制的G型石斧和砾石或石核打制的H型石斧，实际上也打制成梯形、长方形、椭圆形或三角形，但这两个类型都已磨制的A～F型的石斧一样，只据刃部划分为a、b、c三个亚型，而且每个类型也同样存在着残部已残难以确定亚型的残石斧。

为了便于查阅，下面记录石斧每个类型和每个亚型不同式的标本器物号：

A 型斧 174 件。其中：

Aa 型 92 件。

Aa Ⅰ式 4 件：H506∶6、H506∶2、H506∶7、H506∶3。

Aa Ⅱ式 20 件。其中：圆弧刃 5 件：T20⑤A∶36、T2731③B∶8、T23④∶67、T3446③∶1、T3547③B∶5；一般弧刃 8 件：H538③∶30、TG1④∶25、TG2⑥∶56、T21④∶81、T21④∶83、T45③∶11、T45②A∶21、T71③∶22；顶部已残 7 件：TG1④∶29、T10④∶15、T21④∶79、T23⑤∶71、T45③∶12、T3446③∶2、T3547③B∶6。

Aa Ⅲ式 26 件。其中：圆弧刃 4 件：TG2⑤∶8、T3433③∶2、T3545③∶19、T2737③∶1（顶已残）；一般弧刃 14 件：H389∶12、H389∶17、H410∶4、G2∶2、G2∶3、G71∶4、H538∶28、T2732③∶1、T2831③∶2、T2839③∶1、T3033③∶1、T3332②∶1、T3447③∶12、T3633③A∶1；顶部已残 8 件：H389∶45、H514∶3、TG1⑤∶60、TG2⑤∶7、TG2④∶50、T21③A∶66、T63③∶11、T2831③∶1。

Aa Ⅳ式 2 件：H332∶3、T19⑤下∶81。

Aa Ⅴ式 2 件：T17③A∶13、T19③下∶118。

Aa Ⅵ式 3 件：T16③∶40、T1124②A∶2、T1124②C∶17。

Aa Ⅶ式 4 件：T32⑤∶1、T34④∶8、T34④∶11（残）、T37④∶1。

Aa Ⅷ式 9 件：H73∶2、H104∶4、T26④∶66、T26④∶67、T30③B∶5、T30③C∶58、T32③C∶7、T33③C∶5、T30③D∶61（顶残）。

Aa Ⅸ式 22 件。其中：圆弧刃 3 件：T41③∶11、T33③∶43、T1024②∶6；一般弧刃 14 件：H272∶7、H569∶2、T30③∶64、T31③∶22、T31③∶54、T33③A∶31、T34③∶31、T34③∶35、T35③∶17、T35③∶23、T36③∶43、T1024②∶3、T1024②∶10、T1025②∶2（顶残）；体瘦长 5 件：H146∶25、H146∶17、T30③∶39、T34③∶37、T36③A 下∶8。

Ab 型 23 件。

Ab Ⅰ式 2 件：H506∶4、H506∶5。

Ab Ⅱ式 1 件：T64②∶36。

Ab Ⅲ式 7 件：H389∶44、H400∶5、T21③A∶64、T62②∶27、T2738③A∶4、T3534③∶5、T3633③A∶2。

Ab Ⅳ式无。

Ab Ⅴ式无。

Ab Ⅵ式 1 件：T1124③B∶9。

Ab Ⅶ式 3 件：H133∶2、T27④∶34、T27④∶35。

Ab Ⅷ式 3 件：T26③B∶58、T32③E∶8、H72∶3（顶残）。

Ab Ⅸ式 6 件：H146∶23、T26③A∶57、T26③∶59、T31③∶66、T1126③∶48、T35③下∶12（顶残）。

Ac 型 27 件。

AcⅠ式 1 件：H506∶1。

AcⅡ式 5 件：T23⑤∶70、T45③∶9、T3333④B∶24、T2731③B∶9（残）、T3545③B∶61（顶残）。

AcⅢ式 7 件：H538∶29、TG1⑤∶61、T2837③∶3、T2839③∶28；（以下顶部残）T12③∶6、H504∶2、T3534③A∶6。

AcⅣ式 1 件：T0824②B∶8。

AcⅤ式 2 件：T18③∶18、T1024③∶41。

AcⅥ式无。

AcⅦ式 2 件：T25④∶10、T36④∶13。

AcⅧ式 4 件：H168∶7、T26④∶47、T30③B∶89、T31③B∶28。

AcⅨ式 5 件。其中，体瘦长 1 件：T31③∶64；一般的 2 件：H146∶2、T31⑦∶70；顶已残 2 件：T31③A∶41、T38③∶10。

A 型刃部已残标本 32 件。

AⅠ式无。

AⅡ式 2 件：T63④∶12、T3545③B∶50。

AⅢ式 4 件：H58∶12、H470∶4、G71∶5、T12④∶5。

AⅣ式 2 件：H35∶6、H35∶10。

AⅤ式 1 件：T1023⑥∶73。

AⅥ式 3 件：T1123③B∶12、T1123③B∶13、T1123③B∶14。

AⅦ式 3 件：T35④∶4、T35④∶8、T36⑤A∶48。

AⅧ式 7 件：H91∶2、T31③B∶27、T31③B∶32、T31③B∶34、T31③B∶36、T30③D∶71、T32③C∶48。

AⅨ式 10 件：T26③∶50、T31③∶49、T31③∶52、T34③∶4、T34③∶66、T35③∶5、T35③∶73、T35③∶19、T38③∶12、T1227③A∶2。

B 型斧 69 件。其中：

Ba 型 43 件。

BaⅠ式无。

BaⅡ式 3 件：H607②∶125、T21④∶84、T1④∶28。

BaⅢ式 10 件：H212∶15、H212∶16、TG2④∶46、T12②∶2、TG2⑤∶54、T3533②∶3、T3234③∶5、T3546③A∶6、T2738③A∶2、T21③A∶65。

BaⅣ式 3 件：H35∶1、H314∶6、H314∶7。

BaⅤ式 3 件：H31∶1、T19③下∶117、T1024④∶60。

BaⅥ式 2 件：T19③∶89、T19③∶85。

BaⅦ式 3 件：H133∶6、T34④∶3、T34④∶74。

BaⅧ式 7 件：H90∶2、H91∶4、T27③A∶12、T32③C∶65、T32③C∶12、T34③D∶18、

T34③D: 17。

Ba Ⅸ式 12 件：T32③：3352、T34③：32、T36③A 下：6、T30③：66、T31③：63、T31③: 57、T31③: 78、T31③: 79、T31③: 82、T35③: 9、T33③: 28、T1125②: 18。

Bb 型 14 件。

Bb Ⅰ式 1 件：T3634④: 24。

Bb Ⅱ式 2 件：T62④: 22、T10④: 6。

Bb Ⅲ式无。

Bb Ⅳ式无。

Bb Ⅴ式 1 件：T1023②: 5。

Bb Ⅵ式 2 件：H299: 2、T1123③B: 6。

Bb Ⅶ式 2 件：T25⑤A: 25、T34④: 84。

Bb Ⅷ式 4 件：H401: 1、T30③C: 69、T34③D: 22、T34③D: 21。

Bb Ⅸ式 2 件：T31③: 69、T34③: 38。

Bc 型 9 件。

Bc Ⅰ式无。

Bc Ⅱ式 2 件：H538②: 70、T64②: 34。

Bc Ⅲ式 2 件：T2④: 33、T2838③: 3。

Bc Ⅳ式无。

Bc Ⅴ式无。

Bc Ⅵ式无。

Bc Ⅶ式 4 件：H133: 4、T33④: 9、T38③下: 15、T36④: 9。

Bc Ⅷ式 1 件：T32③E: 9。

Bc Ⅸ式无。

B 型刃部已残石斧 3 件。其中：

B Ⅱ式 1 件：T3545③B: 53。

B Ⅶ式 1 件：T25④: 11。

B Ⅷ式 1 件：T31③B: 26。

C 型斧 13 件。其中：

Ca 型 4 件。

Ca Ⅰ式无。

Ca Ⅱ式 1 件：T21④: 86。

Ca Ⅲ式 2 件：H381: 6、T21③: 53。

Ca Ⅳ式无。

Ca Ⅴ式无。

Ca Ⅵ式无。

CaⅦ式无。

CaⅧ式 1 件：H73∶3。

CaⅨ式无。

Cb 型 7 件。

CbⅠ式无。

CbⅡ式 3 件：T21④∶80、T70③∶4、T71③∶20。

CbⅢ式无。

CbⅣ式 1 件：T0923③∶25。

CbⅤ式无。

CbⅥ式 1 件：H278∶4。

CbⅦ式无。

CbⅧ式 2 件：H91∶1、T30③B∶37。

CbⅨ式无。

Cc 型 2 件。

仅 CcⅧ式 2 件：T32③D∶4、T35③C∶2。

C 型未见刃部已残的石斧。

D 型斧 59 件。

Da 型 17 件。

DaⅠ式无。

DaⅡ式 3 件：T23④∶83、T28④下∶44、T45③∶13。

DaⅢ式 4 件：H212∶4、H389①∶46、H474∶2、T12③∶3。

DaⅣ式 1 件：H314∶5。

DaⅤ式无。

DaⅥ式无。

DaⅦ式 1 件：T34④∶7。

DaⅧ式 4 件：H104∶2、T26④∶48、T30③B∶62、T35③D∶70。

DaⅨ式 4 件：T30③∶67、T31③∶59、T34③∶28、T38③∶6。

Db 型 12 件。

DbⅠ式无。

DbⅡ式 2 件：T21④∶82、T64②∶35。

DbⅢ式无。

DbⅣ式无。

DbⅤ式无。

DbⅥ式无。

DbⅦ式 4 件：T31④A∶119、T36⑤A∶2、T36⑤B 下∶41、T37④∶2。

DbⅧ式 2 件：T30③B：7、T32③C：22。

DbⅨ式 4 件：T25③：5、T30③：65、T31③：65、T2644③：1。

Dc 型 13 件。

DcⅠ式无。

DcⅡ式 1 件：T3545③B：57。

DcⅢ式 1 件：T2832③：1。

DcⅣ式无。

DcⅤ式无。

DcⅥ式无。

DcⅦ式 4 件：T31④A：2、T36④：3、T37④：5、T47④：12。

DcⅧ式 4 件：H91：3、T30③D：8、T31③D：10、T34③D：24。

DcⅨ式 3 件：T35③：72、T36③A 下：7、T41③：1。

D 型刃部已残石斧 17 件。

DⅠ式无。

DⅡ式 1 件：H607②：132。

DⅢ式无。

DⅣ式 2 件：H35：8、T0824②C：21。

DⅤ式无。

DⅥ式 2 件：H329：4、H329：5。

DⅦ式无。

DⅧ式 5 件：H72：4、H101：3、T31③B：124、T32③D：47、T32③C：21。

DⅨ式 7 件：T30③：32、T31③：75、T35③：73、T36③A 下：5、T38③：5、T38③：13、T38③：11。

E 型斧 7 件。都属 Ea 型，且只有：

EaⅡ式 3 件：H607②：10、T1②：13、T70③：3。

EaⅢ式 2 件：H328：48、T2744③：1。

EaⅨ式 2 件：H336：24、T21③A：67。

E 型未见 b、c 两亚型和刃部已残的石斧。

F 型斧 12 件。

Fa 型 6 件。

FaⅠ式无。

FaⅡ式 1 件：T3545③B：56。

FaⅢ式 2 件：H46：4、T12④：21。

FaⅣ式无。

FaⅤ式无。

FaⅥ式无。

FaⅦ式 1 件：T36⑤A：45。

FaⅧ式 1 件：T30③C：70。

FaⅨ式 1 件：T31③：53。

Fb 型仅Ⅱ式 1 件。

FbⅡ式 1 件：T46③B：4。

Fc 型无。

F 型刃部已残石斧 5 件。分别是：

FⅣ式 1 件：H35：2。

FⅦ式 2 件：T31⑤A：1、T34④：10。

FⅧ式 1 件：T35③D：11。

FⅨ式 1 件：T38③：1。

G 型斧 23 件。其中：

Ga 型 13 件。分别是：

GaⅡ式 3 件：H607③：101、T3433③C：30、T3546③B：21。

GaⅢ式 5 件：H444：8、H536：7、H538①：123、T12④：1、T3332②：6。

GaⅧ式 5 件：H109：2、T31③B：29、T33③C：42、T35③C：71、T36③B：50。

Gb 型 6 件。分别是：

GbⅡ式 2 件：T64③A：14、T3534③B：24。

GbⅧ式 3 件：H618：4、H168：5、T32③D：19。

GbⅨ式 1 件：T34③：29。

Gc 型 3 件。分别是：

GcⅡ式 1 件：T3545③B：63。

GcⅦ式 1 件：H136：2。

GcⅧ式 1 件：T32③D：18。

G 型刃部已残石斧仅Ⅷ式 1 件。

GⅧ式 1 件：T26③B：44。

H 型斧 51 件。其中：

Ha 型 24 件。

HaⅠ式无。

HaⅡ式 4 件：T21④：87、T23④：68、T2837④：15、T3633④B：18。

HaⅢ式 9 件：H212：17、H490：5、H504：3、H514：4、T10③：2、T12③：4、T28③：18、T2732③：2、T3333③：2。

HaⅣ式 3 件：H35：3、T19⑤下：88、T19⑤下：97。

HaⅤ式 1 件：T1123④：115。

HaⅥ式 1 件：H6∶7。

HaⅦ式无。

HaⅧ式无。

HaⅨ式 6 件：T31③∶61、T31③∶55、T31③∶51、T34③∶27、T1327③∶3、T1227③A∶1。

Hb 型 11 件。分别是：

HbⅢ式 4 件：H59∶4、H444∶7、H607①∶2、T2932③∶1。

HbⅤ式 1 件：T1023③∶52。

HbⅦ式 2 件：T36④∶40、T37④∶3。

HbⅧ式 1 件：H114∶3。

HbⅨ式 3 件：T32③∶50、T32③B∶59、T36③∶18。

Hc 型 8 件。分别是：

HcⅢ式 2 件：H490∶8、G1∶1。

HcⅥ式 1 件：H6∶8。

HcⅦ式 1 件：H133∶5。

HcⅧ式 1 件：H103∶5。

HcⅨ式 3 件：H601∶34、T1024②∶8、T1327③∶2。

H 型刃部已残石斧 8 件。

HⅠ式 1 件：H460∶3。

HⅡ式无。

HⅢ式无。

HⅣ式 2 件：H35∶7、H333∶7。

HⅤ式 1 件：H22∶6。

HⅥ式 2 件：T1123③B∶9、T1126④∶70。

HⅦ式无。

HⅧ式 2 件：H75∶6、H104∶5。

HⅨ式无。

顶部和刃部都残的石斧 7 件。分别是：

Ⅱ式 1 件：T3545③B∶48。

Ⅲ式 1 件：H56∶4。

Ⅶ式 1 件：T25④下∶65。

Ⅷ式 1 件：H91∶5。

Ⅸ式 3 件：H92∶1、T31③A∶104、T38③∶4。

最后需要补充说明，杨家湾新石器时代出土的 415 件石斧，在按形体和制作方法划分为 A～H 八个类型，又按刃部划分为 a、b、c 三个亚型之后，虽然每个类型和亚型的石斧按照不同发展阶段都可统一划分为九式，但是，如前所述，除了数量的有无发现和多少之外，目前还没有哪一个类型或亚型的石斧在式方面有明显的发展变化。分析其原因，应与石斧这种农业生产工具，在“神农氏”这个“胞族”各家庭中，自新石器时代中期以来，就已形成传统的制作和使用经验的缘故。

杨家湾出土其他石质生产工具，这里都不做进一步的型式划分。

（二）对纺轮的认识

杨家湾出土的纺轮共107件。除了大溪文化晚期和屈家岭文化早期这两个阶段各出土2件石质纺轮外，另外103件都是陶质纺轮。

在杨家湾出土的970件生产工具中（不包括墓葬随葬品），纺轮的数量仅次于石斧和石锄，而和小石锛并列居第三位，都约占总数量的11.23%。

在杨家湾新石器时代的九个连续发展的阶段中，大早一段还没有发现这种生产工具，大中早段也没出土这种生产工具。由于大早二段已出土一件陶片打制再钻孔的陶纺轮，大早三段又已出土5件直接烧制的陶纺轮，所以，可以认为，纺轮可能是一种由其他方国发明后又传入“朱卷之国”的生产工具，在大早一段，这种工具还没有传入，在大早二段，聪明的杨家湾遗址的先民，已认识到残陶片也可利用制作这种工具；大早三段，则已开始烧制这种工具。大中早段没有出土这种工具，大中中段和大中晚段都各出土1件，说明在大溪文化中期的早、中、晚三个发展阶段，定居于杨家湾的这个“对偶家庭”，都不重视这种外来的生产工具。直至大溪文化晚期和屈家岭文化早期这两个阶段，杨家湾的先民才开始重视这种外来生产工具，而且还创造出其他考古学文化都十分罕见的“石纺轮”，这种“石纺轮”的出现原因，是否与“三苗氏”的家长已开始把“彩陶纺轮”作为物质交换的“等价物”，即已出现最原始的“货币”有关，则有待今后另撰文考证。杨家湾在屈家岭文化晚期出土的陶纺轮多达60件，比以前任何一个发展阶段都多，才可说明，陶纺轮在这一阶段才得到更广泛的重视和应用。

根据上述分析，这里才在把杨家湾出土纺轮可划分为A、B、C三个类型，且每个类型又可划分为a、b、c、d四个亚型的基础上，而认为杨家湾出的纺轮还可统一划分为如下七式。即：

大早二段为Ⅰ式。

大早三段为Ⅱ式。

大中早段因无出土而不列式。

大中中段为Ⅲ式。

大中晚段为Ⅳ式。

大溪文化晚期为Ⅴ式。

屈家岭文化早期为Ⅵ式。

屈家岭文化晚期为Ⅶ式。

而划分为三个类型的标准是：

A型：直边型纺轮。

B 型：弧边型纺轮。

C 型：角边型纺轮。

而每个类型又可划分为四个亚型的标准是：

a 亚型：面径 <5 厘米，体厚 <1.5 厘米的纺轮。

b 亚型：面径≥5 厘米，体厚≥1.5 厘米的纺轮。

c 亚型：面径≥5 厘米，体厚 <1.5 厘米的纺轮。

d 亚型：面径 <5 厘米，体厚≥1.5 厘米的纺轮。

根据上述划分标准，可制成附表一一。

各型、式的纺轮标本号如下：

A 型纺轮 18 件。其中：

Aa 型 13 件。分别是：

AaⅠ式 1 件：T70③A∶1。

AaⅤ式 3 件。其中石纺轮 2 件：T24⑤A∶33、T26⑤∶76；陶纺轮 1 件：T36④下∶53。

AaⅥ式 3 件。其中石纺轮 2 件：T30③D∶43、T34③D∶42；陶纺轮 1 件：T35③C∶42。

AaⅦ式 6 件：H144∶1、T25③∶41、T32③∶43、T33③∶22、T36③∶37、T1024②∶11。

Ab 型 3 件。分别是：

AbⅡ式 2 件：H396∶2、T3038③下∶1。

AbⅣ式 1 件：T17③∶61。

Ac 型无。

Ad 型 2 件。皆属Ⅴ式。

AdⅤ式 2 件：T27④∶68（上、下面皆饰一周圆形戳点纹）、T47③∶7。

B 型纺轮 27 件。其中：

Ba 型 7 件。分别是：

BaⅡ式 2 件：H40∶19、T62②∶28。

BaⅤ式 1 件：T35④∶53。

BaⅦ式 4 件：T37③∶11、T31③A∶87、T26③∶42、H315∶4。

Bb 型 6 件。分别是：

BbⅤ式 2 件：T26⑤∶77、T37④∶12。

BbⅥ式 2 件：H103∶6、T34③D∶39。

BbⅦ式 2 件：H146∶3、T33③∶8（顶面饰 6 条放射状短划纹）。

Bc 型 3 件。分别是：

BcⅤ式 1 件：T35④∶67。

BcⅦ式 2 件：T35③∶76、T37③∶49。

Bd 型 11 件。分别是：

BdⅤ式 5 件：T25④∶9（厚达 4.2 厘米是杨家湾最厚纺轮；周边满饰斜戳划纹）、

T36④: 152、T35④: 52、T37④: 27、T47③: 1。

BdⅥ式4件：H180: 1、T31③B: 105、T31③C: 117、T35③D: 55。

BdⅦ式2件：H146: 15、T35③下: 160。

C型纺轮62件。其中：

Ca型46件。分别是：

CaⅡ式1件：T21③: 58。

CaⅤ式2件：T37④: 10、T47⑤: 36。

CaⅥ式6件：T26③B: 10、T30③C: 38、T32③C: 56、T33③C: 25、T35③C: 43、T35③D: 69。

CaⅦ式37件：H146: 1、H146: 27、H173: 1、H211: 18、H211: 30、H246: 1（边饰折角篦点纹）、H328: 46（顶面饰三道篦点纹）、H328: 47、T24③: 15、T24③: 16、T26③A: 53、T26③: 54、T27③: 6、T30③: 19、T30③: 44、T30③: 45、T30③A: 48、T31③: 4、T31③: 85、T31③: 114、T31③A: 86、T31③A: 149、T33③: 21、T34②C: 46、T34③: 47、T34: 48、T34③: 52（边饰折角篦点纹）、T34③: 60、T34③: 61、T35③: 50、T35③: 51、T36③: 59、T37③下: 74、T37③下: 75、T41③: 8、T1125②: 22、T1125③: 25。

Cb型4件。分别是：

CbⅢ式1件：T19③下: 66。

CbⅤ式1件：T31④: 112。

CbⅥ式1件：T32③C: 30。

CbⅦ式1件：T26③: 52。

Cc型2件。分别是：

CcⅤ式1件：T36⑤A: 119。

CcⅥ式1件：T31③B: 93。

Cd型10件。分别是：

CdⅤ式2件：T25④: 43、T35④: 54。

CdⅥ式2件：T30③C: 11、T35③C: 41。

CdⅦ式6件：H211: 15、T26③下: 1、T27③: 5、T31③: 239、T34③: 49、T36③: 34。

据附表一一，分析杨家湾新石器时代各阶段出土的纺轮，可以形成如下五点认识：

（1）在把杨家湾出土纺轮分为A、B、C三个类型后，虽然从数量上分析，C型最多，共62件占总数的57.95%；B型其次，有27件占总数25.23%；A型最少，仅18件占总数的16.82%。但是据附表一一可知：在大溪文化晚期这一阶段，弧边的B型又比角边的C型略多；而且，在大溪文化晚期之前的各阶段，则是直边的A型（共4件）又比B型（2件）和C型（共2件）都多；只有到了屈家岭文化早期，直至晚期，C型才都多于B型，且B型又多于C型。由此可见，杨家湾在新石器时代的纺轮，大体经过三个时期的发展：早期的纺轮，包括大早二段至大中晚段出土的纺轮，数量都很少，主要是直边型，但同时又存在弧边型和角边型。

中期的纺轮，是大溪文化晚期这一时期出土的纺轮，数量比前期各阶段出土的总和还要多得多，只要是弧边型，同时存在的角边型比直边型略多。晚期的纺轮，包括屈家岭文化早期和晚期两个阶段出土的纺轮，虽然屈家岭文化早期的纺轮比大溪文化晚期略少，但屈家岭文化晚期出土的纺轮，已比以前各阶段出土纺轮的总和还要多，而且从屈家岭文化早期以来，就以角边型为主，同时存在的弧边型也比直边型略多。

（2）进一步分析纺轮的大小和厚薄，并把杨家湾出土的纺轮分为 a、b、c、d 四个亚型。虽然从总数量来看，是 a 亚型最多，共 66 件占 61. 68%；其次是 d 亚型，共 23 件占 21. 50%；再其次是 b 亚型，共 13 件占 12. 15%；最少是 c 亚型，仅 5 件只占 4. 67%。但是，和 A、B、C 三个类型的发展一样，a、b、c、d 四个亚型的发展，也存在早、中、晚三个相同发展时期。在早期：只存在 a 亚型和 b 亚型，两者数量相等，未见 c、d 两个亚型。至中期：才出现 c、d 两个亚型，同时仍存在 a、b 两个亚型；但最多的是 d 亚型，共 9 件；其次是 a 亚型，共 6 件；b 亚型只有 3 件；c 亚型仅 2 件。从屈家岭文化早期到晚期，a 亚型最多，其次是 d 亚型，再其次是 b 亚型，最少仍是 c 亚型。

（3）在质地方面：最早的大早一段只发现 1 件陶片打制钻孔的纺轮；在大溪文化晚期和屈家岭文化早期这两个阶段，都同时存在 2 件石质纺轮。

（4）在纹饰方面：在杨家湾新石器时代各阶段共出土的 103 件陶纺轮中，只有 5 件加花纹装饰，且只发现于大溪文化晚期和屈家岭文化晚期这两个阶段，但这两个阶段的纺轮花纹明显不同，前者为戳点或戳划纹，后者为篦点纹。其中，大溪文化晚期 2 件：T27④: 28 属 AdⅤ式，上、下两面皆饰一周小圆形戳点纹；T25④: 9 属 BdⅤ式，弧边与上下两弧面之间都没有明显的折角，弧边上满饰斜乱戳划纹。屈家岭文化晚期 3 件，都属 CaⅦ式：H246: 1 和 T34③: 52 两件，都在角边上饰折角篦点纹；H328: 46，在顶面一侧饰三道呈 / | \ 字形篦点纹。

（5）在杨家湾出土的新石器时代各阶段的纺轮中，面径最大的是 AbⅡ式的 T3038③下: 1 这件纺轮，面径达 7. 4 厘米。体厚最大的是 AdⅤ式的 T25④: 9 这件纺轮，厚达 3. 1 厘米。这样大的面径和厚度，在其他新石器时代的遗址中都十分少见。

总的来说，纺轮这种纺纱织布用的生产工具，在杨家湾遗址，直至大溪文化早期第二阶段才开始出现。由于这一阶段仅发现 1 件陶片打制钻孔的纺轮，加上此后各阶段至大溪文化中期晚段，出土的纺轮都十分稀少，所以，可以认为纺轮这种生产工具，是在“炎黄联盟”形成后，因与其他“方国”交流生产经验和生产技术，才开始传入“神农氏”创立的“朱卷之国”，只是在杨家湾大溪文化晚期之前，这种生产工具及其使用的生产技术，长期以来都没有得到这个我国境内最早建立的“方国”的重视，才使杨家湾遗址从大早二段至大中晚段这五个发展阶段出土的纺轮总共只有 8 件。

此处称这五个发展阶段为纺轮在杨家湾出现和发展的早期。

杨家湾早期纺轮的特点：一是已同时存在 A、B、C 三个类型，但以直边的 A 型纺轮为主，共 4 件占早期出土纺轮的 50%；二是只存在 a、b 两个亚型，即只存在面径小于 5、体厚小于 1. 5 厘米的 a 亚型和面径大于等于 5、体厚大于等于 1. 5 厘米的 b 亚型这两种纺轮。未见面大体薄和面小体厚的 c 亚型和 d 亚型这两种纺轮。

到了大溪文化晚期，定居于杨家湾的这个“对偶家庭”才开始重视纺轮这种生产工具，出土的 20 件纺轮，说明这种生产工具在杨家湾的发展已进入中期。

杨家湾中期纺轮的特点：一是也同时存在 A、B、C 三个类型，但以弧边的 B 型纺轮居多，共 9 件，其次是角边的 C 型纺轮，共 6 件，直边的 A 型纺轮 5 件已相对最少；二是新出现 c、d 两个亚型，且同时存在 a、b 两个亚型的纺轮，但以新出现的面小体厚的 d 亚型纺轮居多；三是新出现石质纺轮；四是新出现饰戳点纹或戳划纹的陶纺轮。

到了屈家岭文化早期，定居于杨家湾的原来一个“对偶家庭”已分解为多个“一夫一妻（或多妻）制家庭”，由于在原来一个“母系大家庭”分解为多个“父系小家庭”后，不是每个“父系小家庭”都重视纺轮这种生产工具，所以，杨家湾在屈家岭文化早期出土的纺轮仅 19 件，比大溪文化晚期还稍少。只有到了屈家岭文化晚期，屈家岭这一时期出土的纺轮才猛增至 60 件，比从大早二段至屈家岭文化早期各阶段出土纺轮的总和还要多，这种现象，可能与自屈家岭文化早期推行“家庭私有制”以来，已充分调动了各“父系小家庭”在不同物质生产方面的积极性，而使这些家庭的物质生活水平都普遍提高，因而，才使屈家岭文化晚期已有更多家庭普遍使用纺轮这种生产工具有关。

另外，需要注意的是，从附表二中可知，屈家岭文化早期的 M19、M21 和 M57 这三座墓中都随葬有陶纺轮一件或两件，而屈家岭文化晚期已不见随葬陶纺轮的墓葬。由于随葬陶纺轮这三座墓都有相对较丰富的其他随葬品，似可说明：在屈家岭文化早期，因掌握纺纱织布的家庭并不多，才使已掌握这项生产技术的墓主，在墓葬中也随葬陶纺轮这种生产工具。而到了屈家岭文化晚期，因普遍家庭已掌握了纺纱织布这项生产技术，才使这一时期的墓葬风俗转为已未见随葬陶纺轮的墓葬。

由于自屈家岭文化早期推行“家庭私有制”以来，才使普遍家庭逐渐掌握了纺纱织布（或应用纺轮）这项生产技术，所以，这里才把屈家岭文化的早期和晚期，都作为纺轮在杨家湾发展过程中的晚期。

杨家湾晚期纺轮的特点：一是虽同时也存在 A、B、C 三个类型，但都以角边的 A 型为主，弧边的 B 型和直边的 C 型都不多；二是在同时存在的 a、b、c、d 四个亚型中，a 亚型为主，d 亚型次之，b 亚型和 c 亚型都甚少；三是在屈家岭文化早期仍存在石纺轮，到屈家岭文化晚期已未见石纺轮；四是屈家岭文化早期的陶纺轮都未见纹饰，屈家岭文化晚期又有极少数的纺轮饰篦点纹，但未见大溪文化晚期那种戳点纹和戳划纹。

杨家湾出土的其他陶质生产工具和骨质生产工具，因数量都很少不能作型式划分，这里不作进一步分析。杨家湾新石器时代的装饰品和其他器物，也因出土数量不多，这里也不作进一步分析。

二、新石器时代各阶段出土的日用陶器

由于附表七已统计了杨家湾新石器时代各阶段的陶系（包括陶质陶色）；附表八已统计了新石器时代各阶段陶器纹饰。所以，杨家湾新石器时代从大旱一段至屈家岭文化时期这九个连续发展阶段的陶系和纹饰，这里不作进一步论述。

虽然，附表九也初步统计了杨家湾新石器时代各阶段分别出土的陶器种类和类型的数量，但是，由于有些陶器种类除了可以划分为不同类型之外，有的类型还可以进一步划分为不同的亚型。所以，下面对从大旱一段至屈家岭文化晚期这九个阶段都有出土，且数量相对最多的罐、碗、盘三种器物，作进一步的类型划分。

只是在进一步划分之前，又需说明，这次进一步划分的数据，与原附表九的统计数据，都略有增或减。如附表九的罐类标本1191件，占总数3541件的33.63%，这次进一步划分为罐类标本1196件，占总数3541件的33.78%，又如附表九的碗标本507件，占总数3541件的14.32%，这次进一步划分的碗标本508件，占总数的14.35%；又如，附表九统计的盘类标本258件，占总数7.17%。由于变动附表九的数据，也应相应改正附表七和附表八的标本数据，加上同类器物与标本总数的百分比，都不超过0.2%，所以，这里只作说明，不改动原附表七，附表八和附表九的数据和百分比。又需说明的是，这次重新划分的标本名称，有报个别的标本，可能与原分阶段分单位介绍的同一标本的名称略异，应以这次重新划分的标本名称为准，且多数标本已修改原介绍的单位标本名称，如有漏掉未修改的标本，仍以这次重新划分的标本名称为准。

下面分别介绍罐、碗、盘这三种器类的型式划分。

（一）罐类的型式划分

杨家湾新石器时代出土的罐，共1196件。但大部分仅剩上部，个别仅剩下部，可以复原的标本极少，按口沿和下部的圈足可分为A、B、C、D、E、F、G、H、I、J共10个类型。其中：

A型罐为折沿罐，809件。

B型罐为曲颈罐，37件。

C型罐为束颈罐，64件。

D型罐为斜颈罐，146件。

E型罐为直口罐，86件。

F型罐为敛口罐，36件。

G型罐为圈足罐，9件。

H型罐为盘口罐，1件。

I型罐为子母口高领罐，2件。

J型罐为矮颈罐，3件。

另有罐的尖圜底3件。

上述10个类型不同罐，有的还可分为亚型，再按亚型分式；有的没有进一步划分亚型，则直接分式。

1. A型罐

A型罐为折沿罐，出土809件。按沿面又可分为a、b、c三个亚型。其中：

Aa型为凹折沿罐，351件。

Ab型为沿面不内凹也不上弧的折沿罐，304件。

Ac型为弧折沿罐，154件。

这里把从大旱一段至屈家岭文化晚期这九个发展阶段分别出土的A型罐标本，分别确定为Ⅰ、Ⅱ、Ⅲ、Ⅳ、Ⅴ、Ⅵ、Ⅶ、Ⅷ、Ⅸ九式。下面分别介绍每个亚型在式方面的出土情况。

（1）Aa型罐

Aa型罐为凹折沿罐，共349件。其中口径>15厘米的标本286件；口径≤15厘米的标本，附表九已称为凹折沿小罐，共43件；另有加绘红彩或黑彩的凹折沿彩陶罐，共20件。

AaⅠ式罐12件。H237∶2、H241∶1、H241∶2、H241∶4、H543③∶49（颈下、肩上饰竖绳纹）、H506∶8、H506∶9、T3534④∶25；上述8件标本都是口径大于15厘米的凹折沿罐，标本号后面没有附小括号的标本，都是素面未见纹饰的标本。另有4件小罐，H242∶1、H242∶2，这两件标本都有肩饰竖绳纹；H506∶10、H543③∶52，这两件标本均为素面。

AaⅡ式罐84件。包括凹折沿罐61件、凹折沿小罐11件和凹折沿彩陶罐12件。

在61件凹折沿罐中，素面标本36件。H224∶4、H224∶5、H224∶6、H224∶7、H251∶1、H341∶2、H363∶19、H365∶5、H365∶19、H365∶23、H538∶128、H542∶7、H543②∶131、H543②∶136、H607③∶102、H607③∶103、H607③∶38、H607③∶43、H607③∶12、T21④∶97、T21④∶96、T23⑤A∶21、T28④下∶43、T63④∶13、T64③A∶24、T70③B∶17、T74③∶17、T75④∶58、T2731④∶11、T3133④∶7、T3433④B∶8、T3433④B∶18、T3546③B∶32、TG④∶43、G4∶2、T3545③B∶67；有纹饰标本25件：H363∶18、H363∶25、H365∶16、H488∶1、H538③∶46、H538③∶91、H543②∶132、H543②∶133、H607③∶120、H607③∶121、H607②∶60、H607②∶72、H607②∶73、H607②∶88、H607②∶91、T21④∶16、T23③∶97、T28④下∶42、T28④下∶45、T3433③B∶14、T3446③∶8、T3533③D∶26、T3545④∶93、T20⑤A∶30、H363∶31。

AaⅡ的凹折沿小罐11件。H235∶2、H513∶1、H538②∶99、H538②∶100、H538②∶110、H543②∶23、H543②∶134、H543②∶135、T46③B∶1、T74③∶6、T2840④∶3。

AaⅡ式的彩陶罐12件。H538③∶34、H538②∶39、H538②∶71、H543②∶44、H607②∶45、T21⑤∶126、T21⑤A∶142、T21⑤B∶150、T28⑤∶68、T2838③B∶19、T2938③∶8、T3546③B∶36。

AaⅢ式罐103件。其中凹折沿罐79件、小罐16件、彩陶罐8件。

在79件凹折沿罐中，素面标本50件：H60∶1、H208∶6、H212∶6、H220∶1、H222∶2、H225∶7、H225∶9、H236∶1、H336∶6、H337∶1、H346∶1、H351∶2、H370∶1、H389∶19、H389∶20、H389∶31、

H392: 1、H400: 1、H406: 2、H406: 9、H412: 1、H458: 1、H458: 2、H490: 1、H511: 2、H522: 1、H538①: 83、H607①: 24、H607①: 25、T10③: 36、T12④: 93、T12④: 97、T21③: 61、T21③: 63、T22③A: 14、T23③: 54、T28③: 7、T28③下: 29、T63③A: 15、T2733③: 4、T2837③: 5、T2837: 6、T2837③B: 26、T2839③: 6、T2839③: 10、T2839③: 24、T3232③: 3、T3547③B: 16、TG2④: 36、TG2④: 44；有纹饰标本29件：H56: 5、H58: 1、H58: 4、H227: 1、H336: 7、H389: 4、H389: 8、H410: 1、H428: 1、H440: 1、H458: 3、H490: 6、H514: 5、H531: 1、H538①: 3、H538①: 17、H538①: 81、T12④: 20、T22③A: 7、T23③: 57、T28③: 74、T73②下: 5、T2839③: 7、T3034③: 1、T3132④: 9、T3232③B: 18、T3334③C: 9、T3545③: 99、TG2⑤: 5。

AaⅢ式的小罐16件，其中除H538①: 11这件标本有纹饰外，余15件标本皆素面：H43: 7、H49: 2、H225: 5、H236: 2、H348: 2、H351: 3、H351: 5、H404: 1、H528: 2、H532: 1、H538: 82、H539: 3、T28③A下: 38、T2934③B: 3、TG2④: 42。

AaⅢ式的彩陶罐8件：其中，除H335: 1和T2837③: 8这两件标本为红衣绘红彩外，余6件标本都是红衣绘黑彩：H336: 8、H373: 1、H354: 2、H481: 1、T3237③B: 6、T3546③A: 13。

AaⅣ式罐25件。都是凹折沿罐，而未见小罐和彩陶罐。其中，无纹饰标本21件：H11: 13、H11: 22、H11: 27、H21: 6、H28: 4、H28: 10、H30: 9、H30: 11、H35: 11、H37: 1、H37: 3、H314: 3、H332: 1、H333: 2、T16③A下: 24、T17④: 26、T17④: 36、T17④: 52、T18④: 17、T19⑤: 14、T0923③: 30；有纹饰标本4件：H28: 2、H265: 2、H314: 2、T18③B: 7。

AaⅤ式罐17件。除1件小罐T1123③C: 83这件标本的内口下有一周模糊凹弦纹外；另外16件标本都是一般凹折沿罐，而且都素面未见纹饰：H13: 3、H13: 5、H25: 8、H288: 3、T17③A: 68、T19③下: 45、T19③下: 50、T19③下: 55、T19③下: 59、T19③下: 95、T19③下: 178、T19④: 24、T19④: 41、T1023⑥: 75、T1023⑥: 67、T1123③C: 88。

AaⅥ式罐7件。都是一般凹折沿罐，其中素面。标本6件：H19: 19、H299: 1、G55: 5、T16③: 50、T19③: 13、T1124③A: 21；另有一件内口下饰一周凹弦纹：T16③: 52。

AaⅦ式17件。其中，凹折沿罐15件，都是素面标本：H133: 8、T27⑤A: 46、T25④A: 15、T31④: 56、T35: 82、T35: 113、T35: 140、T35: 168、T36④: 94、T37④: 45、T37④: 59、T40④: 1、T42④: 4、T43④: 2、T43④: 3；另外2件小罐，也都是素面标本：T24④: 35、T31⑤A: 224。顺便指出：T24④: 35这件小罐为薄胎窄凹沿，弧腹大平底。与前述各阶段的Aa罐形制不同。

AaⅧ式罐18件。都是一般凹折沿罐，即未见小罐和彩陶罐。其中，T35③C: 47的口内唇下局部压印锯齿状花边纹；T2744③B: 16这件标本的外唇下也压印锯齿状花纹；此外，其余16件标本都素面未见纹饰：H72: 1、H75: 2、H90: 4、H95: 2、H104: 8、H114: 8、H152: 2、H152: 4、H152: 5、H188: 1、T27③A: 17、T30③B: 91、T30③C: 95、T31③B: 165、T31③D: 191、T3144①B: 5。

AaⅨ式罐66件。其中折沿罐57件和小罐9件。

在这57件凹折沿罐中，素面标本52件：H87: 1、H146: 4、H272: 2、H302: 10、H302: 21、H302: 22、H302: 42、H302: 43、H320: 6、H320: 8、H320: 14、H326: 1、H326: 2、H328: 2、

H328∶3、H328∶4、H328∶5、H328∶6、H328∶41、H330∶4、H563∶2、H601∶5、H601∶6、H601∶7、H601∶9、H601∶12、H601∶32、T24③∶1、T24③∶6、T26③∶13、T26③∶29、T26③∶31、T26③∶32、T26③∶33、T30③∶82、T31③∶23、T31③∶128、T34③∶41、T35③∶84、T36③A∶81、T36③∶30、T36③∶63、T37③∶13、T41③∶6、T112③∶52、T1126③C∶23、T1226③∶13、T1227③A∶3、T1327③∶11、T2744③A∶9；T31③∶3、T31③∶18（这两件标本口内折棱又抹平，形制与前50件标本口内都有折棱不同，这里故用分号隔开）。H246∶2、H302∶9、H328∶12、T35③∶83、T36③∶19（最后这件小罐也是口内折棱标本）。

AaⅨ式的9件小罐都是素面未见纹饰：H328∶24、T37③∶24、H144∶3、H302∶33、H302∶37、H315∶2、H328∶15、H328∶20、H330∶9。其中，H328∶24这件标本，也是薄胎窄凹沿，与AaⅦ式的T24④∶35不同之处，是深弧腹而不是弧腹，但这一标本底已残。

在杨家湾新石器时代上述九个不同发展阶段出土的351件Aa罐中，只有大早二段H224∶4和大溪文化晚期的T24④∶35这两件标本可以复原。但前者实际上是圜底的釜，后者则是平底的小罐。结合附表九“其他类”之中的平底器只有39件，可以推测：A型罐的残底标本，可能大部分都是圜底的釜，但因不明这批标本的底部情况，这里才据标本的口沿而统称为罐。

Aa型罐在进一步划分为凹折沿罐、小罐和彩陶罐之后，我们才能认识到Aa型罐在从大早一段至屈家岭文化晚期这九个阶段的发展情况：

一是从大早一段至屈家岭文化晚期每一阶段都存在凹折沿罐。但小罐只发现于大早一、二、三段、大中中段、大溪文化晚期和屈家岭文化晚期这六个阶段，由于在大溪文化晚期和屈家岭文化晚期都出土1件薄胎窄凹沿罐，而介于这两个阶段之间的屈家岭文化早期并未出土这种薄胎窄凹沿罐，所以，我们又可认识到，小罐可能在原九个发展阶段都存在，只是发掘还不全面，因而才没有更全面的出土这种小罐而已。而凹折沿彩陶罐，则可能只存在于大早二、三段；而且可以发现，在大早二段，只存在红衣黑彩，而在大早三段，则同时存在红衣黑彩和红衣红彩的彩陶罐。

二是在纹饰方面，彩陶只见于大早二、三段外。从大早一段至三段这三个连续发展阶段，均存在肩、腹饰竖绳纹的标本，从大中早段至屈家岭文化早期这五个连续发展阶段，都未见这种饰竖绳纹的标本，只是在屈家岭文化晚期又发现1件标本（H246∶2），其肩腹有隐约抹去的竖绳纹痕迹。从大早一段至三段，存在凹沿上有圆形小镂孔的标本。另外，从大早二段至大中早段这三个连续发展阶段，都存在外沿面饰凹弦纹或凹槽的标本，其中，在大早二、三段，有的标本饰一至四周凹弦或凹槽，但到了大中早段，只见饰一周凹弦或凹槽的标本；需进一步指出的是，大中中段和晚段，虽然已不见外沿面饰凹弦纹的标本，但这两个阶段又都各有1件标本在内口下饰一周凹弦纹。还需进一步指出：大溪文化晚期出土的17件Aa型罐标本，全都素面未见纹饰；屈家岭文化早期，除了素面标本外，又各有1件标本分别在口内和口外的唇部压印锯齿状花边纹；到了屈家岭文化晚期，除了大多数标本都是素面外，H246∶2的肩腹部有隐约抹而未净的竖绳纹；H302∶19和T36③∶19这两件标本的内沿面上局部有划纹；H328∶12这件标本的方唇面上有两周凹弦纹；T35③∶83的腹部残存三周凸棱纹。

三是在形制上，除了大溪文化晚期的 T24④: 15 和屈家岭文化晚期的 H328: 34 这两件标本都是薄胎窄凹沿小罐，而与其余 349 件 Aa 型罐在陶胎和凹折沿两个方面都不同外；屈家岭文化晚期的 T31③: 3、T31③: 8 和 T36③: 19 这 3 件标本都内折棱已抹平，而与另外 348 件标本内折沿都有棱不同。

（2）Ab 型罐

Ab 型罐为沿面基本平直的折沿罐，304 件。

Ab 型罐除了和 Aa 型罐一样也可分为折沿罐、小罐和彩陶罐外，又新出现彩陶小罐。只是又需说明：一般小罐都是口径≤15 厘米，但这里也把个别胎薄或沿窄而口径略大于 15 厘米的 Ab 型罐，也归属折沿小罐或折沿彩陶小罐。

在 Ab 型罐 304 件标本中，折沿罐 202 件、小罐 52 件、彩陶罐 44 件、彩陶小罐 6 件。

这里仍把从大早一段至屈家岭文化晚期这九个阶段分别出土的 Ab 型罐标本，分别确定为Ⅰ、Ⅱ、Ⅲ、Ⅳ、Ⅴ、Ⅵ、Ⅶ、Ⅷ、Ⅸ九式。下面分别介绍 Ab 型罐各式的出土情况。

AaⅠ式罐 12 件。其中，折沿罐 9 件，除 H460: 1 这件标本为素面外，其余 8 件标本都有纹饰：H241: 5、H242: 3、H535: 1、H535: 2、H543③: 146、H543③: 147、T23⑤B: 31、T3734④: 46；彩陶罐 3 件，除 H543③: 151 绘黑彩外，余 2 件都绘红彩：T21⑥: 165、T3734④: 45。此式未见小罐和彩陶小罐。

AbⅡ式罐 104 件。其中：折沿罐 67 件、小罐 10 件、彩陶罐 27 件。未见彩陶小罐。

在 67 件折沿罐中，素面标本 20 件：H223: 2、H363: 33、H538②: 86、H542: 2、H542: 3、H543②: 27、H607③: 119、G4: 12、G4: 16、T10④下: 27、T21⑤: 33、T21⑤B: 41、T21④: 101、T21⑤: 121、T21⑤: 123、T23⑤: 80、T75③: 38、T2840④: 2、T3545③B: 26、T3545③B: 71；有纹饰标本 47 件：H510: 1、H223: 1、H223: 12、H230: 1、H230: 2、H341: 1、H363: 30、H424: 1、H424: 2、H479: 8、H538: 31、H538: 32、H538: 35、H538: 89、H538: 94、H538: 129、H542: 14、H543②: 138、H543②: 14、H543②: 15、H607②: 35、H607②: 37、H607②: 48、H607②: 52、H607②: 75、H607②: 76、H607②: 83、H607②: 87、H607②: 92、H607②: 116、H607②: 123、H607②: 128、T21⑤: 5、T21⑤: 98、T23⑤: 35、T23⑤: 51、T23⑤: 53、T28④下: 41、T71③: 17、T2731④: 12、T3334④: 17、T3445③B: 8、T3446③: 6、T3524③B: 28、T3545③B: 15、T3545③B: 16、T3633④B: 16。

在 AbⅡ式的 10 件小罐中，素面标本 5 件：H538②: 66、T3545③B: 9、T3546③B: 31、H363: 23、T21⑤B: 151（最后这两件标本都是薄胎窄沿小罐）；有纹饰标本 5 件：T45②: 8、H230: 3、H538②: 37、H542: 8、H607③: 117。

在 AbⅡ式的 27 件彩陶罐中，红衣绘黑彩标本 24 件：H81: 3、H224: 2、H538: 24、H538: 34、H538: 75、H538: 76、H543②: 25、H543②: 28、H543②: 32、H607②: 129、TG1②: 10、T21⑤A: 143、T23⑤: 10、T23⑤: 75、T23⑤: 77、T28⑤: 67、T29④: 5、T62③A: 21、T64③: 29、T64③A: 16、T3445③B: 1、T3533③C: 21、T3545③B: 65、T3545③B: 68；另有 3 件标本为红衣上绘红色带状纹：T10④: 32、T71③: 29、T3633③B: 11。

AbⅢ式 56 件。其中，折沿罐 56 件、小罐 7 件、彩陶罐 14 件。未见彩陶小罐。

在 AbⅢ式 56 件折沿罐中，素面标本 19 件：H63∶1、H64∶1、H212∶2、H212∶4、H222∶3、H351∶1、H381∶3、H389∶30、H389∶41、H400∶2、H405∶1、H416∶1、H430∶1、H538①∶101、T20⑤∶26、T28③∶77、T62③∶13、T3447③∶1、TG2③∶24；有纹饰标本 37 件：H43∶4、H43∶11、H43∶13、H49∶6、H49∶7、H59∶1、H59∶2、H64∶2、H64∶4、H228∶12、H222∶8、H232∶2、H381∶1、H381∶2、H398∶1、H407∶1、H410∶2、H440∶3、H454∶1、H492∶3、H538①∶6、H539∶1、H575∶2、H607①∶4、G71∶6、T22③A∶13、T28③A 下∶36、T2837③B∶24、T2837③B∶36，T2838③∶4、T2838③∶7、T2839③∶2、T2839③∶25、T2839③∶40、T3533③A∶9、TG1⑤∶67、TG2④A∶17。

在 AbⅢ式 7 件小罐中，T3546③∶4 为薄胎窄沿小罐；T75③∶8 为窄沿但胎不薄的小罐；另 5 件为一般小罐，其中素面标本 3 件：T28③A 下∶33、T2831③∶4、T3434③A∶2，有纹饰标本 2 件：T28③∶11、T3433③∶17。

在 AbⅢ式 14 件彩陶罐中，红衣绘黑彩标本 9 件：H41∶6、H56∶6、H364∶2、H492∶2、H538①∶4、H539∶2、T22③A∶12、T2837③∶7、TG2⑤∶11；另有 5 件标本为红陶绘红色带状纹：H347∶3、H444∶1、H444∶2、H543①∶1、T3033③∶2。

AbⅣ式罐 12 件，除 H260∶2 为薄胎窄沿小罐外，另外 11 件标本为折沿罐。未见彩陶罐和彩陶小罐。

在 AbⅣ式 11 件折沿罐中，除 H30∶7 外沿下部近颈处饰一周宽带状凹槽外，其余 10 件标本都是素面：H11∶15、H21∶7、H23∶4、H23∶3、H256∶1、T17④下∶81、T18④∶8、T18④下∶102、T18③A∶34、T18③A∶52。

AbⅤ式罐 20 件。其中折沿罐 16 件、小罐 4 件。未见彩陶罐和彩陶小罐。

在 AbⅤ式 16 件折沿罐中，除 H25∶15 的内沿上部饰一周凹槽外，余 15 件标本皆素面：H13∶4、H24∶3、H25∶8、H25∶19、H25∶30、H269∶1、H271∶1、H289∶1、H291∶1、H293∶2、G52∶2、G64∶3、T19③下∶176、T19④∶100、T19④∶15。

AbⅤ式的 4 件小罐，都是素面未见纹饰：H293∶4、T19③下∶63、T1023⑤∶64、T1024③∶49。

AbⅥ式罐 16 件。其中折沿罐 13 件、小罐 3 件。未见彩陶罐和彩陶小罐。

在这 13 件折沿罐标本中，除 T16③∶86 的内沿上部都有一周凹槽外，余 12 件标本都是素面未见纹饰：H6∶3、H14∶3、H17∶6、H19∶18、H323∶2、H325∶1、H329∶1、G65∶1、G65∶4、T14③∶11、T19③∶82、T19③∶160。

AbⅥ式的 3 件小罐都是素面：H15∶2、H20∶1、T16③∶10。

AbⅦ式罐 25 件。其中，折沿罐 9 件、小罐 12 件、彩陶小罐 4 件。未见彩陶罐。

AbⅦ式 9 件折沿罐都是素面未见纹饰：H102∶1、H102∶2、H102∶3、H102∶4、H128∶1、T25④A∶12、T30④∶110、T36④∶90、T42④∶6。

在 AbⅦ式 12 件小罐中，一般小罐 7 件：T27④∶50、H190∶2、T24⑤∶35、T25④A∶16、T27④∶69、T38④∶24、H102∶5；另有 5 件为薄胎窄沿小罐：T35∶67、H133∶11、H130∶1、

T31⑤A∶228、H133∶14。上述12件小罐都素面无纹饰。

AbⅦ式4件彩陶小罐，都较薄，沿较窄，而且都是红衣绘黑彩：H164∶1、H187∶9、T36④∶87、T36⑤A∶117。

AbⅧ式罐9件。其中，折沿罐5件、小罐和彩陶小罐各2件。未见彩陶罐。

在5件折沿罐中，除T31③B∶167的外颈下部饰一周带状薄凸棱外，余4件标本皆素面：H104∶7、T26④∶97、T35③C∶164、T2744③B∶14。

AbⅧ式2件小罐，都是薄胎、窄沿、素面：H152∶6、T35③E∶109。

AbⅧ式2件彩陶小罐，都是红衣绘黑彩。其中，H104∶9为一般小罐；H104∶4为薄胎窄沿小罐。

AbⅨ式罐29件。其中，折沿罐16件、小罐13件。未见彩陶罐和彩陶小罐。

在这16件折沿罐中，除H137∶1在外口下饰一周凹槽外，余15件标本皆素面：H88∶2、H302∶26、H320∶5、H320∶11、H320∶14、H320∶20、H322∶6、H322∶15、H322∶16、H330∶2、H605∶2、T35③∶78、T36③A∶80、G63∶1、T2744③∶2。

在AbⅨ式13件小罐中，H144∶2和T25③下∶63这两件标本已复原，前者为窄沿胎不薄的圜底小釜，后者虽然也是窄沿胎不薄，但却是凹平底小罐。另有7件一般小罐，其中除T26③∶28的腹部有三周不完全的横划纹，中间又加饰凹弧状戳划纹外，余6件标本都是素面未见纹饰：H302∶46、H320∶10、H322∶20、T37③∶29、T1024③∶17、T1326②A∶1。还有4件标本为薄胎窄沿小罐，也都素面未见纹饰：H320∶27、T24③∶13、T31③∶137、T1024②∶29。

从Ab型罐这303件标本中，可看到和Aa型罐既基本相同又略有差异的如下特点：

一是在数量上，这两个亚型的折沿罐数量都特别多，且从大早一段至屈家岭文化晚期这九个发展阶段都长期存在，只是Ab型在数量上比Aa型略少而已。

二是在进一步分类中，Ab型罐在大溪文化晚期和屈家岭文化早期这两个连续发展阶段中，都存在彩陶小罐，而Aa型罐始终未见彩陶小罐。

三是在纹饰的彩陶这一方面：Ab型罐在大早一段就出现彩陶，且同时存在红彩和黑彩的标本；在大早二、三段，仍同时存在红彩和黑彩的彩陶罐；继后从大中早段至屈家岭文化晚期这六个连续的发展阶段，都未见彩陶罐；只在大溪文化晚期至屈家岭文化早期这两个阶段，又存在绘黑彩的彩陶小罐。而Aa型罐只在大早二、三段出土彩陶罐，且大早二段还未见红彩彩陶罐，至大早三段才出现黑彩和红彩的彩陶罐。相比之下，Ab型罐的彩陶，比Aa型罐更全面地反映了杨家湾的彩陶的出现和存在情况。

在外口沿饰凹弦纹或凹槽这一方面：Ab型罐从大早一段至大早二、三段都存在这种纹饰的标本，且从大中早段至屈家岭文化晚期这连续六个发展阶段，都已未见这种外口沿饰凹弦纹或凹槽的标本。Aa型罐在大早一段尚未见这种纹饰的标本，但从大早二段至大中早段这三个连续的发展阶段，又都分别存在这种纹饰的标本。相比之下，这种纹饰在Ab型罐中似比Aa型罐早出现一个阶段，但这种纹饰的存在，Aa型罐似比Ab型又延长了一个阶段。

在肩、腹部饰竖绳纹这一方面：Aa和Ab这两个亚型都主要存在大早一、二、三阶段。只是Aa型罐在屈家岭文化晚期又发现一件标本的肩腹饰有抹而未净的竖绳纹，Ab型罐并无类似的发现而已。

四是在形制方面：Ab 型罐在大中早段就出土 1 件口内折棱已抹平的标本：T18④下：102；而 Aa 型罐要到屈家岭文化晚期发现 3 件口内内折棱已抹平的标本。由此可见，要认识口内折棱又进一步抹平的标本出现和存在于哪些发展阶段，只有结合 Aa 和 Ab 型罐的出土情况，才能有更全面的认识。

五是在薄胎窄沿小罐的出现和存在这个问题上，Ab 型罐的出土情况，可使我们有更全面的认识。因为 Aa 型这种小罐仅在大溪文化晚期和屈家岭文化晚期各出土 1 件。而 Ab 型这种小罐，在大早二段就出土 2 件：H363：23 和 T21⑤B：151。大早三段也出土 1 件：T3546③：4。大中早段仅有 1 件小罐 H260：2，也是这种小罐。大中中段和晚段虽然都未见这种小罐，大溪文化晚期的 12 件小罐中，就有 5 件是这种小罐，其中的 T35④：67 和 H133：11 这两件标本，都是弧腹；而 H130：1、T31⑤A：218 和 H133：14 这三件标本，则都是深弧腹；而且，大溪文化晚期的 4 件彩陶小罐，全都是这种小罐加绘黑彩图案。继后的屈家岭文化早期，2 件小件都是这种小罐，在 2 件彩陶小罐中，H104：11 也是这种小罐，而在屈家岭文化晚期的 13 件小罐中，也有 4 件这种小罐，其中除 H320：27 为弧腹外，T24③：13、T31③：137 和 T1024②：29 这三件标本，则都是深弧腹。所以，根据 Ab 型这种小罐的考古发现，我们才能进一步认识到：薄胎窄沿这种小罐，在大早二段就已开始出现，直至屈家岭文化晚期，除大溪文化中期的中段和晚段未见外，其余各阶段都存在这种小罐；而且可以进一步发现：在同一发展阶段，又往往同时存在着弧腹和深弧腹这两种小罐。

（3）Ac 型罐

Ac 型罐为沿面微上弧的弧折沿罐，出土 154 件。也可分为弧折沿罐、小罐、彩陶罐和彩陶小罐四种。只是同样需要说明：在 Ac 型罐的 154 件标本中，只有大溪文化晚期的 T25⑤A：2 可以复原，为圜底的小釜；其余标本底部已残，故据口沿都称这类器物为 Ac 型罐。实际上，本报告据大量底部已残的标本只设“罐”这类器物，而没有设“釜”这类器物，甚至把“圈足罐”也作为“罐类”中的一个类型。所以，需要进一步说明的是，本报告的“罐”，既包括一般的“平底罐”，也包括原应称为“釜”的“圜底罐”，也包括有矮圈足的“圈足罐”。

需要补充说明的第二点，是 Ac 型罐中的小罐或彩陶小罐，一般口径都≤15 厘米，但和 Ab 型罐一样，也有个别薄胎窄沿的小罐或彩陶小罐，口径略大于 15 厘米。

同时，这里也把从大早一段至屈家岭文化晚期这九个阶段分别出土的标本，分别确定为Ⅰ、Ⅱ、Ⅲ、Ⅳ、Ⅴ、Ⅵ、Ⅶ、Ⅷ、Ⅸ九式。下面分别介绍各式 Ac 型罐的出土情况。

AcⅠ式 2 件。都有纹饰。其中，T23⑤B：46 为弧折沿罐、T23⑥：25 为小罐。未见彩陶罐和彩陶小罐。

AcⅡ式 24 件。其中，弧折沿罐 12 件、小罐 2 件、彩陶罐 10 件。未见彩陶小罐。

在 12 件弧折沿罐中，素面标本 7 件：H223：13、H543②：16、T23⑤A：22、T71③：9、T3544③：1、TG1④：40、G4：14；有纹饰标本 5 件：H538：102、H538：103、H607②：23、H607②：42，T3545③B：10。

AcⅡ式的小罐 2 件中，H542：9 有纹饰，T3547③B：30 为素面小卷沿小罐，但其胎不薄。

AcⅡ式 10 件彩陶罐中，有 8 件标本施红衣绘黑彩：H365∶7、H365∶22、H538③∶72、H607②∶61、TG④∶42、T21⑤∶124、T21⑤∶125、T23⑤∶81；另 2 件标本施红衣绘红彩：T21⑤∶122、T3545③B∶11。

AcⅢ式罐 35 件。其中，弧折沿罐 27 件、小罐 4 件和彩陶罐 4 件。未见彩陶小罐。

在 27 件弧折沿罐中，素面标本 16 件：H225∶2、H389∶21、H418∶2、H459∶2、H531∶2、H534∶1、H536∶1、H543①∶99、H543①∶100、H543①∶98、H547∶1、T21③A∶75、T2933③∶4、T3232③∶1、T3534③A∶21、T3734③A∶37；有纹饰标本 11 件：H208∶1、H208∶2、H459∶4、G71∶1、T23③∶58、T2731③A∶4、T2738③A∶15、T2839③∶9、T3232③B∶28、T3234④∶9、T3546③A∶12。

在 AcⅢ式 4 件小罐中，G71∶2、T12④∶16、T3734③A∶38 这 3 件标本为一般小罐；另 1 件 T3232③B∶22 为窄沿胎不薄的扁弧腹小罐。这 4 件小罐都素面未见纹饰。

在 AcⅢ式 4 件彩陶罐中，绘黑彩标本 1 件：T2839③∶12；施红衣绘红彩标本 3 件：T2839③∶5、T2839③∶13、T3534③A∶23。

AcⅣ式罐 15 件。包括弧折沿罐 11 件和小罐 4 件。未见彩陶罐和彩陶小罐。

在 11 件弧折沿罐中，除 T15③∶11 残肩上饰模糊竖绳纹外；余 10 件标本都素面未见纹饰：H11∶18、H11∶28、H28∶7、H28∶9、H30∶8、H290∶1、T15③A∶5、T16③A∶16、T18④下∶20、T0824②B∶7。

AcⅣ式的 4 件小罐都是一般小罐，且都素面未见纹饰：H29∶1、H314∶4、T18④∶85、H11∶10。

AcⅤ式罐 23 件。包括 19 件弧折沿罐 4 件小罐。也未见彩陶罐和彩陶小罐。

在这 19 件弧折沿罐中，除 H13∶1 的内沿下部饰两横排戳点纹和 H25∶32 的内沿上部饰一周凹弦纹这两件标本外，另外 17 件标本都素面未见纹饰：T19③下∶103、H22∶1、H25∶24、H25∶27、H25∶28、G56∶1、T19④∶19、T19④∶42、T17③A∶60、T17③A∶69、T19③下∶175、T1023②D∶43、T1023⑤∶62、T1023⑤∶71、T1024③∶45、T1024③∶90、T1123④∶119。

AcⅤ式 4 件小罐都是一般素面小罐：H25∶31、H288∶4、T18③∶36、T1024∶50。

AcⅥ式罐 17 件。包括弧折沿罐 15 件和小罐 2 件。未见彩陶罐和彩陶小罐。

这 15 件弧折沿罐是素面未见纹饰：H6∶5、H19∶4、H19∶5、H19∶14、H19∶15、H26∶1、H273∶6、T14⑤∶12、T16③∶42、T17③∶58、T19③∶72、T19③∶80、T1123③B∶62、T1124②B∶12、T1124③B∶28。

在 AcⅥ式 2 件小罐中，H19∶17 为窄沿外卷，素面，但胎不薄；另 1 件 T16③∶48 为一般素面小罐。

AcⅦ式罐 18 件。包括弧折沿罐 2 件、小罐 14 件和彩陶小罐 2 件。未见彩陶罐。

在 2 件弧折沿罐中，T18④∶22 为窄厚沿外折，素面。T36④∶88 为窄厚沿外卷，素面。都与前述各段弧折沿罐稍异。

在 AcⅦ式 14 件小罐中：T25⑤A∶2 为窄沿外卷，但胎不薄的圜底小罐；余 13 件标本都底部已残。其中，5 件为一般小罐：H133∶9、H133∶10、T25④∶8、T36⑥∶136、T43④∶4（前 4 件皆素面，后一件腹饰五周不连贯的横篦划纹）；另 8 件标本为窄沿薄胎或胎较薄的小罐：T25⑤:23、T27④:25、T27④:58、T32④:62、T35④:121、T36⑤A:123、T36⑤A:141、T47④:28（这 8 件标本皆素面为未见纹饰）。

AcⅦ式的 2 件彩陶小罐，都是薄胎窄沿小罐，又在颈下肩上绘一周黑彩带状纹：H179:4、T36⑤A:121。

AcⅧ式罐 9 件。其中，弧折沿罐 3 件、小罐 6 件。未见彩陶罐和彩陶小罐。

在这 3 件弧折沿罐中，H152:3 和 T31③E:199 这两件标本都素面未见纹饰；T35③D:98 这一标本，虽然外表也是素面，但器内腹部有多组斜向篦划纹，每组 6～7 道斜向划痕，各组篦划纹之间并不平行，也不等距。

AcⅧ式 6 件小罐都是窄沿薄胎或胎较薄的素面小罐。其中 2 件为弧腹：H103:7、T35③E:79；另 4 件为深弧腹：H114:14、H168:8、T26③B:24、T31③D:194。

AcⅨ式罐 11 件。其中，除 H601:19 为一般小罐外，另外 10 件都是弧折沿罐：H94:2、H303:1、H305:3、H601:10、H601:21、T31③:25、T1024②:13、T1024②:25、T1024②:26、T1025②:5。这 11 件标本都是素面，未见纹饰。

AcⅨ式也未见彩陶罐和彩陶小罐。

上述 154 件 Ac 型罐，分别出土于从大早一段至屈家岭文化晚期这九个发展阶段。在把 Ac 型罐进一步划分为一般弧折沿罐、小罐、彩陶罐和彩陶小罐之后，才可进一步认识到：

一是在器类方面：从大早一段至屈家岭文化晚期的每一阶段，都同时存在弧折沿罐和小罐；但彩陶罐只发现于大早二、三段这两个连续发展阶段；彩陶小罐则只见于大溪文化晚期这一阶段。

二是在形制方面：弧折沿罐从大早二段至屈家岭文化晚期这八个发展阶段中，都存在一种沿面较窄的标本，而且，大溪文化晚期的 2 件标本，都是这种弧折沿罐。在小罐中，也和 Ab 型罐一样，早在大早二、三段就存在窄沿胎较薄的小罐，只是在大中早段、中段、晚段和屈家岭文化晚期这四个发展阶段，又都未见这种窄沿较薄的小罐。

三是在纹饰方面：主要饰竖绳纹、凹弦纹和个别饰凸棱纹或戳点纹。其中，肩、腹饰竖绳纹的标本，主要见于大早一、二、三段，但大中早段也有 1 件标本：T15③:11，其残肩上也饰模糊竖绳纹。饰凹弦纹的标本：大中一段的 T23⑥:25，其肩、腹上各饰两周凹弦纹，这种标本，在其他阶段都未见；大早二段的 T3545③B:10，外沿上部饰三周凹弦纹；大早三段的 T23③:58，外沿上部饰两周不完全凹弦纹，同属大早三段的 T3546③A:12，外口下饰一周凹槽；大中中段的 H25:32，内口下饰一周凹弦。Ac 型罐其他标本都未见凹弦纹。饰凸棱纹的标本，只见于大早三段的 G71:1，其颈部饰一周带状凸棱纹。饰戳点纹的标本，也只见于大中中段的 H13:1，其内沿下方饰两种不平行的戳点纹。

而在彩陶方面：大早二、三段同时存在红衣黑彩和红衣红彩两种弧折沿彩陶罐；大溪文化晚期的彩陶小罐，都是红衣黑彩，都是在颈肩之间绘一周黑彩带状纹。

2. B 型罐

B 型罐为曲颈罐，仅出土 37 件，据肩部可分为 a、b 两个亚型。

Ba 型是凹弧肩或斜弧肩甚高的曲颈罐，仅出土 3 件。

Bb 型为弧肩曲颈罐，34 件。

B 型罐仅见于大早一段至大中早段这四个连续发展的不同阶段。这里把这四个阶段出土的 B 型罐分别确定为Ⅰ、Ⅱ、Ⅲ、Ⅳ四式。

（1）Ba 型罐

Ba 型罐 3 件，只见于大早一、二段。

BaⅠ式罐 1 件，T23⑥∶18，素面，凹弧肩。

BaⅡ式罐 2 件，都是绘黑彩的彩陶罐。其中，T23⑤∶76 为凹弧肩，T21⑤A∶35 为斜弧肩甚高的曲颈罐。

Ba 型罐这 3 件标本，只存在于大早一段和大早二段，更晚阶段已未见；而且大早一段只存在凹弧肩这种曲颈罐，而大早二段除了仍存在形制十分相似的凹弧肩曲颈罐外，又新出现斜弧肩甚高的曲颈罐；大早一段和大早二段分别出土的凹弧肩曲颈罐虽然形制十分相似，但前者素面，后者为彩陶，又有明显区别。

（2）Bb 型罐

Bb 型罐为弧肩曲颈罐，共 34 件，从大早一段至大中早段这两个连续发展阶段都有出土。只是把 Bb 型罐又分为曲颈罐、口径≤10 厘米的小（曲颈）罐和彩陶（曲颈）罐之后，则可发现，并不是每一阶段都同时存在这三种曲颈罐。

BbⅠ式罐 3 件。其中，曲颈罐 2 件：H241∶3、H535∶3；小罐 1 件：T23⑥∶16。未见彩陶罐。

BbⅡ式罐 16 件。其中，曲颈罐 7 件：H363∶32、H365∶6、H607②∶46、H607②∶77、G4∶15、T71③∶3、T3545③B∶41；小罐 1 件：T23⑤∶37；彩陶罐 8 件：H538②∶111、H543②∶119、H543②∶123、TG1③∶9、TG2⑥∶4、T21⑤A∶35、T21⑤B∶40、T23⑤∶76。

BbⅢ式罐 11 件。其中，曲颈罐 8 件：H41∶3、H49∶1、H227∶2、H336∶5、H607①∶5、H607①∶26、T21④∶19、T28③∶81；彩陶罐 3 件：H528∶3、TG1⑥∶7、TG1⑤∶68。未见小罐。

BbⅣ式罐 4 件，都是曲颈罐：T15③C∶10、T16③A∶5、T17④下∶47、T18④下∶104。未见小罐和彩陶罐。

把上述 34 件 Bb 型罐分为曲颈罐、小曲颈罐和彩陶曲颈罐之后，可以发现：曲颈罐从大早一段至大中早段四个阶段都存在；小曲颈罐只存在于大早一、二段；而彩陶曲颈罐只存在于大早二、三段。

在纹饰方面：大早二、三段的彩陶都是红衣绘黑彩，未见绘红彩的标本；其他纹饰：除大早二段的 H365∶6 残肩下部可能有竖绳纹；大早三段的 T12④∶19 肩部黑衣下有竖绳纹；大早中段的 T18④下∶104 肩饰一周凸棱纹；同属大中早段的 T16③A 下∶5 外沿下一周宽凹弦纹之外；

其余 19 件标本都是素面。未见纹饰。

3. C 型罐

C 型罐为束颈，64 件。前面在分阶段介绍束颈时，只分为束颈罐和小罐两种；这里经综合分析后，重新按口部的变化划分为 a、b、c、d 四个亚型。其中

Ca 型为弧颈微束的束颈罐，27 件。

Cb 型为深束颈沿面外斜的束颈罐，29 件。

Cc 型为深束颈卷沿近平的束颈罐，4 件。

Cd 型为窄沿颈微束的弧腹小罐，4 件。

这里仍把从大早一段至屈家岭文化晚期这九个阶段分别出土的标本，分别确定为Ⅰ、Ⅱ、Ⅲ、Ⅳ、Ⅴ、Ⅵ、Ⅶ、Ⅷ、Ⅸ九式。下面分别介绍各亚型在式方面的发展情况。

（1）Ca 型罐

Ca 型罐为弧颈微束的束颈罐，出土 27 件。除大中中段未见外，余八个阶段都有出土。

CaⅠ式罐 4 件：H237∶5、H543③∶154（残肩上三周凹弦纹）、T2731④B∶34（肩颈三间两周凹槽）、T2731④B∶39。

CaⅡ式罐 7 件：T75③∶66（颈、肩各有一周宽凹槽）、T2938∶6、H543②∶17（颈饰两周凹弦纹）、H538③∶109（肩上部两周凹槽）、H538②∶108、H538②∶36（肩、颈各饰两周凹弦纹）、H538③∶73（颈下两周凸棱纹）。

CaⅢ式罐 2 件：H381∶5（肩饰竖绳纹）、T2839③∶31（颈肩之间三周凹槽）。

CaⅣ式罐 1 件：T18④∶2（可复原，厚胎，素面）。

CaⅤ式罐无。

CaⅥ式罐 1 件：T14③∶15（肩上两周凹弦纹）。

CaⅦ式罐 1 件：T40④∶3。

CaⅧ式罐 3 件：H90∶5、G11∶1、T2744③B∶23（口下至肩饰斜绳纹，残肩上残存两个并列的小长方形戳印纹）。

CaⅨ式罐 8 件：H320∶4、T24③∶9、T26③∶26、T26③∶27、T31③∶48、T31③A∶150、T36③∶69、T1327③∶8（颈部有横划纹加按窝纹）。

上述 27 件 Ca 型罐中，除大中早段的 T18④∶2 可复原外，余 26 件皆下部已残标本，所以，Ca 型罐在式方面的发展，主要从上部形制和纹饰两个方面来认识。

在形制方面，大早一、二段的标本都较精致，凹弧颈较高；大早三段和大中早段的标本数量少，制作也较粗糙，凹弧颈都相对较矮；大中中段未见出土；大中晚段仅出土 1 件，其束颈不明显而近直口，又使其与前各阶段的 Ca 型罐有明显区别；大溪文化晚期出土 1 件、屈家岭文化早期出土 3 件、屈家岭文化晚期出土 8 件，这连续三个阶段出土的 12 件 Ca 型罐标本，都有较共同的特点，就是卷沿而弧颈都较高，在数量上，这三个阶段的 Ca 型罐有逐渐增多的发展趋势。

在纹饰方面：从大早一段至二、三段，都有在颈肩之间饰凹弦纹或凹槽的标本，大早二段又同时存在饰颈凸棱纹的标本，大早三段则同时存在肩饰竖绳纹的标本；大中早段仅出土1件素面标本；大中晚段1件标本肩饰两周凹弦纹，制作也精致；从大溪文化晚期至屈家岭文化晚期这三个发展阶段，除屈家岭文化早期有一件标本从口下至肩饰斜绳纹加戳印纹，屈家岭文化晚期又有一件标本颈饰横划纹加按窝纹外，其余10件标本都素面未见纹饰。

（2）Cb型罐

Cb型罐为深束颈沿面外斜的束颈罐，出土29件。除大中晚段未见外，其余八个阶段都有出土。其中：

CbⅠ式罐2件：H237∶1、T21⑥∶166（肩饰稀疏竖绳纹，但被抹后似划纹）。

CbⅡ式罐2件：H607②∶32、H607②∶78。

CbⅢ式罐6件：其中，3件素面未见纹饰：T20⑤∶31、T10③∶37、T3546③∶3；另有3件有纹饰：H607①∶51，肩饰二周深凹弦纹；T2738③A∶17，肩、腹上部各饰两周深凹弦纹；H492∶1，肩饰竖绳纹。

CbⅣ式罐3件，都是素面：H11∶21、T18③A∶31、T19⑤下∶132。

CbⅤ式罐1件，也没有纹饰：H271∶2。

CbⅥ式罐无。

CbⅦ式罐5件。除H187∶1肩饰一周按窝纹外，余4件标本都素面未见纹饰：H172∶1、T25④A∶4、T36④∶92、T36⑥∶137。

CbⅧ式罐1件：H151∶1，没有纹饰。

CbⅨ式罐9件。除T41③∶27颈部有一周按窝纹外，余8件都素面未见纹饰。其中，T38③∶14可复原，为侈口，束颈，弧沿外斜，尖圆唇，尖圆唇，弧肩外鼓，深弧腹内收，平底。余7件腹以下已残：H272∶1、H315∶3、H326∶3、T36③∶12、T41③∶15、T41③∶5、T1126③C∶24。

上述29件Cb型罐，在形制方面，目前还难总结出在式方面的发展规律。在纹饰方面：肩饰竖绳纹的标本，见于大早一段和三段；肩或腹饰两周深凹弦纹的标本，只见于大早三段；颈部饰按窝纹的标本，见于大溪文化晚期和屈家岭文化晚期。而更多的标本，都是素面未见纹饰。

（3）Cc型罐

Cc型罐为深束颈卷沿近平的束颈罐，仅出土4件，只见于大早三段、大中早段和大中晚段三个阶段。其中

CcⅢ式罐1件：H212∶3。

CcⅣ式罐2件：T17④∶12、T18④∶84。

CcⅥ式罐1件：T1123③B∶59。

上述4件Cc型罐素面未见纹饰。在形制上，虽然大中中段未见出土，但从大中早段出土两件标本都是弧肩鼓腹，而与更早的大早三段的标本不同，也与更晚的大中晚段的标本不同，可认为Cc型罐可能主要存在于从大早三段至大中晚段这四个阶段，并似可认为其发展规律是：

CcⅢ式为溜肩深弧腹。

CcⅣ式为弧肩鼓腹。

CcⅥ式为弧肩弧腹。

（4） Cd 型罐

Cd 型罐是颈微束的弧腹小罐，仅出土 4 件标本，只见于大中晚段、屈家岭文化早期和晚期这三个阶段。其中：

CdⅥ式罐 2 件：T16③: 47、T16③: 53。

CdⅢ式罐 1 件：H104: 10。

CdⅨ式罐 1 件：H320: 29

上述 4 件 Cd 型罐的共同特点：都是窄沿外卷，颈微束，弧腹较深，素面未见纹饰。主要区别在陶胎和陶色：大中晚段 2 件都是厚胎红陶；屈家岭文化早期 1 件为薄胎外红内黑陶；屈家岭文化晚期 1 件为胎较厚的黑陶。虽然大溪文化晚期见 Cd 型罐标本，但从形制分析，Cd 型罐可能存在于从大中晚段至屈家岭文化晚期这四个连续发展阶段。

总的来说，当这里把 C 型罐重新划分为 a、b、c、d 四个亚型之后，我们可认识到：

Ca 和 Cb 两个亚型的束颈罐，基本都存在于从大早一段至屈家岭文化晚期这九个发展阶段。

Cc 型罐可能只存在于大早三段至大中晚段这四个连续的发展阶段。

Cd 型罐则可能只存在于从大中晚段至屈家岭文化晚期这四个连续发展阶段。

4. D 型罐

D 型罐为斜颈罐，出土 146 件。把口径≤15 厘米的 D 型罐称为小罐后，D 型罐可分为斜颈罐、小罐和彩陶罐三种。

这里仍把从大早一段至屈家岭文化晚期这九个阶段先后出土的 D 型罐，分别确定为Ⅰ、Ⅱ、Ⅲ、Ⅳ、Ⅴ、Ⅵ、Ⅶ、Ⅷ、Ⅸ九式。下面介绍 D 型罐各式的出土情况：

DⅠ式罐 3 件：其中斜颈罐 2 件：T23⑤B: 45（肩饰竖绳纹）、T28⑤A 下: 59；小罐 1 件：T3433④: 43。

DⅡ式罐 65 件。其中斜颈罐 33 件；小罐 20 件；彩陶罐 12 件。

在 DⅡ式 33 件斜颈罐中，素面标本 17 件：T12④下: 86（可复原，为圜底罐）、T224: 1、H363: 16、H538③: 104、H538③: 130、H542: 6、H543②: 140、H543②: 141、T21④: 34、T23⑤: 34、T23④: 49、T74③: 9、T3545③B: 6、T3545③B: 17、T3545③B: 27、T3545③B: 33、T3547③B: 18；有纹饰标本 16 件。其中，口外饰凹弦或凹槽，肩又饰竖绳纹或抹面未净竖绳纹的标本 4 件：H363: 20、H538③: 90、T64③: 28、T3545③B: 22；肩饰竖绳纹标本 9 件：H607③: 104、T23⑤: 33（此标本腹又饰斜绳纹）、T23④: 44、T23④: 50、T75③: 28、T2837④: 18、T3433③B: 49、T3534③B: 32、T3545⑤B: 4；单口下饰一周凹槽或凹弦的标本 3 件：TG1④: 52、T3545③B: 25、T3545③B: 29。

在 DⅡ式 20 件小罐中，素面标本 14 件：H224: 3、H365: 8、H538③: 106、T12④下: 50、T20⑤B: 9、T21⑤B: 9、T21⑤B: 149、T23⑤: 40、T28⑤: 53、T70③B: 15、T3433③B: 16、

T3433③C∶38、T3544③∶4、T3546③B∶30；有纹饰标本6件，基本都是肩饰竖绳纹，有的还加其他纹饰：T23⑤∶7（可复原，为圜底小罐）、G4∶9（残腹又加饰斜绳纹）、T28④下∶47、T2731④∶16、T3546③B∶29（外口下又一周不完全凹槽）、T3546③B∶33。

在DⅡ式的12件彩陶罐中，绘黑彩标本9件：H363∶21、H538③∶7、TG2⑥∶3、T21⑤∶127、T46③B∶2、T3533③B∶2、T3533③B∶13、T3533③B∶15、T3545③B∶66；绘红彩标本3件：H543②∶137、T3445③B∶7、T3545③B∶5。

DⅢ式罐56件：其中斜颈罐34件、小罐19件、彩陶罐3件。

在这34件斜颈罐中，素面标本20件：H64∶3、H337∶4、H347∶2、H389∶7、H389∶18、H406∶8、H432∶3、H444∶4、H543①∶1、TG2④∶37、TG2⑤∶51、T12④∶9、T20⑤∶7、T28③∶10、T28③∶13、T28③∶31、T3033③∶3、T3042∶1、T3447③A∶4、T3634③A∶5；有纹饰标本14件。其中，肩饰竖绳纹标本5件：H208∶4、H444∶3、H538①∶2、H538①∶8、T3534③A∶22；除肩饰竖绳纹外，外沿又饰凹槽或凹弦纹的标本5件：H222∶13、T21③A∶76、T28③∶6、T3038③下∶2、T3134③∶7；仅外沿上饰凹槽或凹弦纹的标本4件：H538①∶107、T13②∶2、T13②∶3、T3043③∶8。

在DⅢ式的19件小罐中，素面标本13件：H208∶9、H392∶2、H428∶3、H432∶1、H432∶2、H463∶1、H543①∶2、H575∶1、T2839③∶4、T2839③∶8、T2933③∶5、T3434③A∶1、T3546③A∶8；有纹饰标本6件。其中，除H412∶2这件标本仅口下饰一周凹弦纹之外；余5件标本都是肩饰竖绳纹或抹而未净竖绳纹：H538①∶20、H538①∶105、T73③∶7、T2737∶2、T2839③∶14。

DⅢ式的3件彩陶罐，都绘红彩：T28③下∶28、T62③∶11、T2933③∶6。

DⅣ式罐2件，都是素面斜颈罐：T17④∶24、T18③A∶23。未见小罐和彩陶罐。

DⅤ式罐4件。其中，斜颈罐3件都素面未见纹饰：H25∶33、T19③下∶31、T1123③C∶94；另外1件为素面小罐：H275∶1。

DⅥ式罐7件。其中斜颈罐6件、小罐1件。

DⅥ式这6件斜颈罐中，除T19③∶164颈肩部为加固连接而有按窝纹外，余5件皆为素面：H323∶3、G51∶3、T17③∶80、T19③∶74、T1123③B∶53。

DⅥ式的1件小罐也是素面：T1227③B∶10。

DⅦ式罐4件。其中，斜颈罐2件都是素面：T27⑤A∶47、T37④∶46；另2件为小罐，其一素面：T24④∶42，另一件T25④A∶13，肩颈之间有一周凸棱，凸棱上又饰五个为一组的多组按窝纹。

DⅧ式罐2件。其中为斜颈罐，腹饰横绳纹：H114∶9；另一件为素面小罐：T104∶15。

DⅨ式罐3件，都是斜颈罐。除T36③∶11素面外，另两件都有纹饰：T24③∶5，残腹上残存六周细凹弦纹；T1125③∶38的颈上有不等距离按窝纹。

在新石器时代九个发展阶段都有出土的146件D型罐中，只有大早二段的T12④下∶86和T23⑤∶7这两件标本可以复原，分别是圆弧腹的圜底罐和小罐，其余144件标本都底已残。由于大早二段和屈家岭文化晚期这两个不同发展阶段都同时存在圆弧腹D型罐和深弧腹D型罐，所以，据D型罐的形制，目前还难以总结出不同阶段D型罐的发展规律。

在纹饰方面，我们可以认识到：

大早一段的 3 件 D 型罐都是素面未见纹饰。

大早二、三段，不但都数量特别多，而且都同时存在斜颈罐、小罐和彩陶罐三种 D 型罐。只是在彩陶罐方面，大早二段同时存在绘黑彩和绘红彩两种彩陶罐，大早三段出土数量明显减少，且只存在绘红彩的 D 型罐。在饰绳纹方面，大早二、三段都存在肩至腹饰竖绳纹的标本，当大早二段有的标本除肩饰竖绳纹外，腹部又饰斜绳纹，而大早三段已未见这种标本。在外沿饰凹槽或凹弦纹方面：大早二、三段的标本一般都饰一两周，大早三段有的标本饰三周凹弦纹。

大中早段至屈家岭文化晚期这六个连续发展阶段，都未见彩陶罐；而且，除大中晚段的 T19③：164 和大溪文化晚期的 T25④A：13 这两件标本颈部有按窝纹，和屈家岭文化早期的 H114：9腹饰横绳纹外，这六个阶段的其余标本，都素面未见纹饰。

5. E 型罐

E 型罐为直口罐，出土 86 件。据大直口和小直口可分为 a、b 两个亚型。

Ea 型为大直口罐，17 件。

Eb 型为小直口罐，69 件。

这里把从大早一段至屈家岭文化晚期这九个发展阶段分别出土的标本，分别确定为Ⅰ、Ⅱ、Ⅲ、Ⅳ、Ⅴ、Ⅵ、Ⅶ、Ⅷ、Ⅸ九式。下面分别介绍这两个亚型在式方面的情况。

（1） Ea 型罐

Ea 型罐 17 件。除大早一段未出现，大溪文化晚期和屈家岭文化早期也未见出土外，余六个阶段都有出土。

Ea 型罐实际又可分为粗直颈弧肩或斜弧肩、粗直颈斜肩、矮颈弧肩和矮颈斜弧肩四种罐。

Ea 型第一种罐 8 件，见于大早二、三段、大中中段和晚段，以及屈家岭文化晚期等五个阶段。

EaⅡ式（一）3 件：T23⑤：41、T23⑤：42、T10④：34。

EaⅢ式（一）1 件：T21③A：24（红衣黑彩陶）

EaⅤ式（一）1 件：T17③A 下：66。

EaⅥ式（一）2 件：H6：2、H17：1。

EaⅨ式（一）1 件：H302：20。

在 Ea 型第一种罐 8 件标本中，大早二段 3 件都是粗高颈，圆唇，其中 T23⑤：41 颈部有多周模糊凹槽；T23④：42 肩饰抹而未净竖绳纹；T10④：34 未见纹饰。大早三段 1 件为尖唇内斜，粗高颈，颈部上、下肩中部、腹上部都绘黑彩带状纹。大中中段 1 件、大中晚段 2 件和屈家岭文化晚期 1 件，这 4 件标本都是粗高颈，且都是素面未见纹饰。

Ea 型第二种罐 3 件，见于大早二段和屈家岭文化晚期两个发展阶段。

EaⅡ式（二）2 件：H538③：113、H607②：54。

EaⅨ式（二）1 件：H328∶22。

Ea 型第二种罐的 3 件标本，虽然Ⅱ式与Ⅸ之间存在很大缺环，但形制相近似，都是粗高颈、斜肩、折腹内收。主要区别是：大早二段 2 件都是方唇或小方唇，颈饰凹槽或凹弦纹；屈家岭文化晚期 1 件为尖圆唇外卷，素面未见纹饰。

Ea 型第三种罐 2 件，分别见于大早三段和大中早段。

EaⅢ式（三）1 件：T73③∶18

EaⅣ式（三）1 件：H262∶1。

Ea 型第三种直口罐的共同特点：一是器形小、胎薄、匀称；二是粗矮颈，弧肩，出土 2 件标本的器腹均已残。不同之处是：前者方圆唇，素面。后者扁圆唇较厚而成矮颈，肩中部饰三周为一组的凹弦纹。这种直口罐只见于大早三段和大中早段这两个连续的发展阶段。

Ea 型第四种罐 4 件，也只发现于大早三段和大中早段。

EaⅢ式（四）2 件：H351∶4、H470∶1。

EaⅣ式（四）2 件：H37∶2、T17④下∶140。

Ea 型第四种直口罐的共同特点：一也是器形小、胎薄但匀称；二是粗矮颈与肩之间没有明显分界折棱，都呈斜弧肩，大早三段 2 件腹都已残，大中早段 2 件都是斜弧肩外鼓，弧折腹内收。不同之处是：大早三段 2 件中一件在颈、肩之间饰一周小凸棱，另一件在肩下部饰三周凹弦纹；而大中早段 2 件的肩部都饰密集模糊的多周细弦纹。

（2）Eb 型罐

Eb 型罐 69 件。除大早一段外，其余八个阶段都有出土。

EbⅡ式罐 8 件：除 T3333③B∶16 为红衣陶绘黑外，其余 7 件都是素面未见纹饰，且都是尖唇或尖圆唇的标本：H538③∶112、H607②∶68、H607②∶131、G4∶5、T21④∶102、T71③∶7、T3734③B∶29。

EbⅢ式罐 7 件：除 H25∶29 和 H538①∶13 为方圆唇和方唇外，都是尖圆或尖圆唇：H40∶3、H221∶2、H543①∶95、H543①∶96、T2837③B∶25。

EbⅣ式罐 6 件，其中，尖唇或尖圆唇 3 件：H9∶1、H11∶7、H11∶29；方唇或方圆唇 2 件：H11∶12、H11∶14；圆唇外卷 1 件：H260∶6。

EbⅤ式罐 2 件，其中方唇 1 件：H293∶1；另一件为圆唇外凸：H271∶3。

EbⅥ式 2 件，都是窄平沿稍内斜，扁圆唇外凸：H323∶1、T19③∶168。

EbⅦ式 17 件中，除 T27⑤A∶48 为尖圆唇外，余 16 件都是圆唇外卷或外凸：H133∶12、H138∶1、H187∶2、T26⑤∶69、T27⑤A∶52、T31④∶206、T35④∶115、T36⑤A∶61、T36⑤A∶62、T36④∶89、T36⑥∶138、T38③下∶17、T43④∶7、T24④∶23、T31⑤A∶226、T38④∶23（顺便指出，在这 17 件标本中，后面 3 件都有纹饰，都在颈部饰两周或一周凹槽；前面 14 件都是素面未见纹饰）。

EbⅧ式 7 件，其中圆唇外卷或外凸的标本 5 件：H73∶1、H103∶9、T31③B∶162、T2744③B∶18、T3144①∶1；另 2 件为窄沿外折：H152∶9、H159∶3。这 7 件标本都是素面未见

纹饰。

EbⅨ式20件。其中，方扁唇或圆唇外凸海鸥外卷标本18件：T37③:17（可复原，肩下部饰两周凸棱纹）、H272:3（颈饰五周模糊凹弦纹）、H315:1、H322:4、H328:8（颈饰三周不明显凹弦纹）、H328:8、H328:19、T26③:23、T31③A:151、T34③:43、T35③:38、T37③下:40、T37③:51、T1024②:24、T1025②:7、T1125③:35、T1126③C:19、T1227③A:7；另有2件标本为尖圆唇外卷：T35③下:166（可复原，肩至腹中上部饰四组篦划纹的横凹弦纹）、H322:29。

上述69件Eb型罐标本，从大早二段至屈家岭文化晚期八个连续的发展阶段都有出土，且从形制和纹饰两个方面：大早二段除1件彩陶罐是窄沿外折外，另7件标本都是尖唇或尖圆唇；大早三段7件标本中，5件仍是尖唇或尖圆唇，新出现2件方圆唇或方唇的标本；大中早段6件标本中，有3件仍是尖唇或尖圆唇，也存在2件方唇或方圆唇，又新出现1件圆唇外卷；大中中段2件中，一为方唇，另一件为圆唇外凸；大中晚段2件标本，都是窄平沿稍内斜，扁圆唇外凸；大溪文化晚期17件标本中，除1件为尖圆唇外，余16件都是圆唇外凸或外卷；屈家岭文化早期7件标本中，除5件为圆唇外卷或外凸外，又新出现2件窄沿外折的标本；屈家岭文化晚期19件标本中，17件为圆唇外凸或外卷，另2件为尖圆唇稍外卷。在纹饰方面：大早二段除1件红衣陶的颈部各绘一周黑色带状纹外，余7件标本皆素面未见纹饰；大早三段6件标本、大中早段6件标本、大早中段2件标本、大中晚段2件标本，这四个连续发展阶段出土的16件标本都是素面未见纹饰；在大溪文化晚期的17件标本中，除14件素面未见纹饰外，有3件标本的颈部分别饰一或两周凹槽；屈家岭文化早期的7件标本，都是素面未见纹饰；在屈家岭文化晚期的20件标本中，除16件素面未见纹饰外，有1件肩饰两周凸棱纹、2件颈饰三至五周凹弦纹，还有1件从肩至腹中上饰四组篦划状细弦纹。

6. F型罐

F型罐为敛口罐，36件。据口沿可分为a、b、c三个亚型：

Fa型为无沿敛口罐，16件。

Fb型为窄沿敛口罐，16件。

Fc型为宽凹沿敛口罐，4件。

这里仍把从大早一段至屈家岭文化晚期这九个发展阶段分别出土的标本，分别确定为Ⅰ、Ⅱ、Ⅲ、Ⅳ、Ⅴ、Ⅵ、Ⅶ、Ⅷ、Ⅸ九式。下面分别介绍各亚型敛口罐在式方面的情况。

（1）Fa型罐

Fa型罐16件，除大早一段未出现，大中晚段未见出土外，余七个阶段都有出土。

FaⅡ式罐4件，都是圜底罐（或应称为釜），其中前三件都可复原，但后一件标本为捏制且凹凸不规整的小器物：T23④:64、T45④:4、H607②:69、H538②:53。

FaⅢ式罐1件：T23:60。

FaⅣ式罐2件，皆口已残，仅剩平底或凹平底小罐：H260:4、T19⑤:133。

FaⅤ式罐1件：H293:3。

FaⅦ式罐 3 件：H102∶6、H133∶18（唇沿和肩、腹上部各饰一周按窝纹）、T36④∶96。

FaⅧ式罐 2 件：H151∶2、H104∶14。

FaⅨ式罐 3 件：T37③∶19（可复原，为凹平底小罐）、H87∶3、T1126③∶41。

Fa 型这种尖圆唇或小圆唇内敛而无沿的罐，除了大早二段前 2 件标本和大中中段 1 件标本的口径大于 15 厘米外，其余 13 件标本都是小敛口罐，而且在大早三段、大溪文化晚期和屈家岭文化早期与晚期这四个阶段中，都存在薄胎陶小罐。在形制方面，不同式之间的标本虽然差异很大，但目前尚难总结出发展规律。在纹饰方面，除了大溪文化晚期有 1 件标本饰三周按窝纹，余 15 件标本都素面未见纹饰。而在有底的 7 件标本中，大早二段 4 件标本都是圜底，大中早段 2 件标本和屈家岭文化晚期 1 件标本，则都是平底或凹平底。

（2）Fb 型罐

Fb 型罐 16 件，除大早一段未见，大早三段和大中晚段也未见出土之外，余六个阶段都有出土。

FbⅡ式罐 2 件，其中，T28④∶64 外表施红衣，颈下绘一周黑彩带状纹；另一件 H538②∶26 为素面未见纹饰。

FbⅣ式罐 1 件：T15③A∶45。

FbⅤ式罐 1 件：H27∶4。

FbⅦ式罐 5 件：H187∶3、H187∶4、H190∶1、T24⑤∶30、T35④∶129。

FbⅧ式罐 5 件：H104∶12、H114∶10、H114∶13、T26④∶41、T31③E∶202。

FbⅨ式罐 2 件：H87∶4、T35③∶142。

上述这 16 件窄沿敛口罐中，除大早二段 1 件彩陶和屈家岭文化早期有 1 件标本下腹饰一周凸棱纹外，余 14 件标本都素面未见纹饰。在形制方面，大早二段 2 件标本和大中早段 1 件标本，虽然这 3 件标本之间还存在大早三段的缺环，但仍十分相似，都是窄厚沿近平，尖唇内敛外凸，都是深弧腹；大中中段 1 件为窄沿微弧，圆唇外凸，弧折腹；大中晚段未见出土；大溪文化晚期 5 件和屈家岭文化早期 5 件，都是薄胎窄平沿，且都同时存在弧腹和深弧腹；屈家岭文化晚期 2 件中，1 件也是薄胎窄平沿深弧腹，1 件为窄厚沿微弧，但也是深弧腹。

（3）Fc 型罐

Fc 型罐 4 件，分别出土于大早三段、大中早段和中段，以及大溪文化晚期等四个阶段。

FcⅢ式罐 1 件：T3233③下∶2。

FcⅣ式罐 1 件：T18③A∶68。

FcⅤ式罐 1 件：H24∶4。

FcⅦ式罐 1 件：T25④A∶21。

这 4 件宽凹沿内折的 Fc 型罐，实际上都是呈子母口的敛口罐，不同式之间的形制稍异：大早三段这件标本，弧腹较深；大中早段与中段各 1 件都是扁弧腹，只是后者比前者稍深而已；大溪文化晚期 1 件腹已残，似是深弧腹或圆鼓腹，但肩腹之间无明显分界而有小鼎足状凸饰。这 4 件标本都素面未见纹饰。

7. G 型罐

G 型罐为圈足罐，但出土 9 件标本都是口径小于 15 厘米的小圈足罐。分别发现于大早二段、大溪文化晚期、屈家岭文化早期和晚期这四个发展阶段。因除了屈家岭文化晚期出土的 1 件标本为无沿敛口罐加矮圈足外，其余 8 件标本都是折沿罐加矮圈足外；加上同一阶段出土的多件标本的陶色各有多种，所以，这里不按形制或陶色进一步划分亚型。而是直接分式，并仍按从大早一段至屈家岭文化晚期这九个阶段分别出土的标本，分别确定为Ⅰ、Ⅱ、Ⅲ、Ⅳ、Ⅴ、Ⅵ、Ⅶ、Ⅷ、Ⅸ九式。下面介绍 G 型罐各式的出土情况。

GⅡ式罐 4 件：H607③∶105、T21⑤∶19、T23⑤∶3、T64③A∶3。

GⅦ式罐 3 件：T25⑤∶3、T36⑤∶A∶68、T47④∶9。

GⅧ式罐 1 件：H188∶6。

GⅨ式罐 1 件：T37③∶15。

G 型这 9 件圈足小罐，只发现于大早二段和大溪文化晚期、屈家岭文化早期和晚期这四个阶段，是否大早一段尚未出现，且从大早三段至大中早、中、晚等四个连续的发展阶段都不存在，目前尚难完全肯定。在形制方面：大早二段出土 4 件标本，从上部的折沿小罐到下部的圈足都各不需同；而大溪文化晚期 3 件则形制相似，都是薄胎窄折沿、斜弧肩，弧腹下部微鼓，其中两件矮圈足，都是足壁外撇；屈家岭文化早期 1 件，则是无沿敛口，深弧腹近椭圆形，矮圈足足壁外斜。在纹饰方面，除大早二段的 H607③∶105 腹饰宽凹槽，T64③A∶3 的腹上部饰模糊凹弦纹，下腹至圜底模糊饰斜绳纹，T23⑤∶3 的圈足上饰五组戳点纹之外，余 6 件标本都素面无纹饰。

8. H 型罐

H 型罐为盘口罐，仅大中早段出土 1 件：T17④下∶35。其形制实际上是一种深凹沿折沿罐，只是深凹沿如盘口而已。这里不作进一步论述。

9. I 型罐

I 型罐为子母口高颈罐，即颈上部又呈子母口的有颈罐，仅出土 2 件。分别见于大早二段和三段。

I 型Ⅱ式罐 1 件：T74③∶18。

I 型Ⅲ式罐 1 件：T3033③∶6。

I 型罐这两件标本都仅剩颈部，肩都已残，但形制并不相同：前者口部为窄沿内折，尖圆唇直立而呈子母口；后者是颈中上部一周宽边凸棱才成子母口。因不见于其他发展阶段，这里也不作进一步论述。

10. J 型罐

J 型罐为矮颈罐，出土 3 件。分别见于大早二、三段和大中晚段。

J 型Ⅱ式罐 1 件：H224∶9。

J 型Ⅲ式罐 1 件：H222∶9。

J 型Ⅵ式罐 1 件：H6∶4。

J 型罐这 3 件标本的共同特点，都是粗矮颈且素面未见纹饰。不同之处是：大中二段这一标本为圆唇，粗颈内斜，斜弧肩已残；大早三段这件标本，为窄凹沿内折而近子母口，粗颈微凹内斜，弧肩已残；大中晚段这件标本，为圆唇外卷，束矮颈，广弧肩已残。因标本少且有缺环，尚难总结其发展规律。

另有 3 件尖圜底器，都是厚胎小罐的器底。其中：

大中中段 1 件：H25∶36，尖圜底近平，深弧腹上部已残，素面。

大溪文化晚期 2 件，形制各异：T47⑤∶34，斜肩上部已残，折腹内斜，平底中部尖凸，素面。T47⑤∶35，口残，弧肩深弧腹呈椭圆形，圜底，腹至底饰不规则斜绳纹。

这 3 件标本，或者都是敛口小罐的器底。

总的来说，杨家湾新石器时代九个发展阶段先后出土的 1196 件罐类标本，除了可分为 A、B、C、D、E、F、G、H、Ⅰ、J 十个不同类型外，其中：

A 型的折沿罐还可以根据沿面的内凹，斜直和上弧而进一步划分为 a、b、c 三个亚型。

B 型的曲颈罐，则可根据凹弧肩和弧肩而进一步划分为 a、b 两个亚型。

C 型的束颈罐，甚至可根据颈、肩、腹的不同，而可分为弧颈微束（溜肩深弧腹）、深束颈沿面外斜（弧肩弧腹或深弧腹）、深束颈卷沿近平（弧肩弧腹或鼓腹）、窄沿颈微束的弧腹小罐等 a、b、c、d 四个亚型。

E 型的直口罐，也可据大直口和小直口而分为 a、b 两个亚型。

F 型的敛口罐，则可分为无沿、窄沿和宽凹沿的 a、b、c 三个亚型。

而且，有的亚型罐还可以进一步分类。如：

Aa 型罐又可分为凹折沿罐、（折沿）小罐、（折沿）彩陶罐、（折沿）彩陶小罐。

Ac 型罐也可分为弧折沿罐、（弧折沿）小罐、（弧折沿）彩陶罐和（弧折沿）彩陶小罐。

Ea 型罐又可根据颈部和肩部而可分为（一）、（二）、（三）、（四）四种大直口罐。其中第一种为粗直颈弧肩或斜弧肩；第二种为粗直颈斜肩；第三种是矮颈弧肩；第四种是矮颈斜弧肩。

而没有划分亚型的 D 型斜颈罐，也可分为斜颈罐、（斜颈）小罐和（斜颈）彩陶罐。

只有数量太少的 G 型圈足小罐、H 型盘口罐、Ⅰ型子母口高颈罐和 J 型矮颈罐，才没有划分亚型和进一步分类。

在上述分类的基础上，我们才可以认识到杨家湾新石器时代从大早一段至屈家岭文化晚期每一个发展阶段各种罐的出土情况。

在大早一段出土的罐包括：

Aa 型罐 8 件、Aa 型小罐 4 件、Ab 型罐 9 件、Ab 型彩陶罐 3 件、Ac 型罐 1 件、Ac 型小罐 1 件；Ba 型罐 1 件、Bb 型罐 2 件、Bb 型小罐 1 件；Ca 型罐 4 件、Cb 型罐 2 件；D 型罐 2 件、

D 型小罐 1 件。共 39 件。

在大早二段出土的罐包括：

Aa 型罐 61 件、Aa 型小罐 11 件、Aa 型彩陶罐 12 件、Ab 型罐 67 件、Ab 型小罐 10 件、Ab 型彩陶罐 27 件、Ac 型罐 12 件、Ac 型小罐 2 件、Ac 型彩陶罐 10 件；Ba 型彩陶罐 2 件、Bb 型罐 7 件、Bb 型彩陶罐 8 件、Bb 型小罐 1 件；Ca 型罐 7 件、Cb 型罐 2 件；D 型罐 33 件、D 型小罐 20 件、D 型彩陶罐 12 件；Ea（一）型罐 3 件、Ea（二）罐 2 件、Eb 型罐 8 件；Fa 型罐 4 件、Fb 型罐 2 件；G 型罐 4 件；Ⅰ型罐和 J 型罐各 1 件。共 329 件。

大早三段出土的罐包括：

Aa 型罐 79 件、Aa 型小罐 16 件、Aa 型彩陶罐 8 件、Ab 型罐 56 件、Ab 型小罐 7 件、Ab 型彩陶罐 14 件、Ac 型罐 27 件、Ac 型小罐 4 件、Ac 型彩陶罐 4 件；Bb 型罐 8 件、Bb 型彩陶罐 3 件；Ca 型罐 2 件、Cb 型罐 6 件、Cc 型罐 1 件；D 型罐 34 件、D 型小罐 19 件、D 型彩陶罐 3 件；Ea（一）罐 1 件、Ea（三）型罐 1 件、Ea（四）型罐 2 件、Eb 型罐 7 件；Fa 型罐 1 件、Fc 型罐 1 件；Ⅰ型罐 1 件；J 型罐 1 件。共 306 件。

大中早段出土的罐包括：

Aa 型罐 25 件、Ab 型罐 11 件、Ab 型小罐 1 件、Ac 型罐 11 件、Ac 型小罐 4 件；Bb 型罐 4 件；Ca 型罐 1 件、Cb 型罐 3 件、Cc 型罐 2 件；D 型罐 2 件；Ea（三）型罐 1 件、Ea（四）型罐 2 件、Eb 型罐 6 件、Fa 型罐 2 件、Fb 型罐 1 件、Fc 型罐 1 件；H 型罐 1 件；J 型罐 1 件。共 79 件。

大中中段出土的罐包括：

Aa 型罐 16 件、Aa 型小罐 1 件、Ab 型罐 16 件、Ab 型小罐 4 件、Ac 型罐 19 件、Ac 型小罐 4 件；Cb 型罐 1 件；D 型罐 3 件、D 型小罐 1 件；Ea（一）罐 1 件、Eb 型罐 2 件；Fa 型罐 1 件、Fb 型罐 1 件、Fc 型罐 1 件；另有尖圜底小罐 1 件。共 72 件。

大中晚段出土的罐包括：

Aa 型罐 7 件、Ab 型罐 13 件、Ab 型小罐 3 件、Ac 型罐 15 件、Ac 型小罐 2 件；Ca 型罐 1 件，Cc 型罐 1 件、Cd 型罐 2 件；D 型罐 6 件、D 型小罐 1 件；Ea（一）型罐 2 件、Eb 型罐 2 件；J 型罐 1 件。共 56 件。

大溪文化晚期出土的罐包括：

Aa 型罐 15 件、Aa 型小罐 2 件、Ab 型罐 9 件、Ab 型小罐 12 件、Ab 型彩陶小罐 4 件、Ac 型罐 2 件、Ac 型小罐 14 件、Ac 型彩陶小罐 2 件；Ca 型罐 1 件、Cb 型罐 5 件；D 型罐 2 件、D 型小罐 2 件；Eb 型罐 17 件；Fa 型罐 3 件、Fb 型罐 5 件、Fc 型罐 1 件；G 型罐 3 件；另有尖圜底小罐 2 件。共 101 件。

屈家岭文化早期出土的罐包括：

Aa 型罐 18 件、Ab 型罐 5 件、Ab 型小罐 2 件、Ab 型彩陶小罐 2 件、Ac 型罐 3 件、Ac 型小罐 6 件；Ca 型罐 3 件、Cb 型罐 1 件、Cd 型罐 1 件；D 型罐 1 件、D 型小罐 1 件；Eb 型罐 7 件；Fa 型罐 2 件、Fb 型罐 5 件；G 型罐 1 件。共 58 件。

屈家岭文化晚期出土的罐包括：

Aa 型罐 57 件、Aa 型小罐 9 件、Ab 型罐 16 件、Ab 型小罐 13 件、Ac 型罐 10 件、Ac 型小罐 1 件；Ca 型罐 8 件、Cb 型罐 9 件、Cd 型罐 1 件；D 型罐 3 件；Ea（一）型罐 1 件、Ea（二）型罐 1 件、Eb 型罐 20 件；Fa 型罐 3 件、Fb 型罐 2 件；G 型罐 1 件。共 155 件。

下面继续介绍出土数量仅次于罐类的碗类标本。

（二）碗类的型式划分

杨家湾出土的新石器时代碗标本共 508 件，可分为 A、B、C、D、E、F、G、H、Ⅰ、J、K 共十一个类型。

A 型碗为敛口碗，78 件。

B 型碗为侈口碗，60 件。

C 型碗为子母口碗，30 件。

D 型碗为折腹碗，65 件。

E 型碗为敞口碗，98 件。另有 E 型玩具式小碗 7 件。

F 型碗为内折沿碗，63 件。

G 型碗为卷沿碗，17 件。

H 型碗为斜腹碗，39 件。

I 型碗为直口碗，8 件。

J 型碗为假腹碗，10 件。

K 型碗为双腹碗，33 件。

下面分别介绍这十一个类型的型式。

1. A 型碗

A 型碗为敛口碗，78 件标本，按陶色可分为 a、b、c 三个亚型。

Aa 型为红陶或个别为黄陶的敛口碗，13 件。

Ab 型为黑陶或个别为灰陶的敛口碗，53 件。

Ac 型为外红内黑的敛口碗，12 件。

这里把从大早一段至屈家岭文化晚期共九个发展阶段分别出土的标本，分别确定为Ⅰ、Ⅱ、Ⅲ、Ⅳ、Ⅴ、Ⅵ、Ⅶ、Ⅷ、Ⅸ九式。下面分别介绍个亚型在式方面的出土情况。

（1）Aa 型碗

Aa 型碗 13 件，除大中中段和屈家岭文化早期未见外，余七个阶段都出土。其中：

AaⅠ式碗 1 件：T21⑥∶168。

AaⅡ式碗 2 件：T21⑤∶2、T3545③B∶28。

AaⅢ式碗 2 件：T28③下∶22、T3332②∶3。

AaⅣ式碗 1 件：H333∶1。

AaⅤ式碗无。

AaⅥ式碗4件：T1123③B:1、T14③:20、H323:5、T16③:35。

AaⅦ式碗2件：T37⑤A:35、T27④:19。

AaⅧ式碗无。

AaⅨ式碗1件：H302:16。

上述13件红陶或黄陶的Aa型敛口碗，据初步综合观察：在大早一、二、三段，是都是尖唇或尖圆唇，浅弧腹，素面。大中早段，出现方唇，弧腹，也是素面。大中早段，出现方唇，弧腹，也是素面。大中晚段4件标本中，3件方唇，1件方唇内斜（T14③:20），同时存在浅弧腹和弧腹，除T14③:20的口下饰三周凹弦纹外，另3件标本都是素面。大溪文化晚期2件标本中，1件为方唇内斜，弧腹素面，另1件为尖圆唇，新出现深弧腹，素面。屈家岭文化晚期1件，为方唇内斜，深弧腹有更深，但也是素面。

由此可见，Aa型碗的发展趋势，主要在口唇和腹部。口唇方面：大溪文化早期为尖唇或尖圆唇；大溪文化中期为方唇，至大中晚段除方唇外，新出现方唇内斜；大溪文化晚期除方唇内斜外，又重新出现尖圆唇；但屈家岭文化晚期1件仍是方唇内斜。腹部方唇，大溪文化早期，都是浅弧腹；大溪文化中期，腹加深为弧腹；大溪文化晚期除弧腹外，出现深弧腹；屈家岭文化晚期1件仍是深弧腹。在纹饰方面，除大中晚段有1件口下饰三周弦纹外，余12件标本都是素面未见纹饰。

（2）Ab型碗

黑陶或在灰陶的Ab型碗，出土53件。除大中早段和中段未见外，余七个阶段都有出土。

AbⅠ式碗4件：H509:1、H543③:156、H543③:157、T28⑤A下:61（这4件标本皆浅腹）

AbⅡ式碗25件。其中，浅腹标本17件：T62③A:6、H230:5、H424:3、H538:43、H538:117、H542:5、H543②:108、H543②:109、H607②:130、G23:3、TG2⑥:94、T23⑤下:9、T23⑤A:88、T23⑤下:79、T64③:26、T3433③B:18、T3446③:17；深腹标本5件：T64③:8、T74③:10、H538②:85、H543②:47、G4:20；上述22件标本皆素面未见纹饰、又有弧腹并饰两周凹弦纹的标本3件：T12④下:84、T23⑤下:6、T35472③B:27。

AbⅢ式碗11件。其中，浅腹素面标本3件：H347:5、H538①:116、T3233③下:3；弧腹素面标本7件：H208:10、H221:5、H368:1、H388:1、H391:3、H398:2和474:1；另有1件为弧腹口下饰两周凹弦纹：364:1。

AbⅣ式碗无。

AbⅤ式碗无。

AbⅥ式碗3件，都是浅腹素面：H273:1、H273:9、T1124③B:30。

AbⅦ式碗3件。其中深弧腹素面标本1件：T36⑥:51；另2件为弧腹素面：T35:86、T36④:84。

AbⅧ式碗1件，为浅腹素面：T35③E:108。

AbⅨ式碗6件。都是浅腹素面：H320:17、H328:17、H328:24、T24③:10、T31③:130、T1126③C:29。

上述这 53 件 Ab 型碗的敛口碗，因大中早段和中段未见出土，发展规律尚不明确。从其余七个阶段出土的 Ab 型碗分析，除大早二段和大溪文化晚期这两个阶段都同时存在深腹和弧腹敛口碗，大早二、三段的弧腹碗又都分别在口下饰两周和四周凹弦纹外，在大早一、二、三段、大中晚段、屈家岭文化早期和晚期这六个发展阶段，都存在浅腹碗，都是素面未见纹饰，而且，不同阶段的浅腹碗，在形制上并没有明显的变化。

（3） Ac 型碗

外红内黑的 Ac 型碗 12 件，只见于大早二、三段、大中晚段、大溪文化晚期和屈家岭文化晚期这五个发展阶段。其中：

AcⅡ式碗 3 件：H365∶12、T21⑤∶135、T21⑤B∶152。

AcⅢ式碗 2 件：H56∶7、H232∶3。

AcⅥ式碗 1 件：T1123③B∶3。

AcⅦ式碗 5 件：H187∶8、T47④∶9、H133∶13、T35④∶125、T47④∶23。

AcⅨ式碗 1 件：T26③∶18。

上述 12 件 Ac 型碗，虽然在大早一段、大中早段和中段，以及屈家岭文化早期这五个都未见，但发展趋势比较明显：一是在腹部变化方面，大早二、三段都只存在浅腹敛口碗；大中晚段 1 件和大溪文化晚期 4 件，都是腹较深的弧腹敛口碗；大溪文化晚期又同时出现深腹碗。二是在纹饰方面，大早二段 3 件标本都是素面未见纹饰；大早三段 2 件标本都在口下饰一周凹槽或凹弦纹；大中晚段 1 件素面。大溪文化晚期 5 件标本中，2 件素面，3 件在口下饰一周凹弦纹，其中的 T47④∶9 这件标本，还在凹弦纹之下加饰四横点为一组的四组戳点纹，又在矮圈足上饰凹弦纹和小长方形戳印纹；屈家岭文化晚期 1 件未见纹饰。

2. B 型碗

B 型碗为侈口碗，出土 60 件，按陶色可分为 a、b、c、d 四个亚型。其中：

Ba 型为外红内黑陶侈口碗，30 件。

Bb 型为红陶侈口碗，16 件。

Bc 型为黑陶侈口碗，12 件。

Bd 型为灰陶侈口碗，2 件。

这里仍把从大早一段至屈家岭文化晚期这九个阶段分别出土的标本，分别确定为Ⅰ、Ⅱ、Ⅲ、Ⅳ、Ⅴ、Ⅵ、Ⅶ、Ⅷ、Ⅸ九式。下面分别介绍各亚型在式方面的出土情况。

（1） Ba 型碗

Ba 型碗 30 件，只见于大早一、二、三段、大溪文化晚期和屈家岭文化晚期这五个阶段。

BaⅠ式碗 2 件：H543③∶155、T21⑥∶167。

BaⅡ式碗 19 件：T21⑤∶20、T45③C∶6、H233∶8、H342∶2、H513∶2、H543②∶24、H543②∶113、H607②∶28、H607②∶64、G4∶19、T21④∶110、T21④∶114、T21⑤∶129、T28⑤∶55、T63④∶14、T75③∶11、T75③∶26、T75③∶70、T3545B∶77。

BaⅢ式碗7件：H222∶10、H348∶1、H463∶2、H543①∶4、T23③∶59、T3547③A∶1、T3744②∶1。

BaⅦ式碗1件：T35④∶128。

BaⅨ式碗1件：H134∶2。

上述30件Ba型碗，实际上主要存在于大早一、二、三段，共同特点是弧沿外卷，颈微束，浅弧腹或弧腹内收，除T21⑤∶20可复原，T45③C∶6圈足已残外，其余26件标本下腹均已残，都素面未见纹饰。大溪文化晚期和屈家岭文化晚期各出土1件，形制与大溪文化早期的标本都有较大区别，如大溪文化晚期的T35④∶128，因束颈较深而接近小罐；而屈家岭文化晚期的H134∶2，也因弧腹较深且近直而接近小罐。

（2）Bb型的红陶侈口碗，16件，只见于大早二、三段、大溪文化晚期和屈家岭文化晚期这四个发展阶段。

BbⅡ式碗7件：H607②∶35、T23④∶52、T23⑤∶78、T3234④∶20、T3333③B∶18、T3446③∶14、T3547③B∶25。

BbⅢ式碗6件：H208∶5、H378∶2、H543①∶85、H547∶3、T28③∶15、T3042②∶4。

BbⅦ式碗2件：T36④A∶107、T36⑥∶146。

BbⅨ式碗1件：H320∶9。

Bb型这种红陶侈口碗，在大早一段、大溪文化中期的早、中、晚三个阶段和屈家岭文化早期这五个发展阶段都未见。出土的16件标本，大早二、三段就只占了13件，不但数量相对最多，而且形制相近，都是颈部微束；大溪文化晚期2件和屈家岭文化晚期1件，这3件标本都束颈较深，只因腹部较浅才归属侈口碗。

（3）Bc型碗

Bc型碗为黑陶侈口碗，出土12件，和Bb碗一样也只见于大早二、三段、大溪文化晚期和屈家岭文化晚期这四个发展阶段。其中：

BcⅡ式碗2件：H365∶14、TG④∶45。

BcⅢ式碗1件：T21③∶56。

BcⅦ式碗1件：T35④∶123。

BcⅨ式碗8件：H94∶1、H302∶24、H302∶30、H328∶25、H328∶37、H601∶22、T24③∶14、T31③A∶156。

上述12件Bc型黑陶侈口碗，虽然和Bb型碗一样也只见于大早二、三段和大溪文化晚期与屈家岭文化晚期这四个阶段，但在数量上，前三个阶段都出土甚少，多出土于屈家岭文化晚期这一发展阶段。在形制上，大早二、三段出土了3件都是颈微束，折沿外卷或外斜，腹内收至敞口；大溪文化晚期的T35④∶123和屈家岭文化晚期的H302∶24这两件标本，都因束颈较深，腹外鼓或外弧，而呈侈口内敛的小罐状；不过屈家岭文化晚期的H302∶30和T24③∶14这两件标本，和大早二、三段的标本一样，也是颈微束，沿外斜，腹内收而使侈口外敞；而屈家岭文化晚期的另外5件标本，都是窄凹沿外折，颈微束，弧腹内收，这5件标本的窄凹沿如果发展为宽凹沿，则已发展为K型的双腹碗了。所以，可以进一步为，Bc型的窄凹沿碗和K型的双腹碗的不同之处，其实只在于折沿沿面的窄与宽而已。

需要进一步指出的是，在屈家岭文化晚期这 5 件凹折沿侈口碗中，H94∶1、H328∶25、H328∶37 这三件标本的上腹都饰一或两周宽凹弦纹。而 Bc 型碗的其他标本，都素面未见纹饰。

（4）Bd 型碗

Bd 型碗为灰陶侈口碗，仅出土 2 件，且都属于屈家岭文化晚期：H320∶19、H328∶42。

屈家岭文化文化晚期才出现的这两件灰陶侈口碗，形制各异：H320∶19 为窄凹沿外折，微束颈，深弧腹内收，而呈侈口外敞；H328∶42 为窄沿外卷，深束微，扁弧腹上部外鼓，而呈侈口内敛。

总的来说，B 型的侈口碗虽然出土数量仅次于 A 型的敛口碗和 D 型的折腹碗，而且据陶色还可以分为 a、b、c、d 四个亚型，但值得进一步探索的是：在大溪文化中期的早、中、晚三个阶段和屈家岭文化早期，为什么这四个阶段都未见侈口碗？是否与遗址西南区和遗址西北都没有像遗址东北区那样全面发展有关，目前只能存疑。

3. C 型碗

C 型碗为子母口碗，出土 30 件，按陶色可分为 a、b、c 三个亚型。

Ca 型为黑陶子母口碗，18 件。

Cb 型为红陶子母口碗，9 件。

Cc 型为灰陶子母口碗，3 件。

这里仍把从大早一段至屈家岭文化晚期其九个发展阶段分别出土的标本，分别确定为Ⅰ、Ⅱ、Ⅲ、Ⅳ、Ⅴ、Ⅵ、Ⅶ、Ⅷ、Ⅸ九式。下面分别介绍各亚型在式方面的出土情况。

（1）Ca 型碗

黑陶的 Ca 型直口碗，18 件，分别出土于大早一、二、三段和屈家岭文化早期与晚期这五个阶段。

CaⅠ式碗 4 件：H237∶6、H509∶2、H535∶4、T2731③B∶36。

CaⅡ式碗 6 件：H543②∶60（可复原）、H223∶10、H538②∶45、H607③∶108、T23⑤A∶20、T23⑤∶101。

CaⅢ式碗 6 件：H236∶6、H428∶5、H521∶3、H538①∶14、H543①∶89、T2731③A∶7。

CaⅧ式碗 1 件：T2744③B∶20。

CaⅨ式碗 1 件：T41③∶23（可复原）。

初步观察，大早一、二、三段的 Ca 型碗都是弧腹，且多为浅弧腹，仅大早二段有 2 件标本的弧腹相对较深；而屈家岭文化早期和晚期各 7 件，都是斜弧腹。

（2）Cb 型碗

红陶的 Cb 型子母口碗，9 件，分别出土于大早二、三段和大溪文化晚期这三个阶段。

CbⅡ式碗 5 件：H223∶9、H479∶3、T63④∶20、T75③∶23、T3545③B∶40。

CbⅢ式碗 3 件：H49∶4、T21③A∶78、T2839③∶34。

CbⅦ式碗 1 件：T36⑤A：120。

Cb 型的红陶子母口碗，只见于大溪文化的早期和晚期，而且早、晚形制有别：大早二、三段的 Cb 型碗，主要是鼓肩浅弧腹；大溪文化晚期 1 件为深弧腹。

（3）Cc 型碗

灰陶的 Cc 型子母口碗仅出土 3 件，分别见于大早三段、大溪文化晚期和屈家岭文化早期这三个阶段。

CcⅢ式碗 1 件：H440：4。

CcⅦ式碗 1 件：H190：3。

CcⅧ式碗 1 件：T2744③B：26。

这 3 件灰陶子母口碗，大溪文化早期和晚期各 1 件都是因唇直立而呈子母口；屈家岭文化早期的 1 件，则是内折沿近平，因沿面微凹才呈子母口。

上述的 C 型子母口碗，虽然以黑陶、红陶和灰陶的陶色不同而分为 a、b、c 三个亚型；但需说明，其实子母口碗也有外红内黑陶，只是本报告已把这项标本划为子母口簋而已。只是需要进一步指出：无论是 C 型的子母口碗，还是 B 型的子母口簋，这两种器物在大溪文化中期的早、中、晚三个发展阶段都未见出土；而且，B 型的子母口簋据附表九还可知，在大溪文化晚期及屈家岭文化早期和晚期也都未见出土。

4. D 型碗

D 型碗为折腹碗，出土 65 件，按陶色可分为 a、b、c 三个亚型。

Da 型为红陶折腹碗，25 件。

Db 型为黑陶和灰陶折腹碗，15 件。

Dc 型为外红内黑陶折腹碗，25 件。

这里仍把从大早一段至屈家岭文化晚期这九个阶段分别出土的标本，分别确定为Ⅰ、Ⅱ、Ⅲ、Ⅳ、Ⅴ、Ⅵ、Ⅶ、Ⅷ、Ⅸ九式。下面分别介绍各个亚型在式方面的发展情况。

（1）Da 型碗

Da 型碗为红陶折腹碗，25 件，分别见于大早一、二、三段和大中晚段这四个发展阶段。其中：

DaⅠ式碗 1 件：T3634④：29。

DaⅡ式碗 13 件：H424：4、H479：5、H543②：112、H607②：41、G4：1、T21④：13、T21④：14、T21④：106、T21⑤：23、T23⑤：12、T71③：4、T3547③B：12、T3634③B：20。

DaⅢ式碗 10 件：H56：2、H347：1、H353：1、H389：6、H443：6、H511：1、T12④：95、T28③：20、T73③：9、T3333③：4。

DaⅥ式碗 1 件：T16③：8。

上述 25 件 Da 碗的红陶折腹碗中，大早一段仅 1 件，其口沿甚矮小，是折腹碗的最原始形态；大早二段的 13 件标本中，仅 T3634③B：20 也属这种原始形态，其余 12 件都是折沿甚高，而使折腹变得相对矮小，而且，使 H543②: 112、G4: 1 和 T23⑤: 12 这三个标本的折腹仅变为一周凹槽；大早三段的 10 件标本，都是高折沿，小折腹，但未见折腹变为一周凹槽的标本；大中晚段的 T16③: 8 这一标本，保存相对较好，还有残存圈足，并与折腹的比例近相等而显得匀称，但也是唯一发现于遗址西南区（即大溪文化中期分布区）的折腹碗标本。

在纹饰方面：大早一段的 1 件标本为素面未见纹饰；大早二段 13 件标本中，G4: 1 和 T23⑤: 12的外口下饰一周凹槽或凹弦纹，H607②: 41 的内沿还绘黑彩图案，T21④: 14 的折腹下部又绘一周黄色带状纹；大早三段 10 件中，未见彩陶标本，但 H347: 1 和 H443: 6 这两件标本的外口下分别饰一周凹槽和两周凹弦纹；大中晚段的 1 件标本为素面无纹饰。

（2）Db 型碗

Db 型碗为黑陶或个别灰陶的折腹碗，出土 15 件，分别见于大早一、二、三段。其中：

DbⅠ式碗 1 件：T2731④B: 35。

DbⅡ式碗 8 件：H479: 4、H538②: 68、H543②: 36、H543②: 42、H607②: 56、TG1①: 11、TG2⑥: 98、T3433③C: 32。

DbⅢ式碗 6 件：T63③: 7、H607①: 6、H607①: 19、TG1⑤: 73、T3334③A: 7、T3445③: 5。

在这 15 件 Bb 型碗的标本中，除大早三段的 H607①: 19 为灰陶外，其余 14 件标本都是黑陶。只存在于大早一、二、三段的15 件标本，共同特点是：都是高折沿；且外口下都饰一、二周凹槽或一至三周凹弦纹；而且口径都相对较小没有大于 20 厘米的标本。稍为不同的是：大早一、二段的标本都是浅折腹；而在大早三段的 5 件标本中，T63③: 7 和 TG1⑤: 73 这两件标本的折腹都相对较深。

（3）Dc 型碗

Dc 型碗为外红内黑陶的折腹碗，25 件。只出土于大早二段和三段这两个阶段。其中：

DcⅡ式碗 8 件：T3633③B: 7、H479: 2、G4: 11、T28⑤: 69、T75③: 1、T3446③: 16、T3447③B: 11、T3547③B: 29。

DcⅢ式碗 17 件：H543①: 7、H58: 3、H212: 7、H236: 4、H337: 5、H353: 2、H354: 1、H406: 5、H406: 10、H440: 2、H533: 1、H607①: 1、T28③: 16、T2731③A: 5、T3333③: 8、T3434③A: 7、T3734③A: 18。

上述25 件外红内黑陶的折腹碗，只发现于大早二、三段，共同特点是：都是高折沿，有的折沿微弧凹，折腹一般都较矮浅；在 25 件标本中，12 件素面，12 件口外饰一两周凹槽或凹弦纹，大早二段的 T28⑤: 69 这件标本，外沿上还绘有已模糊的黑彩图案。

综上所述，可知折腹碗主要出土于遗址东北区大早一、二、三段，只有 1 件出土于遗址的西南区而属大中晚段。具体原因，目前尚不明确，只记以备忘。在按陶色把 D 型碗分为 Da、Db 和 Dc 三个亚型后，又可知红陶的 Da 型碗存在于大早一、二、三段和大中晚段这四个阶段，黑陶或灰陶的 Db 型碗只存在于大早一、二、三段，而外红内黑陶的 Dc 型碗，则只存在于大早二、三段。同时可知：

在形制方面，大早一段和二段在 Da 型碗中都存在折沿甚矮而折腹甚深这种最原始形态的折腹碗（T3634④:29 和 T3634③B:20），但大早二段更多的 Da 型碗，都是折沿甚高而折腹甚浅的标本，而且有的折腹只变为一周凹槽。但在 Db 型碗中，我们才可知在大早一段也同时存在折沿甚高而折腹甚浅的标本。只是我们又可知，在 Da、Db 和 Dc 这三个亚型中，大早三段都未见折沿甚矮而折腹甚深的标本，也未见折腹低矮已变为一周凹槽的标本，而是已定型为折沿较高而折腹相对浅的标本。

在纹饰方面，Da 型碗 25 件标本中，除大早二段 2 件彩陶外，仅 4 件标本外口下饰凹槽或凹弦纹；而 Db 型的 15 件标本，都在外口下饰凹槽或凹弦纹；Dc 型的 25 件标本中，除大早二段 1 件彩陶外，外口下饰凹槽或凹弦的标本与素面标本一样多，都是 12 件。而 D 型碗的 3 件彩陶，只见于大早二段。

5. E 型碗和玩具式的 E 型小碗

E 型碗为敞口碗，98 件。按陶色可分为 a、b、c、d 四个亚型。另有 7 件玩具式的 E 型小碗。

Ea 型为外红内黑的敞口碗，23 件。

Eb 型为红陶或黄陶的敞口碗，24 件。

Ec 型为黑陶的敞口碗，43 件。

Ed 型为灰陶或灰褐陶的敞口碗，8 件。

这里仍把从大早一段至屈家岭文化晚期这九个发展阶段分别出土的标本，分别确定为Ⅰ、Ⅱ、Ⅲ、Ⅳ、Ⅴ、Ⅵ、Ⅶ、Ⅷ、Ⅸ九式。下面分别介绍各亚型在式方面的出土情况。

（1）Ea 型碗

Ea 型碗这种外红内黑陶的敞口碗，23 件。除大溪文化晚期和屈家岭文化早期未见外，余七个阶段都有出土。其中：

EaⅠ式碗 1 件：T3734④:47

EaⅡ式碗 4 件：T64③A:2、TG2⑥:15、H223:6、T3533③B:1（前 2 件可复原）。

EaⅢ式碗 11 件：G2:1、T12④:83、T63③:3、T3534③A:8、H56:8、H221:3、H221:4、H337:6、H378:1、H389:9、T3042②:1。

EaⅣ式碗 1 件：T17④:50（可复原）。

EaⅤ式碗 2 件：T17③A:21、T18③:88。

EaⅥ式碗 3 件：T19③:12、H18:5、H278:3。

EaⅨ式碗 1 件：H300:1。

上述 23 件外红内黑的敞口碗，大早一段仅 1 件，为浅弧腹；大早二段 4 件中，除 1 件浅弧腹外，2 件为腹较深的弧腹，还有 1 件为腹不深的斜弧腹；大中三段 11 件中，同时存在浅弧腹、弧腹和斜弧腹三种敞口碗，与大早二段的斜弧腹标本不同的是，腹部加深，口径也多变大，且口下多饰一周或两周凹弦纹；大中早段仅 1 件，为深腹斜弧腹，腹中部饰三周凸棱纹；大中中段 2 件都是深腹斜弧腹，但都素面无纹饰；大中晚段 3 件中，2 件为浅弧腹，1 件为深腹斜弧腹而且也素面而无纹饰；大溪文化晚期和屈家岭文化早期这两个阶段都未见出土；屈家岭文化晚期 1 件为素面的深弧腹碗。

（2） Eb 型碗

Eb 型碗 24 件，除大早一段和屈家岭文化早期两个阶段未见外，余七个阶段都出土。

EbⅡ式碗 3 件：G23∶5、T23④∶4、H538②∶136（前两件可复原）。

EbⅢ式碗 7 件：H514∶1（可复原）、H232∶1、H396∶1、H539∶4、T63③∶4、T73②下∶27、T2738③A∶9。

EbⅣ式碗 4 件：H30∶6、T15③B∶1、H11∶8、H37∶5（前 2 件可复原）。

EbⅤ式碗 2 件：T19③下∶25（可复原）、H275∶4。

EbⅥ式碗 5 件：T17③∶3、T1123③B∶2、H273∶8、H273∶10、T17③∶67（前 2 件可复原）。

EbⅦ式碗 1 件：T27⑤A∶45（可复原）。

EbⅨ式碗 2 件：T36③∶1（可复原）、T1126③∶53。

上述 24 件 Eb 型碗中，除大中早段的 T15③B∶1 和大中晚段的 T17③∶67 为黄陶外，余 22 件都是红陶。在形制方面，除大早二段 3 件和大溪文化晚期 1 件，这两个阶段都只发现腹部较深的弧腹碗外，其余五个阶段都同时存在弧腹碗和浅弧腹碗；这两种碗早晚之间的变化并不明显。

（3） Ec 型碗

Ec 型碗为黑陶敞口碗，43 件。除大早一段、大溪文化晚期和屈家岭文化早期这三个阶段未见，余六个阶段都出土。

EcⅡ式碗 20 件：H224∶11、TG2⑥∶4、T21⑤∶4、H223∶5、H235∶3、H235∶4、H538②∶1、H538②∶135、H543②∶110、H607②∶33、H607②∶70、TG2⑥∶95、T23⑤∶30、T70③B∶14、T75③∶13、T2938③∶3、T3545③B∶42、T3545③B∶80、T3546③B∶47、T3547④∶41（前 3 件可复原）。

EcⅢ式碗 14 件：H336∶4、H349∶1、H391∶2、H538①∶10、T12④∶85、T2839∶44（这 6 件都可复原）、H240∶1、H336∶11、H404∶2、H428∶2、H543①∶6、H543①∶86、T2732③∶3、T2839③∶26。

EcⅣ式碗 5 件都可复原：H33∶9、T14④∶1、T16④A∶1、T17③下∶4、T17③下∶10。

EcⅤ式碗 2 件也都可复原：T17③A∶9、T19③下∶10。

EcⅥ式碗 1 件可复原：T14③∶2。

EcⅨ式碗 1 件：T31③∶133。

泥质黑陶的 Ec 型碗，可复原的标本相对较多，可能与此型碗火候高较结实有关。出土 43 件，除大早一段、大溪文化晚期和屈家岭文化早期三个阶段未见外，余六个阶段都有出土，只是自早至晚逐渐减少而已。在形制方面，除大早三段有 1 件深腹碗 H391∶2 外，其余阶段出土的标本都是浅弧腹和弧腹敞口碗，只是 Ec 型碗的浅弧腹和弧腹之间，实际上很难明显分开，因与 Eb 型碗相比，Ec 型碗的浅弧腹都相对较深，而弧腹又相对较浅。Ec 型碗在形制方面的发展变化主要在两个方面：一是在大早二、三段的标本，基本上都是弧腹；至大中早段，同时存在弧腹和斜弧腹；而在大中中段、晚段和屈家岭文化晚期这三个阶段，都只存在斜弧腹的敞口碗。二是在圈足方面，大早二、三段可复原的碗圈足，除大早三段有两件假圈足外，都是足壁外弧或外斜；到大中早段，除足壁外斜的标本外，新出现足壁近直，上部外凸这种这种矮圈足；到了大中中段和晚段，都只存在后一种矮圈足。

值得一提的是：大早二段的H538②:1和屈家岭文化晚期的T31③:133这两件标本，外口下都绘一周红色带状纹。这种“朱绘黑陶”，在《京山屈家岭》这本报告中，只出土于屈家岭遗址的早期地层，属于典型屈家岭文化的早二期，其花纹图案也比杨家湾遗址的“朱绘黑陶”要复杂得多。

（4）Ed型新碗

Ed型碗为灰陶或灰褐陶的敞口碗，其出土8件，只见于大中中段、大中晚段和屈家岭文化晚期三个阶段。

EdⅤ式碗6件：H22:8、H25:3、H25:11、G64:2、T17③A:8、T19③下:4（这六件标本除H25:11缺圈足外，都可复原）。

EdⅥ式碗1件也可复原：H14:2。

EdⅨ式碗1件：H302:38。

Ed型这种灰陶或灰褐陶的敞口碗，在大溪文化早期三个阶段和大中早段都无发现，主要出土于大中中段，共6件，大中晚段和屈家岭文化晚期都各出土1件。这8件标本都是弧腹碗，未见浅弧腹也未见深弧腹，其中，除大中中段的T17③A:8和T19③下:4这两件标本为斜弧腹外，余6件标本都是弧腹碗。而在可以复原的碗圈足中，基本上都是足壁近直上部外凸的矮圈足。

（5）玩具式的E型小碗

E型的敞口碗除了上述98件标本外，另有7件玩具式的E型小碗。除大中早段和晚段、屈家岭文化早期与晚期这四个阶段未见外，余五个阶段都有出土。

EⅠ式小碗1件：T23⑥:28。

EⅡ式小碗2件，都可复原：TG1④:2、T3545③B:1。

EⅢ式小碗1件也可复原：H607①:9。

EⅤ式小碗1件也可复原：H25:1。

EⅦ式小碗2件：T42④:5（可复原）、T27⑤A:57。

这7件似儿童玩具的敞口小碗，从形制上可分为两种：第一种是碗腹和碗圈足上下基本对称的小碗，大早一段、二段、三段和大溪文化晚期各出土1件，除大溪文化晚期的T27⑤A:57这件为无纹的外红内黑陶外，大早一、二、三段的标本都是黑陶，且都饰圆形小镂孔，其中，大早一段的T23⑥:28圈足上残存一个小镂孔；大早二段的T3545③B:1，圈足下部一周凹弦纹，弦纹上部又饰三个匀称的圆形小镂孔；大早三段的H607①:9，其腹中部和圈足中部都各饰两个圆形小镂孔。第二种玩具式小碗呈小杯状，但三件标本形制各异：大早二段的TG1④:2有较高的小圈足，大中中段的为 H25∶1 凹平底，大溪文化晚期的 T42④∶5 呈假腹状。

6. F 型碗

F 型碗为内折沿碗，出土 63 件，按陶色又分为 a、b、c 三个亚型。

Fa 型为红陶内折沿碗，20 件。

Fb 型为黑陶内折沿碗，39 件。

Fc 型为灰陶内折沿碗，4 件。

这里把从大早一段至屈家岭文化晚期这九个发展阶段分别出土的标本，分别确定为Ⅰ、Ⅱ、Ⅲ、Ⅳ、Ⅴ、Ⅵ、Ⅶ、Ⅷ、Ⅸ九式，下面介绍每个亚型在式方面的发展情况。

（1）Fa 型碗

Fa 型碗 20 件，除大溪文化晚期和屈家岭文化文化早期未见出土外，其余七个阶段都有 Fa 型碗。

FaⅠ式碗 1 件：T3433④∶44。

FaⅡ式碗 4 件：H363∶24、T12④下∶48、T21⑤∶130、T28⑤∶50。

FaⅢ式碗 5 件：H407∶2、H537∶1、TG2⑤∶1、T3132③B∶6、T3232③A∶15。

FaⅣ式碗 3 件：H11∶20、H265∶1、H333∶4。

FaⅤ式碗 2 件：H269∶2、T1023②D∶48。

FaⅥ式碗 4 件：H6∶1、H298∶1、T17③∶101、T19③∶147。

FaⅨ式碗 1 件：H601∶30。

在 Fa 型这 20 件红陶内折沿碗中，大早一段仅 1 件，为窄沿内折；大早二段 4 件，没有窄沿内折，其中 2 件为宽沿内折，1 件为宽凹沿内折，另 1 件宽弧沿内折；大早三段 5 件，窄沿内折；大中早段 3 件中，窄沿内折 2 件，另 1 件为宽沿内折；大中中段 2 件都是窄沿内折；大中晚段 4 件中，窄沿内折 1 件，宽沿内折 1 件，另 2 件为宽弧沿内折；大溪文化晚期和屈家岭文化早期都未见 Fa 型碗；屈家岭文化晚期 1 件为窄沿内折。

在窄沿内折这批 Fa 型碗中，除大早三段的 TG2⑤∶1 这一标本为弧腹较深外，其余各式这种标本都是浅弧腹。

在宽沿内折这批 Fa 型碗中，大早二段 2 件和大早三段 3 件，都是内折沿上斜，弧腹较深；大中早段 1 件，为内折沿较平，斜弧腹也较深；大中晚段 1 件的内折沿已近平，深弧腹近直；宽凹沿内折的 Fa 型碗，只见于大早二段和三段，而且都仅各 1 件，都是内折沿上斜，弧腹较深。

宽弧沿内折的 Fa 型碗只见于大早二段 1 件和大中晚段 2 件，前者内折沿上斜，深弧腹近直；后者内折沿都较平，都是斜弧腹较深。

（2）Fb 型碗

Fb 型碗 39 件，除大早一段未见外，其后八个阶段都有出土。

FbⅡ式碗 3 件：H342∶4、H447∶2、H607③∶95。

FbⅢ式碗 6 件：H351∶7、H381∶4、H389④∶35、TG1⑥∶90、T21③∶55、T73②下∶22。

FbⅣ式碗 3 件：H260∶1、T0824②B∶19、T0923③∶31。

FbⅤ式碗 1 件：G64∶6。

FbⅥ式碗 1 件：H323∶4。

FbⅦ式碗 4 件：T24⑤∶32、T36④∶99、T36⑤A∶113、T36⑥∶142。

FbⅧ式 10 件：H188∶11、T35③D∶62、H75∶3、H95∶3、H104∶13、H114∶11、H606∶4、T26④∶60、T31③B∶172、T31③D∶195。

FbⅨ式碗 11 件：H141∶1、H144∶4、H302∶31、H305∶4、H320∶25、H320∶38、H328∶23、T31③∶134、T36③∶72、T1126③∶58、T1327③∶5。

在这 39 件黑陶内折沿碗中，除大早二、三段各有 1 件宽凹沿内折，和大早三段有 1 件宽弧沿内折外，其他标本基本上都是窄沿内折；只是有的窄沿又稍宽而已。

在这批窄沿内折的 Fb 型碗中，从大早二、三段至大中早段这三个连续发展的阶段，都是弧腹，且多为浅弧腹；大中中段仅 1 件，为斜弧腹，大中晚段至大溪文化晚期这二个发展阶段，都存在深弧腹近直的 Fb 型碗（分别为 H323∶4 和 T36⑥∶142），但大溪文化晚期另 3 件标本皆为浅弧腹和弧腹；屈家岭文化早期和晚期的窄沿内折的 Fb 型碗都数量剧增至 10 件和 11 件，都同时存在弧腹、斜弧腹和浅弧腹三种 Fb 型碗。

（3）Fc 型碗

Fc 型碗 4 件，分别见于大早三段和大溪文化晚期与屈家岭文化早期三个阶段。

FcⅢ式碗 2 件：T12④∶33、T21③∶57。

FcⅦ式碗 1 件：T43④∶6。

FcⅧ式碗 1 件：H90∶6。

Fc 型这 4 件灰陶内折沿碗，不同式的标本形制各异：大早三段 2 件皆窄沿内折，浅弧腹上部都饰两周凹弦纹；大溪文化早期 1 件，为窄凹沿内折，浅腹内折；后两件都素面无纹饰。

7. G 型碗

G 型碗为卷沿碗，出土 17 件，按陶色可分为 a、b、c、d 四个亚型。

Ga 型为外红内黑陶卷沿碗，2 件。

Gb 型为红陶卷沿碗，3 件。

Gc 型为黑陶卷沿碗，10 件。

Gd 型为灰陶卷沿碗，2 件。

这里把从大早一段至屈家岭文化晚期这九个阶段分别出土的标本，分别确定为Ⅰ、Ⅱ、Ⅲ、Ⅳ、Ⅴ、Ⅵ、Ⅶ、Ⅷ、Ⅸ九式，下面介绍各亚型在式方面的情况。

（1）Ga 型碗

Ga 型碗 2 件，分别见于大早二、三段。

GaⅡ式碗 1 件：T23⑤∶1。

GaⅢ式碗 1 件：TG2④∶29。

Ga 型这种外红内黑卷沿碗，仅大早二、三段各出土 1 件，都可复原。主要区别是，大早二段 1 件为浅弧腹，口下一周凹槽；大早三段 1 件为弧腹，素面。

（2）Gb 型碗

Gb 型碗 3 件，分别出土于大早二段、大中早段和大溪文化晚期。

GbⅡ式碗 1 件：T3547④∶37。

GbⅣ式碗 1 件：H28∶1。

GbⅦ式碗 1 件：T26⑤∶70。

在 Gb 型这 3 件红陶卷沿碗中，大早二段和大中早段各 1 件都是浅弧腹，素面。大溪文化晚期 1 件为深弧腹，也是素面，但口径变小，已接近卷沿小罐。

（3）Gc 型碗

Gc 型碗 10 件，只出于大早二、三段。

GcⅡ式碗 7 件：H230∶4（颈饰三周模糊凹弦纹）、H365∶13（颈饰两周凹弦纹）、H607②∶85（颈中部一周带状凸棱纹）、H607②∶86（素面）、H607②∶89（颈中部一周带状凸棱）、H542∶10（颈下部两周深凹弦纹）、H543②∶111（颈中下部两周凹槽）。

GcⅢ式碗 3 件：TG1⑥∶6（口下一周模糊宽凹槽）、TG1⑤∶82（颈部两周宽凹槽）、T2839③∶30（颈下部残存一周凹槽）。

Gc 型这种黑陶卷沿碗，仅见于大早二、三段，共同特点：一是颈部较深外卷，折弧腹内收；二是除 H607②∶86 这件标本素面未见纹饰外，其余 9 件标本颈部都有纹饰，有凹槽、凹弦纹和凸棱纹。

（4）Gc 型碗

Gd 型碗 2 件，见于大早三段和大中晚段。

GdⅢ式碗 1 件：H490∶7。

GdⅥ式碗 1 件：T1123③B∶71（颈饰三周宽带状凹弦纹）。

这 2 件灰陶卷沿碗，都是高颈外卷，折腹弧内收，大早三段 1 件为素面。大中晚段 1 件颈饰带状凹弦纹。

总的来说，G 型卷沿碗在大早一段可能还未出现，主要存在于大早二、三段，大中早段、大中晚段和大溪文化晚期都各出 1 件，屈家岭文化早期和晚期都已未见。

8. H 型碗

H 型碗为斜腹碗，出土 39 件，按陶色可分为 a、b、c 三个亚型。

Ha 型为外红内黑陶斜腹碗，23 件。

Hb 型为黑陶斜腹碗，5 件。

Hc 型为红陶或黄陶、灰黄陶斜腹碗，11 件。

这里把从大早一段至屈家岭文化晚期这九个阶段分别出土的标本，分别确定为Ⅰ、Ⅱ、

Ⅲ、Ⅳ、Ⅴ、Ⅵ、Ⅶ、Ⅷ、Ⅸ九式，下面分别介绍各亚型斜腹碗在式方面的情况。

（1）Ha 型碗

Ha 型碗 23 件，除大早一段、大溪文化晚期和屈家岭文化晚期这三个阶段未见外，余六个阶段都有出土。

HaⅡ式碗 2 件：H223∶11、T21④∶1。

HaⅢ式碗 7 件：H58∶10、H60∶2、H354∶4、H389∶33、H406∶6、H417∶1、T3545②∶9。

HaⅣ式碗 2 件：H30∶5、H30∶26。

HaⅤ式碗 7 件：H25∶22、G64∶1、T19④∶6、T19④∶7、T19③下∶8、T19③下∶35、H22∶3。

HaⅥ式碗 4 件：T16③∶87、T17③∶19、T19③∶1、T19③∶30。

HaⅧ式碗 1 件：T31③E∶204。

Ha 型这种外红内黑黑陶的斜腹碗，又可分为浅斜腹、斜腹和深斜腹近直三种。大早二段 2 件都是浅斜腹；大早三段除 H60∶2 为深斜腹近直外，另 6 件为浅斜腹；大中早段 2 件都是斜腹；大中中段除 G64∶1 为深斜腹近直、T19③下∶8 为浅斜腹外，另 5 件为斜腹；大中晚段 4 件都是斜腹；屈家岭文化早期 1 件为深斜腹近直。在纹饰方面：除大早三段的 T3545②∶9 和 H60∶2这两件标本腹饰凹弦纹外，其余 21 件标本都是素面未见纹饰。在圈足方面：大早二、三段可复原的碗圈足都低矮；大中早、中、晚三个阶段可复原的碗圈足，除 T19③下∶8 也属低矮外，普遍都相对较高，且足壁上部有不明显凸棱；屈家岭文化早期 1 件，圈足又变低矮。

（2）Hb 型碗

Hb 型碗 5 件，分别见于大早三段、大中早段和大中晚段三个阶段。

HbⅢ式碗 1 件：T12④∶99。

HbⅣ式碗 1 件：H290∶2。

HbⅥ式碗 3 件：T16③∶3、T17③∶18、T1124③A∶1。

Hb 型这 5 件黑陶斜腹碗中，大早三段 1 件为深斜腹近直；大中早段和大中晚段共 4 件都是斜腹碗，仅 T17③∶18 斜腹较浅。在纹饰方面：大早三段的 T12④∶99 腹饰三组足上又饰六组戳点纹，每组两横点并列；大中晚段的 T16③∶3 和 T1124③A∶1 的圈足上都有纹饰，前者两周凹弦，后者两周凸棱。

（3）Hc 型碗

Hc 型碗 11 件，分别见于大中早、中、晚段和屈家岭文化早期四个阶段。

HcⅣ式碗 5 件：T18③B∶111、H261∶1、T18④∶12、T18③A∶29、T19⑤∶16。

HcⅤ式碗 2 件：T19③下∶2、H25∶4。

HcⅥ式碗 3 件：T17③∶1、T17③∶5、T19③∶9。

HcⅧ式碗 1 件：T31③B∶178。

在这 11 件红陶或黄陶或灰陶的斜腹碗中，有 2 件深腹碗，大中早段的 T18③A∶29 为深腹外卷；屈家岭文化早期的 T31③B∶178 为斜弧内收；其余 9 件，基本属腹较深的斜腹碗。另外，除 T19⑤∶16 为黄陶绘深红色图案外，余 10 件标本都素面未见纹饰。

9. I 型碗

I 型碗为直口碗，出土 8 件。由于其中红陶 5 件，外红内黑陶 2 件，灰褐陶仅 1 件，所以，这里没有和其他型碗一样按陶色划分亚型；而从有没有明显矮颈，可把 I 型碗划分为 a、b 两个亚型。

Ia 型为有明显矮颈的直口碗，5 件。

Ib 型为无明显矮颈的近直口碗，3 件。

但这里又和普遍器物一样，把从大早一段至屈家岭文化晚期分别出土的标本，分别确定为Ⅰ、Ⅱ、Ⅲ、Ⅳ、Ⅴ、Ⅵ、Ⅶ、Ⅷ、Ⅸ九式。下面介绍这两个亚型在式方面的演变。

（1） Ia 型碗

Ia 型碗 5 件，分别出土于大早二、三段和大溪文化晚期三个阶段。

IaⅡ式碗 1 件：T21④：22。

IaⅢ式碗 2 件：H370：6、T3033④：4。

IaⅦ式碗 2 件：H176：1、H176：2。

上述 Ia 型碗虽然只有 5 件，且Ⅲ式与Ⅶ式之间明显存在缺环，但同式的标本特点基本相同，并与不同式的标本区别明显，而具如下发展趋势：一是矮颈逐渐加高；二是Ⅱ式 1 件为尖圆唇；Ⅲ式 2 件都是方圆唇；而Ⅶ式 2 件都是圆唇外卷。

（2） Ib 型碗

Ib 型碗 3 件，见于大早二段、大溪文化晚期和屈家岭文化早期三个阶段。

IbⅡ式碗 1 件：T12④下：82。

IbⅦ式碗 1 件：T26⑤：4。

IbⅧ式碗 1 件：T26④：78。

Ib 型这 3 件颈部并不明显的直口碗，虽然大早二段与大溪文化晚期之间存在很大缺环，但各出土 1 件的标本之间仍有如下共同特点：一是都是尖圆唇；二是都是浅弧腹。主要的区别是前者直口微敞，后者直口微敛。而大溪文化晚期与屈家岭文化早期之间虽然没有缺环，且各出土 1 件的标本都属同一探方的 4、5 两个叠压地层，但这两件标本之间的区别却十分明显：一是前者有唇无沿，后者有窄平沿；二是前者为浅弧腹，后者深弧腹。分析 Ib 型碗这三件标本之间的同异原因，可能与前两件标本都同属大溪文化，而后两件标本已分别属于大溪文化和屈家岭文化有关。

10. J 型碗

J 型碗为假腹碗，出土 10 件。虽然也有里黑外红陶、红陶、黑陶和灰陶四种陶色；但从形制上划分为 a、b 两个亚型，更能反映 J 型碗的演变。

Ja 型为腹足之间呈凹弧线的假腹碗，5 件。

Jb 型为深腹与足之间呈内斜线的假腹碗，5 件。

这里仍把从大早一段至屈家岭文化晚期这九个发展阶段分别出土的标本，分别确定为Ⅰ、Ⅱ、Ⅲ、Ⅳ、Ⅴ、Ⅵ、Ⅶ、Ⅷ、Ⅸ九式。下面分别介绍这两个亚型在式方面的情况。

（1）Ja 型碗

Ja 型碗 5 件，只见于大早三段和大中早段这两个连续的发展阶段。

JaⅢ式碗 3 件：T3232③:8、T3232③:9、T3232③:10。

JaⅣ式碗 2 件：T18④下:32、T18④:99。

Ja 型碗这 5 件标本，只发现于大早三段和大中早段，都仅残存矮圈足和残腹，形制上区别不大，不同之处在陶色：大早三段 3 件标本中，1 件为外红内黑陶，另 2 件为黑陶；大中早段 2 件都是红陶。

（2）Jb 型碗

Jb 型碗 5 件，分别见于大早三段、大中中段和晚段，以及屈家岭文化晚期四个阶段。

JbⅢ式碗 1 件：H336:27。

JbⅤ式碗 1 件：T17③A:31。

JbⅥ式碗 2 件：H14:4、T14③:35。

JbⅨ式碗 1 件：T31③A:154。

Jb 型这 5 件深腹内斜的假腹碗，在形制方面没有明显的发展规律，但由于大早三段的 H336:27 和大中中段的 T17③A:31 这两件标本基本可以复原，才可发现：前者深弧腹内斜，腹中部饰一周宽凹槽；后者深腹相对较浅，斜直腹，素面。继后的 3 件标本都深腹已残，但都素面未见纹饰。

11. K 型碗

K 型碗为双腹碗，出土 33 件。只发现于屈家岭文化早期和晚期两个阶段，因屈家岭文化早期仅 2 件标本且都是黑陶，屈家岭文化晚期 31 件标本中，除 1 件红陶、3 件黄陶和 1 件灰陶外，余 26 件都是黑陶，所以，这里不按陶色划分亚型，而按形制和纹饰划分为 a、b、c 三个亚型。

Ka 型为凹沿碗，7 件。

Kb 型为宽凹沿素面碗，17 件。

Kc 型为宽凹沿腹饰一周凸棱纹的碗，9 件。由于双腹碗是屈家岭文化的典型器物，在大溪文化各发展阶段都尚未出现。所以，这里直接把屈家岭文化早期与晚期分别出土的标本，分别确定为Ⅰ式和Ⅱ式。下面介绍这三个亚型在式方面的情况。

（1）Ka 型碗

Ka 型碗 7 件，屈家岭文化早期和晚期都有出土。

KaⅠ式碗 2 件：T31③B:168、T31③B:175。

KaⅡ式碗 5 件：H188:1、H601:24、T31③A:158、T1126③:72、T2744③:6。

在这 7 件 Ka 型碗中，屈家岭文化早期 2 件，其一为凹沿近平，另一件凹沿外斜；而屈家岭文化晚期 5 件，都是凹沿外斜，且沿面相对稍宽。这 7 件标本都素面未见纹饰。

（2）Kb 型碗

Kb 型碗 17 件，都出土于屈家岭文化晚期。

KbⅡ式碗 17 件中，可复原 2 件：H302∶1、T37③∶28；仅足已残 2 件：H322∶1、T37③∶16；余 13 件皆腹已残：H302∶29、H303∶2、H322∶13、H328∶27、H330∶16、H601∶23、T37③∶70、T41③∶26、T1125③∶29、T1226③∶19、T1227③A∶6、T1327③∶14、T2744③A∶10。

在屈家岭文化晚期这 17 件 Kb 型碗中，除了 T1125③∶29 这一标本凹沿上部又内折而较特殊外，余 16 件又可分为浅弧腹和深弧腹两种，但浅弧腹仅 3 件，中有 2 件出土 T37③层这一地层单位，T37③∶28 为黄陶，T37③∶16 为红陶，还有一件浅弧腹为黑陶：H322∶13；其余 13 件深弧腹都是黑陶。

（3）Kc 型碗

Kc 型碗 9 件，也都只发现于屈家岭文化晚期。

KcⅡ式碗 9 件中，较完整的 3 件：H601∶2、H211∶39、T26③∶8；下部已残 4 件：H302∶11、H322∶11、H322∶18、T1126③C∶17；上部已残 2 件：H563∶1、T1024③∶2。

上述这 9 件 KcⅡ式碗标本，共同特点：一是都为宽凹沿如上腹；二是都为深弧腹如下腹；三是在深弧腹的中部或下部，都饰一周凸棱纹。

综合上述，杨家湾新石器时代出土的 508 件碗类标本，不但可根据这些标本的上部形制，划分为 A 型的敛口碗、B 型的侈口碗，C 型的子母口碗、D 型的折腹碗、E 型的敞口碗、F 型的内折沿碗、G 型的卷沿碗、H 型的斜腹碗、Ⅰ型碗的直口碗、J 型的假腹碗和 K 型的双腹碗十一个不同类型。而且，出土数量相对较多的 A、B、C、D、E、F、G、H 八个类型的标本，还可按陶色进一步划分为不同的亚型；而出土数量相对较多的Ⅰ、J 两个类型，也可按形制特点划分不同亚型；在大溪文化时期尚未出现的屈家岭文化典型器物双腹碗（即 K 型碗），这里也按形制和纹饰划分不同亚型。

各类型划分为亚型的情况如下：

A 型 78 件标本可划分为 a、b、c 三亚型。

B 型 60 件标本可分为 a、b、c、d 四亚型。

C 型 30 件标本可分为 a、b、c 三亚型。

D 型 65 件标本可分为 a、b、c、三亚型。

E 型除了 98 件标本可分为 a、b、c、d 四个亚型外，另有 7 件玩具式的 E 型小碗。

F 型 63 件标本可分为 a、b、c 三亚型。

G 型 17 件标本可分为 a、b、c、d 四亚型。

H 型 39 件标本可分为 a、b、c 三亚型。

I 型 8 件标本据有、无矮颈可分为 a、b 两亚型。

J 型 10 件标本据腹、足之间的连线呈凹弧形和内斜形，也可分为 a、b 两亚型。

K 型 33 件标本据凹沿、宽凹沿素面和宽凹沿腹有一周凸棱，则可分为 a、b、c 三亚型。

同时，这里又把从大旱一段至屈家岭文化晚期这九个发展阶段分别出土的标本，都分别确定为Ⅰ、Ⅱ、Ⅲ、Ⅳ、Ⅴ、Ⅵ、Ⅶ、Ⅷ、Ⅸ九式，只有K型碗因只出土于屈家岭文化早期与晚期而例外，即这里没有把屈家岭文化早期和晚期分别出土的K型碗分别确定为Ⅷ式和Ⅸ式，而且直接称为Ⅰ式和Ⅱ式。实际上，这里的K型碗各亚型的Ⅰ、Ⅱ式标本，都相当于其他类型的碗标本的Ⅷ式和Ⅸ式。

下面分别介绍杨家湾新石器时代从大旱一段至屈家岭文化晚期每一个发展阶段各种碗的出土情况。

大旱一段出土的碗包括：

Aa型碗1件、Ab型碗4件；Ba型碗2件；Ca型碗4件；Da型碗1件、Db型碗1件；Ea型碗1件、E型小碗1件；Fa型碗1件。共16件。

大旱二段出土的碗包括：

Aa型碗2件、Ab型碗25件、Ac型碗3件；Ba型碗19件、Bb型碗7件、Bc型碗2件；Ca型碗6件、Cb型碗5件；Da型碗13件、Db型碗8件、Dc型碗8件；Ea型碗4件、Eb型碗3件、Ec型碗20件、E型小碗2件；Fa型碗4件、Fb型碗3件；Ga型碗1件、Gb型碗1件、Gc型碗7件；Ha型碗2件；Ⅰa型碗1件、Ⅰb型碗1件。共147件。

大旱三段出土的碗包括：

Aa型碗2件、Ab型碗11件、Ac型碗2件；Ba型碗7件、Bb型碗6件、Bc型碗1件；Ca型碗6件、Cb型碗3件、Cc型碗1件；Da型碗10件、Db型碗6件、Dc型碗17件；Ea型碗11件、Eb型碗7件、Ec型碗14件、E型小碗1件；Fa型碗5件、Fb型碗6件、Fc型碗2件；Ga型碗1件、Gc型碗3件、Gd型碗1件；Ha型碗7件、Hb型碗1件；Ⅰa型碗2件；Ja型碗3件、Jb型碗1件。共137件。

大中早段出土的碗包括：

Aa型碗1件；Ea型碗1件、Eb型碗4件、Ec型碗5件；Fa型碗3件、Fb型碗3件；Gb型碗1件；Ha型碗2件、Hb型碗1件、Hc型碗5件；Ja型碗2件。共28件。

大中中段出土的碗包括：

Ea型碗2件、Eb型碗2件、Ec型碗2件、Ed型碗6件、E型小碗1件；Fa型碗2件、Fb型碗1件；Ha型碗7件、Hc型碗2件；Jb型碗1件。共26件。

大中晚段出土的碗包括：

Aa型碗4件、Ab型碗3件、Ac型碗1件；Da型碗1件；Ea型碗3件、Eb型碗5件、Ec型碗1件、Ed型碗1件；Fa型碗4件、Fb型碗1件；Gd型碗1件；Ha型碗4件、Hb型碗3件、Hc型碗3件；Jb型碗2件。共37件。

大溪文化晚期出土的碗包括：

Aa型碗2件、Ab型碗3件、Ac型碗5件；Ba型碗1件、Bb型碗2件、Bc型碗1件；Cb型碗1件、Cc型碗1件；Eb型碗1件、E型小碗2件；Fb型碗4件、Fc型碗1件；Gb型碗1件；Ⅰa型碗2件、Ⅰb型碗1件。共28件。

屈家岭文化早期出土的碗包括：

Ab 型碗 1 件；Ca 型碗 1 件、Cc 型碗 1 件；Fb 型碗 10 件、Fc 型碗 1 件；Ha 型碗 1 件、Hc 型碗 1 件；Ⅰb 型碗 1 件；Ka 型碗 2 件。共 19 件。

屈家岭文化晚期出土的碗包括：

Aa 型碗 1 件、Ab 型碗 6 件、Ac 型碗 1 件；Ba 型碗 1 件、Bb 型碗 1 件、Bc 型碗 8 件、Bd 型碗 2 件；Ca 型碗 1 件；Ea 型碗 1 件、Eb 型碗 2 件、Ec 型碗 1 件、Ed 型碗 1 件；Fa 型碗 1 件、Fb 型碗 11 件；Jb 型碗 1 件；Ka 型碗 5 件、Kb 型碗 17 件、Kc 型碗 9 件。共 70 件。

下面继续介绍出土数量仅次于罐、碗、矮圈足的盘类标本。

（三）盘类的型式划分

杨家湾新石器时代出土的盘类标本共254 件，按标本上部形制可分为 A、B、C、D、E、F、G、H、Ⅰ、J、K 十一个亚型；另有 2 件上、下已残的圈足盘标本。其中：

A 型盘为敞口盘，52 件。

B 型盘为卷沿盘，37 件。

C 型盘为敛口盘，18 件。

D 型盘为直口盘，64 件。

E 型盘为子母口盘，3 件。

F 型盘为外折沿盘，14 件。

G 型盘为内折沿盘，58 件。

H 型盘为折腹盘，1 件。

I 型盘为斜腹盘，3 件。

J 型盘为双腹盘，1 件。

K 型盘为有流圈足盘，1 件。

下面分别介绍这些标本的型式划分。

1. A 型盘

A 型盘为敞口盘，52 件，除按陶色分为 a、b、c 三个亚型外，又把各色器盖盘列为 d 亚型。

Aa 型为红陶或红褐陶敞口盘，32 件。

Ab 型为外红内黑陶敞口盘，5 件。

Ac 型为黑陶或灰陶敞口盘，5 件。

Ad 型为器盖的敞口盘，10 件。

这里把从大旱一段至屈家岭文化晚期这九个阶段分别出土的标本，分别确定为Ⅰ、Ⅱ、Ⅲ、Ⅳ、Ⅴ、Ⅵ、Ⅶ、Ⅷ、Ⅸ九式。下面分别介绍各亚型在式方面的出土情况。

（1）Aa 型盘

Aa 型盘 32 件，九个阶段都出土。

AaⅠ式盘 1 件：T74④:11（尖唇）。

AaⅡ式盘 3 件：H543②:43（尖唇）、T3544③:6、T3547③B:20（这两件尖圆唇）。

AaⅢ式盘 16 件，其中，尖圆唇 12 件：H391:1（可复原）、H212:8、H370:3、H389:37、H533:2、H534:2、H536:4、H536:5、TG2⑤:12、T13③:4、T2737③:7、T3546③A:16；窄沿内斜 2 件：H543①:5、T3042②:2；圆唇外卷 2 件：H212:9、H389③:28。

AaⅣ式盘 1 件：H314:1（尖圆唇）。

AaⅤ式盘 3 件。其中，方唇 2 件：T1024②B:1（可复原）、T1023②B:39；方圆唇 1 件：G64:4。

AaⅥ式盘 3 件。其中，方唇 1 件：T16③:51；窄沿内凸 2 件：T17③:111、T19③:155。

AaⅦ式盘 2 件：其中，窄平沿外凸 1 件：H76:2；窄平沿内凸 1 件：T36⑥:143。

AaⅧ式盘 1 件：H159:2（扁圆唇）。

AaⅨ式盘 2 件，其中，窄平沿 1 件：T1024②:19；圆唇 1 件：H601:11。

Aa 型这种红陶或红褐陶的敞口盘，从大早一段至大中早段这四个发展阶段，才存在尖唇或尖圆唇的敞口盘，以后各阶段都未见；从大早三段以来，又开始出现窄沿（包括方唇或方圆唇）和圆唇两种敞口盘。后两种敞口盘在不同阶段的形制都不同：窄沿敞口盘在大早三段为窄沿内斜；大中早段无，大中中段 2 件皆窄沿外斜；大中晚段 3 件中，除 1 件方唇外，另 2 件窄沿内凸；大溪文化晚期 2 件标本中，一为窄沿内凸；另一窄平沿稍凸；屈家岭文化早期无；屈家岭文化晚期 1 件为窄平沿稍外凸。圆唇敞口盘，在大早三段为圆唇外卷；在大中中段为扁圆外附（口下一周深凹槽）；在大中晚段，为扁圆唇内凸；大溪文化晚期为圆唇内凸；屈家岭文化早期又是扁圆唇外附；屈家岭文化晚期 1 件，因口下一周深凹槽才呈圆唇。

（2） Ab 型盘

外红内黑的 Ab 型盘仅 5 件，分别见于大早二、三段、大中中段和晚段四个阶段。

AbⅡ式盘 1 件：T23④:48（基本复原）。

AbⅢ式盘 2 件：T13②:6（可复原）、TG2③:70。

AbⅤ式盘 1 件：T17③A:45。

AbⅥ式盘 1 件：T19③:3（可复原）。

上述 5 件外红内黑（其中大早三段的 TG2③:70 为外黑内黄）的 Ab 型盘，分别见于大早二、三段和大中中、晚段，中间似存在大中早段这一缺环，但发展趋势比较明显：

大早二、三段都存在弧腹盘；大早三段同时存在浅腹盘，大中中段 1 件也是浅腹盘，只是前者为浅弧腹，后者为浅斜腹；大中晚段 1 件为弧腹盘。在可复原的 3 件标本：大早二段 1 件为矮圈足足壁外弧；大早三段的 T13②:6 为矮圈足足壁内斜线；大中晚段的 T19③:3 为粗大高圈足，足壁近直呈粗筒状；可见不同阶段的盘圈足并不相同。

（3） Ac 型盘

Ac 型盘为黑陶或灰陶敞口盘，出土 5 件，分别见于大早三段、大溪文化晚期和屈家岭文化早期三个阶段。

AcⅢ式盘 3 件：H380∶1、H521∶2、T333②∶1。

AcⅦ式盘 1 件：T36⑥∶56（可复原）。

AcⅧ式盘 1 件：H72∶2。

这三个阶段出土的 Ac 型盘中：大早三段的 T333②∶1 为浅斜腹，下折呈大平底，但底已残，不知其底下是否还有圈足；大早三段的另 2 件标本和大溪文化晚期的 1 件标本，则都是浅弧腹；屈家岭文化早期的 1 件标本为矮颈外卷，折腹凹弧内收。由此可见，Ac 型盘在大早三段和大溪文化晚期之间存在浅弧腹盘；而大溪文化晚期和屈家岭文化早期之间虽然不存在缺环，但因分属不同的考古学文化而使盘腹的形制完全不同。

（4）Ad 型盘

Ad 型盘为器盖盘，出土 10 件。除大早一段、大早三段、屈家岭文化早期和晚期这四个阶段未见外，余五个阶段都有出土。其中：

AdⅡ式盘 1 件：T12④下∶98。

AdⅣ式盘 2 件：H37∶4、T17④∶15（基本可复原）。

AdⅤ式盘 1 件：T18③∶112（可复原）。

AdⅥ式盘 4 件：T16③∶59、T16③∶84、T1126④∶26、T1126④∶40。

AdⅦ式盘 2 件：T47⑤∶37（可复原）、T26⑤∶43。

Ad 型这 10 件器盖的敞口盘，不同阶段在式方面的变化比较明显：大早二段 1 件为外红内黑陶，浅弧腹；大中早段 2 件标本内外都施红衣，其中 H37∶4 也是浅弧腹，但腹微弧凹，另 1 件 T17④∶15 为弧腹、平底，底下有双纽残迹；大中中段 1 件为泥质红陶，浅弧腹，矮小其中纽已残；大中晚段 4 件标本中，2 件为红衣陶，另 2 件为外红内黑陶，但形制都相似，为凹弧腹浅盘，厚方唇内斜；大溪文化晚期 2 件为黑陶和黑褐陶，皆浅斜弧腹，圈足纽。在纹饰方面，大中早段的 T17④∶15，口下一周凹弦纹，腹中、下部又饰两组凹弦纹，每组七周并列平行的细凹弦纹；大中中段的 T18③∶112，腹部满饰四周平行的戳划纹；其余 8 件标本都素面未见纹饰。

2. B 型盘

B 型盘为卷沿盘，37 件。按形制可分为 a、b、c 三亚型。

Ba 型为浅腹有折棱的卷沿盘，11 件。

Bb 型为浅腹弧折无棱的卷沿盘，16 件。

Bc 型为深腹卷沿盘，10 件。

虽然大早一段和大溪文化晚期都没见出土卷沿盘，但这里仍把从大早一段至屈家岭文化晚期这九个发展阶段分别出土的标本，都分别确定为Ⅰ、Ⅱ、Ⅲ、Ⅳ、Ⅴ、Ⅵ、Ⅶ、Ⅷ、Ⅸ九式。下面分别介绍各亚型在式方面的出土情况。

（1）Ba 型盘

Ba 型盘 11 件，分别出土于大早二、三段和大中早、中、晚段这五个连续的发展阶段。

BaⅡ式盘2件：T3546③B∶44、T3546③B∶45。

BaⅢ式盘3件：H389∶1、H389∶32、T3134②∶5（前一件可复原）。

BaⅣ式盘4件：T14④∶18、T17④∶16、T18④∶58、T18④∶80。

BaⅤ式盘1件：H25∶21。

BaⅥ式盘1件：G65∶3。

在Ba型这11件浅腹有折棱的卷沿盘中：大早二段2件都是浅斜腹微凹，腹饰两周或五周凹弦纹；大早三段3件，都是浅腹凹弧，且都素面未见纹饰；在大中早段4件标本，T14④∶18和T17④∶16这2件也是浅腹凹弧，而T18④∶58、T18④∶80这2件皆凹弧腹较深，折棱在腹中部，且这4件标本皆素面未见纹饰；大中中段和晚段各出土1件，又都是浅斜腹微凹，也都素面未见纹饰。

（2）Bb型盘

Bb型都是浅腹弧折无棱的卷沿盘，16件，出土于大早二、三段、大中早段、中段、屈家岭文化早和晚期这六个发展阶段。

BbⅡ式盘2件：H543②∶46、H607③∶107。

BbⅢ式盘1件：T2839③∶23。

BbⅣ式盘6件：H9∶3、H28∶3、H28∶5、H256∶3、H333∶3、T0924②∶3。

BbⅤ式盘1件：T1024④∶64。

BbⅧ式盘5件：H188∶4、H188∶5、T26④∶37、T30③C下∶1、T31③C∶189。

BbⅨ式盘1件：H146∶7。

Bb型这16件浅弧腹的卷沿盘中，大早二段2件和大早三段1件，都是浅弧腹上部微弧凹；在大中早段6件中，H9∶3、H256∶3和T0924②∶3这3件标本，也是浅弧腹上部微弧凹，另3件标本都是浅弧腹下部弧折处有不明显折棱；大中中段1件标本，为浅弧腹上部微凹；屈家岭文化早期5件标本中，T30③C下∶1为可复原的口沿外卷的浅腹器盖盘，T26④∶37和T31③C∶189为浅弧腹上部微凹，H188∶4、H188∶5这2件都是浅斜腹，其中的T26④∶37、T31③C∶189和H188∶4这3件标本，腹中部又都有不明显折棱；屈家岭文化晚期1件标本，为浅斜腹中部有不明显折棱。

（3）Bc型盘

Bc型为深腹的卷沿盘，10件，只见于大早二、三段和屈家岭文化晚期三个发展阶段。

BcⅡ式盘5件：H538②∶69、H538∶137、T75③∶29、T75③∶33、T75③∶64。

BcⅢ式盘3件：H538①∶5、H607∶8、H607∶18。

BcⅨ式盘2件：T31③∶132、T16③∶52。

Bc型这种深腹盘，实际上都是粗颈外卷，弧腹或折腹内收，但底都已残。出土的10件标本只见于大早二、三段和屈家岭文化晚期三个阶段，除大早一段可能尚未出现B型盘外，Bc型盘在大中早段至屈家岭文化早期这五个连续发展阶段都未见出土，或者与这五个阶段都不流行这种深腹卷沿盘有关。因为在出土Bc型盘的这三个阶段，从腹部形制和纹饰两个方面，式的发展都比较明显。

在腹部形制方面，大早二段的 5 件标本中，有 2 件为弧折腹无折棱，同时存在的另 3 件为斜折腹有折棱；大早三段的 3 件标本，都是斜折腹有折棱；屈家岭文化晚期的 2 件标本，虽然都是弧折腹，但弧折处都有不明显的折棱。

在纹饰方面，大早二段 5 件标本，都在颈下部饰两周凹弦纹或两周凹槽；大早三段 3 件标本中，有 1 件也在颈下部饰两周凹槽，另 2 件为素面未见纹饰；屈家岭文化晚期 2 件标本，也都是素面未见纹饰。

3. C 型盘

C 型盘为敛口盘，18 件。按陶色可分为 a、b 两个亚型。

Ca 型为红陶或个别黄陶的敛口盘，13 件。

Cb 型为黑陶或灰陶的敛口盘，5 件。

这里仍把从大早一段至屈家岭文化晚期这九个发展阶段分别出土的标本，分别确定为Ⅰ、Ⅱ、Ⅲ、Ⅳ、Ⅴ、Ⅵ、Ⅶ、Ⅷ、Ⅸ九式。下面分别介绍各亚型在式方面的出土的情况。

（1）Ca 型盘

Ca 型盘 13 件，除大早一段和屈家岭文化早期未见外，余七个阶段都有出土。

CaⅡ式盘 2 件：H607②∶63、T3633③B∶8。

CaⅢ式盘 4 件：H504∶1、T12④∶96、T3234③∶8、H41∶2。

CaⅣ式盘 2 件：H11∶9、H332∶2。

CaⅤ式盘 2 件：T19③下∶61、T1024③∶51。

CaⅥ式盘 1 件：H17∶3。

CaⅦ式盘 1 件：T36⑥∶147。

CaⅨ式盘 1 件：T1126③C∶33。

在上述 13 件红陶或黄陶的敛口盘中，除大早三段的 T3234③∶8、大中早段的 H332∶2、大中中段的 T1024③∶51 和大中晚段 H17∶3，这四个连续发展的阶段都各出土一件窄弧沿的敛口盘外，余件标本都为无沿敛口盘。具体是：大早二段 2 件标本中，1 件为方圆唇，另 1 件为尖圆唇；大早三段除 1 件窄弧沿外，另 3 件标本都是尖圆唇；大中早段除 1 件窄弧沿外，另 1 件标本为方圆唇内凸；大中中段除 1 件窄弧沿外，另 1 件为圆唇；大中晚段仅 1 件窄弧沿；屈家岭文化早期和晚期各 1 件都是尖圆唇。

（2）Cb 型盘

Cb 型盘 5 件标本，分别见于大早二段、大中中段、大中晚段和屈家岭文化晚期四个阶段。

CbⅡ式盘 1 件：H479∶6。

CbⅤ式盘 1 件：T1023③∶53。

CbⅥ式盘 1 件：H323∶6。

CbⅨ式盘 2 件：H272∶8、H322∶22。

上述5件Cb型盘，除大早二段1件为黑陶外，余4件皆灰陶。不同阶段出土的标本形制各异：大早二段1件为小方唇浅弧腹；大中中段1件为方唇浅折腹；大中晚段1件窄弧沿浅弧腹；屈家岭文化晚期2件都是尖圆唇弧折腹。

4. D型盘

D型盘为直口盘，64件。按陶色分为a、b、c三个亚型。

Da型为红陶或黄陶直口盘，50件。

Db型为黑陶或灰陶直口盘，10件。

Dc型为外红内黑陶直口盘，4件。

这里仍把从大早一段至屈家岭文化晚期这九个发展阶段分别出土的标本，分别确定为Ⅰ、Ⅱ、Ⅲ、Ⅳ、Ⅴ、Ⅵ、Ⅶ、Ⅷ、Ⅸ九式。下面分别介绍各亚型在式方面的出土情况。

（1）Da型盘

Da型盘标本50件，除大早一段尚未出现，屈家岭文化早期又未见外，余七个阶段都出土。但需进一步指出的是，有的阶段出土的Da型盘，还可进一步分为有窄沿、无窄沿和器盖盘三种直口盘。下面分阶段介绍具体出土情况。

DaⅡ式盘5件。其中有窄沿标本1件：H607②:15；无窄沿4件：H538②:42（有黑彩，多脱落）、T21④:11（可复原）、T21④:109、T3446③:13。

DaⅢ式盘5件。其中，有窄沿标本3件：T3232③:30（可复原）、H49:8、TG2④:39；无窄沿1件：H337:2；另1件为器盖盘：T3232③B:24。

DaⅣ式盘6件：其中，有窄沿标本3件：H11:17、T17④:20、T18④:79；无窄沿1件：T18④:9；另有器盖2件：H333:6、T18④:78。

DaⅤ式盘10件。其中，有窄沿标本7件：H24:1、H25:34、G64:5、T17③A:34、T19③下:26、T19③下:37、T1023④:57；无窄沿1件：T17③B:7；另有2件器盖盘：H27:2、T17③A:96。

DaⅥ式盘12件。其中，有窄沿标本10件：H17:5、H18:3、H18:4、H19:8、H278:1、T14③:6、T17③:57、T1123③B:66、T1123③B:67、T1123③B:79；无窄沿2件：T16③:85、T19③:73。

DaⅦ式盘6件。其中，有窄沿标本5件：T31④:208、T35④:117、T36⑤A:114、T36⑤A:116、T37④:43；无窄沿1件：T24④:20。

DaⅨ式盘6件。其中，有窄沿标本3件：H601:31、T37③:53、T1024②:20；无窄沿3件：H601:20、T26③:15、T33③:34。

Da型中有窄沿的直口盘共32件。其中，大早二段1件为矮颈，折弧腹有折棱；大早三段除1件有折棱外，另2件矮颈浅弧腹无折棱；大中早段3件都是无折棱，其中的T18④:79和H11:17两件标本，都窄弧沿较厚，唇外凸并饰锯齿状花边纹，T17④:20这件标本则口下饰一周凹槽；大中中段7件标本中，除T19③下:37也是窄厚沿，唇外凸也饰锯齿状花边纹，余6件标本皆素面，在形制方面，T19③下:26、T19③下:37、T17③A:34和T1023④:57这四件标本都无折棱，另3件标本在颈腹部之间有折棱；大中晚段10件标本皆素面，其中颈腹之间有折棱和无折棱各5件；大溪文化晚期5件标本和屈家岭文化晚期3件标本，除H601∶31颈已残外，余7件标本的颈腹之间都有折棱。

Da型中的无沿直口盘只有13件，除大早一段和屈家岭文化早期未见外，余七个阶段都有出土。其中，在形制方面，除大早二段的T21④∶11和T3446③∶13这2件标本颈腹之间有不甚明显折棱外，大早二段的另2件标本和以后各段出土的无沿直口盘，颈腹之间都有明显折棱。而在纹饰方面，除大早二段的T21④∶11在矮圈足上饰三排圆形戳点纹，H538②∶42的颈上绘黑彩，T21④∶109的颈上饰四周凹槽外，大早二段的另一件无窄沿标本和以后各阶段的无窄沿标本都是素面未见纹饰。

在Da型的5件器盖盘中，除大中中段的T17③A∶96的盖盘为内折沿近直外，另4件标本都是矮直颈浅弧腹；而且这5件标本都素面未见纹饰。

（2）Db型盘

Db型盘为黑陶或灰陶的直口盘，10件。除大早一段、大溪文化晚期和屈家岭文化早期这三个阶段未见外，余六个阶段都有出土。

DbⅡ式盘2件：H365∶15、T21④∶112。

DbⅢ式盘1件：T12④∶11。

DbⅣ式盘2件：H29∶4、T18④∶95。

DbⅤ式盘2件：T19③下∶140、T18③∶35（器盖，可复原）。

DbⅥ式盘2件：H19∶6、T14③∶13。

DbⅨ式盘1件：H302∶40。

Db型这种黑陶或灰陶直口盘，在大早二段2件标本中，H356∶15为外黑内红而与其他9件标本不同，其粗高颈深弧腹也与其他标本区别明显，另一标本T21④∶112为小圆唇，小矮颈与浅弧腹之间无折棱，口下饰两周凹弦纹；大早三段仅1件，为粗圆唇，粗直颈与浅弧腹之间的折棱也不明显，口下饰一周凹弦纹；大中早段2件标本中，H29∶4为尖圆唇，颈腹之间已有明显折棱，口下饰二周凹槽，另一件方唇，颈腹之间也有明显折棱，但素无纹饰；大中中段2件标本中，一为器盖盘除外，T19③下∶140为小方唇，颈腹之间折棱已不明显，也素面无纹饰，另一标本H19∶6，有小窄沿外斜，颈部不明显而呈弧腹，素面。屈家岭文化晚期仅1件标本H302∶40，为窄平沿较宽，矮颈与浅弧腹之间饰一周凸棱纹，与以前各段Db型盘区别很大。

（3）Dc型盘

Dc型盘是外红内黑陶的直口盘，仅4件。见于大早二、三段和大中晚段三个发展阶段。

DcⅡ式盘1件：T23④∶2（可复原）。

DcⅢ式盘2件：T3734③A∶15、T3734③A∶39。

DcⅥ式盘1件：H329∶3。

上述4件Dc型盘标本中，大早三段的T3734③A∶15与大早二段的T23④∶2一样，都是颈部较高，不同之处是前者直口外敞，后者直口内敛；大早三段的T3734③A∶39又与大中晚段的

H329: 3 一样，都是颈部较矮，且都是直口微敞。由此可见，Dc 型盘似有颈部较高向颈部较低发展的趋势。

5. E 型盘

E 型盘为子母口盘，仅出土 3 件，分别见于大早二段、屈家岭文化早期和晚期三个阶段。

EⅡ式盘 1 件：H607②: 65。

EⅧ式盘 1 件：T26③B: 25。

EⅨ式盘 1 件：T35③: 148。

E 型盘这三件标本的陶色和形制各异：大早二段这件标本为黑陶，敛口，因圆唇外一周深凹弦纹才呈子母口，浅弧腹，素面；屈家岭文化早期和晚期各 1 件标本，前者为外黑里黄陶，后者为黄陶，但都是窄凹沿内折而呈子母口，都是素面，不同之处是，前者浅腹内斜，后者为浅弧腹内收。

6. F 型盘

F 型盘为外折沿盘，14 件，分别见于大早二段、大中中段、大溪文化晚期、屈家岭文化早期和晚期五个阶段。因这 14 件标本形制相近，都是敞口外折沿浅弧腹，且都是素面未见纹饰。所以 F 型盘不分亚型而直接分式。式的区别，主要是陶色。

FⅡ式盘 2 件：T3133④: 9（红陶）、T21④: 109（黑陶）。

FⅤ式盘 1 件：T1024③: 67（红陶）。

FⅦ式盘 3 件都是黑陶：H76: 1、T25⑤: 40、T43④: 9。

FⅧ式盘 1 件：T26④: 63（黑陶）。

FⅨ式盘 7 件。其中红陶 1 件：T37③: 25；黑陶 5 件：H320: 35、H322: 19、T24③: 12、T41③: 4、T1327③: 6；另有 1 件灰陶：H322: 27。

由此可见，外折沿盘其间应存在发展缺环。出土的各阶段，从形制和纹饰两个方面观察，都没有明显变化；在陶色方面：大早二段同时存在红陶和黑陶；大中中段 1 件为红陶；大溪文化晚期 3 件和屈家岭文化早期 1 件，则全是黑陶；屈家岭文化晚期 7 件中，主要是黑陶，共 5 件，另有 1 件红陶，新出现 1 件灰陶外折沿盘。

7. G 型盘

G 型盘为内折沿盘，58 件。按陶色可分为 a、b、c 三个亚型。

Ga 型为红陶或黄陶内折沿盘，40 件。

Gb 型为黑陶内折沿盘，11 件。

Gc 型为外红内黑陶内折沿盘，7 件。

这里仍把从大早一段至屈家岭文化晚期这九个阶段分别出土的标本，分别确定为Ⅰ、Ⅱ、Ⅲ、Ⅳ、Ⅴ、Ⅵ、Ⅶ、Ⅷ、Ⅸ九式。下面分别介绍各亚型在式方面的出土情况。

（1）Ga 型盘

Ga 型盘 40 件，除大早一段可能尚未出现，屈家岭文化早期又未见出土外，余七个阶段都存在，而且同一式的标本又可分为深腹、浅腹和器盖盘三种 Ga 型盘。

GaⅡ式盘 1 件为深腹标本：T20⑤B∶5。

GaⅢ式盘 7 件。其中，深腹标本 1 件：H225∶8；浅腹标本 3 件：TG1⑤∶75、T20⑤∶23、T20⑤∶32；器盖盘 3 件：H389∶47、T21③A∶74、T3546③A∶17。

GaⅣ式盘 6 件。其中，深腹标本 1 件：H23∶5；浅腹标本 4 件：T18④∶1（盘可复原）、H11∶23、H21∶9、T17④∶25；器盖盘 1 件：H10∶1。

GaⅤ式盘 10 件都是浅腹标本：H25∶23（盘可复原）、H275∶2、H293∶5、G52∶1、T17③A∶39、T17③A∶95、T19③下∶34、T19③下∶60、T1023⑤B∶70、T1024③∶52。

GaⅥ式盘 8 件中无深腹标本，其中，浅腹标本 7 件：H19∶7、G55∶1、T16③∶13、T16③∶23、T16③∶54、T19③∶28（盘可复原）、T19③∶156；器盖盘 1 件：T19③∶5（可复原）。

GaⅦ式盘 5 件。其中，深腹标本 2 件：T36⑤A∶115、T36⑥∶140；浅腹标本 3 件：H133∶16、H179∶2、T36⑥∶57（盘可复原）。

GaⅨ式盘 3 件。其中，深腹标本 1 件：H305∶2；浅腹标本 2 件：H302∶41、T26③∶14。

在上述 40 件红陶或黄陶的内折沿盘中，深腹的标本 6 件，共同特点都是尖唇、尖圆唇或方唇，内折沿一般都上仰，斜弧腹都较深。不同之处是大早二段 1 件为宽直沿内折；大早 3 段 1 件为宽凹沿内折；大中早段 1 件为宽弧沿内折；这 3 件标本都是尖唇或尖圆唇。大中中段和晚段都未见深腹标本。大溪文化晚期 2 件都是直沿内折，方唇。屈家岭文化晚期 1 件为窄弧沿内折，尖圆唇。

Ga 型中的浅腹盘 29 件，基本上都是内折沿较窄较厚，且内折沿角都小于深腹盘。其中，大早一、二段都未见；大早三段 3 件中，TG1⑤∶75 的外唇压印锯齿状花边纹，沿面上饰六周等距平行凹弦纹，余 2 件都是素面；大中早段 4 件皆素面；大中中段 10 件中，除 T1023⑤B∶70 的腹中部有二周模糊凹弦纹外，另外 9 件都是素无纹饰；大中晚段 7 件标本中，H19∶7 在折沿与腹之间的凸棱上压印锯齿状花边纹，T16③∶23 的腹下部饰一周凸棱纹，其余 5 件标本都是素面；大溪文化晚期 3 件和屈家岭文化晚期 2 件，这 5 件皆素面无纹饰。

Ga 型中的 5 件器盖盘中，大早三段 3 件，都是窄沿下折，稍内斜，大中早段和大中晚段这 2 件没有明显折沿，而是厚唇内斜；这 5 件标本素面未见纹饰。

（2）Gb 型盘

Gb 型为黑陶内折沿盘，11 件。分别见于大早二段、大中早段、大溪文化晚期和屈家岭文化晚期四个阶段。

GbⅡ式盘 1 件：T21④∶113。

GbⅣ式盘 2 件：H9∶4、H260∶5。

GbⅦ式盘 1 件：H145∶1。

GbⅨ式盘 7 件：H320∶37、H322∶28、H330∶7、T35③∶152、T1126③C∶34、H601∶16、T27③∶64。

这11件黑陶内折沿盘中屈家岭文化晚期的T27③:64为器盖。余10件浅腹盘标本又可分为窄沿内折和窄厚沿内折两种Gb型盘。

在窄沿内折8件标本中，除屈家岭文化晚期的T35③:152窄沿面上有三周不等距凹弦纹外，其余7件标本都是素无纹饰。在形制方面，大早二段、大中早段、大溪文化晚期这三个阶段各出土1件窄沿标本，都是浅弧腹；而屈家岭文化晚期出土的5件窄沿标本，都是浅斜腹。

Gb型盘中的窄厚沿标本仅2件，为大中早段的H260:5和屈家岭文化晚期的H601:16。两者的区别，前者沿腹之间有一周凸棱纹；后者无凸棱。

（3）Gc型盘

Gc型盘外红内黑的内折沿盘，7件。见于大中早段、中段、晚段和大溪文化晚期这四个连续发展阶段，可分内折沿盘和器盖盘两种。

GcⅣ式盘2件：T18④:10为内折沿盘；H260:3为器盖盘。

GcⅤ式盘1件：T1023②A:30为内折沿盘。

GcⅥ式盘1件：T1124③A:22为内折沿盘。

GcⅦ式盘3件。其中，内折沿盘2件：T27⑤A:59、T47⑤:11；器盖盘1件：T36⑤A:118。

上述7件外红内黑的内折沿盘中，有2件为器盖盘，余5件都是窄沿内折的标本。

这5件窄沿内折的Gc型盘，有如下较明显的发展趋势：大中早段的T18④:10为窄厚沿，沿腹之间有凸棱，凸棱上压印花边纹；大中中段的T1023②A:30窄沿相对较薄，沿腹之间无凸棱，但折角也饰花边纹；大中晚段的T1124③A:22的窄弧沿呈内敛外凸的圆唇状，粗矮颈内斜，弧折腹甚浅，素面未见纹饰；大溪文化晚期的2件标本都是窄沿内折，浅折腹斜弧下收，圜底，其中的T47⑤:11圜底下还保存粗矮足，足壁外斜，上部微鼓成一周凸棱，足根外撇，2件都未见其他纹饰。

Gc型的2件器盖盘，分别出土于大中早段和大溪文化晚期。都是浅斜腹，但前者无沿而呈厚方唇内斜，后者为窄沿下折近直，都素面未见纹饰。

8. H型盘

H型盘的折腹盘，仅1件。为大早三段的H351:6。

9. I型盘

I型盘为斜腹盘，仅3件。分别是：

大中早段1件：H21:1。

大中晚段2件：T17③:17、T19③:76。

I型的斜腹盘似只存在于大中早段和晚段，大中中段未见标本。在形制方面，前一件腹较浅，后两者腹都较深。在纹饰方面：除T17③:17的腹中部有数周抹未净的间断凹弦纹外，另两件均为素面未见纹饰。

10. J 型盘

J 型盘为双腹盘，仅屈家岭文化晚期出土 1 件，为 T41③: 14，已复原。

此标本因粗大圈足可复原，才称为盘；圈足已残的标本，一般都归属双腹碗。

实际上，宽凹窄沿加弧腹的双腹器，底下加矮圈足为双腹碗；底下加粗大圈足为双腹盘；底下加高圈足为双腹豆，这三种双腹器都是屈家岭文化的典型器物。

11. K 型盘

K 型盘为有流圈足盘，仅大溪文化晚期出土 1 件，为 T36④: 64。

此标本大体可以复原，其形制与文物出版社 2001 年出版的《朝天嘴与中堡岛》第 165 页图五一，7 的 E 型Ⅱ式钵类似。杨家湾出土的这件标本因有矮圈足而称盘，中堡岛出土的这件标本因平底无圈足而称钵。中堡岛这件有流钵属新石器时代第Ⅲ期应相当于杨家湾遗址的大溪文化晚期；因中堡岛的新石器时代第Ⅳ期和第Ⅴ期，都各出土一批屈家岭文化的典型器物，而应分别相当于杨家湾遗址的屈家岭文化早期和晚期。

除了上述 11 个类型的盘外，另有 2 件残圈足盘，都是大早三段的标本：T20⑤: 13、T28③A 下: 40。

综上所述，可知杨家湾新石器时代出土的 254 件盘类标本，除了可按形制分为 A ~ K 十一个类型外，其中有的类型还可按陶色或形制进一步划分为不同的亚型。如：

A 型的敞口盘还可按陶色进一步划分为 a、b、c、d 四个亚型。

B 型的卷沿盘则可按进一步的形制划分为 a、b、c 三个亚型。

C 型的敛口盘按陶色划分为 a、b 两亚型。

D 型的直口盘按陶色可划分为 a、b、c 三亚型。

E 型的子母口盘因仅 3 件而直接分式。

F 型的外折沿盘 14 件也直接分式。

G 型的内折沿盘按陶色可分为 a、b、c 三亚型。

H 型的折腹盘仅 1 件未分亚型。

I 型的斜腹盘 3 件也未分亚型。

J 型的双腹盘仅 1 件未分亚型。

K 型的有流圈足盘仅 1 件未分亚型。

同时，这里又把杨家湾新石器时代从大早一段至屈家岭文化晚期这九个阶段分别出土的标本，分别确定为Ⅰ、Ⅱ、Ⅲ、Ⅳ、Ⅴ、Ⅵ、Ⅶ、Ⅷ、Ⅸ九式。下面分别介绍每一阶段各出土哪些亚型或类型的盘类标本及其数量。

大早一段出土的盘类标本仅 Aa 型盘 1 件。

大早二段出土的盘类标本包括：

Aa 型盘 3 件、Ab 型盘 1 件、Ad 型盘 1 件；Ba 型盘 2 件、Bb 型盘 2 件、Bc 型盘 5 件；Ca

型盘2件、Cb型盘1件；Da型盘5件、Db型盘2件、Dc型盘1件；E型盘1件；F型盘2件；Ga型盘1件、Gb型盘1件。共30件。

大早三段的盘类标本包括：

Aa型盘16件、Ab型盘2件、Ac型盘3件；Ba型盘3件、Bb型盘1件、Bc型盘3件；Ca型盘4件；Da型盘5件、Db型盘1件、Dc型盘2件；Ga型盘7件；H型盘1件；另有残圈足盘2件。共50件。

大中早段的盘类标本包括：

Aa型盘1件、Ad型盘2件；Ba型盘4件、Bb型盘6件；Ca型盘2件；Da型盘6件、Db型盘2件；Ga型盘6件、Gb型盘2件、Gc型盘2件；Ⅰ型盘1件。共34件。

大中中段的盘类标本包括：

Aa型盘3件、Ab型盘1件、Ad型盘1件；Ba型盘1件、Bb型盘1件；Ca型盘2件、Cb型盘1件；Da型盘10件、Db型盘2件；F型盘1件；Ga型盘10件；Gc型盘1件。共34件。

大中晚段的盘类标本包括：

Aa型盘3件、Ab型盘1件、Ad型盘4件；Ba型盘1件；Ca型盘1件、Cb型盘1件；Da型盘12件、Db型盘2件、Dc型盘1件；Ga型盘8件、Gc型盘1件；Ⅰ型盘2件。共37件。

大溪文化晚期的盘类标本包括：

Aa型盘2件、Ac型盘1件、Ad型盘2件；Ca型盘1件；Da型盘6件；F型盘3件；Ga型盘5件、Gb型盘1件、Gc型盘3件；K型盘1件。共25件。

屈家岭文化早期的盘类标本包括：

Aa型盘1件、Ac型盘1件；Bb型盘5件；E型盘1件；F型盘1件。共9件。

屈家岭文化晚期的盘类标本包括：

Aa型盘2件；Bb型盘1件、Bc型盘2件；Ca型盘1件、Cb型盘2件；Da型盘6件、Db型盘1件；E型盘1件；F型盘7件；Ga型盘3件、Gb型盘7件；J型盘1件。共34件。

实际上，杨家湾新石器时代九个发展阶段除了分别存在上述罐类、碗类和盘类等器物标本外，据附表九，我们还可知每一发展阶段还同时存在如下种类的器物标本。

大早一段，还同时存在：

A型彩陶瓮1件、B型瓮2件；曲颈瓶2件；Aa型簋2件、Ab簋3件、B型簋5件；A型小鼎足1件、B型小鼎足1件；A型小器座1件、D型大器座1件；A型支座2件；A型矮圈足15件、C型矮圈足1件。共37件。

加上前述罐类标本39件、碗类标本16件、盘类标本1件、合计93件。

大早二段又有如下器物标本：

A型瓮15件（其中7件彩陶瓮）、B型瓮9件、C型彩陶瓮2件、D型瓮2件、E型瓮5件（其中1件彩陶瓮）；曲颈瓶28件（其中23件彩陶瓶）、碗口状瓶1件；Aa型簋19件、Ab型簋20件、B型簋13件；A型小鼎足4件、B型小鼎足11件、C型小鼎足2件；A型小器座4件、B型小器座5件、C型大器座3件、D型大器座2件、E型大器座2件；A型支座19件、B

型支座 4 件、C 型支座 5 件、D 型支座 4 件、E 型支座 12 件、F 型支座 2 件、G 型支座 1 件；A 型矮圈足 58 件（其中 3 件彩陶矮圈足）、B 型矮圈足 16 件、C 型矮圈足 17 件、D 型矮圈足 9 件、残圈足 5 件；还有有刻划符号的 A 型矮圈足 44 件、B 型矮圈足 25 件、C 型矮圈足 10 件、D 型矮圈足 26 件、残圈足 43 件；弧颈壶 4 件；A 型盆 2 件、B 型盆 1 件、C 型盆 1 件、D 型盆 1 件；圜底碟 8 件、平底碟 1 件；敞口钵 13 件、敛口钵 2 件；器盖 6 件；另外有平底器 2 件；彩陶片 2 件；打制圆陶片 1 件；器耳 1 件。共 492 件。

加上前述罐类标本 329 件、碗类标本 147 件、盘类标本 30 件，合计 998 件。

大早三段又有如下器物标本：

A 型瓮 10 件（其中 3 件彩陶瓮）、B 型瓮 17 件（其中 1 件彩陶瓮）、C 型瓮 3 件、D 型瓮 1 件、E 型瓮 4 件（其中 1 件彩陶瓮）；曲颈瓶 16 件（其中 12 件彩陶瓶）；Aa 型簋 9 件、Ab 型簋 25 件、B 型簋 17 件；A 型小鼎足 6 件、B 型小鼎足 18 件、C 型小鼎足 1 件、D 型小鼎足 2 件；A 型小器座 6 件、B 型小器座 20 件、C 型大器座 5 件、D 型大器座 6 件、E 型大器座 1 件、F 型小器座 1 件；A 型支座 6 件、B 型支座 6 件、C 型支座 3 件、D 型支座 3 件、E 型支座 10 件、F 型支座 1 件；A 型矮圈足 90 件（其中 2 件彩陶矮圈足）、B 型矮圈足 21 件、C 型矮圈足 12 件、D 型矮圈足 3 件、残圈足 1 件；弧颈壶 11 件；A 型盆 7 件、B 型盆 2 件、C 型盆 2 件、D 型盆 1 件、E 型盆 1 件；圜底碟 9 件、平底碟 7 件；敞口钵 11 件、敛口钵 3 件、敛口小钵 1 件；器盖 27 件；筒腹杯 2 件；另有平底器 3 件；器耳 2 件；盘大圈足 1 件；甑箅 1 件；陶灶 1 件。共 416 件。

加上前述罐类标本 306 件、碗类标本 137 件、盘类标本 50 件，合计 909 件。

大中早段又有如下器物标本：

A 型瓮 5 件、B 型瓮 3 件、C 型瓮 2 件；曲颈瓶 1 件、碗口状瓶 1 件；C 型小鼎足 3 件、D 型小鼎足 2 件、E 型大鼎足 1 件；C 型大器座 1 件、D 型大器座 4 件、E 型大器座 4 件、F 型小器座 1 件；E 型支座 1 件；A 型矮圈足 25 件、B 型矮圈足 3 件、D 型矮圈足 1 件、残圈足 1 件；弧颈壶 1 件；A 型盆 1 件、D 型盆 3 件、E 型盆 1 件、F 型盆 1 件；敞口钵 5 件、斜腹钵 1 件；器盖 9 件；曲腹杯 2 件；另有平底器 2 件；器耳 1 件；盘大圈足 5 件。共 91 件。

加上前述罐类标本 79 件、碗类标本 28 件、盆类标本 34 件，合计 232 件。

大中中段又有如下种类标本：

B 型瓮 12 件；筒形瓶 1 件；B 型小鼎足 1 件、C 型小鼎足 5 件、D 型小鼎足 3 件、E 型大鼎足 1 件；C 型支座 1 件；A 型矮圈足 30 件、B 型矮圈足 10 件、D 型矮圈足 1 件、残圈足 4 件；粗颈壶 1 件；A 型盆 1 件、B 型盆 1 件、D 型盆 1 件、E 型盆 1 件；有流小碟 1 件；敞口钵 3 件、敞口小钵 2 件、敛口小钵 1 件、斜腹钵 2 件；器盖 8 件；豆高圈足 5 件；矮圈足杯 1 件、斜腹杯 1 件、单耳杯 1 件；另有平底器 1 件。共 100 件。

加上前述罐类标本 72 件、碗类标本 26 件和盘类标本 34 件，合计 232 件。

大中晚期又有如下器类标本：

B 型瓮 4 件；B 型小鼎足 1 件、C 型小鼎足 2 件、D 型小鼎足 3 件、E 型大鼎足 1 件；D 型大器座2件、E型大器座1件、G型小器座1件；A型矮圈足29件、B型矮圈足2件、残圈足2件；弧颈壶2件、粗颈壶1件、斜颈壶3件；B型盆2件；盘口缸1件、弧颈缸1件；敞口钵2件、敛口小钵2件、斜腹钵1件；器盖5件；豆高圈足2件；曲腹杯1件、斜腹杯2件、单耳杯1件；另有平底器5件。共79件。

加上前述罐类标本56件、碗标本37件和盆类标本37件，合计209件。

大溪文化晚期又有如下器类标本：

B型彩陶瓮1件、C型瓮2件；筒形瓶1件、筒形彩陶瓶3件；Aa型簋1件、Ab型簋2件；A型小鼎足1件、B型小鼎足1件、D型小鼎足2件、E型大鼎足3件、F型大鼎足4件；A型支座2件、C型支座1件；A型矮圈足21件、C型矮圈足1件、残圈足1件；弧颈壶2件（其中1件彩陶壶）、细颈彩陶壶1件；B型盆2件（其中1件彩陶盆）、D型盆5件、E型盆9件、F型盆1件；弧颈缸2件；敛口彩陶钵1件；器盖8件；豆高圈足6件；曲腹杯6件、罐形杯3件；另有平底器3件；彩陶片2件；器耳1件；甑箅1件。共100件。

加上前述罐类标本101件、碗类标本28件和盘类标本25件，合计254件。

屈家岭文化早期出土的其他种类标本包括：

A型瓮1件、B型瓮2件；B型小鼎足1件、D型小鼎足1件、E型大鼎足2件；A型矮圈足15件；弧颈壶1件、直颈壶1件、壶形器2件（其中1件彩陶壶形器）；B型盆2件、D型盆1件、E型盆5件、带流盆1件；敛口钵1件；器盖1件；豆高圈足3件、双腹豆1件；曲腹杯5件；另外还有平底器5件；盘大圈足1件；快轮制陶残底1件。共53件。

加上前述罐类标本58件、碗类标本19件和盘类标本9件，合计139件。

屈家岭文化晚期又有如下器类标本：

B型瓮1件、C型瓮2件；Aa型簋1件；E型大鼎足1件、F型大鼎足1件、G型鼎足1件；E型大器座2件；A型矮圈足38件；弧颈壶16件、弧颈彩陶壶3件、细颈彩陶壶1件；B型盆13件、D型盆4件、E型盆12件；盘口缸7件、直口缸1件、缸口片2件；敞口钵1件、敛口钵3件、敛口彩陶钵1件；器盖12件、彩陶器盖1件；豆高圈足19件、双腹豆3件；曲腹杯1件、罐形杯3件、斜腹杯7件、高圈足杯12件、斛形杯2件、直口小杯1件、内彩直筒杯1件；盂形器3件；另外还有平底器20件；彩陶片3件；盘大圈足4件；甑箅1件；管状流1件；鹰嘴状凸饰1件。共206件。

加上前述罐类标本155件、碗类标本70件和盘类标本34件，合计465件。

根据上述各个新石器时代发展阶段出土的各种陶器标本，我们才能对陶器种类在不同发展阶段的情况有如下认识。

在大早一段出土的陶器小种类有：

Aa型罐、Aa型小罐、Ab型罐、Ab型彩陶罐、Ac型罐、Ac型小罐、B型罐、B型小罐、C型罐、D型罐、D型小罐11种不同罐类标本；又有A型碗、B型碗、C型碗、D型碗、E型碗、E型小碗、F型碗7种不同碗类标本；还有A型盘、A型彩陶瓮、B型瓮、曲颈瓶、Aa型簋、Ab型簋、B型簋、A型小鼎足、B型小鼎足、A型小器座、D型大器座、A型支座、A型矮圈足、C 型的假圈足 14 种不同陶器标本。共 32 个不同小种类。

大旱二段出土的陶器种类包括：

在罐类标本方面，除大旱一段已存在的上述 11 个小种类，但又新出现 B 型彩陶罐外，又新出现 Ab 型小罐、Ea 型罐、Eb 型罐、F 型罐、G 型罐、Ⅰ型罐、J 型罐和 Aa 型彩陶罐、Ac 型彩陶罐、D 型彩陶罐 11 种罐类标本；碗类标本除了也存在在大旱一段存在的 7 个种类外，新出现 Ac 型碗、Bb 型碗、Bc 型碗、Cb 型碗、Dc 型碗、Eb 型碗、Ec 型碗、Fb 型碗、Ga 型碗、Gb 型碗、Gc 型碗、Ha 型碗、Ⅰa 型碗、Ⅰb 型碗 14 种碗类标本；盘类标本除存在 Aa 型盘外，新出现 Ab 型盘、Ad 型盘、Ba 型盘、Bb 型盘、Bc 型盘、Ca 型盘、Cb 型盘、Da 型盘、Db 型盘、Dc 型盘、E 型盘、F 型盘、Ga 型盘、Gb 型盘 14 种盘类标本；瓮类标本除仍存在大旱一段的 A 型彩陶瓮和 B 型瓮外，新出现 A 型瓮（即未加彩绘的曲颈瓮）、C 型彩陶瓮、D 型瓮和 E 型瓮与 E 型彩陶瓮 5 种瓮类标本；瓶类标本除存在大旱一段的曲颈瓶外，新出现曲颈彩陶瓶和碗口状瓶 2 个种类；簋、鼎足、器座、支座和矮圈足这五大种类的标本，除了大旱一段已存在的小种类仍存在外，又新出现 C 型小鼎足、B 型小器座、C 型大器座、E 型大器座、B、C、D、E、F、G 六个类型的支座、B 型矮圈足、D 型矮圈足、残圈足，以及有刻划符号 A、B、C、D 型矮圈足与有刻划符号的残圈足；另外还新出现弧颈壶、A 型盆、B 型盆、C 型盆、D 型盆、圜底碟、平底碟、敞口钵、敛口钵、器盖、平底器、打制圆陶片和器耳 31 种器物标本。大旱二段的陶器标本共 110 个小种类。

大旱三段的陶器标本包括如下小种类：

除了未见大旱二段的 B 型彩陶罐、Ea（二）型罐、Fb 型罐和 G 型缸，但又新出现 Cc 型罐、Ea（三）（四）型罐和 Fc 型罐外，大旱二段已存在的 Aa 型罐、Aa 型彩陶罐、Ab 型罐、Ab 型彩陶罐、Ac 型罐、Ac 型彩陶罐、Bb 型罐和 Bb 型彩陶罐、Ca 型罐和 Cb 型罐、D 型罐和 D 型彩陶罐、Ea（一）型罐、Eb 型罐、Fa 型罐、Ⅰ型罐和 J 型罐 17 个小种类仍继续存在；在碗类标本中，除了未见大旱二段的 Gb 型碗、Ⅰb 型碗，但又新出现 Cc 型碗、Fc 型碗、Gd 型碗、Hb 型碗、Ja 型碗和 Jb 型碗外，大旱二段已存在 Aa、Ab、Ac、Ba、Bb、Bc、Ca、Cb、Da、Db、Dc、Ea、Eb、Ec 14 个亚型的碗，和 E 型小碗、Fa、Fb、Ga、Gc、Ha、Ⅰa 7 个亚型的碗类标本，在大旱三段仍继续存在；在盘类标本方面，除了未见大旱二段的 Ad 型、Cb 型、E 型、F 型和 Gb 型的盘类标本，但又新出现 Ac 型、H 型和残圈足盘外，大旱三段仍继续存在大旱二段就已存在的 Aa 型、Ab 型、Ba 型、Bb 型、Bc 型、Ca 型、Da 型、Db 型、Dc 型和 Ga 型 10 个亚型的盘类标本；在瓮类标本中，未见大旱二段的 C 型彩陶瓮，但又新出现了 B 型彩陶瓮和 C 型瓮，大旱二段已存在 A 型瓮、A 型彩陶瓮、B 型瓮、D 型瓮、E 型瓮和 E 型彩陶瓮 6 个小种类，在大旱三段仍继续存在；瓶类标本中，仍存在曲颈瓶和曲颈彩陶瓶，但暂时未见碗口状瓶（因大中早段仍又出现碗口状瓶）；也仍存在 Aa 型、Ab 型和 B 型的簋类标本；鼎足方面，除仍存在 A、B、C 三类型外又新出现 D 型这种锥状小鼎足；器座方面，除继续存在 A、B、C、D、E 这 5 个类型外，又新出现 F 型这种斜壁器座；而在支座方面，则除了继续存在 A、B、C、D、E、F 这 6 个类型的支座外，大旱二段才存在的 G 型这种内空有纹的支座外，在大旱三段以至以后各个发展阶段，都已不再出现；大早三段的矮圈足，和大早二段一样都存在A、B、C、D 4个类型与A型彩陶矮圈足和残圈足，但已不再存在有刻划符号的各类型矮圈足和残圈足；壶和大早二段一样只存在弧颈壶；盆和大早二段一样存在A、B、C、D 4个类型，但又新出现E型盆；碟和大早二段一样只存在圜底碟和平底碟；钵则除存在大早二段才已出现的敞口钵和敛口钵外，新出现敛口小钵；大早二段才出现的器盖继续存在，且数量大增；平底器和器耳这两种器物继续存在，但已不见彩陶片和打制圆陶片，只是又新出现了筒腹杯、盘大圈足、甑箅和陶灶4种器物。大早三段出土的陶器标本也可分为111个小种类。

大中早段的陶器标本只有如下小种类：

罐类方面仍有Aa型、Ab型、Ac型、Bb型、Ca型、Cb型、Cc型、D型、Ea（三）（四）型、Eb型、Fa型、Fc型、J型14个小种类，已未见大早三段的Aa型彩陶罐、Ab型彩陶罐、Ac型彩陶罐、Bb型彩陶罐、D型彩陶罐、Ea（一）型罐和Ⅰ型罐7个小种类，但又新出现H型罐和重新出现Fb型罐；碗类方面只有Aa型、Ea型、Eb型、Ec型、Fa型、Fb型、Ha型、Hb型、Ja型9个小种类，未见大早三段已存在的Ab型、Ac型、Ba型、Bb型、Bc型、Ca型、Cb型、Cc型、Da型、Db型、Dc型、E型小碗、Fc型、Ga型、Gc型、Gd型、Ⅰa型、Jb型18个种类的陶碗标本，仅新出现Hc型碗和重新出现Gb型碗这2个小种类；盘类标本方面，仍存在Aa型、Ba型、Bb型、Ca型、Da型、Db型、Ga型7个小种类，已未见大早三段的Ab型、Ac型、Bc型、Dc型、H型和残圈足盘6个小种类，但又重新出现了Ad型和新出现Gc型与Ⅰ型3种盘类标本；瓮类标本有A型瓮、B型瓮、C型瓮三个类型，但已未见大早三段的A型彩陶瓮、B型彩陶瓮、D型瓮、E型瓮和E型彩陶瓮5个小种类；瓶类有曲颈瓶和重新出现的碗口状瓶，未见以前的曲颈彩陶瓶；也未见大早三段的Aa型簋、Ab型簋和B型簋；在鼎足方面，仍存在C型和D型鼎足，已未见A型和B型两种鼎足，但又新出现E型的片状大鼎足；器座已未见A型和B型两种小器座，但C、D、E、F这四个类型的器座仍存在；支座方面，只发现1件E型支座，大早三段的A、B、C、D型和F这五个类型的支座都没有出土；矮圈足有A型、B型、D型和残圈足四个小种类、未见大早三段的A型彩陶圈足和C型圈足；壶仍只有一种弧颈壶；盆仍有A型、D型和E型，已未见大早三段的B型和C型，但又新出现F型盆；碟已未见；钵有敞口钵和新出现的斜腹钵两种，未见大早三段的敛口钵和敛口小钵；器盖、平底器、器耳和盘大圈足这四种器物仍有出土，大早三段的筒腹杯、甑箅和陶灶三种器物已未见，但新出现了曲腹杯这种器物。大中早段的陶器标本可分为66个小种类。

大中中段的陶器包括如下小种类：

在罐类方面，仍存在上阶段的Aa型、Ab型、Ac型、Cb型、D型、Eb型、Fa型、Fb型、Fc型9个小种类的罐标本，大中早段的Bb型、Ca型、Cc型、Ea（三）（四）型、H型、J型7个小种类的罐标本已未见，重新出现Ea（一）型和新出现了罐尖圜底这2种标本；碗类方面，仍存在上阶段的Ea型、Eb型、Ec型、Fa型、Fb型、Ha型、Hc型7个小种类，大中早段的Aa型、Gb型、Hb型、Ja型4个小种类已未见，但又重新出现了E型小碗、Jb型碗和新出现了Ed型碗3个小种类的碗标本；盘类标本仍存在上阶段的Aa型、Ad型、Ba型、Bb型、

Ca 型、Da 型、Db 型、Ga 型、Gc 型 9 个小种类，未见大中早段的 I 型斜腹盘，但又重新出现了 Ab 型、Cb 型和 F 型 3 种盘类标本；瓮类标本只存在上阶段的 B 型瓮，未见大中早段的 A 型瓮和 C 型瓮；瓶类标本新出现筒形瓶，大中早段的曲颈瓶和碗口状瓶已未见，且以后各段也没有再出现；大中中段和大中早段一样都未见簋这类器物；在鼎足方面，仍存在 C、D、E 3 个类型的标本，但又重新出现了 B 型小鼎足；未见大中早段的 C、D、E、F 4 个类型的器座，其他类型的器座也未见；支座只 C 型出土 1 件，未见其他支座；矮圈足和大中早段一样也存在 A 型、B 型、D 型和残圈足；未见大中早段的弧颈壶，但新出现一种粗颈壶；在盆类方面，仍存在大中早段的 A、D、E 三个类型，未见上阶段的 F 型，但重新出现了 B 型盆；碟，新出现一种有流小碟；钵，除仍存在上阶段的敞口钵和斜腹钵外，新出现敞口小钵和重新出现敛口小钵两种；器盖和大中早段一样仍存在；大中中段才开始出现豆高圈足这种器物；杯方面，虽然暂未见大中早段才开始出现的曲腹杯，但新出现了矮圈足杯、斜腹杯和单耳杯这三种器物；其他类只有平底器一种，未见大中早段的器耳和盘大圈足两种器物。大中中段的陶器标本只分为 55 个小种类。

大中晚段的陶器标本可分为如下小种类：

罐类方面，仍存在 Aa 型、Ab 型、Ac 型、D 型、Ea（一）型、Eb 型 6 个小种类，已未见大中中段的 Cb 型、Fa 型、Fb 型、Fc 型和罐尖圜底 5 个小种类，但又重新出现 Ca 型、Cc 型并新出现 Cd 型 3 个小种类的陶罐标本；碗类方面，仍存在 Ea 型、Eb 型、Ec 型、Ed 型、Fa 型、Fb 型、Ha 型、Hc 型、Jb 型 9 个小种类的陶碗标本，大中中段的 E 型小碗暂时仍未发现，但又重新出现 Aa 型、Ab 型、Ac 型、Da 型、Gb 型和 Hb 型 6 个小种类的陶碗标本；在盘类标本方面，仍存在 Aa 型、Ab 型、Ad 型、Ba 型、Ca 型、Cb 型、Da 型、Db 型、Ga 型、Gc 型 10 个小种类，未见大中中段的 Bb 型、F 型 2 个小种类，但又重新出现了 Dc 型、Gb 型和 I 型 3 个小种类的盘标本；瓮类标本和大中中段一样只存在一种 B 型瓮；瓶类标本未见；鼎足标本和大中中段一样存在 B 型、C 型、D 型和 E 型 4 个类型的标本；器座重新出现了 D 型、E 型并新出现了 G 型 3 个小种类；支座未见标本；矮圈足仍存在 A 型、B 型和残圈足 3 个小种类，已未见大中中段的 D 型，且以后各阶段也都没有出土 D 型这种矮圈足；壶仍有粗颈壶，且重新出现了弧颈壶并新出现了斜颈壶 2 个小种类；盆类除了仍存在 B 型盆外，大中中段的 A 型、D 型和 E 型这 3 个小种类的盆标本已未见；大中晚段开始新出现缸类标本，有盘口缸和弧颈缸 2 个小种类；碟类标本未见，且以后各阶段都未见出土；钵仍有敞口钵、敛口小钵和斜腹钵 3 个小种类，大中中段的敞口小钵已未见，且以后各阶段也都未见出土；器盖和豆类与大中中段一样只有一种器盖和豆高圈足；杯类仍存在斜腹杯和单耳杯，未见大中中段的矮圈足杯，但又重新出现了曲腹杯；其他类和大中中段一样只有一种平底器。大中晚段的陶器标本可分为了 63 个小种类。

大溪文化晚期的陶器标本包括如下小种类：

罐类方面，仍存在 Aa 型、Ab 型、Ac 型、Ca 型、Da 型、Eb 型 6 个小种类，未见大中晚段的 Cc 型、Cd 型和 Ea（一）型 3 个小种类，但又新出现了 Ab 型彩陶小罐、Ac 型彩陶小罐，且重新出现了 Cb 型、Fa 型、Fb 型、Fc 型、G 型和罐尖圜底 8 个小种类；碗类标本和大中晚段一样存在在 Aa 型、Ab 型、Ac 型、Eb 型、Fb 型 5 个小种类，只是大中晚段的 Da 型、Ea 型、Ec 型、Ed 型、Fa 型、Gd 型、Ha 型、Hb 型、Hc 型、Jb 型 10 个小种类已未见，但又重新出现了 Ba 型、Bb 型、Bc 型、Cb 型、Cc 型、E 型小碗、Fc 型、Gb 型、Ⅰa 型和Ⅰb 型 10 个小种类；盘类标本和大中晚段一样仍存在 Aa 型、Ad 型、Ca 型、Da 型、Ga 型、Gb 型、Gc 型 7 个小种类，但大中晚段的 Ab 型、Ba 型、Cb 型、Db 型、Dc 型和Ⅰ型 6 个小种类已未见，只是又重新出现了 Ac 型、F 型和新出现了 K 型 3 个小种类的盘标本；瓮类标本重新出现了 B 型彩陶瓮和 C 型瓮 2 个小种类；瓶类重新出现了筒形瓶并新出现了彩陶筒形瓶共 2 个小种类；簋类又重新出现了 Aa 型簋和 Ab 型簋 2 个小种类；鼎足和大中晚段一样的存在 B、D、E 3 个类型，但 C 型已未见，且以后各段也未见，只是又重新出现了 A 型并新出现了 F 型这种扁柱形大鼎足；器座未见；支座有重新出现的 A 型和 C 型；矮圈足存在着 A 型、C 型和残圈足，未见大中晚段的 B 型，且以后各段也未见 B 型矮圈足，但又重新出现 C 型这种假圈足；壶类标本除仍存在弧颈壶外，已未见大中晚段的粗颈壶和斜颈壶，且以后各段也未见这两种壶，但更值得关注的是新出现了弧颈彩陶壶和细颈彩陶壶；盆类除继续存在 B 型盆外，新出现了 B 型彩陶盆，且重新出现了 D、E、F 3 个类型的盆标本；缸类只有一种大中晚段才出现的弧颈缸，但上段已出现的盘口缸未见；碟类未见标本；钵类只新出现一种敛口彩陶钵；器盖和豆这两类标本和大中晚段一样仍存在；杯类仍存在曲腹杯，未见斜腹杯和单耳杯，但又新出现罐形杯；其他类除仍存在平底器外，重新出现彩陶片、器耳和甑箅这 3 个小种类。大溪文化晚期的陶器标本可分为 71 个小种类。

屈家岭文化早期的陶器有如下小种类：

在罐类方面，仍和大溪文化晚期一样存在 Aa 型罐、Ab 型罐和 Ab 型彩陶小罐、Ac 型罐、Ca 型和 Cb 型、D 型罐、Eb 型罐、Fa 型和 Fb 型罐、G 型罐 11 个小种类，未见前一阶段的 Ac 型彩陶小罐、Fc 型罐和罐类尖圜底这 3 种标本，但又重新出现 Cd 型罐；碗类标本仍存在上阶段的 Ab 型、Cc 型、Fa 型、Fb 型、Ⅰb 型 5 个小种类，未见上阶段的 Aa 型、Ac 型、Ba 型、Bb 型、Bc 型、Cb 型、Eb 型和 E 型小碗、也未见 Gb 型、Ⅰa 型 10 个小种类，但又重新出现了 Ca 型、Ha 型、Hc 型，并新出现了 Ka 型碗 4 个小种类的碗标本；盘类标本仍存在上阶段的 Aa 型、Ac 型和 F 型 3 个小种类，未见上阶段的 Ad 型、Ca 型、Da 型、Ga 型、Gb 型、Gc 型和 K 型 7 个小种类，但又重新出现了 Bb 型和 E 型的盘标本；瓮标本重新出现了 A 型瓮和 B 型瓮，但已未见上阶段的 B 型彩陶瓮和 C 型瓮；瓶类未见标本；簋类也未见标本；鼎足仅存上阶段的 B、D、E 三个类型；器座和支座也都未见标本；矮圈足仅存上阶段的 A 型一种；壶类仍存在上阶段的弧颈壶，未见上阶段的弧颈彩陶壶和细颈彩陶壶，但又新出现了直颈壶、壶形器和彩陶壶形器 3 个小种类；盆类仍存在上阶段的 B 型、C 型和 D 型 3 个类型，未见上阶段的 B 型彩陶盆和 F 型盆，但新出现一种带流盆；缸类未见标本；碟类也未见标本；钵类仅敛口钵一种标本；器盖也仅一种标本；豆类除上阶段的豆高圈足外，新出现双腹豆；杯类仍曲腹杯一种；其他类仍有平底器一种，未见上阶段的彩陶片、器耳和甑箅 3 种，但又重新出现了盘大圈足和新出现了快轮制陶的器底片两种标本。屈家岭文化早期出土的陶器标本可分为 48 个小种类。

屈家岭文化晚期的陶器小种类包括：

罐类方面，仍存在上阶段的 Aa 型、Ab 型、Ac 型、Ca 型、Cb 型、Cd 型、D 型、Eb 型、Fa 型、Fb 型和 G 型 11 个小种类，未见上阶段的 Ab 型彩陶小罐，但又重新出现了 Ea（一）（二）型两种罐类标本；碗类方面，仍存在上阶段的 Ab 型、Ca 型、Fb 型、Ka 型 4 个小种类，未见上阶段的 Cc 型、Fc 型、Ha 型、Hc 型、Ⅰb 型 5 个小种类，但又重新出现了 Aa 型、Ac 型、Ba 型、Bb 型、Bc 型、Bd 型、Ea 型、Eb 型、Ec 型、Ed 型、Fa 型、Jb 型 12 个亚型的碗标本，而且还新出现 Kb 型碗和 Kc 型碗；盘类方面，仍存在上阶段的 Aa 型、Bc 型、E 型和 F 型 4 个小种类，除未见上阶段的 Ac 型一种外，又重新出现了 Bc 型、Ca 型、Cb 型、Da 型、Db 型、Ga 型和 Gb 型 7 个小种类，而且新出现了 J 型这种双腹盘；瓮类仍存在上阶段的 B 型瓮，已未见上阶段的 A 型瓮，但又重新出现了 C 型瓮；瓶类和上阶段一样未见标本；簋类又重新出现一件 Aa 型簋；鼎足仍存在上阶段的 E 型这种片状大鼎足，未见上阶段的 B 型和 C 型两种鼎足，而且又新出现了 G 型这种片状两侧内折的鼎足；器座仅重新出现的 E 型这种喇叭状大器座；支座和上阶段一样都未见标本；矮圈足和上阶段一样只有 A 型一种；壶类仍存在上阶段的弧颈壶，未见上阶段的直颈壶、壶形器和彩陶壶形器 3 种，但又重新出现了彩陶弧颈壶和细颈彩陶壶；盆类仍存在上阶段的 B 型、D 型和 E 型 3 个类型，未发现上阶段的带流盆；缸类有重新出现的盘口缸、又有新出现的直口缸和缸口片标本；碟仍未见；钵类除继续存在上阶段的敛口钵外，重新出现了敞口钵和敛口彩陶钵两种；器盖除存在上阶段的一般器盖外，新出现彩陶器盖 1 件；豆类和上阶段一样存在豆高圈足和双腹豆两种；杯类除存在上阶段的曲腹杯外，又重新出现了罐形杯和斜腹杯两种，而且还新出现了高圈足杯、觚形杯、直口小杯和内彩直筒杯；盂形器也是屈家岭文化晚期才新出现的器物；其他类除仍存在上阶段的平底器和盘大圈足外，重新出现了彩陶片和甑箅，新出现了管状流和鹰嘴状凸饰陶标本。屈家岭文化晚期的陶器标本可分为 81 个小种类。

总的来说，杨家湾新石器时代各阶段分别出土的日用陶器标本，我们只有在分类的基础上，每一类又进一步划分类型，有的类型还进而划分亚型，甚至，有的亚型还进一步划分为更小的种类，我们才能更明确地认识每一阶段存在或出土了那些种类的器物，并进一步认识到上一阶段已有那些器物已不再存在或只是暂时还未发现，同时又可认识到又新出现了那些器物。

至于这里为什么要用十分繁琐的“器物类型学”的研究方法来认识杨家湾以至在新石器时代每一个发展阶段的“陶器组合”，主要原因是杨家湾遗址在新石器时代中期至新石器时代晚期前段的考古资料，不仅十分丰富，而且十分重要，对于研究同一考古学文化其他遗址出土的文化遗存的相对年代，以及研究同时代不同遗址先民之间的社会关系，都有十分重要的参考价值的缘故。

下面继续用“区系器物类型学”的研究方法，分析杨家湾新石器时代墓葬随葬的主要陶器。

三、杨家湾新石器时代墓葬随葬主要陶器的种类和型式

从附表二可知，杨家湾遗址发现了49座从大溪文化晚期至屈家岭文化早期和晚期的墓葬。推断这49座墓葬的相对年代和早晚排列顺序，除了依据墓葬的开口地层和相互打破关系之外，同时也结合这批墓葬主要随葬陶器的种类和型式的划分。

这批墓葬随葬的主要陶器包括釜、簋、簋形器、侈口碗、敛口钵、双腹碗、双腹豆、内折沿碗、壶、壶形器、侈口罐、觚形杯、罐形杯、红陶杯、高圈足杯和盂形器十六种器物。

1. 釜

6件，可分A、B两个类型。

A型 口径大于20厘米的大釜，2件。可分两式。

AⅠ式1件：M13∶1。

AⅡ式1件：M18∶2。

在49座墓葬中，M13排列第9，属大溪文化晚期墓；M18排列第46，属屈家岭文化晚期墓葬。Ⅰ、Ⅱ式釜都是瓮棺葬具，都是凹折沿圜底釜；差别在于：Ⅰ式为弧肩弧腹；Ⅱ式为斜弧肩鼓腹。

B型 口径7.2～12.5厘米的小釜，4件。可分三式。

BⅠ式1件：M26∶3。

BⅡ式1件：M12∶6。

BⅢ式2件：M32∶7、M32∶11。

在附表二中，M26排列19，属屈家岭文化早期墓葬；M12排列33，M32排列36，都属屈家岭文化晚期墓葬。BⅠ式釜和BⅡ式釜都是凹折沿，BⅢ式釜为斜折沿；BⅠ式釜为弧肩深弧腹，BⅡ式釜为斜弧肩鼓腹，BⅢ式釜为弧肩鼓腹。

2. 簋

实际上是圈足小罐，6件。可分五式。

Ⅰ式1件：M5∶04。

Ⅱ式1件：M44∶2。

Ⅲ式1件：M30∶1。

Ⅳ式1件：M41∶11。

Ⅴ式2件：M58∶1、M40∶2。

在附表二中，M5排列6，属大溪文化晚期墓；M44排列14，M30排列21，两墓都属屈家岭文化早期；M41排列41，M58排列48，M40排列49，这三座都是屈家岭文化晚期墓葬。各式之间的同异是：Ⅰ、Ⅱ式都是斜弧肩，但Ⅰ式鼓腹，Ⅱ式为弧腹；Ⅲ、Ⅳ式都是彩陶簋，且

都是红陶绘黑彩，但图案不同，且Ⅲ式为折沿，弧肩，弧腹，而Ⅳ式为凹折沿，斜弧肩，鼓腹；Ⅴ式两件出于不同墓，都是素面无彩，都是窄折沿，斜弧肩，鼓腹。

3. 簋形器

实际上是扁腹圈足小罐，3 件。可分三式。

Ⅰ式 1 件：M48∶1。

Ⅱ式 1 件：M34∶1。

Ⅲ式 1 件：T16∶4。

在附表二中，M48 排列 1，属大溪文化晚期墓葬；M34 排列 22，M16 排列 24，两墓都属屈家岭文化早期。这三式的主要区别是：Ⅰ式鼓肩，弧腹；Ⅱ式弧肩弧腹；Ⅲ式斜弧肩鼓腹。

4. 侈口碗

4 件，可分三式。

Ⅰ式 1 件：M19∶6。

Ⅱ式 2 件：M30∶4、M30∶5。

Ⅲ式 1 件：M24∶3。

在附表二中，M19 排列 16，M30 排列 21，M24 排列 23，都属屈家岭文化早期的墓葬。各式之间的主要区别在口沿和纹饰：Ⅰ式窄沿外斜，腹饰两周凹弦；Ⅱ式两件是窄凹沿，腹也都饰两周凹弦纹；Ⅲ式凹折沿较宽，素面未见纹饰。

5. 敛口钵

3 件，分为三式。

Ⅰ式 1 件：M30∶6。

Ⅱ式 1 件：M41∶10。

Ⅲ式 1 件：M58∶3。

在附表二中，M30、M41、M58 的排列分别为 21、41 和 48，前一墓属屈家岭文化早期，后两墓属屈家岭文化晚期。三式之间的区别在口部和腹的深度：Ⅰ式为敛口，深腹；Ⅱ式为深敛口内卷，浅腹；Ⅲ式为敛口近直，浅腹。

6. 双腹碗

4 件，分为三式。

Ⅰ式 1 件：M30∶2。

Ⅱ式 2 件：M24∶2、M12∶4。

Ⅲ式 1 件：M11∶5。

在附表二中，M30 排列 21，M24 排列 23，这两墓属屈家岭文化早期；M12 排列 33，M11

排列 43，这两墓都属屈家岭文化晚期。这三式之间的区别在于凹折沿和腹部纹饰：Ⅰ、Ⅱ式都是浅凹沿，Ⅲ式为深凹沿而使口部比腹部更深；Ⅰ式和Ⅲ式都是腹部没有饰凸棱，而Ⅱ式两件标本都是腹下部饰一周凸棱。

7. 双腹豆

18 件，把其中高圈足相对较粗矮的 3 件标本定为 B 型，其余 15 件定为 A 型。

A 型　为高圈足相对较高或圈足已残的双腹豆，按豆盘的变化分为四式。

AⅠ式 3 件：M21∶2、M21∶7、M19∶20。

AⅡ式 2 件：M37∶3、M43∶5。

AⅢ式 7 件：M27∶3、M32∶3、M31∶1、M10∶6、M41∶8、M14∶2、M18∶1。

AⅣ式 3 件：M29∶1、M58∶2、M40∶1

在附表二中，随葬 AⅠ式豆的 M21 排列 15，M19 排列 16；随葬 AⅡ式豆的 M37 排列 17，M43 排列 18；这四座墓都属于屈家岭文化早期。随葬 AⅢ式豆的 M27 排列 35，M32 排列 36，M31 排列 38，M10 排列 40，M41 排列 41，M14 排列 42，M18 排列 46；随葬 AⅣ式豆的 M29 排列 47，M58 排列 48，M40 排列 49；这十座墓都属于屈家岭文化晚期。A 型这四式豆的发展演变如下：AⅠ式的口沿和腹部都微上弧；AⅡ式的凹弧沿相对较窄；AⅢ式的凹弧沿相对较宽；AⅣ式的凹弧沿甚宽，几乎与凹弧腹等深。

B 型　高圈足都相对较矮较粗，标本 3 件可分三式。

BⅠ式 1 件：M19∶5。

BⅡ式 1 件：M37∶1。

BⅢ式 1 件：M58∶4。

其中，BⅠ式的豆盘折沿外斜不弧凹，粗圈足壁近直；BⅡ式的豆盘为小凹沿深弧腹，粗圈足外斜；BⅢ式的豆盘已残，粗圈足外弧近直。

由此可见，屈家岭文化早期的墓葬随葬的双腹豆有 AⅠ式、AⅡ式和 BⅠ式、BⅡ式；屈家岭文化晚期的墓葬随葬的双腹豆有 AⅢ式、AⅣ式和 BⅢ式。

8. 内折沿碗

9 件，可分四式。

Ⅰ式 1 件：M44∶1。

Ⅱ式 4 件：M21∶4、M21∶9、M19∶2、M19∶4。

Ⅲ式 2 件：M43∶2、M30∶3。

Ⅳ式 2 件：M9∶5、M15∶8。

在附表二中，M44 排列 14，M21 排列 15，M19 排列 16，M43 排列 18，M30 排列 21，这五座墓都是屈家岭文化早期的墓葬；M9 排列 34，M15 排列 39，这两座都是屈家岭文化晚期的墓葬。这四式内折沿碗的发展变化主要在矮圈足：Ⅰ式足壁较矮外斜；Ⅱ式足壁较高外撇；Ⅲ式足壁较矮外弧；Ⅳ式足壁较高外弧，且有外斜足根。不过其中有四件标本的圈足已残。

9. 壶

3 件，可分二式。

Ⅰ式 1 件：M19∶10。

Ⅱ式 2 件：M26∶4、M20∶4。

在附表二中，M19 排列 16，M26 排列 19，M20 排列 20，这三座都属于屈家岭文化早期的墓葬。这两式壶的区别在颈和腹：Ⅰ式为残颈较粗，弧腹较深；Ⅱ式为细颈壶，弧腹较浅近球腹。

10. 壶形器

3 件，可分二式。

Ⅰ式 1 件：M20∶2。

Ⅱ式 2 件：M12∶1、M12∶3。

在附表二中，M20 排列 20，M12 排列 33，前者为屈家岭文化早期墓葬；后者为屈家岭文化晚期墓葬。两式之间的区别在腹部：Ⅰ式为弧腹；Ⅱ式为折腹。需要关注的是Ⅱ式的 M12∶1 和Ⅰ式的 M20∶2 都是彩陶壶形器，都在肩部绘斜网格纹，只是Ⅰ式为红陶绘黑彩，Ⅱ式为红陶绘鲜红彩；Ⅱ式的 M12∶3 为无彩素面。

11. 侈口罐

6 件，可分 A、B 两个类型。

A 型　为深腹罐，4 件。又可分为 a、b 两个亚型。

Aa 型：为素面深腹罐，3 件，可分三式。

AaⅠ式 1 件：M21∶10。

AaⅡ式 1 件：M30∶8。

AaⅡ式 1 件：M9∶7。

Ab 型：为饰网格状划纹的深腹罐 1 件：M43∶1。

在附表二中，M21 排列 15，M43 排列 18，M30 排列 21，这三座为屈家岭文化早期墓葬；M9 排列 34，为屈家岭文化晚期墓葬。Aa 型和 Ab 型两种罐的区别，除了前者素面，后者有纹饰之外，Aa 型三件都是深弧腹，Ab 型 1 件的深弧腹上部外鼓；Aa 型三个式之间的区别：Ⅰ式为凹折沿，Ⅱ式为斜折沿，Ⅲ式为弧折沿。

B 型　为扁腹侈口罐，2 件，可分二式。

BⅠ式 1 件：M33∶4。

BⅡ式 1 件：M10∶7。

在附表二中，M33 排列 37，M10 排列 40，这两座都属于屈家岭文化晚期墓葬。B 型两式侈口罐的区别主要在底部：Ⅰ式的凹平底；Ⅱ式为平底。

12. 觚形杯

2 件，可分二式。

Ⅰ式 1 件：M24∶6（仅剩器底）。

Ⅱ式 1 件：M12∶5。

在附表二中，M24 排列 23，属屈家岭文化早期墓；M12 排列 33，属屈家岭文化晚期墓。因Ⅰ式标本仅剩残底，所以，两式之间的区别，只能认为Ⅰ式为平底微凹；Ⅱ式为平底。

13. 罐形杯

4 件，可分三式。

Ⅰ式 2 件：M33∶8、M33∶1。

Ⅱ式 1 件：M41∶9。

Ⅲ式 1 件：M14∶3。

在附表二中，M33 排列 37，M41 排列 41，M14 排列 42，都是屈家岭文化晚期的墓葬。各式之间的区别：Ⅰ式为窄平沿，深弧腹近直而显瘦高；Ⅱ式小折沿近平，深弧腹较矮胖；Ⅲ式窄折沿，深弧腹高矮适中而显匀称。

14. 红陶杯

6 件，可分 A、B 两个类型。

A 型　为彩绘红陶小杯，4 件。分三式。

AⅠ式 1 件：M33∶2。

AⅡ式 1 件：M15∶9。

AⅢ式 2 件：M14∶5、M29∶6。

在附表二中，M33 排列 37，M15 排列 39，M14 排列 42，M29 排列 47，这四座都属屈家岭文化晚期墓葬。各式之间的区别：Ⅰ式器腹瘦高，器表绘黑色晕彩；Ⅱ式器腹粗矮，器内器表都绘黑彩；Ⅲ式器腹也属粗矮，外口下绘一周红色带状纹。

B 型　为素面无彩红陶小杯，2 件。M29∶4、M29∶8。

这两件 B 型红陶杯也属器腹粗矮。

总的来说，上述 6 件红陶小杯的发展演变如下：外绘晕彩→内外绘晕彩→外口下绘一周红色带状纹→素面。

15. 高圈足杯

27 件，据口沿可分 A、B 两个类型。每一类型据器腹纹饰又可分为 a、b、c 三个亚型。a 亚型为器腹饰交叉篦划纹；b 亚型为器腹饰竖或斜的篦划纹；c 亚型为器腹素面无纹饰。不过需进一步说明，据出土随葬的高圈足杯，A 型只有 a、b 两个亚型，未见素面的 c 亚型。B 型则只有 b、c 两个亚型，未见饰交叉篦划纹的 a 亚型。

下面分别介绍 Aa、Ab、Bb 和 Bc 这四个亚型的高圈足杯。

A 型　近直口窄平沿。

Aa 型　3 件。又可分二式。

AaⅠ式 2 件：M12∶2、M32∶12。

AaⅡ式 1 件：M14∶6。

在附表二中，M12、M32 和 M14 分别排列为 33、36 和 42，都是屈家岭文化晚期墓葬。两式的区别：Ⅰ式足壁外斜；Ⅱ式足壁近直。

Ab 型　7 件。可分三式。

AbⅠ式 3 件：M9∶2、M27∶1、M27∶2。

AbⅡ式 3 件：M33∶6、M15∶10、M10∶4。

AbⅢ式 1 件：M11∶6。

在附表二中，M9 排列 34，M27 排列 35，M33 排列 37，M15 排列 39，M10 排列 40，M11 排列 43，这七座都属屈家岭文化晚期墓。各式之间的区别在圈足：Ⅰ式相对粗矮；Ⅱ式相对粗高；Ⅲ式相对细高。

B 型　侈口斜折沿。

Ba 型未见。

Bb 型　8 件。分三式。

BbⅠ式 4 件：M15∶1、M15∶4、M10∶3、M10∶5。

BbⅡ式 3 件：M10∶2、M41∶7、M14∶4。

BbⅢ式 1 件：M29∶11。

在附表二中，M15 排列 39，M10 排列 40，M41 排列 41，M14 排列 42、M29 排列 47，这五座都是屈家岭文化晚期墓葬。各式之间的区别似在圈足：Ⅰ式高圈足足壁外撇；Ⅱ式 3 件圈足下部皆残，但足壁上部都近直；Ⅲ式足壁外斜，而且相对更粗更高。

Bc 型　9 件。可分三式。

BcⅠ式 1 件：M32∶10。

BcⅡ式 7 件：M15∶2、M15∶3、M11∶4、M11∶2、M29∶15、M29∶3、M29∶12。

BcⅢ式 1 件：M29∶7。

在附表二中，M32 排列 36，M15 排列 39、M11 排列 42，M29 排列 47，这四座都是屈家岭文化晚期墓葬。各式之间的区别仍在高圈足：Ⅰ式较细较矮；Ⅱ式相对较粗较高；Ⅲ式粗矮。

16. 盂形器

8 件，可分三式。

Ⅰ式 1 件：M32∶5。

Ⅱ式 3 件：M11∶1、M29∶9、M29∶14。

Ⅲ式 2 件：M29∶5、M29∶10。

另有两件圈足已残，其中 M32∶6 似Ⅱ式；M32∶8 则似Ⅲ式。

在附表二中，M32 排列 36，M11 排列 43、M29 排列 47，这三座都是屈家岭文化晚期的墓葬。这三式盂形器的区别：Ⅰ式为矮圈足；Ⅱ式的圈足粗大较高；Ⅲ式的圈足相对较细但更高。值得注意的是 M32 除出土Ⅰ式标本外，又似乎同时存在Ⅱ式和Ⅲ式的标本，说明在开始出现盂形器这种器物时，即 M32 开始下葬这一时期，盂形器还没有明确的型式；继后的 M11 这一时期，才使盂形器变粗，最后的 M29 这一时期，则同时存在Ⅱ式和Ⅲ式的盂形器，但已不存在Ⅰ式的矮圈足盂形器。由此可以推测：屈家岭文化晚期的典型器物盂形器，是很晚才传入杨家湾遗址的一种器物。

事实上，正是在对杨家湾墓葬随葬的上述十六种陶器进行类型和亚型的划分，且又对每一类型和亚型的标本进行型式划分的基础上，才使我们对杨家湾这批新石器时代墓葬下葬的先后有进一步的认识，并据此制成附表二。同时，也结合这批新石器时代墓葬的开口地层和有些墓葬之间的打破关系，进一步划分为大溪文化晚期、屈家岭文化早期和晚期这三个发展阶段的墓葬。供研究大溪文化和屈家岭文化之间发展关系的学者参考。

最后，也谈谈我们对杨家湾出土的一批大溪文化早期的刻划符号的初步认识，供研究我国文字起源的学者参考。

四、对杨家湾遗址出土陶器上的刻划符号的初步认识

自从中国社科院考古研究所和宜昌地区博物馆的考古学者在杨家湾遗址的试掘中先后发现一批陶器矮圈足底部的刻划符号以来，我们在 1985 年至 1994 年的七次考古发掘中，又发现 148 件有刻划符号的陶器标本。加上宜昌地区博物馆在 1981 年的试掘中就已发现并已报道的 74 件有刻划符号的陶器标本，已使杨家湾遗址发现的有刻划符号的陶器标本远远超过 200 件。据此而可认为，按目前掌握的考古资料，宜昌杨家湾遗址是我国目前发现新石器时代有刻划符号陶器标本最多的一处十分重要的遗址。

不过需要补充说明的是，在我们发现的 148 件有刻划符号的陶器标本中，并不包括如下 5 件陶器标本：

T64②∶1（图七〇，5；图一〇一，13 的拓片）

T64②∶4（图七〇，1；图一〇一，16 的拓片）

H570∶1（图四五，4；图九八，19 的拓片）

H543②∶79（图四五，6；图九九，2 的拓片）

T3547③B∶44（图八八，3；图一〇二，1 的拓片）

这 5 件标本之所以取消为刻划符号的陶器标本，原因是前两件标本（T64②∶1、T64②∶4）的笔划细而模糊；而后三件标本的笔划多而杂乱的缘故。如果研究古文学的学者认为这 5 件标

本仍可归属有刻划符号的标本，则杨家湾遗址发现有刻划符号的标本不止148件，而是153件。

又需要补充说明的是，本报告原拟把宜昌地区博物馆发现的74件有刻划符号的标本也进行拓片并作为附录一起发表，因报告完稿前恰逢宜昌市博物馆正在修建文物库房，老库房存放的这74件标本只能暂时封存，目前暂时不能进行拓片，故未收入本报告。相信在宜昌市博物馆新的文物库房建成后，这74件标本的拓片资料也会尽快发表。

下面只谈谈我们发现的这批有刻划符号的陶片标本的认识。

① 在这批陶器标本中，有5件标本经修复而可复原，为敛口碗和敞口碗。因而可以推测，这批有刻划符号的矮圈足标本，基本上是碗类的矮圈足。而当本报告把出土的矮圈足划分为A、B、C、D四个类型和残圈足之后，又可进一步认识到，在A、B、C、D四个类型和足壁已残的矮圈足中，都发现有刻划符号的标本。但相对而言，没有刻划符号的矮圈足，数量相对更多，由此可进一步推测：有刻划符号的矮圈足碗，可能应用于当时的祭祀场合，且为遗址上的尊者所享用。至于刻划于碗圈足底部的每一个刻划符号，是否为所祭祀的每一位尊者的名字，则可供研究文字的学者参考。

② 这批有刻划符号的陶器标本的相对年代，由于据大部分标本都出土于遗址东北区的地层堆积及灰坑或灰沟之中，只极个别出土于遗址西北区坎下的次生堆积中，据出土有刻划符号标本的地层单位的相对年代，都属于大溪文化早期第二阶段的文化遗存。因而可以进一步明确，这些有刻划符号的陶器标本，只存在于大溪文化早期这一发展阶段。而且可以肯定，原中国社科院考古研究所和宜昌地区博物馆的考古学者所发现的有刻划符号的陶器标本的相对年代，也都属于大溪文化早期的文化遗存。

③ 根据苏秉琦先生在1981年创立的“区系类型学说”，并结合司马迁在《史记·五帝本纪》中的历史记载，如本报告第壹章的“绪论”所考证，杨家湾遗址所发现的大溪文化早期的这批刻划符号，可能就是“神农氏”的家长在“炎黄联盟”成立后，当黄帝为“炎黄联盟”第一届首领时，为祭祀“神农氏”这个家庭的祖先，而刻划于圈足碗底部的最古老的文字。只是这些最古老的文字，我们目前还不能释读而已。

值得注意的是，杨家湾遗址发现的刻划符号之中，有些刻划符号的“×”“|”“‖”“米”，在与大溪文化大体同一时期的仰韶文化的一些遗址之中，也可见到。只是宜昌杨家湾、秭归朝天嘴和秭归柳林溪这三处遗址所发现的同一体系的刻划符号，都发现于碗矮圈足的底部，而与发现描写有类似“符号”的仰韶文化一些遗址的器物和部位又不相同而已。

更需注意的是，杨家湾遗址这批大溪文化早期的刻划符号中，有的刻划符号在不同标本中曾反复出现。下面进一步谈谈对这一发现的认识。

④ 经初步归纳，杨家湾遗址出土的这批刻划符号的标本中，有126件保存较好的标本，可归纳为65种不同的刻划符号（图四八五），每一种刻划符号发现的标本数量和标本号如下：

第1种6件。H223:3、H226:1、H363:12、H498:1、T21⑤B:158、T75④:30。见图四八五，1。

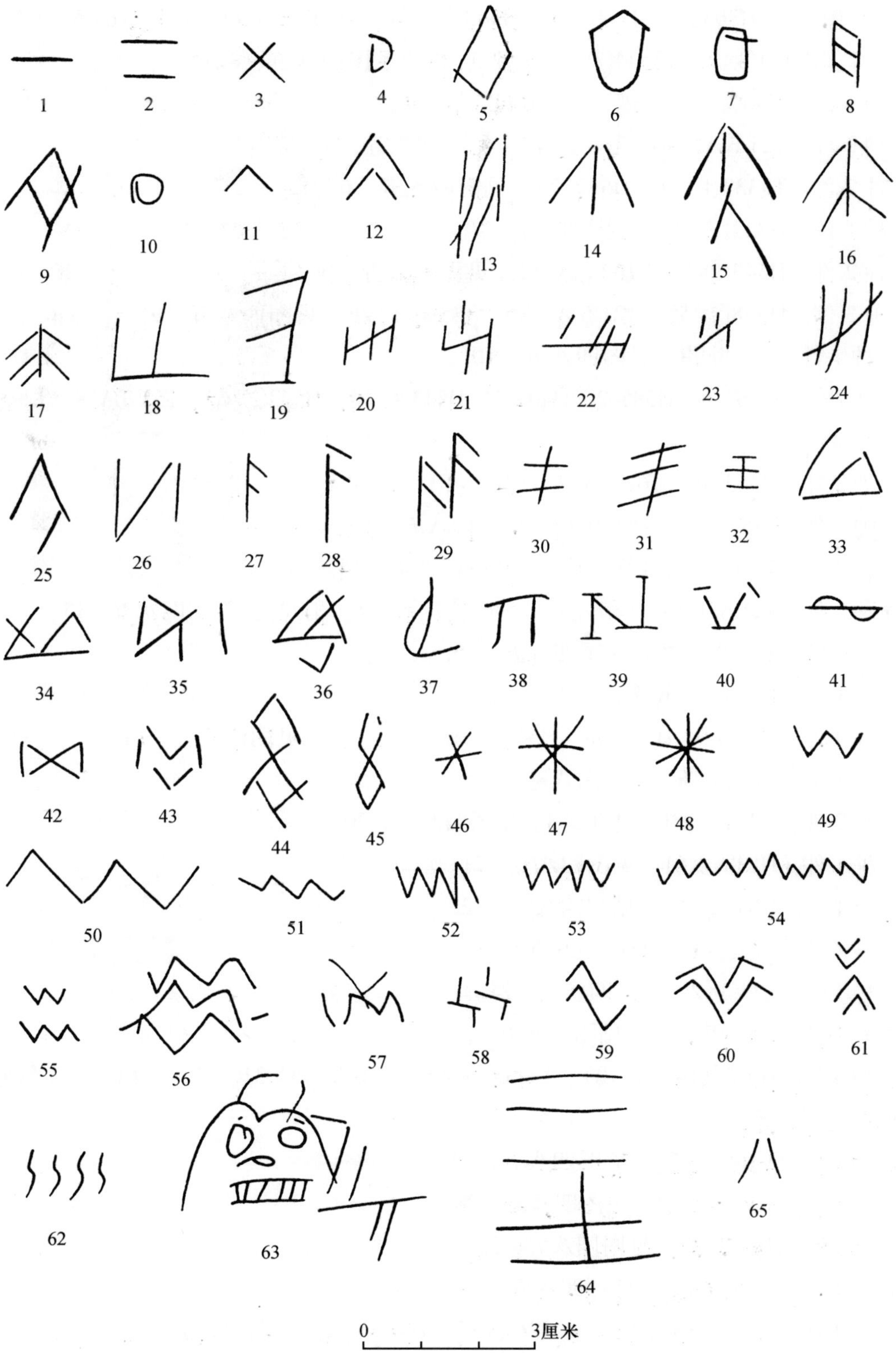

图四八五 初步划分的杨家湾遗址65种刻划符号

第 2 种 1 件。H538∶97。见图四八五，2。

第 3 种 10 件。H363∶6、H542∶1、H543②∶81、H607③∶99、T21⑤B∶57、T74③∶1、T2838③B∶22、T3544③∶7、T3544③∶8、TG2⑥∶18。见图四八五，3。

第 4 种 1 件。T74③∶3（模糊）。见图四八五，4。

第 5 种 2 件。T21⑤A∶146、T64②∶10。见图四八五，5。

第 6 种 2 件。T3333④∶31、H532∶75。见图四八五，6。

第 7 种 1 件。H543②∶62。见图四八五，7。

第 8 种 2 件。H543②∶72、T62③A∶11。见图四八五，8。

第 9 种 3 件。H538②∶55、T21⑤A∶146、T3334④∶26。见图四八五，9。

第 10 种 1 件。H538∶78。见图四八五，10。

第 11 种 7 件。H363∶5、H385∶2、H403∶1、H543②∶69、H543②∶67、T62③A∶8、T2938③∶45。见图四八五，11。

第 12 种 3 件。H363∶10、T62③A∶2、T71③∶10。见图四八五，12

第 13 种 2 件。T75③∶14、T63②∶12。见图四八五，13。

第 14 种 2 件。T71③∶12、T2731④∶2。见图四八五，14。

第 15 种 2 件。T21⑤B∶155（稍残）、T3447③B 下∶19（稍残）。见图四八五，15。

第 16 种 1 件。T2938③∶48。见图四八五，16。

第 17 种 1 件。H363∶7。见图四八五，17。

第 18 种 4 件。H365∶1、H538∶98、H543②∶66、T64③∶9。见图四八五，18。

第 19 种 1 件。T75③∶16。见图四八五，19。

第 20 种 2 件。H363∶8、T2731③B∶3。见图四八五，20。

第 21 种 1 件。H538③∶61。见图四八五，21。

第 22 种 1 件。H543②∶64。见图四八五，22。

第 23 种 1 件。T75③∶15。见图四八五，23。

第 24 种 1 件。T74③∶2。见图四八五，24。

第 25 种 1 件。H543②∶65。见图四八五，25。

第 26 种 4 件。H543②∶4（稍残）、T3433③C∶47、T3533③C∶31、T3546③B∶38（刻划符号稍残）。见图四八五，26。

第 27 种 1 件。T3446③∶22。见图四八五，27。

第 28 种 1 件。TG1④A∶57。见图四八五，28。

第 29 种 1 件。T64②∶11。见图四八五，29。

第 30 种 1 件。H607②∶57。见图四八五，30。

第 31 种 4 件。H538②∶63、G23∶1、T74③∶2、TG1③∶21。见图四八五，31。

第 32 种 1 件。T21⑤B∶154。见图四八五，32。

第 33 种 2 件。H224∶12、T2731④∶1。见图四八五，33。

第34种1件。H538②: 56。见图四八五，34。

第35种1件。H543②: 73。见图四八五，35。

第36种1件。T21⑤B: 156。见图四八五，36。

第37种1件。H607②: 22。见图四八五，37。

第38种1件。H543②: 66。见图四八五，38。

第39种1件。T22⑤: 89。见图四八五，39。

第40种1件。T23④: 66。见图四八五，40。

第41种1件。H363: 11。见图四八五，41。

第42种2件。T71③: 11（部分残）、T3445③下: 11。见图四八五，42。

第43种5件。H607③: 88、T21⑤B: 159、T21⑤A: 147、T64④: 5、T71③: 15。见图四八五，43。

第44种4件。H226: 2、T21⑤A: 148、T23⑤下: 5、T62③A: 7。见图四八五，44。

第45种1件。H607②: 40。见图四八五，45。

第46种1件。H543②: 63。见图四八五，46。

第47种4件。H543②: 70、H538③: 65、H538③: 64、H479: 1。见图四八五，47。

第48种1件。H538③: 58。见图四八五，48。

第49种4件。H342: 1、H425: 1、H607③: 97、T75④: 28。见图四八五，49。

第50种1件。H223: 4。见图四八五，50。

第51种2件。H363: 3、T21⑤: 9。见图四八五，51。

第52种1件。H363: 9。见图四八五，52。

第53种2件。H538: 60、G23: 2。见图四八五，53。

第54种1件。H538②: 62。见图四八五，54。

第55种1件。T2938③: 46。见图四八五，55。

第56种2件。H538: 96、H538②: 79。见图四八五，56。

第57种1件。T75④: 3。见图四八五，57。

第58种3件。H543②: 55、T64②: 6、T2938③: 47。见图四八五，58。

第59种1件。H543②: 80。见图四八五，59。

第60种1件。H607③: 96。见图四八五，60。

第61种1件。H538: 59。见图四八五，61。

第62种1件。T3334④: 25。见图四八五，62。

第63种1件。H543②: 84。见图四八五，63。

第64种1件。T21⑤: 30。见图四八五，64。

第65种2件。T28⑤: 54、T45④: 2。见图四八五，65。

除了上述65种不同刻划符号之外，由于还存在一些残甚而不能明确归纳的有刻划符号的标本，加上宜昌地区博物馆原发现的74件标本在拓片之后还可进一步归纳，所以，更准确地说，宜昌杨家湾遗址发现的刻划符号，至少可划分为上述65种不同的刻划符号。

附　　表*

附表一　杨家湾遗址墓葬一览表

墓号	位置	层位关系		墓坑大小（厘米）	头向	葬式	性别	年龄	随葬品（填土标本件数前加零）	年代推断	备注
		开口	打破								
M1	T25 东南部至东隔梁内	4 层下	5 层	185 × 50 − 20	58°	仰身直肢			无	大溪文化晚期（后简写为：大晚）	
M2	T27 东北部	3 层下	H83、生土	175 × 60 − 25	40°	仰身直肢			（残石器 01、石斧坯 01、小罐 01、敛口碗 01、矮圈足 01）	屈家岭文化早期（后简写为：屈早）	
M3	T27 东壁下至东隔梁内	2 层下	3 层、生土	残长 200 × 72 − 30	132°	仰身直肢			（内折沿碗 01、矮圈足 01、平底器 01、敛口豆盘 01）	屈家岭文化晚期（后简写为：屈晚）	被瓮棺 M18 打破
M4	T27 东北部至 T25 南部和 T37 西北部	3 层下	4 层	205 × 70 − 25	54°	仰身直肢	男	40 多岁	残玉璜 1、石璜 1、石斧 1、（石网坠 01、有领罐口沿 01、豆盘 01、碗口沿 01、矮圈足 01、小罐口沿 01）	屈早	
M5	T27 东北角至 T26 关键柱内	4 层下	5 层、M47	195 × 86 − 40	145°	双人合葬，皆仰身直肢			（彩陶瓮 01、彩陶盆 01、簋 01、豆盘 01）	大晚	Ⅰ式簋（M5:04）下腹已残，出于 M5 填土
M6	T25 东北部壁下，另一半压在隔梁内	4 层下	5 层	残长 93 × 58 − 20	180°	零散不全			无	大晚	没有打隔梁，未全部清理

* 附表中列出出土器物未标明材质均为陶质器物

续表

墓号	位　置	层位关系		墓坑大小（厘米）	头向	葬　式	性别	年龄	随葬品（填土标本件数前加零）	年代推断	备　注
		开口	打破								
M7	T25 南壁下至 T27 北壁下	4 层下	5 层	190 × 60 − 20	140°	仰身直肢			无	大晚	
M8	T37 西壁下至 T27 东隔梁内	3 层下	M11、M14	160 × 68 − 15	70°	仰身直肢			无	屈晚	
M9	T37 东南角	3 层下	4 层、5 层、生土	残长 180 × 96 − 40	128°	双人合葬。一成人侧身屈肢，一小孩仰身直肢	不详	小孩年龄不详	高圈足杯 3、内折沿碗 1、小碟 1、侈口罐 1、平底器 1	屈晚	东南隔梁未打，未全部清理
M10	T37 东北部 T41 北隔梁内	3 层下	4 层、5 层、生土	180 × 70 − 50	140°	仰身直肢	女（?）	30 岁左右	双腹豆 1、侈口罐 1、高圈足杯 4、器盖 1（罐口沿 01、高圈足 02、内折沿碗口沿 01）	屈晚	
M11	T37 西南部	3 层下	M13	190 × 70 − 30	134°	仰身直肢	不详	30 多岁	双腹碗 1、高圈足杯 4、盂形器 1(陶环 01、豆高圈足 01)	屈晚	被 M8 打破
M12	T37 东壁下偏南至东隔梁内	3 层下	4 层、5 层、生土	150 × 56 − 31	140°	仰身直肢	不详	7 岁左右	小石斧 1、釜 1、双腹碗 1、壶形器 2、觚形杯 1、高圈足杯 1、矮圈足 1、残豆 1	屈晚	壶形器中，一件素面，另一件绘红色网格纹
M13	T37 南部	4 层下	5 层、生土	直径 75、深 35		瓮棺			釜 1、敛口盆 1	大晚	被 M11 打破
M14	T37 西南部至南部未开探方内	3 层下	4 层、5 层	残长 154 × 70 − 55	150°	零散不全			双腹碗 1、罐形杯 1、红陶杯 1、高圈足杯2、碗（口残）1	屈晚	被 M8 打破
M15	T36 西南部至 T37 北隔梁内	3 层下	4 层	200 × 95 − 37	133°	仰身直肢	不详	30 多岁	石楔 1、小石球 1、残玉佩 1、内折沿碗 1、红陶杯 1、高圈足杯 6（折沿罐口沿 01、内折沿碗口沿 01、盂形器 01、器盖 01、豆圈足 01、平底器 02）	屈晚	被现代扰坑打破

续表

墓号	位　置	层位关系		墓坑大小（厘米）	头向	葬　式	性别	年龄	随葬品（填土标本件数前加零）	年代推断	备　注
		开口	打破								
M16	T39 东壁至东隔梁内	3 层下	H140	残长 180×64－30	137°	仰身直肢	男（?）	40 岁左右	石镯 1、陶环 1、小罐 1、簋形器 1	屈早	本书未用 H140 资料
M17	T38 西南部至 T36 东隔梁内	3 层下	4 层	200×74－45	132°	仰身直肢			石斧 5、石锛 2、石球 1、石坯 4	屈早	
M18	T27 东壁下至东隔梁内	2 层下	M3	口径 64、底径 52、深 40		瓮棺			釜 1、双腹豆 1	屈晚	
M19	T42 东北角至北隔梁以及 T39 南壁下	3 层下	4 层、生土	235×91－62	150°	仰身直肢			残石器 1、陶纺轮 1、玉璜 1、侈口碗 1、双腹豆 2、内折沿碗 2、壶 1、豆盘口沿 1、陶环 12	屈早	
M20	T42 北壁下	3 层下	M21	216×72－59	148°	仰身直肢	不详	30 多岁	石球 1、壶 1、壶形器 1、碗（口残）1	屈早	被 H143 打破
M21	T42 北偏西	3 层下	4 层、生土	228×78－65	150°	仰身直肢	不详	30 多岁	石镯 1、陶纺轮 1、陶环 3、双腹豆 2、内折沿碗 2、侈口罐 1、碗（圈足）1	屈早	被 M20、H144 打破
M22	T36 东南至东隔梁内	3 层下	4 层	182×54－34	120°	仰身直肢	不详	30～40 岁	（残石斧 01、碗圈足 01）	大晚	被 M39 叠压
M23	T38 东南角至 T41 北隔梁内	3 层下	4 层、生土	残长 190×56－20	144°	仰身直肢	女（?）	40 岁左右	石斧 3	屈早	被 H134 和扰沟打破
M24	T38 西北部	3 层下	M42	195×70－20	146°	仰身直肢	男	30 岁左右	石斧 2、侈口碗 1、双腹碗 1、觚形杯 1、陶环 1	屈早	被 H142、H169 打破
M25	T40 东北部	2 层下	M35、3 层	192×69－16	259°	仰身直肢			（残石斧 01、残小石锛 01）	模糊	被 2 层下 M36 打破（整理时填土标本未见实物）

续表

墓号	位置	层位关系		墓坑大小（厘米）	头向	葬式	性别	年龄	随葬品（填土标本件数前加零）	年代推断	备注
		开口	打破								
M26	T42 西南部，局部在T41 东隔梁内	3 层下	4 层、生土	墓口 165×87 墓底 157×68－56	142°	骨架散乱			小石球 1、釜 1、壶 1、器盖 1	屈早	
M27	T40 东南部	3 层下	4 层	190×85－42	174°	骨架散乱			双腹豆 1、高圈足杯 2	屈晚	被 M40 打破
M28	T40 西南部，局部在T43 北隔梁内	3 层下	4 层	墓口 180×70 墓底 176×67－45	155°	仰身直肢	不详	50～60 岁	小石锛 1、敞口小碗 1	屈晚	
M29	T42 西北角至 T41 关键柱内	2 层下	H144、3 层、4 层、生土	墓口 215×80 墓底 198×64－97	150°	仰身直肢	男	40 岁左右	双腹豆 1、红陶杯 3、高圈足杯 6、盂形器 4、器盖 1	屈晚	
M30	T41 南壁下至南部未布探方内	3 层下	4 层	残长 176×80－30	144°	骨架散乱			簋 1、侈口碗 2、敛口钵 1、双腹碗 1、内折沿碗 1、侈口罐 1、敞口碗 1、圈足盘 1	屈早	被 M32、M33 打破
M31	T41 中部	3 层下	M33	116×69－15	144°	仅剩头骨			双腹豆 1	屈晚	
M32	T41 西部	3 层下	M30、M44、4 层、生土	196×64－60	152°	仰身直肢			石斧 1、小石球 1、石镯 1、器盖 1、釜 2、双腹豆 1、高圈足杯 2、盂形器 3（碗圈足 01）	屈晚	被 M33 打破
M33	T41 西南部	3 层下	M30、M32、M44	184×72－35	137°	仰身直肢	女（?）	30 岁左右	侈口罐 1、罐形杯 2、红陶杯 1、高圈足杯 1、矮圈足杯 1、豆圈足 1、矮圈足 1（高圈足杯 01、侈口小罐口沿 01、豆盘口沿 01、双腹器口沿 01）	屈晚	被 M31 打破
M34	T41 北壁偏西至北隔梁内	3 层下	4 层、生土	196×60－28	152°	仰身直肢	女（?）	50 岁左右	簋形器 1、陶环 2	屈早	

续表

墓号	位置	层位关系		墓坑大小（厘米）	头向	葬式	性别	年龄	随葬品（填土标本件数前加零）	年代推断	备注
		开口	打破								
M35	T40 东北部	2 层下	3 层	160 × 69 – 33	259°	有零星残骨			（小石球 01）	模糊	被扰坑和 M25 打破
M36	T40 东隔梁至东部未布探方内	2 层下	M25、3 层	残长 132 × 88 – 32	132°	有零星残骨			无	模糊	
M37	T41 西南部至 T37 东隔梁内	3 层下	M38、4 层	186 × 60 – 40	133°	仰身直肢	男（?）	30 岁左右	石璜 1、双腹豆 2、豆圈足 1（折沿罐口沿 02、盆口沿 01）	屈早	
M38	T41 西南部	4 层下	生土	残长 126 × 残宽 52 – 16	160°	仰身直肢			无	大晚	被 M37 打破
M39	T36 东隔梁南部至 T37 关键柱内，T41 西北部和 T38 西南角也有分布	3 层下	M22	220 × 80 – 36	146°	仰身直肢	女	30 多岁	石璜 1、石锄 1、残石斧 4、侈口小罐口沿 1、罐平底 1（内折沿碗口沿 01、矮圈足 01）	屈早	
M40	T40 东南角和东隔梁及 T43 北隔梁内	2 层下	M27、生土	墓口 226 × 61 墓底 210 × 51 – 70	240°	仰身直肢	男	30 岁左右	簋 1、双腹豆 1	屈晚	
M41	T41 东北角至东隔梁内	3 层下	4 层、生土	墓口 210 × 70 墓底 200 × 60 – 90	140°	仰身直肢	不详	不到 30 岁	石斧 2、小石斧 1、石锛 1、小石锛 1、小石凿 1、簋 1、敛口钵 1、双腹豆 1、罐形杯 1、高圈足杯 1、豆圈足 1	屈晚	
M42	T38 西北角	4 层下	生土	残长 76 × 65 – 22	137°	仰身直肢		小孩	无	大晚	因未打隔梁而没有全部清理，被 M24、H172 打破
M43	T42 北部至 T39 南部	3 层下	4 层、生土	残长 135 × 66 – 72	148°	仅剩头骨和一根肢骨	不详	7 岁左右	小石核 1、双腹豆 1、内折沿碗 1、侈口罐 1、碗（口残）1	屈早	被 G10 叠压打破
M44	T41 西北部	3 层下	4 层	230 × 72 – 26	140°	仰身直肢			簋 1、内折沿碗 1、彩陶片 1	屈早	被 M32、M33 打破

续表

墓号	位置	层位关系		墓坑大小（厘米）	头向	葬式	性别	年龄	随葬品（填土标本件数前加零）	年代推断	备注
		开口	打破								
M45	T40 西北角至 T39 关键柱内	2 层下	3 层、生土								未全部发掘，略
M46	T40 北壁下至北隔梁内	2 层下	3 层、生土								未打隔梁清理，略
M47	T27 北壁下至北隔梁内，墓西北角已至 T26 东北隔梁内	4 层下	5 层、M48	142×50－20	142°	侧身屈肢	不详	7 岁以下	无	大晚	被 M5 叠压
M48	T24～T27 四探方的中间	5 层下	生土	残长 110×61－80	146°	仅剩头骨			簋形器 1、石斧坯 1	大晚	被 M47、H191 打破
M49											现代墓，略
M50											现代墓，略
M51	T47 南部	3A 层下	M54、4 层	190×60－22	223°	骨架散乱			（残石斧 01、红陶罐残片 01、片状红陶鼎足 01）	大晚	整理时未见实物
M52											现代墓，略
M53	T47 西南部	3C 层下	4 层	残长 130×62－20	210°	仰身直肢			石锄 1、残石璜 1、残骨针 1	大晚	被 H209 打破
M54	T47 西部	3C 层下	4 层	186×84－24	104°	仅剩头骨和一根肢骨			无	大晚	被 M51 叠压
M55											现代墓，略
M56	T83 东北壁部，局部在东北隔梁内	3 层下	4 层	190×72－25	136°	仅剩头骨和零星散乱肢骨			小鼎 1（壶形器 01、罐平底 01、碗圈足 01）	屈早	整理时填土标本未见实物
M57	T83 北壁下，局部在隔梁内	3 层下	4 层	200×80－40	140°	仰身直肢			石斧 7、陶纺轮 2	屈早	整理时已未见实物
M58	T83 西北部	3 层下	4 层	200×80－40	160°	仰身直肢			簋 1、敛口钵 1、双腹豆 2、矮圈足 1、罐底 1	屈晚	

附表二　杨家湾新石器时代墓葬随葬品种类和型式一览表

早晚顺序	墓号	釜		簋	簋形器	侈口碗	敛口钵	双腹碗	双腹豆		内折沿碗	壶	壶形器	侈口罐			觚形器	罐形杯	红陶杯		高圈足杯				盂形器	其他随葬品（填土标本件数前加零）	相对年代	备注
		A	B						A	B				Aa	Ab	B			A	B	Aa	Ab	Bb	Bc				
1	M48				Ⅰ1																					石斧坯1	大溪文化晚期	
2	M53																									石锄1、残石璜1、残骨针1		
3	M54																											
4	M51																									（残石斧01、红陶罐残片01、片状红鼎足01）		（整理时已未见实物）
5	M47																											
6	M5			Ⅰ1																						（彩陶瓮01、彩陶盆01、豆盘01）		Ⅰ式簋下腹已残出于M5填土中
7	M42																											
8	M38																											
9	M13	Ⅰ1																								敛口盆1		AⅠ式釜上覆盖敛口残盆，为瓮棺
10	M7																											
11	M6																											
12	M1																											
13	M22																									（残石斧01、碗圈足01）		

续表

早晚顺序	墓号	釜		簋	簋形器	侈口碗	敛口钵	双腹碗	双腹豆		内折沿碗	壶	壶形器	侈口罐			觚形器	罐形杯	红陶杯		高圈足杯				盂形器	其他随葬品（填土标本件数前加零）	相对年代	备注
		A	B						A	B				Aa	Ab	B			A	B	Aa	Ab	Bb	Bc				
14	M44			Ⅱ1							Ⅰ1															彩陶片1	屈家岭文化早期	
15	M21								Ⅰ2		Ⅱ2			Ⅰ1												石镯1、C型陶环2、D型陶环1、陶纺轮1、碗圈足1		
16	M19					Ⅰ1			Ⅰ1	Ⅰ1	Ⅱ2	Ⅰ1														残石器1、陶纺轮1、玉璜1、豆盘口沿1、陶环12		
17	M37								Ⅱ1	Ⅱ1																石璜1、AⅡ豆圈足1（折沿罐口沿02、盆口沿01）		
18	M43								Ⅱ1		Ⅲ1				1											小石核1、碗(口残)1		
19	M26		Ⅰ1									Ⅱ1														小石球1、器盖1		
20	M20											Ⅱ1	Ⅱ1													石球1、碗（口残）1		
21	M30			Ⅲ1		Ⅱ2	Ⅰ1	Ⅰ1			Ⅲ1			Ⅱ1												敞口碗1、圈足盘1		
22	M34				Ⅱ1																					陶环2		
23	M24					Ⅲ1		Ⅱ1									Ⅰ1									石斧2、A型陶环1		
24	M16				Ⅲ1																					小罐1、A型陶环1、石镯1		
25	M57																									石斧7、陶纺轮2		整理时已未见实物
26	M56																									小鼎1（壶形器01、罐平底01、碗圈足01）		整理时填土标本未见实物

续表

早晚顺序	墓号	釜		簋	簋形器	侈口碗	敛口钵	双腹碗	双腹豆		内折沿碗	壶	壶形器	侈口罐			瓿形器	罐形杯	红陶杯		高圈足杯				盂形器	其他随葬品（填土标本件数前加零）	相对年代	备注
		A	B						A	B				Aa	Ab	B			A	B	Aa	Ab	Bb	Bc				
27	M4																									残玉璜1、石璜1、石斧1（石网坠01、有领罐01、豆盘01、碗口沿01、矮圈足01、小罐口沿01）	屈家岭文化早期	
28	M2																									（残石器01、石斧坯01、小罐01、敛口碗01、矮圈足01）	屈家岭文化早期	
29	M39																									石璜1、石锄1、残石斧4、侈口小罐口沿1、罐平底1（内折沿碗01、碗圈足01）	屈家岭文化早期	
30	M23																									石斧3	屈家岭文化早期	
31	M17																									石斧5、石锛2、石球1、石坯4	屈家岭文化早期	
32	M28																									小石锛1、敞口小碗1	屈家岭文化晚期	
33	M12		Ⅱ1					Ⅱ1					Ⅱ2				Ⅱ1				Ⅰ1					小石斧1、矮圈足1、残豆1	屈家岭文化晚期	Ⅱ式壶形器中一件素面，另一件绘红色网格纹
34	M9										Ⅳ1			Ⅲ1								Ⅰ1				残高圈足杯2、小碟1、平底器1	屈家岭文化晚期	

续表

早晚顺序	墓号	釜		簋	簋形器	侈口碗	敛口钵	双腹碗	双腹豆		内折沿碗	壶	壶形器	侈口罐			觚形器	罐形杯	红陶杯		高圈足杯				盂形器	其他随葬品（填土标本件数前加零）	相对年代	备注
		A	B						A	B				Aa	Ab	B			A	B	Aa	Ab	Bb	Bc				
35	M27								Ⅲ1													Ⅰ2					屈家岭文化晚期	
36	M32		Ⅲ2						Ⅲ1												Ⅰ1			Ⅰ1	Ⅰ1、似Ⅱ2	小石球1、石斧1、石镯1、器盖1（碗圈足01）		
37	M33															Ⅰ1		Ⅰ2	Ⅰ1			Ⅱ1				矮圈足杯1、豆圈足1、矮圈足1（高圈足杯01、侈口小罐01、豆盘口沿01、双腹器口沿01）		
38	M31								Ⅲ1																			
39	M15										Ⅳ1								Ⅱ1			Ⅱ1	Ⅰ2	Ⅱ2		石楔1、小石球1、残玉佩1、残口高圈足杯1（折沿罐口沿01、内折沿碗口沿01、盂形器01、器盖01、豆圈足01、平底器02）		
40	M10								Ⅲ1							Ⅱ1						Ⅱ1	Ⅰ2、Ⅱ1			器盖1（罐口沿01、高圈足02、内折沿碗口沿01）		
41	M41			Ⅳ1			Ⅱ1		Ⅲ1									Ⅱ1					Ⅱ1			石斧2、小石斧1、石锛1、小石锛1、小石凿1、豆圈足1、		
42	M14								Ⅲ1									Ⅲ1	Ⅲ1		Ⅱ1		Ⅱ1			碗（口残）1		

续表

早晚顺序	墓号	釜		簋	簋形器	侈口碗	敛口钵	双腹碗	双腹豆		内折沿碗	壶	壶形器	侈口罐			觚形器	罐形杯	红陶杯		高圈足杯				盂形器	其他随葬品（填土标本件数前加零）	相对年代	备注
		A	B						A	B				Aa	Ab	B			A	B	Aa	Ab	Bb	Bc				
43	M11							Ⅲ1														Ⅲ1		Ⅱ2	Ⅱ1	残口高圈足杯1（陶环01、豆高圈足01）	屈家岭文化晚期	
44	M8																											
45	M3																									（内折沿碗01、矮圈足01、平底器01、敛口豆盘01）		
46	M18	Ⅱ1							Ⅲ1																			
47	M29								Ⅳ1										Ⅲ1	1			Ⅲ1	Ⅱ3、Ⅲ1	Ⅱ2、Ⅲ2	红陶杯1、残高圈足杯1、器盖1		
48	M58			Ⅴ1			Ⅲ1		Ⅳ1	Ⅲ1																碗圈足1、罐底1		
49	M40			Ⅴ1					Ⅳ1																			

附表三　杨家湾遗址灰坑一览表

灰坑号	位　置	层位关系	形　状	尺寸（厘米）	主要出土器物	年代推断	备注
H1	T17 东北角	开口 2A 层下，打破 H37	不规则近椭圆形，弧壁，圜底	口径 130×110、深 30	矮颈罐 1、豆座 1	东周	
H2	T18 中部偏西北	开口 2A 层下，打破 2B 层	近椭圆形	口径 100×120	束颈罐 1、直口盘 2		未采用
H3	T15 中部偏西	开口 2A 下，打破 2B 层、3 层、3A 层	呈四边形，斜壁，平底	口边长 104、底边长 75、深 80	无		未采用
H4							空号
H5	T15 南壁下至 T18 北隔梁内	开口 2A 层下	近长方形圆角，近直壁，底近平	口长 128、宽 108、深 50	斜腹碗 1		未采用
H6	T15 中部	开口 2 层下，打破 3 层	四方形，斜壁，平底	口长 120、宽 80、底长 100、宽 60、深 50	打制石器 3、折沿罐 1、弧折沿罐 1、粗颈罐 1、矮颈罐 1、内折沿碗 1、小鼎足 1	大中晚	
H7							空号
H8	T15 南部偏西	开口 2A 层下，打破 3 层	近长方形，斜壁，平底	口长 56、宽 44、底长 40、宽 32、深 45	卷沿罐 1		未采用
H9	T18 东北部	开口 3A 层下	坑口圆形	直径 90	小口高领罐 1、弧颈壶 1、内折沿盘 1、卷沿盘 1	大中早	
H10	T18 西北部	开口 3A 层下	坑口圆形	直径 40	内折沿器盖盘 1、无沿盆 1、矮圈足 1	大中早	
H11	北部在 T18 西南角至 T17 东隔梁内，南部未布方发掘	开口 4 层下，打破生土	北部不规则近椭圆形，斜壁，近平底	口部南北残长 190、东西宽约 108、深 58	凹折沿罐 3、折沿罐 1、弧折沿罐 2、弧折沿小罐 1、束颈罐 1、小口高领罐 4、曲颈瓮 1、小口高领瓮 1、敞口碗 1、内折沿碗 1、敛口盘 1、内折沿盘 1、直口花边盘 1、矮圈足 5、高圈足 1、器盖纽 2、小鼎足 1、喇叭状大器座 1	大中早	

续表

灰坑号	位　置	层位关系	形　状	尺寸（厘米）	主要出土器物	年代推断	备注
H12	T14 东南角	开口 2B 层下，打破 3 层	近方形，斜壁，近平底	口残长 64、宽 76、底宽约 60、深 26	盘口壶 1、粗颈罐 1	东周	
H13	T17 中部偏西南	开口 3 层下，打破 3A 层、4 层	近长方形，弧壁，圜平底	口部 68×77、深约 47	凹折沿罐 2、折沿罐 1、弧折沿罐 1、残高圈足 1	大中中	
H14	T17 东南部	开口 3 层下，打破 3A 层、H25、生土	近长方形圆角，斜直壁，近平底	口径 90×56、深 58	折沿罐 1、敞口碗 1、假腹碗 1	大中晚	
H15	T17 西壁下至北隔梁内，但只露出一小部分	开口 3 层下，被 H22 打破	似椭圆形一部分，斜壁，底不平	口部残长径 170、残宽径 58、深 30～50	折沿小罐 1、小鼎足 1	大中晚	
H16	T16 东北部	开口 3 层下	长方形	口长 110、宽 90	小石斧 1、大口矮颈罐 1、敞口碗 1		未采用
H17	T16 北隔梁内	开口 2A 层下	近圆形，斜壁，平底	口径 88、底径 80、深 20	折沿罐 1、粗颈罐 1、弧颈壶 1、敛口盘 1、直口盘 1、曲腹杯 1	大中晚	
H18	T16 北部	开口 3 层下	近长方形	口长 120、宽 100	敞口碗 1、直口盘 2	大中晚	
H19	T16 东南部	开口 3 层下	长方形圆角	口长 135、宽 75	石锄 2、凹折沿罐 1、折沿罐 1、弧折沿罐 4、弧折沿小罐 1、直口盘 1、内折沿盘 1、矮圈足 6、豆圈足 1、小鼎足 1、器盖纽 1、小罐平底 1	大中晚	
H20	T17 东南部	开口 3 层下	近长方形，斜壁，圜平底	口长 75、宽 44、底长 63、宽约 32、深 40	折沿小罐 1	大中晚	
H21	T18 东南部	开口 3A 层下，打破 4 层、生土	近圆形，斜壁，东部有距坑底 30 厘米的一级半弧形台阶，平底	口径 60×66、底径 30×50、深 65	凹折沿罐 1、折沿罐 1、敞口钵 2、内折沿盘 1、斜腹盘 1、碗圈足 1、锥状小鼎足 1	大中早	
H22	T14 西南部	开口 2A 层下，打破 H15	有一级台阶灰坑，上层近弧边三角形，下层椭圆形，弧壁，圜底	上层底边 94、高 1.08、深 50、下层口径 70×60、深 23	残石器 1、弧折沿罐 1、小口高领瓮 1、敞口碗 2、斜腹碗 1、小鼎足 2	大中中	

续表

灰坑号	位　置	层位关系	形　状	尺寸（厘米）	主要出土器物	年代推断	备注
H23	T17 中偏西	开口 3A 层下	近椭圆形，斜壁，圜平底	口径 70×54、深 33	折沿罐 2、曲颈瓮 1、内折沿盘 1、高圈足 1、单耳杯器耳 1、残大圈足盘 1	大中早	
H24	T17 中部偏西南	开口 3A 层下	不规则形近椭圆，壁近直或弧凹，斜平底	口部最长 88、最宽 68、深 44	折沿罐 1、子母口罐 1、敞口钵 1、直口盘 1、矮圈足 2	大中中	
H25	T17 东南角至东隔梁和 T17 南部	开口 3 层下，打破生土；西部被 H14 打破	不规则形，北边直，西边弧，西北角大于 90° 近椭圆形，直壁，圜底	坑口残长 110 以上、残宽大于 110、深 62	凹折沿罐 1、折沿罐 4、弧折沿罐 5、弧折沿小罐 1、斜颈罐 1、直口罐 1、小口高领瓮 2、敞口碗 3、斜腹碗 2、内折沿盘 1、直口盘 1、卷沿盘 1、敞口钵 1、高圈足 2、细高圈足 1、小鼎足 2、尖圜底器 1	大中中	
H26	T16 东壁下	开口 2B 层下	残坑不规则形，斜壁，平底	口部残长 80、残宽 64、深 26	圭形石凿 1、弧折沿罐 1、直口壶 1	大中晚	
H27	T16 东壁下	开口 3 层下，打破 W2、3A 层、生土	近圆形，斜壁，平底	口径 95、深 20	敛口小罐 1、小口高领瓮 1、直口盘 1、高圈足 1	大中中	
H28	T17 东北部	开口 3A 层下	不规则四边形，壁较直，平底	最长约 100、宽约 64、深 45	凹折沿罐 3、弧折沿罐 2、曲颈瓮 1、曲颈瓶 1、卷沿碗 1、卷沿盘 2	大中早	
H29	T17 中部偏西	开口 3A 层下，打破 4 层	不规则近圆形，近直壁，平底	直径约 95、深 42	弧折沿小罐 1、直口盘 1、喇叭状器座 1、小鼎足 1、豆圈足 1、矮圈足 1	大中早	
H30	T19 东南部	开口 4 层下，打破 H36	近椭圆形，斜弧壁，底近平，中部微上弧	口径 90×66、深 35	凹折沿罐 2、折沿罐 1、弧折沿罐 1、敞口碗 1、斜腹碗 2、弧腹碗矮圈足 2、盘矮圈足 1、喇叭状大器座 1	大中早	
H31	T14 南壁下至 T17 北壁下	开口 3A 层下，打破生土	近圆形斜弧壁，圜平底	口径 230～250、深 25～63	残石斧 1	大中中	

续表

灰坑号	位　置	层位关系	形　状	尺寸（厘米）	主要出土器物	年代推断	备注
H32	T19 中偏西	开口 3 层下，打破 H35；被南部大坑和西部电线杆土墩打破	近半月形，斜壁，平底	口径长 120、宽 64、深 34	无		未采用
H33	T16 东隔梁内	开口 3 层下，打破 3A 层、4 层	近圆形，直壁，平底	口径约 70、深约 30	小石斧 1、敞口碗 1、矮圈足 1、器盖纽 1	大中早	
H34	T19 西北部	开口 4 层下，打破生土	椭圆形，斜壁，平底	口径 88×52、底径 47×28、深 48	斜腹钵 1、矮圈足 1、器盖 1	大中早	
H35	T19 东北部至西南部	开口 4 层下，西南已被 1 层下扰坑和 3 层下 H32 破坏，东北部则为现代藕池不能布方，所以西南部和东北部未至坑边	不规则长方形，斜壁，平底	残长 440、最宽 210、深 42	石锄 3、石斧 2、残石斧 5、小彩石 1、凹折沿罐 1、器盖纽 1、矮圈足 1	大中早	
H36	T19 东南部	开口 5 层下	不规则椭圆形，斜壁，圜平底	口径 64×52、深 30	石核 1、石片 1、豆圈足 1		未采用
H37	T17 东隔梁内	开口 3 层下，被 H1 打破	近圆形，东、西、北三面有环状二层台，坑壁上部近直，下部斜弧，圜底	口径约 100、二层台宽 25、台面距坑口 20、距坑底 70	凹折沿罐 2、粗颈罐 1、敞口碗 1、矮圈足 1、器盖盘 1、筒腹大器座 1	大中早	
H38	T23 西南角	开口 2 层下，打破 3 层、4 层、5 层	近圆形一部分，口小底大，斜壁，斜底，袋状坑	口径 110×74、深 26	无		未采用
H39	T23 西南角	开口 3 层下	椭圆形，斜壁，平底	口径 142×90、深 64	无		未采用
H40	T22 东壁下至东隔梁内	开口 3 层下，打破 H43、H607、3A 层	近椭圆形，斜壁，平底	口径 180×90、深 55	陶纺轮 1、直口小罐 1、小口瓮 1、内折沿簋 1、矮圈足 2	大早三段	
H41	T23 南壁下偏西	开口 3A 层下，打破 H56、生土	近椭圆形，斜壁，圜平底	口径 120×80、底径 100×60、深 90～96	折沿彩陶罐 1、曲颈罐 1、内折沿簋 2、碗圈足 1、敛口豆盘 1	大早三段	
H42	T22 东北部	开口 3 层下，打破 3A 层、生土			无		在 H43 内

续表

灰坑号	位 置	层位关系	形 状	尺寸（厘米）	主要出土器物	年代推断	备注
H43	T22 东北部	开口3A层下，打破H607、生土；被H40、H60、H61打破	椭圆形，斜壁近直，平底	口径140×90、深30	凹折沿罐1、折沿罐3、曲颈罐1、曲颈瓶1、内折沿簋1、子母口簋1、矮圈足2、小器座2、支座2	大早三段	
H44							归T22③
H45							归H607①
H46	T22 东北部	开口3A层下，打破H607	近椭圆形，壁内弧，平底已成红烧土，可能是灶坑	口径100×40、深20	石锄1、残石斧1、碗圈足1、子母口簋1	大早三段	
H47	T21 中偏北				无		
H48	T21 东北部				无		
H49	T23 北壁下至T22东隔梁内	开口3A层下，打破H607、生土	近圆形，斜壁，平底	口径90、底径80、深70	凹折沿小罐1、折沿罐2、曲颈罐1、内折沿簋2、子母口碗1、直口盘1、盘矮圈足1	大早三段	
H50							归H607①
H51							归H607①
H52							归H607①
H53							归H607①
H54							归H607①
H55							归H607①
H56	T22 西部至T22东隔梁内	开口3A层下，打破生土；叠压于G4之上，东南部已被H41打破	不规则近椭圆形，近直壁，圜平底	口径200×150、深40	残石斧1、凹折沿罐1、折沿彩陶罐1、折腹碗1、敛口碗1、敞口碗1、敞口钵1、片状小鼎足1	大早三段	
H57							归H607②

续表

灰坑号	位　置	层位关系	形　状	尺寸（厘米）	主要出土器物	年代推断	备注
H58	T28 南壁下	开口 3 层下，打破 3A 层，H543、红烧土	近椭圆形大部，斜壁较直，东高西低斜平底	口径 115×63、西部最深 49	石锄 1、打制残石斧 1、凹折沿罐 2、矮颈瓮 2、曲颈彩陶瓶 1、斜腹碗 1、折腹碗 1、碗圈足 1、侈口弧肩小器座 1	大早三段	没有全部发掘清理
H59	T28 西北部	开口 3 层下，打破 H543、红烧土、4 层	近椭圆形，斜壁，圜平底	口径 102×69、深 40	打制残石斧 1、折沿罐 2、矮圈足 1	大早三段	
H60	T22 东隔梁内	开口 2 层下，打破 H43	近圆形，直壁，平底	直径约 60、深约 10 厘米	凹折沿罐 1、斜腹碗 1	大早三段	
H61	T22 东北角	开口 3 层下，打破 H43	近方形，直壁稍内斜，平底	口径 100×100、深 13	无		未采用
H62							归 H607②
H63	T29 西南部	开口 2 层下，打破 3 层、生土	近圆形（方形圆角），直壁稍内斜，平底	口径 56×50、深 29	折沿罐 1、矮圈足 1、残支座 1	大早三段	
H64	T22 东南角	开口 3 层下，打破 H607、G3	圆形，弧壁，圜平底，但底下又有一圆形，直壁，平底小坑	口径 125、底径 35、深 57	折沿罐 3、彩陶矮圈足 1、斜颈罐 1	大早三段	
H65	T29 西壁下	开口 2 层下，打破 3 层	近圆形，直壁内斜，平底	口径 70×74、深 43	无		未采用
H66	T24 东南部	开口 3 层下，打破 4 层、5 层	圆形，直壁稍内斜，近平底	口径 134×116、深 90	无		未采用
H67	T24 西壁下	开口 3 层下，打破 4 层	椭圆形，近直壁，平底	口径大于 50、横径大于 44、深 33	陶环 2		未采用
H68							归 H607②
H69							归 H607①
H70							归 H607②
H71							归 H607③
H72	T26 西北部	开口 3C 层下，打破 H76	圆形	口径 100	石斧 2、石锛 1、小石锛 1、石凿 1、凹折沿罐 1、敞口折腹盘 1	屈早	
H73	T26 中北部	开口 3C 层下	圆形	口径 90	石斧 2、高领罐 1	屈早	
H74							空号

续表

灰坑号	位　置	层位关系	形　状	尺寸（厘米）	主要出土器物	年代推断	备注
H75	T26 东隔梁至 T27 西壁下	开口 3C 层下	圆形	口径 130	凹折沿罐 1、高领罐 1、内折沿碗 1、曲腹杯 1、凸棱状粗矮圈足 1、残石器 1	屈早	
H76	T26 北壁下至北隔梁内	开口 4 层下，打破 5 层，被 H72 打破	圆形，斜弧壁，圜平底	口径约 86、深 57	外折沿盘 1、敞口盘 1	大晚晚	
H77	T16 中部篇西部	开口 4 层下，打破 5 层	圆形，斜壁，圜底	口径 65 × 50、深 60	无		未采用
H78	T25 东壁至东隔梁内	开口 4 层下，打破 5 层、5A 层、生土	圆形的一半，弧壁，圜底	口长 130、残宽 90、深 44	无		未采用
H79	T26 东北角	开口 4 层下	椭圆形一半，斜弧壁，近平底	口长 110、残宽 79、深 40	无		未采用
H80	T21 东壁至东隔梁	开口 5 层下，打破 6 层	近椭圆形，不规则，底边不平	口径 106 × 80、深 70 ~ 120	无		未采用
H81	T28 西北部	开口 5A 层下，打破黄土台	口部近圆形，底部椭圆形，壁一侧内凹呈袋状，近平底，凹壁下有沟	口径 70 × 50、底径 96 × 50、深 130	彩陶曲颈瓮 1、彩陶曲颈瓶 1、彩陶罐残片 1	大早二段	
H82	T27 北壁下至北隔梁内	开口 3B 层下	椭圆形	口径 90 × 70	小石锛 2	屈早	
H83	T27 中偏北	开口 4 层下，被 M2 打破	椭圆形，弧壁，圜平底	口径 104 × 88、深 34	无	大晚晚	未采用
H84							空号
H85	T30 东壁至东隔梁内	开口 2A 层下，打破 2B 层	圆形，口小底大袋状壁，圜平底	口径 109 × 106、深 34	无		未采用
H86							空号
H87	T35 中南部	开口 3 层下，打破 4 层、生土	近椭圆形，弧壁，圜底	口径 128 × 62、深 40	凹折沿罐 1、折沿小罐 1、敛口小罐 1、罐平底 1	屈晚	
H88	T35 南壁下，只发掘一半	开口 3 层下	椭圆形（只露出一半）弧壁，圜平底	口径约 148、宽约 40 × 2、深约 40	折沿罐 1、双腹碗 1	屈晚	

续表

灰坑号	位　置	层位关系	形　状	尺寸（厘米）	主要出土器物	年代推断	备注
H89	T34 南壁	开口 3 层下，打破 H111、4 层、生土	椭圆形大半，弧壁，圜底	口径 220×140、深 62	无		未采用
H90	T36 中部偏东	开口 3A 层下，打破 4 层	近弧角正方形，弧壁，圜底	口径 144×138、底径 110×108、深 31	石斧 1、残顶圭形石凿 1、石杵 1、凹折沿罐 1、束颈罐 1、罐平底 1、内折沿碗 1	屈早	
H91	T33 东壁下至东隔梁内	开口 3C 层下，打破 4 层、生土	近椭圆形，斜弧壁，圜平底	口径 170×120、深 40	石斧 5、残陶环 1	屈早	
H92	T33 中部偏西南	开口 3 层下，打破 H93、H116、H118	近四方形，壁有二或三级台阶，平底	口径 164×136、底径 118×102、深 48	石斧 1、小石斧 2、小石凿 1、小石铲 1、小陶球 1、陶环 2	屈晚	
H93	T33 东部	开口 3 层下，打破 H110、生土，被 H92 打破	近椭圆形，斜壁，浅平底	口径 128×118、深 14	无		未采用
H94	T35 东壁下	开口 3 层下，打破 H95	圆形，但仅露出一小部分	口径大于 100	弧折沿罐 1、小凹沿侈口碗 1	屈晚	
H95	T35 东壁下	开口 3C 层下，打破 H97，被 H94 打破	似圆形，只露出一部分，但被 H94 打破而只存局部		小石球 1、凹折沿罐 1、内折沿碗 1、碗圈足 1	屈早	
H96	T35 东壁下	开口 3B 层下，打破 H97	圆形或椭圆形一部分，斜壁，底不平	残口径 84、深 27～45	敛口小盆 1、罐形杯 1	屈晚	
H97	T35 东壁至东隔梁				无		未采用
H98	T33 西壁下，局部	开口 3 层下，打破 4 层、H122、生土	不规则形，斜弧壁，平底	口径 110×53、深 70	无		未采用
H99	T33 南壁下，局部	开口 3C 层下，打破 4 层、生土；被 H100 打破	圆或椭圆局部，斜弧壁，平底		无		未采用
H100	T33 南壁下，局部	开口 3C 层下，打破 H99、4 层、生土	圆形一部分，近直壁，近平底	口径 110×64、深 48	无		未采用
H101	T30 东南角	开口 3C 层下，打破 3D 层、4 层、生土，还叠压在 H133 之上	近椭圆形，但南部在 T33 北隔梁内未发掘，斜壁，平底	口部长 170 以上、宽 130 以上、深 30 左右	残石斧 1、石锄 1、石凿 2、陶豆 1、陶环 1、骨簪 1	屈早	

续表

灰坑号	位　置	层位关系	形　状	尺寸（厘米）	主要出土器物	年代推断	备注
H102	T35 北部	开口 3C 层下	椭圆形，斜壁，平底	口径 90×70、深 70	折沿罐 4、折沿小罐 1、敛口小罐 1	大晚晚	
H103	T31 东南部	开口 3 层下，打破 3B 层，被 H114 打破	长条形，斜弧壁，斜平底	口长 197、宽 60、深 10～26	石斧（坯）1、小石锄 1、小石斧 2、小石锛 1、陶纺轮 1、高领罐 1、弧折沿小罐 1、弧颈壶 1、器盖盘 1	屈早	
H104	T36 西北部	开口 3 层下，打破 4 层、生土	椭圆形，弧壁，圜底	口径 150×110、底径 110×90、深 45	石斧 4、石锄 1、小石球 1、凹折沿罐 1、折沿罐 1、折沿彩陶小罐 2、敛口小罐 2、弧折沿小罐 2、斜颈小罐 1、内折沿碗 1	屈早	
H105	T30 西壁下，局部	开口 3 层下，打破 3B 层、4 层、生土，被 H171 打破	椭圆形，斜弧壁，圜底凹凸	口径 90×80、深 32	无		未采用
H106	T30 南壁	开口 3B 层下，打破 H107	近圆形一半，斜壁较直，平底	口径 75×52、深 42	石凿 1、石锄 1		未采用
H107	T30 西南部	开口 3B 层下，打破黄土，被 H106 打破	圆形，斜壁不对称，小平底	口径 80×56、深 54	无		未采用
H108	T30 中部	开口 3C 层下，打破黄土、H109 打破	口近椭圆形，弧壁内斜，圜平底	口径 78×60、深 40	无		未采用
H109	T30 东南部	开口 3C 层下，打破 4 层、H113、黄土	口近椭圆形，底近四方形，壁内斜或内凹，平底	口径 150×140、底径 130×100、深 50	石斧 1、有孔小石铲 1、石锄 4、小石锛 2	屈早	
H110	T33 东北至东隔梁	开口 3C 层下，打破 4 层、黄土，被 H93 打破	椭圆形，斜弧壁，平底略斜	口径 130×110、底径 110×80、深 50～55	无		未采用

续表

灰坑号	位　置	层位关系	形　状	尺寸（厘米）	主要出土器物	年代推断	备注
H111	T34 南壁下，局部	开口 3 层下，打破 4 层、生土，被 H89 打破	近椭圆形，斜直壁，平底	口径 65×92、底径 59×70、深 40	无		未采用
H112	T35 北部				无		未采用
H113	T30 东南部	开口 4 层下，东被 3C 层下 H150 打破，西被 3C 层下 H109 打破	仅剩局部，似圆形	口径约 87、深 35	彩陶细颈壶 1	大晚晚	
H114	T31 中部	开口 3 层下，打破 3B 层、3E 层、4A 层、H128、H136、H131	圆形，斜壁，平底	口径 60、底径 128、深 76	石锄 1、石斧坯 1、石芯 1、石球 1、陶球 1、凹折沿罐 1、斜颈罐 1、弧折沿小罐 1、敛口小罐 1、平沿小罐 1、内折沿碗 1、曲腹杯 1、敛口盆 1、陶环 1	屈早	
H115	T35 西壁下至 T35 东隔梁内	开口 4 层下，打破生土	圆形一部分，弧斜壁，圜底	口径 90×40、深 24	无		未采用
H116	T33 西南部	开口 4 层下，打破生土，被 H92 和 H118 打破	圆角长方形，斜壁，浅平底	口残 80×71、底残 74×68、深 26	陶环 1		未采用
H117	T34 北部	开口 4 层下，打破生土，被两个柱洞打破	圆形一半，弧壁，圜底	口径 86×43、深 30	无		未采用
H118	T33 西部	开口 4 层下，打破 H116、生土，被 H92 打破	圆形，弧壁，圜底	口径 46×30、深 24	无		未采用
H119	T33 西壁偏南	开口 4 层下，打破生土，被一柱洞打破	圆形一半，弧壁，平底	口径 92×36、深 22	无		未采用
H120	T33 西北部	开口 3C 层下，打破 4 层、生土，被一柱洞打破	椭圆形，弧壁，圜底	口径 76×78、深 30	无		未采用
H121	T33 西北部	开口 4 层下，打破生土	近方形圆角，斜壁，底不平	口径 8×（7～44）、底径 63×41、深 28～36	无		未采用

续表

灰坑号	位　置	层位关系	形　状	尺寸（厘米）	主要出土器物	年代推断	备注
H122	T33 西部	开口 4 层下，打破生土，被 H98 打破	近圆形，弧壁，锅底状	口径 90×68、深 56	无		未采用
H123	T30 北部	开口 3C 层下，打破 4 层、5A 层、H166	椭圆形，坑壁或内弧凹或外斜，圜底近平	口径 106×90、底径 96×80、深 40	子母口簋 1		未采用
H124	T35 西北部	开口 4 层下，打破生土	椭圆形，弧壁，圜平底	口径 81×60、深 40	无		未采用
H125	T35 北壁下				无		未采用
H126	T32 西北部	开口 3C 层下，打破 3D 层	不规则椭圆形，斜壁，尖圜底	口径 66×50、深 42	无		未采用
H127	T30 西北部	开口 3C 层下，打破黄土，被 H177 打破，叠压在 H157 之上	椭圆形，斜壁，平底	口径 78×94、底径 60×76、深 30	无		未采用
H128	T31 中部偏东	开口 4A 层下，打破生土，在 3 层下 H114 之下	椭圆形，弧壁，圜底	口径 70×100、深 38	折沿罐 1	大晚晚	
H129	T32 西北角，局部	开口 3D 层下，打破 4 层、5 层	椭圆形一角，斜弧壁，平底	残口 73×110、残底 53×80、深 60	无		未采用
H130	T31 南壁下至 T34 北隔梁内	开口 3D 层下，打破 4 层、H136、4A 层、生土	椭圆形，弧壁，尖圜底	口径 130×76、深 35	折沿小罐 1、曲腹杯 1、小盆 1	大晚晚	
H131	T31 东壁下	开口 5B 层下，打破生土，被 H114 打破	近圆形，弧壁，圜平底	口径 90×84、深 40	无		未采用
H132	T32 西北部	开口 4 层下，打破 5 层	近平行四边形，弧壁，圜平底	口长 70～85、宽 42～62、底长 58～76、宽 40～52、深 32	无		未采用
H133	T32 西壁下至 T31 东隔梁内	开口 3D 层下，打破 4 层、4A 层、生土，被 H135 打破	椭圆形，弧壁，圆斜底	口径 200×156、底径 164×80、深 72	石斧 4、石锄 1、小石坯 1、凹折沿罐 1、折沿小罐 2、弧折沿小罐 2、敛口小罐 1、高领罐 1、敛口碗 1、碗圈足 1、内折沿盘 1、敛口小盆 1、残支座 1	大晚晚	

续表

灰坑号	位　置	层位关系	形　状	尺寸（厘米）	主要出土器物	年代推断	备注
H134	T38 东壁下	开口 2H 层下，打破 H23	不规则形，弧壁，底高低不平	口残长 140、残宽 70、底残长 110、最深处 50	石铲 1、小石锛 1、侈口碗 1	屈晚	
H135	T31 西南部	开口 3D 层下，打破 H133、4 层、生土	椭圆形，弧壁，圜平底	口径 78×90、底径 44、深 22	石锄 1、石锛 1	大晚晚	
H136	T31 东南部	开口 4A 层下，打破 4B 层、生土，被 H114、H130 打破	近圆形，斜壁，尖圜底	口径 100、深 34	石锄 1、石斧 1	大晚晚	
H137	T42 东南部	开口 2 层下，打破 4 层、生土	椭圆形，直壁，平底	口径 146×100、底径 142×96、深 30	折沿罐 1、敛口小钵 1	屈晚	
H138	T40 西北部	开口 3 层下，打破生土	长方形，斜壁，平底	口部 90×50、底部 76×32、深 32	高领罐 1、碗圈足 1	大晚晚	
H139	T39 西北部	开口 3 层下，打破 4 层，被一柱洞打破	近正方形圆角，弧壁近直，平底	口径 80×91、底径 74×87、深 27	卷沿盘 1		未采用
H140	T39 东北部	开口 3 层下，打破 4 层，被 G10、H145、M16 打破	不规则似梯形，斜壁，平底	口径 130×65、深 40	直口盘 1，另有红衣黑彩陶片和薄胎杯残片		未采用
H141	T39 东南部	开口 2 层下，打破 4 层，被 G10 打破	近椭圆形，弧壁，圜平底	残口径 110×120、深 36	内折沿碗 1	屈晚	
H142	T38 北部	开口 2 层下，打破 H169、M24	椭圆形，斜直壁，平底	口径 112×80、深 42	无		未采用
H143	T42 北壁下至北梁内	开口 2 层下，打破 M20、生土	长方形，直壁，平底	口径 132×52、底径 124×48、深 44	无		未采用
H144	T42 西北角	开口 2 层下，打破 3 层、M21、4 层、生土，被 M29 打破	椭圆形，近直壁，平底	口径 146×130、底径 130×110、深 78	陶纺轮 1、凹折沿罐 1、小釜 1、内折沿碗 1	屈晚	
H145	T39 东北部	开口 4 层下，打破生土，被 G10 打破	近椭圆形，弧壁，圜底	口残径 90×50 以上、深 46	内折沿器盖盘 1	大晚晚	

续表

灰坑号	位　置	层位关系	形　状	尺寸（厘米）	主要出土器物	年代推断	备注
H146	T41 至 T42 南壁下	开口 3 层下，打破 4 层	近长方形，但仅露出一角，斜壁近直，平底	残长 200、残宽 200、深 20～39	石斧 4、陶纺轮 4、凹折沿罐 1、罐平底 1、彩陶壶残片 1、敞口杯 1、卷沿豆盘 1、豆高圈足 1、器盖 1	屈晚	
H147	T32 东壁下至东隔梁内	开口 3D 层下，打破 4 层	椭圆形，斜壁，平底	口径 83×75、深 20	无		未采用
H148	T40 西壁下至 T39 东梁内	开口 2F 层下，打破生土	圆形袋状，口小底大，壁内弧，平底	口径 120×112、深 209	无		未采用
H149	T33 东北梁结合处	开口 3A 层下，打破 3C 层	椭圆形，弧壁较直，圜平底	口径 56×40、深 24	无		未采用
H150	T30 东壁下至东隔梁内	开口 3C 层下，打破黄土	近圆形，斜壁，平底	口径 112×74、深 30	无		未采用
H151	T35 北隔梁内	开口 3 层下	椭圆形，弧壁，圜平底	口径 86×76、深 34	束颈罐 1、敛口小罐 1、碗圈足 1	屈早	
H152	T35 北壁下至北隔梁内	开口 3 层下	近椭圆形，斜弧壁，底不甚平	口径约 110×90、深 28 左右	凹折沿罐 3、弧折沿罐 1、高领罐 1、折沿小罐 1、碗圈足 1、敛口钵 1、外折沿盆 1、敛口盆 1	屈早	
H153	T34 北壁下至北隔梁内	开口 3D 层下，打破生土	近圆形，直壁，平底	口径 44×44、深 24	无		未采用
H154	T30 北壁下，局部	开口 3 层下，打破 3C 层、H157	圆形一部分，近直壁，平底	口径 80×64、深 20	无		未采用
H155	T33 东北角至北隔梁内	开口 3A 层下，打破 H161、3C 层	圆形一半，斜壁，平底浅坑	口径 88×52、深 14	无		未采用
H156	T33 北壁下至北梁内	开口 3 层下，打破生土	圆形，近直壁，平底	口径 66×64、深 24	无		未采用
H157	T30 西北部	开口 3C 层下，打破 4 层、黄土，叠压在 H127 之上，被 H154 打破	已残似圆形，斜壁，平底	口径 90、底径 85、深 30	无		未采用
H158	T35 北梁北部至 T32 南，局部	开口 3C 层下，打破 4 层	圆弧状，弧壁，圜底	口径 94×46、深 24	无		未采用

续表

灰坑号	位　置	层位关系	形　状	尺寸（厘米）	主要出土器物	年代推断	备注
H159	T35 北壁下至北隔梁	开口 3C 层下，打破 3D 层、3E 层，被 H102、H125 打破	椭圆形，弧壁，圜平底	口径 110×80、深 20	直颈壶 1、小直口罐 1、敞口豆盘 1、碗圈足 1	屈早	
H160	T35 北隔梁内东部	开口 3D 层下，打破 4 层	近椭圆形，斜弧壁，圜平底	口径 62×58、深 16	无		未采用
H161	T33 北隔梁东部	开口 3 层下，打破 3C 层，被 H155 打破	椭圆形，近直壁，平底	口径 84×66、底径 78×60、深 32	无		未采用
H162	T33 北隔梁中部	开口 3 层下，打破 3C 层，被 Z28 打破	近圆形，斜壁，平底	口径 104×100、深 24	无		未采用
H163	T32 东北角至东梁内	开口 3D 层下，打破 4 层	近方形，直壁，平底	口径 72×57、深 22	无		未采用
H164	T32 东壁下至东隔梁内	开口 5 层下，打破生土	椭圆形，斜壁，尖锅底	口径 90×77、底径 30×25、深 28	折沿彩陶小罐 1、罐平底 1、残碗圈足 1	大晚晚	
H165	T33 北梁北部至 T30 南部	开口 3 层下，打破 3C 层	近圆形，斜壁，平底	口径 88×64、深 42	无		未采用
H166	T30 北壁偏东	开口 3C 层下，打破 5A 层，被 H123 打破	近椭圆形，斜弧壁，平底	口径 90×68、深 45	无		未采用
H167	T36 东北部	开口 5B 层下，打破 6 层、生土	近椭圆形，斜弧壁，底不平	口径 118×101、底稍小、深 34	内折沿簋 1	大晚晚	
H168	T35 西壁下至 T31 东隔梁内	开口 3 层下，打破 H179	近圆形，弧壁，圜底	口径残长约 72、深 36	石斧 2、石锄 2、小石锛 1、石器坯 2、侈口小罐 1	屈早	
H169	T38 北壁偏西	开口 3 层下，打破 M24、4 层，被 H142 打破	近圆形，斜壁近直，平底	口径 118×76、深 35	无		未采用
H170	T30 西北角，局部	开口 3B 层下，打破 H171、H157、黄土	似椭圆形一角，斜壁，凹圜底	口径 80×42、深 85	无		未采用
H171	T30 西壁下，局部	开口 3B 层下，打破 H156、H127、H105、4 层、黄土、被 H170 打破	近圆形一部分，斜壁，底斜平	口径 80×66、深 60	无		未采用

续表

灰坑号	位 置	层位关系	形 状	尺寸（厘米）	主要出土器物	年代推断	备注
H172	T36 东北角至 T38 西北角	开口 4 层下，打破 M42、5A 层、5B 层、6 层、生土	近椭圆形，弧壁，圜底	口径 110×残 92、深 40	束颈罐 1、罐平底 1	大晚晚	
H173	T33 西北角至北隔梁内	开口 3 层下，打破 3C 层、4 层、Z47、Z48、生土，被 Z26 打破	近长方形圆角，斜壁，平底	口径残 110×100、底径残长 92、宽 82、深 54	陶纺轮 1	屈晚	
H174	T34 东部至 T31 南部	开口 4 层下，打破 5 层、生土	圆角方形		无		未采用
H175	T33 北梁至 T30 南部	开口 4 层下，打破生土	圆角长方形，斜壁，平底	口残长 72、宽 70、底残长 70、宽 65、深 40	纺轮 1		未采用
H176	T31 至 T34 北隔梁的东壁下	开口 3D 层下，打破生土，被同层下两个柱洞打破	圆形大部分，斜壁，平底	口残径 158、底残径 104、深 40	直口碗 2	大晚晚	
H177	T35 北梁至 T32 南壁内	开口 4 层下，打破 Z18、Z24	圆形大部分，斜弧壁，平底	口径 86×74、深 22	无		未采用
H178	T34 北梁内，西壁下	开口 3C 层下，打破生土	近圆形，近直壁，平底	口径 66×50、深 70	无		未采用
H179	T35 西北角	开口 4 层下	椭圆形，斜壁不对称，圜平底	口径 100×88、深 34	弧折沿彩陶小罐 1、敛口盆 1、内折沿盘 1、豆高圈足 1、残陶球 1	大晚晚	
H180	T30、T31 的北壁下	开口 3C 层下，打破 4 层、5A 层、5B 层，被两个柱洞打破	近圆形一部分，弧壁，圜底	口径残 100、深 46	陶纺轮 1	屈早	
H181	T30 北壁下中部，局部	开口 3A 层下，打破 3B 层	近圆形一半，斜壁，浅平底	口径 60×36、深 10	无		未采用
H182	T34 东隔内北部	开口 2D 层下，打破 3 层	近圆形，斜弧壁，圜平底	口径 104×98、深 48	无		未采用
H183							空号
H184							空号
H185	T31、T34 东梁内，局部	开口 3D 层下，打破 H186	近圆形，弧壁，圜平底	口径 112×100、深 22	无		未采用

续表

灰坑号	位　置	层位关系	形　状	尺寸（厘米）	主要出土器物	年代推断	备注
H186	T31东壁至东梁内	开口3D层下，被H185打破	似圆形，弧壁，圜平底	口残长70、宽54、深16	无		未采用
H187	T34关键柱至T35	开口3D层下	近椭圆形，斜弧壁，近平底	口径77×85、深37	折沿彩陶小罐1、束颈罐1、高领罐1、敛口小罐2、敛口碗1、矮圈足3	大晚晚	
H188	T31东壁下至东隔梁内	开口3D层下，打破3E层、4层	梯形圆角，斜壁，底不平	口部上宽50、下宽110、高140、深54	凹折沿罐1、罐平底1、内折沿碗1、卷沿盆1、卷沿盘2、圈足小罐1、陶环4	屈早	
H189	T31北壁东部内	开口3C层下，打破3D层、4层、5层、生土	半月形，斜壁，圜底	直径140	无		未采用
H190	T25南壁下至T27北隔梁内	开口4层下	椭圆形，近直壁，斜平底	口径130×86、深58～70	敛口小罐1、侈口小罐1、子母口碗1、碗圈足1	大晚晚	
H191～H200							空号
H201	T74西北角至T71西南角	开口2层下，打破G23、H222、3层、4层、生土	近圆形，斜弧壁，尖圜底	口径204×164、深26	无		未采用
H202							空号
H203							空号
H204	T74南部	开口2层下，打破3层、生土，被G21打破	近圆形，斜壁，尖圜底	口长196、宽134、深58	无		未采用
H205	T70南部	开口2层下，打破4层	小圆形，斜壁，尖圜底	口长80、宽72、深20	无		未采用
H206	T47东南部	开口3A层下，打破3B层	椭圆形，斜弧壁，圜平小底	口长150、宽142、深98	无		未采用
H207	T71西北部	开口2层下，打破3层、4层、H225、G26，被G21打破	长椭圆形，斜壁，近平底	口长142、宽64、深36	无		未采用

续表

灰坑号	位　置	层位关系	形　状	尺寸（厘米）	主要出土器物	年代推断	备注
H208	T71 北壁下至北隔梁内	开口 2 层下，打破 H207、3 层，西南角被近代一小坑打破，又被 G22 打破	长方形圆角，斜弧壁，斜平底	口径 170×120、深 24～36	凹折沿罐 1、折沿罐 1、弧折沿罐 2、斜颈罐 1、斜颈小罐 1、敛口碗 1、侈口碗 1、碗假圈足 1、侈口弧肩小器座 1、喇叭状器座 1	大早三段	
H209	T70 东北部	开口 2 层下，打破 4 层，被 G22 打破	近椭圆形，斜壁，底高低两层	口径 106×96、深 14～27	无		未采用
H210	T45 南壁下至 T46 北隔梁	开口 3B 层下，打破 3C 层	近椭圆形，斜壁，圜底	口径 110×74、深 40	碟 1	大早二段	
H211	T87 西南角	开口 2 层下	椭圆形一部分，弧壁，圜底	口径 340×184、深 74	小石斧 1、小石锛 1、小圭形石凿 1、小石凿 2、陶纺轮 3、双腹碗 1	屈晚	
H212	T76 东部至 T75 西部	开口 2 层下，打破 3 层、4 层、生土	近椭圆形，弧壁，圜底	口径 350×200、深 140	石斧 4、圭形石凿 1、小石斧 1、凹折沿罐 1、折沿罐 2、卷沿罐 1、曲颈瓮 1、折腹碗 1、敞口盆 2、矮圈足 1、内折沿簋 1、小碟 3、小鼎足 1、残支座 1	大早三段	
H213	T74 中略偏东	开口 2 层下			凹折沿小罐 1、卷沿小罐 1		未采用
H214	T86 北隔梁内	开口 2 层下，打破 3 层、4 层、生土	圆形，弧壁，尖圜底	口径 54×52、深 80	无		未采用
H215	T82 中部	开口 2 层下，打破 3 层、4 层、生土	圆形，弧壁，尖圜底	口径 60×58、深 60	支座 1		未采用
H216～H218							空号
H219	T87 南壁中部				无		未采用

续表

灰坑号	位　置	层位关系	形　状	尺寸（厘米）	主要出土器物	年代推断	备注
H220	T70 西北角至 T75 东隔梁内	开口 2 层下，打破 4 层、D10、生土，被 G26 打破	圆弧形部分，弧壁，圜底	口径 230×86、深 70	凹折沿罐 1、子母口簋 2	大早三段	
H221	T70 北壁下	开口 2 层下，打破 3 层、4 层，被 G21 打破	不规则四方形一部分，弧壁，圜底	口残长 82、宽 120～190、深 55	高领小罐 1、内折沿簋 1、敛口碗 1、敞口碗 2、器盖 1	大早三段	
H222	T75 南壁下	开口 2 层下，打破 H223、H243，被 H201、G28、G26、打破	近椭圆形，弧壁，圜平底	口径残长 320×150、深 55	凹折沿罐 1、折沿罐 2、斜颈罐 1、矮颈罐 1、内折沿簋 1、侈口碗 1、矮圈足 5	大早三段	
H223	T75 东南至东隔梁内	开口 2 层下，打破 H235、G26 和 4 层，被 H222 打破	椭圆形，斜壁，底不平坦	口径残长 308、宽 160、深 80	折沿罐 3、弧折沿罐 1、子母口碗 2、内折沿簋 1、侈口碗 1、敞口碗 3、有刻划符号碗矮圈足 2	大早二段	
H224	T75 西北部	开口 2 层下，打破 H230、4 层	近圆形，斜弧壁，近平底	口径 128×134、深 100	凹折沿釜 1、凹折沿罐 3、折沿彩陶罐 1、斜颈小罐和罐 2、矮颈罐 1、内折沿簋 2、敞口碗 1、有刻划符号碗圈足 1	大早二段	
H225	T75 中部、西部至 T78，东部至 T71	开口 2 层下，打破 4 层，东部被 H207 打破	长条近椭圆形，斜壁，底不平坦	口残长 335、宽 55～130、深 100 左右	凹折沿罐 3、弧折沿罐 1、小口瓮 2、曲颈瓶 1、敞口钵 1、内折沿盘 1、圜底小碟 1、器盖 1	大早三段	
H226	T71 中部	开口 2 层下，打破 3 层	近圆形，斜壁，平底	口径 110、底径 95、深 50	有刻划符号碗圈足 2	大早二段	
H227	T78 东壁下	开口 2A 层下，北部被 H244 打破，南部被现代坑打破	椭圆形，斜弧壁，圜底	口径残长 220 以上、宽径 120 以上、最深 130	凹折沿罐 1、曲颈罐 1	大早三段	
H228	T86 南壁下，局部	开口 4 层下	近圆形一半，弧壁，圜底近平	口径 150×90、深 60	无		未采用
H229	T87 南壁下，局部	开口 4 层下	长椭圆形一半，壁有一级台阶，小平底	口径 120×104、深（26～66）	无		未采用

续表

灰坑号	位　置	层位关系	形　状	尺寸（厘米）	主要出土器物	年代推断	备注
H230	T75 西北部扩方的北壁下	开口2层下，被H224打破	近圆形，但南部被H224打破，北部在T75西北扩方的北隔梁内未揭开		折沿罐2、小罐1、曲颈瓶1、敛口碗1、卷沿碗1、残支座1	大早二段	
H231							空号
H232	T74 中南部	开口2层下	圆形	口径70	折沿罐1、敞口碗1、敛口碗1		
H233							空号
H234							空号
H235	T75 南部至西部 T78	开口2层下，与G26、H225、H222、H223连成一体	长条形沟状，斜弧壁，底不平坦	口长约300、宽55～110、深50～65	凹折沿罐1、凹折沿小罐1、敞口碗2	大早二段	
H236	T71 南部	开口3层下，打破H237、H241	近圆形，斜弧壁较直，平底	口径138、底径130、深43	凹折沿罐1、凹折沿小罐1、内折沿簋1、侈口碗1、折腹碗1、碗假圈足1	大早三段	
H237	T71 西南部	开口3层下，被H236打破	近圆形，斜弧壁，底不平	口径150、底径120、深40～50	凹折沿罐1、束颈罐1、束颈小罐1、小口瓮1、内折沿簋1、子母口碗1	大早一段	
H238	T71 北梁中部	开口3层下，打破H239、H242，被T72扰坑打破	近椭圆形，弧壁，圜底	口径144×90、深38	无		未采用
H239	T71 东北角	开口3层下，打破H240、H241，被H238和T72扰坑打破	近圆形，斜壁，平底	口径126×120、深38	无		未采用
H240	T71 东壁下至东隔梁内	开口3层下，打破H241、G26，被H239打破	近圆形，斜壁近直，平底	口径150、底径140、深42	高颈壶1、内折沿簋1、敞口碗1	大早三段	
H241	T71 中北部	开口3层下，打破H242、G26，被H236、H239和H240打破	椭圆形，斜弧壁，近平底	口残径240×100、底残径200×35、深50	凹折沿罐3、折沿罐1、曲颈罐1、碗圈足1、片状小鼎足1	大早一段	

续表

灰坑号	位　置	层位关系	形　状	尺寸（厘米）	主要出土器物	年代推断	备注
H242	T71 中部偏北	开口 3 层下，打破 G26，被 H241 打破	近圆形，斜弧壁，近平底	口径 110×98、深 30	凹折沿小罐 2、折沿罐 1	大早一段	
H243	T74 西壁下，局部	开口 2 层下	长条形，斜弧壁，圜平底	残长 200、残宽 110、深 30	无		未采用
H244	T78 北壁	开口 2 层下，打破 3 层	椭圆形，斜弧壁，锅底状	口径 150×130、深 30	无		未采用
H245	T82 北梁下，局部	开口 2 层下，打破 H246	椭圆形一半，斜壁，近平底	口径 90×80、深 30	无		未采用
H246	T82 北隔梁下	开口 3 层下，打破 4 层，被 H245 打破	椭圆形一半，弧壁，底不平	口径 300、底径 278、深 50	陶纺轮 1、凹折沿罐 1	屈晚	
H247	T83 北隔梁下	开口 3 层下，打破生土	近椭圆形一部分，斜壁，底不平	口部残长径 130、宽径 130、深 36	高圈足杯 2、斜腹小罐 2、觚形杯 1、豆圈足 1	屈晚	
HH248 ~ HH251							空号
H252	T0530	开口 2 层下			石器 2		未采用
H253	T0530	开口 3A 层下			鬲口沿 1		未采用
H254							空号
H255	T0823 东部至东隔梁内	开口 1B 层下，打破 G53、H258	不规则近椭圆形，弧壁，圜平底	长 192、宽 76~106、深 52	豆座 1、鬲足 1、环状玉佩 1	东周	
H256	T6020 东南部	开口 1A 层下，打破生土	椭圆形浅凹坑，斜壁不规则，底不平	口径 80×120、深 30	折沿罐 1、高圈足 1、卷沿盘 1、筒腹大器座 1	大中早	
H257	T0824 东北部	开口 1B 层下，打破 3 层	近椭圆形，直壁，底不平	口径 120×90、深 100	盆口沿 1、鬲足 1、石斧 1		未采用
H258	T0823 东北部至东隔梁内	开口 1B 层下，打破 H360，被 H255 打破	不规则近圆角三角形	口部底边长 150、高 100	鬲足 1	东周	
H259	T6020 北部	开口 1A 层下，打破生土	长方形小浅坑，斜壁，平底	口长 80、宽 50、底长 70、宽 40、深 10	弧折沿罐 1、敞口碗 1	大中早	未采用

续表

灰坑号	位 置	层位关系	形 状	尺寸（厘米）	主要出土器物	年代推断	备注
H260	T0924 东隔梁内	开口 2 层下，打破 3 层、生土	近长方形，斜壁，圜底	口部 160×108、深 36	小口高领罐 1、侈口小罐 1、敛口折腹小罐 1、内折沿碗 1、内折沿盘 1、内折沿器盖盘 1	大中早	
H261	T0924 北壁下	开口 2 层下，打破 H262，被 H362、H301 打破	长方形圆角一部分，斜壁，圜底	口径残 70×70、深 45	斜腹碗 1	大中早	
H262	T0924 北壁下	开口 2 层下，打破 H261 和 H301	圆形，仅发掘一半，斜壁，平底	口径 140、底径 50、深 75	小直口罐 1	大中早	
H263	T0924 中部偏西	开口 2 层下	椭圆形，上直壁，下内收，小平底	口径 130×100、底径 45×45、深 105	无		未采用
H264	T0519 北壁下，局部	开口 1B 层下，打破 2 层	半弧形，斜壁，尖圜底	口径 70×20、深 30	无		未采用
H265	T0924 中西部	开口 2 层下	圆形，斜壁，平底	口径 90、底径 70、深 40	凹折沿罐 1、内折沿碗 1	大中早	
H266	T0621 中部至东南角	开口 1A 层下，打破生土	长条近长方形，直壁，底不平	口、底皆 90×350 以上、深 50～80	卷沿敛口罐 1、束颈罐 1、敛口瓮 1、矮颈瓮 1、直颈壶 1、弧颈壶 1、敞口豆盘 1、平沿盆 1、鬲口沿 2、鬲足 1	东周	
H267	T0925 南壁下，局部	开口 1D 层下，打破 2 层	长条状是局部地层，斜弧壁，底不平	口径 400、宽 10～20、深 20	无		未采用
H268	T0925 西壁	开口 1D 层下，打破 2 层	不规则形，直壁，斜底	口径 84×60、深 10～35	无		未采用
H269	T0923 东北部	开口 2A 层下，打破 H270、3 层	圆形、直壁、圜平底	口径 80×72、深 25	折沿罐 1、内折沿碗 1	大中中	
H270	T0923 中偏北	开口 2A 层下，打破 3 层、H271	扁圆形，直壁，平底	口径 90×70、深 28	无		未采用

续表

灰坑号	位　置	层位关系	形　状	尺寸（厘米）	主要出土器物	年代推断	备注
H271	T0923 西北部	开口 2A 层下，打破 3 层，被 H270 打破	近圆形，近直壁，平底	口径 96、底径 90、深 30	折沿罐 1、束颈罐 1、小口高领罐 1	大中中	
H272	T1023 西部至 T0923 东隔梁	开口 2A 层下，打破 H273	椭圆形，弧壁，圜底	口径 104 × 83、深 40	石斧 1、凹折沿罐 1、束颈罐 1、高领罐 1、深腹豆盘 1、粗圈足 2、矮圈足 1、罐平底 1	屈晚	
H273	T1023 西部和 T0923 东隔梁之间	开口 2A 层下，打破 G56、2E 层、3 层，被 H272 打破	椭圆形，弧壁，圜底	口径 240 × 210、深 52	弧折沿罐 1、敞口碗 2、敛口碗 2、矮圈足 1、小鼎足 1、器座 2	大中晚	
H274	T0923 西北部	开口 2A 层下，打破黄土台	不规则形，斜壁，平底	口径 140 × 76、底径 130 × 66、深 24 ~ 40	无		未采用
H275	T0923 东北角	开口 2B 层下，打破 H290、生土	近椭圆形一角，斜壁，平底	东西残长 75、南北残宽 40、深 45	斜颈小罐 1、内折沿盘 1、敞口碗 1、斜腹钵 1	大中中	
H276	T1024 北壁下，局部	开口 2A 层下	仅露梯形坑南部，弧壁，圜底	口径 128 × 34、深 30	无		未采用
H277	T1024 西北角，局部	开口 2B 层下	仅圆弧形一角，弧壁，平底	残长 90、残宽 70、深 24	无		未采用
H278	T0721 东南角	开口 1 层下，打破生土，被一柱洞打破	不规则形一角，斜壁，斜平底	口部东西残长 180、南北残宽 140、深 24 ~ 30	石斧 1、敞口碗 1、直口盘 1、外折沿小盆 1	大中晚	
H279	T0721 东北部	开口 1 层下，打破 H296	圆形，弧壁，平底	口径 50 × 50、深 10	无		未采用
H280	T0721 东北部	开口 1 层下，打破 H296、生土	圆形，近直壁，平底	口径 80 × 70、深 30	残石镯 1		未采用
H281	T0721 中部	开口 1 层下，打破生土	四方形，直壁，平底	口径 94 × 84、深 30	无		未采用
H282	T0721 西壁偏南	开口 1 层下，打破生土	近圆形，直壁，平底	口径 102 × 90、深 30	无		未采用
H283	T0722 东北部	开口 1 层下，打破 2 层	近圆形，弧壁，圜平底	口径 42 × 40、深 22	无		未采用
H284	T0923 南部	开口 2 层下，打破生土	近圆形，直壁，平底	口径 60 × 50、深 10	无		未采用
H285	T0721 西北角	开口 1 层下，打破 H286、生土	长椭圆形大部，斜壁，平底	口径残长 100、宽 80、底径残长 90 × 70、深 30	釉陶罐 1、釉陶双系罐 1	唐宋	未采用

续表

灰坑号	位　置	层位关系	形　状	尺寸（厘米）	主要出土器物	年代推断	备注
H286	T0721 北部偏西	开口 1 层下，打破生土，被 H285 打破	长条形，斜壁，平底	口径 100×40、深 60	无		未采用
H287	T0721 西北部	开口 1 层下，打破 Z7、生土，被 Z8、Z9 打破	不规则形，直壁，平底	口径 110×84、深 50	无		未采用
H288	T0923 东南角	开口 2B 层下，打破生土	近椭圆形，斜壁近直，圜底	东西残长 95、南北残宽 60、深 70	凹折沿罐 1、弧折沿小罐 1、凹平底杯 1、碗圈足 1	大中中	
H289	T0923 东壁下中部	开口 2B 层下，打破生土	不规则椭圆形，直壁，斜平底	残长 75、南北宽 65、深 25～40	折沿罐 1、碗圈足 1、敛口盆 1	大中中	
H290	T0923 东北角	开口 2 层下，打破生土，北部被 H275 打破	椭圆形，斜壁，近平底	口部南北残长 105、东西宽 95、深 30	弧折沿罐 1、斜腹碗 1	大中早	
H291	T1023 东南角	开口 3 层下，打破 H293，叠压 H314 之上，被 G52 打破	长条形圆角一部分，弧壁，圜底	口残长 265、残宽 60、深约 30	石锄 1、折沿罐 1	大中中	
H292	T0721 北梁偏东	开口 1 层下，打破 H296、H280、生土，被 Z10、Z11、Z13 打破	方形，近直壁，平底	口径 108×90、深 30	无		未采用
H293	T1023 南壁下	开口 4 层下，打破 H314，被 H291 打破	近圆形约一半，斜弧壁，平底	口径 230、底径 180、深 40	折沿罐 2、小口高领罐 1、敛口罐 1、敛口小钵 1、敛口小碗 1、内折沿盘 1	大中中	
H294	T1125 西壁下	开口 2A 层下，打破 H299、H300、2B 层、生土	近圆形，发掘一半，斜壁，近平底	口径 208、底径 160、深 65～80	鬲口沿 1、鬲足 1	东周	
H295	TT1125 东南角，局部	开口 2A 层下，打破 2B 层、生土	椭圆形，弧壁，圜平底	口径 90×88、深 200	无		未采用
H296	T0721 北隔梁下	开口 1 层下，打破生土，被 H292、H297、H280、Z10、Z12 打破	近圆形，弧壁，底较平	口径 124×92、深 20	卷沿碗 1		未采用
H297	T1325 西南角	开口 1D 层下，打破 1E 层	圆形，弧壁，圜平底	口径 36×32、深 25	无		未采用

续表

灰坑号	位　置	层位关系	形　状	尺寸（厘米）	主要出土器物	年代推断	备注
H298	T0721 北隔梁内偏西	开口1层下，打破生土	长方形，直壁，平底	口、底皆60×40、深25	内折沿碗1、敞口钵1	大中晚	
H299	T1125 西壁下	开口2层下，打破生土，被H294打破	似圆形只露出一部分，弧壁，圜底	口径大于76、深大于76	石斧1、凹折沿罐1	大中晚	
H300	T1125 西北至T1025	开口2A层下，打破H302、2B层、生土，被H294打破	近圆形，斜直壁、圜底	口径100、底径68、深76	敞口碗1、敞口小盆1、罐平底1	屈晚	
H301							空号
H302	T1125 北壁下至隔梁内	开口2A层下，打破H303、H605、G60、2B层、生土，被H300打破	近圆形，弧壁近直，平底	口径180×160、深30	石锄4、凹折沿罐6、折沿罐1、凹折沿小罐2、折沿小罐1、矮颈罐1、弧颈壶1、侈口碗2、双腹碗3、内折沿碗1、敛口碗1、敞口碗1、敛口钵1、外折沿盆1、带状沿盆1、直口盘1、内折沿盘1、豆圈足4、碗圈足5、罐平底3、管状流1	屈晚	
H303	T1125 北壁下	开口2B层下，打破生土，被H302打破	似长方形一部分，直壁，底不平	口宽165、底宽160、深14～26	弧折沿罐1、双腹碗1	屈晚	
H304	T1226 中部偏东	开口2A层下，打破2B层	近长方形圆角，弧壁，圜平底	口长160、宽108、深30	粗颈罐1、盘口壶1、敞口豆盘1	东周	
H305	T1125 中部	开口2A层下，打破2B层、生土	不规则形，直壁，平底	口部东西最长150、南北最宽140、深70	弧折沿罐1、内折沿碗1、彩陶敛口碗1、内折沿盘1	屈晚	
H306							空号
H307	T1225 西南角	开口2A层下，打破H317	露出部分似圆形一部分，斜壁，平底	口径残长170、底径残长35、深35	鬲口沿2	东周	
H308	T1225 中部偏南	开口2A层下，打破H317、3层	近长方形，直壁，平底	口径170×110、深38	无		未采用
H309	T1124 西部偏南	开口2A层下，打破3A层	不规则四方形，斜壁，平底	口径100×56、深20	弧折沿小罐1		未采用
H310	T1124 北壁偏东	开口2B层下	椭圆形，弧壁，圜平底	口残62×52、深26	内折沿碗1		未采用

续表

灰坑号	位　置	层位关系	形　状	尺寸（厘米）	主要出土器物	年代推断	备注
H311	T1226 东北角，局部	开口 1D 层下，打破 2B 层、3A 层	椭圆形一部分，弧壁，圜平底	口残 125×残 97、深 52	无		未采用
H312	T1227 中南部	开口 1B 层下，打破 H324、H316	椭圆形，直壁，平底近中部又一低凹小圆坑	口径 140×100 左右、深 10～15	鬲口沿 1、鬲足 1	东周	
H313	T1227 北隔梁下	开口 1B 层下，打破生土	圆形坑一半，直壁，平底	口、底径约 100、深 20	石锄 1、碗圈足 1、外折沿小盆 1	大中晚	
H314	T1023 东南角	开口 H291 之下，打破生土，被 H293 叠压	椭圆形一角，斜弧壁，圜平底	口部南北残长 175、东西残宽 75、深 50	石斧 2、凹折沿罐 2、弧折沿小罐 1、敞口盘 1、筒腹大器座 1	大中早	
H315	T1227 东部	开口 2 层下，打破 3A 层	瓢形，直壁，平浅底	口底长 170、宽 50～95、深 10	高领罐 1、束颈罐 1、侈口小罐 1、陶纺轮 1	屈晚	
H316	T1227 南壁下，局部	开口 2 层下，打破 3A 层、3B 层	圆形坑一半，斜壁，圜底				未采用
H317	T1225 西南部	开口 2 层下	圆形，斜壁，斜平底	口径 120×120、深 55	鬲口沿 1		未采用
H318	T1126 和 T1125 北隔梁西壁下	开口 2 层下，打破 H302、H605	近圆形，直壁，平底	口径 170、底部稍小，深 50	束颈小罐 1、敞口豆盘 1、鬲口沿 2、鬲足 1	东周	
H319	T1226 东北至东北隔梁内	开口 2 层下，打破 4 层、生土，被 H311 打破	圆形一部分，弧壁，圜底	口径大于 190、深 45	弧颈壶 1、外折沿敞口盆 2、卷沿敞口盆 1、矮圈足 1	屈晚	
H320	T1126 东北角	开口 2 层下，打破 H328	椭圆形一部分，直壁，平底	口长径大于 170、宽径稍大于 168、深 20	凹折沿罐 2、折沿罐 4、束颈罐 1、卷沿小罐 1、折沿小罐 2、弧颈壶 1、盘口缸 1、敛口碗 1、小凹沿碗 1、内折沿碗 2、侈口碗 1、内折沿盘 1、外折沿盘 1、外折沿盆 4、碗圈足 3、豆圈足 3、平底器 3	屈晚	
H321	T1227 东壁下	开口 2 层下，打破 H323	圆形坑一部分，直壁，平底	口径大于 105、底稍小，深 30	盘口罐 1、高领罐 2、敞口豆盘 1、大口鬲 1、鬲足 1	东周	

续表

灰坑号	位　置	层位关系	形　状	尺寸（厘米）	主要出土器物	年代推断	备注
H322	T1126 东南边	开口 2 层下，打破 H605	近椭圆形，直壁，平底浅坑	口径 270×178、深 19	凹折沿罐 1、折沿罐 3、高领罐 2、侈口小罐 1、壶口沿 3、彩陶壶形器 1、盘口缸 1、双腹碗 4、罐形杯 1、敞口杯 1、内折沿盘 1、外折沿盘 2、敛口豆盘 1、敞口盆 2、敛口盆 1、豆高圈足 1、矮圈足 2、平底器 2	屈晚	
H323	T1227 东壁下	开口 3A 层下，打破 3B 层、生土	圆形大半，斜壁，圜底	口径约 180、深 38	折沿罐 1、高领罐 1、斜颈罐 1、内折沿碗 1、敛口碗 1、敛口盘 1	大中晚	
H324	T1227 中部	开口 2 层下，打破生土	近圆形，口小底大，平底	口径 122×107、深 36	残罐 1		未采用
H325	T1126 西部	开口 3 层下，打破 H604、生土	近椭圆形，直壁，平底	口径 130×66、深 26	折沿罐 1、斜颈壶 1、器耳 1	大中晚	
H326	T1126 东部	开口 2 层下，被压于 H322 之下，又压于 H601 之上	近椭圆形，直壁，近平底	口径 233×160、深 30	凹折沿罐 2、束颈小罐 1	屈晚	
H327	T1023 东北角，局部	开口 2B 层下，打破 3 层、生土	半圆形，弧壁，圜底	口径 145×56、深 20	无		未采用
H328	T1126 东北角	开口 2 层下，被 H320 叠压	不规则四边形一部分，斜壁，近平底	口长 190 以上、宽 136 以上、深 75	石斧 1、陶纺轮 2、凹折沿罐 7、高领罐 2、壶口沿 2、凹折沿（弧肩）小罐 2、凹折沿（溜肩）小罐 1、直口（扁腹）小罐 1、盘口缸 1、敛口盆 1、侈口碗 1、敛口碗 2、内折沿碗 1、小凹沿碗 3、直口小杯 1、碗圈足 6、罐平底 1	屈晚	

续表

灰坑号	位　置	层位关系	形　状	尺寸（厘米）	主要出土器物	年代推断	备注
H329	T1023 北隔梁内	开口 2A 层下，打破 3 层、生土	近正方形圆角，斜壁近直，近平底	口部边长 140、底部边长 95、深 56	石斧 2、折沿罐 1、碗圈足 1、直口盘 1	大中晚	
H330	T1126 东南角至 T1125 北隔梁内	开口 2 层下，打破 H322、3 层、生土	近椭圆形，斜壁，平底	南北径长 140、东西径宽 110、深 30	凹折沿罐 1、折沿罐 1、凹折沿小罐 1、罐形杯 1、盘口缸 1、内折沿盘 1、双腹碗 1、卷沿盆 1、矮圈足 4	屈晚	
H331	T1327 北隔梁北扩方	开口 2 层下，打破 3 层	椭圆形，直壁，平底	口径 90 × 120、底稍小、深 44	盘口壶 1、纹饰陶片 1	东周	距 Y1 仅 10 厘米
H332	T1123 西南部	开口 3C 层下 G64 之下，又与 G68 相通	近圆形，弧壁，圜底	口径 110、深 30	石斧 2、凹折沿罐 1、敛口盘 1	大中早	
H333	T1123 中部偏东北	开口 3C 层下 G64 之下，又叠压 G69	不规则形，弧壁，圜底	口长 160、最宽处 80、深 30 ~ 42	残石斧 1、凹折沿罐 1、敛口碗 1、内折沿碗 1、卷沿（豆）盘 1、直口盖盘 1、矮圈足 1	大中早	
H334	T1123 东南部	开口 3C 层下，叠压 G69，被 G64 打破	沟形，浅斜壁，斜底不平	口径 200 ×（68 ~ 88）、深 10	无		未采用
H335	T2934 东部	开口 1C 层下，打破 H336、H346	不规则近圆形，斜壁，平底	口径 158 × 130、深 30	凹折沿彩陶罐 1、碗圈足 1	大早三段	
H336	T2934 探方中	开口 3A 层下，打破 H347，被 H335 和 H346 打破	近椭圆形，斜壁，中部又有一周台阶，平底	口径 308 × 250、中部台阶口径 280、底径 200、深 80	石斧 1、小石锛 1、凹折沿罐 3、曲颈罐 1、壶口沿 2、敞口碗 2、假腹碗 1、内折沿簋 1、内卷沿大盆 1、器盖 2、矮圈足 6、豆高圈足 2、小鼎足 3、罐平底 1	大早三段	
H337	T2743 东南部	开口 1 层下，打破 H338，被 H339 打破	椭圆形，斜直壁，平底	口径 130 × 140、底径 120 × 130、深 38	凹折沿罐 1、斜颈罐 1、折腹碗 1、敞口碗 1、直口盘 1、矮圈足 2、器耳 1	大早三段	
H338	T2734 东南角，局部	开口 2 层下，被 H337 打破	不规则形，直壁，平底	口径 120 × 90、深 30	无		未采用

续表

灰坑号	位置	层位关系	形状	尺寸（厘米）	主要出土器物	年代推断	备注
H339	T2734 中部偏南	开口1层下，打破H337	正方形圆坑，斜边近直，平底	口径60×65、底径60×55、深18	无		未采用
H340	T2834 东南部	开口1层下	近圆形，斜壁，平底	口径90×100、底径90×95、深5~20	无		未采用
H341	T2733 西南部	开口1C层下，打破生土	近圆形，弧壁，圜平底；坑中央一块石头（22×34~6）	口径135×140、深35	凹折沿罐1、折沿罐1	大早二段	未采用
H342	T2733 东南角至东隔梁内	开口1C层下，打破生土	圆形，弧壁，平底	口径100、底径96、深35	侈口碗1、内折沿碗1、矮圈足2	大早二段	
H343	T2733 北部	开口1C层下，打破生土	椭圆形，弧壁，圜底	口径140×105、深36	无		未采用
H344	T2733 西北部	开口1C层下，打破生土	近圆形，弧壁，平底	口径90×80、深5~10	无		未采用
H345	T2734 东壁下，局部	开口1层下	圆形一半，弧直壁，近平底	口径60×70、深10	无		未采用
H346	T2934 中部	开口3A层下，打破H336、H347，被H335打破	近椭圆形，直壁，平底	口径100×85、深60	凹折沿罐1、壶口沿1、侈口弧肩小器座1	大早三段	
H347	T2934 中南部	开口3A层下，东北被H346打破，西北被H336打破	据H336平剖面，H347原为圆形或椭圆形，但被H336打破后仅剩半月形，再被H346打破则剩半月形的一部分		折沿彩陶小罐1、斜颈罐1、小口瓮1、折腹碗1、敛口碗1	大早三段	
H348	T2737 西南部	开口1C层下，打破H351	近圆形，直壁，圜平底	口径65×95、底径65×80、深25	凹折沿罐1、侈口碗1、矮圈足1	大早三段	
H349	T2837 东部至东隔梁内	开口3A层下，打破4层、生土	近圆形，斜直壁，底不平	口径100×110、底稍小，深56	敞口假圈足碗1	大早三段	

续表

灰坑号	位 置	层位关系	形 状	尺寸（厘米）	主要出土器物	年代推断	备注
H350	T2937	开口1层下，打破红烧土、黄土台	圆形，斜壁，平底	口径50×54、深36	卷沿碗1		未采用
H351	T2737 西壁下	开口1C层下，打破黄土台、被H348打破	仅露出长方形对角线一角，近直壁，圜平底	口长190以上、宽120左右、深65	凹折沿罐3、折沿罐1、直口罐1、内折沿碗1、折腹盘1、凸棱状碗圈足1、罐平底1	大早三段	
H352	T2737 西中部	开口1C层下	椭圆形，斜壁，平底	口径45×60、底径40×55、深13	无		未采用
H353	T3038 西边中部	开口1层下，打破黄土台	近圆形，斜壁，平底	口径134×145、底径109、深61	小口瓮1、折腹碗2、残支座1	大早三段	
H354	T3037 北壁下	开口1层下，打破黄土台	近椭圆形，斜壁，底不平	口径60×80、深50	凹折沿罐1、折腹碗1、斜腹假圈足碗1、直壁大器座纹饰残片1	大早三段	
H355	T3137 东南角	开口1层下，打破生土			折沿罐1、敛口小罐1		未采用
H356	T2934 北梁	开口3A层下			无		
H357～H358							空号
H359	T2840 西壁下		径长方形一部分，斜壁，平底	口径100×（70～90）、深65	无		未采用
H360	T3037 东南部	开口1层下，打破生土	椭圆形，斜壁，平底	口径111×80、底径92×59、深59	凹折沿罐1		未采用
H361	T2737 南壁下，局部	开口1C层下，打破生土	圆形，只露半边近直壁，平底	口部残径60、深57	折沿罐1、凹折沿罐1、弧折沿罐1、敛口钵1		未采用
H362	T2737 西北部	开口1C层下，距地表60厘米	近圆形，近直壁，平底	口径80×75、深16	无		未采用

续表

灰坑号	位 置	层位关系	形 状	尺寸（厘米）	主要出土器物	年代推断	备注
H363	T2839 中部至南壁下	开口 1B 层下，打破 H538，被 H365 打破	不规则形，壁有斜有直，底不甚平	口部东西残长 340、南北残宽 224、深 70	凹折沿罐 4、折沿罐 2、斜颈罐 2、斜颈彩陶小罐 1、侈口瓮 1、侈口小罐 1、曲颈彩陶瓶 2、敛口钵 1、内折沿碗 1、有刻划符号敛口碗 1、盘口罐 1、内折沿簋 1、矮圈足 15、豆高圈足 1	大早二段	实属扰乱坑，内有一批大早二段标本
H364	T2839 东南角	开口 1A 层下，打破 H363	仅露出弧形一角，直壁，平底	口径大于 60 × 70、底稍小、深 80	折沿彩陶罐 1、敛口碗 1	大早三段	实属扰乱坑，有大早三段标本
H365	T2839 西南角至 T2739 东隔梁内，其南部已被 TG2、T28 发掘时破坏	开口 1B 层下，打破 H363、H538	椭圆形，直壁，平底	南北残长 210、东西残宽 70、深 34	小石斧 1、凹折沿罐 4、弧折沿彩陶罐 2、斜颈小罐 1、曲颈罐 1、曲颈彩陶瓶 4、内折沿簋 2、红顶敞口钵 1、敛口碗 1、卷沿碗 1、侈口小碗 1、直口盘 1、矮圈足 2、有刻划符号矮圈足 1、小鼎足 1、残支座 1	大早二段	实属扰乱坑，出土一批大早二段标本
H366	T2932 东北部	开口 1 层下，打破 3B 层、3C 层、4 层	椭圆形，弧壁，圜底	口径 95 × 70、深 45	无		未采用
H367	T2932 中部	开口 1 层下，打破 3B 层、3C 层、4 层	不规则长方形，斜坡西高东低	口径 90 × 50、底径 70 × 20、深 25 ~ 40	无		未采用
H368	T2932 西南角，局部	开口 3B 层下，打破 3C 层，被 G77 打破	圆形一角，斜壁，平底	口径大于 84、底径大于 60、深 68	敛口碗 1	大早三段	
H369	T3033 东部	开口 1 层下，打破红烧块，被 Z2 打破	近圆形，斜壁，平底	口径 114 × 40、深 20	折沿罐 1	大早三段	未采用

续表

灰坑号	位　置	层位关系	形　状	尺寸（厘米）	主要出土器物	年代推断	备注
H370	T3034 西壁下	开口 2 层下，打破 H389、H391、生土	椭圆形，弧壁，圜底	东西残径 120、南北长径 190、深 70	石锄 1、凹折沿罐 1、直口碗 1、假圈足 1、敞口豆盘 1、支座 1、直壁器座 1	大早三段	
H371	T2933 西壁下，局部	开口 1B 层下，打破 3A 层	圆弧形，斜直壁，平底	口长 140、残宽 60、深 40	无		未采用
H372	T2833 南壁下，局部	开口 1B 层下，打破 3A 层	近圆形，斜弧壁，平底	近圆形，斜弧壁，平底	无		未采用
H373	T2833 北壁下至北隔梁内	开口 1B 层下，打破黄土台	圆形，直壁，圜平底	口径 142、深 60	凹折沿彩陶罐 1、大圈足 1	大早三段	
H374	T2833 东部	开口 1B 层下，打破 3 层	长方形，斜壁，平底	口径 160×87、底径 128×72、深 80	无		未采用
H375	T2833 南部偏东	开口 1B 层下，打破 3 层	长方形，斜壁，平底	口径 180×72、底径 140×50、深 42	石球 1		未采用
H376	T2839 南部	开口 1B 层下	长椭圆形，弧壁，圜底	口径 90×70、深 50	无		未采用
H377	T3133 西壁，局部	开口 1 层下，打破 2 层、生土	不规则形，直壁，平底	口径 87×110、深 60	无		未采用
H378	T3133 中西部	开口 3A 层下，打破黄土台	椭圆形，近直壁，平底	口径 84×110、底径 72×98、深 28	敞口碗 1、敞口小罐 1、矮圈足 1	大早三段	
H379							归 H363
H380	T3132 北梁西部	开口 2 层下，打破黄土台	近梯形，直壁，圜平底	口部上宽 27、下宽 64、高 72、深 42	敞口豆盘 1、矮圈足 1	大早三段	
H381	T3334 中部	开口 1 层下，打破 H607	近圆形，斜壁，平底	口径约 115、底径约 90、深 50	石斧 1、折沿罐 3、束颈小罐 1、内折沿碗 1、假圈足 1	大早三段	
H382	T2932 北壁下，局部	开口 1 层下，打破 3A 层、3B 层、3C 层、4 层	近圆形，斜壁，小平底	口径 150×106、深 80	彩陶片 1		未采用
H383	T2932 南扩至 T2931	开口 1 层下，打破 3A 层、3B 层、3C 层	近圆形，斜壁，小平底	口径 115×85、深 40	无		未采用
H384	T3034 和 T3033 东隔梁内				小石锛 1、凹折沿罐 1、敞口碗 1、残支座 1		未采用

续表

灰坑号	位　置	层位关系	形　状	尺寸（厘米）	主要出土器物	年代推断	备注
H385							归 H538②
H386							归 H538①
H387	T2837 中部偏南	开口 3A 层下，打破 4 层、生土	圆形，壁不规整，平底	口径 132×140、深 50	无		未采用
H388	T2839 西部	开口 3 层下，距地表 100 厘米	近椭圆形，近直壁，平底	口径 82×58、底稍小、深 32	曲颈彩陶瓶 1、内折沿簋 1、敛口碗 1、碗圈足 1	大早三段	
H389	T3034 西南部	开口 2 层下，打破生土，被 H370 打破	椭圆形，斜弧壁近直，平底	口径 375×265、深 110	扁薄近梯形石斧 3、扁弧体近长方形石斧 2、小石球 1、凹折沿罐 5、折沿罐 2、弧折沿罐 1、斜颈罐 2、曲颈瓮 1、敛口瓮 1、壶口沿 1、折腹碗 1、敞口碗 1、敞口钵 1、内折沿碗 1、斜直腹碗 1、卷沿盘 2、敞口盘 1、敞口豆盘 1、内折沿器盖盘 2、器盖纽 2、筒腹杯 2、矮圈足 6、小鼎足 2、器座 2、支座 3	大早三段	坑内堆积可分①～④小层

续表

灰坑号	位 置	层位关系	形 状	尺寸（厘米）	主要出土器物	年代推断	备注
H390	T3334 南壁	开口 3A 层下，打破 3B 层、3C 层	近圆形，斜直壁，平底	口长 86、残宽 83、深 20～34	无		未采用
H391	T3034 西北部	开口 2 层下，打破生土，被 H370 打破	圆形，斜弧壁，平底	口径 70、底径 50、深 30	敞口碗 1、敛口碗 1、敞口盘 1	大早三段	未采用
H392	T3234 中部	开口 2 层下，打破 3 层、4 层、黄土台，被 H400 打破	圆形，斜弧壁，平底	口径 92、底径 84、深 38	凹折沿罐 1、斜颈小罐 1	大早三段	
H393	T2832 北壁下，局部	开口 1C 层下，打破生土	似椭圆形，弧壁，圜底	口径 104×120、深 20	无		未采用
H394	T2832 南壁，偏西	开口 1C 层下，打破 3A 层、3B 层	圆弧形，弧壁，圜底	口径 120×96、深 64	无		未采用
H395	T2832 东北部	开口 1B 层下，打破生土	长椭圆形，弧壁，圜底	口径 90×100、深 24	碗圈足 1		未采用
H396	T3234 东南角，局部	开口 1 层下，打破 2 层、3 层	仅露出局部，圆弧形，弧壁，圜平底	口径大于 60、底径大于 56、深 54	陶纺轮 1、敞口碗 1	大早三段	
H397	T3334 北偏西	开口 3B 层下，打破 3C 层	圆形，弧壁，圜平底	口径 84×82、深 40	斜颈罐 1		未采用
H398	T3234 西南部	开口 2 层下，打破 3 层、4 层、4 个柱洞，被现代坑打破	近圆形，近直壁，圜平底	口径 146、深 32	折沿罐 1、敛口碗 1	大早三段	
H399	T3234 西部	开口 2 层下，打破 3 层、4 层、Z9、Z10、Z15，被现代坑打破	近圆形，弧壁，平底	口径 100×90、深 32	凹折沿罐 1		未采用
H400	T3234 中南部	开口 2 层下，打破 H392、3 层、4 层、黄土台	近圆形，直壁，平底	口径 98×110、深 38	石斧 1、石锄 2、小石球 1、凹折沿罐 1、折沿罐 1、斜颈彩陶瓮 1、矮圈足 1、片状小鼎足 1	大早三段	
H401	T3132 西北角	开口 1 层下，打破 2 层、生土	似长椭圆形，斜弧壁，平底	口残 50、宽 72、深 32	无		未采用
H402	T2832 东部偏南	开口 1B 层下，打破生土	不规则形，锅底状	口径 70×90、深 32	弧颈壶 1		未采用

续表

灰坑号	位　置	层位关系	形　状	尺寸（厘米）	主要出土器物	年代推断	备注
H403	T2832 东南角，局部	开口 1C 层下，打破 3A 层、3B 层	圆形一角，斜弧壁，圜底	口径约 140、深 72	碗矮圈足 2（其中 1 件刻划符号）	大早二段	实属扰乱坑，内有大早二段标本
H404	T3334 西北角，局部	开口 1 层下，打破 H607、3A 层	似椭圆形一部分，弧壁，圜底	口部残长 60、宽约 130、深 43	凹折沿罐 1、敞口碗 1	大早三段	
H405	T3134 东南部	开口 2 层下，打破 H406、生土	上部坑口不规则形，下部坑口圆形，直壁，平底。有一级台阶窖穴	上部边长 130 × 140、深 20、下部直径 80 × 90、深 80	折沿罐 1、矮圈足 3、内卷沿大盆 1、片状小鼎足 1、鼓形大器座 1	大早三段	
H406	T3134 南壁下	开口 2 层下，打破 3 层、生土，被 H405、H416 打破	上部坑口椭圆形，下部坑口近圆形，直壁，平底	上部南北长 164、东西宽 175、深 50、下部长 122、宽 110、深 70	凹折沿罐 2、斜颈罐 1、折腹碗 2、斜腹碗 1、敛口钵 1、矮圈足 1、器盖纽 1、残支座 1	大早三段	
H407	T3133 东北中部	开口 3A 层下	圆形，斜直壁，平底	口径 124、底径 84、深 76	折沿罐 1、内折沿碗 1、碗圈足 1	大早三段	
H408	T3334 西壁下	开口 3C 层下，打破 4A 层、生土，被 G71 打破	半弧形，弧壁，圜底	口残长 140、残宽 76、深 50	斜颈罐 1	大早三段	未采用
H409	T3334 南壁下	开口 3B 层下，打破 4A 层、4B 层，被 H410 打破	长椭圆形，弧壁，圜底	口径 120、残宽 76、深 40	石斧 1、凹折沿罐 1		未采用
H410	T3334 东南部	开口 3B 层下，打破 H409，被 G71 打破	近圆形，斜壁，底不平	口径 108 × 122、底径 100、深 28	石斧 1、凹折沿罐 1、折沿罐 1、碗圈足 1	大早三段	
H411	T3334 西北部，仅局部	开口 3A 层下，打破生土			石斧 1		未采用
H412	T3234 北壁下，只露出大部分	开口 3 层下，打破 4 层、生土	近圆形，斜壁，平底	口径 100 × 120、底径 55、深 85	凹折沿罐 1、斜颈罐 1、碗圈足 1、残支座 1	大早三段	
H413							归 H405
H414	T3133 东北角	开口 2 层下，打破生土	半圆形，弧壁，圜底	口径 100、残宽 40、深 70	无		未采用

续表

灰坑号	位 置	层位关系	形 状	尺寸（厘米）	主要出土器物	年代推断	备注
H415	T3133 东北部	开口 2 层下，打破 3A 层、生土	不规则形，弧壁，平底	口径 100、残宽 66、深 36	无		未采用
H416	T3134 南壁下，局部	开口 2 层下，打破 H406	近长方形，坑壁较直，平底	边长口部 78、底部 60、深 30	折沿罐 1、矮圈足 1、	大早三段	
H417	T3133 东北部	开口 3A 层下，打破 H431，被 H414 打破	圆形，近直壁，平底	口径 106、底径 98、深 90	斜直腹碗 1、矮圈足 1	大早三段	
H418	T3042 西北部	开口 2 层下，打破生土	椭圆形，近直壁，平底	口径 70 × 128、深 50	弧折沿罐 1、敞口钵 1、碗圈足 1	大早三段	
H419	T3134 东北角	开口 1C 层下，打破 3 层			无		未采用
H420							归 H406
H421	T3133 东壁下至东南角	开口 2 层下，打破 3 层			无		未采用
H422	T3133 南部	开口 2 层下，打破 3 层			无		未采用
H423	T3234 南部	开口 4 层下，打破生土	近圆形，直壁，平底，有一级台阶窖穴	口径 60 × 59、深 32	无		未采用
H424	T3234 中部偏西	开口 4 层下，打破黄土台，被 D7 打破	上部坑口椭圆形，下部坑口椭圆形，直壁，平底	上部长径 156、宽径 124、深 50、下部长径 80、宽径 60、深 20	折沿罐 2、小折腹碗 1、敛口碗 1、有刻划符号假圈足 1	大早二段	
H425							归 H424
H426	T3134 北壁中部	开口 2 层下，打破生土	近圆口筒状，平底	宽径 84 × 90、深 100	无		未采用
H427	T3234 北壁下，局部	开口 3 层下，打破 4 层、生土	弧形局部，斜壁，平底	残长 104、残宽 50、深 50	无		未采用
H428	T2831 东南部	开口 1C 层下，打破生土	圆形，斜弧壁，圜平底	口径 76、深 34	凹折沿罐 1、斜颈小罐 1、内折沿簋 1、敞口碗 1、子母口碗 1	大早三段	
H429	T2731 东壁下，局部	开口 3A 层下，打破 3B 层、4A 层、生土	圆口坑局部，斜壁，平底	残长 90、残宽 30、深 30	无		未采用
H430	T3032 南部	开口 1B 层下，打破 3 层	椭圆形，斜弧壁，圜平底	宽径 90 × 120、深 36	折沿罐 1、矮圈足 1	大早三段	

续表

灰坑号	位　置	层位关系	形　状	尺寸（厘米）	主要出土器物	年代推断	备注
H431	T3133 北壁中部	开口 3A 层下，打破生土，被 H417 打破	长方形圆角残坑，圜底	残长 134、残宽 86、深 60	无		未采用
H432	T2932 南部	开口 3B 层下，打破 3C 层、4 层	近长方形，斜直壁，斜平底	口长 95、宽 60、底长 68、宽 40、深 58 ~ 68	斜颈罐 1、斜颈小罐 2	大早三段	
H433	T2932 南与 T2931 之间	开口 3B 层下，打破 3C 层、4 层	近长方形，斜壁，平底	宽径 50 × 80、底径 45 × 70、深 48	无		
H434	T2932 中部	开口 3C 层下，打破 4 层	长椭圆形，直壁，平底	口径 110 × 80、底径 100 × 70、深 60	折腹碗 1		未采用
H435	T3032 北部	开口 1B 层下，打破 3 层	圆形，直壁稍弧，平底	口径 66 × 86、深 54	敞口豆盘 1		未采用
H436	T3032 南壁下	开口 1B 层下，打破 3 层	似椭圆形，弧壁，圜平底	口径 60 × 75、深 30	无		未采用
H437	T3233 南至 T3232 北	开口 3B 层下，打破生土	圆形，直壁，平底	口径 76 × 72、深 44	无		未采用
H438	T3234 东北角，局部	开口 4 层下，打破 H439、黄土	只露弧形一角，弧壁，平底	残长 120、宽 94、深 50	石璜 1、敞口钵 1	大早二段	
H439	T3234 东北角，局部	开口 4 层下，打破黄土，被 H438 打破	仅一弧角，斜弧壁	口径 176 × 128、深 15			未采用
H440	T3434 西南角，局部	开口 1 层下，打破 3A 层、3B 层	不规则形一角，斜壁，平底	口长 80 以上、宽 44 以上、深 35	凹折沿罐 1、折沿罐 1、折腹碗 1、子母口碗 1、矮圈足 1	大早三段	
H441	T3233 西北部至 T3133 东隔梁内	开口 3A 层下，打破 3B 层、生土	圆筒形，平底，有两层台	口径 102 × 80、深 78	无		未采用
H442	T3233 东壁下至东隔梁	开口 3A 层下，打破 4 层、生土	近圆筒形，平底	口径 78 × 90、深 30	无		未采用
H443	T3434 西壁下，局部	开口 1 层下，打破 3A 层、3B 层、生土	只露出圆弧形一部分，弧壁，圜平底	东西残径 40、南北残径 120、深 50	凹折沿罐 1、折沿罐 2、直口瓮 1、折腹碗 1、子母口簋 1、假圈足小碟 1、矮圈足 1、残支座 1	大早三段	
H444	T3233 东南部	开口 3A 层下，打破 H459，被 H458 打破	近圆形，斜壁，平底	口径 180 × 170、底径 90、深 88	石斧坯 2、折沿彩陶罐 2、斜颈罐 2、矮圈足 2	大早三段	

续表

灰坑号	位 置	层位关系	形 状	尺寸（厘米）	主要出土器物	年代推断	备注
H445	T2932 西南部	开口 3C 层下，打破 4 层	长椭圆形，壁较直，底平斜	口径 50 × 100、底径 40 × 90、深 50 ~ 60	红顶钵 1		未采用
H447	T2731 北隔梁下	开口 4A 层下，打破 4B 层	圆弧形一部分，弧壁，平底	口径 120 以上、底径 80 以上、深 30	敞口钵 1、内折沿碗 1	大早二段	
H448	T3434 西北部	开口 1 层下，打破 3A 层、3B 层、生土	不规则近椭圆形，斜弧壁，圜平底	口径 90 × 130、底径 65 × 85、深 60	凹折沿彩陶罐 1、子母口簋 1	大早三段	
H449	T3033 南中部	开口 1 层下，打破生土	圆形，弧壁，平底	口径 100 × 100、深 38	无		未采用
H450	T3032 东部偏北	开口 1 层下，打破 3 层	圆形，斜壁，平底	口径 65 × 65、深 34	无		未采用
H451	T3032 中部偏东	开口 1 层下	圆形，壁近直，平底	口径 80 × 80、深 40	无		未采用
H452	T3233 东北部	开口 3A 层下，打破生土	椭圆形，斜直壁，圜平底	口径 122 × 82、深 116	无		未采用
H453	T3434 西北角	开口 2 层下，打破生土	长方形圆角，斜壁，平底	残长 90、残宽 90、深 14 ~ 35	无		未采用
H454	T3332 东部	开口 2 层下	近圆形，圜底	口径 88 × 90、深 60	石锄 1、折沿罐 1、矮圈足 1	大早三段	
H455	T3132 西壁下	开口 2 层下，打破 3 层、生土	圆弧形，弧壁，平底	口径 90 × 86、深 30	无		未采用
H456	T2931 北偏东	开口 1 层下，打破 3B 层、3C 层、4 层	不规则形，斜壁，底不平	口径 54 × 75、底径 50 × 60、深 30	无		未采用
H457	T3233 北壁中部	开口 3A 层下，打破 3B 层、生土	圆形，斜直壁，平底	口径 90 × 76、深 70	无		未采用
H458	T3233 南部	开口 3A 层下，打破 H444、H459	圆形，斜直壁，平底	口径 80、底径 66、深 50	凹折沿罐 3、假圈足 1、鼓形大器座 1	大早三段	
H459	T3222 东南部	开口 3B 层下，打破 4 层、生土，北被 H444 打破，西被 H458 打破	圆形，近直壁，平底	口径 100、底径 86、深 48	弧折沿罐 2、矮圈足 2	大早三段	
H460	T2731 西壁下，局部	开口 4B 层下，打破生土	只露出局部呈椭圆形，壁有两级内弧形台阶，平底	口径 210 以上、底径 60 以上、深 80	残石器 1、折沿罐 1、假圈足 1	大早一段	
H461	T3332 西南角	开口 3A 层下，打破 H462	圆弧形，直壁，弧平底	口径 70 × 50、深 50	无		未采用

续表

灰坑号	位置	层位关系	形状	尺寸（厘米）	主要出土器物	年代推断	备注
H462	T3332 南壁偏西	开口 3A 层下，被 H461、H463 打破	圆弧形，斜直壁，底不平	口径 70×32、深 44	无		未采用
H463	T3332 南壁下	开口 3 层下，打破 H462、H469	近圆形一半	直径约 90	斜颈罐 1、侈口碗 1	大早三段	
H464	T3032 东北角	开口 1 层下，打破 3 层	近圆形，弧壁，圜底	口径 60×56、深 30	无		未采用
H465	T3032 东壁至东隔梁内	开口 1B 层下，打破 3 层	圆形，近直壁，平底	口径 60×60、深 34	无		未采用
H466	T3433 西南角，局部	开口 1 层下，打破 2 层、H481	圆弧形，弧壁，底不平	口径 68×46、深 36	碗圈足 1		未采用
H467	T3132 东部	开口 2 层下，打破 3B 层、4 层，被 H470 打破	似长方形，直壁，平底	口径 82×108、底径 78×104、深 64	无		未采用
H468	T3332 东壁偏南	开口 3 层下，打破生土			折沿罐 1		未采用
H469	T3332 南壁	开口 3B 层下，打破 H463	半弧形，弧壁，圜底	口长 80、深 65	无		未采用
H470	T3132 东北部	开口 2 层下，打破 H487，被 H467 打破	椭圆形，近直壁，平底	口径 100×80、底径 80×60、深 82	残石斧 1、小石斧 1、石饼 2、直口小罐 1、矮圈足 1	大早三段	
H471	T3333 东南部	开口 3B 层下，打破 H472，被 H467 打破	近圆形，直壁，平底	口径 60×65、深 34	无		未采用
H472	T3333 南偏东	开口 3B 层下，打破 4A 层、4B 层、被 H471、H482 打破	圆形，直壁，底不平	口长 63、底长 63、深 16～48	无		未采用
H473	T3333 西南部	开口 3B 层下，打破 H483、H498、H499、4A 层	椭圆形，直壁，平底	口径 74×106、底径 74×106、深 30	黑顶钵 1、矮圈足 1、玉佩 1	大早三段	
H474	T3233 东北角	开口 3A 层下，打破生土	椭圆形，直壁，平底	口径 66×90、底径 56×80、深 60	石斧 1、敛口碗 1	大早三段	
H475	T3232 东北部至北隔梁内	开口 3B 层下，被 H518 打破	近圆形，弧壁，圜底	口径 120×130、深 68	曲颈瓶 1		未采用

续表

灰坑号	位　置	层位关系	形　状	尺寸（厘米）	主要出土器物	年代推断	备注
H476	T2931 西壁下，局部	开口 1 层下，打破 H368、3C 层、4 层	不规则近椭圆形，弧壁，平底	口径大于 90×125、底径大于 60×95、深 35	小口瓮 1、碗圈足 1	大早三段	
H477	T3038 东南角	开口 3 层下，打破生土			折腹碗 1		未采用
H478	T3332 西北角	开口 3B 层下	长椭圆形一角，斜壁，底不平	口径 80×64、深 60	凹折沿小罐 1		未采用
H479	T3433 中北部	开口 3B 层下，打破 H488	近椭圆形，弧壁，底不甚平	口径 136×170、底径 130×164、深 30	折沿罐 1、子母口碗 1、折腹碗 3、有刻划符号矮圈足 1、敛口豆盘 1、残石璜 1	大早二段	
H480	T3332 东北部	开口 3B 层下	小椭圆形，弧壁，圜底	口径 54×78、深 30	子母口簋 1、内折沿簋 1	大早二段	
H481	T3433 西南部	开口 3A 层下，打破 3B 层、3C 层，被 H466 打破	长方形圆角，直壁，平底	口径 70×64、深 30	折沿彩陶小罐 1		未采用
H482	T3333 南壁下	开口 3B 层下，打破 H472、4A 层、4B 层	长方形，斜壁，平底	口径 70×54、深 40	无		未采用
H483	T3333 西南部	开口 3B 层下，打破 H496、H498、H499、4A 层，被 H437 打破	四方形，直壁，平底	口径 114×86、深 20	无		未采用
H484							归 H490
H485	T3132 北壁偏西	开口 1 层下，打破生土，被 H486 打破	圆形，直壁，圜底	口径 56×56、深 78	无		未采用
H486	T3132 北壁偏西	开口 1 层下，打破 H485	圆弧状，圜底	口径 90×残宽 30、深 40	无		未采用
H487	T3132 东南部	开口 2 层下，打破生土，被 H470 打破	近圆形，弧壁，锅底状	口径 96×94、深 50	无		未采用
H488	T3433 中东部	开口 3B 层下，被 H479 打破	圆形，弧壁，平底	口径 110、底径 105、深 30	凹折沿罐 1、矮圈足 1	大早二段	
H489	T3433 西壁偏北	开口 3B 层下，打破 3C 层	椭圆形，直壁，平底	口径 62×66、深 24	折沿小罐 1		未采用

续表

灰坑号	位置	层位关系	形状	尺寸（厘米）	主要出土器物	年代推断	备注
H490	T3132东北至T3232西北部	开口3B层下，打破4层、生土	上部坑口为椭圆形，下部坑口近圆形，斜壁，弧平底，有台阶窖穴	上部口径152×140、深30～40、下部口径108×100、深86	石斧坯2、凹折沿罐2、壶口沿1、敞口钵1、卷沿碗1、器耳1	大早三段	
H491	T3534西南角	开口1层下，打破3A层、3B层、4层、生土	上部坑口椭圆形，下部坑口近圆形，斜壁，弧平底	口径80×66、深60	折腹碗1		未采用
H492	T3534东南部	开口3A层下，打破H506、3B层，被H514打破	近圆形（或正方形圆角），上壁近直，下为圜平底	口径128×120、深50	折沿彩陶罐1、折沿罐1、束颈罐1、矮圈足1	大早三段	
H493	T3433东偏北部	开口3C层下，打破4层、生土	近圆形，直壁，平底	口径70×76、深30	无		未采用
H494	T3433中偏北部	开口3C层下	长椭圆形，壁较直，平底	口径80×76、深20	无		未采用
H495	T3433中南部	开口3C层下，打破4层、生土	不规则长方形，直壁，平底	口径164×68、深20	无		未采用
H496	T3333西壁下至T3233东隔梁内	开口3B层下，打破H497、4A层、4B层，被H483、H499打破	只露出小弧边，弧壁，底不明	口径180×残宽30、深50	凹折沿罐1		未采用
H497	T3333西南角	开口3B层下，打破4B层、4D层，被H496打破	只露出一角，直壁，平底	长、宽皆不明，深20	无		未采用
H498	T3333西南部	开口3B层下，打破4A层，被H473、H483、H499打破	椭圆形，直壁，平底	口部和底部直径60×90、深16	有刻划符号矮圈足1	大早二段	
H499	T3333西南部	开口3B层下，打破H498、H496、4A层，被H473、H483打破	近圆形，直壁，平底	口径74×72、深10	无		未采用
H500	T3634西壁偏南	开口2层下，打破3A层、3B层、4层、Z4、Z5	似长方形一部分，弧壁，平底	口径56×残宽30、深24	小石锛1		未采用
H501	T3433东壁下偏南	开口3B层下	椭圆形一半，直壁，近平底	残长48×76、深36	无		未采用

续表

灰坑号	位　置	层位关系	形　状	尺寸（厘米）	主要出土器物	年代推断	备注
H502	T3333 东壁下中部	开口3A层下，打破H513、4A层、4B层，被H503打破	弧形一部分，斜壁，圜底	口残长40以上、深46	凹折沿罐1		未采用
H503	T3333 东壁下偏北	开口3A层下，打破H502、H513、3B层、4A层	圆形一小半，直壁，平底	口径70×残宽28、深24	无		未采用
H504	T3133 关键柱内向东向北分布	开口2层下，打破3B层、4层、黄土台	东、西、北三面都有一级台阶的椭圆形坑，直壁，近平底	口径124×138、深102	石斧2、敛口盘1、敞口盆1	大早三段	
H505	T3534 北部	开口3B层下，打破4层、生土，被H507打破	扁圆形，弧壁，圜平底	口径50×30、深10	卷沿碗1		未采用
H506	T3534 东南部	开口3B层下，被H492打破	椭圆形，弧壁，圜平底	口径130×90、深50	石斧7、凹折沿罐3	大早一段	
H507	T3534 东北角	开口2层下，打破H505、4层	近圆形一角，弧壁，圜平底	口径134×100、深26	无		未采用
H508	T3534 北壁下，局部	开口2层下，打破3A层、4层	椭圆形大半，直壁，底分两级皆不平	残长70×60、深40~54	石坯1、折沿罐1		未采用
H509	T3433 东北部	开口3C层下，打破4层，被H479打破	椭圆形，弧壁，圜平底	口径80×74、深30	子母口碗1、敛口碗1	大早一段	
H510	T3533 北部	开口3C层下，打破3D层、4层，西部被一小灰坑打破	近圆形，弧壁，圜底	口径106、深32	釜1	大早二段	
H511	T3033 东隔梁内偏北	开口1层下，打破生土，被H517打破	近椭圆形，弧壁，圜平底	口径残长60、宽50、深24	凹折沿罐1、折腹碗1	大早三段	
H512	T3333 中部偏东北	开口4A层下，打破H516、4B层，被Z8打破	近圆形，直壁，平底	口径96×90、深24	折沿罐1		未采用

续表

灰坑号	位置	层位关系	形状	尺寸（厘米）	主要出土器物	年代推断	备注
H513	T3333 东壁下，局部	开口4A层下，打破4B层、4C层、生土，被H502、H503打破	近圆形一半，近直壁，平底	口径约110、深54	凹折沿小罐1、侈口碗1	大早二段	
H514	T3534 东南角，局部	开口3A层下，打破H492、3B层、4层	椭圆形一角，弧壁，近平底	口部长径大于160、深60	石斧2、凹折沿罐1、敞口碗1、矮圈足1	大早三段	
H515	T3634 西南部	开口3A层下，打破H521、3B层、4层、生土	有一级台阶窖穴，上部坑口近圆形，下部坑口近圆形，弧壁，平底	上部长径90、宽径80、深50、下部长径80、宽径78、深23	无	大早三段	
H516	T3333 中部偏北	开口4A层下，打破4B层，被H521打破	三面有台阶的圆筒坑，直壁，平底	口径110、底径90、深30～50	无	大早二段	
H517	T3033 东隔梁中部	开口1层下，打破H511、黄土、生土	近方形，弧壁近直，圜平底	口长90×残宽74、深35	无		未采用
H518	T3232 东北角，其中一部分压在北隔梁及关键柱内	开口3B层，打破H475、生土	椭圆形，斜壁，圜底	口径154×168、深7～72	无		未采用
H519	T3032 东隔梁内	开口1层下			折沿罐1		未采用
H520	T3533 东南部	开口3D层，打破4层、生土	椭圆形，弧壁，圜平底	口径160×134、深30	无		未采用
H521	T3634 西南角	开口3A层下，打破3B层、4层、生土，被H515打破	椭圆形，直壁，平底	口径约150×110、深34～37	子母口碗1、斜腹钵1、敞口豆盘1、碗假圈足1、残支座1	大早三段	
H522	T3634 南壁下，局部	开口3A层下，打破3B层、4层，被G80打破	近长方形一半，弧壁，圜底	口部残长83、宽83、底宽72、深24	凹折沿罐1、假圈足2、矮圈足1	大早三段	
H523	T3533 西南角，局部	开口3C层下，打破3D层、4层	圆形一角，弧壁，浅圜平底	残长110×残宽90、深30	无		未采用
H524	T3634 东南角	开口3A层下，打破3B层、4层、生土	不明形状一部分，近直壁，平底	残长65×残宽40、深40～46	无		未采用

续表

灰坑号	位　置	层位关系	形　状	尺寸（厘米）	主要出土器物	年代推断	备注
H525	T3132 东隔梁上	开口 2 层下	近长方形，壁较直，底近平	口径 118×76、底径 86×63、深 100	无		未采用
H526							空号
H527	T3533 东北部	开口 4 层下，打破生土	圆形，斜弧壁，圜平底	口径 100×92、深 50	内折沿簋 2	大早一段	
H528	T3447 南壁下	开口 2B 层下，打破 3A 层、3B 层、3C 层	近圆形，近直壁，近平底	口径 110×100、底稍小、深 70	石锛 1、曲颈彩陶罐 1、凹折沿小罐 1、小口彩陶瓮 1、碗圈足 1	大早三段	
H529	T3133 东隔梁内南部	开口 2 层下，打破 4 层、黄土台	近椭圆形，直壁，平底	口径 94×120、深 80	无		未采用
H530	T3534 西壁下，中部	开口 2B 层下，打破 3B 层、4 层、生土	圆形一半，直壁内斜，圜平底	口径长 130、残宽 76、深 100	凹折沿罐 1		未采用
H531	T3133 北隔梁中部至 T3134 南部	开口 2 层下，打破 3B 层、4 层、生土	近圆形，有一级台阶，直壁，平底	口径 100×130、底径 86×97、深 110	凹折沿罐 1、弧折沿罐 1、矮圈足 1、石饼 1	大早三段	
H532	T3545 东北部	开口 2B 层下，打破 3A 层，被扰乱坑打破	近圆形，弧壁，圜底	口径 60、深 26	凹沿小釜 1	大早三段	
H533	T3132 东隔梁内至 T3232 西部	开口 3B 层下，打破 4 层、黄土台	长椭圆形，三面有一级台阶，直壁，平底	口径 114×170、底径 86、深 64	折腹碗 1、敞口盘 1	大早三段	
H534	T3734 中部	开口 3A 层下，被 H537 打破	椭圆形，斜壁，平底	口径 136×112、底径 126×102、深 63	弧折沿罐 1、子母口簋 1、敞口盘 1、矮圈足 1	大早三段	
H535	T3633 西部	开口 4B 层下，打破生土	圆形，弧壁，圜底	口径 100、深 50	折沿罐 2、曲颈罐 1、子母口碗 1、矮圈足 1、侈口溜肩小器座 1	大早一段	
H536	T3734 西北角，只露出一部分	开口 3A 层下	椭圆形一部分，直壁稍内斜，近平底。坑内压着一块高出坑表面的巨石	口残径 170×200、底残径 160×190、深 50	石斧坯 1、弧折沿罐 1、小口瓮 1、敞口盘 2、矮圈足 1、侈口弧肩小器座 1	大早三段	
H537	T3734 西壁下，只露局部	开口 3A 层下，打破 H534	椭圆形一部分，斜弧壁，圜平底	口部残长 110、残宽 42、深 50	内折沿碗 1	大早三段	

续表

灰坑号	位置	层位关系	形状	尺寸（厘米）	主要出土器物	年代推断	备注
H538	T2838及其周围的T2938、T2837、T2737、T2738、T2739、T2839等八个探方都有分布	开口3A层下，打破H542、H543，被H363、H365、H387打破，而且，1981年发掘的TG1～TG3三个探沟和1993年发掘的T28、T64都打破了H538	椭圆形，斜弧壁，圜底有凹坑凹沟	口径1075×800、深105～320	石斧5、石锚1、小石球1、凹折沿罐6、凹折沿小罐6、凹折沿彩陶罐2、折沿罐9、折沿彩陶罐5、折沿小罐2、弧折沿彩陶罐1、弧折沿罐2、斜颈罐3、斜颈小罐2、斜颈彩陶罐1、束颈罐4、小口高领罐3、粗颈罐1、曲颈彩陶罐1、尖圜底小罐1、曲颈彩陶瓶6、曲颈瓶1、斜颈瓮3、曲颈彩陶瓮1、曲颈瓮1、敛口碗4、子母口碗2、敞口碗4、折腹碗1、内折沿簋7、子母口簋1、敞口钵3、卷沿盘3、直口彩陶盘1、支座7、弧肩小器座1、小鼎足4、平底器1、矮圈足9、有刻划符号矮（假）圈足17、假圈足1	坑内堆积可分三小层，其中2、3两小层属大早二段，1层属大早三段	
H539	T3445东北角	开口2B层下，打破黄沙土层	露出部分呈直边弧角，直壁，底不平	口部长大于120、底部长大于108、深78	凹折沿小罐1、折沿罐1、折沿彩陶罐1、敞口碗1、弧肩小器座1	大早三段	
H540	T3545东壁下，局部	开口2B层下，打破3A层、3B层	圆形一小部分，弧壁，圜底	口径约270、深140			未采用
H541	T2738西壁下	开口3A层下，打破H542、D3、生土	仅剩半圆一角，弧壁，近平底		无		未采用

续表

灰坑号	位 置	层位关系	形 状	尺寸（厘米）	主要出土器物	年代推断	备注
H542	T2738 中部	开口3A层下，打破H543，西部被H541打破，东部又被H538打破，而且，东部大部分已被宜昌地区考古队1981年发掘探沟时挖掉	近圆形，弧壁，圜底（但发掘时仅剩其中一部分）	口径约270、深140	石锄1、凹折沿罐1、折沿罐3、斜颈罐1、小罐2、曲劲彩陶瓶1、敛口碗1、卷沿碗1、矮圈足4	大早二段	
H543	T2739 西北角至 T2738 西壁下	开口3A层下，被H542、H538打破，也被1981年发掘的TG1和1993年发掘的T21、T28、T63这四个探沟和探方打破	不规则弧壁椭圆形一部分，坑壁上部近直，下部斜弧圜底	南北长635、东西宽335、深260	凹折沿罐6、凹折沿小罐5、凹折沿彩陶罐3、折沿罐4、折沿彩陶罐4、弧折沿罐4、斜颈罐4、斜颈彩陶罐1、束颈罐2、敛口罐1、小口高领罐2、曲颈彩陶罐2、曲颈彩陶瓶2、曲颈瓮2、曲颈彩陶瓮2、曲颈瓶3、斜颈彩陶瓮2、直口瓮2、敛口碗5、子母口碗2、侈口碗5、卷沿碗1、敞口碗3、折腹碗4、内折沿簋5、子母口簋5、敞口钵1、内卷沿大盆1、敞口盘2、卷沿盘1、折腹小碟1、器盖纽1、支座9、溜肩小器座1、小鼎足3、矮圈足16、假圈足3、有刻划符号矮圈足21	坑内堆积可分1、2、3三小层，分别属于大早三段、二段和一段	
H544	T2844 西壁下偏南	开口2层下，打破黄土层、生土	近圆形一半，直弧壁，圜平底	口长90×残宽50、深30	无		未采用
H545	T3447 中部偏东	开口3A层下，打破3B层、3C层	椭圆形大半，斜壁，斜平底	残长152×宽113、深20～34	支座1		未采用

续表

灰坑号	位　置	层位关系	形　状	尺寸（厘米）	主要出土器物	年代推断	备注
H546	T2744 西北部	开口 3B 层下，打破 H548、黄土、生土，被 H549 打破	近圆形，直壁内弧，圜平底	口径 130×134、深 60	凹折沿罐 1		未采用
H547	T3045 东壁下	开口 3A 层下，打破黄土台	近圆形一半，弧壁，圜平底	口径 110、深 25	弧折沿罐 1、内折沿簋 1、侈口碗 1	大早三段	
H548	T2744 中部	开口 3B 层下，打破生土，被 H546、H549 打破	近圆形，斜弧壁，圜平底	口径 124×84、深 20～50	外折沿盆 1		未采用
H549	T2744 中部	开口 3A 层下，打破 H546、H548	圆形，斜弧壁，圜平底	口径 100×100、深 30～64	矮圈足 1		未采用
H550							空号
H551							归 H365
H552							归 H538
H553～H559							空号
H560	T3045 西南角	开口 3B 层下	近长椭圆形，斜弧壁，圜平底	口径 92×74、深 40	矮圈足 1		未采用
H561	T2944 东北角	开口 2B 层下，打破 3A 层	弧壁圆形一半，直壁，近平底	口径 110×170、底径 106×168、深 70	无		未采用
H562	T2744 北壁下，局部	开口 2 层下，打破生土	近圆形一半，弧壁，平底	口径 170、底径 140、深 40	碗圈足 1、罐平底 2	屈晚	
H563	T3042 中部	开口 2 层下，打破生土	近圆形，直壁稍内弧，平底	口径 70、底径 50、深 74	双腹碗 1、凹折沿罐 1	屈晚	
H564	T3043 西南部	开口 2 层下，打破生土，被 H567 打破	近圆形，直壁，平底	口径 212、底径 210、深 50	凹折沿罐 1、束颈小罐 2、高弧颈罐 1、罐平底 1	西周	
H565	T3042 西壁下至 T2942 东隔梁内	开口 2 层下，打破黄生土	圆形，直壁，平底	口径 106、底径 100、深 56	敞口碗 1、尖底器 1	西周	

续表

灰坑号	位 置	层位关系	形 状	尺寸（厘米）	主要出土器物	年代推断	备注
H566	T2942 西南角	开口 2 层下，打破黄土、生土	椭圆形大部分，直壁，平底	口径 130×80、深 54	无		未采用
H567	T3043 西南部	开口 2 层下，打破 H564、生土	口部椭圆形，底部近圆形，斜壁，平底	口径 110～132、底径 70、深 112	石凿 1	西周	
H568	T2942 中偏西北	开口 2 层下，打破生土	椭圆形，直壁，平底	口径 120×86、深 40	无		未采用
H569	T3043 西北角，局部	开口 2 层下，打破生土	仅露弧形一角，弧壁，平底	口部残径 142、底部残径 112、深 70	石斧 1、直口缸 1	屈晚	
H570	T3043 东北部	开口 2 层下，打破生土	圆形，弧壁近直，平底	口径 110、底径 70、深 70	矮圈足 1	大早二段	采用
H571	T2843 东壁下，局部	开口 3A 层下，打破 3B 层、4 层、生土	圆形大半，弧壁，圜底	口径约 120、深 35	小石锛 1	大早三段	
H572	T2944 西南	开口 3A 层下，打破 3B 层、3C 层	圆形，弧壁，平底	口径 64×64、深 14～17	残石斧 1		未采用
H573	T2944 中东部	开口 2 层下，打破 H575、3 层、4 层	近圆形，直壁，近平底	口径 88～90、底径 86、深 40	束颈罐 2	西周	
H574	T2944 中偏南	开口 3A 层下，打破 3B 层	圆形，斜边直壁，平底	口径 86×86、深 20～40	无		未采用
H575	T2944 东壁下	开口 3A 层下，打破 3B 层，被 H573 打破	近圆形，直壁，平底	口径 96、底径 84、深 45	折沿罐 1、斜颈罐 1、矮圈足 1	大早三段	
H576	T3043 西南部	开口 H567 下，打破生土			无		未采用
H577～H600							空号

续表

灰坑号	位　置	层位关系	形　状	尺寸（厘米）	主要出土器物	年代推断	备注
H601	T1126 东南部，部分	被开口 2 层下的 H322 和 H322 之下的 H326 叠压	近椭圆形，直壁，近平底	口径 198 × 158、底稍小，深 34	小石锛 1、凹折沿罐 6、弧折沿罐 2、弧折沿小罐 1、细颈壶 1、敛口钵 1、内折沿碗 1、双腹器 4、双腹豆 1、敞口盘 1、内折沿盘 1、直口盘 2、曲腹杯（底）1、器盖 1、矮圈足 2、豆圈足 1、罐平底 1	屈晚	
H602	T1126 西壁下	开口 2 层下	及圆形，直壁，底不平	口径 126 × 160、深 42 ~ 50	无		未采用
H603	T0924 东隔梁至 T1024 西北部	开口 3 层下，打破生土			无		未采用
H604	T1126	开口 2 层下，被 H325 打破			凹折沿罐 1		未采用
H605	T1126 南壁下至 T1125 北隔梁内	开口 2 层下，被 H322、H302、H318 打破	近圆形，直壁，斜平底	口径 90、底径 88、深 50	折沿罐浅 1、敞口盆 1、碗圈足 1	屈晚	
H606	T25 北部	开口 3 层下	近圆形，斜壁，圜平底	口径 110、底径 93、深 34	小口石锛 1、敛口钵 1、内折沿碗 1	屈早	

续表

灰坑号	位　置	层位关系	形　状	尺寸（厘米）	主要出土器物	年代推断	备注
H607	T22 全方至 T23 西北部，T3334 北隔梁和东隔梁，以及 T22 北部未布方的范围内都有分布	开口 3A 层下，打破 G71、生土，被 H40、H61、H43、H49、H46、H404、H381 打破	为长方形圆角，斜壁，圜平底，但底部有凹沟凹坑	长约 620、宽 510、深一般为 125、最深处 160	双肩石锄 1、石斧 5、石凿 2、残石锛 1、砺石 2、石球 1、凹折沿罐 14、凹折沿彩陶罐 1、折沿罐 14、折沿小罐 1、折沿彩陶罐 1、弧折沿彩陶罐 1、弧折沿罐 2、斜颈罐 1、束颈罐 3、小口高领罐 2、曲颈罐 4、尖圜底小罐 1、粗颈罐 1、弧颈壶 2、曲颈瓶 1、直颈瓮 1、敛口彩陶瓮 1、斜颈瓮 1、曲颈瓮 1、子母口碗 1、内折沿碗 1、侈口碗 3、卷沿碗 3、敞口碗 2、敛口碗 1、折腹碗 4、折腹彩陶碗 1、玩具小碗 1、内折沿簋 7、子母口簋 2、敞口钵 2、卷沿盘 3、子母口豆盘 1、敛口大圈足盘 1、直口盘 1、折腹盘 2、支座 10、鸭嘴状小鼎足 6、矮圈足 3、假圈足 2、有刻划符号矮（残）圈足 7、有刻划符号假圈足 1、石璜 2、石镯 1	坑内堆积可分 1、2、3 三小层，其中 2、3 层属于大早二段，1 层属于大早三段	
H608	T3132 东部	开口 3 层下，打破 4 层	为长方形，斜壁，平底	坑口长 118、宽 78、坑底长 110、宽 70、深 22	陶钵 1、骨珠 1 串约 1175 颗、玉佩 1	大早三段	

附表四　杨家湾遗址灰沟一览表

灰沟号	位置	层位关系	形状	长×宽－深（直径）（单位：厘米）	主要出土器物	年代推断	备注
G1	T12 东部，部分压在东隔梁内	开口 3 层下，打破 4 层、4 层下、生土	不规则四边形	90×74－66	石斧 1、矮圈足 1	大早三段	
G2	T21 西部	开口 3 层下，打破 4 层、5 层	近直长条形	残长 350×70－（40～50）	石斧 2、敞口碗 1、支座 1	大早三段	
G3	T18 西北部 T20 东北部	开口 2B 层下，打破 G1、G2、3 层、5A 层，打破 5B 层、生土					
G4	T23 西北部	开口 5 层下，打破生土，被 H38、H64 打破	弯曲长条形	残长 212×40－（20～40）	凹折沿罐 1、折沿罐 2、弧折沿罐 1、斜颈罐 1、曲颈罐 1、小口高领罐 1、侈口碗 1、敛口碗 1、折腹碗 2、内折沿簋 1、子母口簋 1、圜底小碟 1、盘圈足 1、碗圈足 1、小鼎足 1、支座 1、彩陶片 1、打制圆陶片 1	大早二段	
G5～G8							归 H607
G9							归 G4
G10	T39 东北至西南	开口 2E 层下，打破 H140、H141、H145、2F 层、4 层、生土	长条形	450×（40～100）－120	无		
G11	T37 西北至 T27 东隔梁及 T37 西南角	开口 3 层下，打破 4 层，被 M3 打破	长条形	545×（30～50）－10	束颈罐 1	屈早	
G12～G20							空号
G21	T70、T71 西部至 T74 西南部	开口 2 层下，打破 H220、H225、H207、H236、H237、G23、4 层，被 G22 打破	弯曲长条形	1280×（35～55）－（20～35）	无		
G22	T70、T71 东部至 T74 南部	开口 2 层下，打破 H209、H208、H238、G23、G21	弯曲长条形	1220×20－？	无		

续表

灰沟号	位置	层位关系	形状	长×宽-深（直径）（单位：厘米）	主要出土器物	年代推断	备注
G23	T71南部和T75东南部、T74北部及T73西部都有分布	开口3层下，打破4层，被H201、G21、G22和近代坑打破	一条呈根须状的排水沟	直线长度大于700、深30~50、东部主沟宽约80、西部各叉沟宽30~60	敞口碗1、敛口碗1、内折沿簋1、有刻划符号矮圈足3	大早二段	
G24							归G23
G25	T74东部至T73东南部	开口3层下，打破4层	“丫”形	残长(180×450)×30-？	无		
G26							归G23
G27	T74南部	开口3层下，打破4层	半椭圆形，直壁，底较平	630×(15~25)-(12~25)	无		
G28							归G23
G29~G50							空号
G51							归G55
G52	T1023东南部	开口2C层下，打破H291	不规则长条形	200×(10~25)-(5~10)	折沿罐1、内折沿盘1		未采用
G53	T0923西部	开口2层下，打破2B层、3层、生土，被G54打破	长宽带状，斜壁，圜底	190×(上宽45、下宽35)-55	无		
G54	T0923东南部	开口1层下、打破G53、2A层、2B层、3层、生土	长宽带状，斜壁，圜底	270×(上宽70、下宽60)-(15~30)	无		
G55	T1023东南部流向T1024东北部	开口2B层下，打破3层、4层、H291，被H329打破	弯曲条状	残长900×(20~30)-50	凹折沿罐1、斜颈罐1、内折沿盘1、矮圈足1、高圈足1	大中晚段	
G56	T1023西部、部分压在T0923东隔梁内	开口H273下，打破3层、黄土台	长条形	160×(10~30)-20	弧折沿罐1		未采用
G57	T1224西南角流向T1124、T1024、T0924北部	开口1C层下、打破3A层、黄土	弯曲长条形，斜壁，近圜底	残长1700×(80~140)-65	鬲足1	东周	

续表

灰沟号	位置	层位关系	形状	长×宽－深（直径）（单位：厘米）	主要出土器物	年代推断	备注
G58	T1023 西南部	开口 4 层下	长方形，直壁，平底	80×20－20	无		
G59	T1023 东北部	开口 4 层下，打破 6 层、黄土，被 H291 打破	近似长方形，斜弧壁，底较平	口径 86×25，底径 90×30、深 40	无		
G60	T1125 东北部	开口 2A 层下，打破 H303、2B 层、生土，被 H302 打破	宽带状，斜壁，平底	220×（50×56）－（10～14）	无		
G61	T1225 西北部	开口 2A 层下，北与 T1226、G2 相接，南被 H308 打破，西被 D1～D3 打破	近似长条状，斜弧壁，底凹凸不平	260×（35～50）－40	残刃石器 1		未采用
G62	T1226 东南部	开口 2B 层下，打破 3A 层、4 层、生土，南与 T1225、G61 相接	近弧长条形，似斜弧壁，底为锥形鼎足状	260×（15～45）－（16～46）	无		
G63	T1226 西北部	开口 2B 层下，打破 3B 层、生土	弧形一段长条形，弧壁，圜底	残长190×（46－76）－（18～30）	折沿罐 1、大口缸 1、高圈足 2	屈晚	
G64	T1123 东北部至 T1124 东南部	开口 3C 层下，打破 H332、H333、H334、G68、生土，被 G57 打破	近长方形，斜壁，圜平底，南高北低呈缓坡状	残长 500×220－50	折沿罐 1、粗颈壶 1、斜腹碗 1、敞口碗 1、内折沿碗 1、敞口盘 1、直口盘 1、外折沿盆 1、器盖纽 1、小鼎足 1、罐平底 1、碗圈足 2	大溪文化中期	
G65	T1124 西南部	开口 3A 层下，打破黄色生土	近丁字形小凹沟	长190×（13～52）－20	折沿罐 2、卷沿盘 1、矮圈足 1	大中晚段	
G66	T1226 东南角	开口 2A 层下，打破 3A 层、生土	长条形，斜弧壁，圜底	100×（45～60）－（18～48）	无		
G67	T1023 东隔梁东端，其东端伸入关键柱	开口 H327 下，打破 3 层	近似“镰刀形”壁边直，一边外斜，底宽口小，底部较平	口径75×（5～25）、底径75×40－25	无		

续表

灰沟号	位置	层位关系	形状	长×宽－深（直径）（单位：厘米）	主要出土器物	年代推断	备注
G68	T1123 西南部	开口 3C 层下，通往 H332，被 G64 打破	长条形，斜弧壁，尖圜底	95×25－20	无		
G69	T1123 东半部	开口 G64、H333、H334 下	长条斜弧状、斜弧壁、平底	360×（16～20）－40	无		
G70	T2934 北壁，部分压在北隔梁内	开口 3A 层下，打破 H356，被 H336 打破	鼎足圆柱体	110×（10～60）－？	无		
G71	T3334 中部	开口 3A 层下，打破 H390、H408、H410，被 H607 打破	半环状浅沟	残长约300×（10～30）－（15～20）	石斧2、折沿罐1、弧折沿罐1、弧折沿小罐1、子母口簋1、残支座1	大早三段	包括原 G72
G72							归 G71
G73	T2731 西部	开口 4A 层下，打破 H460	近似圆三角形，斜直壁，圜底	300×（上宽20～30，下宽10～20）、深15～20	无		
G74							空号
G75	T2731 东北部	开口 4B 层下，打破生土	带状形，斜壁，圜平底	64×（20～24）－（15～20）	无		
G76	T3333 北部偏东	开口 3A 层下，打破 3B 层	带状形，斜壁，圜平底	100×34－24	无		
G77	T2932 西南部	开口 3B 层下，打破 H368、H4322、3C 层	宽带状，壁直，斜不一，圜底	210×（50～98）－42	无		
G78	T3332 北部	开口 3B 层下，打破 4 层、生土	长条形，弯曲形，斜壁，圜底	200×20－28	无		
G79	T3333 西北部，部分压在 T3233 东隔梁	开口 3B 层下，打破 4A 层	长条形，斜弧壁，圜底	口径 160×32、底径 160×10，深 16	无		
G80	T3634 东半部	开口 2 层下，打破 H522、3A 层、3B 层、4 层	长条形，直壁，底凸凹不平	400×（25～33）－（4～29）	无		
G81	T3533 西南部	开口 3C 层下，打破 3D 层、4 层	长条形	290×（20～50）－？	无		
G82	T3633 西南部	开口 1 层下，打破 4A 层、4B 层、生土	长条形	60×40－？	无		

附表五　杨家湾新石器时代生产工具的种类和数量一览表

考古学文化	分期＼种类（数量）	石斧	小石锛	圭形石凿	残石器	石锄	小石斧	石凿	砺石	石锚	石坠	石球	石槽	石锛	石饼	石镞	石心	有孔石铲	石锥	小彩石	盘状石器	石纺轮	石杵	刃部磨平石器	陶墨斗	陶纺轮	骨锥	骨镞	骨针	残骨器	总数量
大溪文化	早期一段	8	1	1	1																										11
	早期二段	63	9	4		8	7	4	4	3	1	14	1												1	1					120
	早期三段	88	11	6		18	4		2		2	5		5	3	1										5					150
	中期早段	18	5	4		6	1					1					1			1											37
	中期中段	10	2	1	2	2	1		3					1												1					23
	中期晚段	15	3	4	3	7		1				3		2		1					1					1					41
	晚　期	38	15	1	1	11	8	2				9		2			2	4	1			2				18	1	1			116
屈家岭文化	早　期	63	28	7	10	30	8	6	1			7		7			1	1				2	1	1		17	3			1	194
	晚　期	85	33	7	12	33	13	9	4			3		5	2		1	3						1		60	4		2		277

备注：只统计每期每阶段各灰坑、灰沟和地层单位，不包括墓葬随葬品

附表六　杨家湾新石器时代的装饰品和其他器物一览表

考古学文化	种类	装饰品													其他		
	类型/数量/期段	桥形石璜	弧形石璜	弧形玉璜	石镯	玉佩	管状小骨珠	骨簪	玉管环	陶环	有槽角饰	陶镯	彩陶镯	小石铲	陶球	陶草莓	陶塑
大溪文化	早期一段																
	早期二段	2	6		1												
	早期三段			1		2	一串 1175 颗	3									
	中期早段																
	中期中段	1															
	中期晚段		1												1		
	晚期							1	1	6					6		
屈家岭文化	早期							7		19	1	1			4	1	
	晚期			2	1			2		18	1		1	1	4		1

备注：本表只统计每期或每段的灰坑、灰沟和地层单位，不包括墓葬随葬品

附表七　杨家湾新石器时代陶系统计一览表

考古学文化	期段	标本总数	陶色												陶质			
			红陶		黑陶		外红内黑陶		褐陶		黄陶		灰陶		泥质陶		杂质陶	
			数量	百分比（%）	数量	百分比（%）	数量	百分比（%）	数量	百分比（%）	数量	百分比（%）	数量	百分比（%）	数量	百分比（%）	数量	百分比（%）
大溪文化	早期一段	93	50	53.76	19	20.34	17	18.28	2	2.15	2	2.15	3	3.23	60	64.52	33	35.48
	早期二段	989	497	50.25	263	26.59	170	17.19	26	2.63	24	2.43	9	0.91	652	65.92	337	34.08
	早期三段	913	535	58.60	124	13.58	160	17.52	45	4.93	22	2.41	27	2.96	528	57.83	385	42.17
	中期早段	235	168	71.49	22	9.36	23	9.79	10	4.26	4	1.70	8	3.40	140	59.57	95	40.43
	中期中段	236	150	63.56	17	7.20	32	13.56	13	5.51	8	3.39	16	6.78	140	59.32	96	40.68
	中期晚段	209	129	61.72	23	11.00	25	11.96	13	6.22	9	4.32	10	4.78	124	59.33	85	40.67
	晚期	259	138	52.38	48	18.53	41	15.83	19	7.34	8	3.09	5	1.93	205	79.15	54	20.85
屈家岭文化	早期	143	25	17.48	77	53.85	12	8.39	10	6.99	9	6.30	10	6.99	119	83.22	24	16.78
	晚期	464	120	25.86	178	38.36	17	3.66	50	10.78	39	8.41	60	12.93	350	75.43	114	24.57

附表八　杨家湾新石器时代陶器纹饰统计一览表

考古学文化	期段	标本总数	素面		绳纹		凹弦		彩陶		划纹		镂孔		戳印		凸棱		花边纹		按窝		篦纹		方格		篮纹	
			数量	百分比(%)	数量	百分比(%)	数量	百分比(%)	数量	百分比(%)	数量	百分比(%)	数量	百分比(%)	数量	百分比(%)	数量	百分比(%)	数量	百分比(%)	数量	百分比(%)	数量	百分比(%)	数量	百分比(%)	数量	百分比(%)
大溪文化	早期一段	93	57	61.29	15	16.13	8	8.60	5	5.28	2	2.15	2	2.15	3	3.23	1	1.08										
	早期二段	989	531	53.69	107	10.82	154	15.57	114	11.53	33	3.34	22	2.23	22	2.23	6	0.61										
	早期三段	913	544	59.58	89	9.75	130	14.24	57	6.24	21	2.30	24	2.63	36	3.94	10	1.10	2	0.22								
	中期早段	235	170	72.34	1	0.43	30	12.76	2	0.85			6	2.55	12	5.11	10	4.26	4	1.70								
	中期中段	236	177	75.00			17	7.20			4	1.70	3	1.27	16	6.78	17	7.20	2	0.85								
	中期晚段	209	164	78.46	2	0.96	16	7.65	1	0.48	1	0.48			6	2.87	15	7.18	2	0.96	2	0.96						
	晚　期	259	205	79.15	2	0.77	13	5.02	17	6.56	2	0.77	6	2.23	7	2.70	1	0.39	1	0.39	3	1.16	2	0.77				
屈家岭文化	早　期	143	109	76.21	3	2.10	7	4.90	3	2.10			9	6.29	2	1.40	6	4.20	1	0.70	1	0.70	1	0.70	1	0.70		
	晚　期	464	357	76.94	9	1.94	23	4.96	10	2.16	7	1.51	15	3.23	3	0.65	23	4.96			5	1.08	9	1.94	1	0.20	2	0.43

附表九　杨家湾新石器时代日用陶器的种类和类型数量一览表

考古学文化	种类	罐												
	数量 类型 期段	Aa 型（凹折沿）罐	Aa 型（凹折沿）小罐	Aa 型（凹折沿）彩陶罐	Ab 型（折沿）罐	Ab 型（折沿）小罐	Ab 型（折沿）彩陶罐	Ab 型（折沿）彩陶小罐	Ac 型（弧折沿）罐	Ac 型（弧折沿）小罐	Ac 型（弧折沿）彩陶罐	B 型（曲颈）罐	B 型（曲颈）小罐	B 型（曲颈）彩陶罐
大溪文化	早期一段	8	4		9		3		1	1		3	1	
	早期二段	61	11	12	67	10	27		12	2	10	9	1	8
	早期三段	79	16	8	56	7	14		27	4	4	8		3
	中期早段	25			11	1			11	4		4		
	中期中段	16	1		16	4			19	4				
	中期晚段	7			13	3			15	2				
	晚　期	15	2		9	12		4	2	14	2			
屈家岭文化	早　期	18			5	2		2	3	6				
	晚期	57	9		16	13			10	1				

考古学文化	种类	罐					
	数量 类型 期段	C 型（束颈）罐	D 型（斜颈）罐	D 型（斜颈）小罐	D 型（斜颈）彩陶罐	Ea 型（大直口）罐	Eb 型（小直口）罐
大溪文化	早期一段	6	2	1			
	早期二段	9	33	20	12	5	8
	早期三段	9	34	19	3	4	7
	中期早段	6	2			3	6
	中期中段	1	3	1		3	3
	中期晚段	4	6	1		2	2
	晚期	6	2	2			17
屈家岭文化	早期	5	1	1			7
	晚期	18	3			2	20

续表

考古学文化	种类 / 类型 / 数量 / 期段	罐 F型（敛口）罐	罐 G型（圈足）罐	罐 G型（圈足）小罐	罐 H型（盘口）罐	罐 I型（子母口高领）罐	罐 J型（矮颈）罐	罐 尖圜底
大溪文化	早期一段							
	早期二段	6		4		1	1	
	早期三段	2				1	1	
	中期早段	6			1		1	
	中期中段	3						1
	中期晚段						1	
	晚期	9	3					2
屈家岭文化	早期	7		1				
	晚期	5	1					

考古学文化	种类 / 类型 / 数量 / 期段	瓮 A型（曲颈）彩陶瓮	瓮 A型（曲颈）瓮	瓮 B型（直口）彩陶瓮	瓮 B型（直口）瓮	瓮 C型（敛口）彩陶瓮	瓮 C型（敛口）瓮	瓮 D型（侈口）瓮	瓮 E型（斜颈）瓮	瓮 E型（斜颈）彩陶瓮	瓶 曲颈瓶	瓶 曲颈彩陶瓶	瓶 碗口状瓶	瓶 筒形瓶	瓶 筒形彩陶瓶	簋 Aa型（斜沿）簋	簋 Ab型（凹折内折）簋	簋 B型（子母口）簋
大溪文化	早期一段	1			2						2					2	3	5
	早期二段	7	8		9	2		2	4	1	5	23	1			19	20	13
	早期三段	3	7	1	16		3	1	3	1	4	12				9	25	17
	中期早段		5		3		2				1		1					
	中期中段				12									1				
	中期晚段				4													
	晚 期			1			2							1	3	1	2	
屈家岭文化	早 期		1		2													
	晚 期				1		2									1		

续表

考古学文化	种类 类型 数量 期段	碗																盂形器
		A型（敛口）碗	B型（侈口）碗	C型（子母口）碗	D型（折腹）碗	D型（折腹）小碗	D型（折腹）彩陶碗	E型（敞口）碗	E型（玩具）小碗	E型（敞口）彩陶碗	F型（内折沿）碗	G型（卷沿）碗	H型（斜腹）碗	H型（斜腹彩陶）碗	I型（直口）碗	J型（假腹）碗	K型（双腹）碗	
大溪文化	早期一段	5	2	4	2			1	1		1							
大溪文化	早期二段	30	28	11	29			27	2		7	9	2		2			
大溪文化	早期三段	15	14	10	34			32	1		13	5	8		2	4		
大溪文化	中期早段	1						10			6	1	8			2		
大溪文化	中期中段							12	1		3		9			1		
大溪文化	中期晚段	8			1			10			5	1	10			2		
大溪文化	晚期	10	4	2				1	2		3	1			3			
屈家岭文化	早期	1		2							11		2		1		2	
屈家岭文化	晚期	8	12	1				5			12					1	31	3

考古学文化	种类 类型 数量 期段	盘													鼎足							
		A型敞口盘	B型卷沿盘	C型敛口盘	D型直口盘	D型直口彩陶盘	E型子母口盘	F型外折沿盘	G型内折沿盘	H型折腹盘	I型斜腹盘	J型双腹盘	带流圈足盘	残圈足盘	A型片状小鼎足	B型鸭嘴状小鼎足	C型侧凹锥状小鼎足	D型锥状小鼎足	E型大片状大鼎足	F型扁柱状大鼎足	F型厚片状大鼎足	G型片状内折鼎足
大溪文化	早期一段	1													1	1						
大溪文化	早期二段	5	9	3	7	1	1	2	2						4	11	2					
大溪文化	早期三段	21	7	4	8				7	1				2	6	18	1	2				
大溪文化	中期早段	3	10	2	8				10		1						3	2	1			
大溪文化	中期中段	5	2	3	12			1	11							1	5	3	1			
大溪文化	中期晚段	8	1	2	15				9		2					1	2	3	1			
大溪文化	晚　期	5		1	6			3	9				1		1	1		2	3	4		
屈家岭文化	早期	2	5				1	1								1		1	2			
屈家岭文化	晚期	2	3	3	7		1	7	10			1							1			1

续表

考古学文化	种类 \ 类型 / 数量 \ 期段	器座 A型溜肩小器座	器座 B型弧肩小器座	器座 C型鼓腹大器座	器座 D型筒腹大器座	器座 E型喇叭状大器座	器座 F型斜壁小器座	器座 G型瓶状小器座	支座 A型实心有纹倾斜型支座	支座 B型实心有纹直立型支座	支座 C型实心素面倾斜型支座	支座 D型实心素面直立型支座	支座 E型内空有纹倾斜型支座	支座 F型内空素面倾斜型支座	支座 G型内空有纹直立型支座	矮圈足 A型素面或镂孔矮圈足	矮圈足 A型彩陶矮圈足	矮圈足 B型两周凹弦纹矮圈足	矮圈足 C型假圈足	矮圈足 D型一周凹弦纹矮圈足	矮圈足 残圈足
大溪文化	早期一段	1			1				2							15			1		
	早期二段	4	5	3	2	2			19	4	5	4	12	2	1	55	3	16	17	9	5
	早期三段	6	20	5	6	1	1		6	6	3	3	10	1		88	2	21	12	3	1
	中期早段			1	4	4	1						1			25		3		1	1
	中期中段										1					30		10		1	4
	中期晚段				2	1		1								29		2			2
	晚期								2		1					21			1		1
屈家岭文化	早期															15					
	晚期					2										38					

考古学文化	种类 \ 类型 / 数量 \ 期段	有刻号矮圈足 A型矮圈足	有刻号矮圈足 B型矮圈足	有刻号矮圈足 C型矮圈足	有刻号矮圈足 D型矮圈足	有刻号矮圈足 残圈足	壶 弧颈壶	壶 弧颈彩陶壶	壶 细颈彩陶壶	壶 直颈壶	壶 壶形器	壶 彩陶壶形器	壶 粗颈壶	壶 斜颈壶	盆 A型内卷沿大盆	盆 B型外折沿盆	盆 B型外折沿彩陶盆	盆 C型斜沿盆	盆 D型敛口或无沿盆	盆 E型平沿或平卷盆	盆 F型侈口盆	盆 带流盆
大溪文化	早期一段																					
	早期二段	44	25	10	26	43	4								2	1		1	1			
	早期三段						11								7	2		2	1	1		
	中期早段						1								1				3	1	1	
	中期中段												1		1	1			1	1		
	中期晚段						2						1	3		2						
	晚期						1	1	1							1	1		5	9	1	
屈家岭文化	早期						1			1	1	1				2			1	5		1
	晚期						16	3	1							13			4	12		

续表

考古学文化	种类 / 类型 / 数量 / 期段	缸				碟			钵						盖豆		豆	
		盘口缸	直口缸	弧颈缸	缸口片	圜底碟	平底碟	有流小碟	敞口钵	敞口小钵	敛口钵	敛口小钵	敛口彩陶钵	斜腹钵	器盖	彩陶盖	豆高圈足	双腹豆
大溪文化	早期一段																	
	早期二段					8	1		13		2				6			
	早期三段					9	7		11		3	1			27			
	中期早段								5					1	9			
	中期中段							1	3	2		1		2	8		5	
	中期晚段	1		1					2			2		1	5		2	
	晚期			2									1		8		6	
屈家岭文化	早期										1				1		3	1
	晚期	7	1		2				1		3		1		12	1	19	3

考古学文化	种类 / 类型 / 数量 / 期段	杯										其他													标本总数量
		曲腹杯	罐形杯	筒腹杯	矮圈足杯	斜腹杯	单耳杯	高圈足杯	觚形杯	直口小杯	内彩直筒杯	平底器	彩陶片	打制圆陶片	器耳	盘大圈足	甑箅	陶灶	鹿角	兽牙	牛牙	快轮制陶残底	管状流	鹰嘴状凸饰	
大溪文化	早期一段																								93
	早期二段											2	2	1	1										998
	早期三段			2								3			2	1	1	1	1	2					912
	中期早段	2													1	5									232
	中期中段				1	1	1					1													232
	中期晚段	1				2	1					5													209
	晚期	6	3									3	2		1		1				3				259
屈家岭文化	早期	5										5				1						1			139
	晚期	1	3			7		12	2	1	1	20	3			4	1						1	1	465

附表一〇　杨家湾新石器时代石斧的型式和数量一览表

考古学文化	亚型 / 数量 / 期段	A型（近梯形）				B型（近矩形）				C型（近方形）			
		a	b	c	残	a	b	c	残	a	b	c	残
大溪文化	早期一段	4	2	1			1						
	早期二段	20	1	5	2	3	2	2	1	1	3		
	早期三段	26	7	7	4	10		2		2			
	中期早段	2		1	2	3					1		
	中期中段	2		2	1	3	1						
	中期晚段	3	1		3	2	2				1		
	晚　期	4	3	2	3	3	2	4	1				
屈家岭文化	早　期	9	3	4	7	7	4	1	1	1	2	2	
	晚期	22	6	5	10	12	2						
合　计		92	23	27	32	43	14	9	3	4	7	2	
		174件占41.93%				69件占16.63%				13件占3.13%			

续表

考古学文化	数量 亚型 / 期段	D型（近长矩形）				E型（近三角形）				F型（近倒梯形）			
		a	b	c	残	a	b	c	残	a	b	c	残
大溪文化	早期一段												
	早期二段	3	2	1	1	3				1	1		
	早期三段	4		1		2				2			
	中期早段	1			2								1
	中期中段												
	中期晚段				2								
	晚　期	1	4	4						1			2
屈家岭文化	早　期	4	2	4	5					1			1
	晚期	4	4	3	7	2				1			1
合　计		17	12	13	17	7				6	1		5
		59 件占 14.22%				7 件占 1.69%				12 件占 2.89%			

考古学文化	数量 亚型 / 期段	G型（石片打制）				H型（石核打制）				残石片	式别	总数量
		a	b	c	残	a	b	c	残			
大溪文化	早期一段								1		Ⅰ	9
	早期二段	3	2	1		4				1	Ⅱ	63
	早期三段	5				9	4	2		1	Ⅲ	88
	中期早段					3			2		Ⅳ	18
	中期中段					1	1		1		Ⅴ	12
	中期晚段					1		1	2		Ⅵ	18
	晚　期			1			2	1		1	Ⅶ	39
屈家岭文化	早　期	5	3	1	1		1	1	2	1	Ⅷ	73
	晚期		1			6	3	3		3	Ⅸ	95
合　计		13	6	3	1	24	11	8	8	7 件占 1.69%	合计	415
		23 件占 5.54%				51 件占 12.29%						

备注：每一类型据刃部豆可分为 a、b、c 三个亚型，并另附残刃。其中 a 为弧刃；b 为平刃或弧刃近平；c 为斜刃或斜弧刃

附表一一　杨家湾新石器时代纺轮的型式和数量一览表

式别	阶段	A（直边）型				B（弧边）型				C（角边）型				合计	说明
		a	b	c	d	a	b	c	d	a	b	c	d		
Ⅰ	大早二段	1												1	1. 据纺轮的直边、弧边和角边可分为A、B、C三个类型 2. 按如下标准，每个类型又可分为a、b、c、d四个亚型： a亚型：面径>5、体厚<1.5厘米 b亚型：面径≥5、体厚≥1.5厘米 c亚型：面径≥5、体厚<1.5厘米 d亚型：面径>5、体厚≥1.5厘米 3. 杨家湾在大早一段和大中早段豆没有出土纺轮，故大早二段都属Ⅰ式、大早三段都属Ⅱ式、大中中段为Ⅲ式、大中晚段为Ⅳ式、大溪晚期属Ⅴ式、屈家岭早期属Ⅵ式、屈家岭晚期属Ⅶ式 4. 本表只统计各阶段灰坑、灰沟和地层出土纺轮，不包括墓葬出土纺轮 5. 三个亚型的a亚型纺轮共66件，占61.68%；b亚型13件占12.15%；c亚型5件，占4.67%；d亚型23件占21.50% 6. AaⅤ式和AaⅥ式之中，都各包括2件石纺轮
Ⅱ	大早三段		2			2				1				5	
Ⅲ	大中中段										1			1	
Ⅳ	大中晚段		1											1	
Ⅴ	大溪晚期	3			2	1	2	1	5	2	1	1	2	20	
Ⅵ	屈早	3					2		4	6	1	1	2	19	
Ⅶ	屈晚	6				4	2	2	2	37	1		6	60	
合计		13	3		2	7	6	3	11	46	4	2	10	107	
		18件占16.82%				27件占25.23%				62件占57.95%					

编　后　记

本报告包括了自1985年上半年至1994年上半年杨家湾遗址七次发掘的考古资料，共分拾壹章，由林邦存和胡志华共同主编。其中，林邦存负责第壹章至第玖章，以及第拾壹章第一、二、三节的文字编写工作；胡志华负责第拾章和第拾壹章第四节的文字编写工作，同时，胡志华还负责本报告的绘图和重新描图工作，以及最后的图版编排工作；文字编写工作最后由林邦存通稿和修改定稿。全书的器物照相工作由余乐同志完成。全书的电脑打字工作由林敏同志完成。

在发掘期间，陈振裕先生曾派符德明等同志到工地测绘遗址平面图；后来武汉大学考古专业的学生到工地实习后，又重新测绘遗址平面图和探方分布图；陈树祥、黄凤春和宋建波三同志又分别测绘了遗址西南区、遗址西北区和遗址东北区各探方的总剖面图。在2006年9月份到江陵纪南城考古工作站进行全面整理之前，陈安宁、张金国两同志曾对杨家湾部分出土文物进行器物绘图；陈淑粧同志则对部分文物进行器物修复和对大部分刻划符号标本做了拓片工作。到纪南城考古工作站进行全面整理工作后，器物标本的修复工作和刻划符号的拓片工作，主要由陈翠格和罗丛梅两同志完成；整理发现的刻划符号标本的拓片工作，又由刘小华同志完成。编写报告期间，刘小华同志做了大量的抄写工作，最后又协助胡志华同志做了一些线图、图版的编排工作。

从杨家湾遗址的发掘到发掘报告的编写过程中，国家文物局、湖北省文化厅、湖北省文物局、湖北省文物考古研究所、宜昌市文化局、宜昌博物馆、宜昌市夷陵区文化局和夷陵区黄陵庙文物管理处、荆州博物馆等单位的各级领导同志，都十分关心并全力支持我们的各项工作；当年负责征地工作的长江流域规划委员会的有关同志，以及当地镇、乡、村、组的有关领导，也经常为我们的工作排忧解难；当年在中堡岛遗址上主办考古领队培训班的老师们及中国社会科学院考古研究所湖北队的老师们，还经常指导我们的业务工作。

对于热心指导和大力支持帮助我们各项工作的老师及各级领导，以及参加杨家湾遗址发掘和整理工作的同志们，这里都一并致以衷心地感谢！

编　者

2010年12月21日

1. 在望家坝看江南杨家湾遗址（1986年　西北→东南）

2. 在望家坝（岛上）看江南岸杨家湾遗址（1986年　北→南）

杨家湾遗址全景

1. 杨家湾遗址全景（1986年　西南→东北）

2. 杨家湾遗址全景（1994年　西→东）

杨家湾遗址全景

1. 江北看江南杨家湾遗址（1993年　东北→西南）

2. 在江中船上看杨家湾遗址（1993年　东北→西南）

杨家湾遗址全景

1. 杨家湾遗址东北区南部探方（1994年　东→西）

2. 杨家湾遗址东北区北部探方（1994年　东→西）

杨家湾遗址1994年发掘探方分布

1. 东区探方发掘照

2. 国家文物局领导黄景略等在杨家湾工地视察（1994年5月　东北→西南）

领导视察工地及探方发掘照

1. T24~T27、T30~T37发掘照（1986年　西→东）

2. 墓葬分布（1986年　西北→东南）

3. 墓葬分布（1986年　北→南）

杨家湾遗址西北区发掘及墓葬分布

1. 骨珠（H608：2）、玉佩（H608：3）

2. 玉佩（H473：1）

3. 陶钵（H608：1）

4. 陶黑顶钵（H473：2）

大溪文化骨器、玉器、陶器

彩版八

1. 弧折沿罐（T19③下：103）

2. 斜腹碗（T17③：19）

3. 彩陶圈足罐（T25⑤：37）

4. 小器座（T3534③A：17）

5. 支座（采：63）

6. 支座（T3333③：3）

大溪文化陶器

1. H363：9

2. H543②：84

3. T21⑤A：147

4. T62③A：7

5. T2938③：48

6. T3333④：31

大溪文化陶圈足上的刻划符号

1. 圈足小罐（T21⑤：19）

2. 敛口碗（T62③A：6）

3. 内折沿圈足簋（T64④：7）

4. 子母口簋（T23⑤：8）

大早二段陶器

1. 玩具小碗（T3545③B：1）

2. 墨斗（T64④：33）

3. 猫头鹰支座（T21⑤：120）

4. 支座（T74③：4）

大早二段陶器

1. 篮形器（M48：1）

2. 彩陶筒形瓶（T47⑤：10）

3. 红顶钵（T37⑤A：36）

4. 筒形瓶（T36⑤A：60）

大溪文化晚期陶器

1. 双腹碗（H302：1）

2. 内折沿碗（M21：4）

3. 双腹豆（M19：20）

4. 侈口碗（M30：5）

5. 高圈足杯（M11：6）

6. 盂形器（T41③：13）

屈家岭文化陶器

1. 直口小碗（T26④：78）

2. 卷沿盆（T33③C：29）

3. 内折沿碗（T35③D：62）

4. 彩陶壶形器（T30③B：52）

5. 壶形器（T35③E：66）

屈家岭文化早期陶器

1. 陶球（T34③D：62）

2. 陶玩具（T31③B：235）

3. 陶环（T27③A：15）

4. 有槽角饰（T26③B：56）

5. 骨簪（T30③D：54）

屈家岭文化早期骨器、陶器

彩版一六

1　　2　　3

4　　5　　6

7　　8　　9

屈家岭文化晚期石器

1～8. 小石锛（T31③A：39、T35③：31、T31③：44、T31③：46、T27③：3、T35③：30、T31③A：43、T36③：26）　9. 石斧（T32③：25）

1. 石斧（H506：7）

2. 石斧（H506：3）

3. 石斧（H506：4）

4. 石斧（H506：6）

5. 石斧（H506：1）

6. 石斧（H506：2）

大旱一段H506出土石器

图版二

1. 石斧（H506：5）

2. 小石锛（T21⑥：163）

3. 圭形石凿（T21⑥：162）

4.陶敛口假圈足碗（T21⑥：168）

5. 陶侈口溜肩式小器座（H535：6）

大旱一段H506、H535、T21出土石器、陶器

1. 凹折沿釜（H224：4）

2. 釜（H510：1）

3. 内折沿簋（H224：13）

4. 敞口碗（H224：11）

大旱二段H224、H510出土陶器

1. 圈足小罐（H607③：105）

2. 敛口大圈足盘（H607②：63）

3. 尖圜底小罐（H607②：69）

4. 敞口钵（H607③：118）

大早二段H607出土陶器

1. 石斧（H538③：30）

2. 陶子母口（假圈足）碗（H543②：60）

3. 陶敞口碗（H223：11）

4. 陶敞口碗（G23：5）

5. 陶敛口碗（H363：3）

6. 陶碟（H210：4）

大旱二段H210、H223、H363、H538、H543、G23出土器物

1. 石斧（T3547③B：5）

2. 石斧（T21④：81）

3. 石斧坯（T21④：87）

4. 石斧（T45③：13）

5. 石斧（T3446③：1）

6. 石斧（TG1④：25）

大旱二段石器

1. 石斧（T45②A：21）

2. 石斧（T45③：11）

3. 石斧（T3333④B：24）

4. 小石斧（T21④：89）

5. 石斧（T21④：82）

大旱二段石器

图版八

1. 石锄（T45③：10）

2.小石锛（T21⑤：136）

3. 石球（TG1④：30）

4. 小石锛（T21④：85）

5. 石锚（T23⑤：89-1）

6. 石锚（T23⑤：89-2）

大旱二段石器

1. 圭形石凿（TG1④：32）

2. 圭形石凿（TG1④：33）

3. 圭形石凿（T23⑤A：72）

4. 弧形石璜（TG1④：36）

5. 弧形石璜（TG1④：34）

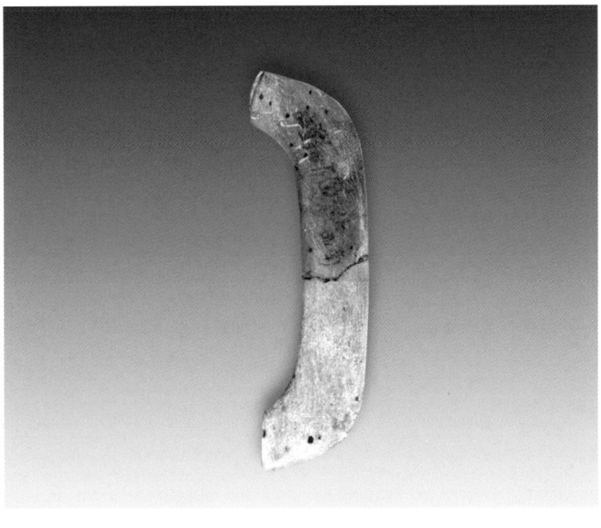

6. 桥形石璜（TG1④：35）

大旱二段石器

1. 折沿小釜（T45②：8）

2. 敛口釜（T23④：64）

3. 斜颈釜（T23⑤：7）

4. 无沿敛口釜（T45④：4）

5. 斜颈釜（T12④下：86）

6. 圈足罐（T64③A：3）

大旱二段陶器

1. 圈足小罐（T23⑤：3）

2. 敛口碗（T45④：2）

3. 内折沿平底簋（T26③A：5）

4. 子母口簋（T21④：8）

大旱二段陶器

图版一二

1. 敛口碗（T74③：10）

2. 敛口碗（T64③：8）

3. 敛口碗（T62③A：1）

4. 敛口碗（T12④下：84）

大旱二段陶器

1. 侈口碗（T45③C：6）

2. 折腹碗（T23⑤：12）

3. 侈口碗（T21⑤：20）

4. 敞口碗（T21⑤：9）

大旱二段陶器

1. 敞口碗（T23④：4）

2. 敞口碗（T64③A：2）

3. 敞口碗（TG2⑥：14）

4. 敞口碗（T21⑤：30）

5. 敞口碗（T21⑤：4）

大旱二段陶器

1. 卷沿碗（T23⑤：1）

2. 直口碗（T21④：22）

3. 斜腹碗（T21④：1）

4. 直口碗（T12④下：82）

5. 斜腹小碗（TG1④：2）

6. 敞口圈足盘（T23④：48）

大旱二段陶器

图版一六

1. 三足盘（T20⑤A下：1）

2. 直口圈足盘（T23④：2）

3. 器盖盘（T12④下：98）

4. 敞口钵（T21⑤B：21）

5. 直口盘（T21④：11）

6. 敛口钵（T21⑤C：31）

大旱二段陶器

1. 溜肩小器座（T21④：6）

2. 溜肩小器座（T75③：42）

3. 溜肩小器座（T3734③B：27）

4. 器座（T20⑤A：2）

大早二段陶器

图版一八

1. 圜底碟（T3633③B：15）

2. 圜底碟（T10④：26）

3. 圜底小碟（T28⑤：58）

4. 圜底小碟（T45③B：3）

大早二段陶器

1. 弧肩小器座（T3545③B：7）

2. 假圈足小碟（T45③C：5）

3. 碟式小器盖（T75④：25）

4. 圜底碟（T3734③B：28）

大早二段陶器

1. H607③：99

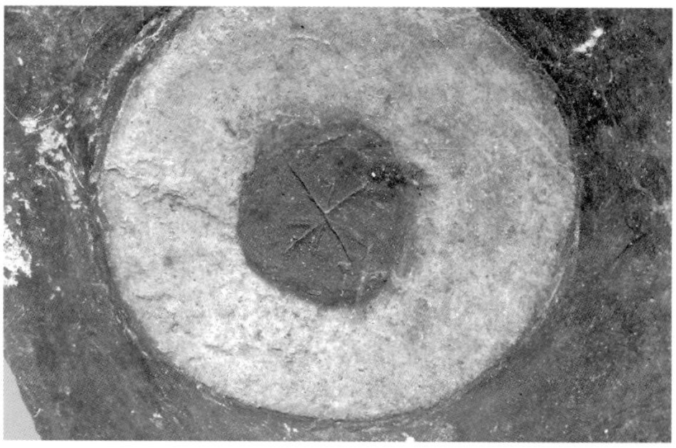

2. H538③：64

3. H543②：81

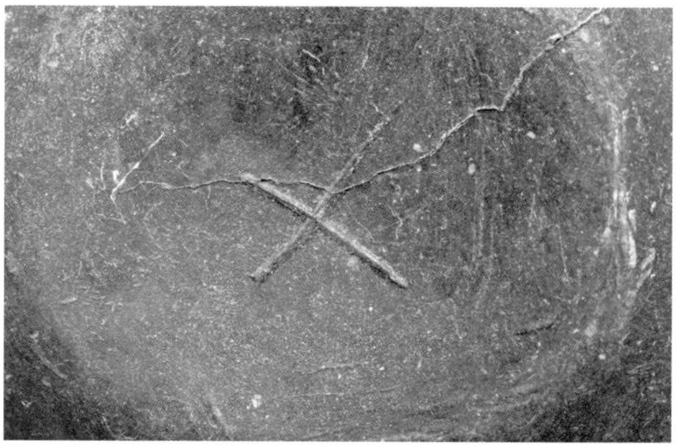

4. H363：6

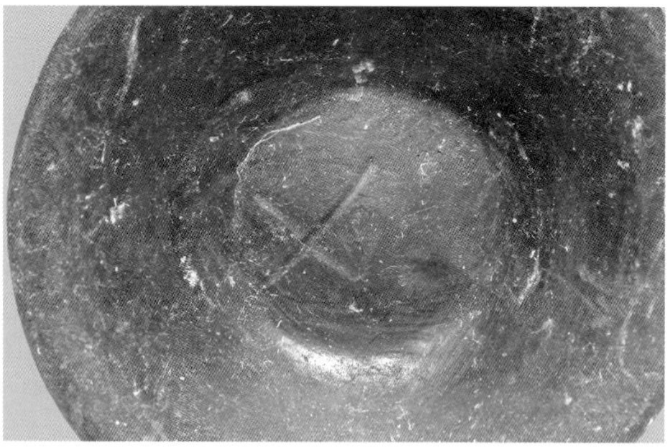

5. T74③：1

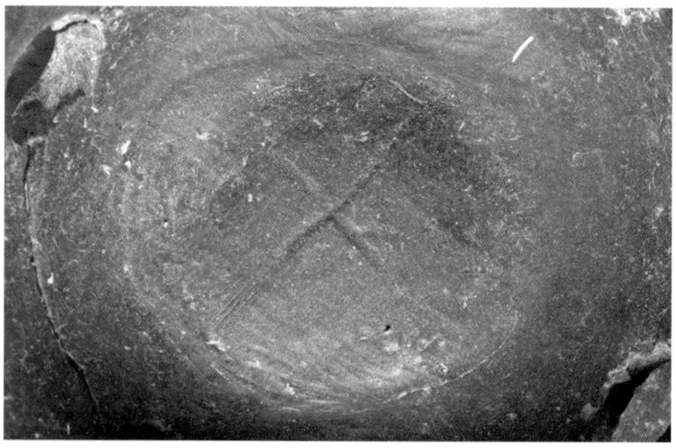

6. T21⑤B：157

大旱二段圈足上刻划符号

图版二一

1. T3544③：7

2. T2838③B：22

3. H543②：76

4. T64②：13

5. T3544③：8

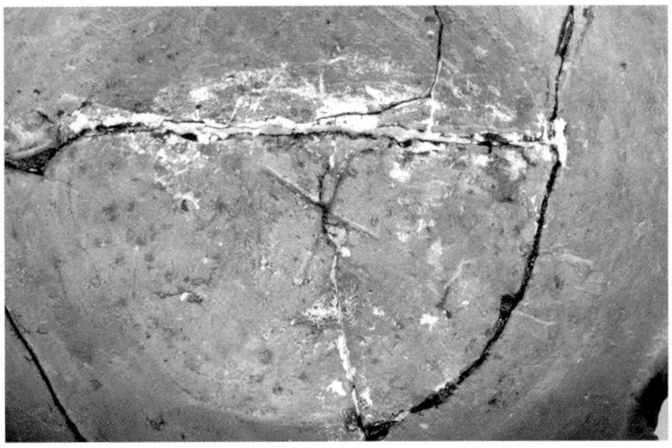

6. TG2⑥：18

大旱二段圈足上刻划符号

1. T21⑤B：158

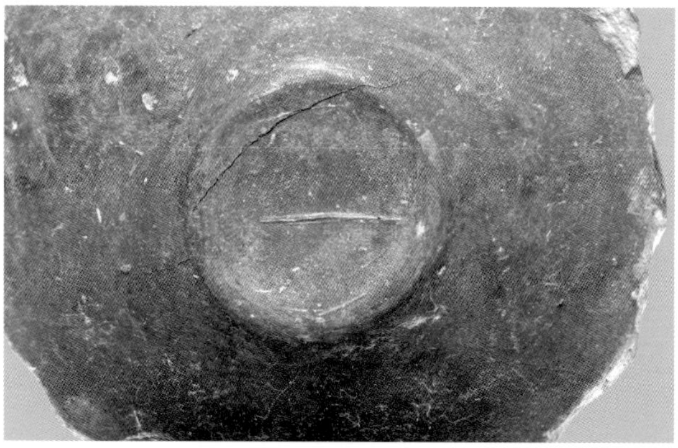

2. H498：1

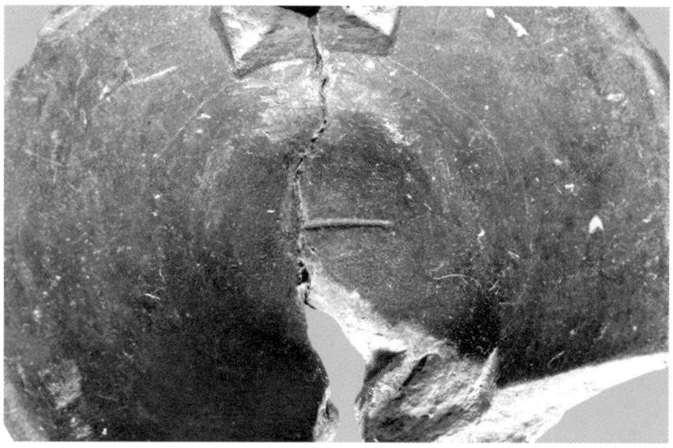

3. H226：1

4. H542：15

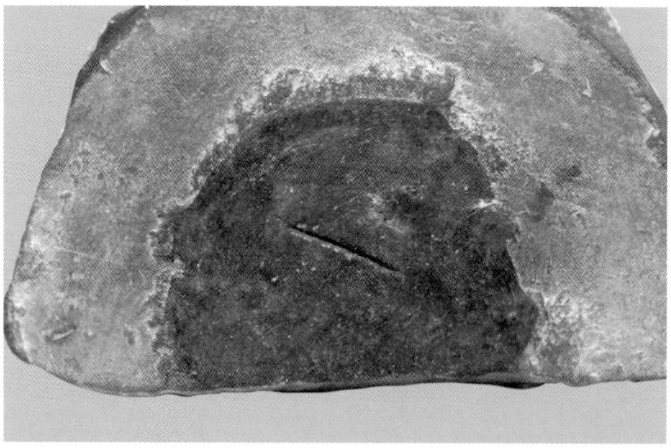

5. H363：12

6. H542：1

大旱二段圈足上刻划符号

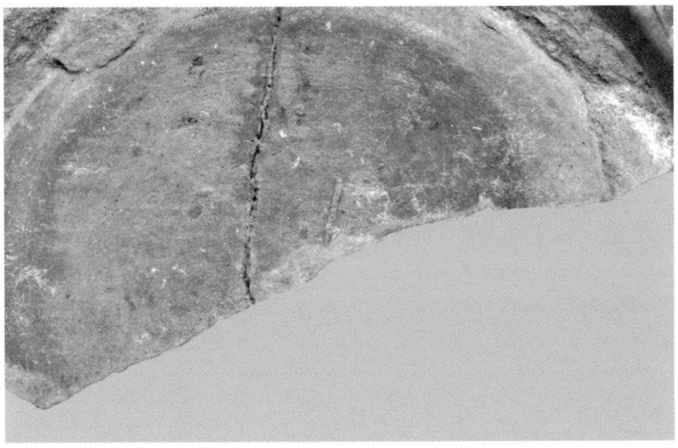

1. T3544④A：34

2. T75④：30

3. H543②：71

4. H538③：97

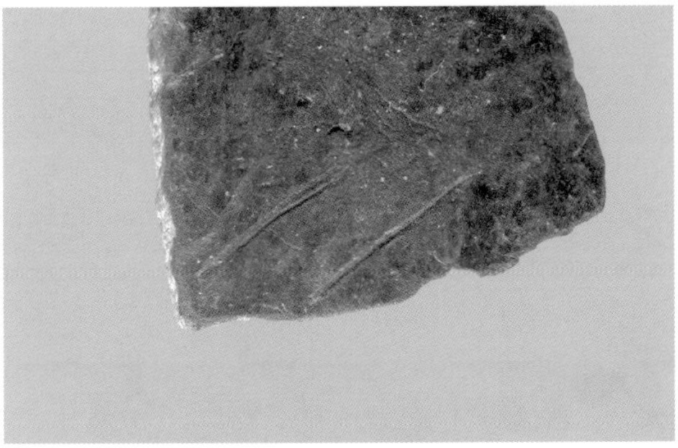

5. H543②：77

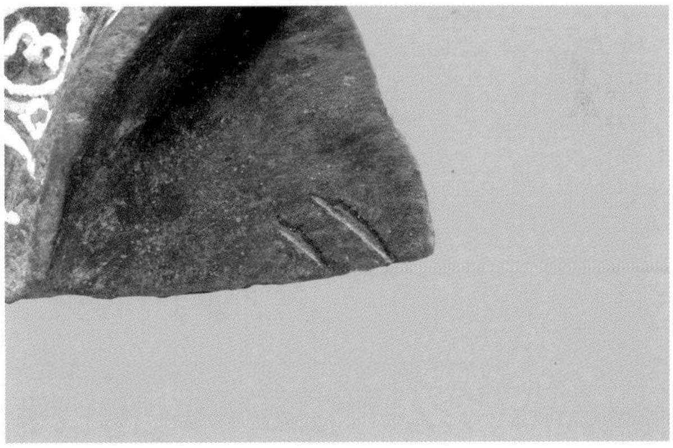

6. T70③：8

大旱二段圈足上刻划符号

图版二四

1. H543②：74

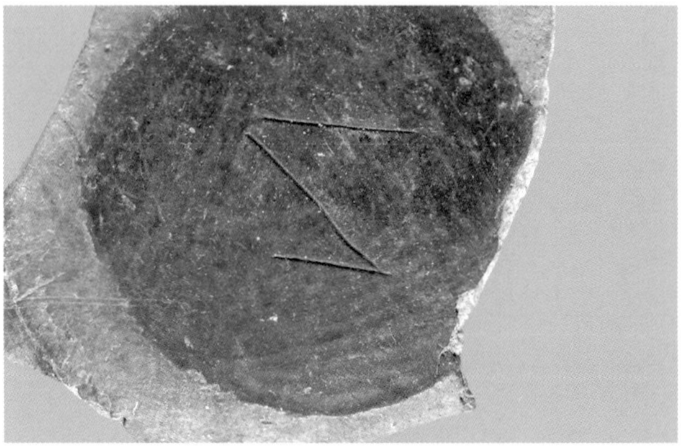

2. T3433③C：47

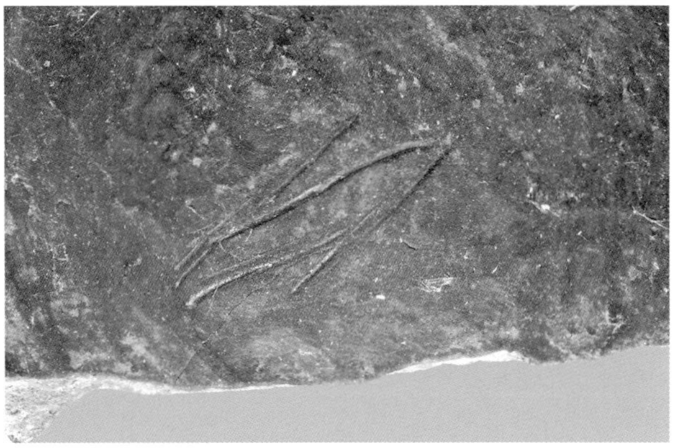

3. T75③：14

4. T3546③B：38

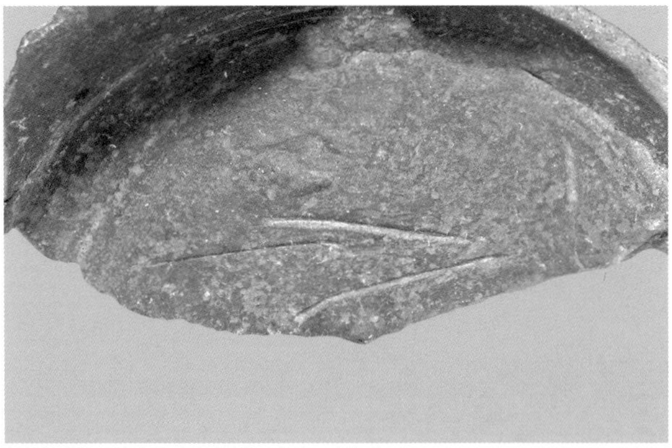

5. T71③：12

6. T28⑤：54

大早二段圈足上刻划符号

图版二五

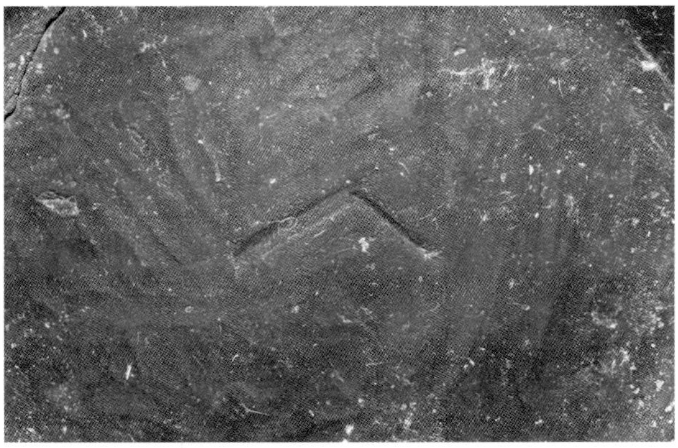

1. T62③A：8

2. H543②：69

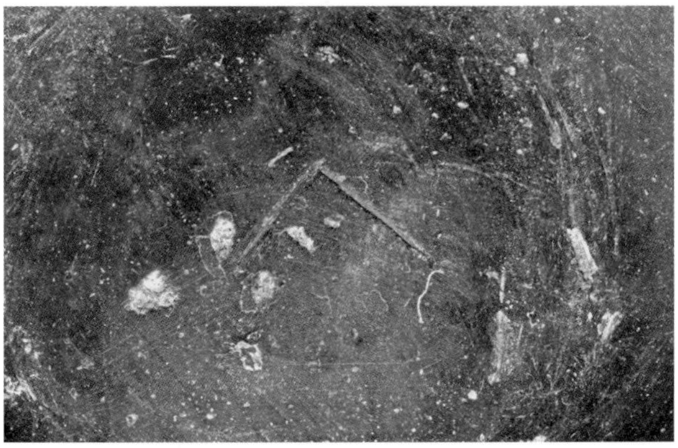

3. T2938③：45

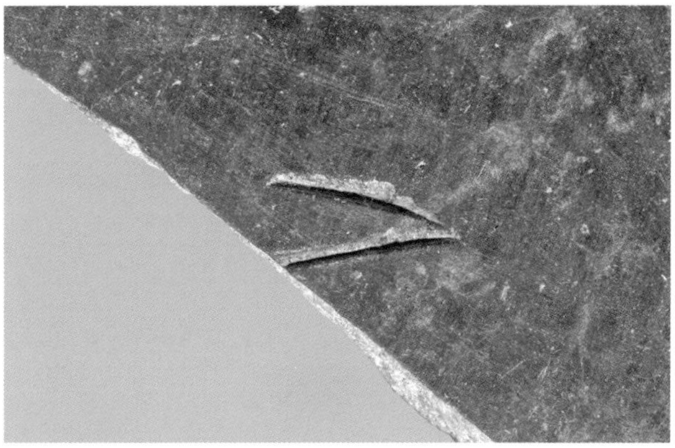

4. H363：5

5. T45④：2

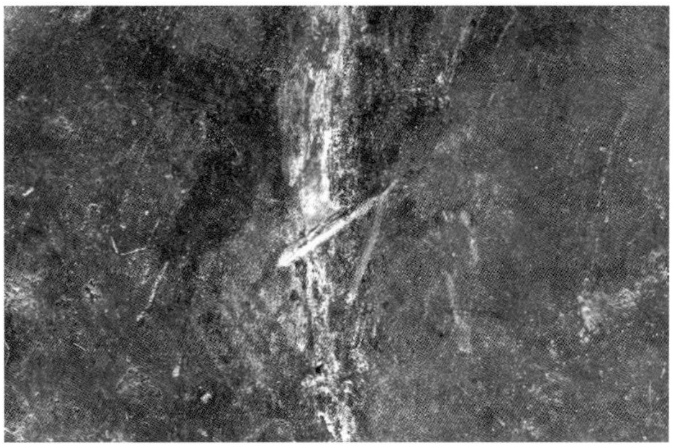

6. H538②：141

大早二段圈足上刻划符号

图版二六

1. M59：9

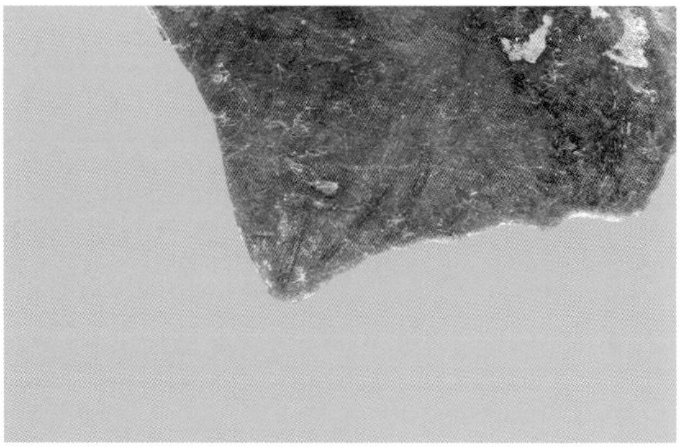

2. T3533③C：31

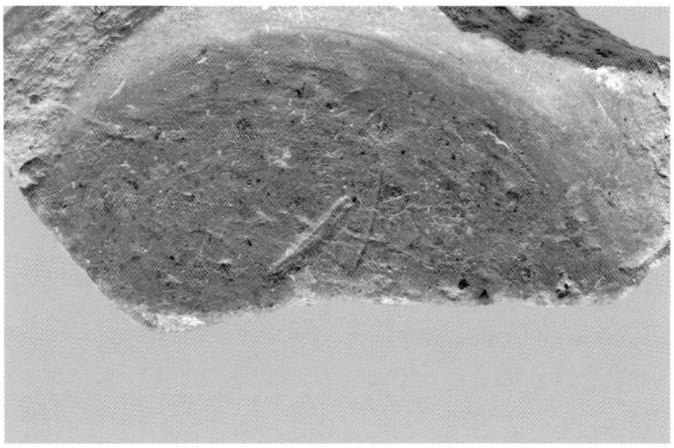

3. T74③：5

4. H543②：67

5. H363：10

6. T62③A：2

大旱二段圈足上刻划符号

图版二七

1. H538③：59

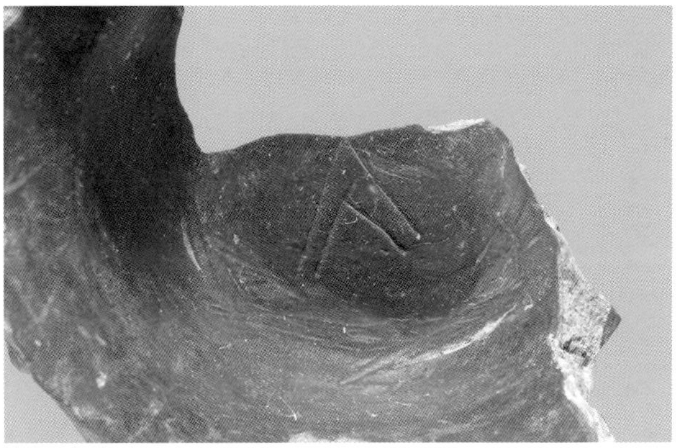

2. T71③：10

3. T71③：15

4. T64④：5

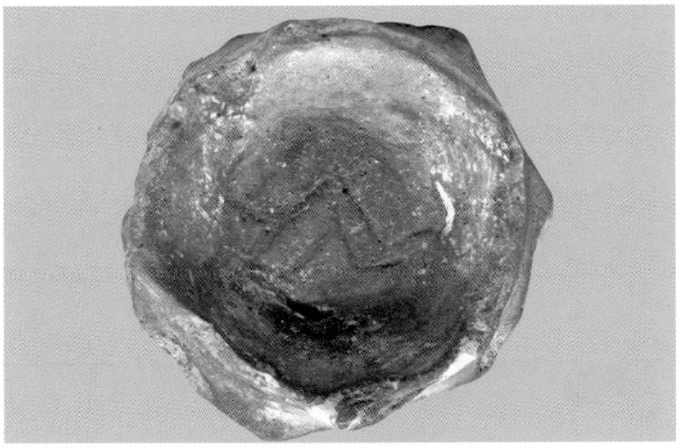

5. H607③：96

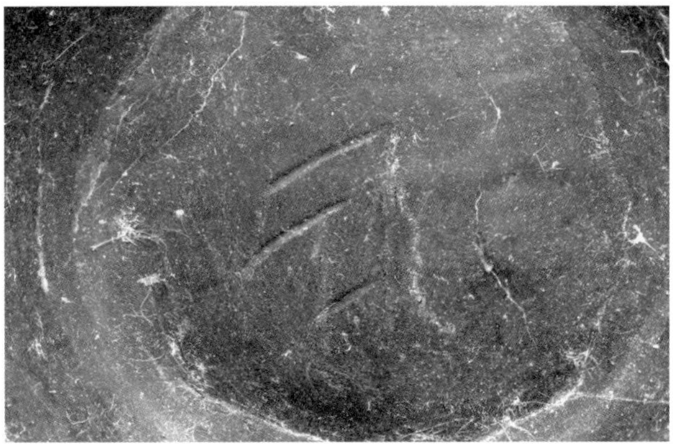

6. T21⑤B：159

大早二段圈足上刻划符号

图版二八

1. H607③：98

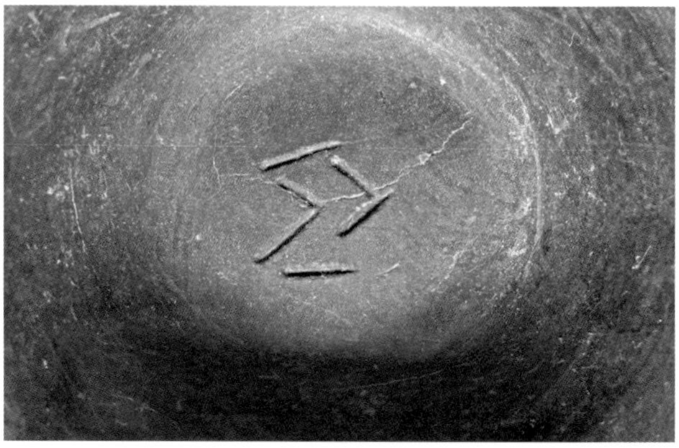

2. T21⑤A：147

3. T62②：9

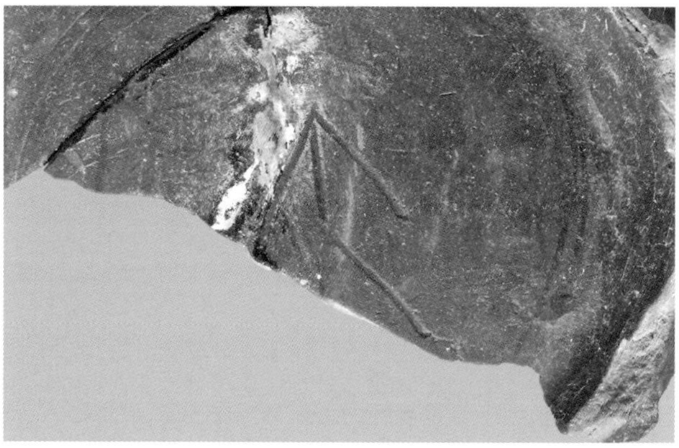

4. T21⑤B：155

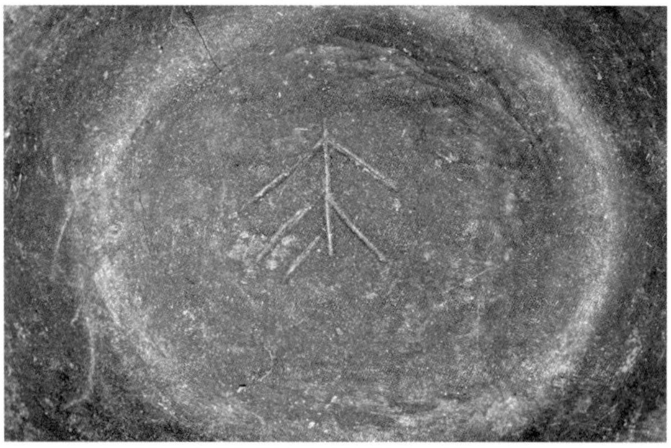

5. H363：7

6. T2938③：48

大旱二段圈足上刻划符号

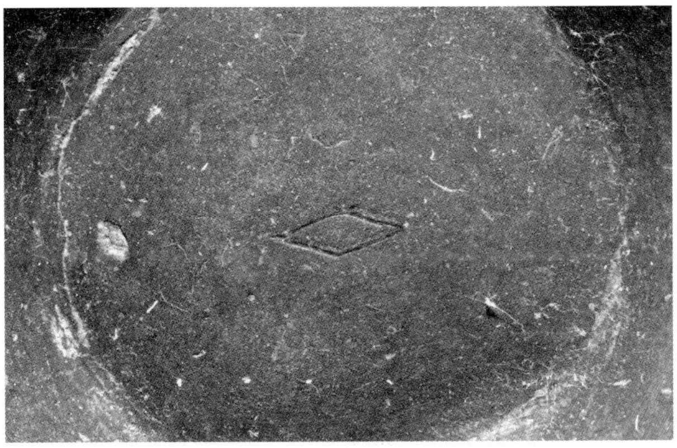
1. T64②：10

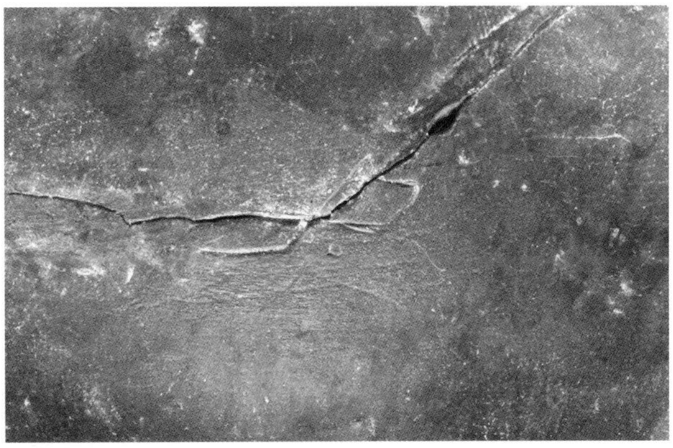
2. H607②：40

3. T21⑤A：148

4. T62③A：7

5. T23⑤A：5

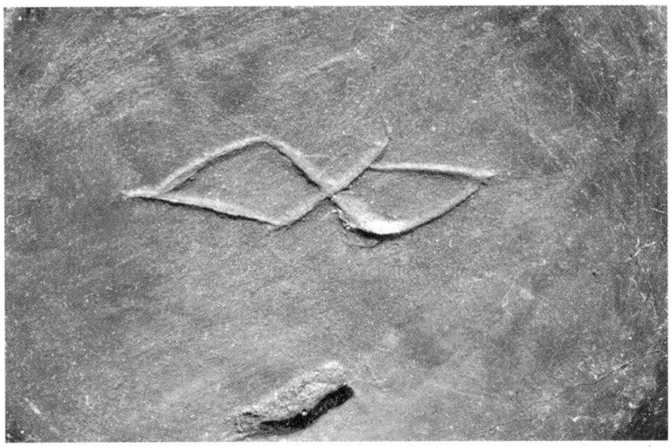
6. H226：2

大旱二段圈足上刻划符号

图版三〇

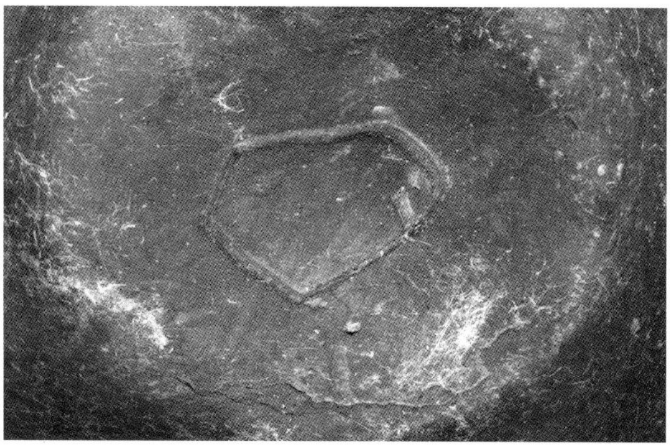

1. T3333④：31

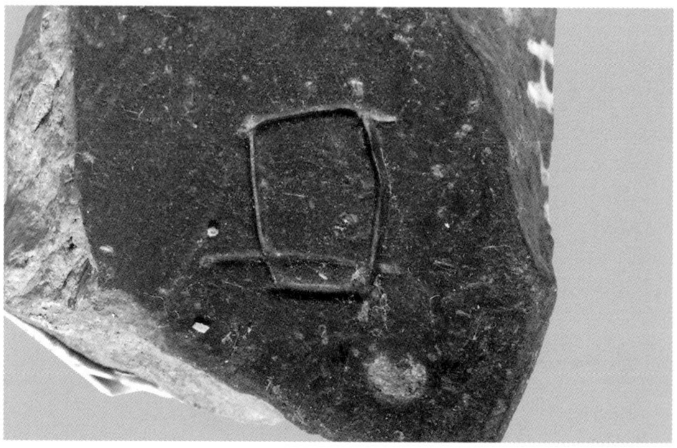

2. H543②：62

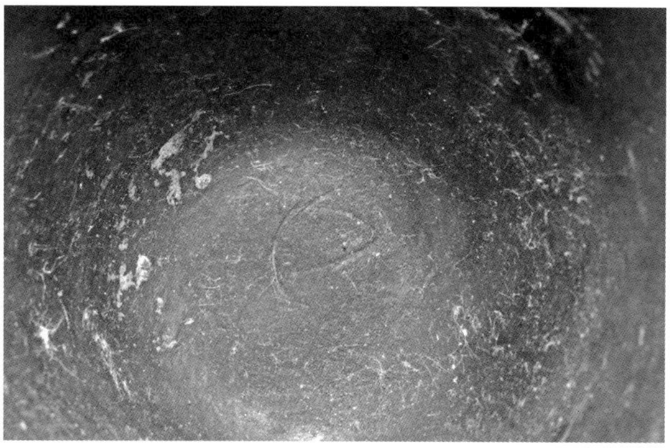

3. T74③：3

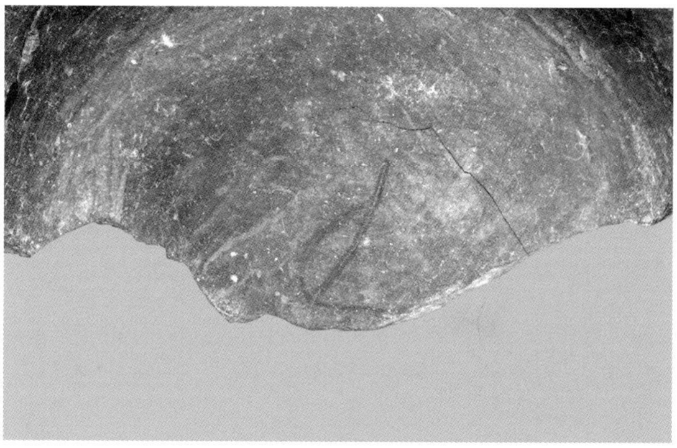

4. H607②：22

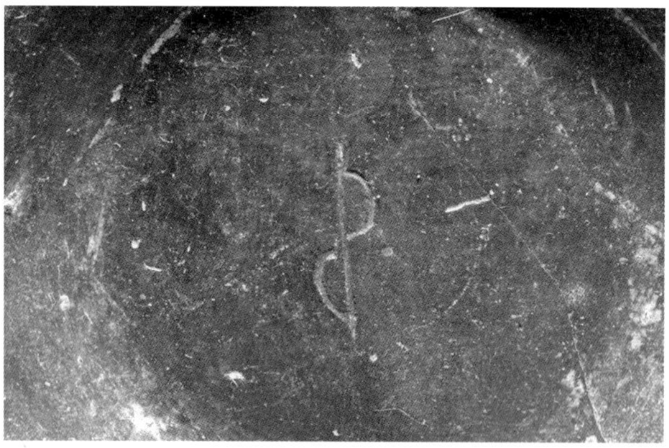

5. H363：11

6. TG1④：50

大早二段圈足上刻划符号

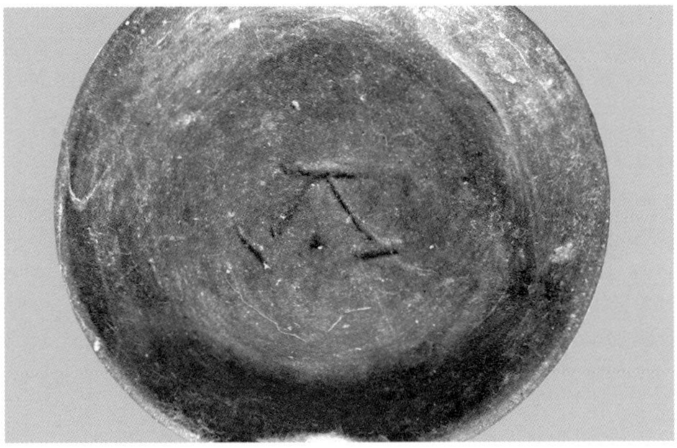

1. T23④：66

2. H403：1

3. H607②：58

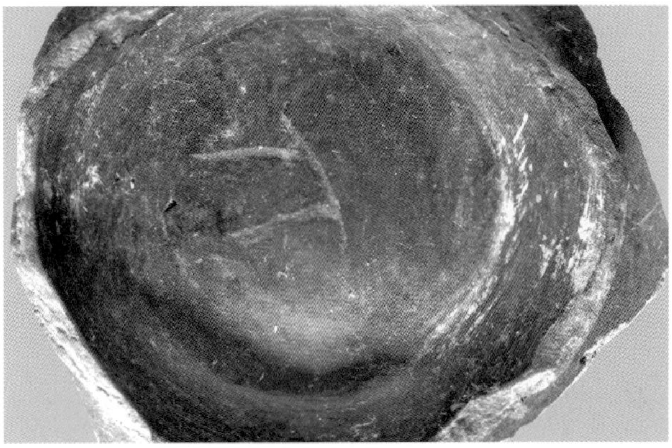

4. H543②：66

5. T64③：9

6. H365：1

大早二段圈足上刻划符号

图版三二

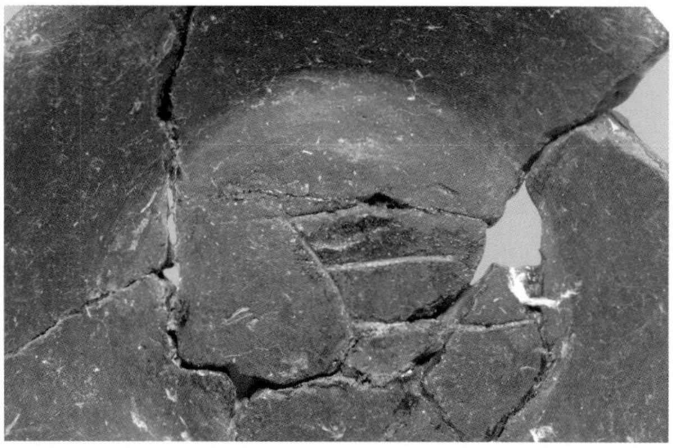

1. T64②：12

2. H538②：98

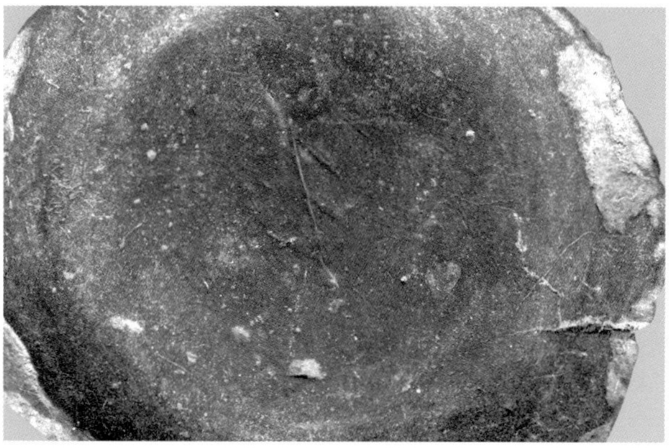

3. T3446③：22

4. TG1④A：57

5. T21⑤：131

6. T75③：16

大早二段圈足上刻划符号

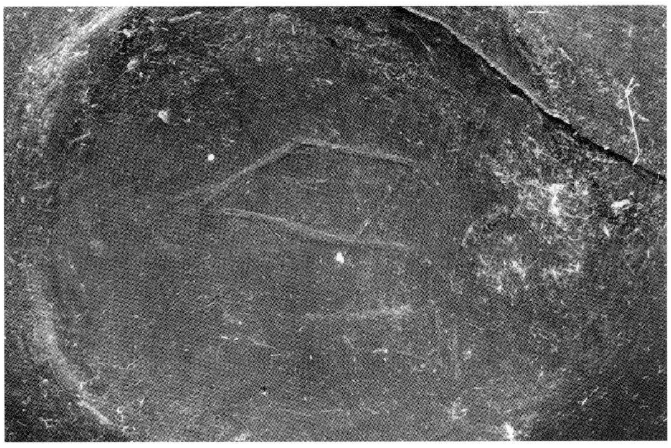

1. T21⑤A：146

2. T3334④：26

3. H538②：55

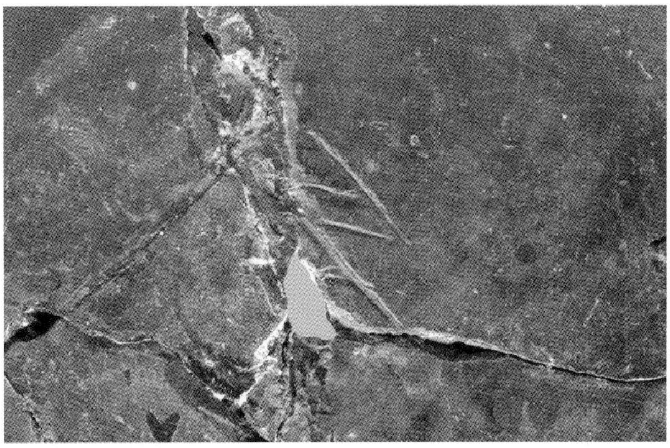

4. T64②：11

5. T62③A：1

6. H543②：72

大旱二段圈足上刻划符号

图版三四

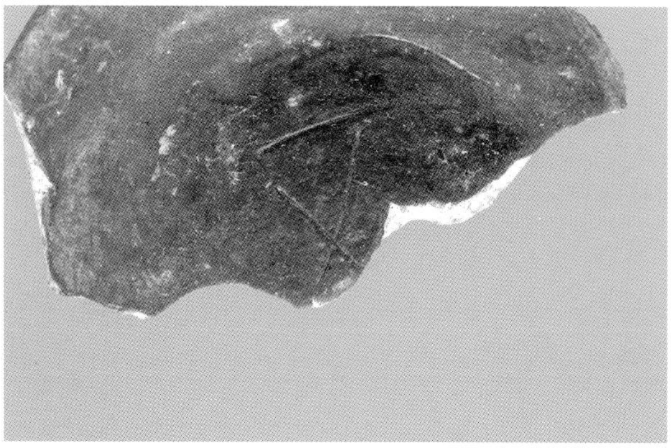

1. T71③：11

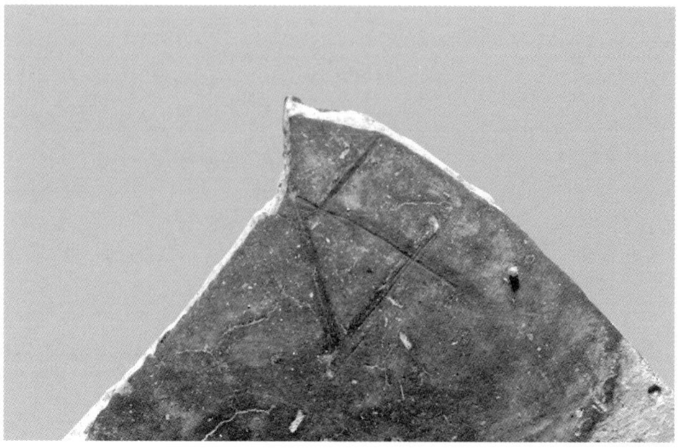

2. H543②：65

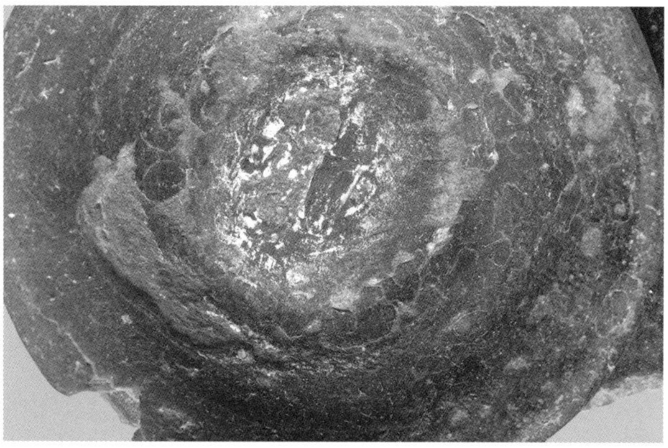

3. T21⑤B：154

4. H543②：75

5. H224：12

6. T2731④：1

大早二段圈足上刻划符号

1. H538②：56

2. H543②：63

3. H538③：65

4. H538③：58

5. H543②：70

6. H479：1

大旱二段圈足上刻划符号

图版三六

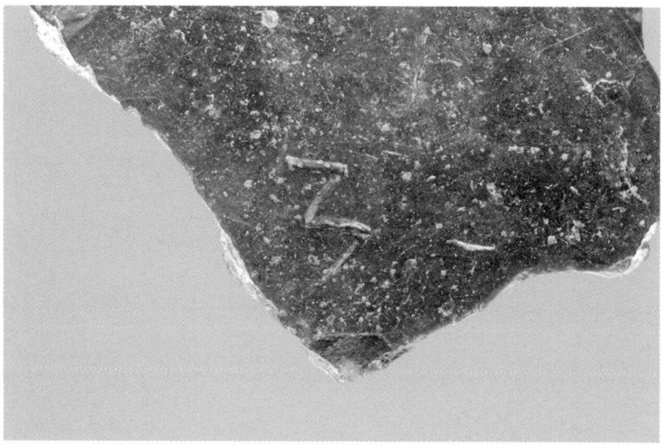

1. T75④：28

2. H424：5

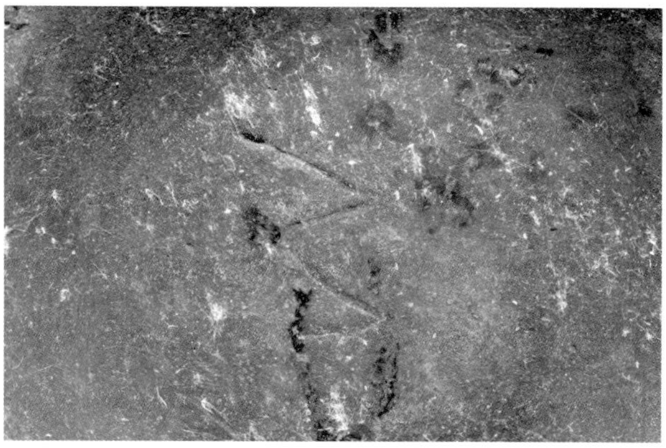

3. H607③：97

4. H342：1

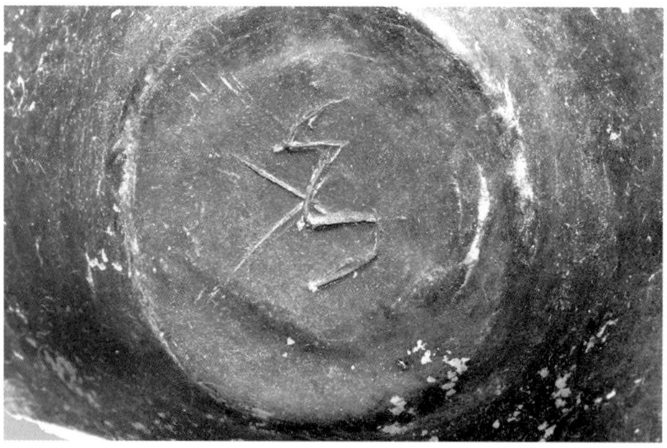

5. T75④：3

6. TG2⑥：10

大旱二段圈足上刻划符号

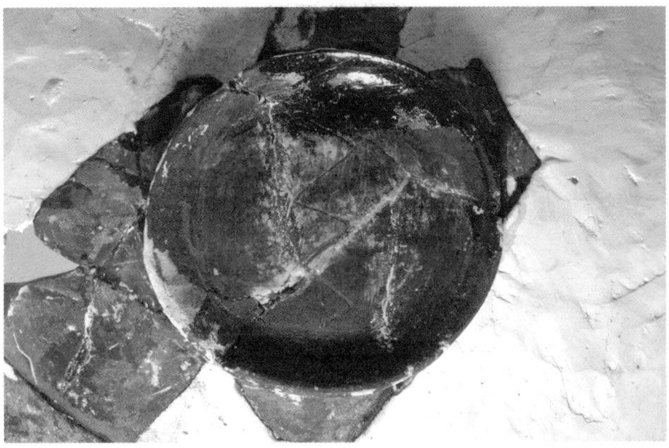

1. T21⑤：9

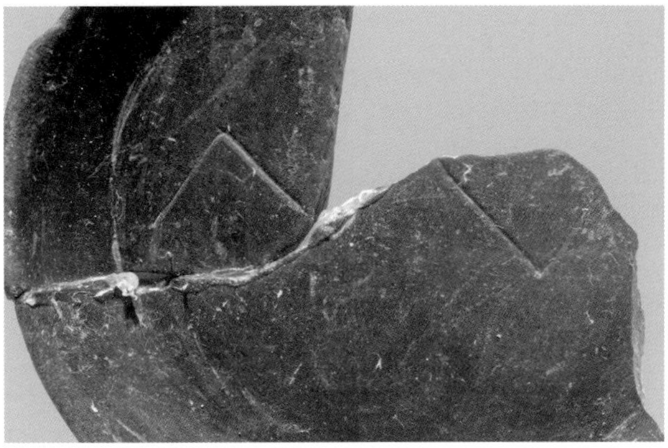

2. H223：4

3. H538③：60

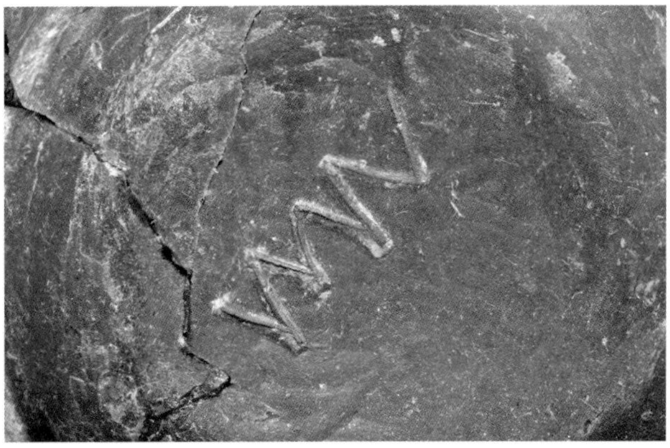

4. G23：2

5. H363：3

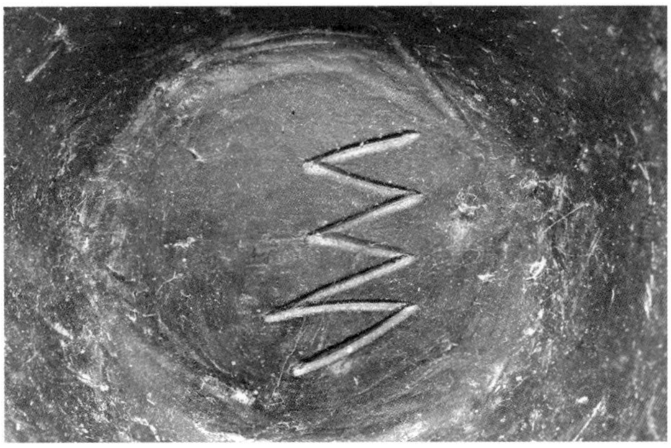

6. H363：9

大早二段圈足上刻划符号

图版三八

1. H538③：62

2. T2938③：47

3. T2938③：46

4. H538③：96

5. H538③：79

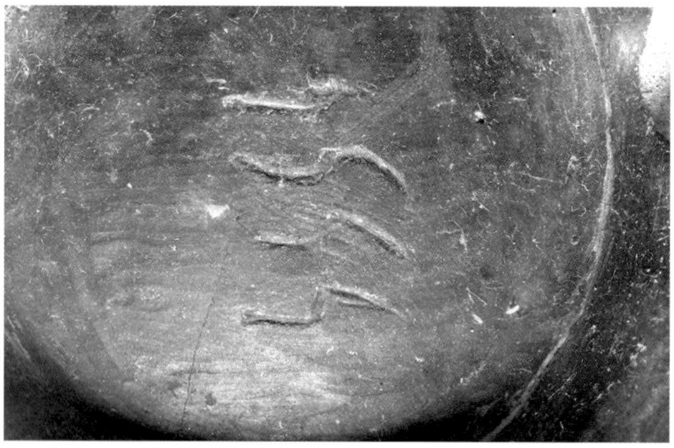

6. T3334④：25

大旱二段圈足上刻划符号

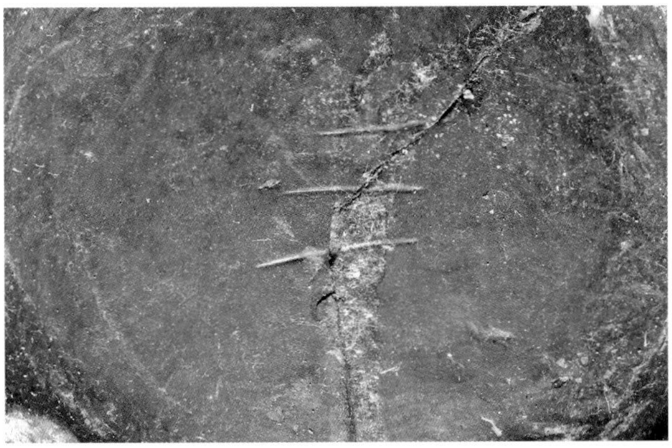

1. H538③：63

2. G23：1

3. TG1③：21

4. T74③：2

5. H363：8

6. T21⑤：30

大早二段圈足上刻划符号

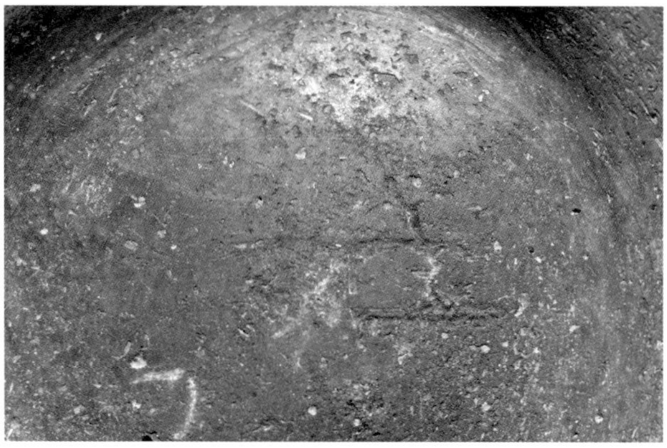

1. T64②：4

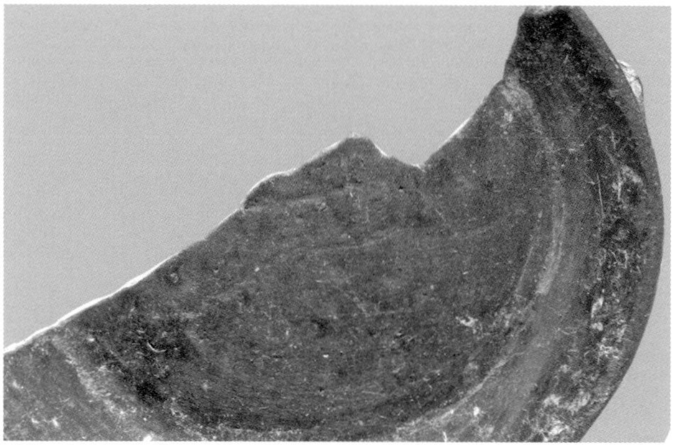

2. T3433③B：48

3. T21④：117

4. G23：6

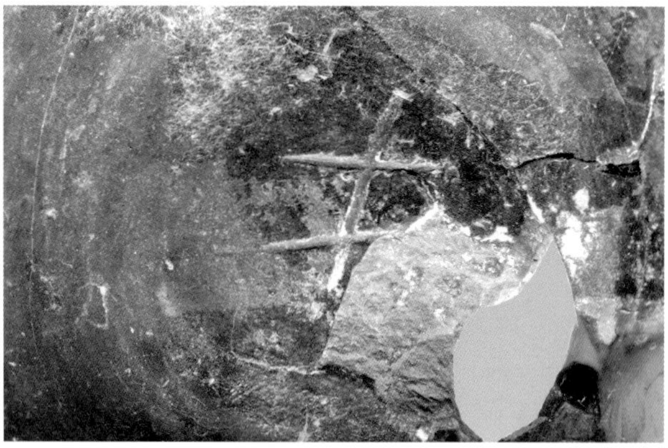

5. H607②：57

6. T29④：2

大早二段圈足上刻划符号

1. T21⑤C：161

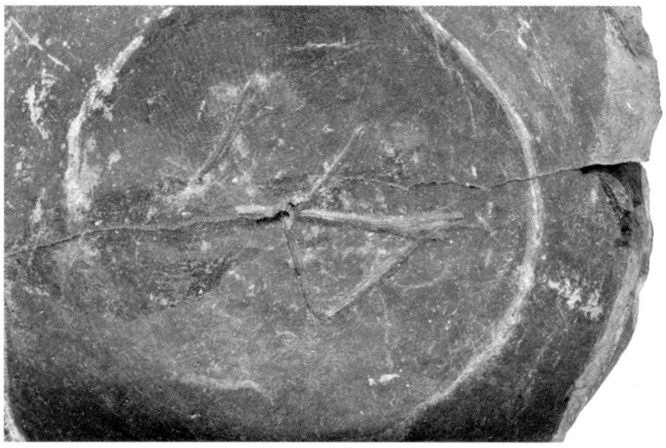

2. H543②：73

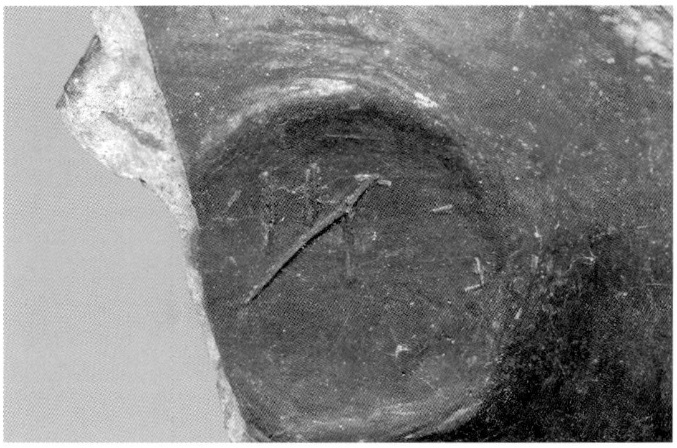

3. T75③：15

4. T21⑤B：156

5. H538③：61

6. T2731③B：3

大旱二段圈足上刻划符号

1. T21⑤：38

2. H543②：64

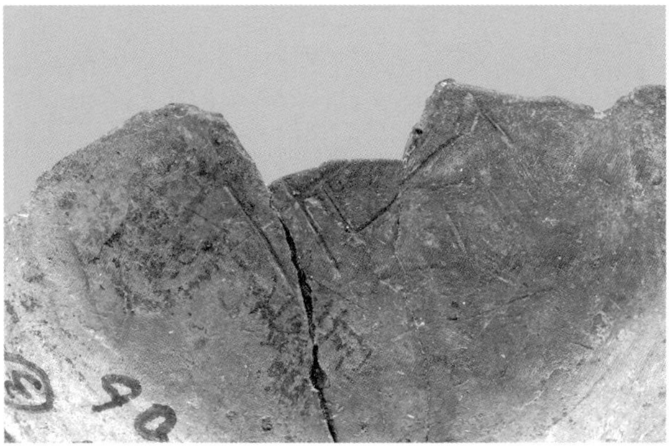

3. T71③：6

4. H543②：68

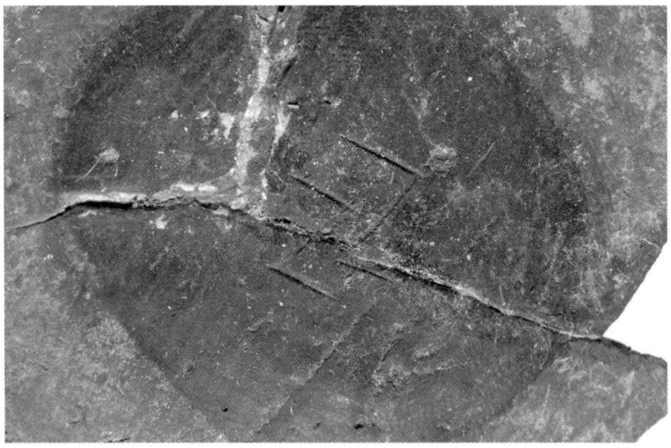

5. H543②：80

6. T64②：6

大旱二段圈足上刻划符号

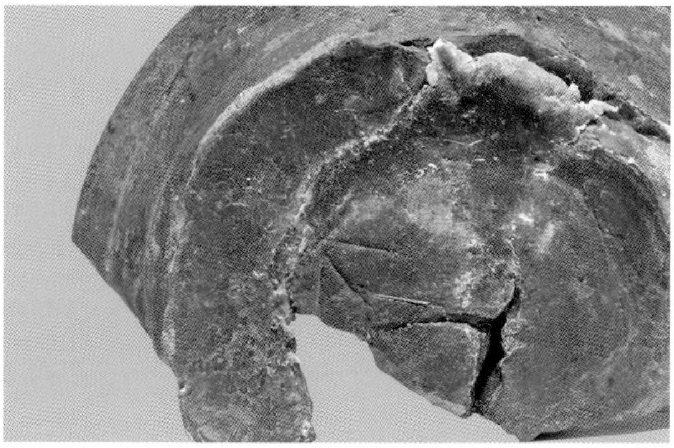

1. T3447③B：19

2. T2838③：23

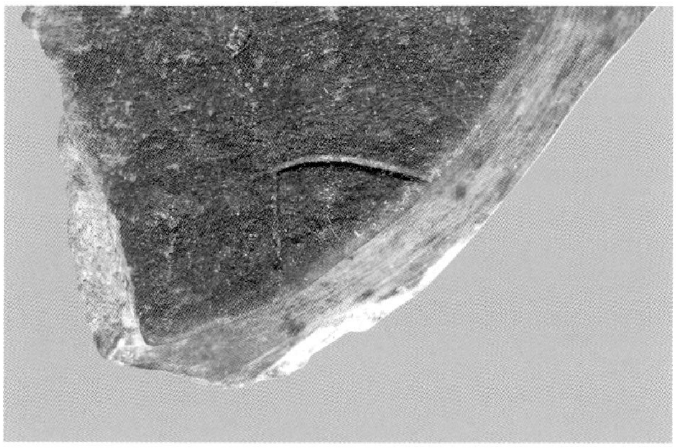

3. T3634③B：22

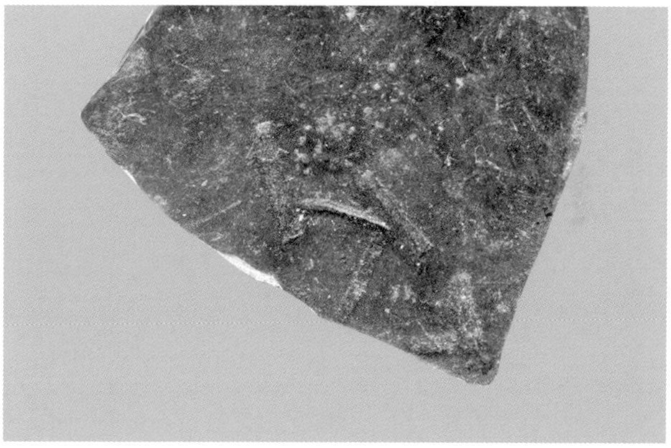

4. H543②：78

5. T3445③下：11

6. H543②：84

大旱二段圈足上刻划符号

图版四四

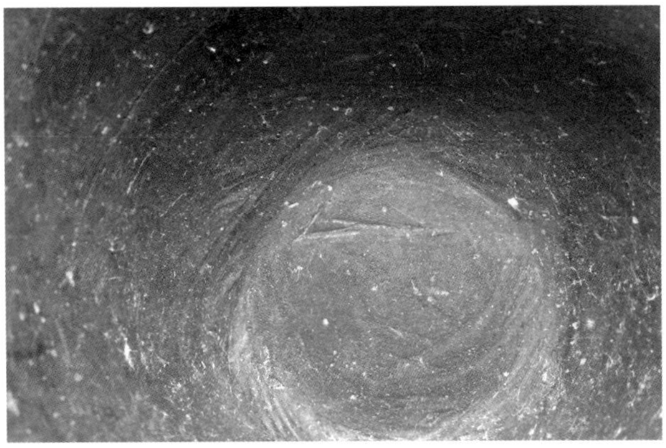

1. T64②：1

2. H543②：79

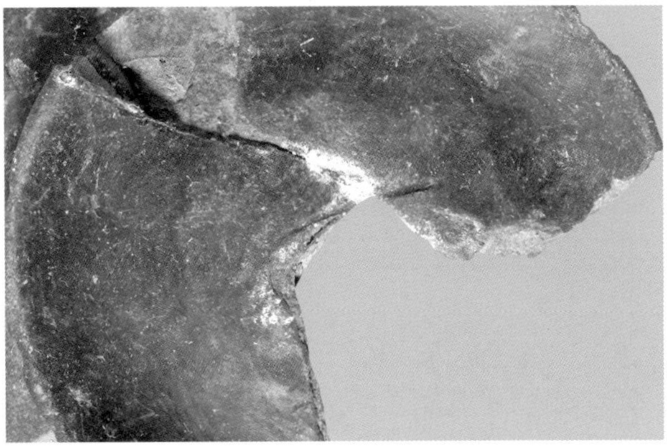

3. H543②：83

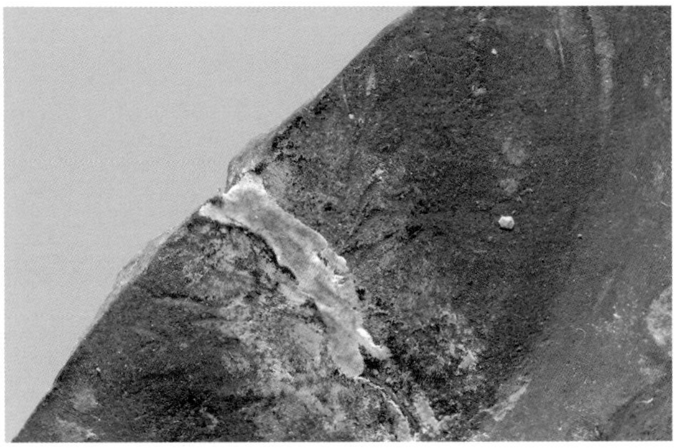

4. H570：1

5. T3547③B：44

6. H538②：57

大旱二段圈足上刻划符号

1. H223：3（大早二段）

2. H538③：78（大早二段）

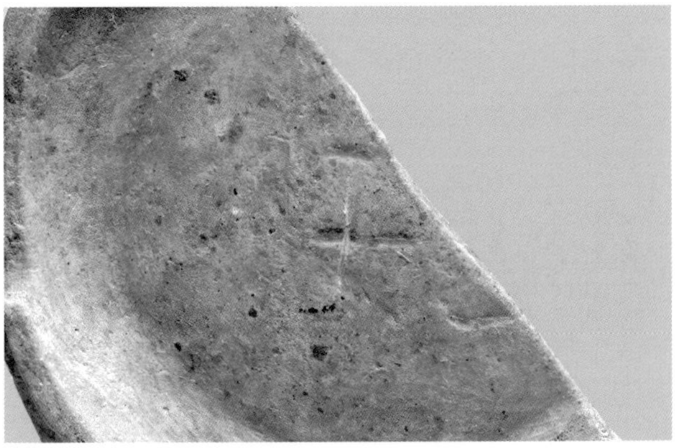

3. T75④：27（大早二段）

4. H19：22（大中晚段）

5. T62③A：3（大早二段）

6. T2731④：2（大早二段）

大早二段及大中晚段圈足上刻划符号

图版四六

1. 圭形石凿（H212：13）

2. 陶圜底小碟（H225：1）

3. 陶小碟（H212：21）

4. 陶器盖（H225：10）

5. 陶小碟（H212：20）

6. 陶敞口钵（H225：11）

大旱三段H212、H225出土石器、陶器

1. 敞口碗（H336：4）

2. 敞口假圈足碗（H349：1）

3. 器盖（H336：1）

4. 小器座（H43：1）

5. 假圈足小碟（H443：1）

6. 斜腹假圈足碗（H354：4）

大旱三段H43、H336、H349、H354、H443出土陶器

图版四八

1. 斜直腹碗（H389④：33）

2. 筒腹杯（H389②：2）

3. 卷沿盘（H389②：1）

4. 器座（H389①：38）

大旱三段H389出土陶器

1. 敞口碗（H391：2）

2. 敞口盘（H391：1）

3. 敞口碗（G2：1）

4. 溜肩小器座（H543①：56）

5. 弧肩小器座（H539：5）

大旱三段H391、H539、H543、G2出土陶器

1. 石斧（H538①：28）

2. 陶敞口碗（H514：1）

3. 陶敞口碗（H538①：10）

4. 陶玩具小碗（H607①：9）

5. 陶弧肩小器座（H538①：80）

6. 陶斜腹钵（H521：1）

大旱三段H514、H521、H538、H607出土石器、陶器

1. 石斧（T3545③：19）

2. 石斧（T3033③：1）

3. 石斧（TG1⑤：61）

4. 石斧（T21③A：64）

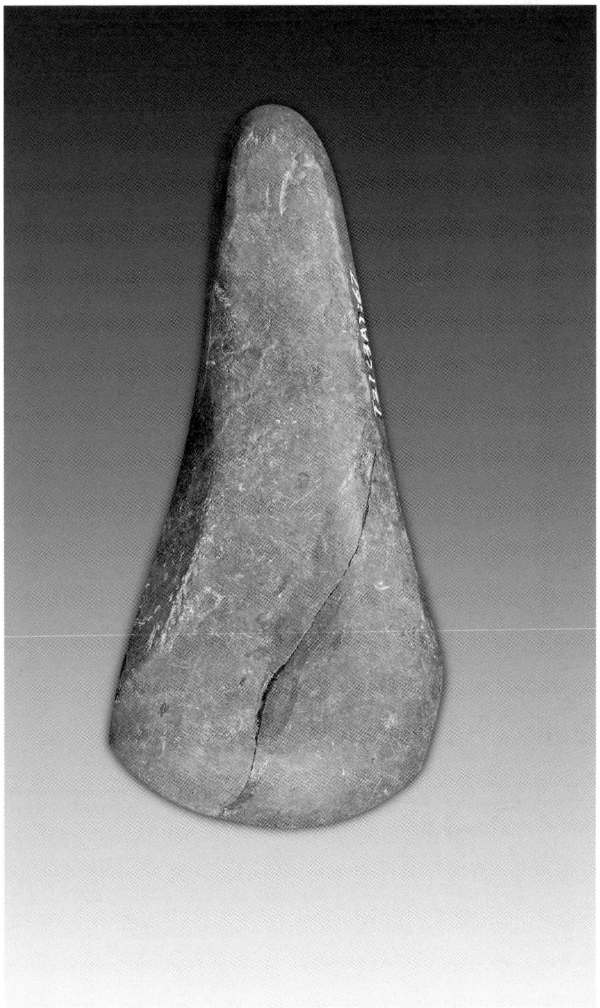

5. 石斧（T21③A：67）

大旱三段石器

1. 石锛（TG2④：48）

2. 石锛（T2837③：4）

3. 石锛（T2738③A：5）

4. 凹槽石器（TG2④：45）

5. 凹槽石器（T20④：10）

大旱三段石器

1. 折腹碗（T63③：7）

2. 折腹碗（T12④：95）

3. 敞口碗（T2839②：44）

4. 敞口碗（T3534③A：8）

5. 敞口碗（T63③：4）

6. 敞口碗（T12④：85）

大旱三段陶器

图版五四

1. 敞口碗（T12④：83）

2. 斜腹碗（T12④：99）

3. 敞口碗（T63③：3）

4. 斜腹碗（T3545③：94）

5. 卷沿碗（TG2④：29）

6. 圈足盘（T13②：6）

大旱三段陶器

1. 直口盘（T3232③：30）

2. 小器座（T3534③A：17）

3. 残小器座（T28③：19）

4. 小器座（T20⑤：24）

5. 溜肩小器座（T3734③A：13）

6. 小器座（T3534③A：18）

大旱三段陶器

图版五六

1. 弧肩小器座（T13②：7）

2. 弧肩小器座（T28③下：21）

3. 弧肩小器座（TG2④：59）

4. 弧肩小器座（T28③A下：1）

5. 小器座（T20⑤：25）

6. 弧肩小器座（T3333③：6）

大早三段陶器

1. 小器座（T12④：94）

2. 小器座（T21③A：18）

3. 敛口小钵（T63③：1）

4. 圜底碟（T3734③：8）

5. 圜底碟（T12④：81）

6. 假圈足碟（T3634③A：1）

大早三段陶器

1. 平底碟（T62③：4）

2. 假圈足小碟（T3434③A：10）

3. 平底碟（T63③：5）

4. 假圈足碟（T3545③：2）

5. 平底碟（T2837③：31）

6. 器盖（T63③：2）

大早三段陶器

图版五九

1. 小器盖（T62③：10）

2. 蝶式小器盖（T3534③A：15）

3. 三足盘（T13②：8）

4. 支座（T3333③：3）

大早三段陶器

图版六〇

1. 骨簪（TG2⑤：21）

2. 骨簪（TG2④：25）

3. 兽牙（TG2⑤：23）

大旱三段器物

1. 敞口碗（H30：6）

2. 斜腹碗（H30：26）

3. 斜腹碗（H30：5）

4. 卷沿碗（H28：1）

大中早段H28、H30出土陶器

1. 敞口碗（H33：9）

2. 斜腹钵（H34：1）

3. 内折沿碗（H260：1）

4. 器盖（H34：3）

大中早段H33、H34、H260出土陶器

1. 打制石斧（T19⑤下：88）

2. 石斧（T19⑤下：81）

3. 小石锛（T19⑤：109、T19⑤：107）

4. 打制石斧（T19⑤下：97）

5. 小石锛（T15③B：12）

大中早段石器

1. 圭形石凿（T15③B：13）

2. 圭形石凿兼石锛（T19⑤：108）

3. 圭形石凿（T14④：19）

4. 有槽石芯（T15③：15）

大中早段石器

1. 束颈深腹罐（T18④：2）

2. 敞口碗（T17④下：4）

3. 敞口碗（T15③B：1）

4. 敞口碗（T17④：50）

5. 敞口碗（T17④下：10）

6. 敞口碗（T14④：1）

大中早段陶器

1. 敞口碗（T16④A：1）

2. 双纽器盖盘（T17④：15）

3. 斜腹碗（T18③A：29）

4. 斜腹碗（T18③B：111）

5. 内折沿盘（T18④：1）

大中早段陶器

1. 敞口钵（T18④：33）

2. 敞口钵（T14④：3）

3. 大圈足（T17④下：37）

4. 卷沿盘（T18④：58）

大中早段陶器

1. 敞口碗（H25：3）

2. 敞口碗（H25：1）

3. 内折沿盘（H25：23）

4. 斜腹碗（H25：4）

5. 斜腹碗（H25：22）

大中中段H25出土陶器

1. 敞口碗（H22：8）

2. 敛口小碗（H293：6）

3. 敞口碗（G64：2）

4. 直口盘（H27：2）

5. 斜腹碗（G64：1）

6. 敛口小钵（H293：7）

大中中段H22、H27、H293、G64出土陶器

1. 石斧（T19③下：117）

2. 圭形石凿（T19④：113）

1. 弧折沿罐（T19③下：103）

2. 敞口碗（T17③A：21）

3. 敞口碗（T19③下：4）

4. 敞口碗（T17③A：8）

5. 敞口大碗（T19③下：25）

6. 敞口碗（T17③A：9）

大中中段陶器

图版七二

1. 斜腹碗（T19④：6）

2. 假腹碗（T17③A：31）

3. 敞口盘（T1024②B：1）

4. 敞口小钵（T17③A下：6）

5. 直口小盘（T17③B：7）

6. 斜腹钵（T17③A：11）

大中中段陶器

1. 器盖（T14③A：4）

2. 器盖（T18③：35）

3. 器盖（T18③：112）

4. 敞口小钵（T18③下：37）

5. 有流碟（T19③下：179）

大中中段陶器

图版七四

1. 敞口碗（T18③：88）

2. 敞口碗（T19③下：10）

3. 斜腹碗（T19③下：8）

4. 斜腹碗（T19④：7）

5. 斜腹碗（T19③下：2）

6. 斜腹碗（T19③下：35）

1. 石斧（T16③：40）

2. 石锛（T17③：49）

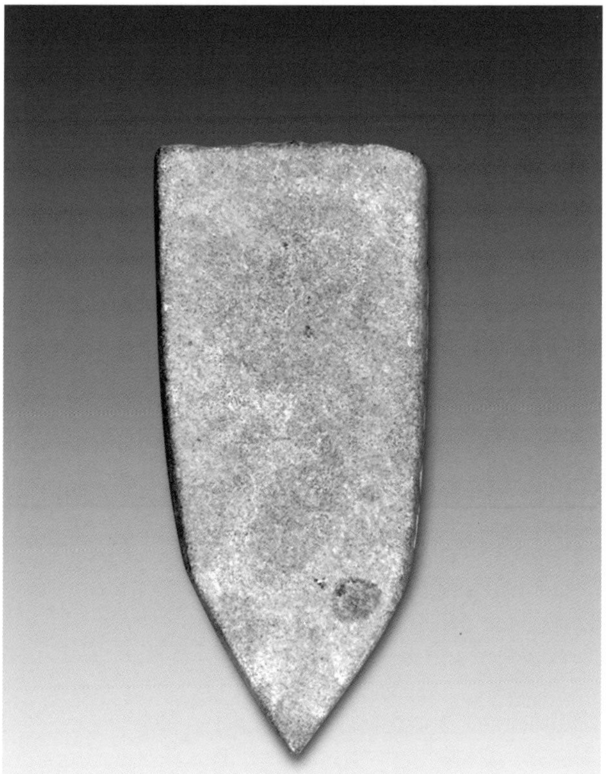

3. 圭形石凿（T19③：122）

4. 圭形石凿（T17③：74）

大中晚段石器

图版七六

1. 敛口碗（T1123③B：1）

2. 折腹小碗（T16③：8）

3. 敛口碗（T1123③B：3）

4. 敞口碗（H14：2）

5. 敛口碗（T14③：20）

6. 敞口碗（T14③：2）

大中晚段陶器

1. 敞口碗（T1123③B：2）

2. 斜腹碗（T17③：18）

3. 敞口碗（T17③：3）

4. 斜腹碗（T17③：19）

5. 敞口碗（T19③：12）

6. 斜腹碗（T1124③A：1）

大中晚段陶器

图版七八

1. 斜腹碗（T17③：5）

2. 斜腹碗（T19③：9）

3. 斜腹碗（T16③：87）

4. 斜腹碗（T17③：1）

5. 斜腹碗（T19③：30）

6. 斜腹碗（T16③：3）

大中晚段陶器

1. 斜腹碗（T19③：1）

2. 敞口盘（T19③：3）

3. 斜腹盘（T17③：17）

4. 内折沿盘（T16③：23）

5. 内折沿盘（T19③：28）

大中晚段陶器

1. 敞口钵（T17③：12）

2. 敛口小钵（T17③：2）

3. 敛口小钵（T19③：11）

4. 外折沿盆（T16③：22）

5. 器盖（T19③：5）

大中晚段陶器

1. 石斧（H133：4）

2. 陶敛口盆（H179：1）

3. 陶敛口碗（H187：8）

大溪文化晚期H133、H179、H187出土石器、陶器

1. M53（南→北）

2. M22（东南→西北）

大溪文化晚期M22、M53

1. 石斧坯（M48：2）

2. 石锄（M53：2）

大溪文化晚期M48、M53出土石器

图版八四

1. 敛口碗（T36⑥：51）

2. 釜（M13：1）

3. 敛口碗（T37⑤A：35）

4. 豆（T48③B：1）

大溪文化晚期陶器

1. 敞口小盘（T36⑥：56）

2. 外折沿豆盘（T25⑤：40）

3. 内折沿盘（T47⑤：11）

4. 带流圈足盘（T36④：64）

5. 器盖（T47⑤：37）

大溪文化晚期陶器

图版八六

1. 石锄（T26⑤：75）

2. 石斧（T32⑤：1）

3. 大石斧（T47④：12）

4. 石斧（T27④：34）

5. 大石斧（T35④：8）

大溪文化晚期石器

1. 石斧（T25④：10）

2. 石球（T42④：3）

3. 石斧（T33④：9）

4. 石球（T25⑤A下：26）

5. 石斧（T27④：35）

6. 石球（T36⑤A：14）

大溪文化晚期石器

1 2 3

4 5 6 7

8 9 10

大溪文化晚期石器

1、2、4、5、7~9. 小石锛（T47③：4、T27④：37、T30④：17、T27④：40、T27④：38、T47③：3、T24④：26） 3、6. 小石斧（T24④：25、T27④：39） 10. 有槽圆石饼（T47③：8）

1　　2

12

3　　4　　5

13

6　　7　　8

14

9　　10　　11

大溪文化晚期石器、陶器、骨器

1. 石纺轮（T24⑤A：33）　2~11. 陶纺轮（T37④：10、T47③：7、T47③：1、T47③：36、T31④：112、T36④：152、T27④：68、T36④下：53、T25④：43、T35④：54）　12、13. 陶球（T47③：6、T35④：56）　14. 骨镞（T47③：5）

1. 凹折沿小罐（T24④：35）

2. 折沿小罐（T35④：67）

3. 折沿扁腹小罐（T27④：50）

4. 弧折沿小釜（T25⑤A：2）

大溪文化晚期陶器

1. 圈足小罐（T47④：9）

2. 圈足罐（T25⑤：3）

3. 罐形杯（T25④下：27）

4. 彩陶圈足罐（T25⑤：37）

5. 罐形杯（T25⑤：38）

6. 罐形杯（T25⑤：18）

大溪文化晚期陶器

图版九二

1. 有孔小石铲（H109：3）

2. 陶纺轮（H103：6）

3. 陶曲腹杯（H114：4）

4. 陶内折沿碗（H188：11）

5. 陶豆（H101：7）

6. 陶敛口钵（H152：1）

7. 陶敛口钵（H606：3）

屈家岭文化早期H101、H103、H109、H114、H152、H188、H606出土石器、陶器

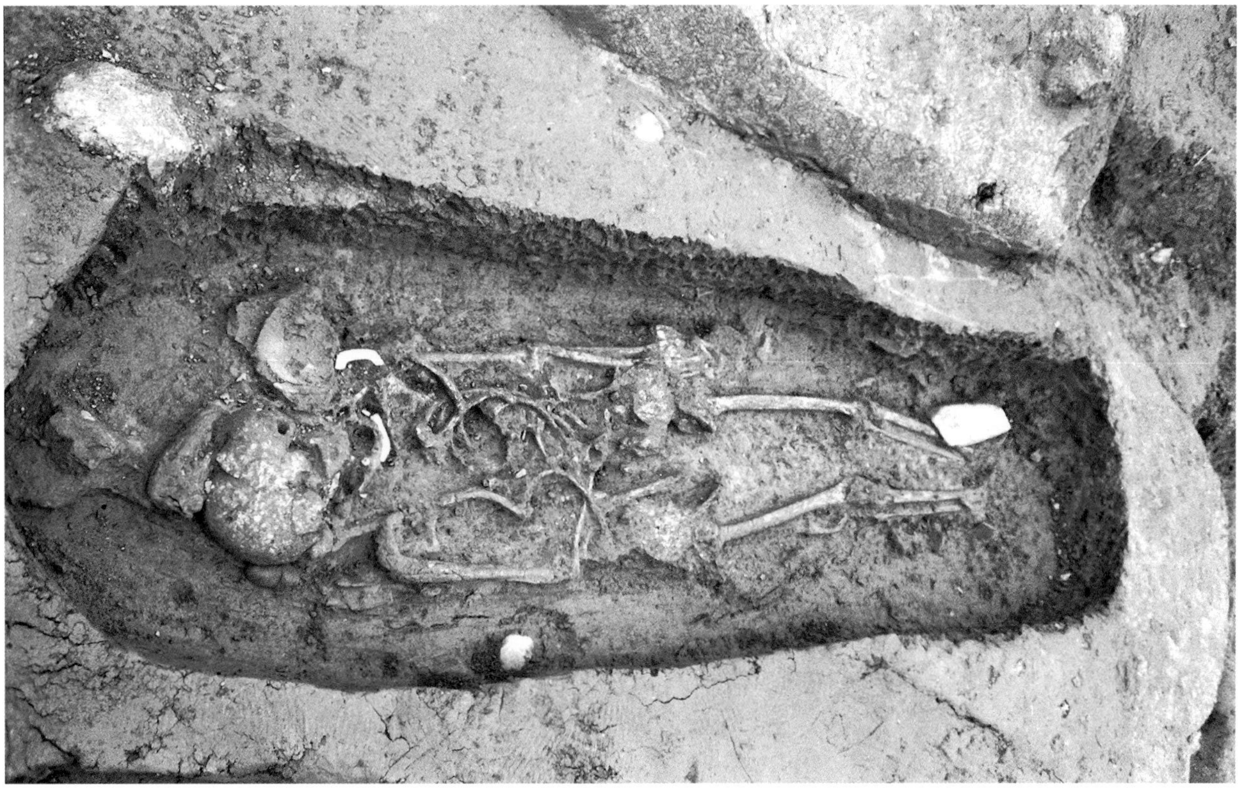

1. M4（东北→西南）

2. M16（西北→东南）

屈家岭文化早期M4、M16

图版九四

1. 陶簋形器（M16：4）

2. 陶小罐（M16：3）

3. 石斧（M4：3）

4. 石网坠（M4：08）

5. 石镯（M16：1）

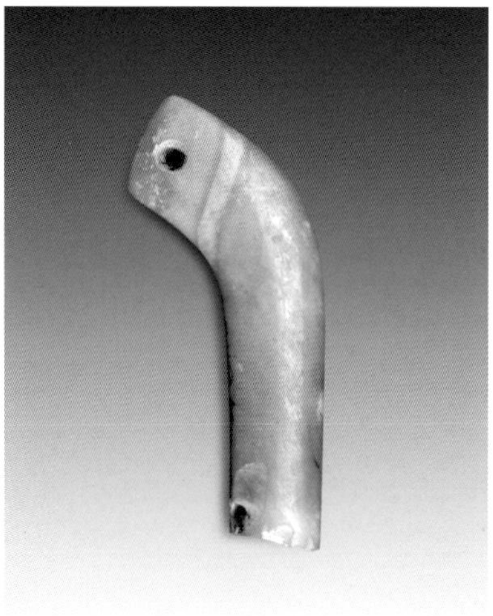

6. 残玉璜（M4：1）

7. 石璜（M4：2）

屈家岭文化早期M4、M16出土石器、陶器、玉器

1. 石锛（M17：5）

2. 石斧（M17：6）

3. 石斧（M17：8）

4. 石斧（M17：2）

5. 石斧（M17：1）

6. 石斧（M17：10）

7. 石锛（M17：3）

8. 石球（M17：7）

屈家岭文化早期M17出土石器

图版九六

1. 陶侈口碗（M19：6）

2. 陶环（M19：18）

3. 陶环（M19：7）

4. 陶双腹豆（M19：5）

5. 陶环（M19：12）

6. 陶环（M19：14）

7. 陶双腹豆（M19：20）

8. 陶纺轮（M19：8）

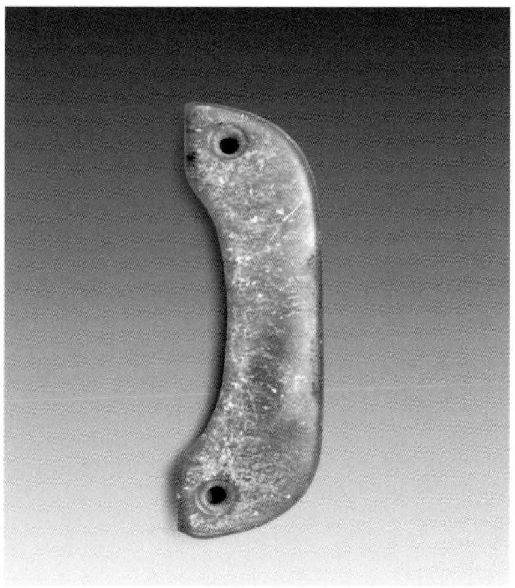

9. 玉璜（M19：22）

屈家岭文化早期M19出土陶器、玉器

1. M21（西北→东南）

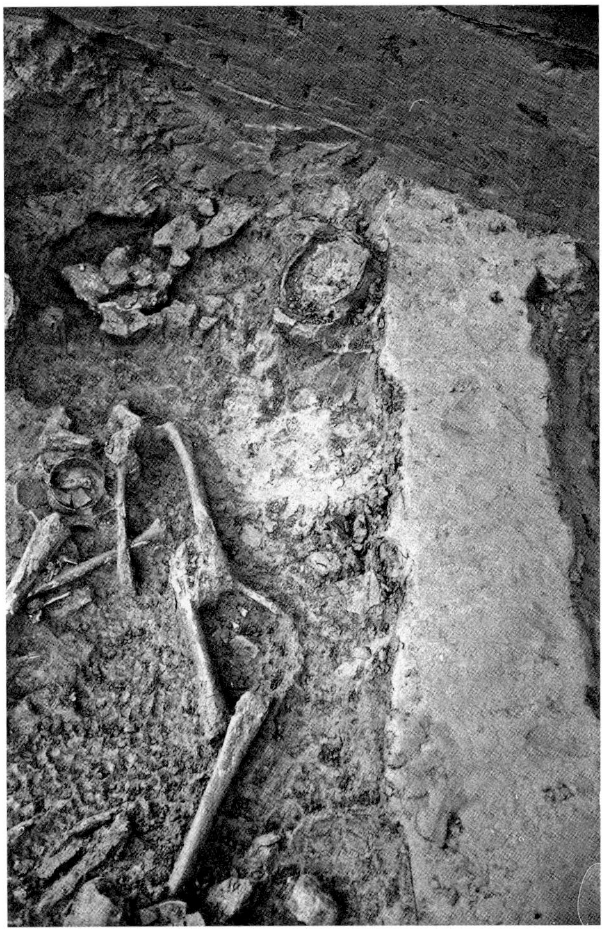

2. M30（西北→东南）

屈家岭文化早期M21、M30

图版九八

1. 陶侈口罐（M21：10）

2. 陶双腹豆（M21：2）

3.陶内折沿碗（M21：4）

4. 陶环（M21：3）

5. 陶双腹豆盘（M21：7）

6. 石镯（M21：6）

7. 陶环（M21：5）

屈家岭文化早期M21出土石器、陶器

1. 簋（M30：1）

2. 敞口碗（M30：9）

3. 敛口钵（M30：6）

4. 侈口碗（M30：5）

5. 圈足盘（M30：7）

屈家岭文化早期M30出土陶器

1. M23（西北→东南）

2. M24（西北→东南）

屈家岭文化早期M23、M24

1. 陶侈口碗（M24：3）

2. 陶双腹碗（M24：2）

3. 陶环（M24：1）

4. 石斧（M24：4）

5. 石斧（M23：3）

6. 石斧（M23：1）

7. 石斧（M23：2）

8. 石斧（M24：5）

屈家岭文化早期M23、M24出土石器、陶器

1. M26（西南→东北）

2. M56（东南→西北）

屈家岭文化早期M26、M56

1. 陶釜（M26：3）

2. 陶壶（M26：4）

3. 陶器盖（M26：2）

4. 小石球（M26：1）

5. 陶小鼎（M56：1）

屈家岭文化早期M26、M56出土石器、陶器

图版一〇四

1. 陶簋形器（M34：1）

2. 陶双腹豆（M37：1）

3. 残石斧（M39：1）

4. 石锄（M39：2）

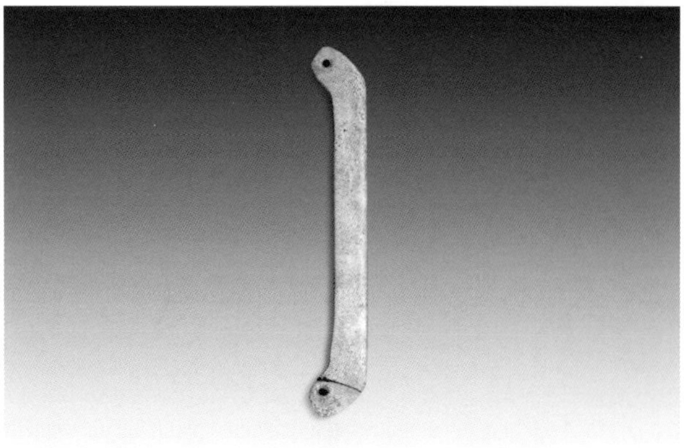

5. 石璜（M39：3）

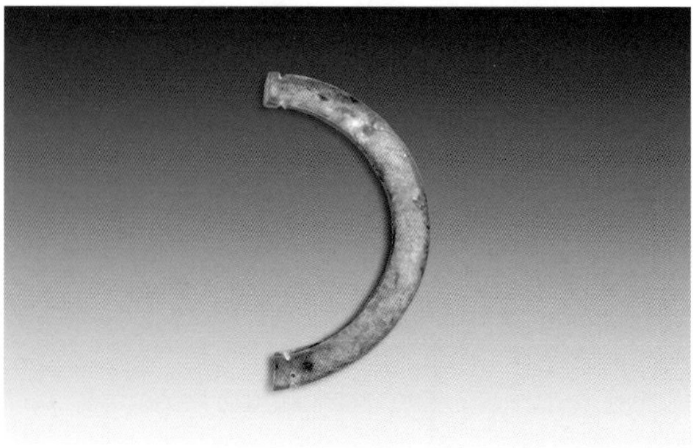

6. 石璜（M37：4）

屈家岭文化早期M34、M37、M39出土石器、陶器

1. 侈口罐（M43：1）

2. 内折沿碗（M43：2）

3. 簋（M44：2）

4. 内折沿碗（M44：1）

屈家岭文化早期M43、M44出土陶器

1. 石斧（T32③C：22）

2. 石斧（T26④：66）

3. 石斧坯（T26④：47）

4. 石斧（T30③C：58）

5. 石斧（T26④：67）

6. 石斧（T33③C：5）

屈家岭文化早期石器

1. 圭形石凿（T32③D：44）

2. 小石斧（T31③B：6）

3. 石斧（T32③C：7）

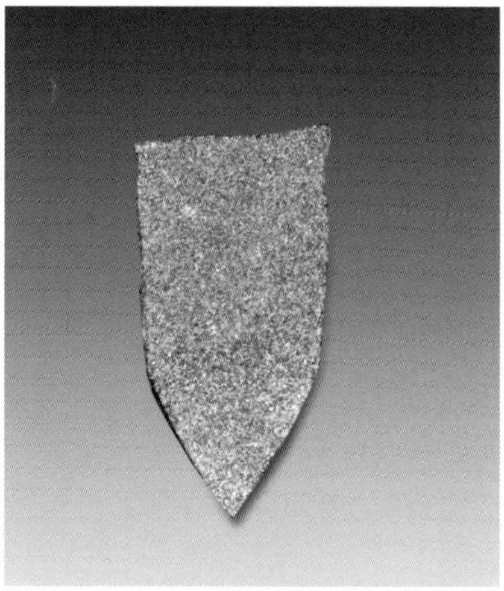

4. 圭形石凿（T33③C：40）

5. 石斧（T26③B：58）

6. 石斧（T27③A：12）

7. 石斧（T30③B：89）

8. 石球（T36③B：15）

9. 石凿（T31③D：116）

屈家岭文化早期石器

图版一〇八

1

2

3

4

5

6 7

8

9

10 11

12

屈家岭文化早期小石锛

1. T35③D：35　2. T26④：65　3. T35③D：28　4. T31③B：16　5. T26④：64　6. T32③D：15
7. T27③A：14　8. T35③E：26　9. T30③D：12　10. T32③C：11　11. T33③C：41　12. T32③C：20

1

2

3

4

5

6

7 8

9

10

屈家岭文化早期陶纺轮

1. T33③C：25　2. T26③B：10　3. T35③D：55　4. T31③C：117　5. T35③C：42　6. T35③C：41
7. T30③C：38　8. T35③C：43　9. T32③C：30　10. T31③B：93

图版一一〇

1. 曲腹杯（T27③B：49）

2. 豆圈足（T26④：3）

3. 双腹豆（T30③D：53）

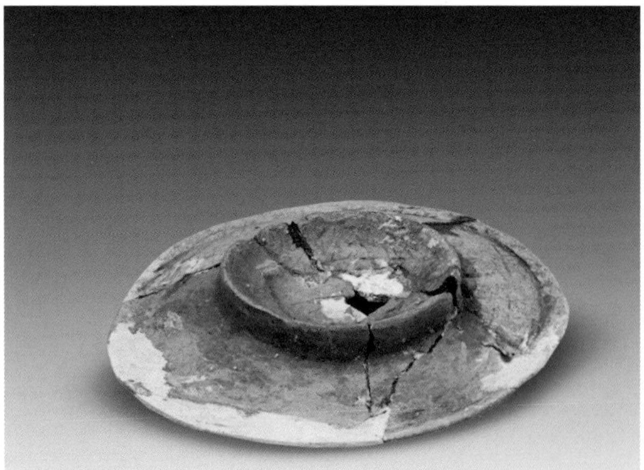

4. 器盖（T30③C：1）

5. 小陶鼎（T32③C：45）

屈家岭文化早期陶器

1. 陶敛口小钵（H137：2）

2. 陶纺轮（H146：1）

3. 陶器盖（H146：26）

4. 石斧（H146：25）

屈家岭文化晚期H137、H146出土石器、陶器

图版一一二

1. 小石铲（H92：5）

2. 小石斧（H92：6）

3. 小陶球（H92：3）

4. 陶纺轮（H211：15、H211：18、H211：30）

5. 陶纺轮（H173：1）

6. 陶双腹碗（H211：39）

7. 小石凿（H92：4）

屈家岭文化晚期H92、H173、H211出土石器、陶器

1. 双腹碗（H601：2）

2. 斜腹小杯（H247：3）

3. 双腹豆（H601：3）

4. 斜腹小杯（H247：5）

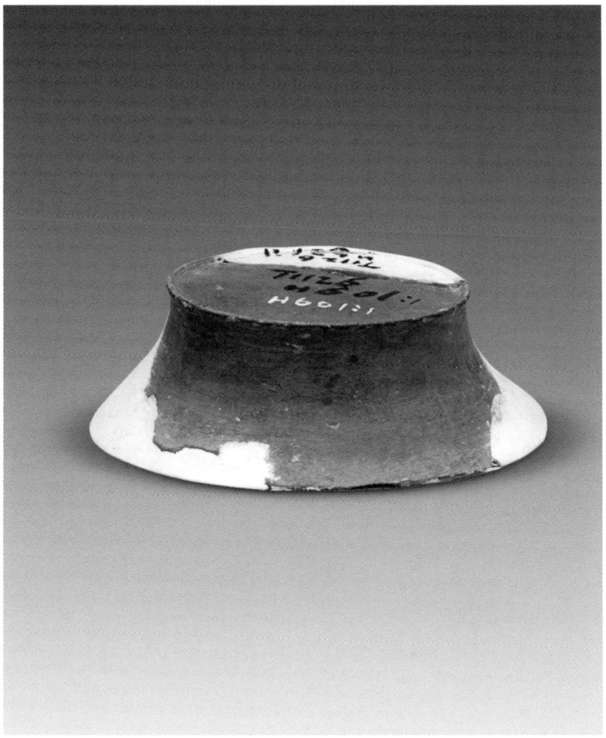

5. 器盖（H601：1）

6. 高圈足杯（H247：1）

屈家岭文化晚期H247、H601出土陶器

图版一一四

1. 外折沿盆（H320：2）

4. 纺轮（H144：1）

2. 双腹碗（H302：1）

5. 直口小杯（H328：1）

3. 敞口杯（H322：2）

6. 小釜（H144：2）

7. 纺轮（H328：46、H328：47）

屈家岭文化晚期H144、H302、H320、H322、H328出土陶器

1. M9（西北→东南）

2. 小碟（M9：6）

3. 高圈足杯（M9：2）

屈家岭文化晚期M9及出土陶器

1. M10（东南→西北）

2. M11（西南→东北）

屈家岭文化晚期M10、M11

1. 双腹豆（M10：6）

2. 侈口罐（M10：7）

3. 器盖（M10：1）

4. 高圈足杯（M10：4）

5. 高圈足杯（M10：5）

6. 高圈足杯（M10：3）

屈家岭文化晚期M10出土陶器

1. 双腹碗（M11：5）

2. 高圈足杯（M11：4）

3. 高圈足杯（M11：6）

屈家岭文化晚期M11出土陶器

1. M12（西北→东南）

2. M15（西北→东南）

屈家岭文化晚期M12、M15

图版一二〇

1. 釜（M12：6）

2. 双腹碗（M12：4）

3. 壶形器（M12：1）

4. 觚形杯（M12：5）

5. 壶形器（M12：3）

6. 高圈足杯（M12：2）

屈家岭文化晚期M12出土陶器

1. 陶内折沿碗（M15：8）

2. 红陶杯（M15：9）

3. 石楔（M15：6）

4. 陶高圈足杯（M15：2）

5. 陶高圈足杯（M15：10）

6. 陶高圈足杯（M15：1）

屈家岭文化晚期M15出土石器、陶器

1. 釜（M18：2）

2. 双腹豆（M18：1）

3. 双腹碗（M14：2）

4. 碗（口残）（M14：1）

5. 红陶杯（M14：5）

6. 罐形杯（M14：3）

屈家岭文化晚期M14、M18出土陶器

1. M28（西南→东北）

2. M29（西北→东南）

屈家岭文化晚期M28、M29

图版一二四

1. 陶敞口小碗（M28：1）

2. 小石锛（M28：2）

3. 陶高圈足杯（M27：1）

4. 陶高圈足杯（M27：2）

5. 陶高圈足杯（M33：6）

6. 陶矮圈足杯（M33：7）

屈家岭文化晚期M27、M28、M33出土石器、陶器

1. 双腹豆（M29：1）

2. 红陶杯（M29：4）

3. 盂形器（M29：10）

4. 器盖（M29：13）

5. 高圈足杯（M29：7）

6. 高圈足杯（M29：11）

7. 高圈足杯（M29：15）

屈家岭文化晚期M29出土陶器

1. M31、M32（东南→西北）

2. M58（东南→西北）

屈家岭文化晚期M32、M58

1. 陶双腹豆（M32：3）

2. 陶盂形器（M32：5）

3. 陶器盖（M32：4）

4. 陶釜（M32：7）

5. 陶高圈足杯（M32：10）

6. 石斧（M32：9）

屈家岭文化晚期M32出土石器、陶器

图版一二八

1. 小石凿（M41：3）

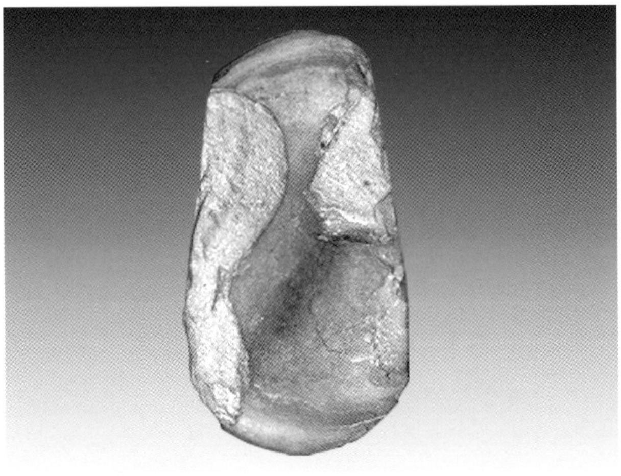

2. 小石斧（M41：4）

3. 石斧（M41：5）

4. 石锛（M41：6）

5. 小石锛（M41：2）

6. 石斧（M41：1）

屈家岭文化晚期M41出土石器

1. 双腹豆（M41：8）

2. 敛口钵（M41：10）

3. 彩陶簋（M41：11）

4. 罐形杯（M41：9）

屈家岭文化晚期M41出土陶器

1. 簋（M58：1）

2. 双腹豆（M58：2）

3. 敛口钵（M58：3）

屈家岭文化晚期M58出土陶器

1. 石斧（T26③：59）

2. 石斧（T31③：66）

3. 石斧（T26③A：57）

4. 石斧（T25③：5）

5. 打制石斧（T31③：55）

6. 大石斧（T2644③：1）

屈家岭文化晚期石器

图版一三二

1　　2　　3

10

4　　5　　6

7　　8　　9

11

屈家岭文化晚期陶器

1～9. 陶纺轮（T31③：114、T33③：22、T35③：50、T33③：8、T34③：49、T31③：239、T32③：43、T36③：37、T33③：21）　10、11. 陶球（T31③：102、T35③：58）

图版一三三

1　　2　　3　　4

5　　6

7　　8　　9

10　　11

12　　13　　14

15　　16

17　　18　　19

20　　21

屈家岭文化晚期陶纺轮

1. T37③：11　2. T37③下：74　3. T37③下：75　4. T30③A：48　5. T36③：34　6. T31③A：149
7. T26③：54　8. T35③：51　9. T30③：19　10. T24③：16　11. T31③A：87　12. T26③下：1
13. T27③：5　14. T34③：61　15. T34③：52　16. T27③：6　17. T26③A：53　18. T30③：45
19. T34③：47　20. T25③：41　21. T41③：8

1

2

3

4

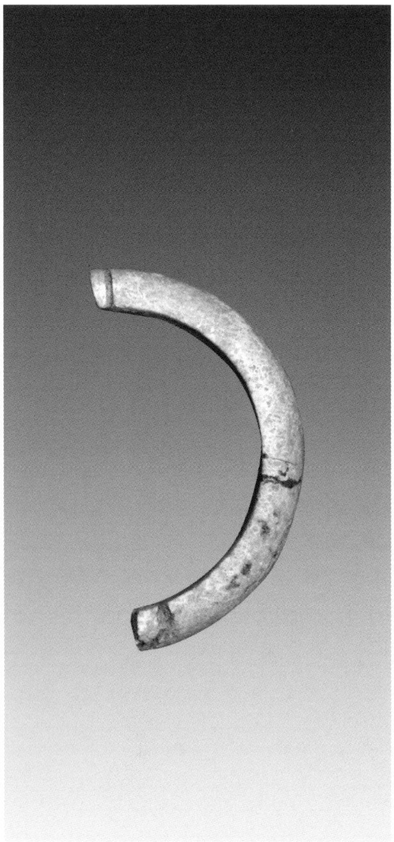

5

6

7

屈家岭文化晚期石器、骨器

1. 骨锥（T33③：23） 2. 骨簪（T37③下：73） 3、4. 圭形石凿（T33③：27、T33③：14）
5. 石璜（T37③下：72） 6. 双头有刃石凿（T30③A：51） 7. 石凿（T33③：2）

1. 凹折沿小罐（T37③：34）

2. 折沿小罐（T25③下：63）

3. 束颈罐（T38③：14）

4. 圈足小罐（T37③：15）

5. 敛口小罐（T37③：18）

6. 器盖纽（T35③：88）

屈家岭文化晚期陶器

1. 敞口碗（T36③：1）

2. 双腹碗（T26③：8）

3. 双腹碗（T37③：28）

4. 双腹碗（T37③：16）

5. 子母口碗（T41③：23）

屈家岭文化晚期陶器

1. 小器盖（T37③：21）

2. 器盖（T31③：84）

3. 高弧颈大壶（T25③：44）

4. 凸棱状矮圈足（T35③：63）

5. 高领罐（T37③：17）

6. 高领罐（T35③下：166）

屈家岭文化晚期陶器

1. 红陶杯（T31③：237）

2. 内彩筒腹杯（T37③：22）

3. 觚形杯（T37③：31）

4. 高圈足杯（T37③下：76）

5. 高圈足杯（T37③：14）

6. 高圈足杯（T37③下：32）

屈家岭文化晚期陶器

1. 双腹盘（T41③：14）

2. 盂形器（T25③：19）

3. 盂形器（T41③：13）

4. 盂形器（T31③A：83）

5. 盘口缸（T41③：21）

屈家岭文化晚期陶器